AURÉLIO BUARQUE DE HOLANDA FERREIRA

Academia Brasileira de Letras | Academia Brasileira de Filologia
Academia de Ciências de Lisboa | Hispanic Society of America

míni Aurélio

O DICIONÁRIO DA LÍNGUA PORTUGUESA

8.ª edição revista, atualizada e ampliada

Impressão – 2023

8.ª EDIÇÃO

COORDENAÇÃO E EDIÇÃO
Marina Baird Ferreira

EQUIPE LEXICOGRÁFICA

Emanuel Pinho Medeiros
Eni Valentim Torres
Renata de Cássia Menezes da Silva
Roberto Cortes de Lacerda

EQUIPE LEXICOGRÁFICA DE EDIÇÕES ANTERIORES

Amir Geiger
Elza Tavares Ferreira †
Emanuel Pinho Medeiros
Joaquim Campelo Marques
Margarida dos Anjos †
Marina Baird Ferreira †
Renata de Cássia Menezes da Silva
Roberto Cortes de Lacerda †
Stella Rodrigo Octávio Moutinho
Wilson Guerreiro Pinheiro

APOIO TÉCNICO

João Ferreira Gomes Barcellos
Raquel Corina Menezes da Silva

MARALTO
EDIÇÕES

© O Míni Aurélio corresponde à 8ª edição, revista e atualizada, do Minidicionário Aurélio, da Língua Portuguesa, contendo mais de 30 mil verbetes.

© Copyright - Todos os direitos reservados à Companhia Brasileira de Educação e Sistemas de Ensino S.A. by Regis Ltda.

Direitos cedidos com exclusividade para a língua portuguesa em todo o mundo para a Companhia Brasileira de Educação e Sistemas de Ensino S.A. Nenhuma parte desta obra pode ser apropriada ou estocada em sistema de banco de dados ou processo similar, em qualquer forma ou meio, seja eletrônico, fotocópia, gravação, etc., sem permissão do detentor do copirraite.

Dados Internacionais para Catalogação na Publicação (CIP)
(Angela Giordani / CRB 9-1262 / Curitiba, PR, Brasil)

F383   Ferreira, Aurélio Buarque de Holanda.
        Míni Aurélio : o dicionário da língua portuguesa / Aurélio Buarque de Holanda Ferreira ; coordenação e edição Marina Baird Ferreira. – 8. ed. rev. atual. – Curitiba : Cia. Bras. de Educação e Sistemas de Ensino, 2020.
        960 p. : il.

        ISBN 978-65-5798-299-0

        1. Língua portuguesa – Dicionários. I. Ferreira, Marina Baird. II. Título.

CDD 469.3

MARALTO EDIÇÕES

Diretor-Geral
Daniel Gonçalves Manaia Moreira

Diretor de Conteúdo
Fabrício Cortezi de Abreu Moura

Gerente Editorial
Marcele Quaglio Tavares da Silva

Gerente de Produção Editorial
Wagner Augusto Krelling

Editoras
Sue Ellen Halmenschlager
Valéria Zelik-Lüders

Editora de Arte
Juliana Ferreira Rodrigues

Revisores
Flávia Garcia Penna
José Archangelo Sensi
Roberta da Silva

Pesquisador das Palavras Mais Frequentes
João Morais Pinto Junior

Capa e Projeto Gráfico de Miolo
Commcepta Brand Design

Diagramação
Beatriz Wolanski Brito
Giseli Françoasi Trebien

Revisão de Editoração
Ana Luzia Sequeira Lemos
Elis Marina de Andrade Buck
Júnior Guilherme Madalosso
Willian Marques

Companhia Brasileira de Educação e Sistemas de Ensino S.A.
Rua João Domachoski,
5 - Mossunguê
81200-150 - Curitiba - Paraná

Impressão e Acabamento
Reproset Industria Gráfica Ltda.

APRESENTAÇÃO

Esta é a 8ª edição de uma publicação de sucesso que, de maneira concisa, correta e acessível, apresenta as inúmeras possibilidades da língua portuguesa.

A primeira edição desta obra foi, segundo seu autor, Aurélio Buarque de Holanda Ferreira, uma despretensiosa, mas esperançosa forma de prestar "bons serviços àqueles a quem se destina". Esta intenção permanece, como legado do autor.

Essa pessoa a quem o mestre destinou milhares de palavras, muitas vezes agrupadas carinhosamente "por família" – com a intenção de "incentivar no consulente o gosto pelas associações e a curiosidade pelos sufixos" – é o eterno aluno, ávido por conhecer, desvendar, maravilhar-se. Somos todos nós.

Aurélio, que desde a infância admirava-se com a análise sintática e, adolescente, iniciou o magistério (profissão que exerceu até os 70 anos), na maturidade, publicou o próprio dicionário, que reflete sua vida e a compartilha com inúmeras outras pessoas. Assim essa vida se estende em sua obra e Aurélio continua a professar, como um mestre.

A palavra **mestre**, segundo este *Aurélio*, é o "Homem que ensina" e também o "de muito saber". É o "perito ou versado numa ciência ou arte" e também aquele que "serve de base ou de guia; fundamental". É o seu próprio autor, um professor.

Esta obra é, portanto, a materialização do desejo compartilhado entre editora e autor: construir, de forma responsável, um futuro melhor.

Daniel Gonçalves Manaia Moreira
Diretor-geral da Companhia Brasileira de
Educação e Sistemas de Ensino S.A.

BIOGRAFIA

Aurélio Buarque de Holanda Ferreira nasceu em Passo de Camaragibe, Alagoas, em 3 de maio de 1910. Foi professor desde os 14 anos, formou-se advogado pela Faculdade de Direito do Recife e, em 1929, veio para o Rio de Janeiro, onde foi secretário da *Revista do Brasil* e professor do Colégio D. Pedro II, tendo ali lecionado até os 70 anos. Em 1941, começou a colaboração no *Pequeno Dicionário Brasileiro da Língua Portuguesa* e publicou *Dois Mundos*, volume de contos premiado pela Academia Brasileira de Letras. Em 1943, trabalhou num Dicionário Enciclopédico do Instituto Nacional do Livro; já era, então, um respeitado lexicógrafo. Em 1945, casou-se com Marina Baird. Teve 2 filhos, Aurélio e Maria Luísa, e 5 netos.

Publicou *Linguagem e Estilo de Machado de Assis*, *Linguagem e Estilo de Eça de Queirós*, uma edição crítica de *Contos Gauchescos e Lendas do Sul*, de Simões Lopes Neto, esta precedida de estudo estilístico e longo glossário de termos regionais. Foi o seu segundo trabalho lexicográfico, ao qual se seguiram o *Novo Dicionário da Língua Portuguesa* (1977) e o *Miniaurélio*, o *Dicionário Médio* e o *Dicionário Infantil*, com ilustração do Ziraldo (1989). Foi notável tradutor do francês, espanhol, italiano. Faleceu em 28 de fevereiro de 1989.

Aos netos
Pedro Antônio
Mariana
Fernando
Marina
Júlia

SUMÁRIO

Convém ler	VI
Prefácio	VII
Sobre o dicionário	VIII
Abreviaturas	XI
Resumo gramatical	XVI
Paradigmas de conjugação	XXII
Quadro morfossintático dos principais sufixos da língua portuguesa	LXIV
Quadro resumitivo de origens	LXV
Tabela de elementos morfológicos	LXVI
Grupos indígenas no Brasil	XC
Países – Pátrios – Moedas	XCIX
Minidicionário	1
Minienciclopédia	799

CONVÉM LER

INTRODUÇÃO DE AURÉLIO BUARQUE DE HOLANDA FERREIRA À PRIMEIRA EDIÇÃO DO MINIDICIONÁRIO AURÉLIO

Claro que não se vai esperar, num dicionário de bolso, uma grande batelada de palavras; não caberiam no bolso. Devem andar pela ordem das vinte e cinco mil as que figuram neste *Minidicionário*. É o bastante para a natureza e destino da obra.

Muitas vezes, resolvi agrupar os vocábulos por família: numa mesma entrada aparecem dois ou mais, definindo-se apenas o primeiro deles – o vocábulo-base – e ficando sem definição os derivados ou os aparentados, separados do inicial por um sinal de parágrafo (§).

Levou-me a isso, antes de tudo, a preocupação com a economia de espaço. Depois, quis-me parecer que esse método contribuiria para incentivar no consulente o gosto destas associações e a curiosidade pelo valor dos sufixos.

Alguns exemplos:

Se o leitor sair à procura da palavra *amado*, vai encontrá-la como acompanhante de *amar*. Pela definição desta, não poderá ter dúvida quanto à significação daquela.

Aparecimento vai engatado a *aparecer*. Definido um, não há dúvida sobre o outro.

No fim do verbete *divagar* vem *divagação*, cujo sentido ali não aparece, mas é "ato ou efeito de divagar", como facilmente se deduz; e *inalação* sucede a *inalar*.

Amerissagem está preso a *amerissar*; a *coruscar* liga-se *coruscante*.

De *amesquinhar* aparecem, neste livro, dois derivados, *amesquinhador* e *amesquinhamento*, cujos significados logo se impõem. Assim também, *instigar* vem escoltado por *instigação* e *instigador*.

Cordialidade ata-se a *cordial*; *insanidade*, a *insânia*; *obrigatoriedade*, a *obrigatório*; *simultaneidade* vem na cauda de *simultâneo*.

Substantivos terminados em –ência (*indecência, insistência, insolência, irreverência*, p.ex.) vêm, de ordinário, no fim dos adjetivos correspondentes.

Outros, como *ductilidade* (de *dúctil*) ou *irresponsabilidade* (de *irresponsável*), seguem-se aos adjetivos de que são parentes.

Quando essa junção não é possível, cada um dos vocábulos é registrado independentemente, como no caso de *constituição*. Além de significar "ato ou efeito de constituir", a palavra *constituição* tem outros sentidos, inclusive o significado jurídico, que transbordam dos limites comuns do verbo.

Este é um livro despretensioso, mas feito com a melhor esperança de que preste bons serviços àqueles a quem se destina.

Meus agradecimentos a Elza, Margarida e Marina, minhas assistentes, pela dedicada colaboração.

PREFÁCIO

Esta é a 8ª edição de uma das obras mais conhecidas e consultadas em todo o país desde a sua criação em 1977: o *Minidicionário Aurélio*.

Aurélio – o professor –, quando decidiu fazer um minidicionário, buscou criar uma obra que fosse, ao mesmo tempo, correta, concisa, clara e objetiva. Assim, o lexicógrafo Aurélio idealizou e elaborou o seu minidicionário, pensando naqueles que o usariam. Como lexicógrafo e mestre, Aurélio sempre teve a preocupação de tornar o conhecimento acessível, sem abandonar a qualidade da informação transmitida.

Esse foi o legado e a responsabilidade por mim assumidos e, também, por minha querida amiga e primeira assistente de Aurélio, Margarida dos Anjos, ao longo dos últimos vinte anos. Infelizmente, Margarida nos deixou no decorrer do trabalho desta edição. Resta-nos hoje, além de muita saudade, o exemplo de força e competência daquela que foi uma das maiores lexicógrafas do país.

A cada nova edição, buscamos ser fiéis aos critérios e ideais de Aurélio, sem perder de vista, porém, a evolução dessa língua tão dinâmica, de vocabulário extremamente rico, falada por mais de 240 milhões de pessoas, e que sofre todos os dias, como os demais idiomas contemporâneos, a influência de um mundo cada vez mais globalizado, cada vez mais imediato, cada vez mais repleto de novos conceitos, descobertas, invenções, tecnologias, sabores, sons e cores – realidades que ganham vida e passam a ser nomeadas, designadas. Vocábulos, palavras, termos e expressões que passam a fazer parte da vida das pessoas. E ganham assim o seu registro na presente obra.

Esta é uma nova edição atualizada, revista e aumentada, em conformidade com o *Novo Acordo Ortográfico* em vigor desde janeiro de 2009, que conta ainda, não só com centenas de novos vocábulos, mas também com novidades que acreditamos possam contribuir para o aprendizado e compreensão da língua portuguesa. Entre elas:

- A indicação, na cabeça do verbete ou de derivada, dos 3.000 vocábulos mais frequentes, na língua escrita, no período que se estende de 1900 a 2000, segundo o *Corpus de Araraquara*, da UNESP. Essa marcação feita na **entrada** dos verbetes tem como objetivo estabelecer aquilo que, na escrita, estaria próximo do que constituiria a base do vocabulário ativo do falante comum. Devemos lembrar, porém, que, por se tratar de amostragem referente apenas à língua escrita, não se indicarão, em certos casos, vocábulos de uso frequente na *fala* do dia a dia.
- A inclusão da etimologia ou da formação do vocábulo, dando ao usuário a possibilidade de se familiarizar com as origens e a morfologia do nosso idioma.
- Ainda no campo etimológico, oferecemos, também, um quadro morfossintático, que visa a auxiliar – a partir dos principais sufixos da língua, apresentados de forma sintética – a compreensão da formação das palavras e das possíveis funções que possam ter.
- A inclusão de elementos mórficos, presentes no campo etimológico, em listagem própria.

Contamos ainda com uma extensa listagem de *Paradigmas de conjugações verbais*, com uma *Minienciclopédia* que reúne dados biográficos, históricos e geográficos relativos ao Brasil e alguns dados biográficos de personalidades estrangeiras, com um *Resumo gramatical*, com uma tabela dos *Grupos indígenas do Brasil* e outra de *Países, pátrios e moedas*, entre inúmeras informações gramaticais ou de uso.

Nosso propósito, que esperamos ter alcançado, foi mais uma vez fazer uma edição útil.

Marina Baird Ferreira
Coordenadora dos dicionários Aurélio

SOBRE O DICIONÁRIO

O MÍNI AURÉLIO é um dicionário de fácil consulta. Ele foi concebido para atender às necessidades básicas de seus usuários – estudantes, profissionais e pessoas que no dia a dia precisam ter à mão uma ferramenta útil para esclarecer uma dúvida ou saber o sentido de uma palavra.

No entanto, para usá-lo, é preciso entender que tudo nele quer dizer alguma coisa. O que vem antes das definições e depois delas também tem um significado, uma razão de ser. A entrada da palavra, por exemplo, diz como ela deve ser escrita e como as suas sílabas podem ser divididas.

Para questões ortográficas, basta ver como se grafa a palavra, em ordem alfabética: são consideradas apenas as letras na ordenação alfabética das entradas (não se considera o hífen, quando há).

Há palavras que apresentam forma dupla ou tripla, como *contacto* ou *contato*. O registro de ambas atesta a possibilidade das duas ou três grafias e, consequentemente, das suas pronúncias.

---

cabeça do verbete
A *cabeça do verbete* vem em azul, negrito e separada em sílabas.

separação silábica
Para saber como se dividem as sílabas, basta observar o sinal **.** que indica a *separação silábica*. Também pode ocorrer o sinal **:**, usado só para duas vogais juntas que podem ser pronunciadas de duas formas, isto é, ou numa sílaba ou em duas.

ortoépia
Logo após a entrada, entre parênteses, vem a *ortoépia*, a pronúncia correta da palavra.

definição
A *definição* é a descrição de cada um dos significados da palavra na categoria gramatical considerada. As variações de significado são explicadas em textos claros e sucintos.

---

genealogia | gentileza

ge.ne.a.lo.gi.a [Gr. *genealogía*.⊞8A] *sf.* 1. Lista ou diagrama com os nomes dos antepassados de um indivíduo e a indicação dos casamentos e das sucessivas gerações que o ligam a determinado ancestral. 2. A série desses antepassados. 3. O estudo da origem das famílias. 4. *Fig.* Procedência, origem. 5. Os descendentes de um indivíduo, família ou grupo de organismos. § ge.ne.a.ló.gi.co *adj.*

ge.ne.bra [Fr.ant. *genevre.*] *sf.* Aguardente de cereais, com bagas de zimbro nela destiladas ou maceradas.

ge.ne.ral [Fr. *général*, do lat.] *sm.* 1. V. *hierarquia militar*. 2. Caudilho, chefe. [Pl.: -rais.]
ge.ne.ra.la.do [*General*, + ⊞17C] *sm.* Generalato.
ge.ne.ra.la.to [*General*, + ⊞18] *sm.* Posto de general.
ge.ne.ral de bri.ga.da *sm.* V. *hierarquia militar*. [Pl.: *generais de brigada*.]
ge.ne.ral de di.vi.são *sm.* V. *hierarquia militar*. [Pl.: *generais de divisão*.]
ge.ne.ral de e.xér.ci.to *sm.* V. *hierarquia militar*. [Pl.: *generais de exército*.]
ge.ne.ra.li.da.de [Lat. *generalitate*.⊞14] *sf.* 1. Qualidade do que é geral. 2. O maior número.
ge.ne.ra.li.da.des [Do pl. de *generalidade*.] *sfpl.* Rudimentos.
ge.ne.ra.lís.si.mo [Superl. abs. sint. de *general*.] *sm.* O chefe supremo de um exército.
ge.ne.ra.li.zar [Lat. *generalis*, 'geral', + *-izar*.⊞1D] *vtd. e p.* Tornar(-se) geral ou comum; difundir(-se), propagar(-se). [C.: 1] § ge.ne.ra.li.za.ção *sf.*
ge.ne.ra.ti.vo [Lat. *generatus* + *-ivo*.⊞22] *adj.* Gerativo.
ge.né.ri.co [*Gênero*.⊞35B] *adj.* 1. Respeitante a gênero. 2. Geral (1). 3. Diz-se de medicamento comercializado com o nome técnico, *i.e.*, o nome do princípio ativo que o integra. ● *sm.* 4. Medicamento genérico.
gê.ne.ro [Lat. *genus, eris*, 'classe', poss. pelo lat. *generum.]*sm.* 1. Agrupamento de indivíduos, objetos, etc. que tenham características comuns. 2. Classe, ordem, qualidade. 3. Modo, estilo. 4. *Antrop.* A forma como se manifesta, social e culturalmente, a identidade sexual dos indivíduos. 5. *Biol.* Reunião de espécies [v. *espécie* (4)]. 6. *E.Ling.* Categoria que classifica os nomes em masculino, feminino e neutro. ● **Gênero humano.** A espécie humana; a humanidade. **Comum de dois gêneros.** *E.Ling.* V. *comum de dois*.
gê.ne.ros [Pl. de *gênero*.] *smpl.* Mercadorias, esp. víveres.
ge.ne.ro.si.da.de [Lat. *generositate*.⊞14] *sf.* 1. Qualidade de generoso. 2. Ação generosa.
ge.ne.ro.so (ô) [Lat. *generosus*.⊞37] *adj.* 1. Que gosta de dar; pródigo. 2. Que perdoa facilmente. 3. Magnânimo. 4. Diz-se de vinho de elevada graduação alcoólica, e que se bebe fora das refeições ou à sobremesa. [Pl.: *-rosos* (ó).]
gê.ne.se [Lat. *genese*.] *sf.* 1. Formação dos seres, desde uma origem. 2. Formação, constituição.

376

---

palavras-guia
No alto da página são registradas as palavras que encabeçam o primeiro e o último verbetes nela iniciados, delimitando a abrangência dos verbetes contidos naquela página, possibilitando a localização exata da palavra a ser consultada. São as *palavras-guia*, alinhadas à esquerda nas páginas pares e, à direita, nas ímpares.

categoria gramatical
A *categoria gramatical* é apresentada de forma abreviada. Se a palavra tem acepções de diferentes categorias, há, entre uma acepção e outra, o sinal ● para indicar mudança de classe.

verbete
O *verbete* constitui a unidade estrutural do dicionário. Ele se inicia com a própria palavra e traz todas as informações a ela referentes.

VIII

etimologia

A *etimologia*, apresentada entre colchetes logo depois da cabeça do verbete ou da ortoépia (quando houver) revela a origem ou a formação da palavra. O símbolo ▣ remete ao quadro morfossintático dos principais sufixos da língua, que auxilia na compreensão da formação das palavras e das possíveis funções que possam ter.

derivadas

Faz-se o registro, em vocábulo com entrada própria, de palavras dele *derivadas**, mas somente quando estas apresentam significado facilmente apreensível a partir dos sufixos que as compõem. Estas derivadas são introduzidas pelo símb. § e separadas, quando se faz o registro de mais de uma, por ponto e vírgula, em ordem alfabética, e são acompanhadas da sua categoria gramatical e da prosódia quando necessário.

sinal identificador

O sinal ➔ indica palavra ou expressão de língua estrangeira.

número de acepção

O *número de acepção* em negrito, anuncia o início da definição de um novo significado dentro do verbete.

---

ges.ta [Fr. *geste*.] *sf.* **1.** Feitos guerreiros. **2.** Canção que celebra tais feitos.
ges.ta.ção [Lat. *gestatione*. ▣2A] *sf.* **1.** Tempo decorrido da concepção (2) até o nascimento; gravidez. **2.** *Fig.* Elaboração; produção. [Pl.: *-ções*.]
ges.tan.te [Lat. *gestante*. ▣21] *sf.* Mulher durante a gestação (1).
ges.tão [Lat. *gestione*.] *sf.* Ato ou efeito de gerir; gerência. [Pl.: *-tões*.]
ges.tar [Lat. *gestare*. ▣1A] *vtd. e int.* Conceber, gerar. [C.: 1 (é)]
ges.ta.tó.ri.o [Lat. *gestatoriu*. ▣23A] *adj.* **1.** Relativo a gestação. **2.** Que pode ser transportado.
ges.ti.cu.lar [Lat. **gesticulare*. ▣1A] *v.int. e td.* Fazer gestos, ou exprimir por gestos. [C.: 1] § **ges.ti.cu.la.ção** *sf.*; **ges.ti.cu.la.do** *adj.*
ges.to[1] [Lat. *gestu*.] *sm.* Movimento do corpo, esp. da cabeça e dos braços, para exprimir ideias ou sentimentos, ou para realçar a expressão.
ges.to[2] [Fr. *geste*, do lat. *gestu*.] *sm.* Ação, ato (ger., brilhante).
▪ **GHz** *Fís.* Símb. de *giga-hertz*
gi.ár.di.a [Tax. *Giardia*.] *sf. Zool.* Nome comum a protozoários flagelados, parasitas do sistema digestório humano e de outros animais.
gi:ar.dí.a.se [Tax. *Giard(ia) + -íase*.] *sf. Med.* Infecção intestinal, causada por giárdia, que provoca diarreia abundante.
gi.ba [Lat. *gibba*.] *sf.* V. *corcunda* (1).
gi.bão[1] [It.ant. *gippone*.] *sm.* Casaco de couro us. pelos vaqueiros; véstia. [Pl.: *-bões*.]
gi.bão[2] [Fr. *gibbon*.] *sm. Zool.* Nome comum a vários macacos grandes, asiáticos, de focinho alongado, grandes dentes e calosidades nas nádegas. [Pl.: *-bões*.]
gi.bi *sm. Bras.* **1.** Nome registrado de determinada revista em quadrinhos, infantojuvenil. **2.** *P.ext.* Qualquer revista em quadrinhos.
gi.bo.so (ô) [Lat. *gibbosu*. ▣37] *adj.* Que tem giba. [Pl.: *-bosos* (ó).] § **gi.bo.si.da.de** *sf.*
gi.di:a.no [Antr. *(André) Gide*. ▣29A] *adj.* Relativo ao, ou próprio do escritor André Gide (M.), ou à sua obra.
gi.es.ta [Lat. *genista*.] *sf. Bot.* Subarbusto fabáceo, ornamental
➔ **gigabyte** (gígabaít) [Ingl.] *sm. Inform.* Unidade de medida de informação, equiv. a 1.024 *megabytes* [símb.: *GB*].
gi.ga-hertz [*Giga-* + *hertz*.] *sm. Fís.* Unidade de medida de frequência, igual a 10⁹ hertz [símb.: *GHz*].
gi.gan.ta *sf. Fem.* de *gigante* (1).
gi.gan.te [Lat. *gigante*, do gr. ▣1.] Homem de elevada estatura e/ou grande corpulência. ● *adj.2g.* **2.** Enorme.
gi.gan.tes.co (ê) [Fr. *gigantesque*.] *adj.* **1.** Que tem estatura de gigante. **2.** *Fig.* Fora do comum; extraordinário.
gi.gan.tis.mo [*Gigante*. ▣11] *sm.* **1.** Desenvolvimento extraordinário e anormal de qualquer ser, animal ou vegetal. **2.** *P.ext.* Crescimento gigantesco.

---

sinal identificador

Símbolos, *siglas*, etc. são antecedidos por um *sinal identificador*: ▪.

remissivas

Para *questões semânticas*: as definições podem ser apresentadas no próprio verbete ou remeter para outro de igual significação. As *remissivas* podem ser feitas com ou sem um V. e, por vezes, ter um número entre parênteses. O principal uso do V. é o de sinônimos gerais (a palavra apresenta todos os sentidos daquela para a qual é remetida), e depois o das remissivas para palavras ou acepções de palavras que apresentam dois ou mais sinônimos, relacionados após um ponto e vírgula.

índice

O *índice* é um número pequeno, colocado junto à cabeça do verbete, elevado, que assinala palavras com a mesma grafia, mas de origens diferentes

abreviações

Ao longo de todo o texto do dicionário, são utilizadas *abreviações*, cuja listagem completa se encontra nas pág. seguintes.

---

* formadas em geral no lat. ou no port., ou em outra língua moderna.

IX

ga.to-do-ma.to *sm. Bras. Zool.* Jaguatirica. [Pl.: *gatos-do-mato.*]

ga.to-pin.ga.do [*Gato* + *pingado.*] *sm.* Cada um dos poucos indivíduos presentes em determinado local: *Ao final da festa, havia somente 5 gatos-pingados.* [Pl.: *gatos-pingados.*]

ga.to-sa.pa.to *sm.* Coisa desprezível. [Pl.: *gatos-sapato(s).*] ♦ **Fazer gato-sapato de.** Fazer (alguém) de joguete.

ga.tu.na.gem [*Gatuno.* ▫6] *sf.* Ação própria de gatuno; furto. [Pl.: *-gens.*]

ga.tu.nar [*Gatuno.* ▫1A] *vtd. e int.* Furtar, roubar. [C.: 1]

ga.tu.no [Esp. *gatuno.*] *sm.* Aquele que furta; ladrão.

ga.tu.ra.mo [Do tupi.] *sm. Zool.* Nome comum a diversas aves emberizídeas, frugívoras, canoras, de dorso parcialmente azulado, acinzentado, verde, etc.

ga:u.cha.da [*Gaúcho.* ▫4] *sf. Bras.* 1. Grande porção de gaúchos. 2. Gaucharia.

ga:u.cha.ri.a [*Gaúcho.* ▫15] *sf. Bras.* Ação própria de gaúcho; gauchada.

ga:u.ches.co (ês) [*Gaúcho.* ▫33A] *adj. Bras.* Relativo a gaúcho, ou próprio dele.

ga.ú.cho [Esp.plat. *gaucho.*] *adj. sm.* V. *rio-grandense-do-sul.*

gau.dé.ri:o [Esp.plat. *gauderio.*] *sm.* 1. Homem ou cão vadio, vagabundo. 2. *Zool.* Chupim. ● *adj.* 3. Diz-se de gaudério (1).

gáu.di:o [Lat. *gaudium.*] *sm.* Alegria; júbilo.

gá.ve:a [Lat. **gavia.*] *sf. Marinh.* Cada um dos mastros suplementares que espigavam logo acima dos mastros compridos e grossos dos antigos navios à vela.

ga.ve.la *sf.* Feixe de espigas.

ga.ve.ta (ê) [Provç. *gaveda.*] *sf.* Caixa sem tampa, corrediça, que se introduz, como parte integrante, em mesa, cômoda, etc.

ga.ve.tei.ro [*Gaveta.* ▫25] *sm.* Armação que se põe no interior dum móvel para suster gavetas.

ga.vi.al [Tax. *Gavialis.*] *sm. Zool.* Grande gavialídeo do rio Ganges (Índia). [Pl.: *-ais.*]

ga.vi.a.lí.de:o [Tax. *Gavialidae.*] *adj. sm. Zool.* Diz-se de, ou espécime dos gavialídeos, fam. monoespecífica de crocodilianos que compreende o gavial.

ga.vi.ão [Or.germ.] *sm. Zool.* Nome comum a várias aves falconiformes, acipitrídeas e falconídeas; são predadoras de aves, répteis e pequenos mamíferos. [Pl.: *-ões.*]

ga.vi.nha [V.C] *sf. Bot.* Órgão de fixação das plantas trepadeiras.

è gay (guêi) [Ingl.] *adj2g2n. s2g.* V. *guei.*

ga.ze [Fr. *gaze.*] *sf.* Tecido leve e transparente.

ga.ze.ar¹ [V.A] *v.int.* Cantar (a garça, a andorinha, etc.). [C.: 12A]

ga.ze.ar² [De *gazetear*, poss.] *vtd.* 1. Faltar a (o estudo, a aula, etc.). *int.* 2. Faltar às aulas ou ao trabalho para vadiar. [Sin.ger.: *gazetear.* C.: 12A]

ABREVIATURAS

ABREVIATURAS, SIGLAS E SINAIS CONVENCIONAIS USADOS NESTE DICIONÁRIO[1].

A

A. = América
abrev. = abreviatura; abreviado(a)
abs. = absoluto
AC = Acre
acepç. = acepção
acepçs. = acepções
açor. = açorianismo(s)
acrôn. = acrônimo
acus. = acusativo
Acúst. = Acústica
adapt. = adaptação
adit. = aditiva
adj. = adjetivo
adj. adn. = adjunto adnominal
adj2g. = adjetivo de dois gêneros
adj2g2n. = adjetivo de dois gêneros e de dois números
adj2n. = adjetivo de dois números
adj.(f.) = adjetivo us. mormente na sua forma feminina, ou forma feminina do adjetivo que representa uma exceção morfológica
adv. = advérbio; adverbial
Aer. = Aeronáutica
afirm. = afirmativo
afr. = africano(a)
aglut. = aglutinação
Agr. = Agricultura
AL = Alagoas
al. = alemão (alemães), alemã(s)
alter. = alteração
AM = Amazonas
Amaz. = Amazônia
Anat. = Anatomia
angol. = angolanismo(s)
ant. = anterior, antigo(s), antiga(s); antigamente
antiq. = antiquado(s), antiquada(s)
antôn. = antônimo(s)
antr. = antropônimo
Antrop. = Antropologia
AP = Amapá
ár. = árabe
arc. = arcaico(s), arcaica(s); arcaísmo(s)
Arit. = Aritmética
Arquit. = Arquitetura
art. = artigo
Art.Gráf. = Artes Gráficas
Art.Plást. = Artes Plásticas
Astr. = Astronomia
Astrol. = Astrologia
Astron. = Astronáutica
aum. = aumentativo

B

B. = Brasil
b.-lat. = baixo latim
BA = Bahia
Bacter. = Bacteriologia
Basq. = Basquetebol
Bibliol. = Bibliologia
Biol. = Biologia
Bioquím. = Bioquímica
bit.c. = bitransitivo circunstancial
bit.i. = bitransitivo indireto
Bot. = Botânica
bras. = brasileiro(s), brasileira(s); brasileirismo(s)

C

C. = Centro
c. = cerca (ê), como em *cerca de*
C. = conjugação
C.O. = Centro-Oeste
cap. = capitular (inicial maiúscula)
Card. = Cardiologia
cat. = catalão(ã)
CE = Ceará
célt. = céltico(a)
cf. = confronte, compare
chin. = chinês(a)
cient. = científico(a)
Cin. = Cinema
cing. = cingalês
Cir. = Cirurgia
Citol. = Citologia
cl. = clássico
cm = centímetro(s)
Com. = Comércio
comb. = combinação
comp. = comparativo
complem. = complementar
Comun. = Comunicação
conj. = conjunção
conjug. = conjugação
Constr. = Construção
contr. = contração; contrato(s), contrata(s)
contr. = controverso
coord. = coordenativa

Cosm. = Cosmologia
Cul. = Culinária

D

deduz. = deduzido(a)
def. = definido; definição
defect. = defectivo
dem. = demonstrativo
denom. = denominação
deprec. = depreciativo(s), depreciativa(s); depreciação
der. = derivado(s), derivada(s)
desin. = desinência(s)
desus. = desusado(s), desusada(s)
dev. = deverbal
DF = Distrito Federal
dial. = dialetal
dim. = diminutivo
din. = dinamarquês(a)

E

E. = Este
E.U.A. = Estados Unidos da América
E.Ling. = Estudos da Linguagem
ecl. = eclesiástico
Ecol. = Ecologia
Econ. = Economia
Edit. = Editoração
Educ. = Educação
el. = elemento
el.comp. = elemento de composição
el.sf. = elemento substantivo feminino
el.sfpl. = elemento substantivo feminino plural
el.sm. = elemento substantivo masculino
el.smpl. = elemento substantivo masculino plural
Eletr. = Eletricidade
Eletrôn. = Eletrônica
Embr. = Embriologia
Eng. = Engenharia
Eng.Civil = Engenharia Civil
Eng.Elétr. = Engenharia Elétrica
Eng.Eletrôn. = Engenharia Eletrônica
Eng.Nucl. = Engenharia Nuclear
equiv. = equivalente(s)
ES = Espírito Santo
escol. = escolástico
Escult. = Escultura
esp. = especial; especialmente
esp. = espanhol
Esport. = Esportes
Estat. = Estatística
etim. = etimologia
Etnogr. = Etnografia
Etnol. = Etnologia
Etnôn. = Etnônimo
ex. = exemplo(s)
excl. = exclamação; exclamativo
expr. = expressão; expressivo(s), expressiva(s)

F

f. = feminino
f. = forma(s)
f.paral. = forma paralela
f.red. = forma reduzida
fam. = família; familiar
fem. = feminino
fig. = figurado; figuradamente
Filos. = Filosofia
Fís. = Física
Fís.-Quím. = Físico-Química
Fisiol. = Fisiologia
Fitogeo. = Fitogeografia
flex. = flexão, flexões
Folcl. = Folclore
fórm. = fórmula
Fot. = Fotografia
fr. = francês, franceses, francesa(s)
frânc. = frâncico(a)
freq. = frequentativo
Fut. = Futebol
fut. = futuro
fut.ind. = futuro do indicativo
fut.pres. = futuro do presente
fut.subj. = futuro do subjuntivo

G

gen. = genitivo
Gen. = Genética
Geofís. = Geofísica
Geogr. = Geografia
Geol. = Geologia
Geom. = Geometria
ger. = geral; geralmente
ger. = gerúndio
germ. = germânico(a)
gír. = gíria
GO = Goiás
gót. = gótico
gr. = grego(s), grega(s)
guar. = guarani

H

hebr. = hebraico
Hist. = História
Histol. = Histologia
hol. = holandês

I

i.e. = lat. *id est* = isto é
imper. = imperativo
imperf. = imperfeito
impess. = impessoal
impr. = impróprio(s), imprópria(s); impropriamente
inc. = incerto(a)
ind. = indicativo

indef. = indefinido
inf. = infantil
inf. = infinitivo
infl. = influência
Inform. = Informática
ingl. = inglês, ingleses, inglesa(s)
int. = intransitivo
interj. = interjeição; interjetivo
interrog. = interrogativo(a)
ior. = ioruba
irôn. = irônico
irreg. = irregular(es)
isl. = islandês, língua falada na Islândia (N.O. da Europa)
it. = italiano(s), italiana(s)

J

jap. = japonês
joc. = jocoso
Jorn. = Jornalismo
Jur. = Jurídico

L

L. = Leste
lat. = latim; latino(s), latina(s); latinismo
Lat.ecl. = latim eclesiástico
Lat.med. = latim medieval
Lat.vulg. = latim vulgar
lit. = literal; literalmente
Lit. = Liturgia
Liter. = Literatura
loc. = locução, locuções
Lóg. = Lógica
lun. = lunfardo
lus. = lusitano(s), lusitana(s); lusitanismo(s)

M

m = metro(s)
m. = mais
m. = masculino
M. = Minienciclopédia
MA = Maranhão
m.-q.-perf. = mais-que-perfeito
m.reg. = marca registrada
m.us. = mais usado
maiúsc. = maiúscula
mal. = malaio
Mar. = Marinha
Marinh. = Marinharia
Market. = *Marketing*
masc. = masculino
Mat. = Matemática
Mec. = Mecânica
med. = médio
Med. = Medicina
Med.Leg. = Medicina Legal
Met. = Meteorologia

Micol. = Micologia
Microb. = Microbiologia
Mil. = Militar
Min. = Mineralogia
Mit. = Mitologia
mitôn. = mitônimo
mm = milímetro(s)
moçár. = moçárabe
MS = Mato Grosso do Sul
MT = Mato Grosso
Mús. = Música

N

N. = Norte
N.E. = Nordeste
N.O. = Noroeste
Náut. = Náutica
neg. = negativo
nom = nominativo
nom. = nominal
norm. = normalmente
num. = numeral

O

O. = Oeste
obs. = observação
obsc. = obscuro(a)
obsol. = obsoleto
Obst. = Obstetrícia
occ. = occitânico
Ocean. = Oceanografia
Odont. = Odontologia
Oftalm. = Oftalmologia
onom. = onomatopeia; onomatopeico(a)
opos. = oposição
Ópt. = Óptica
or. = origem

P

p. = página
P. = Portugal
p. = pronominal
p.us. = pouco usado(s)
p.ext. = por extensão
p.opos. = por oposição
Paleont. = Paleontologia
paral. = paralela(s)
part. = particípio
pass. = passado
PB = Paraíba
PE = Pernambuco
pej. = pejorativo
perf. = perfeito
pess. = pessoa(s); pessoal
PI = Piauí
pl. = plural
plat. = platino

XIII

Poét. = Poético
pol. = polonês(a)
Polít. = Política
pop. = popular(es); popularmente
p.ex. = por exemplo
port. = português
port. = português, portugueses, portuguesa(s)
poss. = possessivo
poss. = possivelmente
pp. = páginas
PR = Paraná
pred. = predicativo
pref. = preferível
pref. = prefixo
prep. = preposição; prepositivo(a)
pré-rom. = pré-romano(a)
pres. = presente
pret. = pretérito
prof. = professor
pron. = pronome(s); pronominal
pron.excl. = pronome exclamativo
pron.indef. = pronome indefinido
pron.interrog. = pronome interrogativo
pron.poss. = pronome possessivo
pron.rel. = pronome relativo
Prop. = Propaganda
pros. = prosódico(s), prosódica(s)
prov. = provavelmente
prov. = provérbio
Prov. = Provincianismo
provç. = provençal
pseudôn. = pseudônimo
Psican. = Psicanálise
Psicol. = Psicologia
Psiq. = Psiquiatria

Q

q. = que
quic. = quicongo
quích. = quíchua
quimb. = quimbundo
Quím. = Química
q.v. = queira ver

R

rad. = radical
Rád. = Rádio
red. = reduzida
regr. = regressivo
Rel. = Religião
restr. = restritivo; restritivamente
RJ = Rio de Janeiro
RN = Rio Grande do Norte
RO = Rondônia
RR = Roraima
RS = Rio Grande do Sul
rus. = russo(a)

S

s. = substantivo
S. = Sul
sanscr. = sânscrito
SC = Santa Catarina
S.E. = Sudeste
S.O. = Sudoeste
s2g. = substantivo de dois gêneros
s2g2n. = substantivo de dois gêneros e de dois números
SC = Santa Catarina
séc. = século
sécs. = séculos
sf. = substantivo feminino
sf.m. = substantivo feminino e masculino
sf.m.pl. = substantivo feminino e masculino plural
sf.m.2n. = substantivo feminino e masculino e de dois números
sf2n. = substantivo feminino de dois números
sfpl. = substantivo feminino plural
símb. = símbolo
sin. = sinônimo(s)
sin.ger. = sinônimo geral, sinônimos gerais
sinc. = sincopado(a)
sing. = singular
sint. = sintético
sm. = substantivo masculino
sm.f. = substantivo masculino e feminino
sm.f.2n. = substantivo masculino e feminino de dois números
sm.f.pl. = substantivo masculino e feminino plural
sm2n. = substantivo masculino de dois números
smpl. = substantivo masculino plural
Soc. = Sociologia
Son. = Sonorização
SP = São Paulo
subj. = subjuntivo
subord. = subordinativa
subst. = substantivo; substantivado(a); substantivação
suf. = sufixo
super. = superioridade
superl. = superlativo
superl. abs. sint. = superlativo absoluto sintético

T

t. = termo
t. = tonelada(s)
t. = transitivo
tab. = tabela
tax. = taxinônimo
tb. = também
tc. = transitivo circunstancial
td. = transitivo direto

tdc. = transitivo direto e circunstancial
tdi. = transitivo direto e indireto
Teatr. = Teatro
Tec. = Tecnologia
Telecom. = Telecomunicação
Telev. = Televisão
Teol. = Teologia
term. = terminação
ti. = transitivo indireto
Tip. = Tipografia
TO = Tocantins
top. = topônimo
trad. = tradução; traduzir; traduzido(a)
transobj. = transobjetivo
Trig. = Trigonometria

U

U.R.S.S. = União das Repúblicas Socialistas Soviéticas
unid. = unidade
unipess. = unipessoal
Urb. = Urbanismo
us. = usado(s), usada(s); usualmente

V

V. = veja
v. = verbo(s); verbal
v.bit. = verbo bitransitivo
v.int. = verbo intransitivo
var. = variante(s)
var.pros. = variante(s) prosódica(s)
verb. = verbal
Vest. = Vestuário
Vet. = Veterinária
voc. = vocábulo(s)
voc. = vocativo
vp. = verbo pronominal
v.pred. = verbo predicativo
vt. = verbo transitivo
vtc. = verbo transitivo circunstancial
vtd. = verbo transitivo direto
vtdc. = verbo transitivo direto circunstancial
vtdi. = verbo transitivo direto e indireto
vulg. = vulgar

Z

Zool. = Zoologia

SINAIS E SÍMBOLOS USADOS NESTA OBRA

* * Indica que a palavra a seguir é hipotética
* ■ Antecede siglas ou símbolos
* → Antecede palavras estrangeiras
* . Indica separação silábica na cabeça dos verbetes e nas derivadas
* ● Us. no interior de verbete, indica mudança de classe gramatical ou de gênero
* : Us. na cabeça do verbete, ou na derivada, indica a flutuação prosódica de vogais próximas que podem ser pronunciadas como um ditongo ou como um hiato, o que, portanto, viabiliza duas maneiras de dividir silabicamente a mesma palavra
* ★ Acepção impessoal de verbo transitivo direto, ou emprego do verbo como auxiliar ou com verbos auxiliares
* ♦ Us. somente no interior de verbetes, antecedendo locução ou locuções de que o verbete é a base
* § Us. só no interior de verbete, antes de palavras derivadas da palavra principal ou com ela aparentadas
* ▫ Ocorre no campo etimológico para indicar, no quadro morfossintático, o sufixo presente na formação da palavra
* | Indica mudança de parágrafo
* / Indica mudança de verso
* // Indica mudança de estrofe
* = igual a
* + mais
* − menos
* x multiplicação
* ÷ divisão
* > "torna-se"; maior do que
* < "provém de"; menor do que
* / / Indica a intercalação de um fonema; ex.: /a/

---

[1] Várias outras abreviaturas e siglas, e outros sinais convencionais, vêm no corpo da obra.

RESUMO GRAMATICAL

CONSTRUÇÃO DA SENTENÇA SIMPLES

A ordem direta predomina na construção da sentença, em português:

sujeito + verbo + objeto / adjuntos adverbiais

Ex.: *João comprou uvas pela manhã.*
João foi à praia.

Observações
A inversão na ordem sujeito-verbo se faz:
a) quando o verbo está no imperativo e o sujeito está explícito: *Saiam todos! Tome você o xarope*;
b) quando se faz uso da voz passiva pronominal: *Aluga-se um apartamento na Gamboa; Forram-se botões; Vendem-se livros usados; Dão-se aulas de português*;
c) no discurso direto, *i.e.*, quando se reproduzem as palavras de alguém exatamente como foram ditas, e o verbo *dicendi* (como *dizer, falar, responder, perguntar, sugerir*, etc.) não introduz a fala da personagem, mas nela se insere, ou a conclui: *Esta pergunta – respondeu a professora – nada tem a ver com o que ensinei; Eu não veria esse filme – disse o rapaz*;
d) de modo não obrigatório, com predicados nominais (aqueles formados por um *verbo de ligação + predicativo*), quando o sujeito é longo: *Foi horrível o acidente que vimos ontem quando descíamos a Rio-Petrópolis.*

Os adjuntos adverbiais (representados por um *advérbio*, uma *locução adverbial* ou uma *oração adverbial*) são, com frequência, antecipados: *Ontem não saímos; Infelizmente choveu; As crianças, amanhã pela manhã, não estarão aqui; Quando acordei, já era tarde para o encontro.*

1. A construção do sujeito e do objeto

Sujeito e objeto têm como núcleo um nome (*núcleo nominal*), *i.e.*, um *substantivo* ou um *pronome*: *João saiu; Ele saiu*.
A esse núcleo nominal podem acrescentar-se *adjuntos adnominais* (*i.e.*, termos que estão *juntos ao nome*), que o estarão antecedendo ou seguindo. Podem exercer essa função os artigos (definidos e indefinidos), os pronomes demonstrativos e possessivos, os numerais, os adjetivos, além de locuções adjetivas (como em *livro de ouro*) ou orações adjetivas (*O homem que vi ontem era outro*). Resumimos tais possibilidades no quadro abaixo.

ADJUNTO ADNOMINAL			NOME	ADJUNTO ADNOMINAL
pronome demonstrativo	pronome possessivo	numeral	substantivo	adjetivo
aqueles	*meus*	*dois*	*livros*	*ingleses*

Observações
a) Os artigos, os pronomes demonstrativos, os pronomes possessivos e os adjetivos concordam em gênero (masculino e feminino) e número (singular e plural) com o nome: *O(s) menino(s) esperto(s); Esta(s) menina(s) bonita(s)*.
b) Os numerais cardinais *um, dois, ambos* e os que indicam múltiplos de *cem* concordam em gênero com o nome: *dois blocos, duas casas; duzentos gramas, duzentas pedras; ambos os meninos, ambas as ruas.*
c) Os numerais cardinais *milhão, bilhão, trilhão*, etc. variam em número: *milhão/milhões, trilhão/trilhões.*

d) Os numerais ordinais variam em gênero e número: *vigésimo/vigésima*.
e) Os adjetivos terminados em *-a, -e, -l, -m, -ar, -s, -z*, e os comparativos terminados em *-or* são invariáveis quanto ao gênero: *hipócrita, árabe, amável, ruim, exemplar, simples, feliz, superior.* [Exceções: *bom/boa; andaluz/andaluza.*]

Os adjetivos terminados em *-o* átono mudam o *-o* em *-a*: *bonito/bonita*.

Aqueles terminados em *-u, -ês* e *-or* acrescentam *-a* ao masculino: *cru/crua; francês/francesa; encantador/encantadora*. [Exceções: *hindu, zulu; cortês, descortês, montês, pedrês; multicor, incolor, sensabor*; e os comparativos (como *melhor, pior*), todos invariáveis quanto ao gênero; *gerador/geratriz; motor/motriz*.]

Os terminados em *-ão* formam o feminino em *-ã* ou *-ona*: *são/sã; chorão/chorona*. [Exceção: *beirão/beiroa*.]

f) Os nomes terminados em vogal recebem *-s* no plural: *casa/casas*.

Se terminados em *-r* e *-z* recebem *-es*: *mar/mares; rapaz/rapazes*.

Os terminados em *-n* fazem o plural com acréscimo de *-s* ou *-es*: *abdômen, abdomens* ou *abdômenes; hífen, hifens* ou *hifenes*, etc.

Os nomes paroxítonos terminados em *-s* são invariáveis, mas não o são quando oxítonos: *o atlas, os atlas; um país, dois países*.

Os poucos nomes finalizados em *-x* são também invariáveis: *o tórax, os tórax, o ônix, os ônix*.

Aqueles terminados em *-m* mudam o *-m* em *-ns*: *fim/fins; homem/homens*.

Se terminados em *-il*, os nomes mudam o *-l* em *-s* quando oxítonos, e em *-eis* quando paroxítonos: *barril/barris, funil/funis; fóssil/fósseis; réptil/répteis*.

Os terminados em *-al, -el, -ol* e *-ul* mudam o *-l* em *-is*: *animal/animais; níquel/níqueis; lençol/lençóis; paul/pauis*. [Exceções: *cal/cais* ou *cales, mal/males, cônsul/cônsules*.]

A maioria dos nomes terminados em *-ão* faz o plural em *-ões*: *balão/balões, leão/leões, nação/nações*, etc. Incluem-se neste grupo todos os aumentativos: *casarão/casarões, facão/facões*, etc.

Há, porém, formas em *-ães* e *-ãos*: *alemão/alemães, cão/cães, pão/pães, tabelião/tabeliães; cidadão/cidadãos, cristão/cristãos, órgão/órgãos;* etc.

Ocorrem ainda nomes que apresentam dois e até três plurais: *alazão/alazães/alazões, ancião/anciães/anciãos/anciões, ermitão/ermitães/ermitãos/ermitões, refrão/refrães/refrãos*, etc.

Os nomes próprios seguem as mesmas regras do plural dos nomes comuns: *os dois Plínios, os três Andradas, os Josés, os Maias, os Cardosos de Melo*, etc.

Os nomes compostos seguem, em geral, as seguintes normas de pluralização:

– quando os termos componentes não se ligam por hífen, o plural obedece às regras dos substantivos simples: *pernilongo/pernilongos, vaivém/vaivéns, malmequer/malmequeres*, etc.;

– quando o primeiro termo do composto é verbo ou palavra invariável e o segundo é um nome, só este se flexiona: *guarda-chuva/guarda-chuvas, sempre-viva/sempre-vivas, alto-falante/alto-falantes, ave-maria/ave-marias, vice-governador/vice-governadores*, etc.;

– quando os termos componentes estão ligados por preposição, o primeiro vai para o plural: *joão-de-barro/joões-de-barro; pão de ló/pães de ló; flor-das-pedras/flores-das-pedras*, etc.;

– quando o último termo do substantivo composto é um verbo, só este se flexiona: *bem-te-vi/bem-te-vis; bem-me-quer/bem-me-queres*, etc.;

– quando o substantivo composto é constituído de dois substantivos, ou de substantivo e adjetivo, ambos os termos geralmente se pluralizam: *carta-bilhete/cartas-bilhetes, amor-perfeito/amores-perfeitos, quarta-feira/quartas-feiras*, etc.;

– quando o substantivo composto é constituído de duas formas verbais repetidas, pluralizam-se ambos os termos, ou apenas o segundo: *corre-corre: corres-corres* ou *corre-corres*;

– quando o segundo termo limita ou determina o primeiro, ou entre os dois é possível subentender uma preposição ou locução prepositiva, é lícito pluralizar ambos os componentes ou apenas o primeiro: *banana-prata/bananas-pratas/bananas-prata; caneta-tinteiro/canetas-tinteiros/canetas-tinteiro; fruta-pão/frutas-pães/frutas-pão; couve-flor/couves-flores/couves-flor; palavra-chave/palavras-chaves/palavras-chave*, etc.

g) Os nomes terminados em *-o* mudam o *-o* em *-a* para formar o feminino: *gato/gata; menino/menina*.
Se terminados em consoante, formam o feminino pelo acréscimo de *-a*: *leitor/leitora; camponês/camponesa*.
Os nomes terminados em *-ão* mudam esta terminação em *-ona*, em *-oa* ou em *-ã*: *folião/foliona; leitão/leitoa; irmão/irmã*.
Alguns nomes têm a forma feminina totalmente diversa da forma masculina: *homem/mulher; bode/cabra; carneiro/ovelha*.

2. O verbo

O verbo concorda com o sujeito.
2.1. sujeito simples: *Eu saí; Nós cantamos*.
2.2. sujeito composto da 3ª pessoa: *Mãe e filha esperaram a resposta todo o dia*.
2.3. sujeito composto de pessoas diferentes.
a) a 1ª pessoa prevalece sobre as demais: *Ele e eu fomos premiados; João, você e eu iremos ao cinema*.
b) a 2ª pessoa prevalece sobre a terceira: *Tu e Joana fostes premiados*.

Observações

a) Os complementos do verbo são o *objeto direto* e o *objeto indireto*. No primeiro caso, o verbo não pede preposição, mas, no segundo caso, ela é necessária: *Comprei flores; Não gostamos de chocolate*.
b) Há verbos que não pedem complemento. São intransitivos: *Ontem saímos; O bebê nasceu; Ventou toda a noite*.

Na concordância, as terminações do verbo variam de acordo com a conjugação a que o verbo pertence. São da *primeira conjugação* os verbos terminados em *-ar*; da *segunda*, aqueles terminados em *-er*, assim como o verbo anômalo desta conjugação *pôr* e seus derivados (*compor, pospor, antepor*, etc.); da *terceira*, os verbos terminados em *-ir*. Veja as tabelas de conjugação, mais adiante.

NOTAÇÕES LÉXICAS

1. O acento gráfico, em português, pode ser:
a) *agudo*
   – usado sobre as cinco vogais, indica:
   • sílaba tônica e vogal aberta (*fé, mó, café, jiló, século, cólica*);
   • sílaba tônica (*aí, baú, além, reféns*).
b) *circunflexo*
   – usado sobre as vogais *a, e* e *o*, indica:
   • sílaba tônica e vogal fechada (*avô, mês, você, ânimo, câmara*, etc.).
c) *grave*
   – usado sobre a vogal *a*, indica a crase da preposição *a* com o artigo *a, as* e com os pronomes demonstrativos *a (as)* e o *a* inicial do pronome demonstrativo *aquele* e suas flexões. Veja, mais adiante, *A crase e o seu emprego*.

2. Outros sinais:
a) *til*
   – indica nasalização, us. sobre o *a* e o *o*: *lã, lãzinha; órfão, órgão; põe, sermões*, etc.
b) *trema*
   – no Brasil, até o presente acordo ortográfico, era aplicado no *u* que, sendo pronunciado, vinha depois de *g* ou *q* e precedia *e* ou *i* (daí termos em edições anteriores formas como: *freqüentar, tranqüilo*, etc.). Com o acordo, o trema foi suprimido; passamos, assim, a grafar: *frequentar, tranquilo*, p.ex. Agora ele só deve ser us. em derivados de nomes próprios estrangeiros: *mülleriano* (de *Müller*), p.ex.

c) **apóstrofo**
– indica a supressão de uma letra – ger. uma vogal – no verso (por exigência da metrificação), em certas pronúncias populares e em palavras compostas ligadas pela preposição *de*: *c'roa, esp'rança; 'tá, 'teve; mãe-d'água, olho-d'água, pau-d'alho, pau-d'arco*, etc.

d) **cedilha**
– usada debaixo do *c*, antes das vogais *a, o* e *u*, representa o fonema [s]: *laçar, cansaço, açude*, etc.

e) **hífen**
– usado para unir os elementos de palavras compostas em que se mantém a noção da composição ou em derivadas por prefixação: *arco-íris, guarda-pó, pé-de-moleque; pré-vestibular, super-herói, ex-colega*, etc.

– usado para unir pronomes átonos a verbos: *tiraram-me, cantaste-a, demos-lhe, conduzir-te-ei*, etc.

– usado para separar vocábulos no fim da linha: *consequên-cia, multiplica-ção, lúgu-bre*, etc.

Obs.: Se, na translineação de uma palavra composta ou de uma combinação de palavras, o hífen coincidir com o fim da linha, ele deve ser repetido na linha seguinte: *Entendeu--se a explicação*.

REGRAS DE ACENTUAÇÃO

Proparoxítonos

Todos se acentuam: *áspero, pássaro, amássemos, lâmina, péssimo, pudéssemos, lêssemos, lívido, síntese, partíssemos, ótimo, fôlego, público, túmulo*, etc.
Obs.: Incluem-se nesta regra os vocábulos terminados em encontros vocálicos que podem ser pronunciados como ditongos crescentes: *área, petróleo, ignorância, prêmio, língua, tênue*, etc.

Paroxítonos

Acentuam-se os terminados em:

a) *-i, -is, -us*: *júri, dândi, lápis, tênis, ônus*, etc.

Obs.: Não se acentuam os prefixos paroxítonos terminados em *-i*: *anti-higiênico, semi-interno*, etc.

b) *-l, -n, -r, -x, -ps*: *afável, fértil, pólen, hífen, próton, éter, câncer, tórax, ônix, bíceps*, etc.

Obs. 1: *Pólen* e *hífen* – bem como os demais paroxítonos terminados em *-en* – fazem no plural, respectivamente, *polens* e *hifens* (sem acento), porque, já sendo acentuados os oxítonos em *-éns* (como *reféns, manténs*, etc.), seria redundante distinguir os paroxítonos.

Obs. 2: Não se acentuam os prefixos paroxítonos terminados em *-r*: *inter-racial, super--homem, hiper-requintado, inter-humano*, etc.

c) *-ã, -ãs, -ão, -ãos*: *ímã, órfãs, bênção, bênçãos*, etc.

d) *-um, -uns*: *álbum/álbuns, fórum/fóruns*, etc.

Obs.: Não se acentua o prefixo paroxítono terminado em *-um*: *circum-navegação*, etc.

e) ditongo oral: *jóquei, fáceis, fizéreis, enxágue, bilíngue*, etc.

Obs. 1: Não se acentuam graficamente as palavras paroxítonas cujas vogais tônicas *i* e *u* são precedidas de ditongo: *feiura, baiuca*, etc.

Obs. 2: Não se acentua com o acento agudo o *u* tônico de formas rizotônicas de *arguir* e *redarguir*: *arguis* (ú), *argui* (ú), *redarguis* (ú), *redargui* (ú), etc.

Obs. 3: Verbos como *aguar, averiguar, apaziguar, apropinquar, delinquir* possuem dois paradigmas: a) com o *u* tônico em formas rizotônicas sem acento gráfico: *averiguo* (ú), *ague* (ú), etc. b) com o *i* ou o *a* dos radicais tônicos acentuados: *averíguo, águe* (ü), etc.

Oxítonos

Acentuam-se os terminados em:

a) *-a, -as, -e, -es, -o, -os*: *cajá, atrás, pontapé, através, você, revés, revês, avó, avós, cipós, repôs*, etc.

Obs. 1: Incluem-se nesta regra as formas verbais em que, depois de *-a, -e, -o*, se assimilaram *r*, *s*, *z*, ao *l* do pronome *lo, la, los, las*, caindo depois o primeiro *l*: *amá-lo, louvá-la, fê-los, contê-los, repô-las, sabê-lo-eis, trá-la-á*, etc.

<u>Obs. 2</u>: Incluem-se ainda nesta regra os monossílabos tônicos terminados em *-a, -as, -e, -es, -o, -os*: *já, pás, fé, pés, crês, pó, vô, vó, vós*, etc.

b) *-em, -ens*: *ninguém, refém, reféns, convém, convéns, retém-no*, etc.

<u>Obs.</u>: Não se acentuam os monossílabos com essas terminações: *vem* (3.ª pess. sing. do pres. ind. do v. *vir*), *vens*; *tem* (3.ª pess. sing. do pres. ind. do v. *ter*), *tens*, etc. (Veja e em **Regras gerais**.)

Regras gerais

a) Levam acento agudo o *i* e o *u* tônicos em hiato com vogal precedente, desde que formem sílaba isolados ou sejam seguidos de *s*: *cafeína, raízes, saíste, reúnes, balaústre, contraí-lo*, etc.

<u>Obs.</u>: Não se acentua o *i* seguido de *nh*: *tainha, moinho*, etc.

b) Levam acento agudo as vogais tônicas dos ditongos *éi, éu, ói* seguidos ou não de *s*, nas palavras oxítonas e nos monossílabos tônicos: *anéis, cruéis, céu, dói, corrói*, etc.

c) Não leva mais acento circunflexo o *o* tônico do hiato final de palavra *-oo*: *voo, voos, enjoo, enjoos, abençoo*, etc.

d) Marca-se com acento circunflexo o *e* tônico da 3.ª pess. do pl. do pres. do ind. dos verbos *ter, vir* e seus compostos: *têm, vêm, contêm, advêm*, etc., para distingui-la da 3.ª pess. do sing.

e) As formas verbais *dá, vê, vás, relê, descrês, vês*, etc. seguem a regra dos oxítonos e dos monossílabos tônicos em *-a(s), -e(s), -o(s)*.

f) Não leva mais acento o 1º *e* (de *ee*) das formas verbais: *creem, leem, veem, descreem, releem, reveem, deem, desdeem*.

Casos especiais

a) Acentuam-se as seguintes palavras:

– *pôr* (verbo) para diferenciar de *por* (preposição): *O verbo pôr é da segunda conjugação; Suba por aqui.*

– *pôde* (3.ª pess. sing. do pret. perf. ind.) para diferenciar de *pode* (3.ª pess. sing. do pres. ind.): *Ele pôde sair ontem; Você pode sair agora?*

– *porquê* (substantivo) para diferenciar de *porque* (conjunção): *Qual é o porquê da vida?; Vou à festa porque gosto de dançar.*

– *quê* (substantivo), e quando é usado em fim de frase: *O quê é uma palavra; Vai embora por quê?*

b) Facultativamente, assinalam-se com acento agudo formas verbais como:
   - *amámos* (pret. perf. ind.)
   - *louvámos* (pret. perf. ind.)

   para distingui-las de:
   - *amamos* (pres. ind.)
   - *louvamos* (pres. ind.)

c) Facultativamente, assinalam-se com acento circunflexo:
   - *dêmos* (1.ª pess. pl. pres. subj.)
   - *fôrma* (subst. = vasilha)

A crase e seu emprego

Vocábulo de origem grega, crase é a fusão ou contração de duas vogais numa só. Nesse sentido, pode-se dizer que na evolução do latim *dolore(m)* para o português *dor* houve crase dos dois -oo- em um só (*door > dor*), após a síncope do *l* intervocálico. Em sentido restrito, porém, o termo *crase* designa a contração da preposição *a* com o artigo feminino *a* (plural *as*) ou com os pron. dem. *a, as,* e *o a* inicial dos também pronomes demonstrativos *aquele, aqueles, aquela, aquelas, aquilo* e demais flexões.

Assim sendo, a crase ocorre apenas antes de palavras femininas (que às vezes podem estar ocultas ou subentendidas) determinadas pelo artigo *a* ou *as* e subordinadas a termos que exigem a preposição *a: João assistiu* à *partida; Fui* à *cidade; Tinha amor* à *natureza; Usava sapatos* à (*moda de*) *Luís XV; Tinha um estilo* à (*maneira de*) *Euclides da Cunha,* etc.

O acento grave é ainda de regra em numerosas locuções adverbiais, prepositivas e conjuntivas formadas com a prep. *a* e o substantivo feminino: *à beira de, à cata de, à chave, à espada, à faca, à fome, à medida que, à toa, à vela, às cegas, às vezes,* etc.

Há casos em que a crase pode ocorrer ou não:

a) antes de pronomes possessivos no feminino: *Dei um presente* a (ou à) *minha namorada; Referiu-se* a (ou à) *nossa atitude,* etc.

   Obs.: A crase é obrigatória se houver elipse do substantivo: *Dedicou-se* a (ou à) *nossa causa, mas não deu atenção* à *sua.*

b) antes de antropônimos femininos, caso em que o uso do acento grave denota intimidade ou popularidade: *Escrevi uma carta* a (ou à) *Amélia; Dei parabéns* a (ou à) *Gal Costa,* etc.

   Obs.: Se o nome próprio estiver antecedido de um adjetivo, o acento grave torna-se obrigatório: *Dediquei o livro* à *querida Ana,* etc.

c) depois da preposição *até*, por admitir esta a variante *até a: Foi até* a (ou à) *esquina,* etc.

Casos em que a crase não ocorre:

a) antes de nomes masculinos e de verbos: *navio a vapor; Comprou uma televisão a prazo; Viajou a Portugal; Demorou a receber; Aprendeu a recitar,* etc.

   Obs.: Em *à zero hora*, a crase na verdade ocorre antes de *hora* e não de *zero* – trata-se de simples inversão de termos.

b) antes do art. indefinido *uma*, de pronomes que não admitem artigo (pessoais, indefinidos, demonstrativos e relativos) e de numerais: *Nunca assisti a uma cena tão dramática; Dirigi-me a ela; Não fui a nenhuma praia de Alagoas; Cheguei a certa hora; A essa altura, calei-me; A autoridade a que aludi; Governou de 1930 a 1945;* etc.

   Obs.: Antes de numerais que indicam hora definida, a crase é, porém, de rigor: À *uma da manhã, todos saíram;* Às *duas horas da tarde, começaram a fazer a sesta;* etc.

c) em locuções formadas por substantivos repetidos: *face a face, frente a frente, gota a gota, de ponta a ponta,* etc.

d) antes de nomes próprios femininos que não admitem artigo: *ir a Cuba, viajar a Brasília, rezar a Nossa Senhora, ter devoção a Santa Terezinha,* etc.

e) antes de subst. feminino indeterminado: *A reação química deu-se a temperatura constante,* etc.

f) antes do subst. *casa* quando se refere ao próprio domicílio: *Voltou a casa para apanhar a mala,* etc.

g) antes do subst. *terra* empregado em oposição a *bordo: O náufrago chegou a terra,* etc.

PARADIGMAS DE CONJUGAÇÃO

As 74 tabelas de conjugação verbal que se seguem apresentam os três modelos de conjugação dos verbos regulares (tabelas 1 [de 1A a 1H], 2 [de 2A a 2C] e 3 [de 3A a 3D]), dos verbos regulares defectivos (4 a 9), dos verbos irregulares (10 a 54) e dos verbos irregulares defectivos (55 a 58).

Verbos regulares

Como paradigmas para as três conjugações regulares foram escolhidos os verbos **amar** (1), **vender** (2) e **partir** (3).

Alguns verbos regulares apresentam adequações gráficas (ex.: *fico, fiques*, etc.; *abranjo, abranges*, etc.). Outros apresentam alternância de timbre (ex.: *devo, deves*, etc.; *movo, moves*, etc.)[1]. Há, também, alguns que apresentam adequação gráfica e alternância de timbre (ex.: *rejo, reges*, etc.). Outros recebem acento gráfico nas vogais rizotônicas (ex.: *saúdo, saúdas, saúda, saudamos*, etc.). Há outros, enfim, que apresentam mais de uma adequação gráfica (cedilha e acento: *esmiúço, esmiúças, esmiúça, esmiuçamos*, etc.).

Mas nem por isso tais verbos devem ser considerados irregulares.

Verbos regulares defectivos

Como paradigmas dos verbos regulares defectivos para as três conjugações foram escolhidos os verbos **adequar** (4), **burburejar** (5) (com nota sobre os verbos unipessoais e os impessoais), **precaver** (6), **alvorecer** (7) (com nota sobre os impessoais), **extorquir** (8) e **falir** (9).

Verbos irregulares

1. Irregulares da 1ª conjugação: **dar** (10), **estar** (11), **frear** (12A), **idear** (12B) e **odiar** (13).
2. Irregulares da 2ª conjugação: **ser** (14), **ter** (15), **haver** (16), **dizer** (17), **fazer** (18), **trazer** (19), **caber** (20), **saber** (21), **ver** (22), **prover** (23), **poder** (24), **crer** (25), **querer** (26), **requerer** (27), **valer** (28), **perder** (29), **aprazer** (30), **comprazer** (31), **jazer** (32), **roer** (33) e **pôr** (34).
3. Irregulares da 3ª conjugação: **ir** (35), **vir** (36), **rir** (37), **cair** (38), **ouvir** (39), **medir** (40), **conduzir** (41) [verbo abundante], **atribuir** (42), **construir** (43) [verbo abundante], **arguir** (44), **seguir** (45), **divergir** (46), **frigir** (47), **mentir** (48), **agredir** (49), **dormir** (50), **polir** (51), **bulir** (52), **fugir** (53), **entupir** (54) [verbo abundante].

Verbos irregulares defectivos

1. Da 2ª conjugação: **reaver** (55), **soer** (56) e **prazer** (57).
2. Da 3ª conjugação: **puir** (58).

Em cada verbo (no corpo do dicionário), há uma remissiva para a tabela pela qual o verbo se conjuga. As remissivas podem ser numéricas (apenas com número) e numérico-alfabéticas (com número seguido de letra): nos verbos regulares, estas últimas apresentam adequação ortográfica ou acentuação gráfica de uma tabela principal, identificada pelo número.

As remissivas dos verbos regulares da 1ª e da 2ª conjugações podem conter observações sobre o timbre das vogais *e* e *o* das formas rizotônicas. Nas remissivas para a 1ª conjugação, como todas as formas rizotônicas seguem o mesmo timbre da 1ª pess. do sing. do pres. do ind., a observação sobre o timbre é feita com a vogal do rad. dentro de parênteses, devidamente acentuada. Para

---

[1] Embora a alternância de timbre, segundo alguns gramáticos, em muitos verbos, como *mover* e *beber*, seja comum também em verbos, como *frigir* e *acudir* (que são considerados irregulares), verbos como aqueles não são tidos como irregulares, Cf. Celso Cunha e Lindley Cintra, *Nova Gramática do Português Contemporâneo*, p. 402.

a marcação do timbre fechado, com acento circunflexo; e para o aberto, com acento agudo.

Nas remissivas para a 2ª conjugação, porém, como algumas formas rizotônicas seguem o timbre da 1ª pess. do sing. do pres. do ind., e outras, o da 2ª pess. do sing. do pres. do ind., a observação tem duas vezes a vogal do rad. dentro de parênteses: a 1ª representa o timbre da vogal tônica da 1ª pess. do sing. do pres. do ind., e a 2ª representa o da tônica da 2ª pess. do sing. do pres. do ind.

Para os *verbos regulares*, as remissivas podem ser:

I. Para os da 1ª conjugação, referente aos verbos terminados em -ar:

Para a tabela 1:

a) C.: **1** – em verbos terminados em *-alhar, -ular, -iar, -enar, -onar, -emar, -omar,* etc. Exemplos: **penar, tomar**.

b) C.: **1 (é)** – informa o timbre aberto da vogal (é) do rad. da 1ª pess. do sing. do pres. do ind. e, consequentemente, das demais formas rizotônicas, em verbos terminados em *-edar, -efar, -elar, -erar, -erdar, -ermar, -ernar, -esar, -essar, -etar, -evar,* etc. Exemplos: **confessar, herdar, levar**.

c) C.: **1 (ê)** – informa o timbre fechado da vogal (ê) do rad. da 1ª pess. do sing. do pres. do ind. e, consequentemente, das demais formas rizotônicas, em verbos terminados em *-elhar* (exceto *grelhar*), *-ejar* (exceto *invejar*), *-echar, -ebar, -exar*. Exemplos: **aconselhar, aparelhar, pelejar, flamejar, apetrechar, ensebar, vexar**.

d) C.: **1 (ó)** – informa o timbre aberto da vogal (ó) do rad. da 1ª pess. do sing. do pres. do ind. e, consequentemente, das demais formas rizotônicas, em verbos terminados em *-obrar, -ofar, -ojar, -olar, -olhar, -opar, -ovar, -ornar, -ormar, -orrar, -ortar, -osar, -ossar, -otar, -ovar,* etc. Exemplos: **cortar, sobrar, torrar**.

Para a tabela 1A, referente aos verbos terminados em **-car**:

a) C.: **1A** – variação ortográfica: *-c-* passa a *-qu-* sempre que seguido de *e*. Exemplos: **comunicar, fuxicar, trancar**.

b) C.: **1A (é)** – variação ortográfica e timbre aberto da vogal (é) do rad. da 1ª pess. do sing. do pres. do ind. e, consequentemente, das demais formas rizotônicas. Exemplo: **pecar**.

c) C.: **1A (ó)** – variação ortográfica e timbre aberto da vogal (ó) do rad. da 1ª pess. do sing. do pres. do ind. e, consequentemente, das demais formas rizotônicas. Exemplo: **colocar, tocar**.

Para a tabela 1B, referente aos verbos terminados em **-çar**:

a) C.: **1B** – variação ortográfica: *-ç-* passa a *-c-* sempre que seguido de *e*. Exemplos: **laçar, caçar**.

b) C.: **1B (é)** – variação ortográfica e timbre aberto da vogal (é) do rad. da 1ª pess. do sing. do pres. do ind. e, consequentemente, das demais formas rizotônicas. Exemplos: **começar, tropeçar**.

c) C.: **1B (ó)** – variação ortográfica e timbre aberto da vogal (ó) do rad. da 1ª pess. do sing. do pres. do ind. e, consequentemente, das demais formas rizotônicas. Exemplos: **coçar, troçar**.

d) C.: **1B (úç)** – variação ortográfica e acento gráfico no *-u-* do rad., nas formas rizotônicas, por tratar-se do 2º elemento de um hiato: **esmiuçar**.

Para a tabela 1C, referente aos verbos terminados em **-gar**:

a) C.: **1C** – variação ortográfica: *-g-* passa a *-gu-* sempre que seguido de *e*. Exemplos: **comungar, largar, tragar**.

b) C.: **1C (é)** – variação ortográfica e timbre aberto da vogal (é) do rad. da 1ª pess. do sing. do pres. do ind. e, consequentemente, das demais formas rizotônicas. Exemplo: **regar**.

c) **C.: 1C (ê)** – variação ortográfica e timbre fechado da vogal (ê) do rad. da 1ª pess. do sing. do pres. do ind. e, consequentemente, das demais formas rizotônicas. Exemplo: **chegar**.

d) **C.: 1C (ó)** – variação ortográfica e timbre aberto da vogal (ó) do rad. da 1ª pess. do sing. do pres. do ind. e, consequentemente, das demais formas rizotônicas. Exemplos: **jogar, rogar**.

Para a tabela **1D**, referente aos verbos terminados em *-oar*, que têm na 1ª pess. do pres. do ind. o encontro da vogal *o-* (do tema) com a desinência *-o*: **abençoo, coroo, perdoo**.

Para a tabela **1E**, referente aos verbos terminados em *-oiar*, com ditongo *-oi-* (aberto no Brasil) no interior do tema mais desinência da 1ª conjug.: **apoiar, boiar**, etc.

Para a tabela **1F** (*-u-ar* ou *-i-ar*) – acento gráfico, nas formas rizotônicas, no *-ú-* (ou *-í-*) por tratar-se do 2º elemento de um hiato. Exemplos: **saudar, enraizar, europeizar, embaular, enciumar**.

Para a tabela **1G**, referente aos verbos terminados em *-aguar* e *-inguar* – acento gráfico, nas formas rizotônicas, no *-á-* e no *-i-* do rad. Exemplos: **aguar, desaguar, enxaguar, minguar**.

Para a tabela **1H**, referente a verbos terminados em *-iguar* – o *u* de *-gu-* é pronunciado nas formas rizotônicas; no pres. do ind., elas não recebem acento gráfico, mas no pres. do subj. todas recebem e, no imperativo, dentre as rizotônicas, apenas a 2ª pess. do sing. do afirmativo não recebe. Exemplos: **apaziguar, averiguar, apaniguar**. Para 1G e 1H, veja a obs. 3, do item *e*, na página XIX.

II. Para os da 2ª conjugação, referente aos verbos terminados em *-er*:

Para a tabela **2**:

a) **C.: 2** – em verbos terminados em *-arder, -arrer, -ater, -encher, -ender, -omper*, etc. Exemplos: **arder, varrer, combater, preencher, compreender, contender, entender, vender, corromper**.

b) **C.: 2 (ê-é)** – informa o timbre fechado da vogal (ê) do rad. da 1ª pess. do sing. do pres. do ind. e o timbre aberto do *e* (é) do rad. da 2ª pess. do sing. do pres. do ind., em verbos terminados em *-eber, -eder, -erter, -eter, -ever, -exer*, etc. Exemplos: **beber, perceber, feder, interceder, comprometer, derreter, dever, escrever, mexer**.

c) **C.: 2 (ô-ó)** – informa o timbre fechado da vogal (ô) do rad. da 1ª pess. do sing. do pres. do ind. e o timbre aberto do *o* (ó) do rad. da 2ª pess. do sing. do pres. do ind., em verbos terminados em *-olher, -olver, -order, -orrer, -orver, -oser, -over, -ozer*, etc. Exemplos: **colher, desenvolver, morder, concorrer, sorver, coser, mover, cozer**.

Para a tabela **2A**, referente aos verbos terminados em *-cer*:

a) **C.: 2A** – variação ortográfica: *-c-* passa a *-ç-* sempre que seguido de *a* ou *o*, em verbos terminados em *-encer*. Exemplos: **convencer, vencer**.

b) **C.: 2A (ê-é)** – variação ortográfica e timbre fechado da vogal (ê) do rad. da 1ª pess. do sing. do pres. do ind. e o timbre aberto do *e* (é) do rad. da 2ª pess. do sing. do pres. do ind., em verbos terminados em *-ecer, -ercer, -escer*. Exemplo: **emagrecer, exercer, crescer**.

c) **C.: 2A (ô-ó)** – variação ortográfica e timbre fechado da vogal (ô) do rad. da 1ª pess. do sing. do pres. do ind. e o timbre aberto do *o* (ó) do rad. da 2ª pess. do sing. do pres. do ind., em verbos terminados em *-orcer*. Exemplos: **contorcer, distorcer**.

Para a tabela **2B**, referente aos verbos terminados em *-ger*:

a) **2B** – variação ortográfica: o *-g-* passa a *-j-* sempre que seguido de *-a-* ou *-o-*, em verbos terminados em *-anger*. Exemplos: **abranger, confranger, constranger**.

b) **2B (ê-é)** – variação ortográfica e timbre fechado da vogal (ê) do rad. da 1ª pess. do sing. do pres. do ind., e o timbre aberto do *e* (é) do rad. da 2ª pess. do sing. do pres. do ind., em verbos terminados em *-eger*. Exemplos: **eleger, proteger, reger**.

Para a tabela **2C**, referente aos verbos em *-erguer*, a remissiva é **2C (ê-é)**: o *-u-* de *-gu-* desaparece antes de *a* ou *o*; o timbre da vogal (ê) do rad. da 1ª pess. do sing. do pres. do ind. é fechado, e o da vogal (é) da 2ª pess. do sing. do pres. do ind. é aberto. Exemplos: **erguer, reerguer e soerguer**.

III. Para os da 3ª conjugação, referente aos verbos terminados em -ir:

Para a tabela 3, com várias terminações com a desinência -*ir*. Exemplos: **abrir, admitir, adquirir, aludir, aplaudir, colidir, confundir, definir, existir, partir**, etc.

Para a tabela 3A, referente aos verbos terminados em -gir – variação ortográfica: o -*g*- passa a -*j*- sempre que seguido de *a* ou *o*. Exemplos: **afligir, agir, dirigir**.

Para a tabela 3B, referente aos verbos terminados em -guir – variação ortográfica: o -*u*- de -*gu*- desaparece antes de *a* ou *o*. Exemplos: **distinguir, extinguir**.

Para a tabela 3C, referente aos verbos terminados em -oibir – acento gráfico, nas formas rizotônicas, no -*i*- do rad., por tratar-se do 2º elemento de um hiato (-*oi*-). Exemplos: **coibir, proibir**.

Para a tabela 3D, referente ao verbo **reunir** – acento gráfico, nas formas rizotônicas, no -*u*- por tratar-se do 2º elemento de um hiato.

Para os verbos regulares defectivos, os irregulares e os irregulares defectivos, *remissivas primordialmente numéricas (exceto para 12A e 12B, q.v.)*:

Regulares defectivos de 4 a 9.
Irregulares de 10 a 54.
Irregulares defectivos de 55 a 58.

Deve-se atentar ainda para a ocorrência de notas sobre a conjugação de alguns verbos nos próprios verbetes, pois em tais casos a remissiva para uma tabela só é pertinente quando considerada a observação feita no seu interior. Há no verbo **cocoricar**, por exemplo, a seguinte observação: "Norm., é unipess."; assim, a remissão para o paradigma **1A** refere-se apenas às 3ᵃˢ pess. desse paradigma. No verbo **coagir** a observação é: "Embora, para alguns, só se deva conjugar nas f. em que o *g* da raiz é seguido de *e* ou de *i*, a tendência, no Brasil, é usá-lo em todas as formas."

Veja, também, no interior do dicionário, no verbete **verbo**, as definições de *verbo regular, verbo irregular, verbo defectivo, verbo impessoal, verbo unipessoal* e *verbo abundante*.

Notas:
1) As questões de prosódia aqui tratadas são relativas às normas urbanas de prestígio usadas no Brasil.
2) Para facilitar a compreensão do leitor, adotou-se a terminologia fechado e aberto (timbre), ou fechada e aberta (vogal), no lugar de semifechado e semiaberto.
3) Embora alguns verbos defectivos venham sendo conjugados normalmente, optou-se pelo registro apenas de conjugações adotadas pelos gramáticos. É o caso, por exemplo, de *explodir, esculpir, exaurir*, entre outros.
4) As formas (pessoas) verbais em que o acento tônico recai na vogal do radical são **rizotônicas**. Aquelas em que o acento tônico recai após o radical são **arrizotônicas**. Nos verbos regulares da 1ª e da 2ª conjugações, se a vogal tônica (oral) do radical for *e* ou *o*, pode haver diferença de timbre entre as formas rizotônicas e arrizotônicas. As arrizotônicas têm sempre vogal de timbre fechado (ê ou ô), mas as rizotônicas podem variar de timbre. Em tais casos, na 1ª conjugação, todas as formas rizotônicas seguem o timbre das vogais *e* ou *o* da 1ª pess. do sing. do pres. do ind.; na 2ª conjugação, porém, o timbre fechado da 1ª pess. nem sempre é o mesmo das demais formas, pois algumas seguem o timbre aberto da 2ª pess. do pres. do ind. Têm vogal fechada nos verbos regulares da 2ª conjugação: a 1ª pess. do sing. do pres. do ind., todas as rizotônicas do pres. do subj., e as 3ᵃˢ pess. do imperat. afirm., e todas as formas do neg. Têm vogal aberta: a 2ª pess. do sing. e as 3ᵃˢ pess. do pres. do ind., além da 2ª pess. do sing. do imperat. afirm.

Para melhor compreensão das formas rizotônicas e arrizotônicas, observe as tabelas:

Tabela de timbre das vogais *e* e *o* do radical dos verbos da 1ª conjugação

Na tabela, a primeira coluna começa com (é), como em *levo*, 1ª pess. do sing. do pres. do ind. do v. **levar**; a segunda coluna, com (ê), como em *chego* ou *pelejo*, 1ª pess. do sing. do pres. do ind. dos verbos **chegar** e **pelejar**; a 3ª coluna, com (ó), como em *toco*, 1ª pess. do sing. do pres. do ind. do verbo **tocar**.

INDICATIVO		SUBJUNTIVO	IMPERATIVO	
Presente	**Pret. imperf.**	**Presente**	**Afirm.**	
rizotônica (é) - (ê) - (ó)	arrizotônica (é) - (ê) - (ó)	rizotônica (é) - (ê) - (ó)	–	
rizotônica (é) - (ê) - (ó)	arrizotônica (é) - (ê) - (ó)	rizotônica (é) - (ê) - (ó)	rizotônica	(é) - (ê) - (ó)
rizotônica (é) - (ê) - (ó)	arrizotônica (é) - (ê) - (ó)	rizotônica (é) - (ê) - (ó)	rizotônica	(é) - (ê) - (ó)
arrizotônica (é) - (ê) - (ó)	arrizotônica (é) - (ê) - (ó)	arrizotônica (é) - (ê) - (ó)	arrizotônica	(é) - (ê) - (ó)
arrizotônica (é) - (ê) - (ó)	arrizotônica (é) - (ê) - (ó)	arrizotônica (é) - (ê) - (ó)	arrizotônica	(é) - (ê) - (ó)
rizotônica (é) - (ê) - (ó)	arrizotônica (é) - (ê) - (ó)	rizotônica (é) - (ê) - (ó)	rizotônica	(é) - (ê) - (ó)
Pret. perf.	**Pret. m.-q.-perf.**	**Pret. imperf.**	**Neg. (Não...)**	
arrizotônica (é) - (ê) - (ó)	arrizotônica (é) - (ê) - (ó)	arrizotônica (é) - (ê) - (ó)	–	
arrizotônica (é) - (ê) - (ó)	arrizotônica (é) - (ê) - (ó)	arrizotônica (é) - (ê) - (ó)	rizotônica	(é) - (ê) - (ó)
arrizotônica (é) - (ê) - (ó)	arrizotônica (é) - (ê) - (ó)	arrizotônica (é) - (ê) - (ó)	rizotônica	(é) - (ê) - (ó)
arrizotônica (é) - (ê) - (ó)	arrizotônica (é) - (ê) - (ó)	arrizotônica (é) - (ê) - (ó)	arrizotônica	(é) - (ê) - (ó)
arrizotônica (é) - (ê) - (ó)	arrizotônica (é) - (ê) - (ó)	arrizotônica (é) - (ê) - (ó)	arrizotônica	(é) - (ê) - (ó)
arrizotônica (é) - (ê) - (ó)	arrizotônica (é) - (ê) - (ó)	arrizotônica (é) - (ê) - (ó)	rizotônica	(é) - (ê) - (ó)
Fut. do pres.	**Fut. do pret.**	**Futuro**		
arrizotônica (é) - (ê) - (ó)	arrizotônica (é) - (ê) - (ó)	arrizotônica (é) - (ê) - (ó)	**GERÚNDIO**	
arrizotônica (é) - (ê) - (ó)	arrizotônica (é) - (ê) - (ó)	arrizotônica (é) - (ê) - (ó)		
arrizotônica (é) - (ê) - (ó)	arrizotônica (é) - (ê) - (ó)	arrizotônica (é) - (ê) - (ó)		
arrizotônica (é) - (ê) - (ó)	arrizotônica (é) - (ê) - (ó)	arrizotônica (é) - (ê) - (ó)	**PARTICÍPIO**	
arrizotônica (é) - (ê) - (ó)	arrizotônica (é) - (ê) - (ó)	arrizotônica (é) - (ê) - (ó)		
arrizotônica (é) - (ê) - (ó)	arrizotônica (é) - (ê) - (ó)	arrizotônica (é) - (ê) - (ó)		

No verbo **começar**, por ex., o rad. é *começ-*, e a única vogal do rad. que pode ficar em situação de tonicidade é o *-e-*; ele, quando tônico, isto é, nas formas rizotônicas (veja acima), é aberto: começo (é), começas (é), começa (é)....

Tabela de timbre das vogais *e* e *o* do radical dos verbos da 2ª conjugação

Na tabela, a primeira coluna começa com (ê), como em *mexo*, 1ª pess. do sing. do pres. do ind. do v. **mexer**; a segunda coluna, com (ô), como em *movo*, 1ª pess. do sing. do pres. do ind. do verbo **mover**.

INDICATIVO		SUBJUNTIVO	IMPERATIVO	
Presente	**Pret. imperf.**	**Presente**	**Afirm.**	
rizotônica (ê) - (ó)	arrizotônica (ê) - (ó)	rizotônica (ê) - (ó)	–	
rizotônica (é) - (ó)	arrizotônica (ê) - (ó)	rizotônica (ê) - (ó)	rizotônica	(é) - (ó)
rizotônica (é) - (ó)	arrizotônica (ê) - (ó)	rizotônica (ê) - (ó)	rizotônica	(ê) - (ó)
arrizotônica (ê) - (ó)	arrizotônica (ê) - (ó)	arrizotônica (ê) - (ó)	arrizotônica	(ê) - (ó)
arrizotônica (ê) - (ó)	arrizotônica (ê) - (ó)	arrizotônica (ê) - (ó)	arrizotônica	(ê) - (ó)
rizotônica (é) - (ó)	arrizotônica (ê) - (ó)	rizotônica (ê) - (ó)	rizotônica	(ê) - (ó)
Pret. perf.	**Pret. m.-q.-perf.**	**Pret. imperf.**	**Neg. (Não...)**	
arrizotônica (ê) - (ó)	arrizotônica (ê) - (ó)	arrizotônica (ê) - (ó)	–	
arrizotônica (ê) - (ó)	arrizotônica (ê) - (ó)	arrizotônica (ê) - (ó)	rizotônica	(ê) - (ó)
arrizotônica (ê) - (ó)	arrizotônica (ê) - (ó)	arrizotônica (ê) - (ó)	rizotônica	(ê) - (ó)
arrizotônica (ê) - (ó)	arrizotônica (ê) - (ó)	arrizotônica (ê) - (ó)	arrizotônica	(ê) - (ó)
arrizotônica (ê) - (ó)	arrizotônica (ê) - (ó)	arrizotônica (ê) - (ó)	arrizotônica	(ê) - (ó)
arrizotônica (ê) - (ó)	arrizotônica (ê) - (ó)	arrizotônica (ê) - (ó)	rizotônica	(ê) - (ó)
Fut. do pres.	**Fut. do pret.**	**Futuro**		
arrizotônica (ê) - (ó)	arrizotônica (ê) - (ó)	arrizotônica (ê) - (ó)	**GERÚNDIO**	
arrizotônica (ê) - (ó)	arrizotônica (ê) - (ó)	arrizotônica (ê) - (ó)		
arrizotônica (ê) - (ó)	arrizotônica (ê) - (ó)	arrizotônica (ê) - (ó)		
arrizotônica (ê) - (ó)	arrizotônica (ê) - (ó)	arrizotônica (ê) - (ó)	**PARTICÍPIO**	
arrizotônica (ê) - (ó)	arrizotônica (ê) - (ó)	arrizotônica (ê) - (ó)		
arrizotônica (ê) - (ó)	arrizotônica (ê) - (ó)	arrizotônica (ê) - (ó)		

No verbo **conhecer**, por ex., o rad. é *conhec-*, e a única vogal do rad. que pode ficar em situação de tonicidade é o *-e-*; ele, quando tônico, isto é, nas formas rizotônicas (veja acima), pode ser fechado, como na 1ª pess. do sing. do pres. do ind., ou aberto, como na 2ª pess. do sing. do pres. do ind.: conheço (ê), conheces (é), conhece (é)....

Paradigma dos verbos regulares da 1ª conjugação:

[1] [am]ar (Inf. pess.: [am]ares, [am]ar, [am]armos, [am]ardes, [am]arem)

INDICATIVO		SUBJUNTIVO	IMPERATIVO
Presente	**Pret. imperf.**	**Presente**	**Afirm.**
[am]o	[am]ava	[am]e	–
[am]as	[am]avas	[am]es	[am]a
[am]a	[am]ava	[am]e	[am]e
[am]amos	[am]ávamos	[am]emos	[am]emos
[am]ais	[am]áveis	[am]eis	[am]ai
[am]am	[am]avam	[am]em	[am]em
Pret. perf.	**Pret. m.-q.-perf.**	**Pret. imperf.**	**Neg. (Não...)**
[am]ei	[am]ara	[am]asse	–
[am]aste	[am]aras	[am]asses	[am]es
[am]ou	[am]ara	[am]asse	[am]e
[am]amos	[am]áramos	[am]ássemos	[am]emos
[am]astes	[am]áreis	[am]ásseis	[am]eis
[am]aram	[am]aram	[am]assem	[am]em
Fut. do pres.	**Fut. do pret.**	**Futuro**	**GERÚNDIO**
[am]arei	[am]aria	[am]ar	[am]ando
[am]arás	[am]arias	[am]ares	
[am]ará	[am]aria	[am]ar	**PARTICÍPIO**
[am]aremos	[am]aríamos	[am]armos	[am]ado
[am]areis	[am]aríeis	[am]ardes	
[am]arão	[am]ariam	[am]arem	

Para as remissivas com a indicação do timbre das vogais tônicas dos rad., veja as pp. XXV e XXVI.

Paradigmas dos verbos regulares da 1ª conjugação que apresentam, no radical do verbo, variação ortográfica ou acentuação gráfica:

[1A] [tran]car (Inf. pess.: [tran]cares, [tran]car, [tran]carmos, [tran]cardes, [tran]carem)

O *-c-* passa a *-qu-* sempre que seguido de *e*.

INDICATIVO		SUBJUNTIVO	IMPERATIVO
Presente	**Pret. imperf.**	**Presente**	**Afirm.**
[tran]co	[tran]cava	[tran]que	–
[tran]cas	[tran]cavas	[tran]ques	[tran]ca
[tran]ca	[tran]cava	[tran]que	[tran]que
[tran]camos	[tran]cávamos	[tran]quemos	[tran]quemos
[tran]cais	[tran]cáveis	[tran]queis	[tran]cai
[tran]cam	[tran]cavam	[tran]quem	[tran]quem
Pret. perf.	**Pret. m.-q.-perf.**	**Pret. imperf.**	**Neg. (Não...)**
[tran]quei	[tran]cara	[tran]casse	–
[tran]caste	[tran]caras	[tran]casses	[tran]ques
[tran]cou	[tran]cara	[tran]casse	[tran]que
[tran]camos	[tran]cáramos	[tran]cássemos	[tran]quemos
[tran]castes	[tran]cáreis	[tran]cásseis	[tran]queis
[tran]caram	[tran]caram	[tran]cassem	[tran]quem
Fut. do pres.	**Fut. do pret.**	**Futuro**	**GERÚNDIO**
[tran]carei	[tran]caria	[tran]car	[tran]cando
[tran]carás	[tran]carias	[tran]cares	
[tran]cará	[tran]caria	[tran]car	**PARTICÍPIO**
[tran]caremos	[tran]caríamos	[tran]carmos	[tran]cado
[tran]careis	[tran]caríeis	[tran]cardes	
[tran]carão	[tran]cariam	[tran]carem	

Para as remissivas com a indicação do timbre das vogais tônicas dos rad., veja as pp. XXV e XXVI.

[1B] [la]çar (Inf. pess.: [la]çares, [la]çar, [la]çarmos, [la]çardes, [la]çarem)

O -ç- passa a -c- sempre que seguido de *e*.

INDICATIVO		SUBJUNTIVO	IMPERATIVO
Presente	**Pret. imperf.**	**Presente**	**Afirm.**
[la]ço	[la]çava	[la]ce	–
[la]ças	[la]çavas	[la]ces	[la]ça
[la]ça	[la]çava	[la]ce	[la]ce
[la]çamos	[la]çávamos	[la]cemos	[la]cemos
[la]çais	[la]çáveis	[la]ceis	[la]çai
[la]çam	[la]çavam	[la]cem	[la]cem
Pret. perf.	**Pret. m.-q.-perf.**	**Pret. imperf.**	**Neg. (Não...)**
[la]cei	[la]çara	[la]çasse	–
[la]çaste	[la]çaras	[la]çasses	[la]ces
[la]çou	[la]çara	[la]çasse	[la]ce
[la]çamos	[la]çáramos	[la]çássemos	[la]cemos
[la]çastes	[la]çáreis	[la]çásseis	[la]ceis
[la]çaram	[la]çaram	[la]çassem	[la]cem
Fut. do pres.	**Fut. do pret.**	**Futuro**	**GERÚNDIO**
[la]çarei	[la]çaria	[la]çar	[la]çando
[la]çarás	[la]çarias	[la]çares	
[la]çará	[la]çaria	[la]çar	**PARTICÍPIO**
[la]çaremos	[la]çaríamos	[la]çarmos	[la]çado
[la]çareis	[la]çaríeis	[la]çardes	
[la]çarão	[la]çariam	[la]çarem	

Para as remissivas com a indicação do timbre das vogais tônicas dos rad., veja as pp. XXV e XXVI.

[1C] [lar]gar (Inf. pess.: [lar]gares, [lar]gar, [lar]garmos, [lar]gardes, [lar]garem)

O -*g*- passa a -*gu*- sempre que seguido de *e*.

INDICATIVO		SUBJUNTIVO	IMPERATIVO
Presente	**Pret. imperf.**	**Presente**	**Afirm.**
[lar]go	[lar]gava	[lar]gue	–
[lar]gas	[lar]gavas	[lar]gues	[lar]ga
[lar]ga	[lar]gava	[lar]gue	[lar]gue
[lar]gamos	[lar]gávamos	[lar]guemos	[lar]guemos
[lar]gais	[lar]gáveis	[lar]gueis	[lar]gai
[lar]gam	[lar]gavam	[lar]guem	[lar]guem
Pret. perf.	**Pret. m.-q.-perf.**	**Pret. imperf.**	**Neg. (Não...)**
[lar]guei	[lar]gara	[lar]gasse	–
[lar]gaste	[lar]garas	[lar]gasses	[lar]gues
[lar]gou	[lar]gara	[lar]gasse	[lar]gue
[lar]gamos	[lar]gáramos	[lar]gássemos	[lar]guemos
[lar]gastes	[lar]gáreis	[lar]gásseis	[lar]gueis
[lar]garam	[lar]garam	[lar]gassem	[lar]guem
Fut. do pres.	**Fut. do pret.**	**Futuro**	**GERÚNDIO**
[lar]garei	[lar]garia	[lar]gar	[lar]gando
[lar]garás	[lar]garias	[lar]gares	
[lar]gará	[lar]garia	[lar]gar	**PARTICÍPIO**
[lar]garemos	[lar]garíamos	[lar]garmos	[lar]gado
[lar]gareis	[lar]garíeis	[lar]gardes	
[lar]garão	[lar]gariam	[lar]garem	

Para as remissivas com a indicação do timbre das vogais tônicas dos rad., veja as pp. XXV e XXVI.

[1D] **[cor]oar** (Inf. pess.: [cor]oares, [cor]oar, [cor]oarmos, [cor]oardes, [cor]oarem)

INDICATIVO		SUBJUNTIVO	IMPERATIVO
Presente	**Pret. imperf.**	**Presente**	**Afirm.**
[cor]oo	[cor]oava	[cor]oe	–
[cor]oas	[cor]oavas	[cor]oes	[cor]oa
[cor]oa	[cor]oava	[cor]oe	[cor]oe
[cor]oamos	[cor]oávamos	[cor]oemos	[cor]oemos
[cor]oais	[cor]oáveis	[cor]oeis	[cor]oai
[cor]oam	[cor]oavam	[cor]oem	[cor]oem
Pret. perf.	**Pret. m.-q.-perf.**	**Pret. imperf.**	**Neg. (Não...)**
[cor]oei	[cor]oara	[cor]oasse	–
[cor]oaste	[cor]oaras	[cor]oasses	[cor]oes
[cor]oou	[cor]oara	[cor]oasse	[cor]oe
[cor]oamos	[cor]oáramos	[cor]oássemos	[cor]oemos
[cor]oastes	[cor]oáreis	[cor]oásseis	[cor]oeis
[cor]oaram	[cor]oaram	[cor]oassem	[cor]oem
Fut. do pres.	**Fut. do pret.**	**Futuro**	**GERÚNDIO**
[cor]oarei	[cor]oaria	[cor]oar	[cor]oando
[cor]oarás	[cor]oarias	[cor]oares	
[cor]oará	[cor]oaria	[cor]oar	**PARTICÍPIO**
[cor]oaremos	[cor]oaríamos	[cor]oarmos	[cor]oado
[cor]oareis	[cor]oaríeis	[cor]oardes	
[cor]oarão	[cor]oariam	[cor]oarem	

Seguem o paradigma acima, por ex., *povoar* e *voar*.

[1E] **[apoi]ar** (Inf. pess.: [apoi]ares, [apoi]ar, [apoi]armos, [apoi]ardes, [apoi]arem)

Nos verbos terminados em -*oiar* (ditongo não seguido de consoante mais desinência da 1ª conjug.), as formas rizotônicas têm o *o* aberto (ó).

INDICATIVO		SUBJUNTIVO	IMPERATIVO
Presente	**Pret. imperf.**	**Presente**	**Afirm.**
[apoi]o (ó)	[apoi]ava	[apoi]e (ó)	–
[apoi]as (ó)	[apoi]avas	[apoi]es (ó)	[apoi]a (ó)
[apoi]a (ó)	[apoi]ava	[apoi]e (ó)	[apoi]e (ó)
[apoi]amos	[apoi]ávamos	[apoi]emos	[apoi]emos
[apoi]ais	[apoi]áveis	[apoi]eis	[apoi]ai
[apoi]am (ó)	[apoi]avam	[apoi]em (ó)	[apoi]em (ó)
Pret. perf.	**Pret. m.-q.-perf.**	**Pret. imperf.**	**Neg. (Não...)**
[apoi]ei	[apoi]ara	[apoi]asse	–
[apoi]aste	[apoi]aras	[apoi]asses	[apoi]es (ó)
[apoi]ou	[apoi]ara	[apoi]asse	[apoi]e (ó)
[apoi]amos	[apoi]áramos	[apoi]ássemos	[apoi]emos
[apoi]astes	[apoi]áreis	[apoi]ásseis	[apoi]eis
[apoi]aram	[apoi]aram	[apoi]assem	[apoi]em (ó)
Fut. do pres.	**Fut. do pret.**	**Futuro**	**GERÚNDIO**
[apoi]arei	[apoi]aria	[apoi]ar	[apoi]ando
[apoi]arás	[apoi]arias	[apoi]ares	
[apoi]ará	[apoi]aria	[apoi]ar	**PARTICÍPIO**
[apoi]aremos	[apoi]aríamos	[apoi]armos	[apoi]ado
[apoi]areis	[apoi]aríeis	[apoi]ardes	
[apoi]arão	[apoi]ariam	[apoi]arem	

Quase todos os verbos terminados em -*oiar* seguem este paradigma: *aboiar*[1], *boiar*, *comboiar*, *desapoiar*, *jiboiar*; excetua-se *aboiar*[2].

[1F] [sa]u[d]ar   (Inf. pess.: [sa]u[d]**ares**, [sa]u[d]**ar**, [sa]u[d]**armos**, [sa]u[d]**ardes**, [sa]u[d]**arem**)

Quando o acento tônico recai na vogal *u* ou *i* do rad., este *u* ou *i*, por tratar-se do 2º elemento de um hiato, recebe acento gráfico.

INDICATIVO		SUBJUNTIVO	IMPERATIVO
Presente	Pret. imperf.	**Presente**	Afirm.
[sa]ú[d]o	[sa]u[d]ava	[sa]ú[d]e	–
[sa]ú[d]as	[sa]u[d]avas	[sa]ú[d]es	[sa]ú[d]a
[sa]ú[d]a	[sa]u[d]ava	[sa]ú[d]e	[sa]ú[d]e
[sa]u[d]amos	[sa]u[d]ávamos	[sa]u[d]emos	[sa]u[d]emos
[sa]u[d]ais	[sa]u[d]áveis	[sa]u[d]eis	[sa]u[d]ai
[sa]ú[d]am	[sa]u[d]avam	[sa]ú[d]em	[sa]ú[d]em
Pret. perf.	Pret. m.-q.-perf.	**Pret. imperf.**	Neg. (Não...)
[sa]u[d]ei	[sa]u[d]ara	[sa]u[d]asse	–
[sa]u[d]aste	[sa]u[d]aras	[sa]u[d]asses	[sa]ú[d]es
[sa]u[d]ou	[sa]u[d]ara	[sa]u[d]asse	[sa]ú[d]e
[sa]u[d]amos	[sa]u[d]áramos	[sa]u[d]ássemos	[sa]u[d]emos
[sa]u[d]astes	[sa]u[d]áreis	[sa]u[d]ásseis	[sa]u[d]eis
[sa]u[d]aram	[sa]u[d]aram	[sa]u[d]assem	[sa]ú[d]em
Fut. do pres.	Fut. do pret.	**Futuro**	GERÚNDIO
[sa]u[d]arei	[sa]u[d]aria	[sa]u[d]ar	[sa]u[d]ando
[sa]u[d]arás	[sa]u[d]arias	[sa]u[d]ares	
[sa]u[d]ará	[sa]u[d]aria	[sa]u[d]ar	PARTICÍPIO
[sa]u[d]aremos	[sa]u[d]aríamos	[sa]u[d]armos	[sa]u[d]ado
[sa]u[d]areis	[sa]u[d]aríeis	[sa]u[d]ardes	
[sa]u[d]arão	[sa]u[d]ariam	[sa]u[d]arem	

Ajuizar, arruinar, embaular, enciumar, enraizar, enviuvar, europeizar e *homogeneizar* seguem o paradigma acima.

[1G] a[gu]ar   (Inf. pess.: a[gu]**ares**, a[gu]**ar**, a[gu]**armos**, a[gu]**ardes**, a[gu]**arem**)

Quando o acento tônico recai na vogal *a* (ag-) e na vogal *i* (-in) do rad., estas vogais recebem acento gráfico.

INDICATIVO		SUBJUNTIVO	IMPERATIVO
Presente	Pret. imperf.	**Presente**	Afirm.
á[gu]o	a[gu]ava	á[gu]e (güe)	–
á[gu]as	a[gu]avas	á[gu]es (gües)	á[gu]a
á[gu]a	a[gu]ava	á[gu]e (güe)	á[gu]e (güe)
a[gu]amos	a[gu]ávamos	a[gu]emos (güe)	a[gu]emos (güe)
a[gu]ais	a[gu]áveis	a[gu]eis (güeis)	a[gu]ai
á[gu]am	a[gu]avam	á[gu]em (güe)	á[gu]em (güe)
Pret. perf.	Pret. m.-q.-perf.	**Pret. imperf.**	Neg. (Não...)
a[gu]ei (güe)	a[gu]ara	a[gu]asse	–
a[gu]aste	a[gu]aras	a[gu]asses	á[gu]es (güe)
a[gu]ou	a[gu]ara	a[gu]asse	á[gu]e (güe)
a[gu]amos	a[gu]áramos	a[gu]ássemos	a[gu]emos (güe)
a[gu]astes	a[gu]áreis	a[gu]ásseis	a[gu]eis (güe)
a[gu]aram	a[gu]aram	a[gu]assem	á[gu]em (güe)
Fut. do pres.	Fut. do pret.	**Futuro**	GERÚNDIO
a[gu]arei	a[gu]aria	a[gu]ar	a[gu]ando
a[gu]arás	a[gu]arias	a[gu]ares	
a[gu]ará	a[gu]aria	a[gu]ar	PARTICÍPIO
a[gu]aremos	a[gu]aríamos	a[gu]armos	a[gu]ado
a[gu]areis	a[gu]aríeis	a[gu]ardes	
a[gu]arão	a[gu]ariam	a[gu]arem	

Alguns verbos, como *enxaguar* e *averiguar*, podem apresentar duplo paradigma, seg. o acordo ortográfico.

[1H] [averigu]**ar**   (Inf. pess.: [averigu]**ares**, [averigu]**ar**, [averigu]**armos**, [averigu]**ardes**, [averigu]**arem**)

O *u* de *-gu-* (dos rad. dos verbos que seguem este paradigma) é pronunciado nas formas rizotônicas.

INDICATIVO		SUBJUNTIVO	IMPERATIVO
Presente	**Pret. imperf.**	**Presente**	**Afirm.**
[averigu]o (ú)	[averigu]ava	[averigúe (ú)	–
[averigu]as (ú)	[averigu]avas	[averigúes (ú)	[averigu]a (ú)
[averigu]a (ú)	[averigu]ava	[averigúe (ú)	[averigúe (ú)
[averigu]amos	[averigu]ávamos	[averigu]emos (güe)	[averigu]emos (güe)
[averigu]ais	[averigu]áveis	[averigu]eis (güe)	[averigu]ai
[averigu]am (ú)	[averigu]avam	[averigúem (ú)	[averigúem (ú)
Pret. perf.	**Pret. m.-q.-perf.**	**Pret. imperf.**	**Neg. (Não...)**
[averigu]ei (güe)	[averigu]ara	[averigu]asse	–
[averigu]aste	[averigu]aras	[averigu]asses	[averigúes (ú)
[averigu]ou	[averigu]ara	[averigu]asse	[averigúe (ú)
[averigu]amos	[averigu]áramos	[averigu]ássemos	[averigu]emos (güe)
[averigu]astes	[averigu]áreis	[averigu]ásseis	[averigu]eis (güe)
[averigu]aram	[averigu]aram	[averigu]assem	[averigúem (ú)
Fut. do pres.	**Fut. do pret.**	**Futuro**	**GERÚNDIO**
[averigu]arei	[averigu]aria	[averigu]ar	[averigu]ando
[averigu]arás	[averigu]arias	[averigu]ares	
[averigu]ará	[averigu]aria	[averigu]ar	**PARTICÍPIO**
[averigu]aremos	[averigu]aríamos	[averigu]armos	[averigu]ado
[averigu]areis	[averigu]aríeis	[averigu]ardes	
[averigu]arão	[averigu]ariam	[averigu]arem	

Paradigma dos verbos regulares da 2.ª conjugação:

[2] [vend]**er**   (Inf. pess.: [vend]**eres**, [vend]**er**, [vend]**ermos**, [vend]**erdes**, [vend]**erem**)

INDICATIVO		SUBJUNTIVO	IMPERATIVO
Presente	**Pret. imperf.**	**Presente**	**Afirm.**
[vend]o	[vend]ia	[vend]a	–
[vend]es	[vend]ias	[vend]as	[vend]e
[vend]e	[vend]ia	[vend]a	[vend]a
[vend]emos	[vend]íamos	[vend]amos	[vend]amos
[vend]eis	[vend]íeis	[vend]ais	[vend]ei
[vend]em	[vend]iam	[vend]am	[vend]am
Pret. perf.	**Pret. m.-q.-perf.**	**Pret. imperf.**	**Neg. (Não...)**
[vend]i	[vend]era	[vend]esse	–
[vend]este	[vend]eras	[vend]esses	[vend]as
[vend]eu	[vend]era	[vend]esse	[vend]a
[vend]emos	[vend]êramos	[vend]êssemos	[vend]amos
[vend]estes	[vend]êreis	[vend]êsseis	[vend]ais
[vend]eram	[vend]eram	[vend]essem	[vend]am
Fut. do pres.	**Fut. do pret.**	**Futuro**	**GERÚNDIO**
[vend]erei	[vend]eria	[vend]er	[vend]endo
[vend]erás	[vend]erias	[vend]eres	
[vend]erá	[vend]eria	[vend]er	**PARTICÍPIO**
[vend]eremos	[vend]eríamos	[vend]ermos	[vend]ido
[vend]ereis	[vend]eríeis	[vend]erdes	
[vend]erão	[vend]eriam	[vend]erem	

Para as remissivas com a indicação do timbre das vogais tônicas dos rad., veja as pp. XXV e XXVI.

Paradigmas dos verbos regulares da 2.ª conjugação que apresentam, no rad. do verbo, variação ortográfica:

[2A] [conven]**cer** (Inf. pess.: [conven]ceres, [conven]cer, [conven]cermos, [conven]cerdes, [conven]cerem)

O -*c*- passa a -*ç*- sempre que seguido de *a* ou *o*.

INDICATIVO		SUBJUNTIVO	IMPERATIVO
Presente	**Pret. imperf.**	**Presente**	**Afirm.**
[conven]ço	[conven]cia	[conven]ça	–
[conven]ces	[conven]cias	[conven]ças	[conven]ce
[conven]ce	[conven]cia	[conven]ça	[conven]ça
[conven]cemos	[conven]cíamos	[conven]çamos	[conven]çamos
[conven]ceis	[conven]cíeis	[conven]çais	[conven]cei
[conven]cem	[conven]ciam	[conven]çam	[conven]çam
Pret. perf.	**Pret. m.-q.-perf.**	**Pret. imperf.**	**Neg. (Não...)**
[conven]ci	[conven]cera	[conven]cesse	–
[conven]ceste	[conven]ceras	[conven]cesses	[conven]ças
[conven]ceu	[conven]cera	[conven]cesse	[conven]ça
[conven]cemos	[conven]cêramos	[conven]cêssemos	[conven]çamos
[conven]cestes	[conven]cêreis	[conven]cêsseis	[conven]çais
[conven]ceram	[conven]ceram	[conven]cessem	[conven]çam
Fut. do pres.	**Fut. do pret.**	**Futuro**	**GERÚNDIO**
[conven]cerei	[conven]ceria	[conven]cer	[conven]cendo
[conven]cerás	[conven]cerias	[conven]ceres	
[conven]cerá	[conven]ceria	[conven]cer	**PARTICÍPIO**
[conven]ceremos	[conven]ceríamos	[conven]cermos	[conven]cido
[conven]cereis	[conven]ceríeis	[conven]cerdes	
[conven]cerão	[conven]ceriam	[conven]cerem	

Para as remissivas com a indicação do timbre das vogais tônicas dos rad., veja as pp. XXV e XXVI.

[2B] [abran]**ger** (Inf. pess.: [abran]geres, [abran]ger, [abran]germos, [abran]gerdes, [abran]gerem)

O -*g*- passa a -*j*- sempre que seguido de *a* ou *o*.

INDICATIVO		SUBJUNTIVO	IMPERATIVO
Presente	**Pret. imperf.**	**Presente**	**Afirm.**
[abran]jo	[abran]gia	[abran]ja	–
[abran]ges	[abran]gias	[abran]jas	[abran]ge
[abran]ge	[abran]gia	[abran]ja	[abran]ja
[abran]gemos	[abran]gíamos	[abran]jamos	[abran]jamos
[abran]geis	[abran]gíeis	[abran]jais	[abran]gei
[abran]gem	[abran]giam	[abran]jam	[abran]jam
Pret. perf.	**Pret. m.-q.-perf.**	**Pret. imperf.**	**Neg. (Não...)**
[abran]gi	[abran]gera	[abran]gesse	–
[abran]geste	[abran]geras	[abran]gesses	[abran]jas
[abran]geu	[abran]gera	[abran]gesse	[abran]ja
[abran]gemos	[abran]gêramos	[abran]gêssemos	[abran]jamos
[abran]gestes	[abran]gêreis	[abran]gêsseis	[abran]jais
[abran]geram	[abran]geram	[abran]gessem	[abran]jam
Fut. do pres.	**Fut. do pret.**	**Futuro**	**GERÚNDIO**
[abran]gerei	[abran]geria	[abran]ger	[abran]gendo
[abran]gerás	[abran]gerias	[abran]geres	
[abran]gerá	[abran]geria	[abran]ger	**PARTICÍPIO**
[abran]geremos	[abran]geríamos	[abran]germos	[abran]gido
[abran]gereis	[abran]geríeis	[abran]gerdes	
[abran]gerão	[abran]geriam	[abran]gerem	

Para as remissivas com a indicação do timbre das vogais tônicas dos rad., veja as pp. XXV e XXVI.

[2C] erguer (Inf. pess.: [ ]ergueres, [ ]erguer, [ ]erguermos, [ ]erguerdes, [ ]erguerem)

O *u* de *-gu-* desaparece antes de *a* ou *o*; nas formas rizotônicas, o *e* do rad. é fechado na 1ª pess. do sing. do pres. do ind., *ergo* (ê); a 2ª pess. do sing. do pres. do ind. (e, portanto, a mesma pess. do imperat. afirm.), a 3ª do sing. e a 3ª do pl. têm o *e* aberto (é); no pres. do subj. e imperat. neg. o *e* é sempre fechado (ê).

INDICATIVO		SUBJUNTIVO	IMPERATIVO
Presente	**Pret. imperf.**	**Presente**	**Afirm.**
[ ]ergo (ê)	[ ]erguia	[ ]erga (ê)	–
[ ]ergues (é)	[ ]erguias	[ ]ergas (ê)	[ ]ergue (é)
[ ]ergue (é)	[ ]erguia	[ ]erga (ê)	[ ]erga (ê)
[ ]erguemos	[ ]erguíamos	[ ]ergamos	[ ]ergamos
[ ]ergueis	[ ]erguíeis	[ ]ergais	[ ]erguei
[ ]erguem (é)	[ ]erguiam	[ ]ergam (ê)	[ ]ergam (ê)
Pret. perf.	**Pret. m.-q.-perf.**	**Pret. imperf.**	**Neg. (Não...)**
[ ]ergui	[ ]erguera	[ ]erguesse	–
[ ]ergueste	[ ]ergueras	[ ]erguesses	[ ]ergas (ê)
[ ]ergueu	[ ]erguera	[ ]erguesse	[ ]erga (ê)
[ ]erguemos	[ ]erguêramos	[ ]erguêssemos	[ ]ergamos
[ ]erguestes	[ ]erguêreis	[ ]erguêsseis	[ ]ergais
[ ]ergueram	[ ]ergueram	[ ]erguessem	[ ]ergam (ê)
Fut. do pres.	**Fut. do pret.**	**Futuro**	**GERÚNDIO**
[ ]erguerei	[ ]ergueria	[ ]erguer	[ ]erguendo
[ ]erguerás	[ ]erguerias	[ ]ergueres	
[ ]erguerá	[ ]ergueria	[ ]erguer	**PARTICÍPIO**
[ ]ergueremos	[ ]erguéramos	[ ]erguermos	[ ]erguido
[ ]erguereis	[ ]erguéreis	[ ]erguerdes	
[ ]erguerão	[ ]ergueriam	[ ]erguerem	

Reerguer e *soerguer* seguem o paradigma acima.

Paradigma dos verbos regulares da 3ª conjugação:

[3] [part]ir (Inf. pess.: [part]ires, [part]ir, [part]irmos, [part]irdes, [part]irem)

INDICATIVO		SUBJUNTIVO	IMPERATIVO
Presente	**Pret. imperf.**	**Presente**	**Afirm.**
[part]o	[part]ia	[part]a	–
[part]es	[part]ias	[part]as	[part]e
[part]e	[part]ia	[part]a	[part]a
[part]imos	[part]íamos	[part]amos	[part]amos
[part]is	[part]íeis	[part]ais	[part]i
[part]em	[part]iam	[part]am	[part]am
Pret. perf.	**Pret. m.-q.-perf.**	**Pret. imperf.**	**Neg. (Não...)**
[part]i	[part]ira	[part]isse	–
[part]iste	[part]iras	[part]isses	[part]as
[part]iu	[part]ira	[part]isse	[part]a
[part]imos	[part]íramos	[part]íssemos	[part]amos
[part]istes	[part]íreis	[part]ísseis	[part]ais
[part]iram	[part]iram	[part]issem	[part]am
Fut. do pres.	**Fut. do pret.**	**Futuro**	**GERÚNDIO**
[part]irei	[part]iria	[part]ir	[part]indo
[part]irás	[part]irias	[part]ires	
[part]irá	[part]iria	[part]ir	**PARTICÍPIO**
[part]iremos	[part]iríamos	[part]irmos	[part]ido
[part]ireis	[part]iríeis	[part]irdes	
[part]irão	[part]iriam	[part]irem	

Paradigmas dos verbos regulares da 3.ª conjugação que apresentam, no rad. do verbo, variação ortográfica ou acentuação gráfica:

[3A] [diri]**gir** (Inf. pess.: [diri]**gires**, [diri]**gir**, [diri]**girmos**, [diri]**girdes**, [diri]**girem**)

O -*g*- passa a -*j*- sempre que seguido de *a* ou *o*.

INDICATIVO		SUBJUNTIVO	IMPERATIVO
Presente	**Pret. imperf.**	**Presente**	**Afirm.**
[diri]jo	[diri]gia	[diri]ja	–
[diri]ges	[diri]gias	[diri]jas	[diri]ge
[diri]ge	[diri]gia	[diri]ja	[diri]ja
[diri]gimos	[diri]gíamos	[diri]jamos	[diri]jamos
[diri]gis	[diri]gíeis	[diri]jais	[diri]gi
[diri]gem	[diri]giam	[diri]jam	[diri]jam
Pret. perf.	**Pret. m.-q.-perf.**	**Pret. imperf.**	**Neg. (Não...)**
[diri]gi	[diri]gira	[diri]gisse	–
[diri]giste	[diri]giras	[diri]gisses	[diri]jas
[diri]giu	[diri]gira	[diri]gisse	[diri]ja
[diri]gimos	[diri]gíramos	[diri]gíssemos	[diri]jamos
[diri]gistes	[diri]gíreis	[diri]gísseis	[diri]jais
[diri]giram	[diri]giram	[diri]gissem	[diri]jam
Fut. do pres.	**Fut. do pret.**	**Futuro**	**GERÚNDIO**
[diri]girei	[diri]giria	[diri]gir	[diri]gindo
[diri]girás	[diri]girias	[diri]gires	
[diri]girá	[diri]giria	[diri]gir	**PARTICÍPIO**
[diri]giremos	[diri]giríamos	[diri]girmos	[diri]gido
[diri]gireis	[diri]giríeis	[diri]girdes	
[diri]girão	[diri]giriam	[diri]girem	

[3B] [extin]**guir** (Inf. pess.: [extin]**guires**, [extin]**guir**, [extin]**guirmos**, [extin]**guirdes**, [extin]**guirem**)

O *u* de -*gu*- desaparece antes de *a* ou *o*.

INDICATIVO		SUBJUNTIVO	IMPERATIVO
Presente	**Pret. imperf.**	**Presente**	**Afirm.**
[extin]go	[extin]guia	[extin]ga	–
[extin]gues	[extin]guias	[extin]gas	[extin]gue
[extin]gue	[extin]guia	[extin]ga	[extin]ga
[extin]guimos	[extin]guíamos	[extin]gamos	[extin]gamos
[extin]guis	[extin]guíeis	[extin]gais	[extin]gui
[extin]guem	[extin]guiam	[extin]gam	[extin]gam
Pret. perf.	**Pret. m.-q.-perf.**	**Pret. imperf.**	**Neg. (Não...)**
[extin]gui	[extin]guira	[extin]guisse	–
[extin]guiste	[extin]guiras	[extin]guisses	[extin]gas
[extin]guiu	[extin]guira	[extin]guisse	[extin]ga
[extin]guimos	[extin]guíramos	[extin]guíssemos	[extin]gamos
[extin]guistes	[extin]guíreis	[extin]guísseis	[extin]gais
[extin]guiram	[extin]guiram	[extin]guissem	[extin]gam
Fut. do pres.	**Fut. do pret.**	**Futuro**	**GERÚNDIO**
[extin]guirei	[extin]guiria	[extin]guir	[extin]guindo
[extin]guirás	[extin]guirias	[extin]guires	
[extin]guirá	[extin]guiria	[extin]guir	**PARTICÍPIO**
[extin]guiremos	[extin]guiríamos	[extin]guirmos	[extin]guido
[extin]guireis	[extin]guiríeis	[extin]guirdes	(extinto)
[extin]guirão	[extin]guiriam	[extin]guirem	

Cf. o pret. perf., o pret. m.-q.-perf., o pret. imperf. (do ind. e do subj.), o fut. do subj. e o imper. da tab. 44.

[3C] [c]oibir

(Inf. pess.: [c]oibires, [c]oibir, [c]oibirmos, [c]oibirdes, [c]oibirem)

Quando o acento tônico recai na vogal *i* do rad., este *i*, por tratar-se do 2º elemento de um hiato, recebe acento gráfico, ou seja, as formas rizotônicas são acentuadas graficamente.

INDICATIVO		SUBJUNTIVO	IMPERATIVO
Presente	Pret. imperf.	Presente	Afirm.
[c]oíbo	[c]oibia	[c]oíba	–
[c]oíbes	[c]oibias	[c]oíbas	[c]oíbe
[c]oíbe	[c]oibia	[c]oíba	[c]oíba
[c]oibimos	[c]oibíamos	[c]oibamos	[c]oibamos
[c]oibis	[c]oibíeis	[c]oibais	[c]oibi
[c]oíbem	[c]oibiam	[c]oíbam	[c]oíbam
Pret. perf.	Pret. m.-q.-perf.	Pret. imperf.	Neg. (Não...)
[c]oibi	[c]oibira	[c]oibisse	–
[c]oibiste	[c]oibiras	[c]oibisses	[c]oíbas
[c]oibiu	[c]oibira	[c]oibisse	[c]oíba
[c]oibimos	[c]oibíramos	[c]oibíssemos	[c]oibamos
[c]oibistes	[c]oibíreis	[c]oibísseis	[c]oibais
[c]oibiram	[c]oibiram	[c]oibissem	[c]oíbam
Fut. do pres.	Fut. do pret.	Futuro	GERÚNDIO
[c]oibirei	[c]oibiria	[c]oibir	[c]oibindo
[c]oibirás	[c]oibirias	[c]oibires	
[c]oibirá	[c]oibiria	[c]oibir	PARTICÍPIO
[c]oibiremos	[c]oibiríamos	[c]oibirmos	[c]oibido
[c]oibireis	[c]oibiríeis	[c]oibirdes	
[c]oibirão	[c]oibiriam	[c]oibirem	

Proibir segue o paradigma acima.

[3D] [re]u[n]ir

(Inf. pess.: [re]u[n]ires, [re]u[n]ir, [re]u[n]irmos, [re]u[n]irdes, [re]u[n]irem)

Quando o acento tônico recai na vogal *u* do rad., este *u*, por tratar-se do 2º elemento de um hiato, recebe acento gráfico, ou seja, as formas rizotônicas são acentuadas graficamente.

INDICATIVO		SUBJUNTIVO	IMPERATIVO
Presente	Pret. imperf.	Presente	Afirm.
[re]ú[n]o	[re]u[n]ia	[re]ú[n]a	–
[re]ú[n]es	[re]u[n]ias	[re]ú[n]as	[re]ú[n]e
[re]ú[n]e	[re]u[n]ia	[re]ú[n]a	[re]ú[n]a
[re]u[n]imos	[re]u[n]íamos	[re]u[n]amos	[re]u[n]amos
[re]u[n]is	[re]u[n]íeis	[re]u[n]ais	[re]u[n]i
[re]ú[n]em	[re]u[n]iam	[re]ú[n]am	[re]ú[n]am
Pret. perf.	Pret. m.-q.-perf.	Pret. imperf.	Neg. (Não...)
[re]u[n]i	[re]u[n]ira	[re]u[n]isse	–
[re]u[n]iste	[re]u[n]iras	[re]u[n]isses	[re]ú[n]as
[re]u[n]iu	[re]u[n]ira	[re]u[n]isse	[re]ú[n]a
[re]u[n]imos	[re]u[n]íramos	[re]u[n]íssemos	[re]u[n]amos
[re]u[n]istes	[re]u[n]íreis	[re]u[n]ísseis	[re]u[n]ais
[re]u[n]iram	[re]u[n]iram	[re]u[n]issem	[re]ú[n]am
Fut. do pres.	Fut. do pret.	Futuro	GERÚNDIO
[re]u[n]irei	[re]u[n]iria	[re]u[n]ir	[re]u[n]indo
[re]u[n]irás	[re]u[n]irias	[re]u[n]ires	
[re]u[n]irá	[re]u[n]iria	[re]u[n]ir	PARTICÍPIO
[re]u[n]iremos	[re]u[n]iríamos	[re]u[n]irmos	[re]u[n]ido
[re]u[n]ireis	[re]u[n]iríeis	[re]u[n]irdes	
[re]u[n]irão	[re]u[n]iriam	[re]u[n]irem	

Paradigmas dos verbos regulares defectivos da 1.ª conjugação:

[4] [adequ]ar (Inf. pess.: [adequ]ares, [adequ]ar, [adequ]armos, [adequ]ardes, [adequ]arem)

Verbo defectivo: faltam a 1.ª, a 2.ª e a 3.ª pess. do sing. e a 3.ª pess. do pl. do pres. do ind., todo o pres. do subj. e todo imperat. neg., e também as 3.ªs pess. do imperat. afirm. e a 2.ª pess. do sing.

INDICATIVO		SUBJUNTIVO	IMPERATIVO
Presente	Pret. imperf.	Presente	Afirm.
-	[adequ]ava	-	-
-	[adequ]avas	-	-
-	[adequ]ava	-	-
[adequ]amos	[adequ]ávamos	-	-
[adequ]ais	[adequ]áveis	-	[adequ]ai
-	[adequ]avam	-	-
Pret. perf.	Pret. m.-q.-perf.	Pret. imperf.	Neg. (Não...)
[adequ]ei (qüe)	[adequ]ara	[adequ]asse	-
[adequ]aste	[adequ]aras	[adequ]asses	-
[adequ]ou	[adequ]ara	[adequ]asse	-
[adequ]amos	[adequ]áramos	[adequ]ássemos	-
[adequ]astes	[adequ]áreis	[adequ]ásseis	-
[adequ]aram	[adequ]aram	[adequ]assem	-
Fut. do pres.	Fut. do pret.	Futuro	GERÚNDIO
[adequ]arei	[adequ]aria	[adequ]ar	[adequ]ando
[adequ]arás	[adequ]arias	[adequ]ares	
[adequ]ará	[adequ]aria	[adequ]ar	PARTICÍPIO
[adequ]aremos	[adequ]aríamos	[adequ]armos	[adequ]ado
[adequ]areis	[adequ]aríeis	[adequ]ardes	
[adequ]arão	[adequ]ariam	[adequ]arem	

[5] [burburej]ar (Inf. pess.: [burburej]ar, [burburej]arem)

Verbo unipessoal: em função de seu significado, só se conjuga na 3.ª pess. do sing. e do pl. de todos os tempos e modos.

INDICATIVO		SUBJUNTIVO	IMPERATIVO
Presente	Pret. imperf.	Presente	Afirm.
3.ª sing. - [burburej]a (ê)	[burburej]ava (ê)	[burburej]e (ê)	[burburej]e (ê)
3.ª pl. - [burburej]am (ê)	[burburej]avam (ê)	[burburej]em (ê)	[burburej]em (ê)
Pret. perf.	Pret. m.-q.-perf.	Pret. imperf.	Neg. (Não...)
3.ª sing. - [burburej]ou (ê)	[burburej]ara (ê)	[burburej]asse (ê)	[burburej]e (ê)
3.ª pl. - [burburej]aram (ê)	[burburej]aram (ê)	[burburej]assem (ê)	[burburej]em (ê)
Fut. do pres.	Fut. do pret.	Futuro	GERÚNDIO
3.ª sing. - [burburej]ará (ê)	[burburej]aria (ê)	[burburej]ar (ê)	[burburej]ando
3.ª pl. - [burburej]arão (ê)	[burburej]ariam (ê)	[burburej]arem (ê)	
			PARTICÍPIO
			[burburej]ado

Obs.: 1) Em todas as formas de *burburejar*, a pronúncia do *e* do rad. é fechada (ê), mas vários verbos, que seguem o paradigma acima, têm o *e* aberto nas formas rizotônicas. 2) Muitos verbos terminados em *-ejar*, considerados unipessoais em razão de seu significado (ex.: *flamejar*, *verdejar*, etc.), seguem o paradigma acima, embora nada impeça a flexão deles, quando o contexto assim pedir. 3) Diferentemente dos <u>verbos unipessoais</u>, conjugados nas 3.ªs pess. do sing. e do pl., os <u>verbos impessoais</u> (ex.: *nevar*, *garoar*, etc.) só são conjugados na 3.ª pess. do sing. pois não especificam o sujeito; se remetidos para esta tabela, devem ter, portanto, observadas apenas as formas do sing. deste paradigma (sem atentar para a indicação de timbre na tabela).

Paradigmas dos verbos regulares defectivos da 2.ª conjugação:

[6] [precav]**er** (Inf. pess.: [precav]**eres**, [precav]**er**, [precav]**ermos**, [precav]**erdes**, [precav]**erem**)

Verbo defectivo: faltam a 1.ª, a 2.ª e a 3.ª pess. do sing. e a 3.ª pess. do pl. do pres. do ind., todo o pres. do subj. e todo o imperat. neg., e também a 1.ª pess. do pl. e as 3.ªs pess. do imperat. afirm. e a 2.ª pess. do sing.

INDICATIVO		SUBJUNTIVO	IMPERATIVO
Presente	**Pret. imperf.**	**Presente**	**Afirm.**
–	[precav]**ia**	–	–
–	[precav]**ias**	–	–
–	[precav]**ia**	–	–
[precav]**emos**	[precav]**íamos**	–	–
[precav]**eis**	[precav]**íeis**	–	[precav]**ei**
–	[precav]**iam**	–	–
Pret. perf.	**Pret. m.-q.-perf.**	**Pret. imperf.**	**Neg. (Não...)**
[precav]**i**	[precav]**era**	[precav]**esse**	–
[precav]**este**	[precav]**eras**	[precav]**esses**	–
[precav]**eu**	[precav]**era**	[precav]**esse**	–
[precav]**emos**	[precav]**êramos**	[precav]**êssemos**	–
[precav]**estes**	[precav]**êreis**	[precav]**êsseis**	–
[precav]**eram**	[precav]**eram**	[precav]**essem**	–
Fut. do pres.	**Fut. do pret.**	**Futuro**	**GERÚNDIO**
[precav]**erei**	[precav]**eria**	[precav]**er**	[precav]**endo**
[precav]**erás**	[precav]**erias**	[precav]**eres**	
[precav]**erá**	[precav]**eria**	[precav]**er**	**PARTICÍPIO**
[precav]**eremos**	[precav]**eríamos**	[precav]**ermos**	[precav]**ido**
[precav]**ereis**	[precav]**eríeis**	[precav]**erdes**	
[precav]**erão**	[precav]**eriam**	[precav]**erem**	

Obs.: Este verbo (mas não o paradigma) raramente se conjuga sem o pronome reflexivo: *precaver-se*.

[7] [alvorec]**er** (Inf. pess.: [alvorec]**er**)

O *-c-* passa a *-ç-* sempre que seguido de *a*; a vogal *e* do rad. é aberta (é) apenas na 3.ª pess. do sing. do pres. do ind.; verbo impessoal, só se conjuga na 3.ª pess. do sing. de todos os tempos e modos, em função de seu significado.

INDICATIVO		SUBJUNTIVO	IMPERATIVO
Presente	**Pret. imperf.**	**Presente**	**Afirm.**
3.ª sing. - [alvorec]**e** (ré)	[alvorec]**ia**	[alvoreç]**a**	[alvoreç]**a**
Pret. perf.	**Pret. m.-q.-perf.**	**Pret. imperf.**	**Neg. (Não...)**
3.ª sing. - [alvorec]**eu**	[alvorec]**era**	[alvorec]**esse**	[alvoreç]**a**
Fut. do pres.	**Fut. do pret.**	**Futuro**	**GERÚNDIO**
3.ª sing. - [alvorec]**erá**	[alvorec]**eria**	[alvorec]**er**	[alvorec]**endo**
			PARTICÍPIO
			[alvorec]**ido**

Obs.: Nesta obra, o verbo *entardecer* e os verbos *amanhecer, anoitecer, escurecer, entenebrecer*, quando indicam fenômenos meteorológicos, seguem o paradigma acima por serem impessoais, ou seja, por não especificarem o sujeito. Veja o que se diz na tabela [5].

Paradigmas dos verbos regulares defectivos da 3.ª conjugação:

[8] [extorqu]ir (Inf. pess.: [extorqu]ires, [extorqu]ir, [extorqu]irmos, [extorqu]irdes, extorqu]irem)

Verbo defectivo: não se conjuga nas formas em que, após o rad., se seguiria a vogal *a* ou *o*.

INDICATIVO		SUBJUNTIVO	IMPERATIVO
Presente	**Pret. imperf.**	**Presente**	**Afirm.**
–	[extorqu]ia	–	–
[extorqu]es	[extorqu]ias	–	[extorqu]e
[extorqu]e	[extorqu]ia	–	–
[extorqu]imos	[extorqu]íamos	–	–
[extorqu]is	[extorqu]íeis	–	[extorqu]i
[extorqu]em	[extorqu]iam	–	–
Pret. perf.	**Pret. m.-q.-perf.**	**Pret. imperf.**	**Neg. (Não...)**
[extorqu]i	[extorqu]ira	[extorqu]isse	–
[extorqu]iste	[extorqu]iras	[extorqu]isses	–
[extorqu]iu	[extorqu]ira	[extorqu]isse	–
[extorqu]imos	[extorqu]íramos	[extorqu]íssemos	–
[extorqu]istes	[extorqu]íreis	[extorqu]ísseis	–
[extorqu]iram	[extorqu]iram	[extorqu]issem	–
Fut. do pres.	**Fut. do pret.**	**Futuro**	**GERÚNDIO**
[extorqu]irei	[extorqu]iria	[extorqu]ir	[extorqu]indo
[extorqu]irás	[extorqu]irias	[extorqu]ires	
[extorqu]irá	[extorqu]iria	[extorqu]ir	**PARTICÍPIO**
[extorqu]iremos	[extorqu]iríamos	[extorqu]irmos	[extorqu]ido
[extorqu]ireis	[extorqu]iríeis	[extorqu]irdes	
[extorqu]irão	[extorqu]iriam	[extorqu]irem	

Abolir, aturdir, brandir, carpir, colorir, comedir, delinquir, descomedir-se, demolir, emergir, exaurir, fremir, fulgir, haurir, imergir, retorquir e *ungir* seguem o paradigma acima.

[9] [fal]ir (Inf. pess.: [fal]ires, [fal]ir, [fal]irmos, [fal]irdes, [fal]irem)

Verbo defectivo: conjuga-se apenas nas formas em que, após o rad., aparece a vogal *i* da terminação.

INDICATIVO		SUBJUNTIVO	IMPERATIVO
Presente	**Pret. imperf.**	**Presente**	**Afirm.**
–	[fal]ia	–	–
–	[fal]ias	–	–
–	[fal]ia	–	–
[fal]imos	[fal]íamos	–	–
[fal]is	[fal]íeis	–	[fal]i
–	[fal]iam	–	–
Pret. perf.	**Pret. m.-q.-perf.**	**Pret. imperf.**	**Neg. (Não...)**
[fal]i	[fal]ira	[fal]isse	–
[fal]iste	[fal]iras	[fal]isses	–
[fal]iu	[fal]ira	[fal]isse	–
[fal]imos	[fal]íramos	[fal]íssemos	–
[fal]istes	[fal]íreis	[fal]ísseis	–
[fal]iram	[fal]iram	[fal]issem	–
Fut. do pres.	**Fut. do pret.**	**Futuro**	**GERÚNDIO**
[fal]irei	[fal]iria	[fal]ir	[fal]indo
[fal]irás	[fal]irias	[fal]ires	
[fal]irá	[fal]iria	[fal]ir	**PARTICÍPIO**
[fal]iremos	[fal]iríamos	[fal]irmos	[fal]ido
[fal]ireis	[fal]iríeis	[fal]irdes	
[fal]irão	[fal]iriam	[fal]irem	

Adir, combalir, embair, empedernir, remir e *renhir* seguem o paradigma acima.

Paradigmas dos verbos irregulares da 1.ª conjugação:

[10] dar (Inf. pess.: []dares, []dar, []darmos, []dardes, []darem)

Verbo irregular; note-se, porém, que o imperf., o fut. do pres. e o fut. do pret. do ind. são regulares.

INDICATIVO		SUBJUNTIVO	IMPERATIVO
Presente	Pret. imperf.	Presente	Afirm.
[]dou	[]dava	[]dê	–
[]dás	[]davas	[]dês	[]dá
[]dá	[]dava	[]dê	[]dê
[]damos	[]dávamos	[]demos	[]demos
[]dais	[]dáveis	[]deis	[]dai
[]dão	[]davam	[]deem	[]deem
Pret. perf.	Pret. m.-q.-perf.	Pret. imperf.	Neg. (Não...)
[]dei	[]dera	[]desse	–
[]deste	[]deras	[]desses	[]dês
[]deu	[]dera	[]desse	[]dê
[]demos	[]déramos	[]déssemos	[]demos
[]destes	[]déreis	[]désseis	[]deis
[]deram	[]deram	[]dessem	[]deem
Fut. do pres.	Fut. do pret.	Futuro	GERÚNDIO
[]darei	[]daria	[]der	[]dando
[]darás	[]darias	[]deres	
[]dará	[]daria	[]der	PARTICÍPIO
[]daremos	[]daríamos	[]dermos	[]dado
[]dareis	[]daríeis	[]derdes	
[]darão	[]dariam	[]derem	

Desdar segue o paradigma acima. *Circundar*, embora formado de *dar*, é regular e segue o paradigma de *amar* [1].

[11] estar (Inf. pess.: []estares, []estar, []estarmos, []estardes, []estarem)

Verbo irregular.

INDICATIVO		SUBJUNTIVO	IMPERATIVO
Presente	Pret. imperf.	Presente	Afirm.
[]estou	[]estava	[]esteja	–
[]estás	[]estavas	[]estejas	[]está
[]está	[]estava	[]esteja	[]esteja
[]estamos	[]estávamos	[]estejamos	[]estejamos
[]estais	[]estáveis	[]estejais	[]estai
[]estão	[]estavam	[]estejam	[]estejam
Pret. perf.	Pret. m.-q.-perf.	Pret. imperf.	Neg. (Não...)
[]estive	[]estivera	[]estivesse	–
[]estiveste	[]estiveras	[]estivesses	[]estejas
[]esteve	[]estivera	[]estivesse	[]esteja
[]estivemos	[]estivéramos	[]estivéssemos	[]estejamos
[]estivestes	[]estivéreis	[]estivésseis	[]estejais
[]estiveram	[]estiveram	[]estivessem	[]estejam
Fut. do pres.	Fut. do pret.	Futuro	GERÚNDIO
[]estarei	[]estaria	[]estiver	[]estando
[]estarás	[]estarias	[]estiveres	
[]estará	[]estaria	[]estiver	PARTICÍPIO
[]estaremos	[]estaríamos	[]estivermos	[]estado
[]estareis	[]estaríeis	[]estiverdes	
[]estarão	[]estariam	[]estiverem	

Sobrestar (ou *sobre-estar*) segue o paradigma acima.

[12A] [fr]ear   (Inf. pess.: [fr]eares, [fr]ear, [fr]earmos, [fr]eardes, [fr]earem)

Recebe um *-i-* depois do *e* do rad. nas formas rizotônicas, ou seja, na 1.ª, 2.ª, 3.ª pess. do sing. e 3.ª pess. do pl. do pres. do ind. e do pres. do subj., nas 2.ª e 3.ª pess. do sing. e 3.ª do pl. do imperat. afirm. e do imperat. neg.

INDICATIVO		SUBJUNTIVO	IMPERATIVO
Presente	**Pret. imperf.**	**Presente**	**Afirm.**
[fr]eio	[fr]eava	[fr]eie	–
[fr]eias	[fr]eavas	[fr]eies	[fr]eia
[fr]eia	[fr]eava	[fr]eie	[fr]eie
[fr]eamos	[fr]eávamos	[fr]eemos	[fr]eemos
[fr]eais	[fr]eáveis	[fr]eeis	[fr]eai
[fr]eiam	[fr]eavam	[fr]eiem	[fr]eiem
Pret. perf.	**Pret. m.-q.-perf.**	**Pret. imperf.**	**Neg. (Não...)**
[fr]eei	[fr]eara	[fr]easse	–
[fr]easte	[fr]earas	[fr]easses	[fr]eies
[fr]eou	[fr]eara	[fr]easse	[fr]eie
[fr]eamos	[fr]eáramos	[fr]eássemos	[fr]eemos
[fr]eastes	[fr]eáreis	[fr]eásseis	[fr]eeis
[fr]earam	[fr]earam	[fr]eassem	[fr]eiem
Fut. do pres.	**Fut. do pret.**	**Futuro**	**GERÚNDIO**
[fr]earei	[fr]earia	[fr]ear	[fr]eando
[fr]earás	[fr]earias	[fr]eares	
[fr]eará	[fr]earia	[fr]ear	**PARTICÍPIO**
[fr]earemos	[fr]earíamos	[fr]earmos	[fr]eado
[fr]eareis	[fr]earíeis	[fr]eardes	
[fr]earão	[fr]eariam	[fr]earem	

Seguem o paradigma acima, entre outros, *bloquear, cear, folhear, passear, recear, semear*.

[12B] [id]ear   (Inf. pess.: [id]eares, [id]ear, [id]earmos, [id]eardes, [id]earem)

Recebe um *-i-* depois do *e* do rad. em todas as formas rizotônicas.

INDICATIVO		SUBJUNTIVO	IMPERATIVO
Presente	**Pret. imperf.**	**Presente**	**Afirm.**
[id]eio (é)	[id]eava	[id]eie (é)	–
[id]eias (é)	[id]eavas	[id]eies (é)	[id]eia (é)
[id]eia (é)	[id]eava	[id]eie (é)	[id]eie (é)
[id]eamos	[id]eávamos	[id]eemos	[id]eemos
[id]eais	[id]eáveis	[id]eeis	[id]eai
[id]eiam (é)	[id]eavam	[id]eiem (é)	[id]eiem (é)
Pret. perf.	**Pret. m.-q.-perf.**	**Pret. imperf.**	**Neg. (Não...)**
[id]eei	[id]eara	[id]easse	–
[id]easte	[id]earas	[id]easses	[id]eies (é)
[id]eou	[id]eara	[id]easse	[id]eie (é)
[id]eamos	[id]eáramos	[id]eássemos	[id]eemos
[id]eastes	[id]eáreis	[id]eásseis	[id]eeis
[id]earam	[id]earam	[id]eassem	[id]eiem (é)
Fut. do pres.	**Fut. do pret.**	**Futuro**	**GERÚNDIO**
[id]earei	[id]earia	[id]ear	[id]eando
[id]earás	[id]earias	[id]eares	
[id]eará	[id]earia	[id]ear	**PARTICÍPIO**
[id]earemos	[id]earíamos	[id]earmos	[id]eado
[id]eareis	[id]earíeis	[id]eardes	
[id]earão	[id]eariam	[id]earem	

Obs.:
1) Nas demais formas o *e* é fechado (ê).
2) *Estrear* segue o paradigma acima.

[13] [od]iar (Inf. pess.: [od]iares, [od]iar, [od]iarmos, [od]iardes, [od]iarem)

Recebe um *-e-* antes do *i* do rad. em todas as formas rizotônicas; nestas formas, o *e* do ditongo *-ei-* é fechado (ê).

INDICATIVO		SUBJUNTIVO	IMPERATIVO
Presente	**Pret. imperf.**	**Presente**	**Afirm.**
[od]eio (ê)	[od]iava	[od]eie (ê)	–
[od]eias (ê)	[od]iavas	[od]eies (ê)	[od]eia (ê)
[od]eia (ê)	[od]iava	[od]eie (ê)	[od]eie (ê)
[od]iamos	[od]iávamos	[od]iemos	[od]iemos
[od]iais	[od]iáveis	[od]ieis	[od]iai
[od]eiam (ê)	[od]iavam	[od]eiem (ê)	[od]eiem (ê)
Pret. perf.	**Pret. m.-q.-perf.**	**Pret. imperf.**	**Neg. (Não...)**
[od]iei	[od]iara	[od]iasse	–
[od]iaste	[od]iaras	[od]iasses	[od]eies (ê)
[od]iou	[od]iara	[od]iasse	[od]eie (ê)
[od]iamos	[od]iáramos	[od]iássemos	[od]iemos
[od]iastes	[od]iáreis	[od]iásseis	[od]ieis
[od]iaram	[od]iaram	[od]iassem	[od]eiem (ê)
Fut. do pres.	**Fut. do pret.**	**Futuro**	**GERÚNDIO**
[od]iarei	[od]iaria	[od]iar	[od]iando
[od]iarás	[od]iarias	[od]iares	
[od]iará	[od]iaria	[od]iar	**PARTICÍPIO**
[od]iaremos	[od]iaríamos	[od]iarmos	[od]iado
[od]iareis	[od]iaríeis	[od]iardes	
[od]iarão	[od]iariam	[od]iarem	

Ansiar, incendiar, intermediar, mediar e *remediar* também seguem o paradigma acima. Os demais verbos terminados em *-iar* seguem C.:1. Entretanto, *agenciar, cadenciar, comerciar, diligenciar, licenciar, negociar, obsequiar, premiar* admitem dupla conjugação em P.: negoceio/negocio; premeio/premio.

Paradigmas dos verbos irregulares da 2.ª conjugação:

[14] ser (Inf. pess.: seres, ser, sermos, serdes, serem)

Verbo anômalo: apresenta extraordinária irregularidade tanto em sua formação, quanto em sua conjug.; o *e* é aberto na 2.ª e 3.ª pess. do sing. do pres. do ind. e em todo o pret. imperf. do ind., e o *o* é sempre fechado (ô).

INDICATIVO		SUBJUNTIVO	IMPERATIVO
Presente	**Pret. imperf.**	**Presente**	**Afirm.**
sou	era	seja	–
és	eras	sejas	sê
é	era	seja	seja
somos	éramos	sejamos	sejamos
sois	éreis	sejais	sede
são	eram	sejam	sejam
Pret. perf.	**Pret. m.-q.-perf.**	**Pret. imperf.**	**Neg. (Não...)**
fui	fora	fosse	–
foste	foras	fosses	sejas
foi	fora	fosse	seja
fomos	fôramos	fôssemos	sejamos
fostes	fôreis	fôsseis	sejais
foram	foram	fossem	sejam
Fut. do pres.	**Fut. do pret.**	**Futuro**	**GERÚNDIO**
serei	seria	for	sendo
serás	serias	fores	
será	seria	for	**PARTICÍPIO**
seremos	seríamos	formos	sido
sereis	seríeis	fordes	
serão	seriam	forem	

[15] ter (Inf. pess.: []teres, []ter, []termos, []terdes, []terem)

Verbo irregular.

INDICATIVO		SUBJUNTIVO	IMPERATIVO
Presente	**Pret. imperf.**	**Presente**	**Afirm.**
[]tenho	[]tinha	[]tenha	–
[]tens	[]tinhas	[]tenhas	[]tem
[]tem	[]tinha	[]tenha	[]tenha
[]temos	[]tínhamos	[]tenhamos	[]tenhamos
[]tendes	[]tínheis	[]tenhais	[]tende
[]têm	[]tinham	[]tenham	[]tenham
Pret. perf.	**Pret. m.-q.-perf.**	**Pret. imperf.**	**Neg. (Não...)**
[]tive	[]tivera	[]tivesse	–
[]tiveste	[]tiveras	[]tivesses	[]tenhas
[]teve	[]tivera	[]tivesse	[]tenha
[]tivemos	[]tivéramos	[]tivéssemos	[]tenhamos
[]tivestes	[]tivéreis	[]tivésseis	[]tenhais
[]tiveram	[]tiveram	[]tivessem	[]tenham
Fut. do pres.	**Fut. do pret.**	**Futuro**	**GERÚNDIO**
[]terei	[]teria	[]tiver	[]tendo
[]terás	[]terias	[]tiveres	
[]terá	[]teria	[]tiver	**PARTICÍPIO**
[]teremos	[]teríamos	[]tivermos	[]tido
[]tereis	[]teríeis	[]tiverdes	
[]terão	[]teriam	[]tiverem	

Abster-se, ater-se, conter, deter, entreter, manter, obter, reter e *suster* seguem o paradigma acima, mas, diferentemente de **ter**, apresentam acento gráfico na 2.ª e 3.ª pess. do sing. do pres. do ind. (*absténs, abstém*) e na 2.ª pess. do sing. do imperat. afirm. (*abstém*).

[16] haver (Inf. pess.: haveres, haver, havermos, haverdes, haverem)

Verbo irregular; apresenta dupla forma para a 1.ª e para a 2.ª pess. do pl. do pres. do ind. (*havemos / hemos*; *haveis / heis*), sendo que as formas alternativas (*hemos* e *heis*) estão obsoletas.

INDICATIVO		SUBJUNTIVO	IMPERATIVO
Presente	**Pret. imperf.**	**Presente**	**Afirm.**
hei	havia	haja	–
hás	havias	hajas	há
há	havia	haja	haja
havemos/hemos	havíamos	hajamos	hajamos
haveis/heis	havíeis	hajais	havei
hão	haviam	hajam	hajam
Pret. perf.	**Pret. m.-q.-perf.**	**Pret. imperf.**	**Neg. (Não...)**
houve	houvera	houvesse	–
houveste	houveras	houvesses	hajas
houve	houvera	houvesse	haja
houvemos	houvéramos	houvéssemos	hajamos
houvestes	houvéreis	houvésseis	hajais
houveram	houveram	houvessem	hajam
Fut. do pres.	**Fut. do pret.**	**Futuro**	**GERÚNDIO**
haverei	haveria	houver	havendo
haverás	haverias	houveres	
haverá	haveria	houver	**PARTICÍPIO**
haveremos	haveríamos	houvermos	havido
havereis	haveríeis	houverdes	
haverão	haveriam	houverem	

Em certas acepções, este verbo é impessoal. Neste caso, devem ser utilizadas apenas as 3.ªs pess. do sing.

[17] dizer

(Inf. pess.: [ ]dizeres, [ ]dizer, [ ]dizermos, [ ]dizerdes, [ ]dizerem)

Verbo irregular: o *-z-* do rad. passa a *-g-* sempre que seguido de *a* ou *o*; a 2ª pess. do sing. do imperat. afirm. apresenta duas formas, *dize* e *diz*.

INDICATIVO		SUBJUNTIVO	IMPERATIVO
Presente	**Pret. imperf.**	**Presente**	**Afirm.**
[ ]digo	[ ]dizia	[ ]diga	–
[ ]dizes	[ ]dizias	[ ]digas	[ ]diz(e)
[ ]diz	[ ]dizia	[ ]diga	[ ]diga
[ ]dizemos	[ ]dizíamos	[ ]digamos	[ ]digamos
[ ]dizeis	[ ]dizíeis	[ ]digais	[ ]dizei
[ ]dizem	[ ]diziam	[ ]digam	[ ]digam
Pret. perf.	**Pret. m.-q.-perf.**	**Pret. imperf.**	**Neg. (Não...)**
[ ]disse	[ ]dissera	[ ]dissesse	–
[ ]disseste	[ ]disseras	[ ]dissesses	[ ]digas
[ ]disse	[ ]dissera	[ ]dissesse	[ ]diga
[ ]dissemos	[ ]disséramos	[ ]disséssemos	[ ]digamos
[ ]dissestes	[ ]disséreis	[ ]dissésseis	[ ]digais
[ ]disseram	[ ]disseram	[ ]dissessem	[ ]digam
Fut. do pres.	**Fut. do pret.**	**Futuro**	**GERÚNDIO**
[ ]direi	[ ]diria	[ ]disser	[ ]dizendo
[ ]dirás	[ ]dirias	[ ]disseres	
[ ]dirá	[ ]diria	[ ]disser	**PARTICÍPIO**
[ ]diremos	[ ]diríamos	[ ]dissermos	[ ]dito
[ ]direis	[ ]diríeis	[ ]disserdes	
[ ]dirão	[ ]diriam	[ ]disserem	

Bendizer, condizer, contradizer, desdizer, interdizer, maldizer, predizer e *redizer* seguem o paradigma acima.

[18] fazer

(Inf. pess.: [ ]fazeres, [ ]fazer, [ ]fazermos, [ ]fazerdes, [ ]fazerem)

Verbo irregular: o *-z-* do rad. passa a *-ç-* sempre que seguido de *a* ou *o*; a 2ª pess. do sing. do imperat. afirm. apresenta duas formas, *faze* e *faz*; nas formas do pretérito e no fut. do subj. o *a* do rad. passa a *i* (exceto na 3ª pess. do sing. do pret. perf. que passa a *e*).

INDICATIVO		SUBJUNTIVO	IMPERATIVO
Presente	**Pret. imperf.**	**Presente**	**Afirm.**
[ ]faço	[ ]fazia	[ ]faça	–
[ ]fazes	[ ]fazias	[ ]faças	[ ]faz(e)
[ ]faz	[ ]fazia	[ ]faça	[ ]faça
[ ]fazemos	[ ]fazíamos	[ ]façamos	[ ]façamos
[ ]fazeis	[ ]fazíeis	[ ]façais	[ ]fazei
[ ]fazem	[ ]faziam	[ ]façam	[ ]façam
Pret. perf.	**Pret. m.-q.-perf.**	**Pret. imperf.**	**Neg. (Não...)**
[ ]fiz	[ ]fizera	[ ]fizesse	–
[ ]fizeste	[ ]fizeras	[ ]fizesses	[ ]faças
[ ]fez	[ ]fizera	[ ]fizesse	[ ]faça
[ ]fizemos	[ ]fizéramos	[ ]fizéssemos	[ ]façamos
[ ]fizestes	[ ]fizéreis	[ ]fizésseis	[ ]façais
[ ]fizeram	[ ]fizeram	[ ]fizessem	[ ]façam
Fut. do pres.	**Fut. do pret.**	**Futuro**	**GERÚNDIO**
[ ]farei	[ ]faria	[ ]fizer	[ ]fazendo
[ ]farás	[ ]farias	[ ]fizeres	
[ ]fará	[ ]faria	[ ]fizer	**PARTICÍPIO**
[ ]faremos	[ ]faríamos	[ ]fizermos	[ ]feito
[ ]fareis	[ ]faríeis	[ ]fizerdes	
[ ]farão	[ ]fariam	[ ]fizerem	

[19] trazer (Inf. pess.: **trazeres, trazer, trazermos, trazerdes, trazerem**)

Verbo irregular: o -*z*- do rad. passa a -*g*- sempre que seguido de *a* ou *o*; a 2ª pess. do sing. do imperat. afirm. apresenta duas formas, *traze* e *traz*.

INDICATIVO		SUBJUNTIVO	IMPERATIVO
Presente	**Pret. imperf.**	**Presente**	**Afirm.**
trago	trazia	traga	–
trazes	trazias	tragas	traz(e)
traz	trazia	traga	traga
trazemos	trazíamos	tragamos	tragamos
trazeis	trazíeis	tragais	trazei
trazem	traziam	tragam	tragam
Pret. perf.	**Pret. m.-q.-perf.**	**Pret. imperf.**	**Neg. (Não...)**
trouxe	trouxera	trouxesse	–
trouxeste	trouxeras	trouxesses	tragas
trouxe	trouxera	trouxesse	traga
trouxemos	trouxéramos	trouxéssemos	tragamos
trouxestes	trouxéreis	trouxésseis	tragais
trouxeram	trouxeram	trouxessem	tragam
Fut. do pres.	**Fut. do pret.**	**Futuro**	**GERÚNDIO**
trarei	traria	trouxer	trazendo
trarás	trarias	trouxeres	
trará	traria	trouxer	**PARTICÍPIO**
traremos	traríamos	trouxermos	trazido
trareis	traríeis	trouxerdes	
trarão	trariam	trouxerem	

[20] caber (Inf. pess.: **caberes, caber, cabermos, caberdes, caberem**)

Verbo irregular: o -*a*- do rad. passa a -*ai*- na 1ª pess. do sing. do pres. do ind., *caibo*, e, portanto, em todo o pres. do subj.; em razão de seu significado, este verbo não é conjugado no imperat. afirm. nem no imperat. neg.

INDICATIVO		SUBJUNTIVO	IMPERATIVO
Presente	**Pret. imperf.**	**Presente**	**Afirm.**
caibo	cabia	caiba	–
cabes	cabias	caibas	–
cabe	cabia	caiba	–
cabemos	cabíamos	caibamos	–
cabeis	cabíeis	caibais	–
cabem	cabiam	caibam	–
Pret. perf.	**Pret. m.-q.-perf.**	**Pret. imperf.**	**Neg. (Não...)**
coube	coubera	coubesse	–
coubeste	couberas	coubesses	–
coube	coubera	coubesse	–
coubemos	coubéramos	coubéssemos	–
coubestes	coubéreis	coubésseis	–
couberam	couberam	coubessem	–
Fut. do pres.	**Fut. do pret.**	**Futuro**	**GERÚNDIO**
caberei	caberia	couber	cabendo
caberás	caberias	couberes	
caberá	caberia	couber	**PARTICÍPIO**
caberemos	caberíamos	coubermos	cabido
cabereis	caberíeis	couberdes	
caberão	caberiam	couberem	

[21] saber

(Inf. pess.: **saberes, saber, sabermos, saberdes, saberem**)

Semelhante ao paradigma anterior (*caber* [20]), dele se diferencia apenas na forma da 1ª pess. do sing. do pres. do ind. e por ser conjugado no imperat. afirm. e imperat. neg.

INDICATIVO		SUBJUNTIVO	IMPERATIVO
Presente	**Pret. imperf.**	**Presente**	**Afirm.**
sei	sabia	saiba	–
sabes	sabias	saibas	sabe
sabe	sabia	saiba	saiba
sabemos	sabíamos	saibamos	saibamos
sabeis	sabíeis	saibais	sabei
sabem	sabiam	saibam	saibam
Pret. perf.	**Pret. m.-q.-perf.**	**Pret. imperf.**	**Neg. (Não...)**
soube	soubera	soubesse	–
soubeste	souberas	soubesses	saibas
soube	soubera	soubesse	saiba
soubemos	soubéramos	soubéssemos	saibamos
soubestes	soubéreis	soubésseis	saibais
souberam	souberam	soubessem	saibam
Fut. do pres.	**Fut. do pret.**	**Futuro**	**GERÚNDIO**
saberei	saberia	souber	sabendo
saberás	saberias	souberes	
saberá	saberia	souber	**PARTICÍPIO**
saberemos	saberíamos	soubermos	sabido
sabereis	saberíeis	souberdes	
saberão	saberiam	souberem	

[22] ver

(Inf. pess.: [ ]**veres,** [ ]**ver,** [ ]**vermos,** [ ]**verdes,** [ ]**verem**)

Verbo irregular. O *e* que segue o *v* do rad. é sempre fechado (ê).

INDICATIVO		SUBJUNTIVO	IMPERATIVO
Presente	**Pret. imperf.**	**Presente**	**Afirm.**
[ ]vejo	[ ]via	[ ]veja	–
[ ]vês	[ ]vias	[ ]vejas	[ ]vê
[ ]vê	[ ]via	[ ]veja	[ ]veja
[ ]vemos	[ ]víamos	[ ]vejamos	[ ]vejamos
[ ]vedes	[ ]víeis	[ ]vejais	[ ]vede
[ ]veem	[ ]viam	[ ]vejam	[ ]vejam
Pret. perf.	**Pret. m.-q.-perf.**	**Pret. imperf.**	**Neg. (Não...)**
[ ]vi	[ ]vira	[ ]visse	–
[ ]viste	[ ]viras	[ ]visses	[ ]vejas
[ ]viu	[ ]vira	[ ]visse	[ ]veja
[ ]vimos	[ ]víramos	[ ]víssemos	[ ]vejamos
[ ]vistes	[ ]víreis	[ ]vísseis	[ ]vejais
[ ]viram	[ ]viram	[ ]vissem	[ ]vejam
Fut. do pres.	**Fut. do pret.**	**Futuro**	**GERÚNDIO**
[ ]verei	[ ]veria	[ ]vir	[ ]vendo
[ ]verás	[ ]verias	[ ]vires	
[ ]verá	[ ]veria	[ ]vir	**PARTICÍPIO**
[ ]veremos	[ ]veríamos	[ ]virmos	[ ]visto
[ ]vereis	[ ]veríeis	[ ]virdes	
[ ]verão	[ ]veriam	[ ]virem	

Antever, entrever, prever e *rever* seguem o paradigma acima.

[23] prover
(Inf. pess.: **proveres, prover, provermos, proverdes, proverem**)

Semelhante ao paradigma anterior, *ver* [22], apresenta diferenças, no entanto, no pret. perf. e pret. mais-q.-perf. do ind., no pret. imperf. e fut. do subj. e no particípio, cujas formas são regulares; o *e* de *-ve-* é sempre fechado (ê).

INDICATIVO		SUBJUNTIVO	IMPERATIVO
Presente	**Pret. imperf.**	**Presente**	**Afirm.**
provejo	provia	proveja	–
provês	provias	provejas	provê
provê	provia	proveja	proveja
provemos	províamos	provejamos	provejamos
provedes	províeis	provejais	provede
proveem	proviam	provejam	provejam
Pret. perf.	**Pret. m.-q.-perf.**	**Pret. imperf.**	**Neg. (Não...)**
provi	provera	provesse	–
proveste	proveras	provesses	provejas
proveu	provera	provesse	proveja
provemos	provêramos	provêssemos	provejamos
provestes	provêreis	provêsseis	provejais
proveram	proveram	provessem	provejam
Fut. do pres.	**Fut. do pret.**	**Futuro**	**GERÚNDIO**
proverei	proveria	prover	provendo
proverás	proverias	proveres	
proverá	proveria	prover	**PARTICÍPIO**
proveremos	proveríamos	provermos	provido
provereis	proveríeis	proverdes	
proverão	proveriam	proverem	

[24] poder
(Inf. pess.: **poderes, poder, podermos, poderdes, poderem**)

Apresenta variação no rad. na 1ª pess. do sing. do pres. do ind. e no pres. do subj., ou seja, o *-d-* do rad. passa a *-ss-* sempre que seguido de *a* ou *o*; o *-o-* do rad. passa a *-u-* em quase todo o pret. perf. do ind. (excetuando-se a 3ª pess. do sing.), em todo o pret. mais-q.-perf. do ind. e pret. imperf. do subj.; não é conjugável no imperat. afirm. nem no imperat. neg. Quando o acento tônico recai na vogal *o* do rad., a pronúncia tradicional desta é a aberta (ó).

INDICATIVO		SUBJUNTIVO	IMPERATIVO
Presente	**Pret. imperf.**	**Presente**	**Afirm.**
posso (ó)	podia	possa (ó)	–
podes (ó)	podias	possas (ó)	–
pode (ó)	podia	possa (ó)	–
podemos	podíamos	possamos	–
podeis	podíeis	possais	–
podem (ó)	podiam	possam (ó)	–
Pret. perf.	**Pret. m.-q.-perf.**	**Pret. imperf.**	**Neg. (Não...)**
pude	pudera	pudesse	–
pudeste	puderas	pudesses	–
pôde	pudera	pudesse	–
pudemos	pudéramos	pudéssemos	–
pudestes	pudéreis	pudésseis	–
puderam	puderam	pudessem	–
Fut. do pres.	**Fut. do pret.**	**Futuro**	**GERÚNDIO**
poderei	poderia	puder	podendo
poderás	poderias	puderes	
poderá	poderia	puder	**PARTICÍPIO**
poderemos	poderíamos	pudermos	podido
podereis	poderíeis	puderdes	
poderão	poderiam	puderem	

A 3ª pessoa do sing. do pret. perf. recebe acento diferencial.

[25] [cr]er (Inf. pess.: [cr]eres, [cr]er, [cr]ermos, [cr]erdes, [cr]erem)

Verbo irregular. O *e* do rad. é sempre fechado (ê).

INDICATIVO		SUBJUNTIVO	IMPERATIVO
Presente	**Pret. imperf.**	**Presente**	**Afirm.**
[cr]eio	[cr]ia	[cr]eia	–
[cr]ês	[cr]ias	[cr]eias	[cr]ê
[cr]ê	[cr]ia	[cr]eia	[cr]eia
[cr]emos	[cr]íamos	[cr]eiamos	[cr]eiamos
[cr]edes	[cr]íeis	[cr]eiais	[cr]ede
[cr]eem	[cr]iam	[cr]eiam	[cr]eiam
Pret. perf.	**Pret. m.-q.-perf.**	**Pret. imperf.**	**Neg. (Não...)**
[cr]i	[cr]era	[cr]esse	–
[cr]este	[cr]eras	[cr]esses	[cr]eias
[cr]eu	[cr]era	[cr]esse	[cr]eia
[cr]emos	[cr]êramos	[cr]êssemos	[cr]eiamos
[cr]estes	[cr]êreis	[cr]êsseis	[cr]eiais
[cr]eram	[cr]eram	[cr]essem	[cr]eiam
Fut. do pres.	**Fut. do pret.**	**Futuro**	**GERÚNDIO**
[cr]erei	[cr]eria	[cr]er	[cr]endo
[cr]erás	[cr]erias	[cr]eres	
[cr]erá	[cr]eria	[cr]er	**PARTICÍPIO**
[cr]eremos	[cr]eríamos	[cr]ermos	[cr]ido
[cr]ereis	[cr]eríeis	[cr]erdes	
[cr]erão	[cr]eriam	[cr]erem	

Descrer, ler, reler e *tresler* seguem o paradigma acima.

[26] querer (Inf. pess.: []quereres, []querer, []querermos, []quererdes, []quererem)

Não se conjuga no imperat., a não ser em frases enfáticas, e com extrema raridade; nas formas do pretérito e no fut. do subj. o *-er-* do rad. passa a *-is-*; o *e* de *-que-* é aberto (é) na 1ª, 2ª e 3ª pess. do sing. e 3ª do pl. do pres. do ind. e na 2ª pess. do sing. do imperat. afirm.; a 2ª pess. do sing. do imperat. afirm. apresenta duas formas, *quere* e *quer*.

INDICATIVO		SUBJUNTIVO	IMPERATIVO
Presente	**Pret. imperf.**	**Presente**	**Afirm.**
[]quero (é)	[]queria	[]queira	–
[]queres (é)	[]querias	[]queiras	[]quer(e) (é)
[]quer (é)	[]queria	[]queira	[]queira
[]queremos	[]queríamos	[]queiramos	[]queiramos
[]quereis	[]queríeis	[]queirais	[]querei
[]querem (é)	[]queriam	[]queiram	[]queiram
Pret. perf.	**Pret. m.-q.-perf.**	**Pret. imperf.**	**Neg. (Não...)**
[]quis	[]quisera	[]quisesse	–
[]quiseste	[]quiseras	[]quisesses	[]queiras
[]quis	[]quisera	[]quisesse	[]queira
[]quisemos	[]quiséramos	[]quiséssemos	[]queiramos
[]quisestes	[]quiséreis	[]quisésseis	[]queirais
[]quiseram	[]quiseram	[]quisessem	[]queiram
Fut. do pres.	**Fut. do pret.**	**Futuro**	**GERÚNDIO**
[]quererei	[]quereria	[]quiser	[]querendo
[]quererás	[]quererias	[]quiseres	
[]quererá	[]quereria	[]quiser	**PARTICÍPIO**
[]quereremos	[]quereríamos	[]quisermos	[]querido
[]querereis	[]quereríeis	[]quiserdes	
[]quererão	[]quereriam	[]quiserem	

Nas demais formas o *e* é fechado; *benquerer* e *malquerer* seguem o paradigma acima.

[27] requerer (Inf. pess.: **requereres, requerer, requerermos, requererdes, requererem**)

Semelhante ao paradigma anterior (*querer* [26]), difere, no entanto, na forma da 1ª pess. do sing. do pres. do ind., no pret. perf. e pret. mais-q.-perf. do ind. e no pret. imperf. e fut. do subj.; o *e* de *-que-* é aberto (é) na 2ª pess. do sing. e nas 3ªs pess. do pres. do ind. e na 2ª pess. do sing. do imperat. afirm.; a 2ª pess. do sing. do imperat. afirm. apresenta duas formas, *requere* e *requer*.

INDICATIVO		SUBJUNTIVO	IMPERATIVO
Presente	**Pret. imperf.**	**Presente**	**Afirm.**
requeiro	requeria	requeira	–
requeres (é)	requerias	requeiras	requer(e) (é)
requer (é)	requeria	requeira	requeira
requeremos	requeríamos	requeiramos	requeiramos
requereis	requeríeis	requeirais	requerei
requerem (é)	requeriam	requeiram	requeiram
Pret. perf.	**Pret. m.-q.-perf.**	**Pret. imperf.**	**Neg. (Não...)**
requeri	requerera	requeresse	–
requereste	requereras	requeresses	requeiras
requereu	requerera	requeresse	requeira
requeremos	requerêramos	requerêssemos	requeiramos
requerestes	requerêreis	requerêsseis	requeirais
requereram	requereram	requeressem	requeiram
Fut. do pres.	**Fut. do pret.**	**Futuro**	**GERÚNDIO**
requererei	requereria	requerer	requerendo
requererás	requererias	requereres	
requererá	requereria	requerer	**PARTICÍPIO**
requereremos	requereríamos	requerermos	requerido
requerereis	requereríeis	requererdes	
requererão	requereriam	requererem	

Obs.: Nas demais formas o *e* é fechado (ê).

[28] valer (Inf. pess.: **valeres, valer, valermos, valerdes, valerem**)

Apresenta alteração do rad. na 1ª pess. do sing. do pres. do ind., no pres. do subj. e no imperat. afirm. e neg., ou seja, o *-l-* do rad. passa a *-lh-* sempre que seguido de *a* ou *o*.

INDICATIVO		SUBJUNTIVO	IMPERATIVO
Presente	**Pret. imperf.**	**Presente**	**Afirm.**
valho	valia	valha	–
vales	valias	valhas	vale
vale	valia	valha	valha
valemos	valíamos	valhamos	valhamos
valeis	valíeis	valhais	valei
valem	valiam	valham	valham
Pret. perf.	**Pret. m.-q.-perf.**	**Pret. imperf.**	**Neg. (Não...)**
vali	valera	valesse	–
valeste	valeras	valesses	valhas
valeu	valera	valesse	valha
valemos	valêramos	valêssemos	valhamos
valestes	valêreis	valêsseis	valhais
valeram	valeram	valessem	valham
Fut. do pres.	**Fut. do pret.**	**Futuro**	**GERÚNDIO**
valerei	valeria	valer	valendo
valerás	valerias	valeres	
valerá	valeria	valer	**PARTICÍPIO**
valeremos	valeríamos	valermos	valido
valereis	valeríeis	valerdes	
valerão	valeriam	valerem	

[29] perder (Inf. pess.: perderes, perder, perdermos, perderdes, perderem)

O -d- do rad. passa a -c- sempre que seguido de a ou o.

INDICATIVO		SUBJUNTIVO	IMPERATIVO
Presente	**Pret. imperf.**	**Presente**	**Afirm.**
perco (ê)	perdia	perca (ê)	–
perdes (é)	perdias	percas (ê)	perde (é)
perde (é)	perdia	perca (ê)	perca (ê)
perdemos	perdíamos	percamos	percamos
perdeis	perdíeis	percais	perdei
perdem (é)	perdiam	percam (ê)	percam (ê)
Pret. perf.	**Pret. m.-q.-perf.**	**Pret. imperf.**	**Neg. (Não...)**
perdi	perdera	perdesse	–
perdeste	perderas	perdesses	percas (ê)
perdeu	perdera	perdesse	perca (ê)
perdemos	perdêramos	perdêssemos	percamos
perdestes	perdêreis	perdêsseis	percais
perderam	perderam	perdessem	percam (ê)
Fut. do pres.	**Fut. do pret.**	**Futuro**	**GERÚNDIO**
perderei	perderia	perder	perdendo
perderás	perderias	perderes	
perderá	perderia	perder	**PARTICÍPIO**
perderemos	perderíamos	perdermos	perdido
perdereis	perderíeis	perderdes	
perderão	perderiam	perderem	

Nas demais formas o e é fechado (ê).

[30] [a]prazer (Inf. pess.: [a]prazeres, [a]prazer, [a]prazermos, [a]prazerdes, [a]prazerem)

Embora não seja defectivo, é mais us. nas 3.ª³ pess. de todos os tempos e modos; em sua forma pronominal, conjuga-se em todas as pessoas; a 2.ª pess. do sing. do imperat. afirm. apresenta duas formas, *apraze* e *apraz*.

INDICATIVO		SUBJUNTIVO	IMPERATIVO
Presente	**Pret. imperf.**	**Presente**	**Afirm.**
[a]prazo	[a]prazia	[a]praza	–
[a]prazes	[a]prazias	[a]prazas	[a]praz(e)
[a]praz	[a]prazia	[a]praza	[a]praza
[a]prazemos	[a]prazíamos	[a]prazamos	[a]prazamos
[a]prazeis	[a]prazíeis	[a]prazais	[a]prazei
[a]prazem	[a]praziam	[a]prazam	[a]prazam
Pret. perf.	**Pret. m.-q.-perf.**	**Pret. imperf.**	**Neg. (Não...)**
[a]prouve	[a]prouvera	[a]prouvesse	–
[a]prouveste	[a]prouveras	[a]prouvesses	[a]prazas
[a]prouve	[a]prouvera	[a]prouvesse	[a]praza
[a]prouvemos	[a]prouvéramos	[a]prouvéssemos	[a]prazamos
[a]prouvestes	[a]prouvéreis	[a]prouvésseis	[a]prazais
[a]prouveram	[a]prouveram	[a]prouvessem	[a]prazam
Fut. do pres.	**Fut. do pret.**	**Futuro**	**GERÚNDIO**
[a]prazerei	[a]prazeria	[a]prouver	[a]prazendo
[a]prazerás	[a]prazerias	[a]prouveres	
[a]prazerá	[a]prazeria	[a]prouver	**PARTICÍPIO**
[a]prazeremos	[a]prazeríamos	[a]prouvermos	[a]prazido
[a]prazereis	[a]prazeríeis	[a]prouverdes	
[a]prazerão	[a]prazeriam	[a]prouverem	

Desprazer segue o paradigma acima. Confronte-se este paradigma com o de *prazer* [57].

[31] [com]prazer

(Inf. pess.: [com]prazeres, [com]prazer, [com]prazermos, [com]prazerdes, [com]prazerem)

A 1ª pess. do sing. do pret. perf. do ind. apresenta duas formas: *comprouve/comprazi*; a 2ª pess. do sing. do imperat. afirm. apresenta duas formas, *compraze* e *compraz*.

INDICATIVO		SUBJUNTIVO	IMPERATIVO
Presente	**Pret. imperf.**	**Presente**	**Afirm.**
[com]prazo	[com]prazia	[com]praza	–
[com]prazes	[com]prazias	[com]prazas	[com]praz(e)
[com]praz	[com]prazia	[com]praza	[com]praza
[com]prazemos	[com]prazíamos	[com]prazamos	[com]prazamos
[com]prazeis	[com]prazíeis	[com]prazais	[com]prazei
[com]prazem	[com]praziam	[com]prazam	[com]prazam
Pret. perf.	**Pret. m.-q.-perf.**	**Pret. imperf.**	**Neg. (Não...)**
[com]prouve/	[com]prouvera	[com]prouvesse	–
[com]prazi			
[com]prouveste	[com]prouveras	[com]prouvesses	[com]prazas
[com]prouve	[com]prouvera	[com]prouvesse	[com]praza
[com]prouvemos	[com]prouvéramos	[com]prouvéssemos	[com]prazamos
[com]prouvestes	[com]prouvéreis	[com]prouvésseis	[com]prazais
[com]prouveram	[com]prouveram	[com]prouvessem	[com]prazam
Fut. do pres.	**Fut. do pret.**	**Futuro**	**GERÚNDIO**
[com]prazerei	[com]prazeria	[com]prouver	[com]prazendo
[com]prazerá	[com]prazeria	[com]prouveres	
[com]prazerás	[com]prazerias	[com]prouver	**PARTICÍPIO**
[com]prazeremos	[com]prazeríamos	[com]prouvermos	[com]prazido
[com]prazereis	[com]prazeríeis	[com]prouverdes	
[com]prazerão	[com]prazeriam	[com]prouverem	

[32] jazer

(Inf. pess.: []jazeres, []jazer, []jazermos, []jazerdes, []jazerem)

Verbo irregular: a 3ª pess. do sing. do pres. do ind. perde o *-e-* da 3ª pess.; a 2ª pess. do sing. do imperat. afirm. apresenta duas formas, *jaze* e *jaz*.

INDICATIVO		SUBJUNTIVO	IMPERATIVO
Presente	**Pret. imperf.**	**Presente**	**Afirm.**
[]jazo	[]jazia	[]jaza	–
[]jazes	[]jazias	[]jazas	[]jaz(e)
[]jaz	[]jazia	[]jaza	[]jaza
[]jazemos	[]jazíamos	[]jazamos	[]jazamos
[]jazeis	[]jazíeis	[]jazais	[]jazei
[]jazem	[]jaziam	[]jazam	[]jazam
Pret. perf.	**Pret. m.-q.-perf.**	**Pret. imperf.**	**Neg. (Não...)**
[]jazi	[]jazera	[]jazesse	–
[]jazeste	[]jazeras	[]jazesses	[]jazas
[]jazeu	[]jazera	[]jazesse	[]jaza
[]jazemos	[]jazêramos	[]jazêssemos	[]jazamos
[]jazestes	[]jazêreis	[]jazêsseis	[]jazais
[]jazeram	[]jazeram	[]jazessem	[]jazam
Fut. do pres.	**Fut. do pret.**	**Futuro**	**GERÚNDIO**
[]jazerei	[]jazeria	[]jazer	[]jazendo
[]jazerás	[]jazerias	[]jazeres	
[]jazerá	[]jazeria	[]jazer	**PARTICÍPIO**
[]jazeremos	[]jazeríamos	[]jazermos	[]jazido
[]jazereis	[]jazeríeis	[]jazerdes	
[]jazerão	[]jazeriam	[]jazerem	

[33] [r]oer

(Inf. pess.: [r]oeres, [r]oer, [r]oermos, [r]oerdes, [r]oerem)

O *o* do rad. é aberto (ó) na 2ª e 3ª pess. do sing. e 3ª do pl. do pres. do ind., 2ª pess. do sing. do imperat. afirm. e recebe acento gráfico nas formas em que é seguido de *i*; quando o acento tônico recai na vogal *i*, por tratar-se do 2º elemento de um hiato, ela é acentuada.

INDICATIVO		SUBJUNTIVO	IMPERATIVO
Presente	**Pret. imperf.**	**Presente**	**Afirm.**
[r]oo	[r]oía	[r]oa	–
[r]óis	[r]oías	[r]oas	[r]ói
[r]ói	[r]oía	[r]oa	[r]oa
[r]oemos	[r]oíamos	[r]oamos	[r]oamos
[r]oeis	[r]oíeis	[r]oais	[r]oei
[r]oem (ó)	[r]oíam	[r]oam	[r]oam
Pret. perf.	**Pret. m.-q.-perf.**	**Pret. imperf.**	**Neg. (Não...)**
[r]oí	[r]oera	[r]oesse	–
[r]oeste	[r]oeras	[r]oesses	[r]oas
[r]oeu	[r]oera	[r]oesse	[r]oa
[r]oemos	[r]oêramos	[r]oêssemos	[r]oamos
[r]oestes	[r]oêreis	[r]oêsseis	[r]oais
[r]oeram	[r]oeram	[r]oessem	[r]oam
Fut. do pres.	**Fut. do pret.**	**Futuro**	**GERÚNDIO**
[r]oerei	[r]oeria	[r]oer	[r]oendo
[r]oerás	[r]oerias	[r]oeres	
[r]oerá	[r]oeria	[r]oer	**PARTICÍPIO**
[r]oeremos	[r]oeríamos	[r]oermos	[r]oído
[r]oereis	[r]oeríeis	[r]oerdes	
[r]oerão	[r]oeriam	[r]oerem	

Nas demais formas o *o* é fechado (ô).

[34] pôr

(Inf. pess.: []pores, []pôr, []pormos, []pordes, []porem)

Verbo irregular, considerado anômalo por muitos gramáticos e pela Nomenclatura Gramatical Brasileira, apresenta extraordinária irregularidade em sua morfologia.

INDICATIVO		SUBJUNTIVO	IMPERATIVO
Presente	**Pret. imperf.**	**Presente**	**Afirm.**
[]ponho	[]punha	[]ponha	–
[]pões	[]punhas	[]ponhas	[]põe
[]põe	[]punha	[]ponha	[]ponha
[]pomos	[]púnhamos	[]ponhamos	[]ponhamos
[]pondes	[]púnheis	[]ponhais	[]ponde
[]põem	[]punham	[]ponham	[]ponham
Pret. perf.	**Pret. m.-q.-perf.**	**Pret. imperf.**	**Neg. (Não...)**
[]pus	[]pusera	[]pusesse	–
[]puseste	[]puseras	[]pusesses	[]ponhas
[]pôs	[]pusera	[]pusesse	[]ponha
[]pusemos	[]puséramos	[]puséssemos	[]ponhamos
[]pusestes	[]puséreis	[]pusésseis	[]ponhais
[]puseram	[]puseram	[]pusessem	[]ponham
Fut. do pres.	**Fut. do pret.**	**Futuro**	**GERÚNDIO**
[]porei	[]poria	[]puser	[]pondo
[]porás	[]porias	[]puseres	
[]porá	[]poria	[]puser	**PARTICÍPIO**
[]poremos	[]poríamos	[]pusermos	[]posto
[]poreis	[]poríeis	[]puserdes	
[]porão	[]poriam	[]puserem	

Decompor, dispor, expor, impor, justapor, soto-pôr, etc. seguem o paradigma acima.

Paradigmas dos verbos irregulares da 3ª conjugação:

[35] ir (Inf. pess.: **ires, ir, irmos, irdes, irem**)

Verbo anômalo: apresenta extraordinária irregularidade tanto em sua formação, quanto em sua conjug.; apresenta duas formas na 1ª pess. do pl. do pres. do ind. (*vamos/ imos*), sendo que a forma alternativa (*imos*) está obsoleta.

INDICATIVO		SUBJUNTIVO	IMPERATIVO
Presente	**Pret. imperf.**	**Presente**	**Afirm.**
vou	ia	vá	–
vais	ias	vás	vai
vai	ia	vá	vá
vamos/imos	íamos	vamos	vamos
ides	íeis	vades	ide
vão	iam	vão	vão
Pret. perf.	**Pret. m.-q.-perf.**	**Pret. imperf.**	**Neg. (Não...)**
fui	fora	fosse	–
foste	foras	fosses	vás
foi	fora	fosse	vá
fomos	fôramos	fôssemos	vamos
fostes	fôreis	fôsseis	vades
foram	foram	fossem	vão
Fut. do pres.	**Fut. do pret.**	**Futuro**	**GERÚNDIO**
irei	iria	for	indo
irás	irias	fores	
irá	iria	for	**PARTICÍPIO**
iremos	iríamos	formos	ido
ireis	iríeis	fordes	
irão	iriam	forem	

[36] vir (Inf. pess.: [ ]**vires,** [ ]**vir,** [ ]**virmos,** [ ]**virdes,** [ ]**virem**)

Verbo irregular.

INDICATIVO		SUBJUNTIVO	IMPERATIVO
Presente	**Pret. imperf.**	**Presente**	**Afirm.**
[ ]venho	[ ]vinha	[ ]venha	–
[ ]vens	[ ]vinhas	[ ]venhas	[ ]vem
[ ]vem	[ ]vinha	[ ]venha	[ ]venha
[ ]vimos	[ ]vínhamos	[ ]venhamos	[ ]venhamos
[ ]vindes	[ ]vínheis	[ ]venhais	[ ]vinde
[ ]vêm	[ ]vinham	[ ]venham	[ ]venham
Pret. perf.	**Pret. m.-q.-perf.**	**Pret. imperf.**	**Neg. (Não...)**
[ ]vim	[ ]viera	[ ]viesse	–
[ ]vieste	[ ]vieras	[ ]viesses	[ ]venhas
[ ]veio	[ ]viera	[ ]viesse	[ ]venha
[ ]viemos	[ ]viéramos	[ ]viéssemos	[ ]venhamos
[ ]viestes	[ ]viéreis	[ ]viésseis	[ ]venhais
[ ]vieram	[ ]vieram	[ ]viessem	[ ]venham
Fut. do pres.	**Fut. do pret.**	**Futuro**	**GERÚNDIO**
[ ]virei	[ ]viria	[ ]vier	[ ]vindo
[ ]virás	[ ]virias	[ ]vieres	
[ ]virá	[ ]viria	[ ]vier	**PARTICÍPIO**
[ ]viremos	[ ]viríamos	[ ]viermos	[ ]vindo
[ ]vireis	[ ]viríeis	[ ]vierdes	
[ ]virão	[ ]viriam	[ ]vierem	

Advir, avir, convir, desavir, intervir, provir e *sobrevir* seguem o paradigma acima, mas apresentam acento gráfico na 2ª e 3ª pess. do sing. do pres. do ind. (*advéns, advém*) e na 2ª pess. do sing. do imperat. afirm. (*advém*).

[37] rir

(Inf. pess.: []rires, []rir, []rirmos, []rirdes, []rirem)

Verbo irregular.

INDICATIVO		SUBJUNTIVO	IMPERATIVO
Presente	**Pret. imperf.**	**Presente**	**Afirm.**
[]rio	[]ria	[]ria	–
[]ris	[]rias	[]rias	[]ri
[]ri	[]ria	[]ria	[]ria
[]rimos	[]ríamos	[]riamos	[]riamos
[]rides	[]ríeis	[]riais	[]ride
[]riem	[]riam	[]riam	[]riam
Pret. perf.	**Pret. m.-q.-perf.**	**Pret. imperf.**	**Neg. (Não...)**
[]ri	[]rira	[]risse	–
[]riste	[]riras	[]risses	[]rias
[]riu	[]rira	[]risse	[]ria
[]rimos	[]ríramos	[]ríssemos	[]riamos
[]ristes	[]ríreis	[]rísseis	[]riais
[]riram	[]riram	[]rissem	[]riam
Fut. do pres.	**Fut. do pret.**	**Futuro**	**GERÚNDIO**
[]rirei	[]riria	[]rir	[]rindo
[]rirás	[]ririas	[]rires	
[]rirá	[]riria	[]rir	**PARTICÍPIO**
[]riremos	[]riríamos	[]rirmos	[]rido
[]rireis	[]riríeis	[]rirdes	
[]rirão	[]ririam	[]rirem	

Sorrir segue o paradigma acima.

[38] [c]air

(Inf. pess.: [c]aíres, [c]air, [c]airmos, [c]airdes, [c]aírem)

Quando o acento tônico recai na vogal -*i*-, por tratar-se do 2º elemento de um hiato, ela é acentuada.

INDICATIVO		SUBJUNTIVO	IMPERATIVO
Presente	**Pret. imperf.**	**Presente**	**Afirm.**
[c]aio	[c]aía	[c]aia	–
[c]ais	[c]aías	[c]aias	[c]ai
[c]ai	[c]aía	[c]aia	[c]aia
[c]aímos	[c]aíamos	[c]aiamos	[c]aiamos
[c]aís	[c]aíeis	[c]aiais	[c]aí
[c]aem	[c]aíam	[c]aiam	[c]aiam
Pret. perf.	**Pret. m.-q.-perf.**	**Pret. imperf.**	**Neg. (Não...)**
[c]aí	[c]aíra	[c]aísse	–
[c]aíste	[c]aíras	[c]aísses	[c]aias
[c]aiu	[c]aíra	[c]aísse	[c]aia
[c]aímos	[c]aíramos	[c]aíssemos	[c]aiamos
[c]aístes	[c]aíreis	[c]aísseis	[c]aiais
[c]aíram	[c]aíram	[c]aíssem	[c]aiam
Fut. do pres.	**Fut. do pret.**	**Futuro**	**GERÚNDIO**
[c]airei	[c]airia	[c]air	[c]aindo
[c]airás	[c]airias	[c]aíres	
[c]airá	[c]airia	[c]air	**PARTICÍPIO**
[c]airemos	[c]airíamos	[c]airmos	[c]aído
[c]aireis	[c]airíeis	[c]airdes	
[c]airão	[c]airiam	[c]aírem	

[39] ouvir (Inf. pess.: **ouvires, ouvir, ouvirmos, ouvirdes, ouvirem**)

Verbo irregular: o -*v*- passa a -*ç*- sempre que seguido de *a* ou *o*.

INDICATIVO		SUBJUNTIVO	IMPERATIVO
Presente	**Pret. imperf.**	**Presente**	**Afirm.**
ouço	ouvia	ouça	–
ouves	ouvias	ouças	ouve
ouve	ouvia	ouça	ouça
ouvimos	ouvíamos	ouçamos	ouçamos
ouvis	ouvíeis	ouçais	ouvi
ouvem	ouviam	ouçam	ouçam
Pret. perf.	**Pret. m.-q.-perf.**	**Pret. imperf.**	**Neg. (Não...)**
ouvi	ouvira	ouvisse	–
ouviste	ouviras	ouvisses	ouças
ouviu	ouvira	ouvisse	ouça
ouvimos	ouvíramos	ouvíssemos	ouçamos
ouvistes	ouvíreis	ouvísseis	ouçais
ouviram	ouviram	ouvissem	ouçam
Fut. do pres.	**Fut. do pret.**	**Futuro**	**GERÚNDIO**
ouvirei	ouviria	ouvir	ouvindo
ouvirás	ouvirias	ouvires	
ouvirá	ouviria	ouvir	**PARTICÍPIO**
ouviremos	ouviríamos	ouvirmos	ouvido
ouvireis	ouviríeis	ouvirdes	
ouvirão	ouviriam	ouvirem	

[40] [m]edir (Inf. pess.: **[m]edires, [m]edir, [m]edirmos, [m]edirdes, [m]edirem**)

O -*d*- do rad. passa a -*ç*- sempre que seguido de *a* ou *o*; nas formas rizotônicas, a vogal *e* do rad. é aberta (é).

INDICATIVO		SUBJUNTIVO	IMPERATIVO
Presente	**Pret. imperf.**	**Presente**	**Afirm.**
[m]eço (é)	[m]edia	[m]eça (é)	–
[m]edes (é)	[m]edias	[m]eças (é)	[m]ede (é)
[m]ede (é)	[m]edia	[m]eça (é)	[m]eça (é)
[m]edimos	[m]edíamos	[m]eçamos	[m]eçamos
[m]edis	[m]edíeis	[m]eçais	[m]edi
[m]edem (é)	[m]ediam	[m]eçam (é)	[m]eçam (é)
Pret. perf.	**Pret. m.-q.-perf.**	**Pret. imperf.**	**Neg. (Não...)**
[m]edi	[m]edira	[m]edisse	–
[m]ediste	[m]ediras	[m]edisses	[m]eças (é)
[m]ediu	[m]edira	[m]edisse	[m]eça (é)
[m]edimos	[m]edíramos	[m]edíssemos	[m]eçamos
[m]edistes	[m]edíreis	[m]edísseis	[m]eçais
[m]ediram	[m]ediram	[m]edissem	[m]eçam (é)
Fut. do pres.	**Fut. do pret.**	**Futuro**	**GERÚNDIO**
[m]edirei	[m]ediria	[m]edir	[m]edindo
[m]edirás	[m]edirias	[m]edires	
[m]edirá	[m]ediria	[m]edir	**PARTICÍPIO**
[m]ediremos	[m]ediríamos	[m]edirmos	[m]edido
[m]edireis	[m]ediríeis	[m]edirdes	
[m]edirão	[m]ediriam	[m]edirem	

Obs.:

1) Nas demais formas o *e* é fechado (ê).

2) *Desimpedir, desmedir-se, despedir, expedir, impedir* e *pedir* seguem este paradigma; *comedir* e *descomedir-se*, embora etimologicamente conexos com *medir*, não seguem este paradigma em todas as suas formas, pois são defectivos; para tais verbos veja a tabela [8].

[41] [cond]uzir (Inf. pess.: [cond]**uzires**, [cond]**uzir**, [cond]**uzirmos**, [cond]**uzirdes**, [cond]**uzirem**)

Na 3ª pess. do sing. do pres. do ind. perde o *e* final da terminação, *conduz(e)*; a 2ª pess. do sing. do imperat. afirm. apresenta duas formas, *conduze* e *conduz*.

INDICATIVO		SUBJUNTIVO	IMPERATIVO
Presente	**Pret. imperf.**	**Presente**	**Afirm.**
[cond]**uzo**	[cond]**uzia**	[cond]**uza**	–
[cond]**uzes**	[cond]**uzias**	[cond]**uzas**	[cond]**uz(e)**
[cond]**uz**	[cond]**uzia**	[cond]**uza**	[cond]**uza**
[cond]**uzimos**	[cond]**uzíamos**	[cond]**uzamos**	[cond]**uzamos**
[cond]**uzis**	[cond]**uzíeis**	[cond]**uzais**	[cond]**uzi**
[cond]**uzem**	[cond]**uziam**	[cond]**uzam**	[cond]**uzam**
Pret. perf.	**Pret. m.-q.-perf.**	**Pret. imperf.**	**Neg. (Não...)**
[cond]**uzi**	[cond]**uzira**	[cond]**uzisse**	–
[cond]**uziste**	[cond]**uziras**	[cond]**uzisses**	[cond]**uzas**
[cond]**uziu**	[cond]**uzira**	[cond]**uzisse**	[cond]**uza**
[cond]**uzimos**	[cond]**uzíramos**	[cond]**uzíssemos**	[cond]**uzamos**
[cond]**uzistes**	[cond]**uzíreis**	[cond]**uzísseis**	[cond]**uzais**
[cond]**uziram**	[cond]**uziram**	[cond]**uzissem**	[cond]**uzam**
Fut. do pres.	**Fut. do pret.**	**Futuro**	**GERÚNDIO**
[cond]**uzirei**	[cond]**uziria**	[cond]**uzir**	[cond]**uzindo**
[cond]**uzirás**	[cond]**uzirias**	[cond]**uzires**	
[cond]**uzirá**	[cond]**uziria**	[cond]**uzir**	**PARTICÍPIO**
[cond]**uziremos**	[cond]**uziríamos**	[cond]**uzirmos**	[cond]**uzido**
[cond]**uzireis**	[cond]**uziríeis**	[cond]**uzirdes**	
[cond]**uzirão**	[cond]**uziriam**	[cond]**uzirem**	

Além dos verbos em *-uzir* seguirem o paradigma acima, o verbo **zurzir** tb. o segue, mas note-se que ele apresenta um *-r-* em sua terminação -u(r)zir.

[42] [atrib]uir (Inf. pess.: [atrib]**uíres**, [atrib]**uir**, [atrib]**uirmos**, [atrib]**uirdes**, [atrib]**uírem**)

O *-i-* da terminação recebe acento agudo quando tônico.

INDICATIVO		SUBJUNTIVO	IMPERATIVO
Presente	**Pret. imperf.**	**Presente**	**Afirm.**
[atrib]**uo**	[atrib]**uía**	[atrib]**ua**	–
[atrib]**uis**	[atrib]**uías**	[atrib]**uas**	[atrib]**ui**
[atrib]**ui**	[atrib]**uía**	[atrib]**ua**	[atrib]**ua**
[atrib]**uímos**	[atrib]**uíamos**	[atrib]**uamos**	[atrib]**uamos**
[atrib]**uís**	[atrib]**uíeis**	[atrib]**uais**	[atrib]**uí**
[atrib]**uem**	[atrib]**uíam**	[atrib]**uam**	[atrib]**uam**
Pret. perf.	**Pret. m.-q.-perf.**	**Pret. imperf.**	**Neg. (Não...)**
[atrib]**uí**	[atrib]**uíra**	[atrib]**uísse**	–
[atrib]**uíste**	[atrib]**uíras**	[atrib]**uísses**	[atrib]**uas**
[atrib]**uiu**	[atrib]**uíra**	[atrib]**uísse**	[atrib]**ua**
[atrib]**uímos**	[atrib]**uíramos**	[atrib]**uíssemos**	[atrib]**uamos**
[atrib]**uístes**	[atrib]**uíreis**	[atrib]**uísseis**	[atrib]**uais**
[atrib]**uíram**	[atrib]**uíram**	[atrib]**uíssem**	[atrib]**uam**
Fut. do pres.	**Fut. do pret.**	**Futuro**	**GERÚNDIO**
[atrib]**uirei**	[atrib]**uiria**	[atrib]**uir**	[atrib]**uindo**
[atrib]**uirás**	[atrib]**uirias**	[atrib]**uíres**	
[atrib]**uirá**	[atrib]**uiria**	[atrib]**uir**	**PARTICÍPIO**
[atrib]**uiremos**	[atrib]**uiríamos**	[atrib]**uirmos**	[atrib]**uído**
[atrib]**uireis**	[atrib]**uiríeis**	[atrib]**uirdes**	
[atrib]**uirão**	[atrib]**uiriam**	[atrib]**uírem**	

[43] [constr]uir (Inf. pess.: [constr]uíres, [constr]uir, [constr]uirmos, [constr]uirdes, [constr]uírem)

Semelhante ao paradigma anterior (*atribuir* [42]), dele se diferencia, no entanto, por apresentar formas alternativas na 2.ª e 3.ª pess. do sing. e 3.ª pess. do pl. do pres. do ind. e 2.ª pess. do sing. do imperat. afirm., sendo que as formas alternativas (*construis*, *construi*, *construem* e *construi*) são pouco usadas.

INDICATIVO		SUBJUNTIVO	IMPERATIVO
Presente	**Pret. imperf.**	**Presente**	**Afirm.**
[constr]uo	[constr]uía	[constr]ua	–
[constr]óis/			
[constr]uis	[constr]uías	[constr]uas	[constr]ói/[constr]ui
[constr]ói/			
[constr]ui	[constr]uía	[constr]ua	[constr]ua
[constr]uímos	[constr]uíamos	[constr]uamos	[constr]uamos
[constr]uís	[constr]uíeis	[constr]uais	[constr]uí
[constr]oem/			
[constr]uem	[constr]uíam	[constr]uam	[constr]uam
Pret. perf.	**Pret. m.-q.-perf.**	**Pret. imperf.**	**Neg. (Não...)**
[constr]uí	[constr]uíra	[constr]uísse	–
[constr]uíste	[constr]uíras	[constr]uísses	[constr]uas
[constr]uiu	[constr]uíra	[constr]uísse	[constr]ua
[constr]uímos	[constr]uíramos	[constr]uíssemos	[constr]uamos
[constr]uístes	[constr]uíreis	[constr]uísseis	[constr]uais
[constr]uíram	[constr]uíram	[constr]uíssem	[constr]uam
Fut. do pres.	**Fut. do pret.**	**Futuro**	**GERÚNDIO**
[constr]uirei	[constr]uiria	[constr]uir	[constr]uindo
[constr]uirás	[constr]uirias	[constr]uíres	
[constr]uirá	[constr]uiria	[constr]uir	**PARTICÍPIO**
[constr]uiremos	[constr]uiríamos	[constr]uirmos	[constr]uído
[constr]uireis	[constr]uiríeis	[constr]uirdes	
[constr]uirão	[constr]uiriam	[constr]uírem	

[44] [ar]guir (Inf. pess.: [ar]guíres, [ar]guir, [ar]guirmos, [ar]guirdes, [ar]guírem)

O *u* de -*gu*- não leva acento gráfico quando tônico e seguido de *a* ou *o*.

INDICATIVO		SUBJUNTIVO	IMPERATIVO
Presente	**Pret. imperf.**	**Presente**	**Afirm.**
[ar]guo (ú)	[ar]guía (u:i)	[ar]gua (ú)	–
[ar]guis (ú)	[ar]guías (u:i)	[ar]guas (ú)	[ar]gui (ú)
[ar]gui (ú)	[ar]guía (u:i)	[ar]gua (ú)	[ar]gua (ú)
[ar]guímos (u:i)	[ar]guíamos (u:i)	[ar]guamos (u:a)	[ar]guamos (u:a)
[ar]guís (u:i)	[ar]guíeis (u:i)	[ar]guais (u:a)	[ar]guí (u:i)
[ar]guem (ú)	[ar]guíam (u:i)	[ar]guam (ú)	[ar]guam (ú)
Pret. perf.	**Pret. m.-q.-perf.**	**Pret. imperf.**	**Neg. (Não...)**
[ar]guí (u:i)	[ar]guíra (u:i)	[ar]guísse (u:i)	–
[ar]guíste (u:i)	[ar]guíras (u:i)	[ar]guísses (u:i)	[ar]guas (ú)
[ar]guiu (u:i)	[ar]guíra (u:i)	[ar]guísse (u:i)	[ar]gua (ú)
[ar]guímos (u:i)	[ar]guíramos (u:i)	[ar]guíssemos (u:i)	[ar]guamos (u:a)
[ar]guístes (u:i)	[ar]guíreis (u:i)	[ar]guísseis (u:i)	[ar]guais (u:a)
[ar]guíram (u:i)	[ar]guíram (u:i)	[ar]guíssem (u:i)	[ar]guam (ú)
Fut. do pres.	**Fut. do pret.**	**Futuro**	**GERÚNDIO**
[ar]guirei (u:i)	[ar]guiria (u:i)	[ar]guir (u:i)	[ar]guindo (u:i)
[ar]guirás (u:i)	[ar]guirias (u:i)	[ar]guíres (u:i)	
[ar]guirá (u:i)	[ar]guiria (u:i)	[ar]guir (u:i)	**PARTICÍPIO**
[ar]guiremos (u:i)	[ar]guiríamos (u:i)	[ar]guirmos (u:i)	[ar]guído (u:i)
[ar]guireis (u:i)	[ar]guiríeis (u:i)	[ar]guirdes (u:i)	
[ar]guirão (u:i)	[ar]guiriam (u:i)	[ar]guírem (u:i)	

Cf. o pret. perf., o pret. m.-q.-perf., o pret. imperf. (do ind. e do subj.), o fut. do subj. e o imper. da tab. 3B.

[45] seguir (Inf. pess.: [ ]seguires, [ ]seguir, [ ]seguirmos, [ ]seguirdes, [ ]seguirem)

O *u* de -*gu*- desaparece antes de *a* ou *o*; o -*e*- do rad. passa a -*i*- na 1ª pess. do sing. do pres. do ind. (e, portanto, em todo o pres. do subj.), na 2ª pess. do sing. e 3ª pess. do imperat. afirm. e em todo o imperat. neg.

INDICATIVO		SUBJUNTIVO	IMPERATIVO
Presente	**Pret. imperf.**	**Presente**	**Afirm.**
[ ]sigo	[ ]seguia	[ ]siga	–
[ ]segues	[ ]seguias	[ ]sigas	[ ]segue
[ ]segue	[ ]seguia	[ ]siga	[ ]siga
[ ]seguimos	[ ]seguíamos	[ ]sigamos	[ ]sigamos
[ ]seguis	[ ]seguíeis	[ ]sigais	[ ]segui
[ ]seguem	[ ]seguiam	[ ]sigam	[ ]sigam
Pret. perf.	**Pret. m.-q.-perf.**	**Pret. imperf.**	**Neg. (Não...)**
[ ]segui	[ ]seguira	[ ]seguisse	–
[ ]seguiste	[ ]seguiras	[ ]seguisses	[ ]sigas
[ ]seguiu	[ ]seguira	[ ]seguisse	[ ]siga
[ ]seguimos	[ ]seguíramos	[ ]seguíssemos	[ ]sigamos
[ ]seguistes	[ ]seguíreis	[ ]seguísseis	[ ]sigais
[ ]seguiram	[ ]seguiram	[ ]seguissem	[ ]sigam
Fut. do pres.	**Fut. do pret.**	**Futuro**	**GERÚNDIO**
[ ]seguirei	[ ]seguiria	[ ]seguir	[ ]seguindo
[ ]seguirás	[ ]seguirias	[ ]seguires	
[ ]seguirá	[ ]seguiria	[ ]seguir	**PARTICÍPIO**
[ ]seguiremos	[ ]seguiríamos	[ ]seguirmos	[ ]seguido
[ ]seguireis	[ ]seguiríeis	[ ]seguirdes	
[ ]seguirão	[ ]seguiriam	[ ]seguirem	

Conseguir, perseguir, prosseguir seguem o paradigma acima.

[46] [div]ergir (Inf. pess.: [div]ergires, [div]ergir, [div]ergirmos, [div]ergirdes, [div]ergirem)

O -*g*- do rad. passa a -*j*- sempre que seguido de *a* ou *o*; o -*e*- do rad. passa a -*i*- na 1ª pess. do sing. do pres. do ind. e, portanto, em todo o pres. do subj., na 3ª pess. do sing. e 1ª e 3ª pess. do pl. do imperat. afirm. e em todo o imperat. neg.

INDICATIVO		SUBJUNTIVO	IMPERATIVO
Presente	**Pret. imperf.**	**Presente**	**Afirm.**
[div]irjo	[div]ergia	[div]irja	–
[div]erges	[div]ergias	[div]irjas	[div]erge
[div]erge	[div]ergia	[div]irja	[div]irja
[div]ergimos	[div]ergíamos	[div]irjamos	[div]irjamos
[div]ergis	[div]ergíeis	[div]irjais	[div]ergi
[div]ergem	[div]ergiam	[div]irjam	[div]irjam
Pret. perf.	**Pret. m.-q.-perf.**	**Pret. imperf.**	**Neg. (Não...)**
[div]ergi	[div]ergira	[div]ergisse	–
[div]ergiste	[div]ergiras	[div]ergisses	[div]irjas
[div]ergiu	[div]ergira	[div]ergisse	[div]irja
[div]ergimos	[div]ergíramos	[div]ergíssemos	[div]irjamos
[div]ergistes	[div]ergíreis	[div]ergísseis	[div]irjais
[div]ergiram	[div]ergiram	[div]ergissem	[div]irjam
Fut. do pres.	**Fut. do pret.**	**Futuro**	**GERÚNDIO**
[div]ergirei	[div]ergiria	[div]ergir	[div]ergindo
[div]ergirás	[div]ergirias	[div]ergires	
[div]ergirá	[div]ergiria	[div]ergir	**PARTICÍPIO**
[div]ergiremos	[div]ergiríamos	[div]ergirmos	[div]ergido
[div]ergireis	[div]ergiríeis	[div]ergirdes	
[div]ergirão	[div]ergiriam	[div]ergirem	

[47] frigir (Inf. pess.: frigires, frigir, frigirmos, frigirdes, frigirem)

O -*g*- passa a -*j*- sempre que seguido de *a* ou *o*; o -*i*- do rad. passa a -*e*- na 2ª pess. do sing. e nas 3ªˢ pess. do pres. do ind., na 2ª pess. do sing. do imperat. afirm.

INDICATIVO		SUBJUNTIVO	IMPERATIVO
Presente	**Pret. imperf.**	**Presente**	**Afirm.**
frijo	frigia	frija	–
freges	frigias	frijas	frege
frege	frigia	frija	frija
frigimos	frigíamos	frijamos	frijamos
frigis	frigíeis	frijais	frigi
fregem	frigiam	frijam	frijam
Pret. perf.	**Pret. m.-q.-perf.**	**Pret. imperf.**	**Neg. (Não...)**
frigi	frigira	frigisse	–
frigiste	frigiras	frigisses	frijas
frigiu	frigira	frigisse	frija
frigimos	frigíramos	frigíssemos	frijamos
frigistes	frigíreis	frigísseis	frijais
frigiram	frigiram	frigissem	frijam
Fut. do pres.	**Fut. do pret.**	**Futuro**	**GERÚNDIO**
frigirei	frigiria	frigir	frigindo
frigirás	frigirias	frigires	
frigirá	frigiria	frigir	**PARTICÍPIO**
frigiremos	frigiríamos	frigirmos	frigido
frigireis	frigiríeis	frigirdes	(frito)
frigirão	frigiriam	frigirem	

[48] [m]e[nt]ir (Inf. pess.: [m]e[nt]ires, [m]e[nt]ir, [m]e[nt]irmos, [m]e[nt]irdes, [m]e[nt]irem)

O -*e*- do rad. passa a -*i*-, sempre que ao rad. se seguir *o* ou *a*.

INDICATIVO		SUBJUNTIVO	IMPERATIVO
Presente	**Pret. imperf.**	**Presente**	**Afirm.**
[m]i[nt]o	[m]e[nt]ia	[m]i[nt]a	–
[m]e[nt]es	[m]e[nt]ias	[m]i[nt]as	[m]e[nt]e
[m]e[nt]e	[m]e[nt]ia	[m]i[nt]a	[m]i[nt]a
[m]e[nt]imos	[m]e[nt]íamos	[m]i[nt]amos	[m]i[nt]amos
[m]e[nt]is	[m]e[nt]íeis	[m]i[nt]ais	[m]e[nt]i
[m]e[nt]em	[m]e[nt]iam	[m]i[nt]am	[m]i[nt]am
Pret. perf.	**Pret. m.-q.-perf.**	**Pret. imperf.**	**Neg. (Não...)**
[m]e[nt]i	[m]e[nt]ira	[m]e[nt]isse	–
[m]e[nt]iste	[m]e[nt]iras	[m]e[nt]isses	[m]i[nt]as
[m]e[nt]iu	[m]e[nt]ira	[m]e[nt]isse	[m]i[nt]a
[m]e[nt]imos	[m]e[nt]íramos	[m]e[nt]íssemos	[m]i[nt]amos
[m]e[nt]istes	[m]e[nt]íreis	[m]e[nt]ísseis	[m]i[nt]ais
[m]e[nt]iram	[m]e[nt]iram	[m]e[nt]issem	[m]i[nt]am
Fut. do pres.	**Fut. do pret.**	**Futuro**	**GERÚNDIO**
[m]e[nt]irei	[m]e[nt]iria	[m]e[nt]ir	[m]e[nt]indo
[m]e[nt]irás	[m]e[nt]irias	[m]e[nt]ires	
[m]e[nt]irá	[m]e[nt]iria	[m]e[nt]ir	**PARTICÍPIO**
[m]e[nt]iremos	[m]e[nt]iríamos	[m]e[nt]irmos	[m]e[nt]ido
[m]e[nt]ireis	[m]e[nt]iríeis	[m]e[nt]irdes	
[m]e[nt]irão	[m]e[nt]iriam	[m]e[nt]irem	

Oito variações no paradigma: [ ]e[rv]ir (ex.: *desservir*), [ ]e[rn]ir (ex.: *concernir*), [ ]e[rt]ir (ex.: *advertir*), [ ]e[st]ir (ex.: *vestir*), [ ]e[ ]ir (ex.: *compelir*), [ ]e[r]ir (ex.: *deferir* e *digerir*), [ ]e[t]ir (ex.: *competir*) e [ ]e[sp]ir (ex.: *despir*).

[49] [agr]e[d]ir   (Inf. pess.: [agr]e[d]ires, [agr]e[d]ir, [agr]e[d]irmos, [agr]e[d]irdes, [agr]e[d]irem)

O -*e*- do rad. passa a -*i*- na 1ª, 2ª e 3ª pess. do sing. e 3ª do pl. do pres. do ind., na 2ª e 3ª pess. do sing. e 1ª e 3ª do pl. do imperat. afirm., em todo o pres. do subj. e imperat. neg.

INDICATIVO		SUBJUNTIVO	IMPERATIVO
Presente	**Pret. imperf.**	**Presente**	**Afirm.**
[agr]i[d]o	[agr]e[d]ia	[agr]i[d]a	–
[agr]i[d]es	[agr]e[d]ias	[agr]i[d]as	[agr]i[d]e
[agr]i[d]e	[agr]e[d]ia	[agr]i[d]a	[agr]i[d]a
[agr]e[d]imos	[agr]e[d]íamos	[agr]i[d]amos	[agr]i[d]amos
[agr]e[d]is	[agr]e[d]íeis	[agr]i[d]ais	[agr]e[d]i
[agr]i[d]em	[agr]e[d]iam	[agr]i[d]am	[agr]i[d]am
Pret. perf.	**Pret. m.-q.-perf.**	**Pret. imperf.**	**Neg. (Não...)**
[agr]e[d]i	[agr]e[d]ira	[agr]e[d]isse	–
[agr]e[d]iste	[agr]e[d]iras	[agr]e[d]isses	[agr]i[d]as
[agr]e[d]iu	[agr]e[d]ira	[agr]e[d]isse	[agr]i[d]a
[agr]e[d]imos	[agr]e[d]íramos	[agr]e[d]íssemos	[agr]i[d]amos
[agr]e[d]istes	[agr]e[d]íreis	[agr]e[d]ísseis	[agr]i[d]ais
[agr]e[d]iram	[agr]e[d]iram	[agr]e[d]issem	[agr]i[d]am
Fut. do pres.	**Fut. do pret.**	**Futuro**	**GERÚNDIO**
[agr]e[d]irei	[agr]e[d]iria	[agr]e[d]ir	[agr]e[d]indo
[agr]e[d]irás	[agr]e[d]irias	[agr]e[d]ires	
[agr]e[d]irá	[agr]e[d]iria	[agr]e[d]ir	**PARTICÍPIO**
[agr]e[d]iremos	[agr]e[d]iríamos	[agr]e[d]irmos	[agr]e[d]ido
[agr]e[d]ireis	[agr]e[d]iríeis	[agr]e[d]irdes	
[agr]e[d]irão	[agr]e[d]iriam	[agr]e[d]irem	

Três variações no paradigma: [ ]e[n]ir (ex.: *desprevenir*), [ ]e[rz]ir (ex.: *cerzir*), e [ ]e[gr]ir (ex.: *denegrir*).

[50] [d]o[rm]ir   (Inf. pess.: [d]o[rm]ires, [d]o[rm]ir, [d]o[rm]irmos, [d]o[rm]irdes, [d]o[rm]irem)

O -*o*- do rad. passa a -*u*- na 1ª pess. do sing. do pres. do ind., na 3ª pess. do sing., 1ª e 3ª pess. do pl. do imperat. afirm., em todo o pres. do subj. e imperat. neg.

INDICATIVO		SUBJUNTIVO	IMPERATIVO
Presente	**Pret. imperf.**	**Presente**	**Afirm.**
[d]u[rm]o	[d]o[rm]ia	[d]u[rm]a	–
[d]o[rm]es	[d]o[rm]ias	[d]u[rm]as	[d]o[rm]e
[d]o[rm]e	[d]o[rm]ia	[d]u[rm]a	[d]u[rm]a
[d]o[rm]imos	[d]o[rm]íamos	[d]u[rm]amos	[d]u[rm]amos
[d]o[rm]is	[d]o[rm]íeis	[d]u[rm]ais	[d]o[rm]i
[d]o[rm]em	[d]o[rm]iam	[d]u[rm]am	[d]u[rm]am
Pret. perf.	**Pret. m.-q.-perf.**	**Pret. imperf.**	**Neg. (Não...)**
[d]o[rm]i	[d]o[rm]ira	[d]o[rm]isse	–
[d]o[rm]iste	[d]o[rm]iras	[d]o[rm]isses	[d]u[rm]as
[d]o[rm]iu	[d]o[rm]ira	[d]o[rm]isse	[d]u[rm]a
[d]o[rm]imos	[d]o[rm]íramos	[d]o[rm]íssemos	[d]u[rm]amos
[d]o[rm]istes	[d]o[rm]íreis	[d]o[rm]ísseis	[d]u[rm]ais
[d]o[rm]iram	[d]o[rm]iram	[d]o[rm]issem	[d]u[rm]am
Fut. do pres.	**Fut. do pret.**	**Futuro**	**GERÚNDIO**
[d]o[rm]irei	[d]o[rm]iria	[d]o[rm]ir	[d]o[rm]indo
[d]o[rm]irás	[d]o[rm]irias	[d]o[rm]ires	
[d]o[rm]irá	[d]o[rm]iria	[d]o[rm]ir	**PARTICÍPIO**
[d]o[rm]iremos	[d]o[rm]iríamos	[d]o[rm]irmos	[d]o[rm]ido
[d]o[rm]ireis	[d]o[rm]iríeis	[d]o[rm]irdes	
[d]o[rm]irão	[d]o[rm]iriam	[d]o[rm]irem	

Duas variações no paradigma: [ ]o[br]ir (ex.: *cobrir*) e [ ]o[ss]ir (ex.: *tossir*).

[51] [p]o[l]ir (Inf. pess.: [p]o[l]ires, [p]o[l]ir, [p]o[l]irmos, [p]o[l]irdes, [p]o[l]irem)

O -o- do rad. passa a -u- na 1ª, 2ª e 3ª pess. do sing. e 3ª do pl. do pres. do ind., na 2ª e 3ª pess. do sing. e 1ª e 3ª do pl. do imperat. afirm., em todo o pres. do subj. e imperat. neg.

INDICATIVO		SUBJUNTIVO	IMPERATIVO
Presente	**Pret. imperf.**	**Presente**	**Afirm.**
[p]u[l]o	[p]o[l]ia	[p]u[l]a	–
[p]u[l]es	[p]o[l]ias	[p]u[l]as	[p]u[l]e
[p]u[l]e	[p]o[l]ia	[p]u[l]a	[p]u[l]a
[p]o[l]imos	[p]o[l]íamos	[p]u[l]amos	[p]u[l]amos
[p]o[l]is	[p]o[l]íeis	[p]u[l]ais	[p]o[l]i
[p]u[l]em	[p]o[l]iam	[p]u[l]am	[p]u[l]am
Pret. perf.	**Pret. m.-q.-perf.**	**Pret. imperf.**	**Neg. (Não...)**
[p]o[l]i	[p]o[l]ira	[p]o[l]isse	–
[p]o[l]iste	[p]o[l]iras	[p]o[l]isses	[p]u[l]as
[p]o[l]iu	[p]o[l]ira	[p]o[l]isse	[p]u[l]a
[p]o[l]imos	[p]o[l]íramos	[p]o[l]íssemos	[p]u[l]amos
[p]o[l]istes	[p]o[l]íreis	[p]o[l]ísseis	[p]u[l]ais
[p]o[l]iram	[p]o[l]iram	[p]o[l]issem	[p]u[l]am
Fut. do pres.	**Fut. do pret.**	**Futuro**	**GERÚNDIO**
[p]o[l]irei	[p]o[l]iria	[p]o[l]ir	[p]o[l]indo
[p]o[l]irás	[p]o[l]irias	[p]o[l]ires	
[p]o[l]irá	[p]o[l]iria	[p]o[l]ir	**PARTICÍPIO**
[p]o[l]iremos	[p]o[l]iríamos	[p]o[l]irmos	[p]o[l]ido
[p]o[l]ireis	[p]o[l]iríeis	[p]o[l]irdes	
[p]o[l]irão	[p]o[l]iriam	[p]o[l]irem	

Uma variação no paradigma: [ ]o[rt]ir, como em *sortir*.

[52] [b]u[l]ir (Inf. pess.: [b]u[l]ires, [b]u[l]ir, [b]u[l]irmos, [b]u[l]irdes, [b]u[l]irem)

O -u- do rad. passa a -o- na 2ª e 3ª pess. do sing. e 3ª pess. do pl. do pres. do ind. e na 2ª pess. do sing. do imperat. afirm.

INDICATIVO		SUBJUNTIVO	IMPERATIVO
Presente	**Pret. imperf.**	**Presente**	**Afirm.**
[b]u[l]o	[b]u[l]ia	[b]u[l]a	–
[b]o[l]es	[b]u[l]ias	[b]u[l]as	[b]o[l]e
[b]o[l]e	[b]u[l]ia	[b]u[l]a	[b]u[l]a
[b]u[l]imos	[b]u[l]íamos	[b]u[l]amos	[b]u[l]amos
[b]u[l]is	[b]u[l]íeis	[b]u[l]ais	[b]u[l]i
[b]o[l]em	[b]u[l]iam	[b]u[l]am	[b]u[l]am
Pret. perf.	**Pret. m.-q.-perf.**	**Pret. imperf.**	**Neg. (Não...)**
[b]u[l]i	[b]u[l]ira	[b]u[l]isse	–
[b]u[l]iste	[b]u[l]iras	[b]u[l]isses	[b]u[l]as
[b]u[l]iu	[b]u[l]ira	[b]u[l]isse	[b]u[l]a
[b]u[l]imos	[b]u[l]íramos	[b]u[l]íssemos	[b]u[l]amos
[b]u[l]istes	[b]u[l]íreis	[b]u[l]ísseis	[b]u[l]ais
[b]u[l]iram	[b]u[l]iram	[b]u[l]issem	[b]u[l]am
Fut. do pres.	**Fut. do pret.**	**Futuro**	**GERÚNDIO**
[b]u[l]irei	[b]u[l]iria	[b]u[l]ir	[b]u[l]indo
[b]u[l]irás	[b]u[l]irias	[b]u[l]ires	
[b]u[l]irá	[b]u[l]iria	[b]u[l]ir	**PARTICÍPIO**
[b]u[l]iremos	[b]u[l]iríamos	[b]u[l]irmos	[b]u[l]ido
[b]u[l]ireis	[b]u[l]iríeis	[b]u[l]irdes	
[b]u[l]irão	[b]u[l]iriam	[b]u[l]irem	

[53] [f]u[g]ir (Inf. pess.: [f]u[g]ires, [f]u[g]ir, [f]u[g]irmos, [f]u[g]irdes, [f]u[g]irem)

O *-g-* passa a *-j-* sempre que seguido de *a* ou *o*; o *-u-* do rad. passa a *-o-* na 2ª e 3ª pess. do sing. e 3ª pess. do pl. do pres. do ind. e na 2ª pess. do sing. do imperat. afirm.

INDICATIVO		SUBJUNTIVO	IMPERATIVO
Presente	**Pret. imperf.**	**Presente**	**Afirm.**
[f]u[j]o	[f]u[g]ia	[f]u[j]a	–
[f]o[g]es	[f]u[g]ias	[f]u[j]as	[f]o[g]e
[f]o[g]e	[f]u[g]ia	[f]u[j]a	[f]u[j]a
[f]u[g]imos	[f]u[g]íamos	[f]u[j]amos	[f]u[j]amos
[f]u[g]is	[f]u[g]íeis	[f]u[j]ais	[f]u[g]i
[f]o[g]em	[f]u[g]iam	[f]u[j]am	[f]u[j]am
Pret. perf.	**Pret. m.-q.-perf.**	**Pret. imperf.**	**Neg. (Não...)**
[f]u[g]i	[f]u[g]ira	[f]u[g]isse	–
[f]u[g]iste	[f]u[g]iras	[f]u[g]isses	[f]u[j]as
[f]u[g]iu	[f]u[g]ira	[f]u[g]isse	[f]u[j]a
[f]u[g]imos	[f]u[g]íramos	[f]u[g]íssemos	[f]u[j]amos
[f]u[g]istes	[f]u[g]íreis	[f]u[g]ísseis	[f]u[j]ais
[f]u[g]iram	[f]u[g]iram	[f]u[g]issem	[f]u[j]am
Fut. do pres.	**Fut. do pret.**	**Futuro**	**GERÚNDIO**
[f]u[g]irei	[f]u[g]iria	[f]u[g]ir	[f]u[g]indo
[f]u[g]irás	[f]u[g]irias	[f]u[g]ires	
[f]u[g]irá	[f]u[g]iria	[f]u[g]ir	**PARTICÍPIO**
[f]u[g]iremos	[f]u[g]iríamos	[f]u[g]irmos	[f]u[g]ido
[f]u[g]ireis	[f]u[g]iríeis	[f]u[g]irdes	
[f]u[g]irão	[f]u[g]iriam	[f]u[g]irem	

[54] [ent]u[p]ir (Inf. pess.: [ent]u[p]ires, [ent]u[p]ir, [ent]u[p]irmos, [ent]u[p]irdes, [ent]u[p]irem)

O *-u-* do rad. passa a *-o-* na 2ª e 3ª pess. do sing. e 3ª pess. do pl. do pres. do ind. (mas apresenta formas alternativas em que o *-u-* do rad. se conserva, *entupes*, *entupe*, *entupem*), e na 2ª pess. do sing. do imperat. afirm.

INDICATIVO		SUBJUNTIVO	IMPERATIVO
Presente	**Pret. imperf.**	**Presente**	**Afirm.**
[ent]u[p]o	[ent]u[p]ia	[ent]u[p]a	–
[ent]o[p]es/			
[ent]u[p]es	[ent]u[p]ias	[ent]u[p]as	[ent]o[p]e
[ent]o[p]e/			
[ent]u[p]e	[ent]u[p]ia	[ent]u[p]a	[ent]u[p]a
[ent]u[p]imos	[ent]u[p]íamos	[ent]u[p]amos	[ent]u[p]amos
[ent]u[p]is	[ent]u[p]íeis	[ent]u[p]ais	[ent]u[p]i
[ent]o[p]em/			
[ent]u[p]em	[ent]u[p]iam	[ent]u[p]am	[ent]u[p]am
Pret. perf.	**Pret. m.-q.-perf.**	**Pret. imperf.**	**Neg. (Não...)**
[ent]u[p]i	[ent]u[p]ira	[ent]u[p]isse	–
[ent]u[p]iste	[ent]u[p]iras	[ent]u[p]isses	[ent]u[p]as
[ent]u[p]iu	[ent]u[p]ira	[ent]u[p]isse	[ent]u[p]a
[ent]u[p]imos	[ent]u[p]íramos	[ent]u[p]íssemos	[ent]u[p]amos
[ent]u[p]istes	[ent]u[p]íreis	[ent]u[p]ísseis	[ent]u[p]ais
[ent]u[p]iram	[ent]u[p]iram	[ent]u[p]issem	[ent]u[p]am
Fut. do pres.	**Fut. do pret.**	**Futuro**	**GERÚNDIO**
[ent]u[p]irei	[ent]u[p]iria	[ent]u[p]ir	[ent]u[p]indo
[ent]u[p]irás	[ent]u[p]irias	[ent]u[p]ires	
[ent]u[p]irá	[ent]u[p]iria	[ent]u[p]ir	**PARTICÍPIO**
[ent]u[p]iremos	[ent]u[p]iríamos	[ent]u[p]irmos	[ent]u[p]ido
[ent]u[p]ireis	[ent]u[p]iríeis	[ent]u[p]irdes	
[ent]u[p]irão	[ent]u[p]iriam	[ent]u[p]irem	

Paradigmas dos verbos irregulares defectivos:

[55] reaver   (Inf. pess.: **reaveres, reaver, reavermos, reaverdes, reaverem**)

Verbo irregular e defectivo, conjuga-se como *haver* [16], mas apenas nas formas em que se mantém o *-v-* do rad.

INDICATIVO		SUBJUNTIVO	IMPERATIVO
Presente	**Pret. imperf.**	**Presente**	**Afirm.**
–	reavia	–	–
–	reavias	–	–
–	reavia	–	–
reavemos	reavíamos	–	–
reaveis	reavíeis	–	reavei
–	reaviam	–	–
Pret. perf.	**Pret. m.-q.-perf.**	**Pret. imperf.**	**Neg. (Não...)**
reouve	reouvera	reouvesse	–
reouveste	reouveras	reouvesses	–
reouve	reouvera	reouvesse	–
reouvemos	reouvéramos	reouvéssemos	–
reouvestes	reouvéreis	reouvésseis	–
reouveram	reouveram	reouvessem	–
Fut. do pres.	**Fut. do pret.**	**Futuro**	**GERÚNDIO**
reaverei	reaveria	reouver	reavendo
reaverás	reaverias	reouveres	
reaverá	reaveria	reouver	**PARTICÍPIO**
reaveremos	reaveríamos	reouvermos	reavido
reavereis	reaveríeis	reouverdes	
reaverão	reaveriam	reouverem	

[56] [s]oer   (Inf. pess.: **[s]oeres, [s]oer, [s]oermos, [s]oerdes, [s]oerem**)

Semelhante ao paradigma de *roer* [33], dele se diferencia por ser defectivo, ou seja, não se conjuga na 1ª pess. do sing. do pres. do ind., nas 1ª e 3ª pess. do imperat. afirm., no pres. do subj. e imperat. neg.; o *o* do rad. é aberto (ó) nas 2ª e 3ª pess. do sing. e 3ª do pl. do pres. do ind., 2ª pess. do sing. do imperat. afirm. Recebe acento gráfico nas formas em que é seguido de *i*; quando o acento tônico recai na vogal *i*, por tratar-se do 2º elemento de um hiato, ela é acentuada.

INDICATIVO		SUBJUNTIVO	IMPERATIVO
Presente	**Pret. imperf.**	**Presente**	**Afirm.**
–	[s]oía	–	–
[s]óis	[s]oías	–	[s]ói
[s]ói	[s]oía	–	–
[s]oemos	[s]oíamos	–	–
[s]oeis	[s]oíeis	–	[s]oei
[s]oem (ó)	[s]oíam	–	–
Pret. perf.	**Pret. m.-q.-perf.**	**Pret. imperf.**	**Neg. (Não...)**
[s]oí	[s]oera	[s]oesse	–
[s]oeste	[s]oeras	[s]oesses	–
[s]oeu	[s]oera	[s]oesse	–
[s]oemos	[s]oêramos	[s]oêssemos	–
[s]oestes	[s]oêreis	[s]oêsseis	–
[s]oeram	[s]oeram	[s]oessem	–
Fut. do pres.	**Fut. do pret.**	**Futuro**	**GERÚNDIO**
[s]oerei	[s]oeria	[s]oer	[s]oendo
[s]oerás	[s]oerias	[s]oeres	
[s]oerá	[s]oeria	[s]oer	**PARTICÍPIO**
[s]oeremos	[s]oeríamos	[s]oermos	[s]oído
[s]oereis	[s]oeríeis	[s]oerdes	
[s]oerão	[s]oeriam	[s]oerem	

Obs.: Nas demais formas o *o* é fechado (ô).

[57] prazer

(Inf. pess.: **prazer, prazerem**)

Verbo defectivo: só se conjuga na 3ª pess. do sing. e do pl. de todos os tempos e modos; na 3ª pess. do sing. do pres. do ind., perde o *e* da terminação (*praz*).

INDICATIVO		SUBJUNTIVO	IMPERATIVO
Presente	**Pret. imperf.**	**Presente**	**Afirm.**
-	-	-	-
-	-	-	-
praz	prazia	praza	praza
-	-	-	-
-	-	-	-
prazem	praziam	prazam	prazam
Pret. perf.	**Pret. m.-q.-perf.**	**Pret. imperf.**	**Neg. (Não...)**
-	-	-	-
-	-	-	-
prouve	prouvera	prouvesse	praza
-	-	-	-
-	-	-	-
prouveram	prouveram	prouvessem	prazam
Fut. do pres.	**Fut. do pret.**	**Futuro**	**GERÚNDIO**
-	-	-	prazendo
-	-	-	
prazerá	prazeria	prouver	**PARTICÍPIO**
-	-	-	prazido
-	-	-	
prazerão	prazeriam	prouverem	

Confronte-se este paradigma com o de *aprazer* [30].

[58] [p]uir

(Inf. pess.: **[p]uíres, [p]uir, [p]uirmos, [p]uirdes, [p]uírem**)

Verbo defectivo: não se conjuga na 1ª pess. do sing. do pres. do ind., em todo o pres. do subj., imperat. neg., na 1ª pess. do pl. e nas 3ªas pess. do imperat afirm., ou seja, não se conjuga nas formas em que, após o *-u-* do rad., se seguiria a vogal *a* ou *o*; quando o acento tônico recai na vogal *i* da terminação, por tratar-se do 2º elemento de um hiato, ela é acentuada.

INDICATIVO		SUBJUNTIVO	IMPERATIVO
Presente	**Pret. imperf.**	**Presente**	**Afirm.**
-	[p]uía	-	
[p]uis	[p]uías	-	[p]ui
[p]ui	[p]uía	-	-
[p]uímos	[p]uíamos	-	-
[p]uís	[p]uíeis	-	[p]uí
[p]uem	[p]uíam	-	-
Pret. perf.	**Pret. m.-q.-perf.**	**Pret. imperf.**	**Neg. (Não...)**
[p]uí	[p]uíra	[p]uísse	-
[p]uíste	[p]uíras	[p]uísses	-
[p]uiu	[p]uíra	[p]uísse	-
[p]uímos	[p]uíramos	[p]uíssemos	-
[p]uístes	[p]uíreis	[p]uísseis	-
[p]uíram	[p]uíram	[p]uíssem	-
Fut. do pres.	**Fut. do pret.**	**Futuro**	**GERÚNDIO**
[p]uirei	[p]uiria	[p]uir	[p]uindo
[p]uirás	[p]uirias	[p]uíres	
[p]uirá	[p]uiria	[p]uir	**PARTICÍPIO**
[p]uiremos	[p]uiríamos	[p]uirmos	[p]uído
[p]uireis	[p]uiríeis	[p]uirdes	
[p]uirão	[p]uiriam	[p]uírem	

QUADRO MORFOSSINTÁTICO DOS PRINCIPAIS SUFIXOS DA LÍNGUA PORTUGUESA

	SUFIXO A	SUFIXO B	SUFIXO C	SUFIXO D	FORMADOR DE	A PARTIR DE
1A	-ar² a -uar				v. da 1ª conjug.	Substantivo (ou base onom. ou express.), adjetivo ou radical verbal
1B	-er				v. da 2ª conjug.	
1C	-ir				v. da 3ª conjug.	
1D	-izar				v. da 1ª conjug.	
1E	-ejar				v. da 1ª conjug.	
1F	-icar				v. da 1ª conjug.	
1G	-iscar				v. da 1ª conjug.	
1H	-itar				v. da 1ª conjug.	
1I	-inhar				v. da 1ª conjug.	
1J	-inar				v. da 1ª conjug.	
1K	-ilhar				v. da 1ª conjug.	
1L	-alhar				v. da 1ª conjug.	
1M	-açar				v. da 1ª conjug.	
1N	-ear				v. da 1ª conjug.	
1O	-iar				v. da 1ª conjug.	
1P	-ecer a -escer				v. da 2ª conjug.	
2	-ão³ A -ição B -ção				sm./sf.	v.
3	-mento A -imento B -ement o				sm.	v.
4	-ada A -arada B -alhada				sf.	v. ou subst.
5	-ura A -dura B -tura C -zada D -oada				sf.	adj. ou subst. ou rad. verbal
6	-agem				sf.	v.
7	-ela A -dela				sf.	v.
8	-ia¹ tônico B -ia² átono				sf.	subst., adj. ou v.
9	-ância A -ança				sf.	subst.
10	-ência A -ença				sf.	adj., subst. ou v.
11	-ismo				sm.	rad. verbal
12	-eza A -ez				sf.	rad. verbal
13	-ice A -(l)ice				sf.	subst. (esp. -ista), adj. (esp. em -ico⁰ ou -ista), v. (esp. -izar)
14	-edade A -eidade B -eldade C -ndade				sf.	adj.
15	-aria A -eria B -ária				sf.	adj. ou subst.
16	-eira A -deira B -zeira				sf./adj.(f.)	subst. ou adj. | rad. verbal | subst. ou adj.

Função sintática: núcleo da oração **verbal**

Funções sintáticas do substantivo: (núcleo do) sujeito; complemento verbal (objeto direto ou indireto); agente da passiva; aposto; predicativo; (núcleo do) adjunto adnominal; complemento nominal; (núcleo do) adjunto **nominal 1 (subst.)**

---

* -nte = Há alguns poucos casos na língua de preposição com este suf. = *consoante, durante, mediante, salvante* e *tirante*.

** -inho; -zinho; -inha = Modernamente, tb., são us. para formar advérbios de cunho popular: *devagarinho; baixinho; devagarzinho; agorinha*.

		SUFIXO					FORMADOR DE			A PARTIR DE		
		A	B	Ba	C	C -ado²		adj./sm.	adj./sm. sm.	v.	subst. ou adj.	subst. ou adj.
17	-ado	part.	-ado¹	-uado			adj.			subst. ou adj.		
18	-ato¹						sm.					
19	-or	-dor					adj./sm.			rad. verbal, adj. ou subst.	rad. verbal	
20	-dora						sf.			rad. verbal		
21	-nte	-ente	-ante				adj2g./s2g./sm./sf./prep.*			rad. verbal		
22	-ivo	-tivo					adj./sm.			rad. verbal		
23	-ório	-tório					adj./sm.			rad. verbal, adj. ou subst.	rad. verbal	
24	-ário	-ário	-iário		-iário		adj./sm.			rad. verbal ou subst.	rad. verbal	
25	-eiro	-deiro	-zeiro		-oeiro		sm./adj.			rad. verbal, subst. ou adj.	rad. verbal	subst.
26	-douro	-douro¹/-doiro¹	-douro²/-doiro²				adj./sm.			subst., rad. verbal. ou adj.	rad. verbal	subst.
27	-ento							sm./adj.		rad. verbal		
28	-ão	-ão²	-ão³				adj./sm.					
29	-ano¹	-iano					sm./adj.			subst.		
30	-ino						adj./sm.			subst.		
31	-ina						sf.			subst.		
32	-inho**	-inha**	-zinho**		-zinha		adj./sm.			subst. ou adj.		subst.
33	-isco	-esco					adj./sm.			subst. ou rad. verbal		subst., adj. ou rad.
34	-io	-io¹	-io² (lat. -ium [cient.] ou -ius)					sf./s2g.		rad. verbal ou adj.		subst., adj. ou rad. verbal
35	-ico	-ico¹	-ico²				adj./sm.			subst. ou adj.		subst. (esp. -ismo, -ista), adj. ou rad. verbal (esp. -izar)
36	-ista							s2g./adj2g.		subst. (esp. -ismo)		
37	-oso	-uoso					adj./sm.			subst. ou adj.		
38	-ense	-ês					adj2g./s2g.	adj./sm.		subst. (top./antr.)		
39	-al¹	-ual	-zal				adj2g./sm./sf./s2g.			subst.		
40	-ar¹	-ar²			-ial	-eal	adj2g./s2g./sm./sf.			subst.		
41	-vel	-ível					adj2g./sm.			rad. verbal		
42	-mente						adv. de modo; por vezes de tempo ou de lugar.			do fem. de adj. ou de adj2g.		

Funções do adjetivo: adjunto adnominal e predicativo nominal 2 (adj. e/ou subst.)

Função: adjunto adverbial / adverbial

QUADRO RESUMITIVO DE ORIGENS

A	Origem Onomatopeica	De três palavras que têm como base uma onomatopeia (q.v.), combinada ou não com um morfema/sufixo nominal ou verbal.
B	Origem Expressiva	De palavras cuja "estrutura fônica apresenta fonemas que nos parecem apropriados ao significado respectivo." (Mattoso Câmara)
C	Origem Incerta	De palavras com dois ou mais possíveis étimos (mas nenhum deles totalmente viável).
D	Origem Controversa	De palavras cuja origem é motivo de controvérsia entre os estudiosos.
E	Origem Obscura	De palavras para as quais não há hipóteses que possa ser considerada possível.

TABELA DE ELEMENTOS MORFOLÓGICOS

PREFIXO/ SUFIXO/ EL.COMP.	ORIGEM/ FORMAÇÃO/ USO	NOÇÃO	EXEMPLO(S)
a-¹	Lat.	afastamento, privação, excesso	*amovível*
a-²	Lat.	aproximação, transformação	*abeirar; ajeitar*
a-³	Gr.	privação, negação	*abiose*
a-⁴	Port.		*alevantar*
a-⁵	Port.	prótese do art.	*amora*
a-⁶	Ár.	V. *al-*	*acelga*
-a	Lat.	feminino	*cantora*
ab-, abs-	Lat.	V. *a-¹*	*ab-rogar; abster*
-aça, -aç(a)-	-aço	aumento, depreciação	*barcaça; lamaceira*
-açal	-aça + -al¹	quantidade, excesso	*lamaçal*
-açar		repetição, frequência	*espicaçar*
-ácea	Lat.cient. (pl.)	planta ou fam. de plantas	*roságea*
-áceo	Lat.	referência, proveniência, semelhança	*algáceo*
acet(i)-	Lat.	vinagre; ácido acético; acetila	*acetificar; acetato*
acetil-	*Quím.*	acetila	*acetileno*
-acho	Lat.	dim., deprec.	*fogacho*
-aco	Lat.	irôn., deprec.	*velhaco*
-aço	Lat.	V. *-aça*	*andaço*
acr(o)-	Gr.	alto; ponta	*acrônimo*
acu-	Lat.	agulha	*acupuntura*
-açu	Tupi	grande	*babaçu*
ad-	Lat.	V. *a-¹*	*adjunto*
-ada	Lat.	ato, efeito, grupo, golpe, alimento, etc.	*unhada; boiada*
aden(o)-	Gr.	glândula	*adenoma*
-ado¹	Lat.	provido, semelhante	*barbado; azulado*
-ado²	Lat.	dignidade, cargo, classe, etc.	*papado*
aeri-, aer(o)-	Lat.	ar; céu	*aerícola; aerovia*
-agem	Provç. Fr.	ato, efeito, coleção, etc.	*aragem*
aglutin(o)-	Lat.	aglutinação	*aglutinina*
agri-¹	Lat.	azedo; ácido	*agridoce*
agri-²	Lat.	campo	*agricultura*
agro-	Lat.	campo; agricultura	*agrovia*
-aico	Lat.	relativo, pertencente, etc.	*prosaico*
al-	Ár.	prótese do art.	*alambique*
-al¹	Lat.	relativo, pertencente; coleção, etc.	*bucal; bananal*
-al²	*álcool*	aldeído	*etanal*
alc-	Al.	alquila	*alcano*
ald(o)-	*Quím.*	aldeído	*aldose*
alet(o)-	Gr.	verdade	*aletologia*
alg(o)-	Lat.	alga	*algologia*
-alg(o)-	Gr.	dor	*nevralgia*
-alha	It.	quantidade; deprec.	*miuçalha*
-alhada	-alh(o)- + -ada	ação; conjunto; em quantidade	*brigalhada*
-alhão	-alh(o)- + -ão¹	grande; muito	*bobalhão*
-alhar		excesso; deprec.	*aparvalhar*

PREFIXO/ SUFIXO/ EL.COMP.	ORIGEM/ FORMAÇÃO/ USO	NOÇÃO	EXEMPLO(S)
-alh(o)-, -alho	Lat.	inferioridade; deprec.	*ramalhete; frangalho*
al(i)-	Lat.	asa	*aliforme*
al(o)-	Gr.	diferente; estranho	*alergia*
alti-	Lat.	alto; altura	*altímetro*
-ama, -ame		coleção; quantidade	*courama; cordame*
ambi-	Lat.	ambos	*ambivalência*
-âmbulo	Lat.	que anda	*noctâmbulo*
amer(i)-		americano	*ameríndio*
-amida	Lat.	amida	*acetamida*
amil(o)-	Lat.	amido	*amiláceo*
an-	Gr.	V. *a-³*	*anaeróbio*
an(a)-	Gr.	ação contrária; de baixo pra cima, etc.	*anabatista*
-ança, -ância	Lat.	ato ou efeito; estado; qualidade, etc.	*matança; festança; culminância*
-ando	Lat.	que está sendo; prestes a	*educando; formando*
andr(o)-, -andr(o)-, -andro	Gr.	homem	*androide; poliândrico; poliandro*
anel(i)-	Lat.	anel	*aneliforme*
anemo-	Gr.	vento	*anemofilia*
-âneo	Lat.	duração; próprio de; relativo	*cutâneo*
anf(i)-	Gr.	em ambos os lados	*anfiteatro*
angi(o)-, -ângio	Lat.	vaso	*angiopatia; esporângio*
anguil(i)-	Lat.	enguia	*anguiliforme*
anis(o)-	Gr.	desigual	*anisogamia*
-ano¹	Lat.	origem; relativo; próprio; adepto, etc.	*luterano; sergipano*
-ano²	*Quím.*	hidrocarboneto saturado	*metano*
ant(e)-	Lat.	anterioridade (espaço tempo)	*antessala; anteontem*
anter(o)-	Gr.	flor; antera	*anterozoide*
ant(i)-	Gr.	em frente; oposição; contra	*antidcido; anti-infeccioso*
ant(o)-, -anto	Gr.	flor	*antozoário; perianto*
antrop(o)-, -antrop(o)-, -antropo	Gr.	ser humano	*antropônimo; zoantropia; pitecantropo*
-ão¹	Lat.	aumento; que tem x anos	*facão; cinquentão*
-ão²	Lat.	origem; ofício; profissão; relativo	*aldeão; tecelão*
-ão³	Lat.	ato; efeito	*arranhão*
ap(i)-	Lat.	abelha	*apicultor*
ap(o)-	Lat.	afastamento; separação	*apoastro*
aqua-, aqu(i)-	Lat.	água	*aquavia; aquicultura*
ar-¹		V. *a-²*	*arrostar*
ar-²		V. *a-⁵*	*arruela*
ar-³		V. *a-³*	*arrizotônico*
-ar¹	Lat.	de; origem; relativo, etc.	*alveolar*
-ar²	Lat.	v. da 1ª conjug.	*amar; casar; deixar*
-arada	V. *-ada*	quantidade; excesso	*bicharada; chuvarada*
-arão	V. *-ão¹*	aumento	*casarão*
arbor(i)-	Lat.	árvore	*arborícola*
-arca	Gr.	que governa	*monarca*

PREFIXO/ SUFIXO/ EL.COMP.	ORIGEM/ FORMAÇÃO/ USO	NOÇÃO	EXEMPLO(S)
-ardo		aumento	felizardo
aren(i)-	Lat.	areia	arenito
-aréu		aumento	fogaréu
argent(i)-	Lat.	prata	argentífero
-aria	Lat. Port.	local; coleção; ação; comércio, indústria, etc.	prataria, padaria, pirataria, hotelaria
-ária		V. -aria	penitenciária
-ário	Lat.	ofício; lugar; coleção; relação; origem; etc.	escriturário; armário; mercenário
arqu(e)-	Gr.	princípio; comando	arqueano
arqueo-	Gr.	antigo	arqueologia
arqui-	Gr.	primazia	arquidiocese
-arquia	Gr.	governo	nobiliarquia
-arra	Vasconço	aumento	bocarra
-arraz		V. -az	pratarraz
arterio-	Gr.	artéria	arteriosclerose
artr(o)-, -artr(o)-, -artro	Gr.	articulação	artropatia; quirartrite; xenartro
as-¹		V. a-²	assacar
as-²		V. a-⁴	assoprar
as-³		V. a-³	assepsia
astr(o)-	Gr.	astro	astrofísica
-astr(o)-, -astro		aumento; deprec.	falastrão; poetastro
-ata	Lat.	ato ou efeito; conjunto	tocata
atel(o)-	Gr.	incompleto	atelectasia
-ático	Gr.	V. -ico²	problemático
atm(o)-	Gr.	gás; vapor	atmosfera
-ato¹	Lat.	V. -ado²	avunculato
-ato²	*Quím.*	(sal de) ânion	sulfato
audi(o)-, -audi(o)-	Lat.	ouvir; audição	audiômetro; audiólogo
auri-	Lat.	ouro; amarelo	auriverde
aut(o)-¹	Gr.	por si próprio; de si mesmo	autismo; auto-hipnose
aut(o)-²	Port.	automóvel	autoestrada
avi-	Lat.	ave; pássaro	avicultor
-az		aumento; relação	cartaz
-ázio		aumento	copázio
bacter(i)-, bacteri(o)-	Lat.cient.	bactéria	bactericida; bacteriologia
balne(o)-	Lat.	banho	balneoterapia
bar(i)-	Gr.	pesado; gravidade	bárion; barisfera
bar(o)-, -baro	Gr.	peso; pressão (atmosférica)	barômetro; isóbaro
-bata¹	Gr.	que anda	acrobata
-bata²	Gr.	profundidade	isóbata
bat(i)-	Gr.	profundo	batimetria
ben-	Lat.	bem	benfazejo
bi-¹	Lat.	V. bis-	bianual

PREFIXO/ SUFIXO/ EL.COMP.	ORIGEM/ FORMAÇÃO/ USO	NOÇÃO	EXEMPLO(S)
bi-²	V.C.I. *Quím.*	proporção 2 vezes maior (do que aquela que seria a us. para reação completa)	*bicarbonato*
bíblio-	Gr.	livro; obra	*bibliomania*
-bil-	Lat.	V. *-vel*	*responsabilidade*
bil(i)-	Lat.	bílis	*biliar*
bi(o)-, -bi(o)-, -bio	Gr.	vida; biológico	*biografia; abiose; aeróbio*
-bionte	V.C.I.	que vive	*aerobionte*
-biose	Gr.	modo ou meio de vida	*trofobiose*
bis-	Lat.	duas vezes; dois	*bisneto*
blen(o)-	Gr.	muco; catarro	*blenorragia*
boqu(i)-	Port.	boca	*boquiaberto*
bradi-	Gr.	lento; pesado	*bradicardia*
braqui-	Gr.	curto; breve	*braquícero*
brom(o)-	Gr.	bromo	*bromato*
bronco-, bronqu(i)-	Gr.	traqueia; garganta; brônquio(s)	*broncodilatador; bronquite*
-bulia	Gr.	vontade	*abulia*
caa-, caá-	Tupi	erva	*caatinga; caá-açu*
cac(o)-	Gr.	mau	*cacofonia*
cafei-	*café* + *-i-*	café	*cafeicultor*
calc(i)-	Lat.	cal; cálcio	*calcificar*
calco-	Gr.	cobre; bronze	*calcogênio*
cal(i)-	Gr.	belo	*calidoscópio*
cancer(i)-	Lat.	câncer	*cancerígeno*
can(i)-¹	Lat.	cão	*canicultor*
can(i)-²	Lat.	cana	*caniço*
-ção	Lat.	ato ou efeito	*alegação*
carb(o)-, carbon(i)-	Lat.	carvão; carbono	*carbeto; carbonífero*
-cardia	Gr.	V. *cardi(o)-*	*taquicardia*
cardi(o)-, -cardi(o)-, -cárdio	Gr.	coração	*cardiologia; eletrocardiograma; miocárdio*
cari(o)-, -cari(o)-	Gr.	noz; núcleo celular	*cariopse; eucarionte*
-carpo	Gr.	fruto	*metacarpo*
carto-	Gr.	carta; mapa	*cartografia*
cata-	Gr.	do alto para baixo; abaixo; contra	*catadióptrico*
cefal(o)-, -céfalo	Gr.	cabeça	*cefaleia; macrocéfalo*
cen(o)-¹	Gr.	vazio	*cenotáfio*
cen(o)-²	Gr.	comum; que vive em comunidade	*cenóbio*
cen(o)-³	Gr.	novo; recente	*cenozoico*
cen(o)-⁴	Gr.	cena	*cenotécnica*
-cen(o)-	Gr.	V. *cen(o)-²*	*biocenose*
-ceno¹	Gr.	V. *cen(o)-³*	*oligoceno*
-ceno²	Gr.	V. *cen(o)-²*	*epiceno*
centi-		unidade 100 vezes menor	*centímetro*
cerat(o)-, -cero	Gr.	chifre; tecido córneo	*ceratossauro; braquícero*

PREFIXO/ SUFIXO/ EL.COMP.	ORIGEM/ FORMAÇÃO/ USO	NOÇÃO	EXEMPLO(S)
ciber-	*ciber(nético)*	internet; virtual	*cibercafé*
-cida	Lat.	(o) que mata	*inseticida*
-cídio	Lat.	morte; assassínio	*homicídio*
cin(o)-	Gr.	cão	*cinografia*
circu(m)-, circun-	Lat.	em redor; em volta; perto	*circum-navegar; circunvizinho*
cis-	Lat.	aquém	*cisandino*
cist(i)-, -cisto	Gr.	bexiga; cisto; vesícula	*cistite; pneumatocisto*
cit(o)-, -cito	Gr.	cavidade; célula	*citologia; leucócito*
-clise	Gr.	ação de inclinar(-se)	*próclise*
co-	Lat.	proximidade; companhia	*coautor, correlação, cosseno*
-cola	Lat.	que cultiva; que habita	*arborícola, silvícola*
com-		V. *co-*	*compartilhar*
-cômio	Lat.	hospital	*manicômio*
con-		V. *co-*	*concidadão*
contra-	Lat.	oposição; ação conjunta	*contraordem, contrarregra*
cosm(o)-, -cosmo	Gr.	universo	*cosmologia; microcosmo*
-cracia	Gr.	poder; forma de governo	*democracia*
-crata	Gr.	poder; adepto de governo	*democrata*
crom(o)-, -crom(o)-, -cromo	Gr.	cor; tom	*cromossomo; monocromia; policromo*
-cula	Lat.	V. *-culo*.	*aurícula, retícula*
-culo	Lat.	diminuição; noção específica; deprec.	*montículo, receptáculo*
-d-		consoante de ligação	
da(c)til(o)-, -dá(c)tilo	Gr.	dedo	*da(c)tilógrafo; artiodá(c)tilo*
de-	Lat.	de cima para baixo; origem; separação; extração; intensidade	*decompor; depenar*
dec(a)-[1]	Gr.	dez	*decaedro*
dec(a)-[2]	V.C.I.	unidade 10 vezes maior	*decagrama*
deci-	Lat.	unidade 10 vezes menor	*decímetro*
-deira	Lat.	instrumento; aparelho, máquina; ação	*batedeira, choradeira*
-deiro	Lat.	V. *-eiro*.	*atascadeiro*
-dela	*-ela*	ação ligeira	*olhadela*
demo-	Gr.	povo	*demografia*
dent(i)-	Lat.	dente	*dentina*
dermat(o)-, derma-, -derm(o)-, -derme	Gr.	pele	*dermatose; dermátomo; taxidermia; epiderme*
des-	Lat. *de e ex*, ou pref. *dis-* (v. *di-*[2])	separação; transformação; intensidade; negação, privação; reforçativo	*despedaçar; desfazer; desumano; desacordo; desinfeliz*
deuter(o)-	Gr.	segundo	*deutério*
di-[1]	Gr.	dois	*dígrafo*
di-[2]	Lat.	separação; negação	*difração*
di(a)-	Gr.	separação; através	*diatérmico*
digit(i)-	Lat.	dedo; dígito	*digitiforme*
dinam(o)-	Gr.	força; potência	*dinamizar*
dino-	Gr.	poderoso; terrível	*dinossauro*

PREFIXO/ SUFIXO/ EL.COMP.	ORIGEM/ FORMAÇÃO/ USO	NOÇÃO	EXEMPLO(S)
-dino	Gr.	movimento de rotação; vertigem	aeródino
-dio		V. -io¹	escorregadio
dipso-	Gr.	sede	dipsomania
dis-¹	Lat.	V. di-²	dissabor
dis-²	Gr.	mau estado; dificuldade	dislalia
disci-, disc(o)-	Lat.	disco	disciforme; discoide
-do	Lat.	formador do particípio (q.v.)	
dodec(a)-	Gr.	doze	dodecassílabo
-doiro¹, -douro¹	Lat.	passível de, que poderá vir a	vindoiro; vindouro
-doiro², -douro²	Lat.	pertencente, relativo; próprio para; ação; lugar da ação; instrumento da ação	logradoiro; logradouro; suadoiro; suadouro
-dor	Lat.	(o) que pratica uma ação; agente, instrumento	carregador; regador
-dora	F. de -dor	máquina, processo, etc.; firma	transportadora
dramat(o)-	Gr.	drama	dramatizar
-dromo	Gr.	pista; local de	autódromo
dulci-	Lat.	doce	dulcificar
-dura	Lat.	ação, efeito; instrumento; o que é próprio para	abotoadura, fechadura
-duto	Lat.	duto	oleoduto
e-¹	Lat.	para fora; separação; transformação	enegrecer
e-²	Lat.	V. em-²	emaranhar
-eada		V. -ada	cumeada
-eado		V. -ado¹	arroxeado
-eal		V. -al¹	terreal
-ear	Lat.vulg.	duração; frequência; transformação	cabecear
-ebre		diminuição	casebre
-eca		V. -eco¹	soneca
-ecer	Lat.	início de ação; transformação	anoitecer
eco-¹	Gr.	casa; meio ambiente; ecológico	economia; ecojoia
eco-²	Gr.	som; eco	ecocardiograma
-eco		diminuição; deprec.	livreco
-ectas-	Gr.	dilatação	atelectasia
ecto-	Gr.	fora; exterior	ectoparasito
-ectom-	Gr.	corte; excisão; extirpação	mastectomia
-edade	Lat.	V. -(i)dade	arbitrariedade
-edo	Lat.	plantação; coletivo	vinhedo; pulguedo
-edro	Gr.	base; face	decaedro
ego-	Lat.	eu	egocêntrico
-ego	Lat.	origem; diminuição	borrego
-eidade	Lat.	V. -(i)dade	espontaneidade
-eima		qualidade; deprec.	guloseima
-eína	Quím.	substância corante	brasileína
-eira		V. -eiro e -deira; protetor	aroeira; joelheira; sopeira
-eirão	-eiro + -ão¹	aumento	boqueirão
-eiro	Lat.	(o) que tem profissão, ofício; instrumento, máquina, aparelho; local; viveiro; recipiente, móvel; acúmulo; planta, árvore; doença; ato, efeito; gentílico, etc.	barbeiro, açucareiro, craveiro, cobreiro, mineiro
-ejar	Lat.	V. -ear	gotejar
-ejo	Esp.	diminuição; relação; procedência; etc.	lugarejo, andejo, sertanejo

PREFIXO/ SUFIXO/ EL.COMP.	ORIGEM/ FORMAÇÃO/ USO	NOÇÃO	EXEMPLO(S)
-ela	Lat.	diminuição	ruela, viela
eletr(i)-, eletr(o)-	Lat.cient.	eletricidade; elétrico	eletrificar; eletrólise
-elo	Lat.	diminuição; semelhança	cerebelo; magrelo
em-[1]	Gr.	posição interior, dentro	embrião
em-[2]	Lat.	para dentro; prover; transformação	embarcar; embelezar
-ema	Fr.	unidade distintiva	morfema, semantema
embri(o)-	Gr.	embrião	embriologia
-emia	Gr.	sangue; teor, presença no sangue	glicemia
en-[1]	Gr.	V. em-[1]	enantema
en-[2]	Lat.	V. em-[2]	engarrafar
-ena	Lat.	conjunto; período	quinzena
-ença, -ência	Lat.	ato, efeito; qualidade; estado	parecença; abrangência
end(o)-	Gr.	para dentro; no interior	endocarpo
ene(a)-	Gr.	nove	eneágono
-engo	Ingl.	relação; pertinência	mulherengo
-enho	Lat.	semelhança; procedência	ferrenho
en(o)-	Gr.	vinho	enologia
-eno[1]	Lat.	referência; origem	terreno
-eno[2]	Quím.	substâncias insaturadas	caroteno
-ênquima	Lat.cient.	parênquima	colênquima
-enquimat(o)-	Lat.cient.	V. -ênquima	parenquimatoso
-ense	Lat.	relação, procedência, origem	piauiense
-entar	Lat.	ação factitiva ou frequentativa	afugentar; apoquentar
-ente	Lat.	V. -nte	adstringente
enter(o)-, -enter(o)-	Gr.	intestino	enterite; gastrenterite
-ento	Lat.	V. -lento	barulhento
entom(o)-	Gr.	dividido; inseto	entomofilia
entr(e)-		V. inter-	entreato
eo-	Gr.	aurora; início	eoceno
-eo	Lat.	relativo, semelhante; da natureza de	corpóreo
ep(i)-	Gr.	sobre; movimento para; posterior	epífito
equi-	Lat.	igual	equiângulo
equin(o)-	Gr.	ouriço; espinho	equinoide
-er	Lat.	v. da 2ª conjug.	fazer, obedecer
ergo-, -erg(o)-	Gr.	ação, efeito; trabalho	ergometria; alergia
-eria	Fr.	V. -aria	sorveteria
eritemat(o)-	Gr.	rubor	eritematoso
erot(o)-	Gr.	amor; ato sexual	erotismo
es-		V. e-[2]	esgoelar
-ês		V. -ense	pedrês
escato-	Gr.	último; fim	escatologia[2]
escat(o)-	Gr.	excremento	escatologia[1]
-escer	Lat.	V. -ecer	florescer
escler(o)-, -(e)scler(o)-	Gr.	duro; esclerótica	esclerênquima; arteriosclerose
-esco (ê)	Lat.	relação, referência	quixotesco

PREFIXO/ SUFIXO/ EL.COMP.	ORIGEM/ FORMAÇÃO/ USO	NOÇÃO	EXEMPLO(S)
espeleo-	Gr.	caverna, gruta	*espeleologia*
espermat(o)-	Gr.	semente; esperma	*espermatozoide*
espor(o)-	Lat.cient.	semente	*esporângio*
esquisto-	Gr.	separado	*esquistossomo*
esquiz(o)-	Gr.	separação; divisão	*esquizofrenia*
estafil(o)-	Gr.	cacho; úvula	*estafilococo*
estalagm(o)-	Gr.	destilação; filtragem	*estalagmite*
-este	Lat.	relação	*celeste*
estear-	Gr.	gordura	*estearina*
esteg(o)-	Gr.	teto; cobertura	*estegossauro*
esten(o)-	Gr.	estreito; breve	*estenografia*
estereo-	Gr.	sólido, duro; cúbico	*estereofonia*
estern(o)-	Gr.	peito; esterno	*esternal*
esteto-	Gr.	peito	*estetoscópio*
-(e)stigmat(o)-	Gr.	marca; ponto	*astigmatismo*
estomat(o)-	Gr.	boca; orifício	*estomatite*
estrab(o)-	Gr.	vesgo	*estrábico*
estrati-, estrato-	Lat.	coberta; camada	*estratificar; estratosfera*
-estre	Lat.	relação	*pedestre*
estrepto-	Gr.	torcido (em cadeia)	*estreptomicina*
et-	Lat. *Quím.*	cadeia de 2 átomos de carbono	*etano*
-eta (ê)	-eto[1]	diminuição; depre.	*perneta*
-ete	Fr.	relação; pertinência; diminuição	*colchonete*
-ete (ê)	Lat.	diminuição; relação	*canalete*
-ético	Gr. Lat.	relativo; de	*genético, aidético*
etil-	*et-* + *-il*[2]	*Quím.* grupo etila	*etileno*
etn(o)-	Gr.	raça; nação; povo	*etnia, etnografia*
eto-	Gr.	costume; uso	*etologia*
-eto[1]	Lat.	diminuição	*coreto*
-eto[2]	*Quím.*	ânion (ou sal desse ânion)	*cloreto*
-eto[3]	It.	formado de	*sexteto*
eu-	Gr.	bem; (p.ext.) bom	*eugenia*
-eu	Lat.	relação; origem; procedência	*europeu*
euri-	Gr.	largo; amplo	*eurioico*
eur(o)-		europeu	*eurodólar*
ex-	Lat.	V. *e-*[1]; que outrora fora	*expropriar; ex-aluno*
ex(o)-	Gr.	para fora	*exógeno*
extra-	Lat.	posição exterior; fora de	*extra-humano, extraoficial*
-ez, -eza	Lat.	qualidade; estado; condição	*surdez; beleza*
fag(o)-,-fag(o)-, -fago	Gr.	(o) que come; comer	*fagócito; geofagia; fitófago*
faner(o)-	Gr.	visível	*fanerógamo*
farmaco-	Gr.	medicamento	*farmacologia*
febr(i)-	Lat.	febre	*febrífugo*
fen(o)-	Gr.	brilhar; *Quím.* benzeno	*fenótipo; fenol*
-fero	Lat.	que contém, produz ou transporta	*carbonífero*
ferr(i)-, ferro-	Lat.	ferro	*ferrífero; ferrovia*

PREFIXO/ SUFIXO/ EL.COMP.	ORIGEM/ FORMAÇÃO/ USO	NOÇÃO	EXEMPLO(S)
fibr(o)-	Lat.	fibra	*fibroma*
-ficar	Lat.	ação factitiva	*petrificar*
fic(o)-	Gr.	alga	*ficologia*
-fico	Lat.	que faz ou produz	*frigorífico*
-fila	Gr.	V. *fil(o)-*[1]	*xantofila*
-filá(c)tico	Gr.	V. *-filax-*	*anafilá(c)tico*
-filax-	Gr.	proteção; prevenção	*anafilaxia*
fili-[1]	Lat.	fio	*filiforme*
fili-[2]	Lat.	filho	*filiar*
fili-[3]	Gr.	V. *fil(o)-*[1]	*filipeta*
-fil(i)-[1]	Lat.	V. *fili-*[1]	*afilar*
-fil(i)-[2]	Lat.	V. *fili-*[2]	*afiliar*
-filia	Gr.	amizade; amor; atração (doentia); polinização	*anemofilia; necrofilia*
filmo-	*filme*	filme; cinema	*filmoteca, filmografia*
fil(o)-[1]	Gr.	folha	*filotaxia*
fil(o)-[2]	Gr.	amigo, amante; atraído por	*filosofia*
-fil(o)-, -filo	Gr.	V. *fil(o)-*[2]	*liofilizar; cinéfilo*
fisio-	Gr.	físico	*fisioterapia*
fit(o)-, -fito	Gr.	planta	*fitogeografia; epífito*
fleb(o)-	Gr.	veia; artéria	*flebite*
flex(o)-	Lat.	flexível; curva	*flexografia*
-fobia	Gr.	medo (doentio); aversão	*claustrofobia*
-fobo	Gr.	que tem aversão, medo	*claustrófobo*
fol(i)-	Lat.	saco; bolsa	*folículo*
-fone	Gr./Fr.	V. *fon(o)-*	*microfone*
fon(o)-, -fon(o)-, -fono	Gr.	som, voz; fala; que fala	*foniatria; apofonia; lusófono*
form-	*Quím.*	ácido fórmico	*formamida*
-forme	Lat.	de forma semelhante a; com aspecto de	*aliforme*
formic(i)-	Lat.	formiga	*formicida*
-foro	Gr.	que transporta ou apresenta	*pneumatóforo*
foto-, -foto	Port.	fotografia	*fotograma; telefoto*
fot(o)-	Gr.	luz	*fotofobia*
fraseo-	Port.	frase; locução	*fraseologia*
frut(i)-, -frut(i)-	Lat.	fruta	*fruticultor; hortifrutigranjeiro*
-fugo[1]	Lat.	que foge	*prófugo*
-fugo[2]	Lat.	que faz fugir	*vermífugo*
fung(i)-	Lat.	fungo	*fungicida*
-g-		consoante de ligação	*matagal*
gamet(o)-	Lat.cient.	gameta	*gametângio*
-gam(o)-, -gamo	Gr.	casamento; união; casado; fecundado	*exogamia; exógamo*
gas(o)-	*gás* + -o-	gás	*gasogênio*
gastr(o)-	Gr.	estômago; ventre	*gástrico, gastrenterologia*
-gênese	Gr.	geração; criação; gênese	*biogênese*
-genia	Gr.	nascimento; evolução; produção	*criogenia*

PREFIXO/SUFIXO/EL.COMP.	ORIGEM/FORMAÇÃO/USO	NOÇÃO	EXEMPLO(S)
gen(o)-[1]	Lat.	face; bochecha	*genoplastia*
gen(o)-[2]	Gr.	nascimento; origem; raça; família; etc.	*genocídio*
-gen(o)-, -geno	Gr.	que gera; que produz; gene, etc.	*lacrimogêneo; cancerígeno*
ge(o)-, -geo-	Gr.	terra	*geofísica; biogeocenose*
germ(i)-	Lat.	germe	*germicida*
ger(o)-	Gr.	velhice; velho; pessoa idosa	*geriatria*
-gero	Lat.	que traz; que contém; que produz	*ignígero*
geront(o)-	Gr.	pessoa idosa	*gerontologia*
giga-	Gr.	unidade derivada 10^9 vezes a primeira; multiplicação de uma unidade por 2^{30}	*gigâmetro; gigabyte*
gineco-	Gr.	mulher; órgão(s) feminino(s)	*ginecologia*
gips(o)-	Gr.	gesso	*gipsita*
gli(a)-	Gr.	substância viscosa	*gliócito*
glicer(o)-	Gr.	de sabor doce; doce	*glicerídeo*
glic(o)-	Gr.	doce; açúcar	*glicemia*
-glifo	Gr.	gravar; esculpir	*hieróglifo*
-glosso	Gr.	língua (órgão)	*opistoglosso*
-glota	Gr.	língua (linguagem)	*triglota*
-gnata, -gnato	Gr.	queixo; maxilar	*prógnata; prógnato*
gnosio-	Gr.	ação de conhecer; conhecimento; estudo	*gnosiologia*
-gono	Gr.	ângulo; canto	*eneágono*
-grado[1]	Lat.	que anda, que se movimenta	*saltígrado*
-grado[2]	Lat.	grau	*centígrado*
-grafia	Gr.	escrita; descrição; registro	*bibliografia*
graf(o)-, -graf(o)-, -grafo	Gr.	escrever; escrita; que registra	*grafologia; radiografar; bibliógrafo*
-grama	Gr.	letra; texto escrito; registro	*fotograma*
gran(i)-	Lat.	grão	*granívoro*
greco-	Lat.	grego	*greco-latino*
guti-	Lat.	gota; pingo	*gutífero*
gutur(i)-	Lat.	garganta	*gutural*
hagi(o)-	Gr.	santo	*hagiografia*
hal(o)-	Gr.	sal	*halogênio*
hapl(o)-	Gr.	simples	*haplologia*
hect(o)-	V.C.I.	cem; unidade de medida que é cem vezes outra unidade	*hectare, hectolitro*
helic(o)-	Gr.	hélice; espiral	*helicóptero*
heli(o)-, -(h)élio	Gr.	Sol	*helianto; periélio*
hemat(o)-	Gr.	sangue	*hematófago, hematoma*
hemero-	Gr.	dia	*hemeroteca*
hemi-	Gr.	meio; pela metade	*hemiciclo, hemiplegia*
hem(o)-	Gr.	V. *hemat(o)-*	*hemofilia*
hendec(a)-	Gr.	onze	*hendecaedro*
hepat(o)-	Gr.	fígado	*hepatite, hepatologia*
hept(a)-	Gr.	sete	*heptano, heptaedro*
herbi-	Lat.	erva, planta herbácea	*herbicida, herbívoro*

PREFIXO/ SUFIXO/ EL.COMP.	ORIGEM/ FORMAÇÃO/ USO	NOÇÃO	EXEMPLO(S)
heter(o)-	Gr.	outro; diferente	*heterônimo, heterossexual*
hex(a)-	Gr.	seis	*hexano, hexaedro*
hidr(o)-	Gr.	água; líquido; *Quím.* átomo de hidrogênio (neste caso tb. como *-idr(o)-*)	*hidrato, hidrômetro*
hidrox(i)- (cs)	*Quím.*	grupo -OH numa molécula	*hidroxila*
hier(o)-	Gr.	sagrado, divino	*hierônimo*
higr(o)-	Gr.	molhado, úmido	*higrômetro*
hiper-	Gr.	posição superior; além; excesso; (p.ext.) grande	*hiperinflação, hipertrofia*
hipn(o)-	Gr.	sono	*hipnose*
hip(o)-¹	Gr.	posição inferior; (p.ext.) baixo; escassez	*hipoderme; hipocalórico*
hip(o)-²	Gr.	cavalo	*hipismo, hipopótamo*
hispan(o)-	Lat.	espanhol	*hispano-americano*
hister(o)-	Gr.	útero	*histerectomia*
hist(o)-	Gr.	tecido	*histologia*
hodo-	Gr.	via, caminho	*hodômetro*
hol(o)-	Gr.	inteiro, completo; indiviso; similar	*holismo, holografia*
homal(o)-	Gr.	liso, plano; igual	*homalocéfalo*
homeo-	Gr.	semelhante; da mesma natureza	*homeopatia*
hom(o)-	Gr.	semelhante, igual, comum	*homônimo, homossexual*
i-		V. *in-²*	*ilógico*
-i-	Lat.	vogal de ligação	*carrapaticida*
-í	Tupi	pequeno	*tatuí*
-ia¹	Gr.	qualidade, condição; estado (físico ou moral); profissão; nome de ciência; etc.	*alegria, cortesia, chefia*
-ia²	Lat.(cient.)	planta; animal; tropos ou figuras de linguagem	*begônia, magnólia, actínia; metonímia, toponímia*
-íaco	Lat.	origem; relativo a; próprio de	*amoníaco*
-iada		V. *-ada*	
-iado		V. *-ado¹*	
-ial		V. *-al¹*	*equatorial*
-iano		V. *-ano¹*	*alencariano*
-iar	Lat.	verbo de 1ª conjug.	*abreviar*
-íase	Gr.	grande quantidade; infestação; afecção	*acaríase*
-iatra	Gr.	médico	*pediatra*
-iatria	Gr.	tratamento	*psiquiatria*
-ica	Gr.	técnica, arte, ciência	*balística, gramática*
-icar	Lat.	ação frequentativa, ou diminutiva	*adocicar*
-içar		verbo da 1ª conjug.	*esganiçar*
-ice	Lat.	qualidade, estado; propriedade; ação, dito	*tolice, velhice*
-icha		diminuição	*barbicha*
-icho		diminuição	*rabicho*
-ícia	Lat.	qualidade, propriedade	*malícia*
-ício	Lat.	relação, origem	*advocatício, natalício*
-ic(o)-		V. *-ico¹*	*barbicacho*
-ico¹	Lat.	diminutivo	*burrico, namorico*
-ico²	Gr. Lat.	pertinência, relação, referência; participação	*aeróbico, amazônico, numérico*
-iço	Lat.	diminutivo; um tanto; sujeito a	*alagadiço*

PREFIXO/ SUFIXO/ EL.COMP.	ORIGEM/ FORMAÇÃO/ USO	NOÇÃO	EXEMPLO(S)
icon(o)-	Gr.	imagem	iconoteca
icos(a)-	Gr.	vinte	icoságono
-icte	Gr.	V. *icti(o)-*	osteícte
icter(o)-	Gr.	amarelo	ictericia, icterídeo
icti(o)-	Gr.	peixe	ictiófago, ictiologia
-ida	F. de *-ido*	ato, ou efeito de ação (ger. enérgica ou ligeira)	acolhida, batida, fugida
-(i)dade	Lat.	qualidade; caráter, atributo; estado; modo de ser; admiração, amor	pluralidade; orfandade, crueldade
-idão	Lat.	V. *-(t)ude*	imensidão
ideo-	Gr.	princípio, ideia	ideograma; ideologia
-ídeo[1]	Lat.cient. (pl.)	filho de; animal ou fam. (ou classe) de animais	anelídeo, aracnídeo
-ídeo[2]	*Quím.*	composto derivado de, ou relacionado a uma classe de substâncias	lipídeo
-ídeo[3]	*-id(o)- + -eo*	semelhante	equídeo[1]
idi(o)-	Gr.	próprio, peculiar	idiolalia
-ídio	*Quím.*	V. *-ídeo[2]*	lipídio
idiomat(o)-	Gr.	linguagem; idioma	idiomático, idiomatismo
-id(o)-	Gr.	imagem; forma	calidoscópio
-ido	Lat.	formador do part. de verbos da 2ª e da 3ª conjug.	permitido
-idr(o)-, -idro	Gr.	V. *hidr(o)-*	clorídrico; anidro
-ífero	Lat.	V. *-fero*	melífero
-ificar	Lat.	V. *-ficar*	acidificar
igni-	Lat.	fogo	ignígero
-il-	*Quím.*	V. *-il[2]*	acrílico
-il[1]	Lat.	relação; lugar onde	senhoril, redil
-il[2]	*Quím.*	F. alternativa de *-ila[2]*	
-ila[1]	Lat. *Quím.*	substância relacionada a algo específico	nitrila
-ila[2]	Gr.	madeira; substância; grupamentos derivados de dada substância	hexila
-ileno	*Quím.*	grupo divalente; composto insaturado	metileno; etileno
-ilha	Lat.	V. *-ilho*	cigarrilha
-ilhão, -ilião	Port.	mil; (x) potência de 10	octilhão; octilião
-ilhar		ação frequentativa, ou diminutiva	fervilhar
-ilho	Lat.	diminuição	espartilho
im-[1]	Lat.	para dentro; transformação	implantar
im-[2]	Lat.	V. *in-[2]*	impossível
-im		V. *-inho[1]*	
-imento	Lat.	V. *-mento*	conhecimento
imun(o)-	Lat.	isento; imunidade	imunoglobulina
in-[1]	Lat.	V. *im-[1]*	infiltrar
in-[2]	Lat.	negação; ausência; privação	infeliz
-ina	Lat. Fr.	ação ou efeito; produto ou extrato proveniente de, ou substância química (esp. nitrogenada), etc.	anilina; quinina
-inar		ação frequentativa; noção expressiva	baratinar
indo-	Lat.	indiano; Índia	indo-europeu
-infra	Lat.	posição abaixo; inferioridade	infraestrutura
-inha		F. de *-inho[1]*	caipirinha
-inhar		ação frequentativa, ou diminutiva; deprec.	cuspinhar, escrevinhar

PREFIXO/ SUFIXO/ EL.COMP.	ORIGEM/ FORMAÇÃO/ USO	NOÇÃO	EXEMPLO(S)
-inho[1]	Lat.	diminutivo; afetividade; ironia; que é muito (algo); em menor escala ou força; semelhante; tipo de, etc.; noção adverbial (modo, intensidade, etc.)	*carrinho; velhinho; robalinho; terninho; pertinho; mansinho, direitinho*
-inho[2]		V. *-ino*[1]	*marinho*
-ino[1]	Lat.	semelhança, relação, origem	*diamantino, sulino*
-ino[2]	*Quím.*	ligação tripla entre 2 átomos de carbono	*etino*
inseti-	Lat.	cortado; inseto	*inseticida*
inter-	Lat.	posição intermediária	*intercostal, inter-racial*
intra-	Lat.	posição interior	*intraocular*
intro-	Lat.	para dentro	*introverter*
-io[1]		ação, referência; modo de ser, tendência; coleção	*doentio, mulherio*
-io[2]	Gr. Lat.(cient.)	relativo, pertencente; sentido específico	*cádmio, epitélio*
iod(o)-	*Quím.*	iodo	*iodeto*
ir-[1]		V. *im-*[1]	*irromper*
ir-[2]		V. *in-*[2]	*irreal*
-ir	Lat.	v. da 3.ª conjug.	*dormir, zunir*
-isa	Lat.	formador de feminino	*poetisa*
-icar	Lat.	ação frequentativa, ou diminutiva	*adocicar*
-iscar	Lat.	ação frequentativa, ou diminutiva	*chuviscar, mordiscar*
-isco	Lat.	referência; diminuição	*marisco*
-ismo	Gr.	doutrina, escola, teoria, etc.; ato, prática, efeito; ação, hábito, qualidade; afecção, doença; expressão, ou palavra de dada língua; esporte	*positivismo, heroísmo, alcoolismo, brasileirismo, ciclismo*
is(o)-	Gr.	igual	*isóbata*
-ista	Gr.	adepto de teoria, doutrina, etc.; profissional; especialista; que(m) toca instrumento (4); esportista; etc.	*budista, socialista, balconista, violinista, pugilista, paulista*
-ita[1]		*-ito*[1]	*diminuição manita*
-ita[2]	Lat.	origem, pertinência	*jesuíta*
-ita[3]	Gr.	V. *-ite*[2]	*pirita*
-itar	Lat.	ação frequentativa, ou diminutiva	*dormitar, saltitar*
-ite[1]	Gr.	inflamação (em órgão, tecido, etc.)	*bronquite*
-ite[2]	Gr.	mineral; fóssil, etc.	*estalactite, grafite*
-ítico	Gr. Lat.	de, próprio de, ou relativo a	*adamítico*
-ito[1]	Lat.	diminuição	*pequenito*
-ito[2]	Gr. Lat.	V. *-ite*[2]	*arenito*
-ito[3]	*Quím.*	ânion (ou sal desse ânion) derivado de oxiácido de elemento em estado de oxidação mais baixo	*sulfito*
-itude	Lat.	V. *-(t)ude*	*negritude*
-ivo	Lat.	próprio para; que faz (algo) ou tem certa qualidade	*abrasivo, erosivo*
-ível	Lat.	V. *-vel*	*cabível*
-izar	Lat. Gr.	ação factitiva	*fertilizar, realizar*
-juba	Tupi	amarelo	*jurujuba*
justa-	Lat.	posição ao lado	*justafluvial, justalinear*
lacrim(o)-	Lat.	lágrima	*lacrimal*
lact(i)-	Lat.	leite	*láctico*
-lal(o)-	Gr.	falar	*dislalia*
lameli-	Lat.	pequena lâmina	*lameliforme*
lan(i)-	Lat.	lã	*lanolina*
laparo-	Gr.	ventre; p.ext. abdome; cavidade abdominal	*laparoscopia*

PREFIXO/ SUFIXO/ EL.COMP.	ORIGEM/ FORMAÇÃO/ USO	NOÇÃO	EXEMPLO(S)
-laring(o)-	Gr.	laringe; garganta	*otorrinolaringologia*
-latra	Gr.	que cultua, ou adora	*chocólatra*
-lento	Lat.	provido ou cheio de; que tem o caráter de	*xexelento*
leuc(o)-	Gr.	branco	*leucemia*
lexico-	Gr.	que concerne às palavras; léxico	*lexicografia, lexicologia*
lign(i)-	Lat.	madeira; lenho	*lignina*
limn(o)-	Gr.	pântano; lago	*limnoplâncton*
-líneo	Lat.	linha; comprimento	*longilíneo*
linf(o)-	Lat.cient.	água; linfático	*linfócito*
-língue	Lat.	língua; falante de (idioma[s])	*monolíngue*
lio-	Gr.	soltar; dissolver	*liofilizar*
lip(o)-	Gr.	gordura	*lipoide*
lit(o)-, -lito	Gr.	pedra; cálculo	*litografar; aerólito*
lob(o)-	Gr.	lobo	*lobotomia*
loco-	Lat.	lugar	*locomover-se*
-logia	Gr.	discurso; expressão; estudo; ciência; coleção	*lexicologia*
log(o)-,-log(o)-, -logo	Gr.	palavra; tratado; estudo; ciência; razão; inteligência; que estuda; que trata	*logogrifo; necrológio; psicólogo*
lombric(i)-	Lat.	minhoca; lombriga	*lombrical*
longi-	Lat.	longo; extenso	*longilíneo*
lud(i)-	Lat.	jogo; divertimento	*lúdico*
lun(i)-, -lun(i)-	Lat.	Lua	*luniforme; paralúnio*
luso-	Antr. lat.	português, lusitano	*lusófono*
macr(o)-	Gr.	longo; grande	*macrocosmo*
magnet(o)-	Gr.	ímã; magnetismo	*magnetômetro*
mam(i)-, mamo-	Lat.	mama; seio	*mamífero; mamografia*
man-	Lat.	mão	*mancheia*
-mana	Gr.	aquela que tem certa *mania*	*ninfômana*
-mancia	Gr.	adivinhação; predição	*cartomancia*
mani-[1]	Gr.	loucura	*manicômio*
mani-[2]	Lat.	mão	*maniatar*
-mania	Gr.	loucura; mania; vício	*toxicomania*
mano-	Lat.	V. *mani-*[2]	*manopla*
-mano[1]	Gr.	(o) que tem certa *mania*, etc.	*toxicômano*
-mano[2]	Lat.	(de) mãos ou patas	*quadrúmano*
-mante	Gr.	que adivinha; profeta	*cartomante*
manu-	Lat.	V. *mani-*[2]	*manufatura*
mare-, mari-	Lat.	mar	*maremoto; maricultura*
mast(o)-	Gr.	mama; (p.ext.) mamífero	*mastite; mastodonte*
matr(i)-	Lat.	mãe	*matriarca*
maxi-	Port. (lat. *maximus*)	máximo; muito grande	*maxidesvalorização*
mecan(o)-	Gr.	máquina; engenho	*mecanizar*
médico-	Lat.	medicinal; médico	*médico-legal*
mega-	V.C.I.	unidade de medida que é um milhão de vezes maior que outra unidade; em sistema binário, multiplicação de unidade por 2^{20}	*mega-hertz; megabyte*

PREFIXO/ SUFIXO/ EL.COMP.	ORIGEM/ FORMAÇÃO/ USO	NOÇÃO	EXEMPLO(S)
meg(a)-, megal(o)-, -megal(o)-	Gr.	grande	*megafone; megalomania; acromegalia*
melan(o)-	Gr.	negro; escuro	*melanina*
meliss(o)-	Gr.	abelha	*melissografia*
mel(o)-	Gr.	membro; canto; melodia	*melomania*
membran(i)-	Lat.	membrana	*membranoso*
mening(o)-	Gr.	membrana (do cérebro); meninge	*meningite*
men(o)-, -men(o)-	Gr.	mês; mênstruo	*menopausa; amenorreia*
-menta	Lat.	instrumento; objeto; coleção	*vestimenta*
-mente	Lat.	maneira; modo	*religiosamente*
ment(o)-	Lat.cient.	menta	*mentol*
-mento	Lat.	ação, processo ou resultado da ação; coleção	*fardamento*
mero-, -mero	Gr.	parte; segmento; parte de um organismo	*meroplâncton; metâmero*
mes(o)-	Gr.	meio	*mesosfera*
met(a)-	Gr.	mudança; posterioridade; além	*metacarpo*
metabol(e)-	Gr.	mudança	*metabolismo*
metal(o)-	Gr.	mina; metal	*metalografia*
meteor(o)-	Gr.	meteoro; fenômenos atmosféricos	*meteorito*
metil-	*Quím.*	grupo CH,-	*metílico*
-metra	Gr.	V. *metr(o)-²*	*astrômetra*
-metria	Gr.	medição; processo ou técnica de mensuração; processo ou técnica para determinar a composição ou a intensidade de; ciência de medição	*astrometria*
metr(o)-¹	Gr.	útero	*metrite*
metr(o)-²	Gr.	medição; medida; metro	*metrificar*
-metr(o)-		V. *metr(o)-¹*	*endométrio*
-metro	Gr.	instrumento para medir; que mede	*cronômetro*
mi-		V. *mio(s)-*	*mialgia*
micet(o)-	Gr.	cogumelo; fungo	*micetologia*
-micina	*mic(o)-* + *-ina*	*Quím.* substância obtida a partir de fungos	*estreptomicina*
mic(o)-		V. *micet(o)-*	*micose*
micr(o)-¹	Gr.	pequeno; curto; fraco	*microfone*
micr(o)-²	V.C.I.	unidade de medida que é um milhão de vezes menor que outra unidade	*micrômetro*
-miel(o)-	Gr.	medula	*osteomielite*
mii(o)-	Gr.	mosca	*miiologia*
mili-	F. red. de *milésimo*	unidade de medida que é mil vezes menor que outra unidade	*miligrama*
mini-	Port. (lat. *minimus*)	mínimo; muito pequeno	*minidicionário*
mi(o)-	Gr.	menor; menos	*mioceno*
mio(s)-	Gr.	rato; músculo	*miocárdio*
miri(a)-	V.C.I.	unidade de medida que é 10 mil vezes maior que outra unidade	*miriâmetro*
mis(o)-	Gr.	ódio; temor	*misoneísmo*
mit(i)-	Lat.	V. *mit(o)-²*	*mitificar*
mit(o)-¹	Gr.	filamento celular; mitose	*mitocôndria*
mit(o)-²	Gr.	fábula; lenda; mentira	*mitomania*

PREFIXO/ SUFIXO/ EL.COMP.	ORIGEM/ FORMAÇÃO/ USO	NOÇÃO	EXEMPLO(S)
mon(o)-	Gr.	único; isolado; em *Quím.* unidade de um corpo (designado pelo formante que se segue)	*monocromia; monóxido*
morf(o)-, -morf(o)-, -morfo	Gr.	forma	*morfologia; antropomórfico; zigomorfo*
moto-		motor	*motocicleta*
mot(o)-, -moto	Lat.	movimento	*moto-contínuo; maremoto*
-móvel	Lat.	que se move	*automóvel*
muc(i)-, muco-	Lat.	muco	*mucina; mucocutâneo*
mult(i)-	Lat.	muito; numeroso	*multicelular*
musico-		música	*musicoterapia*
nano-	V.C.I.	unidade de medida que é igual a 10^{-9} vezes a outra	*nanômetro*
nan(o)-	Gr.	anão; muito pequeno	*nanico*
narc(o)-	Gr.	torpor; narcótico	*narcotráfico*
nas(i)-	Lat.	nariz	*nasal*
nati-	Lat.	nascido; recém-nascido	*natimorto*
-nauta	Lat.	que navega	*astronauta; internauta*
-náutica	Gr.	navegação	*aeronáutica*
-ndo	Lat.	formador do gerúndio	*falando, fazendo, pedindo*
nebul(i)-	Lat.	nuvem; vapor	*nebulizar*
necr(o)-	Gr.	morte; cadáver; extinto	*necrofilia; necrológio*
nefr(o)-	Gr.	rim	*nefropatia*
ne(o)-, -ne(o)-	Gr.	novo; moderno	*neolatino; misoneísmo*
neur(o)-, nevr(o)-	Gr.	nervo; fibra; sistema nervoso	*neurologia, neurose; nevralgia*
ninf(o)-	Gr.	ninfa; noiva	*ninfomania*
nitr(o)-	Gr.	*Quím.* grupo nitro ($-NO_2$); nitração	*nitrogênio; nitroso*
noct(i)-	Lat.	noite	*noctâmbulo*
-nom(o)-, -nomo	Gr.	uso; regra; lei (jurídica ou científica); que regula	*biblioteconomia; metrônomo*
noso-, -nose	Gr.	doença, moléstia	*nosofobia; zoonose*
nost(o)-	Gr.	retorno, regresso	*nostalgia*
not(o)-	Gr.	corda (dorsal)	*notocórdio*
-nte	Lat.	agente (de ação); próprio para; produto, utensílio, etc.	*ouvinte, constituinte*
nuci-	Lat.	noz	*nuciforme*
nucle(i)-	Lat.	núcleo (de célula, átomo, etc.)	*nuclear*
nud(i)-	Lat.	despido, nu	*nudibrânquio*
o-	Lat.	posição em frente; diante; oposição	*ocorrer; opor*
-o-		vogal de ligação	*-oada*
-oada	-o- + -ada	V. *-ada*	*aguilhoada*
-oado		V. *-ado¹*	*amendoado*
-oalha	-o- + -alha	V. *-alha*	*cordoalha*
-oar	-o- + -ar²	ação; transformação	*acolchoar¹*
-oaria		V. *-aria*	*carvoaria*
ob-	Lat.	V. *o-*	*obstar*
-oca		diminuição	*engenhoca*
octa-	Gr.	oito	*octacampeão*
oct(o)-	Gr.	oito	*octilhão; octilião*

PREFIXO/ SUFIXO/ EL.COMP.	ORIGEM/ FORMAÇÃO/ USO	NOÇÃO	EXEMPLO(S)
-odo	Gr.	caminho; rota; jornada; eletrodo	*diodo*
odont(o)-, -(o)dont(o)-, -odonte	Gr.	dente	*odontologia; endodontia; mastodonte*
-oeira	*-o- + -eira*	V. *-eira* e *-eiro*	*ratoeira*
ofid-	Lat.cient.	cobra; serpente	*ofídico*
oftalm(o)-, -oftalm(o)-	Gr.	olho	*oftalmologia; anoftalmia*
-oico	Gr.	V. *eco-*[1]	*eurioico*
-oide, -óideo	Gr.	aspecto ou forma de; semelhante a; relativo a; animal, ou fam. (ou classe) de animais; mineral; substância orgânica, etc.	*alcaloide; blatóideo*
-ol[1]		uso; serventia	*urinol*
-ol[2]	*Quím.*	álcool	*etanol*
-ol[3]	Ingl. *oil*	óleo	*guaiacol*
-ola	It. ou Fr.	diminuição	*bandeirola, rapazola*
oleo-	Lat.	azeite; óleo	*oleoduto*
olig(o)-	Gr.	pouco; em pequeno número	*oligopólio*
-oma[1]	Gr.	tumor	*fibroma*
-oma[2]	Lat.cient.	massa; grupo; conjunto	*bioma*
-on	Ingl.	unidade; *Fís.* partícula elementar	*bárion; nêutron*
-ona[1]	F. de *-ão*[1]	aumentativo; deprec.	*tapona*
-ona[2]	*Quím.*	função cetona	*acetona*
-ona[3]	Fr.	hormônio	*testosterona*
onco-	Gr.	tumor; volume; massa	*oncologia*
-ôneo	Lat.	que provoca; que se caracteriza por	*errôneo*
-onho	Lat.	que provoca; que se caracteriza por	*medonho*
oni-	Lat.	tudo; todo	*onipresente; onisciente*
onic(o)-	Gr.	unha	*onicofagia*
-onim(o)-, -ônimo	Gr.	nome	*antonímia; antropônimo*
onir(o)-	Gr.	sonho	*onírico*
-onte	Lat.cient.	organismo celular	*eucarionte*
ont(o)-, -ont(o)-	Gr.	ser; indivíduo	*ontologia; paleontologia*
oo-	Gr.	ovo; ovoide	*oosfera; oócito*
-ope	Gr.	que tem certo tipo de visão	*míope; hipermetrope*
-opia	Gr.	(tipo de) visão	*hipermetropia*
opist(o)-	Gr.	atrás; nas costas	*opistoglosso*
-opse	Gr.	visão; exame; (planta) semelhante a	*cariopse*
-opsia	Gr.	visão; distúrbio visual; exame (visual)	*biopsia; necropsia*
-or	Lat.	agente; instrumento de ação; qualidade; propriedade	*opositor*
-orama	Gr.	aquilo que se vê; espetáculo	*panorama*
organo-	*Quím.*	orgânico (3)	*organofosforado*
organ(o)-	Lat.	órgão	*organograma*
-ório	Lat.	pertinência; relação; lugar, instrumento ou meio de ação	*acessório; compulsório*
orizi-	Lat.	arroz	*orizicultura*
ornit(o)-	Gr.	ave; pássaro	*ornitologia*

PREFIXO/ SUFIXO/ EL.COMP.	ORIGEM/ FORMAÇÃO/ USO	NOÇÃO	EXEMPLO(S)
or(o)-	Gr.	monte; montanha	*orogenia; orografia*
orquid(o)-	Gr.	testículo; orquídea	*orquidário*
-orra	V. *-arra*	aumento	*cabeçorra*
ort(o)-	Gr.	direito; reto; normal	*ortodontia; ortofonia*
oscilo-	Lat.	oscilação	*osciloscópio*
-ose[1]	Lat.cient.	ação; processo; processo mórbido	*osmose*
-ose[2]	*(glic)ose*	açúcar; carboidrato	*lactose*
osm(o)-[1]	Gr.	cheiro; odor; aroma	*ósmio*
osm(o)-[2]	Gr.	impulso	*osmose*
-oso	Lat.	provido, cheio de; que provoca ou produz; semelhante a; relativo a; que é muito (algo); *Quím.* valência mais baixa do que em compostos ou íons cujos adj. terminam em *-ico*[2]	*lamoso; lastimoso; sulfuroso*
ossi-	Lat.	osso	*ossificar*
oste(o)-	Gr.	tecido ósseo; osso	*osteíte*
ostre(i)-	Lat.	ostra	*ostreicultor*
-ota[1]		diminuição	*ilhota*
-ota[2]	Lat.	natural de; pertinente a; provido de	*patriota*
-ote		diminuição	*filhote*
-ótico	Gr.	relativo a (esp. a palavra em *-ose*[1])	*cianótico*
ot(o)-	Gr.	orelha; ouvido	*otite*
ov(i)-, ovo-	Lat.	ovo	*ovipositor; ovovivíparo*
ovul(i)-	Lat.cient.	óvulo	*ovular*[1]
ox(i)-	Gr.	agudo; ácido; oxigênio	*oxiácido; oxigênio*
-pago	Gr.	fixado; unido; ligado	*xifópago*
pale(o)-	Gr.	antigo; primitivo; pré-histórico	*paleoceno, paleografia*
palim-	Gr.	de novo; repetido; em sentido inverso	*palimpsesto*
palm(i)-	Lat.	palma	*palmito*
palud(i)-, -palud(i)-	Lat.	brejo, pântano	*paludismo; impaludismo*
pan-	Gr.	V. *pant(o)-*	*pan-americano*
pancreat(o)-	Gr.	pâncreas	*pancreático*
pani-	Lat.	pão	*panificar*
pant(o)-	Gr.	tudo; todos	*pantógrafo*
paqui-	Gr.	espesso, grosso	*paquiderme*
par(a)-	Gr.	ao lado de; ao longo de; funcionamento desordenado ou anormal; semelhante; oposição	*paraestatal, parâmetro, parapsicologia*
-para	Lat.	V. *-paro*	*primípara*
para-	parar	que apara; que protege contra	*para-brisa, para-choque*
-paro	Lat.	que pare; que produz	*sudoríparo*
-pata	Gr.	que sofre; que sofre de doença ou mal	*homeopata; cardiopata*
-patia	Gr.	maneira de sentir; sofrimento, mal, doença	*cardiopatia*
pato-	Gr.	sofrimento; doença	*patologia*
patr(i)-	Lat.	pai	*patrilateral*
-pausa	Lat.	cessação, fim; limite	*menopausa*
-peba	Tupi	chato	*carapeba*
pecilo-	Gr.	diverso; variado	*pecilotérmico*
ped(i)-, -pede	Lat.	pé	*pedilúvio; cirrípede*

PREFIXO/ SUFIXO/ EL.COMP.	ORIGEM/ FORMAÇÃO/ USO	NOÇÃO	EXEMPLO(S)
-pedia	Gr.	educação; correção	*ortopedia*
ped(o)-	Gr.	criança	*pediatria, pedofilia*
-peia	Gr.	ato de fazer, criação	*epopeia*
pen(e)-	Lat.	quase	*península*
-pene	Lat.	V. *pen(i)-*	*impene*
pen(i)-	Lat.	pena[1]	*peniforme*
pent(a)-	Gr.	cinco	*pentacampeão*
per-	Lat.	através; proximidade; intensidade, totalidade	*perfilhar, pernoitar*
peri-	Gr.	em torno (posição ou movimento)	*periastro*
personal(i)-	Lat.	pessoal	*personalizar*
personi-	Lat.	personagem; pessoa	*personificar*
-peto	Lat.	que se dirige para	*centrípeto*
petr(i)-	Lat.	rochedo; pedra	*petrificar*
petro-	Gr.	rocha	*petrografia*
pin(i)-	Lat.	pinheiro; pinha	*piniforme*
pi(o)-	Gr.	pus	*piogênico*
piret(o)-, -piret(o)-	Gr.	febre	*pirético; antipirético*
piri-	Lat.	pera	*piriforme*
piro-	Gr.	fogo, calor; febre	*pirofobia, pirogravura*
pisci-	Lat.	peixe	*piscicultura, písciforme*
plac(o)-	Gr.	placa; prato; chato	*placoide*
plani-	Lat.	plano	*planisfério*
-plasma	Lat.cient.	plasma	*protoplasma, citoplasma*
-plast(o)-, -plasto	Gr.	modelar, matéria formada de	*mastoplastia; cloroplasto*
plat(i)-	Gr.	chato; plano; largo	*platirrino*
-pleg-	Gr.	paralisia	*hemiplegia*
pleni-	Lat.	pleno; cheio	*plenilúnio*
plesi(o)-	Gr.	próximo	*plesiossauro*
plio-	Gr.	numeroso; em maior número	*plioceno*
pluri-	Lat.	muitos, vários	*pluricelular*
pluto-	Gr.	riqueza	*plutocrata*
-pneia	Lat.	respiração	*dispneia*
pneumato-	Gr.	sopro, ar; gás; (p.ext.) pulmão	*pneumatocisto*
-pode	Gr.	V. *pod(o)-*	*pseudópode*
pod(o)-, -pod(o)-	Gr.	pé	*pododá(c)tilo; bradipodídeo*
-pole	Gr.	V. *poli-*[2]	*metrópole*
poli-[1]	Gr.	muitos, diversos	*poliginia*
poli-[2]	Gr.	cidade	*policlínica*
polin(i)-	Lat.	pólen	*polinizar*
polio-	Gr.	cinzento; substância cinzenta do sistema nervoso	*poliomielite*
-pólio	Gr.	direito à venda; venda	*oligopólio*
pomi-	Lat.	fruta	*pomicultura*
popul(i)-	Lat.	povo	*populismo*
pori-	Gr.	V. *-por(o)-*	*porífero*
porno-	Gr.	obscenidade	*pornografia*

PREFIXO/ SUFIXO/ EL.COMP.	ORIGEM/ FORMAÇÃO/ USO	NOÇÃO	EXEMPLO(S)
-por(o)-	Gr.	passagem; poro	*osteoporose*
pos-	Lat.	posterioridade; após	*posfácio*
pós-		V. *pos-*	*pós-fixado, pós-graduação*
pre-	Lat.	anterioridade	*preconceber*
pré-		V. *pre-*	*pré-história*
presbi(o)-	Gr.	velho, ancião; cansado	*presbiopia, presbiopsia*
presti-	Lat.	rápido, ligeiro	*prestímano*
prim(i)-, primo-	Lat.	primeiro	*primípara; primogênito*
pro-¹	Gr.	para diante; anterior, antecipado	*próclise*
pro-²	Lat.	para a frente	*progresso*
pró-	Lat.	a favor de	*pró-socialista*
proct(o)-	Gr.	ânus; reto	*proctologia*
proli-	Lat.	prole	*prolífero*
proter(o)-	Gr.	primeiro de dois; anterior; dianteiro	*proterozoico*
prot(o)-	Gr.	primeiro; imediatamente anterior a	*protofonia*
pseud(o)-	Gr.	falso; falsamente	*pseudofruto*
psic(o)-, psiqu(e)-	Gr.	alma, espírito, intelecto; mente	*psicologia; psiquiatria*
-pterix	Gr.	asa	*arqueópterix*
pter(o)-, -ptero	Gr.	asa	*pterossauro; hemíptero*
pueri-	Lat.	menino; criança	*puericultura*
pugil(i)-	Lat.	punho	*pugilismo*
quadr(i)-, quadru-	Lat.	quatro	*quadriciclo; quadrúpede*
quant(i)-	Lat.	(quão) grande; quantidade	*quantizar*
quel(i)-	Lat.cient. Gr.	pinça	*queloide*
quil(o)-	V.C.I. Fr.	unidade de medida 1.000 vezes maior que outra unidade	*quilograma, quilo-hertz*
quinqui-	Lat.	cinco	*quinquídio*
quint(o)-	Lat.	cinco	*quintilhão, quintilião*
quir(o)-	Gr.	mão; pata anterior	*quirodáctilo*
quit(o)-	Gr.	túnica; membrana ou película que envolve	*quitina*
radic(i)-	Lat.	raiz	*radical*
radi(o)-¹	Lat.	raio; rádio; radiação	*radiano*
radi(o)-²		radiofonia	*radialismo*
-rragia	Gr.	derramamento	*verborragia*
-rana	Tupi	semelhante	*cajarana*
raqui(o)	Gr.	coluna vertebral; raque	*raquiano*
re-	Lat.	para trás; repetição; intensidade; mudança de estado	*recomeçar*
recém-	*recente*	recentemente	*recém-nascido*
-rreia	Gr. Lat.	corrimento; fluxo; excesso	*menorreia; seborreia*
re(o)-	Gr.	água corrente; fluxo	*reostato*
retr(o)-	Lat.	movimento para trás	*retroalimentação*
reumat(o)-	Gr.	fluxo; reumatismo	*reumatologia*
revuls(o)-	Lat.	revulsão	*revulsivo*
ribo-	*Quím. Biol.*	ribose	*ribonucleico*

PREFIXO/ SUFIXO/ EL.COMP.	ORIGEM/ FORMAÇÃO/ USO	NOÇÃO	EXEMPLO(S)
-rinco	Gr.	bico	*ornitorrinco*
rin(o)-, -rin(o)-, -rino	Gr.	nariz	*rinite; otorrinolaringologia; catarrino*
riz(o)-	Gr.	raiz	*rizotônico*
rod(o)-	Gr.	rosa; vermelho	*ródio*
sabat(i)-	Lat.	sábado	*sabatina*
sacar(i)-, sacaro-	Lat.	açúcar	*sacarina; sacarose*
salti-	Lat.	salto	*saltígrado*
san(i)-	Lat.	são; salubre	*sanear*
sapro-	Gr.	podre	*saprófito*
-sauro	Gr.	lagarto; sáurio	*dinossauro*
-scop-	Gr.	ato de ver; examinar	*endoscopia*
-scópio	Lat.cient.	instrumento para ver, observar	*microscópio*
selen(o)-	Gr.	Lua	*selênio*
semi-	Lat.	metade; meio; um de dois	*semibreve*
semio-	V.C.I.	sinal	*semiologia*
seps(i)-, -seps(i)-	Gr.	putrefação	*sepsia; antissepsia*
septic(o)-	Gr.	séptico	*septicemia*
seric(i)-	Lat.	seda	*sericicultura*
ser(o)-	Lat.	soro; serosidade	*seroso*
sesqui-	Lat.	um e meio	*sesquicentenário*
set(i)-¹	Lat.	seda	*setiforme*
set(i)-²	Lat.	sete	*setilha*
sex-	Lat.	seis	*sexangular*
sex(i)-, -sex(o)-	Lat.	sexo	*sexismo; bissexual*
sext(i)-	Lat.	sexto; seis	*sextilha*
-sfera	Lat.	esfera; globo; corpo celeste	*atmosfera*
-sfer(o)-	Lat.	V. *-sfera*	*planisfério*
-sílabo	Gr.	sílaba	*dodecassílabo*
silic(i)-	Lat.	pedra; sílica	*silício*
silvi-	Lat.	selva; floresta	*silvicultura*
sintomat(o)-	Gr.	sintoma	*sintomatolgia*
sinu(s)-	Lat.	seio	*sinusite*
sistemat(o)-	Gr.	sistema	*sistematizar*
so-		V. *sub-*	*soabrir*
sob-		V. *sub-*	*sobpor*
sobr(e)-		V. *super-*	*sobrecapa*
soci(o)-	Fr.	social; sociedade	*sociocultural*
-sofia	Gr.	saber; ciência	*filosofia, teosofia*
-sofo	Gr.	V. *-sofia*	*filósofo*
sol(i)-	Lat.	só; único	*solípede*
-somo	Gr.	corpo; matéria	*cromossomo*
son(o)-, -sono	Lat.	som; ruído	*sonoplasta; uníssono*

PREFIXO/ SUFIXO/ EL.COMP.	ORIGEM/ FORMAÇÃO/ USO	NOÇÃO	EXEMPLO(S)
sota-, soto-	Lat.	debaixo, posição inferior	soto-pôr; sota-vento
-sperma	Gr.	semente; esperma	endosperma
-stase	Gr.	parada; detenção	hemóstase
-stat(o),	Gr.	parado	eletrostática; aeróstato
-ster-	*Quím.*	esterol	testosterona
-strato	Lat.	V. *estrati-*	substrato
sub-	Lat.	abaixo de; de baixo para cima; de novo; posposição	subnutrição; sublevar; sublocar; sub-humano; sub-rogar
sudor(i)-	Lat.	suor	sudorífico
sulf(o)-, sulfur-	Lat.	enxofre	sulfato; sulfúrico
super-	Lat.	excesso; aumento; acima, em cima ou por cima; em seguida	superdotado, super-herói
supra-	Lat.	V. *super-*	suprarrenal, suprassumo
-t-		consoante de ligação	
taco-	Gr.	velocidade	tacógrafo
talass(o)-	Gr.	mar; água do mar	talássico
tal(o)-	Gr.	ramo verde; rebento; talo	talófito
tanato-	Gr.	morte	tanatologia
taqui-	Gr.	breve; rápido	taquicardia
-tário	Lat.	que recebe, ou tem o benefício, ou a responsabilidade; agente	destinatário, locatário
tars(o)-	Gr.	tarso	metatarso
taur(i)-, tauro-	Lat.	touro	tauriforme; tauromaquia
tax(i)-	Gr.	ordem; disposição; organização; classificação	taxidermia
-taxia	Gr.	V. *tax(i)-*	filotaxia
-teca	Lat.cient. Gr.	coleção; local onde se guarda (algo)	pinacoteca
tecn(o)-, -tecn(o)-	Gr.	arte; técnica; indústria	tecnocracia; pirotecnia
tel(e)-[1]	Gr.	(ao) longe	telescópio
tel(e)-[2]		F.red. de *televisão*	telenovela
tele(o)-	Gr.	fim; finalidade	teleologia
telur(i)-	Lat.	terra; solo	telúrico, telúrio
teni(o)-	Lat.cient.	fita; filamento	tênia; tenífugo
te(o)-	Gr.	Deus; divindade	teísmo, teologia
-terapia	Gr.	tratamento; cura	hidroterapia, talassoterapia
terat(o)-	Gr.	monstro	teratologia
-tério[1]	Gr.	animal (selvagem)	megatério
-tério[2]	Gr.	lugar onde	batistério, necrotério
term(o)-, -term(o)-	Gr.	calor; temperatura	térmico; pecilotérmico
testo-	Lat.	testículo	testosterona
tetr(a)-	Gr.	quatro	tetraneto, tetravô
-tinga	Tupi	branco	caatinga
tipo-, -tip(o)-, -tipo	Gr.	tipo; modelo	tipografia; estereotipia; protótipo
-tivo	Lat.	referência; agente; que é próprio para	nutritivo, administrativo
tol(u)-	*Quím.*	tolu	tolueno

PREFIXO/ SUFIXO/ EL.COMP.	ORIGEM/ FORMAÇÃO/ USO	NOÇÃO	EXEMPLO(S)
tom(o)-, -tom(o)-, -tomo	Gr.	corte; incisão cirúrgica; separação	*tomografia; nefrotomia; micrótomo*
toni-, -ton(o)-, -tono	Gr.	tensão; acentuação, tom; tono	*tonificar; rizotônico; átono*
top(o)-, -topo	Gr.	lugar; localidade	*topônimo; isótopo*
-tórax	Gr.	tórax	*cefalotórax*
-tório	Lat.	lugar de; agente; V. *-douro²*	*atentatório*
torre-, torri-	Lat.	torrar	*torrefação; torrificar*
tox(i)-		V. *toxic(o)-*	*toxina*
toxic(o)-, -tóxico	Lat.	veneno; tóxico	*toxicomania; neurotóxico*
toxo-		V. *toxic(o)-*	*toxoplasmose*
trans-	Lat.	para além de; através de; intensidade	*transatlântico, transgênico*
traque(o)-	Lat.cient.	traqueia	*traqueostomia*
tras-	V. *trans-*	traspassar	
traumat(o)-	Gr.	ferimento, contusão	*traumatologia*
tre(s)-	V. *trans-*	trespassar	
tr(i)-, tris-	Lat.	três	*tricampeão; trisavô*
triti-	Lat.	trigo	*triticultor*
-(t)riz	Lat.	que ou aquela que faz (algo); máquina ou aparelho	*perfuratriz*
-trofia	Gr.	nutrição; desenvolvimento	*autotrofia*
trof(o)-	Gr.	nutrição; que alimenta	*trofobiose*
-tropia	Gr.	desvio; afastamento; afinidade	*alotropia*
trop(o)-, -trop(o)-, -tropo	Gr.	(mudança de) direção; volta; movimento	*tropismo; isotrópico; isótropo*
tuber(o)-	Lat.	tumor; excrescência	*tuberiforme*
tubul(i)-	Lat.	(pequeno) tubo	*tubular*
-(t)ude	Lat.	qualidade; propriedade; estado	*mansuetude*
-tura	Lat.	ação ou efeito. V. *-ura*	*formatura*
-u-		vogal de ligação (ou a temática latina da 4ª reconstituída)	*-ual, -uoso*
-uada	*-u-* + *-ada*	V. *-ada*	*cajuada*
-uado	*-u-* + *-ado¹*	V. *-ado¹*	*assexuado*
-ual	*-u-* + *-al¹*	V. *-al¹*	*censual*
-uar	*-u-* + *-ar²*	V. *-ar²*	*acentuar*
-uário	*-u-* + *-ário*	V. *-ário*	*portuário*
-uda		F. de *-udo*	*cabeluda*
-udo	Lat.	provido ou cheio de	*peludo*
-ugem	Lat.	semelhança; quantidade	*penugem*
-ula	Lat.	diminutivo; noção específica	*avícula; campânula; flâmula*
-ulho		quantidade; aumento; deprec.	*bagulho, pedregulho*
-ulo	Lat.cient.	diminutivo; tipo específico de; (o) que é um tanto ou levemente, etc.	*nódulo, óvulo, acídulo*
ultra-	Lat.	além de; em excesso, extremamente	*ultraleve, ultrassensível*
-umbra	Lat.	sombra	*penumbra*
-ume, -úmen	Lat.	coleção; ação ou efeito	*azedume, curtume; cerúmen*
-una	Tupi	preto	*boiuna, cabiúna*

PREFIXO/ SUFIXO/ EL.COMP.	ORIGEM/ FORMAÇÃO/ USO	NOÇÃO	EXEMPLO(S)
-úncula, -únculo	Lat.	diminuição	*questiúncula; homúnculo*
ungue-, ungui-	Lat.	unha	*ungueal; unguiforme*
uni-	Lat.	um	*unicelular, uníssono*
-uoso	*-u- + -oso*	V. *-oso*	*conflituoso*
-ura	Lat.	ação, ou efeito; qualidade, ou atributo	*censura; doçura; largura*
urano-	Gr.	céu; universo	*uranografia*
-ureto	Lat.cient.	*Quím.* V. *-eto*²	*carbureto*
-urgia	Gr.	trabalho; técnica	*metalurgia*
uro-, -uro	Gr.	cauda	*uropatágio; anuro*¹
ur(o)-	Gr.	urina	*úrico*
-úsculo	Lat.	diminuição	*corpúsculo*
uxor(i)-	Lat.	esposa	*uxorilocal*
-valve	Lat.	valva; abertura	*bivalve*
vascul(i)-	Lat.	pequeno vaso vascular	*vasculopatia*
-vel	Lat.	passível de sofrer (às vezes praticar) certa ação; digno de	*aconselhável; mencionável; manipulável*
veloci-	Lat.	veloz; velocidade	*velocípede; velocímetro*
verbo-	Lat.	verbo; palavra	*verborragia*
vermi-, vermin-	Lat.	verme	*vermicida; verminose*
vesic(o)-	Lat.	bexiga; vesícula	*vesical*
vice-	Lat.	(o) que substitui	*vice-presidente, vice-rei*
vin(i)-	Lat.	vinho	*vinícola*
vir(o)-	Lat.cient.	vírus	*virose, virótico*
vitel(i)-	Lat.	vitelo²; gema de ovo	*vitelino*
viti-	Lat.	videira; vinha	*viticultor*
vitri-	Lat.	vidro	*vitrificar*
-voro	Lat.	que come; que devora	*carnívoro, frugívoro, herbívoro*
xant(o)-	Gr.	amarelo	*xantofila*
xen(o)-	Gr.	estranho; estrangeiro	*xenobiose; xenofobia*
xer(o)-	Gr.	seco; secura	*xerófito, xerografia*
xif(o)-	Gr.	espada; apêndice	*xifoide; xifópago*
xil(o)-	Gr.	madeira, lenha; lenhoso	*xilofone, xilogravura*
-z-		consoante de ligação	*-zada, -zal*
-zada	*-z- + -ada*	V. *-ada*	*gurizada*
-zal	*-z- + -al*¹	V. *-al*¹	*capinzal*
-zarrão	V. *-ão*¹	aumentativo	*homenzarrão*
-zeira	*-z- + -eira*	V. *-eira* e *-eiro*	*romãzeira*
-zeiro	*-z- + -eiro*	V. *-eiro*	*açaizeiro*
zig(o)-	Gr.	par; união de dois	*zigomorfo*
-zinha	*-z- + -inha*	V. *-inho*¹ e *-inha*	*cajazinha*
-zinho	*-z- + -inho*¹	V. *-inho*¹	*cafezinho; sinhozinho*
-zoário	*-zo(o)- + -ário*	V. *zo(o)-*	*hematozoário*
-zoico	Gr.	relativo à vida e/ou aos animais; era geológica	*mesozoico, paleozoico*
zo(o)-, -zo(o)-	Gr.	animal	*zootecnia; espermatozoide*

GRUPOS INDÍGENAS NO BRASIL

Legenda das notações usadas

=	remissão a termo sinônimo
<<	indica que o grupo pertence a outro, mais inclusivo (mencionado com maiúsculas)
>>	indica que o grupo inclui subgrupos (mencionados em maiúsculas)
+	indica que o grupo uniu-se a outro(s)
?	indica falta de informações, ou informações controversas
–	indica que o grupo usa correntemente o português

Os nomes dos estados brasileiros, das grandes regiões e dos pontos cardeais são indicados por suas siglas convencionais

- Ag – Argentina
- Am. – América
- Amaz. – Amazônia
- Bo – Bolívia
- Br – Brasil
- Cb – Colômbia
- Ga – Guiana
- GuF – Guiana Francesa
- Pe – Peru
- Pg – Paraguai
- Su – Suriname
- Vz – Venezuela
- tb. – também (antecede menção a variantes e sinônimos)
- v. – remete a forma(s) variante(s)

Na coluna de classificação linguística, a indicação básica é o nome da família a que pertence a língua falada pelo grupo; os nomes que figuram entre parênteses indicam subgrupo; e em itálico, o tronco maior a que a língua pertence.

DESIGNAÇÃO GERAL	ETNÔNIMO BRASÍLICO	CLASSIFICAÇÃO LINGUÍSTICA	LOCAL
acauaio = INGARICÓ			
achaninca = CAMPA			
aconá	Aconan, Akonã	cariri	AL, SE
acuaua	Akuawa, Asurini, Asurini do Tocantins	tupi-guarani	PA
acuém >> XACRIABÁ >> XAVANTE >> XERENTE	Akwen	jê	
acurio	Akurio	caribe	PA
acuti-tapuia << BANÍUA	Acuti-Tapuya		
agavotocuengue	Agahïtï Kwegí	?	MT
aicaná, aicanã (tb.: maçacá, tubarão)	Aikaná, Aikanã	(língua isolada)	RO
aipatsê (+ cuicuro)	Aipatsê		MT
aiuateri	Aiuateri	ianomâmi	AM
ajuru	Ajuru	tupari	RO
amanaié (tb.: amanajé, ararandeuara, manaié)	Amanayé	tupi-guarani	PA
amaribá, amaripá	Amaribá, Amaripá	aruaque	RR
amauaca, amaúca	Amahuaka, Amawaka	pano	AC, Pe
anambé	Anambé	tupi-guarani	PA
apalaí = APARAÍ			
apaniecra, aponejicrã	Apányekra ou Apanyekrá (tb.: Kanela-Apányekra)	jê (timbira)	MA
aparaí, (apalaí, aparaí do Jarí)	Aparaí	caribe	PA
apiacá	Apiaká	tupi-guarani	MT

DESIGNAÇÃO GERAL	ETNÔNIMO BRASÍLICO	CLASSIFICAÇÃO LINGUÍSTICA	LOCAL
apinajé	Apinayé	jê	TO
apurinã	Apurinã, Apurinãn	aruaque	AM
arapaço, arapasso	Arapaço, Arapaço-tapuya (tb.: Arapasso)	tucano	AM
arara¹ (arara do Aripuanã)	Arara	caribe	MT
arara² = CARO = UCARANGMÃ = XAUANAUÁ			
ararandeuara = AMANAIÉ			
araruá	Araruá	pano	AM
arauetê	Araweté	tupi-guarani	PA
aré	Xetá	tupi-guarani	SC
arecuna = TAUREPANGUE	Arekuna		
aricapu	Arikapu	(língua isolada, ou jabuti)	RO
ariquém, ariqueme	Arikém	ariquém, *tupi*	MT, RO
arua, aruá	Aruá	mondé	RO
arucuiana	Arukuiana	caribe (?)	PA, RR, Ga
assurini = ACUAUA	Asurini, Asurini do Tocantins		
aticum	Atikum	–	PE
atoraí	Atoraí	aruaque	Ga
atroari	Atroari	caribe	AM, RR
auaetê, auaeté	Awaeté, Asurini do Xingu	tupi-guarani	PA
auaqué	Auaké, Awaké	(língua isolada)	RR
aucrê, áucre << CAIAPÓ	A'ukre		
aueti	Aweti	*tupí*	MT
avá-canoeiro, avá	Avá-canoeiro	tupi-guarani	GO, TO
avacatueté = NHANDEVA			
bacairi	Bakairi	caribe	MT
baeúna	Bahúkiwa, Bahuna	tucano	AM
banauá	Banawá (tb.: Banauá)	arauá	RO
banauá-iáfi, banavá-jafi	Banawá-yafi	arauá	AM
baníua	Baníwa	aruaque	AM, Cb, Vz
bará, bará-tucano	Bará, Bará-Tukano	tucano	AM, Cb
barasana, barasano, barassana	Barasana	tucano	AM
baré	Baré	aruaque	AM, Vz
barém	Barém	botocudo	MG
baurim	Baurim	mundurucu	PA
bora	Bora	(língua isolada)	Am, Pe, Cb
bororo (tb.: otuque)	Bororo	bororo, *macro-jê*	MT
busquipani	Buskipani	pano	AC, Pe
caapor, caaporté = URUBU-CAAPOR			
cadiuéu	Kadiweu	guaicuru	MS
caiabi	Kayabi	tupi-guarani	MT, PA
caiapó	Kayapó	jê	MT, PA
caimbé	Kaimbé	–	BA
caingangue	Kaingang, Kaingâng	jê	SP, PR, SC, RS

DESIGNAÇÃO GERAL	ETNÔNIMO BRASÍLICO	CLASSIFICAÇÃO LINGUÍSTICA	LOCAL
caiová ou caiuá << GUARANI	Kaiowá, Caiová (tb.: Pai-tavyterã, Pain-Tawiterã)	(guarani)	SP, PR, SC, MS, Pg
calabaça	Calabassa	–	CE
calapalo	Kalapalo	caribe	MT
calina (tb.: galibí)	Kaliña, Kariña, Galibi	caribe	PA, GuF
camaiurá	Kamayurá	tupi-guarani	MT
cambeba (tb.: omágua)	Kambeba	*tupi*	AM
cambiuá	Kambiwá	–	PE
campa (tb.: achaninca)	Kampa	aruaque	AM, Pe
campé	Kampé	(não classificada)	RO
canamanti	Kanamanti	arauá	AM
canamari, canamiri	Kanamari	catuquina	AM
canela-apaniecra = APANIECRA			
canela-rancocamecra	Kanela-Rankokemekra, Rankokamekra ou Rankokamekrá	jê (timbira)	MA
canoé, canoê	Kanoe	(língua isolada, ou da família tuparí)	RO
cantaruré	Kantaruré	–	BA
capinauá	Kapinawá	–	PE
capité-minanei (tb.: quati-tapuia)	Kuati-tapuya	aruaque	AM
capom = INGARICÓ	Kapon, Kapong		
carafauiana	Karafawyana	caribe	PA, AM
caraíba (tb.: caribe)	Karib	caribe	N. e C. O. do Br.; N. da Am. do Sul
carajá	Karajá	carajá *macro-jê*	MT, TO
carapanã	Karapanã	tucano	AM, Cb
carapotó, carapoti	Karapotó	–	AL
cararaô << CAIAPÓ	Kararaô		
caripuna	Karipuna	pano	RO
caripuna do Amapá	Karipuna do Amapá	(crioulo francês)	AP
cariri	Kariri	–	CE, AL
cariri-xocó	Kariri-xocó	–	AL
caritiana	Karitiana	ariquém	RO
carnijó = FULNIÔ			
caro (tb.: arara)	Karo	ramarama	RO
catauixi ou catuixi			
catuena	Katuena	caribe	PA, AM
catuixi: v. *catauixi*			
catuquina[1]	Katukina (tb.: Pedá-Djapá, Pidá-Dyapá)	catuquina	AM
catuquina[2] ou catuquina-pano	Katukina, Katukina-Pano (tb.: Shanenawá)	pano	AC
caxarari	Kaxarari	pano	RO, AM
caxinaua, caxinauá	Kaxinawa	pano	AC, Pe
caxixó	Kaxixó	–	MG
caxuiana	Kaxuyana	caribe	PA
chamacoco	Chamacoco	samuco	MS, Pg

DESIGNAÇÃO GERAL	ETNÔNIMO BRASÍLICO	CLASSIFICAÇÃO LINGUÍSTICA	LOCAL
chanenaua ou chanenauá = CATUQUINA²	Shanenawá		
chiriguano << GUARANI	Chiriguano	(guarani)	Bo, Ag
chiripá = NHANDEVA			
cinta-larga	Cinta-larga	mondé	MT, RO
coaratira (tb.: mequém)	Koaratira	tupari	RO
cobéua = CUBEU	Cobewa		
cocama	Kokama	*tupi*	AM, Cb, Pe
cocraimoro << CAIAPÓ	Kokraimoro		
cocuiregatejê	Kokuiregatejê	jê (timbira)	MA
coeruna	Koeruna	(língua isolada)	AM
coevana	Koewana		AM
columbiara, corumbiara	Columbiara, Corumbiara	mondé	RO
conibo	Konibo	pano	S. O. da Amaz.
corecaru << BANÍUA	Corecaru		AM
coronaua	Koronawa	pano	AC, AM, Pe
coropati	Coropati	–	AL
corubo	Korubo	pano	AM
corumbiara: v. *columbiara*			
craô, craó	Krahô, Kraô	jê (timbira)	TO
crejê ou crejê	Kreyé	jê (timbira)	PA
crenacarore ou crenacore = PANARÁ			
crenaque	Krenak	botocudo	MG
cricati, crincati	Krikati ou Krinkatí	jê (timbira)	MA
crizaná, crixaná	Crizaná	caribe	AM
cuatatere	Cuatatere	ianomâmi (?)	RR
cubencocre << CAIAPÓ	Kubenkokre		
cubencranotire << CAIAPÓ	Kubenkragnotire		
cubencranquém << CAIAPÓ	Kuben Kran Ken		
cubeu, cubéu (tb. cobéua)	Kubeo	tucano	AM, Cb
cucoecamecra	Kukóekamekra	jê (timbira)	MA
cuiana	Kuyana	caribe	PA
cuianaua	Kuyanawa	pano	AM
cuicuro	Kuikuro, Kuikúru	caribe	MT
culina (tb.: madijá)	Kulina (tb.: Madija, Madihá)	arauá	AC, AM
culina-pano	Kulina-pano	pano	AM
curina: v. *culina, culina-pano*			
curipaco, curripaco	Kuripako	aruaque	AM, Cb, Vz
curuaia	Kuruaya	mundurucu	PA
deni	Deni	arauá	AM
desana (desano, dessana)	Desana	tucano	AM
diau = TIRIIÓ			
diguti = GAVIÃO²			
emampriá	Emampriá		RO
emerenhom, emerion (tb.: teco)	Emerenhom	tupi-guarani, *tupi*	AP
enauenê-nauê (tb.: salumã)	Enawené-Nawé, Salumã, Saluman	aruaque	MT
fulniô (tb.: carnijó)	Fulniô, Fulni-ô	*macro-jê*	PE

DESIGNAÇÃO GERAL	ETNÔNIMO BRASÍLICO	CLASSIFICAÇÃO LINGUÍSTICA	LOCAL
galibi = CALINA			
galibi do Oiapoque	Galibi do Oiapoque	caribe	AP
galibi-marvorno	Galibi-marworno	caribe	AP
gavião¹, gavião de mãe maria	Gavião; Parkatejê, Parkateyê	jê (timbira)	PA
gavião², gavião de Rondônia	Gavião; Digüt	mondé	RO
gavião³, gavião do Maranhão	Gavião; Pukobiê	jê (timbira)	MA
gerém: v. *guerém*			
gorotiré << CAIAPÓ	Gorotire		PA
guaicuru	Guaikurú (+)	guaicuru	MT, Pg
guajá	Awá (tb.: Guajá)	tupi-guarani	MA
guajajara	Tenethehara (tb.: Guajajara)	tupi-guarani	MA
guarani >> CAIOVÁ >> CHIRIGUANO >> MBIÁ >> NHANDEVA >> PAI-TAVITERÃ		tupi-guarani	MS, SP, RJ, PR, ES, SC e RS, Pg, Bo, Ag
guató	Guató	*macro-jê*	MS
guerém	Gerén, Gueren	–	BA
hã hã hãe = PATAXÓ HÃ HÃ HÃE	Hã Hã Hãe		
hixcariana	Hixkaryana	caribe	AM, PA
hoódene (baníua do Içana) << BANÍUA	Hohódene, Huhúteni		
huitoto = UITOTO			
iaminaua = JAMINAUA			
ianomã	Yanomám	ianomâmi	AM, RR, Vz
ianomâmi	Yanomami, Yanomâmi	ianomâmi	RR, AM, Vz
iatê = FULNIÓ			
iaualapiti	Yawalapiti	aruaque	MT
iauanauá	Yawanawa	pano	AC
icé = Issé			AM
icpengue = TXICÃO			
iecuana	Yekwana, Ye"kuana (tb.: Mayongong, Makiritare)	caribe	RR, Vz
ingaricó (tb.: acauaio)	Ingarikó (tb.: Kapon)	caribe	RR, Ga, Vz
iranxe (tb.: menquí)	Irantxe ou Irânxe	(língua isolada)	MT
issé	Issé		
iudjá = JURUNA			
jaboti, jabuti	Yabuti	(língua isolada)	RO
jamamadi (tb.: iamamadi)	Yamamadi	arauá	AM
jaminaua (tb.: iaminaua)	Yaminawa (tb.: Jaminawa)	pano	AC, Pe
jarauara	Jarawara	arauá	AM
jauanaua	Yawanawa	pano	AC
jauaperi	Yauaperi	pano	AC
javaé	Yavahé	carajá	TO
jenipapo-canindé	Jenipapo-Kanindé	–	CE
jeripancó, jiripancó	Jiripankó	–	AL
juma	Yúma (tb.: Juma)	tupi-guarani (cauaíba)	AM
juruna	Yuruna (tb.: Yudjá, Juruna)	juruna, *tupi*	MT, PA
laiana	Laiana	aruaque	MS

DESIGNAÇÃO GERAL	ETNÔNIMO BRASÍLICO	CLASSIFICAÇÃO LINGUÍSTICA	LOCAL
maçacá = AICANÁ			
machineri: v. *maxineri*			
macu	Maku	macu	AM
macuna	Makuna	tucano	AM, Cb
macurape	Macurap, Makurap	tupari	RO
macuxi	Makushi ou Makuxi (tb.: Pemon)	caribe	RR
madijá = CULINA			
maiongongue = IECUANA			
maioruna, majuruna = MATSÉ			
manaié = AMANAIÉ			
manchineri: v. *maxineri*			
mandauaca	Mandawaka	aruaque	AM, Vz
maquiritare = IECUANA	Makiritare		
marubo	Marubo	pano	AM
masacá, massacá = AICANÁ			
matipu	Matipú	caribe	MT
matis	Matis	pano	AM
matsé (tb.: maioruna)	Mayoruna (tb.: Matsé)	pano	AM
mauaiana	Mawayana	caribe	PA, AM
maué (+ SATERÉ)	Mawé	*tupi*	AM, PA
maxacali	Maxakali	maxacali, *macro-jê*	MG
maxineri (tb.: machineri)	Machineri, Manchineri (tb.: Menetenéri)	aruaque	AC
mbiá << GUARANI	M'bia, M'bya	(guarani)	
mebenocre << CAIAPÓ	Mebegnokre		
mecranotire << CAIAPÓ	Mekragnotire		
meinaco	Mehinako, Mehinaku	aruaque	MT
menetenéri = MAXINERI			
menqui = IRANXE	Menky, Menki, Munku, Myky		
mequém = SAQUIRAPE = COARATIRA	Mekém, Mekén		
metuctire << CAIAPÓ	Metuktire		
miqui = IRANXE			
miranha	Miraña, Mirãnha	(língua isolada/bora)	AM, Cb
miriti-tapuia	Miriti-Tapuia	tucano	AM
moré	Moré	xapacura	RO, Bo
morivene	Moriwene	aruaque	AM
mundurucu	Munduruku	mundurucu, *tupi*	PA
mura	Mura	mura	AM
mura-piraã = PIRAÃ			
nambiquara, nhambiquara	Nambikwara	nambiquara	MT, RO
naucuá, nauquá	Nahucuá, Nahukwá	caribe	MT
nhambiquara: v. *nambiquara*			
nhandeva << GUARANI	Nhandeva	(guarani)	PR, Pg
ninã	Ninam	ianomâmi	AM
nuquini	Nukini, Nukuini	pano	AC
ofaié, ofaié-xavante	Ofayé ou Ofayé-Xavante	*macro-jê*	MS

DESIGNAÇÃO GERAL	ETNÔNIMO BRASÍLICO	CLASSIFICAÇÃO LINGUÍSTICA	LOCAL
oiampi	Waiãpi, Wayãpi	tupi-guarani	PA, AP, GuF
omágua = CAMBEBA			
oro-uim	Oro Win	xapacura	RO
otuque = BORORO			
pacaá-nova, pacaá-novo	Pakaa-nova, Wari	xapacura	RO
pacanaua	Pakanawa	pano	AC
paiacu	Paiacu	–	CE
pai-taviterã, pãi-taviterã << GUARANI	Pai-Tavyterã	(guarani)	Pg, MS
palicur	Palikur	aruaque	AP, GuF
panará (tb.: crenacarore)	Kreen-Akore, Krenakoré, Krenhakarore	jê	MT
pancararé	Pankararé	–	BA
pancararu	Pankararu	–	PE
pancaru	Pankaru	–	BA
paracanã	Parakanã, Parakanân	tupi-guarani	PA
pareci	Paresi	aruaque	MT
parintintim	Parintintim	tupi-guarani (cauaíua)	AM, RO
patamona	Kapon (tb.: Patamona)	caribe	RR, Ga
pataxó	Pataxó	maxacali, *macro-jê*	BA, MG
pataxó hã hã hãe		maxacali, *macro-jê*	
paumari	Paumari	arauá	AM
paumelenho	Paumelenho	caribe	RO
pemon¹ = TAULIPANGUE			
pemon² = MACUXI			
piano (pianocotó) = TIRIIÓ			
pirãa, pirarrã	Pirahã (tb.: Mura-Pirahã)	mura	AM
piratapuia, piratapuio	Piratapuya, Pira-Tapuya ou Piratapuyo	tucano	AM, Cb
pitaguari	Pitaguari	–	CE
poianaua	Poyanawa	pano	AC
potiguara	Potiguara	–	PB
poturu = ZOÉ			
pucanu << CAIAPÓ	Pukanu		
quasa	Kwaza	(língua isolada)	RO
quicretum << CAIAPÓ	Kikretum		
quiriri	Kiriri	–	BA
rancocamecrá = CANELA-RANCOCAMECRA			
reriiú, reriú	Reriiú	–	CE
ricbactasa	Rikbaktsa, Erigpaktsá	*macro-jê*	MT
salumã = ENAUENÊ-NAUÉ			
sanumá	Sanumá	ianomâmi	AM
saquirabiape, saquirape (tb.: mequém)	Sakiráp, Sakirabiap, Sakiriabar	tupari, *tupi*	RO
saquiriabar	Sakiriabar	tupari, *tupi*	RO
sateré (tb.: sateré-maué)	Sateré (Sateré-Mawé)	*tupi*	AM, PA
sucuriiú-tapuia	Sukuryú-Tapuya	aruaque	AM

DESIGNAÇÃO GERAL	ETNÔNIMO BRASÍLICO	CLASSIFICAÇÃO LINGUÍSTICA	LOCAL
suiá	Suyá	jê	MT
suruaã, sururarrá = ZURUAÃ			
suruí[1]	Aikewara (tb.: Suruí)	tupi-guarani	PA
suruí[2]	Paíter	mondé	RO
tabajara	Tabajara	–	MA, CE
tapaiuna	Tapayuna	jê	MT
tapeba	Tapeba		CE
tapirapé	Tapirapé	tupi-guarani	MT
tariana, tariano	Tariana	aruaque	AM, Cb
tatu-tapuia = ADZÁNENI			
taulipangue, taurepangue	Taulipang, Taurepang (tb.: Pemon)	caribe	RR
tembé	Tembé (tb.: Tenet(h)ehara)	tupi-guarani	PA, MA
tenharim	Teñarin, Tenharim	tupi-guarani (cauaíua)	AM
terena	Terena	aruaque	MS
ticuna	Tukuna, Magüta	(língua isolada)	AM, Cb, Pe
tingui-botó	Tingui-Botó, Tingí-Botó	–	AL
tirilió, tirió (tb.: diau, pianocotó)	Tiriyó, Tiryó (tb.: Tirió)	caribe	PA, Su
torá	Torá	xapacura	AM
tremembé	Tremembé	–	CE
trucá	Truká	–	PE, BA
trumaí	Trumai	(língua isolada)	MT
tsoom-diapá	Tsohom-Djapá	catuquina	AM
tubarão = AICANÁ			
tucano	Tukano	tucano	AM, Cb
tucuna = TICUNA			
tuiuca	Tuyuca	tucano	AM, Cb
tupari	Tupari	tupari, *tupi*	RO
tupiniquim	Tupinikin	tupi-guarani	ES, BA
tupivara	Turiwara	tupi-guarani	PA
turá = TORÁ			
turivara ou turiuara	Turiwara	tupi-guarani	PA
tuxá	Tuxá	–	BA, PE
txicão	Txikão (tb.: Ikpéng)	caribe	MT
txucarramãe << CAIAPÓ	Txucahamãe (=Metuktire)		
uaiana	Waiana, Wayana	caribe	PA, Su, GuF
uaimiri-atroari	Waimiri-atroari (tb.: Kinã)	caribe	AM, RR
uainumá	Uainumá	aruaque	AM
uaioró	Wayoró	tupari	RO
uaiuai	Waiwai	caribe	PA, AM, RR
uanano, uanana	Wanano	tucano	AM, Cb
uapitxana, uapixana	Wapisiana, Wapishana, Wapíxana	aruaque	RR, Ga
uarequena, uerequena	Warekena	aruaque	AM, Vz
uari, vari = PACAÁ-NOVA			
uassu	Wasu	–	AL
uaurá	Waurá	aruaque	MT
ucarangmã (tb.: arara)	Ukarãgmã		PA

DESIGNAÇÃO GERAL	ETNÔNIMO BRASÍLICO	CLASSIFICAÇÃO LINGUÍSTICA	LOCAL
uira = DESANA			
uitoto (tb.: huitoto, vitoto)	Witoto	uitoto	AM, Pe, Cb
umutina	Omotina	bororo	MT
urubu, urubu-caapor	Urubu-Kaapor (tb.: Ka'apor)	tupi-guarani	PA, MA
urueu uau uau (uru eu uau uau), urupaim, uru pa in	Uru-Eu-Wau-Wau (tb.: Amadáwa e Uru Pa In)	tupi-guarani	RO
vapidiana = UAPIXANA			
vari = PACAÁ-NOVA			
xacriabá (tb.: xicriabá)	Xakriabá	jê (acuém)	MG
xambioá	Xambioá	carajá	TO
xauanauá (tb.: arara)	Shawanauá	pano	AC
xavante	Xavante	jê (acuém)	MT
xerente	Xerente	jê (acuém)	TO
xereu	Xereu	caribe	PA, AM
xicrim << CAIAPÓ	Xikrin		
xipaia	Shipaya ou Xipaya	juruna	PA
xipaia-curuaia	Shipaya-Kuruaya ou Xipaia-Kuruaia	juruna	PA
xoclengue	Shokleng, Xokleng, Xókleng	jê	SC
xocó	Chocó, Xocó	–	SE
xucuru	Xukuru	–	PE
xucuru-cariri	Xukuru-Kariri	–	BA, AL
zoé (tb.: poturu)	Zo'é	*tupi*	PA
zoró	Zoró	mondé	MT
zuruaã, zuruaá, zuruarrã, zuruarrá	Zuruahã, Zuruahá	arauá	AM

PAÍSES – PÁTRIOS – MOEDAS

PAÍS	CAPITAL	ADJETIVO PÁTRIO	UNIDADE MONETÁRIA	MOEDA DIVISIONÁRIA
Afeganistão	Cabul	afegane ou afegão	afegane	100 *puls*
África do Sul	Pretória (executiva)/ Cidade do Cabo (legislativa)/ Bloemfontein (judiciária)	sul-africano	*rand*	100 centavos
Albânia	Tirana	albanês	*lek* (pl. *leke*)	100 *quindars*
Alemanha	Berlim	alemão	euro	100 centavos
Andorra	Andorra la Vella	andorrano ou andorrense	euro	100 centavos
Angola	Luanda	angolano ou angolense	novo cuanza	100 *lwei*
Antígua e Barbuda	Saint John's	antiguano	dólar caribenho	100 centavos
Arábia Saudita	Riad (sede do reinado) Jidá (administrativa)	saudita, árabe-saudita ou saudi-arábico	rial saudita	100 *halalah*
Argélia	Argel	argelino ou argeliano	dinar argeliano	100 cêntimos
Argentina	Buenos Aires	argentino	peso argentino	100 centavos
Armênia	Ierevã	armênio	*dram*	100 *luma*
Austrália	Camberra	australiano	dólar australiano	100 centavos
Áustria	Viena	austríaco	euro	100 centavos
Azerbaijão	Baku	azerbaijano	*manat* azerbaijano	100 *gopiks*
Baamas ou Bahamas	Nassau	baamiano ou baamense	dólar baamiano	100 centavos
Bangladesh	Daca	bengalês	*taka*	100 *poisha*
Barbados	Bridgetown	barbadiano	dólar barbadiano	100 centavos
Barein, Bareine ou Bahrein	Manama	bareinita ou barenita	dinar barenita	1.000 *fils*
Belarus ou Bielorrússia	Minsk	bielorrusso	rublo bielorrusso (*zaichik*)	100 copeques
Bélgica	Bruxelas	belga	euro	100 centavos
Belize	Belmopan	belizenho	dólar belizenho	100 centavos
Benim	Cotonou (sede do governo) Porto Novo (administrativa)	beninense	franco CFA (*)	100 cêntimos
Bolívia	Sucre (capital constitucional) La Paz (sede do governo)	boliviano	boliviano	100 centavos
Bósnia Herzegóvina	Sarajevo	bósnio	marco conversível	100 *pfenniga* conversíveis
Botsuana	Gaborone	botsuanês	*pula*	100 *thebe*
Brasil	Brasília	brasileiro	real	100 centavos

* CFA: Comunidade Financeira Africana

PAÍS	CAPITAL	ADJETIVO PÁTRIO	UNIDADE MONETÁRIA	MOEDA DIVISIONÁRIA
Brunei	Bandar Seri Begawan	bruneiano ou bruneano	dólar bruneiano	100 centavos
Bulgária	Sófia	búlgaro	*lev* (pl. *leva*)	100 *stotinki*
Burquina Faso	Uagadugu	burquinense	franco CFA (*)	100 cêntimos
Burundi	Bujumbura	burundinês	franco do Burundi	100 cêntimos
Butão	Thimphu	butanês	*ngultrum*	100 *chetrum*
Cabo Verde	Cidade da Praia	cabo-verdiano	escudo cabo-verdiano	100 centavos
Camarões	Iaundê	camaronês	franco CFA (*)	100 cêntimos
Camboja	Phnom Penh	cambojano ou cambojiano	riel novo	100 *sen*
Canadá	Ottawa	canadense	dólar canadense	100 centavos
Catar	Doha	catariano	rial catariano	100 *dirhams*
Cazaquistão	Astana	cazaque	tenge	100 *tiyn*
Chade	N'Djamena	chadiano	franco CFA (*)	100 cêntimos
Chile	Santiago	chileno	peso chileno	100 centavos
China	Pequim	chinês	iuan ou iuane	10 *jiao* ou 100 *fen* (1 *jiao* = 10 *fen*)
Chipre	Nicósia	cipriota ou cíprio	euro	100 centavos
Colômbia	Bogotá	colombiano	peso colombiano	100 centavos
Congo (República Democrática do Congo)	Kinshasa	congolês	franco congolês	100 cêntimos
Congo (República do Congo)	Brazzaville	congolês, congolense ou conguês	franco CFA (*)	100 cêntimos
Coreia do Norte	Pyongyang	norte-coreano	*won* norte-coreano	100 *chon*
Coreia do Sul	Seul	sul-coreano	*won* sul-coreano	100 *chun*
Costa do Marfim	Abidjan (sede do governo) Yamoussoukro (administrativa)	ebúrneo, marfiniano ou marfinense	franco CFA (*)	100 cêntimos
Costa Rica	San José	costarriquense, costarriquenho, costa-riquense ou costa-riquenho	*colón* costarriquenho	100 cêntimos
Croácia	Zagreb	croata	*kuna* croata	100 *lipas*
Cuba	Havana	cubano	peso cubano	100 centavos
Dinamarca	Copenhague	dinamarquês	coroa dinamarquesa	100 *oere*
Djibuti	Djibuti	djibutiense ou djibutiano	franco djibutiano	100 cêntimos
Dominica	Roseau	dominiquês ou dominicense	dólar caribenho	100 centavos
Egito	Cairo	egípcio	libra egípcia	100 piastras
El Salvador	San Salvador	salvadorenho ou salvatoriano	*colón* salvadorenho	100 centavos

PAÍS	CAPITAL	ADJETIVO PÁTRIO	UNIDADE MONETÁRIA	MOEDA DIVISIONÁRIA
Emirados Árabes Unidos	Abu Dabi	árabe	*dirham*	100 *fīls*
Equador	Quito	equatoriano	dólar	100 centavos
Eritreia	Asmará	eritreu	*nafka*	100 centavos
Eslováquia	Bratislava	eslovaco	euro	100 centavos
Eslovênia	Liubliana	esloveno	euro	100 centavos
Espanha	Madri	espanhol	euro	100 centavos
Estados Unidos da América	Washington	norte-americano	dólar norte- americano	100 centavos
Estônia	Tallinn	estoniano	euro	100 centavos
Etiópia	Adis-Abeba	etíope	*birr*	100 centavos
Fiji	Suva	fijiano	dólar fijiano	100 centavos
Filipinas	Manila	filipino	peso filipino	100 centavos
Finlândia	Helsinque	finlandês	euro	100 centavos
Formosa ou Taiwan	Taipé	formosino ou taiuanês	novo dólar taiuanês	100 centavos
França	Paris	francês	euro	100 centavos
Gabão	Libreville	gabonense ou gabonês	franco CFA (*)	100 cêntimos
Gâmbia	Banjul	gambiano	*dalasi*	100 *bututs*
Gana	Acra	ganense ou ganês	*cedi* novo	100 *pesewas*
Geórgia	T'bilisi	georgiano	*lari*	100 *tetri*
Granada	Saint George's	granadino	dólar caribenho	100 centavos
Grécia	Atenas	grego	euro	100 centavos
Guatemala	Cidade da Guatemala	guatemalteco ou guatemalense	*quetzal* ou quetçal	100 centavos
Guiana	Georgetown	guianense ou guianês	dólar guianês	100 centavos
Guiné	Conacri	guineano	franco guineano	100 *cauris*
Guiné-Bissau	Bissau	guineense	franco CFA (*)	100 cêntimos
Guiné Equatorial	Malabo	guinéu-equatoriano	franco CFA (*)	100 cêntimos
Haiti	Porto Príncipe	haitiano	gurde	100 cêntimos
Holanda	Amsterdã	holandês	euro	100 centavos
Honduras	Tegucigalpa	hondurenho	lempira	100 centavos
Hungria	Budapeste	húngaro	forinte	100 fileres
Iêmen	Sana'a	iemenita	rial iemenita	100 *fīls*
Ilhas Comores	Moroni	comorense	franco comorense	100 cêntimos
Ilhas Marshall	Dalap-Uliga-Darrit (Atol de Majuro)	marshallino	dólar norte-americano	100 centavos
Ilhas Salomão	Honiara	salomônico	dólar das Ilhas Salomão	100 centavos
Índia	Nova Délhi	indiano, hindu ou índio	rupia indiana	100 *paisa*
Indonésia	Jakarta	indonésio	rupia indonésia	100 *sen*
Irã	Teerã	iraniano	rial iraniano	100 dinares

PAÍS	CAPITAL	ADJETIVO PÁTRIO	UNIDADE MONETÁRIA	MOEDA DIVISIONÁRIA
Iraque	Bagdá	iraquiano	dinar iraquiano	1.000 *fils*
Irlanda	Dublin	irlandês	euro	100 centavos
Islândia	Reykjavik	islandês	coroa islandesa	100 *aurar*
Israel	Tel Aviv Jerusalém (não reconhecida pela ONU)	israelense ou israeliano	siclo novo	100 *agorot* novos
Itália	Roma	italiano	euro	100 centavos
Jamaica	Kingston	jamaicano	dólar jamaicano	100 centavos
Japão	Tóquio	japonês	iene	100 *sen*
Jordânia	Amã	jordaniano	dinar jordaniano	1.000 *fils*
Kuwait, Kuweit ou Coveite	Cidade do Kuwait, do Kuweit ou do Coveite	kuwaitiano, kuweitiano ou coveitiano	dinar kuweitiano	1.000 *fils*
Laos	Vientiane	laosiano, laociano ou laosense	*kip* novo	100 *at*
Lesoto	Maseru	lesoto, lesotense ou lesotiano	*loti* (pl. *maloti*)	100 *lisente*
Letônia	Riga	letão, leto ou letoniano	*lat*	100 *santims*
Líbano	Beirute	libanês	libra libanesa	100 piastras
Libéria	Monróvia	liberiano	dólar liberiano	100 centavos
Líbia	Trípoli	líbio	dinar líbio	1.000 *dirhams*
Liechtenstein	Vaduz	liechtensteinense	franco suíço	100 cêntimos
Lituânia	Vilnius	lituano	*litas*	100 *centas*
Luxemburgo	Luxemburgo	luxemburguês ou luxemburguense	euro	100 centavos
Macedônia	Skopje	macedônio	dinar macedônio	100 *deni*
Madagascar ou Madagáscar	Antananarivo	malgaxe ou madagascarense	franco malgaxe	100 cêntimos
Malásia ou Maláisia	Kuala Lumpur	malásio ou malaio	*ringgit* (dólar malásio)	100 *sen*
Malauí ou Malavi	Lilongue	malauiano, malauíta, malaviano ou malavita	*kuacha* malauiano	100 *tambala*
Maldivas	Male	maldivo ou maldivano	*rufiya*	100 *laari*
Mali	Bamaco	malinês	franco CFA (*)	100 cêntimos
Malta	Valletta	maltês	euro	100 centavos
Marrocos	Rabat	marroquino	*dirham* marroquino	100 cêntimos
Maurício	Port Louis	mauriciano	rupia mauriciana	100 centavos
Mauritânia	Nuakchott	mauritano ou mauritaniano	*ouguiya*	5 *khoums*
México	Cidade do México	mexicano	novo peso mexicano	100 centavos
Mianmá ou Mianmar	Yangon	birmanês	*kyat*	100 *pyas*
Micronésia	Palikir	micronésio	dólar norte-americano	100 centavos
Moçambique	Maputo	moçambicano	metical	100 centavos
Moldávia ou Moldova	Chisinau	moldávio	*leu* moldávio (pl. *lei*)	100 *bani*

PAÍS	CAPITAL	ADJETIVO PÁTRIO	UNIDADE MONETÁRIA	MOEDA DIVISIONÁRIA
Mônaco	Cidade de Mônaco	monegasco	euro	100 centavos
Mongólia	Ulan Bator	mongol	*tugrik*	100 *mongos*
Montenegro	Podgorica	montenegrino	euro	100 centavos
Namíbia	Windhoek	namibiano	dólar namibiano	100 centavos
Nauru	Yaren	nauruano	dólar australiano	100 centavos
Nepal	Katmandu	nepalês	rupia nepalesa	100 *paisa*
Nicarágua	Manágua	nicaraguano ou nicaraguense	córdoba ouro	100 centavos
Níger	Niamei	nigerino ou nigerense	franco CFA (*)	100 cêntimos
Nigéria	Abuja	nigeriano	*naira*	100 *kobo*
Noruega	Oslo	norueguês	coroa norueguesa	100 *oere*
Nova Zelândia	Wellington	neozelandês	dólar neozelandês	100 centavos
Omã	Mascate	omani ou omaniano	rial omani	1.000 *baiza*
Palau	Koror	palauano	dólar norte-americano	100 centavos
Panamá	Cidade do Panamá	panamenho ou panamense	balboa	100 centésimos
Papua Nova Guiné	Port Moresby	papuásio ou papua	*kina*	100 *toea*
Paquistão	Islamabad	paquistanense ou paquistanês	rupia paquistanesa	100 *paisa*
Paraguai	Assunção	paraguaio	guarani	100 cêntimos
Peru	Lima	peruano ou peruviano	novo sol	100 cêntimos
Polônia	Varsóvia	polonês	novo *zloti*	100 *groszy*
Portugal	Lisboa	português	euro	100 centavos
Quênia	Nairóbi	queniano	xelim queniano	100 centavos
Quirguízia ou Quirguistão	Bishkek	quirguiz	*som*	100 *tyiyn*
Quiribati ou Kiribati	Bairíki	quiribatiano	dólar australiano	100 centavos
Reino Unido	Londres	britânico	libra esterlina	100 *pence* novos
República Centro-Africana	Bangui	centro-africano	franco CFA (*)	100 cêntimos
República Dominicana	Santo Domingo	dominicano	peso dominicano	100 centavos
República Tcheca	Praga	tcheco ou checo	*koruna* checa (pl. *koruny*)	100 *haleru*
Romênia	Bucareste	romeno	leu	100 *bani*
Ruanda	Kigali	ruandês	franco ruandês	100 cêntimos
Rússia	Moscou	russo	rublo	100 copeques
Samoa	Ápia	samoano	tala	100 *sene*
San Marino ou São Marino	San Marino	samarinês ou são-marinense	euro	100 centavos
Santa Lúcia	Castries	santa-lucense	dólar caribenho	100 centavos
São Cristóvão e Névis	Basseterre	neviano	dólar caribenho	100 centavos

PAÍS	CAPITAL	ADJETIVO PÁTRIO	UNIDADE MONETÁRIA	MOEDA DIVISIONÁRIA
São Tomé e Príncipe	São Tomé	são-tomense ou santomense	dobra	100 cêntimos
São Vicente e Granadinas	Kingstown	são-vicentino ou granadinense	dólar caribenho	100 centavos
Seicheles	Vitória	seichelense	rupia de Seicheles	100 centavos
Senegal	Dacar	senegalês	franco CFA (*)	100 cêntimos
Serra Leoa	Freetown	serra-leonês	leone	100 centavos
Sérvia	Belgrado	sérvio	dinar	100 *paras*
Singapura	Cidade de Singapura	singapuriano	dólar singapuriano	100 centavos
Síria	Damasco	sírio	libra síria	100 piastras
Somália	Mogadíscio	somali ou somaliano	xelim somali	100 centavos
Sri Lanka	Colombo (executiva) Kotte (administrativa e legislativa)	cingalês	rupia do Sri Lanka	100 centavos
Suazilândia	Mbabane	suazi	*lilangeni*	100 centavos
Sudão	Cartum	sudanês	libra sudanesa	100 piastras
Suécia	Estocolmo	sueco	coroa sueca	100 *oere*
Suíça	Berna	suíço	franco suíço	100 cêntimos
Suriname	Paramaribo	surinamês	florim surinamês	100 centavos
Tailândia	Bangcoc	tailandês	*baht*	100 *satang*
Tajiquistão ou Tadjiquistão	Dushambe	tajique ou tadjique	rublo do Tajiquistão	100 *tanga*
Tanzânia	Dodoma	tanzaniano	xelim tanzaniano	100 centavos
Timor Leste	Dili	timorense	dólar norte-americano	100 centavos
Togo	Lomé	togolês	franco CFA (*)	100 cêntimos
Tonga	Nuku'alofa	tonganês	*pa'anga*	100 *seniti*
Trinidad e Tobago	Port of Spain	trinitário ou tobaguiano	dólar de Trinidad e Tobago	100 centavos
Tunísia	Túnis	tunisiano	dinar tunisiano	1.000 *millimes*
Turcomenistão ou Turcomênia	Ashgabat	turcomano ou turcomeno	*manat* turcomeno	100 *tenesi*
Turquia	Ancara	turco	lira turca	100 *kurush*
Tuvalu	Fongafale	tuvaluano	dólar tuvaluano	100 centavos
Ucrânia	Kiev	ucraniano	*hryvnia*	100 *kopíykas*
Uganda	Campala	ugandense	xelim ugandense	100 centavos
Uruguai	Montevidéu	uruguaio	novo peso uruguaio	100 centésimos
Usbequistão	Tashkent	usbeque	*soum* (pl. *soums*)	
Vanuatu	Porto Vila	vanuatuense	*vatu*	100 cêntimos
Vaticano	Cidade do Vaticano		euro	100 centavos
Venezuela	Caracas	venezuelano	bolívar	100 cêntimos
Vietnã	Hanói	vietnamita	*dong* novo	100 *xu*
Zâmbia	Lusaca	zambiano	*kuacha* zambiano	100 *ngui*
Zimbábue	Harare	zimbabuano	dólar do Zimbábue	100 centavos

a¹ *sm.* **1.** A 1.ª letra do nosso alfabeto. **2.** Figura ou representação dessa letra. ● *num.* **3.** Primeiro (1), numa série. [Tb. us. para classificar: a) algo como 'de 1.ª categoria'; b) a 1.ª classe social (q.v.).] [Pl. do sm., com duplo *a: aa.*]

a² [Port.arc. *la.*] **1.** *Art. def.*, fem. do art. *o*. **2.** *Pron. pess.*, oblíquo, fem., da 3.ª pess. do sing. **3.** *Pron. dem.*, fem. do pron. dem. *o*; aquela: *Esta flor não é a que lhe dei.*

a³ [Lat. *ad.*] *prep.* Exprime inúmeras relações entre palavras, e substitui várias outras prep.: *Vou a São Paulo*; *Obedece às ordens*; *sensibilidade ao frio*; *homem temente a Deus*. Rege expletivamente o obj. dir. de verbos: *amar a Deus*; *Venera o filho o pai*. Com o verbo no infinitivo, entra na construção de f. verbais perifrásticas que têm o valor de gerúndio (*estar a chorar*), que têm valor incoativo (*Pegou a falar*), que exprimem fim ou intenção (*Correu a ver quem chegara*). Ocorre tb. em inúmeras loc. adv. (*a olho nu*; *a pé*; *aos poucos*; *às avessas*; etc.) e em várias loc. prep. (*a despeito de*; *com referência a*; etc.).

■ **a 1.** *Fís.* Símb. de *aceleração*. **2.** *Mat.* Representa, numa expressão, uma quantidade variável conhecida. [Utilizam-se, ger., os símb. *b*, *c*, etc., para representar outras quantidades conhecidas, na mesma expressão.] **3.** Símb. de *are*.

■ **A 1.** No sistema hexadecimal, o 11.º algarismo, equiv. ao número decimal 10. **2.** *Fís.* Símb. de *ampère*. **3.** *Fís.* Símb. de *número de massa*. **4.** *Med.* Designação de um aglutinógeno cuja presença nas hemácias caracteriza um grupo sanguíneo, dito *grupo A*. **5.** *Mús.* Sinal com que se representa a nota lá (v. *lá¹*), ou a escala ou o acorde nela baseados.

á *sm.* A letra *a*.

à¹ Contr. da prep. *a* com o art. *a*: *Irei à festa*.

à² Contr. da prep. *a* com o pron. dem. *a*; àquela: *Esta flor é semelhante à que lhe dei.*

■ **AB** *Med.* Designação de um aglutinógeno cuja presença, nas hemácias, caracteriza um grupo sanguíneo, designado *grupo AB*.

a.ba [V.C] *sf.* **1.** Parte pendente de certas peças duma veste. **2.** Rebordo de chapéu. **3.** Lugar contíguo. **4.** Base de montanha; falda, sopé.

a.ba.ca.na.do [A-² + fr. *basané* + -*ado*¹.■17B] *adj.* De um branco fusco e baço.

a.ba.ca.te [Esp. *aguacate*, do náuatle.] *sm. Bot.* O fruto, bacáceo, do abacateiro.

a.ba.ca.tei.ro [*Abacate*.■25] *sm. Bot.* Árvore laurácea de fruto muito nutritivo.

a.ba.ca.xi [Do tupi.] *sm.* **1.** *Bot.* Planta bromeliácea de infrutescência carnosa, comestível; ananás. **2.** Essa infrutescência; ananás. **3.** *Gír.* Coisa trabalhosa, complicada.

a.ba.ci.al [Lat.ecl. *abbatiale*.■39] *adj2g.* Relativo a abade, a abadessa ou a abadia. [Pl.: -*ais*.]

á.ba.co [Lat. *abacu*.] *sm.* Moldura retangular com fileiras de hastes nas quais correm pequenas bolas, us. em operações aritméticas.

a.ba.dá *sm.* Blusa, ger. estilizada, usada por foliões de bloco carnavalesco, trio elétrico, etc.

a.ba.de [Lat. *abbate*.] *sm.* Superior de certas ordens religiosas.

a.ba.de.jo (é ou ê) [Esp. *abadejo*.] *sm. Zool.* V. *badejo*.

a.ba.des.sa (ê) *sf.* Fem. de *abade*.

a.ba.di.a [Lat.ecl. *abbatia*.] *sf. Rel.* **1.** Mosteiro governado por abade ou abadessa. **2.** Circunscrição religiosa sob jurisdição de abade.

a.ba.fa.di.ço *adj.* V. *abafado* (1).

abafado | abastecido

a.ba.fa.do [Abafar.☐17A] adj. 1. Sufocante, irrespirável; abafadiço. 2. Que não se divulgou. 3. Surdo (2). 4. Pop. Extremamente ocupado.

a.ba.fa.dor (ô) [Abafar.☐19A] adj. 1. Que abafa. 2. Abafante. ● sm. 3. Aquilo que abafa.

a.ba.fa.men.to [Abafar.☐3] sm. 1. Ato de abafar(-se). 2. Falta de ar.

a.ba.fan.te [Abafar.☐3] adj2g. Que impede ou dificulta a respiração; abafador.

a.ba.far [A-² + bafo + -ar².☐1A] vtd. 1. Cobrir, para conservar o calor ou dificultar a evaporação. 2. Impedir a combustão de. 3. Sufocar, asfixiar. 4. Matar por asfixia. 5. Esconder, ocultar. 6. Agasalhar (2). 7. Amortecer o som de. 8. Pop. Roubar, furtar. int. 9. Respirar a custo; asfixiar(-se). 10. Fazer calor intenso. 11. Bras. Gír. Ficar em situação de especial relevo; arrasar, sobressair-se. p. 12. Agasalhar (2). [C.: 1]

a.bai.xar [A-² + baixo + -ar².☐1A] vtd. 1. Tornar baixo ou mais baixo. 2. Fazer descer. 3. Dirigir para baixo. 4. Reduzir o preço, o valor de. 5. Diminuir a intensidade de. tdc. 6. Abaixar (3). int. 7. Passar de lugar alto para outro mais baixo. 8. Assentar (14). 9. Arrefecer (a temperatura). p. 10. Curvar-se, dobrar-se. 11. Humilhar-se, rebaixar-se. [Sin.ger.: baixar. C.: 1] § a.bai.xa.do adj.; a.bai.xa.men.to sm.

a.bai.xo [A³ + baixo³.] adv. 1. Em lugar mais baixo; em posição menos alta. 2. Em parte mais baixa da mesma página escrita. 3. Para baixo; em movimento ou direção descendente: Rolou escada _abaixo_.

a.bai.xo-as.si.na.do sm. Documento assinado por várias pessoas, com reivindicação, manifestação de protesto ou de solidariedade, etc. [Pl.: abaixo-assinados.]

a.ba.jur [Fr. abat-jour.] sm. Peça que preservava os olhos da luz da lâmpada, vela, etc.; quebra-luz.

a.ba.la.da [Abalar.☐4] sf. Corrida, correria.

a.ba.la.do [Abalar.☐17A] adj. 1. Que não está firme. 2. Fig. Abatido, alquebrado. 3. Fig. Perturbado, por efeito de grande comoção ou de choque emocional.

a.ba.lan.çar [A-² + balança + -ar².☐1A] vtd. 1. Pesar (1). 2. Avaliar, calcular. p. 3. Atrever-se, arriscar-se.[C.: 1B]

a.ba.lar [V.D] vtd. 1. Tornar menos sólido ou menos firme, sacudindo ou aluindo. 2. Comover muito; agitar. 3. Fazer mudar de opinião, parecer, etc. int. 4. V. fugir (1). 5. Partir (9). p. 6. Sacudir-se. 7. Abater (11). [C.: 1] § a.ba.la.dor (ô) adj.; a.ba.lá.vel adj2g.

a.ba.li.za.do [Abalizar.☐17A] adj. Notável, competente.

a.ba.li.zar [A-² + baliza + -ar².☐1A] vtd. 1. Balizar (1). 2. Assinalar, marcar. [C.: 1] § **a.ba.li.za.dor** (ô) adj.

a.ba.lo [Dev. de abalar.] sm. 1. Ato ou efeito de abalar. 2. Estremecimento, trepidação. 3. Comoção, choque.

a.bal.ro.ar [A-² + balroa + -ar².☐1A] vtd. e ti. 1. Mar. Chocar-se (embarcação) com (outra embarcação, cais, boia, etc.). 2. Aer. Colidir (aeronave) com (outra aeronave). int. e p. 3. Chocar-se, entrechocar-se. [C.: 1D] § **a.bal.ro:a.do** adj.; **a.bal.ro:a.men.to** sm.

a.ba.nar [Lat. *evannare.☐1A] vtd. 1. Agitar, sacudir, continuadamente. 2. Refrescar, movendo abano, leque, etc. 3. Fazer aceno com. p. 4. Refrescar-se com abano, etc. [C.: 1] § **a.ba.na.dor** (ô) adj. sm.

a.ban.car¹ [A-² + banco¹ + -ar².☐1A] v.int. e p. 1. Sentar(-se). 2. Instalar-se com o intuito de permanecer longamente. [C.: 1A] § **a.ban.ca.do** adj.

a.ban.da.lhar [A-² + bandalho + -ar².☐1A] vtd. e p. Tornar(-se) bandalho, reles; aviltar(-se). [C.: 1]

a.ban.di.dar [A-² + bandido + -ar².☐1A] vtd. e p. Tornar(-se) bandido. [C.: 1]

a.ban.do.na.do [Abandonar.☐17A] adj. 1. Sem auxílio ou amparo; entregue à própria sorte: _menores abandonados_. 2. Posto de lado: _veículo abandonado_. 3. Sem reparo, sem manutenção: _estradas abandonadas_.

a.ban.do.nar [Fr. abandonner.☐1A] vtd. 1. Ir embora de; deixar. 2. Deixar só; desamparar. 3. Desistir de. 4. Desprezar, menosprezar. p. 5. Entregar-se, dar-se. [C.: 1]

a.ban.do.no [Dev. de abandonar.] sm. Ato ou efeito de abandonar(-se).

a.ba.nhe.ém [Do tupi.] sm. E.Ling. O tupi (3) dos primeiros textos jesuíticos.

a.ba.no [A-⁴ + lat. vannus.] sm. Objeto que, movimentado seguidamente, agita o ar.

a.ba.rá [Do ior.] sm. Bras. BA Cul. Bolinho de feijão-fradinho.

a.bar.ba.do adj. Que tem muito que fazer, ou está em apuros.

a.bar.car [Lat.vulg. *abbracchicare.☐1A] vtd. 1. Cingir com os braços; abraçar. 2. V. rodear (2). 3. Alcançar, atingir, abranger. 4. Conter em si; abranger. [C.: 1A]

a.bar.ro.tar [Esp. abarrotar.☐1A] vtd. e tdi. 1. Encher em demasia; atestar. p. 2. Encher-se; atestar-se. 3. Empanturrar-se. [C.: 1 (ó)] § **a.bar.ro.ta.do** adj.; **a.bar.ro.ta.men.to** sm.

a.bas.ta.do [Abastar.☐17A] adj. sm. Diz-se de, ou indivíduo rico, endinheirado.

a.bas.tan.ça [Abastar.☐9A] sf. Fartura; riqueza.

a.bas.tar [A-² + basto + -ar².☐1A] vtd. e p. V. _abastecer_ (1 e 4). [C.: 1]

a.bas.tar.dar [A-² + bastardo + -ar².☐1A] vtd. e p. Fazer perder, ou perder, a genuinidade; degenerar(-se).[C.: 1] § **a.bas.tar.da.do** adj.

a.bas.te.cer [A-² + bastecer.☐1A] vtd. 1. Prover do necessário. 2. Prover, munir. tdi. 3. Abastecer (2). p. 4. Prover-se, munir-se. [Sin. de 1 e 4: abastar. C.: 2A (é-é)] § **a.bas.te.ce.dor** (ô) adj. sm.; **a.bas.te.ci.men.to** sm.

a.bas.te.ci.do [Part. de abastecer.] adj. Bem provido; farto.

a.ba.ta.ta.do [*A-*² + *batata* + *-ado*¹.◼17B] *adj.* **1.** Em forma de batata, ou semelhante a ela. **2.** Diz-se de nariz grosso, largo.

a.ba.te [Dev. de *abater*.] *sm.* **1.** Ato ou efeito de abater (3). **2.** V. *abatimento* (2).

a.ba.te.doi.ro ou **a.ba.te.dou.ro** [*Abater*.◼26B] *sm.* **1.** V. *matadouro*. **2.** Local onde se abatem pequenos animais para consumo.

a.ba.ter [Lat. *abbattuere*.◼1B] *vtd.* **1.** Lançar por terra; derrubar. **2.** Dar cabo de; matar. **3.** Matar (animais) para consumo. **4.** Enfraquecer, debilitar. **5.** Entristecer. **6.** Diminuir no preço, valor, etc. **7.** Humilhar, rebaixar. *int.* **8.** Vir abaixo; desabar. *p.* **9.** Abater (8). **10.** Humilhar-se, rebaixar-se. **11.** Entristecer-se; abalar-se. [C.: 1] § **a.ba.ti.do** *adj.*

a.ba.ti.men.to [*Abater*.◼3A] *sm.* **1.** Ação ou efeito de abater(-se). **2.** Desconto, redução, abate. **3.** Desalento, desânimo.

a.ba.tu.ma.do *adj. Bras. S.* Diz-se do pão que, depois de assado, ficou duro, pesado.

a.ba:u.lar (a-u) [*A-*² + *baul* + *-ar*²◼1A] *vtd.* Dar forma de baú a; tornar curvo. [C.: 1F]

abc *sm.* V. *á-bê-cê*.

ab.di.ca.dor (ô) [*Abdicar*.◼19A] *adj. sm.* Que, ou aquele que abdica. [Fem.: *abdicadora* e *abdicatriz*.]

ab.di.car [Lat. *abdicare*.◼1A] *vtd.* **1.** Renunciar voluntariamente a (cargo, dignidade, etc.); abandonar. **2.** Desistir de; renunciar. *ti.* **3.** Abdicar (2). *int.* **4.** Renunciar ao cargo ou à dignidade em que estava investido. [C.: 1A] § **ab.di.ca.ção** *sf.*; **ab.di.cá.vel** *adj2g.*

ab.di.ca.ti.vo [Lat. *abdicativu*.◼22A] *adj.* Que envolve ou implica abdicação; abdicatório.

ab.di.ca.tó.ri:o [*Abdicar*.◼23A] *adj.* Abdicativo.

ab.do.me ou **ab.dô.men** [Lat. *abdomen*.] *sm. Anat.* Parte do corpo do homem e de outros vertebrados, entre o tórax e a bacia, e em cuja cavidade estão numerosos órgãos (digestórios, urinários, etc.); ventre, barriga. [Pl. de abdômen: *abdomens* e (p. us.) *abdômenes*.]

ab.do.mi.nal [*Abdome* (*-min-*).◼39] *adj2g.* **1.** Do, ou relativo ao abdome. ● *sm.f.* **2.** Exercício para fortalecer o abdome.

ab.du.ção [Lat. *abductione*.◼2] *sf.* **1.** Ato ou efeito de abduzir. **2.** *Jur.* Rapto com violência, fraude ou sedução. [Pl.: *-ções*.]

ab.du.zir [Lat. *abducere*.◼1C] *vtd.* **1.** Desviar de um ponto; afastar. **2.** Raptar, sequestrar: *Disse que extraterrestres abduziram o amigo.* [C.: 41]

a.be.be.rar [Lat. **abbiberare*.◼1A] *vtd. e p.* Dessedentar(-se). [C.: 1 (é)]

á-bê-cê *sm.* F.subst. de abc, modo corrente de designar o alfabeto. **2.** V. *á-é-i-ó-u*. [Pl.: *á-bê-cês*.]

a.be.ce.dá.ri:o [Lat. *abecedariu*.◼24] *sm.* **1.** Alfabeto (2). **2.** V. *á-é-i-ó-u*.

a.be.ce.den.se *adj2g. Bras.* Da região dos municípios de Santo André, São Bernardo do Campo, São Caetano do Sul e Diadema (SP).

a.bei.rar [*A-*² + *beira* + *-ar*².◼1A] *vtd. e p.* Chegar à beira de; aproximar(-se), avizinhar(-se). [C.: 1]

a.be.lha (ê) [Lat. *apicula*.] *sf. Zool.* Nome comum a insetos himenópteros que se alimentam de pólen e néctar que colhem das flores. Há abelhas sociais e solitárias, sendo que somente as sociais produzem mel em abundância.

a.be.lha-mes.tra *sf. Zool.* A única fêmea fértil da colmeia; rainha. [Pl.: *abelhas-mestras*.]

a.be.lhu.do [*Abelha* + *-udo*.]*adj.* Curioso; bisbilhoteiro. § **a.be.lhu.di.ce** *sf.*

a.be.lis.sau.ro [Tax. *Abelisaurus*.] *sm. Paleont.* Dinossauro terópode, com até 9m de comprimento, 5m de altura e c. de 8 toneladas. Viveu no cretáceo, e fósseis foram encontrados na América do Sul.

a.ben.ço.ar [*A-*² + *bênção* (*-ço*) + *-ar*².◼1A] *vtd.* **1.** Dar a bênção a. **2.** Fazer feliz, tornar próspero; proteger. *p.* **3.** Fazer o sinal da cruz. [Sin. de 1 e 3: *benzer*. [C.: 1D] § **a.ben.ço.a.do** *adj.*; **a.ben.ço.a.dor** (ô) *adj. sm.*

a.ber.ra.ção [Lat. *aberratione*.◼2A] *sf.* **1.** Ato ou efeito de aberrar. **2.** Defeito, distorção. **3.** Anomalia, anormalidade. [Pl.: *-ções*.]

a.ber.rar [Lat. *aberrare*.◼1A] *v.int.* **1.** Desviar-se do padrão, da norma, do que é considerado normal. *ti.* **2.** Ser diferente de; destoar. [C.: 1 (é)] § **a.ber.ran.te** *adj2g.*

a.ber.ta *sf.* **1.** V. *abertura* (2). **2.** Rego, canal, vala. **3.** Nesga de céu limpo, em dia chuvoso. **4.** Clareira.

a.ber.to [Lat. *apertu*.] *adj.* **1.** Que se abriu; que não está fechado. **2.** Sem cobertura; descoberto. **3.** Sem nuvens (diz-se de céu, tempo, etc.). **4.** Vasto, amplo. **5.** Diz-se de cor viva, intensa. **6.** Sincero, leal. **7.** Não cicatrizado (ferida). **8.** *E.Ling.* Diz-se do timbre de vogal, ou de vogal produzida a partir do distanciamento entre a língua e o céu da boca.

a.ber.tu.ra [Lat. *apertura*.◼5] *sf.* **1.** Ato ou efeito de abrir; abrimento. **2.** Fenda, frincha; orifício. **3.** V. *inauguração* (2).

a.bes.pi.nha.di.ço *adj.* Que se abespinha com facilidade; abespinhado.

a.bes.pi.nhar [*A-*² + *bespa* + *-inhar*.◼11] *vtd. e p.* Irritar(-se), amuar(-se), exasperar(-se). [C.: 1] § **a.bes.pi.nha.do** *adj.*

a.bes.ta.lha.do [*A-*² + *besta* (ê) + *-alh*(*o*)- + *-ado*¹. ◼17B] *adj. Bras.* Tolo, perplexo.

a.bes.ta.lhar-se [*A-*² + *besta* (ê) + *-alhar* + *se*¹. ◼1A] *vp.* Ficar abestalhado. [C.: 1]

a.be.to (ê) [Lat.vulg. *abete*.] *sm. Bot.* Árvore abietácea rara nos trópicos, mas cultivada no Brasil, esp. para uso em marcenaria.

a.be.tu.ma.do [*Abetumar*.◼17A] *adj.* **1.** Calafetado com betume. **2.** *Fig.* Triste, melancólico.

a.be.tu.mar [*A-*² + *betume* + *-ar*².◼1A] *vtd.* Calafetar com betume. [C.: 1]

abicar | abominação

a.bi.car [A-² + *bico* + *-ar*².◼1A] *vtc.* **1.** *Mar.* Dirigir, apontar a proa. *int. e p.* **2.** Aproximar-se, chegar(-se). [C.: 1A]

a.bi.chor.na.do ou **a.bo.chor.na.do** *adj. Bras.* **1.** Quente, abafado (diz-se do tempo, de vento, etc.). **2.** Triste, desanimado.

a.bi.ei.ro [*Abiu*.◼25] *sm. Bot.* Planta sapotácea, frutífera.

a.bi:e.tá.ce:a [Tax. *Abietaceae*.] *sf. Bot.* Espécime das abietáceas, fam. de gimnospermas coníferas. § **a.bi:e.tá.ce:o** *adj.*

a.bi:o ou **a.bi.u** [Do tupi.] *sm. Bras. Bot.* O fruto edule do abieiro.

a.bi.o.se [A-³ + *-bi(o)-* + *-ose*¹.] *sf.* Ausência de vida. § **a.bi.ó.ti.co** *adj.*

a.bis.coi.ta.do [A-² + *biscoito* + *-ado*¹.◼17B] *adj.* Semelhante a biscoito.

a.bis.coi.tar [A-² + *biscoito* + *-ar*².◼1A] *vtd.* **1.** Cozer como biscoito. **2.** *Fig.* Conseguir; arranjar. [C.: 1]

a.bis.ma.do [*Abismar*.◼17A] *adj.* Muito admirado, surpreso.

a.bis.mal [*Abismo*.◼39] *adj2g.* **1.** Relativo ou pertencente a abismo, ou da natureza dele. **2.** *Fig.* Insondável; aterrador. [Sin.ger.: *abissal*. Pl.: *-mais*.]

a.bis.mar [*Abismo*.◼1A] *vtd.* **1.** Lançar no abismo. **2.** Causar assombro ou admiração a. *p.* **3.** Lançar-se no abismo. **4.** Cair em profunda concentração. [C.: 1]

a.bis.mo [Lat.vulg. *abyssimu*.] *sm.* **1.** Abertura ou sulco natural do terreno, de grande profundidade; precipício, despenhadeiro, ribanceira. **2.** *Fig.* Grande distância.

a.bis.sal [Lat.med. *abyssale*.◼39] *adj2g.* **1.** V. *abismal*. **2.** Diz-se da região profunda dos oceanos, ger., abaixo de 2.000m. ● *sm.* **3.** A região abissal (2). [Pl.: *-sais*.]

a.bis.sí.ni:o [Top. *Abissínia*.] *adj.* Da Abissínia, atual Etiópia (África). ● *sm.* **2.** O natural ou habitante da Abissínia.

a.bi:u *sm. Bras. Bot.* V. *abio*.

ab.je.ção [Lat. *abjectione*.◼2] *sf.* Vilania, vileza. [Pl.: *-ções*.]

ab.je.to [Lat. *abjectu*.] *adj.* V. *infame* (2).

ab.ju.rar [Lat. *abjurare*.◼1A] *vtd.* **1.** Renunciar solenemente a (religião, crença, etc.); arrenegar, renegar, perjurar. **2.** Renunciar, rejeitar. **3.** *Fig.* Retratar-se de (opinião). [C.: 1] § **ab.ju.ra.ção** *sf.*; **ab.ju.ra.dor** (ó) *adj. sm.*

a.bla.ção [Lat. *ablatione*.◼2] *sf. Med.* Remoção de estrutura orgânica ou de parte dela. [Pl.: *-ções*.]

a.blu.ção [Lat. *ablutione*.◼2] *sf.* **1.** Lavagem (1). **2.** Banho de corpo inteiro ou só de parte dele. [Pl.: *-ções*.]

a.blu.ir [Lat. *abluere*.◼1C] *vtd.* **1.** V. *lavar* (1). **2.** Purificar por meio da água. *p.* **3.** Limpar-se; purificar-se. [C.: 42]

ab.ne.ga.ção [Lat. *abnegatione*.◼2A] *sf.* **1.** Ação ou efeito de abnegar. **2.** V. *desprendimento*. [Pl.: *-ções*.]

ab.ne.ga.do [*Abnegar*.◼17A] *adj.* Que revela abnegação (2).

ab.ne.gar [Lat. *abnegare*.◼1A] *vtd.* **1.** Renunciar a; abster-se de. *p.* **2.** Sacrificar-se em benefício de outrem. [C.: 1C (é)]

a.bó.ba.da [A-⁵ + b.-lat. *volvita*.] *sf.* **1.** Cobertura encurvada, construída ger. com pedras ou tijolos apoiados uns nos outros, de modo que suportem seu próprio peso e as cargas externas; cúpula. **2.** Qualquer coisa com essa forma. ◆ **Abóbada celeste.** O céu e os astros nele visíveis. **Abóbada craniana.** *Anat.* A parte superior, convexa, do crânio. § **a.bo.ba.da.do** *adj.*

a.bo.ba.do [A-² + *bobo* + *-ado*¹.◼17B] *adj.* V. *tolo* (1 e 2).

a.bo.ba.lha.do [A-² + *bobo* + *-alh(o)-* + *-ado*¹.◼17B] *adj.* V. *tolo* (1 e 2).

a.bo.bar [A-² + *bobo* + *-ar*².◼1A] *vtd. e p.* **1.** Apalermar(-se), atoleimar(-se). **2.** Assustar(-se), aterrar(-se). [C.: 1 (ó)]

a.bó.bo.ra [Lat.-hisp. *apopores*, poss.] *sf. Bot.* O fruto, edule, da aboboreira; jerimum.

a.bo.bo.rei.ra ou **a.bo.brei.ra** [*Abóbora*.◼16] *sf. Bot.* Nome comum a várias cucurbitáceas.

a.bo.bri.nha *sf. Bot.* Fruto verde da aboboreira. ◆ **Falar abobrinha.** *Bras. Gír.* Falar bobagem.

a.bo.ca.nhar [V.C] *vtd.* **1.** Apanhar, pegar com a boca. **2.** Morder. **3.** *Fig.* Obter, usando de astúcia. [C.: 1]

a.boi.ar¹ [A-² + *boia* + *-ar*².◼1A] *v.int. e p.* V. *boiar* (2). [C.: 1E. Cf. *aboiar*².]

a.boi.ar² [A-⁴ + *boiar*.] *v.int. Bras.* **1.** Guiar uma boiada com aboio. **2.** Trabalhar com bois. [C.: 1 (ôi). Este verbo, ao contrário de *aboiar*¹, mantém o *o* fechado nas f. rizotônicas.]

a.boi.o (ô) [Dev. de *aboiar*².] *sm.* Toada com que os vaqueiros guiam as boiadas ou chamam os bois dispersos.

a.bo.le.tar [A-² + *boleto* + *-ar*².◼1A] *vtd., tdc. e p.* Alojar(-se), instalar(-se). [C.: 1 (é)]

a.bo.li.ção [Lat. *abolitione*.◼2A] *sf.* **1.** Ação ou efeito de abolir. **2.** *Restr.* Abolição da escravatura. [Pl.: *-ções*.]

a.bo.li.ci:o.nis.mo [Ingl. *abolitionism*.◼11] *sm.* Doutrina que pregava a abolição (2).

a.bo.li.ci:o.nis.ta [Ingl. *abolitionist*.◼36] *adj2g.* **1.** Do, ou relativo ao abolicionismo. **2.** Que é partidário do abolicionismo. ● *s2g.* **3.** Partidário dele.

a.bo.lir [Lat. *abolere*.◼1C] *vtd.* **1.** Acabar com (instituições, leis, usos, etc.); extinguir. **2.** V. *suprimir* (3). **3.** Deixar de usar; largar. *tdi.* **4.** Abolir (2 e 3). [C.: 8] § **a.bo.li.ti.vo** *adj.*

a.bo.mi.na.ção [Lat. *abominatione*.◼2A] *sf.* **1.** Ato ou efeito de abominar. **2.** Pessoa ou coisa abominável. [Pl.: *-ções*.]

a.bo.mi.nar [Lat. *abominare*. ◼1A] *vtd. e p.* Detestar(-se), odiar(-se). [C.: 1] § **a.bo.mi.ná.vel** *adj2g.*

a.bo.na.ção [*Abonar*. ◼2A] *sf.* **1.** Ato ou efeito de abonar(-se); abono. **2.** Trecho ou frase que serve para abonar (5 e 6). [Pl.: -*ções*.]

a.bo.na.do [*Abonar*. ◼17A] *adj.* **1.** Que se abonou ou fiou. **2.** Rico, endinheirado. ● *sm.* **3.** Indivíduo abonado (2).

a.bo.nar [A-² + *bom* (*bon-*) + -*ar*². ◼1A] *vtd.* **1.** Declarar bom ou verdadeiro. **2.** Ficar como responsável por (dívida, obrigação, etc.); afiançar. **3.** Confirmar, aprovar. **4.** Justificar (falta ao trabalho). **5.** Esclarecer o significado de (palavra ou locução), com citação de autor, com o exemplo. **6.** Pôr abonação em (texto, livro, obra, etc.) [C.: 1] § **a.bo.na.dor** (ô) *adj. sm.*; **a.bo.ná.vel** *adj2g.*

a.bo.no [Dev. de *abonar*.] *sm.* **1.** Abonação (1). **2.** Fiança, garantia. **3.** Louvor. **4.** Remuneração adicional a salário: *abono de Natal*. **5.** Defesa ou reforço (de opinião, conceito, etc.). **6.** Relevamento de falta(s) ao trabalho.

a.bor.da.gem [Fr. *abordage*. ◼6] *sf.* **1.** Ato ou efeito de abordar. **2.** Modo como certo assunto, problema, etc., é tratado.

a.bor.dar [Fr. *aborder*. ◼1A] *vtd.* **1.** Chegar à beira de. **2.** Abalroar (uma embarcação) para tomá-la de assalto. **3.** Aproximar-se de (alguém). **4.** Tratar (assunto). *tc.* **5.** Encostar; limitar. **6.** Chegar a (o bordo, a praia). [C.: 1 (ó)]

a.bo.rí.gi.ne ou **a.bo.ri.ge.ne** [Lat. *aborigines*.] *adj2g.* **1.** Que é originário da terra onde vive. ● *s2g.* **2.** Indivíduo aborígine (1). **3.** *Restr.* O aborígine (2) da Austrália, anterior aos colonizadores.

a.bor.re.cer [Lat. *abhorrescere*. ◼1P] *vtd.* **1.** Sentir horror a; detestar. **2.** Causar aborrecimento; desgostar. *int.* **3.** Causar horror, aversão. *p.* **4.** Enfastiar-se. **5.** Ter aborrecimento. [C.: 2A (ê-é)] § **a.bor.re.ce.dor** (ô) *adj.*

a.bor.re.ci.do [Part. de *aborrecer*.] *adj.* **1.** Que aborrece, ou causa aborrecimento, horror. **2.** Que sente aborrecimento, enfado, etc.

a.bor.re.ci.men.to [*Aborrecer*. ◼3A] *sm.* **1.** Ato ou efeito de aborrecer(-se). **2.** Sentimento de raiva, de repulsa. **3.** Profundo desgosto causado por situação adversa; contrariedade. **4.** Sentimento de fastio, de tédio.

a.bor.ta.do [*Abortar*. ◼17A] *adj.* **1.** Que se abortou. **2.** Que não vingou, que morreu antes de se desenvolver. **3.** Que foi interrompido antes de sua conclusão normal.

a.bor.tar [Lat. *abortare*. ◼1A] *v.int.* **1.** *Med.* Eliminar prematuramente do útero produto da concepção. **2.** Não se desenvolver. **3.** Não ter êxito; malograr-se. *td.* **4.** Fazer que não se leve a termo, ou impedir o bom êxito de; frustrar. **5.** Interromper ou cancelar a execução ou a continuidade de (experiência, processo, programa, etc.) [C.: 1 (ó)]

a.bor.ti.vo [Lat. *abortivu*. ◼22] *adj.* Que faz abortar.

a.bor.to (ô) [Lat. *abortu*.] *sm.* **1.** *Med.* Ação ou efeito de abortar (1). **2.** *Fig.* Indivíduo disforme; monstro.

a.bo.to.a.du.ra [*Abotoar*. ◼5A] *sf.* **1.** Ato de abotoar (1). **2.** Botão removível, próprio para punho de camisa ou blusa.

a.bo.to.ar [A-² + *botão* (-*to*-) + -*ar*². ◼1A] *vtd.* **1.** Meter o botão em casa (4) para fechar (o vestuário). *int.* **2.** Deitar botões ou gomos. **3.** *Gír.* V. *morrer* (1). *p.* **4.** Abotoar (2). **5.** Unir-se ou fechar-se com botões. [C.: 1D]

a.bra.ça.dei.ra [*Abraçar*. ◼16A] *sf.* **1.** Peça de ferro para segurar vigas ou paredes, etc. **2.** Peça que cinge cortina, prendendo-a lado; braçadeira.

a.bra.çar [A-² + *braço* + -*ar*².] *vtd.* **1.** Apertar ou rodear com os braços; abarcar. **2.** V. *rodear* (2). **3.** Adotar, seguir. *p.* **4.** Cingir-se a ou em alguém ou algo. [C.: 1B]

a.bra.ço [Dev. de *abraçar*.] *sm.* Ato de abraçar(-se); amplexo.

a.bran.dar [A-² + *brando* + -*ar*². ◼1A] *vtd., int. e p.* **1.** Tornar(-se) brando ou mais brando. **2.** Enternecer (2). **3.** Aplacar(-se), serenar(-se). **4.** Fazer diminuir, ou diminuir de intensidade (temperatura, velocidade, som, etc.). [C.: 1] § **a.bran.da.men.to** *sm.*

a.bran.gên.ci.a [*Abranger*. ◼10] *sf.* **1.** Qualidade de abrangente. **2.** O ato ou a capacidade de abranger.

a.bran.ger [Or. pré-rom., poss. ◼1B] *vtd.* **1.** Estender-se em volta de (algo); cingir, rodear. **2.** Conter em si; compreender, encerrar, abarcar. **3.** Alcançar, atingir, abarcar. [C.: 2B] § **a.bran.gen.te** *adj2g.*

a.bra.sa.do [*Abrasar*. ◼17A] *adj.* **1.** Em brasa; queimado. **2.** Quente, ardente. **3.** Aceso (1).

a.bra.são [Lat. *abrasione*. ◼2] *sf.* **1.** Raspagem; rasura. **2.** *Geol.* Desgaste provocado por atrito: *abrasão marítima, eólica, etc.* **3.** *Med.* Desgaste orgânico devido a atrito. [Pl.: -*sões*.]

a.bra.sar [A-² + *brasa* + -*ar*². ◼1A] *vtd.* **1.** Tornar em brasa ou como que em brasa; queimar. **2.** Aquecer ou acalorar em extremo. **3.** Devastar, destruir. **4.** V. *enrubescer*. *int.* **5.** Produzir calor excessivo. *p.* **6.** Converter-se em brasa. **7.** Enrubescer-se. [C.: 1] § **a.bra.sa.dor** (ô) *adj.*; **a.bra.san.te** *adj2g.*

a.bra.si.lei.ra.do [A-² + *brasileiro* + -*ado*¹. ◼17B] *adj.* Semelhante a, ou próprio de brasileiro.

a.bra.si.lei.rar [A-² + *brasileiro* + -*ar*². ◼1A] *vtd. e p.* Adaptar(-se) ao temperamento, à maneira, à cultura ou ao estilo brasileiros. [C.: 1]

a.bra.si.vo [Lat. *abrasus* + -*ivo*. ◼22] *adj. sm.* **1.** Que, ou o que produz abrasão. **2.** Diz-se de, ou substância muito dura que, por atrito, é capaz de arrancar partículas de outros corpos, desbastando-os, polindo-os, etc.

abreugrafia | absoluto

a.breu.gra.fi.a [Antr. (*Manuel Dias de*) *Abreu* (**M.**) + *-grafia*.] *sf. Med.* Método para fixar fotograficamente, com equipamento próprio, a imagem observada pela radioscopia.

a.bre.vi.a.ção [Lat. *abbreviatione*. ◨2A] *sf.* **1.** Ato ou efeito de abreviar; abreviatura. **2.** Braquigrama (q.v.) convencionado para uso esp. em determinada obra: *comun*. por comunicação; *telev.* por televisão, etc. [Pl.: *-ções*.]

a.bre.vi.ar [Lat. *abbreviare*. ◨1A] *vtd.* **1.** Tornar breve ou mais breve. **2.** Reduzir; diminuir. **3.** Suprimir (parte da grafia de um termo), segundo critério específico. **4.** Resumir, sintetizar; compendiar. [C.: 1] § **a.bre.vi.a.men.to** *sm.*

a.bre.vi.a.tu.ra [Lat.med. *abbreviatura*. ◨5B] *sf.* **1.** Abreviação (1). **2.** Representação de palavra, mais ou menos fixa na língua, por algumas de suas sílabas ou letras: *Ilmo.* ou *Il.ᵐᵒ* por *ilustríssimo*; *cf.* por *confronte*; *d.C.* por *depois de Cristo*, etc.

a.bri.có ou **a.bri.co.te** [Fr. *abricot*.] *sm. Bras. Bot.* O fruto, edule, do abricoteiro.

a.bri.co.tei.ro [*Abricote*. ◨25] *sm. Bras. Bot.* Árvore sapotácea, frutífera, de madeira útil.

a.bri.dei.ra [*Abrir*. ◨16A] *sf. Bras.* Aperitivo, ger. de aguardente.

a.bri.dor (ô) [*Abrir*. ◨19A] *sm.* Instrumento para abrir latas, garrafas, etc.

a.bri.gar [Lat. *apricare*. ◨1A] *vtd.* **1.** Resguardar do rigor do tempo, de dano ou perigo. **2.** Acolher; aceitar. **3.** Proteger, amparar. **4.** Conter, encerrar. *tdi.* **5.** Resguardar, proteger; amparar. **6.** Resguardar do rigor do tempo: *Abriguei-o das chuvas. tdc.* **7.** Abrigar (2): *Abrigou-a em sua casa. p.* **8.** Resguardar-se do rigor do tempo, de dano ou perigo, etc. [C.: 1C]

a.bri.go [Dev. de *abrigar*.] *sm.* **1.** Lugar que abriga. **2.** Agasalho que protege do mau tempo. **3.** Cobertura, teto. **4.** *Fig.* Amparo, proteção, acolhida. **5.** Casa de assistência social onde se recolhem pessoas que não têm onde morar.

a.bril [Lat. *aprile*.] *sm.* O quarto mês do ano, com 30 dias.

a.bri.lhan.tar *vtd. e p.* Tornar(-se) brilhante, ou dar ou tomar maior brilho ou realce. [C.: 1]

a.brir [Lat. *aperire*. ◨1C] *vtd.* **1.** Fazer com que (algo) deixe de estar fechado; tornar aberto. **2.** Mover (porta, janela, etc., fechada ou cerrada); descerrar. **3.** Afastar as partes juntas ou contíguas de: *abrir um livro*. **4.** Estender, distender: *abrir um mapa*. **5.** Fender, furar, mediante golpe, corte, etc. **6.** Fazer incisão em; cortar. **7.** Retirar o invólucro, a tampa, etc., de. **8.** Acender (luz elétrica). **9.** Criar, inaugurar (estabelecimento, loja, etc.); instalar: *abrir escolas e hospitais*. **10.** Começar, iniciar (um negócio, etc.). **11.** Construir (estradas, etc.). **12.** Registrar, lavrar. **13.** Conceder (crédito). **14.** Cumprir formalidades para obter (conta bancária, etc.). **15.** Dar por começado: *abrir uma sessão*. **16.** Despertar, estimular (o apetite). **17.** Expandir, ampliar. **18.** Fazer funcionar; pôr em uso (torneira, registro de gás, etc.). **19.** Perfurar, cavar, furar (poço, buraco, túnel, etc.). **20.** Criar, ou dar passagem, formando caminho. **21.** *Inform.* Carregar (10) (arquivo ou programa), preparando-o para ser usado. *tdi.* **22.** V. *abrir* (10 e 13). **23.** Oferecer, proporcionar: *A leitura abre novas perspectivas ao leitor*. **24.** Descerrar (porta) a quem bate. *int.* **25.** Ter descerrada(s) a(s) porta(s), para atender o público. **26.** Desabrochar. **27.** Desanuviar (o tempo). **28.** Passar (o sinal de trânsito quando vermelho) a verde, que indica trânsito livre. *p.* **29.** Rasgar-se, fender-se. **30.** Fazer confidência(s); desabafar. **31.** Mover-se (porta ou janela fechada ou cerrada) para dar passagem, etc. *tc.* **32.** Dar acesso, comunicação; dizer. [C.: 3. Part. irreg.: *aberto*.] ◆ **Num abrir e fechar de olhos**. De modo rápido, súbito; num instante. § **a.bri.men.to** *sm.*

ab.ro.gar [Lat. *abrogare*. ◨1A] *vtd.* Anular, suprimir, revogar. [C.: 1C (ó)]

a.bro.lhos *smpl.* Rochedos marítimos que atingem a superfície das águas.

ab-rup.to (ab-rup) ou **a.brup.to** (brup) [Lat. *abruptu*.] *adj.* **1.** Escarpado, íngreme. **2.** Rude, áspero. **3.** Repentino. § **ab.rup.ta.men.te** ou **a.brup.ta.men.te** *adv.*

a.bru.ta.do *adj.* V. *abrutalhado*.

a.bru.ta.lha.do *adj.* Que tem modos, ou é próprio de bruto; rude, grosseiro.

abs.ces.so [Lat. *abscessu*.] *sm.* Coleção (2) localizada de pus; apostema.

abs.cis.sa [Lat. *abscissa*.] *sf. Geom.* Coordenada cartesiana correspondente ao eixo horizontal, no plano.

ab.sen.tis.mo ou **ab.sen.te.ís.mo** [Fr. *absentéisme*.] *sm.* **1.** Hábito de estar frequentemente ausente de um local (de trabalho, estudo, etc.). **2.** O fato de não comparecer a um ato, de abster-se de um dever, etc. **3.** *Biol.* Prática de alguns animais de permanecerem longe da prole, aproximando-se dela apenas para trazer alimentos, etc.

ab.si.de [Lat. *abside*.] *sf.* Numa igreja, o lugar onde fica o altar-mor.

ab.sin.to [Fr. *absinthe*.] *sm.* **1.** *Bot.* Erva asterácea amarga. **2.** Bebida alcoólica feita com as folhas dela.

ab.so.lu.ta.men.te [F. de *absoluto*. ◨42] *adv.* **1.** De modo absoluto; completamente. **2.** Inteiramente, muitíssimo. **3.** De modo nenhum: – *Concordam comigo?* | – *Absolutamente!* [Usa-se ger. como negação forte, ou para reforçar uma negativa.]

ab.so.lu.tis.mo [*Absoluto*. ◨11] *sm.* **1.** Sistema de governo em que o governante tem poderes absolutos. **2.** Despotismo, tirania. § **ab.so.lu.tis.ta** *adj2g. s2g.*

ab.so.lu.to [Lat. *absolutu*.] *adj.* **1.** Não dependente de outrem ou de alguma coisa; inde-

absolver | acabanado

pendente. **2.** Ilimitado, infinito. **3.** Incondicional. **4.** Superior a todos os outros; único. • *sm.* **5.** *Filos.* O que existe por si só, independente de qualquer condição ou relação com outras coisas.

ab.sol.ver [Lat. *absolvere*. ◨1B] *vtd.* **1.** Relevar de culpa ou pena; declarar inocente. **2.** Perdoar, desculpar. *int. e p.* **3.** Relevar-se de culpa. [C.: 2 (ó-ó)]

ab.sol.vi.ção [*Absolver*. ◨2B] *sf.* **1.** Ação ou efeito de absolver(-se). **2.** Perdão de pecados ou culpas. **3.** *Jur.* Reconhecimento, por sentença, da improcedência de ação penal. [Pl.: *-ções.*]

ab.sor.ção [Lat. *absorptione*. ◨2] *sf.* **1.** Ato ou efeito de absorver(-se). **2.** *Fisiol.* Captação de substância pelo organismo, por diversas vias. [Pl.: *-ções.*]

ab.sor.to (ô) [Lat. *absorptu*.] *adj.* Concentrado em seus pensamentos; abstraído.

ab.sor.ven.te [Lat. *absorbente*. ◨21] *adj2g.* **1.** Que absorve. **2.** Que prende a atenção. • *sm.* **3.** *Bras.* Compressa ou chumaço de material próprio para a absorção do fluxo menstrual.

ab.sor.ver [Lat. *absorbere*. ◨1B] *vtd.* **1.** Embeber em si; recolher em si. **2.** Consumir, esgotar. **3.** Requerer toda a atenção de. **4.** Assimilar (3). *p.* **5.** Aplicar-se detidamente em. [C.: 2 (ô-ó)]

abs.tê.mi:o [Lat. *abstemiu*.] *adj.* Que se abstém de bebidas alcoólicas.

abs.ten.ção [Lat. *abstentione*. ◨2] *sf.* **1.** Ato ou efeito de abster-se. **2.** Recusa voluntária de participar de qualquer ato. [Pl.: *-ções.*]

abs.ter [Lat. *abstinere*. ◨2] *vtdi.* **1.** Privar, impedir. *p.* **2.** Não fazer algo, ou deixar de fazê-lo, por escolha própria; privar-se de. **3.** Privar-se de alimento, álcool, etc. **4.** Conter-se, refrear-se. [C.: 15]

abs.ti.nên.ci:a [Lat. *abstinentia*.] *sf.* **1.** Abstenção (1). **2.** Qualidade de quem se abstém. **3.** Continência (1).

abs.tra.ção [Lat. *abstractione*. ◨2] *sf.* **1.** Ato ou efeito de abstrair(-se). **2.** V. *devaneio*. [Pl.: *-ções.*]

abs.tra.ci:o.nis.mo [*Abstração*(-*cion*-). ◨11] *sm.* A arte abstrata [v. *abstrato* (4)] ou o movimento que adota esta arte. § **abs.tra.ci:o. nis.ta** *adj2g. s2g.*

abs.tra.ir [Lat. *abstrahere*. ◨1C] *vtd. e tdi.* **1.** Considerar isoladamente (componentes de um todo). **2.** Separar, apartar. *ti.* **3.** Não levar em conta; prescindir de. *p.* **4.** Alhear-se, distrair-se. **5.** Concentrar-se, absorver-se. [C.: 38] § **abs.tra.í.do** *adj.*

abs.tra.to [Lat. *abstractu*.] *adj.* **1.** Resultante de abstração. **2.** Que opera com qualidades e relações, e não com a realidade. **3.** Que expressa qualidade ou característica separada do objeto a que pertence ou está ligada. **4.** Diz-se da arte ou do artista que se abstém de representar a realidade sensível.

ab.sur.do [Lat. *absurdu*.] *adj.* **1.** Contrário ao bom-senso, à razão, ao costume ou a qualquer tipo de verdade ou modelo estabelecido. **2.** Disparatado, tolo. • *sm.* **3.** Coisa absurda.

a.bu.li.a [Gr. *aboulía*. ◨8A] *sf. Psiq.* Perda ou diminuição da vontade, da capacidade de ter iniciativa.

a.bun.dân.ci:a [Lat. *abundantia*. ◨9] *sf.* Grande quantidade; fartura, cópia.

a.bun.dan.te [Lat. *abundante*. ◨21] *adj2g.* Que existe em abundância; copioso.

a.bun.dar [Lat. *abundare*. ◨1A] *v.int.* Existir em abundância. [C.: 1]

a.bur.gue.sa.do [*A-²* + *burguês* + *-ado¹*. ◨17B] *adj.* Que tem modos de, ou que é próprio de burguês.

a.bur.gue.sar [*A-²* + *burguês* + *-ar²*. ◨1A] *vtd.* **1.** Dar modos de burguês a. **2.** Tornar burguês. *p.* **3.** Tomar modos de burguês. [C.: 1 (é)]

a.bu.sa.do [*Abusar*. ◨17A] *adj.* **1.** Que abusa, que exorbita. **2.** *Bras.* Intrometido, atrevido. **3.** *Bras.* Brigão. • *sm.* **4.** *Bras.* Indivíduo abusado (3 e 4).

a.bu.são¹ [Lat. *abusione*. ◨2] *sf.* Abuso (1). [Pl.: *-sões.*]

a.bu.são² [Lat. **avisione*. ◨2] *sf.* **1.** Engano, erro. **2.** Superstição, crendice. [Pl.: *-sões.*]

a.bu.sar [Lat.vulg. **abusare*. ◨1A] *vtd.* **1.** Usar mal ou inconvenientemente de. **2.** Valer-se ou aproveitar-se de. *ti.* **3.** V. *abusar* (1 e 2). **4.** Praticar excessos que causam ou podem causar dano. **5.** Usar (algo) em excesso. **6.** Comer ou beber em demasia. **7.** *Bras.* Agir com abuso; aproveitar-se (de alguém). *int.* **8.** Usar mal ou inconvenientemente de situação de superioridade. **9.** Tirar proveito. [C.: 1] § **a.bu.sa.dor** (ô) *adj. sm.*

a.bu.so [Lat. *abusu*.] *sm.* **1.** Mau uso, ou uso errado, excessivo ou injusto. **2.** *Bras.* Aborrecimento, enfaro. § **a.bu.si.vo** *adj.*

a.bu.tre [*A-⁴* + lat. *vulture*.] *sm.* **1.** *Zool.* Nome comum a várias aves catartídeas e acipitrídeas, de rapina. **2.** *Fig.* Indivíduo usurário, ganancioso.

■ **a.C.** Abrev. de *antes de Cristo*.

■ **Ac** *Quím.* Símb. de *actínio*.

a.ca [Var. de *inhaca*.] *sf.* V. *bodum* (2).

a.ça [Do quimb., poss.] *adj2g. s2g. Bras.* V. *albino*.

a.ca.ba.do [*Acabar*. ◨17A] *adj.* **1.** Levado a cabo; pronto. **2.** V. *perfeito* (4). **3.** Abatido, gasto. **4.** Envelhecido.

a.ca.ba.men.to [*Acabar*. ◨3] *sm.* **1.** Ato ou efeito de acabar(-se). **2.** Remate, arremate. **3.** Tratamento final de obra de pintura, de metal, de madeira, etc. **4.** *Edit.* Fase final da produção gráfica de uma publicação: o alceamento das folhas impressas e a colocação da capa. **5.** *Edit.* Tratamento dado a papel, cópia fotográfica, etc.: *acabamento fosco*.

a.ca.ba.na.do [*A-²* + *cabana* + *-ado¹*. ◨17B] *adj.* **1.** Diz-se dos animais de chifres e orelhas

a.ca.lan.to ou **a.ca.len.to** [Dev. de *acalantar* ou *acalentar*.] *sm.* Cantiga de ninar.
a.cal.ca.nhar *vtd.* Entortar, com o andar, o tacão de (o calçado). [C.: 1]
a.cal.mar [A^{-2} + *calmo* + $-ar^2$. ■1A] *vtd., int. e p.* Tornar(-se) calmo; tranquilizar(-se), serenar(-se), encalmar(-se). [C.: 1]
a.ca.lo.ra.do *adj.* Animado; entusiasmado: *debate <u>acalorado</u>*.
a.ca.mar *vtd.* 1. Deitar em cama ou em superfície semelhante. 2. Dispor em camas ou camadas. *int. e p.* 3. Cair de cama; adoecer. [C.: 1] § **a.ca.ma.do** *adj.*
a.ca.ma.ra.dar [A^{-2} + *camarada* + $-ar^2$. ■1A] *v.int. e p.* Tornar-se camarada, companheiro. [C.: 1]
a.çam.bar.car [V.C] *vtd.* 1. Chamar (algo) exclusivamente a si, em detrimento de outros. 2. Assenhorear-se ou apoderar-se de. [C.: 1A]
a.cam.pa.men.to [*Acampar*. ■3] *sm.* 1. Ato ou efeito de acampar(-se). 2. Lugar onde se acampa.
a.cam.par [A^{-2} + *campo* + $-ar^2$. ■1A] *vtd., tc., int. e p.* Instalar(-se), por certo tempo, em campo ou em acampamento. [C.:1]
a.ca.na.lha.do [A^{-2} + *canalha* + $-ado^1$. ■17B] *adj.* Que tem maneiras, ou é próprio de canalha.
a.ca.na.lhar [A^{-2} + *canalha* + $-ar^2$. ■1A] *vtd. e p.* Tornar(-se) canalha. [C.: 1]
a.ca.nha.do [*Acanhar*. ■17A] *adj.* 1. De tamanho menor que o normal. 2. V. *tímido* (2).
a.ca.nha.men.to [*Acanhar*. ■3] *sm.* 1. Ato ou efeito de acanhar(-se). 2. Timidez.
a.ca.nhar *vtd. e p.* Causar ou sentir vergonha, embaraço ou constrangimento; envergonhar(-se), vexar(-se). [C.: 1] § **a.ca.nha.dor** (ô) *adj.*
a.can.tá.ce.a [Tax. *Acanthaceae*.] *sf. Bot.* Espécime das acantáceas, fam. de ervas e arbustos de frutos capsulares. § **a.can.tá.ce.o** *adj.*
a.can.to¹ [Tax. *Acanthus*.] *sm. Bot.* Planta espinhosa, acantácea, cujas folhas serviram de modelo para ornatos arquitetônicos.
a.can.to² [Lat. *acanthu*.] *sm.* Ornato arquitetônico com a forma da folha do acanto¹.
a.can.to.cé.fa.lo [Tax. *Acantocephala*.] *adj. sm. Zool.* Diz-se de, ou espécime dos acantocéfalos, filo de vermes de corpo alongado, dotados de probóscide com ganchos. São endoparasitos com 2 hospedeiros, um intermediário (ger. um artrópode) e o outro definitivo (ger. peixe, ave ou mamífero).
a.can.to.na.men.to [*Acantonar*. ■3] *sm.* Construção não militar onde se alojam, temporariamente, organizações militares, ou outras.
a.can.to.nar [A^{-4} + fr. *cantonner*. ■1A] *vtd. e int.* Alojar(-se) em acantonamento. [C.: 1]
a.ção [Lat. *actione*.] *sf.* 1. Ato ou efeito de agir, de atuar; atuação, ato. 2. Manifestação de uma força, uma energia, um agente. 3. Maneira como um corpo, um agente, atua sobre outro. 4. Capacidade de agir. 5.

---

inclinados para baixo. 2. Diz-se dos chifres ou das orelhas desses animais, e também da orelha humana, quando caída. [Sin.ger.: *cabano*.]
a.ca.bar [A^{-2} + $cabo^2$ + $-ar^2$. ■1A] *vtd.* 1. Levar a cabo; concluir. 2. Chegar ao fim ou ao termo de; terminar. 3. Pôr termo ou fim a. 4. Dar cabo de; destruir, matar. *ti.* 5. Acabar (3 e 4). 6. Ter como desfecho: *O namoro <u>acabou</u> em casamento*. 7. Vir de terminar uma ação: <u>*acabar de sair, de chegar*</u>. *pred.* 8. Vir a ser; tornar-se. *int. e p.* 9. Findar(-se). 10. Consumir-se, esgotar-se. [C.: 1]
a.ca.bo.cla.do *adj. Bras.* 1. Que tem aspecto de caboclo. 2. Referente a caboclo, ou próprio dele.
a.ca.bru.nhar [V.D] *vtd.* 1. Abater, prostrar. 2. Afligir, contristar. *p.* 3. Atormentar-se, afligir-se. [C.: 1] § **a.ca.bru.nha.do** *adj.*; **a.ca.bru.nha.men.to** *sm.*
a.ca.çá [Do ior.] *sm. Bras.* Bolinho de milho branco ralado ou moído, envolvido, ainda quente, em folha de bananeira.
a.ca.ça.pa.do *adj.* 1. Abaixado, agachado. 2. De pouca altura; baixo.
a.cá.ci.a [Lat. *acacia*.] *sf. Bot.* Nome comum a várias árvores, vários arbustos e várias trepadeiras floríferos fabáceos.
a.ca.de.mi.a [Lat. *academia*, de or. gr.] *sf.* 1. Estabelecimento de ensino superior de ciência ou arte; faculdade, escola. 2. Sociedade ou agremiação de caráter científico, literário, artístico, desportivo, etc. 3. Local onde se reúnem acadêmicos.
a.ca.dê.mi.co [Lat. *academicu*, de or. gr. ■35B] *adj.* 1. Relativo a, ou próprio de academia ou de acadêmicos. 2. Diz-se de obra artística ou manifestação cultural marcadas por respeito estrito às convenções, com pouca ou nenhuma aceitação de inovações. ● *sm.* 3. Membro ou aluno de academia.
a.ca.fa.jes.ta.do *adj. Bras.* Que tem maneiras ou procedimentos, ou é próprio de cafajeste.
a.ça.frão [Do ár.] *sm.* 1. *Bot.* Erva iridácea. 2. Sua flor. 3. Pó amarelo dela retirado, us. como corante, tempero e medicamento. [Pl.: *-frões*.]
a.ça.í [Do tupi.] *sm. Bras. Bot.* 1. Palmeira arecácea, de frutos bacáceos dos quais se faz um refresco apreciado; açaizeiro, juçara. 2. O fruto do açaí e seu suco, us. como refresco.
a.çai.mo [Do ár., poss.] *sm.* Tipo de cabresto que se põe no focinho dos animais para não comerem ou não morderem; mordaça.
a.ca:i.pi.ra.do *adj. Bras.* Que tem maneiras, ou é próprio de caipira.
a.ça:i.zei.ro (a-i) [*Açaí*. ■25B] *sm. Bot.* V. *açaí* (1).
a.ca.ju [Do i.] *sm.* 1. *Bot.* Mogno. ● *adj2g2n.* 2. Da cor castanho-avermelhada do mogno.
a.ca.lan.tar ou **a.ca.len.tar** [V.D] *vtd.* Adormecer (criança) ao som de cantigas. [C.: 1]

acará | acelerar

Comportamento, procedimento. 6. Ocorrência, acontecimento. 7. *Econ.* Título de propriedade, negociável, representativo duma fração do capital, numa sociedade anônima. 8. *E.Ling.* Expressão de processo ou atividade. 9. *Jur.* Faculdade ou exercício do direito de invocar o poder jurisdicional do Estado para fazer valer um direito que se julga ter. [Pl.: -ções.]

a.ca.rá [Do tupi.] *sm. Zool.* Nome comum a vários peixes ciclídeos.

a.ca.ra.jé [Do ior.] *sm. Bras. Cul.* Bolinho frito feito de massa de feijão-fradinho.

a.ca.re.ar *vtd.* 1. Pôr cara a cara; defrontar. 2. Pôr (testemunhas) em presença umas das outras. *tdi.* 3. Acarear (2). [C.: 12A] § **a.ca.re:a.ção** *sf.*

a.ca.ri [Do tupi.] *sm. Bras. Zool.* Cascudo¹ (2).

a.ca.rí:a.se [*Ácaro* + *-íase.*] *sf.* Infestação por ácaro.

a.ca.ri.ci.ar [*A-²* + *carícia* + *-ar².*☐1A] *vtd. e p.* V. *afagar.* [C.: 1]

a.ca.ri.nhar [*A-²* + *carinho* + *-ar².*☐1A] *vtd.* Tratar com carinho; mimar. [C.: 1]

a.ca.ri.no [Tax. *Acarina.*] *adj. sm. Zool.* Diz-se de, ou espécime dos acarinos, ordem de pequenos, ou pequeníssimos, aracnídeos, ger. com abdome curto, não segmentado. São de vida livre ou parasitária e muitas espécies são vetores de doenças em pessoas, animais ou plantas. Ex.: carrapato.

á.ca.ro [Tax. *Acarus.*] *sm. Zool.* Nome comum a vários acarinos, como carrapatos e micuins.

a.car.re.tar *vtd.* 1. Transportar em carreta ou carro. 2. *Fig.* Trazer consigo; causar, motivar. [C.: 1 (é)] § **a.car.re.ta.men.to** *sm.*

a.ca.sa.lar [*A-²* + *casal* + *-ar².*☐1A] *vtd. e p.* Ajuntar(-se) (macho e fêmea) para a procriação; cruzar. [C.: 1 (é)] § **a.ca.sa.la.men.to** *sm.*

a.ca.so [*A-³* + *caso.*] *sm.* 1. Conjunto de causas independentes entre si que, de modo imprevisível, determinam um acontecimento qualquer. 2. Casualidade (2). ● *adv.* 3. De modo casual; como resultado do acaso (e não de intenção); por acaso. ◆ **Ao acaso.** Sem objetivo, orientação ou propósito prévios; sem reflexão ou deliberação. **Por acaso.** Acaso (3).

a.cas.ta.nha.do [*A-²* + *castanho* + *-ado¹.*☐17B] *adj.* De cor tirante a castanho.

a.ca.tar [*A-²* + *catar.*☐1A] *vtd.* 1. Respeitar, honrar. 2. Obedecer, seguir (opinião, etc.). [C.: 1] § **a.ca.ta.do** *adj.*; **a.ca.ta.men.to** *sm.*

a.ca.tó.li.co [*A-³* + *católico.*] *adj. sm.* Que não é católico.

a.cau.ã [Do tupi.] *sm.f. Zool.* Ave falconídea diurna, com cerca de 50cm, plumagem variegada e de canto notável. Alimenta-se de cobras, morcegos, etc.

a.cau.le [*A-³* + *caule.*] *adj2g. Bot.* Sem caule, ou de caule diminuto.

a.cau.te.lar *vtd., tdi. e p.* 1. Pôr(-se) de sobreaviso; prevenir(-se). 2. Resguardar(-se), proteger(-se). [C.: 1 (é)] § **a.cau.te.la.do** *adj.*; **a.cau.te.la.tó.rio** *adj.*

a.ca.va.la.do *adj.* 1. De maneiras abrutalhadas. 2. *Bras.* Muito grande.

a.ce.bo.la.do *adj.* Temperado com cebola.

a.ce.der [Lat. *accedere.*☐1B] *vti.* 1. Concordar; assentir, aquiescer. *int.* 2. Aquiescer em algo. [C.: 2 (é-é)]

a.ce.fa.li.a [*Acéfalo.*☐8A] *sf. Med.* Anomalia caracterizada por ausência de cabeça. § **a.ce.fá.li.co** *adj.*

a.cé.fa.lo [Lat. *acephalu.*] *adj.* 1. *Med.* Que apresenta acefalia. 2. *Fig.* Sem chefe.

a.cei.rar [*Aceiro.*☐1A] *vtd.* Fazer aceiro em. [C.:1]

a.cei.ro [Lat. *aciariu.*] *sm.* Desbaste de terreno em volta de propriedades, matas e coivaras, para impedir propagação de incêndios, etc.

a.cei.ta.ção [Lat. *acceptatione.*☐2A] *sf.* 1. Ato ou efeito de aceitar. 2. Acolhimento, receptividade: *produto de boa <u>aceitação</u> no mercado.* [Pl.: -ções.]

a.cei.tan.te [Lat. *acceptante.*☐21] *s2g.* Aquele que dá o aceite a uma dívida.

a.cei.tar [Lat. *acceptare.*☐1A] *vtd.* 1. Consentir em receber (coisa oferecida ou dada). 2. Concordar com. 3. Conformar-se com (fato, circunstância, etc.). 4. Chamar a si; atribuir-se. 5. Ter como bom ou certo. 6. Admitir, tolerar. *transobj.* 7. Admitir, reconhecer: *<u>Aceito</u> por verdadeira a doutrina.* *int.* 8. Assentir em algo. 9. Consentir em receber coisa oferecida ou dada. [C.: 1. Part.: *aceitado, aceito* e (lus.) *aceite.*] § **a.cei.tá.vel** *adj2g.*

a.cei.te [Dev. de *aceitar.*] *sm.* Reconhecimento formal de uma dívida, esp. pela assinatura do devedor em título de crédito (letra, duplicata, etc.).

a.ce.le.ra.ção [Lat. *acceleratione.*☐2A] *sf.* 1. Ação ou efeito de acelerar. 2. Rapidez na execução. 3. Pressa, precipitação. 4. Aumento progressivo da velocidade de um veículo automotor. 5. *Fís.* Taxa de variação da velocidade num intervalo de tempo [símb. usual: *a*]. [Pl.: -ções.] ◆ **Aceleração da gravidade.** *Fís.* Aceleração de um corpo sujeito à atração gravitacional da Terra.

a.ce.le.ra.do [*Acelerar.*☐17A] *adj.* 1. Tornado rápido ou mais rápido. 2. *Mec.* Diz-se do motor que trabalha em alta rotação. 3. *Fig.* Inquieto, agitado. ● *sm.* 4. Passo da tropa que marcha a pé, de andamento mais rápido do que o comum.

a.ce.le.ra.dor (ô) [*Acelerar.*☐19A] *adj.* 1. Que acelera. ● *sm.* 2. Aquilo que acelera. 3. Dispositivo que regula a quantidade de mistura combustível que alimenta o motor de um veículo, para aumentar ou diminuir a velocidade. 4. O pedal ou a alavanca pelos quais se controla a aceleração (4).

a.ce.le.rar [Lat. *accelerare.*☐1A] *vtd.* 1. Tornar célere ou mais célere. 2. Fazer progredir ou andar mais rápido; apressar. 3. Imprimir maior velocidade a (veículo automóvel). *int.* 4. Tornar-se célere. 5. Imprimir maior velo-

acelga | acessório

cidade de rotação ao motor de um veículo automóvel. *p.* **6.** Acelerar (4). [C.: 1 (é)]

a.cel.ga [Do ár.] *sf. Bot.* Erva quenopodiácea us. como hortaliça.

a.cém [Do ár.] *sm.* Carne do lombo do boi, entre a pá e o cachaço. [Pl.: *acéns*.]

a.ce.nar [Lat.vulg. **accinare*. ◨1A] *v.int.* **1.** Fazer aceno(1). *ti.* **2.** Acenar (1). **3.** Referir-se; aludir. [C.: 1 (é)]

a.cen.de.dor (ô) [*Acender*. ◨19A] *sm.* **1.** Aquele ou aquilo que acende. **2.** Isqueiro. **3.** Dispositivo ou aparelho para acender bicos de gás, tocheiros, etc.

a.cen.der [Lat. *accendere*. ◨1B] *vtd.* **1.** Pôr fogo a. **2.** Levar fogo a (pavio, cigarro, etc.) ou produzir fogo em (fogão, lareira, etc.). **3.** Riscar, fazendo que se queime por atrito: *acender um fósforo.* **4.** Pôr em funcionamento (sistema elétrico ou de iluminação). **5.** Animar, entusiasmar. **6.** Provocar, suscitar: *acender paixões. p.* **7.** Pegar fogo; queimar-se. [C.: 2. Part.: *acendido* e *aceso*. Cf. *ascender*.

a.ce.no [Dev. de *acenar.*] *sm.* Movimento da cabeça, dos olhos ou das mãos, para exprimir ideias; sinal, gesto.

a.cen.to [Lat. *accentu*.] *sm. E.Ling.* **1.** A maior intensidade (ou altura) imprimida a uma sílaba, em relação às que lhe são contíguas. **2.** Sinal diacrítico (q.v.) indicativo do acento (1). **3.** Sotaque. [Cf. *assento*.] ◆ **Acento agudo.** *E.Ling.* Acento (2) us. para assinalar as vogais tônicas *a*, *i* e *u* (*página*, *aí*, *baú*) e as vogais tônicas abertas *e* e *o* (*pajé*, *etéreo*, *ósculo*, *herói*). **Acento circunflexo.** *E.Ling.* Acento (2) us. para indicar o timbre fechado das vogais tônicas *e* e *o*, assim como do *a* seguido de *m* e *n* (*três*, *vêm*, *pôs*, *abdômen*, *câmbio*, *cântico*). **Acento grave.** *E.Ling.* Acento (2) us. para indicar a crase da prep. *a* com a forma fem. do art. (*a*, *as*) e com os pron. dem. (*a*, *as*, *aquele*, *aquela*, *aqueles*, *aquelas*, *aquilo*): *O político falou às massas*; *Refiro-me àquela pessoa que sabes*; *Quanto aquilo, nada sei.* [V. *crase.*]

a.cen.tu.a.ção [*Acentuar*. ◨2A] *sf.* Ato ou modo de acentuar (1). [Pl.: *-ções*.]

a.cen.tu.a.do [*Acentuar*. ◨17A] *adj.* **1.** Que tem acento(s) ortográfico(s). **2.** Definido, marcante. **3.** Claro, nítido.

a.cen.tu.ar [Lat.med. *accentuare*. ◨1Aa] *vtd.* **1.** Empregar acento (2) em. **2.** Dar realce ou ênfase a. **3.** *Fig.* Dar relevo a; salientar. *int.* **4.** Pronunciar ou escrever a(s) sílaba(s) de um vocábulo com o(s) devido(s) acento(s). *p.* **5.** Tornar-se mais intenso, ou adquirir (maior) relevo; aumentar. [C.: 1]

a.cep.ção [Lat. *acceptione*.] *sf.* Sentido em que se emprega um termo; significação. [Pl.: *-ções*. Cf. *acessão*.]

a.ce.pi.lhar *vtd.* **1.** Alisar com o cepilho; aplainar. **2.** Aprimorar. [C.: 1]

a.ce.pi.pe [Do ár.] *sm.* V. *petisco*.

a.ce.rá.ce.a [Tax. *Aceraceae*.] *sf. Bot.* Espécime das aceráceas, fam. de árvores e arbustos próprios do hemisfério norte. § **a.ce.rá.ce:o** *adj.*

a.ce.ra.do *adj.* **1.** Que tem a têmpera do aço. **2.** Afiado, aguçado.

a.cer.bo [Lat. *acerbu*.] *adj.* **1.** V. *azedo* (1). **2.** Que tem sabor áspero, amargo. **3.** Duro, árduo.

a.cer.ca (ê) [Lat. *ad circa*.] *adv.* **1.** Perto; cerca. ◆ **Acerca de.** Com referência a; sobre.

a.cer.car [*A-² +* lat. **circare*. ◨1A] *vtd. e p.* Aproximar(-se), avizinhar(-se). [M.us. como *p.* C.: 1 (é)]

a.ce.ro.la [Do ár.] *sf. Bot.* **1.** Arbusto malpighiáceo de fruto rico em vitaminas A e C, ferro e cálcio. **2.** O fruto desse arbusto.

a.cér.ri.mo [Lat. *acerrimu*.] *adj.* **1.** Muito acre. **2.** *Fig.* Obstinado, firme.

a.cer.tar [*A-²* + *certo* + *-ar²*. ◨1A] *vtd.* **1.** Achar ao certo; encontrar. **2.** Pôr de maneira certa, adequada; endireitar. **3.** Achar o significado certo de: *acertar as questões duma prova.* **4.** Dar ou bater em; atingir: *O tapa acertou-lhe a face.* **5.** Fazer, dizer, ou descobrir o certo: *acertar a resposta. int.* **6.** Proceder com acerto. **7.** Atingir o alvo. [C.: 1 (é)] § **a.cer.ta.do** *adj.*; **a.cer.ta.dor** (ô) *adj. sm.*

a.cer.to (ê) [Dev. de *acertar*.] *sm.* **1.** Ato ou efeito de acertar. **2.** Sensatez; tino. **3.** Acaso, sorte. **4.** Correção no falar, no escrever, no proceder, etc. **5.** V. *acordo¹* (3). [Cf. *asserto*.]

a.cer.vo (é ou ê) [Lat. *acervu*.] *sm.* **1.** Grande porção. **2.** O conjunto das obras que integram o patrimônio duma biblioteca, dum museu, etc.

a.ce.so (ê) [Lat. *accensu*.] *adj.* **1.** Que se acendeu; abrasado. **2.** *Fig.* Que denota vivacidade, energia. ● *sm.* **3.** *Fig.* Auge: *Chegou no aceso da discussão.*

a.ces.são [Lat. *accessione*.] *sf.* Ato ou efeito de aceder. [Pl.: *-sões*. Cf. *acepção*.]

a.ces.sar [*Acesso*. ◨1A] *vtd. Inform.* Estabelecer comunicação com um computador ou com um dispositivo a ele ligado, para obter informação ou usar certos recursos disponíveis. [C.: 1 (é)] § **a.ces.sá.vel** *adj2g.*

a.ces.si.bi.li.da.de *sf.* **1.** Qualidade de acessível. **2.** Facilidade de acesso: *A rampa melhorou a acessibilidade dos cadeirantes ao edifício.* [Também se usa para o acesso a informações e serviços para portadores de necessidades especiais.]

a.ces.sí.vel [Lat. *accessibile*. ◨41A] *adj2g.* **1.** De acesso fácil (coisa ou pessoa). **2.** Inteligível, compreensível. **3.** Módico, razoável. [Pl.: *-veis*.]

a.ces.so [Lat. *accessu*.] *sm.* **1.** V. *ingresso* (1). **2.** Passagem. **3.** Ímpeto, impulso. **4.** Comunicação; trato. **5.** *Med.* Manifestação patológica de incidência e repetição variáveis (tosse, p.ex). **6.** *Inform.* Ato ou efeito de acessar.

a.ces.só.ri:o [Lat. *accessus* + *-ório*. ◨23] *adj.* **1.** V. *secundário* (1). ● *sm.* **2.** Peça ou dispositivo, não essencial, que se junta a algo, e que

acetaldeído | ácido

serve para adorná-lo, torná-lo mais confortável, mais seguro, mais prático, etc.: *os acessórios de um automóvel.* **3.** Cada um dos itens, como, p.ex., bolsa, meias e cinto que complementam o vestuário. [Cf. *assessório.*]

a.ce.tal.de.í.do [*Acet(i)-* + *aldeído.*] *sm. Quím.* Aldeído líquido, com 2 átomos de carbono, us. na indústria [fórm.: CH_3CHO].

a.ce.ta.mi.da [*Acet(i)-* + *-amida.*] *sf. Quím.* Amida sólida, de odor desagradável [fórm.: $CH_3C(=O)NH_2$].

a.ce.ta.to [*Acet(i)-* + *-ato².*] *sm. Quím.* Sal ou éster do ácido acético. ◆ **Acetato de celulose.** Polímero sintético us. na fabricação de filmes e discos para reprodução sonora analógica.

a.cé.ti.co [*Acet(i)-* + *-ico².* ■35B] *adj. Quím.* Diz-se do ácido carboxílico de 2 átomos de carbono [fórm.: $CH_3C(=O)OH$], que dá ao vinagre o seu cheiro e sabor típicos, e tb. de certas substâncias derivadas desse ácido: *aldeído acético, anidrido acético.*

a.ce.ti.le.no [*Acetil-* + *-eno².*] *sm. Quím.* Nome comum do etino.

a.ce.til.sa.li.cí.li.co [*Acetil-* + *salicílico.*] *adj. Quím.* Diz-se de certo ácido carboxílico que tem ação contra dores, febres e inflamações, us. em remédios.

a.ce.ti.nar *vtd.* **1.** Tornar macio e lustroso como o cetim. **2.** Tornar liso (o papel), passando-o na calandra). [C.: 1] § **a.ce.ti.na.do** *adj.*; **a.ce.ti.na.gem** *sf.*

a.ce.to.na [*Acet(ato)* + *-ona².*] *sf. Quím.* Cetona líquida, incolor, volátil, us. como solvente em muitas indústrias. [É a mais simples das cetonas; fórm.: $(CH_3)_2C=O$.]

a.cha [Lat. *astula.*] *sf.* Pedaço de madeira tosca, para o lume.

a.cha.ca.di.ço *adj.* Sujeito a achaques.

a.cha.car [*Achaque.* ■1A] *vtd.* **1.** Maltratar, molestar. **2.** Extorquir dinheiro de. [C.: 1A]

a.cha.do [*Achar.* ■17A] *adj.* **1.** Que se achou. ● *sm.* **2.** Ato ou efeito de achar. **3.** Coisa encontrada. **4.** Coisa muito conveniente, interessante, ou que é providencial.

a.cha.que [Do ár.] *sm.* Doença sem gravidade; mal-estar.

a.char [Lat.vulg. **aflare.* ■1A] *vtd.* **1.** Encontrar por acaso ou procurando; deparar com. **2.** Considerar, julgar. **3.** Obter, conseguir. *p.* **4.** Estar, encontrar-se. **5.** Situar-se. [C.: 1]

a.cha.ta.do¹ [*A-²* + *chato* + *-ado¹.* ■17B] *adj.* Que tem forma chata.

a.cha.ta.do² [*Achatar.* ■17A] *adj.* **1.** Que tomou forma chata. **2.** Vencido, derrotado. **3.** *Fig.* Diz-se de preço, salário, etc., que se tornou muito baixo.

a.cha.ta.men.to [*Achatar.* ■3] *sm.* Ato ou efeito de achatar(-se).

a.cha.tar [*A-²* + *chato* + *-ar².* ■1A] *vtd. e p.* **1.** Tornar(-se) chato; aplanar(-se). **2.** *Fig.* Abater(-se), humilhar(-se). [C.: 1]

a.che.ga (ê) [Dev. de *achegar.*] *sf.* **1.** Aditamento, acréscimo. **2.** Ajuda, auxílio, achego. **3.** Contribuição (3) para o aperfeiçoamento e/ou a ampliação de alguma obra.

a.che.gar [*A-⁴* + *chegar.*] *vtd. e p.* **1.** Ligar(-se), unir(-se). **2.** Aproximar(-se). [C.: 1C (ê)]

a.che.go (ê) [Dev. de *achegar.*] *sm.* **1.** Ato ou efeito de achegar. **2.** *Bras.* V. *achega* (2).

a.chin.ca.lhar *vtd.* **1.** Zombar de: ridicularizar. **2.** Rebaixar, humilhar. [C.: 1] § **a.chin.ca.lha.ção** *sf.*

a.chin.ca.lhe [Dev. de *achincalhar.*] *sm.* Ato ou efeito de achincalhar; achincalhação.

a.chi.ne.sa.do [*A-²* + *chinês* + *-ado¹.* ■17B] *adj.* Semelhante a chinês, ou que lhe é próprio.

a.cho.co.la.ta.do [*A-²* + *chocolate* + *-ado¹.*] *adj.* **1.** Que contém chocolate, ou tem o sabor dele. ● *sm.* **2.** Alimento achocolatado.

a.ci.a.ri.a [Lat. *aciar(iu)* + *-ia¹.* ■8A] *sf.* Usina siderúrgica ou parte dela, destinada a produzir aço.

a.ci.ca.tar [*Acicate.* ■1A] *vtd.* **1.** Estimular (o cavalo) com acicate. **2.** *Fig.* Estimular, incentivar. [C.: 1]

a.ci.ca.te [Do ár.] *sm.* **1.** Espora de um só aguilhão (2). **2.** *Fig.* Estímulo.

a.ci.cu.lar [Lat. *acicula* + *-ar².*] *adj2g.* Que tem forma de agulha.

a.ci.den.ta.do¹ [*Acidente.* ■17B] *adj.* **1.** Que tem acidentes [v. *acidente* (3)]; irregular, desigual. **2.** Cheio de acidentes, peripécias, infelicidades, etc.

a.ci.den.ta.do² [*Acidentar.* ■17A] *adj. sm.* Diz-se de, ou aquele que se acidentou, que foi vítima de acidente (2).

a.ci.den.tal [*Acidente.* ■39] *adj2g.* V. *eventual.* [Pl.: *-tais.*]

a.ci.den.tar [*Acidente.* ■1A] *vtd.* **1.** Produzir acidente em. **2.** Ferir em acidente. *p.* **3.** Ser vítima de acidente (2). [C.: 1]

a.ci.den.te [Lat. *accidente.* ■21A] *sm.* **1.** Acontecimento casual, imprevisto. **2.** Acontecimento infeliz, casual ou não, de que resulta ferimento, dano, etc.; desastre. **3.** Irregularidade na superfície do solo. **4.** *Mús.* Cada um dos sinais que alteram o som da escala natural, elevando-o ou abaixando-o. Ex.: o sustenido. ◆ **Acidente vascular cerebral.** *Med.* Distúrbio circulatório cerebral, de origem hemorrágica ou oclusiva, e que se acompanha de perturbações de motricidade, fala, consciência, etc.; derrame [abrev.: AVC].

a.ci.dez (ê) [*Ácido.* ■12A] *sf.* Qualidade ou sabor do que é ácido; azedume.

á.ci.do [Lat. *acidu.*] *sm.* **1.** *Quím.* Qualquer de uma classe de substâncias que se dissociam em água formando íons hidrônio, que são capazes de ceder prótons, de aceitar um par de elétrons, que reagem com uma base para dar um sal. **2.** Azedo (5). ● *adj.* **3.** V. *azedo* (1). **4.** Que tem propriedades de um ácido (1). **5.** *Fig.* Corrosivo, mordaz. ◆ **Ácido desoxirribonucleico.** *Quím.* Biopolímero que constitui os genes e orienta

acidose | acolchoar[1]

a biossíntese das proteínas [sigla: *ADN* e (ingl.) *DNA*]. **Ácido ribonucleico.** *Quím.* Qualquer de certos biopolímeros que têm papel auxiliar na biossíntese das proteínas [sigla: *ARN* e (ingl.) *RNA*].

a.ci.do.se [*Ácido* + *-ose*[1].] *sf. Med.* Distúrbio resultante do acúmulo de ácido ou perda de base orgânicos.

a.ci.du.lar [*Acídulo*. ■1A] *vtd. e p.* Tornar(-se) acídulo ou ácido. [C.: 1] § **a.ci.du.la.ção** *sf.*; **a.ci.du.la.do** *adj.*

a.cí.du.lo [Lat. *acidulu*.] *adj.* Levemente ácido.

a.ci.ma [*A*[3] + *cima*.] *adv.* **1.** Em lugar mais alto; em posição menos baixa. **2.** Em parte mais alta, ou anterior, de texto. **3.** Em movimento ou direção ascendente: *Arrastou-se morro acima*.

a.cin.te [Loc. lat. *a sci(e)nte*.] *sm.* Ação feita de propósito, para desgostar alguém; provocação.

a.cin.to.so (ô) [*Acinte* + *-oso*. ■37] *adj.* **1.** Em que há acinte: *fala acintosa*. **2.** Que faz provocações.

a.cin.zen.tar [*A*-[2] + *cinzento* + *-ar*[2]. ■1A] *vtd., int. e p.* Tornar(-se) cinzento ou um tanto cinzento. [C.: 1] § **a.cin.zen.ta.do** *adj.*

a.ci:o.nar [*Ação* (*acion*-). ■1A] *vtd.* **1.** Pôr em ação, em movimento. **2.** Intentar ação judicial contra. [C.: 1] § **a.ci:o.na.do** *adj.*; **a.ci:o.na.dor** (ô) *adj. sm.*

a.ci:o.nis.ta [*Ação* (*acion*-). ■36] *s2g.* Quem tem ação (7) de sociedade anônima.

a.ci.pen.se.rí.de:o [Tax. *Acipenseridae*.] *adj. sm. Zool.* Diz-se de, ou espécime dos acipenserídeos, fam. de grandes peixes, ger. marinhos, da América do Norte e Europa, e que desovam em rios. São os esturjões.

a.ci.pi.trí.de:o [Tax. *Accipitridae*.] *adj. sm. Zool.* Diz-se de, ou espécime dos acipitrídeos, fam. de aves falconiformes em que se incluem as águias e alguns gaviões brasileiros.

a.cir.rar [V.C] *vtd.* **1.** Fazer crescer; estimular. **2.** Irritar, exasperar. **3.** Incitar, provocar. *tdi.* **4.** Acirrar (3). *p.* **5.** Irritar-se. [C.: 1] § **a.cir.ra.men.to** *sm.*

a.cla.mar [Lat. *acclamare*. ■1A] *vtd.* **1.** Aplaudir ou aprovar com entusiasmo. **2.** Proclamar (chefe de Estado). **3.** Eleger por aclamação, *i.e.*, dispensando votação. [C.: 1] § **a.cla.ma.ção** *sf.*; **a.cla.ma.dor** (ô) *adj.*

a.cla.rar [Lat. *acclarare*. ■1A] *vtd.* **1.** Tornar claro; iluminar. **2.** Esclarecer; elucidar. *int.* **3.** Tornar-se claro; desanuviar-se. *p.* **4.** Tornar-se claro, nítido. [C.: 1]

a.cli.mar [*A*-[2] + *clima* + *-ar*[2]. ■1A] *vtd., tdi. e p.* **1.** Habituar(-se) a um clima. **2.** Habituar(-se), acostumar(-se). [Sin.ger.: *aclimatar*. C.: 1] § **a.cli.ma.ção** *sf.*

a.cli.ma.tar [Fr. *acclimater*. ■1A] *vtd., tdi. e p.* V. *aclimar*. [C.: 1] § **a.cli.ma.ta.ção** *sf.*

a.cli.ve [Lat. *acclive*.] *sm.* Ladeira (considerada de baixo para cima); subida.

a.clo.ro.fi.la.do [*A*-[3] + *clorofila* + *-ado*[1]. ■17B] *adj. Bot.* Destituído de clorofila.

ac.ne [Ingl. *acne*.] *sf. Med.* Dermatose causada por inflamação de folículos pilosos, devida à retenção de secreção sebácea.

a.ço [Regr. de *aceiro*[1].] *sm. Quím.* Liga constituída esp. de ferro e carbono, que lhe conferem as propriedades de resistência à corrosão, dureza, etc.

a.co.ber.tar *vtd.* **1.** Cobrir com coberta, manto, etc. **2.** Cobrir(-se), resguardar(-se), defender(-se). **3.** Apadrinhar, proteger (algo ou alguém incorreto): *acobertar criminosos*. *p.* **4.** Acobertar-se (1 e 2). [C.: 1 (é)]

a.co.bre.a.do [*A*-[2] + *cobre* + *-eado*.] *adj.* Que tem cor ou aspecto de cobre.

a.co.bre.ar [*A*-[2] + *cobre* + *-ear*. ■1N] *vtd.* Dar cor ou aspecto de cobre a. [C.: 12A]

a.co.cham.brar [V.E] *vtd.* **1.** Fraudar, forjar. **2.** Fazer mal. [C.: 1]

a.co.char [*A*-[2] + *cochar*.] *vtd. e p.* Apertar(-se), comprimir(-se). [C.: 1 (ó)]

a.co.co.rar [*A*-[2] + *cócoras* + *-ar*[2]. ■1A] *vtd. e p.* **1.** Pôr(-se) de cócoras. **2.** *Fig.* Humilhar(-se). [C.: 1 (ó)] § **a.co.co.ra.do** *adj.*

a.ço.nar [V.E] *vtd. e p.* Apressar(-se), apressurar(-se). [C.: 1 (ó). Cf. *açudar*.] § **a.ço.da.men.to** *sm.*

a.co.gu.lar [*A*-[2] + *cogulo* + *-ar*[2]. ■1A] *vtd.* Encher (medida, vasilha) em demasia, até formar cogulo. [C.: 1 (ó)]

a.coi.mar [*A*-[2] + *coima* + *-ar*[2]. ■1A] *vtd.* **1.** Impor coima a; multar. **2.** Castigar, punir. *transobj.* **3.** Acusar, tachar: *Acoimaram-no de impostor*. [C.: 1]

a.çoi.ta-ca.va.lo [*Açoitar* + *cavalo*.] *sm. Bras. Bot.* Árvore tiliácea de madeira útil. [Pl.: *açoita-cavalos*.]

a.coi.tar [*A*-[2] + *coito* + *-ar*[2]. ■1A] *vtd.* **1.** Dar coito ou guarida a. **2.** Acolher, abrigar. **3.** Esconder, ocultar. *p.* **4.** Abrigar-se. [C.: 1] § **a.coi.ta.dor** (ô) *adj. sm.*

a.çoi.tar [*Açoite*. ■1A] *vtd. e p.* Fustigar(-se) com açoite. [C.: 1] § **a.çoi.ta.dor** (ô) *adj. sm.*

a.çoi.te [Do ár.] *sm.* V. *chicote*.

a.co.lá [Lat.vulg. *eccu(m) illac*.] *adv.* Lá ao longe, em lugar afastado (de quem fala e da pessoa com quem se fala).

a.col.che.tar [*A*-[2] + *colchete* + *-ar*[2]. ■1A] *vtd.* Unir ou apertar com colchete(s). [C.: 1 (é)]

a.col.cho.a.do[1] [*Acolchoar*[1]. ■17A] *adj.* **1.** Que foi tecido ou lavrado como colcha. **2.** Guarnecido de colcha. ● *sm.* **3.** Tecido acolchoado[1] (1).

a.col.cho.a.do[2] [*Acolchoar*[2]. ■17A] *adj.* **1.** Cheio ou forrado como colchão; estofado. **2.** Guarnecido de colchão. **3.** Diz-se de tecido, plástico, etc. que se encheu com material fofo, preso com espontos. **4.** Revestido de acolchoado[2] (5). ● *sm.* **5.** Tecido acolchoado[2] (1). **6.** *Bras.* Edredom.

a.col.cho.ar[1] [*A*-[2] + *colcha* + *-oar*.] *vtd.* **1.** Tecer ou lavrar à maneira de colcha. **2.** Guarnecer com colcha. [C.: 1D]

acolchoar² | acoplar

a.col.cho.ar² [A-² + *colchão* (*-cho-*) + *-ar²*. ◻1A] *vtd.* 1. Encher ou forrar como o colchão. 2. Forrar (tecido, couro, etc.) com algodão ou material análogo. 3. Revestir com acolchoado² (5). [C.: 1D]

a.co.lhe.dor (ô) [*Acolher*. ◻19A] *adj.* 1. Que acolhe. 2. Em que se sente bem.

a.co.lher (ê) [Lat. *accolligere*. ◻1B] *vtd.* 1. Dar agasalho ou acolhida a; hospedar. 2. Atender, receber. 3. Tomar em consideração. 4. Dar crédito a: *Não acolheu a justificativa*. *tdc.* 5. Acolher (1). *p.* 6. Agasalhar-se, hospedar-se. [C.: 2 (ô-ó)]

a.co.lhi.da [*Acolher* + *-ida*.] *sf.* 1. Ato ou efeito de acolher; recepção. 2. Atenção, consideração. 3. V. *abrigo* (4). [Sin.ger.: *acolhimento*.]

a.co.lhi.men.to [*Acolher*. ◻3A] *sm.* V. *acolhida*.

a.co.li.tar [*Acólito*. ◻1A] *vtd.* Servir de acólito a. [C.: 1]

a.có.li.to [Lat.ecl. *acolythu*.] *sm.* 1. *Rel.* Na Igreja Católica, pessoa incumbida de ajudar o diácono em suas funções litúrgicas. 2. *P.ext.* Sacristão. 3. *P.ext.* Ajudante, assistente.

a.co.me.ter [A-⁴ + *cometer*.] *vtd.* 1. Investir contra ou sobre; atacar. 2. Empreender (ação difícil ou arriscada). 3. Colidir (um veículo com outro). 4. Manifestar-se de repente (doença, etc.) em. [C.: 2 (ê-é) § **a.co.me.ti.men.to** *sm.*

a.co.mo.da.ção [Lat. *accommodatione*. ◻2A] *sf.* 1. Ato ou efeito de acomodar(-se). 2. Arranjo, disposição, arrumação. 3. Aposento, cômodo. [Pl.: *-ções*.]

a.co.mo.da.do [*Acomodar*. ◻17A] *adj.* 1. Apropriado, adequado, cômodo. 2. Instalado, alojado. 3. Tranquilo, sossegado. 4. Ajustado, por inércia, a uma situação da qual discorda. 5. Conformado.

a.co.mo.dar [Lat. *accommodare*. ◻1A] *vtd.* 1. Dar cômodo a; alojar. 2. Pôr ou dispor em ordem; arrumar. 3. Apaziguar. 4. Ter lugar, ou acomodações para. *tdi.* 5. Adaptar. *tdc.* 6. Arrumar, ajeitar. *int.* 7. Apaziguar-se. *p.* 8. Retirar-se para seus cômodos ou aposentos. 9. Instalar-se, alojar-se. 10. Adaptar-se. 11. Acalmar-se. 12. Dar-se por satisfeito. [C.: 1 (ó)]

a.co.mo.da.tí.ci.o *adj.* Que se acomoda facilmente.

a.com.pa.drar-se *vp.* 1. Tornar-se compadre. 2. Acamaradar-se, associar-se. [C.: 1]

a.com.pa.nha.men.to [*Acompanhar*. ◻3] *sm.* 1. Ato ou efeito de acompanhar. 2. Aquilo que acompanha. 3. Cortejo, comitiva. 4. *Mús.* Parte da música executada concomitantemente às vozes ou aos instrumentos. 5. *Cul.* Prato secundário que acompanha o principal, como, p.ex., o arroz e a batata.

a.com.pa.nhan.te [*Acompanhar*. ◻21] *adj2g. s2g.* Diz-se de, ou pessoa que faz companhia ou dá assistência a indivíduo idoso, ou doente, inválido, etc.

a.com.pa.nhar [A-² + *companhia* + *-ar²*. ◻1A] *vtd.* 1. Ir em companhia de; seguir. 2. Seguir a mesma direção de. 3. Observar a marcha, a evolução de. 4. Ser da mesma política ou opinião que. 5. Executar acompanhamento (4) de. 6. Entender (raciocínio, exposição, etc.): *Acompanha bem as aulas*. *int.* 7. Executar o acompanhamento (4). *p.* 8. Rodear-se; cercar-se. 9. Cantar, tocando ao mesmo tempo o acompanhamento (4). [C.: 1] § **a.com.pa.nha.do** *adj.*

a.con.che.gan.te [*Aconchegar*. ◻21] *adj2g.* Que aconchega, acolhe, abriga.

a.con.che.gar [A-⁴ + *conchegar*.] *vtd. e p.* 1. Tornar(-se) próximo, achegar(-se). 2. Tornar(-se) cômodo, confortável. [C.: 1C (ê)] § **a.con.che.ga.do** *adj.*

a.con.che.go (ê) [Dev. de *aconchegar*.] *sm.* 1. Ação ou efeito de aconchegar(-se). 2. Conforto. 3. Pessoa que protege; amparo.

a.con.di.ci.o.nar [A-² + *condição* (*-cion-*). ◻1A] *vtd.* 1. Dotar de certa condição. 2. Pôr condições a; regular, condicionar. 3. Embalar². *tdc.* 4. Acondicionar (3). *p.* 5. Adaptar-se. [C.: 1] § **a.con.di.ci.o.na.do** *adj.*; **a.con.di.ci.o.na.men.to** *sm.*

a.cô.ni.to [Tax. *Aconitum*.] *sm.* 1. *Bot.* Planta ranunculácea, tóxica, us. em farmácia. 2. Medicamento preparado com ela.

a.con.se.lha.men.to [*Aconselhar*. ◻3] *sm.* 1. Ato ou efeito de aconselhar(-se). 2. *Educ.* Etapa da orientação educativa em que o orientador auxilia o educando na escolha de cursos, profissão, etc. 3. *Psic.* Forma de assistência psicológica para solução de leves desajustamentos de conduta.

a.con.se.lhar [A-² + *conselho* + *-ar²*. ◻1A] *vtd. e tdi.* 1. Dar conselho (a). 2. Indicar a vantagem de; recomendar. *p.* 3. Pedir ou tomar conselho. [C.: 1 (ê)] § **a.con.se.lha.dor** (ô) *adj. sm.*

a.con.se.lhá.vel [*Aconselhar*. ◻41] *adj2g. sm.* Que, ou o que se pode ou se deve aconselhar. [Pl.: *-veis*.]

a.con.te.cer [Lat. *contigescere*. ◻1P] *v.int.* 1. Suceder ou realizar-se. *ti.* 2. Suceder, ocorrer. [C.: 2A (ê-é). Norm., é unipess. Não tem imper.] § **a.con.te.ci.do** *adj. sm.*

a.con.te.ci.men.to [*Acontecer*. ◻3A] *sm.* 1. O que acontece. 2. Episódio, ocorrência. 3. *Fam.* Coisa ou pessoa que causa sensação, constitui grande êxito.

a.co.pla.gem [Fr. *accouplage*. ◻6] *sf.* V. *acoplamento*. [Pl.: *-gens*.]

a.co.pla.men.to [Fr. *accouplement*. ◻3] *sm.* 1. Ato ou efeito de acoplar(-se), de juntar(-se) 2 ou mais coisas. 2. *Astron.* Junção de 2 elementos de uma nave e/ou de estação espacial. [Sin.ger.: *acoplagem*.]

a.co.plar [Fr. *accoupler*. ◻1A] *vti.* 1. Estabelecer acoplamento: *O módulo acoplou com a nave*. *tdi.* 2. Unir, conectar. *p.* 3. Juntar-se por

açor | acrimônia

acoplamento (2). 4. Acasalar-se (macho e fêmea). [C.: 1 (ó)]

a.çor (ô) [Lat. *acceptore*.] *sm. Zool.* Grande ave de rapina diurna, acipitrídea. [Pl.: *açores* (ô).]

a.çor.da (ô) [Do ár.] *sf.* Sopa portuguesa de migalhas de pão.

a.cor.da.do [*Acordar*². 17A] *adj.* Que não está dormindo; desperto.

a.cór.dão [*Acordam*, do v. *acordar*¹.] *sm. Jur.* Decisão proferida em grau de recurso por tribunal coletivo. [Pl.: *-dãos*.]

a.cor.dar¹ *vtd.* 1. Resolver de comum acordo; concordar. *tdi.* 2. Acordar¹ (1). 3. Pôr em acordo; conciliar. *int.* 4. Concordar (5). *p.* 5. Estar de acordo. [C.: 1 (ó)]

a.cor.dar² [Lat.vulg. *accordare*. 1A] *vtd.* 1. Tirar do sono; despertar. 2. *Fig.* Provocar, despertar. *tdi.* 3. Lembrar, recordar. *ti.* 4. Despertar (de sono ou sonho). 5. Voltar a si: *acordar de um desmaio*. *int.* 6. Sair do sono; despertar. *p.* 7. Recordar-se. [C.: 1 (ó)]

a.cor.de¹ [Fr. *accord*.] *sm.* 1. Cântico, ou poesia, esp. lírica. 2. *Mús.* Complexo sonoro resultante da emissão simultânea de 3 ou mais sons.

a.cor.de² [Dev. de *acordar*¹.] *adj2g.* Que está de acordo; concorde.

a.cor.de.ão ou **a.cor.de.om** [Fr. *accordéon*.] *sm. Mús.* Instrumento de sopro dotado de teclado e um fole preguedo que se comprime ou distende, movimentando o ar, que, ao sair, faz vibrar lâminas metálicas das palhetas. [Pl.: *-ões* ou *-ons*.]

a.cor.de:o.nis.ta [*Acordeão*(*-deon*-). 36] *adj2g. s2g. Mús.* Que, ou aquele que toca acordeão.

a.cor.do¹ (ô) [Dev. de *acordar*¹.] *sm.* 1. Concordância de sentimentos ou ideias. 2. Harmonia, conformidade. 3. Entendimento entre pessoas; combinação, ajuste, acerto. 4. Composição (5).

a.cor.do² (ô) *sm.* Conhecimento resultante do uso perfeito dos sentidos; consciência.

a.cor.do.ar *vtd.* Pôr corda(s) em: *acordoar um violão*. [C.: 1D]

a.ço.ri.a.no [29A] *adj.* 1. Do arquipélago dos Açores (oceano Atlântico). • *sm.* 2. O natural ou habitante dos Açores.

a.co.ro.ço.ar [Var. de *acoraçoar*, de *coração*.] *vtd.* e *p.* Dar ânimo, alento a, ou cobrá-los; animar-se. [C.: 1D]

a.cor.ren.tar *vtd.* e *tdi.* 1. Prender com corrente; encadear. 2. *Fig.* Sujeitar, subjugar. *p.* 3. *Fig.* Pôr-se ou ficar na dependência; sujeitar-se. [C.: 1]

a.cor.rer [Lat. *accurrere*. 1B] *vti.* e *int.* Acudir, ir ou vir em socorro de (alguém). [C.: 2 (ô-ó)]

a.cos.sar *vtd.* 1. Dar caça a; perseguir. 2. Flagelar, castigar. [C.: 1 (ó)] § **a.cos.sa.men.to** *sm.*

a.cos.ta.doi.ro ou **a.cos.ta.dou.ro** [*Acostar*. 26B] *sm.* Atracadouro de pequenas embarcações.

a.cos.ta.men.to [*Acostar*. 3] *sm.* 1. Ato ou efeito de acostar. 2. Numa rodovia, parte contígua à pista, para eventual parada de veículos e trânsito de pedestres.

a.cos.tar *vtd.* 1. Encostar (a embarcação) a um cais ou a outra embarcação. *tdc.* 2. Encostar, juntar. *p.* 3. Aproximar-se da costa. [C.: 1 (ó)]

a.cos.tu.mar [*A-*² + *costume*¹ + *-ar*². 1A] *vtdi.* 1. Exercitar para que se acomode ou se adapte a (alguma pessoa ou coisa). 2. Habituar, afazer; costumar. *ti.* 3. Acostumar (2). *p.* 4. Habituar-se. [C.: 1] § **a.cos.tu.ma.do** *adj.*

a.co.ti.le.dô.ne:o [*A-*³ + *cotiledôneo*.] *adj. Bot.* Sem cotilédones (planta).

a.co.to.ve.lar *vtd.* 1. Dar ou tocar com o cotovelo em. *p.* 2. Tocar-se mutuamente com o cotovelo. 3. Dar encontrões recíprocos, pela falta de espaço; esbarrar. [C.: 1 (ó)]

a.çou.gue [Do ár.] *sm.* Lugar onde se vende carne de gado, de aves, etc.

a.çou.guei.ro [*Açougue*. 25] *sm.* Proprietário ou empregado de açougue.

a.co.var.dar *vtd.* e *p.* 1. Tornar(-se) covarde; amedrontar(-se), intimidar(-se). 2. Fazer perder o ânimo, ou perdê-lo. [C.: 1 (ó)] § **a.co.var.da.do** *adj.*

a.cra.ci.a [Gr. *akratía*. 8A] *sf.* Ausência de governo.

a.cra.ni.a [*A-*³ + *crân*(*io*) + *-ia*¹. 8A] *sf. Med.* Ausência total ou parcial do crânio.

a.cre¹ [Ingl. *acre*.] *sm.* Medida agrária de alguns países.

a.cre² [Lat. *acre*.] *adj2g.* 1. V. *azedo* (1). 2. Áspero, ríspido.

a.cre.di.tar [*A-*² + *crédito* + *-ar*². 1A] *vtd.* 1. Dar crédito a; crer. 2. Dar poderes a (alguém) para representar uma nação perante um país estrangeiro. 3. Ter como verdadeiro; aceitar. *ti.* 4. Acreditar (3). *transobj.* 5. Julgar, achar. *pred.* 6. Julgar-se. [C.: 1] § **a.cre.di.ta.do** *adj.*; **a.cre.di.tá.vel** *adj2g.*

a.cres.cen.tar [*Acresc*(*er*) + *-entar*.] *vtd.* 1. Ajuntar (uma coisa) a outra, para torná-la maior; aumentar. 2. Dizer em aditamento a; aditar. 3. Ajuntar, aditar. *tdi.* 4. Acrescentar (3). *p.* 5. Aumentar-se, juntar-se. [C.: 1] § **a.cres.cen.ta.dor** (ô) *adj.*

a.cres.cer [Lat. *accrescere*. 1Pa] *vtd.* 1. Fazer maior; aumentar. *ti.* 2. Ajuntar-se, acrescentar-se. *int.* 3. Crescer, aumentar. 4. Vir em acréscimo de motivo(s) ou argumento(s). [C.: 2A (ê-é)]

a.crés.ci.mo [*Acrescer*.] *sm.* 1. Aquilo que se acrescentou. 2. Elevação, aumento.

a.cri.a.no [29A] *adj.* 1. Do AC. • *sm.* 2. O natural ou habitante desse estado.

a.crí.li.co [*Acr*(*oleína*) + *-il-* + *-ico*². 35B] *sm. Quím.* Polímero transparente us. em peças rígidas, letreiros, etc.

a.cri.mô.ni:a [Lat. *acrimonia*.] *sf.* Aspereza, rudeza; grosseria. § **a.cri.mo.ni:o.so** *adj.*

acrisolar | acumular

a.cri.so.lar [*A-²* + *crisol* + *-ar²*. ◼ 1A] *vtd.* **1.** Purificar no crisol. **2.** Depurar, purificar. [C.: 1 (ó)]

a.cro.ba.ci.a [Fr. *acrobatie*. ◼ 8A] *sf.* **1.** Arte, profissão, exercício ou exibição de acrobata. **2.** Movimento, ato ou procedimento que revelam destreza, habilidade ou astúcia. **3.** Manobra difícil e espetacular realizada por aeronave, moto, etc.

a.cro.ba.ta [Fr. *acrobate*.] *s2g.* **1.** Funâmbulo. **2.** Malabarista. **3.** *P.ext.* Ginasta. **4.** Aviador que faz acrobacias. § **a.cro.bá.ti.co** *adj.*

a.cro.ci.a.no.se *sf. Med.* Cianose de ponto extremo do corpo (dedo, punho, tornozelo).

a.cro.fo.bi.a [*Acr(o)-* + *-fobia*.] *sf. Psiq.* Medo mórbido à sensação de altura, aos lugares elevados. § **a.cro.fó.bi.co** *adj.*

a.cro.gra.ma [*Acr(o)-* + *-grama*.] *sm. E.Ling.* Sigla que resulta da redução de palavras ou expressões às suas letras ou sílabas iniciais: Ex.: *Petrobras* por *Petróleo Brasileiro*. [Cf. *acrônimo*.]

a.cro.me.ga.li.a [*Acr(o)-* + *-megal(o)-* + *-ia¹*. ◼ 8A] *sf. Med.* Doença caracterizada por desenvolvimento excessivo, no adulto, das extremidades do corpo (mãos, pés, nariz, queixo).

a.crô.ni.mo [*Acr(o)-* + *-ônimo*.] *sm.* Palavra formada pela primeira letra (ou mais de uma) de cada uma das partes sucessivas de uma locução. Ex: sonar [do ingl. *so(und) na(vigation) and r(anging)*].

a.cró.po.le [Lat. *acropole*, de or. gr.] *sf.* **1.** A parte mais elevada das antigas cidades gregas, onde se localizavam a cidadela e santuários. **2.** Santuário ou fortaleza sita em acrópole (1).

a.crós.ti.co [Fr. *acrostiche*.] *sm.* Composição poética em que as letras iniciais dos versos formam, lidas verticalmente, palavra(s) ou frase.

ac.tí.ni.a [Tax. *Actinia*. ◼ 8B] *sf. Zool.* V. anêmona-do-mar.

ac.ti.ni.á.ri:o [Tax. *Actiniaria*. ◼ 24] *adj. sm. Zool.* Diz-se de, ou espécime dos actiniários, ordem de cnidários desprovidos de esqueleto; são pólipos solitários. Ex.: anêmona-do-mar.

ac.ti.ní.de:os *smpl. Quím.* Grupo de elementos, com propriedades químicas semelhantes às do actínio. São eles, em ordem crescente de número atômico – de 90 a 103: tório, protactínio, urânio, netúnio, plutônio, amerício, cúrio, berquélio, califórnio, einstênio, férmio, mendelévio, nobélio e laurêncio.

ac.ti.ni.di.á.ce:a [Tax. *Actinidiaceae*.] *sf. Bot.* Espécime das actinidiáceas, fam. de árvores e arbustos ger. trepadores, de frutos bacáceos, nativos de regiões tropicais e temperadas. § **ac.ti.ni.di.á.ce:o** *adj.*

ac.tí.ni:o [Lat.cient. *actinium*. ◼ 34B] *sm. Quím.* Elemento químico de número atômico 89 [símb.: *Ac*].

a.çu [Do tupi.] *adj2g. Bras.* Grande, considerável. [Antôn.: *mirim*.]

a.cu.ar [*A-²* + *cu* + *-ar²*. ◼ 1A] *vtd.* **1.** Perseguir (a caça), forçando-a a refugiar-se na toca. **2.** Cercar (alguém) de modo que ele não possa fugir. [C.: 1] § **a.cu.a.do** *adj.*

a.çú.car [Do ár.] *sm.* **1.** Produto alimentar de sabor doce, solúvel na água, extraído sobretudo da cana-de-açúcar; sacarose. **2.** *Quím.* Qualquer carboidrato simples, solúvel em água, de sabor adocicado. Ex.: glicose. [Pl.: *açúcares*.]

a.çu.ca.rar [*Açúcar*. ◼ 1A] *vtd.* **1.** Adoçar com açúcar. **2.** *Fig.* Tornar melífluo, suave. **3.** *Fig.* Tornar meigo, terno. *int. e p.* **4.** Adquirir a consistência do açúcar. [C.: 1] § **a.çu.ca.ra.do** *adj.*

a.çu.ca.rei.ro [*Açúcar*. ◼ 25] *sm.* **1.** Vaso em que se serve o açúcar. ● *adj.* **2.** Relativo ao açúcar ou à cana-de-açúcar.

a.çu.ce.na [Do ár.] *sf. Bot.* Planta liliácea cultivada como ornamental, e sua flor.

a.çu.dar [*Açude*. ◼ 1A] *vtd.* Represar (água) em açude. [C.: 1. Cf. *açodar*.]

a.çu.de [Do ár.] *sm.* **1.** Construção para represar água. **2.** *Bras.* Lago formado por represamento.

a.cu.dir [Port.ant. *recudir*. ◼ 1C] *vti.* **1.** Ir em socorro, auxílio; socorrer; auxiliar. **2.** Vir à lembrança; ocorrer. *int.* **3.** Atender ao chamado, convite. *p.* **4.** Valer-se de alguém ou de alguma coisa. [C.: 52]

a.cu:i.da.de [Fr. *acuité*.] *sf.* **1.** Qualidade de agudo; agudez. **2.** *Fig.* Agudeza de percepção; perspicácia.

a.çu.lar [V.E] *vtd. e tdi.* **1.** Incitar (o cão) a morder. **2.** Incitar, estimular. [C.: 1. Cf. *assolar*.]

a.cú.le:o [Lat. *aculeu*.] *sm.* **1.** Ponta aguçada. **2.** *Bot.* Órgão vegetal semelhante ao espinho, porém mais superficial. **3.** *Zool.* Estrutura filiforme, dura e pungente, da nadadeira de certos peixes; espinho.

a.cul.tu.ra.ção [Ingl. *acculturation*. ◼ 2A] *sf.* Transformação da cultura de um grupo, pela assimilação de elementos culturais de outro grupo social com que mantém contato direto e regular. [Pl.: *-ções*.]

a.cul.tu.rar [Deduz. de *aculturação*. ◼ 1A] *vtd. e p.* Causar aculturação de (grupo ou indivíduo), ou passar por este processo. [C.: 1] § **a.cul.tu.ra.do** *adj.*

a.cu.mu.la.ção [Lat. *accumulatione*. ◼ 2A] *sf.* **1.** Ato ou efeito de acumular. **2.** Aumento, acréscimo. **3.** Ajuntamento de pessoas ou coisas. [Sin.ger.: *acúmulo*. Pl.: *-ções*.]

a.cu.mu.la.dor (ô) [Lat. *accumulator*. ◼ 19A] *adj.* **1.** Que acumula. ● *sm.* **2.** Aquele que acumula. **3.** *Fís.-Quím.* Sistema capaz de converter energia química em energia elétrica.

a.cu.mu.lar [Lat. *accumulare*. ◼ 1A] *vtd.* **1.** Pôr em cúmulo ou montão; amontoar. **2.** Ajuntar, reunir. **3.** Exercer (vários empregos,

acúmulo | aderir

funções, etc.) simultaneamente. *tdi.* **4.** Acumular (3). *p.* **5.** Pôr-se em cúmulo; amontoar-se. **6.** Ajuntar-se, reunir-se. [C.: 1] § **a.cu.mu.lá.vel** *adj2g.*

a.cú.mu.lo [Dev. de *acumular.*] *sm.* V. *acumulação.*

a.cu.pun.tu.ra [*Acu-* + *puntura*.] *sf. Med.* Terapêutica oriental, muito antiga, que consiste na introdução de agulhas em pontos cutâneos precisos, e com objetivos diversos, como, p.ex., alívio de dor.

a.cu.pun.tu.ris.ta [*Acupuntura.* ◻ 36] *s2g.* Especialista em acupuntura.

a.cu.rá.ci.a [Ingl. *accuracy*.] *sf. Mat.* Exatidão de uma operação ou de uma tabela.

a.cu.rar [Lat. *accurare.* ◻ 1A] *vtd.* **1.** Tratar de (pessoa ou coisa) com cuidado. **2.** V. *aprimorar. p.* **3.** Aprimorar-se. [C.: 1] § **a.cu.ra.do** *adj.*

a.cu.sa.ção [Lat. *accusatione.* ◻ 2A] *sf.* **1.** Ato ou efeito de acusar. **2.** Incriminação. **3.** Denúncia, delação. [Pl.: *-ções*.]

a.cu.sar [Lat. *accusare.* ◻ 1A] *vtd.* **1.** Imputar falta, delito ou crime a; incriminar. *tdi.* **2.** Denunciar a culpa de (alguém) em (ato ilegal, aético, ou crime); culpar, incriminar. *transobj.* **3.** Tachar, inculpar: *Acusaram-no de infiel. p.* **4.** Declarar-se culpado. [C.: 1] § **a.cu.sa.do** *adj. sm.*; **a.cu.sa.dor** (ô) *adj. sm.*; **a.cu.sá.vel** *adj2g.*

a.cús.ti.ca [Fr. *acoustique*.] *sf.* **1.** Parte da física que estuda o som. **2.** Qualidade de um espaço arquitetônico quanto à propagação do som. § **a.cús.ti.co** *adj.*

a.cu.tân.gu.lo [Lat. *acutus* + *ângulo.*] *adj. Geom.* Cujos ângulos são agudos.

a.cu.ti.lar [A-² + *cutil(ada)* + -*ar*². ◻ 1A] *vtd.* Dar cutilada(s) em. [C.: 1]

a.da.ga [A-⁴ + *daga*.] *sf.* Arma branca, mais larga e maior que o punhal, com 1 ou 2 gumes.

a.da.gi.á.ri.o [*Adágio.* ◻ 24] *sm.* Coleção de adágios.

a.dá.gi.o [Lat. *adagiu*.] *sm.* V. *provérbio.*

a.da.man.ti.no [Lat. *adamantinu.*] *adj.* Diamantino.

a.dâ.mi.co [Antr. *Adão* (*adam-*). ◻ 35B] *adj.* **1.** Pertencente ou relativo a Adão, o primeiro homem, segundo a Bíblia. **2.** Adamítico.

a.da.mí.ti.co *adj.* Relativo aos tempos primitivos; adâmico.

a.dap.ta.ção [*Adaptar.* ◻ 2A] *sf.* **1.** Ato ou efeito de adaptar(-se). **2.** *Biol.* Processo pelo qual um ser vivo torna-se mais apto a sobreviver em certo ambiente. [Pl.: *-ções*.]

a.dap.tar [Lat. *adaptare.* ◻ 1A] *vtdi.* **1.** Tornar apto. **2.** Adequar (1). *td.* **3.** Modificar texto de (obra literária), adequando-o a certo público (6), ou transformando-o em peça teatral, *script*, etc. *p.* **4.** Tornar-se afeito a (algo). [C.: 1] § **a.dap.tá.vel** *adj2g.*

a.de.ga [Lat. *apotheca*.] *sf.* **1.** Compartimento da casa de temperatura apropriada à guarda e conservação de vinhos. **2.** O conjunto dos vinhos que a adega (1) contém. **3.** Móvel climatizado, us. como adega.

a.de.jar *v.int.* **1.** Dar voos curtos e repetidos sem direção certa. **2.** V. *esvoaçar* (1). **3.** *Fig.* Aflorar (1). *td.* **4.** Agitar à semelhança de asas. [C.: 1 (é)]

a.de.jo (ê) [Dev. de *adejar.*] *sm.* Ato de adejar.

a.del.ga.çar [A-² + lat.vulg. **delicatiare.* ◻ 1A] *vtd., int.* e *p.* Fazer(-se) delgado, fino, ou menos denso; desengrossar. [C.: 1B] § **a.del.ga.ça.do** *adj.*

a.de.mais [A³ + *demais.*] *adv.* V. *além disso.*

a.de.ma.nes [Esp. *ademanes*.] *smpl.* **1.** Acenos, gestos, sinais. **2.** Trejeitos.

a.den.da [Lat. *addenda*.] *sf.* O que se acrescenta a um livro, a uma obra, para completá-los; apêndice.

a.den.do *sm.* V. *adenda.*

a.de.no.ma [*Aden(o)-* + *-oma*¹.] *sm. Med.* Tumor benigno, de tecido glandular.

a.de.no.ví.rus [*Aden(o)-* + *vírus*.] *sm2n. Biol.* Cada um de uma fam. de vírus causadores de certas doenças respiratórias. § **a.de.no.vi.ró.ti.co** *adj.*

a.den.sar [Lat. *addensare.* ◻ 1A] *vtd.* e *p.* **1.** Tornar(-se) espesso ou denso. **2.** Impregnar(-se), saturar(-se). [C.: 1]

a.den.trar [A-² + *dentro* + -*ar*². ◻ 1A] *vtd.* **1.** Fazer entrar. **2.** Penetrar em; entrar. *int.* e *p.* **3.** Penetrar, entrar. [C.: 1]

a.den.tro [A³ + *dentro.*] *adv.* **1.** Para dentro de um espaço, lugar fechado, aposento, etc.: *Veio casa adentro.* [Us. depois do subst.] **2.** *Fig.* Us. para dar ideia de continuação no tempo: *A festa prosseguiu noite adentro.* [Cf. *afora.*]

a.dep.to [Lat. *adeptu*.] *adj. sm.* **1.** Que, ou aquele que é iniciado nos princípios e dogmas de seita, religião, etc. **2.** Que, ou aquele que é partidário de corrente científica, filosófica, política, etc.

a.de.quar [Lat. *adaequare.* ◻ 1A] *vtdi.* **1.** Tornar próprio, conveniente; adaptar: *Adequou o provérbio à ocasião.* **2.** Amoldar, ajustar. *p.* **3.** Adaptar-se, ajustar-se. [C.: 4] § **a.de.qua.ção** *sf.*; **a.de.qua.do** *adj.*

a.de.re.çar [Lat.vulg. **addirectiare.* ◻ 1A] *vtd.* e *p.* Adornar(-se) com adereço(s). [C.: 1B (é)] § **a.de.re.ça.men.to** *sm.*

a.de.re.ço (ê) [Dev. de *adereçar.*] *sm.* **1.** Objeto de adorno pessoal; ornamento, enfeite. **2.** Conjunto de joias que combinam entre si.

a.de.rên.ci.a [Lat. *adhaerentia*.] *sf.* **1.** Qualidade de aderente. **2.** Ligação, união, adesão.

a.de.ren.te [Lat. *adhaerente.* ◻ 21] *adj2g.* **1.** Que adere. **2.** Pegado, preso. ● *s2g.* **3.** Quem adere.

a.de.ren.tes *smpl.* Amigos, sequazes.

a.de.rir [Lat. *adhaerere.* ◻ 1C] *v.int.* **1.** Estar ou tornar-se intimamente ligado, colado. **2.** Ser aderente; colar. **3.** Abraçar partido, causa, etc. *ti.* **4.** Tornar-se aderente: *O tecido ade-*

adernar | adjetivo

ria ao corpo. 5. Aderir (3). *tdi.* 6. Unir, ligar. *p.* 7. Ajuntar-se, unir-se. [C.: 48]

a.der.nar [V.C] *v.int.* Inclinar-se (a embarcação) sobre um dos bordos. [C.: 1 (é)]

a.de.são [Lat. *adhaesione*.■2] *sf.* Ato ou efeito de aderir. [Pl.: -sões.]

a.de.sis.mo [*Ades(ão)*.■11] *sm.* Adesão sistemática, em política, a situações novas ou vitoriosas.

a.de.si.vo [Fr. *adhésive*.■22] *adj.* 1. Que adere ou cola; aderente. ● *sm.* 2. Aquilo que adere ou cola. 3. Fita, papel, ou plástico autocolante (1).

a.des.trar [*A-²+ destro + -ar².* ■1A] *vtd.* 1. Tornar destro, capaz; habilitar. 2. Ensinar ou condicionar (animal) a realizar certa(s) tarefa(s) e/ou a apresentar certo comportamento, atendendo a certo(s) comando(s). *p.* 3. Habilitar-se. [C.: 1 (é)] § **a.des.tra.do** *adj.*; **a.des.tra.dor** (ô) *adj. sm.*; **a.des.tra.men.to** *sm.*

a.deus [*A³+ Deus*.] *interj.* 1. Us. como cumprimento de despedida. 2. Us. para significar desaparecimento ou perda de algo, ou saudades do que já não há: *Disse adeus àquela vida calma*. ● *sm.* 3. Despedida, separação. 4. Gesto de saudação e esp. de despedida.

a.di:a.bá.ti.co [Gr. *adiábatos + -ico²*.■35B] *adj. Fís.* Diz-se do processo de transformação dum sistema no qual não há ganho ou perda de calor.

a.di:an.ta.do [*Adiantar*.■17A] *adj.* 1. Que se situa à frente de outros (no espaço), ou que vem ou acontece antes (no tempo). 2. Diz-se de relógio, calendário, etc., que marca tempo (hora, dia, etc.) que ainda não é o presente. 3. Distante do começo ou próximo do fim (no tempo ou no espaço); avançado: *hora adiantada do dia*. 4. Mais desenvolvido: *país adiantado*. 5. Com mais conhecimentos; sabedor: *aluna adiantada*. ● *sm.* 6. Qualidade ou condição de adiantado (3): *Devido ao adiantado da hora, recolheu-se.* ● *adv.* 7. Antes da data ou ocasião usual: *Pagou adiantado* [= *adiantadamente*].

a.di:an.tar [*Adiante*.■1A] *vtd.* 1. Mover para diante. 2. *Fig.* Fazer progredir; desenvolver. 3. Apressar. 4. Fazer ou dizer com antecipação. 5. Pagar adiantado parte ou total de (quantia ajustada). 6. Emprestar (dinheiro). *tdi.* 7. Dizer com antecipação. *int.* 8. Mover (o mecanismo de um relógio), tornando-o mais avançado no tempo. 9. Trazer vantagem, benefício, etc. 10. Ter efeito, valia (2), etc. *p.* 11. Ir para diante; avançar. 12. Apressar-se. [C.: 1] § **a.di:an.ta.men.to** *sm.*

a.di.an.te [*A-²+ diante*] *adv.* 1. Na frente; na dianteira. 2. Em primeiro lugar. 3. À frente; para a frente. ● *interj.* 4. Exprime intimação para continuar alguma coisa interrompida, equivalendo a *passe adiante, prossiga, toque para a frente.*

a.di.ar [*A-² + dia + -ar²*.■1A] *vtd.* Transferir para outro dia ou hora; protelar, procrastinar. [C.: 1] § **a.di:a.men.to** *sm.*; **a.di.á.vel** *adj2g.*

a.di.ção [Lat. *aditione*.■2] *sf.* 1. Ato ou efeito de adir. 2. Acréscimo, aditamento. 3. *Arit.* Operação elementar que consiste em reunir em um só número unidades, e frações de unidades, constituintes de 2 ou mais outros números; soma (1). 4. *Mat.* Nome de operações análogas à adição (3), definidas para aplicação a outras entidades matemáticas: *adição de vetores*. [Pl.: -ções.]

a.di.ci:o.nal [*Adição (-cion-)*.■39] *adj2g. sm.* Que, ou o que se adiciona. [Pl.: -nais.]

a.di.ci:o.nar [*Adição (-cion-)*.■1A] *vtd.* 1. Ajuntar; acrescentar. 2. Fazer a adição de; somar. *tdi.* 3. Adicionar (1). [C.: 1] § **a.di.ci:o.ná.vel** *adj2g.*

a.di.do [Lat. *adidu*.] *sm.* Funcionário agregado a outro, a corporação ou a quadro (7), para auxiliar.

a.di.men.si:o.nal [*A-³+dimensional*.] *adj2g.* Que não tem dimensão. [Pl.: -nais.]

a.di.po.so (ô) [*Adipe*, 'gordura animal'.■37] *adj.* 1. Gorduroso, gordo. 2. Muito gordo; obeso. [Pl.: *-posos* (ó).] § **a.di.po.si.da.de** *sf.*

a.dir [Lat. *addere*.■1C] *vtd., tdi.* e *p.* Acrescentar(-se), ajuntar(-se). [C.: 9]

a.di.tar [*A-² + dita + -ar²*.■1A] *vtd.* e *tdi.* 1. V. *acrescentar* (2 e 3). *p.* 2. Ajuntar-se. [C.: 1] § **a.di.ta.men.to** *sm.*

a.di.ti.vo [Lat. *additivu*.■22] *adj.* 1. Que se adita. 2. Que adiciona ou serve para adicionar. ● *sm.* 3. O que se adicionou. 4. *Quím.* Substância que se adiciona a solução para aumentar, diminuir ou eliminar determinada propriedade desta.

a.di.vi.nha¹ [Dev. de *adivinhar*.] *sf.* Coisa para adivinhar, ou questão lúdica, relativamente simples, para ser decifrada; adivinhação.

a.di.vi.nha² *sf.* Fem. de *adivinho*.

a.di.vi.nha.ção [*Adivinhar*.■2A] *sf.* 1. Ato ou efeito de adivinhar. 2. Adivinha¹. [Pl.: -ções.]

a.di.vi.nha.dor (ô) [*Adivinhar*.■19A] *adj. sm.* Que, ou aquele que adivinha.

a.di.vi.nhar [Lat. *addivinare*.■1A] *vtd.* 1. Descobrir, por meios supostamente sobrenaturais, ou por artifícios, o que está oculto em. 2. Interpretar, decifrar. [C.: 1]

a.di.vi.nho [Lat. (*homo*) *divinu*.] *sm.* Indivíduo que se pretende capaz de adivinhar.

ad.ja.cên.ci:a [Lat. *adjacentia*.] *sf.* 1. Qualidade de adjacente. 2. Vizinhança.

ad.ja.cen.te [Lat. *adjacente*.■21] *adj2g.* 1. Contíguo, junto, confinante. 2. Próximo, vizinho.

ad.je.ti.var [*Adjetivo*.■1A] *vtd.* 1. Aplicar adjetivo a. 2. Qualificar por meio de adjetivos. *transobj.* 3. Qualificar (4). *int.* 4. Empregar adjetivo. [C.: 1] § **ad.je.ti.va.ção** *sf.*; **ad.je.ti.va.do** *adj.*

ad.je.ti.vo [Lat. *adjectivu*.■22] *sm. E.Ling.* Palavra que modifica o subst., indicando quali-

ad.ju.di.car [Lat. *adjudicare*. 1A] *vtd.* **1.** Conceder a posse de (algo), por decisão ou sentença judicial ou administrativa. *tdi.* **2.** Considerar como autor, causa ou origem; atribuir. [C.: 1A] § **ad.ju.di.ca.ção** *sf.*

ad.ju.di.ca.ti.vo [*Adjudicar*. 22A] *adj. Jur.* Adjudicatório.

ad.ju.di.ca.tó.ri:o [*Adjudicar*. 23A] *adj. Jur.* Diz-se de ato ou sentença de que deriva a adjudicação; adjudicativo.

ad.jun.to [Lat. *adjunctu*.] *adj.* **1.** Unido, próximo. **2.** Auxiliar, ajudante. • *sm.* **3.** Ajudante, assistente. **4.** *E.Ling.* Termo acessório, que modifica outro, principal ou acessório. ♦ **Adjunto adnominal.** *E.Ling.* Termo de valor adjetivo que especifica ou delimita o significado de um substantivo, seja qual for a função deste. [Ex.: A *menina* bonita *brincava na grama*.] **Adjunto adverbial.** *E.Ling.* Termo de valor adverbial que denota alguma circunstância do fato expresso pelo verbo, ou intensifica o sentido deste, ou de um adjetivo, ou de um advérbio. [Ex.: *Aquela menina* muito *bonita gosta demais de brincar* na areia.]

ad.ju.tó.ri:o [Lat. *adjutoriu*. 23] *sm.* **1.** Ajuda, auxílio. **2.** *Bras.* Mutirão (1).

ad.mi.nis.tra.ção [Lat. *administratione*. 2A] *sf.* **1.** Ação ou efeito de administrar. **2.** Conjunto de princípios, normas e funções que têm por fim ordenar a estrutura e o funcionamento de uma organização (empresa, órgão público, etc.). **3.** A sua prática. **4.** Função do administrador. **5.** O período de exercício dessa função. **6.** Pessoal que administra. **7.** O local em que fica a administração (6). [Pl.: *-ções*].

ad.mi.nis.tra.dor (ô) [Lat. *administratore*. 19A] *adj. sm.* Que, ou aquele que administra.

ad.mi.nis.trar [Lat. *administrare*. 1A] *vtd.* **1.** Gerir (negócios públicos ou particulares). **2.** Governar; dirigir. **3.** Dirigir (instituição). **4.** Ministrar (sacramento). **5.** Ministrar (medicamento). **6.** Manter (situação, etc.) sob controle. *tdi.* **7.** Administrar (4 e 5). **8.** Dar, aplicar: *Administrou-lhe um beijo na face. p.* **9.** Ministrar medicamento a si mesmo. [C.: 1] § **ad.mi.nis.tra.ti.vo** *adj.*

ad.mi.ra.ção [Lat. *admiratione*. 2A] *sf.* **1.** Sentimento de deleite, enlevo, respeito, etc., ante o que se julga nobre, belo ou digno de amor, de consideração. **2.** Espanto, assombro, surpresa. [Pl.: *-ções*].

ad.mi.ra.dor (ô) [Lat. *admiratore*. 19A] *adj.* **1.** Que admira. • *sm.* **2.** Aquele que admira. **3.** Aquele que tem inclinação amorosa por alguém.

ad.mi.rar [Lat. *admirari*. 1A] *vtd.* **1.** Olhar ou considerar com admiração. **2.** Experimentar admiração por. **3.** Admirar (4). *ti. e int.* **4.** Causar admiração, espanto, assombro, etc. *p.* **5.** Sentir admiração, surpresa, etc. **6.** Ter ou sentir admiração a si mesmo, ou admiração recíproca. [C.: 1] § **ad.mi.ra.do** *adj.*

ad.mi.rá.vel [Lat. *admirabile*. 41] *adj2g.* Digno de admiração. [Pl.: *-veis*].

ad.mis.são [Lat. *admissione*. 2] *sf.* Ato ou efeito de admitir. [Pl.: *-sões*].

ad.mis.sí.vel [Lat. *admissus + -ível*. 41A] *adj2g.* Que se pode admitir. [Pl.: *-veis*].

ad.mi.tân.ci:a [Ingl. *admittance*.] *sf. Eletr.* O inverso da impedância de um circuito elétrico.

ad.mi.tir [Lat. *admittere*. 1C] *vtd.* **1.** Aceitar ou reconhecer por bom, verdadeiro ou legítimo. **2.** Aceitar, reconhecer. **3.** Receber. **4.** Tolerar. **5.** Aceitar matrícula de. **6.** V. *empregar* (2). *tdi.* **7.** Permitir o ingresso; acolher. *tdc.* **8.** Receber, acolher. *transobj.* **9.** Aceitar, receber: *Admitiu a declaração por verdadeira.* [C.: 3]

ad.mo:es.tar [Lat.vulg. **admonestare*, poss. 1A] *vtd.* **1.** Advertir de falta. **2.** Censurar ou repreender com brandura; advertir. *tdi.* **3.** Avisar, lembrar, em advertência; advertir. [C.: 1 (é)] § **ad.mo:es.ta.ção** *sf.*

■ **ADN** Sigla de *ácido desoxirribonucleico*.

a.do.bar [*Adobe*. 1A] *vtd.* **1.** Prover de adobe(s). *int.* **2.** Fazer adobe(s). [C.: 1 (ó). Cf. *adubar*.]

a.do.be (ô) [Do ár.] *sm.* Tijolo cru, seco ao sol.

a.do.çan.te [*Adoçar*. 21] *adj2g. sm.* Diz-se de, ou substância que adoça.

a.do.ção [Lat. *adoptione*. 2] *sf.* Ação ou efeito de adotar. [Pl.: *-ções*].

a.do.çar *vtd.* **1.** Tornar doce, ou pôr açúcar, adoçante, mel, etc., em. **2.** *Fig.* Abrandar. *p.* **3.** *Pext.* Abrandar-se. [C.: 1B (ó)] § **a.do.ça.do** *adj.*

a.do.ci.car [*A-²* + *doce* + *-icar*. 1F] *vtd.* **1.** Tornar um tanto doce. **2.** *Fig.* Tornar suave. *p.* **3.** Mostrar-se melífluo. [C.: 1A] § **a.do.ci.ca.do** *adj.*

a.do:e.cer [Lat. *addolescere*. 1B] *v.int. e td.* Cair doente ou tornar-se enfermo. [C.: 2A (ê-é)]

a.do:en.ta.do *adj.* Um tanto doente.

a.doi.da.do [*A-²* + *doido* + *-ado¹*. 17B] *adj.* **1.** V. *amalucado* (2). • *adv.* **2.** *Bras.* Muito, intensamente.

a.do.les.cên.ci:a [Lat. *adolescentia*.] *sf.* Período da vida humana que começa com a puberdade, caracterizado por mudanças corporais e psicológicas, e que vai de c. 12 aos 20 anos.

a.do.les.cen.te [Lat. *adolescente*. 21] *adj2g.* **1.** Que está na adolescência, ou que dela é próprio. **2.** De pouco tempo; novo. • *s2g.* **3.** Pessoa que está na adolescência.

a.dô.nis [Mit. gr. *Adónis*, famoso por sua beleza.] *sm2n.* Homem belo e elegante.

a.do.rar [Lat. *adorare*. 1A] *vtd.* **1.** Render culto a (divindade). **2.** Amar extremosamente. **3.** *Fam.* Gostar muitíssimo de. *p.* **4.** Venerar a si mesmo. **5.** Amar-se mutuamente ao extremo. [C.: 1 (ó)] § **a.do.ra.ção** *sf.*; **a.do.ra.do** *adj.*; **a.do.ra.dor** (ô) *adj. sm.*

adorável | adversário

a.do.rá.vel [Lat. *adorabile*.🔲 41] *adj2g.* **1.** Digno de adoração. **2.** Encantador. [Pl.: -*veis*.]

a.dor.me.cer [Lat. *addormiscere*.🔲 1B] *v.int.* **1.** Cair no sono; dormir. *td.* **2.** Fazer dormir. **3.** Acalmar, serenar. **4.** Insensibilizar. [C.: 2A (ê-é)] § **a.dor.me.ci.men.to** *sm.*

a.dor.nar [Lat. *adornare*.🔲 1A] *vtd. e p.* Ornar(-se), enfeitar(-se). [C.: 1 (ó)]

a.dor.no (ô) [Dev. de *adornar*]. *sm.* V. *enfeite.*

a.do.tar [Lat. *adoptare*.🔲 1A] *vtd.* **1.** Optar ou decidir-se por; escolher. **2.** Aceitar, acolher. **3.** Pôr em prática. **4.** Atribuir a (filho de outrem) os direitos e o tratamento afetivo de filho próprio; perfilhar. [C.: 1 (ó)] § **a.do.ta.do** *adj.*; **a.do.tá.vel** *adj2g.*

a.do.ti.vo [Lat. *adoptivu*.🔲 22] *adj.* **1.** Relativo à adoção. **2.** Que foi adotado: *filho adotivo*. **3.** Que adotou: *pai adotivo.*

ad.qui.rir [Lat. *adquirere*.🔲 1C] *vtd.* **1.** Passar a ter a posse de (algo) mediante compra, troca, etc.; obter. **2.** Vir a ter; criar, contrair. **3.** Alcançar, conquistar. **4.** Assumir, tomar. [C.: 3] § **ad.qui.ren.te** *adj2g. s2g.*; **ad.qui.ri.do** *adj.*

a.dre.de (ê) [V.D] *adv.* De propósito.

a.dre.na.li.na [Ingl. *adrenalin*.🔲 31] *sf.* Hormônio produzido pelas glândulas suprarrenais, que estimula fortemente o coração e que tem outras funções no metabolismo. [Sua secreção aumenta em situações de perigo, tensão, etc.]

a.dri.ça [A-⁵ + it. *drizza*.] *sf.* Cabo para içar bandeira, certas vergas e velas, etc.

a.dro [Lat. *atriu*.] *sm.* Terreno em frente e/ou em volta de igreja.

ad.sor.ção [Ingl. *adsorption*.🔲 2] *sf. Fís.-Quím.* Fixação de moléculas de uma substância na superfície de outra. [Pl.: -*ções*.]

ads.trin.gên.ci.a [Lat. *adstringentia*.🔲 10] *sf.* Qualidade de adstringente.

ads.trin.gen.te [Lat. *adstringente*.🔲 21] *adj2g. sm.* **1.** Que, ou o que adstringe. **2.** Que, ou o que produz constrição.

ads.trin.gir [Lat. *adstringere*.🔲 1C] *vtd.* **1.** Apertar, comprimir. **2.** Diminuir, restringir. **3.** Unir; juntar. *tdi.* **4.** Obrigar, constranger: *Adstringi-o ao cumprimento da lei. p.* **5.** Comprimir-se. **6.** Unir-se. **7.** Limitar-se. [C.: 3A]

a.du.a.na [Do ár.] *sf.* V. *alfândega.*

a.du:a.nei.ro [*Aduana*.🔲 25] *adj.* Alfandegário.

a.du.bar [Fr.ant. *adober*.🔲 1A] *vtd.* **1.** Temperar, condimentar. **2.** Fertilizar com adubo. [C.: 1. Cf. *adobar*.] § **a.du.ba.ção** *sf.*

a.du.bo [Dev. de *adubar*.] *sm.* Resíduos animais ou vegetais, ou substância química, que se misturam à terra para fertilizá-la; fertilizante.

a.du.ção [Lat. *adductione*.🔲 2] *sf.* Ato ou efeito de aduzir. [Pl.: -*ções*.]

a.du.e.la [A-⁵ + fr. *douelle*.] *sf.* Cada uma das tábuas encurvadas que formam o corpo de tonéis, pipas, etc.

a.du.lar [Lat. *adulare*.🔲 1A] *vtd.* Lisonjear servilmente; bajular. [C.: 1] § **a.du.la.ção** *sf.*

a.dul.te.ra.ção [Lat. *adulteratione*.🔲 2A] *sf.* **1.** Ato ou efeito de adulterar(-se). **2.** Adição de substância imprópria ou desnecessária a alimento, combustível, etc.

a.dul.te.rar [Lat. *adulterare*.🔲 1A] *vtd.* **1.** Falsificar, contrafazer. **2.** Mudar, alterar. *p.* **3.** V. *corromper* (5). [C.: 1 (é)] § **a.dul.te.ra.do** *adj.*

a.dul.te.ri.no [Lat. *adulterinu*.] *adj.* **1.** Em que há adultério. **2.** Proveniente de adultério.

a.dul.té.ri.o [Lat. *adulteriu*.] *sm.* Infidelidade conjugal.

a.dúl.te.ro [Lat. *adulteru*.] *adj. sm.* Que, ou quem pratica adultério.

a.dul.to [Lat. *adultu*.] *adj.* **1.** Que atingiu seu completo desenvolvimento: *animal adulto, planta adulta*. **2.** Relativo ao período da vida após a adolescência. ● *sm.* **3.** Indivíduo adulto.

a.dun.co [Lat. *aduncu*.] *adj.* Curvo em forma de garra ou gancho.

a.dus.to [Lat. *adustu*.] *adj.* **1.** Queimado, abrasado. **2.** Quentíssimo; ardente.

a.du.tor (ô) [Lat. *adductore*.🔲 19] *adj. sm.* Que, ou o que aduz ou traz.

a.du.to.ra (ô) *sf.* Canal, galeria ou encanamento que conduz ao reservatório as águas dum manancial.

a.du.zir [Lat. *adducere*.🔲 1C] *vtd. e tdi.* **1.** Trazer, apresentar (razões, provas, etc.). **2.** Trazer, conduzir. [C.: 41]

ád.ve.na [Lat. *advena*.] *adj2g. s2g.* V. *adventício* (1 e 4).

ad.ven.tí.ci:o [Lat. *adventiciu*.] *adj.* **1.** Chegado de fora; estrangeiro, forasteiro. **2.** *Ecol.* Que está fora do lugar próprio, ou fora de época. **3.** *Bot.* Diz-se de qualquer órgão que nasce fora do lugar habitual: *raiz adventícia*. ● *sm.* **4.** Aquele que chega de fora, que é estranho ou intruso; estrangeiro, forasteiro. [Sin. de 1 e 4: *ádvena*.]

ad.ven.tis.mo [Ingl. *adventism*.🔲 11] *sm.* Doutrina protestante que, baseada na Bíblia, prega uma segunda vinda de Jesus à Terra.

ad.ven.tis.ta [Ingl. *adventist*.🔲 36] *adj2g.* **1.** Relativo ou pertencente ao adventismo ou aos adventistas. **2.** Que é seguidor do adventismo. ● *s2g.* **3.** Seguidor do adventismo.

ad.ven.to [Lat. *adventu*.] *sm.* **1.** Vinda, chegada. **2.** Aparecimento, começo. **3.** *Rel.* Período litúrgico de 4 semanas antes do Natal.

ad.vér.bi:o [Lat. *adverbiu*.] *sm. E.Ling.* Palavra invariável que modifica verbo, adjetivo ou outro advérbio, ou oração equiv. a esses, exprimindo circunstância de tempo, lugar, modo, intensidade, etc. [Ex.: *acordar cedo; ir além*.] § **ad.ver.bi.al** *adj2g.*

ad.ver.sá.ri:o [Lat. *adversariu*.🔲 24] *adj. sm.* **1.** Que, ou aquele que luta contra, que se opõe a. **2.** Inimigo.

adversativo | aerovia

ad.ver.sa.ti.vo [Lat. *adversativu*. ⊟22] *adj*. Oposto, adverso.

ad.ver.si.da.de [Lat. *adversitate*. ⊟14] *sf*. 1. Contrariedade. 2. Infortúnio. 3. Qualidade de adverso (2).

ad.ver.so [Lat. *adversu*.] *adj*. 1. Contrário. 2. Desfavorável.

ad.ver.tên.ci.a [Lat. *advertentia*.] *sf*. 1. Ato ou efeito de advertir. 2. Admoestação, aviso.

ad.ver.tir [Lat. *advertere*. ⊟1C] *vtd*. 1. Censurar ou repreender com brandura; admoestar. 2. Chamar a atenção para. 3. Acautelar, prevenir. 4. V. *notar* (3). *tdi*. 5. Admoestar (3). 6. Fazer observar, reparar. *p.* 7. Dar fé; atentar. [C.: 48]

ad.vir [Lat. *advenire*. ⊟1C] *vti. e int*. 1. Suceder; sobrevir. *bit. i*. 2. Vir em consequência; provir: *Daquele feito advejo-lhe a glória*. [C.: 36]

ad.vo.ca.ci.a [V.C] *sf*. 1. Ação de advogar. 2. Profissão de advogado.

ad.vo.ca.tí.ci.o [Lat. *advocatus* + -*ício*.] *adj*. Relativo a advocacia.

ad.vo.ga.do [Lat. *advocatu*.] *sm*. Indivíduo legalmente habilitado a advogar.

ad.vo.gar [Lat. *advocare*. ⊟1A] *vtd*. 1. Interceder a favor de. 2. Defender em juízo. 3. Defender com razões e argumentos. *ti*. 4. Interceder. *int*. 5. Exercer a profissão de advogado. [C.: 1C (o)]

→ **aedes** (áides/édes) [Tax. *Aedes*.] *sm2n. Zool*. Nome comum aos insetos culicídeos, conhecidos pop. como *mosquitos*, vetores de germes que causam doenças. Ex.: o *Aedes aegypti* (transmissor da febre amarela urbana e do dengue).

a.e.do (é) [Gr. *aoidós*.] *sm*. 1. Aquele que, na Grécia antiga, contava em versos uma ação heroica. 2. *P.ext*. Poeta.

á-é-i-ó-u *sm*. Subst. de *a*, *e*, *i*, *o*, *u*, com que se designam as primeiras letras, ou rudimentos de uma matéria; á-bê-cê, abecedário.

a.e.ra.ção [Fr. *aération*.] *sf*. 1. Ato ou efeito de arejar. 2. Renovação do ar. [Pl.: *-ções*.]

a.é.re.o [Gr. *aérios*.] *adj*. 1. Relativo ao, ou formado de ar. 2. Que vive no ar. 3. Que se produz ou se desloca no ar. 4. *Fig.* V. *desatento*. 5. *Bot*. Que se desenvolve no ar, e não na terra ou na água: *raízes aéreas*.

a.e.rí.co.la [*Aeri-* + -*cola*.] *adj2g*. Que vive no ar.

a.e.ro.bar.co [*Aer(o)*- + *barco*.] *sm*. Barco a motor que se desloca com a maior parte do casco fora da água.

a.e.ró.bi.ca *sf*. Modalidade de condicionamento físico que, mediante exercícios rápidos e ritmados, aumenta a oxigenação tecidual.

a.e.ró.bi.co [*Aeróbio*. ⊟35B] *adj*. Relativo a, ou que promove a oxigenação do sangue e o fortalecimento do coração e aumento da capacidade pulmonar.

a.e.ró.bi.o [*Aer(o)*- + -*bio*.] *adj. sm. Biol*. Diz-se do, ou organismo a cuja vida é imprescindível o oxigênio.

a.e.ro.bi.on.te [*Aer(o)*- + -*bionte*.] *adj2g. sm*. Diz-se de, ou organismo aeróbio.

a.e.ro.di.nâ.mi.ca *sf. Fís*. 1. Estudo do ar e de outros gases em movimento, e da força que exercem em sólidos neles imersos. 2. Formato de um sólido em relação à sua maior ou menor resistência ao ar. § **a.e.ro.di.nâ.mi.co** *adj*.

a.e.ró.di.no [*Aer(o)*- + -*dino*.] *sm. Aer*. Aeronave (avião, planador, helicóptero, ultraleve, etc.) mais pesada que o ar.

a.e.ró.dro.mo [*Aer(o)*- + -*dromo*.] *sm*. Área destinada a pouso e decolagem de aeronaves.

a.e.ro:es.pa.ci.al *adj2g*. 1. Relativo ao aeroespaço. 2. Relativo à aeronáutica e à astronáutica.

a.e.ro:es.pa.ço [*Aer(o)*- + *espaço*.] *sm*. A atmosfera terrestre e o espaço depois dela.

a.e.ro.fó.li.o *sm*. 1. *Aer*. Corpo de forma apropriada a produzir uma reação aerodinâmica normal à direção de seu movimento relativo. 2. Aerofólio (1) fixado sobre a traseira de carro de corrida para dar-lhe maior estabilidade.

a.e.ro.fo.to *sf*. Fotografia tirada de aeronave.

a.e.ro.gra.ma [*Aer(o)*- + -*grama*.] *sm*. Radiograma.

a.e.ró.li.to [*Aer(o)*- + -*lito*.] *sm. Astr*. Meteorito.

a.e.ro.mo.ça (ô) *sf. Bras. Obsol*. A comissária de bordo.

a.e.ro.mo.de.lo *sm*. Miniatura de avião, helicóptero, etc., para pesquisa ou recreação.

a.e.ro.nau.ta [*Aer(o)*- + -*nauta*.] *s2g*. Navegador aéreo.

a.e.ro.náu.ti.ca *sf*. Ciência, arte e prática da navegação aérea. § **a.e.ro.náu.ti.co** *adj*.

a.e.ro.na.ve [*Aer(o)*- + *nave*.] *sf*. Qualquer dos aparelhos com que se navega no ar.

a.e.ro.pla.no [Fr. *aéroplane*.] *sm*. Avião.

a.e.ro.por.to (ô) [*Aer(o)*- + *porto*.] *sm*. Aeródromo com instalações para chegada e partida, carga e descarga, etc., de aeronaves, e atendimento, embarque e desembarque de passageiros.

a.e.ros.sol [*Aer(o)*- + *sol*, 'coloide'.] *sm*. 1. *Quím*. Coloide formado por um sólido ou líquido disperso em um gás. 2. *P.ext*. Embalagem de um produto (tinta, desodorante, medicamento, etc.) que o emite em forma de aerossol.

a.e.rós.ta.to [Fr. *aérostat*.] *sm*. Veículo que usa um gás mais leve que o ar para mantê-lo flutuando na atmosfera. [Há 2 tipos de aeróstato: balões e dirigíveis.]

a.e.ro.ter.res.tre *adj2g*. 1. Relativo ao ar ou à terra. 2. Relativo às forças militares do ar e da terra.

a.e.ro.trans.por.te *sm*. 1. Transporte por via aérea. 2. Avião para transporte de grande vulto.

a.e.ro.vi.a [*Aer(o)*- + *via*.] *sf*. 1. Espaço aéreo submetido a controle, em forma de corredor, e cujas dimensões são fixadas pela

aeroviário | aficionado

autoridade aeronáutica. 2. Empresa de navegação aérea.

a.e.ro.vi.á.ri:o [*Aerovia.*⊡24] *adj.* 1. Relativo a aerovia. ● *sm.* 2. Funcionário de aeroporto ou de aerovia (2).

a.é.ti.co [*A-³* + *ético.*] *adj.* Alheio, contrário à ética.

a.fã [Dev. de *afanar*, poss.] *sm.* 1. Vontade, ânsia. 2. Trabalho; azáfama.

a.fa.bi.li.da.de [Lat. *affabilitate.*⊡14] *sf.* Qualidade, modos ou ato de afável.

a.fa.di.gar *vtd. e p.* Cansar(-se), fatigar(-se). [C.: 1C]

a.fa.gar [Do ár.] *vtd.* 1. Fazer carícias a. 2. Alentar, alimentar. *p.* 3. Fazer carícias a si mesmo, ou mutuamente. [Sin.ger.: *acariciar*. C.: 1C]

a.fa.go [Dev. de *afagar*.] *sm.* Ato ou efeito de afagar. 2. V. *carícia*. 3. *Fig.* Graça, favor.

a.fa.ma.do *adj.* Célebre, famoso.

a.fa.nar [Lat. **affanare.*⊡1A] *vtd.* 1. Adquirir com afã; granjear. 2. *Pop.* Roubar. [C.: 1]

a.fa.si.a [Gr. *aphasía.*⊡8A] *sf. Med.* Impossibilidade, por lesão cerebral, de expressão pela escrita ou por sinais, ou de compreensão da fala ou da escrita. § **a.fá.si.co** *adj. sm.*

a.fas.ta.do [*Afastar*.⊡17A] *adj.* 1. Que está longe (em relação a um ponto de referência). 2. Distante um do outro. 3. Longínquo, remoto.

a.fas.ta.men.to [*Afastar*.⊡3] *sm.* 1. Ato ou efeito de afastar(-se). 2. Medida da distância entre 2 pontos; diferença entre um valor e outro, tomado como referência.

a.fas.tar [V.E] *vtd.* 1. Pôr de parte, de lado. 2. Tirar do caminho; distanciar. 3. Separar. *p.* 4. Sair de perto, ou de um lugar; distanciar-se. [C.: 1] § **a.fas.ta.dor** (ô) *adj.*

a.fá.vel [Lat. *affabile.*] *adj2g.* Fácil e cortês nas relações; cordial. [Pl.: *-veis*.]

a.fa.zer [*A-²* + *fazer*.] *vtdi. e p.* 1. Habituar(-se), acostumar(-se). 2. Acomodar(-se), aclimar(-se). [C.: 18]

a.fa.ze.res (ê) *smpl.* Trabalhos, ocupações.

a.fe.ar [*A-²* + *feio* + *-ar².*⊡1A] *vtd. e p.* Tornar(-se) feio; enfear(-se). [C.:12A]

a.fec.ção [Lat. *affectione.*⊡2] *sf. Med.* Doença; manifestação de um estado mórbido. [Pl.: *-ções*.]

a.fei.ção [Lat. *affectione.*⊡2] *sf.* 1. Sentimento de apego sincero por alguém ou algo; carinho, amizade. 2. Inclinação, pendor. [Pl.: *-ções*.]

a.fei.ço.ar¹ [*A-²* + *feição* + *-ar².*⊡1A] *vtd.* 1. Dar feição ou forma a; modelar. *p.* 2. Tomar feição ou forma. 3. Adaptar-se. [C.: 1D]

a.fei.ço.ar² [*Afeição (-ço-)*.⊡1A] *vtd.* 1. Inspirar afeição a. *p.* 2. Ter ou tomar afeição. [C.:1D]

a.fei.to [Part. de *afazer*.] *adj.* Acostumado, habituado; feito.

a.fé.li:o [Lat.cient. *aphelium.*⊡34B] *sm. Astr.* Ponto de maior afastamento do Sol, na órbita de um astro que gravita em torno dele. [Opõe-se a *periélio*.]

a.fe.mi.na.do *adj. sm.* Efeminado.

a.fe.ren.te [Lat. *afferente.*⊡21] *adj2g.* Que leva ou conduz.

a.fé.re.se [Lat. *aphaerese.*] *sf. E.Ling.* Supressão de fonema ou grupo de fonemas no início da palavra. [Ex.: *Zé*, por *José*.] § **a.fe.ré.ti.co** *adj.*

a.fe.rir [Lat **afferere.*⊡1C] *vtd.* Conferir (pesos, medidas, etc.) com os respectivos padrões. [C.: 48. Cf. *auferir*.] § **a.fe.ri.ção** *sf*.; **a.fe.ri.do** *adj.*; **a.fe.ri.vel** *adj2g.*

a.fer.rar [*A-²* + *ferro* + *-ar².*⊡1A] *vtd.* 1. Prender com ferro. 2. Segurar com força. *p.* 3. Entregar-se com afinco; agarrar-se. [C.: 1 (é)]

a.fer.ro (ê) [Dev. de *aferrar*.] *sm.* 1. Ação ou efeito de aferrar(-se). 2. Apego obstinado; afinco.

a.fer.ro.lhar *vtd.* 1. Fechar com ferrolho. 2. Guardar muito fechado. [C.: 1 (ó)]

a.fer.ven.tar [*A-²*+*fervente*+*-ar².*⊡1A] *vtd.* Submeter a uma rápida fervura. [C.: 1] § **a.fer.ven.ta.do** *adj.*

a.fer.vo.rar *vtd. e p.* Encher(-se) de fervor. [C.: 1 (ó)]

a.fe.ta.ção [Lat. *affectatione.*⊡2A] *sf.* 1. Ato ou efeito de afetar(-se). 2. Falta de naturalidade; melindre. [Pl.: *-ções*.]

a.fe.ta.do [*Afetar.*⊡17A] *adj.* Que mostra afetação (2).

a.fe.tar [Lat. *affectare.*⊡1A] *vtd.* 1. Fingir, simular. 2. Produzir lesão em. 3. Comover, abalar. 4. Dizer respeito a; interessar. 5. Imitar (a forma de algo ou alguém). *tr.* 6. Fingir-se, fazer-se. [C.: 1 (é)] § **a.fe.tan.te** *adj2g.*

a.fe.ti.vi.da.de [*Afetivo.*⊡14] *sf.* Qualidade ou caráter de afetivo.

a.fe.ti.vo [Lat. *affectivu.*] *adj.* 1. Relativo a afeto. 2. Que tem ou em que há afeto; afetuoso.

a.fe.to¹ [Lat. *affectus*, 'afeição'.] *sm.* 1. Afeição, amizade, amor. 2. Objeto de afeição.

a.fe.to² [Lat. *affectu*.] *adj.* 1. Partidário, sectário. 2. Subordinado, dependente.

a.fe.tu.o.so (ô) [Lat. *affectuosu.*⊡37A] *adj.* Afetivo (2). [Pl.: *-osos* (ó).] § **a.fe.tu:o.si.da.de** *sf.*

a.fi.an.çar [*A-²* + *fiança* + *-ar².*⊡1A] *vtd.* 1. Ser fiador de; abonar. 2. Pagar a fiança de. 3. Afirmar, assegurar. 4. Apresentar como digno de confiança; abonar. *tdi.* 5. Afiançar (3). [C.: 1B] § **a.fi.an.çá.vel** *adj2g.*

a.fi.ar *vtd.* 1. Dar fio a; amolar. 2. Adelgaçar na ponta; aguçar. 3. V. *apurar* (2). 4. *Fig.* Tornar picante, mordaz. 5. Preparar para o assalto (os dentes, as garras). 6. Aguçar, intensificar. *p.* 7. Aprimorar-se. [C.: 1. Cf. *afear*.] § **a.fi.a.do** *adj.*; **a.fi:a.dor** (ô) *adj. sm.*

a.fi.ci:o.na.do [Esp. *aficionado*.] *sm.* Apaixonado por certo esporte, arte, etc.

afidídeo | afogamento

a.fi.dí.de:o [Tax. *Aphididae.*] adj. sm. Zool. Diz-se de, ou espécime dos afidídeos, fam. de diminutos insetos homópteros. Ex.: pulgões.

a.fi.gu.rar vtd. 1. Apresentar forma ou figura de. *transobj.* 2. Representar em figura na imaginação. [C.: 1]

a.fi.la.do [A-² + -fil(i)-¹ + -ado¹. ◘17B] adj. Delicado, fino, adelgaçado.

a.fi.lar [A-² + -fil(i)-¹ + -ar². ◘1A] vtd., int. e p. Tornar(-se) fino. [C.: 1]

a.fi.lha.do [A-² + filho + -ado¹. ◘17B] sm. 1. Indivíduo, em relação aos seus padrinhos. 2. Protegido, favorito.

a.fi.li.a.da sf. Rád. Telev. V. *emissora afiliada.*

a.fi.li.ar [A-² + -fil(i)-¹ + -ar². ◘1A] vtd. 1. Agregar(-se) ou juntar(-se) a uma corporação ou sociedade. 2. Associar(-se). [C.: 1] § **a.fi.li.a.do** adj.

a.fim [Lat. *affine.*] adj2g. 1. Que apresenta afinidade. 2. Relativo ao parentesco de afinidade. ● s2g. 3. Parente por casamento, por vínculo de afinidade (4). [Pl.: *afins.*]

a.fi.nal [A-³ + *final.* ◘1] adv. 1. Por fim; finalmente. 2. Em conclusão.

a.fi.nar [A-² + *fino* + -ar². ◘1A] vtd. 1. Tornar fino; adelgaçar. 2. Aperfeiçoar. 3. Purificar (metais) no crisol. 4. Pôr no devido tom (instrumento musical, voz). *tdi., ti. e p.* 5. Ajustar(-se), harmonizar(-se). [C.: 1] § **a.fi.na.ção** sf.

a.fin.co [Dev. de *afincar.*] sm. 1. Aferro (2) 2. Perseverança, persistência: *trabalhar com afinco.*

a.fi.ni.da.de [Lat. *affinitate.* ◘14] sf. 1. Semelhança. 2. Conformidade, identidade. 3. Coincidência de gostos ou de sentimentos. 4. Relação estabelecida por casamento, e que vincula os parentes de cada um dos cônjuges ao outro cônjuge e aos seus parentes.

a.fir.ma.ção [Lat. *affirmatione.* ◘2A] sf. 1. Ação ou efeito de afirmar(-se). 2. Aquilo que se afirma; asserção, assertiva, asserto, asseveração. 3. V. *afirmativa.* [Pl.: -ções.]

a.fir.mar [Lat. *affirmare.* ◘1A] vtd. 1. Tornar firme; consolidar. 2. Declarar com firmeza; sustentar. 3. Certificar, atestar. *tdi.* 4. Afirmar (2). *p.* 5. Adquirir segurança, estabilidade; estabelecer-se, fixar-se. [C.: 1]

a.fir.ma.ti.va sf. Declaração positiva, que afirma; afirmação, asserção.

a.fir.ma.ti.vo [Lat. *affirmativu.* ◘22A] adj. Que afirma ou confirma; assertivo, assertório.

a.fi.ve.lar vtd. Segurar com fivela. [C.: 1 (é)]

a.fi.xar (cs) vtd. e tdc. 1. Firmar, fixar 2. Pregar em lugares públicos (avisos, etc.). [C.: 1] § **a.fi.xa.ção** (cs) sf.

a.fi.xo (cs) [Lat. *affixu.*] adj. 1. Que se afixou. ● sm. 2. *E.Ling.* Elemento linguístico não autônomo que pode ser incorporado a uma palavra ou a um radical, em posição inicial, medial ou final, para mudar-lhe o sentido ou a função, ou para acrescentar-lhe uma ideia ou noção acessória. [Os prefixos, infixos e sufixos são afixos que servem para formar novos vocábulos.]

a.flau.ta.do [A-² + *flauta* + -ado¹. ◘17B] adj. 1. Com aparência ou som de flauta. 2. Agudo (voz).

a.fli.ção [Lat. *afflictione.* ◘2] sf. 1. Estado de profunda tristeza ou mágoa; agonia, desgosto. 2. Grande preocupação ou inquietação; ansiedade, angústia. [Pl.: -ções.]

a.fli.gir [Lat. *affligere.* ◘1C] vtd. 1. Causar aflição, angústia, ou tormento a. 2. Atacar, atingir (doença). *p.* 3. Atormentar-se. 4. Contristar-se. [C.: 3A] § **a.fli.gen.te** adj2g.; **a.fli.gi.dor** (ô) adj.

a.fli.ti.vo [*Aflito.* ◘22] adj. Que causa ou em que há aflição.

a.fli.to [Lat. *afflictu.*] adj. Angustiado ou preocupado.

a.flo.rar [Fr. *effleurer.* ◘1A] vtd. 1. Tocar de leve. 2. Esboçar (2). *ti. e p.* 3. Deixar-se entrever. *int.* 4. Vir à tona. [C.: 1 (ó)] § **a.flo.ra.ção** sf.; **a.flo.ra.do** adj.

a.flu.ên.ci:a [Lat. *affluentia.* ◘10] sf. 1. Ato ou efeito de afluir; afluxo. 2. Corrente abundante. 3. Grande concorrência (de pessoas ou coisas).

a.flu.en.te [Lat. *affluente.* ◘21] adj2g. 1. Que aflui. 2. V. *copioso.* ● sm. 3. Curso de água que deságua em outro, ou em lago; tributário: *o rio Negro é afluente do rio Amazonas.*

a.flu.ir [Lat. *affluere.* ◘1C] vtc. 1. Correr para; convergir. 2. Concorrer em grande quantidade. *tdi. e int.* 3. Afluir (2). [C.: 42]

a.flu.xo (cs) [Lat. **affluxu.*] sm. Afluência (1).

a.fo.ba.ção [*Afobar.* ◘2A] sf. *Bras.* 1. Grande pressa; lufa-lufa. 2. Atrapalhação, nervosismo. [Sin.ger.: *afobamento.* Pl.: -ções.]

a.fo.ba.do [*Afobar.* ◘17A] adj. *Bras.* Tomado de afobação.

a.fo.ba.men.to [*Afobar.* ◘3] sm. *Bras.* V. *afobação.*

a.fo.bar [V.E] vtd. e p. *Bras.* Tornar(-se) afobado. [C.: 1 (ó)]

a.fo.far [A- + *fofo* + -ar². ◘1A] vtd. 1. Tornar fofo, macio. *int. e p.* 2. Tornar-se fofo. 3. Envaidecer-se. [C.: 1 (ó)]

a.fo.ga.di.lho [*Afogado* + -ilho.] sm. Pressa. ◆ **De afogadilho.** Apressadamente.

a.fo.ga.do [*Afogar.* ◘17A] adj. 1. Que (se) afogou. 2. Diz-se de roupa que sobe até o pescoço. ● sm. 3. Indivíduo que morreu por afogamento. 4. O sobrevivente a afogamento.

a.fo.ga.dor (ô) [*Afogar.* ◘19A] adj. 1. Que afoga. ● sm. 2. Aquele que afoga. 3. Nos automóveis, dispositivo que proporciona uma mistura de combustível mais rica, e us., sobretudo para dar a partida do motor quando frio.

a.fo.ga.men.to [*Afogar.* ◘3] sm. 1. Ato ou efeito de afogar(-se). 2. Sufocação, seguida ou não de morte, resultante de encharcamen-

afogar | agachar-se

to pulmonar com água ou substância que impossibilite o intercâmbio gasoso respiratório.

a.fo.gar [Lat. *offocare*. ▣1A] *vtd.* **1.** Provocar o afogamento (2) de. **2.** Fazer enguiçar (o motor) por excesso de combustível. **3.** *Fig.* Procurar esquecer: *afogar as mágoas. int.* **4.** Enguiçar (o motor) por excesso de combustível. *p.* **5.** Sofrer afogamento (2). [C.: 1C (ó)]

a.fo.gue.a.do [*Afoguear*. ▣17A] *adj.* **1.** Abrasado, ardente. **2.** Muito corado; ruborizado.

a.fo.gue.ar [*A-²* + *fogo* + *-ear*. ▣1N] *vtd.* **1.** Pôr fogo em. **2.** Aquecer muito. **3.** Fazer enrubescer. *p.* **4.** Inflamar-se. **5.** Enrubescer. [C.: 12A]

a.foi.tar *vtd. e p.* Tornar(-se) afoito. [C.: 1]

a.foi.to [V.D] *adj.* **1.** Sem medo; corajoso. **2.** Apressado; precipitado. § **a.foi.te.za** (ê) *sf.*

a.fo.ni.a [Gr. *aphonía*. ▣8A] *sf. Med.* Perda ou diminuição da voz. § **a.fô.ni.co** *adj.*

a.fo.ra [*A³* + *fora*.] *adv.* **1.** Fora; exteriormente: *saiu porta afora*. **2.** Por toda a extensão: *pela vida afora*. ● *prep.* **3.** Além de: *O dente doía-lhe, afora outros males*. **4.** Exceto, fora: *Afora José, todos saíram*.

a.fo.ra.men.to [*Aforar*. ▣3] *sm.* **1.** Direito transmissível aos herdeiros e que confere o pleno gozo de imóvel mediante pagamento de foro (1). **2.** Documento que comprova o aforamento.

a.fo.rar [*A-²* + *foro* (ô) + *-ar²*. ▣1A] *vtd.* **1.** Dar ou tomar por aforamento (1). *p.* **2.** Atribuir-se direitos, qualidades, etc. [C.: 1 (ó)]

a.fo.ris.mo [Lat. *aphorismu*. ▣11] *sm.* Sentença moral breve e conceituosa; apotegma, máxima.

a.for.mo.se.ar *vtd. e p.* Tornar(-se) formoso. [C.: 12A]

a.for.tu.na.do *adj.* V. *feliz* (1 e 4).

a.fo.xé ou **a.fo.xê** [Do ior.] *sm. Bras. BA Folcl.* **1.** Cortejo de natureza semirreligiosa que no carnaval desfila cantando e dançando. **2.** Canção nele entoada.

a.fran.ce.sar [*A-²* + *francês* + *-ar²*. ▣1A] *vtd. e p.* Adaptar(-se) ao temperamento, maneira e/ou estilo francês. [C.: 1 (é)] § **a.fran.ce.sa.do** *adj.*

a.fre.gue.sa.do *adj.* Que tem (muitos) fregueses.

a.fre.gue.sar-se *vp.* Tornar-se freguês ou cliente. [C.: 1 (é)]

a.fres.co (ê) [It. *affresco*.] *sm.* Pintura (4) executada sobre revestimento fresco de paredes e tetos.

a.fri.cân.der *s2g.* **1.** Sul-africano branco, ger. descendente de holandeses. ● *adj2g.* **2.** Pertencente ou relativo a africânder (1).

a.fri.câ.ner *sm. E.Ling.* Língua falada na África do Sul e em parte da Namíbia, originada do holandês do séc.XVII. ● *adj2g.* **2.** De, pertencente ou relativo a essa língua.

a.fri.ca.nis.mo [*Africano*. ▣11] *sm.* Palavra ou loc. oriunda de língua africana.

a.fri.ca.ni.zar [*Africano*. ▣1D] *vtd. e p.* Adaptar(-se) ao temperamento, maneira e/ou estilo africano. [C.: 1]

a.fri.ca.no [Lat. *africanu*. ▣29] *adj.* **1.** Da África; afro. ● *sm.* **2.** O natural ou habitante da África; afro.

a.fro [Lat. *afru*.] *adj.* **1.** Africano (1). ● *adj2g2n.* **2.** Que é próprio de, ou se inspira em, coisas africanas, ou a elas procura assemelhar-se: *cabelo afro; moda afro; dança afro*. ● *sm.* **3.** Africano (2).

a.fro-bra.si.lei.ro [*Afro-* + *brasileiro*.] *adj.* **1.** Relativo ou pertencente à África e ao Brasil, ou à cultura dos afro-brasileiros. ● *sm.* **2.** *Restr.* Brasileiro descendente de africanos negros. [Pl.: *afro-brasileiros*.]

a.fro.des.cen.den.te *adj2g. s2g.* Diz-se de, ou pessoa que descende de africanos, trazidos para a América como escravos.

a.fro.di.sí.a.co [Gr. *aphrodisiakós*.] *adj. sm.* Que, ou aquilo que estimula, ou aumenta, o apetite sexual.

a.fron.ta [Dev. de *afrontar*.] *sf.* **1.** Ação ou palavra que envolve ofensa, injúria. **2.** Injúria lançada em rosto; ultraje. **3.** V. *vergonha* (2).

a.fron.tar [*A-²* + *fronte* + *-ar²*. ▣1A] *vtd.* **1.** Colocar fronte a fronte; confrontar. **2.** Infligir afronta a; insultar. **3.** Causar mal-estar a. *p.* **4.** Deparar com. **5.** Atacar de frente; acometer. **6.** Sentir-se indisposto por calor ou má digestão. [C.: 1] § **a.fron.ta.do** *adj.*; **a.fron.ta.men.to** *sm.*

a.fron.to.so (ô) [*Afronta*. ▣37] *adj.* Que constitui afronta. [Pl.: *-tosos* (ó).]

a.frou.xar [*A-²* + *frouxo* + *-ar²*. ▣1A] *vtd.* **1.** Tornar frouxo. **2.** Alargar, desapertar (o que está apertado). *int. e p.* **3.** Tornar-se frouxo. **4.** Relaxa r-se. [C.: 1] § **a.frou.xa.men.to** *sm.*

af.ta [Lat. *aphtha*.] *sf. Med.* Lesão inflamatória bucal, e que se apresenta como mancha esbranquiçada. § **af.to.so** (ô) *adj.*

af.to.sa *sf. Med.* Febre aftosa (q.v.).

a.fu.gen.tar [*A-²* + *fug(ir)* + *-entar*.] *vtd.* **1.** Pôr em fuga. **2.** Fazer desaparecer. [C.: 1]

a.fun.dar [*A-²* + *fundo* + *-ar²*. ▣1A] *vtd.* **1.** Fazer ir ao fundo. *int. e p.* **2.** Ir ao fundo. **3.** *Bras. Fam.* Sair-se mal em exame, empreendimento, etc. [C.: 1] § **a.fun.da.do** *adj.*; **a.fun.da.men.to** *sm.*

a.fu.ni.la.do [*A-²* + *funil* + *-ado¹*. ▣17B] *adj.* **1.** Em forma de funil. **2.** Que se vai estreitando; nota *afunilada*.

a.fu.ni.lar [*A-²* + *funil* + *-ar²*. ▣1A] *vtd.* **1.** Dar forma de funil a. *p.* **2.** Estreitar-se. [C.: 1]

■ **Ag** *Quím.* Símb. de prata.

a.gá *sm.* A letra *h*.

a.ga.char-se *vp.* **1.** Abaixar-se. **2.** Ficar de cócoras. **3.** *Fig.* Humilhar-se. [C.: 1] § **a.ga.cha.da** *sf.*; **a.ga.cha.do** *adj.*; **a.ga.cha.men.to** *sm.*

agadanhar | agitado

a.ga.da.nhar [A-² + *gadanho* + -*ar*². ▣ 1A] *vtd.* V. *gadanhar*. [C.: 1]

a.ga.lac.ti.a [Gr. *agálaktos* + -*ia*¹. ▣ 8A] *sf.* Ausência de secreção láctea.

a.ga.lo.a.do *adj.* Guarnecido de galões.

á.ga.pe [Gr. *agápe*.] *sf.m.* 1. Refeição comunitária dos primitivos cristãos. 2. *P.ext.* Banquete de confraternização.

á.gar *sm.* V. *ágar-ágar*. [Pl.: *ágares*.]

á.gar-á.gar [Do mal.] *sm.* Substância gelatinosa de certas algas rodofíceas, us. como meio de cultura de microrganismos, na indústria alimentícia, etc.; ágar, gelose. [Pl.: *ágar-ágares*.]

a.ga.ri.cá.ce:a [Tax. *Agaricaceae*.] *sf. Micol.* Espécime das agaricáceas, fam. de fungos ger. comestíveis. § **a.ga.ri.cá.ce:o** *adj.*

á.gá.ri.co [Tax. *Agaricus*.] *sm. Bot.* Visco (1).

a.gar.ra.do [*Agarrar*. ▣ 17A] *adj.* 1. Seguro com força. 2. Muito ligado; afeiçoado em extremo.

a.gar.ra.men.to [*Agarrar*. ▣ 3] *sm.* 1. Ato ou efeito de agarrar(-se); agarração. 2. Avareza, sovinice. 3. União estreita e constante entre 2 ou mais pessoas.

a.gar.rar [A-² + *garra* + -*ar*². ▣ 1A] *vtd.* 1. Prender ou segurar com força. *ti.* 2. Pegar, ger. com força ou firmeza. *int.* 3. *Bras. Esport.* Jogar como goleiro. *p.* 4. Segurar-se. 5. *Pop.* Abraçar-se fortemente. [C.: 1] § **a.gar.ra.ção** *sf.*; **a.gar.ra.dor** (ô) *adj. sm.*

a.ga.sa.lhar [Lat.vulg. *adgasoliare*, poss. ▣ 1A] *vtd. e p.* 1. Hospedar(-se). 2. Cobrir(-se) com roupas. 3. Resguardar(-se) do mau tempo. [C.: 1] § **a.ga.sa.lha.do** *adj.*

a.ga.sa.lho [Dev. de *agasalhar*.] *sm.* 1. Ação de agasalhar. 2. Proteção, abrigo. 3. Peça de vestuário para conservar o calor do corpo.

a.gas.tar [A-⁴+*gastar*.] *vtd. e p.* Aborrecer(-se), zangar(-se). [C.: 1] § **a.gas.ta.do** *adj.*; **a.gas.ta.men.to** *sm.*

á.ga.ta¹ *sf. Min.* Variedade de calcedônia com zonas concêntricas e diversamente coloridas.

á.ga.ta² *sf. Bras.* V. *ágate*.

a.ga.ta.nhar *vtd. e p.* Ferir(-se) com as unhas; unhar(-se), arranhar(-se). [C.: 1]

á.ga.te *sm.* Ferro esmaltado. [F.paral.: *ágata*.]

a.ga:u.cha.do [A-² + *gaúcho* + -*ado*¹. ▣ 17B] *adj.* Que tem modos e/ou aparência de gaúcho.

a.ga.vá.ce:a [Tax. *Agavaceae*.] *sf. Bot.* Espécime das agaváceas, fam. de plantas ger. tropicais e xerófitas. Ex., no Brasil: a piteira. § **a.ga.vá.ce:o** *adj.*

a.ga.ve [Tax. *Agave*.] *sm.f.* 1. *Bot.* Nome comum a diversas plantas agaváceas de cujas folhas se extrai fibra com que se fazem cordas, tapetes, etc. 2. Essa fibra. [Sin.ger.: *sisal*.]

a.gên.ci:a [Lat. *agentia*.] *sf.* 1. Função ou cargo de agente. 2. Empresa de prestação de serviços. 3. Sucursal de repartição pública, de banco. 4. O local da agência (2 e 3). 5. Diligência, atividade.

a.gen.ci.ar [*Agência*. ▣ 1A] *vtd.* 1. Tratar de (negócios) como representante ou agente. 2. Esforçar-se por obter; diligenciar. [C.: 1 (B.) ou 13 (P.)] § **a.gen.ci.a.dor** (ô) *adj. sm.*

a.gen.da [Lat. *agenda*.] *sf.* Caderneta ou registro para anotações de compromissos, encontros, etc. ♦ **Agenda eletrônica.** Aparelho eletrônico portátil, ou programa de computador, que permite registrar e consultar informações diversas de uso pessoal.

a.gen.dar [*Agenda*. ▣ 1A] *vtd.* 1. Fazer constar em agenda. 2. Determinar dia, hora, para (certo compromisso): *agendar uma consulta*. [C.: 1] § **a.gen.da.men.to** *sm.*

a.gen.te [Lat. *agente*. ▣ 21] *adj2g.* 1. Que opera, agencia, age. ● *s2g.* 2. Pessoa agente (1). 3. Quem trata de negócios por conta alheia. 4. Membro de corporação policial ou de informações. ● *sm.* 5. Aquilo que produz, ou é capaz de produzir, determinado efeito. 6. Aquilo que é agente (1). 7. Causa, motivo. 8. *E.Ling.* Aquele que pratica a ação expressa pelo verbo. [O *agente* é muitas vezes o *sujeito* (q.v.).] ♦ **Agente da (voz) passiva.** *E.Ling.* Termo que, na voz passiva analítica, representa o agente (8). **Agente secreto.** Indivíduo que, trabalhando para um país ou governo, é encarregado de missões sigilosas, policiais, de espionagem e outras.

a.gi.gan.ta.do *adj.* Com proporções de gigante.

a.gi.gan.tar [A-² + *gigante* + -*ar*². ▣ 1A] *vtd. e p.* Tornar(-se) gigantesco. [C.: 1]

á.gil [Lat. *agile*.] *adj2g.* 1. Que se move com destreza; destro. 2. Que tem presteza de movimentos; ligeiro, lesto. [Pl.: *ágeis*.] § **a.gi.li.da.de** *sf.*

a.gi.li.zar [*Ágil*. ▣ 1D] *vtd.* Imprimir maior agilidade, rapidez, eficiência, a. [C.: 1] § **a.gi.li.za.ção** *sf.*

á.gi:o [It. *aggio*.] *sm. Econ.* 1. Comissão ou valor adicional cobrado em operações cambiais ou financeiras, na venda de artigos de preço tabelado, etc. 2. Diferença a maior entre o valor de mercado e o valor nominal de um título.

a.gi.o.ta [Dev. de *agiotar* (do fr.).] *adj2g. s2g.* Que, ou quem pratica a agiotagem; usurário.

agi:o.ta.gem [Fr. *agiotage*. ▣ 6] *sf.* 1. Transação financeira ou comercial visando a obtenção de lucros exagerados. 2. Empréstimo a juros exorbitantes. [Pl.: *-gens*.]

a.gir [Lat. *agere*.] *v.int.* 1. Praticar ou efetuar algo na condição de agente; atuar; proceder: *agir de acordo com a razão*. 2. Apresentar determinado comportamento; portar-se: *Ele não está agindo bem*. [C.: 3A]

a.gi.ta.ção [Lat. *agitatione*. ▣ 2A] *sf.* 1. Ação ou efeito de agitar(-se). 2. Perturbação do espírito; excitação. 3. Transtorno na ordem social, política ou econômica. [Pl.: *-ções*.]

a.gi.ta.do [*Agitar*. ▣ 17A] *adj.* 1. Diz-se de indivíduo inquieto. 2. Que tem muito mo-

vimento: *vida agitada*. 3. Diz-se do mar revolto.
a.gi.ta.dor (ô) [Lat. *agitatore*. ▪19A] *adj.* 1. Que agita. ● *sm.* 2. Promotor de agitações [v. *agitação* (3)].
a.gi.tar [Lat. *agitare*. ▪1A] *vtd.* 1. Fazer mover com frequência. 2. Abalar (2). 3. Incitar à revolta; sublevar. *p.* 4. Mover-se, mexer-se. 5. Perturbar-se. [C.: 1] § **a.gi.tá.vel** *adj2g*.
a.glo.me.ra.ção [*Aglomerar*. ▪2A] *sf.* 1. Ato ou efeito de aglomerar(-se). 2. Ajuntamento de um grande número de pessoas num mesmo lugar. [Pl.: *-ções*.]
a.glo.me.ra.do [*Aglomerar*. ▪17A] *adj.* 1. Junto, amontoado. ● *sm.* 2. Conjunto de coisas ou de pessoas reunidas.
a.glo.me.ran.te [Lat. *agglomerante*. ▪21] *adj2g*. 1. Que aglomera. ● *sm.* 2. Aglutinante (2).
a.glo.me.rar [Lat. *agglomerare*. ▪1A] *vtd. e p.* Juntar(-se), reunir(-se), ger. em quantidade. [C.: 1 (é)]
a.glu.ti.na.ção [*Aglutinar*. ▪2A] *sf.* 1. Ato ou efeito de aglutinar. 2. *E.Ling.* V. *composição* (8). [Pl.: *-ções*.]
a.glu.ti.nan.te [*Aglutinar*. ▪21] *adj2g*. 1. Que aglutina. ● *sm.* 2. Material que liga as partículas de outros materiais; aglomerante.
a.glu.ti.nar [Lat. *agglutinare*. ▪1A] *vtd.* 1. Colar. 2. Unir, ligar. [C.: 1] § **a.glu.ti.ná.vel** *adj2g*.
a.glu.ti.ni.na [*Aglutin(o)-* + *-ina*. ▪31] *sf. Med.* Anticorpo que produz aglutinação com determinado antígeno.
a.glu.ti.nó.ge.no [*Aglutin(o)-*+*-geno*.] *adj. Med.* Antígeno que induz à produção de aglutinina.
ag.na.ção [Lat. *agnatione*. ▪2] *sf. Antrop.* Relação de parentesco (entre indivíduos de qualquer sexo) traçada por linha exclusivamente masculina.
ag.ná.ti.co [*Agnato*. ▪35B] *adj. Antrop.* Relativo a agnação ou a agnatos; patrilinear.
ag.na.to [Lat. *agnatu*.] *adj. sm.* Diz-se de, ou parente por agnação.
ag.nos.ti.cis.mo [Ingl. *agnosticism*. ▪11] *sm.* Doutrina em que certas questões (p.ex., a existência ou não de Deus), por estarem além do entendimento humano, não podem ter uma resposta segura.
ag.nós.ti.co [*Agnosticismo*. ▪35B] *adj.* 1. Relativo ao agnosticismo. ● *sm.* 2. Sectário dele.
a.go.gô [Do ior.] *sm.* Instrumento de percussão de origem africana: 2 campânulas de ferro unidas, percutidas com vareta do mesmo metal.
a.go.ni.a [Gr. *agonía*. ▪8A] *sf.* 1. Ânsia de morte. 2. V. *aflição* (1). 3. V. *angústia* (1).
a.go.ni.ar [*Agonia*. ▪1A] *vtd.* 1. Causar agonia, aflição, a. 2. Afligir, inquietar. *p.* 3. Afligir-se. [C.: 1] § **a.go.ni.a.do** *adj.*
a.gô.ni.co [Lat. *agonicu*. ▪35B] *adj.* Relativo à agonia.

a.go.ni.zar [Lat. *agonizare*. ▪1D] *v.int.* Estar moribundo, em agonia. [C.: 1] § **a.go.ni.zan.te** *adj2g. s2g.*
a.go.ra [Lat. *hac hora*.] *adv.* 1. Neste instante ou hora. 2. Atualmente. ● *conj.* 3. Mas, porém, contudo: *Ir é fácil; agora, voltar é que é o problema*. ◆ **Agora mesmo.** 1. Há poucos instantes. 2. Dentro de poucos instantes. **Por agora.** V. *por enquanto*.
á.go.ra [Gr. *agorá*.] *sf.* Praça pública das antigas cidades gregas.
a.go.ra.fo.bi.a [*Ágora* + *-fobia*.] *sf. Psiq.* Medo mórbido e angustiante de lugares públicos e grandes espaços descobertos. § **a.go.ra.fó.bi.co** *adj.*
a.go.ri.nha [*Agora*. ▪32A] *adv. Bras.* Há poucos instantes; agora mesmo, ainda agora.
a.gos.ti.ni.a.no [▪29A] *adj.* 1. Relativo a, ou próprio de Santo Agostinho (354-430), ou à ordem fundada por ele. ● *sm.* 2. Frade dessa ordem.
a.gos.to (ô) [Lat. *Augustu*.] *sm.* O oitavo mês do ano, com 31 dias.
a.gou.rar [Lat. *augurare*. ▪1A] *vtd.* 1. Adivinhar, prever. 2. Fazer agouro; pressagiar. *int.* 3. Ter ou fazer mau agouro. [C.: 1]
a.gou.rei.ro [*Agourar*. ▪25] *adj.* 1. Que agoura. 2. Que anuncia, ou se crê anunciar, desgraças. [Sin. de 1 e 2: *agourento*.] ● *sm.* 3. Indivíduo agoureiro.
a.gou.ren.to [*Agouro*. ▪27] *adj.* Agoureiro (1 e 2).
a.gou.ro [Lat. *auguriu*.] *sm.* 1. Profecia. 2. V. *presságio*. 3. *Restr.* Presságio de coisa má; mau agouro.
a.gra.ci.ar [*A-²* + *graça* (*-ci-*) + *-ar²*. ▪1A] *vtd. e tdi.* Conceder graças, mercê, a. [C.: 1] § **a.gra.ci.a.do** *adj.*; **a.gra.ci.a.dor** (ô) *adj.*
a.gra.dar [*A-²* + *grado¹* + *-ar²*. ▪1A] *vti.* 1. Ser agradável; aprazer: *Sua gentileza agradou a todos*. 2. Satisfazer o gosto, o critério, as exigências de: *A conversa não lhe agradou*. 3. Causar satisfação a. *td.* 4. Agradar (1 e 2). 5. Contentar, satisfazer. 6. Fazer agrado(s), festa; amimar. *int.* 7. Causar ou inspirar satisfação. *p.* 8. V. *encantar* (5). [C.: 1]
a.gra.dá.vel [*Agradar*. ▪41] *adj2g*. Que agrada; capaz de agradar. [Pl.: *-veis*.]
a.gra.de.cer [*A-²* + *grado¹* + *-ecer*. ▪1P] *vtd.* 1. Mostrar-se grato por: *Agradeceu a gentileza*. *tdi., ti. e int.* 2. Demonstrar gratidão: *Agradeceu ao amigo a consideração*. [C.: 2A (ê-é)] § **a.gra.de.ci.do** *adj.*; **a.gra.de.ci.men.to** *sm.*
a.gra.do [Dev. de *agradar*.] *sm.* Ato ou efeito de agradar.
a.grá.ri.o [Lat. *agrariu*. ▪24] *adj.* Da terra; do campo.
a.gra.van.te [Lat. *aggravante*. ▪21] *adj2g. sm.* Que, ou aquilo que aumenta a gravidade de situação, problema, etc.
a.gra.var [Lat. *aggravare*. ▪1A] *vtd. e p.* Tornar(-se) grave, ou mais grave. [C.: 1] § **a.gra.va.men.to** *sm.*

agravo | aguadeiro

a.gra.vo [Dev. de *agravar*.] *sm.* **1.** Ofensa, afronta. **2.** Motivo grave de queixa.

a.gre.dir [Lat. *aggredere*. ▣1C] *vtd.* **1.** Acometer, atacar. **2.** V. *ofender* (3). **3.** Ter conduta hostil a. **4.** Bater em; surrar. [C.: 49] § **a.gre.di.do** *adj.*

a.gre.ga.do [*Agregar*. ▣17A] *adj.* **1.** Que está reunido, junto. ● *sm.* **2.** Conjunto, reunião. **3.** O que vive numa família como pessoa da casa. **4.** Lavrador estabelecido em terra alheia.

a.gre.gar [Lat. *aggregare*. ▣1A] *vtd. e p.* **1.** Reunir(-se), congregar(-se). **2.** Juntar(-se), associar(-se). [C.: 1C (é)] § **a.gre.ga.ção** *sf.*

a.gre.mi.a.ção [*Agremiar*. ▣2A] *sf.* **1.** Ato de agremiar(-se). **2.** V. *sociedade* (3). [Pl.: *-ções*.]

a.gre.mi.ar [A-² + *grêmio* + -*ar*². ▣1A] *vtd. e p.* **1.** Reunir(-se) em grêmio ou em assembleia. **2.** Associar(-se). [C.: 1]

a.gres.são [Lat. *aggressione*. ▣2] *sf.* Ação ou efeito de agredir. [Pl.: *-sões*.]

a.gres.si.vo [Lat. *aggressus* + -*ivo*. ▣22] *adj.* Que tende a agredir ou denota agressão. § **a.gres.si.vi.da.de** *sf.*

a.gres.sor (ô) [Lat. *aggressore*. ▣19] *adj. sm.* Que, ou quem agride.

a.gres.te [Lat. *agreste*.] *adj2g.* **1.** Relativo ao campo. **2.** Tosco, rústico. ● *sm.* **3.** *Bras. Fitogeo.* No N.E., zona de solo pedregoso e vegetação escassa e de pequeno porte.

a.gri.ão [V.D] *sm. Bot.* Erva crucífera us. na alimentação. [Pl.: *-ões*.]

a.grí.co.la [Lat. *agricola*.] *adj2g.* Relativo à agricultura, ou próprio dela.

a.gri.cul.tor (ô) [Lat. *agricultore*. ▣19] *adj. sm.* Que, ou aquele que pratica a agricultura.

a.gri.cul.tu.ra [Lat. *agricultura*. ▣5] *sf.* Arte de cultivar os campos, com vistas à produção de vegetais úteis ao homem; lavoura. ◆ **Agricultura de subsistência.** Atividade agrícola que se destina apenas ao consumo dos próprios produtores.

a.gri.do.ce (ô) [*Agri*-¹ + *doce*.] *adj2g.* Azedo e doce ao mesmo tempo; acre-doce.

a.gri.lho.ar [A-² + *grilhão*(-*lho*-) + -*ar*². ▣1A] *vtd.* **1.** Prender com grilhões. **2.** Prender(-se), ligar(-se). [C.: 1D] § **a.gri.lho.a.men.to** *sm.*

a.gri.men.sor (ô) [Lat. *agrimensore*. ▣19] *sm.* Medidor de terras.

a.gri.men.su.ra [Lat. *agrimensura*. ▣5] *sf.* Medição de terras.

a.gro:e.co.lo.gi.a [*Agro-* + *ecologia*.] *sf.* Ramo da ecologia que estuda os ecossistemas artificiais estabelecidos em áreas agrícolas. § **a.gro:e.co.ló.gi.co** *adj.*

a.gro:in.dús.tri.a [*Agro-* + *indústria*.] *sf.* A indústria na sua relação com a agricultura e o beneficiamento de matéria-prima desta. § **a.gro:in.dus.tri.al** *adj2g.*

a.gro.lo.gi.a [*Agro-* + -*logia*.] *sf.* Ramo da agronomia que estuda os solos em relação à agricultura. § **a.gro.ló.gi.co** *adj.*

a.gro.ne.gó.ci.o [*Agro-* + *negócio*.] *sm. Econ.* A(s) atividade(s) da cadeia de produção rural e de comercialização de seus produtos e serviços.

a.gro.no.mi.a [*Agro-* + -*nomo-* + -*ia*¹. ▣8A] *sf.* Ramo da agricultura que trata das relações entre o meio (7), as técnicas e a produção agrícola. § **a.gro.nô.mi.co** *adj.*

a.grô.no.mo [Gr. *agronómos*.] *sm.* Especialista em agronomia.

a.gro.pas.to.ril *adj2g.* Da agricultura e da pecuária, ou relativo ao pastoreio de rebanhos em campos. [Pl.: *-ris*.]

a.gro.pe.cu.á.ri:a [*Agro-* + *pecuária*.] *sf.* A agricultura na sua relação com a pecuária. § **a.gro.pe.cu.á.ri:o** *adj.*

a.gro.tó.xi.co (cs) [*Agro-* + *tóxico*.] *sm.* Defensivo agrícola (q.v.).

a.gro.vi.a [*Agro-* + *via*.] *sf.* Via para escoamento de produtos agrícolas.

a.gru.pa.men.to [*Agrupar*. ▣3] *sm.* **1.** Ato ou efeito de agrupar(-se). **2.** Grupo organizado. **3.** Ajuntamento (2).

a.gru.par [A-² + *grupo* + -*ar*². ▣1A] *vtd. e p.* Reunir(-se) em grupo(s). [C.: 1]

a.gru.ra [*Agro*, 'acre'. ▣5] *sf.* **1.** Dureza, aspereza. **2.** *Fig.* Amargura; dissabor.

á.gua [Lat. *aqua*.] *sf.* **1.** Líquido incolor, inodoro, insípido, essencial à vida [fórm.: H_2O]. **2.** A parte líquida do globo terrestre. **3.** Chuva (1). **4.** Cada uma das superfícies planas e inclinadas que formam um telhado. ◆ **Água doce.** A que contém baixo teor de sais, e esp. a de rios e lagos (p.opos. à água dos mares, ou água salgada). **Água mineral.** Água potável que tem apreciável quantidade de sais minerais, encontrada na natureza. **Água oxigenada.** Peróxido de hidrogênio [fórm.: H_2O_2]. **Água sanitária.** *Quím.* Solução aquosa diluída de hipoclorito de sódio [v. *cloro líquido*].

a.gua.ça [*Água* + -*aça*.] *sf.* Enxurrada (1).

a.gua.cei.ro [*Aguaça*. ▣25] *sm.* Chuva repentina e breve; pé-d'água.

á.gua com a.çú.car *adj2g2n. Fam.* **1.** Simples, ingênuo. **2.** Romântico; piegas, açucarado.

a.gua.da [*Água*. ▣4] *sf.* **1.** Abastecimento de água potável, sobretudo para viagens. **2.** Lugar onde se faz aguada (1). **3.** *Bras. RS* Lugar onde os animais bebem água.

água de chei.ro *sf. Pop.* Água-de-colônia. [Pl.: *águas de cheiro*.]

á.gua de co.co *sf. Pop.* Líquido aquoso, rico em vitaminas e sais minerais, no interior do coco-da-baía ainda verde. [Pl.: *águas de coco*.]

á.gua-de-co.lô.ni:a *sf.* Solução alcoólica de essências de bergamota, de limão, lavanda, etc., us. como perfume. [Pl.: *águas-de-colônia*.]

a.gua.dei.ro [*Aguada*. ▣25] *sm.* Vendedor, carregador ou distribuidor de água.

a.gua.do [*Aguar*.▣17A] *adj.* **1.** Diluído em, ou cheio de água. **2.** *Fig.* Sem graça, insípido.

á.gua-for.te *sf.* Técnica de gravura que se utiliza da ação corrosiva do ácido nítrico. [Pl.: *águas-fortes*.]

á.gua-fur.ta.da *sf.* Sótão em que as janelas abrem sobre o telhado; mansarda. [Pl.: *águas-furtadas*.]

á.gua-ma.ri.nha *sf.* Variedade azulada ou esverdeada do berilo. [Pl.: *águas-marinhas*.]

a.gua.men.to [*Aguar*.▣3] *sm. Veter.* Doença de animais de carga ou de tração, devida a excesso de trabalho ou a resfriamento.

a.gua.pé [*Água* + *pé*.] *sm. Bras. Bot.* Nome comum a várias plantas aquáticas flutuantes.

a.guar [Lat. *aquare*.] *vtd.* **1.** V. *regar* (1). **2.** Misturar água com (qualquer líquido). *p.* **3.** Encher-se de água. [C.: 1G ou 1H]

a.guar.dar [*A-⁴* + *guardar*.] *vtd.* Estar à espera de; esperar. [C.: 1] § **a.guar.da.men.to** *sm.*

a.guar.den.te [*Água* + *ardente*.] *sf.* **1.** Bebida de alto teor alcoólico, obtida por destilação de muitos frutos, ou de cereais, raízes, etc. **2.** V. *cachaça* (1).

á.gua-ré.gi:a *sf. Quím.* Mistura, fortemente oxidante, dos ácidos clorídrico e nítrico, na proporção de 3 para 1. [Pl.: *águas-régias*.]

a.guar.rás [Esp. *aguarrás*, poss.] *sf.* Líquido oleoso que é uma mistura de terpenos obtida por destilação de terebintina e us. como solvente.

á.guas *sfpl.* **1.** O mar (1). **2.** As marés. **3.** As chuvas. **4.** Aguas minerais ou termais. **5.** Urina.

á.gua-tô.ni.ca *sf.* Bebida gaseificada, de leve sabor amargo. [Pl.: *águas-tônicas*.]

á.gua-vi.va *sf.* **1.** V. *maré de sizígia*. **2.** Cnidário marinho de corpo gelatinoso, com células urticantes; caravela. [Pl.: *águas-vivas*.]

a.gu.çar [Lat.vulg. *acutiare*.▣1A] *vtd.* **1.** Afiar (2). **2.** Amolar (1). **3.** Excitar, estimular. **4.** V. *apurar* (2). [C.: 1B] § **a.gu.ça.do** *adj.*

a.gu.dez ou **a.gu.de.za** (ê) [*Agudo* + *-ez* ou *-eza*. ▣12] *sf.* **1.** Acuidade (1). **2.** *Fig.* Perspicácia; sutileza.

a.gu.do [Lat. *acutu*.] *adj.* **1.** Terminado em gume ou em ponta. **2.** Arguto, perspicaz. **3.** Intenso, violento. **4.** *Geom.* Diz-se do ângulo menor que um ângulo reto. **5.** *E.Ling.* Diz-se de acento (2) que indica vogal tônica. **6.** *Mús.* Diz-se do som cuja frequência tem elevado número de vibrações, p.opos. ao som grave: *voz aguda*. [Superl. (1 a 3): *acutíssimo* e *agudíssimo*.]

a.guen.tar (güen) [It. *agguantare*.▣1A] *vtd.* **1.** Suportar (peso, carga, trabalho, etc.). **2.** *Fig.* V. *suportar* (4). **3.** Manter, sustentar. *p.* **4.** Manter-se firme. **5.** Manter-se, sustentar-se. [C.: 1]

a.guer.ri.do *adj.* **1.** Afeito à guerra. **2.** Corajoso, destemido.

á.gui:a [Lat. *aquila*.] *sf. Zool.* **1.** Grande ave de rapina acipitrídea. ● *s2g. Fig.* **2.** Pessoa de muita perspicácia e talento. **3.** *Fig.* Indivíduo velhaco, espertalhão.

a.gui.lha.da [Lat. **aquileata*.] *sf.* Vara comprida com ferrão na ponta, para tanger bois.

a.gui.lhão [Lat. *aquileone*.] *sm.* **1.** A ponta de ferro da aguilhada; ferrão. **2.** Ponta aguçada; bico. **3.** *Zool.* Ferrão retrátil, na extremidade do abdome de alguns artrópodes. [Pl.: *-lhões*.]

a.gui.lho.a.da [*Aguilhoar*.▣4] *sf.* **1.** Picada com aguilhão; ferroada. **2.** *Fig.* Agulhada (2).

a.gui.lho.ar [*Aguilhão* + (*-lho-*).▣1A] *vtd.* **1.** Picar com aguilhão. **2.** Incitar. [C.: 1D]

a.gu.lha [Lat.vulg. *acucula*.] *sf.* **1.** Hastezinha fina de aço, aguçada numa das pontas e com um orifício na outra, pelo qual se enfia linha, fio, lã, etc., para coser, bordar ou tecer. **2.** Varinha de metal, madeira, etc., terminado em ponta (agulha de tricô) ou em gancho (agulha de crochê), para fazer meia, renda ou obras de malha. **3.** Ponteiro de relógio ou de bússola. **4.** Extremidade aguda. **5.** Trilho móvel que, nas linhas férreas, facilita a passagem de trem de uma via para outra. **6.** Arremate arquitetônico que coroa de torre ou campanário. **7.** *Med.* Instrumento aguçado em uma das pontas, e de que há vários tipos, us. em injeções, suturas e punções.

a.gu.lha.da [*Agulha*.▣4] *sf.* **1.** Picada com agulha. **2.** *Fig.* Dor forte; aguilhoada.

a.gu.lhei.ro [*Agulha*.▣25] *sm.* **1.** Estojo para guardar agulhas. **2.** Fabricante de agulhas. **3.** Ferroviário que movimenta as agulhas [v. *agulha* (5)].

ah [Lat. *ah*, poss.] *interj.* Exprime admiração, alegria, espanto, ou tristeza, desapontamento, etc.

a-his.tó.ri.co [*A-³* + *histórico*.] *adj.* Anistórico (1). [Pl.: *a-históricos*.]

ai [V.A] *interj.* Designa dor, lamento, e, por vezes, alegria. ◆ **Ai de.** Pobre de; desgraçado de. **Num ai.** Num instante.

a.í *adv.* **1.** Nesse lugar. **2.** A esse lugar. **3.** Nesse ponto ou particularidade. ● *interj.* **4.** Serve para aplaudir, ou tem sentido malicioso. ◆ **Por aí. 1.** Aproximadamente nesse lugar. **2.** Em lugar indeterminado; sem lugar fixo ou próprio. **3.** Algo em torno de.

ai.a [F. de *aio*.] *sf.* Criada de dama nobre; camareira.

ai.a.to.lá [Do ár.] *sm.* No Irã, título honorífico dado aos interpretadores xiitas da lei islâmica, esp. àqueles de autoridade superior.

ai.dé.ti.co [*Aid*(*s*) + *-ético*.] *Med. adj.* **1.** Relativo a AIDS, ou que sofre dessa virose. ● *sm.* **2.** Indivíduo aidético.

■ **aids** [Ingl. *Acquired Immunological Deficiency Syndrome*.] *sf2n. Med.* Virose em que a defesa imunológica do indivíduo é progressivamente diminuída, propiciando o aparecimento de graves infecções e de outras lesões; sida

aimoré | alambique

ai.mo.ré *adj2g. s2g. Etnôn.* Diz-se de, ou indivíduo dos aimorés, povo indígena extinto, de língua tupi, que habitava o S. da BA e o ES.

a.in.da [*A*-[1] + *inda*.] *adv.* **1.** Até agora; até o presente. **2.** Até então; até aquele tempo. **3.** Até (o tempo presente). ♦ **Ainda agora.** V. *agorinha.* **Ainda assim.** V. *não obstante* (2). **Ainda bem.** Us. como interj. para exprimir satisfação (quando há temor de acontecimentos desfavoráveis). **Ainda que.** **1.** Apesar de que; embora. **2.** Apesar de; conquanto, embora.

a:i.pim [Do tupi.] *sm. Bras. Bot.* V. *mandioca.* [Pl.: *-pins.*]

ai.po [Lat. *apiu.*] *sm. Bot.* Erva umbelífera us. em saladas, sopas, etc.

→ **airbag** (érbég) [Ingl.] *sm.* Saco que infla automaticamente à frente dos passageiros de um automóvel, em caso de acidente.

→ **airbus** (érbâs) [Ingl., m.reg.] *sm.* Avião para grande número de passageiros.

a:i.ro.so (ô) [Esp. *airoso*.⬛37] *adj.* **1.** De aparência elegante. **2.** De maneiras delicadas. [Pl.: *-rosos* (ó).]

a.jan.ta.ra.do [*A*-[2] + *jantar* + *-ado*[1].⬛17B] *adj.* Semelhante a jantar. • *sm.* **2.** *Bras.* Refeição farta servida, ger. nos fins de semana e feriados, após a hora habitual do almoço e em lugar deste e do jantar.

a.jar.di.nar [*A*-[2] + *jardim* (*-din-*) + *-ar*[2].⬛1A] *vtd.* Dispor em forma de, ou transformar em jardim. [C.: 1] § **a.jar.di.na.do** *adj.*

a.jei.tar *vtd.* **1.** Pôr a jeito; acomodar. **2.** Ajeitar (3). *tdi.* **3.** Conseguir por meios hábeis. *p.* **4.** Mostrar-se hábil, jeitoso. **5.** Acomodar-se, arranjar-se. **6.** V. *avir* (3). [C.: 1]

a.jo:e.lhar *vtd., int. e p.* Pôr(-se) de joelhos. [C.: 1 (ê)] § **a.jo:e.lha.do** *adj.*

a.jou.jar [Lat. **adjug(iu)* + *-ar*[2].⬛1] *vtd.* Prender ou ligar com ajoujo. [C.: 1]

a.jou.jo [Dev. de *ajoujar*.] *sm.* Cordão ou corrente para prender ou jungir animais pelo pescoço.

a.ju.da [Dev. de *ajudar*.] *sf.* Ato ou efeito de ajudar.

a.ju.dan.te [*Ajudar*.⬛21] *adj2g.* **1.** Que ajuda. • *s2g.* **2.** Pessoa que ajuda; ajudador. **3.** *Restr.* Pessoa que ajuda ou está às ordens de outra em trabalho ou função; auxiliar. • *sm.* **4.** V. *hierarquia militar.*

a.ju.dar [Lat. *adjutare*.⬛1A] *vtd.* **1.** Dar auxílio, assistência, a. **2.** Socorrer (1). **3.** Facilitar; propiciar. *tdi.* **4.** Auxiliar em algo. • *int. e ti.* **5.** Dar auxílio, assistência a alguém ou em algo. *p.* **6.** Prestar auxílio a si mesmo, ou reciprocamente. [C.: 1] § **a.ju.da.dor** (ô) *sm.*

a.ju:i.za.do [*A*-[2] + *juízo* + *-ado*[1].⬛17B] *adj.* Que tem juízo; sensato.

a.ju:i.zar [*A*-[2] + *juízo* + *-ar*[2].⬛1A] *vtd.* **1.** Formar juízo ou conceito sobre; avaliar, julgar. **2.** Avaliar, calcular. **3.** Levar a juízo (numa demanda). *ti.* **4.** Ajuizar (1). [C.: 1F]

a.jun.ta.men.to [*Ajuntar*.⬛3] *sm.* **1.** Ato ou efeito de ajuntar(-se). **2.** Reunião de pessoas; agrupamento.

a.jun.tar [*A*-[2] + *junto* + *-ar*[2].⬛1A] *vtd.* **1.** Pôr junto; unir, reunir. **2.** Colecionar. **3.** Economizar, poupar. *tdi.* **4.** Ajuntar (1). *int.* **5.** Guardar dinheiro. *p.* **6.** Unir-se, aditar-se. [Sin.ger.: *juntar*. C.: 1]

a.ju.ra.men.tar *vtd.* **1.** Deferir juramento a. **2.** Fazer jurar. *p.* **3.** Obrigar-se por juramento. [Tb. *juramentar*. C.: 1] § **a.ju.ra.men.ta.do** *adj.*

a.jus.ta.men.to [*Ajustar*.⬛3] *sm.* Ato ou efeito de ajustar(-se); ajuste.

a.jus.tar [*A*-[2] + *justo* + *-ar*[2].⬛1A] *vtd.* **1.** Tornar justo, exato; igualar. **2.** Convencionar, combinar. **3.** Ajustar (7). **4.** Regularizar (contas). **5.** Tomar para o serviço; contratar. **6.** Tornar (mais) justo; apertar. *tdi.* **7.** Adaptar, acomodar. **8.** Ajustar (2). *p.* **9.** Adaptar-se, acomodar-se. [C.: 1] § **a.jus.ta.do** *adj. sm.;* **a.jus.tá.vel** *adj2g.*

a.jus.te [Dev. de *ajustar*.] *sm.* **1.** Ajustamento. **2.** V. *acordo*[1] (3).

■ **Al** *Quím.* Símb. de *alumínio*.

a.la [Lat. *cla.*] *sf.* **1.** Fila, fileira. **2.** Cada um dos agrupamentos que numa associação têm particulares afinidades. **3.** Parte lateral de edifício que se estende além do corpo principal. **4.** Em certos jogos desportivos de competição, cada um dos lados da linha de ataque. • *s2g. Basq. Fut.* **5.** Jogador que atua na ala (4) defensiva e ofensivamente.

a.la.bão ou **a.la.vão** [Do ár.] *adj.* Que dá leite, ou que dá muito leite (diz-se de gado). • *sm.* **2.** Rebanho de ovelhas leiteiras. [Pl.: *-bães* ou *-vães*.]

a.la.bas.tri.no [*Alabastro* + *-ino*[1].⬛30] *adj.* Feito de, ou da cor do alabastro.

a.la.bas.tro [Lat. *alabastru.*] *sm. Min.* Variedade muito branca e translúcida de gipsita.

á.la.cre [Lat. *alacre.*] *adj2g.* Alegre, jovial.

a.la.do [Lat. *alatu.*] *adj.* Que tem asas.

a.la.ga.di.ço *adj.* **1.** Sujeito a alagar-se. • *sm.* **2.** Terreno alagadiço.

a.la.ga.do [*Alagar*.⬛17A] *adj.* **1.** Cheio de água; encharcado. • *sm.* **2.** Pequena lagoa transitória.

a.la.gar [*A*-[2] + *lago* + *-ar*[2].⬛1A] *vtd.* **1.** Cobrir de água; inundar. **2.** Cobrir ou encher de qualquer líquido. **3.** *Fig.* Destruir, arruinar. *p.* **4.** Encher-se ou cobrir-se de água. [C.: 1C] § **a.la.ga.men.to** *sm.*

a.la.go.a.no [⬛29] *adj.* **1.** De AL. • *sm.* **2.** O natural ou habitante desse estado.

■ **ALALC** Sigla de *Associação Latino-Americana de Livre Comércio.*

a.la.mar [Do berbere.] *sm.* Galão de fio metálico, que guarnece e abotoa a frente dum vestuário.

a.lam.bi.ca.do *adj.* Presumido, afetado.

a.lam.bi.que [Do ár.] *sm.* Aparelho (caldeira) de destilação; destilador.

alambrado | alçada

a.lam.bra.do [Esp.plat. *alambrado*.] *adj.* **1.** Cercado com arame. ● *sm.* **2.** Cerca de fios de arame.

a.la.me.da (ê) [*Álamo*.] *sf.* Rua ou avenida marginada de árvores; aleia, avenida, bulevar.

á.la.mo [V.D] *sm. Bot.* Árvore salicácea de madeira alva e macia.

a.lar[1] [*Al(i)- + -ar*[1]. ▣ 40] *adj2g.* Aliforme.

a.lar[2] [*Ala*.▣1A] *vtd.* **1.** Dar asa(s) a. **2.** Dispor em alas. **3.** Fazer voar. *p.* **4.** Desferir voo. [C.: 1]

a.lar[3] [Fr. *haler*.▣1A] *vtd.* **1.** Puxar para cima; içar. *p.* **2.** Elevar-se, alçar-se. [C.: 1]

a.la.ran.ja.do [*A-*[2] + *laranja* + *-ado*[1].▣17B] *adj.* Da cor da casca ou da polpa de certas laranjas.

a.lar.de [Do ár.] *sm.* Exibição ruidosa; ostentação.

a.lar.de.ar [*Alarde*.▣1N] *vtd.* Divulgar com alarde; ostentar. [C.: 12A]

a.lar.gar *vtd.* **1.** Tornar (mais) largo. **2.** Afrouxar (o que estava apertado). **3.** Ampliar, aumentar. **4.** Dar maior duração a; prolongar. *int. e p.* **5.** Fazer-se (mais) largo. [C.: 1C] § **a.lar.ga.men.to** *sm.*

a.la.ri.do [Do ár.] *sm.* Clamor de vozes; gritaria.

a.lar.mar [*Alarme*.▣1A] *vtd. e p.* Pôr(-se) em alarme; assustar(-se), sobressaltar(-se). [C.: 1] § **a.lar.man.te** *adj2g.*

a.lar.me [It. *all'arme*.] *sm.* **1.** Brado às armas; rebate. **2.** Sinal para avisar de algum perigo. **3.** Dispositivo de segurança, em prédios, recintos ou veículos, que emite forte ruído ou sinal, à distância, para denunciar invasão e possível roubo. **4.** Sobressalto.

a.lar.mis.ta [*Alarme*.▣36] *adj2g. s2g.* Que, ou quem gosta de espalhar notícias e boatos alarmantes.

a.las.trar [*A-*[2] + *lastro*[1] + *-ar*[2].▣1A] *vtd., int. e p.* Espalhar(-se), ou fazer com que se espalhe, ou estender(-se) por área cada vez maior; propagar(-se). [C.: 1] § **a.las.tra.men.to** *sm.*

a.las.trim [*Alastrar*.] *sm. Med.* Virose eruptiva epidêmica, contagiosa. [Pl.: *-trins*.]

a.la.ú.de [Do ár.] *sm.* Antigo instrumento de origem oriental, de cordas dedilháveis.

a.la:u.dí.deo [Tax. *Alaudidae*.] *adj. sm. Zool.* Diz-se de, ou espécime dos alaudídeos, fam. de aves passeriformes, ger. canoras, e de coloração acastanhada. Ex.: cotovia.

a.la.van.ca [V.D] *sf.* **1.** *Fís.* Máquina simples: uma barra rígida que gira em torno de um ponto fixo (fulcro); uma força é aplicada num dos pontos da barra para vencer uma resistência exercida em outro ponto. **2.** Barra de ferro ou de madeira para mover ou levantar objetos pesados. **3.** *Fig.* Expediente (3). ◆ **Alavanca de câmbio ou de marcha ou de mudanças.** A que serve para o motorista, ao dirigir, engatar as diversas marchas do veículo.

a.la.van.ca.gem [*Alavancar*.▣6] *sf.* **1.** Ato ou efeito de alavancar. **2.** *Econ.* Proporção de recursos de terceiros na estrutura de capital de uma empresa. [Pl.: *-gens*.]

a.la.van.car [*Alavanca*.▣1A] *vtd.* **1.** Mover ou levantar (algo) com o auxílio de alavanca. **2.** *Fig.* Elevar a uma posição de destaque. **3.** *Fig.* Promover, estimular (negócio, etc.). **4.** *Fig.* Custear, financiar, esp. mediante empréstimos (em distinção a recursos próprios). [C.: 1A]

a.la.zão [Do ár.] *adj. sm.* Diz-se de, ou cavalo de pelo cor de canela, amarelo-avermelhado. [Pl.: *-zães, -zões*.]

al.ba.nês [▣38A] *adj.* **1.** Da Albânia (Europa). ● *sm.* **2.** O natural ou habitante da Albânia. **3.** *E.Ling.* A língua albanesa. [Flex. de 1 e 2: *albaneses* (ê), *albanesa(s)* (ê).]

al.bar.da [Do ár.] *sf.* Sela rústica para bestas de carga.

al.bar.dão [*Albarda*.▣28A] *sm.* **1.** Albarda grande. **2.** *Bras.* Cadeia de serros alternados de baixadas, ao longo de cursos de água. [Pl.: *-dões*.]

al.ba.troz [Fr. *albatros*.] *sm. Zool.* Ave diomedeídea que habita as zonas meridionais dos oceanos e o Pacífico Norte.

al.ber.gar [*Albergue*.▣1A] *vtd. e p.* Dar ou tomar albergue. [C.: 1C (é)]

al.ber.gue [Do gót.] *sm.* **1.** V. *hospedaria*. **2.** Lugar onde se recolhe alguém por caridade; asilo. **3.** Refúgio, abrigo.

al.bi.no [*Alb(i)- + -ino*[1].▣30] *adj. sm.* Diz-se de, ou aquele a quem falta, de nascença, totalmente ou em parte, o pigmento da pele, dos pelos e da íris. [Sin.: *aça, sarará*.]

al.bor.noz (ó) [Do ár.] *sm.* Grande manto de lã com capuz, us. pelos árabes.

ál.bum [Fr. *album*.] *sm.* **1.** Livro de folhas de cartolina ou de papel forte, em que se colam fotografias, selos, recortes, etc. **2.** Livro em branco, para autógrafos, versos, pensamentos, etc. [Pl.: *-buns*.]

al.bu.me ou **al.bú.men** [Lat. *albume*.] *sm.* **1.** Clara de ovo. **2.** *Bot.* Tecido, rico em nutrientes, que envolve o embrião nas sementes. [Pl. de albúmen: *albumens* e (p.us.) *albúmenes*.]

al.bu.mi.na [Fr. *albumine*.] *sf. Quím.* Qualquer membro de uma classe de proteínas solúveis em água e coaguláveis por aquecimento.

al.bur.no [Lat. *alburnu*.] *sm. Bot.* Parte periférica e mais nova da madeira do tronco das árvores.

al.ça [Dev. de *alçar*.] *sf.* **1.** Aselha para levantar ou prender algo. **2.** Parte de algo (ger. em forma de arco ou laçada), feita esp. para se agarrar ou segurar.

al.cá.cer [Do ár.] *sm.* Antiga fortaleza, ou castelo fortificado.

al.ca.cho.fra (ô) [Do ár.] *sf. Bot.* Planta hortense, cuja inflorescência é us. na alimentação.

al.ca.çuz [Do ár.] *sm. Bot.* Arbusto das leguminosas, de raiz doce, medicinal.

al.ça.da [*Alçar*.▣4] *sf.* **1.** Jurisdição, competência. **2.** Limite da ação, autoridade ou influência de alguém.

alcaguetar | álcool

al.ca.gue.tar (güe) [*Alcaguete*.◘1A] *vtd. Bras. Gír.* V. *delatar* (1). [C.: 1 (é)]

al.ca.gue.te (güe) [Esp. *alcahuete*, do ár.] *s2g. Bras. Gír.* Delator.

al.cai.de [Do ár.] *sm.* **1.** Antigo governador de castelo ou província. **2.** Antigo oficial de justiça. **3.** Autoridade administrativa espanhola, com funções de prefeito. [Fem. de 3: *alcaidessa* e *alcaidina*.]

ál.ca.li [Lat.med. *alcali*.] *sm. Quím.* Qualquer de certos compostos básicos, como, p.ex., hidróxidos e carbonatos dos metais alcalinos.

al.ca.li.ni.da.de [*Alcalino*.◘14] *sf. Quím.* Propriedade do que é alcalino; basicidade.

al.ca.li.no [*Alcal(i)*- + -*ino*¹.◘30] *adj. Quím.* Básico (3).

al.ca.loi.de (ói) [*Alcal(i)*- + -*oide*.] *sm. Quím.* Nome genérico de compostos químicos orgânicos que contêm nitrogênio, encontrados em vegetais e que, em muitos casos, possuem ação fisiológica.

al.ca.lo.se [*Alcal(i)*- + -*ose*¹.] *sf. Med.* Condição patológica decorrente de acúmulo de bases [v. *base* (11)].

al.can.çar [Lat.vulg. **incalciare*.] *vtd.* **1.** Chegar a; ir até. **2.** Chegar ou conseguir chegar até (alguém ou algo distante, ou que se afasta); apanhar. **3.** *Fig.* V. *atingir* (2). **4.** Chegar ou poder chegar com a mão até, ou perto de (algo). **5.** Conquistar (algo difícil de ser obtido), ou conseguir fazer (algo difícil de ser feito); obter, lograr. **6.** *Restr.* Atingir (um ponto, uma marca, um objetivo). **7.** *Fig.* Entender. *ti.* **8.** Ser suficiente. *int.* **9.** Conseguir o que se pretende. [C.: 1B] § **al.can.çá.vel** *adj2g.*

al.can.ce [Dev. de *alcançar*.] *sm.* **1.** Ato ou efeito de alcançar. **2.** Limite dentro do qual se consegue tocar ou atingir alguma coisa. **3.** Local até onde pode chegar a visão, ou emissão sonora, ou projetil, etc. **4.** Desvio de valores confiados a alguém em razão de seu cargo ou função; desfalque, rombo.

al.can.do.rar-se *vp.* **1.** Elevar-se. **2.** Sublimar-se, exaltar-se. [C.: 1 (ó)]

al.ca.no [*Alc-* + -*ano*².] *sm. Quím.* Hidrocarboneto saturado. [Os alcanos mais simples são, em ordem crescente do número de átomos de carbono: metano, etano, propano, butano, pentano, hexano, etc.]

al.can.til *sm.* Rocha escarpada, talhada a pique. [Pl.: -*tis*.]

al.ça.pão *sm.* Porta ou tampa horizontal que dá entrada para porão ou para desvão de telhado. [Pl.: -*pões*.]

al.ca.par.ra [Do ár.] *sf.* Botão da alcaparreira, us. como condimento.

al.ca.par.rei.ra [*Alcaparra*.◘16] *sf. Bot.* Planta caparidácea, hortense, que dá botão floral aromático, a alcaparra.

al.çar [Lat. **altiare*.◘1A] *vtd.* **1.** Tornar alto. **2.** Suspender, elevar. **3.** Erigir. *p.* **4.** Levantar-se, erguer-se. **5.** Elevar-se, sobressair. [Sin. de 1 e 2: *alcear*. C.: 1B]

al.ca.tei.a (éi) [Do ár.] *sf.* Bando de lobos.

al.ca.ti.fa [Do ár.-hisp.] *sf.* **1.** Alfombra. **2.** O que se estende como alcatifa: *uma alcatifa de grama*.

al.ca.ti.far [*Alcatifa*.◘1A] *vtd.* Cobrir com alcatifa. [C.: 1]

al.ca.tra [Do ár.] *sf.* Peça de carne da rês, situada onde termina o fio do lombo.

al.ca.trão [Do ár.] *sm.* Mistura de diversos componentes, negra, líquida, viscosa, obtida na destilação de várias substâncias orgânicas. [Pl.: -*trões*.]

al.ca.traz [Do ár.] *sm. Zool.* Atobá.

al.ca.tro.ar [*Alcatrão* (-*tro*-).◘1A] *vtd.* Cobrir, misturar, untar ou vedar com alcatrão. [C.: 1D]

al.ce [Lat. *alce*.] *sm. Zool.* Grande mamífero cervídeo do N. da Eurásia e da América do Norte; os machos têm chifres palmados.

al.ce.ar¹ [Lat. **altiare*.◘1N] *vtd.* V. *alçar* (1 e 2). [C.: 12A] § **al.ce.a.do** *adj.*; **al.ce:a.men.to**¹ *sm.*

al.ce.ar² [*Alça*.◘1N] *vtd.* Agrupar (folhas ou cadernos impressos), formando volumes regulares, como miolo de livro, apostila, etc. [C.: 12A] § **al.ce:a.men.to**² *sm.*

al.ce.di.ní.de:o [Tax. *Alcedinidae*.] *adj. sm. Zool.* Diz-se de, ou espécime dos alcedinídeos, fam. de aves coraciiformes, de coloração variada e bico comprido e forte, que usam para pescar. São os martins-pescadores.

al.ce.no *sm. Quím.* Hidrocarboneto que possui uma ligação dupla entre 2 átomos de carbono adjacentes; ex.: etileno. [Norma para nome sistemático de alcenos simples: alcano → alceno; ex.: etano → eteno (cujo nome comum é etileno).]

al.ci.no *sm. Quím.* Hidrocarboneto que possui uma ligação tripla entre 2 átomos de carbono; ex.: acetileno. [Norma para nome sistemático de alcinos simples: alcano → alcino; ex.: etano → etino (cujo nome comum é acetileno).]

al.ci:o.ná.ce:o [Tax. *Alcyonacea*.] *adj. sm. Zool.* Diz-se de, ou espécime dos alcionáceos, ordem de corais em com pólipos retráteis, inseridos na massa corporal, a qual tem esqueleto formado por numerosas espículas livres, calcárias. São os corais-moles.

ál.co.ol *sm.* **1.** *Quím.* Qualquer de certos compostos orgânicos, líquidos ou sólidos, que contêm o grupo funcional –OH ligado a um átomo de carbono saturado; ex.: etanol, metanol. [Norma para nome sistemático de alcoóis simples: alcano → alcanol; ex.: etano → etanol (cujo nome comum é álcool etílico).] **2.** *Restr.* O etanol, líquido incolor, volátil, com cheiro e sabor típicos, obtido por fermentação de substâncias açucaradas ou amiláceas, ou por processos sintéticos. **3.** Espírito (6). [Pl.: *álcoois* e *alcoóis*.]

al.co.ó.la.tra [*Álcool* + *-latra*.] *adj2g. s2g.* Que, ou quem é viciado em bebidas alcoólicas.

al.co.ó.li.co [*Álcool*.◙35B] *adj.* **1.** Que contém álcool; espirituoso. **2.** Relativo a ele.

al.co.o.lis.mo [*Álcool*.◙11] *sm. Med.* **1.** Ingestão excessiva de álcool, com graves consequências orgânicas, sociais e ocupacionais. **2.** Dependência de álcool.

al.co.o.li.za.do [*Alcoolizar*.◙17A] *adj.* Bêbado, embriagado.

al.co.o.li.zar [*Álcool*.◙1D] *vtd.* **1.** Acrescentar álcool a. **2.** Embriagar. *p.* **3.** Embriagar-se. [C.: 1]

al.co.rão [Do ár.] *sm.* O livro sagrado do islamismo. [Com inicial maiúsc.] [Pl.: *-rões*.]

al.co.va (ó) [Do ár.-hisp.] *sf.* **1.** Quarto de dormir sem janela(s) para o exterior. **2.** Dormitório de casal.

al.co.vi.tar [*Alcoveto*.◙1A] *vtd. e int.* **1.** Servir de alcoviteiro em relação amorosa. **2.** Intrigar; mexericar. [C.: 1]

al.co.vi.tei.ro [*Alcovit(ar)*.◙25] *sm.* Aquele que alcovita.

al.cu.nha [Do ár.] *sf.* Apelido, alusivo a peculiaridade física, profissão, etc.; apodo.

al.de:a.men.to [*Aldear*.◙3] *sm.* **1.** Ato ou efeito de aldear. **2.** *Bras.* Povoação de índios dirigida por missionários ou por autoridade leiga.

al.de.ão [*Aldeia*.◙28B] *adj.* **1.** Pertencente ou relativo a aldeia. ● *sm.* **2.** O natural ou habitante de aldeia. [Pl.: *-ãos, -ões, -ães*. Fem.: *aldeã*.]

al.de.ar [*Aldeia*.◙1A] *vtd.* **1.** Distribuir por aldeias. **2.** *Bras.* Reduzir numa só aldeia (2). [C.: 12A]

al.dei.a [Do ár.] *sf.* **1.** Pequena povoação, inferior a vila; povoado. **2.** *Bras.* Povoação formada só de índios; maloca.

al.de.í.do *sm. Quím.* Qualquer de certos compostos orgânicos, gasosos, líquidos ou sólidos, que contêm o grupo funcional –C(H)=O; ex.: aldeído fórmico. [Norma para nome sistemático de aldeídos simples: alcano → alcanal; ex.: etano → etanal (cujo nome comum é acetaldeído).]

→ **al dente** (ál dênti) [It.] *Cul.* Diz-se de massas, grãos, etc., cozidos, que ainda oferecem resistência à mastigação.

al.de.o.la [*Aldeia* + *-ola*.] *sf.* Pequena aldeia.

al.do.se [*Ald(o)-* + *-ose²*.] *sf. Quím.* Qualquer carboidrato que é um aldeído.

al.dra.ba ou **al.dra.va** [Do ár.] *sf.* **1.** Tranca ou tranqueta de porta, janela, etc. **2.** Argola ou maça de metal com que se bate às portas para que abram; batente.

a.le:a.tó.ri:o [Lat. *aleatoriu*.◙23] *adj.* V. *eventual*.

a.le.crim [Do ár.] *sm. Bot.* **1.** Arbusto lamiáceo cujas folhas, de odor agradável e forte, são us. como condimento e em perfumaria. **2.** A flor ou a folha dele. [Pl.: *-crins*.]

a.le.ga.ção [Lat. *allegatione*.◙2A] *sf.* **1.** Ato ou efeito de alegar. **2.** O que se alega. [Pl.: *-ções*.]

a.le.gar [Lat. *allegare*.◙1A] *vtd.* **1.** Citar como prova. **2.** Apresentar como explicação ou desculpa. [C.: 1C (é)] § **a.le.gan.te** *adj2g. s2g.*; **a.le.gá.vel** *adj2g.*

a.le.go.ri.a [Lat. *allegoria*.] *sf.* **1.** Exposição dum pensamento sob forma figurada. **2.** Ficção que representa uma coisa para dar ideia de outra. **3.** Obra artística que representa uma ideia abstrata mediante formas que a tornam compreensível.

a.le.gó.ri.co [Lat.*allegoricu*.◙35B]*adj.* Que encerra alegoria.

a.le.grão [*Alegr(ia)*.◙28A] *sm.* Grande alegria. [Pl.: *-grões*.]

a.le.grar [*Alegre*.◙1A] *vtd. e p.* Tornar(-se) alegre. [C.:1 (é)]

a.le.gre [Provç. *alegre*, de or. lat.] *adj2g.* **1.** Que tem, ou em que há alegria, ou que a inspira; contente. **2.** Vivo e vistoso (cor). **3.** Meio embriagado.

a.le.gri.a [*Alegre*.◙8A] *sf.* **1.** Qualidade ou estado de quem tem prazer de viver, de quem denota jovialidade. **2.** Contentamento, satisfação.

a.lei.a (éi) [Fr. *allée*.] *sf.* V. *alameda*.

a.lei.ja.do [*Aleijar*.◙17A] *adj. sm.* Que, ou aquele que tem algum defeito, deformidade ou mutilação física.

a.lei.jão [*A-⁴* + lat. *laesione*.◙2] *sm.* Deformidade. [Pl.: *-jões*.]

a.lei.jar [*A-⁴* + lat. **laesiare* + *-ar²*.◙1A] *vtd.* **1.** Causar aleijão a. *int. e p.* **2.** Ficar aleijado ou mutilado. [C.: 1] § **a.lei.ja.men.to** *sm.*

a.lei.tar [*A-²* + *leite* + *-ar²*.◙1A] *vtd.* Criar a leite; amamentar. [C.: 1] § **a.lei.ta.men.to** *sm.*

a.lei.ve [V.D] *sm.* Falsa acusação; calúnia, aleivosia.

a.lei.vo.si.a [*Aleivoso*.◙8A] *sf.* **1.** Traição, deslealdade, em que se finge amizade. **2.** Dolo, fraude. **3.** V. *aleive*.

a.lei.vo.so (ô) [*Aleive*.◙37] *adj.* Em que há, ou que procede com aleive. [Pl.: *-vosos* (ó).]

a.le.lui.a [Lat. *alleulia* ou *halleluiah*.] *sf.* **1.** Cântico de alegria ou de ação de graças. **2.** *Rel.* O sábado da Ressurreição. ● *interj.* **3.** Expressa alegria, júbilo ou louvor a Deus.

a.lém [Lat. *ecce hinc*, poss.] *adv.* **1.** Lá, acolá, lá ao longe. **2.** Mais adiante. ● *sm.* **3.** O que vem após a morte; o além-mundo, além-túmulo. ◆ **Além de. 1.** Mais adiante de, mais longe que. **2.** Em tempo ou momento posterior a (certo período, ou fase de um processo). **3.** Mais que; acima de. **4.** Não só. **Além disso ou além do mais.** Us. em início de oração, para acrescentar ideia que reforça ou completa o que já se disse; ademais, de mais a mais.

a.le.mão [Lat.med. *alamannu*, *alemannu*.] *adj.* **1.** Da Alemanha (Europa). ● *sm.* **2.** O natural ou habitante da Alemanha. **3.** *E.Ling.* A língua alemã. [Flex. de l e 2: alemães, alemã(s).]

além-mar | alfinetar

a.lém-mar *adv.* **1.** Além do mar. ● *sm.* **2.** As terras situadas além-mar (1). [Pl. do sm.: *além--mares.*]

a.lém-mun.do *sm.* V. *além* (3). [Pl.: *além-mundos.*]

a.lém-tú.mu.lo *sm.* V. *além* (3). [Pl.: *além-túmulos.*]

a.len.ca.ri.a.no [◘29A] *adj.* Do, ou relativo ao romancista José de Alencar (M.), ou à sua obra.

a.len.ca.ri.no [◘30] *adj.* V. *alencariano.*

a.len.ta.do [*Alentar*.◘17A] *adj.* **1.** Que tem valentia; brioso. **2.** Que é avantajado, volumoso. **3.** Que é vigoroso, robusto. **4.** Que é farto, substancial.

a.len.tar [*Alento*.◘1A] *vtd.* **1.** Dar alento a. *int. e p.* **2.** Tomar alento. [C.: 1]

a.len.to [Lat. *anhelitus*.] *sm.* **1.** Hálito, respiração. **2.** Coragem, ânimo. **3.** Alimento, sustento. **4.** Inspiração.

a.lér.ge.no [*Aler(gia)* + *-geno.*] *adj. sm. Med.* Que, ou provoca alergia.

a.ler.gi.a [*Al(o)-* + *-erg(o)-* + *-ia*¹.◘8A] *sf. Med.* Hipersensibilidade a certa substância ou a um agente físico, e a que se atribuem diversas doenças, como a asma. § **a.lér.gi.co** *adj. sm.*

a.ler.ta [It. *all'erta*.] *adv.* **1.** De sobreaviso. ● *adj2g.* **2.** Atento, vigilante. ● *interj.* **3.** Sentido! Cuidado!

a.ler.tar [*Alerta*.◘1A] *vtd. e tdi.* **1.** Tornar alerta ou pôr de sobreaviso. *int. e p.* **2.** Pôr-se alerta. [C.: 1 (é)]

a.le.to.lo.gi.a [*Alet(o)-* + *-logia*.] *sf. Filos.* Tratado ou discurso acerca da verdade.

a.le.tri.a [Do ár.] *sf.* **1.** Macarrão em fios, muito fino. **2.** O doce feito com esse macarrão.

a.le.van.tar [*A-*¹ + *levantar*.] *vtd. e p.* Levantar(-se). [C.: 1]

a.le.vi.no [Fr. *alevin*.] *sm.* **1.** Filhote de peixe.

a.le.xan.dri.nis.mo [*Alexandrino*².◘11] *sm.* Conjunto de manifestações filosóficas, científicas e artísticas da civilização grega de Alexandria (Egito) do séc. III a.C. ao séc. III d.C.

a.le.xan.dri.no¹ *adj. sm.* Diz-se de, ou do verso de 12 sílabas; dodecassílabo.

a.le.xan.dri.no² [Lat. *alexandrinu*.◘30] *adj.* **1.** De, ou pertencente a, ou relativo a Alexandria (Egito). **2.** Relativo ao alexandrinismo.

al.fa¹ [Do gr.] *sm.* **1.** A primeira letra do alfabeto grego (A, α). **2.** *Astr.* A principal estrela de uma constelação, ger. a mais brilhante.

al.fa² [Do ár.] *sf. Bot.* Esparto.

al.fa.be.tar [*Alfabeto*.◘1A] *vtd.* Dispor em ordem alfabética. [C.: 1]

al.fa.bé.ti.co [*Alfabeto*.◘35B] *adj.* **1.** Do alfabeto. **2.** Que segue a ordem das letras dele.

al.fa.be.ti.za.ção [*Alfabetizar*.◘2A] *sf.* **1.** Ato ou efeito, modo ou processo de alfabetizar(-se). **2.** *P.ext.* O tempo desse processo. [Pl.: *-ções.*]

al.fa.be.ti.za.dor (ô) [*Alfabetizar*.◘19A] *adj. sm.* Especialista em alfabetização.

al.fa.be.ti.zan.do [*Alfabetizar* + *-ando*.] *sm.* Criança, ou indivíduo, em fase de alfabetização.

al.fa.be.ti.zar [*Alfabeto*.◘1D] *vtd. e p.* Ensinar ou aprender a ler e a escrever (com a devida compreensão do significado das palavras e do contexto). [C.: 1] § **al.fa.be.ti.za.do** *adj.*

al.fa.be.to [Lat. *alphabetu*.] *sm.* **1.** Disposição convencional das letras duma língua. **2.** O conjunto delas; abecedário, bê-á-bá. **3.** Qualquer sistema de sinais estabelecidos para representar letras, fonemas ou palavras.

al.fa.ce [Do ár.-hisp.] *sf. Bot.* Planta asterácea, hortense, us. em salada.

al.fa.fa [Do ár.] *sf. Bot.* Planta fabácea, forrageira.

al.fai.a [Do ár.] *sf.* **1.** Móvel ou artefato de uso ou adorno doméstico. **2.** Paramento, adorno de igreja.

al.fai.a.ta.ri.a [*Alfaiate*.◘15] *sf.* Oficina ou loja de alfaiate.

al.fai.a.te [Do ár.] *sm.* Aquele que faz roupas, sobretudo de homem.

al.fân.de.ga [Do ár.] *sf.* **1.** Repartição pública encarregada de vistoriar bagagens em trânsito e cobrar os direitos de entrada e saída. **2.** Lugar onde ela se instala. [Sin.ger.: *aduana*.]

al.fan.de.ga.gem [*Alfandegar*.◘6] *sf.* Cobrança de direitos alfandegários. [Pl.: *-gens.*]

al.fan.de.gá.ri.o [*Alfândega*.◘24] *adj.* Relativo à alfândega; aduaneiro.

al.fan.je [Do ár.-hisp.] *sm.* Sabre de folha curta e larga.

al.fa.nu.mé.ri.co [*Alfa(beto)* + *numérico*.] *adj.* **1.** Que combina letras e algarismos para formar símbolo(s) codificado(s) ou identificar coisas ou pessoas. **2.** Diz-se de sinal (letra ou algarismo) pertencente a sistema alfanumérico (1).

al.far.rá.bi:o [Antr. ár. de um filósofo muçulmano (c.870-950).] *sm.* Livro antigo ou velho.

al.far.ra.bis.ta [*Alfarrábio*.◘36] *s2g.* Vendedor de alfarrábios; belchior.

al.fa.va.ca [Do ár.] *sf. Bot.* Planta labiada, hortense, aromática.

al.fa.ze.ma [Do ár.] *sf.* **1.** *Bot.* Arbusto aromático das labiadas; lavanda. **2.** Água-de-colônia de alfazema (1).

al.fe.nim [Do ár.] *sm.* **1.** Massa branca de açúcar, à qual se dá ponto especial. **2.** *Fig.* Pessoa delicada, melindrosa. [Pl.: *-nins.*]

al.fe.res [Do ár.] *sm2n.* No exército do Brasil colonial e imperial, militar que detinha o posto correspondente hoje ao de segundo--tenente.

al.fi.ne.ta.da [*Alfinete*.◘4] *sf.* **1.** Picada de alfinete. **2.** *Fig.* Dor aguda e rápida. **3.** *Fig.* Dito sarcástico; remoque.

al.fi.ne.tar [*Alfinete*.◘1A] *vtd.* **1.** Picar com alfinete. **2.** Marcar (costura) com alfinete. **3.** Criticar, magoando. [C.: 1 (é)]

alfinete | aliá

al.fi.ne.te (ê) [Do ár.] *sm.* **1.** Pequena haste de metal, com uma ponta aguçada e a outra com cabeça (11), para prender panos, papéis, etc. **2.** Joia semelhante ao alfinete, us. em gravata, chapéu ou cabelo.

al.fi.ne.tes (ê) *smpl.* Despesas miúdas ou particulares.

al.fom.bra [Do ár.] *sf.* Tapete espesso e fofo; alcatifa.

al.for.je [Do ár.] *sm.* Duplo saco, fechado nos extremos e aberto no meio.

al.for.ri.a [Do ár.] *sf.* **1.** Liberdade concedida a escravo. **2.** *P.ext.* Libertação.

al.for.ri.ar [*Alforria*.◻1A] *vtd.* **1.** Dar alforria a; resgatar, forrar. *p.* **2.** Libertar-se. [C.: 1 (é)] § **al.for.ri.ado** *adj.*

al.ga [Lat. *alga.*] *sf. Bot.* Espécime das algas, grupo de vegetais criptogâmicos acaules que vivem em águas salgadas e doces; incluem desde organismos simples e microscópicos até os que medem muitos metros. § **al.gá.ce:o** *adj.*

al.ga.ra.vi.a [Do ár.] *sf.* Linguagem pouco inteligível.

al.ga.ris.mo [Antr. ár. de um matemático (c.780-c.850) que viveu em Bagdá.] *sm.* Cada um de um conjunto de símbolos us. para a representação sistemática de números. ♦ **Algarismo arábico.** Cada um dos 10 símbolos 0, 1, 2, 3, 4, 5, 6, 7, 8 e 9 (zero, um, dois, três, quatro, cinco, seis, sete, oito e nove), us. desde a Idade Média na representação dos números segundo o sistema decimal de numeração. **Algarismo romano.** Cada um dos símbolos I, V, X, L, C, D e M (um, cinco, dez, cinquenta, quinhentos e mil) us. na representação dos números pelos antigos romanos e, ocasionalmente, ainda na atualidade.

al.ga.zar.ra [Do ár.] *sf.* Vozearia, gritaria.

ál.ge.bra [Do ár.] *sf.* Parte da matemática que estuda as leis e os processos formais de operações com entidades abstratas.

al.gé.bri.co [*Álgebra*.◻35B] *adj.* Relativo a, ou que emprega qualquer das operações — soma, subtração, multiplicação, divisão, potenciação e radiciação — efetuadas um número finito de vezes, isoladamente ou em conjunto.

al.ge.ma [Do ár.] *sf.* Cada uma de um par de argolas metálicas, com fechaduras, e ligadas entre si, us. para prender alguém pelo pulso. [Mais us. no pl.]

al.ge.mar [*Algema*.◻1A] *vtd.* Manietar com algemas. [C.: 1]

al.gi.bei.ra [Do ár.] *sf.* Bolso.

ál.gi.do [Lat. *algidu*.] *adj.* Gélido, glacial. § **al.gi.dez** (ê) *sf.*

al.go [Lat. *aliquod*.] *pron. indef.* **1.** Alguma coisa. ● *adv.* **2.** Um tanto, um pouco.

al.go.dão [Do ár.] *sm.* **1.** *Bot.* Substância branca, fibrosa, macia, que recobre as sementes de certas plantas [v. *algodoeiro* (1)] e que, beneficiada, é us. em higiene, farmácia, medicina, etc. **2.** *Bot.* Planta que produz algodão (1). **3.** Fio ou tecido fabricado com algodão (1). [Pl.: *-dões.*] ♦ **Algodão egípcio.** Algodão (3) de alta qualidade, com fibras longas, produzido no vale do Nilo (Egito).

al.go.do.al [*Algodão* (*-do-*)◻39] *sm.* Plantação de algodão. [Pl.: *-ais.*]

al.go.do.ei.ro [*Algodão* (*-do-*).◻25] *sm.* **1.** *Bot.* Nome comum a arvoretas e arbustos malváceos, cujas sementes, de pelos brancos e macios, fornecem o algodão (1). **2.** Produtor ou fabricante de algodão (3). ● *adj.* **3.** Do, ou relativo ao algodão.

al.go.lo.gi.a [*Alga* + *-o-* + *-logia*.] *sf. Bot.* Estudo ou tratado das algas; ficologia. § **al.go.lo.gis.ta** *s2g.*; **al.gó.lo.go** *sm.*

al.go.rit.mo [Lat.med. *algorismos*, com infl. de *ritmo*.] *sm. Mat.* Conjunto de regras e operações bem definidas e ordenadas, destinadas à solução de um problema ou classe de problemas em número finito de etapas. § **al.go.rít.mi.co** *adj.*

al.goz (ó) [Do ár.] *sm.* Carrasco¹ (1).

al.guém [*Algum*, com infl. de *quem*.] *pron. indef.* **1.** Alguma pessoa. **2.** Pessoa de relevo. ● *sm.* **3.** Ente, pessoa.

al.gui.dar [Do ár.] *sm.* Vaso de barro ou de metal, em forma de tronco de cone invertido, para uso doméstico.

al.gum [Lat.vulg. **olicunu*.] *pron. indef.* **1.** Um entre 2 ou mais. **2.** Um, qualquer. **3.** Um certo; determinado. **4.** Um pouco de; um certo. **5.** Nenhum (quando posposto ao substantivo) em frase onde haja partícula negativa ou a prep. *sem.* ● *sm.* **6.** *Pop.* Algum dinheiro. [Flex. do pron.: *alguns*, *alguma(s)*.]

al.gu.res [Provç. *alhors*.] *adv.* Em algum lugar. [Cf. *alhures* e *nenhures*.]

a.lhe.a.do [*Alhear*.◻17A] *adj.* **1.** V. *alienado* (1 e 2). **2.** V. *alheio* (4). **3.** Absorto.

a.lhe.ar [Lat. *alienare*.◻1A] *vtd.* **1.** Alienar (1). **2.** Afastar. *tdi. e tdc.* **3.** Alhear (2). *p.* **4.** Afastar-se. **5.** Distrair-se. [C.: 12A] § **a.lhe:a.men.to** *sm.*

a.lhei.o [Lat. *alienu*.] *adj.* **1.** Que não é nosso. **2.** Estranho, estrangeiro. **3.** Que nada tem que ver com o assunto de que se trata; impróprio. **4.** Desatento, distraído, ausente, alheado. ● *sm.* **5.** Aquilo que não é nosso.

a.lho [Lat. *alliu*.] *sm.* **1.** *Bot.* Planta liliácea, hortense, de bulbo us. como condimento. **2.** Esse bulbo.

a.lho-po.ró ou **a.lho-por.ro** *sm. Bot.* Erva liliácea, comestível, us. em sopas, suflês, etc. [Pl.: *alhos-porós* ou *alhos-porros*.]

a.lhu.res [Provç. *Aliors*, poss.] *adv.* Em outro lugar. [Cf. *algures* e *nenhures*.]

a.li [Lat. *ad illic*.] *adv.* Naquele ou àquele lugar.

a.li.á [Do cing.] *sf.* No Sri-Lanka, a fêmea do elefante.

aliado | alisar

a.li.a.do [*Aliar*.◻17A] *adj.* **1.** Unido a outrem para ação comum. **2.** Vinculado por aliança (3). ● *sm.* **3.** Aquele que se alia a outrem. **4.** *Antrop.* Indivíduo aliado (2).

a.li.an.ça [Fr. *alliance*.◻9A] *sf.* **1.** Ato ou efeito de aliar(-se). **2.** Anel de noivado ou de casamento. **3.** *Antrop.* Relação que se estabelece entre grupos sociais por meio de casamentos entre seus membros.

a.li.ar [Fr. *allier*.◻1A] *vtd. e p.* Reunir(-se), associar(-se), coligar(-se). [C.:1]

a.li.ás [Lat. *alias*.] *adv.* **1.** De outra maneira; do contrário. **2.** Além disso; além do mais. **3.** Diga-se de passagem. **4.** Ou por outra; ou seja.

á.li.bi [Lat. *alibi*.] *sm. Jur.* Meio de defesa em que o réu prova sua presença, no momento do delito, em lugar diverso daquele onde este foi cometido.

a.li.ca.te [Do ár.] *sm.* Ferramenta (de ferro, aço, etc.) composta de 2 peças articuladas que formam extremidade capaz de prender e/ou cortar certos objetos.

a.li.cer.çar [*Alicerce*.◻1A] *vtd.* **1.** Fazer o alicerce de. *tdi. e p.* **2.** Basear(-se). [C.:1B (é)]

a.li.cer.ce [Do ár.] *sm.* **1.** Maciço de alvenaria, enterrado, que serve de base às paredes de um edifício; fundação. **2.** *Fig.* O que serve de base, de fundamento.

a.li.ci.ar [Lat. **alliciare*.◻1A] *vtd.* Atrair a si; seduzir. [C.:1] § **a.li.ci.a.dor** (ô) *adj. sm.*; **a.li.ci.an.te** *adj2g.*

→ **alien** (êilien/álien) [Ingl.] *s2g.* Ser extraterrestre.

a.li:e.na.ção [Lat. *alienatione*.◻2A] *sf.* **1.** Ato ou efeito de alienar(-se). **2.** Cessão de bens. **3.** Enlevo, arrebatamento. **4.** Falta de consciência dos problemas políticos e sociais. **5.** *Psiq.* Afastamento da realidade. [Pl.: -*ções*.]

a.li:e.na.do [Lat. *alienatu*.◻17A] *adj.* **1.** Que se transferiu a outra pessoa. **2.** Que perdeu a razão; doido. ● *sm.* **3.** Quem se alienou. **4.** Indivíduo desligado dos problemas sociais ou políticos. [Sin. de 1 e 2: *alheado*.]

a.li:e.nar [Lat. *alienare*.◻1A] *vtd.* **1.** Transferir para outrem o domínio de; alhear. **2.** Desviar, afastar. **3.** Alucinar, perturbar. *p.* **4.** Enlouquecer. **5.** Manter-se alheio aos acontecimentos. **6.** Tornar-se alienado (4). [C.:1] § **a.li:e.ná.vel** *adj2g.*

a.li:e.ní.ge.na [Lat. *alienigena*.] *adj2g. s2g.* **1.** Que, ou quem é de outro país; estrangeiro. **2.** *P.ext. Fig.* Que, ou aquele que é de outro planeta.

a.li:e.nis.ta [Fr. *aliéniste*.◻36] *s2g. Psiq.* Especialista em doenças mentais.

a.li.for.me [*Al(i)-* + *-forme*.] *adj2g.* Em forma de asa; alar.

a.li.gá.tor [Tax. *Alligator*.] *sm. Zool.* Nome comum a aligatorídeos, da América do Norte e da China, com cabeça mais larga e mais curta do que a dos crocodilos. [Pl.: *aligatores* (ô).]

a.li.ga.to.rí.de:o [Tax. *Alligatoridae*.] *adj. sm. Zool.* Diz-se de, ou espécime dos aligatorídeos, fam. de crocodilianos que engloba os aligatores e os caimães.

a.li.gei.rar [*A-*² + *ligeiro* + *-ar*².◻1A] *vtd. e p.* Tornar(-se) ligeiro. [C.:1]

a.li.jar [Fr. *alléger*.◻1A] *vtd.* **1.** Lançar fora de embarcação; aliviar (a carga). **2.** Desembaraçar-se de, livrar-se de. *p.* **3.** Apartar de si; isentar-se. [C.:1]

a.li.má.ri:a [Lat. *animalia*.] *sf.* Animal, sobretudo quadrúpede.

a.li.men.ta.ção [*Alimentar*.◻2A] *sf.* **1.** Ato ou efeito de alimentar(-se). **2.** Tudo aquilo de que alguém costuma alimentar-se. **3.** *Eletr.* Fonte de força eletromotriz que fornece corrente a um circuito. [Pl.: -*ções*.]

a.li.men.tar¹ [*Alimento*.◻40] *adj2g.* **1.** Relativo a alimento. **2.** Próprio para alimentação.

a.li.men.tar² [*Alimento*.◻1A] *vtd.* **1.** Dar alimento a; nutrir, sustentar. **2.** Munir, abastecer. **3.** Suprir do necessário para o funcionamento: *alimentar uma empresa*. **4.** *Inform.* Introduzir informação em (base de dados). **5.** *Eletr.* Ligar (um circuito) a uma fonte de força eletromotriz. *p.* **6.** Nutrir-se, sustentar-se. [C.:1]

a.li.men.tí.ci:o [*Alimento* + *-ício*.] *adj.* Próprio para alimentar.

a.li.men.to [Lat. *alimentu*.] *sm.* **1.** Toda substância que, ingerida ou absorvida por um ser vivo, o alimenta ou nutre. **2.** *P.ext.* Aquilo que faz subsistir, que sustenta algo. **3.** *P.ext.* Aquilo que estimula: *Livros são alimento para o cérebro*.

a.lin.dar *vtd. e p.* Tornar(-se) lindo ou ornado. [C.:1] § **a.lin.da.men.to** *sm.*

a.lí.ne:a [Lat. *a linea*.] *sf.* **1.** Linha com que se abre parágrafo. **2.** Subdivisão dum artigo (2); inciso, parágrafo.

a.li.nha.men.to [*Alinhar*.◻3] *sm.* **1.** Ato ou efeito de alinhar(-se); alinho. **2.** Direção do eixo de uma estrada, canal, etc. **3.** Operação que se destina a verificar e/ou corrigir o paralelismo das rodas de um veículo, ou a perpendicularidade destas em relação ao chassi.

a.li.nhar [*A-*² + *linha* + *-ar*².◻1A] *vtd. e p.* **1.** Dispor(-se) em linha reta. **2.** Apurar(-se) no vestir. [C.:1] § **a.li.nha.do** *adj.*

a.li.nha.var [*Alinhavo*.◻1A] *vtd.* **1.** Coser a ponto largo, para o fazer depois com ponto miúdo. **2.** Esboçar. **3.** Executar mal, às pressas. [C.:1] § **a.li.nha.va.do** *adj.*

a.li.nha.vo [De *linha*.] *sm.* **1.** Ação ou efeito de alinhavar. **2.** Os pontos com que se alinhavava.

a.li.nho [Dev. de *alinhar*.] *sm.* Alinhamento (1).

a.lí.quo.ta (co) [Lat. *aliquot*.] *sf.* Percentual com que determinado tributo incide sobre o valor do que é tributado.

a.li.sar [*A-*² + *liso* + *-ar*².◻1A] *vtd.* **1.** Tornar liso, plano; aplanar. **2.** Desenrugar. **3.** Desencrespar (o cabelo). **4.** Passar a mão por, ger. em

alísio | alopata

carícia. [C.: 1. Cf. *alizar*.] § **a.li.sa.do** *adj.*; **a.li.sa.men.to** *sm.*

a.lí.si.o [Fr.ant. *alis* + -*io*². ◻34B] *adj. sm.* Diz-se de, ou vento persistente que sopra sobre extensas regiões, na direção do equador, de sudoeste, no hemisfério sul, e de nordeste, no hemisfério norte.

a.lis.tar [A-² + *lista* + -*ar*². ◻1A] *vtd.* **1.** Pôr em lista(s); arrolar. **2.** Recrutar (1). *p.* **3.** Assentar praça. [C.: 1] § **a.lis.ta.men.to** *sm.*

a.li.te.ra.ção [Fr. *allitération*.] *sf. E.Ling.* Repetição de fonema(s) no início, meio ou fim de palavras próximas, ou em frases ou versos em sequência. [Ex.: "Quem com ferro fere, com ferro será ferido" (prov.).] [Pl.: *-ções*.]

a.li.vi.ar [Lat. *alleviare*. ◻1A] *vtd.* **1.** Dar alívio, tranquilidade a; acalmar. **2.** Tornar (mais) leve. **3.** Minorar. *int.* **4.** Diminuir de intensidade. *p.* **5.** Sentir alívio. [C.: 1] § **a.li.vi.a.do** *adj.*

a.li.vi.o [Dev. de *aliviar*.] *sm.* **1.** Diminuição de dor, peso, trabalho, etc. **2.** Consolo.

a.li.zar [Do ár.] *sm.* Guarnição de madeira que cobre a junta entre o umbral ou marco da esquadria e a parede. [Cf. *alisar*.]

al.jô.far [Do ár.] *sm.* **1.** Pérola muito miúda. **2.** *Fig.* Gota de água.

al.ma [Lat. *anima*.] *sf.* **1.** Princípio de vida. **2.** Princípio espiritual do homem concebido como separável do corpo e imortal. **3.** Conjunto das faculdades psíquicas, intelectuais e morais dum indivíduo; espírito. **4.** Sede dos afetos, sentimentos, paixões. **5.** *Pop.* Espírito desencarnado. **6.** Sentimento, generosidade: *indivíduo sem alma*. **7.** Veemência de sentimento; entusiasmo. **8.** Pessoa, indivíduo. **9.** Condição primacial; essência. **10.** O interior, cilíndrico, duma arma de fogo, que vai da culatra à boca do cano. **11.** Pedaço entre a sola e a palmilha do sapato ou da bota.

al.ma.ço [Port.ant. *a lo maço*.] *adj. sm.* Diz-se de, ou papel forte, próprio para documentos, registros públicos e mercantis, etc.

al.ma.na.que [Do ár.] *sm.* Publicação que, além de calendário completo, contém matéria recreativa, humorística, científica, literária e informativa.

al.mei.rão [Do ár.-hisp.] *sm. Bot.* Erva das compostas, variedade hortense da chicória. [Pl.: *-rões*.]

al.me.jar [*Alma*. ◻1E] *vtd. e ti.* Desejar ardentemente; ansiar. [C.: 1 (ê)] § **al.me.já.vel** *adj2g.*

al.mi.ran.ta.do [*Almirante*. ◻17C] *sm.* Posto ou dignidade de almirante.

al.mi.ran.te [Do ár., com infl. de *reinante*, etc.] *sm.* V. *hierarquia militar*.

al.mi.ran.te de es.qua.dra *sm.* V. *hierarquia militar*. [Pl.: *almirantes de esquadra*.]

al.mís.car [Do ár.] *sm.* **1.** Substância odorífera, volátil, segregada pelo almiscareiro, e us. em perfumaria e farmácia. **2.** Qualquer odor muito ativo.

al.mis.ca.rar [*Almíscar* + -*ar*². ◻1A] *vtd. e p.* Perfumar(-se) com almíscar. [C.: 1] § **al.mis.ca.ra.do** *adj.*

al.mis.ca.rei.ro [*Almíscar*. ◻25] *sm. Zool.* Mamífero artiodáctilo, cervídeo, asiático, e com glândula abdominal que segrega o almíscar (1).

al.mo.çar [*Almoço*. ◻1A] *v.int.* **1.** Tomar o almoço. *td.* **2.** Comer ao almoço. [C.: 1B (ó)]

al.mo.ço (ó) [Lat.vulg. **admordium*.] *sm.* **1.** A primeira das 2 refeições substanciais do dia, ger. feita no começo da tarde. **2.** A comida nela servida.

al.mo.cre.ve [Do ár.] *sm.* Condutor de bestas de carga; arrieiro.

al.mo.fa.da [Do ár.] *sf.* **1.** Saco estofado, para encosto, assento ou ornato. **2.** Peça saliente, reentrante, ou apenas guarnecida por filete, moldura ou ranhura, em obras de madeira, pedra ou outro material.

al.mo.fa.di.nha [*Almofada*. ◻32A] *sf.* **1.** Pequena almofada. ● *sm.* **2.** *Bras. Pop.* Homem que se veste com excessivo apuro.

al.mo.fa.riz [Do ár.] *sm.* Recipiente semelhante ao pilão, em que se trituram substâncias sólidas.

al.môn.de.ga [Do ár.] *sf. Cul.* Bolinho de carne moída, ovos e temperos, cozido em molho espesso.

al.mo.to.li.a [Do ár.] *sf.* Vaso de folha, cônico, para azeite e outros líquidos, sobretudo oleosos.

al.mo.xa.ri.fa.do [*Almoxarife*. ◻17C] *sm.* Depósito de objetos, matérias-primas e materiais.

al.mo.xa.ri.fe [Do ár.] *sm.* Administrador de almoxarifado.

a.lô [Ingl. *hallo, hello*.] *interj.* Us. para chamar a atenção, e, esp. ao telefone, para iniciar a comunicação.

a.lóc.to.ne *adj2g. s2g.* Diz-se de, ou pessoa que não é originária do país onde habita. [Opõe-se a *autóctone*.]

a.lo.cu.ção [Lat. *allocutione*. ◻2] *sf.* Discurso breve, proferido em solenidade. [Pl.: *-ções*.]

a.lo.és *sm2n.* ou **a.lo.é** [Gr. *alóes*.] *sm. Bot.* Planta suculenta, liliácea, medicinal; babosa.

a.lo.ja.men.to [*Alojar*. ◻3] *sm.* **1.** Ação ou efeito de alojar(-se). **2.** Lugar onde pessoas se alojam.

a.lo.jar [A-² + *loja* + -*ar*². ◻1A] *vtd., tdc. e p.* **1.** Acomodar(-se). **2.** Hospedar(-se). [C.: 1 (ó)]

a.lon.ga.men.to [*Alongar*. ◻3] *sm.* **1.** Ato ou efeito de alongar. **2.** Modalidade de exercício físico cujo objetivo é alongar músculo(s).

a.lon.gar *vtd.* **1.** Tornar longo ou mais longo. **2.** Estender. **3.** Realizar alongamento (2) em. *p.* **4.** Prolongar-se; estender-se. [C.: 1C] § **a.lon.ga.do** *adj.*

a.lo.pa.ta ou **a.ló.pa.ta** [*Al(o)-* + -*pata*.] *s2g. Med.* Quem exerce a alopatia.

alopatia | altiplano

a.lo.pa.ti.a [*Al(o)-* + *-patia.*] *sf. Med.* Sistema terapêutico que trata as doenças por meios contrários a elas. § **a.lo.pá.ti.co** *adj.*

a.lo.pe.ci.a ou **a.lo.pé.ci:a** [Gr. *alopekía*.] *sf. Med.* Ausência, em extensão variável, de cabelo ou de pelo. § **a.lo.pé.ci.co** *adj.*

a.los.sau.ro [Tax. *Allosaurus.*] *sm. Paleont.* Dinossauro terópode, com cerca de 12m de comprimento e 5m de altura que viveu no jurássico superior e cujos fósseis foram encontrados na América do Norte, África, Austrália e Europa.

a.lo.tro.pi.a *sf. Fís.-Quím.* Fenômeno que consiste em um elemento químico poder existir estavelmente sob formas diferentes, com diferentes propriedades físicas e químicas; ex.: grafita e diamante. § **a.lo.tró.pi.co** *adj.*

a.lou.rar ou **a.loi.rar** *vtd. e p.* Tornar(-se) louro. [C.: 1]

al.pa.ca [Esp. *alpaca*, do quích.] *sf.* **1.** *Zool.* Mamífero camelídeo da América do Sul, menor que a lhama, de pescoço longo e cabeça pequena. **2.** Sua lã, ou tecido feito desta.

al.pen.dre [V.C] *sm.* **1.** Cobertura saliente ger. à entrada de um prédio. **2.** *P.ext.* Espaço coberto, reentrante e aberto, na fachada de uma casa.

al.per.ca.ta [Do ár.] *sf.* **1.** *Bras.* Sandália sem salto, presa ao pé por tiras. **2.** Sapato feito de lona, e com sola de corda.

al.pes.tre [It. *alpestre*.] *adj2g.* Alpino.

al.pi.nis.mo [Fr. *alpinisme*.▣11] *sm.* Montanhismo. § **al.pi.nis.ta** *adj2g. s2g.*

al.pi.no [Lat. *alpinu*.▣30] *adj.* Dos Alpes.

al.pis.te *sf.* **1.** *Bot.* Planta poácea cujo grão é us. na alimentação de pássaros. **2.** Esse grão.

al.que.bra.do [Esp. *alquebrado*.] *adj.* **1.** Curvado, por cansaço, doença ou velhice. **2.** Prostrado (2).

al.quei.re [Do ár.] *sm.* **1.** Antiga medida de capacidade para secos e líquidos, variável de lugar para lugar. **2.** Medida de superfície agrária variável [2,42 hectares em SP e 4,84 hectares em MG, RJ e GO]. **3.** Terreno que leva um alqueire (2) de semeadura.

al.que.no [Al. *Alk(yl)*, 'alquila', + *-eno²*.] *sm. Quím.* Alceno.

al.qui.la *sf. Quím.* O grupo hidrocarbônico que é obtido quando se retira um átomo de hidrogênio de um alcano. [Norma para nome sistemático de alquilas: alcano → alcila; ex.: metano → metila, etano → etila.]

al.qui.mi.a [Do ár., pelo lat.med. *alchemia*, *alchimia*.] *sf.* A química da Idade Média e da Renascença, que buscava, sobretudo, descobrir a pedra filosofal, fórmula secreta para transformar em ouro outros metais.

al.qui.mis.ta [*Alquimia*.▣36] *s2g.* Cultor da alquimia.

al.qui.no [Al. *Alk(yl)*, 'alquila', + *-ino²*.] *sm. Quím.* Alcino.

al.ta *sf.* **1.** Aumento (de preço, cotação, etc.). **2.** Autorização de saída de hospital, que se dá aos curados e convalescentes.

al.ta-fi.de.li.da.de *sf. Eletrón.* Reprodução e amplificação de sons, sem distorção nem ruído, graças ao emprego de técnicas e dispositivos eletrônicos. [Pl.: *altas-fidelidades.*]

al.ta.nei.ro [Esp. *altanero*.] *adj.* **1.** Que voa muito alto. **2.** Soberbo, sobranceiro.

al.tar [Lat. *altare*.] *sm.* **1.** Mesa consagrada aos sacrifícios religiosos. **2.** Mesa ou balcão, ou bloco de pedra, destinados à imolação de vítimas ou a oferendas, nas religiões pagãs; ara. **3.** Lugar acima do chão (móvel, prateleira, etc.) consagrado à imagem de santos.

al.tar-mor *sm.* O altar principal duma igreja. [Pl.: *altares-mores.*]

al.ta-ro.da *sf.* A alta sociedade. [Pl.: *altas-rodas.*]

al.te.ar [*Alto*.▣1N] *vtd. e p.* Tornar(-se) alto ou mais alto. [C.: 12A]

al.te.rar [Lat. *alterare*.▣1A] *vtd.* **1.** Modificar. **2.** Perturbar, desorganizar. **3.** Decompor. **4.** Falsificar. **5.** Inquietar, irritar: *A má notícia alterou-a. p.* **6.** Modificar-se. **7.** Inquietar-se, irritar-se. [C.: 1 (é)] § **al.te.ra.ção** *sf.*; **al.te.rá.vel** *adj2g.*

al.ter.car [Lat. *altercare*.▣1A] *v.int. e ti.* Discutir ou disputar com ardor. [C.: 1A (é)] § **al.ter.ca.ção** *sf.*

al.te.ri.da.de [Lat. *alter* + *-(i)dade*.▣14] *sf.* Caráter ou qualidade do que é outro.

al.ter.na.dor (ô) [*Alternar*.▣19A] *adj.* **1.** Que alterna. • *sm.* **2.** O que alterna. **3.** Aparelho elétrico, mecânico ou eletromecânico, que fornece corrente alternada.

al.ter.nar [Lat. *alternare*.▣1A] *vtd.* **1.** Fazer suceder repetida e regularmente; revezar. **2.** Dispor em ordem alternada. *int. e p.* **3.** Revezar-se. [C.: 1 (é)] § **al.ter.na.ção** *sf.*; **al.ter.na.do** *adj.*; **al.ter.nân.ci:a** *sf.*; **al.ter.nan.te** *adj2g.*

al.ter.na.ti.va *sf.* **1.** Sucessão de 2 coisas mutuamente exclusivas. **2.** Opção entre 2 coisas.

al.ter.na.ti.vo [*Alternar*.▣22A] *adj.* **1.** Que se diz, ou faz, ou ocorre com alternação. **2.** Que permite escolha. **3.** *Fig.* Que não está ligado a grupos ou tendências dominantes; que adota posição independente.

al.ter.no [Lat. *alternu*.] *adj. Bot.* Diz-se das folhas que se inserem alternadamente no caule.

al.te.ro.so (ô) [Esp. *alteroso*.▣37] *adj.* Alto e majestoso. [Pl.: *-rosos* (ó).]

al.te.za (ê) [Lat. *altitia*.] *sf.* **1.** Qualidade do que é alto. **2.** Elevação moral; grandeza. **3.** Tratamento dado aos príncipes.

al.tí.me.tro [*Alti-* + *-metro*.] *sm.* Instrumento para medir a altura.

al.ti.pla.no [Hisp.-amer. *altiplano*.] *sm.* V. *planalto*.

altissonante | alvadio

al.tis.so.nan.te [Lat. *altisonante*. ◨21] *adj2g.* Que soa muito alto.

al.tis.ta [*Alto*[1]. ◨36] *adj2g. s2g.* Diz-se de, ou pessoa que joga na alta do câmbio, ou que eleva o preço das mercadorias.

al.ti.tu.de [Lat. *altitudine*.] *sf.* Altura em relação ao nível do mar.

al.ti.vo [*Alto*[1]. ◨22] *adj.* **1.** Que é elevado, alto. **2.** Que demonstra nobreza, dignidade. **3.** Que revela arrogância, presunção. § **al.ti.vez** (ê) *sf.*

al.to[1] [Lat. *altu*.] *adj.* **1.** De grande extensão vertical. **2.** Que se eleva a grande altura. **3.** Que está levantado, erguido. **4.** Que, numa escala, está bem acima do normal: *febre alta, preço alto.* **5.** Que soa forte; elevado. **6.** Nobre, excelente. **7.** Que tem destaque: *um alto cargo.* **8.** De muita importância; grave, sério: *alta traição.* **9.** Adiantado no seu curso: *noite alta.* **10.** Mais afastado no tempo; mais próximo da origem: *alta Idade Média.* **11.** Diz-se de trecho de rio mais próximo à nascente: *o alto Nilo; o alto Amazonas.* **12.** *Bras. Pop.* V. *embriagado.* ● *sm.* **13.** Altura, elevação. **14.** Cimo, cume. ● *adv.* **15.** A grande altura. **16.** Em som ou voz alta. ◆ **Por alto.** Sem informações detalhadas.

al.to[2] [Al. *halt*.] *interj.* Pare; suspenda.

al.to-as.tral *adj2g. s2g.* **1.** Diz-se de, ou indivíduo que vive bem-humorado, satisfeito. ● *sm.* **2.** Estado de espírito favorável atribuído a suposta influência positiva dos astros. [Opõe-se a *baixo-astral.* Pl.: *altos-astrais.*]

al.to-con.tras.te *sm. Fot. Art.Gráf.* **1.** Técnica ou processo us. para eliminar, total ou parcialmente, os meios-tons de fotografia ou estampa. **2.** Fotografia ou estampa assim obtidas. [Pl.: *altos-contrastes.*]

al.to-fa.lan.te *sm.* Dispositivo capaz de receber impulsos elétricos (ger. amplificados eletronicamente) e convertê-los em sons. [Pl.: *alto-falantes.*]

al.to-for.no *sm.* Construção onde se funde o minério de ferro reduzindo-o a ferro-gusa. [Pl.: *altos-fornos* (ó).]

al.to-mar *sm.* A porção do mar afastada da costa; mar alto. [Pl.: *altos-mares.*]

al.to-re.le.vo *sm.* Escultura feita sobre plano de fundo, mas que dele sobressai em relevo ou saliência. [Pl.: *altos-relevos.*]

al.tru.ís.mo [Fr. *altruisme*. ◨11] *sm.* Sentimento de quem põe o interesse alheio acima do seu próprio. § **al.tru.ís.ta** *adj2g. s2g.*

al.tu.ra [*Alto*[1]. ◨5] *sf.* **1.** Dimensão vertical dum corpo, da base para cima. **2.** Posição dum corpo acima dum plano ou ponto de referência. **3.** Estatura (1). **4.** Elevação, eminência.

a.lu.á [Do ár.] *sm. Bras.* Certa bebida fermentada e refrigerante.

a.lu.a.do *adj.* **1.** V. *amalucado* (2). **2.** Que está no cio (animal).

a.lu.ci.na.ção [Lat. *alucinatione*. ◨2A] *sf.* **1.** Ato ou efeito de alucinar(-se). **2.** Ilusão, fantasia. **3.** *Psiq.* Sintoma em que se alega percepção do que, na realidade, não existe ou não ocorre. [Pl.: *-ções.*]

a.lu.ci.nar [Lat. **alucinare*. ◨1A] *vt.* **1.** Privar da razão, do entendimento. **2.** Fazer cair em alucinação. *int.* **3.** Causar delírio ou desvario. *p.* **4.** Perder a razão; desvairar-se. [C.: 1] § **a.lu.ci.na.do** *adj.*; **a.lu.ci.nan.te** *adj2g.*

a.lu.ci.nó.ge.no [*Alucin(ação)* + *-o-* + *-geno.*] *adj. sm. Psiq.* Diz-se de, ou substância que provoca alucinações.

a.lu.de [Or. pré-rom.] *sm.* Avalanche.

a.lu.dir [Lat. *alludere*. ◨1C] *vti.* Fazer alusão; referir-se, reportar-se. [Não admite o pron. *lhe(s)*, mas apenas as f. analíticas *a ele(s), a ela(s): Aquele caso? Jamais aludirei a ele.* [C.: 3]

a.lu.gar [*A-*[2] + lat. *locare*. ◨1A] *vtd.* **1.** Dar ou tomar de aluguel. **2.** *Bras. Gír.* Tomar o tempo, a atenção de (alguém). *tdi.* **3.** Alugar (1). [C.: 1]

a.lu.guel [De *alugar*.] *sm.* **1.** Cessão do uso e gozo de prédio, coisa ou animal, ou prestação de serviços, por tempo determinado ou não, mediante pagamento; locação. **2.** Remuneração paga em virtude dessa cessão. [Pl.: *-guéis.*]

a.lu.ir [Lat. *alluere*. ◨1C] *vtd.* **1.** Fazer vacilar; abalar. **2.** Pôr abaixo; derribar. *int. e p.* **3.** Desabar. [C.: 42]

a.lu.mi.ar [Lat.vulg. **alluminare*. ◨1A] *vtd. e p.* V. *iluminar* (1 e 5). [C.: 1]

a.lu.mí.ni.o [Lat.cient. *aluminium*. ◨34B] *sm. Quím.* Elemento de número atômico 13, metálico, branco-prateado, mole, dúctil, com muitas aplicações, puro ou em ligas [símb.: *Al*].

a.lu.na.gem [*A-*[2] + lat. *luna* + *-agem.* ◨6] *sf.* Alunissagem. [Pl.: *-gens.*]

a.lu.nis.sa.gem [Fr. *alunissage*.] *sf.* Pouso na superfície lunar. [Pl.: *-gens.*]

a.lu.nis.sar [Deduz. de *alunissagem*. ◨1A] *v.int.* Pousar na Lua (astronave). [C.: 1]

a.lu.no [Lat. *alumnu*.] *sm.* Aquele que recebe instrução e/ou educação de mestre(s), em estabelecimento de ensino ou particularmente; estudante.

a.lu.são [Lat. *allusione*. ◨2] *sf.* **1.** Ato ou efeito de aludir. **2.** Referência vaga e indireta. [Pl.: *-sões.*]

a.lu.si.vo [Fr. *allusif*. ◨22] *adj.* Que contém alusão.

a.lu.vi.ão [Lat. *alluvione*. ◨2] *sf.m.* Depósito de cascalho, areia e argila que as enxurradas formam junto às margens ou à foz dos rios. [Pl.: *-ões.*]

al.va ou **al.ba** *sf.* **1.** Alvor (1). **2.** Veste talar de pano branco. **3.** Espécie de túnica que os condenados vestiam para ir ao suplício.

al.va.cen.to [Lat. *albescente*, com infl. dos adj. em *-ento*, poss. ◨27] *adj.* V. *esbranquiçado.*

al.va.di:o *adj.* V. *esbranquiçado.*

alvaiade | amanho

al.vai.a.de [Do ár.] *sm. Quím.* Pigmento branco, de carbonato básico de chumbo ou de óxido de zinco.

al.var [*Alvo* (1). ▣40] *adj2g.* Atoleimado (2).

al.va.rá [Do ár.] *sm.* Documento pelo qual uma autoridade judiciária ou administrativa ordena ou autoriza a alguém a prática de determinado ato.

al.va.ren.ga [Antr. *Alvarenga*, poss.] *sf. Bras.* Embarcação para carga e descarga de navios.

al.ve.dri:o *sm.* Vontade própria.

al.vei.tar [Do ár.] *sm.* 1. Curandeiro de doenças de animais. 2. Ferrador de cavalgaduras.

al.ve.jan.te [*Alvejar*. ▣21] *adj2g. sm.* Diz-se de, ou substância que alveja.

al.ve.jar [*Alvo*. ▣1E] *vtd.* 1. Tornar alvo ou branco; branquear. 2. Atirar contra. [C.: 1 (ê)]

al.ve.na.ri.a *sf.* Obra, ger. parede, muro ou alicerce, composta de pedras, ou de tijolos, ou de blocos de concreto, ligados ou não por argamassa.

ál.ve:o [Lat. *alveu.*] *sm.* Leito (de curso de água).

al.vé:o.lo [Lat. *alveolu.*] *sm.* 1. Cavidade pequena. 2. Célula do favo de mel. 3. *Anat.* Nome genérico de pequenas dilatações em forma de saco. § **al.ve:o.lar** *adj2g.*

al.vi.ão [V.E] *sm.* Espécie de picareta com um lado em ponta e o outro em gume. [Pl.: -ões.]

al.vís.sa.ras [Do ár.] *sfpl.* 1. Prêmio dado a quem anuncia boas novas ou entrega coisa perdida. ● *interj.* 2. Us. para anunciar boas novas.

al.vis.sa.rei.ro [*Alvíssaras* ▣25] *adj.* Auspicioso, promotedor.

al.vi.trar [V.C] *vtd. e tdi.* Aconselhar; propor; sugerir. [C.: 1]

al.vi.tre [Dev. de *alvitrar.*] *sm.* Lembrança, sugestão, parecer.

al.vo [Lat. *albu.*] *adj.* 1. Branco, claro. 2. Puro, inocente. ● *sm.* 3. A cor branca; branco. 4. Ponto a que se dirige o tiro. 5. *Fig.* Fim ou resultado que se deseja atingir; meta, objetivo.

al.vor (ô) ou **al.bor** (ô) *sm.* 1. A primeira luz da manhã; alva. 2. V. *alvura* (1).

al.vo.ra.da *sf.* 1. Crepúsculo matutino. 2. Toque militar que anuncia a madrugada. 3. Toque de qualquer música ao despontar da manhã.

al.vo.re.cer [*Alvor*. ▣1P] *v.int.* 1. Romper o dia; amanhecer. 2. Começar a manifestar-se; aparecer. [C.: 7]

al.vo.ro.çar [*Alvoroço*. ▣1A] *vtd.* 1. Pôr em alvoroço. *p.* 2. Sobressaltar-se. 3. Alegrar-se. [C.: 1B (ó)] § **al.vo.ro.ça.do** *adj.*

al.vo.ro.ço (ô) [Do ár.] *sm.* 1. Agitação, sobressalto. 2. Pressa, azáfama. 3. Tumulto, confusão. 4. Motim. 5. *Bras.* Gritaria, balbúrdia.

al.vu.ra [*Alvo*. ▣5] *sf.* 1. Qualidade de alvo, branco; alvor, brancura. 2. *Fig.* Candura, inocência.

■ **Am** *Quím.* Símb. de *amerício.*

a.ma [Lat.hisp. *amma.*] *sf.* 1. Ama de leite. 2. V. *ama-seca.* 3. A dona de casa em relação aos criados.

a.ma.bi.li.da.de [Lat. *amabilitate*. ▣14] *sf.* 1. Qualidade de amável. 2. Palavra ou gesto amável.

a.ma.ci.ar *vtd.* 1. Tornar macio. 2. Tornar brando. [C.: 1]

a.ma de lei.te *sf.* Mulher que amamenta criança alheia; ama. [Pl.: *amas de leite.*]

a.ma.do [*Amar*. ▣17A] *adj. sm.* Que, ou quem é objeto de especial afeição; querido.

a.ma.dor (ô) [Lat. *amatore*. ▣19A] *adj.* 1. Amante (1). 2. Que se dedica à arte ou ofício por prazer, não por profissão. 3. Diz-se da arte ou ofício praticado por amadores: *teatro amador.* ● *sm.* 4. Indivíduo amador (2).

a.ma.do.ris.mo [*Amador*. ▣11] *sm.* 1. Condição de amador, de não profissional. 2. A arte do amador. 3. *Fig.* Inexperiência, inabilidade.

a.ma.du.re.cer [*A-²* + *maduro* + *-ecer*. ▣1P] *vtd., int. e p.* Tornar(-se) maduro; madurar. [C.: 2A (ê-é)] § **a.ma.du.re.ci.do** *adj.*; **a.ma.du.re.ci.men.to** *sm.*

â.ma.go [V.D] *sm.* 1. *Bot.* Cerne. 2. *P.ext.* O centro, o meio de qualquer coisa. 3. A parte mais íntima de um ser; o íntimo, o seio.

a.mai.nar [V.C▣1A] *vtd.* 1. Colher (a vela¹[1]). 2. Abrandar, acalmar. *int. e p.* 3. Serenar(-se). [C.: 1]

a.mal.di.ço.a.do [*Amaldiçoar*. ▣17A] *adj.* 1. Sobre o que, ou quem, se lançou praga (1). 2. Mau, perverso.

a.mal.di.ço.ar *vtd.* Dizer mal de; praguejar ou imprecar contra; arrenegar, maldizer. [C.: 1D]

a.mál.ga.ma [Lat.med. *amalgama.*] *s.f.m.* 1. *Quím.* Liga de mercúrio. 2. *Fig.* Mistura de elementos diversos que formam um todo.

a.mal.ga.mar [*Amálgama*. ▣1A] *vtd.* 1. Fazer amálgama de (mercúrio com outro metal). 2. Mesclar (1). *p.* 3. Mesclar-se. [C.: 1]

a.ma.lu.ca.do [*A-²* + *maluco* + *-ado¹*. ▣17B] *adj.* 1. V. *tolo* (1 e 2). 2. Um tanto maluco; adoidado, aluado, lunático.

a.ma.men.tar *vtd.* Dar de mamar a; aleitar. [C.: 1] § **a.ma.men.ta.ção** *sf.*

a.man.ce.bar-se *vp.* Viver em mancebia; amasiar-se. [C.: 1 (ê)]

a.ma.nhã [Lat.vulg. **maneana.*] *adv.* 1. No dia seguinte àquele em que estamos. ● *sm.* 2. O dia seguinte.

a.ma.nhar [*A-²* + *manha* + *-ar²*. ▣1A] *vtd.* Dar amanho a; lavrar. [C.: 1]

a.ma.nhe.cer [Lat.vulg. **admanescere.* ▣1P] *v.int.* 1. Romper o dia. *tc.* 2. Encontrar-se ao amanhecer em algum lugar. *pred.* 3. Ser, estar, encontrar-se (pela manhã): *Amanheceu cansado.* [C.: 2A (ê-é). Na 1ª acepç., é impess., conjugável só na 3ª pess. do sing., com sujeito zero, *v.* 7.] ● *sm.* 4. A aurora (1).

a.ma.nho [Dev. de *amanhar.*] *sm.* Lavoura, cultivo.

amansar | amazônico

a.man.sar *vtd. e p.* Tornar(-se) manso. [C.: 1] § **a.man.sa.dor** (ó) *adj. sm.*

a.man.te [Lat. *amante*. ⬛21] *adj2g.* **1.** Que ama; amador ● *s2g.* **2.** Quem ama; apaixonado. **3.** Pessoa que tem com outra relações sexuais estáveis. **4.** Quem tem forte predileção por algo: *amante da boa mesa, da música*.

a.man.tei.ga.do[1] [*A*-[2] + *manteiga* + *-ado*[1]. ⬛17B] *adj.* Semelhante à manteiga, na cor e no gosto.

a.man.tei.ga.do[2] *adj.* Feito com manteiga.

a.ma.nu.en.se [Lat. *amanuense*. ⬛38] *s2g.* Antigo burocrata que fazia a correspondência e copiava ou registrava documentos.

a.ma.pa.en.se [⬛38] *adj2g.* **1.** Do AP. ● *s2g.* **2.** O natural ou habitante desse estado.

a.mar [Lat. *amare*. ⬛1A] *vtd.* **1.** Ter amor a. **2.** Praticar o amor físico com. *int.* **3.** Ter amor; estar enamorado. *p.* **4.** Ter sentimento mútuo de amor, ternura, paixão. **5.** Praticar (2 pessoas) o ato sexual. [C.: 1]

a.ma.ran.tá.ce:a [Tax. *Amaranthaceae*.] *sf. Bot.* Espécime das amarantáceas, família de ervas e arbustos, ger. trepadores. § **a.ma.ran.tá.ce:o** *adj.*

a.ma.ran.to [Lat. *amarantu*.] *sm. Bot.* Erva amarantácea, de belas flores.

a.ma.re.la.do [*Amarelo*. ⬛17B] *adj.* Tirante a amarelo.

a.ma.re.lão [*Amarelo*. ⬛28A] *sm. Bras. Pop.* V. *ancilostomíase*. [Pl.: -*lões*.]

a.ma.re.lar [*Amarelo*. ⬛1A] *vtd. e p.* **1.** Tornar(-se) amarelo. *int.* **2.** Acovardar-se. [C.: 1 (é)]

a.ma.re.le.cer [*Amarelo*. ⬛1P] *vtd. e p.* Amarelar(-se) (1). [C.: 2A (ê-é)]

a.ma.re.li.dão [*Amarelo* + *-idão*.] *sf.* Qualidade de amarelo. [Pl.: -*dões*.]

a.ma.re.li.nha [*Amarelo*. ⬛32A] *sf. Bras.* Jogo infantil, de pular num pé só sobre casas riscadas no chão.

a.ma.re.lo [B.-lat. hisp. *amarellu*.] *adj.* **1.** Da cor do ouro, da gema do ovo. **2.** Diz-se dessa cor. **3.** Pálido, descorado. ● *sm.* **4.** A cor amarela.

a.mar.fa.nhar [V.D] *vtd.* V. *amarrotar* (1). [C.: 1]

a.mar.gar [Lat. *amaricare*. ⬛1A] *vtd.* **1.** Tornar amargo. **2.** Padecer, suportar. **3.** Sofrer as consequências de. *int.* **4.** Ter sabor amargo. **5.** Causar desgosto. [C.: 1C]

a.mar.go [Lat.-hisp. **amaricu*.] *adj.* **1.** Que tem sabor desagradável, como, p.ex., o fel; amargoso. **2.** Sem açúcar; amargoso: *café amargo*. **3.** *Fig.* Doloroso, triste. **4.** *Fig.* Cheio de amargura, mágoa. [Sin.ger.: amargoso. Superl.: *amarguíssimo*.] ● *sm.* **5.** Um dos sabores básicos do paladar; muitos alcaloides e outras substâncias venenosas, são amargas.

a.mar.gor (ô) [*Amargo*. ⬛19] *sm.* V. *amargura*.

a.mar.go.so (ô) [B.-lat. hisp. *amaricosu*. ⬛37] *adj.* Amargo (1). [Pl.: -*gosos* (ó).]

a.mar.gu.ra [*Amargo*. ⬛5] *sf.* **1.** Sabor amargo. **2.** Sofrimento forte de dor, tristeza e desencanto. [Sin.ger.: *amargor*.]

a.mar.gu.rar [*Amargura*. ⬛1A] *vtd.* **1.** Causar amargura a. *p.* **2.** Entristecer-se profundamente. [C.: 1] § **a.mar.gu.ra.do** *adj.*

a.ma.ri.li.dá.ce:a [Tax. *Amaryllidaceae*.] *sf. Bot.* Espécime das amarilidáceas, fam. de ervas ger. bulbosas, e de flores grandes. § **a.ma.ri.li.dá.ce:o** *adj.*

a.ma.rí.lis [Tax. *Amaryllis*.] *sf2n. Bot.* Erva amarilidácea, bulbosa, e sua flor.

a.ma.rís.si.mo [Lat. *amarissimu*.] *adj.* Superl. de *amaro*.

a.ma.ro [Lat. *amaru*.] *adj.* V. *amargo*.

a.mar.ra [Dev. de *amarrar*.] *sf.* **1.** Corrente especial, que segura a âncora à embarcação. **2.** *P.ext.* Qualquer corda ou corrente que serve para amarrar. **3.** *Fig.* Aquilo que tolhe, prende.

a.mar.ra.do [*Amarrar*. ⬛17A] *adj.* **1.** Preso, atado por amarra(s). **2.** Diz-se do semblante carrancudo. **3.** *Fam.* Comprometido (por ligação amorosa). ● *sm.* **4.** *Bras.* Apanhado de coisas atadas (flores, ervas, etc.).

a.mar.rar [Fr. *amarrer*. ⬛1A] *vtd.* **1.** Atar (1). **2.** Prender por laços morais. **3.** Carregar (as feições), mostrando aborrecimento. **4.** *Bras.* Ajustar em definitivo (um negócio). **5.** *Bras.* Impedir o bom andamento de. *p.* **6.** Ficar apaixonado. **7.** Casar-se ou ligar-se amorosamente. [C.: 1] § **a.mar.ra.ção** *sf.*

a.mar.ro.tar [*A*-[4] + port.ant. **marrotar*. ⬛1A] *vtd.* **1.** Comprimir, deixando vincos ou dobras em; amarfanhar, amassar. *p.* **2.** Ficar com vincos ou dobras. [C.: 1 (ó)] § **a.mar.ro.ta.do** *adj.*

a.ma-se.ca *sf.* Criada que cuida de crianças sem as amamentar; ama, bá, babá. [Pl.: *amas-secas*.]

a.má.si:a [Lat. *amasia*.] *sf.* Concubina.

a.ma.si.ar-se [*Amásio* + *-ar*[2] + *se*[1].] *vp.* Amancebar-se. [C.: 1] § **a.ma.si.a.do** *adj.*

a.má.si:o [Lat. *amasiu*.] *sm.* Homem amancebado.

a.mas.sa.doi.ro ou **a.mas.sa.dou.ro** [*Amassar*. ⬛26B] *sm.* Recipiente, tabuleiro ou lugar onde se amassa.

a.mas.sa.du.ra [*Amassar*. ⬛5A] *sf.* **1.** Ato ou efeito de amassar(-se). **2.** Sinal de pancada; mossa.

a.mas.sar [*A*-[2] + *massa* + *-ar*[2]. ⬛1A] *vtd.* **1.** Converter em massa ou pasta. **2.** V. *amarrotar* (1). *p.* **3.** Amarrotar-se. [C.: 1] § **a.mas.sa.dor** (ô) *adj. sm.*

a.ma.tu.ta.do *adj. Bras.* Semelhante a matuto.

a.má.vel [Lat. *amabile*. ⬛41] *adj2g.* **1.** Digno de ser amado. **2.** De trato ameno; agradável. [Pl.: -*veis*.]

a.ma.vi:os *smpl.* Feitiços, encantos.

a.ma.zo.na [Lat. *amazone*.] *sf.* Mulher que monta a cavalo; cavaleira.

a.ma.zo.nen.se [⬛38] *adj2g.* **1.** Do AM. ● *s2g.* **2.** O natural ou habitante desse estado.

a.ma.zô.ni.co [Lat. *amazonicu*. ⬛35B] *adj.* Da, ou relativo à Amazônia.

âmbar | americanizar

âm.bar [Do ár.] *sm.* 1. Substância cerosa, cinza, ger. manchada de amarelo ou negro, de cheiro almiscarado, proveniente do intestino do cachalote e us. em perfumaria. 2. Resina fóssil, sólida, amarelada, us. na fabricação de vários objetos. [Pl.: *âmbares*.]

am.bi.ção [Lat. *ambitione*. ■2] *sf.* 1. Desejo veemente de alcançar os bens materiais ou o que satisfaz o amor-próprio (riqueza, glória, etc.). 2. Desejo intenso. [Pl.: *-ções*.]

am.bi.ci.o.nar [*Ambição* (-cion-) + *-ar²*. ■1D] *vtd.* Ter ambição de; desejar, querer. [C.: 1]

am.bi.ci.o.so [Lat. *ambitiosu*. ■37] *adj.* Que tem ou denota ambição. [Pl.: *-osos* (ó).]

am.bi.des.tro (ê) [Lat. *ambidextru*.] *adj. sm.* Que, ou quem usa as 2 mãos com a mesma facilidade. § **am.bi.des.tri.a** *sf.*

am.bi.ên.ci.a [Fr. *ambiance*.] *sf.* Meio ambiente.

am.bi.en.tal [*Ambiente* + *-al¹*. ■39] *adj2g.* Do ambiente (2), do meio ambiente. [Pl.: *-tais*.]

am.bi:en.ta.lis.mo [*Ambiental*. ■11] *sm.* O estudo do meio ambiente.

am.bi:en.ta.lis.ta [*Ambiental*. ■36] *s2g.* Especialista em ambientalismo.

am.bi:en.tar [*Ambiente*. ■1A] *vtd., tdi. e p.* Adaptar(-se) a um ambiente. [C.: 1]

am.bi.en.te [Lat. *ambiente*. ■21] *adj2g.* 1. Que cerca ou envolve os seres vivos e/ou as coisas. ● *sm.* 2. Aquilo que cerca ou envolve os seres vivos e/ou as coisas. 3. Lugar, espaço. 4. *Inform.* Conjunto de características gerais de um computador, sistema operacional, ou programa. ◆ **Ambiente colaborativo**. Aquele, tanto no espaço virtual quanto no físico, que permite que diversas pessoas trabalhem ou atuem em conjunto.

am.bí.guo [Lat. *ambiguu*.] *adj.* 1. Que se pode tomar em mais de um sentido; equívoco. 2. Cujo procedimento denota insegurança; indeciso. § **am.bi.gui.da.de** (güi) *sf.*

âm.bi.to [Lat. *ambitu*.] *sm.* 1. Recinto. 2. V. *campo* (5).

am.bi.va.lên.ci:a [*Ambi-* + *valência*.] *sf.* 1. Caráter do que apresenta 2 aspectos ou valores. 2. *Psic.* Estado de quem, em dada situação, experimenta, ao mesmo tempo, sentimentos opostos. § **am.bi.va.len.te** *adj2g.*

am.bos [Lat. *ambos*.] *num.* Um e outro; os dois.

am.bro.si.a [Gr. *ambrosía*. ■8A] *sf.* 1. *Mit.* Manjar dos deuses. 2. Comida ou bebida deliciosa. 3. *Bras. Cul.* Doce feito com ovos e leite cozidos em calda de açúcar.

am.bu.lân.ci:a [Fr. *ambulance*.] *sf.* Veículo para transporte de doentes ou de feridos, e esp. equipado para que lhes sejam ministrados primeiros socorros.

am.bu.lan.te [Lat. *ambulante*. ■21] *adj2g.* 1. Que não permanece no mesmo lugar. 2. Que funciona em local não fixo. ● *s2g.* 3. Vendedor que exerce o seu comércio em logradouros públicos, sem lugar fixo.

am.bu.la.tó.ri:o [Lat. *ambulatoriu*. ■23A] *adj.* 1. Que impele a andar. ● *sm.* 2. *Med.* Estabelecimento, ou setor de hospital, em que se atendem pacientes cujo estado físico não requer internação. § **am.bu.la.to.ri:al** *adj2g.*

a.me.a.ça [*A-⁵* + lat.vulg. *minacia*.] *sf.* 1. Promessa de castigo ou malefício. 2. Prenúncio ou indício de coisa má. 3. Palavra ou gesto intimidativo.

a.me:a.ça.dor (ô) [*Ameaçar*. ■19A] *adj.* 1. Que ameaça. 2. Diz-se de tempo (4) que prenuncia temporal.

a.me:a.çar [*Ameaça*. ■1A] *vtd.* 1. Dirigir ameaça(s) a. 2. Pôr em perigo. 3. Estar na iminência de. [C.: 1B]

a.me.a.lhar *vtd.* Economizar, poupar. [C.: 1]

a.me.ba [Tax. *Amoeba*.] *sf. Zool.* Nome comum aos protozoários rizópodes, de forma alterável, que ocorrem na água ou no solo. § **a.me.bi.a.no** *adj.*

a.me.bí.a.se [*Ameba* + *-íase*.] *sf. Med.* Doença causada por ameba, esp. pela *Ameba histolytica*, e adquirida ao ingerir-se água ou alimentos contaminados.

a.me.boi.de (ói) [*Ameba* + *-oide*.] *adj2g.* Da, ou semelhante à ameba.

a.me.dron.tar [*A-²* + port.arc. *medorento* + *-ar²*. ■1A] *vtd. e p.* Meter medo a, ou sentir medo. [C.: 1] § **a.me.dron.ta.dor** (ô) *adj. sm.*

a.mei.a [*A-⁵* + lat. *mina*.] *sf.* Cada uma das partes salientes retangulares, separadas por intervalos iguais, na parte superior de muros, muralhas, como, p.ex., em fortificações.

a.mei.xa [V.C] *sf. Bot.* O fruto da ameixeira.

a.mei.xei.ra [*Ameixa*. ■16] *sf. Bot.* Arvoreta ou arbusto rosáceo de drupas doces e comestíveis.

a.mém [Dc hebr.] *interj.* Palavra litúrgica, que indica perfeita concordância com um artigo de fé.

a.mên.do:a [Lat. *amygdala*.] *sf.* 1. *Bot.* Fruto ou semente da amendoeira. 2. Semente contida em caroço.

a.men.do.a.do [*Amêndoa*. ■17B] *adj.* 1. Semelhante a amêndoa. 2. Diz-se dos olhos como que repuxados.

a.men.do.ei.ra [*Amêndoa*. ■16] *sf. Bot.* Árvore rosácea de semente oleaginosa, a amêndoa, que, seca, é comestível.

a.men.do.im [Do tupi.] *sm. Bot.* Erva fabácea, de frutos comestíveis, subterrâneos, que fornecem óleo útil. [Pl.: *-ins*.]

a.me.ni.zar [*Ameno*. ■1D] *vtd., int. e p.* 1. Tornar(-se) ameno. 2. Tornar(-se) menos árduo. [C.: 1]

a.me.no [Lat. *amoenu*.] *adj.* 1. Que se caracteriza pela moderação, suavidade; agradável, aprazível. 2. De trato suave, delicado. § **a.me.ni.da.de** *sf.*

a.me.nor.re.i:a (éi) [*A-³* + *-men(o)-* + *-rreia*.] *sf. Med.* Ausência de menstruação.

a.me.ri.ca.ni.zar [*Americano*. ■1D] *vtd. e p.* Adaptar(-se) ao temperamento, gosto ou estilo norte-americano. [C.: 1]

a.me.ri.ca.no [◨ 29] *adj.* **1.** Do continente americano. **2.** *Restr.* Dos E.U.A. ● *sm.* **3.** O natural ou habitante do continente americano. **4.** *Restr.* O natural ou habitante dos E.U.A. [Sin. de 2 e 4: *ianque, norte-americano*.]

a.me.rí.ci:o [Lat.cient. *americium.*◨ 34B] *sm. Quím.* V. *actinídeos* [símb.: *Am*].

a.me.rín.di:o [*Amer(i)- + índio.*] *sm.* O indígena americano.

a.me.ris.sar [Fr. *amerr(ir)* + *(aterr)issar*.] *v.int.* Pousar (o hidravião). [C.: 1] § **a.me.ris.sa.gem** *sf.*

a.mes.qui.nhar *vtd. e p.* **1.** Tornar(-se) mesquinho, insignificante. **2.** Humilhar(-se). [C.: 1]

a.mes.trar *vtd.* **1.** Tornar mestre, perito. **2.** Ensinar; adestrar. [C.: 1 (é)] § **a.mes.tra.do** *adj.*; **a.mes.tra.dor** (ô) *adj. sm.*

a.me.tis.ta [Lat. *amethystu.*] *sf. Min.* Variedade roxa de quartzo.

a.mi.an.to [Lat. *amiantu.*] *sm.* Silicato natural hidratado de cálcio e magnésio, incombustível, de contextura fibrosa.

a.mi.cal [Lat. *amicale.*◨ 39] *adj2g.* V. *amigável.* [Pl.: *-cais.*]

a.mi.da *sf. Quím.* Classe de compostos orgânicos, líquidos ou sólidos, resultantes da combinação química de um ácido carboxílico e o amoníaco ou uma amina, com eliminação de água; ex.: acetamida. [Norma para nome sistemático de amidas: alcano → alcanamida; ex.: metano → metanamida (cujo nome comum é formamida).]

a.mi.do *sm.* Pó obtido dos grãos de muitas plantas, esp. dos grãos de cereais, e que é um carboidrato alimentício.

a.mi.ei.ro [Lat.vulg. **aminariu.*◨ 25] *sm. Bot.* Árvore betulácea, ornamental, de madeira útil.

a.mi.gar [Lat. *amicare.*◨ 1A] *vtd.* **1.** Tornar amigo. *p.* **2.** Tornar-se amigo. **3.** Amancebar-se. [C.: 1C] § **a.mi.ga.ção** *sf.*

a.mi.gá.vel [Lat. *amicabile.*◨ 41] *adj2g.* Próprio de amigos; amical, amigo, amistoso. [Pl.: *-veis.*]

a.míg.da.la ou **a.mí.da.la** [Lat. *amygdala.*] *sf. Anat.* V. *tonsila.*

a.mig.da.li.te ou **a.mi.da.li.te** [*Ami(g)dala* + *-ite*[1].] *sf. Med.* V. *tonsilite.*

a.mi.go [Lat. *amicu.*] *adj.* **1.** Que é ligado a outrem por laços de amizade. **2.** V. *amigável.* ● *sm.* **3.** Homem amigo (1). **4.** Companheiro; protetor.

a.mi.lá.ce:o [*Amil(o)-* + *-áceo.*] *adj.* Semelhante ao amido, ou que o contém.

a.mi.mar [*A-*[2] + *mimo*[1] + *-ar*[2].◨ 1A] *vtd.* Tratar com mimo; acarinhar. [C.: 1]

a.mi.na *sf. Quím.* Classe de compostos orgânicos, gasosos, líquidos ou sólidos, que contêm um átomo de carbono ligado a nitrogênio e, este, ligado a hidrogênios ou outros átomos de carbono; ex.: metilamina, anilina. [Norma para nome sistemático de aminas: alcano → alcanamina; ex.: metano → metanamina (cujo nome comum é metilamina).]

a.mis.to.so (ô) [Esp. *amistoso.*◨ 37] *adj.* **1.** V. *amigável.* **2.** Propenso à amizade. [Pl.: *-tosos* (ó).]

a.mi:u.da.do [*Amiudar.*◨ 17A] *adj.* Que se repete com frequência; que sucede amiúde.

a.mi:u.dar [*Amiúde.*◨ 1A] *vtd.* **1.** Fazer ou executar com frequência. *int. e p.* **2.** Suceder amiúde. [C.: 1F]

a.mi.ú.de [Lat. *minute,* adv.] *adv.* Repetidas vezes; a miúdo.

a.mi.za.de [Lat.vulg. **amicitate.*] *sf.* Sentimento fiel de afeição, apreço, estima ou ternura entre pessoas.

am.ne.si.a ou **am.né:si:a** [Gr. *amnesía.*] *sf. Med.* Perda total ou parcial da memória. § **am.né.si.co** *adj.*

âm.ni:o [Gr. *amníon*.] *sm. Embr.* Membrana que se desenvolve em torno de embrião de vertebrados superiores.

a.mo [*Ama.*] *sm.* Dono da casa (em relação aos empregados); patrão.

a.mo:e.dar *vtd.* Reduzir (o metal) a moedas; cunhar. [C.: 1 (é)]

a.mo.fi.nar *vtd. e p.* Apoquentar(-se), consumir(-se). [C.: 1] § **a.mo.fi.na.ção** *sf.*; **a.mo.fi.na.do** *adj.*

a.moi.tar [*A-*[2] + *moita* + *-ar*[2].◨ 1A] *v.int. e p. Bras.* Esconder-se, ocultar-se. [C.: 1]

a.mo.la.dei.ra [*Amolar.*◨ 16A] *sf.* V. *esmeril* (2).

a.mo.la.do [*Amolar.*◨ 17A] *adj.* **1.** Que se amolou, afiou; aguçado. **2.** *Bras.* Aborrecido, entediado.

a.mo.la.dor (ô) [*Amolar.*◨ 19A] *adj.* **1.** Que amola. ● *sm.* **2.** Aquele que amola facas, tesouras, etc. **3.** Aparelho ou utensílio amolador (1).

a.mo.lan.te [*Amolar.*◨ 21] *adj2g. Bras.* V. *maçante* (1).

a.mo.lar [Esp. *amolar.*◨ 1A] *vtd.* **1.** Afiar na amoladeira ou no rebolo; aguçar. **2.** *Bras.* Aborrecer, enfadar. *p.* **3.** Aborrecer-se, apoquentar-se. [C.: 1 (ó)] § **a.mo.la.ção** *sf.*

a.mol.dar [*A-*[2] + *molde* + *-ar*[2].◨ 1A] *vtd. e p.* **1.** Ajustar(-se) ao molde. **2.** Ajustar(-se), adaptar(-se). [C.: 1 (ó)]

a.mo.le.ca.do *adj.* Semelhante a, ou próprio de moleque.

a.mo.le.cer [*A-*[2] + *mole*[2] + *-ecer.*◨ 1P] *vtd.* **1.** Tornar mole, macio. **2.** Enternecer, comover. *int.* **3.** Ficar mole. [C.: 2A (ê-é)] § **a.mo.le.ci.do** *adj.*; **a.mo.le.ci.men.to** *sm.*

a.mol.gar [Lat.vulg. **admollicare.*◨ 1A] *vtd.* **1.** Deformar, comprimindo ou esmagando. *tdi.* **2.** Conformar, ajustar. *p.* **3.** Sujeitar-se. [C.: 1C (ó)]

a.mô.ni:a [Lat.cient. *ammonia.*◨ 8B] *sf. Quím.* Solução aquosa de amoníaco.

a.mo.ní.a.co [Lat. *ammoniacu.*] *sm. Quím.* Gás incolor, de cheiro forte, muito solúvel em água [fórm.: NH_3].

a.mon.to.ar [*A-*[2] + *montão* (*-to-*) + *-ar*[2].◨ 1A] *vtd.* **1.** Pôr em montão; acumular. **2.** Ajuntar ou empilhar sem ordem. **3.** Guardar; juntar. *p.* **4.** Ajuntar-se sem ordem. [C.: 1D] § **a.mon.to.a.do** *adj. sm.*; **a.mon.to:a.men.to** *sm.*

a.mor (ô) [Lat. *amore*.] *sm.* **1.** Sentimento que predispõe alguém a desejar o bem de outrem. **2.** Sentimento de dedicação absoluta de um ser a outro, ou a uma causa. **3.** Inclinação ditada por laços de família. **4.** Inclinação sexual forte por outra pessoa. **5.** Apego profundo a valor, coisa, ou animal: <u>amor à verdade; aos livros, aos cães</u>. **6.** Devoção extrema: <u>amor à pátria</u>. **7.** O objeto do amor (1 a 6).

a.mo.ra [A-⁵ + lat.vulg. *mora*.] *sf.* Infrutescência carnosa, edule, da amoreira.

a.mo.ral [A-³ + *moral*.] *adj2g.* **1.** Nem contrário nem conforme à moral. **2.** A que falta moral ou que não tem senso dela. [Pl.: *-rais*.]

a.mor.da.çar *vtd.* **1.** Pôr mordaça em. **2.** *Fig.* Impedir de falar. [C.: 1B]

a.mo.rei.ra [*Amora*.◼16] *sf. Bot.* Árvore frutífera morácea, de cujas folhas se nutre o bicho-da-seda.

a.mo.re.na.do *adj.* Um tanto moreno.

a.mor.fo [Gr. *ámorphos*.] *adj.* Sem forma definida; informe.

a.mor.nar *vtd. e int.* Tornar(-se) morno. [C.: 1 (ó)]

a.mo.ro.so (ô) [Lat. *amorosu*.◼37] *adj.* **1.** Que tem ou sente amor, ou a ele é propenso. **2.** Que o denota. [Pl.: *-rosos* (ó).]

a.mor-per.fei.to *sm. Bot.* Planta violácea, ornamental. [Pl.: *amores-perfeitos*.]

a.mor-pró.prio *sm.* Sentimento de orgulho, de estima, que cada indivíduo nutre por si mesmo. [Pl.: *amores-próprios*.]

a.mor.ta.lhar [A-² + *mortalha* + *-ar*².◼1A] *vtd.* Envolver em mortalha. [C.: 1]

a.mor.te.ce.dor (ô) [*Amortecer*.◼19A] *adj.* **1.** Que amortece. ● *sm.* **2.** Aquilo que amortece. **3.** Peça que se adapta ao sistema de suspensão para amortecer as oscilações das molas.

a.mor.te.cer [A-² + *morto* + *-ecer*.◼1P] *vtd.* **1.** Tornar como morto. **2.** Enfraquecer, abrandar. *int. e p.* **3.** Perder grande parte da força ou do impulso. [C.: 2A (ê-é)] § **a.mor.te.ci.do** *adj.*; **a.mor.te.ci.men.to** *sm.*

a.mor.ti.zar [A-² + *morte* + *-izar*.◼1D] *vtd.* Extinguir (dívida) aos poucos. [C.: 1] § **a.mor.ti.za.ção** *sf.*; **a.mor.ti.zá.vel** *adj2g.*

a.mos.tra [Dev. de *amostrar*.] *sf.* **1.** Porção de, ou produto, que se apresenta para demonstrar sua natureza, qualidade ou tipo. **2.** Qualquer espécime representativo. **3.** Parte de uma população selecionada para pesquisa de características dela. **4.** *Fig.* Sinal, indício.

a.mos.tra.gem [*Amostrar*.◼6] *sf.* **1.** Seleção de amostra para ser examinada como representante de um todo. **2.** Amostras selecionadas. [Pl.: *-gens*.]

a.mos.trar [A-⁴ + *mostrar*.] *vtd., tdi. e p.* V. *mostrar*. [C.: 1 (ó)]

a.mo.ti.nar [A-² + *motim* (*-tin-*) + *-ar*².◼1A] *vtd. e p.* Levantar(-se) em motim; sublevar(-se). [C.: 1] § **a.mo.ti.na.do** *adj. sm.*

a.mo.ví.vel [*Amover*.◼41A] *adj2g.* Capaz de mover-se ou de ser removido. [Pl.: *-veis*.]

am.pa.rar [Lat. *anteparare*.◼1A] *vtd.* **1.** Dar ou servir de amparo a; escorar. **2.** V. *proteger* (1). **3.** Dar meios de vida a; sustentar. *p.* **4.** Apoiar-se. [C.: 1] § **am.pa.ra.do** *adj.*

am.pa.ro [Dev. de *amparar*.] *sm.* **1.** Ação ou efeito de amparar. **2.** Aquilo que protege, socorre alguém; auxílio. **3.** Pessoa que ampara.

am.pe.ra.gem [*Ampère*.◼6] *sf. Eletr.* Intensidade duma corrente elétrica, medida em *ampères*.

→ **ampère** (ampér) [Antr. fr. *Ampère* (1775-1836).] *sm. Eletr.* Unidade de medida de intensidade de corrente elétrica no SI [símb.: *A*].

am.ple.xo (cs) [Lat. *amplexu*.] *sm.* Abraço.

am.pli.ar [Lat. *ampliare*.◼1A] *vtd.* **1.** Tornar (mais) amplo. **2.** Reproduzir em formato maior. *p.* **3.** Tornar-se (mais) amplo. [C.: 1] § **am.pli:a.ção** *sf.*; **am.pli:a.dor** (ô) *adj. sm.*; **am.pli.á.vel** *adj2g.*

am.pli.dão [Lat. *amplitudine*.] *sf.* **1.** Qualidade ou caráter do amplo. **2.** Grande extensão; vastidão. **3.** O céu. [Pl.: *-dões*.]

am.pli.fi.ca.dor (ô) [Lat. *amplificatore*.◼19A] *adj.* **1.** Que amplifica; amplificante. ● *sm.* **2.** Aquilo ou aquele que amplifica. **3.** *Eletrôn.* Dispositivo que usa fonte de energia (p.ex., eletricidade) para aumentar a amplitude dos sinais elétricos (amplificação de voltagem, potência ou corrente).

am.pli.fi.car [Lat. *amplificare*.◼1A] *vtd.* **1.** Fazer maior (o que já era grande); ampliar. **2.** Aumentar a amplitude, potência, intensidade, extensão ou volume de. [C.: 1A] § **am.pli.fi.ca.ção** *sf.*; **am.pli.fi.cá.vel** *adj2g.*

am.pli.tu.de [Lat. *amplitudine*.] *sf.* **1.** Extensão, amplidão. **2.** Qualidade do que abrange grande amplidão. **3.** *Fís.* Valor máximo de uma grandeza que varia periodicamente.

am.plo [Lat. *amplu*.] *adj.* **1.** Muito extenso; vasto. **2.** Muito grande.

am.po.la (ô) [Lat. *ampulla*.] *sf.* **1.** V. *empola*. **2.** Tubozinho sem abertura, destinado a conter líquido. **3.** O conteúdo de uma ampola (2).

am.pu.lhe.ta (ê) [Esp. *ampolleta*.] *sf.* Relógio de areia.

am.pu.tar [Lat. *amputare*.◼1A] *vtd.* **1.** Cortar (membro do corpo); mutilar. **2.** Eliminar. [C.: 1] § **am.pu.ta.ção** *sf.*

a.mu.ar [A-² + *mu*¹ + *-ar*².◼1A] *vtd., int. e p.* Provocar amuo em, ou tê-lo; aborrecer(-se). [C.: 1] § **a.mu.a.do** *adj.*

a.mu.la.ta.do [A-² + *mulato* + *-ado*¹.◼17B] *adj.* Que tem cor e/ou feições de mulato.

a.mu.le.to (ê) [Lat. *amuletu*.] *sm.* Pequeno objeto a que se atribui poder mágico de afastar males.

a.mu.o [Dev. de *amuar*.] *sm.* Mau humor passageiro, revelado no aspecto, gestos ou silêncio; arrufo, calundu.

a.mu.ra.da *sf.* Prolongamento do costado da embarcação, acima do convés descoberto.

a.nã *sf.* **1.** Fem. de *anão*. **2.** *Astr.* Estrela de pequeno diâmetro e grande densidade.

a.na.ba.tis.ta [*An(a)-* + *batista*.] *s2g.* **1.** Protestante de uma seita que rejeita o batismo de crianças e rebatiza os seus adeptos adultos. ● *adj2g.* **2.** Dos anabatistas ou relativo a eles.

a.na.bo.lis.mo [Gr. *anabolé* + *-ismo*.☐11] *sm. Fisiol.* Processo metabólico pelo qual o organismo transforma, e incorpora a si, material nutritivo; assimilação. § **a.na.bó.li.co** *adj.*

a.na.bo.li.zan.te [*Anabolizar*.☐21] *adj2g. sm.* Diz-se de, ou substância que estimula o anabolismo, esp. o crescimento de massa muscular.

a.na.bo.li.zar [*Anabolismo*.☐1D] *vtd. e int.* Realizar anabolismo (de). [C.: 1]

▪ **Anac** Sigla de *Agência Nacional de Aviação Civil*.

▪ **ANAC** Sigla de *Agência Nacional das Comunicações*.

a.na.car.di.á.ce:a [Tax. *Anacardiaceae*.] *sf. Bot.* Espécime das anacardiáceas, fam. de árvores e arbustos floríferos de regiões tropicais e temperadas. Ex.: a aroeira. § **a.na.car.di.á.ce:o** *adj.*

a.na.co.lu.to [Lat. *anacoluthon*.] *sm. E.Ling.* Figura de sintaxe que consiste, ger., em mudança abrupta de construção. [Ex.: "Quem o feio ama, bonito lhe parece" (prov.).]

a.na.co.re.ta (ê) [Lat. *anachoreta*.] *sm.* Religioso que vive na solidão.

a.na.crô.ni.co [*Anacronismo*.☐35B] *adj.* **1.** Em que há anacronismo (1). **2.** Que está em desacordo com a moda, o uso, etc., de sua época. **3.** Avesso aos costumes atuais.

a.na.cro.nis.mo [Gr.tard. *anachronismós*.☐11] *sm.* **1.** Confusão de data quanto a acontecimentos ou pessoas. **2.** Fato ou atitude anacrônica.

a.na:e.ró.bi.co [*Anaeróbio*.☐35B] *adj. Biol.* Anaeróbio (1 e 2).

a.na:e.ró.bi:o [*An-* + *-aer(o)-* + *-bio*.] *Biol. adj.* **1.** Diz-se de organismo que pode viver privado do contato do ar ou do oxigênio livre. **2.** Relativo ou próprio do organismo anaeróbio. [Sin. de 1 e 2: *anaeróbico*.] ● *sm.* **3.** Organismo anaeróbio.

a.na.fi.lá.ti.co ou **a.na.fi.lác.ti.co** [*An(a)-* + *-filá(c)tico*.] *adj.* Relativo à anafilaxia.

a.na.fi.la.xi.a (cs) [*An(a)-* + *-filax-* + *-ia¹*.☐8A] *sf. Med.* Reação exagerada, ou mesmo fatal, do organismo a proteína, ou outra substância, a ele estranha.

a.ná.fo.ra [Lat. *anaphora*.] *sf. E.Ling.* Repetição do mesmo voc. no início de cada um dos membros da frase, de 2 ou mais frases, ou de 2 ou mais versos. [Ex.: Era *o sol*, era *o mar*. Era *a* vida, *a* vida!]

a.na.gra.ma [Lat.mod. *anagramma*.] *sm. E.Ling.* Palavra formada pela transposição das letras de outra. [Ex.: *Belisa* por *Isabel*.]

a.ná.gua [Esp. *enaguas*.] *sf.* Saia us. sob outra saia.

a.nais [Lat. *annales*.] *smpl.* Publicação periódica de ciências, letras ou artes, organizada ano a ano.

a.na.já [Do tupi.] *sm. Bot.* Palmácea de fruto drupáceo, verde-amarelo.

a.nal [*Ano*, 'ânus',+ *-al¹*.☐39] *adj2g.* Do ânus, ou relativo a ele. [Pl.: *anais*.]

a.nal.fa.be.tis.mo [*Analfabeto*.☐11] *sm.* Estado ou condição de analfabeto.

a.nal.fa.be.to [Lat. *analphabetu*.] *adj. sm.* **1.** Que, ou quem não sabe ler e escrever. **2.** Que, ou quem é muito ignorante.

a.nal.ge.si.a [Gr. *analgesía*.☐8A] *sf. Med.* Ausência de sensibilidade a dor.

a.nal.gé.si.co [*Analgesia*.☐35B] *adj. sm. Med.* Diz-se de, ou medicamento que suprime a dor.

a.na.li.sa.dor (ô) [*Analisar*☐19A] *adj.* **1.** Que analisa. ● *sm.* **2.** Analista¹ (1).

a.na.li.sar [*Análise¹*.☐1A] *vtd.* **1.** Fazer análise¹ de. **2.** Observar com minúcia. [C.: 1] § **a.na.li.sá.vel** *adj2g.*

a.ná.li.se¹ [Gr. *análysis*.] *sf.* **1.** Exame de cada parte de um todo para conhecer-lhe a natureza, as funções, etc. **2.** O resultado da análise¹ (1).

a.ná.li.se² *sf.* V. *psicanálise*.

a.na.lis.ta¹ [*Análise¹*.☐36] *s2g.* **1.** Quem faz análise¹; analisador. **2.** Quem faz análises químicas, clínicas, etc. ◆ **Analista de sistemas.** *Inform.* Profissional que especifica requisitos e recursos necessários para o desenvolvimento de sistemas computacionais.

a.na.lis.ta² [*Análise²*.☐36] *s2g.* Psicanalista.

a.na.lí.ti.co¹ [Lat. *analyticu*.☐35B] *adj.* **1.** Relativo a, ou que procede por análise¹. **2.** *Mat.* Referente à, ou próprio da análise matemática.

a.na.lí.ti.co² *adj.* V. *psicanalítico*.

a.na.lo.gi.a [Lat. *analogia*.☐8A] *sf.* **1.** Ponto de semelhança entre coisas diferentes. **2.** Semelhança (2). **3.** *E.Ling.* Modificação ou criação de uma forma linguística por influência de outra(s) já existente(s).

a.na.ló.gi.co [Lat. *analogicu*.☐35B] *adj.* **1.** Fundado na analogia. **2.** *Inform.* Que pode assumir valores contínuos.

a.ná.lo.go [Lat. *analogu*.] *adj.* Em que há analogia.

a.na.nás [Do tupi.] *sm. Bot.* Abacaxi (1 e 2). [Pl.: *-nases*.]

anão | andorinhão

a.não [A-⁴ + lat. *nanu.*] *sm.* Indivíduo de estatura muito abaixo do normal. [Pl.: *anões* e *anãos*. Fem.: *anã.*]

a.nap.ti.xe (cs) [Gr. *anáptyxis.*] *sf. E.Ling.* Suarabácti.

a.nar.qui.a [Gr. *anarchía.* ▪8A] *sf.* 1. Falta de governo ou de autoridade. 2. Estado de confusão ou de desordem.

a.nár.qui.co [*Anarquia.* ▪35B] *adj.* 1. Que está em anarquia. 2. Em que há anarquia. 3. Confuso, desordenado.

a.nar.quis.mo [*Anarquia.* ▪11] *sm.* Teoria que vê na autoridade um mal e preconiza a substituição do Estado pela cooperação de grupos associados.

a.nar.quis.ta [*Anarquismo.* ▪36] *adj2g.* 1. Diz-se de partidário do anarquismo, ou que é dado a ele. 2. Dado à anarquia (2). • *s2g.* 3. Pessoa anarquista.

a.nar.qui.zar [*Anarquia.* ▪1D] *vtd.* 1. Tornar anárquico. 2. Pôr em desordem, em confusão. 3. *Pop.* Desmoralizar, ridicularizar. *p.* 4. Tornar-se anárquico. [C.: 1]

a.nas.pí.de:o [Tax. *Anaspidea.*] *adj. sm. Zool.* Diz-se de, ou espécime dos anaspídeos, ordem de moluscos gastrópodes de concha interna muito reduzida. Ex.: aplísia.

a.nás.tro.fe [Lat. *anastrophe.*] *sf. E.Ling.* Inversão da ordem natural das palavras.

a.ná.te.ma [Lat. *anathema.*] *sm.* 1. Expulsão do seio de igreja cristã; excomunhão. 2. Maldição. 3. *Fig.* Reprovação enérgica. § **a.na.te.má.ti.co** *adj.*

a.na.te.ma.ti.zar [Lat. *anathematizare.* ▪1D] *vtd.* Proferir anátema contra (alguém ou algo). [C.: 1]

a.na.tí.de:o [Tax. *Anatidae.*] *adj. sm. Zool.* Diz-se de, ou espécime dos anatídeos, fam. de aves aquáticas, anseriformes, que vivem em bandos. Ex.: patos.

a.na.to.mi.a [Lat. *anatomia.* ▪8A] *sf.* 1. Estudo da forma e estrutura dos seres organizados. 2. Anatomia (1) humana. 3. *Fig.* Análise meticulosa. § **a.na.tô.mi.co** *adj.*

a.na.va.lhar *vtd.* Ferir com navalha. [C.: 1]

an.ca [Provç. ou cat. *anca.*] *sf.* 1. O quarto traseiro dos quadrúpedes. 2. Quadril.

an.ces.tral [Fr. *ancestral.*] *adj2g.* 1. Relativo a antecessores, a antepassados. • *s2g.* 2. Indivíduo do qual descendem outros indivíduos ou grupos; antecessor, antepassado. [Pl.: *-trais.*]

an.cho.va (ô) *sf. Zool.* Enchova.

an.ci.ão [Fr.ant. *ancien.*] *adj. sm.* Diz-se de, ou pessoa velha e respeitável. [Pl.: *-ãos, -ães, -ões.* Fem.: *anciã.*]

an.ci.lo.se [Gr. *ankýlosis.*] *sf. Med.* Imobilização e consolidação da articulação, em consequência de doença, traumatismo ou intervenção cirúrgica.

an.ci.los.to.mí.a.se [Tax. *Ancylostoma + -íase.*] *sf. Med.* Infecção intestinal causada por parasito do gênero *Ancylostoma*; amarelão, opilação.

an.ci.nho [Lat. *uncinu.*] *sm.* Instrumento agrícola, de cabo longo, com uma travessa dentada.

ân.co.ra¹ [Lat. *ancora.*] *sf.* Peça pesada de ferro, de formato especial, presa a cordas ou correntes, e que, lançada à água, impede que a embarcação se desloque.

ân.co.ra² [Ingl. *anchor.*] *s2g.* Profissional de televisão ou de rádio que apresenta um programa jornalístico, faz comentários, etc.

an.co.ra.doi.ro ou **an.co.ra.dou.ro** [*Ancorar.* ▪26B] *sm.* Lugar próprio para ancoragem.

an.co.rar [*Âncora¹.* ▪1A] *v.int.* Lançar (a embarcação) âncora ao fundo, para com ela manter-se parada. [C.: 1 (ó)] § **an.co.ra.gem** *sf.*

an.da.ço [*And(ar) + -aço.*] *sm. Pop.* Epidemia de pequenas proporções.

an.da.du.ra [*Andar.* ▪5A] *sf.* Modo de andar, esp. o das cavalgaduras.

an.dai.me [Do ár.] *sm.* Armação com estrado, sobre o qual trabalham operários nas construções.

an.da.men.to [*Andar.* ▪3] *sm.* 1. Ato ou modo de andar. 2. *Mús.* Grau de velocidade imprimido a trecho musical.

an.dan.ça [*Andar.* ▪9A] *sf.* Ação de andar ou viajar.

an.dan.te [*Andar.* ▪21] *adj2g.* 1. Que anda; errante. 2. Corrente (5).

an.dar [Lat. *ambulare.* ▪1A] *v.int.* 1. Movimentar-se, dando passos. 2. Movimentar-se, por impulso próprio ou não; mover-se. 3. Continuar, prosseguir. 4. Passar (o tempo). 5. Trabalhar, funcionar. 6. Proceder, agir. 7. Ter seguimento. *ti.* 8. Fazer-se acompanhar. *tc.* 9. Percorrer em viagem: *Andou pela Europa.* 10. Ser transportado; viajar. *pred.* 11. Achar-se ou viver em determinado estado, condição ou aspecto: *Anda triste.* *td.* 12. Percorrer, correr. [C.: 1] • *sm.* 13. Ação ou maneira de andar. 14. Marcha, ritmo. 15. Num edifício, pavimento situado acima do térreo ou de outro andar.

an.da.ri.lho [*Andar + -ilho.*] *sm.* Aquele que anda muito.

an.de.jo (ê) [*Andar + -ejo.*] *adj. sm.* 1. Que, ou aquele que caminha muito. 2. *P.ext.* Rueiro.

an.di.no [▪30] *adj.* 1. Dos Andes. • *sm.* 2. O natural ou habitante dos Andes.

an.di.ro.ba [Do tupi.] *sf. Bras. Bot.* Árvore meliácea de madeira útil, e que fornece óleo tb. útil.

an.dor (ô) [Do malaiala.] *sm.* Padiola sobre a qual se conduzem imagens nas procissões; charola.

an.do.ri.nha [Lat.vulg. *harundine.*] *sf. Zool.* Nome comum a várias aves hirundinídeas, de pequeno porte e asas longas.

an.do.ri.nhão [*Andorinha.* ▪28A] *sm. Zool.* Nome comum a aves apodídeas. [Pl.: *-nhões.*]

an.dra.di.a.no [◨29A] *adj.* Do, ou relativo ao escritor Mário de Andrade (**M.**), ou à sua obra.

an.dra.jo [Esp. *andrajo*.] *sm.* Roupa velha, em trapos. [Tb. us. no pl.] § **an.dra.jo.so** (ô) *adj.*

an.dro.ceu [Lat.cient. *androceum*.] *sm. Bot.* O estame da flor.

an.dro.gi.ni.a [*Andrógino.*◨8A] *sf.* Qualidade ou caráter de andrógino.

an.dró.gi.no [Lat. *androgynu*.] *adj. sm.* **1.** *Biol.* Hermafrodito. **2.** *P.ext.* Que, ou aquele que tem aparência indefinida, entre masculina e feminina.

an.droi.de (ói) [*Andr(o)-* + *-oide.*] *s2g.* Autômato de figura humana.

an.dro.pau.sa [*Andr(o)-* + *-pausa.*] *sf. Med.* As modificações físicas e psicológicas que sofrem os homens de 50 a 70 anos.

a.ne.do.ta [Fr. *anecdote*.] *sf.* **1.** Relato sucinto de fato jocoso. **2.** *P.ext.* V. *piada*.

a.ne.do.tá.ri:o [*Anedota.*◨24] *sm.* Coleção de anedotas.

a.ne.dó.ti.co [*Anedota.*◨35B] *adj.* Que encerra anedota.

a.nel [Provç. *anel*, de or. lat.] *sm.* **1.** Aro, ger. com engaste de pedras preciosas, us. nos dedos como adorno ou símbolo. **2.** Qualquer objeto ou órgão circular. **3.** Cacho, caracol: *anel de cabelos.* **4.** Cada elo de corrente. [Pl.: *anéis.*]

a.ne.la.do [*Anel.*◨17B] *adj.* **1.** Em forma de anel; anelar, aneliforme, anular. **2.** Encaracolado, cacheado (cabelo).

a.ne.lan.te [Lat. *anhelante.*◨21] *adj2g.* **1.** Que deseja ardentemente. **2.** *P.ext.* Que respira com dificuldade.

a.ne.lão [*Anel.*◨28A] *sm.* Anel grosso. [Pl.: *-lões.*]

a.ne.lar[1] [*Anel* + *-ar*[1].◨40] *adj2g.* V. *anelado* (1).

a.ne.lar[2] [*Anel.*◨1A] *vtd.* Dar forma de anel a. [C.: 1 (é)]

a.ne.lar[3] [Lat. *anhelare.*◨1A] *vti.* **1.** Desejar com ardor. *int.* **2.** Anelar[3] (1). **3.** Ofegar. [C.: 1 (é)]

a.ne.lí.de:o [Tax. *Annelida.*] *adj. sm. Zool.* Diz-se de, ou espécime dos anelídeos, filo de vermes de corpo mole e alongado, segmentado. Ex.: minhocas.

a.ne.li.for.me [*Anel(i)-* + *-forme.*] *adj2g.* V. *anelado* (1).

a.ne.lo [Lat. *anhelu*.] *sm.* Desejo ardente; anseio.

a.ne.mi.a [Gr. *anaimía.*◨8A] *sf. Med.* Baixa, no sangue, do teor de hemácias ou de hemoglobina.

a.nê.mi.co [*Anemia.*◨35B] *adj.* **1.** Referente à, próprio da anemia, ou que dela sofre. **2.** *Fig.* Sem vigor. ● *sm.* **3.** Indivíduo anêmico.

a.ne.mo.fi.li.a [*Anemo-* + *-filia.*] *sf. Bot.* Polinização das plantas por meio do vento.

a.ne.mô.me.tro [*Anemo-* + *-metro.*] *sm.* Instrumento para medir a velocidade ou a força do vento.

a.nê.mo.na *sf.* **1.** *Bot.* Erva ranunculácea. **2.** Sua flor.

a.nê.mo.na-do-mar *sf. Zool.* Cnidário bentônico, marinho, que é um pólipo de vida solitária; actínia, flor-das-pedras. [Pl.: *anêmonas-do-mar.*]

a.ne.quim [V.E] *sm. Bras. Zool.* Peixe lamnídeo muito feroz, e que mede até 6,5m; tubarão-branco. [Pl.: *-quins.*]

a.nes.te.si.a [Gr. *anaisthesía.*◨8A] *sf. Med.* Perda total ou parcial da sensibilidade, por enfermidade, ou induzida, nas intervenções cirúrgicas.

a.nes.te.si.ar [*Anestesia.*◨1A] *vtd.* Provocar anestesia em. [C.: 1]

a.nes.té.si.co [*Anestesia.*◨35B] *adj.* **1.** Que anestesia. ● *sm.* **2.** Medicamento anestésico.

a.nes.te.si:o.lo.gis.ta *s2g.* Especialista em ministrar anestesia; anestesista.

a.nes.te.sis.ta [*Anestesia.*◨36] *s2g.* Anestesiologista.

a.né.ti.co [*An-* + *ético.*] *adj.* Sem ética.

a.neu.ris.ma [Gr. *aneúrysma*.] *sm. Med.* Dilatação, de forma variável, de parede de artéria ou de veia.

a.ne.xar (cs) [*Anexo.*◨1A] *vtdi.* **1.** Juntar a algo tido como principal. **2.** Reunir (um país, ou parte dele) a (outro). *p.* **3.** Reunir-se, juntar-se. [C.: 1 (é)] § **a.ne.xa.ção** (cs) *sf.*

a.ne.xim (ch) [Do ár.] *sm.* V. *provérbio*. [Pl.: *-xins.*]

a.ne.xo (cs) [Lat. *annexu.*] *adj.* **1.** Ligado, preso, a algo, como acessório. **2.** Que se junta a algo; apenso. ● *sm.* **3.** O que é anexo (1). **4.** Prédio dependente de outro, ou que o complementa.

an.fí.bi:o[1] [Gr. *amphíbios*.] *adj.* **1.** Que vive tanto em terra como na água. **2.** Que pode ser us. em terra e/ou na água.

an.fí.bi:o[2] [Tax. *Amphibia*.] *adj. sm. Zool.* Diz-se de, ou espécime dos anfíbios, classe de animais vertebrados que nascem na água e, na idade adulta, adquirem hábitos terrestres. Ex.: sapos.

an.fí.po.de [*Anfi-* + *-pode.*] *adj2g. sm. Zool.* Diz-se de, ou espécime dos anfípodes, ordem de crustáceos de corpo lateralmente comprimido, cefalotórax desprovido de carapaça e apêndices torácicos diferenciados. Ex.: saltão-da-praia.

an.fi.te.a.tro [Lat. *amphitheatru*.] *sm.* **1.** Construção circular ou oval, em ambiente aberto ou fechado, com arquibancadas e, no centro, uma arena ou palco para espetáculos públicos. **2.** Sala com palco ou estrado, e arquibancadas, para representações teatrais, aulas, etc.

an.fi.tri.ão [Mit. e ficcción. *Anfitrião*.] *sm.* Aquele que recebe convivas. [Pl.: *-ões.* Fem.: *anfitriã, anfitrioa.*]

ân.fo.ra [Lat. *amphora*.] *sf.* Vaso de cerâmica, com 2 asas simétricas, onde gregos e romanos armazenavam azeite, vinho, etc.

angariar | anil[1]

an.ga.ri.ar [Lat. *angariare*.◻1A] *vtd.* **1.** Obter, pedindo a um e a outro. **2.** Granjear. [C.: 1]

an.ga.tu.ra.ma [Do tupi.] *sm. Paleont.* Dinossauro terópode, com cerca de 5m de comprimento, que viveu no cretáceo; fósseis foram encontrados na Chapada do Araripe (CE).

an.gé.li.ca *sf.* **1.** *Bot.* Planta umbelífera, de flores brancas, propriedades medicinais, e cujo caule é us. em confeitaria. **2.** Sua flor.

an.gé.li.co [Lat. *angelicu*.◻35B] *adj.* **1.** Relativo a, ou próprio de anjo(s). **2.** *Fig.* Puríssimo, imaculado.

ân.ge.lus [Lat. *Angelus*.] *sm2n.* Ave-marias.

an.gi.co [V.C] *sm. Bot.* Árvore fabácea, de madeira útil.

an.gi.na [Lat. *angina*.] *sf. Med.* **1.** Dor de intensidade variável, por vezes muito forte. **2.** Qualquer inflamação, de caráter agudo, na garganta. § **an.gi.no.so** (ó) *adj.*

an.gi:o.gra.ma *sm. Med.* Visualização radiológica de vaso obtida por meio de contraste (3).

an.gi:o.lo.gi.a [Gr. *angeiología*.◻8A] *sf. Med.* Estudo dos vasos [v. *vaso* (6)] que integram o sistema cardiovascular. § **an.gi:o.lo.gis.ta** *s2g.*

an.gi:o.pa.ti.a [*Angi(o)-* + *-patia*.] *sf. Med.* Nome comum às doenças vasculares do sistema cardiovascular. § **an.gi:o.pá.ti.co** *adj.*

an.gi:o.plas.ti.a [*Angi(o)-* + *-plast(o)-* + *-ia*[1].◻8A] *sf. Med.* Procedimento que tem por objetivo desfazer estenose arterial. § **an.gi:o.plás.ti.co** *adj.*

an.gi:os.per.ma [Tax. *Angiospermae*.] *sf. Bot.* Espécime das angiospermas, grupo de vegetais que têm as sementes dentro de um ovário fechado, o qual, quando amadurece, forma o fruto. São as plantas floríferas. § **an.gi:os.per.mo** *adj.*

an.gli.ca.nis.mo [Ingl. *anglicanism*.◻11] *sm.* A religião oficial da Inglaterra desde o séc. XVI.

an.gli.ca.no [Ingl. *anglican*.] *adj.* **1.** De, ou relativo à Igreja da Inglaterra ou a outra igreja que siga a mesma crença. ● *sm.* **2.** Membro de uma Igreja Anglicana.

an.gli.cis.mo [Fr. *anglicisme*.◻11] *sm.* **1.** *E.Ling.* Palavra, expressão ou construção peculiar à língua inglesa. **2.** Admiração profunda a tudo quanto é inglês.

an.glo [B.-lat. *anglu*.] *adj. sm.* Inglês (1 e 2).

an.glo-sa.xão (cs) *sm.* **1.** Indivíduo dos povos germ. (anglos, saxões e jutos), que invadiram a Inglaterra entre os sécs. V e VI, e lá se fixaram. **2.** *P.ext.* Inglês (2), ou aquele que tem origem inglesa. ● *adj.* **3.** Desses povos. [Flex.: anglo-saxões, anglo-saxã(s).]

an.go.rá [Fr. *angora*.] *adj2g.* **1.** Diz-se de certa raça de gatos, cabras ou coelhos de pelo comprido e fino. ● *sm.* **2.** A lã ou o tecido de pelo de cabra angorá.

an.gra [V.D] *sf.* Enseada largamente aberta, que aparece onde há costas altas.

angs.tröm [Antr. *Angström* (1814-1874), físico sueco.] *sm. Fís.* Unidade de medida de comprimento, equiv. a 10⁻¹⁰m.

an.gu [Or.afr.] *sm. Bras.* **1.** Massa de farinha de milho (fubá), de mandioca ou de arroz, com água e sal, e escaldada ao fogo. **2.** *Pop.* Confusão.

an.gui.lí.de:o (güi) [Tax. *anguilidae*.] *adj. sm. Zool.* Diz-se de, ou espécime dos anguilídeos, fam. de peixes serpentiformes, alimentícios. São as enguias.

an.gui.li.for.me (güi) [*Anguil(i)-* + *-iforme*.] *adj2g.* Que tem forma de enguia.

an.gu.lar [*Ângulo*.◻40] *adj2g.* **1.** Relativo a ângulo(s). **2.** Em forma de ângulo.

ân.gu.lo [Lat. *angulu*.] *sm.* **1.** Esquina, canto. **2.** *Geom.* Figura formada por 2 retas que têm um ponto comum. **3.** *Geom.* Medida do afastamento entre tais retas. ◆ **Ângulo agudo.** *Geom.* Ângulo menor que o ângulo reto. **Ângulo obtuso.** *Geom.* Ângulo maior que o ângulo reto. **Ângulo reto.** *Geom.* Ângulo equiv. ao que é formado por 2 raios de círculo entre os quais se estende ¼ da circunferência.

an.gu.lo.so (ô) [Lat. *angulosu*.◻37] *adj.* **1.** Cheio de ângulos. **2.** *P.ext.* Que tem os ossos salientes. [Pl.: -!*osos* (ó).]

an.gús.ti:a [Lat. *angustia*.] *sf.* **1.** Grande ansiedade ou aflição; ânsia, agonia. **2.** Grande sofrimento ou atribulação.

an.gus.ti.ar [Lat. *angustiare*.◻1A] *vtd.* e *p.* Afligir(-se), atormentar(-se). [C.: 1] § **an.gus.ti.a.do** *adj.*; **an.gus.ti.an.te** *adj2g.*

a.nhan.gá [Do tupi.] *sm. Bras.* Na mitologia tupi-guarani, o espírito do mal.

a.nhan.gue.ra (güe) [Do tupi.] *sm. Paleont.* Pterossauro com cerca de 4,5m de envergadura que viveu no cretáceo e cujos fósseis foram descobertos na Chapada do Araripe (CE).

a.nhi.mí.de:o [Tax. *Anhimidae*.] *adj. sm. Zool.* Diz-se de, ou espécime dos anhimídeos, fam. de aves anseriformes, paludícolas, da América do Sul, de pescoço curto e pernas robustas e curtas, dedos enormes, e cor predominante preta ou cinza. Ex.: anhuma.

a.nho [Lat. *agnu*.] *sm.* Cordeiro.

a.nhu.ma [Do tupi.] *sf. Bras. Zool.* Ave anhimídea, não palmípede, preta no dorso e no peito, com barriga e algumas penas das asas brancas.

a.ni.a.gem [V.D] *sf.* Pano grosseiro, de juta ou de outra fibra, para sacos. [Pl.: -*gens*.]

a.ni.dri.do *sm. Quím.* Produto obtido de um ácido por eliminação de uma ou mais moléculas de água. Ex.: anidrido acético.

a.ni.dro [Gr. *ányidros*.] *adj. Quím.* Que não contém água.

a.nil[1] [Do ár.] *sm.* **1.** A cor azul; índigo. [Pl.: *anis*.] ● *adj2g2n.* **2.** Azul.

a.nil² [*Anil(ina)*.] *sm. Quím.* Substância vegetal ou sintética, azul, us. como corante; índigo. [Pl.: *anis*.]
a.ni.la.do [*Anil¹*.⬜17B] *adj.* Azulado.
a.ni.lei.ra [*Anil¹*.⬜16] *sf. Bot.* Nome comum a várias plantas das leguminosas cujo fruto, leguminiforme, fornece o anil.
a.ni.li.na [Al. *Anilin*.⬜31] *sf.* **1.** *Quím.* Amina derivada do benzeno, líquida, incolor, oleosa, com odor característico [fórm.: $C_6H_5NH_2$]. **2.** Material corante fabricado com ela.
a.ni.ma.ção [Lat. *animatione*.⬜2A] *sf.* **1.** Ato ou efeito de animar. **2.** Vivacidade comunicativa. **3.** Alegria, entusiasmo. **4.** Movimento, rebuliço. **5.** *Cin. Telev.* Técnica de simulação de movimento por meio de sequência de desenhos ou imagens. **6.** *Comun.* Efeito de animação (5) obtido por computação gráfica. [Pl.: *-ções*.]
a.ni.ma.do [*Animar*.⬜17A] *adj.* **1.** Que tem vida; vivo. [Opõe-se a *inanimado* (1).] **2.** Alegre, vivaz. **3.** Com muita animação (4).
a.ni.ma.dor (ô) [Lat. *animatore*.⬜19A] *adj.* **1.** Que anima. • *sm.* **2.** Aquele que anima. **3.** *Restr.* Comunicador (2) que, num programa de rádio ou tevê, ou em apresentação ao vivo, anima e conduz o espetáculo.
a.ni.mal [Lat. *animale*.⬜39] *sm.* **1.** *Biol.* Espécime dos animais, reino que reúne seres vivos pluricelulares, heterotróficos, e que, ger., se locomovem. **2.** Animal irracional. **3.** *Fig.* Pessoa ignorante, ou cruel, ou estúpida. **4.** *Bras.* Cavalo (1), sobretudo o macho. [Aum.: *animalão*, *animalaço*; dim.: *animalzinho*, *animalejo*, *animálculo*.] • *adj2g.* **5.** Do, ou próprio do animal. [Pl.: *-mais*.] ◆ **Animal inferior.** Qualquer animal invertebrado. **Animal irracional.** Qualquer animal, esp. animal superior, menos o ser humano. **Animal racional.** O ser humano. **Animal superior.** Qualquer animal vertebrado.
a.ni.ma.les.co (ê) [*Animal*.⬜33A] *adj.* **1.** Relativo a, ou próprio de animal. **2.** *Fig.* Bestial, brutal.
a.ni.mar [Lat. *animare*.⬜1A] *vtd.* **1.** Dar alma ou energia vital a. **2.** Dar ânimo, coragem, a. **3.** Dar vivacidade a. **4.** Dar movimento, dinamismo, a. *int.* **5.** Criar ânimo; cobrar esperança. *p.* **6.** Adquirir vida, animação, movimento. **7.** Resolver-se, decidir-se. [C.: 1]
a.ní.mi.co [Lat. *anima* + *-ico²*.⬜35B] *adj.* **1.** Pertencente ou relativo à alma. **2.** Relativo a animismo.
a.ni.mis.mo [Lat. *anima* + *-ismo*.⬜11] *sm.* Crença que atribui alma própria a plantas, objetos inanimados e fenômenos da natureza. § **a.ni.mis.ta** *s2g. adj2g.*; **a.ni.mís.ti.co** *adj.*
â.ni.mo [Lat. *animu*.] *sm.* **1.** A índole, o caráter de alguém. **2.** Disposição resoluta em face da adversidade; coragem. **3.** Motivação, disposição num dado momento. • *interj.* **4.** Coragem, força.

a.ni.mo.si.da.de [Lat. *animositate*.] *sf.* Aversão persistente.
a.ni.mo.so (ô) [Lat. *animosu*.⬜37] *adj.* Que tem ânimo; corajoso. [Pl.: *-mosos* (ó).]
a.ni.nhar *vtd.* **1.** Pôr ou recolher em ninho. **2.** Recolher. *int. e p.* **3.** Fazer ninho. **4.** Recolher-se. [C.: 1]
â.ni:on [Gr. *ánion*.] *sm. Quím.* Átomo ou grupo de átomos com carga negativa.
a.ni.qui.lar [B.-lat. *annichilare*.⬜1A] *vtd.* **1.** Reduzir a nada; anular. **2.** Destruir. **3.** Abater, prostrar. *ti.* **4.** Aniquilar (1 e 2). *p.* **5.** Abater-se; humilhar-se. [C.: 1] § **a.ni.qui.la.men.to** *sm.*
a.nis [Fr. *anis*.] *sm. Bot.* Erva apiácea de sementes aromáticas, com cuja essência se fabricam licores e xaropes; erva-doce. [Pl.: *-ses*.]
a.ni.se.te [Fr. *anisette*.] *sm.* Licor de anis.
a.ni.so.ga.mi.a [*Anis(o)-* + *-gam(o)-* + *-ia¹*.⬜8A] *sf. Biol.* Heterogamia. § **a.ni.so.gâ.mi.co** *adj.*
a.nis.ti.a [Fr. *amnistie*.] *sf.* Perdão geral, esp. de crime político.
a.nis.ti.ar [*Anistia*.⬜1A] *vtd.* Conceder anistia a. [C.: 1] § **a.nis.ti.a.do** *adj. sm.*
a.nis.tó.ri.co [*An-* + *histórico*.] *adj.* **1.** Não histórico; alheio à história; a-histórico. **2.** Anti-histórico.
a.ni.ver.sa.ri.ar [*Aniversário*.⬜1A] *v.int. Bras.* Fazer aniversário. [C.: 1] § **a.ni.ver.sa.ri.an.te** *adj2g. s2g.* (*bras.*)
a.ni.ver.sá.ri:o [Lat. *anniversariu*.⬜24] *sm.* Dia em que faz ano(s) que se deu certo acontecimento, ou em que se completa(m) ano(s).
an.jo [Lat. *angelu*.] *sm.* **1.** *Rel.* No cristianismo, judaísmo e islamismo, ser espiritual que serve de mensageiro entre Deus e os homens. **2.** Criança vestida de anjo em procissões, etc. **3.** Criança sossegada. **4.** *Fig.* Criança morta. **5.** *Fig.* Pessoa bondosa.
a.no [Lat. *annu*.] *sm.* Intervalo de tempo igual a uma revolução da Terra em torno do Sol (365 dias, 6 horas, 13 minutos e 53 segundos médios); espaço de 12 meses. ◆ **Ano bissexto.** O que é contado com 366 dias. [Ocorre de 4 em 4 anos. Por convenção, o dia suplementar é 29 de fevereiro.] **Ano civil.** O que tem número inteiro de dias e é us. como unidade de contagem de tempo por uma coletividade. [É contado de 1º de janeiro a 31 de dezembro.] **Ano letivo.** Período do ano em que há aulas regulares em estabelecimentos de ensino.
a.no-bom *sm.* Ano-novo. [Pl.: *anos-bons*.]
a.nó.di.no [Lat. *anodynu*.] *adj.* **1.** Que mitiga as dores. **2.** *Fig.* Pouco importante ou insignificante. • *sm.* **3.** Medicamento anódino (1).
â.no.do [Ingl. *anode*.] *sm. Eletr.* Eletrodo positivo, para onde se dirigem os íons negativos.
a.nof.tal.mi.a [*An-* + *-(o)ftalm(o)-* + *-ia¹*.⬜8A] *sf.* Ausência congênita de um ou de ambos os olhos. § **a.nof.tál.mi.co** *adj.*
a.noi.te.cer [*A-²* + *noite* + *-ecer*.⬜1P] *v.int.* **1.** Ir chegando, ou cair, a noite. *tc.* **2.** Achar-se em determinado lugar ao anoitecer. *td.* **3.** Tor-

ano-luz | antedatar

nar escuro. *pred.* **4.** Encontrar-se (em certo estado) à noite. [C.: 2A (ê-é). Na 1ª acepç., é impess., conjugável só na 3ª pess. do sing., com sujeito zero, v. 7.] ● *sm.* **5.** O cair da noite.

a.no-luz *sm. Astr.* Unidade de distância que equivale à percorrida pela luz, no vácuo, em um ano, a 300.000km por segundo. [Pl.: *anos-luz*.]

a.no.ma.li.a [Gr. *anomalía*.▪8A] *sf.* Irregularidade, anormalidade.

a.nô.ma.lo [Lat. *anomalu*.] *adj.* Em que há anomalia.

a.no.ná.ce.a [Tax. *Annonaceae*.] *sf. Bot.* Espécime das anonáceas, família de árvores e arbustos floríferos, cujos frutos são, ger., grandes bagas comestíveis. Ex.: graviola. § **a.no.ná.ce:o** *adj.*

a.no.ni.ma.to [Fr. *anonymat*.▪18] *sm.* Estado do que é anônimo.

a.nô.ni.mo [Lat. *anonymu*.] *adj.* **1.** Sem o nome ou a assinatura do autor. **2.** Sem nome ou nomeada; obscuro.

a.no-no.vo *sm.* **1.** O dia 1º de janeiro; ano-bom. **2.** O primeiro dia do ano no calendário chinês, judaico, muçulmano, etc. [Pl.: *anos-novos*.]

a.no.plu.ro [Tax. *Anoplura*.] *adj. sm. Zool.* Diz-se, ou espécime dos anopluros, subordem de piolhos ftirápteros hematófagos, parasitas de mamíferos. Algumas espécies são vetores de doenças.

a.no.re.xi.a (cs) [Gr. *anorexía*.▪8A] *sf. Med.* Redução ou perda do apetite; inapetência.

a.no.ré.xi.co (cs) [*Anorexia*.▪35B] *adj.* **1.** Relativo a anorexia. **2.** Que leva à anorexia. ● *sm.* **3.** Medicamento anoréxico (2). **4.** Indivíduo que sofre de anorexia.

a.nor.mal [Fr. *anormal*.] *adj2g.* **1.** Que está fora da norma ou do padrão. **2.** Contrário às regras; anômalo. [Pl.: *-mais*.]

a.nor.ma.li.da.de [*Anormal*.▪14] *sf.* **1.** Qualidade de anormal. **2.** Fato ou situação anormal.

a.no.tar [Lat. *annotare*.▪1A] *vtd.* **1.** Apor notas a. **2.** Esclarecer com comentários. **3.** Tomar nota de; apontar. [C.: 1 (ó)] § **a.no.ta.ção** *sf.*; **a.no.ta.dor** (ô) *adj. sm.*

a.no.vu.la.tó.ri:o [Ingl. *anovulatory*.] *adj. sm.* Diz-se da substância que impede ovulação.

an.sei.o [Dev. de *ansiar*.] *sm.* **1.** Ato de padecer ânsias. **2.** Ânsia (2).

an.se.ri.for.me [Lat. *anser* + *-iforme*.] *adj2g. sm. Zool.* Diz-se de, ou espécime dos anseriformes, ordem de aves aquáticas que inclui os anatídeos e os anhimídeos.

ân.si:a [Lat. *anxia*.] *sf.* **1.** Angústia (1). **2.** Desejo ardente; anseio. **3.** Estertor, vasca.

an.si.a.do [*Ansiar*.▪17A] *adj.* **1.** Que padece ânsias. **2.** Desejado ardentemente.

an.si.ar [Lat. *anxiare*.▪1A] *vtd.* **1.** Causar ânsia ou ansiedade a. **2.** Desejar com ardor; almejar. *ti.* **3.** Ansiar (2). *int.* **4.** Ter ânsias. [C.: 13]

ân.si:as *sfpl.* Náuseas.

an.si:e.da.de [Lat. *anxietate*.▪14] *sf.* **1.** V. *aflição* (2). **2.** *Psiq.* Estado emocional angustiante acompanhado de alterações somáticas (cardíacas, respiratórias, etc.), e em que se preveem situações desagradáveis, reais ou não.

an.si:o.lí.ti.co [*Ansi(edade)* + *-o-* + *-lítico*[1].] *adj. sm. Med.* Diz de, ou medicamento que combate a ansiedade.

an.si.o.so (ô) [Lat. *anxiosu*.▪37] *adj.* Cheio de ânsia. [Pl.: *-osos* (ó).]

ans.pe.ça.da [Fr. *anspessade*.] *sm.* V. *hierarquia militar*.

an.ta [Do ár.] *sf.* **1.** *Zool.* Mamífero tapirídeo, pardo, de até 200 quilos, com c. 2m de comprimento, 1m de altura e uma tromba curta; tapir. ● *s2g.* **2.** *Bras.* Pessoa pouco inteligente.

an.ta.gô.ni.co [Deduz. de *antagonista*.▪35B] *adj.* Que está em antagonismo, em oposição; oposto, contrário.

an.ta.go.nis.mo [*Antagonista*.▪11] *sm.* Oposição de ideias, princípios, sistemas, etc.

an.ta.go.nis.ta [Lat. *antagonista*.] *adj2g. s2g.* Que, ou quem atua em sentido oposto; adversário.

an.tár.ti.co [Lat. *antarticu*.▪35B] *adj.* **1.** Oposto ao polo ártico. **2.** Do polo sul. [Opõe-se a *ártico*.]

an.te [Lat. *ante*.] *prep.* **1.** Em presença de. **2.** Em consequência de.

an.te.bra.ço [*Ant(e)-* + *braço*.] *sm.* A parte do braço entre o cotovelo e o pulso.

an.te.câ.ma.ra *sf.* **1.** Aposento anterior à câmara (1). **2.** Antessala.

an.te.ce.dên.ci:a [Lat. *antecedentia*.▪10] *sf.* Precedência, anterioridade.

an.te.ce.den.te [Lat. *antecedente*.▪21] *adj2g.* Que antecede; precedente.

an.te.ce.den.tes *smpl.* Os fatos anteriores que, ger., deixam prever os que se hão de seguir.

an.te.ce.der [Lat. *antecedere*.▪1B] *vtd.* **1.** Vir, estar, chegar ou ficar antes. **2.** Realizar antes do tempo. *ti.* **3.** Antecder (1). **4.** Ser anterior; preceder. *p.* **5.** Anteceder (4). [C.: 2 (ê-é)]

an.te.ces.sor (ô) [Lat. *antecessore*.▪19] *sm.* **1.** Aquele que antecede; predecessor. **2.** V. *ancestral* (2).

an.te.ci.pa.ção [Lat. *anticipatione*.▪2A] *sf.* **1.** Ato ou efeito de antecipar(-se). **2.** Execução, ou concretização de algo antes do tempo previsto; antecedência, anterioridade. [Pl.: *-ções*.]

an.te.ci.par [Lat. *anticipare*.▪1A] *vtd.* **1.** Fazer, dizer, sentir, antes do devido tempo; precipitar. **2.** Chegar antes de. *tdi.* **3.** Comunicar com antecipação. *int.* **4.** Ocorrer com antecipação. *p.* **5.** Agir ou proceder com antecipação. [C.: 1] § **an.te.ci.pa.do** *adj.*

an.te.da.tar *vtd.* Pôr data anterior em. [C.: 1]

an.te.di.lu.vi.a.no [*Ant(e)*- + *dilúvio* + -*ano*[1]. ▣29] *adj.* **1.** Anterior ao dilúvio. **2.** *Fig.* Muito antigo ou velho.

an.te.go.zar *vtd.* Gozar com antecipação; prelibar. [C.: 1 (ó)]

an.te.go.zo (ô) *sm.* Gozo antecipado.

an.te-his.tó.ri.co *adj.* Pré-histórico. [Pl.: *ante-históricos.*]

an.te.mão [*Ant(e)*- + *mão.*] *adv. P.us.* V. *de antemão.* ◆ **De antemão.** Com antecedência; previamente.

an.te.me.ri.di.a.no [Lat. *antemeridianu*.] *adj.* Anterior ao meio-dia.

an.te.na [Lat.med. *antenna*.] *sf.* **1.** *Zool.* Apêndice cefálico sensorial de crustáceos, insetos, etc. **2.** Estrutura com a função de captar ou transmitir as ondas eletromagnéticas.

an.te.na.do [*Antenar-se.* ▣17A] *adj. Pop.* Que se mantém informado sobre o que é atual.

an.te.nar-se [*Antena* + -*ar*[2] + *se*[1]. ▣1A] *vp. Pop.* Informar-se sobre o que é atual. [C.: 1]

an.te.on.tem *adv.* No dia anterior ao de ontem.

an.te.pa.ro [Dev. de *anteparar*.] *sm.* Nome comum às peças como tabiques, p.ex., destinadas a resguardar ou proteger alguém ou algo.

an.te.pas.sa.do *sm.* Ascendente (3), esp. o que é anterior aos avós; ancestral.

an.te.pas.sa.dos *smpl.* Ascendentes, avós.

an.te.pas.to [*Ant(e)*- + *pasto*.] *sm.* Iguaria que se serve antes da refeição e que se destina a abrir o apetite.

an.te.pe.núl.ti.mo [Lat. *antepaenultimu*.] *adj.* Anterior ao penúltimo.

an.te.por [Lat. *anteponere*.] *vtd.* **1.** Pôr antes. **2.** Preferir. *p.* **3.** Pôr-se antes. [C.: 34]

an.te.po.si.ção [*Antepor.* ▣2A] *sf.* Ato ou efeito de antepor(-se). [Pl.: -*ções*.]

an.te.po.si.ti.vo [Lat. *antepositus* + -*ivo*. ▣22] *adj.* Que se antepõe.

an.te.pro.je.to *sm.* Esboço do projeto.

an.te.ra [Gr. *antherá*.] *sf. Bot.* Porção dilatada, no ápice do filete (3), e que encerra os grãos de pólen.

an.te.ri.or (ô) [Lat. *anteriore*.] *adj2g.* Que está adiante; que vem ou fica antes. § **an.te.ri.o.ri.da.de** *sf.*

an.te.ri.or.men.te [*Anterior.* ▣42] *adv.* Em uma época anterior.

an.te.ro.zoi.de (ói) [*Anter(o)-* + -*zo(o)-* + -*oide*.] *sm. Bot.* Célula sexual masculina.

an.tes [De *ante*, com *s* de *depois*.] *adv.* **1.** Em tempo ou lugar anterior. **2.** De preferência. **3.** Pelo contrário.

an.tes.sa.la [*Ant(e)*- + *sala.*] *sf.* Sala antecedente à principal; antecâmara.

an.te.ver [Lat. *antevidere*.] *vtd.* **1.** Ver com antecedência. **2.** Pressagiar, prever. [C.: 22] § **an.te.vi.são** *sf.*

an.te.vés.pe.ra *sf.* Dia precedente à véspera.

an.ti.á.ci.do [*Ant(i)*- + *ácido*.] *adj. sm. Med.* Diz-se de, ou substância que combate a acidez gástrica.

an.ti:a.de.ren.te *adj2g. sm.* Diz-se de, ou substância que, aplicada a objeto ou utensílio, impede a adesão deste a outros.

an.ti:a.é.re:o [*Ant(i)*- + *aéreo*.] *adj.* **1.** Que se opõe aos ataques aéreos. **2.** Que protege de ataques aéreos: *abrigo antiaéreo*.

an.ti:a.lér.gi.co *adj. sm. Med.* Diz-se de, ou medicamento que combate a alergia.

an.ti.bac.te.ri.a.no *adj. sm.* Que, ou aquilo que combate bactérias.

an.ti.bi.ó.ti.co [*Ant(i)*- + gr. *biotikós*.] *adj. sm. Med.* Diz-se de, ou substância capaz de impedir o crescimento de microrganismos ou de matá-los, e é us. contra moléstias infecciosas.

an.ti.ci.clo.ne [*Ant(i)*- + *ciclone*.] *sm.* Zona de pressão atmosférica relativamente elevada, que produz uma circulação difusora, ger. acompanhada de bom tempo.

an.ti.cle.ri.cal [*Ant(i)*- + *clerical*.] *adj2g.* Contrário ao clero. [Pl.: -*cais*.]

an.ti.co:a.gu.lan.te *adj2g. sm.* Diz-se de, ou substância que diminui a capacidade de coagulação sanguínea.

an.ti.con.cep.ci:o.nal *adj2g. sm.* Diz-se de, ou substância que evita a concepção (2). [Pl.: -*nais*.]

an.ti.cons.ti.tu.ci:o.nal *adj2g.* Contrário ao que dispõe a constituição (3) de um país. [Pl.: -*nais*.]

an.ti.con.vul.si.van.te *adj2g. sm. Med.* Anticonvulsivo.

an.ti.con.vul.si.vo *adj. sm. Med.* Diz-se de, ou medicamento que evita ou combate convulsão (2); anticonvulsivante.

an.ti.cor.po (ô) [*Ant(i)*- + *corpo*.] *sm. Med.* Qualquer imunoglobulina que interage apenas com o antígeno que lhe induziu a síntese, ou com antígeno outro que seja intimamente relacionado a este. [Pl.: -*corpos* (ór).]

an.ti.cris.to [Lat. *antichristu*.] *sm. Rel.* **1.** Personagem que, segundo o Apocalipse, virá, antes do fim do mundo, semear a impiedade, até afinal ser vencido por Cristo. **2.** A personificação de tudo que se opõe a Cristo, ao cristianismo, aos cristãos.

an.ti.de.mo.crá.ti.co [*Ant(i)*- + *democrático*.] *adj.* Contrário à democracia.

an.ti.de.pres.si.vo *adj. sm. Med.* Diz-se de, ou medicamento que evita ou atenua a depressão (6).

an.ti.der.ra.pan.te *adj2g.* **1.** Que não derrapa ou que dificulta a derrapagem. **2.** *Restr.* Diz-se do pneu dotado de propriedades que o impedem de derrapar.

an.ti.do.to [Lat. *antidotu*.] *sm. Med.* Contraveneno.

an.ti.es.por.ti.vo *adj.* Que vai contra as regras de uma competição esportiva.

an.ti.é.ti.co *adj.* Contrário à ética.

an.ti.fe.bril [*Ant(i)*- + *febril*.] *adj2g. sm. Med.* V. *febrífugo*. [Pl.: -*bris*.]

an.tí.fo.na [Lat.ecl. *antiphona*.] *sf. Lit.* Versículo cantado pelo celebrante, antes e depois dum salmo.

an.ti.ga.men.te [F. de *antigo*. ◨42] *adv.* Em tempo passado, remoto.

an.tí.ge.no [*Ant(i)-* + *-geno*.] *sm. Med.* Qualquer substância que, em contato com organismo que não a tem, provoca nele a formação de anticorpo específico com o qual pode combinar-se de modo eletivo. § **an.ti.gê.ni.co** *adj.*

an.ti.go [Lat. *antiquu*.] *adj.* 1. Do tempo remoto. 2. Que existiu ou sucedeu no passado. 3. Que é ou existe desde muito tempo; velho. [Superl.: *antiquíssimo* (qüis) ou *antiguíssimo*.]

an.ti.gui.da.de (gui ou güi) [Lat. *antiquitate*. ◨14] *sf.* 1. Qualidade de antigo. 2. O tempo, a era remota. 3. Os antigos. 4. O tempo de serviço (em cargo ou função).

an.ti-hi.gi.ê.ni.co [*Ant(i)-* + *higiênico*.] *adj.* Contrário à higiene. [Pl.: *anti-higiênicos*.]

an.ti-his.tó.ri.co [*Ant(i)-* + *histórico*.] *adj.* Contrário à história, aos seus fatos e/ou princípios; anistórico. [Pl.: *anti-históricos*.]

an.ti-in.fec.ci.o.so (ó) [*Ant(i)-* + *infeccioso*.] *adj. sm.* Que, ou aquilo que combate doenças infecciosas. [Pl.: -*osos* (ó).]

an.ti.lo.ga.rit.mo *sm. Mat.* Número cujo logaritmo é um número dado.

an.tí.lo.pe [Fr. *antilope*.] *sm. Zool.* 1. Mamífero artiodáctilo, bovídeo, de porte variável, chifres de diversos formatos, e que é comum na África. 2. O couro dele.

an.ti.ma.té.ri.a *sf. Fís.* Átomo ou matéria constituída por antipartículas.

an.ti.mô.ni:o [Lat.med. *antimoniu*. ◨34B] *sm. Quím.* Elemento de número atômico 51, de aspecto metálico branco-azulado, us. em ligas e sob a forma de compostos [símb.: *Sb*].

an.ti.nar.có.ti.co *adj2g2n.* Que visa a combater o uso de drogas e seu tráfico: *campanha antinarcótico*.

an.ti.no.mi.a [Gr. *antinomía*. ◨8A] *sf.* Contradição entre 2 leis, princípios, crenças, etc. que, individualmente, porém, são coerentes.

an.ti:o.fí.di.co [*Ant(i)-* + *ofídico*.] *adj. sm. Med.* Diz-se de, ou substância que combate veneno de cobra.

an.ti.par.tí.cu.la *sf. Fís.* Partícula elementar que apresenta mesma massa de outra, porém carga elétrica e algumas outras características opostas, e que em contato com esta vem a se aniquilar.

an.ti.pa.ti.a [Lat. *antipathia*.] *sf.* Sentimento de repulsa espontânea; aversão.

an.ti.pá.ti.co [*Antipatia*. ◨35B] *adj.* 1. Que inspira antipatia. 2. Que sente antipatia. ● *sm.* 3. Indivíduo antipático (1).

an.ti.pa.ti.zar [*Antipatia*. ◨1D] *vti.* Ter ou sentir antipatia; implicar. [C.: 1]

an.ti.pe.da.gó.gi.co *adj.* Contrário às normas da pedagogia.

an.ti.pi.ré.ti.co [*Ant(i)-* + *-piret(o)-* + *-ico*^{2}. ◨35B] *adj. sm.* V. *febrífugo*.

an.tí.po.da (Gr. *antípous, odos*.) *s2g.* 1. Habitante da Terra situado em lugar diametralmente oposto ao de outro. ● *adj2g.* 2. Contrário, oposto.

an.ti.po.li:o.mi:e.lí.ti.co [*Ant(i)-* + *poliomielítico*.] *adj.* Que combate a poliomielite.

an.ti.qua.do *adj.* 1. Que pensa ou age de maneira antiga. 2. Fora do uso ou da moda; desusado.

an.ti.qua.lha *sf.* Coisas, objetos antigos.

an.ti.quá.ri:o [Lat. *antiquariu*.] *sm.* Colecionador, comerciante, ou loja de antiguidades.

an.ti.quark [*Ant(i)-* + *quark*.] *sm. Fís.* Antipartícula do *quark*.

an.tir.rá.bi.co [*Ant(i)-* + *rábico*.] *adj. sm. Med.* Diz-se de, ou agente que evita ou combate a raiva.

→ **antispam** (éntispam) [Ingl.] *adj2g2n. sm. Inform.* Diz-se de, ou programa, filtro, etc. que combate a recepção de *spam*.

an.tis.sep.si.a [*Ant(i)-* + *-seps(i)-* + *-ia*^{1}. ◨8A] *sf.* 1. Destruição de micróbios. 2. Procedimento(s) empregado(s) na antissepsia (1).

an.tis.sép.ti.co *adj. sm.* Diz-se de, ou substância capaz de destruir micróbios.

an.tis.si.fi.lí.ti.co *adj. sm. Med.* Diz-se de, ou medicamento que combate a sífilis.

an.tis.so.ci.al [*Ant(i)-* + *social*.] *adj2g.* 1. Contrário à sociedade. 2. Diz-se daquele que não é sociável. [Pl.: -*ais*.]

an.tí.te.se [Lat. *antihese*.] *sf.* 1. *E.Ling.* Figura (9) pela qual se salienta a oposição entre 2 palavras ou ideias. [Ex.: "Era o porvir — em frente do passado" (Castro Alves).] 2. V. *oposto* (≙). 3. *Lóg.* Contrariedade ou contradição entre proposições.

an.ti.te.tâ.ni.co [*Ant(i)-* + *tetânico*.] *adj. sm. Med.* Que combate ou evita o tétano, ou substância que o faz.

an.ti.tó.xi.co (cs) *adj. Med.* 1. Que é us. para combater a ação de tóxico. 2. Relativo a antitoxina. ● *sm.* 3. Substância antitóxica.

an.ti.to.xi.na (cs) [*Ant(i)-* + *toxina*.] *sf. Med.* Anticorpo neutralizante específico contra toxina de microrganismo.

an.ti.ve.né.re:o [*Ant(i)-* + *venéreo*.] *adj. sm. Med.* Diz-se de, ou substância ou procedimento que evita ou combate doença venérea.

an.ti.vi.ral [Ingl. *antiviral*. ◨39] *adj2g. s2g.* Diz-se de, ou agente que extermina vírus; antivirótico. [Pl.: -*rais*.]

an.ti.vi.ró.ti.co [*Ant(i)-* + *-vir(o)-* + *-ótico*.] *adj. sm.* Antiviral.

an.ti.vi.ru.len.to *adj.* Que extermina vírus.

an.ti.ví.rus [*Ant(i)-* + *vírus*.] *adj2g2n. sm2n. Inform.* Diz-se de, ou programa destinado à detecção e/ou remoção de vírus (2).

an.to.lhos [*Ant(e)-* + o pl. de *olho*.] *smpl.* 1. Pala com que se resguardam da luz os olhos. 2.

antologia | anuviar

Peças que se põem ao lado dos olhos das cavalgaduras para que olhem só para a frente.

an.to.lo.gi.a [Gr. *anthología*.⬛8A] *sf.* Coleção de trechos escolhidos em prosa e/ou em verso; florilégio, seleta.

an.to.ló.gi.co [*Antologia*.⬛35B] *adj.* **1.** Relativo a antologia. **2.** Digno de figurar em antologia. **3.** Notável, admirável [por vezes, com uso irônico].

an.to.mi.í.de:o [Tax. *Anthomyiidae*.] *adj. sm. Zool.* Diz-se de, ou espécime dos antomiídeos, fam. de pequenos insetos dípteros que inclui as moscas comuns.

an.to.ní.mi:a [*Ant(i)-* + *-onim(o)-* + *-ia*².⬛8B] *sf. E.Ling.* Caráter de antônimo, ou o seu emprego (1).

an.tô.ni.mo [Gr. *antónymos*.] *sm. E.Ling.* Palavra de significação oposta à de outra.

an.to.no.má.si:a [Lat. *antonomasia*.] *sf.* **1.** *E.Ling.* Substituição de nome próprio por nome comum ou por expressão (perífrase), ou vice-versa. Ex.: *a águia de Haia* (Rui Barbosa). **2.** Cognome, apelido.

an.to.zo.á.ri:o [*Ant(o)-* + *-zo(o)-* + *-ário*; tax. *Anthozoa*.] *adj. sm. Zool.* Diz-se de, ou espécime dos antozoários, classe de cnidários marinhos, polipoides. Ex.: corais.

an.tro [Lat. *antru*.] *sm.* **1.** Cova funda e escura. **2.** *Fig.* Lugar de corrupção.

an.tró.pi.co *adj.* Relativo ao homem, ou ao período de sua existência na Terra.

an.tro.po.cên.tri.co [*Antropo(o)-* + *centro* + *-ico*². ⬛35B] *adj.* Diz-se de atitude ou teoria que tem o homem como referencial único, ou que interpreta o Universo em termos de valores, feitos e experiências humanas.

an.tro.po.fa.gi.a [Gr. *anthropophagía*.⬛8A] *sf.* **1.** Estado ou ato de antropófago. **2.** *Antrop.* Prática institucionalizada de consumo de carne humana por seres humanos, ger. com caráter ritual. § **an.tro.po.fá.gi.co** *adj.*

an.tro.pó.fa.go [Lat. *anthropophagu*.] *adj. sm.* Que, ou aquele que come carne humana; canibal.

an.tro.poi.de (ói) [Gr. *anthropoeidés*.] *adj2g.* V. *antropomorfo*.

an.tro.pói.de:o [Tax. *Anthropoidea*.] *sm.* Simiiforme.

an.tro.po.lo.gi.a *sf.* **1.** Estudo ou reflexão acerca do ser humano, e do que lhe é característico. **2.** Designação comum a diferentes ciências ou disciplinas, cujas finalidades são descrever o ser humano e analisá-lo com base nas características biológicas e socioculturais dos diversos grupos (povos, etnias, etc.), dando ênfase às diferenças e variações entre eles. § **an.tro.po.ló.gi.co** *adj.*; **an.tro.pó.lo.go** *sm.*

an.tro.po.mór.fi.co [*Antrop(o)-* + *-morf(o)-* + *-ico*².⬛35B] *adj.* **1.** V. *antropomorfo*. **2.** Relativo ao antropomorfismo.

an.tro.po.mor.fis.mo [*Antropomorfo*.⬛11] *sm.* Crença ou pensamento que atribui formas ou atributos humanos a entidades abstratas ou seres não humanos.

an.tro.po.mor.fo [Gr. *anthropómorphos*.] *adj.* Semelhante ao homem quanto à forma; antropoide, antropomórfico.

an.tro.pô.ni.mo [*Antrop(o)-* + *-ônimo*.] *sm.* Nome próprio de pessoa.

an.tú.ri:o [Tax. *Anthurium*.] *sm. Bot.* Erva arácea, ornamental, e sua flor.

a.nu ou **a.num** [Do tupi.] *sm. Bras. Zool.* Ave cuculídea pequena, preta, de bico forte, e voraz comedora de insetos. [Pl. de anum: *anuns*.]

a.nu.al [Lat. *annuale*.⬛39] *adj2g.* **1.** Que dura ou é válido por um ano. **2.** Que se realiza, se publica, se paga uma vez por ano. **3.** *Bot.* Que completa o ciclo vegetativo e reprodutivo em um ano (planta). [Pl.: *-ais*.]

a.nu.á.ri:o [*Ano*.⬛24B] *sm.* Publicação anual.

a.nu.ên.ci:a [Lat. *annuentia*.⬛10] *sf.* Ato ou efeito de anuir; consentimento; aprovação.

a.nu:i.da.de *sf.* **1.** Quantia que se paga anualmente. **2.** Quantia que se paga periodicamente para a constituição de capital ou a amortização de dívida, e capital e juros.

a.nu.ir [Lat. *annuere*.⬛1C] *vti. e int.* Dar consentimento, aprovação; assentir. [C.: 42]

a.nu.lar¹ [Lat. *annulare*.⬛40] *adj2g.* **1.** V. *anelado* (1). **2.** Diz-se do dedo em que é mais de hábito usar o anel. ♦ *sm.* **3.** Dedo anular.

a.nu.lar² [Lat. *annullare*.⬛1A] *vtd. e p.* **1.** Tornar(-se) nulo; invalidar(-se). **2.** Desfazer(-se), destruir(-se). [Sin.ger.: *nulificar*. C.: 1] § **a.nu.la.ção** *sf.*; **a.nu.la.dor** (ô) *adj.*; **a.nu.lá.vel** *adj2g.*

a.nun.ci.ar [Lat. *annuntiare*.⬛1A] *vtd.* **1.** Dar a conhecer; noticiar. **2.** Pôr anúncio de. **3.** Indicar, prenunciar. **4.** Prevenir da presença ou chegada de. *tdi.* **5.** Comunicar, participar. **6.** Anunciar (4). *int.* **7.** Promover e custear a divulgação de anúncio (1). [C.: 1] § **a.nun.ci:a.ção** *sf.*; **a.nun.ci.an.te** *adj2g. s2g.*

a.nún.ci:o [Lat. *annuntiu*.] *sm.* **1.** Mensagem publicitária veiculada na mídia. **2.** Notícia pela qual se dá qualquer coisa ao conhecimento público. **3.** Aquilo que prenuncia algo; indício. ♦ **Anúncio classificado.** Anúncio (1) de venda, troca, etc., publicado em seção específica de jornal e/ou revista.

a.nu.ro¹ [*An-* + *-uro*.] *adj.* Desprovido de cauda.

a.nu.ro² [Tax. *Anura*.] *adj. sm. Zool.* Diz-se de, ou espécime dos anuros, ordem de anfíbios de cabeça fundida ao corpo, sem cauda, e com os membros locomotores posteriores mais desenvolvidos, próprios para o salto e a natação. São os sapos, as rãs e as pererecas.

â.nus [Lat. *anus*.] *sm2n. Anat.* Orifício, na extremidade terminal do intestino, por onde saem os excrementos.

a.nu.vi.ar [Lat. *annubilare*.⬛1A] *vtd. e p.* Nublar(-se). [C.: 1]

anverso | aparência

an.ver.so [Fr. *envers*.] *sm.* Face de medalha ou moeda onde se vê efígie ou emblema.

an.zol [Lat.vulg. **hamiciolu*.] *sm.* Pequeno gancho, farpado, para pescar. [Pl.: *-zóis*.]

ao[1] Comb. da prep. *a* com o art. *o*: *Vou ao baile*.

ao[2] Comb. da prep. *a* com o pron. dem. neutro *o*; àquele: *Não dei o prêmio ao aluno mais brilhante, e sim ao mais aplicado*.

ao[3] Comb. da prep. *a* com o pron. dem. neutro *o*; àquilo: *Não respondo ao que me perguntas*.

a.on.de [A^3 + *onde*.] *adv.* A que lugar.

a.or.ta [Gr. *aorté*.] *sf. Anat.* Grande artéria que se origina no ventrículo esquerdo do coração.

a.pa.che [Ingl. *apache*.] *adj2g. s2g.* Diz-se de, ou indivíduo dos apaches, povo indígena norte-americano.

a.pa.dri.nhar *vtd.* **1.** Ser padrinho de. **2.** Proteger. [C.: 1] § **a.pa.dri.nha.do** *adj. sm.*

a.pa.gão [Esp.plat. *apagón*.] *sm. Bras.* Corte ou interrupção de grande extensão, no abastecimento de energia elétrica, e/ou o escurecimento completo que dele resulta; blecaute. [Pl.: *-gões*.]

a.pa.gar [A^{-4} + ant. *pagar*. ◘1A] *vtd.* **1.** Extinguir (o fogo ou a luz). **2.** Embaciar. **3.** Destruir, aniquilar. **4.** Fazer desaparecer (o que está escrito, desenhado ou pintado); desmanchar. **5.** Fazer desaparecer: *O tempo tudo apaga*. **6.** Deslustrar, obscurecer. **7.** Desbotar (cor). **8.** *Bras. Pop.* Desacordar. **9.** *Bras. Pop.* Matar. *int.* **10.** Extinguir-se. **11.** *Bras. Pop.* Morrer. **12.** Perder o ânimo. **13.** Adormecer. *p.* **14.** Apagar (10, 11 e 13). [C.: 1C] § **a.pa.ga.do** *adj.*; **a.pa.ga.dor** (ô) *sm.*

a.pa.go.gi.a [Gr. *apagogé* + *-ia*[1]. ◘8A] *sf. Lóg.* Demonstração da verdade de uma proposição, provando-se ser absurda a proposição contrária.

a.pai.xo.na.do [*Apaixonar*. ◘17A] *adj.* **1.** Que se apaixonou. **2.** Que denota ou em que há paixão. ● *sm.* **3.** Indivíduo apaixonado (1). [Sin. ger.: *enamorado*.]

a.pai.xo.nar [A^{-2} + *paixão* (-*xon*-) + -*ar*[2]. ◘1A] *vtd.* **1.** Inspirar paixão a. **2.** Entusiasmar. **3.** Consternar, prostrar. *p.* **4.** Encher-se de paixão. [C.: 1] § **a.pai.xo.nan.te** *adj2g.*

a.pa.la.vrar *vtd. e tdi.* **1.** Ajustar sob palavra; combinar. *p.* **2.** Obrigar-se, comprometer-se, pela palavra. [C.: 1] § **a.pa.la.vra.do** *adj.*

a.pa.ler.ma.do *adj.* Com ar e/ou modos de palerma.

a.pa.ler.mar [A^{-2} + *palerma* + -*ar*[2]. ◘1A] *vtd. e p.* Tornar(-se) palerma, tolo; atoleimar(-se). [C.: 1 (é)]

a.pal.pa.de.la [*Apalpar*. ◘7A] *sf.* Ato de apalpar uma vez.

a.pal.par [A^{-4} + *palpar*.] *vtd.* **1.** Tocar com a mão para conhecer pelo tato; tatear. **2.** Tocar brandamente. **3.** Sondar. *p.* **4.** Examinar-se com as mãos. [F.paral.: *palpar*. C.: 1] § **a.pal.pa.ção** *sf.*

a.pa.ná.gi.o [Fr. *apanage*.] *sm.* Propriedade característica.

a.pa.nha.do [*Apanhar*. ◘17A] *sm.* **1.** Aquilo que se apanhou ou juntou. **2.** Resumo, sinopse.

a.pa.nhar [Esp. *apañar*. ◘1A] *vtd.* **1.** Retirar (algo) do lugar que lhe é próprio, ou de onde está. **2.** Segurar com a(s) mão(s): *Apanhou o bebê e acariciou-o.* **3.** Levantar do chão: *Apanhou a luva que caíra.* **4.** Caçar ou pescar com rede, armadilha, etc.: *apanhar peixes*. **5.** Prender, capturar: *A polícia apanhou o ladrão*. **6.** Tomar, pegar (veículo). **7.** Contrair (doença). **8.** Ser atingido por (chuva, vento, etc.); pegar. **9.** Sofrer, levar. **10.** Atingir, alcançar. **11.** Adquirir, pegar. *int.* **12.** Apanhar (1). **13.** Ser espancado. **14.** Perder em luta, jogo, etc. [C.: 1] § **a.pa.nha.dor** (ô) *adj. sm.*

a.pa.ni.guar [A^{-2} + lat. *panificare*. ◘1A] *vtd.* Dispensar proteção a; favorecer. [C.: 1H ou 1G]

a.pa.ra [Dev. de *aparar*.] *sf.* Fragmento ou sobra de material cortado ou serrado.

a.pa.ra.dei.ra [*Aparar*. ◘16A] *sf. Pop.* Curiosa (q.v.).

a.pa.ra.dor (ô) [*Aparar*. ◘19A] *sm.* Móvel onde se põem as travessas com comida durante as refeições; bufê (1).

a.pa.ra.fu.sar *vtd.* **1.** Fixar ou segurar com parafuso. **2.** Apertar (parafuso). **3.** *Fig.* Meditar, cismar. [C.: 1]

a.pa.rar [A^{-4} + *parar*.] *vtd.* **1.** Receber, segurar (o que se tira, ou o que cai). **2.** Receber (ataque, coisa arremessada, etc.), resguardando-se de ser atingido. **3.** Cortar, ou serrar, a(s) borda(s) ou a(s) ponta(s) de. **4.** Aguçar, apontar. **5.** Apurar, aperfeiçoar. [C.: 1] § **a.pa.ra.ção** *sf.*

a.pa.ra.to [Lat. *apparatu*.] *sm.* **1.** Ostentação em atos públicos ou particulares. **2.** Elementos materiais, referências, citações de que se lança mão para demonstrar poder, erudição, etc.

a.pa.re.cer [Lat. *apparescere*. ◘1P] *v.int.* **1.** Começar a ser visto; mostrar-se. **2.** Expor-se à vista; exibir-se. **3.** Surgir; manifestar-se. **4.** Comparecer. [C.: 2A (ê-é)] § **a.pa.re.ci.men.to** *sm.*

a.pa.re.lha.gem [*Aparelho*. ◘6] *sf.* Conjunto de aparelhos; aparelhamento, aparelho. [Pl.: *-gens*.]

a.pa.re.lha.men.to [*Aparelhar*. ◘3] *sm.* **1.** Ato ou efeito de aparelhar(-se). **2.** V. *aparelhagem*.

a.pa.re.lhar [Lat.vulg. **appariculare*. ◘1A] *vtd.* **1.** Dispor ou preparar convenientemente. **2.** Arrear (a cavalgadura). **3.** Prover de equipamentos, engenhos, peças, etc. **4.** Preparar, dispor. *p.* **5.** Prover-se. [C.: 1 (ê)] § **a.pa.re.lha.do** *adj.*

a.pa.re.lho (ê) [Dev. de *aparelhar*.] *sm.* **1.** V. *aparelhagem*. **2.** Máquina, instrumento(s), objeto(s) ou utensílio(s) para um certo uso. **3.** *Biol.* Veja *sistema* (7). **4.** Serviço (6).

a.pa.rên.cia [Lat. *apparentia*.] *sf.* **1.** O que se mostra à primeira vista; aspecto. **2.** O que parece realidade sem o ser; fingimento.

aparentado | aperos

a.pa.ren.ta.do [*Aparentar-se.*▣17A] *adj.* Que tem parentesco.

a.pa.ren.tar [*Aparente.*▣1A] *vtd.* **1.** Apresentar na aparência, exteriormente. **2.** Inculcar (qualidade, aspecto, etc., que não tem); afetar. [C.: 1]

a.pa.ren.tar-se *vp.* Contrair parentesco; fazer-se parente. [C.: 1]

a.pa.ren.te [Lat. *apparente.*▣21] *adj2g.* **1.** Que parece ser, mas não é; falso. **2.** Visível (1).

a.pa.ren.te.men.te [*Aparente.*▣42] *adv.* Seg. as aparências: *Aparentemente vivem bem*.

a.pa.ri.ção [Lat. *apparitione.*▣2] *sf.* **1.** Ato ou efeito de aparecer; aparecimento. **2.** V. *fantasma* (3). [Pl.: -*ções.*]

a.par.ta.men.to [*Apartar.*▣3] *sm.* Residência particular, servida por espaços de uso comum, em edifício com várias unidades.

a.par.tar [A^{-2} + *parte* + -ar^2.▣1A] *vtd.* **1.** Desunir, separar. **2.** Pôr de parte; separar. **3.** Separar (contendores). **4.** *Bras.* Separar (o gado) em grupos ou lotes. *p.* **5.** Separar-se, afastar-se. **6.** Ausentar-se. [C.: 1]

a.par.te [A^1+ *parte.*] *sm.* Interrupção que se faz a um orador.

a.par.te.ar [*Aparte.*▣1N] *vtd.* **1.** Dirigir apartes a. *int.* **2.** Interromper com apartes. [C.: 12A]

a.par.va.lha.do [*Aparvalhar.*▣17A] *adj.* V. *tolo* (1 e 2).

a.par.va.lhar [A^{-2}+ *parvo* + -*alhar*.▣1L] *vtd. e p.* **1.** Tornar(-se) parvo. **2.** Desorientar(-se). [C.: 1]

a.pas.cen.tar [A^{-2} + lat. *pascente* + -ar^2.▣1A] *vtd.* **1.** Levar a pasto ou pastagem. **2.** Guardar (3) durante o pasto. [C.: 1]

a.pa.te.ta.do *adj.* V. *tolo* (1 e 2).

a.pa.ti.a [Lat. *apathia.*▣8A] *sf.* **1.** Estado de insensibilidade, de indiferença. **2.** Falta de energia. § **a.pá.ti.co** *adj.*

a.pa.tos.sau.ro [Tax. *Apatosaurus.*] *sm. Paleont.* Dinossauro saurópode, com cerca de 20m de comprimento, habitante de pântanos, no jurássico, tendo-se encontrado fósseis na América do Norte.

a.pa.vo.rar [A^{-2}+ *pavor* + -ar^2.▣1A] *vtd.* **1.** Causar pavor a; aterrar. *int.* **2.** Infundir pavor; aterrar. *p.* **3.** V. *assustar-se* (2). [C.: 1 (ó)] § **a.pa.vo.ran.te** *adj2g.*

a.pa.zi.guar [A^{-4}+ lat. **pacificare.*▣1A] *vtd. e p.* **1.** Pôr(-se) em paz; pacificar(-se). **2.** Aquietar(-se). [C.: 1H ou 1G] § **a.pa.zi.gua.dor** (ó) *adj. sm.*; **a.pa.zi.gua.men.to** *sm.*

a.pe.ar [A^{-2} + *pé* + -ar^2.▣1A] *vtd.* **1.** Fazer descer. *int. e p.* **2.** Pôr abaixo; derrubar. **3.** Descer de montaria ou viatura. [C.: 12A]

a.pe.dre.jar *vtd.* **1.** Atirar pedras contra. **2.** *Fig.* Insultar. [C.: 1 é] § **a.pe.dre.ja.men.to** *sm.*

a.pe.gar [A^{-4}+ *pegar.*] *vtd.* **1.** Fazer aderir; colar, pegar. **2.** Adaptar. *p.* **3.** Aderir, prender-se. **4.** Valer-se, procurando amparo. **5.** Tomar apego (2). [C.: 1C (é)] § **a.pe.ga.do** *adj.*

a.pe.go (ê) [Dev. de *apegar.*] *sm.* **1.** Empenho, aferro. **2.** Afeição acentuada a alguém ou a algo.

a.pe.la.ção [Lat. *appellatione.*▣2A] *sf.* **1.** Ato ou efeito de apelar. **2.** *Jur.* Recurso para instância superior. [Pl.: -*ções.*]

a.pe.lar [Lat. *appellare.*▣1A] *vti.* **1.** Pedir auxílio. **2.** *Jur.* Interpor recurso judicial. **3.** *Bras. Gír.* Recorrer a (violência, grosseria). *int.* **4.** *Jur.* Recorrer por apelação a juiz ou tribunal superior. **5.** *Bras. Gír.* Apelar (3). [C.: 1 (é)]

a.pe.la.ti.vo [Lat. *appellativu.*▣22A] *adj. sm. E.Ling.* Diz-se de, ou nome comum aos indivíduos de uma classe.

a.pe.lá.vel [*Apelar.*▣41] *adj2g.* De que se pode apelar ou recorrer. [Pl.: -*veis.*]

a.pe.li.dar [Lat. *appellitare.*▣1A] *vtd.* **1.** Pôr apelido ou alcunha em. *transobj.* **2.** Designar por apelido: *Apelidaram-no (de) Tiradentes.* [C.: 1]

a.pe.li.do [Dev. de *apelidar.*] *sm.* **1.** Sobrenome. **2.** Designação especial de alguém; cognome, alcunha.

a.pe.lo (ê) [Dev. de *apelar.*] *sm.* Chamamento em auxílio.

a.pe.nas *adv.* **1.** A custo. **2.** Só, unicamente. ● *conj.* **3.** Logo que; mal.

a.pên.di.ce [Lat. *appendice.*] *sm.* **1.** Adenda. **2.** *Anat.* Parte acessória dum órgão, ou que lhe é contínua, mas distinta pela forma ou posição. ◆ **Apêndice vermiforme.** *Anat.* Prolongamento fino, em forma de tubo, que se origina na parede do ceco.

a.pen.di.ci.te [*Apêndice* + -*ite*¹.] *sf. Med.* Inflamação do apêndice vermiforme.

a.pen.do.ar [A^{-2}+*pendão*(-*do*-)+-ar^2.▣1A]*v.int.* Apresentar pendão (milho, etc.). [C.: 1D]

a.pen.so [Lat. *appensu.*] *adj.* **1.** Anexo (2). ● *sm.* **2.** O que se junta, acrescenta; anexo.

a.pe.que.nar *vtd. e p.* **1.** Tornar(-se) ou fazer(-se) pequeno. **2.** Amesquinhar(-se). [C.: 1]

a.pe.rar [Esp.plat. *aperar.*▣1A] *vtd. Bras. S.* Pôr os aperos em. [C.: 1 (é)]

a.per.ce.ber [A^{-4}+ *perceber.*] *vtd.* **1.** Notar, perceber. *p.* **2.** Pôr-se em condições; aparelhar-se, preparar-se. **3.** Dar-se conta; notar, perceber. [C.: 2 (ê-ê)]

a.per.fei.ço.ar [A^{-2}+ *perfeição* (-*ço*-) + -ar^2.▣1A] *vtd.* **1.** Tornar (mais) perfeito. **2.** Concluir com esmero. *p.* **3.** Tornar-se (mais) perfeito. **4.** Adquirir maior grau de instrução ou aptidão. [C.: 1D] § **a.per.fei.ço.a.men.to** *sm.*

a.pe.ri.ti.vo [Lat. *aperitivu.*▣22] *sm.* Aquilo (sobretudo bebida) que abre o apetite.

a.pe.ro.lar [A^{-2} + *pérola* + -ar^2.▣1A] *vtd.* Dar semelhança de pérola a. [C.: 1 (ó)]

a.pe.ros (ê) *smpl. Bras. S.* O conjunto das peças necessárias para encilhar o cavalo; arreamento.

aperrear | aplísia

a.per.re.ar *vtd. e p.* Apoquentar(-se), amofinar(-se). [C.: 12A] § **a.per.re:a.ção** *sf.*; **a.per.re.a.do** *adj.*

a.per.ta.do [*Apertar*. ▣17A] *adj.* **1.** Que se apertou, comprimiu, cerrou, restringiu, uniu, etc. **2.** De pouca largura ou extensão. **3.** Que está em dificuldade, sobretudo financeira.

a.per.tar [Lat. *appectorare*. ▣1A] *vtd.* **1.** Premer. **2.** Segurar em volta, com força. **3.** Estreitar fortemente nos braços. **4.** Fazer que não esteja largo ou frouxo. **5.** Espremer. **6.** Diminuir, restringir. **7.** Apressar (o passo). **8.** Afligir. **9.** Tornar mais ativo, diligente. *int.* **10.** Juntar-se muito; unir-se. **11.** Tornar-se (mais) intenso. *p.* **12.** Cingir fortemente o próprio corpo. **13.** Unir-se mutuamente, com força. **14.** *Bras.* Reduzir as despesas. [C.: 1 (é)]

a.per.ta.ru.ão *sm. Bras. Bot.* Arbusto melastomatáceo de folhas adstringentes. [Pl.: *aperta-ruões*.]

a.per.to (ê) [Dev. de *apertar*.] *sm.* **1.** Ato ou efeito de apertar(-se). **2.** Angústia, aflição. **3.** Situação difícil; apertura, apuro, arrocho.

a.per.tu.ra [Lat. *apertura*. ▣5] *sf.* V. *aperto* (3).

a.pe.sar Us. na loc. prep. *apesar de* e na loc. conj. *apesar de que.* ♦ **Apesar de.** Us. para indicar que um indivíduo, fato ou condição não chega a impedir determinado acontecimento ou ação, ou não invalida uma afirmação; a despeito de. **Apesar de que.** Embora; ainda que.

a.pe.te.cer [Lat. *appetescere*. ▣1P] *vtd.* **1.** Ter apetite de; desejar. **2.** Desejar intensamente; ambicionar. *ti.* **3.** Despertar apetite ou forte desejo em. *int.* **4.** Despertar apetite. [C.: 2A (ê-é)]

a.pe.te.cí.vel [*Apetecer*. ▣41A] *adj2g.* Digno de ser apetecido. [Pl.: *-veis*.]

a.pe.tên.ci:a [Lat. *appetentia*.] *sf.* Apetite (1).

a.pe.ti.te [Lat. *appetitu*.] *sm.* **1.** Vontade de comer. **2.** Vontade, disposição, ânimo.

a.pe.ti.to.so (ô) [*Apetite*. ▣37] *adj.* Que desperta apetite. [Pl.: *-tosos* (ó).]

a.pe.tre.char [*Apetrechos*. ▣1A] *vtd. e p.* Munir(-se) de apetrechos. [C.: 1 (ê)]

a.pe.tre.chos (ê) *smpl.* V. *petrechos*.

a.pi.á.ri:o [Lat. *apiariu*. ▣24] *sm.* Estabelecimento de criação de abelhas.

á.pi.ce [Lat. *apice*.] *sm.* **1.** O mais alto ou mais afastado ponto (em relação à sua base): *o ápice de um triângulo, de uma montanha.* **2.** *Fig.* Auge.

a.pi.cul.tor (ô) [*Ap(i)-* + *cultor*.] *sm.* Criador de abelhas.

a.pi.cul.tu.ra [*Ap(i)-* + *cultura*.] *sf.* Criação de abelhas.

a.pí.de:o [Tax. *Apidae*.] *adj. sm. Zool.* Diz-se de, ou espécime dos apídeos, fam. de insetos himenópteros que transportam o pólen na corbícula, e constroem ninhos com cera. Ex.: abelhas.

a.pi:e.dar *vtd. e p.* Mover(-se) à piedade. [C.: 1 (é). Irreg., segundo a maioria dos autores, mudando o *e* da raiz em *a* nas f. rizotônicas — 1ª, 2ª e 3ª pess. do sing. e 3ª do pl. do pres. ind., do pres. subj. e do imper.: *apiado, apiadas, apiada,.... apiadam; apiade, apiades, apiade,.... apiadem*. Parece-nos, porém, que deve ser considerado regular: *apiedo(-me)*, etc., como se vê em inúmeros escritores, entre eles Carlos Drummond de Andrade, etc.]

a.pi.men.ta.do [*Apimentar*. ▣17A] *adj.* **1.** Temperado com pimenta. **2.** *Fig.* Picante, malicioso.

a.pi.men.tar *vtd.* **1.** Temperar com pimenta. **2.** *Fig.* Tornar picante, malicioso. **3.** *Fig.* Estimular. [C.: 1]

a.pi.nha.do [*Apinhar-se*. ▣17A] *adj.* **1.** Completamente cheio. **2.** Amontoado, aglomerado.

a.pi.nhar-se *vp.* Unir-se apertadamente; aglomerar-se. [C.: 1]

a.pi.tar [V.A] *v.int.* **1.** Tocar apito. *td.* **2.** *Bras. Esport.* Marcar ou assinalar (falta, infração). **3.** Arbitrar. [C.: 1]

a.pi.to [Dev. de *apitar*.] *sm.* **1.** Instrumento para assobiar; assobio. **2.** Silvo (1).

a.pla.car [Lat. **applacare*. ▣1A] *vtd. e p.* **1.** Tornar(-se) plácido, tranquilo. **2.** Suavizar(-se). [C.: 1A]

a.plai.nar *vtd.* **1.** Alisar com plaina. **2.** V. *aplanar* (2). [C.: 1]

a.pla.nar [*A-²* + *plano* +*-ar²*. ▣1A] *vtd.* **1.** Tornar plano ou chão; nivelar. **2.** Facilitar, simplificar; aplainar. [C.: 1]

a.plau.dir [Lat. *applaudere*. ▣1C] *vtd.* **1.** Festejar, demonstrando aprovação e louvor. **2.** Dar aplauso (3) a. [C.: 3]

a.plau.so [Lat. *applausu*.] *sm.* **1.** Ato ou efeito de aplaudir. **2.** Apoio (3). **3.** Demonstração, ger. ruidosa, de aprovação.

a.pli.ca.ção [Lat. *applicatione*. ▣2A] *sf.* **1.** Ato ou efeito de aplicar(-se); emprego, utilização, uso. **2.** Concentração do espírito, da atenção, etc. **3.** Ornato que se aplica a uma obra. [Pl.: *-ções*.]

a.pli.ca.do [*Aplicar*. ▣17A] *adj.* **1.** Que se aplicou; sobresposto. **2.** Voltado para o estudo, o trabalho: diligente.

a.pli.car [Lat. *applicare*. ▣1A] *vtd.* **1.** Sobrepor; apor. **2.** Pôr em prática; empregar. **3.** Administrar, ministrar (medicamento). **4.** Infligir. *tdc.* **5.** Aplicar (1). *tdi.* **6.** Aplicar (2 e 4). **7.** Adaptar. **8.** Empregar (dinheiro) em; investir. **9.** Pespegar. *ti.* **10.** Aplicar (8). *p.* **11.** Consagrar-se, dedicar-se. [C.: 1A] § **a.pli.cá.vel** *adj2g.*

a.pli.ca.ti.vo [*Aplicar*. ▣22A] *sm. Inform.* Qualquer programa, como, p.ex., o editor de textos, que permite ao usuário realizar certas tarefas.

a.plí.si:a [Tax. *Aplysia*.] *sf. Zool.* Nome comum a moluscos gastrópodes, anaspídeos, com concha interna reduzida e que, ger., se alimentam de algas; lebre-do-mar.

apneia | aportuguesamento

ap.nei.a (éi) [Gr. *ápnoia*.] *sf. Med.* Parada respiratória.

a.po.as.tro [*Ap(o)- + astro.*] *sm. Astr.* Numa órbita elíptica, ponto em que o astro se encontra mais afastado do seu centro de atração. [Cf. *periastro*.]

a.po.ca.lip.se [Lat.ecl. *apokálypsis.*] *sm. Rel.* O último livro do Novo Testamento, com revelações terrificantes acerca dos destinos da humanidade. [Com inicial maiúsc.] § **a.po.ca.líp.ti.co** *adj.*

a.po.ci.ná.ce:a [Tax. *Apocynaceae.*] *sf. Bot.* Espécime das apocináceas, família de árvores, arbustos, ervas e trepadeiras lactescentes, de frutos ger. edules. Ex.: mangabeira. § **a.po.ci.ná.ce:o** *adj.*

a.po.co.pa.do *adj.* Em que houve apócope.

a.pó.co.pe [Lat. *apocope.*] *sf. E.Ling.* Supressão de fonema ou de sílaba no fim de palavra. [Ex.: *bel* por *belo*.]

a.pó.cri.fo [Lat. *apocryphu.*] *adj.* Diz-se de obra sem autenticidade, ou cuja autenticidade não se provou.

a.po.dar [Lat. *apputare.*] □1A] *vtd.* **1.** Dirigir apodos a. *transobj.* **2.** Apelidar pejorativamente. [C.: 1 (ó)]

a.po.de.rar-se *vp.* Apossar-se, assenhorear-se. [C.: 1 (é)]

a.po.dí.de:o [Tax. *Apodidae.*] *adj. sm. Zool.* Diz-se de, ou espécime dos apodídeos, fam. de aves apodiformes, cosmopolitas, com asas longas, pontiagudas e cauda e bico curtos. Ex.: andorinhões.

a.po.di.for.me [Tax. *Apodiformes.*] *adj2g. sm. Zool.* Diz-se de, ou espécime dos apodiformes, ordem de aves adaptadas ao voo rápido, e que inclui os apodídeos e os troquilídeos.

a.po.do (ô) [Dev. de *apodar*.] *sm.* **1.** Mofa, motejo. **2.** Alcunha.

a.po.dre.cer [*A-² + podre + -ecer.*□1P] *vtd., int. e p.* Tornar(-se) podre. [C.: 2A (ê-é)] § **a.po.dre.ci.men.to** *sm.*

a.pó.fi.se [Lat. *apophyse.*] *sf. Anat.* Eminência ou saliência, sobretudo em osso.

a.po.fo.ni.a [Fr. *apophonie.*□8A] *sf. E.Ling.* Variação em vogal de raiz ou de afixo que pode resultar em mudança de significação ou de função gramatical. [Ex.: port. *fazer/fiz* (1ª pess. do pret. perf.).]

a.po.geu [Gr. *apógeion.*] *sm.* **1.** *Astr. Astron.* Na órbita de um corpo que gravita em torno da Terra, o ponto mais distante desta. [Opõe-se a *perigeu*.] **2.** *Fig.* V. *auge*.

a.poi.a.do [*Apoiar.*□17A] *adj.* **1.** Que recebeu apoio; aprovado. • *interj.* **2.** Indica aprovação, aplauso; bravo.

a.poi.ar [It. *appoggiare.*□1A] *vtd.* **1.** Dar apoio a. *p.* **2.** Amparar(-se), encostar(-se). [C.: 1E]

a.poi.o [Dev. de *apoiar*.] *sm.* **1.** Tudo o que serve de sustentáculo ou suporte. **2.** Auxílio, socorro. **3.** Aprovação; aplauso.

a.pó.li.ce [Fr. *police*.] *sf.* **1.** Título da dívida pública. **2.** Documento que formaliza contrato de seguro.

a.po.li.ne:o [Lat. *appollineu.*] *adj.* **1.** Relativo a Apolo, deus grego que personifica o Sol. **2.** Que, pela beleza, lembra esse deus. **3.** Caracterizado pela serenidade e racionalidade.

a.po.lí.ti.co [Gr. *apolitikós*.] *adj.* **1.** Que não é político. **2.** Que não se envolve ou não tem interesse em política.

a.po.lo.gé.ti.co [Lat.ecl. *apologeticu.*] *adj.* Que encerra apologia.

a.po.lo.gi.a [Lat. *apologia.*] *sf.* Discurso de defesa ou louvor. § **a.po.ló.gi.co** *adj.*

a.po.lo.gis.ta [*Apologismo.*□36] *adj2g. s2g.* Que, ou quem faz apologia.

a.pó.lo.go [Lat. *apologu.*] *sm.* Historieta que encerra uma lição de sabedoria.

a.pon.ta.dor¹ (ô) [*Apontar¹.*□19A] *sm. Bras.* Objeto para apontar lápis.

a.pon.ta.dor² (ô) [*Apontar².*□19A] *sm.* Encarregado do ponto dos operários, nas obras.

a.pon.ta.men.to [*Apontar¹.*□3] *sm.* Registro escrito de coisa ouvida, vista, lida ou pensada.

a.pon.tar¹ [*A-² + ponta + -ar².*□1A] *vtd.* **1.** Fazer a ponta de; aguçar. **2.** Erguer em ponta (as orelhas). *tdi.* **3.** Indicar, com o dedo, um gesto, etc. **4.** V. *assestar* (1). *ti.* **5.** Apontar¹ (3). *int.* **6.** Surgir, despontar. [C.: 1] § **a.pon.ta.do¹** *adj.*; **a.pon.tá.vel** *adj2g.*

a.pon.tar² [*A- ² + ponto + -ar².*□1A] *vtd.* Tomar apontamento de; notar, anotar. [C.: 1] § **a.pon.ta.do²** *adj.*

a.po.pléc.ti.co ou **a.po.plé.ti.co** [Lat. *apoplecticu.*□35B] *adj. Med.* Relativo a, ou sujeito a apoplexia.

a.po.ple.xi.a (cs) [Gr. *apoplexía.*□8A] *sf. Med.* Perturbação neurológica súbita, de origem vascular, e em que há privação de sentidos, de movimento, de fala, etc.

a.po.quen.tar [*A-² + pouco + -entar.*] *vtd. e p.* Aborrecer(-se), irritar(-se), por poucas ou pequenas coisas, com certa insistência, impacientando(-se). [C.: 1] § **a.po.quen.ta.ção** *sf.*; **a.po.quen.ta.do** *adj.*

a.por (ô) [Lat. *apponere*.] *vtdc. e tdi.* **1.** Pôr junto. **2.** Aplicar ou dar (assinatura); pôr. [C.: 34]

a.po.ri.a [Gr. *aporía.*□8A] *sf. Filos.* Dificuldade de ordem racional, aparentemente sem saída.

a.por.ri.nhar [*A-² + porra + -inhar.*□1I] *vtd. e p. Pop.* Aborrecer(-se), chatear(-se). [C.: 1] § **a.por.ri.nha.ção** *sf.*; **a.por.ri.nha.do** *adj.*

a.por.tar [Lat. *apportare.*□1A] *vtdc.* **1.** Conduzir (o navio) ao porto. **2.** Encaminhar ou levar a algum lugar. *int.* **3.** Chegar ao porto. [C.: 1 (ó)]

a.por.tu.gue.sa.men.to [*Aportuguesar.*□3] *sm.* **1.** Ato ou efeito de aportuguesar. **2.** Adaptação fonética e morfológica, natural ou estabelecida, de voc. estrangeiro para o português.

aportuguesar | apreensível

a.por.tu.gue.sar *vtd. e p.* Adaptar(-se) à forma, às maneiras, ao caráter, ao sotaque, etc., português. [C.: 1 (é)]

a.pós [Lat. *ad post.*] *prep.* **1.** Depois de; em seguida a. **2.** Atrás de (no sentido espacial). ● *adv.* **3.** Em outra ocasião; depois.

a.po.sen.ta.do.ri.a [*Aposentador.* ◼ 8A] *sf.* **1.** Estado de inatividade de funcionário público ou de empresa privada após certo tempo de serviço. **2.** *Bras.* Vencimentos ou proventos de aposentado.

a.po.sen.tar [Port.ant. *apousentar.* ◼ 1A] *vtd.* **1.** Conceder reforma ou dispensa de serviço a. **2.** *Bras. Pop.* Pôr de parte, de lado. *p.* **3.** Deixar o serviço, ou atividade, ger. com direito a um vencimento. [C.: 1] § **a.po.sen.ta.do** *adj. sm.*

a.po.sen.to [Dev. de *aposentar*.] *sm.* Compartimento de casa; cômodo.

a.pos.sar-se [A-^{2} + *posse* + -ar^2 + se^1. ◼ 1A] *vp.* Tomar posse de algo; apoderar-se. [C.: 1 (ó)]

a.pos.ta *sf.* **1.** Ajuste entre pessoas de opiniões diversas, no qual a que não acerta, ou perde, deve pagar à outra algo de antemão combinado. **2.** A coisa ou a soma da aposta (1).

a.pos.tar [*Aposta.* ◼ 1A] *vtd.* **1.** Fazer aposta (1) de. **2.** Asseverar, sustentar. **3.** Disputar, pleitear. **4.** Jogar, arriscar. *tdi.* **5.** Apostar (1). *ti.* **6.** Estar certo da vitória ou do sucesso de. [C.: 1 (ó)]

a.pos.ta.si.a [Gr. *apostasía.* ◼ 8A] *sf.* Abandono de crença, partido ou opinião.

a.pós.ta.ta [Lat. *apostata*.] *s2g.* Quem cometeu apostasia.

a.pos.te.ma [Lat. *apostema*.] *sm. Med.* Abscesso.

a.pos.te.mar [*Apostema.* ◼ 1A] *v.int. Med.* Formar abscesso. [C.: 1]

➔ **a posteriori** (a posterióri) [Lat.] Diz-se de conhecimento ou ideia resultante de experiência, ou que dela dependa. [Cf. *a priori*.]

a.pos.ti.la [B.-lat. *postilla*.] *sf.* **1.** Nota suplementar a um diploma oficial. **2.** Publicação de pontos ou matérias de aulas, para uso de alunos.

a.pos.to (ô) [Lat. *appositu*.] *adj.* **1.** Que se apôs; adjunto. **2.** Aumentado, acrescentado. ● *sm.* **3.** *E.Ling.* Nome, ou expressão equiv., que explica o termo que lhe é imediatamente anterior. Ex.: *Luís*, irmão de José, chegou. [Ocorre ger. entre vírgulas. Pl.: *apostos* (ó).]

a.pos.to.la.do [Lat. *apostolatu*. ◼ 17C] *sm.* **1.** Missão de apóstolo. **2.** Propaganda de um credo ou doutrina.

a.pos.to.lar [*Apóstolo.* ◼ 1A] *vtd. e ti.* V. *evangelizar* (1). [C.: 1 (ó)]

a.pos.tó.li.co [Lat.ecl. *apostolicu*. ◼ 35B] *adj.* Relativo aos apóstolos, à Santa Sé, ou ao papa.

a.pós.to.lo [Lat.ecl. *apostolu*.] *sm.* **1.** *Rel.* Cada um dos 12 discípulos de Cristo. **2.** Propagador de ideia ou doutrina.

a.pos.tro.far¹ [*Apóstrofe.* ◼ 1A] *vtd.* **1.** Dirigir apóstrofes a. **2.** Interromper com apóstrofes. [C.: 1 (ó)]

a.pos.tro.far² [*Apóstrofo.* ◼ 1A] *vtd.* Pôr apóstrofo em. [C.: 1 (ó)]

a.pós.tro.fe [Lat. *apostrophe*.] *sm.* **1.** *E.Ling.* Figura que consiste em dirigir-se o orador ou o escritor, ger. (e não sempre) fazendo uma interrupção, a uma pessoa ou coisa real ou fictícia. **2.** Interrupção direta e inopinada. [Cf. *apóstrofo*.]

a.pós.tro.fo [Lat. *apostrophu*.] *sm. E.Ling.* Sinal em forma de vírgula alceada ('), para indicar supressão de vogal. [Cf. *apóstrofe*.]

a.po.teg.ma [Gr. *apóphtegma*.] *sm.* V. *aforismo.*

a.po.te.o.se [Lat. *apotheose*.] *sf.* **1.** Deificação, endeusamento. **2.** Conjunto de honras tributadas a alguém. **3.** *P.ext.* O momento culminante, o apogeu.

a.po.te.ó.ti.co [*Apote(ose)* + -*ótico*.] *adj.* **1.** Referente a, ou em que há apoteose. **2.** *Fig.* Muito elogioso.

a.pou.car [A-^{2} + *pouco* + -ar^2. ◼ 1A] *vtd.* **1.** Reduzir a pouco(s). **2.** Depreciar, rebaixar. [C.: 1A]

a.pra.zar [A-^{2} + *prazo* + -ar^2. ◼ 1A] *vtd.* **1.** Marcar (prazo, tempo, data) para algo. **2.** Marcar tempo, ou data, para. [C.: 1]

a.pra.zer [A-^{4} + *prazer*.] *vti. e int.* **1.** Causar prazer; agradar. *p.* **2.** Deleitar-se. [C.: 30. Embora não seja defect., na 1.ª acepç. é m.us. nas 3.ªˢ pess.; como *p.*, é us. em todas as pess.]

a.pra.zí.vel [*Aprazer*. ◼ 41A] *adj2g.* **1.** Que apraz. **2.** Diz-se do lugar onde se goza de panorama belo e/ou de clima ameno. [Pl.: -*veis*.]

a.pre [V.B] *interj.* V. *irra.*

a.pre.çar [A-^{2} + *preço* + -ar^2. ◼ 1A] *vtd.* Perguntar o preço de, ou ajustá-lo. [C.: 1B (é). Cf. *apressar*.] § **a.pre.ça.men.to** *sm.*

a.pre.ci.a.ção [*Apreciar*. ◼ 2A] *sf.* **1.** Ato ou efeito de apreciar. **2.** Conceito, opinião. **3.** Análise. [Pl.: -*ções*.]

a.pre.ci.ar [Do lat. *appretiare*. ◼ 1A] *vtd.* **1.** Dar apreço, merecimento, a; estimar, prezar. **2.** Julgar, avaliar. [C.: 1] § **a.pre.ci:a.dor** (ô) *adj. sm.*

a.pre.ci:a.ti.vo [*Apreciar*. ◼ 22A] *adj.* Que denota apreciação.

a.pre.ci.á.vel [*Apreciar*. ◼ 41] *adj2g.* **1.** Digno de apreço; estimável. **2.** Considerável, ponderável. [Pl.: -*veis*.]

a.pre.ço (ê) [Dev. de *apreçar*.] *sm.* **1.** Valor em que se tem algo. **2.** V. *consideração* (2).

a.pre.en.der [Lat. *apprehendere*. ◼ 1B] *vtd.* **1.** Apropriar-se judicialmente de. **2.** Segurar, agarrar. **3.** Assimilar mentalmente. [C.: 1]

a.pre.en.são [Lat. *apprehensione*. ◼ 2] *sf.* **1.** Ato ou efeito de apreender. **2.** Preocupação, cisma. [Pl.: -*sões*.]

a.pre.en.sí.vel [Lat. *apprehensibile*. ◼ 41A] *adj2g.* Que se pode apreender. [Pl.: -*veis*.] § **a.pre:en.si.bi.li.da.de** *sf.*

a.pre.en.si.vo [Lat. *apprehensus* + *-ivo*.◼22] *adj.* Que sente, ou em que há apreensão.

a.pre.en.sor (ô) [Lat. *apprehensus* + *-or*.◼19] *adj. sm.* Que, ou quem apreende.

a.pre.go.ar [*A-*² + *pregão* (*-go-*) + *-ar*².◼1A] *vtd.* 1. Anunciar com pregão. 2. Declarar em público. [C.: 1D]

a.pren.der [De *apreender*.] *vtd.* 1. Tomar conhecimento de. *ti.* 2. Tornar-se capaz de (algo), graças a estudo, observação, experiência, etc.: <u>Aprendeu</u> a falar inglês. *int.* 3. Tomar conhecimento de algo, retê-lo na memória, graças a estudo, observação, experiência, etc. [C.: 2]

a.pren.diz [Fr.ant. *apprentiz*.] *sm.* Aquele que aprende ofício ou arte.

a.pren.di.za.do [*Aprendiz*.◼17B] *sm.* Ato, ou processo ou efeito de aprender; aprendizagem.

a.pren.di.za.gem [*Aprendiz*.◼6] *sf.* Aprendizado. [Pl.: *-gens*.]

a.pre.sar [*A-*² + *presa* + *-ar*².◼1A] *vtd.* Tomar como presa; capturar. [C.: 1 (é)]

a.pre.sen.ta.ção [*Apresentar*.◼2A] *sf.* 1. Ato ou efeito de apresentar(-se). 2. Aparência externa; aspecto. [Pl.: *-ções*.]

a.pre.sen.tar [*A-*⁴ + *presentar*.] *vtd.* 1. Pôr diante, à vista, ou na presença de. 2. Mostrar, exibir. 3. Passar às mãos de; entregar. 4. Expor, aduzir. 5. Fazer travar conhecimento ou relações sociais. *tdi.* 6. Dar, manifestar; expressar. 7. Dar a conhecer uma ou mais pessoa(s) a outra(s), pô-la(s) em contato. 8. Apresentar (3). *p.* 9. Ser presente; comparecer. 10. Ir à presença de alguém. 11. Identificar-se, nomear-se. 12. Surgir, manifestar-se. [C.: 1] § **a.pre.sen.ta.do** *adj.*; **a.pre.sen.ta.dor** (ô) *adj. sm.*

a.pre.sen.tá.vel [*Apresentar*.◼41] *adj2g.* 1. Digno de se apresentar. 2. De aparência razoável. [Pl.: *-veis*.]

a.pres.sa.do [*Apressar*.◼17A] *adj.* 1. Que tem pressa; açodado. 2. Que peca pela pressa com que se faz: *trabalho <u>apressado</u>*.

a.pres.sar [*A-*² + *pressa* + *-ar*².◼1A] *vtd.* 1. Dar pressa a; acelerar. 2. Antecipar; abreviar. *p.* 3. Dar-se pressa; aviar-se. 4. Aprontar-se apressadamente; apressurar-se [C.: 1 (é) cf. *apreçar*.]

a.pres.su.rar [Esp. *apresurar*.◼1A] *vtd.* 1. Apressar, acelerar. *p.* 2. Apressar (4). [C.: 1]

a.pres.tar *vtd.* 1. Preparar com prontidão. *p.* 2. Dispor-se, preparar-se. [C.: 1 (é)]

a.pres.tos *smpl.* Petrechos (2).

a.pri.mo.rar [*A-*² + *primor* + *-ar*².◼1A] *vtd. e p.* Tornar(-se) primoroso; aperfeiçoar(-se), requintar(-se). [C.: 1 (ó)] § **a.pri.mo.ra.do** *adj.*; **a.pri.mo.ra.men.to** *sm.*

→ **a priori** (a prióri) [Lat.] Diz-se de conhecimento ou de ideia anterior à experiência, ou independente dela. [Cf. *a posteriori*.]

a.pri.o.ris.mo [Loc. lat. *a priori* + *-ismo*.◼11] *sm.* Na ordem do conhecimento, aceitação de um ou mais elementos independentes da experiência.

a.pris.co *sm.* Curral (esp. o de ovelhas); redil.

a.pri.si.o.na.men.to [*Aprisionar*.◼3] *sm.* Ato ou efeito de aprisionar.

a.pri.si.o.nar [*A-*² + *prisão* (*-sion-*) + *-ar*².◼1A] *vtd.* Meter em prisão; encarcerar. [C.: 1] § **a.pri.si:o.na.do** *adj.*; **a.pri.si:o.na.dor** (ô) *adj. sm.*

a.pro.ar [*A-*² + *proa* + *-ar*².◼1A] *vtdc.* Pôr a proa de (embarcação) em uma dada direção. [C.: 1D]

a.pro.ba.ti.vo [Lat. *approbativu*.◼22] *adj.* Que envolve aprovação; aprobatório.

a.pro.ba.tó.ri:o [Lat. *approbatus* + *-ório*.◼23] *adj.* Aprobativo.

a.pro.fun.dar [*A-*⁴ + *profundar*] *vtd.* 1. Tornar (mais) fundo. 2. Examinar ou investigar a fundo. *p.* 3. Tornar-se (mais) fundo. 4. Penetrar, adentrar(-se). 5. Investigar, ou examinar, assunto, tema, etc., a fundo. [C.: 1] § **a.pro.fun.da.men.to** *sm.*

a.pron.tar [*A-*² + *pronto* + *-ar*².◼1A] *vtd.* 1. Pôr pronto. 2. *Fam.* Fazer (algo impróprio ou errado). *ti.* 3. *Fam.* Agir de modo impróprio ou jocoso com. *int.* 4. *Fam.* Fazer o que não deve ser feito. *p.* 5. Preparar-se. 6. Vestir-se, arrumar-se. [C.: 1]

a.pro.pin.quar [Lat. *appropinquare*.◼1A] *vtd., tdi. e p.* Achegar(-se), aproximar(-se). [C.: 1G ou 1H]

a.pro.pri.a.ção [Lat. *appropriatione*.◼2A] *sf.* 1. Ato ou efeito de apropriar(-se). 2. Ato de tornar próprio o que não tem dono ou que está abandonado. [Pl.: *-ções*.]

a.pro.pri.a.do [*Apropriar*.◼17A] *adj.* Oportuno; adequado.

a.pro.pri.ar [Lat. *appropriare*.◼1A] *vtdi.* 1. Tomar como seu. 2. Tomar como próprio, conveniente; adaptar. *p.* 3. Apoderar-se. [C.: 1] § **a.pro.pri.á.vel** *adj2g.*

a.pro.va.ção [Lat. *approbatione*.◼2A] *sf.* 1. Demonstração, por atos, palavras ou gestos, de que concorda com algo; concordância. 2. Reconhecimento da boa validade do resultado de um exame ou concurso. [Pl.: *-ções*.]

a.pro.va.do [Part. de *aprovar*.◼17.] *adj.* 1. Que se aprovou ou se aprova. 2. Autorizado. ●*sm.* 3. Aquele que recebeu aprovação.

a.pro.var [Lat. *approbare*.◼1A] *vtd.* 1. Dar aprovação a. 2. Consentir em. 3. Dar por habilitado em exame ou concurso. [C.: 1 (ó)] § **a.pro.va.ti.vo** *adj.*; **a.pro.vá.vel** *adj2g.*

a.pro.vei.ta.men.to [*Aproveitar*.◼3] *sm.* 1. Ato ou efeito de aproveitar(-se). 2. Bom emprego ou aplicação.

a.pro.vei.ta.dor (ô) [*Aproveitar*.◼19A] *adj. sm.* Diz-se de, ou quem tira proveito de uma situação ou de uma pessoa.

a.pro.vei.tar [*A-*² + *proveito* + *-ar*².◼1A] *vtd.* 1. Tirar proveito, vantagem, de; valer-se de. 2. Tornar proveitoso, útil. 3. Tornar utilizável (roupa usada, sobras de comida, etc.). *tdi.* 4. Utilizar, aplicar, empregar: <u>Aproveitou</u> a folga para ler. *ti.* 5. Ser útil, proveitoso, ou eficaz. *int.* 6. Tirar proveito, vantagem. *p.* 7.

aprovisionar | aquênio

Aproveitar (6). **8.** Tirar vantagem amorosa ou sexual de alguém. [C.: 1] § **a.pro.vei.tá.vel** *adj2g.*

a.pro.vi.si.o.nar [Fr. *approvisionner.*⏹1A] *vtd. e tdi.* Abastecer, munir. [C.: 1]

a.pro.xi.ma.ção (ss) [*Aproximar.*⏹2A] *sf.* **1.** Ato de aproximar(-se). **2.** Estimativa, avaliação. **3.** *Mat.* Resultado aproximado, ou processo para obtê-lo, na solução de um problema numérico. [Pl.: *-ções.*]

a.pro.xi.ma.da.men.te [F. de *aproximado.*⏹42] *adv.* Quase; perto de.

a.pro.xi.ma.do (ss) [*Aproximar.*⏹17A] *adj.* **1.** Que se aproxima, se avizinha; próximo. **2.** Que não é exato, mas está próximo da exatidão. **3.** Aproximativo (2).

a.pro.xi.mar (ss) [Lat. *approximare.*⏹1A] *vtd., tdi. e p.* Pôr(-se) ou tornar(-se) próximo, ou mais próximo, ou como se próximo; avizinhar(-se): *O telescópio <u>aproxima</u> os corpos celestes.* [C.: 1]

a.pro.xi.ma.ti.vo (ss) [*Aproximar.*⏹22A] *adj.* **1.** Que aproxima. **2.** Feito por aproximação (2).

a.pru.mar *vtd.* **1.** Pôr a prumo. **2.** Colocar-se em posição vertical; empertigar-se. **3.** *Bras.* Melhorar de situação financeira ou de saúde, etc. [C.: 1] § **a.pru.ma.do** *adj.*

a.pru.mo [Dev. de *aprumar.*] *sm.* **1.** Posição vertical. **2.** Altivez, brio.

ap.te.ri.gí.de.o [Tax.*Apterygidae.*] *adj. sm. Zool.* Diz-se, ou espécime dos apterigídeos, fam. de pequenas aves apterigiformes, cursórias, de pernas curtas e fortes, e bico longo, flexível; vivem na Nova Zelândia. São os quiuís.

ap.te.ri.gi.for.me [Tax. *Apterygiformes.*] *adj2g. sm. Zool.* Diz-se, ou espécime dos apterigiformes, ordem de aves com uma só família, os apterigídeos.

áp.te.ro [Gr. *ápteros.*] *adj.* Sem asas.

ap.ti.dão [Lat. *aptitudine.*] *sf.* **1.** Qualidade inata. **2.** Habilidade ou capacidade adquiridas. [Pl.: *-dões.*]

ap.to [Lat. *aptu.*] *adj.* **1.** Que tem aptidão; hábil. **2.** *Jur.* Que satisfaz as condições legais.

a.pu.nha.lar *vtd.* **1.** Ferir ou matar com punhal, ou algo semelhante. **2.** *Fig.* Trair, enganar. *p.* **3.** Ferir-se ou matar-se com punhal. [C.: 1]

a.pu.par [V.A] *vtd.* Vaiar. [C.: 1]

a.pu.po [Dev. de *apupar.*] *sm.* V. *vaia.*

a.pu.ra.ção [*Apurar.*⏹2A] *sf.* **1.** Ato ou efeito de apurar(-se). **2.** Contagem. [Pl.: *-ções.*]

a.pu.ra.do [*Apurar.*⏹17A] *adj.* **1.** Em que há apuro. **2.** Feito com apuro. **3.** *Bras. Fig.* Em apuros, dificuldades financeiras. **4.** *Fig.* Impaciente, sôfrego.

a.pu.rar *vtd.* **1.** Tornar puro; purificar. **2.** Aperfeiçoar, aprimorar; afiar, aguçar, refinar. **3.** Afinar (metais). **4.** Arrecadar (esp. quantia em dinheiro). **5.** Conhecer ou procurar conhecer ao certo. **6.** Fazer a apuração (2) de: <u>apurar</u> *votos. int. e p.* **7.** Aprimorar-se. **8.** Esmerar-se no trajar. [C.: 1] § **a.pu.ra.men.to** *sm.*

a.pu.ro [Dev. de *apurar.*] *sm.* **1.** Requinte, excesso. **2.** Perfeição, esmero. **3.** *Fig.* V. *aperto* (3).

a.qua.cul.tu.ra [*Aqua-* + *cultura.*] *sf.* V. *aquicultura.*

a.qua.pla.na.gem *sf.* **1.** Pouso sobre água; amerissagem. **2.** *Gír.* Aterrissagem perigosa em pista molhada. [Pl.: *-gens.*]

a.qua.re.la ou **a.gua.re.la** [It. *acquarella.*] *sf.* **1.** Tinta feita de água e massa com pigmento colorido. **2.** Técnica de pintura, e a pintura sobre papel, na qual se usa essa tinta.

a.qua.re.lis.ta ou **a.gua.re.lis.ta** [*Aquarela.*⏹36] *s2g.* Pintor de aquarelas.

a.qua.ri.a.no [⏹29] *sm.* **1.** Indivíduo nascido sob o signo de Aquário. • *adj.* **2.** Diz-se de, ou pertencente ou relativo ao aquariano (1).

a.quá.ri.o [Lat. *aquariu.*] *sm.* **1.** Depósito de água para conservar, criar ou observar animais ou plantas aquáticas. **2.** *Astr.* A 11ª constelação do Zodíaco, situada no hemisfério sul. **3.** *Astrol.* O 11º signo do Zodíaco, relativo aos que nascem entre 20 de janeiro e 19 de fevereiro. [Com inicial maiúsc., nas acepçs. 2 e 3.]

a.quar.te.la.men.to [*Aquartelar.*⏹3] *sm.* **1.** Ato ou efeito de aquartelar(-se). **2.** V. *quartel*[2] (1).

a.quar.te.lar *vtd. e p.* Alojar(-se) em quartéis. [C.: 1 (é)]

a.quá.ti.co [Lat. *aquaticu.*⏹35B] *adj.* Da água.

a.qua.vi.a [*Aqua-* + *via.*] *sf.* Hidrovia. § **a.qua.vi.á.ri.o** *adj.*

a.que.ce.dor (ô) [*Aquecer.*⏹19A] *adj.* **1.** Que aquece. • *sm.* **2.** Aparelho para aquecer água, ambientes, etc.

a.que.cer [A-⁴ + lat. *calescere.*⏹1P] *vtd.* **1.** Transmitir calor a. **2.** *Econ.* Provocar aquecimento (3) em. *int. e p.* **3.** Tornar-se quente. [Sin. de 1 e 3: *esquentar.* C.: 2A (ê-é)]

a.que.ci.men.to [*Aquecer.*⏹3A] *sm.* **1.** Ato ou efeito de aquecer(-se). **2.** Exercício físico que prepara o corpo para a ginástica, prática de esportes, etc. **3.** *Econ.* Aumento da atividade econômica ou das vendas. ♦ **Aquecimento global.** Aumento da temperatura da superfície terrestre, causado pelo efeito estufa.

a.que.du.to [Lat. *aquaeductus.*] *sm.* Sistema de canalização de água por gravidade, originalmente formado de estrutura com uma ou mais ordens de arcadas superpostas.

a.que.le [Lat.vulg. *eccum ille* ou **accuille.*] *pron. dem.* Indica pessoa ou coisa que está ali ou além. [Flex.: *aqueles* (ê), *aquela(s).*]

à.que.le (ê) Contr. da prep. *a* com o pron. dem. *aquele*: *Fale <u>àquele</u> moço.*

a.quém [Lat.vulg. *eccum hinc.*] *adv.* Do lado de cá. ♦ **Aquém de. 1.** Do lado de cá de; mais próximo que. **2.** Antes de (certo tempo, fim de certo período ou processo). **3.** Menos que; menor que; abaixo de.

a.quê.ni.o [Lat.cient. *achaenium.*] *sm. Bot.* Fruto seco indeiscente, com uma só semente, presa ao pericarpo. § **a.quê.ni.co** *adj.*

a.quen.tar [A-⁴ + lat.vulg. *calentare*.◘ 1A] *vtd. e p.* V. *aquecer* (1 e 3). [C.: 1]

a.qui [Lat. *eccum* + *hic.*] *adv.* **1.** Neste ou a este lugar. **2.** Nesta ocasião. ♦ **Por aqui (com).** Sem paciência ou disposição para tolerar (algo ou alguém). [Expr. acompanhada ger. de gesto da mão indicativo de limite extremo.]

a.qui.cul.tu.ra (qüi) [*Aqui(i)-* + *cultura*.] *sf.* Arte de criar e multiplicar animais e plantas aquáticas.

a.qui.es.cer [Lat. *aquiescere.*◘ 1Pa] *v.int. e ti.* Consentir, aprovar. [C.: 2A (ê-é)] § **a.qui.es.cên.ci:a** *sf.*

a.qui.e.tar *vtd., int. e p.* Pôr(-se) quieto; quietar(-se). [C.: 1 (é)]

a.qui.fo.li.á.ce:a (qüi) [Tax. *Aquifoliaceae*.] *sf. Bot.* Espécime das aquifoliáceas, fam. de árvores e arbustos sempre-verdes a que pertence a erva-mate. § **a.qui.fo.li.á.ce:o** (qüi) *adj.*

a.qui.la.tar *vtd.* **1.** Determinar o(s) quilate(s) de. **2.** Avaliar, julgar. [C.: 1] § **a.qui.la.ta.ção** *sf.*; **a.qui.la.ta.dor** (ô) *sm.*

a.qui.li.no [Lat. *aquilinu*.] *adj.* **1.** Próprio da águia. **2.** Diz-se de nariz adunco que lembra o bico da águia.

a.qui.lo [Lat. *eccum* + *illud*.] *pron. dem.* Aquela(s) coisa(s).

à.qui.lo Contr. da prep. *a* com o pron. dem. *aquilo*.

a.qui.nho.ar *vtd.* Repartir em quinhões. [C.: 1D]

a.qui.si.ção [Lat. *acquisitione.*◘ 2] *sf.* **1.** Ato ou efeito de adquirir. **2.** A coisa adquirida. [Pl.: -*ções*.]

a.qui.si.ti.vo [Lat. *acquisitus* + *-ivo*.◘ 22] *adj.* **1.** Relativo a aquisição. **2.** Próprio para a aquisição.

a.quo.so (ô) [Lat. *aquosu.*◘ 37] *adj.* Que contém água, ou da natureza dela, ou semelhante a ela. [Pl.: *aquosos* (ó).] § **a.quo.si.da.de** *sf.*

ar [Lat. *aere*.] *sm.* **1.** Camada gasosa que envolve a Terra; atmosfera. **2.** Aragem, brisa. **3.** O espaço acima do solo. **4.** Aparência, aspecto. **5.** Modo especial de ser, de agir; modos, ares. ♦ **Ar comprimido.** Ar submetido a pressão superior à atmosférica. **Ao ar livre.** Fora de qualquer recinto coberto. **Fora do ar. 1.** Sem ser transmitido por emissora de televisão ou rádio, por sistema informatizado, etc. **2.** *P.ext.* Desativado, com as transmissões interrompidas (emissora de rádio ou televisão, sistema informatizado, etc.). **3.** *Fig.Pop.* Distraído, alheio. **Ir ao ar.** Ser transmitido por estação de rádio ou televisão. **No ar.** Ativo, em funcionamento (emissora de televisão, sistema informatizado, etc.).

■ **Ar** *Quím.* Símb. de *argônio*.

a.ra [Lat. *ara*.] *sf.* Altar (2).

á.ra.be [Lat. *arabe*.] *adj2g.* **1.** Diz-se do indivíduo semita da Arábia (Península Arábica). **2.** *P.ext.* Diz-se de indivíduo de língua árabe. **3.** De, relativo a, ou característico da Arábia, dos árabes, sua civilização, língua, alfabeto, etc. ● *s2g.* **4.** Indivíduo árabe. ● *sm.* **5.** *E.Ling.* Língua semítica falada no N. da África e no Oriente Médio, e que se apresenta em 2 variedades bem distintas, o árabe clássico e o coloquial.

a.ra.bes.co (ê) [It. *arabesco*.] *sm.* Ornato de origem árabe, no qual se entrelaçam linhas, ramagens, etc.

a.rá.bi.co [Lat. *arabicu.*◘ 35B] *adj.* **1.** Relativo à Arábia ou aos árabes. **2.** Diz-se dos algarismos difundidos pelos árabes. ● *sm.* **3.** Algarismo arábico (q.v).

a.ra.bis.mo [*Árabe.*◘ 11] *sm.* Palavra, expressão ou construção peculiar à língua árabe.

a.ra.bis.ta [*Árabe.*◘ 36] *s2g.* Especialista na língua e/ou cultura árabes.

a.ra.bi.zar [*Árabe.*◘ 1D] *vtd. e p.* Dar características árabes a, ou adquiri-las. [C.: 1] § **a.ra.bi.za.do** *adj.*

a.ra.çá [Do tupi.] *sm. Bras. Bot.* O fruto, edule, do araçazeiro.

a.ra.ca.ju.a.no [◘ 29] *adj.* **1.** De Aracaju, capital de SE. ● *sm.* **2.** O natural ou habitante de Aracaju.

a.ra.ça.zei.ro (zà) [*Araçá.*◘ 25B] *sm. Bras. Bot.* Arvoreta frutífera, mirtácea, ger. silvestre.

a.rá.ce:a [Tax. *Araceae*.] *sf. Bot.* Espécime das aráceas, fam. de monocotiledôneas herbáceas das matas úmidas. Ex.: taioba. § **a.rá.ce:o** *adj.*

a.rac.ní.de:o [Tax. *Arachnida*.] *adj. sm. Zool.* Diz-se de, ou espécime dos aracnídeos, classe de artrópodes terrestres com 8 patas e corpo dividido em cefalotórax e abdome. São os escorpiões, as aranhas e os ácaros.

a.rac.noi.de (ói) [Gr. *arachnoeidés*.] *sf. Anat.* Meninge situada entre a dura-máter e a pia-máter. § **a.rac.nói.de:o** *adj.*

a.ra.do¹ [Lat. *aratru*.] *sm.* Instrumento para lavrar a terra.

a.ra.do² *adj. Bras.* Cheio de fome; esfomeado, faminto.

a.ra.gem [*Ar.*◘ 6] *sf.* Vento brando; brisa. [Pl.: -*gens*.]

a.ra.li.á.ce:a [Tax. *Araliaceae*.] *sf. Bot.* Espécime das araliáceas, fam. de árvores e arbustos, por vezes trepadores, dos países quentes. Ex.: hera. § **a.ra.li.á.ce:o** *adj.*

a.ra.mai.co [Top. *Aram* (atual Síria) + *-aico*.] *sm. E.Ling.* Língua semítica falada no Irã, no Iraque e na Síria. ♦ **Aramaico clássico.** Língua semítica dos arameus.

a.ra.me [Lat. *aeramen*.] *sm.* **1.** Liga de cobre e zinco, ou de outros metais. **2.** Fio de arame (1), mais ou menos delgado.

a.ra.meu [Lat. *aramaeu*.] *adj. sm.* Diz-se de, ou indivíduo dos arameus, povo que vivia em Aram e em parte da Babilônia (Ásia antiga). [Fem.: *arameia* (éi).]

a.ran.de.la [Esp. *arandela*.] *sf.* Suporte preso à parede, para vela ou lâmpada elétrica.

a.ra.nha [Lat. *aranea*.] *sf.* **1.** *Zool.* Aracnídeo cujo abdome tem glândulas que segregam a seda com que faz as teias. **2.** Antiga carruagem leve, de 2 rodas, puxada por um cavalo.

a.ra.pon.ga [Do tupi.] *Bras. sf.* **1.** *Zool.* Ave cotingídea de canto estridente, metálico, como golpe em bigorna. ● *s2g.* **2.** Espião.

a.ra.pu.ca [Do tupi.] *sf. Bras.* **1.** Armadilha para apanhar passarinhos. **2.** Negócio ou transação fraudulenta. **3.** Estabelecimento que pratica arapuca (2).

a.rar [Lat. *arare*. ▣1A] *vtd.* Lavrar, sulcar (a terra). [C.: 1] § **a.rá.vel** *adj2g.*

a.ra.ra [Do tupi.] *sf. Zool.* Nome comum a várias aves psitacídeas de grande porte e cauda longa.

a.ra.ra-ca.nin.dé *sf. Bras. Zool.* Canindé. [Pl.: *araras-canindés.*]

a.ra.ru.ta [Do aruaque.] *sf. Bot.* Erva marantácea de cuja raiz se obtém fécula branca, alimentícia. **2.** Essa fécula.

a.ra.ti.cum [Do tupi.] *sm. Bras. Bot.* **1.** Árvore anonácea, nativa do cerrado, de frutos grandes, bacáceos, edules. **2.** Esse fruto. [Pl.: *-cuns.*]

a.rau.cá.ri:a [Tax. *Araucaria*.] *sf. Bot.* Árvore araucariácea de madeira útil, nativa no S. do país; pinheiro-do-paraná.

a.rau.ca.ri.á.ce:a [Tax. *Araucariaceae*.] *sf. Bot.* Espécime das araucariáceas, fam. de grandes coníferas que habitam zonas frias. § **a.rau.ca.ri.á.ce:o** *adj.*

a.rau.to [Fr. *héraut*.] *sm.* Nas monarquias medievais, oficial que fazia as publicações solenes, anunciava a guerra e proclamava a paz.

ar.bi.tra.gem [*Arbitrar*. ▣6] *sf.* **1.** Ato ou efeito de arbitrar. **2.** Decisão ou veredicto de árbitro. **3.** *Econ.* Compra (de títulos, moeda estrangeira, etc.) e venda subsequente a um preço mais alto. [Pl.: *-gens.*]

ar.bi.trar [Lat. *arbitrare*. ▣1A] *vtd.* **1.** Julgar como árbitro. **2.** Determinar, fixar (quantia) por arbítrio. *tdi.* **3.** Atribuir judicialmente. [C.: 1]

ar.bi.tra.ri:e.da.de [*Arbitrári(o)*. ▣14A] *sf.* **1.** Qualidade de arbitrário. **2.** Ação arbitrária.

ar.bi.trá.ri:o [Lat. *arbitrariu*. ▣24] *adj.* **1.** Em que há arbítrio. **2.** Despótico.

ar.bí.tri:o [Lat. *arbitriu*.] *sm.* **1.** Resolução dependente só da vontade. **2.** Arbitragem (2).

ár.bi.tro [Lat. *arbitru*.] *sm.* **1.** Aquele que dirime questões por acordo das partes litigantes ou por designação oficial. **2.** Juiz (5).

ar.bó.re:o [Lat. *arboreu*.] *adj.* Relativo ou semelhante a árvore.

ar.bo.res.cen.te [Lat. *arborescente*. ▣21] *adj2g.* Que apresenta o porte ou o hábito (3) de árvore.

ar.bo.res.cer [Lat. *arborescere*. ▣1Pa] *v.int.* **1.** Tornar-se árvore. **2.** Crescer como árvore; desenvolver-se. [C.: 2A (ê-é)]

ar.bo.rí.co.la [*Arbor(i)-* + *-cola*.] *adj2g.* Que vive em árvores.

ar.bo.ri.za.ção [*Arborizar*. ▣2A] *sf.* **1.** Ato ou efeito de arborizar. **2.** Conjunto de árvores plantadas. [Pl.: *-ções.*]

ar.bo.ri.za.do [*Arborizar*. ▣17A] *adj.* Plantado ou cheio de árvores.

ar.bo.ri.zar [*Arbor(i)-* + *-izar*. ▣1D] *vtd.* Plantar árvores em. [C.: 1]

ar.bus.ti.vo [Lat. *arbustivu*. ▣22] *adj.* Da natureza do arbusto.

ar.bus.to [Lat. *arbustu*.] *sm. Bot.* Vegetal lenhoso, de caule ramificado desde a base.

ar.ca [Lat. *arca*.] *sf.* Grande caixa de tampa chata.

ar.ca.boi.ço ou **ar.ca.bou.ço** *sm.* **1.** Ossatura do peito; tórax. **2.** Esqueleto (2).

ar.ca.buz [Fr. *haquebuse*.] *sm.* Antiga arma de fogo portátil, espécie de bacamarte.

ar.ca.da[1] [*Arco*. ▣4] *sf.* **1.** Passagem ou galeria que tem, pelo menos num de seus lados, série de arcos contíguos. **2.** Abertura, ou série de aberturas, em forma de arco (3), em parede ou muralha.

ar.ca.da[2] [It. *arcata*.] *sf.* Golpe do arco nas cordas de instrumento musical.

ar.cai.co [Gr. *archaïkós*.] *adj.* Antiquado, obsoleto.

ar.ca.ís.mo [Gr. *archaïsmós*.] *sm.* Palavra ou construção arcaica.

ar.ca.i.zar *vtd. e p.* Tornar(-se) arcaico. [C.: 1F] § **ar.ca.i.zan.te** *adj2g.*

ar.can.jo [Lat. *archangelu*.] *sm. Rel.* Anjo de ordem superior.

ar.ca.no [Lat. *arcanu*.] *sm.* Segredo, mistério.

ar.ção [Lat.vulg. **arcione*.] *sm.* Parte arqueada e saliente da sela. [Pl.: *-ções.*]

ar.car [*Arco*. ▣1A] *vti.* **1.** Lutar corpo a corpo. **2.** Arrostar, enfrentar. **3.** Responder por; responsabilizar-se. [C.: 1A]

ar.caz [*Arca* + *-az*.] *sm.* Grande móvel em forma de arca, com gavetões.

ar.ce.bis.pa.do [*Arcebispo*. ▣17C] *sm.* **1.** Dignidade arquiepiscopal. **2.** Jurisdição ou residência de arcebispo.

ar.ce.bis.po [Lat. *archiepiscopu*.] *sm.* O primeiro em dignidade entre os bispos duma circunscrição eclesiástica.

ar.ce.di.a.go [Lat. *archidiaconu*.] *sm.* Dignitário capitular.

ar.cho.te [Esp. *hachote*.] *sm.* Corda grossa de esparto coberta de breu ou de qualquer material inflamável, que se usa para iluminar.

ar.co [Lat. *arcu*.] *sm.* **1.** *Geom.* Segmento de uma curva. **2.** *Geom.* Medida linear de um segmento de curva. **3.** Peça curva, us. para vencer vãos de portas, janelas ou outras aberturas. **4.** Curvatura de abóbada. **5.** Arma com que se atiram setas. **6.** Cinta de madeira ou de metal que prende as aduelas dos barris. **7.** *Fut.* V. *gol* (1). **8.** *Mús.* Peça composta de uma vara flexível com as extremidades

arco-íris | argentário

ligadas por crinas de cavalo ou náilon, us. para pôr em vibração as cordas dos instrumentos de arco (violino, viola, violoncelo, contrabaixo).

ar.co-í.ris [*Arco* + mit. *Íris.*] sm2n. Fenômeno resultante da dispersão de luz solar em gotículas de água suspensas no ar, e que se mostra como um conjunto de arcos coloridos.

ar-con.di.ci.o.na.do sm. Condicionador de ar. [Pl.: *ares-condicionados.*]

ar.con.te [Lat. *archonte.*] sm. Magistrado, na Grécia antiga.

ar.de.í.de:o [Tax. *Ardeidae.*] adj. sm. Zool. Diz-se de, ou espécime dos ardeídeos, fam. de aves ciconiiformes que vivem em pântanos, lagos, rios, etc. e se alimentam de peixes, moluscos, insetos aquáticos, etc. Ex.: garças.

ar.dên.ci:a [Lat. *ardentia.*◘10] sf. 1. Qualidade ou estado de ardente. 2. Sensação palatal resultante da ingestão de substâncias picantes. [Sin.ger.: *ardor.*]

ar.den.te [Lat. *ardente.*◘21] adj2g. 1. Que está em chamas ou em brasa. 2. Que queima ou requeima. 3. De sabor picante, acre ou azedo. 4. Intenso, enérgico. 5. Apaixonado.

ar.der [Lat. *ardere.*◘1B] v.int. 1. Consumir-se em chamas ou como que em chamas; abrasar-se, inflamar-se. 2. Estar aceso. 3. Queimar, abrasar. 4. Sentir grande calor. 5. Doer, incomodar, com a sensação de ardor. [C.: 2]

ar.di.do [Part. de *ardar.*] adj. 1. Queimado, crestado. 2. Em começo de decomposição e/ou fermentado. 3. Picante (2).

ar.dil [Cat. *ardit.*] sm. Maneira hábil de enganar; artimanha, astúcia, manha. [Pl.: *-dis.*]

ar.di.lo.so (ô) [*Ardil.*◘37] adj. Que usa de ardis; manhoso, astucioso. [Pl.: *-losos* (ó).]

ar.dor (ô) [Lat. *ardore.*] sm. 1. Calor intenso. 2. V. *ardência.* 3. Sabor acre ou picante. 4. Entusiasmo, paixão. § **ar.do.ro.so** (ô) adj.

ar.dó.si:a [Fr. *ardoise.*] sf. 1. Geol. Rocha metamórfica, separável em lâminas resistentes, us. em coberturas de edificações, pisos, etc. 2. Lousa (3), quadro.

ár.du:o [Lat. *arduu.*] adj. 1. Dificultoso; áspero. 2. Trabalhoso.

a.re [Fr. *are.*] sm. Unidade de medida agrária equiv. a 100m² [símb.: *a*].

á.re:a [Lat. *area.*] sf. 1. Medida de uma superfície. 2. Superfície plana, delimitada. 3. Extensão de terreno. 4. Campo de atividade ou interesse; esfera, domínio. 5. *Bras.* Pátio. ♦ **Área de trabalho.** *Inform.* V. *desktop.* **Área verde.** *Urb.* Porção de terreno coberto de vegetação e livre de construções.

a.re.al [*Areia.*◘39] sm. Terreno onde predomina a areia. [Pl.: *-ais.*]

a.re.ar [*Areia.*◘1A] vtd. 1. Cobrir com areia ou matéria semelhante. 2. Limpar, polir, esfregando com areia ou outra substância. [C.: 12A] § **a.re.a.do** adj.

a.re.en.to [*Areia.*◘27] adj. Cheio de areia.

a.rei.a [Lat. *arena.*] sf. 1. Partículas de rochas em desagregação, que se apresentam, em grãos mais ou menos finos, nas praias, no leito de rios, nos desertos, etc. 2. Qualquer pó. 3. Grânulos calcários da urina.

a.re.jar [*Ar.*◘1E] vtd. 1. Expor ao ar; ventilar. 2. *Edit.* Aumentar o espaço entre os elementos gráficos de um leiaute (p.ex., entre letras ou entre linhas). *int. e p.* 3. Tomar novo ar, novo alento; espairecer. 4. Tomar ar. [C.: 1 (ê)] § **a.re.ja.men.to** sm.

a.re.na [Lat. *arena.*] sf. 1. Nos antigos anfiteatros romanos, área central de combate entre gladiadores, entre feras e entre gladiadores e feras. 2. Terreno circular, fechado, para corridas de touros e outros espetáculos. 3. Estrado alto, para lutas de boxe, etc. 4. Palco, nos teatros de arena.

a.ren.ga [Do gót.] sf. 1. Alocução; discurso. 2. V. *aranzel.* 3. Altercação; disputa. 4. Intriga, mexerico.

a.ren.gar [*Arenga.*◘1A] v.int. 1. Fazer arenga (1 e 2). 2. Discutir, altercar. *ti.* 3. Arengar (2). [C.: 1C]

a.ren.guei.ro [*Arenga.*◘25] adj. 1. Que é dado a arenga. ♦ sm. 2. Leva e traz.

a.re.ni.to [*Aren(i)-* + *-ito².*] sm. Geol. Rocha sedimentar constituída sobretudo de grãos de areia consolidada por um cimento.

a.re.no.so (ó) [Lat. *arenosu.*◘37] adj. Que é formado de areia ou que a contém (esp. em demasia). [Pl.: *-nosos* (ó).]

a.ren.que [Fr. *hareng.*] sm. Zool. Nome comum a diversos peixes clupeídeos que, ger., se comem defumados.

a.ré.o.la [Lat. *areola.*] sf. *Med.* Área que circunda um ponto central e que dele tem cor diferente. ♦ **Aréola mamária.** Área, mais escura, em redor do mamilo.

a.re.ó.pa.go [Lat. *Areopagu.*] sm. O supremo tribunal de Atenas.

a.res smpl. V. *ar* (5).

a.res.ta [Lat. *arista.*] sf. 1. Ângulo exterior formado por 2 planos que se cortam. 2. Coisa sem importância. 3. Prego pqueno sem cabeça.

a.res.to [*Arresto.*] sm. Decisão dum tribunal considerada paradigma.

ar.fa.da [*Arfar.*◘4] sf. Arfagem (1 e 2).

ar.fa.gem [*Arfar.*◘6] sf. 1. Ato ou efeito de arfar; arfada. 2. Balanço da embarcação no sentido longitudinal, de popa a proa; arfada. 3. Movimento da aeronave em torno do seu eixo transversal. [Pl.: *-gens.*]

ar.far [Lat.vulg. **arefare.*◘1A] v.int. 1. Respirar a custo; ofegar. 2. Oscilar (a embarcação) de proa a popa. 3. Balançar, balancear. [C.: 1]

ar.ga.mas.sa sf. Mistura dum aglutinante com areia e água, us. no assentamento de alvenaria, ladrilhos, etc.

ar.gen.tá.ri:o [Lat. *argentariu.*◘24] adj. 1. Muito ligado a dinheiro. ● sm. 2. Indivíduo argentário (1). 3. Milionário.

argênteo | armação

ar.gên.te:o [Lat. *argenteu.*] *adj.* Da cor da prata; argentino.

ar.gen.tí.fe.ro [*Argent(i)-* + *-fero.*] *adj.* Que contém prata.

ar.gen.ti.no [Lat. *argentinu.* ▢30] *adj.* 1. Argênteo. 2. De timbre fino como o da prata (voz, som).

ar.gi.la [Lat. *argilla.*] *sf.* Sedimento que, segundo o mineral argiloso nele existente, pode ser plástico; barro.

ar.gi.lo.so (ó) [Lat. *argillosu.* ▢37] *adj.* Que contém argila. [Pl.: *-losos* (ó).]

ar.go.la [Do ár.] *sf.* 1. Anel metálico para prender ou puxar qualquer coisa. 2. Qualquer objeto em forma de argola.

ar.go.nau.ta [Lat. *argonauta.*] *sm.* 1. Navegador ousado. 2. *Zool.* Molusco cefalópode, com 8 tentáculos, do Mediterrâneo e mares quentes, e que chega até às costas do Brasil.

ar.gô.ni:o [Gr. *argón* + *-io*^{2}. ▢34B] *sm. Quím.* V. *gás nobre* [símb.: *Ar*].

ar.gú.ci:a [Lat. *argutia.*] *sf.* Sutileza de raciocínio ou de argumentação.

ar.guei.ro [V.E] *sm.* Partícula leve separada de um corpo; cisco.

ar.guir (güir) [Lat. *arguere.* ▢1C] *vtd.* 1. Repreender, censurar, verberar, condenar, com argumentos ou razões. 2. Examinar, questionando ou interrogando. 3. Impugnar ou combater com argumentos. *tdi. e int.* 4. Arguir (2). [C.: 44] § **ar.gui.ção** (güi) *sf.*; **ar.gui.dor** (güi...ô) *sm.*

ar.gu.men.ta.ção [Lat. *argumentatione.* ▢2A] *sf.* 1. Ato ou efeito de argumentar. 2. Conjunto de argumentos. [Pl.: *-ções.*]

ar.gu.men.tar [Lat. **argumentare.* ▢1A] *v.int.* 1. Apresentar argumentos. 2. Discutir. *ti.* 3. Argumentar (1). *td.* 4. Apresentar como argumento. [C.: 1] § **ar.gu.men.ta.dor** (ô) *adj. sm.*

ar.gu.men.to [Lat. *argumentu.*] *sm.* 1. Raciocínio pelo qual se tira uma consequência ou dedução. 2. Afirmação que serve de base a um juízo ou de justificativa a uma ação: *Não quis ouvir os argumentos*. 3. V. *enredo* (3). 4. *Mat.* V. *variável independente*.

ar.gu.to [Lat. *argutu.*] *adj.* De espírito vivo, engenhoso, sutil.

á.ri:a^1 [It. *aria.*] *sf.* Denom. geral de qualquer peça de música vocal ou instrumental em que predomina a melodia.

á.ri:a^2 [Do sânscr.] *s2g.* 1. Indivíduo dos árias, os mais antigos antepassados que se conhecem da família indo-europeia. ● *adj2g.* 2. Ariano^1(1).

a.ri.a.no^1 [Lat. *arianu.* ▢29] *adj.* 1. Dos árias ou da raça deles. ● *sm.* 2. Indivíduo ariano.

a.ri.a.no^2 [▢29] *sm.* 1. Indivíduo nascido sob o signo de Áries. ● *adj.* 2. Diz-se de, ou pertencente ou relativo a ariano^2(1).

a.ri.dez (ê) [*Árido.* ▢12A] *sf.* 1. Qualidade ou estado de árido. 2. Rudeza, aspereza. 3. *Fig.* Falta de brandura, de sensibilidade.

á.ri.do [Lat. *aridu.*] *adj.* 1. Sem umidade; seco. 2. Estéril, improdutivo. 3. Duro, insensível. 4. Fastidioso.

á.ri:es [Lat. *aries.*] *sm.* 1. *Astr.* A primeira constelação do Zodíaco, situada no hemisfério norte. 2. *Astrol.* O 1º signo do Zodíaco, relativo aos que nascem entre 21 de março e 20 de abril. [Com inicial maiúsc.]

a.ri.e.te [Lat. *ariete.*] *sm.* Antiga máquina de guerra para abater muralhas.

a.ri.lo [It. *arille.*] *sm. Bot.* Excrescência na superfície de muitas sementes, como, p.ex., a noz-moscada.

a.ri.ram.ba [Do tupi.] *sf. Bras. Amaz. Zool.* Martim-pescador.

a.ri.ra.nha [Do tupi.] *sf. Bras. Zool.* Mamífero mustelídeo da América do Sul, com até 1,80m de comprimento, que vive em bandos nas margens de rios e lagos.

a.ris.co [V.D] *adj.* 1. Diz-se de, ou próprio de pessoa difícil de lidar, seja por agressividade, timidez ou desconfiança; esquivo. 2. Diz-se de animal que não se deixa domesticar.

a.ris.to.cra.ci.a [Gr. *aristokratía.* ▢8A] *sf.* 1. Forma de governo em que o poder é exercido por uma classe de pessoas privilegiadas. 2. Essa classe. 3. *Restr.* Os nobres. § **a.ris.to.crá.ti.co** *adj.*

a.ris.to.cra.ta [Fr. *aristocrate.*] *adj2g. s2g.* Que, ou quem pertence à aristocracia; fidalgo.

a.ris.to.té.li.co [Lat. *aristotelicu.* ▢35B] *adj.* De, ou relativo a Aristóteles (M.), ou à sua filosofia.

a.rit.mé.ti.ca [Gr. *arithmetiké.*] *sf.* 1. Parte da matemática que investiga as propriedades dos números inteiros e racionais. 2. Tratado ou compêndio de aritmética. 3. Exemplar de um desses tratados ou compêndios. § **a.rit.mé.ti.co** *adj.*

ar.le.quim [It. *Arlecchino.*] *sm. Teatr.* Personagem da antiga comédia italiana, de traje multicor, e cuja função era divertir o público, nos intervalos. [Pl.: *-quins.*]

ar-li.vre *sm2n.* Lugar ou espaço aberto, ao ar livre: *pintor de ar-livre*.

ar.ma [Lat. *arma.*] *sf.* 1. Instrumento de ataque ou de defesa. 2. Qualquer objeto que sirva para tais fins. 3. V. *arma de fogo*. 4. Cada uma das subdivisões básicas da tropa do exército: infantaria, cavalaria, artilharia, engenharia, comunicações. 5. Recurso, expediente. ◆ **Arma branca**. Qualquer arma constituída de lâmina e cabo. **Arma de fogo**. A que lança projetis por meio da detonação de uma carga explosiva, com fogo ou de modo mecânico.

ar.ma.ção [Lat. *armatione.* ▢2A] *sf.* 1. Ato ou efeito de armar. 2. Peça ou conjunto de peças que serve(m) para sustentar, revestir,

armada | arpejar

fixar, reforçar, unir, etc., as várias partes dum todo. **3.** Conjunto de armários, balcões, etc., duma loja. **4.** V. *corno*. [Pl.: -*ções*.]

ar.ma.da [*Armar*.◉4] *sf.* **1.** A totalidade dos navios destinados ao serviço naval, pertencentes ao Estado e incorporados à Marinha de Guerra. **2.** *Bras. N.E.* Proeza, artimanha.

ar.ma.di.lha [Esp. *armadilla*.] *sf.* **1.** Laço, engenho ou artifício para apanhar qualquer animal. **2.** *Fig.* Logro; cilada.

ar.ma.dor¹ (ô) [Lat. *armatore*.◉19A] *sm.* **1.** Aquele que arma. **2.** Decorador de igrejas, salas, etc. **3.** *Bras.* Gancho em que se prende o punho da rede.

ar.ma.dor² (ô) [It. *armatore*.◉19A] *sm.* Indivíduo ou firma que equipa, mantém e explora comercialmente embarcação mercante.

ar.ma.du.ra [Lat. *armatura*.◉5A] *sf.* **1.** Vestidura de proteção dos antigos guerreiros. **2.** Tudo que serve para reforçar ou fortalecer qualquer obra. **3.** O que o animal usa para sua defesa ou ataque; armas. **4.** *Eng.Elétr.* A parte móvel de uma máquina elétrica (motor ou gerador) em que é induzida uma força eletromotriz. ◆ **Armadura bucal.** *Zool.* Conjunto de partes que formam o sistema mastigador de insetos e crustáceos.

ar.ma.men.tis.mo [*Armamento*.◉11] *sm.* Aumento do material bélico de um país ou de países. § **ar.ma.men.tis.ta** *adj2g. s2g.*

ar.ma.men.to [Lat. *armamentu*.◉3] *sm.* **1.** Ato ou efeito de armar. **2.** Conjunto de armas. **3.** As armas e o equipamento militar de que dispõe um país.

ar.mar [Lat. *armare*.◉1A] *vtd.* **1.** Prover de armas. **2.** Vestir ou cobrir com armadura. **3.** Preparar (aparelho, maquinismo ou coisa qualquer) para funcionar. **4.** Erguer o cão (2) de. **5.** Equipar (embarcação). **6.** *Fig.* Maquinar, tramar: *armar uma intriga*. **7.** Instalar, montar: *armar uma tenda*. **8.** Dispor ou encaixar as peças de (um objeto) de certa maneira. **9.** *Esport.* Preparar (equipe), atribuindo-lhe tática individual e coletiva. **10.** *Bras.* Prender no armador os punhos de (rede). *tdi.* **11.** Armar (1). *int.* **12.** Armar (8): *estante de armar*. *p.* **13.** Preparar-se para a guerra ou para defender-se. **14.** Munir-se de arma(s). **15.** Formar-se: *armou-se uma tempestade*. [C.: 1] § **ar.ma.do** *adj.*

ar.ma.ri.a [*Arma*.◉15] *sf.* **1.** Conjunto de armas. **2.** A arte heráldica.

ar.ma.ri.nho [*Armário*.◉32] *sm. Bras.* Loja de miudezas.

ar.má.ri:o [Lat. *armariu*.◉24] *sm.* Móvel ou vão aberto na parede, com prateleiras e/ou gavetas, para guardar objetos.

ar.mas *sfpl.* **1.** A profissão militar. **2.** Força ou feito militar. **3.** Insígnias de brasão. **4.** Armadura (3).

ar.ma.zém [Do ár.] *sm.* **1.** Depósito de mercadorias, munições, etc. **2.** Mercearia. **3.** Grande estabelecimento comercial de secos e molhados, ger. atacadista. [Pl.: -*zéns*.]

ar.ma.ze.na.gem [*Armazenar*.◉6] *sf.* **1.** Ato ou efeito de armazenar. **2.** Quantia paga pelo depósito e pela permanência de mercadorias em alfândegas, etc. [Pl.: -*gens*.]

ar.ma.ze.nar [*Armazém* (-*zen*-).◉1A] *vtd.* **1.** Guardar em armazém. **2.** Acumular, preparando para uso futuro. **3.** Conter, comportar (coisas guardadas). [C.: 1] § **ar.ma.ze.na.men.to** *sm.*

ar.mei.ro [*Arma*.◉25] *sm.* Fabricante, vendedor ou consertador de armas.

ar.mê.ni:o [Lat. *armeniu*.] *adj.* **1.** Da Armênia (Ásia). ● *sm.* **2.** O natural ou habitante da Armênia. **3.** *E.Ling.* A língua armênia.

ar.men.to [Lat. *armentu*.] *sm.* Rebanho de gado graúdo, esp. de gado vacum.

ar.mi.nho [Lat. *armeniu*.] *sm. Zool.* **1.** Mamífero mustelídeo das regiões polares, de pele macia, alvíssima no inverno. **2.** A pele ou o pelo do arminho.

ar.mis.tí.ci:o [Lat.mod. *armistitium*.] *sm.* Suspensão das hostilidades entre beligerantes como efeito de uma convenção, sem, contudo, se pôr fim à guerra; trégua.

ar.mo.ri.a.do *adj.* Que tem armas ou brasão pintados, esculpidos ou aplicados.

ar.mo.ri.al [Fr. *armorial*.] *sm.* Livro onde vêm registrados os brasões. [Pl.: -*ais*.]

■ **ARN** Sigla de *ácido ribonucleico*.

ar.nês [Fr.ant. *herneis*.] *sm.* **1.** Armadura completa dum guerreiro. **2.** Arreios de cavalo.

ar.ni.ca [Lat. *arnica*.] *sf. Bot.* Erva asterácea, alpestre. **2.** A tintura medicinal que dela se extrai.

a.ro [Lat. **aruu*.] *sm.* Pequeno círculo; anel.

a.ro.ei.ra [Ár. *darū* + -*eira*.◉16] *sf. Bot.* **1.** Árvore anacardiácea de madeira útil e casca medicinal. **2.** *Bras.* Urundeúva.

a.ro.ma [Lat. *aroma*.] *sm.* Odor agradável de certas substâncias animais, vegetais, etc.; fragrância.

a.ro.má.ti.co [Lat. *aromaticu*.◉35B] *adj.* **1.** De perfume agradável; cheiroso. **2.** *Quím.* Diz-se de certos hidrocarbonetos altamente insaturados, como, p.ex., o benzeno e o naftaleno, e das substâncias deles derivadas.

a.ro.ma.ti.zar [Lat. *aromatizare*.◉1D] *vtd. e p.* Tornar(-se) aromático; perfumar(-se). [C.: 1] § **a.ro.ma.ti.za.do** *adj.*; **a.ro.ma.ti.zan.te** *adj2g. s2g.*

ar.pão [Fr. *harpon*.] *sm.* O conjunto formado por um ferro fixado a um cabo, us. na caça submarina, etc. [Pl.: -*pões*.]

ar.pe.ar [*Arpéu*.◉1A] *vtd.* Arpoar. [C.: 12A. Cf. *harpear*.]

ar.pe.jar [It. *arpeggiare*.◉1A] *v.int.* Produzir arpejos. [C.: 1 (ê). Cf. *harpejar*.]

arpejo | arranco

ar.pe.jo (ê) [It. *arpeggio*.] *sm. Mús.* Execução rápida e sucessiva de notas dum acorde.

ar.péu [Fr.ant. *harpeau*.] *sm.* Gancho de ferro us. na abordagem de embarcações.

ar.po.ar [*Arpão* (-*po*-).◩ 1A] *vtd.* Cravar o arpão ou o arpéu em; arpear. [C.: 1D] § **ar.po:a.dor** (ô) *sm.*

ar.que:a.ção [*Arquear*.◩ 2A] *sf.* 1. Ato ou efeito de arquear. 2. Medida da capacidade dos espaços internos de embarcação mercante. [Pl.: -*ções*.]

ar.que.a.do¹ [*Arco* + -*eado*.] *adj.* Em forma de arco; curvo.

ar.que.a.do² [*Arquear*.◩ 17A] *adj.* Que se arqueou; curvado.

ar.que.a.no [*Arqu(e)-* + -*ano*¹.◩ 29] *adj. esm.* Relativo a, ou primeira fase do pré-cambriano.

ar.que.ar [*Arco*.◩ 1N] *vtd.* 1. Curvar em forma de arco. 2. Verificar a arqueação (2) de. *p.* 3. Curvar-se em forma de arco. [C.: 12A]

ar.quei.ro *sm.* 1. O que peleja com arco. 2. *Bras.* Goleiro.

ar.que.jar [*Arca*.◩ 1E] *v.int.* Respirar a custo; ofegar. [C.: 1 (é)] § **ar.que.jan.te** *adj2g.*

ar.que.jo (ê) [Dev. de *arquejar*.] *sm.* Ato de arquejar; respiração difícil.

ar.que:o.lo.gi.a [Gr. *archaiología*.◩ 8A] *sf.* Ciência que estuda a vida e a cultura dos povos antigos por meio de escavações ou através de documentos, monumentos, etc., por eles deixados. § **ar.que:o.ló.gi.co** *adj.*

ar.que.ó.lo.go [*Arqueo-* + -*logo*.] *sm.* Especialista em arqueologia.

ar.que.óp.te.rix (cs) [Tax. *Archaeopteryx*.] *sm2n. Paleont.* A mais antiga ave conhecida (talvez uma transição entre réptil e ave); carnívora, tinha dentes e garras, e tb. uma comprida cauda óssea; viveu no jurássico.

ar.qué.ti.po [Lat. *archetypu*.] *sm.* 1. Modelo de seres criados. 2. Exemplar, protótipo.

ar.qui.ban.ca.da [*Arqui-* + *bancada*.] *sf.* Série de assentos em filas sucessivas, cada uma em plano mais elevado que a outra, a modo de escada.

ar.qui.di:o.ce.se [*Arqui-* + *diocese*.] *sf.* Diocese que tem outras sufragâneas; arcebispado. § **ar.qui.di:o.ce.sa.no** *adj.*

ar.qui.du.que [*Arqui-* + *duque*.] *sm.* Título honorífico dos príncipes da antiga família reinante da Áustria. [Fem.: *arquiduquesa*.]

ar.qui:e.pis.co.pal [Lat. *archiepiscopus* + -*al*¹. ◩ 39] *adj2g.* Relativo ao arcebispo ou a arcebispado. [Pl.: -*pais*.]

ar.qui-i.ni.mi.go *sm.* Inimigo no mais alto grau; inimigo supremo.

ar.qui.me.di.a.no [◩ 29A] *adj.* Do, ou relativo ao matemático e inventor grego Arquimedes (**M.**).

ar.qui.pé.la.go [It. *arcipelago*.] *sm.* Grupo mais ou menos numeroso de ilhas.

ar.qui.te.tar [Lat. *architectare*.◩ 1A] *vtd.* 1. Idear (espaço ou elemento arquitetônico). 2. Fazer o projeto arquitetônico de. 3. *Fig.* Idear, planejar; tramar. [C.: 1 (é)] § **ar.qui.te.ta.do** *adj.*

ar.qui.te.to [Lat. *architectu*.] *sm.* Aquele que exerce a arquitetura.

ar.qui.te.tô.ni.co [Lat. *architectonicu*. ◩ 35B] *adj.* Relativo à arquitetura.

ar.qui.te.tu.ra [Lat. *architectura*.◩ 5] *sf.* 1. Arte de edificar. 2. As obras de arquitetura dum país, duma época, dum movimento artístico, etc.

ar.qui.tra.ve *sf. Arquit.* Viga mestra assentada horizontalmente sobre coluna ou pilar.

ar.qui.var [*Arquivo*.◩ 1A] *vtd.* 1. Guardar em arquivo. 2. Sobrestar o andamento de (inquérito, etc.). 3. *Fig.* Guardar na memória. [C.: 1] § **ar.qui.va.men.to** *sm.*

ar.qui.vis.ta [*Arquivo*.◩ 36] *s2g.* Pessoa encarregada de arquivo.

ar.qui.vo [Lat. *archivu*.] *sm.* 1. Conjunto de documentos. 2. Lugar ou móvel onde se guardam esses documentos. 3. *Inform.* Conjunto de dados ou de instruções, registrado em meio digital, identificado por nome. ♦ **Arquivo morto.** O que não é mais consultado regularmente.

ar.ra.bal.de [Do ár.] *sm.* Cercanias de cidade ou povoado.

ar.rai.a [*Ar-*² + *raia*².] *sf.* 1. Raia. 2. Papagaio (3) pequeno.

ar.rai.al [*Ar-*² + ant. *reial*, 'do rei'.] *sm.* 1. Acampamento de tropas. 2. Lugar de festas populares, com barracas de comida, diversões, etc. 3. Lugarejo. [Pl.: -*ais*.]

ar.rai.ga.do [*Arraigar*.◩ 17A] *adj.* Que se arraigou; enraizado.

ar.rai.gar [*Ar-*² + ant. *raigar*.◩ 1A] *vtdc.* 1. Firmar pela raiz. 2. Firmar, fixar. *int.* 3. Lançar ou criar raízes. *p.* 4. Fixar-se, enraizar-se. [C.: 1C]

ar.rais [Do ár.] *sm2n.* Patrão de barco.

ar.ran.ca.da [*Arrancar*.◩ 4] *sf.* 1. Ato ou efeito de arrancar. 2. Partida ou movimento súbito e/ou violento.

ar.ran.car [V.D] *vtd.* 1. Tirar ou separar ou extrair com mais ou menos força ou violência. 2. Desarraigar, desenraizar. 3. Provocar: *arrancar aplausos, risos*. *tdi.* 4. Arrancar (1). 5. Conseguir, obter, a custo de insistência, ou importunação. *tdc.* 6. Arrancar (1). *int.* 7. Partir ou movimentar-se, ou sair, com ímpeto ou de repente. 8. *Pop.* V. *fugir* (1). *p.* 9. *Pop.* V. *fugir* (1). [C.: 1A] § **ar.ran.ca.men.to** *sm.*

ar.ran.ca-ra.bo *sm. Bras. Pop.* V. *rolo* (9). [Pl.: *arranca-rabos*.]

ar.ran.char *vtd.* 1. Reunir em ranchos. 2. Dar pousada a. *int.* 3. Reunir-se em rancho. *p.* 4. Estabelecer-se provisoriamente. [C.: 1]

ar.ran.co [Dev. de *arrancar*.] *sm.* Ímpeto violento; arranque.

arranha-céu | arrecife

ar.ra.nha-céu [Trad. do ingl. *skyscraper*.] *sm*. Edifício de muitos andares. [Pl.: *arranha-céus*.]

ar.ra.nha.du.ra [*Arranhar*.☐ 5A] *sf*. **1**. Ferida leve ou unicamente da pele. **2**. Ranhura pouco profunda. [Sin.ger.: *arranhão*.]

ar.ra.nhão [*Arranhar*.☐ 2] *sm*. V. *arranhadura*. [Pl.: *-nhões*.]

ar.ra.nhar [Esp. *arañar*.☐ 1A] *vtd*. **1**. Raspar ou ferir de leve com as unhas ou com a ponta de qualquer objeto. **2**. Conhecer pouco, ou mal (uma língua, uma disciplina). **3**. Tocar pouco, ou mal (um instrumento). *int*. **4**. Produzir arranhadura. *p*. **5**. Ferir-se com as unhas ou com outro objeto. [C.: 1]

ar.ran.ja.do [*Arranjar*.☐ 17A] *adj*. **1**. Que se arranjou. **2**. *Bras*. Remediado.

ar.ran.jar [Fr. *arranger*.☐ 1A] *vtd*. **1**. V. *arrumar* (1 a 4). **2**. *Mús*. Fazer arranjo (5) de. *tdi. e p.* **3**. V. *arrumar* (5 a 7). [C.: 1]

ar.ran.jo [Dev. de *arranjar*.] *sm*. **1**. Ato ou efeito de arranjar. **2**. Administração e/ou arrumação doméstica. **3**. Acordo, combinação, modo de lidar com determinada situação ou problema. **4**. *Mat*. Subconjunto ordenado de um conjunto finito. **5**. *Mús*. Ato, processo ou efeito de modificar certas características originais de uma criação musical (como na instrumentação, distribuição das vozes, etc.). **6**. *Bras*. V. *conluio*. **7**. *Bras*. V. *negociata*.

ar.ran.que [Dev. de *arrancar*.] *sm*. **1**. Arranco. **2**. Motor de arranque.

ar.ras *sfpl*. **1**. Garantia ou sinal de um contrato. **2**. Dote que, por contrato, o noivo assegura à esposa. **3**. *Fig*. Prova, demonstração.

ar.ra.sa.do [*Arrasar*.☐ 17A] *adj*. **1**. Tornado raso, plano. **2**. Devastado, destruído. **3**. Muito deprimido; prostrado. **4**. Esfalfado, exausto.

ar.ra.sar [*Ar-*[1] + *raso* + *-ar*[2].☐ 1A] *vtd*. **1**. Tornar raso; nivelar, aplainar. **2**. Nivelar (a medida) com a rasoura. **3**. Lançar por terra, derrubar. **4**. Destruir, assolar, devastar. **5**. *Fig*. Humilhar, vexar. **6**. *Fig*. Abalar, abater, moral e fisicamente, em excesso. *int*. **7**. *Fig*. V. *abafar* (11). *p*. **8**. *Fig*. Extenuar-se, exaurir-se. **9**. Arruinar (4). [C.:1] § **ar.ra.sa.dor** (ô) *adj*.; **ar.ra.sa.men.to** *sm*.

ar.ras.tão [*Arrasto*.☐ 2] *sm*. **1**. Esforço violento para arrastar. **2**. Rede de pesca, de arrastar pelo fundo. **3**. *Bras. Pop*. Grupo de assaltantes que, nas praias, etc., atacam em bando. [Pl.: *-tões*.]

ar.ras.ta-pé *sm. Bras. Pop*. Baile popular; forró, forrobodó. [Pl.: *arrasta-pés*.]

ar.ras.tar *vtd*. **1**. Levar ou trazer de rojo ou de rastos; arrojar. **2**. Deslocar, fazer mover, sem afastar do chão. **3**. Roçar pelo chão. **4**. Emitir (voz) com vagar[2] (4) ou dificuldade. **5**. Impelir, levar. *p*. **6**. Andar de rojo ou de rastos; arrojar-se. **7**. Ir ou andar ou passar a custo ou lentamente. [C.:1] § **ar.ras.ta.do** *adj*.

ar.ras.to [Dev. de *arrastar*.] *sm*. Ato de arrastar(-se).

ar.rá.tel [Do ár.] *sm*. Antiga unidade de peso, equiv. a 459g ou 16 onças. [Pl.: *-teis*.]

ar.ra.zo.a.do [*Arrazoar*.☐ 17A] *sm*. Discurso com que se defende uma causa.

ar.ra.zo.ar *vtd*. **1**. Expor ou defender (causa, assunto, argumento, etc.), alegando razões. **2**. Censurar, repreender, arguir. *ti*. **3**. Discorrer, falar. [C.: 1D] § **ar.ra.zo:a.men.to** *sm*.

ar.re [De or. express.; esp. *arre*, provç. *arri* e it. *arri*.] *interj*. Designa cólera ou enfado.

ar.re:a.men.to [*Arrear*.☐ 3] *sm*. **1**. Ato ou efeito de arrear. **2**. *Bras*. O conjunto de peças necessárias para encilhar o cavalo; arreio.

ar.re.ar [Lat.vulg. **arredare*.☐ 1A] *vtd*. Pôr arreios em; aparelhar. [C.: 12A]

ar.re.a.ta [Dev. de *arreatar*.] *sf*. Correia ou corda com que se prendem e por onde se conduzem as bestas.

ar.re.ba.nhar *vtd*. **1**. Ajuntar em rebanho. **2**. Juntar, reunir. [C.: 1]

ar.re.ba.ta.do [*Arrebatar*.☐ 17A] *adj*. **1**. Que se arrebatou. **2**. Diz-se de quem segue os impulsos ou sentimentos do momento; impetuoso, exaltado. **3**. Irrefletido, imprudente. **4**. Extasiado, enlevado, encantado. **5**. Dominado pela emoção, pelo entusiasmo.

ar.re.ba.tar *vtd*. **1**. Tirar com violência ou força; arrancar. **2**. Levar, desprender, de um ímpeto. **3**. Enlevar, extasiar. **4**. Enfurecer, encolerizar. [C.: 1] § **ar.re.ba.ta.dor** (ô) *adj. sm*.; **ar.re.ba.ta.men.to** *sm*.

ar.re.ben.ta.ção [*Arrebentar*.☐ 2A] *sf*. **1**. Ato ou efeito de arrebentar(-se). **2**. O lugar onde as ondas quebram de encontro à praia. [Pl.: *-ções*.]

ar.re.ben.ta-ca.va.lo *sm. Bras. Bot*. Erva solanácea medicinal; juá. [Pl.: *arrebenta-cavalos*.]

ar.re.ben.ta.do [*Arrebentar*.☐ 17A] *adj*. **1**. Que (se) arrebentou. **2**. *Gír*. Sem dinheiro ou recursos. **3**. *Gír*. Exausto.

ar.re.ben.tar [*Ar-*[2] + *rebentar*.] *v.int., td. e ti*. Rebentar. [C.:1] § **ar.re.ben.ta.men.to** *sm*.

ar.re.bi.ta.do [*Arrebitar*.☐ 17A] *adj*. **1**. Diz-se de nariz cuja ponta é revirada para cima. **2**. *Fig*. Petulante, insolente.

ar.re.bi.tar *vtd*. **1**. Revirar (a ponta, a aba, as penas do rabo, etc.) para cima. *p*. **2**. Levantar-se, alterar-se. **3**. *Fig*. Irritar-se. [C.: 1] § **ar.re.bi.ta.men.to** *sm*.

ar.re.bol *sm*. Vermelhidão do nascer ou do pôr do Sol. [Pl.: *-bóis*.]

ar.re.ca.dar [V.C☐ 1A] *vtd*. **1**. Ter ou guardar em lugar seguro. **2**. Cobrar (renda, tributo). **3**. Recolher (certa quantia). **4**. Recolher ou obter (contribuições financeiras, materiais). **5**. Juntar, guardar. [C.: 1] § **ar.re.ca.da.ção** *sf*.; **ar.re.ca.da.dor** (ô) *adj. sm*.

ar.re.ci.fe [Do ár.] *sm*. Recife, escolho.

arredar | arrepio

ar.re.dar [Lat. *adretrare.*◘1A] *vtdc.* **1.** Remover para trás; fazer recuar. **2.** Afastar. *td.* **3.** Apartar de um lugar para outro; remover. *tdi.* **4.** Dissuadir, demover. *int.* e *p.* **5.** Pôr-se longe; afastar-se. [C.: 1 (é)]

ar.re.di:o [*Arredar* + *-io*¹.◘34A] *adj.* Que vive longe de todos, ou que evita a convivência com os outros.

ar.re.don.da.do¹ [*Ar-*¹ + *redondo* + *-ado*¹.◘17B] *adj.* Que tem forma aproximadamente redonda, circular ou esférica.

ar.re.don.da.do² [*Arredondar.* ◘17A] *adj.* Que se arredondou.

ar.re.don.da.men.to [*Arredondar.*◘3] *sm.* Ato ou efeito de arredondar(-se).

ar.re.don.dar *vtd.* **1.** Dar forma ou feição redonda ou circular a. **2.** *Mat.* Manipular (número) dando-lhe valor aproximado. [Ger. arredonda-se substituindo por zeros um ou mais dos algarismos finais do número; para números decimais, zeros finais serão eliminados.] *p.* **3.** Tomar forma ou feição redonda ou circular. [C.: 1] ♦ **Arredondar para baixo.** Arredondar, sem modificar o último algarismo conservado. **Arredondar para cima.** Arredondar somando 1 (um) ao último algarismo conservado.

ar.re.do.res *smpl.* Cercanias.

ar.re.fe.cer [*Ar-*¹ + lat. *refrigescere.*◘1P] *v.int.* **1.** Tornar-se frio; esfriar. **2.** *Fig.* Perder ou moderar a energia, o vigor. *td.* **3.** *Fig.* Fazer perder (vigor, energia, etc.); desanimar. [C.: 2A (ê-é)]

ar.re.ga.çar *vtd.* **1.** Colher a borda de (saia), formando regaço. **2.** Puxar ou dobrar para cima (as calças, as mangas, etc.). [C.: 1B]

ar.re.ga.lar [Esp.ant. *arregalar.*◘1A] *vtd.* Abrir muito (os olhos), por espanto, admiração, surpresa, satisfação, etc. [C.: 1] § **ar.re.ga.la.do** *adj.*

ar.re.ga.nhar [*Ar-*² + lat. *reganniare,* poss. ◘1A] *vtd.* **1.** Mostrar (os dentes), abrindo os lábios com expressão de cólera ou de riso. **2.** Abrir, alargar. *p.* **3.** Mostrar os dentes com expressão de cólera ou de riso. [C.: 1]

ar.re.ga.nho [Dev. de *arreganhar.*] *sm.* Ato ou efeito de arreganhar(-se).

ar.re.gi.men.tar *vtd.* **1.** Alistar ou reunir em regimento. **2.** *Fig.* Reunir, associar, em partido, sociedade ou bando. *p.* **3.** Reunir-se; associar-se. [C.: 1]

ar.rei.o [Dev. de *arrear.*] *sm.* **1.** Arreamento (2). **2.** Conjunto de peças necessárias ao trabalho de carga de equídeo.

ar.rei.os *smpl.* Arreio (1).

ar.re.li.a [Dev. de *arreliar.*] *sf.* Zanga, irritação.

ar.re.li.a.do [*Arreliar.*◘17A] *adj.* Dado a arrelias.

ar.re.li.ar *vtd.* **1.** Fazer ou causar arrelia a; irritar, zangar. *p.* **2.** Zangar-se, irritar-se. [C.: 1]

ar.re.li.en.to [*Arrelia.*◘27] *adj.* Arreliado.

ar.re.ma.tar¹ [*Ar-*² + *rematar.*] *vtd.* **1.** V. *rematar* (1 e 2). *int.* **2.** Finalizar, concluir. [C.: 1] § **ar.re.ma.ta.ção**¹ *sf.*; **ar.re.ma.tan.te**¹ *adj2g. s2g.*

ar.re.ma.tar² [*Ramo,* poss. ◘1A] *vtd.* Comprar ou tomar de arrendamento em leilão. [C.: 1] § **ar.re.ma.ta.ção**² *sf.*; **ar.re.ma.tan.te**² *adj2g. s2g.*

ar.re.ma.te [Dev. de *arrematar*¹.] *sm.* Acabamento, remate.

ar.re.me.dar [*Ar-*² + *remedar.*] *vtd.* **1.** Imitar grotescamente. **2.** Reproduzir, imitando. [Sin. ger.: *remedar.* C.: 1 (é)]

ar.re.me.do (ê) [Dev. de *arremedar.*] *sm.* Cópia, imitação, remedo.

ar.re.mes.são [*Arremessar.*◘2] *sm.* Impulso de arremessar(-se). [Pl.: *-sões.*]

ar.re.mes.sar *vtd.* **1.** Arrojar (2). **2.** *Basq.* Fazer arremesso (3); chutar. *int.* **3.** Arremessar (2). *p.* **4.** Arrojar (4). [C.: 1 (é)]

ar.re.mes.so (ê) [Dev. de *arremessar.*] *sm.* **1.** Ato ou efeito de arremessar(-se). **2.** Ímpeto, investida. **3.** *Basq.* Lançamento da bola em direção à cesta; chute.

ar.re.me.ter *vti.* Arrojar-se, lançar-se, atacar com ímpeto ou fúria; investir. [C.: 2 (ê-é)]

ar.re.me.ti.da [*Arremeter* + *-ida.*] *sf.* Assalto (1).

ar.ren.da.dor (ô) [*Arrendar.*◘19A] *sm.* Aquele que cede em arrendamento.

ar.ren.da.men.to [*Arrendar.*◘3] *sm.* **1.** Contrato ou aluguel pelo qual alguém cede a outrem, por certo tempo e preço, o uso e gozo de coisa não fungível. **2.** *P.ext.* O preço nele estipulado. ♦ **Arrendamento mercantil.** Cessão (de veículo, máquina, etc.) contra o pagamento de prestações, ger. com opção de compra pelo arrendatário, ao fim do contrato; *leasing.*

ar.ren.dar *vtd.* e *tdi.* Dar ou tomar em arrendamento (1). [C.: 1]

ar.ren.da.tá.ri:o [*Arrendar.*◘24A] *sm.* Aquele que toma de arrendamento (1).

ar.re.ne.gar [*Ar-*² + *renegar.*] *vtd.* **1.** V. *abjurar* (1). **2.** V. *amaldiçoar.* [C.: 1C (é)]

ar.re.pe.lar-se [*Ar-*² + *repelar* + *se*¹.◘1A] *vp.* Puxar os próprios cabelos ou barba. [C.: 1 (é)]

ar.re.pen.der-se [*Ar-*² + port.ant. *repender* + *se*¹.◘1B] *vp.* **1.** Sentir mágoa ou pesar por falta ou erro cometido. **2.** Mudar de procedimento, de parecer. [C.: 2] § **ar.re.pen.di.do** *adj. sm.*

ar.re.pen.di.men.to [*Arrepender(-se).*◘3A] *sm.* **1.** Ato ou efeito de arrepender-se. **2.** Sentimento de quem se arrependeu ou se arrepende de algo; compunção, contrição.

ar.re.pi.ar [Lat. *horripilare.*◘1A] *vtd.* **1.** Eriçar, encrespar (cabelos, pelos, etc.) **2.** Causar arrepios em. *p.* **3.** Sentir arrepios. **4.** *Fig.* Horrorizar-se. [C.: 1] § **ar.re.pi.a.do** *adj.*; **ar.re.pi.an.te** *adj2g.*

ar.re.pi.o [Dev. de *arrepiar.*] *sm.* Tremor resultante de frio, medo, susto, etc.; calafrio.

ar.res.tar [Lat.vulg. *arrestare*.◼1A] *vtd.* Fazer arresto em; embargar. [C.: 1 (é)]

ar.res.to [Dev. de *arrestar*.] *sm. Jur.* Apreensão judicial de bens do suposto devedor para garantir a execução que contra ele acaso se venha a promover; embargo.

ar.re.ve.sa.do [*Arrevesar*.◼17A] *adj.* 1. Difícil de entender; confuso. 2. Diz-se de vocábulo de pronúncia difícil.

ar.re.ve.sar *vtd.* 1. Pôr ao revés, às avessas. 2. Dar sentido contrário a. [C.: 1 (é)]

ar.ri.ar [Cat. *arriar*.◼1A] *vtd.* 1. Abaixar, descer (o que estava suspenso ou levantado). 2. Colocar (objeto pesado) no chão, sobre um móvel, etc. *int. e p.* 3. Cair ou vergar sob peso. 4. *Fig.* Perder as forças, o ânimo. [C.: 1]

ar.ri.ba [*Ar-*[1] + *riba*.] *adv.* Para cima.

ar.ri.bar [*Ar-*[1] + *riba* + *-ar*[2].◼1A] *vtc.* 1. *Mar.* Regressar ao porto de partida ou entrar em outro que não seja o da escala ou de destino. 2. Sair, ausentar-se, discretamente ou às ocultas, sem licença. *int.* 3. *Fig.* Melhorar de sorte, saúde, etc. 4. Mudar de pouso (as aves). [C.: 1] § **ar.ri.ba.ção** *sf.*

ar.ri.ei.ro [Esp. *arriero*.] *sm.* Almocreve.

ar.ri.mar *vtd.* 1. Pôr em rima[2]. 2. Pôr em ordem; arrumar. 3. Servir de arrimo ou amparo a; amparar. *p.* 4. Apoiar-se, encostar-se. [C.: 1]

ar.ri.mo [Dev. de *arrimar*.] *sm.* 1. Encosto (1). 2. Amparo, proteção, auxílio.

ar.ris.ca.do [*Arriscar*.◼17A] *adj.* 1. Em que há risco ou perigo. 2. Que se expõe a risco; ousado.

ar.ris.car [*Ar-*[1] + *risco*[2] + *-ar*[2].◼1A] *vtd. e p.* 1. Expor(-se) a risco ou perigo. 2. Sujeitar(-se) à sorte; aventurar(-se). [C.: 1A]

ar.rit.mi.a [Gr. *arrhythmía*.◼8A] *sf.* 1. Perturbação ou desvio do ritmo. 2. *Med.* Arritmia cardíaca.

ar.ri.vis.mo [*Arrivista*.◼11] *sm.* Procedimento de arrivista.

ar.ri.vis.ta [Fr. *arriviste*.◼36] *s2g.* Pessoa inescrupulosa, que quer vencer na vida a todo custo.

ar.ri.zo.tô.ni.co [*Ar-*[3] + *rizotônico*.] *adj. E.Ling.* Diz-se das formas verbais em que o acento tônico recai após o radical (8). [Cf. *rizotônico*.]

ar.ro.ba (ô) [Do ár.] *sf.* 1. Peso antigo de 32 arráteis, hoje arredondado em 15 quilos [símb.: @]. 2. *Inform.* Este símbolo [@] us. em endereços eletrônicos da Internet.

ar.ro.char [V.E] *vtd. e p.* Apertar(-se) muito. [C.: 1 (ó)]

ar.ro.cho (ô) [Dev. de *arrochar*.] *sm.* 1. Pau torto e curto com que se torcem as cordas para apertar fardos, cargas, etc. 2. V. *aperto* (3).

ar.ro.gân.ci:a [Lat. *arrogantia*.◼9] *sf.* 1. Orgulho excessivo; soberba. 2. Insolência, atrevimento.

ar.ro.gan.te [Lat. *arrogante*.◼21] *adj2g.* Que tem ou revela arrogância.

ar.ro.gar [Lat. *arrogare*.◼1A] *vtd.* 1. Apropriar-se de. *tdi.* 2. Atribuir. *p.* 3. Tomar como seu; atribuir-se. [C.: 1C (ó)]

ar.roi.o [Lat.vulg. **arrugiu*.] *sm.* Regato permanente, ou não.

ar.ro.ja.do [*Arrojar*.◼17A] *adj.* Que revela, ou em que há arrojo.

ar.ro.jar [Esp. *arrojar*.◼1A] *vtd.* 1. Arrastar (1). 2. Lançar com ímpeto ou força; atirar, arremessar. *p.* 3. Arrastar (6). 4. Atirar-se com força; lançar-se, arremessar-se. 5. Ousar, atrever-se. [C.: 1 (ó)]

ar.ro.jo (ô) [Dev. de *arrojar*.] *sm.* 1. Ousadia; atrevimento. 2. Ato de arrojar.

ar.ro.la.men.to [*Arrolar*.◼3] *sm.* 1. Ato de arrolar. 2. V. *lista* (1).

ar.ro.lar [*Ar-*[1] + *rol* + *-ar*[2].◼1A] *vtd.* 1. Meter em rol ou inventário. 2. Alistar (1). [C.: 1 (ó)]

ar.ro.lhar *vtd.* Colocar rolha(s) em. [C.: 1 (ó). Cf. *arrulhar*.]

ar.rom.ba [Dev. de *arrombar*.] *sf.* Cantiga ruidosa para a viola. ◆ **De arromba.** De causar espanto; extraordinário.

ar.rom.bar *vtd.* 1. Fazer rombo em; romper. 2. Abrir à força. [C.: 1] § **ar.rom.ba.dor** (ô) *adj. sm.*; **ar.rom.ba.men.to** *sm.*

ar.ros.tar [*Ar-*[1] + *rosto* + *-ar*[2].◼1A] *vtd. e ti.* Olhar de frente, sem medo; enfrentar. [C.: 1 (ó)]

ar.ro.tar [Lat. *eructare*.◼1A] *v.int.* 1. Dar arroto(s); eructar. *td.* 2. Alardear, blasonar. [C.: 1 (ó)]

ar.ro.te.ar *vtd.* Cultivar (terreno inculto). [C.: 12A]

ar.ro.to (ô) *sm.* Erupção ruidosa de gases do estômago pela boca; eructação.

ar.rou.bo [Dev. de *arroubar*.] *sm.* Êxtase, arrebatamento.

ar.ro.xe.a.do [*Ar-*[1] + *roxo* + *-eado*.] *adj.* Tirante a roxo.

ar.roz [Do ár.] *sm. Bot.* Planta poácea cujo grão, do mesmo nome, é importante alimento.

ar.ro.zal [*Arroz*.◼39] *sm.* Campo semeado de arroz. [Pl.: *-zais*.]

ar.ru.e.a.ça [*Ar-*[1] + *rua* + *-aça*.] *sf.* V. *rolo* (9).

ar.ru:a.cei.ro [*Arruaça*.◼25] *adj. sm.* Que, ou aquele que faz arruaças; desordeiro.

ar.ru:a.men.to [*Arruar*.◼3] *sm.* Conjunto de ruas.

ar.ru.ar [*Ar-*[1] + *rua* + *-ar*[2].◼1A] *vtd.* Demarcar e abrir ruas em. [C.: 1]

ar.ru.da *sf. Bot.* Nome comum a várias plantas rutáceas, aromáticas, medicinais.

ar.ru.e.la [*Ar-*[4] + *ruela*, do fr. ant.] *sf.* Chapa redonda, de aço, com furo circular, na qual se mete o parafuso, a fim de proteger a peça que vai ser aparafusada.

arrufar | artifício

ar.ru.far [*Ar-*[2] + *rufar*.] *vtd.* e *p.* Irritar(-se), exasperar(-se). [C.: 1]

ar.ru.fo [Dev. de *arrufar*.] *sm.* V. *amuo*.

ar.ru:i.nar [*Ar-*[1] + *ruína* + *-ar*[2].◨1A] *vtd.* **1.** Causar ruína a. **2.** Reduzir a ruínas. **3.** Empobrecer. *p.* **4.** Perder a saúde ou o dinheiro; arrasar-se. [C.: 1F]

ar.rui.va.do *adj.* Tirante a ruivo.

ar.ru.lhar [V.A] *v.int.* **1.** Cantar como os pombos e rolas. **2.** Dizer palavras doces, em tom meigo. [C.: 1; Cf. *arrolhar*.]

ar.ru.lho [Dev. de *arrulhar*.] *sm.* Ato de arrulhar.

ar.ru.ma.ção [*Arrumar*.◨2A] *sf.* **1.** Ato ou efeito de arrumar. **2.** Boa ordem na disposição. [Pl.: *-ções*.]

ar.ru.ma.dei.ra [*Arrumar*.◨16A] *sf. Bras.* Empregada que limpa e arruma a casa.

ar.ru.mar [Fr. *arrumer*.◨1A] *vtd.* **1.** Pôr em ordem; compor. **2.** Conseguir, obter. **3.** Fam. Consertar, reparar. **4.** Fam. Contrair. *tdi.* **5.** Arrumar (2). *p.* **6.** Conseguir boa situação. **7.** Fam. Vestir-se, aprontar-se. [Sin.ger.: *arranjar*. C.: 1]

ar.se.nal [Do ár.] *sm.* Armazéns e dependências para fabrico e/ou guarda de munições e petrechos de guerra. [Pl.: *-nais*.]

ar.sê.ni.co [Lat. *arsenicu*.◨35B] *sm. Quím.* Composto venenoso que é um óxido de arsênio [fórm.: As_2O_3].

ar.sê.ni:o [Lat.cient. *arsenium*.◨34B] *sm. Quím.* Elemento de número atômico 33, us. em medicina sob a forma de compostos, dos quais muitos são venenosos [símb.: *As*].

ar.te[1] [Lat. *arte*.] *sf.* **1.** Capacidade humana de criação e sua utilização com vistas a certo resultado, obtido por diferentes meios: *arte da caça*; *arte de dominar o fogo*; *arte de compor poemas*, etc. **2.** V. *artes plásticas*. **3.** Os preceitos necessários à execução de qualquer arte. **4.** Habilidade; engenho. **5.** Ofício (esp., nas artes manuais). **6.** Maneira, modo. **7.** *Bras.* V. *travessura*. ◆ **Arte marcial.** Conjunto de técnicas para defesa e ataque, com o uso ou não de armas. **Artes gráficas. 1.** Conjunto de técnicas e atividades relacionadas à impressão de livros, revistas e jornais. **2.** Atividades técnico-artísticas voltadas para a produção de gravuras, cartazes, capas de livro, etc. **Artes plásticas.** Artes que se manifestam por meio de elementos visuais e táteis, tais como o desenho, a pintura, a escultura, etc.; belas-artes, arte.

ar.te[2] *sf.* V. *arte-final*.

ar.te.fa.to [Lat. *arte factu*.] *sm.* Qualquer objeto produzido industrialmente.

ar.te-fi.nal *sf. Art. Gráf.* Qualquer trabalho gráfico (cartaz, folheto, etc.), pronto para reprodução. [Fred.: *arte*. Pl.: *artes-finais*.]

ar.te-fi.na.lis.ta [*Arte-final*.◨36] *s2g.* Profissional que faz a preparação e montagem de artes-finais. [Pl.: *artes-finalistas*.]

ar.tei.ro [*Arte*[1].◨25] *adj. Bras.* Traquinas, travesso.

ar.té.ri:a [Lat. *arteria*.] *sf.* **1.** *Anat.* Cada um dos vasos que conduzem o sangue do coração a todas as partes do corpo. **2.** Grande via de comunicação.

ar.te.ri.al [*Artéria*.◨39] *adj2g.* Das artérias, ou relativo a elas. [Pl.: *-ais*.]

ar.te.ri:o.gra.fi.a *sf. Med.* Visualização radiológica de artéria(s) após injeção de contraste. § **ar.te.ri:o.grá.fi.co** *adj.*

ar.te.ri:os.cle.ro.se [*Arterio-* + *-(e)scler(o)-* + *-ose*[1].] *sf. Med.* Esclerose de artéria. § **ar.te.ri:os.cle.ró.ti.co** *adj.*

ar.te.sa.nal [*Artesão*[1] (*-san-*).◨39] *adj2g.* Relativo a, ou próprio de artesão[1] ou artesanato. [Pl.: *-nais*.]

ar.te.sa.na.to [*Artesão*[1] (*-san-*).◨18] *sm.* Técnica, tirocínio, arte ou local de trabalho de artesão[1].

ar.te.são[1] [It. *artigiano*.◨28B] *sm.* **1.** Artista (4). **2.** Indivíduo que exerce por conta própria uma arte, um ofício manual. [Pl.: *-sãos*. Fem.: *artesã*.]

ar.te.são[2] [*Artesa*, 'caixa de madeira'.◨28B] *sm.* Painel decorativo, formado por moldura, aplicado em tetos, abóbadas, etc. [Pl.: *-sões*.]

ar.te.si.a.no [Fr. *artésien*.◨29] *adj.* Diz-se do poço em que a água jorra sem ser preciso bombeamento.

ár.ti.co [Lat. *arcticu*.◨35B] *adj.* Do Norte; boreal. [Opõe-se a antártico.]

ar.ti.cu.la.ção [Lat. *articulatione*.◨2A] *sf.* **1.** Ato ou efeito de articular(-se). **2.** Pronunciação distinta das palavras. **3.** *Anat.* Dispositivo orgânico pelo qual ficam em contato 2 ou mais ossos, móveis ou não, entre si; juntura. [Pl.: *-ções*.]

ar.ti.cu.la.do [*Articular*[2].◨17A] *adj.* **1.** Que se articulou. **2.** Que tem articulações. **3.** Que se exprime com clareza.

ar.ti.cu.lar[1] [Lat. *articulare*.◨40] *adj2g.* Relativo às articulações.

ar.ti.cu.lar[2] [Lat. *articulare*.◨1A] *vtd.* **1.** Unir pelas articulações. **2.** Unir, juntar. **3.** Proferir. **4.** Pronunciar (palavra ou fonema) com distinção e clareza. **5.** Expor em artigos ou parágrafos separados. **6.** Formular (3). *p.* **7.** Unir-se, juntar-se. [C.: 1]

ar.ti.cu.lis.ta *s2g.* Autor de artigos de jornal, revista, etc.

ar.tí.fi.ce [Lat. *artifice*.] *s2g.* Operário ou artesão que trabalha em certos ofícios.

ar.ti.fi.ci.al [Lat. *artificiale*.◨39] *adj2g.* **1.** Produzido pela arte ou pela indústria. **2.** Que não é espontâneo; forçado. [Pl.: *-ais*.] § **ar.ti.fi.ci:a.li.da.de** *sf.*; **ar.ti.fi.ci:a.lis.mo** *sm.*

ar.ti.fí.ci:o [Lat. *artificiu*.] *sm.* **1.** Processo ou meio para se obter um artefato ou um objeto artístico. **2.** Recurso engenhoso. **3.** Astúcia, manha, artimanha.

artificioso | ascendente

ar.ti.fi.ci.o.so (ó) [Lat. *artificiosu.*] *adj.* Que encerra artifício. [Pl.: *-osos* (ó).]

ar.ti.go [Lat. *articulu.*] *sm.* **1.** Objeto de negócio; mercadoria. **2.** Divisão de lei, decreto, código, etc. **3.** Cada ponto de uma contestação, petição, etc. **4.** Ponto doutrinário. **5.** *E.Ling.* Palavra variável que precede e substantivo, indicando-lhe o gênero e o número. **6.** *Jorn.* Matéria publicada em jornal ou revista. ◆ **Artigo definido.** *E.Ling.* Artigo (5) [*o, a, os, as*] que se aplica a um ser determinado dentre outros da mesma espécie. [Ex.: Já comprei <u>o</u> livro recomendado.] **Artigo indefinido.** *E.Ling.* Artigo (5) [*um, uma, uns, umas*] que se refere a um ser qualquer dentre outros da mesma espécie. [Ex.: Comprei <u>um</u> livro hoje.]

ar.ti.lha.ri.a [Fr. *artillerie.* ▣15] *sf.* **1.** Conjunto de canhões e mais peças para lançar projetis a grande distância. **2.** Tropa de artilheiros. **3.** Estudo para utilização de artilharia (1). **4.** Fogo que a artilharia (1) despende.

ar.ti.lhei.ro [Fr. *artilleur.* ▣25] *sm.* **1.** Soldado de artilharia. **2.** *Fut.* Jogador que, ao final de jogo ou campeonato, fez o maior número de gols, ou que está sempre fazendo gols. [Sin. de 2: *goleador*.]

ar.ti.ma.nha *sf.* V. *ardil.*

ar.ti:o.dác.ti.lo ou **ar.ti:o.dá.ti.lo** [Tax. *Artiodactyla.*] *adj. sm. Zool.* Diz-se de, ou espécime dos artiodáctilos, ordem de mamíferos ungulados cujas patas têm número par de dedos. Ex.: bovídeos.

ar.tis.ta [*Arte*¹.▣36] *s2g.* **1.** Quem se dedica à arte, esp. às belas-artes. **2.** Quem revela sentimento artístico. **3.** Ator (2). **4.** Artífice engenhoso; artesão.

ar.tís.ti.co [*Artista.*▣35B] *adj.* **1.** Relativo ou pertencente à arte, ao artista. **2.** Que é feito com arte. **3.** De lavor primoroso.

ar.tri.te *sf. Med.* Inflamação de articulação.

ar.tro.pa.ti.a [*Artr(o)-* + *-patia.*] *sf. Med.* Doença de articulação.

ar.tró.po.de [Tax. *Arthropoda.*] *adj2g. sm. Zool.* Diz-se de, ou espécime dos artrópodes, filo de animais invertebrados cujo corpo, revestido de esqueleto quitinoso, é dividido em cabeça, tórax e abdome, e tem 4 ou mais pares de apêndices articulados. Inclui os insetos, os crustáceos e os aracnídeos.

a.ru.á [Do tupi.] *sm. Zool.* Certo molusco que constitui o alimento específico do gavião-caramujeiro.

a.ru.a.que *s2g.* **1.** *Etnôn.* Indivíduo dos aruaques, designação comum a diversos povos de língua aruaque. ● *sm.* **2.** *E.Ling.* Grupo de línguas faladas por povos indígenas no AM, MT, MS e RR, e ainda na Guiana, Guiana Francesa, Suriname, Bolívia e Peru. ● *adj2g.* **3.** Pertencente ou relativo a aruaque (1 e 2).

a.run.di.ná.ce:o [Lat. *arundinaceu.*] *adj.* Arundinoso.

a.run.di.no.so (ó) [Lat. *arundinosu.* ▣37] *adj.* Semelhante à cana¹; arundináceo. [Pl.: *-nosos* (ó).]

ar.vo.a.do *adj.* Aturdido, tonto.

ar.vo.rar [*Árvore.* ▣1A] *vtd.* **1.** Elevar, levantar. **2.** Hastear, içar (bandeira, etc.) *p.* **3.** Assumir por autoridade própria um ofício, encargo, etc. [C.: 1 (ó)] § **ar.vo.ra.do** *adj.*

ár.vo.re [Lat. *arbore.*] *sf. Bot.* **1.** Vegetal lenhoso cujo caule, o tronco, só se ramifica bem acima do nível do solo. **2.** Qualquer estrutura semelhante a árvore, ou que, pela sua disposição, a lembre. ◆ **Árvore genealógica.** Representação gráfica com os nomes dos antepassados e dos descendentes de uma pessoa, de uma família.

ar.vo.re.do (ê) [Lat. *arboretu.*] *sm.* **1.** Aglomeração de árvores. **2.** Conjunto de mastros, vergas, etc., da embarcação.

ar.vo.re.ta (ê) *sf.* Pequena árvore.

■ **As** *Quím.* Símb. de arsênio.

ás [Lat. *asse.*] *sm.* **1.** Carta de baralho, de um só ponto, e que é o início ou o fim de cada naipe. **2.** Pessoa exímia numa atividade.

a.sa [Lat. *ansa.*] *sf.* **1.** *Zool.* Cada um dos 2 membros superiores das aves, órgão principal do voo (como nos pássaros), auxiliar da corrida (como nas galinhas) ou do nado (como nos pinguins), ou cada um dos órgãos de voo dos morcegos. **2.** *Zool.* Excrescência membranosa ou córnea do tórax dos insetos. **3.** Parte saliente pela qual se seguram certos utensílios. **4.** Parte da superfície do avião que produz sustentação aerodinâmica. **5.** *Anat.* Qualquer estrutura com forma semelhante à de asa (1). ◆ **Asa do nariz.** Asa (5) que contribui para formar a face externa de cada narina.

a.sa-del.ta *sf. Esport.* Asa constituída de armação triangular, coberta de tecido fino, com um trapézio no centro, onde o praticante de voo livre se prende e apoia. [Pl.: *asa(s)-deltas.*]

as.bes.to [Lat. *asbestu.*] *sm.* Substância mineral fibrosa, incombustível e infusível, us. em construção.

as.bes.to.se [*Asbesto* + *-ose*¹.] *sf. Med.* Doença pulmonar causada pela inalação de fibras de asbesto.

as.ca.rí.de:o [Tax. *Ascaridae.*] *adj. sm. Zool.* Diz-se de, ou espécime dos ascarídeos, fam. de vermes nematódeos, de grande porte, parasitos intestinais. São as lombrigas.

as.cen.dên.ci:a [Lat. *ascendentia.*] *sf.* **1.** Ascensão (1). **2.** Ascendente (2). **3.** *Fig.* Influência, prestígio. **4.** Série de gerações anteriores a um indivíduo; origem, progênie.

as.cen.den.te [Lat. *ascendente.* ▣21] *adj2g.* **1.** Que sobe, que se eleva. ● *sm.* **2.** Predomínio;

ascender | assadura

ascendência. ● *s2g.* **3.** Pessoa de quem se descende; antepassado.
as.cen.der [Lat. *ascendere.*▣1B] *vtc., int.* e *p.* Subir, elevar-se. [C.: 2. Cf. *acender.*]
as.cen.são [Lat. *ascensione.*] *sf.* **1.** Ato de ascender; ascendência. **2.** Subida, elevação. [Pl.: -*sões.*] § **as.cen.si:o.nal** *adj2g.*
as.cen.sor (ô) [Fr. *ascenseur.*] *sm.* Elevador (2).
as.cen.so.ris.ta [*Ascensor.*▣36] *s2g.* Pessoa que maneja o ascensor; cabineiro.
as.ce.se [B.-lat. *ascese.*] *sf.* Exercício prático que leva à efetiva realização da virtude.
as.ce.ta [B.-lat. *asceta.*] *s2g.* Quem se consagra à ascese.
as.ce.tis.mo [*Asceta.*▣11] *sm.* Prática da ascese. § **as.cé.ti.co** *adj.*
as.co *sm.* Repulsa física ou moral.
a.se.lha (ê) [Lat. **asnicula.*] *sf.* Pequena asa.
as.fal.tar [*Asfalto.*▣1A] *vtd.* Revestir de asfalto. [C.: 1] § **as.fal.ta.do** *adj.*; **as.fal.ta.men.to** *sm.*
as.fal.to [Lat. *asphaltu.*] *sm.* **1.** Espécie de betume para pavimentação e impermeabilização de estradas. **2.** Pavimentação de asfalto (1).
as.fi.xi.a (cs) [Gr. *asphyxía.*▣8A] *sf. Med.* Conjunto de alterações patológicas resultante da baixa de oxigênio inalado.
as.fi.xi.ar (cs) [*Asfixia.*▣1A] *vtd.* **1.** Causar asfixia a, ou matar por asfixia; sufocar, abafar. *int.* **2.** Não poder respirar livremente. [C.: 1] § **as.fi.xi.an.te** (cs) *adj2g.*
a.si.á.ti.co [Lat. *asiaticu.*▣35B] *adj.* **1.** Da Ásia. ● *sm.* **2.** O natural ou habitante da Ásia.
a.si.lar [*Asilo.*▣1A] *vtd.* **1.** Recolher em asilo (1). **2.** Dar abrigo, proteção, a. [C.: 1]
a.si.lo [Lat. *asylu.*] *sm.* **1.** Casa de assistência social onde se sustentam e/ou educam crianças e abrigam mendigos, velhos, etc. **2.** Abrigo, proteção.
as.ma [Lat. *asthma.*] *sf. Med.* Condição mórbida caracterizada por acessos recorrentes de intensa dispneia, com respiração ruidosa. § **as.má.ti.co** *adj.*
as.nei.ra [*Asno.*▣16] *sf.* Qualidade, ação ou dito de asno (2); bobagem, tolice, dislate, estrupício.
as.nei.ren.to [*Asneira.*▣27] *adj.* Que costuma dizer ou fazer asneiras; bestialógico.
as.no [Lat. *asinu.*] *sm.* **1.** Jumento (1). **2.** *Pej.* Burro (2).
as.pa.ra.gá.ce:a [Tax. *Asparagaceae.*] *sf. Bot.* Espécie das asparagáceas, fam. de plantas de folhas por vezes escamosas e flores solitárias, cultivadas como ornamentais, ou pelos brotos comestíveis.
as.par.go [Lat. *asparagu.*] *sm. Bot.* Planta liliácea com brotos carnosos, comestíveis.
as.pas *sfpl.* Sinais de pontuação (" ") com que se abre (") e fecha (") uma citação.

as.pe.ar [*Aspa(s).*▣1N] *vtd.* Pôr entre aspas. [C.: 12A] § **as.pe.a.do** *adj.*
as.pec.to [Lat. *aspectu.*] *sm.* **1.** Aparência de alguém ou de algo; ar. **2.** V. *fisionomia* (1). **3.** Qualidade ou característica peculiar; face, faceta.
as.per.gir [Lat. *aspergere.*▣1C] *vtd.* e *p.* Borrifar(-se) ou respingar(-se) com gotas de água ou de outro líquido; orvalhar(-se). [C.: 48. Part.: *aspergido* e *asperso.*]
ás.pe.ro [Lat. *asperu.*] *adj.* **1.** De superfície desigual. **2.** Desagradável ao tato, à audição, ao paladar, etc. **3.** *Fig.* De caráter firme; duro. **4.** V. *grosseiro* (3). § **as.pe.re.za** (ê) *sf.*
as.per.são [Lat. *aspersione.*▣2] *sf.* Ato ou efeito de aspergir. [Pl.: -*sões.*]
as.per.sor (ô) [Lat. *aspersus* + -*or.*▣19] *adj.* **1.** Que asperge. ● *sm.* **2.** Pequena peça com que se aspergem, automaticamente, as plantas.
as.per.só.ri:o [Lat. *aspersus* + -*ório.*▣23] *sm.* Instrumento com que se asperge água benta; hissope.
ás.pi.de [Lat. *aspide.*] *sm.f. Zool.* Reptil viperídeo da Europa.
as.pi.ra.ção [Lat. *aspiratione.*▣2A] *sf.* **1.** Ato de aspirar; absorção. **2.** Desejo ardente. **3.** *E.Ling.* Pronunciação gutural de certas letras. [Pl.: -*ções.*]
as.pi.ra.dor (ô) [*Aspirar.*▣19A] *adj.* **1.** Que aspira. ● *sm.* **2.** Aparelho para aspirar.
as.pi.ran.te [Lat. *aspirante.*▣21] *adj2g.* **1.** Que aspira ou absorve. ● *sm.* **2.** V. *hierarquia militar.*
as.pi.ran.te a o.fi.ci.al *sm.* V. *hierarquia militar.* [Pl.: *aspirantes a oficial.*]
as.pi.ran.te a o.fi.ci.al-a.vi.a.dor *sm.* V. *hierarquia militar.* [Pl.: *aspirantes a oficial-aviador.*]
as.pi.rar [Lat. *aspirare.*▣1A] *vtd.* **1.** Introduzir (o ar) nos pulmões; inspirar. **2.** Atrair por meio de formação de vácuo ou de rarefação do ar. **3.** Sorver, absorver. **4.** Pronunciar com aspiração (3). *ti.* **5.** Desejar vivamente; pretender. *int.* **6.** Respirar. [C.: 1]
as.quel.min.to [Tax. *Aschelminthes.*] *adj. sm. Zool.* Diz-se de, ou espécime dos asquelmintos, filo de vermes de corpo não segmentado, e de vida livre, ou parasitos; têm tubo digestório completo.
as.que.ro.so (ô) *adj.* Que causa asco; nojento. [Pl.: -*rosos* (ó).]
as.sa.car [*As-*[1] + *sacar.*] *vtdi.* Imputar ou atribuir caluniosamente. [C.: 1A]
as.sa.dei.ra [*Assar.*▣16A] *sf.* Utensílio em que se assam alimentos; tabuleiro.
as.sa.do [*Assar.*▣17A] *adj.* **1.** Que se assou. **2.** Que apresenta assadura (2). ● *sm.* **3.** Prato (2) de carne assada.
as.sa.du.ra [Lat. *assatura.*▣5A] *sf.* **1.** Ato ou efeito de assar. **2.** *Med.* Inflamação cutânea devida a atrito, calor, etc.

as.sa.la.ri.ar vtd. **1.** Dar salário a; estipendiar. p. **2.** Empregar-se por salário; assoldadar-se. [C.: 1] § **as.sa.la.ri.a.do** adj. sm.

as.sal.tar [Lat.vulg. *assaltare.◼1A] vtd. **1.** Atacar de repente; investir com ímpeto e de súbito. **2.** Acometer à traição. **3.** Praticar assalto (2) em: *assaltar um banco*. int. **4.** Assaltar (1 a 3). [Sin. de 1 e 2: *saltear*. C.: 1] § **as.sal.tan.te** adj2g. s2g.

as.sal.to [Dev. de *assaltar*.] sm. **1.** Investida impetuosa; arremetida. **2.** Ataque súbito e violento para roubar, sequestrar, etc.

as.sa.nhar vtd. **1.** Provocar a sanha ou raiva de. **2.** Tornar revolto. **3.** Causar excitação (2 a 4). p. **4.** Proceder de modo inadequado ou indecoroso; exceder-se. **5.** *P.ext. Gír.* Excitar-se sexualmente. [C.: 1] § **as.sa.nha.do** adj.; **as.sa.nha.men.to** sm.

as.sar [Lat. *assare*.◼1A] vtd. **1.** Submeter (alimento) à ação do calor, até ficar cozido e dourado. **2.** Aquecer ao extremo. **3.** Causar assadura (2) em. [C.: 1]

as.sas.si.nar [*Assassino*.◼1A] vtd. **1.** Matar traiçoeiramente. **2.** Matar (ser humano). **3.** *Fig.* Tocar mal (um trecho de música). **4.** *Fig.* Falar mal (uma língua). [C.: 1]

as.sas.si.na.to [Fr. *assassinat*.] sm. Ato de assassinar; assassínio.

as.sas.sí.ni:o [It. *asesinio*.] sm. Assassinato.

as.sas.si.no [It. *assassino*, do ár.] sm. Aquele que comete assassinato.

as.saz [Provç. *assatz*.] adv. Bastante, suficientemente.

as.se.ar [Lat.vulg. *assedare*.◼1A] vtd. **1.** Limpar, varrendo, ou lavando, ou polindo, etc. p. **2.** Fazer a higiene de si mesmo. [C.: 12A] § **as.se.a.do** adj.

as.se.cla [Lat. *assecla*.] s2g. Partidário, sectário.

as.se.di.ar [*Assédio*.◼1A] vtd. **1.** Pôr assédio ou cerco a. **2.** Importunar com perguntas, propostas, etc. [C.: 1]

as.sé.di:o [Lat. *obsidiu*.] sm. **1.** Cerco posto a um reduto para tomá-lo; sítio. **2.** Ato de assediar (2).

as.se.gu.rar [Lat.vulg. *assecurare*.◼1A] vtd. **1.** Tornar seguro; garantir. **2.** Afirmar com segurança ou certeza; segurar, asseverar. *tdi.* **3.** Assegurar (2). **4.** Oferecer, ou permitir de modo certo ou seguro. p. **5.** Certificar-se. [C.: 1] § **as.se.gu.ra.do** adj.

as.sei.o [Dev. de *assear*.] sm. **1.** Limpeza (2). **2.** Perfeição; apuro.

as.sel.va.jar vtd. e p. Tornar(se) selvagem, rude. [C.: 1] § **as.sel.va.ja.do** adj.

as.sem.blei.a (éi) [Fr. *assemblée*.] sf. **1.** Reunião de pessoas para determinado fim. **2.** Corporação. **3.** Congresso (3). ◆ **Assembleia Constituinte.** Assembleia encarregada de fazer ou reformar uma constituição (3); constituinte.

as.se.me.lhar [*As-*[1] + *semelhar*.] vtd. e tdi. **1.** Tornar semelhante. p. **2.** Ser semelhante a, ou tornar-se semelhante. [C.: 1 (ê)]

as.se.nho.re.ar vtd. **1.** Dominar como senhor ou dono. p. **2.** Apossar-se, apoderar-se. [Sin. ger.: *senhorear*. C.: 12A]

as.sen.ta.dor (ô) [*Assentar*.◼19A] sm. Aquele que assenta.

as.sen.ta.men.to [*Assentar*.◼3] sm. **1.** Ato ou efeito de assentar(-se). **2.** Nota por escrito; apontamento, assento. **3.** Fixação ou estabelecimento de residência(s) em determinado lugar.

as.sen.tar [Lat.vulg. *adsedentare*.◼1A] vtd. **1.** Fazer sentar-se ou assentar-se; sentar. **2.** Colocar, aplicar ou dispor de modo que fique seguro, adaptado. **3.** Armar, instalar. **4.** Estabelecer, firmar. **5.** Dar a (indivíduo ou grupo) condições para que se fixe, se estabeleça. **6.** Decidir, deliberar. **7.** Anotar. *ti.* **8.** Basear-se, fundar-se. **9.** Condizer, combinar; harmonizar-se. **10.** Ficar, ajustar-se (bem ou mal). *tdi.* **11.** Basear, fundar. **12.** Aplicar, desferir. *int.* **13.** Tomar assento; sentar-se. **14.** Descer, depositando-se numa superfície qualquer; abaixar. **15.** Tornar-se ajuizado. p. **16.** Tomar assento. **17.** Fixar-se, estabelecer-se. [C.: 1. Part.: *assentado* e *assente*.] § **as.sen.ta.do** adj.

as.sen.te [Part. irreg. de *assentar*.] adj2g. Resolvido, assentado.

as.sen.tir [Lat. *assentire*.◼1C] vti. e int. V. *consentir* (1). [C.: 48] § **as.sen.ti.men.to** sm.

as.sen.to [Dev. de *assentar*.] sm. **1.** Objeto ou lugar onde alguém se senta. **2.** Lugar em que algo está assente; base. **3.** Tampo de cadeira, banco, etc. **4.** *Fam.* V. *nádegas*. **5.** *V. assentamento* (2). [Pl.: -tos.]

as.sep.si.a [*As-*[3] + *sepsia*.] sf. *Med.* **1.** Ausência de infecção. **2.** Conjunto de processos que visam a evitar a presença de germes patogênicos.

as.sép.ti.co [*As-*[3] + *séptico*.] adj. *Med.* **1.** Relativo a assepsia. **2.** Isento de germes patogênicos.

as.ser.ção [Lat. *assertione*.◼2] sf. **1.** V. *afirmação* (2). **2.** Afirmativa. [Pl.: -ções.]

as.ser.ti.va sf. V. *afirmação* (2).

as.ser.ti.vi.da.de [*Assertivo*.] sf. Firmeza, segurança.

as.ser.ti.vo [*Asserto*.◼22] adj. V. *afirmativo*.

as.ser.to [Lat. *assertu*.] sm. V. *afirmação* (2). [Cf. *acerto*.]

as.ser.tó.ri:o [Lat. *assertus* + -*ório*.◼23] adj. V. *afirmativo*.

as.ses.sor (ô) [Lat. *assessore*.◼19] sm. **1.** Adjunto, assistente. **2.** Organismo (4) que assessora.

as.ses.so.rar [*Assessor* + -*ar*[2].◼1A] vtd. Servir de assessor a. [C.: 1 (ó)]

as.ses.so.ri.a [*Assessor*.◼8A] sf. **1.** Ato ou efeito de assessorar. **2.** Órgão, ou conjunto de pessoas, que assessora um chefe. **3.** Escritório, ou instituição, especializado na coleta e análise de dados técnicos, estatísticos ou científicos. 4. Lugar em que funciona uma assessoria (2 e 3).

as.ses.só.ri:o [Lat. *assessoriu*. ◘23] *adj.* Relativo a assessor ou a assessoria. [Cf. *acessório*.]

as.ses.tar [It. *assestare*. ◘1A] *vtd.* **1.** Apontar ou dirigir (arma de fogo) para disparar. *tdc.* **2.** Apontar, dirigir. [C.: 1 (é)]

as.se.ve.ra.ção [Lat. *asseveratione*. ◘2A] *sf.* V. *afirmação* (2). [Pl.: *-ções*.]

as.se.ve.rar [Lat. *asseverare*. ◘1A] *vtd.* **1.** V. *assegurar* (2) **2.** Dar como certo; certificar. *tdi.* **3.** Asseverar (1). [C.: 1 (é)]

as.se.xu.a.do (cs) [*As-*³+*-sexo-*+*-uado*. ◘17Ba] *adj.* **1.** Que não tem os órgãos do sexo. **2.** *Fig.* Diz-se do indivíduo sem vida sexual, ou que por ela não tem interesse.

as.se.xu.al(cs) [*As-*³+*-sexo-*+*-ual*. ◘39A] *adj2g.* *Biol.* Que se efetua sem o concurso de gametas. [Pl.: *-ais*.]

as.sí.du:o [Lat. *assiduu*.] *adj.* Que comparece com regularidade e exatidão ao lugar onde trabalha, estuda, etc. § **as.si.du:i.da.de** *sf.*

as.sim [Lat. *ad* + *sic*.] *adv.* **1.** Deste ou desse ou daquele modo. **2.** Do mesmo modo. ● *conj.* **3.** Destarte; portanto. ◆ **Assim, assim.** *Bras.* Mais ou menos; nem muito nem pouco; nem bem nem mal, nem bom nem ruim. **Assim que.** V. *logo que*. **Assim Seja.** Amém.

as.si.me.tri.a [Gr. *asymetría*. ◘8A] *sf.* Ausência de simetria. § **as.si.mé.tri.co** *adj.*

as.si.mi.la.ção [Lat. *assimilatione*. ◘2A] *sf.* **1.** Ato ou efeito, ou processo de assimilar. **2.** *Antrop. Sociol.* Processo pelo qual um grupo social minoritário perde suas características culturais distintivas, sendo absorvido pelo grupo maior. **3.** *Fisiol.* Anabolismo. **4.** *E.Ling.* Modificação de um som no sentido de tornar-se mais semelhante a outro do mesmo voc. [Ex.: lat. *nostru* > *nostro* > *nosto* > *nosso*.] [Pl.: *-ções*.]

as.si.mi.la.dor (ô) [*Assimilar*. ◘19A] *adj.* **1.** Que produz assimilação. ● *sm.* **2.** Aquele ou aquilo que assimila.

as.si.mi.lar [Lat. *assimilare*. ◘1A] *vtd.* **1.** Tornar semelhante ou igual. **2.** Fazer a assimilação (2 e 3) de. **3.** Tomar como seu ou para si; absorver. **4.** Entender o sentido de; compreender. [C.: 1] § **as.si.mi.lá.vel** *adj2g.*

as.si.na.la.do [*Assinalar*. ◘17A] *adj.* **1.** Que tem ou leva sinal; marcado. **2.** *Fig.* Célebre, ilustre.

as.si.na.lar [*As-*¹ + *sinal* + *-ar*². ◘1A] *vtd.* **1.** Marcar com sinal; assinar. **2.** Particularizar, especificar. *p.* **3.** Notabilizar-se. [C.: 1]

as.si.nan.te [Lat. *assignante*. ◘21] *s2g.* **1.** Pessoa que assina. **2.** Aquele que adquiriu uma assinatura (3).

as.si.nar [Lat. *assignare*. ◘1A] *vtd.* **1.** Firmar com seu nome ou sinal (carta, documento, obra, etc.); firmar. **2.** Assinalar (1). **3.** Fazer assinatura (3) de. *p.* **4.** Assinar (1). [C.: 1] § **as.si.na.do** *adj.*

as.si.na.tu.ra [*Assinar*. ◘5B] *sf.* **1.** Ato ou efeito de assinar. **2.** O nome escrito; firma. **3.** Ajuste pelo qual se adquire, mediante pagamento, o direito de receber, por certo tempo, jornal, revista, etc., ou assistir a televisão a cabo, ou a certo número de espetáculos, viajar de trem ou de outro veículo, etc.; subscrição.

as.sín.cro.no [*Ás-*³ + *síncrono*.] *adj.* **1.** Que não ocorre, ou não se processa, em sincronia com algum evento ou processo, ou segundo uma taxa constante em relação a determinada referência. **2.** *Eng.Elétr.* Diz-se de máquina elétrica rotativa cuja velocidade de rotação não é proporcional à frequência da rede elétrica.

as.sín.de.to [Lat. *asyndeton*.] *sm.* *E.Ling.* Ausência de conjunções coordenativas entre frases ou entre partes da mesma frase. [Ex.: *Cheguei, vi, venci.*] § **as.sin.dé.ti.co** *adj.*

as.sí.ri:o [Lat. *assyriu*.] *adj.* **1.** Da antiga Assíria (Ásia). ● *sm.* **2.** O natural ou habitante da Assíria. **3.** *E.Ling.* A língua assíria.

as.si.sa.do [*As-*¹ + *siso* + *-ado*¹. ◘17B] *adj.* Que tem siso; sensato.

as.sis.tên.ci:a [Lat. *assistentia. ◘10] *sf.* **1.** Ato ou efeito de assistir. **2.** V. *público* (5). **3.** Proteção, arrimo, ajuda. **4.** *Med.* Socorro médico. **5.** *Bras.* Ambulância. § **Assistência social.** Serviço, de natureza diversa, que atende àqueles que não dispõem de recursos suficientes.

as.sis.ten.ci.al [*Assistência*. ◘39] *adj2g.* **1.** Relativo a assistência. **2.** Em que há assistência. [Pl.: *-ais*.]

as.sis.ten.te [Lat. *adsistente*. ◘21] *adj2g.* **1.** Que assiste ou dá assistência. ● *s2g.* **2.** Pessoa presente a um ato, cerimônia, etc. **3.** Adjunto ou auxiliar de professor, médico, etc. ◆ **Assistente social.** Aquele que é formado em Serviço Social.

as.sis.tir [Lat. *adsistere*. ◘1C] *vti.* **1.** Estar presente; comparecer: *Assisti à cerimônia*. **2.** Acompanhar visualmente; ver, testemunhar: *assistir a uma sessão de cinema*. **3.** Competir, caber: *Não lhes assistia julgar nossas ações.* **4.** Assistir (5 a 7). *td.* **5.** Auxiliar, socorrer; proteger. **6.** Acompanhar na qualidade de ajudante, assistente, assessor. **7.** Acompanhar (enfermo, etc.) para prestar auxílio: *assistir o doente*. *tc.* **8.** Residir, morar. *int.* **9.** Estar presente; comparecer. [C.: 3]

as.so:a.lhar¹ *vtd.* Unir ou pregar as tábuas do soalho de (pavimento, etc.). [C.: 1]

as.so:a.lhar² *vtd.* **1.** Expor ao sol. **2.** *Fig.* Expor, mostrar, divulgar. [C.: 1]

as.so:a.lho *sm.* Soalho.

as.so.ar *vtd.* **1.** Limpar (o nariz) de mucosidade. *p.* **2.** Limpar-se do muco nasal. [C.: 1D]

assoberbar¹ | astral

as.so.ber.bar¹ [*As-*¹ + *soberba* + *-ar*². ▣1A] *vtd.* 1. Estar, ser ou ficar sobranceiro a. *p.* 2. Tornar-se orgulhoso. [C.: 1 (é)] § **as.so.ber.ba.do**¹ *adj.*

as.so.ber.bar² *vtd.* Sobrecarregar de serviço. [C.: 1 (é)] § **as.so.ber.ba.do**² *adj.*

as.so.bi.a.dei.ra ou **as.so.vi.a.dei.ra** [*Assobiar* ou *assoviar*. ▣16A] *sf. Bras. Zool.* Irerê.

as.so.bi.ar ou **as.so.vi.ar** [Lat. *assibilare*. ▣1A] *v.int.* 1. V. *sibilar*. 2. Dar assobio(s). *td.* 3. Executar assobiando (música). [C.: 1] § **as.so.bi.a.dor** ou **as.so.vi.a.dor** (ô) *adj. sm.*

as.so.bi.o ou **as.so.vi.o** [Dev. de *assobiar*.] *sm.* 1. Som agudo produzido pelo ar comprimido entre os lábios. 2. Silvo agudo. 3. Apito (1).

as.so.bra.da.do *adj.* Diz-se de prédio com embasamento acima do nível do terreno, podendo constituir-se em porão.

as.so.ci.a.ção [*Associar*. ▣2A] *sf.* 1. Ato ou efeito de associar(-se). 2. Combinação, união. 3. Sociedade (3). [Pl.: *-ções*.]

as.so.ci.a.do [*Associar*. ▣17A] *sm.* Membro de uma associação.

as.so.ci.ar [Lat. *associare*. ▣1A] *vtd.* 1. Unir, juntar (2 ou mais coisas ou pessoas). 2. Reunir em sociedade. 3. *Mat.* Estabelecer uma correspondência entre (2 conjuntos). *tdi.* 4. Estabelecer relação; identificar como afim, etc. *p.* 5. Unir-se. 6. Tornar-se sócio; afiliar-se. [C.: 1]

as.so.ci.a.ti.vo [*Associar*. ▣22A] *adj.* 1. Dado à associação. 2. Relativo à associação. 3. *Mat.* Diz-se de operações que, efetuadas entre elementos de um conjunto em uma ordem, têm resultado independente da maneira por que são agrupados ou associados esses elementos. § **as.so.ci.a.ti.vi.da.de** *sf.*

as.so.lar [Lat. *assolare*. ▣1A] *vtd.* Causar ou levar destruição a; arrasar. [C.: 1 (ó). Cf. *açular*.] § **as.so.la.ção** *sf.*; **as.so.la.dor** (ô) *adj. sm.*

as.sol.da.dar *vtd. e p.* Ajustar(-se) por soldada ou soldo; assalariar(-se). [C.: 1]

as.so.mar [*As-*¹ + lat. *summu* + *-ar*². ▣1A] *vtc.* 1. Subir a lugar elevado ou extremo. 2. Aparecer em ponto alto ou extremo. 3. Mostrar-se; aparecer. *p.* 4. Assomar (3). [C.: 1]

as.som.bra.ção [*Assombrar*. ▣2A] *sf.* 1. Terror cuja causa é inexplicável. 2. V. *fantasma* (3). [Pl.: *-ções*.]

as.som.brar [*As-*¹ + *sombra* + *-ar*². ▣1A] *vtd.* 1. Encher de assombro (1). 2. Procurar encobrir o merecimento ou o prestígio alheio; obscurecer. *p.* 3. Maravilhar-se. 4. Amedrontar-se. [C.: 1]

as.som.bro [Dev. de *assombrar*.] *sm.* 1. Sentimento de medo extremo, de terror, ou de grande espanto, de imensa admiração. 2. Pessoa ou coisa que produz espanto, admiração, ou terror, etc.

as.som.bro.so (ô) [*Assombro*. ▣37] *adj.* Que produz assombro. [Pl.: *-brosos* (ó).]

as.so.mo [Dev. de *assomar*.] *sm.* 1. Ato de assomar ou aparecer. 2. Indício, sinal. 3. Irritação, zanga.

as.so.prar [*As-*² + *soprar*.] *vtd., tdi. e int.* Soprar. [C.: 1 (ó)]

as.su.a.da *sf.* 1. V. *rolo* (9). 2. V. *vaia*.

as.su.mir [Lat. *assumere*. ▣1C] *vtd.* 1. Tomar sobre si ou para si. 2. Passar a exercer. 3. Vir a ter; adquirir. *int.* 4. Passar a exercer cargo ou função. [C.: 3]

as.sun.ção [Lat. *assumptione*. ▣2] *sf.* 1. Elevação a um cargo ou dignidade. 2. *Rel.Restr.* Subida do corpo e da alma da Virgem Maria ao Céu. [Pl.: *-ções*.]

as.sun.tar [*Assunto*. ▣1A] *vtd. Bras.* 1. Prestar atenção a. *ti.* 2. Meditar, ponderar. *int.* 3. Escutar ou olhar; observar. [C.: 1]

as.sun.to [Lat. *assumptu*.] *sm.* 1. Matéria ou objeto de que se trata. 2. Tema versado ou por versar.

as.sus.ta.di.ço *adj.* Que se assusta facilmente.

as.sus.tar [*As-*¹ + *susto* + *-ar*². ▣1A] *vtd.* 1. Dar ou meter susto a; atemorizar. *p.* 2. Ter susto ou medo; amedrontar-se, apavorar-se. [C.: 1] § **as.sus.ta.do** *adj.*; **as.sus.ta.dor** (ô) *adj. sm.*

as.ta.tí.ni.o [Ingl. *astatine* + *-io*². ▣34B] *sm. Quím.* V. *halogênio* [símb.: At].

as.te.ca [Esp. *azteca*.] *s2g.* 1. Indivíduo dos astecas, povo que habitava o México antes da conquista espanhola. ● *sm.* 2. *E.Ling.* O seu dialeto. ● *adj2g.* 3. Dos astecas.

as.te.ni.a [Gr. *asthéneia*.] *sf. Med.* Fraqueza orgânica; debilidade. § **as.tê.ni.co** *adj.*

as.te.rá.ce.a [Tax. *asteraceae*.] *sf.* Espécime das asteráceas, fam. de ervas, árvores e arbustos floríferos de frutos aquênicos. § **as.te.rá.ce.o** *adj.*

as.te.ris.co [Lat. *asteriscu*.] *sm.* Sinal gráfico em forma de estrelinha (*), us. para, entre outros fins, substituir um nome que não se quer mencionar; estrelinha.

as.te.roi.de (ói) [Gr. *asteroeidés*.] *sm. Astr.* Cada um dos pequenos corpos rochosos, de forma irregular, que orbitam o Sol, na maioria situados entre Marte e Júpiter; planetoide.

as.tig.ma.tis.mo [*A-*³ + *-(e)stigmat(o)-* + *-ismo*. ▣11] *sm. Med.* Distúrbio visual em que os raios luminosos partidos de um ponto não se reúnem, como deveriam, em um ponto da retina, sendo percebidos difusamente. § **as.tig.má.ti.co** *adj. sm.*

as.tra.cã [Fr. *astrakan*.] *sm.* Pele de caracul morto logo depois de nascer, e us. em agasalhos.

as.tral [Lat. *astrale*. ▣39] *adj2g.* 1. Relativo aos astros; sideral. ● *sm.* 2. Plano intermediário entre o físico e o espiritual. 3. *Bras. Pop.* Estado de espírito como que determinado pelos astros. [Pl.: *-trais*.]

as.tro [Lat. *astru.*] *sm.* **1.** Nome comum a todos os objetos celestes, com ou sem luz própria. **2.** Ator (2) principal. **3.** Estrela (4 e 5).

as.tro.fí.si.ca [*Astr(o)*- + *física*.] *sf.* Ramo da astronomia que estuda a constituição e evolução dos astros. § **as.tro.fí.si.co** *adj. sm.*

as.tro.lá.bi:o [Lat.med. *astrolabiu.*] *sm.* Instrumento astronômico para medir as alturas dum astro acima do horizonte.

as.tro.lo.gi.a [Gr. *astrología.*◘8A] *sf.* Estudo e/ou conhecimento da suposta influência dos astros no destino e comportamento dos homens. § **as.tro.ló.gi.co** *adj.*; **as.tró.lo.go** *sm.*

as.tro.me.tri.a [*Astr(o)*- + -*metria*] *sf.* Ramo da astronomia que trata da medida, da posição, da dimensão e dos movimentos dos corpos celestes. § **as.tro.mé.tri.co** *adj.*

as.tro.nau.ta [*Astr(o)*- + -*nauta*.] *s2g.* Pessoa treinada para viajar em nave espacial; cosmonauta.

as.tro.náu.ti.ca *sf.* Ciência e técnica do voo espacial; cosmonáutica. § **as.tro.náu.ti.co** *adj.*

as.tro.na.ve *sf. Astron.* V. *espaçonave.*

as.tro.no.mi.a [Lat. *astronomia.*◘8A] *sf.* Ciência que trata da posição, dos movimentos, da constituição e da evolução dos astros. § **as.trô.no.mo** *sm.*

as.tro.nô.mi.co [Lat. *astronomicu.*◘35B] *adj.* **1.** Relativo à astronomia. **2.** *Fig.* Diz-se de preço, gasto, etc., altíssimo.

as.tú.ci:a [Lat. *astutia.*] *sf.* Habilidade em enganar.

as.tu.ci.o.so (ô) [*Astúcia*.◘37] *adj.* Que tem ou revela astúcia; astuto. [Pl.: -*osos* (ó).]

as.tu.to [Lat. *astutu*.] *adj.* Astucioso.

■ **At** *Quím.* Símb. de astatínio.

a.ta[1] [Lat. *acta*.] *sf.* Registro escrito em que se relata o ocorrido numa sessão, num congresso, etc.

a.ta[2] [V.D] *sf. Bras.* V. *pinha* (2).

a.ta.ba.lho.ar [V.C] *vtd.* **1.** Fazer ou dizer (algo) sem ordem nem propósito, ou mal e às pressas. *p.* **2.** Atrapalhar-se, confundir-se. [C.: 1D] § **a.ta.ba.lho.a.do** *adj.*

a.ta.ba.que [Do ár.] *sm.* Espécie de tambor com couro de um lado só e percutido com as mãos.

a.ta.ca.dis.ta [*Atacado*.◘36] *adj2g.* **1.** Diz-se do comércio por atacado e de quem o explora. ● *s2g.* **2.** Negociante atacadista. [Sin.ger.: *grossista.*]

a.ta.ca.do [*Atacar*.◘17A] *adj.* **1.** Que sofreu ataque. ● *sm.* **2.** Aquele que sofreu ataque. **3.** Comércio atacadista. ◆ **Por atacado.** Em grande quantidade (diz-se de compra e venda de mercadorias, etc.).

a.ta.ca.dor (ô) *sm.* Cadarço com que se ajusta o sapato ao pé.

a.ta.car [It. *attaccare*.◘1A] *vtd.* **1.** Lançar-se inesperada e violentamente sobre (alguém ou algo); acometer, assaltar, investir. **2.** Hostilizar; injuriar. **3.** Verberar. **4.** Manifestar-se de súbito em; acometer. **5.** Estragar, danificar. **6.** Referir-se a (alguém) com violência, desprezo, etc. **7.** Dar começo a; iniciar. **8.** *Esport.* Promover ataque (5) a (adversário). **9.** *Pop.* Comer muito e com vontade. *int.* **10.** Efetuar um ataque, uma investida. **11.** *Esport.* Efetuar ataque (5). *p.* **12.** Investir reciprocamente. **13.** Ofender mutuamente. [C.: 1A] § **a.ta.can.te** *adj2g. s2g.*

a.ta.du.ra [*Atar*.◘5A] *sf.* **1.** Ação de atar. **2.** Atilho (1). **3.** *Cir.* Faixa destinada a envolver e proteger partes lesadas ou, ainda, manter curativos no lugar.

a.ta.fu.lhar [V.C] *vtd. e p.* Encher(-se) em demasia; abarrotar(-se). [C.: 1]

a.ta.lai.a [Do ár.] *s2g.* **1.** V. *guarda* (5). ● *sf.* **2.** Ponto alto de onde se vigia.

a.ta.lhar [*A*-[2] + *talho* + -*ar*[2], poss.◘1A] *vtd.* **1.** Impedir de correr, andar, crescer, continuar, etc. **2.** Encurtar (caminho), seguindo por atalho. **3.** Dizer, enunciar, interrompendo: '*Já vou'* — *atalhou* o *amigo*. [C.: 1]

a.ta.lho [Dev. de *atalhar*.] *sm.* Caminho fora da estrada comum, para encurtar distância.

a.ta.man.car *vtd.* Fazer mal e às pressas. [C.: 1A]

a.ta.pe.tar [*Atar*.] *vtd. e p.* Cobrir(-se) com tapete(s); tapetar(-se). [C.: 1 (é)] § **a.ta.pe.ta.do** *adj.*

a.ta.que [Dev. de *atacar*.] *sm.* **1.** Ato ou efeito de atacar. **2.** Agressão, injúria. **3.** Acesso repentino (de doença). **4.** Crise nervosa, ou de loucura; perda do autocontrole, ou do comportamento habitual. **5.** *Esport.* Tentativa de marcar contra o adversário. **6.** *Esport.* Os jogadores que têm a função de atacar.

a.tar [V.C] *vtd.* **1.** Cingir ou ligar com laçada ou nó; amarrar. **2.** Unir, vincular. **3.** Prender, enlaçar. **4.** Subjugar. *p.* **5.** Embaraçar-se. [C.: 1]

a.ta.ran.tar [*A*-[2]+*tarant(ula)*+-*ar*[2].◘1A] *vtd. e p.* Estontear(-se), perturbar(-se), aturdir(-se). [C.: 1] § **a.ta.ran.ta.do** *adj.*

a.ta.re.fa.do [*Atarefar*.◘17A] *adj.* Cheio de tarefas.

a.ta.re.far [*A*-[2] + *tarefa* + -*ar*[2].◘1A] *vtd. e p.* **1.** Encarregar(-se) de tarefa. **2.** Sobrecarregar(-se) de trabalho. [C.: 1 (é)]

a.tar.ra.ca.do *adj.* Baixo e gordo.

a.tar.ra.xar [*A*-[2]+*tarraxa*+-*ar*[2].◘1A] *vtd.* Apertar com tarraxa ou parafuso. [C.: 1]

a.tas.ca.dei.ro [*Atascar* (-*se*).◘25A] *sm.* V. *lamaçal.*

a.tas.car-se [*A*-[2] + *tasco*, 'taberna,' + -*ar*[2] + *se*[1].◘1A] *vp.* **1.** Meter(-se) (em atascadeiro). **2.** *Fig.* Degradar-se no vício. [C.: 1A]

a.ta.ú.de [Do ár.] *sm.* V. *caixão* (2).

a.ta.vi.ar [Do gót.◘1A] *vtd. e p.* Adornar(-se), enfeitar(-se). [C.: 1]

a.tá.vi.co [Lat. *atavus* + -*ico*[2].◘35B] *adj.* Adquirido ou transmitido por atavismo.

a.ta.vi.o [Dev. de *ataviar*.] *sm.* Adorno, ornato, enfeite.

a.ta.vis.mo [Lat. *atavus* + *-ismo*.◙11] *sm.* Reaparecimento, num descendente, de um caráter presente só em seus ascendentes remotos.

a.ta.za.nar *vtd. e p. Pop.* V. *atenazar* (2 a 4). [C.: 1] § **a.ta.za.na.do** *adj.*

a.té [Do ár.] *prep.* 1. Indica um limite de tempo, no espaço ou nas ações. ● *adv.* 2. Ainda, também.

a.te.ar *vtd.* 1. Soprar, fazer lavrar (o fogo). 2. Fomentar (a discórdia, as paixões, etc.). *tdi.* 3. Pôr, tacar (fogo) a. *int. e p.* 4. Avivar-se (o fogo). [C.: 12A]

a.te.ís.mo [*Ateu*.◙11] *sm.* Falta de crença em Deus.

a.te.lec.ta.si.a [*Atel(o)*- + *-ectas*- + *-ia*¹.◙8A] *sf. Med.* Expansão incompleta de pulmão ou de parte dele.

a.te.li.ê [Fr. *atelier*.] *sm.* Oficina de pintor, fotógrafo, costureiro, etc.

a.te.mo.ri.zar [*A*-² + *temor* + *-izar*.◙1D] *vtd. e p.* Causar temor a, ou sentir temor; assustar(-se). [C.: 1] § **a.te.mo.ri.za.dor** (ô) *adj.*

a.te.na.zar [*A*-² + *tenaz* + *-ar*².◙1A] *vtd.* 1. Apertar com tenaz. 2. Torturar, mortificar. 3. Aborrecer, importunar. *p.* 4. Apoquentar-se. [Var., pop., nas acepçs. 2 a 4: *atazanar*. C.: 1] § **a.te.na.za.do** *adj.*

a.ten.ção [Lat. *attentione*.◙2] *sf.* 1. Aplicação cuidadosa da mente a alguma coisa. 2. Exame atento; reparo. 3. Ato ou palavra(s) que demonstra(m) consideração, urbanidade, etc., a, ou para com, alguém. [Pl.: *-ções*.] ● *interj.* 4. Pare! Cuidado! Olhe!

a.ten.ci.o.so (ô) [*Atenção* (*-cio-*).◙37] *adj.* 1. Que presta atenção. 2. Cortês, obsequioso. [Pl.:*-osos* (ó).]

a.ten.den.te [Lat. *attendente*.◙21] *s2g. Bras.* Pessoa que, nos hospitais, ambulatórios, etc., desempenha serviços auxiliares de enfermagem.

a.ten.der [Lat. *attendere*.◙1B] *vti.* 1. Dar ou prestar atenção. 2. Tomar em consideração; deferir. 3. Atentar, observar. *td.* 4. Acolher com atenção ou cortesia. 5. Atender (2). *int.* 6. Escutar atentamente. [C.: 2] § **a.ten.di.men.to** *sm.*

a.te.neu [Lat. *Athenaeu*.] *sm.* Estabelecimento de ensino secundário.

a.te.ni.en.se [Lat. *atheniense*.◙38] *adj2g.* 1. De Atenas, capital da Grécia. ● *s2g.* 2. Natural ou habitante de Atenas.

a.ten.ta.do¹ [*Atentar*¹.◙17A] *adj.* Que tem tento¹.

a.ten.ta.do² [*Atentar*³.◙17A] *adj. Bras. Pop.* De comportamento endiabrado; travesso, levado.

a.ten.ta.do³ [Lat. *attentatu*.] *sm.* 1. Tentativa ou execução de crime contra a integridade física de pessoas ou de instituições. 2. Ofensa às leis ou à moral.

a.ten.tar¹ [*Atento*.◙1A] *vtd.* 1. Ver, considerar, observar, com tento; reparar em. 2. Refletir sobre; ponderar. 3. Aplicar (vista, audição, etc.) a. *ti.* 4. Dirigir a atenção; reparar. 5. Tomar em consideração. *int.* 6. Tomar algo em consideração. [C.: 1]

a.ten.tar² [Lat. *attentare*.◙1A] *vti.* 1. Cometer atentado³; atacar. *td.* 2. Empreender, cometer. *int.* 3. Perpetrar atentado³. [C.: 1]

a.ten.tar³ [*A*-⁴ + *tentar*.◙1A] *vtd. p.* 1. V. *tentar* (2). 2. Importunar, aborrecer. *int.* 3. Perturbar. [C.: 1]

a.ten.ta.tó.ri.o [*Atentar*².◙23A] *adj.* Em que há, ou que constitui atentado³.

a.ten.to [Lat. *attentu*.] *adj.* 1. Que atende; cuidadoso, atencioso. 2. Estudioso, aplicado. 3. Cuidadoso, ponderado. 4. Reverente, respeitoso.

a.te.nu.an.te [Lat. *attenuante*.◙21] *adj2g.* 1. Que atenua, ou diminui a gravidade. 2. *Jur.* Diz-se de circunstância acidental do crime que acarreta diminuição da pena. ● *sm.* 3. *Jur.* Circunstância atenuante.

a.te.nu.ar [Lat. *attenuare*.◙1A] *vtd.* 1. Tornar tênue, delgado. 2. Diminuir. 3. Abrandar, amenizar. *p.* 4. Abrandar-se. [C.: 1] § **a.te.nu.a.ção** *sf.*

a.ter.ra.gem [*Aterrar*².◙6] *sf.* Aterrissagem. [Pl.: *-gens*.]

a.ter.rar¹ [*A*-⁴ + lat. *terrere*.◙1A] *vtd. e p.* Aterrorizar(-se). [C.: 1 (é)] § **a.ter.ra.dor** (ô) *adj.*

a.ter.rar² [*A*-² + *terra* + *-ar*².◙1A] *vtd.* 1. Encher de, ou cobrir com terra. 2. Altear (um terreno), pela deposição de terra ou entulho. 3. *Eletr.* Ligar (um circuito) à terra. *int.* 4. Aterrissar. [C.: 1 (é)] § **a.ter.ra.do** *adj. sm.*; **a.ter.ra.men.to** *sm.*

a.ter.ris.sa.gem [Fr. *atterrissage*.◙6] *sf.* Ato de aterrissar; pouso. [Pl.: *-gens*.]

a.ter.ris.sar [Fr. *atterrisser*.◙1A] *v.int.* Descer a terra (avião, helicóptero). [C.: 1]

a.ter.ro (ê) [Dev. de *aterrar*².] *sm.* 1. Ato ou efeito de aterrar². 2. Aquilo com que se aterra. 3. Terreno aterrado.

a.ter.ro.ri.zar *vtd. e p.* Encher(-se) de terror; aterrar(-se). [C.: 1] § **a.ter.ro.ri.za.dor** (ô) *adj.*; **a.ter.ro.ri.zan.te** *adj2g.*

a.ter-se [Lat. *attinere* + *se*¹.◙1B] *vp.* 1. Encostar-se, arrimar-se. 2. Não ir além; limitar-se, cingir-se. 3. Fixar-se, prender-se. [C.: 15]

a.tes.ta.ção [Lat. *attestatione*.◙2A] *sf.* 1. Ato ou efeito de atestar¹. 2. Testemunho escrito. [Pl.: *-ções*.]

a.tes.ta.do [*Atestar*¹.◙17A] *sm.* 1. Documento que contém atestação (2); certidão. 2. *Fam.* Prova (1).

a.tes.tar¹ [Lat. *attestare*.◙1A] *vtd.* 1. Passar atestado de. 2. Testemunhar. 3. Provar, demonstrar. *int.* 4. Dar atestado ou testemunho. [C.: 1 (é)] § **a.tes.tan.te** *adj2g. s2g.*

a.tes.tar² [*A-²* + *testo* (ê) + *-ar².* ◼1A] *vtd. e p.* Encher(-se) até ao testo ou borda; abarrotar(-se). [C.: 1 (é)]

a.tes.ta.tó.ri:o [*Atestar¹.* ◼23A] *adj. sm.* Que, ou o que serve para atestar ou provar.

a.teu [Lat. *atheu.*] *adj. sm.* Que, ou aquele que não crê em Deus. [Fem.: ateia. (éi)]

a.ti.çar [Lat.vulg. **attitiare.* ◼1A] *vtd.* **1.** Espertar (o fogo). **2.** Instigar, promover. **3.** Excitar. [C.: 1B] § **a.ti.ça.dor** (ô) *adj. sm.*

a.ti.lho [De *atar.*] *sm.* **1.** Fita, fio, cordel, etc., com que se ata ou amarra; atadura. **2.** Feixe de espigas de milho. **3.** Estopim.

a.ti.nar [*A-²* + *tino* + *-ar².* ◼1A] *vtd.* **1.** Descobrir pelo tino, por conjetura ou por indício. **2.** Dar tino de; perceber. *ti.* **3.** Atinar (1). **4.** Lembrar-se de. **5.** Atentar, reparar. [C.: 1]

a.ti.nen.te [Lat. *attinente.* ◼21] *adj2g.* Referente, relativo, respeitante.

a.tin.gir [Lat. *attingere.* ◼1C] *vtd.* **1.** Alcançar, tocar. **2.** Chegar ao que se quer ou deseja; alcançar, conseguir. **3.** Chegar a. **4.** Elevar-se a. **5.** Abranger, incluir. **6.** Afetar, abalar, tocar. **7.** Acertar, ferindo. [C.: 3A] § **a.tin.gí.vel** *adj2g.*

a.tí.pi.co [*A-³* + *-tip(o)-.* ◼35B] *adj.* Que se afasta do normal, do típico. § **a.ti.pi.ci.da.de** *sf.*

a.ti.ra.dei.ra [*Atirar.* ◼16A] *sf. Bras.* Forquilha munida de elástico, com que se atiram pedrinhas; bodoque, estilingue.

a.ti.ra.di.ço *adj.* **1.** *Fam.* Petulante, atrevido. **2.** Dado a aventuras, esp. galantes.

a.ti.ra.do [*Atirar.* ◼17A] *adj.* Atiradiço (2).

a.ti.rar [*A-⁴* + *tirar.*] *vtd.* **1.** V. *arrojar* (2). **2.** Disparar (projetil). *ti.* **3.** Disparar arma de fogo ou de arremesso; alvejar. *int.* **4.** Disparar arma de fogo. *p.* **5.** Arrojar-se, lançar-se. **6.** Dirigir galanteios. [C.: 1] § **a.ti.ra.dor** (ô) *adj. sm.*

a.ti.tu.de [It. *attitudine.*] *sf.* **1.** Posição do corpo; postura. **2.** Reação ou maneira de ser, em relação à pessoa(s), objeto(s), etc.

a.ti.va *sf.* **1.** Exercício efetivo de um serviço, de uma atividade. **2.** A voz ativa dos verbos.

a.ti.var [*Ativo.* ◼1A] *vtd. e p.* Tornar(-se) ativo ou mais ativo. [C.: 1] § **a.ti.va.ção** *sf.*; **a.ti.va.do** *adj.*

a.ti.vi.da.de [Lat. *activitate.* ◼14] *sf.* **1.** Qualidade ou estado de ativo. **2.** Rapidez, diligência. **3.** Meio de vida; profissão.

a.ti.vis.mo [*Ativo.* ◼11] *sm.* **1.** Doutrina ou prática que preconiza ação política vigorosa e direta. **2.** Militância.

a.ti.vis.ta [*Ativo.* ◼36] *adj2g.* **1.** Relativo ao, ou que é partidário do ativismo. ◆ *sm.* **2.** Partidário ou militante do ativismo. **3.** Militante.

a.ti.vo [Lat. *activu.*] *adj.* **1.** Que exerce ação; que age, funciona, etc. **2.** Apto a agir, funcionar, etc., com rapidez. **3.** Intenso, vigoroso. **4.** Diz-se de vulcão que está ou poderá entrar em erupção. **5.** *Eletrôn.* Capaz de gerar ou amplificar energia, num circuito. ◆ *sm.* **6.** O total dos bens duma empresa ou pessoa.

a.tlân.ti.co [Lat. *atlanticu.* ◼35B] *adj.* Diz-se do oceano que banha o oeste dos continentes africano e europeu, e o leste do americano.

a.tlas [Mitôn. lat. *Atlas.*] *sm2n.* **1.** Livro que reúne uma coleção de mapas. **2.** Volume que contém um conjunto coerente e completo de estampas, gráficos, quadros, etc., acompanhado de textos elucidativos. **3.** *Anat.* A primeira vértebra cervical, que sustenta a cabeça.

a.tle.ta [Lat. *athleta.*] *s2g.* Pessoa que pratica esportes. § **a.tlé.ti.co** *adj.*

a.tle.tis.mo [*Atleta.* ◼11] *sm.* **1.** Designação comum às atividades desportivas, ger. de caráter competitivo (corrida, lançamento, salto, etc.). **2.** A prática dessas atividades.

at.mos.fe.ra [*Atm(o)-* + *-sfera.*] *sf.* **1.** Envoltório gasoso dos astros em geral. **2.** Camada de ar que envolve a Terra. **3.** O céu. **4.** *Fís.* Atmosfera física. ◆ **Atmosfera física.** *Fís.* Unidade de medida de pressão equiv. à pressão exercida por uma coluna de mercúrio de 760mm de altura e de densidade igual a 13,5951g/cm³, sujeita à aceleração normal da gravidade (980,665cm/s²). § **at.mos.fé.ri.co** *adj.*

a.to [Lat. *actu.*] *sm.* **1.** Aquilo que se fez; feito. **2.** O que se está fazendo; ação. **3.** V. *comportamento.* **4.** Cerimônia, solenidade. **5.** Documento redigido segundo determinada fórmula, e capaz de produzir consequências jurídicas. **6.** Cada uma das partes em que se divide a peça teatral.

à to *adj2g2n.* **1.** Irrefletido. **2.** Sem préstimo. **3.** Desprezível, vil. **4.** Sem importância.

a.to:a.lha.do *sm.* Pano ou toalha de mesa.

a.to.bá [Do tupi, poss.] *sm. Bras. Zool.* Ave sulídea que se nutre de peixes, que captura mergulhando; alcatraz.

a.to.char [Esp. *atochar.* ◼1A] *vtd.* Encher em excesso; atulhar. [C.: 1 (ó)]

a.tol [Ingl. *atoll.*] *sm. Ocean. Geol.* Coroa de coral sobre pilar vulcânico, visível como ilha rasa encerrando lagoa. [Pl.: *atóis.*]

a.to.la.doi.ro ou **a.to.la.dou.ro** [*Atolar¹.* ◼26B] *sm.* Pântano, charco.

a.to.lar¹ [V.D] *vtd. e tdc.* **1.** Meter ou enterrar em atoleiro. *tc.* **2.** Ficar atolado. *p.* **3.** Atolar (1). **4.** Enlear-se em situação difícil. [C.: 1 (ó)] § **a.to.la.do¹** *adj.*

a.to.lar² [*A-²* + *tolo* + *-ar².* ◼1A] *vtd. e p.* Tornar(-se) tolo. [C.: 1 (ó)] § **a.to.la.do²** *adj.*

a.to.lei.ma.do [*Atoleimar.* ◼17A] *adj.* **1.** Um tanto tolo. **2.** Que denota tolice, falta de inteligência; alvar.

a.to.lei.mar [*A-²* + *toleima* + *-ar².* ◼1A] *vtd. e p.* Apalermar(-se). [C.: 1]

a.to.lei.ro [*Atol(ar)¹.* ◼25] *sm.* V. *lamaçal.*

a.tô.mi.co [*Átomo.* ◼35B] *adj.* Do, ou relativo ao átomo.

á.to.mo [Lat. *atomu.*] *sm. Fís.-Quím.* Sistema energeticamente estável, formado por um núcleo positivo que contém nêutrons e prótons, e cercado de elétrons; a menor quantidade duma substância elementar que tem as propriedades químicas de um elemento.

a.to.na.li.da.de [*Atonal.*▣ 14] *sf. Mús.* Indeterminação da tonalidade.

a.tô.ni.to [Lat. *attonitu.*] *adj.* Confuso, perturbado, tonto.

á.to.no [Gr. *átonos.*] *adj.* Não tônico.

a.to.pe.tar [A-² + *topete* + -ar².▣ 1A] *vtd. Bras.* Abarrotar, atestar. [C.: 1 (é)]

a.tor (ó) [Lat. *actore.*▣ 19] *sm.* **1.** Agente do ato. **2.** O que representa em peças teatrais, filmes, etc.; artista. [Fem.: *atriz.*]

a.tor.do.a.do [*Atordoar.*▣ 17A] *adj.* Que se atordoou; aturdido, tonto, zonzo.

a.tor.do.ar *vtd.* **1.** Perturbar os sentidos de, por efeito de pancada, queda, estrondo, grande comoção, surpresa, etc. *int.* **2.** Causar assombro; maravilhar. *p.* **3.** Ficar tonto. [Sin. ger.: *aturdir.* C.: 1D] § **a.tor.do:a.men.to** *sm.*; **a.tor.do.an.te** *adj2g.*

a.tor.men.tar *vtd. e p.* **1.** Infligir tormento(s) a, ou sofrê-lo(s); mortificar(-se). **2.** Afligir(-se), torturar(-se). [C.: 1]

a.tra.bi.li.á.ri:o [*Atrabílio(s).*▣ 24] *adj.* Colérico, iracundo.

a.tra.ca.doi.ro ou **a.tra.ca.dou.ro** [*Atracar.*▣ 26B] *sm.* Lugar onde se atracam embarcações.

a.tra.ção [Lat. *attractione.*▣ 2] *sf.* **1.** Ato, processo ou poder de atrair. **2.** Poder de encantar; fascínio. **3.** Inclinação natural; pendor, propensão. **4.** Divertimento, distração. **5.** Pessoa ou coisa que suscita interesse. [Pl.: *-ções.*]

a.tra.car [It. *atraccare*, poss.▣ 1A] *vtd.* **1.** Amarrar (uma embarcação) a terra. *tdc.* **2.** Encostar (a embarcação, ao cais ou a outra embarcação). *int.* **3.** Encostar-se ao cais. *p.* **4.** Atracar (3). **5.** Entrar em luta corporal. **6.** *Bras. Pop.* Abraçar-se e beijar-se (um casal) intensamente. [C.: 1A] § **a.tra.ca.ção** *sf.*

a.tra.en.te [Lat. *attrahente.*▣ 21] *adj2g.* Que atrai, seduz, fascina.

a.trai.ço.ar [A-² + *traição* (-*ço*-) + -ar².▣ 1A] *vtd.* **1.** Trair (1). *p.* **2.** Trair-se. [C.: 1D]

a.tra.ir [Lat. *attrahere.*▣ 1C] *vtd.* **1.** Trazer, puxar ou solicitar para si. **2.** Seduzir, fascinar. **3.** Chamar, incitar a aproximar-se. **4.** Provocar, suscitar (opiniões, sentimentos, etc.). *tdi.* **5.** Fazer aderir (a ideia, a religião, o partido, etc.). *int.* **6.** Exercer atração, sedução. [C.: 38]

a.tra.pa.lhar [A-⁴ + *trapo* + -*alhar*, poss.▣ 1L] *vtd. e p.* Confundir(-se), embaraçar(-se), perturbar(-se). [C.: 1] § **a.tra.pa.lha.ção** *sf.*

a.trás [A³ + *trás*¹.] *adv.* **1.** Na parte posterior; na retaguarda. **2.** Depois, após. **3.** Anteriormente.

a.tra.sar [A-² + *trás*¹ + -ar².▣ 1A] *vtd.* **1.** Pôr para trás; recuar. **2.** Adiar, retardar. **3.** Prejudicar, lesar. **4.** Causar atraso a. *int.* **5.** Mover-se com menos presteza ou velocidade que a normal. **6.** Ter, sofrer atraso (2 e 3). *p.* **7.** Não fazer algo no tempo devido. **8.** Não chegar no tempo devido. [C.: 1] § **a.tra.sa.do** *adj.*

a.tra.so [Dev. de *atrasar.*] *sm.* **1.** Ação ou efeito de atrasar(-se). **2.** Demora, retardamento. **3.** *Restr.* Demora de pagamento.

a.tra.ti.vo [Lat. *attractivu.*▣ 22] *adj.* **1.** Que tem o poder de atrair. ● *sm.* **2.** Coisa que atrai.

a.tra.van.car *vtd.* **1.** Impedir com travanca; estorvar. **2.** Acumular muitas coisas em (um lugar). [C.: 1A] § **a.tra.van.ca.men.to** *sm.*

a.tra.vés [A⁴ + *través*.] *adv.* De lado a lado; no sentido transversal. ♦ **Através de. 1.** De um lado a outro de (espaço ou espaço): *A luz passou através da vidraça.* **2.** Por meio de: *Soube tudo através do amigo.*

a.tra.ves.sa.dor [*Atravessar.*▣ 19A] *sm.* **1.** Aquele que atravessa. **2.** V.*intermediário* (4). **3.** *Bras.* Aquele que compra mercadorias por preço baixo para revendê-las com grande lucro.

a.tra.ves.sar [A-² + *través* + -ar².▣ 1A] *vtd.* **1.** Pôr ao través, obliquamente. **2.** Passar para o outro lado de, através ou por cima de; transpor. **3.** Ir do início até o fim de. **4.** Estender-se no tempo. **5.** Viver (períodos de tempo bons ou maus). **6.** Comprar (gêneros) por atacado, para revender mais caro. **7.** *Bras.* Vender ou negociar clandestinamente. **8.** Penetrar, perfurando. *int.* **9.** *Bras. Pop.* Alterar (uma escola de samba) a sincronia do ritmo e/ou melodia do samba, ou ter (o samba) o seu andamento alterado. *p.* **10.** Pôr-se ao través ou obliquamente. **11.** Opor-se. [C.: 1 (é)] § **a.tra.ves.sa.do** *adj.*

a.tre.la.men.to [*Atrelar.*▣ 3] *sm. Bras.* Obediência política combinada entre partidos por votação.

a.tre.lar *vtd.* **1.** Prender ou levar preso pela trela. *p.* **2.** Prender-se, agarrar-se. [C.: 1 (é)]

a.tre.ver-se *vp.* Ousar fazer algo, confiando em suas próprias forças; arrojar-se. [C.: 2 (é-é)]

a.tre.vi.do [Part. de *atrever-se.*] *adj.* **1.** Que se atreve; afoito. **2.** Insolente, grosseiro. ● *sm.* **3.** Indivíduo atrevido.

a.tre.vi.men.to [*Atrever*(-*se*).▣ 3A] *sm.* **1.** Ação de atrever-se; ousadia, coragem. **2.** *Fig.* Insolência.

a.tri.bu:i.ção [Lat. *attributione.*▣ 2] *sf.* **1.** Ato ou efeito de atribuir. **2.** Prerrogativa, privilégio. **3.** Faculdade inerente a um cargo. [Pl.: *-ções.*]

a.tri.bu.ir [Lat. *attribuere.*▣ 1C] *vtdi.* **1.** Considerar como autor, como origem ou causa; imputar. **2.** Dar, conceder. *p.* **3.** Tomar a si; reivindicar; arrogar-se. [C.: 42] § **a.tri.bu.í.vel** *adj2g.*

atribulação | audiovisual

a.tri.bu.la.ção [*A-⁴ + tribulação.*] *sf.* Tribulação. [Pl.: *-ções*.]

a.tri.bu.lar [*A-⁴ + tribular.*] *vtd.* Causar tribulação ou atribulação a; angustiar; afligir. [C.: 1] § **a.tri.bu.la.do** *adj.*

a.tri.bu.ti.vo [*Atributo.* ■22] *adj.* 1. Que atribui. 2. Que indica, ou serve de atributo.

a.tri.bu.to [Lat. *attributu.*] *sm.* 1. O que é próprio de um ser. 2. Emblema distintivo; símbolo. 3. *E.Ling.* Termo que caracteriza o significado de uma palavra.

á.trio [Lat. *atriu.*] *sm.* 1. Grande sala de distribuição da circulação, num edifício. 2. Pátio interno de acesso a um edifício.

a.tri.tar [*Atrito.* ■1A] *vtd.* 1. Provocar atrito em. *tdi.* 2. Friccionar (um corpo) em (outro). *p.* 3. Friccionar-se (um corpo com outro). [C.: 1]

a.tri.to [Lat. *attritu.*] *sm.* 1. Fricção entre 2 corpos. 2. *Fig.* Desinteligência, desavença.

a.triz [Lat. *actrice.*] *sf.* Fem. de *ator* (2).

a.tro [Lat. *atru.*] *adj.* 1. Negro, escuro. 2. Lúgubre; medonho.

a.tro.a.da [*Atroar.* ■4] *sf.* Grande ruído; estrondo.

a.tro.ar [*A-² + trom (tro-) + -ar².* ■1A] *vtd.* Fazer estremecer com o estrondo. [C.: 1D]

a.tro.ci.da.de [Lat. *atrocitate.* ■14] *sf.* 1. Qualidade de atroz. 2. Ação atroz.

a.tro.fi.a [Lat. *atrophia.* ■8A] *sf.* 1. *Med.* Desgaste ou diminuição de tamanho de célula, tecido, parte de órgão, ou órgão. 2. *Pext.* Definhamento; decadência. § **a.tró.fi.co** *adj.*

a.tro.fi.ar [*Atrofia.* ■1A] *vtd. e p.* Causar ou sofrer atrofia. [C.: 1] § **a.tro.fi.a.do** *adj.*; **a.tro.fi:a.men.to** *sm.*

a.tro.pe.la.men.to [*Atropelar.* ■3] *sm.* Ato ou efeito de atropelar (1); atropelo.

a.tro.pe.lar [*A-² + tropel + -ar².* ■1A] *vtd.* 1. Derrubar, por impacto, passando ou não por cima e, ger., machucando, contundindo. 2. Dar, ao passar, encontrão violento em. 3. Desprezar, preterir. 4. Agir ou falar abruptamente. *p.* 5. Entrechocar-se (pessoas). 6. Aglomerar-se em desordem. 7. *Fig.* Afligir, atormentar. [C.: 1 (é)] § **a.tro.pe.la.dor** (ô) *adj. sm.*

a.tro.pe.lo (ê) [Dev. de *atropelar.*] *sm.* 1. *P.us.* Atropelamento. 2. Confusão, baralhada.

a.troz [Lat. *atroce.*] *adj2g.* 1. Sem piedade; desumano. 2. Pungente, aflitivo. [Superl.: *atrocíssimo.*]

a.tu:a.ção [*Atuar.* ■2A] *sf.* Ato ou efeito de atuar; desempenho. [Pl.: *-ções*.]

a.tu.al [Lat. *actuale.* ■39] *adj2g.* 1. Que ocorre no momento em que se fala. 2. De sua época. [Pl.: *-ais*.]

a.tu:a.li.da.de [*Atual.* ■14] *sf.* 1. Qualidade ou estado de atual. 2. A época presente.

a.tu:a.li.da.des *sfpl.* Notícias atuais.

a.tu:a.li.zar [*Atual.* ■1D] *vtd. e p.* Tornar(-se) atual; modernizar(-se). [C.: 1] § **a.tu:a.li.za.ção** *sf.*; **a.tu:a.li.za.do** *adj.*

a.tu.al.men.te [*Atual.* ■42] *adv.* Nos dias atuais, no período atual.

a.tu.an.te [*Atuar.* ■21] *adj2g.* 1. Que está em ato ou exercício de sua atividade. 2. Diz-se de quem age, de quem não se omite.

a.tu.ar [B.-lat. *actuare.* ■1A] *v.int.* 1. Exercer atividade; agir. *ti.* 2. Exercer influência, ou pressão. [C.: 1. Cf. *autuar*.]

a.tu.lhar *vtd.* Atochar. [C.: 1]

a.tum [Do ár., pelo lat.] *sm. Zool.* Peixe escombrídeo do Atlântico, que pode alcançar mais de 300kg; sua carne é muito apreciada. [Pl.: *atuns*.]

a.tu.rar [Lat. **atturare.* ■1A] *vtd.* Aguentar com resignação, tolerância ou paciência; suportar, tolerar. [C.: 1] § **a.tu.rá.vel** *adj2g.*

a.tur.di.do [Part. de *aturdir.*] *adj.* V. *atordoado*.

a.tur.di.men.to [*Aturdir.* ■3] *sm.* 1. Ato de aturdir(-se). 2. Estado de aturdido.

a.tur.dir [Esp. *aturdir.* ■1C] *vtd., int. e p.* V. *atordoar*. [C.: 8]

■ **Au** *Quím.* Símb. de *ouro*.

au.dá.ci:a [Lat. *audacia.*] *sf.* 1. Impulso que leva a cometer atos arrojados ou difíceis. 2. Ousadia, coragem. 3. *Fig.* Insolência, arrogância.

au.da.ci.o.so (ô) [*Audácia.* ■37] *adj.* Que tem ou denota audácia; audaz. [Pl.: *-osos* (ó).]

au.daz [Lat. *audace.*] *adj2g.* Audacioso. [Superl.: *audacíssimo.*]

au.di.ção [Lat. *auditione.* ■2] *sf.* 1. *Fisiol.* O sentido pelo qual se percebem os sons. 2. Ato ou processo de ouvir, escutar; audiência. [Pl.: *-ções*.]

au.di.ên.ci:a [Lat. *audientia.*] *sf.* 1. Audição (2). 2. V. *público* (5). 3. Recepção de autoridade ou pessoa grada a quem deseja ser ouvido por elas. 4. Sessão solene determinada por juízes ou tribunais, para a realização de atos processuais.

áu.di:o [*Audio(fonia).*] *sm.* 1. *Eletrôn.* O som audível, reproduzido eletronicamente. 2. *Cin. Telev.* A parte sonora da gravação ou da transmissão de programa ou produção multimídia.

au.di:o.fre.quên.ci:a (qüen) *sf. Fís.* Frequência, sensível ao ouvido humano, compreendida entre 20 e 20.000Hz.

au.di:o.li.vro *sm.* Livro gravado em CD, BD ou fita-cassete.

au.di:o.me.tri:a [*Audi(o)- + -metria.*] *sf. Med.* Exame da capacidade auditiva por meio de audiômetro. § **au.di:o.mé.tri.co** *adj.*

au.di.ô.me.tro [*Audi(o)- + -metro.*] *sm.* Instrumento para avaliar o poder da audição.

au.di:o.vi.su.al *adj2g.* 1. Diz-se de sistema, ou veículo de comunicação, que atinge o indivíduo através dos canais auditivo e visual. 2. Diz-se do método pedagógico em que se lança mão, simultaneamente, do som e da imagem por meio de livros, filmes, discos, etc. ● *sm.* 3. Programa audiovisual. [Pl.: *-ais*.]

au.di.ti.vo [Lat. *auditus* + *-ivo*.⬜22] *adj*. Relativo à orelha, ou à audição.

au.di.tor (ô) [Lat. *auditore*.] *sm*. 1. Magistrado com exercício na justiça militar. 2. Encarregado de auditoria (3).

au.di.to.ri.a [*Auditor*.⬜8A] *sf*. 1. Cargo de auditor. 2. Lugar onde ele exerce as funções. 3. Exame de operações financeiras ou registros contábeis, visando determinar sua correção ou legalidade.

au.di.tó.ri:o [Lat. *auditoriu*.⬜23] *sm*. 1. O conjunto dos ouvintes presentes a um discurso, uma audiência ou uma sessão. 2. Sala para conferências, ou concertos, etc.

au.dí.vel [Lat. *audibile*.⬜41] *adj2g*. Que se ouve, ou pode ser ouvido. [Pl.: *-veis*.]

au.fe.rir [Lat. **auferere*.⬜1C] *vtd*. *e tdi*. Colher, obter, ter. [C.: 48. Cf. *aferir*.]

au.ge [Do ár.] *sm*. 1. O ponto mais elevado; culminância. 2. O grau mais alto; o apogeu.

au.gu.rar [Lat. *augurare*.⬜1A] *vtd*. *e tdi*. Predizer, pressagiar; agourar. [C.: 1]

au.gú.ri:o [Lat. *auguriu*.] *sm*. V. *presságio*.

au.gus.to [Lat. *augustu*.] *adj*. 1. Venerável, respeitável. 2. Sublime, majestoso.

au.la [Lat. *aula*.] *sf*. 1. Sala onde se leciona. 2. Lição (1).

au.men.tar [Lat. *augmentare*.⬜1A] *vtd*. 1. Fazer maior em extensão, número, matéria, intensidade, etc. 2. Agravar. 3. Acrescentar (1). 4. Progredir, crescer. 5. Fazer parecer maior: *Estas lentes aumentam muito os objetos*. *int*. 6. Crescer. 7. Agravar. [C.: 1]

au.men.ta.ti.vo [*Aumentar*.⬜22A] *adj*. 1. Que dá ou adiciona ideia de aumento. ● *sm*. 2. *E.Ling*. Palavra formada por meio de sufixo, com noção de aumento ou intensidade e, por vezes, de depreciação. [Ex.: *vozeirão*, *copázio*, etc.]

au.men.to [Lat. *augmentu*.] *sm*. 1. Ato ou efeito de aumentar; acréscimo. 2. *Restr*. Aumento de salário.

au.ra [Lat. *aura*.] *sf*. 1. Brisa, aragem. 2. *Med*. Fenômenos ou sensações que precedem crise paroxística, como o ataque epiléptico.

áu.re:o [Lat. *aureu*.] *adj*. 1. Da cor do ouro. 2. Feito ou coberto de ouro. 3. Brilhante, magnífico.

au.ré:o.la [Lat. (*corona*) *aureola*.] *sf*. 1. Círculo brilhante que, nas imagens, envolve a cabeça de figura sacra; nimbo, resplendor. 2. *Fig*. Brilho ou esplendor moral; prestígio, glória. [Sin.ger.: *halo*.]

au.re:o.lar¹ [*Auréola*.⬜40] *adj2g*. Em forma de auréola.

au.re:o.lar² [*Auréola*.⬜1A] *vtd*. Cingir com auréola. [C.: 1 (ó)]

au.rí.cu.la [Lat. *auricula*.] *sf*. *Anat*. 1. Porção da orelha externa que não está situada dentro da cabeça. 2. Cada uma de 2 cavidades cardíacas, direita e esquerda.

au.ri.cu.lar [Lat. *auriculare*.⬜40] *adj2g*. 1. Pertencente, ou relativo à orelha. 2. Pertencente, ou relativo à aurícula (1 e 2).

au.rí.fe.ro [Lat. *auriferu*.] *adj*. Que contém ou produz ouro.

au.ri.ver.de (ê) [*Auri-* + *verde*.] *adj2g*. Amarelo e verde.

au.ro.ra [Lat. *aurora*.] *sf*. 1. Período antes do nascer do Sol, quando este começa a iluminar a parte da superfície terrestre ainda na sombra. 2. *P.ext*. Princípio, começo.

aus.cul.ta [Dev. de *auscultar*.] *sf*. *Med*. Procedimento em que se aplica orelha ou estetoscópio sobre área desejada (torácica, abdominal, etc.) para perceber ruídos no interior dela; auscultação.

aus.cul.ta.ção [Lat. *auscultatione*.⬜2A] *sf*. *Med*. Ausculta. [Pl.: *-ções*.]

aus.cul.ta.dor (ô) [Lat. *auscultatore*.⬜19A] *adj*. 1. Que ausculta. ● *sm*. 2. Aquele que ausculta. 3. Instrumento de auscultar.

aus.cul.tar [Lat. *auscultare*.⬜1A] *vtd*. 1. *Med*. Realizar a ausculta de. 2. Inquirir, sondar. [C.: 1]

au.sên.ci:a [Lat. *absentia*.] *sf*. 1. Estado ou condição de ausente. 2. Não comparecimento; falta. 3. Inexistência, falta. 4. *Med*. Perda transitória de memória e, até, de conhecimento, e que pode ter causas várias.

au.sen.tar-se [Lat. *absentare* + *se*¹.⬜1A] *vp*. Ir-se; retirar-se. [C.: 1]

au.sen.te [Lat. *absente*.⬜21] *adj2g*. 1. Não presente. 2. V. *alheio* (4). ● *s2g*. 3. Pessoa que não está presente em determinado lugar. 4. Pessoa que deixou seu domicílio e se acha em outro lugar.

aus.pí.ci:o [Lat. *auspiciu*.] *sm*. V. *presságio*.

aus.pi.ci.o.so (ô) [*Auspício*.⬜37] *adj*. De bons auspícios; promissor. [Pl.: *-osos* (ó).]

aus.te.ri.da.de [Lat. *austeritate*.⬜14] *sf*. 1. Qualidade ou caráter de austero. 2. Inteireza de caráter; severidade, rigor.

aus.te.ro (té) [Lat. *austeru*.] *adj*. 1. Rígido de caráter; severo. 2. Que tem controle sobre seus apetites ou suas paixões; sóbrio, sério. 3. Grave, ponderado: *tom austero*.

aus.tral [Lat. *australe*.⬜39] *adj2g*. 1. Do, relativo ao, ou próprio do austro ou sul. 2. Que fica do lado do austro ou sul, ou que dele provém: *ventos austrais*. 3. Que é natural ou habitante do sul. [Sin.ger.: *meridional*. Opõe-se a *boreal* e a *setentrional*. Pl.: *-trais*.]

aus.tra.lo.pi.te.co [Tax. *Australopithecus*.] *sm*. *Paleont*. Primata hominídeo que habitou a África no plioceno e no início do plistoceno.

aus.tro [Lat. *austru*.] *sm*. O sul.

au.tar.qui.a [Gr. *autarchía*.⬜8A] *sf*. 1. Poder absoluto. 2. Governo dum Estado por seus concidadãos. 3. Entidade autônoma, auxiliar da administração pública. § **au.tár.qui.co** *adj*.

autenticado | automação

au.ten.ti.ca.do [*Autenticar*.◼17A] *adj*. Reconhecido como autêntico.

au.ten.ti.car [*Autêntico*.◼1A] *vtd*. Tornar autêntico; reconhecer como verdadeiro. [C.: 1A] § **au.ten.ti.ca.ção** *sf*.

au.tên.ti.co [Lat. *authenticu*.◼35B] *adj*. 1. Que é do autor a quem se atribui. 2. Fidedigno. 3. Que faz fé. 4. Legalizado, autenticado. 5. De origem ou qualidade comprovada; genuíno, legítimo, verdadeiro. § **au.ten.ti.ci.da.de** *sf*.

au.tis.mo [*Aut(o)*-[1]+-*ismo*.◼11] *sm. Psiq.* Fenômeno patológico caracterizado pelo desligamento da realidade exterior e criação mental de um mundo autônomo.

au.tis.ta [*Autismo*.◼36] *adj2g. s2g. Psiq.* Que, ou quem apresenta autismo.

au.to[1] [Lat. *actu*.] *sm*. 1. Ato público; solenidade. 2. Registro escrito e autenticado de qualquer ato. 3. *Teatr.* Gênero dramático originário da Idade Média.

au.to[2] *sm*. V. *automóvel*.

au.to.a.ju.da *sf*. 1. Processo em que se utilizam os próprios recursos mentais com o fito de superar problemas, resolver dificuldades, etc., de ordem psicológica ou prática. 2. Conjunto de aconselhamentos, de informações, diretas ou indiretas, por meio de leituras, palestras, que irão possibilitar a autoajuda.

au.to.a.ten.di.men.to *sm*. Em restaurantes, bancos, postos, etc., serviço manipulado pelo próprio cliente.

au.to.bi.o.gra.fi.a *sf*. Vida dum indivíduo escrita por ele mesmo. § **au.to.bi:o.grá.fi.co** *adj*.

au.to.cen.su.ra [*Aut(o)*-[1] + *censura*.] *sf*. Faculdade de exercer censura sobre os próprios atos, atitudes, palavras, etc.

au.to.cla.ve [*Aut(o)*-[1]+ lat. *clave*.] *sf*. Aparelho de desinfecção por meio do vapor a alta pressão e temperatura.

au.to.co.lan.te *adj2g*. 1. Que tem um dos lados recoberto de substância adesiva. ● *sm*. 2. Etiqueta, papel ou impresso autocolante (1).

au.to.con.fi:an.ça *sf*. Confiança em si mesmo.

au.to.con.su.mo *sm*. Consumo pelo próprio produtor.

au.to.con.tro.le (ô) *sm*. Controle sobre as próprias ações ou sentimentos; autodomínio.

au.to.cra.ci.a [Gr. *autokráteia*.] *sf*. Governo dum príncipe, com poderes ilimitados e absolutos.

au.to.cra.ta [Gr. *autokratés*.] *adj2g. s2g.* Diz-se de, ou soberano absoluto e independente. § **au.to.crá.ti.co** *adj*.

au.to.crí.ti.ca *sf*. 1. Crítica feita por alguém a si mesmo ou à(s) própria(s) obra(s). 2. *P.ext.* Capacidade de exercer autocrítica (1).

au.to.cri.ti.car-se [*Aut(o)*-[1]+ *criticar* + *se*[1].] *vp*. Fazer a autocrítica (1). [C.: 1A]

au.tóc.to.ne [Lat. *autochthone*.] *adj2g*. 1. Que é oriundo de terra onde se encontra, sem resultar de imigração ou importação. ● *sm*. 2. V. *nativo* (4). [Opõe-se a *alóctone*.]

au.to da fé ou **au.to de fé** *sm*. 1. Proclamação solene das sentenças do tribunal da Inquisição, seguida da execução dos condenados. 2. *Fig.* Ato de destruir algo pelo fogo. [Pl.: *autos da fé* ou *autos de fé*.]

au.to.de.fen.der-se *vp*. Defender a si mesmo. [C.: 2]

au.to.de.fe.sa (ê) [*Aut(o)*-[1]+ *defesa*.] *sf*. 1. Defesa de um direito feita pelo seu próprio titular. 2. Defesa de si mesmo, ou os meios de que se lança mão para isto.

au.to.de.fi.nir-se *vp*. Manifestar-se sobre si mesmo. [C.: 3]

au.to.des.tru.ir-se [*Aut(o)*-[1] + *destruir* + *se*[1]. ◼1C] *vp*. Destruir a si mesmo. [C.: 43]

au.to.de.ter.mi.na.ção *sf*. 1. Capacidade de decidir (4) por si próprio. 2. *Polít.* Livre escolha do estatuto político de um país, de uma unidade territorial, por seus habitantes. [Pl.: -ções.]

au.to.di.da.ta [Gr. *autodídaktos*.] *adj2g. s2g.* Que, ou quem aprendeu ou aprende por si, sem auxílio de professores.

au.to.do.mí.ni:o *sm*. Autocontrole.

au.tó.dro.mo [*Aut(o)*-[2]+-*dromo*.] *sm*. Conjunto de pistas e edificações para corrida de automóveis.

au.to.es.co.la [*Aut(o)*-[2]+ *escola*.] *sf*. Escola para habilitação de motoristas.

au.to.es.ti.ma *sf*. Valorização de si mesmo.

au.to.es.tra.da [*Aut(o)*-[2]+ *estrada*.] *sf*. 1. Estrada para veículos automóveis. 2. *Restr.* Autoestrada (1) para grandes velocidades, ger. com pistas duplas e acessos limitados; autopista.

au.to.e.xa.me [*Aut(o)*-[1]+ *exame*.] *sm*. 1. Reflexão (2). 2. Aquele que a pessoa faz em si mesma.

au.tó.ge.no [Gr. *autogenés*.] *adj*. 1. Diz-se da solda de 2 metais por fusão parcial deles. 2. *Med.* Que procede do próprio organismo: enxerto <u>autógeno</u>.

au.to.ges.tão *sf*. Gerência de uma empresa pelos próprios trabalhadores. [Pl.: -tões.]

au.to.gi.ro [*Aut(o)*-[1] + *giro*.] *sm*. Avião com hélice horizontal não motriz, que pode mover-se verticalmente.

au.to.go.ver.nar-se *vp*. Governar a si mesmo. [C.: 1 (é)]

au.to.gra.far [*Autógrafo*.◼1A] *vtd*. Apor autógrafo em. [C.: 1]

au.tó.gra.fo [Lat. *autographu*.] *sm*. Escrito ou assinatura do próprio autor.

au.to.in.clu.ir-se *vp*. Incluir(-se) a si mesmo. [C.: 42]

au.to.ma.ção [Ingl. *automation*.] *sf*. Sistema automático pelo qual os mecanismos controlam seu próprio funcionamento, quase sem a interferência do homem; automatização. [Pl.: -ções.]

au.to.má.ti.co [Gr. *autómatos* + *-ico*². ▣ 35B] *adj.* **1.** Próprio de autômato. **2.** Que se move, opera ou regula sem participação humana. **3.** *Fig.* Que se pratica sem a intervenção da vontade ou da inteligência, ou pela força do hábito; instintivo, involuntário, maquinal.

au.to.ma.tis.mo [Gr. *automatismós*.] *sm.* **1.** Qualidade ou caráter do que é automático. **2.** Ato ou gesto automático (2).

au.to.ma.ti.za.ção [*Automatizar*. ▣ 2A] *sf.* **1.** Ato ou efeito de automatizar. **2.** Automação. [Pl.: *-ções*.]

au.to.ma.ti.zar [*Autômato*. ▣ 1D] *vtd.* Tornar automático. [C.: 1]

au.tô.ma.to [Lat. *automatu*.] *sm.* **1.** Maquinismo que se move por meios mecânicos. **2.** Aparelho que imita os movimentos humanos. **3.** *Fig.* Pessoa que age como máquina, sem raciocínio e sem vontade própria.

au.to.me.di.car-se [*Aut(o)-*¹ + *medicar* + *se*¹.] *vp.* Escolher medicação, e ministrá-la a si mesmo. [C.: 1A] § **au.to.me.di.ca.ção** *sf.*

au.to.mo.bi.lis.mo [*Automóvel* (*-bil-*). ▣ 11] *sm.* Esporte que se pratica com automóveis. § **au.to.mo.bi.lis.ta** *s2g.*; **au.to.mo.bi.lís.ti.co** *adj.*

au.to.mo.triz *sf.* Veículo ferroviário a propulsão elétrica dotado de motor próprio.

au.to.mó.vel [*Aut(o)-*¹ + *-móvel*.] *adj2g. sm.* Diz-se de, ou veículo que se move mecanicamente, esp. a motor de explosão; auto, carro. [Pl.: *-veis*.]

au.to.no.mi.a [Gr. *autonomía*. ▣ 8A] *sf.* **1.** Faculdade de se governar por si mesmo. **2.** Direito ou faculdade que tem uma nação de se reger por leis próprias. **3.** Distância máxima que um veículo pode percorrer sem se reabastecer de combustível.

au.tô.no.mo [Gr. *autónomos*.] *adj.* **1.** Que tem, ou em que há autonomia. **2.** Que não depende de outro.

au.to.pe.ça [*Aut(o)-*² + *peça*.] *sf.* **1.** Peça ou acessório de veículo automóvel. **2.** *P.ext.* Estabelecimento onde se vendem autopeças.

au.to.pis.ta [*Aut(o)-*² + *pista*.] *sf.* Autoestrada (2).

au.to.pre.ser.va.ção *sf.* Preservação, esp. a instintiva, de si mesmo. [Pl.: *-ções*.]

au.to.pre.ser.var-se *vp.* Preservar a si mesmo; resguardar-se. [C.: 1 (é)] § **au.to.pre.ser.va.ti.vo** *adj.*

au.top.si.a ou **au.tóp.si.a** [Gr. *autopsía*.] *sf.* **1.** Exame de si mesmo. **2.** *Med.Impr.* Necropsia.

au.top.si.ar [*Autópsia*. ▣ 1A] *vtd.* Fazer a autópsia de. [C.: 1]

au.to.pu.ni.ção *sf.* Punição que alguém dá a si mesmo. [Pl.: *-ções*.]

au.to.pu.ni.ti.vo [*Aut(o)-*¹ + *punitivo*.] *adj.* Que tem o caráter de autopunição.

au.tor (ô) [Lat. *auctore*. ▣ 19] *sm.* **1.** A causa principal, a origem de. **2.** Criador de obra artística, literária ou científica. **3.** Aquele que intenta demanda judicial. § **au.to.ral** *adj2g.*

au.to.ri.a [*Autor*. ▣ 8A] *sf.* Condição de autor.

au.to.ri.da.de [Lat. *auctoritate*. ▣ 14] *sf.* **1.** Direito ou poder de fazer-se obedecer, dar ordens, tomar decisões, agir, etc. **2.** Aquele que tem esse direito ou poder. **3.** *Fig.* Influência, prestígio.

au.to.ri.tá.ri:o [*Autorid(ade)* (*-rit-*). ▣ 24] *adj.* Relativo a, ou que se baseia na autoridade, ou por ela se impõe.

au.to.ri.za.da *sf.* Firma credenciada pelo fabricante para consertos em aparelhos, automóveis, etc.

au.to.ri.za.do [*Autorizar*. ▣ 17A] *adj.* Digno de respeito, obediência e crédito.

au.to.ri.zar [Lat.med. *auctorizare*. ▣ 1D] *vtd.* **1.** Conferir autoridade ou poder a. **2.** Dar autorização para; permitir. *tdi.* **3.** Dar autorização, permissão. *p.* **4.** Justificar-se, abonar-se. [C.: 1] § **au.to.ri.za.ção** *sf.*

au.tor.re.pli.ca.ção [*Aut(o)-*¹ + *replicação*.] *sf. Gen.* Capacidade de um elemento genético controlar a própria duplicação.

au.tor.re.tra.to [*Aut(o)-*¹ + *retrato*.] *sm.* Retrato de um indivíduo feito por ele próprio.

au.tos *smpl.* Conjunto ordenado das peças dum processo judicial.

au.tos.ser.vi.ço [*Aut(o)-*¹ + *serviço*.] *sm.* Sistema em que o próprio comprador ou freguês se serve.

au.tos.su.fi.ci.en.te *adj2g.* Que se basta a si mesmo.

au.tos.su.ges.tão *sf.* Sugestão que alguém exerce sobre si próprio. [Pl.: *-tões*.]

au.to.té.li.co *adj. Filos.* Diz-se do que não tem finalidade ou sentido além ou fora de si.

au.to.trans.for.ma.dor (ô) *sm. Eng. Elétr.* Transformador em que parte do enrolamento é comum aos circuitos primário e secundário.

au.to.tró.fi.co *adj. Biol.* Diz-se de organismo capaz de sintetizar o próprio alimento, a partir de fontes inorgânicas simples, como, p.ex., dióxido de carbono, água, nitratos. As plantas verdes são autotróficas. [Cf. *heterotrófico*.]

au.tu.ar [*Auto*¹. ▣ 1Aa] *vtd.* Lavrar um auto¹ (2) contra (alguém). [C.: 1. Cf. *atuar*.] § **au.tu:a.ção** *sf.*

au.xi.li.ar¹ (ss) [Lat. *auxiliare*. ▣ 40] *adj2g. s2g.* **1.** Que, ou quem auxilia. ● *sm.* **2.** *E.Ling.* Verbo auxiliar (q.v.).

au.xi.li.ar² (ss) [Lat. *auxiliare*. ▣ 1A] *vtd. e tdi.* Prestar auxílio a; socorrer, ajudar. [C.: 1]

au.xí.li:o (ss) [Lat. *auxiliu*.] *sm.* **1.** Ajuda, assistência. **2.** Amparo, proteção.

a.va.ca.lhar [*A-*² + *vaca* + *-alhar*. ▣ 1L] *vtd. e p. Bras. Pop.* Desmoralizar(-se), degradar(-se). [C.: 1]

a.val [Fr. *aval*.] *sm.* Garantia pessoal que se dá de qualquer obrigado ou coobrigado em título cambial. [Pl.: *avais*.]

avalancha | avessas

a.va.lan.cha ou **a.va.lan.che** [Fr. *avalanche*.] *sf.* Grande massa de neve e gelo que se desagrega das montanhas e despenha; alude.

a.va.li:a.ção [*Avaliar*.▫2A] *sf.* **1.** Ato ou efeito de avaliar. **2.** Valor determinado pelos avaliadores. [Pl.: -*ções*.]

a.va.li.ar [*A*-² + *valia* + -*ar*².▫1A] *vtd.* **1.** Determinar a valia ou o valor de. **2.** V. *calcular* (2). [C.: 1] § **a.va.li:a.dor** (ô) *adj. sm.*

a.va.lis.ta [*Aval*.▫36] *s2g.* Pessoa que avaliza.

a.va.li.zar [*Aval*.▫1D] *vtd.* **1.** Obrigar-se por aval em. **2.** *Fig.* Abonar; afiançar. [C.: 1]

a.van.ça.do [*Avançar*.▫17A] *adj.* **1.** Em que há, ou que envolve progresso. **2.** Atual, moderno.

a.van.çar [Provç. *avansar*.▫1A] *vtd.* **1.** Andar para a frente; adiantar-se. **2.** Ir além de; ultrapassar. *ti.* **3.** Investir, atirar-se. *tc.* **4.** Prolongar-se, estender-se. *int.* **5.** Caminhar ou ir para a frente. **6.** Passar (o tempo). [C.: 1B]

a.van.ço [Dev. de *avançar*.] *sm.* **1.** Ato ou efeito de avançar. **2.** Melhoria, vantagem. **3.** Marcha para a frente.

a.van.ta.ja.do [*Avantajar-se*.▫17A] *adj.* Que excede ao comum.

a.van.ta.jar-se *vp.* Levar vantagem; distinguir-se, sobressair. [C.: 1]

a.van.te [Lat.vulg. *abante*.▫21] *adv.* Adiante; para diante. [Tb. us. como interj.]

a.va.ran.da.do *adj. Bras.* Que tem varanda (prédio).

a.va.ren.to [*Avaro*.▫27] *adj. sm.* V. *avaro*.

a.va.re.za (ê) [Lat. *avaritia*.▫12] *sf.* Apego sórdido ao dinheiro.

a.va.ri.a [It. *avaria*, do ár.] *sf.* **1.** Dano ou prejuízo causado a uma embarcação ou à sua carga. **2.** Estrago, dano, deterioração.

a.va.ri.ar [*Avaria*.▫1A] *vtd.* e *p.* **1.** Causar avaria a, ou sofrê-la; danificar(-se). **2.** Estragar(-se). [C.: 1] § **a.va.ri.a.do** *adj.*

a.va.ro [Lat. *avaru*.] *adj. sm.* Que, ou aquele que tem avareza; avarento, sovina.

a.vas.cu.lar [*A*-³ + *vascular*.] *adj2g. Anat.* Desprovido de vaso sanguíneo.

a.vas.sa.lar [*A*-² + *vassalo* + -*ar*².▫1A] *vtd.* **1.** Tornar vassalo. **2.** Dominar, oprimir. **3.** Destruir, arrasar. [C.: 1] § **a.vas.sa.la.dor** (ô) *adj. sm.*

a.va.tar *sm.* **1.** *Rel.* Segundo os hinduístas, forma materializada de um deus. **2.** *Infor.* Personagem cuja imagem representa um participante de rede social, ou de jogo de computador.

■ **AVC** Abrev. de *acidente vascular cerebral*.

a.ve [Lat. *ave*.] *sf. Zool.* Espécime das aves, classe de animais vertebrados, ovíparos, cuja pele é revestida de penas, os membros anteriores são transformados em asas, e a boca prolonga-se em bico; são desprovidos de dentes. ♦ **Ave de rapina.** *Zool.* A que tem garras fortes e bico adunco, próprios para caçar, dilacerar carne, etc. Ex.: gaviões. **Ave marinha.** *Zool.* A que se alimenta esp. de organismos marinhos. Ex.: pinguim, albatroz, gaivota.

a.vei.a [Lat. *avena*.] *sf.* Cereal (2) us. na alimentação humana e de animais.

a.ve.lã [Lat. (*nux*) *abellana*.] *sf. Bot.* O fruto, edule, da aveleira.

a.ve.lei.ra [*Avel(ã)*.▫16] *sf. Bot.* Arbusto ou arvoreta betulácea, do hemisfério norte.

a.ve.lu.da.do [*A*-² + *veludo* + -*ado*¹.▫17B] *adj.* **1.** Macio e lustroso como o veludo; veludoso, velutíneo. **2.** *Fig.* Suave, brando.

a.ve.lu.dar *vtd.* **1.** Dar o aspecto de veludo a (tecido). **2.** Tornar macio, brando. *p.* **3.** Tornar-se macio como o veludo. [C.: 1]

a.ve-ma.ri.a *sf. Rel.* Oração católica em louvor da Virgem Maria. *P.ext.* Cada uma das contas de rosário que indicam as vezes que se diz essa oração. [Pl.: *ave-marias*.]

a.ve-ma.ri.as *sfpl.* O toque (4) para a ave-maria, ao entardecer; o ângelus.

a.ven.ca [*A*-⁵ + lat. *vinca*.] *sf. Bot.* Nome comum a diversas plantas polipodiáceas, ornamentais, muito delicadas.

a.ve.ni.da [Esp. *avenida*.] *sf.* **1.** Logradouro mais largo e importante que a rua. **2.** Alameda. **3.** *Bras.* Vila¹ (2).

a.ven.tal [*Avante*.▫39] *sm.* Peça us. sobre roupa, que a resguarda. [Pl.: -*tais*.]

a.ven.tar [*A*-² + *vento* + -*ar*².] *vtd.* **1.** Agitar ou mover ao vento. **2.** Lembrar, sugerir (ideia, hipótese, etc.); aventurar. [C.: 1]

a.ven.tu.ra [Lat.vulg. **adventura*.] *sf.* **1.** Empresa ou experiência arriscada. **2.** Acontecimento imprevisto; peripécia. **3.** Ligação amorosa inconsequente.

a.ven.tu.rar *vtd.* **1.** Expor ou arriscar à ventura. **2.** Aventar (2). *tdi.* **3.** Expor, arriscar. *p.* **4.** Arriscar-se. [C.: 1]

a.ven.tu.rei.ro [*Aventura*.▫25] *adj.* **1.** Que vive de aventuras ou ama a aventura (1). ● *sm.* **2.** Indivíduo aventureiro.

a.ver.ba.ção [*Averbar*.▫2A] *sf.* Averbamento. [Pl.: -*ções*.]

a.ver.ba.men.to [*Averbar*.▫3] *sm.* **1.** Ato ou efeito de averbar; averbamento. **2.** Declaração ou nota em certos documentos.

a.ver.bar *vtd.* **1.** Escrever em verba, à margem de. **2.** Registrar; anotar. [C.: 1 (é)]

a.ve.ri.guar [*A*-⁴ + lat. *verificare*.▫1A] *vtd.* **1.** Indagar, inquirir. **2.** Certificar-se de; apurar. **3.** Averiguar (1). *ti.* **4.** Informar-se. *p.* **5.** Certificar-se. [C.: 1H ou 1G] § **a.ve.ri.gua.dor** (ô) *adj. sm.*

a.ver.me.lha.do [*A*-² + *vermelho* + -*ado*¹.▫17B] *adj.* Tirante a vermelho.

a.ver.me.lhar *vtd., int.* e *p.* Tornar(-se) vermelho. [C.: 1 (é)]

a.ver.são [Lat. *aversione*.▫2] *sf.* **1.** Ódio, rancor. **2.** Antipatia, repulsa. [Pl.: -*sões*.]

a.ves.sas *sfpl. P.us.* Coisas contrárias, opostas. ♦ **Às avessas.** Em sentido inverso; ao contrário.

a.ves.so (ê) [Lat. *adversu*.] *adj.* **1.** Contrário, inverso. ● *sm.* **2.** A parte oposta à principal, ao lado direito; reverso.

a.ves.ta [Do persa.] *sm.* Conjunto dos textos sagrados do zoroastrismo.

a.ves.truz [*Ave* + port.ant. *estruz*.] *sf.m. Zool.* Ave estrutioniídea, a maior representante da classe das aves; pernalta, de pescoço longo, cabeça pequena, bico achatado e curto, com asas rudimentares e apenas 2 dedos em cada pé.

a.ve.zar [*A*-⁴ + *vezo* + -*ar*². ◨1A] *vtid. e p.* Habituar(-se), acostumar(-se). [C.: 1 (ê)]

a.vi:a.ção [Fr. *aviation*. ◨2] *sf.* **1.** Navegação aérea por meio de aeródinos. **2.** O conjunto dos aviões. [Pl.: -*ções*.]

a.vi:a.dor (ô) [Fr. *aviateur*. ◨19A] *sm.* Piloto de avião.

a.vi:a.men.to [*Aviar*. ◨3] *sm.* **1.** Ato ou efeito de aviar. **2.** O aparelhamento ou o material necessário à execução ou conclusão de qualquer obra.

a.vi.ão [Fr. *avion*.] *sm.* Aeródino com meios próprios de locomoção, e cuja sustentação se faz por meio de asas; aeroplano. [Pl.: -*ões*.]

a.vi.ar *vtd.* **1.** Executar, concluir. **2.** Preparar medicamento prescrito em (receita). *int. e p.* **3.** Apressar (3). [C.: 1]

a.vi.á.ri:o [Lat. *aviariu*. ◨24] *sm.* Estabelecimento onde se vendem aves.

a.ví.co.la [*Avi-* + -*cola*.] *adj2g.* Relativo a aves.

a.ví.cu.la [Lat. *avicula*.] *sf.* Ave pequena.

a.vi.cul.tor (ô) [*Avi-* + *cultor*.] *sm.* O que pratica a avicultura.

a.vi.cul.tu.ra [*Avi-* + *cultura*.] *sf.* Técnica de criar e multiplicar aves.

a.vi.dez (ê) [*Ávido*. ◨12A] *sf.* **1.** Desejo ardente e imoderado de alguma coisa. **2.** Ansiedade, sofreguidão.

á.vi.do [Lat. *avidu*.] *adj.* **1.** Que deseja com ânsia; sôfrego. **2.** Cobiçoso, ambicioso **3.** Muito sedento ou faminto.

a.vi.go.rar *vtd. e p.* **1.** Tornar(-se) vigoroso; robustecer(-se). **2.** Fortalecer(-se), consolidar(-se). [C.: 1 (ô)]

a.vil.tar [*A*-⁴ + lat. *vilitare*. ◨1A] *vtd.* **1.** Tornar vil; envilecer. **2.** Humilhar, rebaixar. **3.** Baixar muito o preço de. *p.* **4.** Tornar-se vil; degradar-se, envilecer(-se). **5.** Humilhar-se. [C.: 1] § **a.vil.ta.men.to** *sm.*; **a.vil.tan.te** *adj2g.*

a.vi.na.gra.do *adj.* Com sabor de vinagre, ou que o contém.

a.vin.do [Part. de *avir*.] *adj.* Que se aveio.

a.vi.nha.do [*A*-² + *vinho* + -*ado*¹. ◨17B] *adj.* **1.** Que tem sabor ou cheiro de vinho. **2.** V. *embriagado*.

a.vi.os *smpl. Bras. S.* Os objetos ou petrechos necessários para determinados fins.

a.vir [Lat. *advenire*. ◨1C] *vtd. e tdi.* **1.** Pôr em concórdia, em harmonia. *p.* **2.** Pôr-se em concórdia, em harmonia. **3.** Sair-se de dificuldade; arranjar-se, arrumar-se, ajeitar-se. [C.: 36]

a.vi.sa.do [*Avisar*. ◨17A] *adj.* **1.** Que recebeu aviso. **2.** Discreto; sensato. **3.** Cauteloso, prudente.

a.vi.sar [Fr. *aviser*. ◨1A] *vtd. e tdi.* **1.** Dar aviso ou ciência de; informar. *p.* **2.** Informar-se. **3.** Prevenir-se, precaver-se. [C.: 1]

a.vi.so [Dev. de *avisar*.] *sm.* **1.** Ato ou efeito de avisar. **2.** Notícia, informação. **3.** Documento de aviso (2). **4.** Parecer, opinião. **5.** Conselho, advertência.

a.vis.tar [*A*-² + *vista* + -*ar*². ◨1A] *vtd.* **1.** Alcançar com a vista; enxergar. *p.* **2.** Ver-se mutuamente. **3.** Encontrar-se casualmente. [C.: 1] § **a.vis.tá.vel** *adj2g.*

a.vi.ta.mi.no.se [*A*-³ + *vitamina* + -*ose*¹.] *sf. Med.* Distúrbio nutricional em que o paciente não recebe a mínima quantidade de vitaminas necessárias — e, portanto, não pode dispor dela —, o que provoca o aparecimento de estados mórbidos, variáveis com o tipo de carência vitamínica.

a.vi.var *vtd. e p.* Tornar(-se) mais vivo. [C.: 1] § **a.vi.va.men.to** *sm.*

a.vi.zi.nhar *vtd.* **1.** Pôr perto; aproximar. **2.** Aproximar-se de. *tdi.* **3.** Avizinhar (1). *p.* **4.** Aproximar-se. [C.: 1]

a.vo [(*Oit*)*avo*.] *sm. Mat.* Cada uma das partes iguais em que se divide um todo ou uma unidade. [Usa-se (no pl.) para nomear frações, antecedido pelo numeral relativo ao denominador, quando este é maior que 10 mas não uma potência de 10.]

a.vó [Lat. **aviola*.] *sf.* A mãe do pai ou da mãe.

a.vô [Lat. **aviolu*.] *sm.* O pai do pai ou da mãe.

a.vo.a.do *adj. Bras.* Que anda com a cabeça no ar; distraído, tonto.

a.vo.car [Lat. *avocare*. ◨1A] *vtid.* **1.** Chamar a si. **2.** Atribuir-se, arrogar-se. *p.* **3.** Chamar à sua responsabilidade; atribuir-se. [C.: 1A (ó)]

a.vo.en.go [*Avô* + -*engo*.] *adj.* Procedente ou herdado de avós, ou relativo a eles.

a.vo.en.gos *smpl.* Antepassados, avós.

a.vo.lu.mar *vtd. e p.* Aumentar, ou crescer, em volume, número ou quantidade. [C.: 1]

a.vós *smpl.* V. *avoengos*.

a.vul.são [Lat. *avulsione*. ◨2] *sf.* Dilaceração ou arrancamento de porção do corpo. [Pl.: -*ções*.]

a.vul.so [Lat. *avulsu*.] *adj.* **1.** Arrancado à força. **2.** Desligado do corpo ou da coleção de que faz parte.

a.vul.ta.do [*Avultar*. ◨17A] *adj.* Grande, vultoso.

a.vul.tar *vtd.* **1.** Representar em vulto ou em relevo. **2.** Ganhar vulto. *ti.* **3.** Importar; subir, elevar-se. *int.* **4.** Aumentar em número, intensidade, etc. [C.: 1]

a.vun.cu.lar [Lat. *avunculus* + -*ar*¹. ◨40] *adj2g.* Pertencente ou relativo a tio ou tia, esp. ao tio materno.

a.vun.cu.la.to [Lat. *avunculus* + -*ato*¹. ◨18] *sm. Antrop. Etnol.* Em muitas sociedades, a relação de autoridade instituída entre o tio materno e os filhos de sua irmã.

a.xa.dre.za.do [*Azo.*▣17B] *adj.* Diz-se de pano em xadrez.

a.xé [Do ior.] *sm.* **1.** Energia sagrada dos orixás. **2.** *Mús.* V. *axé-music.*

a.xé-*music* [*Axé* + o ingl. *music.*] *sm. Mús.* Música baiana carnavalesca: misto de frevo (tocado na guitarra), forró, maracatu e *reggae.*

a.xi.la (cs) [Lat. *axilla.*] *sf. Anat.* Junção de membro superior com parede lateral do tórax. § **a.xi.lar** (cs) *adj2g.*

a.xi:o.lo.gi.a (cs) [Fr. *axiologie.*▣8A] *sf.* Estudo ou teoria dos valores [v. *valor* (2)]. § **a.xi:o.ló.gi.co** *adj.*

a.xi.o.ma (cs) [Lat. *axioma.*] *sm.* **1.** Verdade evidente por si mesma. **2.** *P.ext.* Máxima, sentença.

→ **ayurveda** (ai-urveda) [Sânscr.] *sm.f.* Sistema tradicional de medicina da Índia. § **a:yur.vé.di.co** *adj.*

a.za.do [*Azo.*▣17B] *adj.* Propício, oportuno, próprio.

a.zá.fa.ma [Do ár.] *sf.* **1.** Muita pressa; urgência. **2.** Grande afã; trabalho muito ativo; lufa-lufa, roda-viva, corre-corre.

a.za.fa.ma.do [*Azafamar.*▣17A] *adj.* **1.** Que tem muita pressa. **2.** Sobrecarregado de trabalho; muito atarefado.

a.za.fa.mar [*Azáfama.*▣1A] *vtd.* **1.** Pôr em azáfama. **2.** Sobrecarregar de trabalho, de tarefas. **3.** Apressar. *p.* **4.** Movimentar-se, agitar-se. [C.: 1]

a.za.gai.a [Do ár.] *sf.* Lança curta de arremesso.

a.zá.le:a ou **a.za.lei.a** (éi) [Tax. *Azalea.*] *sf. Bot.* Arbusto ericáceo, ornamental, e sua flor.

a.zar [Do ár.] *sm.* **1.** V. *caiporismo.* **2.** Revés, infortúnio. **3.** Casualidade, acaso.

a.za.ra.do [*Azarar.*▣17A] *adj.* Que tem azar (1); azarento, caipora.

a.za.rar [*Azar.*▣1A] *vtd.* **1.** Dar azar (1) a. **2.** *Bras.* Paquerar (1). [C.: 1]

a.za.ren.to [*Azar.*▣27] *adj.* **1.** V. *azarado.* **2.** Que dá azar (1).

a.ze.dar [*Azedo.*▣1A] *vtd.* **1.** Tornar azedo. **2.** Irritar, exasperar. *int.* e *p.* **3.** Tornar-se azedo. [C.: 1 (é)]

a.ze.do (ê) [Lat. *acetu.*] *adj.* **1.** Que é ácido ao paladar e ao olfato; acre, acerbo, ácido. **2.** Diz-se do alimento que estragou por causa da fermentação: *leite azedo.* **3.** *Fig.* Diz-se de pessoa que está de mau humor. **4.** *Fig.* Mordaz, satírico. ● *sm.* **5.** Um dos sabores básicos do paladar; por exemplo: o do limão ou o do vinagre. [Também se usa *ácido* neste sentido.]

a.ze.du.me [*Azedo* + *-ume.*] *sm.* **1.** Acidez. **2.** *Fig.* Cólera; irritação.

a.zei.tar [*Azeite.*▣1A] *vtd.* **1.** Temperar ou lubrificar com azeite. *p.* **2.** Irritar-se, abespinhar-se. [C.: 1] § **a.zei.ta.do** *adj.*

a.zei.te [Do ár.] *sm.* **1.** Óleo de azeitona. **2.** Óleo extraído de outros vegetais, ou de gordura animal.

a.zei.tei.ro [*Azeite.*▣25] *sm.* Vendedor e/ou fabricante de azeite.

a.zei.to.na [Do ár.] *sf.* Fruto da oliveira; oliva.

a.zei.to.na.do [*Azeitona.*▣17B] *adj.* Tirante à cor da azeitona.

a.zê.mo.la [Do ár.] *sf.* Besta de carga.

a.ze.nha [Do ár.] *sf.* Moinho de roda movido a água.

a.ze.vi.che [Do ár.] *sm.* Variedade compacta de linhito, us. em joalheria.

a.zi.a [V.D] *sf. Med.* Pirose.

a.zi.a.go (á) [Lat. **aegyptiacus.*] *adj.* **1.** Agourento. **2.** V. *infausto.*

a.zi.mo [Lat. *azymu.*] *adj.* Diz-se do pão sem fermento.

a.zi.nha.vrar [*Azinhavre.*▣1A] *vtd., int.* e *p.* Cobrir(-se) de azinhavre. [C.: 1]

a.zi.nha.vre [Do ár.] *sm.* Camada verde de bicarbonato de cobre que se forma nos objetos de cobre expostos ao ar úmido; zinabre.

a.zo [Provç. *aize.*] *sm.* Motivo, ensejo, pretexto.

a.zor.ra.gue [V.D] *sm.* V. *chicote.*

a.zó.ti.co [*Azoto.*▣35B] *adj. Quím.* Nítrico.

a.zo.to (ô) [Fr. *azote.*] *sm. Quím.* Nitrogênio.

a.zou.gar [*Azougue* + *-ar²*.] *vtd.* **1.** Misturar com azougue (1). **2.** Tornar vivo, esperto. [C.: 1]

a.zou.gue [Do ár.-hisp.] *sm.* **1.** *Pop.* Mercúrio. **2.** *Fig.* Pessoa azougada.

a.zu.cri.nar [*Azucrim* (*-crin-*).▣1A] *vtd.* e *p.* Apoquentar(-se), aborrecer(-se). [C.: 1] § **a.zu.cri.na.do** *adj.*

a.zul [Do ár.] *adj2g.* **1.** Da cor do céu sem nuvens com o Sol alto; da cor da safira. **2.** O céu. **3.** *Pop.* Condição de lucro (de indivíduo, empresa, etc.). [Pl.: *azuis.*] ● *sm.* **4.** A cor azul em todas as suas gradações.

a.zu.la.do [*Azul.*▣17B] *adj.* De cor tirante a azul; anilado.

a.zu.lão [*Azul.*▣28A] *sm. Zool.* Ave emberizídea, famosa pelo canto melodioso, e cujo macho é totalmente azul-escuro com partes brilhantes. **2.** Tom bem forte de azul. [Pl.: *-lões.*]

a.zu.lar [*Azul.*▣1A] *vtd.* **1.** Dar cor azul a. *int.* **2.** *Pop.* V. *fugir* (1). [C.: 1]

a.zu.le.ja.dor (ô) [*Azulejar.*▣19A] *sm.* V. *ladrilheiro.*

a.zu.le.jar [*Azulejo.*] *vtd.* Ladrilhar. [C.: 1 (ê)]

a.zu.le.jei.ro [*Azulejo.*▣25] *sm.* V. *ladrilheiro.*

a.zu.le.jo (ê) [Do ár.] *sm.* Ladrilho.

a.zul-fer.re.te *adj2g2n.* Azul muito carregado, tirante a preto. **2.** Diz-se dessa cor. ● *sm.* **3.** Essa cor. [Pl. do sm.: *azuis-ferretes.*]

a.zul-ma.ri.nho *adj2g2n.* **1.** Azul muito escuro, da cor do mar profundo. **2.** Diz-se dessa cor. ● *sm.* **3.** Essa cor. [Pl. do sm.: *azuis-marinhos.*]

a.zul-pis.ci.na *adj2g2n.* Azul do tom da turquesa. **2.** Diz-se dessa cor. ● *sm.* **3.** Essa cor. [Pl. do sm.: *azuis-piscina(s).*]

b (bê) *sm.* **1.** A 2.ª letra do nosso alfabeto. **2.** Figura ou representação dessa letra. ● *num.* **3.** Segundo[1](1), numa série. [Tb. us. para classificar: a) algo como 'de 2.ª categoria'; b) a 2.ª classe social (q.v.).] [Pl. do sm., com duplo *b*: *bb*.]
■ **b** *Mat.* V. ■ *a* (2).
■ **B 1.** No sistema hexadecimal, o 12.º algarismo, equiv. ao número decimal 11. **2.** *Med.* Designação de um aglutinógeno cuja presença nas hemácias caracteriza um grupo sanguíneo, dito *grupo B*. **3.** *Mús.* Sinal com que se representa a nota si, ou a escala ou o acorde nela baseados. **4.** *Quím.* Símb. de *boro*.
■ **Ba** *Quím.* Símb. de *bário*.

bá [F.red. de *babá*.] *sf. Bras. Fam.* V. *ama-seca*.

ba.ba [Lat.vulg. *baba*.] *sf.* **1.** Saliva que escorre da boca; babugem. **2.** Muco segregado por certos animais.

ba.bá [Fr. *baba*.] *sf.* V. *ama-seca*.

ba.ba.çu [Do tupi.] *sm. Bot.* Palmeira arecácea de frutos drupáceos e sementes comestíveis, das quais se extrai óleo útil.

ba.ba de mo.ça *sf. Bras. Cul.* Doce feito com calda de açúcar, leite de coco e gemas de ovos. [Pl.: *babas de moça*.]

ba.ba.do¹ [V.C] *sm.* **1.** Tira (1) pregueada ou franzida. **2.** *Pop.* Fofoca.

ba.ba.do² [*Babar.* ▫17A] *adj.* Que se babou.

ba.ba.doi.ro ou **ba.ba.dou.ro** [*Babar.* ▫26B] *sm.* Resguardo de tecido, etc., que, atado ao pescoço das crianças, evita que a baba ou a comida lhes suje ou umedeça a roupa; babador.

ba.ba.dor (ô) *sm. Bras.* V. *babadoiro*.

ba.ba.lo.ri.xá [Do ior.] *sm. Bras.Rel.* Pai de santo.

ba.bão [*Babar.* ▫28A] *adj.* **1.** Que vive a babar-se. **2.** Tolo, bobo. ● *sm.* **3.** Indivíduo babão. [Pl.: *-bões*. Fem.: *babona*.]

ba.ba.qua.ra [Do tupi.] *adj2g. s2g.* V. *tolo*.

ba.bar [*Baba.* ▫1A] *vtd.* **1.** Molhar com baba. *int.* **2.** Deitar baba. *p.* **3.** Babar (2). **4.** Gostar muito de. [C.: 1]

ba.bel [Top. *Babel.*] *sf.* **1.** Confusão de vozes ou de línguas. **2.** V. *confusão* (6 e 7). [Pl.: *-béis*.]

ba.bé.li.co [*Babel.* ▫35B] *adj.* V. *confuso* (4).

ba.bo.sa [De *baboso*.] *sf. Bras. Pop. Bot.* Aloés.

ba.bo.sei.ra [*Baboso.* ▫16] *sf.* Tolice, asneira.

ba.bu.gem [*Baba* + *-ugem*.] *sf.* **1.** Baba (1). **2.** Restos de comida. [Pl.: *-gens*.]

ba.bu.í.no [Fr. *babouin*.] *sm. Zool.* Nome genérico de simiiformes africanos, com um focinho pontudo, caninos e bochechas grandes, e calosidades nas nádegas.

→ baby-sitter (bêibi-síter) [Ingl.] *s2g.* Pessoa contratada, temporariamente, para tomar conta de criança(s), na ausência dos pais ou responsáveis.

ba.ca.ba [Do tupi.] *sf. Bras. Bot.* Palmeira arecácea, de palmito e drupas alimentícios.

ba.cá.ce:o [Lat. *bacca* + *-áceo*.] *adj.* Que constitui baga, ou é semelhante a ela.

ba.ca.lhau [V.D] *sm.* **1.** *Zool.* Peixe gadídeo cuja carne se consome, esp., seca e salgada. **2.** *Bras.* Chicote. § **ba.ca.lho.ei.ro** *adj. sm.*

ba.ca.lho.a.da [*Bacalhau.* ▫4D] *sf. Cul.* Prato (2) feito de bacalhau, com couve, cebola, batata, etc.

ba.ca.lho.ei.ro [*Bacalhau.* ▫25C] *adj.* **1.** Relativo à pesca ou ao comércio do bacalhau. **2.** Us. na pesca e no transporte do bacalhau. ● *sm.* **3.** Embarcação bacalhoeira.

bacamarte | bagaço

ba.ca.mar.te [Fr. *braquemart*.] *sm.* Arma de fogo de cano curto e largo, reforçada na coronha.

ba.ca.na [V.C] *adj2g. Bras. Gír.* Palavra que exprime inúmeras ideias apreciativas, equiv. aos adj. *bom, excelente*, etc., todos no superlativo, e aplicável a pessoas e coisas.

ba.ca.nal [Lat. *bacchanale*.] *sf.* Festa licenciosa. [Pl.: *-nais*.]

ba.can.te [Lat. **bacchante*.] *sf.* Sacerdotisa do deus Baco.

ba.ca.rá [Fr. *baccara*.] *sm.* Jogo carteado, com um banqueiro e vários jogadores.

ba.cha.rel [Fr.ant. *bacheler*.] *sm.* **1.** Indivíduo que concluiu o primeiro nível universitário. **2.** *Restr.* Indivíduo formado em Direito. [Pl.: *-réis.*]

ba.cha.re.la.do [*Bacharel*.■17C] *sm.* **1.** O grau de bacharel. **2.** O curso para a obtenção desse grau.

ba.cha.re.lan.do [*Bacharelar* + *-ando*.] *sm.* Aquele que vai bacharelar-se.

ba.cha.re.lar-se [*Bacharel* + *-ar²* + *se¹*.■1A] *vp.* Colar grau de bacharel. [C.: 1 (é)]

ba.chi.a.no (qui) [■29A] *adj.* Relativo ao, ou próprio do compositor Johann Sebastian Bach **(M.)**, ou à sua obra.

ba.ci.a [V.C] *sf.* **1.** Vaso redondo, de bordas largas, ger. raso, próprio para lavagens. **2.** Conjunto de vertentes que margeiam rio ou mar interior. **3.** *Anat.* A parte inferior do tronco, cuja estrutura óssea é formada anterior e lateralmente pelos ilíacos, e posteriormente pelo sacro e pelo cóccix; pelve.

ba.ci.lar [*Bacilo*.■40] *adj2g. Med.* Relativo a, ou produzido por bacilo.

ba.ci.la.ri.ó.fi.to [Tax. *Bacillariophyta*.] *adj. sm. Bot.* Diz-se de, ou espécime dos bacilariófitos, divisão de algas planctônicas de água doce ou salgada, unicelulares ou coloniais.

ba.ci.lo [Tax. *Bacillus*.] *sm. Bacter.* Bactéria em forma de bastonete reto.

ba.ci:o [V.C] *sm.* V. *urinol*.

→ **backup** (becâp) [Ingl.] *sm. Inform.* Cópia de segurança, ou o procedimento de criá-la. [Aport.: *becape*.]

ba.ço¹ [V.C] *sm. Anat.* Órgão abdominal que, entre outras funções, destrói hemácias inúteis.

ba.ço² [Lat. *badiu*, poss.] *adj.* Sem brilho; embaçado.

→ **bacon** (bêicon) [Ingl.] *sm.* Toicinho defumado.

ba.co.ni.a.no (bei) [■29A] *adj.* De, ou relativo a Francis Bacon **(M.)**, ou à sua filosofia.

ba.co.re.jar [V.E] *vtd.* **1.** Adivinhar, pressagiar. *int.* **2.** Grunhir (o leitão). [C.: 1 (ê)]

ba.co.ri.nho [*Bácoro*.■32] *sm.* V. *leitão*.

bá.co.ro [V.D] *sm.* V. *leitão*.

bac.té.ri:a [Tax. *Bacterium*, com infl. do fr. *bactérie*.] *sf. Bacter.* Organismo unicelular procarioto, patogênico ou não, que ger. se reproduz por cissiparidade. § **bac.te.ri.a.no** *adj.*

bac.te.ri.ci.da [*Bacter(i)-* + *-cida*.] *adj2g. sm. Med.* Diz-se de, ou qualquer agente com poder de matar bactéria.

bac.te.ri.ó.fa.go [*Bacteri(o)-* + *-fago*.] *sm. Biol.* Nome comum aos vírus que parasitam bactérias.

bac.te.ri:o.lo.gi.a [*Bacteri(o)-* + *-logia*.] *sf.* Ciência que trata das bactérias. § **bac.te.ri:o.ló.gi.co** *adj.*; **bac.te.ri:o.lo.gis.ta** *s2g.*; **bac.te.ri.ó.lo.go** *sm.*

bac.te.ri:os.tá.ti.co *adj. sm. Med.* Diz-se de, ou agente que inibe o crescimento bacteriano.

bá.cu.lo [Lat. *baculu*.] *sm.* Bastão com a extremidade superior arqueada, us. pelos bispos.

ba.cu.rau [Do tupi.] *sm. Zool.* Nome comum a várias aves caprimulgídeas.

ba.cu.ri [Do tupi.] *sm. Bot.* **1.** Árvore gutiferácea de fruto comestível. **2.** Esse fruto.

ba.da.la.da [*Badalar*.■4] *sf.* Som produzido pela pancada de badalo de sino.

ba.da.la.do [*Badalar*.■17A] *adj. Bras. Pop.* Muito falado; muito comentado.

ba.da.lar [*Badalo*.■1A] *v.int.* **1.** Dar badaladas. *td.* **2.** Revelar; divulgar. **3.** *Pop.* Comparecer a festas, eventos, etc. [C.: 1]

ba.da.lo [Lat. **battuaculu*.] *sm.* Peça de metal pendurada no interior de sino, chocalho, etc., para fazê-los soar.

ba.de.jo (é ou ê) [Var. de *abadejo*.] *sm. Bras. Zool.* Nome comum a vários peixes serranídeos de carne muito apreciada.

ba.der.na [It. *baderna*.] *sf.* V. *confusão* (6 e 7). § **ba.der.nei.ro** *adj. sm.*

ba.e.ta (a-ê) [Picardo ant. *bayette*.] *sf.* Tecido felpudo, de lã.

ba:e.ti.lha [*Baeta* + *-ilha*.] *sf.* Baeta delgada e leve.

ba.fa.fá [V.A] *sm. Bras. Fam.* V. *rolo* (9).

ba.fe.jar [*Bafo*.■1E] *vtd.* **1.** Aquecer com o bafo. **2.** Favorecer, proteger. *int.* **3.** Exalar bafo. **4.** Soprar brandamente. [C.: 1 (ê)]

ba.fe.jo (ê) [Dev. de *bafejar*.] *sm.* **1.** Sopro, alento. **2.** Favor, proteção.

ba.fi.o [*Bafo*.■34A] *sm.* Cheiro típico da umidade e falta de renovação do ar; bolor.

ba.fo [V.A] *sm.* **1.** Ar exalado dos pulmões. **2.** *Bras. Gír.* Conversa fiada.

ba.fô.me.tro [*Bafo* + *-metro*.] *sm. Pop.* Aparelho que, ao analisar o bafo (1) de alguém, determina o grau de concentração de álcool em seu organismo.

ba.fo.ra.da [*Baforar*.■4] *sf.* Golfada de fumaça de cigarro, charuto ou cachimbo.

ba.ga [Lat. **baca*.] *sf.* **1.** *Bot.* Fruto carnoso, indeiscente, com número variável de sementes. Ex.: uva, goiaba e mamão. **2.** Gota de suor.

ba.ga.cei.ra [*Bagaço*.■16] *sf.* **1.** Lugar onde se junta o bagaço da uva ou da cana. **2.** Aguardente do bagaço da uva.

ba.ga.ço [*Baga* + *-aço*.] *sm.* **1.** Resíduo de frutas ou de outras substâncias depois de extraído o suco. **2.** Coisa us. demais.

ba.ga.gei.ro [Bagage(m).▫25] sm. **1.** Carregador de bagagens. **2.** Carro de bagagens. **3.** Estrutura, ger. metálica, no teto de carros, para transporte de volumes.

ba.ga.gem [Fr. bagage.] sf. **1.** Conjunto de objetos de uso pessoal que os viajantes conduzem em malas, etc. **2.** Fig. O conjunto das obras literárias, etc., de alguém. [Pl.: -gens.]

ba.ga.na [V.E] sf. Bras. Pop. Guimba.

ba.ga.te.la [It. bagattella.] sf. V. ninharia.

ba.go [De baga.] sm. **1.** Cada fruto do cacho de uvas. **2.** Fruto ou grão que lembre a uva.

ba.gre [V.D] sm. Zool. Nome comum a vários peixes taquisurídeos sem escamas.

ba.gue.te [Fr. baguette.] sf. **1.** Diamante retangular, lapidado com 25 facetas. **2.** Pão fino e longo.

ba.gu.lho [Bago + -ulho.] sm. **1.** Semente contida no bago. **2.** Pop. Pessoa muito feia. **3.** Bras. Objeto sem valor.

ba.gun.ça [V.C] sf. Bras. V. confusão (6 e 7).

ba.gun.ça.do [Bagunçar.▫17A] adj. Em que há bagunça, desordem ou confusão.

ba.gun.çar [Bagunça.▫1A] vtd. e int. Bras. Fazer bagunça ou desordem (em). [C.: 1B]

ba.gun.cei.ro [Bagunça.▫25] adj. e sm. Bras. Que, ou quem faz bagunça.

bai.a [Do quimb.] sf. **1.** Boxe para cavalos. **2.** Bras. Área demarcada para estacionamento de ônibus e embarque e desembarque de passageiros. **3.** Bras. Cada uma das áreas de um escritório, etc. demarcadas por divisórias.

ba.í.a [Fr. baie.] sf. Pequeno golfo de boca estreita, a qual se alarga para o interior.

bai.a.cu [Do tupi.] sm. Bras. Zool. Nome comum a vários peixes marinhos venenosos.

ba:i.a.no [▫29] adj. **1.** Da BA. **2.** Pop. Nortista ou nordestino. ● sm. **3.** O natural ou habitante daquele Estado.

bai.ão [De baiano.] sm. Bras. N.E. Dança e canto populares, ao som da viola e de outros instrumentos. [Pl.: -ões.]

bai.ão de dois sm. Bras. Cul. Prato de feijão e arroz cozinhados juntos. [Pl.: baiões de dois.]

bai.la sf. Em igrejas, salas de sessão pública, etc., gradeado para separação dos assistentes. ◆ **Vir à baila.** Ser lembrado ou mencionado (assunto, etc.); vir a propósito.

bai.la.do [Bailar.▫17] sm. Balé.

bai.lar [Lat. ballare. ▫1A] v.int. **1.** Dançar (1). **2.** Mover-se, descrevendo curvas. td. **3.** Executar dançando. [C.: 1]

bai.la.ri.no [Bailar.▫30] sm. Aquele que baila por profissão; dançarino.

bai.le [Dev. de bailar.] sm. Reunião festiva em que se dança.

bai.léu [Do mal.] sm. **1.** Andaime móvel. **2.** Obras ou peças em balanço. [Ex.: sacadas e aba de telhado.]

ba.i.nha (a-í) [Lat. vagina.] sf. **1.** Estojo para lâmina de arma branca. **2.** Dobra na barra de tecido, saia, etc., para que não se desfie. **3.** Bot. Base de folha, alargada, e que abraça ramo ou caule. **4.** Anat. Qualquer formação que circunda órgão ou parte deste.

bai.o [Lat. badiu.] adj. **1.** Que tem a cor do ouro desmaiado. **2.** Diz-se de equídeo de pelo castanho.

bai.o.ne.ta (ê) [Fr. baïonette.] sf. Arma branca presa à boca do fuzil ou do mosquetão.

bai.o.ne.ta.da [▫4] sf. Golpe de baioneta.

bair.ris.mo [Bairro.▫11] sm. Ação de bairrista.

bair.ris.ta [Bairro.▫36] adj2g. s2g. Defensor exagerado dos interesses do bairro, ou da sua terra.

bair.ro [Do ár.] sm. Cada uma das partes em que se dividem cidade ou vila.

bai.ta [V.E] adj2g. Bras. Muito grande.

bai.u.ca [Esp. bayuca.] sf. **1.** Biboca (2). **2.** V. taberna.

bai.xa [F.subst. de baixo.] sf. **1.** Depressão de terreno. **2.** Redução em preço, cotação, etc. **3.** Dispensa de serviço. **4.** Perda que um efetivo militar sofre por morte, ferimento ou prisão de seus integrantes.

bai.xa.da [Baixar.▫4] sf. **1.** Planície entre montanhas. **2.** Depressão de terreno, próxima a uma colina.

bai.xa-mar [F. de baixo + mar (voc. f. em port. arc.).] sf. V. maré baixa. [Pl.: baixa-mares.]

bai.xar [Lat.vulg. *bassiare.▫1A] vtd. **1.** V. abaixar (1 a 5). **2.** Inform. Receber (cópia de arquivo localizado em máquina remota) através de rede de computadores. tdi. **3.** Expedir (aviso, ordem, instrução, etc.). tdc. **4.** V. abaixar (6). tc. **5.** Internar-se (em enfermaria, hospital, etc.), para tratamento. **6.** Bras. Gír. Aparecer. int. e p. **7.** V. abaixar (9 a 11). [C.: 1]

bai.xa.ri.a [Baixo.▫15] sf. Bras. Gír. **1.** Ato vil, reles. **2.** Situação dele decorrente.

bai.xe.la [Lat. vascella.] sf. Conjunto dos utensílios us. no serviço de mesa, ou do culto divino.

bai.xe.za (ê) [Baixo.▫12] sf. **1.** Qualidade ou caráter do que é baixo ou do que está embaixo. **2.** Indignidade, vileza.

bai.xi.o [Baixo.▫34A] sm. Banco de areia sobre o qual a água de mar ou de rio atinge pouca altura.

bai.xis.ta [Baixo.▫36] s2g. Mús. Quem toca baixo (10) ou contrabaixo.

bai.xo [Lat.vulg. bassu.] adj. **1.** De pequena estatura. **2.** De pouca extensão vertical. **3.** A pouca altura do chão. **4.** Que está inferior ao seu nível ordinário. **5.** Vil, desprezível. **6.** Reles, chulo. **7.** Que mal se ouve. ● sm. **8.** A mais grave das vozes masculinas. **9.** Aquele que a tem. **10.** Mús. O instrumento de diapasão mais grave de cada família de instrumentos.

bai.xo-as.tral adj2g. s2g. Pop. **1.** Diz-se de, ou indivíduo que vive mal-humorado, infeliz, como que sob má influência astral. ● sm. **2.** Situação ou circunstância adversa, atribuída a suposta má influência dos astros. [Opõe-se a alto-astral. Pl.: baixos-astrais.]

bai.xo-la.tim *sm. E.Ling.* **1.** O latim, um tanto artificial, us. pelos monges da Idade Média. **2.** Voc. dessa língua. [Pl., nesta acepç.: *baixos--latins*.]

bai.xo-re.le.vo *sm.* Escultura em que as figuras sobrelevam o plano que lhes serve de fundo. [Pl.: *baixos-relevos*.]

bai.xo.te [*Baixo* + *-ote*¹.] *adj. sm.* Diz-se de, ou indivíduo um pouco baixo. [Fem.: *baixota*.]

ba.ju.la.dor(ô) [Lat. *bajulatore*. ◘19A] *adj. sm.* Que, ou quem bajula; adulador, puxa-saco (pop.).

ba.ju.lar [Lat. *bajulare*. ◘1A] *vtd.* Lisonjear, adular servilmente. [C.: 1] § **ba.ju.la.ção** *sf.*

ba.la [It. *palla*.] *sf.* **1.** Projetil metálico encaixado na cápsula do cartucho de arma (3). **2.** O cartucho e a bala juntos. **3.** *Bras.* Guloseima feita de açúcar e suco ou essência de frutas, etc., em ponto vítreo. **4.** Tiro (3).

ba.la.ço [*Bala* + *-aço*.] *sm.* **1.** Grande bala. **2.** Tiro de bala. [Sin.ger.: *balázio*.]

ba.la.da [Provç. *ballada*, 'dança'.] *sf.* **1.** Poema narrativo sobre assunto lendário ou fantástico, e de caráter simples e melancólico. **2.** Composição para piano, de forma livre, cultivada sobretudo pelos autores românticos. **3.** *Pop.* Canção romântica.

ba.lai.o [V.C] *sm.* Cesto de palha, cipó, etc., ger. em forma de alguidar; patuá.

ba.la.lai.ca [Rus. *balalayka*.] *sf.* Instrumento musical de 3 cordas e forma triangular.

ba.lan.ça [Esp. *balanza*.] *sf.* **1.** Instrumento composto por uma barra suspensa, com um prato em cada uma das extremidades, para comparar as massas dos objetos aí colocados. **2.** Qualquer outro instrumento para medir a massa ou o peso dos corpos. **3.** Equilíbrio, ponderação. **4.** *Astr. Astrol.* Libra (3 e 4). [Com maiúsc., nesta acepç.] ♦ **Balança comercial.** *Econ.* Registro do valor das mercadorias exportadas e importadas por um país, em determinado período.

ba.lan.çar [*Balança*. ◘1A] *vtd.* **1.** Fazer oscilar; balouçar, embalar. **2.** Equilibrar, compensar. **3.** Examinar comparando. **4.** Dar balanço (4) em. **5.** *Bras.* Abalar; afetar. *ti.* **6.** Hesitar. *int. e p.* **7.** Mover-se dum lado para outro; oscilar, balouçar(-se), embalar(-se). [Sin. de 1 a 4 e 7: *balancear*. C.: 1B]

ba.lan.cê [Fr. *balancer*.] *sm.* Passo de quadrilha em que se balança o corpo sem deslocar os pés.

ba.lan.ce.a.do [*Balancear*. ◘17A] *adj.* **1.** Que se balanceou. **2.** Diz-se de alimentação, ração, etc., cujos componentes são equilibrados nas quantidades e qualidades. **3.** *Eng.Elétr.* Diz-se de circuito no qual as cargas estão igualmente distribuídas entre as fases.

ba.lan.ce.a.men.to [*Balancear*. ◘3] *sm.* **1.** Ato de balancear(-se). **2.** *Restr.* Ato de equilibrar as rodas de um veículo para lhe dar direção segura e estabilidade.

ba.lan.ce.ar [*Balança*. ◘1N] *vtd.* **1.** V. *balançar* (1 a 4). **2.** Fazer o balanceamento (2) de. *int. e p.* **3.** V. *balançar* (7). [C.: 12A]

ba.lan.ce.te (ê) [*Balanço* + *-ete* (ê).] *sm.* Balanço parcial duma escrituração comercial.

ba.lan.cim [*Balanço* + *-im*.] *sm. Zool.* Órgão de equilíbrio dos dípteros. [Pl.: *-cins*.]

ba.lan.ço [V.C] *sm.* **1.** Ato ou efeito de balançar; balouço, embalo. **2.** Movimento oscilatório; abalo, balouço. **3.** Aparelho com brinquedo para as crianças se balançarem. **4.** Demonstração contábil de receitas e despesas. ♦ **Balanço de pagamentos.** *Econ.* Registro do valor das transações efetuadas por um país com o exterior, em dado período.

ba.lan.gan.dã [V.A] *sm. Bras.* **1.** Ornamento ou amuleto, ger. de metal, em forma de figa, medalha, etc., us. no traje típico das baianas; berenguendém. **2.** Penduricalho.

ba.lão [Fr. *ballon*.] *sm.* **1.** V. *aeróstato.* **2.** Artefato de papel que, por força de ar quente produzido em seu interior, eleva-se na atmosfera. **3.** Artefato de borracha, etc., de paredes muito finas, que se enche com ar ou gás. **4.** Globo, bola. **5.** *Quím.* Recipiente esférico de vidro, dotado de gargalo, onde se realizam operações químicas. [Pl.: *-lões*.]

ba.lão de en.sai.o *sm.* Pequeno balão (1) us. para verificar a direção do vento. [Pl.: *balões de ensaio*.]

ba.lar [Lat. *balare*. ◘1A] *v.int.* Dar balidos (a ovelha ou o cordeiro); balir. [C.: 1. Norm. é unipess.]

ba.la.ta [Caribe *bálata*.] *sf. Bot.* Árvore sapotácea lactescente, de madeira útil e cujo látex é us. no fabrico de um plástico natural de mesmo nome.

ba.la:us.tra.da [*Balaústre* + *-ada*. ◘4] *sf.* **1.** Série de balaústres. **2.** Parapeito, corrimão, etc., com balaústres ou sem eles.

ba.la.ús.tre [It. *balaustro*.] *sm.* **1.** Pequena coluna que sustenta, com outras iguais, uma travessa, um corrimão ou um peitoril. **2.** Haste vertical, de madeira ou de metal, ger. us. em portas de veículos coletivos, para auxiliar o passageiro a subir ou descer.

ba.lá.zi:o [*Bala* + *-ázio*.] *sm.* Balaço.

bal.bu.ci.ar [Lat.vulg. **balbutiare*. ◘1A] *vtd.* Articular imperfeitamente e com hesitação. [C.: 1] § **bal.bu.ci.an.te** *adj2g.*

bal.bu.ci.o [Dev. de *balbuciar*.] *sm.* Ato de balbuciar.

bal.búr.di:a [V.C] *sf.* **1.** Vozearia, algazarra. **2.** Confusão, tumulto, alvoroço.

bal.cão [It. *balcone*.] *sm.* **1.** Varanda ou sacada guarnecida, ger., de grade e peitoril. **2.** Móvel us. em lojas, etc., para atendimento do público ou da clientela. **3.** Na plateia, local situado entre os camarotes e as galerias. [Pl.: *-cões*.]

bal.co.nis.ta [*Balcão* (*-con-*). ◘36] *s2g. Bras.* Quem trabalha no balcão (2); caixeiro.

bal.da *sf.* Defeito habitual; mania.

bal.da.do [*Baldar*. ◘17A] *adj.* Frustrado, inútil, vão.

baldaquim | bambo

bal.da.quim ou **bal.da.qui.no** [It. *baldacchino*.] *sm.* Dossel sustentado por colunas, que serve de cúpula ou coroa de um altar, trono, sólio ou leito. [Pl. de baldaquins: *-quins*.]

bal.dar [Do ár. ◼ 1A] *vtd.* 1. Invalidar, frustrar. *p.* 2. Ser inútil. [C.: 1]

bal.de [V.D] *sm.* Vaso com o feitio de tronco de cone para tirar água de poços, receber despejos, etc.

bal.de.ar [*Balde*. ◼ 1N] *vtd.* 1. Tirar com balde. 2. Molhar com baldes de água. 3. Passar (líquidos) de um vaso para outro. 4. Passar (mercadorias, bagagens ou passageiros) de um veículo para outro. [C.: 12A] § **bal.de:a.ção** *sf.*

bal.di:o *adj.* 1. Sem proveito; inútil. 2. Diz-se de terreno abandonado, inculto, agreste. ● *sm.* 3. Terreno baldio (2).

ba.lé [Fr. *ballet*.] *sm.* 1. Representação dramática em que se combinam a dança, a música e a pantomima; bailado. 2. Companhia de balé. 3. *P.ext.* Série de exercícios corporais para o desenvolvimento físico e técnico do bailarino: *aula de balé*.

ba.le.ar [*Bala*. ◼ 1N] *vtd.* Ferir com bala (1) de arma de fogo portátil. [C.: 12A]

ba.le.ei.ra [*Baleia*. ◼ 16] *sf.* 1. Embarcação miúda, a remo ou vela, us. no serviço dos navios. 2. *Bras.* Embarcação veloz us. para a pesca de baleias.

ba.le.ei.ro [*Baleia*. ◼ 25] *sm.* 1. Pescador de baleias. ● *adj.* 2. Relativo a baleia.

ba.lei.a [Lat. *balaena*.] *sf. Zool.* Nome comum a cetáceos marinhos, de grande porte, com dois tipos: os providos de dentes, que se alimentam de moluscos e peixes, e os com uma franja de barbatanas, os quais se alimentam ger. de plâncton.

ba.lei.a-a.zul *sf. Zool.* Cetáceo dos oceanos Atlântico e Pacífico que chega a alcançar 30m de comprimento. [Pl.: *baleias-azuis*.]

ba.lei.ro [*Bala*. ◼ 25] *sm. Bras.* Vendedor de balas [v. *bala* (3)].

ba.le.la [*Bala*, poss.] *sf.* Notícia ou dito sem fundamento.

ba.le.o.te [*Bale(ia)* + *-ote*¹.] *sm. Zool.* Cetáceo do oceano Atlântico cujo comprimento chega a 10m.

ba.li.do [*Balar*.] *sm.* Grito de ovelha ou de cordeiro.

ba.lir [*Balar*, com infl. de *balido*.] *v.int.* Balar. [C.: 8. Ger. é unipess., mas, fig., pode-se conjugar conforme o paradigma.]

ba.lís.ti.ca [*Balista* + *-ica*.] *sf.* Ciência que estuda o movimento dos projetis, esp. os disparados por armas de fogo.

ba.lis.tí.de:o [Tax. *Balistidae*.] *adj. sm. Zool.* Diz-se de, ou espécime dos balistídeos, família de peixes de corpo oblongo, de coloração brilhante ou críptica.

ba.li.za [B.-lat. *palitia*.] *sf.* 1. Estaca ou pedaço qualquer que marca um limite. 2. Marca, sinal. 3. Boia, estaca, etc., que serve de referência à navegação. 4. Sinal ou marco indicativo de certas normas de trânsito. 5. Haste us. nas operações topográficas para assinalar pontos do terreno. 6. *Fut.* V. *gol* (1). 7. Vara ou bastão que o baliza (8 e 9) aciona com movimentos rítmicos. ● *sm.* 8. Soldado que, agitando baliza (7), indica, à frente da tropa, os movimentos que ela deve fazer. ● *s2g.* 9. Pessoa que faz evoluções acrobáticas com baliza (7) à frente de desfiles.

ba.li.za.gem [*Balizar*. ◼ 6] *sf.* Ato de pôr balizas; balizamento. [Pl.: *-gens*.]

ba.li.za.men.to [*Balizar*. ◼ 3] *sm.* Balizagem.

ba.li.zar [*Baliza*. ◼ 1A] *vtd.* 1. Marcar com baliza; delimitar, abalizar. 2. Determinar a grandeza de. [C.: 1]

bal.ne.á.ri:o [Lat. *balneariu*. ◼ 24] *adj.* 1. Relativo a banho (1). ● *sm.* 2. Recinto público destinado a banhos.

bal.ne:o.te.ra.pi.a [*Balne(o)*- + *-terapia*.] *sf. Med.* O banho como uso terapêutico.

ba.lo.ei.ro [*Balão* (-*lo*-). ◼ 25] *sm.* Indivíduo que fabrica ou solta balões.

ba.lo.fo (ô) [V.E] *adj.* 1. De volume desmedido em relação ao peso. 2. Sem consistência; fofo.

ba.lo.nis.mo [*Balão* (-*lon*-). ◼ 11] *sm.* O esporte de navegar em balão (1).

ba.lou.çar [Lat. **ballocciare*. ◼ 1A] *vtd., int. e p.* V. *balançar* (1 e 7). [C.: 1B]

ba.lou.ço *sm.* V. *balanço* (1 e 2).

bal.sa [V.D] *sf.* 1. Talha onde se guardam carnes curadas. 2. Jangada grande em que se transportam cargas pesadas, ger. a pequenas distâncias.

bal.sa.mar [*Bálsamo*. ◼ 1A] *vtd.* 1. Destilar bálsamo em. 2. Perfumar, aromatizar. [C.: 1]

bal.sâ.mi.co [*Bálsamo*. ◼ 35B] *adj.* 1. Da natureza do bálsamo. 2. Aromático, perfumado.

bal.sa.mi.ná.ce:a [Tax. *Balsaminaceae*.] *sf. Bot.* Espécime das balsamináceas, família de ervas de belas flores multicoloridas. Ex.: maria-sem-vergonha. § **bal.sa.mi.ná.ce:o** *adj.*

bál.sa.mo [Lat. *balsamu*, de or. gr.] *sm.* 1. Líquido aromático e espesso que exsuda de algumas plantas. 2. Perfume, aroma. 3. Conforto, consolação.

ba.lu.ar.te [Provç.ant. *boloart*.] *sm.* 1. Bastião. 2. Fortaleza inexpugnável. 3. Apoio, suporte.

bal.za.qui.a.na [F.subst. de *balzaquiano*; em alusão à obra *A Mulher de Trinta Anos*, de Balzac (M.).] *sf.* Mulher de uns 30 anos.

bal.za.qui.a.no [◼ 29A] *adj.* Relativo ao, ou próprio do romancista Honoré de Balzac (M.), ou à sua obra.

bam.ba [Do quimb.] *adj2g. s2g. Gír.* 1. Diz-se de, ou indivíduo valentão. 2. Que, ou quem domina um assunto.

bam.be.ar [*Bambo*. ◼ 1N] *vtd. e int.* Tornar(-se) bambo; afrouxar(-se). [C.: 12A]

bam.bi.ne.la [It. *bandinella*.] *sf.* Cortina com que se adornam janelas e portas, dividida em 2 partes, cada uma apanhada para um lado.

bam.bo [V.A] *adj.* V. *frouxo* (1).

bambochata | bandalho

bam.bo.cha.ta [It. *bambocciata*.] *sf.* **1.** Patuscada, pândega. **2.** Negócio suspeito.

bam.bo.lê [Regr. de *bambolear*.] *sm.* Aro de plástico ou de outro material, com cerca de 1m de diâmetro, que se faz girar, com o movimento do corpo, em torno da cintura, do braço, etc.

bam.bo.le.ar [V.A] *vtd.* **1.** Balançar, menear. *int. e p.* **2.** Menear-se com balanço do corpo; gingar. [C.: 12A]

bam.bo.lei.o [Dev. de *bambolear*.] *sm.* Ato de bambolear.

bam.bu [V.C] *sm. Bot.* Bambusácea cujo colmo atinge muitos metros de altura. [Sin., bras.: *taboca, taquara*.]

bam.bu.al [*Bambu*. ⬛39] *sm.* Touceira de bambus. [Pl.: *-ais*.]

bam.búr.ri:o [V.A] *sm. Fam.* **1.** Fortuna inesperada. **2.** Sorte no jogo.

bam.bu.sá.ce:a [Tax. *Bambusaceae*.] *sf. Bot.* Espécime das bambusáceas, família de plantas muito próximas às poáceas; reúne várias espécies de bambu. § **bam.bu.sá.ce:o** *adj.*

ba.nal [Fr. *banal*. ⬛39] *adj2g.* Trivial, vulgar. [Pl.: *-nais*.]

ba.na.li.da.de [*Banal*. ⬛14] *sf.* **1.** Qualidade ou caráter de banal. **2.** Coisa banal.

ba.na.li.zar [*Banal*. ⬛1D] *vtd. e p.* Tornar(-se) banal, vulgar; vulgarizar(-se). [C.: 1] § **ba.na.li.za.ção** *sf.*

ba.na.na [Or.afr.] *sf.* **1.** *Bot.* O fruto da bananeira; pacova. **2.** *Bras.* Cartucho de dinamite. ● *s2g.* **3.** Pessoa sem energia.

ba.na.na.da [*Banana*. ⬛4] *sf.* Doce feito de polpa de banana.

ba.na.nal [*Banana*. ⬛39] *sm.* Plantação de bananeiras. [Pl.: *-nais*.]

→ **banana-split** (bênena-ispĺít) [Ingl.] *sf.* Banana aberta ao meio, sobre a qual se põem sorvete, calda, fragmentos de nozes, castanhas ou amêndoas e, às vezes, chantili.

ba.na.nei.ra [*Banana*. ⬛16] *sf. Bot.* Grande erva musácea de frutos bacáceos, alimentícios, que se dispõem em cachos.

ba.na.ni.cul.tor (ô) [*Banana* + *-i-* + *cultor*.] *sm. Bras.* Aquele que se dedica à bananicultura.

ba.na.ni.cul.tu.ra [*Banana* + *-i-* + *cultura*.] *sf. Bras.* Cultivo comercial de bananeiras.

ba.na.no.sa *sf. Bras. Gír.* Situação confusa, complicada, difícil.

ban.ca [It. *banca*.] *sf.* **1.** Mesa de qualidade inferior. **2.** Mesa de trabalho. **3.** Bancada (3). **4.** Escritório de advocacia. **5.** Grupo de advogados, de examinadores, etc. **6.** Fundo de apostas, em certos jogos de azar. **7.** Conjunto dos bancos [v. *banco*² (1)] de um país.

ban.ca.da [*Banco*¹. ⬛4] *sf.* **1.** Banco comprido. **2.** Conjunto de bancos dispostos em ordem. **3.** Peça plana ger. junto à parede e com pia embutida; banca. **4.** *Bras.* Representação dum estado, ou dum partido, na Câmara dos Deputados ou no Senado Federal.

ban.car [*Banca*. ⬛1A] *v.int.* **1.** Ser o responsável por uma banca (6). *td.* **2.** Financiar (1). **3.** Fingir(-se) de. [C.: 1A]

ban.cá.ri:o [*Banco*². ⬛24] *adj.* **1.** Relativo a bancos. ● *sm.* **2.** Funcionário de banco.

ban.car.ro.ta (ô) [It. *bancarròtta*.] *sf.* **1.** Falência de negociante(s) ou do Estado. **2.** Falência fraudulenta. **3.** Ruína, decadência.

ban.co¹ [Germ. **bank*, pelo lat.vulg.] *sm.* **1.** Assento com encosto ou sem ele, ger. estreito e longo. **2.** Escabelo. **3.** Mocho¹ (2). **4.** Mesa sobre a qual trabalham artífices. **5.** Elevação do fundo do mar; chega quase à superfície e pode constituir-se de areia, coral, lama, etc.

ban.co² [It. *banco*.] *sm.* **1.** Estabelecimento que recebe depósitos de dinheiro, faz empréstimos e pratica outras transações financeiras. **2.** *Med.* Instalação tecnicamente adequada para o armazenamento e fornecimento de órgãos (pele, córnea, etc.), sangue ou leite humanos. **3.** Acervo ou conjunto de obras, documentos, informações de dado tipo, devidamente organizados para uso. ◆ **Banco central.** *Econ.* Instituição que regula a quantidade de dinheiro em circulação num país e o funcionamento de seu sistema bancário. **Banco comercial.** *Econ.* O tipo mais comum de banco² (1), que opera principalmente com depósitos à vista e empréstimos de curto prazo (desconto de duplicatas, crédito ao consumidor, etc.). **Banco de dados.** **1.** *Inform.* Conjunto de dados, organizado por categorias, a fim de facilitar a pesquisa, comparação e atualização das informações; base de dados. **2.** Programa para uso e controle de um banco de dados (1).

ban.da¹ [Provç. *banda*, poss.] *sf.* **1.** Parte lateral; lado. **2.** Grupo, facção. **3.** Bando (1). **4.** Conjunto de músicos que tocam instrumentos de sopro e percussão. **5.** *Pop.* Grupo que executa música popular, podendo ter formação instrumental variada e ter, ou não, cantores(as) ou vocalista(s). ◆ **Banda de música.** Banda¹ (4). **Comer da banda podre.** Passar dificuldades; estar em situação difícil.

ban.da² [Fr. *bande*.] *sf.* **1.** Barra (5). **2.** Cinta dos oficiais do exército. **3.** Faixa ou listra larga.

ban.da.gem [*Bandar*, 'pôr banda'. ⬛6] *sf.* Faixa, atadura. [Pl.: *-gens*.]

ban.da.lha [Regr. de *bandalheira*.] *sf. Bras. Pop.* **1.** Manobra irregular no trânsito. **2.** Ato de cobrar preço acima da tabela em corrida de táxi. ● *adj2g.* **3.** Diz-se de motorista que pratica bandalha.

ban.da.lhei.ra [*Bandalho*. ⬛16] *sf.* Ação ou atitude própria de bandalho.

ban.da.lho [*Bando* + *-alho*.] *sm.* Indivíduo sem dignidade nem brio.

bandana | banhista

ban.da.na [V.C] *sf.* Espécie de lenço que se usa no pescoço ou na cabeça.

ban.da.ri.lha [Esp. *banderilla.*] *sf.* Farpa enfeitada que se crava no cachaço dos touros, nas touradas.

ban.da.ri.lhei.ro [Esp. *banderillero.*▪25] *sm.* Toureiro que crava bandarilhas em touros.

ban.das *sfpl.* Direção, rumo, lado(s).

ban.de.ar¹ [*Banda*¹.▪1N] *vtd.* **1.** Inclinar para o lado, para a banda¹ (1). **2.** Hesitar entre bandas, partidos, opiniões, etc. diferentes. *tc.* **3.** Transferir-se; passar. *p.* **4.** Passar para o lado contrário, mudando de opinião ou de partido. [C.: 12A]

ban.de.ar² [*Bando*.▪1N] *vtd.* e *p.* Reunir(-se) em bando. [C.: 12A]

ban.dei.de [Ingl. *band-aid*, m.reg.] *sm.* Curativo adesivo us. para proteger ferimentos leves.

ban.dei.ra [*Banda*¹.▪16] *sf.* **1.** Pedaço de pano, de uma ou mais cores, às vezes com legendas, ou emblemas, que se hasteia num pau e é distintivo de nação, corporação, partido, etc.; estandarte, lábaro, pendão, pavilhão. **2.** Folha ou caixilho colocado no alto de portas e janelas. **3.** Cata-vento metálico instalado no alto de torres, telhados, etc. **4.** *Hist.Bras.* Expedição particular, no período colonial, que tinha como metas a busca do ouro e a captura de índios. [Cf. *entrada* (15).] **5.** Grupo de garimpeiros, de exploradores de minério.

ban.dei.ra.da [*Bandeira*.▪4] *sf.* Quantia fixa marcada de início pelo taxímetro.

ban.dei.ran.te [*Bandeira.*] *sm. Bras.* **1.** Homem pertencente a uma bandeira (4). ● *sf.* **2.** Menina ou moça pertencente a uma associação que pratica o escotismo. [Cf., nesta acepç., *escoteiro*² (1).]

ban.dei.ri.a.no [▪29] *adj.* Do, ou relativo ao poeta Manuel Bandeira **(M.)**, ou à sua obra.

ban.dei.ri.nha [*Bandeira.*▪32A] *s2g. Fut.* Auxiliar do juiz, que acena com uma pequena bandeira ao notar infração.

ban.dei.ro.la [*Bandeira* + *-ola.*] *sf.* **1.** Pequena bandeira. **2.** Bandeira de seda ger. com franjas.

ban.dei.ro.so (ô) [*Bandeira.*▪37] *adj.* Que deixa transparecer o que deveria ficar oculto. [Pl.: *-rosos* (ó).]

ban.de.ja (ê) [Dev. de *bandejar.*] *sf.* **1.** Tabuleiro plano, de feitio variado, para serviço de mesa, e para se carregarem objetos leves, como copos e xícaras. **2.** *Eng.Elétr.* Conduto (2) us. para suportar e acondicionar cabos e facilitar sua instalação e manutenção.

ban.de.jão [*Bandeja.*▪28A] *sm.* **1.** Refeição servida em bandeja com divisórias para cada alimento. **2.** Refeitório em fábrica, escola, etc., em que se servem refeições dessa forma.

ban.di.da.gem [*Bandido.*▪6] *sf.* **1.** Banditismo. **2.** Conjunto de bandidos.

ban.di.do [It. *bandito.*] *sm.* **1.** V. *malfeitor.* **2.** Pessoa sem caráter.

ban.di.tis.mo [It. *banditismo.*▪11] *sm.* Vida ou ação de bandido; bandidagem.

ban.do [*Banda*¹.] *sm.* **1.** Grupo de pessoas ou animais; banda. **2.** As pessoas de um partido ou uma facção. **3.** V. *corja.* **4.** *Antrop.* Conjunto de famílias que vivem juntas, formando comunidade relativamente homogênea.

ban.dó [Fr. *bandeau.*] *sm.* Cada parte do cabelo que, em certo penteado feminino, se assenta em cada lado da testa.

ban.dô [Fr. *bandeau.*] *sm.* Faixa de tecido, madeira, etc., que encima porta ou janela ger. para ocultar trilho de cortina.

ban.do.lei.ra [Esp. *bandolera.*▪16] *sf.* Correia us. a tiracolo, à qual se prende a arma de fogo portátil.

ban.do.lei.ro [Esp. *bandolero.*▪25] *sm.* **1.** V. *malfeitor.* **2.** Salteador.

ban.do.lim [It. *mandolino.*] *sm. Mús.* Instrumento da família do alaúde, com 4 cordas duplas que se tangem com palheta. [Pl.: *-lins.*]

ban.do.li.nis.ta [*Bandolim*(*-lin-*).▪36] *s2g.* Quem toca bandolim.

ban.du.lho [V.D] *sm. Pop.* V. *barriga* (2).

ban.dur.ra [Lat. *panduriu.*] *sf.* Espécie de guitarra de braço curto, cordas de tripa e bordões.

ban.ga.lô [Ingl. *bungalow.*] *sm.* **1.** Na Índia, casa de um só andar, e ger. com varanda coberta. **2.** Casa de médio porte e de aspecto requintado, ger. avarandada.

ban.guê (güê) [Or.afr.] *sm. Bras.* **1.** Padiola de cipós trançados na qual se leva à bagaceira o bagaço verde da moenda. **2.** O conjunto da fornalha e das 3 tachas assentes sobre ela, nos engenhos de açúcar. **3.** Propriedade agrícola com canaviais e engenho de açúcar primitivo, anterior à usina.

ban.gue-ban.gue [Ingl. *bang-bang.*] *sm.* **1.** Filme que retrata cenas da conquista do Oeste norte-americano, ger. com tiroteios, lutas, etc. **2.** *P.ext.* Filme com cenas de tiroteio. [Pl.: *bangue-bangues.*]

ban.gue.la [Top. *Benguela* (Angola).] *adj2g. s2g. Bras.* Diz-se de, ou pessoa cuja arcada dentária é falha na frente.

ban.gue.zei.ro (güe) [*Banguê.*▪25B] *sm. Bras.* Dono de banguê (3).

ba.nha [V.D] *sf.* Gordura animal, esp. do porco.

ba.nha.do [Esp.plat. *bañado.*] *sm. Bras.* **1.** Pântano coberto de vegetação. **2.** V. *pântano.*

ba.nhar [*Banho.*▪1A] *vtd.* **1.** Lavar (1). **2.** Passar água ou outro líquido em. **3.** Correr por, passar em, ou junto de; regar. *p.* **4.** Tomar banho; lavar-se. [C.: 1]

ba.nhei.ra [*Banho.*▪16] *sf.* Recipiente grande, côncavo, para banho de imersão.

ba.nhei.ro [*Banho.*▪25] *sm.* **1.** Aposento para banhos, com chuveiro e/ou banheira, e ger. com pia e vaso sanitário. **2.** *Bras.* Aposento com vaso sanitário.

ba.nhis.ta [*Banho.*▪36] *s2g.* **1.** Pessoa que se banha em mar, piscina, rio, etc. **2.** Pessoa que se submete a banhos medicinais. **3.** *Bras.* Salva-vidas (2).

ba.nho [Lat.vulg. *baneu*.] *sm.* **1.** Imersão total ou parcial do corpo em líquido, sobretudo água, para fins higiênicos, terapêuticos, etc. **2.** O líquido destinado ao banho. **3.** Exposição a raios solares, etc.: *banho de sol*, *de ultravioleta*.

ba.nho-ma.ri.a *sm.* Processo de aquecer ou cozinhar lentamente qualquer substância mergulhando em água fervente o vaso que a contém. [Pl.: *banhos-maria(s)*.]

ba.nhos *smpl.* Proclamas de casamento.

ba.nir [Fr. *bannir*.] *vtd.* **1.** Desterrar. **2.** Expulsar, excluir. **3.** Afastar, afugentar: *banir uma ideia*. **4.** Abolir (1): *banir falsos valores*. ● *vtdc.* e *tdi.* **5.** Banir (2). [C: 8] § **ba.ni.do** *adj. sm.*; **ba.ni.men.to** *sm.*

ban.jo [Ingl. *bandore*.] *sm.* Instrumento musical de cordas, com caixa de tambor e braço longo e estreito.

→ banner (bâner) [Ingl.] *sm. Prop.* **1.** Galhardete (2). **2.** *Inform.* Pequena mensagem publicitária na Internet, com acesso para o *site* do anunciante.

ban.quei.ro[1] [*Banco*[2].☐ 25] *sm.* **1.** Diretor de banco[2] (1). **2.** Proprietário de banco[2] (1) ou de casa bancária.

ban.quei.ro[2] [*Banca*.☐ 25] *sm.* Aquele que tem banca de jogo.

ban.que.ta (ê) [*Banca* + *-eta* (ê).] *sf.* Pequena banca ou mesa.

ban.que.te (ê) [Fr. *banquet*.] *sm.* **1.** Refeição formal e solene, de que participam muitos convidados. **2.** Refeição lauta e festiva.

ban.que.te.ar [*Banquete*.☐ 1N] *vtd.* **1.** Dar banquete(s) a. *p.* **2.** Participar de banquete. **3.** Comer lautamente. [C: 12A]

ban.to [Or. banta.] *sm.* **1.** Indivíduo de um dos povos africanos que falam língua banta. **2.** No Brasil, qualquer dos escravos chamados de *angolas*, *benguelas*, *cabindas*, *congos*, *moçambiques*. **3.** *E.Ling.* Grupo linguístico composto de várias centenas de línguas faladas na África. ● *adj.* **4.** Dos bantos, ou do banto (3).

ban.zar [Do quimb.] *vti.* e *int.* Pensar detidamente; cismar. [C: 1]

ban.zé [V.D] *sm. Pop.* V. *rolo* (9).

ban.zei.ro [*Banzo*.☐ 25] *adj.* **1.** Diz-se do mar que se agita vagaroso e quase sem ondas. **2.** *Fig.* Triste, melancólico.

ban.zo [Dev. de *banzar*.] *sm.* Nostalgia mortal dos negros que eram escravizados e exilados de suas terras.

ba:o.bá [Fr. *baobab*.] *sm. Bot.* Gigantesca árvore bombácea cujo tronco, considerado o mais grosso do mundo, é rico em água.

ba.que [Do ár.] *sm.* **1.** Ruído de um corpo ao cair ou ao bater em outro. **2.** Batida, colisão, encontrão. **3.** Desastre súbito. **4.** V. *abalo* (3).

ba.que.ar [*Baque*.☐ 1N] *v.int.* **1.** Cair com baque (1), de repente. **2.** Sofrer baque (2 a 4). *td.* **3.** Causar baque (4). [C: 12A]

ba.que.ta (ê) [It. *bacchetta*.] *sf.* Vara de madeira com que se percutem tambores e outros instrumentos.

bar[1] [Ingl. *bar*.] *sm.* Balcão, sala ou estabelecimento onde se servem sobretudo bebidas.

bar[2] [Gr. *barýs*.] *sm. Fís.* Unidade de medida de pressão correspondente a c. de 750mmHg ou 0,987 atmosfera. [Pl.: *bars*.]

ba.ra.ço [Do ár.] *sm.* Corda ou laço para estrangular.

ba.ra.fun.da [V.E] *sf.* **1.** Mistura desordenada de pessoas ou coisas. **2.** V. *confusão* (6).

ba.ra.fus.tar [V.E] *vtc.* Entrar ou meter-se com violência. [C: 1]

ba.ra.lhar [V.C] *vtd.* **1.** Misturar (as cartas do baralho); embaralhar. **2.** Misturar, confundir. *p.* **3.** Misturar-se, confundir-se. [C: 1] § **ba.ra.lha.da** *adj.*; **ba.ra.lha.men.to** *sm.*

ba.ra.lho [Dev. de *baralhar*.] *sm.* Coleção das 52 cartas de jogar; cartas.

ba.rão [Frânc. *baro.] *sm.* Título nobiliárquico, o primeiro e inferior na escala dos títulos. [Acima deste vêm os de visconde, conde, marquês e duque.] [Pl.: *-rões*. Fem.: *baronesa* (ê).]

ba.ra.ta [Lat. *blatta*.] *sf. Zool.* Inseto blatídeo achatado, oval, de hábitos noturnos; pode ser silvestre ou doméstico.

ba.ra.ta-cas.cu.da *sf. Zool.* Inseto blatídeo de asas grandes que se alimenta de frutas e cereais. [Pl.: *baratas-cascudas*.]

ba.ra.te.ar [V.C☐ 1N] *vtd.* **1.** Vender por preço mais baixo do que o anterior. **2.** Menosprezar. *int.* **3.** Diminuir de preço ou valor. *p.* **4.** Dar a si mesmo pouco valor. [C: 12A] § **ba.ra.te:a.men.to** *sm.*

ba.ra.tei.ro [*Barato*.☐ 25] *adj.* Que vende barato.

ba.ra.ti.nar [*Barato*.☐ 1J] *vtd.* e *p.* Perturbar(-se), transtornar(-se). [C: 1]

ba.ra.to [Dev. de *baratar*.] *adj.* **1.** Que custa um preço baixo. [Não diga *preço barato*.] **2.** Que cobra, ou onde se vende, preço baixo. **3.** Comum, vulgar. ● *adv.* **4.** Por preço módico (no sentido material ou no moral).

ba.ra.ú.na ou **bra.ú.na** [Do tupi.] *sf. Bras. Bot.* Árvore cesalpiniácea, das florestas pluviais; tem madeira duríssima.

bar.ba [Lat. *barba*.] *sf.* **1.** Cabelos do rosto do homem. **2.** Pelos do focinho ou do bico de certos animais. [Tb. se diz *barbas*.]

bar.ba.ças *sm2n.* Aquele que tem barbas grandes.

bar.ba.da [*Barba*.☐ 4] *sf.* **1.** O beiço inferior do cavalo. **2.** Cavalo que, sendo superior, sem dúvida, aos seus competidores de páreo, normalmente não pode perder. **3.** Qualquer competição em que a vitória é julgada fácil.

bar.ba.do [Barbar. ▣17A] adj. **1.** Que tem barba, ou que a apresenta crescida. ● sm. **2.** Pop. Indivíduo adulto.

bar.ban.te [Top. Brabante.] sm. V. cordão (1).

bar.ba.ri.a [Bárbaro. ▣8A] sf. **1.** Vida ou ação de bárbaro. **2.** Crueldade, selvageria. [Sin.ger.: barbaridade.]

bar.ba.ri.da.de [Bárbaro. ▣14] sf. **1.** V. barbaria. ● interj. **2.** Exprime espanto.

bar.ba.ri.e [Lat. barbarie.] sf. Estado ou condição de bárbaro; barbarismo.

bar.ba.ris.mo [Lat. barbarismu. ▣11] sm. **1.** E.Ling. Vício de linguagem que consiste em erro na pronúncia, na grafia, no gênero, etc. Ex.: rúbrica, em vez de rubrica; a telefonema, em vez de o telefonema. **2.** Barbárie.

bar.ba.ri.zar [Lat. barbarizare. ▣1D] vtd. **1.** Embrutecer. **2.** Usar barbarismo (1) em. int. **3.** Cometer barbarismo (1). p. **4.** Embrutecer-se. [C.: 1]

bár.ba.ro [Lat. barbaru.] adj. **1.** Entre os gregos e romanos, dizia-se daquele que era estrangeiro. **2.** Sem civilização; rude. **3.** Cruel, desumano.

bar.ba.ta.na [Barba.] sf. **1.** Zool. Dobra cutânea dos peixes, sustida por esqueleto ósseo ou cartilaginoso. **2.** Zool. Dobra cutânea dos cetáceos e de outros mamíferos aquáticos. **3.** P.ext. Hastezinha flexível us. na armação de certas roupas.

bar.be.a.dor (ô) [Barbear. ▣19A] sm. Aparelho de barbear.

bar.be.ar [Barba. ▣1N] vtd. **1.** Fazer a barba a. p. **2.** Fazer a própria barba. [C.: 12A]

bar.be.a.ri.a [Barbear. ▣8A] sf. Loja de barbeiro.

bar.bei.ra.gem [Barbeiro. ▣6] sf. Bras. Pop. Imperícia ou falta cometida por barbeiro (3). [Pl.: -gens.]

bar.bei.ro [Barba. ▣25] sm. **1.** Homem cuja profissão é rapar ou aparar barbas e cortar cabelos. **2.** Bras. Zool. Inseto reduvíideo; no Brasil há mais de 30 espécies, transmissoras da doença de Chagas (q.v.). **3.** Bras. Pop. Mau condutor de veículos, esp. automóveis.

bar.be.la [Lat. *barbella.] sf. Pele pendente do pescoço do boi.

bar.bi.ca.cho [Barba + -ic(o)- + -acho.] sm. Cabeçada de corda para cavalgaduras.

bar.bi.cha [Barba + -icha.] sf. Barba pequena e rala.

bar.bi.lho [V.C] sm. Rede ou saco que se põe no focinho de alguns animais para não comerem nem mamarem.

bar.bi.tú.ri.co [Barbit- (do antr. Bárbara) + (ácido) úrico; al. Barbitursäure.] sm. Med. Qualquer de certos medicamentos com atividade sedativa e anticonvulsiva.

bar.bu.do [Barba + -udo.] adj. sm. **1.** Que, ou aquele que tem muita barba. **2.** Pop. Diz-se de, ou indivíduo adulto.

bar.ca [Lat. barca.] sf. Embarcação de grande boca, pouco profunda, para transporte local de passageiros e carga em baías e enseadas.

bar.ca.ça [Barca + -aça.] sf. Grande e sólida embarcação de madeira, para carga e descarga de navios no porto.

bar.ca.ro.la [It. barcarola.] sf. **1.** Canção romântica dos gondoleiros de Veneza (Itália). **2.** Peça vocal ou instrumental cujo ritmo sugere o balanço duma barca.

bar.co [Barca.] sm. **1.** Embarcação pequena, sem coberta. **2.** Qualquer embarcação.

bar.do [Lat. bardu.] sm. **1.** Menestrel celta. **2.** Poeta, trovador.

bar.ga.nha [Dev. de barganhar.] sf. Troca, permuta.

bar.ga.nhar [It. bargagnare. ▣1A] vtd. e tdi. **1.** Negociar o preço de, para compra ou venda. **2.** Trocar. [C.: 1]

bá.ri.o [Bar(i)- + -io². ▣34B] sm. Quím. V. metal alcalinoterroso [símb.: Ba].

bá.ri.on [Bar(i)- + -on.] sm. Fís. Denom. genérica de partículas elementares pesadas, compostas de 3 quarks. [O bárion mais leve e estável é o próton.]

ba.ri.ô.nix (cs) [Tax. Baryonix.] sm2n.Paleont. Dinossauro terópode, com cerca de 10m de comprimento e cabeça semelhante à dos crocodilos. Viveu no cretáceo inferior, e fósseis foram encontrados na Inglaterra.

ba.ris.fe.ra [Bar(i)- + -sfera.] sf. Geofís. Nife.

ba.rí.to.no [Lat. barytonu.] sm. **1.** Tom de voz entre o tenor e o baixo (8). **2.** Cantor com essa voz.

bar.la.ven.to [Esp. barlovento.] sm. **1.** Direção de onde sopra o vento. **2.** Bordo da embarcação voltado para essa direção.

→ **bar mitzvah** (bar mitsvá) [Hebr.] sm. **1.** No judaísmo, rapaz que, ao fazer 13 anos, é considerado apto a cumprir com as suas obrigações religiosas. **2.** Cerimônia que institui essa maioridade religiosa.

bar.na.bi.ta [It. barnabita.] sm. Clérigo regular da congregação de S. Paulo.

ba.rô.me.tro [Bar(o)- + -metro.] sm. Fís. Instrumento para medir a pressão atmosférica.

ba.ro.na.to [Barão (-ron-). ▣18] sm. Título ou dignidade de barão.

ba.ro.ne.sa (ê) [It. baronessa.] sf. Mulher de barão, ou com dignidade de barão.

ba.ro.ne.te (ê) [Ingl. baronet.] sm. Na Inglaterra, título de nobreza inferior ao de barão.

bar.quei.ro [Barco. ▣25] sm. Indivíduo que governa um barco ou nele trabalha.

bar.que.ta (ê) [Barca + -eta (â).] sf. Barca pequena.

bar.ra [Or. pré-rom.] sf. **1.** Bloco de metal, retangular, ainda por ser trabalhado. **2.** Pedaço grosso de madeira. **3.** Bloco retangular de sabão, chocolate, etc. **4.** Borda, beira. **5.** Tira que guarnece a borda de uma roupa; banda. **6.** Canal estreito de acesso a um porto; goleta. **7.** Traço oblíquo, us. na escrita para separar números (como em datas e endereços), para abreviaturas, etc. **8.** Aparelho de ginástica formado de uma peça roliça horizontal, fixada, nos extremos, em 2 esteios verticais. **9.** Peça roliça de metal, madeira, etc., fixada ao longo de parede de piscina, ou em sala onde se praticam ginástica, balé, etc., e us. em certos exercícios. **10.** *Bras.* Foz de rio ou de riacho. **11.** *Bras. Fig.* A situação, o estado de coisas, considerado segundo a conveniência ou as dificuldades que traz a alguém: <u>barra limpa</u>, <u>barra pesada</u>. **12.** *P.ext. Bras.* Grande dificuldade ou problema.

bar.ra.ca [Cat. *barraca*.] *sf.* **1.** Abrigo de lona, náilon, etc., us. por soldados em campanha, excursionistas, etc.; tenda. **2.** Construção leve, de remoção fácil, us. em feiras; tenda. **3.** Guarda-sol amplo us. em praia, etc.

bar.ra.cão [*Barraca*.◘28A] *sm.* **1.** Grande barraca. **2.** Abrigo, telheiro, ou casa provisória, para guardar utensílios ou materiais de construção. **3.** Barraco. [Pl.: *-cões.*]

bar.ra.co [*Barraca*.] *sm.* Habitação tosca, onde vivem pessoas pobres; barracão.

bar.ra.do[1] [*Barrar*[1].◘17A] **1.** Que tem barra. *adj.* **2.** Que foi impedido de entrar ou de fazer algo.

bar.ra.do[2] [*Barrar*[2].◘17A] *adj.* Coberto ou revestido de barro.

bar.ra.gem [*Barra*.◘6] *sf.* **1.** Estrutura construída num vale e que o fecha transversalmente, proporcionando um represamento de água; represa. **2.** Obstrução, obstáculo. [Pl.: *-gens*.]

bar.ra-lim.pa *adj2g. s2g. Bras. Gír.* Que, ou quem é honesto, leal. [Pl.: *barras-limpas*.]

bar.ra.men.to [*Barrar*[1].◘3] *sm.* **1.** *Eng.Civil* Estrutura civil destinada a interceptar o curso de água de rio, visando à sua regularização, parcial ou total, e à alimentação das obras de derivação. **2.** *Eng.Elétr.* Condutor us. em subestações de energia elétrica, a partir do qual se ramificam linhas de transmissão, equipamentos, etc. **3.** *Inform.* Conjunto de vias físicas internas de um computador que interligam componentes e periféricos.

bar.ran.cei.ra [*Barranco*.◘16] *sf.* V. *ribanceira* (1).

bar.ran.co [Or. pré-rom.] *sm.* **1.** Escavação provocada por agentes naturais ou pelo homem; barroca. **2.** Escavação natural. **3.** V. *ribanceira* (1).

bar.ran.quei.ra [*Barranco*.◘16] *sf. Bras.* **1.** V. *ribanceira* (1). **2.** Grande despenhadeiro, precipício.

bar.ra-pe.sa.da *adj2g. s2g. Bras. Gír.* Diz-se de, ou pessoa violenta, ou escandalosa. [Pl.: *barras-pesadas*.]

bar.ra.quei.ro [*Barraca*.◘25] *sm.* Dono de barraca (2).

bar.rar[1] [*Barra*.◘1A] *vtd.* **1.** Atravessar ou guarnecer com barras. **2.** Impedir (1). **3.** Impedir o acesso de (alguém) a dado lugar. **4.** *Bras.* Pôr na reserva (jogador). *tdi.* **5.** Impedir (5). [C.: 1]

bar.rar[2] [*Barro*.◘1A] *vtd. Bras.* Barrear. [C.: 1]

bar.re.ar [*Barro*.◘1N] *vtd. Bras.* Revestir de barro; barrar. [C.: 12A]

bar.re.gã [V.D] *sf.* Concubina.

bar.rei.ra[1] [*Barro*.◘16] *sf.* Local de onde se extrai barro; barreiro.

bar.rei.ra[2] [*Barra*.◘16] *sf.* **1.** Parapeito ou trincheira construída de paus muito próximos e alinhados. **2.** *Fig.* Obstáculo, embaraço. **3.** Lugar escarpado e sem mato na margem de rio ou de estrada. **4.** Posto fiscal, nos acessos de povoação ou cidade, para controle de trânsito ou cobrança de taxas alfandegárias, etc. **5.** *Esport.* Na cobrança de um tiro livre, grupo de jogadores que se colocam em linha, a uma distância regulamentar do seu gol, protegendo-o.

bar.rei.ro [*Barro*.◘25] *sm.* **1.** Barreira[1]. **2.** Depósito natural de sais minerais, muito procurado pelos animais.

bar.re.la [Esp. *barrilla*.] *sf.* Água onde se ferve cinza, us. para branquear roupa; lixívia.

bar.ren.to [*Barro*.◘27] *adj.* **1.** Da cor do barro. **2.** Que contém barro; barroso.

bar.re.ta.da [*Barrete*.◘4] *sf.* **1.** Saudação com barrete ou com chapéu. **2.** Mesura exagerada. **3.** Elogio desabrido.

bar.re.te (ê) [Fr. *barrette*.] *sm.* **1.** Cobertura que se ajusta à cabeça; gorro. **2.** Chapéu quadrangular sem aba. **3.** *Zool.* O segundo estômago dos ruminantes.

bar.ri.ca [Fr. *barrique*.] *sf.* Pipa (1).

bar.ri.ca.da [Fr. *barricade*.] *sf.* Entrincheiramento provisório feito com barricas, carros, estacas, etc., ger. para impedir passagem.

bar.ri.ga [*Barrica*.] *sf.* **1.** *Pop.* V. *abdome*. **2.** *Pop.* Parte do abdome em que estão situados os intestinos; bandulho, pança, bucho. **3.** Bojo. **4.** Notícia (5) falsa. ◆ **Comer barriga.** *Pop.* Perder a vez ou a chance de fazer algo. **De barriga.** *Pop.* Grávida, prenhe. **De barriga cheia.** Sem motivo, sem razão: *chorar, falar ou reclamar <u>de barriga cheia</u>*. **Empurrar com a barriga.** *Pop.* Adiar a solução de um problema, trabalho, etc.

bar.ri.ga.da [*Barriga*.◘4] *sf.* Pancada na, ou com a barriga.

bar.ri.gu.da [*Barrigudo*.] *sf. Bras. Bot.* Paineira.

bar.ri.gu.do [*Barriga* + *-udo*.] *adj.* **1.** Pançudo. ● *sm.* **2.** Indivíduo barrigudo. **3.** *Bras. Zool.* Nome comum a várias espécies de macacos cebídeos.

bar.ril [Fr.ant. *baril*, *barril*.] *sm.* Tonel de madeira, bojudo, feito de aduelas, us., ger., para conservar ou transportar líquidos. [Pl.: *-ris*.]

bar.ri.le.te (ê) [*Barril* + *-ete* (ê).] *sm.* Pequeno barril.

bar.rir [Lat. *barrire*.◘1C] *v.int.* Soltar barritos. [C.: 48. Norm. é unipess.]

bar.ri.to ou **bar.ri.do** [Lat. *barritu*.] *sm.* A voz do elefante e de alguns outros animais.

bar.ro [Or. pré-rom.] *sm.* Argila.

bar.ro.ca [*Barro*.] *sf.* **1.** Monte de barro. **2.** Barranco (1).

bar.ro.co (ô) [*Barraca*.] *adj.* **1.** Na arquitetura e nas artes, diz-se do estilo caracterizado pela profusão e/ou suntuosidade dos elementos ornamentais, que vigorou do final do séc. XVI

barroso | bastidor

até meados do séc. XVII. [No Brasil, do séc. XVII até o começo do séc. XIX.] **2.** Relativo ao, ou próprio do barroco (1). **3.** Muito ornamentado. ● *sm.* **4.** Estilo barroco.

bar.ro.so (ô) [*Barro*.◙ 37] *adj.* **1.** Barrento (2). **2.** Diz-se do bovídeo de pelo branco-amarelado e do equídeo de pelo da cor do barro escuro. [Pl.: *-rosos* (ó).]

bar.ro.te [Fr. *barrot*.] *sm.* Peça de madeira na qual se pregam as tábuas dos assoalhos e tetos.

ba.ru.lha.da [*Barulho*.◙ 4] *sf.* Grande barulho; barulheira.

ba.ru.lhei.ra [*Barulho*.◙ 16] *sf.* Barulhada.

ba.ru.lhen.to [*Barulho*.◙ 27] *adj.* **1.** Em que há barulho. **2.** Que faz barulho ou ruído. [Sin.ger.: *ruidoso*.]

ba.ru.lho [Dev. de *barulhar*.] *sm.* **1.** Ruído, rumor. **2.** *Fig.* Tumulto, desordem.

ba.sal.to [Lat. *basalte*.] *sm. Geol.* Rocha ígnea vulcânica, escura.

bas.ba.que [V.D] *adj2g. s2g.* V. *tolo* (1, 2 e 6).

bas.co [Esp. *vasco*.] *adj.* **1.** Do, ou pertencente ou relativo ao País Basco (região situada parte na Espanha, parte na França). ● *sm.* **2.** O natural ou habitante dessa região. **3.** *E.Ling.* Língua falada pelos bascos, e que não se origina do indo-europeu. **4.** Voc. dessa língua.

bás.cu.la [Fr. *bascule*.] *sf.* **1.** Balança decimal. **2.** Movimento análogo ao do báscula.

bas.cu.lan.te [*Bascular* (do fr. *basculer*) + *-nte*. ◙ 21] *adj2g.* **1.** Que funciona com movimento de báscula (2). ● *sm.* **2.** Janela basculante.

bás.cu.lo [Fr. *bascule*.] *sm.* **1.** Ponte levadiça, com contrapeso. **2.** Peça de ferro móvel, para abrir e fechar ferrolho de porta, janela, etc.

ba.se [Lat. *base*.] *sf.* **1.** Tudo que serve de fundamento ou apoio. **2.** Parte inferior onde alguma coisa repousa ou se apoia. **3.** Parte inferior de coluna, pilar, etc. **4.** Origem, fundamento. **5.** Preparo intelectual. **6.** Ingrediente ou substância principal de uma mistura. **7.** Conjunto de construções e instalações militares que prestam apoio às unidades que operam em determinada área. **8.** *E.Ling.* Radical (5). **9.** *Mat.* Numa exponenciação, o número que é multiplicado por si mesmo certa quantidade de vezes (indicada pelo expoente). **10.** *Mat.* Num sistema de numeração (q.v.), a quantidade de algarismos diferentes que se podem empregar (corresponde à quantidade de unidades que formam o conjunto representado como uma unidade de ordem superior). **11.** *Quím.* Substância que tem a tendência a receber um próton por dispor de par de elétrons não compartilhados; tais substâncias são capazes de reagir com ácidos para formar sais, e muitas delas se dissociam em água, gerando ânions hidroxila (HO⁻). ◆ **Base de dados.** *Inform.* V. *banco de dados* (1). **Base espacial.** Lugar com instalações para lançamento de foguetes e satélites. § **ba.sal** *adj2g.*

ba.se.a.do¹ [*Basear*.◙ 17A] *adj.* Fundado, fundamentado.

ba.se.a.do² [V.C] *sm. Bras. Gír.* Cigarro de maconha.

ba.se:a.men.to [*Basear*.◙ 3] *sm. Constr.* Sapata (2).

ba.se.ar [*Base*.◙ 1N] *vtd.* **1.** Servir de base a; fundamentar. *tdi.* **2.** Firmar. *p.* **3.** Fundar-se, apoiar-se. **4.** Ter como base, ou fundamento. [C.: 12A]

ba.se.lá.ce:a [Tax. *Basellaceae*.] *sf. Bot.* Espécime das baseláceas, família de trepadeiras ger. carnosas, tuberculadas. § **ba.se.lá.ce:o** *adj.*

ba.si.ci.da.de [*Básico*.◙ 14] *sf. Quím.* Propriedade do que é básico (3).

bá.si.co [*Base*.◙ 35B] *adj.* **1.** Que serve de base; basilar. **2.** Fundamental, essencial. **3.** *Quím.* Que tem propriedades de uma base (11); alcalino.

ba.si.lar [Fr. *basilaire*.] *adj2g.* **1.** Básico (1). **2.** Que nasce, ou está situado na base.

ba.sí.li.ca [Lat. *basilica*.] *sf.* Igreja que tem certas prerrogativas sobre as outras, salvo as catedrais.

ba.si.li.cão [Gr. *basilikón*.] *sm.* Unguento feito de cera, azeite, pez e resina. [Pl.: *-cões*.]

ba.si.lis.co [Lat. *basiliscu*.] *sm.* **1.** Serpente fantástica, capaz de matar pelo bafo, pelo olhar ou pelo contato. **2.** Antigo canhão de bronze.

bas.que.te [F.red. de *basquetebol*.] *sm.* Esporte disputado por 2 equipes de 5 jogadores que procuram fazer com que uma bola entre num aro de ferro guarnecido de rede aberta no fundo, e fixado a 3m do solo.

bas.que.te.bol [Ingl. *basketball*.] *sm. Esport.* V. *basquete*. [Pl.: *basquetebóis*.]

bas.sê ou **bas.sé** [Fr. *basset*.] *sm. Zool.* Cachorro de corpo comprido, pernas curtas, pelo curto e orelhas longas e pendentes.

bas.ta [*Bastar*.] *interj.* Não mais; cessar.

bas.tan.te [*Bastar*.◙ 21] *adj2g.* **1.** Que basta; suficiente. ● *pron.indef.* **2.** Muito, numeroso. ● *adv.* **3.** Em quantidade suficiente.

bas.tão [Lat.med. *bastone*.] *sm.* **1.** Pedaço de madeira roliço, que se pode segurar com as mãos e tem diferentes usos. **2.** Qualquer produto em forma de bastão (1). [Pl.: *-tões*.]

bas.tar [Lat.vulg. **bastare*.◙ 1A] *v.int.* **1.** Ser bastante, suficiente; chegar: *Basta o prejuízo. ti.* **2.** Bastar (1): *Isto não me basta*. **3.** Satisfazer (8). **4.** Determinar, ou desejar o término de; chegar: *Basta de violência!* **p. 5.** Ser suficiente ou autossuficiente. [C.: 1]

bas.tar.di.a [*Bastardo*.◙ 8A] *sf.* Qualidade ou condição de bastardo (3).

bas.tar.do [Fr.ant. *bastart*.] *adj.* **1.** Que nasceu fora do matrimônio. **2.** Degenerado da espécie a que pertence. ● *sm.* **3.** Filho bastardo.

bas.ti.ão [It. *bastione*.] *sm.* Parte da fortificação que avança e forma ângulo saliente; baluarte. [Pl.: *-ães*, *-ões*.]

bas.ti.dor (ô) [Port.ant. *bastir*.◙ 19A] *sm.* Caixilho de madeira no qual se prende o tecido para bordá-lo.

bastidores | baticum

bas.ti.do.res (ô) *smpl.* 1. Os corredores que contornam a cena, o palco, invisíveis para a plateia. 2. *Fig.* O lado oculto de certas organizações.

bas.to [Esp. *basto*.] *adj.* 1. Denso, espesso. 2. Copioso, numeroso.

bas.to.na.da [Bastão (baston-) ▣ 4] *sf.* Pancada com bastão.

bas.to.ne.te (ê) [Bastão (baston-) + -ete (ê).] *sm.* Pequeno bastão.

ba.ta [V.C] *sf.* 1. Vestido de mulher, largo e solto, abotoado na frente desde o decote até perto da bainha. 2. Blusa, curta ou longa, e reta. 3. Veste us. por médicos, dentistas, etc.

ba.ta.lha [Lat. *battualia*.] *sf.* 1. Conjunto de combates simultâneos ou sucessivos, travados numa guerra. 2. Qualquer combate ou luta. 3. *Fig.* Esforço, empenho.

ba.ta.lha.dor (ô) [Batalhar. ▣19A] *adj. sm.* 1. Que, ou aquele que batalha. 2. *Bras.* Que, ou aquele que luta para conseguir o que quer; lutador.

ba.ta.lhão [Fr. *bataillon*.] *sm.* 1. Unidade tática de infantaria ou cavalaria, que pertence a um regimento e se subdivide em companhias. 2. Multidão de pessoas. [Pl.: *-lhões*.]

ba.ta.lhar [Batalha. ▣1A] *v.int.* 1. Entrar em batalha; combater. 2. *Bras. Gír.* Trabalhar. *ti.* 3. Discutir, argumentar. 4. Lutar, ou agir, para defender. 5. *Bras. Fig.* Tentar conseguir, esforçar-se por. [C.: 1]

ba.ta.ta [Do taino.] *sf.* 1. O tubérculo comestível da batata-inglesa. 2. Qualquer tubérculo, comestível ou não. 3. *Pop.* Erro de pronúncia. 4. *Pop.* Nariz muito grosso e chato.

ba.ta.ta-ba.ro.a *sf. Bot.* Erva apiácea de grandes raízes amarelas, alimentícias. 2. Essa raiz. [Sin.ger.: *mandioquinha*. Pl.: *batatas-baroas*.]

ba.ta.ta-do.ce *sf. Bot.* Erva convolvulácea de raízes tuberosas, alimentícias, de sabor doce. 2. Sua raiz. [Pl.: *batatas-doces*.]

ba.ta.ta-in.gle.sa *sf. Bras. Bot.* Erva solanácea cujos tubérculos subterrâneos, as batatas, são mundialmente us. na alimentação. [Pl.: *batatas-inglesas*.]

ba.ta.ta-pa.lha *sf. Cul.* Batata que, antes da fritura, é ralada, ou cortada, em palitos muito finos. [Pl.: *batatas-palha(s)*.]

ba.te.a.da [Bateia. ▣4] *sf.* O conteúdo de uma bateia.

ba.te.ar [Bateia. ▣1A] *vtd.* Lavar na bateia. [C.: 12A] § **ba.te:a.dor** (ô) *sm.*

ba.te.bo.ca [Bater + boca (ô).] *sm. Bras.* Discussão, altercação. [Pl.: *bate-bocas*.]

ba.te.bo.la [Bater + bola.] *sm. Esport.* 1. Troca de passes, antes do jogo, para aquecimento. 2. Jogo informal, ger. com os times incompletos. [Pl.: *bate-bolas*.]

ba.te.dei.ra [Bater. ▣16A] *sf.* 1. Aparelho que bate o leite para fazer manteiga, ou, nos engenhos de açúcar, o melado. 2. Aparelho, manual ou elétrico, para bater misturas, massas, ovos, etc.

ba.te.dor (ô) [Bater. ▣19A] *sm.* 1. Aquele ou aquilo que bate. 2. Cunhador (de moeda). 3. Explorador (de campo, mato). 4. Aquele que bate o terreno para levantar a caça. 5. Polícia que, ger. em motocicleta, precede, ladeia e segue os autos oficiais, protegendo as autoridades.

ba.te-es.ta.ca *sm.* Aparelho para cravar, por percussão, estacas no solo. [Pl.: *bate-estacas*.]

bá.te.ga [V.D] *sf.* 1. *Ant.* Espécie de bacia metálica. 2. Chuva súbita e violenta; pancada.

ba.tei.a (éi ou êi) [Do ár., poss.] *sf.* Gamela us. na lavagem das areias auríferas ou do cascalho diamantífero.

ba.tel [Fr.ant. *batel*.] *sm.* Pequeno barco. [Pl.: *-téis*.]

ba.te.la.da [Batel. ▣4] *sf.* 1. Carga dum batel. 2. Grande quantidade.

ba.te.lão [Batel. ▣28A] *sm.* Embarcação de fundo chato, para desembarque ou transbordo de carga. [Pl.: *-lões*.]

ba.ten.te [Bater. ▣21] *sm.* 1. Rebaixo ou umbral onde porta ou janela se encaixa ao fechar. 2. A folha (5) de porta ou janela. 3. V. *aldraba*. 4. *Gír.* Trabalho efetivo, com que se ganha a vida.

ba.te-pa.po *sm.* Conversa amigável, despretensiosa; papo, cavaco. [Pl.: *bate-papos*.]

ba.ter [Lat. **battere*, por *battuere*.] *vtd.* 1. Dar pancada(s) em. 2. Dar choques com: *Para chamar atenção, bateu no pé.* 3. Fechar, empurrando ou puxando com força: *Saiu batendo a porta.* 4. Premer com o dedo tecla de (máquina), etc. 5. Sovar, socar. 6. Percorrer (mato, caminho, etc.) em observação, exploração, etc. 7. Mover (dentes, queixo, etc.), por frio, medo, etc. 8. Agitar (as asas). 9. Remexer (ovos, massa, etc.). 10. Percutir (instrumento [4]). 11. Vencer, derrotar: *Meu time bateu o seu.* 12. Efetuar a cobrança de (falta, pênalti, lateral, etc.). 13. Ultrapassar: *bater um recorde.* 14. Tirar (8): *bater uma foto.* 15. Usar diariamente. 16. Soar, indicando (as horas). 17. *Bras. Pop.* Comer, devorar; traçar. 18. *Gír.* Furtar, surripiar. *ti.* 19. Bater (1) (em porta ou janela), para que abram. 20. Espancar, surrar. *tc.* 21. Chocar-se. 22. Ir parar em. *tdc. e tic.* 23. Dar, acidentalmente, ou não, com (parte do corpo) em. *int.* 24. Dar pancada(s). 25. Bater (19). 26. Pulsar, palpitar (o coração). 27. Tocar (sino). 28. Bater (20): *Perverso, gosta de bater.* 29. Soar ou dar horas. *p.* 30. Lutar, combater. 31. Sustentar polêmicas ou discussões. [C.: 2]

ba.te.ri.a [Fr. *batterie*.] *sf.* 1. Fortificação com peças acastelas. 2. Conjunto de utensílios de cozinha. 3. *Eng.Elétr.* Fonte eletroquímica de corrente contínua, constituída de um ou mais elementos ligados em série ou em paralelo. 4. *Mús.* Os instrumentos de percussão duma orquestra, banda, etc.

ba.te.ris.ta [Bateria. ▣36] *s2g. Bras.* Pessoa que toca bateria (4).

ba.ti.cum [V.A] *sm. Bras.* 1. Ruído de sapateados e palmas, como nos batuques. 2. Sucessão de

batida | beatitude

marteladas. **3.** *Pop.* Pulsação forte do coração e das artérias. [Pl.: *-cuns.*]

ba.ti.da [*Bater* + *-ida*.] *sf.* **1.** Ato ou efeito de bater; batimento, batido. **2.** V. *repreensão*. **3.** Exploração do campo, do terreno. **4.** *Bras.* Colisão de veículos. **5.** *Bras.* Diligência policial em local suspeito. **6.** Bebida feita com cachaça, açúcar e, ger., suco de fruta.

ba.ti.do [*Bater*.] *adj.* **1.** Espancado, sovado. **2.** Envelhecido, gasto. **3.** Derrotado, vencido. **4.** Comum, vulgar. **5.** Usado em excesso. ● *sm.* **6.** V. *batida* (1).

ba.ti.men.to [*Bater*. ▣3A] *sm.* **1.** V. *batida* (1). **2.** Choque impetuoso. **3.** Pulsação (2).

ba.ti.me.tri.a [*Bat(i)-* + *-metria*.] *sf. Ocean. Fís.* Determinação do relevo do fundo de mar, lago, rio, etc. § **ba.ti.mé.tri.co** *adj.*

ba.ti.na [De *abatina*.] *sf.* Veste talar de abades, padres e seminaristas.

ba.tis.mal [*Batismo*. ▣39] *adj2g.* Relativo a batismo. [Pl.: *-mais.*]

ba.tis.mo [Lat. *baptismu*. ▣11] *sm.* **1.** *Rel.* Sacramento da Igreja Católica, no qual a ablução, a imersão ou a aspersão com água significa purificação. **2.** *Rel.* Administração desse sacramento; batizado. **3.** Ato de nomear pessoa ou coisa. **4.** Cerimônia de lançamento de navio, avião, etc., na qual estes são benzidos.

ba.tis.ta [Lat. *baptista*. ▣36] *adj2g. s2g.* Diz-se de, ou membro da seita protestante dos batistas, na qual o batismo só se ministra aos adultos.

ba.tis.té.ri:o [Lat. *baptisteriu*.] *sm.* Lugar onde se acha a pia batismal.

ba.ti.za.do [*Batizar*. ▣17A] *adj.* **1.** A quem se administrou o batismo. ● *sm.* **2.** Batismo (2).

ba.ti.zan.do [*Batizar* + *-ando*.] *sm.* Aquele que vai ser batizado.

ba.ti.zar [Lat. *baptizare*. ▣1D] *vtd.* **1.** Administrar o batismo a. **2.** Pôr nome, alcunha ou epíteto em. **3.** *Pop.* Adulterar (certos líquidos) adicionando(-lhes) água ou outro líquido. **4.** *Fig.* Estrear: *batizar um vestido*. p. **5.** Receber o sacramento do batismo. [C.: 1]

→ **bat mitzvah** (bat mitsvá) [Hebr.] *sm.* **1.** No judaísmo, a jovem que, ao fazer 12 anos, é considerada apta a cumprir com suas obrigações religiosas. **2.** Cerimônia que institui essa maioridade religiosa.

ba.tom [Fr. *bâton*.] *sm.* Cosmético em forma de pequeno bastão, para colorir os lábios. [Pl.: *-tons.*]

ba.to.que [V.C] *sm.* **1.** Boca ou buraco no bojo de pipas, tonéis, etc. **2.** A rolha que a veda. **3.** Indivíduo atarracado. **4.** Botoque (q.v.).

ba.to.ta [V.D] *sf.* **1.** Trapaça no jogo. **2.** Casa de jogo. **3.** Certo jogo de azar.

ba.to.tei.ro [*Batota*. ▣25] *sm.* Aquele que faz batotas ou frequenta assiduamente as batotas.

ba.trá.qui:o [Tax. *Batrachium*.] *adj. sm. Zool.* V. *anuro²*.

ba.tu.ca.da [*Batucar*. ▣4] *sf. Bras.* **1.** Ritmo ou canção do batuque. **2.** Reunião popular em que se toca samba e outros instrumentos de percussão; batuque.

ba.tu.car [*Batuque*. ▣1A] *v.int.* **1.** Fazer barulho ritmado com pancadas. **2.** *Bras.* Dançar o batuque. **3.** *Bras.* Tocar piano mal. *td.* **4.** *Bras.* Dar o ritmo de, percutindo. [C.: 1A]

ba.tu.que [*Bater*.] *sm.* **1.** Qualquer das danças africanas ou brasileiras acompanhadas por instrumentos de percussão. **2.** Batucada (2). **3.** Ato ou efeito de batucar.

ba.tu.quei.ro [*Batuque*. ▣25] *sm. Bras.* **1.** Frequentador ou dançarino de batuques. **2.** Aquele que batuca [v. *batucar* (4)].

ba.tu.ta [It. *battuta*.] *sf.* Bastão delgado e leve com que os maestros regem as orquestras.

ba.ú [Fr.ant. *baiul*.] *sm.* Caixa ou mala com tampa convexa na parte externa.

bau.de.lai.ri.a.no (bôdelè) [▣29A] *adj.* Relativo ao, ou próprio do poeta Charles Baudelaire (M.), ou à sua obra.

bau.ni.lha [Esp. *vainilla*.] *sf. Bot.* **1.** Planta orquidácea de cuja fava se extrai essência us. em confeitaria e perfumaria. **2.** Essa fava, e sua essência.

bau.ru [Top. *Bauru*.] *sm. Bras. Cul.* Sanduíche ger. composto de pão, rosbife, queijo e tomate.

bau.xi.ta [Top. *Baux* + *-ita³*.] *sf. Geol.* Rocha sedimentar com aparência de argila, mas sem plasticidade; é a principal fonte de alumínio.

ba.zar [Or.persa.] *sm.* **1.** Loja de comércio de objetos variados, sobretudo quinquilharias, louças, panelas, brinquedos, ou de objetos raros, exóticos. **2.** Exposição e venda de certos artigos, ger. para fins beneficentes.

ba.zó.fi:a [It. *bazzoffia*.] *sf.* **1.** Vanglória, jactância. **2.** Fanfarrice, gabolice.

ba.zo.fi.ar [*Bazófia*. ▣1A] *v.int. e ti.* **1.** Vangloriar-se. *td.* **2.** Alardear. [C.: 1]

ba.zu.ca [Ingl. *bazooka*.] *sf.* Lançador de foguetes us. contra tanques desde a II Guerra Mundial.

■ **BCG** Sigla de uma vacina contra a tuberculose.

■ **Be** *Quím.* Símb. de *berílio*.

bê *sm.* A letra *b*.

bê-á-bá *sm.* **1.** V. *alfabeto* (2). **2.** As noções preliminares de algum assunto. [Pl.: *bê-á-bás.*]

be.a.ta [Lat. *beata*.] *sf.* Fem. de *beato* (4).

be:a.ti.ce [*Beato* ou *beata*. ▣13] *sf.* Devoção afetada e fingida.

be:a.ti.fi.ca.ção [*Beatificar*. ▣2A] *sf.* Cerimônia eclesiástica em que o papa declara bem-aventurado, por suas virtudes, um ser humano falecido. [Pl.: *-ções.*]

be:a.ti.fi.car [Lat. *beatificare*. ▣1A] *vtd.* **1.** Fazer a beatificação de. **2.** *P.ext.* Fazer passar por santo, por bom. [C.: 1A]

be:a.ti.tu.de [Lat. *beatitudine*.] *sf.* **1.** Bem-aventurança. **2.** Gozo de alma dos que se absorvem

beato | belas-letras

em contemplações místicas. **3.** Felicidade serena; bem-estar.

be.a.to [Lat. *beatu*.] *adj.* **1.** Que foi beatificado. **2.** Feliz, venturoso. **3.** Devoto em excesso. ● *sm.* **4.** O que é beato (1 e 3).

be.bê ou **be.bé** [Fr. *bébé*.] *sm.* V. *neném*.

be.bê-con.for.to *sm.* Cadeira ajustável ao banco do automóvel, para transporte de bebê. [Pl.: *bebês-confortos*.]

be.be.dei.ra [*Beber*.■16A] *sf.* **1.** Estado de bêbedo, de quem se embriagou; borracheira, carraspana, pifão, pileque, porre. **2.** Ato de embebedar-se.

bê.be.do ou **bê.ba.do** [Lat. *bibitu*.] *adj.* **1.** V. *embriagado*. **2.** V. *beberrão*. **3.** Atordoado, zonzo. ● *sm.* **4.** V. *beberrão*.

be.be.doi.ro ou **be.be.dou.ro** [*Beber*.■26B] *sm.* **1.** Aparelho que fornece água para beber. **2.** Lugar onde se põe água para os animais beberem.

be.ber [Lat. *bibere*.■1B] *vtd.* **1.** Engolir (líquido); ingerir. **2.** Ingerir o conteúdo de. **3.** Impregnar-se de; absorver. **4.** Consumir (combustível). *int.* **5.** Engolir líquidos, esp. bebidas alcoólicas. **6.** Embriagar-se. **7.** *Bras.* Consumir combustível (veículo). [C.: 2 (é-é)] § **be.be.dor** (ô) *adj. sm.*

be.be.ra.gem [Fr. *breuvage*.■6] *sf.* **1.** Cozimento medicinal. **2.** Bebida desagradável. [Pl.: -*gens*.]

be.be.ri.car ou **be.be.rri.car** [*Beber*.■1F] *vtd.* **1.** Beber a goles, aos poucos; bicar. *int.* **2.** Beber pouco, mas com frequência; chupitar. [C.: 1A]

be.ber.rão [*Beber*.] *adj. sm.* Que, ou aquele que bebe muito; bêbedo, ébrio, borracho. [Pl.: -*rões*. Fem.: *beberrona*.]

be.bes [Dev. de *beber*.] *smpl.* Aquilo que se bebe; bebidas.

be.bi.da [*Beber* + -*ida*.] *sf.* **1.** Qualquer líquido potável. **2.** Líquido alcoólico para beber. **3.** *Pop.* O vício de beber.

be.bi.das *sfpl.* Bebes.

be.bi.do [*Beber*.] *adj.* **1.** Que se bebeu (líquido). **2.** Que bebeu [v. *beber* (5).] **3.** V. *embriagado*.

be.ca [V.D] *sf.* **1.** Veste talar, preta, us. por funcionários judiciais, catedráticos e formandos de grau superior. **2.** A magistratura.

be.ça [V.D] *el. sf.* Us. na loc. adv. *à beça*. ◆ **À beça.** **1.** *Bras. Fam.* Em grande quantidade. **2.** Ao extremo; muito.

be.ca.pe *sm.* V. *backup*.

be.co (ê) [Lat. *via,* 'rua', + -*eco*, poss.] *sm.* Rua estreita e curta, ger. fechada num extremo.

be.del [Fr.ant. *bedel*.] *sm.* Empregado subalterno da secretaria das escolas. [Pl.: -*déis*.]

be.de.lho (ê) [V.E] *sm.* Tranqueta ou ferrolho de porta. ◆ **Meter o bedelho em.** Intrometer-se em (assunto que não lhe diz respeito).

be.du.í.no [Do ár.] *sm.* Árabe do deserto.

be.e.tho.ve.ni.a.no [■29A] *adj.* Relativo ao, ou próprio do compositor Ludwig van Beethoven (**M.**), ou à sua obra.

be.ge [Fr. *beige*.] *adj2g2n.* **1.** De cor amarelada como a da lã em seu estado natural. ● *sm.* **2.** Essa cor.

be.gô.ni:a [Tax. *Begonia*.] *sf. Bot.* Erva begoniácea, ornamental, e sua flor.

be.go.ni.á.ce:a [Tax. *Begoniaceae*.] *sf. Bot.* Espécime das begoniáceas, família de ervas de folhas grandes e coloridas. § **be.go.ni.á.ce:o** *adj.*

be.ha.vi:o.ris.mo [Ingl. *behaviourism, behaviorism* (amer.).] *sm.* Teoria que restringe a psicologia ao estudo do comportamento.

bei.ço [V.D] *sm.* **1.** Lábio. **2.** Rebordo.

bei.ço.la [*Beiço* + -*ola*.] *sf.* **1.** Beiço grande e grosso. ● *s2g.* **2.** Beiçudo (2).

bei.çu.do [*Beiço* + -*udo*.] *adj.* **1.** Que tem beiços grossos. ● *sm.* **2.** Aquele que os tem; beiçola.

bei.ja-flor *sm. Zool.* Ave troquilídea, de voo muito veloz, e que se nutre de insetos e do néctar das flores; colibri. [Pl.: *beija-flores*.]

bei.ja-mão *sm.* Ato ou cerimônia de beijar o dorso da mão. [Pl.: *beija-mãos*.]

bei.jar [Lat. *basiare*.■1A] *vtd.* **1.** Dar beijo em; oscular. **2.** *Fig.* Tocar de leve. *p.* **3.** Trocar beijos. [C.: 1]

bei.jo [Lat. *basiu*.] *sm.* Ato de tocar com os lábios em alguém ou algo, fazendo leve sucção; ósculo, boquinha (*fam.*).

bei.jo.ca [*Beijo* + -*oca*.] *sf. Fam.* Beijo com estalido; bicota.

bei.jo.car [*Beijoca*.■1A] *vtd.* **1.** Dar beijocas em. *p.* **2.** Trocar beijos. [C.: 1A (ó)]

bei.jo.quei.ro [*Beijoca*.■25] *adj. sm.* Que, ou quem é dado a beijar ou a beijocar.

bei.ju ou **bi.ju** [Do tupi.] *sm. Bras.* Bolinho achatado, de massa de tapioca ou de mandioca, do qual há muitas espécies.

bei.ra [V.C] *sf.* **1.** V. *borda*. **2.** Proximidade, vizinhança.

bei.ra.da [*Beira*.■4] *sf.* **1.** V. *borda*. **2.** Margem (2). **3.** *Bras. N.* Cercanias.

bei.ral [*Beira*.■39] *sm.* Prolongamento do telhado além da prumada das paredes. [Pl.: -*rais*.]

bei.ra-mar [Abrev. da loc. *beira do mar*.] *sf.* A costa marítima; o litoral. [Pl.: *beira-mares*.]

bei.rar [*Beira*.■1A] *vtd.* **1.** Caminhar à beira ou margem de. **2.** Ficar situado à beira de. **3.** Ter aproximadamente. [C.: 1]

bei.ru.te [Top. *Beirute* (Líbano).] *sm. Bras. Cul.* Sanduíche feito com pão árabe, rosbife, queijo, alface, tomate e ovo frito.

bei.se.bol [Ingl. *baseball*.] *sm.* Jogo de bola derivado do críquete. [Pl.: -*bóis*.]

be.la.do.na [It. *belladonna*.] *sf. Bot.* Planta solanácea, medicinal.

be.las-ar.tes *sfpl.* V. *artes plásticas*.

be.las-le.tras *sfpl.* A eloquência, a poesia, a literatura, etc., estudadas esp. pelo prazer estético que possam dar.

bel.chi:or (xiór) [Antr. *Belchior*.] *sm. Bras.* **1.** Mercador de objetos velhos e usados. [Cf. *brechó*.] **2.** Alfarrabista.

bel.da.de [Provç. *beltat*.] *sf.* Mulher belíssima.

be.le.nen.se *adj2g.* **1.** De Belém, capital do PA. ● *s2g.* **2.** O natural ou habitante de Belém.

be.le.za (ê) [It. *bellezza*.] *sf.* **1.** Qualidade de belo. **2.** Pessoa bela. **3.** Coisa bela, muito agradável, ou muito gostosa.

be.le.zo.ca [*Beleza + -oca*.] *sf. Bras. Fam.* Pessoa bela; beleza.

be.li.che [V.E] *sm.* Conjunto de 2 ou 3 camas superpostas, com os lastros apoiados numa armação única.

be.li.cis.mo [*Bélico*.▣11] *sm.* **1.** Doutrina que prega a guerra, o armamentismo. **2.** Espírito belicoso.

bé.li.co [Lat. *bellicu*.] *adj.* Da, ou próprio da guerra.

be.li.co.so (ô) [Lat. *bellicosu*.] *adj.* **1.** Que tem ânimo aguerrido; guerreiro. **2.** Que incita a guerra. [Pl.: -*cosos* (ó).] § **be.li.co.si.da.de** *sf.*

be.li.da [V.C] *sf. Med.* Névoa ou mancha esbranquiçada na córnea do olho.

be.li.ge.ran.te [Lat. *belligerante*.] *adj2g.* Que faz guerra ou está em guerra. § **be.li.ge.rân.ci.a** *sf.*

be.lis.cão [*Beliscar*.▣2] *sm.* Ato ou efeito de beliscar. [Pl.: -*cões*.]

be.lis.car *vtd.* **1.** Apertar (a pele) com as pontas do polegar e do indicador. **2.** Ferir de leve. **3.** Comer um pouquinho de. *int.* **4.** Comer pouco. [Sin. de 3 e 4: *lambiscar*. C.: 1A]

be.lo [Lat. *bellu*.] *adj.* **1.** Que tem forma perfeita e proporções harmônicas. **2.** Agradável aos sentidos. **3.** Elevado; sublime. **4.** Bom, generoso. **5.** Aprazível; sereno. **6.** Próspero, feliz. **7.** Considerável pelo número, pela quantidade ou pelas dimensões. **5.** Lucrativo, vantajoso. ● *sm.* **9.** Caráter ou natureza do que é belo.

be.lo-ho.ri.zon.ti.no [▣30] *adj.* **1.** De Belo Horizonte, capital de MG. ● *sm.* **2.** O natural ou habitante de Belo Horizonte. [Pl.: *belo-horizontinos*.]

be.lo.na.ve *sf.* Navio de guerra.

bel-pra.zer [*Bel* (de *belo*) + *prazer*.] *sm.* Vontade própria, arbítrio. [Us. em loc. adv., como: *a seu bel-prazer*.] [Pl.: *bel-prazeres*.]

bel.tra.no [Antr. *Beltrão*.] *sm.* O segundo ou terceiro de 3 indivíduos incertos ou que não se quer nomear: *Convidou fulano, beltrano e sicrano*.

bel.ve.der ou **bel.ve.de.re** (ê) [It. *belvedere*.] *sm.* Pequeno mirante.

bel.ze.bu [Do hebr.] *sm.* V. *diabo* (2).

bem [Lat. *bene*.] *sm.* **1.** Qualidade atribuída a ações e obras humanas, e que lhes confere um caráter moral. **2.** Felicidade, ventura. **3.** Felicidade, ventura. **4.** Favor, benefício. **5.** Vantagem, proveito. **6.** Pessoa muito amada. **7.** *Econ.* Mercadoria ou serviço que pode satisfazer uma necessidade humana. ● *adv.* **8.** Muito; bastante. **9.** Convenientemente. **10.** Com saúde. **11.** Com perfeição. ● *pron.indef.* **12.** Muito; bastante. ◆ **Bem de capital.** *Econ.* Bem de produção (q.v.) não consumido no processo produtivo. **Bem de consumo.** *Econ.* Bem econômico (q.v.) que se destina a ser comprado e us. por indivíduos. Ex.: alimentos, roupas. **Bem de produção.** *Econ.* Bem econômico (q.v.) que se destina a ser us. na produção de outros bens. Ex.: máquinas de uma fábrica. **Bem econômico.** *Econ.* O que é objeto de compra e venda. **Bem que.** Embora; ainda que; se bem que. **Se bem que.** V. *bem que*.

bem-a.ca.ba.do *adj.* Feito com vista à perfeição; esmerado, benfeito. [Pl.: *bem-acabados*.]

bem-a.ma.do *adj.* **1.** Que é objeto de afeto particular. ● *sm.* **2.** O querido, o predileto. [Pl.: *bem-amados*.]

bem-a.pes.so.a.do *adj.* De boa aparência. [Pl.: *bem-apessoados*.]

bem-a.ven.tu.ra.do *adj.* **1.** Muito feliz. ● *sm.* **2.** O que frui a bem-aventurança; santo. [Pl.: *bem-aventurados*.]

bem-a.ven.tu.ran.ça *sf.* A felicidade eterna, que os santos gozam no Céu; beatitude. [Pl.: *bem-aventuranças*.]

bem-bom *sm. Bras.* Comodidade, bem-estar. [Pl.: *bem-bons*.]

bem-com.por.ta.do *adj.* Que se comporta ou procede bem. [Pl.: *bem-comportados*.]

bem-dis.pos.to (ô) *adj.* Com ânimo, com boa disposição (5). [Pl.: *bem-dispostos* (ó).]

bem-do.ta.do *adj.* Que tem inteligência acima da média. [Pl.: *bem-dotados*.]

bem-e.du.ca.do *adj.* Delicado, cortês; educado. [Pl.: *bem-educados*.]

bem-es.tar *sm.* Estado de perfeita satisfação física ou moral; conforto. [Pl.: *bem-estares*.]

bem-hu.mo.ra.do *adj.* De bom humor; alegre; satisfeito. [Pl.: *bem-humorados*.]

bem-in.ten.ci.o.na.do *adj.* Que tem boas intenções. [Pl.: *bem-intencionados*.]

bem-me-quer *sm. Bot.* Erva asterácea, de flores amarelas, e sua flor; malmequer. [Pl.: *bem-me-queres*.]

bem-nas.ci.do *adj.* **1.** Que nasceu sob bons auspícios. **2.** De boa família, ou de família nobre. [Pl.: *bem-nascidos*.]

be.mol [It. *bemolle*.] *sm. Mús.* Acidente (4) que indica dever ser abaixada de um semitom a nota à sua direita. [Pl.: -*móis*.]

bem-pa.re.ci.do *adj.* De boa aparência; bonito, elegante. [Pl.: *bem-parecidos*.]

bem-pos.to *adj.* **1.** De porte elegante. **2.** Bem vestido. [Pl.: *bem-postos* (ó).]

bem-re.sol.vi.do *adj.* **1.** Que alcançou a realização pessoal ou financeira. **2.** Sem traumas ou medos. [Pl.: *bem-resolvidos*.]

bem-su.ce.di.do *adj.* Que teve bom sucesso, bom êxito. [Pl.: *bem-sucedidos*.]

bem-te-vi *sm. Bras. Zool.* Ave tiranídea, azeitonada, de peito e abdome amarelos. [Pl.: *bem-te-vis*.]

bem-vindo | benzedura

bem-vin.do adj. 1. Que chegou a salvo, bem. 2. Bem recebido, bem acolhido à chegada. [Pl.: *bem-vindos*.]

bem-vis.to adj. 1. Bem conceituado. 2. Benquisto (2). [Pl.: *bem-vistos*.]

bên.ção [Lat. *benedictione*. ◼2] sf. 1. Ação de benzer ou de abençoar. 2. Graça divina. [Pl.: *-çãos*.]

ben.di.to (êin) [Lat. *benedictu*.] adj. 1. Abençoado. 2. Feliz, ditoso. ● sm. 3. *Rel.* Oração católica que começa pela palavra *bendito*.

ben.di.zer (êin) [Lat. *benedicere*. ◼1B] vtd. 1. Dizer bem de; louvar. 2. Abençoar; benzer. 3. Tornar próspero; proteger. [C.: 17]

be.ne.di.ti.no [Antr.lat. *Benedictus*. ◼30] sm. Monge da Ordem de S. Bento.

be.ne.fi.cên.ci:a [Lat. *beneficentia*.] sf. 1. Ato, hábito ou virtude de fazer o bem. 2. V. *caridade* (2). § **be.ne.fi.cen.te** adj2g.

be.ne.fi.ci.a.do [*Beneficiar*. ◼17A] adj. 1. Beneficiário. 2. Submetido a beneficiamento. ● sm. 3. Beneficiário.

be.ne.fi.ci.a.dor (ó) [*Beneficiar*. ◼19A] adj. sm. 1. Que, ou aquele que faz benefícios. 2. Que, ou aquele que beneficia produtos agrícolas.

be.ne.fi.ci:a.men.to [*Beneficiar*. ◼3] sm. 1. Ato ou efeito de beneficiar; beneficiação. 2. Processo a que se submete produto agrícola [v. *beneficiar* (3)].

be.ne.fi.ci.ar [*Benefício*. ◼1A] vtd. 1. Fazer benefício a; favorecer. 2. Reparar, consertar. 3. Submeter (produtos agrícolas, etc.) a processos de descascamento, descaroçamento, etc., a fim de serem consumidos ou utilizados. p. 4. Propiciar benefícios a si mesmo. [C.: 1] § **be.ne.fi.ci.a.ção** sf.

be.ne.fi.ci.á.ri:o [Lat. *beneficiariu*. ◼24] adj. sm. Diz-se de, ou aquele que recebe ou usufrui benefício ou vantagem; beneficiado.

be.ne.fí.ci:o [Lat. *beneficiu*.] sm. 1. Serviço ou bem que se faz gratuitamente; favor, graça. 2. Vantagem, proveito. 3. Espetáculo cuja renda reverte em favor de alguém ou de uma instituição. 4. Melhoramento, benfeitoria. 5. Auxílio por força de legislação social. 6. Cargo eclesiástico, na Igreja Católica, ao qual se anexa o uso ou fruição de um bem.

be.né.fi.co [Lat. *beneficu*.] adj. Que faz bem; benigno, benfazejo. [Superl.: *beneficentíssimo*.]

be.ne.me.rên.ci:a [De *benemerente*.] sf. Qualidade ou ato de benemérito.

be.ne.mé.ri.to [Lat. *bene*, 'bem', + lat. *meritu*, 'merecido'.] adj. 1. Que merece o bem. 2. Digno de honras, de recompensas. 3. Ilustre, distinto. ● sm. 4. Indivíduo benemérito.

be.ne.plá.ci.to [Lat. *beneplacitu*.] sm. Consentimento, aprovação.

be.nes.se (né) sf. m. 1. Emolumento paroquial. 2. Lucro gratuito.

be.ne.vo.lên.ci:a [Lat. *benevolentia*.] sf. 1. Boa vontade para com alguém. 2. Afeto, estima.

be.ne.vo.len.te [Lat. *benevolente*.] adj2g. V. *benévolo*. [Superl.: *benevolentíssimo*.]

be.né.vo.lo [Lat. *benevolu*.] adj. 1. Que tende a fazer o bem. 2. Complacente, indulgente. [Sin.ger: *benigno, benevolente*. Superl.: *benevolentíssimo*.]

ben.fa.ze.jo (êin...ê) adj. 1. Que faz o bem; caridoso. 2. V. *benéfico*.

ben.fei.to (êin) [*Ben-* + *feito*.] adj. 1. V. *bem-acabado*. 2. De belas formas. 3. Elegante, gracioso.

ben.fei.tor (êin...ô) [*Benfeitor*.] sm. Aquele que faz o bem ou que faz benefícios.

ben.fei.to.ri.a (êin) [*Benfeitor*. ◼8A] sf. Obra útil feita em propriedade, e que a valoriza.

ben.ga.la [Top. *Bengala*.] sf. Bastão de madeira, de junco, etc., para arrimo.

ben.ga.la.da [*Bengala*. ◼4] sf. Bordoada com bengala.

be.nig.no [Lat. *benignu*.] adj. 1. V. *benévolo*. 2. V. *benéfico*. 3. Que não é maligno (3). 4. *Med.* Diz-se de tumor (2) que não invade tecidos de outros órgãos e não causa metástase. § **be.nig.ni.da.de** sf.

ben.ja.mim sm. 1. O filho preferido (ger. o mais moço). 2. O membro mais jovem duma associação. 3. *Bras.* Extensão dupla ou tripla para tomadas elétricas. [Pl.: *-mins*.]

ben.jo.ei.ro [*Benjo(im)*. ◼25] sm. *Bot.* Planta estiracácea cuja madeira produz resina aromática.

ben.jo.im [Do ár.] sm. Bálsamo aromático extraído do benjoeiro. [Pl.: *-ins*.]

ben.que.ren.ça (êin) [*Ben-* + *querença*.] sm. O querer bem; estima, benquerer.

ben.que.rer (êin) [*Ben-* + *querer*.] vti. 1. Querer bem; estimar: *Benquer ao avô*. p. 2. Estimar-se mutuamente. [C.: 26] ● sm. 3. V. *benquerença*. 4. Pessoa a quem se ama; o bem-amado. [Pl. do sm.: *benquereres*.]

ben.quis.to (êin) [*Ben-* + *quisto*, 'querido'.] adj. 1. Querido de todos. 2. Aceito, bem-visto.

bens smpl. O que é propriedade de alguém; posses.

bên.ti.co [*Bento*² + *-ico*². ◼35B] adj. *Ecol.* Do, relativo ao, ou que ocorre no fundo de mar, lago ou lagoa.

ben.ti.nho [*Bento*¹. ◼32] sm. Objeto de devoção: 2 quadradinhos de pano bento, com orações escritas e uma relíquia; breve, escapulário, patuá.

ben.to¹ [Lat. *benedictu*.] adj. 1. Que foi benzido. ● sm. 2. Frade beneditino.

ben.to² sm. ou **ben.tos** [Gr. *bénthos*.] sm2n. *Ecol.* Conjunto dos seres vivos bentônicos.

ben.tô.ni.co [Ingl. *benthonic*. ◼35B] adj. *Ecol.* Diz-se de animal ou vegetal que vive no fundo de mar, lago ou lagoa.

ben.ze.dei.ra [*Benzer*. ◼16A] sf. Mulher que faz benzedura.

ben.ze.du.ra [*Benzer*. ◼5A] sf. Ato de benzer, ou de proceder a certos rituais não católicos, acompanhando-os de rezas; reza.

benzeno | bestializar

ben.ze.no [Ingl. *benzene*.] *sm. Quím.* Hidrocarboneto aromático, líquido, incolor, volátil, venenoso, us. como solvente e matéria-prima de vários outros compostos [fórm.: C_6H_6].

ben.zer [Lat. *benedicere*.⬛1B] *vtd.* **1.** Fazer o sinal da cruz sobre (pessoa ou coisa), recitando certas fórmulas litúrgicas. **2.** Fazer benzeduras em. **3.** Abençoar (1). *p.* **4.** Abençoar (3). [C.: 2] § **ben.zi.do** *adj.*

ben.zi.na [Al. *Benzin*.] *sf.* Mistura de hidrocarbonetos us. como solvente.

be.ó.ci:o [Lat. *boeotiu*.] *adj.* **1.** Da, ou relativo à Beócia (Grécia antiga). ● *sm.* **3.** O natural da Beócia. **4.** *Fig.* Indivíduo beócio (2).

be.qua.dro [It. *bequadro*.] *sm. Mús.* Acidente (4) que anula o efeito dos sustenidos e bemóis.

be.que [Ingl. *back*.] *sm. Fut.* Zagueiro.

ber.çá.ri:o [*Berço*.⬛24] *sm.* Seção, nas maternidades, onde ficam as crianças recém-nascidas, em seus berços.

ber.ço (ê) [Fr.ant. *bers*.] *sm.* **1.** Leito para crianças de colo, ger. com dispositivo para embalar. **2.** Lugar de nascimento. **3.** A primeira infância.

ber.ga.mo.ta [Do turco.] *sf. Bot.* O fruto, comestível, da bergamoteira. **2.** *Bras.* Tangerina.

ber.ga.mo.tei.ra [*Bergamota*.⬛16] *sf. Bot.* Árvore rutácea que lembra a laranjeira e o limoeiro.

ber.gan.tim [It. *brigantino*.] *sm.* Antiga embarcação à vela e a remo. [Pl.: *-tins*.]

berg.so.ni.a.no [⬛29A] *adj.* De ou relativo a Henri Bergson (**M.**), ou à sua filosofia.

be.ri.bé.ri [Do cingalês.] *sm. Med.* Doença decorrente da deficiência de vitamina B_1 e que apresenta polineurite, edema e cardiopatia. § **be.ri.bé.ri.co** *adj.*

be.rí.li:o [Lat.cient. *beryllium*.] *sm. Quím.* V. *metal alcalinoterroso* [símb.: *Be*].

be.ri.li.o.se [*Berílio* + *-ose*¹.] *sf. Med.* Intoxicação por berílio, que compromete, ger., os pulmões e, menos frequentemente, a pele, o fígado, etc.

be.ri.lo [Lat. *beryllu*.] *sm. Min.* O mais abundante dos minerais de berílio.

be.rim.bau [Do quimb.] *sm. Bras.* **1.** Instrumento de ferro, semelhante a uma ferradura com lingueta no centro, e que se toca fazendo vibrar a extremidade livre da lingueta. **2.** Instrumento de percussão com o qual se acompanha a capoeira² (2): arco de madeira retesado por um fio de arame, com uma cabaça presa ao dorso da extremidade inferior; urucungo.

be.rin.je.la ou **brin.je.la** [Do ár.] *sf. Bot.* Planta solanácea de fruto comestível. **2.** Esse fruto.

ber.lin.da [Fr. *berline*.] *sf.* **1.** Pequeno coche de 4 rodas, suspenso entre 2 varais. **2.** Oratoriozinho para imagens de santos. **3.** Certo jogo de prendas.

ber.li.nen.se [⬛38] *adj2g.* **1.** De, ou pertencente ou relativo a Berlim, capital da Alemanha. ● *s2g.* **2.** O natural ou habitante de Berlim.

ber.lo.que [Fr.ant. *berloque*.] *sm.* Pequeno enfeite que se traz pendurado em corrente.

ber.mu.da [Ingl. *Bermuda (shorts)*.] *sf. Short* que vai quase até os joelhos.

ber.nar.da [De *(Maria) Bernarda*, revolta que ocorreu em Braga, Port., em 1862.] *sf.* Revolta popular; motim, desordem.

ber.ne [V.C] *sm.* Larva da mosca *Dermatobia hominis*, que penetra na pele do homem e de outros animais, causando processo inflamatório.

ber.qué.li:o [Lat.cient. *berkelium*.] *sm. Quím.* V. *actinídeos* [símb.: *Bk*].

ber.ra.dor (ô) [*Berrar*.⬛19] *adj.* **1.** Que berra; berrante. ● *sm.* **2.** Aquele que berra.

ber.ran.te [*Berrar*.⬛21] *adj2g.* **1.** Berrador (1). **2.** Diz-se de cor muito viva. ● *sm.* **3.** *Bras. Gír.* Revólver. **4.** *Bras.* Buzina de chifre com que os boiadeiros tangem o gado.

ber.rar [V.A] *v.int.* **1.** Soltar berros (os animais). **2.** Falar ou chorar muito alto. *ti. e td.* **3.** Gritar (4 e 7). [C.: 1 (é)]

ber.rei.ro [*Berro*.⬛25] *sm.* **1.** Berros contínuos. **2.** Choro muito ruidoso; berro.

ber.ro [Dev. de *berrar*.] *sm.* **1.** Grito de certos animais; rugido. **2.** Berreiro (2). **3.** Grito rude e alto, de gente. **4.** Brado, exclamação.

ber.ru.ga *sf. Bras. Pop.* V. *verruga*.

ber.ta.lha [V.D] *sf. Bot.* Trepadeira baselácea, de folhas alimentícias.

be.sou.ro ou **be.soi.ro** [V.D] *sm. Zool.* Nome comum a vários coleópteros.

bes.ta [Lat. *balista*.] *sf.* Arma antiga, formada de arco, cabo e corda, com que se disparavam balas de pedra ou ferro, e setas.

bes.ta (ê) [Lat.vulg. *besta*.] *sf.* **1.** Quadrúpede, sobretudo o de grande porte. **2.** Pessoa muito curta de inteligência. **3.** *Bras. N.E.* Égua. ● *s2g.* **4.** Pessoa tola, vaidosa, ou pretensiosa. ● *adj2g.* **5.** Que é besta (4), ou próprio dela.

bes.ta-fe.ra [*Besta* (ê) + *fera*.] *sf.* **1.** Animal feroz. ● *s2g.* **2.** Pessoa cruel. [Pl.: *bestas-fera(s)*.]

bes.ta.lhão [*Besta* (ê) + *-alhão*.] *adj. sm.* Diz-se de, ou indivíduo estúpido, ignorante. [Pl.: *-lhões*. Fem.: *bestalhona*.]

bes.tar [*Besta* (ê).⬛1A] *v.int.* **1.** Fazer ou dizer asneira(s). **2.** Vaguear, vagabundear. [C.: 1 (é)]

bes.tei.ra [*Besta* (ê).⬛16] *sf. Bras.* Dito ou ação tola, sem importância, sem valor; asneira, bestice, bobagem.

bes.tei.rol [*Besteira* + *-ol*¹.] *sm. Bras.* **1.** Comédia teatral, cinematográfica, etc., com o predomínio de falas e situações grotescas. **2.** Palavreado sem sentido.

bes.ti.al [Lat. *bestiale*.⬛39] *adj2g.* **1.** Próprio de besta (ê). **2.** Grosseiro, brutal. [Pl.: *-ais*.] § **bes.ti:a.li.da.de** *sf.*

bes.ti:a.li.zar [*Bestial*.⬛1D] *vtd.* V. *bestificar* (1). [C.: 1]

bes.ti:a.ló.gi.co [Lat. *bestia* + *-log(o)-* + *-ico*². ▣35B] *adj.* **1.** *Bras. Fam.* Asneirento. ● *sm.* **2.** Discurso despropositado.

bes.ti.ce [*Besta* (ê). ▣13] *sf.* V. *besteira*.

bes.ti.fi.car [*Besta* (ê). ▣1A] *vtd.* **1.** Tornar como besta (ê); bestializar, embestar. **2.** Causar pasmo a; embasbacar. [C.: 1A] § **bes.ti.fi.ca.do** *adj.*

→ **best-seller** (best-séler) [Ingl.] *sm.* Livro, ou outro produto, que faz muito sucesso e, por isso, é muito vendido.

bes.tun.to [De *besta* (ê).] *sm. Fam.* V. *cabeça* (5).

be.sun.tar [*Bis-* + *untar*.] *vtd.* Sujar, lambuzar. [C.: 1A]

be.ta *sm.* A 2ª letra do alfabeto grego (B, β).

be.ter.ra.ba [Fr. *betterave*.] *sf.* **1.** *Bot.* Erva quenopodiácea de grossa raiz tuberosa, comestível, e da qual se extrai açúcar semelhante ao da cana. **2.** Essa raiz.

be.to.nei.ra [Fr. *bétonnière*.] *sf.* Máquina em que se prepara o concreto (4).

be.tu.lá.ce:a [Tax. *Betulaceae*.] *sf. Bot.* Espécime das betuláceas, família de árvores e arbustos das regiões frias do hemisfério norte. § **be.tu.lá.ce:o** *adj.*

be.tu.me [Lat. *bitumine*.] *sm.* **1.** *Quím.* Mistura de hidrocarbonetos, solúvel em solventes orgânicos, natural ou obtida em processo de destilação. **2.** Massa para pegar vidros aos caixilhos ou tapar junturas de pedras.

be.tu.mi.no.so (ô) [Lat. *bituminosu*. ▣37] *adj.* Que contém betume, ou é da natureza dele. [Pl.: *-nosos* (ó).]

be.xi.ga [Lat. **vessica*.] *sf.* **1.** *Anat.* Reservatório musculomembranoso sito na parte inferior do abdome, e que recebe a urina vinda dos ureteres. **2.** *Zool.* Vesícula natatória de muitos peixes. **3.** *Pop.* Varíola. **4.** V. *balão* (3).

be.xi.guen.to [*Bexiga*. ▣27] *adj.* Que tem bexiga (3).

be.zer.ro (ê) [V.D] *sm.* **1.** Filhote de vaca que ainda mama; novilho. **2.** Sua pele, curtida.

■ **Bh** *Quím.* Símb. de *bóhrio*.

bi¹ *adj2g. s2g.* V. *bicampeão*.

bi² *adj2g. s2g.* V. *bissexual*.

■ **Bi** *Quím.* Símb. de *bismuto*.

bi:a.nu.al [*Bi-*¹ + *anual*.] *adj2g.* Bienal (1). [Pl.: *-ais*.]

bi.be.lô [Fr. *bibelot*.] *sm.* Objeto de adorno que se põe sobre mesa, aparador, etc.

bí.bli:a [Lat.ecl. *biblia*.] *sf.* O conjunto dos livros sagrados do Antigo e do Novo Testamentos; Escritura. [Com inicial maiúsc.] § **bí.bli.co** *adj.*

bi.bli:o.can.to [*Biblio-* + *canto*¹.] *sm.* Peça, ger. em forma de L, para segurar livros.

bi.bli.ó.fi.lo [*Biblio-* + *-filo*.] *sm.* Colecionador de livros.

bi.bli:o.gra.fi.a [*Biblio-* + *-grafia*.] *sf.* **1.** Lista, ger. em ordem alfabética, de livros e outros documentos relativos a determinado assunto. **2.** Numa publicação, relação das obras consultadas pelo autor. § **bi.bli:o.grá.fi.co** *adj.*

bi.bli:ó.gra.fo [*Biblio-* + *-grafo*.] *sm.* Quem é versado em bibliografia.

bi.bli.o.lo.gi.a [*Biblio-* + *-logia*.] *sf.* Ramo do conhecimento que se ocupa da história, produção e conservação dos livros.

bi.bli:o.ma.ni.a [*Biblio-* + *-mania*.] *sf.* Mania de acumular livros. § **bi.bli:o.ma.ní.a.co** *adj. sm.*

bi.bli:o.te.ca [Lat. *bibliotheca*.] *sf.* **1.** Coleção pública ou privada de livros e documentos congêneres, para estudo, leitura e consulta. **2.** Edifício ou recinto onde ela se instala. **3.** Móvel onde se guardam e/ou ordenam livros.

bi.bli:o.te.cá.ri:o [Lat. *bibliothecariu*. ▣24] *sm.* Aquele que superintende uma biblioteca.

bi.bli:o.te.co.no.mi.a [*Biblioteca* + *-o-* + *-nom(o)-* + *-ia*¹. ▣8A] *sf.* Disciplina de nível universitário referente à organização e administração de biblioteca(s).

bi.bo.ca [Do tupi.] *sf. Bras.* **1.** Vale profundo e de acesso difícil. **2.** Casa pequena e pobre; baiuca.

bi.ca [*Bico*¹.] *sf.* **1.** Tubo ou telha por onde corre e cai água. **2.** Qualquer orifício por onde escorre um líquido.

bi.ca.da [*Bico*. ▣4] *sf.* Picada com o bico.

bi.ca.ma [*Bi-*¹ + *cama*.] *sf.* Conjunto de 2 camas sobrepostas, sendo que a de baixo deve ser puxada quando alguém vai deitar-se.

bi.ca.me.ral [Ingl. *bicameral*. ▣39] *adj2g.* Do, ou relativo ao sistema político em que o poder legislativo se divide em 2 câmaras.

bi.ca.me.ra.lis.mo [*Bicameral*. ▣11] *sm.* O sistema político bicameral.

bi.cam.pe.ão [*Bi-*¹ + *campeão*.] *adj. sm.* Diz-se do, ou o vencedor, pela segunda vez, consecutiva ou não, em provas ou competições. [F.red.: *bi*. Pl.: *-ões*. Fem.: *bicampeã*.]

bi.cam.pe:o.na.to [*Bi-*¹ + *campeonato*.] *sm.* Campeonato conquistado pela segunda vez.

bi.car [*Bico* + *-ar*². ▣1A] *vtd.* **1.** Dar bicadas em. **2.** Bebericar (1). **3.** *Fam.* Provar (bebida ou alimento). [C.: 1A]

bi.car.bo.na.to [*Bi-*² + *carbonato*.] *sm. Quím.* Qualquer sal que contém o ânion HCO_3^-, ger. resultante da neutralização parcial do ácido carbônico.

bi.cen.te.ná.ri:o [*Bi-*¹ + *centenário*.] *sm.* O segundo centenário (1).

bí.ceps [Lat. *biceps*.] *sm2n. Anat.* Nome comum a músculos com 2 extremidades e 2 locais de inserção, seja o osso, seja a outra estrutura fixa. § **bi.ci.pi.tal** *adj2g.*

bi.cha [*Bicho*.] *sf.* **1.** Lombriga. **2.** Sanguessuga (1). **3.** *Pej.* Indivíduo efeminado. **4.** *Lus.* Fila¹.

bi.cha.no [*Bicho*.] *sm. Fam.* Gato.

bi.char [*Bicho*. ▣1A] *v.int.* Criar bicho (3). [C.: 1] § **bi.cha.do** *adj.*

bi.cha.ra.da [*Bicho* ou *bicha*. ▣4A] *sf.* Porção de bichos; bicharia.

bi.cha.ri.a [*Bicho* ou *bicha*. ▣15] *sf.* Bicharada.

bi.chei.ra [*Bicho*. ▣16] *sf.* Ferida cheia de bichos, de vermes, em animal.

bi.chei.ro [*Bicha*. ▣25] *sm. Bras.* **1.** Aquele que anota as apostas nos talões do jogo do bicho, ou o que recebe o dinheiro dessas apostas. **2.** O que banca, nesse jogo.

bi.cho [Lat.vulg. *bestiu*.] *sm.* **1.** Qualquer animal terrestre. **2.** Pessoa muito feia e/ou intratável. **3.** *Zool.* Broca². **4.** *Bras.* O jogo do bicho.

bi.cho-ca.be.lu.do *sm. Bras. Zool.* V. *tatarana*. [Pl.: *bichos-cabeludos*.]

bi.cho-car.pin.tei.ro *sm. Zool.* Escaravelho. [Pl.: *bichos-carpinteiros*.] ◆ **Ter bicho-carpinteiro.** Ser irrequieto.

bi.cho-da-se.da *sm. Zool.* Nome comum a lepidópteros bombicídeos cujas lagartas, em fase de crisalidação, tecem casulo de seda. [Pl.: *bichos-da-seda*.]

bi.cho de concha *sm. Bras.* Bicho do mato. [Pl.: *bichos de concha*.]

bi.cho-de-pé ou **bi.cho-do-pé** *sm. Bras. Zool.* Inseto sifonáptero cuja fêmea, fecundada, penetra na pele do homem e de outros animais, causando inflamação. [Pl.: *bichos-de-pé* ou *bichos-do-pé*.]

bi.cho de se.te ca.be.ças *sm.* Coisa muito difícil, muito complicada. [Pl.: *bichos de sete cabeças*.]

bi.cho do ma.to *sm. Bras.* Indivíduo que foge do convívio social; bicho de concha. [Pl.: *bichos do mato*.]

bi.cho-pa.pão *sm. Folcl.* V. *papão*. [Pl.: *bichos-papões*.]

bi.cho-pau *sm. Zool.* Nome comum a vários insetos fasmatídeos, que têm o corpo semelhante a um graveto. [Pl.: *bichos-pau(s)*.]

bi.ci.cle.ta (é) [Fr. *bicyclette*.] *sf.* Veículo constituído por um conjunto de tubos metálicos montado em 2 rodas, alinhadas uma atrás da outra, e com selim, sendo manobrado por guidom e pedais.

bi.ci.cle.ta.ri:a [*Bicicleta*. ▣15] *sf. Bras.* Loja de bicicletas, peças e acessórios.

bi.ci.cle.tá.ri:o [*Bicicleta*. ▣24] *sm. Bras.* Lugar próprio para se guardar bicicleta.

bi.ci.cross [*Bici(cleta)* + ingl. *(moto)cross*.] *sm. Esport.* Prática de corridas de bicicletas feitas esp. para terrenos e relevos acidentados.

bi.co [Lat. *beccu*.] *sm.* **1.** Proeminência córnea da boca das aves e de outros animais. **2.** Ponta aguçada. **3.** Renda que de um dos lados termina em ponta ou bico (2). **4.** *Pop.* Pequenos ganhos avulsos e/ou tarefa ocasional que os possibilita; biscate; galho.

bi.co de pa.pa.gai.o *sm.* **1.** Nariz adunco. **2.** *Med.* Excrescência óssea patológica na coluna vertebral. [Pl.: *bicos de papagaio*.]

bi.co-de-pa.pa.gai.o *sm. Bot.* Planta ornamental cactácea, e a sua flor. [Pl.: *bicos-de-papagaio*.]

bi.co de pe.na *sm.* **1.** Técnica de desenho a traços, em que se usam pena de bico muito fino e tinta, ger. nanquim. **2.** A obra feita com essa técnica. [Pl.: *bicos de pena*.]

bi.co.lor (ô) [Lat. *bicolore*.] *adj2g.* De 2 cores.

bi.cos *smpl. Bras.* **1.** Restos de alguma coisa. **2.** Quantia insignificante.

bi.co.ta *sf. Bras.* Beijoca.

bi.cro.mi.a [*Bi-*¹ + *-crom(o)-* + *-ia*¹. ▣8A] *sf. Edit.* **1.** Impressão em meios-tons, a 2 cores, feita a partir de uma imagem em preto e branco. **2.** Impressão a 2 cores.

bi.cu.do [*Bico* + *-udo*.] *adj.* **1.** Que tem bico. **2.** Pontiagudo, aguçado. **3.** *Pop.* Difícil, complicado.

bi.dê ou **bi.dé** [Fr. *bidet*.] *sm.* Bacia oblonga para lavagem das partes inferiores do tronco (3).

bi.di.men.si:o.nal [*Bi-*¹ + *dimensional*. ▣39] *adj2g.* Que tem 2 dimensões. [Pl.: *-nais*.]

bi.e.la [Fr. *bielle*.] *sf.* Peça de máquina que transforma o movimento retilíneo alternado do pistão em movimento circular contínuo do eixo motor.

bi:e.nal [Lat. *biennale*. ▣39] *adj2g.* **1.** Que dura 2 anos, ou se efetua de 2 em 2 anos; bianual. ● *sf.* **2.** Evento bienal (1). [Pl.: *-nais*.]

bi.ê.ni:o [Lat. *benniu*.] *sm.* Período de 2 anos.

bi.fe [Ingl. *beef*.] *sm.* **1.** Fatia de carne bovina frita, cozida ou grelhada; filé. **2.** Fatia de fígado, porco, etc., preparada de modo semelhante. **3.** *Bras. Pop.* Corte na pele, por descuido, ao barbear-se, fazer as unhas, etc.

bí.fi.do [Lat. *bifidu*.] *adj.* Fendido em 2 partes; aberto ao meio.

bi.fo.cal [*Bi-*¹ + *foco* + *-al*¹. ▣39] *adj2g.* Que tem 2 focos. [Pl.: *-cais*.]

bi.for.me [Lat. *biforme*.] *adj2g.* Que tem 2 formas.

bi.fum [Do chin.] *sm. Cul.* Macarrão oriental muito fino, feito com farinha de arroz. [Pl.: *-funs*.]

bi.fur.car [Lat. *bifurcus*. ▣1A] *vtd. e p.* Separar(-se) em 2 ramos. [C.: 1A] § **bi.fur.ca.ção** *sf.*

bi.ga [Lat. *biga*.] *sf.* Antigo carro romano de 2 ou 4 rodas, puxado por 2 cavalos.

bi.ga.mi.a [*Bígamo*. ▣8A] *sf.* Estado de bígamo.

bí.ga.mo [Lat.med. *bigamu*.] *adj. sm.* Que, ou aquele que tem 2 cônjuges ao mesmo tempo.

→ **big bang** (bíg béng) [Ingl.] *sm. Cosm.* V. *teoria da grande explosão*.

big.no.ni.á.ce:a [Tax. *Bignoniaceae*.] *sf. Bot.* Espécime das bignoniáceas, família de árvores e trepadeiras, ger. tropicais, de grandes flores e frutos capsulares. Ex.: o ipê. § **big.no.ni.á.ce:o** *adj.*

bi.go.de [V.D] *sm.* Barba que nasce sobre o lábio superior.

bi.go.de.ar [V.C] *vtd. Gír.* Enganar, lograr. [C.: 12A]

bi.go.dei.ra [*Bigode*. ▣16] *sf.* Bigode farto.

bi.gor.na [Lat. *bicornia*.] *sf.* **1.** Peça de ferro de corpo quadrangular e extremidades em ponta ger. cônica, sobre a qual se malham e amoldam metais. **2.** *Anat.* Ossículo da orelha média.

bi.gor.ri.lha [V.D] *sm.* Indivíduo reles, desprezível.

bi.guá [Do tupi.] *sm. Bras. Zool.* Ave aquática falacrocoracídea preta, de dorso cinza.

bijuteria | bioética

bi.ju.te.ri.a [Fr. *bijouterie*.▣15A] *sf.* Brinco, anel, pulseira, etc., de fantasia.

→ **bike** (báiqui) [Ingl.] *sf.* Bicicleta esportiva, ou a modalidade em que ela é usada.

bi.la.bi.a.do [*Bi*-¹ + *lábio* + -*ado*¹.▣17B] *adj.* Que tem 2 lábios.

bi.la.qui.a.no [▣29A] *adj.* Do, ou relativo ao poeta Olavo Bilac (**M.**), ou à sua obra.

bi.la.te.ral [*Bi*-¹ + *lateral*.▣39] *adj2g.* **1.** Que tem 2 lados. **2.** Referente a lados opostos. **3.** *Antrop.* Relativo ao parentesco pelo lado do pai e da mãe. [Pl.: -*rais*.]

bil.bo.quê [Fr. *bilboquet*.] *sm.* Brinquedo: bola de madeira com furo no qual deve entrar um bastonete pontudo.

bi.lha [Fr. *bille*.] *sf.* Vasilha bojuda, de barro, gargalo estreito, para conter líquidos potáveis.

bi.lhão [Fr. *billion*.] *num. sm.* Mil milhões. [Pl.: -*lhões*.]

bi.lhar [Fr. *billard*.] *sm.* **1.** Jogo com 3 bolas (1 vermelha e 2 brancas), que são impelidas com um taco de madeira sobre uma mesa revestida de feltro verde, com tabelas e sem caçapas. [Cf. *sinuca* (1).] **2.** Essa mesa.

bi.lhe.te (ê) [Fr. *billet*.] *sm.* **1.** Carta simples e breve. **2.** Senha de admissão em espetáculos, reuniões, etc. **3.** Cartão impresso que dá direito a viagem em veículo coletivo; passagem. **4.** Cédula de habilitação em jogos de rifa e loteria. § **bi.lhe.te.a.gem** *sf.*

bi.lhe.tei.ro [*Bilhete*.▣25] *sm.* Vendedor de bilhetes.

bi.lhe.te.ri.a [*Bilhete*.▣16A] *sf. Bras.* Lugar onde se vendem bilhetes.

bi.li.ão [Fr. *billion*.] *num. sm.* V. *bilhão*. [Pl.: -*ões*.]

bi.li.ar [*Bil*(*i*)- + -*ar*¹.▣40] *adj2g.* Relativo à bílis.

bi.li.ar.dá.ri:o *adj. sm.* Biliardário.

bi.lín.gue (güe) [Lat. *bilingue*.] *adj2g.* Que tem, fala, ou é escrito em 2 línguas.

bi.lin.guis.mo (güis) [*Bilíngue* + -*ismo*.▣11] *sm. E.Ling.* Utilização regular de 2 línguas por indivíduo, ou comunidade, como resultado de contato linguístico.

bi.li:o.ná.ri:o *adj. sm.* Diz-se de, ou aquele que é muitíssimo rico; biliardário.

bi.li:o.né.si.mo *num.* **1.** Ordinal correspondente a bilhão. **2.** Fracionário correspondente a bilhão.

bi.li.o.so (ô) [Lat. *biliosu*.] *adj.* **1.** Cheio de bílis. **2.** *Fig.* Irascível, colérico. [Pl.: -*osos* (ó).]

bi.lir.ru.bi.na [*Bil*(*i*)- + lat. *rub*(*er*), 'vermelho', + -*ina*.▣31] *sf. Med.* Pigmento vermelho, presente na bílis, que resulta da degradação da hemoglobina.

bí.lis [Lat. *bilis*.] *sf2n.* **1.** *Fisiol.* Líquido segregado pelo fígado e que, através de ductos próprios, é levado ao duodeno. **2.** *Pop.* Mau humor.

bi.lon.tra [V.E] *sm.* **1.** Velhaco, patife. **2.** Conquistador (2). § **bi.lon.tra.gem** *sf.*

bil.ro [V.D] *sm.* Peça de madeira ou de metal, semelhante ao fuso, para fazer rendas de almofada.

bil.tre [Fr. *bélitre*.] *sm.* Homem vil, infame.

bim.ba.lhar [V.A] *v.int.* Repicar, soar (o[s] sino[s]). [C.: 1]

bi.men.sal [*Bi*-¹ + *mensal*.] *adj2g.* Que aparece ou se faz 2 vezes por mês. [Pl.: -*sais*.]

bi.mes.tral [*Bimestre*.▣39] *adj2g.* Que dura 2 meses, ou aparece ou se faz de 2 em 2 meses. [Pl.: -*trais*.]

bi.mes.tre [Lat. *bimestre*.] *sm.* Período de 2 meses seguidos.

bi.mo.tor (ô) [*Bi*-¹ + *motor*.] *adj. sm.* Diz-se de, ou veículo de 2 motores.

bi.na [M.reg.] *sm.* Equipamento eletrônico que, nos telefones, identifica o número de origem das chamadas.

bi.na.ci:o.nal [*Bi*-¹ + *nacional*.] *adj2g.* **1.** Que pertence a 2 nações. **2.** Que se efetua entre 2 nações: *pacto binacional*.

bi.ná.ri:o [Lat. *binariu*.▣24] *adj.* **1.** Que tem 2 unidades, 2 elementos. ● *sm.* **2.** *Fís.* Sistema de 2 forças paralelas de suportes distintos, com sentidos opostos, e que atuam sobre um corpo; conjugado, par, torque.

bin.go [Ingl. *bingo*.] *sm.* **1.** Jogo de azar semelhante ao loto (3). **2.** Local onde se joga o bingo (1).

bi.nó.cu.lo [Lat.cient. *binoculu*.] *sm.* Instrumento composto de 2 lunetas, uma para cada olho, focalizáveis simultaneamente.

bi.nô.mi:o [Lat.cient. *binomiu*.] *sm. Mat.* Forma algébrica constituída por 2 termos.

bi:o.ce.no.se [*Bi*(*o*)- + -*cen*(*o*)- + -*ose*¹.] *sf. Ecol.* Comunidade (5).

bi:o.ci.clo [*Bi*(*o*)- + *ciclo*.] *sm. Biol.* O conjunto das etapas por que passa um ser vivo, do nascimento à morte; ciclo vital.

bi:o.ci.ên.ci:a [*Bi*(*o*)- + *ciência*.] *sf.* Nome genérico das ciências biológicas.

bi:o.com.bus.tí.vel [*Bi*(*o*)- + *combustível*.] *sm. Quím.* Combustível produzido por organismo vivo. [Pl.: -*veis*.]

bi:o.de.gra.dá.vel [Ingl. *biodegradable*.] *adj2g.* Que pode ser decomposto pelos microrganismos usuais no meio ambiente. [Pl.: -*veis*.]

bi:o.di.ges.tor (ô) [*Bi*(*o*)- + *digestor*.] *sm. Quím.* Equipamento em que ocorre a fermentação da biomassa e se produz biogás.

bi:o.di.ver.si.da.de [*Bi*(*o*)- + *diversidade*.] *sf.* A existência de uma grande variedade de espécies animais, vegetais e microrganismos em determinado *habitat* natural.

bi:o.e.ner.gé.ti.ca [*Bi*(*o*)- + *energética*.] *sf.* Estudo da transformação da energia, nos organismos vivos.

bi:o.e.ner.gi.a [*Bi*(*o*)- + *energia*.] *sf.* **1.** *Biol.* Energia produzida em processos biológicos. **2.** *Ecol.* Energia obtida pela transformação química da biomassa. § **bi:o.e.ner.gé.ti.co** *adj.*

bi:o.é.ti.ca [*Bi*(*o*)- + *ética*.] *sf.* O estudo dos aspectos éticos que surgem em certas pesquisas, descobertas e aplicações de áreas biológicas, médicas, etc.

bi.o.gás [*Bi(o)-* + *gás.*] *sm. Quím.* Gás resultante da decomposição anaeróbica da biomassa e que pode ser us. como combustível.

bi:o.gê.ne.se [*Bi(o)-* + *-gênese.*] *sf.* Princípio segundo o qual todo ser vivo provém de outro ser vivo.

bi:o.ge:o.ce.no.se [*Bi(o)-* + *-geo-* + *-cen(o)-* + *-ose¹.*] *sf. Ecol.* Ecossistema.

bi:o.ge:o.gra.fi.a [*Bi(o)-* + *geografia.*] *sf. Ecol.* Estudo da distribuição geográfica dos seres vivos. [V. *zoogeografia* e *fitogeografia.*]

bi:o.gra.far [*Bi(o)-* + *-graf(o)-* + *-ar².*▫ 1A] *vtd.* Fazer a biografia de. [C.: 1]

bi:o.gra.fi.a [*Bi(o)-* + *-grafia.*] *sf.* História da vida de uma pessoa, ou obra que dela trata. § **bi:o.grá.fi.co** *adj.*

bi.ó.gra.fo [*Bi(o)-* + *-grafo.*] *sm.* Autor de biografia(s).

bi:o.in.crus.ta.ção [*Bi(o)-* + *incrustação.*] *sf. Biol.* Crescimento de microrganismos, algas e invertebrados, sobre estruturas submersas em água. [Pl.: *-ções.*]

bi:o.joi.a [*Bi(o)-* + *joia.*] *sf.* Joia feita de matéria-prima vegetal (sementes, fibras, etc.), coletada sem dano à natureza.

bi:o.lo.gi.a [*Bi(o)-* + *-logia.*] *sf.* O estudo dos seres vivos: estrutura, funcionamento, evolução, distribuição e inter-relações. § **bi:o.ló.gi.co** *adj.*

bi:o.lo.gis.ta [*Biologia.*▫ 36] *s2g.* Biólogo.

bi.ó.lo.go [*Bi(o)-*+*-logo.*] *sm.* Especialista em biologia; biologista.

bi:o.lu.mi.nes.cên.ci:a *sf.* Luminescência produzida por organismos.

bi.o.ma [*Bi(o)-* + *-oma².*] *sm. Ecol.* Comunidade (5) importante que se estende sobre uma grande área, a qual se caracteriza por uma vegetação dominante.

bi:o.mas.sa [*Bi(o)-* + *massa.*] *sf.* Qualquer matéria de origem vegetal, us. como fonte de energia.

bi.om.bo [Do jap.] *sm.* Anteparo móvel feito de caixilhos articulados por dobradiças e revestido de papel, pano, etc.

bi.ô.ni.ca [Ingl. *bionics.*] *sf.* Ciência que estuda a estrutura e a função dos organismos vivos com o fim de projetar dispositivos e aparelhagem tecnológica.

bi.ô.ni.co [▫ 35B] *adj.* Diz-se de suposto organismo vivo ao qual se incorporam elementos ger. eletrônicos.

bi:o.pi.ra.ta.ri.a [*Bi(o)-* + *pirataria.*] *sf.* Exploração ilegal de recursos biológicos, ou de conhecimentos científicos, de um país, em desacordo com as regras internacionais da Convenção de Diversidade Biológica de 1992.

bi:o.po.lí.me.ro [*Bi(o)-*+*polímero.*] *sm. Quím.* Polímero de origem biológica, como, p.ex., as proteínas e os ácidos nucleicos.

bi:op.si.a ou **bi.óp.si:a** [*Bi(o)-* + *-opsia.*] *sf. Med.* Exame microscópico de fragmento de órgão retirado de ser vivo.

bi:o.quí.mi.ca [*Bi(o)-* + *química.*] *sf.* Ramo da química que trata das reações ocorrentes nos organismos vivos. § **bi:o.quí.mi.co** *adj. sm.*

bi:or.rit.mo [*Bi(o)-* + *ritmo.*] *sm.* Suposta flutuação cíclica na atividade biológica de um organismo vivo, com influência no seu comportamento, desempenho, etc.

bi:os.fe.ra [*Bi(o)-*+*-sfera.*] *sf. Ecol.* O conjunto de todas as regiões da Terra habitadas por seres vivos; ecosfera.

bi:os.sín.te.se [*Bi(o)-* + *síntese.*] *sf. Quím.* Produção de substância por organismo vivo.

bi:os.sis.te.ma [*Bi(o)-* + *sistema.*] *sm. Ecol.* O conjunto dos componentes bióticos de ecossistema.

bi.o.ta [Gr. *biotés.*] *sf.* A flora e a fauna de uma região, ou de determinado período geológico.

bi:o.tec.no.lo.gi.a [*Bi(o)-* + *-tecn(o)-* + *-logia.*] *sf.* Aplicação de métodos e processos biológicos e bioquímicos à produção industrial.

bi.ó.ti.co [Fr. *biotique.*▫ 35B] *adj.* 1. Relativo aos organismos vivos e aos processos vitais. 2. Relativo a bioma.

bi.ó.ti.po ou **bi:o.ti.po** [*Bi(o)-* + *-tipo.*] *sm.* 1. *Biol. Ecol.* Conjunto de indivíduos cujos patrimônios genéticos muito se assemelham. 2. *Med.* Tipo constitucional.

bi.ó.to.po [*Bi(o)-* + *-topo.*] *sm. Ecol.* Área física na qual os biótipos adaptados às condições ambientais se apresentam praticamente uniformes.

bi.ó.xi.do [*Bi-²* + *óxido.*] *sm. Quím.* Dióxido.

bi.par [*Bipe.*▫ 1A] *vtd.* Contatar (alguém) por meio de bipe. [C.: 1]

bi.par.tir [Lat. *bipartire.*▫ 1C] *vtd. e p.* Dividir(-se) em 2 partes. [C.: 3] § **bi.par.ti.do** *adj.*

bi.pe [Ingl. *beep.*] *sm.* 1. Sinal sonoro de alerta, breve e ger. repetido, produzido por meio eletrônico. 2. Receptor portátil de telecomunicação que emite bipes.

bi.pe.dal [Lat. *bipedale.*▫ 39] *adj2g.* Sobre 2 pés ou 2 patas (diz-se da posição dos bípedes). [Pl.: *-dais.*]

bí.pe.de [Lat. *bipede.*] *Zool. adj2g.* 1. Que tem 2 membros (diz-se de vertebrado). 2. *P.ext.* Que anda em 2 pés. ● *sm.* 3. Animal bípede.

bi.po.lar¹ [*Bi-¹*+*polo¹*+*-ar¹.*▫ 40] *adj2g.* Que tem 2 polos.

bi.po.lar² [*Bipolo.*▫ 40] *adj2g. Eng.Elétr.* Que tem ou requer o uso de um bipolo.

bi.po.lo [*Bi-¹*+*polo¹.*] *sm. Eng.Elétr.* Dispositivo elétrico com 2 terminais diretamente acessíveis.

bi.quei.ra [*Bico.*▫ 16] *sf.* 1. Remate que se ajusta à ponta de algo. 2. Calha que sobressai à fachada dum edifício e por onde caem as águas pluviais recolhidas do telhado.

bi.quei.ro [*Bico.*▫ 25] *adj. Bras. Fam.* Que come pouco.

biquíni | bizantino

bi.quí.ni [Top. *Bikini*.] *sm.* **1.** Maiô de 2 peças e reduzidíssimas dimensões. **2.** Calcinha de pernas bastante cavadas.

bi.ri.ba [Do tupi.] *sf. Bras.* Certo jogo carteado.

bi.ri.ta *sf. Bras. Pop.* V. *cachaça* (1 e 2).

bi.rô [Fr. *bureau*.] *sm.* **1.** Repartição, agência. **2.** Firma que presta serviços simples de produção e/ou criação gráfica.

bi.ros.ca [V.E] *sf. Bras. Pop.* **1.** Estabelecimento modesto onde se vendem bebidas, gêneros alimentícios, etc. **2.** Gude.

bir.ra [Esp. *birria*.] *sf.* Insistência em permanecer numa ação ou atitude, ainda que absurda; teimosia, pirraça.

bir.ren.to [*Birra*.⬛27] *adj.* Que tem ou faz birra.

bi.ru.ta [Esp.plat. *viruta*.] *sf.* **1.** Aparelho que indica a direção dos ventos de superfície e orienta, nos aeródromos, as manobras dos aviões. ● *s2g.* **2.** *Bras. Gír.* Pessoa amalucada.

bis [Lat. *bis*.] *sm.* **1.** Repetição. ● *interj.* **2.** Outra vez.

bi.são [Tax. *Bison*.] *sm. Zool.* Mamífero bovídeo, com cabeça e parte anterior do dorso cobertas de longos pelos. [Pl.: -*sões*.]

bi.sar [*Bis* + -*ar*².⬛1A] *vtd.* **1.** Repetir (cena de peça, música, etc.), ger. a pedido do público. **2.** *P.ext.* Repetir. [C.: 1]

bi.sa.vó [*Bis*- + *avó*.] *sf.* Mãe de avô ou de avó.

bi.sa.vô [*Bis*- + *avô*.] *sm.* Pai de avô ou de avó. [Pl.: *bisavôs* e *bisavós*.]

bis.bi.lho.tar [*Bisbilhot(eiro)*.⬛1A] *vtd. e int.* Investigar por curiosidade. [C.: 1 (ó)]

bis.bi.lho.tei.ro [It. *bisbigliatore*.] *adj. sm.* Que, ou aquele que bisbilhota; mexeriqueiro.

bis.bi.lho.ti.ce [*Bisbilhot(eiro)*.⬛13] *sf.* **1.** Ato de bisbilhotar. **2.** Qualidade de bisbilhoteiro.

bis.ca [It. *bisca*, poss.] *sf.* **1.** Nome de vários jogos de cartas. **2.** *Fam.* Pessoa falsa.

bis.ca.te [Or.onom., poss.] *sm.* **1.** Trabalho de pouca monta. **2.** *Bras.* V. *bico* (4).

bis.ca.te.ar [*Biscate*.⬛1N] *v.int.* Fazer biscates, ou viver deles. [C.: 12A]

bis.ca.tei.ro [*Biscate*.⬛25] *sm.* Aquele que biscateia.

bis.coi.tei.ra [*Biscoito*.⬛16] *sf.* Vaso para guardar biscoitos.

bis.coi.tei.ro [*Biscoito*.⬛25] *sm.* Fabricante ou vendedor de biscoitos.

bis.coi.to [Lat. *biscoctu*, 'cozido duas vezes'.] *sm.* Pequena porção de massa feita com farinha, açúcar, ovos, etc., cozida no forno.

bis.mu.to [Al. *Bismut*, atual *Wismut*.] *sm. Quím.* Elemento metálico, cristalino, us. como medicamento sob a forma de compostos [símb.: *Bi*].

bis.na.ga [Moçár. *bisnâqa*.] *sf.* **1.** Tubo de plástico, etc. us. na embalagem de tinta, pomada, dentifrício, etc. **2.** *Bras.* Pão cilíndrico, fino nas pontas.

bis.ne.to [*Bis*- + *neto*.] *sm.* Filho de neto ou de neta.

bi.so.nho [It. *bisogno*.] *adj.* **1.** Sem experiência ou habilidade. **2.** Tímido, retraído.

bis.pa.do [*Bispo*.⬛17C] *sm.* **1.** Diocese. **2.** Dignidade episcopal.

bis.par [*Bispo*.⬛1A] *vtd. Fam.* Observar ou espiar com atenção. [C.: 1]

bis.po [Lat. *episcopu*.] *sm.* **1.** Prelado que exerce o governo espiritual duma diocese. **2.** Presbítero (2). **3.** Peça do jogo de xadrez.

bis.sec.triz ou **bis.se.triz** *sf. Geom.* Reta que divide um ângulo ao meio.

bis.se.ma.nal [*Bi*-¹ + *semanal*.] *adj2g.* Que se faz ou publica 2 vezes por semana. [Pl.: -*nais*.]

bis.sex.to (ês) [Lat. *bisextu*.] *adj.* **1.** Diz-se do ano que tem 366 dias, por haver um dia extra em fevereiro. ● *sm.* **2.** O dia que, de 4 em 4 anos, se acrescenta a esse mês.

bis.se.xu.al (cs) [*Bis*- + -*sex(o)*- +-*ual*.⬛39A] *adj2g.* **1.** Hermafrodito. **2.** Relativo ao comportamento sexual com indivíduos de ambos os sexos. **3.** Que tem esse comportamento. ● *s2g.* **4.** Indivíduo bissexual. [F.red.: *bi*. Pl.: -*ais*.] § **bis.se.xu:a.li.da.de** *sf.*

bis.se.xu:a.lis.mo (cs) [*Bissexual*.⬛11] *sm.* Prática do comportamento bissexual.

bis.tu.ri [Fr. *bistouri*.] *sm. Cir.* Instrumento cirúrgico de corte, do qual há vários modelos, de diferentes tamanhos e para fins variáveis.

→ **bit** (bit) [Ingl.] *sm. Inform.* **1.** Unidade mínima de informação em um sistema digital, que pode assumir apenas 1 de 2 valores (ger. 0 ou 1). **2.** Representação numérica de um *bit*; dígito binário.

bi.tá.cu.la [Fr. *habitacle*.] *sf.* Caixa que encerra a bússola.

bi.to.la [V.D] *sf.* **1.** Medida reguladora; padrão. **2.** Distância entre os trilhos duma via férrea.

bi.to.la.do [*Bitolar*.⬛17A] *adj. Fig.* Que tem visão ou compreensão muito limitada.

bi.to.lar [*Bitola*.⬛1A] *vtd.* **1.** Medir com bitola (1). **2.** Tornar bitolado. *p.* **3.** Tornar-se bitolado. [C.: 1 (ó)]

bi:u.ní.vo.co (i-u) [*Bi*-¹ + *unívoco*.] *adj. Mat.* Diz-se de relação ou correspondência entre 2 conjuntos, em que cada elemento do primeiro corresponde a apenas um elemento do segundo, e vice-versa.

bi.val.ve¹ [*Bi*-¹ + -*valve*.] *adj2g.* Que tem 2 valvas (fruto, concha).

bi.val.ve² [Tax. *Bivalvia*.] *adj2g. sm. Zool.* Diz-se de, ou espécime dos bivalves, classe de moluscos cujas conchas têm 2 valvas. Ex.: mexilhões, cernambis. [Sin.: *pelecípode*.]

bi.va.que [Fr. *bivouac*.] *sm.* Área ou tipo de estacionamento em que a tropa só dispõe de abrigos naturais.

bi.xá.ce:a (cs) [Tax. *Bixaceae*.] *sf. Bot.* Espécime das bixáceas, família de pequenas árvores da América tropical. Ex.: urucuzeiro. § **bi.xá.ce:o** (cs) *adj.*

bi.zan.ti.no [Lat. *byzantinu*.] *adj.* **1.** De Bizâncio (atual Istambul [Turquia]). **2.** *Fig.* Sem resultado prático: *discussão bizantina*. ● *sm.* **3.** Natural ou habitante de Bizâncio.

bizarria | blusa

bi.zar.ri.a [*Bizarro*.⬛8A] *sf.* Qualidade, modos ou ação de bizarro.

bi.zar.ro [Esp. *bizarro.*] *adj.* **1.** Nobre, generoso. **2.** Bem-apessoado; garboso. **3.** Extravagante, esquisito.

■ **Bk** *Quím.* Símb. de berquélio.

→ **black bloc** (bléqui blóqui) [Ingl.] *sm.* **1.** Movimento anarquista cujos membros se vestem de preto e usam máscaras, em manifestações de rua. ● *s2g.* **2.** Membro desse movimento. [São vistos com certa desconfiança por seus ataques à propriedade pública e privada e pelo inevitável confronto com a polícia.]

→ **black friday** (bléqui fraidêi) [Ingl.] *sf.* Nos E.U.A., a sexta-feira seguinte ao feriado de *Ação de Graças*. [Neste dia, é dado o início à temporada de compras para o Natal, com uma grande liquidação. No Brasil, este dia passou a ser adotado pelo comércio como dia (ou mesmo final de semana) de grandes liquidações.]

blan.dí.ci.a ou **blan.dí.ci.e** [Lat. *blanditia.*] *sf.* Carícia; meiguice. § **blan.di.ci.o.so** (ô) *adj.*

blas.fe.mar [Lat. *blasphemare*.⬛1A] *v.int.* **1.** Dizer blasfêmias. *ti.* **2.** Proferir palavras ultrajantes. [C.: 1]

blas.fê.mi.a [Lat. *blasphemia.*] *sf.* Palavras que ultrajam a divindade, a religião, ou pessoa ou coisa respeitável.

blas.fe.mo (fé) [Lat. *blasphemu.*] *adj. sm.* Que, ou aquele que blasfema.

bla.so.nar [Esp. *blasonar*.⬛1A] *vtd.* **1.** Ostentar, alardear. *ti.* e *int.* **2.** Vangloriar-se. [C.: 1] § **bla.so.na.dor** (ô) *adj.*

bla.te.lí.de:o [Tax. *Blattellidea.*] *adj. sm. Zool.* Diz-se de, ou espécime dos blatelídeos, família de insetos blatóideos; são baratas pequenas e algumas espécies são pragas domésticas.

bla.te.rar [Lat. *blaterare*.⬛1A] *v.int.* **1.** Deblaterar. **2.** Soltar a voz (o camelo). [C.: 1 (é). Na acepç. 2 é unipess.]

bla.tí.de:o [Tax. *Blattidae.*] *adj. sm. Zool.* Diz-se de, ou espécime dos blatídeos, família cosmopolita de insetos blatóideos; são baratas de tamanho médio a grande, sendo algumas espécies pragas domésticas.

bla.toi.de:o (ói) [Tax. *Blattoidea.*] *adj. sm. Zool.* Diz-se de, ou espécime dos blatóideos, ordem de insetos com asas cornificadas, que põem ovos em ooteca.

ble.cau.te [Ingl. *black-out.*] *sm.* **1.** Em guerras, período em que se deixa tudo às escuras, por precaução contra bombardeios aéreos. **2.** *P.ext.* Apagão.

ble.far [*Blefe*.⬛1A] *v.int.* **1.** Iludir no jogo, apostando e/ou agindo como se tivesse boas cartas. **2.** Esconder uma situação precária. *td.* **3.** Enganar, lograr. [C.: 1 (é)]

ble.fe (é ou ê) [Ingl. *bluff.*] *sm.* Ato de blefar.

ble.nor.ra.gi.a [*Blen(o)-* + *-rragia*.] *sf. Med.* V. *gonorreia*. § **ble.nor.rá.gi.co** *adj.*

blin.da.gem [*Blindar*.⬛6] *sf.* **1.** Proteção contra ataques ou influências externas. **2.** *Eng.Elétr.* Dispositivo para proteção de subestação e de linhas, por meio de cabos para-raios, conjugados com hastes metálicas, instalados no topo das estruturas e aterrados à malha de terra. [Pl.: -*gens.*]

blin.dar [Fr. *blinder.*] *vtd.* Revestir de chapas de aço especial; encouraçar. [C.: 1] § **blin.da.do** *adj.*

blís.ter [Ingl. *blister.*] *sm.* Cartela em que pequenos produtos são encerrados em cavidades moldadas em folha de plástico e seladas por folha de alumínio, papel, etc. [Pl.: *blísteres.*]

→ **blitz** (blits) [Al.] *sf.* Batida policial, esp. a que é feita para verificação de veículos e passageiros. [Com inicial maiúsc. Pl.: *Blitze.*]

blo.car [*Bloco*.⬛1A] *vtd. Edit.* Justificar (linhas de uma composição). [C.: 1A (ó)]

blo.co [Fr. *bloc.*] *sm.* **1.** Massa volumosa e sólida de uma substância. **2.** Reunião de folhas de papel presas por um dos lados. **3.** Cada edifício dos que formam um conjunto de prédios. **4.** *E.Ling.* Unidade superior em que se classificam 2 ou mais famílias linguísticas. **5.** *Bras.* Sociedade ou grupo carnavalesco.

→ **blog** (blóg) [Ingl.] *sm. Inform.* Página na *Web*, escrita por uma ou mais pessoas, e constantemente atualizada, que serve como diário, ou para divulgar ideias, notícias, e que pode incluir imagens, vídeos, *links* para outros *sites*, etc. [Aport.: *blogue.*]

blo.gar [Ingl. *blog* + *-ar*[2]⬛1A] *v.int. Inform.* Manter (o internauta) um *blog*. [C.: 1C (ó)]

blo.gue *sm. Inform.* V. *blog*.

blo.guei.ro [*Blogue*.⬛25] *sm. Inform.* Aquele que cria ou que mantém um *blog*.

blo.que.ar [Fr. *bloquer.*] *vtd.* **1.** Pôr bloqueio (2) a; sitiar. **2.** Obstar, impedir. **3.** Refrear, inibir. **4.** *Esport.* Neutralizar ou defender (ataque [5]) com bloqueio. [C.: 12A]

blo.quei.o [Dev. de *bloquear.*] *sm.* **1.** Ato ou efeito de bloquear. **2.** Cerco ou operação militar com que se procura cortar as comunicações duma praça ou dum porto com o exterior. **3.** Restrição ou interrupção no desenvolvimento de algo. **4.** *Esport.* No voleibol, parede de mãos erguidas pelos jogadores para tentar neutralizar o ataque adversário.

→ **blue jeans** (bludjins) [Ingl.] *adj2g2n.* ● *sm.* Ganga[1] azul, us., ger., em roupa esportiva; *jeans*.

→ **blu-ray disc** (blu-rêi disc) [Ingl.] *sm. Inform.* Disco de alta capacidade, do tamanho de um DVD, us. para armazenamento de vídeos em alta definição, etc.

→ **blu-ray player** (blu-rêi plêier) [Ingl.] *sm. Inform.* Aparelho para reproduzir discos no formato *blu-ray*.

blu.sa [Fr. *blouse.*] *sf.* **1.** Veste larga us. por operários, colegiais, artistas, etc. **2.** Espécie de camisa us. por baixo ou por cima de saia, calça,

blusão | bocejar

etc. **3.** Parte superior da indumentária feminina que vai dos ombros até a cintura.

blu.são [*Blusa*.◘ 28A] *sm.* Blusa (2) esportiva, folgada. [Pl.: *-sões*.]

→ **blush** (blăchi) [Ingl.] *sm.* V. *ruge*.

bo.a [Tax. *Boa*.] *sf. Zool.* Grande serpente boídea, não venenosa.

bo.a-fé *sf.* **1.** Correção, lisura. **2.** Ausência de dolo (2). [Pl.: *boas-fés*.]

bo.a-noi.te *sm.* **1.** A saudação que se dirige a alguém depois das 18 horas: *Dei-lhe boa-noite e fui deitar*. [Sobre *boa noite*, v. *bom-dia*.] ● *sf.* **2.** *Bras. Bot.* Trepadeira convolvulácea de flores perfumadas que só abrem ao anoitecer, ou a sua flor. [Pl.: *boas-noites*.]

bo.a-no.va *sf.* **1.** Notícia feliz, alvissareira. **2.** *Rel.* A doutrina de Cristo nos Evangelhos. [Nesta acepç., com inicial maiúsc.] [Pl.: *boas-novas*.]

bo.a-pin.ta *adj2g. s2g.* Que, ou aquele que tem boa aparência. [Pl.: *boas-pintas*.]

bo.a-pra.ça *adj2g. s2g. Bras. Pop.* Diz-se de, ou pessoa afável, delicada, bondosa, prestativa. [Pl.: *boas-praças*.]

bo.as-fes.tas *sfpl.* Cumprimento e felicitações pelo Natal ou pelo ano-bom.

bo.as-vin.das *sfpl.* Expressão de contentamento ou felicitação pela chegada de alguém.

bo.a-tar.de *sm.* A saudação que se dirige a alguém durante a tarde: *Seu boa-tarde foi frio*. [Sobre *boa tarde*, v. *bom-dia*.] [Pl.: *boas-tardes*.]

bo.a.te [Fr. *boîte*.] *sf.* Estabelecimento que funciona de noite, com bar, restaurante, pista de dança e palco para apresentações artísticas.

bo:a.tei.ro [*Boato*.◘ 25] *sm.* Aquele que veicula boatos.

bo.a.to [Lat. *boatu*.] *sm.* Notícia anônima que corre publicamente sem confirmação; ruído, rumor, zum-zum, zum-zum-zum.

bo.a-vi.da *s2g. Bras.* Pessoa que, pouco afeita ao trabalho, procura levar vida confortável. [Pl.: *boas-vidas*.]

bo.a-vis.ten.se [◘ 38] *adj2g.* **1.** De Boa Vista, capital de RR. ● *s2g.* **2.** O natural ou habitante de Boa Vista. [Pl.: *boa-vistenses*.]

bo:a.zu.da [*Boa* + *-z-* + *o* fem. de *-udo*.] *sf.* Mulher de belas formas, muito atraente.

bo.ba.gem [*Bobo* (ô).◘ 6] *sf.* **1.** Gracejo de bobo. **2.** *Bras.* Ação ou dito de bobo (2); asneira. **3.** *Bras.* Fato ou palavra inconveniente. **4.** *Bras.* V. *besteira*. [Pl.: *-gens*.]

bo.ba.lhão [*Bobo* (ô) + *-alhão*.] *sm. Bras.* Indivíduo muito bobo. [Pl.: *-lhões*. Fem.: *bobalhona*.]

bo.be.ar [*Bobo* (ô).◘ 1N] *v.int.* **1.** Fazer bobagem, asneira. **2.** *Gír.* Descuidar-se; vacilar. **3.** *Gír.* Perder oportunidade; vacilar. [C.: 12A]

bo.bei.ra [*Bobo* (ô).◘ 16] *sf. Bras. Pop.* Dito ou ação de bobo (2); asneira, tolice.

bo.bi.na [Fr. *bobine*.] *sf.* **1.** Carretel para enrolar fio, filme, fita, etc. **2.** Grande rolo de papel contínuo, us. nas prensas rotativas. **3.** *Eng.Elétr.* Agrupamento de espiras de um condutor elétrico envoltas num núcleo (4), e que, num circuito, funciona como indutor.

bo.bi.nar [*Bobina*.◘ 1A] *vtd.* Enrolar em bobina. [C.: 1]

bo.bo (ô) [Lat. *balbu*.] *sm.* **1.** Aquele que, na Idade Média, divertia nobres com suas chalaças e momices; truão. **2.** V. *tolo* (6). ● *adj.* **3.** V. *tolo* (1 e 2).

bo.bó [Or. afr.] *sm. Bras. Cul.* Comida de origem africana: feijão mulatinho, dendê, com inhame ou aipim. ◆ **Bobó de camarão.** *Bras. Cul.* Mingau de aipim refogado com camarão, dendê e leite de coco.

bo.bo.ca [*Bobo* (ô).] *adj2g. s2g. Bras.* V. *tolo* (1, 2 e 6).

bo.ca [Lat. *bucca*.] *sf.* **1.** *Anat.* Cavidade na parte inferior da face (ou da cabeça), pela qual o homem e outros animais ingerem os alimentos. **2.** A parte exterior dessa cavidade, formada pelos lábios. **3.** Qualquer abertura ou corte que dê ideia de boca (1). **4.** Extremidade inferior da calça, por onde passam as pernas. **5.** Foz, embocadura. **6.** Abertura do tubo ou do cano da arma de fogo, por onde sai a bala. **7.** Bocal (1). **8.** Abertura de saco (1). **9.** Abertura, na parte superior do fogão, por onde a chama sai. **10.** *Fam.* Pessoa a quem se deve dar de comer: *Tem 5 bocas para sustentar*.

bo.ca-a.ber.ta *s2g.* Pessoa que se surpreende com tudo. [Pl.: *bocas-abertas*.]

bo.ca a bo.ca *adj2g2n.sm2n. Med.* Diz-se de, ou método de respiração artificial em que o socorrista insufla seu próprio ar na boca da pessoa socorrida.

bo.ca de fu.mo *sf. Bras. Gír.* Local onde se vende droga (3). [Pl.: *bocas de fumo*.]

bo.ca de ur.na *sf. Bras. Polít.* Propaganda de candidato a cargo eletivo em dia de votação e, esp., perto de local em que se vota. [Pl.: *bocas de urna*.]

bo.ca.do [*Boca*.◘ 17B] *sm.* **1.** Porção de alimento que se leva de uma vez à boca. **2.** Pequena porção de algo.

bo.ca.gi.a.no [◘ 29A] *adj.* Relativo ao, ou próprio do poeta Bocage (M.), ou à sua obra.

bo.cai.na [*Boca*.] *sf. Bras.* Depressão numa serra.

bo.cai.u.va [Do tupi.] *sf. Bras. Bot.* Palmeira arecácea de frutos drupáceos comestíveis.

bo.cal [*Boca*.◘ 39] *sm.* **1.** Abertura de vaso, castiçal, garrafa, etc.; boca. **2.** Peça móvel que serve de embocadura a instrumentos de sopro (corneta, trombeta, etc.). [Pl.: *-cais*.]

bo:cal [Esp. *bozal*.◘ 39] *adj2g.* Estúpido, ignorante. [Fl.: *-çais*.] § **bo.ça.li.da.de** *sf.*

bo.ca-li.vre *sf. Bras. Pop.* Reunião de entrada livre, e na qual se come e se bebe de graça. [Pl.: *bocas-livres*.]

bo.car.ra [*Boca* + *-arra*.] *sf.* Boca (1) enorme ou muito aberta; boqueirão.

bo.ce.jar [*Boca*.◘ 1E] *v.int.* **1.** Dar bocejos. **2.** Dizer por entre bocejos, ou com enfado. [C.: 1 (ê)

bo.ce.jo (ê) [Dev. de *bocejar*.] *sm.* Abrimento espasmódico da boca (1), com aspiração do ar, seguida de expiração prolongada.

bo.ce.ta (ê) [Lat.vulg. *buxis, idis*.] *sf.* **1.** Caixinha redonda, oval ou oblonga. **2.** *Bras. Chulo* Vulva.

bo.che.cha (ê) [V.D] *sf. Anat.* Cada uma das proeminências da face, abaixo do olho, e formada pelo zigoma. [Denom. ant.: *maçã do rosto*.]

bo.che.char [*Bochecha*. ▣1A] *vtd.* Agitar um líquido na boca (1), movimentando as bochechas. [C.: 1 (ê)]

bo.che.cho (ê) [Dev. de *bochechar*.] *sm.* **1.** Ato ou efeito de bochechar. **2.** Porção de líquido com que se bochecha.

bo.che.chu.do [*Bochecha* + *-udo*.] *adj. sm.* Que, ou aquele que tem bochechas gordas.

bó.ci:o [Fr.ant. *boce*, atual *bosse*.] *sm. Med.* Hipertrofia da glândula tireóidea.

bo.có *adj2g. s2g. Bras.* V. *tolo* (1, 2 e 6).

bo.da (ó) *sf.* ou **bo.das** (ó) *sfpl.* Celebração de, ou festa com que se comemora casamento; núpcias.

bo.de [V.C] *sm.* **1.** O macho da cabra; cabrão. **2.** Qualquer caprino. **3.** *Bras.* Complicação, encrenca. **4.** *Gír.* Sonolência provocada por droga. ♦ **Bode expiatório**. Pessoa a quem se imputam todos os reveses e todas as culpas.

bo.de.a.do [*Bode* + *-eado*.] *adj. Bras. Pop.* Chateado, amolado.

bo.de.ga [Lat. *apotheca*.] *sf.* **1.** V. *taberna*. **2.** Pequeno armazém de secos e molhados.

bo.de.guei.ro [*Bodega*. ▣25] *sm.* Dono da bodega.

bo.de.jar [*Bode*. ▣1E] *v.int. Bras.* Emitir a voz (o bode). [C.: 1 (ê)]

bo.do.que [Do ár.] *sm. Bras.* V. *atiradeira*.

bo.dum [De *bode*.] *sm.* **1.** Fedor de bode não castrado. **2.** Transpiração fétida; aca, catinga, xexéu. [Pl.: *-duns*.]

bo.ê.mi.a ou **bo.e.mi.a** *bras.* [Top. *Boêmia*.] *sf.* **1.** Vida airada. **2.** Vadiagem, pândega, estroinice.

bo.ê.mi:o *adj.* **1.** Da Boêmia, região da República Checa. **2.** Estroina, pândego. ● *sm.* **3.** O natural ou habitante da Boêmia. **4.** Indivíduo boêmio (2). **5.** *E.Ling.* Checo (2).

bo.fe [Dev. de *bofar*.] *sm.* **1.** *Pop.* Pulmão. **2.** *Bras. Gír.* Pessoa sem atrativos.

bo.fes *smpl.* A fressura dos animais.

bo.fe.ta.da [*Bofete*. ▣4] *sf.* Tapa no rosto, com a mão espalmada; tapa.

bo.fe.tão [*Bofete*. ▣28A] *sm.* Grande bofetada; sopapo. [Pl.: *-tões*.]

bo.ga.ri [Do sânscr.] *sm. Bras. Bot.* Arbusto oleáceo, trepador de flores perfumadas, e sua flor.

bóh.ri:o [Antr. (*Niels*) *Bohr* (1885-1962), físico din., + *-io*². ▣34B] *sm. Quím.* Elemento de número atômico 107, artificial [símb.: *Bh*].

boi [Lat. *bove*.] *sm. Zool.* Bovídeo doméstico, de chifres ocos, não ramificados.

bói [F.red. do ingl. *office-boy*.] *sm.* Funcionário que, em empresa, escritório, etc., faz certos serviços, como distribuir correspondências e fazer pagamentos em banco; contínuo.

boi.a (ói) [Fr.ant. *bouée*.] *sf.* **1.** Flutuador us. para balizamento, amarração de navios, e outros fins, e aguentado no seu lugar fundeado ou amarrado. **2.** Peça de material flutuante (cortiça, isopor, etc.). **3.** *Bras. Pop.* Comida, refeição.

boi.a.da [*Boi*. ▣4] *sf.* Manada de bois.

boi.a.dei.ro [*Boiada*. ▣25] *sm.* **1.** Tocador de boiada. **2.** *Bras.* Comprador de gado para revenda.

boi.a-fri.a *s2g. Bras.* Trabalhador agrícola, temporário, que se desloca diariamente para o local em que irá trabalhar. [Pl.: *boias-frias*.]

boi.ão [Mal. *buyong*, poss.] *sm.* Vaso bojudo, de boca larga, para guardar doces, conservas, etc. [Pl.: *-ões*.]

boi.ar [*Boia*. ▣1A] *vtd.* **1.** Pôr a flutuar, prendendo a boia. *int.* **2.** Flutuar (1). **3.** *Pop. Comer.* **4.** *Bras. Gír.* Não entender. [C.: 1E]

boi.ci.nin.ga [Or.tupi.] *sf. Bras. Zool.* Cascavel (2).

boi.co.tar [Antr. (*Charles*) *Boycott* (1832-1897) + *-ar*². ▣1A] *vtd.* **1.** Punir (pessoa, estabelecimento, país), recusando relações sociais ou comerciais. **2.** Criar embaraços aos interesses de. [C.: 1 (ó)]

boi.co.te [Antr. *Boycott* (v. *boicotar*).] *sm.* Ato ou efeito de boicotar.

boí.de:o [Tax. *Boidae*.] *adj. sm. Zool.* Diz-se de, ou espécime dos boídeos, família de grandes serpentes que habitam regiões tropicais e matam sua presa por constrição. Ex.: pítons, sucuris.

boi.na [Esp. *boina*.] *sf.* Espécie de boné chato, sem costura e sem pala, comumente de lã.

boi.ta.tá [Do tupi.] *sm. Bras. Pop.* Fogo-fátuo.

boi.u.na [Do tupi.] *sf.* V. *sucuri*.

bo.jo (ô) [Dev. de *bojar*.] *sm.* Saliência arredondada; barriga. § **bo.ju.do** *adj.*

bo.la [Provç.ant. *bola*, do lat.] *sf.* **1.** Qualquer corpo esférico. **2.** Qualquer coisa a que se dá feitio de bola; bolo. **3.** Artefato esférico, ger. de borracha, que pode saltar e é us. em vários esportes. **4.** O futebol. **5.** Juízo, siso. **6.** *Bras.* Piada, chiste. **7.** *Bras.* Comida envenenada para matar cães.

bo.la.cha [*Bolo* (ó).] *sf.* **1.** Biscoito achatado. **2.** *Fam.* Tapa no rosto; bofetada, bolachada.

bo.la.cha.da [*Bolacha*. ▣4] *sf.* V. *bolacha* (2).

bo.la.ço [*Bola* + *-aço*.] *sm. Fut.* Jogada ou passe (3) bem realizado; bolão.

bo.la.da [*Bola*. ▣4] *sf.* **1.** Monte de dinheiro, ou bolo (4), no jogo. **2.** Grande quantia.

bo.lão [*Bola*. ▣28A] *sm.* **1.** *Fut.* Bolaço. **2.** *Bras.* Grande quantidade de dinheiro. [Pl.: *-lões*.]

bo.lar [*Bola*. ▣1A] *vtd. Bras. Pop.* **1.** V. *arquitetar* (3). **2.** Conceber, inventar. [C.: 1 (ó)]

bo.las *interj.* Designa enfado ou reprovação.

bol.bo [Lat. *bulbu*.] *sm. Bot.* Bulbo (3).

bol.che.vi.que *adj2g. s2g. Polít.* Diz-se de, ou membro da ala majoritária do partido rus. que liderou a revolução de 1917 e que, depois, se tornou o Partido Comunista da antiga União Soviética.

bol.che.vis.mo [*Bolchev(ique)* + *-ismo*. ▣11] *sm. Polít.* Sistema político dos bolcheviques.

boldo | bombástico

bol.do [ô] [Do araucano.] *sm. Bot.* Planta monimiácea, medicinal.

bol.dri.é [Fr. *baudrier*.] *sm.* Correia a tiracolo, à qual se prende a espada, e na qual se firma a haste da bandeira; talabarte.

bo.le.ar¹ [Esp.plat. *bolear*.] *vtd.* **1.** Dar a forma de bola a; arredondar. **2.** V. *saracotear* (3). [C.: 12A]

bo.le.ar² [*Boleia*.■1A] *vtd.* Conduzir, dirigir. [C.: 12B]

bo.lei.ro [*Boleia*.■25] *sm.* Cocheiro.

bo.lei.a (éi) [V.D] *sf.* **1.** Assento do cocheiro. **2.** A cabina do motorista, no caminhão.

bo.le.ro (é) [Esp. *bolero*.] *sm.* **1.** Certa dança espanhola. **2.** A música dessa dança. **3.** Certa canção e dança caribenhas. **4.** Casaco curto us. por cima de blusa.

bo.le.tim [It. *bolletino*.] *sm.* **1.** Pequeno escrito noticioso, para circulação interna ou comunicação pública. **2.** Caderneta de registro escolar. [Pl.: *-tins*.]

bo.le.to [Esp. *boleta*.] *sm.* Ordem de pagamento emitida por instituição financeira, empresa, etc.

bo.lha (ô) [Lat. *bulla*.] *sf.* **1.** Vesícula ou empola na pele. **2.** Glóbulo de ar, vapor ou gás que se forma nos líquidos quando fervem ou fermentam.

bo.li.che [Esp.plat. *boliche*.] *sm. Bras.* **1.** Jogo em que se faz deslizar uma bola, buscando derrubar um conjunto de balizas. **2.** Lugar em que se pratica esse jogo.

bó.li.de [Lat. *bolide*.] *sf. Astr.* Meteoro que ao penetrar na atmosfera terrestre produz ruído e se torna muito brilhante, podendo deixar rastro luminoso.

bo.li.na [Fr. *bouline*.] *sf.* **1.** *Mar.* Ato ou efeito de bolinar. **2.** Chapa plana, colocada verticalmente por baixo da quilha, nas embarcações de vela, para reduzir a inclinação e o abatimento da embarcação quando se navega à vela.

bo.li.nar [*Bolina*.■1] *v.int.* **1.** *Mar.* Navegar à bolina. *td.* **2.** *Bras. Chulo* Passar a mão, voluptuosa e disfarçadamente em (alguém). [C.: 1]

bo.lo (ô) [*Bolo* (ô).] *sm.* **1.** Bola (2). **2.** Tipo de pastelaria, de formas variadas, feita, ger., de farinha, ovos, açúcar e gorduras. **3.** *Fam.* Pancada com palmatória. **4.** Quantia formada por entradas, apostas, multas e perdas dos parceiros no jogo. **5.** *Bras. Pop.* Aposta conjunta de diversas pessoas. **6.** *Bras.* Logro, burla.

bo.lor (ô) [Port.ant. *balor*.] *sm.* **1.** Denom. comum a fungos que vivem de matérias orgânicas por eles decompostas; mofo. **2.** Bafio.

bo.lo.ren.to [*Bolor*.■27] *adj.* Que tem bolor.

bo.lo.ta [Do ár.-hisp.] *sf.* **1.** V. *glande* (1). **2.** Qualquer penduricalho.

bol.sa (ô) [Lat. *bursa*.] *sf.* **1.** Sacola com alça, ou saco, ou carteira, para guardar dinheiro e/ou documentos, lenço, objetos de toalete, etc. **2.** Qualquer outro saco pequeno. **3.** Pensão gratuita a estudantes ou pesquisadores para estudos ou viagem cultural. **4.** Instituição onde se transacionam ações, títulos públicos e outros valores, ou mercadorias. **5.** *Anat. Med.* Cavidade em forma de saco.

bol.são [*Bolsa* (ô).■28A] *sm.* Aquilo que se destaca do todo em que está inserido por ter características opostas: *O campo era um bolsão fértil em meio à seca.* [Pl.: *-sões*.]

bol.sis.ta [*Bolsa* (ô).■36] *s2g. Bras.* Quem recebe bolsa (3).

bol.so (ô) [De *bolsa* (ô).] *sm.* Saquinho de pano cosido à roupa; algibeira. [Pl.: *bolsos* (ô).] ◆ **De bolso.** De formato pequeno: *livro de bolso*.

bom [Lat. *bonu*.] *adj.* **1.** Que tem todas as qualidades adequadas à sua natureza ou função. **2.** Bondoso; misericordioso. **3.** Que funciona bem (órgão ou aparelho). **4.** Favorável, proveitoso. **5.** Agradável, aprazível. **6.** Afável, cortês. **7.** Gostoso, saboroso. **8.** Válido, legítimo. **9.** Saudável.

bom.ba [It. *bomba*.] *sf.* **1.** Projetil ou artefato explosivo. **2.** Máquina para movimentar fluidos, gases ou vapores, ger. ao longo de tubulações. **3.** Aparelho para extrair ou esgotar líquidos. **4.** Aparelho para encher câmaras de ar. **5.** Canudo para tomar mate; bombilha. **6.** *Fig.* Acontecimento inesperado. **7.** Favorável, proveitoso. **8.** *Bras.* Reprovação em exame. **9.** *Bras.* Dispositivo pirotécnico. ◆ **Bomba atômica.** Bomba (1) cujo grande poder de destruição provém da energia liberada pela desintegração de átomos radioativos (como de urânio ou plutônio).

bom.ba.cá.ce.a [Tax. *Bombacaceae*.] *sf. Bot.* Espécime das bombacáceas, família de árvores tropicais de grandes flores e folhas, e frutos capsulares, lenhosos. Ex.: o baobá. § **bom.ba.cá.ce.o** *adj*.

bom.ba.chas [Esp.plat. *bombachas*.] *sfpl. Bras.* Calças muito largas em toda a perna, salvo no tornozelo.

bom.ba.da [*Bomba*.■4] *sf.* **1.** Cada movimento completo da bomba (2 a 4). **2.** Quantidade de líquido, ar, etc., que a bomba aspira ou lança de cada vez. **3.** *Bras.* Perda; logro.

bom.bar [*Bomba*.■1A] *vtd.* **1.** V. *bombear*. *ti.* **2.** *Bras.* Ser reprovado (em exame). [C.: 1]

bom.bar.dão [It. *bombardone*.] *sm. Bras.* **1.** Bombardino (1). **2.** Tuba (1). [Pl.: *-dões*.]

bom.bar.de.ar [*Bombarda*.■1N] *vtd.* **1.** Arremessar bombas ou projetis de artilharia contra. **2.** Combater com perguntas e argumentos. *tdi.* **3.** Bombardear (2). [C.: 12A]

bom.bar.dei.o [Dev. de *bombardear*.] *sm.* Ato ou efeito de bombardear.

bom.bar.dei.ro [*Bombarda*.■25] *sm.* Avião us. em bombardeios.

bom.bar.di.no [It. *bombardino*.] *sm.* **1.** O saxofone baixo; bombardão. **2.** Trombone de pistões.

bom.ba-re.ló.gi.o *sf.* **1.** Bomba cuja detonação se dá após um tempo prefixado. **2.** *Fig.* Desastre financeiro, político, etc., ocasionado no presente, mas que somente ocorrerá no futuro. [Pl.: *bombas-relógio(s)*.]

bom.bás.ti.co [Ingl. *bombastic*.] *adj.* **1.** Estrondoso, altissonante. **2.** Empolado, extravagante.

bom.be.ar [*Bomba*. ◉1N] *vtd.* **1.** Extrair (fluidos) com bomba (2 e 3). *tdi.* **2.** *Fig.* Abastecer, alternadamente, como o faz uma bomba quando movimenta fluidos. *int.* **3.** Manobrar bomba (2 a 4). [Sin.ger.: bombar. C.: 12A] § **bom.be:a.men.to** *sm.*

bom.bei.ro [*Bomba*. ◉25] *sm.* **1.** Homem que trabalha na extinção de incêndios e no resgate de pessoas em acidentes e calamidades. **2.** *Bras.* Encanador.

bom.bi.cí.de:o [Tax. *Bombycidae*.] *adj. sm. Zool.* Diz-se de, ou espécime dos bombicídeos, família de lepidópteros noturnos cujas larvas tecem casulos. São os bichos-da-seda.

bom.bi.lha [Esp.plat. *bombilla*.] *sf. Bras.* Bomba (5).

bom.bo [It. *bombo*.] *sm.* **1.** Tambor (1) grande, de som grave; bumbo, zabumba. **2.** Tocador de bombo (1).

bom-bo.ca.do *sm.* Doce feito de gema de ovo, açúcar, leite de coco, etc. [Pl.: *bons-bocados*.]

bom.bom [Fr. *bonbon*.] *sm.* Guloseima, ger. de chocolate, às vezes com recheio de frutas, licores, etc. [Pl.: -*bons*.]

bom.bo.ne.ri.a [Fr. *bombonnerie*. ◉15A] *sf.* Loja onde se vendem bombons e chocolates, principalmente.

bom.bor.do [Fr. *babord*.] *sm. Mar.* O lado esquerdo da embarcação, considerando-se a proa como a sua frente.

bom-di.a *sm.* A saudação que se dirige a alguém na primeira metade do dia: *Seu bom-dia foi caloroso*. [No caso de "—Bom dia, José!", não há o sm., mas, sim, frase interj., daí o não uso do hífen.] [Pl.: *bons-dias*.]

bom-mo.ço *sm. Irôn.* Indivíduo fingido, hipócrita. [Pl.: *bons-moços*.]

bom-sen.so *sm.* V. *juízo* (3).

bom-tom *sm.* Aquilo que é apropriado ou que se faz segundo as normas estabelecidas. [Pl.: *bons-tons*.]

bo.na.chão *adj. sm.* Que, ou aquele que tem bondade natural e é simples e paciente; bonacheirão. [Pl.: -*chões*. Fem.: *bonachona*.]

bo.na.chei.rão *adj. sm.* Bonachão. [Pl.: -*rões*. Fem.: *bonacheirona*.]

bo.nan.ça [Lat.vulg. **bonancia*.] *sf.* **1.** Bom tempo no mar; tempo favorável à navegação. **2.** Sossego, calma.

bo.nan.ço.so (ô) [*Bonança*. ◉37] *adj.* Que está em bonança. [Pl.: -*çosos* (ó).]

bon.da.de [Lat. *bonitate*.] *sf.* **1.** Qualidade de bom. **2.** Boa ação. **3.** Benevolência, clemência.

bon.de [Ingl. *bond*.] *sm. Bras.* Veículo elétrico de transporte urbano que se move sobre trilhos.

bon.do.so (ô) [De *bon(da)doso*.] *adj.* Que tem, ou em que há bondade. [Pl.: -*dosos* (ó).]

bo.né [Fr. *bonnet*.] *sm.* Cobertura para a cabeça, de copa redonda, com pala sobre os olhos.

bo.ne.ca [Esp. *muñeca*, poss.] *sf.* **1.** Figura que imita uma forma feminina e serve de brinquedo (1). **2.** Pequeno chumaço us. para envernizar, ou em encadernação, etc. **3.** *Bras.* A espiga de milho ainda em formação. **4.** *Bras. Art. Gráf.* Boneco (3).

bo.ne.co [De *boneca*.] *sm.* **1.** Boneca (1), mas de forma masculina. **2.** *Inf.* Desenho de homem ou animal. **3.** *Art.Gráf.* Projeto gráfico de livro constituído por volume com as características do que se deseja imprimir; boneca.

bon.gô [Or.afr.] *sm. Mús.* Instrumento de percussão formado por 2 pequenos tambores.

bo.ni.fi.ca.ção [*Bonificar*. ◉2A] *sf.* Concessão de bônus. [Pl.: -*ções*.]

bo.ni.fi.car [*Bom* (bon-) + -*ificar*. ◉1A] *vtd.* Dar bônus (1) a. [C.: 1A]

bo.ni.fra.te [V.D] *sm.* Fantoche, títere.

bo.ni.te.za (ê) [*Bonito*. ◉12] *sf.* Qualidade de bonito.

bo.ni.to [Esp. *bonito*.] *adj.* **1.** Que agrada aos sentidos ou ao espírito, sem ser propriamente belo. **2.** Formoso, belo. **3.** Bom, vantajoso. **4.** Que mostra nobreza; generoso. **5.** Excelente, magnífico. **6.** Diz-se de dia claro, de sol. ● *sm.* **7.** Aquilo que é bonito. **8.** Ação brilhante.

bo.no.mi.a [Fr. *bonhomie*.] *sf.* Qualidade de quem é bom, simples, crédulo.

bon.sai [Do jap.] *sm.* **1.** Arte japonesa de fazer árvores anãs. **2.** Árvore feita com essa arte.

bô.nus [Lat. *bonus*, 'bom'.] *sm2n.* **1.** Prêmio, ou vantagem, concedido, em determinadas circunstâncias, a acionistas, compradores, empregados, etc. **2.** Título da dívida pública.

bon.zo [Jap. *bonzo*.] *sm.* Sacerdote budista.

→ **boot** (búut) [Ingl.] *sm. Inform.* V. *iniciação* (5). ◆ **Dar boot.** *Inform.* V. *iniciar* (3).

bo.quei.ra [*Boqu(i)-* + -*eira*. ◉16] *Pop. Med. sf.* Inflamação em comissura de lábio bucal.

bo.quei.rão [*Boqu(i)-* + -*eirão*.] *sm.* **1.** Bocarra. **2.** Abertura em costa marítima, rio ou canal. [Pl.: -*rões*.]

bo.que.jar [*Boqu(i)-* + -*ejar*. ◉1E] *vtd. e int.* **1.** Falar baixo. *ti.* **2.** Falar mal (de). **3.** Discutir (com alguém). [C.: 1 (è)]

bo.qui:a.ber.to [*Boqu(i)-* + *aberto*.] *adj.* Muito admirado.

bo.qui.lha [Esp. *boquilla*.] *sf.* Tubo de gesso, ou marfim, etc., por onde se fuma. [Sin., bras.: *piteira*.]

bo.qui.nha [*Boca* (ô). ◉32A] *sf. Bras. Fam.* V. *beijo*. ◆ **Fazer uma boquinha.** Comer um pouco.

bo.quir.ro.to (ô) [*Boqu(i)-* + *roto* (ô).] *adj. sm.* Diz-se de, ou indivíduo indiscreto, tagarela.

bo.ra.gi.ná.ce:a [Tax. *Boraginaceae*.] *sf. Bot.* Espécime das boragíneas, família de ervas e arbustos de distribuição cosmopolita. § **bo.ra.gi.ná.ce:o** *adj.*

bo.ra.to [*Bór(ax)* + -*ato*^{2}.] *sm. Quím.* Qualquer sal do ácido bórico.

bó.rax (cs) [Lat.med. *borax*.] *sm2n. Quím.* O borato de sódio, cristalino, us. como antisséptico.

bor.bo.le.ta (ê) [Lat. **belbellita* (de *bellus*), poss.] *sf.* **1.** *Zool.* Nome comum a lepidópteros diurnos, com 4 asas membranosas, e cujas larvas passam o período ninfal sob a forma de crisálidas. **2.** *Zool.* Nome comum a peixes quetodontídeos, amarelos com faixas escuras; muitas espécies são criadas em aquários. **3.** *Fig.* Pessoa volúvel. **4.** *Bras.* Molinete (2) us. sobretudo para contagem de passageiros; torniquete; catraca.

bor.bo.le.te.ar [*Borboleta*.◨1N] *v.int.* **1.** Adejar como as borboletas. **2.** V. *vaguear* (2). **3.** *Fig.* Devanear. [C.: 12A]

bor.bo.rig.mo ou **bor.bo.ris.mo** [Gr. *borborigmós*.] *sm. Med.* Ruído no abdome causado pelo deslocamento de gases em meio de líquidos.

bor.bo.tão [V.A] *sm.* Jato impetuoso; cachão. [Pl.: *-tões*.]

bor.bo.tar [*Borb(ulhar)* + *(br)otar*.] *vtd. e int.* Lançar, ou sair em borbotões. [C.: 1 (ó)]

bor.bu.lha [Dev. de *borbulhar*.] *sf.* **1.** Bolha de fluido. **2.** V. *broto* (1). **3.** Vesícula na epiderme, de conteúdo aquoso ou purulento.

bor.bu.lhar [Esp. *borbollar*.] *v.int.* **1.** Sair em borbulhas, bolhas ou gotas frequentes. **2.** Apresentar-se em ebulição. [C.: 1] § **bor.bu.lhan.te** *adj2g.*

bor.co (ô) [Dev. de *borcar*.] *el. sm.* Us. na loc. adv. *de borco.* ◆ **De borco.** Com a boca ou abertura voltada para baixo.

bor.da [Frânc. *borda*.] *sf.* A extremidade duma superfície; beira, beirada, margem.

bor.da.dei.ra [*Bordar*.◨16A] *sf.* Mulher que borda.

bor.da.do [*Bordar*.◨17A] *adj.* **1.** Que é ornado de cercadura, orla (4) ou bordado (2). ● *sm.* **2.** Lavor em relevo, sobre estofo ou pano, à linha, fio de lã, prata, ouro, etc.

bor.dão[1] [Lat.vulg. *burdone*.] *sm.* **1.** Bastão (1) de arrimo; cajado, vara. **2.** V. *cacete* (1). [Pl.: *-dões*.]

bor.dão[2] [Fr. *bourdon*.] *sm. Mús.* **1.** Corda (2) grossa que emite som grave, pela maior tensão. **2.** Nota das mais graves de qualquer instrumento. [Pl.: *-dões*.]

bor.dar [Do germ.] *vtd. e int.* Fazer bordado (2) (em). [C.: 1 (ó)]

bor.de.jar [*Bordo*.◨1E] *v.int.* **1.** Navegar em zigue-zague, à vela, recebendo o vento ora por um bordo, ora por outro. **2.** Ir de um lado para outro. **3.** Cambalear. **4.** *Bras. Gír.* Andar à cata de romance. [C.: 1 (ê)]

bor.de.jo (ê) [Dev. de *bordejar*.] *sm.* Ato ou efeito de bordejar; bordo.

bor.del [Fr. *bordel*.] *sm.* Prostíbulo. [Pl.: *-déis*.]

bor.de.rô [Fr. *bordereau*.] *sm.* Relação de títulos de crédito entregues a um banco para desconto ou cobrança.

bor.do [Germ. *bord*.] *sm.* **1.** Bordejo. **2.** Cada uma das 2 partes em que o casco da embarcação é dividido por seu plano longitudinal. **3.** Cada uma das 2 zonas do espaço interior à volta da embarcação. ◆ **A bordo. 1.** Dentro de embarcação. **2.** *P.ext.* Dentro de veículo de transporte coletivo (trem, avião, etc.).

bor.dô [Fr. *bordeaux*.] *adj2g2n. sm.* Diz-se da, ou a cor do vinho tinto.

bor.do.a.da [*Bordão*[1] (*-do-*).◨4] *sf.* Pancada com bordão[1](2); cacetada.

bor.do.ei.ra [*Bordão*[1] (*-do-*).◨16] *sf. Bras.* V. *surra* (1).

bor.du.na [V.E] *sf. Bras. Etnogr.* Arma indígena feita de madeira dura, própria para dar bordoada.

bo.ré [Do tupi.] *sm. Bras. Etnogr.* Espécie de trombeta dos índios.

bo.re.al [Lat. *boreale*.◨39] *adj2g.* Do lado do norte; setentrional. [Opõe-se a *austral*. Pl.: *-ais*.]

bo.res.te *sm. Bras. Mar.* Estibordo.

bor.gi.a.no [◨29A] *adj.* Do, ou relativo ao escritor Jorge Luís Borges (M.), ou à sua obra.

bo.ri.ca.do [*Bórico*.◨17B] *adj.* Que contém ácido bórico em dissolução.

bó.ri.co [*Boro*.◨35B] *adj. Quím.* Diz-se de ácido que contém boro e tem poder desinfetante.

bor.la [Lat. **burrula*.] *sf.* **1.** Obra de passamanaria, formada por um suporte, de que pendem inúmeros fios. **2.** Barrete doutoral.

bor.nal [V.C] *sm.* Saco que se pendura ao focinho de cavalgaduras para que nele comam. [Pl.: *-nais*.]

bo.ro [Regr. de *bórax*.] *sm. Quím.* Elemento de número atômico 5, não metálico, sólido, pouco reativo [símb.: *B*].

bo.ro.co.xô *adj2g. s2g. Bras. Gír.* Diz-se de, ou pessoa sem coragem, mole, fraca ou envelhecida.

bo.ro.ro (ôro) ou **bo.ro.ró** *Bras. s2g.* **1.** *Etnôn.* Indivíduo dos bororos, povo indígena que habita áreas de MT. ● *sm.* **2.** *E.Ling.* Família linguística macro-jê, à qual pertencem as línguas faladas por povos indígenas de MT. ● *adj2g.* **3.** De ou relativo a bororo (1 e 2).

bor.ra (ô) [Lat. *burra*.] *sf.* **1.** Sedimento de um líquido; fezes. **2.** Resíduo de seda de que se fazem tecidos mais grosseiros.

bor.ra-bo.tas *s2n.* V. *joão-ninguém*.

bor.ra.cha [Esp. *borracha*.] *sf.* **1.** Substância elástica sintética, ou feita do látex da seringueira e de outros vegetais. **2.** Esse látex beneficiado, para a indústria. **3.** Pedaço de borracha para apagar traços do desenho e da escrita. **4.** Odre de couro bojudo, com bocal, para conter líquidos. **5.** Mangueira[1] feita de borracha.

bor.ra.cha.ri.a [*Borracha*.◨15] *sf.* Loja de borracheiro.

bor.ra.chei.ra [*Borracho*[2].◨16] *sf.* **1.** V. *bebedeira* (1). **2.** Obra malfeita.

bor.ra.chei.ro [*Borracha*.◨25] *sm.* O que se dedica à venda e/ou ao conserto de pneus.

bor.ra.cho[1] *sm.* Pombo implume ou que ainda não voa.

bor.ra.cho[2] [Esp. *borracho*.] *adj.* V. *beberrão*.

bor.ra.chu.do [*Borracha* + *-udo*.] *sm. Bras. Zool.* Nome comum a vários mosquitos simuliídeos; pium.

bor.ra.dor (ô) [*Borrar*.◨19A] *sm.* Livro onde se anotam, dia a dia, operações mercantis.

borralheira | bovídeo

bor.ra.lhei.ra [*Borralho*. ◪16] *sf.* Lugar onde se acumula borralho (2).

bor.ra.lhei.ro [*Borralho*. ◪25] *adj.* 1. Que gosta de ficar junto ao borralho, na cozinha. 2. Que sai pouco de casa.

bor.ra.lho [*Borra* (ó) + -*alho*.] *sm.* 1. Braseiro coberto de cinzas, ou quase apagado. 2. Cinzas quentes.

bor.rão [*Borrar*. ◪2] *sm.* 1. Mancha de tinta. 2. V. *rascunho* (2). [Pl.: -*rões*.]

bor.rar [*Borra*. ◪1A] *vtd.* 1. Sujar em borrões. 2. Riscar, rabiscar. 3. Pintar grosseiramente. *p. e int.* 4. *Pop.* Defecar. [C.: 1 (ó)]

bor.ras.ca [It. *burrasca*.] *sf.* Vento forte e súbito, com chuva.

bor.re.go (ê) [*Borro* (ô) + -*ego*.] *sm.* Cordeiro com menos de um ano.

bor.ri.çar [*Borriço*. ◪1A] *v.int.* V. *chuviscar*. [C.: 1B. Defect., impess.]

bor.ri.far [*Borrifo*. ◪1A] *vtd.* Molhar com borrifos. [C.: 1]

bor.ri.fo [De *borra*, poss.] *sm.* 1. Difusão de gotas. 2. Gotinhas de chuva ou de orvalho.

bor.ze.guim [Fr.ant. *brouzequin*.] *sm.* Botina cujo cano se fecha com cordões. [Pl.: -*guins*.]

bó.son [Ingl. *boson*.] *sm.* *Fís.* Qualquer partícula elementar de *spin* inteiro. Ex.: méson e fóton.

bos.que [Cat. ou occ. *bosc*.] *sm.* 1. Grande porção de árvores reunidas. 2. Mata, floresta.

bos.que.jar [Esp. *bosquejar*.] *vtd.* Fazer bosquejo de. [C.: 1 (ê)]

bos.que.jo (ê) [Dev. de *bosquejar*.] *sm.* 1. Os primeiros traços, que antecedem o plano geral duma obra. 2. V. *rascunho* (2).

bos.sa [Fr. *bosse*.] *sf.* 1. *Anat.* Protuberância arredondada na superfície óssea do crânio. 2. V. *corcunda* (1). 3. *Fig.* Aptidão, pendor.

bos.ta [Port.arc. **bostal*.] *sf.* 1. Excremento do gado bovino ou de qualquer animal. 2. V. *merda*. 3. *Pop.* Coisa malfeita, de má qualidade, ou reles.

bo.ta [Fr. *botte*.] *sf.* Calçado de couro que envolve o pé, a perna e, às vezes, a coxa.

bo.ta-fo.ra *sm2n.* Ato ou festa com que nos despedimos de alguém, acompanhando-o até a partida.

bo.tâ.ni.ca [Fr. *botanique*.] *sf.* Ciência que tem por objeto o estudo dos vegetais.

bo.tâ.ni.co [Gr. *botanikós*. ◪35B] *adj.* 1. Relativo à botânica. ●*sm.* 2. Especialista em botânica.

bo.tão [Fr.ant. *boton*, atual *bouton*.] *sm.* 1. Pequena saliência que, nos vegetais, origina novos ramos, folhas ou flores. 2. A flor antes de desabrochar. 3. Pequena peça que se usa para fechar o vestuário, fazendo-a entrar numa casa, e também como enfeite ou ornato. 4. Bola que se põe na ponta do florete para a estocada não ferir. 5. *Med.* Pequeno tumor arredondado. [Pl.: -*tões*.]

bo.tar [Fr.ant. *boter*.] *vtd.* 1. Lançar fora; expelir. 2. Vestir, calçar, pôr. 3. Preparar, arranjar. 4. Estabelecer, montar. *tdc.* 5. Pôr, colocar ou estender. 6. Guardar, depositar. 7. Fazer entrar; introduzir. *tdi.* 8. Pôr (defeito, falha, etc.). *ti.* 9. Pôr-se a; principiar. *int.* 10. Pôr ovos. 11. Frutificar ou florescer. *p.* 12. Ir(-se). 13. Arrojar-se, atrever-se. [C.: 1 (ó)]

bo.ta.réu [Esp. *botarel*.] *sm.* Obra maciça de alvenaria, para reforçar paredes.

bo.te[1] [Fr.ant. *bot*.] *sm.* Pequena embarcação de material e uso variados.

bo.te[2] [Dev. de *botar*.] *sm.* 1. Golpe com arma branca. 2. Ataque, investida. 3. *Bras.* Salto do animal sobre a presa.

bo.te.co *sm. Bras. BA S. Fam.* e/ou *deprec.* V. *botequim*.

bo.te.quim *sm.* Estabelecimento onde se servem bebidas alcoólicas, refrigerantes, café, etc.; bar popular. [Pl.: -*quins*.]

bo.te.qui.nei.ro [*Botequim* (-*quin*-). ◪25] *sm.* Dono e/ou administrador de botequim.

bo.ti.ca [Lat. *apotheca*.] *sf.* Farmácia (2).

bo.ti.cão [V.C] *sm.* Tenaz para arrancar dentes. [Pl.: -*cões*.]

bo.ti.cá.ri.o [Lat. *apothecariu*. ◪24] *sm.* Dono de botica; farmacêutico.

bo.ti.ja [Esp. *botija*.] *sf.* Vaso cilíndrico, de boca estreita, gargalo curto e pequena asa.

bo.ti.jão [*Botija*. ◪28A] *sm.* V. *bujão* (2 e 3). [Pl.: -*jões*.]

bo.ti.na [Fr. *bottine*.] *sf. Bras.* Bota de cano curto.

bo.to[1] (ô) *sm. Zool.* Nome comum a vários cetáceos marinhos (delfinídeos), ou de água doce (platanistídeos).

bo.to[2] (ô) [Esp. *boto*.] *adj.* De gume embotado.

bo.to.cu.do *Bras. sm.* 1. *Etnôn.* Indivíduo dos botocudos, povo indígena extinto que habitava a região da divisa do ES com MG, e certas regiões de SC. 2. *E.Ling.* Família linguística macro-jê à qual pertencem línguas faladas por povos indígenas. ●*adj.* 3. De ou relativo ao botocudo (1 e 2).

bo.to.ei.ra [*Botão* (-*to*-). ◪16] *sf.* Casa (4).

bo.to.que [V.D] *sm.* Adorno em forma de disco ou botão, que se prende a um furo no lábio, no nariz ou na orelha, us. por certos povos indígenas brasileiros; batoque.

bo.tox [Ingl. *botox*.] *sm2n. Med.* 1. Aplicação cosmética na face de substância sintética us. para atenuar rugas e suavizar as linhas de expressão. 2. A substância us. nessa aplicação.

bo.tu.lis.mo [Fr. *botulisme*. ◪11] *sm. Med.* Envenenamento por alimento malconservado e infectado pela bactéria *Clostridium botulinum*. § **bo.tu.lí.ni.co** *adj.*

bou.ba [Regr. de *bubão*.] *sf.* 1. *Med.* Doença infecciosa causada pela bactéria *Treponema pertenue*; compromete a pele e, tardiamente, ossos e articulações. 2. Erupção cutânea causada pela bouba (1). 3. Doença contagiosa dos galináceos.

bo.ví.de:o [Tax. *Bovidae*.] *adj. sm. Zool.* Diz-se de, ou espécime dos bovídeos, família de mamíferos ruminantes, herbívoros, ungulados,

bovino | braquilogia

bo.vi.no [Lat. *bovinu*.] *adj.* Do, ou próprio do boi.

bo.xe (cs) [Ingl. *box*.] *sm.* **1.** *Esport.* Jogo de murro em que 2 contendores, com luvas especiais, se defrontam; pugilismo. **2.** Armadura metálica para os dedos, para se darem socos. **3.** Compartimento de cavalariça, mercado, garagem, central telefônica, etc., ou em banheiro, para o chuveiro. **4.** *Edit.* Parte delimitada de uma página impressa ger. por fios ou cercadura.

bo.xe:a.dor (cs...ô) [*Boxear*. ▪ 19A] *sm. Bras. Esport.* Lutador de boxe.

bo.xe:ar (cs) [*Boxe*. ▪ 1N] *Bras. v.int.* **1.** Lutar boxe. *p.* **2.** Trocar murros. [C.: 12A]

bó.xer (cs) [Ingl. *boxer*.] *sm. Zool.* Cão de porte médio, focinho largo e negro, mandíbula prógnata, pescoço maciço e pelo curto.

bo.zó [Or.afr.] *sm.* Certo jogo de dados.

▪ **Br** *Quím.* Símb. de bromo.

bra.bo *adj.* **1.** *Bras.* V. *bravo*[1] (1 e 2). **2.** De má qualidade. **3.** Muito forte, intenso.

bra.ça [Lat. *brachia*.] *sf.* Antiga unidade de comprimento equiv. a 2,2m.

bra.ça.da [*Braço*. ▪ 4] *sf.* **1.** O que se pode abranger com os braços: *braçada de flores*. **2.** Movimento de braço que impulsiona o nadador.

bra.ça.dei.ra *sf.* **1.** Correia ou argola fixada atrás do escudo e por onde se enfia o braço. **2.** Faixa distintiva que se usa no braço, sobre a manga. **3.** Correia, faixa ou peça para reforçar, prender, etc.

bra.çal [*Braço*. ▪ 39] *adj2g.* Relativo aos, ou que se faz com os braços. [Pl.: *-çais*.]

bra.ce.jar [*Braço*. ▪ 1E] *vtd.* **1.** Balançar, mover para um e outro lado, como se fossem braços. *int.* **2.** Agitar os braços. **3.** Mover-se como braços. [C.: 1 (ê)]

bra.ce.le.te (ê) [Fr. *bracelet*.] *sm.* Argola de adorno que as mulheres usam no braço; pulseira.

bra.ço [Lat. *brachiu*.] *sm.* **1.** *Anat.* Segmento de membro superior, que se estende da espádua ao cotovelo. **2.** Cada um dos membros superiores do homem. **3.** Cada membro dianteiro dos quadrúpedes. **4.** *P.ext.* Tentáculo. **5.** Cada uma das partes horizontais da cruz. **6.** Cada uma das 2 partes do travessão da balança, do fulcro até o ponto de suspensão. **7.** Cada uma das peças laterais de poltrona, sofá, etc., onde se apoia o braço. **8.** Trabalhador braçal. **9.** Trabalho braçal. **10.** Poder, autoridade. **11.** Parte estreita de mar ou rio que penetra terra adentro.

brác.te:a [Lat. *bractea*.] *sf. Bot.* Folha modificada, ger. colorida, sob flor ou inflorescência.

bra.dar [Lat. *blaterare*. ▪ 1A] *vtd.* **1.** Dizer em brados; clamar, gritar. **2.** Protestar aos brados; clamar. *ti. e tdi.* **3.** Bradar (2). *int.* **4.** Soltar brados; gritar, clamar. [C.: 1]

bra.di.car.di.a [*Bradi-* + *-cardia*.] *sf. Med.* Redução dos batimentos cardíacos.

bra.di.po.dí.de:o [Tax. *Bradypodidae*.] *adj. sm. Zool.* Diz-se de, ou espécime dos bradipodídeos, família de mamíferos arborícolas, fitófagos. Ex.: preguiças.

bra.do [Dev. de *bradar*.] *sm.* Clamor (2).

bra.ga [Lat. *braca*.] *sf.* Calção, ger. curto e largo, de uso antigo. [Tb. us. no pl.]

bra.gui.lha [*Braga* + *-ilha*.] *sf.* Abertura dianteira de calça, calção, cueca, etc.

brai.lle ou **brai.le** *adj2g. sm.* Diz-se de, ou sistema de escrita em relevo criado por Louis Braille (**M.**), que permite a leitura, pelo tato, aos cegos.

brâ.ma.ne [Do sânscr.] *sm.* Membro da casta sacerdotal, a mais alta das castas tradicionais da Índia.

bra.ma.nis.mo [*Brâmane*. ▪ 11] *sm.* Organização religiosa, política e social dos brâmanes, voltada à utilização dos preceitos do Veda.

bra.mar [V.A] *v.int.* **1.** Dar bramidos (o veado, o tigre, o boi, etc.); berrar, bramir. **2.** Estar no cio (o veado). **3.** Soltar bramidos; berrar, bramir. [C.: 1. É un*ipess.* nas acepçs. 1 e 2.]

bra.mi.do [Part. subst. de *bramir*.] *sm.* **1.** Rugido de feras. **2.** Grito forte; clamor, berro.

bra.mir [V.A] *v.int.* V. *bramar* (1 e 3). [C.: 8]

bran.ca.cen.to *adj.* V. *esbranquiçado*.

bran.co [Germ. *blank*.] *adj.* **1.** Da cor da neve, do leite, da cal; alvo. **2.** Diz-se das coisas que têm cor mais clara que outras da mesma espécie. **3.** Pálido, descorado. **4.** Prateado, argênteo. **5.** Diz-se de indivíduo de pele clara. ● *sm.* **6.** A cor branca. **7.** Homem da raça branca. **8.** Espaço (6).

bran.cu.ra [*Branco*. ▪ 5] *sf.* Qualidade de branco; alvura, alvor.

bran.dir [Fr. *brandir*.] *vtd.* **1.** Erguer (a arma) antes da arremetida ou do disparo. **2.** Agitar com a mão ou na mão, antes de arremessar, ou como ameaça. *int.* **3.** Agitar-se, vibrar. [C.: 8]

bran.do [Lat. *blandu*.] *adj.* **1.** Mole, tenro. **2.** Meigo, delicado. **3.** Suave, ameno. § **bran.du.ra** *sf.*

bran.que:a.dor (ô) [*Branquear*. ▪ 19A] *adj. sm.* Que, ou aquilo que branqueia.

bran.que.ar [*Branco*. ▪ 1N] *vtd. e p.* **1.** Tornar(-se) branco ou mais branco. **2.** Cobrir(-se) com substância branca. [C.: 12A] § **bran.que:a.men.to** *sm.*

brân.qui:a [Lat. *branchia*.] *sf. Zool.* Guelra.

bran.qui.cen.to *adj.* V. *esbranquiçado*.

bran.qui.nha *sf. Bras.* V. *cachaça* (1).

bra.quí.ce.ro [*Braqui-* + *-cero*.] *adj.* Que tem antenas ou chifres curtos.

bra.qui.gra.fi.a [*Braqui-* + *-grafia*.] *sf. E.Ling.* Redução vocabular, tais como abreviações, abreviaturas, siglas, acrogramas e símbolos. § **bra.qui.grá.fi.co** *adj.*

bra.qui.gra.ma [*Braqui-* + *-grama*.] *sm. E.Ling.* Redução braquigráfica.

bra.qui.lo.gi.a [*Braqui-* + *-logia*.] *sf. E.Ling.* Redução de uma palavra, expressão, sem prejuízo do sentido da forma plena. Ex.: *moto* por *motocicleta*. § **bra.qui.ló.gi.co** *adj.*

bra.qui.ó.po.de [Tax. *Brachiopoda.*] *adj2g. sm. Zool.* Diz-se de, ou espécime dos braquiópodes, filo de animais marinhos bentônicos, bivalves, celomados, providos de manto (3) e concha calcária.

bra.qui:os.sau.ro [Tax. *Brachiosaurus.*] *sm. Paleont.* Dinossauro saurópode com c. de 26m de comprimento e 16m de altura (devido ao longo pescoço). Viveu no jurássico e fósseis foram encontrados na América do Norte e na África.

bra.sa [Or. pré-rom., poss.] *sf.* **1.** Carvão incandescente. **2.** Incandescência; ardência. **3.** Calor intenso; ardor.

bra.são [Fr. *blason.*] *sm.* Conjunto de peças, figuras e ornamentos dispostos no campo do escudo ou fora dele, e que representam as armas de uma nação, um soberano, uma família, corporação, cidade, etc. [Pl.: *-sões*.]

bra.sei.ra [*Brasa*.◘16] *sf.* V. *braseiro.*

bra.sei.ro [*Brasa*.◘25] *sm.* **1.** Vaso de metal ou de louça, para brasas. **2.** Fogo brando de brasas. [Sin.ger.: *braseira*.]

bra.si.le.í.na [De (*pau*)-*brasil* + -*eína*.] *sf. Quím.* Substância corante, vermelha, formada pela oxidação espontânea da brasilina (q.v.).

bra.si.lei.ris.mo [*Brasileiro*.◘11] *sm.* **1.** Palavra ou locução própria do brasileiro (2). **2.** Modismo próprio da linguagem dos brasileiros. **3.** Caráter distintivo do brasileiro e/ou do Brasil.

bra.si.lei.ro [◘25] *adj.* **1.** Do, ou relativo ao Brasil. ● *sm.* **2.** O natural ou habitante do Brasil. [Sin. de 1 e 2: *brasiliense, brasílico*.] **3.** *Lus.* Português que retorna rico do Brasil.

bra.si.li.a.na [F. de *brasiliano*.] *sf.* Coleção de livros, publicações, estudos, acerca do Brasil.

bra.si.li:a.nis.ta [Ingl. *brazilianist*.◘36] *s2g.* Estrangeiro especialista em, ou estudioso de assuntos brasileiros.

bra.sí.li.co [◘35B] *adj.* **1.** Diz-se de gente e coisas indígenas do Brasil. **2.** V. *brasileiro* (1). ● *sm.* **3.** V. *brasileiro* (2).

bra.si.li.da.de [Top. *Brasil*.◘14] *sf.* Sentimento de amor ao Brasil.

bra.si.li.en.se[1] [◘38] *adj2g. s2g.* V. *brasileiro* (1 e 2).

bra.si.li.en.se[2] [◘38] *adj2g.* **1.** De Brasília, capital do Brasil. ● *s2g.* **2.** O natural ou habitante de Brasília.

bra.si.li.na [De (*pau*)-*brasil* + -*ina*.◘31] *sf. Quím.* Substância encontrada no pau-brasil que, quando exposta ao ar e à luz, se transforma na brasileína.

bras.si.cá.ce:a [Tax. *Brassicaceae*.] *sf. Bot.* Espécime das brassicáceas, família de ervas cujas flores têm 4 sépalas e pétalas, e 4 estames; muitas são comestíveis, e outras, ornamentais. § **bras.si.cá.ce:o** *adj.*

bra.va.ta [It. *bravata*.] *sf.* Intimidação ou ameaça arrogante.

bra.va.te.ar [*Bravata*.◘1N] *v.int. e td.* Dizer (bravatas), ou dirigir (ameaças). [C.: 12A]

bra.ve.za ou **bra.be.za** (ê) [*Bravo*[1] ou *brabo*.◘12] *sf.* **1.** Ferocidade, sanha. **2.** Bravura (2).

bra.vi:o [*Bravo*[1].◘34A] *adj.* **1.** Bruto, selvagem. **2.** Feroz (1). **3.** Agreste, silvestre. [Sin. de 1 a 3: *bravo*.] **4.** Rude, rústico. **5.** Áspero, árduo.

bra.vo[1] [Lat. *barbaru*.] *adj.* **1.** Corajoso, intrépido. **2.** V. *colérico* (2). [Var. (1 e 2): *brabo*.] **3.** V. *bravio* (1 a 3). **4.** Muito agitado, tempestuoso. ● *sm.* **5.** Homem bravo (1).

bra.vo[2] [It. *bravo*.] *interj.* Indica aplauso, admiração; muito bem!

bra.vu.ra [*Bravo*[1].◘5] *sf.* **1.** Qualidade ou caráter de bravo. **2.** Ação de bravo (1); braveza.

bre.ar [*Breu*.◘1A] *vtd.* **1.** Cobrir ou revestir de breu. *p.* **2.** Sujar-se, manchar-se. [C.: 12A] § **bre:a.do** *adj.*

bre.ca [V.E] *sf. Pop.* Cãibra. ◆ **Levado da breca.** Muito travesso, muito levado.

bre.car [*Breque*.◘1A] *vtd. e int. Bras.* V. *frear* (2 a 4). [C.: 1A (é)]

bre.cha [Fr. *brèche*.] *sf.* **1.** Fenda ou abertura em algo. **2.** Espaço vazio; lacuna.

bre.chó [De *belchior*.] *sm. Bras.* Loja de objetos velhos e usados. [Cf. *belchior* (1).]

brech.ti.a.no [◘29A] *adj.* Relativo ao dramaturgo Bertolt Brecht **(M.)**, ou à sua obra.

bre.do (ê) [Lat. *blitu*.] *sm. Bot.* Erva amarantácea, alimentícia; caruru.

bre.ga [V.C] *adj2g.* Cafona (1). § **bre.gui.ce** *sf.*

bre.jei.ro [*Brejo*.◘25] *adj.* **1.** Vagabundo. **2.** Brincalhão. **3.** Malicioso. **4.** Relativo a brejo. § **bre.jei.ri.ce** *sf.*

bre.jo [V.D] *sm.* **1.** V. *pântano.* **2.** Terreno agreste que só dá urzes.

bre.nha [V.D] *sf.* Mata fechada; matagal.

bre.que [Ingl. *break*.] *sm. Bras.* V. *freio* (2).

bre.tão [Lat. *britannu*.] *adj.* **1.** Da Bretanha (França). **2.** Da Grã-Bretanha (Europa). ● *sm.* **3.** O natural ou habitante da Bretanha ou da Grã-Bretanha. **4.** *E.Ling.* O dialeto da Bretanha. **5.** Voc. dessa língua. [Pl.: *-tões*. Fem. de 1 a 3: *bretã*.]

breu [Fr. *brai*.] *sm.* Substância semelhante ao pez negro, obtida pela evaporação parcial ou destilação da hulha ou de outras matérias orgânicas.

bre.ve [Lat. *breve*.] *adj2g.* **1.** De pouca duração ou extensão. **2.** Leve, ligeiro. **3.** Conciso, resumido. ● *sm.* **4.** Rescrito que contém decisão de caráter particular. **5.** *Bras.* V. *bentinho.* ● *sf.* **6.** *Mús.* Figura equiv. a 2 semibreves. ● *adv.* **7.** Cedo, brevemente. ◆ **Até breve.** V. *até logo (mais).* **Em breve.** Dentro de pouco tempo.

bre.vê [Fr. *brevet*.] *sm.* Diploma de aviador.

bre.vi.á.ri:o [Lat. *breviariu*.◘24] *sm.* **1.** Livro das preces cotidianas dos clérigos. **2.** Sinopse, resumo.

bre.vi.da.de [Lat. *brevitate*.] *sf.* **1.** Qualidade de breve. **2.** *Bras.* Bolinho de polvilho, açúcar, ovos, etc.

brida | brocado

bri.da [Fr. *bride*.] *sf.* Rédea. ♦ **A toda a brida. 1.** Correndo muito, com máxima rapidez (como cavalo sem freio). **2.** Com grande pressa ou afobação.

→ **bridge** [brídji] [Ingl.] *sm.* Jogo de cartas em que se distribui o baralho entre 4 jogadores, que, 2 a 2, em parceria, tentarão fazer o número de vazas que se propuseram.

→ **briefing** [brífin] [Ingl.] *sm.* Resumo das instruções passadas aos executantes de trabalho publicitário, jornalístico, etc., ou missão militar, etc.

bri.ga [Lat.vulg. **briga*.] *sf.* **1.** Luta; conflito. **2.** Quebra de boas relações; desavença, rixa. ♦ **Briga de foice.** Briga muito feroz. **Comprar briga.** Meter-se em conflitos, sem necessidade ou proveito.

bri.ga.da [Fr. *brigade*.] *sf.* Corpo militar, ger. composto de 2 regimentos.

bri.ga.dei.ro [*Brigada*. ▣25] *sm.* **1.** V. *hierarquia militar*. **2.** Docinho redondo, feito com leite condensado e chocolate.

bri.ga.dei.ro do ar *sm.* V. *hierarquia militar*. [Pl.: *brigadeiros do ar*.]

bri.ga.lha.da [*Briga*. ▣4B] *sf. Bras.* Briga longa e/ou generalizada.

bri.gão [*Briga*. ▣28B] *adj. sm.* Que, ou quem é dado a brigas. [Pl.: *-gões*. Fem.: *brigona*.]

bri.gar [Lat.vulg. **brigare*. ▣1A] *v.int.* **1.** Lutar braço a braço. *ti.* **2.** Lutar, contender, disputar. [C.: 1C] § **bri.ga.dor** (ô) *adj. sm.*

bri.gue [Ingl. *brig*.] *sm.* Antigo navio à vela, cuja mastreação se constituía de gurupés e 2 mastros.

bri.guen.to [*Briga*. ▣27] *adj. sm.* Brigão.

bri.lhan.te [*Brilhar*. ▣21] *adj2g.* **1.** Luzidio, cintilante. **2.** Ilustre, notável. **3.** Magnífico, pomposo. ● *sm.* **4.** Diamante lapidado.

bri.lhan.ti.na [*Brilhante*. ▣31] *sf.* Cosmético para dar brilho ao cabelo e assentá-lo.

bri.lhan.tis.mo [*Brilhante*. ▣11] *sm.* Qualidade do que é brilhante.

bri.lhar [Esp. *brillar*.] *v.int.* **1.** Ser ou mostrar-se brilhante. *ti.* **2.** Revelar-se, manifestar-se. *pred.* **3.** Destacar-se (5). [C.: 1]

bri.lho [Dev. de *brilhar*.] *sm.* **1.** Luz viva; cintilação. **2.** Viveza, claridade. **3.** *Fig.* Vivacidade, expressividade. **4.** Esplendor, pompa.

brim [Fr. *brin*.] *sm.* Tecido forte de linho, algodão, etc. [Pl.: *brins*.]

brin.ca.dei.ra [*Brincar*. ▣16A] *sf.* **1.** Ato ou efeito de brincar. **2.** Brinquedo (2). **3.** Entretenimento, passatempo, divertimento; brinquedo. **4.** Gracejo, pilhéria.

brin.ca.lhão [De *brincar*.] *adj. sm.* Que, ou aquele que é dado a brincar, a fazer brincadeira. [Pl.: *-lhões*. Fem.: *brincalhona*.]

brin.can.te [*Brincar*. ▣21] *s2g.* Participante de festas populares, como o carnaval.

brin.car [*Brinco*. ▣1A] *v.int.* **1.** Divertir-se infantilmente. **2.** Divertir-se, entreter-se. **3.** Dizer ou fazer algo (a) por brincadeira (4). **4.** Divertir-se, participando em folguedos carnavalescos. *ti.* **5.** Brincar (3). **6.** Zombar. **7.** Entreter-se, fingindo certa situação. [C.: 1A]

brin.co [Lat. *vinculu*.] *sm.* Adorno que se usa no lobo da orelha.

brin.co-de-prin.ce.sa *sm. Bot.* Nome comum a vários arbustos onagráceos, ornamentais, e sua flor. [Pl.: *brincos-de-princesa*.]

brin.dar [*Brinde*. ▣1A] *vtd.* **1.** Dirigir um brinde (1) a. **2.** Dar brinde (2) a. *tdi.* **3.** Conceder ou fazer algo que favoreça a. *ti. e p.* **4.** Erguer ou trocar brindes. [C.: 1]

brin.de [Fr. *brinde*.] *sm.* **1.** Palavras de saudação a alguém no ato de beber. **2.** Objeto que se oferece como dádiva.

brin.que.do (ê) [De *brincar*.] *sm.* **1.** Objeto para as crianças brincarem. **2.** Jogo de criança; brincadeira. **3.** V. *brincadeira* (3). ♦ **Brinquedo cantado.** Brincadeira infantil que envolve gestos corporais aliados a uma canção ou frase rítmica.

bri.o [Do celta.] *sm.* **1.** Sentimento da própria dignidade; dignidade, hombridade. **2.** Valentia, galhardia.

bri.o.che [Fr. *brioche*.] *sm. Cul.* Espécie de pãozinho muito fofo que leva ovo e manteiga.

bri.ó.fi.to [Tax. *Bryophyta*.] *adj. sm. Bot.* Diz-se de, ou espécime dos briófitos, divisão de plantas não vasculares que vivem em lugares úmidos e se reproduzem por esporos. Ex.: musgos.

bri.o.so (ô) [*Brio*. ▣37] *adj.* Que tem brio. [Pl.: *-osos* (ó).]

bri:o.zo.á.ri:o *adj. sm. Zool.* Diz-se de, ou espécime dos briozoários, filo de invertebrados coloniais, aquáticos.

bri.sa [Fr. *brise*.] *sf.* Vento brando e fresco; aragem.

bri.ta [Dev. de *britar*.] *sf.* Pedra britada, us. em construção.

bri.ta.dei.ra [*Britar*. ▣16A] *sf.* Máquina para quebrar pedras; britador.

bri.ta.dor (ô) [*Britar*. ▣19A] *sm.* **1.** Aquele que brita. **2.** Britadeira.

bri.tâ.ni.co [Lat. *britannicu*. ▣35B] *adj.* **1.** Da Grã-Bretanha (Europa). ● *sm.* **2.** O natural ou habitante dela.

bri.tar *vtd.* Partir, quebrar, triturar. [C.: 1]

bro.a (ô) [V.D] *sf.* Pão arredondado, feito de fubá de milho ou de arroz, de cará, etc.

bro.ca[1] [Cat. *broca*.] *sf.* **1.** Instrumento que, com movimento de rotação, abre orifícios circulares; pua. **2.** Furo; orifício.

bro.ca[2] [De *bruco*, 'besouro'.] *sf. Zool.* Nome comum aos insetos, ou às suas larvas e lagartas, que corroem ou perfuram a madeira e outros materiais; bicho.

bro.ca[3] *sf. Bras. Pop.* Apetite, fome.

bro.ca.do [It. *broccato*.] *sm.* Tecido de seda com desenhos em relevo realçados por fios de ouro ou prata.

bro.car [*Broca*¹.▫1A] *vtd.* **1.** Furar com broca¹ (1). **2.** Fazer broca¹ (2) em; furar. [C.: 1A (ó)]

bro.car.do [Lat.med. *brocardu.*] *sm.* **1.** Axioma jurídico. **2.** Máxima, provérbio.

bro.cha [Fr. *broche.*] *sf.* Prego curto, de cabeça larga e chata. [Cf. *broxa.*]

bro.char¹ [*Brocha.*▫1A] *vtd.* Cravar brochas em; fixar, pregar. [C.: 1 (ó). Cf. *broxar.*]

bro.char² [Fr. *brocher.*] *vtd.* *Edit.* Fazer o acabamento (de publicação impressa) em brochura. [C.: 1 (ó). Cf. *broxar.*] § **bro.cha.do** *adj.*

bro.che [Fr. *broche.*] *sm.* Adorno ou joia com alfinete e fecho.

bro.chu.ra [Fr. *brochure.*] *sf.* *Edit.* **1.** Sistema de encadernação que utiliza capa flexível, que se cola ao miolo pela lombada. **2.** *P.ext.* Livro brochado.

bró.co.lis ou **bró.co.los** [Do it.] *smpl.* *Bot.* Erva brassicácea cultivada como verdura, de que se utilizam as inflorescências novas.

bró.di:o [It. *brodo*, poss.] *sm.* Comezaina.

bro.ma.to [*Brom(o)-* + *-ato*².] *sm.* *Quím.* **1.** Qualquer sal do ácido brômico. **2.** *Restr.* O bromato de potássio, us. para fazer crescer mais a massa do pão, mas que causa prejuízo à saúde.

bro.mé.li:a [Tax. *Bromelia.*] *sf.* *Bot.* Nome comum a várias plantas bromeliáceas; caraguatá, gravatá.

bro.me.li.á.ce:a [Tax. *Bromeliaceae.*] *sf.* *Bot.* Espécime das bromeliáceas, família de plantas monocotiledôneas de folhas rígidas, flores radiadas, fruto bacáceo ou capsular; são epífitas, ou terrestres. Ex.: o abacaxi. § **bro.me.li.á.ce:o** *adj.*

bro.me.to [*Brom(o)-* + *-eto*².] *sm.* *Quím.* **1.** O ânion simples do bromo. **2.** Qualquer sal que contenha esse ânion.

brô.mi.co [*Brom(o)-* + *-ico*².▫35B] *adj.* *Quím.* Diz-se de oxiácido do bromo [fórm.: $HBrO_3$], que não existe em forma livre.

bro.mo [Gr. *brômos.*] *sm.* *Quím.* V. *halogênio* [símb.: Br].

bron.ca *sf.* *Bras.* *Gír.* Repreensão, censura.

bron.co [Lat.vulg. **bruncu.*] *adj.* **1.** Tosco, rude. **2.** V. *burro* (3).

bron.co.di.la.ta.dor (ô) [*Bronco-* + *dilatador.*] *adj. sm.* *Med.* Que, ou aquilo que provoca dilatação brônquica.

bron.co.pneu.mo.ni.a [*Bronco-* + *pneumonia.*] *sf.* *Med.* Inflamação pulmonar que se inicia, ger., nos bronquíolos.

bron.que.ar [*Bronca.*▫1N] *vti.* e *int.* *Gír.* Dar bronca (em). [C.: 12A]

brôn.qui:o [Lat. *bronchiu.*] *sm.* *Anat.* Cada um dos 2 ductos em que se bifurca a traqueia, e que se ramificam nos pulmões. § **bron.qui.al** *adj2g*; **bron.qui.co** *adj2g*

bron.quí:o.lo *sm.* *Anat.* Cada uma das subdivisões mais finas do brônquio. § **bron.quí:o.lar** *adj2g.*

bron.qui.te [*Bronqu(i)-* + *-ite*¹.] *sf.* *Med.* Inflamação dos brônquios.

bron.tos.sau.ro [Tax. *Brontosaurus.*] *sm.* *Paleont.* *Desus.* V. *apatossauro.*

bron.ze [Fr. *bronze.*] *sm.* **1.** Liga metálica de cobre e estanho. **2.** Escultura em bronze (1). **3.** Peça, ou peças, de artilharia. **4.** Sino. **5.** *Fig.* Dureza; insensibilidade.

bron.ze.a.do *adj.* **1.** Brônzeo (2). **2.** Naturalmente moreno; trigueiro. **3.** Diz-se de pele escurecida pelo sol, ou de quem a apresenta. ● *sm.* **4.** O tom bronzeado (3).

bron.ze.a.dor (ô) [*Bronzear.*▫19A] *adj. sm.* Diz-se de, ou substância para bronzear.

bron.ze.ar [*Bronze.*▫1N] *vtd.* **1.** Dar cor de bronze a. **2.** Cobrir de bronze. *int.* e *p.* **3.** Escurecer(-se) pela ação do sol. [C.: 12A]

brôn.ze:o [*Bronze* + *-eo.*] *adj.* **1.** Da natureza do bronze, ou feito dele. **2.** Da cor do bronze; bronzeado.

bro.tar [Esp. *brotar.*▫1A] *vtd.* **1.** Lançar, o vegetal (rebentos, ramos, folhas, flores). **2.** Lançar de si; expelir. *ti.* **3.** Proceder, emanar. **4.** Jorrar. *int.* **5.** Surgir, aparecer. [C.: 1 (ó)]

bro.ti.nho [*Broto.*▫32] *sm.* *Bras.* *Pop.* **1.** Jovem no início da adolescência. **2.** *Pizza* de menor tamanho, ger. individual. ● *adj2g.* **3.** Diz-se dessa *pizza.*

bro.to (ô) [Regr. de *brotar.*] *sm.* **1.** *Bot.* Cada novo órgão em desenvolvimento de uma planta; rebento, borbulha, gomo, vergôntea. **2.** *Bras.* *Pop.* Brotinho.

bro.to.e.ja (ê) *sf.* Erupção cutânea, com prurido, formada por pequenas vesículas.

bro.xa [Fr. *brosse.*] *sf.* Pincel grande para caiação. [Cf. *brocha.*]

bro.xan.te [*Broxar.*▫21] *adj2g.* *Bras.* *Chulo* Cansativo; importuno.

bro.xar [*Broxa.*▫1A] *vtd.* **1.** Pintar com broxa. *int.* **2.** *Bras.* *Chulo* Perder a potência sexual. **3.** *Bras.* *Chulo* *Fig.* Perder o entusiasmo; desanimar. [C.: 1 (ó). Cf. *brochar.*]

bru.a.ca *sf.* *Bras.* **1.** Saco ou mala de couro cru. **2.** *Pop.* Mulher muito feia.

bru.ços *el. sm. pl.* Us. na loc. adv. *de bruços.* ◆ **De bruços.** Deitado com o ventre e o rosto voltados para baixo.

bru.ma [Lat. *bruma.*] *sf.* **1.** Nevoeiro. **2.** Cerração pouco densa (sobretudo no mar); névoa.

bru.mo.so (ô) [Lat. *brumosu.*▫37] *adj.* Em que há bruma. [Pl.: *-mosos* (ó).]

bru.ni.dor (ô) [*Brunir.*▫19A] *sm.* **1.** Aquele que brune. **2.** Instrumento para brunir.

bru.ni.du.ra [*Brunir.*▫5A] *sf.* **1.** Ato ou efeito de brunir. **2.** O brilho obtido com o brunidor.

bru.nir [Fr. *brunir.*] *vtd.* **1.** Tornar brilhante, luzidio; polir, lustrar. **2.** *Fig.* Apurar, aprimorar. [C.: 8]

brus.co [V.C] *adj.* **1.** Áspero, desabrido. **2.** Precipitado, arrebatado. **3.** Inesperado, súbito.

bru.tal [Lat. *brutale.*▫39] *adj2g.* **1.** Próprio de bruto (9). **2.** Cruel, desumano. **3.** Rude, violento. [Pl.: *-tais.*]

brutalidade | bugre

bru.ta.li.da.de [*Brutal*.◫14] *sf.* **1.** Qualidade de brutal. **2.** Ação ou dito brutal.

bru.ta.li.zar [*Brutal*.◫1D] *vtd.* **1.** Tornar bruto; embrutecer. **2.** Tratar com brutalidade; seviciar. *p.* **3.** Tornar(-se) bruto. [C.: 1]

bru.ta.mon.tes *sm2n.* **1.** Homem muito alto, corpulento. **2.** Indivíduo asselvajado.

bru.to [Lat. *brutu*.] *adj.* **1.** Tal como é encontrado na natureza. **2.** Grosseiro. **3.** Agreste, bravio. **4.** Sem educação; grosseiro. **5.** Tosco, rude. **6.** Violento, brutal. **7.** *Econ.* Diz-se do valor que está sujeito a deduções ou a descontos. • *sm.* **8.** O animal irracional (p.opos. ao homem). **9.** Indivíduo bruto (4 a 6).

bru.xa [V.D] *sf.* **1.** Mulher que faz bruxarias; feiticeira. **2.** *Bras. Pop.* Bruaca (2).

bru.xa.ri.a [*Bruxa*.◫15] *sf.* **1.** V. *feiticaria*. **2.** V. *magia* (1).

bru.xo [De *bruxa*.] *sm.* **1.** Feiticeiro. **2.** V. *mago* (2).

bru.xu.le.ar [Esp. *brujulear*.] *v.int.* **1.** Oscilar frouxamente (chama ou luz). **2.** Brilhar fracamente; tremeluzir. **3.** Ir-se extinguindo (chama ou luz). [C.: 12A] § **bru.xu.le.an.te** *adj2g.*

bu.bão [Lat.med. *bubone*.] *sm. Pop.Med.* Tumefação de linfonodo. [Pl.: -*bões*.]

bu.bô.ni.ca *sf. Pop. Med.* V. *peste bubônica*.

bu.bô.ni.co [*Bubão* (-*bon*-).◫35B] *adj. Med.* Pertencente ou relativo a bubão.

bu.cal [Lat. *bucca*, 'boca', + -*al*¹.◫39] *adj2g.* Relativo a boca; oral. [Pl.: -*cais*.]

bu.cha [Fr.ant. *bousche*.] *sf.* **1.** Pedaço de papel ou de pano para comprimir e manter no cano da carga das armas de fogo carregadas pela boca. **2.** Peça de madeira ou de outro material, para tapar rombos, orifícios, fendas, etc. **3.** Bocado de pão ou de outra comida. **4.** Pessoa ou coisa desagradável ou sem valor. **5.** *Bras. Bot.* Planta cucurbitácea, trepadeira ou prostrada, cujo fruto tem, dentro, uma rede lenhosa, que, extraída e lavada, dá esponja vegetal. **6.** Peça que se embute na parede para nela se introduzirem pregos ou parafusos destinados a sustentar ou prender algo; tarugo.

bu.cha.da [*Bucho*.◫4] *sf. Bras. N.NE. Cul.* Iguaria feita com as vísceras e os intestinos de carneiro (ou bode).

bu.cho [V.D] *sm.* **1.** *Zool.* Estômago dos mamíferos e dos peixes. **2.** *Pop.* O estômago do homem. **3.** *Pop.* V. *barriga* (2).

buck.mins.ter.fu.le.re.no [Antr. *Buckminster Fuller* (1895-1983) + -*eno*².] *sm. Quím.* Substância composta por 60 átomos de carbono unidos na forma de uma bola de futebol.

bu.ço [Lat. *bucceu.] *sm.* Pelos do lábio superior do homem e de algumas mulheres; lanugem, penugem.

bu.có.li.ca [Lat. *bucolica*.] *sf.* V. *écloga*.

bu.có.li.co [Lat. *bucolicu*.◫35B] *adj.* **1.** Relativo à vida e aos costumes do campo e dos pastores. **2.** Campestre, rústico. **3.** Que exalta as belezas da vida campestre, da natureza.

bu.co.lis.mo [*Bucólico*.◫11] *sm.* **1.** Qualidade ou caráter de bucólico. **2.** Poesia bucólica [v. *bucólico* (3)].

bu.dis.mo [*Buda*.◫11] *sm.* Sistema ético, religioso e filosófico fundado por Siddhartha Gautama, o Buda, e difundido por todo o Leste asiático.

bu.dis.ta [*Budismo*.◫36] *adj2g.* Relativo ao, ou que é adepto do budismo.

bu.ei.ro [V.D] *sm.* **1.** Abertura ou tubulação por onde escoam águas. **2.** Conjunto de caixa e tampa de ferro ger. gradeada, pelo qual entram as águas que escorrem para os coletores subterrâneos. **3.** *Bras. N.E.* Chaminé de engenho, usina ou fábrica.

bu:e.na-di.cha [Esp. *buena dicha*, 'boa sorte'.] *sf.* Sorte, sina. [Pl.: *buenas-dichas*.]

bú.fa.lo [Lat. *bufalu*.] *sm. Zool.* Nome comum a vários bovídeos de pelo ralo, cauda curta, chifres achatados e acabanados.

bu.fão [It. *buffone*.] *sm.* V. *bufo*². [Pl.: -*fões*.]

bu.far [V.A] *v.int.* **1.** Expelir com força o ar pela boca e/ou pelo nariz. **2.** Expelir fumaça ou vapores. **3.** Encolerizar-se, irritar-se. [C.: 1]

bu.fa.ri.nhei.ro *sm.* Vendedor ambulante de quinquilharias.

bu.fê [Fr. *buffet*.] *sm.* **1.** Aparador. **2.** Refeição que consiste em diversos pratos [v. *prato* (2)] prontos para que as pessoas se sirvam. **3.** Restaurante que tem serviço de bufê (2).

→ **buffer** (báfer) [Ingl.] *sm. Inform.* Dispositivo de armazenamento transitório, us. na transferência de dados entre unidades que operam em velocidades ou ritmos distintos.

bu.fo¹ [Dev. de *bufar*.] *sm.* **1.** Ação ou efeito de bufar. **2.** Som que se produz bufando.

bu.fo² [Lat.vulg. *bufo*.] *sm.* Ator encarregado de fazer rir o público com mímicas, esgares, etc.; bufão, truão.

bu.fo.ní.de:o [Tax. *Bufonidae*.] *adj. sm. Zool.* Diz-se de, ou espécime dos bufonídeos, família de anuros de pele enrugada; são comuns no Brasil. Ex.: cururus.

→ **bug** (bág) [Ingl.] *sm. Inform.* Erro na programação ou execução de um programa.

bu.ga.lho [V.D] *sm.* **1.** Galha que se forma nos carvalhos. **2.** *Pop.* O globo ocular.

bu.gan.ví.li:a [Tax. *Bougainvillaea*.] *sf. Bot.* Trepadeira lenhosa, ornamental, de pequeninas flores em cachos, ou a sua flor.

bu.gi.ar [*Bugio*.◫1A] *v.int.* Fazer gestos e trejeitos como os do bugio. [C.: 1]

bu.gi.gan.ga [Esp.ant. *boxiganga*.] *sf.* **1.** Objeto de pouco ou nenhum valor. **2.** V. *ninharia*.

bu.gi:o [Top. *Bugia*.] *sm. Zool. Bras.* Guariba.

bu.gre *Bras. s2g.* **1.** *Etnôn.* Indivíduo dos bugres, povo indígena que habita o S. do Brasil. • *sm.* **2.** *Fig.* Designação genérica dada ao índio, esp. o bravio ou aguerrido. **3.** *Fig.* Indivíduo rude, inculto. [Fem. de 2 e 3: *bugra*.] • *adj2g.* **4.** De ou relativo a bugre (1).

bu.jão [Fr. *bouchon*.] *sm. Bras.* **1.** Tampa de atarraxar com que se vedam orifícios em tonéis, tanques, barris, etc. **2.** Recipiente us. para armazenar produtos voláteis. **3.** Recipiente metálico, para entrega e uso de gás em domicílio. [Sin. de 2 e 3: *botijão*. Pl.: -*jões*.]

bu.jar.ro.na [Fr. *boujaron*.] *sf. Mar.* Vela triangular içada entre o mastro de vante e o gurupés ou a proa da embarcação à vela.

bu.la [Lat. *bulla*.] *sf.* **1.** Na Igreja Católica, carta pontifícia de caráter esp. solene. **2.** Impresso com informações que acompanha um medicamento.

bul.bo [Lat. *bulbu*.] *sm.* **1.** *Anat.* Qualquer formação anatômica arredondada. **2.** *Anat.* Segmento do sistema nervoso central, situado na frente do cerebelo e que continua, em direção ascendente, a medula espinhal. **3.** *Bot.* Caule subterrâneo que acumula as reservas nutritivas com que a planta reconstitui, todos os anos, a parte aérea; bolbo. Ex.: a cebola. § **bulbar** *adj2g*.

bul.bo.so (ô) [Lat. *bulbosu*. ▫37] *adj.* Que tem bulbo. [Pl.: -*bosos* (ó).]

bul.do.gue [Ingl. *bull-dog*.] *sm.* Cão de raça inglesa, de cabeça volumosa e maciça e focinho curto e achatado.

bu.le [Or. mal.] *sm.* Recipiente com tampa, asa e bico, para servir chá, café, chocolate, etc.

bu.le.var [Fr. *boulevard*.] *sm.* V. *alameda*.

búl.ga.ro [Fr. ant. *bou(l)gre*, 'herético'.] *adj.* **1.** Da Bulgária (Europa). ● *sm.* **2.** O natural ou habitante dela. **3.** *E. Ling.* A língua búlgara.

bu.lha [Esp. *bulla*.] *sf.* Confusão de sons ou de gritos.

bu.lhu.fas *pron.indef. Bras.* Coisa nenhuma; nada.

bu.lí.ci:o [De *bulir*.] *sm.* Rumor contínuo e indefinido; burburinho.

bu.li.ço.so (ô) [*Bulício*. ▫37] *adj.* **1.** Que bole ou se move sem parar. **2.** Irrequieto, travesso. [Pl.: -*çosos* (ó).]

bu.li.mi.a [Gr. *boulimía*.] *sf.* Apetite insaciável.

bu.lir [Lat. *bullire*. ▫1C] *vti.* **1.** Mover, balançar, tocar de leve em. **2.** Pôr as mãos em; tocar. **3.** Provocar, mexer. *int.* **4.** Mover-se, mexer-se. [C.: 52]

➔ **bullying** (búlin) [Ingl.] *sm.* Agressão, física ou verbal, feita, esp. em escolas, por indivíduo(s) a outro(s) mais tímido(s), mais novo(s), mais fraco(s), etc.

bum.ba [De *bombo*.] *interj.* **1.** Imitativa de pancada, estouro, queda, etc. **2.** V. *zás*.

bum.ba meu boi *sm2n. Bras.* Bailado popular cômico-dramático, com personagens humanos, animais e fantásticos, sobre a morte e ressurreição do boi.

bum.bo *sm.* V. *bombo* (1).

bum.bum *sm. Pop.* V. *bunda*.

bu.me.ran.gue [Ingl. *boomerang*.] *sm.* Arma us. pelos aborígines australianos que consiste em uma peça de madeira arqueada que, após ser lançada, descreve uma curva e volta às mãos do lançador.

bun.da [Do quimb.] *sf.* As nádegas e o ânus.

bun.da-mo.le *s2g. Bras. Pop.* Indivíduo covarde ou desanimado; bundão.

bun.dão [*Bunda*. ▫28A] *sm. Bras.* **1.** Bunda grande. **2.** *Pop.* Bunda-mole.

bu.quê [Fr. *bouquet*.] *sm.* V. *ramalhete*.

bu.ra.co [V.D] *sm.* **1.** Depressão ou abertura, natural ou artificial, numa superfície; cavidade. **2.** Pequena abertura, ger. arredondada; furo. **3.** Fenda, greta. **4.** Cova (1). **5.** *Fís.* Num semicondutor, vacância móvel na banda de valência, que funciona como uma carga positiva com massa positiva; lacuna. **6.** *Bras.* Coisa difícil, complicada. ◆ **Buraco negro.** *Astr.* Região do espaço-tempo com campo gravitacional tão intenso que atrai para seu interior toda a matéria próxima, e de onde nem a luz ou qualquer outro tipo de sinal pode escapar.

bu.ra.quei.ra[1] [*Buraco*. ▫16] *sf. Bras.* Terreno esburacado.

bu.ra.quei.ra[2] *sf. Zool.* Ave estrigídea de pernas longas e hábitos diurnos.

bur.bu.re.jar [V.A] *v.int.* Rumorejar como a água em cachão. [C.: 5 (è)]

bur.bu.ri.nho [V.A] *sm.* **1.** Bulício. **2.** Murmúrio.

bur.ca [Do ár.] *sf.* Veste que cobre todo o corpo e a cabeça das mulheres muçulmanas de certos países, mas que lhes permite ver por meio de uma tela à altura dos olhos.

bu.rel [Fr. ant. *burel*.] *sm.* Tecido grosseiro, de lã. [Pl.: -*réis*.]

bu.re.ta (ê) [Fr. *burette*.] *sf. Quím.* Tubo graduado, com torneira na parte inferior.

bur.go [Lat. *burgu*.] *sm.* **1.** Na Idade Média, castelo, ou casa nobre, ou mosteiro, etc., e suas cercanias, com muralha de defesa. **2.** Povoação menor que cidade ou vila.

bur.go.mes.tre [Al. *Bürgermeister*.] *sm.* O magistrado principal, em municípios da Bélgica, Alemanha, Suíça, etc.

bur.guês [B.-lat. *burgense*. ▫38A] *sm.* **1.** Designação dada aos homens que viviam nos burgos e posteriormente nas cidades, onde não exerciam atividade braçal ou artesanal, porém negociavam com lucro e empregavam pessoas, e acabaram por se constituir num grupo com valores distintos. **2.** Membro da burguesia (1). **3.** Indivíduo da classe média ou da que detém os meios de produção. **4.** *Pej.* Homem apegado a valores materiais, de hábitos convencionais, conservadores. ● *adj.* **5.** Relativo a burgo, a burguês (1 a 4) ou à burguesia. [Flex.: *burgueses* (ê), *burguesa(s)* (ê).]

bur.gue.si.a [*Burguês*. ▫8A] *sf.* **1.** Classe social surgida na Europa em fins da Idade Média, com o desenvolvimento econômico e o aparecimento das cidades, e que veio a dominar a vida política, social, econômica e intelectual. **2.** Condição de burguês.

bu.ril [Cat. *burí*.] *sm.* Instrumento us. na execução de gravuras em metal e madeira. [Pl.: *-ris*.]

bu.ri.lar [*Buril*.◼1A] *vtd.* e *tdi.* **1.** Gravar, lavrar ou abrir com buril. *td.* **2.** Aprimorar, aperfeiçoar. [C.: 1]

bu.ri.ti [Do tupi.] *sm. Bras. Bot.* **1.** Palmeira arecácea de cujo fruto se extrai óleo; buritizeiro. **2.** O fruto dela.

bu.ri.ti.zei.ro [*Buriti*.◼25B] *sm. Bras. Bot.* Buriti (1).

bur.la *sf.* Dolo, logro, fraude.

bur.lão [*Burlar*.◼28B] *adj. sm.* Que, ou quem pratica burla. [Pl.: *-lões.* Fem.: *burlona*.]

bur.lar [*Burla*.◼1A] *vtd.* Praticar burla contra. [C.: 1]

bur.les.co (ê) [It. *burlesco*.] *adj.* Cômico, ou ridiculamente cômico.

bur.le.ta (ê) [It. *burletta*.] *sf.* Comédia ligeira, menos caricatural que a farsa, e ger. musicada.

bu.ro.cra.ci.a [Fr. *bureaucratie*.◼8A] *sf.* **1.** Administração da coisa pública por funcionários, sujeitos a hierarquia, rotina e regulamento inflexáveis. **2.** A classe dos burocratas. **3.** *P.ext. Pej.* Morosidade ou complicação no desempenho de serviço administrativo, decorrente do poder abusivo da burocracia (2).

bu.ro.cra.ta [Fr. *bureaucrate*.] *s2g.* Funcionário pertencente à burocracia.

bu.ro.crá.ti.co [*Burocrata*.◼35B] *adj.* Relativo à burocracia.

bu.ro.cra.ti.zar [*Burocrata*.◼1D] *vtd.* Dar caráter ou feição burocrática a. [C.: 1]

bur.ra *sf.* **1.** A fêmea do burro (1). **2.** *Pop.* Cofre.

bur.ra.da [*Burro*.◼4] *sf.* **1.** Burrama. **2.** Asneira, tolice.

bur.ra.ma [*Burro*.] *sf.* Tropa de burros; burrada.

bur.ri.ce [*Burro*.◼13] *sf.* Qualidade ou ação de burro ou parvo.

bur.ri.co [Lat. *burricu*.◼35A] *sm.* Burro pequeno; burrinho.

bur.ri.nho [*Burro*.◼32] *sm.* **1.** Burrico. **2.** Bomba para aspirar líquidos. **3.** *Bras.* Bomba de freio hidráulico (de automóveis).

bur.ro [Regr. de *burrico*.] *sm.* **1.** V. *jumento* (1). **2.** Indivíduo curto de inteligência; imbecil, asno. ● *adj.* **3.** Pouco inteligente; bronco, estúpido. ◆ **Dar com os burros n'água.** Perder um negócio, ou sair-se mal em algo.

bur.si.te [*Bursa* + *-ite*¹.] *sf. Med.* Inflamação de bolsa (5) serosa.

bus.ca [Dev. de *buscar*.] *sf.* Ato ou efeito de buscar.

bus.ca-pé *sm.* Dispositivo pirotécnico que sai ziguezagueando rente ao chão e ger. acaba num estouro. [Pl.: *busca-pés*.]

bus.car [V.C] *vtd.* **1.** Tratar de descobrir, encontrar, conhecer, etc.; procurar. **2.** Tratar de trazer ou levar, adquirir, etc. **3.** Esforçar-se por. **4.** Imaginar, idear. **5.** Recorrer a. **6.** Ir ter a (alguma parte). *ti.* **7.** Buscar (1). [C.: 1A]

bu.sí.lis [V.D] *sm2n.* O ponto difícil na resolução de uma coisa.

bús.so.la [It. *bussola*.] *sf.* **1.** Agulha magnética móvel em torno dum eixo que passa pelo seu centro de gravidade, montada, ger., em caixa com limbo graduado, e us. para orientação. **2.** Tudo que serve de guia.

bus.ti.ê [Fr. *bustier*.] *sm. Vest.* Peça de roupa feminina que é própria para cobrir o busto.

bus.to [It. *busto*.] *sm.* **1.** A parte superior do tronco humano, da cintura ao pescoço; torso. **2.** Escultura ou pintura que representa a parte da figura humana que consta da cabeça, do pescoço e de parte do peito. **3.** Os seios.

bu.ta.no [*But(írico)* + *-ano*².] *sm. Quím.* Alcano que contém 4 átomos de carbono [fórm.: CH_3-CH_2-CH_2-CH_3], gasoso, que é um dos componentes principais do gás vendido em bujões, para uso doméstico, e do gás de isqueiros.

bu.ti.á [Tax. *Butia*.] *sm. Bras. Bot.* Palmácea de drupas comestíveis cujas amêndoas são oleaginosas.

bu.tim [Fr. *butin*.] *sm.* **1.** Bens do inimigo de que o vencedor de batalha, etc., se apropria. **2.** O produto de roubo, saque. [Pl.: *-tins*.]

bu.ti.que [Fr. *boutique*.] *sf.* **1.** Loja pequena onde se vendem sobretudo artigos de vestuário e bijuterias. **2.** *P.ext.* Loja.

bu.tu.ca [Do tupi.] *sf. Bras. Zool.* Mutuca.

bu.xá.ce.a [Tax. *Buxaceae*.] *sf. Bot.* Espécime das buxáceas, família de árvores e arbustos sempre-verdes, de pequeninas flores alvas e fruto drupáceo ou capsular. § **bu.xá.ce:o** *adj.*

bu.xo [Tax. *Buxus*.] *sm. Bot.* Arbusto ou arvoreta buxácea, de madeira útil.

bu.zi.na [Lat. *bucina*.] *sf.* **1.** Nome comum a vários tipos de trombeta de corno ou metal retorcido que produz um único som, forte. **2.** Aparelho elétrico sonoro us. nos automóveis e veículos congêneres para dar sinais de advertência.

bu.zi.na.da [*Buzina*.◼4] *sf.* Toque de buzina.

bu.zi.nar [*Buzina*.◼1A] *v.int.* **1.** Tocar ou fazer soar a buzina. *tdi.* e *ti.* **2.** Dizer, com insistência; repetir muitas vezes. [C.: 1]

bú.zi:o [Lat. *buccinu*.] *sm. Zool.* Nome comum às conchas espiraladas de moluscos.

bu.zo [Or.afr., poss.] *sm. Bras.* Jogo popular com rodelas de casca de laranja, grãos de milho, etc.

by.ro.ni.a.no [◼29A] *adj.* Relativo ao, ou próprio do poeta Lorde Byron (**M.**), ou à sua obra.

➔ byte (báıt) [Ingl.] *sm. Inform.* **1.** Sequência constituída de um número fixo de *bits* adjacentes (ger., 8), considerada como unidade básica de informação. **2.** Unidade de quantidade de informação, equiv. a 8 *bits*, us. na especificação da capacidade de memória de computadores, do tamanho de arquivos, etc.

c (cê) *sm.* **1.** A 3.ª letra do nosso alfabeto. **2.** Figura ou representação dessa letra. ● *num.* **3.** Terceiro (1), numa série. [Tb. us. para classificar: a) algo como 'de 3.ª categoria'; b) a 3.ª classe social (q.v.).] [Pl. do sm., com duplo c: cc.]
▪ **c 1.** *Fís.* Símb. de *velocidade da luz no vácuo*. **2.** *Mat.* V. ▪ *a* (2).
▪ **C 1.** Na numeração romana, símb. do número 100. **2.** No sistema hexadecimal, o 13º algarismo, equiv. ao número decimal 12. **3.** *Fís.* Símb. de *coulomb*. **4.** *Fís.* Abrev. de *Celsius*, e que indica a escala termométrica de uma medida de temperatura [v. *grau Celsius* e *escala Celsius*]. **5.** *Mat.* Símb. do conjunto dos números complexos. **6.** *Mús.* Sinal com que se representa a nota dó, ou a escala ou acorde nela baseados. **7.** *Quím.* Símb. de *carbono*.
▪ **Ca** *Quím.* Símb. de *cálcio*.

cá[1] [Lat.vulg. *eccum hac*, 'eis aqui'.] *adv.* Neste ou a este lugar; nesta ou a esta terra.
cá[2] *sm.* **1.** A letra *k*. **2.** Capa².
cã *sm.* Título de chefes ou soberanos orientais.
ca.a.por [Do tupi.] *adj2g. s2g.* Urubu-caapor.
ca.a.tin.ga [*Caa-* + *-tinga*.] *sf. Bras. Fitogeo.* **1.** Vegetação arbustiva, sem folhas na estação seca, típica do N.E., N. de MG e MA. **2.** Zona (3) em que predomina a caatinga. [Var.: *catinga*.]
ca.ba [Do tupi.] *sf. Bras. Amaz. Zool.* V. *vespa*.
ca.ba.ça [V.C.] *sf.* V. *porongo* (1 e 2).
ca.ba.cei.ro [*Cabaça*.▣ 25] *sm. Bras. Bot.* Árvore asterácea, de madeira útil.
ca.ba.ço [*Cabaça*.] *sm. Bot.* **1.** O fruto do porongo ou cabaça. **2.** V. *porongo* (2).
ca.bal [*Cabo*.▣ 39] *adj2g.* **1.** Completo; acabado. **2.** Rigoroso, severo. [Pl.: *-bais*.]

ca.ba.la [Do hebr.] *sf.* **1.** Tradição mística do judaísmo, à qual estão associados ensinamentos esotéricos. **2.** *Fig.* Maquinação, conspiração.
ca.ba.lar [Fr. *cabaler*.▣ 1A] *v.int.* **1.** Fazer cabala; conspirar. **2.** Aliciar eleitores. [C.: 1]
ca.ba.na [Lat. *capanna*.] *sf.* **1.** Habitação precária e rústica; choupana, tugúrio. **2.** Casebre.
ca.ba.no [*Cabana*, poss.] *adj.* Acabanado.
ca.ba.ré [Fr. *cabaret*.] *sm.* Casa de diversões onde se bebe e dança e, tb., se assiste a espetáculos de variedades.
ca.baz [Provç. *cabas*.] *sm.* Cesto de verga, junco, etc., ger. raso, com tampa e asa.
ca.be.ça (ê) [Lat.vulg. *capitia*.] *sf.* **1.** Extremidade superior do corpo humano, que contém órgãos como o encéfalo, os da visão, os da audição, os do olfato, a boca, etc. **2.** A divisão correspondente, superior ou anterior, do corpo de outros animais. **3.** Nome comum às extremidades arredondadas de certas formações anatômicas, como, p.ex., em ossos. **4.** A parte da cabeça (1) normalmente coberta pelo couro cabeludo. **5.** *P.ext.* A cabeça como sede da inteligência, do pensamento. [Sin., nesta acepç., pop. e fam.: *bestunto, cachimônia, cachola*.] **6.** Inteligência (1 e 2). **7.** Juízo, tino. **8.** Memória (1). **9.** Pessoa muito inteligente e/ou culta. **10.** Animal ou pessoa, considerados como unidade. **11.** A extremidade mais dilatada de um objeto. **12.** A frente dum cortejo. ● *s2g.* **13.** O chefe; o líder. ◆ **De cabeça. 1.** Sem auxílio de cálculo escrito, de anotação, etc. **2.** *Fam.* De memória. **Esquentar a cabeça.** *Fam.* Afligir-se, preocupar-se. **Fazer a cabeça de.** *Bras. Fam.* Convencer, persuadir. **Levar na cabeça.** Sair-se mal, não ter sucesso. **Perder a cabeça.** Perder o auto-

cabeça-chata | cabo[1]

controle. **Quebrar a cabeça.** Pensar muito, para tentar resolver um problema. **Usar a cabeça.** Pensar, raciocinar (antes de agir).

ca.be.ça-cha.ta *s2g. Bras. Joc.* Alcunha de cearenses e, p.ext., nortistas. [Pl.: *cabeças-chatas*.]

ca.be.ça.da [*Cabeça* + -*ada*.] *sf.* **1.** Pancada com a cabeça. **2.** *Fig.* Tolice, asneira. **3.** *Bras.* Cabresto com campainhas, que se põe no animal que vai na frente, para que a tropa o siga.

ca.be.ça de ba.gre *s2g. Esport. Gír.* Jogador(a) ruim; perna de pau. [Pl.: *cabeças de bagre*.]

ca.be.ça de cha.ve *sf. Esport.* Equipe tida como a mais forte de uma chave (6), e que é escolhida sem sorteio. [Pl.: *cabeças de chave*.]

ca.be.ça de ne.gro *sf.* Bomba (9) de alto poder de detonação. [Pl.: *cabeças de negro*.]

ca.be.ça-de-ne.gro *sm. Bras. Bot.* Arbusto anonáceo cujos frutos bacáceos são tidos como medicinais. [Pl.: *cabeças-de-negro*.]

ca.be.ça de por.co *sm. Bras. Pop.* Cortiço (2). [Pl.: *cabeças de porco*.]

ca.be.ça de pre.go *sf. Bras. Pop.* Pequeno abscesso cutâneo. [Pl.: *cabeças de prego*.]

ca.be.ça de re.de *sf. Rád. Telev.* Principal emissora de uma rede (8). [Pl.: *cabeças de rede*.]

ca.be.ça de ven.to *s2g.* Pessoa estabanada ou esquecida. [Pl.: *cabeças de vento*.]

ca.be.ça-du.ra *s2g.* Pessoa pouco inteligente ou teimosa. [Pl.: *cabeças-duras*.]

ca.be.ça-in.cha.da *sf. Bras.* **1.** Grande paixão amorosa. **2.** Ciúme. **3.** Decepção de quem perdeu. [Pl.: *cabeças-inchadas*.]

ca.be.ça.lho [*Cabeça* + -*alho*.] *sm.* **1.** Timão do carro de bois, do qual pende a canga. **2.** Título de jornal ou de outra publicação periódica. **3.** Os dizeres que encimam tabela, página de livro, etc.

ca.be.ção [*Cabeça*.■28A] *sm.* Gola larga. [Pl.: -*ções*.]

ca.be.ça-o.ca *s2g.* Pessoa pouco inteligente, ou desmemoriada. [Pl.: *cabeças-ocas*.]

ca.be.ça-quen.te *s2g.* Pessoa irritadiça, esquentada. [Pl.: *cabeças-quentes*.]

ca.be.ce.ar [*Cabeça*.■1N] *v.int.* **1.** Menear a cabeça. **2.** Pender a cabeça por efeito de sono. **3.** *Fut.* Atirar ou rebater a bola com a cabeça. *td.* **4.** *Fut.* Bater em (a bola) com a cabeça. [C.: 12A]

ca.be.cei.ra [*Cabeça*.■16] *sf.* **1.** Parte da cama onde se deita a cabeça. **2.** Em mesa retangular ou oval, cada uma das extremidades. **3.** Nascente de rio ou riacho.

ca.be.ço (ê) [*Cabeça*.] *sm.* Cume arredondado de monte.

ca.be.çor.ra (ô) [*Cabeça* + -*orra*.] *sf. Pop.* Cabeça grande.

ca.be.ço.te [*Cabeça* + -*ote*[1].] *sm.* **1.** Cada uma das 2 peças de ferro que fixam o objeto que se torneia. **2.** Cabeça magnética de reprodução, gravação e apagamento) dum gravador (3). **3.** *Bras.* Parte dianteira e superior da sela.

ca.be.çu.do [*Cabeça* + -*udo*.] *adj.* **1.** De cabeça grande. **2.** *Fig.* Teimoso.

ca.be.dal [Lat. *capitale*.] *sm.* **1.** Conjunto dos bens que formam o patrimônio de alguém. **2.** Capital (3). **3.** Estimativa que se faz de coisas ou pessoas. **4.** *Fig.* As qualidades intelectuais e/ou morais de alguém. [Pl.: -*dais*.]

ca.be.lei.ra [*Cabelo*.■16] *sf.* **1.** O conjunto dos cabelos da cabeça. **2.** Conjunto de cabelos postiços dispostos como os naturais; chinó, peruca. **3.** *Astr.* Num cometa, envoltório gasoso que rodeia o seu núcleo; coma.

ca.be.lei.rei.ro [*Cabeleira*.■25] *sm.* **1.** Aquele que, por profissão, corta ou penteia cabelo. **2.** Estabelecimento onde trabalham cabeleireiros.

ca.be.lo (ê) [Lat. *capillu*.] *sm.* **1.** Conjunto de pelos do corpo humano, sobretudo os da cabeça. **2.** Pelos de alguns animais.

ca.be.lo de an.jo *sm. Bras. Cul.* Aletria. [Pl.: *cabelos de anjo*.]

ca.be.lu.da *sf. Bras. Bot.* **1.** Arbusto mirtáceo de folhas e sementes adstringentes. **2.** Seu fruto, recoberto de penugem.

ca.be.lu.do [*Cabelo* + -*udo*.] *adj.* **1.** Que tem muito cabelo. **2.** *Fig.* Intricado, difícil. **3.** *Fig.* Obsceno, imoral. ● *sm.* **4.** Indivíduo cabeludo (1).

ca.ber [Lat. *capere*.] *vtc.* **1.** Poder ser contido: *Essas roupas não cabem no armário.* **2.** Poder entrar; passar: *O sofá não cabe por essa porta*. *ti.* **3.** Ser compatível. **4.** Pertencer como partilha ou quinhão. **5.** Competir (4): *Cabe ao juiz decidir a questão.* *int.* **6.** Ter cabimento (1 e 2). [C.: 20]

ca.bi.de [Do ár.] *sm.* Móvel com pequenos braços, ou peça com gancho, onde se penduram roupas, chapéus, toalhas, etc.

ca.bi.de.la [V.D] *sf.* **1.** Os miúdos da galinha. **2.** Guisado que se faz com eles, juntamente com pedaços e sangue dessa ave.

ca.bi.do [Lat. *capitulu*.] *sm.* Corporação dos cônegos de uma catedral.

ca.bi.men.to [*Caber*.■3A] *sm.* **1.** Aceitação, valimento. **2.** Oportunidade, conveniência.

ca.bi.ne ou **ca.bi.na** [Fr. *cabine*.] *sf.* **1.** Camarote (2). **2.** Nos trens, compartimento reservado, com ou sem camas, para passageiros. **3.** Nos aviões, compartimento onde ficam os instrumentos de voo e o respectivo pessoal; carlinga. **4.** Boxe (3) para se falar ao telefone, etc. **5.** Módulo (5).

ca.bi.nei.ro [*Cabine*.■25] *sm. Bras.* **1.** Vigia ou atendente de cabina (2). **2.** Ascensorista.

ca.bis.bai.xo [Esp. *cabisbajo*.] *adj.* **1.** De cabeça baixa. **2.** *Fig.* Abatido, humilhado.

ca.bi.ú.na ou **ca.vi.ú.na** [Do tupi.] *sf. Bras. Bot.* Árvore fabácea de madeira utilíssima, preta.

ca.bí.vel [*Caber*.■41A] *adj2g.* Que tem cabimento ou razão de ser. [Pl.: -*veis*.]

ca.bo[1] [Lat. *caput*.] *sm.* **1.** V. *hierarquia militar*. **2.** Término, fim. **3.** *Geogr.* Ponta de terra que entra pelo mar; ponta. ◆ **Cabo eleitoral.** O que procura obter votos ou eleitores para um candidato. **De cabo a rabo**. Do princípio ao fim. **Levar a cabo**. Realizar até o fim; concluir.

ca.bo² [Lat. *capulu*, 'corda'.] *sm*. **1**. Extremidade pela qual se segura um objeto ou instrumento. **2**. Rabo, cauda. **3**. Corda us. a bordo de embarcações. **4**. *Eng.Elétr.* Feixe isolado ou não, constituído pelo torcimento de vários fios metálicos.

ca.bo.chão [Fr. *cabochon*.] *sm*. Pedra preciosa ou não, talhada e polida, mas não facetada.

ca.bo.cli.nho [*Caboclo*.◼ 32] *sm*. *Bras. Zool.* Ave emberizídea do N. e do L. do Brasil.

ca.bo.clo (ó) [Do tupi.] *sm*. *Bras*. **1**. Mestiço de branco com índio; cariboca, curiboca, caburé. **2**. Antiga designação do indígena. **3**. V. *caipira* (1). ● *adj.* **4**. Diz-se de caboclo (1 e 3).

ca.bo de es.qua.dra *sm*. V. *hierarquia militar*. [Pl.: *cabos de esquadra*.]

ca.bo de guer.ra *sm*. Competição em que 2 equipes puxam em direções opostas as pontas de uma corda. Vence a que arrasta a outra. [Pl.: *cabos de guerra*.]

ca.bo.gra.ma [Ingl. *cablegram*.] *sm*. Telegrama expedido por cabo submarino.

ca.bo.ta.gem [Fr. *cabotage*.◼ 6] *sf*. Navegação mercante em águas costeiras de um só país. [Pl.: *-gens*.]

ca.bo.ti.no [Fr. *cabotin*.] *adj. sm*. Que, ou quem vive a alardear seus méritos, reais não.

ca.bra [Lat. *capra*.] *sf*. **1**. *Zool*. Mamífero bovídeo, a fêmea do bode. ● *sm*. **2**. *Bras. Pop*. Pessoa, sujeito. **3**. *Bras*. V. *capanga* (3). **4**. *Bras. N.E.* Cangaceiro.

ca.bra-ce.ga *sf*. Brincadeira em que uma criança vendada tenta agarrar outra, que a irá substituir. [Pl.: *cabras-cegas*.]

ca.bra.li.a.no¹ [Antr. (*Pedro Álvares*) *Cabral*. ◼ 29A] *adj*. V. *cabralino*.

ca.bra.li.a.no² [◼ 29A] *adj*. Do, ou relativo ao poeta João Cabral de Melo Neto (**M.**), ou à sua obra.

ca.bra.li.no [◼ 30] *adj*. Do, ou relativo ao navegador Pedro Álvares Cabral (**M.**).

ca.brão [*Cabra*.◼ 28A] *sm*. Bode (1). [Pl.: *-brões*.]

cá.bre:a [Lat. *caprea*.] *sf*. Guindaste para levantar materiais nas construções.

ca.brei.ro [Lat. *caprariu*.◼ 25] *sm*. **1**. Pastor que guarda cabras. ● *adj.* **2**. *Pop*. Desconfiado.

ca.bres.tan.te [V.C] *sm*. Máquina para içar a amarra da âncora.

ca.bres.to (ê) [Lat. *capistru*.] *sm*. **1**. Arreio da cabeça e pescoço do cavalo, menos a emboçadura. **2**. Freio (3) do prepúcio.

ca.bril [Lat. *caprile*.] *sm*. Curral de cabras. [Pl.: *-bris*.]

ca.bri.o.la [It. *capriola*.] *sf*. **1**. Salto de cabra. **2**. Cambalhota.

ca.bri.o.lar [*Cabriola*.◼ 1A] *v.int*. Dar cabriolas. [C.: 1 (ó)]

ca.bri.o.lé [Fr. *cabriolet*.] *sm*. Carruagem de 2 rodas e capota móvel, puxada por 1 cavalo.

ca.bri.tar [*Cabrito*.◼ 1A] *v.int*. Saltar como os cabritos. [C.: 1]

ca.bri.to [Lat. *capritu*.] *sm*. Pequeno bode (1).

ca.bri.to-mon.tês *sm*. *Zool*. Mamífero bovídeo, de chifres grandes, que vive em regiões montanhosas da Europa. [Pl.: *cabritos-monteses* (ê).]

ca.bri.ú.va [Do tupi.] *sf*. Árvore fabácea que habita a floresta atlântica, cuja madeira, pardo-escura com tons avermelhados, é útil.

ca.bro.cha [*Cabra*.] *s2g. Bras. Pop*. **1**. Qualquer mestiço escuro. ● *sf*. **2**. Mulata jovem.

cá.bu.la [V.E] *sf*. **1**. V. *caiporismo*. ● *s2g*. **2**. Estudante pouco assíduo.

ca.bu.lar [*Cábula*.◼ 1A] *vtd. e int*. Faltar à (aula), ao (trabalho); gazear. [C.: 1]

ca.bu.lo.so (ô) [*Cábula*.◼ 37] *adj*. **1**. Que tem ou dá cábula; azarento. **2**. Aborrecido, importuno. **3**. *Gír*. Ameaçador, perigoso: *situação cabulosa*. [Pl.: *-losos* (ó).]

ca.bu.ré [Do tupi.] *sm. Bras*. **1**. V. *caboclo* (1). **2**. *Zool*. Nome comum a pequenas aves estrigídeas com tufo na cabeça e olhos bem menores que os de outras corujas.

ca.ca [V.A] *sf. Fam*. Excremento, fezes.

ca.cá *sm. Bras. Inf*. Caca.

ca.ça [Dev. de *caçar*.] *sf*. **1**. Caçada. **2**. Animais caçados. **3**. Conjunto de animais que se podem caçar. **4**. *Fig*. Busca, perseguição. ● *sm*. **5**. Avião de caça.

ca.ça.da [*Caca*.◼ 4] *sf*. Ato ou efeito de caçar; caça.

ca.ça.dor (ô) [*Caçar*.◼ 19A] *adj. sm*. Que, ou aquele que caça.

ca.ça.dor-co.le.tor *adj. sm. Antrop*. Que, ou aquele que vive da caça, pesca e coleta (3) como atividades econômicas principais. [Pl.: *caçadores-coletores*.]

ca.ça-do.tes *s2g2n*. Quem busca casar-se com pessoa rica.

ca.ca.jau [Do tupi.] *sm. Bras. Zool*. Cebídeo de porte médio, do N.O. da Amazônia, os únicos macacos sul-americanos de cauda curta; uacari.

ca.çam.ba [Do quimb.] *sf. Bras*. **1**. Balde preso a uma corda para tirar água dos poços. **2**. Qualquer balde. **3**. Estribo (1) em forma de chinela.

ca.ça-ní.queis *sm2n. Bras*. Máquina de jogo de azar que funciona com a introdução de uma moeda.

ca.çan.je [Top. *Cacanje*.] *sm*. **1**. Dialeto crioulo do português, falado em Angola. **2**. Português mal falado ou mal escrito.

ca.ção [*Caçar*.◼ 28A] *sm. Zool*. Nome comum a vários peixes elasmobrânquios, marinhos, carnívoros; tubarão. [Pl.: *-ções*.]

ca.ça.pa *sf*. Cada um dos 6 buracos da mesa de sinuca.

ca.ça.po [De *caça*.] *sm*. Coelho novo.

ca.çar [Lat. **captiare*.] *vtd*. **1**. Perseguir (animais silvestres) a tiro, etc., para aprisionar

cacareco | cactácea

ou matar. 2. Procurar, buscar: *Vive caçando o que fazer*. *int.* 3. Andar à caça (1). [C.: 1B. Cf. *cassar*.]

ca.ca.re.co [*Caco*.] *sm. Bras.* Traste velho.

ca.ca.re.jar [V.A] *v.int.* Cantar (a galinha e outras aves). [C.: 1 (ê). Norm., não se usa nas 1ªˢ pess.]

ca.ca.re.jo (ê) [Dev. de *cacarejar*.] *sm.* O canto da galinha.

ca.ca.ri.a [*Caco*. ⬛ 15] *sf.* Monte de cacos.

ca.ça.ro.la [Fr. *casserole*.] *sf.* Panela de metal com bordas altas, cabo e tampa.

ca.ça-ta.len.tos *s2g2n.* Aquele cuja função é descobrir profissionais e estudantes de talento.

ca.ca.tu.a [Tax. *Cacatua*.] *sf. Zool.* Nome comum a diversas aves trepadoras psitacídeas, maiores que os papagaios, e de penacho grande e ereto.

ca.cau [Esp. *cacao*.] *sm. Bot.* O fruto e a semente do cacaueiro.

ca.cau.ei.ro [*Cacau*. ⬛ 25] *sm. Bot.* Arvoreta esterculiácea cujas sementes encerram 50% de gordura e, beneficiadas, dão o chocolate.

ca.cau.i.cul.tor (au-i...ô) [*Cacau* + -*i*- + *cultor*.] *sm.* Plantador de cacau.

ca.cau.i.cul.tu.ra (au-i) [*Cacau* + -*i*- + *cultura*.] *sf.* Plantação ou cultura do cacau.

ca.ce.ta.da [*Cacete*. ⬛ 4] *sf.* 1. Pancada com cacete; bordoada, porretada. 2. *Bras.* Coisa ou situação maçante; caceteação.

ca.ce.te (ê) [V.C] *sm.* 1. Pedaço de pau com uma das pontas mais grossas que a outra; maça, bordão, porrete. ● *adj2g.* 2. *Bras.* V. *maçante* (1).

ca.ce.te:a.ção [*Cacetear*. ⬛ 2A] *sf.* Caceteada (2). [Pl.: -*ções*.]

ca.ce.te.ar [*Cacete*. ⬛ 1N] *vtd.* 1. Bater com cacete em; espancar. 2. *Bras.* Importunar, chatear. *p.* 3. Chatear-se. [C.: 12A]

ca.cha.ça [V.D] *sf.* 1. Aguardente obtida pela fermentação e destilação do mel, ou borras do melaço; aguardente, branquinha, birita, caninha, parati, pinga. [Tem muito mais de 100 sin., gerais ou regionais.] 2. *Bras. Pop.* Qualquer bebida alcoólica; birita, óleo. 3. *Bras. Pop.* Preferência extremada; paixão.

ca.cha.ção [*Cachaço*. ⬛ 28A] *sm.* Pancada no cachaço. [Pl.: -*ções*.]

ca.cha.cei.ro [*Cachaça*. ⬛ 25] *adj. sm. Bras.* Que, ou usual que é dado em excesso à cachaça ou a outra bebida alcoólica.

ca.cha.ço *sm. Pop.* V. *cogote*.

ca.cha.lo.te [*Cachola*.] *sm. Zool.* Cetáceo fisesterídeo de até 20m de comprimento; de sua cabeça se extrai o espermacete.

ca.chão [Lat. *coctione*.] *sm.* Borbotão. [Pl.: -*chões*.]

ca.chê [Fr. *cachet*.] *sm.* Pagamento recebido pela participação em filme, programa de TV, palestra, etc.

ca.che.a.do [*Cachear*. ⬛ 17A] *adj.* Que tem ou forma cachos [v. *cacho* (2)].

ca.che.ar [*Cacho*. ⬛ 1N] *v.int.* 1. Tornar-se cacheado. *td.* 2. Fazer cachos em (cabelo). [C.: 12 A. Na acepç. 1, norm., é unipess.]

ca.che.col [Fr. *cache-col*.] *sm.* Manta longa e estreita para agasalhar o pescoço. [Pl.: -*cóis*.]

ca.chim.bar [*Cachimbo*. ⬛ 1A] *v.int.* Fumar cachimbo. [C.: 1]

ca.chim.bo [Do quimb.] *sm.* Aparelho para fumar, composto de fornilho e um tubo. [Sin., bras. pop.: *pito*.]

ca.chi.mô.ni:a [*Cachola*.] *sf. Pop.* V. *cabeça* (5).

ca.cho [Lat.vulg. *cacculu*.] *sm.* 1. Conjunto de flores ou frutos pedunculados e dispostos num eixo comum. 2. Porção de cabelo enrolado em espiral; caracol, anel.

ca.cho.ei.ra [*Cachão* (-*cho*-). ⬛ 16] *sf.* V. *queda-d'água*.

ca.cho.la [V.C] *sf. Pop.* V. *cabeça* (5).

ca.cho.le.ta (ê) [*Cachola* + -*eta* (ê), poss.] *sf.* Pancada (com o dorso das mãos com os dedos entrelaçados) na cabeça de outrem.

ca.chor.ra (ô) *sf.* Cadela nova.

ca.chor.ra.da [*Cachorro*. ⬛ 4] *sf.* 1. Bando de cachorros. 2. *Fig.* Ação de cachorro (4).

ca.chor.ri.nho [*Cachorro*. ⬛ 32] *sm. Bras. Gír.* V. *delator*.

ca.chor.ro (ô) [Lat.vulg. *cattulu*, poss.] *sm.* 1. Cão novo. 2. Qualquer cão. 3. Cria de lobo, leão, etc. 4. *Pej.* Canalha (2). ◆ **Matar cachorro a grito.** *Bras. Gír.* Achar-se em situação aflitiva.

ca.chor.ro-quen.te [Trad. do ingl. *hot dog*.] *sm.* Sanduíche de pão, salsicha quente e molho. [Pl.: *cachorros-quentes*.]

ca.ci.fe [Do ár.] *sm. Bras.* 1. Quantia em dinheiro com que cada jogador entra num jogo de azar. 2. *Fig.* Prestígio, influência.

ca.cim.ba [Do quimb.] *sf.* Poço cavado até um lençol de água.

ca.ci.que [Esp. *cacique*, do aruaque.] *sm.* 1. Chefe indígena americano. 2. *Restr.* Morubixaba. 3. *Fig.* Pessoa poderosa: *cacique político*.

ca.co [Lat.vulg. **cacculu*.] *sm.* 1. Fragmento de louça, vidro, etc. 2. Objeto estragado, ou sem valor.

ca.ço.a.da [*Caçoar*. ⬛ 4] *sf.* V. *zombaria*.

ca.ço.ar [V.D] *vtd., ti.* e *int.* Fazer caçoada; zombar. [C.: 1 D]

ca.co.e.te (ê) [Lat. *cacoethe*.] *sm.* 1. Tique. 2. Hábito próprio de pessoa ou grupo; sestro, mania.

ca.có.fa.to [Lat. *cacophaton*.] *sm. E.Ling.* Cacofonia (1) em que há sugestão de palavra obscena ou desagradável de ouvir.

ca.co.fo.ni.a [Gr. *kakophonía*. ⬛ 8A] *sf. E.Ling.* 1. Encontro ou repetição de sons, do final de um vocábulo e início de outro, que é desagradável de ouvir. 2. V. *cacófato*. § **ca.co.fô.ni.co** *adj.*

cac.tá.ce:a [Tax. *Cactaceae*.] *sf. Bot.* Espécime das cactáceas, fam. de plantas sem folhas e de caule, com reservas de água. Têm, ger., espinhos, flores e frutos bacáceos. § **cac.tá.ce:o** *adj.*

cac.to [Lat. *cactu.*] *sm. Bot.* Nome comum a várias cactáceas.
ca.çu.la [Do quimb.] *s2g.adj2g. Bras.* O mais moço, ou que é o mais moço dos filhos ou dos irmãos.
ca.cun.da [Do quimb.] *sf.* **1.** *Bras.* Costas (1). **2.** V. *corcunda* (1).
ca.da [Lat.vulg. *cata.*] *pron.indef.* Designa uma unidade num grupo de pessoas, animais ou coisas de que é parte, ou um conjunto, formado de 2 ou mais partes, desse grupo.
ca.da.fal.so [Provç. *cadalfac.*] *sm.* Patíbulo.
ca.dar.ço [Lat. **cathartcu.*] *sm.* Cordão ou fita estreita, de seda, algodão, etc.
ca.das.trar [*Cadastro*. ◻1A] *vtd.* **1.** Fazer o cadastro de. *p.* **2.** Fornecer dados para o próprio cadastro. [C.: 1] § **ca.das.tra.men.to** *sm.*
ca.das.tro [Fr. *cadastre.*] *sm.* **1.** Registro público dos bens imóveis de um território. **2.** Registro que bancos ou empresas mantêm de seus clientes, esp. de sua situação financeira.
ca.dá.ver [Lat. *cadaver* (nom.).] *sm.* Corpo morto (sobretudo de ser humano).
ca.da.vé.ri.co [*Cadáver*. ◻35B] *adj.* De, ou próprio de cadáver.
→ **caddie** (quédi) [Ingl.] *s2g. Esport.* No golfe, carregador de tacos.
ca.dê *Bras. Fam. Pop.* V. *quede*.
ca.de.a.do [Lat. *catenatu.*] *sm.* Fechadura portátil, cujo aro, móvel, se introduz em 2 argolas fixas às peças que se quer unir ou fechar.
ca.dei.a [Lat. *catena.*] *sf.* **1.** Sucessão de anéis ou elos de metal ligados uns aos outros; corrente, grilhão. **2.** *Fig.* Sequência de pessoas, objetos, palavras, etc. **3.** Estabelecimento oficial onde ficam detidos os acusados ou condenados de crime ou contravenção; cárcere, presídio, prisão, calabouço, xadrez, casa de detenção. **4.** Enfiada (2). **5.** *Rád. Telev.* Rede (8).
ca.dei.ra [Lat. *cathedra.*] *sf.* **1.** Assento (1) com costas, para uma pessoa. **2.** Disciplina ou matéria de um curso.
ca.dei.ran.te [**Cadeirar*. ◻21] *s2g.* Deficiente físico que usa cadeira de rodas.
ca.dei.ras *sfpl.* Os quadris.
ca.dei.ri.nha [*Cadeira*. ◻32A] *sf.* Espécie de liteira antiga conduzida por homens.
ca.de.la [Lat. *catella.*] *sf.* A fêmea do cão.
ca.dên.ci.a [Lat. *cadentia.*◻10] *sf.* Regularidade de movimentos ou de sons.
ca.den.ci.a.do [*Cadenciar*. ◻17A] *adj.* Que tem cadência.
ca.den.ci.ar [*Cadência*. ◻1A] *vtd.* Dar cadência a. [C.: 1 (B.) ou 13 (P.)]
ca.den.te [Lat. *cadente*. ◻21] *adj2g.* Que cai.
ca.der.ne.ta (ê) [*Caderno* + *-eta* (ê).] *sf.* Caderno ou pequeno livro destinado aos mais variados fins, como apontamentos, lembretes, etc.
 ◆ **Caderneta de poupança.** *Econ.* Conta bancária (ou certificado que lhe corresponde) na qual são creditados periodicamente juros e correção monetária.

ca.der.no [Lat. *quaternu.*] *sm.* **1.** *Edit.* Conjunto de folhas de papel, em branco ou pautadas, que formam livro (1). **2.** Conjunto de folhas impressas, ger. com 4, 8, 16 ou 32 páginas de um livro, na fase de acabamento deste. **3.** *Jorn.* Parte de um jornal, formada por folhas encasadas que constituem uma unidade.
ca.de.te (ê) [Fr. *cadet.*] *sm.* Aluno de escola militar superior, do Exército ou da Aeronáutica.
ca.di.nho [Lat. *catinu.*] *sm.* Vaso us. em operações químicas a temperaturas elevadas; crisol.
cád.mi.o [Lat.cient. *cadmium.*] *sm. Quím.* Elemento metálico de número atômico 48, com muitos compostos venenosos e que é us. em revestimentos resistentes à corrosão [símb.: *Cd*].
ca.du.car [*Caduco*. ◻1A] *v.int.* **1.** Tornar-se caduco (2). **2.** Tornar-se nulo; prescrever. [C.: 1A]
ca.du.ceu [Lat. *caduceu.*] *sm.* **1.** Insígnia do deus Mercúrio: bastão com 2 serpentes enroscadas e com 2 asas na extremidade superior. **2.** O caduceu como símbolo da Medicina.
ca.du.ci.da.de [*Caduco*. ◻14] *sf.* Qualidade ou idade de caduco.
ca.du.co [Lat. *caducu.*] *adj.* **1.** Que cai; que está prestes a cair. **2.** Que perdeu as forças ou o viço, a capacidade mental, ou, por idade avançada, parte da razão. **3.** Que perdeu a validade. § **ca.du.qui.ce** *sf.*
ca.fa.jes.te [V.D] *s2g. Bras.* **1.** Indivíduo desclassificado (2). ● *adj2g.* **2.** Próprio de cafajeste (1). § **ca.fa.jes.ta.da** *sf.*
ca.fé [Fr. *café*, de or. ár.] *sm.* **1.** *Bot.* O fruto do cafeeiro. **2.** Infusão feita com o pó desse fruto descascado, torrado e moído. **3.** A porção de café (2) servida em xícara, etc. **4.** Estabelecimento onde servem café (2), sanduíches, refrigerantes, etc. ◆ **Café expresso.** Café (2) tirado de máquina, na qual a água quente, sob pressão, passa por uma massa compacta de pó de café.
ca.fé da ma.nhã *sm.* A primeira refeição do dia. [Pl.: *cafés da manhã.*]
ca.fe.ei.ro [*Café*. ◻25] *sm.* **1.** *Bot.* Arbusto rubiáceo cultivado devido aos frutos, de que se faz o café (2). ● *adj.* **2.** Pertencente ou relativo ao café, à indústria ou ao comércio do café.
ca.fe.i.cul.tor (ô) [*Cafei-* + *cultor.*] *sm.* Plantador de café.
ca.fe.i.cul.tu.ra [*Cafei-* + *cultura.*] *sf.* Lavoura de café.
ca.fe.í.na [Fr. *caféine.*] *sf.* Substância estimulante encontrada no café, no chá e no guaraná.
ca.fe.tã [Fr. *cafetan*, do persa.] *sm.* Veste talar us. sobretudo por árabes e turcos.
ca.fe.tão *sm. Pop.* Cáften. [Pl.: *-tões.*]
ca.fe.tei.ra [Fr. *cafetière.*] *sf.* Recipiente onde se faz, se guarda ou se serve o café (2).
ca.fe.te.ri.a [Fr. *cafet-* + *-eria*. ◻15A] *sf.* Local onde se vendem bebidas à base de café, sanduíches, etc.

ca.fe.zal [*Café*. ▣39B] *sm.* Plantação de cafeeiros. [Pl.: *-zais*.]

ca.fe.zi.nho (fè) [*Café*. ▣32B] *sm. Bras.* Café (2) servido em pequenas xícaras.

cá.fi.la [Do ár.] *sf.* Caravana de camelos que transportam mercadorias.

ca.fo.fo (ô) [V.C] *sm. Bras. Pop.* Local onde se mora; residência.

ca.fo.na *Bras. adj.* 1. Que, com pretensão de elegância, é de mau gosto (pessoa ou coisa); brega. ● *s2g.* 2. Pessoa cafona.

ca.fo.ni.ce [*Cafona*. ▣13] *sf. Bras.* Qualidade de cafona, ou aquilo que o é.

caf.ta [Do ár.] *sf. Cul.* Prato árabe preparado com carne moída e temperos e que pode ser servido cru ou cozido.

cáf.ten [Lunfardo *cáften*.] *sm. Bras.* O que vive à custa de prostitutas; rufião, proxeneta.

caf.ti.na *sf. Bras.* Fem. de *cáften*.

ca.fu.a [Or.afr., poss.] *sf.* 1. Antro, esconderijo. 2. Habitação miserável.

ca.fun.dó [Or.afr., poss.] *sm. Bras.* Lugar ermo e afastado, de acesso difícil.

ca.fu.né [Do quimb.] *sm. Bras.* Ato de coçar levemente a cabeça de alguém.

ca.fu.zo *sm. Bras.* Mestiço de negro e índio.

cá.ga.do [V.D] *sm. Zool.* Reptil quelídeo da América do Sul, Austrália e Nova Guiné.

ca.gar [Lat. *cacare*. ▣1A] *v.int. e p. Chulo* V. *defecar* (2 e 3). [C.: 1C]

cai.a.na [Or.ind., poss.] *sf.* Cana-caiana.

cai.a.que [Do esquimó.] *sm.* 1. Pequena embarcação esquimó feita com ossos de baleia e revestida de pele. 2. Embarcação para lazer ou esporte, semelhante ao caiaque (1), feita de fibra de vidro, etc., para uma ou 2 pessoas.

cai.ar [*Calear*, poss.] *vtd.* 1. Pintar com tinta à base de cal, água e cola. 2. Dar cor branca a. [C.: 1] § **cai.a.ção** *sf.*; **cai.a.do** *adj.*

cãi.bra [Fr. *crampe*.] *sf. Med.* Contração espasmódica e dolorosa dos músculos. [Sin. pop.: *breca*.]

cai.bro [Lat. **caprue*.] *sm.* Peça de madeira de seção retangular, us. em armações de telhados, soalhos, etc.

ca:i.ça.ra [Do tupi.] *sf. Bras.* 1. Cerca feita de varas ou galhos. ● *s2g.* 2. Caipira do litoral paulista.

ca.i.di.nho [*Caído*. ▣32] *adj. Bras.* 1. Muito cansado, triste ou abatido. 2. Completamente apaixonado.

ca.í.do [Part. de *cair*.] *adj.* 1. Abatido, prostrado. 2. *Pop.* Apaixonado, enamorado.

cai.ei.ra *sf.* Forno onde se faz a cal.

cai.mão [Esp. *caimán*.] *sm. Zool.* Reptil aligatorídeo que vive em lagos e rios das Américas Central e do Sul. [Pl.: *-mões*.]

ca:i.men.to [*Cair*. ▣3] *sm.* Inclinação, queda: *caimento do telhado*.

ca:in.gan.gue *s2g. Bras.* 1. *Etnôn.* Indivíduo dos caingangues, povo indígena que habita em SP, PR, SC e RS. ● *sm.* 2. *E.Ling.* Subgrupo da família linguística jê, do S. do Brasil. ● *adj2g.* 3. Pertencente a caingangue (1 e 2).

ca:i.pi.ra [Do tupi, poss.] *s2g. Bras.* 1. Habitante do campo ou da roça; tabaréu. ● *adj2g.* 2. Diz-se de caipira (1). [Sin.ger.: *caboclo, capiau, jeca, jeca-tatu, matuto, roceiro, sertanejo*.]

ca:i.pi.ra.da [*Caipira*. ▣4] *sf. Bras.* Grupo de caipiras.

ca:i.pi.ri.nha [*Caipira*. ▣32A] *sf.* Bebida preparada com limão em rodelas ou macerado, açúcar e gelo, misturados com cachaça.

ca:i.pi.rís.si.ma *sf.* Caipirinha em que a cachaça é substituída por vodca; caipivodca.

ca:i.pi.vod.ca *sf.* Caipiríssima.

ca:i.po.ra [Do tupi.] *sm. f. Bras.* 1. *Etnol.* Ente fantástico da mitologia tupi, representado, segundo as regiões, de formas diversas. ● *s2g.* 2. Pessoa azarada. ● *adj2g.* 3. V. *azarado*.

ca:i.po.ris.mo [*Caipora*. ▣11] *sm. Bras.* Má sorte ou infelicidade constante; azar, cábula, peso, urucubaca, macaca.

ca.ir [Lat. *cadere*.] *v.int.* 1. Ir ao chão pelo próprio peso, ou por desequilíbrio, etc. 2. Descer sobre a terra. 3. Descer, abaixar. 4. Perder a força ou intensidade, ou a qualidade. 5. Sofrer redução (temperatura, produção, etc.). 6. Desvalorizar-se (moeda, título, etc.). 7. Ser destituído de poder, ou cargo, etc. 8. Ser vítima de logro. 9. Tornar-se nulo. 10. Ser interrompido, devido falha (diz-se de ligação telefônica, internet, etc.) 11. Parar de funcionar (sistema). 12. Ser conquistado, vencido, pelo inimigo: *Após longo cerco a cidade caiu*. 13. Deixar de estar fixo: *O seu cabelo caiu.* ti. 14. Incorrer, incidir. 15. Ceder a (sentimento intenso): *cair em desespero*. 16. *Pop.* Apaixonar-se. *tc.* 17. Ocorrer (em determinada época). 18. Atirar-se: *cair na piscina*. *pred.* 19. Ficar, tornar-se: *A tropa caiu prisioneira*. [C.: 38] ◆ **Cair fora.** *Pop.* Ir embora; fugir (1).

cais [Fr. *quai*.] *sm2n.* Parte de um porto com construção para embarque e desembarque.

ca:i.ti.tu [Do tupi.] *sm. Bras. Zool.* Mamífero taiaçuídeo da América do Sul.

cai.xa [Cat. *caixa*, do lat.] *sf.* 1. Receptáculo de madeira, papelão, metal, etc., com tampa ou sem ela, como um estojo, um cofre, etc. 2. O conteúdo de uma caixa. 3. Seção de bancos, etc., que paga ou recebe dinheiro, cheques, etc. 4. *Econ.* Disponibilidade em dinheiro (esp. de empresa ou banco); encaixe. ● *sm.* 5. Livro comercial para registro de entradas e saídas de dinheiro. ● *s2g.* 6. Pessoa que trabalha na caixa (3). ◆ **Caixa acústica.** Caixa onde são instalados alto-falantes. **Caixa craniana.** *Anat.* Porção óssea da cabeça que contém o encéfalo. **Caixa eletrônica.** Equipamento computadorizado e interativo, capaz de ser operado diretamente pelo cliente para realizar as funções mais comuns de uma caixa (3). **Caixa torácica.** *Anat.* Esqueleto do tórax.

cai.xa-d'á.gua *sf.* Reservatório de água. [Pl.: *caixas-d'água.*]

cai.xa-for.te *sf.* Dependência de banco, etc., à prova de fogo e roubo, destinada à guarda de dinheiro, documentos, ou outros valores; cofre-forte. [Pl.: *caixas-fortes.*]

cai.xão [*Caixa.*◼28A] *sm.* **1.** Caixa grande. **2.** Caixa em que se levam os mortos ao túmulo; ataúde, féretro, esquife. [Pl.: *-xões.*]

cai.xa-pre.ta *sf.* **1.** Equipamento que, nas aeronaves, registra conversa entre tripulantes e controladores de voo, além de outras informações, e que pode ser recuperado em caso de acidente **2.** *P.ext.* Aquilo cujo conteúdo é desconhecido. [Pl.: *caixas-pretas.*]

cai.xei.ro [*Caixa.*◼25] *sm.* Balconista.

cai.xei.ro-vi:a.jan.te *sm.* Empregado de casa comercial que vende seus produtos em lugares fora da praça desse estabelecimento. [Pl.: *caixeiros-viajantes.*]

cai.xe.ta (ê) [*Caixa + -eta* (ê).] *sf.* Caixa pequena.

cai.xi.lho [*Caixa + -ilho.*] *sm.* **1.** Esquadria (2) ou parte dela. **2.** Moldura.

cai.xo.te [*Caixa + -ote*¹.] *sm.* **1.** Caixa pequena e tosca. **2.** Caixa para embalagem.

ca.já [Do tupi.] *sm. Bot.* **1.** O fruto da cajazeira; cajazinha, taperebá. **2.** *Bot.* V. *cajazeira.* **3.** V. *cajá-manga.*

ca.ja.da.da [*Cajado.*◼4] *sf.* Pancada com cajado.

ca.ja.do [Lat.vulg. hisp. *cajatu*.] *sm.* V. *bordão*¹(1).

ca.já-man.ga *sm. Bot.* **1.** Árvore anacardiácea cujos frutos são grandes drupas amareladas; cajarana. **2.** Seu fruto. [Sin.ger.: *cajá.* Pl.: *cajás-manga(s).*]

ca.ja.ra.na [*Cajá + -rana.*] *sf. Bot.* Cajá-manga (1).

ca.ja.zei.ra (jà) [*Cajá.*◼16B] *sf. Bras. Bot.* Árvore anacardiácea de frutos drupáceos, suculentos, amarelos, próprios para refrescos; cajá, cajazeiro, cajazinha.

ca.ja.zei.ro (jà) [*Cajá.*◼25B] *sm. Bot.* V. *cajazeira.*

ca.ja.zi.nha [*Cajá.*◼32C] *sf.* **1.** V. *cajá* (1). **2.** *Bot.* V. *cajazeira.*

ca.ju [Do tupi.] *sm. Bras. Bot.* Pedúnculo comestível do fruto do cajueiro, us. tb. em doces e bebidas.

ca.ju.a.da [*Caju.*◼4] *sf. Bras.* Refresco, ou doce, de caju.

ca.ju.ei.ro [*Caju.*◼25] *sm. Bras. Bot.* Árvore anacardiácea cujo fruto é uma noz que, torrada, é muito consumida. [A parte suculenta, impr. considerada fruto, é o caju (q.v.).]

ca.ju.zi.nho [*Caju.*◼32B] *sm. Cul.* Doce com formato de pequeno caju bem com amendoim torrado e moído.

cal [Lat.vulg. hisp. *cale.*] *sf.* Substância branca resultante da calcinação de pedras calcárias [fórm.: CaO]. [Pl.: *cales, cais.*]

ca.la.bou.ço ou **ca.la.boi.ço** [Esp. *calabozo.*] *sm.* **1.** Prisão subterrânea; cárcere. **2.** *Pop.* V. *cadeia* (3).

ca.la.bre.sa (ê) *sf.* V. *linguiça calabresa.*

ca.la.da [*Calar*¹.◼4] *sf.* Silêncio total.

ca.la.do¹ *sm.* Distância entre a superfície da água em que a embarcação flutua e a face inferior da sua quilha.

ca.la.do² [*Calar*¹.◼17A] *adj. sm.* Diz-se de, ou indivíduo que fala pouco.

ca.la.fa.te [V.C] *sm.* Aquele que calafeta.

ca.la.fe.tar [Esp.ant. *calafetar.*] *vtd.* **1.** Vedar com estopa alcatroada (as junturas ou fendas duma embarcação). **2.** Tapar, vedar (fendas ou buracos). [C.: 1 (é)]

ca.la.fri:o [Port.ant. *calefrio.*] *sm. Med.* Contração involuntária de músculos voluntários, com sensação de frio.

ca.la.mi.da.de [Lat. *calamitate.*◼14] *sf.* **1.** Catástrofe. **2.** Grande desgraça; desdita, infortúnio.

ca.la.mi.to.so (ô) [Lat. *calamitosu.*◼37] *adj.* Que envolve calamidade. [Pl.: *-tosos* (ó).]

ca.lan.dra [Fr. *calandre.*] *sf.* Máquina para lustrar papel, tecidos, etc.

ca.lan.drar [*Calandra.*◼1A] *vtd.* Lustrar ou acetinar na calandra. [C.: 1]

ca.lan.go [Do quimb.] *sm. Bras. Zool.* Nome comum a vários teiídeos, ger. pequenos.

ca.lão [Esp. *caló.*] *sm.* Gíria com o uso de termos baixos. [Pl.: *-lões.*]

ca.lar¹ [Lat.vulg. *callare.*◼1A] *v.int.* **1.** Estar em silêncio; não falar. **2.** Cessar de falar. **3.** Não divulgar o que sabe. *p.* **4.** Cessar de falar. *td.* **5.** Fazer calar (2). [C.: 1]

ca.lar² [Lat. *calare.*◼1A] *vtd.* Encaixar (a baioneta) no fuzil. [C.: 1]

cal.ça [Lat.vulg. *calcea.*] *sf.* **1.** Peça externa do vestuário, que parte da cintura, se fecha junto às virilhas, cobre separadamente as pernas e pode ir até os tornozelos. **2.** Roupa de baixo feminina, que cobre as nádegas e a região do púbis; calcinha. [Tb. us. no pl.]

cal.ça.da [Lat.vulg. *calciata.*] *sf.* Caminho pavimentado para pedestres, numa rua, ger. limitado por meio-fio; passeio.

cal.ça.dão [*Calçada.*◼28A] *sm.* Calçada extensa e muito larga.

cal.ça.do [*Calçar.*◼17A] *sm.* Peça do vestuário (salvo a meia) para cobrir e proteger exteriormente os pés.

cal.ça.men.to [*Calçar.*◼3] *sm.* **1.** Ato ou efeito de calçar. **2.** Pavimentação de ruas, etc.

cal.ca.nhar [V.C] *sm.* Parte posterior de cada pé. [Pl.: *-nhares.*]

cal.ção [*Calça.*◼28A] *sm.* Calça de bocas um tanto largas, que não ultrapassa o meio da coxa. [Pl.: *-ções.*]

cal.car [Lat. *calcare.*◼1A] *vtd.* **1.** Pisar com os pés. **2.** Comprimir (1). **3.** V. *humilhar* (2). **4.** V. *reprimir* (1). *tdi.* **5.** *Fig.* Tomar como base, ou como modelo. [C.: 1A]

cal.çar [Lat. *calceare.*◼1A] *vtd.* **1.** Pôr nos pés (calçados, meias), nas mãos (luvas), no corpo e nas pernas (calças). **2.** Empedrar (calçada, rua, etc.); calcetar. **3.** Pavimentar. **4.** Pôr calço ou cunha em. *int.* **5.** Ajustar-se (calçado): *Este*

127

cal.cá.ri:o [Lat. *calcariu*. ⬛24] *adj.* **1.** Que contém cálcio. **2.** Da natureza da cal. ● *sm.* **3.** *Geol.* Rocha sedimentar constituída essencialmente de carbonato de cálcio.

cal.ças *sfpl.* V. *calça*.

cal.ce.dô.ni:a [Lat. *chalcedonia*.] *sf. Min.* Variedade de quartzo, transparente ou translúcida.

cal.cei.ro [*Calça*. ⬛25] *sm.* Aquele que faz calças.

cal.ce.mi.a [*Calc(i)-* +*-emia*.] *sf. Med.* Teor sanguíneo de cálcio.

cal.ce.ta (ê) [Esp. *calceta*.] *sf.* **1.** Argola de ferro fixada no tornozelo dum prisioneiro. ● *sm.* **2.** Indivíduo condenado a trabalhos forçados.

cal.ce.tar [*Calceta*. ⬛1A] *vtd.* Calçar (2). [C.: 1(é)]

cal.ce.tei.ro [*Calceta*. ⬛25] *sm.* Aquele que calça ou calceta rua, etc.

cal.ci.fi.ca.ção [*Calcificar*. ⬛2A] *sf. Med.* Deposição de cálcio em qualquer parte do organismo. [Pl.: -*ções*.]

cal.ci.fi.car [*Calc(i)-* + -*ficar*. ⬛1A] *vtd.* **1.** Dar consistência de cal a. *int. e p.* **2.** Sofrer calcificação. [C.: 1A]

cal.ci.nar [Fr. *calciner*. ⬛1A] *vtd.* **1.** Transformar (o carbonato de cálcio) em óxido de cálcio, para obter a cal. **2.** Reduzir a carvão ou a cinzas. *int.* **3.** Abrasar (5). [C.: 1]

cal.ci.nha [*Calça*. ⬛32A] *sf.* Calça (2).

cál.ci:o [Lat.cient. *calcium*.] *sm. Quím.* V. *metal alcalinoterroso* [símb.: *Ca*].

cal.ço [Dev. de *calçar*.] *sm.* Cunha, pedra, pedaço de madeira, etc., que se põe debaixo dum objeto para o firmar, elevar ou nivelar.

cal.co.gê.ni:o [*Calco(-)* + -*gen(o)-* + -*io*². ⬛34B] *sm. Quím.* Qualquer dos elementos oxigênio, enxofre, selênio, telúrio e polônio, de números atômicos 8, 16, 34, 52 e 84.

cal.çu.do [*Calça* + -*udo*.] *adj.* **1.** Que tem calças muito compridas. **2.** *Zool.* Diz-se de ave cujas pernas são cobertas de penas.

cal.cu.la.do.ra (ô) [*Calcular*. ⬛20] *sf.* Mecanismo, instrumento ou dispositivo que realiza cálculos matemáticos.

cal.cu.lar [Lat. *calculare*. ⬛1A] *vtd.* **1.** Determinar por meio de cálculo (1). **2.** Computar, contar; avaliar. **3.** Fazer ideia de. **4.** Presumir. [C.: 1] § **cal.cu.lá.vel** *adj2g.*

cal.cu.lis.ta [*Cálculo*. ⬛36] *adj2g.* Diz-se de quem é interesseiro.

cál.cu.lo [Lat. *calculu*, 'pedrinha'.] *sm.* **1.** Realização de operação ou operações sobre números ou símbolos algébricos; cômputo. **2.** Avaliação, conjetura. **3.** Sentimento de cobiça; interesse. **4.** *Med.* Concreção que se forma em órgãos, como, p.ex. bexiga, vesícula biliar e em glândulas; pedra (*pop.*).

cal.da [Lat. *calda*.] *sf.* Solução de açúcar e água, ou suco de frutas, fervidos juntos.

cal.de:a.men.to [*Caldear*. ⬛3] *sm.* **1.** Ato ou efeito de caldear. **2.** V. *miscigenação*.

cal.de.ar [*Calda*. ⬛1N] *vtd.* **1.** Tornar incandescente, pôr em brasa (o ferro, etc.). **2.** Soldar, ligar (metais em brasa), reforçando-os. **3.** *Fig.* Mestiçar. [C.: 12A]

cal.dei.ra [Lat. *caldaria*. ⬛16] *sf.* Grande recipiente de metal para aquecer água, ou outro líquido, produzir vapor, etc.

cal.dei.ra.da [*Caldeira*. ⬛4] *sf. Cul.* Guisado de peixe feito, ger., com várias espécies deles e, às vezes, com frutos do mar.

cal.dei.rão [*Caldeira*. ⬛28A] *sm.* **1.** Panela (1) grande, mais alta que larga. **2.** Escavação que as águas fazem nas rochas, na qual se encontram ouro e diamante. [Pl.: -*rões*.]

cal.dei.rei.ro [*Caldeira*. ⬛25] *sm.* Artífice que faz caldeiras e outros utensílios de metal.

cal.dei.ri.nha [*Caldeira*. ⬛32A] *sf. Rel.* Vaso para água benta.

cal.do [Lat. *caldu*.] *sm.* **1.** Alimento líquido que se obtém cozinhando carne, peixe, verduras, etc., ger. com temperos. **2.** *Bras.* Sumo da polpa dos frutos ou de outras partes de certas plantas. **3.** *Bras.* Mergulho forçado que se dá em quem está nadando.

ca.le.che [Fr. *calèche*.] *sf.m.* Carruagem de 4 rodas e 2 assentos.

ca.le.fa.ção [Lat. *calefactione*. ⬛2] *sf.* Aquecimento de espaços internos. [Pl.: -*ções*.]

ca.lei.dos.có.pi:o ou **ca.li.dos.có.pi:o** [*Cal(i)-* + -*id(o)-* + -*scópio*.] *sm.* Objeto cilíndrico, com fragmentos móveis de vidro colorido no fundo, os quais, ao refletirem-se sobre um jogo de espelhos disposto longitudinalmente, produzem inúmeras combinações de imagens. [Embora menos us., a melhor f. é *calidoscópio*.]

ca.le.jar [*Calo*¹. ⬛1E] *vtd.* **1.** Produzir calos em. *int. e p.* **2.** *Fig.* Tornar-se insensível. [C.: 1 (ê)] § **ca.le.ja.do** *adj.*

ca.len.dá.ri:o [Lat. *calendariu*. ⬛24] *sm.* **1.** Folha ou folheto onde se indicam os dias, semanas e meses do ano, as fases da Lua, os feriados, etc. **2.** Sistema de divisão do tempo em que se aplica um conjunto de regras baseadas na astronomia e em convenções próprias, capazes de fixar a duração do ano civil e suas diferentes datas.

ca.len.das [Lat. *calendae*.] *sfpl.* O primeiro dia de cada mês romano, na Antiguidade.

ca.lha [Lat. *canalia.] *sf.* **1.** Estrutura metálica, aberta em cima, que recebe águas pluviais. **2.** *Eng.Elétr.* Conduto (2), com tampa removível, para instalação aparente de condutores elétricos; eletrocalha.

ca.lha.ma.ço [V.C] *sm.* Livro grande e grosso.

ca.lham.be.que [Or.onom., poss.] *sm.* Automóvel velho.

ca.lhar [*Calha*. ⬛1A] *v.int.* **1.** Vir a tempo. **2.** Acontecer, suceder. **3.** Encaixar (8). [C.: 1]

ca.lhau [Or.celta, poss.] *sm.* Fragmento de rocha dura maior que o seixo.

ca.lhor.da [V.C] *adj2g. s2g.* Diz-se de, ou pessoa desprezível.

ca.li.bra.dor (ô) [*Calibrar* ▫19A] *sm.* Instrumento para calibrar.

ca.li.brar [*Calibre.* ▫1A] *vtd.* **1.** Dar o conveniente calibre a. **2.** Medir o calibre de. **3.** Dar a conveniente pressão de ar a (câmara de ar, pneu, etc.). *int.* **4.** *Bras. Gír.* Embriagar-se. [C.: 1] § **ca.li.bra.gem** *sf.*

ca.li.bre [Fr. *calibre.*] *sm.* **1.** Diâmetro interior do cano de arma de fogo, ou de qualquer cilindro oco. **2.** Diâmetro exterior dum projetil.

ca.li.bro.so (ô) [*Calibre.* ▫37] *adj. Med.* Referente aos condutos (esp. aos vasos sanguíneos) que se apresentam com calibre dilatado. [Pl.: *-brosos* (ó).]

ca.li.ça *sf.* Fragmento de argamassa resultante da demolição de obras de alvenaria.

cá.li.ce[1] [Lat. *calice.*] *sm.* **1.** Copinho para vinhos, licores, etc. **2.** Seu conteúdo.

cá.li.ce[2] [Lat. *calyce.*] *sm. Bot.* Verticilo floral externo, formado por sépalas.

cá.li.do [Lat. *calidu.*] *adj.* **1.** Quente (2). **2.** Ardente, apaixonado.

ca.li.fa [Do ár.] *sm.* Soberano muçulmano.

ca.li.fa.do [*Califa.* ▫17C] *sm.* **1.** Dignidade ou jurisdição de califa. **2.** Território governado por califa.

ca.li.fór.ni:o [Top. *Califórnia* (E.U.A.).] *sm. Quím.* V. *actinídeos* [símb.: *Cf*].

ca.li.gra.fi.a [Gr. *kalligraphía.* ▫8A] *sf.* **1.** Arte de escrever à mão segundo determinadas normas. **2.** Maneira própria de cada pessoa usar da caligrafia (1); letra.

ca.lí.gra.fo [Gr. *kalligráphos.*] *sm.* Especialista em caligrafia (1).

ca.lip.so [Ingl. *Calypso.*] *sm.* Gênero musical dos pés, esp. dos calos.

ca.lis.ta [*Calo.* ▫36] *s2g.* Profissional que trata dos pés, esp. dos calos.

ca.li.tri.quí.de:o [Tax. *Callitrichidae.*] *adj. sm. Zool.* Diz-se de, ou espécime dos calitriquídeos, fam. de pequenos macacos do Novo Mundo (os micos), de membros curtos, orelhas com tufos de pelos e cauda não preênsil; são arborícolas, insetívoros e frugívoros.

cal.ma [It. *calma.*] *sf.* **1.** Estado de calor atmosférico, ger. sem vento; calor. **2.** O período mais quente do dia. **3.** Serenidade, sossego.

cal.man.te [*Calmar.* ▫21] *adj2g.* **1.** Que calma, acalma. ● *sm.* **2.** Medicamento que acalma; sedativo.

cal.ma.ri.a [*Calma.* ▫15] *sf.* **1.** Ausência de ventos. **2.** Grande calor sem vento.

cal.mo [*Calma.*] *adj.* **1.** V. *calmoso.* **2.** Sossegado, tranquilo.

cal.mo.so (ô) [*Calmo.* ▫37] *adj.* Em que há calma (1); quente, calmo, caloroso. [Pl.: *-mosos* (ó).]

ca.lo [Lat. *callu.*] *sm.* Endurecimento da pele em determinado ponto; calosidade.

ca.lom.bo [Or.afr., poss.] *sm. Bras.* Tumefação ou cisto cutâneo.

ca.lor (ô) [Lat. *calore.*] *sm.* **1.** Forma de energia transferida dum sistema para outro por uma diferença de temperatura entre os 2. **2.** Sensação que se tem num ambiente aquecido (pelo Sol ou artificialmente), ou junto de um objeto quente e/ou que aquece. **3.** *P.ext.* Calma (1). **4.** Animação, vivacidade. **5.** Cordialidade.

ca.lo.rão [*Calor.* ▫28A] *sm. Bras.* Calor muito forte. [Pl.: *-rões.*]

ca.lo.ren.to [*Calor.* ▫27] *adj.* **1.** Muito sensível ao calor. **2.** Onde faz calor.

ca.lo.ri.a [Fr. *calorie.* ▫8A] *sf.* Quantidade de calor necessária para elevar de 14,5°C a 15,5°C a temperatura de um grama de água.

ca.ló.ri.co [*Calor* + *-ico*[2]. ▫35B] *adj.* Relativo a calor ou a caloria.

ca.lo.rí.fe.ro [*Calor* + *-ífero.*] *adj.* Que tem ou produz calor (1).

ca.lo.rí.fi.co [Lat. *calorificu.*] *adj.* Que pode trocar energia sob forma de calor (1).

ca.lo.ro.so (ô) [*Calor.* ▫37] *adj.* **1.** V. *calmoso.* **2.** Cordial, afável. [Pl.: *-rosos* (ó).]

ca.lo.si.da.de [Lat. *callosítate.* ▫14] *sf.* **1.** Dureza calosa. **2.** Calo.

ca.lo.so (ô) [Lat. *callosu.* ▫37] *adj.* Que tem calos. [Pl.: *-losos* (ó).]

ca.lo.ta [Fr. *calotte.*] *sf.* **1.** *Geom.* Calota esférica. **2.** Peça de metal que se adapta externamente às rodas dos automóveis. ◆ **Calota esférica.** *Geom.* Parte de uma superfície esférica limitada por um plano; calota.

ca.lo.te [V.C] *sm.* Dívida intencionalmente não paga.

ca.lo.te.ar [*Calote.* ▫1N] *vtd.* Passar calote(s) em. [C.: 12A]

ca.lo.tei.ro [*Calote.* ▫25] *adj.* Que caloteia.

ca.lou.ro ou **ca.loi.ro** *sm.* **1.** Estudante novato. **2.** Indivíduo inexperiente.

cal.que [Dev. de *calcar.*] *sm.* V. *decalque.*

ca.lu.da *interj.* Serve para impor silêncio.

ca.lun.du [Do quimb.] *sm. Bras.* V. *amuo.*

ca.lun.ga [Or.banta.] *sm. Bras.* Bonequinho.

ca.lú.ni:a [Lat. *calumnia.*] *sf.* Ato de procurar incriminar alguém, fazendo-lhe acusações falsas, etc.

ca.lu.ni.ar [Lat. *calumniare.* ▫1A] *vtd.* Levantar calúnia(s) contra. [C.: 1] § **ca.lu.ni:a.dor** (ô) *adj. sm.*

ca.lu.ni.o.so (ô) [Lat. *calumniosu.* ▫37] *adj.* Que encerra calúnia. [Pl.: *-osos* (ó).]

cal.va [Lat. *calva,* 'crânio'.] *sf.* Parte da cabeça de onde caiu o cabelo; careca.

cal.vá.ri:o [Top. *Calvário.*] *sm.* Martírio.

cal.ví.ci:e [Lat. *calvitie.*] *sf.* Estado de calvo; careca.

cal.vi.nis.mo [Fr. *calvinisme.* ▫11] *sm.* Seita protestante fundada por João Calvino (1509, França- 564). § **cal.vi.nis.ta** *adj2g. s2g.*

cal.vo [Lat. *calvu.*] *adj.* **1.** Sem cabelo na cabeça ou em parte dela. **2.** *Fig.* Sem vegetação (diz-se de elevação). [Sin.ger.: *escalvado.*]

ca.ma [Or. pré-rom.] *sf.* 1. Lugar onde pessoas ou animais deitam-se e/ou dormem. 2. Móvel para dormir ou repousar, sobre o qual se põe um colchão; leito. 3. Camada de material fofo.

ca.ma.da [*Cama*. ■4] *sf.* 1. Quantidade de matéria estendida sobre uma superfície. 2. Porção de substância sobreposta a outra(s). 3. Categoria, classe. ◆ **Camada de ozônio.** *Geofís.* Camada atmosférica terrestre, com alta concentração de ozônio, que protege os seres vivos das radiações solares.

ca.ma.feu [Fr.ant. *camaheu*.] *sm.* Pedra semipreciosa, com 2 camadas de cor diferente, numa das quais se talha uma figura em relevo.

ca.ma.le.ão [Lat. *chamaeleone*.] *sm. Zool.* Reptil camaleontídeo, da Europa e África, que muda de cor para se camuflar. [Pl.: -ões.]

ca.ma.le:on.tí.de:o [Tax. *Chamaeleontidae*.] *adj. sm. Zool.* Diz-se de, ou espécime dos camaleontídeos, fam. de lagartos escamados, arborícolas, de cauda preênsil e língua viscosa, protrátil.

ca.ma.rá [Do tupi.] *sm. Bras. Bot.* Arbusto verbenáceo de folhas aromáticas; cambará.

câ.ma.ra [Lat.vulg. *camara*.] *sf.* 1. Aposento de uma casa, esp. o quarto de dormir. 2. Assembleia deliberativa constituída em corpo legislativo. 3. Local onde se reúne uma câmara (2). 4. Qualquer compartimento fechado. 5. *Cin. Fot. Telev.* Equipamento dotado de sistema de lentes e us. para registrar imagens, mediante técnica fotográfica ou eletrônica. 6. *Telev.* Operador de câmara (5). [F.paral., mais us. nas acepçs. 5 e 6: câmera.]

ca.ma.ra.da [Fr. *camarade*.] *s2g.* 1. Pessoa que convive com outra; companheiro, colega. 2. Amigo cordial. 3. Condiscípulo.

ca.ma.ra.da.gem [*Camarada*. ■6] *sf.* 1. Convivência de camaradas. 2. Convívio íntimo e ameno. 3. Procedimento ou atitude de camarada, de amigo. [Pl.: -gens.]

câ.ma.ra de ar *sf.* Tubo de borracha, que circunda a camba no interior dos pneus, e que se enche de ar comprimido. [Pl.: câmaras de ar.]

ca.ma.rão [Lat.vulg. **cammarone*.] *sm. Zool.* Nome comum a vários crustáceos decápodes us., mundialmente, na alimentação. [Pl.: -rões.]

ca.ma.rão-d'á.gua-do.ce *sm. Bras. Zool.* Pitu. [Pl.: *camarões-d'água-doce*.]

ca.ma.rá.ri:o [*Câmara*. ■24] *adj.* Relativo a câmara.

ca.ma.rei.ra [F. de *camareiro*.] *sf.* 1. Aia. 2. Criada em hotéis, etc.

ca.ma.rei.ro [*Câmara*. ■25] *sm.* 1. Criado de hotéis, navios, etc. 2. *Teatr. Telev.* Profissional que assiste os artistas na utilização de roupagem, e na guarda e conservação desta.

ca.ma.ri.lha [Esp. *camarilla*.] *sf.* Pessoas que cercam um chefe de Estado, ou os que buscam influir nas suas decisões.

ca.ma.rim [It. *camerino*.] *sm.* Recinto dos teatros onde os atores se preparam. [Pl.: -rins.]

ca.ma.ri.nha [*Câmara*. ■32A] *sf.* 1. Quarto de dormir. 2. Gotícula redonda.

ca.ma.ro.te [Esp. *camarote*.] *sm.* 1. Cada compartimento especial das salas de espetáculos, destinado aos espectadores. 2. Quarto de dormir, nas embarcações; cabina.

ca.ma.ro.tei.ro [*Camarote*. ■25] *sm.* Camareiro de navio; camareiro.

ca.mar.te.lo *sm.* Martelo de canteiro (1).

cam.ba [Or.celta.] *sf.* Cada uma das peças curvas das rodas dum veículo.

cam.ba.da [*Camba*. ■4] *sf.* 1. Porção de objetos pendurados em alguma coisa. 2. Porção de coisas. 3. Molho de chaves. 4. Grupo, bando. 5. Corja, súcia.

cam.ba.do [*Cambar*. ■17A] *adj.* Torto de um lado.

cam.bai.o [*Cambar*.] *adj.* Que tem pernas tortas; cambeta.

cam.ba.la.cho [Esp. *cambalache*.] *sm.* Transação ardilosa e com intenção de dolo.

cam.ba.le.ar [*Cambar* + -*l*- + -*ear*. ■1N] *v.int.* Andar sem firmeza por não se aguentar nas pernas. [C.: 12A] § **cam.ba.le.an.te** *adj2g.*

cam.ba.lho.ta [*Cambalear*.] *sf.* Movimento em que se gira o corpo sobre a cabeça e se volta à posição normal; cabriola.

cam.bar [Or.celta.] *v.int.* 1. Entortar as pernas ao andar. 2. Inclinar-se para o lado. [C.: 1]

cam.ba.rá *sm. Bras. Bot.* 1. Camará 2. Pequena árvore das compostas, de madeira útil.

cam.ba.xir.ra ou **cam.ba.xi.la** [Do guar.] *sf. Zool. Bras.* Ave troglodítidea, canora, que frequenta habitações humanas; garriça.

cam.be.ta (ê) [*Cambar* + -*eta* (ê).] *adj2g. s2g.* Cambaio.

cam.bi.an.te [*Cambiar*. ■21] *adj2g.* 1. Furta-cor, irisado. ◆ *sm.* 2. Cor indistinta.

cam.bi.ar [Lat. *cambiare*. ■1A] *vtdi.* 1. Fazer operações de câmbio (2): *cambiar dólares por reais*. 2. *Fig.* Transformar, mudar. *ti.* 3. *Fig.* Cambiar (2). *int.* 4. Mudar gradualmente de cor(es). [C.: 1]

câm.bi:o [Dev. de *cambiar*.] *sm.* 1. Troca, permuta. 2. *Econ.* Compra e venda de moeda estrangeira. § **cam.bi.al** *adj2g.*

cam.bis.ta [*Câmbio*. ■36] *s2g.* 1. Pessoa que negocia em câmbio (2). 2. Pessoa que vende ingressos com ágio, fora das bilheterias.

cam.bi.to [It. *gambetta*, 'perninha', poss.] *sm.* 1. Pernil de porco. 2. *Joc.* Perna fina; gambito.

cam.brai.a [Top. *Cambrai* (França).] *sf.* Tecido fino de linho ou de algodão.

cam.bri.a.no [Top. *Câmbria*. ■29] *adj. sm.* Relativo a, ou período da era paleozoica (c.550 milhões a c.505 milhões de anos atrás), em que proliferaram os invertebrados marinhos.

cam.bu.cá [Do tupi.] *sm. Bras. Bot.* 1. Árvore mirtácea frutífera. 2. Seu fruto, edule.

cambuci | campeiro

cam.bu.ci [Do tupi.] *sm. Bras. Bot.* **1.** Árvore mirtácea, frutífera. **2.** Seu fruto.

cam.bu.rão *sm. Bras.* Carro da polícia para o transporte de pessoas detidas.

ca.mé.li:a [Tax. *Camellia*.] *sf. Bot.* **1.** Arbusto teáceo de flores grandes, sem perfume. **2.** Sua flor.

ca.me.lí.de:o [Tax. *Camelidae*.] *adj. sm. Zool.* Diz-se de, ou espécime dos camelídeos, família de mamíferos artiodáctilos, ruminantes, que inclui o camelo, o dromedário e a lhama.

ca.me.lo (ê) [Lat.vulg. *camelu*.] *sm. Zool.* Mamífero camelídeo, com 2 corcovas, nativo da Ásia Central.

ca.me.lô [Fr. *camelot*.] *s2g.* Mercador que vende nas ruas.

→ **camembert** (camambér) [Fr.] *sm. Cul.* Queijo macio, de leite de vaca, da Normandia.

câ.me.ra [Lat. *camera*.] *sf.* V. *câmara*.

ca.mer.len.go [It. *camarlingo*.] *sm.* Cardeal que governa a Igreja entre a morte do papa e a eleição do seguinte.

ca.mi.ca.se [Do jap.] *adj.* **1.** Diz-se de piloto japonês, que, durante a 2ª Guerra Mundial, se suicidava, atacando alvos inimigos. **2.** Próprio de camicase (3). ● *sm.* **3.** Esse piloto.

ca.mi.nha.da [*Caminhar*.◨4] *sf.* **1.** Ação de caminhar. **2.** Grande extensão de caminho percorrido ou por percorrer.

ca.mi.nhan.te [*Caminhar*.◨21] *s2g.* Pessoa que caminha; caminheiro.

ca.mi.nhão *sm.* Veículo automóvel de grande porte, próprio para carga pesada. [Pl.: *-nhões*.]

ca.mi.nhão-ce.go.nha *sm.* O que é próprio para transportar carros das fábricas às revendedoras; cegonha. [Pl.: *caminhões-cegonha(s)*.]

ca.mi.nhar [*Caminho*.◨1A] *v.int.* **1.** Percorrer caminho a pé. **2.** *Fig.* Progredir, avançar. *ti.* **3.** *Fig.* Propender (2): *Este caso caminha para o fim. tc.* **4.** Dirigir (7). [C.: 1]

ca.mi.nhei.ro [*Caminho*.◨25] *sm.* Caminhante.

ca.mi.nho [Lat.vulg. *camminu*.] *sm.* **1.** Faixa de terreno destinada ao trânsito de um para outro ponto; estrada. **2.** Espaço percorrido ou por percorrer, andando. **3.** Direção, rumo. **4.** *Fig.* Maneira de agir; meio.

ca.mi.nho.nei.ro [*Caminhão* (-nhon-).◨25] *sm.* Motorista profissional do caminhão.

ca.mi.nho.ne.te [Fr. *camionnette*.] *sf.* Veículo automóvel de pequeno porte, de passageiros e carga.

ca.mi.sa [Lat. *camisia*.] *sf.* **1.** Peça de vestuário, us., ger., por cima da pele, e que vai do pescoço às coxas. **2.** Invólucro incandescente de certas luzes ou lanternas.

ca.mi.sa de for.ça *sf.* Espécie de camisa de mangas fechadas e em cujas extremidades há cordões, us. ant. para tolher os movimentos de loucos agitados. [Pl.: *camisas de força*.]

ca.mi.sa de vê.nus *sf.* V. *camisinha*. [Pl.: *camisas de vênus*.]

ca.mi.sa.ri.a [*Camisa*.◨15] *sf.* Estabelecimento onde se fabricam e/ou vendem camisas.

ca.mi.sei.ro [*Camisa*.◨25] *sm.* **1.** Fabricante e/ou vendedor de camisas. **2.** Armário para camisas, etc.

ca.mi.se.ta (ê) [*Camisa* + *-eta* (ê).] *sf.* Espécie de camisa (1), ger. de malha, e mais ou menos ajustada ao corpo.

ca.mi.si.nha [*Camisa (de vênus)*.◨32A] *sf.* Envoltório fino de borracha, que recobre o pênis durante a cópula, retendo o esperma, a fim de evitar gravidez ou doenças sexualmente transmissíveis; camisa de vênus.

ca.mi.so.la [*Camisa* + *-ola*.] *sf.* **1.** Vestimenta feminina para dormir. **2.** Vestido amplo.

ca.mo.mi.la [B.-lat. *camomilla*.] *sf. Bot.* Nome comum a diversas plantas asteráceas, de flores medicinais, são us. em infusões; macela.

ca.mo.ni.a.no [◨29A] *adj.* Relativo a, ou próprio de Luís de Camões **(M.)**, ou à sua obra.

ca.mor.ra (ô) [Esp. *camorra*, do it.] *sf.* Associação de malfeitores.

cam.pa [V.C] *sf.* **1.** Pedra que cobre a sepultura. **2.** V. *sepultura*.

cam.pa.i.nha [Port.arc. **campãa*.◨32A] *sf.* **1.** Pequena sineta manual. **2.** Dispositivo instalado em portas de habitação, telefones, etc., que, premido ou impulsionado, emite som característico. **3.** *Pop.* Úvula (2).

cam.pal [*Campo*.◨39] *adj2g.* Do, ou relativo ao campo. [Pl.: *-pais*.]

cam.pa.na [Lat. *campana*.] *sf.* Sino ou sineta.

cam.pa.ná.ri:o [Lat.med. *campanariu*.◨24] *sm.* Parte da torre de igreja, onde estão os sinos.

cam.pa.nha [Lat. *campania*.] *sf.* **1.** Campo extenso e plano; planície. **2.** Série de operações militares que visam certo objetivo, numa mesma área geográfica. **3.** Conjunto de esforços, ou de meios, us. para se atingir um fim: *campanha eleitoral*; *campanha de vendas*.

cam.pa.nu.do [*Campana* + *-udo*.] *adj.* Pomposo, bombástico.

cam.pâ.nu.la [Lat.med. *campanula*.] *sf.* Qualquer objeto em forma de sino.

cam.pa.nu.lá.ce:o [*Campânula* + *áceo*.] *adj.* Que tem forma de campânula ou de sino.

cam.pe.ão [It. *campione*, do lomb.] *adj. sm.* Diz-se do, ou o vencedor, em provas ou certames. [Pl.: *-ões*. Fem.: *campeã*.]

cam.pe.ar [*Campo*.◨1N] *vtd.* **1.** Andar a cavalo pelo campo ou pelo mato à procura de (o gado). **2.** Procurar, buscar. *int.* **3.** Campear (1). **4.** *Fig.* Prevalecer, dominar. [C.: 12A] § **cam.pe:a.dor** (ô) *adj. sm.*

cam.pe.che (ê) [Top. *Campeche*.] *sm. Bot.* Árvore cesalpiniácea de cujo cerne vermelho-escuro se extrai um corante.

cam.pei.ro [*Campo*.◨25] *adj.* **1.** Do campo. **2.** Que trabalha no campo. ● *sm.* **3.** Indivíduo campeiro.

campeonato | cancã

cam.pe.o.na.to [*Campeão* (*-peon-*). ■18] *sm.* Certame em que o vencedor recebe o título de campeão.

cam.pe.si.na.to [*Campesino*. ■18] *sm.* O conjunto dos camponeses.

cam.pe.si.no [Galego *campesyno.*] *adj.* V. *campestre.*

cam.pes.tre [Lat. *campestre.*] *adj2g.* Do campo; campesino, pastoril, rústico.

cam.pi.na [*Campo.* ■31] *sf.* Campo extenso, pouco acidentado e sem árvores.

→ **camping** (câmpin) [Ingl.] *sm.* **1.** O ato de acampar ao ar livre, ger. em grupo, com equipamento apropriado. **2.** Local próprio para o *camping* (1).

cam.po [Lat. *campu.*] *sm.* **1.** Extensão de terra sem mata, com árvores esparsas ou não. **2.** Grande terreno com pastagens ou para cultivo agrícola. **3.** Zona fora do perímetro urbano, na qual predominam as atividades agrícolas. **4.** Matéria, assunto. **5.** Área ou setor de conhecimento ou atividade; âmbito, domínio, esfera, campo de ação. **6.** *Fís.* Região do espaço em que se pode observar certo efeito ou medir determinada grandeza. [É designado segundo a natureza da grandeza ou do efeito medidos: *campo elétrico, gravitacional, magnético.*] **7.** Local preparado e demarcado para a prática de certos esportes. ♦ **Campo de ação.** V. *campo* (5).

cam.po-gran.den.se [■38] *adj2g.* **1.** De Campo Grande, capital de MS. ● *s2g.* **2.** O natural ou habitante de Campo Grande. [Pl.: *campo-grandenses.*]

cam.po.li.na *s2g.* Cavalo marchador, de uma raça de mesmo nome, originário de MG.

cam.po.nês [*Campo* (*-pon-*) + *-ês*. ■38A] *sm.* O que habita e/ou trabalha no campo; campônio.

cam.pô.ni.o [*Campo* (*-pon-*) + *-io*². ■34B] *sm.* V. *camponês.*

cam.po-san.to *sm.* V. *cemitério.* [Pl.: *campos-santos.*]

ca.mu.fla.gem [Fr. *camouflage.* ■6] *sf.* **1.** Ato ou efeito de camuflar. **2.** Aquilo que serve para camuflar ou disfarçar. [Pl.: *-gens.*]

ca.mu.flar [Fr. *camoufler.* ■1A] *vtd.* **1.** Dissimular (homem, arma, etc.) com pintura, galhos de árvore. **2.** Disfarçar sob falsas aparências. *p.* **3.** Disfarçar-se confundindo-se com o ambiente: *O camaleão se camufla.* [C.: 1]

ca.mun.don.go [Do quimb.] *sm. Zool.* Pequeno mamífero murídeo, caseiro.

ca.mur.ça [Lat. *camoce*, poss.] *sf.* **1.** *Zool.* Cabra-montês. **2.** Sua pele, curtida.

ca.na¹ [Lat. *canna.*] *sf. Bot.* Caule de várias poáceas, como, p.ex., bambu e cana-de-açúcar, e de certas ervas.

ca.na² [Tax. *Canna.*] *sf. Bot.* Cana-de-açúcar.

ca.na.bi.dá.ce:a [Tax. *Cannabidaceae.*] *sf. Bot.* Espécime das canabidáceas, família de ervas, algumas trepadeiras, de regiões temperadas. Ex.: lúpulo. § **ca.na.bi.dá.ce:o** *adj.*

ca.na-de-a.çú.car *sf. Bot.* Poácea us. no fabrico de açúcar (sacarose), que, por sua vez, é transformada em aguardente ou álcool, por destilação; cana. [Pl.: *canas-de-açúcar.*]

ca.nal [Lat. *canale.* ■39] *sm.* **1.** Escavação, sulco, fosso, etc., por onde corre ou circula água. **2.** Obra de engenharia para comunicação de mares, rios, lagos, etc., que serve à navegação. **3.** Estreito (4). **4.** Leito de rio. **5.** Cavidade ou tubo que dá passagem a gases ou líquidos, nos corpos organizados; ducto. **6.** Qualquer meio físico ou caminho pelo qual se podem transmitir os sinais de mensagens, na comunicação. **7.** *Anat.* Segmento tubular, relativamente estreito, por onde transitam matérias diversas; ducto. [Pl.: *-nais.*]

ca.na.le.ta (ê) [*Canal* + *-eta.*] *sf. Eng. Civil Eng. Elétr.* Conduto (2) de concreto, de seção retangular, com tampas removíveis.

ca.na.le.te (ê) [*Canal* + *-ete* (ê).] *sm.* Pequeno canal; canalículo.

ca.na.lha [It. *canaglia.*] *sf.* **1.** Gente reles, desprezível. ● *s2g.* **2.** Pessoa infame, indigna. ● *adj2g.* **3.** Infame, vil. § **ca.na.lhi.ce** *sf.*

ca.na.lí.cu.lo [Lat. *canaliculu.*] *sm.* Canalete (ê).

ca.na.li.za.ção [*Canalizar.* ■2A] *sf.* **1.** Ato ou efeito de canalizar. **2.** Conjunto de canos ou canais. [Pl.: *-ções.*]

ca.na.li.zar [*Canal.* ■1D] *vtd.* **1.** Dirigir por meio de canais ou canos. **2.** Pôr canos de esgoto em. *tdi.* **3.** *Fig.* Dirigir; encaminhar. [C.: 1] § **ca.na.li.zá.vel** *adj2g.*

ca.na.pé [Fr. *canapé.*] *sm.* Espécie de sofá, ger. com a estrutura de madeira visível.

ca.na.ra.na [*Cana*¹ + *-rana.*] *sf. Bras. Bot.* Nome comum a várias poáceas que crescem às margens dos rios.

ca.ná.ri:o [Top. *Canárias.*] *sm. Zool.* Ave fringilídea, canora, de plumagem esp. amarela, originária do arquipélago das Canárias (África espanhola), e que se difundiu por quase todo o mundo.

ca.ná.ri:o-da-ter.ra-ver.da.dei.ro *sm. Zool.* Ave emberizídea, de coloração amarelo-viva, e que ocorre do Maranhão ao Paraná. [Pl.: *canários-da-terra-verdadeiros.*]

ca.nas.tra *sf.* Caixa larga e pouco alta, de ripas de madeira, de verga, ou revestida de couro.

ca.nas.trão [*Canastra.* ■28A] *sm.* **1.** Canastra grande. **2.** *Bras. Gír.* Ator medíocre. [Pl.: *-trões.* Fem.: *canastrona.*]

ca.na.vi.al [Port.ant. *canavea.* ■39] *sm.* Plantação de cana-de-açúcar. [Pl.: *-ais.*]

ca.na.vi.ei.ro [*Canavi*(*al*). ■25] *adj.* **1.** Da, ou relativo à cana-de-açúcar. ● *sm.* **2.** Plantador dela.

can.cã [Fr. *cancan.*] *sm.* Espécie de quadrilha francesa dançada, ger., só por mulheres.

canção | canetada

can.ção [Lat. *cantione*.] *sf.* **1.** Composição musical popular ou erudita para ser cantada; cantiga. **2.** Canto² (3). [Pl.: -*ções*.]

can.ce.la *sf.* **1.** Porta gradeada, ger. de madeira e de pouca altura. **2.** Armação metálica que abre e fecha ao trânsito e à passagem de nível.

can.ce.lar [Lat. *cancellare*.◨1A] *vtd.* **1.** Riscar (o que está escrito) com traços ou de outra maneira. **2.** Dar como nulo: *cancelar uma passagem*. **3.** Desistir de: *cancelar uma viagem*. **4.** Desmarcar (um compromisso, um evento): *cancelar uma festa*. [C.: 1 (é)] § **can.ce.la.men.to** *sm.*

cân.cer [Lat. *cancer*, 'caranguejo'.] *sm.* **1.** *Med.* Qualquer tumor maligno. [Sin., lus.: *cancro*.] **2.** *Astr.* A 4ª constelação do Zodíaco, situada no hemisfério norte. **3.** *Astrol.* O quarto signo do Zodíaco, relativo aos que nascem entre 21 de junho e 21 de julho. [Com inicial maiúsc., nas acepçs. 2 e 3.]

can.ce.ri.a.no [*Câncer*.◨29A] *sm.* **1.** Indivíduo nascido sob o signo de Câncer. ● *adj.* **2.** Diz-se de, ou pertencente ou relativo a canceriano.

can.ce.rí.ge.no [*Cancer*(i)- + -*geno*.] *adj.* Capaz de produzir câncer.

can.ce.ro.so (ô) [Lat. *cancerosu*.◨37] *adj.* **1.** Da natureza do câncer. ● *sm.* **2.** Doente de câncer. [Pl.: -*rosos* (ó).]

can.che.ar *vtd. Bras.* Cortar ou picar (o mate). [C.: 12A]

can.ci.o.nei.ro [*Canção* (-*cion*-).◨25] *sm.* **1.** Coleção de canções. **2.** Coleção de antigas poesias líricas, portuguesas e espanholas.

can.ço.ne.ta (ê) [It. *canzonetta*.] *sf.* Pequena canção sobre tema leve, espirituoso ou satírico.

can.cro [Lat. *cancru*.] *sm.* **1.** *Med. Lus.* Câncer. **2.** *Fig.* Mal que mina lentamente.

can.dan.go [Do quimb.] *sm.* **1.** Designação que os africanos davam aos portugueses. **2.** Operário que trabalhou na construção de Brasília (DF). **3.** *P.ext.* Qualquer dos primeiros habitantes de Brasília.

can.de.ei.ro [*Candeia*.◨25] *sm.* Aparelho de iluminação, alimentado por óleo ou gás inflamável, com mecha ou camisa incandescente; lampião.

can.dei.a [Lat. *candela*.] *sf.* Pequeno aparelho de iluminação, que se suspende por um prego, com recipiente de lata ou de outro material, abastecido com óleo, e no qual se embebe uma torcida; candela.

can.de.la [Lat. *candela*.] *sf.* **1.** Candeia. **2.** *Fotom.* Unidade de medida de intensidade luminosa no SI, igual a 1/60 da intensidade luminosa de 1cm² da superfície de um radiador perfeito na temperatura de solidificação da platina¹ [símb.: *cd*].

can.de.la.bro [Lat. *candelabru*.] *sm.* Grande castiçal, com vários focos de luz.

can.den.te [Lat. *candente*.◨21] *adj2g.* Que está em brasa; incandescente.

can.di.da.tar-se [*Candidato* + -*ar*² + *se*¹.◨1A] *vp.* Apresentar-se candidato. [C.: 1]

can.di.da.to [Lat. *candidatu*.] *sm.* Aspirante a cargo eletivo, emprego, honraria, etc.

can.di.da.tu.ra [*Candidato*.◨5] *sf.* Apresentação ou solicitação de candidato.

can.di.dez (ê) [*Cândido*.◨12A] *sf.* V. *candura*.

can.di.dí.a.se [Tax. *Candida* + -*íase*.] *sf. Med.* Infecção por fungo do gênero *Candida*, de localização ger. cutânea, mas que pode atingir o sistema respiratório e o digestório, a vagina, etc.

cân.di.do [Lat. *candidu*.] *adj.* **1.** Alvo, imaculado. **2.** Puro, ingênuo, inocente.

can.dom.blé [Or.afr.] *sm. Bras.* **1.** Religião introduzida no Brasil por escravos, na qual forças da natureza e ancestrais, reais ou míticos, eram divinizados. **2.** Designação genérica de diversas seitas derivadas do candomblé (1), e que apresentam influências estranhas à sua cultura (como, p.ex., elementos bantos, do espiritismo, rituais e mitos indígenas, etc.). **3.** Local de culto do candomblé (1 e 2).

can.dom.ble.cis.ta [*Candomblé* + -*c*- + -*ista*.◨36] *adj2g. s2g. Rel.* Que, ou aquele que é praticante do candomblé.

can.don.ga [Or.afr., poss.] *sf.* **1.** Carinho fingido; adulação. **2.** Intriga, mexerico.

can.don.gar [*Candonga*.◨1A] *v.int.* Fazer candonga. [C.: 1C]

can.don.guei.ro [*Candonga*.◨25] *adj.sm.* Que, ou aquele que faz candonga.

can.dor (ô) [Lat. *candore*.] *sm.* V. *candura*.

can.du.ra [*Când(ido)*.◨5] *sf.* Qualidade de cândido; candidez, candor.

ca.ne.ca [*Cano* + -*eca*.] *sf.* Vaso pequeno, com asa, para líquidos.

ca.ne.co [*Caneca*.] *sm.* Caneca estreita e longa.

ca.ne.la¹ [Fr.ant. *canele*.] *sf.* **1.** *Bot.* Árvore laurácea de casca odorífera, us. como especiaria; caneleira. **2.** Sua casca.

ca.ne.la² [Lat. **cannella*.] *sf.* A parte anterior da perna entre o joelho e o pé. ◆ **Espichar (ou esticar) a(s) canela(s).** *Bras. Pop.* Morrer, falecer.

ca.ne.la.da [*Canela²*.◨4] *sf.* Pancada na canela².

ca.ne.lei.ra¹ [*Canela¹*.◨16] *sf. Bot.* Canela¹ (1).

ca.ne.lei.ra² [*Canela²*.◨16] *sf.* Peça acolchoada us. para proteger a canela².

ca.ne.lo.ne [It. *cannellone*.] *sm. Cul.* Massa, enrolada, com recheio, e levada ao forno.

ca.ne.lu.ra [Fr. *cannelure*.] *sf. Arquit.* Estria ou sulco, na ornamentação dos fustes de colunas, pilastras, etc.

ca.ne.ta (ê) [*Cano¹* + -*eta* (ê).] *sf.* Pequeno tubo onde se encaixa a pena ou a ponta com que se escreve à tinta. ◆ **Caneta esferográfica.** V. *esferográfica*. **Caneta hidrográfica.** Aquela que tem tinta solúvel em água e ponta de feltro.

ca.ne.ta.da [*Caneta*.◨4] *sf.* Ato ou efeito de um governante, etc., interferir numa situação, com uma assinatura em um documento.

canetinha | cano

ca.ne.ti.nha [*Caneta*.◨ 32A] *sf.* Caneta hidrográfica, ger. de cor.

cân.fo.ra [Lat.med. *camphora*.] *sf.* **1.** Substância cristalina, odorífera, de emprego industrial e medicinal, extraída de vários vegetais e tb. obtida por via sintética. **2.** *Bot.* Canforeira.

can.fo.ra.do [*Canforar*.◨ 17A] *adj.* Que tem ou é preparado com cânfora.

can.fo.rei.ra [*Cânfora*.◨ 16] *sf. Bot.* Árvore laurácea da qual se extrai a cânfora (1); cânfora.

can.ga[1] [Do celta, poss.] *sf.* Peça de madeira que prende os bois pelo pescoço e os liga ao carro, ou ao arado; jugo.

can.ga[2] [Do chin., poss.] *sf.* Retângulo de certo tecido de algodão, etc., us. como saída de praia.

can.ga.cei.ro [*Cangaço*.◨ 25] *sm. Bras.* Bandido que agia no interior nordestino, e que andava sempre fortemente armado; cabra.

can.ga.ço [V.C] *sm.* **1.** Resíduo das uvas, depois de pisadas e extraído o líquido. **2.** *Bras.* O conjunto das armas dos cangaceiros. **3.** *Bras.* A vida que levam.

can.ga.lha [*Canga*[1] + *-alha*.] *sf.* Armação de madeira ou de ferro em que se sustenta e equilibra a carga das bestas, metade para cada lado. [Tb. us. no pl.]

can.gam.bá [Do tupi.] *sm. Bras. Zool.* Jaritataca.

can.ga.pé [V.C] *sm. Bras.* Pontapé súbito e pérfido na panturrilha de outrem.

can.go.te *sm. Bras. Pop.* V. *cogote*.

can.gu.lo [Or.afr., poss.] *sm. Bras. Zool.* Peixe balistídeo, marinho.

can.gu.ru [Ingl.ant. *kangooroo*.] *sm. Zool.* Mamífero marsupial macropodídeo, herbívoro, da Austrália, Tasmânia, etc.

câ.nha.mo [Esp. *cáñamo*.] *sm.* **1.** *Bot.* Erva morácea cujo caule tem fibras têxteis importantíssimas; as folhas das plantas femininas, dessecadas e trituradas, fornecem a maconha (q.v.). **2.** Fibra, fio ou tecido de cânhamo (1).

ca.nhão [Esp. *cañón* ou it. *cannone*.] *sm.* **1.** Peça de artilharia, de cano longo, grande velocidade inicial e campo de tiro vertical limitado, salvo se é canhão antiaéreo. **2.** *Geol.* Cânion. **3.** *Zool.* A parte mais grossa da haste das penas das asas das aves. **4.** *Bras. Pop.* Pessoa feiíssima. [Pl.: *-nhões*.]

ca.nhe.nho [V.E] *sm.* **1.** Caderneta. **2.** Registro de lembranças.

ca.nhes.tro (ê) *adj.* Desajeitado, desazado.

ca.nho.na.ço [*Canhão* (-*nhon*-) + -*aço*.] *sm.* Tiro de canhão.

ca.nho.ne.ar [*Canhão* (-*hon*-) + -*ear*.◨ 1N] *vtd.* Atacar com tiros de canhão. [C.: 12A]

ca.nho.ta *sf.* A mão esquerda.

ca.nho.to (ô) *adj.* **1.** Que é mais hábil com a mão esquerda que com a direita. ● *sm.* **2.** Homem canhoto. **3.** *Bras.* Talão (3).

ca.ni.bal [Esp. *caníbal*.] *sm.* **1.** Antropófago. **2.** Animal que come outros da mesma espécie. ● *adj2g.* **3.** Canibalesco. [Pl.: -*bais*.]

ca.ni.ba.les.co (ê) [*Canibal*.◨ 33A] *adj.* De ou próprio de canibal.

ca.ni.ba.lis.mo [*Canibal*.◨ 11] *sm.* **1.** Condição, ato ou prática de canibal (1 e 2). **2.** *Fig.* Ferocidade de canibal. **3.** *Antrop.* Antropofagia (2). § **ca.ni.ba.lís.ti.co** *adj.*

ca.ni.ba.li.zar [Ingl. (*to*) *cannibalize*.◨ 1D] *vtd.* **1.** Retirar (peças de máquina) para utilizar na reparação ou na construção de outra máquina. **2.** *P.ext.* Reaproveitar. [C.: 1] § **ca.ni.ba.li.za.ção** *sf.*

ca.ni.ço [Lat.vulg. **canniciu-*.] *sm.* **1.** Cana[1] delgada. **2.** Vara[1] (1) da qual pende um fio com anzol, para pescar. **3.** *Fig.* Magrelo.

ca.ní.cu.la [Lat. *canicula*.] *sf.* Grande calor atmosférico. § **ca.ni.cu.lar** *adj2g.*

ca.ni.cul.tor (ô) [*Can(i)*-[1] + *cultor*.] *sm.* Criador de cães.

ca.ni.cul.tu.ra [*Can(i)*-[1] + *cultura*.] *sf.* Criação de cães.

ca.ní.de.o [Tax. *Canidae*.] *adj. sm. Zool.* Diz-se de, ou espécime dos canídeos, família de mamíferos carnívoros cujos pés anteriores têm 5 dedos e os posteriores 4, todos providos de garras. São os cães, raposas, lobos e chacais.

ca.nil [*Can(i)*-[1] + -*il*[1].] *sm.* Lugar onde se abrigam cães. [Pl.: -*nis*.]

ca.ni.na.na [Do tupi.] *sf. Bras. Zool.* Ofídio colubrídeo, não venenoso, de até 3m.

ca.nin.dé [Do tupi.] *sm. Zool.* Ave psitacídea de coloração azul e amarela. Habita da América Central ao Brasil, até São Paulo; arara-canindé.

ca.ni.nha [*Cana*[1].◨ 32A] *sf. Bras. Pop.* V. *cachaça* (1).

ca.ni.no [Lat. *caninu*.◨ 30] *adj.* **1.** Referente a cão. **2.** Diz-se de cada um dos 4 dentes situados, 2 em cima e 2 embaixo, entre os incisivos e os molares. ● *sm.* **3.** Dente canino.

câ.ni.on [Ingl. *canyon*.] *sm.* Garganta sinuosa e profunda cavada por curso de água; canhão. [Pl.: -*ons*.]

ca.ni.tar [Do tupi.] *sm. Bras.* Adorno indígena de penas, para a cabeça.

ca.ni.ve.te [Provç.ant. *canivet*.] *sm.* Pequena faca cuja lâmina, móvel, se encaixa no cabo.

can.ja [Do malaiala.] *sf.* **1.** Caldo de galinha cozida com arroz. **2.** *Bras.* Apresentação informal e gratuita de um músico. ◆ **Ser canja.** *Bras. Fam.* Ser muito fácil].

can.je.ra.na [Cf. *Bras. Bot.* Árvore meliácea de madeira vermelha, aromática, útil.

can.je.rê *sm. Bras.* **1.** Reunião para a prática de feitiçarias. **2.** V. *feitiçaria*.

can.ji.ca [Do quimb.] *sf. Bras.* **1.** Papa de milho ralado, cozido no leite; canjiquinha. **2.** Papa cremosa feita de milho branco, leite de vaca ou de coco e açúcar; curau, munguzá.

can.ji.qui.nha [*Canjica*.◨ 32A] *sf. Bras.* Canjica (1).

ca.no [*Cana*[1].] *sm.* **1.** Construção tubular para condução de água, gás, etc. **2.** Tubo de armas de fogo, por onde sai o projétil. **3.** Parte tubular de bota ou luva.

ca.no.a (ó) [Esp. *canoa*.] *sf.* Embarcação sem quilha, formada de um casco.

ca.no.a.gem [*Canoa*. 6] *sf. Esport.* Esporte náutico praticado em canoa. [Pl.: *-gens*.]

ca.no.ei.ro [*Canoa*. 25] *sm.* Aquele que dirige canoa.

ca.no.la [Sigla do ingl. *can(ada) o(il) l(ow) a(cid)*.] *sf.* **1.** *Bot.* Planta brassicácea, uma cultivar da qual se extrai óleo das sementes. **2.** Esse óleo, com baixo nível de ácidos graxos, us. em culinária.

câ.non [Lat. *canon*.] *sm.* **1.** Regra geral de onde se inferem regras especiais. **2.** *Lit.* A parte central da missa católica. **3.** *Rel.* Lista de santos canonizados pela Igreja Católica. [F.paral.: *cânone*. Pl.: *cânones*.]

câ.no.ne [Lat. *canone*.] *sm.* **1.** V. *cânon*. **2.** *Mús.* Forma de imitação polifônica.

ca.no.ni.ca.to [Lat.ecl. *canonicatu*. 18] *sm.* Dignidade de cônego.

ca.nô.ni.co [Lat. *canonicu*. 35B] *adj.* Dos, ou conforme aos cânones.

ca.no.ni.sa [*Cánon* + *-isa*.] *sf.* Mulher com dignidade correspondente à de cônego.

ca.no.ni.zar [Lat.ecl.*canonizare* 1D] *vtd.* **1.** Inscrever no cânon ou rol dos santos; santificar. **2.** Enaltecer; consagrar. [C.: 1] § **ca.no.ni.za.ção** *sf.*

ca.no.ro (nó) [Lat. *canoru*.] *adj.* Diz-se de ave que canta.

can.sa.ço [*Cansar* + *-aço*.] *sm.* Falta de forças causada por exercício demasiado ou por doença; canseira.

can.sa.do [*Cansar*. 17A] *adj.* **1.** Que se cansou. **2.** Diz-se da terra pouco produtiva por já haver suportado muitas culturas.

can.san.ção [V.E] *sm. Bras. Bot.* Nome comum a várias plantas de pelos urentes, das euforbiáceas, loasáceas e urticáceas. [Pl.: *-ções*.]

can.sar [Lat. *campsare*. 1A] *vtd.* **1.** Causar cansaço, fadiga, a. **2.** Importunar, aborrecer. *tr.* **3.** Fazer (algo) repetidamente. *int. e p.* **4.** Sentir cansaço. [C.: 1]

can.sa.ti.vo [*Cansar*. 22A] *adj.* Que cansa.

can.sei.ra [*Cansar*. 16] *sf.* Cansaço.

can.ta.da [*Cantar*. 4] *sf.* **1.** Canto² (1) (esp. dos pássaros). **2.** *Pop.* Conversa cheia de lábia com que se tenta convencer, ou seduzir, alguém.

can.ta.dor (ô) [Lat. *cantatore*. 19A] *adj.* **1.** Que canta. ● *sm.* **2.** Cantor ou poeta popular.

can.tan.te [Lat. *cantante*. 21] *adj2g.* **1.** Que canta. **2.** Próprio para cantar.

can.tão [Fr. *canton*.] *sm.* Divisão territorial, em vários países. [Pl.: *-tões*.]

can.tar [Lat. *cantare*. 1A] *vtd.* **1.** Exprimir por meio do canto² (1). **2.** Celebrar em poesia. **3.** Executar com a voz (um trecho musical). **4.** *Pop.* Dirigir cantada (2) a. *int.* **5.** Emitir com a voz sons ritmados e musicais. [C.: 1]

can.ta.ri.a [*Canto*³. 15] *sf.* Pedra para construção.

can.tá.ri.da [Lat. *cantharide*.] *sf. Zool.* Besouro meloídeo da Europa, que, triturado, tinha uso medicinal.

cân.ta.ro [Lat. *cantharu*.] *sm.* Vaso grande e bojudo, com 1 ou 2 asas, para líquidos.

can.ta.ro.lar *vtd. e int.* Cantar a meia voz; trautear. [C.: 1]

can.ta.ta [It. *cantata*.] *sf. Mús.* Composição vocal muito extensa, de inspiração profana ou religiosa, para uma ou várias vozes, com acompanhamento instrumental, e às vezes tb. coro, e destinada aos salões, à igreja, ao concerto, nunca ao teatro.

can.tei.ro [*Canto*³. 25] *sm.* **1.** Operário que lavra a pedra de cantaria. **2.** Porção delimitada de terreno cultivado de plantas.

cân.ti.co [Lat. *canticu*. 35B] *sm.* **1.** Hino (1). **2.** Ode, poema.

can.ti.ga [Do celta.] *sf.* **1.** Poesia cantada, dividida em estrofes iguais. **2.** Canção (1).

can.til [V.C] *sm.* Pequeno recipiente para transporte de líquidos. [Pl.: *-tis*.]

can.ti.le.na [Lat. *cantilena*.] *sf.* **1.** Cantiga suave, ou monótona. **2.** V. *lenga-lenga*.

can.ti.na [It. *cantina*.] *sf.* **1.** Restaurante em quartéis, escolas, etc. **2.** *Bras.* Restaurante de comida italiana.

can.to¹ [Lat. *canthu*.] *sm.* **1.** Esquina (1). **2.** Lugar afastado. **3.** Quina³. **4.** *Pop.* Comissura labial ou palpebral.

can.to² [Lat. *cantu*.] *sm.* **1.** Som musical produzido pela voz humana ou animal. **2.** Música vocal. **3.** Poesia lírica; canção. **4.** Divisão de poema longo. ◆ **Canto coral.** *Mús.* Coral² (2). **Canto gregoriano.** *Mús.* Cantochão.

can.to³ [Or.pré-rom, poss.] *sm.* Pedra grande.

can.to.chão *sm. Mús.* Canto litúrgico da Igreja Católica ocidental, cujo ritmo se baseia apenas na acentuação e nas divisões do fraseado; canto gregoriano. [Pl.: *-chãos*.]

can.to.nei.ra *sf.* Prateleira de canto de parede.

can.tor (ô) [Lat. *cantore*.] *sm.* **1.** Aquele que canta, por profissão ou não. **2.** Poeta que celebra um grande feito ou um herói.

can.to.ri.a [*Cantor*. 8A] *sf.* **1.** Ação de cantar; canto. **2.** Vozes que cantam.

ca.nu.do [Lat.vulg. **cannutu*.] *sm.* Tubo ger. longo.

câ.nu.la [Lat. *cannula*.] *sf.* Tubo para inserção em ducto ou cavidade.

ca.nu.ti.lho [Esp. *canutillo*.] *sm.* Miçanga longa para enfeite e guarnição de vestuário, etc.

can.zar.rão [*Can(i)-*¹ + *-zarrão*.] *sm.* Grande cão (1). [Pl.: *-rões*.]

can.zo.a.da [*canz(arrão)* + *-oada*.] *sf.* Ajuntamento de cães.

cão [Lat. *cane*.] *sm.* **1.** *Zool.* Mamífero canídeo, domesticado pelo homem deste tempos remotos. **2.** Peça de arma de fogo que percute espoleta. [Pl.: *cães*.]

cão-guia | capinadeira

cão-gui.a *sm.* Cão treinado para guiar cegos. [Pl.: *cães-guia(s)*.]

ca.o.lho (ô) [Do quimb.] *adj. sm. Bras. Pop.* **1.** Cego (1 e 5) de um olho; zarolho. **2.** V. *estrábico*.

ca:os [Lat. *chaos*.] *sm2n.* **1.** *Mit. Rel.* O vazio obscuro anterior à criação do mundo. **2.** Grande confusão ou desordem. **3.** *Fís.* Comportamento imprevisível exibido em sistemas que têm evolução temporal extremamente sensível a variações em suas condições iniciais.

ca.ó.ti.co [Fr. *chaotique*.◘ 35B] *adj.* Muito confuso; desordenado.

cão-ti.nho.so (ô) *sm.* O demônio (2). [Pl.: *cães-tinhosos* (ó).]

ca.pa[1] [Lat. *cappa*.] *sf.* **1.** Peça de vestuário us. sobre toda a outra roupa, para protegê-la, ou proteger quem a veste, contra a chuva. **2.** V. *cobertura* (1). **3.** *Fig.* Acolhimento, proteção. **4.** *Fig.* Aparência, exterioridade. **5.** Cobertura de papel, papelão, ou outro material, que enfeixa e protege o corpo de livro, revista, etc.

ca.pa[2] [Do gr.] *sm.* A 10ª letra do alfabeto grego (K, κ).

ca.pa.ção [*Capar*.◘ 2A] *sf.* Ato de capar os animais; castração. [Pl.: -ções.]

ca.pa.ce.te (ê) [Esp. *capacete*.] *sm.* Armadura de copa oval, para a cabeça.

ca.pa.cho [Lat.vulg. **capaceu*.] *sm.* **1.** Tapete de grossas fibras ásperas, posto às portas, para limpeza da sola do calçado. **2.** *Fig.* Indivíduo servil; pelego.

ca.pa.ci.da.de [Lat. *capacitate*.◘ 14] *sf.* **1.** Volume ou âmbito interior de um corpo vazio. **2.** Qualidade que pessoa ou coisa tem de satisfazer para determinado fim.

ca.pa.ci.tân.ci.a [Ingl. *capacitance*.◘ 9] *sf. Eletr.* Propriedade que têm alguns sistemas de armazenar energia elétrica sob a forma de um campo eletrostático.

ca.pa.ci.tar [*Capacidade* (*capacit*-).◘ 1A] *vtdi. e p.* **1.** Tornar(-se) capaz; habilitar(-se). **2.** Persuadir(-se), convencer(-se). [C.: 1]

ca.pa.ci.tor (ô) [Ingl. *capacitor*.◘ 19] *sm. Eletr.* Conjunto de 2 ou mais condutores elétricos separados entre si por isoladores.

ca.pa.do [*Capar*.◘ 17A] *adj.* **1.** Castrado. ● *sm.* **2.** Carneiro ou bode castrado. **3.** *Restr.* Porco castrado para engorda.

ca.pa.dó.ci.o [Lat. *cappadociu*.] *adj. sm.* Que, ou aquele que tem maneiras acanalhadas, ou é trapaceiro.

ca.pan.ga [Or.afr.] *sf. Bras.* **1.** Bolsa pequena us. a tiracolo. **2.** Pequena bolsa de mão, us. sobretudo por homens. ● *sm.* **3.** Valentão posto ao serviço de quem lhe paga; guarda-costas, cabra, jagunço, pistoleiro.

ca.pão[1] [Lat.vulg. **cappone*.] *sm.* **1.** Frango cevado. **2.** Cavalo castrado. [Pl.: -pões.]

ca.pão[2] [Or.tupi.] *sm. Bras.* Porção de mato isolado no meio do campo. [Pl.: -pões.]

ca.par [Lat.vulg. **cappare*.◘ 1A] *vtd.* Extrair ou inutilizar os órgãos de reprodução de (animal); castrar. [C.: 1]

ca.pa.ri.dá.ce:a [Tax. *Capparidaceae*.] *sf. Bot.* Espécime das capariáceas, fam. de ervas e arbustos de belas flores. § **ca.pa.ri.dá.ce:o** *adj.*

ca.pa.taz [Esp. *capataz*.] *sm.* Chefe dum grupo de trabalhadores braçais.

ca.pa.ta.zi.a [*Capataz*.◘ 8A] *sf.* **1.** Funções de capataz. **2.** Taxa alfandegária.

ca.paz [Lat. *capace*.] *adj2g.* **1.** Que tem capacidade (de conter, abrigar em si). **2.** Que tem capacidade, competência; competente.

cap.ci.o.so (ô) [Lat. *captiosu*.◘ 37] *adj.* Hábil em enganar; astucioso, ardiloso. [Pl.: -osos (ó).]

ca.pe.ar [*Capa*[1].◘ 1N] *vtd.* **1.** Revestir com capa[1] (5) (livro, folheto, etc.). **2.** Ocultar, encobrir. [C.: 12A]

ca.pe.la [Lat. *cappella*.] *sf.* **1.** Pequena igreja de um só altar. **2.** Divisão de templo, com altar próprio. **3.** Coroa de flores. **4.** Em laboratórios, compartimento onde se realizam reações químicas que desprendem gases deletérios.

ca.pe.la.ni.a [*Capelão* (*-lan*-).◘ 8A] *sf.* Cargo ou dignidade de capelão.

ca.pe.lão [Provç.ant. *capelan*.] *sm.* Padre que reza missa em capela, ou que dá assistência espiritual a regimentos militares, escolas, etc. [Pl.: -lães.]

ca.pe.le.te [It. *capeletti*.] *sm. Cul.* Pequeno pastel[1] (1) cozido, em forma de rosca, com recheio variado, e servido com molhos diversos.

ca.pe.lo[1] (ê) [Lat.vulg. *capelu*.] *sm.* **1.** Capuz de frades. **2.** Antiga touca de viúvas e freiras. **3.** Espécie de murça us. por doutores em certas solenidades.

ca.pe.lo[2] (ê) [It. *capello*.] *sm.* Chapéu cardinalício.

ca.pen.ga *adj2g. Bras.* **1.** V. *coxo*. **2.** *Fig.* A que falta algo. ● *s2g.* **3.** V. *coxo*.

ca.pen.gar [*Capenga*.◘ 1A] *v.int. Bras.* **1.** V. *coxear*. **2.** Pender para um dos lados. [C.: 1C]

ca.pe.ta (ê) [*Capa*[1] + -*eta* (ê).] *sm. Bras.* **1.** V. *diabo* (2). **2.** *Fam.* Criança levada, travessa.

ca.pi.au [Do guar.] *adj. sm. Bras. Deprec.* V. *caipira*. [Fem.: capioa.]

ca.pi.lar [Lat. *capillare*.◘ 40] *adj2g.* **1.** Relativo a, ou fino como cabelo. ● *sm.* **2.** *Anat.* Designação de vaso (6) muito fino e cuja estrutura varia segundo o setor a que pertence (arterial, venoso, linfático, biliar).

ca.pi.lá.ri:a [Lat. *capillus* + -*ária*.◘ 15] *sf. Bot.* Nome comum a algumas avencas.

ca.pi.lé [Fr. *capillaire*.] *sm.* **1.** Xarope de capilária. **2.** Refresco de água e capilé (1).

ca.pim [Do tupi.] *sm. Bot.* Nome comum a várias poáceas, quase todas forrageiras. [Pl.: -pins.]

ca.pi.na [Dev. de *capinar*.] *sf. Bras. Bot.* Ato ou efeito de capinar.

ca.pi.na.dei.ra [*Capinar*.◘ 16A] *sf. Bras.* Máquina agrícola para capinar mecanicamente.

ca.pi.nar [*Capim* (*-pin-*).◨ 1A] *vtd. Bras.* Limpar (uma plantação, um terreno) de capim ou ervas. [C.: 1]

ca.pi.nei.ro [*Capim* (*-pin-*).◨ 25] *sm. Bras.* Trabalhador que capina.

ca.pin.zal [*Capim* (*-pin-*).◨ 39B] *sm. Bras.* Terreno coberto de capim. [Pl.: *-zais*.]

ca.pis.ta [*Capa*¹.◨ 36] *s2g.* Artista que projeta capa¹ (5).

ca.pi.ta.ção [Lat. *capitatione*.◨ 2A] *sf.* Tributo cobrado em valor igual por pessoa. [Pl.: *-ções.* Cf. *captação*.]

ca.pi.tal [Lat. *capitale*.◨ 39] *adj2g.* **1.** Principal; fundamental. ● *sf.* **2.** Cidade que aloja a alta administração dum país ou estado, duma província, etc. ● *sm.* **3.** Riqueza, bens ou valores acumulados; cabedal. **4.** Dinheiro aplicado numa empresa por seus proprietários. **5.** *Econ.* Conjunto de bens produzidos pelo homem e que participam da produção de outros bens. [Pl.: *-tais*.]

ca.pi.ta.lis.mo [*Capital*.◨ 11] *sm. Econ.* Sistema econômico e social baseado na propriedade privada dos meios de produção, na organização da produção visando o lucro e empregando trabalho assalariado, e no funcionamento do sistema de preços.

ca.pi.ta.lis.ta [*Capital*.◨ 36] *adj2g.* **1.** Relativo a capital ou ao capitalismo. **2.** Que fornece capital a uma empresa (sócio). ● *s2g.* **3.** Quem vive do rendimento dum capital. **4.** Quem é adepto do capitalismo.

ca.pi.ta.li.za.ção [*Capitalizar*.◨ 2A] *sf.* **1.** Ato ou efeito de capitalizar. **2.** Operação financeira em que poupadores efetuam pagamentos a um banco ou outra instituição que capitaliza a importância recebida e a devolve ao portador, ao fim de certo prazo. [Pl.: *-ções*.]

ca.pi.ta.li.zar [*Capital*.◨ 1D] *vtd.* **1.** Converter em capital. *int.* **2.** Juntar dinheiro. [C.: 1] § **ca.pi.ta.li.zá.vel** *adj2g.*

ca.pi.ta.ne.ar [*Capitão* (*-tan-*).◨ 1N] *vtd.* V. *comandar* (1 e 2). [C.: 12A]

ca.pi.ta.ni.a [*Capitão* (*-tan-*).◨ 8A] *sf.* **1.** Qualidade ou dignidade de capitão. **2.** Comando, chefia. ◆ **Capitania hereditária.** Cada uma das divisões administrativas no período colonial do Brasil.

ca.pi.tâ.ni.a [*Capitão* (*-tan-*).◨ 8B] *adj.(f.) sf.* Diz-se de, ou nau em que vai o comandante (capitão) duma força naval.

ca.pi.tão [B.-lat. *capitanu*, pelo it. *capitan*.] *sm.* **1.** V. *hierarquia militar.* **2.** Comandante de navio mercante. **3.** Chefe militar; caudilho. **4.** Chefe, cabeça. [Pl.: *-tães.* Fem.: *capitã, capitoa.*]

ca.pi.tão-a.vi.a.dor *sm.* V. *hierarquia militar.* [Pl.: *capitães-aviadores.*]

ca.pi.tão de cor.ve.ta *sm.* V. *hierarquia militar.* [Pl.: *capitães de corveta.*]

ca.pi.tão de fra.ga.ta *sm.* V. *hierarquia militar.* [Pl.: *capitães de fragata.*]

ca.pi.tão de mar e guer.ra *sm.* V. *hierarquia militar.* [Pl.: *capitães de mar e guerra.*]

ca.pi.tão do ma.to *sm.* Indivíduo que se dedicava à captura dos escravos fugidos. [Pl.: *capitães do mato.*]

ca.pi.tão-mor *sm. Ant.* **1.** Autoridade que, numa cidade ou vila, comandava a milícia intitulada *ordenança.* **2.** Donatários de capitania. [Pl.: *capitães-mores.*]

ca.pi.tão-te.nen.te *sm.* V. *hierarquia militar.* [Pl.: *capitães-tenentes.*]

ca.pi.ta.ri [Do tupi.] *sm. Bras.* **1.** *Bot.* Árvore bignoniácea, de madeira útil. **2.** *Zool.* Tartarugas macho.

ca.pi.tel [Occ.ant. *capitel.*] *sm.* Coroamento do fuste duma coluna. [Pl.: *-téis.*]

ca.pi.to.so (ô) [It.ant. *capitoso*.◨ 37] *adj.* Que sobe à cabeça, que entonteces. [Pl.: *-tosos* (ó).]

ca.pi.tu.lar¹ [Lat.med. *capitulare*.◨ 40] *adj2g.* **1.** Relativo a capítulo (3) ou a cabido. **2.** Diz-se de letra maiúscula: *letra capitular.*

ca.pi.tu.lar² [Lat.med. *capitulare*.◨ 1A] *vtd.* **1.** Ajustar mediante certas condições. **2.** Reduzir a capítulos [v. *capítulo* (1)]. **3.** Enumerar, articular. *int.* **4.** V. *render* (8). **5.** Transigir, ceder. [C.: 1] § **ca.pi.tu.la.ção** *sf.*

ca.pí.tu.lo [Lat. *capitulu*.] *sm.* **1.** Divisão de livro, lei, tratado, etc. **2.** Artigo de contrato, acusação, etc. **3.** Assembleia de dignidades eclesiásticas para tratar determinado assunto. **4.** *Bot.* Inflorescência em que as flores se inserem num receptáculo único.

ca.pi.va.ra [Do tupi.] *sf. Bras. Zool.* Mamífero hidroquerídeo, semiaquático, o maior dos roedores atuais (chega a mais de 50kg).

ca.pi.xa.ba [Do tupi.] *adj2g. s2g. Bras.* V. *espírito-santense.*

ca.pô [Fr. *capot.*] *sm.* Cobertura móvel que protege o motor de automóveis.

ca.po.ei.ra¹ [Ant. *capon (*capão*¹) + *-eira*, poss.] *sf.* **1.** Gaiola grande onde se criam e alojam capões e outras aves domésticas. **2.** O conjunto das aves domésticas.

ca.po.ei.ra² [Do tupi.] *sf. Bras.* **1.** Terreno onde o mato foi roçado e/ou queimado para cultivo da terra, ou para outro fim. **2.** Jogo atlético, com um sistema de ataque e defesa. ● *s2g.* **3.** Capoeirista.

ca.po.ei.ris.ta [*Capoeira*².◨ 36] *s2g.* Lutador de capoeira² (2); capoeira.

ca.po.ta [Fr. *capote.*] *sf.* **1.** Antigo toucado. **2.** Coberta de automóveis e outros veículos.

ca.po.tar [Fr. *capoter*.◨ 1A] *v.int.* **1.** Emborcar (3) (um veículo), em acidente. **2.** *Bras. Gír.* Cair em sono profundo ou desmaiar de repente. [C.: 1 (ô)] § **ca.po.ta.gem** *sf.*

ca.po.te [Fr. *capote.*] *sm.* **1.** Casacão militar. **2.** Peça de vestuário, semelhante ao casaco.

ca.po.tei.ro [*Capota*.◨ 25] *sm. Bras.* O que faz e/ou conserta capotas de automóveis.

→ **cappuccino** (caputchino) [It.] *sm.* Bebida à base de leite e café.

ca.pri.char [*Caprichо*.◘1A] *vti.* **1.** Ter capricho; obstinar-se. **2.** Esmerar-se. [C.:1]

ca.pri.cho [It. *capriccio*.] *sm.* **1.** Desejo impulsivo, sem motivo aparente. **2.** Extravagância. **3.** Teimosia, obstinação. **4.** Esmero (2).

ca.pri.cho.so (ó) [It. *capriccioso*.◘37] *adj.* Que caprichа, ou tem ou denota capricho(s). [Pl.: *-chosos* (ó).]

ca.pri.cor.ni.a.no [◘29A] *sm.* **1.** Indivíduo nascido sob o signo de Capricórnio. ● *adj.* **2.** Diz-se de, ou pertencente ou relativo a capricorniano.

ca.pri.cór.ni:o [Lat. *Capricornu*.] *sm.* **1.** *Astr.* A 10ª constelação do Zodíaco, situada no hemisfério sul. **2.** *Astrol.* O 10º signo do Zodíaco, relativo aos que nascem entre 22 de dezembro e 20 de janeiro. [Com inicial maiúsc.]

ca.pri.fo.li.á.ce:a [Tax. *Caprifoliaceae*.] *sf. Bot.* Espécie das caprifoliáceas, fam. de arvoretas e arbustos ornamentais. § **ca.pri.fo.li.á.ce:o** *adj.*

ca.pri.mul.gí.de:o [Tax. *Caprimulgidae*.] *adj. sm. Zool.* Diz-se de, ou espécime dos caprimulgídeos, fam. de aves caprimulgiformes insetívoras, noturnas, de bico largo e curto, asas e cauda longas. Ex.: bacurau, curiango.

ca.pri.mul.gi.for.me [Tax. *Caprimulgiformes*.] *adj2g. sm. Zool.* Diz-se de, ou espécime dos caprimulgiformes, ordem de aves cosmopolitas de plumagem críptica, castanho-avermelhada ou acinzentada.

ca.pri.no [Lat. *caprinu*.◘30] *adj.* **1.** Relativo a cabra ou bode. ● *sm.* **2.** Cabra ou bode.

cáp.su.la [Lat. *capsula*.] *sf.* **1.** Vaso de laboratório em forma de calota esférica. **2.** Preparação medicamentosa envolta em material gelatinoso, destinada a dissolver-se no tubo digestório. **3.** *Astron.* Compartimento destacável de um foguete espacial que conduz os astronautas e aparelhos de controle. **4.** *Bot.* Qualquer fruto seco que se abre ao amadurecer. **5.** *Anat.* Designação genérica de formação anatômica que envolve outra formação anatômica, órgão ou parte dele.

cap.su.lar [*Cápsula*.◘40] *adj2g.* Relativo ou semelhante à cápsula.

cap.tar [Lat. *captare*.◘1A] *vtd.* **1.** Atrair e manter para si; granjear. **2.** Colher nas nascentes (água corrente). **3.** Apreender, compreender. **4.** Conseguir (empréstimo, recursos, etc.). **5.** Receber (emissão ou sinal de rádio ou audiovisual). [C.:1] § **cap.ta.ção** *sf.*

cap.tor (ó) [Lat. *captore*.◘19] *sm.* Aquele que captura.

cap.tu.ra [Lat. *captura*.◘5] *sf.* Ação ou efeito de capturar.

cap.tu.rar [*Captura*.◘1A] *vtd.* Prender, aprisionar. [C.:1]

ca.pu.chi.nho [It. *cappuccino*.] *sm.* Religioso da ordem franciscana.

ca.pu.lho *sm.* A cápsula do algodoeiro.

ca.puz [B.-lat. *capuciu* ou *caputiu*.] *sm.* Cobertura para a cabeça.

ca.qué.ti.co [Lat. *cachecticu*.◘35B] *adj. sm.* Que, ou quem sofre de caquexia.

ca.que.xi.a (cs) [Lat. *cachexia*.] *sf. Med.* Estado de desnutrição profunda que acompanha má condição geral de saúde.

ca.qui [Do jap.] *sm. Bras. Bot.* O fruto, edule, do caquizeiro.

cá.qui [Ingl. *khaki*.] *adj2g2n.* **1.** Cor de barro. ● *sm.* **2.** Brim dessa cor.

ca.qui.zei.ro [*Caqui*.◘25B] *sm. Bras. Bot.* Árvore frutífera ebenácea.

ca.ra [Lat.vulg. *cara*, poss.] *sf.* **1.** V. *rosto* (1). **2.** Semblante, fisionomia. **3.** Aspecto, ar. **4.** Ousadia, coragem. ◆ **Cara a cara.** Frente a frente. **Cara amarrada.** Expressão facial que demonstra mau humor ou zanga.

ca.rá [Do tupi.] *sm. Bras.* **1.** *Bot.* Trepadeira dioscoreácea de tubérculos nutritivos. **2.** Esse tubérculo.

ca.ra.bi.na [Fr. *carabine*.] *sf.* Espingarda estriada; fuzil.

ca.ra.bi.nei.ro [*Carabina*.◘25] *sm.* Soldado armado de carabina.

ca.ra.ca.rá [Do tupi.] *sm. Bras. Zool.* Ave falconídea diurna, que come carniça e caça pequenos animais; carcará, carancho.

ca.ra.cí.de:o [Tax. *Characidae*.] *adj. sm. Zool.* Diz-se de, ou espécime dos caracídeos, grande fam. de peixes cipriniformes de água doce. Ex.: lambari, dourado.

ca.ra.col [V.C] *sm.* **1.** *Anat.* V. *cóclea*. **2.** *Zool.* Nome comum a moluscos terrestres, pequenos, de concha fina. **3.** V. *cacho* (2). [Pl.: *-cóis*.]

ca.ra.co.lar [*Caracol*.◘1A] *v.int.* Mover-se em hélice ou em espiral. [C.:1 (ó)]

ca.rac.te.re [Lat. *charactere*.] *sm.* **1.** Qualquer dígito numérico, letra do alfabeto, código de controle ou símbolo especial, pertencente a um sistema específico de codificação; caráter. **2.** *P.ext.* Qualquer símbolo ou sinal convencional us. na comunicação escrita. [Pl.: *caracteres*.]

ca.rac.te.res *smpl. Telev.* Dizeres (legendas, créditos, títulos, etc.) inseridos num programa.

ca.rac.te.rís.ti.ca [F.subst. de *característico*.] *sf.* Aquilo que caracteriza; particularidade.

ca.rac.te.rís.ti.co [Gr. *charaktēristikós*.◘35B] *adj.* Que caracteriza.

ca.rac.te.ri.za.ção [*Caracterizar*.◘2A] *sf.* **1.** Ato ou efeito de caracterizar(-se). **2.** *Cin. Teatr. Telev.* Arte e técnica de dar ao ator ou à atriz aspecto físico que completa ou reforça o personagem que interpreta. **3.** O que é us. na caracterização (2), ou o seu efeito. [Pl.: *-ções*.]

ca.rac.te.ri.za.dor (ô) [*Caracterizar*.◘19A] *adj. sm.* Que, ou aquilo que caracteriza.

ca.rac.te.ri.zar [Lat.med. *characterizare*.◘1D] *vtd.* **1.** Pôr em evidência o caráter de. **2.** Descrever com propriedade, assinalando os caracteres de. **3.** Produzir a caracterização

ca.ra.cu [Do guar.] *adj2g. Bras.* **1.** Diz-se de raça bovina de pelo curto e ruivo. ● *sm.* **2.** Espécime dessa raça.

ca.ra.cul [Top. *Karakul.*] *sm.* Variedade de carneiro asiático de velo encaracolado. [Pl.: *caracuis.*]

ca.ra de pau *adj2g. s2g. Bras.* Caradura. [Pl.: *caras de pau.*]

ca.ra.dri.í.de.o [Tax. *Charadriidae.*] *adj. sm. Zool.* Diz-se de, ou espécime dos caradriídeos, família de aves caradriiformes, aquáticas. Ex.: quero-quero.

ca.ra.dri.i.for.me [Tax. *Charadriiformes.*] *adj2g. sm. Zool.* Diz-se de, ou espécime dos caradriiformes, ordem de aves semimarinhas, que buscam alimento na areia e em águas rasas.

ca.ra.du.ra *adj2g. s2g. Bras.* Diz-se de, ou pessoa cínica, sem-vergonha; cara de pau.

ca.ra.du.ris.mo [*Caradura.*▫11] *sm. Bras.* Falta de vergonha, cinismo.

ca.ra.gua.tá [Do tupi.] *sm. Bras. Bot.* V. *bromélia.*

ca.ra.í.ba *s2g. Bras.* **1.** *Etnôn.* Indivíduo dos caraíbas, povo indígena que, à chegada dos colonizadores europeus (séc. XV-XVI), habitava as Antilhas, Guianas e litoral centro-americano, e que tem descendentes na Amazônia. ● *sm.* **2.** *E.Ling.* Caribe. ● *adj2g.* **3.** Do caraíba (1 e 2).

ca.ra.já [Do tupi.] *s2g. Bras.* **1.** *Etnôn.* Indivíduo dos carajás, povo indígena que habita em MT e TO. ● *sm.* **2.** *E.Ling.* Família linguística macro-jê, de línguas indígenas faladas no Brasil central. ● *adj2g.* **3.** Pertencente a carajá (1 e 2).

ca.ra.man.chão [Var. de *caramanchão.*] *sm.* Treliça com trepadeiras, nos jardins. [Pl.: *-chões.*]

ca.ram.ba [Esp. *caramba.*] *interj.* Designa admiração, impaciência ou ironia.

ca.ram.bo.la [Esp. *carambola.*] *sf.* **1.** Bola vermelha do bilhar. **2.** Embate duma bola de bilhar sobre outras 2, sucessivamente. **3.** *Bot.* O fruto, comestível, da caramboleira.

ca.ram.bo.lei.ra [*Carambola.*▫16] *sf. Bot.* Arvoreta frutífera oxalidácea.

ca.ra.me.lo [Lat. *calamellus.*] *sm.* **1.** Calda de açúcar queimado, para cobrir certos doces, etc. **2.** Bala (3) um tanto pastosa.

ca.ra-me.ta.de *sf.* Pessoa, em relação a outra que namora, ou com quem coabita, etc.; metade. [Pl.: *caras-metades.*]

ca.ra.min.guás *smpl. Bras. Pop.* **1.** Dinheiro. **2.** Trastes velhos; cacarecos.

ca.ra.mi.nho.las [V.D] *sfpl.* **1.** Fantasias, invenções. **2.** Tolices, bobagens.

ca.ra.mu.jo [Esp. *escaramujo,* poss.] *sm.* **1.** *Zool.* Molusco gastrópode, aquático ou terrestre. **2.** *Bras.* Indivíduo esquisito, ensimesmado.

ca.ran.cho [Do tupi.] *sm. Bras. Zool.* V. *caracará.*

ca.ran.dá [Do tupi.] *sf. Bras.* Palmeira arecácea de estipe e folhas úteis.

ca.ran.gí.de.o [Tax. *Carangidae.*] *adj. sm. Zool.* Diz-se de, ou espécime dos carangídeos, família de peixes marinhos perciformes, us. na alimentação. Ex.: xarelete.

ca.ran.gue.jei.ra [*Caranguejo.*▫16] *sf. Bras. Zool.* Aranha grande, peluda, de picada dolorosa, que não tece teia.

ca.ran.gue.jo (ê) [Esp. *cangrejo.*] *sm. Zool.* Nome comum a crustáceos decápodes que se alimentam de detritos orgânicos; alguns são us. na alimentação.

ca.ran.gue.jo.la [*Caranguejo* + *-ola.*] *sf.* Armação de madeira, pouco sólida.

ca.ran.to.nha *sf.* Cara grande e feia; carão.

ca.rão [*Cara.*▫28A] *sm.* **1.** Carantonha. **2.** Repreensão, censura. [Pl.: *-rões.*]

ca.ra.pa.ça [Fr. *carapace.*] *sf.* Revestimento que protege o tronco dos cágados, tartarugas, etc.

ca.ra.pa.nã [Do tupi.] *sm. Bras. Amaz. Zool.* V. *mosquito.*

ca.ra.pau *sm. Zool.* Peixe carangídeo.

ca.ra.pe.ba [Do tupi.] *sf. Bras. Zool.* Peixe gerreídeo.

ca.ra.pe.tão *sm.* Patranha. [Pl.: *-tões.*]

ca.ra.pi.cu [Do tupi.] *sm. Bras. Zool.* Peixe gerreídeo.

ca.ra.pi.na [Do tupi.] *s2g. Bras.* V. *carpinteiro* (1).

ca.ra.pi.nha [V.D] *sf. Bras.* O cabelo crespo e lanoso dos indivíduos negros; pixaim.

ca.ra.pi.nha.da [*Carapinha.*▫4] *sf.* Refresco de xarope ou suco de fruta e gelo picado.

ca.ra-pin.ta.da *s2g.* Cada um dos jovens que, na década de 1990, com o rosto pintado, saíram às ruas, pedindo o afastamento do presidente Fernando Collor. [Pl.: *caras-pintadas.*]

ca.ra.pu.ça [It.ant. *carapuzza,* poss.] *sf.* Barrete cônico.

ca.ra.tê [Do jap.] *sm.* Arte marcial que se fundamenta na educação da vontade e em apurado treinamento físico.

ca.ra.te.ca *s2g. Bras.* Lutador de caratê.

ca.rá.ter [Lat. *charactere.*] *sm.* **1.** Forma que se dá à letra manuscrita ou ao tipo de imprensa. **2.** Especificidade; cunho, marca. **3.** Qualidade inerente a uma pessoa, animal ou coisa. **4.** Os traços psicológicos, as qualidades, o modo de ser, sentir e agir de um indivíduo, um grupo, um povo. **5.** Gênio, humor. **6.** Firmeza de atitudes. **7.** Caractere (1). [Pl.: *caracteres.*]

ca.ra.tin.ga [Do tupi.] *sm. Bras.* **1.** *Bot.* Nome comum a várias trepadeiras dioscoreáceas, ornamentais e de raízes comestíveis. **2.** *Zool.* Peixe gerreídeo prateado.

ca.ra.va.na [Do ár.] *sf.* **1.** Multidão de mercadores ou viajantes que se reúnem para atravessar o deserto com segurança. **2.** *P.ext.* Grupo de pessoas que vão juntas a algum lugar; grupo de peregrinos, etc.

ca.ra.va.nei.ro [*Caravana.*▫25] *sm.* **1.** Guia de caravanas. ● *adj.* **2.** Pertencente ou relativo a caravana.

caravela | cardiograma

ca.ra.ve.la [*Cáravo*, 'tipo de barco', + *-ela*.] *sf.* **1.** Antigo navio de casco alto à popa e baixo a vante, aparelhado com um a 4 mastros. **2.** *Zool.* Hidrozoário que vive, em colônias, nos mares quentes.

ca.ra.xu.é [Do tupi.] *sm. Bras. Zool.* O sabiá da Amazônia.

car.be.to (ê) [*Carb(o)-* + *-eto²*.] *sm. Quím.* Composto de carbono e um metal; carbureto.

car.bo:i.dra.to [*Carb(o)-* + *hidrato*.] *sm. Quím.* Certos compostos químicos orgânicos, como os açúcares, o amido e a celulose, constituídos por carbono, hidrogênio e oxigênio.

car.bo.na.to [*Carbon(i)-* + *-ato²*.] *sm. Quím.* Qualquer sal ou éster do ácido carbônico.

car.bô.ni.co [*Carbon(i)-*+*-ico²*.◼35B] *adj. Quím.* **1.** Próprio do carbono. **2.** Diz-se do ácido instável [fórm.: H_2CO_3] formado pela dissolução do gás carbônico em água.

car.bo.ní.fe.ro [*Carbon(i)-* + *-fero*.] *adj.* **1.** Que contém ou produz carvão. **2.** Relativo a, ou próprio de carbonífero (3). ● *sm.* **3.** Período da era paleozoica (c.360 milhões a c.286 milhões de anos atrás) em que se formaram grandes jazidas de carvão.

car.bo.ni.zar [*Carbon(i)-*+*-izar*.◼1D] *vtd.***1.** Reduzir a carvão. **2.** Queimar (tecidos orgânicos) por meio de metal em brasa ou de substância cáustica. *p.* **3.** Reduzir-se a carvão. [C.: 1] § **car.bo.ni.za.ção** *sf.*; **car.bo.ni.za.do** *adj.*

car.bo.no [Lat. *carbone*, 'carvão'.] *sm. Quím.* Elemento de número atômico 6, cristalino, de cor preta na grafite e incolor no diamante, cujos compostos constituem o objeto de estudo da química orgânica [símb.: *C*].

car.bo.xí.li.co (cs) *adj. Quím.* Diz-se dos ácidos orgânicos, líquidos ou sólidos, que contêm o grupo funcional –C(=O)OH; ex.: ácido acético. [Norma para nome sistemático de ácidos carboxílicos simples: alcano → ácido alcanoico; ex.: metano → ácido metanoico (cujo nome comum é ácido fórmico).]

car.bu.ra.dor (ô) [Fr. *carburateur*.◼19A] *sm.* Aparelho onde o combustível se mistura com o ar, para garantir o bom funcionamento de um motor de explosão.

car.bu.ran.te [*Carburar*.◼21] *adj2g.* **1.** Que produz carburação. ● *sm.* **2.** Combustível próprio para motor de explosão.

car.bu.rar [Fr. *carburer*.◼1A] *vtd.* **1.** Provocar (num sistema) a elevação do teor de um combustível. **2.** Combinar com o carbono ou com substância rica em carbono. [C.: 1]

car.bu.re.to (ê) *sm. Quím.* **1.** *Impr.* Carbeto. **2.** Nome vulgar do carbeto de cálcio, que produz acetileno por reação com água.

car.ca.ça [Fr. *carcasse*.] *sf.* **1.** Ossada (2 e 3). **2.** Arcabouço, estrutura. **3.** Casco velho de navio. **4.** *Eng.Elétr.* Estrutura metálica que sustenta o núcleo magnético de uma máquina rotativa.

car.ca.rá *sm. Bras. Zool.* V. *caracará*.

car.ce.ra.gem [*Cárcere*.◼6] *sf.* **1.** Ato ou efeito de encarcerar. **2.** Despesa com a manutenção dos presos. **3.** *Bras.* Lugar, na delegacia, onde ficam os detidos. [Pl.: *-gens*.]

car.ce.rá.ri:o [Lat. *carcerariu*.◼24] *adj.* De, ou relativo a cárcere.

cár.ce.re [Lat. *carcere*.] *sm.* **1.** Calabouço. **2.** *Pop.* V. *cadeia* (3). ◆ **Cárcere privado.** Local onde alguém é mantido preso ilegalmente.

car.ce.rei.ro [Lat. *carcerariu*.◼25] *sm.* Guarda de cárcere.

car.ci.nó.ge.no [*Carcin(o)-* + *-geno*.] *adj. sm. Med.* Diz-se de, ou substância, ou agente, que promove ou facilita o surgimento de câncer.

car.ci.no.ma [Lat. *carcinoma*.] *sm. Med.* Câncer formado por células epiteliais. § **car.ci.no.ma.to.so** (ô) *adj.*

car.co.ma *sf. Zool.* V. *caruncho*.

car.co.mer [V.C] *vtd.* **1.** Roer (madeira). **2.** Desfazer, como o carcoma. **3.** Corroer (1). **4.** Destruir. [C.: 2] § **car.co.mi.do** *adj.*

car.da [Dev. de *cardar*.] *sf.* **1.** Ato ou efeito de cardar. **2.** *Tec.Têx.* Máquina que desembaraça, destrinça e limpa fibras têxteis.

car.da.mo.mo [Lat. *cardamomu*.] *sm. Bot.* Planta zingiberácea de sementes condimentosas.

car.dá.pi:o [Lat. *charta* + lat. *daps, is* 'iguaria'.] *sm.* Lista das iguarias que um restaurante pode servir, ger. com o preço de cada uma.

car.dar [Esp. *cardar*.◼1A] *vtd.* Destrinçar ou pentear com carda (lã ou qualquer fibra têxtil). [C.: 1]

car.de.al [Lat. *cardinale*.◼39] *adj2g.* **1.** Principal, fundamental. ● *sm.* **2.** *Rel.* Prelado do Sacro Colégio Pontifício. **3.** *Bras. Zool.* Ave emberizídea com grande topete vermelho e que, em cativeiro, imita outros pássaros, como, p.ex., sabiás. [Pl.: *-ais*.]

cár.di.a [Lat.cient. *cardia*.] *sf. Anat.* Orifício pelo qual o conteúdo esofagiano passa para o estômago.

car.dí.a.co [Lat. *cardiacu*.] *adj.* **1.** Relativo ao coração ou à cárdia. ● *sm.* **2.** *Med.* Cardiopata.

car.di.gã [Ingl. *cardigan*.] *sm.* Casaco de malha sem gola.

car.di.nal [Lat. *cardinale*.◼39] *adj2g.* Diz-se do numeral que designa quantidade absoluta. [Pl.: *-nais*.]

car.di.na.la.to [Lat.med. *cardinalatu*.◼18] *sm.* Dignidade de cardeal. (2).

car.di.na.lí.ci:o *adj.* Relativo a cardeal (2).

car.di:o.gra.fi.a [*Cardi(o)-*+*-grafia*.] *sf. Med.* Registro gráfico, de que há várias formas, de fenômeno cardíaco, físico ou funcional. § **car.di:o.grá.fi.co** *adj.*

car.di.ó.gra.fo [*Cardi(o)-*+*-grafo*.] *sm. Med.* Instrumento, de que há vários tipos, com que se realiza registro cardiográfico.

car.di:o.gra.ma [*Cardi(o)-* + *-grama*.] *sm. Med.* Registro gráfico obtido com cardiógrafo.

cardiologia | cárie

car.di:o.lo.gi.a [*Cardi(o)-* + *-logia.*] *sf.* Estudo do coração em todos os seus aspectos. § **car.di:o.ló.gi.co** *adj.*

car.di:o.lo.gis.ta [*Cardiologia.* ▪36] *s2g. Med.* Especialista em cardiologia; cardiólogo.

car.di.ó.lo.go [*Cardi(o)-* + *-logo.*] *sm. Med.* Cardiologista.

car.di:o.pa.ta [*Cardi(o)-* + *-pata.*] *s2g. Med.* Doente do coração, cardíaco.

car.di:o.pa.ti.a [*Cardi(o)-* + *-patia.*] *sf. Med.* Designação comum às afecções do coração.

car.di:o.pul.mo.nar [*Cardi(o)-*+*pulmonar.*]*adj2g.* De, ou relativo ao coração e aos pulmões.

car.di:o.vas.cu.lar [*Cardi(o)-* + *vascular.*] *adj2g.* De, ou relativo ao coração e aos vasos sanguíneos.

car.do [Lat. *cardu.*] *sm. Bot.* Planta asterácea de folhas espinhosas, tida como praga da lavoura.

car.du.me [*Carda* + *-ume.*] *sm.* Bando de peixes.

ca.re.ca [V.C] *sf.* **1.** Calva. **2.** Calvície. ● *s2g.* **3.** Pessoa calva. ● *adj2g.* **4.** Diz-se de careca (3). **5.** Diz-se do pneu liso, sem sulcos.

ca.re.cer [Lat.vulg. *carescere.* ▪1P] *vti.* **1.** Não ter: *O caso <u>carece</u> de importância.* **2.** Precisar, necessitar: <u>*carecer*</u> *de dinheiro. td.* **3.** Carecer (2). [C.: 2A (ê-é)] § **ca.re.cen.te** *adj2g.*

ca.rei.ro [*Caro.* ▪25] *adj.* Que vende ou cobra caro.

ca.re.na [Esp. *carena.*] *sf.* **1.** A parte do casco das embarcações que fica abaixo do plano de flutuação em plena carga. **2.** *Zool.* Crista de certos ossos, como a do esterno das aves.

ca.re.na.do [*Carena.* ▪17B] *adj. Zool.* Que tem carena (2).

ca.rên.ci.a [Lat.vulg. *carentia.* ▪10] *sf.* **1.** Falta, ausência, privação. **2.** Necessidade, precisão. **3.** *Econ.* Período entre o recebimento de um empréstimo e o início de sua amortização. **4.** Período de espera para a utilização de plano de saúde, de previdência privada, etc.

ca.ren.te [Lat. *carente.*] *adj2g.* Que carece, necessita; carecente.

ca.re.pa [V.E] *sf.* **1.** Caspa. **2.** Pó que se forma na superfície das frutas secas. **3.** A superfície da madeira desbastada.

ca.res.ti.a [It. *carestia.*] *sf.* **1.** Qualidade de caro (1). **2.** Preço alto, superior ao valor real.

ca.re.ta (ê) [*Cara* + *-eta* (ê).] *sf.* **1.** Contração ou trejeito do rosto; esgar, garatuja, micagem, visagem. ● *adj2g.* **2.** *Bras. Gír.* Antiquado. ● *s2g.* **3.** *Bras.* Pessoa careta.

ca.re.tei.ro [*Careta.* ▪25] *adj.* Que faz caretas.

ca.re.ti.ce [*Careta.* ▪13] *sf. Bras. Gír.* Qualidade, ação ou dito de careta (3).

car.ga [Dev. do ant. *cargar*, f. sinc. de *carregar.*] *sf.* **1.** Ato ou efeito de carregar. **2.** O que alguém ou algo pode transportar. **3.** Fardo (1 e 3). **4.** O peso que se pode transportar ou suportar. **5.** Grande quantidade. **6.** Munição (2). **7.** *Eng.Elétr.* Elemento(s) em um circuito elétrico que recebe(m) energia elétrica de outras partes do circuito. **8.** *Fís.* V. *carga elétrica.* [Sin.: *carregação* (de 1, 4 e 5), *carregamento* (de 1, 4 e 7).] ◆ **Carga do elétron** ou **carga elementar.** *Fís.* A menor quantidade de carga elétrica que pode ser ganha ou perdida por um sistema. **Carga elétrica.** *Fís.* Quantidade de eletricidade de um sistema medida em unidades de carga do elétron.

car.ga-d'á.gua *sf.* Chuva muito forte. [Pl.: *cargas-d'água.*]

car.go [*Carga.*] *sm.* **1.** V. *incumbência* (1). **2.** V. *responsabilidade* (3). **3.** Função ou emprego público ou particular.

car.guei.ro [*Carga.* ▪25] *sm.* **1.** Guia de bestas de carga. **2.** Besta de carga. **3.** Navio cargueiro. ● *adj.* **4.** Que transporta carga.

ca.ri:a.mí.de:o [Tax. *Cariamidae.*] *adj. sm. Zool.* Diz-se de, ou espécime dos cariamídeos, família de aves pernaltas corredoras, gruiformes, de pescoço e cauda longos, asas arredondadas, e crista. Ex.: seriema.

ca.ri.ar [*Cárie.* ▪1A] *vtd.* **1.** Produzir cárie em. *int.* **2.** Criar cárie. [C.: 1. Norm., é unipess.] § **ca.ri.a.do** *adj.*

ca.ri.be [Esp. *caribe.*] *sm. E.Ling.* Grande família linguística a que pertencem as línguas de muitos povos indígenas do N. e C.O. do Brasil, e da Colômbia às Guianas.

ca.ri.be.nho *adj.* De, ou pertencente ao mar do Caribe e às ilhas ali situadas. ● *sm.* **2.** O natural ou habitante dessas ilhas.

ca.ri.bo.ca [Do tupi.] *s2g.* V. *caboclo* (1).

ca.ri.cá.ce:a [Tax. *Caricaceae.*] *sf. Bot.* Espécime das caricáceas, família de arvoretas de tronco leitoso e bagas ger. comestíveis. Ex.: mamoeiro. § **ca.ri.cá.ce:o** *adj.*

ca.ri.ca.to [It. *caricato.*] *adj.* **1.** Ridículo, burlesco. **2.** Que interpreta caricaturas (ator).

ca.ri.ca.tu.ra [It. *caricatura.*] *sf.* **1.** Desenho que, pelo traço ou pelos detalhes, acentua ou revela aspectos caricatos de pessoa ou fato. **2.** Reprodução deformada de algo.

ca.ri.ca.tu.rar [*Caricatura.* ▪1A] *vtd.* Representar por meio de caricatura. [C.: 1]

ca.ri.ca.tu.ris.ta [*Caricatura.* ▪36] *s2g.* Quem faz caricaturas.

ca.rí.ci:a [It. meridional *carizia.*] *sf.* Manifestação física de afeto; afago, carinho.

ca.ri.da.de [Lat. *caritate.* ▪14] *sf.* **1.** O amor que move a vontade à busca efetiva do bem de outrem. **2.** A prática da caridade (1); beneficência, filantropia. **3.** Benevolência, complacência. **4.** *Rel.* Uma das 3 virtudes teologais.

ca.ri.do.so (ô) [*Carid(ade).* ▪37] *adj.* Que tem ou revela caridade. [Pl.: *-dosos* (ó).]

cá.ri:e [Lat. *carie.*] *sf.* Lesão inflamatória crônica de osso ou de dente. ◆ **Cárie dentária.** Lesão em que se forma cavidade em dente, e que pode comprometer esmalte, dentina e polpa (3). **Cárie rampante.** Cárie que compromete vários dentes, aparecendo subitamente, ger., com rápido progresso.

ca.ri.jó [Do tupi.] *adj2g. Bras.* De penas salpicadas de branco e preto (galo ou galinha); pedrês.

ca.ril [Do concani.] *sm.* **1.** Condimento em pó, amarelo, us. em variados pratos; *curry* (ingl.). **2.** Molho feito com ele. [Pl.: *-ris.*]

ca.rim.bar [*Carimbo.* ▪1A] *vtd.* Marcar com carimbo. [C.: 1]

ca.rim.bo [Do quimb.] *sm.* **1.** Instrumento de borracha, etc., com que se marcam à tinta certos papéis. **2.** Marca ou sinal que ele produz.

ca.ri.nho [Esp. *cariño.*] *sm.* **1.** Sentimento de grande afeto ou ternura. **2.** V. *carícia*.

ca.ri.nho.so (ô) [*Carinho.* ▪37] *adj.* Cheio de carinho. [Pl.: *-nhosos* (ó).]

ca.ri.o.ca [Do tupi.] *adj2g.* **1.** Da cidade do Rio de Janeiro, capital do RJ. ● *s2g.* **2.** O natural ou habitante dela.

ca.ri:o.ca.rá.ce:a [Tax. *Caryocaraceae.*] *sf. Bot.* Espécime das cariocáceas, família de árvores do cerrado, de frutos edules. Ex.: o pequi.
§ **ca.ri:o.ca.rá.ce:o** *adj.*

ca.ri:o.fi.lá.ce:a [Tax. *Caryophyllaceae.*] *sf. Bot.* Espécime das cariofiláceas, família de ervas ou subarbustos esp. de regiões temperadas.
§ **ca.ri:o.fi.lá.ce:o** *adj.*

ca.ri.op.se [*Cari(o)-* + *-opse.*] *sf. Bot.* Fruto que apresenta o pericarpo preso à semente, confundindo-se com ela. Ex.: o fruto das poáceas.

ca.ri.pu.na *Bras. adj2g. s2g. Bras. Etnôn.* Diz-se de, ou indivíduo dos caripunas, povo indígena da família linguística pano, que habita RO.

ca.ris.ma [Lat. *charisma.*] *sm.* **1.** *Teol.* Força ou dom conferido por graça divina. **2.** *P.ext.* Capacidade de atrair pessoas, de conquistá-las.

ca.ris.má.ti.co [*Carisma* + *-ático.*] *adj.* Relativo a, ou da natureza do carisma, ou que o tem.

ca.ri.ta.ti.vo [Lat. *caritate* + *-ivo.* ▪22] *adj.* Que faz caridade.

car.lin.ga [Fr. *carlingue.*] *sf.* Cabina (3).

car.ma [Do sânscr.] *sm.* O conjunto das ações do homem e de suas consequências.

car.me.li.ta [Lat. *carmelite.*] *s2g.* **1.** *Rel.* Frade ou freira da Ordem de N. S. do Monte Carmelo. ● *adj2g.* **2.** Dessa ordem.

car.me.sim [Do ár.-hisp.] *adj2g2n.sm.* Diz-se de, ou cor vermelha muito viva. [Pl. do sm.: *-sins.*]

car.mim [Fr. *carmin.*] *sm.* **1.** Matéria corante extraída duma espécie de cochonilha. **2.** A cor do carmim. [Pl.: *-mins.*] *adj2g2n.* **3.** Da cor do carmim. **4.** Diz-se dessa cor. [Sin. de 2 a 4: *magenta.*]

car.mo.na [Fr. *crémone,* poss.] *sf.* Cremona (q.v.).

car.na.ção [Lat. *carnatione.* ▪2A] *sf.* Representação do corpo humano desnudo e com a cor natural. [Pl.: *-ções.*]

car.na.du.ra *sf.* A carne do corpo humano.

car.nal [Lat. *carnale.* ▪39] *adj2g.* **1.** Relativo a carne (1 a 5). **2.** Sensual, lascivo. **3.** *P.ext.* Consanguíneo (1). [Pl.: *-nais.*]

car.na.ú.ba [Do tupi.] *sf. Bras.* **1.** *Bot.* Carnaubeira. **2.** A cera extraída das folhas da carnaúba.

car.na.u.bal [*Carnaúba.* ▪39] *sm. Bras.* Palmeiral de carnaúbas. [Pl.: *-bais.*]

car.na.u.bei.ra [*Carnaúba.* ▪16] *sf. Bras. Bot.* Palmácea de estipe reto e grandes folhas, das quais se extrai a carnaúba (2).

car.na.val [It. *carnevale.*] *sm.* Os 3 dias precedentes à quarta-feira de cinzas, dedicados à folia. [Pl.: *-vais.*]

car.na.va.les.co (ê) [It. *carnevalesco.* ▪33A] *adj.* **1.** Do carnaval. **2.** *Fig.* Grotesco. ● *sm.* **3.** *Bras.* Profissional responsável pelo enredo e pela arte (fantasias, adereços, etc.) de uma escola de samba.

car.ne [Lat. *carne.*] *sf.* **1.** Tecido muscular, animal ou humano. **2.** A parte vermelha dos músculos. **3.** A carne dos animais (com exceção da do peixe e, às vezes, das aves), encarada como alimento. **4.** O corpo, a matéria, em oposição ao espírito, à alma. **5.** Sensualidade. **6.** A parte mole, aquosa e/ou comestível, de folhas, frutos, raízes, etc. ◆ **Em carne e osso.** V. *em pessoa* (2). **Em carne viva.** Sem pele; esfolado.

car.nê [Fr. *carnet.*] *sm.* **1.** Pequeno caderno de apontamentos. **2.** Pequeno bloco (2) com as guias de pagamento de prestações.

car.ne.ar [Esp.plat. *carnear.* ▪1N] *v.int.* **1.** *Bras. S.* Abater o gado e preparar as carnes para secar. *td.* **2.** Abater e esquartejar (rês). [C.: 12A]
§ **car.ne:a.ção** *sf.*

car.ne de sol *sf. Bras. N. N.E.* Carne salgada e seca ao sol. [Pl.: *carnes de sol.*]

car.ne.gão *sm.* Carnicão. [Pl.: *-gões.*]

car.nei.ra.da [*Carneiro*[1]. ▪4] *sf.* **1.** Rebanho de carneiros. **2.** *Fig.* Grupo de pessoas submissas.

car.nei.ro[1] [*Carne* + *-eiro,* ou do lat.vulg. **carnariu.* ▪25] *sm. Zool.* Mamífero bovídeo, ovelhum, criado como gado lanígero.

car.nei.ro[2] [Lat. *carnariu.* ▪25] *sm.* Gaveta ou urna tumular.

car.ne-se.ca *sf.* V. *charque.* [Pl.: *carnes-secas.*]

car.ni.ça [Lat.vulg. *carnitia.*] *sf.* **1.** Animal que se mata para a alimentação. **2.** V. *matança* (1). **3.** Carne podre, que atrai urubus, hienas, etc.

car.ni.cão [*Carne.*] *sm.* Zona central, purulenta e endurecida, de furúnculo; carnegão. [Pl.: *-cões.*]

car.ni.cei.ro [*Carniça.* ▪25] *adj.* **1.** Carnívoro[1]. **2.** Sanguinário, cruel. ● *sm.* **3.** Magarefe.

car.ni.fi.ci.na [Lat. *carnificina.*] *sf.* V. *matança* (1).

car.ní.vo.ro[1] [Lat. *carnivoru.*] *adj.* Que se alimenta de carne; carniceiro.

car.ní.vo.ro[2] [Tax. *Carnivora.*] *adj. sm. Zool.* Diz-se de, ou espécime dos carnívoros, ordem de mamíferos com dentes e mandíbula adaptados para dilacerar e triturar carne; são os felídeos, canídeos, urisídeos, hienídeos, mustelídeos, viverrídeos e procionídeos.

car.no.si.da.de [*Carnoso.* ▪14] *sf.* Excrescência carnosa.

carnoso | carregador

car.no.so (ô) [Lat. *carnosu*.▪37] *adj.* V. *carnudo*. [Pl.: *-nosos* (ó).]

car.nu.do [*Carne* + *-udo*.] *adj.* 1. Que tem muita carne. 2. Musculoso. [Sin.ger.: *carnoso*.]

ca.ro [Lat. *caru*.] *adj.* 1. Que custa um preço alto, elevado. [Não diga *preço caro*.] 2. Dispendioso. 3. Querido, amado. ● *adv.* 4. Por alto preço.

ca.ro.á [Do tupi.] *sm. Bras. Bot.* Bromeliácea acaule que fornece fibras us. para fazer cordas, barbantes, etc.

ca.ro.ba [Do tupi.] *sf. Bras. Bot.* Nome comum a várias arvoretas bignoniáceas, medicinais.

ca.ro.ço (ô) [Lat.vulg. *carudiu*.] *sm.* 1. *Bot.* O núcleo, lenhoso e duro, de drupas, como o da manga e o do pêssego. 2. Semente de vários frutos, como o algodão, etc. 3. *Pop.* Tumor ou erupção cutânea. 4. *Pop.* Íngua (2). [Pl.: *-oços* (ó).]

ca.ro.çu.do [*Caroço* + *-udo*.] *adj.* Que tem caroços.

ca.ro.la [Lat. *corolla*.] *s2g.* Pessoa muito assídua à Igreja. § **ca.ro.lis.mo** *sm.*

ca.ro.li.ce [*Carola*.▪13] *sf.* Qualidade, ato ou comportamento de carola; carolismo.

ca.ro.lín.gi:o [It. *carolingio*.] *adj.* Da dinastia de Carlos Magno **(M.)**, ou relativo à sua época.

ca.ro.lo (ô) [*Carola*.] *sm.* 1. Pancada na cabeça com vara, ou com o nó dos dedos. 2. Espiga de milho debulhada.

ca.ro.na [Esp.plat. *carona*.] *sf. Bras.* 1. Peça dos arreios que se põe por baixo do lombilho. 2. Transporte gratuito em um veículo. ● *s2g.* 3. Indivíduo que viaja de carona. ◆ **De carona.** De graça.

ca.ro.te.no [Lat. *carota*, 'cenoura', + *-eno*².] *sm. Quím.* Substância de cor amarela, alaranjada ou vermelha, existente em muitos vegetais, em algas, na gema de ovo e na manteiga.

ca.ró.ti.da [Fr. *carotide*.] *sf. Anat.* Nome dado a cada uma de 6 artérias, 3 de cada lado, que vascularizam, por si e por seus ramos, do pescoço e da cabeça.

car.pa [B.-lat. *carpa*.] *sf. Zool.* Nome comum a vários peixes ciprinídeos, us. na alimentação.

→ **carpaccio** (carpátcho) [It.] *sm. Cul.* Fatias cruas, muito finas, de carne ou de peixe, servidas temperadas com sal, limão, azeite, etc.

car.pe.lo (ê) [Lat.cient. *carpellum*.] *sm. Bot.* Folha transformada que entra na constituição do gineceu.

car.pe.te [Ingl. *carpet*.] *sm.* Tapete que reveste inteiramente um cômodo, ger. fixado ao chão.

car.pi.dei.ra [*Carpir*.▪16A] *sf.* Mulher, ger. mercenária, que pranteia os mortos.

car.pi.na *s2g. Bras.* V. *carpinteiro* (1).

car.pin.ta.ri.a [*Carpint(eiro)*.▪15] *sf.* Ofício ou oficina de carpinteiro.

car.pin.tei.ro [Lat. *carpentariu*.▪25] *sm.* 1. Aquele que trabalha em obras grosseiras de madeira; carapina, carpina. 2. O que prepara e arma cenários teatrais.

car.pir [Lat. *carpere*.▪1C] *vtd.* 1. Dizer ou contar, lamentando-se. 2. Arrancar, desarraigar. *int. e p.* 3. Fazer lamúria; lastimar-se. [C.: 8] § **car.pi.men.to** *sm.*

car.po [Lat. *carpu*.] *sm.* 1. *Anat.* Porção do esqueleto entre antebraço e mão, constituída de 8 ossos dispostos em 2 fileiras. 2. *Bot.* Fruto (1). § **car.pal** *adj2g.*

car.que.ja (ê) [Lat. *colocasia*, poss.] *sf. Bot.* Nome comum a várias plantas asteráceas com propriedades medicinais.

car.qui.lha [V.E] *sf.* Ruga, prega.

car.ra.da [*Carro*.▪4] *sf.* 1. Carga que um carro transporta de uma vez. 2. *Fam.* Grande quantidade.

car.ran.ca [*Cara*, poss.] *sf.* 1. Semblante sombrio. 2. Figura de madeira, ger. disforme, que orna a proa de certas embarcações.

car.ran.ça [V.E] *s2g.* Pessoa apegada ao passado.

car.ran.cu.do [*Carranca* + *-udo*.] *adj.* Que tem carranca (1).

car.ra.pa.tei.ra [*Carrapato*.▪16] *sf. Bot.* Mamona.

car.ra.pa.ti.ci.da [*Carrapato* + *-i-* + *-cida*.] *sm.* Preparado químico para matar carrapato.

car.ra.pa.to [V.D] *sm. Zool.* Animal acarino parasito, hematófago, que adere à epiderme dos vertebrados.

car.ra.pe.ta (ê) *sf.* 1. Pequeno pião que se faz girar com os dedos. 2. Válvula (2) de torneira.

car.ra.pi.cho [V.D] *sm. Bras.* Nome comum a subarbustos asteráceos, poáceos, malváceos e tiliáceos, cujos frutos, com pequenos espinhos ou pelos, aderem à roupa e ao pelo dos animais.

car.ras.cal [*Carrasco*².▪39] *sm. Bras.* Carrasco² (2). [Pl.: *-cais*.]

car.ras.co¹ [Antr. *Carrasco*.] *sm.* 1. Funcionário executor da pena de morte; algoz. 2. *Fig.* Indivíduo desumano. [Sin.ger.: *algoz*.]

car.ras.co² [Or. pré-rom.] *sm. Bras.* 1. Caminho pedregoso. 2. *Fitogeo.* Formação vegetal nordestina, rala, enfezada e áspera; carrascal.

car.ras.pa.na [V.E] *sf. Pop.* V. *bebedeira* (1).

car.re.ar [*Carro*.▪1N] *vtd.* 1. Conduzir em carro. 2. Carregar. 3. Ocasionar, causar. *tdi.* 4. Carrear (3). [C.: 12A] § **car.re:a.ção** *sf.*

car.re.a.ta [*Carrear* + *-ata*.] *sf. Pop.* Manifestação pública em que grande número de veículos se movimentam em conjunto, com fins comemorativos, políticos, etc.

car.re.ga.ção [*Carregar*.▪2A] *sf.* V. *carga* (1, 4 e 5). [Pl.: *-ções*.]

car.re.ga.do [*Carregar*.▪17A] *adj.* 1. V. *cheio* (1). 2. Diz-se da atmosfera quando apresenta espessas nuvens escuras que anunciam tempestade. 3. Sombrio, carrancudo.

car.re.ga.dor (ô) [*Carregar*.▪19A] *sm.* 1. Aquele que transporta carga ou que carrega a bagagem (1). 2. Dispositivo para recarregar a bateria de celulares, filmadoras, etc.

143

carregamento | cartão-resposta

car.re.ga.men.to [*Carregar*. ■3] *sm*. 1. V. *carga* (1, 4 e 7). 2. O conjunto ou porção de coisas que constituem uma carga (4).

car.re.gar [Lat.vulg. *carricare*. ■1A] *vtd*. 1. Pôr carga em: <u>carregar um navio</u>. 2. Levar, transportar. 3. Trazer consigo (*lit*. ou *fig*.). 4. *Fig*. Impregnar, saturar. 5. Meter a carga ou os projetis em (arma de fogo). 6. Acumular eletricidade em. 7. Aumentar; exagerar. 8. Levar para longe. 9. Fazer com que (a bateria de aparelho, motor, etc.) se recarregue. 10. *Inform*. Ler (informações armazenadas), copiando-as para a memória principal do computador. *ti*. 11. Carregar (7). 12. Encher-se. 13. Pôr em demasia. *tdi*. 14. Carregar (1). *int*. 15. Tornar-se carregado (2 e 3). 16. Receber (a bateria de um aparelho, ou o aparelho) carga elétrica suficiente para funcionar. [C.: 1 C (é)]

car.rei.ra [Lat.vulg. *carraria*. ■16] *sf*. 1. Corrida veloz. 2. Carreiro (2). 3. Percurso habitual de navio, trem, etc. 4. V. *fileira*. 5. V. *profissão* (2).

car.rei.ris.mo [*Carreira*. ■11] *sm*. Caráter ou modo de agir de carreirista.

car.rei.ris.ta [*Carreira*. ■36] *adj2g. s2g*. Que, ou aquele que, para ascender profissionalmente, se vale de quaisquer meios.

car.rei.ro [*Carro*. ■25] *sm*. 1. Guia de carro de bois. 2. Caminho estreito; carreira.

car.re.ta (ê) [*Carro* + *-eta* (ê).] *sf*. 1. Carro pequeno, de 2 rodas. 2. *Bras*. Grande caminhão para transporte de carga.

car.re.tei.ro [*Carreta*. ■25] *sm*. Condutor de carro ou de carreta.

car.re.tel [Esp. *carretel*.] *sm*. Pequeno cilindro de madeira, plástico, etc., com rebordos, para enrolar fios de linha, de arame, fita, etc. [Pl.: -*téis*.]

car.re.ti.lha [Esp. *carretilla*.] *sf*. 1. Pequena roldana. 2. Peça circular, encabada, que, ao rodar, corta massa de pastéis, marca tecido, etc.

car.re.to (ê) [Dev. de *carretar*.] *sm*. 1. Ato ou efeito de transportar a frete. 2. Importância paga pelo carreto (1).

car.ril [Lat.vulg. *carrile*.] *sm*. Sulco deixado pelas rodas do carro. [Pl.: -*ris*.]

car.ri.lhão [Fr. *carrillon*.] *sm*. 1. Conjunto de sinos, primitivamente 4, com que se tocam peças de música. 2. Relógio de parede que dá horas por música. [Pl.: -*lhões*.]

car.ri.nho [*Carro*. ■32] *sm*. 1. Dim. de *carro*. 2. Carro para transportar bebês ou crianças pequenas.

car.ro [Lat. *carru*.] *sm*. 1. Veículo de rodas para transportar pessoas ou carga. 2. V. *automóvel*.

car.ro.ça [It. *carrozza*.] *sf*. Carro grosseiro, ger. de tração animal, para cargas.

car.ro.ção [*Carroça*. ■28A] *sm*. Grande carro de bois, coberto, que se usava para transporte de pessoas. [Pl.: -*ções*.]

car.ro.cei.ro [*Carroça*. ■25] *sm*. Condutor de carroça.

car.ro.ce.ri.a [Fr. *carrosserie*. ■15A] *sf*. 1. Em veículos automóveis de passeio, e coletivos, a parte que fica sobre o chassi, e onde se alojam motorista e passageiros. 2. Em caminhões, a parte traseira, destinada à carga.

car.ro.ci.nha [*Carroça*. ■32A] *sf. Bras*. Carro de 2 rodas com equipamento para venda de pipoca, milho verde cozido, etc.

car.ro-con.cei.to *sm*. Nos salões automobilísticos, veículo com tecnologia de ponta e *design* arrojado. [Pl.: *carros-conceito(s)*.]

car.ro-for.te *sm*. Veículo blindado, com guardas armados, próprio para o transporte de dinheiro e outros valores. [Pl.: *carros-fortes*.]

car.ro-guin.cho *sm*. V. *reboque* (4). [Pl.: *carros-guincho(s)*.]

car.ro-pi.pa *sm*. Caminhão equipado com tanque para transporte de água. [Pl.: *carros-pipa(s)*.]

car.ros.sel [Fr. *carrousel*.] *sm*. Brinquedo de parque de diversão constituído por um eixo com hastes horizontais em cujas extremidades estão fixados cavalinhos de madeira, carrinhos, etc., que giram mecanicamente. [Pl.: -*séis*.]

car.ru.a.gem [Cat. *carruatge*. ■6] *sf*. Carro de 4 rodas, tirado a cavalos, para transportar pessoas. [Pl.: -*gens*.]

car.ta [Lat. *charta*.] *sf*. 1. Comunicação manuscrita ou impressa, endereçada a uma ou várias pessoas; missiva, epístola. 2. Diploma (1). 3. Folha em que se registram os cardápios nos restaurantes. 4. Cada uma das peças do jogo do baralho. 5. Qualquer mapa (1 e 2) feito segundo técnica e convenções bem definidas.
♦ **Carta constitucional.** Constituição (3).

car.ta.da [*Carta*. ■4] *sf*. 1. Lance no jogo de cartas. 2. Empreendimento arriscado.

car.ta.gi.nês [Lat. *carthaginense*, ■38A] *adj*. 1. De Cartago (antiga cidade da África). ● *sm*. 2. O natural ou habitante de Cartago. [Sin.ger.: *púnico*. Flex.: *cartagineses*, *cartaginesa(s)* (ê).]

car.tão [It. *cartone*.] *sm*. 1. Folha composta de camadas de papel coladas entre si, ou a fabricada diretamente com maior espessura. 2. Retângulo de cartão (1) ou de outro material, como plástico. 3. Cartão (2), por vezes dotado de uma faixa magnética com informações gravadas, e destinado a usos específicos, p.ex.: identificação do portador, utilização de certos equipamentos, operação de dispositivos eletrônicos, etc. [Pl.: -*tões*.] ♦ **Cartão de crédito.** *Econ*. Cartão de plástico, emitido por instituição financeira, que permite a seu usuário comprar a crédito.

car.tão-pos.tal *sm*. Cartão (2) que numa das faces tem uma ilustração, reservando-se a outra à correspondência; postal. [Pl.: *cartões-postais*.]

car.tão-res.pos.ta *sm. Prop*. Impresso com porte postal pago, us. para facilitar a solicitação de informações, pedido de compra, etc. [Pl.: *cartões-resposta(s)*.]

car.tas *sfpl.* **1.** Baralho. **2.** Jogo de cartas.
car.taz [*Carta* + *-az.*] *sm.* **1.** Impresso de grande formato, para afixação em lugar público, e que traz anúncio comercial ou de exposições, espetáculos, etc. **2.** *Bras. Fig.* Boa fama.
car.ta.zis.ta [*Cartaz.* ▣36] *s2g.* Pessoa que projeta e/ou desenha cartazes.
car.te.a.do [*Cartear.* ▣17A] *adj. sm.* Diz-se de, ou jogo com cartas de baralho.
car.te.ar [*Carta.* ▣1N] *v.int.* **1.** Jogar cartas, um dá-las num jogo. *p.* **2.** Corresponder-se por carta (1). [C.: 12A]
car.tei.ra [*Carta.* ▣16] *sf.* **1.** Bolsa, ger. retangular, para guardar documentos, dinheiro, etc. **2.** Mesa para escrita, estudo, etc.; escrivaninha. **3.** Documento pessoal, como, p.ex., a carteira de identidade. **4.** Conjunto de títulos (ações, bônus do governo, etc.) possuídos por um investidor. ◆ **Carteira de habilitação.** Documento que atesta a aptidão e o direito de alguém dirigir veículo automóvel. **Carteira de identidade.** Documento oficial com informações pessoais sobre um indivíduo (nome, data de nascimento, etc.). **Carteira de motorista.** *Fam.* V. *carteira de habilitação*. **Carteira de trabalho.** Documento em que se registram dados relativos ao emprego de seu portador; carteira profissional. **Carteira profissional.** Carteira de trabalho.
car.tei.ra.da [*Carteira.* ▣4] *sf.* Ação de valer-se de um cargo, uma posição social, etc., como meio de obter vantagem ou privilégio.
car.tei.ro [*Carta.* ▣25] *sm.* Mensageiro postal distribuidor de cartas e outras correspondências; correio (*pop.*).
car.tel[1] [It. *cartello.*] *sm.* **1.** Carta de desafio, afronta. **2.** Anúncio, cartaz. [Pl.: *-téis.*]
car.tel[2] [Al. *Kartell.*] *sm.* **1.** *Econ.* Acordo entre empresas independentes para atuação coordenada, esp. para restringir a concorrência e elevar preços. **2.** Grupo de empresas que participam desse acordo. [Pl.: *-téis.*]
car.te.la [It. *cartella.*] *sf.* **1.** Mostruário portátil de tecidos, rendas, etc. **2.** Embalagem, ger. de plástico moldado, para a venda de pequenos produtos, como pilhas, comprimidos, etc.
car.te.li.zar [*Cartel*[2]. ▣1D] *vtd.* Formar cartel[2] (2) [C.: 1] § **car.te.li.za.ção** *sf.*
cár.ter [Fr. *carter.*] *sm.* Componente de motor de veículo automóvel, no qual fica contido o óleo lubrificante.
car.te.si.a.no [Fr. *cartésien.*] *adj.* **1.** Relativo ao, ou próprio do filósofo René Descartes (**M.**), ou à sua filosofia. **2.** Que confia de modo irrestrito na capacidade cognitiva da razão.
car.ti.la.gem [Lat. *cartilagine.*] *sf. Anat.* Tecido conjuntivo especial, esbranquiçado, rígido e um pouco elástico, que forma o esqueleto dos embriões e, em animais adultos, se prende aos ossos (p.ex., forrando articulações). [Pl.: *-gens*.]
car.ti.la.gi.no.so (ô) [Lat. *cartilaginosu.* ▣37] *adj.* Que é provido ou formado de cartilagem. [Pl.: *-nosos* (ó).]
car.ti.lha [Esp. *cartilla.*] *sf.* **1.** Livro para aprender a ler. **2.** Compêndio elementar.
car.to.gra.fi.a [*Carto-* + *-grafia.*] *sf.* Arte ou ciência de compor cartas geográficas ou mapas. § **car.to.grá.fi.co** *adj.*
car.tó.gra.fo [*Carto-* + *-grafo.*] *sm.* Especialista em cartografia.
car.to.la [*Quartola.*] *sf.* **1.** Chapéu masculino, preto, de copa alta, cilíndrica, us. em solenidades. **2.** *Bras. Gír. Esport.* Dirigente de clube ou entidade esportiva.
car.to.la.gem [*Cartola.* ▣6] *sf. Bras. Esport.* Ação de cartola (2). [Pl.: *-gens.*]
car.to.li.na [It. *cartolina.*] *sf.* Cartão delgado, mais fino que o papelão.
car.to.man.ci.a (cí) [*Carto-* + *-mancia.*] *sf.* A arte do cartomante.
car.to.man.te [*Carto-* + *-mante.*] *s2g.* Pessoa que adivinha por meio das cartas do baralho.
car.to.na.do [*Cartonar.* ▣17A] *adj.* Diz-se de livro que recebeu cartonagem (2).
car.to.na.gem [Fr. *cartonnage.* ▣6] *sf.* **1.** Fabrico de artefatos de cartão. **2.** Montagem de livro em capa rígida, de cartão. [Pl.: *-gens.*]
car.tó.ri.o [*Carta.* ▣23] *sm.* **1.** Arquivo de cartas e/ou documentos importantes. **2.** Repartição pública onde funcionam os tabelionatos, registros públicos, ofícios de notas, etc.
car.tu.cha.me [*Cartucho* + *-ame.*] *sm.* Provisão de cartuchos.
car.tu.chei.ra [*Cartucho.* ▣16] *sf.* Banda de lona ou de couro provida de orifício para cartuchos, us., comumente, à cintura ou a tiracolo; patrona.
car.tu.cho [Fr. *cartouche.*] *sm.* **1.** Invólucro oblongo de papel ou cartão. **2.** Estojo cilíndrico, metálico, que contém a carga duma arma de fogo. **3.** Recipiente removível que contém carretel com filme ou fita. **4.** *Inform.* Recipiente descartável com tinta para impressora. [Cf. *cartuxo.*]
car.tum [Ingl. *cartoon.*] *sm.* Desenho humorístico. [Pl.: *-tuns.* Cf. *charge.*]
car.tu.nis.ta [Ingl. *cartoonist.* ▣36] *s2g.* Pessoa que faz cartuns.
car.tu.xa *sf. Rel.* Ordem católica muito austera, fundada por S. Bruno no séc. XI.
car.tu.xo [Lat. *carthusiu.*] *adj.* **1.** Relativo à cartuxa. ● *sm.* **2.** *Rel.* Religioso dessa ordem. [Cf. *cartucho.*]
ca.run.char [*Caruncho.* ▣1A] *v.int.* Encher-se de caruncho. [C.: 1.]
ca.run.cho [Lat.vulg. **curiunclu*, poss.] *sm. Zool.* Nome comum a insetos coleópteros ger. xilófagos, e que perfuram tb. cereais; gorgulho, carcoma.

carunchoso | casear

ca.run.cho.so (ô) [*Caruncho*.◼37] *adj.* **1.** Cheio de carunchos. **2.** Carcomido, corroído. [Pl.: -*chosos* (ó).]

ca.rún.cu.la [Lat. *caruncula*.] *sf.* Pequena excrescência carnosa.

ca.ru.ru [V.C] *sm. Bras.* **1.** *Bot.* Bredo. **2.** *BA. Cul.* Refogado de caruru (1) ou quiabo picado, com camarão, peixe, azeite de dendê, etc.

car.va.lho [Or. pré-rom., poss.] *sm. Bot.* Grande árvore fagácea das regiões temperadas, e de madeira útil.

car.vão [Lat. *carbone*.] *sm.* **1.** Substância combustível, sólida, negra, produto da combustão incompleta de materiais orgânicos; carvão de pedra, hulha. **2.** Brasa extinta; tição. **3.** Lápis de carvão para desenho. [Pl.: -*vões*.] ◆ **Carvão vegetal.** Produto obtido da combustão lenta da madeira.

car.vão de pe.dra *sm.* V. *carvão* (1). [Pl.: *carvões de pedra*.]

car.vo:a.ri.a [*Carvão* (-vo-) + -*aria*.◼15] *sf.* Estabelecimento onde se fabrica e/ou vende carvão.

car.vo.ei.ro [Lat. *carbonariu*.◼25] *adj.* **1.** Relativo a carvão. ● *sm.* **2.** Fabricante ou vendedor de carvão.

cãs [Lat. *canas*, 'brancas'.] *sfpl.* Cabelos brancos.

ca.sa [Lat. *casa*.] *sf.* **1.** Edifício de um ou poucos andares, destinado, ger., a habitação. **2.** Lar, família. **3.** Estabelecimento, firma. **4.** Abertura por onde passa o botão; botoeira. **5.** Período de 10 anos (nomeado segundo as dezenas completas), na idade de uma pessoa: *Ele já passou da casa dos 40* [*i.e.*, já tem ao menos 50 anos de idade]. **6.** Conjunto de auxiliares adjuntos a um chefe de Estado para determinado âmbito de assuntos: *casa civil*; *casa militar*. **7.** *Mat.* Numa tabela, interseção de uma linha e uma coluna. ◆ **Casa de detenção.** **1.** Estabelecimento oficial onde ficam detidos os réus que aguardam julgamento. **2.** V. *cadeia* (3). **Casa de penhor.** Estabelecimento onde se empresta dinheiro deixando como garantia joias e/ou outros objetos; prego. **Casa de saúde.** Hospital de propriedade particular. **Casa noturna.** Boate. **Santa casa.** Instituição para atendimento a enfermos, ger. pobres.

ca.sa.ca [Fr. *casaque*.] *sf.* Peça de vestuário masculino de cerimônia, curta na frente e com abas longas atrás.

ca.sa.cão [*Casaco*.◼28A] *sm.* Casaco longo e amplo us. como agasalho. [Pl.: -*cões*.]

ca.sa.co [*Casaca*.] *sm.* Peça de vestuário abotoada na frente, e de mangas, que cobre o tronco.

ca.sa.do [*Casar*.◼17A] *adj.* **1.** Que se casou. ● *sm.* **2.** Aquele que se casou.

ca.sa.doi.ro ou **ca.sa.dou.ro** [*Casar*.◼26A] *adj.* Em idade de casar; núbil.

ca.sa-gran.de *sf. Bras.* **1.** Na Colônia e no Império, casa senhorial brasileira, de engenho de açúcar ou de fazenda. **2.** Casa de proprietário de engenho ou de fazenda. [Pl.: *casas-grandes*.]

ca.sal [Lat.vulg. *casale*.] *sm.* **1.** Par, composto de macho e fêmea, ou homem e mulher. **2.** V. *parelha* (2). **3.** Duas pessoas que mantêm um relacionamento amoroso. [Pl.: -*sais*.]

ca.sa.ma.ta [It. *casamatta*.] *sf.* Abrigo subterrâneo abobadado e blindado.

ca.sa.men.tei.ro [*Casamento*.◼25] *adj.* Que arranja ou fomenta casamentos.

ca.sa.men.to [*Casar*.◼3] *sm.* **1.** União solene entre 2 pessoas, com legitimação civil e/ou religiosa; núpcias. **2.** A cerimônia dessa união.

ca.sa.no.va [Antr. it. (*G. G.*) *Casanova* (1725-1789).] *sm.* Indivíduo mulherengo.

ca.sar [*Casa*.◼1A] *vtd.* **1.** Unir por matrimônio. **2.** Promover o casamento de. **3.** Emparelhar (1). **4.** Combinar, harmonizar. *tdi.* **5.** Casar (1, 2 e 4). *int. e p.* **6.** Unir-se a alguém por matrimônio. **7.** Unir-se. [C.: 1]

ca.sa.rão [*Casa* + -*arão*.] *sm.* Casa grande. [Pl.: -*rões*.]

ca.sa.ri:o [*Casa*.] *sm.* Aglomeração de casas.

cas.ca [Dev. de *cascar*.] *sf.* **1.** *Bot.* Invólucro exterior de vários órgãos vegetais, como tronco, caule, raiz, fruto e semente. **2.** *Fig.* Aparência, exterioridade.

cas.ca.bu.lho [Esp. *cascabullo*, poss.] *sm.* Monte de cascas.

cas.ca.lho [V.C] *sm.* Pedra britada, ou lascas de pedra.

cas.cão [*Casca*.◼28A] *sm.* **1.** Casca grossa. **2.** Crosta endurecida. **3.** Crosta de sujidade ou de ferida. [Pl.: -*cões*.]

cas.ca.ta [It. *cascata*.] *sf.* **1.** Pequena queda-d'água. **2.** *Bras. Gír.* Conversa fiada; mentira.

cas.ca.tei.ro [*Cascata*.◼25] *adj. sm. Bras. Gír.* Diz-se de, ou indivíduo mentiroso.

cas.ca.vel [Provç. *cascavel*.] *sm.* **1.** Guizo. ● *sf.* **2.** *Zool.* Cobra crotalídea com uma espécie de chocalho na cauda; boicininga. **3.** *Fig.* Indivíduo de mau gênio. [Pl.: -*véis*.]

cas.co [Dev. de *cascar*.] *sm.* **1.** O couro cabeludo. **2.** *Bras.* Capacete. **3.** Unha dos paquidermes, do cavalo, etc. **4.** Garrafa de cerveja, etc., vazia. **5.** Corpo da embarcação, sem acessórios.

cas.co.so (ô) [*Casca*.◼37] *adj.* Casquento. [Pl.: -*cosos* (ó).]

cas.cu.do[1] [*Casco* + -*udo*.] *adj.* **1.** Que tem casca grossa ou pele dura. ● *sm.* **2.** *Bras. Zool.* Nome comum a vários peixes loricariídeos; acari.

cas.cu.do[2] [*Casca* + -*udo*.] *sm.* Pancada na cabeça com o nó dos dedos; coque, cocorote.

ca.se.ar [*Casa*.◼1N] *vtd.* Abrir e pontear casa(s) para botões em. [C.: 12A]

ca.se.bre [Lat.vulg. *casipulu*.] *sm*. Casa pequena e pobre; cabana.

ca.se.í.na [Lat. *caseus* + *-ina*.◼31] *sf*. Proteína existente no leite.

ca.sei.ro [*Casa*.◼25] *adj*. **1.** De, ou usado em casa. **2.** Feito em casa (e não industrialmente). **3.** Diz-se de quem gosta mais de ficar muito em casa. **4.** Que vive em habitações humanas, ou em suas vizinhanças (diz-se de ratos, baratas, etc.). ● *sm*. **5.** Aquele que toma conta da casa de alguém, mediante paga.

ca.ser.na [Fr. *caserne*.] *sf*. **1.** Habitação de soldados, dentro do quartel ou de uma praça fortificada. **2.** V. *quartel*² (1).

→ **cashmere** (cachimir) [Ingl.] *sf.* V. *caxemira*.

ca.si.mi.ra [Fr. *casimir*.] *sf*. Tecido encorpado, de lã.

ca.si.nho.la [*Casinha* + *-ola*.] *sf*. Casa pequena e/ou pobre.

cas.mur.ro [Port.ant. *caçurro*, poss.] *adj. sm*. Que, ou aquele que é teimoso ou ensimesmado. § **cas.mur.ri.ce** *sf*.

ca.so [Lat. *casu*¹.] *sm*. **1.** V. *fato*¹(1). **2.** Conjuntura (1). **3.** Casualidade, acaso. **4.** História, conto. ● *Conj. condicional* **5.** Se². ◆ **Caso oblíquo.** *E.Ling.* O que exerce funções que não a de sujeito. **Caso reto.** *E.Ling.* O que exprime as funções de sujeito.

ca.só.ri:o [*Cas(ar)*.◼23] *sm. Pop.* Casamento (1 e 2).

cas.pa [Or. pré-rom., poss.] *sf*. Escamas da pele, sobretudo da pele da cabeça; carepa.

cas.pen.to [*Caspa*.◼27] *adj*. Cheio de caspa.

cas.quen.to [*Casca*.◼27] *adj*. Que tem casca grossa; cascoso.

cas.que.te [Fr. *casquette*.] *sm*. Boné.

cas.qui.na.da [*Casquinar*.◼4] *sf*. **1.** Risada de escárnio. **2.** Gargalhada.

cas.qui.nar *v.int*. Soltar casquinadas sucessivas. [C.:1]

cas.qui.nha [*Casca*.◼32A] *sf*. **1.** Casca delgada. **2.** *Bras*. Pequeno recipiente de massa de biscoito, para sorvete.

cas.sar [Lat. *cassare*.◼1A] *vtd*. **1.** Tornar nulo ou sem efeito (licença, autorização, etc.). **2.** Tornar nulos ou sem efeito os direitos políticos ou de cidadão de. [C.:1. Cf. *caçar*.] § **cas.sa.ção** *sf*.; **cas.sa.do** *adj. sm*.

cas.se.te [Fr. *cassette*.] *sm*. Estojo, para filme ou fita, com 2 carretéis, um para bobinar e outro para rebobinar.

cas.se.te.te [Fr. *casse-tête*.] *sm*. Bastão, de madeira ou de borracha, usado por policiais.

cas.si.no [It. *casino*.] *sm*. Casa de diversões, com salões para jogos de azar e salões de festas.

cas.si.te.ri.ta [Gr. *kassíteros*, 'estanho', + *-ita*³.] *sf. Min.* Minério de estanho.

cas.ta [V.C] *sf*. **1.** Camada social hereditária, cujos membros são da mesma raça, etnia, profissão ou religião, e se casam entre si. **2.** Raça, linhagem. **3.** V. *qualidade* (4).

cas.ta.nha [Lat. *castanea*.] *sf. Bot.* O fruto do castanheiro.

cas.ta.nha-de-ca.ju *sf. Bot.* O fruto do cajueiro. [Pl.: *castanhas-de-caju*.]

cas.ta.nhei.ro [*Castanha* + *-eiro*.◼25] *sm. Bot.* Grande árvore fagácea de frutos comestíveis, a castanha.

cas.ta.nho [Lat. *castaneu*, poss.] *adj*. Da cor da casca da castanha (1); marrom.

cas.ta.nho.las [Esp. *castañuelas*.] *sfpl*. Instrumento de percussão: 2 peças de madeira que, ligadas entre si, e aos dedos ou pulsos do tocador, por um cordel, se entrechocam.

cas.tão [Do fr.ant. ou do it.] *sm*. Remate superior das bengalas. [Pl.: *-tões*.]

cas.te.lã ou **cas.te.lo.a** ou **cas.te.lo.na** [Fem. de *castelão*.] *sf*. **1.** Mulher de castelão. **2.** Senhora ou dona dum castelo.

cas.te.lão [Lat. *castellanu*.◼28B] *sm*. **1.** Senhor feudal que vivia em castelo e exercia jurisdição em determinada área. **2.** Dono de castelo. [Pl.: *-lãos*.]

cas.te.lha.no [Esp. *castellano*.] *adj*. **1.** De Castela (Espanha). **2.** *Bras. S.* Do Uruguai ou da Argentina. ● *sm*. **3.** O natural ou habitante de Castela. **4.** *E.Ling.* A língua espanhola. **5.** *Bras. S.* O natural ou habitante do Uruguai ou da Argentina.

cas.te.lo [Lat. *castellu*.] *sm*. **1.** Residência senhorial ou real, fortificada. **2.** Praça forte, com muralhas, fosso, etc.; fortaleza. **3.** Nas embarcações, parte que se eleva acima do convés principal.

cas.ti.çal [V.C] *sm*. Utensílio com bocal onde se põe a vela de cera. [Pl.: *-çais*.]

cas.ti.ço [Esp. *castizo*.] *adj*. De boa casta; puro.

cas.ti.da.de [Lat. *castitate*.◼14] *sf*. **1.** Qualidade de casto. **2.** Abstinência de relações sexuais.

cas.ti.gar [Lat. *castigare*.◼1A] *vtd*. **1.** Infligir castigo a; punir. **2.** Causar sofrimento a. **3.** Repreender, advertir. [C.:1C] § **cas.ti.ga.do** *adj*.

cas.ti.go [Dev. de *castigar*.] *sm*. **1.** Pena que se inflige a um culpado; punição. **2.** Repreensão. **3.** Mortificação.

cas.to [Lat. *castu*.] *adj*. **1.** Que se abstém de relações sexuais. **2.** Virtuoso; puro.

cas.tor (ô) [Lat. *castore*.] *sm*. **1.** *Zool.* Mamífero castorídeo. **2.** O seu pelo.

cas.to.rí.de:o [Tax. *Castoridae*.] *adj. sm. Zool.* Diz-se de, ou espécime dos castorídeos, família de roedores semiaquáticos do hemisfério norte, com densa pelagem e narinas e orelhas valvulares que podem ser ocluídas durante o mergulho.

cas.trar [Lat. *castrare*.◼1A] *vtd*. **1.** Cortar ou destruir os órgãos reprodutores a. **2.** *Fig.* Impedir a livre manifestação, ou o desenvolvimento de. [C.:1] § **cas.tra.ção** *sf*.; **cas.tra.do** *adj. sm*.

cas.tren.se [Lat. *castrense*.◼38] *adj2g*. **1.** Relativo à classe militar. **2.** Referente a acampamento militar.

cas.tro-al.ven.se [■38] *adj2g.* Relativo ao, ou próprio do poeta Castro Alves **(M.)**, ou à sua obra. [Pl.: *castro-alvenses.*]

ca.su.al [Lat. *casuale.* ■39] *adj2g.* V. *eventual.* [Pl.: *-ais.* Cf. *causal.*]

ca.su:a.li.da.de [*Casual.* ■14] *sf.* **1.** Qualidade de casual. **2.** Acontecimento casual; acaso.

ca.su.ar [Fr. *casoar.*] *sm. Zool.* Ave casuariídea da Oceania.

ca.su:a.ri.í.de:o [Tax. *Casuariidae.*] *adj. sm. Zool.* Diz-se de, ou espécime dos casuariídeos, família de aves grandes, corredoras, semelhantes ao avestruz.

ca.su:a.ri.na [Tax. *Casuarina.*] *sf. Bot.* Nome comum a casuarináceas ornamentais.

ca.su:a.ri.ná.ce:a [Tax. *Casuarinaceae.*] *sf. Bot.* Espécime das casuarináceas, fam. de árvores da Austrália e da Nova Zelândia de diminutas folhas escamiformes. § **ca.su:a.ri.ná.ce:o** *adj.*

ca.su.ís.mo [Esp. *casuísmo* ou fr. *casuisme.* ■11] *sm.* Aceitação passiva de ideias ou de doutrinas. § **ca.su.ís.ti.co** *adj.*

ca.su.ís.ta [*Casuísmo.* ■36] *s2g.* Quem pratica o casuísmo.

ca.su.la [B.-lat. *casubla.*] *sf.* Vestimenta sacerdotal que se põe sobre a alva e a estola.

ca.su.lo [Lat.vulg. **casuplu, casupulu.*] *sm.* Invólucro sedoso em que vivem as crisálidas.

ca.ta [Dev. de *catar.*] *sf.* **1.** Ação de catar. **2.** *Bras.* Escavação para mineração. ◆ **À cata de.** À procura de.

ca.ta.bó.li.co [*Catabolismo.* ■35B] *adj.* Em que há catabolismo.

ca.ta.bo.lis.mo [Gr. *katabolé*, 'ação de atirar de cima para baixo'. ■11] *sm. Fisiol.* Processo metabólico pelo qual o organismo transforma em energia material anabolizado pelos tecidos, e do qual resultam produtos que são excretados; desassimilação.

ca.ta.ce.go *adj. Pop.* Que tem vista curta.

ca.ta.clis.mo [Lat. *cataclysmos.*] *sm.* **1.** Transformação brusca, e muito ampla, da crosta terrestre; convulsão. **2.** *Fig.* Desastre social, ou político, etc.; derrocada.

ca.ta.cre.se [Gr. *katáchresis.*] *sf. E.Ling.* Aplicação de um termo já existente por faltar outro próprio. Ex.: *braço de rio, perna da mesa.*

ca.ta.cum.ba [Lat. *catacumba.*] *sf.* V. *sepultura.*

ca.ta.di.óp.tri.co [*Cata- + dióptrico.*] *sm.* Cada um dos dispositivos para reflexão e refração da luz, us. na sinalização das vias públicas e que devem ser instalados na parte traseira dos veículos; olho de gato.

ca.ta.du.pa [Lat. *catadupa.*] *sf.* **1.** Queda de grande porção de água corrente. **2.** *Fig.* Jorro, jato.

ca.ta.du.ra [*Catar.* ■5A] *sf.* Semblante, aspecto, aparência.

ca.ta.fal.co [Provç. *cadafalc.*] *sm.* Estrado alto sobre o qual se põe o féretro; essa.

ca.ta.lep.si.a [Gr. *katálepsis + -ia*[1]. ■8A] *sf. Psiq.* Estado em que se observa rigidez dos músculos, permanecendo o paciente na posição em que é colocado. § **ca.ta.lép.ti.co** *adj.*

ca.ta.li.sa.dor (ô) [*Catalisar.* ■19A] *adj.* **1.** *Fís.-Quím.* Diz-se de substância que produz catálise. **2.** *Fig.* Que incentiva, estimula.

ca.ta.li.sar [*Catálise.* ■1A] *vtd. Fís.-Quím.* Produzir catálise em. [C.: 1]

ca.tá.li.se [Gr. *katálysis.*] *sf. Fís.-Quím.* Modificação (ger. aumento) de velocidade de uma reação química pela presença e atuação de uma substância que não se altera no processo. § **ca.ta.lí.ti.co** *adj.*

ca.ta.lo.gar [*Catálogo.* ■1A] *vtd.* Relacionar em catálogo. [C.: 1C (ó)] § **ca.ta.lo.ga.ção** *sf.*

ca.tá.lo.go [Lat. *catalogu.*] *sm.* Relação ou lista metódica, e ger. alfabética, de pessoas ou coisas.

ca.ta.na [Do jap.] *sf.* Pequena espada curva.

ca.tan.du.ba ou **ca.tan.du.va** [Do tupi.] *sf. Bras. Fitogeo.* **1.** Terreno árido em que nasce mato rasteiro, espinhento. **2.** Esse mato.

ca.tão [Antr. *Catão* (234-149 a.C.).] *sm.* Homem de costumes ou princípios austeros. [Pl.: *-tões.*]

ca.ta.plas.ma [Lat. *cataplasma.*] *sf.* Papa medicamentosa que se aplica, entre 2 panos, a uma parte do corpo dorida ou inflamada.

ca.ta.po.ra [Do tupi.] *sf. Bras. Pop.* Varicela.

ca.ta.pul.ta [Lat. *catapulta.*] *sf.* Engenho de guerra que se usava para lançar projetis contra tropas e/ou fortificações inimigas.

ca.tar [Lat. *captare.* ■1A] *vtd.* **1.** Buscar, procurar. **2.** Recolher um a um, procurando entre outras coisas. **3.** Buscar piolhos, pulgas, etc., em (corpo ou parte do corpo), matando-os. **4.** Escolher, selecionar: *catar feijão*. [C.: 1] § **ca.ta.dor** (ô) *adj. sm.*

ca.ta.ra.ta [Lat. *cataracta.*] *sf.* **1.** Queda-d'água de grande extensão. **2.** *Med.* Perda da transparência da lente[1] (2) ou da sua cápsula.

ca.ta.ri.nen.se [■38] *adj2g.* **1.** De SC. ● *s2g.* **2.** O natural ou habitante desse estado.

ca.tar.rei.ra [*Catarro.* ■16] *sf.* Defluxo com muito catarro.

ca.tar.ren.to [*Catarro.* ■27] *adj.* Que tem catarro ou é propenso a encatarrar-se.

ca.tar.ri.no [*Cata- + -rino.*] *adj. Zool.* **1.** Que tem o septo nasal estreito e as narinas voltadas para baixo (diz-se de primata). ● *sm.* **2.** Primata catarrino (1).

ca.tar.ro [Lat. *catarrhu.*] *sm. Med.* Secreção, ger. patológica, das mucosas. § **ca.tar.ral** *adj2g.*

ca.tar.se [Gr. *kátharsis.*] *sf.* **1.** Purgação. **2.** *Psican.* Liberação de pensamentos e emoções que estavam reprimidos no inconsciente, seguindo-se alívio emocional.

ca.tár.ti.co [Gr. *kathartikós.* ■35B] *adj.* **1.** Relativo a catarse. ● *sm.* **2.** *Med.* Substância que promove evacuação intestinal.

ca.tar.tí.de:o [Tax. *Cathartidae.*] *adj. sm. Zool.* Diz-se de, ou espécime dos catartídeos, família de grandes aves ciconiiformes de cabeça

ca.tás.tro.fe [Lat. *catastrophe*.] *sf.* Acontecimento lastimoso ou funesto; calamidade. § **ca.tas.tró.fi.co** *adj.*

ca.ta.tau [V.C] *sm.* **1.** Coisa grande. **2.** Um grande número. **3.** *Bras. N.* Indivíduo baixo (1).

ca.ta.to.ni.a [Fr. *catatonie*.◨8A] *sm. Psiq.* Condição psicomotora, da esquizofrenia e de outros transtornos mentais, em que o indivíduo alterna períodos de estupor com outros de excitação. § **ca.ta.tô.ni.co** *adj. sm.*

ca.ta-ven.to *sm.* **1.** Aparelho que indica a velocidade e a direção do vento. **2.** Mecanismo que, pela ação de um cata-vento (1), extrai água de poços profundos. [Pl.: *cata-ventos*.]

ca.te.cis.mo [Lat. *catechismu*.◨11] *sm. Rel.* **1.** Ensino de princípios e tradições de religiões cristãs. **2.** Livro elementar de instrução cristã.

ca.te.cú.me.no [Lat. *catechumenu*.] *sm.* Quem se prepara para receber o batismo.

cá.te.dra [Lat. *cathedra*.] *sf.* Cadeira pontifícia, ou professoral.

ca.te.dral [Fr. *cathédrale*.◨39] *sf.* Igreja episcopal ou de uma diocese. [Pl.: -*drais*.]

ca.te.drá.ti.co [Lat. *cathedraticu*.◨35B] *sm.* **1.** Professor que ocupa cátedra. **2.** *Fam.* Homem muito entendido em determinado assunto. ● *adj.* **3.** Diz-se de catedrático (1).

ca.te.go.ri.a [Lat. *categoria*.◨8A] *sf.* **1.** Espécie, natureza, classe. **2.** Alta classe ou qualidade. **3.** Hierarquia social ou administrativa; classe. ♦ **Categoria gramatical.** *E.Ling.* V. *classe de palavras*.

ca.te.gó.ri.co [Lat. *categoricu*.◨35B] *adj.* **1.** Relativo a categoria. **2.** Claro, explícito.

ca.te.go.ri.za.do [*Categorizar*.◨17A] *adj.* **1.** Disposto em categorias. **2.** *Restr.* De categoria importante.

ca.te.go.ri.zar [*Categoria*.◨1D] *vtd.* Dispor em categorias. [C.: 1]

ca.te.gu.te [Ingl. *catgut*.] *sm.* Fio de origem animal, us. em cirurgia para suturas, etc.

ca.te.que.se [Lat. *catechese*.] *sf.* Instrução metódica e oral sobre coisas religiosas.

ca.te.quis.ta [Lat. *catechista*.◨36] *adj2g. s2g.* Que, ou quem catequiza.

ca.te.qui.zar [Lat. *catechizare*.◨1D] *vtd.* **1.** Instruir em matéria religiosa. **2.** Procurar convencer; aliciar. [C.: 1]

ca.te.re.tê [V.C] *sm. Bras. S. GO* Dança rural, em fileiras opostas, e cantada.

ca.ter.va (é) [Lat. *caterva*.] *sf.* V. *corja*.

ca.te.ter (tér) [Lat. *cathetere*.] *sm. Med.* Instrumento tubular que é inserido no corpo para retirar líquidos, introduzir sangue, soros, etc.

ca.te.te.ris.mo [*Cateter*.◨11] *sm.* Introdução de cateter (q.v.) no corpo humano.

ca.te.to (é) [Lat. *chathetu*.] *sm. Geom.* Qualquer dos lados adjacentes ao ângulo reto de um triângulo retângulo.

ca.ti.li.ná.ri:a [Lat. (*oratio*) *catilinaria*.] *sf.* Acusação violenta e eloquente.

ca.tim.ba [V.C] *sf. Bras. Gír.* **1.** Manha, astúcia. **2.** *Esport.* Recurso antiesportivo us. por jogador para retardar jogo, etc.

ca.tim.plo.ra [Esp. *cantimplora*.] *sf.* Vaso de metal para resfriar água.

ca.tin.ga[1] [Do guar.] *sf.* V. *bodum* (2).

ca.tin.ga[2] *sf. Bras. Fitogeo.* V. *caatinga*.

ca.tin.gar [*Catinga*[1].◨1A] *v.int. Bras.* Exalar mau cheiro; feder. [C.: 1C]

ca.tin.go.so (ô) [*Catinga*[1].◨37] *adj. Bras.* Que exala catinga; catinguento. [Pl.: -*gosos* (ó).]

ca.tin.guei.ro [*Catinga*[2].◨25] *adj. sm. Bras.* Diz-se de, ou habitante da catinga[2].

ca.tin.guen.to [*Catinga*[1].◨27] *adj. Bras.* Catingoso.

cá.ti:on [Gr. *kation* (nom.).] *sm. Fís.-Quím.* Átomo ou grupo de átomos com carga positiva.

ca.ti.ri.pa.po [V.A] *sm.* Tapa, pancada.

ca.ti.ta [V.D] *adj2g.* Que se veste com elegância.

ca.ti.van.te [*Cativar*.◨21] *adj2g.* Que cativa; atraente, sedutor.

ca.ti.var [Lat. *captivare*.◨1A] *vtd.* **1.** Tornar cativo; capturar. **2.** Ganhar a simpatia, a estima de; encantar: *Cativou a colega*. *p.* **3.** Tornar-se cativo; ficar sujeito. **4.** Apaixonar-se. [C.: 1]

ca.ti.vei.ro [*Cativo*.◨25] *sm.* **1.** V. *escravidão* (1). **2.** Local em que se mantém um indivíduo cativo ou sequestrado.

ca.ti.vo [Lat. *captivu*.] *adj.* **1.** Que não goza de liberdade; encarcerado ou sequestrado. **2.** Diz-se de prisioneiro de guerra. **3.** Forçado à escravidão. ● *sm.* **4.** Indivíduo cativo.

ca.to.do (ô) [Gr. *káthodos*.] *sm. Eletr.* Eletrodo negativo, aquele de onde partem elétrons e para onde vão os íons positivos.

ca.to.li.cis.mo [*Católico*.◨11] *sm.* **1.** Religião dos cristãos que reconhece o papa como autoridade máxima e aceita os dogmas como verdades irrefutáveis e básicas. **2.** A totalidade dos católicos.

ca.tó.li.co [Lat.ecl. *catholicu*.◨35B] *adj.* **1.** Do catolicismo (1), ou que o professa. ● *sm.* **2.** Indivíduo católico (1).

ca.tor.ze (ô) *num.* V. *quatorze*.

ca.tra.ca [V.A] *sf.* V. *borboleta* (4).

ca.trai.a *sf.* Pequeno barco para uma pessoa.

ca.trai.ei.ro [*Catraia*.◨25] *sm.* Tripulante de uma catraia.

ca.tra.pus [V.A] *interj.* Voz imitativa do galopar ou de queda súbita e ruidosa.

ca.tre [Do malaiala.] *sm.* **1.** Cama de viagem, dobrável. **2.** Leito tosco e pobre.

ca.tu.a.ba [Do tupi.] *sf. Bras. Bot.* Arbusto bignoniáceo tido como medicinal.

ca.tu.ca.da *sf.* V. *cutucada*.

ca.tu.cão *sm.* V. *cutucão*. [Pl.: -*cões*.]

ca.tu.car *vtd.* V. *cutucar*. [C.: 1A]

ca.tu.lé [Do tupi.] *sm. Bras. Bot.* Palmeira arecácea de frutos drupáceos cuja polpa fornece óleos alimentícios.

caturra | cavaleiro

ca.tur.ra [V.E] *s2g.* Pessoa aferrada a velhos hábitos, teimosa, que em tudo acha defeito.
ca.tur.ri.ce [*Caturra*.◘13] *sf.* Teimosia infundada; caturrismo.
ca.tur.ris.mo [*Caturra*.◘11] *sm.* 1. Palavras, ideias, atos de caturra. 2. Caturrice.
cau.bói [Ingl. *cowboy.*] *sm.* Vaqueiro.
cau.ção [Lat. *cautione.*] *sf.* 1. Cautela, precaução. 2. Garantia, segurança. 3. Depósito feito em garantia de pagamento futuro, ou de cumprimento de contrato, edital, etc.; fiança. [Pl.: *-ções.*]
cau.cho [Esp. *caucho.*] *sm. Bot.* Grande árvore morácea que produz o látex.
cau.ci:o.nar [*Caução* (-*cion*-).◘1A] *vtd.* Dar em caução ou garantia. [C.: 1]
cau.da [Lat. *cauda.*] *sf.* 1. Prolongamento posterior do corpo de alguns animais; rabo. 2. As penas do uropígio das aves; rabo. 3. A parte de trás de saia ou vestido que, às vezes, se arrasta pelo chão. 4. A parte posterior ou o prolongamento de certas coisas.
cau.dal [Lat. *capitale.*◘39] *sm. f.* 1. Torrente impetuosa. ● *adj2g.* 2. Caudaloso. [Pl.: *-dais.*]
cau.da.lo.so (ô) [*Caudal*.◘37] *adj.* Diz-se de rio que leva água em abundância; caudal. [Pl.: *-losos* (ó).]
cau.da.tá.ri:o [Lat.ecl. *caudatariu*.◘24] *sm.* 1. Aquele que, nas solenidades, levanta e leva a cauda das vestes dos altos dignitários. 2. Indivíduo servil.
cau.di.lhis.mo [*Caudilho*.◘11] *sm.* Sistema ou maneiras de caudilho.
cau.di.lho [Esp. *caudillo.*] *sm.* 1. Chefe militar. 2. Mandachuva. 3. Cabecilha.
cau.im (auím) [Do tupi.] *sm. Bras.* Bebida indígena feita de mandioca, milho, etc., fermentados. [Pl.: *-ins.*]
cau.le [Lat. *caule.*] *sm. Bot.* Parte aérea, com folhas, do eixo das plantas, ligada à raiz.
cau.lim [Fr. *kaolin*, de or. chin.] *sm.* Argila pura, de cor branca. [Pl.: *-lins.*]
cau.sa [Lat. *causa.*] *sf.* 1. Aquilo ou aquele que faz que uma coisa exista. 2. Aquilo ou aquele que determina um acontecimento. 3. Razão, motivo. 4. Partido, interesse. 5. V. *demanda* (2). ◆ **Por causa de.** Como consequência de.
cau.sa.dor (ô) [*Causar*.◘19A] *adj. sm.* Que, ou aquele que é causa de algo.
cau.sal [*Causa*.◘39] *adj2g.* Relativo a, ou que exprime causa. [Pl.: *-sais.* Cf. *casual.*]
cau.sa.li.da.de [*Causal.*◘14] *sf.* Relação de causa e efeito.
cau.sar [Lat. *causare*.◘1A] *vtd. e tdi.* Ser causa de; motivar. [C.: 1]
cau.sí.di.co [Lat. *causidicu*.◘35B] *sm.* Defensor de causas; advogado.
caus.ti.car [*Cáustico*.◘1A] *vtd.* 1. Aplicar cáusticos a; queimar. 2. Aquecer muito, ressecando. [C.: 1A] § **caus.ti.can.te** *adj2g.*
caus.ti.ci.da.de [*Cáustico*.◘14] *sf.* Qualidade de cáustico.

cáus.ti.co [Lat. *causticu*.◘35B] *adj.* 1. Que queima, cauteriza os tecidos orgânicos. 2. *Fig.* Irônico, mordaz. ● *sm.* 3. *Med.* Cautério.
cau.te.la [Lat. *cautela.*] *sf.* 1. Cuidado para evitar um mal; precaução. 2. Documento que casa de penhor passa a quem nela levanta empréstimo. 3. Certificado ou título provisório que representa ações ou debêntures.
cau.te.lar [*Cautela*.◘40] *adj2g.* Que acautela ou é próprio para acautelar.
cau.te.lo.so (ô) [*Cautela*.◘39] *adj.* Que procede com cautela; prudente, cauto. [Pl.: *-losos* (ó).]
cau.té.ri:o [Lat. *cauteriu..*] *sm. Med.* Agente us. para destruir os tecidos orgânicos e convertê-los em escara; cáustico.
cau.te.ri.zar [Lat. *cauterizare*.◘1D] *vtd.* 1. Aplicar cautério a. 2. *Fig.* Extirpar. [C.: 1] § **cau.te.ri.za.ção** *sf.*
cau.to [Lat. *cautu.*] *adj.* V. *cauteloso.*
ca.va [Lat. *cava.*] *sf.* 1. Operação de cavar. 2. Cavado (4). 3. Abertura ou corte do vestuário na região axilar, para passagem do braço, e a que se adaptam ou não mangas. 4. *Anat.* Nome comum a 2 grandes veias: a superior recolhe o sangue da cabeça, pescoço, membros superiores e tórax; e a inferior, o sangue de membros inferiores e de órgãos abdominais.
ca.va.ção [*Cavar*.◘2A] *sf.* 1. Ato ou efeito de cavar. 2. *Bras. Pop.* Negócio ou emprego obtido por proteção. 3. *Bras. Pop.* Negócio ilícito. [Pl.: *-ções.*]
ca.va.co¹ [*Cavaca*, poss.] *sm.* Lasca de madeira.
ca.va.co² [*Cava*, ou de *cavar*, poss.] *sm.* 1. V. *bate-papo.* 2. Contrariedade, amolação.
ca.va.do [*Cavar*.◘17A] *adj.* 1. Aberto, revolvido (o terreno). 2. Em que se fez buraco; escavado. 3. Fundo, encovado. ● *sm.* 4. Lugar que se cavou; cava. 5. Cava (3).
ca.va.dor (ô) [*Cavar*.◘19A] *adj.* 1. Que cava. ● *sm.* 2. Aquele que cava. 3. *Bras.* Aquele que cava, arranja emprego, negócio, etc.
ca.va.la [Lat. *cavalla.*] *sf. Zool.* Peixe escombrídeo, oceânico e migratório.
ca.va.lar [*Cavalo*.◘40] *adj2g.* Do, ou próprio do cavalo, ou da raça dele.
ca.va.la.ri.a [*Cavalo*.◘15] *sf.* 1. Multidão de cavalos. 2. Multidão de gente a cavalo. 3. Tropa militar que serve a cavalo. 4. Instituição nobre, militar e religiosa, da Idade Média.
ca.va.la.ri:a.no [*Cavalaria*.◘29] *sm. Bras.* Soldado de cavalaria (3); cavaleiro.
ca.va.la.ri.ça [De *cavalar.*] *sf.* Casa térrea, para cavalos; cocheira.
ca.va.la.ri.ço [*Cavalar* + *-iço*.] *sm.* Empregado de cavalariça.
ca.va.lei.ra *sf. Fem.* de *cavaleiro* (4); amazona.
ca.va.lei.ro [Lat. *caballariu*.◘25] *adj.* 1. Que anda a cavalo. 2. Relativo à cavalaria. ● *sm.* 3. Homem montado a cavalo. 4. Aquele que sabe andar a cavalo. 5. Cavalariano. 6. Homem nobre; paladino.

cavalete | ■CD

ca.va.le.te (ê) [*Cavalo* + *-ete* (ê).] *sm.* **1.** Armação móvel na qual se põe a prancheta, a tela para pintar, o quadro-negro, etc. **2.** Armação ou banqueta para apoiar as peças em que trabalham carpinteiros, mecânicos, etc.

ca.val.ga.da ou **ca.val.ga.ta** [*Cavalgar*.▫4] *sf.* Marcha dum troço de cavaleiros.

ca.val.ga.du.ra [*Cavalgar*.▫5A] *sf.* **1.** Besta que se pode cavalgar. **2.** *Fig.* V. *cavalo* (2).

ca.val.gar [Lat.vulg.*caballicare*.▫1A] *vtd.***1.** Montar sobre. **2.** Saltar por cima de; galgar. *int.* **3.** Montar a cavalo. [C.:1C] § **ca.val.ga.men.to** *sm.*

ca.va.lha.da [*Cavalo*.] *sf. Bras.* Porção de cavalos.

ca.va.lha.das *sfpl. Folcl.* Folguedo popular, espécie de torneio.

ca.va.lhei.res.co (ê) [*Cavalheiro*.▫33A] *adj.* Próprio de cavalheiro; cavalheiro.

ca.va.lhei.ris.mo [*Cavalheiro*.▫11] *sm.* Ação ou atitude própria de cavalheiro (1 e 2).

ca.va.lhei.ro [Esp. *caballero*.▫25] *sm.* **1.** Homem de sentimentos e ações nobres. **2.** Homem de educação esmerada. **3.** O homem que dança com uma mulher. ◆ *adj.* **4.** Cavalheiresco.

ca.va.lo [Lat. *caballu*.] *sm.* **1.** *Zool.* Mamífero equídeo, domesticado como animal de tiro (6) e de montaria. É herbívoro, tem crina e focinho longos e patas com cascos sólidos. **2.** *Fig.* Homem muito grosseiro, ou pouco inteligente; jumento, cavalgadura. **3.** Certa peça do jogo de xadrez. **4.** *Bot.* Ramo ou tronco em que se faz um enxerto. ◆ **A cavalo. 1.** Montado sobre o cavalo. **2.** *Bras. Cul.* Que leva 1 ou 2 ovos sobre (diz-se de bife, carne). **Cair do cavalo.** Ter grande surpresa, ger. desagradável. **Tirar o cavalo da chuva.** *Bras.* Advertência para que alguém desista de um propósito.

ca.va.lo de pau *sm. Bras.* Manobra em que se faz o veículo inverter o rumo mediante a aplicação súbita de freios, e ger. para fazê-lo parar. [Pl.: *cavalos de pau*.]

ca.va.lo-ma.ri.nho *sm. Zool.* Peixe singnatídeo que nada em posição ereta, e cuja cabeça lembra a do cavalo; hipocampo. [Pl.: *cavalos-marinhos*.]

ca.va.lo-va.por *sm. Fís.* Unidade de medida de potência, igual a 735,5W. [Pl.: *cavalos-vapor*.]

ca.va.nha.que [Antr. *Cavaignac* (1802-1857), general francês.] *sm. Bras.* Barbicha no queixo, aparada em ponta.

ca.va.que.ar [*Cavaco*².▫1N] *vtd. e tdi.* Conversar amigavelmente; prosear. [C.: 12A]

ca.va.qui.nho [*Cavaco*¹.▫32] *sm.* Pequena viola, de 4 cordas simples e dedilháveis.

ca.var [Lat. *cavare*.▫1A] *vtd.* **1.** Revolver ou furar (a terra) com enxada, picareta, etc. **2.** Furar. **3.** Dar forma a, cavando: *cavar uma sepultura.* **4.** Extrair, cavando. **5.** Aumentar cava, decote ou gancho em (vestuário). **6.** Esforçar-se por conseguir. *int.* **7.** Trabalhar, cavando [v. *cavar* (1)]. **8.** *Bras.* Lutar duramente pela subsistência. [C.: 1] § **ca.va.do** *adj.*

ca.va.ti.na [It. *cavatina*.] *sf. Mús.* Pequena ária.

ca.vei.ra [Lat. *calvaria*.▫16] *sf.* Cabeça descarnada ou esqueleto da cabeça.

ca.ver.na [Lat. *caverna*.] *sf.* **1.** Grande cavidade no interior da terra, sobretudo em terrenos rochosos. **2.** *Med.* Cavidade patológica, como a que ocorre, p.ex., em tuberculose pulmonar.

ca.ver.na.me [*Caverna* + *-ame*.] *sm.* O conjunto das peças que dão forma ao casco da embarcação.

ca.ver.ní.co.la [*Caverna* + *-i-* + *-cola*.] *adj2g. s2g.* Que, ou aquele que vive ou habita em caverna.

ca.ver.no.so (ô) [Lat. *cavernosu*.▫37] *adj.* Rouco e profundo (som); cavo. [Pl.: *-nosos* (ó).]

ca.vi.ar [Fr. *caviar*.] *sm.* Ova de esturjão conservada.

ca.vi.da.de [Lat. *cavitate*.▫14] *sf.* **1.** Espaço cavado de um corpo sólido. **2.** Buraco (1). **3.** *Anat.* Nome genérico de depressão ou área oca: *cavidades nasais*. [Denom. ant.: *fossa*.]

ca.vi.í.de:o [Tax. *Caviidae*.] *adj. sm. Zool.* Diz-se de, ou espécime dos caviídeos, roedores de cauda atrofiada, e mãos e pés com unhas fortes e cortantes. Ex.: preá, cobaia.

ca.vi.la.ção [Lat. *cavillatione*.▫2A] *sf.* **1.** Astúcia, manha. **2.** Ironia maliciosa. [Pl.: *-ções*.]

ca.vi.lha [Provç. *cavilha*.] *sf.* Peça de madeira ou de metal para juntar ou segurar madeiras, chapas, etc., ou tapar orifício.

ca.vi.lo.so (ô) [Lat. *cavillosu*.▫37] *adj.* Que tem ou denota cavilação; capcioso. [Pl.: *-losos* (ó).]

ca.vo [Lat. *cavu*.] *adj.* **1.** Côncavo. **2.** Vazio, oco. **3.** Cavernoso.

ca.vou.car [*Cavouco*.▫1A] *vtd. e int.* Abrir cavoucos (em). [C.: 1A]

ca.vou.co [*Cavo*.] *sm.* **1.** Escavação aberta para alicerces de uma construção. **2.** Vala, fosso.

ca.vou.quei.ro [*Cavouco*.▫25] *sm.* **1.** Aquele que abre cavoucos. **2.** Variedade de samba dançado ao som desse tambor e de outros; jongo.

ca.xam.bu [Or.afr.] *sm. Bras. MG* **1.** Grande tambor us. no caxambu (2). **2.** Variedade de samba dançado ao som desse tambor e de outros; jongo.

ca.xan.gá [Do tupi, poss.] *sm. Bras.* Crustáceo decápode, comestível.

ca.xe.mi.ra [Top. *Caxemira*.] *sf.* Lã muito fina e macia do pelo de certa cabra do Himalaia (Ásia), com cujos fios se fazem tecidos, casacos, xales, etc.

ca.xe.ta (ê) [V.C] *sf. Bras. Bot.* Arvoreta bignoniácea de madeira útil.

ca.xi.as [(*Duque de*) *Caxias* (M.).] *adj2g2n. s2g2n. Bras. Pop.* Diz-se de, ou pessoa muito escrupulosa no cumprimento dos deveres.

ca.xin.gue.lê [Do quimb.] *sm. Bras. Zool.* Mamífero ciurídeo; esquilo, serelepe.

ca.xum.ba [Or.afr., poss.] *sf. Bras.* Inflamação aguda da parótida; papeira.

■ **cd** *Fotom.* Símb. de *candela*.

■ **Cd** *Quím.* Símb. de *cádmio*.

■ **CD** *sm.* **1.** Disco óptico relativamente pequeno (3,5 ou 5,25 polegadas), lido com *laser* e us.,

■ **CDB** [C(ertificado) de) D(epósito) B(ancário).] Econ. Documento que comprovou a efetivação de depósito a prazo fixo em estabelecimento bancário, rendendo juros e correção monetária.

→**CD-player** (cedê-plêier) [Ingl.] Aparelho de som que toca CDs. [Tb. *player*.]

■ **CD-ROM** (cedê-rom) *sm. Inform.* CD não regravável, com programas e dados para computador (inclusive imagens, sons, vídeos).

■ **Ce** *Quím.* Símb. de cério.

cê *sm.* A letra *c*.

ce.ar [Lat. *coenare*.◨1A] *vtd.* 1. Comer à ceia. *int.* 2. Comer a ceia. [C.: 12A]

ce.a.ra.dá.ti.lo [Tax. *Cearadactilus*.] *sm. Paleont.* Pterossauro com cerca de 5,5m de envergadura. Viveu no cretáceo, e fósseis foram descobertos na chapada do Araripe (M.).

ce:a.ren.se [◨38] *adj2g.* 1. Do CE. ● *s2g.* 2. O natural ou habitante desse estado.

ce.a.ta [*Cear* + *-ata*.] *sf.* Ceia lauta, abundante.

ce.bí.de:o [Tax. *Cebidae*.] *adj. sm. Zool.* Diz-se de, ou espécime dos cebídeos, família macacos do Novo Mundo.

ce.bo.la (ô) [Lat. *caepulla*.] *sf.* 1. *Bot.* Erva bulbosa liliácea, condimentosa, de cheiro e sabor acres. 2. O bulbo dessa planta.

ce.bo.la.da [*Cebola*.◨4] *sf.* 1. Molho preparado com cebolas guisadas ou fritas. 2. Iguaria com esse molho.

ce.bo.lão [*Cebola*.◨28A] *sm.* Relógio antigo, de bolso, ou atual, de pulso, grande, redondo e grosso. [Pl.: *-lões*.]

ce.bo.li.nha [*Cebola*.◨32A] *sf. Bras. Bot.* Erva liliácea de folhas compridas, cilíndricas, comestíveis.

ce.ce.ar [Esp. *cecear*.] *v.int.* Pronunciar o *s*, o *z*, o *c* (antes de *e* e de *i*) e o *x* (= *ss*) apoiando nos dentes a ponta da língua. [C.: 12A. Cf. *ciciar*.]

cê-ce.di.lha *sm.* Cê em que se pôs cedilha. [Pl.: *cês-cedilhas*.]

ce.cei.o [Dev. de *cecear*.] *sm.* Ato ou efeito de cecear.

ce.cí.di:o [Gr. *kekídion*.] *sm. Bot.* Neoformação ou hipertrofia, em tecido vegetal, ger. esférica; galha.

ce.ci.li.a.no [◨29] *adj.* Relativo a, ou próprio da poetisa Cecília Meireles (M.), ou à sua obra.

ce.co [Lat. *caecu*.] *sm. Anat.* A primeira parte do intestino grosso. § **ce.cal** *adj2g.*

cê-dê-e.fe *s2g. Bras. Gír.* Aluno muito estudioso. [Pl.: *cê-dê-efes*.]

ce.den.te [Lat. *cedente*.◨21] *adj2g. s2g.* Que, ou quem cede.

ce.der [Lat. *cedere*.◨1B] *vtid.* 1. Transferir (a outrem) direitos, posse ou propriedade de algo. 2. Pôr (algo) à disposição de: *Cedeu seu tempo para o asilo*. *ti.* 3. Não resistir; sucumbir: *não ceder às tentações*. 4. Anuir. *int.* 5. Arriar(-se). 6. Anuir. 7. Diminuir ou cessar: *A febre cedeu*. [C.: 2 (ê-é)]

ce.di.ço [Esp. *cedizo*.] *adj.* 1. Muito velho. 2. Sabido de todos.

ce.di.lha [Esp. *cedilla*.] *sf.* Sinal gráfico (¸) que, soto-posto ao *c* antes de *a*, *o*, *u*, lhe dá o valor de *s* inicial.

ce.di.lhar [*Cedilha* + *-ar*².◨1A] *vtd.* Pôr cedilha em. [C.: 1]

ce.do (ê) [Lat. *cito*.] *adv.* 1. Antes da ocasião própria. 2. De madrugada.

ce.dro [Lat. *cedru*.] *sm. Bot.* Grande árvore meliácea de madeira útil.

ce.dro-do-lí.ba.no *sm. Bot.* Grande árvore pinácea, de madeira útil e aromática. [Pl.: *cedros-do-líbano*.]

cé.du.la [Lat. *schedula*.] *sf.* 1. Documento escrito; apontamento. 2. Confissão de dívida, escrita mas não legalizada. 3. Papel que representa moeda de curso legal; nota. 4. *Bras.* Papel com o nome de candidatos a cargo eletivo; voto.

ce.fa.lei.a (éi) [Gr. *kephalaía*.] *sf. Med.* Dor de cabeça.

ce.fá.li.co [Gr. *kephalikós*.◨35B] *adj.* Da cabeça, ou relativo a ela.

ce.fa.ló.po.de [*Cefal(o)-* + *-pode*.] *adj2g. sm. Zool.* Diz-se de, ou espécime dos cefalópodes, classe de mcluscos marinhos de cabeça grande e rodeada de 8, 10 ou mais tentáculos. Ex.: argonautas, polvos.

ce.fa.lo.tó.rax [*Cefal(o)-* + *tórax*.] *sm2n. Zool.* Região anterior do corpo dos crustáceos e aracnídeos, formada pela fusão da cabeça e do tórax.

ce.gar [Lat. *caecare*.◨1A] *vtd.* 1. Tirar a vista a; tornar cego. 2. Fazer perder a razão; alucinar. 3. *Fig.* Deslumbrar, fascinar. 4. Tirar o fio ou o gume de (faca, navalha, tesoura, etc.). *int.* 5. Perder a vista; ficar cego. 6. Perturbar a vista. [C.: 1C (é). Cf. *segar*.] § **ce.gan.te** *adj2g.*

ce.gas [Pl. do f. de *cego*] *el.sf. pl.* Us. na loc. adv. *às cegas.* ◆ **Às cegas.** 1. Sem ver. 2. Sem conhecimento prévio ou real sobre algo.

ce.go [Lat. *caecu*.] *adj.* 1. Privado da vista. 2. *Fig.* Alucinado, transtornado pela paixão, pelo ódio, etc. 3. Com o fio gasto (faca, tesoura, etc.). 4. Diz-se de nó (1) difícil de desfazer. ● *sm.* 5. Indivíduo cego.

ce.go.nha [Lat. *ciconia*.] *sf. Zool.* 1. Nome comum a aves ciconiídeas que ocorrem sobretudo na Europa, África e Ásia. 2. *Bras.* V. *caminhão-cegonha*.

ce.guei.ra [*Cego*.◨16] *sf.* 1. Estado de cego. 2. *Fig.* Afeição extrema, exagerada.

cei.a [Lat. *coena*.] *sf.* 1. Refeição da noite. 2. *Rel.* A última ceia de Cristo com seus discípulos; a Santa Ceia.

cei.fa [Do ár.] *sf.* Ato ou época de ceifar.

cei.fa.dei.ra [*Ceifar*.◨16A] *sf.* Máquina de ceifar; ceifeira.

ceifar | censitário

cei.far [Ceifa.■1A] vtd. 1. Abater (seara madura) com a foice ou outro instrumento, ou máquina. 2. Cortar. 3. Arrebatar (a vida). 4. Tirar a vida a. int. 5. Cortar as espigas maduras. [Sin. de 1, 2 e 5: segar. C.: 1]

cei.fei.ra [Ceifar.■16] sf. 1. Ceifadeira. 2. Mulher que ceifa.

cei.fei.ro [Ceifar.■25] sm. Homem que ceifa.

ce.la [Lat. cella.] sf. Aposento de frades ou freiras, ou de presos.

ce.le.bran.te [Celebrar.■21] adj2g. 1. Que celebra. ● s2g. 2. Aquele que celebra. ● sm. 3. Restr. Rel. O padre ao rezar missa.

ce.le.brar [Lat. celebrare.■1A] vtd. 1. Fazer realizar com solenidade. 2. Festejar (1). 3. Louvar, exaltar. 4. Acolher com festejos. 5. Rezar (missa). int. 6. Rezar missa. [C.: 1 (é)] § ce.le.bra.ção sf.

cé.le.bre [Lat. celebre.] adj2g. 1. Afamado, famoso; famigerado. 2. Muito notório; notável.

ce.le.bri.da.de [Lat. celebritate.■14] sf. 1. Qualidade de célebre; fama 2. Pessoa célebre.

ce.le.bri.zar [Célebre.■1D] vtd. e p. Tornar(-se) célebre; notabilizar(-se). [C.: 1]

ce.lei.ro [Lat. cellariu.■25] sm. Casa onde se ajuntam e guardam cereais; tulha, granel.

ce.le.ra.do [Lat. sceleratu.] sm. Indivíduo perverso e/ou criminoso.

cé.le.re [Lat. celere.] adj2g. Veloz. § ce.le.ri.da.de sf.

ce.les.te [Lat. caeleste.] adj2g. 1. Relativo ao céu, ou que se avista, ou está nele. 2. Da divindade. 3. Sublime; divino. [Sin.ger.: celestial.]

ce.les.ti.al [Celeste.■39C] adj2g. V. celeste. [Pl.: -ais.]

ce.leu.ma [Lat. celeuma.] sf. 1. Vozerio de pessoas que trabalham. 2. Barulho, algazarra. 3. V. controvérsia (2).

ce.li.ba.tá.rio [Fr. célibataire.■24] adj. sm. Que, ou aquele que não se casou.

ce.li.ba.to [Lat. caelibatu.] sm. O estado de pessoa que se mantém solteira.

ce.lo.fa.ne [Fr. cellophane.] sm. Papel delgado e transparente, obtido da viscose.

cel.so [Lat. celsu.] adj. Excelso, sublime.

cel.ta [Lat. celtae, no sing.] s2g. 1. Indivíduo dos celtas, povo indo-europeu originário da Europa central. ● adj2g. 2. Desse povo.

cé.lu.la [Lat. cellula.] sf. 1. Biol. Unidade estrutural e funcional básica dos seres vivos, ger. microscópica, composta de numerosas partes, sendo as principais a membrana, o citoplasma e o núcleo. 2. Eletr. Dispositivo que produz corrente elétrica a partir de reações químicas, ou que as provoca (p.ex., eletrólise) empregando corrente elétrica. 3. Eletrôn. Dispositivo fotoelétrico. ◆ **Célula solar.** Fotocélula (2).

cé.lu.la-o.vo sf. Biol. V. zigoto. [Pl.: células-ovo(s).]

ce.lu.lar [Célula.■40] adj2g. 1. Que tem o é formado de células. 2. Relativo a célula. 3. Diz-se de prisão que se cumpre em cela. ● sm. 4. Telefone celular.

cé.lu.la-tron.co sf. Biol. Célula com capacidade de autorreplicação e que se pode diferenciar em vários tecidos. [Pl.: células-tronco(s).]

ce.lu.li.te [Célula + -ite¹.] sf. Med. Inflamação de tecido subcutâneo, podendo atingir músculo e causar formação de abscesso.

ce.lu.loi.de (ói) [Ingl. celluloid.] sm. Substância sólida, transparente, elástica, us. na indústria.

ce.lu.lo.se [Fr. cellulose.] sf. Substância encontrada nos vegetais e us. na fabricação de papel.

cem [Cento.] num. 1. Quantidade que é uma unidade maior que 99. 2. Número (1) correspondente a essa quantidade. [Representa-se em algarismos arábicos por 100, e em romano, por C.] 3. Fig. Vários, muitos.

ce.men.to [Lat. cementu.] sm. Anat. Fina camada de tecido ósseo que recobre a raiz dentária, fixando o dente a osso.

ce.mi.té.ri.o [Lat. coemeteriu.] sm. Recinto onde se enterram e guardam os mortos; necrópole, campo-santo.

ce.na [Lat. scena.] sf. 1. O palco teatral. 2. No palco, o principal espaço de representação. 3. A arte dramática. 4. Cada uma das situações ou passagens no decorrer de uma peça, filme, novela, romance, etc. 5. Acontecimento dramático, ou cômico. § **cê.ni.co** adj.

ce.ná.cu.lo [Lat. coenaculu.] sm. 1. Ant. Sala onde se comia a ceia ou o jantar. 2. Ajuntamento de pessoas que têm ideias ou objetivos comuns.

ce.ná.ri.o [It. scenario.] sm. Lugar onde decorre a ação, ou parte da ação, de peça, romance, filme, etc. § **ce.na.ris.ta** s2g.

ce.nho [Esp. ceño.] sm. 1. Aspecto ou rosto severo, carrancudo. 2. Rosto, semblante.

ce.nó.bi.o [Lat. coenobiu.] sm. Habitação de monges.

ce.no.bi.ta [Lat. coenobita.] s2g. Monge que leva vida em comum com outros.

ce.no.gra.fi.a [Lat. scenographia, do gr.] sf. Cin. Teatr. Telev. Arte de criar cenários. § **ce.no.grá.fi.co** adj.; **ce.nó.gra.fo** sm.

ce.no.tá.fi:o [Lat. cenotaphiu.] sm. Monumento fúnebre erigido à memória de alguém, mas que não lhe encerra o cadáver.

ce.no.téc.ni.ca [Cen(o)-⁴ + técnica.] sf. Cin. Teatr. Telev. Arte de construir e montar cenários e outros dispositivos cênicos.

ce.no.téc.ni.co sm. Cin. Teatr. Telev. Especialista em cenotécnica.

ce.nou.ra [Do ár.] sf. 1. Bot. Planta apiácea de raiz comestível. 2. Essa raiz.

ce.no.zoi.co (ói) [Cen(o)-³ + -zoico.] adj. Relativo a era geológica iniciada há c.65 milhões de anos, e que inclui os períodos terciário e quaternário.

cen.si.tá.ri:o adj. Censual.

cen.so [Lat. *censu.*] *sm.* Conjunto dos dados estatísticos dos habitantes duma cidade, dum estado, etc., com todas as suas características; recenseamento.

cen.sor (ô) [Lat. *censore.*] *sm.* **1.** Aquele que censura. **2.** Crítico (4). **3.** Na Roma antiga, magistrado que recenseava a população e velava pelos bons costumes.

cen.só.ri:o [Lat. *censoriu.*] *adj.* De, ou relativo a censor ou a censura.

cen.su.al [Lat. *censuale.* ▫39A] *adj2g.* De, ou relativo a censo; censitário. [Pl.: -*ais.* Cf. *sensual.*]

cen.su.ra [Lat. *censura.*] *sf.* **1.** Exame crítico de obras literárias ou artísticas; crítica. **2.** V. *repreensão.* **3.** Crítica (4 e 6).

cen.su.rar [*Censura.* ▫1A] *vtd.* **1.** Exercer censura sobre. **2.** Proibir a divulgação ou execução de. **3.** V. *reprovar* (1). **4.** Repreender. [C.: 1] § **cen.su.ra.do** *adj.*

cen.tau.ro [Lat. *centauru.*] *sm. Mit.* Monstro fabuloso, metade homem e metade cavalo.

cen.ta.vo [*Cento* + *avo.*] *sm.* Moeda divisionária, a centésima parte do real e de outras moedas.

cen.te:i.o [Lat. *centenu.*] *sm.* Cereal (2) us. para fazer pães, etc.

cen.te.lha (ê) [Esp. *centella.*] *sf.* **1.** Partícula ígnea ou luminosa que sai dum corpo incandescente; chispa, lampejo, fagulha. **2.** *Fig.* Inspiração (3 e 4).

cen.te.na [Lat. *centena.*] *sf.* Conjunto de cem unidades ou quantidades; cento.

cen.te.ná.ri:o [Lat. *centenariu.* ▫24] *sm.* **1.** Espaço de cem anos; século, centúria. **2.** Homem que atingiu cem ou mais anos. ● *adj.* **3.** Relativo a cem. **4.** Que tem cem anos; secular.

cen.te.si.mal [*Centésimo.* ▫39] *adj2g.* **1.** Relativo a centésimo. **2.** *Diz-se da divisão em cem partes iguais.* [Pl.: -*mais.*]

cen.té.si.mo [Lat. *centesimu.*] *num.* **1.** Ordinal correspondente a 100. **2.** Fracionário correspondente a 1/100. ● *sm.* **3.** Nome dado a certas moedas divisionárias cujo valor é um centésimo (2) da unidade monetária nacional.

cen.ti:a.re [Fr. *centiare.*] *sm.* Unidade agrária de superfície, equiv. ao metro quadrado; a centésima parte do are.

cen.tí.gra.do [*Centi-* + *grado²*.] *sm. Fís.* Um grau, na escala da temperatura centesimal.

cen.ti.gra.ma [*Centi-* + *grama¹*.] *sm.* Unidade de massa, equiv. à centésima parte do grama² [símb.: *cg*].

cen.ti.li.tro [*Centi-* + *litro.*] *sm.* Unidade de capacidade, equiv. à centésima parte do litro [símb.: *cl*].

cen.tí.me.tro [*Centi-* + *metro.*] *sm.* Unidade de medida de comprimento, igual a 0,01m [símb.: *cm*].

cên.ti.mo [Fr. *centime.*] *sm.* Moeda divisionária e centésima parte de várias moedas.

cen.to [Lat. *centu.*] *num.* **1.** Grupo de cem objetos. ● *sm.* **2.** Centena. **3.** O número cem.

cen.to.pei.a (éi) [Lat. **centipedia.*] *sf. Bras. Zool.* Lacraia.

cen.tral [Lat. *centrale.* ▫39] *adj2g.* **1.** Do, ou situado no centro. **2.** Principal, fundamental. **3.** Responsável pela coordenação e controle de atividades, operações, etc. realizadas em outras partes de um organismo, uma máquina, um grupo social, etc. ● *sf.* **4.** *Eng.Elétr.* Estação de geração de energia elétrica, e que pode ser térmica, nuclear, hidrelétrica, termelétrica, eólica, etc. [Pl.: -*trais.*]

cen.tra.lis.mo [*Central.* ▫11] *sm.* Sistema em que há centralização (2).

cen.tra.li.za.ção [*Centralizar.* ▫2A] *sf.* **1.** Ato ou efeito de centralizar(-se). **2.** Acúmulo de atribuições no poder central. [Pl.: -*ções.*]

cen.tra.li.zar [*Central.* ▫1D] *vtd.* **1.** Tornar central; reunir em um centro. **2.** Atrair, trazer para si. *p.* **3.** Reunir-se (num centro); concentrar-se. [C.: 1] § **cen.tra.li.za.dor** (ô) *adj.*

cen.trar [*Centro.* ▫1A] *vtd.* **1.** Localizar no centro. **2.** *Fut.* Chutar (a bola) em passe longo, buscando o centro do campo. [C.: 1]

cen.trí.fu.ga *sf.* **1.** Aparelho ou dispositivo usa centrífuga. **2.** Eletrodoméstico que tritura frutas, verduras e legumes, separando a parte sólida da líquida.

cen.tri.fu.gar [*Centrífugo.* ▫1A] *vtd.* Separar (líquidos imiscíveis ou sólido de líquido), aplicando a força centrífuga. [C.: 1C] § **cen.tri.fu.ga.ção** *sf.*

cen.trí.fu.go [*Centro* + -*i*- + *fugo¹*.] *adj.* Que se afasta do centro.

cen.trí.pe.to [*Centro* + -*i*- + -*peto.*] *adj.* Que se dirige para o centro.

cen.tris.mo [*Centro.* ▫11] *sm.* Posição ou tendência política dos centristas.

cen.tris.ta [*Centro.* ▫36] *adj2g. s2g.* Que, ou aquele que é partidário do centro (6).

cen.tro [Lat. *centru.*] *sm.* **1.** Ponto interior equidistante de todos os pontos da circunferência ou da superfície duma esfera. **2.** Interior, profundeza. **3.** A parte da cidade onde estão os setores comercial e financeiro. **4.** Lugar onde se desenvolvem certas atividades com objetivo determinado. **5.** Posição de meio num espaço qualquer. **6.** *Fig.* Qualquer posição política situada entre os extremos. **7.** *Fig.* V. *cerne* (2). ◆ **Centro geométrico.** *Geom.* Centroide.

cen.tro-a.me.ri.ca.no *adj. sm.* Da América Central, ou o que é seu natural ou habitante. [Flex.: *centro-americanos, centro-americana(s).*]

cen.tro:a.van.te [*Centro* + *avante.*] *s2g. Esport.* No futebol, jogador que ocupa posição central, entre os atacantes.

cen.troi.de (ói) [*Centro* + -*oide.*] *sm. Geom.* Ponto cujas coordenadas são as médias das coorde-

centro-oeste | cerne

nadas dos pontos de uma figura geométrica; centro geométrico.

cen.tro-o.es.te *sm. Geogr.* V. *Grande Região.* [Com inicial maiúsc.] [Abrev.: *C.O.*] [Pl.: *centro-oestes.*]

cen.tro.po.mí.de:o [Tax. *Centropomidae.*] *adj. sm. Zool.* Diz-se de, ou espécime dos centropomídeos, fam. peixes perciformes. Ex.: robalo.

cen.tu.pli.car [Lat. *centuplicare.* ▣1A] *vtd.* **1.** Multiplicar por cem. **2.** Aumentar muito. [C.: 1]

cên.tu.plo [Lat. *centuplu.*] *num.* **1.** Que é cem vezes maior que outro. ● *sm.* **2.** Quantidade cem vezes maior que outra.

cen.tú.ri:a [Lat. *centuria.*] *sf.* **1.** V. *centenário* (1). **2.** Na milícia romana, companhia de 100 soldados.

cen.tu.ri.ão [Lat. *centurione.*] *sm.* Comandante de centúria. [Pl.: *-ões.*]

■ **CEP** Sigla de *Código de Endereçamento Postal.*

ce.pa (ê) [Lat. *caepa.*] *sf.* Tronco de videira.

ce.pi.lho [Esp. *cepillo.*] *sm.* Pequena plaina.

ce.po (ê) [Lat. *cippu.*] *sm.* Toro ou pedaço de toro cortado transversalmente.

ce.ra (ê) [Lat. *cera.*] *sf.* **1.** Substância amarelada e mole produzida pelas abelhas. **2.** Substância vegetal semelhante à cera. **3.** Cerume. § **ce.ro.so** (ô) *adj.*

ce.râ.mi.ca [Gr. (*téchne*) *keramiké.*] *sf.* **1.** Arte de fabricar artefatos de argila cozida. **2.** Qualquer desses artefatos.

ce.ra.mis.ta [*Cerâm(ica).* ▣36] *s2g.* Quem trabalha em cerâmica.

ce.ra.tos.sau.ro [Tax. *Ceratosaurus.*] *sm. Paleont.* Dinossauro terópode, com cerca de 5m de comprimento, um pequeno chifre no nariz e braços curtos. Viveu no jurássico, e fósseis foram encontrados na América do Norte e na África.

cer.ca[1] (ê) [Dev. de *cercar.*] *sf.* Aquilo com que se circunda e fecha um terreno; muro, cercado.

cer.ca[2] (ê) [Lat. *circa.*] *adv. P.us.* Pouco mais ou menos, aproximadamente. ◆ **Cerca de.** Cerca: *Tem cerca de 70 anos.*

cer.ca.do [*Cercar.* ▣17A] *adj.* **1.** Que se cercou. **2.** Rodeado com muro, etc. ● *sm.* **3.** Terreno cercado. **4.** V. *cerca*[1]. **5.** *Bras.* Móvel, ger. quadrado, com gradil, destinado a bebês ou crianças pequenas; chiqueirinho.

cer.ca.du.ra [*Cercar.* ▣5A] *sf.* Guarnição do contorno dum objeto.

cer.ca.ni.as [Esp. *cercanías.*] *sfpl.* Região em torno duma vila, cidade, etc.; arredores, beirada.

cer.car [Lat. *circare.* ▣1A] *vtd.* **1.** Rodear com cerca. **2.** V. *rodear* (2). **3.** Pôr cerco a. **4.** Estar ou ficar em volta de. **5.** Assediar (1). *p.* **6.** Rodear (6). [C.: 1A (i).]

cer.ce [Lat. *circine.*] *adv.* V. *rente* (2).

cer.ce.ar [Lat. *circinare.*] *vtd.* **1.** Cortar cerce. **2.** Restringir, limitar. [C.: 12A] § **cer.ce:a.men.to** *sm.*

cer.co (ê) [Dev. de *cercar.*] *sm.* **1.** Ato ou efeito de cercar. **2.** Aquilo que circunda; cinto, cinturão. **3.** Assédio militar; sítio. **4.** Lugar cercado. **5.** *Fig.* Insistência importuna junto a alguém; assédio.

cer.da (ê) [V.D] *sf.* **1.** *Zool.* Pelo mais espesso e resistente de certos animais. **2.** *Zool.* Estrutura filiforme de alguns invertebrados. **3.** Fibra natural ou sintética us. em escovas, pincéis, etc.

cer.do [*Cerda* (ê).] *sm.* Porco (1).

ce.re.al [Lat. *cereale.*] *sm.* **1.** *Bot.* Nome comum às poáceas (trigo, aveia, cevada, milho, etc.) cujos grãos servem de base à alimentação. **2.** O grão dessas plantas. [Pl.: *-ais.*]

ce.re:a.li.cul.tor (ô) [*Cereal* + *-i-* + *cultor.*] *adj. sm.* Que, ou aquele que se dedica à cerealicultura.

ce.re:a.li.cul.tu.ra [*Cereal* + *-i-* + *cultura.*] *sf.* Cultura de cereais.

ce.re.be.lo (bê) [Lat. *cerebellu.*] *sm. Anat.* Órgão encefálico situado posteriormente ao bulbo raquiano (q.v.) e sob o cérebro. § **ce.re.be.lar** *adj2g.*

ce.re.bral [*Cérebro.* ▣39] *adj2g.* **1.** Do, ou relativo ao cérebro, ou que nele ocorre. **2.** *Fig.* Que é fruto de muita meditação. [Pl.: *-brais.*]

cé.re.bro [Lat. *cerebru.*] *sm. Anat.* A parte superior e anterior do encéfalo. **2.** Inteligência, intelecto.

ce.re.bros.pi.nal *adj2g. Anat.* De, ou relativo ao encéfalo e à medula espinhal. [Pl.: *-nais.*]

ce.re.ja (ê) [Lat.vulg. *ceresia.*] *sf. Bot.* **1.** O fruto vermelho, redondo e pequeno, da cerejeira. **2.** *Bras.* Grão de café com a casca, antes de secar.

ce.re.jei.ra [*Cereja.* ▣16] *sf. Bot.* Árvore frutífera das rosáceas, de excelente madeira.

ce.rí.fe.ro [*Cera* + *-ífero.*] *adj.* Que produz cera.

ce.ri.gue.la (güe) *sf. Bot.* **1.** Arvoreta anacardiácea cujo fruto, do mesmo nome, é rico em vitamina C. **2.** Esse fruto.

ce.ri.mô.ni:a [Lat. *caerimonia.*] *sf.* **1.** Forma exterior e regular de um culto. **2.** Reunião de caráter solene. **3.** Formalidades corteses entre pessoas não íntimas.

ce.ri.mo.ni.al [Lat. *caerimoniale.*] *sm.* Conjunto de formalidades que se devem seguir num ato solene ou festa pública. [Pl.: *-ais.*]

ce.ri.mo.ni.o.so (ô) [Lat. *caerimoniosu.* ▣37] *adj.* Cheio de cerimônia. [Pl.: *-osos* (ó).]

cé.ri:o [Lat.cient. *cerium.*] *sm. Quím.* V. *lantanídeos* [símb.: *Ce*].

cer.nam.bi [Do tupi.] *sm. Bras. Zool.* Nome comum a moluscos bivalves, comestíveis.

cer.ne [V.D] *sm.* **1.** *Bot.* Parte do lenho das árvores, no centro do tronco, formada de células mortas e substâncias nutritivas de reserva; âmago. **2.** *Fig.* A parte essencial e/ou a mais íntima; centro, núcleo.

ce.roi.las ou **ce.rou.las** *sfpl.* Peça, quase desus., de vestuário masculino, que cobre o ventre, coxas e pernas, e us. sob as calças.

ce.ro.ma [Lat. *ceroma*.] *sf. Zool.* Membrana que reveste a base do bico de certas aves.

cer.ra.ção [*Cerrar*.⬜2A] *sf.* **1.** Nevoeiro; bruma. **2.** Escuridão, treva(s). [Pl.: *-ções*. Cf. *serração*.]

cer.ra.do [*Cerrar*.⬜17A] *adj.* **1.** Que se cerrou, fechou, vedou. **2.** V. *denso* (2): *mata cerrada*. **3.** Que é ou está muito escuro, carregado: *noite cerrada*. **4.** Sério; grave; circunspecto: *semblante cerrado*. • *sm.* **5.** *Bras. Fitogeo.* Vegetação caracterizada por árvores baixas, retorcidas, de casca grossa. [Cf. *serrado*.]

cer.rar [Esp. *cerrar*.⬜1A] *vtd.* **1.** Fechar (1). **2.** Unir (os olhos, lábios, etc.). **3.** Unir fortemente; apertar: *cerrar os dentes*. **4.** Tapar, encobrir. **5.** Terminar, encerrar. *p.* **6.** Cobrir-se de nuvens. **7.** Unir-se, apertar-se. [C.: 1 (é). Cf. *serrar*.]

cer.ro (ê) [Lat. *cirru*.] *sm.* Colina.

cer.ta [F.subst. de *certo*.] *el.sf.* Us. na loc. *na certa*. ♦ **Na certa.** Sem dúvida; com certeza.

cer.ta.me ou **cer.tâ.men** [Lat. *certamen*.] *sm.* Ato público em que entidades competem ou concorrem para estabelecer uma graduação de valores; concurso. [Pl. de certâmen: *certamens* ou (p.us.) *certâmenes*.]

cer.ta.men.te *adv.* V. *com certeza* (1).

cer.tei.ro [*Certo*.⬜25] *adj.* **1.** Que acerta bem; certo. **2.** Bem dirigido.

cer.te.za (ê) [*Certo*.⬜12] *sf.* **1.** Qualidade de certo. **2.** Conhecimento exato. **3.** Convicção. **4.** Coisa certa. ♦ **Com certeza. 1.** De modo certo; certamente. **2.** Provavelmente.

cer.ti.dão [Lat. *certitudine*.] *sf.* **1.** Documento em que se reproduzem peças processuais ou se certificam atos e fatos. **2.** Atestado (1). [Pl.: *-dões*.]

cer.ti.fi.ca.do [*Certificar*.⬜17A] *sm.* Documento em que se certifica algo.

cer.ti.fi.car [Lat. *certificare*.⬜1A] *vtd.* **1.** Afirmar a certeza de; atestar. **2.** Passar a certidão de. *tdi.* **3.** Tornar ciente. **4.** Afirmar. *p.* **5.** Ter certeza de. **6.** Persuadir-se, convencer-se. [C.:1A]

cer.to [Lat. *certu*.] *adj.* **1.** Em que não há erro; exato. **2.** Exato nos cálculos, no funcionamento; preciso. **3.** Infalível (1). **4.** Previamente fixado ou ajustado. **5.** Persuadido, convencido. **6.** Certeiro (1). • *pron.indef.* **7.** Não determinado; um, algum, qualquer: *certa vez*. • *sm.* **8.** Aquele ou aquilo que é certo. • *adv.* **9.** V. *com certeza* (1).

ce.rú.le:o [Lat. *caeruleu*.] *adj.* Da cor do céu.

ce.ru.me ou **ce.rú.men** [*Cera* + *-ume*, *-úmen*.] *sm.* Substância cerosa que se encontra no ducto auditivo; cera. [Pl.: de cerúmen: *cerumens* e (p. us.) *cerúmenes*.]

cer.van.tes.co (ê) [⬜33A] *adj.* Relativo ao, ou próprio do novelista Miguel de Cervantes **(M.)**, ou à sua obra; cervantino.

cer.van.ti.no [⬜30] *adj.* Cervantesco.

cer.ve.ja (ê) [Lat. *cervisia*.] *sf.* Bebida fermentada, feita de cevada, lúpulo e outros cereais.

cer.ve.ja.da [*Cerveja*.⬜4] *sf. Bras.* Reunião em que se bebe muita cerveja.

cer.ve.ja.ri.a [*Cerveja*.⬜15] *sf.* Fábrica de, ou casa onde se vende ou se toma cerveja.

cer.ve.jei.ro [*Cerveja*.⬜25] *adj.* **1.** Relativo a cerveja. • *sm.* **2.** Fabricante ou vendedor dela.

cer.vi.cal [Lat. *cervix, icis*, + *-al*¹.⬜39] *adj2g. Anat.* Do, ou relativo ao pescoço. [Pl.: *-cais*.]

cer.ví.de:o [Tax. *Cervidae*.] *adj. sm. Zool.* Diz-se de, ou espécime dos cervídeos, fam. de mamíferos herbívoros, ruminantes; os machos têm chifres ramificados. São os veados, cervos e alces.

cer.viz [Lat. *cervice*.] *sf. Anat.* A parte posterior do pescoço; nuca.

cer.vo [Lat. *cervu*.] *sm. Zool.* Mamífero cervídeo que vive em bandos.

cer.zi.dei.ra [*Cerzir*.⬜16A] *sf.* **1.** Aquela que cirze. **2.** Agulha de cerzidor.

cer.zi.dor (ô) [*Cerzir*.⬜19A] *adj. sm.* Que, ou quem cirze.

cer.zi.du.ra [*Cerzir*.⬜5A] *sf.* Ato ou efeito de cerzir.

cer.zir [Lat. *sarcire*, 'remendar'.] *vtd. e int.* Coser (parte gasta ou rasgada dum tecido) de modo que mal se notem as costuras. [C.: 49]

ce.sal.pi.ni.á.ce:a [Tax. *Caesalpiniaceae*.] *sf. Bot.* Espécime das cesalpiniáceas, família de árvores e arbustos, ger. nativos de regiões tropicais. § **ce.sal.pi.ni.á.ce:o** *adj.*

ce.sá.re:a [Lat. (*sectio*) *caesarea*.] *sf.* Cesariana.

ce.sá.re:o [Lat. *caesareu*.] *adj.* Do, ou relativo ao estadista romano Júlio César **(M.)**.

ce.sa.ri.a.na [Fr. *césarienne*.] *sf. Cir.* Operação em que se abre o útero materno para retirar o feto; cesárea.

cé.si:o [Lat.cient. *caesium*.] *sm. Quím.* V. *metal alcalino* [símb.: Cs]

ces.são [Lat. *cessione*.⬜2] *sf.* Ato de ceder. [Pl.: *-sões*. Cf. *sessão* e *seção*.

ces.sar [Lat. *cessare*.] *v.int.* **1.** Não continuar; interromper-se; parar. *ti.* **2.** Parar, deixar. [C.: 1 (é)] § **ces.sa.ção** *sf.*; **ces.san.te** *adj2g.*

ces.sar-fo.go *sm2n.* Cessação de hostilidades bélicas.

ces.si:o.ná.ri:o [*Cessão* (*-sion-*).⬜24] *sm.* Aquele a quem se faz cessão.

ces.ta (ê) [Lat. *cista*.] *sf.* **1.** Receptáculo feito de verga, fibra, etc., entrançada, para guarda ou transporte de coisas. **2.** Aro metálico, com rede de malha, por onde a bola deve passar para valer ponto, no basquete. ♦ **Cesta básica.** Cesta de consumo suficiente para o atendi-

cesteiro | chalaça

mento das necessidades mínimas de uma família típica.

ces.tei.ro [*Cesta* ou *cesto* (ê).▣25] *sm.* Aquele que faz e/ou vende cestos.

ces.to (ê) [Lat. *caestu.*] *sm.* **1.** Cesta pequena. **2.** Qualquer cesta. **3.** Cabaz fundo.

ces.tó.de:o [Tax. *Cestoda.*] *adj. sm. Zool.* Diz-se de, ou espécime dos cestódeos, classe de vermes alongados, segmentados, sem tubo digestório. São as tênias.

ce.tá.ce:o [Tax. *Cetaceae.*] *adj. sm. Zool.* Diz-se de, ou espécime dos cetáceos, ordem de mamíferos aquáticos, desprovidos de pelos, com os membros anteriores transformados em nadadeiras. Ex.: baleias, golfinhos e botos.

ce.tal *sm. Quím.* Produto de condensação de cetona com álcool, com eliminação de água. [Pl.: *-tais.*]

ce.ti.cis.mo [Fr. *scepticisme.*] *sm.* **1.** Atitude ou doutrina segundo a qual o homem não pode chegar a qualquer conhecimento indubitável. **2.** Dúvida de tudo.

cé.ti.co [Lat. *scepticu.*▣35B] *adj. sm.* **1.** Que, ou aquele que é partidário do ceticismo. **2.** Que, ou quem duvida de tudo.

ce.tim [Do ár.] *sm.* Tecido de seda, lustroso e macio. [Pl.: *-tins.*]

ce.ti.no.so (ó) [*Cetim* (*-tin-*).▣37] *adj.* Macio como o cetim; acetinado. [Pl.: *-nosos* (ó).]

ce.to.na *sf. Quím.* Qualquer de certos compostos orgânicos, líquidos ou sólidos, que contêm o grupo funcional –C(=O)– ligado a 2 átomos de carbono; ex.: acetona. [Norma para nome sistemático de cetonas simples: alcano→ alcanona; ex.: propano→ propanona (cujo nome comum é acetona).]

ce.to.se *sf. Quím.* Qualquer carboidrato que é uma cetona.

ce.tro [Lat. *sceptru.*] *sm.* **1.** Bastão de apoio us. pelos reis. **2.** Poder real.

céu [Lat. *caelu.*] *sm.* **1.** Espaço ilimitado e indefinido onde se movem os astros. **2.** Firmamento. **3.** V. *dossel.* **4.** *Rel.* Região para onde vão as almas dos justos; paraíso. **5.** *Rel.* A Providência; Deus. ♦ **Céu da boca.** A parte superior interna da cavidade bucal; palato.

céus *interj.* Designa surpresa ou dor.

ce.va [Dev. de *cevar.*] *sf.* **1.** Ato ou efeito de cevar(-se). **2.** Alimento com que se cevam animais.

ce.va.da *sf. Bot.* Planta poácea de cujos frutos, amarelos e ovoides, se fabrica a cerveja.

ce.va.do [*Cevar.*▣17A] *adj.* **1.** Que se cevou. • *sm.* **2.** Porco que se cevou.

ce.var [Lat. *cibare.*▣1A] *vtd.* **1.** Alimentar (animal) em demasia para engordá-lo. **2.** Pôr (o mate em pó) na cuia com um pouco de água fria para o empastar, servindo-o então com água quente. *p.* **3.** Saciar-se, fartar-se. [C.: 1 (é)]

ce.vi.a.na *sf. Geom.* **1.** Reta que passa por um vértice e por um ponto do lado oposto de um triângulo. **2.** Segmento de reta que une um vértice ao lado oposto de um triângulo.

■ **Cf** *Quím.* Símb. de *califórnio.*

■ **CFC** Sigla de *clorofluorocarboneto*, nome genérico de certas substâncias orgânicas que contêm cloro e flúor, us. em refrigeradores, aerossóis, etc., e consideradas nocivas à camada de ozônio.

■ **cg** Símb. de *centigrama.*

chá [Do chin.] *sm.* **1.** *Bot.* Árvore ou arbusto teáceo cultivado pelas suas folhas, que contêm a teína, e das quais se faz infusão muito apreciada; chá-da-índia. **2.** As folhas do chá (1). **3.** A infusão feita com elas. **4.** Reunião em que se serve chá (3). **5.** Infusão feita com quaisquer outras folhas: *chá de boldo.*

chã *sf.* **1.** Terreno plano; planície. **2.** Carne da coxa do boi; chã de dentro.

cha.cal [Fr. *chaçal.*] *sm. Zool.* Mamífero canídeo, feroz, da Ásia e da África. [Pl.: *-cais.*]

chá.ca.ra [Var. de *chacra*, do esp.] *sf. Bras.* Pequena propriedade campestre, ger. perto da cidade, com casa de habitação; sítio.

cha.ca.rei.ro [*Chácara.*▣25] *sm. Bras.* Dono ou administrador de chácara.

cha.ci.na [V.C] *sf.* V. *matança* (1).

cha.ci.nar [*Chacina.*▣1A] *vtd.* Matar, assassinar. [C.: 1] § **cha.ci.na.dor** (ô) *sm.*

cha.co:a.lhar [Alter. de *chocalhar.*▣1A] *vtd. Bras.* **1.** Sacudir, balançar. **2.** *Gír.* Importunar. *int.* **3.** Chacoalhar (1 e 2). *p.* **4.** Sacudir-se. [C.: 1]

cha.co.ta [Esp. *chacota.*] *sf.* **1.** V. *zombaria.* **2.** Antiga canção popular ou burlesca.

cha.co.te.ar [*Chacota.*▣1N] *vtd., ti. e int.* Fazer chacota (de); zombar (de). [C.: 12A]

chá-da-ín.dia *sm.* Chá (1). [Pl.: *chás-da-índia.*]

chá de be.bê *sm. Bras.* Reunião oferecida a uma gestante com o intuito de presenteá-la com utilidades para o seu bebê. [Pl.: *chás de bebê.*]

chã de den.tro *sf. Bras.* Chã (2). [Pl.: *chãs de dentro.*]

chá de fral.da *sf.* Reunião festiva em que se dão pacotes de fraldas para o(s) bebê(s) de uma gestante. [Pl.: *chás de fralda.*]

chá de pa.ne.la *sm. Bras.* Reunião oferecida a uma noiva com o intuito de presenteá-la com utilidades domésticas. [Pl.: *chás de panela.*]

cha.fa.riz [Do ár.] *sm.* Construção de alvenaria, com bica(s) por onde jorra água.

cha.fur.dar *v.int., tc. e p.* **1.** Revolver-se (em lamaçal). *ti.* **2.** *Fig.* Atolar-se (em vícios). [C.: 1]

cha.ga [Lat. *plaga.*] *sf.* **1.** Ferida aberta; úlcera. **2.** A cicatriz por ela deixada.

cha.gá.si.co [▣35B] *adj. sm.* Diz-se de, ou aquele que tem a doença de Chagas (q.v.).

chai.rel *sm.* V. *xairel.* [Pl.: *-réis.*]

cha.la.ça [Por *charlaça*, de *charlar.*] *sf.* **1.** Dito zombeteiro. **2.** Gracejo pesado; chocarrice.

chalana | chapadão

cha.la.na [Esp. *chalana*.] *sf. Bras.* Pequena embarcação us. em rios e igarapés.

cha.lé [Fr. *chalet*.] *sm.* Casa, esp. de madeira, com telhado de 2 águas.

cha.lei.ra [*Chá*.▪16] *sf.* **1.** Vasilha de metal, com bico e tampa, para aquecer água. ● *adj2g. s2g.* **2.** *Bras.* Que ou quem adula, bajula.

cha.lei.rar [*Chaleira*.▪1A] *vtd. Bras.* Adular, bajular. [C.: 1]

chal.rar [*Charlar*.] *v.int.* **1.** Palrar (1). **2.** Chilrear. **3.** V. *tagarelar.* [Sin.ger.: *chalrear*. C.: 1]

chal.re.ar *v.int.* V. *chalrar.* [C.: 12A]

cha.lu.pa [Fr. *chaloupe*.] *sf.* Antigo navio à vela.

cha.ma [Dev. de *chamar*.] *sf.* **1.** *Fís.-Quím.* Mistura de gases incandescentes; labareda. **2.** Claridade intensa; luz.

cha.ma.da [*Chamar*.▪4] *sf.* **1.** Ato de chamar; chamado, chamamento. **2.** Ato de chamar os membros de um grupo pelos nomes para ver se estão presentes em certo local. **3.** Toque de reunir. **4.** Sinal para chamar a atenção. **5.** *Pop.* V. *repreensão.* **6.** *Telev.* Comercial (2) de um programa veiculado na própria emissora que o transmite.

cha.ma.do [*Chamar*.▪17A] *sm.* V. *chamada* (1).

cha.ma.lo.te [Fr. *chamelot*.] *sm.* Tecido em que a posição do fio produz um efeito ondeado.

cha.mar [Lat. *clamare*.▪1A] *vtd.* **1.** Dizer em voz alta o nome de (alguém) para que venha, ou para ver se está presente. **2.** Fazer ir ou vir, ou pedir que o faça. **3.** Fazer despertar; acordar. **4.** Dizer, invocando. **5.** Convocar pelo toque de campainha, por outro sinal. **6.** Pressionar botão para acionar o mecanismo que faz (o elevador) vir. *tdi.* **7.** Convidar (para evento, cerimônia, etc.). **8.** Convidar, escolher (para cargo ou emprego). **9.** Atrair; despertar: *chamar atenção. tdc.* **10.** Chamar (2): *Chamou-o em casa. transobj.* **11.** Qualificar: *Chamou-o (de) louco; chamou-lhe louco. ti.* **12.** Chamar (1). **13.** Invocar: *Chamou pela Virgem. int.* **14.** Dar sinal, com a voz ou o gesto, para que venha. **15.** Dar (o telefone) sinal de chamada. *p.* **16.** Ter por nome. [C.: 1] § **cha.ma.men.to** *sm.*

cha.ma.riz [*Chamar*.] *sm.* **1.** Coisa que chama, que atrai. **2.** Apelo à publicidade; reclamo.

chá-ma.te *sm. Bras.* Mate¹ (3). [Pl.: *chás-mate(s)*.]

cha.ma.ti.vo [*Chamar*.▪22A] *adj. Bras.* Que chama ou solicita vivamente a atenção.

cham.bre [Fr. (*robe de*) *chambre*.] *sm.* V. *roupão.*

cha.me.go (ê) *sm. Bras.* **1.** Excitação para atos libidinosos. **2.** Amizade íntima; apego.

cha.me.jar [*Chama*.▪1E] *v.int.* **1.** Deitar chamas; arder. *td.* **2.** Expelir, como em chamas. [C.: 1 (ê)] § **cha.me.jan.te** *adj2g.*

cha.mi.né [Fr. *cheminée*, com infl. de *chama*.] *sf.* **1.** Tubo que comunica a fornalha com o exterior e serve para dar tiragem (1) ao ar e aos produtos da combustão. **2.** V. *lareira* (2).

cham.pa.nha ou **cham.pa.nhe** *sm.* Vinho espumante da região de Champagne (França).

→ **champignon** (champinhón) [Fr.] *sm. Biol.* Cogumelo agaricáceo, branco, arredondado, comestível, muito cultivado no Brasil.

cha.mus.ca *sf.* Ato ou efeito de chamuscar; chamusco, chamuscadela.

cha.mus.ca.de.la [*Chamuscar*.▪7A] *sf.* **1.** V. *chamusca.* **2.** Chamusco (3).

cha.mus.car [*Chamusca*.▪1A] *vtd. e p.* Queimar(-se) de leve. [C.: 1A] § **cha.mus.ca.do** *adj.*

cha.mus.co *sm.* **1.** V. *chamusca.* **2.** Cheiro de coisa chamuscada. **3.** Queima ligeira daquilo que se passa pelo fogo; chamuscadela.

chan.ca [V.C] *sf. Pop.* **1.** Pé grande. **2.** Calçado largo.

chan.ce [Fr. *chance*.] *sf.* Ocasião favorável; oportunidade.

chan.ce.la [Dev. de *chancelar*.] *sf.* Rubrica gravada em sinete para suprir assinatura ou pôr marca em documentos.

chan.ce.la.ri.a [Fr. *chancellerie*.▪15] *sf.* **1.** Em alguns países, o ministério das relações exteriores. **2.** Cargo de chanceler.

chan.ce.ler (lér) [Fr. *chancelier*.] *sm.* **1.** Antigo magistrado a quem incumbia a guarda do selo real. **2.** Ministro das relações exteriores, em alguns países.

chan.cha.da [Esp.plat. *chanchada*.] *sf. Bras.* Peça ou filme de caráter popular, que se caracteriza pelo humor ingênuo e burlesco.

chan.fra.du.ra [*Chanfrar*.▪5A] *sf.* Recorte em ângulo, ou de esguelha; chanfro.

chan.frar *vtd.* Fazer chanfradura em. [C.: 1]

chan.fro [Dev. de *chanfrar*.] *sm.* Chanfradura.

chan.ta.ge.ar [*Chantage(m)*.] *vtd.* Fazer chantagem contra. [C.: 12A]

chan.ta.gem [Fr. *chantage*.▪6] *sf.* Ato de extorquir dinheiro, favores ou vantagens sob ameaça de revelações escandalosas. [Pl.: *-gens*.] § **chan.ta.gis.ta** *adj2g. s2g.*

chan.ti.li [Ingl. *chantilly*.] *adj. sm.* Diz-se de, ou creme (1) fresco, batido.

chan.tre [Fr. *chantre*.] *sm.* Funcionário eclesiástico que dirige o coro.

chão [Lat. *planu*.] *adj.* **1.** Plano, liso. **2.** Singelo, simples. **3.** Trivial, comum. ● *sm.* **4.** Terra chã. **5.** V. *solo*¹ (1). **6.** V. *pavimento* (1). **7.** Lugar onde se nasceu ou reside. **8.** Pequena propriedade de terra. [Pl.: *chãos*.]

cha.pa [V.C] *sf.* **1.** Qualquer peça lisa e pouco espessa, feita de material consistente, como metal, madeira, vidro, etc. **2.** Terreno ou outra superfície plana. **3.** Lista de candidatos a cargos eletivos. **4.** Peça gravada em metal e destinada à impressão. **5.** *Bras. Pop.* V. *radiografia* (1 e 2). **6.** *Bras.* Placa (2). ● *s2g.* **7.** *Bras. Pop.* Companheiro, camarada.

cha.pa.da [F.subst. de *chapado*.] *sf.* V. *planalto.*

cha.pa.dão [*Chapada*.▪28A] *sm. Bras.* **1.** Chapada extensa. **2.** Sucessão de chapadas. [Pl.: *-dões*.]

chapado | chavear

cha.pa.do [*Chapar.*⬚17A] *adj.* **1.** *Pop.* Completo, perfeito. **2.** *Bras. Gír.* Embriagado ou drogado.

cha.par [*Chapa.*⬚1A] *vtd.* **1.** Pôr chapa em; chapear. *p.* **2.** Estatelar-se. [C.: 1]

cha.pe.ar [*Chapa.*⬚1N] *vtd.* **1.** Chapar (1). *tdi.* **2.** Revestir de chapa(s). [C.: 12A] § **cha.pe.a.do** *adj. sm.*; **cha.pe:a.men.to** *sm.*

cha.pe.la.ri.a *sf.* Local onde se fazem ou se vendem chapéus.

cha.pe.lei.ra *sf.* Caixa onde se guardam chapéus.

cha.pe.lei.ro *sm.* Aquele que faz e/ou vende chapéus.

cha.pe.le.ta (ê) [*Chapéu* (-pel-) + -eta (ê).] *sf.* Chapéu pequeno.

cha.péu [Fr.ant. *chapel*, atual *chapeau*.] *sm.* **1.** Peça de feltro, palha, etc., com copa e abas, para cobrir a cabeça. **2.** V. *guarda-chuva*.

cha.péu de chu.va *sm.* V. *guarda-chuva*. [Pl.: *chapéus de chuva*.]

cha.péu de sol *sm.* V. *guarda-chuva*. [Pl.: *chapéus de sol*.]

cha.pi.nhar [V.A] *vtd.* Agitar (a água, a lama) com as mãos ou com os pés. [C.: 1]

cha.pis.co [V.C] *sm. Constr.* Argamassa que se aplica numa superfície lisa para torná-la áspera.

cha.ra.da [Fr. *charade*.] *sf.* **1.** Enigma para cuja solução se recompõe uma palavra partindo de elementos dela, ou de sílabas que tenham um significado determinado. **2.** Caso, assunto misterioso. **3.** *Fig.* Linguagem obscura.

cha.ra.dis.ta [*Charada.*⬚36] *s2g.* Quem compõe e/ou decifra charadas.

cha.ran.ga [V.A] *sf.* Pequena banda de música.

cha.rão [Do chin.] *sm.* Verniz de laca (1), muito lustroso e duradouro. [Pl.: *-rões*.]

char.co [V.C] *sm.* **1.** Lugar com água estagnada e imunda, pouco profunda. **2.** V. *pântano*.

char.ge [Fr. *charge*.] *sf.* Cartum em que se faz, ger., crítica social e política. [Cf. *cartum*.] § **char.gis.ta** *s2g.*

char.lar [It. *ciarlare*.⬚1A] *v.int.* Tagarelar. [C.: 1]

char.la.ta.nis.mo [*Charlatão* (-tan-).⬚11] *sm.* Ação de charlatão.

char.la.tão [It. *ciarlatano*.⬚28B] *sm.* **1.** Vendedor público de droga (1), que exagera nas virtudes dela. **2.** Indivíduo que exerce a profissão médica sem ter sé formado. **3.** *Fig.* Embusteiro; trapaceiro. [Pl.: *-tães*, *-tões*. Fem.: *charlatã*, *charlatona*.] § **char.la.ta.nes.co** (ê) *adj.*; **char.la.ta.ni.ce** *sm.*

char.me [Fr. *charme*.] *sm.* Atração, encanto, simpatia. § **char.mo.so** (ô) *adj.*

char.ne.ca [Or. pré-rom., poss.] *sf.* Terreno inculto e em que só crescem plantas rasteiras.

cha.ro.la [V.E] *sf.* V. *andor*.

char.que [Esp.plat. *charque*.] *sm. Bras.* Carne bovina, salgada e seca, em mantas, ou pedaços; carne-seca, jabá.

char.que.a.da [Esp.plat. *charqueada*.] *sf. Bras.* Estabelecimento onde se charqueia a carne.

char.que.ar [Esp.plat. *charquear*.⬚1N] *vtd. Bras.* Preparar o charque. [C.: 12A]

char.re.te [Fr. *charrette*.] *sf.* Veículo de 2 rodas, puxado por cavalo.

char.ru.a [Fr. *charrue*.] *sf.* Arado grande, de ferro. ➔ **charter** (tchárter) [Ingl.] *sm.* V. *voo charter*.

cha.ru.ta.ri.a [*Charuto.*⬚15] *sf. Bras.* Tabacaria.

cha.ru.tei.ra [*Charuto.*⬚16] *sf.* Estojo para guardar charutos.

cha.ru.tei.ro [*Charuto.*⬚25] *sm.* **1.** Dono de charutaria. **2.** Operário que fabrica charuto.

cha.ru.to [Ingl. *cheroot*.] *sm.* Rolo de folhas secas de fumo, preparado para se fumar.

chas.si [Fr. *châssis*.] *sm.* **1.** Base ou estrutura rígida sobre a qual se montam certos aparelhos. **2.** Estrutura de aço sobre a qual se monta a carroceria de veículo motorizado. **3.** *Eletrôn.* Armação, ger. metálica, sobre a qual se montam os componentes dum circuito eletrônico.

cha.ta [F.subst. de *chato*.] *sf. Bras.* Embarcação para transportar carga pesada.

cha.te.ar [*Chato.*⬚1N] *vtd. e p. Pop.* **1.** Aborrecer(-se), apoquentar(-se). **2.** Entediar(-se). [C.: 12A] § **cha.te:a.ção** *sf.*; **cha.te.a.do** *adj.*

cha.ti.ce [*Chato.*⬚13] *sf.* **1.** Qualidade do que, ou de quem é chato. **2.** Coisa chata.

cha.to [Lat.vulg. **plattu*.] *adj.* **1.** Sem relevo; plano. **2.** Sem elevação; rasteiro. **3.** *Pop.* V. *maçante.* ● *sm.* **4.** *Bras. Zool.* Inseto pediculídeo que vive ger. na região pubiana.

chau.vi.nis.mo (xô) [Fr. *chauvinisme*.⬚11] *sm.* Nacionalismo exagerado.

chau.vi.nis.ta (xô) [Fr. *chauviniste*.⬚36] *adj2g.* **1.** Relativo ao chauvinismo, ou próprio dele, ou que o tem. ● *s2g.* **2.** Pessoa chauvinista.

cha.vão [*Chave.*⬚28A] *sm.* V. *lugar-comum*. [Pl.: *-vões*.]

cha.ve [Lat. *clave*.] *sf.* **1.** Artefato de metal que movimenta a lingueta das fechaduras para abri-las e fechá-las. **2.** Instrumento para apertar ou desapertar parafusos e outras peças. **3.** Peça móvel para fechar orifícios de instrumentos de sopro. **4.** Peça com que se dá corda ao relógios. **5.** *Eletr.* Dispositivo que, segundo a posição que assume, interrompe um circuito elétrico, ou nele introduz um componente. **6.** *Esport.* Em certos torneios, cada um dos grupos de equipes que devem competir entre si numa fase classificatória. **7.** *Mat.* Cada um dos símbolos de agrupamento, equiv. aos parênteses: { }. **8.** *Fig.* Elemento decisivo ou solução.

cha.ve:a.men.to [*Chavear.*⬚3] *sm. Eng.Elétr.* Abertura ou fechamento de contatos de circuito ou de equipamento.

cha.ve.ar [*Chave.*⬚1N] *vtd.* Fechar à chave. [C.: 12A]

chaveiro | chicote

cha.vei.ro [*Chave*.☐ 25] *sm.* 1. Aquele que guarda as chaves, ou que as faz ou conserta. 2. Objeto em que se prendem chaves.

chá.ve.na [Do chin.] *sf.* Xícara, esp. para chá.

cha.ve.ta (ê) [*Chave* + *-eta* (ê).] *sf.* 1. Peça na extremidade dum eixo, para fixar as rodas. 2. Peça para segurar a cavilha.

che.car [Ingl. (to) *check*.☐ 1A] *vtd., tdi. e int. Bras.* 1. Conferir, dando por visto e terminado. 2. Confrontar, comparar. [C: 1A (ê)]

→ **check-in** (tchéc-in) [Ingl.] *sm.* 1. Nos aeroportos, apresentação, pelo passageiro, da passagem e documentos para conferência, e emissão, pela companhia, do cartão de embarque e do despacho da bagagem. 2. Local onde acontece o *check-in* (1). 3. Nos hotéis, etc., o setor de recepção, no qual os hóspedes se registram. 4. Esse registro.

→ **check-out** (tchéc-aut) [Ingl.] *sm.* Nos hotéis e pousadas, o procedimento de desocupar o quarto, fechar e pagar a conta.

→ **check-up** (tchéc-âp) [Ingl.] *sm.* 1. *Med.* Exame completo de saúde. 2. *Fig.* Análise minuciosa de algo.

che.co ou **tche.co** *adj.* 1. Da, ou pertencente ou relativo à República Checa (Europa). ● *sm.* 2. *E.Ling.* Língua eslava dos checos; boêmio. 3. O natural ou habitante da República Checa.

→ **cheddar** (tchédar) [Ingl.] *sm. Cul.* Queijo de leite de vaca, de cor amarelada.

→ **cheeseburger** (tchisbúrguer) [Ingl.] *sm. Cul.* Hambúrguer (2) com uma fatia de queijo sobre a carne. [Pl.: *cheeseburgers*.]

→ **chef** (xéfr) [Fr.] *sm.* Cozinheiro que dirige a cozinha de um restaurante, hotel, etc.

che.fa.tu.ra [**Chefar* (de *chefe*) + *-tura*.☐ 5B] *sf.* Repartição onde o chefe exerce suas funções.

che.fe [Fr. *chef*.] *s2g.* 1. O principal entre outros. 2. Aquele que exerce autoridade, dirige ou governa.

che.fe de di.vi.são *sm.* V. *hierarquia militar*. [Pl.: *chefes de divisão*.]

che.fe de es.qua.dra *sm.* V. *hierarquia militar*. [Pl.: *chefes de esquadra*.]

che.fi.a [*Chefe*.☐ 8A] *sf.* Cargo de chefe.

che.fi.ar [*Chefia*.☐ 1A] *vtd.* Exercer a chefia de. [C: 1]

che.ga (ê) [Dev. de *chegar*.] *sm.f.* 1. Repreensão. ● *interj.* 2. Não mais; basta.

che.ga.da [*Chegar*.☐ 4] *sf.* Ato de chegar (1 a 6).

che.ga.do [*Chegar*.☐ 17A] *adj.* Próximo, contíguo.

che.gan.ça [*Chegar*.☐ 9A] *sf. Bras. Folcl.* Folguedo popular natalino.

che.gar [Lat.vulg. *plicare*.] *v.int.* 1. Vir: *Chegou o dia da festa.* 2. Atingir o termo do movimento de ida ou vinda. 3. Atingir certo lugar. 4. Acontecer, suceder. 5. Nascer. 6. Começar: *Chegou o verão.* 7. *Bras.* Bastar (1). *ti.* 8. Atingir, alcançar. 9. Conseguir, lograr. 10. Igualar-se, comparar-se. 11. Ir ao extremo ou ao ponto de. 12. Bastar (4): *Chega de violência! tc.* 13. Chegar (3, 6 e 8). *td. e tdi.* 14. Pôr perto; aproximar. *p.* 15. Aproximar-se (*lit.* ou *fig.*). [C: 1C (ê)]

chei.a [F.subst. *cheio*.] *sf.* 1. V. *enchente* (1). 2. Enchente fluvial. 3. Grande quantidade.

chei.o [Lat. *plenu*.] *adj.* 1. Que contém tudo que sua capacidade comporta; completo, carregado. 2. Muito cheio; repleto. 3. Que excede em alguma qualidade ou propriedade. 4. Nutrido, gordo. 5. *Bras. Gír.* Aborrecido, farto.

chei.rar [Lat.vulg. **flagare*.☐ 1A] *vtd.* 1. Tomar o cheiro de. 2. Introduzir no nariz (rapé, droga, etc.). 3. *Pop.* Indagar. *ti.* 4. Exalar determinado cheiro. 5. Ter aparência ou semelhança. 6. Agradar, aprazer. *int.* 7. Exalar cheiro. [C: 1]

chei.ro [Dev. de *cheirar*.] *sm.* 1. Impressão causada no olfato por emanação odorífera. 2. Cheiro agradável; perfume. 3. Mau cheiro. 4. Indício, vestígio. 5. *Bras.* Cheiro-verde.

chei.ro.so (ó) [*Cheiro*.☐ 37] *adj.* De cheiro agradável; aromático. [Pl.: *-rosos* (ó).]

chei.ro-ver.de *sm.* Temperos verdes, como salsa, cebolinha e coentro; cheiro. [Pl.: *cheiros-verdes*.]

che.ni.le [Fr. *chenille*.] *sf. Tec.Têx.* 1. Fio aveludado de algodão, seda, lã ou raiom. 2. Tecido feito com esse fio.

che.que [Ingl. *cheque*.] *sm.* Ordem de pagamento dirigida a um banco por pessoa ou firma que aí tenha conta de depósito, em favor de outra pessoa ou firma.

cher.ne [Lat. *acernia*.] *sm. Zool.* Peixe serranídeo que chega a medir 2m.

chi.a.dei.ra [*Chiar*.☐ 16A] *sf.* Chiado (2).

chi.a.do *sm.* 1. Ato ou efeito de chiar; chio. 2. Qualquer ruído contínuo semelhante ao chio (1 e 2); chiadeira.

chi.ar [V.A] *v.int.* 1. Emitir chio. 2. Esbravejar. 3. Emitir som igual ao de coisa a ferver ou frigir. 4. *Bras. Gír.* Protestar, reclamar. [C: 1]

chi.ba.ta [Esp. *chivata*.] *sf.* 1. Vara delgada para fustigar. 2. *Bras.* V. *chicote*.

chi.ba.ta.da [*Chibata*.☐ 4] *sf.* Chicotada.

chi.ba.te.ar [*Chibata*.☐ 1N] *vtd.* Chicotear. [C: 12A]

chi.bé [Var. de *xibé*.] *sm. Bras.* Jacuba.

chi.ca.na [Fr. *chicane*.] *sf.* 1. Sutileza capciosa em questões judiciais. 2. Ardil, astúcia.

chi.ca.nei.ro [*Chicana*.☐ 25] *adj.sm.* Chicanista.

chi.ca.nis.ta [*Chicana*.☐ 36] *adj2g. s2g.* Que, ou quem é dado a chicanas forenses; chicaneiro.

chi.cle [Hisp.-amer. *chicle*.] *sm.* O látex da sapota, us. no fabrico da goma de mascar.

chi.có.ri:a [Lat. *cichoria*.] *sf. Bot.* Planta hortense asterácea.

chi.co.ta.da [*Chicote*.☐ 4] *sf.* Golpe com chicote; chibatada.

chi.co.te [Fr. *chicot*, poss.] *sm.* Cordel entrançado ou correia de couro, com ou sem cabo, us. para incitar animais; açoite, azorrague, chibata.

chicotear | chocólatra

chi.co.te.ar [*Chicote.*◘1N] *vtd.* Dar chicotadas em; chibatear. [C.: 12A]

chi.co.te-quei.ma.do *sm. Bras.* Brinquedo infantil em que uma criança esconde um objeto que deverá ser procurado pelas outras. [Pl.: *chicotes-queimados.*]

chi.fra.da [*Chifre.*◘4] *sf. Bras.* Golpe de chifre.

chi.frar [*Chifra.*◘1A] *vtd.* **1.** Ferir com os chifres. **2.** *Pop.* Ser infiel a (pessoa com quem se tem relação amorosa). [Sin.ger.: *cornear*. C.: 1]

chi.fre [Esp.ant. *chifle*.] *sm.* V. *corno*.

chi.fru.do [*Chifre* + *-udo*.] *adj. Bras.* Que tem chifres; cornudo.

chi.li.que *sm. Pop.* **1.** V. *síncope* (1). **2.** V. *faniquito*.

chil.re.a.da [*Chilrear*.◘4] *sf.* Muitos chilreios.

chil.re.ar [*Chilr(ar)*.◘1N] *v.int.* **1.** Pipilar; gorjear. **2.** *Fig.* V. *tagarelar*. [C.: 12A]

chil.rei.o [Dev. de *chilrar*.] *sm.* Ato de chilrear; chilro.

chil.ro [Dev. de *chilrar*.] *sm.* Chilreio.

chim *adj2g. s2g.* V. *chinês* (1 e 2). [Pl.: *chins*.]

chi.mar.rão [Esp.plat. *cimarrón*.] *adj. sm.* Diz-se de, ou mate cevado sem açúcar. [Pl.: *-rões*.]

chim.pan.zé ou **chi.pan.zé** [Fr. *chimpanzé*, de or.afr.] *sm. Zool.* Grande macaco antropoide africano, de corpo peludo e braços longos.

chi.na¹ [Top. *China*.] *s2g. Pop.* V. *chinês* (2).

chi.na² [Hisp.-amer. *china*.] *sf. Bras.* Pessoa do sexo feminino, com feições de índio¹(2).

chin.chi.la [Tax. *Chinchilla*.] *sf. Zool.* Mamífero chinchilídeo.

chin.chi.lí.de.o [Tax. *Chinchillidae*.] *adj. sm. Zool.* Diz-se de, ou espécime dos chinchilídeos, família de pequenos roedores de cauda longa e ger. espessa, nativos do Chile e do Peru.

chi.ne.la [Dial. genovês *cianell*.] *sf.* Chinelo.

chi.ne.la.da [*Chinela*.◘4] *sf.* Pancada com chinelo ou chinela.

chi.ne.lo [*Chinela*.] *sm.* Calçado confortável de uso informal que cobre apenas a frente do pé; chinela.

chi.nês [◘38A] *adj.* **1.** Da China (Ásia); chim. ● *sm.* **2.** O natural ou habitante da China; chim. **3.** *E.Ling.* Conjunto de línguas (ou dialetos) faladas na China e em outras regiões do S.E. asiático. [Flex. de 1 e 2: *chineses* (ê), *chinesa(s)* (ê).]

chin.frim [V.A] *adj2g.* Insignificante, reles. [Pl.: *-frins*.]

chi.nó [Fr. *chignon*.] *sm.* V. *cabeleira* (2).

chi.o [V.A] *sm.* **1.** Som agudo que emitem as rodas dos carros. **2.** Guincho¹. **3.** Chiado (1).

→ **chip** (tchípi) [Ingl.] *sm. Eletrôn.* V. *circuito integrado*.

chi.que [Fr. *chic*.] *adj2g.* **1.** Elegante no trajar. **2.** De bom gosto.

chi.quê [Alter. de *chique*.] *sm. Pop.* Recusa fingida a fazer ou aceitar algo.

chi.quei.ri.nho [*Chiqueiro*.◘32] *sm. Pop.* Cercado (5).

chi.quei.ro [*Chico*, 'porco'.◘25] *sm.* **1.** Pocilga ou curral de porcos. **2.** Lugar imundo.

chis.pa [V.A] *sf.* **1.** V. *centelha* (1). **2.** Lampejo (1). **3.** *Fig.* Talento; gênio.

chis.par [*Chispa*.◘1A] *v.int.* **1.** Lançar chispas. **2.** *Fig.* Correr em disparada. *td.* **3.** Lançar de si (fogo, etc.). [C.: 1]

chis.pe [Lat. **suspede*, poss.] *sm.* Pé de porco.

chis.te [Esp. *chiste*.] *sm.* Dito engraçado; gracejo. [Pl.: *-tosos* (ó).] § **chis.to.so** (ô) *adj.*

chi.ta¹ [Or.sânscr.] *sf.* Tecido ordinário, de algodão, estampado em cores.

chi.tão [*Chita*.◘28A] *sm.* Chita com estampado grande. [Pl.: *-tões*.]

cho.ça [Or.basca, poss.] *sf.* Habitação mais tosca do que a cabana (1).

cho.ca.dei.ra [*Chocar²*.◘16A] *sf.* Aparelho para chocar ovos; incubadeira, incubadora.

cho.ca.lhar [*Chocalho*.◘1A] *vtd.* **1.** Agitar, sacudir, produzindo som semelhante ao do chocalho. **2.** Vascolejar (líquido contido num recipiente). [C.: 1] § **cho.ca.lhan.te** *adj2g.*

cho.ca.lho *sm.* **1.** Instrumento de metal, com badalo, que se põe ao pescoço de animais. **2.** Objeto que, agitado, produz ruído agradável.

cho.can.te [*Chocar¹*.◘21] *adj2g.* **1.** Que choca, fere, ofende. **2.** Que causa admiração, espanto, surpresa. ● *interj.* **3.** *Gír.* Exprime entusiasmo, admiração, etc.

cho.car¹ [Fr. *choquer*.◘1A] *vti.* **1.** Dar choque; ir de encontro a. *td.* **2.** Causar impressão a. *int.* **3.** Ofender, magoar alguém. **4.** Provocar espanto, escândalo. *p.* **5.** Esbarrar mutuamente; embater-se. **6.** Escandalizar-se; ofender-se. [C.: 1A (ó)]

cho.car² [*Choco²*.◘1A] *vtd.* **1.** Cobrir (os ovos), aquecendo-os com o corpo para que se desenvolva o embrião e nasça a ave. **2.** *Bras.* Pensar longamente em. *int.* **3.** Estar no choco. [C.: 1A (ó)]

cho.car.rei.ro [Esp. *chocarrero*.◘25] *adj. sm.* Que ou, quem diz chocarrices.

cho.car.ri.ce [*Chocarr(eiro)*.◘13] *sf.* Chalaça (2).

cho.char [*Chocho* (ô).◘1A] *v.int. Bras.* Ficar chocho (1). [C.: 1 (ó). Norm., é unipess.]

cho.cho (ô) *adj.* **1.** Sem suco, miolo ou grão; seco. **2.** Enfraquecido. **3.** Sem graça.

cho.co¹ (ô) [Dev. de *chocar²*.] *sm.* **1.** Ato de chocar²(1); incubação. **2.** O período da incubação.

cho.co² (ô) [Lat.hisp. **clocca*, poss.] *adj.* **1.** Diz-se de ovo em que se está desenvolvendo o embrião. **2.** Que está incubando (ave). **3.** Podre; estragado.

cho.co.la.te [Esp. *chocolate*.] *sm.* **1.** Produto alimentar feito de amêndoas de cacau torradas. **2.** Bebida ou bombom de chocolate (1).

cho.co.la.tei.ra [*Chocolate*.◘16] *sf.* Vasilha em que se prepara ou serve o chocolate (2).

cho.co.la.tei.ro [*Chocolate*.◘25] *sm.* Fabricante ou vendedor de chocolate.

cho.có.la.tra [*Choco(late)* + *-latra*.] *s2g.* Quem adora chocolate e o come com frequência.

chofer | chupitar

cho.fer [Fr. *chauffeur*.] *s2g*. Motorista (2).
cho.fre (ô) [V.A] *sm*. Choque repentino. ♦ **De chofre.** V. *de repente*.
chol.dra (ô) *sf. Pop.* Coisa imprestável ou pessoa desprezível.
cho.pa.da [*Chope*.▣4] *sf. Bras.* Reunião em que se bebe muito chope.
cho.pe (ô) [Fr. *chope*.] *sm*. Cerveja fresca de barril.
cho.que [Fr. *choc*.] *sm*. 1. Embate ou encontro de 2 corpos em movimento. 2. Embate violento de forças militares. 3. Oposição, conflito. 4. Luta, embate. 5. Abalo emocional. 6. Sensação produzida por uma carga elétrica. 7. *Psiq*. Súbito desequilíbrio mental. 8. *Med*. Estado em que há insuficiente perfusão sanguínea de órgãos vitais; pode ter causas diversas, como hemorragia, infecção, etc.
cho.ra.dei.ra [*Chorar*.▣16A] *sf*. 1. Choro demorado e impertinente. 2. Lamúria (2).
cho.ra.do [*Chorar*.▣17A] *adj*. 1. Pranteado, lamentado. 2. *Fig*. De conquista difícil.
cho.ra.mi.gar ou **cho.ra.min.gar** [*Choramigas* ou *choramingas* + *-ar²*.▣1A] *v.int*. 1. Chorar amiúde e por motivos fúteis. 2. Chorar baixo. [C.: 1C]
cho.ra.mi.gas ou **cho.ra.min.gas** *s2g2n*. Pessoa que choramiga; chorão.
cho.rão [*Choro* (ô).▣28A] *adj*. 1. Que chora muito. ♦ *sm*. 2. Choramigas. 3. *Bot*. V. *salgueiro*. [Pl.: *-rões*. Fem. de 1 e 2: *chorona*.]
cho.rar [Lat. *plorare*.▣1A] *v.int*. 1. Derramar lágrimas. 2. Exprimir tristeza, dor, etc., com choro (2). 3. *Pop*. Pechinchar. 4. *Bras. Pop.* Servir choro (5). *td*. 5. Lamentar, lastimar. 6. *Fig*. Chorar (3). *ti*. 7. Chorar (1 e 2). *p*. 8. Lastimar-se. [C.: 1 (ó)]
cho.ri.nho [*Choro*.▣32] *sm*. Choro (4) ger. brejeiro e alegre.
cho.ro (ô) [Dev. de *chorar*.] *sm*. 1. Ato ou efeito de chorar. 2. Pranto, lágrimas. 3. *Bras.* Conjunto instrumental, originário do Rio de Janeiro (fins do séc. XIX), com flauta, violão, cavaquinho, clarinete, bandolim, pandeiro, etc. 4. *Bras.* Música de caráter sentimental executada por tal conjunto. 5. *Bras. Pop.* Bebida servida além da dose paga.
cho.ro.so (ô) [*Choro* (ô).▣37] *adj*. 1. Que chora. 2. Magoado, contristado. [Pl.: *-rosos* (ó).]
chor.ri.lho [Esp. *chorrillo*.] *sm*. Quantidade considerável; série.
cho.ru.me.la [V.A] *sf. Bras.* V. *lenga-lenga*.
chou.pa.na [*Choupo*.] *sf*. V. *cabana* (1).
chou.po [Lat.vulg. *poplu (do Lat. *populus*).] *sm. Bot*. Grande árvore salicácea, de madeira útil.
chou.ri.ço [V.C] *sm*. Enchido de porco, cujo recheio é misturado com sangue e curado ao forno.
cho.ve não mo.lha *sm2n. Bras. Fam*. Situação indefinida, que não se resolve.
cho.ver [Lat.vulg. *plovere*.▣1B] *v.int*. 1. Cair água em gotas da atmosfera. 2. *Fig*. Cair do alto em abundância. 3. *Fig*. Cair, sobrevir. [C.: 2 (ô-ó). Impess., conjugado, na 1.ª acepç., só na 3.ª pess. sing.; em sentido fig., porém, pode-se conjugar nas demais pess.]
chu.ca *sf.m*. Chuquinha.
chu.char [V.A▣1A] *vtd*. 1. Chupar, sugar. 2. Mamar (1). [C.: 1]
chu.chu [Fr. antilhano *chou-chou*.] *sm. Bot*. 1. Trepadeira cucurbitácea de fruto verde, comestível depois de cozido. 2. Esse fruto.
chu.ço [V.C] *sm*. Vara ou pau armado de aguilhão.
chu.cru.te [Do al.] *sm*. Repolho picado e fermentado em salmoura.
chu.é [Do ár., poss.] *adj2g*. Ordinário, reles.
chu.la [F.subst. de *chulo*.] *sf*. Dança e música popular de origem portuguesa.
chu.lé [Do cigano.] *sm. Pop*. Sujeira e fedor formados pelo suor dos pés.
chu.le.ar [V.D] *vtd*. 1. Coser a orla de (o tecido) de modo que não se desfie. *int*. 2. Fazer chuleio(s). [C.: 12A]
chu.lei.o [Dev. de *chulear*.] *sm*. Ato ou efeito de chulear, ou o ponto com que se chuleia.
chu.le.ta (ê) [Esp. *chuleta*.] *sf. Bras.RS* 1. Costela com carne de gado vacum, ovino ou suíno. 2. Prato preparado com essa carne.
chu.lo [Esp. *chulo*.] *adj*. Grosseiro, baixo, rude.
chu.ma.ço [Lat. *plumaciu*.] *sm*. 1. Pasta de algodão em rama, entre o forro e o pano do vestuário, para lhe alterar o feitio. 2. Porção de algodão ou gaze us. esp. em curativos; tampão.
chum.ba.da [*Chumbo*.▣4] *sf*. 1. Tiro de chumbo. 2. Chumbo que se põe nas redes e linhas de pescar.
chum.bar [*Chumbo*.▣1A] *vtd*. 1. Prender, tapar ou soldar com chumbo ou com outro metal fusível. 2. Ferir com chumbo (2). [C.: 1]
chum.bi.nho [*Chumbo*.▣32] *sm*. Chumbo (2).
chum.bo [Lat. *plumbu*.] *sm*. 1. *Quím*. Elemento de número atômico 82, metálico, cinzento, mole, muito denso, us. em várias ligas [símb.: Pb]. 2. Grão desse metal; chumbinho. 3. Pedaço desse metal que se põe nas redes e linhas de pescar. 4. *Fig*. O que pesa muito.
chu.par [V.A▣1A] *vtd*. 1. Sugar, sorver. 2. Aplicar os lábios a, sugando, ou como quem o faz. 3. Extrair com a boca o suco de. 4. Revolver na boca. [C.: 1] § **chu.pa.da** *sf*.
chu.pe.ta (ê) [*Chupar* + *-eta* (ê).] *sf*. Mamilo (2) de borracha para bebês.
chu.pim [Do tupi.] *sm. Bras. Zool*. Ave emberizídea que se alimenta de grãos, prejudicando a lavoura; gaudério. [Pl.: *-pins*.]
chu.pi.tar [*Chup(ar)*.▣1H] *vtd*. 1. Chupar devagarinho. 2. Bebericar. [C.: 1]

chu.qui.nha [*Chuca*.◻32A] *sf.m.* Pequena mamadeira, de formato anatômico, us. ger. para servir água ou chá; chuca.

chur.ras.ca.ri.a [*Churrasco*.◻15] *sf. Bras.* Restaurante especializado em churrasco.

chur.ras.co [Esp.plat. *churrasco*.] *sm. Bras.* Porção de carne, assada ao calor da brasa, em espeto ou sobre grelha.

chur.ras.quei.ra [*Churrasco*.◻16] *sf.* Grelha ou outro aparelho para preparar churrasco.

chur.ras.quei.ro [*Churrasco*.◻25] *sm.* Aquele que prepara churrasco.

chur.ro [Or. pré-rom., poss.] *sm.* Massa de farinha de trigo em forma de bastão com estrias que se come frita e com açúcar.

chus.ma [Lat.vulg. *clusma*.] *sf.* Grande quantidade (de pessoas ou coisas).

chu.tar [*Chute*.◻1A] *vtd.* **1.** Dar chute em. **2.** *Bras. Gír.* Tentar acertar, arriscando. **3.** *Gír.* Pôr de lado; desprezar. **4.** *Basq.* Arremessar (2). *int.* **5.** Dar chute. **6.** Chutar (2 e 4). [C.: 1]

chu.te [Ingl. *shoot*.] *sm. Bras.* **1.** Pontapé na bola, no futebol. **2.** Pontapé. **3.** *Basq.* Arremesso (3). **4.** Tentativa de acertar uma resposta, ao acaso.

chu.tei.ra [*Chute*.◻16] *sf. Bras.* Sapato dotado de travas na sola, para se jogar futebol.

chu.va [Lat. *pluvia*.] *sf.* **1.** Precipitação atmosférica formada de gotas de água, por efeito da condensação do vapor de água contido na atmosfera. **2.** *P.ext.* Tudo que cai ou parece cair como chuva. ◆ **Chuva de pedra.** V. *granizo*.

chu.va.da [*Chuva*.◻4] *sf.* Chuva abundante e forte; toró, chuvarada.

chu.va.ra.da [*Chuva*.◻4A] *sf.* V. *chuvada*.

chu.vei.ra.da [*Chuveiro*.◻4] *sf. Bras.* Banho rápido de chuveiro.

chu.vei.ro [*Chuva* + *-eiro*.◻25] *sm.* **1.** Chuva repentina e abundante, mas passageira. **2.** Crivo por onde, nos banheiros, cai a água canalizada. **3.** O compartimento onde ele está.

chu.vis.car [*Chuva*.◻1G] *v.int.* Chover pouco e miúdo; neblinar. [C.: 1A. Impess.]

chu.vis.co [*Chuva*.◻33] *sm.* **1.** Chuva fina. **2.** *Bras. Cul.* Doce de ovos em forma de pingo.

chu.vo.so (ô) [Lat. *pluviosu*.◻37] *adj.* De, ou em que há chuva(s); pluvioso. [Pl.: *-vosos* (ó).]

■ **Ci** Símb. de *curie*.

ci:a.ne.to (ê) [Gr. *kyanós* + *-eto*².] *sm. Quím.* Qualquer sal do ácido cianídrico; cianureto.

ci:a.ní.dri.co [Gr. *kyanós* + *-idr(o)-* + *-ico*².◻35B] *adj. Quím.* Diz-se de ácido, venenoso, que só existe em solução [fórm.: HCN].

ci.a.no [Gr. *kyanós*.] *adj.* **1.** Azul-esverdeado. ● *sm.* **2.** Essa cor.

ci:a.no.bac.té.ri:a [Tax. *Cyanobacteria*.] *sf. Bot.* Espécime das cianobactérias, indivíduos do reino *Monera* que se assemelham às algas; são as cianofíceas ou algas verde-azuladas.

ci:a.no.fí.ce:a [Tax. *Cyanophyceae*.] *sf. Bot.* V. *cianobactéria*.

ci:a.no.se [Lat.cient. *cyanosis*.] *sf. Med.* Coloração azulada da pele e mucosa, devida a excesso, no sangue, de hemoglobina reduzida. § **ci:a.nó.ti.co** *adj.*

ci:a.nu.re.to (ê) [Gr. *kyanós* + *-ureto*.] *sm. Quím.* Cianeto.

ci:a.te.á.ce:a [Tax. *Cyatheaceae*.] *sf. Bot.* Espécime das ciateáceas, família de grandes pteridófitos que habitam matas úmidas e sombrias. § **ci:a.te.á.ce:o** *adj.*

ci.á.ti.ca *sf. Med.* Neuralgia que ocorre ao longo do trajeto do nervo ciático e de seus ramos.

ci.á.ti.co [Fr. *sciatique*.] *adj. Anat.* Do quadril, ou relativo a ele.

ci.ber.ca.fé [*Ciber-* + *café*.] *sm.* Café (4) que disponibiliza aos clientes computadores ligados à Internet.

ci.ber.es.pa.ço [*Ciber-* + *espaço*.] *sm. Inform.* **1.** O espaço virtual gerado por uma rede de computadores. **2.** *Restr.* A Internet.

ci.ber.né.ti.ca *sf.* Ciência que estuda as comunicações e o sistema de controle nos organismos vivos e tb. nas máquinas. § **ci.ber.né.ti.co** *adj.*

ci.bó.ri:o [Lat. *ciboriu*.] *sm.* Vaso onde se guardam hóstias consagradas.

ci.ca [Do tupi.] *sf. Bras.* O travo de certas frutas verdes.

ci.ca.dí.de:o [Tax. *Cicadidae*.] *adj. sm. Zool.* Diz-se de, ou espécime dos cicadídeos, família de grandes insetos homópteros. Ex.: cigarras.

ci.ca.triz [Lat. *cicatrice*.] *sf.* **1.** *Med.* Marca deixada na pele, ou em outro órgão, pelo tecido fibroso que recompõe as partes lesadas. **2.** *Fig.* Lembrança duma dor moral. § **ci.ca.tri.ci.al** *adj2g.*

ci.ca.tri.zar [*Cicatriz*.◻1A] *vtd.* **1.** Fazer que se forme cicatriz (1) em. **2.** *Fig.* Dissipar (a cicatriz [2]). *int.* **3.** Cicatrizar (1). **4.** Transformar-se (uma ferida) em cicatriz. *p.* **5.** Cicatrizar (4). [C.: 1] § **ci.ca.tri.za.ção** *sf.*

cí.ce.ro [Antr. (*Marco Túlio*) *Cícero* (**M.**).] *sm.* Unidade de medida tipográfica, equiv. a 12 pontos (4,512mm).

ci.ce.ro.ne [It. *cicerone*.] *s2g.* Guia de visitantes ou turistas.

ci.ci.ar [V.A] *v.int.* **1.** Pronunciar as palavras em voz baixa, murmurando. **2.** Rumorejar de leve. [C.: 1. Cf. *cecear*.]

ci.ci.o [V.A] *sm.* **1.** Ato ou efeito de ciciar. **2.** Rumor (1 e 2) brando.

ci.cla.gem [*Ciclo*.◻6] *sf. Eletr.* A frequência de uma corrente alternada. [Pl.: *-gens*.]

ci.clí.de:o [Tax. *Cichlidae*.] *adj. sm. Zool.* Diz-se de, ou espécime dos ciclídeos, família de peixes osteíctes, de água doce, da África, América do Sul, Índia, etc. Ex.: acará.

ciclismo | cigarrinha

ci.clis.mo [Fr. *cyclisme*.⬜11] *sm*. O esporte das corridas de bicicletas. § **ci.clis.ta** *s2g*.

ci.clo [Lat. *cyclu*, do gr.] *sm*. **1**. Série de fenômenos que se sucedem numa ordem determinada. **2**. Sequência de fenômenos que se renovam periodicamente. ♦ **Ciclo vital.** *Biol.* Biociclo. § **cí.cli.co** *adj*.

ci.clo.fai.xa *sf*. Faixa para o tráfego de bicicletas.

ci.clo.ne [Ingl. *cyclone*.] *sm*. Tempestade violenta produzida por grandes massas de ar animadas de grande velocidade de rotação e que se deslocam a velocidades de translação crescentes até a tempestade se desfazer.

ci.clo.pe [Mitôn. lat. *Cyclope*.] *sm*. Na mitologia grega, gigante com um só olho na testa.

ci.clor.ro.ta *sf*. Em via compartilhada, rota sinalizada para o tráfego de bicletas.

ci.clo.vi.a *sf*. Via exclusiva para bicicletas. [Há sempre o isolamento físico da via.]

ci.co.ni.í.de:o [Tax. *Ciconiidae*.] *adj. sm. Zool.* Diz-se de, ou espécie dos ciconiídeos, família de aves ciconiiformes, de bico longo, reto ou curvo e que vivem em bandos. Ex.: cegonhas, jaburus, maguaris.

ci.co.ni.i.for.me [Tax. *Ciconiiformes*.] *adj2g. sm. Zool.* Diz-se de, ou espécime dos ciconiiformes, ordem de aves de pernas e pescoço longos, tamanho de médio a grande e de distribuição universal. Inclui os ardeídeos, catartídeos, ciconiídeos, etc.

ci.cu.ta [Lat. *cicuta*.] *sf. Bot.* Planta apiácea, venenosa, e o seu veneno.

ci.da.da.ni.a [*Cidadão (-dan-)*.⬜8A] *sf*. Condição de cidadão.

ci.da.dão [*Cidade*.⬜28B] *sm*. **1**. Indivíduo no gozo dos direitos civis e políticos de um Estado. **2**. *Pop*. Indivíduo, sujeito. [Pl.: *-dãos*. Fem.: *cidadã, cidadoa*.]

ci.da.de [Lat. *civitate*.] *sf*. **1**. Complexo demográfico formado por importante concentração populacional não agrícola e dada à atividades de caráter mercantil, industrial, financeiro e cultural; urbe. **2**. O conjunto dos habitantes da cidade. **3**. *Restr*. Centro (3).

ci.da.de.la [It. *cittadella*.] *sf*. Fortaleza defensiva de uma cidade.

ci.dra [Lat. *citrea*.] *sf. Bot.* O fruto, edule, da cidreira.

ci.drei.ra [*Cidra*.⬜16] *sf. Bot.* Arbusto frutífero rutáceo, cítrico, de madeira útil.

ci.ên.ci:a [Lat. *scientia*.] *sf*. **1**. Conjunto metódico de conhecimentos obtidos mediante a observação e a experiência. **2**. Saber e habilidade que se adquirem para o bom desempenho de certas atividades. **3**. Informação, conhecimento; notícia. ♦ **Ciências biológicas.** As que estudam os seres vivos. **Ciências exatas.** Aquelas (como a física, a química, a astronomia) que descrevem e analisam fenômenos de modo quantitativo e segundo suas relações matemáticas muito precisas. **Ciências humanas.** As disciplinas que têm por objeto o ser humano, do passado e do presente, e seu comportamento individual ou coletivo. **Ciências naturais.** Aquelas (como a biologia, a botânica, a zoologia, a mineralogia, etc.) que têm como objeto o estudo da natureza.

ci.ên.ci:as *sfpl*. Disciplinas escolares e universitárias que compreendem a química, a física, a biologia, a matemática, a astronomia e outras.

ci:e.ní.de:o [Tax. *Sciaenidae*.] *adj. sm. Zool.* Diz-se de, ou espécime dos cienídeos, grande fam. de peixes perciformes. Ex.: corvina.

ci.en.te [Lat. *sciente*.] *adj2g*. **1**. Que tem ciência; sábio. **2**. Que tem ciência ou conhecimento de algo; sabedor.

ci:en.ti.fi.car [*Ciente* + *-ficar*.⬜1A] *vtdi*. **1**. Dar ciência ou conhecimento de; informar. *p*. **2**. Tomar conhecimento; informar-se. [C.: 1A]

ci:en.ti.fi.cis.mo [*Científico*.⬜11] *sm*. Cientismo.

ci:en.tí.fi.co [Lat. *scientificu*.] *adj*. Relativo à, ou que tem o rigor da ciência.

ci:en.tis.mo [*Ciência (cient-)*.⬜11] *sm*. Confiança na capacidade de as ciências resolverem todas as questões e problemas que se põem ao homem; cientificismo.

ci:en.tis.ta [Ingl. *scientist*.⬜36] *s2g*. Quem cultiva alguma ciência, ou dela é especialista.

ci.fo.se [Lat.cient. *cyphosis*.] *sf. Med.* Curvatura, de convexidade posterior, da coluna vertebral. § **ci.fó.ti.co** *adj*.

ci.fra [Lat.med. *cif(e)ra*.] *sf*. **1**. Zero, algarismo sem valor absoluto, que confere às unidades que o acompanham um valor relativo, segundo a posição. **2**. Montante de operações comerciais. **3**. Explicação duma escrita enigmática ou secreta; chave. **4**. Essa escrita.

ci.frão [*Cifra*.⬜28A] *sm. Símb.* ($) que expressa as unidades monetárias de muitos países. Ex.: R$ [*real*$^+$ (2)]. [Pl.: *-frões*.]

ci.frar [*Cifra*.⬜1A] *vtd*. **1**. Escrever em cifra (4). *p*. **2**. Resumir-se. [C.: 1] § **ci.fra.do** *adj*.

ci.ga.no [Fr. *tzigane* ou *tsigane*.] *sm*. **1**. Indivíduo de um povo nômade, que tem um código ético próprio, vive de artesanato, cartomancia, quiromancia, etc., e se dedica à música. **2**. *Pop*. Homem de vida incerta.

ci.gar.ra [Lat.vulg. **cicara* (do lat. *cicada*).] *sf*. **1**. *Zool.* Nome comum a vários insetos cicadídeos cujas espécimes adultos vivem em árvores, tendo os machos órgãos musicais, de som estrídulo. **2**. Campainha elétrica de som estridente.

ci.gar.rei.ra [*Cigarro*.⬜16] *sf*. Caixinha ou estojo onde se guardam cigarros.

ci.gar.ri.lha [*Cigarro* + *-ilha*.] *sf*. Cigarro, mais fino e longo que o habitual.

ci.gar.ri.nha [*Cigarra*.⬜32A] *sf. Zool.* Inseto homóptero, pequeno.

ci.gar.ro [Esp. *cigarro*, 'charuto'.] *sm.* Pequena porção de fumo picado, enrolado em papel, etc., para se fumar.

ci.la.da *sf.* **1.** V. *emboscada* (1). **2.** V. *logro* (2). **3.** Deslealdade, traição.

ci.la.rí.de:o [Tax. *Scyllaridae.*] *adj. sm. Zool.* Diz-se de, ou espécime dos cilarídeos, família de crustáceos decápodes caracterizados pela ausência de antenas longas. Ex.: lagostim.

ci.lha [Port.arc. **cinlha*, do lat.] *sf.* Tira de pano ou de couro com que se aperta a sela ou a carga por sob o ventre da cavalgadura.

ci.li.ar [*Cílio.* ◻40] *adj2g.* Dos cílios, ou relativo a eles.

ci.lí.ci:o [Lat. *ciliciu.*] *sm.* Cinto ou cordão de lã áspera, us. sobre a pele como penitência.

ci.lin.dra.da [*Cilindrar.* ◻4] *sf. Mec.* Volume máximo de gás por cilindro (2).

ci.lín.dri.co [Gr. *kylindrikós.* ◻35B] *adj.* Em forma de cilindro.

ci.lin.dro [Lat. *cylindru.*] *sm.* **1.** Corpo roliço, com o mesmo diâmetro em todo o comprimento. **2.** Parte do motor no interior do qual se desloca o êmbolo, e onde se realiza a combustão da mistura e a expansão dos gases, que faz funcionar o motor.

cí.li:o [Lat. *ciliu.*] *sm.* Pelo da orla das pálpebras; pestana.

ci.ma [Lat. *cyma.*] *sf.* **1.** A parte mais elevada. **2.** V. *cume* (1).

ci.ma.lha *sf.* Saliência da parte mais alta de parede, onde assentam os beirais do telhado.

ci.mei.ra [*Cima.* ◻16] *sf.* Reunião de cúpula (q.v.). [Mais us. em Port.]

ci.mei.ro [*Cimo.* ◻25] *adj.* Que fica no cimo, no alto.

ci.men.ta.do [*Cimentar.* ◻17A] *adj.* **1.** Que se cimentou. ● *sm.* **2.** Cimento (2).

ci.men.tar [*Cimento.* ◻1A] *vtd.* **1.** Ligar com cimento. **2.** Pavimentar com cimento. **3.** Firmar, consolidar. [C.: 1]

ci.men.to [Lat. *caementu.*] *sm.* **1.** Substância em pó, us. como aglomerante, e que, umedecida, se emprega em estado plástico, endurecendo, depois, pela perda da água. **2.** Chão revestido de cimento; cimentado.

ci.mi.cí.de:o [Tax. *Cimicidae.*] *adj. sm. Zool.* Diz-se de, ou espécime dos cimicídeos, família de hemípteros hematófagos que parasitam aves e mamíferos, ou são predadores de outros pequenos artrópodes. Ex.: percevejo.

ci.mi.tar.ra [V.C] *sf.* Sabre oriental, de lâmina larga e recurva, e de um só gume.

ci.mo [*Cima.*] *sm.* V. *cume* (1).

ci.na.mo.mo [Tax. *Cinnamomum.*] *sm. Bot.* Árvore meliácea, ornamental.

cin.ca.da [*Cincar.* ◻4] *sf.* Falta ou erro.

cin.co [Lat.vulg. *cinque.*] *num.* **1.** Quantidade que é uma unidade maior que 4. **2.** Número (1) correspondente a essa quantidade. [Representa-se em algarismo arábico por 5, e em romano, por V.]

cin.dir [Lat. *scindere.* ◻1C] *vtd. e p.* Separar(-se), dividir(-se). [C.: 1]

ci.ne *sm.* F.red. de *cinema* (3).

ci.ne.as.ta [Fr. *cinéaste.*] *s2g.* Quem exerce atividade relacionada com o cinema (1).

ci.ne.clu.be [*Cine* + *clube.*] *sf.* Associação em que amadores de cinema se reúnem para ver filmes e estudar a arte cinematográfica.

ci.né.fi.lo [*Cine* + *-filo.*] *adj. sm.* Que, ou aquele que gosta muito de cinema.

ci.ne.gé.ti.ca [Gr. *kynegetiké*] *sf.* **1.** Arte de caçar com cães. **2.** Arte da caça. § **ci.ne.gé.ti.co** *adj.*

ci.ne.gra.fis.ta [*Cine* + *graf(o)-* + *-ista.* ◻36] *s2g.* Operador de câmera cinematográfica.

ci.ne.ma [F.red. de *cinematógrafo.*] *sm.* **1.** Arte de compor e realizar filmes cinematográficos. **2.** Cinematografia. **3.** Sala de espetáculos onde se projetam filmes cinematográficos.

ci.ne.ma.te.ca [*Cinema* + *-teca.*] *sf.* Local onde se guardam filmes, esp. os de valor cultural e artístico, e que tem, ger., sala de projeção para exibi-los.

ci.ne.má.ti.ca [Gr. *kínema, atos* + *-ica.*] *sf. Fís.* Parte da mecânica que se ocupa do movimento, independentemente de suas causas e da natureza dos corpos.

ci.ne.má.ti.co [Gr. *kínema, atos* + *-ico*^{2}. ◻35B] *adj.* Relativo ao movimento.

ci.ne.ma.to.gra.fi.a [Fr. *cinématographie.* ◻8A] *sf.* Conjunto de métodos e processos para registro e projeção fotográfica de cenas animadas; cinema. § **ci.ne.ma.to.grá.fi.co** *adj.*

ci.ne.ma.tó.gra.fo [Fr.*cinématographe.*] *sm.* Aparelho que reproduz numa tela o movimento, mediante uma sequência de fotografias.

ci.ne.rá.ri:o [Lat. *cinerariu.* ◻24] *adj.* **1.** Relativo a cinzas. **2.** Que contém os restos mortais de alguém.

ci.né.re.o [Lat. *cinereu.*] *adj. Poét.* V. *cinzento*.

ci.né.ti.ca [Gr. *kinetiké.*] *sf. Fís.* V. *dinâmica*.

cin.gir [Lat. *cingere.* ◻1C] *vtd.* **1.** V. *rodear* (2). **2.** Ornar em roda; coroar. **3.** Pôr à cinta. *tdi.* **4.** Unir, apertar. *p.* **5.** Ornar a própria fronte. **6.** Limitar-se, restringir-se. [C.: 3A]

cín.gu.lo [Lat. *cingulu.*] *sm.* Cordão com que o sacerdote aperta a alva na cintura.

cí.ni.co [Lat. *cynicu.*] *adj.* Que tem ou denota cinismo.

ci.nis.mo [Lat. *cynismu*, do gr.] *sm.* **1.** Impudência, descaramento. **2.** *Filos.* Oposição radical e ativa às regras e convenções socioculturais.

ci.no.ce.fa.lí.de:o [Tax. *Cynocephalidae.*] *adj. sm. Zool.* Diz-se de, ou espécime dos cinocefalídeos, fam. de dermópteros, noturnos e arborícolas, do S.E. da Ásia. São os lêmures-voadores.

ci.nóg.na.to [Tax. *Cynognathus.*] *sm. Paleont.* Reptil carnívoro do triássico, com c. de 1,5m de comprimento, e cujos fósseis foram achados na Argentina e na África do Sul.

ci.no.gra.fi.a [*Cin(o)-* + *-grafia.*] *sf.* Tratado sobre cães. § **ci.no.grá.fi.co** *adj.*

cinologia | círculo

ci.no.lo.gi.a [*Cin(o)-* + *-logia*.] *sf.* Estudo dos cães. § **ci.no.ló.gi.co** *adj.*

ci.no.mo.se [*Cin(o)-* + *-m-* + *-ose*¹.] *sf. Veter.* Doença virótica, muito contagiosa, incidente em cães domésticos e outros carnívoros.

cin.quen.ta (qüen) [Lat. *quinquaginta*.] *num.* **1.** Quantidade que é uma unidade maior que 49. **2.** Número (1) que corresponde a essa quantidade. [Representa-se em algarismos arábicos por 50, e em romano, por L.]

cin.quen.tão (qüen) [*Cinquenta*. ▪28A] *adj. sm.* Quinquagenário. [Pl.: *-tões*. Fem.: *cinquentona*.]

cin.quen.te.ná.ri:o (qüen) [Fr. *cinquantenaire*. ▪24] *sm.* Quinquagésimo aniversário.

cin.ta [Lat. *cincta*.] *sf.* **1.** Faixa para apertar um corpo. **2.** Cintura (1 e 2). **3.** V. *cós* (2). **4.** Tira de pano, couro, etc., para cingir. **5.** Peça íntima de vestuário, para corrigir defeitos anatômicos.

cin.tar [*Cinta*. ▪1A] *vtd.* **1.** Pôr cinta em. **2.** Talhar (3), moldando a cintura. [C.: 1]

cin.ti.lar [Lat. *scintillare*. ▪1A] *v.int.* **1.** Apresentar o brilho das faíscas; tremeluzir. **2.** Resplandecer (1). [C.: 1] § **cin.ti.lan.te** *adj2g.*

cin.to [Lat. *cinctu*.] *sm.* **1.** Faixa ou tira de tecido, etc., que cinge o meio do corpo. **2.** V. *cós* (2). **3.** V. *cerco* (2).

cin.tu.ra [Lat. *cinctura*.] *sf.* **1.** A parte média do tronco humano; cinta. **2.** A parte do vestuário que a rodeia; cinta. **3.** V. *cós* (2).

cin.tu.rão [*Cintura*. ▪28A] *sm.* **1.** Grande cinto, ger. de couro, em que se suspendem armas, se traz dinheiro, etc.; boldrié. **2.** V. *cerco* (2). [Pl.: *-rões*.]

cin.za [Lat.vulg. *cinisia.] *sf.* **1.** Pó ou resíduos da combustão de certas substâncias; borralho. ● *adj2g2n.* **2.** V. *cinzento*.

cin.zas *sfpl.* Restos mortais.

cin.zei.ro [*Cinza*. ▪25] *sm.* **1.** Montão de cinzas. **2.** Parte do fogão de lenha onde cai a cinza. **3.** Recipiente onde se jogam as cinzas do fumo.

cin.zel *sm.* Instrumento de aço, cortante, us. por escultores e gravadores. [Pl.: *-zéis*.]

cin.ze.lar [*Cinzel*. ▪1A] *vtd.* **1.** Lavrar com cinzel. **2.** *Fig.* Aprimorar. [C.: 1 (é)]

cin.zen.to [*Cinza*. ▪27] *adj.* Que tem cor de cinza (1); cinza, cinéreo.

ci.o [Lat. *zelu*] *sm.* Período de atividade sexual dos animais.

ci.o.so (ó) [*Cio*. ▪37] *adj.* **1.** Ciumento. **2.** Zeloso, cuidadoso. [Pl.: *-osos* (ó).]

ci.pe.rá.ce:a [Tax. *Cyperaceae*.] *sf. Bot.* Bot. Espécime das ciperáceas, fam. de plantas, ger. palustres, semelhantes às poáceas, mas de caule mais rijo. § **ci.pe.rá.ce:o** *adj.*

ci.pó [Or.tupi.] *sm. Bot.* Nome de várias trepadeiras que pendem das árvores e nelas se entrelaçam.

ci.po.al [*Cipó*. ▪39] *sm. Bras.* **1.** Mato abundante de cipós tão enredados que dificultam o trânsito. **2.** *Fig.* Situação difícil, complicada, confusa, na qual se fica enredado. [Pl.: *-ais*.]

ci.pres.te *sm. Bot.* Árvore cupressácea, ornamental.

ci.pri.ní.de:o [Tax. *Cyprinidae*.] *adj. sm. Zool.* Diz-se de, ou espécime dos ciprinídeos, família de peixes ciprinoformes. Ex.: carpa.

ci.pri.ni.for.me [Tax. *Cypriniformes*.] *adj2g. sm. Zool.* Diz-se de, ou espécime dos ciprinoformes, ordem de peixes de água doce que inclui os caracídeos, ciprinídeos, etc.

ci.ran.da [V.D] *sf.* **1.** Peneira grossa. **2.** Dança de roda infantil; cirandinha. **3.** *Fig.* Turbilhão.

ci.ran.dar [*Ciranda*. ▪1A] *vtd.* **1.** Passar pela ciranda (1); peneirar. *int.* **2.** Dançar a ciranda (2). [C.: 1]

ci.ran.di.nha [*Ciranda*. ▪32A] *sf.* Ciranda (2).

cir.cen.se [Lat. *circense*. ▪38] *adj2g.* Relativo a circo (2 e 3).

cir.co [Lat. *circu*.] *sm.* **1.** V. *círculo* (2). **2.** Grande anfiteatro onde os antigos se reuniam para jogos públicos; coliseu. **3.** Recinto circular, desmontável, onde se dão espetáculos de acrobacia, equilibrismo, mágica, etc.

cir.cui.to [Lat. *circuitu*.] *sm.* **1.** Linha que limita qualquer área fechada; contorno. **2.** Conjunto de componentes elétricos, eletrônicos, fotelétricos, etc., ligados por condutores, e que formam caminho fechado pelo qual pode passar uma corrente elétrica; circuito elétrico. ◆ **Circuito elétrico.** Circuito (2). **Circuito impresso.** *Eletrôn.* Circuito (2) compacto e resistente, de conexões depositadas numa placa. **Circuito integrado.** *Eletrôn.* Circuito constituído de componentes miniaturizados, fabricados em uma pequena pastilha de silício.

cir.cu.la.ção [Lat. *circulatione*. ▪2A] *sf.* **1.** Ato ou efeito de circular. **2.** Movimento contínuo; marcha. **3.** *Biol.* Função vital que transmite às partes do corpo dum animal (pelo sangue ou por outro líquido) ou dum vegetal (pela seiva) o alimento ou o oxigênio necessário à vida. [Pl.: *-ções*.]

cir.cu.la.dor (ô) [*Circular*². ▪19A] *adj.* **1.** Que faz circular. ● *sm.* **2.** Aparelho circulador (de água, de ar).

cir.cu.lar¹ [Lat. *circulare*. ▪40] *adj2g.* **1.** Em forma de círculo; orbicular. ● *sf.* **2.** Carta, ofício, etc., enviado a muitas pessoas.

cir.cu.lar² [Lat. *circulare*. ▪1A] *vtd.* **1.** Estar à volta de. **2.** Rodear (3). *int.* **3.** Mover-se circularmente, tornando ao ponto de partida. **4.** Renovar (e o ar). **5.** Ter curso (a moeda). **6.** Propagar-se. [C.: 1]

cir.cu.la.tó.ri:o [Lat. *circulatoriu*. ▪23A] *adj.* Relativo à circulação (3).

cír.cu.lo [Lat. *circulu*.] *sm.* **1.** *Geom.* Região dum plano limitada por uma circunferência. **2.** Linha ou movimento circular; circunferência, circo. **3.** *Fig.* V. *meio* (6).

cir.cum-na.ve.gar [Lat. *circumnavigare*.] *v.int.* **1.** Navegar em volta do globo, ou de ilha ou continente. *td.* **2.** Rodear navegando. [C.: 1C (é)] § **cir.cum-na.ve.ga.ção** *sf.*

cir.cun.cen.tro [*Circun-* + *centro*.] *sm. Geom.* Centro do círculo circunscrito a uma curva.

cir.cun.ci.dar *vtd.* Praticar a circuncisão em. [C.: 1]

cir.cun.ci.são [Lat. *circumcisione*. ▪2] *sf. Cir.* Excisão, em extensão variável, do prepúcio. [Pl.: -*sões*.]

cir.cun.ci.so [Lat. *circumcisu*.] *adj. sm.* Diz-se de, ou aquele em que se praticou a circuncisão.

cir.cun.dar [Lat. *circumdare*. ▪1A] *vtd.* **1.** V. *rodear* (2). **2.** Andar à volta de. [C.: 1. É regular, embora formado de *dar*.] § **cir.cun.dan.te** *adj2g.*

cir.cun.fe.rên.ci.a [Lat. *circumferentia*.] *sf.* **1.** *Geom.* Lugar geométrico dos pontos dum plano equidistantes dum ponto fixo. **2.** V. *círculo* (2).

cir.cun.fle.xo (cs) [Lat. *circumflexu*.] *adj. sm. E.Ling.* Diz-se de, ou o acento (^) que indica som fechado de vogal.

cir.cun.ló.qui:o [Lat. *circumloquiu*.] *sm.* Exposição em que se ladeia um assunto, sem abordá-lo diretamente; perífrase, rodeio.

cir.cun.lu.nar [*Circun-* + *lunar*.] *adj2g.* Que está ou se realiza ao redor da Lua.

cir.cuns.cre.ver [Lat. *circumscribere*. ▪1B] *vtd.* **1.** Escrever uma linha em torno de. **2.** Limitar, restringir. *p.* **3.** Limitar-se. [C.: 2 (ê-é). Part.: *circunscrito*.]

cir.cuns.cri.ção [Lat. *circumscriptione*. ▪2] *sf.* **1.** Ato ou efeito de circunscrever. **2.** Divisão territorial. [Pl.: -*ções*.]

cir.cuns.cri.to [Lat. *circumscriptu*.] *adj.* Que tem limites determinados.

cir.cuns.pe.ção ou **cir.cuns.pec.ção** [Lat. *circumspectione*.] *sf.* Prudência ou ponderação antes de agir ou falar. [Pl.: -*ções*.]

cir.cuns.pe.to ou **cir.cuns.pec.to** [Lat. *circumspectu*.] *adj.* Que procede com, ou denota seriedade, reserva; grave, sisudo.

cir.cuns.tân.ci.a [Lat. *circumstantia*.] *sf.* **1.** Situação, estado ou condição de coisa(s) ou pessoa(s) em dado momento. **2.** Particularidade que acompanha um fato, uma situação.

cir.cuns.tan.ci.al [*Circunstância*. ▪39] *adj2g.* Relativo a, ou resultante de circunstância. [Pl.: -*ais*.]

cir.cuns.tan.te [Lat. *circumstante*.] *adj2g.* **1.** Que está à volta. ● *s2g.* **2.** Pessoa que está presente.

cir.cun.tro.pi.cal [*Circun-* + *tropical*.] *adj2g.* Que ocorre nos trópicos ou próximo a eles. [Pl.: -*cais*.]

cir.cun.vi.zi.nhan.ça [*Circun-* + *vizinhança*.] *sf.* **1.** Vizinhança (1). **2.** Cercanias, arredores.

cir.cun.vi.zi.nho [Lat. *circumvicinu.] *adj.* **1.** Que está próximo ou em redor. **2.** Limítrofe.

cir.cun.vo.lu.ção [Lat.med. *circumvolutione*.] *sf.* Movimento à volta de um centro. [Pl.: -*ções*.]

cí.ri:o [Lat. *cereu*.] *sm.* Vela, ger. grande, de cera.

cir.rí.pe.de [Tax. *Cirripedia*.] *adj2g. sm. Zool.* Diz-se de, ou espécime dos cirrípedes, classe de crustáceos marinhos que se fixam em rochas, cascos de navios, etc. Ex.: cracas.

cir.ro [Lat. *cirru*.] *sm.* **1.** Nuvem formada de cristais de gelo. **2.** *Pop.* Respiração estertorosa dos agonizantes.

cir.ro.se *sf. Med.* Processo fibrosante que pode comprometer fígado (*cirrose hepática*) e pulmões, subvertendo-lhes o padrão celular. § **cir.ró.ti.co** *adj.*

ci.rur.gi.a [Lat. *chirurgia*. ▪8A] *sf.* Ramo da medicina que trata doenças ou contribui para diagnosticá-las, mediante operações.

ci.rur.gi.ão [Lat. *chirurgianu. ▪28B] *sm.* Médico que exerce a cirurgia. [Pl.: -*ões*, -*ães*. Fem.: *cirurgiã*.]

ci.sal.pi.no [Lat. *cisalpinu*. ▪30] *adj.* Situado aquém dos Alpes, cordilheira da Europa.

ci.san.di.no [*Cis-* + *andino*.] *adj.* Situado aquém dos Andes, cordilheira da América do Sul.

ci.são [Lat. *scissione*. ▪2] *sf.* **1.** Ato ou efeito de cindir. **2.** Separação do corpo dum partido, sociedade, doutrina. [Pl.: -*sões*.]

cis.car [*Cisco*. ▪1A] *int.* Esgaravatar o solo (a galinha e outras aves) em busca de alimentos. [C.: 1A]

cis.co [V.E] *sm.* **1.** Pó; argueiro. **2.** Grão ou partícula de algo, esp. a que cai no olho.

cis.ma [Lat. *schisma*] *sm.* **1.** Separação do corpo e da comunhão de uma religião. ● *sf.* **2.** Ato de cismar. **3.** Teima, obstinação. **4.** *Bras.* Desconfiança, suspeita.

cis.ma.do [*Cismar*. ▪17A] *adj.* Que tem cisma; desconfiado.

cis.mar [*Cisma*. ▪1A] *v.int.* **1.** Ficar absorto em pensamentos. **2.** Andar preocupado. *ti.* **3.** Pensar com insistência. **4.** Teimar em fazer (algo). **5.** *Bras.* Desconfiar ou suspeitar. **6.** Antipatizar. *td.* **7.** Cismar (3). **8.** Convencer-se de. [C.: 1]

cis.ne [Fr.ant. *cisne*.] *sm. Zool.* Ave anatídea de plumagem branca (raramente preta) e pescoço longo.

cis.pla.ti.no [*Cis-* + *platino*.] *adj.* Situado aquém do rio da Prata (América do Sul).

cis.si.pa.ri.da.de *sf. Biol.* Reprodução assexuada em que um organismo unicelular se divide em 2.

cis.ter.na [Lat. *cisterna*.] *sf.* **1.** Reservatório de água das chuvas. **2.** Poço, cacimba.

cís.ti.co [*Cisto*. ▪35B] *adj.* **1.** Relativo a cisto. **2.** Da vesícula biliar, ou relativo a ela.

cis.ti.te [*Cist(i)-* + -*ite*[1].] *sf. Med.* Inflamação da bexiga.

cis.to [Lat.cient. *cystis*.] *sm. Med.* Formação saciforme que contém líquido ou matéria semissólida.

ci.ta.ção [Lat. *citatione*.▣2A] *sf.* 1. Ato ou efeito de citar. 2. Texto citado. [Pl.: -ções.]

ci.ta.di.no [It. *cittadino*.] *adj. sm.* Que, ou aquele que habita cidade.

ci.tar [Lat. *citare*.▣1A] *vtd.* 1. Mencionar ou transcrever como autoridade ou exemplo. 2. Mencionar o nome de. 3. Intimar ou aprazar para comparecer em juízo ou cumprir ordem judicial. [C.:1] § **ci.ta.do** *adj. sm.*

cí.ta.ra [Lat. *cithara*.] *sf. Mús.* 1. *Ant.* Um tipo, aperfeiçoado, de lira. 2. Qualquer instrumento de cordas dedilháveis, desprovido de braço.

ci.ta.ris.ta [Lat. *citharista*.▣36] *s2g.* Pessoa que toca cítara.

ci.to.lo.gi.a [*Cit(o)-* + *-logia*.] *sf. Biol.* Estudo da estrutura e função das células. § **ci.to.ló.gi.co** *adj.*

ci.to.plas.ma [*Cit(o)-* + *plasma*.] *sm. Biol.* O protoplasma, excluído o núcleo; contém solução gelatinosa em que ficam imersas as organelas. § **ci.to.plas.má.ti.co** *adj.*

cí.tri.co [Lat. *citru* + *-ico²*.▣35B] *adj.* Que contém ácido cítrico, o qual é encontrado em frutas como o limão, a laranja, etc.

ci.tri.cul.tor (ô) *adj. sm.* Que, ou quem se dedica à citricultura.

ci.tri.cul.tu.ra *sf.* Cultura de plantas cítricas, como a laranjeira, o limoeiro.

ci.tri.no [Lat.med. *citrinu*.▣30] *adj.* Da cor ou sabor do limão.

ci:u.ma.da [*Ciúme*.▣4] *sf.* Ciumeira.

ci.ú.me [Lat. **zelumen*.] *sm.* 1. Sentimento doloroso causado pela suspeita de infidelidade da pessoa amada; zelos. 2. Angústia provocada por sentimento exacerbado de posse.

ci:u.mei.ra [*Ciúme*.▣16] *sf. Pop.* Excesso de ciúme.

ci:u.men.to [*Ciúme*.▣27] *adj.* Que tem ciúme; cioso.

ci:u.rí.de:o [Tax. *Sciuridae*.] *adj. sm. Zool.* Diz-se de, ou espécime dos ciurídeos, família de pequenos roedores arborícolas ou terrestres, de cauda pilosa, maior que o corpo. Ex.: esquilos, caxinguelês.

cí.vel [*Civil*.] *adj2g.* Do direito civil; civil. [Pl.: *-veis*.]

cí.vi.co [Lat. *civicu*.▣35B] *adj.* 1. Relativo aos cidadãos como membros do Estado. 2. Patriótico (1).

ci.vil [Lat. *civile*.] *adj2g.* 1. Cível. 2. Concernente às relações dos cidadãos entre si, reguladas por normas do direito civil. 3. Não militar. 4. Educado, cortês. ● *sm.* 5. *Restr.* Casamento civil. ● *s2g.* 6. Indivíduo não militar; paisano. [Pl.: *-vis*.]

ci.vi.li.da.de [Lat. *civilitate*.▣14] *sf.* Conjunto de formalidades observadas pelos cidadãos entre si em sinal de respeito mútuo e consideração.

ci.vi.lis.mo [*Civil*.▣11] *sm.* Sentimento de quem propugna o exercício do governo pelos civis.

ci.vi.lis.ta [*Civilismo*.▣36] *adj2g. s2g.* 1. Que, ou quem é partidário do civilismo. 2. Especialista em direito civil.

ci.vi.li.za.ção [Fr. *civilisation*.▣2A] *sf.* 1. O conjunto dos aspectos da vida material e cultural de uma sociedade em qualquer estágio de seu desenvolvimento. 2. A cultura (2) própria de um povo, de uma coletividade, numa dada época. 3. A vida na cidade, com suas comodidades. [Pl.: -ções.]

ci.vi.li.zar [*Civil*.▣1D] *vtd. e p.* 1. Tornar(-se) civil, educado. 2. Transmitir ou adquirir estado social e/ou cultural condizentes com o progresso alcançado no mundo contemporâneo. [C.:1] § **ci.vi.li.za.do** *adj. sm.*

ci.vis.mo [Fr. *civisme*.▣11] *sm.* Devoção ao interesse público; patriotismo.

ci.zâ.ni:a [Lat. *zizania*.] *sf.* 1. Joio. 2. Desavença, discórdia.

■ **cl** Símb. de *centilitro*.

■ **Cl** *Quím.* Símb. de *cloro*.

clã *sm.* Unidade social formada por indivíduos que são ou se presumem descendentes de ancestrais comuns. § **clâ.ni.co** *adj.*

cla.mar [Lat. *clamare*.▣1A] *vtd.* 1. V. *bradar* (1). 2. Implorar, rogar. 3. Exigir, reclamar. *ti.* 4. Protestar aos brados. 5. Clamar (3). *tdi.* 6. Clamar (2 e 3). *int.* 7. Bradar (4). [C.:1]

cla.mor (ô) [Lat. *clamore*.] *sm.* 1. Ação ou efeito de clamar. 2. Grito de queixa, súplica ou protesto; brado.

cla.mo.ro.so (ô) [*Clamor*.▣37] *adj.* 1. Em que há, ou que se faz ou manifesta com clamor. 2. Muito evidente. [Sin.ger.: *gritante*. Pl.: *-rosos* (ó).]

clan.des.ti.no [Lat. *clandestinu*.▣30] *adj.* 1. Realizado às ocultas. 2. Ilegal. ● *sm.* 3. *Pop.* Aquele que se esconde em navio, avião, etc., para viajar sem documentos nem passagem. § **clan.des.ti.ni.da.de** *sf.*

clan.gor (ô) [Lat. *clangore*.] *sm.* Som rijo e estridente como o de certos instrumentos metálicos de sopro.

cla.que [Fr. *claque*.] *sf.* Grupo de admiradores ou seguidores de alguém.

cla.ra [F.subst. de *claro*.] *sf. Biol.* No ovo, albumina que envolve a gema.

cla.ra.boi.a (ói) [Fr. *claire-voie*.] *sf.* Abertura no alto de edifícios, que permite a entrada da luz.

cla.ra.men.te [F. de *claro*.▣42] *adv.* 1. De modo claro. 2. De modo evidente ou indiscutível.

cla.rão [*Claro*.▣28A] *sm.* 1. Luz viva e instantânea. 2. Claridade intensa; luzerna. [Pl.: *-rões*.]

cla.re.ar [*Claro*.▫1N] *vtd. e int.* **1.** Tornar(-se) (mais) claro. **2.** Tornar(-se) (voz) nítida. **3.** *Fig.* Tornar(-se) inteligível. [C.: 12A]

cla.rei.ra [*Claro*.▫16] *sf.* Espaço sem árvore, ou quase, em mata ou bosque; aberta.

cla.re.za (ê) [*Claro* (ê).▫12] *sf.* **1.** Qualidade de claro ou inteligível. **2.** Limpidez, transparência.

cla.ri.da.de [Lat. *claritate*.▫14] *sf.* **1.** Qualidade de claro. **2.** Luz viva, intensa. **3.** Foco luminoso.

cla.ri.fi.car [Lat. *clarificare*.▫1A] *vtd.* **1.** Tornar claro, limpando ou purificando. *p.* **2.** Tornar-se claro. [C.: 1A] § **cla.ri.fi.ca.ção** *sf.*

cla.rim [Esp. *clarín*.] *sm. Mús.* Instrumento de sopro, feito de metal, com bocal e tubo cônico, hoje us. para sinais militares. [Pl.: *-rins*.]

cla.ri.na.da [*Clarim* (*clarin-*) *+ -ada*.▫4] *sf.* Toque de clarim.

cla.ri.ne.te (ê) *sm. Mús.* Instrumento de sopro, de madeira ou metal, de tubo parcialmente cilíndrico e palheta simples. [Var.: *clarineta* (sf.)]

cla.ri.ne.tis.ta [*Clarinete + -ista*.▫36] *s2g.* Quem toca clarinete.

cla.ri.vi.den.te [*Claro + -i- + vidente*; adapt. do fr. *clairvoyant*.] *adj2g.* **1.** Que vê claro. **2.** Prudente, cauteloso. § **cla.ri.vi.dên.ci:a** *sf.*

cla.ro [Lat. *claru*.] *adj.* **1.** Que alumia; luminoso. **2.** Que recebe claridade; iluminado. **3.** Límpido, puro. **4.** Bem visível. **5.** Transparente, evidente. **6.** De cor pouco intensa. **7.** Sem nuvens. **8.** Diz-se da parte do dia em que o Sol está acima do horizonte. **9.** Bem audível; alto. **10.** Fácil de entender; explícito. ● *sm.* **11.** Lugar onde é rarefeito ou inexistente o que, à volta, se encontra em certa quantidade; vazio. **12.** Espaço em branco, num texto. ● *adv.* **13.** Com clareza; claramente. ● *interj.* **14.** Sem dúvida; evidentemente.

cla.ro-es.cu.ro *sm.* Em pintura, distribuição e combinação de luz e de sombras. [Pl.: *claro(s)-escuros*.]

clas.se [Lat. *classe*.] *sf.* **1.** Numa série ou num conjunto, grupo ou divisão que apresenta características semelhantes; categoria. **2.** Categoria de cidadãos baseada nas distinções de ordem social ou jurídica. **3.** Grupo de pessoas que se diferenciam das outras por suas ocupações, seus costumes, etc. **4.** Categoria de meio de transporte, conforme acomodações e o preço. **5.** *Biol.* Reunião de ordens [v. *ordem* (15)]. **6.** Aula em que se ensina certa matéria. **7.** Aqueles que a frequentam. **8.** O local onde se dão as aulas; sala. **9.** *E.Ling.* V. *classe de palavras*. **10.** *Bras.* Distinção de maneiras. ◆ **Classe de palavras**. *E.Ling.* Cada uma das classes [v. *classe* (1)] estabelecidas com base em características de significado e de forma: *substantivo, artigo, adjetivo, numeral, pronome, verbo, advérbio, preposição, conjunção, interjeição*. [Sin.: *categoria gramatical*.]

clas.si.cis.mo [*Clássico*.▫11] *sm.* **1.** Qualidade do que é clássico. **2.** Doutrina literária e artística baseada na tradição clássica greco-romana. **3.** O estilo clássico.

clás.si.co [Lat. *classicu*.▫35B] *adj.* **1.** Relativo à arte, à literatura ou à cultura dos antigos gregos e romanos. **2.** Que segue, em matéria de artes, letras, cultura, o padrão deles. **3.** Da melhor qualidade; exemplar. **4.** Sem excesso de ornatos; sóbrio, simples. **5.** Habitual. ● *sm.* **6.** Escritor ou artista clássicos e suas obras.

clas.si.fi.ca.ção [*Classificar*.▫2A] *sf.* **1.** Ato ou efeito de classificar(-se); ordenamento de pessoas ou coisas segundo suas qualidades. **2.** Lugar ou posição própria que um indivíduo ou elemento ocupa dentro de um conjunto. **3.** *P.ext.* Aprovação em teste, prova ou concurso, ou a passagem à fase a seguir em competição ou concurso. **4.** Conjunto de métodos, regras e símbolos us. para classificar. **5.** *Biol.* Disposição dos seres vivos em grupos semelhantes, segundo correlações evolutivas. [Pl.: *-ções*.] ◆ **Classificação periódica**. *Quím.* V. *tabela periódica*.

clas.si.fi.ca.do [*Classificar*.▫17A] *adj.* **1.** Que se classificou. ● *sm.* **2.** Indivíduo classificado (1). **3.** V. *anúncio classificado*.

clas.si.fi.car [*Classe*.▫1A] *vtd.* **1.** Distribuir em classe e/ou grupos, segundo sistema de classificação (2). **2.** Determinar (as categorias em que se divide e subdivide um conjunto). **3.** Pôr em ordem (documentos, coleções, etc.). *transobj.* **4.** Qualificar; tachar. *p.* **5.** Ser aprovado em concurso ou torneio, ou passar à fase seguinte; qualificar-se. [C.: 1A] § **clas.si.fi.ca.dor** (ô) *adj. sm.*

clau.di.car [Lat. *claudicare*.▫1F] *v.int.* **1.** V. *coxear*. *ti.* **2.** Cometer falta; errar. [C.: 1A] § **clau.di.can.te** *adj2g.*

claus.tro [Lat. *claustro*.] *sm.* **1.** Pátio interior, descoberto e cercado de arcadas, nos conventos. **2.** *Fig.* A vida monástica.

claus.tro.fo.bi.a [*Claustro + -fobia*.] *sf. Psiq.* Medo mórbido de ficar em lugares fechados. § **claus.tro.fó.bi.co** *adj.*

claus.tró.fo.bo [*Claustro + -fobo*.] *sm.* Quem sofre de claustrofobia.

cláu.su.la [Lat. *clausula*.] *sf.* Cada uma das disposições dum contrato, ou de documento semelhante, público ou privado.

clau.su.ra [Lat. *clausura*.] *sf.* **1.** Recinto fechado. **2.** Reclusão em claustro.

cla.va [Lat. *clava*.] *sf.* Pau pesado, mais grosso num dos extremos, us. como arma; maça.

cla.ve [Lat. *clave*.] *sf. Mús.* Sinal no princípio da pauta, para determinar o nome das notas e o grau de elevação delas na escala dos sons.

cla.ví.cu.la [Lat.cient. *clavicula*] *sf. Anat.* Cada um de 2 ossos que se articulam, um de cada lado, com o esterno e com a escápula.

cle.mên.ci:a [Lat. *clementia*.◘10] *sf.* Disposição para perdoar.

cle.men.te [Lat. *clemente*.◘21] *adj2g.* Que perdoa; indulgente.

clep.si.dra [Lat. *clepsydra*.] *sf.* Relógio de água.

clep.to.ma.ni.a [Gr. *klépto*, 'roubar', + *-mania*.] *sf. Psiq.* Impulso mórbido para o furto. § **clep.to.ma.ní.a.co** *adj. sm.*

cle.ri.cal [Lat. *cericale*.◘39] *adj2g.* Relativo a clero. [Pl.: *-cais*.]

cle.ri.ca.lis.mo [*Clerical*.◘11] *sm.* Influência ou predomínio do clero, da Igreja.

clé.ri.go [Lat. *clericu*.] *sm.* Aquele que recebeu as ordens sacras.

cle.ro [Lat. *cleru*.] *sm.* **1.** A classe clerical. **2.** A corporação dos sacerdotes.

cli.car [*Clique*.◘1A] *vtd. e ti. Inform.* Comprimir e soltar o botão do *mouse*, sem movimentar este, como forma de selecionar (um objeto de interface) ou ativar (um programa ou recurso de programa). [C.: 1A]

cli.chê [Fr. *cliché*.] *sm.* **1.** Placa gravada em relevo sobre metal, para impressão de imagens e textos por meio de prensa tipográfica. **2.** A imagem ou o texto assim impresso. **3.** V. *lugar-comum*.

cli.en.te [Fr. *client*.] *s2g.* **1.** Constituinte, em relação a seu advogado, ou paciente, em relação ao médico. **2.** Aquele que compra; freguês. **3.** Pessoa que utiliza, com certa regularidade, os serviços de profissional ou empresa.

cli:en.te.la [Fr. *clientèle*.] *sf.* Conjunto de clientes.

cli:en.te.lis.mo [*Clientela*.◘11] *sm.* Tipo de relação política em que uma pessoa dá proteção a outra(s) em troca de apoio, estabelecendo-se um laço de submissão pessoal. § **cli:en.te.lis.ta** *adj2g.*

cli.ma [Lat. *clima*.] *sm.* Conjunto de condições meteorológicas (temperatura, ventos, etc.) típicas do estado médio da atmosfera num ponto da superfície terrestre.

clí.ma.ce [Lat. *climace*.] *sm.* V. *clímax*.

cli.má.ti.co [*Clima* + *-ático*.] *adj.* Relativo a clima.

cli.ma.ti.za.ção [Fr. *climatisation*.◘2A] *sf.* Conjunto de processos us. para se obterem, por meio de aparelhos, em um recinto fechado, condições ideais de temperatura, umidade, pressão, etc., ambientais. [Pl.: *-ções*.]

cli.ma.ti.zar[1] [Gr. *klíma*, *atos* + *-izar*.◘1D] *vtd., tdi. e p.* V. *aclimar*. [C.: 1]

cli.ma.ti.zar[2] [Fr. *climatiser*.◘1D] *vtd.* Proceder à climatização de. [C.: 1] § **cli.ma.ti.za.do** *adj.*

clí.max (cs) [Lat. *climax* (nom.).] *sm2n.* **1.** O ponto culminante. **2.** *Fig.* Auge. [A f. *clímaces*, us. como pl. de *clímax*, é própria da f.paral. *clímace*, sm.]

clí.ni.ca [F.subst. de *clínico*.] *sf.* **1.** A prática da medicina. **2.** A clientela de um médico. **3.** Estabelecimento da área de saúde, no qual se fazem consultas médicas e/ou odontológicas, exames clínicos, laboratoriais, radiológicos, etc., procedimentos terapêuticos, etc. **4.** Hospital, ger. particular.

cli.ni.car [*Clínica*.◘1A] *v.int.* Exercer a clínica (1). [C.: 1A]

clí.ni.co [Lat. *clinicu*.] *sm.* **1.** Médico que exerce a clínica. ● *adj.* **2.** Relativo a tratamento não cirúrgico.

cli.pe[1] [Ingl. *clip*.] *sm.* Pequena peça de metal, ou de outro material, para prender, ger., folhas de papel.

cli.pe[2] *sm.* V. *videoclipe*.

cli.que [V.A] *interj.* **1.** Som de estalido ou de crepitação. ● *sm.* **2.** Ação ou efeito de clicar.

clis.ter [Lat. *clystere*.] *sm.* Injeção de água, ou de um líquido medicamentoso, no reto.

cli.tó.ris [Lat.cient. *clitoris*.] *sm2n. Anat.* Pequeno órgão alongado, erétil, situado na parte superior da vulva.

cli.va.gem [*Clivar*.◘6] *sf.* Propriedade que têm certos cristais de se fragmentar segundo determinados planos, que sempre são faces possíveis do cristal. [Pl.: *-gens*.]

clo.a.ca[1] [Lat. *cloaca*.] *sf.* **1.** Fossa ou cano que recebe dejeções e imundícies. **2.** V. *latrina*.

clo.a.ca[2] [Lat.cient. *cloaca*.] *sf. Zool.* Cavidade genital e excretória no final do ducto intestinal de aves e reptis.

clo.na.gem [*Clone*.◘6] *sf. Biol.* **1.** Obtenção de clone(s). **2.** Introdução de material genético de uma célula em outra célula que passa a possuir e a multiplicar a informação genética da primeira. [Pl.: *-gens*.]

clo.nar [*Clone*.◘1A] *vtd.* **1.** Reproduzir (organismo, célula, material genético) por técnica especial de clonagem. **2.** *Fig.* Produzir cópia ou imitação de (algo). [C.: 1]

clo.ne [Ingl. *clone*.] *sm.* **1.** *Biol.* O conjunto das células ou organismos originados de um mesmo indivíduo por reprodução assexual e geneticamente idênticos entre si. **2.** *Biol.* Indivíduo geneticamente idêntico a outro, desenvolvido a partir de uma célula somática deste por técnica artificial. **3.** *Pop.* Cópia exata. § **clo.nal** *adj2g.*

clo.rar [*Cloro*.◘1A] *vtd.* Tratar (a água) com o cloro. [C.: 1 (ó)]

clo.re.to (ê) [*Cloro* + *-eto*[2].] *sm. Quím.* **1.** O ânion simples do cloro. **2.** Qualquer sal que contenha esse ânion.

clo.rí.dri.co *adj. Quím.* Diz-se do ácido formado pela combinação de hidrogênio e cloro. É muito ativo, e tem vários usos industriais [fórm.: HCl].

clo.ro [Gr. *chlorós*.] *sm. Quím.* V. *halogênio* [símb.: Cl]. ◆ **Cloro líquido.** Solução aquosa

clorofila | coaxo

concentrada de hipoclorito de sódio, obtida borbulhando-se cloro numa solução aquosa de soda cáustica.

clo.ro.fi.la [Fr. *chlorophylle*.] *sf. Bot.* Pigmento de estrutura química semelhante à da hemoglobina; realiza a fotossíntese em presença da luz solar, liberando oxigênio no ar e deste retirando o gás carbônico.

clo.ró.fi.to [Tax. *Chlorophytum*.] *adj. sm. Bot.* Diz-se de, ou espécime dos cloráfitos, divisão do reino vegetal que compreende organismos unicelulares, ou cujas células se congregam em talo; abrange as algas verdes.

clo.ro.fór.mio *sm. Quím.* Substância líquida, incolor, volátil, us. como solvente e que já foi us. como anestésico (hoje, é considerada venenosa) [fórm.: $CHCl_3$.]

clo.ro.plas.to [Gr. *chlorós* + -*plasto*.] *sm. Bot.* Corpúsculo portador da clorofila, existente no interior das células verdes.

clo.ro.se [Gr. *chlorós* + -*ose*[1].] *sf. Med.* Tipo de anemia peculiar à mulher adolescente.

→ **closet** (clôzet) [Ingl.] *sm.* Numa edificação, cômodo para guardar peças de vestuário, acessórios, roupa de cama e mesa, etc.

■ **CLT** Sigla de *Consolidação das Leis Trabalhistas*.

clu.be [Ingl. *club*.] *sm.* 1. Local de reuniões sociais, literárias, recreativas ou políticas. 2. Local que tem, ger., edificações, piscinas, quadras de esportes, restaurantes, etc., e cujos sócios, para frequentá-lo, devem comprar título ou pagar mensalidade.

clu.pe.í.de:o [Tax. *Clupeidae*.] *adj. sm. Zool.* Diz-se de, ou espécime dos clupeídeos, grande família de peixes ger. marinhos, de corpo fusiforme, achatado. Ex.: sardinhas.

■ **cm** Símb. de *centímetro*.
■ **Cm** *Quím.* Símb. de *cúrio*.
■ **CNE** Sigla de *Conselho Nacional de Educação*.

cni.dá.ri:o [Tax. *Cnidaria*.] *adj. sm. Zool.* Diz-se de, ou espécime dos cnidários, filo de metazoários, ger. marinhos, medusoides ou polipoides. Ex.: anêmonas-do-mar, corais.

■ **Co** *Quím.* Símb. de *cobalto*.

co:a.bi.tar [Lat. *cohabitare*.☐1A] *vtd. e ti.* 1. Habitar em comum. *int.* 2. Viver intimamente com alguém. [C.: 1] § **co:a.bi.ta.ção** *sf.*

co:a.ção[1] [Lat. *coactione*.☐2] *sf.* Ato ou efeito de coagir; coerção. [Pl.: -ções.]

co:a.ção[2] [*Coar*.☐2A] *sf.* Ato ou efeito de coar. [Pl.: -ções.]

→ **coaching** (côutin) [Ingl.] *sm.* Treinamento supervisionado.

co:ad.ju.tor (ô) [Lat. *coadjutore*.☐19] *adj.* 1. Que coadjuva. ● *sm.* 2. Aquele que coadjuva. 3. Sacerdote adjunto de um pároco ou bispo.

co:ad.ju.van.te [*Coadjuvar*.☐21] *adj2g. s2g. Cin. Teatr. Telev.* Diz-se do, ou ator que interpreta papéis secundários.

co:ad.ju.var [Lat. *coadjuvare*.☐1A] *vtd. e tdi.* 1. Ajudar, auxiliar. *p.* 2. Auxiliar-se, ajudar-se, mutuamente. [C.: 1] § **co:ad.ju.va.ção** *sf.*

co:a.dor (ô) [*Coar*.☐19A] *adj.* 1. Que coa. ● *sm.* 2. Saco, ou vaso com crivo, por onde passa a parte mais fina, ou a líquida, de certas substâncias.

co:a.du.nar [Lat. *coadunare*.☐1A] *vtd., tdi. e p.* Juntar(-se), reunir(-se) para a formação dum todo. [C.: 1]

co:a.gir [Deduz. de *coação*[1].] *vtd. e tdi.* 1. Constranger. 2. Obrigar usando de violência; forçar. [C.: 3 A. Para alguns, só é conjugado nas f. em que o *g* da raiz é seguido de *e* ou de *i*; a tendência, no Brasil, é usá-lo em todas as formas.]

co:a.gu.la.ção [Lat. *coagulatione*.☐2A] *sf. Med.* Fenômeno resultante de diversos mecanismos físicos e químicos, e que resulta na transformação de sangue líquido em massa sólida. [Pl.: -ções.]

co:a.gu.la.dor (ô) [*Coagular*.☐19A] *adj.* 1. Que coagula. ● *sm.* 2. O quarto estômago dos ruminantes; coalheira.

co:a.gu.lar [Lat. *coagulare*.☐1A] *vtd.* 1. Promover a coagulação de. *int. e p.* 2. Converter-se em sólido. [F.paral.: *coalhar*. C.: 1] § **co:a.gu.lan.te** *adj2g. sm.*; **co:a.gu.lá.vel** *adj2g.*

co:á.gu.lo [Lat. *coagulu*.] *sm.* 1. Parte coagulada de um líquido; coalho. 2. *Med.* Massa quase sólida de sangue ou de linfa.

co:a.lha.da [*Coalhar*.☐4] *sf.* Leite coalhado, ger. us. como alimento.

co:a.lha.do [*Coalhar*.☐17A] *adj.* 1. Coagulado, solidificado. 2. *Fig.* Apinhado, cheio.

co:a.lhar [Lat. *coagulare*.☐1A] *vtd., int. e p.* Coagular. [C.: 1]

co:a.lhei.ra [*Coalho*.☐16] *sf.* 1. Coagulador (2). 2. Líquido segregado pelo coagulador (2), e us. nas queijarias para coalhar o leite; coalho.

co:a.lho [Lat. *coagulu*.] *sm.* 1. Coágulo (1). 2. Coalheira (2).

co:a.li.zão [Fr. *coalition*.] *sf.* 1. Acordo de partidos políticos para um fim comum. 2. *Econ.* Acordo tácito entre produtores da mesma mercadoria, visando a restringir a concorrência e elevar os preços. [Pl.: -zões.]

co.ar [Lat. *colare*.☐1A] *vtd.* Fazer passar através de filtro ou coador. [C.: 1D]

co:a.ti.vo *adj.* 1. Que coage; coercivo. 2. Que tem o direito de impor obediência.

co.au.tor [*Co-* + *autor*.] *sm.* 1. Quem faz com outrem trabalho ou obra. 2. Quem é culpado de delito junto com outrem. § **co.au.to.ri.a** *sf.*

co:a.xar [Lat. *coaxare*.☐1A] *v.int.* Soltar a voz (a rã, o sapo). [C.: 1. Norm., é unipess.]

co.a.xo [Dev. de *coaxar*.] *sm.* A voz das rãs e dos sapos.

cobaia | cochicho[2]

co.bai.a [Lat.cient. *cobaya*.] *sf. Zool.* Mamífero caviídeo muito us. em laboratório para fins experimentais; porquinho-da-índia.

co.bal.to [Fr. *cobalt*.] *sm. Quím.* Elemento de número atômico 27, metálico, branco-prateado, resistente, us. em ligas [símb.: *Co*].

co.ber.ta *sf.* 1. V. *cobertura* (1). 2. Cobertor.

co.ber.tei.ra [*Coberta*.◼16] *sf. Zool.* Camada de penas insertas entre as rêmiges.

co.ber.to [Lat. *coopertu*.] *adj.* 1. Que se cobriu; tapado. 2. Que se vestiu ou pôs agasalho. 3. Cheio, repleto.

co.ber.tor (ô) [*Coberto*.◼19] *sm.* Roupa de cama us. para agasalhar; coberta.

co.ber.tu.ra [Lat. *coopertura*.] *sf.* 1. Aquilo que cobre ou serve para cobrir; coberta, capa. 2. Ato de cobrir. 3. Apartamento construído sobre a laje de cobertura dum edifício. 4. *Cul.* Substância alimentícia, de vários tipos, que se põe sobre bolo, sorvete, etc. 5. *Jorn.* Trabalho de coleta de informações realizado no próprio local do acontecimento a ser noticiado.

co.bi.ça [Lat.vulg. *cupiditia*.] *sf.* Avidez de bens materiais.

co.bi.çar [*Cobiça*.◼1A] *vtd.* 1. Ter cobiça de; apetecer muito a. 2. Desejar (o que é de outrem). [C.: 1B]

co.bi.ço.so (ô) [*Cobiçar*.◼37] *adj.* Cheio de cobiça; ávido. [Pl.: -*çosos* (ó).]

co.bo.gó *sm. Constr.* Elemento vazado, de cerâmica ou cimento, us. na construção de paredes.

co.bra [Lat. *colubra*.] *sf.* 1. *Zool.* Nome comum a ofídios, venenosos ou não. 2. *Fig.* Pessoa de má índole e/ou mau gênio. ● *adj2g. s2g.* 3. *Bras. Pop.* Que, ou que é perito em sua arte ou ofício.

co.bra.dor (ô) [*Cobrar*.◼19A] *sm.* Aquele que faz cobranças, como, p.ex., de passagens, em coletivos.

co.bran.ça [*Cobrar*.◼9A] *sf.* 1. Ato ou efeito de cobrar. 2. Ação de fazer valer o direito a algo: *cobrança de um pênalti*.

co.brar [*Recobrar*.] *vtd.* 1. Receber, adquirir (o que é devido). 2. Fazer que seja pago. 3. Readquirir, recuperar. 4. Pedir ou exigir cumprimento de (promessa, compromisso, etc.) ou pedir (certo comportamento ou ação). 5. Efetuar cobrança (2). *tdi.* 6. Cobrar (2 e 4). *p.* 7. Refazer-se, recuperar-se. [C.: 1 (ó)]

co.bre [Lat. *cupru*.] *sm. Quím.* Elemento de número atômico 29, metálico, vermelho, maleável e dúctil, us. em ligas [símb.: *Cu*].

co.brei.ro *sm. Pop.* V. *herpes-zóster*.

co.bres *smpl.* V. *dinheiro* (4).

co.brir [Lat. *cooperire*.◼1C] *vtd.* 1. Ocultar ou resguardar, pondo algo, ou ficando, em cima, diante ou em redor. 2. Estender-se ou alastrar-se por cima de; recobrir. 3. Proteger, defender. 4. *Fig.* Dissimular. 5. Ser suficiente para. 6. Percorrer. 7. Sobrepor-se à (fêmea) para a cópula. 8. Fazer a cobertura (5) de. *tdi.* 9. Encher: *Cobriu a casa de flores*. 10. Cobrir (1 e 3). 11. Pôr algo em toda a extensão de: *Cobriu o bolo com creme*. *p.* 12. Pôr chapéu, etc., na cabeça. 13. Envolver-se: *Cobriu-se com a manta*. 14. Proteger-se. 15. Ficar (uma superfície) ocupada por inteiro, ou quase; recobrir-se. [C.: 50. Part.: *coberto*.]

co.ca[1] (ó) [Or.quích.] *sf. Bot.* Arbusto eritroxiláceo cujas folhas e cascas encerram alcaloides.

co.ca[2] (ó) *sf.* V. *cocaína*.

co.ça [Dev. de *coçar*.] *sf.* 1. *Pop.* Ato de coçar. 2. V. *surra* (1).

co.ca.da [*Coco*[1].◼4] *sf.* Doce de coco ralado e calda de açúcar, ger. em tabletes.

co.ca.í.na [Al. *Kokain*.◼31] *sf.* Alcaloide tóxico encontrado nas folhas de coca[1].

co.ca:i.no.ma.ni.a [*Cocaína* + -*o*- + -*mania*.] *sf.* O vício da cocaína. § co.ca:i.nô.ma.no *sm.*

co.car[1] [Fr. *cocarde*.] *sm.* Penacho, laço ou distintivo us. na cabeça, no chapéu, etc.

co.car[2] [V.D] *vtd. e int.* Ficar à espreita (de); espiar. [C.: 1A (ó)]

co.çar [Lat. **coctiare*.] *vtd.* 1. Esfregar ou roçar com as unhas ou com objeto áspero (a parte do corpo onde há coceira). *int.* 2. Produzir coceira; comichar. *p.* 3. Coçar a própria pele. [C.: 1B (ó)]

coc.ção [Lat. *coctione*.] *sf.* V. *cozedura*. [Pl.: -*ções*.]

coc.cí.de:o [Tax. *Coccidae*.] *adj. sm. Zool.* Diz-se de, ou espécime dos coccídeos, família de insetos homópteros que habitam os trópicos; alimentam-se de seiva. Ex.: cochonilha.

coc.ci.ne.lí.de:o [Tax. *Coccinellidae*.] *adj. sm. Zool.* Diz-se de, ou espécime dos coccinelídeos, fam. de coleópteros. Ex.: joaninhas.

cóc.cix (csis) [Lat.cient. *coccyx*.] *sm2n. Anat.* Pequeno osso que termina a coluna vertebral na parte inferior. § coc.cí.ge:o *adj.*

có.ce.gas *sfpl.* Espécie de tremor espasmódico, ger. acompanhado de riso convulsivo, produzido por leve roçar ou por fricção em pontos da pele ou das mucosas.

co.cei.ra [*Coçar*.◼16] *sf.* Sensação desagradável que leva a pessoa a coçar-se; comichão.

co.che (ô) [Fr. *coche*.] *sm.* Carruagem suntuosa.

co.chei.ra [*Coche*.◼16] *sf.* 1. Casa onde se guardam coches, etc. 2. Cavalariça.

co.chei.ro [*Coche*[1].◼25] *sm.* Aquele que guia os cavalos numa carruagem; boleeiro.

co.chi.char [V.A] *v.int. e ti.* 1. Falar em voz baixa; murmurar. 2. *Pop.* Mexericar. *td. e tdi.* 3. Cochichar (1). [C.: 1]

co.chi.cho[1] *sm.* Ato de cochichar.

co.chi.cho[2] [V.A] *sm. Bras. Zool.* Ave furnariídea do S.E. do Brasil, que faz ninho de gravetos em árvores, postes, etc.

co.chi.lar [Or.afr.] *v.int.* **1.** Dormir levemente. **2.** *Pop.* Descuidar-se, distrair-se. [C.: 1]

co.chi.lo [Dev. de *cochilar*.] *sm. Bras.* **1.** Ato de cochilar. **2.** *Pop.* Erro, descuido.

co.cho (ô) *sm.* **1.** Tabuleiro para massa. **2.** Caixa onde gira a mó dos amoladores. **3.** *Bras.* Vasilha para a água ou a comida do gado.

co.cho.ni.lha [Do esp. *cochinilla*.] *sf. Zool.* Inseto coccídeo, parasito de vegetais, que segrega substâncias (cera, laca) us. em revestimento.

co.ci.en.te *sm. Mat.* V. *quociente*.

→ **cockpit** (cócpit) [Ingl.] *sm.* Em carros de corrida, espaço onde fica o piloto.

có.cle:a [Lat. *cochlea*.] *sf. Anat.* Pequena estrutura helicoide, de parede óssea, existente na orelha interna. [Denom. ant.: *caracol*.]

co.co (ó) [Lat.cient. *coccus*.] *sm.* **1.** *Bacter.* Bactéria esférica ou ovoide. **2.** *Bot.* Porção individualizada em que se fragmentam vários frutos capsulares, na maturidade.

co.co[1] (ô) [V.D] *sm.* **1.** *Bot.* Nome comum a várias arecáceas. **2.** *Bot.* O fruto delas, esp. o do coqueiro-da-baía. **3.** *Pop.* Cabeça (1).

co.co[2] (ô) [V.C] *sm. Bras. Folcl.* Dança de roda ou de par, acompanhada de canto e percussão.

co.có *sm. Bras.* Penteado feminino em que se enrodilham os cabelos; coque.

co.cô *sm. Bras. Inf. Pop.* Excremento (2).

có-có *sf. Bras. Inf.* A galinha. [Pl.: *có-cós*.]

có.co.ras *el.sf.* Us. na loc. adv. **de cócoras**. ◆ **De cócoras.** Com o corpo encolhido e os joelhos dobrados, sentado sobre os calcanhares.

co.co.ri.car [*Cocoricó*.] *v.int.* Cantar (o galo). [C.: 1A. Norm., é unipess.]

co.co.ro.có ou **co.co.ro.cô** *sm. Bras.* Onomatopeia do canto do galo.

co.co.ro.te *sm. Bras.* V. *cascudo*[2].

co.cu.ru.to *sm.* **1.** O alto da cabeça. **2.** V. *cume* (1).

cô.de:a [Lat. *cutina.] *sf.* **1.** Parte exterior dura; crosta. **2.** Crosta de pão, rosca, etc.

có.di.ce [Lat. *codice*.] *sm.* **1.** Forma característica do manuscrito em pergaminho, semelhante à do livro moderno. **2.** Obra antiga de autor clássico.

co.di.fi.ca.ção [*Codificar*.◘2A] *sf.* Ato ou efeito de codificar. [Pl.: -*ções*.]

co.di.fi.ca.dor (ô) [*Codificar*.◘19A] *adj. sm.* Que, ou aquele ou aquilo que codifica.

co.di.fi.car [*Códi*(*go*) + -*ficar*.◘1A] *vtd.* **1.** Reunir em código (2). **2.** Reduzir a código (3). **3.** *Inform.* Conceber ou utilizar código (4) para o processamento de informações. [C.: 1A] § **co.di.fi.ca.do** *adj.*

có.di.go [Lat. *codicum* (gen. pl.), poss.] *sm.* **1.** Coleção de leis. **2.** Conjunto metódico e sistemático de disposições legais relativas a um assunto ou a um ramo do direito. **3.** Conjunto de sinais convencionais ou secretos us. em correspondências e comunicações. **4.** *Inform.* Sistema de símbolos com que se representam dados e instruções de programa para serem processados por computador. ◆ **Código de barras.** Código (3) para representação de sequências alfanuméricas por barras impressas, de diferentes larguras e alinhadas paralelamente. **Código de endereçamento postal.** Código numérico que, ao identificar cidade, bairro, rua, etc., facilita a entrega de correspondência [sigla: *CEP*].

co.di.no.me [Ingl. *code name*.] *sm. Bras.* Nome que esconde a identidade verdadeira dum indivíduo, etc.

co.dor.na *sf. Zool.* Nome comum a aves fasianídeas, domesticadas pelos ovos e carne, como a codorna-doméstica, e a aves tinamídeas, como, p.ex., a codorna-do-nordeste.

co.e.du.ca.ção [*Co*- + *educação*.] *sf.* Educação em comum. [Pl.: -*ções*.]

co:e.fi.ci.en.te [Lat.cient. *coefficiens, entis*.] *sm.* **1.** Medida de dada propriedade ou característica de algo; grau. **2.** *Mat.* Número constante pelo qual se multiplica uma variável.

co:e.lhei.ra [*Coelho*.◘16] *sf.* Recinto onde se criam coelhos.

co.e.lho (ê) [Lat. *cuniculu*.] *sm. Zool.* Mamífero leporídeo cavador, herbívoro, e gregário.

co.en.tro [Lat. *coriandru*.] *sm. Bot.* Planta apiácea de folhas condimentosas.

co:er.ção [Lat. *coertione*.◘2] *sf.* Coação[1]. [Pl.: -*ções*]

co:er.ci.ti.vo [Lat. *coercitus*.◘22] *adj.* Coercivo (1).

co:er.cí.vel [Lat. *coercere* + -*ível*.◘41A] *adj2g.* **1.** Que pode ser coagido. **2.** Que se pode encerrar em menor espaço. [Pl.: -*veis*.]

co:er.ci.vo [Lat. *coercere* + -*ivo*.◘22] *adj.* **1.** Que pode exercer coerção; coercitivo. **2.** Coativo (1).

co:e.rên.ci:a [Lat. *cohaerentia*.] *sf.* **1.** Qualidade, estado ou atitude de coerente. **2.** Harmonia entre ideias, ou acontecimentos.

co:e.ren.te [Lat. *cohaerente*.◘21] *adj2g.* **1.** Em que há coesão, ligação ou adesão recíproca. **2.** Que procede com lógica; consequente.

co:e.são [Fr. *cohésion*.◘2] *sf.* **1.** União íntima das partes de um todo; conexão. **2.** Concordância, união. **3.** *Fís.* Propriedade resultante da ação das forças atrativas entre as partículas (moléculas, átomos, íons) constitutivas de um corpo. [Pl.: -*sões*.]

co.e.so (ê) [Lat. *cohaesu*.] *adj.* Ligado ou unido por coesão.

co:es.ta.du.a.no *adj.* Que é do mesmo estado.

co:e.tâ.ne:o [Lat. *coaetaneu*.] *adj. sm.* V. *contemporâneo*.

co.e.vo (é) [Lat. *coaevu*.] *adj. sm.* V. *contemporâneo*.

co:e.xis.tir (z) [Lat. *coexistere*.◘1C] *v.int. e ti.* Existir simultaneamente. [C.: 3] § **co:e.xis.tên.ci:a** (z) *sf.*

co.fi.ar [Lat. *cofia*.◘1A] *vtd.* Alisar (a barba, o bigode), passando a mão por eles. [C.: 1]

co.fre [Fr. *coffre*.] *sm.* Caixa ou móvel de metal reforçado, que se pode trancar e onde se guardam dinheiro, joias, etc.

co.fre-for.te *sf.* Caixa-forte. [Pl.: *cofres-fortes*.]

co.fri.nho *sm.* 1. Pequeno cofre. 2. *Bras.* Poupança (3). 3. *Bras. Pop.* Rego (3).

co.gi.tar [Lat. *cogitare*. ■1A] *vtd.* 1. Refletir acerca de; imaginar. 2. Tencionar. *ti. e int.* 3. Pensar, refletir. [C.: 1] § **co.gi.ta.ção** *sf.*

cog.na.ção [Lat. *cognatione*. ■2A] *sf. Antrop.* Parentesco entre consanguíneos, pelo lado paterno e/ou materno.

cog.na.to [Lat. *cognatu*.] *adj. sm.* 1. *E.Ling.* Diz-se de, ou vocábulo que tem raiz comum com outro(s). 2. *Antrop.* Diz-se de, ou indivíduo que é parente de outro por cognação.

cog.ni.ção [Lat. *cognitione*. ■2] *sf.* 1. Ato de conhecer. 2. *P.ext.* Conhecimento, percepção.

cog.ni.ti.vo [Lat. *cognitus*. ■22] *adj.* Relativo ao conhecimento.

cog.no.me [Lat. *cognomen*.] *sm.* Epíteto nominal; apelido.

cog.nos.cí.vel [Lat. *cognoscibile*. ■41] *adj2g.* Que se pode conhecer. [Pl.: *-veis*.]

co.go.te [Esp. *cogote*.] *sm. Pop.* Região occipital; nuca, cachaço. [Var.: *cangote*.]

co.gu.la [Lat. *cuculla*.] *sf.* Túnica larga de religiosos.

co.gu.lo [Lat. *cucullu*.] *sm. Pop.* O que numa medida excede o conteúdo até às bordas.

co.gu.me.lo [Lat. **cucumellu*.] *sm. Biol.* O corpo esporífero de várias espécies de fungo, formado por tule e píleo.

co.i.bir [Lat. *cohibere*. ■1C] *vtd. e p.* 1. Reprimir(-se), refrear(-se). *tdi.* 2. Impedir, proibir. [C.: 3C] § **co.i.bi.ção** *sf.*

coi.ce ou **cou.ce** [Lat. *calce*.] *sm.* 1. Pancada que certos quadrúpedes desferem com os cascos traseiros. 2. Recuo da arma de fogo ao ser disparada.

coi.fa [Lat. *cofia*.] *sf.* 1. Rede ou touca em que as mulheres envolviam o cabelo. 2. Exaustor us. em cima de fogão para retenção de gordura e remoção de vapores e fumaça. 3. Exaustor us. em capela (4) para remoção de gases.

coi.ma [Lat. *calumnia*.] *sf.* Castigo, pena; multa.

co:in.ci.dên.ci.a [*Coincidir*. ■10] *sf.* 1. Identidade ou igualdade de 2 ou mais coisas. 2. Simultaneidade eventual.

co:in.ci.den.te [*Coincidir*. ■21A] *adj2g.* Que coincide.

co:in.ci.dir [Lat.med. *coincidere*. ■1C] *vti.* 1. Ser idêntico em formas ou dimensões. 2. Ser semelhante; igualar-se. 3. Ocorrer ao mesmo tempo. *int.* 4. Ser idêntico, igual. 5. Incidir no mesmo ponto, ou ao mesmo tempo. [C.: 3. Norm. é unipess.]

coi.o.te [Do náuatle.] *sm. Zool.* Canídeo selvagem, espécie de lobo das Américas do Norte e Central.

coi.ra.na [Do tupi.] *sf. Bras. Bot.* Arbusto solanáceo, medicinal.

co.ir.mão [*Co-* + *irmão*.] *adj.* Diz-se de primos filhos de irmãos. [Pl.: *-mãos*. Fem.: *coirmã*.]

coi.sa ou **cou.sa** [Lat. *causa*.] *sf.* 1. O que existe ou pode existir. 2. Objeto inanimado. 3. Acontecimento, ocorrência. 4. Assunto, matéria. 5. *Pop.* Indisposição indeterminada; troço. 6. *Pop.* Qualquer objeto; troço. ♦ **Coisa pública.** O patrimônio, os negócios, ou os interesses do Estado.

coi.sa-ru.im *sm. Pop.* O diabo (1). [Pl.: *coisas--ruins*.]

coi.ta.do [*Coitar*, 'afligir'. ■17A] *adj. sm.* Desgraçado, mísero.

coi.té [Do tupi.] *sf. Bras.* V. *cuieira*.

coi.tei.ro [*Coito*². ■25] *sm.* 1. V. *couteiro*. 2. *Bras. N.E.* Aquele que dá coito² ou asilo a bandidos.

coi.to¹ [Lat. *coitu*.] *sm.* Cópula (2).

coi.to² *sm.* V. *couto*.

coi.va.ra [Do tupi.] *sf. Bras.* Pilha de ramagens não atingidas por queimada proposital de roça, que se incineram para limpar o terreno e adubá-lo com as cinzas.

co.la [Gr. *kólla*.] *sf.* 1. Substância ou preparado para fazer aderir papel, madeira e outros materiais. 2. *Bras.* Cópia clandestina, em exame escrito.

co.la.bo.ra.ção [*Colaborar*. ■2A] *sf.* 1. Trabalho em comum com uma ou mais pessoas. 2. Ajuda, auxílio. 3. Artigo de jornal ou revista feito por pessoa estranha à redação. 4. Participação em obra literária, científica, etc. [Pl.: *-ções*.]

co.la.bo.rar [Lat. *collaborare*. ■1A] *vti.* 1. Prestar colaboração. 2. Contribuir. *int.* 3. Colaborar (1). [C.: 1 (ó)] § **co.la.bo.ra.dor** (ô) *adj. sm.*

co.la.ção [Lat. *collatione*. ■2A] *sf.* 1. Confronto, cotejo. 2. Nomeação para benefício eclesiástico. 3. Concessão de título, direito ou grau. 4. Refeição leve. [Pl.: *-ções*.]

co.la.ço [Lat. *collacteu*.] *adj. sm.* Diz-se de, ou indivíduo em relação a outro que foi amamentado pela mesma mulher, embora filhos de mães diferentes; irmão de leite.

co.la.gem [*Colar*³. ■6] *sf.* Composição artística em que se emprega material (papel, tecido, etc.) colado numa superfície. [Pl.: *-gens*.]

co.lá.ge.no [Fr. *collagène*.] *sm. Histol.* 1. Substância proteica das fibras de pele, tendão, osso, etc. ● *adj.* 2. Diz-se de fibra que contém colágeno (1).

co.lap.so [Lat. *collapsu*.] *sm.* 1. *Med.* Falência de função, de força, ou de estado geral; esgotamento. 2. Situação anormal e grave; crise.

co.lar¹ [Lat. *collare*.] *sm.* Ornato ou insígnia para o pescoço.

co.lar² [Deduz. de *colação*.] *vtd.* Receber (cargo, direito, título ou grau). [C.: 1 (ó)]

colar³ | coletivizar

co.lar³ [*Cola.* ▫1A] *vtd.* **1.** Unir com cola; grudar. **2.** *Bras. Pop.* Copiar clandestinamente, num exame escrito. *int.* **3.** Ligar-se com cola. **4.** *Bras. Pop.* Colar³ (2). [C.: 1 (ó)]

co.la.ri.nho [*Colar*¹. ▫32] *sm.* Gola de pano cosida à camisa.

co.la.ri.nho-bran.co [Trad. do ingl. *white-collar.*] *sm.* Nome comum a profissionais de diferentes níveis que, em suas atividades, precisam de apresentar-se em trajes convencionais (para os homens, terno e gravata). [Pl.: *colarinhos-brancos.*]

co.la.te.ral [*Co-* + *lateral.*] *adj2g.* **1.** Que está ao lado. **2.** *Antrop.* Relativo ao parentesco que envolve laços entre irmãos, e não apenas vínculos diretos de filiação. [Pl.: *-rais.*]

col.cha (ô) [Esp. *colcha.*] *sf.* Coberta de cama, us. ger. por sobre os lençóis.

col.chão [*Colcha.* ▫28A] *sm.* Coxim grande, cheio de substância flexível, que se usa sobre o estrado da cama. [Pl.: *-chões.*]

col.chei.a [Esp. *corchea.*] *sf. Mús.* Figura que vale a metade da semínima.

col.che.te (ê) [Esp. *corchete.*] *sm.* **1.** Pequeno gancho de metal para prender uma parte do vestuário a outra. **2.** Cada um de um par de sinais de pontuação [] que encerram, num texto, palavras que não fazem parte dele, ou observações complementares. **3.** *Mat.* Cada um de um par de símbolos de agrupamento, equiv. aos parênteses: [ ].

col.cho.a.ri.a [*Colchão* (-cho-). ▫15] *sf.* Fábrica e/ou loja de colchões, travesseiros, etc.

col.cho.ne.te (é) [*Colchão* (-chon-) + *-ete.*] *sf.* Colchão pouco espesso.

col.dre (ó) [V.D] *sm.* **1.** Cada um dos 2 estojos de couro pendentes do arção da sela, e onde ger. se metem armas. **2.** Estojo de couro para revólver.

co.le.ar [*Colo.* ▫1N] *v.int.* Andar ou mover-se sinuosamente, aos zigue-zagues. [C.: 12A]

co.le.ção [Lat. *collectione.* ▫2] *sf.* **1.** Conjunto ou reunião de objetos da mesma natureza ou que têm qualquer relação entre si. **2.** *Med.* Acúmulo de sangue, de pus, ou de outra matéria, numa cavidade normal ou patológica do corpo. [Pl.: *-ções.*]

co.le.ci.o.nar [*Coleção* (-cion-). ▫1A] *vtd.* Fazer coleção de; reunir, coligir. [C.: 1] § **co.le.ci.o.na.dor** (ô) *sm.*

co.le.ga [Lat. *collega.*] *s2g.* **1.** Companheiro de trabalho, profissão, escola, etc. **2.** Amigo, camarada.

co.le.gi.al [Lat. *collegiale.* ▫39] *adj2g.* **1.** De colégio. ● *s2g.* **2.** Aluno de colégio. [Pl.: *-ais.*]

co.lé.gi.o [Lat. *collegiu.*] *sm.* **1.** Estabelecimento de ensino de 1º e 2º graus. **2.** Corporação eleitoral, etc.

co.le.guis.mo [*Colega.* ▫11] *sm.* Companheirismo.

co.lei.o [Dev. de *colear.*] *sm.* Movimento sinuoso.

co.lei.ra [Lat. *collaria.* ▫16] *sf.* Espécie de colar que cinge o pescoço dos animais.

co.lei.ra-do-nor.te *sf. Bras. Zool.* Ave emberizídea, canora. [Pl.: *coleiras-do-norte.*]

co.lei.ri.nha [*Coleira.* ▫32A] *sf. Bras. Zool.* Ave emberizídea canora, que ocorre no Brasil da BA ao RS; papa-capim.

co.lei.ro-do-bre.jo *sm. Bras. Zool.* Ave emberizídea, de bico rombudo e negro. [Pl.: *coleiros-do-brejo.*]

co.lên.qui.ma [Gr. *kólla*, 'cola', + *-énquima.*] *sm.* Tecido vegetal cujas células têm paredes espessadas, com função de sustentação.

co.le.óp.te.ro [Tax. *Coleoptera.*] *adj. sm. Zool.* Diz-se de, ou espécime dos coleópteros, ordem de insetos tetrápteros, de sistema bucal mastigador e asas anteriores córneas. São os besouros.

có.le.ra [Lat. *cholera.*] *sf.* **1.** Impulso violento contra o que nos ofende, fere, etc.; ira. **2.** *Med.* Enterite aguda infecciosa, por vezes letal, e que pode ser epidêmica ou endêmica.

co.lé.ri.co [Lat. *cholericu.* ▫35B] *adj.* **1.** Propenso à cólera. **2.** Cheio de cólera; irado, bravo. **3.** *Med.* Atacado de cólera (2).

co.les.te.rol [Ingl. *cholesterol.*] *sm. Quím.* Substância complexa existente nas células do corpo, esp. nas do tecido nervoso, e presente nas gorduras animais, com funções bioquímicas não de todo esclarecidas, cujos ésteres se depositam nas placas responsáveis pela arteriosclerose. [Pl.: *-róis.*]

co.le.ta [Lat. *collecta.*] *sf.* **1.** Quantia que se paga de imposto. **2.** Ato ou efeito de coletar; arrecadação. **3.** Obtenção de recursos naturais para fins alimentares ou outros, sem cultivo ou domesticação.

co.le.tâ.ne.a [Lat. *collectanea.*] *sf.* Conjunto de trechos de várias obras ou de um autor.

co.le.tar [*Coleta.* ▫1A] *vtd.* **1.** Obrigar a pagamento de coleta (1) de. **2.** Fazer coleta de; recolher. **3.** Colher (sangue, urina, esperma, etc.) para estudo ou exame. **4.** Colher (plantas), ou capturar (animais), para estudo. **5.** Promover coleta (3) de. [C.: 1 (é)]

co.le.te (ê) [Fr. *collet.*] *sm.* Peça de vestuário abotoada na frente, sem mangas nem gola.

co.le.ti.vi.da.de [*Coletivo.* ▫14] *sf.* **1.** Qualidade de coletivo. **2.** Grupo ou agrupamento de pessoas relativamente organizado para um fim. **3.** A totalidade dos indivíduos de determinada área ou região, em um dado tempo, se considerados como um todo.

co.le.ti.vis.mo [*Coletivo.* ▫11] *sm.* Sistema social e econômico em que a exploração dos meios de produção deve tornar-se comum a todos. § **co.le.ti.vis.ta** *adj2g. s2g.*

co.le.ti.vi.zar [*Coletivo.* ▫1D] *vtd. e p.* Tornar(-se) coletivo. [C.: 1]

co.le.ti.vo [Lat. *collectivu*. ▪22] *adj.* **1.** Que abrange ou compreende muitas coisas ou pessoas. **2.** De, ou utilizado por muitos. **3.** Que resulta do trabalho de muitos: *obra coletiva*. **4.** *E.Ling.* Diz-se do substantivo que, no singular, designa várias pessoas, animais ou coisas. Ex.: povo, alcateia, feixe, etc. • *sm.* **5.** *Bras.* Veículo de transporte coletivo. **6.** *Bras. Esport.* Treino com todos os jogadores, antes de competição ou partida.

co.le.tor (ô) [Lat. *collectore*. ▪19] *adj.* **1.** Que coleta. **2.** Compilador. • *sm.* **3.** Aquele ou aquilo que coleta. **4.** V. *compilador*. **5.** Aquele que lança ou recebe coletas: *coletor de impostos*.

co.le.to.ri.a [*Coletor*. ▪8A] *sf.* **1.** Repartição pública onde se pagam impostos. **2.** Cargo de coletor (5).

co.lhei.ta [Lat. *collecta*.] *sf.* **1.** Ato de colher (esp. produtos agrícolas). **2.** O conjunto dos produtos agrícolas de dado período.

co.lher (é) [Lat. *cochleare*.] *sf.* **1.** Utensílio em forma de concha (2) rasa e de cabo, para levar alimentos à boca, ou para misturar, provar ou servir iguarias. **2.** Colherada.

co.lher (ê) [Lat. *colligere*. ▪1B] *vtd.* **1.** Tirar (flores, frutos, folhas) do ramo ou da haste; apanhar. **2.** Tirar, recolher. **3.** Coletar, coligir. **4.** Alcançar, obter. **5.** Apanhar, pegar. *int.* **6.** Fazer a colheita. [C.: 2 (ô - ó)]

co.lhe.ra.da [*Colher* (é). ▪4] *sf.* Colher cheia.

co.li.ba.ci.lo [Lat.cient. *coli bacillus*.] *sm. Bacter.* Bactéria ger. não patogênica, que vive no intestino do homem e de outros animais.

co.li.bri [Fr. *colibri*.] *sm.* Beija-flor.

có.li.ca [Lat. *colica*.] *sf.* Dor abdominal aguda, com variações decorrentes de peristaltismo.

co.li.dir [Lat. *collidere*. ▪1C] *vti. e int.* Ir de encontro a; chocar(-se). [C.: 3]

co.li.for.me [Lat.cient. *coli (bacillus) + -forme*.] *sm. Bacter.* Nome genérico de bacilos intestinais gram-negativos.

co.li.ga.ção [Lat. *colligatione*. ▪2A] *sf.* Aliança de várias pessoas ou organizações com vista a um fim comum. [Pl.: -*ções*.]

co.li.gar [Lat. *colligare*. ▪1A] *vtd., tdi. e p.* Associar(-se) por coligação; aliar(-se). [C.: 1C]

co.li.gir [Lat. *colligere*. ▪1C] *vtd. e tdi.* **1.** Reunir em coleção, massa ou feixe; ajuntar (o que está esparso). **2.** Concluir, deduzir. [C.: 3A]

co.li.mar [Lat. *collimare*. ▪1A] *vtd.* Ter em vista; pretender. [C.: 1]

co.li.na [It. *colina*.] *sf.* Pequeno monte ou elevação; cerro.

co.lí.ri:o [Lat. *collyrion*.] *sm.* Medicamento líquido, para aplicação conjuntival.

co.li.são [Lat. *collisione*. ▪2] *sf.* **1.** Embate recíproco de 2 corpos; choque, abalroamento. **2.** Luta, embate. **3.** Oposição. [Pl.: -*sões*.]

co.li.seu [It. *Coliseo*.] *sm.* Circo (2).

co.li.te [*Colo²* + -*ite¹*.] *sf. Med.* Inflamação do colo².

→ **collant** (colã) [Fr.] *sm.* Espécie de maiô us. para balé, ginástica, etc.

col.mei.a (êi ou éi) [Or. pré-rom., poss.] *sf.* **1.** Cortiço ou outra instalação de abelhas. **2.** Acumulação de pessoas ou coisas.

col.mo (ô) [Lat. *culmu*.] *sm.* **1.** *Bot.* O caule das poáceas. **2.** Palha extraída de várias plantas e us. para cobrir cabanas, etc.

co.lo¹ [Lat. *collu*.] *sm.* **1.** *Anat.* Pescoço. **2.** *Anat.* Porção estreitada de órgão ou estrutura; pescoço. **3.** Regaço.

co.lo² [*Cólon¹*.] *sm. Anat.* A parte do intestino grosso entre o íleo e o reto; cólon.

co.lo.ca.ção [Lat. *collocatione*. ▪2A] *sf.* **1.** Ato ou efeito de colocar(-se). **2.** Emprego (2). [Pl.: -*ções*.]

co.lo.car [Lat. *collocare*. ▪1A] *vtdc.* **1.** Pôr (em algum lugar). *tdi.* **2.** Aplicar, empregar. **3.** Situar (moralmente); pôr. *td.* **4.** Dar emprego a; empregar. **5.** Vender. *p.* **6.** Tomar posição; instalar-se. **7.** Conseguir emprego. [C.: 1A (ó)] § **co.lo.cá.vel** *adj2g.*; **co.lo.ca.do** *adj.*

co.lo.fão [Lat. *colophone*.] *sm.* Inscrição no fim de manuscritos ou de livros impressos, com indicações sobre a sua feitura, o nome do copista ou do impressor, etc. [Pl.: -*fãos, -fões*.]

co.loi.de (ói) [*Cola* + -*oide*.] *sm. Fís.-Quím.* Sistema físico-químico que contém 2 fases, uma das quais, a fase dispersa, está extremamente subdividida na outra, a fase dispersora.

co.lom.bi.na [Ficcion. *Colombina*.] *sf.* Personagem da antiga comédia italiana, companheira do arlequim e do pierrô, namoradeira, fútil e bela.

có.lon [Gr. *kólon*.] *sm. Anat.* Colo².

co.lô.ni:a [Lat. *colonia*. ▪8B] *sf.* **1.** Grupo de pessoas que se estabelecem em terra ou região estranha. **2.** Lugar onde se estabeleceu um desses grupos. **3.** Região pertencente a um Estado e fora de seu âmbito geográfico principal; possessão. **4.** *Biol.* Conjunto de organismos da mesma espécie e que vivem juntos. § **co.lo.ni.al** *adj2g.*

co.lo.ni.a.lis.mo [*Colonial*. ▪11] *sm.* Orientação política de manter sob domínio, inclusive econômico, as colônias [v. *colônia* (3)].

co.lo.ni.za.ção [*Colonizar*. ▪2A] *sf.* **1.** Ato ou efeito de colonizar. **2.** *Biol.* Assentamento de plantas ou animais em novo meio ambiente. [Pl.: -*ções*.]

co.lo.ni.zar [*Colônia* + -*izar*. ▪1D] *vtd.* **1.** Transformar em colônia (3). **2.** Habitar como colono. [C.: 1] § **co.lo.ni.za.dor** (ô) *adj. sm.*

co.lo.no [Lat. *colonu*.] *sm.* Membro de uma colônia (1 a 3).

co.ló.qui:o [Lat. *colloquiu*.] *sm.* Conversação entre 2 ou mais pessoas. § **co.lo.qui.al** *adj2g.*

coloração | combinar

co.lo.ra.ção [*Colorar*. ⬛2A] *sf.* **1.** Ação de dar ou de adquirir cor, ou cores. **2.** Efeito produzido pelas cores; colorido, cor. [Pl.: *-ções.*]

co.lo.rau [Esp. *colora(d)o.*] *sm.* Pó vermelho, condimentoso, feito de pimentão ou de urucum.

co.lo.ri.do [It. *colorito*.] *adj.* **1.** Que tem cores. ● *sm.* **2.** V. *coloração* (2).

co.lo.rir [Lat. *colore*, 'cor', + *-ir*. ⬛1C] *vtd.* **1.** Dar cor ou cores a. **2.** Adornar. **3.** Realçar. *p.* **4.** Tomar cor(es). [C.: 8]

co.los.sal [*Colosso*. ⬛39] *adj2g.* **1.** Com proporções de colosso (1). **2.** *Fig.* Excepcional. [Pl.: *-sais.*]

co.los.so (ô) [Lat. *colossu*.] *sm.* **1.** Estátua descomunal. **2.** Pessoa ou objeto agigantado. **3.** Grande poderio ou soberania. **4.** Pessoa ou coisa excepcional.

co.los.tro (ô) [Lat. *colostru*.] *sm. Med.* Líquido fino, amarelo, segregado por glândula mamária, antes do parto, ou após ele.

col.pi.te [Gr. *kólpos* + *-ite*¹.] *sf. Med.* Inflamação da vagina.

co.lu.brí.de:o [Tax. *Colubridae*.] *adj. sm. Zool.* Diz-se de, ou espécime dos colubrídeos, família de ofídios que reúne a maioria das espécies não venenosas, como a caninana, e venenosas, como a jararaca.

co.lum.bá.ri:o [Lat. *columbariu*.] *sm.* Construção provida de nichos onde se guardam cinzas funerárias.

co.lum.bí.de:o [Tax. *Columbidae*.] *adj. sm. Zool.* Diz-se de, ou espécime dos columbídeos, família de aves columbiformes. Ex.: pombas.

co.lum.bi.for.me [Tax. *Columbiformes*.] *adj2g. sm. Zool.* Diz-se de, ou espécime dos columbiformes, ordem de aves de cabeça redonda e pequena, bico com ceroma na base, patas curtas, e que inclui os columbídeos.

co.lu.na [Lat. *columna*.] *sf.* **1.** Pilar cilíndrico que sustenta abóbadas, entablamentos, etc., e serve de ornato em edifícios. **2.** Linha vertical de algarismos. **3.** Troço de soldados em linha. **4.** Cada uma das divisões verticais duma página de publicação (2). **5.** *Anat.* Nome genérico de estrutura em forma de pilar.
♦ **Coluna vertebral**. *Anat.* A formada pela superposição das vértebras, situada na parte dorsal do tronco, e que sustenta a cabeça, e é sustentada pela bacia.

com [Lat. *cum*.] *prep.* Exprime inúmeras relações entre palavras (comparação, semelhança, união, companhia, etc.): *comparar um irmão com o outro*; *casar com uma viúva*; *Tais atos não combinam com a sua educação*; *um prato com muita comida*; *sair com alguém*; *"Juntou-se a fome com a vontade de comer"* (prov.). Ocorre em numerosas loc. adv. (*proceder com lealdade, trabalhar com afinco*, etc.) e em várias loc. prep. (*de acordo com, de parceria com*, etc.).

co.ma¹ [Lat. *coma*.] *sf.* **1.** Cabeleira abundante. **2.** Copa de árvore. **3.** *Astr.* Cabeleira (3).

co.ma² [Lat. *coma*.] *sm. Med.* Estado em que há perda parcial ou total da consciência e da vigilância, da sensibilidade e da motricidade e, excetuados casos muito graves, conservação das funções circulatórias e respiratórias. § **co.ma.to.so** (ô) *adj.*

co.ma.dre [Lat. *commatre*.] *sf.* **1.** Madrinha, em relação aos pais do neófito. **2.** Mãe do neófito, em relação aos padrinhos deste. **3.** *Fam.* Parteira. **4.** *Pop.* Urinol chato, para doentes acamados.

co.man.da [Dev. de *comandar*.] *sf.* **1.** Em restaurantes, bares, etc., anotação dos pedidos feitos pelo cliente. **2.** Papel em que se faz essa anotação.

co.man.dan.te [Fr. *commandant*.] *sm.* Aquele que comanda um navio, avião, etc.

co.man.dar [Fr. *commander*. ⬛1A] *vtd.* **1.** Exercer comando em; mandar em. **2.** Dirigir, governar. [Sin. de 1 e 2: *capitanear*.] **3.** Acionar (1). [C.: 1]

co.man.do [Dev. de *comandar*.] *sm.* **1.** Posto, autoridade ou funções de quem pode mandar, de comandante. **2.** Direção, liderança. **3.** Grupo de ação estratégica. **4.** Destacamento de tropa de elite. **5.** Dispositivo que comanda determinada operação. **6.** *Inform.* Instrução dada ao computador para que este execute determinada função.

co.mar.ca [*Co-* + *marca*.] *sf.* Circunscrição judiciária dum estado.

com.ba.lir [V.D] *vtd.* **1.** Enfraquecer, debilitar. **2.** Causar abalo ou alteração em; abater, abalar. *p.* **3.** Debilitar-se. [C.: 9]

com.ba.te [Dev. de *combater*.] *sm.* Ato ou efeito de combater.

com.ba.ter [Lat.vulg. **combattere*. ⬛1B]*vtd.***1.**Bater-se. **2.** Opor-se a; contestar. **3.** Fazer diligência para dominar, vencer ou extinguir. **4.** Contestar em discussão. *int. e p.* **5.** Bater-se, pelejar. [C.: 2] § **com.ba.ten.te** *adj2g. s2g.*

com.ba.ti.vo [Fr. *combatif*.] *adj.* Que tem pendor para combater. § **com.ba.ti.vi.da.de** *sf.*

com.bi.na.ção [B.-lat. *combinatione*. ⬛2A] *sf.* **1.** Ato ou efeito de combinar(-se). **2.** Ajuste, acordo. **3.** Plano, projeto. **4.** Roupa íntima feminina us. sob vestido. **5.** *E.Ling.* Contração (3). **6.** *Mat.* Subconjunto não ordenado de um conjunto discreto e finito. [Pl.: *-ções.*]

com.bi.na.do [*Combinar*. ⬛17A] *adj.* **1.** Que se combinou. ● *sm.* **2.** V. *seleção* (2).

com.bi.nar [Lat. *combinare*. ⬛1A] *vtd.* **1.** Reunir em certa ordem. **2.** Ajustar, pactuar. *ti.* **3.** Estar conforme; condizer. *tdi.* **4.** Combinar (2). *int.* **5.** Harmonizar-se, condizer. *p.* **6.** Estar

combinatório | comezinho

de acordo. 7. Harmonizar-se. 8. Unir-se em combinação química. [C.: 1]

com.bi.na.tó.ri:o [*Combinar*. ▣23A] *adj.* **1.** Relativo a, ou em que há combinação. **2.** *Mat.* Relativo às combinações possíveis dos elementos de um conjunto em diferentes subconjuntos deste.

com.bo [Ingl. *combo*]. *sm.* **1.** *Inform.* Gravador de CDs que tb. lê DVDs. **2.** Conjunto de 2 ou mais produtos ou serviços, negociados juntos, por um preço especial.

com.boi.ar [*Comboio*. ▣1A] *vtd.* **1.** Escoltar (um comboio). **2.** *Bras. Gír.* Fazer-se acompanhar de. [C.: 1E]

com.boi.o [Fr. *convoi*]. *sm.* **1.** Porção de veículos que se dirigem ao mesmo destino. **2.** Série de vagões puxados por uma locomotiva; trem.

com.bu.ren.te [Lat. *comburente*. ▣21] *adj2g. sm.* Que, ou aquilo que alimenta a combustão.

com.bus.tão [Lat. *combustione*. ▣2] *sf.* **1.** Ação de queimar. **2.** Estado de um corpo que arde produzindo calor, ou calor e luz. [Pl.: -*tões*.]

com.bus.tí.vel [Fr. *combustible*. ▣41] *adj2g. sm.* Que, ou substância ou produto que produz combustão. [Pl.: -*veis*.]

com.bus.tor (ô) [*Combusto*. ▣19] *sm. Bras.* Poste para iluminação pública.

co.me.çar [Lat.vulg. *cominitiare. ▣1A] *vti.* e *td.* **1.** Dar começo (a); principiar, iniciar. *int.* **2.** Ter começo. *pred.* **3.** Começar (2) em certo estado ou condição. [C.: 1B (é)]

co.me.ço (ê) [Dev. de *começar*.] *sm.* **1.** Ato ou efeito de começar. **2.** O primeiro momento da existência, da execução de algo; princípio, origem.

co.mé.di:a [Lat. *comoedia*.] *sf.* **1.** Peça teatral ou obra cinematográfica ou televisiva em que predominam a sátira e a graça. **2.** Fato ridículo. **3.** Fingimento.

co.me.di.an.te [It. *commediante*. ▣21] *s2g.* Ator de comédia; cômico.

co.me.di.do [Part. de *comedir*.] *adj.* Prudente, moderado.

co.me.di.men.to [*Comedir*. ▣3] *sm.* Compostura; moderação.

co.me.di.ó.gra.fo [Lat. *comoediographu*.] *sm.* Autor de comédias.

co.me.dir [Lat. *commetire. ▣1C] *vtd.* e *p.* Moderar(-se), conter(-se). [C.: 8]

co.me.mo.rar [Lat. *commemorare*. ▣1A] *vtd.* **1.** Trazer à memória; fazer recordar; lembrar. **2.** Festejar, celebrar. [C.: 1 (ó)] § **co.me.mo.ra.ção** *sf.*; **co.me.mo.ra.ti.vo** *adj.*; **co.me.mo.rá.vel** *adj2g.*

co.men.da [Dev. do port.ant. *comendar*.] *sf.* Condecoração ou distinção de ordem honorífica.

co.men.da.dor (ô) *sm.* O titular de uma comenda.

co.me.nos *sm2n.* Momento, ocasião. ♦ **Neste comenos.** Nesta mesma ocasião.

co.men.sal [B.-lat. *commensale*. ▣39] *s2g.* Cada um daqueles que comem juntos. [Pl.: -*sais*.]

co.men.su.rá.vel [Lat. *commensurabile*. ▣41] *adj2g.* Que se pode medir, esp. por comparação com outra(s) coisa(s). [Pl.: -*veis*.]

co.men.tar [Lat. *commentare*. ▣1A] *vtd.* **1.** Fazer comentário(s) sobre. **2.** Conversar acerca de. **3.** Criticar, analisar.

co.men.tá.ri:o [Lat. *commentariu*. ▣24] *sm.* **1.** Série de observações com que se esclarece e/ou critica uma produção literária ou científica; anotação. **2.** Apreciação dum fato ou duma situação.

co.men.ta.ris.ta [*Comentário*. ▣36] *s2g.* Autor de comentários.

co.mer [Lat. *comedere*. ▣1B] *vtd.* **1.** Introduzir (alimentos) no estômago, pela boca, mastigando-os e engolindo-os. **2.** *Fig.* Gastar em comida. **3.** Destruir, consumir. **4.** Consumir, corroer. **5.** Alimentar-se. [C.: 2] ● *sm.* **6.** Comida.

co.mer.ci.al [*Comércio*. ▣39] *adj2g.* **1.** Do, ou próprio do comércio, ou relativo a ele. ● *sm.* **2.** Anúncio transmitido por emissora de rádio ou televisão. [Pl.: -*ais*.]

co.mer.ci.a.li.za.ção [*Comercializar*. ▣2A] *sf.* **1.** Ato ou efeito de comercializar. **2.** *Econ.* Conjunto das atividades e dos processos ligados à venda de mercadorias, incluindo intermediação entre o produtor e o consumidor, *marketing*, distribuição, atividades de promoção, etc. [Pl.: -*ções*.]

co.mer.ci.a.li.zar [*Comercial*. ▣1D] *vtd.* Tornar comerciável ou comercial. [C.: 1]

co.mer.ci.an.te [*Comerciar*. ▣21] *adj2g. s2g.* Que, ou quem exerce o comércio, ou tem queda para ele; negociante.

co.mer.ci.ar [Lat. *commerciare. ▣1A] *v.int.* Exercer a profissão de negociante; negociar. [C.: 1 (B.) ou 13 (P.)] § **co.mer.ci.á.vel** *adj2g.*

co.mer.ci.á.ri:o [*Comércio*. ▣24] *sm. Bras.* Empregado no comércio.

co.mér.ci:o [Lat. *commerciu*.] *sm.* **1.** Permuta, compra e venda de produtos ou valores; mercado, negócio. **2.** A classe dos comerciantes.

co.mes.tí.veis *smpl.* V. *víveres*.

co.mes.tí.vel [Lat. *comestibile*. ▣41] *adj2g.* **1.** Que é bom para comer; comível, edule. ● *sm.* **2.** Aquilo que se come. [Pl.: -*veis*.]

co.me.ta (ê) [Lat. *cometa*.] *sm. Astr.* Astro que, orbitando o sistema solar, se vaporiza parcialmente quando próximo ao Sol, formando uma cabeleira de gás e poeira, e ger. uma ou mais caudas.

co.me.ter [Lat. *committere*. ▣1B] *vtd.* **1.** Praticar, fazer ou perpetrar. *tdi.* **2.** Cometer (1). **3.** Encarregar (1). [C.: 2 (ê-é)]

co.me.zai.na [De *comer*.] *sf. Pop.* Refeição farta e alegre; bródio.

co.me.zi.nho *adj.* **1.** Evidente, simples. **2.** Caseiro, doméstico.

comichão | companhia

co.mi.chão [Lat. *comestione*.◨2] *sf.* **1.** Coceira. **2.** *Fig.* Desejo premente. [Pl.: -*chões*.]
co.mi.char [*Comich(ão)*.◨1A] *v.int. e td.* Causar comichão (a). [C.: 1]
co.mí.ci:o [Lat. *comitiu*.] *sm.* Reunião pública de cidadãos para tratar de assunto de interesse geral ou de propaganda de candidatura a cargo eletivo, etc.
cô.mi.co [Lat. *comicu*, do gr.] *adj.* **1.** Relativo a comédia. **2.** Que provoca o riso. • *sm.* **3.** Comediante. § **co.mi.ci.da.de** *sf.*
co.mi.da [*Comer* + *-ida*.] *sf.* **1.** O que se come ou é próprio para se comer. **2.** Ação de comer.
co.mi.go [*Com* + port.arc. *mego*.] *pron.* **1.** Com a pessoa que fala. **2.** Em minha companhia. **3.** Ao mesmo tempo que eu. **4.** Com a minha pessoa. **5.** De mim para mim. **6.** Em meu poder. **7.** A meu encargo.
co.mi.lan.ça *sf. Bras. Pop.* **1.** Ato de comer muito. **2.** *Fig.* V. *negociata*.
co.mi.lão [*Comer*.] *adj. sm.* Glutão. [Pl.: -*lões*. Fem.: *comilona, comiloa*.]
co.mi.nar [Lat. *comminare*.◨1A] *vtdi.* Impor, prescrever (castigo, pena). [C.: 1] § **co.mi.na.ção** *sf.*; **co.mi.na.tó.ri:o** *adj.*
co.mi.na.ti.vo [Lat. *comminativu*.◨22A] *adj.* Que envolve cominação.
co.mi.nho [Lat. *cuminu*.] *sm. Bot.* Planta apiácea de sementes condimentosas.
co.mi.se.ra.ção [Lat. *commiseratione*.◨2A] *sf.* V. *compaixão*. [Pl.: -*ções*.]
co.mi.se.rar [Lat. **commiserare*.◨1A] *vtd. e p.* Compadecer(-se). [C.: 1 (é)]
co.mis.são [Lat. *commissione*.◨2] *sf.* **1.** Ato de cometer, de encarregar. **2.** Encargo (1). **3.** Grupo de pessoas incumbidas de tratar dado assunto; comitê. **4.** Retribuição que se paga a prestador de serviço, etc. [Pl.: -*sões*.]
co.mis.sa.ri.a.do [*Comissário*.◨17C] *sm.* **1.** Cargo de comissário. **2.** Repartição onde este trabalha.
co.mis.sá.ri:o [Lat.med. *commissariu*.◨24] *sm.* **1.** Aquele que exerce comissão (2). **2.** Autoridade policial. **3.** Comissário de bordo. ♦ **Comissário de bordo.** Funcionário incumbido de serviços indispensáveis à segurança e ao conforto dos passageiros, nos aviões comerciais.
co.mis.si:o.nar [*Comissão* (-*sion*.).] *vtd.* Encarregar de comissão (2). [C.:1]
co.mis.su.ra [Lat. *commissura*.] *sf.* Linha de junção. § **co.mis.su.ral** *adj2g.*
co.mi.tê [Fr. *comité*.] *sm.* Comissão (3).
co.mi.ten.te [Lat. *committente*.◨21] *adj2g. s2g.* **1.** Que, ou quem encarrega alguém de comissão (2). **2.** Que, ou quem consigna mercadorias a outrem.
co.mi.ti.va [Lat.med. *comitiva*.] *sf.* Gente que acompanha; séquito.
co.mí.vel [*Comer*.◨41A] *adj2g.* V. *comestível* (1). [Pl.: -*veis*.]

➔ **commodity** (comóditi) [Ingl.] *Econ.* Produto primário (q.v.), esp. um de grande participação no comércio internacional, como café, soja, minérios. [Pl.: *commodities*.]
co.mo [Lat.vulg. *quomo*.] *conj.* **1.** Da mesma forma que; qual. **2.** Porque. • *adv.* **3.** De que maneira. **4.** Aproximadamente.
co.mo.ção [Lat. *commotione*.◨2] *sf.* **1.** Emoção (2). **2.** Revolta, motim. **3.** *Med.* Concussão. [Pl.: -*ções*.]
cô.mo.da [Fr. *commode*.] *sf.* Móvel só de gavetas.
co.mo.di.da.de [Lat. *commoditate*.◨14] *sf.* **1.** Qualidade de cômodo. **2.** Conforto, bem-estar.
co.mo.dis.mo [*Cômodo*.◨11] *sm.* Atitude de quem atende, acima de tudo, à própria comodidade. § **co.mo.dis.ta** *adj2g. s2g.*
cô.mo.do [Lat. *commodu*.] *adj.* **1.** Útil, vantajoso. **2.** Adequado, favorável. **3.** Tranquilo, calmo. • *sm.* **4.** Aposento, acomodação.
co.mo.ver [Lat. *commovere*.◨1C] *vtd.* **1.** Mover muito; agitar. **2.** Causar comoção ou abalo a; emocionar, abalar. *tdi.* **3.** Incitar, impelir. *p.* **4.** Emocionar-se. [C.: 2 (ô-ó)] § **co.mo.ven.te** *adj2g.*; **co.mo.vi.do** *adj.*
com.pac.tar [*Compacto*.◨1A] *vtd.* **1.** Tornar compacto. **2.** Comprimir (lixo) para diminuir-lhe o volume. **3.** *Eng.Civil.* Reduzir os vazios de (um solo), aumentando-lhe a densidade e a estabilidade. **4.** *Inform.* Codificar (dados) em versão menor que a original. [C.: 1] § **com.pac.ta.ção** *sf.*
com.pac.to [Lat. *compactu*.] *adj.* **1.** Cujas partes componentes estão muito juntas; comprimido; denso. **2.** De estrutura maciça e muito resistente. **3.** Que forma um conjunto indivisível. **4.** *P.ext.* Indivisível. **5.** Conciso, resumido. **6.** De tamanho menor que o normal.
com.pa.de.cer [Lat.vulg. **compatescere*.◨1P] *vtd.* **1.** Inspirar compaixão em. **2.** Ter compaixão de. *p.* **3.** Sentir compaixão. [C.: 2A (ê-é)]
com.pa.dre [Lat. *compatre*.] *sm.* **1.** Padrinho de um compadre, em relação aos pais dele. **2.** Pai do neófito, em relação aos padrinhos.
com.pa.dri:o [*Compadre* + *-io*¹.◨34A] *sm.* **1.** Relações entre compadres. **2.** Cordialidade, intimidade. **3.** Proteção excessiva ou injusta.
com.pai.xão [Lat. *compassione*.◨2] *sf.* Pesar que nos desperta a desgraça, a dor, de outrem; dó, comiseração, piedade. [Pl.: -*xões*.]
com.pa.nhei.ris.mo [*Companheiro*.◨11] *sm.* Solidariedade própria de companheiro; coleguismo.
com.pa.nhei.ro [*Companha*.◨25] *sm.* **1.** Aquele que acompanha. **2.** V. *camarada* (1). **3.** Companhia (3).
com.pa.nhi.a [*Companha*.◨8A] *sf.* **1.** Ato de acompanhar. **2.** Aquilo ou aquele que acompanha. **3.** Pessoa com quem se está ou se vive; companheiro. **4.** V. *comitiva*. **5.** V. *convivência* (1). **6.** Sociedade comercial.

comparar | complexidade

com.pa.rar [Lat. *comparare*. ◼1A] *vtd. e tdi.* **1.** Estabelecer confronto entre; confrontar, cotejar. *p.* **2.** Igualar-se, rivalizar. [C.: 1] § **com.pa.ra.ção** *sf.*; **com.pa.rá.vel** *adj2g.*

com.pa.ra.ti.vo [*Comparar*. ◼22A] *adj.* Que serve para comparar.

com.pa.re.cer [Lat.vulg. **comparescere*. ◼1P] *v.int., tc. e ti.* **1.** Apresentar-se em certo local ou fazer-se presente a um compromisso. **2.** Apresentar-se diante de autoridade judicial. [C.: 2A (ê-é)] § **com.pa.re.ci.men.to** *sm.*

com.par.sa [It. *comparsa*.] *s2g.* **1.** Ator secundário. **2.** Cúmplice em ação desonesta.

com.par.ti.lhar [*Com-* + *partilhar*.] *vtd., ti. e tdi.* **1.** Ter ou tomar parte em; participar de; compartir, partilhar. **2.** Fazer com que um conteúdo (de rede social) passe a ser visto também na sua página. [C.: 1]

com.par.ti.men.to [Fr. *compartiment*.] *sm.* Cada divisão de uma casa, móvel, veículo, etc.

com.par.tir [Lat. **compartire*. ◼1C] *vtd., ti. e tdi.* V. *compartilhar*. [C.: 3]

com.pas.sa.do [*Compassar*. ◼17A] *adj.* **1.** Em que há vagar, lentidão; pausado, vagaroso. **2.** Que tem ritmo; cadenciado, ritmado.

com.pas.sar [Lat.vulg. **compassare*. ◼1A] *vtd.* Medir a compasso; cadenciar. [C.: 1]

com.pas.si.vo [Lat. *compassivu*. ◼22] *adj.* Que tem ou denota compaixão.

com.pas.so [Dev. de *compassar*.] *sm.* **1.** Instrumento para traçar circunferências e marcar medidas. **2.** Ritmo ou regularidade (de ação, processo, etc.). **3.** *Mús.* Unidade métrica de tempos agrupados em porções iguais.

com.pa.ti.bi.li.zar [*Compatível* (-*bil-*). ◼1D] *vtdi.* Tornar compatível; conciliar.

com.pa.tí.vel [Lat.med. *compatibile*. ◼41] *adj2g.* **1.** Que pode coexistir. **2.** Que se combina com outra(s) coisa(s), sem conflito ou oposição. [Pl.: -*veis*.] § **com.pa.ti.bi.li.da.de** *sf.*

com.pa.tri.o.ta [Lat. *compatriota*.] *adj2g. s2g.* Que, ou quem é da mesma pátria que outrem.

com.pe.lir [Lat. *compellere*. ◼1C] *vtdi.* Obrigar, coagir. [C.: 48]

com.pen.di.ar [Lat. *compendiare*. ◼1A] *vtd.* Reduzir a compêndio. [C.: 1]

com.pên.di.o [Lat. *compendiu*.] *sm.* **1.** Resumo de doutrina. **2.** Livro de texto para escolas.

com.pe.ne.tra.do [*Compenetrar*. ◼17A] *adj.* **1.** Convencido (1) intimamente. **2.** *Fig.* Sério, circunspecto.

com.pe.ne.trar [*Com-* + *penetrar*.] *vtdi. e p.* Convencer(-se); persuadir(-se). [C.: 1 (é)]

com.pen.sa.ção [Lat. *compensatione*. ◼2A] *sf.* **1.** Ato ou efeito de compensar. **2.** *Econ.* Acerto de contas com cancelamento de débitos recíprocos, minimizando pagamentos em dinheiro. [Pl.: -*ções*.]

com.pen.sa.dor (ô) [*Compensar*. ◼19A] *adj.* **1.** Que compensa. ● *sm.* **2.** Maquinismo para corrigir as variações de temperatura no pêndulo.

com.pen.sar [Lat. *compensare*. ◼1A] *vtd.* **1.** Estabelecer equilíbrio entre; equilibrar, contrabalançar. **2.** Reparar o dano, incômodo, etc., resultante de; contrabalançar. *tdi.* **3.** Compensar (1 e 2). **4.** Indenizar; recompensar. [C.: 1]

com.pe.tên.ci.a [Lat. *competentia*.] *sf.* **1.** Faculdade que a lei concede a funcionário, juiz ou tribunal para apreciar e julgar certos pleitos ou questões. **2.** Capacidade, aptidão. **3.** Alçada, jurisdição.

com.pe.ten.te [Lat. *competente*. ◼21] *adj2g.* **1.** Que tem competência; capaz. **2.** Próprio, adequado.

com.pe.ti.ção [Lat. *competitione*. ◼2A] *sf.* **1.** Ato ou efeito de competir. **2.** Torneio[2] (2). [Pl.: -*ções*.]

com.pe.ti.dor (ô) [Lat. *competitore*. ◼19A] *adj.* **1.** Que compete, ou impele à competição; competitivo. ● *sm.* **2.** Antagonista, adversário.

com.pe.tir [Lat. *competere*. ◼1C] *vti.* **1.** Pretender uma coisa simultaneamente com outrem; concorrer. **2.** *Restr.* Disputar a vitória em partida, concurso, torneio, etc. **3.** Ser comparável; rivalizar. **4.** Ser da competência ou da responsabilidade de; caber. **5.** Pertencer por direito; caber, tocar: *Não nos compete decidir. int.* **6.** Competir (2). [C.: 48]

com.pe.ti.ti.vo [*Competir*. ◼22A] *adj.* **1.** Relativo a competição. **2.** Competidor (1).

com.pi.lar [Lat. *compilare*. ◼1A] *vtd.* Coligir, reunir (textos de vários autores, ou de natureza ou procedência vária). [C.: 1] § **com.pi.la.ção** *sf.*; **com.pi.la.dor** (ô) *adj. sm.*

com.pla.cên.ci.a [Lat. *complacentia*.] *sf.* Benevolência, condescendência. § **com.pla.cen.te** *adj2g.*

com.plei.ção [Lat. *complexione*. ◼2] *sf.* **1.** Constituição física de alguém; constituição. **2.** Disposição de espírito; temperamento, inclinação. [Pl.: -*ções*.]

com.ple.men.tar[1] [*Complemento*. ◼40] *adj2g.* Que serve de complemento.

com.ple.men.tar[2] [*Complemento*. ◼1A] *vtd. e p.* V. *completar* (1, 2 e 4). [C.: 1]

com.ple.men.to [Lat. *complementu*. ◼3] *sm.* **1.** O que complementa ou completa. **2.** Acabamento, remate.

com.ple.ta.men.te [F. de *completo*. ◼42] *adv.* **1.** De modo total, pleno; inteiramente. **2.** Em alto nível ou grau.

com.ple.tar [*Completo*. ◼1A] *vtd.* **1.** Tornar completo; inteirar. **2.** Concluir, rematar. **3.** Fazer, atingir. *p.* **4.** Fazer-se completo. [Sin. de 1, 2 e 4: *complementar*. C.: 1 (é).]

com.ple.to [Lat. *completu*.] *adj.* **1.** A que não falta nada do que pode ou deve ter. **2.** Perfeito, acabado.

com.ple.xi.da.de (cs) [*Complexo*. ◼14] *sf.* Qualidade de complexo.

complexo | compreensível

com.ple.xo (cs) [Lat. *complexu*.] *adj.* **1.** Que abrange ou encerra muitos elementos ou partes. **2.** Observável sob diferentes aspectos. **3.** Confuso, complicado. **4.** Composto por elementos de naturezas distintas. **5.** *Mat.* Que tem uma parcela real e outra imaginária: *número complexo* (q.v.). ● *sm.* **6.** Grupo ou conjunto de coisas, fatos ou circunstâncias que têm qualquer ligação ou nexo entre si. **7.** *Psiq.* Grupo de ideias inconscientes inter-relacionadas e ligadas a afetos, que influenciam fortemente as atitudes e o comportamento de um indivíduo. [A ideia ou sentimento central são ger. mencionados: *complexo de inferioridade*, etc.]

com.pli.ca.ção [Lat. *complicatione*.▪2A] *sf.* **1.** Ato ou efeito de complicar(-se). **2.** Condição de complicado. **3.** Situação confusa e/ou indesejável, e de difícil solução. [Pl.: -*ções*.]

com.pli.ca.do [*Complicar*.▪17A] *adj.* **1.** Que tem complicação; que é confuso ou difícil de resolver. **2.** De difícil trato: *sujeito complicado*.

com.pli.car [Lat. *complicare*.▪1A] *vtd.* **1.** Tornar confuso, intricado; embaraçar. **2.** Dificultar a compreensão ou a resolução de. **3.** Tornar difícil. *p.* **4.** Tornar-se confuso, difícil; embaraçar-se. **5.** Falar ou agir de modo inábil; meter-se em complicação (3). [C.: 1A]

com.plô [Fr. *complot*.] *sm.* **1.** Conspiração contra o Estado ou o poder constituído. **2.** Conluio contra instituição ou pessoa.

com.po.nen.te [Lat. *componente*.▪21] *adj2g. s2g. sm.* Que, ou quem ou aquilo que entra na composição de algo.

com.por [Lat. *componere*.] *vtd.* **1.** Formar ou construir de diferentes partes, ou de várias coisas. **2.** Entrar na composição de: *Os nomes compõem uma comissão*. **3.** Produzir, inventar. **4.** Dispor com certa ordem ou arranjo: *compor um vaso de flores*. **5.** Pôr em ordem. **6.** Reconciliar, harmonizar. **7.** Fazer de comum acordo. **8.** *Edit.* Produzir (texto a ser impresso) no formato e nos caracteres indicados no leiaute. *int.* **9.** Escrever música. *p.* **10.** Conciliar-se. **11.** Ser composto; constituir-se. **12.** Pôr em ordem a própria aparência. [C.: 34]

com.por.ta [*Com-* + *porta*.] *sf.* Porta que sustém as águas de dique, açude ou represa.

com.por.ta.men.to [*Comportar*.▪3] *sm.* Maneira de se comportar; procedimento, conduta, ato. § **com.por.ta.men.tal** *adj2g.*

com.por.tar [Lat. *comportare*.▪1A] *vtd.* **1.** Permitir, admitir. **2.** Ser capaz de conter. **3.** Conter em si. *p.* **4.** Portar-se. **5.** *P.ext. Fam.* Portar-se bem. [C.: 1 (ó)]

com.po.si.ção [Lat. *compositione*.▪2] *sf.* **1.** Ato ou efeito de compor(-se). **2.** Coordenação, constituição. **3.** Redação (3). **4.** Produção literária ou artística. **5.** Acordo entre partes litigantes; acordo. **6.** *Edit.* Arte ou processo gráfico que abrange as operações conducentes à confecção duma forma tipográfica. **7.** *Edit.* O texto composto. **8.** *E.Ling.* Reunião de 2 ou mais radicais para a formação de uma nova palavra, com significado único e autônomo. [Há 2 tipos: *justaposição*, em que cada elemento conserva a sua integridade morfológica (*pé-de-meia*, *passatempo*) e *aglutinação*, em que tais elementos se unem, subordinando-se a um único acento tônico: *planalto* (de *plano* + *alto*), *embora* (de *em* + *boa* + *hora*).] [Pl.: -*ções*.]

com.po.si.tor (ô) [Lat. *compositore*.▪19] *sm.* **1.** Aquele que compõe. **2.** Aquele que se dedica à arte da composição (4) musical.

com.pos.ta.gem [Fr. *compostage*.▪6] *sf.* Preparação de adubo orgânico, que resulta ger. da fermentação de um ajuntamento de folhas, estrume, restos de comida, etc. [Pl.: -*gens*.]

com.pos.to (ô) [Lat. *compositu*.] *adj.* **1.** Constituído por 2 ou mais elementos. **2.** Circunspecto, sério. ● *sm.* **3.** Substância ou corpo composto. **4.** *Ecol.* Produto, rico em húmus e microrganismos, que resulta da degradação de matéria orgânica em presença do ar; composto orgânico. **5.** Combinação de 2 ou mais palavras que passam a funcionar como uma só: *couve-flor*, *pé-de-meia*. [Pl.: -*postos* (ó).] ◆ **Composto orgânico.** *Ecol.* Composto (4).

com.pos.tu.ra [Lat. *compostura*.▪5] *sf.* Seriedade ou correção de maneiras; comedimento.

com.po.ta [Fr. *compote*.] *sf.* Doce de frutas cozidas, ger., em calda de açúcar.

com.po.tei.ra [*Compota*.▪16] *sf.* Recipiente para compota.

com.pra [Dev. de *comprar*.] *sf.* **1.** Ato ou efeito de comprar. **2.** A coisa comprada.

com.prar [Lat. *comparare*.▪1A] *vtd.* **1.** Adquirir por dinheiro. **2.** *Pej.* Subornar. **3.** *Pej.* Adquirir ou obter com sacrifício ou prejuízo material ou moral. **4.** Em certos jogos de cartas, tirar para si (uma ou mais cartas) do conjunto daquelas disponíveis para dar seguimento ao jogo. *tdi.* **5.** Adquirir por compra (1). [C.: 1] § **com.pra.dor** (ô) *sm.*

com.pra.zer [Lat. *complacere*.▪1B] *vti.* **1.** Fazer o gosto, a vontade, a; ser agradável a. *p.* **2.** Regozijar-se. [C.: 31]

com.pre.en.der [Lat. *comprehendere*.▪1B] *vtd.* **1.** Conter em si; abranger. **2.** Alcançar com a inteligência; perceber, entender. **3.** Perceber as intenções ou o sentido de. **4.** Entender (alguém), aceitando-o como é. **5.** Perceber, ouvir. *p.* **6.** Estar incluído ou contido. [C.: 2] § **com.pre.en.di.do** *adj.*

com.pre.en.são [Lat. *comprehensione*.] *sf.* **1.** Ato ou efeito de compreender. **2.** Faculdade de perceber; percepção. **3.** *Lóg.* As características de um objeto que se unificam em um conceito ou significação; conotação. [Pl.: -*sões*.]

com.pre.en.sí.vel [Lat. *comprehensibile*.▪41A] *adj2g.* Que se pode compreender. [Pl.: -*veis*.]

compreensivo | comunhão

com.pre.en.si.vo [Lat. *comprehensivu*.⬛22] *adj.* Que compreende, ou revela compreensão.

com.pres.sa [Lat. *compressa*.] *sf.* Porção de algodão, linho ou gaze hidrófila, us. em curativo, intervenção cirúrgica, para proteger partes do corpo, mediar compressão, etc.

com.pres.são [Lat. *compressione*.⬛2] *sf.* Ato ou efeito de comprimir. [Pl.: *-sões*.]

com.pres.sor (ô) [Lat. *compressore*.⬛19] *adj. sm.* 1. Que, ou aquilo que comprime. 2. Diz-se de, ou máquina destinada a comprimir um gás.

com.pri.do [Part. do port.arc. *comprir*.] *adj.* 1. Longo, extenso. 2. *P.ext.* Alto (1). 3. Que dura ou parece durar muito.

com.pri.men.to [Port.arc. *comprir*.⬛3] *sm.* 1. Extensão de linha. 2. Dimensão longitudinal de um objeto. 3. Grandeza, tamanho. ◆ **Comprimento de onda.** *Fís.* Numa onda, a distância entre 2 pontos cuja diferença de fase é igual a 2p radianos.

com.pri.mi.do [Part. de *comprimir*.] *adj.* 1. Que sofreu compressão. 2. V. *compacto* (1). ● *sm.* 3. *Med.* Preparação farmacêutica resultante da compressão de pó composto pela substância ativa e por excipiente.

com.pri.mir [Lat. *comprimere*.⬛1C] *vtd.* 1. Reduzir a menor volume mediante pressão; calcar. 2. Apertar, premer. 3. Encolher. *p.* 4. Encolher-se. 5. Espremer-se, apertar-se (grupo de pessoas), aglomerando-se. [C.: 3]

com.pro.ba.tó.ri:o [*Comprovar*(*-ba-*).⬛23A] *adj.* Próprio para comprovar.

com.pro.me.ter [Lat. *compromittere*.⬛1B] *vtdi.* 1. Obrigar por compromisso. 2. Implicar; envolver. 3. Expor a perigo, perda, etc. 4. Pôr (alguém) em má situação. *p.* 5. Tomar compromisso (1). [C.: 2 (ê-é)] § **com.pro.me.te.dor** (ô) *adj.*

com.pro.me.ti.men.to [*Comprometer*.⬛3A] *sm.* 1. Ato ou efeito de comprometer(-se). 2. Envolvimento.

com.pro.mis.so [Lat. *compromissu*.] *sm.* 1. Obrigação mais ou menos solene. 2. Acordo pelo qual os litigantes sujeitam a arbitragem a decisão dum pleito. 3. Dívida que se deve pagar em determinado dia.

com.pro.van.te [*Comprovar*.⬛21] *adj2g.* 1. Que comprova. ● *sm.* 2. *Bras.* Documento com que se comprova algo (rendimentos, efetivação de uma despesa, etc.)

com.pro.var [Lat. *comprobare*.⬛1A] *vtd.* 1. Concorrer para provar, ou ajuntar novas provas a; confirmar. 2. Evidenciar. *tdi.* 3. Demonstrar ou afirmar a veracidade de (algo) para alguém. [C.: 1 (ó)] § **com.pro.va.ção** *sf.*

com.pul.sar [Lat. *compulsare*.⬛1A] *vtd.* Manusear (livros, etc.), consultando-os. [C.: 1]

com.pul.si.vo [Lat. *compulsus*.⬛22] *adj.* 1. Que compele. 2. Irreprimível.

com.pul.só.ri:a *sf.* Aposentadoria ou reforma forçada, por idade.

com.pul.só.ri:o [Lat. *compulsus*.⬛23] *adj.* Que obriga ou compele.

com.pun.ção [Lat. *compunctione*.⬛2] *sf.* 1. Pesar de ter cometido ação má ou pecado. 2. Pesar profundo. [Pl.: *-ções*.]

com.pun.gir [Lat. *compungere*.⬛1C] *vtd. e p.* Mover à compunção, ou tê-la; afligir(-se). [C.: 1A]

com.pu.ta.ção [Lat. *computatione*.⬛2A] *sf.* 1. Ato ou efeito de computar. 2. Estudo da tecnologia de projeto e uso de computadores. [Pl.: *-ções*.] ◆ **Computação gráfica.** *Inform.* Computação dedicada à geração, tratamento, apresentação e armazenamento de imagens.

com.pu.ta.dor (ô) [Lat. *computatore*.⬛19A] *sm.* Aparelho ou dispositivo capaz de realizar operações lógicas e matemáticas segundo programas previamente preparados. ◆ **Computador digital.** *Inform.* Aquele que opera com dados discretos ou descontínuos. **Computador eletrônico.** *Inform.* Computador digital que usa circuitos eletrônicos. § **com.pu.ta.ci:o.nal** *adj.*

com.pu.ta.do.ri.zar [*Computador*.⬛1D] *vtd. Inform.* 1. Processar ou armazenar (informação) em computador. 2. Introduzir o uso de computadores. [C.: 1] § **com.pu.ta.do.ri.za.do** *adj.*

com.pu.tar [Lat. *computare*.⬛1A] *vtd.* 1. Fazer o cômputo de; contar. 2. *Inform.* Processar em computador. [C.: 1. *Defect.* Não é us. nas três 1ªˢ pess. do pres. ind.]

côm.pu.to [Lat. *computu*.] *sm.* 1. Contagem. 2. Cálculo (1).

co.mum [Lat. *commune*.] *adj2g.* 1. Pertencente a todos ou a muitos. 2. Trivial, vulgar. 3. Normal, habitual. 4. Feito em sociedade ou em comunidade.

co.mum de dois *adj2g. E.Ling.* Diz-se de substantivo que tem uma só forma para os dois gêneros, como, p.ex., *artista, pianista, regente, selvagem*; uniforme. [Pl.: *comuns de dois*.]

co.mu.na [Fr. *commune*.] *sf.* 1. Na Idade Média, cidade emancipada que passou a governar-se. 2. *Restr.* Poder revolucionário instalado em Paris (França), em 1871.

co.mun.gan.te [*Comungar*.⬛1A] *adj2g. s2g.* Que, ou quem vai receber a comunhão (2).

co.mun.gar [Lat. *communicare*.⬛1A] *v.int.* 1. Tomar a comunhão (2). *ti.* 2. *Fig.* Pertencer a grupo que tem as mesmas ideias: *Sempre comungou entre os liberais.* 3. Tomar parte em. 4. Comunicar-se. *tdi. e bit.i.* 5. Ter em comum com (alguém); compartilhar: *Comunga com a irmã (d)os mesmos ideais.* [C.: 1C]

co.mu.nhão [Lat. *communione*.⬛2] *sf.* 1. Ato ou efeito de comungar. 2. *Rel.* Eucaristia (1). 3. *Rel.* O ato de receber a Eucaristia. 4. O ato, ou a condição de compartilhar das mesmas ideias, valores, sentimentos. [Pl.: *-nhões*.]

comunicação | concentrado

co.mu.ni.ca.ção [Lat. *communicatione*.▣2] *sf.* **1.** Ato ou efeito de comunicar(-se). **2.** Processo de emissão, transmissão e recepção de mensagens por meio de métodos e/ou sistemas convencionados. **3.** A mensagem recebida por esses meios. **4.** A capacidade de trocar ou discutir ideias, de dialogar, com vista ao bom entendimento entre pessoas. [Pl.: -*ções*.]

co.mu.ni.ca.do [Part. subst. de *comunicar*.▣17A] *sm.* Aviso ou informação oficial ou particular.

co.mu.ni.ca.dor (ô) [Lat. *communicatore*.▣19A] *adj.* **1.** Que comunica. ● *sm.* **2.** Profissional especializado na transmissão de mensagens na imprensa, no rádio, na televisão, etc.

co.mu.ni.car [Lat. *communicare*.▣1A] *vtd.* **1.** Tornar comum; fazer saber. **2.** Pôr em contato ou relação; ligar, unir: *Esta porta comunica os 2 quartos. tdi.* **3.** Comunicar (1 e 2): *Comunicou sua decisão.* **4.** Transmitir, difundir. *tc.* **5.** Prover passagem a. *int.* **6.** Estabelecer comunicação, entendimento. *p.* **7.** Comunicar (6). **8.** Tornar-se comum; transmitir-se, propagar-se. **9.** Travar ou manter entendimento; entender-se. **10.** Pôr-se em contato, em relação com. [C.: 1A] § **co.mu.ni.cá.vel** *adj2g.*

co.mu.ni.ca.ti.vo [Lat. *communicativu*.▣22A] *adj.* Que se comunica facilmente; expansivo.

co.mu.ni.da.de [Lat. *communitate*.▣14] *sf.* **1.** Qualidade de comum. **2.** O corpo social; a sociedade. **3.** Grupo de pessoas submetidas a uma mesma regra religiosa. **4.** Local por elas habitado. **5.** *Ecol.* O conjunto das populações animais e vegetais que coexistem numa mesma região; biocenose.

co.mu.nis.mo [Fr. *communisme*.▣11] *sm.* **1.** Modo de organização da sociedade, baseado na propriedade coletiva. **2.** Doutrina que prega a abolição da sociedade capitalista e o estabelecimento de uma sociedade igualitária. **3.** Regime que pretende instaurar essa sociedade, e no qual o Estado é o principal agente político e econômico.

co.mu.nis.ta [Fr. *communiste*.▣36] *adj2g.* **1.** Do, ou relativo ao comunismo. **2.** Que é partidário dele. ● *s2g.* **3.** O comunista (2).

co.mu.ni.tá.ri:o [Fr. *communitaire*.▣24A] *adj.* Relativo a comunidade.

co.mu.ta.ção [Lat. *commutatione*.▣2A] *sf.* **1.** Ato ou efeito de comutar. **2.** *E.Ling.* Metátese. **3.** *Mat.* Inversão da ordem com que se efetua uma operação entre 2 elementos de um conjunto. [Pl.: -*ções*.]

co.mu.ta.dor (ô) [*Comutar*.▣19A] *sm.* Interruptor (3).

co.mu.tar [Lat. *commutare*.▣1A] *vtd. e tdi.* **1.** Fazer a troca, a substituição de. **2.** Mudar (pena, castigo) por outro menor. [C.: 1] § **co.mu.tá.vel** *adj2g.*

co.mu.ta.ti.vo [*Comutar*.▣22A] *adj.* **1.** Relativo a, ou que realiza comutação ou troca. **2.** *Mat.* Diz-se de operações que, efetuadas entre elementos de um conjunto, têm resultado independente da ordem em que são operados esses elementos.

con.ca.ni [Do marata.] *sm. E.Ling.* **1.** Língua indo-europeia falada em Goa e na região de Cochim. **2.** Voc. dessa língua.

con.ca.te.na.ção [Lat. *concatenatione*.▣2A] *sf.* **1.** Ato ou efeito de concatenar. **2.** Conjunto de coisas ou ações coordenadas ou em sucessão. [Pl.: -*ções*.]

con.ca.te.nar [Lat. *concatenare*.▣1A] *vtd.* **1.** Estabelecer relação ou conexão. **2.** Formar ordenadamente: *concatenar uma frase. p.* **3.** Encadear-se. [C.: 1]

con.ca.vi.da.de [Lat. *concavitate*.▣14] *sf.* **1.** Qualidade do que é côncavo. **2.** Cavidade, cova.

côn.ca.vo [Lat. *concavu*.▣] *adj.* Menos elevado no meio que nas bordas; escavado.

con.ce.ber [Lat. *concipere*.▣] *vtd.* **1.** Formar (o embrião) pela fecundação do óvulo; gerar. **2.** *Fig.* Formar no espírito, na ideia, dando-lhe forma, expressão: *conceber uma sinfonia.* **3.** Compreender, entender. *transobj.* **4.** Imaginar. *int.* **5.** Ser fecundada (a mulher); engravidar. [C.: 2 (ê-é)] § **con.ce.bí.vel** *adj2g.*

con.ce.der [Lat. *concedere*.▣1B] *vtd. e tdi.* **1.** Dar permissão, consentimento a; permitir, facultar. **2.** Dar, oferecer; proporcionar: *conceder favores.* [C.: 2 (ê-é)]

con.cei.ção [Lat. *conceptione*.▣2] *sf. Rel.* **1.** A concepção da Virgem Maria. **2.** A festa que a comemora. [Pl.: -*ções*.]

con.cei.to [Lat. *conceptu*.] *sm.* **1.** Formulação duma ideia por palavras; definição. **2.** Pensamento; ideia. **3.** Reputação (1). **4.** Parte da charada, logogrifo, etc., na qual se dá a chave para a solução proposta.

con.cei.tu.a.do [*Conceituar*.▣17A] *adj.* Que goza de bom conceito.

con.cei.tu.ar [*Conceito*.▣1Aa] *vtd. e transobj.* Formar ou elaborar conceito de, ou sobre. [C.: 1] § **con.cei.tu:a.ção** *sf.*

con.cei.tu.o.so (ô) [*Conceito*.▣37A] *adj.* Em que há conceito. [Pl.: -*osos* (ó).]

con.cen.tra.ção [*Concentrar*.▣2A] *sf.* **1.** Ato ou efeito de concentrar(-se). **2.** Estado de quem se concentra num assunto ou matéria. **3.** Confinamento de atletas, antes de jogo ou torneio, para treino e repouso. **4.** O local dessa reunião. **5.** Medida da proximidade (no espaço ou no tempo) entre coisas ou pessoas; razão entre a quantidade de corpos, seres ou acontecimentos, e a medida do espaço, tempo ou quantidade de matéria em que estão presentes. [Pl.: -*ções*.]

con.cen.tra.do [*Concentrar*.▣17A] *adj.* **1.** Reunido em um centro; centralizado. **2.** Limitado, apertado. **3.** Absorto, ensimesmado.

concentrar | concórdia

con.cen.trar [*Con-* + *centro* + *-ar²*.◼ 1A] *vtd.* **1.** Fazer convergir para um centro ou para um mesmo ponto: *concentrar esforços*. **2.** Reunir, agrupar. **3.** Tornar mais denso, mais ativo, etc. *tdi.* **4.** Aplicar (o pensamento, a atenção, etc.) de modo intenso ou exclusivo: *Concentra nos filhos todo o amor*. *p.* **5.** Aplicar a atenção a algum assunto. **6.** Reunir-se, agrupar-se. [C.: 1]

con.cên.tri.co [Lat.med. *concentricu*.◼ 35B] *adj.* Que tem o mesmo centro.

con.cep.ção [Lat. *conceptione*.◼ 2] *sf.* **1.** Ato ou efeito de conceber. **2.** *Biol.* Conjunto dos fenômenos que levam à formação do zigoto. [Pl.: *-ções*.]

con.cer.nir [Lat. *concernere*.◼ 1C] *vti.* Dizer respeito; ter relação; referir. [C.: 48. Norm., porém, é unipess.] § **con.cer.nen.te** *adj2g.*

con.cer.tar [Lat. *concertare*.◼ 1A] *vtd.* **1.** Pôr em boa ordem; compor, ajustar. **2.** Harmonizar, conciliar: *concertar opiniões divergentes*. *ti.* **3.** Concordar, anuir. *int.* **4.** Soar acordemente, em conserto. [C.: 1 (é). Cf. *concertar*.]

con.cer.ti.na [It. *concertina*.] *sf.* Instrumento semelhante ao acordeão, mas com caixa hexagonal e teclado com botões.

con.cer.tis.ta [It. *concertista*.◼ 36] *s2g.* Quem dá concertos.

con.cer.to (ê) [It. *concerto*.] *sm.* **1.** Ato ou efeito de concertar. **2.** Consonância de instrumentos ou de vozes no canto; harmonia. **3.** Composição musical extensa, para um ou mais instrumentos solistas, com acompanhamento de orquestra. **4.** Espetáculo em que se executam obras musicais. [Cf. *conserto*.]

con.ces.são [Lat. *concessione*.◼ 2] *sf.* **1.** Ação ou efeito de conceder. **2.** Admissão de algo que, apesar de contrário a outro fato, ideia ou argumento, não chega a invalidá-los. **3.** Privilégio concedido pelo Estado a uma empresa ou a um indivíduo para que explore um serviço de utilidade pública ou recursos naturais. [Pl.: *-sões*.]

con.ces.si:o.ná.ri:o [*Concessão* (*-sion-*).◼ 24] *adj. sm.* Que, ou aquele que obtém uma concessão.

con.cha [Lat. *conchula*.] *sf.* **1.** *Zool.* Invólucro calcário ou córneo de muitos moluscos. **2.** Utensílio arredondado e côncavo, ger. com cabo, para servir alimentos líquidos ou pastosos.

con.cha.vo [Dev. de *conchavar*.] *sm.* **1.** V. *acordo¹* (3). **2.** V. *conluio*.

→ **conchiglioni** (conchilioni/conchilhoni) [It.] *smpl. Cul.* Massa (5) em forma de concha, com recheio a gosto.

con.ci.da.dão [*Con-* + *cidadão*.] *sm.* Homem que é da mesma cidade ou do mesmo país que outro(s). [Pl.: *-dãos*. Fem.: *concidadã*.]

con.ci.li.á.bu.lo [Lat. *conciliabulu*.] *sm.* Reunião secreta com intenções malévolas; corrilho.

con.ci.li:a.ção [Lat. *conciliatione*.◼ 2A] *sf.* **1.** Ato ou efeito de conciliar(-se). **2.** Harmonização de litigantes ou pessoas desavindas. [Pl.: *-ções*.]

con.ci.li.ar [Lat. *conciliare*.◼ 1A] *vtd.* e *tdi.* **1.** Pôr em boa harmonia; reconciliar. **2.** Aliar, combinar. *p.* **3.** Estar ou pôr-se de acordo; harmonizar-se. [C.: 1] § **con.ci.li.á.vel** (ó) *adj.*; **con.ci.li.á.vel** *adj2g.*

con.cí.li:o [Lat. *conciliu*.] *sm.* Assembleia de prelados católicos em que se tratam assuntos dogmáticos, doutrinários ou disciplinares.

con.ci.são [Lat. *concisione*.◼ 2] *sf.* **1.** Exposição das ideias em poucas palavras. **2.** Precisão, exatidão. [Pl.: *-sões*.]

con.ci.so [Lat. *concisu*.] *adj.* **1.** Em que há concisão. **2.** Resumido, breve.

con.ci.tar [Lat. *concitare*.◼ 1A] *vtd.* **1.** Incitar à desordem. **2.** Incitar, instigar. *tdi.* **3.** Concitar (2). [C.: 1]

con.cla.mar [Lat. *conclamare*.◼ 1A] *vtd.* **1.** Clamar em conjunto. *tdi.* **2.** Convocar. *transobj.* **3.** Aclamar; proclamar. [C.: 1]

con.cla.ve [Lat. *conclave*.] *sm.* **1.** Assembleia de cardeais para a eleição do papa. **2.** Lugar onde essa se reúne.

con.clu.den.te [Lat. *concludere* + *-nte*.◼ 21] *adj2g.* Que conclui, ou merece fé; terminante.

con.clu.ir [Lat. *concludere*.◼ 1C] *vtd.* **1.** Pôr término a, ou levar a cabo. **2.** Ajustar definitivamente. **3.** Deduzir, inferir: *Concluiu que errara*. *tdi.* **4.** Concluir (3). *ti.* **5.** Decidir-se: *O juiz concluiu pelo reclamante*. *int.* **6.** Terminar de falar. [C.: 42] § **con.clu.í.do** *adj.*

con.clu.são [Lat. *conclusione*.◼ 2] *sf.* **1.** Ato ou efeito de concluir. **2.** Dedução (1). [Pl.: *-sões*.]

con.clu.si.vo [Lat. *conclusivu*.◼ 22] *adj.* Próprio para concluir.

con.co.mi.tan.te [Lat. *concomitante*.◼ 21] *adj2g.* Que se manifesta ao mesmo tempo que outro(s). § **con.co.mi.tân.ci:a** *sf.*

con.cor.dân.ci:a [*Concordar*.◼ 9] *sf.* **1.** Ato ou efeito de concordar. **2.** *E.Ling.* Harmonização das flexões de palavras em uma frase.

con.cor.dar [Lat. *concordare*.◼ 1A] *vtd.* **1.** Pôr de acordo: *concordar vontades*. **2.** Pôr-se de acordo; chegar a consenso. *tdi.* **3.** Concordar (1 e 2). **4.** Pôr ou estar em concordância gramatical: *concordar um adjetivo com o substantivo*. *ti.* e *int.* **5.** Estar de acordo; acordar. **6.** Estar em concordância gramatical: *O verbo concorda com o sujeito*. *bit.i.* **7.** Concordar (6): *O verbo concorda com o sujeito em número e pessoa*. [C.: 1 (ó)] § **con.cor.dan.te** *adj2g.*

con.cor.da.ta *sf.* **1.** Convenção entre o Estado e a Igreja sobre assuntos religiosos. **2.** Benefício concedido legalmente ao negociante insolvente, permitindo-lhe pagar as dívidas de acordo com as suas possibilidades.

con.cor.de [Lat. *concorde*.] *adj2g.* Da mesma opinião; conforme.

con.cór.di:a [Lat. *concordia*.◼ 8B] *sf.* Paz (1).

concorrência | condicionador

con.cor.rên.ci:a [*Concorrer*. ▢10] *sf.* **1.** Ato ou efeito de concorrer. **2.** Afluência simultânea de pessoas para o mesmo lugar. **3.** *Econ.* Competição, esp. aquela que ocorre entre produtores ou vendedores de um mesmo produto. ◆ **Concorrência pública.** *Econ.* Procedimento para a seleção de fornecedores de mercadorias ou serviços, esp. para órgãos públicos.

con.cor.rer [Lat. *concurrere*. ▢1B] *vti.* **1.** Juntar-se (para uma ação comum); contribuir. **2.** Competir (1). **3.** Candidatar-se: *concorrer a uma bolsa*. **4.** Contribuir: *Ele concorre para um orfanato*. **5.** Coexistir. *tc.* **6.** Dirigir-se (para um mesmo ponto). **7.** Acorrer, afluir (junto com outros). [C.: 2 (ô-ó)] § **con.cor.ren.te** *adj2g. s2g.*

con.cor.ri.do [Part. de *concorrer*.] *adj.* Que é muito frequentado, ou prestigiado.

con.cre.ção [Lat. *concretione*. ▢2] *sf.* **1.** Ação de tornar concreto (2). **2.** Efeito de agregação dos sólidos contidos nos líquidos. [Pl.: -ções.]

con.cre.ti.zar [*Concreto*. ▢1D] *vtd. e p.* Tornar(-se) concreto, real ou viável. [C.: 1]

con.cre.to [Lat. *concretu*.] *adj.* **1.** Que existe em forma material. **2.** De consistência mais ou menos sólida. **3.** Claro, definido. ● *sm.* **4.** *Constr.* Mistura de um aglutinante, ger. cimento ou cal, com água e um agregado de areia e pedra, para que venha a tornar-se massa compacta e dura.

con.cu.bi.na [Lat. *concubina*.] *sf.* Mulher que vive maritalmente com um homem, sem estar casada.

con.cul.car [Lat. *conculcare*. ▢1A] *vtd.* Calcar aos pés. [C.: 1A]

con.cu.nha.do *sm.* Indivíduo com relação ao cunhado ou cunhada de seu cônjuge.

con.cu.pis.cên.ci:a [Lat. *concupiscentia*.] *sf.* **1.** Cobiça. **2.** Apetite sexual excessivo.

con.cu.pis.cen.te [Lat. *concupiscente*. ▢21] *adj2g.* Que tem concupiscência.

con.cur.sa.do [*Concursar*. ▢17A] *adj. sm.* Diz-se de, ou indivíduo habilitado em concurso público.

con.cur.sei.ro [*Concurso*. ▢25] *sm.* Aquele que estuda para concurso público.

con.cur.so [Lat. *concursu*.] *sm.* **1.** Ato ou efeito de concorrer. **2.** Afluência, concorrência. **3.** Cooperação, ajuda. **4.** Certame. **5.** Prova (5) para qualificação a certo cargo público, etc.

con.cus.são [Lat. *concussione*. ▢2] *sf.* **1.** *Med.* Condição resultante de choque (1) violento; comoção. **2.** Extorsão ou peculato cometido por empregado público no exercício de suas funções. [Pl.: -sões.]

con.da.do [*Conde*. ▢17C] *sm.* Dignidade, jurisdição ou território de conde.

con.dão [Dev. do port.arc. *condõar*.] *sm.* Virtude ou poder misterioso a que se atribui boa ou má influência. [Pl.: -dões.]

con.de [Lat. *comite*.] *sm.* Título nobiliárquico, superior ao de visconde e inferior ao de marquês. [V. *barão*. Fem.: *condessa*.]

con.de.co.ra.ção [*Condecorar*. ▢2A] *sf.* **1.** Ato de condecorar. **2.** Insígnia honorífica, ou de ordem militar ou civil; venera. [Pl.: -ções.]

con.de.co.rar [Lat. *condecorare*. ▢1A] *vtd. e tdi.* Distinguir com condecoração. [C.: 1 (ó)]

con.de.na.ção [Lat. *condemnatione*. ▢2A] *sf.* **1.** Ato ou efeito de condenar. **2.** A pena imposta. **3.** Julgamento que condena. **4.** Censura, reprovação. [Pl.: -ções.]

con.de.na.do [*Condenar*. ▢17A] *adj.* **1.** Diz-se de quem, ao fim de um julgamento, é considerado culpado de um crime ou ação indevida. **2.** Diz-se de doente considerado incurável. **3.** Considerado errado, inadequado, etc.; rejeitado, reprovado. **4.** *Bras.* Diz-se de construção prestes a ruir ou de área (encosta, etc.) prestes a desabar. ● *sm.* **5.** Aquele que sofreu condenação judicial.

con.de.nar [Lat. *condemnare*. ▢1A] *vtd.* **1.** Proferir sentença condenatória contra. **2.** Indicar a criminalidade de: *Não há provas que o condenem*. **3.** Censurar, reprovar: *condenar uma atitude*. **4.** Considerar sem condições de cura. *tdi.* **5.** Sentenciar (1). *p.* **6.** Culpar-se. [C.: 1] § **con.de.ná.vel** *adj2g.*

con.den.sa.ção [Lat. *condensatione*. ▢2A] *sf.* **1.** Ato ou efeito de condensar(-se). **2.** *Fís.* O fenômeno da passagem dum vapor para o estado líquido. [Pl.: -ções.]

con.den.sa.dor (ô) [*Condensar*. ▢19A] *adj.* **1.** Que condensa. ● *sm.* **2.** Dispositivo em que se realiza a condensação d'um vapor.

con.den.sar [Lat. *condensare*. ▢1A] *vtd.* **1.** Tornar denso ou mais denso. **2.** Resumir, sintetizar. *p.* **3.** Tornar-se denso. [C.: 1]

con.des.cen.dên.ci:a [*Condescender*. ▢10] *sf.* **1.** Ato de condescender. **2.** Qualidade de condescendente.

con.des.cen.der [Lat. *condescendere*. ▢1B] *vti.* **1.** Transigir espontaneamente. **2.** Ter atitude complacente, transigente, em relação a. *int.* **3.** Condescender (1). [C.: 2] § **con.des.cen.den.te** *adj2g.*

con.di.ção [Lat. *conditione*. ▢2] *sf.* **1.** Modo de ser, estado, situação (de coisa). **2.** Modo de viver resultante da situação de alguém. **3.** Classe social. **4.** Obrigação que se impõe e se aceita. [Pl.: -ções.]

con.di.ci.o.na.do [*Condicionar*. ▢17A] *adj.* **1.** Dependente de condição (2). **2.** Que tem condicionamento.

con.di.ci.o.na.dor (ô) [*Condicionar*. ▢19A] *adj.* **1.** Que condiciona. ● *sm.* **2.** Aquilo ou aquele que condiciona. ◆ **Condicionador de ar.** Aparelho para baixar a temperatura dum ambiente fechado; ar-condicionado.

con.di.ci.o.nal [Lat. *conditionale*.⬛40] *adj2g.* Dependente de, ou que envolve condição. [Pl.: *-nais*.]

con.di.ci.o.na.men.to [*Condicionar*.⬛3] *sm.* **1.** Ato ou efeito de condicionar (1 e 2). **2.** Capacidade ou aptidão que se adquire por treino ou adaptação. **3.** Comportamento que se adquire por hábito.

con.di.ci.o.nar [*Condição* (*-cion-*).⬛1A] *vtd.* **1.** Pôr ou impor condições a. **2.** Determinar o comportamento, por costume ou treinamento. *tdi.* **3.** Estabelecer como condição: *Condicionou a viagem a uma série de fatores. p.* **4.** Habituar-se a condições ou circunstâncias novas. [C.: 1]

con.dig.no [Lat. *condignu*.] *adj.* Proporcional ao mérito, ao valor.

con.di.men.tar[1] [*Condimento*.⬛40] *adj2g.* Relativo a, ou próprio para condimento.

con.di.men.tar[2] [*Condimento*.⬛1A] *vtd.* Pôr condimento em; temperar. [C.: 1]

con.di.men.to [Lat. *condimentu*.] *sm.* Tempero.

con.di.men.to.so (ô) [*Condimento*.⬛37] *adj.* Que condimenta, ou em que há condimentos. [Pl.: *-tosos* (ó).]

con.dis.cí.pu.lo [Lat. *condiscipulu*.] *sm.* Companheiro de estudos; camarada.

con.di.zer [Lat. *condicere*.⬛1B] *vti. e int.* Estar em harmonia, de acordo; harmonizar-se. [C.: 17. Embora não defect., norm. é mais us. nas 3.ªˢ pess.] § **con.di.zen.te** *adj2g.*

con.do.er [Lat. *condolere*.⬛1B] *vtd.* **1.** Despertar compaixão em. *p.* **2.** Compadecer-se. [C.: 33. Na acepç. 1, norm., só se conjuga nas 3.ªˢ pess.]

con.do.lên.ci.a [Fr.ant. *condolence*, atual *condoléance*.] *sf.* Sentimento de quem se condói.

con.do.lên.ci.as *sfpl.* V. *pêsames*.

con.do.mí.ni.o [*Con-*+domínio.] *sm.* **1.** Domínio exercido juntamente com outrem; copropriedade. **2.** O objeto de condomínio (1). **3.** Contribuição para as despesas comuns, em edifício de apartamentos, casas, ou conjunto de casas, ou a sua administração. **4.** Conjunto residencial, ger. cercado e com acesso controlado, dotado de equipamentos comunitários.

con.dô.mi.no [*Con-* + lat. *dominus*.] *sm.* **1.** Dono juntamente com outrem. **2.** Aquele que reside em condomínio (3).

con.dor (ô) [Esp. *cóndor*.] *sm. Zool.* Ave catartídea, diurna, que habita os Andes (América do Sul); é a maior ave de rapina.

con.do.rei.ro [*Condor*.⬛25] *adj. Bras.* Diz-se de estilo elevado, hiperbólico, ou de poeta que o tem.

con.du.ção [Lat. *conductione*.⬛2A] *sf.* **1.** Ato ou meio de conduzir. **2.** *Pop.* Meio de transporte; veículo. **3.** O próprio veículo de transporte. [Pl.: *-ções*.]

con.du.cen.te [Lat. *conducente*.⬛21] *adj2g.* Que conduz (a um fim).

con.du.le.te (ê) [M.reg.] *sm. Eng.Elétr.* Caixa de passagem e/ou de distribuição de condutores para instalação aparente de baixa tensão.

con.du.ta [Lat. *conducta*.] *sf.* Procedimento, comportamento.

con.du.tân.ci.a [Fr. *conductance*.] *sf. Eletr.* Medida da facilidade com que, num sistema, a eletricidade é conduzida; o inverso da resistência (6).

con.du.ti.bi.li.da.de [*Condutível* (*-bil-*).⬛14] *sf.* Propriedade (de material ou objeto) de ser condutor de calor, som, eletricidade, etc.

con.du.ti.vi.da.de [*Condutivo*.⬛14] *sf.* **1.** Capacidade de conduzir, de ser um meio de transmissão (p.ex., de energia). **2.** *Eletr.* Propriedade de uma substância ou um material, equiv. ao inverso de sua resistividade.

con.du.to [Lat. *conductu*.] *sm.* **1.** Via por onde se escoa um fluido. **2.** *Eng.Elétr.* Qualquer dispositivo metálico ou plástico us. na instalação de condutores elétricos.

con.du.tor[1] (ô) [Lat. *conductore*.⬛19] *adj.* **1.** Que conduz. ● *sm.* **2.** Aquele ou aquilo que conduz. **3.** Cano por onde escoam para o solo as águas pluviais do telhado. **4.** *Eletr.* V. *condutor elétrico*. ♦ **Condutor elétrico**. *Eletr.* Sistema capaz de efetuar um transporte de carga elétrica sob a forma de corrente elétrica.

con.du.tor[2] (ô) [Ingl. *conductor*.⬛19] *sm.* Homem que cobra ou arrecada as passagens em bondes.

con.du.zir [Lat. *conducere*.⬛1C] *vtd.* **1.** Fazer-se acompanhar de, ou ir na companhia de, guiando, orientando. **2.** Guiar, dirigir. **3.** Comandar: *conduzir uma empresa*. **4.** Ter capacidade para transportar. **5.** Ser condutor de; transmitir: *fios conduzem eletricidade*. *tc., ti., tdc., tdi. e bit. c.* **6.** Levar (*lit.* ou *fig.*). *p.* **7.** Comportar-se. [C.: 41]

co.ne [Fr. *cône*.] *sm. Geom.* Sólido limitado por uma superfície cônica (aquela cuja geratriz passa sempre por um ponto fixo) fechada, e 2 planos paralelos que cortam suas geratrizes.

co.nec.tar [Ingl. (*to*) *connect*] *vtd. e tdi.* **1.** Estabelecer conexão, ligação ou comunicação entre. **2.** *Inform.* Estabelecer conexão (4) entre (um computador ou dispositivo) e outro(s). *p.* **3.** *Inform.* Ter acesso a (informações, serviços) mediante conexão (4). [C.: 1 (é)]

co.nec.ti.vi.da.de *sf. Inform.* Capacidade de um computador, sistema, programa, etc. de operar em ambiente de rede, com ou sem fio.

co.nec.tor (ô) [Ingl. *connector*.⬛19] *sm.* **1.** *E.Ling.* Palavra que liga palavras ou orações. **2.** *Eng. Elétr.* Componente de um circuito, que estabelece ligação elétrica entre 2 outros componentes.

cô.ne.go [Lat. *canonicu*.] *sm.* Padre secular pertencente a um cabido e com obrigações religiosas numa sé.

co.ne.xão (cs) [Lat. *conexione*.🔲2] *sf.* **1.** Coesão. **2.** Ligação, relação. **3.** Peça ou dispositivo que liga 2 condutos, etc., ou que serve como passagem ou comunicação. **4.** *Inform.* Comunicação entre dispositivos computacionais. [Pl.: -*xões*.]

co.ne.xo (cs) [Lat. *conexu*.] *adj.* Que tem conexão.

con.fa.bu.lar [Lat. *confabulare*.🔲1A] *v.int. e ti.* **1.** Trocar ideias; conversar. **2.** Conversar sobre assunto misterioso ou secreto. [C.: 1] § **con.fa.bu.la.ção** *sf.*

con.fec.ção [Lat. *confectione*.🔲2] *sf.* **1.** Ato ou efeito de confeccionar. **2.** Estabelecimento ou local onde se fabricam roupas. [Pl.: -*ções*.]

con.fec.ci.o.nar [Fr. *confectionner*.🔲1A] *vtd.* **1.** Executar (qualquer obra). **2.** Preparar, manipular. [C.: 1]

con.fe.de.ra.ção [Lat. *confoederatione*.🔲2A] *sf.* **1.** Reunião de Estados que, embora conservando a respectiva autonomia, formam um só, reconhecendo um governo comum. **2.** Liga, associação. [Pl.: -*ções*.]

con.fe.de.rar [Lat. *confoederare*.🔲1A] *vtd. e p.* Unir(-se) em confederação. [C.: 1 (é)]

con.fe.de.ra.ti.vo [*Confederar*.🔲22A] *adj.* Relativo a federação.

con.fei.tar [*Confeito*.🔲1A] *vtd.* **1.** Cobrir com açúcar, ou confeitos. **2.** Enfeitar (bolo). [C.: 1]

con.fei.ta.ri.a [*Confeito*.🔲15] *sf.* **1.** Casa onde se fabricam e/ou vendem bolos, doces, etc. **2.** *Bras.* Casa onde se serve chá, refresco, torradas, doces, etc.

con.fei.to [It. *confetto*.] *sm.* **1.** Semente ou pevide coberta de açúcar. **2.** Rebuçado. **3.** Pequeníssima guloseima, ger. granulada e colorida, us. para confeitar bolos.

con.fe.rên.ci.a [Lat. *conferentia*.🔲10] *sf.* **1.** Ato ou efeito de conferir. **2.** Confronto, cotejo. **3.** Conversação entre 2 ou mais pessoas sobre negócios de interesse comum. **4.** Preleção pública sobre assunto literário, científico, etc. **5.** Congresso (2).

con.fe.ren.ci.ar [*Conferência*.🔲1A] *v.int.* **1.** Discutir ou tratar em conferência (3). **2.** Fazer preleção ou conferência (4). *ti.* **3.** Ter conferência (3). [C.: 1]

con.fe.ren.cis.ta [*Conferência*.🔲36] *s2g.* Quem faz conferência (4).

con.fe.rir [Lat. **conferere*.] *vtd. e tdi.* **1.** Ver se está certo ou conforme ao esperado; confrontar; verificar: *conferir* contas, textos. **2.** Dar, conceder. *int.* **3.** Estar conforme ou certo. [C.: 48] § **con.fe.ren.te** *adj2g. s2g.*

con.fes.sar [B.-lat. *confessare*.🔲1A] *vtd.* **1.** Declarar; revelar. **2.** *Rel.* Declarar (pecados) ao confessor. **3.** Ouvir em confissão. *tdi.* **4.** Confessar (1 e 2). *p.* **5.** Declarar pecados ao confessor. **6.** Reconhecer-se. [C.: 1 (é)]

con.fes.si.o.ná.ri:o [Lat. *confessionariu*.🔲24] *sm.* Lugar onde o padre ouve a confissão.

con.fes.so [Lat. *confessu*.] *adj.* **1.** Que confessou culpa. **2.** *Restr.* Convertido ao cristianismo.

con.fes.sor (ô) [Lat. *confessore*.🔲19] *sm.* Sacerdote que ouve a confissão de pecado.

con.fe.te [It. *confetti*.] *sm.* Cada um dos pequenos discos de papel colorido que atiram uns aos outros, aos punhados, os que brincam no carnaval.

con.fi.a.do [*Confiar*.🔲17A] *adj.* **1.** Que tem confiança. **2.** *Pop.* Insolente, atrevido.

con.fi.an.ça [*Confiar*.🔲9A] *sf.* **1.** Segurança íntima de procedimento. **2.** Crédito, fé. **3.** Boa fama. **4.** Segurança e bom conceito que inspiram as pessoas de talento, discrição, etc. **5.** *Pop.* Atrevimento, petulância. ♦ **Dar confiança a.** Tratar (alguém) com informalidade e consentir em ser assim tratado.

con.fi.ar [Lat. **confidare*.🔲1A] *v.int.* **1.** Ter confiança; ter fé, esperar. *ti.* **2.** Ter confiança ou esperança em alguém ou algo. *tdi.* **3.** Confidenciar. **4.** Entregar em confiança: *Confiou-me a chave de casa*. *p.* **5.** Fiar-se. [C.: 1] § **con.fi.an.te** *adj2g.*; **con.fi.á.vel** *adj2g.*

con.fi.dên.ci:a [Lat. *confidentia*.] *sf.* Informação ou revelação secreta.

con.fi.den.ci.al [*Confidência*.🔲39] *adj2g.* **1.** Dito ou escrito em segredo. **2.** Que tem caráter reservado. [Pl.: -*ais*.]

con.fi.den.ci.ar [*Confidência*.🔲1A] *vtd. e tdi.* Dizer em confidência. [C.: 1]

con.fi.den.te [Lat. *confidente*.🔲21] *adj2g. s2g.* Diz-se de, ou pessoa a quem se confiam segredos.

con.fi.gu.ra.ção [Lat. *configuratione*.🔲2A] *sf.* **1.** A forma exterior de um corpo; conformação. **2.** *Inform.* Conjunto de parâmetros, componentes, periféricos e programas que determinam a forma e a capacidade de funcionamento de um computador. **3.** *Geom.* Figura (8). [Pl.: -*ções*.]

con.fi.gu.rar [Lat. *configurare*.🔲1A] *vtd.* **1.** Dar a forma ou figura de; representar. **2.** Ser o indício de. [C.: 1]

con.fi.nar [*Confins*.🔲1A] *vtd.* **1.** Limitar, demarcar. **2.** Encerrar, enclausurar. *tdc.* **3.** Confinar (2). **4.** Estar contíguo; limitar(-se): *O país confina com o Uruguai, ao sul*. *p.* **5.** Concentrar-se. [C.: 1] § **con.fi.nan.te** *adj2g.*

con.fins *smpl.* **1.** Raias, fronteiras. **2.** Extremo longínquo.

con.fir.ma.ção [Lat. *confirmatione*.🔲2A] *sf.* **1.** Ato ou efeito de confirmar(-se). **2.** *Rel.* Crisma (2). [Pl.: -*ções*.]

con.fir.mar [Lat. *confirmare*.🔲1A] *vtd.* **1.** Afirmar de modo absoluto; corroborar. **2.** Comprovar. **3.** Sustentar, manter. **4.** *Rel.* Conferir confirmação (2) a. *p.* **5.** Verificar-se. [C.: 1]

con.fis.car [Lat. *confiscare*.🔲1A] *vtd. e tdi.* **1.** Apreender em proveito do fisco. **2.** *P.ext.* Apossar-se de. [C.: 1A]

confisco | congelado

con.fis.co [Dev. de *confiscar*.] *sm*. Apreensão em proveito do fisco.

con.fis.são [Lat. *confessione*.■2] *sf*. 1. Ato de confessar(-se). 2. Cada uma das seitas cristãs. 3. *Rel*. Penitência (3). [Pl.: *-ções*.]

con.fla.gra.ção [Lat. *conflagratione*.■2A] *sf*. 1. Incêndio que se alastrou. 2. Revolução ou guerra generalizada. [Pl.: *-ções*.]

con.fla.grar [Lat. *conflagrare*.■1A] *vtd*. 1. Incendiar totalmente. 2. Pôr em convulsão, em agitação. [C.: 1]

con.fli.tar [Lat. *conflictare*.■1A] *vti. e int*. Estar em oposição, discordância ou em conflito. [C.: 1]

con.fli.to [Lat. *conflictu*.] *sm*. 1. Luta, combate. 2. Guerra (1). 3. Enfrentamento (2). 4. Oposição entre 2 ou mais partes. 5. Desavença entre pessoas, grupos. 6. Divergência, discordância de ideias, de opiniões.

con.fli.tu.o.so (ô) [*Conflito*.■37A] *adj*. Relativo a, ou que tem caráter de conflito. [Pl.: *-osos* (ó).]

con.flu.ên.ci:a [Lat. *confluentia*.■10] *sf*. 1. Qualidade de confluente. 2. Lugar onde se juntam 2 ou mais rios.

con.flu.ir [Lat. *confluere*.■1C] *vtc*. Correr (para o mesmo ponto); afluir. [C.: 42] § **con.flu.en.te** *adj2g*.

con.for.ma.ção [Lat. *conformatione*.■2A] *sf*. 1. Configuração (1). 2. Conformidade, resignação. [Pl.: *-ções*.]

con.for.ma.do [*Conformar*.■17A] *adj. sm*. Que, ou quem se conforma com infortúnios.

con.for.mar [Lat. *conformare*.■1A] *vtd*. 1. Formar; configurar. 2. Conciliar, harmonizar. *tdi*. 3. Conformar (2). *p*. 4. Acomodar-se, resignar-se. [C.: 1 (ó)]

con.for.me [Lat. *conforme*.] *adj2g*. 1. Que tem a mesma forma; idêntico. 2. Resignado. 3. Concorde. 4. Nos devidos termos. ● *adv*. 5. Em conformidade. ● *conj*. 6. Segundo as circunstâncias. 7. Como, segundo. 8. À medida que. ● *prep*. 9. De acordo com; consoante: *edição conforme o acordo*.

con.for.mi.da.de [*Conforme*.■14] *sf*. Qualidade de conforme (1 a 4). ◆ **Em conformidade (com)**. De acordo com; segundo, conforme.

con.for.mis.mo [*Conformar*.■11] *sm*. Atitude de quem se conforma com todas as situações.

con.for.tar [Lat. *confortare*.■1A] *vtd*. 1. Dar forças a; fortificar. 2. Proporcionar conforto a. 3. Aliviar as penas, a dor, de; consolar. *p*. 4. Buscar consolo. [C.: 1 (ó)] § **con.for.ta.dor** (ô) *adj*.; **con.for.tan.te** *adj2g*.

con.for.tá.vel [Ingl. *comfortable*.■41] *adj2g*. 1. Que oferece conforto[2]. 2. Que não requer esforço, ou não envolve dificuldade. [Pl.: *-veis*.]

con.for.to[1] (ô) [Dev. de *confortar*.] *sm*. 1. Ato ou efeito de confortar(-se). 2. Consolo, alívio.

con.for.to[2] (ô) [Ingl. *comfort*.] *sm*. Bem-estar material.

con.fra.de [Lat.med. *confratre*.] *sm*. 1. Membro de confraria. 2. Colega, companheiro.

con.fran.ger [Lat. **confrangere*.■1B] *vtd*. 1. Moer, esmigalhar. 2. Angustiar, afligir. *p*. 3. Afligir-se.

con.fra.ri.a [Fr.ant. *confrarie*.] *sf*. 1. Irmandade (2). 2. Sociedade, associação.

con.fra.ter.ni.za.ção [*Confraternizar*.■2A] *sf*. 1. Ato de confraternizar. 2. Qualquer reunião festiva ou outra demonstração de amizade, companheirismo, etc. [Pl.: *-ções*.]

con.fra.ter.ni.zar [*Con-* + *fraternizar*.] *vti*. 1. Conviver ou tratar fraternalmente. *int*. 2. Dar demonstração de amizade fraterna. [C.: 1]

con.fron.tar [Lat.med. *confrontare*.■1A] *vtd. e tdi*. 1. Pôr em frente a; afrontar. 2. V. *comparar* (1). *p*. 3. Fazer face mutuamente; defrontar-se. 4. Pôr-se em confronto, briga ou disputa. [C.: 1] § **con.fron.ta.ção** *sf*.; **con.fron.tan.te** *adj2g*.

con.fron.to [Dev. de *confrontar*.] *sm*. 1. Ato ou efeito de confrontar. 2. Paralelo, comparação. 3. V. *briga* (1).

con.fun.dir [Lat. *confundere*.■1C] *vtd*. 1. Misturar (várias, ou diferentes coisas) desordenadamente. 2. Tomar (coisa ou pessoa) por outra. 3. Causar confusão, perturbação, insegurança, desconcerto ou embaraço a. *tdi*. 4. Confundir (1 e 2). *p*. 5. Mesclar-se desordenadamente. 6. Tomar uma coisa ou pessoa por outra; equivocar-se. 7. Tornar-se ou ficar confuso. [C.: 3] § **con.fun.dí.vel** *adj2g*.

con.fu.são [Lat. *confusione*.■2] *sf*. 1. Ato ou efeito de confundir(-se). 2. Ausência de ordem interna. 3. Falta de distinção entre coisas diferentes. 4. Falta de clareza ou coerência. 5. Estado do que se acha confundido, misturado, desordenadamente. 6. Situação, estado ou condição daquilo a que falta ordem, método, organização, etc.; bagunça, baderna, barafunda. 7. Agitação, tumulto. 8. Estado de quem se acha confuso (5). 9. Equívoco, engano. [Pl.: *-sões*.]

con.fu.so [Lat. *confusu*.] *adj*. 1. Quase indistinto, pela mistura de elementos. 2. De difícil compreensão; sem clareza ou coerência; obscuro. 3. Sem ordem, organização ou método. 4. Em que há confusão (6 e 7). 5. Que confunde as coisas, ou que se confunde.

con.fu.tar [Lat. *confutare*.■1A] *vtd*. 1. Refutar. 2. Impugnar, contrariar.

con.ga.da [*Congo*.■4] *sf*. *Bras*. *PE AL* Bailado dramático em que os figurantes representam a coroação dum rei do Congo.

con.ge.la.ção [Lat. *congelatione*.■2A] *sf*. 1. Ato ou efeito de congelar(-se); congelamento. 2. Passagem dum líquido ao estado sólido. [Pl.: *-ções*.]

con.ge.la.do [*Congelar*.■17A] *adj*. 1. Que se congelou. 2. Frio como gelo. 3. *Econ*. Que sofreu congelamento (2). 4. Diz-se de alimento

congelador | conjeturar

congelado [v. *congelar* (2)]. • *sm.* **5.** Alimento congelado: *balcão de <u>congelados</u>*.

con.ge.la.dor (ô) [*Congelar*.◨19A] *adj.* **1.** Que congela. • *sm.* **2.** Compartimento de geladeira onde o gelo é fabricado e onde se guardam os alimentos que se quer congelar.

con.ge.la.men.to [*Congelar*.◨3] *sm.* **1.** Congelação (1). **2.** *Econ.* Fixação (de preços, tarifas, etc.) em certo nível.

con.ge.lar [Lat. *congelare*.◨1A] *vtd.* **1.** Tornar em gelo, ou frio como gelo; gelar. **2.** Resfriar (alimento) rapidamente, e a temperatura muito baixa. **3.** *Econ.* Tornar congelado (3). *int. e p.* **4.** Tornar-se em gelo, ou frio como gelo; gelar-se. [C.: 1 (é)]

con.ge.mi.nar [Lat. *congeminare*.◨1A] *vtd. e p.* Multiplicar(-se), redobrar(-se). [C.: 1]

con.gê.ne.re [Lat. *congenere*.] *adj2g.* Do mesmo gênero.

con.gê.ni.to [Lat. *congenitu*.] *adj.* Inato¹.

con.ges.tão [Lat. *congestione*.◨2] *sf. Med.* Afluência anormal do sangue aos vasos dum órgão. [Pl.: -*tões*.]

con.ges.ti:o.na.men.to [*Congestionar*.◨3] *sm.* **1.** Ato ou efeito de congestionar(-se). **2.** Engarrafamento (2).

con.ges.ti:o.nar [*Congestão* (-*tion*-).◨1A] *vtd.* **1.** Produzir congestão em. **2.** Produzir congestionamento (2) em. *p.* **3.** Tornar-se afogueado. [C.: 1] § **con.ges.ti:o.na.do** *adj.*

con.ges.ti.vo [Ingl. *congestive*.◨22] *adj.* Relativo a, ou que indica possibilidade de congestão.

con.glo.me.ra.ção [Lat. *conglomeratione*.◨2A] *sf.* Agregação em massa. [Pl.: -*ções*.]

con.glo.me.ra.do [*Conglomerar*.◨17A] *sm.* **1.** *Geol.* Rocha sedimentar formada de fragmentos arredondados, de diâmetro superior a 2mm, e reunidos por um cimento qualquer. **2.** *Fig.* Grupo de empresas que têm atividades diversas.

con.glo.me.rar [Lat. *conglomerare*.◨1A] *vtd.* **1.** Fazer conglomeração de. *p.* **2.** Unir-se, reunir-se. [C.: 1 (é)]

con.go.nha [Do tupi.] *sf. Bot.* **1.** *Bras.* Nome comum a vários arbustos aquifoliáceos de folhas us. em infusões. **2.** V. *erva-mate*.

con.gra.çar [*Con-* + *graça* + *-ar*².◨1A] *vtd., tdi. e p.* Reconciliar(-se); harmonizar(-se). [C.: 1B] § **con.gra.ça.men.to** *sm.*

con.gra.tu.la.ções *sfpl.* Palavras com que alguém se congratula com outrem.

con.gra.tu.lar [Lat. *congratulare.◨1A] *vtdi.* **1.** Felicitar (2). *p.* **2.** Regozijar-se com o bem ou satisfação de outrem. **3.** Felicitar a si mesmo. [C.: 1] § **con.gra.tu.la.ção** *sf.*

con.gre.ga.ção [Lat. *congregatione*.◨2A] *sf.* **1.** Ato ou efeito de congregar(-se). **2.** Conselho dos professores duma escola de ensino médio ou superior. **3.** Grupo de religiosos, sob a direção de um responsável, e que emitem votos não solenes. [Pl.: -*ções*.]

con.gre.gar [Lat. *congregare*.◨1A] *vtd.* **1.** Juntar, reunir. **2.** Convocar. *p.* **3.** Reunir-se em congresso. [C.: 1C (é)]

con.gres.sis.ta [*Congresso*.◨36] *s2g.* Membro de congresso.

con.gres.so [Lat. *congressu*.] *sm.* **1.** Reunião, encontro, de cientistas, de membros de uma classe, etc. **2.** Reunião de diplomatas para tratar de problemas internacionais; conferência. **3.** O corpo ou o poder legislativo de uma nação; assembleia, parlamento. [No Brasil, é constituído pelo Senado Federal e pela Câmara dos Deputados.]

con.gru.ên.ci:a [Lat. *congruentia*.] *sf.* Harmonia duma coisa com o fim a que se destina.

con.gru.en.te [Lat. *congruente*.◨21] *adj2g.* **1.** Coerente, harmônico. **2.** *Geom.* Diz-se de figuras que coincidem, quando superpostas.

co.nha.que [Fr. *cognac*.] *sm.* Aguardente de uva da região de Cognac (França).

co.nhe.cer [Lat. *cognoscere*.◨1P] *vtd.* **1.** Ter noção ou conhecimento de; saber. **2.** Ser muito versado em; saber bem: *Conhece várias obras modernas*. **3.** Ter relações ou convivência com: *Não <u>conhece</u> ninguém neste bairro*. **4.** Travar conhecimento com. **5.** Reconhecer. **6.** Apreciar, avaliar. **7.** Ter experimentado (algo). **8.** Ter estado em (certo lugar). **9.** Ter relações sexuais com. *ti.* **10.** Ter grande saber, ou competência. *p.* **11.** Ser consciente de si mesmo, dos seus valores e limitações. [C.: 2A (ê-é)] § **co.nhe.ce.dor** (ô) *adj. sm.*

co.nhe.ci.do [Part. de *conhecer*.] *adj.* **1.** Que muitos conhecem. **2.** Famoso pelas obras ou atividade. • *sm.* **3.** Indivíduo que se conhece [v. *conhecer* (3)].

co.nhe.ci.men.to [*Conhecer*.◨3A] *sm.* **1.** Ato ou efeito de conhecer. **2.** Informação ou noção adquiridas pelo estudo ou pela experiência. **3.** Consciência de si mesmo.

co.nhe.ci.men.tos *smpl.* Erudição, saber.

cô.ni.co [Gr. *konikós*.◨35B] *adj.* Que tem forma de cone; coniforme.

co.ní.fe.ra [Tax. *Coniferae*.] *sf. Bot.* Espécime das coníferas, classe de gimnospermas que produzem sementes não abrigadas em fruto. Ex.: o pinheiro. § **co.ní.fe.ro** *adj.*

co.ni.for.me [*Coni-* + *-iforme*.] *adj2g.* Cônico.

co.ni.vên.ci:a [Lat. *conniventia*.◨10] *sf.* **1.** Ato de ser conivente. **2.** Participação em algo mau. **3.** V. *conluio*.

co.ni.ven.te [Lat. *connivente*.◨21A] *adj2g.* Que finge não ver, ou encobre, o mal praticado por outrem.

con.je.tu.ra [Lat. *conjectura*.] *sf.* Juízo ou opinião sem fundamento preciso; suposição.

con.je.tu.rar [*Conjetura*.◨1A] *vtd.* **1.** Julgar por conjetura. *int.* **2.** Fazer conjeturas. [C.: 1]

conjugação | consciente

con.ju.ga.ção [Lat. *conjugatione*. ▣2A] *sf.* 1. Ato ou efeito de conjugar(-se). 2. Reunião, junção. 3. *E.Ling.* Conjunto ordenado das flexões dos verbos. [Pl.: -*ções*.]

con.ju.ga.do [Lat. *conjugatu*. ▣17A] *adj.* 1. Unido, ligado. ● *sm.* 2. Apartamento composto de sala e quarto reunidos numa só peça, banheiro e cozinha. 3. *Fís.* V. *binário* (2).

con.ju.gal [Lat. *conjugale*. ▣39] *adj2g.* Relativo a cônjuges ou ao casamento. [Pl.: -*gais*.]

con.ju.gar [Lat. *conjugare*. ▣1A] *vtd.* 1. *E.Ling.* Dizer ou escrever ordenadamente as flexões de (verbo). *p.* 2. Unir-se ou ligar-se conjuntamente. [C.: 1C] § **con.ju.gá.vel** *adj2g.*

côn.ju.ge [Lat. *conjuge*.] *sm.* Cada um dos casados, em relação ao outro; consorte.

con.jun.ção [Lat. *conjunctione*. ▣2] *sf.* 1. União, encontro. 2. *E.Ling.* Palavra invariável que liga 2 orações ou 2 termos semelhantes da mesma oração. 3. *Astr.Astrol.* Alinhamento de 2 astros, de forma que, quando vistos da Terra, parecem ter a mesma localização. [Pl.: -*ções*.]

con.jun.ti.va [Lat.cient. *conjunctiva*.] *sf. Anat.* Membrana mucosa que forra a parte externa do globo ocular e a interna das pálpebras. § **con.jun.ti.val** *adj2g.*

con.jun.ti.vi.te [*Conjuntiva* + -*ite*¹.] *sf. Med.* Inflamação da conjuntiva.

con.jun.ti.vo [Lat. *conjunctivu*.] *adj.* 1. Que junta. 2. *E.Ling.* Que une orações ou palavras.

con.jun.to [Lat. *conjunctu*.] *adj.* 1. Junto simultaneamente. ● *sm.* 2. Reunião das partes dum todo. 3. Equipe; grupo. 4. *Mat.* Qualquer coleção de entidades ou objetos matemáticos. ◆ **Conjunto interseção.** *Mat.* O constituído por todos os elementos comuns a 2 ou mais conjuntos. **Conjunto nulo ou Conjunto vazio.** *Mat.* O que não contém nenhum elemento. **Conjunto união.** *Mat.* O constituído por todos os elementos pertencentes a pelo menos um de 2 ou mais conjuntos.

con.jun.tu.ra [*Conjunto*.] *sf.* 1. Situação nascida dum encontro de circunstâncias e considerada como o ponto de partida de uma evolução, uma ação, um fato; caso. 2. Lance difícil.

con.ju.ra.ção [Lat. *conjuratione*. ▣2A] *sf.* 1. Ato de conjurar. 2. Conspiração contra autoridade estabelecida. [Pl.: -*ções*.]

con.ju.ra.do [Lat. *conjuratu*.] *sm.* 1. Aquele que conjura, conspira. 2. *Restr.* Cada um dos membros do movimento conspiratório pela Independência do Brasil, ocorrido em 1789 em Minas Gerais, impropriamente chamado de Inconfidência Mineira. V. *Conjuração Mineira* (M).

con.ju.rar [Lat. *conjurare*. ▣1A] *vtd.* 1. Planejar por meio de conjuração (2). 2. Maquinar. 3. Incitar. *tdi.* 4. Conjurar (3). *ti.* 5. Conspirar, insurgir-se. *p.* 6. Filiar-se numa conspiração. [C.: 1]

con.lu.i.ar [*Conluio*. ▣1A] *vtd. e p.* Unir(-se) em conluio. [C.: 1]

con.lu.i.o [Lat. *conludiu*.] *sm.* Combinação entre 2 ou mais pessoas para lesar outrem; arranjo, conchavo, conivência.

co.nos.co (ô) [Lat. *noscum*, com redobro da prep. *cum*.] *pron.* 1. Em nossa companhia. 2. De nós para nós. 3. Em nosso poder.

co.no.ta.ção [Lat.med. *connotatione*. ▣2A] *sf.* 1. Relação que se nota entre 2 ou mais coisas. 2. *E.Ling.* Sentido translato, ou subentendido, às vezes de teor subjetivo, que uma palavra ou expressão pode apresentar paralelamente à acepção em que é usada. 3. *Lóg.* Compreensão (3). [Pl.: -*ções*.]

co.no.tar [Lat.med. *connotare*. ▣1A] *vtd.* Ter como conotação. [C.: 1 (ó)]

con.quan.to [*Con-* + *quanto*.] *conj.* Posto que; embora; se bem que.

con.quis.ta [Lat. *conquisita*.] *sf.* 1. Ato de conquistar. 2. Pessoa, ou coisa, ou lugar, conquistados.

con.quis.ta.dor (ô) [*Conquistar*. ▣19A] *sm.* 1. Aquele que conquista. 2. *Fam.* O que é dado a conquistas amorosas.

con.quis.tar [Lat.vulg. **conquisitare*. ▣1A] *vtd.* 1. Submeter pela força de armas; vencer. 2. Adquirir à força de trabalho, ou de grande esforço, de dedicação, ou por mérito, etc.; alcançar. 3. Granjear, ganhar (amor, simpatia, etc.). [C.: 1] § **con.quis.tá.vel** *adj2g.*

con.sa.grar [Lat. *consacrare*. ▣1A] *vtd.* 1. Tornar sagrado. 2. *Rel.* Oferecer a Deus ou aos santos, por culto ou voto. 3. Nas religiões cristãs, converter (pão e vinho) em corpo e sangue de Cristo. *tdi.* 4. Dedicar, votar. *transobj.* 5. Eleger. *p.* 6. Dedicar-se. 7. Obter sucesso, fama. [C.: 1] § **con.sa.gra.ção** *sf.*

con.san.guí.ne:o (gui ou güi) [Lat. *consanguineu*.] *adj.* 1. Que é parente pelo sangue. 2. *Antrop.* Referente aos parentes consanguíneos, ou à relação de consanguinidade entre eles.

con.san.gui.ni.da.de (gui ou güi) [*Consanguíneo*. ▣14] *sf.* 1. Qualidade ou condição de consanguíneo. 2. Relação entre parentes consanguíneos.

cons.ci.ên.ci:a [Lat. *conscientia*.] *sf.* 1. Atributo pelo qual o homem pode conhecer e julgar sua própria realidade. 2. Faculdade de estabelecer julgamentos morais dos atos realizados. 3. Cuidado com que se executa um trabalho, se cumpre um dever; senso de responsabilidade. 4. Conhecimento (3). 5. *Med.* Percepção imediata dos acontecimentos e da própria atividade psíquica.

cons.ci.en.ci.o.so [*Consciência*. ▣37] *adj.* Que tem consciência (2 e 3). [Pl.: -*osos* (ó).]

cons.ci.en.te [Lat. *consciente*. ▣21] *adj2g.* 1. Que tem consciência (2 e 5). 2. Que procede com consciência (3 e 4). 3. Cônscio.

conscientizado | consistir

cons.ci:en.ti.za.do [*Conscientizar.*◼17A] *adj.* **1.** Que se conscientizou. **2.** Que tem uma certa consciência política.

cons.ci:en.ti.zar [*Consciência (-ent-).*◼1D] *vtdi. e p.* Dar ou tomar consciência de. [C.: 1] § **cons.ci:en.ti.za.ção** *sf.*

côns.ci:o [Lat. *consciu.*] *adj.* Que sabe bem o que faz ou deve fazer; consciente.

cons.cri.ção [Lat. *conscriptione.*◼2] *sf.* Convocação para o serviço militar. [Pl.: *-ções.*]

cons.cri.to [Lat. *conscriptu.*] *adj. sm.* Recrutado para o serviço militar.

con.se.cu.ção [Lat. *consecutione.*◼2] *sf.* Ato ou efeito de conseguir. [Pl.: *-ções.*]

con.se.cu.ti.vo [Lat.med. *consecutivu.*◼22] *adj.* Que segue imediatamente; seguinte, imediato.

con.se.guin.te [Lat. *consequente.*] *adj2g. P.us.* V. *consecutivo.* ◆ **Por conseguinte.** Por consequência; por isso.

con.se.guir [Lat. *consequere.*◼1C] *vtd.* **1.** Alcançar, obter (o que se pretende ou deseja). **2.** Ser bem-sucedido em. **3.** Ter como consequência ou resultado. [C.: 45]

con.se.lhei.ro [Lat. *consiliariu.*] *adj.* **1.** Que aconselha. ● *sm.* **2.** Aquele que aconselha. **3.** Membro de um conselho. **4.** Título honorífico de um império, ou de uma monarquia.

con.se.lho (ê) [Lat. *consiliu.*] *sm.* **1.** Advertência que se emite; aviso. **2.** Corpo consultivo e/ou deliberativo que se reúne para tratar de assunto de interesse público ou particular: *conselho de ministros.*

con.sen.so [Lat. *consensu.*] *sm.* Concordância de ideias, de opiniões.

con.sen.tâ.ne:o [Lat. *consentaneu.*] *adj.* Adequado, apropriado.

con.sen.ti.men.to [*Consentir.*◼3] *sm.* **1.** Ato ou efeito de consentir. **2.** Licença, permissão. **3.** Aprovação.

con.sen.tir [Lat. *consentire.*◼1C] *vtd.* **1.** Dar consenso ou aprovação a; permitir, assentir. **2.** Concordar com. *ti.* **3.** Anuir, concordar. *int.* **4.** Dar consentimento (2 e 3). [C.: 48]

con.se.quên.ci:a (qüen) [Lat. *consequentia.*] *sf.* Resultado, efeito.

con.se.quen.te (qüen) [Lat. *consequente.*◼21] *adj2g.* **1.** Que segue naturalmente. **2.** Que se infere ou deduz. **3.** Coerente (2). ● *sm.* **4.** Aquilo ou aquele que sucede, que continua uma sequência.

con.se.quen.te.men.te (qüen) [*Consequente.*◼42] *adv.* Em função disso, por causa disso.

con.ser.tar [Lat. **consertare.*◼1A] *vtd.* **1.** Pôr em bom estado ou condição (o que estava danificado); reparar. **2.** Dar melhor disposição a. **3.** Emendar, corrigir. [C.: 1 (é). Cf. *concertar.*] § **con.ser.ta.dor** (ô) *sm.*

con.ser.to (ê) [Dev. de *consertar.*] *sm.* Ato ou efeito de consertar. [Cf. *concerto.*]

con.ser.va [Dev. de *conservar.*] *sf.* **1.** Líquido em que se conservam substâncias alimentícias. **2.** Substância assim conservada.

con.ser.va.dor (ô) [Lat. *conservatore.*◼19A] *adj.* **1.** Que conserva. **2.** Diz-se daquele que em política é favorável à conservação da situação vigente, opondo-se a reformas radicais. **3.** Diz-se daquele que é apegado a hábitos ou a valores tradicionais. ● *sm.* **4.** O encarregado da conservação de arquivo, museu, biblioteca, etc. **5.** Aquele que é conservador (2 e 3).

con.ser.va.do.ris.mo [*Conservador.*◼11] *sm.* Atitude de quem é conservador, que é hostil a inovações.

con.ser.var [Lat. *conservare.*◼1A] *vtd.* **1.** Resguardar de dano, decadência, deterioração, etc.; preservar. **2.** Ter ou reter em seu poder; resguardar. **3.** Manter em bom estado ou condição. **4.** Continuar a ter: *Conserva os amigos de infância. transobj.* **5.** Manter em certo estado, ou condição. *p.* **6.** Manter-se em certo estado ou condição. **7.** Continuar a ter boa condição física, ao envelhecer. [C.: 1 (é)] § **con.ser.va.ção** *sf.*

con.ser.va.tó.ri:o [Lat. *conservatoriu.*◼23A] *sm.* Estabelecimento público para ensino de artes como a música, etc.

con.si.de.ra.ção [Lat. *consideratione.*◼2A] *sf.* **1.** Ato ou efeito de considerar. **2.** Importância dada a alguém; respeito, deferência, reverência, apreço. [Pl.: *-ções.*]

con.si.de.rar [Lat. *considerare.*◼1A] *vtd.* **1.** Atentar para; ponderar. **2.** Examinar (1). **3.** Contemplar (1); observar. **4.** Ter em boa conta. *ti. e int.* **5.** Meditar, pensar, refletir. *transobj.* **6.** Ter na conta de: *Considera-o seu melhor amigo.* **7.** Julgar, supor. *p.* **8.** Ter-se na conta de. [C.: 1 (é)] § **con.si.de.ra.do** *adj.*

con.si.de.rá.vel [*Considerar.*◼41] *adj2g.* **1.** Que deve ser objeto de consideração. **2.** Muito grande. [Pl.: *-veis.*]

con.sig.nar [Lat. *consignare.*◼1A] *vtd.* **1.** Dar a conhecer; registrar. *tdi.* **2.** Confiar ou enviar (mercadorias) a alguém, para que as negocie, em comissão. [C.: 1] § **con.sig.na.ção** *sf.*

con.sig.na.tá.ri:o [*Consignar.*◼24A] *sm.* Aquele a quem se consignam mercadorias, ou que recebe em consignação o equiv. do que lhe é devido.

con.si.go [Lat. *secum*, com redobro da prep.] *pron.* **1.** Em sua companhia. **2.** Com a sua pessoa. **3.** De si para si; entre si. **4.** Em seu poder.

con.sis.tên.ci:a [*Consistir.*◼10] *sf.* Qualidade ou estado de consistente.

con.sis.ten.te [Lat. *consistente.*◼21] *adj2g.* **1.** Que consta ou consiste. **2.** Sólido, rijo. **3.** Espesso.

con.sis.tir [Lat. *consistere.*◼1C] *vti.* **1.** Ser constituído, composto; constar, compor-se. **2.**

191

consistório | constituir

Fundar-se, basear-se. **3.** Resumir-se. [Este verbo pede a prep. *em*.] [C.: 1]

con.sis.tó.ri:o [Lat. *consistoriu*. ◻ 23] *sm.* Assembleia de cardeais, presidida pelo papa.

con.so.a.da [V.C] *sf.* Ceia da noite de Natal.

con.so.an.te [Lat. *consonante*. ◻ 21] *adj2g.* **1.** Que tem consonância. **2.** *E.Ling.* Diz-se do fonema resultante dum fechamento ou estreitamento em região acima da glote, que cria obstáculo à passagem da corrente de ar. **3.** *E.Ling.* Diz-se da(s) letra(s) que apresenta(m) fonemas dessa espécie. ● *sf. E.Ling.* **4.** Fonema consoante. **5.** Letra consoante. ● *prep. e conj.* **6.** Conforme, segundo.

con.so.lar [Lat. **consolare*. ◻ 1A] *vtd.* **1.** Aliviar o padecimento de: *consolar os aflitos*. **2.** Mitigar (2): *consolar a dor*. **3.** Dar sensação agradável a. *tdi.* **4.** Dar alívio, conforto. *p.* **5.** Receber consolação, alívio, conforto. **6.** Conformar-se. [C.: 1 (ó)] § **con.so.la.ção** *sf.*

con.so.li.dar [Lat. *consolidare*. ◻ 1A] *vtd.* **1.** Tornar sólido, seguro. **2.** Provocar em (fratura óssea) a formação dum calo resistente. *p.* **3.** Tornar-se sólido. [C.: 1] § **con.so.li.da.ção** *sf.*

con.so.lo ou **con.so.le** [Dev. de *consolar*.] *sm.* Móvel de sala para colocar objetos de ornato.

con.so.lo (ô) [Fr. *console*.] *sm.* Ato ou efeito de consolar(-se); consolação.

con.so.nân.ci:a [Lat. *consonantia*.] *sf.* **1.** Conjunto agradável de sons; harmonia. **2.** Afinidade entre os sons. **3.** *Fig.* Acordo, conformidade.

con.so.nan.tal [*Consoante*. ◻ 40] *adj2g.* Referente a consoante (4), ou constituído por consoantes. [Pl.: *-tais*.]

con.sor.ci.ar [*Consórcio*. ◻ 1A] *vtd., tdi. e p.* Unir(-se), associar(-se). **2.** Casar(-se). [C.: 1]

con.sór.ci:o [Lat. *consortiu*. ◻ 1] *sm.* **1.** Associação, união. **2.** Sistema em que um grupo compra bens, como, p.ex., automóveis, com um montante de cotas mensais, etc., e os entrega, segundo sorteios e lances, a cada um dos participantes.

con.sor.te [Lat. *consorte*.] *s2g.* Cônjuge.

cons.pí.cu:o [Lat. *conspicuu*.] *adj.* Ilustre, insigne.

cons.pi.ra.ção [Lat. *conspiratione*. ◻ 2A] *sf.* **1.** Ato ou efeito de conspirar. **2.** Conluio secreto. [Pl.: *-ções*.]

cons.pi.rar [Lat. *conspirare*. ◻ 1A] *vtd.* **1.** Maquinar, tramar. *tdi.* **2.** Tramar conspiração (2). [C.: 1] § **cons.pi.ra.tó.ri:o** *adj.*

cons.pur.car [Lat. *conspurcare*. ◻ 1A] *vtd. e p.* Sujar(-se); macular(-se). [C.: 1A]

cons.tân.ci:a [Lat. *constantia*.] *sf.* **1.** Qualidade de constante. **2.** Firmeza de ânimo.

cons.tan.te [Lat. *constante*. ◻ 21] *adj2g.* **1.** Que não se desloca. **2.** Incessante: *barulho constante*. **3.** De ânimo firme. **4.** Que consta ou consiste. ● *sf.* **5.** Ideia ou preocupação obsessiva. **6.** *Mat.* Numa expressão, grandeza independente das variáveis nela envolvidas.

cons.tan.te.men.te [*Constante*. ◻ 42] *adv.* **1.** De modo constante, ininterrupto, contínuo. **2.** Muitas vezes (num espaço de tempo).

cons.tar [Lat. *constare*. ◻ 1A] *v.int.* **1.** Passar por certo ou verdadeiro. *ti.* **2.** Ser do, ou chegar ao conhecimento: *Não me consta que o caso tenha sido resolvido*. **3.** Estar escrito, registrado ou mencionado. **4.** Fazer parte; ser parte integrante de, ou ocorrer em. **5.** Consistir, constituir-se. [C.: 1. Nas acepçs. 1 e 2, us. apenas na 3ª pess. do sing.; nas demais, segue o paradigma.]

cons.ta.tar [Fr. *constater*. ◻ 1A] *vtd.* Estabelecer ou consignar a verdade de (um fato); comprovar. [C.: 1]

cons.te.la.ção [Lat. *constellatione*. ◻ 2A] *sf.* **1.** *Astr.* Uma das 88 regiões convencionais da esfera celeste estabelecidas pela União Astronômica Internacional. **2.** *P.ext.* Grupo de estrelas. [Pl.: *-ções*.]

cons.ter.nar [Lat. *consternare*. ◻ 1A] *vtd.* **1.** Causar grande aflição e abatimento a; desalentar. *p.* **2.** Afligir-se profundamente. [C.: 1 (é)] § **cons.ter.na.ção** *sf.*

cons.ti.pa.ção [Lat. *constipatione*. ◻ 2A] *sf.* **1.** *Med.* Retardamento do trânsito intestinal; prisão de ventre. **2.** *Pop.* Resfriado (3). [Pl.: *-ções*.]

cons.ti.par [Lat. *constipare*. ◻ 1A] *vtd.* Causar constipação a. [C.: 1] § **cons.ti.pa.do** *adj.*

cons.ti.tu.ci:o.nal [*Constituição* (*-cion-*). ◻ 39] *adj2g.* **1.** Relativo à constituição, ou próprio dela. **2.** Diz-se do regime em que o poder executivo é limitado por uma constituição (3). **3.** Inerente à organização física ou psíquica do indivíduo. [Pl.: *-nais*.] § **cons.ti.tu.ci:o.na.li.da.de** *sf.*

cons.ti.tu.ci:o.na.lis.mo [*Constitucional*. ◻ 11] *sm.* Sistema ou doutrina dos partidários do regime constitucional. § **cons.ti.tu.ci:o.na.lis.ta** *adj2g. s2g.*

cons.ti.tu.i.ção [Lat. *constitutione*. ◻ 2A] *sf.* **1.** Ato ou efeito de constituir(-se). **2.** Modo por que se constitui uma coisa, um ser vivo, um grupo de pessoas; organização. **3.** Lei fundamental num Estado, que contém normas sobre a formação dos poderes públicos, direitos e deveres dos cidadãos, etc.; carta constitucional. [Com cap., nesta acepç.] **4.** Compleição (1). [Pl.: *-ções*.]

cons.ti.tu.í.do [Part. de *constituir*.] *adj.* **1.** Que se constituiu, formou ou compôs. **2.** Estabelecido pela constituição (3).

cons.ti.tu.in.te [*Constituir*. ◻ 21] *adj2g.* **1.** Que constitui, que faz parte de um todo. ● *s2g.* **2.** Quem faz de outrem seu procurador ou representante. **3.** Membro de assembleia constituinte. ● *sf.* **4.** Assembleia constituinte.

cons.ti.tu.ir [Lat. *constituere*. ◻ 1C] *vtd.* **1.** Ser a parte essencial de; formar, compor. **2.** Consistir em; representar; ser. **3.** Organizar,

constitutivo | contabilidade

estabelecer: *Constituir uma firma. transobj.* **4.** Nomear; eleger: *Constituiu-o seu advogado. p.* **5.** Arrogar-se qualidade, direito, etc. **6.** Compor-se. **7.** Consistir em. [C.: 42]

cons.ti.tu.ti.vo [Lat. *constitutivu*.● 22A] *adj.* Que constitui.

cons.tran.ger [Lat. *constringere*.● 1B] *vtd.* **1.** Tolher a liberdade de; coagir. **2.** Causar constrangimento (3 e 4) a; embaraçar. *p.* **3.** Experimentar constrangimento (3 e 4). [C.: 2B] § **cons.tran.gi.do** *adj.*

cons.tran.gi.men.to [*Constranger*.● 3A] *sm.* **1.** Ato de constranger. **2.** Situação de quem foi violentado. **3.** Pudor que sente quem foi desrespeitado ou exposto a algo indesejável. **4.** Acanhamento.

cons.tri.ção [Lat. *constrictione*.● 2] *sf.* Aperto, compressão. [Pl.: -*ções*.]

cons.trin.gir [Lat. *constringere*.● 1C] *vtd.* **1.** Apertar em volta. *p.* **2.** Contrair-se, apertar-se. [C.: 1A]

cons.tru.ção [Lat. *constructione*.● 2] *sf.* **1.** Ato, arte ou efeito de construir. **2.** V. *edifício*. **3.** *E.Ling.* Colocação das palavras nas frases e destas nos períodos. [Pl.: -*ções*.]

cons.tru.ir [Lat. *construere*.● 1C] *vtd.* **1.** Dar estrutura a; edificar. **2.** Organizar, arquitetar. **3.** Formar, conceber. *int.* **4.** Fazer construções. [C.: 43]

cons.tru.ti.vo [Lat. *constructivu*.● 22A] *adj.* **1.** Próprio para construir. **2.** Que busca melhorar.

cons.tru.tor (ô) [Lat. *constructore*.● 19] *adj. sm.* Que, ou aquele que constrói.

con.subs.tan.ci.ar [*Con-* + *substância* + -*ar²*.● 1A] *vtd.* **1.** Unir para formar uma substância; consolidar. *p.* **2.** Unir-se intimamente. [C.: 1]

côn.sul [Lat. *consule*.] *sm.* **1.** Funcionário diplomático de uma nação encarregado de, em país estrangeiro, proteger-lhe os súditos, fomentar-lhe o comércio, etc. **2.** Magistrado supremo na Roma antiga. [Pl.: *cônsules*. Fem.: *consulesa* (ê).]

con.su.la.do [Lat. *consulatu*.● 17C] *sm.* Cargo, residência ou escritório de cônsul.

con.sul.ta [Dev. de *consultar*.] *sf.* Ato ou efeito de consultar.

con.sul.tar [Lat. *consultare*.● 1A] *vtd.* **1.** Pedir conselho, opinião, parecer, a. **2.** Informar-se por meio de. **3.** Pesquisar, compulsar. *tdi.* **4.** Consultar (1). *p.* **5.** Fazer consulta; pedir parecer. [C.: 1]

con.sul.ti.vo [*Consulta*.● 22] *adj.* Que emite parecer sem voto deliberativo (corporação).

con.sul.tor (ô) [Lat. *consultore*.● 19] *sm.* Aquele que dá ou pede conselho.

con.sul.tó.ri:o [Lat. *consultoriu*.● 23] *sm.* Local próprio para consultas (esp. as médicas).

con.su.ma.ção¹ [Fr. *consommation*.● 2A] *sf.* Consumo mínimo, obrigatório, de bebida ou comida, em clubes, boates, etc., ou a despesa feita com esse consumo. [Pl.: -*ções*.]

con.su.ma.ção² [Lat. *consummatione*.● 2A] *sf.* Ato ou efeito de consumar(-se). [Pl.: -*ções*.]

con.su.ma.do [*Consumar*.● 17A] *adj.* **1.** Que se consumou, completou ou terminou. **2.** Que se realizou por completo; feito, acabado.

con.su.mar [Lat. *consummare*.● 1A] *vtd.* **1.** Terminar, acabar. **2.** Realizar, praticar. *p.* **3.** Completar-se. [C.: 1]

con.su.mi.dor (ô) [*Consumir*.● 19A] *adj.* **1.** Que consome. ● *sm.* **2.** Aquele ou aquilo que consome. **3.** *Econ.* Indivíduo ou instituição que compra bens para seu consumo.

con.su.mir [Lat. *consumere*.● 1C] *vtd.* **1.** Corroer até à destruição; destruir. **2.** Destruir pelo fogo. **3.** Fazer uso de (bens [v. *bem* (7)]). **4.** Absorver (alimento ou bebida). **5.** Enfraquecer, abater. **6.** Desgostar, mortificar. *int.* **7.** Adquirir bens [v. *bem* (7)]. *p.* **8.** Apoquentar-se. [C.: 52] § **con.su.mi.ção** *sf.*

con.su.mis.mo [*Consumir*.● 11] *sm.* Consumo exagerado de bens. § **con.su.mis.ta** *adj2g. s2g.*

con.su.mo [Dev. de *consumir*.] *sm.* **1.** Ato ou efeito de consumir, de gastar. **2.** Uso de mercadorias e serviços para satisfação de necessidades e desejos humanos.

con.sun.ção [Lat. *consumptione*.● 2] *sf. Med.* Emagrecimento e perda de força, observáveis em doenças graves e prolongadas. [Pl.: -*ções*.]

con.ta [Dev. de *contar*.] *sf.* **1.** Ato ou efeito de contar. **2.** Operação aritmética. **3.** Documento apresentado ao comprador ou usuário com o preço das mercadorias vendidas ou serviço prestado; nota. **4.** Em estabelecimento comercial, registro de despesas de um cliente, para pagamento a prazo. **5.** Registro relativo ao direito de usar serviços bancários (depósito de valores, emissão de cheques, etc.). **6.** Registro dos depósitos ou retiradas de dinheiro feitos por pessoa ou firma num banco. **7.** Registro contábil de transações de uma mesma natureza. **8.** Responsabilidade. **9.** Informação, notícia. **10.** Pequena peça (de vidro, metal, plástico, etc.) com orifício no centro, e que se enfia em rosário, colar, etc. **11.** *Inform.* Em sistemas e redes de computadores, registro a respeito de cada um dos usuários cadastrados, para controle do acesso aos recursos oferecidos. ♦ **Conta corrente. 1.** *Econ.* Registro de débitos e créditos, ou de receitas e despesas, à medida que se sucedem. **2.** Conta (5 e 6) relativa à movimentação de depósitos e retiradas à vista.

con.tá.bil [It. *contabile*.] *adj2g.* Relativo à contabilidade. [Pl.: -*beis*.]

con.ta.bi.li.da.de [It. *contabilità*.● 14] *sf.* Ciência que sistematiza e interpreta registros de transações financeiras de empresas e de outras organizações.

contabilista | contido

con.ta.bi.lis.ta [*Contábil.* ▣ 36] *s2g.* Aquele que é formado em contabilidade.

con.ta.bi.li.zar [*Contábil.* ▣ 1D] *vtd.* Fazer a escrita (5) de. [C.: 1]

con.tac.tar ou **con.ta.tar** [*Contacto* ou *contato*. ▣ 1A] *vtd., ti. e int.* Ter ou entrar em contato com. [C.: 1]

con.tac.to ou **con.ta.to** [Lat. *contactu.*] *sm.* 1. Estado ou situação dos corpos que se tocam. 2. Comunicação, interação ou convivência entre pessoas ou grupos. 3. Comunicação, conexão.

con.ta.dor (ô) [*Contar.* ▣ 19A] *adj.* 1. Que conta. ● *sm.* 2. Aquele que conta. 3. Verificador de contas. 4. Aparelho para contagem de água, de gás ou de eletricidade; medidor. 5. *Bras.* Homem diplomado em contabilidade.
◆ **Contador Geiger.** Dispositivo para medição de radioatividade.

con.ta.do.ri.a [*Contador.* ▣ 8A] *sf.* Repartição onde se faz verificação de contas.

con.ta.gem [*Contar.* ▣ 6] *sf.* Ato, efeito ou operação de contar; cômputo. [Pl.: *-gens.*]

con.ta.gi.ar [*Contágio.* ▣ 1A] *vtd.* 1. Transmitir por contágio. 2. *P.ext.* Transmitir-se. *p.* 3. Pegar doença por contágio. [Sin. de 1 e 3: *contaminar.*] 4. *Fig.* Ser tomado (por emoção, etc.), como que por contágio. [C.: 1] § **con.ta.gi.an.te** *adj2g.*

con.tá.gi:o [Lat. *contagiu.*] *sm. Med.* Transmissão de doença por contato imediato ou mediato.

con.ta.gi.o.so (ô) [Lat. *contagiosu.* ▣ 37] *adj.* Que se propaga por contágio; contagiante. [Pl.: *-osos* (ó).]

con.ta-go.tas *sm2n.* Aparelho para pingar gotas de um líquido.

con.ta.mi.nar [Lat. *contaminare.* ▣ 1A] *vtd.* 1. Contagiar (1). 2. Provocar infecção em. *p.* 3. Contagiar (3). [C.: 1] § **con.ta.mi.na.ção** *sf.*

con.tan.to [*Com + tanto.*] Us. na loc. conj. *contanto que.* ◆ **Contanto que.** Sob condição de que; apenas se (algo acontecer); desde que.

con.tar [Lat. *computare.* ▣ 1A] *vtd.* 1. Verificar o número, a quantidade de; computar. 2. Fazer entrar como parcela numa conta. 3. Ter, possuir. 4. Narrar, relatar. 5. Ter esperanças de. 6. Propor-se a; tencionar. 7. Incluir num grupo, num total. *tdi.* 8. Contar (4). *ti.* 9. Contar (4). 10. Dispor de: *Contava com empregados fiéis.* 11. Ter esperança, confiança em; confiar. *int.* 12. Fazer contas; calcular. 13. Ter peso, importância; pesar [C.: 1]

con.têi.ner [Ingl. *container.*] *sm.* Recipiente, ger. metálico, de tamanho e características padronizados, para acondicionamento de carga, a fim de facilitar o seu transporte, embarque, desembarque, etc.

con.tem.pla.ção [Lat. *contemplatione.* ▣ 2A] *sf.* 1. Ato ou efeito de contemplar. 2. Deferência, consideração. 3. Grande aplicação (2) às coisas divinas. [Pl.: *-ções.*]

con.tem.pla.do [*Contemplar.* ▣ 17A] *adj. sm.* Que, ou quem recebeu contemplação (2), ou foi sorteado para receber prêmio, etc.

con.tem.plar [Lat. *contemplare.* ▣ 1A] *vtd.* 1. Olhar atenta ou embevecidamente. 2. Dar alguma coisa a, como prêmio ou prova de admiração. *tdi.* 3. Contemplar (2). [C.: 1]

con.tem.pla.ti.vo [Lat. *contemplativu.* ▣ 22A] *adj.* 1. Meditabundo; sonhador. 2. Dado à contemplação (3).

con.tem.po.râ.ne:o [Lat. *contemporaneu.*] *adj. sm.* Que, ou aquele que é do mesmo tempo, ou do nosso tempo; coevo, coetâneo.

con.tem.po.ri.zar [*Con-* + lat. *tempore*, 'tempo', + *-izar*. ▣ 1D] *v.int.* 1. Acomodar-se às circunstâncias. *td.* 2. Entreter para ganhar tempo. [C.: 1] § **con.tem.po.ri.za.dor** (ô) *adj. sm.*

con.ten.ci.o.so (ô) [Lat. *contentiosu.* ▣ 37] *adj.* 1. Em que há litígio. ● *sm.* 2. Seção de repartição ou estabelecimento onde se tratam questões litigiosas. [Pl.: *-osos* (ó).]

con.ten.da [Dev. de *contender.*] *sf.* 1. Debate, controvérsia. 2. Peleja.

con.ten.der [Lat. *contendere.* ▣ 1B] *v.int.* 1. Ter contenda com alguém. *ti.* 2. Lutar, brigar, discutir; disputar. [C.: 2]

con.ten.dor (ô) *sm.* Aquele que contende.

con.ten.são [*Con-* + *tensão.*] *sf.* Esforço, ou aplicação considerável. [Pl.: *-sões.*]

con.ten.ta.men.to [*Contentar.* ▣ 3] *sm.* Sentimento de prazer; alegria.

con.ten.tar [*Contente.* ▣ 1A] *vtd. e p.* Tornar(-se) contente. [C.: 1]

con.ten.te [Lat. *contentu.*] *adj2g.* Alegre; satisfeito.

con.ter [Lat. *continere.* ▣ 1B] *vtd.* 1. Ter em si; incluir. 2. V. *reprimir* (1). 3. Manter dentro de certos limites ou sob controle. *p.* 4. Reprimir-se. [C.: 15] § **con.ten.ção** *sf.*

con.ter.râ.ne:o [Lat. *conterraneu.*] *sm.* Aquele que é da mesma terra; compatriota, patrício.

con.tes.ta.ção [Lat. *contestatione.* ▣ 2A] *sf.* 1. Ato de contestar. 2. Debate, controvérsia. 3. *Jur.* Resposta ao libelo do autor no processo. [Pl.: *-ções.*]

con.tes.tar [Lat. **contestare.* ▣ 1A] *vtd.* 1. Provar com o testemunho de outrem. 2. V. *impugnar* (1). 3. Contradizer; negar. [C.: 1 (é)] § **con.tes.tá.vel** *adj2g.*

con.te.ú.do [Subst. do part. arc. de *conter.*] *sm.* O que se contém em alguma coisa.

con.tex.to (ês) [Lat. *contextu.*] *sm.* O que constitui o texto no seu todo.

con.tex.tu.ra (ês) [Lat. *contextus + -ura.* ▣ 5] *sf.* Ligação entre as partes dum todo.

con.ti.do [Part. de *conter.*] *adj.* Refreado, reprimido ou comedido.

con.ti.go [*Com* + *tigo*, 'contigo'.] *pron.* **1.** Com a pessoa com quem se fala. **2.** Em tua companhia. **3.** De ti para ti. **4.** Em teu poder.

con.tí.guo [Lat. *contiguu*.] *adj.* **1.** Que está em contato; unido. **2.** Vizinho, adjacente, pegado. § **con.ti.gui.da.de** (güi) *sf.*

con.ti.nên.ci:a [Lat. *continentia*.] *sf.* **1.** Abstenção de prazeres; abstinência. **2.** Cumprimento (2) militar.

con.ti.nen.tal [*Continente*.⊡39] *adj2g.* De, ou relativo a continente. [Pl.: *-tais*.]

con.ti.nen.te [Lat. *continente*.⊡21] *adj2g.* **1.** Que tem continência. ● *sm.* **2.** Grande massa de terra cercada pelas águas oceânicas. **3.** Cada uma das 6 grandes divisões da Terra: Europa, Ásia, África, América, Antártica (ou Antártida) e Oceania. [Para alguns a Europa e a Ásia são um único continente: a Eurásia.] ◆ **Continente austral.** A Antártica, as grandes massas de terra em torno do polo sul. **Antigo Continente.** Europa, Ásia e África. **Novíssimo Continente.** A Oceania. **Novo Continente.** A América.

con.tin.gên.ci:a [Lat. *contingentia*.] *sf.* Qualidade do que é contingente.

con.tin.gen.ci.ar [*Contingência*.⊡1A] *vtd. Econ.* Impor ao governo, limite ou quota a (liberação de verba orçamentária, importação de certas mercadorias, etc.). [C.: 1]

con.tin.gen.te [Lat. *contingente*.⊡21] *adj2g.* Que pode ou não suceder; incerto, indeterminado.

con.ti.nu.ar [Lat. *continuare*.⊡1A] *vtd.* **1.** Prosseguir sem interrupção. **2.** Dar seguimento a: *continuar um trabalho*. **3.** Seguir-se a. *ti.* **4.** Persistir; prosseguir. **5.** Continuar (2): *continuar com uma pesquisa*. *pred.* **6.** Permanecer. *int.* **7.** Seguir avante; prosseguir: *As buscas continuam*. **8.** Perdurar (2): *A chuva continua*. *p.* **9.** Estender-se, prolongar-se. [C.: 1] § **con.ti.nu.a.ção** *sf.*; **con.ti.nu.ís.ta** *adj2g. s2g.*

con.ti.nu.ís.mo [*Contínuo*.⊡11] *sm.* Manobra política que visa à perpetuação, no poder, de uma pessoa ou de um grupo.

con.tí.nu:o [Lat. *continuu*.] *adj.* **1.** Em que não há interrupção; seguido. ● *sm.* **2.** Bói. § **con.ti.nu.i.da.de** *sf.*

con.tis.ta [*Conto*.⊡36] *s2g.* Autor de contos literários.

con.to [Lat. *computu*.] *sm.* **1.** Narração falada ou escrita. **2.** Engodo, embuste.

con.tor.ção [Lat. *contortione*.⊡2A] *sf.* Ato ou efeito de contorcer(-se). **2.** Contração muscular. [Pl.: *-ções*.]

con.tor.cer [Lat.vulg. *contorcere*.⊡1B] *vtd. e p.* Torcer(-se) muito; contrair(-se). [C.: 1A (ó)]

con.tor.ci.o.nis.ta [*Contorção* (*-cion-*).⊡36] *s2g.* Ginasta que faz contorções.

con.tor.nar [It. *contornare*.⊡1A] *vtd.* **1.** Fazer o contorno de. **2.** *Fig.* Dar a (uma situação, um caso) uma solução de emergência. [C.: 1 (ó)]

con.tor.no (ô) [It. *contorno*.] *sm.* **1.** Linha que fecha ou limita exteriormente um corpo; periferia. **2.** Circuito (1).

con.tra [Lat. *contra*.] *prep.* **1.** Em oposição a; em luta com. **2.** Em contradição com. **3.** Em direção oposta à de. **4.** Recebendo em troca. **5.** Em direção a. ● *sm.* **6.** Obstáculo, dificuldade. **7.** Objeção.

con.tra-al.mi.ran.te [*Contra-* + *almirante*.] *sm.* V. *hierarquia militar*. [Pl.: *contra-almirantes*.]

con.tra-a.ta.que [*Contra-* + *ataque*.] *sm.* Ataque em resposta a outro. [Pl.: *contra-ataques*.]

con.tra.bai.xis.ta [*Contrabaixo*.⊡36] *s2g.* Quem toca contrabaixo.

con.tra.bai.xo [It. *contrabbasso*.] *sm.* O maior e mais grave instrumento de cordas, da família do violino.

con.tra.ba.lan.çar [*Contra-* + *balançar*.⊡1A] *vtd.* **1.** Igualar em peso; equilibrar. **2.** V. *compensar* (1 e 2). *tdi.* **3.** Contrabalançar (2). [C.: 1B]

con.tra.ban.de.ar [*Contrabando*.⊡1N] *vtd. e int.* Fazer contrabando (de). [C.: 12A]

con.tra.ban.dis.ta [*Contrabando*.⊡36] *s2g.* Quem faz contrabando; muambeiro.

con.tra.ban.do [It. *contrabbando*.] *sm.* **1.** Introdução clandestina de mercadorias estrangeiras sem pagamento de direitos. **2.** A coisa contrabandeada; muamba.

con.tra.ção [Lat. *contractione*.⊡2A] *sf.* **1.** Ato ou efeito de contrair(-se). **2.** *Econ.* Redução no nível de atividade econômica de um país. **3.** *E.Ling.* Aglutinação de 2 elementos gramaticais por crase, ditongação, adaptação fonética, ou elisão. **4.** *E.Ling.* Crase. [Pl.: *-ções*.]

con.tra.ca.pa [*Contra-* + *capa¹*.] *sf.* Cada um dos lados internos de livro, revista, etc.

con.tra.ce.na *sf.* **1.** Ato de contracenar. **2.** *Teatr. Cin. Telev.* Diálogo fingido que se desenvolve paralelamente à cena principal.

con.tra.ce.nar [*Contracena*.⊡1A] *v.int.* **1.** Participar de contracena (2). *ti.* **2.** Contracenar (1). **3.** Representar, interpretar. [C.: 1]

con.tra.cep.ção [Ingl. *contraception*.] *sf.* Infecundidade resultante do uso de contraceptivo. [Pl.: *-ções*.]

con.tra.cep.ti.vo [Ingl. *contraceptive*.⊡22] *adj. sm.* Diz-se de, ou medicamento ou método anticoncepcional.

con.tra.che.que *sm.* Documento entregue mensalmente pelo empregador ao assalariado, especificando o montante do salário, descontos, e a quantia líquida a ser paga.

con.tra.cor.ren.te *sf. Ocean.* Corrente permanente que flui em sentido contrário ao de uma principal.

cos.tra.cos.ta *sf.* Costa marítima oposta a outra, no mesmo continente ou na mesma ilha.

con.tra.dan.ça [Fr. *contredanse*.] *sf.* Dança rústica, em que os pares se defrontam e executam uma série de movimentos contrários.

contradição | contrarregra

con.tra.di.ção [Lat. *contradictione*. ☐ 2] *sf.* **1.** Incoerência entre o que se diz e o que se disse, entre palavras e ações; desacordo. **2.** *Lóg.* Exclusão recíproca e necessária entre 2 proposições. [Pl.: -ções.]

con.tra.di.ta *sf. Jur.* Alegação dum pleiteante contra outro.

con.tra.di.tar [*Contradita*. ☐ 1A] *vtd.* Opor contradita a. [C.: 1]

con.tra.di.tó.ri:o [Lat. *contradictoriu*. ☐ 23A] *adj.* Em que há contradição; oposto.

con.tra.di.zer [Lat. *contradicere*. ☐ 1B] *vtd.* **1.** Dizer o contrário de; contrariar. **2.** Desmentir (2). *p.* **3.** Dizer o contrário do que antes afirmava. [C.: 17]

con.tra.fa.ção [Lat. *contrafactione*. ☐ 2] *sf.* Falsificação de produtos, assinaturas, etc., de outrem. [Pl.: -ções.]

con.tra.fa.zer [Lat. *contrafacere*. ☐ 1B] *vtd.* **1.** Reproduzir, imitando; imitar, arremedar. *p.* **2.** Constranger-se. **3.** Ficar contrafeito. [C.: 18]

con.tra.fé [*Contra-* + *fé.*] *sf.* Cópia autêntica de citação ou intimação, que se entrega ao citado ou intimado.

con.tra.fei.to [Lat. *contrafactu*.] *adj.* Constrangido; forçado.

con.tra.fi.lé *sm.* Carne tirada da parte média do dorso do boi, ger. us. em bife, rosbife, etc.

con.tra.for.te [It. *contrafforte*.] *sm.* **1.** Forro que reforça a parte posterior do calçado. **2.** Qualquer forro us. como reforço. **3.** Cadeia de montanhas que se destaca de um maciço principal, entestando com ele.

con.tra.gol.pe [*Contra-* + *golpe*.] *sm.* Golpe em oposição a outro.

con.tra.gos.to (ô) [*Contra-* + *gosto*.] *sm.* Falta de vontade ou gosto. ♦ **A contragosto.** Contra a própria vontade, forçadamente.

con.tra.in.di.ca.ção [*Contra-* + *indicação*.] *sf.* Indicação contrária a outra. [Pl.: -ções.]

con.tra.in.di.car [*Contra-* + *indicar*. ☐ 1A] *vtd.* e *tdi.* Opor-se ao emprego ou à indicação de; desaconselhar. [C.: 1A]

con.tra.ir [Lat. *contrahere*. ☐ 1C] *vtd.* **1.** Fazer contração de; crispar. **2.** Adquirir (amizades, hábitos, doenças, etc.). **3.** Tomar a si; assumir: *contrair dívidas*. **4.** *P.ext.* Assumir o compromisso de: *contrair matrimônio. p.* **5.** Encolher-se, apertar-se. [C.: 38] § **con.tra.en.te** *adj2g. s2g.*; **con.tra.í.do** *adj.*

con.tral.to [It. *contralto*.] *sm.* **1.** A voz feminina de tessitura mais grave. **2.** Cantora que tem essa voz.

con.tra.mão [*Contra-* + *mão*.] *sf. Bras.* **1.** Direção oposta à mão (8). [Pl.: -mãos.] ● *adj2g2n.* **2.** Que tem a direção oposta à mão (8).

con.tra.mar.cha [*Contra-* + *marcha*.] *sf.* Marcha em sentido oposto ao da que fazia.

con.tra.mes.tre [*Contra-* + *mestre*.] *sm.* O responsável por uma equipe ou determinado serviço (numa fábrica, oficina, etc.).

con.tra.o.fen.si.va [*Contra-* + *ofensiva*.] *sf.* Contra-ataque ou ofensiva para retirar ao inimigo a iniciativa de ataque.

con.tra.or.dem *sf.* Ordem que anula outra.

con.tra.pa.ren.te [*Contra-* + *parente*.] *s2g.* **1.** Parente muito afastado. **2.** Parente afim.

con.tra.par.te [*Contra-* + *parte*.] *sf.* Parte musical em oposição a outra.

con.tra.par.ti.da [*Contra-* + *partida*.] *sf.* **1.** O lançamento em conta feito p.opos. a outro, em conta diferente e em sentido oposto. **2.** Aquilo que serve como compensação: *Não teve contrapartida para seus gastos.* ♦ **Em contrapartida.** Em compensação; por outro lado.

con.tra.pe.so (ê) [*Contra-* + *peso*.] *sm.* Peso adicional que, posto numa concha da balança, a equilibra com a outra.

con.tra.pon.to [It. *contrappunto*.] *sm. Mús.* **1.** Disciplina que ensina a compor polifonia. **2.** Arte de compor música para 2 ou mais vozes ou instrumentos. ♦ **Em contraponto. 1.** Simultaneamente, e de modo complementar. **2.** Us. para dar ideia de oposição ou contraste entre coisas simultâneas, paralelas ou simultâneas.

con.tra.por (ô) [Lat. *contraponere*.] *vtd.* **1.** Pôr contra, em frente; confrontar: *contrapor 2 textos*. **2.** Pôr em paralelo. **3.** Apresentar em oposição. *tdi.* **4.** Contrapor (1 e 3): *Contrapôs um texto com outro. p.* **5.** Pôr-se contra. [C.: 34]

con.tra.pro.du.cen.te [*Contra-* + *producente*.] *adj2g.* Cujo resultado é contrário ao que se esperava.

con.tra.pro.pa.gan.da [*Contra-* + *propaganda*.] *sf.* Propaganda destinada a combater outra.

con.tra.pro.por [*Contra-* + *propor*.] *vtd.* Apresentar como contraproposta. [C.: 34]

con.tra.pro.pos.ta *sf.* Proposta em substituição a outra não aprovada ou aceita.

con.tra.pro.va [*Contra-* + *prova*.] *sf.* Impugnação jurídica de um libelo.

con.tra.ri.ar [Lat. *contrariare*. ☐ 1A] *vtd.* **1.** Dizer, fazer ou querer o contrário de. **2.** Aborrecer, descontentar. **3.** Não condizer com. *p.* **4.** Aborrecer-se. [C.: 1]

con.tra.ri:e.da.de [Lat. *contrarietate*. ☐ 14] *sf.* **1.** Qualidade ou caráter do que é contrário. **2.** Decepção, transtorno. **3.** Desgosto, aborrecimento. **4.** *Lóg.* Exclusão recíproca entre 2 proposições, admitida a possibilidade de ambas serem falsas.

con.trá.ri:o [Lat. *contrariu*. ☐ 24] *adj.* **1.** Que apresenta oposição ou diferença absoluta a. **2.** Desfavorável, desvantajoso. ● *sm.* **3.** Tudo que é oposto. **4.** Adversário, inimigo.

con.trar.re.gra [*Contra-* + *regra*.] *s2g. Cin. Rád. Teatr. Telev.* Pessoa encarregada de produzir efeitos sonoros, cuidar dos cenários e objetos de cena, indicar a entrada de atores, etc.

con.trar.re.vo.lu.ção [*Contra-* + *revolução.*] *sf.* Revolução que visa a anular outra. [Pl.: *-ções.*]
con.tras.sen.so [*Contra-* + *senso.*] *sm.* Dito ou ato contrário ao bom-senso.
con.tras.tar [Lat. *contrastare.* ▣1A] *vtd.* **1.** Fazer contraste ou oposição a. **2.** Opor-se, contrariar. *ti.* **3.** Estar em oposição ou contraste. [C.: 1] § **con.tras.tá.vel** *adj2g.*
con.tras.te [Dev. de *contrastar.*] *sm.* **1.** Oposição entre coisas ou pessoas das quais uma faz que a outra se destaque. **2.** Sinal que se põe nos objetos feitos de metal precioso para asseverar sua qualidade. **3.** *Med.* Diferença de densidade óptica perceptível em radiografia. **4.** *Med.* Substância que, introduzida em órgão oco ou provido de ducto, permite que tais órgãos sejam visualizados radiologicamente.
con.tra.tar [*Contrato.* ▣1A] *vtd.* **1.** Fazer contrato de. **2.** Adquirir por contrato. **3.** V. *empregar* (2). [C.: 1] § **con.tra.ta.dor** (ô) *adj. sm.*; **con.tra.tan.te** *adj2g. s2g.*
con.tra.tem.po [It. *contrattempo.*] *sm.* Acidente imprevisto.
con.trá.til ou **con.trác.til** [Lat. *contractus* + *-il*¹.] *adj2g.* Suscetível de contrair-se ou encolher-se. [Pl.: *-teis.*]
con.tra.to [Lat. *contractu.*] *sm.* **1.** Ato ou efeito de contratar. **2.** Acordo de 2 ou mais pessoas, empresas, etc., que entre si transferem direito ou se sujeitam a uma obrigação. **3.** Documento que expressa esse acordo.
con.tra.tor.pe.dei.ro [*Contra-* + *torpedeiro.*] *sm.* Navio de combate cujo principal armamento é o torpedo; destróier.
con.tra.tu.al [*Contrato.* ▣39A] *adj2g.* Que consta de contrato. [Pl.: *-ais.*]
con.tra.tur.no *sm.* Período em que os alunos frequentam a escola para ter aulas de recuperação, aulas especiais, praticar esportes, etc.
con.tra.ven.ção [Lat. **contraventione.* ▣2] *sf.* Transgressão ou infração a disposições estabelecidas. [Pl.: *-ções.*]
con.tra.ve.ne.no [*Contra-* + *veneno.*] *sm.* Medicamento que frustra a ação dum veneno; antídoto.
con.tra.ven.tor (ô) [Lat.med. **contraventore.* ▣19] *sm.* Aquele que perpetra contravenção.
con.tri.bu.i.ção [Lat. *contributione.* ▣2A] *sf.* **1.** Ato ou efeito de contribuir. **2.** Quinhão que cabe a cada contribuinte. **3.** Colaboração na realização de algo. [Pl.: *-ções.*]
con.tri.bu.ir [Lat. *contribuere.* ▣1C] *vti.* **1.** Concorrer com outrem nos meios para a realização duma coisa, ou para a sua evolução, desenvolvimento ou aprimoramento: *Paulo Freire contribuiu para a educação no país.* **2.** Ter parte em: *O desemprego contribui para a violência.* **3.** Pagar contribuição: *Contribuíram para a festa.* **4.** Pagar impostos: *contribuir para o INSS. int.* **5.** Ter parte numa despesa comum. [C.: 42] § **con.tri.bu.in.te** *adj2g. s2g.*

con.tri.bu.ti.vo [*Contribuir.* ▣22A] *adj.* Referente a contribuição.
con.tri.ção [Lat. *contritione.* ▣2] *sf.* Arrependimento das próprias culpas ou pecados. [Pl.: *-ções.*]
con.tris.tar [Lat. *contristare.* ▣1A] *vtd. e p.* Tornar(-se) muito triste; afligir(-se). [C.: 1] § **con.tris.ta.do** *adj.*
con.tri.to [Lat. *contritu.*] *adj.* Que tem contrição; arrependido.
con.tro.lar [Fr. *contrôler.* ▣1A] *vtd.* **1.** Exercer o controle de. **2.** Submeter a controle. **3.** Dominar (emoção, ou outro sentimento). *p.* **4.** Manter o controle (3). [C.: 1 (ó)] § **con.tro.la.dor** (ô) *adj. sm.*; **con.tro.lá.vel** *adj2g.*
con.tro.le (ô) [Fr. *contrôle.*] *sm.* **1.** Ato ou poder de controlar. **2.** Fiscalização exercida sobre as atividades de pessoas, órgãos, etc., para que não se desviem das normas preestabelecidas. **3.** Autocontrole. ◆ **Controle remoto.** Dispositivo, ou método, que permite operar máquinas ou equipamentos à distância, sem manuseio direto.
con.tro.vér.si.a [Lat. *controversia.*] *sf.* **1.** Debate regular sobre assunto artístico, religioso, científico, etc. **2.** Contestação, polêmica.
con.tro.ver.so [Lat. *controversu.*] *adj.* Que é objeto de controvérsia; controvertido.
con.tro.ver.ter [Lat. *controvertere.* ▣1B] *vtd.* Pôr objeção ou dúvida a; discutir. [C.: 2 (ê-é)] § **con.tro.ver.ti.do** *adj.*
con.tu.do [*Com* + *tudo.*] *conj.* No entanto; não obstante.
con.tu.maz [Lat. *contumace.*] *adj2g.* **1.** Obstinado. **2.** Habitual, costumeiro.
con.tun.den.te [Lat. *contundente.* ▣21] *adj2g.* **1.** Que contunde, fere. **2.** *Fig.* Decisivo, categórico. **3.** *Fig.* Agressivo demais.
con.tun.dir [Lat. *contundere.* ▣1C] *vtd.* **1.** Fazer contusão em. *p.* **2.** Sofrer contusão. [C.: 3]
con.tur.bar [Lat. *conturbare.* ▣1A] *vtd. e p.* Perturbar(-se), alterar(-se). [C.: 1]
con.tu.são [Lat. *contusione.* ▣2] *sf. Med.* Lesão traumática superficial, com laceração cutânea ou sem ela. [Pl.: *-sões.*]
co.nú.bi:o [Lat. *connubiu.*] *sm.* Ligação, aliança.
co.nur.ba.ção [Ingl. *conurbation.*] *sf. Urb.* Conjunto formado por uma cidade e seus subúrbios, ou por cidades reunidas que constituem uma sequência, sem, contudo, se confundirem.
con.va.les.cen.ça [Lat. *convalescentia.*] *sf.* Recuperação que se segue a doença, operação, traumatismo, etc.
con.va.les.cer [Lat. *convalescere.* ▣1Pa] *v.int.* Recuperar-se, mais ou menos lentamente, de doença, traumatismo, etc. [C.: 2A (ê-é)] § **con.va.les.cen.te** *adj2g. s2g.*
con.ven.ção [Lat. *conventione.* ▣2] *sf.* **1.** Ajuste ou determinação sobre um assunto, fato,

con.ven.cer [Lat. *convincere*.⬛1B] *vtd. e p.* **1.** Persuadir(-se) de determinada coisa: *Suas palavras convenceram-na*; *Convenci-me de sua boa-fé*. *tdi.* **2.** Persuadir: *Convenceu-o a aceitar o negócio*. [C.: 2A] § **con.ven.ci.men.to** *sm.*

con.ven.ci.do [Part. de *convencer*.] *adj.* **1.** Que se convenceu; convicto. **2.** *Fam.* V. *presunçoso*.

con.ven.ci.o.nal [Lat. *conventionale*.⬛39] *adj2g.* **1.** Relativo a, ou resultante de convenção. **2.** Conforme às convenções sociais. [Pl.: *-nais*.]

con.ven.ci.o.nar [*Convenção* (*-cion-*).⬛1A] *vtd.* Estabelecer por convenção. [C.: 1]

con.ve.ni.ên.ci.a [Lat. *convenientia*.⬛10] *sf.* **1.** Qualidade ou caráter de conveniente. **2.** Aquilo que convém, que interessa; vantagem.

con.ve.ni.en.te [Lat. *conveniente*.⬛21] *adj2g.* **1.** Util, vantajoso. **2.** Decente. **3.** Oportuno.

con.vê.ni.o [B.-lat. *conveniu*.] *sm.* **1.** Convenção, ajuste. **2.** Contrato de prestação de serviço entre duas entidades.

con.ven.to [Lat. *conventu*.] *sm.* Habitação de comunidade religiosa. § **con.ven.tual** *adj2g.*

con.ver.gên.ci.a [*Convergir*.⬛10] *sf.* **1.** Ato de convergir. **2.** Qualidade, caráter ou estado de convergente. **3.** Ponto ou grau em que linhas, raios luminosos, etc., convergem.

con.ver.gen.te [*Convergir*.⬛21A] *adj2g.* Que converge.

con.ver.gir [Lat. *convergere*.⬛1C] *vtc.* **1.** Tender ou dirigir-se (para o mesmo ponto). *ti.* **2.** Concorrer, afluir (ao mesmo ponto). **3.** Tender (para um mesmo fim). [C.: 46]

con.ver.sa [Dev. de *conversar*.] *sf.* **1.** Conversação. **2.** *Fam.* Mentira (1). ♦ **Conversa fiada.** Proposta ou promessa de pessoa que não pretende cumprir o que diz; papo furado.

con.ver.sa.dor (ô) [*Conversar*.⬛19A] *adj.sm.* Que, ou aquele que gosta de conversa.

con.ver.são [Lat. *conversione*.⬛2] *sf.* **1.** Ato ou efeito de converter(-se). **2.** O ato de passar dum grupo religioso para outro, duma para outra religião ou seita. [Pl.: *-sões*.]

con.ver.sar [Lat. *conversare.] *vti. e bit. i.* **1.** Falar, tratar. *int.* **2.** Trocar ideias ou informações, durante conversa. [C.: 1 (é)]

con.ver.sí.vel [Lat. *conversibile*.⬛41] *adj2g.* **1.** Que se pode converter. **2.** Com a capota dobrável ou removível (carro, etc.). ● *sm.* **3.** Automóvel conversível (2). [Pl.: *-veis*.]

con.ver.sor (ô) [*Converso*.⬛19] *sm.* *Eng.Elétr.* Máquina que transforma corrente contínua em alternada, ou vice-versa.

con.ver.ter [Lat. *convertere*.⬛1B] *vtd.* **1.** Conduzir à religião que se julga ser a verdadeira. **2.** Fazer mudar de convicção, hábito, etc. *tdi.* **3.** Transformar (uma coisa) em outra de forma e/ou propriedade diferente. **4.** Trocar (moeda) por outra equivalente. *int.* **5.** *Basq.* Acertar o arremesso à cesta; encestar. **6.** *Fut.* Marcar gol na cobrança de falta ou pênalti. *p.* **7.** Transformar-se, mudar-se. **8.** Mudar de convicção, hábito, ou religião. [C.: 2 (ê-é)]

con.vés *sm.* **1.** Qualquer dos pavimentos, numa embarcação. **2.** O piso deles; deque.

con.ve.xo (cs) [Lat. *convexu*.] *adj.* Arredondado externamente; bojudo. § **con.ve.xi.da.de** (cs) *sf.*

con.vic.ção [Lat. *convictione*.⬛2] *sf.* Certeza adquirida, ou persuasão íntima; certeza. [Pl.: *-ções*.]

con.vic.to [Lat. *convictu*.] *adj.* **1.** Convencido (1). **2.** Diz-se do réu cujo crime se demonstrou.

con.vi.da.do [*Convidar*.⬛17A] *sm.* Aquele que recebeu convite (2).

con.vi.dar [Lat.vulg. *convitare.⬛1A] *vtdi.* **1.** Pedir o comparecimento de; convocar, chamar. **2.** Solicitar, instar: *Convidou-o a retirar-se*. **3.** Atrair, levar. *td.* **4.** Convidar (1). *int.* **5.** Ser convidativo. *p.* **6.** Dar-se por convidado. [C.: 1]

con.vi.da.ti.vo [*Convidar*.⬛22A] *adj.* Que convida, atrai; atraente.

con.vin.cen.te [Lat. *convincente*.⬛21] *adj2g.* Que convence.

con.vir [Lat. *convenire*.⬛1C] *vti.* **1.** Concordar, admitir. **2.** Ser conveniente, proveitoso. *int.* **3.** Ser conveniente. [C.: 36]

con.vi.te [Lat. *convit*.] *sm.* **1.** Ato de convidar. **2.** Mensagem pela qual se convida. **3.** *Fig.* Aquilo que atrai ou estimula.

con.vi.va [Lat. *conviva*.] *s2g.* Quem participa em banquete, almoço, etc.

con.vi.vên.ci.a [*Conviver*.⬛10] *sf.* **1.** Ato ou efeito de conviver; companhia. **2.** Trato constante, diário. [Sin.ger.: *convívio*.]

con.vi.ver [Lat. *convivere*.⬛1B] *vti.* **1.** Viver em comum com outrem em intimidade, em familiaridade. *int.* **2.** Viver em comum. [C.: 2]

con.ví.vi.o [Lat. *conviviu*.] *sm.* V. *convivência* (1).

con.vo.car [Lat. *convocare*.⬛1A] *vtd.* **1.** V. *convidar* (1). **2.** Exigir a presença ou a apresentação de (alguém). **3.** Chamar para prestação de serviço militar. **4.** Fazer reunir. *tdi.* **5.** Chamar (pessoa[s]) a participar. **6.** *Esport.* Convidar (desportista) a participar de seleção (2). [C.: 1A (ó)] § **con.vo.ca.ção** *sf.*; **con.vo.ca.do** *adj. sm.*

con.vol.vu.lá.ce.a [Tax. *Convolvulaceae*.] *sf. Bot.* Espécime das convolvuláceas, família de ervas e arbustos, ger. trepadores, floríferos, de frutos capsulares. § **con.vol.vu.lá.ce:o** *adj.*

con.vos.co (ô) [*Com* + *vosco*.] *pron.* **1.** Em vossa companhia. **2.** De vós para vós. **3.** Em vosso poder.

con.vul.são [Lat. *convulsione*.⬛2] *sf.* **1.** Agitação violenta. **2.** Cataclismo (1). **3.** *Med.* Contração muscular involuntária e instantânea isolada ou em série, causando movimento(s) localizado(s) a um ou mais grupos musculares. [Pl.: *-sões*.]

convulsionar | coque²

con.vul.si:o.nar [*Convulsão* (-*sion*-).◼1A] *vtd.* **1.** Pôr em convulsão. **2.** Excitar à revolução. [C.:1]

con.vul.si.van.te [Fr. *convulsivant*.◼21] *adj2g.* Diz-se de, ou agente que produz convulsão (3).

con.vul.si.vo *adj.* V. *convulso*.

con.vul.so [Lat. *convulsu*.] *adj.* **1.** Em que há convulsão. **2.** Que produz convulsão. [Sin. ger.: *convulsivo*.]

co.o.bri.ga.do [*Co-* + *obrigado*.] *adj. sm.* Diz-se de, ou aquele que assumiu obrigação juntamente com outro.

co.o.nes.tar [Lat. *cohonestare*.◼1A] *vtd.* Fazer que pareça honesto, decente. [C.:1 (é)]

co.o.pe.ra.do *sm.* Membro ou participante de uma cooperativa; cooperativado.

co.o.pe.rar [Lat. **cooperare*.◼1A] *vti. e bit. i.* **1.** Trabalhar em comum; colaborar. *int.* **2.** Auxiliar, ajudar, colaborar. [C.:1 (é)] § **co.o.pe.ra.ção** *sf.*; **co.o.pe.ra.dor** (ô) *adj.*

co.o.pe.ra.ti.va *sf.* Empresa organizada e dirigida pelos usuários de seus serviços, visando o benefício destes e não o lucro.

co.o.pe.ra.ti.va.do *sm.* Cooperado.

co.o.pe.ra.ti.vis.mo [*Cooperativa*.◼11] *sm.* Doutrina ou prática da difusão de cooperativas no sistema econômico. § **co.o.pe.ra.ti.vis.ta** *adj2g. s2g.*

co.o.pe.ra.ti.vo [Lat. *cooperativu*.◼22A] *adj.* Em que há cooperação.

co.or.de.na.ção [Lat. *coordinatione*.◼2A] *sf.* **1.** Ato ou efeito de coordenar. **2.** *E.Ling.* União de elementos linguísticos sintaticamente equiv., *i.e.*, de função idêntica na construção (3). [Pl.: -*ções*.]

co.or.de.na.da *sf.* **1.** Elemento de um conjunto de números, letras, etc., que permite determinar ou informar a localização de algo no espaço segundo a distância, convenientemente medida, a um ponto de referência. **2.** *Fig.* Informação ou orientação sobre algo; diretriz. **3.** *E.Ling.* V. *oração coordenada*.

co.or.de.na.do [*Coordenar*.◼17A] *adj.* Disposto segundo certos métodos e preceitos.

co.or.de.nar [*Co-* + *ordenar*.] *vtd.* **1.** Dispor segundo certa ordem e método; compor. **2.** Organizar e/ou dirigir, dando orientação. *p.* **3.** Ligar-se coerentemente. [C.:1] § **co.or.de.na.dor** (ô) *adj. sm.*

co.or.de.na.ti.vo [*Coordenar*.◼22A] *adj.* **1.** Relativo a, ou que produz coordenação. **2.** *E.Ling.* Diz-se da conjunção que liga termos ou orações de idêntica função gramatical.

co.pa [Lat.vulg. *cuppa*.] *sf.* **1.** A parte superior do chapéu. **2.** *Bot.* Ramagem superior de uma árvore. **3.** Compartimento da casa, ligado à cozinha, onde se toma, ger., o café da manhã e, às vezes, outras refeições.

co.pa.do [*Copa*.◼17B] *adj.* Que tem grande copa (2).

co.pa.í.ba [Do tupi.] *sf. Bot.* Árvore cesalpiniácea que fornece óleo medicinal e madeira útil.

co.pal [Hisp.-amer. *copal*.] *adj2g.* Diz-se de resinas vegetais us. em vernizes e lacas. [Pl.: -*pais*.]

co.par [*Copa*.◼1A] *v.int. e p.* Formar copa (a árvore). [C.:1 (ó). Defect., unipess.]

co.pas *sfpl.* Um dos 4 naipes, vermelho, figurado com o desenho de um coração.

co.pá.zi:o [*Copo* + -*ázio*.] *sm.* Copo grande.

co.pei.ro [*Copa*.◼25] *sm.* Empregado doméstico que serve à mesa, lava a louça e talheres, etc.

co.per.ni.ca.no [◼29] *adj.* Relativo ao, ou próprio do astrônomo Nicolau Copérnico **(M.)**.

có.pi:a [Lat. *copia*.] *sf.* **1.** Transcrição textual; traslado. **2.** Reprodução; imitação. **3.** V. *abundância*.

co.pi:a.dor (ô) [*Copiar*².◼19A] *sm.* **1.** Copista. **2.** Livro onde se copiam cartas e outros documentos, no comércio, etc.

co.pi.ar¹ [Do tupi.] *sm. Bras.* Varanda contígua à casa.

co.pi.ar² [*Cópia*.◼1A] *vtd.* **1.** Fazer a cópia de. **2.** Reproduzir, imitando. **3.** Imitar (1). **4.** *Fot.* Reproduzir (um negativo). [C.:1]

co.pi.des.car [*Copidesque*.◼1A] *vtd.* Fazer o trabalho de copidesque (1) em. [C.:1A (é)] § **co.pi.des.ca.gem** *sf.*

co.pi.des.que [Ingl. *copy desk*.] *sm. Edit.Jorn.* **1.** Correção, aperfeiçoamento e adequação de um texto escrito às normas gramaticais, editoriais, etc. **2.** Aquele que faz o copidesque (1). **3.** Setor de jornal, editora, etc., em que ele é feito.

co.pi.lo.to [*Co-* + *piloto*.] *sm.* Aquele que dirige uma aeronave juntamente com o piloto.

co.pi.o.so (ô) [Lat. *copiosu*.◼37] *adj.* De que há cópia (3); abundante; afluente. [Pl.: -*osos* (ó).]

co.pir.rai.te [Ingl. *copyright*.] *sm.* Direito exclusivo de impressão, reprodução e venda de obra literária, científica ou artística [símb.: ©].

co.pis.ta [Fr. *copiste*.◼36] *s2g.* Pessoa que copia; copiador.

co.pla [Esp. *copla*.] *sf.* **1.** Pequena composição poética, ger. em quadras, para ser cantada. **2.** V. *quadra* (2).

co.po [*Copa*.] *sm.* Vaso, ger. cilíndrico, sem tampa, pelo qual se bebe.

co.po-de-lei.te *sm. Bras. Bot.* Erva arácea em que as flores são envoltas em brácteas brancas. [Pl.: *copos-de-leite*.]

co.pro.pri:e.da.de *sf.* Condomínio (1).

có.pu.la [Lat. *copula*.] *sf.* **1.** União, ligação. **2.** O ato sexual; coito.

co.pu.lar [Lat. *copulare*.◼1A] *vtd.* **1.** Ajuntar; acasalar. *ti. e int.* **2.** Ter cópula (2). [C.:1]

co.que¹ [V.A] *sm.* V. *cascudo*².

co.que² [Ingl. *coke*.] *sm.* Resíduo sólido da destilação do carvão mineral.

co.que³ [Fr. *coque*.] *sm. Bras.* Cocó¹.
co.quei.ral [*Coqueiro*. ◻39] *sm.* Grupo de coqueiros. [Pl.: *-rais*.]
co.quei.ro [*Coco*¹ (ó). ◻25] *sm. Bot.* Nome comum às palmeiras arecáceas que dão coco.
co.quei.ro-da-ba.í.a *sm. Bras. Bot.* Palmeira arecácea cujo fruto, o coco, tem polpa comestível e fornece óleo, leite e água de coco. [Pl.: *coqueiros-da-baía*.]
co.que.lu.che [Fr. *coqueluche*.] *sf. Med.* Doença infecciosa aguda, com alto poder de contágio, que incide esp. em crianças, caracterizada por acessos de tosse espasmódica.
co.que.te [Fr. *coquette*.] *adj2g.* Que procura despertar admiração, tendo cuidados excessivos com a aparência física, a indumentária, etc.
co.que.tel [Ingl. *cock-tail*.] *sm.* **1.** Bebida feita com a mistura de 2 ou mais bebidas. **2.** *Restr.* O conjunto das drogas que, tomadas simultaneamente, visam a produzir efeito terapêutico. **3.** Reunião social, na qual se servem bebidas, salgadinhos, etc. [Pl.: *-téis*.]
cor [Lat. *cor* (nom.).] *sm. Ant.* Coração. ◆ **De cor.** De memória.
cor (ô) [Lat. *colore*.] *sf.* **1.** Sensação que a luz provoca em órgão de visão, e que depende, primordialmente, do comprimento de onda das radiações. [Contrapõe-se ao *branco*, que é a síntese das radiações, e ao *preto*, que é a ausência de cor.] **2.** Qualquer cor, exceto o branco, o preto e o cinzento. **3.** V. *coloração* (2). **4.** Qualquer matéria corante. **5.** O colorido da pele, esp. das faces. **6.** Característica particular; feição, tom.
co.ra.ção [V.D] *sm.* **1.** *Anat.* Órgão oco, muscular, sito na cavidade torácica, formado de 2 aurículas e 2 ventrículos, e que recebe o sangue e o bombeia mediante movimentos ritmados. **2.** A parte mais interna, ou mais central, ou a mais importante, dum lugar, região, etc. **3.** A natureza ou a parte emocional do indivíduo. **4.** Amor, afeto. **5.** Qualquer objeto de forma semelhante à do coração. [Pl.: *-ções*.] ◆ **Do coração. 1.** Por afeto ou por consideração: *Ele é meu filho do coração.* **2.** V. *do peito*.
co.ra.ci.i.for.me [Tax. *Coraciiformes*.] *adj2g. sm. Zool.* Diz-se de, ou espécime dos coraciiformes, ordem de aves com os 3 dedos anteriores unidos, e que nidificam em buracos.
co.ra.do [Lat. *coloratu*.] *adj.* **1.** Que tem as faces vermelhas. **2.** Que tomou cor mais escura pela ação do fogo (assado, fritura, etc.); tostado.
co.ra.dou.ro [*Corar*. ◻26B] *sm. Bras.* Lugar onde se põe roupa a alvejar; quarador (*bras.*).
co.ra.gem [Fr.ant. *corage*.] *sf.* Energia moral ante situações aflitivas ou difíceis. [Pl.: *-gens*.]
co.ra.jo.so (ô) [Fr. *courageux*. ◻37] *adj.* Que tem ou denota coragem. [Pl.: *-josos* (ó).]
co.ral¹ [Lat. *corallu*.] *sm.* **1.** *Zool.* Animal marinho, cnidário, responsável pela formação de recifes e atóis. [Pl.: *-rais*.] ● *adj2g2n.* **2.** Coralino.
co.ral² [*Coro* (ô). ◻39] *adj2g.* **1.** Relativo a coro (ô). ● *sm.* **2.** *Mús.* Canto em coro (ô); canto coral; coro. **3.** *Mús.* Designação de certos grupos de canto coral² (2); coro. [Pl.: *-rais*.]
co.ral-du.ro *sm. Zool.* Animal escleractínio (q.v.); coral-pétreo. [Pl.: *corais-duros*.]
co.ra.li.no [Lat. *corallinu*. ◻30] *adj.* De cor vermelho-amarelada; coral.
co.ra.li.to [*Coral*¹ + *-ito*².] *sm. Biol.* Esqueleto calcário de um pólipo de coral.
co.ral-mo.le *sm. Zool.* Animal alcionáceo (q.v.). [Pl.: *corais-moles*.]
co.ral-pé.tre:o *sm. Zool.* Coral-duro. [Pl.: *corais-pétreos*.]
co.ran.te [*Corar*. ◻21] *adj2g. sm.* Que, ou substância que cora.
co.rar [Lat. *colorare*. ◻1A] *vtd.* **1.** Dar cor a; colorir. **2.** Branquear, expondo ao sol (roupa, etc.); quarar. **3.** *Cul.* Dar (mais) cor a (assado ou fritura). *ti. e int.* **4.** Enrubescer. [C.: 1 (ó)]
cor.be.lha (é) [Fr. *corbeille*.] *sf.* Cesto delicado, cheio de frutas, flores, etc.
cor.bí.cu.la [Lat.cient. *corbicula*.] *sf. Zool.* Nas abelhas, sistema coletor situado nas tíbias posteriores.
cor.ça (ô) *sf.* A fêmea do corço.
cor.cel [Fr.ant. *corsier*.] *sm.* Cavalo belo e veloz. [Pl.: *-céis*.]
cor.ço (ô) [Regr. do port.ant. *corzar.] *sm. Zool.* Cervídeo pequeno, de chifres curtos.
cor.co.ro.ca [V.A] *sf. Bras. Zool.* Nome comum a vários peixes perciformes.
cor.co.va B.-lat. hisp. *cucurvu*.] *sf.* **1.** Curva saliente. **2.** V. *corcunda* (1). **3.** Parte saliente no lombo de camelo ou de dromedário.
cor.co.va.do [*Corcova*. ◻17B] *adj.* Que tem corcova.
cor.co.ve.ar [*Corcova*. ◻1N] *v.int. e p.* Dar corcovos. [C.: 12A]
cor.co.vo (ô) [B.-lat. hisp. *cucurvu*.] *sm.* Salto que o cavalo dá, arqueando o dorso [cf. *pinote* (1)].
cor.cun.da [V.C] *sf.* **1.** Protuberância disforme nas costas ou no peito; bossa, corcova. ● *s2g.* **2.** Quem a tem.
cor.da [Lat. *chorda*.] *sf.* **1.** Cabo de fios vegetais ou sintéticos unidos e torcidos uns sobre os outros. **2.** Fio de tripa, ou de aço, náilon, etc., que vibra em alguns instrumentos musicais. **3.** Lâmina que aciona o maquinismo dos relógios e de outros instrumentos. **4.** *Geom.* Segmento de uma secante a uma curva, ou a uma superfície, compreendido entre 2 pontos de interseção. **5.** *Anat.* Corda vocal. ◆ **Corda vocal.** *Anat.* Cada uma das 4 pregas de membrana (2 inferiores e 2 superiores) existentes no interior da laringe, e que, ao vibrarem com a passagem do ar, produzem a voz.

cor.da.do [Tax. *Chordata*.] *adj. sm. Zool.* Diz-se de, ou espécime dos cordados, filo que abrange metazoários que têm notocórdio. São os protocordados e os vertebrados.

cor.da.me [*Corda* + *-ame.*] *sm.* Conjunto de cordas.

cor.dão [Fr. *cordon*.] *sm.* **1.** Corda muito delgada; cordel, barbante. **2.** Corrente que se usa pendente do pescoço. **3.** *Biol.* Estrutura semelhante a cordão (1). [Pl.: *-dões.*]

cor.da.to [Lat. *cordatu*.] *adj.* **1.** Que se põe de acordo. **2.** Sensato, ponderado.

cor.dei.ro [Lat.vulg. **cordariu*.] *sm.* Filhote de ovelha; anho.

cor.del [Cat. *cordell*.] *sm.* V. cordão (1). [Pl.: *-déis.*]

cor-de-ro.sa *adj2g2n.* **1.** Da cor vermelho-clara de certas rosas; rosa, rosado, róseo. ● *sm2n.* **2.** Essa cor.

cor.di.al [Lat.med. *cordiale*.▣39] *adj2g.* **1.** Relativo ao coração. **2.** Afável. ● *sm.* **3.** Medicamento ou bebida que fortalece. [Pl.: *-ais.*] § **cor.di:a.li.da.de** *sf.*

cor.di.lhei.ra [Esp. *cordillera*.▣16] *sf.* Sistema extenso de altas montanhas.

cor.do.vão [Do ár.-hisp.] *sm.* Couro de cabra curtido, para calçado. [Pl.: *-vãos.*]

cor.du.ra *sf.* Qualidade de cordato.

co.re.a.no [▣29] *adj.* **1.** Da Coreia do Norte ou do Sul (Ásia). ● *sm.* **2.** O natural ou habitante desses países. **3.** *E.Ling.* A língua coreana.

co.rei.a (éi) [Lat. *chorea*.] *sf. Med.* Neuropatia caracterizada por incessantes e variáveis movimentos involuntários. § **co.rei.co** (éi) *adj.*

co.re:o.gra.fi.a [Gr. *choreía* + *-grafia*.] *sf.* **1.** A arte de compor bailados ou de anotar, sobre o papel, os passos e figuras deles. **2.** A arte da dança. § **co.re:o.grá.fi.co** *adj.*

co.re.to (ê) [*Coro* (ô) + *-eto*[1].] *sm.* Pavilhão, ao ar livre, para concertos musicais.

co.ri.á.ce:o [Lat. *coriaceu*.] *adj.* Da consistência do couro, ou semelhante a ele.

co.rín.don [Fr. *corindon*.] *sf. Min.* Óxido de alumínio, de dureza elevada, com largo emprego na indústria, e que tem como variedades gemológicas o rubi e a safira.

co.ris.car [Lat.vulg. **coriscare*.▣1A] *v.int.* Brilhar como corisco. [C.: 1A. Norm., é unipess.]

co.ris.co [Dev. de *coriscar*.] *sm.* Centelha que fende as nuvens sem provocar trovões.

co.ris.ta[1] [Lat.med. *chorista*.▣36] *s2g.* Cada um dos membros dos coros teatrais, de igreja, etc.

co.ris.ta[2] [Fr. *choriste*.▣36] *sf.* Artista que dança e canta em conjunto numa produção teatral (revista, *show*, etc.).

co.ri.za [Lat. *coryza*.] *sf. Med.* Inflamação catarral da mucosa da cavidade nasal.

cor.ja [Do mal.] *sf.* Multidão de pessoas desprezíveis, ou de malfeitores; súcia, malta, matula, caterva, bando, récua.

cór.ne:a [Lat.med. *cornea*.] *sf. Anat.* Formação transparente que constitui a porção anterior da camada fibrosa de cada globo ocular.

cor.ne.ar [*Corno*.▣1N] *vtd.* V. chifrar. [C.: 12A]

cór.ne:o [Lat. *corneu*.] *adj.* Feito de, ou duro como corno.

cór.ner [Ingl. *corner*.] *sm. Fut.* Escanteio. [Pl.: *córneres*.]

cor.ne.ta (ê) [It. *cornetta*.] *sf.* **1.** Instrumento de sopro, com bocal. **2.** Trombeta (1). ● *sm.* **3.** Corneteiro.

cor.ne.tei.ro [*Corneta*.▣25] *sm.* Soldado que toca corneta; corneta.

cor.ní.fe.ro [Lat. *corniferu*.] *adj.* Que tem cornos.

cor.ni.fi.ca.do *adj.* **1.** Diz-se de estrutura dura como o corno. **2.** Diz-se de barbatana ou parte cartilaginosa que lembra o osso.

cor.ni.ja [Esp. *cornija*.] *sf. Arquit.* Série de molduras sobrepostas que formam saliências na parte superior de parede, porta, etc.

cor.no (ô) [Lat. *cornu*.] *sm.* Apêndice duro e recurvo que guarnece a fronte de alguns animais; chifre, haste, armação.

cor.nu.có.pi:a [Lat. *cornucopia*.] *sf.* Corno mitológico que simbolizava a abundância.

cor.nu.do [Lat. *cornutu*.] *adj.* Chifrudo.

co.ro [Lat. *coru*.] *sm.* **1.** Conjunto vocal que se expressa pelo canto e pela declamação. **2.** *Mús.* Conjunto de cantores que executam peças em uníssono ou a várias vozes. **3.** *Mús.* Composição destinada a coro (2). **4.** *Mús.* V. *coral*[2] (2). **5.** *Mús.* Coral[2] (3). **6.** Parte de uma igreja destinada à congregação, durante os ofícios. **7.** Balcão, nas igrejas, destinado à música. **8.** Grupo de coristas que se apresentam como fundo numa produção teatral. [Pl.: *coros* (ó).]

co.ro.a (ô) [Lat. *corona*.] *sf.* **1.** Ornato circular com que se cinge a cabeça. **2.** O poder ou dignidade real; a realeza. **3.** Tonsura. **4.** V. *cume* (1). **5.** *Anat.* Porção de dente situada acima da linha formada pela gengiva. **6.** Flores dispostas em círculo, enviadas aos mortos. **7.** *Bras.* Baixio nos estuários e no baixo curso dos rios e lagos. ● *s2g.* **8.** *Bras. Gír.* Pessoa madura ou idosa.

co.ro:a.ção [Lat. *coronatione*.▣2A] *sf.* **1.** Ato ou efeito de coroar. **2.** O cerimonial da coroação. [Sin.ger.: *coroamento*. Pl.: *-ções.*]

co.ro:a.do[1] *adj. sm. Bras. Etnôn.* Diz-se de, ou indivíduo dos coroados, povo indígena extinto que habitava áreas dos atuais MG e RJ.

co.ro.a.do[2] [Lat. *coronatu*.] *adj.* **1.** Que tem coroa. **2.** Que tem dignidade soberana. **3.** Premiado, laureado.

co.ro:a.men.to [Lat. *coronamentu*.▣3] *sm.* **1.** V. *coroação*. **2.** Ornato que coroa ou termina a parte superior de edifício, móvel, etc.

co.ro.ar [Lat. *coronare*.▣1A] *vtd.* **1.** Pôr coroa em. **2.** Servir de remate superior a; encimar.

coroca | correligionário

3. Terminar, rematar (ação, atividade, etc.). 4. Premiar. 5. Cingir (2). [C.: 1D]

co.ro.ca [Do tupi.] *adj2g. Bras. Fam.* Decrépito, caduco.

co.ro.i.nha (o-i) [*Coroa.*◻32A] *s2g.* Menino ou menina que, nas igrejas, ajuda nas missas e ladainhas.

co.ro.la [Lat.cient. *corolla.*] *sf. Bot.* Verticilo interno do perianto.

co.ro.ná.ri.a [F.subst. de *coronário.*] *sf. Anat.* Cada uma das 2 artérias que irrigam o coração. § **co.ro.na.ri.a.no** *adj.*

co.ro.ná.ri.o [Lat. *coronariu.*◻24] *adj.* 1. Relativo a, ou em forma de coroa. 2. *Anat.* Diz-se de formações (vasos, nervos, etc.) que têm aspecto circundante, como o da coroa.

co.ro.nel [Fr. *colonel.*] *sm.* 1. V. *hierarquia militar.* 2. *Bras.* Chefe político do interior do País. 3. *Bras. Joc.* Aquele que, numa roda, paga as despesas. [Pl.: *-néis.*]

co.ro.nel-a.vi.a.dor *sm.* V. *hierarquia militar.* [Pl.: *coronéis-aviadores.*]

co.ro.nha [Esp.ant. *curueña.*] *sf.* A parte das espingardas e de outras armas de fogo, onde se encaixa o cano.

co.ro.nha.da [*Coronha.*◻4] *sf.* Golpe com coronha.

cor.pan.zil *sm. Fam.* Corpo grande. [Pl.: *-zis.*]

cor.pe.te (ê) [It. *corpetto,* poss.] *sm.* Blusa ajustada ao corpo e que não excede a cintura.

cor.po (ô) [Lat. *corpus, oris.*] *sm.* 1. A substância física de cada homem ou animal. 2. *Restr.* Cadáver. 3. *Restr.* A parte do organismo humano e animal formada pelo tórax e pelo abdome. 4. Qualquer objeto material caracterizado por suas propriedades físicas. 5. A parte central ou principal (de um edifício, veículo, etc.). 6. *Edit.* Tamanho do caráter ou do tipo. 7. *Fig.* Grupo de pessoas consideradas como unidade ou como conjunto organizado. 8. *Fig.* A parte principal de uma ideia, de uma doutrina ou texto. ♦ **Corpo a corpo.** Em que há (ou de modo a haver) confronto físico.

cor.po a cor.po *sm2n. Bras.* Luta de corpo a corpo.

cor.po-lú.te:o *sm. Biol.* Em ovário, glândula endócrina, temporária, que se forma em seguida à liberação de óvulo. [Pl.: *corpos-lúteos.*]

cor.po.ra.ção [Fr. *corporation.*◻2] *sf.* 1. Associação de pessoas da mesma profissão ou outra atividade, sujeitas à mesma regra e com os mesmos deveres ou direitos. 2. Associação que visa a um fim comum. [Pl.: *-ções.*]

cor.po.ral [Lat. *corporale.*◻39] *adj2g.* Do, relativo ao, ou próprio do corpo; corpóreo. [Pl.: *-rais.*]

cor.po.ra.ti.vis.mo [Fr. *corporativisme.*◻11] *sm.* 1. Doutrina ou prática de organização social baseada em entidades representativas de categorias profissionais. 2. Defesa dos interesses ou privilégios de um setor organizado da sociedade, em detrimento do interesse público. § **cor.po.ra.ti.vis.ta** *adj2g. s2g.*

cor.pó.re:o [Lat. *corporeu.*] *adj.* 1. Corporal. 2. Relativo a corpo (1); material.

cor.po.ri.fi.car [Lat. *corpus, oris* + *-ficar.*◻1A] *vtd.* 1. Atribuir corpo a (aquilo que não o tem). *p.* 2. Tomar corpo. [C.: 1A] § **cor.po.ri.fi.ca.ção** *sf.*

cor.pu.len.to [Lat. *corpulentu.*◻27] *adj.* 1. Que tem corpo grande. 2. *P.ext.* Obeso. § **cor.pu.lên.ci:a** *sf.*

cor.pús.cu.lo [Lat. *corpusculu.*] *sm.* Corpo pequeníssimo.

cor.re.a.me [*Correia* + *-ame.*] *sm.* Conjunto de correias.

cor.re.ção [Lat. *correctione.*◻2] *sf.* 1. Ato ou efeito de corrigir(-se). 2. Qualidade de correto. [Pl.: *-ções.*] ♦ **Correção monetária.** *Econ.* Mecanismo para compensar o efeito da inflação sobre depósitos de poupança, títulos do Governo, etc., pelo aumento periódico do valor nominal destes segundo um índice de preços.

cor.re-cor.re [De *correr,* repetido.] *sm.* 1. V. *azáfama* (2). 2. Correria. [Pl.: *corre(s)-corres.*]

cor.re.dei.ra [*Correr.*◻16A] *sf. Bras.* Trecho de rio onde as águas correm céleres.

cor.re.di.ço *adj.* Que corre ou resvala fácil; correntio.

cor.re.dor (ô) [*Correr.*◻19A] *adj.* 1. Que corre. ● *sm.* 2. Aquele que corre. 3. Atleta que participa de corrida esportiva. 4. Passagem, ger. estreita e longa, no interior duma edificação.

cor.re.ei.ro [*Correia.*◻25] *sm.* Fabricante e/ou vendedor de correias.

cor.re.ge.dor (ô) *sm.* Magistrado a quem cabe corrigir os erros e abusos de autoridades judiciárias e funcionários da justiça.

cór.re.go [Lat.-hisp. **corrugu.*] *sm.* 1. Sulco aberto pelas águas correntes. 2. V. *ribeiro.*

cor.rei.a [Lat. *corrigia.*] *sf.* Tira, ger. de couro.

cor.rei.ção [Lat. *correctione.*◻2] *sf.* 1. Ato ou efeito de corrigir(-se). 2. Função exercida pelo corregedor. [Pl.: *-ções.*]

cor.rei.o [Provç.ant. *corrieu.*] *sm.* 1. Pessoa incumbida de levar ou trazer correspondência ou notícias. 2. Serviço público ou privado que recebe e expede correspondência. 3. Edifício onde ele funciona. 4. *Pop.* Carteiro. ♦ **Correio eletrônico.** *Inform.* 1. Serviço que possibilita a troca assíncrona de mensagens e arquivos através de redes de computadores. 2. Mensagem ou bloco de mensagens transmitida(s) por esse serviço. [Sin.ger. (ingl.): *e-mail.*]

cor.re.la.ção *sf.* Relação mútua. [Pl.: *-ções.*]

cor.re.li.gi:o.ná.ri:o [*Co-*+*religião*(*-gion-*)+*-ário.*◻24] *sm.* 1. Homem da mesma religião. 2. Aquele que compartilha as mesmas ideias políticas ou convicções de outrem.

corrente | corrupção

cor.ren.te [*Correr.*◨21] *adj2g.* **1.** Que corre, que flui. **2.** Não estagnado (água). **3.** *Fig.* Ger. admitido; usual, comum. **4.** *Fig.* Sabido de todos. **5.** Diz-se do ano ou do mês que está transcorrendo; andante. ● *sf.* **6.** O curso das águas; correnteza. **7.** V. *cadeia* (1). **8.** Massa de água nos oceanos, ou de ar atmosférico, etc., que se movimenta com direção determinada: <u>corrente</u> de ar, <u>corrente</u> marinha. **9.** V. *corrente elétrica.* **10.** Conjunto de indivíduos com opiniões ou atuações semelhantes em determinado campo da vida humana; tendência. ◆ **Corrente alternada.** *Eletr.Eletrón.* Corrente elétrica cuja intensidade e sentido variam periodicamente com o tempo. **Corrente contínua.** *Eletr.* Corrente elétrica cuja intensidade é constante, ou varia muito pouco, nunca se lhe invertendo o sentido. **Corrente elétrica.** Fluxo de carga elétrica através de um condutor, ou intensidade desse fluxo.

cor.ren.te.za (ê) [*Corrente.*◨12] *sf.* Corrente (6).

cor.ren.ti:o [*Corrente.*◨34A] *adj.* **1.** Corrediço. **2.** Corrente, usual.

cor.ren.tis.ta [(*Conta*) *corrente.*◨36] *s2g.* Titular de conta corrente, num banco² (1).

cor.rer [Lat. *currere.*◨1B] *v.int.* **1.** Deslocar-se num andamento mais veloz que a marcha. **2.** Mover-se com rapidez. **3.** Derramar (líquido); escorrer. **4.** Ter seguimento no tempo; discorrer. **5.** Ter (moeda) curso legal. *td.* **6.** Percorrer; visitar. **7.** Percorrer, examinando. **8.** Estar sujeito a (perigo, etc.). **9.** Fazer o percurso de. *tc.* **10.** Dirigir-se com pressa: *Correu à casa da avó.* **11.** Ocorrer, acontecer: *O sorteio <u>corre</u> aos sábados. ti.* **12.** Arcar (3): *Ele <u>correu</u> com os custos do processo.* **13.** Fazer por conta (8). **14.** Correr (1), em fuga; fugir. [C.: 2 (ô-ó)] § **cor.ri.do** *adj.*

cor.re.ri.a [*Correr.*◨8A] *sf.* Corrida desordenada; corre-corre.

cor.res.pon.dên.ci.a [*Corresponder.*◨10] *sf.* **1.** Ato ou efeito de corresponder(-se). **2.** Troca de mensagens por cartas, telegramas, etc. **3.** Conjunto de cartas que um indivíduo recebe ou expede. **4.** *Mat.* Regra por meio da qual se associam a cada elemento de um conjunto um ou mais elementos de outro.

cor.res.pon.den.te [*Corresponder.*◨21] *adj2g.* **1.** Que corresponde. ● *s2g.* **2.** Pessoa que se corresponde com alguém.

cor.res.pon.der [*Co-* + *responder.*] *vti.* **1.** Ser próprio, adequado, ou proporcional: *O que diz não <u>corresponde</u> à verdade.* **2.** Retribuir, devolver. **3.** *Restr.* Retribuir a afeto ou sentimento de. *p.* **4.** Estar em correlação. **5.** Trocar correspondência, ou manter contato por cartas, correios eletrônicos, etc. [C.: 2]

cor.re.ta.gem [Provç.ant. *corratatge.*◨6] *sf.* **1.** Serviços do corretor. **2.** O que se deverá pagar pela corretagem (1). [Pl.: *-gens.*]

cor.re.ti.vo [*Correto.*◨22] *adj.* **1.** Que serve para corrigir. ● *sm.* **2.** V. *castigo* (1).

cor.re.to [Lat. *correctu.*] *adj.* **1.** Emendado, corrigido; sem erros. **2.** Honrado, honesto, íntegro.

cor.re.tor (ô) [Lat. *correctore.*◨19] *sm.* Agente comercial especializado que serve de intermediário na aquisição de bens ou serviços.

cor.ri.da [*Correr* + *-ida.*] *sf.* **1.** Ato ou efeito de correr; carreira. **2.** Espaço percorrido. **3.** Competição de velocidade (de atletas, cavalos, automóveis, etc.). **4.** Afluência inopinada a banco para saque de depósitos. **5.** Afluência a um local onde se oferece oportunidade de ganho fácil (mercadorias raras ou de baixo preço, jazidas de minério, etc.). **6.** Nos táxis, a quantia estipulada, ou indicada por taxímetro, e que corresponde a certo percurso. **7.** Escoamento de metal em fusão.

cor.ri.gen.da [Lat. *corrigenda.*] *sf.* Errata.

cor.ri.gir [Lat. *corrigere.*◨1C] *vtd.* **1.** Dar forma correta a, emendando. **2.** Eliminar (erro, defeito, etc.); emendar. **3.** Reparar (injustiça, etc.). **4.** V. *castigar* (1). *p.* **5.** Mudar de comportamento, ação, etc., (para o que é considerado correto, aceitável, etc.); emendar-se. **6.** Fazer ou dizer o correto ou o adequado, após tê-lo feito ou dito diferente; emendar-se. [C.: 3A]

cor.ri.mão [*Correr* + *mão.*] *sm.* Peça ao longo de escada, para resguardo ou apoio para a mão. [Pl.: *-mãos, -mões.*]

cor.ri.men.to [*Correr.*◨3A] *sm.* **1.** Ato ou efeito de correr, de escorrer. **2.** *Med.* Secreção patológica que se escoa de um órgão.

cor.ri.quei.ro [*Corricar,* 'andar ligeiro'.◨25] *adj.* Trivial, corrente, vulgar.

cor.ri.xo [V.E] *sm. Bras. Zool.* Chupim.

cor.ro.bo.rar [Lat. *corroborare.*◨1A] *vtd.* Confirmar (1). [C.: 1 (ó)]

cor.ro.er [Lat.*corrodere.*◨1B]*vtd.* Consumir lentamente, aos poucos; roer, carcomer. [C.: 33] § **cor.ro.í.do** *adj.*

cor.rom.per [Lat. *corrumpere.*◨1B] *vtd.* **1.** Deteriorar, decompor. **2.** Alterar. **3.** Perverter. **4.** Induzir a realizar ato(s) contrário(s) ao dever, à ética. *p.* **5.** Apodrecer, adulterar-se, deteriorar-se. **6.** Perverter-se. [C.: 2] § **cor.rom.pi.do** *adj.*

cor.ro.são [Fr. *corrosion.*] *sf.* **1.** Ação ou efeito de corroer. **2.** Desgaste, ou modificação química ou estrutural de um material, provocados pela ação de agentes do meio ambiente. [Pl.: *-sões.*]

cor.ro.si.vo [Lat.med. *corrosivu.*◨22] *adj. sm.* Que, ou aquilo que corrói.

cor.rup.ção [Lat. *corruptione.*◨2] *sf.* **1.** Ato ou efeito de corromper(-se); decomposição. **2.** Devassidão, depravação. **3.** Suborno; peita. [Pl.: *-ções.*]

cor.ru.pi.ão *sm. Bras. Zool.* Ave emberizídea canora, de coloração preta e alaranjada; sofrê. [Pl.: *-ões*.]

cor.ru.pi.ar [*Corrupio*. ▪1A] *v.int.* Girar muito; rodopiar. [C.: 1]

cor.ru.pi:o *sm.* Brincadeira infantil em que os participantes rodopiam velozmente.

cor.rup.te.la [Lat. *corruptela*.] *sf.* **1.** Modo errado de escrever ou pronunciar palavra ou locução. **2.** Alteração, modificação.

cor.rup.tí.vel [Lat. *corruptibile*. ▪41] *adj2g.* Capaz de se corromper. [Pl.: *-veis*.]

cor.rup.to [Lat. *corruptu*.] *adj.* **1.** Que sofreu corrupção; corrompido. **2.** Devasso, depravado, corrompido. **3.** Diz-se de indivíduo que corrompe ou se deixa corromper ou subornar; instigador ou cúmplice de corrupção. ● *sm.* **4.** Indivíduo corrupto (3).

cor.rup.tor (ô) [Lat. *corruptore*. ▪19] *adj. sm.* Que, ou aquele que corrompe.

cor.sá.ri:o [It. *corsaro*.] *sm.* Navio, ou homem que faz o corso[1] (1).

cor.so[1] (ô) [It. *corso*.] *sm.* **1.** Ataque ao tráfego comercial do inimigo, realizado por navio de guerra ou navio mercante armado. **2.** Desfile de carros, de carruagens.

cor.so[2] (ô) [Lat. *corsu*.] *adj.* **1.** Da Córsega, ilha do Mediterrâneo. ● *sm.* **2.** O natural ou habitante dela. [Flex.: *corsos* (ó), *corsa(s)* (ó).]

cor.ta.do [*Cortar*. ▪17A] *adj.* **1.** Que se cortou. ● *sm.* **2.** *Bras.* Situação difícil, ou angustiosa; aperto, apuro, dificuldade. **3.** *Bras.* Vigilância miúda e rigorosa.

cor.ta.dor (ô) [*Cortar*. ▪19A] *adj. sm.* Que, aquele ou aquilo que corta.

cor.tan.te [*Cortar*. ▪21] *adj2g.* **1.** Que corta. **2.** Estridente, agudo: *som cortante*. **3.** Tão frio que parece cortar a pele; gelado.

cor.tar [Lat. *curtare*. ▪1A] *vtd.* **1.** Dividir com instrumento de gume. **2.** Separar (uma parte) de um todo, com instrumento cortante. **3.** Fazer incisão em. **4.** Derrubar, cortando. **5.** Talhar (3): *cortar uma saia*. **6.** Suprimir: *cortar um trecho de um texto*. **7.** Encurtar: *cortar um discurso*. **8.** Interromper: *Ele cortou o orador sem querer*. **9.** Eliminar da alimentação: *cortar o sal, o açúcar*. **10.** Suspender (o fornecimento de): *A companhia cortou a luz*. **11.** Singrar. **12.** Atravessar: *O rio corta a cidade*. **13.** Anular, desfazer. **14.** Dividir (o baralho) antes de cartear (1). **15.** *Bras. Pop.* Ultrapassar (um veículo, ou quem o dirige) inesperada e perigosamente, entrando na mesma faixa de rodagem; fechar. *int.* **16.** Ter bom gume. **17.** No voleibol, tênis, etc., interceptar a trajetória da bola, batendo nela com força em direção ao campo adversário. *p.* **18.** Ferir-se com instrumento cortante. [C.: 1 (ó)]

cor.te *sm.* **1.** Ato ou efeito de cortar(-se). **2.** Talho ou golpe com instrumento cortante. **3.** Porção de fazenda suficiente para uma roupa. **4.** Modo de talhar as roupas. **5.** Interrupção: *corte de energia*. **6.** Redução: *corte de despesas*.

cor.te (ô) [Lat.vulg. *corte*.] *sf.* **1.** Residência de um monarca; paço. **2.** As pessoas que cercam um soberano. **3.** Cidade onde este reside. **4.** Galanteio. **5.** *Bras.* Tribunal (1). ◆ **Fazer a corte a.** Procurar agradar a (alguém) para conquistar-lhe o amor; cortejar.

cor.te.jar [It. *corteggiare*. ▪1A] *vtd.* **1.** Fazer ou dirigir cortesia a. **2.** Fazer a corte (ô) a; galantear. [C.: 1 (ê)] § **cor.te.ja.dor** (ô) *adj. sm.*

cor.te.jo (ê) [It. *corteggio*.] *sm.* **1.** Ato ou efeito de cortejar. **2.** Comitiva pomposa.

cor.tês [*Corte* (ô). ▪38A] *adj2g.* Que tem ou denota cortesia; amável, delicado, gentil.

cor.te.sã [It. *cortigiana*.] *sf.* **1.** Fem. de cortesão. **2.** *Fig.* Prostituta de luxo.

cor.te.são [Provç. *cortesan*, do it.] *adj.* **1.** Da corte (ô). **2.** Próprio de quem vive na corte (ô); palaciano. ● *sm.* **3.** Homem da corte (ô); palaciano. [Pl.: *-sãos*, *-sões* (p.us.). Fem.: *cortesã*.]

cor.te.si.a [*Cortês*. ▪8A] *sf.* Amabilidade, delicadeza, civilidade.

cór.tex (cs) [Lat. *cortex* (nom.).] *sm2n.* Camada externa de todos os órgãos animais ou vegetais, de estrutura mais ou menos concêntrica.

cor.ti.ça [Lat. *corticea*.] *sf. Bot.* Casca de sobreiro e de outras árvores.

cor.ti.ço [*Cortiça*.] *sm.* **1.** Casa onde as abelhas se criam e fabricam o mel e a cera. **2.** *Bras.* Habitação coletiva de pessoas pobres; cabeça de porco.

cor.ti.na [Lat. *cortina*.] *sf.* Peça de pano, palha, etc. que, suspensa num vão, resguarda, guarnece ou veda algo.

cor.ti.na.do [*Cortina*. ▪17B] *sm.* Cortina de filó que envolve cama ou berço para proteger de insetos.

co.ru.ja [B-lat. *corusa*, poss.] *sf. Bras.* **1.** *Zool.* Nome comum a aves, ger. noturnas, estrigídeas ou titonídeas. **2.** Canhão (5). ● *s2g.* **3.** Quem exagera as boas qualidades do(s) filho(s).

co.ru.ja-de-i.gre.ja *sf. Zool.* Suindara. [Pl.: *corujas-de-igreja*.]

co.rus.car [Lat. *coruscare*. ▪1A] *v.int.* Fulgurar; reluzir. [C.: 1A. Norm. é unipessoal.] § **co.rus.can.te** *adj2g.*

cor.ve.jar [*Corvo*. ▪1E] *v.int.* Crocitar. [C.: 1 (ê). Norm. é unipess.]

cor.ve.ta[1] (ê) [Fr. *corvette*.] *sf.* Navio de combate, para patrulha e escolta de embarcações.

cor.ve.ta[2] (ê) *sm. Bras.* V. *capitão de corveta*.

cor.ví.de:o [Tax. *Corvidae*.] *adj. sm. Zool.* Diz-se de, ou espécime dos corvídeos, fam. de grandes aves passeriformes, que vivem em matas e descampados. Ex.: corvo, gralha.

cor.vi.na [Esp. *corvina*.] *sf. Zool.* Nome comum a vários peixes cienídeos.

cor.vo (ô) [Lat. *corvu*.] *sm. Zool.* Ave corvídea, preta, inexistente na América do Sul. [Pl.: *corvos* (ó).]

■ **cos** *Trig.* Símb. de *cosseno*.

cós *sm2n.* **1.** Tira de pano que cinge calças, saias, etc., no lugar da cintura. **2.** Parte do vestuário onde se ajusta essa tira; cinta, cinto, cintura.

■ **cosec** *Mat.* Símb. de *cossecante* [outra f.: *csc*].

co.ser [Lat.vulg. **cosere*.◼1B] *vtd. e int.* Costurar. [C.: 2 (ô-ó). Cf. *cozer*.]

cos.mé.ti.co [Gr. *kosmetikós*.◼35B] *sm.* Qualquer produto us. para limpeza, conservação ou maquiagem da pele.

cos.me.to.lo.gi.a [Fr. *cosmétologie*.◼8A] *sf.* Estudo dos cosméticos (composição, propriedades, modo de usar, etc.).

cos.mo [Gr. *kósmos*.] *sm.* O Universo (1). § **cós.mi.co** *adj.*

cos.mo.go.ni.a [Gr. *kosmogonía*.◼8A] *sf.* **1.** A origem ou formação do mundo, do universo conhecido. **2.** Narrativa ou doutrina sobre esse tema. § **cos.mo.gô.ni.co** *adj.*

cos.mo.lo.gi.a [*Cosm(o)-* + *-logia*.] *sf.* **1.** Narrativa ou doutrina a respeito dos princípios que governam o mundo, o universo. **2.** Ciência que estuda as grandes estruturas do universo e sua evolução. § **cos.mo.ló.gi.co** *adj.*

cos.mo.nau.ta [*Cosm(o)-* + *-nauta*.] *s2g.* Astronauta.

cos.mo.náu.ti.ca [*Cosm(o)-* + *-náutica*.] *sf.* Astronáutica. § **cos.mo.náu.ti.co** *adj.*

cos.mo.na.ve [*Cosm(o)-* + *nave*.] *sf. Astron.* V. *espaçonave*.

cos.mo.po.li.ta [Gr. *kosmopolítes*.] *adj2g.* **1.** Diz-se de pessoa que vive, adaptada, ora num país, ora em outro, ou que passa a vida a viajar. **2.** Que é de todas as nações. **3.** *Bot. Zool.* Diz-se das espécies que se espalham pela maior parte do globo, espontaneamente. ● *s2g.* **4.** Pessoa cosmopolita (1).

cos.se.can.te [*Co-* + *secante*².] *sf. Mat.* O inverso multiplicativo do seno [símb.: *csc* e *cosec*].

cos.se.no [*Co-* + *seno*.] *sm. Mat.* Nos triângulos retângulos, razão (7) entre a medida do cateto adjacente a um dos ângulos agudos e a medida da hipotenusa [símb.: *cos*].

cos.ta [Lat. *costa*.] *sf.* **1.** V. *litoral* (2). **2.** Porção de mar próxima da terra. § **cos.tei.ro** *adj.*

cos.ta.do [*Costa*.◼17B] *sm.* **1.** Revestimento ou forro exterior do casco, numa embarcação. **2.** Cada um dos 4 avós de cada indivíduo (us., esp. na loc. *dos quatro costados*, ou seja, *dos quatro avós*).

cos.tas *sfpl.* **1.** A parte posterior do tronco humano. **2.** A parte posterior de vários objetos. **3.** Espaldar, encosto. **4.** O reverso.

cos.te.ar [*Costa*.◼1N] *vtd.* Navegar perto da costa de. [C.: 12A]

cos.te.la [*Costa*.◼7] *sf. Anat.* Cada um dos 24 ossos que, em 12 pares, se estendem das vértebras torácicas à linha média do tronco, formando a maior parte da caixa torácica.

cos.te.le.ta (ê) *sf.* **1.** Costela de certos animais, separada com carne. **2.** *Bras.* Porção de barba e cabelo que se deixa crescer na parte lateral do rosto, junto à orelha.

cos.tu.mar [*Costume*¹.◼1A] *vtd.* **1.** Ter por costume. *tdi.* **2.** V. *acostumar* (2). *p.* **3.** Habituar-se. [C.: 1]

cos.tu.me¹ [Lat. *consuetudine*.] *sm.* **1.** Uso, ou prática ger. observada. **2.** V. *hábito* (1).

cos.tu.me² [Fr. *costume*.] *sm.* **1.** Traje adequado ou característico. **2.** Roupa feminina composta de saia e casaco combinados.

cos.tu.mei.ro [*Costume*¹.◼25] *adj.* Usual, habitual.

cos.tu.ra [Lat.vulg. **consutura*.] *sf.* **1.** Ato, efeito, arte ou profissão de coser. **2.** Trabalho feito com agulha e fio. **3.** Tecido ou outro material costurado ou por costurar.

cos.tu.rar [*Costura*.◼1A] *vtd.* **1.** Unir com pontos de costura (2). **2.** Dirigir perigosamente, fechando (os outros carros, motos, etc.). *int.* **3.** Fazer trabalho de costura. **4.** Costurar (2). [Sin. (1 e 3): *coser*. C.: 1]

cos.tu.rei.ro [*Costura*.◼25] *sm.* Indivíduo que costura por profissão. [Fem.: *costureira*.]

■ **cot** *Trig.* Símb. de *cotangente*.

co.ta [Lat. *quota*.] *sf.* **1.** Quinhão. **2.** Porção determinada. **3.** Cota-parte (2). **4.** Em sociedades de responsabilidade limitada, a porção de capital de cada sócio. **5.** Número que exprime a distância vertical de um ponto a uma superfície horizontal de referência (altura, altitude, diferença de nível, etc.). **6.** *Arquit.* Qualquer medida que se apõe a projetos.

co.ta.ção [*Cotar*.◼2A] *sf.* **1.** Ato ou efeito de cotar. **2.** Preço pelo qual se negociam mercadorias, títulos, etc., nas bolsas de valores ou nas praças de comércio. **3.** Conceito, reputação. [Pl.: *-ções*.]

co.tan.gen.te [*Co-* + *tangente*.] *sf. Mat.* O inverso multiplicativo da tangente [símb.: *cot*].

co.ta-par.te *sf.* **1.** Fração duma soma comum que cada pessoa deve pagar ou receber. **2.** Quantia correspondente à contribuição de cada indivíduo de um grupo para certo fim; cota. [Pl.: *cotas-partes*.]

co.tar [*Cota*.◼1A] *vtd.* Fixar o preço ou a taxa de. [C.: 1 (ó)]

co.te.jar [*Cota*.◼1E] *vtd. e tdi.* V. *comparar* (1): *cotejar textos, uma obra com outra*. [C.: 1 (ê)]

co.te.jo (ê) [Dev. de *cotejar*.] *sm.* Ato ou efeito de cotejar.

co.ti.di.a.no [Lat. *quotidianu*.◼29] *adj.* **1.** Diário (1). ● *sm.* **2.** O dia a dia.

co.ti.lé.do.ne [Lat.cient. *cotyledon*.] *sm. f. Bot.* A primeira folha que surge quando a semente germina, e cuja função é nutrir a planta no início do crescimento.

cotingídeo | ■Cr

co.tin.gí.de:o [Tax. *Cotingidae.*] *adj. sm. Zool.* Diz-se de, ou espécime dos cotingídeos, família de aves passeriformes frugívoras e insetívoras das Américas Central e do Sul. Ex.: araponga.

co.tis.ta [*Cota*. ◼36] *adj2g. s2g.* Que, ou quem tem cotas integrantes do capital duma sociedade.

co.ti.zar [*Cota*. ◼1D] *vtd.* 1. Distribuir por cota². *p.* 2. Reunir-se a outros a fim de contribuir para uma despesa comum. [C.: 1]

co.to (ô) [Lat. *cubitu*.] *sm.* 1. Resto de vela, de tocha ou de archote. 2. Porção que resta de um membro, ou de um órgão, depois de amputação ou de ressecção; cotoco.

co.tó *adj2g. Bras.* Que tem braço ou perna, ou o rabo, mutilado.

co.to.co (ô) *sm. Bras. Pop.* Coto (ô) (2).

co.to.ne.te (é) [M.reg.] *sm.* Pequena haste, ger. de plástico, com 2 chumaços de algodão nas pontas, us., esp., para fins higiênicos.

co.to.ni.cul.tor (ô) [Lat. *cottonu* + -*i*- + *cultor*.] *sm.* Agricultor que se ocupa da cotonicultura.

co.to.ni.cul.tu.ra [Lat. *cottonu* + -*i*- + *cultura*.] *sf.* Cultura do algodão.

co.to.ve.la.da [*Cotovelo*. ◼4] *sf.* Pancada com o cotovelo.

co.to.ve.lo (ê) [Do moçár.] *sm.* 1. *Anat.* Articulação que une braço e antebraço. 2. *Fig.* Ângulo mais ou menos fechado, de rio, estrada, muro, etc.

co.to.vi.a [V.A] *sf. Zool.* Pássaro alaudídeo canoro, europeu.

co.tur.no [Lat. *cothurnu*.] *sm.* 1. Antigo calçado de sola grossa. 2. *Bras.* Bota militar.

→ **coulomb** (culômbi) [Fr., do antr. *Coulomb* (1736-1806).] *sm. Eletr.* Unidade de medida de carga elétrica, ou quantidade de eletricidade, no S.I.

cou.ra.ça ou **coi.ra.ça** *sf.* 1. Armadura defensiva para as costas e o peito. 2. Chapa espessa de aço que protege grandes navios de guerra. 3. *Fig.* Proteção, defesa.

cou.ra.ça.do [*Couraçar*. ◼17A] *adj. sm.* Diz-se de, ou navio revestido de couraça (2).

cou.ra.ma ou **coi.ra.ma** [*Couro* ou *coiro* + -*ama*.] *sf.* Montão de couros.

cou.ro ou **coi.ro** [Lat. *coriu*.] *sm.* 1. Pele espessa de certos animais. 2. A pele curtida de animais.
◆ **Couro cabeludo.** Pele de cabeça humana.

cou.to ou **coi.to** [Lat. *cautu*.] *sm.* 1. *Ant.* Terra coutada. 2. *Ant.* Lugar onde se podiam asilar os criminosos, onde não entrava a justiça do rei. 3. Asilo, valhacouto.

cou.ve [Lat. *caule*.] *sf. Bot.* Planta brassicácea, hortense.

cou.ve-flor *sf. Bot.* Planta brassicácea de flores comestíveis. [Pl.: *couves-flor(es)*.]

cou.ve-tron.chu.da *sf.* Couve cujas folhas têm margens onduladas e nervuras largas; tronchuda. [Pl.: *couves-tronchudas*.]

co.va [Lat.vulg. **cova*.] *sf.* 1. Abertura na terra; buraco. 2. Toca (1). 3. V. *sepultura*.

co.var.de ou **co.bar.de** [Fr.ant. *coart* (atual *couard*).] *adj2g.* 1. Medroso, poltrão. 2. Pusilânime (1). 3. Desleal, traiçoeiro. ● *s2g.* 4. Pessoa covarde.

co.var.di.a ou **co.bar.dia** [*Covarde* ou *cobarde*. ◼8A] *sf.* 1. Falta de coragem; medo. 2. Ato desleal, traiçoeiro que atinge sobretudo os mais fracos.

co.vei.ro [*Cova*. ◼25] *sm.* Aquele que abre covas para defuntos.

co.vil [Lat. *cubile*.] *sm.* 1. Cova de feras. 2. Abrigo de salteadores. [Pl.: *-vis*.]

co.vo *sm. Bras.* Redil de pesca formado por esteiras armadas em paus e munidas de sapatas de chumbo.

co.xa (ô) [Lat. *coxa*.] *sf. Anat.* Parte do membro inferior que vai da virilha ao joelho, e cujo esqueleto é o fêmur. § **co.xal** *adj2g.*

co.xe.ar [*Coxo*. ◼1N] *v.int. e ti.* Andar firmando o passo mais de um lado que do outro, em decorrência de alguma deficiência física; mancar, manquejar, claudicar, capengar. [C.: 12A]

co.xi.a [It. *corsia*.] *sf.* 1. Passagem estreita entre 2 fileiras de bancos, camas, etc. 2. Recinto para cavalo na estrebaria.

co.xi.lha [Hisp.-amer. *cuchilla*.] *sf.* Campina com pequenas e contínuas elevações arredondadas, típica da planície gaúcha.

co.xim [Cat. *coixí*.] *sm.* Almofada que serve de assento. [Pl.: *-xins*.]

co.xo (ô) [Lat.vulg. *coxu*.] *adj. sm.* Que, ou quem coxeia; manco.

co.xo.fe.mo.ral (ô) [*Coxa* + -*o*- + *femoral*. ◼39] *adj2g.* Relativo à coxa e ao fêmur. [Pl.: *-rais*.]

co.ze.du.ra [*Cozer*. ◼5A] *sf.* Ato ou efeito de cozer; cozimento, cocção.

co.zer [Lat.vulg. *cocere*. ◼1B] *vtd.* 1. Preparar (alimentos) pela ação do fogo. 2. Submeter à ação do fogo (substâncias dentro dum líquido). *int.* 3. Preparar alimentos ao fogo. [Sin. ger.: *cozinhar*. C.: 2 (ô-ó). Cf. *coser*.]

co.zi.do [Part. de *cozer*.] *adj.* 1. Que se cozeu. ● *sm.* 2. *Cul.* Prato de carnes diversas, cozidas com verduras, legumes, etc.

co.zi.men.to [*Cozer*. ◼3A] *sm.* V. *cozedura*.

co.zi.nha [Lat.vulg. *cocina*.] *sf.* 1. Parte da casa onde se preparam os alimentos. 2. Arte de cozinhar.

co.zi.nhar [Lat.vulg. **cocinare*. ◼1A] *vtd. e int.* V. *cozer*. [C.: 1]

co.zi.nhei.ra [*Cozinhar*. ◼16] *sf.* Aquela que cozinha, esp. a profissional.

co.zi.nhei.ro [*Cozinhar*. ◼25] *sm.* Aquele que cozinha, esp. o profissional.

■ **CPF** Sigla de Cadastro de Pessoa Física.

■ **CPU** [Ingl.] *sf. Inform.* V. *unidade central de processamento*.

■ **Cr** *Quím.* Simb. de *cromo*.

cra.ca [V.E] *sf. Bras. Zool.* Crustáceo cirrípede, marinho.

cra.chá [Fr. *crachat.*] *sm.* Cartão com dados pessoais, que se prende na roupa, para identificação.

cra.cí.de:o [Tax. *Cracidae.*] *adj. sm. Zool.* Diz-se de, ou espécime dos cracídeos, família de aves galiformes arborícolas que se alimentam de frutas, insetos e pequenos animais. Ex.: jacus.

→ **crack** (cráqui) [Ingl.] *sm.* Droga derivada da cocaína que causa efeitos danosos à saúde e dá ânsia de drogar-se novamente.

crâ.ni:o [Lat.med. *cranıu.*] *sm.* **1.** *Anat.* Caixa óssea que encerra e protege o encéfalo. **2.** *Bras. Fig.Pop.* Indivíduo inteligentíssimo e/ou muito sabedor. **§ cra.ni.a.no** *adj.*

crá.pu.la [Lat. *crapula.*] *sf.* **1.** Desregramento, devassidão. ● *sm.* **2.** Indivíduo crapuloso, devasso; canalha.

cra.pu.lo.so (ô) [Lat. *crapulosu.*◘37] *adj.* **1.** Em que há crápula (1). **2.** Dado a ela; devasso. [Pl.: *-losos* (ó).]

cra.que [Ingl. *crack.*] *sm. Bras.* **1.** No turfe, cavalo notável de corrida. **2.** *Fig.* Pessoa exímia em qualquer atividade.

cra.se [Gr. *krâsis.*] *sf. E.Ling.* Contração ou fusão de 2 vogais idênticas (esp. 2 *aa*) em uma só; contração.

cras.so [Lat. *crassu.*] *adj.* **1.** Espesso, grosso. **2.** Desmedido. **3.** Rude, bronco.

cra.te.ra [Lat. *cratera.*] *sf.* **1.** Buraco grande. **2.** Larga abertura por onde saem as matérias dum vulcão em erupção. **3.** Vaso em forma de taça com 2 alças onde os gregos e romanos misturavam vinho e água.

cra.var [Lat. *clavare.*◘1A] *vtd.* **1.** Fazer penetrar à força e profundamente. **2.** Engastar (pedraria). *tdi.* **3.** Fixar, fitar. [C.: 1] **§ cra.va.ção** *sf.*; **cra.va.do** *adj.*

cra.vei.ra [*Cravo¹.*◘16] *sf.* **1.** Orifício de ferradura no qual entra o cravo² (1). **2.** Padrão para medir a altura das pessoas. **3.** Aparelho com que o sapateiro e o luveiro tomam medida do pé e da mão. **4.** *Fig.* Medida, padrão.

cra.vei.ro [*Cravo¹.*◘25] *sm. Bot.* Erva cariofilácea, florífera.

cra.vei.ro-da-ín.di:a *sm. Bot.* Árvore alta, mirtácea, cujas flores fornecem o *cravo-da-índia* e contêm óleo aromático us. em perfumaria. [Pl. *craveiros-da-índia.*]

cra.ve.jar [*Cravo².*◘1E] *vtd.* **1.** Fixar com cravos [v. *cravo²* (1)]. **2.** Engastar. [C.: 1 (è)]

cra.ve.lha (ê) *sf.* Peça de certos instrumentos musicais, para lhes retesar as cordas.

cra.vo¹ [Cat. *clavell*, com infl. de *cravo²*, poss.] *sm.* **1.** A flor, perfumada, do craveiro. **2.** *Bot.* Cravo-da-índia.

cra.vo² [Lat. *clavu*, 'prego'.] *sm.* **1.** Prego para ferradura; prego. **2.** *Med.* Lesão de glândula sebácea caracterizada por pequena saliência esbranquiçada com ponto escuro no centro. **3.** Calo doloroso e encravado na planta do pé.

cra.vo³ [V.D] *sm. Mús.* Instrumento de teclado de cordas pinçáveis com caixa de ressonância horizontal, aproximadamente triangular.

cra.vo-da-ín.di:a *sm. Bot.* O ovário e o cálice das flores do craveiro-da-índia, de aroma intenso e sabor picante, us. como especiaria e em perfumaria; cravo. [Pl.: *cravos-da-índia.*]

cra.vo-de-de.fun.to *sm. Bot.* Planta asterácea, ornamental. **2.** Sua flor. [Pl.: *cravos-de-defunto.*]

cre.che [Fr. *crèche.*] *sf.* Estabelecimento que dá assistência diária a crianças de pouca idade, esp. aquele que trabalha com a educação de crianças de até 3 anos de idade.

cre.den.ci.ais *sfpl.* Carta conferida a embaixador ou enviado especial para se fazer acreditar junto a governo de um país estrangeiro.

cre.den.ci.al [It. *credenziale.*◘39] *adj2g.* **1.** Digno de crédito. ● *sf.* **2.** Título que abona alguém. [Pl.: *-ais.*]

cre.den.ci.ar *vtd.* **1.** Conferir credenciais a. **2.** Habilitar. *p.* **3.** Habilitar-se. [C.: 1]

cre.di.á.ri:o *sm.* Sistema de vendas a crédito com pagamento a prestações.

cre.di.bi.li.da.de [Lat. *credibilitate.*◘14] *sf.* Qualidade do que é crível.

cre.di.tar [*Crédito.*◘1A] *vtd.* **1.** Dar crédito a. **2.** Depositar em conta corrente (paga por serviço ou dívida). *tdi.* **3.** Atribuir. [C.: 1]

cre.di.tí.ci:o *adj.* Referente a crédito (5).

cré.di.to [It. *credito.*] *sm.* **1.** Confiança. **2.** Boa reputação; boa fama. **3.** *Econ.* Cessão de mercadoria, serviço ou dinheiro, para pagamento futuro. **4.** *Cin. Telev.* Lista com indicação de atores, produtor, diretor, etc., que aparece ger. no fim de um filme ou programa. [Nesta acepç., tb. us. no pl.] **5.** *Econ.* Autorização de despesa, no serviço público. **◆ A crédito.** Para pagamento futuro; a prazo; fiado.

cre.do [Subst. do lat. *credo.*] *sm.* **1.** Fé religiosa; crença. **2.** Oração cristã iniciada, em latim, pela palavra *credo* (creio); creio em deus padre. ● *interj.* **3.** Exprime espanto e aversão.

cre.dor [Lat. *creditore.*◘19] *adj.* **1.** Merecedor, digno. ● *sm.* **2.** Pessoa ou firma a quem se deve dinheiro ou outra coisa.

cré.du.lo [Lat. *credulu.*] *adj.* Que crê facilmente; ingênuo. **§ cre.du.li.da.de** *sf.*

crei.o em deus pa.dre *sm2n. Bras.* Credo (2).

cre.ma.ção [Lat. *crematione.*◘2A] *sf.* **1.** Ato ou efeito de cremar. **2.** Cerimônia de cremação (1) de pessoa(s) morta(s). [Pl.: *-ções.*]

cre.ma.lhei.ra [Fr. *crémaillère.*] *sf.* **1.** O trilho dentado de linha férrea, no qual engrenam as rodas, tb. dentadas, das locomotivas, para subir rampas muito fortes. **2.** Peça dentada de certas engrenagens.

cre.mar [Lat. *cremare.*◘1A] *vtd.* Incinerar (cadáver). [C.: 1]

cre.ma.tó.ri:o [Cremar.☐23A] adj. sm. Diz-se de, ou lugar onde se crema.

cre.me [Fr. crème.] sm. **1.** Substância espessa, branco-amarelada, que se forma na superfície do leite; nata. **2.** Cul. Iguaria feita com leite engrossado com farinha. ● adj2g2n. **3.** Da cor do creme (1). **4.** Preparação farmacêutica destinada a uso externo e que comporta maior quantidade de água do que a pomada, sendo menos densa do que esta.

cre.mo.na [Fr. crémone.] sf. Ferragem com que se trancam janelas e portas, composta de 2 hastes presas numa cremalheira movida por maçaneta; carmona.

cre.mo.so (ô) [Creme.☐37] adj. Que tem consistência de creme. [Pl.: -mosos (ó).]

cren.ça [Lat.med. credentia.] sf. **1.** Ato ou efeito de crer. **2.** Fé religiosa. **3.** Convicção íntima.

cren.di.ce sf. Crença supersticiosa.

cren.te [Lat. credente.☐21] adj2g. s2g. **1.** Que, quem crê. **2.** Restr. Relativo a, próprio de, ou quem é adepto de seita evangélica.

cre:o.li.na sf. Nome comercial de certo desinfetante e germicida líquido.

cre.pe [Fr. crêpe.] sm. **1.** Tecido fino, ger. transparente. **2.** Fita com tecido negro us. em sinal de luto. **3.** Cul. Espécie de panqueca de massa fina.

cre.pi.tar [Lat. crepitare.☐1A] v.int. **1.** Dar estalidos (a madeira a arder, o sal ao fogo). **2.** Estalar. [C.: 1] § cre.pi.tan.te adj2g.

cre.pom [Fr. crépon.] sm. **1.** Crepe (1) grosso. **2.** Certo tipo de papel crespo, de cores diversas. [Pl.: -pons.]

cre.pús.cu.lo [Lat. crepusculu.] sm. **1.** Luminosidade proveniente da iluminação das camadas superiores da atmosfera pelo Sol, quando, embora escondido, está próximo do horizonte. **2.** Fig. V. decadência. § cre.pus.cu.lar adj2g.

crer [Lat. credere.] vtd. **1.** Ter por certo ou verdadeiro; acreditar. **2.** Aceitar como verdadeiras as palavras de. **3.** Julgar, supor. transobj. **4.** Crer (3): *Cria-o honesto*. ti. **5.** Crer (1 e 2): *crer em alguém*. **6.** Ter fé: *crer em Deus*. int. **7.** Ter fé ou crença (sobretudo religiosa). [C.: 25]

cres.cen.te [Lat. crescente.☐21] adj2g. **1.** Que cresce. ● sm. **2.** Astr. Quarto crescente.

cres.cer [Lat. crescere.☐1B] v.int. **1.** Aumentar em volume, estatura, força, duração, grandeza ou extensão. **2.** Aumentar em número ou quantidade. **3.** Nascer e desenvolver-se. **4.** Avolumar-se; inchar. **5.** Tornar-se (mais) longo. td. **6.** Fazer crescer. pred. **7.** Desenvolver-se (em certo estado ou condição): *O galho cresceu torto*. [C.: 2A (ê-é)]

cres.ci.do [Part. de crescer.] adj. **1.** Que cresceu; desenvolvido. **2.** Grande, considerável.

cres.ci.men.to [Crescer.☐3A] sm. **1.** Ato ou efeito de crescer; aumento. **2.** Evolução, desenvolvimento. **3.** Aumento de tamanho (extensão, volume, altura, etc.), de força ou intensidade, ou de duração (temporal). **4.** Aumento (por acréscimo ou por multiplicação) de uma quantidade ou grandeza, ou do número de componentes. **5.** Aumento da importância, influência, etc.

cres.po (ê) [Lat. crispu.] adj. **1.** De superfície áspera; rugoso. **2.** Anelado, encrespado. **3.** Agitado, encapelado. **4.** Fig. Ameaçador.

cres.tar [Lat. crustare.☐1A] vtd. e p. Queimar(-se) à superfície, de leve; tostar(-se). [C.: 1 (é)]

cre.tá.ce:o [Lat. cretaceu.] adj. sm. Diz-se de, ou período final da era mesozoica.

cre.ti.no [Fr. crétin.] adj. sm. Imbecil, idiota. § cre.ti.ni.ce sf.

cre.to.ne [Fr. cretonne.] sm. Fazenda branca, forte, de algodão.

cri.a [Dev. de criar.] sf. **1.** Animal que ainda mama. **2.** Bras. Pessoa, ger. pobre, criada em casa alheia.

cri.a.ção [Lat. creatione.☐2A] sf. **1.** Ato ou efeito de criar. **2.** O conjunto dos seres criados. **3.** O conjunto dos animais domésticos que se criam. [Pl.: -ções.]

cri:a.ci:o.nis.mo sm. Doutrina segundo a qual a origem dos seres é um ato de criação, e não o resultado de um processo contínuo de evolução. § cri:a.ci:o.nis.ta adj2g. s2g.

cri:a.da.gem [Criado.☐6] sf. Conjunto de criados. [Pl.: -gens.]

cri.a.do [Lat. creatu.] sm. V. doméstico (2).

cri.a.dor (ô) [Lat. creatore.☐19A] adj. **1.** Que cria; criativo. **2.** Fecundo. ● sm. **3.** Aquele que cria. **4.** Deus. [Com inicial maiúsc., nesta acepç.]

cri.an.ça [B-lat. creantia.] sf. **1.** Ser humano de pouca idade, menino ou menina. **2.** Fig. Pessoa ingênua, infantil, imatura.

cri.an.ça.da [Criança.☐4] sf. **1.** Grupo de crianças. **2.** V. criancice.

cri.an.ci.ce [Criança.☐13] sf. Ação ou dito de criança; criançada, puerilidade.

cri.an.ço.la [Criança + -ola.] s2g. Pessoa que, já não sendo criança, age como tal.

cri.ar [Lat. creare.☐1A] vtd. **1.** Dar existência a. **2.** Dar origem a; formar. **3.** Imaginar. **4.** Fundar. **5.** Educar. **6.** Promover a procriação e prover a subsistência de: *criar galinhas*. **7.** Cultivar: *criar rosas*. **8.** Adquirir: *criar coragem*. **9.** Granjear: *criar amizades*. **10.** Alimentar e sustentar. tdi. **11.** Criar (5). **12.** Causar. p. **13.** Nascer; originar-se. **14.** Crescer, desenvolver-se, educar-se. [C.: 1]

cri:a.ti.vo [Criar.☐22A] adj. Criador (1).

cri:a.tó.ri:o [Criar.☐23A] sm. Lugar onde se criam animais, esp. para fins de comercialização.

cri:a.tu.ra [Lat. creatura.☐5B] sf. **1.** Coisa ou ser criado. **2.** Indivíduo (3).

cri.ci.ú.ma [Do tupi.] sf. Bras. Bot. Poácea de colmo us. em cestos.

cri-cri sm. Bras. Canto dos grilos. [Pl.: cri-cris.]

cri.me [Lat. crimen.] sm. Violação da lei penal; delito.

cri.mi.nal [Lat. criminale.☐39] adj2g. Relativo a crime. [Pl.: -nais.]

cri.mi.na.li.da.de [*Criminal.*◘14] *sf.* **1.** Estado de criminoso. **2.** O conjunto dos crimes ou dos criminosos.

cri.mi.na.lis.ta [*Criminal.*◘36] *s2g.* Especialista em Direito Penal.

cri.mi.na.li.zar [*Criminal.*◘1D] *vtd.* Considerar como crime. [C.: 1]

cri.mi.no.so (ô) [Lat. *criminosu.*◘37] *adj.* **1.** Em que há, ou que cometeu crime. ● *sm.* **2.** Aquele que cometeu crime. [Pl.: *-nosos* (ó).]

cri.na [Lat. *crine.*] *sf. Zool.* Pelo do pescoço e da cauda do cavalo, e de outros animais. ◆ **Crina vegetal.** Consistência e uso semelhantes aos da crina.

cri.noi.de (ói) [Tax. *Crinoidea.*] *adj2g. sm. Zool.* Diz-se de, ou espécime dos crinoides, classe de animais equinodermos, marinhos, que se fixam por pedúnculo, e que vivem no mar até a profundidade de 4.000m. Ex.: lírio-do-mar.

cri:o.bi:o.lo.gi.a [Gr. *krýos* + *biologia.*] *sf. Biol.* O estudo dos efeitos, nos organismos vivos, de temperaturas muito baixas. § **cri:o.bi:o.ló.gi.co** *adj.*; **cri:o.bi:o.lo.gis.ta** *s2g.*

cri:o.bi.ó.lo.go [Gr. *krýos* + *biólogo.*] *sm. Biol.* Especialista em criobiologia; criobiologista.

cri:o.ge.ni.a [*Crio-* + *-genia.*] *sf. Fís.* Ciência da produção e manutenção de temperaturas muito baixas em sistemas ou materiais. § **cri:o.gê.ni.co** *adj.*

cri.ou.lo [V.C] *adj.* **1.** Dizia-se de indivíduo negro nascido na América. **2.** *Antrop.* Referente aos nativos de certa região. Diz-se de indivíduo negro. ● *sm.* **4.** Indivíduo crioulo (1 e 2). **5.** *E.Ling.* Língua (3) que resulta do contato prolongado entre grupos que falam línguas diferentes, sendo um deles, ger., de falantes de língua europeia. **6.** Indivíduo negro. [Nesta acepç. por vezes us. pej.]

crip.ta [Lat. *crypta.*] *sf.* Capela subterrânea para sepultamento.

críp.ti.co [Lat. *crypticu.*◘35B] *adj.* **1.** Pertencente, ou relativo a cripta. **2.** *Fig.* Cifrado. **3.** *Zool.* Que serve para ocultar.

crip.tó.ga.mo [Gr. *kryptós* + *-gamo.*] *sm. Bot.* Vegetal cujos órgãos reprodutores não são aparentes; não produz flores. [Cf. *fanerógamo.*] § **crip.to.gâ.mi.co** *adj.*

crip.tô.ni:o *sm. Quím.* V. *gás nobre* [símb.: *Kr*].

cri.sá.li.da [Lat. *chrysallida.*] *sf. Zool.* A pupa dos lepidópteros, envolta em casulo, e em estágio de repouso.

cri.sa.li.dar [*Crisálida.*◘1A] *v.int. e p.* Transformar-se (a lagarta) em crisálida. [C.: 1. Defect. unipess.] § **cri.sa.li.da.ção** *sf.*

cri.sân.te.mo [Tax. *Chrysanthemum.*] *sm. Bot.* Subarbusto asteráceo, ornamental, e/ou sua flor; monsenhor.

cri.se [Lat. *crise.*] *sf.* **1.** *Med.* Manifestação súbita, inicial ou não, de doença física ou mental. **2.** Manifestação repentina de ruptura do equilíbrio. **3.** Fase difícil, grave, na evolução das coisas, dos acontecimentos, das ideias. **4.** Manifestação violenta de um sentimento. **5.** Período de instabilidade financeira, política ou social.

cris.ma [Lat. *chrisma.*] *sm.* **1.** Óleo perfumado us. na administração de alguns sacramentos. ● *sf.* **2.** *Rel.* O sacramento que confirma a fé católica; confirmação.

cris.mar [Lat. *chrismare.*◘1A] *vtd.* **1.** Conferir a crisma (2) a. **2.** Apadrinhar em crisma (2). *p.* **3.** Receber a crisma (2). [C.: 1]

cri.so.ba.la.ná.ce:a [Tax. *Chrysobalanaceae.*] *sf. Bot.* Pequena família de árvores e arbustos florestais, relacionada à das rosáceas, com flores um tanto irregulares, e frutos drupáceos; alguns são edules. Têm distribuição pantropical. § **cri.so.ba.la.ná.ce:o** *adj.*

cri.só.fi.to [Tax. *Chrysophyta.*] *adj. sm. Bot.* V. *bacilariófito.*

cri.sol [Esp. *crisol.*] *sm.* Cadinho. [Pl.: *-sóis.*]

cri.só.li.to [Lat. *chrysolithu.*] *sm.* Pedra preciosa da cor do ouro.

cris.par [Lat. *crispare.*◘1A] *vtd.* **1.** Encrespar, franzir. **2.** Contrair (1). *p.* **3.** Contrair-se espasmodicamente. [C.: 1] § **cris.pa.ção** *sf.*

cris.ta [Lat. *crista.*] *sf.* **1.** *Zool.* Excrescência carnosa na cabeça dos galináceos. **2.** *Zool.* Excrescência alongada, ger. serreada, que se estende da cabeça à cauda de certos sáurios, como, p.ex., a iguana. **3.** *Zool.* V. *poupa* (2). **4.** *Anat.* Eminência óssea estreita e pontuda. **5.** V. *cume* (1).

cris.tal [Lat. *crystallu.*] *sm.* **1.** Substância sólida, cujas partículas constitutivas (átomos, íons ou moléculas) estão arrumadas regularmente no espaço. **2.** Quartzo vítreo incolor. **3.** Objeto de cristal (2). [Pl.: *-tais.*]

cris.ta.lei.ra [*Cristal.*◘16] *sf. Bras.* Armário onde se guardam objetos de cristal e outros (copos, etc.).

cris.ta.li.no [Lat. *crystallinu.*] *adj.* **1.** Que tem a forma do cristal (1). **2.** Límpido como cristal. ● *sf.* **3.** *Anat.* V. *lente*[1] (2).

cris.ta.li.zar [*Cristal.*◘1D] *vtd.* **1.** Converter em cristal. *ti., int. e p.* **2.** Permanecer em um mesmo estado; não mudar. [C.: 1] § **cris.ta.li.za.ção** *sf.*

cris.tan.da.de [Lat.ecl. *christianitate.*◘14] *sf.* O conjunto dos povos ou países cristãos.

cris.tão [Lat. *christianu.*] *adj.* **1.** Relativo ao cristianismo, ou que o professa. ● *sm.* **2.** Indivíduo cristão. [Pl.: *-tãos*. Fem.: *cristã.*]

cris.tão-no.vo *sm.* Judeu convertido ao cristianismo. [Pl.: *cristãos-novos.*]

cris.ti:a.nis.mo [Lat. *christianismu.*◘11] *sm.* O conjunto das religiões cristãs, *i.e.*, baseadas nos ensinamentos, na pessoa e na vida de Jesus Cristo.

cris.ti:a.ni.zar [Lat. *christianizare.*◘1D] *vtd. e p.* Tornar(-se) cristão. [C.: 1]

cristo | cruciante

cris.to [Lat. *Christu.*] *sm.* **1.** *Rel.* O escolhido por Deus para redimir seu povo, ou a humanidade; redentor, messias. **2.** *Restr.* Epíteto de Jesus de Nazaré, cuja vida, ensinamentos e morte são considerados pelo cristianismo como o cumprimento das profecias bíblicas de redenção. [Inicial maiúsc., em 1 e 2.] **3.** *Bras. Pop.* Vítima de perseguição, etc.

cri.té.ri:o [Lat. *criteriu.*] *sm.* **1.** Aquilo que serve de norma para julgamento. **2.** Preceito que permite distinguir o erro da verdade. **3.** Tino, discernimento. § **cri.te.ri.o.so** (ô) *adj.*

crí.ti.ca [Gr. *kritiké.*] *sf.* **1.** Arte ou faculdade de julgar produções ou manifestações de caráter intelectual. **2.** Apreciação delas (ger. por escrito). **3.** Os críticos. **4.** Ato de criticar, avaliar ou julgar. **5.** *Restr.* Crítica desfavorável; censura.

cri.ti.car [*Crítica.* ■1A] *vtd.* Fazer a crítica (2, 4 e 5) de. [C.: 1A] § **cri.ti.cá.vel** *adj2g.*

crí.ti.co [Lat. *criticu.* ■35B] *adj.* **1.** Relativo a crítica, ou a crise. **2.** Que encerra crítica. **3.** Grave, perigoso. ● *sm.* **4.** Aquele que escreve críticas.

cri.var [Lat. *cribare.* ■1A] *vtd.* **1.** Fazer passar por crivo. **2.** Furar em muitos pontos. *tdi.* **3.** Encher, cobrir. [C.: 1]

crí.vel [Lat. *credibile.* ■39] *adj2g.* Que se pode crer; acreditável. [Pl.: *-veis.*]

cri.vo [Lat. *cribru.*] *sm.* **1.** Peneira de arame. **2.** *Bras.* Bordado de bastidor feito sobre tecido em que se tiraram alguns fios até formarem uma espécie de grade; labirinto.

■ **CRM** Sigla de *Conselho Regional de Medicina*.
■ **CRMV** Sigla de *Conselho Regional de Medicina Veterinária*.
■ **CRO** Sigla de *Conselho Regional de Odontologia*.

cro.ché ou **cro.chê** [Fr. *crochet.*] *sm.* Tecido rendado executado à mão com uma agulha que tem um gancho na extremidade.

cro.ci.tar [Lat. *crocitare.* ■1A] *v.int.* Soltar a voz (o corvo); corvejar. [C.: 1. Norm. é unipessoal.]

cro.co.di.li.a.no [Tax. *Crocodilianae.*] *adj. sm. Zool.* Diz-se de, ou espécie dos crocodilianos, ordem de reptis de grande porte, dotados de pulmões, e que habitam os rios, estuários e nadam até o mar. Inclui os aligatorídeos e os gavialídeos.

cro.co.di.lo [Tax. *Crocodilus.*] *sm. Zool.* Grande reptil crocodiliano da África, Índia e N.O. da Austrália.

→ **croissant** (croassã) [Fr.] *sm. Cul.* Pãozinho de massa folhada ao qual se dá a forma de crescente (2).

cro.mar [*Cromo¹.* ■1A] *vtd.* Recobrir (superfície metálica) com camada de cromo. [C.: 1] § **cro.ma.do** *adj.*

cro.má.ti.co [Lat. *chromaticu.* ■35B] *adj.* **1.** Relativo a cores ou a cor. **2.** *Mús.* Diz-se de um intervalo cujos sons têm o mesmo nome, mas um deles é alterado, ou de uma escala cujos sons apresentam entre si apenas intervalos de semitons.

cro.mo¹ [Gr. *chróma,* 'cor'.] *sm. Quím.* Elemento de número atômico 24, metálico, duro, maleável, que forma inúmeras ligas [símb.: Cr]

cro.mo² *sm.* Figura ou desenho estampado a cores.

cro.mos.so.mo [*Crom(o)-* + *-somo.*] *sm. Citol. Genét.* Unidade morfológica e fisiológica, visível ou não ao microscópio óptico, e que contém a informação genética.

crô.ni.ca [Lat. *chronica* (pl.).] *sf.* **1.** Narração histórica, por ordem cronológica. **2.** Pequeno conto, de enredo indeterminado. **3.** Texto jornalístico redigido de forma livre e pessoal. **4.** Seção de revista ou de jornal. **5.** Conjunto de notícias sobre alguém ou algum assunto.

crô.ni.co [Lat. *chronicu.*] *adj.* **1.** Que dura há muito. **2.** Persistente, inveterado. **3.** *Med.* De longa duração (doença).

cro.nis.ta [*Crônica.* ■36] *s2g.* Quem escreve crônicas.

cro.no.gra.ma [Gr. *chrónos* + *-grama.*] *sm.* Representação gráfica da previsão da execução de um trabalho, com os prazos em que se deverão executar as diversas fases.

cro.no.lo.gi.a [Gr. *chronología.* ■8A] *sf.* Ciência da utilização de regras para estabelecer as divisões do tempo e a fixação das datas. § **cro.no.ló.gi.co** *adj.*

cro.no.me.trar [*Cronômetro.* ■1A] *vtd.* **1.** Registrar com o cronômetro a duração de. **2.** *Fig.* Controlar. [C.: 1 (é)] § **cro.no.me.tra.gem** *sf.*

cro.nô.me.tro [Gr. *chrónos* + *-metro.*] *sm.* Instrumento de precisão para medir intervalos de tempo.

→ **crooner** (crúner) [Ingl.] *s2g.* Cantor(a) integrante de um conjunto ou orquestra.

cro.que.te [Fr. *croquette.*] *sm.* Bolinho feito de carne, peixe, etc., moídos.

cro.qui [Fr. *croquis.*] *sm.* Esboço, em breves traços, de desenho ou de pintura.

cros.ta (ô) [Lat. *crusta.*] *sf.* **1.** Camada de substância espessa que se forma sobre um corpo. **2.** Casca, côdea. **3.** *Med.* Cada fragmento de matéria sólida resultante do ressecamento de exsudato ou de secreção corporal. ◆ **Crosta da Terra ou crosta terrestre.** *Geofís.* Litosfera.

cro.ta.lí.de:o [Tax. *Crotalidae.*] *adj. sm. Zool.* Diz-se de, ou espécime dos crotalídeos, fam. de cobras venenosas à qual pertencem as cascavéis.

cru [Lat. *crudu.*] *adj.* **1.** Não cozido. **2.** Não preparado. **3.** Que nada tem que lhe atenue a intensidade. **4.** Sem disfarce. **5.** Bárbaro, cruel.

cru.ci.al [Lat. *cruciale.* ■39] *adj2g.* **1.** Árduo; difícil. **2.** Decisivo. **3.** Cruciforme. [Pl.: *-ais.*]

cru.ci.an.te [Lat. *cruciante.* ■21] *adj2g.* Que crucifica, aflige, tortura.

cru.ci.fi.ca.do [*Crucificar.*☐17A] *adj.* **1.** Pregado na cruz. ● *sm.* **2.** *Restr.* Jesus Cristo. [Com inicial maiúsc., nesta acepç.]

cru.ci.fi.car [Lat.ecl. *crucificare.* ☐1A] *vtd.* **1.** Aplicar o suplício da cruz a. **2.** Torturar, afligir. **3.** Condenar (alguém), ger. de modo implacável e/ou injusto. [C.: 1A] § **cru.ci.fi.ca.ção** *sf.*

cru.ci.fi.xo (cs) [Lat. *crucifixu.*] *sm.* A cruz com a imagem de Cristo crucificado.

cru.ci.for.me [Lat. *cruci-* + *-forme.*] *adj2g.* Em forma de cruz; crucial.

cru.el [Lat. *crudele.*] *adj2g.* **1.** Que se compraz em fazer o mal, em atormentar. **2.** Desumano. **3.** Que denota crueldade. **4.** Pungente, doloroso. [Pl.: *-éis.* Superl.: *crudelíssimo.*]

cru.el.da.de [Lat. *crudelitate.* ☐14] *sf.* **1.** Qualidade de cruel. **2.** Ato ou caráter cruel.

cru.en.to [Lat. *cruentu.*] *adj.* Em que há derramamento de sangue; sangrento, sanguinolento.

cru.pe [Fr. *croup.*] *sm. Med.* **1.** Laringite com sufocação. **2.** Difteria laríngea em que há asfixia por obstrução da via aérea, devida à presença de falsas membranas.

crus.ta [Lat. *crusta.*] *sf.* Crosta.

crus.tá.ce:o [Tax. *Crustacea.*] *adj. sm. Zool.* Diz-se de, ou espécime dos crustáceos, subfilo de artrópodes que respiram por brânquias, e têm exoesqueleto calcário, 2 pares de antenas, 1 par de mandíbulas e 2 de maxilas. A maioria das espécies é marinha. Ex.: caranguejos.

cruz [Lat. *cruce.*] *sf.* **1.** Antigo instrumento de suplício (2 madeiros, um atravessado no outro) em que se amarravam condenados à morte. **2.** *Rel.* A cruz em que foi pregado Jesus Cristo, ou a representação dela. **3.** *Rel.* Símbolo da redenção de Cristo e do cristianismo. **4.** *Fig.* Aquilo ou aquele que representa um castigo ou uma pena para alguém.

cru.za.da [*Cruzar.*☐4] *sf.* **1.** Expedição militar cristã que se fazia na Idade Média para libertar a Terra Santa dos sarracenos. **2.** *Fig.* Campanha de propaganda ou defesa de alguma ideia.

cru.za.do[^1] *sm.* Expedicionário de cruzada (1).

cru.za.do[^2] [*Cruzar.*☐17A] *adj.* **1.** Disposto ou posto em cruz. ● *sm.* **2.** Moeda (antiga) de 400 réis. **3.** Unidade monetária, e moeda, brasileira, (símb.: CZ$), de 28/2/1986 até 15/1/1989, quando foi substituída pelo cruzado novo (1.000 cruzados = 1 cruzado novo). ◆ **Cruzado novo.** Unidade monetária, e moeda, brasileira, (símb.: NCZ$), de 16/1/1989 a 15/3/1990, quando foi substituída pelo cruzeiro (1 cruzado novo = 1 cruzeiro).

cru.za.dor (ô) [*Cruzar.*☐19A] *sm.* Navio de combate, médio, muito veloz, para explorações, escoltas de outras embarcações, etc.

cru.za.men.to [*Cruzar.*☐3] *sm.* **1.** Ato ou efeito de cruzar(-se). **2.** Ponto onde se cruzam caminhos, ruas, etc.

cru.zar [*Cruz.*☐1A] *vtd.* **1.** Dispor em cruz. **2.** Dar a forma de cruz a. **3.** Transpor; atravessar. **4.** Percorrer em vários sentidos. **5.** Acasalar (animais). **6.** *Econ.* Traçar em (a face de um cheque) 2 linhas paralelas, tornando-o pagável apenas a um banco. *int. e p.* **7.** Encontrar-se, vindo em direções opostas. [C.: 1]

cru.zei.ro [*Cruz.*☐25] *sm.* **1.** Grande cruz, erguida nos adros, cemitérios, praças, etc. **2.** A parte da igreja entre a nave e o coro. **3.** Unidade monetária, e moeda, brasileira, (símb.: CR$), de 1.11.1942 até 12.2.1967, quando foi substituída pelo cruzeiro novo (1.000 cruzeiros = 1 cruzeiro novo); de 15.5.1970 até 27.2.1986, quando foi substituída pelo cruzado (1.000 cruzeiros = 1 cruzado); e de 16.3.1990 a 31.7.1993, quando foi substituída pelo cruzeiro real (1.000 cruzeiros = 1 cruzeiro real). **4.** Viagem de navio de passageiros em visita a vários portos. **5.** *Bras. Astr.* Urutu. ◆ **Cruzeiro novo.** Unidade monetária, e moeda, brasileira, (símb.: NCR$), de 13.2.1967 até 14.5.1970, quando foi substituída pelo cruzeiro (1 cruzeiro novo = 1 cruzeiro). **Cruzeiro real.** Unidade monetária, e moeda, brasileira, (símb.: CR$), de 1.8.1993 até 30.6.1994, quando foi substituída pelo cruzeiro real (2.750 cruzeiros reais = 1 real).

■ **Cs** *Quím.* Símb. de *césio.*

■ **csc** *Mat.* Símb. de *cossecante* [outra f.: *cosec*].

csi [Gr. *kseî, ksî.*] *sm.* A 14ª letra do alfabeto grego (Ξ, ξ).

■ **CTB** Abrev. de *Código de Trânsito Brasileiro.*

cte.nó.fo.ro [Lat.cient. *Ctenophora.*] *adj.sm.Zool.* Diz-se de, ou espécime dos ctenóforos, pequeno filo de invertebrados marinhos, planctônicos, carnívoros, hermafroditas, transparentes, medusoides.

cu [Lat. *culu.*] *sm. Chulo* O ânus.

■ **Cu** *Quím.* Símb. de *cobre.*

cu:an.du [Do tupi.] *sm. Bras. Zool.* Ouriço-cacheiro.

cu.ba [Lat. *cupa.*] *sf.* Vasilha grande, para vinho ou outros líquidos; tina.

cu.ba.gem [*Cubar.*☐6] *sf.* Cálculo da capacidade (1) dum recipiente ou dum recinto. [Pl.: *-gens.*]

cu.bar [*Cubo.*☐1A] *vtd.* **1.** Avaliar ou medir (o volume dum sólido). **2.** Fazer a cubagem de. [C.: 1]

cu.ba.tão [V.E] *sm. Bras.* Pequena elevação no sopé de cordilheiras. [Pl.: *-tões.*]

cú.bi.co [Lat. *cubicu.*☐35B] *adj.* **1.** Relativo a, ou em forma de cubo. **2.** *Mat.* Relativo ao cubo (3); do terceiro grau ou terceira potência.

cu.bí.cu.lo [Lat. *cubiculu.*] *sm.* **1.** Pequeno compartimento. **2.** Cela de convento ou de cadeia.

cu.bis.mo [*Cubo.*☐11] *sm.* Escola de pintura surgida no início do séc. XX, que se caracteriza pela decomposição e geometrização das formas naturais. § **cu.bis.ta** *adj2g. s2g.*

cú.bi.to [Lat. *cubitu.*] *sm. Anat.* V. *ulna.*

cu.bo [Lat. *cubu.*] *sm.* **1.** *Geom.* Poliedro regular com 6 faces quadradas. **2.** Objeto cúbico. **3.** *Mat.* O produto de um número ou quantidade por seu quadrado (5).

[^1]: cru.za.do¹
[^2]: cru.za.do²

cu.ca¹ sf. Bras. Folcl. V. papão.
cu.ca² sf. Bras. Gír. Cabeça (1 e 5).
cu.ca³ sf. Bras. Cul. Bolo de origem alemã feito com ovos, farinha de trigo, manteiga e fermento, e coberto com açúcar. [Var.: cuque.]
cu.co [Lat. cuculu.] sm. Zool. Ave cuculídea, europeia.
cu.cu.lí.de:o [Tax. Cuculidae.] adj. sm. Zool. Diz-se de, ou espécime dos cuculídeos, família de aves cuculiformes que vivem em capoeiras e descampados. Ex.: anus.
cu.cu.li.for.me [Tax. Cuculiformes.] adj2g. sm. Zool. Diz-se de, ou espécime dos cuculiformes, ordem de aves pequenas ou de porte médio, e cujos pés não têm garras preênseis.
cu.cur.bi.tá.ce:a [Tax. Cucurbitaceae.] sf. Bot. Espécime das cucurbitáceas, família de plantas rasteiras, ou trepadeiras, de fruto bacáceo, ger. comestível. § cu.cur.bi.tá.ce:o adj.
cu de fer.ro adj2g. s2g. Bras. Chulo V. cê-dê-efe. [Pl.: cus de ferro.]
cu.e.ca sf. Peça íntima do vestuário masculino, espécie de calção us. sob as calças.
cu.e.cas sfpl. V. cueca.
cu.ei.ro sm. Pano em que se envolve o corpo das crianças de peito da cintura para baixo.
cu.i.a [Do tupi.] sf. 1. Bot. Fruto da cuieira. 2. Vaso feito desse fruto maduro e esvaziado do miolo; cuité.
cui.a.ba.no [◨ 29] adj. 1. De Cuiabá, capital de MT. ● sm. 2. O natural ou habitante de Cuiabá.
cu.í.ca [Do tupi.] sf. Bras. 1. Zool. Mamífero didelfídeo semelhante ao gambá. 2. Instrumento musical popular feito com pequeno barril a que se prende, numa das bocas, uma pele bem estirada, em cujo centro está presa uma varinha que, atritada, produz ronco.
cui.da.do [Lat. cogitatu.] sm. 1. Desvelo (1). 2. Responsabilidade (1). 3. Atenção, cautela. ● interj. 4. Us. para pedir atenção, cautela, ou avisar de perigo. § cui.da.do.so (ô) adj.
cui.dar [Lat. cogitare.◨1A] vtd. 1. Imaginar, meditar; cogitar. 2. Julgar, supor: Cuidei que ele dormia, mas estava acordado. ti. 3. Cuidar (2). 4. Aplicar a atenção, o pensamento, a imaginação. 5. Tratar de, zelar por; ter cuidado: Cuide da saúde; cuidar das plantas. 6. Ser o responsável pelo bem-estar, pela subsistência, etc.: Ele é que cuida dos avós. 7. Tomar conta de (ger. por dado período): cuidar de crianças. 8. Responsabilizar-se (por algo). 9. Fazer os preparativos para algo, ou agilizar seu andamento, solução, etc.: cuidar dos enfeites de uma festa; Disse que precisava cuidar das encomendas. transobj. 10. Cuidar (2). p. 11. Prevenir-se. 12. Ter cuidado consigo mesmo. [C.: 1]
cui.ei.ra [Cuia.◨16] sf. Bras. Bot. Arvoreta bignoniácea de madeira útil, e cujo fruto, maduro e esvaziado, é us. como vasilha; coité, cuité.
cui.té [Do tupi.] sf. m. Bras. 1. Cuia (2). 2. Bot. V. cuieira.

cu.jo [Lat. cuju.] pron. rel. 1. De que ou de quem, do qual, da qual, das quais. ● sm. 2. Bras. Fam. V. fulano (1).
cu.la.tra [It. culatta.] sf. 1. O fundo do cano de arma de fogo. 2. A parte posterior do canhão.
cu.li.cí.de:o [Tax. Culicidae.] adj. sm. Zool. Diz-se de, ou família de insetos dípteros, com probóscide, e que podem ser vetores de doenças. São os mosquitos.
cu.li.ná.ri:a sf. A arte de cozinhar.
cu.li.ná.ri:o [Lat. culinariu.◨24] adj. Relativo a cozinha.
cul.mi.nân.ci:a [Culminar.◨9] sf. Auge, apogeu.
cul.mi.nan.te [Culminar.◨21] adj2g. 1. Que é o mais elevado, o mais alto. 2. Fig. Que é mais importante.
cul.mi.nar [Lat. culminare.◨1A] v.int. Chegar à culminância. [C.: 1]
cu.lo.te [Fr. culotte.] sm. 1. Calça larga na parte das coxas e justa a partir do joelho, para montaria. 2. Excesso de gordura na face externa da articulação coxofemoral.
cul.pa [Lat. culpa.] sf. 1. Ação negligente ou imprudente ou danosa a outrem. 2. Falta voluntária contra a moral, princípio ético, preceito religioso ou lei. 3. Responsabilidade por ação ou omissão prejudicial, reprovável ou criminosa, mas não intencional. 4. Sentimento de pesar, angústia e, por vezes, vergonha de quem se sente culpado por algo ruim.
cul.pa.bi.li.da.de [Culpável (-bil-).◨14] sf. Qualidade de culpável ou de culpado.
cul.pa.do [Lat. culpatu.◨17A] adj. sm. 1. Que, ou quem praticou ato culposo; responsável. 2. Criminoso, delinquente.
cul.par [Lat. culpare.◨1A] vtd., tdi. e p. Acusar(-se) de culpa; incriminar(-se). [C.: 1]
cul.pá.vel [Lat. culpabile.◨41] adj2g. A que se pode lançar a culpa. [Pl.: -veis.]
cul.po.so (ô) [Culpa.◨37] adj. Em que há culpa: homicídio culposo. [Pl.: -posos (ó).]
→ cult (kâlti) [Ingl.] adj2g2n. Cultuado ou muito apreciado no meio artístico e/ou intelectual.
cul.ti.va.dor (ô) [Cultivar.◨19A] sm. Aquele que cultiva; cultor.
cul.ti.var¹ [Ingl. cultivar.] sf. Bot. Variedade híbrida de planta, por cultivo. [Pl.: -vares.]
cul.ti.var² [B.-lat. cultivare.◨1A] vtd. 1. Fertilizar (a terra) pelo trabalho. 2. Dar condições para o nascimento e desenvolvimento de (planta). 3. Procurar manter ou conservar. 4. Desenvolver. p. 5. Adquirir cultura (3). [C.: 1] § cul.ti.vá.vel adj2g.
cul.ti.vo [Dev. de cultivar².] sm. Ato ou efeito de cultivar.
cul.to¹ [Lat. cultu (subst.).] sm. 1. Adoração ou homenagem à divindade em qualquer de suas formas e em qualquer religião. 2. Modo de exteriorizar o culto (1); ritual. 3. Veneração, preito.
cul.to² [Lat. cultu (adj.).] adj. Instruído, ilustrado.

cul.tor (ô) [Lat. *cultore*. ⬛19A] *sm*. **1.** Cultivador. **2.** Aquele que se dedica a dado estudo.

cul.tu.ar [*Culto*¹.⬛1Aa] *vtd*. Render culto¹a. [C.: 1]

cul.tu.ra [Lat. *cultura*. ⬛5] *sf*. **1.** Ato, efeito ou modo de cultivar. **2.** O complexo dos padrões de comportamento, das crenças, das instituições, das manifestações artísticas, intelectuais, etc., transmitidos coletivamente, e típicos de uma sociedade. **3.** O conjunto dos conhecimentos adquiridos em dado campo. **4.** Criação de certos animais e/ou organismos, esp. microscópicos. § **cul.tu.ral** *adj2g*.

cu.ma.ri ou **cu.ma.rim** [Do tupi.] *sm. Bras. Bot.* Planta solanácea, cujo fruto é uma pimenta fortíssima. [Pl. de cumarim: *-rins*.]

cum.bu.ca [Or.tupi.] *sf. Bras.* Vaso para líquidos, feito de cabaça, com abertura circular em cima.

cu.me [Lat. *culmen*.] *sm*. **1.** O ponto mais alto; cimo, cima, crista, coroa, cumeeira, grimpa, píncaro. **2.** *Fig*. Auge, apogeu.

cu.me.a.da [*Cume* + *-eada*.] *sf*. Sequência de cumes de montanhas.

cu.me.ei.ra [*Cume*.⬛16] *sf*. **1.** V. *cume* (1). **2.** A parte mais alta do telhado.

cúm.pli.ce [Lat. *complice*.] *s2g*. **1.** Quem tomou parte num delito ou crime. **2.** Quem colabora em, ou participa com outrem de algum fato; parceiro. § **cum.pli.ci.da.de** *sf*.

cum.pri.men.tar [*Cumprimento*.⬛1A] *vtd*. **1.** Dirigir cumprimentos a; saudar. **2.** Louvar. *tdi*. **3.** Felicitar. *p*. **4.** Trocar cumprimentos; saudar-se. [C.: 1]

cum.pri.men.to [Port.arc. *comprimento*.⬛3] *sm*. **1.** Ato ou efeito de cumprir. **2.** Gesto ou expressão oral ou escrita de cortesia; saudação. **3.** V. *elogio* (1). [Cf. *comprimento*.]

cum.prir [Lat. *complere*.] *vtd*. **1.** Tornar efetivo (o que foi determinado, ou a que nos obrigamos); desempenhar. **2.** Preencher, realizar. **3.** Satisfazer (pedido, desejo). *ti*. **4.** Cumprir (1). *int*. **5.** Ser da obrigação; competir, caber. **6.** Ser necessário ou conveniente. *p*. **7.** Realizar-se. [C.: 3. Nas acepçs. 5 e 6, só se conjuga na 3.ª pess. do sing., e tem como suj., ger., uma oração.]

cu.mu.la.ti.vo *adj*. Em que há acumulação.

cú.mu.lo [Lat. *cumulu*.] *sm*. **1.** Reunião de coisas sobrepostas; montão. **2.** O auge. **3.** Nuvem branca, formada de elementos que lembram flocos de algodão.

cu.nei.for.me [Lat. *cunei* + *-forme*.] *adj2g*. **1.** Que tem forma de cunha. **2.** Diz-se da escrita dos antigos povos da Mesopotâmia (Ásia).

cu.nha [Lat. *cunea*.] *sf*. Peça de ferro ou de madeira que se introduz numa brecha para fender pedras, madeira, etc., ou servir de calço, etc.

cu.nha.di.o *sm*. Parentesco entre cunhados.

cu.nha.do [Lat. *cognatu*.] *sm*. Irmão de um dos cônjuges em relação ao outro.

cu.nhan.tã ou **cu.nha.tã** [Do tupi.] *sf. Bras. Amaz.* **1.** Menina (1). **2.** Moça.

cu.nhar [Lat. *cuneare*.] *vtd*. **1.** Imprimir cunho (2) em. **2.** Amoedar. [C.: 1] § **cu.nha.gem** *sf*.

cu.nho [Lat. *cuneu*.] *sm*. **1.** Placa de ferro para marcar moedas, medalhas, etc. **2.** A marca em relevo impressa por essa placa. **3.** *Fig*. Marca, selo.

cu.ni.cul.tor (ô) *sm*. Criador de coelhos.

cu.ni.cul.tu.ra *sf*. Criação de coelhos.

cu.pê [Fr. *coupé*.] *sm*. **1.** Carruagem fechada, de 4 rodas. **2.** Automóvel de 2 portas.

cú.pi.do [Lat. *cupidu*.] *adj*. **1.** Ávido de dinheiro ou bens materiais. **2.** Possuído de, ou que revela desejos amorosos. § **cu.pi.dez** (ê) *sf*.

cu.pim [Do tupi.] *sm. Bras.* **1.** *Zool.* Nome comum a insetos isópteros que atacam plantas, raízes, cereais, madeira, etc.; térmita, térmite. **2.** Cupinzeiro. [Pl.: *-pins*.]

cu.pin.cha [V.C] *s2g. Bras.* Amigo, camarada.

cu.pin.zei.ro [*Cupim* (*-pin*).⬛25B] *sm. Bras. Zool.* Ninho de cupim (1), que pode ser um buraco na madeira ou no solo, ou montes de terra; cupim.

cu.pom [Fr. *coupon*.] *sm*. **1.** Título de juro que vem junto a uma ação ou obrigação, e destacável. **2.** Cédula impressa e/ou numerada, destacável, que dá direito a voto, a receber brindes, etc. [Pl.: *cupons*.]

cu.pres.sá.ce:a [Tax. *Cupressaceae*.] *sf. Bot.* Espécime das cupressáceas, família de coníferas que habitam regiões temperadas, e frias; no Brasil, só se desenvolvem quando cultivadas. § **cu.pres.sá.ce:o** *adj*.

cu.pu.a.çu [Do tupi.] *sm. Bras. Bot.* **1.** Árvore esterculiácea cujo fruto é us. em compotas, sorvetes e refrescos. **2.** Esse fruto.

cú.pu.la [It. *cupola*.] *sf*. **1.** A parte superior, côncava e interna, de alguns edifícios. **2.** Abóbada (1). **3.** *Fig*. As pessoas dirigentes, de um partido, uma organização, etc.

cu.ra¹ [Lat. *cura*.] *sf*. **1.** Ato ou efeito de curar(-se). **2.** Restabelecimento da saúde. **3.** Tratamento.

cu.ra² *sm*. F.red. de *padre-cura*.

cu.ra.çau [Top. *Curaçau*.] *sm*. Licor de aguardente de cana e casca de laranja amarga.

cu.ra.dor (ô) [Lat. *curatore*.⬛19A] *sm*. **1.** Aquele que exerce curadoria, que tem a função de zelar pelos bens e interesses dos que, por si, não o possam fazer (órfãos, loucos, etc.). **2.** Membro do Ministério Público que exerce funções específicas na defesa de incapazes ou de certas instituições e pessoas. **3.** O responsável pela organização e manutenção de dado acervo de obras de arte.

cu.ra.do.ri.a [*Curador*.⬛8A] *sf*. Cargo, poder ou função de curador.

cu.ran.dei.ro *sm*. Aquele que cura por meio de rezas e feitiçarias.

cu.rar [Lat. *curare*.⬛1A] *vtd*. **1.** Restabelecer a saúde de. **2.** Debelar (doença). **3.** Fazer (alguém) perder defeito moral ou hábito prejudicial. **4.** Secar ao calor, ou ao fumeiro. *p*. **5.** Sarar (4). [C.: 1] § **cu.ra.do** *adj*.

cu.ra.re [Do tupi.] *sm. Bras.* Veneno violentíssimo, de ação paralisante, extraído da casca de certos cipós, e com que povos indígenas envenenam flechas. [É us. em alguns tratamentos clínicos, sendo tb. valioso auxiliar em anestesia geral.]

cu.ra.ti.vo [*Curar*.◘ 22A] *sm.* **1.** Conjunto de medidas aplicadas à ferida, incisão cirúrgica, etc., visando a cicatrização; penso. ● *adj.* **2.** Relativo a cura.

cu.rau [V.E] *sm. Bras.* **1.** Comida feita de carne salgada pilada junto com farinha de mandioca. **2.** V. *canjica* (2).

cu.rá.vel [Lat. *curabile*.◘ 41] *adj2g.* Que pode ser curado. [Pl.: -*veis*.]

cu.re.ta (ê) [Fr. *curette*.] *sf.* Instrumento cirúrgico para raspar.

cu.re.tar [*Cureta*.◘ 1A] *vtd.* Raspar com a cureta. [C.: 1 (é)] § **cu.re.ta.gem** *sf.*

cú.ri.a [Lat. *curia*.] *sf.* O conjunto dos organismos e entidades eclesiásticas que cooperam com o bispo na diocese.

cu.ri.al [Lat. *curiale*.◘ 39] *adj2g.* **1.** De cúria. **2.** Próprio, conveniente. [Pl.: -*ais*.]

cu.ri.an.go [Do quimb.] *sm. Bras. Zool.* Ave caprimulgídea, amarelada.

cu.ri.bo.ca (ó) [V.D] *s2g. Bras. N.* V. *caboclo* (1).

→ **curie** (curíe) [Fr.*Curie*.] *sm. Fís.* Unidade de medida de radioatividade, igual à atividade de uma amostra na qual o número de desintegrações por segundo é 3,700 x 10^{10} [símb.: *Ci*].

cu.ri.mã [Do tupi.] *sf. Bras. Zool.* Tainha.

cu.rin.ga [Or.afr.] *sm. Bras.* Carta de baralho que, em certos jogos, pode substituir outra.

cu.ri.ó [Do tupi.] *sm. Bras. Zool.* Pássaro emberizídeo, canoro.

cú.ri.o [Lat.cient. *curium*.] *sm. Quím.* V. *actinídeos* [símb.: *Cm*]

cu.ri.o.sa [F.subst. de *curioso*.] *sf. Fam.* Parteira sem habilitação legal; aparadeira.

cu.ri.o.si.da.de [Lat. *curiositate*.◘ 14] *sf.* **1.** Qualidade de curioso. **2.** Desejo de ver, informar-se, aprender, etc. **3.** Bisbilhotice, indiscrição. **4.** Raridade (2).

cu.ri.o.so (ô) [Lat. *curiosu*.◘ 37] *adj.* **1.** Que tem, denota ou desperta curiosidade. **2.** Que, embora sem interesse pessoal no fato, dele participa como espectador. **3.** Surpreendente. ● *sm.* **4.** Indivíduo curioso. **5.** Aquele que entende de muita coisa, sem ser técnico. [Pl.: -*osos* (ó).]

cu.ri.ti.ba.no [◘ 29] *adj.* **1.** De Curitiba, capital do PR. ● *sm.* **2.** O natural ou habitante de Curitiba.

cur.ra *sf. Bras. Gír.* Violência sexual praticada por 2 ou mais indivíduos contra mulher ou homem.

cur.ral [V.D] *sm.* **1.** Lugar onde se junta e recolhe o gado. **2.** *Bras.* Armadilha para apanhar peixes. [Pl.: -*ais*.]

cur.rar [*Curra*.◘ 1A] *vtd. Bras. Gír.* Praticar curra contra. [C.: 1]

cur.rí.cu.lo[1] [Lat. *curriculu*.] *sm. Bras.* As matérias constantes de um curso.

cur.rí.cu.lo[2] *sm.* Forma red. e adapt. de *curriculum vitae* (q.v.).

→ **curriculum vitae** (currículum vite) [Lat.] Conjunto de dados relativos à vida estudantil, profissional, etc., e ger. exigido de quem se candidata a emprego, a concurso (5), etc. [Pl.: *curricula vitae*.]

→ **curry** (kâri) [Ingl.] *sm.* V. *caril* (1).

cur.sar [Lat. *cursare*.◘ 1A] *vtd.* **1.** Percorrer, andar. **2.** Seguir curso (6 e 7) de. [C.: 1]

cur.si.nho [*Curso*.◘ 32] *sm.* Curso preparatório para o vestibular (3).

cur.si.vo [Lat.med. *cursivu*.◘ 22] *adj. sm.* Diz-se de, ou letra manuscrita, ger. pequena, traçada de modo rápido e corrente.

cur.so [Lat. *cursu*.] *sm.* **1.** Ato de correr. **2.** Movimento contínuo numa direção; fluxo. **3.** A direção de um rio, da nascente à foz. **4.** *Fig.* Direção, rumo. **5.** *Fig.* Sequência, decurso. **6.** O conjunto das matérias ensinadas em escolas, classes, etc., segundo um programa e o adiantamento dos alunos. **7.** Série de aulas, conferências ou palestras. **8.** Estabelecimento de ensino especializado. **9.** Tratado ou compêndio sobre determinada matéria. **10.** Percurso marítimo ou aéreo. **11.** *Econ.* Circulação e aceitação (de moeda). ◆ **Curso de água.** Água corrente, que pode constituir rio, ribeiro ou regato.

cur.sor (ô) [Lat. *cursore*.◘ 19] *sm.* **1.** Peça que corre ao longo de outra, em certos instrumentos. **2.** *Inform.* Figura que indica, na tela do computador, o ponto sobre o qual incidem certos comandos.

cur.só.ri.o [Lat. *cursoriu*.] *adj. Zool.* Que tem membros adaptados para a corrida.

cur.ta-me.tra.gem *sm. Cin. Telev.* Filme com duração máxima de 30 minutos. [Pl.: *curtas-metragens*.]

cur.tir [V.C] *vtd.* **1.** Preparar (o couro) para que não apodreça. **2.** Preparar (alimento) pondo-o de molho em líquido adequado. **3.** Padecer, sofrer. **4.** *Bras. Gír.* Gostar, ger. muito, de (algo ou alguém). **5.** Indicar, mediante um procedimento padronizado (um clique com o *mouse*, por exemplo), apreço, aprovação, apoio ou solidariedade a algo que foi postado (em rede social): *Ana e José curtiram as fotos que você postou*. [C.: 3] § **cur.ti.ção** *sf.*; **cur.ti.men.to** *sm.*

cur.to[1] *sm.* V. *curto-circuito*.

cur.to[2] [Lat. *curtu*.] *adj.* **1.** De comprimento pequeno, ou inferior ao que devia ser. **2.** Rápido, breve. **3.** *Pop.* Escasso; raro.

cur.to-cir.cui.to *sm.* Num circuito elétrico, conexão de 2 condutores de potencial diferente. [F.red.: *curto*. Pl.: *curtos-circuitos*.]

cur.tu.me [*Curtir* + *-ume*.] *sm.* **1.** Curtimento (de couros, peles, etc.). **2.** Estabelecimento onde se curtem os couros.

cu.ru.mi ou **cu.ru.mim** [Do tupi.] *sm. Bras.* **1.** Na língua tupi, menino. **2.** No port., menino, indiozinho ou criança. [Pl. de curumim: -*mins*.]

cu.ru.pi.ra ou **cur.ru.pi.ra** [Do tupi.] *sm. Folcl.* Ente fantástico que habita as matas e é um índio de pés virados para trás.

cu.ru.ru [Do tupi.] *sm. Bras. Zool.* Sapo bufonídeo; sapo-cururu.

cur.va *sf.* **1.** Linha ou superfície curva. **2.** Trecho sinuoso de rua, estrada, ou qualquer via; volta. **3.** Parte ou peça arqueada. **4.** Conjunto das posições ocupadas sucessivamente por um ponto que se desloca segundo determinada lei ou proporção conhecida. **5.** *Geom. Mat.* Linha (reta ou curva) que representa graficamente uma relação numérica ou equação, com pontos cujas coordenadas são dadas pelos valores de uma função com uma única variável independente.

cur.va.do [*Curvar.* ■ 17A] *adj.* V. *curvo*.

cur.var [Lat. *curvare.* ■ 1A] *vtd. e p.* **1.** Tornar(-se) curvo; dobrar(-se), encurvar(-se). **2.** Inclinar(-se) para diante ou para baixo; encurvar(-se). **3.** Sujeitar(-se). [C.: 1]

cur.va.tu.ra [Lat. *curvatura.* ■ 5B] *sf.* **1.** Forma curva de qualquer corpo. **2.** Cumprimento com inclinação do corpo para a frente.

cur.ve.ta (ê) [Fr. *courbette.*] *sf.* Movimento que faz o cavalo erguendo e dobrando as patas dianteiras e baixando a garupa.

cur.ve.te.ar [*Curveta.* ■ 1N] *v.int.* Fazer curvetas. [C.: 12A]

cur.vi.lí.ne.o [*Curvo* + -*i*- + -*líneo.*] *adj.* De linhas curvas ou de forma curva.

cur.vo [Lat. *curvu.*] *adj.* **1.** Que muda de direção sem formar ângulos; arqueado. **2.** Que não é reto nem plano. [Sin.ger.: *curvado.*]

cus.cuz [Do ár.] *sm2n. sm. Bras.* **1.** Iguaria de farinha de milho ou de arroz, etc., cozida ao vapor. **2.** *Cul.* Bolo de tapioca umedecida com leite de vaca e de coco. [Admite-se tb., como sm., o pl. *cuscuzes.*]

cus.pa.ra.da [*Cuspe.* ■ 4A] *sf. Bras.* **1.** Grande porção de cuspe. **2.** Ato de emiti-la.

cus.pe ou **cus.po** *sm.* V. *saliva*.

cus.pi.do [Part. de *cuspir.*] *adj.* **1.** Expelido da boca. **2.** Em que se cuspiu.

cus.pi.nhar [*Cuspir.* ■ 1I] *v.int. e td.* Cuspir amiúde, e pouco de cada vez. [C.: 1]

cus.pir [Lat.vulg. **conspuire.* ■ 1C] *v.int.* **1.** Lançar da boca cuspe ou outra substância líquida. *td.* **2.** Expelir pela boca. *ti.* **3.** Lançar saliva em. [C.: 52]

cus.ta *el. sf.* Us. na loc. *à custa de.* ◆ **À custa de. 1.** Com sacrifício ou prejuízo de. **2.** Por meio de, graças ao uso de, em troca de. **3.** Com dinheiro ou recursos de.

cus.tar [Lat. *constare.* ■ 1A] *v.int.* **1.** Ser adquirido por certo preço ou valor, ou ter certo preço ou valor: *Aquele carro custa uma fortuna.* **2.** *Bras.* Custar (5). *ti.* **3.** Ser difícil, penoso. **4.** *Bras.* Ter dificuldade. **5.** *Bras.* Demorar: *Ela custou a chegar.* [C.: 1]

cus.tas *sfpl.* Despesas em processo judicial.

cus.te.ar [*Custo.* ■ 1N] *vtd.* Cobrir as despesas de. [C.: 12A]

cus.tei.o [Dev. de *custear.*] *sm.* **1.** Ato ou efeito de custear. **2.** Conjunto ou relação de gastos.

cus.to [Dev. de *custar.*] *sm.* **1.** Quantia que uma coisa custou. **2.** *Fig.* Dificuldade, esforço. **3.** *Bras.* Tardança. ◆ **Custo de vida.** Gastos habituais em bens de consumo de uma família média, em certa faixa de renda. **A custo.** Com grande dificuldade. **A custo de.** Com dispêndio de (esforço, trabalho, etc.). **A todo custo.** V. *a qualquer preço*.

cus.to-be.ne.fí.ci.o *sm.* Relação entre o valor pago por algo e o benefício alcançado. [Pl.: *custos-benefícios.*]

cus.tó.di.a [Lat. *custodia.*] *sf.* **1.** Lugar onde se guarda algo com segurança. **2.** Lugar onde se conserva alguém detido. **3.** Guarda, proteção. **4.** *Rel.* Objeto de ouro ou prata em que se guarda e expõe a hóstia consagrada.

cus.to.di.ar [*Custódia.* ■ 1A] *vtd.* Ter em custódia; guardar. [C.: 1]

cus.tó.di.o [De *custódia.*] *adj.* Que guarda, defende, protege.

cus.to.mi.zar [Ingl. *(to) customize.* ■ 1D] *vtd.* Adaptar, personalizar, um produto (roupa, acessório, etc.) ao gosto do cliente. [C.: 1] § **cus.to.mi.za.ção** *sf.*

cus.to.so (ô) [*Custo.* ■ 37] *adj.* **1.** Que custa muito dinheiro; dispendioso, oneroso. **2.** Difícil, árduo. [Pl.: -*tosos* (ó).]

cu.tâ.ne.o [Lat.cient. *cutaneus.*] *adj.* Da cútis.

cu.te.la.ri.a [*Cutelo.* ■ 15] *sf.* Arte ou oficina de cuteleiro.

cu.te.lei.ro [*Cutelo.* ■ 25] *sm.* Fabricante e/ou vendedor de instrumentos de corte.

cu.te.lo [Lat. *cultellu.*] *sm.* **1.** Instrumento cortante, semicircular, de ferro. **2.** Utensílio semelhante a esse, especial para cortadores e correieros.

cu.ti.a [Do tupi.] *sf. Bras. Zool.* Mamífero dasiproctídeo que habita matas e capoeiras.

cu.tí.cu.la [Lat. *cutis*, 'pele', + -*cula.*] *sf.* Película, esp. a que se desprende da pele em torno das unhas.

cu.ti.la.da *sf.* Golpe de cutelo, sabre, espada, etc.

cú.tis [Lat. *cutis.*] *sf2n.* A pele humana; tez.

cu.tu.ca.da [*Cutucar.* ■ 4] *sf. Bras. Pop.* Ato ou efeito de cutucar.

cu.tu.cão [*Cutucar.* ■ 2] *sm. Bras. Pop.* Cutucada grande. [Pl.: -*cões*.]

cu.tu.car [Do tupi.] *vtd. Bras. Pop.* **1.** Tocar de leve (alguém) com o dedo, o cotovelo, etc., para chamar a atenção. **2.** Introduzir a ponta do dedo, ou objeto fino, etc., em (orifício do corpo, fechadura, etc.). **3.** *Fam.* Mexer repetidamente em. [C.: 1A]

cu.xi.ú [Do tupi.] *sm. Bras. Zool.* Macaco cebídeo, preto, da Amaz., semelhante ao sagui, mas de barba alongada por baixo do queixo.

■ **cv** *Fís.* Símb. de *cavalo-vapor*.

czar [Fr.ant. *czar*, do rus.] *sm.* Título do imperador da Rússia e de certos soberanos eslavos antigos.

cza.ri.na [Fr.ant. *czarine.*] *sf.* Fem. de *czar*.

cza.ris.mo [*Czar.* ■ 11] *sm.* Sistema político em vigor na Rússia no tempo dos czares. § **cza.ris.ta** *adj2g.*

d (dê) *sm.* **1.** A 4ª letra do nosso alfabeto. **2.** Figura ou representação dessa letra. ● *num.* **3.** Quarto (1), numa série. [Tb. us. para classificar: a) algo como 'de 4ª categoria'; b) a 4ª classe social (q.v.).] [Pl. do sm., com duplo *d*: *dd*.]

D 1. No sistema romano de numeração, símb. do número 500. **2.** No sistema hexadecimal, o 14º algarismo, equiv. ao número decimal 13. **3.** Sinal com que se representa a nota ré, ou a escala ou o acorde nela baseados. **4.** Símb. de *deutério*.

■ **d** *Fís.* Símb. de *dêuteron*.

da[1] Contr. da prep. *de* com o art. *a*: *A boneca da menina*.

da[2] Contr. da prep. *de* com o pron.dem. *a*: *Não falo desta menina, mas da outra*.

dá.bli:o [Ingl. *double u*.] *sm.* A letra *w*.

dac.ti.lo.gra.far ou **da.ti.lo.gra.far** [*Da(c)til(o)-* + *-graf(o)-* + *-ar*[2]. ▣1A] *vtd.* e *int.* Escrever à máquina. [C.: 1]

dac.ti.lo.gra.fi.a ou **da.ti.lo.gra.fi.a** [*Da(c)til(o)-* + *-grafia*.] *sf.* Arte de dactilografar. § **da(c).ti.lo.grá.fi.co** *adj.*

dac.ti.ló.gra.fo ou **da.ti.ló.gra.fo** [*Da(c)til(o)-* + *-grafo*.] *sm.* Indivíduo que dactilografa.

dac.ti.los.co.pi.a ou **da.ti.los.co.pi.a** [*Da(c)til(o)-* + *-scop-* + *-ia*[1]. ▣8A] *sf.* Sistema de identificação por meio das impressões digitais. § **da(c).ti.los.có.pi.co** *adj.*

dá.di.va [B.-lat. *dativa*.] *sf.* **1.** Doação espontânea de algo valioso, material ou não. **2.** Presente de valor, material ou não.

da.di.vo.so (ô) [*Dádiva* ▣37] *adj.* Que gosta de dar; generoso. [Pl.: *-vosos* (ó).]

da.do[1] [V.C] *sm.* Peça cúbica marcada em cada uma das faces com pontos de 1 a 6, us. em certos jogos.

da.do[2] [Lat. *datu*.] *adj.* **1.** Que se deu; oferecido. **2.** Permitido. **3.** Afeito. **4.** Afável. **5.** Determinado. ● *sm.* **6.** Elemento ou quantidade conhecida, que serve de base a resolução dum problema. **7.** Elemento para a formação dum juízo. **8.** Característica de uma pessoa ou coisa, ou informação sobre uma destas, que contribui para a sua identificação. **9.** *Inform.* Elemento de informação, em forma apropriada para armazenamento, processamento ou transmissão por meios automáticos.

■ **DAE** Abrev. de *Departamento de Água e Esgoto*.

da.í Contr. da prep. *de* com o adv. *aí*. Significa: **a)** Que algo ou alguém provém de onde se encontra a pessoa a quem se fala: *Ele veio daí de Alagoas*. **b)** Desse lugar: *Você já saiu daí, menino?* **c)** O espaço de tempo entre 2 acontecimentos ou ações: *Romperam o namoro, mas daí a um dia já estavam reatando*. **d)** Desse tempo: *Brigamos por uma bobagem, mas a partir daí não mais falamos*. **e)** Por esse motivo: *Os 2 são muito parecidos, daí não se entenderem*. **f)** Donde: *Não anda bem de saúde, daí o seu olhar triste*. **g)** *Pop.* Disso: *O que se conclui daí?*

da.lai-la.ma [Or.mongol.] *sm. Rel.* O chefe supremo do lamaísmo. [Pl.: *dalai-lamas*.]

da.lém Contr. da prep *de* com o adv. *além*.

da.li Contr. da prep. *de* com o adv. *ali*.

dá.li:a[1] [Tax. *Dahlia*.] *sf. Bot.* Planta asterácea, ornamental e sua flor.

dá.li:a[2] [V.C] *sf. Cin. Teatr. Telev.* Lembrete para locutor, intérprete, etc., colocado fora do alcance visual do espectador. [Cf. *prompter*.]

dal.tô.ni.co [*Daltonismo*. ▣35B] *adj.* Relativo a, ou que tem daltonismo.

daltonismo | darwinismo

dal.to.nis.mo [Antr. (*John*) Dalton (1766-1844). ◉ 1] *sm. Med.* Distúrbio visual em que não se percebe certas cores, ger. o vermelho e o verde.

■ **dam** Símb. de decâmetro.

da.ma [Fr. *dame*.] *sf.* 1. Mulher nobre. 2. Designação atenciosa ou honorífica de qualquer mulher. 3. A mulher que dança com um homem. 4. Atriz. 5. A carta do baralho com a figura feminina.

da.mas [V.E] *sfpl.* Jogo entre 2 parceiros, cada um com 12 tábuas, num tabuleiro dividido em 64 quadrados, alternadamente pretos e brancos.

da.mas.ce.no [Lat. *damascenu*.] *adj.* 1. De Damasco (Síria). ● *sm.* 2. O natural ou habitante de Damasco.

da.mas.co [Top. *Damasco* (Síria).] *sm.* 1. *Bot.* O fruto do damasqueiro. 2. Tecido de seda com desenhos lavrados.

da.mas.quei.ro [*Damasco*.◉ 25] *sm. Bot.* Árvore frutífera rosácea.

da.na.do [*Danar*.◉ 17A] *adj.* 1. Amaldiçoado. 2. Irado. 3. Atacado de raiva (1). 4. Mau. 5. *Fam.* Travesso.

da.nar [Lat. *damnare*.◉ 1A] *vtd.* 1. V. *danificar* (1). 2. Transmitir hidrofobia a. *int.* 3. Encolerizar-se. *p.* 4. Danar (3). 5. *Bras. Fam.* Sair-se mal; dançar. [C.: 1] § **da.na.ção** *sf.*

dan.ça [Do fr., poss.] *sf.* 1. Sequência de movimentos corporais executados de maneira ritmada, ger. ao som de música. 2. A arte da dança. 3. Música para dançar.

dan.çan.te [*Dançar*.◉ 21] *adj2g.* 1. Em que há dança. ● *s2g.* 2. Pessoa que dança.

dan.çar [Fr.ant. *dancier*.◉ 1A] *v.int.* 1. Executar os movimentos da dança (1); bailar. 2. Balançar, oscilar. 3. Estar folgado, frouxo. 4. *Bras. Gír.* Danar (5). *td.* 5. Executar segundo as regras da dança. [C.: 1B] § **dan.ça.dor** (ô) *sm.*

dan.ça.ri.no [*Dançar*.◉ 30] *sm.* Bailarino.

dan.ce.te.ri.a [*Dançar*.] *sf.* Local de lazer onde se dança ao som de música popular contemporânea, ger. gravada.

dân.di [Ingl. *dandy*.] *sm.* Homem que se preocupa demais em vestir-se bem.

da.ni.fi.car [Lat. *damnificare*.◉ 1A] *vtd.* 1. Causar dano a; estragar, danar. *p.* 2. Sofrer dano. [C.: 1A] § **da.ni.fi.ca.ção** *sf.*

da.ni.nho [*Dano*.◉ 32] *adj.* Que causa dano; danoso, nocivo.

da.no [Lat. *damnu*.] *sm.* 1. Mal ou ofensa pessoal. 2. Prejuízo que sofre quem tem seus bens deteriorados ou inutilizados. 3. Estrago, deterioração.

da.no.so (ô) [Lat. *damnosu*.◉ 37] *adj.* Daninho. [Pl.: *-nosos* (ó).]

dan.tes [*De + antes*.] *adv.* Antes, antigamente.

dan.tes.co (ês) [It. *dantesco*.◉ 33A] *adj.* 1. Relativo ao, ou próprio do poeta Dante Alighieri (M.), ou à sua obra. 2. *Fig.* Terrível, horrível.

da.que.le (ê) Contr. da prep. *de* com o pron.dem. *aquele*.

da.quém Contr. da prep. *de* com o adv. *aquém*.

da.qui Contr. da prep. *de* com o adv. *aqui*.

da.qui.lo Contr. da prep. *de* com o pron.dem. *aquilo*.

dar [Lat. *dare*.] *vtd.* 1. Ceder, presentear, doar: *Deu a biblioteca*. 2. Conceder; oferecer: *dar casa*. 3. Conceder, outorgar: *dar garantias*. 4. Produzir; gerar: *dar frutos*. 5. Lançar: *A fonte dá muita água*. 6. Dedicar: *dar amor, dar atenção*. 7. Infligir, impor: *dar castigo*. 8. Ensinar: *Ela já deu aula de português*. 9. Realizar, oferecer: *dar uma festa*. 10. Emitir (3 e 4): *dar um grito*. 11. Transmitir: *dar um recado*. 12. Divulgar: *O rádio deu a notícia*. 13. Manifestar, revelar: *Deu sinais de cansaço*. 14. Constituir, formar: *O material deu um belo livro*. 15. Registrar: *O dicionário não dá essa palavra*. 16. Resultar em: *Oxigênio e hidrogênio combinados dão vapor de água*. *tdi.* 17. Dar (1) (algo) a alguém: *Deu um chaveiro ao colega*. 18. Dar (2, 3, 6, 7, 8, 9, 11) a alguém. 19. Fazer esmola de: *Deu pão ao pedinte*. 20. Participar, comunicar: *Deram-lhe a notícia*. 21. Ministrar, administrar: *A enfermeira deu-lhe um analgésico*. 22. Aplicar: *Deram-lhe uma injeção*. 23. Pespegar: *Deu-lhe um tapa*. 24. Atribuir, conferir. 25. Causar: *Sua tristeza me deu pena*. 26. Ceder para uso ou serviço: *Deram-nos o melhor quarto*. 27. Trocar: *Deu o relógio pelo cordão*. 28. Outorgar: *dar deferimento a uma petição*. 29. Proporcionar: *dar uma oportunidade a alguém*. 30. Dedicar: *dar muitas horas ao estudo*. *ti.* 31. Pagar: *Quanto deu pela casa?* 32. Chegar, bastar: *O dinheiro deu para os gastos*. 33. Resultar: *Nosso esforço deu em nada*. 34. Ter jeito, vocação: *Não dou para isso*. *tc.* 35. Ir ter. 36. Abrir (32): *A janela dá para o jardim*. *int.* 37. Fazer dádiva(s). 38. Frutificar. 39. *Bras. Pop.* Ser sorteado em jogo: *Que bicho deu hoje?* *p.* 40. Relacionar-se (pessoas, grupos, empresas, etc.). 41. Ocorrer: *A chegada dos portugueses ao Brasil deu-se a 22 de abril de 1500*. 42. Dedicar-se. 43. Adaptar-se: *Não me dou com o frio*. [C.: 10]

dar.de.jar [*Dardo*.◉ 1E] *vtd.* 1. Arremessar dardo(s) contra. *int.* 2. Chamejar, cintilar. [C.: 1 (ê)] § **dar.de.jan.te** *adj2g.*

dar.do [Fr. *dard*, do frânc.] *sm.* 1. Pequena lança. 2. Pau terminado em lança de ferro, e que se atira com a mão.

■ **DARF** Sigla de *Documento de Arrecadação de Receitas Federais*.

dar.wi.ni.a.no [◉ 29A] *adj.* Relativo a, ou próprio de Charles Darwin (M.), ou à sua obra.

dar.wi.nis.mo [Antr. *Darwin*.◉ 11] *sm.* Sistema de história natural cuja conclusão extrema é o parentesco fisiológico e a origem comum de todos os seres vivos, com a formação de novas espécies por um processo de seleção natural.

da.si.a.tí.de:o [Tax. *Dasyatidae.*] *adj. sm. Zool.* Diz-se de, ou espécime dos dasiatídeos, fam. de peixes elasmobrânquios. São as raias.

da.si.po.dí.de:o [Tax. *Dasypodidae.*] *adj. sm. Zool.* Diz-se de, ou espécime dos dasipodídeos, família de desdentados de corpo cilíndrico, revestido por 3 escudos; são os tatus.

da.si.proc.tí.de:o [Tax. *Dasyproctidae.*] *adj. sm. Zool.* Diz-se de, ou espécime dos dasiproctídeos, fam. de roedores de cauda curta ou ausente, e unhas fortes e cortantes. São as cutias.

da.ta [Lat. *data.*] *sf.* **1.** Indicação precisa do ano, mês ou dia da ocorrência de algum fato. **2.** Data (1) posta em cartas, etc. **3.** Tempo; época.

da.ta-ba.se *sf. Econ.* Data em que anualmente entram em vigor alterações nas condições de trabalho de uma categoria profissional, negociadas entre um sindicato e os empregadores. [Pl.: *datas-base(s)*.]

da.tar [Lat.med. *datare.* ▣1A] *vtd.* **1.** Pôr data em. *tc.* **2.** Durar, existir (desde certo tempo). [C.: 1]

data-show (data-chôu) [Ingl.] *sm.* Aparelho de vídeo que, acoplado a computador, etc., permite projetar as imagens em tela, parede, etc. [Pl.: *data-shows*.]

da.ví.di.co [Antr. *Davi* (*david*-). ▣35B] *adj.* Relativo a, ou próprio de Davi (c.1000-962 a.C.), rei do antigo Israel.

■ **dB** *Fís.* Símb. de decibel.
■ **Db** *Quím.* Símb. de dúbnio.
■ **d.C.** Abrev. de *depois de Cristo*.
■ **DDT** Sigla de *dicloro-difenil-tricloroetano*, nome impróprio do di(clorofenil)-tricloroetano, inseticida condenado por seus efeitos daninhos ao meio ambiente.

de [Lat. *de.*] *prep.* Exprime inúmeras relações entre palavras e substitui várias outras prep.: *máquina de escrever*; *obra de medicina*; *estar de cama*; *ser amado de todos*; *casa de João*. Com o auxiliar *haver* e o infinitivo impess. de outros verbos, forma loc. perifrásticas do fut.: *hei de vencer*. Auxilia a formação de numerosíssimos adj. adv. (*de norte a sul*, *de manhã*, *morrer de fome*, etc.). Ocorre em algumas loc. conj. (*de modo que*, *de maneira que*, etc.) e tb. em várias loc. prep. (*a propósito de*, *de acordo com*, etc.).

dê *s m.* A letra *d*.

de.ão [Fr.ant. *deiien.*] *sm.* **1.** Dignitário eclesiástico que preside ao cabido; decano. **2.** Decano (1). [Pl.: *deãos, deões, deães*. Fem. de 2: *deã.*]

de.ba.cle [Fr. *débâcle.*] *sm.* Decadência completa; ruína.

de.bai.xo *adv.* **1.** Em posição inferior, mas na mesma direção vertical; abaixo. **2.** Em condição ou situação inferior; por baixo.

de.bal.de [*De* + *balde.*] *adv.* Em vão; embalde.

de.ban.da.da [*Debandar.* ▣4] *sf.* Fuga ou saída desordenada.

de.ban.dar [*De-* + *bando* + *-ar²*. ▣1A] *v.int. e p.* Pôr-se em debandada; dispersar-se. [C.: 1]

de.ba.te [Fr. *débat.*] *sm.* Discussão em que se alegam razões pró ou contra.

de.ba.ter [Fr. *débattre.*] *vtd.* **1.** Examinar em debate; discutir (1). **2.** Questionar. *int.* **3.** Discutir. *p.* **4.** Agitar-se muito. [C.: 2] § **de.ba.te.dor** (ô) *sm.*

de.be.lar [Lat. *debellare.* ▣1A] *vtd.* **1.** Vencer, dominar. **2.** V. *reprimir* (1). **3.** Extinguir. [C.: 1 (é)]

de.bên.tu.re [Ingl. *debenture.*] *sf. Econ.* Título de crédito, ger. ao portador, emitido por sociedade anônima.

de.bi.car [*De-* + *bicar.*] *vtd.* **1.** Comer pequena porção de; provar. *ti.* **2.** Zombar de. [C.: 1A]

dé.bil [Lat. *debile.*] *adj2g.* **1.** Sem vigor físico. **2.** Pouco resistente. **3.** *Gír.* V. *tolo* (1 e 2). [Pl.: *-beis.*] § **de.bi.li.da.de** *sf.*

de.bi.li.ta.do [*Debilitar.* ▣17A] *adj.* **1.** Enfraquecido. **2.** Que está sem saúde, sem vigor.

de.bi.li.tar [Lat. *debilitare.* ▣1A] *vtd. e p.* Tornar(-se) débil; enfraquecer(-se). [C.: 1] § **de.bi.li.ta.ção** *sf.*

de.bi.loi.de (ói) [*Débil* + *-oide.*] *adj2g. s2g. Bras. Pop.* Que, ou quem é um tanto parvo, tolo.

de.bi.que [Dev. de *debicar.*] *sm.* Ato de debicar ou escarnecer; zombaria.

de.bi.tar [*Débito.* ▣1A] *vtd. e tdi.* **1.** Inscrever como devedor. **2.** Lançar (dada quantia) na conta devedora de alguém. [C.: 1]

dé.bi.to [Lat. *debitu.*] *sm.* V. *dívida.*

de.bla.te.rar [Lat. *deblaterare.* ▣1A] *v.int. e ti.* Falar ou clamar com violência contra pessoas ou coisas. [C.: 1 (é)]

de.bo.cha.do [Fr. *débauché.*] *adj.* **1.** Libertino. **2.** *Bras.* Trocista. **3.** *Bras.* Próprio de quem é debochado (2).

de.bo.char [Fr. *débaucher.* ▣1A] *vtd.* **1.** Lançar no deboche; corromper. **2.** *Bras.* Zombar de. *ti.* **3.** *Bras.* Debochar (2). [C.: 1 (ó)]

de.bo.che [Fr. *débauche.*] *sm.* **1.** Devassidão. **2.** *Bras.* Troça.

de.bre.ar [Fr. *débrayer.* ▣1N] *vtd. e int. Bras.* Embrear. [C.: 12B]

de.bru.ar [*Debru(m).* ▣1A] *vtd.* Guarnecer com debrum. [C.: 1]

de.bru.çar [*De-* + *bruço(s)* + *-ar²*. ▣1A] *vtd. e p.* Curvar(-se), inclinar(-se). [C.: 1B]

de.brum [V.C] *sm.* Tira que se cose dobrada sobre a orla dum tecido. [Pl.: *-bruns.*]

de.bu.lhar [Lat. **depoliare.* ▣1A] *vtd.* **1.** Extrair os grãos ou sementes de. *p.* **2.** *Fig.* Desmanchar-se. [C.: 1]

de.bu.tan.te [Fr. *débutante.* ▣21] *sf.* Mocinha que se estreia na vida social.

de.bu.tar [Fr. *débuter.* ▣1A] *v.int.* **1.** Iniciar-se. **2.** *Restr.* Estrear-se na vida social. [C.: 1]

debuxar | decimal

de.bu.xar [Fr.ant. *deboissier*, poss.] *vtd.* Esboçar (1). [C.: 1]

de.bu.xo [Dev. de *debuxar*.] *sm.* Esboço (1 e 2).

dé.ca.da [Lat. *decas, adis*] *sf.* Espaço de 10 anos ou de 10 dias (p.us.).

de.ca.dên.ci.a [B.-lat. *decadentia*. ■10] *sf.* Estado daquele ou daquilo que decai; declínio, crepúsculo. § **de.ca.den.te** *adj2g.*

de.ca.e.dro [*Dec(a)-*¹ + *-edro*.] *sm. Geom.* Poliedro formado por 10 faces.

de.cá.go.no [Lat. *decagonu*] *sm. Geom.* Polígono de 10 lados.

de.ca.gra.ma [*Dec(a)-*² + *grama*².] *sm.* Unidade de massa correspondente a 10 gramas.

de.ca.ir [Lat.vulg. *decadere*, poss.] *v.int.* **1.** Ir para baixo; abater-se. **2.** Sofrer declínio ou diminuição. *ti.* **3.** Sofrer diminuição ou perda; perder ou deixar de merecer: *decair da confiança de alguém.* [C.: 38] § **de.ca.í.do** *adj.*

de.cal.car [Fr. *décalquer*. ■1A] *vtd.* **1.** Reproduzir (desenho) calcando. **2.** Plagiar. [C.: 1A]

de.ca.li.tro [*Dec(a)-*² + *litro*.] *sm.* Medida de capacidade, equiv. a 10 litros [símb.: *dal*].

de.cá.lo.go [Lat. *decalogu*] *sm. Rel.* Os 10 mandamentos da lei de Deus.

de.cal.que [Dev. de *decalcar*.] *sm.* **1.** Ato ou efeito de decalcar. **2.** Desenho ou imagem decalcada. **3.** *E.Ling.* Empréstimo (3), em que se traduz para o vocabulário nativo a fraseologia estrangeira: cachorro-quente (do ingl. *hot dog*). [Sin.ger.: *calque*].

de.câ.me.tro [*Dec(a)-*² + *-metro*.] *sm.* Unidade de comprimento equiv. a 10 metros [símb.: *dam*].

de.ca.na.to [*Decano*. ■18] *sm.* Dignidade de decano ou deão.

de.ca.no (câ) [Lat. *decanu*.] *sm.* **1.** O mais antigo ou mais velho dos membros de uma classe, instituição ou corporação; deão. **2.** Deão (1). **3.** Sub-reitor de uma universidade. [Fem.: *decana*.]

de.can.ta.do [*Decantar*². ■17A] *adj.* Famoso, notável.

de.can.tar¹ [Lat.med. *decanthare*. ■1A] *vtd.* Separar impurezas que se contenham em (um líquido). [C.: 1] § **de.can.ta.ção** *sf.*

de.can.tar² [Lat. *decantare*. ■1A] *vtd.* Celebrar ou exaltar em cantos ou em versos. [C.: 1]

de.ca.pi.tar [B.-lat. *decapitare*. ■1A] *vtd.* Cortar a cabeça de; degolar. [C.: 1] § **de.ca.pi.ta.ção** *sf.*

de.cá.po.de [Tax. *decapoda*.] *adj2g. sm. Zool.* Diz-se de, ou espécime dos decápodes, ordem de crustáceos com 5 pares de pernas; o 1º par, ger. grande e em forma de pinça, serve para capturar presas, como defesa, etc. Ex.: camarões, lagostas.

de.cas.sé.gui [Do jap.] *adj2g. s2g.* Estrangeiro, ger. descendente de japoneses, que vai trabalhar no Japão.

de.cas.sí.la.bo [Lat. *decasyllabu*.] *adj.* **1.** Diz-se do verso ou da palavra que tem 10 sílabas. ●*sm.* **2.** Verso decassílabo.

de.ca.tlo [*Dec(a)-*¹ + gr. *áthlon*.] *sm. Esport.* Conjunto de 10 provas de atletismo: corrida de velocidade (100, 400 e 1.500m, com barreiras), saltos (em distância, em altura e com vara) e lançamentos (de peso, de disco e de dardo). [Cf. *triatlo* e *pentatlo*.]

de.ce.nal [Lat. *decennale*. ■39] *adj2g.* Que dura 10 anos ou que se realiza de 10 em 10 anos. [Pl.: *-nais*.]

de.cên.ci.a [Lat. *decentia*.] *sf.* Qualidade de decente; decoro, honestidade.

de.cên.di.o [Lat. *decem* + *-dio*.] *sm.* Espaço de 10 dias; dezena.

de.cê.ni.o [Lat. *decenniu*.] *sm.* Espaço de 10 anos.

de.cen.te [Lat. *decente*. ■21] *adj2g.* **1.** Honrado, honesto. **2.** Digno, adequado. **3.** Que tem bons modos.

de.ce.par *vtd.* Cortar, separando do corpo de que faz parte. [C.: 1 (é)]

de.cep.ção [Lat. *deceptione*. ■2] *sf.* Malogro de uma esperança; desilusão, desengano, desapontamento. [Pl.: *-ções*.]

de.cep.ci.o.nar [*Decepção* (-*cion*-). ■1A] *vtd.* e *p.* Desiludir(-se), desapontar(-se), desencantar-se. [C.: 1] § **de.cep.ci.o.na.do** *adj.*

de.cer.to *adv.* Com certeza; certamente.

de.ci.bel [Ingl. *decibel*.] *sm. Fís.* Unidade adimensional, ger. us. para medir a intensidade do som, que exprime a razão de 2 potências (elétricas ou sonoras), igual a 10 vezes o logaritmo decimal do quociente das 2 potências [símb.: *dB*]. [Pl.: *-béis*.]

de.ci.dir [Lat. *decidere*. ■1C] *vtd.* **1.** Determinar, resolver. **2.** Solucionar. **3.** Dar decisão (2) a. *int.* **4.** Tomar deliberação. *p.* **5.** Dar preferência. **6.** Resolver-se. [C.: 3] § **de.ci.di.do** *adj.*

de.cí.du.o [Lat. *deciduu*.] *adj.* Que cai; caduco.

de.ci.frar [*De-* + *cifrar*.] *vtd.* **1.** Ler, explicar ou interpretar (o que está escrito em cifra, ou mal escrito). **2.** V. *revelar* (2). [C.: 1] § **de.ci.fra.ção** *sf.*; **de.ci.frá.vel** *adj2g.*

de.ci.gra.ma [*Deci-* + *grama*².] *sm.* Unidade de massa, equiv. à 10ª parte de um grama [símb.: *dg*].

de.ci.li.tro [*Deci-* + *litro*.] *sm.* Medida de capacidade, equiv. à 10ª parte do litro [símb.: *dl*].

dé.ci.ma *sf.* **1.** Cada uma das 10 partes iguais em que se divide a unidade; décimo. **2.** Dízima. **3.** Estrofe de 10 versos.

de.ci.mal [Lat.med. *decimale*. ■39] *adj2g.* **1.** Relativo ao emprego de dezenas (e dezenas de dezenas, etc.) em contagem e medições; relativo ao sistema de numeração assim caracterizado. **2.** Relativo a um décimo (1/10), ou a potências desse número (centésimo, milésimo, etc.): *fração decimal*. [Pl.: *-mais*.]

decímetro | dedal

de.cí.me.tro [*Deci-* + *metro*.] *sm.* Unidade de comprimento correspondente a um décimo do metro [símb.: *dm*].

dé.ci.mo [Lat. *decimu*.] *num.* **1.** Ordinal correspondente a 10. **2.** Fracionário correspondente a 10. ● *sm.* **3.** Décima (1).

de.ci.são [Lat. *decisione*.⊡ 2] *sf.* **1.** Ato ou efeito de decidir(-se). **2.** Sentença, julgamento. [Pl.: -*sões*.]

de.ci.si.vo [Lat. *decisivu*.⊡ 22] *adj.* **1.** Que decide, resolve. **2.** Grave, crítico. **3.** Definitivo.

de.ci.só.ri:o [Lat. *decisus*, 'decidido', + -*ório*. ⊡ 23] *adj.* Que tem o poder de decidir.

de.cla.mar [Lat. *declamare*.⊡ 1A] *vtd., ti. e int.* Recitar em voz alta, com gestos e entonações apropriadas. [C.: 1] § **de.cla.ma.ção** *sf.*; **de.cla.ma.tó.ri:o** *adj.*

de.cla.ra.ção [Lat. *declaratione*.⊡ 2A] *sf.* **1.** Ato ou efeito de declarar(-se). **2.** Aquilo que se declara. **3.** Confissão de amor. [Pl.: -*ções*.]

de.cla.rar [Lat. *declarare*.⊡ 1A] *vtd. e tdi.* **1.** Dar a conhecer; expor. **2.** Proclamar publicamente. **3.** Anunciar (solenemente). **4.** Revelar (2). *transobj.* **5.** Julgar, considerar. **6.** Nomear. *p.* **7.** Dar a conhecer as suas intenções; manifestar-se. **8.** Reconhecer-se. [C.: 1] § **de.cla.ran.te** *adj2g. s2g.*; **de.cla.ra.ti.vo** *adj.*

de.cli.na.ção [Lat. *declinatione*.⊡ 2A] *sf.* **1.** Ato ou efeito de declinar. **2.** *E.Ling.* Flexão de substantivos, adjetivos e pronomes. [Pl.: -*ções*.]

de.cli.nar [Lat. *declinare*.⊡ 1A] *v.int.* **1.** Desviar-se do rumo. **2.** Descer, descair. **3.** Abaixar (9). *ti.* **4.** V. *recusar* (1): *declinar de um convite*. *td.* **5.** Enunciar as flexões de (nomes e pronomes). [C.: 1] § **de.cli.ná.vel** *adj2g.*

de.clí.ni:o [*Declin(ar)* + -*io* ².⊡ 34B] *sm.* **1.** Ato de declinar; declinação. **2.** V. *decadência*.

de.cli.ve [Lat. *declive*.⊡] *sm.* Ladeira (considerada de cima para baixo); descida.

de.co.di.fi.car [*De-* + *codificar*.⊡ 1A] *vtd.* Decifrar (o que está codificado). [C.: 1A]

de.co.lar [Fr. *décoller*.⊡ 1A] *v.int.* Despegar-se (aeronave) da terra ou do mar ao levantar voo. [C.: 1 (ó)] § **de.co.la.gem** *sf.*

de.com.po.nen.te [*Decompor(-pon-)*.⊡ 21A] *adj2g.* Que decompõe.

de.com.por [*De-* + *compor*.⊡] *vtd.* **1.** Separar os elementos componentes de. **2.** Corromper, estragar. *p.* **3.** Estragar-se. [C.: 34] § **de.com.po.ní.vel** *adj2g.*; **de.com.po.si.ção** *sf.*; **de.com.pos.to** (ô) *adj.*

de.com.po.si.tor (ô) [*Decompor*, por anal. com *compor/compositor*.] *adj. sm. Ecol.* Diz-se de, ou organismo, ger. fungo ou bactéria, que decompõe matéria orgânica morta e dela se nutre.

de.co.ra.ção [*Decorar* ².⊡ 2A] *sf.* Ato ou efeito de decorar ². [Pl.: -*ções*.]

de.co.ra.dor (ô) [*Decorar* ¹.⊡ 19A] *sm.* Indivíduo especializado em decoração.

de.co.rar¹ [Loc. *de cor*.⊡ 1A] *vtd.* Aprender de cor. [C.: 1 (ó)]

de.co.rar² [Lat. *decorare*.⊡ 1A] *vtd.* **1.** Guarnecer (casa, etc.) com móveis, objetos, etc. **2.** Ornamentar, enfeitar. [C.: 1 (ó)]

de.co.ra.ti.vo [*Decorar* ².⊡ 22A] *adj.* Que serve para decorar ².

de.co.re.ba [*Decorar* ¹ + -*eba*.] *Bras. Gír. sf.* Hábito ou mania de decorar ¹.

de.co.ro (ô) [Lat. *decoru*.] *sm.* V. *decência*.

de.co.ro.so (ô) [*Decoro* (ô).⊡ 37] *adj.* Conforme ao decoro; decente. [Pl.: -*rosos* (ó).]

de.cor.rên.ci:a [*Decorrer*.⊡ 10] *sf.* Decurso, consequência.

de.cor.rer [Lat. *decurrere*.⊡ 1B] *v.int.* **1.** Passar, escoar-se, discorrer, correr (o tempo); transcorrer. **2.** Suceder, acontecer. *ti.* **3.** Originar-se. [C.: 2 (ó-é)] § **de.cor.ren.te** *adj2g.*

de.co.ta.do [*Decotar*.⊡ 17A] *adj.* **1.** Cortado ou aparado na parte superior. **2.** Que tem decote.

de.co.tar [V.C.⊡ 1A] *vtd.* **1.** Cortar por cima e/ou em volta de; aparar. **2.** Fazer decote (2) em. [C.: 1 (ó)]

de.co.te [Dev. de *decotar*.] *sm.* **1.** Ato ou efeito de decotar. **2.** Abertura na parte superior de roupa para passagem da cabeça.

de.cré.pi.to [Lat. *decrepitu*.] *adj.* Muito idoso ou desgastado fisicamente.

de.cre.pi.tu.de [*Decrépito* + -*ude*.] *sf.* Velhice ou decadência física extremas.

de.cres.cer [Lat. *decrescere*.⊡ 1B] *v.int.* Tornar-se menor; diminuir. [C.: 2A (ê-é)] § **de.cres.cen.te** *adj2g.*

de.crés.ci.mo *sm.* Ato de decrescer.

de.cre.tar [*Decreto*.⊡ 1A] *vtd.* **1.** Ordenar por decreto ou lei. **2.** Determinar, estabelecer. [C.: 1 (é)] § **de.cre.ta.ção** *sf.*

de.cre.to [Lat. *decretu*.] *sm.* **1.** Determinação escrita, emanada do chefe do Estado ou de outra autoridade superior. **2.** Determinação, ordem.

de.cú.bi.to [Lat. *decubitu*.] *sm.* Posição de quem está deitado.

de.cu.par [Fr. *découper*.⊡ 1A] *vtd. Cin. Telev.* Dividir (roteiro) em planos, com as indicações necessárias à filmagem ou à gravação. [C.: 1] § **de.cu.pa.gem** *sf.*

de.cu.pli.car [*Décuplo*.⊡ 1F] *vtd.* Tornar 10 vezes maior. [C.: 1A]

dé.cu.plo [Lat. *decuplu*.] *num.* **1.** Que é 10 vezes maior que outro. ● *sm.* **2.** Quantidade 10 vezes maior que outra.

de.cur.so [Lat. *decursu*.] *sm.* **1.** Ato de decorrer; passagem do tempo. **2.** Tempo de duração. **3.** Sucessão, sequência.

de.da.da [*Dedo*.⊡ 4A] *sf.* **1.** Porção de substância aderente que se toma com um dedo. **2.** Mancha que o dedo deixa num objeto. **3.** Pancada ou toque com o dedo.

de.dal [Lat. *digitale*.⊡ 39] *sm.* **1.** Utensílio cilíndrico que ao coser se encaixa no terceiro dedo

dedaleira | deferentectomia

da mão, para empurrar a agulha. **2.** Porção mínima. [Pl.: -dais.]

de.da.lei.ra [Dedal.■16] sf. Bot. Planta medicinal, escrofulariácea.

de.dão [Dedo■28A] sm. Anat. O mais grosso dos dedos do pé, o polegar. [Pl.: -dões.]

de.dar [Dedo.■1A] vtd. Bras. Gír. Delatar. [C.: 1 (é)]

de.dei.ra [Dedo.■16] sf. **1.** Pedaço de couro, pano, etc., com que se protege o dedo. **2.** Peça us. no polegar pelo tocador de violão para percutir as cordas graves. **3.** Edit. Cada uma das marcações impressas ou entalhadas, em livro ou dicionário, que possibilitam ao leitor, ou consulente, abrir em páginas específicas.

de.de.ti.zar [Dedetê.■1D] vtd. Aplicar inseticida em. [C.: 1] § **de.de.ti.za.ção** sf.

de.di.ca.ção [Lat. dedicatione.■2A] sf. **1.** Qualidade de quem se dedica. **2.** Abnegação, devotamento. **3.** Ato de dedicar-se a determinado serviço ou ocupação. [Pl.: -ções.]

de.di.car [Lat. dedicare.■1A] vtdi. e p. **1.** Oferecer(-se) com afeto ou dedicação. **2.** Consagrar(-se), votar(-se). **3.** Pôr(-se) ao serviço de. [C.: 1A] § **de.di.ca.do** adj.

de.di.ca.tó.ri:a sf. Palavras escritas com que se oferece alguma coisa a alguém.

de.dig.nar-se [Lat. *dedignare, por dedignari, + se¹.■1A] vp. Julgar indigno de si. [C.: 1]

de.di.lha.do [Dedilhar.■17A] sm. Num trecho musical, indicação, por algarismo, do dedo que se deve usar para cada nota.

de.di.lhar [Dedo.■1K] vtd. **1.** Fazer vibrar com os dedos. **2.** Executar com os dedos (peça ou trecho musical) em instrumento de corda. [C.: 1]

de.do (ê) [Lat. digitu.] sm. **1.** Cada um dos prolongamentos articulados que terminam os pés e as mãos. **2.** Cada uma das partes da luva correspondente a um dedo. **3.** Fig. Capacidade, aptidão. **4.** Fig. Sinal, marca.

de.do-du.ro s2g. Bras. Gír. V. delator. [Pl.: dedos-duros.]

de.du.ção [Lat. deductione.■2] sf. **1.** Ação de deduzir. **2.** O que resulta de um raciocínio; conclusão. **3.** Jur. Enumeração minuciosa de fatos e argumentos. [Pl.: -ções.]

de.du.rar [Dedo-duro.■1A] vtd. Bras. Pop. V. delatar (1).

de.du.ti.vo [Lat. deductivu.■22] adj. Que procede por dedução.

de.du.zir [Lat. deducere.■1C] vtd. **1.** Chegar a conclusão; inferir; concluir. **2.** Arrolar (fatos e argumentos). **3.** Propor em juízo. tdi. **4.** Deduzir (1 e 2) de; abater, reduzir: Deduziu o vale do seu pagamento. int. **6.** Deduzir (1). [C.: 41]

de.fa.sa.gem [Fr. déphasage.■6] sf. **1.** Diferença de fase entre 2 fenômenos; diferença. **2.** Fig. Diferença ou atraso (de pessoa, coisa ou situação, em relação a outra). [Pl.: -gens.]

de.fa.sar [Deduz. de defasagem.■1A] vtd. **1.** Fís. Estabelecer diferença de fase entre (2 oscilações ou vibrações). **2.** Fig. Provocar defasagem em. [C.: 1] § **de.fa.sa.do** adj.

→ **default** (defólt) [Ingl.] adj2g. sm. Inform. Diz-se de, ou informação pressuposta como válida, na ausência de especificação por parte do usuário.

de.fe.car [Lat. defaecare.■1A] vtd. **1.** Separar as impurezas de (líquido). int. **2.** Expelir os excrementos; evacuar, obrar. [C.: 1A (é)] § **de.fe.ca.ção** sf.

de.fec.ção [Lat. defectione.■2] sf. Abandono de partido, crença, etc. [Pl.: -ções.]

de.fec.ti.vo [Lat. defectivu.■22] adj. **1.** A que falta alguma coisa. **2.** E.Ling. Diz-se do verbo a que faltam tempos, modos ou pessoas.

de.fei.to [Lat. defectu.] sm. **1.** Imperfeição. **2.** Imperfeição moral; vício. **3.** Desarranjo; enguiço.

de.fei.tu.o.so (ô) [Defeito.■37A] adj. Que tem defeito(s). [Pl.: -osos (ó).]

de.fen.der [Lat. defendere.■1B] vtd. **1.** Prestar socorro ou auxílio a. **2.** Resistir a ataque ou agressão feita a; proteger. **3.** Resguardar. **4.** Interceder por. **5.** Sustentar com razões ou argumentos. **6.** Esport. Evitar que o adversário faça gol ou marque ponto(s). tdi. **7.** Defender (1 a 5). int. **8.** Esport. Realizar defesa de ataque (5). **9.** Esport. Agarrar (3). p. **10.** Repelir ataque ou agressão a si próprio; proteger-se. **11.** Abrigar-se, resguardar-se. **12.** Justificar-se, desculpar-se. [C.: 2. Part.: defendido e defeso.]

de.fe.nes.trar [Lat. defenestrare.■1A] vtd. **1.** Atirar (algo ou alguém) pela janela. **2.** Fig. Afastar ou expulsar (de cargo, partido, etc.). [C.: 1] § **de.fe.nes.tra.do** adj.

de.fen.sá.vel [Lat. defensabile.■41] adj2g. Que pode ser defendido. [Pl.: -veis.]

de.fen.si.va sf. **1.** Conjunto de meios de defesa. **2.** Posição de quem se defende.

de.fen.si.vo [Lat.med. defensivu.■22] adj. **1.** Que serve para defender, ou visa à defesa. ● sm. **2.** Aquilo que defende, preserva. ◆ **Defensivo agrícola.** Quím. Produto químico us. no combate a, e como prevenção de pragas agrícolas; agrotóxico.

de.fen.sor (ô) [Lat. defensore.■19] adj. sm. Que, ou aquele que defende.

de.fe.rên.ci:a [Deferir■10] sf. V. consideração (2).

de.fe.ren.te [Lat. deferente.■21] adj2g. **1.** Cortês, reverente. **2.** Anat. Diz-se de cada um dos ductos que, partindo do epidídimo, sobe através do escroto até a bacia, terminando em cada uma das 2 vesículas seminais. ● sm. **3.** Anat. Ducto deferente (2).

de.fe.ren.tec.to.mi.a [Deferente + -ectom- + -ia¹.■8A] sf. Intervenção cirúrgica em que o deferente (2) é ligado em 2 pontos do seu trajeto, sendo feita a ressecção da parte desse ducto

deferir | degradar

entre as 2 ligaduras. É us. para a esterilização do homem. [Denom. ant.: *vasectomia*.]

de.fe.rir [Lat. *deferere*. ◨ 1C] *vtd.* e *ti.* Anuir a (o que se pede ou requer); atender. [C.: 48. Cf. *diferir*.] § **de.fe.ri.men.to** *sm.*

de.fe.sa (ê) [Lat. *defensa*.] *sf.* **1.** Ato de defender(-se). **2.** Aquilo que serve para defender. **3.** Ato ou forma de repelir um ataque. **4.** Contestação de uma acusação. **5.** Justificação. **6.** Proteção. **7.** Cada um dos dentes caninos dos animais. **8.** V. *corno*.

de.fe.so (ê) [Lat. *defensu*.] *adj.* **1.** Proibido, vedado. ● *sm. Ecol.* **2.** Época do ano em que é proibida a caça ou a pesca, ger. de certa(s) espécie(s).

de.fi.ci.ên.ci.a [Lat. *deficientia*. ◨ 10] *sf.* **1.** Falta, carência. **2.** Insuficiência.

de.fi.ci.en.te [Lat. *deficiente*. ◨ 21] *adj2g.* **1.** Em que há deficiência. ● *s2g.* **2.** Pessoa que apresenta deficiência física ou psíquica.

→ deficit (déficit) [Lat.] *sm.* O que falta para completar uma conta, orçamento, etc., ou para as receitas igualarem as despesas. [Opõe-se a *superavit*. Aport.: *déficit*.]

dé.fi.cit *sm.* V. *deficit*.

de.fi.ci.tá.ri:o *adj.* Que apresenta déficit.

de.fi.nhar [*Fim.*] *vtd.* **1.** Tornar magro, extenuar. *int.* e *p.* **2.** Consumir-se aos poucos. [C.: 1] § **de.fi.nha.do** *adj.*; **de.fi.nha.men.to** *sm.*

de.fi.ni.ção [Lat. *definitione*. ◨ 2A] *sf.* **1.** Ato ou efeito de definir(-se). **2.** Expressão com que se define. **3.** Explicação precisa; significação. [Pl.: -ções.]

de.fi.ni.do [Part. de *definir*.] *adj.* Determinado com exatidão.

de.fi.nir [Lat. *definire*. ◨ 1C] *vtd.* **1.** Determinar a extensão ou os limites de. **2.** Explicar o significado de. **3.** Fixar, estabelecer. *p.* **4.** Decidir-se. [C.: 3]

de.fi.ni.ti.va.men.te [F. de *definitivo*. ◨ 42] *adv.* De modo definitivo.

de.fi.ni.ti.vo [Lat. *definitivu*. ◨ 22A] *adj.* Decisivo; categórico.

de.fla.ção [Ingl. *deflation*. ◨ 2] *sf.* **1.** Redução geral de preços. **2.** Política que tem por fim reduzir os gastos dos consumidores, visando a evitar a inflação. **3.** Ação de eliminar o efeito da inflação numa série temporal de valores. [Pl.: -ções.]

de.fla.ci:o.nar [*Deflação* (-cion-). ◨ 1A] *vtd.* Produzir ou efetuar deflação em. [C.: 1]

de.fla.gra.ção [Lat. *deflagratione*. ◨ 2A] *sf.* Ocorrência súbita e impetuosa; irrupção. [Pl.: -ções.]

de.fla.grar [Lat. *deflagrare*. ◨ 1A] *v.int.* **1.** Inflamar-se com chama intensa, centelha ou explosões. **2.** Irromper repentinamente. *td.* **3.** Atear, provocar. [C.: 1]

de.flo.ra.ção [Lat. *defloratione*. ◨ 2A] *sf.* V. *desfloração*. [Pl.: -ções.]

de.flo.ra.men.to [*Deflorar*. ◨ 3] *sm.* V. *desfloração*.

de.flo.rar [Lat. *deflorare*. ◨ 1A] *vtd.* **1.** Desflorar (1). **2.** V. *violar* (3). [C.: 1 (ó)]

de.flu.xo (cs ou ss) [Lat. *defluxu*.] *sm. Med.* Eliminação importante em inflamação nasal, como, p.ex., exsudato.

de.for.mar [Lat. *deformare*. ◨ 1A] *vtd.* **1.** Alterar a forma de. **2.** Deturpar, modificar. *p.* **3.** Perder a forma primitiva. [C.: 1 (ó)] § **de.for.ma.ção** *sf.*

de.for.mi.da.de [Lat. *deformitate*. ◨ 14] *sf.* Desproporção ou anormalidade de conformação; aleijão.

de.frau.dar [Lat. *defraudare*. ◨ 1A] *vtd.* Espoliar por fraude. [C.: 1]

de.fron.tar [*Defronte*. ◨ 1A] *vti.* **1.** Pôr-se ou estar defronte. **2.** Deparar. *td.* **3.** Enfrentar (3). *p.* **4.** Confrontar-se. **5.** Deparar-se. [C.: 1]

de.fron.te [*De* + *fronte*.] *adv.* Em face; frente a frente. ◆ **Defronte de.** V. *diante* de (1 e 2).

de.fu.ma.dor (ô) [*Defumar*. ◨ 19A] *adj.* **1.** Que defuma. ● *sm.* **2.** Vaso onde se queimam substâncias para defumar (2). **3.** Substância para defumar.

de.fu.mar [*De-* + *fumo* + *-ar²*. ◨ 1A] *vtd.* **1.** Expor, curar, secar ao fumo, ao fumeiro; fumar. **2.** Perfumar com o fumo de substâncias aromáticas. [C.: 1] § **de.fu.ma.ção** *sf.*; **de.fu.ma.do** *adj.*

de.fun.to [Lat. *defunctu*.] *sm.* Pessoa que morreu; morto.

de.ge.lar [*De-* + *gelo* + *-ar²*. ◨ 1A] *vtd., int.* e *p.* **1.** Derreter(-se) (o que estava congelado); descongelar(-se). **2.** *Fig.* Amolecer(-se), abrandar(-se). [C.: 1 (é)]

de.ge.lo (ê) [Dev. de *degelar*.] *sm.* Ato ou efeito de degelar.

de.ge.ne.rar [Lat. *degenerare*. ◨ 1A] *v.int.* e *p.* **1.** Perder as qualidades ou características primitivas. **2.** Alterar-se para pior; deteriorar-se. **3.** Corromper-se. [C.: 1 (é)] § **de.ge.ne.ra.ção** *sf.*; **de.ge.ne.ra.do** *adj. sm.*; **de.ge.ne.ra.ti.vo** *adj.*

de.ge.ne.res.cên.ci:a [Fr. *dégénérescence*.] *sf.* **1.** Degeneração, definhamento. **2.** Alteração dos caracteres dum organismo.

de.glu.tir [Lat. *degluttire*. ◨ 1C] *vtd.* e *int.* Engolir (1). [C.: 3] § **de.glu.ti.ção** *sf.*

de.go.la [Dev. de *degolar*.] *sf.* Degolação.

de.go.la.ção [Lat. *decollatione*. ◨ 2A] *sf.* Ato ou efeito de degolar; degola. [Pl.: -ções.]

de.go.lar [Lat. *decollare*. ◨ 1A] *vtd.* Decapitar. [C.: 1 (ó)]

de.gra.da.ção [Lat. *degradatione*. ◨ 2A] *sf.* **1.** Destituição desonrosa dum grau, qualidade, etc. **2.** Aviltamento. **3.** Decomposição ou desgaste natural. **4.** *Restr.* Decomposição de substância por ação biológica. [Pl.: -ções.] ◆ **Degradação ambiental.** Mudança para pior no meio ambiente, devida, ger., à ação humana.

de.gra.dar [Lat. *degradare*. ◨ 1A] *vtd.* **1.** Privar de graus, dignidades ou encargos. **2.** Aviltar. *p.* **3.** V. *aviltar-se* (4). [C.: 1] § **de.gra.da.do** *adj.*; **de.gra.dan.te** *adj2g.*

degradê | deliberativo

de.gra.dê [Fr. *dégradé*.] *adj2g. sm.* Diz-se de, ou cor cuja intensidade vai diminuindo progressivamente.

de.grau [Lat. *degradu.] *sm.* Cada um dos segmentos de uma escada.

de.gre.da.do [*Degredar*.▪ 17A] *adj. sm.* Diz-se do, ou o indivíduo a quem foi imposto degredo.

de.gre.dar [*Degredo* (ê).▪ 1A] *vtd.* Impor degredo a. [C.: 1 (é)]

de.gre.do (ê) [Lat. *decretu*.] *sm.* Pena de desterro.

de.grin.go.lar [Fr. *dégringoler*.▪ 1A] *v.int.* 1. Rolar de alto a baixo; cair. 2. *Fig.* Entrar em decadência; arruinar-se. [C.: 1 (é)]

de.gus.tar [Lat. *degustare*.▪ 1A] *vtd.* 1. Experimentar (bebida ou comida) para avaliar-lhe a qualidade ou o sabor; provar: *Degustar um vinho, um caqui.* P.ext. Comprazer-se ou deleitar-se, comendo ou bebendo. [C.: 1] § **de.gus.ta.ção** *sf.*; **de.gus.ta.dor** (ô) *adj. sm.*

dei.da.de [Lat.ecl. *deitate*.▪ 14] *sf.* 1. Divindade, nume; deus ou deusa. 2. Pessoa ou coisa que se admira e venera.

de:i.fi.car [Lat. *deificare*.▪ 1A] *vtd.* e *p.* V. *endeusar*. [C.: 1A]

de:is.cen.te [Lat. *dehiscente*.] *adj2g. Bot.* Diz-se de fruto que abre espontaneamente para deixar cair as sementes. § **de:is.cên.ci:a** *sf.*

dei.tar [Lat.med. *dectare*.▪ 1A] *vtd.* 1. Estender ao comprido. 2. Estender em cama ou como que em cama. 3. Fazer pender. 4. Fazer cair. 5. Entornar (2). 6. Expelir. *p.* 7. Estender-se ao comprido, sobre leito, ou no chão, etc. [C.: 1] § **dei.ta.do** *adj.*

dei.xa [Dev. de *deixar*.] *sf.* 1. Legado, herança. 2. Palavra, sinal ou atitude do ator, que indica a outro(s) o momento em que deve(m) falar ou entrar em cena.

dei.xar [Port.ant. *leixar*.▪ 1A] *vtd.* 1. Sair de perto ou de dentro de; afastar-se: *deixar a sala.* 2. Apartar-se de; afastar-se de. 3. Largar, soltar: *deixar a presa.* 4. Renunciar a: *deixar o mandato.* 5. Demitir-se de: *Deixou o emprego.* 6. Pôr de parte: *Deixemos essa questão.* 7. Abandonar: *Deixou a mulher.* 8. V. *permitir* (1): *Deixou que saíssem.* 9. Tornar possível; facultar: *O nevoeiro mal deixava ver o céu.* 10. Causar, ou transmitir, ao ausentar-se ou morrer: *deixar saudades.* 11. Transmitir, infundir. 12. Ter como consequência: *O furacão deixou muitas vítimas. ti.* 13. Cessar, parar: *Ele não devia deixar de estudar.* 14. Fugir a. *tdi.* 15. Transmitir como legado² : *Deixou-lhe o exemplo paterno. tdc.* 16. Pôr, colocar: *Deixe os livros na mesa.* 17. Estacionar: *Deixou o carro na rua.* 18. Levar ou trazer: *Deixou-nos em casa.* 19. Esquecer: *Deixou o livro no ônibus.* 20. Adiar: *Deixou a festa para sábado. transobj.* 21. Fazer; tornar. *p.* 22. Separar-se. [C.: 1]

→ **déjà vu** (déjà vi) [Fr.] *sm. Psiq.* Sensação de já ter visto algo que se está vendo pela primeira vez, ou de já haver estado em certo lugar ou em certa situação quando isso não aconteceu.

de.je.ção [Lat. *dejectione*.▪ 2] *sf.* Evacuação de matérias fecais. [Pl.: -ções.]

de.je.tar [Lat. *dejectare*.▪ 1A] *v.int.* V. *defecar* (2). [C.: 1 (é)]

de.je.to [Lat. *dejectu*.] *sm.* 1. Ato de evacuar excrementos. 2. Conjunto de materiais fecais expelidos de uma vez.

de.la Contr. da prep. *de* com o pron. pess. *ela*.

de.la.ção [Lat. *delatione*.▪ 2] *sf.* Ato de delatar; denúncia. [Pl.: -ções. Cf. *dilação*.]

de.la.tar [Deduz. de *delator*.▪ 1A] *vtd.* 1. Denunciar, revelar (crime ou delito); alcaguetar, dedurar. 2. V. *denunciar* (1 e 2). *tdi.* 3. Denunciar como culpado. *p.* 4. Denunciar-se como culpado. [C.: 1]

de.la.tor (ô) [Lat. *delatore*.▪ 19] *sm.* Aquele que delata. [Sin., bras.: *alcaguete*, *dedo-duro*.]

de.le (ê) Contr. da prep. *de* com o pron. *ele*.

de.le.ga.ção [Lat. *delegatione*.▪ 2A] *sf.* 1. Ato ou efeito de delegar. 2. V. *mandato* (1). 3. Comissão representativa. [Pl.: -ções.]

de.le.ga.ci.a *sf.* Cargo, jurisdição ou repartição de delegado.

de.le.ga.do [Lat. *delegatu*.] *sm.* 1. Aquele que recebeu delegação (2). 2. A maior autoridade policial numa delegacia.

de.le.gar [Lat. *delegare*.▪ 1A] *vtd.* 1. Transmitir poderes a. *tdi.* 2. Enviar (alguém) com poderes de julgar, resolver, etc. [C.: 1C (é)]

de.lei.tar [Lat. *delectare*.▪ 1A] *vtd.* e *p.* Causar deleite a, ou sentir deleite; deliciar(-se). [C.: 1] § **de.lei.tá.vel** *adj2g.*

de.lei.te [Dev. de *deleitar*.] *sm.* 1. Gozo íntimo e suave. 2. Prazer intenso, pleno; delícia.

de.le.tar [Ingl. *(to) delete*, do lat. *deletus*.▪ 1A] *vtd. Inform.* Eliminar, suprimir (informação, texto, arquivo, etc.); apagar. [C.: 1 (é)]

de.le.té.ri:o [Lat.med. *deleteriu*.] *adj.* 1. Que destrói. 2. Nocivo à saúde. 3. Corruptor.

del.fim [Lat. *delphine*.] *sm. Zool.* Golfinho. [Pl.: -fins.]

del.fi.ní.de:o [Tax. *Delphinidae*.] *adj. sm. Zool.* Diz-se de, ou espécime dos delfinídeos, família de cetáceos cuja cabeça termina em rostro curto. Ex.: os botos.

del.ga.do [Lat. *delicatu*.▪ 17] *adj.* 1. Pouco espesso. 2. De reduzida grossura ou diâmetro. 3. Magro, fino.

de.li.be.ra.ção [Lat. *deliberatione*.▪ 2A] *sf.* 1. Ato de deliberar. 2. Resolução, decisão. [Pl.: -ções.]

de.li.be.rar [Lat. *deliberare*.▪ 1A] *vtd., int.* e *p.* 1. Resolver(-se), após exame, discussão. *ti.* 2. Discutir, examinar. [C.: 1 (é)] § **de.li.be.ran.te** *adj2g.*

de.li.be.ra.ti.vo [Lat. *deliberativu*.▪ 22A] *adj.* Capaz de deliberar.

delicado | democratizar

de.li.ca.do [Lat. *delicatu*. ◼17] *adj.* **1.** De constituição frágil. **2.** Leve; brando. **3.** Terno, sensível. **4.** Cortês, amável. **5.** Embaraçoso; constrangedor: *assunto delicado*. § **de.li.ca.de.za** (ê) *sf.*

de.lí.ci.a [Lat. *delicia*.] *sf.* **1.** Deleite (2). **2.** Extrema felicidade. **3.** Coisa deliciosa.

de.li.ci.ar [Lat. **deliciare*. ◼1A] *vtd. e p.* Deleitar(-se). [C.: 1]

de.li.ci.o.so (ô) [Lat. *deliciosu*. ◼37] *adj.* **1.** Que causa delícia (1). **2.** Gostoso, saboroso. **3.** Arrebatador; excelente. [Pl.: *-osos* (ó).]

de.li.mi.tar [Lat. *delimitare*. ◼1A] *vtd.* Fixar os limites de; demarcar, deslindar, balizar. [C.: 1] § **de.li.mi.ta.ção** *sf.*

de.li.ne.a.dor (ô) [*Delinear*. ◼19A] *adj.* **1.** Que delineia. ●*sm.* **2.** *Restr.* Cosmético para avivar o contorno dos olhos e/ou dos lábios.

de.li.ne.ar [Lat. *delineare*. ◼1N] *vtd.* **1.** Fazer os traços gerais de; esboçar. **2.** Planejar. [C.: 12A] § **de.li.ne:a.men.to** *sm.*

de.lin.quên.ci:a (qüen) [Lat. *delinquentia*. ◼10] *sf.* **1.** Ato de delinquir. **2.** Condição de delinquente.

de.lin.quen.te (qüen) [Lat. *delinquente*. ◼21] *adj2g. s2g.* Que, ou quem delinquiu.

de.lin.quir (qüir) [Lat. *delinquere*. ◼1C] *v.int. e ti.* Cometer falta, crime, delito. [C.: 8]

de.lí.qui:o [Lat. *deliquiu*.] *sm.* Desfalecimento, desmaio.

de.lir [Lat. *delere*. ◼1C] *vtd. e p.* **1.** Apagar(-se); desvanecer(-se). **2.** Desfazer(-se). [C.: 8]

de.li.rar [Lat. *delirare*. ◼1A] *v.int.* Estar ou cair em delírio. [C.: 1] § **de.li.ran.te** *adj2g.*

de.lí.ri:o [Lat. *deliriu*.] *sm.* **1.** *Psiq.* Ideia falsa, devido à interpretação errônea da realidade, e que, em face de raciocínio correto, não se altera. **2.** Exaltação do espírito; desvairamento.

→ **delirium tremens** (delírium trêmens) [Lat.] *Psiq.* Perturbação mental que pode ocorrer com alcoólatras, etc., e que se caracteriza por tremores, sudorese, agitação e alucinações.

de.li.to [Lat. *delictu*.] *sm.* **1.** Crime. **2.** Culpa, falta.

de.li.tu.o.so (ô) [*Delito*. ◼37A] *adj.* Que constitui delito. [Pl.: *-osos* (ó).]

→ **delivery** (delívri) [Ingl.] *sm.* **1.** Entrega em domicílio, ou local de trabalho, de comida ou outros produtos de consumo. **2.** Empresa que faz esse tipo de entrega.

de.lon.ga [Dev. de *delongar*.] *sf.* Ato ou efeito de delongar; demora, prolação.

de.lon.gar [*De-* + *longo* + *-ar*[2]. ◼1A] *vtd.* **1.** Tornar demorado. **2.** V. *adiar*. *p.* **3.** Demorar-se. [C.: 1C]

del.ta [Do gr.] *sm.* **1.** A 4ª letra do alfabeto grego (Δ, δ). **2.** Foz, ger. de feitio triangular, que tem ilhas de aluvião.

de.ma.go.gi.a [Gr. *demagogía*. ◼8A] *sf.* **1.** Dominação ou predomínio das facções populares. **2.** Conjunto de processos políticos para captar e utilizar as paixões populares. § **de.ma.gó.gi.co** *adj.*

de.ma.go.go (ô) [Gr. *demagogós*.] *sm.* **1.** Partidário da demagogia. **2.** Político que se vale da demagogia.

de.mais [*De* + *mais*.] *adv.* **1.** Excessivamente; em demasia. **2.** Ademais. ●*pron.* **3.** Os restantes.

de.man.da [Dev. de *demandar*.] *sf.* **1.** Ação de demandar. **2.** Ação judicial; causa, litígio, pleito, processo. **3.** *Econ.* Interesse em comprar dada mercadoria ou serviço, por parte dos consumidores; procura. **4.** *Econ.* Quantidade de mercadoria ou serviço que um consumidor ou conjunto de consumidores deseja e está disposto a comprar, a um determinado preço.

de.man.dar [Lat. *demandare*. ◼1A] *vtd.* **1.** Ir em busca de. **2.** Dirigir-se para. **3.** Necessitar. **4.** Pedir. **5.** Intentar demanda (2) contra. *int.* **6.** Propor demanda (2). [C.: 1]

de.mão [*De-* + *mão*.] *sf.* **1.** Cada película de tinta, etc., aplicada sobre uma superfície. **2.** Auxílio, ajuda. [Sin.ger.: *mão*. Pl.: *-mãos*.]

de.mar.car [*De-* + *marcar*. ◼1A] *vtd.* **1.** V. *delimitar*. **2.** Determinar, fixar. [C.: 1A] § **de.mar.ca.ção** *sf.*

de.ma.si.a [Esp. *demasía*.] *sf.* Aquilo que é demais; excesso, sobra. ◆ **Em demasia.** Demasiado (3).

de.ma.si.a.do [*Demasia*. ◼17B] *adj.* **1.** Que excede os justos limites; excessivo. **2.** Descomedido. ●*adv.* **3.** Em excesso; em demasia.

de.mên.ci:a [Lat. *dementia*.] *sf. Psiq.* Designação genérica de deterioração mental.

de.men.te [Lat. *demente*. ◼21] *adj2g. s2g.* Que, ou quem tem demência.

de.mé.ri.to [Lat. *demeritu*.] *sm.* Falta ou perda de mérito.

de.mis.são [Lat. *demissione*. ◼2] *sf.* Ato ou efeito de demitir(-se). [Pl.: *-sões*.]

de.mis.si:o.ná.ri:o [*Demissão* (*-sion-*). ◼24] *adj. sm.* Que, ou aquele que pediu demissão.

de.mi.tir [Lat. *demittere*. ◼1C] *vtd.* **1.** Tirar cargo, função ou dignidade de; exonerar. *p.* **2.** Exonerar-se. [C.: 3]

de.mo[1] *sm.* F.red. de *demônio*.

de.mo[2] [F.red. de *demonstração*.] *sm.* CD, DVD, programa de computador, etc., produzidos para simples demonstração.

de.mo.cra.ci.a [Gr. *demokratía*. ◼8A] *sf.* **1.** Governo do povo; soberania popular. **2.** Doutrina ou regime político baseado nos princípios da soberania popular e da distribuição equitativa do poder.

de.mo.cra.ta [Fr. *démocrate*.] *s2g.* **1.** Adepto da democracia. ●*adj2g.* **2.** Democrático (1).

de.mo.crá.ti.co [Gr. *demokratikós*. ◼35B] *adj.* **1.** Relativo ou pertencente à democracia; democrata. **2.** Que emana do povo, ou que a ele pertence.

de.mo.cra.ti.zar [Fr. *démocratiser*. ◼1D] *vtd. e p.* Tornar(-se) democrático ou democrata. [C.: 1] § **de.mo.cra.ti.za.ção** *sf.*

de.mo.du.la.ção [*Demodular.* ▫2A] *sf. Eletrôn.* Processo que consiste em obter, a partir duma onda de radiofrequência modulada, o sinal de áudio original us. na modulação (3).

de.mo.du.la.dor (ô) [Ingl. *demodulator.*] *sm. Eletrôn.* Circuito us. para realizar o processo de demodulação.

de.mo.gra.fi.a [*Demo-* + *-grafia.*] *sf.* Estudo estatístico das populações, no qual se descrevem as características de uma coletividade. § **de.mo.grá.fi.co** *adj.*

de.mo.lir [Lat. *demolire.* ▫1C] *vtd.* **1.** Deitar abaixo (qualquer construção). **2.** *Fig.* Destruir. [C.: 8] § **de.mo.li.ção** *sf.*

de.mo.ní.a.co [Lat. *daemoniacu.*] *adj.* Diabólico (1).

de.mô.ni:o [Lat. *daemoniu.*] *sm.* **1.** Nas crenças da Antiguidade, gênio ou espírito do bem e do mal. **2.** Nas religiões judaica e cristã, gênio ou representação do mal; Lúcifer, Diabo, Satanás. **3.** V. *diabo* (2). **4.** *Fig.* Pessoa má, perversa; diabo.

de.mons.tra.ção [Lat. *demonstratione.* ▫2A] *sf.* **1.** Ato ou efeito de demonstrar. **2.** Tudo que serve para demonstrar; prova. **3.** Sinal. [Pl.: -ções.]

de.mons.trar [Lat. *demonstrare.* ▫1A] *vtd.* **1.** Provar mediante raciocínio evidente; comprovar. **2.** Mostrar, evidenciar. *tdi.* **3.** Dar a conhecer. *p.* **4.** Revelar-se. [C.: 1] § **de.mons.tra.dor** (ô) *adj. sm.;* **de.mons.trá.vel** *adj2g.*

de.mons.tra.ti.vo [Lat. *demonstrativu.* ▫22A] *adj.* **1.** Próprio para demonstrar. ● *sm.* **2.** Registro que comprova, demonstra. **3.** Comprovante (2).

de.mo.ra [Dev. de *demorar.*] *sf.* Ato ou efeito de demorar(-se); delonga.

de.mo.rar [Lat. **demorare.* ▫1A] *vtd.* **1.** Fazer que fique ou espere; deter. **2.** Atrasar, adiar. *ti.* **3.** Levar tempo. *int.* **4.** Tardar a vir, a ser feito, etc. *p.* **5.** Permanecer. **6.** Atrasar-se. [C.: 1 (ó)] § **de.mo.ra.do** *adj.*

de.mo.ver [Lat. *demovere.*] *vtd.* **1.** Tirar ou mudar de lugar. **2.** Dissuadir. *tdi.* **3.** Demover (2). *p.* **4.** Dissuadir-se. [C.: 2 (ô-ó)]

de.mu.da.do [*Demudar.* ▫17A] *adj.* Transformado, mudado.

den.dê [Or.afr.] *sm. Bras. Bot.* **1.** Dendezeiro. **2.** O fruto do dendezeiro.

den.de.zei.ro (dê) [*Dendê.* ▫25B] *sm. Bras. Bot.* Palmeira arecácea cujos frutos fornecem óleo muito us. como tempero; dendê.

de.ne.gar [Lat. *denegare.* ▫1A] *vtd.* **1.** Dizer que não é verdade; negar. **2.** Não dar; negar. **3.** Indeferir. *p.* **4.** Recusar-se. [C.: 1C (é)]

de.ne.grir *vtd.* **1.** Enegrecer. **2.** Manchar, macular. [C.: 49] § **de.ne.gri.dor** (ô) *adj. sm.*

den.go *sm. Bras.* **1.** V. *denguice.* **2.** Dengue (2).

den.go.so (ô) [*Dengo.* ▫37] *adj.* **1.** Cheio de dengues; faceiro. **2.** Manhoso, astuto. **3.** Diz-se de criança birrenta. [Pl.: -*gosos* (ó).]

den.gue [Esp. *dengue.*] *sm.* **1.** V. *denguice.* **2.** Birra ou choradeira de criança; dengo. ● *sm.f.* **3.** *Med.* Virose transmitida por picada de mosquito do gênero *Aedes* (v. *aedes*), esp. pelo *Aedes aegypti.* ◆ **Dengue hemorrágico (a).** *Med.* Forma de dengue (3) de gravidade variável, em que ocorrem episódios de hemorragia.

den.gui.ce [*Dengue.* ▫13] *sf.* Qualidade de dengoso; dengue, dengo; faceirice.

de.no.do (ó) [Regr. de *denodado.*] *sm.* Ousadia, intrepidez.

de.no.mi.na.ção [Lat. *denominatione.* ▫2A] *sf.* **1.** Ato de denominar. **2.** Nome. [Pl.: -ções.]

de.no.mi.na.dor (ô) [Lat. *denominatore.* ▫19A] *adj.* **1.** Que denomina. ● *sm.* **2.** Aquele que denomina. **3.** *Mat.* Numa fração, o termo que se escreve abaixo do traço, e que indica em quantas partes iguais se divide a unidade, ou a quantidade representada pelo numerador. ◆ **Denominador comum.** *Mat.* Qualquer múltiplo de todos os denominadores de um conjunto de frações ordinárias.

de.no.mi.nar [Lat. *denominare.* ▫1A] *vtd.* **1.** Pôr nome em; nomear. **2.** Indicar ou chamar por nome. *transobj.* **3.** Chamar, nomear. [C.: 1] § **de.no.mi.na.do** *adj.;* **de.no.mi.na.ti.vo** *adj.*

de.no.ta.ção [Lat. *denotatione.* ▫2A] *sf.* **1.** Ato ou efeito de denotar. **2.** *E.Ling.* O sentido literal de uma palavra. [Pl.: -ções.]

de.no.tar [Lat. *denotare.* ▫1A] *vtd.* **1.** Revelar por meio de notas ou sinais; fazer ver; indicar. **2.** Significar, exprimir, simbolizar. [C.: 1 (ó)]

den.si.da.de [Lat. *densitate.* ▫14] *sf.* **1.** Qualidade de denso. **2.** Relação entre a massa e o volume dum corpo.

den.si.to.me.tri.a [Lat. *densit-* + *-o-* + *-metria.*] *sf. Med.* Estudo da densidade de um órgão examinado mediante radiologia.

den.so [Lat. *densu*] *adj.* **1.** Que tem muita massa e peso em relação ao volume. **2.** Que contém uma grande quantidade de elementos ou unidades; cerrado, compacto: *floresta densa.* **3.** Em que os elementos estão muito próximos; compacto: *denso nevoeiro.*

den.ta.da [*Dente.* ▫4] *sf.* **1.** Ferimento com os dentes. **2.** Vestígio de dentada (1).

den.ta.do [Lat. *dentatu.* ▫17B] *adj.* **1.** Guarnecido de dentes. **2.** Recortado em dentes; denteado.

den.ta.du.ra [*Dentar.* ▫5A] *sf.* **1.** O conjunto dos dentes, nas pessoas e nos animais. **2.** Dentes artificiais, devidamente montados em gengivas artificiais.

den.tar [*Dente.* ▫1A] *vtd.* **1.** Morder. **2.** Formar ou fazer dentes em; dentear. [C.: 1]

den.tá.ri:o [Lat. *dentariu.* ▫24] *adj.* **1.** Relativo aos dentes. **2.** Em que se pratica a odontologia.

den.te [Lat. *dente.*] *sm.* **1.** Cada uma das estruturas duras, semelhantes a osso, que guarnecem a maxila e a mandíbula do homem e de outros

dentear | deposto

animais, e servem esp. para morder e triturar alimentos. 2. Cada uma das saliências de certas engrenagens. § **den.tal** adj2g.

den.te.ar [*Dente.*▢ 1N] vtd. Dentar (2). [C.: 12A] § **den.te.a.do** adj.

den.ti.ção [Lat. *dentitione.*▢ 2] sf. 1. Formação e nascimento dos dentes. 2. O conjunto dos dentes. [Pl.: -ções.]

den.tí.cu.lo [Lat. *denticulu.*] sm. Pequeno dente (1).

den.ti.frí.ci:o [Lat. *dentifriciu.*] sm. Preparado com que se limpam os dentes.

den.ti.na [*Dente.*▢ 31] sf. Porção dura do dente, coberta por esmalte, na coroa (5), e por cemento, na raiz.

den.tis.ta [Fr. *dentiste.*▢ 36] s2g. Profissional que trata das moléstias dentárias.

den.tre [*De + entre.*] prep. Do meio de.

den.tro [Lat. *de + lat. intro.*] adv. Do lado interior.

den.tu.ça sf. *Fam.* Arcada dentária com dentes grandes e/ou proeminentes.

den.tu.ço [*Dente + -uço.*] adj. sm. Que, ou quem tem dentuça.

de.nún.ci:a [Dev. de *denunciar.*] sf. 1. Ato ou efeito de denunciar. 2. Acusação, em que se atribui falta ou crime a alguém. 3. *Jur.* Comunicação formal do fim de acordo ou contrato (considerado findo por uma das partes).

de.nun.ci.ar [Lat. *denuntiare.*▢ 1A] vtd. 1. Dar denúncia de; acusar, delatar. 2. Dar a conhecer ou a perceber; delatar. *tdi.* 3. Revelar. *p.* 4. Revelar-se. [C.: 1] § **de.nun.ci.a.dor** (ô) adj. sm.; **de.nun.ci.an.te** adj2g. s2g.

de.nun.ci:a.ti.vo [Lat. *denuntiativu.*▢ 22A] adj. Próprio para denunciar.

de.pa.rar [Lat.med. *deparare.*▢ 1A] vti. e *p.* Encontrar(-se) inesperadamente; defrontar(-se). [C.: 1]

de.par.ta.men.to [Fr. *département.*▢ 3] sm. 1. Divisão administrativa de algumas nações. 2. Seção ou divisão em ministério, casa comercial, etc.

de.pau.pe.rar [Lat.med. *depauperare.*▢ 1A] vtd. 1. Empobrecer. 2. Esgotar as forças de; debilitar. *p.* 3. Debilitar-se. [C.: 1 (é)] § **de.pau.pe.ra.do** adj.

de.pe.nar [*De- + pena*¹ *+ -ar*².▢ 1A] vtd. 1. Tirar as penas a. 2. *Pop.* Extorquir dinheiro a. 3. *Pop.* Tirar os bens de (alguém). 4. *Pop.* Retirar as peças de (veículo roubado ou abandonado). [C.: 1] § **de.pe.na.do** adj.

de.pen.dên.ci:a [*Depender.*▢ 10] sf. 1. Estado de dependente. 2. Sujeição, subordinação. 3. Cada uma das peças ou cômodos de uma casa. 4. *Med.* Necessidade de manter uso de droga.

de.pen.den.te [*Depender.*▢ 21] adj2g. 1. Que depende. ● s2g. 2. Quem não pode prover sua subsistência. 3. Aquele que tem dependência (4).

de.pen.der [Lat. *dependere.*▢ 1B] vti. 1. Estar na dependência. 2. Ter conexão ou relação imediata. 3. Estar subordinado ou ser dependente. [C.: 2]

de.pen.du.rar [*De- + pendurar.*▢ 1] vtd., tdc. e *p.* V. *pendurar.* [C.: 1]

de.pe.ni.car [*De- + pena*¹ *+ -icar.*▢ 1F] vtd. Tirar ou arrancar as penas ou os pelos de, aos poucos. [C.: 1A]

de.pe.re.cer [*De- + perecer.*] v.int. Ir-se finando aos poucos. [C.: 2A (ê-é)]

de.pi.la.dor (ô) [Lat. *depilatore.*▢ 19A] adj. 1. Que depila. ● sm. 2. Aquele ou aquilo que depila. 3. Aparelho depilador (1).

de.pi.lar [Lat. *depilare.*▢ 1A] vtd. 1. Arrancar ou fazer cair o pelo ou o cabelo a. *p.* 2. Pelar-se. [C.: 1] § **de.pi.la.ção** sf.

de.pi.la.tó.ri:o [*Depilar.*▢ 23A] adj. 1. Diz-se daquilo que depila. ● sm. 2. Substância para retirar cabelo ou o pelo de.

de.ple.ção [Lat. *depletione.*▢ 2] sf. 1. *Eng. Civil* Redução do nível de água de um reservatório. 2. *Med.* Redução de qualquer matéria armazenada no corpo. [Pl.: -ções.]

de.plo.rar [Lat. *deplorare.*▢ 1A] vtd. 1. Chorar, prantear. 2. Lamentar. [C.: 1 (ó)] § **de.plo.ra.ção** sf.; **de.plo.rá.vel** adj2g.

de.po.en.te [Lat. *deponente.*▢ 21] s2g. 1. Quem depõe em juízo como testemunha. ● sm. 2. *E.Ling.* Verbo ou frase que tem forma passiva, mas sentido ativo. ● adj2g. 3. *E.Ling.* Diz-se de depoente (2).

de.po:i.men.to [Port.ant. *despoer.*▢ 3] sm. 1. Ato de depor. 2. Testemunho (1).

de.pois [Lat. *depost.*] adv. Em seguida. ◆ **Depois de.** Após (1 e 2).

de.por [Lat. *deponere.*] vtd. 1. Pôr de parte, de lado (algo que se trazia). 2. Despojar de cargo ou dignidade. 3. Colocar abaixo; baixar. 4. Declarar em juízo. *tdi.* 5. Depor (2). 6. Pôr, depositar. *ti.* 7. Fornecer provas. *int.* 8. Prestar depoimento em juízo. *p.* 9. V. *depositar* (5). [C.: 34]

de.por.tar [Lat. *deportare.*▢ 1A] vtd. e *tdc.* Desterrar, banir. [C.: 1 (ó)] § **de.por.ta.ção** sf.

de.po.si.ção [Lat. *depositione.*▢ 2] sf. Ato ou efeito de depor. [Pl.: -ções.]

de.po.si.tar [*Depósito.*▢ 1A] vtd. 1. Pôr em depósito; guardar. *tdc.* 2. Pôr, colocar. *tdi.* 3. Confiar, fiar. 4. Depositar (2). *p.* 5. Ficar no fundo; depor-se, assentar. [C.: 1] § **de.po.si.tan.te** adj2g. s2g.

de.po.si.tá.ri:o [Lat. *depositariu.*▢ 24] sm. Aquele que recebe em depósito.

de.pó.si.to [Lat. *depositu.*] sm. 1. Ato de depositar(-se). 2. Aquilo que se depositou. 3. Lugar ou estado do que se depositou. 4. Sedimento. 5. Reservatório (2). 6. Armazém (1). ◆ **Depósito bancário.** *Econ.* Quantia depositada em banco comercial.

de.pos.to (ô) [Lat. *depositu.*] adj. Que foi tirado do poder ou despojado de cargo.

depravar | derrapar

de.pra.var [Lat. *depravare*.⊟ 1A] *vtd. e p.* V. *perverter* (1 e 3). [C.: 1] § **de.pra.va.ção** *sf.*; **de.pra.va.do** *adj. sm.*

de.pre.car [Lat.**deprecare*.⊟ 1A] *vtd. e tdi.* Rogar, instar, suplicar. [C.: 1A (é)] § **de.pre.ca.ção** *sf.*; **de.pre.ca.ti.vo** *adj.*

de.pre.ci.a.ção [*Depreciar*.⊟ 2A] *sf.* 1. Ação de depreciar. 2. Baixa de preço ou de valor. 3. *Fig.* Desprezo, desdém. [Pl.: *-ções*.]

de.pre.ci.ar [Lat. *depretiare*.⊟ 1A] *vtd. e p.* Desvalorizar(-se). [C.: 1]

de.pre.ci.a.ti.vo [*Depreciar*⊟ 22A] *adj.* Em que há depreciação.

de.pre.dar [Lat. *depraedare*.⊟ 1A] *vtd.* 1. Assolar, devastar. 2. Roubar, saquear. *tdi.* 3. Depredar (2). [C.: 1 (é)] § **de.pre.da.ção** *sf.*

de.pre.en.der [Lat. *deprehendere*.⊟ 1B] *vtd., ti. e tdi.* Compreender; deduzir. [C.: 2]

de.pres.sa [*De-* + *pressa*.] *adv.* Com pressa; rapidamente.

de.pres.são [Lat. *depressione*.⊟ 2] *sf.* 1. Ato de deprimir(-se). 2. Abaixamento de nível por pressão, ou peso. 3. Baixa de terreno. 4. Abatimento moral ou físico. 5. *Econ.* Período de declínio acentuado na atividade produtiva e no emprego. 6. *Psiq.* Estado mental caracterizado por tristeza, desespero e desestímulo quanto a qualquer atividade. [Pl.: *-sões*.]

de.pres.si.vo [*Depresso*, 'deprimido'.⊟ 22] *adj.* 1. Deprimente (1). 2. Que revela depressão. 3. *Psiq.* Que produz depressão (6).

de.pri.men.te [Lat. *deprimente*.⊟ 21] *adj2g.* 1. Que deprime; depressivo. 2. Lamentável.

de.pri.mir [Lat. *deprimere*.⊟ 1C] *vtd.* 1. Causar depressão em. 2. Debilitar, enfraquecer. *p.* 3. Sofrer depressão (4, 6). [C.: 3] § **de.pri.mi.do** *adj.*

de.pu.rar [Lat. *depurare*.⊟ 1A] *vtd. e p.* Tornar(-se) puro ou mais puro; purificar(-se). [C.: 1] § **de.pu.ra.ção** *sf.*

de.pu.ra.ti.vo [*Depurar*.⊟ 22A] *adj. sm.* Que, ou medicamento que depura.

de.pu.ta.ção [Lat. *deputatione*.⊟ 2A] *sf.* 1. Ato de deputar. 2. Delegação (3) de pessoas incumbidas de missão especial. [Pl.: *-ções*.]

de.pu.ta.do [Lat. *deputatu*.] *sm.* 1. Indivíduo encarregado de tratar de negócios de outrem. 2. Membro eleito de assembleia legislativa.

de.pu.tar [Lat. *deputare*.⊟ 1A] *vtd.* Encarregar de uma missão; delegar. [C.: 1]

de.que [Ingl. *deck*.] *sm.* Convés (2).

■ **DER** Abrev. de *Departamento de Estradas de Rodagem*.

de.ri.va [Fr. *dérive*.] *sf.* 1. Desvio que um instrumento sofre com o tempo, a partir do seu ponto de repouso, quando a variável medida e as condições ambientes são constantes. 2. Variação progressiva da marcha de um relógio. ♦ **À deriva.** 1. Levado pelas águas (barco, etc.). 2. *Fig.* Sem rumo próprio.

de.ri.va.ção [Lat. *derivatione*.⊟ 2A] *sf.* 1. Ato ou efeito de derivar. 2. *E.Ling.* Processo de formação de palavras que consiste, basicamente, no acréscimo de afixos a uma raiz. [Pl.: *-ções*.]

de.ri.va.da *sf. Mat.* Taxa de variação de uma função em relação a uma variável.

de.ri.va.do [*Derivar*.⊟ 17A] *adj. sm.* 1. Que, ou o que se derivou. 2. *E.Ling.* Diz-se de, ou voc. formado por derivação (2). ♦ **Derivado regressivo.** *E.Ling.* Voc. que se forma pela redução da palavra primitiva, como *paga* (sf.), de *pagar*.

de.ri.var [Lat. *derivare*.⊟ 1A] *vtd.* 1. Desviar do seu curso. *ti.* 2. Formar-se (uma palavra de outra). 3. Originar-se, resultar. *int. e p.* 4. Fluir. 5. Originar-se. [C.: 1]

de.ri.va.ti.vo [Lat. *derivativu*.⊟ 22A] *adj.* 1. Relativo a derivação. ● *sm.* 2. Aquilo que se faz para esquecer-se das preocupações.

der.ma [Gr. *dérma*, 'pele'.] *sm. Anat.* Pele (1).

der.máp.te.ro [Tax. *Dermaptera*.] *adj. sm. Zool.* Diz-se de, ou espécime dos dermápteros, ordem de artrópodes de sistema bucal mastigador e par de pinças na extremidade do abdome. São as lacrainhas.

der.ma.ti.te [*Dermat(o)-* + *-ite*[1].] *sf. Med.* Dermatose.

der.ma.to.lo.gi.a [*Dermat(o)-* + *-logia*.] *sf. Med.* Ramo da medicina que estuda a pele.

der.ma.to.se [*Dermat(o)-* + *-ose*[1].] *sf. Med.* Qualquer doença de pele.

der.me [*Derma*.] *sf. Histol.* Tecido conjuntivo sobre o qual se apoia a epiderme, e que se comunica com a tela subcutânea.

der.móp.te.ro [Tax. *Dermoptera*.] *adj. sm. Zool.* Diz-se de, ou espécime dos dermópteros, ordem de pequenos mamíferos herbívoros, de cauda longa, que apresentam patágio. Inclui os cinocefalídeos.

der.ra.dei.ro [Lat.vulg. **derretrariu*.⊟ 25] *adj.* 1. Último. 2. Extremo, final.

der.ra.ma [Dev. de *derramar*.] *sf. Hist.* No Brasil colonial, na região das minas, cobrança de certos tributos pelo erário português.

der.ra.ma.men.to [*Derramar*.⊟ 3] *sm.* Ato ou efeito de derramar(-se); derrame.

der.ra.mar [Lat.vulg. **diramare*.⊟ 1A] *vtd.* 1. Cortar ou aparar os ramos a. 2. Espalhar, espargir. 3. Espalhar, dispersar. 4. Fazer correr (líquido) para fora; entornar. 5. Verter (lágrimas). *p.* 6. Espalhar-se, difundir-se. 7. Emitir em abundância. [C.: 1]

der.ra.me [Dev. de *derramar*.] *sm.* 1. Derramamento. 2. *Med.* Acúmulo de líquido ou gases em cavidade. 3. *Med.* Acidente vascular cerebral.

der.ra.par [Fr. *déraper*.⊟ 1A] *v.int. Bras.* Escorregar de lado (veículo de rodas), perdendo

derrear | desafeição

a direção. [C.: 1] § **der.ra.pa.gem** *sf. (bras.)*; **der.ra.pan.te** *adj2g.*
der.re.ar [Lat.vulg. *derenare.* ◼1N] *vtd.* **1.** Fazer vergar o peso de. **2.** Prostrar. *p.* **3.** Curvar-se, vergar-se. **4.** Extenuar-se. [C.: 12A]
der.re.dor [*De* + *redor*.] *adv.* Em volta; à roda. ◆ **Em derredor de.** Em torno de.
der.re.ter [*De-* + port.arc. *reter*, 'desfazer-se'.] *vtd. e p.* **1.** Tornar(-se) líquido. **2.** Consumir(-se), gastar(-se). **3.** *Fig.* Enternecer(-se). *int.* **4.** Derreter (1). [C.: 2 (ê-é)]
der.ri.bar [Lat.vulg. *deripare.* ◼1A] *vtd. e tdi.* V. *derrubar* (1, 2 e 4). [C.: 1] § **der.ri.ba.do** *adj.*
der.ro.ca.da [*Derrocar.* ◼4] *sf.* **1.** Ato ou efeito de derrocar. **2.** Desabamento, desmoronamento. **3.** *Fig.* Ruína (1).
der.ro.car [*De-* + *roca*² + *-ar*².◼1A] *vtd.* **1.** Desmoronar. **2.** Remover rochas, esp. do leito de (rios ou canais), para os desobstruir. **3.** *Fig.* Humilhar. *p.* **4.** Desmoronar-se. [C.: 1A (ó)]
der.ro.gar [Lat. *derogare.* ◼1A] *vtd. Jur.* Revogar (uma lei) parcialmente. [C.: 1C (ó)]
der.ro.ta¹ [Dev. de *derrotar*¹.] *sf.* **1.** Ação ou efeito de derrotar¹. **2.** Fracasso, malogro.
der.ro.ta² [Lat. (*via*) *dirupta*.] *sf. Náut.* O caminho que uma embarcação percorre numa viagem por mar; rota.
der.ro.tar¹ [Fr.ant. *desroter.* ◼1A] *vtd.* **1.** Destroçar; desbaratar. **2.** Vencer em discussão, competição ou jogo. [C.: 1 (ó)]
der.ro.tar² [*De-* + *rota* + *-ar*².◼1A] *vtd.* Desviar da rota. [C.: 1 (ó)]
der.ro.tis.mo [*Derrota*¹.◼1I] *sm.* Pessimismo de quem só crê em derrota ou fracasso. § **der.ro.tis.ta** *adj2g. s2g.*
der.ru.ba.da [*Derrubar.* ◼4] *sf.* Ato de abater as árvores de uma mata.
der.ru.bar [Lat.vulg. *derupare.* ◼1A] *vtd.* **1.** Lançar por terra. **2.** Abater, prostrar. **3.** *Bras. Gír.* Agir em prejuízo de (alguém). *tdi.* **4.** Destituir. [Sin. (1, 2 e 3): *derribar.* [C.: 1] § **der.ru.ba.do** *adj.*
de.sa.ba.do [*Desabar.* ◼17A] *adj.* **1.** Que desabou. **2.** De abas largas e caídas (chapéu).
de.sa.ba.far [*Des-* + *abafar*.] *vtd.* **1.** Desagasalhar, descobrir. **2.** *Fig.* Expressar (o que sente ou pensa); desafogar. *int. e p.* **3.** Expressar o que sente ou pensa; desafogar(-se). [C.: 1]
de.sa.ba.fo [Dev. de *desabafar*.] *sm.* Ato ou efeito de desabafar (2 e 3).
de.sa.ba.la.do *adj. Pop.* **1.** Excessivo, desmedido. **2.** Desenfreado, precipitado.
de.sa.bar [*Des-* + *aba* + *-ar*².◼1A] *vtd.* **1.** Abaixar a aba de. *int.* **2.** Desmoronar, ruir. **3.** Desencadear-se (chuva, tempestade). [C.: 1] § **de.sa.ba.men.to** *sm.*
de.sa.bi.ta.do [*Desabitar.* ◼17A] *adj.* Sem habitantes; deserto.
de.sa.bi.tu.ar [*Des-*+*habituar.*] *vtdi. e p.* Desacostumar(-se). [C.: 1]

de.sa.bo.nar [*Des-* + *abonar*.] *vtd.* **1.** Desacreditar; depreciar. *p.* **2.** Perder o crédito, a autoridade. [C.: 1] § **de.sa.bo.na.dor** (ô) *adj.*
de.sa.bo.no [Dev. de *desabonar*.] *sm.* **1.** Ato ou efeito de desabonar. **2.** Depreciação, descrédito.
de.sa.bo.to.ar [*Des-* + *abotoar*.] *vtd.* **1.** Tirar o botão da casa (4) de. *int.* **2.** Desabrochar. *p.* **3.** Abrir o próprio vestuário, desabotoando-o. **4.** Desabrochar-se. [C.: 1D]
de.sa.bri.do *adj.* **1.** Rude; áspero. **2.** Insolente.
de.sa.bri.ga.do [*Desabrigar.* ◼17A] *adj.* **1.** Que não tem ou que ficou sem abrigo, ou que o teve destruído. **2.** Exposto às intempéries. ● *sm.* **3.** Indivíduo desabrigado.
de.sa.bri.gar [*Des-*+*abrigar*.] *vtd.* **1.** Tirar o abrigo a. **2.** Desamparar. [C.: 1C]
de.sa.bro.char *v.int. e p.* Principiar a abrir; abrir-se (a flor); desabotoar(-se). [C.: 1 (ó)]
de.sa.bu.sa.do *adj.* Insolente.
de.sa.ca.tar [*Des-* + *acatar*.] *vtd.* Desrespeitar (1). [C.: 1]
de.sa.ca.to [Dev. de *desacatar*.] *sm.* Desrespeito.
de.sa.ce.le.rar [*Des-* + *acelerar*.] *vtd. e int.* **1.** Reduzir a velocidade de, ou perdê-la. **2.** Diminuir o ritmo de, ou tê-lo diminuído. [C.: 1 (é)] § **de.sa.ce.le.ra.ção** *sf.*
de.sa.cer.tar [*Des-* + *acertar*.] *vtd.* Tirar da ordem ou do acerto. *int.* **2.** Proceder erradamente. [C.: 1 (é)]
de.sa.cer.to (ê) [*Des-* + *acerto* (ê).] *sm.* **1.** Falta de acerto; erro. **2.** Tolice, asneira.
de.sa.col.che.tar [*Des-* + *acolchetar*.] *vtd.* Desprender os colchetes. [C.: 1 (é)]
de.sa.co.mo.dar [*Des-* + *acomodar*.] *vtd.* Tirar do(s) cômodo(s), do lugar; desalojar. [C.: 1 (ó)] § **de.sa.co.mo.da.do** *adj.*
de.sa.com.pa.nha.do [*Desacompanhar.* ◼17A] *adj.* Sem companhia, só.
de.sa.com.pa.nhar [*Des-* + *acompanhar*.] *vtd.* Deixar de acompanhar, ou de prestar auxílio ou apoio a. [C.: 1]
de.sa.con.che.gar [*Des-*+*aconchegar*.] *vtd.* Tirar o aconchego a. [C.: 1C (ê)]
de.sa.con.se.lhar [*Des-* + *aconselhar*.] *vtdi.* **1.** Aconselhar a não fazer algo; dissuadir. **2.** Contraindicar. *td.* **3.** Contraindicar. [C.: 1 (ê)]
de.sa.cor.da.do [*Desacordar.* ◼17A] *adj.* Que perdeu os sentidos; desmaiado.
de.sa.cor.do (ô) [*Des-* + *acordo* (ô).] *sm.* **1.** Falta de acordo; discordância. **2.** Contradição (1).
de.sa.cor.ren.tar [*Des-*+*acorrentar*.] *vtd.* Livrar, soltar da corrente. [C.: 1]
de.sa.cos.tu.mar *vtd. e p.* Fazer perder, ou perder, um hábito ou costume; desabituar(-se). [C.: 1]
de.sa.cre.di.tar [*Des-*+*acreditar*.] *vtd. e p.* Fazer perder, ou perder, o crédito ou a reputação. [C.: 1] § **de.sa.cre.di.ta.do** *adj.*
de.sa.fei.ção [*Des-* + *afeição*.] *sf.* Falta de afeição; desafeto. [Pl.: *-ções*.]

desafeiçoar | desamassar

de.sa.fei.ço.ar *vtdi*. 1. Tirar a afeição. 2. Perder a afeição a quem se tinha. [C.: 1D]

de.sa.fei.to [*Des-* + *afeito*.] *adj*. Não afeito; desacostumado.

de.sa.fer.rar *vtd*. 1. Soltar (o que estava seguro). *p*. 2. Desprender-se, soltar-se. [C.: 1 (é)]

de.sa.fer.ro.lhar [*Des-* + *aferrolhar*.] *vtd*. Correr o ferrolho de, para abrir. [C.: 1 (ó)]

de.sa.fe.ta.ção [*Des-* + *afetação*.] *sf*. Falta de afetação. [Pl.: -*ções*.]

de.sa.fe.to [*Des-* + *afeto*¹.] *adj*. 1. Contrário, oposto. 2. Adversário, inimigo. • *sm*. 3. Adversário.

de.sa.fi.ar [*Des-* + ant. *afiar*.] *vtd*. 1. Propor duelo ou combate a. 2. Instigar, provocar, reptar. 3. Afrontar, arrostar. [C.: 1]

de.sa.fi.nar [*Des-* + *afinar*.] *vtd*., *int*. e *p*. Fazer perder, ou perder, a afinação. [C.: 1] § **de.sa.fi.na.ção** *sf*.; **de.sa.fi.na.do** *adj*.

de.sa.fi:o [Dev. de *desafiar*.] *sm*. 1. Ato de desafiar; repto. 2. Incitação à disputa, à luta; provocação. 3. *Bras*. Diálogo popular cantado, composto de improviso.

de.sa.fi.ve.lar [*Des-* + *afivelar*.] *vtd*. Desapertar a fivela de. [C.: 1 (é)]

de.sa.fo.gar [*Des-* + *afogar*.] *vtd*. 1. Livrar do que afoga, aperta ou oprime. 2. V. *desabafar* (2). *int*. e *p*. 3. V. *desabafar* (3). [C.: 1C (ó)] § **de.sa.fo.ga.do** *adj*.

de.sa.fo.go (ô) [Dev. de *desafogar*.] *sm*. 1. Alívio, desabafo. 2. Abastança, folga.

de.sa.fo.ra.do [*Desaforar*.◨ 17A] *adj*. Atrevido, insolente.

de.sa.fo.rar [*Des-* + *aforar*.] *vtd*. 1. Isentar do pagamento de um foro. 2. Tornar insolente, atrevido. [C.: 1 (ó)]

de.sa.fo.ro (ô) [Dev. de *desaforar*.] *sm*. 1. Pouca-vergonha. 2. Atrevimento, insolência.

de.sa.for.tu.na.do [*Des-* + *afortunado*.] *adj*. Não afortunado; infeliz.

de.sa.fron.ta [Dev. de *desafrontar*.] *sf*. Ato ou efeito de desafrontar(-se).

de.sa.fron.tar *vtd*. e *p*. 1. Livrar(-se) ou vingar(-se) de afronta; desagravar(-se). 2. Defender(-se) de afronta, ataque. [C.: 1]

de.sa.ga.sa.lha.do [*Desagasalhar*.◨ 17A] *adj*. Pouco enroupado ou sem agasalho.

de.sa.ga.sa.lhar *vtd*. 1. Tirar o agasalho a. 2. Desabrigar-se, descobrir-se. [C.: 1]

de.sá.gi:o [*Des-* + *ágio*.] *sm*. Diferença a menor entre o valor nominal de um título, ou o preço tabelado de uma mercadoria, e o valor efetivamente pago.

de.sa.gra.dar [*Des-* + *agradar*.] *vti*. e *p*. Não agradar(-se); desprazer. [C.: 1]

de.sa.gra.dá.vel [*Desagradar*◨ 41] *adj2g*. Que desagrada; não agradável. [Pl.: -*veis*.]

de.sa.gra.do [Dev. de *desagradar*.] *sm*. Falta de agrado; desprazer.

de.sa.gra.var [*Des-* + *agravar*.] *vtd*. 1. Reparar (ofensa, injúria). 2. Tornar menos grave. *p*. 3. Vingar-se, desforrar-se. [C.: 1]

de.sa.gra.vo [*Des-* + *agravo*.] *sm*. Reparação de agravo ou afronta.

de.sa.gre.gar [*Des-* + *agregar*.] *vtd*. e *tdi*. 1. Desunir, separar (o que estava agregado). *p*. 2. V. *desunir-se*. [C.: 1C (é)] § **de.sa.gre.ga.ção** *sf*.

de.sa.gua.doi.ro ou **de.sa.gua.dou.ro** [*Desaguar*. ◨ 26B] *sm*. Rego, canal, etc., para escoamento de águas.

de.sa.guar [*Des-* + *aguar*.] *vtd*. 1. Esgotar a água de. 2. Enxugar, secar. *int*. 3. Lançar as suas águas (rio); desembocar. [C.: 1G] § **de.sa.gua.men.to** *sm*.

de.sai.re [Esp. *desaire*.] *sm*. Falta de decoro; inconveniência.

de.sai.ro.so (ô) [*Desaire*.◨ 37] *adj*. Em que há desaire. [Pl.: -*rosos* (ó).]

de.sa.jei.ta.do *adj*. Sem jeito; canhestro; desastrado.

de.sa.ju.dar [*Des-* + *ajudar*.] *vtd*. e *int*. 1. Não ajudar; desfavorecer. 2. Atrapalhar. [C.: 1]

de.sa.ju.i.za.do [*Des-* + *ajuizado*.] *adj*. Falto de juízo; insensato.

de.sa.jus.ta.do [*Desajustar*.◨ 17A] *adj*. 1. Transtornado; desordenado. 2. *Psic*. Que tem desajustamento (2).

de.sa.jus.ta.men.to [*Desajustar*.◨ 3] *sm*. 1. Ato ou efeito de desajustar(-se). 2. *Psic*. Falta de ajustamento do indivíduo ao meio familiar ou social.

de.sa.jus.tar [*Des-* + *ajustar*.] *vtd*. 1. Desfazer o ajuste de; separar. 2. Desordenar. *p*. 3. Desunir-se, separar-se. 4. Desavir-se. [C.: 1]

de.sa.len.ta.do [*Desalentar*.◨ 17A] *adj*. 1. Sem ânimo ou alento; desanimado. 2. Cansado, fatigado.

de.sa.len.tar [*Des-* + *alentar*.] *vtd*., *int*. e *p*. Desanimar(-se). [C.: 1]

de.sa.len.to *sm*. Falta de alento; desânimo.

de.sa.li.nhar [*Des-* + *alinhar*.] *vtd*. 1. Tirar do alinhamento. 2. Desarranjar, desordenar. [C.: 1] § **de.sa.li.nha.do** *adj*.

de.sa.li.nha.var [*Des-* + *alinhavar*.] *vtd*. Tirar os alinhavos a. [C.: 1]

de.sa.li.nho *sm*. Falta de alinho; desarranjo.

de.sal.ma.do [*Des-* + *alma* + -*ado*¹.◨ 17B] *adj*. Desumano; crudelíssimo.

de.sa.lo.jar [*Des-* + *alojar*.] *vtd*. 1. Tirar do alojamento. 2. Tirar de lugar ou posto. *int*. e *p*. 3. Sair de onde estava, ou de alojamento, posto, etc. [C.: 1 (ó)] § **de.sa.lo.ja.men.to** *sm*.

de.sa.mar.rar [*Des-* + *amarrar*.] *vtd*. Desprender(-se), desatar(-se). [C.: 1]

de.sa.mar.ro.tar [*Des-* + *amarrotar*.] *vtd*. Alisar (o que estava amarrotado). [C.: 1 (ó)]

de.sa.mas.sar [*Des-* + *amassar*.] *vtd*. 1. Desfazer (a massa do pão) para que demore a levedar. 2. Desfazer a amassadura de. [C.: 1]

desambição | desarrumar

de.sam.bi.ção [*Des-* + *ambição*.] *sf.* Falta de ambição. [Pl.: *-ções*.]

de.sam.bi:en.ta.do [*Desambientar*. ⬛17A] *adj.* Afastado de seu ambiente.

de.sa.mor (ô) [*Des-* + *amor*.] *sm.* Falta de amor.

de.sam.pa.rar [*Des-* + *amparar*.] *vtd.* Deixar de amparar, de sustentar; abandonar. [C.: 1] § **de.sam.pa.ra.do** *adj.*

de.sam.pa.ro *sm.* Falta de amparo; abandono.

de.san.car [*Des-* + *anca* + *-ar*²]. ⬛1A] *vtd.* **1.** Derrear com pancadas na anca. **2.** Bater muito em. **3.** *Fig.* Criticar severamente. [Sin. de 1 e 2: *descadeirar*. C.: 1A] § **de.san.ca.do** *adj.*

de.san.dar *vtd.* **1.** Fazer andar para trás. **2.** Percorrer em sentido contrário. *ti.* **3.** Começar; pôr-se: *Nervoso, desandou a falar.* *int.* **4.** Andar para trás; retroceder. **5.** Entrar em decadência. **6.** Decompor-se, alterar-se. [C.: 1]

de.sa.ni.mar [*Des-* + *animar*.] *vtd., int.* e *p.* Fazer perder, ou perder, o ânimo, a energia; desalentar. [C.: 1] § **de.sa.ni.ma.do** *adj.*

de.sâ.ni.mo *sm.* Falta de ânimo; desalento.

de.sa.nu.vi.ar [*Des-* + *anuviar*.] *vtd.* e *p.* **1.** Limpar(-se) de nuvens. **2.** Serenar(-se). [C.: 1]

de.sa.pai.xo.na.do [*Des-* + *apaixonado*.] *adj.* Que age imparcialmente; imparcial, desinteressado.

de.sa.pa.ra.fu.sar [*Des-* + *aparafusar*.] *vtd.* Desatarraxar os parafusos de. *p.* **2.** Desatarraxar-se. [C.: 1]

de.sa.pa.re.cer [*Des-* + *aparecer*.] *v.int.* **1.** Deixar de ser visto; sumir(-se). **2.** Ocultar-se; sumir(-se). **3.** Perder-se, sumir(-se). **4.** V. *morrer* (1). **5.** Esquivar-se furtivamente. [C.: 2A (ê-é)] § **de.sa.pa.re.ci.men.to** *sm.*

de.sa.pe.ga.do [*Desapegar*. ⬛17A] *adj.* **1.** Desunido, despegado. **2.** Indiferente, desinteressado.

de.sa.pe.gar [*Des-* + *apegar*. ⬛1A] *vtd.* e *p.* V. *despegar*. [C.: 1C (é)]

de.sa.pe.go (ê) [Dev. de *desapegar*.] *sm.* **1.** Falta de apego, de afeição. **2.** Desinteresse, indiferença.

de.sa.per.tar [*Des-* + *apertar*.] *vtd.* **1.** Afrouxar (o que estava apertado). **2.** Aliviar. [C.: 1 (é)]

de.sa.pi:e.da.do [*Des-* + *apiedado*.] *adj.* Sem piedade; desumano, cruel.

de.sa.poi.ar *vtd.* Tirar o apoio de. [C.: 1E]

de.sa.pon.ta.men.to [Ingl. *disappointment*. ⬛3] *sm.* **1.** Decepção, mágoa. **2.** Estado, ou sentimento próprio de quem se decepcionou.

de.sa.pon.tar *vtd.* **1.** Causar desapontamento a. *p.* **2.** Ter ou sentir desapontamento. [C.: 1] § **de.sa.pon.ta.do** *adj*

de.sa.pos.sar [*Des-* + *apossar*.] *vtdi.* **1.** Tirar ou privar da posse de. *p.* **2.** Renunciar à posse. [Sin.ger.: *desempossar*. C.: 1 (ó).]

de.sa.pre.ço (ê) *sm.* Falta de apreço.

de.sa.pren.der [*Des-* + *aprender*.] *vtd.* e *ti.* Esquecer (o que aprendera). [C.: 2]

de.sa.pro.pri.ar [*Des-* + *apropriar*.] *vtd.* Privar alguém da propriedade de. [C.: 1] § **de.sa.pro.pri:a.ção** *sf.*

de.sa.pro.var [*Des-* + *aprovar*.] *vtd.* Não aprovar; reprovar. [C.: 1 (ó)] § **de.sa.pro.va.ção** *sf.*

de.sa.pro.vei.tar [*Des-* + *aproveitar*.] *vtd.* Não aproveitar; desperdiçar. [C.: 1]

de.sa.pru.mar [*Des-* + *aprumar*.] *vtd.* e *p.* Desviar(-se) do prumo. [C.: 1]

de.sa.que.cer [*Des-* + *aquecer*.] *vtd.* **1.** Tirar o aquecimento a. **2.** *Econ.* Diminuir a atividade econômica; desacelerar. [C.: 2A (ê-é)]

de.sar.ma.men.tis.mo [*Desarmamento*. ⬛11] *sm.* **1.** Movimento que prega a redução ou mesmo a abolição dos armamentos e das forças militares. **2.** Movimento que prega o fim do comércio de armas e o desarmamento da população.

de.sar.ma.men.tis.ta [*Desarmamento*. ⬛36] *adj2g. s2g.* Que, ou aquele que é partidário do desarmamentismo.

de.sar.mar *vtd.* **1.** Tirar as armas ou meios de ataque ou defesa a. **2.** Desguarnecer de armamento. **3.** Anular mecanismo de disparo de (arma de fogo, bomba, etc.). **4.** Separar as peças componentes de; desmontar. **5.** Serenar, aplacar. **6.** Desativar (2), ger. por desmonte (1); desmontar. *int.* e *p.* **7.** Depor as armas. [C.: 1] § **de.sar.ma.men.to** *sm.*

de.sar.mo.ni.a [*Des-* + *harmonia*.] *sf.* **1.** Falta de harmonia. **2.** Divergência, discordância; dissonância. § **de.sar.mô.ni.co** *adj.*

de.sar.mo.ni.zar [*Des-* + *harmonizar*.] *vtd.* e *p.* Pôr(-se) em desarmonia (2). [C.: 1]

de.sar.rai.gar [*Des-* + *arraigar*.] *vtd.* **1.** Arrancar pela raiz ou com raízes. **2.** Extinguir ou destruir inteiramente. [Sin.ger.: *desenraizar*, *erradicar*, *extirpar*. C.: 1C]

de.sar.ran.jar [*Des-* + *arranjar*.] *vtd.* **1.** Tirar da ordem ou do arranjo original, natural, ou costumeiro. **2.** Alterar ou prejudicar o bom arranjo, a boa ordem ou o bom funcionamento de. [C.: 1] § **de.sar.ran.ja.do** *adj.*

de.sar.ran.jo [Dev. de *desarranjar*.] *sm.* **1.** Desordem, confusão. **2.** Obstáculo, contratempo. **3.** *Pop.* V. *diarreia*.

de.sar.ra.zo.a.do *adj.* Em que não há, ou que não tem razão; disparatado.

de.sar.ra.zo.ar *v.int.* V. *disparatar*. [C.: 1D]

de.sar.re.ar [*Des-* + *arrear*.] *vtd.* Tirar os arreios a. [C.: 12A]

de.sar.ro.char [*Des-* + *arrochar*.] *vtd.* Desapertar (o que estava arrochado). [C.: 1 (ó)]

de.sar.ro.lhar *vtd.* Tirar a rolha de. [C.: 1 (ó)]

de.sar.ru.ma.ção [*Desarrumar*. ⬛2A] *sf.* **1.** Ato ou efeito de desarrumar. **2.** Estado do que está desarrumado. [Pl.: *-ções*.]

de.sar.ru.mar *vtd.* Desfazer a arrumação de; desordenar, desarranjar. [C.: 1]

desarticulação | desbaratar

de.sar.ti.cu.la.ção [*Desarticular*. ◨2A] *sf.* **1.** Ato ou efeito de desarticular(-se). **2.** *Cir.* Amputação por seção (1) em articulação. [Pl.: *-ções*.]

de.sar.ti.cu.lar [*Des-* + *articular*².] *vtd.* **1.** Amputar na articulação (3). **2.** Fazer sair da articulação (3); destroncar (*pop.*). **3.** Desconjuntar. *p.* **4.** Sair da articulação (3). [C.: 1]

de.sar.vo.ra.do [*Desarvorar*. ◨17A] *adj.* **1.** Que navega sem governo. **2.** *Bras.* Que está desnorteado, desorientado, etc.

de.sar.vo.rar *vtd.* **1.** Deitar abaixo, abater (o que estava arvorado). **2.** Tirar ou derrubar os mastros à (embarcação). *p.* **3.** Desnortear-se, desorientar-se. [C.: 1 (ó)]

de.sa.sa.do [*Desasar*. ◨17A] *adj.* **1.** De asas caídas ou partidas. **2.** Derreado, desancado. [Cf. *desazado*.]

de.sas.nar [*Des-* + *asno* + *-ar*². ◨1A] *vtd.* Tirar da ignorância; ensinar. [C.: 1]

de.sas.si.mi.la.ção [*Des-* + *assimilação*.] *sf. Fisiol.* Catabolismo. [Pl.: *-ções*.]

de.sas.si.mi.lar [*Des-* + *assimilar*.] *vtd.* Tirar ou fazer cessar a assimilação de; alterar. [C.: 1]

de.sas.si.sa.do [*Des-* + *-a-* + *siso* + *-ado*¹. ◨17B] *adj.* Que não tem siso; destinado.

de.sas.sis.ti.do [Part. de *desassistir*.] *adj. sm.* Que, ou quem está privado de assistência, de amparo.

de.sas.sis.tir [*Des-* + *assistir*.] *vti.* Deixar de assistir, amparar, a. [C.: 3]

de.sas.so.ci.ar [*Des-* + *associar*.] *vtd.* **1.** Desligar (aquele ou aquilo que estava associado). *p.* **2.** Desligar-se. [C.: 1]

de.sas.som.bra.do [*Des-* + *assombrado*.] *adj.* **1.** Não sombrio; exposto ao sol. **2.** Franco, afável. **3.** Temerário.

de.sas.som.bro *sm.* **1.** Falta de assombro; firmeza. **2.** Franqueza, confiança.

de.sas.sos.se.gar *vtd. e p.* Tirar o sossego a, ou perder o sossego; inquietar(-se). [C.: 1C (é)] § **de.sas.sos.se.ga.do** *adj.*

de.sas.sos.se.go (ê) [Dev. de *desassossegar*.] *sm.* Falta de sossego; inquietação.

de.sas.tra.do [*Desastre* ◨17B] *adj.* **1.** Que redundou em desastre. **2.** Proveniente de desastre. **3.** Desajeitado.

de.sas.tre [Provç.ant. *desastre*.] *sm.* **1.** Acontecimento calamitoso, sobretudo o que ocorre de súbito e causa grande dano ou prejuízo. **2.** Acidente (2).

de.sas.tro.so (ô) [*Desastre*. ◨37] *adj.* Em que há, ou que produz desastre. [Pl.: *-trosos* (ó).]

de.sa.tar [*Des-* + *atar*.] *vtd.* **1.** Desprender, desamarrar. **2.** Desfazer, desdar (nó ou liame). **3.** Solucionar. *ti.* **4.** Começar de repente. *p.* **5.** Desprender-se. [C.: 1]

de.sa.tar.ra.xar [*Des-* + *atarraxar*.] *vtd.* **1.** Desprender, tirando a(s) tarraxa(s) ou parafuso(s) de. *p.* **2.** Desprender-se. [C.: 1]

de.sa.ta.vi.ar [*Des-* + *ataviar*.] *vtd. e p.* Tirar os atavios a, ou os próprios atavios; desenfeitar(-se). [C.: 1] § **de.sa.ta.vi.a.do** *adj.*

de.sa.ten.ção [*Des-* + *atenção*.] *sf.* **1.** Falta de atenção ou cuidado; distração. **2.** Descortesia, desconsideração, descaso. [Pl.: *-ções*.]

de.sa.ten.ci.o.so (ô) [*Des-* + *atencioso*.] *adj.* **1.** Que tem ou envolve desatenção. **2.** Que age com desatenção. [Pl.: *-osos* (ó).]

de.sa.ten.der *vtd. e ti.* Não atender (a). [C.: 2]

de.sa.ten.to [*Des-* + *atento*.] *adj.* Não atento; distraído ou leviano, aéreo, desligado.

de.sa.ti.nar [*Des-* + *atinar*.] *vtd., int. e p.* Fazer perder o tino, a razão, ou perdê-los; desvairar-se; enlouquecer. [C.: 1] § **de.sa.ti.na.do** *adj.*

de.sa.ti.no [Dev. de *desatinar*.] *sm.* **1.** Falta de tino, de juízo; loucura. **2.** Ato ou palavras de desatinado.

de.sa.ti.var [*Des-* + *ativar*.] *vtd.* **1.** *Bras.* Tornar inativo: *desativar uma usina*. **2.** Tirar a (algo) a capacidade de operar, ou funcionar: *desativar uma bomba*. [C.: 1] § **de.sa.ti.va.do** *adj.*

de.sa.to.lar *vtd.* **1.** Tirar do atoleiro, do lamaçal. *p.* **2.** Sair do atoleiro. [C.: 1 (ó)]

de.sa.tra.car *vtd. e p.* Desencostar(-se) e afastar(-se) (embarcação) de cais ou de outra embarcação a que esteja atracada. [C.: 1A]

de.sa.tra.van.car *vtd.* **1.** Não atravancar. **2.** *Fig.* Desimpedir, desembaraçar. [C.: 1A]

de.sa.tre.lar *vtd. e p.* **1.** Tirar(-se) ou soltar(-se) da trela. **2.** Desengatar(-se). [C.: 1 (é)]

de.sau.to.rar [*Des-* + *autor* + *-ar*². ◨1A] *vtd.* **1.** Privar de cargo, dignidade ou insígnia, por castigo; exautorar, desautorizar. *p.* **2.** Perder a autoridade; rebaixar-se; desautorizar-se. [C.: 1 (ó)] § **de.sau.to.ra.do** *adj.*

de.sau.to.ri.zar [*Des-* + *autorizar*.] *vtd. e p.* V. *desautorar*. [C.: 1] § **de.sau.to.ri.za.do** *adj.*

de.sa.ven.ça [*Des-* + *avença*.] *sf.* Quebra de boas relações; inimizade, discórdia.

de.sa.ver.go.nha.do [*Desavergonhar*.] *adj. sm.* Que, ou quem não tem vergonha; descarado, safado.

de.sa.vin.do [Part. de *desavir*.] *adj.* Que está em desavença com outrem.

de.sa.vir [*Des-* + *avir*.] *vtd., tdi. e p.* Suscitar desavenças entre, ou pôr-se em desavença. [C.: 36]

de.sa.vi.sa.do [*Des-* +*avisado*.] *adj. sm.* Imprudente, leviano.

de.sa.za.do [*Des-* + *azado*.] *adj.* Desajeitado, inapto. [Cf. *desasado*.]

de.sa.zo *sm.* Falta de jeito; inaptidão.

des.ban.car [*Des-* + *banca* + *-ar*². ◨1A] *vtd.* **1.** Ganhar o dinheiro da banca (6) a. **2.** Avantajar-se a; suplantar; vencer. **3.** Desbancar (2) (ger. indivíduo), conquistando-lhe o lugar, a posição, ou o mérito: *Desbancou o chefe. tdi.* **4.** Desbancar (2 e 3). [C.: 1A]

des.ba.ra.tar [Esp.ant. *desbaratar*, poss.] *vtd.* **1.** Esbanjar, malbaratar. **2.** Estragar, arruinar. **3.**

desbarato | descarga

Vencer, derrotar, destroçar. *p.* 4. Estragar-se, arruinar-se. [C.: 1]
des.ba.ra.to [Dev. de *desbaratar*.] *sm.* Ato ou efeito de desbaratar.
des.bar.ran.car [*Des-* + *barranco* + *-ar*².■ 1A] *vtd. e p.* Desfazer(-se) (encosta, barranco, etc.) [C.: 1A]
des.bas.tar [*Des-* + *basto* + *-ar*².■ 1A] *vtd.* 1. Tornar menos basto. 2. Desengrossar (peça), cortando. 3. Aperfeiçoar, polir. [C.: 1A]
des.bas.te [Dev. de *desbastar*.] *sm.* Ato ou efeito de desbastar.
des.bei.çar [*Des-* + *beiço* + *-ar*².■ 1A] *vtd.* 1. Cortar o(s) beiço(s) a. 2. Quebrar as bordas a. [C.: 1B]
des.blo.que.ar [*Des-* + *bloquear*.] *vtd.* 1. Desfazer o bloqueio a. 2. Obter a autorização de uso de (cartão, conta, etc.). [C.: 12A] § **des.blo.quei.o** *adj.*
des.bo.ca.do [*Desbocar*.■ 17A] *adj.* Obsceno em palavras; impudico, inconveniente.
des.bo.tar [V.C] *vtd., int. e p.* Fazer esmaecer a cor ou o brilho de, ou perder a cor, o brilho, a viveza. [C.: 1 (ó)] § **des.bo.ta.do** *adj.*
des.bra.ga.do [*Desbragar*.■ 17A] *adj.* 1. Descomedido. 2. Impudico.
des.bra.ga.men.to [*Desbragar*.■ 3] *sm.* Ato ou modo de desbragado.
des.bra.gar [*Des-* + *braga* + *-ar*².■ 1A] *vtd.* 1. Não refrear (a linguagem, os modos, etc.). 2. Tornar libertino, impudico. *p.* 3. Tornar-se desbragado. [C.: 1C]
des.bra.var [*Des-* + *bravo*¹ + *-ar*².■ 1A] *vtd.* 1. Domar, amansar. 2. Preparar (terreno) para cultura. 3. Explorar (terras desconhecidas). 4. Abrir caminho em. [C.: 1] § **des.bra.va.dor** (ô) *adj. sm.*; **des.bra.va.men.to** *sm.*
des.bu.ro.cra.ti.zar [*Des-* + *burocratizar*.] *vtd.* Simplificar ou reduzir a burocracia de. [C.: 1] § **des.bu.ro.cra.ti.za.ção** *sf.*
des.ca.be.la.do [*Des-* + *cabelo* + *-ado*¹.■ 17B] *adj.* 1. Cujo cabelo foi arrancado. 2. *Fam.* Despenteado, desgrenhado.
des.ca.be.lar [*Des-* + *cabelo* + *-ar*².■ 1A] *vtd.* 1. Arrancar os cabelos a. *p.* 2. Despentear-se. 3. *Fig.* Desesperar-se. [C.: 1 (é)]
des.ca.bi.do [Part. de *descaber*.] *adj.* Sem cabimento; impróprio.
des.ca.dei.ra.do [*Descadeirar*.■ 17A] *adj. Bras.* 1. Que arrasta as patas traseiras (animal). 2. Que tem dor nas cadeiras (pessoa). 3. *Pop.* Fatigado, cansado.
des.ca.dei.rar *vtd.* 1. Desancar (1 e 2). *p.* 2. Ficar descadeirado. [C.: 1]
des.ca.fei.na.do [*Descafeinar**.■ 17A] *adj.* A que se extraiu a cafeína.
des.ca.í.da [*Descair* + *-ida*.] *sf.* 1. Ato de descair. 2. Lapso, erro.
des.ca.ir [*Des-* + *cair*.■ 1C] *vtd.* 1. Deixar pender ou cair. *int.* 2. Abaixar-se, declinar. 3. Cair, pender. 4. Sofrer diminuição ou decadência; declinar. 5. Esmorecer; desfalecer. [C.: 38] § **des.ca.í.do** *adj.*; **des.ca.i.men.to** *sm.*
des.ca.la.bro [Esp. *descalabro*.] *sm.* Grande dano ou perda; ruína.
des.cal.ça.de.la [*Descalçar*.■ 7A] *sf. Pop.* V. *descompostura*.
des.cal.çar [Lat. *discalceare*.■ 1A] *vtd.* 1. Tirar (meia, sapato, luva). 2. Despir (pé, mão ou perna) daquilo com que estava calçado. 3. Tirar o calçamento de. 4. Tirar o calço ou apoio a. *p.* 5. Tirar o próprio calçado. [C.: 1B. Part.: *descalçado* e *descalço*.]
des.cal.ci.fi.car [*Des-* + *calcificar*.■ 1A] *v.int. e p.* Sofrer perda de cálcio. [C.: 1A] § **des.cal.ci.fi.ca.ção** *sf.*; **des.cal.ci.fi.ca.do** *adj.*
des.cal.ço [Lat.vulg. **discalceu*.] *adj.* 1. Sem calçado. 2. De pés nus ou calçados apenas com meias.
des.ca.li.bra.do [*Descalibrar*.■ 17A] *adj.* Que não está calibrado.
des.ca.mar *vtd., int. e p.* V. *escamar*. [C.: 1]
des.cam.bar [*Des-* + *cambar*.] *v.int.* 1. Cair, tombar. 2. Baixar, declinar. *tc.* 3. Tender. *ti.* 4. Passar a pior. [C.: 1]
des.ca.mi.nho *sm.* Extravio, sumiço.
des.cam.pa.do [*Des-* + *campo* + *-ado*¹.■ 17B] *adj.* 1. Desabrigado, desabitado. ● *sm.* 2. Campo extenso, inculto, aberto e desabitado.
des.can.sa.do [*Descansar*.■ 17A] *adj.* 1. Tranquilo. 2. Lento.
des.can.sar [*Des-* + *cansar*.] *vtd.* 1. Dar descanso a. 2. Tranquilizar, acalmar. *tdc.* 3. Apoiar, firmar. *int.* 4. Repousar do cansaço. 5. Estar na cama; dormir. 6. Ficar de pousio (terra). 7. Sossegar. 8. Estar sepultado. 9. *Bras.* V. *morrer* (1). 10. *Bras.* Dar à luz; parir. [C.: 1]
des.can.so [Dev. de *descansar*.] *sm.* 1. Repouso, sossego. 2. Ócio, folga. 3. Lentidão. 4. Alívio, consolo. 5. Objeto sobre o qual outro assenta ou se apoia.
des.ca.pi.ta.li.zar [*Des-* + *capitalizar*.] *Econ. vtd.* 1. Reduzir o capital de. *int. e p.* 2. Sofrer perda de capital. [C.: 1] § **des.ca.pi.ta.li.za.ção** *sf.*
des.ca.rac.te.ri.zar ou **des.ca.ra.te.ri.zar** [*Des-* + *caracterizar*.] *vtd.* 1. Fazer perder a característica. 2. Desfazer a caracterização a. *p.* 3. Perder a(s) característica(s). [C.: 1] § **des.ca.ra(c).te.ri.za.ção** *sf.*; **des.ca.ra(c).te.ri.za.do** *adj.*
des.ca.ra.do [*Descarar*.■ 17A] *adj. sm.* 1. V. *desavergonhado*. 2. Que, ou quem é insolente, atrevido.
des.ca.ra.men.to [*Descarar*.■ 3] *sm.* Qualidade ou ação de descarado.
des.car.ga [*Des-* + *carga*.] *sf.* 1. Ato de descarregar; descarregamento. 2. Tiro de arma de fogo. 3. Muitos tiros disparados simultaneamente. 4. Bomba ou válvula que controla a descarga de água em um vaso sanitário. 5. Condução de eletricidade através de um gás; descarga elétrica. ♦ **Descarga elétrica.** Descarga (5).

des.car.na.do [*Descarnar*.◼17A] *adj.* **1.** Escasso de carnes. **2.** Muito magro.
des.car.nar *vtd.* **1.** Separar da carne os ossos de. **2.** Descascar (1). [C.: 1]
des.ca.ro.ça.dor (ô) [*Descaroçar*.◼19A] *sm.* Aparelho ou máquina de descaroçar.
des.ca.ro.çar [*Des-* + *caroço* + *-ar*².◼1A] *vtd.* Tirar o(s) caroço(s) a. [C.: 1B (ó)]
des.car.re.ga.men.to [*Descarregar*.◼3] *sm.* Descarga (1).
des.car.re.gar [*Des-* + *carregar*.] *vtd.* **1.** Tirar a carga (2 e 3) de. **2.** Tirar a carga (6) de (arma de fogo). **3.** Disparar a carga (6) de (arma de fogo). **4.** Lançar, despejar. **5.** V. *desabafar* (2). *tdi.* **6.** Aliviar; desobrigar. **7.** Descontar (6). *ti.* **8.** Descontar (7). *int.* **9.** Despejar carga. **10.** Ficar sem bateria (3). *p.* **11.** Aliviar-se, livrar-se. [C.: 1C (é)]
des.car.ri.la.men.to ou **des.car.ri.lha.men.to** [*Descarrilar* ou *descarrilhar*. ◼3] *sm.* Ato ou efeito de descarrilar.
des.car.ri.lar ou **des.car.ri.lhar** [*Des-* + *carril* + *-ar*².◼1A] *vtd.* **1.** Fazer sair dos trilhos. *int.* **2.** Saltar fora dos trilhos sobre os quais is rodando. **3.** *Fig.* Sair do bom caminho. [C.: 1]
des.car.tar [*Des-* + *carta* + *-ar*².◼1A] *vtd.* **1.** Rejeitar (a carta de baralho que não serve). **2.** Não levar em conta. **3.** Jogar fora após o uso. *p.* **4.** Livrar-se de pessoa importuna. **5.** Pôr de parte, ou jogar algo fora. [C.: 1] § **des.car.tá.vel** *adj2g.*
des.car.te [Dev. de *descartar*.] *sm.* Ato ou efeito de se descartar.
des.ca.sar [*Des-* + *casar*.] *vtd.* **1.** Desfazer o casamento de. **2.** Separar. **3.** Desemparelhar, desirmanar. *p.* **4.** Separar-se. [C.: 1]
des.cas.car *vtd.* **1.** Tirar a casca de; descarnar. **2.** *Bras.* Repreender severamente. **3.** *Bras.* Falar mal de. *int.* **4.** Largar ou perder a casca ou a pele. [C.: 1] § **des.cas.ca.dor** (ô) *sm.*
des.ca.so [*Des-* + *caso*.] *sm.* V. *desatenção* (2).
des.ca.val.gar [*Des-* + *cavalgar*.] *vtd., int.* e *p.* V. *desmontar* (1 e 6). [C.: 1C]
des.cen.dên.ci:a [*Descender*.◼10] *sf.* **1.** Parentesco por filiação. **2.** Conjunto de pessoas ligadas por filiação a um antepassado comum.
des.cen.den.te [*Descender*.◼21] *adj2g.* **1.** Que descende. **2.** Que desce; decrescente. ● *s2g.* **3.** Quem descende de outro.
des.cen.der [Lat. *descendere*.◼1B] *vti.* **1.** Provir por geração; proceder, provir. **2.** Derivar, originar-se. [C.: 2]
des.cen.so [Lat. *descensu*.] *sm.* Descida (1).
des.cen.tra.li.zar [*Des-* + *centralizar*.] *vtd.* **1.** Descentrar. **2.** Dar autonomia a (órgãos públicos, administrativos), desvinculando-os do poder central. [C.: 1] § **des.cen.tra.li.za.ção** *sf.*; **des.cen.tra.li.za.do** *adj.*
des.cen.trar [*Des-* + *centrar*.] *vtd.* Afastar ou separar do centro; descentralizar. [C.: 1]

des.cer [Lat. *descendere*.◼1B] *vtd.* **1.** Percorrer do alto para baixo. **2.** Pôr embaixo. **3.** Abaixar (3). **4.** Baixar, diminuir. **5.** Desferir (golpe[s]). *tc.* **6.** Sair ou vir de lugar elevado. **7.** Baixar, pousar. *ti.* **8.** Apear(-se), saltar. *tdc.* **9.** Tirar de lugar elevado. *bit. c.* **10.** Descer (11). *int.* **11.** Mover-se de cima para baixo. **12.** Vir a nível inferior; baixar. **13.** *Fig.* Desacreditar-se; decair. [C.: 2A (ê-é)]
des.cer.rar [*Des-* + *cerrar*.] *vtd.* **1.** Abrir (o que estava cerrado). **2.** Divulgar, revelar. **3.** Desapertar, afrouxar. *p.* **4.** Abrir-se. [C.: 1 (é)]
des.ci.da [*Descer* + *-ida*.] *sf.* **1.** Ato de descer; descenso. **2.** Declive. **3.** Diminuição, queda.
des.clas.si.fi.ca.do [*Desclassificar*.◼17A] *adj.* **1.** Que perdeu ou não alcançou classificação. **2.** Indigno da consideração social. ● *sm.* **3.** Indivíduo desclassificado. [Sin.ger.: *desqualificado*.]
des.clas.si.fi.car *vtd.* **1.** Deslocar ou tirar de uma classe ou categoria. **2.** Desacreditar. **3.** Eliminar (concorrente) em competição, concurso, etc. [C.: 1A] § **des.clas.si.fi.ca.ção** *sf.*
des.co.ber.ta [F.subst. de *descoberto*.] *sf.* **1.** Coisa que se descobriu; invenção. **2.** *Restr.* Terra descoberta, achada. **3.** Achado, invenção, inovação. [Sin.ger.: *descobrimento*.]
des.co.ber.to [Part. de *descobrir*.] *adj.* **1.** Não coberto; nu. **2.** Destapado. **3.** Denunciado, revelado. **4.** Inventado. ♦ **A descoberto. 1.** Sem proteção. **2.** Sem dinheiro ou fundos. **3.** Sem aquilo que lhe cobre.
des.co.bri.men.to [*Descobrir*.◼3] *sm.* **1.** Ato ou efeito de descobrir(-se). **2.** V. *descoberta*.
des.co.brir [*Des-* + *cobrir*.] *vtd.* **1.** Tirar cobertura que ocultava, deixando à vista. **2.** Deixar ver; mostrar. **3.** Encontrar pela primeira vez. **4.** Inventar ou atestar, pela primeira vez, a existência ou a ocorrência de: *descobrir uma vacina*. **5.** Achar, encontrar, ao procurar, avistar ou conhecer. **6.** Revelar: *descobrir segredos*. **7.** Alcançar com a vista. **8.** Perceber. *p.* **9.** Mostrar-se; aparecer. **10.** Tirar o chapéu, o barrete, etc. **11.** Tirar de si o que cobre. [C.: 50. Part.: *descoberto*.] § **des.co.bri.dor** (ô) *adj. sm.*
des.co.lar [*Des-* + *colar*³.] *vtd.* **1.** Despegar(-se), separar(-se) (o que estava colado). **2.** *Bras. Gír.* Conseguir, obter. *p.* **3.** Despegar-se. [C.: 1 (ó)] § **des.co.la.men.to** *sm.*
des.co.lo.rar [*Des-* + *colorar*.] *vtd., int.* e *p.* Descorar. [C.: 1 (ó)] § **des.co.lo.ra.ção** *sf.*
des.co.lo.rir [*Des-* + *colorir*.] *vtd.* e *p.* **1.** Descorar. **2.** Tirar (a) ou perder a expressividade ou o colorido. *int.* **3.** Descorar. [C.: 8]
des.co.me.dir-se [*Des-* + *comedir* + *se*¹.] *vp.* Praticar excessos; exceder-se, desmedir-se. [C.: 8] § **des.co.me.di.do** *adj.*; **des.co.me.di.men.to** *sm.*
des.com.por [*Des-* + *compor*.] *vtd.* **1.** Desordenar. **2.** Tirar a feição regular de; desfigurar.

3. Desfazer. **4.** Injuriar. **5.** Repreender. *p.* **6.** Desarranjar-se, desalinhar-se. **7.** Perder a compostura. [C.: 34] § **des.com.pos.to** (ô) *adj.*

des.com.pos.tu.ra [*Des-* + *compostura.*] *sf.* Censura acrimoniosa; reprimenda, destampatório, descalçadela.

des.co.mu.nal [*Des-* + *comunal.*] *adj2g.* Fora do comum; colossal. [Pl.: -*nais.*]

des.con.cer.ta.do [*Desconcertar.* ▣17A] *adj.* Embaraçado; sem jeito.

des.con.cer.tar [*Des-* + *concertar.*] *vtd.* **1.** Fazer perder a boa disposição; desarranjar. **2.** Atrapalhar, desnortear. **3.** Desavir. *int.* **4.** V. *disparatar. p.* **5.** Desarranjar-se, estragar-se. **6.** Atrapalhar-se. **7.** Desavir-se. [C.: 1 (é). Cf. *desconsertar.*] § **des.con.cer.tan.te** *adj2g.*

des.con.cer.to (ê) *sm.* **1.** Desarranjo, transtorno. **2.** Desarmonia, discordância.

des.con.cha.vo [Dev. de *desconchavar.*] *sm.* Disparate, tolice.

des.co.ne.xo (cs) [*Des-* + *conexo.*] *adj.* Sem conexão; incoerente.

des.con.fi.a.do [*Desconfiar.* ▣17A] *adj.* Que desconfia.

des.con.fi.an.ça [*Des-* + *confiança.*] *sf.* **1.** Qualidade de desconfiado. **2.** Falta de confiança.

des.con.fi.ar [*Des-* + *confiar.*] *vtd.* **1.** Ter suposição de; conjeturar. *ti.* **2.** Suspeitar, duvidar. *int.* **3.** Mostrar-se desconfiado. **4.** Perder a confiança. [C.: 1]

des.con.fi.ô.me.tro [*Desconfiar* + -*o*- + -*metro*.] *sm. Bras. Pop.* Percepção de se estar sendo inconveniente ou maçante. [Sin.: *semancol.*]

des.con.for.me *adj2g.* **1.** Que não é conforme. **2.** Descomedido, descomunal.

des.con.for.to (ô) *sm.* **1.** Falta de conforto. **2.** Desconsolo, aflição. **3.** V. *mal-estar* (2).

des.con.ge.lar [*Des-* + *congelar.*] *vtd.* **1.** Degelar (1). **2.** *Econ.* Fazer cessar o congelamento (2) de. *p.* **3.** Degelar (1). [C.: 1 (é)] § **des.con.ge.la.men.to** *sm.*

des.con.ges.ti:o.nar [*Des-* + *congestionar.*] *vtd.* **1.** Livrar de congestão. **2.** Desinchar. **3.** Restabelecer em (via pública) trânsito normal. **4.** Desobstruir. [C.: 1] § **des.con.ges.ti:o.na.men.to** *sm.*; **des.con.ges.ti:o.nan.te** *adj2g.*

des.co.nhe.cer [*Des-* + *conhecer.*] *vtd.* **1.** Não conhecer; ignorar: *Desconheço o seu paradeiro.* **2.** Não reconhecer (benefício recebido). **3.** Não admitir, não conhecer. *tdi.* **4.** Não reconhecer. *p.* **5.** Não se reconhecer. [C.: 2A (ê-é)] § **des.co.nhe.ci.men.to** *sm.*

des.co.nhe.ci.do [Part. de *desconhecer.*] *adj.* **1.** Não conhecido; ignorado. **2.** Sem conhecimentos ou relações. ● *sm.* **3.** Indivíduo não conhecido. **4.** Aquilo que não se conhece.

des.con.jun.tar [*Des-* + *conjuntar.*] *vtd. e p.* **1.** Tirar fora, ou sair, das junturas ou juntas. **2.** Separar(-se), desunir(-se). **3.** Desmanchar(-se), desfazer(-se). [C.: 1] § **des.con.jun.ta.do** *adj.*

des.con.ser.tar *vtd.* Desarranjar, desconjuntar. [C.: 1 (é). Cf. *desconcertar.*]

des.con.si.de.ra.ção *sf.* **1.** Falta de consideração. **2.** Ofensa, ultraje. [Pl.: -*ções.*]

des.con.si.de.rar [*Des-* + *considerar.*] *vtd.* **1.** Não considerar; não examinar convenientemente. **2.** Tratar sem respeito ou com desapreço. [C.: 1 (é)]

des.con.so.la.do [*Desconsolar.* ▣17A] *adj.* **1.** Triste, consternado. **2.** *Fam.* Insípido, desenxabido (pessoa ou coisa).

des.con.so.lar [*Des-* + *consolar.*] *vtd. e p.* Afligir(-se), entristecer(-se). [C.: 1 (ó)] § **des.con.so.la.ção** *sf.*; **des.con.so.la.dor** (ô) *adj.*

des.con.so.lo (ô) [*Des-* + *consolo* (ô).] *sm.* **1.** Falta de consolação. **2.** Tristeza, desolação.

des.con.tar [*Des-* + *contar.*] *vtd.* **1.** Pagar ou receber (um título de crédito) antes do vencimento, mediante desconto. **2.** Tirar duma conta, quantidade ou todo; deduzir. **3.** Não levar em conta. **4.** *Fam.* Revidar. **5.** *Bras.* Sacar ou receber o valor de (cheque). *tdi.* **6.** Agir, injustamente, contra (pessoa[s]) por sentir-se agredido, contrariado. *ti.* **7.** Descontar (6). [Sin. de 6 e 7: *descarregar.* C.: 1]

des.con.ten.ta.men.to [*Descontentar.* ▣3] *sm.* Desgosto, insatisfação.

des.con.ten.tar *vtd. e p.* Tornar(-se) descontente; desgostar(-se). [C.: 1]

des.con.ten.te [*Des-* + *contente.*] *adj2g.* **1.** Não contente; desgostoso, insatisfeito. **2.** Que exprime desgosto, tristeza. ● *s2g.* **3.** Pessoa descontente (1).

des.con.ti.nu.i.da.de [*Descontínuo* ▣14] *sf.* **1.** Qualidade ou condição de descontínuo; ausência de continuidade. **2.** *Geofís.* Superfície que separa zonas de condições diferentes de densidade, temperatura, pressão e estado físico, no interior do globo terrestre.

des.con.tí.nu:o [*Des-* + *contínuo.*] *adj.* Não contínuo; interrompido.

des.con.to [Dev. de *descontar.*] *sm.* **1.** Ato ou efeito de descontar. **2.** Redução de preço; abatimento. **3.** *Econ.* Negociação de título de crédito em data anterior a seu vencimento. **4.** *Econ.* A comissão cobrada (pelos bancos) nessa operação.

des.con.tro.lar [*Des-* + *controlar.*] *vtd. e p.* Fazer perder, ou perder, o controle, o equilíbrio; desequilibrar(-se). [C.: 1 (ó)] § **des.con.tro.la.do** *adj.*

des.con.tro.le (ô) *sm.* Falta de controle.

des.con.ver.sar [*Des-* + *conversar.*] *v. int. Bras.* Mudar de assunto, numa conversação; fazer-se desentendido. [C.: 1 (é)]

des.co.rar [*Des-* + *cor* (ô) + -*ar*². ▣1A] *vtd., int. e p.* Fazer perder, ou perder a cor. [C.: 1 (ó)] § **des.co.ra.do** *adj.*

des.cor.ço.ar ou **des.co.ro.ço.ar** [*Des-* + *coração* (-*ço-*) + -*ar*². ▣1A] *vtd. e int.* Fazer perder,

descortês | deselegância

ou perder, o ânimo ou a coragem; desanimar. [C.: 1D]

des.cor.tês [*Des-* + *cortês*.] *adj2g.* Falto de cortesia; indelicado.

des.cor.te.si.a *sf.* Grosseria, indelicadeza.

des.cor.ti.nar [*Des-* + *cortina* + *-ar*². ◨1A] *vtd.* 1. Mostrar, correndo a cortina. 2. Enxergar, avistar. 3. Tornar manifesto; revelar. *p.* 4. Revelar-se, mostrar-se. [C.: 1]

des.cor.ti.no [Dev. de *descortinar*.] *sm. Bras.* Ação de descortinar ou descobrir.

des.co.ser [*Des-* + *coser*.] *vtd.* 1. Desmanchar a costura de. 2. Desfazer (costura). *int. e p.* 3. Desfazer-se a costura de. [Sin.ger.: *descosturar*. C.: 2 (ô-ó).]

des.co.si.do [Part. de *descoser*.] *adj.* 1. Cuja costura se desfez. 2. *Fig.* Sem nexo.

des.co.tu.rar [*Des-* + *costurar*.] *vtd., int. e p.* V. *descoser*. [C.: 1]

des.cré.di.to [*Des-* + *crédito*.] *sm.* 1. Falta de crédito. 2. Má fama, ou desonra.

des.cren.ça [*Des-* + *crença*.] *sf.* Falta ou perda de crença; incredulidade.

des.cren.te [*Descrer*. ◨21] *adj2g. s2g.* Que, ou quem descrê; incrédulo.

des.crer *vtd.* 1. Deixar de crer. 2. Não crer. *ti.* 3. Não crer; não dar crédito. [C.: 25]

des.cre.ver [Lat. *describere*. ◨1B] *vtd.* 1. Fazer a descrição de; narrar. 2. Expor, contar minuciosamente. 3. Perfazer traçado, ou traçar, movimentando-se. *tdi.* 4. Descrever (2). [C.: 2 (ê-é). Part.: *descrito*.]

des.cri.ção [Lat. *descriptione*. ◨2] *sf.* 1. Ato ou efeito de descrever. 2. Exposição falada ou escrita. [Pl.: *-ções*.] Cf. *discrição*.

des.cri.mi.na.li.zar [*Des-* + *criminalizar*.] *vtd.* 1. Tirar a criminalidade de. 2. Absolver de crime. [C.: 1] § **des.cri.mi.na.li.za.ção** *adj.*

des.cri.ti.vo [Lat. *descriptivu*. ◨22] *adj.* 1. Que descreve, ou próprio para descrever. 2. Relativo a descrições.

des.cri.to [Lat. *descriptu*.] *adj.* Que se descreveu.

des.cru.zar [*Des-* + *cruzar*.] *vtd.* Separar (o que estava cruzado). [C.: 1]

des.cui.da.do [*Descuidar*. ◨17A] *adj.* 1. Falto de cuidado. 2. Desleixado. 3. Preguiçoso, indolente.

des.cui.dar [*Des-* + *cuidar*.] *vtd.* 1. Tratar sem cuidado; descurar. 2. Não fazer caso de. *tdi.* 3. Fazer esquecer-se. *ti.* 4. Não cuidar; esquecer-se. 5. Deixar de ser atento, cuidadoso, ou pontual. *p.* 6. Descuidar (4 e 5). [C.: 1]

des.cui.do [Dev. de *descuidar*.] *sm.* 1. Falta de cuidado. 2. Inadvertência. 3. Desleixo. 4. Lapso. 5. Falta, erro. § **des.cui.do.so** (ô) *adj.*

des.cul.pa [Dev. de *desculpar*.] *sf.* 1. Ação ou efeito de desculpar(-se). 2. Perdão; indulgência. 3. Escusa (2).

des.cul.par [*Des-* + *culpar*.] *vtd.* 1. Eliminar ou atenuar a culpa de; justificar. 2. Perdoar. *tdi.* 3. Absolver (de falta cometida). *p.* 4. Dar as razões que eliminam ou atenuam a própria culpa. 5. Pedir desculpa (2). [C.: 1]

des.cum.prir [*Des-* + *cumprir*.] *vtd.* Não cumprir; deixar de cumprir. [C.: 3] § **des.cum.pri.men.to** *sm.*

des.cu.rar [*Des-* + *curar*.] *vtd.* 1. Desleixar, descuidar. *ti.* 2. Descuidar; negligenciar. [C.: 1] § **des.cu.ra.men.to** *sm.*

des.cur.var *vtd.* Desencurvar. [C.: 1]

des.dar *vtd. e p.* Desatar (2 e 5). [C.: 10]

des.de (ê) [Da ant. prep. *des*.] *prep.* A começar de; a partir de. ♦ **Desde que.** 1. Desde o tempo, o momento em que. 2. Visto que, já que.

des.dém [Provç. *desdenh*.] *sm.* 1. Desprezo com orgulho. 2. Desprezo (1). [Pl.: *-déns*.]

des.de.nhar [Lat.vulg. *desdignare*. ◨1A] *vtd.* 1. Mostrar ou ter desdém a. *ti.* 2. Não fazer caso; depreciar. *p.* 3. Não se dignar; dedignar-se. [C.: 1] § **des.de.nhá.vel** *adj2g.*

des.de.nho.so (ô) [*Desdém* + *-oso*. ◨37] *adj.* Que tem ou em que há desdém. [Pl.: *-nhosos* (ó).]

des.den.ta.do¹ [*Des-* + *dentado*.] *adj.* 1. Sem dente(s). 2. Que deixa ver a falta de dentes.

des.den.ta.do² *adj. sm. Zool.* Diz-se de, ou espécime dos desdentados, ordem de mamíferos americanos, arborícolas, que não têm dentes, ou os têm em número menor. Inclui os mirmecofagídeos, dasipodídeos, bradipodídeos.

des.di.ta *sf.* Falta de sorte; desventura.

des.di.to.so (ô) [*Des-* + *ditoso*.] *adj. sm.* Infeliz, desventurado. [Pl.: *-tosos* (ó).]

des.di.zer [*Des-* + *dizer*.] *vtd.* 1. Contradizer a afirmação de; desmentir. 2. Dizer o contrário de; negar. *p.* 3. Negar o que dissera; retratar-se. [C.: 17]

des.do.brar [*Des-* + *dobrar*.] *vtd. e p.* 1. Abrir(-se) ou estender(-se) (o que estava dobrado). 2. Desenvolver(-se), incrementar(-se). 3. Dividir(-se) em 2. [C.: 1 (ó)] § **des.do.bra.men.to** *sm.*

des.doi.rar ou **des.dou.rar** *vtd. e p.* 1. Fazer perder, ou perder a douradura ou o brilho. 2. V. *deslustrar* (2). [C.: 1]

des.doi.ro ou **des.dou.ro** [Dev. de *desdoirar*.] *sm.* Ato ou efeito de desdourar(-se).

de.se.du.car [*Des-* + *educar*.] *vtd.* 1. Educar mal. 2. Estragar a educação de. [C.: 1A] § **de.se.du.ca.ti.vo** *adj.*

de.se.jar [*Desejo*. ◨1A] *vtd.* 1. Ter desejo ou vontade de; querer, ambicionar. 2. Ter desejo (5 e 6). *tdi.* 3. Fazer votos de (saúde, felicidade, etc.). *int.* 4. Ter desejos. [C.: 1 (ê)] § **de.se.ja.do** *adj.*; **de.se.já.vel** *adj2g.*

de.se.jo (ê) [Lat.vulg. *desidiu*.] *sm.* 1. Vontade de possuir ou de gozar. 2. Anseio, aspiração. 3. Cobiça, ambição. 4. Apetite. 5. Apetite sexual. 6. *Pop.* Vontade exacerbada de comer e/ou beber determinada(s) coisa(s), na gravidez. § **de.se.jo.so** (ô) *adj.*

de.se.le.gân.ci.a [*Des-* + *elegância*.] *sf.* 1. Falta de elegância. 2. Ação deselegante.

deselegante | desencaixe

de.se.le.gan.te [*Des-* + *elegante.*] adj2g. 1. Falto de elegância. 2. Desairoso.

de.se.ma.ra.nhar [*Des-* + *emaranhar.*] vtd. 1. Desembaraçar (2), desencrespar. 2. Esclarecer, decifrar (questão, caso, etc.). [C.: 1]

de.sem.ba.çar [*Des-* + *embaçar.*] vtd. e int. Fazer voltar, ou voltar, o brilho ou a transparência. [C.: 1]

de.sem.ba:i.nhar [*Des-* + *embainhar.*] vtd. 1. Tirar da bainha. 2. Desmanchar a bainha de (costura). [C.: 1. Por ter um hiato seguido de *-nh-*, este verbo não recebe acento gráfico nas formas rizotônicas.]

de.sem.ba.ra.çar [*Des-* + *embaraçar.*] vtd. 1. Livrar de embaraço; desimpedir. 2. Estirar ou separar (o que estava misturado); desemaranhar, desenredar. 3. Livrar, safar; desentalar. p. 4. Livrar-se, safar-se; desentalar-se. 5. Desinibir-se. [C.: 1B] § **de.sem.ba.ra.ça.do** adj.

de.sem.ba.ra.ço [*Des-* + *embaraço.*] sm. 1. Ato de desembaraçar(-se). 2. Falta de acanhamento. 3. Facilidade; agilidade.

de.sem.bar.ca.doi.ro ou **de.sem.bar.ca.dou.ro** [*Desembarcar.*◼ 26B] sm. Desembarque (2).

de.sem.bar.car [*Des-* + *embarcar.*] vtd. 1. Tirar de uma embarcação. int. 2. Sair de uma embarcação ou de outro meio de transporte; saltar em terra. [C.: 1A]

de.sem.bar.ga.dor (ô) [*Desembargar.*◼ 19A] sm. Juiz de tribunal de justiça ou de apelação.

de.sem.bar.gar [*Des-* + *embargar.*] vtd. Tirar o embargo a. [C.: 1C]

de.sem.bar.que [Dev. de *desembarcar.*] sm. 1. Ato de desembarcar. 2. *Restr.* Lugar onde se desembarca; desembarcadouro.

de.sem.bes.ta.do [*Desembestar.*◼ 17A] adj. V. *desenfreado.*

de.sem.bes.tar [*Des-* + *-em-²* + *besta* + *-ar².*◼ 1A] vtd. 1. Despedir da besta (seta, etc.). 2. Proferir com violência. ti. 3. Pôr-se, ininterruptamente, a: *Desembestou a comer.* int. 4. Correr impetuosamente. [C.: 1 (é)]

de.sem.bo.ca.du.ra [*Desembocar.*◼ 5A] sf. V. *foz.*

de.sem.bo.car [*Des-* + *embocar.*] vtc. 1. Transpor, saindo, a embocadura de rio, de canal, de rua, etc. 2. Ir dar (em outra rua ou lugar). [C.: 1A (ó)]

de.sem.bol.sar [*Des-* + *embolsar.*] vtd. 1. Tirar da bolsa ou do bolso (para atender a gasto). 2. Despender, gastar. [C.: 1 (ó)]

de.sem.bol.so (ô) [Dev. de *desembolsar.*] sm. 1. Ato de desembolsar. 2. O que se pagou ou gastou.

de.sem.bru.lhar vtd. Tirar de embrulho; desempacotar, desenrolar. [C.: 1]

de.sem.bu.char [*Des-* + *embuchar.*] vtd. 1. Confessar ou dizer (o que se havia calado). int. 2. V. *desabafar* (3). [C.: 1]

de.sem.pa.car vtd. *Bras.* Tirar a teima a (cavalgadura que empacou). [C.: 1A]

de.sem.pa.co.tar [*Des-* + *empacotar.*] vtd. Tirar do pacote; desembrulhar. [C.: 1 (ó)]

de.sem.pa.re.lhar [*Des-* + *emparelhar.*] vtd. Separar o que estava emparelhado. [C.: 1 (ê)]

de.sem.pa.tar [*Des-* + *empatar.*] vtd. 1. Tirar o empate a; decidir (o que estava empatado). int. 2. Decidir-se. 3. Sair do empate. [C.: 1]

de.sem.pa.te [Dev. de *desempatar.*] sm. Ato ou efeito de desempatar.

de.sem.pe.na.do [*Desempenar.*◼ 17A] adj. 1. Sem empenamento; direito. 2. *Bras.* Que tem boa postura.

de.sem.pe.nar [*Des-* + *empenar².*] vtd. e p. Tirar o empenamento a, ou perder o empenamento; aprumar(-se). [C.: 1]

de.sem.pe.nhar [*Des-* + *empenhar.*] vtd. 1. Resgatar (o que se dera como penhor). 2. Livrar de dívidas. 3. Cumprir (aquilo a que se estava obrigado). 4. Executar. 5. Representar, interpretar. int. 6. Desempenhar (5). p. 7. Cumprir, executar. [C.: 1]

de.sem.pe.nho [Dev. de *desempenhar.*] sm. 1. Ato ou efeito de desempenhar. 2. Atuação; comportamento. 3. Interpretação, representação.

de.sem.per.rar [*Des-* + *emperrar.*] vtd. 1. Tornar lasso (o que estava perro). 2. Tirar a teimosia a. int. 3. Deixar de estar perro. [C.: 1 (é)]

de.sem.pi.lhar [*Des-* + *empilhar.*] vtd. Desmanchar pilha (1). [C.: 1]

de.sem.po.ar [*Des-* + *empoar.*] vtd. 1. Tirar o pó a; limpar do pó. 2. *Fig.* Tirar preconceitos a. int. 3. *Fig.* Perder preconceitos. [C.: 1D]

de.sem.po.çar [*Des-* + *empoçar.*] vtd. Tirar do poço ou poça. [C.: 1B (ó). Cf. *desempossar.*]

de.sem.po.lei.rar [*Des-* + *empoleirar.*] vtd. Tirar do poleiro. [C.: 1]

de.sem.pos.sar [*Des-* + *empossar.*] vtdi. e p. V. *desapossar.* [C.: 1 (ó). Cf. *desempoçar.*]

de.sem.pre.ga.do [*Desempregar.*◼ 17A] adj. sm. Que, ou aquele que está sem emprego.

de.sem.pre.gar [*Des-* + *empregar.*] vtd. Demitir de emprego; destituir, exonerar. [C.: 1C (é)]

de.sem.pre.go (ê) [*Des-* + *emprego* (ê).] sm. 1. Falta de emprego. 2. *Econ.* Situação em que parcela da força de trabalho (q.v.) não consegue obter ocupação.

de.sen.ca.be.çar [*Des-* + *encabeçar.*] vtdi. Tirar da cabeça ou da ideia; dissuadir. [C.: 1B (é)]

de.sen.ca.bres.tar [*Des-* + *encabrestar.*] vtd. e p. Soltar(-se) do cabresto. [C.: 1 (é)]

de.sen.ca.de.ar [*Des-* + *encadear.*] vtd. 1. Soltar, desatar (o que estava encadeado). 2. Desunir (coisas conectadas). 3. Provocar. int. 4. Romper com ímpeto (tempestade), etc. p. 5. Irromper. [C.: 12A] § **de.sen.ca.de.a.men.to** sm.

de.sen.cai.xar vtd. 1. Fazer sair do encaixe. 2. Deslocar. p. 3. Sair do encaixe. [C.: 1]

de.sen.cai.xe [Dev. de *desencaixar.*] sm. Ato ou efeito de desencaixar.

desencaixotar | desengajado

de.sen.cai.xo.tar [*Des-* + *encaixotar*.] *vtd.* Tirar de caixote ou de caixa. [C.: 1 (ó)] § **de.sen.cai.xo.ta.men.to** *sm.*

de.sen.ca.la.crar [*Des-* + *encalacrar*.] *vtd. e p.* Livrar(-se) de apuros, de dívidas. [C.: 1]

de.sen.ca.lhar [*Des-* + *encalhar*.] *vtd.* **1.** Tirar do encalhe (uma embarcação). **2.** Desobstruir, desimpedir. **3.** Trazer para o uso (algo guardado ou esquecido). *int.* **4.** Sair do encalhe. **5.** *Bras. Pop.* Ser vendido. **6.** *Bras. Joc.* Encontrar casamento. [C.: 1]

de.sen.ca.lhe [Dev. de *desencalhar*.] *sm.* Ato ou efeito de desencalhar.

de.sen.ca.mi.nhar [*Des-* + *encaminhar*.] *vtd.* **1.** Desviar do caminho certo (lit. ou fig.). **2.** Perverter. **3.** Desviar, apartar. *p.* **4.** Extraviar-se. **5.** Perverter-se. [C.: 1] § **de.sen.ca.mi.nha.do** *adj.*; **de.sen.ca.mi.nha.dor** (ô) *adj.*; **de.sen.ca.mi.nha.men.to** *sm.*

de.sen.can.ta.men.to *sm.* Ato ou efeito de desencantar; desencanto.

de.sen.can.tar [*Des-* + *encantar*.] *vtd.* **1.** Desfazer o encanto ou o encantamento de. **2.** Causar decepção a; desiludir. *int.* **3.** Aparecer como por encanto. **4.** *Bras. Pop.* Ser feito (algo esperado há tempos): *Viva! Sua tese desencantou. p.* **5.** Livrar-se de encanto. **6.** Decepcionar-se, desiludir-se. [C.: 1]

de.sen.can.to [Dev. de *desencantar*.] *sm.* **1.** Desencantamento. **2.** Desilusão, decepção.

de.sen.ca.par [*Des-* + *encapar*.] *vtd.* Tirar a capa de. [C.: 1]

de.sen.car.ce.rar [*Des-* + *encarcerar*.] *vtd.* Tirar do cárcere; libertar. [C.: 1 (é)]

de.sen.car.dir [*Des-* + *encardir*.] *vtd. e int.* **1.** Clarear(-se) (roupa encardida). **2.** Tirar ou perder o encardido (4 e 5). [C.: 3]

de.sen.car.go [*Des-* + *encargo*.] *sm.* **1.** Cumprimento ou desobrigação de um encargo. **2.** *Fig.* Alívio, desabafo.

de.sen.car.nar *v.int.* **1.** *Rel.* Deixar a carne; passar para o mundo espiritual; desincorporar. **2.** *Pop. morrer* (1). [C.: 1] § **de.sen.car.na.ção** *sf.*

de.sen.cas.que.tar *vtd. Fam.* Tirar da cabeça (ideia, teima, etc.). [C.: 1 (é)]

de.sen.cas.to.ar [*Des-* + *encastoar*.] *vtd.* **1.** Tirar o castão a. **2.** Desengastar. [C.: 1D]

de.sen.ca.var [*Des-* + *encavar*.] *vtd. Bras.* Descobrir, desencovar. [C.: 1]

de.sen.co.brir [*Des-* + *encobrir*.] *vtd.* Descobrir, tirando o que ocultava. [C.: 50. Part.: *desencoberto*.]

de.sen.co.men.dar *vtd.* Desistir de (o que estava encomendado). [C.: 1]

de.sen.con.tra.do [*Desencontrar*. ▪17A] *adj.* **1.** Que vai em direção oposta à de outro. **2.** Contrário, oposto.

de.sen.con.trar *vtd.* **1.** Fazer que não se encontrem (2 ou mais indivíduos ou coisas). *int.* **2.** Ser incompatível; discordar. *p.* **3.** Não se encontrar. **4.** Discordar. [C.: 1]

de.sen.con.tro [Dev. de *desencontrar*.] *sm.* Ato ou efeito de desencontrar(-se).

de.sen.co.ra.jar *vtd. e p.* Tirar, ou perder, a coragem ou o ânimo (a). [C.: 1]

de.sen.cor.do.ar [*Des-* + *encordoar*.] *vtd.* Tirar as cordas a. [C.: 1D]

de.sen.cor.par [*Des-* + *encorpar*.] *vtd.* Fazer diminuir o corpo ou volume a. [C.: 1 (ó)]

de.sen.cos.tar [*Des-* + *encostar*.] *vtd. e p.* Desviar(-se) ou afastar(-se) do encosto. [C.: 1 (ó)]

de.sen.co.var [*Des-* + *encovar*.] *vtd.* **1.** Tirar ou fazer sair da cova. **2.** Descobrir (o que estava perdido); desencavar. [C.: 1 (ó)]

de.sen.cra.var [*Des-* + *encravar*.] *vtd.* **1.** Tirar os pregos a; despregar. **2.** Tirar (o que estava pregado); despregar. [C.: 1]

de.sen.cres.par [*Des-* + *encrespar*.] *vtd.* **1.** Desemaranhar (1). **2.** Alisar. *p.* **3.** Deixar de estar crespo (o mar). [C.: 1 (é)]

de.sen.cur.var [*Des-* + *encurvar*.] *vtd.* Desfazer a curva ou curvatura de; descurvar. [C.: 1]

de.sen.di.vi.dar [*Des-* + *endividar*.] *vtd.* **1.** Solver dívida(s) de; desobrigar. *p.* **2.** Pagar suas próprias dívidas. [C.: 1]

de.sen.fa.dar [*Des-* + *enfadar*.] *vtd. e p.* Divertir(-se), distrair(-se). [C.: 1]

de.sen.fa.do [Dev. de *desenfadar*.] *sm.* **1.** Alívio do enfado. **2.** Recreação.

de.sen.fai.xar [*Des-* + *enfaixar*.] *vtd.* Tirar as faixas a. [C.: 1]

de.sen.far.dar [*Des-* + *enfardar*.] *vtd.* Tirar do(s) fardo(s). [C.: 1]

de.sen.fas.ti.ar [*Des-* + *enfastiar*.] *vtd.* **1.** Tirar o fastio (1) a. **2.** Distrair. **3.** Amenizar. *p.* **4.** Desenfadar-se. [C.: 1]

de.sen.fei.tar [*Des-* + *enfeitar*.] *vtd. e p.* Desataviar(-se). [C.: 1] § **de.sen.fei.ta.do** *adj.*

de.sen.fei.ti.çar [*Des-* + *enfeitiçar*.] *vtd. e p.* **1.** Livrar(-se) de feitiço; desencantar(-se). **2.** *Fig.* Livrar(-se) de paixão. [C.: 1B]

de.sen.fei.xar [*Des-* + *enfeixar*.] *vtd.* **1.** Tirar de feixe. **2.** Desunir. [C.: 1]

de.sen.fer.ru.jar *vtd.* **1.** Tirar a ferrugem a. **2.** *Fam.* Exercitar as articulações de. [C.: 1]

de.sen.fi.ar [*Des-* + *enfiar*.] *vtd.* **1.** Tirar do fio ou linha. *p.* **2.** Soltar-se (o que estava enfiado). [C.: 1]

de.sen.fre.a.do [*Desenfrear*. ▪17A] *adj.* **1.** Sem freio. **2.** Arrebatado, descomedido. [Sin.ger.: *desembestado*.]

de.sen.fre.ar [*Des-* + *enfrear*.] *vtd.* **1.** Tirar o freio a; soltar. **2.** Dar largas a. *p.* **3.** Tomar o freio nos dentes, desprendendo-o. **4.** Soltar-se com ímpeto. **5.** V. *descomedir-se*. [C.: 12A]

de.sen.fur.nar [*Des-* + *enfurnar*.] *vtd. e p.* **1.** Fazer sair, ou sair, de furna. **2.** *Fam.* Fazer voltar, ou voltar, ao convívio social. **3.** Desenterrar (3 e 4). [C.: 1]

de.sen.ga.ja.do [*Desengajar*. ▪17A] *adj.* **1.** Que reside fora do quartel. **2.** Que não assumiu posição política, ou abdicou da que assumira.

desengajar | desentulhar

de.sen.ga.jar v.int. e p. Desligar-se de (atividade em que estava engajado). [C.: 1]

de.sen.ga.nar [Des- + enganar.] vtd. 1. Tirar de engano. 2. Tirar as esperanças de cura, de salvação, a. p. 3. Sair (de engano). 4. Desiludir-se. [C.: 1] § **de.sen.ga.na.do** adj.

de.sen.gan.char vtd. e p. Soltar(-se), desprender(-se) (o que estava enganchado). [C.: 1]

de.sen.ga.no [Dev. de desenganar.] sm. 1. Ato ou efeito de desenganar(-se). 2. Desilusão, decepção.

de.sen.gar.ra.far [Des- + engarrafar.] vtd. 1. Tirar de garrafa. 2. Eliminar o engarrafamento (2) de. [C.: 1]

de.sen.gas.gar [Des- + engasgar.] vtd. Tirar o engasgamento a. [C.: 1C]

de.sen.gas.tar [Des- + engastar.] vtd. Tirar do engaste; desencastoar. [C.: 1]

de.sen.ga.tar [Des- + engatar.] vtd. e p. Desprender(-se) ou soltar(-se) de engate. [C.: 1]

de.sen.ga.ti.lhar [Des- + engatilhar.] vtd. Soltar o cão (2) de (arma de fogo); desarmar. [C.: 1]

de.sen.gon.ça.do [Desengonçar.▣ 17A] adj. 1. Tirado dos engonços. 2. Desajeitado, desconjuntado.

de.sen.gon.çar vtd. e p. Tirar, ou sair, dos engonços, ou dar esta impressão. [C.: 1B]

de.sen.gor.du.rar vtd. Tirar a gordura, ou a(s) mancha(s) de gordura, a. [C.: 1]

de.sen.gra.ça.do [Des- + engraçado.] adj. Que não tem graça, elegância, espírito.

de.sen.gros.sar [Des- + engrossar.] vtd. 1. Adelgaçar. int. 2. Desinchar. [C.: 1 (ó)]

de.sen.gui.çar [Des- + enguiçar.] vtd. e p. Livrar(-se) de enguiço. [C.: 1B]

de.se.nhar [It. disegnare.▣ 1A] vtd. 1. Traçar o desenho (1 e 4) de. 2. Delinear. int. 3. Traçar desenho(s). [C.: 1]

de.se.nhis.ta [Desenho.▣ 36] s2g. Pessoa que exerce a arte do desenho, ou sabe desenhar. ◆ **Desenhista industrial.** Especialista em desenho industrial; designer.

de.se.nho [Dev. de desenhar.] sm. 1. Representação de formas sobre uma superfície, por meio de linhas, pontos e manchas. 2. A arte e a técnica de representar, com lápis, pincel, etc., um tema real ou imaginário, expressando a forma. 3. Configuração (1). 4. Traçado, projeto. ◆ **Desenho industrial.** Atividade que consiste em projetar e desenvolver produtos manufaturados com vistas à produção industrial; design.

de.sen.la.çar [Des- + enlaçar.] vtd. e p. Desprender(-se) de laço. [C.: 1B]

de.sen.la.ce [Dev. de desenlaçar.] sm. 1. Ato ou efeito de desenlaçar. 2. Desfecho, remate (de situação complicada, de peça, etc.).

de.sen.la.me.ar [Des- + enlamear.] vtd. 1. Tirar a lama¹(1) a. 2. Restabelecer a honra, o crédito de. p. 3. Limpar-se de lama¹(1). [C.: 12A]

de.sen.la.tar [Des- + enlatar.] vtd. Retirar da lata. [C.: 1]

de.sen.qua.drar [Des- + enquadrar.] vtd. Tirar de quadro ou da moldura. [C.: 1]

de.sen.ra.i.zar [Des- + enraizar.] vtd. V. desarraigar. [C.: 1F] § **de.sen.ra.i.za.men.to** sm.

de.sen.ras.car vtd. e p. Livrar(-se) de embaraço(s), de dificuldade(s). [C.: 1A]

de.sen.re.dar [Des- + enredar.] vtd. e p. 1. Desembaraçar(-se), desenlaçar(-se). 2. Resolver(-se) (questão intricada). 3. Tornar(-se) claro, perceptível. [C.: 1 (é)]

de.sen.ro.lar [Des- + enrolar.] vtd. 1. Desfazer o rolo de. 2. V. desembrulhar. 3. Explicar, explanar. p. 4. Desdobrar-se. [C.: 1 (ó)] ● sm. 5. Evolução de caso, situação, etc.

de.sen.ros.car [Des- + enroscar.] vtd. e p. Estirar(-se) (o que estava enroscado). [C.: 1A (ó)]

de.sen.ru.gar vtd. 1. Desfazer as rugas de; alisar. p. 2. Perder as rugas. [C.: 1C]

de.sen.sa.car [Des- + ensacar.] vtd. Tirar do(s) saco(s) ou saca(s). [C.: 1A]

de.sen.tai.par [Des- + entaipar.] vtd. Tirar de entre taipas. [C.: 1]

de.sen.ta.lar [Des- + entalar.] vtd. e p. 1. Tirar(-se) ou soltar(-se) das talas. 2. V. desembaraçar (3 e 4). [C.: 1]

de.sen.te.di.ar vtd. Tirar o tédio a. [C.: 1]

de.sen.ten.der [Des- + entender.] vtd. 1. Não entender, ou fingir que não entende. p. 2. Não se compreender mutuamente. 3. Desavir-se. [C.: 2] § **de.sen.ten.di.do** adj. sm.

de.sen.ten.di.men.to [Desentender.▣ 3A] sm. 1. Ato ou efeito de desentender(-se). 2. Falta de entendimento. 3. Estupidez, burrice. 4. Discussão, debate.

de.sen.ter.rar [Des- + enterrar.] vtd. 1. Tirar de sob a terra. 2. Exumar (1). 3. Tirar de lugar recôndito. 4. Tirar do esquecimento. [C.: 1 (é)] § **de.sen.ter.ra.men.to** sm.

de.sen.to.a.do [Desentoar.▣ 17A] adj. Desafinado, dissonante.

de.sen.to.ar [Des- + entoar.] v.int. Sair do tom; desafinar. [C.: 1D]

de.sen.to.car [Des- + entocar.] vtd. e p. Fazer sair, ou sair, de cova ou toca. [C.: 1A (ó)]

de.sen.tor.pe.cer [Des- + entorpecer.] vtd. 1. Tirar o torpor a. 2. Reanimar, excitar. int. e p. 3. Sair do torpor. [C.: 2A (ê-é)]

de.sen.tor.tar [Des- + entortar.] vtd. Endireitar (o que estava torto ou encurvado). [C.: 1 (ó)]

de.sen.tra.nhar [Des- + entranhar.] vtd. 1. Tirar das entranhas. 2. Arrancar as entranhas a. 3. Tirar ou extrair do íntimo, como que das próprias entranhas. [C.: 1]

de.sen.tris.te.cer vtd., int. e p. Fazer perder, ou perder, a tristeza; alegrar(-se). [C.: 2A (ê-é)]

de.sen.tu.lhar vtd. 1. Tirar o entulho a. 2. Desobstruir (o que estava entulhado). [C.: 1]

desentupir | desfazer

de.sen.tu.pir [*Des-* + *entupir.*] *vtd. e p.* Desobstruir, ou livrar-se de obstrução (o que estava entupido). [C.: 52]

de.sen.ver.ni.zar [*Des-* + *envernizar.*] *vtd.* Tirar o verniz a. [C.: 1]

de.sen.vol.to (ô) *adj.* **1.** V. *desinibido* (2). **2.** Que flui bem. § **de.sen.vol.tu.ra** *sf.*

de.sen.vol.ver [*Des-* + *envolver.*] *vtd.* **1.** Fazer crescer, medrar, prosperar. **2.** Fazer que melhore, aumente: *A leitura desenvolve a compreensão.* **3.** Exercer, aplicar. **4.** Gerar, produzir. **5.** Expor com minúcia: *desenvolver um raciocínio.* *p.* **6.** Crescer. **7.** Aumentar, progredir. **8.** Progredir intelectualmente. [C.: 2 (ô-ó). Part.: *desenvolvido* e *desenvolto.*]

de.sen.vol.vi.do [Part. de *desenvolver.*] *adj.* **1.** Que se desenvolveu; que adquiriu certas qualidades ou as aprimorou. **2.** Aumentado, acrescido. **3.** Crescido, grande, forte. **4.** Instruído, culto. **5.** *Econ.* Diz-se de país ou região em etapa avançada de desenvolvimento econômico, com sistema produtivo diversificado e nível relativamente alto de renda *per capita.*

de.sen.vol.vi.men.to [*Desenvolver.*▣ 3A] *sm.* **1.** Ato, processo ou efeito de desenvolver(-se). **2.** Série de etapas, acontecimentos, ações, etc. que levam ao surgimento de algo, ou à manifestação em todos os seus aspectos. **3.** Crescimento, progresso. **4.** Aprimoramento.
◆ **Desenvolvimento econômico.** *Econ.* Crescimento econômico (aumento de produção, etc.), esp. quando acompanhado de mudanças econômicas e sociais mais profundas ou duradouras. **Desenvolvimento sustentável.** É o que, ao utilizar os recursos naturais racionalmente, atende as necessidades humanas do presente, e não prejudica o meio ambiente e as gerações futuras.

de.sen.xa.bi.do *adj.* **1.** Insípido (1). **2.** Sem graça ou sem animação; monótono.

de.se.qui.li.bra.do [*Desequilibrar.*▣ 17A] *adj.* **1.** Sem equilíbrio. **2.** Fora do mesmo nível de outro. **3.** Que perdeu o tino, a razão.

de.se.qui.li.brar [*Des-* + *equilibrar.*] *vtd. e p.* Tirar o equilíbrio a, ou perdê-lo. [C.: 1]

de.se.qui.lí.bri:o *sm.* **1.** Ausência de equilíbrio. **2.** Anomalia psíquica em que há variabilidade de humor e emotividade excessiva, e que leva à não adaptação social.

de.ser.ção [Lat. *desertione.*▣ 2] *sf.* Ato ou efeito de desertar. [Pl.: -*ções.*]

de.ser.dar [*Des-* + *herdar.*] *vtd.* Excluir de herança ou de sucessão. [C.: 1 (é)] § **de.ser.da.do** *adj.*

de.ser.tar [Fr. *déserter.*▣ 1A] *vtd.* **1.** Tornar ermo, deserto; despovoar. **2.** Abandonar, deixar. *ti.* **3.** Afastar-se, desviar-se. *int.* **4.** Deixar o serviço militar sem licença. [C.: 1A]

de.ser.ti.fi.car [*Deserto.*▣ 1A] *vtd. e p.* Tornar(-se) deserto. [C.: 1A] § **de.ser.ti.fi.ca.ção** *sf.*

de.ser.to [Lat. *desertu.*] *adj.* **1.** Desabitado, despovoado. ● *sm.* **2.** *Fitogeo.* Região que recebe anualmente precipitação de água inferior a 250mm, ou, então, em que esta precipitação é maior, porém distribuída de forma heterogênea, do que resultam pobreza de vegetação e fraca densidade populacional.

de.ser.tor (ô) [Lat. *desertore.*▣ 19A] *sm.* **1.** Militar que deserta [v. *desertar* (4)]. **2.** Trânsfuga (1).

de.ses.pe.ra.ção [*Desesperar.*▣ 2A] *sf.* Desespero (1). [Pl.: -*ções.*]

de.ses.pe.ra.do [*Desesperar.*▣ 17A] *adj.* **1.** Que perdeu a esperança. **2.** Que está entregue ao desespero. **3.** Próprio de desesperado (4). ● *sm.* **4.** Indivíduo desesperado (1 e 2).

de.ses.pe.ran.ça [*Des-* + *esperança.*] *sf.* Falta ou perda de esperança.

de.ses.pe.rar [*Des-* + *esperar.*] *vtd.* **1.** Tirar esperança a. **2.** Causar desespero a. **3.** Deixar de esperar. *int.* **4.** Perder a esperança. *p.* **5.** Desanimar de conseguir algo. **6.** Cair em desespero. [C.: 1 (é)] § **de.ses.pe.ra.dor** (ô) *adj.*

de.ses.pe.ro (ê) [Dev. de *desesperar.*] *sm.* **1.** Ato ou efeito de desesperar (-se). **2.** Aflição extrema. **3.** Cólera, furor.

de.ses.ta.bi.li.zar [*Des-* + *estabilizar.*] *vtd. e p.* Tirar a estabilidade de, ou perdê-la. [C.: 1] § **de.ses.ta.bi.li.za.ção** *sf.*

de.ses.ti.mar [*Des-* + *estimar.*] *vtd.* Não estimar, ou deixar de estimar. [C.: 1]

de.ses.tres.sar *vtd., int. e p. Med.* Eliminar o estresse de, ou livrar-se dele. [C.: 1]

des.fa.ça.tez (ê) [It. *sfacciatezza.*] *sf.* Falta de vergonha; descaramento, impudência.

des.fal.ca.do [*Desfalcar.*▣ 17A] *adj.* **1.** Que não está inteiro; incompleto. **2.** Roubado.

des.fal.car [It. *defalcare.*▣ 1A] *vtd.* **1.** Subtrair parte de. **2.** Reduzir, diminuir. **3.** Cometer desfalque (2) contra (firma, sócio, etc.). **4.** *P.ext.* Roubar. *tdi.* **5.** Fazer ficar sem. *p.* **6.** Ficar falto de. [C.: 1A]

des.fa.le.cer [*Des-* + *falecer.*] *vtd.* **1.** Tirar as forças a; enfraquecer. **2.** Desalentar. *int.* **3.** Desmaiar (4). **4.** Diminuir, decrescer. [C.: 2A (ê-é)] § **des.fa.le.ci.do** *adj.*; **des.fa.le.ci.men.to** *sm.*

des.fal.que [Dev. de *desfalcar.*] *sm.* **1.** Ato ou efeito de desfalcar. **2.** V. *alcance* (4). **3.** O resultado material do desfalque; roubo.

des.fas.ti:o [*Des-* + *fastio.*] *sm.* **1.** Falta de fastio; apetite. **2.** Graça; bom humor.

des.fa.vor (ô) [*Des-* + *favor.*] *sm.* **1.** Falta de favor, de graça; desgraça. **2.** Malquerença.

des.fa.vo.rá.vel [*Des-* + *favorável.*] *adj2g.* **1.** Não favorável. **2.** Adverso, contrário. [Pl.: -*veis.*]

des.fa.vo.re.cer [*Des-* + *favorecer.*] *vtd.* Não favorecer; desajudar. [C.: 2A (ê-é)]

des.fa.zer [*Des-*+*fazer.*] *vtd. e p.* **1.** Inutilizar(-se), desmanchar(-se). **2.** Reduzir(-se) a fragmentos; despedaçar(-se). **3.** Destroçar(-se). **4.** Desatar(-se). **5.** Desunir(-se), separar(-se). **6.** Anular(-se). **7.** Diluir(-se), desmanchar(-se).

desfear | desgraça

8. Dissolver(-se). 9. Tornar(-se) sem efeito; desmanchar(-se). 10. Transformar(-se). [C.: 18]

des.fe.ar [*Des-* + *feio* + *-ar*²._∎_1A] *vtd. e p.* Tornar(-se) feio; afear-se. [C.: 12A. Cf. *desfiar*.]

des.fe.char [*Des-* + *fechar*.] *vtd.* **1.** Disparar (2). **2.** V. *desferir* (1). **3.** Abrir, descerrar. **4.** Lançar ou desencadear com ímpeto. *int.* **5.** Ter desenlace; concluir, rematar. [C.: 1 (ê)]

des.fe.cho (ê) [Dev. de *desfechar*.] *sm.* **1.** Conclusão ou remate de romance, drama, etc. **2.** Desenlace, remate.

des.fei.ta *sf.* Ofensa, injúria.

des.fei.te.ar [*Desfeita*._∎_1N] *vtd.* Fazer desfeita(s) a. [C.: 12A]

des.fei.to [Part. de *desfazer*.] *adj.* **1.** Que mudou inteiramente de forma. **2.** Desmanchado, destruído. **3.** Anulado. **4.** Diluído, dissolvido.

des.fe.rir [*Des-* + *ferir*.] *vtd.* **1.** Dar, vibrar; despedir, impelir (golpe, tiro, etc.). **2.** Fazer vibrar as cordas de (violão, etc.). [C.: 48]

des.fer.rar *vtd.* **1.** Tirar a ferradura de. *p.* **2.** Perder as ferraduras (o animal). [C.: 1 (é)]

des.fi.ar [*Des-* + *fiar*¹.] *vtd.* **1.** Desfazer em fios. **2.** Expor, arrolando com minúcia. **3.** Passar (rosário) de conta em conta. *p.* **4.** Desfazer-se em fios. [C.: 1. Cf. *desfear*.] § **des.fi.a.do** *adj.*

des.fi.bra.do [*Desfibrar*._∎_17A] *adj.* **1.** A que se tiraram as fibras. **2.** Sem fibra ou energia; fraco.

des.fi.brar [*Des-* + *fibra* + *-ar*².._∎_1A] *vtd.* **1.** Tirar as fibras a. **2.** Esmiuçar, analisar. [C.: 1]

des.fi.bri.la.dor (ô) [*Desfibrilar*._∎_19A] *sm. Med.* Aparelho us. para combater fibrilação, mediante choques elétricos no coração.

des.fi.bri.lar [*Des-* + *fibrilar*.] *vtd.* Restabelecer o ritmo normal de (coração) mediante choques elétricos. [C.: 1]

des.fi.gu.rar [*Des-* + *figurar*.] *vtd.* **1.** Alterar a figura, aspecto, feições de; desafeiçoar. *p.* **2.** Sofrer modificação no aspecto. [C.: 1] § **des.fi.gu.ra.ção** *sf.*; **des.fi.gu.ra.do** *adj.*

des.fi.la.da [*Desfilar*._∎_4] *sf.* Corrida impetuosa.

des.fi.la.dei.ro *sm.* Passagem estreita entre montanhas; garganta, passo.

des.fi.lar [*Des-* + *fila*¹ + *-ar*².._∎_1A] *v.int.* **1.** Marchar em fila(s). **2.** Seguir-se imediatamente um ao outro; suceder-se. **3.** Participar de desfile (2) como modelo. [C.: 1]

des.fi.le [Dev. de *desfilar*.] *sm.* **1.** Ato ou efeito de desfilar. **2.** Evento em que estilista ou grife apresenta coleção para certa estação. **3.** Apresentação em que um ou mais grupos de pessoas percorrem um certo trecho ou área, dançando, cantando, fazendo evoluções, e/ou tocando instrumentos musicais.

des.flo.ra.ção [*Desflorar*._∎_2A] *sf.* **1.** Queda das flores. **2.** Violação da virgindade. [Sin.ger.: *defloração, defloramento*. Pl.: -ções.]

des.flo.ra.men.to [*Desflorar*._∎_3] *sm.* V. *desfloração*.

des.flo.rar [*Des-* + *flor* + *-ar*².._∎_1A] *vtd.* **1.** Tirar as flores a; deflorar. **2.** V. *violar* (3). *p.* **3.** Perder as flores. [C.: 1 (ó)]

des.flo.res.tar [*Des-* + *floresta* + *-ar*².._∎_1A] *vtd. Bras.* Derrubar muitas árvores de (terreno, região), desfazendo floresta; desmatar. [C.: 1 (é)] § **des.flo.res.ta.men.to** *sm.*

des.fo.lhar [*Des-* + *folhar*.] *vtd. e p.* Tirar as folhas ou as pétalas a, ou perdê-las. [C.: 1 (ó)]

des.for.ço (ô) [Dev. de *desforçar*.] *sm.* Vingança, desforra, desagravo. [Pl.: -*forços* (ó).]

des.for.ra (ó) [Dev. de *desforrar*².] *sf.* Ato de desforrar²; vingança.

des.for.rar¹ [*Des-* + *forro*¹ (ô) + *-ar*².._∎_1A] *vtd.* Tirar o forro¹ (1 e 2) a. [C.: 1 (ó)]

des.for.rar² [*Des-* + *forra* + *-ar*².._∎_1A] *vtd. e p.* **1.** Vingar(-se), desafrontar(-se). **2.** Indenizar(-se) (de). [C.: 1 (ó)]

des.fral.dar [*Des-* + *fralda* + *-ar*².._∎_1A] *vtd.* **1.** Soltar ao vento, largar (as velas). **2.** Abrir, soltar. *p.* **3.** Tremular (a bandeira). [C.: 1]

des.fru.tar [*Des-* + *fruto* + *-ar*².._∎_1A] *vtd.* **1.** Usufruir, gozar. **2.** Viver à custa de. **3.** Zombar de. *ti.* **4.** Desfrutar (1). [C.: 1]

des.fru.tá.vel [*Desfrutar*._∎_41] *adj2g.* **1.** Que se pode desfrutar. **2.** Que se presta a desfrute (2), ou é dado a desfrute (3). [Pl.: *-veis*.]

des.fru.te [Dev. de *desfrutar*.] *sm.* **1.** Ato de desfrutar. **2.** V. *zombaria*. **3.** Ação ridícula, escandalosa ou leviana.

des.ga.lhar [*Des-* + *galho* + *-ar*².._∎_1A] *vtd.* Cortar os galhos de; esgalhar. [C.: 1]

des.gar.rar [*Des-* + *garra* + *-ar*².._∎_1A] *v.int. e p.* **1.** Desviar-se do rumo. **2.** Desencaminhar-se. [C.: 1] § **des.gar.ra.do** *adj.*; **des.gar.re** *sm.*

des.gas.tar [*Des-* + *gastar*.] *vtd. e p.* **1.** Gastar(-se) ou consumir(-se) pelo atrito. **2.** Gastar(-se) aos poucos. **3.** Fazer ficar ou ficar exausto; abater(-se). **4.** Perder poder, prestígio. [C.: 1]

des.gas.te [Dev. de *desgastar*.] *sm.* Ato ou efeito de desgastar(-se).

des.gos.tar [*Des-* + *gostar*.] *vtd.* **1.** Causar desgosto a; descontentar. **2.** Fazer perder o gosto. *ti.* **3.** Não gostar. *p.* **4.** Descontentar-se. **5.** Magoar-se. [C.: 1 (ó)]

des.gos.to (ô) [*Des-* + *gosto* (ô).] *sm.* **1.** Ausência de gosto ou de prazer; desprazer. **2.** Mágoa profunda advinda de decepção ou de dissabor (2); dissabor. **3.** V. *aflição* (1). § **des.gos.to.so** (ô) *adj.*

des.go.ver.nar [*Des-* + *governar*.] *vtd.* **1.** Governar mal. **2.** Desviar do bom caminho. *int.* **3.** Estar sem governo (barco, carro, etc.). *p.* **4.** Governar-se mal. **5.** Perder o domínio de si mesmo; desregrar-se. **6.** Desgovernar (3). [C.: 1 (é)] § **des.go.ver.na.do** *adj.*

des.go.ver.no (ê) [*Des-* + *governo*.] *sm.* **1.** Mau governo. **2.** Esbanjamento; desregramento.

des.gra.ça [*Des-* + *graça*.] *sf.* **1.** Infortúnio, desdita. **2.** Miséria, penúria. **3.** Desfavor (1). **4.** *Fam.* Calamidade, catástrofe.

desgraçado | desinquietar

des.gra.ça.do [*Desgraçar.* ⬛17A] *adj.* **1.** Infeliz, desventurado. **2.** Vil, desprezível.

des.gra.çar [*Desgraça.* ⬛1A] *vtd.* **1.** Causar desgraça a. **2.** *Pop.* V. *violar* (3). *p.* **3.** Tornar-se desditoso. [C.: 1B]

des.gra.cei.ra [*Desgraça.* ⬛16] *sf. Bras.* Sucessão de desgraças.

des.gra.ci.o.so (ô) [*Des-* + *gracioso.*] *adj.* Não gracioso. [Pl.: *-osos* (ó).]

des.gre.nhar *vtd.* Emaranhar, despentear (os cabelos). [C.: 1] § **des.gre.nha.do** *adj.*

des.gru.dar [*Des-* + *grudar.*] *vtd. e p.* **1.** Despegar(-se) (o que estava grudado). *tdi. e ti.* **2.** Afastar(-se). [C.: 1]

des.guar.ne.cer [*Des-* + *guarnecer.*] *vtd.* **1.** Privar de guarnição. **2.** Tirar os ornatos a. *p.* **3.** Privar-se de guarnição, de ornatos, etc. [C.: 2A (ê-é)] § **des.guar.ne.ci.do** *adj.*

de.si.de.ra.to [Lat. *desideratu.*] *sm.* Aquilo que se deseja, a que se aspira; aspiração.

de.sí.di:a [Lat. *desidia.*] *sf.* **1.** Preguiça, indolência. **2.** Desleixo. § **de.si.di.o.so** (ô) *adj.*

de.si.dra.ta.ção [*Desidratar.* ⬛2A] *sf.* **1.** Ato ou efeito de desidratar(-se). **2.** *Med.* Estado orgânico resultante de perda não compensada de grande parte da água do corpo. [Pl.: *-ções.*]

de.si.dra.ta.do [*Desidratar.* ⬛17A] *adj.* **1.** Que perdeu água corporal. **2.** Diz-se de frutas, legumes, etc. que se fez perder a água natural, para assim ser consumido. **3.** Diz-se de alimento que depois de preparado passa por desidratação, e que é consumido depois de se lhe acrescentar novamente água.

de.si.dra.tar [*Des-* + *hidratar.*] *vtd.* **1.** Extrair, pelo calor ou pelo vácuo, a água de (um composto). **2.** Retirar líquidos orgânicos a. *p.* **3.** Perder líquidos orgânicos. [C.: 1]

→ **design** (dizáini) [Ingl.] *sm.* V. *desenho industrial.*

de.sig.na.ção [Lat. *designatione.* ⬛2A] *sf.* **1.** Ato ou efeito de designar. **2.** Nome, denominação. [Pl.: *-ções.*]

de.sig.nar [Lat. *designare.* ⬛1A] *vtd.* **1.** Nomear; indicar. **2.** Ser o sinal, o símbolo de. **3.** Fixar, marcar. *tdi.* **4.** Nomear (para cargo, emprego ou função). [C.: 1]

→ **designer** (dizáiner) [Ingl.] *s2g.* V. *desenhista industrial.*

de.sig.ni:o [B.-lat. *designiu.*] *sm.* Intento, plano, projeto.

de.si.gual [*Des-* + *igual.*] *adj2g.* **1.** Não igual; diferente. **2.** Variável, mutável. **3.** Inconstante, volúvel. **4.** Sem equilíbrio de forças; desproporcional. [Pl.: *-guais.*]

de.si.gua.lar [*Des-* + *igualar.*] *vtd. e p.* Tornar(-se) desigual. [C.: 1]

de.si.gual.da.de [*Desigual.* ⬛14] *sf.* **1.** Qualidade ou estado de desigual; diferença, dessemelhança. **2.** Relação entre coisas desiguais.

de.si.lu.dir [*Des-* + *iludir.*] *vtd. e p.* **1.** Tirar ilusões a, ou perdê-las; desenganar(-se). **2.** Causar ou experimentar decepção. [C.: 3] § **de.si.lu.di.do** *adj.*

de.si.lu.são *sf.* Ato ou efeito de desiludir(-se); desengano, decepção. [Pl.: *-sões.*]

de.sim.pe.dir [*Des-* + *impedir.*] *vtd.* Tirar o impedimento a; desembaraçar. [C.: 40] § **de.sim.pe.di.men.to** *sm.*

de.sin.char [*Des-* + *inchar.*] *vtd.* **1.** Desfazer ou diminuir a inchação de. *int. e p.* **2.** Deixar de estar inchado. [C.: 1]

de.sin.com.pa.ti.bi.li.zar [*Des-* + *incompatibilizar.*] *vtd.* **1.** Tirar a incompatibilidade a. *p.* **2.** Deixar de estar incompatibilizado. [C.: 1] § **de.sin.com.pa.ti.bi.li.za.ção** *sf.*

de.sin.cor.po.rar [*Des-* + *incorporar.*] *vtd.* **1.** Separar (o que estava incorporado). *int. e p.* 2. *Restr.* Desencarnar (1). *p.* **3.** Separar-se; desligar-se. [C.: 1 (ó)]

de.sin.cum.bir [*Des-* + *incumbir.*] *vtdi.* **1.** Tirar a incumbência de; desobrigar. *p.* **2.** Dar conta de uma incumbência. **3.** Livrar-se de uma incumbência. [C.: 3]

de.sin.de.xar (cs) [*Des-* + *indexar.*] *vtd. Econ.* Eliminar a indexação de. [C.: 1 (é)] § **de.sin.de.xa.ção** (cs) *sf.*

de.si.nên.ci:a [Lat.med. *desinentia.*] *sf.* **1.** Extremidade, termo. **2.** *E.Ling.* Elemento morfológico que indica gênero, número, pessoa, modo e tempo, etc.

de.sin.fe.ção ou **de.sin.fec.ção** *sf.* Ato ou efeito de desinfetar. [Pl.: *-ções.*]

de.sin.fe.liz [*Des-* + *infeliz.*] *adj2g. s2g. Pop.* V. *infeliz* (1 e 4).

de.sin.fe.tan.te ou **de.sin.fec.tan.te** [*Desinfetar* ou *desinfectar.* ⬛21] *adj2g.* **1.** Que desinfeta. ● *sm.* **2.** Substância desinfetante.

de.sin.fe.tar ou **de.sin.fec.tar** *vtd.* **1.** Livrar do que infeta. *int.* **2.** Destruir microrganismos patogênicos, ou torná-los inertes. **3.** *Bras. Gír.* Retirar-se de um lugar. [C.: 1 (é)] § **de.sin.fe(c).ta.dor** (ô) *adj.*

de.sin.fla.ci.o.nar *vtd.* Deflacionar. [C.: 1]

de.sin.fla.mar [*Des-* + *inflamar.*] *vtd.* **1.** Fazer cessar a inflamação (2) de. *int. e p.* **2.** Deixar de estar inflamado. [C.: 1]

de.sin.for.ma.ção [*Desinformar.* ⬛2A] *sf.* **1.** Ato ou efeito de desinformar. **2.** Falta de informação, de conhecimento. **3.** Informação propositadamente falseada ou deformada. [Pl.: *-ções.*]

de.sin.for.ma.do [*Desinformar.* ⬛17A] *adj.* Não informado ou mal informado.

de.sin.for.mar *vtd.* Deixar de informar, ou informar erroneamente. [C.: 1 (ó)]

de.si.ni.bi.do [Part. de *desinibir.*] *adj.* **1.** Livre de inibições. **2.** Sem timidez; desembaraçado, desenvolto.

de.si.ni.bir [*Des-* + *inibir.*] *vtd. e p.* Tornar(-se) desinibido; desembaraçar(-se). [C.: 3]

de.sin.qui:e.tar [*Des-* + *inquietar.*] *vtd.* Tornar desinquieto. [C.: 1 (é)] § **de.sin.qui:e.ta.ção** *sf.*

de.sin.qui.e.to [*Des-* + *inquieto.*] *adj.* **1.** Muito inquieto; desassossegado. **2.** *Fam.* Traquinas, travesso.

de.sin.so.fri.do [*Des-* + *insofrido.*] *adj.* Sôfrego, impaciente, insofrido.

de.sin.te.gra.ção [*Desintegrar.*▪ 2A] *sf.* **1.** Ato ou efeito de desintegrar(-se). **2.** *Fís.* Processo em que um núcleo atômico emite uma partícula. [Pl.: *-ções.*]

de.sin.te.grar [*Des-* + *integrar.*] *vtd.* **1.** Separar (o que estava incorporado). *p.* **2.** Deixar de integrar. [C.: 1 (é)]

de.sin.te.li.gên.ci.a [*Des-* + *inteligência.*] *sf.* **1.** Divergência, desacordo. **2.** Inimizade, malquerença.

de.sin.te.res.sa.do [*Desinteressar.*▪ 17A] *adj.* **1.** Que não tem interesse. **2.** V. *desapaixonado.* **3.** V. *desprendido.*

de.sin.te.res.sar-se *vp.* **1.** Cessar de ter interesse. **2.** Não se importar. [C.: 1 (é)]

de.sin.te.res.se (ê) [*Des-* + *interesse* (ê).] *sm.* **1.** Falta de interesse. **2.** V. *desprendimento.* **3.** Isenção.

de.sin.to.xi.ca.ção (cs) [*Desintoxicar.*▪ 2A] *sf.* **1.** Ato ou efeito de desintoxicar(-se). **2.** *Med.* Qualquer tratamento destinado a libertar um viciado de seu vício. [Pl.: *-ções.*]

de.sin.to.xi.car (cs) [*Des-* + *intoxicar.*] *vtd.* **1.** Fazer passar a intoxicação a. **2.** *Med.* Efetuar a desintoxicação (2) de. *p.* **3.** Superar intoxicação. [C.: 1A]

de.sin.tu.mes.cer [*Des-* + *intumescer.*] *vtd. e int.* Desinchar(-se). [C.: 2A (ê-é)]

de.sir.ma.na.do [*Desirmanar.*▪ 17A] *adj.* Separado de coisa ou pessoa com que estava irmanado.

de.sir.ma.nar [*Des-* + *irmanar.*] *vtd.* Tornar desirmanado. [C.: 1]

de.sis.tir [Lat. *desistere.*▪ 1C] *vti.* **1.** Não prosseguir (num intento); renunciar. *int.* **2.** Desistir (1). [C.: 3] § **de.sis.tên.ci.a** *sf.*; **de.sis.ten.te** *adj2g.*

des.je.jum [*Des-* + *jejum.*] *sm. Bras.* Café da manhã. [Pl.: *-juns.*]

→ **desktop** (desquitópi) [Ingl.] *sm. Inform.* Interface básica de alguns sistemas operacionais onde estão dispostos ícones de documentos, pastas, programas, etc., que podem ser acessados, pelo usuário, por meio do *mouse* ou por toque na tela; área de trabalho.

des.la.crar [*Des-* + *lacrar.*] *vtd.* Partir o lacre que fecha ou sela. [C.: 1]

des.lan.char [Fr. *déclencher.*▪ 1A] *Bras. Pop. v.int.* **1.** Dar partida; partir. **2.** Ir para a frente; desenvolver-se. *p.* **3.** Ir(-se) embora; partir. *td.* **4.** Fazer desenvolver-se. [C.: 1]

des.la.va.do [*Deslavar.*▪ 17A] *adj.* **1.** Desbotado. **2.** Descarado, cínico. **3.** Desavergonhado.

des.le.al [*Des-* + *leal.*] *adj2g.* **1.** Que não é leal. **2.** Que denota deslealdade. [Pl.: *-ais.*]

des.le.al.da.de [*Des-* + *lealdade.*] *sf.* Falta de lealdade; traição.

des.lei.xar [*Des-* + *leixar.*] *vtd. e p.* Descuidar(-se) de; negligenciar(-se), desmazelar(-se). [C.: 1] § **des.lei.xa.do** *adj.*

des.lei.xo [Dev. de *desleixar.*] *sm.* Ato ou efeito de desleixar(-se); incúria.

des.lem.brar [*Des-* + *lembrar.*] *vtd. e p.* Não lembrar(-se); esquecer(-se). [C.: 1]

des.li.ga.do [*Desligar.*▪ 17A] *adj.* **1.** Separado, desunido. **2.** Afastado. **3.** *Fam.* V. *desatento.*

des.li.gar [*Des-* + *ligar.*] *vtd.* **1.** Separar (o que estava ligado); desatar. **2.** Despedir, demitir. **3.** Interromper a fonte de força de (aparelho elétrico, motor, etc.). *p.* **4.** Soltar-se. **5.** Afastar-se. **6.** Livrar-se. **7.** Perder o contato com: *Desligou-se dos colegas.* **8.** Não se preocupar mais com algo; esquecer-se dos problemas. **9.** Despedir (7): *Desligou-se da firma.* [C.: 1C] § **des.li.ga.men.to** *sm.*

des.lin.dar [*Des-* + *lindar.*] *vtd.* **1.** V. *delimitar.* **2.** Investigar, esmiuçar. **3.** Apurar (coisa difícil ou complicada). [C.: 1]

des.lin.de [Dev. de *deslindar.*] *sm.* Ato ou efeito de deslindar.

des.li.za.men.to [*Deslizar.*▪ 3] *sm.* Ato ou efeito de deslizar; deslize.

des.li.zar [V.E] *v.int.* **1.** Escorregar brandamente; resvalar. **2.** Deslocar-se progressivamente. **3.** Cometer deslize(s), falha(s). [C.: 1]

des.li.ze [Dev. de *deslizar.*] *sm.* **1.** Deslizamento. **2.** *Fig.* Falha, falta.

des.lo.ca.do [*Deslocar.*▪ 17A] *adj.* **1.** Que mudou ou está fora do seu lugar. **2.** Luxado, desarticulado. **3.** Fora de propósito.

des.lo.ca.men.to [*Deslocar.*▪ 3] *sm.* **1.** Ato ou efeito de deslocar(-se). **2.** Mudança de um lugar para outro. **3.** Mudança de direção.

des.lo.car [*Des-* + lat. *locare.*▪ 1A] *vtd.* **1.** Tirar do lugar onde se encontrava. **2.** Fazer mudar de lugar; desviar. **3.** Desarticular (2), luxar. *p.* **4.** Mover-se. **5.** Desarticular-se (4). **6.** Desprender-se. [C.: 1A (ó)] § **des.lo.ca.ção** *sf.*

des.lum.bra.do [*Deslumbrar.*▪ 17A] *adj.* **1.** Que se deslumbrou. **2.** Que se entusiasma facilmente. ● *sm.* **3.** Indivíduo deslumbrado (2).

des.lum.bra.men.to [*Deslumbrar.*▪ 3] *sm.* **1.** Ato ou efeito de deslumbrar(-se). **2.** *Fig.* Sentimento de grande admiração e atração; fascinação. **3.** *Fig.* Turvação do entendimento ou da visão dos fatos.

des.lum.brar [Esp. *deslumbrar.*] *vtd.* **1.** Ofuscar ou turvar a vista de, devido a muita luz ou a brilho em excesso. **2.** Perturbar o entendimento de. **3.** Causar assombro a. **4.** Fascinar. *p.* **5.** Deixar-se fascinar ou seduzir. [C.: 1] § **des.lum.bran.te** *adj2g.*

des.lus.trar [*Des-* + *lustrar.*] *vtd. e p.* **1.** Tirar ou diminuir o lustre de, ou perdê-lo. **2.** Infamar(-se), desonrar(-se); desdourar(-se). [C.: 1]

des.lus.tre [Dev. de *deslustrar*.] *sm*. Ato ou efeito de deslustrar(-se).

des.mai.ar *vtd*. 1. Fazer perder a cor, desbotar. 2. Empanar, deslustrar. *int. e p*. 3. Perder a cor; descorar. 4. Sofrer desmaio (2); desfalecer. 5. Obscurecer-se. [C.: 1] § **des.mai.a.do** *adj*.

des.mai.o [Dev. de *desmaiar*.] *sm*. 1. Perda das forças; desfalecimento. 2. V. *síncope* (1). 3. Abatimento, desânimo.

des.ma.mar [*Des-* + *mama* + *-ar*²._□_ 1A] *vtd*. 1. Apartar do leite. 2. Fazer deixar de mamar. *int. e p*. 3. Superar o período da amamentação. [C.: 1]

des.ma.me [Dev. de *desmamar*.] *sm*. Ação ou efeito de desmamar.

des.man.cha-pra.ze.res *s2g2n*. Quem estorva divertimento ou prazer alheio.

des.man.char [Fr.ant. *desmancher*._□_ 1A] *vtd*. 1. Modificar a forma ou arranjo de. 2. Inutilizar, desfazer. 3. Destruir, demolir. 4. Tornar sem efeito; desfazer. *p*. 5. Desfazer (9). [C.: 1]

des.man.dar [*Des-* + *mandar*.] *vtd*. 1. Mandar o contrário de (o que se tinha mandado). *p*. 2. Transgredir ordens. 3. V. *desregrar-se*. [C.: 1]

des.man.do [Dev. de *desmandar*.] *sm*. 1. Ato ou efeito de desmandar(-se). 2. Desobediência. 3. Excesso; abuso.

des.man.te.lar *vtd*. 1. Demolir, derribar (muralha, fortificação, etc.). 2. Separar as peças de, desarranjando a todo. 3. Desordenar, desarranjar. *p*. 4. V. *desmoronar* (2). [C.: 1 (é)] § **des.man.te.la.do** *adj*.; **des.man.te.la.men.to** *sm*.

des.mar.car *vtd*. 1. Tirar as marcas ou os marcos a. 2. Cancelar, desfazer (compromisso). [C.: 1A]

des.mas.ca.rar [*Des-* + *mascarar*.] *vtd*. 1. Descobrir, tirando a máscara. 2. Desmoralizar, revelando os desígnios ocultos de. 3. Dar a conhecer (o que se ocultava). *p*. 4. Dar-se a conhecer tal como é. [C.: 1] § **des.mas.ca.ra.men.to** *sm*.

des.mas.tre.ar [*Des-* + *mastrear*.] *vtd. e p*. Tirar o(s) mastro(s) a, ou perdê-lo(s). [C.: 12F]

des.ma.tar [*Des-* + *mato* + *-ar*²._□_ 1A] *vtd*. Desflorestar. [C.: 1] § **des.ma.ta.men.to** *sm*.

des.ma.ze.la.do *adj*. Descuidado, desleixado.

des.ma.ze.lo (ê) *sm*. Desleixo, negligência.

des.me.di.do [Part. de *desmedir-se*.] *adj*. 1. Que excede as medidas; descomedido. 2. Incomensurável; excessivo. [Sin.ger.: *desmesurado*.]

des.me.dir-se [*Des-* + *medir* + *se*¹._□_ 1C] *vp*. V. *descomedir-se*. [C.: 40]

des.mem.brar [*Des-* + *membro* + *-ar*²._□_ 1A] *vtd*. 1. Cortar, amputar o(s) membro(s) a. 2. Dividir em partes. *p*. 3. Separar-se. [C.: 1] § **des.mem.bra.men.to** *sm*.

des.me.mo.ri.a.do [*Desmemoriar*._□_ 17A] *adj*. Sem memória, ou com ela fraca.

des.me.mo.ri.ar [*Des-* + *memória* + *-ar*²._□_ 1A] *vtd. e p*. Fazer perder, ou perder a memória. [C.: 1]

des.men.ti.do [Part. de *desmentir*.] *adj*. 1. Que foi contradito. ● *sm*. 2. Declaração ou palavras com que se desmente. 3. Negação, contestação.

des.men.tir [*Des-* + *mentir*.] *vtd*. 1. Declarar ou provar que (alguém) não diz a verdade. 2. Negar (o que outrem afirma); contradizer. *p*. 3. Contradizer-se. [C.: 48]

des.me.re.cer [*Des-* + *merecer*.] *vtd*. 1. Não merecer; ser indigno de. 2. V. *menoscabar* (2). *int*. 3. Perder o valor, o merecimento. [C.: 2A (ê-é)] § **des.me.re.ce.dor** (ô) *adj*.; **des.me.re.ci.men.to** *sm*.

des.me.su.ra.do [*Desmesurar*._□_ 17A] *adj*. V. *desmedido*.

des.mi.li.ta.ri.zar [*Des-* + *militarizar*.] *vtd*. 1. Tirar o caráter militar a. 2. Privar de armamentos. *p*. 3. Perder o caráter militar. [C.: 1]

des.mi.o.la.do [*Des-* + *miolo* + *-ado*¹._□_ 17B] *adj. sm*. Diz-se de, ou indivíduo insensato, sem juízo.

des.mis.ti.fi.car [*Des-* + *mistificar*.] *vtd*. 1. Livrar do que mistifica, ludibria. 2. Revelar o verdadeiro caráter de; desmascarar. [C.: 1A] § **des.mis.ti.fi.ca.ção** *sf*.

des.mo.bi.li.ar ou **des.mo.bi.lhar** [*Des-* + *mobiliar* ou *mobilhar*.] *vtd*. Desguarnecer de mobília (casa, aposento, etc). [C.: Os 2 verbos seguem o paradigma 1, mas *desmobiliar* tem acento nas formas rizotônicas (il).]

des.mo.bi.li.zar [*Des-* + *mobilizar*.] *vtd. e p*. Desfazer(-se) a mobilização de (tropa, grupo, etc.). [C.: 1]

des.mo.don.tí.de:o [Tax. *Desmodontidae*.] *adj. sm*. *Zool*. Diz-se de, ou espécime dos desmodontídeos, família de morcegos hematófagos, que ocorrem na América tropical e tb. na América do Sul subtropical.

des.mon.tar [*Des-* + *montar*.] *vtd*. 1. Fazer descer ou apear de cavalgadura; descavalgar. 2. Retirar donde estava montado. 3. Tirar do engaste (pedra preciosa). 4. Desarmar (4 e 6). 5. Retirar as peças de (veículo roubado), para repasse. *int. e p*. 6. Apear-se, descavalgar. [C.: 1] § **des.mon.tá.vel** *adj2g*.

des.mon.te [Dev. de *desmontar*.] *sm*. 1. Ato ou efeito de desmontar-(se). 2. Extração de minério das jazidas. 3. *Bras. Pop*. Local, clandestino, de desmonte [v. *desmontar* (5)].

des.mo.ra.li.zar [*Des-* + *moralizar*.] *vtd*. 1. Tornar imoral; perverter, corromper. 2. Tirar o bom nome de; desmerecer. 3. Abater o moral de. *p*. 4. Perder a moralidade, a moral; perverter-se. [C.: 1] § **des.mo.ra.li.za.ção** *sf*.; **des.mo.ra.li.za.do.ra** *adj. sm*.

des.mo.ro.nar [Esp. *desmoronar*.] *vtd*. 1. Fazer vir abaixo. *int. e p*. 2. Vir abaixo; desabar, desmantelar-se. [C.: 48] § **des.mo.ro.na.men.to** *sm*.

des.mu.nhe.car [*Des-* + *munheca* + *-ar*²._□_ 1A] *vtd*. 1. Cortar a munheca a (o braço). 2. Decepar ou quebrar a mão a. *int*. 3. *Bras*. Exibir (o ho-

desnacionalizar | desorientar

mem) modos próprios de mulher. [C.: 1A (é)] § **des.mu.nhe.ca.do** adj. (bras.)

des.na.ci:o.na.li.zar [*Des-* + *nacionalizar*.] vtd. e p. Tirar a, ou perder a feição nacional. [C.: 1] § **des.na.ci:o.na.li.za.ção** sf.

des.na.ta.dei.ra [*Desnatar*. ▣16A] sf. Aparelho para desnatar.

des.na.tar [*Des-* + *nata* + -*ar*²*.* ▣1A] vtd. Tirar a nata a (o leite). [C.: 1]

des.na.tu.ra.do [*Desnaturar*. ▣17A] adj. 1. Desumano, cruel. 2. Próprio de desnaturado (3). ● sm. 3. Indivíduo desnaturado (1).

des.na.tu.ra.li.zar vtd. 1. Tirar os direitos de cidadão dum país a. p. 2. Renunciar a esses direitos; desnaturar-se. [C.: 1]

des.na.tu.rar [*Des-* + *natura* + -*ar*²*.* ▣1A] vtd. 1. Alterar a natureza de. 2. Tornar cruel. p. 3. Desnaturalizar-se. [C.: 1]

des.ne.ces.sá.ri:o adj. Não necessário.

des.ní.vel sm. Diferença de nível. [Pl.: -*veis*.]

des.ni.ve.lar [*Des-* + *nivelar*.] vtd. Tirar do nivelamento. [C.: 1 (é)]

des.nor.te.ar [*Des-* + *nortear*.] vtd. 1. Desviar do norte ou rumo; desorientar. 2. Perturbar; desorientar. *int.* e p. 3. V. *desorientar* (1 e 2). [C.: 12A] § **des.nor.te.a.do** adj.; **des.nor.te:a.men.to** sm.; **des.nor.te.an.te** adj2g.

des.nu.dar [*Desnudo*. ▣1A] vtd. 1. Pôr nu; despir. 2. Mostrar, revelar. p. 3. Pôr-se nu; despir-se. [C.: 1] § **des.nu.da.men.to** sm.

des.nu.do [*Des-* + lat. *nudu*.] adj. Nu, despido.

des.nu.tri.ção [*Des-* + *nutrição*.] sf. Med. Nutrição insuficiente, ou nula. [Pl.: -*ções*.]

des.nu.tri.do [Part. de *desnutrir*.] adj. Mal nutrido, ou não nutrido.

des.nu.trir [*Des-* + *nutrir*.] vtd. 1. Nutrir mal, ou não nutrir. p. 2. Emagrecer, definhar. [C.: 3]

de.so.be.de.cer [*Des-* + *obedecer*.] vti. 1. Não obedecer. 2. Infringir, violar. *int.* 3. Desobedecer (1). [C.: 2A (ê-é)]

de.so.be.di.ên.ci:a [*Des-* + *obediência*.] sf. Falta de obediência. § **de.so.be.di.en.te** adj2g. s2g.

de.so.bri.gar [*Des-* + *obrigar*.] vtd. 1. Livrar de obrigação, dispensar. 2. Isentar. 3. V. *exonerar* (2). 4. Desendividar (1). *tdi.* 5. Desobrigar (2): *Desobrigou*-o do compromisso. p. 6. Cumprir sua obrigação. 7. Isentar-se. 8. V. *exonerar* (3). [C.: 1C] § **de.so.bri.ga.ção** sf.

de.sobs.tru.ir [*Des-* + *obstruir*.] vtd. Desimpedir, removendo o que obstruía. [C.: 42] § **de.sobs.tru.ção** sf.

de.so.cu.pa.do [*Desocupar*. ▣17A] adj. 1. Que se desocupou. 2. Que não trabalha; ocioso. 3. Livre; disponível. 4. Vago² (1). ● sm. 5. Indivíduo desocupado (2).

de.so.cu.par [*Des-* + *ocupar*.] vtd. 1. Sair de (lugar que ocupava). 2. Livrar de ocupação. 3. Deixar devoluto. 4. Tirar tudo o que estava dentro de. 5. Liberar. p. 6. Desimpedir-se. 7. Ficar ocioso. [C.: 1] § **de.so.cu.pa.ção** sf.

de.so.do.ran.te [*Desodorar*. ▣21] adj2g. 1. Que desodoriza; desodorizante. ● sm. 2. Produto us. para eliminar ou prevenir o odor das axilas, etc.

de.so.do.rar [*Des-* + *odor* + -*ar*². ▣1A] vtd. P.us. Desodorizar. [C.: 1 (ó)]

de.so.do.ri.zan.te [*Desodorizar*. ▣21] adj2g. Desodorante (1).

de.so.do.ri.zar [*Des-* + *odor* + -*izar*. ▣1D] vtd. Tirar odor ou mau odor a; desodorar. [C.: 1]

de.so.fi.ci:a.li.zar [*Des-* + *oficializar*.] vtd. Tirar o caráter oficial a. [C.: 1]

de.so.la.ção [Lat. *desolatione*. ▣2A] sf. 1. Ato ou efeito de desolar(-se). 2. Devastação, ruína. 3. Solidão. 4. Consternação. [Pl.: -*ções*.]

de.so.la.do [Lat. *desolatu*.] adj. 1. Despovoado. 2. Triste; consternado.

de.so.lar [Lat. *desolare*. ▣1A] vtd. 1. Despovoar. 2. Devastar, assolar. 3. Entristecer ao extremo. p. 4. Despovoar-se. [C.: 1 (ó)]

de.so.ne.rar [*Des-* + *onerar*.] vtd. e p. V. *exonerar* (2 e 3). [C.: 1 (é)] § **de.so.ne.ra.ção** sf.

de.so.nes.to [*Des-* + *honesto*.] adj. 1. Sem honestidade. 2. Indigno, torpe. § **de.so.nes.ti.da.de** sf.

de.son.ra [*Des-* + *honra*.] sf. 1. Falta ou perda de honra; descrédito. 2. Ação ou fato que a provoca.

de.son.ra.do [*Des-* + *honra* + -*ado*¹. ▣17B] adj. Sem honra; que a perdeu.

de.son.rar [*Des-* + *honrar*.] vtd. 1. Ofender a honra de; infamar. 2. *Pop.* V. *violar* (3). p. 3. Praticar ato desonroso. [C.: 1]

de.son.ro.so (ô) [*Desonra*. ▣37] adj. Em que há desonra. [Pl.: -*rosos* (ó).]

de.so.pi.lar [*Des-* + *opilar*.] vtd. Desobstruir; aliviar. [C.: 1] § **de.so.pi.lan.te** adj2g.

de.so.pri.mir [*Des-* + *oprimir*.] vtd. e p. Livrar(-se) de opressão. [C.: 3]

de.so.ras el. sf. *pl.* Us. na loc. *a desoras*. ◆ **A desoras**. Fora de horas; tarde da noite.

de.sor.dei.ro adj. sm. Arruaceiro.

de.sor.dem [*Des-* + *ordem*.] sf. 1. Falta de ordem; desorganização. 2. Desalinho. 3. V. *confusão* (6 e 7). [Pl.: -*dens*.]

de.sor.de.na.do [*Desordenar*. ▣17A] adj. Que não tem ordem.

de.sor.de.nar [*Des-* + *ordenar*.] vtd. e p. Tirar da ordem, ou sair dela; desarranjar(-se). [C.: 1]

de.sor.ga.ni.za.ção [*Des-* + *organização*, ou *desorganizar* + -*ção*. ▣2A] sf. Desordem (1). [Pl.: -*ções*.]

de.sor.ga.ni.za.do [*Desorganizar*. ▣17A] adj. Que não tem ordem, organização; desordenado.

de.sor.ga.ni.zar [*Des-* + *organizar*.] vtd. 1. Destruir a organização de. 2. Destruir a boa ordem de; desordenar. p. 3. Ficar sem organização. [C.: 1]

de.so.ri:en.tar vtd. e p. 1. Fazer perder, ou perder, o rumo, a direção; desnortear(-se). 2. Perturbar(-se), desnortear(-se). 3. Desvai-

desossar | despersuadir

rar(-se), desatinar(-se). [C.: 1] § **de.so.ri:en.ta.ção** *sf.*; **de.so.ri:en.ta.do** *adj.*

de.sos.sar [*Des-* + *osso* + *-ar*². 1A] *vtd.* Tirar os ossos a. [C.: 1 (ó)] § **de.sos.sa.do** *adj.*

de.so.va [Dev. de *desovar*.] *sf.* Ato ou efeito de desovar.

de.so.var [*Des-* + *ovo* + *-ar*². 1A] *v.int.* **1.** Pôr os ovos (esp., peixes, tartarugas). *td.* **2.** *Bras. Gír.* Pôr ou deixar num lugar (cadáver de pessoa assassinada em outro). [C.: 1 (ó)]

de.so.xir.ri.bo.nu.clei.co (cs...éi ou êi) [Ingl. *desoxyrribonucleic (acid).*] *adj. Quím.* V. *ácido desoxirribonucleico*.

des.pa.cha.do [*Despachar.* 17A] *adj.* **1.** Que se despachou ou obteve despacho. **2.** Expedito, desembaraçado.

des.pa.chan.te [*Despachar.* 21] *s2g.* **1.** Quem despacha mercadorias. **2.** Agente comercial incumbido de desembaraçar mercadorias, pagar direitos e fretes, etc.

des.pa.char [Provç. *despachar*.] *vtd.* **1.** Pôr despacho (2) em. **2.** Decidir, resolver. **3.** Incumbir de serviço, missão, etc. **4.** *Bras.* Despedir (1 e 2). *int.* **5.** Lavrar despacho (2). *p.* **6.** Aviar-se. [C.: 1]

des.pa.cho [Dev. de *despachar*.] *sm.* **1.** Ato ou efeito de despachar. **2.** Nota lançada por autoridade em petição ou requerimento, deferindo-o ou indeferindo-o. **3.** Nomeação para cargo público. **4.** *Bras. Rel.* Pagamento antecipado do favor que se espera de Exu, que levará o recado a determinado orixá.

des.pa.ra.fu.sar [*Des-* + *parafusar*.] *vtd. e p.* Desaparafusar(-se). [C.: 1]

des.pau.té.ri:o *sm.* Grande disparate.

des.pe.da.çar [*Des-* + *pedaço* + *-ar*². 1A] *vtd.* **1.** Fazer em muitos pedaços. **2.** *Fig.* Afligir, pungir. *p.* **3.** Partir-se. [Sin.ger.: *espedaçar*. C.: 1B] § **des.pe.da.ça.men.to** *sm.*

des.pe.di.da *sf.* Ato de despedir(-se).

des.pe.dir [Port.ant. *espedir*. 1C] *vtd.* **1.** Fazer sair; despachar. **2.** Dispensar os serviços de; despachar, desligar. **3.** Separar-se de (pessoa com quem se está). **4.** V. *desferir* (1). *p.* **5.** Retirar-se cumprimentando: *Despediram-se após o café.* **6.** Demitir-se de emprego; desligar-se. [C.: 40] § **des.pe.di.do** *adj.*

des.pe.gar [*Des-* + *pegar*.] *vtd. e p.* **1.** Desunir(-se), descolar(-se). **2.** Tornar(-se) menos afeiçoado. [Sin.ger.: *desapegar*. C.: 1C (é).]

des.pei.ta.do [*Des-* + *peito* + *-ado*¹. 17B] *adj.* **1.** Que tem despeito. **2.** Desavindo, indisposto. • *sm.* **3.** Indivíduo despeitado.

des.pei.tar [*Despeito.* 1A] *vtd.* **1.** Causar despeito a; amuar. *p.* **2.** Amuar-se. [C.: 1]

des.pei.to [Lat. *despectu*.] *sm.* Desgosto misto de raiva, por decepção ou pelo amor-próprio ferido. ♦ **A despeito de.** Apesar de; não obstante.

des.pe.jar [*Des-* + *pejar*.] *vtd.* **1.** Livrar de obstáculo; desobstruir. **2.** Desocupar, evacuar. **3.** Entornar, vazar. **4.** Vazar o conteúdo de. **5.** Promover o despejo (3) de. *tdi.* **6.** Lançar com ímpeto: *Despejou sua fúria no amigo. int.* **7.** Deixar a casa, o lugar; sair. **8.** Deixar-se lançar ou derramar(-se). *p.* **9.** Despejar (8). [C.: 1 (ê)] § **des.pe.ja.do** *adj.*

des.pe.jo (ê) [Dev. de *despejar*.] *sm.* **1.** Ato ou efeito de despejar. **2.** Lixo, imundície. **3.** Desocupação compulsória de imóvel.

des.pen.car [*Des-* + *penca* + *-ar*². 1A] *vtd.* **1.** *Bras.* Separar (sobretudo bananas) de penca ou cacho. *int.* **2.** Cair desastradamente de grande altura. **3.** Sofrer grande queda (moeda, bolsa de valores, etc.). *tc.* **4.** Despencar (2). **5.** *Bras.* Vir de ou ir para (lugar muito distante ou de difícil acesso). **6.** *Bras.* Chegar subitamente; aparecer. *p.* **7.** Pôr-se a correr desabaladamente. **8.** *Bras.* Despencar (5). [C.: 1A]

des.pen.der [Lat. *dispendere*. 1B] *vtd.* **1.** Fazer despesa de; gastar. **2.** Gastar, consumir. *int.* **3.** Fazer despesa(s); gastar. [C.: 2]

des.pen.du.rar [*Des-* + *pendurar*.] *vtd.* Tirar do lugar (o que estava pendurado). [C.: 1]

des.pe.nha.dei.ro *sm.* V. *abismo* (1).

des.pe.nhar [*Des-* + *penha* + *-ar*². 1A] *vtd. e p.* Lançar(-se) ou precipitar(-se) de grande altura. [C.: 1]

des.pen.sa [Lat. *dispensa*.] *sf.* Compartimento de casa, etc., onde se guardam mantimentos.

des.pen.sei.ro [*Despensa.* 25] *sm.* O encarregado da despensa.

des.pen.te.ar [*Des-* + *pentear*.] *vtd. e p.* **1.** Desmanchar o penteado de, ou o próprio penteado. **2.** Desarrumar(-se). [C.: 12A] § **des.pen.te.a.do** *adj.*

des.per.ce.ber [*Des-* + *perceber*.] *vtd.* **1.** Não perceber; não notar. *p.* **2.** V. *desprevenir* (2). [C.: 2 (é)]

des.per.ce.bi.do [Part. de *desperceber*.] *adj.* Que não se viu ou não se ouviu.

des.per.di.ça.do [*Desperdiçar.* 17A] *adj.* **1.** Gasto sem proveito; esbanjado. **2.** Que gasta muito, que desperdiça.

des.per.di.çar [Esp.*desperdiciar*. 1A] *vtd.* **1.** Gastar sem proveito, ou em excesso; esbanjar, esperdiçar. **2.** Desaproveitar. [C.: 1B] § **des.per.di.ça.men.to** *sm.*

des.per.dí.ci:o [Esp. *desperdicio*.] *sm.* **1.** Ato ou efeito de desperdiçar; desperdiçamento. **2.** Desaproveitamento, extravio; perda.

des.per.so.na.li.zar [*Des-* + *personalizar*.] *vtd.* **1.** Mudar a personalidade, o caráter de. *p.* **2.** Proceder em desacordo com o próprio caráter. [C.: 1] § **des.per.so.na.li.za.ção** *sf.*

des.per.so.ni.fi.car [*Des-* + *personificar*.] *vtd.* Deixar de personificar. [C.: 1A] § **des.per.so.ni.fi.ca.ção** *sf.*

des.per.su.a.dir [*Des-* + *persuadir*.] *vtd. e p.* Dissuadir(-se). [C.: 3]

des.per.ta.dor (ô) [*Despertar.* ◼19A] *adj.* **1.** Que desperta. ● *sm.* **2.** Aquele ou aquilo que desperta. **3.** Relógio com dispositivo que soa em hora determinada.

des.per.tar [De *espertar*, com troca de pref. ◼1A] *vtd.* **1.** Tirar do sono; acordar, espertar. **2.** Excitar, estimular. **3.** Dar origem a. *ti.* **4.** Sair de um estado (de inconsciência ou inércia) ou situação (*lit.* ou *fig.*): *despertar de um pesadelo. tdi.* **5.** Tirar, arrancar. **6.** Provocar, causar. *pred.* **7.** Acordar em certo estado ou condição. *int.* **8.** Sair do sono; acordar, espertar. **9.** Aparecer, mostrar-se. *p.* **10.** Acordar, espertar. [C.: 1 (é). Part.: *despertado* e *desperto*.] ● *sm.* **11.** Ato de despertar.

des.per.to [Part. irreg. de *despertar.*] *adj.* Que despertou; acordado.

des.pe.sa (ê) [Lat. *dispensa.*] *sf.* O que se despende. [V. *gasto* (2).]

des.pe.ta.lar [*Des-* + *pétala* + -*ar²*. ◼1A] *vtd.* e *p.* Arrancar as pétalas a, ou perdê-las. [C.: 1]

des.pi.car [*Des-* + *picar.*] *vtd.* e *p.* Desforrar(-se), vingar(-se). [C.: 1A]

des.pi.ci.en.do [Lat. *despiciendu.*] *adj.* Desprezível.

des.pi.do [Part. de *despir.*] *adj.* **1.** Sem vestuário; nu. **2.** Livre, isento.

des.pi.que [Dev. de *despicar.*] *sm.* Ato de despicar(-se).

des.pir [Port.arc. *espir*, com troca de pref.] *vtd.* **1.** Tirar a roupa a; desvestir. **2.** Tirar do corpo (a roupa). **3.** Despojar de folhagem. **4.** Deixar ou pôr de lado; abandonar. *p.* **5.** Desnudar-se. **6.** V. *despojar* (4). [C.: 48]

des.pis.tar [*Des-* + *pista* + -*ar²*. ◼1A] *vtd.* **1.** Fazer perder a pista; desnortear. **2.** Iludir, desfazendo as suspeitas. [C.: 1]

des.plan.te [Dev. de *desplantar.*] *sm.* Audácia, atrevimento.

des.plu.mar [*Des-* + *pluma* + -*ar²*. ◼1A] *vtd.* Tirar as plumas a; depenar. [C.: 1]

des.po.ja.do [*Despojar.* ◼17A] *adj.* **1.** Que a si mesmo se despojou. **2.** Desprendido.

des.po.ja.men.to [*Despojar.* ◼3] *sm.* **1.** Ato de despojar(-se). **2.** Desprendimento. **3.** Ausência de luxos e ornatos.

des.po.jar [Esp. *despojar.*] *vtd.* **1.** Roubar; saquear. **2.** Privar da posse. *p.* **3.** Privar-se. **4.** Largar, abandonar. [C.: 1 (ó)]

des.po.jo (ô) [Esp. *despojo.*] *sm.* Presa (2).

des.po.jos (ô) [Pl. de *despojo* (ô).] *smpl.* Restos (2).

des.pol.par [*Des-* + *polpa* + -*ar²*. ◼1A] *vtd.* Tirar a polpa a. [C.: 1 (ó)]

des.po.lu.ir [*Des-* + *poluir.*] *vtd.* **1.** Eliminar (de determinado meio) os elementos que o poluem. **2.** Fazer cessar a poluição de. *p.* **3.** Livrar-se da poluição. [C.: 42] § **des.po.lu.i.ção** *sf.*; **des.po.lu.í.do** *adj.*

des.pon.tar [*Des-* + *ponta* + -*ar²*. ◼1A] *vtd.* **1.** Gastar a ponta a; embotar. **2.** Surgir, aparecer. *int.* **3.** Surgir; nascer. [C.: 1]

des.por.te (ó) [Fr.ant. *desport.*] *sm.* V. *esporte* (1).

des.por.tis.ta [*Desporte.* ◼36] *adj2g. s2g.* Esportista.

des.por.to (ô) [Fr.ant. *desport.*] *sm.* V. *esporte* (1). [Pl.: -*portos* (ó).]

des.po.sar [*De-* + *esposar.*] *vtd.* **1.** Contrair esponsais com; esposar. **2.** Fazer casar. *tdi.* **3.** Desposar (2). *p.* **4.** Contrair esponsais; casar(-se). [C.: 1 (ó)] § **des.po.sa.do** *adj.*

dés.po.ta [Lat.med. *despota.*] *s2g.* Tirano.

dés.pó.ti.co [Gr. *despotikós.* ◼35B] *adj.* Próprio de déspota; tirânico.

des.po.tis.mo [*Déspota.* ◼11] *sm.* **1.** Autoridade ou ato de déspota. **2.** Sistema de governo fundado no poder de dominação.

des.po.vo.a.do [*Despovoar.* ◼17A] *adj.* **1.** Que não é povoado; deserto. ● *sm.* **2.** Lugar sem casas ou habitantes.

des.po.vo.ar [*Des-* + *povoar.*] *vtd.* e *p.* Privar de habitantes, ou ficar sem eles; desolar(-se). [C.: 1D] § **des.po.vo.a.men.to** *sm.*

des.pra.zer [*Des-* + *prazer.*] *vti.* e *int.* **1.** Desagradar(-se). [C.: 30] ● *sm.* **2.** Desagrado.

des.pre.ca.tar-se [*Des-* + *precatar* + *se¹*.] *vp.* V. *desprevenir* (2). [C.: 1]

des.pre.gar [*Des-* + *pregar¹*.] *vtd.* **1.** Arrancar (o que estava pregado). **2.** Desviar, apartar. *p.* **3.** Desprender-se, soltar-se. [C.: 1C (é)] § **des.pre.ga.do** *adj.*

des.pren.der [*Des-* + *prender.*] *vtd.* e *p.* Soltar(-se) (o que estava preso); desligar(-se). [C.: 2]

des.pren.di.do [Part. de *desprender.*] *adj.* Que tem ou denota desprendimento, abnegação, desinteresse; despojado.

des.pren.di.men.to [*Desprender.* ◼3A] *sm.* Ato ou efeito de desprender(-se), sobretudo das coisas materiais; abnegação, desinteresse.

des.pre:o.cu.pa.ção [*Des-* + *preocupação.*] *sf.* Estado de quem se acha, ou é despreocupado. [Pl.: -*ções.*]

des.pre:o.cu.par [*Des-* + *preocupar.* ◼1A] *vtd.* e *p.* Livrar(-se) ou isentar(-se) de preocupação. [C.: 1] § **des.pre:o.cu.pa.do** *adj.*

des.pre.pa.ro [*Des-* + *preparo.*] *sm.* Falta de preparo; desgoverno.

des.pres.su.ri.zar [*Des-* + *pressurizar.*] *vtd.* e *p.* Fazer cessar a pressurização de (cabine de avião, etc.), ou perdê-la. [C.: 1] § **des.pres.su.ri.za.ção** *sf.*

des.pres.ti.gi.ar [*Desprestígio.* ◼1A] *vtd.* e *p.* Tirar o prestígio a, ou perdê-lo. [C.: 1]

des.pres.tí.gi:o *sm.* Falta de prestígio.

des.pre.ten.são [*Des-* + *pretensão.*] *sf.* Falta de pretensão; modéstia. [Pl.: -*sões.*]

des.pre.ten.si.o.so (ô) [*Des-* + *pretensioso.*] *adj.* Sem pretensão; modesto. [Pl.: -*osos* (ó).]

des.pre.ve.ni.do [*Des-* + *prevenido.*] *adj.* **1.** Não prevenido. **2.** *Pop.* Sem dinheiro no bolso, ou disponível.

des.pre.ve.nir [*Des-* + *prevenir.* ◼1A] *vtdi.* **1.** Não prevenir. *p.* **2.** Ser imprevidente; desprecatar-se, desperceber-se. [C.: 49]

des.pre.zar [*Des-* + *prezar.* ◼1A] *vtd.* **1.** Ter ou sentir desprezo por. **2.** Não fazer caso de. **3.** Não levar em conta. [C.: 1 (é)]

des.pre.zí.vel [*Desprezar* + *-ível*, irreg. ◼41A] *adj2g.* Digno de desprezo; despiciendo. [Pl.: *-veis.*]

des.pre.zo (ê) [Dev. de *desprezar.*] *sm.* **1.** Falta de apreço; desdém. **2.** Repulsa com nojo.

des.pri.mor (ô) [*Des-* + *primor.*] *sm.* Falta de primor, de cortesia.

des.pri.mo.ro.so (ô) [*Des-* + *primoroso.*] *adj.* Falto de primor. [Pl.: *-rosos* (ó).]

des.pro.por.ção [*Des-* + *proporção.*] *sf.* **1.** Falta de proporção. **2.** Descomedimento. [Pl.: *-ções.*]

des.pro.por.ci.o.na.do [*Des-* + *proporcionado.*] *adj.* Em que há desproporção; desproporcional.

des.pro.por.ci.o.nal [*Des-* + *proporcional.*] *adj2g.* Desproporcionado. [Pl.: *-nais.*]

des.pro.po.si.ta.do [*Despropositar.* ◼17A] *adj.* Que não tem propósito.

des.pro.po.si.tar [*Despropósito* + *-ar*². ◼1A] *v.int.* V. *disparatar.* [C.: 1]

des.pro.pó.si.to [*Des-* + *propósito.*] *sm.* **1.** Falta de propósito; destempero, descomedimento. **2.** Dito ou ato sem propósito. **3.** *Bras.* Quantidade enorme.

des.pro.te.ger [*Des-* + *proteger.*] *vtd.* Faltar com, ou retirar a proteção a; desamparar. [C.: 2B (ê-é)]

des.pro.vei.to [*Des-* + *proveito.*] *sm.* Prejuízo, detrimento.

des.pro.ver [*Des-* + *prover.*] *vtd.* **1.** Tirar as provisões a. **2.** Recusar as provisões necessárias a. *tdi.* **3.** Privar (de provisões, ou coisas necessárias). [C.: 23]

des.pro.vi.do [Part. de *desprover.*] *adj.* **1.** Falto de provisões. **2.** Privado de recursos; desprevenido. **3.** V. *privado*² (2).

des.pu.dor (ô) [*Des-* + *pudor.*] *sm.* Falta de pudor.

des.pu.do.ra.do [*Despudor* + *-ado*¹. ◼17B] *adj.* Falto de pudor.

des.qua.li.fi.ca.do [*Desqualificar.* ◼17A] *adj. sm.* V. *desclassificado.*

des.qua.li.fi.car [*Des-* + *qualificar.*] *vtd.* **1.** Tirar as boas qualidades a, ou fazer perdê-las. **2.** Excluir de torneio ou certame. *p.* **3.** Tornar-se inapto, indigno; inabilitar-se. [C.: 1A] § **des.qua.li.fi.ca.ção** *sf.*

des.qui.ta.do [*Desquitar.* ◼17A] *adj. sm.* Diz-se de, ou aquele que se desquitou.

des.qui.tar [*Des-* + *quitar.*] *vtd. e p.* Separar(-se) (os cônjuges) por desquite. [C.: 1]

des.qui.te [Dev. de *desquitar.*] *sm.* Dissolução de sociedade conjugal, pela qual se separam os cônjuges e seus bens, sem quebra do vínculo matrimonial.

des.ra.ti.zar [*Des-* + *rato* + *-izar.* ◼1D] *vtd.* Eliminar os ratos de (algum lugar). [C.: 1] § **des.ra.ti.za.ção** *sf.*

des.re.gra.do [*Desregrar.* ◼17A] *adj.* **1.** Sem regra. **2.** Perdulário, dissipador. **3.** Devasso, libertino. ● *sm.* **4.** Indivíduo desregrado.

des.re.gra.men.to [*Desregrar* + *-mento.* ◼3] *sm.* **1.** Falta de regra; descomedimento. **2.** V. *dissolução* (4). **3.** Desgoverno.

des.re.grar-se [*Des-* + *regrar* + *se*¹. ◼1A] *vp.* Afastar-se da regra ou da ordem estabelecida; tornar-se inconveniente; desgovernar-se, desmandar-se. [C.: 1 (é)]

des.res.pei.tar [*Des-* + *respeitar.*] *vtd.* **1.** Faltar com o respeito a; desacatar. **2.** Transgredir, violar. **3.** Perturbar. [C.: 1]

des.res.pei.to [*Des-* + *respeito.*] *sm.* Falta de respeito; desacato.

des.res.pei.to.so (ô) [*Des-* + *respeitoso.*] *adj.* Não respeitoso. [Pl.: *-tosos* (ó).]

des.se (ê) Contr. da prep. *de* com o pron.dem. *esse.*

des.se.car [Lat. *desiccare.* ◼1A] *vtd. e p.* **1.** Tornar(-se) seco. **2.** Tornar(-se) duro, insensível. [C.: 1A (é). Cf. *dissecar.*]

des.se.den.tar [*Des-* + *sedento* + *-ar*². ◼1A] *vtd. e p.* Matar a sede a, ou a própria sede. [C.: 1]

des.se.me.lhan.ça [*Des-* + *semelhança.*] *sf.* Falta de semelhança; desigualdade.

des.se.me.lhan.te [*Des-* + *semelhante.*] *adj2g.* Não semelhante; diferente.

des.sen.tir [*Des-* + *sentir.*] *vtd.* Perder o sentimento de; deixar de sentir. [C.: 48. Cf. *dissentir.*]

des.ser.vi.ço [*Des-* + *serviço.*] *sm.* Mau serviço.

des.ser.vir [*Des-* + *servir.*] *vtd.* **1.** Fazer desserviço a. *int.* **2.** Não servir. [C.: 48]

des.sol.dar [*Des-* + *soldar.* ◼1A] *vtd.* **1.** Tirar a solda a. *p.* **2.** Despregar-se (o que estava soldado). [C.: 1 (ó)]

des.so.rar [*Des-* + *soro* (ô) + *-ar*². ◼1A] *vtd. e p.* **1.** Converter(-se) em soro (ô). **2.** Enfraquecer(-se). [C.: 1 (ó)]

des.ta.bo.ca.do [*Destabocar-se.* ◼17A] *adj. Bras. Fam.* **1.** Que não tem papas na língua; atrevido. **2.** Brincalhão.

des.ta.ca.men.to [*Destacar.* ◼3] *sm.* Grupamento de unidades ou partes de unidades do exército, sob comando único, em caráter temporário e missão tática definida.

des.ta.car [Fr. *détacher.* ◼1A] *vtd.* **1.** Enviar (tropas) em destacamento. **2.** Separar, apartar. **3.** Fazer sobressair. *p.* **4.** Separar-se. **5.** Sobressair, distinguir-se. [C.: 1A] § **des.ta.cá.do** *adj.*; **des.ta.cá.vel** *adj2g.*

des.tam.par [*Des-* + *tampar.*] *vtd.* Tirar a tampa ou o tampo a; destapar. [C.: 1] § **des.tam.pa.do** *adj.*

des.tam.pa.tó.ri.o [*Destampar.* ◼23A] *sm. Bras.* **1.** Discussão muito acesa. **2.** V. *descompostura.*

destapar | destruir

des.ta.par [*Des-* + *tapar*.] *vtd*. Destampar. [C.: 1] § **des.ta.pa.do** *adj*.

des.ta.que [Dev. de *destacar*.] *sm*. **1**. Qualidade ou estado do que sobressai, ou se destaca. **2**. Realce, relevo. **3**. Figura ou assunto de destaque.

des.tar.te [*Desta* + *arte*¹.] *adv*. Por essa forma; assim.

des.te (ê) Contr. da prep. *de* com o pron.dem. *este*.

des.te.lhar [*Des-* + *telhar*.] *vtd*. Tirar as telhas de (uma edificação). [C.: 1 (ê)]

des.te.mi.do [Part. de *destemer*.] *adj*. Sem temor; intrépido.

des.te.mor (ô) [*Des-* + *temor*.] *sm*. Falta de temor; intrepidez.

des.tem.pe.ra.do [*Destemperar*.◘ 17A] *adj*.**1**.Que se destemperou. **2**. Desregrado, descontrolado. **3**. Despropositado, disparatado. • *sm*. **4**. Indivíduo destemperado (2).

des.tem.pe.ran.ça *sf*. Intemperança.

des.tem.pe.rar [*Des-* + *temperar*.] *vtd*. **1**. Fazer perder a têmpera. **2**. Diminuir a têmpera ou a força a. **3**. Tornar menos acentuado o sabor de. **4**. Enfraquecer (tinta), diluindo-a em água. **5**. Tornar descomedido. *int*. *e p*. **6**. Perder a têmpera. **7**. V. *descomedir-se*. [C.: 1 (ê)]

des.tem.pe.ro (ê) [Dev. de *destemperar*.] *sm*. **1**. Ação absurda; disparate. **2**. V. *despropósito* (1).

des.ter.rar *vtd*. Fazer sair da terra, do país; banir. [C.: 1 (é)] § **des.ter.ra.do** *adj*.

des.ter.ro (ê) [Dev. de *desterrar*.] *sm*. **1**. Ato de desterrar(-se); banimento. **2**. Pena de desterro. **3**. Lugar onde vive o desterrado.

des.ti.la.ção [Lat. *destillatione*.◘ 2A] *sf*. **1**. Ação de destilar. **2**. Destilaria. [Pl.: *-ções*.]

des.ti.la.dor (ô) [*Destilar*.◘ 19A] *adj*. **1**. Que destila. • *sm*. **2**. Alambique.

des.ti.lar [Lat. *destillare*.◘ 1A] *vtd*. **1**. Passar (substância) do estado líquido ao gasoso, e de novo ao líquido, por condensação do vapor obtido. • *int*. *e tc*. **2**. Cair ou escorrer gota a gota. [C.: 1] § **des.ti.la.do** *adj. sm*.

des.ti.la.ri.a [*Destilar*.◘ 8A] *sf*. Estabelecimento onde se faz a destilação (1).

des.ti.na.ção [Lat. *destinatione*.◘ 2A] *sf*. **1**. Ato de destinar(-se). **2**. Direção, destino. [Pl.: *-ções*.]

des.ti.nar [Lat. *destinare*.◘ 1A] *vtdi*. **1**. Reservar (para determinado fim). *p*. **2**. Dedicar-se; consagrar-se. [C.: 1] § **des.ti.na.do** *adj*.

des.ti.na.tá.ri:o [*Destinar*.◘ 24A] *sm*. Aquele a quem se destina ou se remete algo.

des.ti.no [Dev. de *destinar*.] *sm*. **1**. Sucessão de fatos que podem ou não ocorrer, e que constituem a vida do homem, considerados como resultantes de causas independentes de sua vontade; sorte, fado. **2**. O futuro. **3**. Aplicação, emprego. **4**. Lugar aonde se dirige alguém ou algo; direção.

des.ti.tu.ir [Lat. *destituere*.◘ 1C] *vtd*. **1**. Privar de autoridade, dignidade ou emprego; exonerar, demitir. *tdi*. **2**. Privar (1). *p*. **3**. Privar-se. [C.: 42] § **des.ti.tu:i.ção** *sf*.

des.to.ar [*Des-* + *toar*.] *v.int*. **1**. Desentoar, desafinar. **2**. Soar mal. *ti*. **3**. Discordar. **4**. Não condizer; não ser adequado. [C.: 1D] § **des.to.an.te** *adj2g*.

des.to.car [*Des-* + *toco* (ô) + *-ar*².◘ 1A] *vtd*. Arrancar os tocos de (árvores). [C.: 1A (ó)]

des.tor.cer [Lat.vulg **distorcere*.] *vtd*. **1**. Desfazer a torcedura a. **2**. Virar ou voltar para o lado oposto. [C.: 2A (ô-ó). Cf. *distorcer*.]

des.tra (ê) [Lat. *dextera* (*manus*).] *sf*. A mão direita.

des.tram.be.lha.do [*Destrambelhar*.◘ 17A] *adj. sm*. **1**. Diz-se de, ou indivíduo desorganizado. **2**. Diz-se de, ou indivíduo adoidado.

des.tram.be.lhar [*Des-* + *trambelho* + *-ar*².◘ 1A] *v.int*. **1**. Escangalhar(-se). *p*. **2**. Proceder como destrambelhado. [C.: 1 (ê)]

des.tran.car *vtd*. Tirar a(s) tranca(s) a. [C.: 1A]

des.tran.çar [*Des-* + *trançar*.] *vtd*. Desfazer as tranças de; desnastrar. [C.: 1B]

des.tra.tar *vtd. Bras*. Maltratar com palavras; insultar. [C.: 1. Cf. *distratar*.]

des.tra.var [*Des-* + *travar*.] *vtd*. **1**. Desprender do travão ou das travas. **2**. Soltar. *p*. **3**. Soltar-se. [C.: 1]

des.trei.na.do [*Destreinar*.◘ 17A] *adj*. Que está sem treino, sem prática.

des.te.za (ê) [*Destro*.◘ 12] *sf*. **1**. Qualidade de destro. **2**. Agilidade de mãos e de todos os movimentos. **3**. Habilidade, aptidão.

des.trin.çar ou **des.trin.char** *bras. vtd*. **1**. Separar os fios de. **2**. Esmiuçar (3). [C.: *destrinçar* 1B e *destrinchar* 1]

des.tri.par *vtd*. Estripar. [C.: 1]

des.tro (ê) [Lat. *dextru*.] *adj*. **1**. Direito (1). **2**. Que fica do lado direito. **3**. Ágil, desembaraçado. **4**. Hábil de movimentos. **5**. Sagaz, astuto.

des.tro.car *vtd*. Desfazer a troca de. [C.: 1A (ó).]

des.tro.çar [*Des-* + *troço* (ô) + *-ar*².◘ 1A] *vtd*. **1**. Pôr em debandada; dispersar. **2**. V. *desbaratar* (3). **3**. Despedaçar. **4**. Arruinar. [C.: 1B (ó)]

des.tro.ço (ô) [Dev. de *destroçar*.] *sm*. **1**. Ato ou efeito de destroçar. **2**. O que está destroçado, partido; ruína. **3**. Resto(s); fragmento(s). [Nesta acepç. mais us. no pl.: *destroços* (ó).]

des.trói.er [Ingl. *destroyer*.] *sm. Bras. Mar*. Contratorpedeiro. [Pl.: *destróieres*.]

des.tro.nar [*Des-* + *trono* + *-ar*².◘ 1A] *vtd*. **1**. Derribar do trono. **2**. *Fig*. Abater, humilhar. [C.: 1]

des.tron.car [*Des-* + *tronco* + *-ar*².◘ 1A] *vtd*. **1**. Separar do tronco; decepar. **2**. *Pop*. Desarticular (2). [C.: 1A]

des.tru:i.dor (ô) [*Destruir*.◘ 19A] *adj. sm*. Que,ou aquele que destrói.

des.tru.ir [Lat. *destruere*.◘ 1C] *vtd*. **1**. Demolir, arruinar (o que estava construído). **2**. Fazer desaparecer; extinguir. **3**. V. *arrasar* (4). **4**.

destrutível | detenção

Matar. *int.* **5.** *Bras. Gír.* Apresentar ótimo desempenho. [C.: 43] § **des.tru.i.ção** *sf.*; **des.tru.í.do** *adj.*

des.tru.tí.vel [Lat. *destructibile.* 41] *adj2g.* Que pode ser destruído. [Pl.: *-veis.*]

des.tru.ti.vo [Lat. *destructivu.* 22] *adj.* Que destrói; destruidor.

de.su.ma.ni.da.de [*Des-* + *humanidade.*] *sf.* **1.** Falta de humanidade; crueldade. **2.** Ato desumano.

de.su.ma.ni.zar [*Des-* + *humanizar.*] *vtd. e p.* Tornar(-se) desumano. [C.: 1] § **de.su.ma.ni.za.ção** *sf.*

de.su.ma.no [*Des-* + *humano.*] *adj.* **1.** Não humano; desnaturado. **2.** Bárbaro, cruel.

de.su.ni.ão *sf.* **1.** Falta ou ausência de união. **2.** Desavença, discórdia. [Pl.: *-ões.*]

de.su.nir [*Des-* + *unir.*] *vtd. e p.* Desfazer a união de, ou a própria união; separar(-se), desagregar(-se). [C.: 3]

de.su.sa.do [*Desusar.* 17A] *adj.* **1.** Que não é usado. **2.** Que está fora de uso; obsoleto, antiquado.

de.su.so [*Des-* + *uso.*] *sm.* Falta de uso, emprego ou aplicação, ou de hábito.

des.vai.ra.do [*Desvairar.* 17A] *adj.* Que perdeu o equilíbrio, o juízo; alucinado.

des.vai.ra.men.to [*Desvairar.* 3] *sm.* **1.** Desvario. **2.** Desorientação, desnorteamento.

des.vai.rar [*Desvairar.* 1A] *vtd. e p.* **1.** Fazer cair ou cair em desvairo; enlouquecer. **2.** Tornar(-se) exaltado; enfurecer(-se). **3.** V. *desatinar.* [C.: 1]

des.va.li.a [*Des-* + *valia.*] *sf.* Falta de valia.

des.va.li.do [Part. de *desvaler.*] *adj.* **1.** Sem valimento ou valia. **2.** Desamparado ou desgraçado.

des.va.li.o.so (ô) [*Des-* + *valioso.*] *adj.* Não valioso. [Pl.: *-osos* (ó).]

des.va.lor (ô) [*Des-* + *valor.*] *sm.* Falta de valor.

des.va.lo.ri.za.ção [*Desvalorizar.* 2A] *sf.* **1.** Ato ou efeito de desvalorizar(-se). **2.** Perda de valor. **3.** *Econ.* Depreciação (2) de uma moeda em relação a outra(s) moeda(s), ou ao ouro. [Pl.: *-ções.*]

des.va.lo.ri.zar *vtd. e p.* Tirar o valor a, ou perder o valor; depreciar(-se). [C.: 1]

des.va.ne.cer [Lat. *evanescere.* 1P] *vtd.* **1.** Dissipar; extinguir. **2.** Aliviar (dor ou processo inflamatório). **3.** Envaidecer. *p.* **4.** Desfazer-se. **5.** Desbotar-se. **6.** Envaidecer-se. [C.: 2A (ê-é)] § **des.va.ne.ci.do** *adj.*; **des.va.ne.ci.men.to** *sm.*

des.van.ta.gem [*Des-* + *vantagem.*] *sf.* Falta de vantagem; inferioridade. [Pl.: *-gens.*]

des.van.ta.jo.so (ô) [*Des-* + *vantajoso.*] *adj.* Não vantajoso. [Pl.: *-josos* (ó).]

des.vão [*Des-* + *vão.*] *sm.* **1.** Espaço entre o telhado e o forro de uma casa. **2.** Recanto esconso; esconderijo. [Pl.: *-vãos.*]

des.va.ri.o [Esp. *desvarío.*] *sm.* Ato de loucura; desvairamento.

des.ve.lar¹ [Esp. *desvelar.*] *vtd.* **1.** Não deixar dormir. *p.* **2.** Encher-se de zelo, de cuidados. [C.: 1 (é)] § **des.ve.la.do**¹ *adj.*

des.ve.lar² [*Des-* + *velar*¹.] *vtd. e p.* Dar(-se) a conhecer; revelar(-se). [C.: 1 (é)] § **des.ve.la.do**² *adj.*

des.ve.lo (ê) [Dev. de *desvelar*¹.] *sm.* **1.** Grande cuidado; dedicação. **2.** O objeto de desvelo (1).

des.ven.ci.lhar [*Des-* + *vencilho* + *-ar*². 1A] *vtd. e p.* Soltar(-se), desprender(-se). [C.: 1]

des.ven.dar [*Des-* + *vendar.*] *vtd.* **1.** Tirar a venda dos olhos a. **2.** Destapar, tirando a venda. **3.** Revelar. [C.: 1]

des.ven.tu.ra *sf.* Desdita, infortúnio.

des.ven.tu.ra.do [*Desventurar.* 17A] *adj. sm.* Infeliz (1 e 4); desditoso.

des.ves.tir [*Des-* + *vestir.*] *vtd.* **1.** Despir. **2.** Tirar do corpo (o vestuário ou parte dele). *p.* **3.** Despir-se. [C.: 48]

des.vi.ar [Lat. *deviare*, com troca de pref. 1A] *vtd.* **1.** Mudar a direção de. **2.** Afastar do ponto onde se encontrava. **3.** Alterar o destino ou aplicação de. *p.* **4.** Afastar-se. [C.: 1]

des.vin.car *vtd.* Tirar vinco(s) a; alisar. [C.: 1A]

des.vin.cu.lar [*Des-* + *vincular.*] *vtd.* **1.** Desatar ou desligar (o que estava vinculado). **2.** Liberar (bens que constituíam vínculo). *tdi.* **3.** Desvincular (1). *p.* **4.** *Fig.* Desligar-se. [C.: 1] § **des.vin.cu.la.ção** *sf.*

des.vi:o [Regr. de *desviar.*] *sm.* **1.** Ato ou efeito de desviar(-se) da posição normal. **2.** Sinuosidade, curva. **3.** Subtração fraudulenta.

des.vi.rar *vtd.* **1.** Fazer voltar à posição normal (o que estava virado). **2.** Virar do avesso. *p.* **3.** Voltar à posição normal. **4.** *Bras. Fig.* Dar o máximo de si em algo. [C.: 1]

des.vir.gi.nar [Lat. *devirginare.* 1A] *vtd.* Tirar a virgindade a; violar. [C.: 1]

des.vir.tu.ar *vtd.* **1.** Depreciar a virtude, o merecimento, de. **2.** Julgar desfavoravelmente. **3.** Tomar em mau sentido. [C.: 1] § **des.vir.tu.a.men.to** *sm.*

des.vi.ta.li.zar [*Des-* + *vitalizar.*] *vtd.* Privar da vitalidade. [C.: 1]

de.ta.lhar [Fr. *détailler.* 1A] *vtd.* Narrar minuciosamente; particularizar. [C.: 1]

de.ta.lhe [Fr. *détail.*] *sm.* Particularidade, pormenor.

de.ta.lhis.ta [*Detalhe.* 36] *adj2g. s2g.* Que, ou quem se atém aos detalhes, às minúcias.

de.tec.tar [Ingl. (*to*) *detect.* 1A] *vtd.* Revelar ou perceber a existência de. [C.: 1 (é)] § **de.tec.ção** *sf.*; **de.tec.tá.vel** *adj2g.*

de.tec.tor (ô) [Ingl. *detector.* 19] *adj. sm.* Que, ou aquilo que detecta.

de.ten.ça [*Deter.* 10A] *sf.* Demora, delonga.

de.ten.ção [Lat. *detentione.* 2A] *sf.* **1.** Ato de deter. **2.** Possessão ilegítima. **3.** Prisão provisória; retenção. **4.** *Bras. Jur.* Pena que se

detento | devassidão

cumpre com rigor penitenciário menor que o da reclusão. [Pl.: -ções.]

de.ten.to [Lat. *detentu*.] *sm. Bras.* V. *prisioneiro* (1).

de.ten.tor (ô) [Lat. *detentore*. ◘19] *sm.* Aquele que detém.

de.ter [Lat. *detinere*. ◘1B] *vtd.* **1.** Fazer cessar; interromper. **2.** Fazer demorar; reter. **3.** Suspender, suster. **4.** Conservar em seu poder. **5.** Determinar a prisão provisória de. *p.* **6.** Cessar de andar. **7.** Ocupar-se longamente. **8.** Conter-se, reprimir-se. [C.: 15]

de.ter.gen.te [Lat. *detergente*. ◘21A] *adj2g. sm.* Diz-se de, ou substância que deterge ou purifica.

de.ter.gir [Lat. *detergere*. ◘1C] *vtd.* Limpar por meio de substância ou ingredientes químicos. [C.: 46. Ger. é unipess.]

de.te.ri:o.rar [Lat. *deteriorare*. ◘1A] *vtd.* **1.** Danificar, estragar. **2.** Corromper (1). **3.** Desperdiçar. *p.* **4.** Danificar-se. **5.** Corromper (5). **6.** Agravar-se; complicar-se. [C.: 1 (ó)] § **de.te.ri:o.ra.ção** *sf.*

de.ter.mi.na.ção [Lat. *determinatione*. ◘2A] *sf.* **1.** Ato ou efeito de determinar(-se). **2.** Resolução, decisão. **3.** Capacidade de decisão. [Pl.: -*ções*.]

de.ter.mi.na.do [*Determinar*. ◘17A] *adj.* **1.** Que se determinou. **2.** Resoluto, decidido. **3.** Expedito; rápido. ● *pron. indef.* **4.** Certo, algum: *Em determinado instante ela chorou.*

de.ter.mi.na.dor (ô) [Lat. *determinatore*. ◘19A] *adj.* Determinante.

de.ter.mi.nan.te [Lat. *determinante*. ◘21] *adj2g.* Que determina; determinador.

de.ter.mi.nar [Lat. *determinare*. ◘1A] *vtd.* **1.** Marcar termo a; delimitar; fixar. **2.** Definir, precisar. **3.** Estabelecer como ordem; ordenar. **4.** Causar, motivar. **5.** Especificar. **6.** Fixar, assentar. *p.* **7.** Decidir-se. [C.: 1]

de.ter.mi.nis.mo [*Determinar*. ◘11] *sm. Filos.* Conexão rigorosa entre os fenômenos (naturais ou humanos), de modo que cada um deles é completamente condicionado pelos que o precederam.

de.tes.tar [Lat. **detestare*. ◘1A] *vtd.* **1.** Ter horror ou aversão a; odiar. *p.* **2.** Ter aversão recíproca, ou a si mesmo; odiar-se. [C.: 1 (é)]

de.tes.tá.vel [Lat. *detestabile*. ◘41] *adj2g.* **1.** Que se deve detestar. **2.** Péssimo, insuportável. [Pl.: -*veis*.]

de.te.ti.ve [Ingl. *detective*.] *sm.* Agente investigador de crimes. § **de.te.ti.ves.co** (ê) *adj.*

de.ti.do [Part. de *deter*.] *adj.* **1.** Que se deteve, se demorou. **2.** Que está preso provisoriamente. ● *sm.* **3.** Indivíduo detido (2). **4.** *P.ext.* V. *prisioneiro* (1).

de.to.na.ção [*Detonar*. ◘2A] *sf.* **1.** Ato ou efeito de detonar; disparo. **2.** Ruído súbito devido a explosão. [Pl.: -*ções*.]

de.to.na.dor (ô) [*Detonar*. ◘19A] *adj.* **1.** Que detona. ● *sm.* **2.** Mecanismo, etc., que provoca a detonação de cargas explosivas.

de.to.nar [Lat. *detonare*. ◘1A] *vtd.* **1.** Fazer explodir (projetil, bomba, etc.). **2.** Disparar (arma de fogo). **3.** Dar início a; desencadear. **4.** *Fig.* Dar fim a; acabar. **5.** *Pop.* Comer ou beber em excesso: *Detonou uma melancia. int.* **6.** Estrondar, explodindo. **7.** Exceder-se em farra, festejo. [C.: 1]

de.tra.ção [Lat. *detractione*. ◘2] *sf.* **1.** Maledicência, difamação. **2.** Menosprezo, depreciação. [Pl.: -*ções*.]

de.tra.ir [Lat. *detrahere*. ◘1C] *vtd.* Dizer mal de; difamar, detratar. [C.: 38]

de.trás *adv.* **1.** Na parte posterior. **2.** Depois.

de.tra.tar [Lat. *detratus*. ◘1A] *vtd. Bras.* V. *detrair*. [C.: 1] § **de.tra.ta.do** *adj.*

de.tra.tor (ô) [Lat. *detractore*. ◘19] *sm.* Quem detrai ou detrata.

de.tri.men.to [Lat. *detrimentu*. ◘3] *sm.* Dano, prejuízo.

de.tri.to [Lat. *detritu*, 'gasto pelo atrito'.] *sm.* Resíduo de uma substância; restos.

de.tur.par [Lat. *deturpare*. ◘1A] *vtd.* **1.** Tornar torpe, feio; desfigurar. **2.** Manchar, conspurcar. **3.** Adulterar. *p.* **4.** Modificar-se, adulterar-se. [C.: 1] § **de.tur.pa.ção** *sf.*; **de.tur.pa.dor** (ô) *adj. sm.*

deus [Lat. *deus*.] *sm.* **1.** Ser infinito, perfeito, criador do Universo. [Com inicial maiúsc.] **2.** Nas religiões politeístas, divindade masculina superior aos homens, e senhora dos destinos da vida. ◆ **Deus e o mundo.** Todos.

deu.sa [Fem. de *deus*.] *sf.* **1.** Cada uma das divindades femininas do politeísmo. **2.** Mulher belíssima.

deu.té.ri:o [*Deuter(o)-* + *-io²*. ◘34B] *sm. Quím.* Isótopo do hidrogênio com um próton e um nêutron no núcleo atômico (número de massa 2) [símb.: *D*].

dêu.te.ron *sm. Fís.* Núcleo composto de um próton e um nêutron [símb.: *d*].

de.va.gar [*De-* + *vagar¹*.] *adv.* Sem pressa; lentamente. [Cf. *divagar*.]

de.va.ga.ri.nho [*Devagar*. ◘32] *adv.* Bem devagar.

de.va.ne.ar [*De-* + lat. *vanus*, 'vão', + *-ear*. ◘1N] *vtd.* **1.** Pensar em (coisas vãs). **2.** Pensar vagamente em. *ti.* **3.** Devanear (1 e 2). *int.* **4.** Divagar (3). **5.** Delirar, desvairar. [C.: 12A]

de.va.nei.o [Dev. de *devanear*.] *sm.* Capricho da imaginação; sonho, fantasia.

de.vas.sa [F.subst. de *devasso*.] *sf.* Sindicância, inquérito.

de.vas.sar [*Devasso*, poss. ◘1A] *vtd.* **1.** Invadir e pôr a descoberto (o que estava defeso). **2.** Tentar descobrir. **3.** Ter vista para dentro de. **4.** Submeter a devassa. [C.: 1] § **de.vas.sa.do** *adj.*

de.vas.si.dão [*Devasso* + *-idão*.] *sf.* Caráter, procedimento, vida de devasso. [Pl.: -*dões*.]

devasso | diadema

de.vas.so [V.E] *adj.* 1. Destituído de valores morais; de comportamento desregrado ou imoral. 2. Próprio de devasso. 3. Libertino, licencioso. ● *sm.* 4. Indivíduo devasso. [Sin. ger.: *dissoluto*.]

de.vas.tar [Lat. *devastare*.▣ 1A] *vtd.* 1. V. *arrasar* (4). 2. Tornar deserto; despovoar. [C.: 1] § **de.vas.ta.ção** *sf.*; **de.vas.ta.dor** (ô) *adj. sm.*

de.ve [De *dever*.] *sm.* Débito.

de.ve.dor (ô) [Lat. *debitore*.▣ 19A] *adj.* 1. Que deve. 2. Que constitui débito. ● *sm.* 3. Aquele que deve.

de.ver [Lat. *debere*.▣ 1B] *vtd.* 1. Ter obrigação de. 2. Estar na obrigação de pagar, de restituir (dada quantia), ou de retribuir (algo). 3. Ter de; precisar. 4. Dever (5). *ti.* 5. Ser possível ou provável. *tdi.* 6. Dever (2): *Devia* dinheiro ao amigo; *Devia*-lhe uma visita. *int.* 7. Ter dívidas ou deveres. [C.: 2 (ê-é)] ● *sm.* 8. Obrigação; tarefa. 9. Obrigação moral. § **de.vi.do** *adj.*

de.ve.ras *adv.* A valer; realmente; muito.

de.ver.bal *adj2g. sm. E.Ling.* Diz-se de, ou substantivo que é derivado regressivo de verbo. Ex.: *compra*, de *comprar*. [Pl.: *-bais*.]

de.vo.ção [Lat. *devotione*.▣ 2] *sf.* 1. Ato de dedicar-se ou consagrar-se a alguém ou a uma entidade. 2. Fervor religioso. [Pl.: *-ções*.]

de.vo.lu.to [Lat. *devolutu*.▣] *adj.* Desocupado, desabitado.

de.vol.ver [Lat. *devolvere*.▣ 1B] *vtdi.* 1. Mandar ou dar de volta (o que fora entregue, remetido, esquecido, etc.); restituir. 2. Transferir (direito ou propriedade) a. *td.* 3. Devolver (1). 4. Não aceitar. 5. Replicar, retrucar. 6. Refletir. 7. *Bras. Pop.* Vomitar. [C.: 2 (ô-ó)] § **de.vo.lu.ção** *sf.*

de.vo.ni.a.no [Ingl. *devonian*, 'de Devon' (top.).] *adj. sm.* Relativo a, ou período da era paleozoica (c.408 milhões a c.360 milhões de anos) em que apareceram os anfíbios e as primeiras florestas.

de.vo.rar [Lat. *devorare*.▣ 1A] *vtd.* 1. Engolir de uma só vez; comer avidamente. 2. Destruir, dissipar. 3. Ler muito rapidamente. 4. Atormentar, consumir. [C.: 1 (ó)] § **de.vo.ra.dor** (ô) *adj.*

de.vo.tar [Lat. *devotare*.▣ 1A] *vtdi.* 1. Oferecer em voto (1). 2. Dedicar. *p.* 3. Dedicar-se, consagrar-se. [C.: 1 (ó)] § **de.vo.ta.do** *adj.*; **de.vo.ta.men.to** *sm.*

de.vo.to [Lat. *devotu*.] *adj.* 1. Piedoso. 2. Dedicado, devotado. ● *sm.* 3. Aquele que é devoto.

dez (é) [Lat. *decem*.] *num.* 1. Quantidade que é uma unidade maior que 9. 2. Número (1) correspondente a essa quantidade. [Representa-se em algarismos arábicos por 10, e em romano, por X.] 3. Décimo (1).

de.zem.bro [Lat. *decembre*.] *sm.* O 12º e último mês do ano, com 31 dias.

de.ze.na [Lat. *decena*.] *sf.* 1. Conjunto de 10 quantidades. 2. Decêndio.

de.ze.no.ve [Lat.vulg. *decem et novem*.] *num.* 1. Quantidade que é uma unidade maior que 18. 2. Número (1) correspondente a essa quantidade. [Representa-se em algarismos arábicos por 19, e em romanos, por XIX.]

de.zes.seis [Lat.vulg. *decem et sex*.] *num.* 1. Quantidade que é uma unidade maior que 15. 2. Número (1) correspondente a essa quantidade. [Representa-se em algarismos arábicos por 16, e em romanos, por XVI.]

de.zes.se.te [Lat.vulg. *decem et septem*.] *num.* 1. Quantidade que é uma unidade maior que 16. 2. Número (1) correspondente a essa quantidade. [Representa-se em algarismos arábicos por 17, e em romanos, por XVII.]

de.zoi.to [Lat.vulg. *decem et octo*.] *num.* 1. Quantidade que é uma unidade maior que 17. 2. Número (1) correspondente a essa quantidade. [Representa-se em algarismos arábicos por 18, e em romanos, por XVIII.]

■ **dg** *Símb.* de *decigrama*.

di.a [Lat.vulg. **dia*.] *sm.* 1. O período de tempo em que parte da Terra está clara, ou o intervalo entre uma noite e outra. 2. O período de tempo, de 24 horas, que reúne um dia (1) e uma noite (1). 3. Ocasião própria. ◆ **Dia santo.** Dia consagrado a um culto religioso. **Dia útil.** Dia em que se trabalha. **Em dia.** 1. Sem atraso; dentro do prazo estabelecido. 2. Atualizado, bem informado; a par. **Hoje em dia.** Nos tempos de agora; atualmente.

di.a a di.a *sm.* A sucessão dos dias; o viver cotidiano. [Pl.: *dia(s) a dias*.]

di:a.be.te *sm.f. Med.* V. *diabetes*.

di:a.be.tes [Lat. *diabetes*.] *sm.f.2n. Med.* 1. Designação genérica de doenças que se caracterizam por grande eliminação de urina. 2. *Impr.* Diabetes melito. [Var.: *diabete*.] ◆ **Diabetes melito.** *Med.* Distúrbio do metabolismo dos açúcares.

di:a.bé.ti.co [*Diabete(s)*.▣ 35B] *adj. sm.* Diz-se de, ou aquele que tem diabetes.

di.a.bo [Lat.ecl. *diabolu*.] *sm.* 1. V. *demônio* (2 e 4). 2. O chefe dos demônios; belzebu, capeta, demo, Demônio, Satanás, Lúcifer, sujo (*bras., pop.*); diacho, tentação, tinhoso. 3. Coisa indeterminada ou desconhecida. ● *interj.* 4. Exprime contrariedade, perplexidade, impaciência, raiva, etc.; diacho.

di:a.bó.li.co [Lat.ecl. *diabolicu*.▣ 35B] *adj.* 1. Do, ou próprio do Diabo; demoníaco. 2. Terrível, atroz, satânico, infernal.

di:a.bru.ra [*Diabro*.▣ 5] *sf.* Travessura de criança.

di.a.cho (ô) 1. V. *diabo* (2). ● *interj.* 2. Diabo (4).

di:a.co.na.to [Lat.ecl. *diaconatu*.▣ 18] *sm.* Dignidade e/ou função de diácono.

di.á.co.no [Lat.ecl. *diaconu*.] *sm.* Clérigo cuja função é imediatamente inferior à do padre.

di:a.de.ma [Lat. *diadema*.] *sm.* 1. Faixa ornamental com que os soberanos cingem a cabe-

diáfano | diatomácea

ça. **2.** Adorno circular que as mulheres usam no penteado.

di.á.fa.no [Gr. *diaphanés*.] *adj.* Que, sendo compacto, dá passagem à luz.

di:a.frag.ma [Lat. *diaphragma*.] *sm.* **1.** *Anat.* Largo músculo que separa a cavidade torácica da abdominal. **2.** *Fís.* Membrana elástica usada para provocar ou detectar e transmitir vibrações. **3.** Dispositivo anticoncepcional, de uso feminino, e ger. de borracha. **4.** *Fot. Cin. Telev.* Dispositivo cuja abertura regula a entrada de luz na câmera. § **di:a.frag.má.ti.co** *adj.*

di:ag.nos.ti.car [*Diagnóstico*.⬛1A] *vtd.* Fazer o diagnóstico de. [C.: 1A]

di:ag.nós.ti.co [Gr. *diagnostikós*.⬛35B] *sm.* Conhecimento ou determinação duma doença pelos seus sintomas, sinais e/ou exames.

di:a.go.nal [Lat. *diagonale*.⬛39] *adj2g.* **1.** Oblíquo, inclinado. ● *sm.* **2.** Direção, linha diagonal. [Pl.: -*nais*.]

di:a.gra.ma [*Diagrama*.] *sm.* **1.** Representação gráfica de determinado fenômeno. **2.** Bosquejo.

di:a.gra.mar [*Diagrama*.⬛1A] *vtd.* **1.** *Edit.* Determinar a disposição de (os espaços a serem ocupados pelo texto, ilustração, etc., de livro, jornal, etc.). **2.** Dispor, de acordo com estrutura predeterminada, o que vai ser impresso. [C.: 1] § **di:a.gra.ma.ção** *sf.*

di.al [Ingl. *dial*.] *sm.* Mostrador de um instrumento. [Pl.: -*ais*.]

di:a.lé.ti.ca [Lat. *dialectica*.] *sf.* A arte do diálogo ou da discussão.

di:a.lé.ti.co [Lat. *dialecticu*.⬛35B] *adj.* **1.** Que concerne à arte do diálogo. **2.** Diz-se de todo processo que é incessante, progressivo, movido por oposições violentas e que avança por rupturas.

di:a.le.to [Lat. *dialectu*.] *sm.* Variedade regional de uma língua. § **di:a.le.tal** *adj2g.*

di:a.lo.gar [*Diálogo*.⬛1A] *vtd. e int.* Ter ou manter diálogo. [C.: 1C (ó)]

di.á.lo.go [Lat. *dialogu*.] *sm.* **1.** Fala alternada entre 2 ou mais pessoas; conversação. **2.** Troca ou discussão de ideias, opiniões, etc.

di.a-luz *sm.* Distância percorrida pela luz em um dia e equiv. a 26 bilhões de quilômetros. [Pl.: *dias-luz*.]

di:a.man.te [Lat.vulg. *diamante*.] *sm.* **1.** Mineral formado de carbono puro, a mais dura e brilhante das pedras preciosas. **2.** Fragmento de diamante ou de outro cristal muito duro, fixo num cabo, e us. para cortar vidro.

di:a.man.tí.fe.ro [*Diamante* + *-ífero*.] *adj.* Diz-se de local onde há diamantes.

di:a.man.ti.no [*Diamante*.⬛30] *adj.* De diamante, ou que o lembra pela dureza e sobretudo pelo brilho; adamantino.

di.â.me.tro [Lat. *diametru*.] *sm. Geom.* Numa curva, lugar geométrico dos pontos médios das cordas paralelas a uma dada direção.

di.an.te [*De* + o lat. *inante*.] *prep. P.us.* Diante de. ◆ **Diante de**. **1.** Na frente de; em presença de. **2.** Em comparação com. [Sin., nessas acepç.: *defronte de*.] **3.** Por influência ou efeito diretos de. **Em diante.** *Pop.* V. *por diante* [us. ger. na expr. *daqui* (ou *dali*) *em diante*]. **Para diante. 1.** Para a frente. **2.** V. *por diante*. **Por diante.** No futuro, depois, a partir de determinado momento: *Daqui por diante, estarás sozinho*.

di:an.tei.ra [F.subst. de *dianteiro*.] *sf.* O ponto mais avançado; frente; vanguarda.

di:an.tei.ro [*Diante*.⬛25] *adj.* Que está ou vai adiante.

di:a.pa.são [Lat. *diapason*.] *sm.* **1.** *Mús.* Altura relativa de um som na escala geral; tom. **2.** Pequeno objeto metálico us. para afinar os instrumentos e as vozes. **3.** Padrão, medida. [Pl.: -*sões*.]

di:a.po.si.ti.vo [*Di(a)-* + *positivo*.] *sm.* Reprodução fotográfica em uma chapa transparente, apropriada para projeção.

di.á.ri.a [F.subst. de *diário*.] *sf.* **1.** Receita ou despesa de cada dia. **2.** Salário por dia de trabalho. **3.** Importância paga a funcionários em viagem, para seus gastos, ou a hospitais, hotéis, etc., por dia de internamento ou de hospedagem.

di:a.ri:a.men.te [F. de *diário*.⬛42] *adv.* Todos os dias.

di.á.ri:o [Lat. *diariu*.] *adj.* **1.** Que se faz ou sucede todos os dias; cotidiano. ● *sm.* **2.** Relação do que se faz ou sucede em cada dia. **3.** Registro dessa relação. **4.** Jornal[2](1). **5.** Caderno ou similar em que se registram os acontecimentos diários.

di:a.ris.ta[1] [*Diário*.⬛36] *s2g.* Redator de jornal diário.

di:a.ris.ta[2] [*Diária*.⬛36] *s2g. Bras.* Trabalhador que ganha só nos dias em que trabalha, ou cujo ganho é calculado por dia.

di:ar.rei.a (éi) [Lat. *diarrhoea*.] *sf. Med.* Evacuação frequente de fezes líquidas e abundantes. [Sin., pop.: *desarranjo, piriri, soltura*.]

di.as *smpl.* Tempo de vida, de existência.

di.ás.po.ra [Gr. *diasporá*, 'dispersão'.] *sf.* **1.** A dispersão dos judeus, no correr dos séculos. **2.** *P.ext.* Dispersão de povo(s) em virtude de perseguição de grupo(s) intolerante(s).

di.ás.to.le [Lat. *diastole*.] *sf. Med.* Movimento de dilatação do coração, que tem por efeito o enchimento deste de sangue. [Opõe-se a *sístole*.]

di:a.tér.mi.co [*Di(a)-* + *-term(o)-* + *-ico*[2].⬛35B] *adj.* Que não restringe a passagem de calor.

di.á.te.se [Gr. *diáthesis*.] *sf. Med.* Distúrbio de natureza constitucional, que produz maior susceptibilidade a certas doenças. § **di.a.té.ti.co** *adj.*

di:a.to.má.ce:a [Tax. *Diatomaceae*.] *sf. Bot.* V. *bacilariófito*.

diatômico | diferenciador

di:a.tô.mi.co [*Di-*[1] + *atômico*.] *adj. Quím.* Formado por 2 átomos.

di:a.tô.ni.co [Lat. *diatonicu*. ▣35B] *adj. Mús.* **1.** Diz-se de intervalo ou de escala cujos sons constitutivos são vizinhos e possuem nomes diferentes. **2.** Diz-se de escala que procede, segundo a ordem natural, numa sequência ordenada de tons e semitons.

di:a.tri.be [Fr. *diatribe*.] *sf.* Crítica acerba.

di.ca [Por *indica*, dev. de *indicar*, poss.] *sf. Bras. Gír.* Informação ou indicação útil, ger. nova para quem a recebe.

dic.ção [Lat. *dictione*. ▣2] *sf.* **1.** Modo de dizer. **2.** A arte de dizer, de recitar. [Pl.: *-ções*.]

di.ci.no.don.te *sm. Paleont.* Nome comum a animais herbívoros, assemelhados ao porco, com 2 salientes presas na maxila, que viveram no triássico.

di.ci:o.ná.ri:o [Lat.med. *dictionariu*. ▣24] *sm.* **1.** Conjunto de vocábulos duma língua ou de termos próprios duma ciência ou arte, dispostos alfabeticamente e com os respectivos significados ou a sua versão em outra língua; léxico. **2.** Obra ou livro que o consigna, ou um exemplar de uma dessas obras. [Sin.ger. (bras., pop.): *pai dos burros*.] ◆ **Dicionário eletrônico.** *Inform.* Modalidade eletrônica de dicionário (2).

di.ci:o.na.ris.ta [*Dicionário*. ▣36] *s2g.* Autor de dicionário; lexicógrafo.

di.ci:o.na.ri.zar [*Dicionário*. ▣1D] *vtd.* Incluir ou registrar em dicionário. [C.: 1] § **di.ci:o.na.ri.za.ção** *sf.*

di.cken.si.a.no [▣29A] *adj.* Relativo ao, ou próprio do romancista Charles Dickens (**M.**), ou à sua obra.

di.co.ti.lé.do.ne [*Di-*[1] + *cotilédone*.] *adj2g. Bot.* Dicotiledôneo.

di.co.ti.le.dô.ne:o [*Di-*[1] + *cotil(édone)* + *-eo*.] *adj. Bot.* Com 2 cotilédones.

di.co.to.mi.a [Gr. *dichotomía*. ▣8A] *sf.* Divisão de um conceito em 2 elementos ger. contrários. § **di.co.tô.mi.co** *adj.*

di.da.ta [Ingl. *didact*.] *s2g.* **1.** Pessoa que instrui. **2.** Autor de obras didáticas.

di.dá.ti.ca [F.subst. de *didático*.] *sf. Educ.* A arte de bem ensinar, de transmitir conhecimento.

di.dá.ti.co [Gr. *didaktikós*. ▣35B] *adj.* **1.** Relativo ao ensino, ou próprio dele. **2.** Próprio para instruir.

di.dá.ti.co-pe.da.gó.gi.co *adj. Educ. Pedag.* Que diz respeito, ao mesmo tempo, à didática e à pedagogia. [Pl.: *didático-pedagógicos*.]

di.da.ti.za.ção [*Didatizar*. ▣2A] *sf. Pedag.* **1.** Ato, processo ou efeito de didatizar. **2.** Forma de ensinar na qual prevalece a didática, como técnica de ensino. [Pl.: *-ções*.]

di.da.ti.zar [*Didát(ico)*. ▣1D] *vtd. e int.* **1.** Tornar didático. **2.** *Pedag.* Valer-se da didática ao ensinar. [C.: 1]

di.del.fí.de:o [Tax. *Didelphidae*.] *adj. sm. Zool.* Diz-se de, ou espécime dos didelfídeos, família de mamíferos marsupiais de cauda quase nua. São os gambás e as cuícas.

di:e.dro [*Di-*[1] + *-edro*.] *sm. Geom.* Figura formada por 2 planos que se encontram. § **di.é.dri.co** *adj.*

di.e.lé.tri.co [*Di(a)-* + *elétrico*.] *adj. sm. Eletr.* Diz-se de, ou meio não condutor de corrente elétrica.

di.en.cé.fa.lo [*Di-*[2] + *encéfalo*.] *sm. Anat.* Parte posterior do prosencéfalo.

→ **diesel** (dízel) [Ingl.] *adj2g.* **1.** Diz-se de óleo combustível extraído do petróleo. **2.** Diz-se de motor movido a óleo *diesel*. ● *sm.* **3.** Óleo *diesel*.

→ **diet** (dáieti) [Ingl.] *adj2g2n.* Diz-se de alimento ou bebida com ingrediente(s) modificado(s), reduzido(s), ou suprimido(s), visando a um tipo específico de dieta, como a dos diabéticos, hipertensos, etc.

di.e.ta[1] [Lat. *diaeta*.] *sf.* **1.** Ingestão habitual de alimento sólido ou líquido. **2.** Prescrição médica de controle alimentar; regime. **3.** Abstenção de certos alimentos.

di.e.ta[2] [Lat.med. *dieta*.] *sf.* Assembleia política de alguns Estados.

di:e.té.ti.ca [F.subst. de *dietético*.] *sf.* Estudo científico de dieta[1] (2).

di:e.té.ti.co [Lat. *diaeteticu*. ▣35B] *adj. Med.* Relativo a, ou determinado pela dieta[1].

di:e.tis.ta [*Dieta*[1]. ▣36] *s2g.* Nutricionista.

di.fa.mar [Lat. *diffamare*. ▣1A] *vtd.* **1.** Tirar a boa fama ou o crédito a; desacreditar publicamente; infamar. *ti.* **2.** Falar mal. [C.: 1] § **di.fa.ma.ção** *sf.*; **di.fa.ma.dor** (ô) *adj. sm.*; **di.fa.ma.tó.ri:o** *adj.*

di.fe.ren.ça [Lat. *differentia*.] *sf.* **1.** Qualidade de diferente. **2.** Divergência; desarmonia. **3.** Distinção (2). **4.** Aquilo que distingue ou torna desiguais as coisas ou pessoas tomadas em comparação. **5.** *Mat.* Resultado da subtração de 2 quantidades. ◆ **Diferença de potencial.** *Eletr.* Trabalho necessário para levar de um ponto a outro (no espaço ou num circuito elétrico) uma unidade de carga elétrica. [É a medida da capacidade de se gerar corrente elétrica entre 2 pontos ou entre componentes de um circuito.]

di.fe.ren.çar [*Diferença*. ▣1A] *vtd. e p.* **1.** Tornar(-se) diferente, diverso, distinto; diferenciar(-se), distinguir(-se). *tdi.* **2.** Estabelecer diferença; distinguir, discriminar, discernir, diferenciar. [C.: 1B]

di.fe.ren.ci:a.ção [*Diferenciar*. ▣2A] *sf.* **1.** Ato ou efeito de diferenciar(-se). **2.** *Mat.* Cálculo da diferencial de uma função. [Pl.: *-ções*.]

di.fe.ren.ci:a.dor (ô) [*Diferenciar*. ▣19A] *adj. sm.* Que, ou o que diferencia, ou faz a diferenciação.

diferencial | dignidade

di.fe.ren.ci:al [Fr. *différentiel*, poss. ▣39] *adj2g.* **1.** Relativo a, ou que indica diferença. **2.** *Mat.* Relativo a derivadas, ou à diferencial (4) de uma função. ● *sm.* **3.** Aparelho que conserva o automóvel em equilíbrio nas curvas, permitindo que as rodas traseiras se movam com velocidade diferente uma da outra. **4.** *Mat.* O produto da derivada de uma função de uma variável pelo acréscimo infinitesimal dessa variável. [Pl.: *-ais*.]

di.fe.ren.ci.ar [Fr. *différencier*, poss. ▣1A] *vtd., tdi. e p.* V. *diferençar.* [C.: 1] § **di.fe.ren.ci.a.do** *adj.*

di.fe.ren.te [Lat. *differente*. ▣21] *adj2g.* **1.** Que não é igual, que difere; desigual. **2.** Variegado, variado. **3.** Modificado.

di.fe.rir [Lat. **differere*. ▣1C] *vtd.* **1.** Adiar, retardar. *ti.* **2.** Divergir, discordar, discrepar. **3.** Ser diferente; distinguir-se. *int.* **4.** Diferir (3). [C.: 48. Cf. *deferir.*]

di.fí.cil [Lat. *difficile*.] *adj2g.* **1.** Árduo, custoso. **2.** Trabalhoso. **3.** Penoso: *horas difíceis.* **4.** Embaraçoso: *situação difícil.* **5.** Intricado: *autor difícil.* **6.** Insociável, intratável. **7.** Pouco provável: *É difícil que aceite o cargo.* [Pl.: *-ceis*. Superl.: *dificílimo, dificílimo.*]

di.fi.cul.da.de [Lat. *difficultate*. ▣14] *sf.* **1.** Caráter de difícil. **2.** Aquilo que o é. **3.** Obstáculo, óbice. **4.** Situação crítica.

di.fi.cul.tar [Lat. *difficultare*. ▣1A] *vtd.* **1.** Tornar difícil ou custoso de fazer. **2.** Criar dificuldade(s), empecilho(s) a. *p.* **3.** Fazer-se difícil. [C.: 1] § **di.fi.cul.ta.ção** *sf.*

di.fi.cul.to.so (ô) [Rad. lat. *dificult-* + *-oso*. ▣37] *adj.* Cheio de dificuldades. [Pl.: *-tosos* (ó).]

di.fra.ção [Lat.cient. *diffractio, onis*. ▣2] *sf. Fís.* Fenômeno que ocorre quando uma fração de um raio luminoso que incide sobre um material opaco atravessa este material. [Pl.: *-ções*.] § **di.fra.ti.vo** *adj.*

dif.te.ri.a [Fr. *diphtérie*.] *sf. Med.* Doença infecciosa bacteriana, contagiosa, passível de vacinação, e que se caracteriza pela formação, esp. na faringe e na laringe, de pseudomembranas, e por fenômenos gerais de intoxicação (paralisias, etc.). § **dif.té.ri.co** *adj.*

di.fun.dir [Lat. *diffundere*. ▣1C] *vtd.* **1.** Propagar, transmitir. **2.** Irradiar, emitir. *p.* **3.** Espalhar-se. **4.** Propagar-se, divulgar-se. [C.: 3]

di.fu.são [Lat. *diffusione*. ▣2] *sf.* **1.** Ato ou efeito de difundir. **2.** Derramamento de fluido. **3.** Espalhamento, disseminação; propagação, divulgação. **4.** Espalhamento de um raio luminoso por pequenas partículas ou irregularidades microscópicas. [Pl.: *-sões*.]

di.fu.si:o.nis.mo [*Difusão* (*-sion-*). ▣11] *sm.* Teoria segundo a qual as transformações da humanidade decorrem do contato entre grupos e difusão de seus elementos culturais. § **di.fu.si:o.nis.ta** *adj2g. s2g.*

di.fu.so [Lat. *diffusu*.] *adj.* **1.** Em que há difusão. **2.** Excessivo; redundante. **3.** *Med.* Não circunscrito. § **di.fu.si.vo** *adj.*

di.ge.rir [Lat. *digerere*. ▣1C] *vtd.* **1.** Fazer a digestão de. **2.** Assimilar, compreender. *int.* **3.** Realizar a digestão. [C.: 48] § **di.ge.rí.vel** *adj2g.*

di.ges.tão [Lat. *digestione*. ▣2] *sf. Fisiol.* Transformação dos alimentos em substâncias assimiláveis. [Pl.: *-tões*.]

di.ges.ti.vo [Lat. *digestivu*. ▣22] *adj.* V. *digestório.*

di.ges.to [Lat. *digestu*.] *sm.* **1.** Coleção das decisões dos jurisconsultos romanos mais célebres. **2.** Publicação composta de artigos, livros, etc., condensados.

di.ges.tó.ri:o [Lat. *digestoriu*. ▣23] *adj.* Relativo à digestão, ou que a facilita.

di.gi.ta.do [*Digit*(i)- + *-ado*¹. ▣17B] *adj.* Que tem forma ou disposição de dedos; digitiforme.

di.gi.ta.dor (ô) [*Digitar*. ▣19A] *adj. sm.* Que, ou aquele que digita.

di.gi.tal¹ [*Digital*. ▣39] *adj2g.* **1.** Dos, ou pertencente ou relativo aos dedos. **2.** Relativo a dígito. **3.** Relativo à representação de quantidades ou valores variáveis, por meio de conjuntos finitos de algarismos. **4.** Diz-se de aparelho eletrônico que emprega microprocessador. **5.** Que só pode assumir valores predeterminados. [Pl.: *-tais*.]

di.gi.tal² [Tax. *Digitalis*.] *sf. Bot.* Planta herbácea eurasiana, escrofulariácea, de que se extraem diversas substâncias que têm efeito tônico sobre o coração. [Pl.: *-tais*.]

di.gi.ta.li.zar [*Digital*. ▣1D] *vtd. Inform.* Representar (sinais analógicos) por uma sequência de números ou de sinais digitais. [C.: 1] § **di.gi.ta.li.za.ção** *sf.*

di.gi.tar [*Digit*(i)- + *-ar*². ▣1A] *vtd.* **1.** *Inform.* Fornecer (informação) a um computador, por meio de toques em teclado, ou produzir (texto, carta, etc.) desse modo. *int.* **2.** Digitar (1). [C.: 1] § **di.gi.ta.ção** *sf.*

di.gi.ti.for.me [*Digit*(i)- + *-forme*.] *adj2g.* Digitado.

dí.gi.to [Lat. *digitu*, 'dedo'.] *sm.* **1.** *Arit.* Qualquer dos algarismos arábicos de 0 a 9. **2.** Cada uma das posições ocupadas por algarismos, na notação de um número. ◆ **Dígito binário**. *Inform.* Qualquer um dos 2 caracteres (ger. 0 e 1) us. em uma notação binária ou em um sistema binário de numeração.

di.gla.di.ar [Lat. **digladiare*. ▣1A] *v.int. e p.* **1.** Combater com espada ou gládio, corpo a corpo. **2.** Contender, lutar. [C.: 1]

dig.nar-se [Lat. *dignare* + *se*¹. ▣1A] *vp.* Ter a bondade; fazer mercê, favor. [C.: 1]

dig.ni.da.de [Lat. *dignitate*. ▣14] *sf.* **1.** Qualidade de digno. **2.** Função, título, etc., que confere posição graduada. **3.** Honestidade, honra. **4.** V. *brio* (1).

dignificar | dinastia

dig.ni.fi.car [Lat. *dignificare*. 1A] vtd. **1.** Tornar digno. **2.** Elevar a uma dignidade. **3.** Honrar, distinguir. p. **4.** Tornar-se digno. [C.: 1A]

dig.ni.tá.ri:o [Fr. *dignitaire*. 24A] sm. Aquele que exerce cargo elevado, que tem alta graduação honorífica.

dig.no [Lat. *dignu*.] adj. Que merece respeito, ou que mostra correção, integridade.

dí.gra.fo [*Di-*[1] + *-grafo*.] sm. E.Ling. Reunião de 2 letras que, juntas, representam um único fonema. [Ex: *ch*, *gu* (antes de *e* e *i*), *lh*, *nh*, *qu* (antes de *e* e *i*), *rr*, *ss*.]

di.gres.são [Lat. *digressione*. 2] sf. **1.** Desvio de rumo ou de assunto. **2.** Excursão, passeio. **3.** Subterfúgio, evasiva. [Pl.: *-sões*.]

di.la.ção [Lat. *dilatione*. 2] sf. Adiamento; delonga. [Pl.: *-ções*. Cf. *delação*.]

di.la.ce.rar [Lat. *dilacerare*. 1A] vtd. **1.** Rasgar em pedaços. **2.** Afligir muito; torturar. p. **3.** Ferir-se; espedaçar-se. [C.: 1 (é)] § **di.la.ce.ra.ção** sf.; **di.la.ce.ran.te** adj2g.

di.la.pi.dar [Lat. *dilapidare*. 1A] vtd. **1.** Destruir, demolir. **2.** Dissipar, esbanjar. [C.: 1] § **di.la.pi.da.ção** sf.

di.la.tar [Lat. *dilatare*. 1A] vtd. **1.** Aumentar as dimensões ou o volume de. **2.** Estender, ampliar. **3.** Distender. **4.** Difundir. **5.** Prolongar no tempo. **6.** Adiar. p. **7.** Ampliar-se. [C.: 1. Cf. *delatar*.] § **di.la.ta.ção** sf.; **di.la.tá.vel** adj2g.

di.le.ção [Lat. *dilectione*. 2] sf. Afeição especial; estima. [Pl.: *-ções*]

di.le.ma [Lat. *dilemma*.] sm. Situação difícil, na qual é preciso escolher entre 2 alternativas.

di.le.tan.te [It. *dilettante*. 21] adj2g. s2g. Amador ou apreciador apaixonado, esp. por música. § **di.le.tan.tis.mo** sm.

di.le.to [Lat. *dilectu*.] adj. Preferido.

di.li.gên.ci:a[1] [Lat. *diligentia*.] sf. **1.** Cuidado ativo; zelo. **2.** Rapidez. **3.** Providência. **4.** Investigação. **5.** Execução de certos serviços judiciais fora dos respectivos tribunais ou cartórios.

di.li.gên.ci:a[2] [Fr. *diligence*.] sf. Carruagem puxada a cavalos que servia para o transporte de passageiros.

di.li.gen.ci.ar vtd. e ti. Esforçar-se ou empenhar-se por. [C.: 1 ou 13 (P.)]

di.li.gen.te [Lat. *diligente*. 21] adj2g. **1.** Aplicado (2). **2.** Ligeiro, rápido.

di.lu.ir [Lat. *diluere*. 1C] vtd. **1.** Diminuir a concentração de (uma solução), adicionando-lhe um líquido conveniente. **2.** Misturar com água; desfazer, desmanchar. **3.** Desfazer; abrandar. p. **4.** Desfazer-se em líquido. **5.** Atenuar-se. [C.: 42] § **di.lu:i.ção** sf.

di.lu.vi.a.no [*Dilúvio*. 29] adj. Relativo ao dilúvio universal, ou a dilúvio.

di.lú.vi:o [Lat. *diluviu*.] sm. **1.** Inundação universal; cataclismo. **2.** Chuva forte, ger. com inundação.

di.ma.nar [Lat. *dimanare*. 1A] v.int. e ti. Brotar; derivar; emanar. [C.: 1] § **di.ma.na.ção** sf.

di.men.são [Lat. *dimensione*. 2] sf. **1.** Sentido em que se mede a extensão para avaliá-la; extensão. **2.** Tamanho. **3.** *Fig.* Importância. [Pl.: *-sões*.] § **di.men.si:o.nal** adj2g.

di.men.si:o.nar [*Dimensão*(*-sion-*). 1A] vtd. Calcular as dimensões de. [C.: 1]

di.mi.nu.en.do [Lat. *diminuendu*.] sm. Número de que se subtrai outro.

di.mi.nu:i.ção [Lat. *diminutione*. 2A] sf. **1.** Ato ou efeito de diminuir. **2.** Subtração (2). [Pl.: *-ções*]

di.mi.nu.ir [Lat. *diminuere*. 1C] vtd. **1.** Reduzir a menos (em dimensão, quantidade ou intensidade); tornar menor. **2.** Abreviar, encurtar. **3.** Subtrair (2). int. **4.** Tornar-se menor. **5.** Abrandar(-se). p. **6.** Humilhar-se. [C.: 42] § **di.mi.nu:i.dor** (ô) adj.

di.mi.nu.ti.vo [Lat. *diminutivu*. 22] adj. **1.** Que dá ou adiciona ideia de pequenez (muitas vezes com implicação apreciativa ou pejorativa). • sm. **2.** E.Ling. Palavra derivada por meio de sufixo, que lhe acresce noções de pequenez, afetuosidade, por vezes de depreciação, e não raro de intensidade. [Ex.: *barquinho*, *menininho*, *santinha*, *meiguinho*.]

di.mi.nu.to [Lat. *diminutu*.] adj. Muito pequeno ou muito escasso; minuto.

di.na.mar.quês [38A] adj. **1.** Da Dinamarca (Europa). • sm. **2.** O natural ou habitante da Dinamarca. **3.** *E.Ling.* A língua dinamarquesa. [Flex.: *dinamarqueses* (ê), *dinamarquesa(s)* (ê).]

di.nâ.mi.ca sf. *Fís.* Parte da mecânica que estuda os movimentos dos corpos, relacionando--os às forças que os produzem.

di.nâ.mi.co [Gr. *dynamikós*. 35B] adj. **1.** Relativo a dinâmica. **2.** Dotado de dinamismo (2). **3.** Relativo a movimento.

di.na.mis.mo [Fr. *dynamisme*. 11] sm. **1.** Grande atividade. **2.** *Filos.* Conjunto de doutrinas que identificam a matéria com energia ou movimento.

di.na.mi.tar [*Dinamite*. 1A] vtd. Fazer ir pelos ares com dinamite. [C.: 1]

di.na.mi.te [Fr. *dynamite*.] sf. Explosivo feito de nitroglicerina impregnada em certos materiais absorventes.

di.na.mi.zar [*Dinam*(*o*)- + *-izar*. 1D] vtd. Dar dinamismo, movimento ou caráter dinâmico a. [C.: 1] § **di.na.mi.za.ção** sf.

dí.na.mo [Fr. *dynamo*.] sm. Máquina rotativa que converte energia mecânica em elétrica.

di.nar [Do ár.] sm. Unidade monetária, e moeda, da Iugoslávia (novo dinar), do Iraque (dinar iraquiano) e de outros países, dividida em 100 cêntimos.

di.nas.ti.a [Gr. *dynasteía*.] sf. Série de soberanos pertencentes a uma mesma família.

din.di.nho sm. Bras. Fam. Dim. carinhoso de padrinho.
di.nhei.ra.da [Dinheiro.■4] sf. Porção considerável de dinheiro.
di.nhei.ra.ma [Dinheiro + -ama.] sf. Dinheirada.
di.nhei.rão [Dinheiro.■28A] sm. Dinheirada. [Pl.: -rões.]
di.nhei.ro [Lat.vulg. *dinariu.■25] sm. 1. Moeda (2). 2. Cédulas e moedas aceitas como meio de pagamento. 3. Meios de pagamento: cédulas, moedas e depósitos bancários. 4. Qualquer soma de dinheiro (1); metal, ouro, pecúnia, prata, (bras., gír. ou pop.) grana, jabá, jabaculê, tutu, níquel, cobres. ◆ **Dinheiro miúdo.** Dinheiro de pouco valor, esp. em moedas. **Dinheiro vivo.** Dinheiro em moeda metálica ou papel-moeda.
di.no.don.tos.sau.ro [Tax.Dinodontosaurus.] sm. Paleont. Grande dicinodonte triássico cujos fósseis foram achados no Brasil.
di.nó.fi.to adj. sm. Bot. V. pirrófito.
di.no.fla.gé.li.da sf. Bot. V. pirrófito.
di.nos.sau.ro [Tax.Dinosauria.] sm. Paleont. Nome comum a diversos reptis terrestres, que viveram na era mesozoica, nos períodos triássico, jurássico e cretáceo. Muitos eram herbívoros, outros, carnívoros, e tinham tamanho variado.
di.no.té.ri:o [Tax. Deinotherium.] sm. Paleont. Mamífero proboscídeo, aparentado ao elefante, com cerca de 4m de altura, provido de tromba curta e par de presas, na mandíbula, voltadas para baixo. Viveu do mioceno ao plistoceno e fósseis foram encontrados em Madagascar (África).
din.tel [Esp. dintel.] sm. 1. Verga de porta ou janela. 2. Apoio lateral de prateleiras, nas estantes. [Pl.: -téis.]
di:o.ce.se [Lat. diocese.] sf. Circunscrição territorial sujeita à administração eclesiástica de um bispo ou, por vezes, arcebispo; bispado. § **di:o.ce.sa.no** adj.
di.o.do (ô) [Di-¹ + -odo.] sm. Dispositivo eletrônico que permite a passagem de corrente elétrica somente numa direção.
di.oi.co (ói) [Fr. dioïque, do lat.cient.] adj. Bot. Que apresenta órgãos sexuais masculinos e femininos em indivíduos distintos.
di:o.me.de.í.de:o [Tax. Diomedeidae.] adj. sm. Zool. Diz-se de, ou espécime dos diomedeídeos, fam. de aves procelariiformes. Ex.: albatroz.
di:o.ni.sí.a.co [Lat. dionysiacu.] adj. 1. Relativo a Dioniso (Baco para os romanos), deus grego dos ciclos vitais, do vinho e da alegria. 2. Fig. Alegre, exuberante.
di:os.co.re.á.ce:a [Tax. Dioscoreaceae.] sf. Bot. Espécime das dioscoreáceas, fam. de ervas, ger. trepadeiras, com tubérculos ricos em amido. Ex.: cará. § **di:os.co.re.á.ce:o** adj.

di.ó.xi.do sm. Quím. Composto que contém 2 átomos de oxigênio não ligados entre si; bióxido. ◆ **Dióxido de carbono.** Gás carbônico. **Dióxido de enxofre.** Gás sulfuroso.
di.plo.ma [Lat. diploma.] sm. 1. Documento oficial pelo qual se confere um cargo, dignidade, mercê ou privilégio; carta. 2. Título que afirma as habilitações de alguém ou confere um grau.
di.plo.ma.ci.a [Fr. diplomatie.] sf. 1. Ciência das relações exteriores ou negócios estrangeiros dos Estados. 2. A ação política externa de um estado. 3. O conjunto dos diplomatas.
di.plo.mar [Diploma.■1A] vtd. e p. Conferir diploma a, ou recebê-lo. [C.: 1]
di.plo.ma.ta [Fr. diplomate.] s2g. 1. Pessoa que tem por profissão a diplomacia. 2. Representante dum Estado junto a outro.
di.plo.má.ti.co [Fr. diplomatique.■35B] adj. 1. Da diplomacia (1), ou relativo a ela. 2. Fig. Discreto. 3. Fig. Hábil.
di.po.lo [Di-¹ + polo¹.] sm. Fís. Sistema constituído por 2 cargas elétricas iguais e de sinal oposto separadas por pequena distância; dipolo elétrico. ◆ **Dipolo elétrico.** Fís. Dipolo.
dip.so.ma.ni.a [Dipso- + -mania.] sf. Med. Impulso mórbido que leva a ingerir bebida alcoólica. § **dip.so.ma.ní.a.co** adj.
díp.te.ro¹ [Gr. dípteros.] adj. Que tem 2 asas.
díp.te.ro² [Tax. Diptera.] adj. sm. Zool. Diz-se de, ou espécime dos dípteros, ordem de insetos com 2 asas anteriores; as posteriores apresentam-se transformadas em balancins. Inclui fam. de moscas e mosquitos.
di.que [Hol. dijk.] sm. Construção sólida, para represar águas correntes.
di.re.ção [Lat. directione.■2] sf. 1. Arte ou efeito de dirigir. 2. Cargo de diretor; diretoria. 3. Corporação presidida por um diretor; diretoria. 4. Critério, norma. 5. Rumo. [Pl.: -ções.]
di.re.ci:o.nar [Direção (-cion-).■1A] vtd. Dar direção, orientação, a; dirigir. [C.: 1] § **di.re.ci:o.na.men.to** sm.
di.rei.ta [F.subst. do adj. direito.] sf. 1. A mão direita; destra. 2. Lado direito.
di.rei.to [Lat. directu.] adj. 1. Pertencente ao lado do corpo humano em que a ação muscular é, ger., mais forte e mais ágil; destro. 2. Correspondente a esse lado para um observador colocado em frente. 3. Diz-se do lado dos rios que fica à direita do observador que olha a parte para onde as águas descem. 4. V. reto (1). 5. Ereto. 6. Íntegro, honrado. 7. Leal, sincero. ● sm. 8. O que é justo, conforme à lei. 9. Faculdade legal de praticar ou não praticar um ato. 10. Prerrogativa que alguém tem de exigir de outrem, em seu proveito, a prática ou a abstenção de algum ato; jus. 11. O conjunto das normas jurídicas vigentes num país. 12. Imposto alfandegário. 13. O lado principal, ou mais perfeito, dum objeto, tecido, etc. (em

direitura | discórdia

opos. ao *avesso*. ● *adv.* **14.** Direto (8). **15.** Corretamente; decentemente.

di.rei.tu.ra [Lat. *directura*.] *sf.* **1.** Qualidade de direito ou reto. **2.** Direção retilínea.

di.re.ta.men.te [F. de *direto*. ⬛42] *adv.* **1.** De modo direto. **2.** Sem desvios ou paradas.

di.re.ti.va [F.subst. de *diretivo*.] *sf.* Diretriz (2).

di.re.to [Lat. *directu*.] *adj.* **1.** Que vai em linha reta; reto, direito. **2.** Sem desvio. **3.** Sem intermediário. **4.** Sem rodeios. **5.** Franco, espontâneo. **6.** Que incide imediatamente sobre pessoas ou bens (contribuição). ● *sm.* **7.** No pugilismo, golpe que se dá distendendo o antebraço para a frente. ● *adv.* **8.** Em linha reta; direito. **9.** Em frente. **10.** Sem parada(s) ou escala(s): *Foi direto para casa*; *Seguimos direto para Madri*. **11.** Sem interrupções.

di.re.tor (ô) [Lat. *directore*. ⬛19] *adj.* **1.** Que dirige; dirigente. ● *sm.* **2.** Quem dirige; dirigente. **3.** Guia, mentor. **4.** *Cin. Telev. Teatr.* Aquele que dirige peça, novela, filme, etc.

di.re.to.ri.a [*Diretor*. ⬛8A] *sf.* Direção (2 e 3).

di.re.tó.ri:o [Lat. *directoriu* (adj.). ⬛23] *adj.* **1.** Que dirige; diretor. ● *sm.* **2.** Comissão diretora. **3.** Conselho diretor. **4.** *Inform.* Subdivisão de um disco (4), na qual se agrupam arquivos; pasta.

di.re.triz [Lat.med. *directrice*.] *adj.(f.)* **1.** Fem. de diretor (1). ● *sf.* **2.** Linha reguladora de um caminho ou estrada, de um plano, um negócio, ou de procedimento; diretiva.

di.ri.gen.te [*Dirigir*. ⬛21A] *adj2g. s2g.* Diretor (1 e 2).

di.ri.gir [Lat. *dirigere*. ⬛1C] *vtdc.* **1.** Dar direção a, ou fazer tomar certa direção. **2.** Gerir, presidir, governando, administrando. **3.** Dar orientação; conduzir. **4.** Operar o mecanismo e controles de (veículo automóvel). *tdi.* **5.** Enviar, encaminhar. **6.** Encaminhar (palavras, atenção, etc.); lançar. *p.* **7.** Ir em certa direção; encaminhar-se. **8.** Comunicar-se por palavras. **9.** Governar-se. [C.: 3A]

di.ri.gí.vel [*Dirigir*. ⬛41] *adj2g.* **1.** Que se pode dirigir. ● *sm.* **2.** Aeronave com hélices propulsoras e um sistema de direção, e que usa um gás mais leve que o ar para mantê-la flutuando. V. *aeróstato*. [Pl.: -*veis*.]

di.ri.men.te [Lat. *dirimente*. ⬛21A] *adj2g.* **1.** Que dirime. **2.** *Jur.* Que isenta de pena ou exclui a culpabilidade.

di.ri.mir [Lat. *dirimere*. ⬛1C] *vtd.* **1.** Eliminar, suprimir: *dirimir dúvidas*. **2.** Resolver. [C.: 3] § **di.ri.mí.vel** *adj2g.*

dis.car [*Disco*. ⬛1A] *v.int. Bras.* **1.** Premer tecla de aparelho telefônico, para estabelecer ligações. *td.* **2.** Marcar (número), para fazer ligação telefônica. [C.: 1A] § **dis.ca.gem** *sf.*

dis.cen.te [Lat. *discente*. ⬛21] *adj2g.* **1.** Que aprende. **2.** Relativo a alunos.

dis.cer.ni.men.to [*Discernir*. ⬛3] *sm.* **1.** Faculdade de discernir. **2.** Tino, juízo. **3.** Apreciação, análise.

dis.cer.nir [Lat. *discernere*. ⬛1C] *vtd.* **1.** Conhecer distintamente; saber distinguir. *tdi.* **2.** V. *diferençar* (2). *int.* **3.** Fazer apreciação de algo. [C.: 48] § **dis.cer.ní.vel** *adj2g.*

dis.ci.for.me [*Disc(i)-* + *-forme*.] *adj2g.* Discoide.

dis.ci.pli.na [Lat. *disciplina*.] *sf.* **1.** Regime de ordem imposta ou mesmo consentida. **2.** Ordem que convém ao bom funcionamento de uma organização. **3.** Relações de subordinação do aluno ao mestre. **4.** Submissão a um regulamento. **5.** Qualquer ramo do conhecimento. **6.** Matéria de ensino.

dis.ci.pli.nar[1] [Lat. *disciplinare*. ⬛40] *adj2g.* Relativo à disciplina.

dis.ci.pli.nar[2] [Lat. *disciplinare*. ⬛1A] *vtd.* e *p.* **1.** Sujeitar(-se) ou submeter(-se) à disciplina. **2.** Castigar(-se) com disciplinas. [C.: 1] § **dis.ci.pli.na.dor** (ô) *adj. sm.*

dis.ci.pli.na.ri.da.de [*Disciplinar*[1]. ⬛14] *sf. Pedag.* Conjunto específico de conhecimentos.

dis.cí.pu.lo [Lat. *discipulu*.] *sm.* Aquele que recebe ensino de alguém ou segue as ideias e doutrinas de outrem. § **dis.ci.pu.lar** *adj2g.*

disc-jó.quei [Ingl. *disc-jockey*.] *s2g.* Pessoa que, em festas, boates, danceterias, etc., escolhe os discos, cds, etc., e os põe para tocar. [Pl.: *disc-jóqueis*.]

dis.co [Lat. *discu*.] *sm.* **1.** Objeto chato e circular. **2.** Roda (2). **3.** *Anat.* Designação genérica de formação redonda ou arredondada. **4.** *Inform.* Disco (1) giratório em cuja superfície informações podem ser registradas e posteriormente recuperadas. ◆ **Disco intervertebral.** *Anat.* Cada um dos discos de cartilagem, situados entre vértebras adjacentes. **Disco magnético.** *Inform.* Disco (4), ou conjunto de discos, em que as informações são registradas magneticamente. **Disco óptico.** Disco (4) em que as informações são registradas em formato digital e lidas por meio de emissões luminosas (como as do *laser*). **Disco rígido.** *Inform.* Disco magnético, não removível, de grande capacidade de armazenamento. [Sin.: *HD (hard disk)*.] **Disco voador.** Nave espacial extraterrestre.

dis.coi.de (ói) [*Disc(i)-* + *-oide*.] *adj2g.* Em forma de disco; disciforme.

dis.cor.dân.ci:a [*Discordar*. ⬛9] *sf.* Falta de concordância; divergência, discórdia, discrepância, desacordo.

dis.cor.dar [Lat. *discordare*. ⬛1A] *v.int.* e *ti.* Não concordar; divergir. [C.: 1 (ó)] § **dis.cor.dan.te** *adj2g.*

dis.cor.de [Lat. *discorde*.] *adj2g.* **1.** Que discorda; discordante. **2.** Oposto, contrário. **3.** Destoante.

dis.cór.di:a [Lat. *discordia*.] *sf.* **1.** V. *discordância*. **2.** Desavença. **3.** Desordem; luta.

dis.cor.rer [Lat. *discurrere*.⬚1B] *v.int.* **1.** Correr para diversos lados. **2.** V. *decorrer* (1). *ti.* **3.** Falar sobre. *pred.* **4.** Decorrer; passar. [C: 2 (ô-ó)] § **dis.cor.ri.men.to** *sm.*

dis.co.te.ca [*Disco* + *-teca*.] *sf.* **1.** Coleção de discos. **2.** Móvel onde se guardam discos. **3.** Danceteria. § **dis.co.te.cá.ri:o** *sm.*

dis.cre.pân.ci:a [Lat. *discrepantia*.⬚9] *sf.* **1.** Diferença, desigualdade. **2.** V. *discordância*.

dis.cre.par [Lat. *discrepare*.⬚1A] *vti.* **1.** V. *diferir* (2). **2.** Divergir de opinião; discordar; divergir, dissentir. [C: 1 (é)] § **dis.cre.pan.te** *adj2g.*

dis.cre.to [Lat. *discretu*.] *adj.* **1.** Reservado nas palavras e nos atos. **2.** Que não se faz sentir ou notar com intensidade. **3.** Modesto, recatado. **4.** Sem continuidade com a vizinhança; separado. **5.** Formado por elementos separados.

dis.cri.ção [Lat. *discretione*.⬚2] *sf.* Qualidade ou procedimento de discreto. [Pl.: *-ções*. Cf. *descrição*.] ♦ **À discrição.** À vontade.

dis.cri.ci:o.ná.ri:o [*Discrição* (*-cion-*).⬚24] *adj.* Que procede ou se exerce à discrição; arbitrário.

dis.cri.mi.na.ção [Lat. *discriminatione*.⬚2A] *sf.* **1.** Ato ou efeito de discriminar. **2.** Tratamento preconceituoso dado a indivíduos de certos grupos sociais, étnicos, etc. [Pl.: *-ções*.]

dis.cri.mi.nar [Lat. *discriminare*.⬚1A] *vtd. e tdi.* **1.** Distinguir; discernir, diferençar. **2.** Separar. *ti.* **3.** Estabelecer diferenças. [C: 1] § **dis.cri.mi.na.dor** (ô) *adj2g.*; **dis.cri.mi.nan.te** *adj2g.*; **dis.cri.mi.na.tó.ri:o** *adj.*

dis.cur.sar [Lat. *discursare*.⬚1A] *v.int.* **1.** Fazer discurso(s). *ti.* **2.** Discorrer, falar: *Discursou sobre o novo plano econômico.* [C.: 1] § **dis.cur.sa.dor** (ô) *adj.*

dis.cur.sei.ra [*Discurso*.⬚16] *sf.* **1.** Discurso longo e tedioso. **2.** Grande porção de discursos.

dis.cur.so [Lat. *discursu*.] *sm.* **1.** Peça oratória proferida em público. **2.** Exposição metódica sobre certo assunto; arrazoado.

dis.cus.são [Lat. *discussione*.⬚2] *sf.* **1.** Ação de discutir. **2.** Altercação, disputa. [Pl.: *-sões*.]

dis.cu.tir [Lat. *discutere*.⬚1C] *vtd.* **1.** Debater (questão, problema, assunto). **2.** Examinar, questionando. **3.** Defender ou impugnar (assunto controvertido). *tdi.* **4.** Discutir (1 e 3). *ti. e int.* **5.** Travar discussão. **6.** Questionar. [C.: 3]

dis.cu.tí.vel [*Discutir*.⬚41] *adj2g.* **1.** Que se pode discutir. **2.** Problemático, incerto. [Pl.: *-veis*.]

di.sen.te.ri.a [Lat. *dysenteria*.] *sf. Med.* Inflamação intestinal, esp. do colo², e que se manifesta por dor abdominal, tenesmo e defecações frequentes, com sangue e muco. § **di.sen.té.ri.co** *adj.*

dis.far.çar [V.C] *vtd.* **1.** Encobrir, ocultar. **2.** Mudar, alterar. *tdi.* **3.** Vestir de modo que não se reconheça. *p.* **4.** Encobrir-se. **5.** Pôr fantasia ou disfarce. *int.* **6.** Encobrir, ocultar, ou tornar despercebida uma situação, ação ou fato. [C.: 1B]

dis.far.ce [Dev. de *disfarçar*.] *sm.* **1.** Ação de disfarçar(-se). **2.** Tudo que serve para disfarçar.

dis.for.me [*Dis-*² + *-forme*.] *adj2g.* **1.** Desconforme, descomunal. **2.** Monstruoso, horrendo.

dis.fun.ção [*Dis-*² + *função*.] *sf. Med.* Função de órgão ou sistema que se efetua de maneira anômala. [Pl.: *-ções*.]

dis.jun.gir [Lat. *disjungere*.⬚1C] *vtd.* **1.** Soltar do jugo. **2.** *P.ext.* Separar, desunir. [C.: 8. M.us. nas 3ªˢ pess.]

dis.jun.to [Lat. *disjunctu*.] *adj.* Não junto; separado, desunido.

dis.jun.tor (ô) [Lat. *disjunctus*, 'separado', + *-or*.⬚19] *sm. Eng.Elétr.* Equipamento de manobra para interromper ou ligar circuitos, em condições normais ou anormais de operação, e com capacidade para interromper correntes de curto-circuito.

dis.la.li.a [*Dis-*² + *-lal(o)-* + *-ia*¹.⬚8A] *sf. Med.* Distúrbio da pronúncia, causado por lesão de órgãos externos responsáveis pela fala. § **dis.lá.li.co** *adj.*

dis.la.te [Esp. *dislate*, poss.] *sm.* V. *asneira*.

dis.le.xi.a (cs) [*Dis-*² + gr. *léksis* + *-ia*¹.⬚8A] *sf. Med.* **1.** Incapacidade de compreensão do que se lê, provocada por lesão do sistema nervoso. **2.** Condição em que a leitura causa fadiga e sensações desagradáveis. § **dis.lé.xi.co** (cs) *adj. sm.*

dís.par [Lat. *dispare*.⬚40] *adj2g.* Desigual, dessemelhante.

dis.pa.ra.da [F.subst. de *disparado*.] *sf. Bras.* Corrida desenfreada.

dis.pa.rar [*Disparate*.⬚1A] *vtd.* **1.** Atirar, lançar, arrojar. **2.** Descarregar (arma de fogo); desfechar. **3.** Dar (tiro[s]). **4.** Soltar ou emitir com força. **5.** *Pop.* Dizer (algo agressivo ou infame), ger. de modo inesperado. *tdi.* **6.** Disparar (1 e 2). *int.* **7.** *Bras.* Correr desabaladamente. **8.** Aumentar (preço, venda, etc.) subitamente. [C.: 1] § **dis.pa.ra.do** *adj.*

dis.pa.ra.ta.do [*Disparatar*.⬚17A] *adj.* **1.** Que pratica disparate(s), ou em que os há. **2.** Desarrazoado.

dis.pa.ra.tar [*Disparate*.⬚1A] *v.int.* Dizer ou cometer disparates; desarrazoar, desconcertar, desconchavar, despropositar. [C.: 1]

dis.pa.ra.te [Esp. *disparate*.] *sm.* **1.** Dito ou ação absurda. **2.** Asneira.

dis.pa.ri.da.de [*Díspar*.⬚14] *sf.* **1.** Qualidade do que é díspar; desigualdade. **2.** *Bras.* Palavra ou expressão despropositada.

dis.pa.ro [Dev. de *disparar*.] *sm.* **1.** Ato ou efeito de disparar. **2.** Tiro de arma de fogo; detonação.

dis.pên.di:o [Lat. *dispendiu*.] *sm.* V. *gasto* (2).

dispendioso | dissertação

dis.pen.di.o.so (ô) [*Dispêndio*. ⊡37] *adj.* Que exige grande dispêndio; custoso, caro. [Pl.: *-osos* (ó).]

dis.pen.sa [Dev. de *dispensar*.] *sf.* Licença ou permissão para não se fazer algo a que se estava obrigado.

dis.pen.sar [Lat. *dispensare*. ⊡1A] *vtd.* **1.** Dar dispensa a; desobrigar. **2.** Prescindir de. **3.** Conceder, conferir; dedicar a. **4.** Demitir, despedir. *tdi.* **5.** Dispensar (1 e 3): *Dispensaram-no do serviço militar*; *Dispensou-lhe todo o seu afeto*. *p.* **6.** Eximir-se. [C.: 1] § **dis.pen.sá.vel** *adj2g.*

dis.pen.sá.ri:o [Fr. *dispensaire*. ⊡24] *sm.* Estabelecimento onde se dispensam cuidados gratuitos a enfermos pobres.

dis.pep.si.a [Gr. *dyspepsía*. ⊡8A] *sf. Med.* Dificuldade de digerir. § **dis.pép.ti.co** *adj. sm.*

dis.per.são [Lat. *dispersione*. ⊡2] *sf.* Ato ou efeito de dispersar(-se). [Pl.: *-sões*.]

dis.per.sar [*Disperso*. ⊡1A] *vtd.* e *p.* Fazer ir, ou ir(-se) para diferentes partes; dissolver(-se), espalhar(-se). [C.: 1 (é)] § **dis.per.sa.dor** (ô) *adj. sm.*

dis.per.si.vo [*Disperso*. ⊡22] *adj.* **1.** Que causa dispersão; dispersor. **2.** Que não se concentra no que faz. ● *sm.* **3.** Indivíduo dispersivo (2).

dis.per.so [Lat. *dispersu*.] *adj.* Separado sem ordem; espalhado.

dis.per.sor (ô) [*Disperso*. ⊡19] *adj.* Dispersivo (1).

dis.pli.cên.ci:a [Lat. *displicentia*.] *sf.* **1.** Predisposição de espírito para a tristeza ou o tédio. **2.** Descontentamento, desgosto. **3.** *Bras.* Desleixo nas maneiras, no vestir, no proceder. **4.** *Bras.* Negligência, indiferença.

dis.pli.cen.te [Lat. *displicente*. ⊡21] *adj2g.* Que tem, denota ou produz displicência.

disp.nei.a (éi) [Gr. *dyspnoia*.] *sf. Med.* Dificuldade de respirar. § **disp.nei.co** (éi) *adj.*

dis.po.ni.bi.li.da.de [*Disponível* (*-bil-*). ⊡14] *sf.* **1.** Qualidade ou estado de disponível. **2.** Situação de servidor público que temporariamente não está em efetivo exercício.

dis.po.ni.bi.li.zar [*Disponível* (*-bil-*). ⊡1D] *vtd.* **1.** Tornar disponível. **2.** *Inform.* Oferecer ao público (certa informação ou serviço), permitindo o uso ou acesso. [C.: 1] § **dis.po.ni.bi.li.za.do** *adj.*

dis.po.ní.vel [*Dispor* (*-pon-*). ⊡41A] *adj2g.* De que se pode dispor. [Pl.: *-veis*.]

dis.por [Lat. *disponere*.] *vtd.* **1.** Arrumar, colocar em lugar(es) próprio(s), adequado(s), conveniente(s). **2.** Colocar em certa ordem. **3.** Estabelecer; prescrever: *dispor normas*. *tdi.* **4.** Predispor. **5.** Pôr de acordo; harmonizar. **6.** Persuadir. *ti.* **7.** Usar livremente ou ter à vontade: *Não dispunha de tempo para sair.* **8.** Desfazer-se (de algo). **9.** Ter a posse: *Dispõe de grande fortuna.* **10.** Dar aplicação ou serventia a. *int.* **11.** Resolver em caráter definitivo. *p.* **12.** Decidir-se. **13.** Dispor (8). **14.** Preparar-se. **15.** Dedicar-se. **16.** Demonstrar disposição. [C.: 34]

dis.po.si.ção [Lat. *dispositione*. ⊡2] *sf.* **1.** Arranjo. **2.** V. *tendência*. **3.** Intenção. **4.** Prescrição legal. **5.** Estado de espírito ou de saúde; temperamento. [Pl.: *-ções*.]

dis.po.si.ti.vo [Lat. *dispositus* + *-ivo*. ⊡22] *sm.* **1.** Regra, preceito. **2.** Artigo de lei. **3.** Mecanismo ou conjunto de meios dispostos para certo fim. **4.** *Jur.* Parte de lei, declaração ou sentença que contém a matéria legislada, a resolução ou decisão e a exposição de razões ou motivos.

dis.pos.to (ô) [Lat. *dispositu*.] *adj.* **1.** Posto de certa forma. **2.** Preparado. **3.** Propenso. **4.** Determinado. **5.** *Bras.* Vivo, animado. [Pl.: *-postos* (ó).]

dis.pró.si:o [Lat.cient. *dysprosium*.] *sm. Quím.* V. *lantanídeos* [símb.: Dy].

dis.pu.ta [Dev. de *disputar*.] *sf.* Ato ou efeito de disputar.

dis.pu.tar [Lat. *disputare*. ⊡1A] *vtd.* **1.** Lutar por obter (algo ou alguém); porfiar. **2.** Concorrer a; pleitear. **3.** Altercar. *tdi.* **4.** Tentar obter em concorrência. *ti.* **5.** Disputar (3). *int.* **6.** Ter dissensão. [C.: 1] § **dis.pu.ta.ti.vo** *adj.*

dis.que-de.nún.ci.a *sm.* Serviço de comunicação entre a população e a polícia, em que os cidadãos, anonimamente, denunciam crimes, etc. [Pl.: *disque-denúncias*.]

dis.que.te [Ingl. *diskette*.] *sm. Inform.* Disco magnético flexível, removível e us. para armazenar dados.

dis.rit.mi.a [*Dis-*² + *ritmo* + *-ia*¹. ⊡8A] *sf. Med.* Distúrbio no ritmo cardíaco, cerebral, etc. § **dis.rít.mi.co** *adj. sm.*

dis.sa.bor (ô) [*Dis-*¹ + *sabor*.] *sm.* **1.** Mágoa, tristeza. **2.** Acontecimento infeliz ou decepcionante; contrariedade, aborrecimento. **3.** Desgosto (2).

dis.se.ca.ção [*Dissecar*. ⊡2A] *sf.* **1.** *Cir.* Isolamento de parte de um corpo ou de um órgão, para estudo anatômico. **2.** Análise ou exame minucioso. [Sin.ger.: *dissecção*. Pl.: *-ções*.]

dis.se.car [Lat. *dissecare*. ⊡1A] *vtd.* **1.** Fazer dissecação de. **2.** Analisar com minúcia. [C.: 1A (é). Cf. *dessecar*.]

dis.sec.ção [Lat. *dissectione*. ⊡2] *sf.* V. *dissecação*. [Pl.: *-ções*.]

dis.se.mi.nar [Lat. *disseminare*. ⊡1A] *vtd.* e *p.* Difundir(-se), propagar(-se). [C.: 1] § **dis.se.mi.na.ção** *sf*.; **dis.se.mi.na.do** *adj.*

dis.sen.são [Lat. *dissensione*. ⊡2] *sf.* Divergência de opiniões, interesses ou sentimentos; dissídio, dissidência. [Pl.: *-sões*.]

dis.sen.tir [Lat. *dissentire*. ⊡1C] *vti.* V. *discrepar* (2). [C.: 48. Cf. *dessentir*.] § **dis.sen.ti.men.to** *sm.*

dis.ser.ta.ção [Lat. *dissertatione*. ⊡2A] *sf.* **1.** Exposição desenvolvida de matéria doutrinária,

dissertar | distrair

científica ou artística. 2. Exposição de matéria estudada. [Pl.: -ções.]

dis.ser.tar [Lat. *dissertare*. ▪1A] *vti.* Fazer dissertação; discorrer. [C.: 1 (é)]

dis.ser.ta.ti.vo [*Dissertar*. ▪22A] *adj.* 1. De, ou relativo a dissertação. 2. Diz-se de prova, teste, etc. em que as respostas exigem exposição escrita; discursivo. [Cf. *múltipla escolha*.]

dis.si.dên.ci.a [Lat. *dissidentia*. ▪] *sf.* 1. V. *dissensão*. 2. Cisma, cisão.

dis.si.den.te [Lat. *dissidente*. ▪21] *adj2g.* Que diverge das opiniões de outrem ou da opinião geral, ou se separa de uma corporação por essa divergência.

dis.sí.di.o [Lat. *dissidiu*.] *sm.* 1. V. *dissensão*. 2. *Jur.* Denom. comum às controvérsias individuais ou coletivas submetidas à Justiça do Trabalho.

dis.sí.la.bo [Gr. *disýllabos*.] *adj. sm.* Diz-se de, ou palavra de 2 sílabas.

dis.si.mu.la.do [*Dissimular*. ▪17A] *adj.* 1. Encoberto, disfarçado. 2. Que tem por hábito dissimular; simulado. ● *sm.* 3. Indivíduo dissimulado (2).

dis.si.mu.lar [Lat. *dissimulare*. ▪1A] *vtd.* 1. Ocultar ou encobrir com astúcia; encobrir. 2. Não dar a perceber, calando ou simulando. *int.* 3. Não revelar seus sentimentos ou desígnios. [C.: 1] § **dis.si.mu.la.ção** *sf.*; **dis.si.mu.la.dor** (ô) *adj. sm.*; **dis.si.mu.lá.vel** *adj2g.*

dis.si.pa.dor (ô) [Lat. *dissipatore*. ▪19A] *adj. sm.* V. *perdulário*.

dis.si.par [Lat. *dissipare*. ▪1A] *vtd.* 1. Espalhar, dispersar. 2. Pôr fim a. 3. Dilapidar. *p.* 4. Dispersar-se; evaporar-se. 5. Desaparecer. 6. *Fís.* Perder (energia) sob forma térmica. [C.: 1] § **dis.si.pa.ção** *sf.*

dis.so Contr. da prep. *de* com o pron.dem. *isso*.

dis.so.ci.a.ção [Lat. *dissociatione*. ▪2A] *sf.* 1. Ação de dissociar(-se). 2. *Quím.* Processo no qual as moléculas de uma substância sofrem quebra de ligações químicas e separam-se em partes menores (íons ou radicais livres). [Pl.: -ções.]

dis.so.ci.ar [Lat. *dissociare*. ▪1A] *vtd.* 1. Separar (o que estava associado); desagregar. 2. *Quím.* Provocar dissociação em. *p.* 3. Separar-se. 4. *Quím.* Sofrer dissociação. [C.: 1] § **dis.so.ci.a.ti.vo** *adj.*

dis.so.lu.ção [Lat. *dissolutione*. ▪2] *sf.* 1. Ato ou efeito de dissolver(-se). 2. Rompimento de contrato, sociedade, etc. 3. Perversão de costumes; desregramento. [Pl.: -ções.]

dis.so.lu.to [Lat. *dissolutu*.] *adj.* V. *devasso*.

dis.so.lú.vel [Lat. *dissolubile*. ▪41] *adj2g.* Que pode ser dissolvido. [Pl.: -veis.]

dis.sol.ver [Lat. *dissolvere*. ▪1B] *vtd.* 1. Fazer passar (uma substância) para a solução; solver. 2. Dispersar. 3. Anular, extinguir. 4. Desmembrar. 5. Tornar dissoluto. *p.* 6. Desmembrar-se; dissipar-se. 7. Solver-se. 8. Derreter-se. [C.: 2 (ô-ó)] § **dis.sol.ven.te** *adj2g. sm.*

dis.so.nân.ci.a [Lat. *dissonantia*.] *sf.* 1. Som ou sons desagradáveis de ouvir. 2. V. *desarmonia* (2). § **dis.so.nan.te** *adj2g.*

dis.su.a.dir [Lat. *dissuadere*. ▪1C] *vtdi. e p.* Afastar(-se) de um propósito; despersuadir(-se). [C.: 3] § **dis.su.a.são** *sf.*; **dis.su.a.si.vo** *adj.*

dis.tân.ci.a [Lat. *distantia*.] *sf.* 1. Espaço entre 2 coisas ou pessoas. 2. Intervalo de tempo entre 2 momentos. 3. Lonjura, longitude. 4. Separação, afastamento.

dis.tan.ci.ar [*Distância*. ▪1A] *vtd., tdi. e p.* Pôr (-se) distante; afastar(-se). [C.: 1]

dis.tan.te [Lat. *distante*. ▪21] *adj2g.* 1. Que dista; afastado. 2. *Fig.* Absorto.

dis.tar [Lat. *distare*. ▪1A] *v.int.* 1. Ser ou estar distante ou a certa distância. *ti.* 2. Diferençar-se. [C.: 1]

dis.ten.der [Lat. *distendere*. ▪1B] *vtd. e p.* Estender(-se) em vários sentidos, ou muito. [C.: 2]

dis.ten.são [Lat. *distensione*. ▪2] *sf.* Ato ou efeito de distender(-se). [Pl.: -sões.]

dís.ti.co [Lat. *distichon*.] *sm.* Estrofe de 2 versos.

dis.tin.ção [Lat. *distinctione*. ▪2] *sf.* 1. Ato ou efeito de distinguir(-se). 2. Caracteres, características, qualidades, pelas quais uma pessoa ou coisa difere de outra; diferença. 3. Elegância no porte, maneiras, atitudes; garbo. [Pl.: -ções.]

dis.tin.guir [Lat. *distinguere*. ▪1C] *vtd.* 1. V. *diferençar* (1). 2. Avistar ou ouvir; perceber. 3. Mostrar consideração especial a. *tdi. e int.* 4. Diferençar, discernir. *p.* 5. V. *diferençar* (1). 6. Sobressair-se; evidenciar-se. [C.: 3B]

dis.tin.ti.vo [*Distinto*. ▪22] *adj.* 1. Próprio para distinguir. ● *sm.* 2. Coisa que distingue; insígnia.

dis.tin.to [Lat. *distinctu*.] *adj.* 1. Que não é igual; diferente. 2. Que se pode distinguir, que não se confunde. 3. Isolado, separado. 4. Notável, iminente. 5. Perceptível: *som distinto*. 6. Que tem distinção (3).

dis.to Contr. da prep. *de* com o pron.dem. *isto*.

dis.tor.cer [*Dis-* + *torcer*.] *vtd.* 1. Mudar o sentido, a intenção, a substância, de; torcer. 2. Mudar a direção, a posição normal, de. [C.: 2A (ô-ó). Cf. *destorcer*.] § **dis.tor.ção** *sf.*; **dis.tor.ci.do** *adj.*

dis.tra.ção [Lat. *distractione*. ▪2] *sf.* 1. Falta de atenção, cuidado, ou de reflexão; desatenção. 2. Aquilo que serve para distrair, divertir ou entreter. [Pl.: -ções.]

dis.tra.í.do [Part. de *distrair*.] *adj.* 1. Que não está atento ao que se faz ou se diz. 2. Que presta pouca ou nenhuma atenção a tudo. ● *sm.* 3. Indivíduo distraído.

dis.tra.ir [Lat. *distrahere*. ▪1C] *vtd.* 1. Atrair ou desviar a atenção de (alguém) para outro ponto, objeto ou assunto. 2. Desviar (a atenção, o pensamento, etc.). 3. Livrar de preocupação.

4. Divertir, entreter. *tdi.* **5.** Distrair (3). **6.** *Fig.* Afastar: *Nada o distrai das suas obrigações. p.* **7.** Ter (o indivíduo) a atenção, o pensamento desviados daquilo de que deveria ocupar-se, de preocupações, etc. **8.** Descuidar-se. **9.** V. *divertir* (4). [C.: 38]

dis.tra.tar [*Distrato.*▣ 1A] *vtd.* Efetuar o distrato de (contrato). [C.: 1. Cf. *destratar.*]

dis.tra.to [Lat. *distractu.*] *sm.* Ato de distratar; rescisão ou anulação de contrato.

dis.tri.bu.i.ção [Lat. *distributione.*▣ 2A] *sf.* **1.** Ato ou efeito de distribuir, de dar ou entregar várias coisas a diversos recebedores. **2.** Ato de dar ou atribuir diversas coisas, encargos, etc. a distintos componentes de um grupo: *distribuição de tarefas*. **3.** Modo de arranjar e organizar diversas partes ou elementos (no espaço, no tempo, etc.); classificação, disposição. [Pl.: *-ções*] ♦ **Distribuição de renda.** *Econ.* Forma como a renda nacional é repartida entre indivíduos ou segmentos da sociedade, esp. de um país.

dis.tri.bu.ir [Lat. *distribuere.*▣ 1C] *vtd.* **1.** Dar ou entregar a (uns e outros), ou espalhar, dispersar, em diferentes direções. **2.** Dar, conferir, transmitir indistintamente. *tdi.* **3.** Dar ou entregar em distribuição (1). **4.** Promover a distribuição (2 e 3) de. *tdc.* **5.** Levar ou fornecer ou oferecer a diferentes lugares. [C.: 42] § **dis.tri.bu.í.do** *adj.*; **dis.tri.bu.i.dor** (ô) *adj. sm.*

dis.tri.bu.ti.vo [Lat. *distributivu.*▣ 22A] *adj.* **1.** Que distribui. **2.** Que indica distribuição.

dis.tri.to [Lat.med. *districtu.*] *sm.* Divisão administrativa de município ou cidade, de certos departamentos de administração pública, etc. § **dis.tri.tal** *adj2g.*

dis.túr.bi:o [Lat.med. *disturbiu.*] *sm.* Perturbação orgânica ou social.

di.ta [Lat. *dicta*, 'coisas ditas'.] *sf.* Fortuna, sorte; boa sorte. § **di.to.so** (ô) *adj.*

di.ta.do [Lat. *dictatu.*] *sm.* **1.** O que se dita ou se ditou para ser escrito. **2.** V. *provérbio*.

di.ta.dor (ô) [Lat. *dictatore.*▣ 19A] *sm.* Aquele que concentra em si todos os poderes do Estado.

di.ta.du.ra [Lat. *dictatura.*▣ 5A] *sf.* **1.** Forma de governo em que todos os poderes se enfeixam nas mãos dum indivíduo, dum grupo, dum partido ou duma classe. **2.** Tirania.

di.ta.me [Lat. *dictamen.*] *sm.* **1.** O que se dita. **2.** O que a consciência e a razão dizem que deve ser.

di.tar [Lat. *dictare.*▣ 1A] *vtd.* e *tdi.* **1.** Pronunciar (o que outrem há de escrever). **2.** Impor; prescrever. [C.: 1]

di.ta.to.ri.al [Lat. *dictatoriale.*▣ 39C] *adj2g.* Relativo a ditador ou a ditadura. [Pl.: *-ais*.]

di.to [Lat. *dictu.*] *adj.* **1.** Que se disse. ● *sm.* **2.** Palavra ou frase. **3.** O que se disse. **4.** V. *provérbio*. **5.** *Pop.* Mexerico, enredo.

di.to-cu.jo *sm. Bras. Fam.* V. *fulano* (1). [Pl.: *ditos-cujos*.]

di.ton.go [Lat. *diphthongu.*] *sm. E.Ling.* Grupo de 2 fonemas vocálico (vogal e semivogal ou semivogal e vogal) proferidos numa só sílaba. [Ex.: *meu, dois, colheita, paineira, sauna*.]

■ **DIU** [Sigla de *dispositivo intrauterino*.] *Med.* Dispositivo que se põe na cavidade uterina com fins contraceptivos.

di:u.re.se [Lat.cient. *diuresis.*] *sf. Med.* Secreção urinária.

di:u.ré.ti.co [Lat. *diureticu.*▣ 35B] *adj. sm. Med.* Diz-se de, ou agente que aumenta a diurese.

di.ur.no [Lat. *diurnu.*] *adj.* **1.** Que se faz ou ocorre de dia. **2.** De hábitos diurnos (animal).

di:u.tur.no [Lat. *diuturnu.*] *adj.* **1.** Que vive muito tempo. **2.** Que tem longa duração.

di.va [It. *diva.*] *sf.* **1.** Deusa. **2.** Epíteto de cantora, ou atriz, etc. notável.

di.vã [Fr. *divan.*] *sm.* Sofá sem encosto.

di.va.gar [Lat. **divagare.*▣ 1A] *v.int.* **1.** Andar sem rumo certo; vaguear. **2.** Sair do assunto de que se tratava. **3.** Fantasiar, devanear. [C.: 1C. Cf. *devagar*.] § **di.va.ga.ção** *sf.*

di.ver.gên.ci:a [*Divergir.*▣ 10] *sf.* **1.** Ato ou efeito de divergir. **2.** V. *discordância*.

di.ver.gen.te [*Divergir.*▣ 21A] *adj2g.* Que diverge: *opiniões divergentes*.

di.ver.gir [Lat.med. *divergere.*▣ 1C] *v.int.* **1.** Afastar-se progressivamente; desviar-se. *ti.* **2.** V. *discrepar* (2). **3.** Discordar. **4.** Não se harmonizar; não condizer: *Suas ações divergem de suas palavras.* [C.: 46]

di.ver.são [Lat. *diversione.*▣ 2] *sf.* **1.** Ato ou efeito de divertir(-se). **2.** Divertimento, distração, entretenimento. [Pl.: *-sões*.]

di.ver.si.da.de [Lat. *diversitate.*▣ 14] *sf.* **1.** Qualidade ou condição do que é diverso; diferença, dessemelhança. **2.** Divergência, contradição (entre ideias, opiniões). **3.** Multiplicidade de coisas diversas; existência de seres ou entidades não idênticos, ou dessemelhantes. ♦ **Diversidade biológica.** *Ecol.* V. *biodiversidade*.

di.ver.si.fi.car [Lat. *diversificare.*▣ 1A] *vtd.* **1.** Tornar diverso. *ti.* e *int.* **2.** Ser diverso; divergir. [C.: 1] § **di.ver.si.fi.ca.ção** *sf.*

di.ver.so [Lat. *diversu.*] *adj.* **1.** Diferente, distinto. **2.** Vário, variado. **3.** Mudado, alterado. **4.** Discordante, divergente.

di.ver.sos *pron. indef. pl.* Vários; alguns.

di.ver.ti.do [Part. de *divertir*.] *adj.* Que diverte ou gosta de se divertir.

di.ver.ti.men.to [*Divertir.*▣ 3] *sm.* Aquilo que serve para divertir, entreter; diversão, distração, entretenimento.

di.ver.tir [Lat. *divertere.*] *vtd.* **1.** Causar alegria, prazer e descontração a; fazer rir; recrear, entreter, distrair. **2.** Fazer mudar de fim, de objeto. *tdi.* **3.** Fazer esquecer. *p.* **4.** Sentir alegria, prazer, em função de algo que entretém; recrear-se, distrair-se. **5.** Achar graça. [C.: 48]

dívida | dizer

dí.vi.da [Lat. *debita*.] *sf.* 1. O que se deve. 2. Obrigação, dever. [Sin.ger.: *débito*.] ◆ **Dívida externa.** *Econ.* Dívida de um país (incluindo governo, empresas estatais e setor privado) com credores no exterior. **Dívida interna.** *Econ.* Dívida pública contraída dentro do país. **Dívida pública.** *Econ.* Total dos débitos contraídos pelos governos federal, estaduais e municipais, e pelas empresas estatais.

di.vi.den.do [Lat. *dividendu*.] *sm.* 1. *Mat.* Quantidade que, numa divisão, se divide por outra (o divisor). 2. *Econ.* Parcela do lucro de uma sociedade anônima atribuída a cada ação em que se subdivide seu capital.

di.vi.dir [Lat. *dividere*. ▣ 1C] *vtd.* 1. Partir, separar ou repartir em várias partes. 2. Desavir; desunir, incompatibilizar. 3. Demarcar. 4. Ratear[1]as despesas ou o lucro de. 5. Compartilhar. 6. Ser divisor (3) de (um número). *tdi.* 7. Dividir (4 e 5). 8. Separar em categorias, em grupos. 9. *Mat.* Fazer com (um número) a divisão (8), considerando-o como dividendo em relação a (um número considerado como divisor): *dividir 8 por 2*. *p.* 10. Separar-se em diversas partes. [C.: 3] § **di.vi.di.do** *adj.*

di.vi.na.ção [Lat. *divinatione*. ▣ 2] *sf.* 1. Arte de adivinhar. 2. Adivinhação. [Pl.: -ções.]

di.vi.nal [Lat. *divinale*. ▣ 39] *adj2g.* Divino (2). [Pl.: -nais.]

di.vi.na.tó.ri.o [Fr. *divinatoire*. ▣ 23] *adj.* 1. Relativo a divinação ou adivinhação. 2. Que tem a faculdade de adivinhar.

di.vin.da.de [Lat. *divinitate*. ▣ 14] *sf.* 1. Natureza divina. 2. Deus ou deusa.

di.vi.ni.zar [*Divino*. ▣ 1D] *vtd.* 1. Atribuir caráter divino a. *p.* 2. Tornar-se divino. [C.: 1] § **di.vi.ni.za.ção** *sf.*

di.vi.no [Lat. *divinu*.] *adj.* 1. De, ou proveniente de Deus. 2. *Fig.* Encantador; divinal.

di.vi.sa [F.subst. de *diviso*.] *sf.* 1. Sinal divisório. 2. Distintivo, marca. 3. Sentença que simboliza ideia ou sentimento pessoal, ou norma dum partido. 4. Cada um dos galões indicativos das patentes militares.

di.vi.são [Lat. *divisione*. ▣ 2] *sf.* 1. Ato de dividir(-se). 2. Aquilo (linha, objeto, etc.) que divide, que marca separação ou limite. 3. Compartimento ou parte bem delimitada (de área ou espaço, de casa, recipiente, etc.). 4. Repartição. 5. Discórdia, dissensão. 6. Área de algumas jurisdições. 7. Unidade tática composta de todas as armas e dos serviços essenciais para conduzir operações terrestres. 8. *Arit.* Operação que consiste em encontrar quantas vezes sucessivas um mesmo número fixo (o *divisor*) pode ser subtraído de uma quantidade inicial (o *dividendo*). [O resultado da divisão é chamado *quociente*, e a diferença da última subtração realizada é chamada *resto*.] [Pl.: -sões.] ◆ **Divisão celular.** *Biol.* Processo pelo qual uma célula se fraciona, originando 2 ou mais novas células. **Divisão do trabalho.** *Soc.* 1. Fenômeno ou processo no qual certas atividades ou funções sociais são culturalmente atribuídas a dada categoria ou grupo de indivíduos. 2. Organização de um trabalho, atividade, etc. em várias tarefas ou etapas simples e interdependentes, distribuídas entre indivíduos, máquinas ou grupos distintos. **Divisão exata.** *Mat.* A que tem resto igual a zero.

di.vi.sar [Lat. *divisus*. ▣ 1A] *vtd.* 1. Avistar; distinguir. 2. Notar, observar. 3. Marcar, delimitar: *divisar um campo de futebol*. [C.: 1]

di.vi.sas *sfpl.* 1. Disponibilidade de dinheiro que um Estado possui em praças estrangeiras. 2. Moeda estrangeira ou créditos em moeda estrangeira.

di.vi.si.o.ná.ri.o [*Divisão* (-*sion*-). ▣ 24] *adj.* 1. Relativo à divisão (7). 2. Diz-se da moeda com valor inferior ao da unidade monetária.

di.vi.sí.vel [Lat. *divisibile*. ▣ 41] *adj2g.* 1. Que pode ser dividido. 2. Diz-se de número cuja divisão aritmética por dado número não deixa resto: *8 é divisível por 2*. [Pl.: -*veis*.] § **di.vi.si.bi.li.da.de** *sf.*

di.vi.so [Lat. *divisu*.] *adj.* Que dividiu; dividido. § **di.vi.só.ri.o** *adj.*

di.vi.sor (ô) [Lat. *divisore*. ▣ 19] *sm.* 1. Aquilo ou aquele que divide. 2. *Mat.* Na operação de divisão, o número pelo qual se divide outro. 3. *Mat.* Cada um dos números inteiros (exceto 0) pelos quais se pode dividir um número inteiro dado, sem deixar resto; submúltiplo. ◆ **Máximo divisor comum.** *Mat.* O maior número: que é divisor (3) de todos os membros de um conjunto de inteiros [símb.: *mdc*].

di.vi.só.ri.a [F.subst. do adj. *divisório*.] *sf.* 1. Linha que divide; divisão. 2. Tapume, parede, etc., que divide um espaço qualquer.

di.vor.ci.ar [*Divórcio*. ▣ 1A] *vtd.* 1. Provocar ou decretar o divórcio de. *p.* 2. Separar-se judicialmente (cônjuges) pelo divórcio. [C.: 1]

di.vór.ci.o [Lat. *divortiu*.] *sm.* Dissolução do vínculo matrimonial, podendo os divorciados contrair novas núpcias.

di.vul.gar [Lat. *divulgare*. ▣ 1A] *vtd.* e *p.* Tornar(-se) público ou notório; propagar(-se), propalar(-se). [C.: 1C] § **di.vul.ga.ção** *sf.*

di.zer [Lat. *dicere*. ▣ 1B] *vtd.* 1. Exprimir (ideia, fato, etc.) por meio de palavras ditas ou escritas. 2. Recitar (poema). 3. Contar, narrar: *Pediram e eu disse tudo o que sabia*. 4. Celebrar (missa). 5. Pronunciar. 6. Ensinar: *Alguns provérbios dizem grandes verdades*. *tdi.* 7. Dizer (1), por palavras, a alguém. 8. Contar. 9. Afirmar: *Disse-lhe que não iria mudar de opinião*. 10. Aconselhar. 11. Ordenar, mandar. *transobj.* 12. Considerar: *Diziam-no um bom rapaz*. *tc.* 13. Abrir, comunicar, dar: *A porta diz para o jardim*. *int.* 14. Falar (1): *Diga logo; não fique aí calado*. *p.* 15. Afirmar ou declarar de si. [C.: 17] ● *sm.* **16.** Expressão, dito. **17.** Linguagem falada. ◆ **Até dizer chega.** *Bras. Pop.* Em grande quantidade ou intensidade.

dí.zi.ma [F.subst. do adj. *dízimo*.] *sf.* **1.** Imposto equiv. a um décimo do rendimento. **2.** *Mat.* V. *dízima periódica*. ◆ **Dízima periódica.** *Mat.* Representação decimal de um número no qual um conjunto de um ou mais algarismos consecutivos se repete sem interrupção e indefinidamente, a começar de certa casa decimal.

di.zi.mar [Lat. *decimare*.◻1A] *vtd.* Destruir, exterminar. [C.: 1] **§ di.zi.ma.ção** *sf.*; **di.zi.ma.dor** (ô) *adj. sm.*

dí.zi.mo [Lat. *decimu*.] *sm.* A décima parte.

diz que diz que [*Dizer + que*, repetidos.] *sm2n.* Boato, falatório, intriga.

■ **dj** Abrev. de *disc-jóquei*.
■ **dl** Símb. de *decilitro*.
■ **dm** Símb. de *decímetro*.
■ **DNA** Sigla, em inglês, de *ácido desoxirribonucleico*.

do[1] Contr. da prep. *de* com o art. *o*.
do[2] Contr. da prep. *de* com o pron.dem. *o*; daquele.
do[3] Contr. da prep. *de* com o pron. neutro *o*; daquilo.

dó[1] [Lat. *dolu*.] *sm.* **1.** V. *compaixão*. **2.** Tristeza.
dó[2] [It. *do*.] *sm. Mús.* **1.** O primeiro grau da escala diatônica natural. **2.** Sinal da nota dó na pauta.

do:a.ção [Lat. *donatione*.◻2A] *sf.* **1.** Ato ou efeito de doar. **2.** O que se doou. [Pl.: -*ções*.]

do:a.dor (ô) [Lat. *donatore*.◻19A] *adj.* **1.** Que doa. ● *sm.* **2.** Aquele que doa. **3.** Indivíduo que doa sangue ou órgão para transplante.

do.ar [Lat. *donare*.◻1A] *vtdi. e td.* Transmitir gratuitamente (bens, etc.) a outrem. [C.: 1D]

do.bar [Lat. **depanare*.] *vtd.* Enovelar (o fio de meada). [C.: 1 (ó)] **§ do.ba.gem** *sf.*

→ **dobermann** (dóbermã) [Al.] *sm.* Cão de guarda, de grande porte, forte e musculoso, de pelagem escura e curta.

do.bra [Dev. de *dobrar*.] *sf.* **1.** Parte dum objeto que, volteada, fica sobreposta à outra. **2.** Vinco, prega.

do.bra.di.ça *sf.* Peça de metal formada de 2 chapas unidas para um eixo comum, e sobre a qual gira a porta, janela, etc.

do.bra.di.nha *sf. Bras.* **1.** A parte do estômago do boi us. na alimentação. **2.** Guisado feito com ela. [Sin.ger.: *tripa*.]

do.bra.do [*Dobrar*.◻17A] *adj.* **1.** Em dobro; duplicado, duplo. **2.** Voltado sobre si; enrolado. **3.** *Bras. Pop.* De compleição robusta. ● *sm.* **4.** *Bras.* Música de marcha militar.

do.brar [Lat. *duplare*.◻1A] *vtd.* **1.** Tornar 2 vezes maior; duplicar. **2.** Tornar maior, ou mais completo, ou intenso: *dobrar a atenção*. **3.** Virar (um objeto) de modo que uma ou mais partes dele se sobreponham à outra(s). **4.** Fazer curvar. **5.** Amansar. *int.* **6.** Soar (o sino) dando dobre. **7.** Tornar-se outro tanto maior; duplicar-se. *p.* **8.** Ceder. [C.: 1 (ó)] **§ do.bra.du.ra** *sf.*; **do.brá.vel** *adj2g.*

do.bre [Dev. de *dobrar*.] *sm.* **1.** Ato ou efeito de dobrar. **2.** Toque (de sinos) no dia de finados, ou quando da morte de alguém.

do.bro (ô) [Lat. *duplu*.] *sm.* Duplo (2).

■ **DOC** [Sigla de *Documento de Ordem de Crédito*.] *Econ.* Instrumento de transferência de dinheiro entre contas bancárias.

do.ca [Ingl. *dock*.] *sf.* Parte de um porto onde atracam navios para carga e descarga.

do.ce (ô) [Lat. *dulce*.] *adj2g.* **1.** Que tem sabor como o do mel ou o do açúcar. **2.** De sabor agradável. **3.** Meigo. **4.** Brando, ameno. [Superl.: *dulcíssimo, docíssimo*.] ● *sm.* **5.** Confecção culinária em que entra açúcar ou outro adoçante. **6.** Um dos sabores básicos do paladar, geralmente considerado prazeroso; indica alimentos ricos em energia.

do.cei.ro [*Doce*.◻25] *sm.* Homem que faz e/ou vende doces.

do.cên.ci:a [Deduz. de *docente*.] *sf.* **1.** Qualidade de docente. **2.** O exercício do magistério.

do.cên.ci:a-li.vre *sf.* Atividade exercida por docente-livre; livre-docência. [Pl.: *docências-livres*.]

do.cen.te [Lat. *docente*.◻21] *adj2g.* **1.** Que ensina. **2.** Relativo a professores. ● *s2g.* **3.** Professor, lente.

do.cen.te-li.vre *sm.* **1.** Título universitário obtido mediante concurso. ● *s2g.* **2.** Pessoa que obteve o docente-livre (1). ● *adj2g.* **3.** Que obteve o docente-livre (1). [Sin.ger.: *livre-docente*. Pl.: *docentes-livres*.]

dó.cil [Lat. *docile*.] *adj2g.* Fácil de ser ensinado, de conduzir, de guiar. [Pl.: -*ceis*.] **§ do.ci.li.da.de** *sf.*

do.cu.men.ta.ção [*Documentar*.◻2A] *sf.* **1.** Ato ou efeito de documentar. **2.** Conjunto de documentos. [Pl.: -*ções*.]

do.cu.men.tar [*Documento*.◻1A] *vtd.* Juntar documento(s) a; provar com documento(s). [C.: 1] **§ do.cu.men.tá.vel** *adj2g.*

do.cu.men.tá.ri:o [*Documento*.◻24] *adj.* **1.** Relativo a documento. ● *sm.* **2.** *Cin. Restr.* Filme, ger. de curta-metragem, que registra e comenta um fato, um ambiente ou determinada situação.

do.cu.men.to [Lat. *documentu*.] *sm.* Qualquer escrito us. para consulta, estudo, prova, etc. **§ do.cu.men.tal** *adj2g.*

do.çu.ra [*Doce*.◻5] *sf.* **1.** Qualidade do que é doce. **2.** Gosto do doce. **3.** *Fig.* Brandura; meiguice.

do.de.ca.e.dro [Gr. *dodekáedros*.] *sm.* Poliedro formado por 12 faces. **§ do.de.ca.é.dri.co** *adj.*

do.de.ca.fo.nis.mo [*Dodec(a)-* + *-fon(o)-* + *-ismo*. ◻11] *sm. Mús.* Técnica de composição baseada nos 12 sons da escala cromática. **§ do.de.ca.fô.ni.co** *adj.*

dodecágono | domicílio

do.de.cá.go.no [Gr. *dodekágonon*.] *sm.* Polígono de 12 lados. § **do.de.ca.go.nal** *adj2g.*

do.de.cas.sí.la.bo [*Dodec(a)-* + *-sílabo*.] *adj. sm.* Alexandrino[1]. § **do.de.cas.si.lá.bi.co** *adj.*

do.dói [De *doer*, repetido.] *sm. Bras.* 1. Doença; ou dor; ou machucado. ● *adj2g.* 2. Doente.

do.en.ça [Lat. *dolentia*.] *sf.* 1. Falta ou perturbação da saúde. 2. Vício; defeito. ◆ **Doença da vaca louca.** *Med.* Encefalopatia espongiforme (q.v.). **Doença de Chagas.** Doença descoberta por Carlos Chagas (1879-1934, MG), veiculada por barbeiro (2) e que tem como germe causador o *Trypanosoma cruzi*. **Doença do sono.** Doença endêmica transmitida pela mosca tsé-tsé, comum na África tropical, que compromete o sistema nervoso central, levando à extrema letargia física e mental, sono invencível e morte.

do.en.te [Lat. *dolente*.] *adj2g.* 1. Que tem doença. 2. Apaixonado; maníaco. ● *s2g.* 3. Pessoa doente.

do.en.ti:o [*Doente*.▫ 34A] *adj.* 1. Que adoece facilmente. 2. Nocivo à saúde. 3. Mórbido.

do.er [Lat. *dolere*.] *v.int.* 1. Causar dor, sofrimento, ou dó, pena. *p.* 2. Ressentir-se (física ou moralmente); magoar-se. 3. Condoer-se; apiedar-se. [C.: 33. Como int., é onípess. Como pron., conjuga-se em todas as pess.: eu me *doo*, etc.] ◆ **De doer.** *Pej.* Ruim, desagradável, etc. em excesso.

do.es.to [Dev. de *doestar*.] *sm.* Acusação desonrosa; injúria.

dog.ma [Lat. *dogma*.] *sm.* Ponto fundamental e indiscutível de doutrina religiosa e, p.ext., de qualquer doutrina ou sistema.

dog.má.ti.co [Lat. *dogmaticu*.▫ 35B] *adj.* Relativo a dogma, ou ao dogmatismo.

dog.ma.tis.mo [*Dogma (-mat-)*.▫ 11] *sm.* 1. Atitude arrogante de afirmação ou negação. 2. *Filos.* Crença, ger. ingênua e não crítica, nas verdades e nos princípios racionais.

doi.dei.ra [*Doido*.▫ 16] *sf.* V. *doidice*.

doi.di.ce [*Doido*.▫ 13] *sf.* 1. Ato ou palavras de doido. 2. Ato impensado ou leviano. 3. Arrebatamento. [Sin.ger.: *doideira*.]

doi.di.va.nas [De *doido*.] *s2g2n. Fam.* Pessoa estouvada, inconsequente.

doi.do [V.D] *adj.* 1. Louco, alienado, demente. 2. Que age como doido; extravagante, arrebatado. 3. Insensato. ● *sm.* 4. Indivíduo doido. ◆ **Doido de pedra ou doido varrido.** Quem é doido em alto grau, ou tem comportamento muito desequilibrado.

do.í.do [Part. de *doer*.] *adj.* Que se doeu; dorido, magoado.

dois ou **dous** [Lat. *duos*.] *num.* 1. Quantidade que é uma unidade maior do que um (1). 2. Que está marcado ou identificado com o número 2. [Nesta acepç., é us. como aposto (sem flexão), em seguida a um subst.: linha *dois*, loja *dois*.] ● *sm2n.* 3. Representação, em algarismos, do número 2.

dois-pon.tos *sm2n. E.Ling.* V. *sinal de pontuação*.

dó.lar [Ingl. *dollar*.] *sm.* Unidade monetária, e moeda dos E.U.A., Canadá, Austrália, Nova Zelândia e outros países, igual a 100 cêntimos. [Pl.: *dólares*.]

do.la.ri.za.ção [*Dolarizar*.▫ 2A] *sf. Econ.* Utilização do dólar dos E.U.A. como medida de valor ou como meio de pagamento, em lugar da moeda nacional. [Pl.: -*ções*.]

do.la.ri.zar [*Dólar*.▫ 1D] *vtd.* Introduzir a dolarização em. [C.: 1] § **do.la.ri.za.do** *adj.*

do.lei.ro [*Dól(ar)*.▫ 25] *sm.* Aquele que comercia ilegalmente com dólar ou com qualquer moeda estrangeira.

do.len.te [Lat. *dolente*.▫ 21] *adj2g.* Que manifesta dor. § **do.lên.ci:a** *sf.*

dól.mã [Fr. *dolman*.] *sm.* Veste ou casaco militar.

do.lo (ó) [Lat. *dolu*.] *sm.* 1. Ato consciente, ou intenção, com que se induz, mantém ou confirma outrem num erro. 2. *Jur.* Intenção ou deliberação de violar a lei, com consciência da criminalidade da ação ou da omissão que se comete. § **do.lo.so** (ô) *adj.*

do.lo.ri.do [Part. de *dolorir*.] *adj.* 1. Que tem, ou em que há dor; dorido. 2. Lamentoso.

do.lo.ro.so (ô) [Lat. *dolorosu*.▫ 37] *adj.* Que produz, ou em que há dor. [Pl.: -*rosos* (ó).]

dom[1] [Lat. *donu*.] *sm.* 1. Dádiva, presente. 2. Qualidade inata. 3. Mérito, merecimento. 4. Poder. [Pl.: *dons*.]

dom[2] [Lat. *dominu*.] *sm.* Título honorífico de nobres e de altos dignitários da Igreja. [Com inicial maiúsc. Pl.: *dons*.]

do.mar [Lat. *domare*.▫ 1A] *vtd.* 1. Domesticar (2). 2. Subjugar; sujeitar. 3. Reprimir. [C.: 1] § **do.ma** *sf.*; **do.ma.dor** (ô) *adj. sm.*

do.mes.ti.car [*Doméstico*.▫ 1A] *vtd.* 1. Tornar doméstico; adaptar (animal ou planta) à vida em associação com os seres humanos. 2. Amansar ou adestrar (animal selvagem); domar. [C.: 1A] § **do.mes.ti.ca.ção** *sf.*; **do.mes.ti.cá.vel** *adj2g.*

do.més.ti.co [Lat. *domesticu*.] *adj.* 1. Da, ou referente à casa, à vida da família; familiar. 2. Que vive ou é criado em casa (animal). ● *sm.* 3. V. *empregado* (2). § **do.mes.ti.ci.da.de** *sf.*

do.mi.ci.li.a.do [*Domiciliar*[2].▫ 17A] *adj.* Residente, morador.

do.mi.ci.li.ar[1] [*Domicílio*.▫ 40] *adj2g.* Relativo a domicílio.

do.mi.ci.li.ar[2] [*Domicílio*.▫ 1A] *vtd.* 1. Dar domicílio a. *p.* 2. Fixar domicílio. [C.: 1]

do.mi.cí.li:o [Lat. *domiciliu*.] *sm.* Casa ou lugar onde se reside; residência. ◆ **A domicílio.** No domicílio, na residência; em domicílio: *Levam-se compras a domicílio*. [Na linguagem formal, usa-se com verbos que pedem a prep. *a*.] **Em domicílio.** A domicílio: *Atende-se em*

dominador | dossiê

domicílio. [Na linguagem formal, usa-se com verbos que pedem a prep. *em*.]

do.mi.na.dor (ó) [Lat. *dominatore*. 19A] *adj*. Que domina; dominante.

do.mi.nân.ci.a [*Dominar*. 9] *sf.* Qualidade de dominante.

do.mi.nan.te [Lat. *dominante*. 21] *adj2g*. **1.** Dominador. **2.** *Gen*. Diz-se de caráter hereditário que se manifesta no indivíduo que o possui. [Cf. *recessivo*.]

do.mi.nar [Lat. **dominare*. 1A] *vtd*. **1.** Exercer autoridade, poder, influência ou domínio sobre. **2.** Reprimir. **3.** Preponderar, predominar. **4.** Saber: *Domina algumas línguas*. *p*. **5.** Conter-se. [C.: 1] § **do.mi.na.ção** *sf*.

do.min.go [Lat. (*dies*) *dominicu*, 'dia do Senhor'.] *sm*. O primeiro dia da semana, destinado ao descanso e à oração.

do.min.guei.ro [*Domingo*. 25] *adj*. Do domingo.

do.mi.ni.cal [Lat. *dominicale*. 39] *adj2g*. Relativo ao Senhor, ou ao domingo. [Pl.: *-cais*.]

do.mi.ni.ca.no *adj*. **1.** Da ordem de S. Domingos. **2.** Da República Dominicana ou de São Domingos (Antilhas). ● *sm*. **3.** Frade da Ordem de S. Domingos. **4.** O natural ou habitante da República Dominicana ou de São Domingos (Antilhas).

do.mí.ni.o [Lat. *dominiu*.] *sm*. **1.** Autoridade, poder. **2.** Posse. **3.** Grande extensão territorial pertencente a indivíduo, empresa ou Estado. **4.** V. *campo* (5). **5.** *Mat*. Numa função, conjunto dos valores que as variáveis independentes podem tomar. **6.** *Ocean*. Grande extensão de um ecossistema aquático.

do.mi.nó [V.C] *sm*. **1.** Túnica, com capuz e mangas, us. como fantasia (4). **2.** Quem a veste. **3.** Certo jogo com 28 pedras retangulares.

do.mo [It. *duomo*.] *sm*. Cobertura de forma curva, executada com material translúcido, para iluminação do interior de edificação.

do.na [Lat. *domna*.] *sf.* **1.** Fem. de *dono*. **2.** Título que precede o nome próprio das senhoras. ♦ **Dona de casa.** *Bras*. Mulher que dirige e/ou administra o lar.

do.nai.re [Esp. *donaire*.] *sm*. Gentileza, garbo.

do.na.tá.ri.o [Lat. *donatariu*. 24A] *sm*. **1.** O que recebeu uma doação. **2.** Senhor de capitania hereditária no Brasil colonial.

do.na.ti.vo [Lat. *donativu*. 22A] *sm*. Dádiva.

don.de Contr. da prep. *de* e do adv. *onde*. Indica procedência, causa ou conclusão.

don.do.ca [V.C] *sf*. *Bras*. Mulher de boa posição social, ociosa e fútil.

do.ni.nha [*Dona*. 32A] *sf.* *Zool*. Mamífero mustelídeo que habita a Europa.

do.no [Lat. *domnu*.] *sm*. **1.** Proprietário, senhor. **2.** Chefe (de uma casa).

don.ze.la [Lat.vulg. **domnicilla*.] *sf.* **1.** *Ant*. Mulher moça, nobre. **2.** Mulher virgem.

do.par [Ingl. (*to*) *dope*. 1A] *vtd*. **1.** Ministrar substância excitante ou estupefaciente a. **2.** Drogar (1). *p*. **3.** Dopar-se (1 e 2). [C.: 1 (ó)] § **do.pa.gem** *sf*.

→ **doping** (dópin) [Ingl.] *sm*. *Esport*. Uso ilegal de estimulantes por atleta, etc., para melhorar seu desempenho.

dor (ó) [Lat. *dolore*.] *sf.* **1.** *Med*. Sensação de sofrimento, decorrente de lesão (5) e percebida por formações nervosas especializadas. **2.** *Fig*. Mágoa, pesar.

do.ri.do [De *dolorido*.] *adj*. **1.** Dolorido (1). **2.** *Fig*. Triste.

dor.mên.ci.a [*Dormir*. 10] *sf.* *Med*. Insensibilidade parcial ou total em extremidade do corpo.

dor.men.te [Lat. *dorm(i)ente*. 21A] *adj2g*. **1.** Que dorme; adormecido. **2.** Entorpecido. ● *sm*. *Bras*. **3.** Peça colocada transversalmente à via, e onde se assentam e fixam os trilhos das ferrovias.

dor.mi.da [*Dormir* + *-ida*.] *sf.* **1.** Ato de dormir. **2.** Pousada para pernoitar.

dor.mi.dei.ra [*Dormir*. 16A] *sf.* **1.** Sonolência, modorra. **2.** *Bras*. *Bot*. Planta mimosácea, ornamental; sensitiva.

dor.mi.nho.co (ó) [*Dormir*.] *adj.sm*. *Fam*. Que, ou quem dorme muito.

dor.mir [Lat. *dormire*. 1C] *v.int*. **1.** Estar entregue ao sono. [Sin. inf.: *nanar*.] **2.** Estar imóvel. **3.** Distrair-se. **4.** Estar latente. [C.: 50]

dor.mi.tar [Lat. *dormitare*. 1A] *v.int. e td*. Cochilar (1). [C.: 1]

dor.mi.tó.ri.o [Lat. *dormitoriu*. 23A] *sm*. **1.** Salão ou ala de edifício com muitos quartos de dormir. **2.** Quarto de dormir, ger. com muitas camas.

dor.so (ô) [Lat. *dorsu*.] *sm*. **1.** Costas (dos homens e dos animais). **2.** *Anat*. Aspecto (3) de uma formação anatômica que, em posição, corresponde às costas; no homem, é posterior. **3.** Parte posterior. **4.** V. *lombada* (2). § **dor.sal** *adj2g*.

do.sar [*Dose*. 1A] *vtd*. Regular por dose. [C.: 1 (ó)] § **do.sa.gem** *sf*.

do.se [Gr. *dósis*.] *sf.* **1.** *Med*. Quantidade fixa de uma substância que entra na composição de determinado medicamento. **2.** Porção de medicamento, bebida, etc., que se toma ou se serve de uma vez. **3.** *Fís*. Quantidade total de energia absorvida por um sistema sujeito à ação de uma radiação ionizante.

do.sí.me.tro [Gr. *dósis* + *-metro*.] *sm*. *Fís*. Medidor de radioatividade capaz de medir uma dose de radiação.

dos.sel [Cat. *dosser*.] *sm*. Armação ornamental, que encima altar, trono, etc.; céu, sobrecéu. [Pl.: *-séis*.]

dos.si.ê [Fr. *dossier*.] *sm*. Coleção de documentos referentes a certo processo, assunto ou a certo indivíduo.

dos.toi:evs.ki.a.no [□29] *adj.* Relativo ao, ou próprio do romancista Fiodor Dostoievski (M.), ou à sua obra.

do.ta.ção [*Dotar.*□2A] *sf.* 1. Ato de dotar. 2. Renda destinada à manutenção de pessoa ou corporação. 3. Verba (2). [Pl.: -*ções*.]

do.tar [Lat. *dotare.*□1A] *vtd.* 1. Dar dote a. 2. Favorecer. 3. Consignar para dotação. [C.: 1 (ó)] § **do.ta.do** *adj.*

do.te [Lat. *dote.*] *sm.* 1. Bens que recebe uma pessoa, esp. a mulher que se casa e a freira ao entrar no convento. 2. Dom natural.

dou.ra.do ou **doi.ra.do** [*Dourar.*□17A] *adj.* 1. Da cor do ouro. 2. Revestido de, enfeitado, ou bordado a ouro. ● *sm.* 3. *Bras. Zool.* Peixe caracídeo us. na alimentação.

dou.ra.dor ou **doi.ra.dor** (ô) [*Dourar.*□19A] *sm.* Operário ou artista que doura.

dou.ra.du.ra ou **doi.ra.du.ra** [*Dourar.*□5A] *sf.* Arte ou operação de dourar.

dou.rar ou **doi.rar** [Lat. *deaurare.*□1A] *vtd.* 1. Revestir com camada de ouro. 2. Dar cor de ouro a. 3. *Fig.* Dar brilho, ou aspecto ilusório, a. [C.: 1]

dou.to [Lat. *doctu.*] *adj.* Muito instruído; erudito, sábio.

dou.tor [Lat. *doctore.*□19] *sm.* 1. Aquele que se formou numa universidade e recebeu a mais alta graduação desta após haver defendido tese. 2. Aquele que se diplomou numa universidade. 3. *Pop.* Médico (2).

dou.to.ra.do [Lat.med. *doctoratu.*□17C] *sm.* 1. Graduação de doutor. 2. Curso especializado que se faz após a graduação; doutoramento.

dou.to.ral [*Doutor.*□39] *adj2g.* De, ou próprio de doutor. [Pl.: -*rais*.]

dou.to.ra.men.to [*Doutorar.*□3] *sm.* 1. Ato de doutorar(-se). 2. Doutorado (2).

dou.to.ran.do [*Doutorar* + -*ando*.] *sm.* O que vai doutorar-se.

dou.to.rar [*Doutor.*□1A] *vtd.* e *p.* Conferir o grau de doutor a, ou recebê-lo. [C.: 1 (ó)]

dou.tri.na [Lat. *doctrina.*] *sf.* 1. Conjunto de princípios que servem de base a um sistema filosófico, científico, etc. 2. Catequese cristã. 3. Ensinamento.

dou.tri.nar [*Doutrina.*□1A] *vtd.* 1. Instruir (alguém) numa doutrina. 2. Procurar converter (alguém) às suas ideias, ao seu credo político, etc. [C.: 1] § **dou.tri.na.ção** *sf.*

dou.tri.ná.ri:o [*Doutrina.*□24] *adj.* Relativo a, ou que encerra doutrina.

→ **download** (daunlôur) [Ingl.] *sm. Inform.* Em redes de computadores, obtenção de cópia de um arquivo localizado em máquina remota.
◆ *Fazer (um) download. Inform.* V. baixar (2).

do.ze (ô) [Lat. *duodecim.*] *num.* 1. Quantidade que é uma unidade maior que 11. 2. Número (1) correspondente a essa quantidade. [Representa-se em algarismos arábicos por 12, e em romanos, por XII.]

■ **DPT** Sigla de vacina tríplice contra difteria, coqueluche e tétano.

■ **DPVAT** Abrev. de *Danos Pessoais Causados por Veículos Automotores de Via Terrestre*, em *Seguro DPVAT*.

drac.ma [Lat. *drachma.*] *sf.* Antiga unidade monetária, e moeda, da Grécia, substituída pelo euro.

dra.co.ni.a.no [Antr. *Drácon* (séc. VII a.C.). □29A] *adj.* Excessivo, rigoroso; cruelmente severo.

dra.ga [Ingl. *drag.*] *sf.* Aparelho com que se tira areia, etc., do fundo do mar, dos rios, etc.

dra.gão [Lat. *dracone.*] *sm.* Monstro fabuloso, representado, ger., com cauda de serpente, garras e asas. [Pl.: -*gões*.]

dra.gão-de-co.mo.do *sm. Zool.* Reptil varanídeo, o maior lagarto exstante, que chega a atingir 3m e pesar 140kg. Habita ilhas da Indonésia; varano. [Pl.: *dragões-de-comodo*.]

dra.gar [*Draga.*□1A] *vtd.* Limpar ou desobstruir com draga. [C.: 1C] § **dra.ga.gem** *sf.*

drá.ge:a [Fr. *dragée.*] *sf.* Comprimido medicamentoso recoberto de substância ger. doce.

dra.go.na [Fr. *dragonne.*] *sf.* Galão ou peça metálica que os militares usam no ombro, como distintivo.

→ **drag queen** (dréguiquên) [Ingl.] *sf.* Homem que se fantasia de mulher, ger. com roupas extravagantes e maquiagem excessiva, para apresentações em festas, bares, boates, etc.

dra.ma [Lat. *drama.*] *sm.* 1. Peça teatral em que o cômico se mistura com o trágico. 2. Episódio comovente ou patético.

dra.ma.lhão *sm.* Peça ou filme medíocre e cheio de lances trágicos. [Pl.: -*lhões*.]

dra.má.ti.co [Lat. *dramaticu.*□35B] *adj.* 1. Relativo a drama. 2. Que representa dramas. 3. Comovente, patético. § **dra.ma.ti.ci.da.de** *sf.*

dra.ma.ti.zar [*Dramat(o)-* + -*izar*.□1D] *vtd.* 1. Dar a forma de drama a. 2. Tornar ou procurar tornar dramático. [C.: 1] § **dra.ma.ti.za.ção** *sf.*

dra.ma.tur.gi.a [Fr. *dramaturgie.*□8A] *sf.* 1. Arte dramática; teatro. 2. Arte e técnica de compor peças teatrais. § **dra.ma.túr.gi.co** *adj.*

dra.ma.tur.go [Gr. *dramatourgós.*] *sm.* 1. Autor de drama (1). 2. Teatrólogo.

dra.pe.jar [It. *drappeggiare.*□1A] *vtd.* Dispor de maneira harmoniosa (as dobras de pano, de vestimenta). [C.: 1 (ê)]

drás.ti.co [Gr. *drastikós.*□35B] *adj.* 1. Diz-se de purgante que atua fortemente. 2. Enérgico, vigoroso. ● *sm.* 3. Purgante drástico.

dre.na.gem [Fr. *drainage.*] *sf.* 1. Ato ou efeito de drenar. 2. Conjunto de operações e instalações para remover o excesso de águas da superfície ou do subsolo. [Pl.: -*gens*.]

dre.nar [Fr. *drainer.*□1A] *vtd.* 1. Fazer a drenagem de. 2. *Med.* Aplicar dreno em. [C.: 1]

dreno | ducto

dre.no [Ingl. *drain.*] *sm.* **1.** Tubo ou vala para drenagem. **2.** *Med.* Objeto us. para manter a saída de líquido duma cavidade para outra cavidade, ou para o meio exterior.

dri.blar *vtd.* **1.** Iludir, enganar, lograr. **2.** *Fut.* Enganar (o adversário), negaceando com o corpo e mantendo o controle da bola, a fim de ultrapassá-lo; fintar. [C.:1]

dri.ble [Ingl. *dribble.*] *sm.* Ato ou efeito de driblar.

drin.que [Ingl. *drink.*] *sm.* Bebida alcoólica, esp. tomada fora das refeições.

→ **drive** (dráivi) [Ingl.] *sm.* Num computador, periférico que movimenta o disco para nele gravar ou ler informações.

→ **drive-in** (dráivi in) [Ingl.] *sm.* Instalação comercial (esp. cinemas, lanchonetes, etc.) em que o serviço é oferecido ao cliente dentro do próprio veículo.

→ **driver** (dráiver) [Ingl.] *sm. Inform.* Arquivo com parâmetros e instruções específicas, que possibilita o uso de dispositivo do computador (como impressora, *modem*, etc.).

→ **drive-thru** (dráivi tru) [Ingl.] *sm.* **1.** Lanchonete *fast-food*, etc. na qual o cliente é atendido sem sair do automóvel. **2.** Posto¹(7) em que o cliente tem acesso a máquinas com serviços bancários sem sair do veículo.

dro.ga [Fr. *drogue*.] *sf.* **1.** *Med.* Qualquer composto químico de uso médico, diagnóstico, terapêutico ou preventivo. **2.** Substância cujo uso pode levar a dependência (4). **3.** Substância entorpecente, alucinógena, excitante, nociva à saúde e, ger., ilegal. **4.** Coisa de pouco valor ou desagradável.

dro.gar [*Droga*.◘1A] *vtd.* **1.** Fazer ingerir droga (3); dopar. *p.* **2.** Intoxicar-se com droga (3); dopar-se. [C.: 1C (ó)] § **dro.ga.do** *adj. sm.*

dro.ga.ri.a [*Droga.*◘15] *sf.* Estabelecimento onde se vendem drogas [v. *droga* (1 e 2)].

dro.mai.í.de:o [Tax. *Dromaiidae.*] *adj. sm. Zool.* Diz-se de, ou espécime dos dromaiídeos, família de grandes aves australianas ratitas, pernaltas, corredoras. São os emus.

dro.me.dá.ri:o [Lat. *dromedariu.*◘24] *sm. Zool.* Mamífero camelídeo domesticado, da África do Norte; tem apenas uma corcova.

dro.par [Ingl. (*to*) *drop.*◘1A] *vtd. e int. Esport. Gír.* **1.** Deslizar, o surfista com sua prancha, sobre (a onda, desde sua formação). **2.** Descer (rua, rampa, degraus, etc.) com *skate*. [C.: 1]

→ **drone** (drône) [Ingl.] *sm.* Avião ou helicóptero (geralmente de dimensões pequenas) sem piloto, comandado remotamente ou por piloto automático; é usado para filmagens e fotografia, ou em operações de guerra.

dro.pe [Ingl. *drop.*] *sm. Bras.* Bala (3), ger. redonda.

drum.mon.di.a.no [◘29A] *adj.* Relativo ao, ou próprio do poeta Carlos Drummond de Andrade **(M.)**, ou à sua obra.

dru.pa [Lat. *druppa.*] *sf. Bot.* Fruto carnoso com um núcleo duríssimo, como o pêssego e a manga.

dru.pá.ce:o [*Dupra* + *-áceo*.] *adj.* Que constitui drupa, ou é semelhante a ela.

■ **DST** *Med.* Abrev. de *doença sexualmente transmissível*.

du:a.lis.mo [*Dual.*◘11] *sm.* Doutrina que admite a coexistência de 2 princípios, ger. opostos: bem e mal, alma e corpo, espírito e matéria, etc. § **du:a.lis.ta** *adj2g.*

du.as [Lat. *duas.*] *num.* Fem. de dois.

dú.bi:o [Lat. *dubiu*.] *adj.* **1.** Duvidoso, incerto; ambíguo. **2.** Difícil de definir ou explicar. § **du.bi:e.da.de** *sf.*

du.bi.ta.ti.vo [Lat. *dubitativu.*◘22A] *adj.* Em que há dúvida.

du.bla.gem [Fr. *doublage.*◘6] *sf.* **1.** *Cin. Telev.* Substituição das falas originais de um filme, etc. por outras, em idioma diferente. **2.** Simulação mímica feita por um cantor, acompanhando música gravada.

du.blar [Fr. *doubler.*] *vtd.* Fazer a dublagem de. [C.: 1]

du.blê *s2g. Cin. Telev.* Profissional que substitui ator, etc., em cenas perigosas, etc.

dúb.ni:o [Top. *Dubna* (Rússia).◘34B] *sm. Quím.* Elemento de número atômico 105, artificial [símb.: Db].

du.ca.do¹ [Lat. *ducatu.*◘17] *sm.* **1.** Estado cujo soberano é um duque. **2.** Dignidade ducal.

du.ca.do² [Esp. *ducado*.] *sm.* Nome comum a moedas de ouro de vários países.

du.cal [Lat. *ducale.*◘39] *adj2g.* Relativo a duque ou duquesa. [Pl.: -*cais*.]

du.cen.té.si.mo [Lat. *ducentesimu.*] *num.* **1.** Ordinal correspondente a 200. **2.** Fracionário correspondente a 200.

du.cha [Fr. *douche.*] *sf.* **1.** Jorro de água dirigido sobre o corpo de alguém, como terapêutica ou higiene. **2.** *P.ext.* Espécie de chuveiro com este tipo de jato de água.

dúc.til [Lat. *ductile.*] *adj2g.* Que se pode reduzir a fios, estirar, distender, sem romper-se. [Pl.: -*teis*.] § **duc.ti.li.da.de** *sf.*

duc.to [Lat. *ductu.*] *sm.* **1.** Qualquer tubulação para conduzir fluidos a grande distância. **2.** *Anat.* Formação tubular que dá passagem a matérias diversas (bile, sangue, etc.), de acordo com o sistema a que pertence. [Denom. ant.: *canal*.] ◆ **Ducto ejaculatório.** *Anat.* Cada um dos 2 ductos formados pela união do ducto deferente e do ducto excretor de cada vesícula seminal. § **duc.tal** *adj2g.*

du.e.lar [Lat. *duellare.*⊡ 1A] *v.int.* e *p.* Bater-se em duelo. [C.: 1]

du.e.lis.ta [*Duelo.*⊡ 36] *s2g.* Quem se bate em duelo.

du.e.lo [Lat. *duellu.*] *sm.* **1.** Combate entre 2 pessoas. **2.** Luta com armas iguais.

du.en.de [Esp. *duende.*] *sm.* Ente fantástico que se acreditava aparecer de noite nas casas, fazendo travessuras.

du.e.to (ê) [It. *duetto.*] *sm.* **1.** *Mús.* Composição para 2 vozes ou 2 instrumentos. **2.** Canto a 2 vozes. [Sin.ger.: duo.]

dul.ci.fi.car [*Dulci-* + *-ficar.*⊡ 1A] *vtd.* **1.** Tornar doce; adoçar. **2.** Tornar agradável, suave; suavizar. *p.* **3.** Suavizar-se, abrandar-se. [C.: 1A]

dul.çor (ô) [Esp. *dulzor.*] *sm.* Doçura.

dul.ço.ro.so (ô) [*Dulçor.*⊡ 37] *adj.* Cheio de dulçor. [Pl.: *-rosos* (ó).]

dum Contr. da prep. *de* e do num., art. e pron. indef. *um.* [Pl.: *duns.*]

→ **dumping** (dâmpin) [Ingl.] *sm.* Venda por preço abaixo do custo com o propósito de afastar concorrentes.

du.na [Fr. *dune.*] *sf.* Monte de areia movediça formado pelo vento.

duo [It. *duo.*] *sm. Mús.* V. *dueto.*

du:o.dé.ci.mo [Lat. *duodecimu.*] *num.* **1.** Que ocupa o lugar de número 12, numa série ordenada. **2.** Cada uma das 12 partes iguais em que se divide algo.

du:o.de.no [Lat.med. *duodenu.*] *sm. Anat.* A primeira parte do intestino delgado. § **du:o.de.nal** *adj2g.*

du.pla *sf.* **1.** Grupo de 2 pessoas que atuam em comum. **2.** Conjunto de 2 elementos.

du.pli.car [Lat. *duplicare.*⊡ 1F] *vtd.* e *int.* Dobrar (1 e 7). [C.: 1A] § **du.pli.ca.ção** *sf.*

du.pli.ca.ta [Fr. *duplicata.*] *sf.* **1.** Cópia. **2.** Título de crédito formal, nominativo, que representa e comprova crédito preexistente, e destinado a aceite e pagamento pelo comprador.

dú.pli.ce [Lat. *duplice.*] *num. 2g.* **1.** V. *duplo* (1). ● *adj2g.* **2.** *Fig.* Fingido.

du.pli.ci.da.de [Lat. *duplicitate.*⊡ 14] *sf.* **1.** Qualidade daquilo que é dúplice. **2.** Qualidade de quem é dúplice; fingimento.

du.plo [Lat. *duplu.*] *num.* **1.** Que é 2 vezes maior que outro; dúplice, dobrado. **2.** Quantidade 2 vezes maior; dobro. **3.** *Fig.* Pessoa ou coisa muito semelhante a outra.

du.que[1] [Fr.ant. *duc.*] *sm.* Título nobiliárquico, superior ao de marquês. [V. *barão.*] [Fem.: *duquesa.*]

du.que[2] [V.E] *sm.* **1.** Carta de jogar que tem 2 pontos. **2.** Dois pontos, na véspora.

du.ra.ção [*Durar.*⊡ 2A] *sf.* **1.** O tempo que uma pessoa, ou coisa, dura; dura. **2.** O tempo do desenvolvimento de um processo. **3.** Qualidade do que dura. [Pl.: *-ções.*]

du.ra.doi.ro ou **du.ra.dou.ro** [*Durar.*⊡ 26A] *adj.* Que dura muito, ou pode durar muito; durável, permanente.

du.ra.lu.mí.ni:o [Al. *Duraluminium.*] *sm.* Liga metálica constituída de alumínio e magnésio.

du.ra-má.ter *sf. Anat.* A mais externa e espessa das 3 meninges que envolvem o encéfalo e a medula espinhal. [Pl.: *duras-máteres.*]

du.ran.te [It.ant. *durante.*] *prep.* Exprime duração: no tempo de, ou pelo espaço de. É us. para: **a)** indicar a ocorrência de uma ação ou de um processo no momento em que outra ação ou processo se dá: *Choveu durante o jantar;* **b)** dizer quanto tempo se leva fazendo algo: *Brincamos durante uma hora.*

du.rar [Lat. *durare.*⊡ 1A] *v.int.* **1.** Continuar a existir; prolongar-se. **2.** Conservar-se em determinado estado, com as mesmas qualidades. **3.** Viver, existir. [C.: 1]

du.rá.vel [Lat. *durabile.*⊡ 41] *adj2g.* V. *duradouro.* [Pl.: *-veis.*] § **du.ra.bi.li.da.de** *sf.*

du.rex (cs) [M.reg.] *sm.f.2n.* Fita adesiva, ger. transparente.

du.re.za (ê) [Lat. *duritia.*⊡ 12] *sf.* **1.** Qualidade de duro[2]. **2.** Ação dura; crueldade. **3.** *Min.* Resistência que um mineral oferece ao ser riscado. **4.** *Pop.* Situação muito difícil, ou falta de dinheiro.

du.ro [Lat. *duru.*] *adj.* **1.** Que não é tenro ou mole; rijo. **2.** Desagradável de ouvir. **3.** Árduo, custoso. **4.** V. *inexorável* (2). **5.** Vigoroso. **6.** Enérgico. **7.** Insensível. **8.** *Bras. Gír.* V. *pronto* (5). ◆ **Dar um duro.** *Bras. Gír.* Trabalhar muito.

dú.vi.da [Dev. de *duvidar.*] *sf.* **1.** Incerteza sobre a realidade dum fato ou sobre a verdade duma asserção. **2.** Descrença.

du.vi.dar [Lat. *dubitare.*⊡ 1A] *vtd.* **1.** Ter ou mostrar dúvida sobre. **2.** Não acreditar. *ti.* **3.** Estar ou mostrar-se indeciso ou desconfiado. *int.* **4.** Não crer. [C.: 1]

du.vi.do.so (ô) [*Dúvida.*⊡ 37] *adj.* Que oferece ou inspira dúvida(s). [Pl.: *-dosos* (ó).]

du.zen.tos [Lat. *ducentos.*] *num.* **1.** Quantidade que é uma unidade maior que 199. **2.** Número (1) correspondente a essa quantidade. [Representa-se em algarismos arábicos por 200, e em romanos, por CC.]

dú.zi:a [Lat. **duocina.*] *sf.* Conjunto de 12 objetos da mesma natureza.

■ **DVD** [Ingl. *d(igital) v(ideo) d(isk).*] *sm.* Tipo de CD capaz de armazenar imagens, sons e arquivos de computador em quantidade superior à do CD-ROM (de 4,7 a 17 GB), empregando padrão diferente de codificação.

■ **Dy** *Quím.* Símb. de *disprósio.*

dze.ta [Lat. *zeta.*] *sm.* Zeta.

e (é ou ê) *sm.* **1.** A 5ª letra do nosso alfabeto. **2.** Figura ou representação dessa letra. ● *num.* **3.** Quinto (I), numa série. [Tb. us. para classificar: a) algo como 'de 5ª categoria'; b) a 5ª classe social (q.v.).] [Pl. do sm., com duplo *e*: *ee*.]

e (i ou ê) [Lat. *et*.] *conj.* **1.** Aditiva: une orações e palavras. **2.** Adversativa = mas, porém.

■ **E 1.** No sistema de numeração, o 15º algarismo, equiv. ao número decimal 14. **2.** *Fís.* Símb. de *energia*. **3.** *Geogr.* Abrev. de *Este*. **4.** *Mús.* Sinal com que se representa a nota mi, ou a escala ou acorde nela baseados.

é *sm.* A letra *e*.

é.ba.no *sm. Bot.* Árvore ebenácea de madeira escura.

e.be.ná.ce:a [Tax. *Ebenaceae*.] *sf. Bot.* Espécime das ebenáceas, família de árvores e arbustos de frutos bacáceos, das regiões quentes. Ex.: o caquizeiro. § **e.be.ná.ce:o** *adj.*

e.bo.la [Tax. *Ebola* (*virus*).] *sm. Med.* Vírus causador de febre aguda hemorrágica, de alta mortalidade.

→ **e-book** (ibúqui) [Ingl.] *sm.* V. *livro eletrônico*.

é.bri:o [Lat. *ebriu*. ▫34B] *adj.* **1.** V. *embriagado*. **2.** Que bebe muito; beberrão. § **e.bri:e.da.de** *sf.*

e.bu.li.ção [Lat. *ebullitione*. ▫2A] *sf.* **1.** *Fís.* Vaporização de um líquido sob pressão igual à sua pressão de vapor na temperatura em que se encontra; transição de fase entre o estado líquido e o gasoso, com a formação de bolhas. **2.** *Fig.* Efervescência (2). [Pl.: -*ções*.]

e.bu.li.dor (ô) [*Ebulir*. ▫19A] *sm.* Aparelho provido de resistor, us. para esquentar água.

e.búr.ne:o [Lat. *eburneu*.] *adj.* De marfim, ou que o lembra.

■ **ECA** Abrev. de *Estatuto da Criança e do Adolescente*.

e.char.pe [Fr. *écharpe*.] *sf.* Faixa de tecido us., ger., em torno do pescoço, como agasalho ou como adorno.

e.ci.a.no [Antr. *Eça* (*de Queirós*). ▫29A] *adj.* Do, ou relativo ao escritor Eça de Queirós (**M.**), ou à sua obra.

e.clâmp.si:a ou **e.clamp.si.a** [Fr. *éclampsie*.] *sf. Med.* Estado caracterizado por série de convulsões e perda de consciência, e que pode surgir nos 3 meses finais da gravidez, durante o parto ou na sequência deste. § **e.clâmp.ti.co** *adj.*

e.cle.si.ás.ti.co [Lat. *ecclesiasticu*. ▫35B] *adj.* **1.** Da Igreja, ou relativo a ela. ● *sm.* **2.** Sacerdote, clérigo, padre.

e.clé.ti.co [Gr. *eklektikós*. ▫35B] *adj.* **1.** Relativo ao ecletismo ou partidário dele. **2.** Que mescla estilos, gêneros, etc. diversos.

e.cle.tis.mo [Fr. *éclectisme*. ▫11] *sm. Filos.* Método que reúne teses de sistemas diversos.

e.clip.sar [*Eclipse*. ▫1A] *vtd.* **1.** Interceptar a luz vinda de (um astro). **2.** *Fig.* Encobrir. **3.** Sobrepujar. *p.* **4.** Ocultar-se (um astro). [C.: 1]

e.clip.se [Lat. *eclipse*.] *sm. Astr.* Fenômeno em que um astro deixa de ser visível no todo ou em parte, devido à sombra de outro astro.

e.clo.dir [Deduz. de *eclosão*, a ex. de *erosão*/*erodir*. ▫1C] *v.int.* Vir à luz; surgir, aparecer. [C.: 3. Unipess.]

é.clo.ga ou **é.glo.ga** [Lat. *ecloga*.] *sf.* Poesia pastoril, ger. dialogada; pastoral.

e.clo.são [Fr. *éclosion*.] *sf.* Ato ou efeito de eclodir; aparecimento. [Pl.: -*sões*.]

e.clu.sa [Fr. *écluse*.] *sf.* Em rio ou canal com grande desnível de leito, dique que permite a descida ou a subida de embarcações.

eco | edifício-garagem

e.co [Lat. *echo*.] *sm.* **1.** Fenômeno físico que se manifesta pela repetição dum som. **2.** Repetição de palavras ou de sons.

e.co.ar [*Eco* + *-oar*.] *v.int.* **1.** Fazer eco. **2.** Ter repercussão. *td.* **3.** Repetir, repercutir. [C.: 1D. Norm. é unipess.]

→ **ecobag** (ecobégui) [Ingl.] *sf.* Sacola feita de material biodegradável.

e.co.car.di:o.gra.fi.a [*Eco-*[2] + *-cardi(o)-* + *-grafia*.] *sf. Med.* Exame das estruturas do coração por meio de eco obtido por ultrassom.

e.co.car.di:o.gra.ma [*Eco-*[2] + *-cardi(o)-* + *-grama*.] *sm. Med.* Registro gráfico obtido na ecocardiografia.

e.co.con.su.mi.dor (ô) [*Eco-*[1] + *consumidor*.] Consumidor de produtos e serviços que não agridem o meio ambiente ou o fazem minimamente.

e.co.joi.a (ói) [*Eco-*[1] + *joia*.] *sf.* Joia feita com sementes catadas na floresta e com outros materiais dali procedentes, com baixo ou nenhum impacto ecológico.

e.co.li.mi.te *sm.* Barreira, natural ou não, que impede o avanço de destruição ambiental.

e.co.lo.ca.li.za.ção *sf.* Detecção de objeto, de ser vivo, etc. pela percepção ou análise do som refletido. [Pl.: *-ções*.]

e.co.lo.gi.a [*Eco-*[1] + *-logia*.] *sf.* Estudo das relações entre os seres vivos e o meio onde vivem, e de suas recíprocas influências. § **e.co.ló.gi.co** *adj.*; **e.co.lo.gis.ta** *s2g.*; **e.có.lo.go** *sm.*

→ **e-commerce** (i-cômers) [Ingl.] *sm.* Comércio que se efetua através da Internet.

e.co.no.me.tri.a [*Econo(mia)* + *-metria*.] *sf.* Estudo de relações econômicas por meio de modelos matemáticos e técnicas estatísticas.

e.co.no.mi.a [Lat. *oeconomia*.[8A] *sf.* **1.** Ciência que trata dos fenômenos relativos à produção, distribuição e consumo de bens. **2.** Contenção nos gastos. **3.** O conjunto dos conhecimentos relativos à economia (1), ministrados nas respectivas faculdades; ciências econômicas. ♦ **Economia de mercado.** *Econ.* Sistema econômico em que as decisões relativas a produção, preços, salários, etc., são tomadas predominantemente pela interação de compradores e vendedores no mercado, com pouca interferência governamental. **Economia informal.** *Econ.* Conjunto de atividades econômicas sem registro de empregados ou recolhimento regular de impostos, e que abrange comércio, produção e prestação de serviços em pequena escala, como o de camelôs, artesãos, engraxates, e atividades ilegais (como o contrabando).

e.co.no.mi.as *sfpl.* Valores acumulados pela contenção de gastos; poupança.

e.co.nô.mi.co [Lat. *oeconomicu*.[35] *adj.* **1.** Relativo à economia. **2.** Que controla as despesas; poupado, austero. **3.** Que consome pouco (em relação aos serviços prestados).

e.co.no.mis.ta [*Economia*.[36] *s2g.* **1.** Especialista em questões econômicas. **2.** Bacharel em ciências econômicas.

e.co.no.mi.zar [*Economia*.[1D] *vtd.* **1.** Poupar (1). *int.* **2.** Fazer economia. [C.: 1]

e.cô.no.mo [Lat. *oeconomu*.] *sm.* Administrador de instituição particular ou pública.

e.cos.fe.ra [*Eco-*[1] + *-sfera*.] *sf. Ecol.* Biosfera.

e.cos.sis.te.ma [*Eco-*[1] + *sistema*.] *sm. Ecol.* O conjunto formado pela comunidade e o meio ambiente: as relações que os seres vivos de uma comunidade estabelecem com os fatores ambientais, como, p.ex., solo, ar, água, etc. [Sin.: *biogeocenose*.] § **e.cos.sis.tê.mi.co** *adj.*

e.co.tu.ris.mo [*Eco-*[1] + *turismo*.] *sm.* Turismo não predatório, em que se busca o contato com a beleza natural, a apreciação da diversidade da fauna e da flora, etc. § **e.co.tu.rís.ti.co** *adj.*

ec.to.pa.ra.si.to [*Ecto-* + *parasito*.] *adj. sm. Biol.* Diz-se de, ou parasito que vive na superfície do organismo do hospedeiro.

e.cu.mê.ni.co [Lat. *oecumenicu*.[35B] *adj.* **1.** Mundial, universal. **2.** Relativo ao ecumenismo. **3.** Com pessoas de diferentes credos.

e.cu.me.nis.mo [*Ecumênico*.[11] *sm.* Movimento que visa a unificação das Igrejas cristãs (católica, protestante e ortodoxa).

e.cú.me.no *sm.* **1.** A área habitável ou habitada da Terra. **2.** O universal, o geral.

ec.ze.ma [Gr. *ékzema*.] *sm. Med.* Dermatose inflamatória, com vesículas e crostas.

e.daz [Lat. *edace*.] *adj2g.* V. *voraz* (1 e 2). [Superl.: *edacíssimo*.]

e.de.ma [Lat.cient. *edema*.] *sm. Med.* Acúmulo anormal de líquido em qualquer tecido ou órgão.

é.den [Do hebr.] *sm.* **1.** Paraíso (1). [Com inicial maiúsc.] **2.** Paraíso (3).

e.di.ção [Lat. *editione*.[2] *sf.* **1.** Ato ou efeito de editar. **2.** *Edit.* Publicação de livros, revistas, jornais, discos, etc. **3.** *Edit.* O conjunto de exemplares de uma edição (2) publicados de cada vez. **4.** *Cin. Rád. Telev.* Seleção e combinação de materiais gravados ou filmados, para feitura de um filme, programa, etc. **5.** A obra editada. [Pl.: *-ções*.]

e.di.fi.ca.ção [Lat. *aedificatione*.[2A] *sf.* **1.** Ato ou efeito de edificar(-se). **2.** V. *edifício*. [Pl.: *-ções*.]

e.di.fi.can.te [Lat. *aedificante*.[21] *adj2g.* Que edifica moralmente; moralizador.

e.di.fi.car [Lat. *aedificare*.[1A] *vtd.* **1.** Construir (1). **2.** Induzir à virtude. *int.* **3.** Infundir sentimentos morais e religiosos. [C.: 1A]

e.di.fí.ci:o [Lat. *aedificiu*.[34B] *sm.* **1.** Construção de alvenaria, ou de outro material, que serve de abrigo, moradia, etc.; edificação, casa, prédio. **2.** Edifício (1), com 2 ou mais andares, constituído por apartamentos ou salas independentes.

e.di.fí.ci:o-ga.ra.gem *sm.* Edificação com rampas e/ou elevadores, destinada ao estacio-

edil | efetivo

namento de veículos. [Pl.: *edifícios-garagem(ns)*.]

e.dil [Lat. *aedile*.] *sm.* **1.** Antigo magistrado romano que fazia inspeção e conservação dos edifícios públicos. **2.** Vereador. [Pl.: *edis*.]

e.di.tal [Lat. *edictale*.◘ 39] *sm.* Ato escrito oficial e com determinação, aviso, postura, citação, etc., e que se afixa em lugares públicos ou se anuncia na imprensa. [Pl.: *-tais*.]

e.di.tar [Fr. *éditer*.◘ 1A] *vtd.* **1.** Fazer a edição (2) de. **2.** Produzir ou preparar (texto, filme, etc.), selecionando e ordenando trechos previamente existentes, ou modificando obra original. [C.: 1]

e.di.to [Lat. *edictu*.] *sm.* Parte de lei em que se preceitua alguma coisa; decreto. [Cf. *édito*.]

é.di.to [Lat. *editu*.] *sm.* Ordem judicial publicada por anúncios ou editais. [Cf. *edito*.]

e.di.tor (ô) [Lat. *editore*.◘ 19] *adj.* **1.** Que edita. ● *sm.* **2.** Quem edita. **3.** O responsável pela supervisão, preparação de textos especializados, etc., em jornal, revista, etc. **4.** *Inform.* Programa para criar ou modificar arquivos. ◆ **Editor de texto.** *Inform.* Programa que oferece recursos para criar e modificar textos.

e.di.to.ra (ô) [F. de *editor*.] *sf.* Organização que edita livros, revistas, etc.

e.di.to.ra.ção [*Editorar*.◘ 2A] *sf.* Processo que compreende seleção e preparação de originais, desenvolvimento do projeto gráfico, elaboração de artes-finais e acompanhamento da produção gráfica, com vista à edição de livros, revistas, etc. [Pl.: *-ções*.]

e.di.to.rar [*Editor*.◘ 1A] *vtd.* Fazer a editoração de. [C.: 1 (ó)] § **e.di.to.ra.dor** (ô) *sm.*

e.di.to.ri.a [*Editor*.◘ 8A] *sf.* Cada uma das seções (de órgão de imprensa, etc.) a cargo de um editor (3).

e.di.to.ri.al [Ingl. *editorial*.◘ 39] *adj2g.* **1.** Relativo a editor ou editora. ● *sm.* **2.** Artigo que exprime a opinião de órgão da imprensa. [Pl.: *-ais*.]

e.di.to.ri.a.lis.ta [*Editorial*.◘ 36] *s2g.* Pessoa que escreve editorial (2).

e.dre.dom ou **e.dre.dão** [Fr. *édredon*.] *sm.* Cobertura acolchoada, para cama; acolchoado. [Pl.: *edredons* ou *edredões*.]

e.du.ca.ção [Lat. *educatione*.◘ 2A] *sf.* **1.** Ato ou efeito de educar(-se). **2.** Processo de desenvolvimento da capacidade física, intelectual e moral do ser humano. **3.** Civilidade, polidez. **4.** Nível de ensino. [V. *educação básica* e *educação superior*.] **5.** Tipo de ensino. [Pl.: *-ções*.] ◆ **Educação básica.** A que se constitui pela educação infantil, pelo ensino fundamental e pelo ensino médio. **Educação especial.** A oferecida a educandos portadores de necessidades especiais (q.v.). **Educação infantil.** Primeira etapa da educação básica. [Visa ao desenvolvimento da criança de 0 a 6 anos.] **Educação superior.** A que se destina à formação de diplomados nas diferentes áreas de conhecimento. [Abrange graduação, pós-graduação e extensão.]

e.du.ca.ci.o.nal [*Educação* (*-cion-*).◘ 39] *adj2g.* Da, ou relativo à educação; educativo.

e.du.ca.ci.o.nis.mo [*Educação* (*-cion-*).◘ 11] *sm.* Progresso e transformação social com base numa revolução educacional. § **e.du.ca.ci.o.nis.ta** *adj2g. s2g.*

e.du.ca.dor (ô) [Lat. *educatore*.◘ 19A] *adj. sm.* Que, ou aquele que educa.

e.du.can.dá.ri.o [*Educando*.◘ 24] *sm.* Estabelecimento onde se ministra educação.

e.du.can.do [Lat. *educandu*.] *sm.* Aquele que está sendo educado.

e.du.car [Lat. *educare*.◘ 1A] *vtd.* e *p.* **1.** Promover o desenvolvimento da capacidade intelectual, moral e física de (alguém), ou de si mesmo. **2.** Instruir(-se) (1 e 7). [C.: 1A]

e.du.ca.ti.vo [*Educar*.◘ 22A] *adj.* **1.** Educacional. **2.** Que contribui para a educação.

e.dul.co.ran.te *adj2g. sm.* Adoçante.

e.du.le [Lat. *edule*.] *adj2g.* V. *comestível* (1).

e.fe (é) *sm.* A letra *f*.

e.fe.bo (fê) [Gr. *éphebos*.] *sm.* **1.** Na Grécia antiga, rapaz que atingiu a puberdade. **2.** *P.ext.* Homem jovem; rapaz.

e.fei.to [Lat. *effectu*.] *sm.* **1.** Produto de uma causa. **2.** Resultado de um ato qualquer. **3.** Efetivação, execução. **4.** Eficácia, eficiência. **5.** Impressão; sensação. ◆ **Efeito estufa.** Aquecimento da atmosfera terrestre (e, consequentemente, de toda a biosfera), devido à presença de excesso de dióxido de carbono e de outros gases.

e.fé.li.de [Lat. *ephelide*.] *sf. Med.* Sarda.

e.fe.mé.ri.de [Lat. *ephemeride*.] *sf.* Registro de acontecimento importante e seu aniversário.

e.fe.me.rí.de:o [Tax. *Ephemeridae*.] *adj. sm. Zool.* Diz-se de, ou espécime dos efemerídeos, família de insetos escavadores cujas ninfas, aquáticas, ocorrem, aos milhares, em lagoas, lagos e rios, servindo de alimento de peixes. Adultos, vivem poucas horas.

e.fê.me.ro[1] [Gr. *ephémeros*.] *adj.* Pouco duradouro; passageiro.

e.fê.me.ro[2] [Tax. *Ephemera*.] *sm. Zool.* Inseto efemerídeo.

e.fe.mi.na.do [*Efeminar*.◘ 17A] *adj. sm.* Que, ou quem tem aparência e/ou trejeitos de mulher.

e.fer.ves.cên.ci:a [*Efervescer*.◘ 10] *sf.* **1.** Evolução dum gás em bolhas dentro de um líquido. **2.** *Fig.* Agitação do espírito.

e.fer.ves.cen.te [*Efervescer*.◘ 21] *adj2g.* **1.** Que apresenta efervescência (1). **2.** *Fig.* Agitado.

e.fe.ti.va.men.te [F. de *efetivo*.◘ 42] *adv.* **1.** De maneira efetiva; realmente. **2.** Usa-se como reforço: *Foi ele, efetivamente, o autor da carta.*

e.fe.ti.var [*Efetivo*.◘ 1A] *vtd.* e *p.* Tornar(-se) efetivo (1 e 2). [C.: 1] § **e.fe.ti.va.ção** *sf.*

e.fe.ti.vo [Lat. *effectivu*.◘ 22] *adj.* **1.** Que produz um efeito real. **2.** Permanente, fixo. ● *sm.* **3.** *Restr.* O número de militares que compõem uma formação terrestre, naval ou aérea.

efetuar | electroforídeo

e.fe.tu.ar [Lat.med. *effectuare*. ⬜1A] *vtd.* 1. Realizar, cumprir. 2. Executar (operação matemática). *p.* 3. Realizar-se. [C.: 1] § **e.fe.tu:a.ção** *sf.*

e.fi.cá.ci:a [Lat. *efficacia*.] *sf.* Qualidade ou propriedade de eficaz.

e.fi.caz [Lat. *efficace*.] *adj2g.* Que produz o efeito desejado; eficiente. [Superl.: *eficacíssimo*.]

e.fi.ci.ên.ci:a [Lat. *efficientia*.] *sf.* Ação ou virtude de produzir um efeito.

e.fi.ci.en.te [Lat. *efficiente*. ⬜21] *adj2g.* Eficaz.

e.fí.gi:e [Lat. *effigie*.] *sf.* 1. Representação plástica da imagem duma pessoa real ou simbólica. 2. *P.ext.* Imagem, figura.

e.flo.res.cên.ci:a [*Eflorescer*. ⬜10] *sf. Bot.* Formação e aparecimento da flor.

e.flú.vi:o [Lat. *effluviu*.] *sm.* 1. Emanação de um fluido. 2. Exalação.

e.fu.são [Lat. *effusione*. ⬜2] *sf.* Demonstração viva de sentimentos íntimos; expansão. [Pl.: *-sões*.]

e.fu.si.vo [*Efuso*, 'derramado'. ⬜22] *adj.* Expansivo, comunicativo.

é.gi.de [Lat. *aegide*.] *sf.* Defesa; proteção.

e.gíp.ci:o [Lat. *aegyptiu*.] *adj.* 1. Do Egito (África). ● *sm.* 2. O natural ou habitante do Egito. 3. *E.Ling.* Dialeto árabe falado no Egito.

e.go [Lat. *ego*.] *sm.* 1. O eu de um indivíduo. 2. *Psican.* Instância psíquica distinta do *id* e do superego, mediador entre eles e a realidade exterior.

e.go.cên.tri.co [*Ego-* + *centro* + *-ico²*. ⬜35B] *adj. sm.* Que, ou quem refere tudo ao próprio eu; egoísta. § **e.go.cen.tris.mo** *sm.*

e.go.ís.mo [Fr. *égoïsme*. ⬜11] *sm.* Amor excessivo ao bem próprio, sem consideração aos interesses alheios.

e.go.ís.ta [Fr. *égoïste*. ⬜36] *adj2g.* 1. Que demonstra egoísmo. 2. Egocêntrico. ● *s2g.* 3. Pessoa egoísta.

e.gré.gi:o [Lat. *egregiu*.] *adj.* Muito distinto.

e.gres.so [Lat. *egressu*.] *adj.* 1. Que saiu, se afastou. ● *sm.* 2. Aquele que deixou convento. 3. Detento que se retirou, legalmente, de estabelecimento penal. 4. Saída, retirada.

é.gua [Lat. *equa*.] *sf.* A fêmea do cavalo.

eh *interj.* Para chamar a atenção.

ei *interj. Bras.* Para chamar a atenção ou para cumprimentar.

ei.a [Lat. *eia*.] *interj.* Para animar, excitar.

eins.tei.ni.a.no (ainstai) [⬜29A] *adj.* Relativo ao, ou próprio do físico Albert Einstein (**M.**).

eins.tei.ni:o (ains) [Lat.cient. *einsteinium*. ⬜34B] *sm. Quím.* V. *actinídeos* [símb.: *Es*].

ei.ra [Lat. *area*.] *sf.* 1. Terreno onde se secam e limpam os cereais e legumes, ou onde, nas marinhas, se junta o sal.

eis [V.C] *adv.* Aqui está.

ei.to [Lat. *ictu*.] *sm.* 1. Roça onde trabalhavam escravos. 2. *P.ext. Bras. Pop.* Trabalho intenso.

ei.va [V.C] *sf.* 1. Falha, fenda, rachadura, em vidro ou em louça. 2. Nódoa num fruto que principia a apodrecer. 3. *Fig.* Defeito moral.

ei.var [*Eiva*. ⬜1A] *vtd.* 1. Produzir eiva em. 2. Contaminar (física ou moralmente). *p.* 3. Debilitar-se; decair. [C.: 1]

ei.xo [Lat. *axe*.] *sm.* 1. *Geom.* Reta que passa pelo centro de um corpo e em volta da qual esse corpo executa rotação. 2. Linha principal que divide um corpo em partes aproximadamente simétricas. 3. Peça que articula uma ou mais partes dum mecanismo que em torno dela descreve movimento circular. 4. Peça alongada em cujas extremidades se fixam rodas. 5. *Fig.* O ponto principal; o centro. 6. *Fig.* Aliança entre nações de sistema político idêntico.

e.ja.cu.lar [Lat. *ejaculare*. ⬜1A] *vtd.* 1. Emitir (sêmen ou pólen). *int.* 2. Emitir esperma. [C.: 1] § **e.ja.cu.la.ção** *sf.*; **e.ja.cu.la.tó.ri:o** *adj. sm.*

e.je.tar [Lat. *ejectare*. ⬜1A] *vtd.* 1. Expulsar, expelir. *p.* 2. Projetar-se para fora. [C.: 1] § **e.je.ção** *sf.*

e.la [Lat. *illa*.] *pron. pess.* Fem. de *ele* (ê).

e.la.bo.rar [Lat. *elaborare*. ⬜1A] *vtd.* 1. Preparar com método e esforço, e de modo gradual. 2. Formar, organizar. 3. Tornar assimilável (o alimento). *p.* 4. Formar-se. [C.: 1(ó)] § **e.la.bo.ra.ção** *sf.*

e.las.mo.brân.qui:o [Tax. *Elasmobranchii*.] *adj. sm. Zool.* Diz-se de, ou espécime dos elasmobrânquios, subclasse de peixes de esqueleto cartilaginoso, com numerosos dentes, e 5 a 7 pares de fendas branquiais. Ex.: tubarões e raias.

e.las.ta.no *sm. Tec.Têx.* 1. Fibra de grande elasticidade, resistência ao sol e à água salgada, us. na confecção de roupa de baixo, vestuário esportivo, meias, etc. 2. Nome genérico de vários tecidos produzidos com fios dessa fibra.

e.lás.ti.co [Gr. *elastós*, 'dúctil'. ⬜35B] *adj.* 1. Que se pode esticar, comprimir ou curvar; flexível. ● *sm.* 2. Tira de algodão, seda, etc., entretecida com fios elásticos. 3. Tira circular de borracha para cintar objetos. § **e.las.ti.ci.da.de** *sf.*

el.do.ra.do [Esp. *el dorado*.] *sm.* Lugar imaginário, no qual haveria riqueza e abundância.

e.le.em A letra *l*.

e.le (ê) [Lat. *ille*.] *pron. pess.* Designa a 3ª pess. do masc. sing.: aquele ou aquilo de quem se fala (no discurso).

e.le:a.tis.mo [*Eleata*, 'de Eleia'. ⬜11] *sm.* Doutrina filosófica cujo representante principal, o filósofo grego Parmênides (c.540-450 a.C), defendia a unidade e imobilidade absolutas do ser.

e.lec.tro.fo.rí.de:o [Tax. *Electrophoridae*.] *adj. sm. Zool.* Diz-se de, ou espécime dos electroforídeos, família monoespecífica de peixes cipriniformes, anguiliformes, cuja cauda

elefante | eletroencefalógrafo

pode emitir descargas elétricas. São os poraquês.

e.le.fan.te [Lat. *elephante.*] *sm. Zool.* Grande mamífero elefantídeo, com orelhas amplas, tromba e 2 enormes presas. [Fem.: *elefanta.*]

e.le.fan.tí.a.se [Lat. *elephantiase.*] *sf. Med.* Hipertrofia e espessamento teciduais devidos a causas diversas (p.ex., erisipela) e que incide, mais freq., em braço(s), perna(s) e genitália externa.

e.le.fan.tí.de:o [Tax. *Elephantidae.*] *adj. sm. Zool.* Diz-se de, ou espécime dos elefantídeos, fam. de proboscídeos da África e da Índia.

e.le.fan.ti.no [Lat. *elephantinu.* ◫30] *adj.* Relativo a elefante, ou a elefantíase.

e.le.gân.ci:a [Lat. *elegantia.*] *sf.* **1.** Distinção de porte, de maneira; garbo. **2.** Graça, encanto. **3.** Bom gosto. **4.** Gentileza. **5.** Cortesia.

e.le.gan.te [Lat. *elegante.* ◫21] *adj2g.* **1.** Que tem elegância. **2.** Diz-se de pessoa requintada. **3.** Correto, apurado. • *s2g.* **4.** Pessoa elegante.

e.le.ger [Lat. *eligere.* ◫1B] *vtd.* **1.** Preferir entre 2 ou mais. **2.** Escolher por votação. *transobj.* **3.** Nomear, ger. por meio de votos. [C.: 2B (ê-é). Part.: *elegido* e *eleito.*]

e.le.gi.a [Gr. *elegeía.* ◫8A] *sf.* Poema lírico ger. triste.

e.le.gí.vel [Lat. *elegibile.* ◫41] *adj2g.* Que pode ser eleito. [Pl.: *-veis.*] § **e.le.gi.bi.li.da.de** *sf.*

e.lei.ção [Lat. *electione.* ◫2A] *sf.* **1.** Ato ou efeito de eleger. **2.** Ato ou processo de escolher coletivamente, por meio de votação, quem deverá ocupar certo cargo ou desempenhar certas funções. [Pl.: *-ções.*]

e.lei.to [Lat. *electu.*] *adj.* Escolhido, preferido.

e.lei.tor (ô) [Lat. *electore.*] *sm.* Aquele que elege ou tem direito de eleger.

e.lei.to.ra.do [*Eleitor.* ◫17C] *sm.* Conjunto de eleitores.

e.lei.to.ral [*Eleitor.* ◫39] *adj2g.* Relativo a eleições. [Pl.: *-rais.*]

e.lei.to.rei.ro [*Eleitor.* ◫25] *adj.* Que visa à captação de votos e não ao interesse real da comunidade.

e.le.men.tar [*Elemento.* ◫40] *adj2g.* **1.** Relativo a elemento(s). **2.** De composição ou funcionamento simples; primário. **3.** Relativo às primeiras noções de uma arte ou ciência. **4.** *Mat.* Diz-se de qualquer das operações: soma, subtração, multiplicação e divisão.

e.le.men.to [Lat. *elementu.*] *sm.* **1.** Aquilo que entra na composição de alguma coisa. **2.** Cada parte de um todo. **3.** Ambiente, meio. **4.** Aquilo que permite formar um raciocínio, uma hipótese, etc.; dado. **5.** *Quím.* Substância que não pode ser decomposta, mediante os processos químicos ordinários, em outras substâncias mais simples; substância constituída por átomos com a mesma carga nuclear.

e.le.men.tos *smpl.* V. *rudimentos.*

e.len.co [Lat. *elenchu.*] *sm.* **1.** Lista, rol. **2.** Conjunto dos atores de telenovela, filme, peça, etc.

e.le.ti.vo [Lat. *electivu.* ◫22A] *adj.* Relativo a, ou que envolve eleição, ou é próprio dela.

e.le.tra.cús.ti.ca [*Eletr(o)-* + *acústica.*] *sf.* Parte da física que estuda a transformação da energia elétrica em energia sonora, e vice-versa. § **e.le.tra.cús.ti.co** *adj.*

e.le.tri.ci.da.de [Fr. *électricité.* ◫14] *sf. Fís.* Cada um dos fenômenos em que estão envolvidas cargas elétricas.

e.le.tri.cis.ta [*Elétrico.* ◫36] *s2g.* Especialista em eletricidade que faz instalações elétricas e consertos em aparelhos elétricos.

e.lé.tri.co [*Eletr(o)-* + *-ico².* ◫35B] *adj.* **1.** Relativo à eletricidade. **2.** Que se move ou se põe em funcionamento por ela. **3.** *Fig.* Que faz tudo com rapidez. **4.** *Fig.* Agitado.

e.le.tri.fi.car [*Eletr(i)-* + *-ficar.* ◫1A] *vtd.* Tornar elétrico (2). [C.: 1A] § **e.le.tri.fi.ca.ção** *sf.*

e.le.tri.zar [*Eletr(i)-* + *-izar.* ◫1D] *vtd.* **1.** Desenvolver ou excitar propriedades elétricas em (corpos). **2.** *Fig.* Arrebatar; entusiasmar. [C.: 1] § **e.le.tri.za.ção** *sf.*

e.le.tro.ca.lha *sf. Eng.Elétr.* Calha (2).

e.le.tro.car.di.ó.gra.fo [*Eletr(o)-* + *-cardi(o)-* + *-grafo.*] *sm. Med.* Instrumento com que se realiza o eletrocardiograma.

e.le.tro.car.di:o.gra.ma [*Eletr(o)-* + *-cardi(o)-* + *-grama.*] *sm. Med.* Registro gráfico de atividade elétrica cardíaca, obtido mediante o uso de eletrocardiógrafo.

e.le.tro.co:a.gu.la.ção *sf. Med.* Procedimento, com equipamento adequado, em que se obtém hemóstase pelo uso de corrente elétrica. [Pl.: *-ções.*]

e.le.tro.cu.tar [Ingl. *electrocute*, do ingl. *electro-* + *(to) (exe)cute*, 'executar' (ver).] *vtd.* Matar ou executar por meio de choque elétrico. [C.: 1] § **e.le.tro.cu.ção** *sf.*

e.le.tro.di.nâ.mi.ca [*Eletr(o)-* + *dinâmica.*] *sf.* O estudo das propriedades, comportamento e efeito das cargas elétricas em movimento.

e.le.tro.do (ô) [Fr. *électrode.*] *sm.* **1.** *Eletr.* Qualquer das placas de um capacitor; placa. **2.** *Eletrôn.* Qualquer componente metálico situado no interior duma válvula eletrônica. **3.** *Fís.* Condutor metálico por onde uma corrente elétrica entra num sistema ou sai dele.

e.le.tro.do.més.ti.co [*Eletr(o)-* + *doméstico.*] *adj. sm.* Diz-se de, ou aparelho elétrico de uso caseiro.

e.le.tro.du.to *sm. Eng.Elétr.* Tubo para instalação de condutores elétricos.

e.le.tro.e.le.trô.ni.co [*Eletr(o)-* + *eletrônico.*] *adj.* **1.** Relativo, ou pertencente à eletricidade e à eletrônica. • *sm.* **2.** Aparelho elétrico e eletrônico.

e.le.tro:en.ce.fa.ló.gra.fo (cè) *sm. Med.* Instrumento com que se realiza eletroencefalograma. § **e.le.tro:en.ce.fa.lo.grá.fi.co** *adj.*

e.le.tro:en.ce.fa.lo.gra.ma [*Eletr(o)-* + *encefalograma.*] *sm. Med.* Registro gráfico de atividade elétrica encefálica, obtido mediante o uso de eletroencefalógrafo.

e.le.tro.í.mã *sm.* Instrumento us. para produzir campos magnéticos por meio de corrente elétrica que magnetiza um núcleo de ferro.

e.le.tró.li.se [*Eletr(o)-* + *-lise.*] *sf. Quím.* Conjunto de fenômenos químicos ocorrentes numa solução condutora, provocados pela passagem de corrente elétrica.

e.le.tro.lí.ti.co [*Eletról(ise)* + *-ítico.*] *adj.* Referente à eletrólise, ou realizado por meio dela.

e.le.tro.mag.né.ti.co [*Eletr(o)-* + *magnético.*] *adj.* Diz-se de qualquer fenômeno de que participam campos elétricos e magnéticos.

e.le.tro.mag.ne.tis.mo *sm.* Estudo dos fenômenos eletromagnéticos.

e.le.tro.me.câ.ni.co *adj.* Diz-se de qualquer instrumento, ou aparelhagem, ou relé, etc., que é, simultaneamente, elétrico e mecânico.

e.lé.tron [Ingl. *electron.*] *sm. Fís.* Partícula elementar, constituinte do átomo, de carga elétrica negativa unitária.

e.le.trô.ni.ca *sf.* Parte da física dedicada ao estudo do comportamento de certos circuitos elétricos, ou à fabricação deles.

e.le.trô.ni.co [*Elétron.* ◼ 35B] *adj.* **1.** Relativo a elétron(s). **2.** Relativo à eletrônica, ou à aplicação de seus conhecimentos. **3.** Que envolve o uso de aparelhos com circuitos eletrônicos: *mídia eletrônica*.

e.lé.tron-volt *sm.* Unidade de medida de energia, igual a energia adquirida por um elétron quando acelerado por uma diferença de potencial de um volt. [Pl.: *elétrons-volt(s)*.]

e.le.tro.quí.mi.ca [*Eletr(o)-* + *química.*] *sf. Quím.* Estudo das reações provocadas pela passagem de corrente elétrica em um meio. § **e.le.tro.quí.mi.co** *adj.*

e.le.tros.tá.ti.ca [*Eletr(o)-* + *-stat(o)-* + *-ica.*] *sf. Fís.* Estudo das propriedades e do comportamento de cargas elétricas em repouso. § **e.le.tros.tá.ti.co** *adj.*

e.le.tro.tec.ni.a [*Eletr(o)-* + *-tecn(o)-* + *-ia*[1].◼ 8A] *sf.* O estudo das aplicações práticas da eletricidade. § **e.le.tro.téc.ni.co** *adj. sm.*

e.le.va.ção [Lat. *elevatione.* ◼ 2A] *sf.* **1.** Ato ou efeito de elevar(-se). **2.** Altura que algo atinge ao se elevar. **3.** Alta, aumento. **4.** Ponto elevado; eminência. [Pl.: *-ções.*]

e.le.va.do [Lat. *elevatu.* ◼ 17A] *adj.* **1.** Que tem elevação. **2.** Alto, superior. ● *sm.* **3.** Via urbana em nível superior ao do solo, para tráfego rodoviário ou ferroviário.

e.le.va.dor (ô) [Lat. *elevatore.* ◼ 19A] *adj.* **1.** Que eleva. ● *sm.* **2.** Máquina us. para transportar, ger. em cabine a ela ligada, pessoas ou cargas em deslocamento vertical. **3.** Essa cabine para transporte vertical. [Sin. (2 e 3): *ascensor.*]

e.le.var [Lat. *elevare.* ◼ 1A] *vtd.* **1.** Pôr em plano superior; erguer. **2.** Dirigir para cima. **3.** Aumentar em número, preço, valor, etc. *tdi.* **4.** Erguer, alçar. *p.* **5.** Erguer-se, alçar-se. [C.: 1(é)]

e.le.va.tó.ri.a *sf. Bras.* Estação de um sistema de esgotos ou de abastecimento de água, na qual o líquido é bombeado para um reservatório em nível superior ao terreno circundante, ou à tubulação por onde ele circula; estação elevatória.

e.le.va.tó.ri.o [*Elevar.* ◼ 23A] *adj.* **1.** Que serve para elevar. **2.** Relativo a elevação.

e.li.dir [Lat. *elidere.* ◼ 1C] *vtd.* Fazer elisão de; suprimir. [C.: 1]

e.li.mi.na.ção [*Eliminar.* ◼ 2A] *sf.* Ato, processo ou efeito de eliminar(-se). [Pl.: *-ções.*]

e.li.mi.nar [Lat. *eliminare.* ◼ 1A] *vtd.* **1.** Suprimir, excluir. **2.** Expulsar do organismo. **3.** Matar (1 e 4). *tdi.* **4.** Fazer sair. [C.: 1]

e.li.mi.na.ti.vo [*Eliminar.* ◼ 22A] *adj.* Em que há eliminação.

e.li.mi.na.tó.ri.a [F.subst. de *eliminatório.*] *sf.* Matéria, prova ou competição eliminatória.

e.li.mi.na.tó.ri.o [*Eliminar.* ◼ 23A] *adj.* Que elimina.

e.lip.se [Lat. *ellipse.*] *sf. Geom.* Curva plana fechada, que reúne todos os pontos que têm como propriedade comum a soma das suas distâncias em relação a 2 pontos fixos (ou *focos*) no interior da curva. **2.** *E.Ling.* Omissão de palavra(s) subentendida(s).

e.líp.ti.co ou **e.lí.ti.co** [Gr. *elleiptikós.* ◼ 35B] *adj.* Relativo a, ou em forma de elipse.

e.li.sa.be.ta.no *adj.* Relativo a, ou próprio da rainha Elisabete I (ou Isabel) (1533-1603) da Inglaterra, ou à sua época.

e.li.são [Lat. *elisione.* ◼ 28] *sf.* **1.** Eliminação, supressão. **2.** *E.Ling.* Supressão da vogal átona final duma palavra, quando a seguinte principia por vogal: *dalgo* (= *de algo*). [Pl.: *-sões.*]

e.li.te [Fr. *élite.*] *sf.* **1.** O que há de melhor numa sociedade ou num grupo social; escol. **2.** *Soc.* A camada social que detém mais privilégios.

é.li.tro [Gr. *élytron.*] *sm. Zool.* Cada uma das 2 asas anteriores, córneas e sem nervuras, dos coleópteros.

e.li.xir [Fr. *élixir.*] *sm.* Preparação farmacêutica, ger. alcoólica, adocicada, us. como veículo de medicamentos variados. [Pl.: *-xires.*]

el.mo (é) *sm.* Capacete da armadura (1).

e.lo (é) [Lat. *annellu.*] *sm.* **1.** Argola de cadeia. **2.** *Fig.* Ligação, união.

e.lo.cu.ção [Lat. *elocutione.* ◼ 2A] *sf.* **1.** Maneira ou arte de exprimir-se oralmente. **2.** Escolha de palavras ou frases; estilo. [Pl.: *-ções.*]

e.lo.gi.ar [*Elogio.* ◼ 1A] *vtd. e tdi.* Fazer elogio(s); louvar. [C.: 1]

e.lo.gi:o [Lat. *elogiu.*] *sm.* **1.** Expressão de admiração, aprovação, louvor, etc. **2.** Discurso em louvor de alguém; encômio.

e.lo.gi.o.so (ô) [*Elogio.* ◼ 37] *adj.* Que encerra elogio. [Pl.: *-osos* (ó).]

e.lo.quên.ci:a (qüen) [Lat. *eloquentia.*] *sf.* **1.** Capacidade de exprimir-se facilmente. **2.** A arte

elucidar | embarcar

de persuadir, comover, etc., pelas palavras. § **e.lo.quen.te** (qüen) *adj2g*.

e.lu.ci.dar [Lat. *elucidare*.◨ 1A] *vtd. e p.* Esclarecer(-se), informar(-se) bem. [C.: 1] § **e.lu.ci.da.ção** *sf*.; **e.lu.ci.da.ti.vo** *adj*.

e.lu.ci.dá.ri:o [Lat.med. *elucidariu*.◨ 24] *sm*. Livro que elucida ou explica palavras ou expressões ininteligíveis ou obscuras.

e.lu.cu.bra.ção [Lat. *elucubratione*. V.◨ 2A] *sf.* V. *lucubração*. [Pl.: -ções.]

em [Lat. *in*.] *prep*. Exprime ideia de: lugar onde se está (*Encontra-se em Paris*); tempo em que algo sucede, ou em que se faz alguma coisa (*Os campos florescem em setembro*; *Fará a tarefa em 6 dias*); modo de ser; estado (*Vive em êxtase*; *São iguais em tudo*); o destino ou fim de uma ação (*Acenou em despedida*), etc. Entra na composição de adj. adn. que especifica o significado do subst. (*ferro em brasa*).

e.ma [V.D] *sf.* Zool. Grande ave reídea; nhandu.

e.ma.çar [E-² + *maço* + -*ar*².◨ 1A] *vtd*. Reunir em maço(s). [C.: 1B. Cf. *emassar*.]

e.ma.ci.ar [Lat. *emaciare*.◨ 1A] *vtd. e p.* Tornar(-se) magro ou macilento. [C.: 1]

e.ma.gre.cer [Lat. *emacrescere*.◨ 1P] *vtd., int. e p.* Tornar(-se) magro; definhar. [C.: 2A (ê-é-)] § **e.ma.gre.ci.men.to** *sm*.

→ **e-mail** (i-mêil) [Ingl.] *sm*. 1. V. *correio eletrônico*. 2. V. *endereço eletrônico*.

e.ma.nar [Lat. *emanare*.◨ 1A] *vti*. 1. Provir, originar-se. 2. Exalar-se. [C.: 1] § **e.ma.na.ção** *sf*.

e.man.ci.par [Lat. *emancipare*.◨ 1A] *vtd. e p.* 1. Eximir(-se) do pátrio poder ou da tutela. 2. Tornar(-se) independente; libertar(-se). [C.: 1] § **e.man.ci.pa.ção** *sf*.

e.ma.ra.nha.do [*Emaranhar*.◨ 17A] *adj*. 1. Que se emaranhou; embaraçado. ● *sm*. 2. Aquilo que é ou está emaranhado.

e.ma.ra.nhar [E-² + *maranha* + -*ar*².◨ 1A] *vtd. e p.* 1. Misturar(-se), confundir(-se), embaraçar(-se). 2. *Fig.* Complicar(-se). [C.: 1]

e.mas.cu.lar [Lat. *emasculare*.◨ 1A] *vtd. e p.* Tirar a virilidade a, ou perdê-la. [C.: 1] § **e.mas.cu.la.ção** *sf*.

e.mas.sar [E-² + *massa* + -*ar*².◨ 1A] *vtd*. Revestir ou cobrir com massa. [C.: 1. Cf. *emaçar*.]

em.ba.çar [*Em*-² + *baço* + -*ar*².◨ 1A] *vtd*. 1. V. *embaciar*. 2. Ofuscar. 3. Enganar, lograr. *int*. 4. V. *embaciar*. [C.: 1B]

em.ba.ci.ar *vtd. e int*. Fazer perder, ou perder, o brilho ou a transparência; embaçar. [C.: 1] § **em.ba.ci.a.do** *adj*.

em.ba:i.nhar [*Em*-² + *bainha* + -*ar*².◨ 1A] *vtd*. 1. Meter na bainha. 2. Fazer bainhas em. [C.: 1. Por ter hiato seguido de -nh-, não recebe acento gráfico nas f. rizotônicas.]

em.ba.ir [Lat. *invadere*.◨ 1C] *vtd*. Enganar, iludir. [C.: 9]

em.bai.xa.da [Fr. *ambassade*.] *sf*. 1. Cargo, função ou missão de embaixador. 2. O seu séquito. 3. Residência ou local de trabalho de embaixador. 4. Comissão, encargo.

em.bai.xa.dor (ô) [Fr. *ambassadeur*.] *sm*. 1. A categoria mais alta de representante diplomático, e título de quem a ocupa. 2. Emissário (1).

em.bai.xa.do.ra (ô) *sf*. Fem. de *embaixador*.

em.bai.xa.triz [It. *ambasciatrice*.] *sf*. Mulher de embaixador (1).

em.bai.xo [*Em* + *baixo*.] *adv*. Em ponto, plano ou posição inferior.

em.ba.la.do¹ [*Embalar*¹.◨ 17A] *adj*. 1. Acelerado (1). ● *adv*. 2. Em grande velocidade.

em.ba.la.do² [*Embalar*².◨ 17A] *adj*. Que se embalou; acondicionado.

em.ba.la.gem [Fr. *emballage*.◨ 6] *sf*. 1. Ato ou efeito de embalar². 2. O invólucro ou recipiente us. para embalar. [Pl.: -*gens*.]

em.ba.la.gem² [*Embalar*¹.◨ 6] *sf*. Impulso ou ímpeto intenso. [Pl.: -*gens*.]

em.ba.lar¹ *vtd*. 1. Balançar no berço ou aconchegada ao peito (a criança), para adormecê-la. 2. Balançar, oscilar. 3. Entreter; iludir. 4. Impulsionar, acelerar. *p*. 5. V. *balançar* (7). [C.: 1]

em.ba.lar² [Fr. *emballer*.◨ 1A] *vtd*. Acondicionar (objetos) em fardos, caixas, etc. [C.: 1]

em.bal.de *adv*. Debalde.

em.ba.lo [Dev. de *embalar*¹.] *sm*. 1. V. *balanço* (1). 2. Impulso, ímpeto.

em.bal.sa.mar [*Em*-² + *bálsamo* + -*ar*².◨ 1A] *vtd*. 1. Perfumar. 2. Introduzir em (cadáver) substâncias que o preservem da decomposição. *p*. 3. Perfumar-se. [C.: 1] § **em.bal.sa.ma.do** *adj*.

em.ba.na.nar [*Em*-² + *banana* + -*ar*².◨ 1A] *vtd. e p. Bras. Gír.* Tornar(-se) confuso; complicar(-se). [C.: 1] § **em.ba.na.na.do** *adj*.

em.ban.dei.rar [*Em*-² + *bandeira* + -*ar*².◨ 1A] *vtd*. Ornar com bandeiras. [C.: 1]

em.ba.ra.ça.do [*Embaraçar*.◨ 17A] *adj*. 1. Que se embaraçou. 2. Emaranhado (1). 3. *Fig.* Constrangido.

em.ba.ra.çar [*Em*-² + *baraço* + -*ar*².◨ 1A] *vtd*. 1. Impedir, estorvar. 2. Confundir. 3. Emaranhar (1), enlear (fio[s], cabelo, etc.). 4. Constranger (2). *p*. 5. Sentir embaraços; embrulhar-se. [C.: 1B]

em.ba.ra.ço [Dev. de *embaraçar*.] *sm*. 1. Impedimento. 2. Perturbação, constrangimento.

em.ba.ra.ço.so (ô) [*Embaraço*.◨ 37] *adj*. Que causa, ou em que há embaraço; melindroso, constrangedor. [Pl.: -*çosos* (ó).]

em.ba.ra.fus.tar [*Em*-² + *barafustar*.] *vtc. e p. Bras*. Entrar de modo afobado. [C.: 1]

em.ba.ra.lhar *vtd*. 1. Misturar, baralhar. 2. Misturar (as cartas do baralho). *int*. 3. Misturar as cartas do baralho. *p*. 4. Misturar-se. 5. Confundir-se, atrapalhar-se. [C.: 1]

em.bar.ca.ção [*Embarcar*.◨ 2A] *sf*. Qualquer construção destinada a navegar sobre a água. [Pl.: -*ções*.]

em.bar.ca.di.ço *sm*. Marinheiro, marujo.

em.bar.ca.doi.ro ou **em.bar.ca.dou.ro** [*Embarcar*.◨ 26B] *sm*. Lugar de embarque; cais.

em.bar.car [*Em*-² + *barca* + -*ar*².◨ 1A] *vtd*. 1. Pôr dentro de uma embarcação. *ti*. 2. Entrar em

embargar | emboscada

embarcação, trem, avião, etc. para viajar. **3.** *Pop.* Deixar-se levar. *int. e p.* **4.** Embarcar (2). [C.: 1A]
em.bar.gar [Lat.vulg. **imbarricare*. ◼1A] *vtd.* Pôr embargo a; arrestar. [C.: 1C] § **em.bar.ga.dor** (ô) *adj. sm.*
em.bar.go [Dev. de *embargar*.] *sm.* **1.** Impedimento, obstáculo. **2.** *Jur.* Arresto.
em.bar.que [Dev. de *embarcar*.] *sm.* Ato de embarcar(-se).
em.bar.ri.gar [*Em-²* + *barriga* + *-ar²*. ◼1A] *v.int.* Ficar grávida; engravidar. [C.: 1C]
em.ba.sa.men.to [*Embasar*. ◼3] *sm.* **1.** Base de edifício ou construção, ou de colunas, ou de estátuas. **2.** *Fig.* Base, fundamento.
em.ba.sar [*Em-²* + *base* + *-ar²*. ◼1A] *vtd.* Fazer o embasamento de. [C.: 1]
em.bas.ba.ca.do [*Embasbacar*. ◼17A] *adj.* Boquiaberto, pasmo.
em.bas.ba.car [*Em-²* + *basbaque* + *-ar²*. ◼1A] *vtd.* **1.** Causar admiração, espanto, a. *int. e p.* **2.** Ficar boquiaberto; pasmar-se. [C.: 1A]
em.ba.te *sm.* Choque violento.
em.ba.ter [*Em-²* + *bater*.] *vtc. e p.* Produzir choque; chocar(-se). [C.: 2]
em.ba.to.car [*Em-²* + *batoque* + *-ar²*. ◼1A] *vtd.* Pôr batoque em. [C.: 1A (ó)] Cf. *embatucar*.
em.ba.tu.car [Var. de *embatocar*.] *vtd.* **1.** Fazer calar. *int. e p.* **2.** Não poder falar; calar(-se). **3.** Confundir(-se), embaraçar(-se). [C.: 1A. Cf. *embatocar*.]
em.be.be.dar [*Em-²* + *bêbedo* + *-ar²*. ◼1A] *vtd., int. e p.* Tornar(-se) bêbedo. [C.: 1 (é)]
em.be.ber [Lat. *imbibere*. ◼1B] *vtd.* **1.** Absorver. *tdi.* **2.** Fazer penetrar por (um líquido). *p.* **3.** Ensopar-se, encharcar-se. [C.: 2 (é-é)]
em.bei.çar [*Em-²* + *beiço* + *-ar²*. ◼1A] *vtd. e p.* Apaixonar-se. [C.: 1B]
em.be.le.car [V.C] *vtd. e p.* Enganar, ou deixar-se enganar, com boas aparências; iludir(-se). **2.** Enfeitar-se em excesso. [C.: 1A (é)]
em.be.le.co (ê) [Dev. de *embelecar*.] *sm.* Engano, embuste.
em.be.le.zar [*Em-²* + *beleza* + *-ar²*. ◼1A] *vtd. e p.* Tornar(-se) belo. [C.: 1 (é)] § **em.be.le.za.dor** (ô) *adj. sm.*; **em.be.le.za.men.to** *sm.*
em.be.ri.zí.de:o [Tax. *Emberizidae*.] *adj.sm. Zool.* Diz-se de, ou espécime dos emberizídeos, família de aves passeriformes de distribuição cosmopolita. Ex.: sanhaços, tiês, gaturamos, saíras, saís, canários, etc.
em.bes.tar [*Em-²* + *besta* (ê) + *-ar²*. ◼1A] *vtd.* **1.** V. *bestificar* (1). *int.* **2.** Obstinar-se; teimar. [C.: 1 (é)]
em.be.ve.cer *vtd.* **1.** Causar enlevo, êxtase, a. *p.* **2.** Ficar absorto, extasiado. [C.: 1A (ê-é)] § **em.be.ve.ci.do** *adj.*; **em.be.ve.ci.men.to** *sm.*
em.be.zer.rar [*Em-²* + *bezerro* + *-ar²*. ◼1A] *v.int. e p.* **1.** Zangar-se, amuar-se. **2.** Obstinar-se; teimar. [C.: 1(é)] § **em.be.zer.ra.do** *adj.*
em.bi.car [*Em-²* + *bico* + *-ar²*. ◼1A] *vtc.* **1.** Ir ter; esbarrar. **2.** Dirigir-se, encaminhar-se. *p.* **3.** Dirigir-se. [C.: 1A]
em.bi.ra [Do tupi.] *sf.* **1.** *Bras. Bot.* Nome comum a arbustos timeleáceos que produzem boa fibra na entrecasca. **2.** Cipó us. para amarrar.
em.bir.rar [*Em-²* + *birra* + *-ar²*. ◼1A] *vti.* **1.** Teimar com obstinação. **2.** Ter aversão; antipatizar. *int.* **3.** Ficar birrento. [C.: 1]
em.ble.ma [Lat. *emblema*.] *sm.* V. *insígnia*.
em.bo.a.ba [Do tupi, poss.] *s2g. Bras.* Alcunha que os descendentes dos bandeirantes paulistas davam, nas lavras, aos forasteiros portugueses e brasileiros que buscavam ouro e pedras preciosas, e, p.ext., aos portugueses em geral.
em.bo.ca.du.ra [*Embocar*. ◼5A] *sf.* **1.** Parte do freio onde entra na boca da besta. **2.** A foz de um rio, ou entrada de rua, etc. **3.** A parte dos instrumentos de sopro que o músico apoia nos lábios ou põe na boca.
em.bo.car [*Em-²* + *boca* (ô) + *-ar²*. ◼1A] *vtd.* **1.** Aplicar a boca a (um instrumento musical). *int.* **2.** Introduzir-se, entrar. [C.: 1A (ó)]
em.bo.çar [V.E] *vtd.* Pôr emboço em. [C.: 1B (ó). Cf. *embuçar*.]
em.bo.ço (ô) [Dev. de *emboçar*.] *sm.* A primeira camada de argamassa, ou de cal, na parede, e que serve de base ao reboco.
em.bo.la.da [*Embolar*¹. ◼4] *sf. Bras.N.E.* Poesia popular cantada, em compasso binário.
em.bo.lar¹ [*Em-²* + *bola* + *-ar²*. ◼1A] *v.int.* **1.** Cair, rolando como uma bola. **2.** Engalfinhar-se com o adversário, rolando por terra. *p.* **3.** Engalfinhar-se. [C.: 1 (ó)]
em.bo.lar² [*Em-²* + *bolo* (ô) + *-ar²*. ◼1A] *vtd.* **1.** Reduzir a bolo (ô) (1). **2.** Enrolar, emaranhar. [C.: 1 (ó)]
em.bo.li.a [Fr. *embolie*. ◼8A] *sf. Med.* Bloqueio súbito de vaso sanguíneo por êmbolo (2).
êm.bo.lo [Lat. *embolu*.] *sm.* **1.** O disco ou cilindro móvel das seringas, bombas e outros maquinismos; pistom. **2.** *Med.* Coágulo sanguíneo, fragmento de cálcio, etc. que, na corrente sanguínea, obstrui vaso de menor calibre.
em.bol.sar [*Em-²* + *bolsa* + *-ar²*. ◼1A] *vtd.* **1.** Meter no bolso ou na bolsa. **2.** Entrar na posse de; receber. **3.** Pagar o que se deve a. [C.: 1 (ó)]
em.bol.so (ô) [Dev. de *embolsar*.] *sm.* Ato ou efeito de embolsar.
em.bo.ne.car *vtd. e p.* **1.** Enfeitar(-se) muito. *int.* **2.** Criar boneca (3) (o milho). [C.: 1A (é)]
em.bo.ra [De *em boa hora*.] *conj.* Ainda que.
em.bor.car [*Em-²* + *borcar*.] *vtd.* **1.** Virar de borco (vasilha, canoa, etc.). **2.** Entornar na boca, bebendo. *int.* **3.** Cair ou virar de borco. [C.: 1A (é)]
em.bor.nal [*Em-²* + *bornal*, 'tipo de saco'.] *sm.* **1.** Saco que se põe no focinho das bestas. **2.** Saco ou bolsa para transportar alimentos, ferramentas, etc. [Pl.: *-nais*.]
em.bos.ca.da [It. *imboscata*.] *sf.* **1.** Ato de esperar às escondidas o inimigo para assaltá-lo; cilada, espera, insídia, tocaia. **2.** *Fig.* Deslealdade, traição.

emboscar | emerso

em.bos.car [It. *imboscare*. ◻ 1A] *vtd. e p.* Pôr(-se) de emboscada. [C.: 1A (é)]

em.bo.tar *vtd. e p.* **1.** Tirar o fio, a ponta, o gume, ou perdê-los. **2.** Enfraquecer(-se). **3.** Insensibilizar(-se). [C.: 1 (ó)]

■ **EMBRAER** Sigla de *Empresa Brasileira de Aeronáutica S/A*.

em.bran.que.cer *vtd.* **1.** Tornar branco; branquear. *int. e p.* **2.** Tornar-se branco. **3.** Encanecer (1). [C.: 2A (ê-é)]

em.bra.ve.cer [*Em-²* + *bravo* + *-ecer*. ◻ 1P] *vtd.* **1.** Tornar bravo, feroz. *int.* **2.** Enfurecer-se. **3.** Encapelar-se (o mar). [C.: 2A (ê-é)]

em.bre:a.gem [Fr. *embrayage*. ◻ 6] *sf.* Dispositivo que permite ligar e desligar o motor da transmissão por meio de discos de fricção. [Pl.: *-gens*.]

em.bre.ar [*Em-²* + *breu* + *-ar²*. ◻ 1A] *vtd. e int.* Acionar a embreagem de; debrear. [C.: 12B]

em.bre.nhar [*Em-²* + *brenha* + *-ar²*. ◻ 1A] *vtdc.* **1.** Meter, esconder em (as brenhas, o mato). *p.* **2.** Meter-se, esconder-se no mato. **3.** Entrar ou penetrar no interior de. **4.** *Fig.* Aprofundar-se (em pensamentos, memórias, etc.). [C.: 1]

em.bri:a.ga.do [*Embriagar*. ◻ 17A] *adj.* Que se embriagou; bêbedo; bebido, avinhado, tonto.

em.bri:a.gar [Port.ant. *enbriago*. ◻ 1A] *vtd.* **1.** Causar embriaguez a; embebedar. **2.** Inebriar, extasiar. *int.* **3.** Produzir embriaguez. *p.* **4.** Embebedar-se. [C.: 1C] § **em.bri:a.ga.dor** (ô) *adj.*

em.bri:a.guez (ê) [Port.ant. *embriago*. ◻ 12A] *sf.* **1.** Estado de quem se embriagou; bebedeira. **2.** *Fig.* Arroubo; êxtase.

em.bri.ão [Gr. *émbryon*.] *sm.* **1.** *Embr.* O ser humano, do fim da segunda até o final da oitava semana de desenvolvimento. **2.** *Zool.* Nos animais, organismo em seus primeiros estágios de desenvolvimento. **3.** *Bot.* Organismo rudimentar que se forma no interior da semente. **4.** *Fig.* Começo, origem. [Pl.: *-ões*.]

em.bri:o.lo.gi.a [*Embri(o)-* + *-logia*.] *sf.* Ciência que trata da formação e do desenvolvimento do embrião.

em.bri:o.ná.ri:o [*Embrião(-brion-)*. ◻ 24] *adj.* Relativo a, ou que constitui embrião.

em.bro.ca.ção [Lat.med. *embrocatione*.] *sf. Med.* Aplicação, lenta e por fricção, de medicamento líquido em área do corpo. [Pl.: *-ções*]

em.bro.mar [Esp.plat. *embromar*.] *Bras. vtd.* **1.** Enganar, protelando a execução de algo. **2.** Enganar, confundindo; lograr; embrulhar. *int.* **3.** Muito prometer e nada cumprir. [C.: 1]

em.bru.lha.da [*Embrulhar*. ◻ 4] *sf.* Confusão, desordem. [V. *rolo* (9).]

em.bru.lhar [Fr. *embrouiller*. ◻ 1A] *vtd.* **1.** Envolver em papel, pano, etc., formando pacote. **2.** Enrolar, dobrar. **3.** Complicar; embaraçar. **4.** Causar enjoo a. **5.** *Bras.* V. *embromar* (2). *p.* **6.** Envolver-se, enrolar-se. **7.** Embaraçar-se. [C.: 1]

em.bru.lho *sm.* Coisa embrulhada.

em.bru.te.cer [*Em-²* + *bruto* + *-ecer*. ◻ 1P] *vtd., int. e p.* Tornar(-se) bruto, estúpido. [C.: 2A (ê-é)] § **em.bru.te.ci.men.to** *sm.*

em.bu.á [Do tupi.] *sm. Bras. Zool.* Nome comum a vários miriápodes; gongolo ou gongolô, piolho-de-cobra.

em.bu.çar [*Em-²* + *buço* + *-ar²*. ◻ 1A] *vtd. e p.* **1.** Cobrir(-se) até aos olhos. **2.** Disfarçar(-se). [C.: 1B. Cf. *emboçar*.]

em.bu.char *vtd.* **1.** Encher o bucho com. *int.* **2.** Andar descontente, triste. [C.: 1]

em.bu.ço [Dev. de *embuçar*.] *sm.* A parte da capa com que se cobre o rosto.

em.bur.rar *vtd.* **1.** Emburrecer. *int.* **2.** Amuar(-se), embezerrar(-se). **3.** Empacar (como um burro). **4.** Emburrecer. [C.: 1] § **em.bur.ra.do** *adj.*

em.bur.re.cer [*Em-²* + *burro* + *-ecer*. ◻ 1P] *vtd. e int.* Fazer perder ou perder a inteligência; tornar(-se) burro (2); emburrar. [C.: 2A (ê-é)]

em.bus.te [V.C] *sm.* Mentira artificiosa; logro.

em.bus.tei.ro [*Embuste*. ◻ 25] *adj. sm.* Que, ou o que usa de embustes; impostor.

em.bu.ti.do [Part. de *embutir*.] *adj.* **1.** Introduzido à força. **2.** Marchetado, tauxiado. ● *sm.* **3.** *Bras.* Enchido (2).

em.bu.tir [Fr. *emboutir*, poss. ◻ 1C] *vtd.* **1.** Introduzir, entalhar (peças de marfim, pedra, etc.). *tdi.* **2.** Embutir (1). **3.** Introduzir (uma coisa) dentro de outra. [C.: 3]

e.me *sm.* A letra *m*.

e.men.da [Dev. de *emendar*.] *sf.* **1.** Ato de emendar(-se). **2.** Peça que se junta a outra para aumentar-lhe as dimensões, corrigir defeito, etc.; remendo. **3.** Lugar onde se faz essa junção. **4.** Alteração proposta para um texto submetido à discussão ou votação.

e.men.dar [Lat. *emendare*. ◻ 1A] *vtd.* **1.** Alterar, modificar. **2.** Corrigir (1 e 2). **3.** Pôr emenda (2) em. **4.** Ligar, formando um todo. **5.** Reparar (injustiça, prejuízo, etc.). *tdi.* **6.** Emendar (3 e 4). *p.* **7.** Corrigir (5 e 6). [C.: 1]

e.men.ta [*Ementar*, 'relembrar'.] *sf.* **1.** Apontamento, nota. **2.** Resumo; sumário.

e.men.tal [Fr. *emmenthal*.] *sm. Cul.* Queijo de leite de vaca, de sabor suave.

e.mer.gên.ci:a [Lat.med. *emergentia*.] *sf.* **1.** Ação de emergir. **2.** Situação crítica; incidente. **3.** Caso de urgência. § **e.mer.gen.ci.al** *adj2g.*

e.mer.gen.te [Lat. *emergente*. ◻ 21A] *adj2g.* Que emerge, que vem à tona.

e.mer.gir [Lat. *emergere*. ◻ 1C] *v.int.* **1.** Sair de onde estava mergulhado. **2.** Manifestar-se, mostrar-se. [C.: 8. Embora defectivo, vem sendo conjugado em todas as pessoas: *eu emerjo, tu emerges*, etc. Part.: *emergido* e *emerso*.]

e.mé.ri.to [Lat. *emeritu*.] *adj.* Insigne, douto.

e.mer.são [Deduz. de *emergir* e *emerso*, por anal. com *imersão*/*imergir*. ◻ 2] *sf.* Ato de emergir (1). [Antôn.: *imersão*. Pl.: *-sões*.]

e.mer.so [Lat. *emersu*.] *adj.* Que emergiu.

emético | emparelhar

e.mé.ti.co [Gr. *emetikós*. ■35B] *adj. sm. Med.* Diz-se de, ou agente que produz vômito.
e.mi.gra.ção [Lat. *emigratione*. ■2A] *sf.* 1. Ato de emigrar. 2. Conjunto de emigrantes. [Pl.: -ções.]
e.mi.gra.do [*Emigrar*. ■17A] *adj. sm.* Emigrante.
e.mi.gran.te [*Emigrar*. ■21] *adj2g. s2g.* Que, ou quem emigra; emigrado.
e.mi.grar [Lat. *emigrare*. ■1A] *v.int. e tc.* 1. Deixar um país para ir estabelecer-se em outro. 2. Mudar anualmente de terra (certos animais). [C.: 1. Cf. *imigrar*.]
e.mi.nên.ci:a [Lat. *eminentia*.] *sf.* 1. Elevação (4). 2. V. *saliência* (1). 3. *Fig.* Superioridade. 4. Tratamento dado aos cardeais. [Cf. *iminência*.]
e.mi.nen.te [Lat. *eminente*. ■21A] *adj2g.* 1. Alto, elevado. 2. Excelente. [Cf. *iminente*.]
e.mir [Do ár. ■] *sm.* Título dos chefes de certas tribos ou províncias muçulmanas.
e.mi.ra.do [*Emir*. ■17C] *sm.* 1. Estado ou região governada por emir. 2. Dignidade de emir.
e.mis.são [Lat. *emissione*. ■2] *sf.* Ação de emitir. [Pl.: -sões. Cf. *imissão*.]
e.mis.sá.ri:o [Lat. *emissariu*. ■24] *sm.* 1. Aquele que é enviado em missão; mensageiro. 2. Parte de rede de esgotos sanitários e ou pluviais, que conduz, da galeria final ao local de lançamento, os materiais recolhidos pela rede.
e.mis.sor (ô) [Lat. *emissore*. ■19] *sm.* Aquele ou aquilo que emite ou envia alguém ou algo; emitente.
e.mis.so.ra (ô) [F. de *emissor*.] *sf. Rád. Telev.* Organização que irradia programas para uma comunidade; estação, radiodifusora.
e.mi.ten.te [Lat. *emittente*. ■21A] *s2g.* 1. Emissor. 2. Quem emite cheque, nota promissória, duplicata.
e.mi.tir [Lat. *emittere*. ■1C] *vtd.* 1. Lançar fora de si. 2. Pôr em circulação. 3. Pronunciar. 4. Enunciar (opinião, etc.). 5. Enviar, expedir. *tdi.* 6. Emitir (4). *int.* 7. Pôr dinheiro em circulação. [C.: 3. Cf. *imitir*.]
e.mo.ção [Fr. *émotion*.■2] *sf.* 1. Ato de mover-se moralmente. 2. Perturbação do espírito provocada por situações diversas e que se manifesta como alegria, tristeza, raiva, etc.; comoção. 3. Estado de ânimo despertado por sentimento estético, religioso, etc. [Pl.: -ções.] § **e.mo.ci:o.nal** *adj2g.*
e.mo.ci:o.nar [Fr. *émotionner*.■1A] *vtd., int. e p.* Provocar emoção em, ou senti-la; comover(-se). [C.: 1] § **e.mo.ci:o.nan.te** *adj2g.*
e.mo.ci:o.ná.vel [*Emocionar*. ■41] *adj2g.* Que se emociona facilmente. [Pl.: -veis.]
e.mol.du.rar [*E-*² + *moldura* + -*ar*². ■1A] *vtd.* 1. Meter em moldura. 2. Adornar, ornar. [C.: 1]
e.mo.li.en.te [Lat. *emolliente*. ■21A] *adj2g. sm.* Diz-se de, ou agente que amolece a pele ou uma superfície interna.
e.mo.lu.men.to [Lat. *emolumentu*. ■3] *sm.* 1. Lucro, proveito. 2. Gratificação.

e.mo.ti.vo [Fr. *émotif*. ■22] *adj.* 1. Propenso a emoções; sensível. 2. Próprio de quem é emotivo (1), ou que revela emoção, ou valor afetivo. § **e.mo.ti.vi.da.de** *sf.*
em.pa.car [Esp. *empacar*. ■1A] *v.int.* 1. *Bras.* Emperrar, parar (o cavalo ou o burro). 2. Não continuar, não ir adiante. [C.: 1A]
em.pa.char [Occ.ant. *empachar*. ■1A] *vtd. e p.* Encher(-se) muito; sobrecarregar(-se). 2. V. *empanturrar*. [C.: 1] § **em.pa.cha.do** *adj.*
em.pa.co.ta.dor (ô) [*Empacotar*. ■19A] *adj. sm.* Que, ou aquele que empacota.
em.pa.co.tar [*Em-*² + *pacote* + -*ar*². ■1A] *vtd.* Meter em pacote(s). [C.: 1 (ó)]
em.pa.da [*Empanada*. ■4] *sf.* 1. Iguaria de massa, com recheio, ger. com tampa da própria massa, e assada em fôrma; empadão, pastelão. 2. Empadinha.
em.pa.dão [*Empada*. ■28A] *sm.* V. *empada* (1). [Pl.: -dões.]
em.pa.di.nha [*Empada*. ■32A] *sf.* Empada feita em forminha; empada.
em.pá.fi:a [V.C] *sf.* Orgulho vão; pabulagem.
em.pa.lhar [*Em-*² + *palha* + -*ar*². ■1A] *vtd.* 1. Acondicionar com palha. 2. Encher de palha (a pele de animal morto). 3. Tecer com palha. [C.: 1]
em.pa.li.de.cer *vtd. e int.* 1. Tornar(-se) pálido. 2. Fazer perder o viço, ou perdê-lo. 3. Desmerecer. [C.: 2A (ê-ê)]
em.pal.mar [*Em-*² + *palma*¹ + -*ar*². ■1A] *vtd.* 1. Esconder na palma da mão. 2. *Fig.* Furtar, surripiar. [C.: 1]
em.pa.na.da [Esp. *empanada*.] *sf. Cul.* V. *empada* (1).
em.pa.nar¹ [*Em-*² + *pano*¹ + -*ar*². ■1A] *vtd. e p.* 1. Encobrir(-se), ocultar(-se). 2. V. *embaciar*. [C.: 1] § **em.pa.na.do**¹ *adj.*
em.pa.nar² [*Em-*² + lat. *pane*, 'pão', + -*ar*². ■1A] *vtd. Cul.* Passar pedaço(s) de (carne, peixe, etc.) em ovo batido e farinha de trigo ou de rosca e então fritá-lo(s). [C.: 1] § **em.pa.na.do**² *adj. sm.*
em.pan.tur.rar [*Em-*² + *panturra* + -*ar*². ■1A] *vtd. e p.* Encher(-se) de comida; empanzinar(-se), empachar(-se), fartar(-se), encher(-se). [C.: 1]
em.pan.zi.nar [*Em-*² + esp. *panza* + -*inar*. ■1J] *vtd. e p.* V. *empanturrar*. [C.: 1]
em.pa.par [*Em-*² + *papa*² + -*ar*². ■1A] *vtd.* 1. Reduzir a papa. 2. Embeber, mergulhar. *p.* 3. Ensopar-se, embeber-se. [C.: 1]
em.pa.pu.çar [*Em-*² + *papuço* (de *papo*) + -*ar*². ■1A] *vtd.* Encher de papos ou pregas. [C.: 1B] § **em.pa.pu.ça.do** *adj.*
em.par.cei.rar [*Em-*² + *parceiro* + -*ar*². ■1A] *vtd., tdi. e p.* Unir(-se) em parceria. [C.: 1]
em.pa.re.dar [*Em-*² + *parede* + -*ar*². ■1A] *vtd. e p.* Encerrar(-se) entre paredes. [C.: 1 (é)]
em.pa.re.lhar [*Em-*² + *parelha* + -*ar*². ■1A] *vtd.* 1. Pôr de par a par; casar. 2. Igualar, irmanar. *ti.* 3. Emparelhar (4 e 5). *int.* 4. Ficar lado a lado. *p.* 5. Equiparar-se. [C.: 1 (è)] § **em.pa.re.lha.men.to** *sm.*

empastar | empoderamento

em.pas.tar [Em-² + pasta + -ar². ◼1A] vtd. 1. Converter em, ou cobrir de pasta. 2. Aplicar (tinta[s]) em grande quantidade. p. 3. Formar pasta. [C.: 1] § **em.pas.ta.do** adj.

em.pas.te.lar [Em-² + pastel² + -ar². ◼1A] vtd. 1. Tip. Misturar (caracteres ou outro material tipográfico) com os de diferente caixa. 2. Inutilizar as oficinas de um jornal. [C.: 1 (é)] § **em.pas.te.la.men.to** sm.

em.pa.tar [It. impattare. ◼1A] vtd. 1. Tolher o seguimento de. 2. Aplicar (dinheiro). 3. Igualar (votações opostas, ou tentos no jogo). ti. e int. 4. Chegar ao fim de partida, competição, etc. sem haver vencedor. [C.: 1]

em.pa.te [Dev. de empatar.] sm. Ato ou efeito de empatar.

em.pa.ti.a [Ingl. empathy. ◼8A] sf. Capacidade de identificar-se com o outro.

em.pe.ci.lho [Empeço, 'impedimento', +-ilho.] sm. Aquilo que estorva, dificulta; entrave, obstáculo, peia.

em.pe.der.ni.do [Part. de empedernir.] adj. 1. Que se tornou duro como pedra; endurecido. 2. Fig. Insensível, cruel.

em.pe.der.nir [Lat. *impetrinire. ◼1C] vtd. 1. Tornar em pedra, ou duro como pedra. p. 2. Tornar-se insensível, desumano. [C.: 9]

em.pe.dra.do [Empedrar. ◼17A] adj. 1. Que se empedrou. • sm. 2. A parte das estradas que tem pedra britada.

em.pe.drar [Em-² + pedra + -ar². ◼1A] vtd. 1. Calçar, revestir (o solo) com pedras. int. 2. Petrificar-se. p. 3. Empedernir-se. [C.: 1 (é)]

em.pe.li.ca.do [Em-² + pelico + -ado¹. ◼17B] adj. 1. Que nasce com a cabeça envolta no pelico (2). 2. Fig. De muita sorte.

em.pe.lo.tar [Em-² + pelota + -ar². ◼1A] v.int. e p. Criar pelotas, caroços. [C.: 1 (ó)]

em.pe.na [Dev. de empenar².] sf. 1. Parede lateral dum edifício. 2. Peça de madeira que vai do frechal à cumeeira.

em.pe.nar¹ [Em-² + pena¹ + -ar². ◼1A] vtd. 1. Enfeitar com penas. int. e p. 2. Criar penas; emplumar-se. [C.: 1. Cf. empinar.]

em.pe.nar² [Em-² + lat. pinus + -ar². ◼1A] vtd. e int. Fazer entortar, ou entortar-se, ger. pela ação do calor ou da umidade. [C.: 1. Cf. empinar.] § **em.pe.na.do** adj.

em.pe.nhar [Em-² + port.arc. peño + -ar². ◼1A] vtd. 1. Dar em penhor. 2. Empregar com diligência. 3. Obrigar por promessa. tdi. 4. Empenhar (2). 5. Econ. Efetuar empenho (3). p. 6. Endividar-se, dando em penhor. 7. Pôr todo o empenho. [C.: 1]

em.pe.nho [Em-² + port.arc. peño.] sm. 1. Ato de dar a palavra em penhor; obrigação. 2. Grande interesse. 3. Econ. Ato que vincula recurso orçamentário ao pagamento de determinada despesa.

em.pe.ri.qui.tar-se [Em-² + periquito + -ar² + se¹. ◼1A] vp. Bras. Enfeitar-se em demasia. [C.: 1] § **em.pe.ri.qui.ta.do** adj.

em.per.ra.men.to [Emperrar. ◼3] sm. 1. Ação ou efeito de emperrar. 2. Fig. Teimosia. [Sin.ger.: emperro.]

em.per.rar [Em-² + perro + -ar². ◼1A] vtd. 1. Tornar perro, difícil de mover. 2. Fazer parar. int. 3. Tornar-se perro. 4. Deixar de funcionar; parar. [C.: 1 (é)]

em.per.ro (ê) [Dev. de emperrar.] sm. V. emperramento.

em.per.ti.gar-se vp. Aprumar-se, endireitar-se. [C.: 1C] § **em.per.ti.ga.do** adj.

em.pes.tar [Em-² + peste + -ar². ◼1A] vtd. e p. 1. Infetar(-se) com peste. 2. Infeccionar(-se), contaminar(-se). 3. Fig. Tornar(-se) desagradável pela contaminação do ambiente com elementos nocivos. [Sin.ger.: empestear. C.: 1 (é).]

em.pes.te.ar vtd. e p. V. empestar. [C.: 12A]

em.pe.te.car [Em-² + peteca + -ar². ◼1A] vtd. e p. Vestir(-se) de modo exagerado. [C.: 1A (é)]

em.pi.lha.dei.ra [Empilhar ◼16A] sf. Máquina para empilhar e arrumar cargas.

em.pi.lhar [Em-² + pilha + -ar². ◼1A] vtd. 1. Pôr em pilha; amontoar. p. 2. Ficar amontoado, ger. formando pilha. [C.: 1]

em.pi.nar [Em-² + pino + -ar². ◼1A] vtd. 1. Pôr a pino; erguer. 2. Tornar proeminente (nariz, peito, ventre, etc.). 3. Fazer subir; elevar. 4. Bras. Fazer subir aos ares (pipa, papagaio, etc.). p. 5. Pôr-se a pino. 6. Fig. Enfatuar-se. [C.: 1. Cf. empenar.] § **em.pi.na.do** adj.

em.pi.po.car [Em-² + pipoca + -ar². ◼1A] v.int. Bras. Criar pústulas ou borbulhas. [C.: 1A (ó). Norm. é unipess.]

em.pí.ri.co [Lat. empiricu. ◼35B] adj. Baseado na experiência.

em.pi.ris.mo [Empírico. ◼11] sm. Filos. Doutrina que admite que o conhecimento provenha unicamente da experiência. § **em.pi.ris.ta** s2g.

em.pla.car [Em-² + placa + -ar². ◼1A] vtd. 1. Pôr placa ou chapa em. 2. Fam. Chegar a (certo ano ou idade). [C.: 1A]

em.plas.trar [Lat. emplastrare. ◼1A] vtd. Pôr emplastro em. [C.: 1]

em.plas.tro [Lat. emplastru.] sm. Med. Forma farmacêutica, para uso externo, a que se acrescentam medicamentos, e que amolece ao calor do corpo e a este adere.

em.plu.mar vtd. 1. Ornar de plumas ou penas. p. 2. Empenar-se¹ (2). [C.: 1]

em.po.ar [Em-² + pó¹ + -ar². ◼1A] vtd. e p. Cobrir(-se) de pó. [C.: 1D]

em.po.bre.cer vtd., int. e p. Tornar(-se) pobre. [C.: 1A (ê-é)] § **em.po.bre.ci.do** adj.; **em.po.bre.ci.men.to** sm.

em.po.çar [Em-² + poço + -ar². ◼1A] vtd. 1. Acumular, formando poça: *O vento empoçou a água*. 2. Formar poça(s) em. int. e p. 3. Formar poça. [C.: 1B (ó). Cf. empossar.]

em.po.de.ra.men.to [Empoderar. ◼3] sm. 1. Ação, processo ou efeito de empoderar(-se). 2. Soc. Conquista e distribuição do poder de realizar

279

empoderar | empréstimo

ações, a partir da conscientização social, individual ou coletiva. 3. *Educ.* A conscientização, reflexão, objetivação e ação de indivíduos e/ou grupos que levam à mudança da condição individual e coletiva. 4. *P.ext.* Superação da falta de poder político e social, coletivo ou individual, das populações pobres.

em.po.de.rar [*Em-²* + *poder* + *-ar²*.◘ 1A] *vtd.* 1. Dar autoridade legal ou poder a. 2. *Restr.* Dar poder a (alguém), esp. o de realizar tarefa(s), atividade(s), sem precisar da permissão de terceiros. 3. Promover a conscientização e a tomada de poder (esp. o de influência) de (pessoa ou grupo social). *int.* e *p.* 4. Adquirir consciência e/ou conquistar poder e influência para realizar mudanças de ordem social, política, econômica e cultural. [C.: 1]

em.po.ei.rar [*Em-²* + *poeira* + *-ar²*.◘ 1A] *vtd.* e *p.* Cobrir(-se) de poeira. [C.: 1]

em.po.la (ô) ou **am.po.la** (ô) *sf.* 1. *Med.* Bolha na pele, cheia de serosidade; vesícula. 2. Bolha causada por água fervendo.

em.po.la.do [*Empolar*.◘ 17A] *adj.* 1. Cheio de empolas. 2. *Fig.* Muito pomposo.

em.po.lar [*Empola*.◘ 1A] *vtd.* 1. Fazer bolha(s) em. 2. Tornar pomposo, bombástico. 3. Encapelar (2). *int.* 4. Criar empolas. *p.* 5. Empolar (2). 6. *Fig.* Tornar-se soberbo. 7. Encapelar (3). [C.: 1 (ó)]

em.po.lei.rar *vtd.* e *p.* Pôr(-se) em poleiro, ou como se em poleiro. [C.: 1]

em.pol.gar [Lat.vulg. *impollicare.◘ 1A] *vtd.* 1. Segurar. 2. Prender com as garras; agarrar. 3. Prender a atenção de. 4. Atrair, absorver. *p.* 5. Impressionar-se, entusiasmar-se. [C.: 1C (ó)] § **em.pol.gan.te** *adj2g.*

em.pom.bar [*Em-²* + *pomba* + *-ar²*, poss.◘ 1A] *vti.* e *p. Bras. Gír.* Zangar-se, irritar-se. [C.: 1]

em.por.ca.lhar [*Em-²* + *porco* + *-alhar*.◘ 1L] *vtd.* e *p.* Tornar(-se) porco, imundo; sujar(-se). [C.: 1]

em.pó.ri.o [Lat. *emporiu*.] *sm.* Centro de comércio, ou de outras atividades.

em.pós [*Em* + *pós*.] *prep.* e *adv.* Após, depois.

em.pos.sar *vtd.* 1. Dar posse a. *p.* 2. Tomar posse. [C.: 1 (ó). Cf. *empoçar.*]

em.pra.zar [*Em-²* + *prazo* + *-ar²*.◘ 1A] *vtd.* 1. Citar, ou convidar, para comparecer em prazo certo. *p.* 2. Ajustar (2 ou mais pessoas) prazo e lugar para encontro. [C.: 1]

em.pre.en.de.do.ris.mo [*Empreendedor*.◘ 11] *sm.* Caráter ou ação de empreendedor ou empreendedorista.

em.pre.en.de.do.ris.ta [*Empreendedor*.◘ 36] *adj2g. s2g.* Que, ou aquele que desenvolve e executa novos empreendimentos.

em.pre.en.der [Lat. *imprehendere.◘ 1B] *vtd.* 1. Propor-se, tentar (ação, empresa laboriosa e difícil). 2. Pôr em execução. [C.: 2] § **em.pre.en.de.dor** (ô) *adj. sm.*

em.pre.en.di.men.to [*Empreender*.◘ 3A] *sm.* 1. Ato de empreender. 2. O que se empreendeu; empresa.

em.pre.ga.do [*Empregar*.◘ 17A] *sm.* 1. Aquele que exerce emprego ou função; funcionário. 2. Aquele que trabalha numa residência como cozinheiro, copeiro, etc.; criado, doméstico.

em.pre.ga.dor (ô) [*Empregar*.◘ 19A] *adj. sm.* Que, ou aquele que emprega [v. *empregar* (2)].

em.pre.gar [Lat. *implicare*.◘ 1A] *vtd.* 1. Dar emprego, uso ou aplicação a. 2. Dar emprego ou colocação a; admitir, colocar. 3. Fazer uso de; aplicar. *tdi.* 4. Empregar (3). *p.* 5. Ser admitido em emprego; colocar-se. [C.: 1C (é)]

em.pre.go (ê) [Dev. de *empregar*.] *sm.* 1. Ato de empregar; aplicação. 2. Cargo ou ocupação em serviço particular, público, etc.; colocação. 3. V. *trabalho* (3).

em.prei.ta.da [*Em-²* + *preito* + *-ada*.◘ 4] *sf.* 1. Obra por conta de outrem, com pagamento previamente ajustado. 2. *Fig.* Tarefa difícil ou desagradável.

em.prei.tar [Deduz. de *empreitada*.◘ 1A] *vtd.* Fazer ou tomar por empreitada (1). [C.: 1]

em.prei.tei.ra [F.subst. de *empreiteiro*.◘ 16] *sf.* Empresa contratante de obras públicas.

em.prei.tei.ro [*Empreit(ada)*.◘ 25] *sm.* Aquele que empreita.

em.pre.nhar [*Em-²* + *prenhe* + *-ar²*.◘ 1A] *vtd.* e *p.* Tornar(-se) prenhe (a fêmea). [C.: 1]

em.pre.sa (ê) [It. *impresa*.] *sf.* 1. Empreendimento (2). 2. *Econ.* Organização econômica destinada à produção ou venda de mercadoria ou serviços, com objetivo de lucro.

em.pre.sar [*Empresa*.◘ 1A] *vtd.* 1. Dirigir como empresário. 2. Fazer a produção (3) de. [Sin. ger.: *empresariar*. C.: 1 (é).]

em.pre.sa.ri.a.do [*Empresário*.◘ 17C] *sm.* A classe dos empresários.

em.pre.sa.ri.al [*Empresário*.◘ 39] *adj2g.* Relativo a empresa (2). [Pl.: *-ais*.]

em.pre.sa.ri.ar [*Empresário*.◘ 1A] *vtd.* V. *empresar*. [C.: 1]

em.pre.sá.ri.o [It. *impresario*.◘ 24] *sm.* 1. Aquele que tem empresa (2). 2. Aquele que se ocupa da vida profissional e dos interesses pecuniários de um artista, atleta, etc.

em.pres.tar [*Em-²* + *prestar*.] *vtd.* 1. Confiar a alguém (soma de dinheiro, ou coisa), para que faça uso dela restituindo-a depois ao dono. 2. Dar a juros (dinheiro). 3. Tomar por empréstimo. *tdi.* 4. Emprestar (1 a 3). 5. Dar, conferir. [C.: 1 (é)]

em.prés.ti.mo [Port.arc. *empréstido*.] *sm.* 1. Ato de emprestar. 2. A coisa emprestada. 3. *E.Ling.* Incorporação ao léxico ou ao sistema linguístico de uma língua de um vocábulo, significado ou estrutura de outro idioma. ♦ **Empréstimo lexical.** Empréstimo (1) que pode ser ger.: **a)** a importação de um termo ou locução estrangeira [ex.: *blush*]; **b)** a adaptação híbrida de

emproado | encalacrar

um voc. ou loc. estrangeira [ex.: *sulipa*]; **c)** um decalque (3): arranha-céu.
em.pro.a.do *adj.* Vaidoso, presunçoso.
em.pu.bes.cer *v.int. e p.* **1.** Tornar-se púbere. **2.** Criar pelos. [C.: 1A (ê-é)]
em.pu.lhar *vtd.* **1.** Troçar ou zombar de. **2.** Enganar. [C.: 1] § **em.pu.lha.ção** *sf.*
em.pu.nha.du.ra [*Empunhar*.◻5A] *sf.* Lugar por onde se seguram certos utensílios ou armas; punho.
em.pu.nhar [*Em-²* + *punho* + *-ar²*.◻1A] *vtd.* **1.** Segurar pela empunhadura. **2.** Pegar em. [C.: 1]
em.pur.rão [*Empurrar*.◻2] *sm.* Ato de empurrar; empuxão. [Pl.: -*rões*.]
em.pur.rão.zi.nho [*Empurrão*.◻32B] *sm. Fig.* Ajuda, auxílio.
em.pur.rar [V.C] *vtd.* **1.** Impelir com violência; empuxar. **2.** Dar encontrões em; empuxar. *tdi.* **3.** *Fig.* Impingir (3). **4.** Conduzir, levar. **5.** *Bras. Gír.* Tentar convencer (alguém) a se envolver com outrem. *p.* **6.** Empurrar (2), mutuamente. [C.: 1]
em.pu.xar [*Em-²* + *puxar*.] *vtd.* **1.** Empurrar (1 e 2). **2.** Arrastar, induzir. [C.: 1] § **em.pu.xão** *sm.*
em.pu.xo [Dev. de *empuxar*.] *sm.* **1.** Ato de empuxar. **2.** *Fís.* Para um corpo, parcial ou totalmente, imerso num fluido, força que age para cima, com intensidade igual à do peso do fluido deslocado por ele.
e.mu *sm. Zool.* Ave dromaiídea da Austrália.
e.mu.de.cer [Lat. *immutescere*.◻1P] *vint. e int.* **1.** Tornar(-se) mudo; calar(-se). **2.** Tornar(-se) silencioso. [C.: 1A (ê-é)]
e.mu.la.ção [Lat. *aemulatione*.◻2A] *sf.* **1.** Sentimento que incita a igualar ou superar outrem. **2.** Estímulo, incentivo. [Pl.: -*ções*.]
e.mu.lar [Lat. *aemulare*.◻1A] *vtd.* **1.** Ter emulação com; competir. **2.** Igualar. *ti.* **3.** Emular (1). [C.: 1] § **e.mu.la.dor** (ô) *adj. sm.*
ê.mu.lo [Lat. *aemulu*.] *sm.* Aquele que tem emulação (1); competidor, rival.
e.mul.são [Fr. *émulsion*.◻2] *sf.* Preparação farmacêutica líquida, leitosa, e que contém, em suspensão, substância gordurosa. [Pl.: -*sões*.]
e.nal.te.cer [*En-²* + *alto²* + *-ecer*.◻1P] *vtd.* **1.** Elevar. **2.** Exaltar, engrandecer. [C.: 2A (ê-é)] § **e.nal.te.ci.men.to** *sm.*
e.na.mo.ra.do [*Enamorar*.◻17A] *adj. sm.* V. *apaixonado*.
e.na.mo.rar [*En-²* + *amor* + *-ar²*.◻1A] *vtd.* **1.** Inspirar amor em. *p.* **2.** Apaixonar-se. [C.: 1 (ó)]
e.nan.te.ma [Lat.cient. *enanthema*.] *sm. Med.* Mancha(s) vermelha(s), de extensão variável, encontrada(s) em mucosa(s), e que podem ocorrer em muitas doenças.
en.ca.be.çar [*En-²* + *cabeça* + *-ar²*.◻1A] *vtd.* **1.** Vir à testa ou à frente de. **2.** Ser o cabeça, o chefe; chefiar. **3.** Ser o título de (um escrito). [C.: 1B (é)] § **en.ca.be.ça.men.to** *sm.*

en.ca.bres.tar [*En-²* + *cabresto* + *-ar²*.◻1A] *vtd.* **1.** Pôr cabresto a. **2.** *Fig.* Subjugar (pessoa). [C.: 1 (é)]
en.ca.bu.la.ção [*Encabular*.◻2A] *sf. Bras.* Efeito de encabular(-se); constrangimento, acanhamento. [Pl.: -*ções*.]
en.ca.bu.la.do [*Encabular*.◻17A] *adj. sm.* Diz-se de, ou indivíduo envergonhado.
en.ca.bu.lar [*En-²* + *cábula* + *-ar²*.◻1A] *vtd., int. e p.* Envergonhar(-se), acanhar(-se). [C.: 1]
en.ca.cho:ei.ra.do [*En-²* + *cachoeira* + *-ado¹*.◻17B] *adj. Bras.* Que tem, ou é semelhante a cachoeira.
en.ca.de:a.men.to [*Encadear*.◻3] *sm.* **1.** Ação ou efeito de encadear(-se). **2.** Dependência mútua entre elementos de mesma natureza; conexão. **3.** Sucessão ou disposição em série (de ideias, ou fatos correlatos). **4.** Repetição, de verso a verso ou de estrofe a estrofe, de fonemas, palavras, frases.
en.ca.de.ar [*En-²* + *cadeia* + *-ar²*.◻1A] *vtd.* **1.** Ligar ou prender com cadeia. **2.** Ligar, coordenar (ideias, etc.). **3.** Ligar, formando cadeia. **4.** Dizer em sequência. *tdi.* **5.** Encadear (1 a 3). *p.* **6.** Ligar-se ou prender-se a outros, conforme a ordem natural. [C.: 12A] § **en.ca.de.a.do** *adj.*
en.ca.der.na.ção [*Encadernar*.◻2A] *sf.* **1.** Ato ou efeito de encadernar (2). **2.** A capa dum livro encadernado. [Pl.: -*ções*.]
en.ca.der.nar [*En-²* + *caderno* + *-ar²*.◻1A] *vtd.* **1.** Formar caderno(s) com. **2.** Juntar cadernos ou folhas de (livro), formando um volume, ao qual se liga uma capa, ger. rígida, coberta de couro, pano, etc. [C.: 1 (é)] § **en.ca.der.na.dor** (ô) *sm.*
en.ca.fi.far [*En-²* + *cafife* + *-ar²*.◻1A] *vtd. e int. Bras.* **1.** Envergonhar(-se), encabular(-se). **2.** Intrigar, enlear. *ti.* **3.** Cismar. [C.: 1] § **en.ca.fi.fa.do** *adj.*
en.ca.fu.ar *vtd. e p.* Esconder(-se). [C.: 1]
en.cai.po.rar [*En-²* + *caipora* + *-ar²*.◻1A] *vtd., int. e p. Bras.* Tornar(-se) infeliz, ou azarado. [C.: 1 (ó)]
en.cai.xar [*En-²* + *caixa* + *-ar²*.◻1A] *vtd.* **1.** Encaixotar. **2.** Recolher em caixa (3). **3.** Encaixar (4 e 5). *tdi.* **4.** Meter uma peça em outra preparada para recebê-la. **5.** Intercalar, inserir. *ti.* **6.** Entrar no encaixe. *int.* **7.** Encaixar (6). **8.** Vir a propósito; calhar. *p.* **9.** Encaixar (6). **10.** Ajustar (9). **11.** Estar no encaixe; inserir-se. [C.: 1]
en.cai.xe¹ [Dev. de *encaixar*.] *sm.* **1.** Ato ou efeito de encaixar(-se). **2.** Cavidade ou vão destinado a uma peça saliente. **3.** Juntura, união.
en.cai.xe² [Ingl. (*in*) *cash*, poss.] *sm. Econ.* Caixa (4).
en.cai.xi.lhar *vtd.* Guarnecer de caixilhos. [C.: 1]
en.cai.xo.tar [*En-²* + *caixote* + *-ar²*.◻1A] *vtd.* Meter em caixa ou caixote; encaixar. [C.: 1 (ó)]
en.ca.la.crar [*En-²* + *calacre* + *-ar²*.◻1A] *Pop. vtd. e p.* **1.** Meter(-se) em dificuldades. **2.** Endividar(-se). [C.: 1] § **en.ca.la.cra.do** *adj.*

encalço | encarecer

en.cal.ço [Dev. de *encalçar*.] *sm.* Rasto, pista, pegada.

en.ca.lhar [Esp. *encallar*.] *vtd.* **1.** Fazer dar em seco (a embarcação). *int.* **2.** Ficar em seco (embarcação). **3.** Ficar detido; parar. **4.** Não ter saída (quaisquer mercadorias). **5.** *Pop.* Continuar solteiro ou sozinho, depois de certa idade; encravar. [C.: 1] § **en.ca.lha.do** *adj.*

en.ca.lhe [Dev. de *encalhar*.] *sm.* **1.** Ato ou efeito de encalhar. **2.** Obstrução, obstáculo, estorvo. **3.** *Bras.* Mercadoria que ficou encalhada.

en.ca.lis.trar *vtd. e int.* Vexar(-se). [C.: 1]

en.cal.mar [*En-*[2] + *calma* + *-ar*[2]. ▪1A] *vtd.* **1.** Causar calor a; aquecer. **2.** Zangar, irritar. *int.* **3.** Acalmar-se. [C.: 1]

en.ca.mi.nha.men.to [*Encaminhar*. ▪3] *sm.* Ato, efeito ou processo de encaminhar(-se).

en.ca.mi.nhar [*En-*[2] + *caminho* + *-ar*[2]. ▪1A] *vtd.* **1.** Mostrar o caminho a. **2.** Pôr no bom caminho; orientar. **3.** Conduzir pelos meios competentes. *tdi.* **4.** Enviar (1 e 2). **5.** Fazer chegar ao conhecimento ou aos cuidados de alguém. *tdc.* **6.** Fazer tomar o rumo de. **7.** Enviar (1 e 2). *p.* **8.** Tomar certo rumo ou direção; dirigir-se, guiar-se. [C.: 1]

en.cam.par [*En-*[2] + *campo* + *-ar*[2]. ▪1A] *vtd.* **1.** *Jur.* Rescindir (contrato de arrendamento). **2.** *Jur.* Tomar (o governo) posse de (empresa) após acordo em que se combina indenização. **3.** *Fig.* Adotar (ideia, teoria, etc.). [C.: 1]

en.ca.na.dor (ô) [*Encanar*[1]. ▪19A] *sm. Bras.* Aquele que conserta encanamento; bombeiro.

en.ca.na.men.to [*Encanar*[1]. ▪3] *sm.* **1.** Ato ou efeito de encanar[1]. **2.** Conjunto de canos para distribuição de líquido ou de gás.

en.ca.nar[1] [*En-*[2] + *cano* + *-ar*[2]. ▪1A] *vtd.* Conduzir por cano ou canal; canalizar. [C.: 1]

en.ca.nar[2] [*En-*[2] + *cana*[1] + *-ar*[2]. ▪1A] *vtd.* **1.** *Med.* Pôr (osso fraturado) em talas ou canas, para se soldar. **2.** *Bras. Gír.* Meter na prisão; prender. [C.: 1]

en.ca.ne.cer [Lat. *incanescere*. ▪1P] *v.int.* **1.** Fazer-se branco (o cabelo, a barba); embranquecer. **2.** Criar cãs; envelhecer. [C.: 2A (ê-é)]

en.can.gar [*En-*[2] + *canga*[1] + *-ar*[2]. ▪1A] *vtd.* Pôr canga em; jungir. [C.: 1]

en.can.ta.do [*Encantar*. ▪17A] *adj.* **1.** Que se encantou. **2.** Fascinado, enlevado. **3.** Enfeitiçado.

en.can.ta.men.to [*Encantar*. ▪3] *sm.* **1.** Ato ou efeito de encantar(-se); encanto. **2.** Magia; feitiço. **3.** Coisa maravilhosa.

en.can.tar [Lat. *incantare*. ▪1A] *vtd.* **1.** Lançar encantamento ou magia sobre; enfeitiçar. **2.** Transformar supostamente (um ser) em outro, por artes mágicas. **3.** Cativar, seduzir. **4.** Deliciar, deleitar. *p.* **5.** Tomar-se de encantos ou de amores. **6.** Transformar-se supostamente em outro ser, por artes mágicas. [C.: 1] § **en.can.ta.dor** (ô) *adj.*

en.can.to [Dev. de *encantar*.] *sm.* **1.** Encantamento. **2.** Coisa que delicia, encanta. **3.** Sedução; fascínio.

en.can.zi.nar [*En-*[2] + rad. *canz-* (v. *canzarrão*) + *-inar*. ▪1J] *vtd.* **1.** Fazer zangar. *p.* **2.** Teimar, obstinar-se. **3.** Enfurecer-se. [C.: 1]

en.ca.par [*En-*[2] + *capa*[1] + *-ar*[2]. ▪1A] *vtd.* **1.** Cobrir com capa. **2.** Proteger (livro, caderno, etc.) com capa de papel, etc. [C.: 1]

en.ca.pe.lar [*En-*[2] + *capela* + *-ar*[2]. ▪1A] *vtd.* **1.** Conceder o capelo de doutor a. **2.** Levantar, encrespar (o mar, as ondas, etc.). *int. e p.* **3.** Encrespar-se, agitar-se (o mar). [C.: 1 (é)]

en.ca.po.tar *vtd.* **1.** Cobrir com capa ou capote. **2.** Disfarçar; encobrir. [C.: 1 (ó)]

en.ca.pu.zar *vtd. e p.* Cobrir(-se) com capuz. [C.: 1 (é)] § **en.ca.pu.za.do** *adj.*

en.ca.ra.co.la.do [*Encaracolar*. ▪17A] *adj.* Enrolado em forma de caracol.

en.ca.ra.co.lar [*En-*[2] + *caracol* + *-ar*[2]. ▪1A] *vtd.* **1.** Dar forma de caracol a. *int. e p.* **2.** Enrolar-se em forma de caracol. [C.: 1 (ó)]

en.ca.ra.mu.jar-se [*En-*[2] + *caramujo* + *-ar*[2] + *se*[1]. ▪1A] *vp.* **1.** Retrair-se, tal como o caramujo. **2.** *Fig.* Entristecer-se, magoar-se. [C.: 1]

en.ca.ran.gar [*En-*[2] + *carango*, 'certo parasito', + *-ar*[2]. ▪1A] *vtd. e p.* **1.** Paralisar(-se), tolher(-se) (por frio, doença, etc.). **2.** *Pop.* Tornar(-se) adoentado. [C.: 1C]

en.ca.ra.pi.nha.do [*En-*[2] + *carapinha* + *-ado*[1]. ▪17B] *adj.* Diz-se do cabelo lanoso que forma carapinha; pixaim.

en.ca.ra.pi.nhar [*En-*[2] + *carapinha* + *-ar*[2]. ▪1A] *vtd. e p.* Tornar(-se) (o cabelo) crespo. [C.: 1]

en.ca.ra.pi.tar *vtd., tdc. e p.* Pôr(-se) no alto. [C.: 1]

en.ca.rar [*En-*[2] + *cara* + *-ar*[2]. ▪1A] *vtd.* **1.** Olhar com atenção, na cara, nos olhos. **2.** Considerar; analisar. **3.** Enfrentar (5 a 7). [C.: 1]

en.car.ce.rar [Lat. *incarcerare*. ▪1A] *vtd.* **1.** Prender em cárcere. **2.** Afastar do convívio social. *p.* **3.** Encerrar-se, isolar-se. [C.: 1 (é)] § **en.car.ce.ra.do** *adj.*; **en.car.ce.ra.men.to** *sm.*

en.car.di.do [Part. de *encardir*.] *adj.* **1.** Que se encardiu; sujo. **2.** Diz-se de pele que perdeu o brilho e o aspecto saudável. **3.** Diz-se de roupa, etc., que, por ter sido mal lavada, ou guardada muito tempo, ficou amarelada, escurecida. ● *sm.* **4.** *Bras.* Estado ou condição de encardido (1 a 3). **5.** *Bras.* Incrustação de sujeira. [Sin. de 4 e 5: *encardimento*.]

en.car.di.men.to [*Encardir*. ▪3] *sm.* Encardido (4 e 5).

en.car.dir [*En-*[2] + *cardo* + *-ir*. ▪1C] *vtd.* **1.** Sujar, criando cor escurecida ou amarelada. **2.** Lavar mal, sem tirar toda a sujeira. *int.* **3.** Ficar encardido. [C.: 3. Quando *int.*, norm. é unipess.]

en.ca.re.cer *vtd.* **1.** Tornar caro; subir o preço de. **2.** Louvar, elogiar. *int.* **3.** Tornar-se caro. [C.: 2A (ê-é)] § **en.ca.re.ci.men.to** *sm.*

en.car.go *sm.* **1.** Incumbência, obrigação. **2.** Ocupação, cargo. **3.** Condição onerosa, ou restritiva de vantagem.

en.car.na.ção [Lat. *incarnatione*. ▫2A] *sf.* **1.** Ato de encarnar(-se). **2.** *Rel.* Mistério pelo qual Deus se fez homem, na pessoa de Jesus. **3.** Para os espíritas, cada uma das existências do espírito materializado. [Pl.: -*ções*.]

en.car.na.dor (ô) [*Encarnar*. ▫19A] *sm.* Aquele que encarna figuras ou imagens.

en.car.nar [Lat. *incarnare*. ▫1A] *vtd.* **1.** Dar cor de carne a (imagens, estátuas, etc.), pintando-as. **2.** Ser a personificação, o modelo de. **3.** Representar (personagem, papel). *ti.* **4.** *Rel.* Penetrar (o espírito em um corpo). *int.* **5.** *Rel.* Nascer como ser humano. *p.* **6.** Introduzir-se profundamente. **7.** *Rel.* Encarnar (4). [C.: 1] § **en.car.na.do** *adj.*

en.car.ni.ça.men.to [*Encarniçar*. ▫3] *sm.* **1.** Ato de encarniçar(-se). **2.** Obstinação.

en.car.ni.çar [*En-*² + *carniça* + *-ar*². ▫1A] *vtd.* **1.** Incitar, açular. *p.* **2.** Enraivecer-se. [C.: 1B] § **en.car.ni.ça.do** *adj.*

en.ca.ro.çar [*En-*² + *caroço* + *-ar*². ▫1A] *v.int. e p.* Criar caroço(s). [C.: 1B (ó)]

en.car.qui.lhar [*En-*² + *carquilha* + *-ar*². ▫1A] *vtd. e p.* Encher(-se) de carquilhas ou rugas; enrugar(-se). [C.: 1] § **en.car.qui.lha.do** *adj.*

en.car.re.ga.do [*Encarregar*. ▫17C] *adj. sm.* Que, ou aquele que está incumbido, ou incumbiu-se de cargo, função, etc.

en.car.re.gar [*En-*² + *carregar*.] *vtdi.* **1.** Dar como cargo, ou incumbência, etc. *p.* **2.** Tomar obrigação ou encargo. [C.: 1C (é). Part.: *encarregado* e (lus.) *encarregue*.]

en.car.rei.rar [*En-*² + *carreira* + *-ar*². ▫1A] *vtd. e p.* **1.** Dirigir(-se), encaminhar(-se). **2.** Pôr(-se) em bom caminho; encarrilhar. **3.** Pôr ou ficar em ordem, ou um fila. [C.: 1]

en.car.ri.lar ou **en.car.ri.lhar** [*En-*² + *carril* + *-ar*². ▫1A] *vtd.* **1.** Pôr nos carris ou trilhos. **2.** Encarreirar (2). *p.* **3.** Encarreirar (2). *int.* **4.** Entrar no bom caminho. **5.** Entrar nos eixos. [C.: 1]

en.car.tar [*En-*² + *carta* + *-ar*². ▫1A] *vtd.* **1.** Fazer o encarte (1) de. *int.* **2.** Jogar carta sobre outra do mesmo naipe. [C.: 1]

en.car.te [Dev. de *encartar*.] *sm.* **1.** Operação de intercalar, entre os cadernos duma publicação, uma ou mais folhas. **2.** Folheto que acompanha uma publicação. **3.** Folha(s) impressa(s) ou encarte (2) de propaganda.

en.car.tu.char [*En-*² + *cartucho* + *-ar*². ▫1A] *vtd.* Meter em cartucho. [C.: 1]

en.car.vo.ar [*En-*² + *carvão* (*carvo-*) + *-ar*². ▫1A] *vtd. e p.* Sujar(-se) de carvão. [C.: 1D]

en.ca.sa.ca.do [*Encasacar*. ▫17A] *adj.* **1.** Vestido de casaca ou casaco. **2.** Em traje cerimonioso. **3.** *Pop.* Bem agasalhado.

en.ca.sa.car-se *vp.* **1.** Vestir-se com casaca ou casaco. **2.** Pôr traje cerimonioso. [C.: 1A]

en.ca.sar [*En-*² + *casa* + *-ar*².] *vtd.* **1.** Inserir na respectiva casa (4). **2.** *Art. Gráf.* Meter (folhas dobradas) dentro de outras. [C.: 1]

en.cas.que.tar [*En-*² + *casquete* + *-ar*². ▫1A] *vtd.* **1.** Meter na cabeça, no juízo. *tdi.* **2.** Persuadir, induzir. *int. e p.* **3.** Cismar; obstinar-se. [C.: 1 (é)]

en.cas.te.lar [*En-*² + *castelo* + *-ar*². ▫1A] *vtd.* **1.** Fortificar com castelo (2). **2.** Dar forma de castelo a. **3.** Amontoar. *p.* **4.** Amontoar-se. **5.** Recolher-se, refugiar-se. [C.: 1 (é)]

en.cas.to.ar *vtd.* Pôr castão em. [C.: 1D]

en.ca.tar.rar-se [*En-*² + *catarro* + *-ar*² + *se*¹. ▫1A] *vp.* Endefluxar-se, constipar-se. [C.: 1]

en.ca.va.lar [*En-* + *cavalo* + *-ar*². ▫1A] *vtd.* Sobrepor; amontoar. [C.: 1] § **en.ca.va.la.do** *adj.*

en.ce.fa.li.te [*Encéfalo* + *-ite*¹.] *sf. Med.* Inflamação no encéfalo.

en.cé.fa.lo [Gr. *enképhalos*.] *sm. Anat.* Parte do sistema nervoso central contida na cavidade do crânio. § **en.ce.fá.li.co** *adj.*

en.ce.fa.lo.pa.ti.a [*Encéfalo* + *-patia*.] *sf. Med.* Doença do encéfalo. ◆ **Encefalopatia espongiforme.** *Med.* Doença mortal, em que o encéfalo fica com o aspecto de esponja. [Sin.: *doença da vaca louca*.]

en.ce.na.ção [*Encenar*. ▫2A] *sf.* **1.** Ato ou efeito de encenar. **2.** Espetáculo teatral; montagem. **3.** *Fig.* Fingimento. [Pl.: -*ções*.]

en.ce.nar *vtd.* **1.** Pôr em cena (um espetáculo). *int.* **2.** Fingir, simular. [C.: 1]

en.ce.ra.dei.ra [*Encerar*. ▫16A] *sf.* Eletrodoméstico para encerar o chão.

en.ce.ra.do [*Encerar*. ▫17A] *adj.* **1.** Coberto de cera. **2.** Polido com cera. ● *sm.* **3.** Oleado.

en.ce.rar [*En-*² + *cera* + *-ar*². ▫1A] *vtd.* **1.** Untar ou cobrir de cera (tecido ou piso). **2.** Polir, lustrar com cera. [C.: 1 (é)] § **en.ce.ra.men.to** *sm.*

en.cer.rar [*En-*² + *cerrar*.] *vtdc.* **1.** Meter ou guardar (em lugar que se fecha). **2.** Enclausurar. *td.* **3.** Conter, incluir. **4.** Terminar. **5.** Fechar (conta). **6.** Resumir; limitar. *tdi.* **7.** *Fig.* Guardar (em algo ou alguém). *p.* **8.** Fechar-se, enclausurar-se. **9.** Findar-se. [C.: 1 (é)] § **en.cer.ra.men.to** *sm.*

en.ces.tar *vtd.* **1.** Arrecadar em cesto. **2.** *Basq.* Fazer (a bola) entrar na cesta (2). *int.* **3.** *Basq.* Converter (5). [C.: 1 (é)]

en.ce.tar [Lat. *inceptare*. ▫1A] *vtd.* Começar, principiar. [C.: 1]

en.cha.pe.lar-se [*En-*² + *chapéu* (*-pel-*) + *-ar*² + *se*¹. ▫1A] *vp.* Cobrir-se com chapéu. [C.: 1 (é)]

en.char.car *vtd. e p.* **1.** Converter(-se) em charco. **2.** Molhar(-se) muito; ensopar(-se). [C.: 1A] § **en.char.ca.men.to** *sm.*

en.chen.te [*Encher*. ▫21] *sf.* **1.** Quantidade de água acima do comum, que cobre áreas habitualmente secas; inundação, cheia. **2.** *Fig.* Grande afluência de gente. **3.** Maré ascendente.

en.cher [Lat. *implere*. ▫1B] *vtd.* **1.** Tornar cheio. **2.** Ocupar, preencher. **3.** Espalhar-se ou difundir-se por. **4.** *Pop.* Causar chateação, perturbação a. *tdi*. **5.** Encher (1 e 2). **6.** Cobrir, cumular. *int*. **7.** Tornar-se gradualmente cheio. **8.** *Bras. Pop.* Chatear, perturbar. *p*. **9.** Tornar-se cheio. **10.** V. *empanturrar-se*. **11.** Tornar-se de: *encher-se de coragem*. **12.** *Bras. Pop.* Perder a paciência, a tolerância com (pessoa, coisa, fato, etc.); cansar-se. [C.: 2]

en.chi.do [Part. de *encher*.] *adj*. **1.** Cheio, repleto. ● *sm*. **2.** Qualquer dos artigos (linguiça, salsicha, paio, etc.) em que a carne é introduzida em tripa natural ou sintética; embutido.

en.chi.men.to [*Encher*.■3A] *sm*. **1.** Ato ou efeito de encher(-se). **2.** Coisa com que se enche.

en.cho.va (ó) [Esp.ant. *anchova*.] *sf. Zool.* Peixe pomatomídeo, marinho, de corpo alongado, e que mede até 1,20m de comprimento; anchova.

en.chu.ma.çar [*En-²* + *chumaço* + *-ar²*.■1A] *vtd*. Pôr chumaço em. [C.: 1B]

en.cí.cli.ca [Lat.ecl. (*Litterae*) *Encyclicae*.] *sf*. Circular¹ (2) pontifícia.

en.ci.clo.pé.di.a [Lat.mod. *encyclopaedia*.] *sf*. **1.** O conjunto dos conhecimentos humanos. **2.** *P.ext.* Obra que procura reuni-lo, ger. em ordem alfabética.

en.ci.clo.pé.di.co [*Enciclopédia*.■35B] *adj*. **1.** Relativo a enciclopédia. **2.** *P.ext.* Que tem vasto saber.

en.ci.clo.pe.dis.ta [*Enciclopédia*.■36] *s2g*. Autor ou colaborador de enciclopédia (2).

en.ci.lhar [*En-²* + *cilha* + *-ar²*.■1A] *vtd*. Pôr cilha em (animal). [C.: 1] § **en.ci.lha.men.to** *sm*.

en.ci.mar [*En-²* + *cima* + *-ar²*.■1A] *vtd*. **1.** Colocar em cima de. **2.** Estar acima de. **3.** Coroar (2). [C.: 2]

en.ci.u.mar [*En-²* + *ciúme* + *-ar²*.■1A] *vtd. e p*. Tornar(-se) ciumento. [C.: 1F]

en.clau.su.rar [*En-²* + *clausura* + *-ar²*.■1A] *vtd. e p*. **1.** Pôr(-se) em clausura, ou como que em clausura. **2.** Afastar(-se) do convívio social. [C.: 1]

en.cla.ve [Fr. *enclave*.] *sm*. V. *encrave*.

ên.cli.se [Gr. *énklisis*.] *sf. E.Ling.* Posposição de palavra átona a outra que não o é, subordinando-se esta ao acento daquela. [Por vezes, o t. é us. para indicar a posposição de um voc. a outro: *a ênclise dos pron. átonos*.]

en.co.brir [*En-²* + *cobrir*.] *vtd*. **1.** Esconder, ocultar. **2.** Dissimular (1). **3.** Não revelar. **4.** Não deixar ver ou ouvir. *tdi*. **5.** Encobrir (1 a 3). *int*. **6.** Cobrir-se de nuvens; toldar-se. *p*. **7.** Ocultar-se. [C.: 50. Part.: encoberto.] § **en.co.ber.to** *adj*.; **en.co.bri.men.to** *sm*.

en.co.le.ri.zar [*En-²* + *cólera* + *-izar*.■1D] *vtd. e p*. Pôr(-se) em cólera; irar(-se). [C.: 1] § **en.co.le.ri.za.do** *adj*.

en.co.lher [*En-²* + *colher* (ê).] *vtd*. **1.** Tornar menor ou fazer com que ocupe menos espaço, ao aproximar ou contrair. *int*. **2.** Diminuir de dimensão: *Esta fazenda encolhe ao lavar*. *p*. **3.** Pôr-se em menor dimensão; retrair-se, contrair-se. **4.** *Fig.* Mostrar-se tímido, acanhado. [C.: 2 (ô-ó)] § **en.co.lhi.do** *adj*.; **en.co.lhi.men.to** *sm*.

en.co.men.da [*En-²* + port.ant. *comenda*.] *sf*. **1.** Ato de encomendar. **2.** Aquilo que se encomenda.

en.co.men.da.ção [*Encomendar*.■2A] *sf*. Ato ou efeito de encomendar (2). [Pl.: -ções]

en.co.men.dar [*En-²* + port.ant. *comendar*.] *vtd*. **1.** Mandar fazer (obra, compra, etc.). **2.** *Rel.* Orar pela salvação de (alma de defunto). **3.** Encarregar, incumbir. *tdi*. **4.** Encomendar (1 e 3). *p*. **5.** Confiar-se à proteção de. [C.: 1]

en.co.mi.ar [*Encômio*.■1A] *vtd*. Dirigir encômios a. [C.: 1]

en.cô.mi.o [Gr. *enkómion*.] *sm*. Louvor, elogio.

en.com.pri.dar [*En-²* + *comprido* + *-ar²*.■1A] *vtd. e p. Bras.* Tornar(-se) (mais) comprido. [C.: 1]

en.con.tra.di.ço *adj*. Fácil de encontrar.

en.con.trão [*Encontrar*.■2] *sm*. Choque (1) com alguém ou com alguma coisa. [Pl.: *-trões*]

en.con.trar [Lat. **incontrare*.■1A] *vtd*. **1.** Deparar com (coisa, local, etc.); achar. **2.** Defrontar-se com (pessoa). **3.** Atinar com; descobrir: *encontrar a solução de um problema*. **4.** Ir de encontro a (*lit.* ou *fig.*); chocar(-se). *ti*. **5.** Encontrar (2 e 4). *tdc*. **6.** Encontrar (2). *transobj*. **7.** Achar (em certo estado ou condição): *Encontrei-o feliz*. *p*. **8.** Entrechocar-se. **9.** Ir ter com alguém. **10.** Deparar por acaso. **11.** Achar-se, encontrar-se. [C.: 1]

en.con.tro [Dev. de *encontrar*.] *sm*. **1.** Ato de encontrar(-se). **2.** Choque, encontrão. **3.** Confluência de rios. **4.** *Zool.* Nas aves, a parte superior das asas.

en.co.ra.jar [Fr. *encourager*.■1A] *vtd. e tdi*. **1.** Dar coragem a. *p*. **2.** Tomar coragem. [C.: 1]

en.cor.do.a.men.to [*Encordoar*.■3] *sm*. **1.** Ato de encordoar. **2.** *Bras.* O conjunto das cordas dum instrumento de música. **3.** *Eng.Eletr.* Disposição dos fios ou de grupos de fios que formam um cabo² (4).

en.cor.do.ar [*En-²* + *cordão* (-do-) + *-ar²*.■1A] *vtd*. Prover de cordas. [C.: 1D]

en.cor.pa.do [*Encorpar*.■17A] *adj*. **1.** Que tem muito corpo; corpulento. **2.** Consistente, espesso.

en.cor.par [*En-²* + *corpo* + *-ar²*.■1A] *vtd*. **1.** Dar mais corpo a. **2.** Aumentar. *int*. **3.** Crescer; engrossar. [C.: 1 (ó)]

en.cos.ta [Dev. de *encostar*.] *sf*. Vertente (3).

en.cos.ta.do [*Encostar*.■17A] *adj*. **1.** Apoiado, arrimado. **2.** Que não tem procura, uso ou aplicação. **3.** Sem trabalho. **4.** Que foi posto de lado. **5.** *Pop.* Licenciado do trabalho.

en.cos.tar [*En-²* + *costa* + *-ar²*.■1A] *vtd*. **1.** Pôr junto. **2.** Fechar (porta, janela, etc.) sem trancar. **3.** Pôr de lado, de parte. **4.** V. *recostar*. **5.** Parar, estacionar. *tdi*. **6.** Apoiar, arrimar. *ti*. **7.** Tocar, ou quase que tocar em alguém. *tc. e tdc*. **8.** Encostar (5). *p*. **9.** Firmar-se, apoiar-se. **10.** V. *recostar*. **11.**

encosto | endofauna

Deitar-se por algum tempo. **12.** Fazer-se dependente de alguém, de modo abusivo. [C.: 1 (ó)]

en.cos.to (ô) [Dev. de *encostar*.] *sm.* **1.** Lugar ou objeto a que alguém ou algo se encosta; arrimo. **2.** Apoio, proteção. **3.** *Rel.* Espírito pouco evoluído que fica ao lado de alguém.

en.cou.ra.ça.do ou **en.coi.ra.ça.do** [*Encouraçar* ou *encoiraçar*.◘17A] *adj.* **1.** Blindado. ● *sm.* **2.** *Bras.* Navio de combate, armado de canhões de grosso calibre e bem protegido por chapas de aço especial.

en.cou.ra.çar ou **en.coi.ra.çar** [*En-²* + *couraça* ou *coiraça* + *-ar²*.◘1A] *vtd.* Blindar. [C.: 1B]

en.co.va.do [*Encovar*.◘17A] *adj.* **1.** Metido em cova, buraco. **2.** *Fig.* Oculto. **3.** Diz-se de olhos muito dentro das órbitas, ou de rosto muito magro.

en.co.var *vtd.* **1.** V. *enterrar* (2). **2.** Ocultar. *p.* **3.** Tornar-se encovado. [C.: 1 (ó)]

en.cra.va.do [*Encravar*.◘17A] *adj.* **1.** Que encravou. **2.** Que cresceu penetrando na pele (pelo, unha).

en.cra.var [*En-²* + *cravo²* + *-ar²*.◘1A] *vtd.* **1.** Fixar, pregar (cravo, prego). *tdi.* **2.** Segurar com cravo ou prego. **3.** Embutir, engastar (pedras preciosas, etc.). **4.** Encravar (1). *int.* **5.** *Pop.* Encalhar (5). *p.* **6.** Fixar-se, penetrando. **7.** Embeber-se, embutir-se. [C.: 1]

en.cra.ve *sm.* Terreno ou território cercado por outro.

en.cren.ca [V.E] *Pop. sf.* **1.** Coisa ou situação difícil ou perigosa. **2.** Briga, desordem. **3.** Intriga.

en.cren.car [V.E] *vtd.* **1.** Pôr em dificuldade. **2.** Enguiçar (1). *ti.* **3.** Armar encrenca. *int.* **4.** Enguiçar (1). *p.* **5.** Meter-se em encrenca. [C.: 1A] § **en.cren.ca.do** *adj.*

en.cren.quei.ro [*Encrenca*.◘25] *adj. sm.* Que, ou aquele que arma encrenca.

en.cres.par [*En-²* + *crespo* (ê) + *-ar²*.◘1A] *vtd.* e *p.* **1.** Tornar(-se) crespo; enrugar(-se). **2.** Eriçar(-se). **3.** Agitar(-se) (o mar, as ondas, etc.). **4.** Irritar(-se). [C.: 1 (ê)] § **en.cres.pa.do** *adj.*

en.cru.ar [*En-²* + *cru* + *-ar²*.◘1A] *vtd.* **1.** Tornar cru, enrijar (o que estava quase cozido). **2.** Tornar cruel. *int.* **3.** Tornar-se cru. **4.** Fazer-se cruel. **5.** *Fig.* Não progredir, não crescer. *p.* **6.** Exacerbar-se. [C.: 1] § **en.cru:a.men.to** *sm.*

en.cru.zi.lha.da *sf.* **1.** Lugar onde se cruzam estradas ou caminhos. **2.** *Fig.* Situação de difícil opção entre alternativas equivalentes.

en.cur.ra.lar [*En-²* + *curral* + *-ar²*.◘1A] *vtd.* **1.** Meter no curral. **2.** Encerrar em lugar estreito e sem saída. **3.** Pôr cerco a. *p.* **4.** Refugiar-se em lugar sem saída. [C.: 1]

en.cur.tar [*En-²* + *curto¹* + *-ar²*.◘1A] *vtd.* **1.** Tornar curto. **2.** Fazer menor; diminuir. *int.* e *p.* **3.** Tornar-se (mais) curto. [C.: 1]

en.cur.var [Lat. *incurvare*.◘1A] *vtd., int.* e *p.* **1.** V. *curvar* (1 e 2). **2.** Humilhar(-se). [C.: 1] § **en.cur.va.men.to** *sm.*

en.de.cha (ê) [Esp. *endecha*.] *sf.* Poesia muito triste.

en.de.flu.xar-se (cs ou ss) [*En-²* + *defluxo* + *-ar²* + *se¹*.◘1A] *vp.* Contrair defluxo. [C.: 1]

en.de.mi.a [Fr. *endémie*.◘8A] *sf. Med.* Doença que existe constantemente em determinado lugar. § **en.dê.mi.co** *adj.*

en.de.mo.ni.nha.do [*Endemoninhar*.◘17A] *adj.* **1.** Possuído pelo Demônio; possesso. **2.** *Fig.* V. *travesso.*

en.de.mo.ni.nhar [B.-lat. *endemoniare*.◘1I] *vtd.* **1.** Meter o Demônio no corpo de (pessoa ou animal). *p.* **2.** Enfurecer-se. [C.: 1]

en.de.re.çar [Lat. **indirectiare*.◘1A] *vtd.* **1.** Pôr endereço (2) em. *tdi., tdc.* e *p.* **2.** Dirigir(-se), encaminhar(-se). [C.: 1B (é)]

en.de.re.ço (ê) [Dev. de *endereçar*.] *sm.* **1.** Designação do local em que um indivíduo habita ou pode ser encontrado, ou uma organização tem sede, etc. **2.** Sobrescrito. **3.** Residência. ♦ **Endereço eletrônico.** *Inform.* Identificação de um usuário numa rede de computadores, e que permite o recebimento de mensagens de correio eletrônico.

en.deu.sar [*En-²* + *deus* + *-ar²*.◘1A] *vtd.* **1.** Atribuir dotes divinos a; divinizar. **2.** Exaltar ao máximo. *p.* **3.** Atribuir a si mesmo dotes divinos. **4.** Exaltar-se, gloriar-se. [Sin.ger.: *deificar*.] [C.: 1] § **en.deu.sa.men.to** *sm.*

en.di:a.bra.do [*Endiabrar*.◘17A] *adj.* V. *travesso.*

en.di.nhei.ra.do [*Endinheirar*.◘17A] *adj.* Que tem dinheiro; rico.

en.di.rei.tar [*En-²* + *direito* + *-ar²*.◘1A] *vtd.* **1.** Pôr direito; desentortar. **2.** Corrigir. *int.* **3.** Corrigir-se; emendar-se. **4.** Ficar direito. *p.* **5.** Tornar-se direito. **6.** *Fig.* Retomar o bom caminho. [C.: 1]

en.di.vi.dar [*En-²* + *dívida* + *-ar²*.◘1A] *vtd.* e *p.* Fazer contrair dívida(s), ou contraí-la(s). [C.: 1] § **en.di.vi.da.do** *adj.*

en.do.cár.di.o [*End(o)-* + *-cárdio*.] *sm. Anat.* Membrana que forra interiormente o coração.

en.do.car.po [*End(o)-* + *-carpo*.] *sm. Bot.* A camada mais interna do pericarpo.

en.dó.cri.no [*End(o)-* + v. gr *kríno*.] *adj.* Das glândulas de secreção interna, ou referente a elas. [Cf. *exócrino*.]

en.do.cri.no.lo.gi.a [*Endócrino* + *-logia*.] *sf. Med.* Estudo das glândulas endócrinas. § **en.do.cri.no.ló.gi.co** *adj.*

en.do.don.ti.a [*End(o)-* + *-(o)dont(o)-* + *-ia¹*.◘8A] *sf. Odont.* A parte da odontologia que trata das lesões da polpa e raiz dentárias e do tecido circundante. § **en.do.dôn.ti.co** *adj.*

en.do.en.ças [Lat. *indulgentias*.] *sfpl. Rel.* Solenidades da quinta-feira santa.

en.do.fau.na [*End(o)-* + *fauna*.] *sf. Ecol.* O conjunto de organismos bentônicos que vivem no fundo dos oceanos, em sedimentos ainda não consolidados.

en.do.ga.mi.a [*End(o)-* + *-gam(o)-* + *-ia*[1]. ◘ 8A] *sf. Antrop.* Costume social que prescreve o casamento entre indivíduos de um mesmo grupo.

en.do.gâ.mi.co [*Endogamia.* ◘ 35B] *adj.* Relativo a, próprio da, ou que se caracteriza pela endogamia; endógamo.

en.dó.ga.mo [*End(o)-* + *-gamo.*] *Antrop. adj.* **1.** Endogâmico. ● *sm.* **2.** Seguidor da endogamia.

en.dó.ge.no [*End(o)-* + *-geno.*] *adj.* Originado no interior do organismo, ou por fatores internos.

en.doi.dar [*En-*[2] + *doido* + *-ar*[2]. ◘ 1A] *vtd. e int.* V. *enlouquecer.* [C.: 1]

en.doi.de.cer [*En-*[2] + *doido* + *-ecer.* ◘ 1P] *vtd. e int.* V. *enlouquecer.* [C.: 2A (ê-é)]

en.do.mé.tri.o [*End(o)-* + *-metr(o)-* + *-io*[2]. ◘ 34B] *sm. Histol.* Mucosa que reveste internamente o útero.

en.do.me.tri.o.se [*Endométrio* + *-ose*[1].] *sf. Med.* Afecção provocada pela presença de endométrio fora do útero.

en.do.pa.ra.si.to [*End(o)-* + *-parasito.*] *adj. sm. Biol.* Diz-se de, ou parasito que vive no interior do organismo do hospedeiro.

en.dor.fi.na [Ingl. *endo(genous) (mor)phine.*] *sf. Bioquím.* Cada uma de um grupo de substâncias produzidas pelo organismo (esp. após exercício físico intenso) e que diminuem a sensibilidade à dor e provocam sensação de bem-estar.

en.dos.co.pi.a [*End(o)-* + *-scop-* + *-ia*[1]. ◘ 8A] *sf. Med.* Visualização, mediante equipamento especial (endoscópio), de superfície interna de órgão ou de estrutura, e em fim de diagnóstico ou de tratamento. § **en.dos.có.pi.co** *adj.*

en.dos.per.ma [*End(o)-* + *-sperma.*] *sm. Bot.* Tecido, rico em nutrientes, das sementes das angiospermas.

en.dos.sa.do [*Endossar.* ◘ 17A] *adj.* **1.** Em que há endosso. ● *sm.* **2.** Aquele a quem se endossou uma letra.

en.dos.sar [Fr. *endosser.* ◘ 1A] *vtd.* **1.** Pôr endosso em (letra, ordem, etc.). **2.** *Fig.* Dar apoio a; avalizar. [C.: 1 (ó)] § **en.dos.san.te** *adj2g. s2g.*

en.dos.so (ô) [Dev. de *endossar.*] *sm.* Transferência de propriedade dum título nominativo com a cláusula "à ordem", mediante declaração escrita, ger., no verso dele.

en.do.ve.no.so (ô) [*End(o)-* + *venoso.*] *adj.* V. *intravenoso.* [Pl.: *-nosos* (ó).]

en.du.re.cer [*En-*[2] + *duro* + *-ecer.* ◘ 1P] *vtd., int. e p.* **1.** Tornar(-se) duro; enrijecer(-se). **2.** Tornar(-se) insensível. [C.: 2A (ê-é)] § **en.du.re.ci.do** *adj.*; **en.du.re.ci.men.to** *sm.*

e.ne *sm.* A letra *n*.

■ **E.N.E** Abrev. de *és-nordeste.*

e.ne:a.go.nal [*Eneágono.* ◘ 39] *adj2g.* Que tem 9 ângulos. [Pl.: *-nais.*]

e.ne.á.go.no [*Ene(a)-* + *-gono.*] *sm.* Polígono de 9 lados.

e.ne.gre.cer [*E-*[2] + *negro* + *-ecer.* ◘ 1P] *vtd.* **1.** Tornar negro; escurecer. **2.** *Fig.* Difamar. *int. e p.* **3.** Tornar-se negro; escurecer(-se). [C.: 2A (ê-é)] § **e.ne.gre.ci.do** *adj.*; **e.ne.gre.ci.men.to** *sm.*

■ **ENEM** Sigla de *Exame Nacional do Ensino Médio.*

ê.ne:o [Lat. *aeneu,*] *adj.* De bronze; brônzeo.

e.ner.gé.ti.ca *sf.* Ciência que estuda a energia.

e.ner.gé.ti.co [Gr. *energetikós.* ◘ 35B] *adj.* **1.** Relativo à energética. **2.** Relativo à energia.

e.ner.gi.a [Lat. *energia.* ◘ 8A] *sf.* **1.** Força, vigor. **2.** Firmeza de caráter. **3.** *Fís.* Propriedade dum sistema que lhe permite realizar trabalho. [Tem várias formas: calorífica, cinética, elétrica, eletromagnética, mecânica, potencial, química e radiante, transformáveis umas nas outras; sendo que em todas as transformações de energia há completa conservação dela.] ◆ **Energia atômica** ou **energia nuclear.** *Fís.* A que está associada às forças ou interações entre partículas subatômicas, e que se desprende nas reações nucleares. **Energia escura.** *Fís.* Constituinte desconhecido que permearia o universo e que contribuiria com cerca de 70% para a densidade matéria/energia do universo.

e.nér.gi.co [*Energia.* ◘ 35B] *adj.* **1.** Que tem energia. **2.** Que age ou é realizado com vigor.

e.ner.gi.zar [*Energia.* ◘ 1D] *vtd.* **1.** Fornecer energia a (circuito ou aparelho elétrico). **2.** *Fig.* Transmitir ânimo ou vigor a. [C.: 1]

e.ner.gú.me.no [Lat. *energumenu.*] *sm.* Endemoninhado; possesso.

e.ner.van.te [*Enervar.* ◘ 21] *adj2g.* **1.** Que enerva. **2.** Irritante, exasperante.

e.ner.var[1] [Lat. *enervare.* ◘ 1A] *vtd.* **1.** Tirar a força física ou moral a; debilitar. **2.** Exasperar. *p.* **3.** Debilitar-se. **4.** Exasperar-se. [C.: 1 (é)]

e.ner.var[2] [*E-*[2] + *nervo* + *-ar*[2]. ◘ 1A] *vtd.* **1.** Fazer nervuras em. **2.** Cobrir com couro. [C.: 1 (é)]

e.né.si.mo *adj.* **1.** *Mat.* Que ocupa a posição de número n (v. ■ *n* [1]). **2.** *Pop.* Que corresponde a um grande número de vezes.

en.fa.dar [*En-*[2] + *fado* + *-ar*[2]. ◘ 1A] *vtd.* **1.** Entediar. **2.** Molestar; irritar. *p.* **3.** Aborrecer-se, irritar-se. [C.: 1]

en.fa.do [Dev. de *enfadar.*] *sm.* **1.** Impressão desagradável; mal-estar. **2.** Cansaço, aborrecimento.

en.fa.do.nho [*Enfado* + *-onho.*] *adj.* Que enfada, aborrece.

en.fai.xar [*En-*[2] + *faixa* + *-ar*[2]. ◘ 1A] *vtd.* Envolver ou atar com faixas. [C.: 1]

en.fa.ra.men.to [*Enfarar.* ◘ 3] *sm.* V. *enfaro.*

en.fa.rar [*En-*[2] + *faro* + *-ar*[2]. ◘ 1A] *vtd. e p.* Causar enfaro, ou a, ou senti-lo(s). [C.: 1]

en.far.dar [*En-*[2] + *fardo* + *-ar*[2]. ◘ 1A] *vtd.* Fazer fardo de; empacotar. [C.: 1]

en.fa.ro [Dev. de *enfarar.*] *sm.* **1.** Enjoo. **2.** Tédio. [Sin.ger.: *enfaramento.*]

en.far.pe.lar [*En-*[2] + *farpela* + *-ar*[2]. ◘ 1A] *vtd. e p.* Vestir(-se) com roupa nova. [C.: 1 (é)]

enfarruscar | enfurecer

en.far.rus.car *vtd. e p.* Sujar(-se) com carvão ou fuligem. [C.: 1A]

en.far.tar¹ [*En-*² + *farto* + *-ar*². ◼ 1A] *vtd.* **1.** Causar enfarte¹a. **2.** Entupir, obstruir. [C.: 1]

en.far.tar² [*Enfarte*². ◼ 1A] *v.int.* Sofrer ou ter um infarto. [C.: 1]

en.far.te¹ [Dev. de *enfartar*¹.] *sm.* Ato ou efeito de enfartar; fartação, empanzinamento.

en.far.te² *sm. Med.* V. *infarto.*

ên.fa.se *sf.* **1.** Modo afetado de se exprimir. **2.** Relevo ou destaque especial.

en.fas.ti.ar *vtd. e p.* Causar fastio a, ou senti-lo; aborrecer(-se), enfadar(-se). [C.: 1]

en.fá.ti.co [Gr. *emphatikós.* ◼ 35B] *adj.* Que tem ou denota ênfase.

en.fa.ti.o.tar-se [*En-*² + *fatiota* + *-ar*² + *se*¹. ◼ 1A] *vp. Bras.* Vestir-se com apuro. [C.: 1 (ó)]

en.fa.ti.zar [*Enfático.* ◼ 1D] *vtd.* Dar ênfase (2) a; salientar. [C.: 1]

en.fa.tu.a.do [*Enfatuar.* ◼ 17A] *adj.* **1.** Que se enfatuou. **2.** Cheio de si; vaidoso; arrogante.

en.fa.tu.ar [Lat. *enfatuar.* ◼ 1A] *vtd. e p.* Tornar(-se) fátuo; envaidecer(-se). [C.: 1]

en.fe.ar [*En-*² + *feio* + *-ar*². ◼ 1A] *vtd. e p.* Tornar(-se) feio; afear(-se). [C.: 12A]

en.fei.tar [Port.ant. *afeitar.* ◼ 1A] *vtd.* **1.** Pôr enfeites em; adornar, ornar, ornamentar. **2.** Embelezar. *p.* **3.** Adornar-se; embelezar-se. [C.: 1] § **en.fei.ta.do** *adj.*

en.fei.te [Dev. de *enfeitar*.] *sm.* O que se adiciona a alguém ou a algo para o embelezar, valorizar, etc.; adorno, ornato, ornamento.

en.fei.ti.çar [*En-*² + *feitiço* + *-ar*². ◼ 1A] *vtd.* **1.** Sujeitar à ação de feitiço. **2.** Fazer mal a, usando de supostas artes diabólicas. **3.** *Fig.* Seduzir, fascinar. *p.* **4.** *Fig.* Deixar-se cativar. [C.: 1B]

en.fei.xar [*En-*² + *feixe* + *-ar*². ◼ 1A] *vtd.* **1.** Atar em feixe. **2.** Juntar, reunir. [C.: 1]

en.fer.ma.gem [*Enfermar.* ◼ 6] *Med. sf.* **1.** A arte ou função de cuidar dos enfermos. **2.** Os serviços de enfermaria. [Pl.: *-gens.*]

en.fer.mar [Lat. *infirmare.* ◼ 1A] *vtd. e int.* Tornar(-se) enfermo. [C.: 1 (é)]

en.fer.ma.ri.a [*Enfermo.* ◼ 15] *sf.* Setor de hospital que se destina à internação de doente(s).

en.fer.mei.ro [*Enfermo.* ◼ 25] *sm.* **1.** Indivíduo diplomado em enfermagem, ou que a exerce. **2.** O que cuida de enfermos.

en.fer.mi.ço *adj.* Que anda sempre enfermo.

en.fer.mi.da.de [Lat. *infirmitate.* ◼ 14] *sf.* Doença, achaque.

en.fer.mo (ê) [Lat. *infirmu*.] *adj. sm.* Diz-se de, ou aquele que está doente, achacado.

en.fer.ru.jar *vtd., int. e p.* **1.** Fazer criar, ou criar ferrugem; oxidar(-se). **2.** Fazer perder a destreza, ou perdê-la. [C.: 1]

en.fes.tar [*En-*² + *festo* (ê) + *-ar*². ◼ 1A] *vtd.* Dobrar (pano) pelo meio, na sua largura. [C.: 1 (é)] § **en.fes.ta.do** *adj.*

en.fe.za.do [*Enfezar.* ◼ 17A] *adj.* **1.** Raquítico, acanhado, pequeno. **2.** Irritado, aborrecido.

en.fe.zar [*En-*² + *fez* + *-ar*², poss. ◼ 1A] *vtd.* **1.** Tolher o crescimento normal de. **2.** Irritar. *int. e p.* **3.** Irritar-se. [C.: 1 (é)]

en.fi.a.da [*Enfiar.* ◼ 4] *sf.* **1.** Porção de objetos enfiados em linha ou fio, ou dispostos em linha; fiada. **2.** Sequência de acontecimentos, palavras, etc.; cadeia. ♦ **De enfiada.** *Esport. Pop.* Com grande diferença de gols ou de pontos.

en.fi.ar *vtd.* **1.** Introduzir (um fio) num orifício. **2.** Meter em fio (pérolas, contas, etc.). **3.** Introduzir, meter. **4.** Vestir ou calçar. *tdi.* **5.** Enfiar (3 e 4). *int.* **6.** Entrar, meter-se. **7.** *Bras.* Encabular. *p.* **8.** Meter-se. [C.: 1]

en.fi.lei.rar [*En-*² + *fileira* + *-ar*². ◼ 1A] *vtd. e p.* Dispor(-se) em fileiras; alinhar(-se). [C.: 1]

en.fim [*Em* + *fim*.] *adv.* Por fim; finalmente.

en.fi.se.ma [Gr. *emphýsema.*] *sm. Med.* Coleção patológica de ar em órgão ou tecido (3). § **en.fi.se.ma.to.so** (ô) *adj.*

en.fo.car *vtd.* V. *focalizar.* [C.: 1A (ó)]

en.fo.que [Dev. de *enfocar*.] *sm.* Maneira de enfocar ou focalizar um assunto.

en.for.car [*En-*² + *forca* + *-ar*². ◼ 1A] *vtd.* **1.** Suplicar na forca. **2.** *P.ext.* Estrangular; sufocar. **3.** *Fam.* Faltar ao trabalho ou à escola em (dia[s] que incide[m] entre um feriado e um sábado, ou entre um domingo e um feriado, ou entre 2 feriados). *p.* **4.** Suicidar-se por estrangulação, suspendendo-se pelo pescoço. [C.: 1A (ó)] § **en.for.ca.men.to** *sm.*

en.fra.que.cer [*En-*² + *fraco* + *-ecer*. ◼ 1P] *vtd.* **1.** Fazer perder as forças; debilitar. *int. e p.* **2.** Debilitar-se. [C.: 2A (ê-é)] § **en.fra.que.ci.men.to** *sm.*

en.fre.ar *vtd.* **1.** Pôr freio a. **2.** Reprimir, conter. *p.* **3.** Reprimir-se. [C.: 12A]

en.fren.tar [*En-*² + *frente* + *-ar*², ou do esp. *enfrentar.* ◼ 1A] *vtd.* **1.** Defrontar, confrontar. **2.** Atacar de frente. **3.** Pôr-se em, ou aceitar confronto com. **4.** Encarar (1), com firmeza. **5.** Não fugir a (inimigo, dificuldade, etc.). **6.** Passar por (situação ou coisa difícil). **7.** Competir, disputar com: *A Espanha enfrentou a Holanda na final.* [Sin. de 5 a 7: *encarar.*] *p.* **8.** Defrontar-se, confrontar-se. [C.: 1]

en.fro.nhar *vtd.* **1.** Meter em fronha. *tdi.* **2.** Tornar ciente, versado. *p.* **3.** Tomar conhecimento de um assunto. [C.: 1]

en.fu.ma.çar [*En-*² + *fumaça* + *-ar*². ◼ 1A] *vtd.* Encher ou toldar de fumaça. [C.: 1B]

en.fu.nar [Lat. **infunare*, poss. ◼ 1A] *vtd.* **1.** Retesar (vela de embarcação) com cordas, para que o vento a encha. **2.** Encher, inflar. **3.** *Fig.* V. *envaidecer.* *p.* **4.** Tornar-se (a vela) bojuda com o vento. **5.** *Fig.* V. *envaidecer-se.* [C.: 1]

en.fu.ni.lar *vtd.* Vazar por funil. [C.: 1]

en.fu.re.cer [*En-*² + *fúria* + *-ecer*. ◼ 1P] *vtd.* **1.** Tornar furioso; irar. *int. e p.* **2.** Ficar furioso.

en.fur.nar [*En-*[2] + *furna* + *-ar*[2]. ▫1A] *vtd.* **1.** Ocultar, esconder. *p.* **2.** *Fam.* Fugir do convívio; retrair-se. [C.: 1]

en.ga.be.lar ou **en.gam.be.lar** [V.E] *vtd.* Enganar, iludir, com falsas promessas. [C.: 1 (é)] § **en.ga(m).be.la.ção** *sf.*; **en.ga(m).be.la.men.to** *sm.* (*bras.*)

en.gai.o.lar [*En-*[2] + *gaiola* + *-ar*[2]. ▫1A] *vtd.* **1.** Meter na gaiola (1). **2.** *Pop.* Meter na cadeia; prender. [C.: 1 (ó)]

en.ga.ja.do [*Engajar*. ▫17A] *adj. sm.* **1.** Diz-se de, ou aquele que se engajou. **2.** Diz-se de, ou aquele que é contratado para certos serviços.

en.ga.ja.men.to [*Engajar*. ▫3] *sm.* **1.** Ato ou efeito de engajar(-se). **2.** Contrato para certos serviços. **3.** Qualidade ou condição de engajado.

en.ga.jar [Fr. *engager*. ▫1A] *vtd.* **1.** Aliciar para serviço pessoal ou para emigração. **2.** Obrigar-se a serviço por engajamento. **3.** Alistar-se no exército. **4.** Empenhar-se em algo. **5.** Pôr-se a serviço de uma causa. [C.: 1]

en.ga.la.nar [Esp. *engalanar*. ▫1A] *vtd.* e *p.* Embelezar(-se), alindar(-se). [C.: 1]

en.gal.fi.nhar-se [V.C] *vp.* **1.** Agarrar-se (adversários) em luta corporal. **2.** Travar discussão acirrada. [C.: 1]

en.ga.nar [Lat.vulg. **ingannare*. ▫1A] *vtd.* **1.** Induzir em erro. **2.** V. *iludir* (1). *p.* **3.** Cometer erro, engano. **4.** Iludir-se. [C.: 1] § **en.ga.na.dor** (ô) *adj.*

en.gan.char [*En-*[2] + *gancho* + *-ar*[2]. ▫1A] *vtd.* **1.** Segurar com gancho. *ti.* e *int.* **2.** Prender(-se). *p.* **3.** Prender-se, enlaçar-se. **4.** Enganchar (2). [C.: 1]

en.ga.no [Dev. de *enganar*.] *sm.* Falta de verdade no que se diz, faz, crê ou pensa; ilusão, erro, equívoco. § **en.ga.no.so** (ô) *adj.*

en.gar.ra.fa.men.to [*Engarrafar*. ▫3] *sm.* **1.** Ato ou efeito de engarrafar. **2.** *Fig.* Dificuldade de escoamento de veículos, em virtude de acidente, excesso de veículos rodando, etc.; congestionamento.

en.gar.ra.far [*En-*[2] + *garrafa* + *-ar*[2]. ▫1A] *vtd.* **1.** Meter em garrafa(s). **2.** Causar engarrafamento (2) (em). *int.* **3.** Sofrer engarrafamento (2). [C.: 1] § **en.gar.ra.fa.do** *adj.*

en.gas.gar [*En-*[2] + o Rad. *gasg-*, 'garganta', + *-ar*[2]. ▫1A] *vtd.* **1.** Produzir engasgo a. **2.** Impedir a fala de. **3.** *Fig.* Causar embaraço a. *int.* e *p.* **4.** Ficar com a garganta obstruída. **5.** *Fig.* Embaraçar-se. [C.: 1C] § **en.gas.ga.do** *adj.*

en.gas.go [Dev. de *engasgar*.] *sm.* **1.** Ato de engasgar(-se), de ter a garganta obstruída. **2.** *P.ext.* Aquilo que impede a fala.

en.gas.tar [Lat.vulg. **incastrare*. ▫1A] *vtd.* **1.** Encravar (pedra preciosa, etc.) em. *tdi.* **2.** Encaixar. *p.* **3.** Encaixar-se. [C.: 1]

en.gas.te [Dev. de *engastar*.] *sm.* **1.** Ato ou efeito de engastar. **2.** Guarnição de metal etc., que segura a pedraria nas joias.

en.ga.tar [*En-*[2] + *gato* + *-ar*[2]. ▫1A] *vtd.* **1.** Prender com engates. **2.** Engrenar (2). *tdi.* **3.** Engatar (1). [C.: 1]

en.ga.te [Dev. de *engatar*.] *sm.* Aparelho com que se ligam entre si os carros, vagões, etc.

en.ga.ti.lhar [*En-*[2] + *gatilho* + *-ar*[2]. ▫1A] *vtd.* **1.** Preparar (arma) para atirar. **2.** *Fig.* Preparar (sorriso, resposta, etc.), tendo em vista certo fim ou efeito. [C.: 1]

en.ga.ti.nhar [*En-*[2] + *gatinho* + *-ar*[2]. ▫1A] *v.int.* **1.** Andar de gatinhas (q.v.). *ti.* **2.** *Fig.* Iniciar-se (em ciência, saber, etc.); ser principiante em. [C.: 1]

en.ga.ve.ta.men.to [*Engavetar*. ▫3] *sm.* **1.** Ato ou efeito de engavetar(-se). **2.** *Bras.* Colisão em que vagões de trem, etc. se metem uns por dentro dos outros. **3.** *Bras. P.ext.* Colisão de vários veículos.

en.ga.ve.tar [*En-*[2] + *gaveta* + *-ar*[2]. ▫1A] *vtd.* **1.** Meter em gaveta(s). **2.** Causar engavetamento (2 e 3) a. **3.** Pôr de lado, não dar prosseguimento (projeto, requerimento, etc.). *p.* **4.** Sofrer engavetamento (2 e 3). [C.: 1 (é)]

en.ge.lhar [*En-*[2] + *gelha* + *-ar*[2]. ▫1A] *vtd.* **1.** Enrugar (1). **2.** Contrair, murchar. *int.* e *p.* **3.** Enrugar (2). **4.** Murchar(-se). [C.: 1 (é)] § **en.ge.lha.do** *adj.*

en.gen.drar [Lat. *ingenerare*. ▫1A] *vtd.* **1.** Gerar, produzir. **2.** V. *engenhar*. [C.: 1]

en.ge.nhar [*Engenho*. ▫1A] *vtd.* Inventar, idear; engendrar. [C.: 1]

en.ge.nha.ri.a [*Engenho*. ▫15] *sf.* Aplicação de conhecimentos científicos e empíricos e certas habilitações específicas à criação de estruturas, dispositivos e processos para converter recursos naturais em formas adequadas ao atendimento das necessidades humanas. ♦ **Engenharia genética.** O conjunto dos procedimentos para alteração artificial dos genes de organismos e para reprodução artificialmente controlada deles.

en.ge.nhei.ro [*Engenho*. ▫25] *sm.* O diplomado em engenharia e/ou profissional dessa arte.

en.ge.nho [Lat. *ingeniu*.] *sm.* **1.** Faculdade inventiva. **2.** Habilidade, destreza. **3.** Qualquer máquina ou aparelho. **4.** *Bras.* Moenda de cana-de-açúcar. **5.** *Bras.* Estabelecimento agrícola destinado à cultura da cana e à fabricação do açúcar.

en.ge.nho.ca *sf.* **1.** Aparelho de fácil invenção. **2.** *Bras.N.E.* Pequeno engenho para o fabrico de aguardente, açúcar e rapadura.

en.ge.nho.so (ô) [*Engenho*. ▫37] *adj.* **1.** Que tem engenho. **2.** Feito com engenho. [Pl.: *-nhosos* (ó).]

en.ges.sar [*En-*[2] + *gesso* + *-ar*[2]. ▫1A] *vtd.* **1.** Cobrir de gesso. **2.** Colocar gesso sobre, para atar fratura. [Sin.ger.: *gessar*. C.: 1 (é).]

englobar | enlear

en.glo.bar [*En-*² + *globo* + *-ar*². ▢1A] *vtd.* **1.** Reunir num todo; juntar. **2.** Incluir. *p.* **3.** Entrar; incluir-se. [C.: 1 (ó)]

en.go.do (ô) [V.C] *sm.* **1.** Isca para apanhar peixes, aves, etc. **2.** *Fig.* Coisa com que se engoda ou seduz alguém.

en.go.lir [V.D] *vtd.* **1.** Passar da boca para o estômago; deglutir. **2.** Devorar. **3.** *Fig.* Aceitar como verdadeiro. **4.** *Fig.* Sofrer em segredo ou sem protesto. [C.: 50]

en.go.ma.dei.ra [*Engomar*.▢16A] *sf.* Mulher que engoma e/ou passa roupa a ferro.

en.go.mar [*En-*² + *goma* + *-ar*². ▢1A] *vtd.* **1.** Pôr goma (3) em; gomar. **2.** Passar (a roupa) com ferro de engomar. *int.* **3.** Passar roupa. [C.: 1]

en.gon.ço *sm.* Espécie de dobradiça; gonzo.

en.gor.da [Dev. de *engordar*.] *sf.* **1.** Ato ou efeito de engordar. **2.** *Bras.* Pasto para a ceva do gado.

en.gor.dar *vtd. e int.* **1.** Tornar(-se) gordo. **2.** Fazer crescer, ou crescer. [C.: 1 (ó)]

en.gor.da.ti.vo [*Engordar*.▢22A] *adj.* Que engorda (diz-se ger. de alimento rico em lipídios e/ou glicídios).

en.gor.du.rar *vtd. e p.* Sujar(-se) com gordura. [C.: 1] § **en.gor.du.ra.do** *adj.*

en.gra.ça.do [*En-*² + *graça* + *-ado*¹.▢17B] *adj.* Que tem ou denota graça, espírito.

en.gra.çar [*En-*² + *graça* + *-ar*². ▢1A] *vtd.* **1.** Dar graça a. *ti.* **2.** Simpatizar, gostar. *p.* **3.** Engraçar (2). **4.** Tomar confiança indevida. [C.: 1B]

en.gra.da.do [*Engradar*.▢17A] *adj.* **1.** Cercado de grade. • *sm.* **2.** *Bras.* Armação com proteção para transporte de animais ou coisas.

en.gra.dar [*En-*² + *grade* + *-ar*². ▢1A] *vtd.* **1.** Gradear. **2.** Pregar (tela) na grade. [C.: 1]

en.gran.de.cer [*En-*² + *grande* + *-ecer*. ▢1P] *vtd., int. e p.* **1.** Tornar(-se) grande, ou maior do que era; elevar(-se). *ti.* **2.** Crescer: *engrandecer em prestígio.* [C.: 2A (ê-é)] § **en.gran.de.ci.men.to** *sm.*

en.gran.zar *vtd.* **1.** Enfiar (contas) em fio. **2.** Enganchar, encadear. [C.: 1]

en.gra.va.tar-se [*En-*² + *gravata* + *-ar*² + *se*¹.▢1A] *vp.* **1.** Pôr gravata. **2.** Enfatiotar-se. [C.: 1]

en.gra.vi.dar [*En-*² + *grávido* + *-ar*². ▢1A] *vtd., ti. e int.* Tornar(-se) grávida. [C.: 1]

en.gra.xar [*En-*² + *graxa* + *-ar*². ▢1A] *vtd.* Passar graxa em, e esfregar, para ficar lustroso. [C.: 1]

en.gra.xa.te *s2g. Bras.* Quem engraxa sapatos.

en.gre.na.gem [Fr. *engrenage*.▢6] *sf.* **1.** Jogo de rodas dentadas para transmissão de movimentos e força, nos maquinismos. **2.** *Fig.* Organização; organismo. [Pl.: *-gens*.]

en.gre.nar [Fr. *engrener*.▢1A] *vtd.* **1.** Entrosar (1). **2.** Fazer que as engrenagens da marcha de um veículo automóvel engatem com as do eixo do motor, dando início à (marcha); engatar. **3.** *Fig.* Iniciar. *ti.* **4.** *Fig.* Harmonizar-se. **5.** Adaptar-se, encaixar-se. *int.* **6.** Ficar em condições de funcionar. [C.: 1]

en.gri.nal.dar [*En-*² + *grinalda* + *-ar*². ▢1A] *vtd. e p.* Enfeitar(-se) com grinalda. [C.: 1]

en.gro.lar [V.C] *vtd.* **1.** Pronunciar mal, confusamente. **2.** Fazer mal (um serviço). [C.: 1 (ó)]

en.gros.sar [*En-*² + *grosso* + *-ar*². ▢1A] *vtd.* **1.** Tornar (mais) grosso. **2.** Fazer aumentar o número de. **3.** Dar timbre mais grave a (a voz). *ti.* **4.** *Gír.* Mostrar-se grosseiro com alguém. *int.* **5.** Tornar-se (mais) grosso, avolumado, intenso. **6.** Engrossar (4). [C.: 1 (ó)]

en.gru.pir [V.C] *vtd. Bras.* Enganar, tapear. [C.: 3]

en.gui.a [Lat. **anguila*, por *anguilla*.] *sf. Zool.* Nome comum a vários peixes anguilídeos.

en.gui.çar [V.D▢1A] *Bras. vtd. e int.* **1.** Fazer parar, ou parar por desarranjo (máquina, automóvel, relógio, etc.); encrencar. *ti.* **2.** *Fig.* Brigar; encrencar. [C.: 1B]

en.gui.ço [Dev. de *enguiçar*, poss.] *sm.* **1.** Mau-olhado, quebranto. **2.** *Bras.* Estorvo no funcionamento; desarranjo.

en.gu.lhar [*Engulho*.▢1A] *vtd. e int.* Enjoar (1 e 4). [C.: 1]

en.gu.lho [V.C] *sm.* Ânsia de vômito; náusea.

e.nig.ma [Lat. *aenigma*.] *sm.* **1.** Questão proposta em termos obscuros, ambíguos, para ser interpretada ou adivinhada. **2.** Coisa inexplicável; mistério.

e.nig.má.ti.co [Lat. *aenigmaticu*.▢35B] *adj.* **1.** Em que há enigma. **2.** Difícil de compreender.

en.jau.lar *vtd.* **1.** Meter em jaula. **2.** *Fig.* Prender. *p.* **3.** *Fig.* Enclausurar-se. [C.: 1C]

en.jei.tar [Lat. *ejectare*.▢1A] *vtd.* **1.** Não aceitar; recusar. **2.** Abandonar, rejeitar (filho ou criança). **3.** Reprovar. *p.* **4.** Enjeitar (1) a si mesmo. [C.: 1] § **en.jei.ta.do** *adj. sm.*

en.jo.a.do [*Enjoar*.▢17A] *adj.* **1.** Que é vítima de, ou causa enjoo. **2.** *Fig.* Antipático.

en.jo.ar [De *enojar*.] *vtd.* **1.** Causar enjoo a. **2.** Repugnar. **3.** Entediar. *int.* **4.** Sentir enjoo. **5.** Causar enjoo. *ti. e p.* **6.** Entediar-se. [C.: 1D] § **en.jo:a.ti.vo** *adj.*

en.jo.o [Dev. de *enjoar*.] *sm.* **1.** Náusea (1). **2.** Sofrimento do estômago e da cabeça que, às vezes, acomete quem viaja em navio, carro, etc. **3.** *Fig.* Aborrecimento. **4.** Nojo.

en.la.çar [*En-*² + *laçar*.] *vtd.* **1.** Prender com laços. **2.** Abraçar. **3.** Envolver, cingir. *tdi.* **4.** Combinar; conciliar. *p.* **5.** Unir-se formando laços ou laçadas. **6.** Ligar-se. [C.: 1B]

en.la.ce [Dev. de *enlaçar*.] *sm.* **1.** Ato ou efeito de enlaçar(-se). **2.** Casamento.

en.la.me.ar [*En-*² + *lama*¹ + *-ear*.▢1N] *vtd. e p.* **1.** Cobrir(-se), ou sujar(-se) com lama. **2.** *Fig.* Macular, ou tornar-se maculado (honra, etc.). **3.** *Fig.* Envilecer(-se) (pessoa). [C.: 12A]

en.lan.gues.cer [*En-*² + *languescer*.] *v.int. e p.* Tornar-se lânguido. [C.: 2A (ê-é)]

en.la.ta.do [*Enlatar*.▢17A] *adj.* **1.** Conservado em lata. • *sm.* **2.** Comestível (2) enlatado.

en.la.tar [*En-*² + *lata* + *-ar*². ▢1A] *vtd.* Meter ou conservar em lata. [C.: 1]

en.le.ar [Lat. *illigare*.▢1N] *vtd.* **1.** Atar com liames. **2.** Enrolar (3). **3.** Enlevar. **4.** Embaraçar, confundir. 5. Atrapalhar. *tdi.* 6. Envolver, implicar. *p.* 7. Enrolar-se. 8. Envolver-se, enredar-se. [C.: 12A]

en.lei.o [Dev. de *enlear*.] *sm.* 1. Ato ou efeito de enlear(-se). 2. Confusão, perplexidade. 3. Enlevo.

en.le.var [*En-²* + *levar*.] *vtd. e p.* Encantar(-se); extasiar(-se). [C.: 1 (é)]

en.le.vo (ê) [Dev. de *enlevar*.] *sm.* Encanto, deleite; êxtase.

en.lou.que.cer [*En-²* + *louco* + *-ecer*.▢1P] *vtd. e int.* Fazer perder, ou perder a razão; endoidecer, endoidar. [C.: 2A (ê é)]

en.lu:a.ra.do *adj.* Banhado de luar.

en.lu.tar *vtd. e p.* Cobrir(-se) de luto. 2. Causar ou sofrer grande mágoa. [C.: 1]

en.no.bre.cer *vtd. e p.* Fazer(-se) nobre, ilustre; engrandecer(-se). [C.: 2A (ê-é)]

en.no.do.ar [*E-²* + *nódoa* + *-ar²*.▢1A] *vtd.* 1. Pôr nódoa(s) em; manchar. 2. *Fig.* Desonrar, infamar. *p.* 3. *Fig.* Desonrar-se. [C.: 1D]

en.no.jar [Occ.ant. *enojar*.▢1A] *vtd. e p.* 1. Nausear(-se). 2. Causar aversão a, ou ter aversão. [C.: 1 (ó)] § **e.no.ja.do** *adj.*; **e.no.ja.men.to** *sm.*

e.no.lo.gi.a [*En(o)-* + *-logia*.] *sf.* Área de estudo relacionada aos vinhos.

e.no.lo.gis.ta [*Enologia*.▢36] *s2g.* Especialista em enologia; enólogo.

e.nó.lo.go [*En(o)-* + *-logo*.] *sm.* Enologista.

e.nor.me [Lat. *enorme*.] *adj2g.* Muito grande; fora das normas. § **e.nor.mi.da.de** *sf.*

e.no.ve.lar [*E-²* + *novelo* + *-ar²*.▢1A] *vtd. e p.* 1. Converter(-se) em novelos. 2. Enrolar(-se). 3. *Fig.* Tornar(-se) confuso. [C.:1A]

en.qua.drar *vtd.* 1. Meter em quadro; emoldurar. 2. Incluir. 3. Focalizar. 4. Incriminar. *ti.* 5. Combinar(-se). *tdi.* 6. *Bras.* Indiciar pela prática de delito. *p.* 7. Ajustar-se. 8. Incluir-se. [C.:1] § **en.qua.dra.men.to** *sm.*

en.quan.to [*Em* + *quanto*.] *conj.* 1. No tempo em que. 2. Ao passo que. ♦ **Por enquanto.** Neste momento; por ora, por agora.

en.quis.tar [*En-* + *quisto* + *-ar²*.▢1A] *v.int.* 1. Transformar-se em quisto. *p.* 2. Formar núcleo ou quisto. [C.:1]

en.ra.bi.char *vtd.* 1. Dar forma de rabicho a. 2. *Fig.* Enamorar. *p.* 3. *Fig.* Enamorar-se. [C.: 1] § **en.ra.bi.cha.do** *adj.*

en.rai.ve.cer [*En-²* + *raiva* + *-ecer*.▢1P] *vtd. e p.* Encher(-se) de raiva; irar(-se). [C.: 2A (ê-é)]

en.ra.i.zar [*En-²* + *raiz* + *-ar²*.▢1A] *vtd.* 1. Fixar pela raiz. *int.* 2. Criar raízes. *p.* 3. Arraigar-se. [C.:1F] § **en.rai.za.men.to** *sm.*

en.ras.ca.da [*Enrascar*.▢4] *sf.* Aperto, apuros.

en.ras.car [*En-²* + *rasca* + *-ar²*.▢1A] *vtd.* 1. Apanhar em rasca ou rede. 2. Enredar, embaraçar. 3. Fazer cair em cilada. *p.* 4. V. *enredar* (6). [C.:1A]

en.re.dar [*En-²* + *rede* + *-ar²*.▢1A] *vtd.* 1. Colher ou prender na rede. 2. Prender, cativar; atar. 3. Armar intrigas, enredos, a; intrigar. 4. Complicar, embaraçar. *int.* 5. Intrigar, mexericar. *p.* 6. Embaraçar-se, emaranhar-se, enrascar-se. 7. Complicar-se. [C.: 1 (é)]

en.re.do (ê) [Dev. de *enredar*.] *sm.* 1. Ato ou efeito de enredar(-se). 2. Intriga, mexerico. 3. Conjunto dos incidentes que constituem a ação duma obra de ficção; argumento, entrecho, história, intriga, trama.

en.re.ge.lar [*En-²* + *regelar*, 'gelar'.▢1A] *vtd. e p.* 1. Tornar(-se) muito gelado; congelar(-se). *int.* 2. Enregelar (1). [C.: 1 (é)] § **en.re.ge.la.do** *adj.*

en.ri.car [*En-²* + *rico* + *-ar²*.▢1A] *vtd., int. e p.* V. *enriquecer*. [C.:1A]

en.ri.jar *vtd.* 1. Tornar rijo; endurecer. *int. e p.* 2. Tornar-se rijo, duro; entesar-se. 3. Fortalecer-se. [Sin.ger.: *enrijecer*. C.:1]

en.ri.je.cer [*En-²* + *rijo* + *-ecer*.▢1P] *vtd., int. e p.* V. *enrijar*. [C.: 2A (ê é)]

en.ri.que.cer [*En-²*+*rico* + *-ecer*.▢1P] *vtd., int. e p.* 1. Tornar(-se) rico ou opulento. 2. Desenvolver(-se). [Sin.ger.: *enricar*. C.: 2A (ê-é).] § **en.ri.que.ci.men.to** *sm.*

en.ro.ca.men.to [*Enrocar*, 'cobrir de rochas'.▢3] *sm.* Maciço de pedras para proteger aterros ou estruturas contra a erosão.

en.ro.di.lhar [*En-²* + *rodilha* + *-ar²*.▢1A] *vtd.* 1. Fazer em rodilha. *p.* 2. Enrolar-se. [C.: 1]

en.ro.la.do [*Enrolar*.▢17A] *adj.* 1. Que forma rolo. 2. *Gír.* Que é confuso, complicado.

en.ro.lar [*En-²* + *rolo* + *-ar²*.▢1A] *vtd.* 1. Dar forma de rolo a. 2. Dobrar em rolo ou espiral. 3. Envolver, cingir. 4. Embrulhar, empacotar. 5. Complicar. 6. *Gír.* Lograr, enganar. *tdi.* 7. Enrolar (3). *p.* 8. Envolver (10 e 11). 9. *Fig.* Atrapalhar-se, embaraçar-se. [C.: 1 (ó)] § **en.ro.la.ção** *sf.*

en.ros.car [*En-²* + *rosca* (ô) + *-ar²*.▢1A] *vtd.* 1. Torcer em forma de rosca ou de enrosco. *tdi.* 2. Enrolar, envolver. *p.* 3. Mover em espiral. 4. Encolher-se. [C.: 1A (ó)] § **en.ros.ca.do** *adj.*

en.rou.par [*En-²* + *roupa* + *-ar²*.▢1A] *vtd. e p.* Cobrir(-se) ou prover(-se) de roupas. [C.:1]

en.rou.que.cer [*En-²* + *rouco* + *-ecer*.▢1P] *vtd., int. e p.* Tornar(-se) rouco. [C.: 2A (ê-é)]

en.ru.bes.cer [*En-²*+lat.*rubescere*.▢1Pa] *vtd., int. e p.* Tornar(-se) vermelho ou corado; ruborizar(-se), abrasar(-se). [C.: 2A (ê-é)] § **en.ru.bes.ci.men.to** *sm.*

en.ru.gar [*En-²* + *ruga* + *-ar²*.▢1A] *vtd.* 1. Fazer rugas em; engelhar. *p.* 2. Encarquilhar-se, engelhar-se. [C.: 1C] § **en.ru.ga.do** *adj.*

en.rus.ti.do [Part. de *enrustir*.] *adj.* 1. *Pop.* Diz-se do indivíduo muito introvertido. 2. Oculto ou disfarçado.

en.rus.tir [*En-²* + *rustir*, 'lograr'.▢1C] *vtd. Bras. Pop.* 1. Iludir, enganar. 2. Furtar. [C.: 3]

en.sa.bo.ar [*En-²* + *sabão* (-bo-) + *-ar²*.▢1A] *vtd. e p.* Lavar(-se) com sabão. [C.: 1D]

en.sa.car [*En-²* + *saco* + *-ar²*.▢1A] *vtd.* Meter em saco(s). [C.: 1A] § **en.sa.ca.men.to** *sm.*

en.sai.ar [*Ensaio¹*+ *-ar²*.▢1A] *vtd.* 1. Experimentar (algo). 2. Pôr em prática; experimentar. 3. Treinar; exercitar. [C.: 1]

en.sai.o¹ [Lat. *exagiu*.] *sm.* **1.** Prova, experiência. **2.** Exame, estudo. **3.** Tentativa, experiência. **4.** Treino.

en.sai.o² [Fr. *essai*.] *sm.* Estudo literário, menor que um tratado, sobre certo assunto.

en.sa.ís.ta [Fr. *essayiste*.◼36] *s2g.* Escritor autor de ensaios [v. *ensaio²*].

en.san.chas *sfpl.* Oportunidade, ensejo.

en.san.de.cer [*En-²* + *sand(eu)* + *-ecer*.◼1P] *vtd. e int.* **1.** Tornar(-se) sandeu. **2.** Enlouquecer. [C.: 2A (ê-é)]

en.san.guen.tar (güen) [*En-²* + *sanguento* + *-ar²*. ◼1A] *vtd. e p.* Encher(-se) ou manchar(-se) de sangue. [C.: 1]

en.sa.ri.lhar [*En-²* + *sarilho* + *-ar²*.◼1A] *vtd.* **1.** Dobar em sarilho. **2.** Emaranhar, enredar. **3.** Dispor (espingardas) na vertical, apoiadas umas nas outras. [C.: 1]

en.se.a.da *sf.* **1.** Pequeno porto ou baía. **2.** *Bras.* Entrada de campo alagadiço.

en.se.bar *vtd.* **1.** Untar ou sujar com sebo. **2.** Sujar pelo uso. [C.:1 (ê)] § **en.se.ba.do** *adj.*

en.se.ca.dei.ra [*Ensecar*.◼16A] *sf. Eng.Civil* Estrutura provisória destinada a manter seco o local de uma obra.

en.se.jar [Lat. *insidiare*.◼1A] *vtd. e tdi.* Dar ensejo a. [C.: 1 (ê)]

en.se.jo (ê) [Dev. de *ensejar*.] *sm.* Ocasião propícia; oportunidade.

en.si.lar [*En-²* + *silo* + *-ar²*.◼1A] *vtd.* Armazenar (cereais) em silos. [C.: 1] § **en.si.la.gem** *sf.*

en.si.mes.mar-se [Esp. *ensimismarse*.] *vp.* Meter-se consigo mesmo. [C.: 1] § **en.si.mes.ma.do** *adj.*

en.si.na.men.to [*Ensinar*.◼3] *sm.* **1.** Ato ou efeito de ensinar. **2.** Preceito. **3.** Lição.

en.si.nar [Lat.vulg. *insignare*.◼1A] *vtd.* **1.** Ministrar o ensino de; lecionar. **2.** Transmitir conhecimentos a. **3.** Adestrar. **4.** Indicar. *tdi.* **5.** Ensinar (1, 2 e 4). *int.* **6.** V. *lecionar* (2). [C.:1]

en.si.no [Dev. de *ensinar*.] *sm.* **1.** Transmissão de conhecimentos; instrução. **2.** Os métodos us. no ensino (1). ◆ **Ensino fundamental.** O que é feito em 2 ciclos (do primeiro ao quinto ano e do sexto ao nono ano). **Ensino médio.** O que se segue ao ensino fundamental e que consta de 3 séries.

en.so.ber.be.cer *vtd. e p.* Tornar(-se) soberbo; envaidecer(-se). [C.: 2A (ê-é)]

en.so.la.ra.do [*En-²* + *solar²* + *-ado¹*.◼17B] *adj.* **1.** Em que há sol: *dia ensolarado*. **2.** Em que bate sol: *casa ensolarada*.

en.so.pa.do [*Ensopar*.◼17A] *adj.* **1.** Muito molhado. ● *sm.* **2.** *Cul.* Prato de carne ensopada.

en.so.par *vtd.* **1.** Converter em sopa. **2.** Embeber em líquido. **3.** Encharcar (2). **4.** *Cul.* Preparar (carne, peixe, verduras, etc.) refogado com diversos temperos e cozinhando a fogo lento em água ou outro líquido. *p.* **5.** Encharcar-se (2). [C.:1 (ó)]

en.sur.de.cer [*En-²* + *surdo* + *-ecer*.◼1P] *vtd.* **1.** Tornar surdo. **2.** Amortecer ou abafar o ruído de. *int.* **3.** Tornar(-se) surdo. **4.** Produzir surdez. [C.: 2A (ê-é)] § **en.sur.de.ce.dor** (ô) *adj.*; **en.sur.de.ci.men.to** *sm.*

en.ta.bu.ar [*En-²* + *tábua* + *-ar²*.◼1A] *vtd.* Prover de tábuas; entabular. [C.: 1]

en.ta.bu.lar *vtd.* **1.** Entabuar. **2.** Encetar (conversa, negociação). [C.: 1]

en.tai.par [*En-²* + *taipa* + *-ar²*.◼1A] *vtd.* Construir, cobrindo (taipal) com barro. [C.: 1]

en.ta.lar [*En-²* + *tala* + *-ar²*.◼1A] *vtd.* **1.** Apertar com talas, fixando. **2.** Meter em passagem estreita. **3.** Meter em embaraços; encalacrar. *int.* **4.** Engasgar (4). *p.* **5.** Meter-se em lugar apertado, e ficar preso. **6.** Encalacrar-se. [C.: 1] § **en.ta.la.ção** *sf.*; **en.ta.la.do** *adj.*

en.ta.lha.dor (ô) [*Entalhar*.◼19A] *sm.* **1.** Aquele que entalha; gravador. **2.** Instrumento de entalhar.

en.ta.lhar [*En-²* + *talhar*.] *vtd.* Abrir cortes em (madeira ou objetos de madeira) para criar uma escultura, ou a matriz duma xilogravura; esculpir, gravar. [C.: 1]

en.ta.lhe [Dev. de *entalhar*.] *sm.* **1.** Gravura ou escultura em madeira. **2.** Peça com figuras entalhadas.

en.tan.to [*Em* + *tanto*.] *adv.* **1.** V. *no entanto* (1). ● *conj.* **2.** V. *no entanto* (2). ◆ **No entanto. 1.** Neste meio tempo; entretanto, entanto. **2.** Contudo, entretanto, entanto.

en.tão [Lat. *intunc*.] *adv.* **1.** Nesse ou naquele tempo. **2.** Nesse caso.

en.tar.de.cer [*En-²* + *tarde* + *-ecer*.◼1P] *v.int.* **1.** Ir caindo a tarde. [C.: 7] ● *sm.* **2.** O cair da tarde.

en.te [Lat. *ente*.] *sm.* **1.** O que existe; coisa, objeto, ser. **2.** O que supomos existir.

en.te.a.do [Lat. *antenatu*, 'nascido antes'.] *sm.* O filho de matrimônio anterior com relação ao cônjuge atual de seu pai ou de sua mãe.

en.te.di.ar [*En-²* + *tédio* + *-ar²*.◼1A] *vtd. e p.* Causar tédio a, ou senti-lo; aborrecer(-se). [C.: 1] § **en.te.di.a.do** *adj.*; **en.te.di.an.te** *adj2g.*

en.ten.der [Lat. *intendere*.◼1B] *vtd.* **1.** Ter ideia clara de; compreender. **2.** Ter conhecimento de. **3.** Achar, pensar. **4.** V. *compreender* (2). **5.** Ouvir; perceber. *ti.* **6.** Ser hábil ou perito. *int.* **7.** Ter entendimento. *p.* **8.** Comunicar-se. [C.: 2] § **en.ten.di.do** *adj.*

en.ten.di.men.to [*Entender*.◼3A] *sm.* **1.** Faculdade de compreender, pensar ou conhecer. **2.** Opinião (1). **3.** Consenso a que se chega em conversa, negócio, etc.

en.te.ne.bre.cer [*En-²* + lat. *tenebrescere*.◼1P] *vtd. e p.* Cobrir(-se) de trevas. [C.: 2A (ê-é). Norm. só se usa na 3ª pess.; v. 7.]

en.té.ri.co [Gr. *enterikós*.◼35B] *adj.* Relativo ao intestino; intestinal.

en.te.ri.te [*Enter(o)-* + *-ite¹*.] *sf. Med.* Inflamação do intestino.

en.ter.ne.cer [*En-²* + *terno²* + *-ecer*.◼1P] *vtd. e p.* **1.** Tornar(-se) terno, amoroso. **2.** Tornar(-se) dócil, brando; abrandar(-se). **3.** Sensibilizar(-se),

enterramento | entrar

compadecer(-se). [C.: 2A (ê-é)] § **en.ter.ne.ce.dor** (ô) *adj.*; **en.ter.ne.ci.men.to** *sm.*

en.ter.ra.men.to [*Enterrar.* ◼3] *sm.* Ato ou efeito de enterrar(-se); enterro.

en.ter.rar [*En-*² + *terra* + -*ar*². ◼1A] *vtd.* **1.** Pôr debaixo da terra; soterrar. **2.** Encerrar em túmulo; sepultar, encovar. **3.** Ocultar sob a terra. **4.** *Fig.* Sobreviver a. **5.** Comparecer ao enterro de. **6.** Celebrar o fim de. **7.** Pôr termo a (assunto ou questão desagradável). **8.** Levar à ruína, ao insucesso. *tdi.* **9.** Cravar ou espetar profundamente. *p.* **10.** Introduzir-se, internar-se. **11.** Isolar-se em certo lugar. [C.: 1 (é)]

en.ter.ro (ê) [Dev. de *enterrar.*] *sm.* **1.** Enterramento. **2.** V. *funeral* (2).

en.te.sar [*En-*² + *teso* + -*ar*². ◼1A] *vtd. e p.* Retesar(-se). [C.: 1 (é)]

en.te.soi.rar ou **en.te.sou.rar** *vtd.* Juntar, acumular (dinheiro, riqueza, etc.). [C.: 1]

en.tes.tar *vti.* **1.** Fazer frente a; confrontar. **2.** Confinar, limitar. [C.: 1 (é)]

en.ti.bi.ar [*En-*² + *tíbio* + -*ar*². ◼1A] *vtd., int. e p.* Tornar(-se) tíbio; enfraquecer(-se). [C.: 1]

en.ti.da.de [Lat.med. *entitate.* ◼14] *sf.* **1.** Aquele ou aquilo que tem existência distinta e independente; ente, ser. **2.** Empresa, organização, instituição.

en.ti.si.car [*En-*² + *tísico* + -*ar*². ◼1A] *vtd.* **1.** Tornar tísico. **2.** Aborrecer, apoquentar. *int. e p.* **3.** Tornar-se tísico. [C.: 1A]

en.to:a.ção [*Entoar.* ◼2A] *sf.* **1.** Ato ou efeito de entoar. **2.** Modulação na voz de quem fala ou recita; inflexão, entonação. [Pl.: -ções.]

en.to.ar [*En-*² + *tom* (to-) + -*ar*². ◼1A] *vtd.* **1.** Fazer ouvir, cantando. **2.** Principiar (melodia 2). **3.** Dar o tom para se cantar ou tocar instrumento. [C.: 1D]

en.to.car [*En-*² + *toca* + -*ar*². ◼1A] *vtd.* **1.** Meter em toca. *p.* **2.** Esconder-se. [C.: 1A (ó)]

en.to.jar [◼1A] *v.int.* Sentir entojo. [C.: 1 (ó)]

en.to.jo (ô) [*Entejo,* 'aversão'.] *sm.* **1.** Nojo que a mulher grávida sente. **2.** *Pop.* Desejos extravagantes.

en.to.mo.fi.li.a [*Entom(o)-* + -*filia.*] *sf. Bot.* Polinização por insetos, tais como abelhas e borboletas.

en.to.mo.lo.gi.a [*Entom(o)-* + -*logia.*] *sf.* Parte da zoologia que trata dos insetos. § **en.to.mo.ló.gi.co** *adj.*; **en.to.mo.lo.gis.ta** *s2g.*

en.to.mó.lo.go [*Entom(o)-* + -*logo.*] *sm.* Especialista em entomologia.

en.to.na.ção [*Entonar.* ◼2A] *sf.* **1.** V. *entoação* (2). **2.** Tom que se toma ao falar ou ler. [Pl.: -ções.]

en.to.nar [*En-*² + *tom* (ton-) + -*ar*². ◼1A] *vtd.* V. *entoar.* [C.: 1]

en.ton.te.cer [*En-*² + *tonto* + -*ecer.* ◼1P] *vtd. e int.* **1.** Causar tonturas ou vertigens a, ou senti-las. **2.** Tornar(-se) tonto, idiota. [C.: 2A (ê-é)]

en.tor.nar [*En-*² + *tornar.*] *vtd.* **1.** Emborcar (vaso), para despejá-lo. **2.** Derramar (líquido, grânulos, etc.); deitar. **3.** Fazer extravasar. **4.** *Pop.* Tomar (bebida alcoólica), ger. em excesso. *int.* **5.** *Pop.* Embriagar-se. *p.* **6.** Derramar-se, transbordar. [C.: 1 (ó)]

en.tor.no (ô) [De *em torno.*] *sm.* **1.** Circunvizinhança. **2.** *Arquit.* Área vizinha de um bem tombado. **3.** *P.ext.* Área vizinha a outra legalmente protegida.

en.tor.pe.cen.te [*Entorpecer.* ◼21] *adj2g.* **1.** Que entorpece. ● *sm.* **2.** Substância tóxica, com ação analgésica, e efeito tido como agradável pelo usuário; estupefaciente.

en.tor.pe.cer [*En-*² + lat. *torpescere.* ◼1P] *vtd.* **1.** Causar torpor a. **2.** Tirar a energia a; debilitar. *int. e p.* **3.** Estar ou ficar em torpor. [C.: 2A (ê-é)] § **en.tor.pe.ci.men.to** *sm.*

en.tor.se [Fr. *entorse.*] *sf. Med.* Lesão traumática articular e que causa, apenas, dano ligamentar.

en.tor.tar [*En-*² + *torto* + -*ar*². ◼1A] *vtd.* **1.** Tornar torto (1). **2.** Arquear, curvar. *int.* **3.** Tornar-se torto. **4.** Desviar-se. *p.* **5.** Entortar (3 e 4). [C.: 1 (ó)]

en.tra.da [*Entrar.* ◼4] *sf.* **1.** Ato de entrar. **2.** Ingresso, admissão. **3.** Abertura, boca. **4.** Porta, portão. **5.** Começo, princípio. **6.** Parte da cabeça, acima das fontes, destituída de cabelo. **7.** Primeiro pagamento numa venda parcelada, num negócio. **8.** Ingresso (2). **9.** O primeiro prato, em almoço, ceia ou jantar. **10.** *Eletrôn.* Parte de um circuito eletrônico que recebe um sinal externo para transformá-lo. **11.** *P.ext.* O sinal assim recebido. **12.** *Inform.* Transferência de informação externa para o processador central, ou para dispositivo intermediário de armazenamento. **13.** *P.ext.* A informação assim transferida. **14.** Verbete (2). **15.** *Hist.Bras.* Expedição oficial, no período colonial, que ger. partia dum ponto do litoral, para explorar o interior, apresar indígenas ou procurar minas. [Cf. *bandeira* (4).]

en.tra.lhar [*En-*² + *tralha* + -*ar*². ◼1A] *vtd.* **1.** Tecer as tralhas de. **2.** Enredar. *int.* **3.** Prender-se; enredar-se. [C.: 1]

en.tra.nçar [*En-*² + *trança* + -*ar*². ◼1A] *vtd.* **1.** Trançar (1). **2.** Entretecer, entrelaçar. *p.* **3.** Entrelaçar-se. [C.: 1B] § **en.tran.ça.men.to** *sm.*

en.trân.ci:a [*Entrar.* ◼9] *sf.* Cada uma das circunscrições judiciárias, na classificação que delas se faz para efeitos legais.

en.tra.nha [Lat. *interanea,* 'intestinos'.] *sf.* Víscera do abdome ou do tórax.

en.tra.nha.do [*Entranhar.* ◼17A] *adj.* **1.** Enraizado profundamente. **2.** Íntimo, profundo.

en.tra.nhar [*Entranha.* ◼1A] *vti. e tdi.* **1.** Penetrar ou fazer penetrar a fundo. *p.* **2.** Penetrar a fundo. **3.** Introduzir-se. **4.** Absorver-se. [C.: 1]

en.tra.nhas *sfpl.* **1.** O ventre materno. **2.** *Fig.* Sentimento. **3.** Profundidade.

en.tran.te [*Entrar.* ◼21] *adj2g.* **1.** Que entra. **2.** Que está para começar.

en.trar [Lat. *intrare.* ◼1A] *v.int.* **1.** Passar de fora para dentro. **2.** Penetrar, introduzir-se. **3.**

entravar | entreter

Começar, principiar. *tc.* **4.** Entrar (1 e 2). **5.** Comparecer em lugar onde se cumpre um dever, se desempenha um cargo, etc. **6.** *Inform.* Abrir (21) página de (um sítio da Web). *ti.* **7.** Passar a fazer parte de (um grupo, uma instituição, etc.). **8.** Ser parte componente. **9.** Contribuir. **10.** Envolver-se, meter-se. **11.** *Inform.* Abrir (21) (programa ou arquivo). **12.** *Inform.* Conectar (2). [C.: 1]

en.tra.var [*En-*² + *trave* + -*ar*². ◼1A] *vtd.* **1.** Pôr entraves a; travar. **2.** Tornar impraticável. [C.: 1]

en.tra.ve [Dev. de *entravar.*] *sm.* V. *empecilho.*

en.tre [Lat. *inter.*] *prep.* Exprime: **a)** relação de lugar no espaço que separa pessoas ou coisas: *Sentou-se entre nós 2*; **b)** espaço que vai dum lugar a outro: *Viaja muito entre São Paulo e Rio*; **c)** intervalo que separa as coisas umas das outras: *A casa fica entre o rio e a colina*; **d)** espaço limitado em que uma pessoa ou coisa se encontra: *Vive preso entre 4 paredes*; **e)** intervalo de tempo que separa 2 fatos ou 2 épocas: *entre a Independência e a República*; **f)** diferenciação de caracteres ou qualidades: *Há pouca diferença entre José e João.*

en.tre:a.ber.to [Part. de *entreabrir*, a ex. de *abrir/aberto.*] *adj.* Aberto incompletamente.

en.tre:a.brir [*Entr(e)-* + *abrir.*] *vtd.* **1.** Abrir um pouco. *int.* e *p.* **2.** Começar a desabrochar. [Sin.ger.: *soabrir.*-]. **3.** Part.: *entreaberto.*]

en.tre.a.to [*Entr(e)-* + *ato.*] *sm.* Intervalo entre os atos duma peça teatral.

en.tre.cas.ca [*Entr(e)-* + *casca.*] *sf. Bot.* A parte interna da casca das árvores.

en.tre.cer.rar [*Entr(e)-* + *cerrar.*] *vtd.* Cerrar em parte, não de todo; entrefechar. [C.: 1 (é)]

en.tre.cho (ê) [It. *intreccio.*] *sm.* V. *enredo* (3).

en.tre.cho.car-se [*Entr(e)-* + *chocar*¹ + *se*¹.] *vp.* **1.** Chocar-se mutuamente. **2.** *Fig.* Estar em oposição, em contradição. [C.: 1A (ó)]

en.tre.cho.que [Dev. de *entrechocar-se.*] *sm.* Ação de entrechocar-se.

en.tre.cor.ta.do [*Entrecortar.* ◼17A] *adj.* Cortado ou interrompido a intervalos.

en.tre.cor.tar *vtd.* **1.** Cruzar com cortes. *p.* **2.** Cortar-se mutuamente. [C.: 1 (ó)]

en.tre.cos.to (ô) [*Entr(e)-* + *costo.*] *sm.* Carne entre as costelas da rês, junto ao espinhaço.

en.tre.cru.zar *vtdi.* **1.** Entrelaçar. **2.** Mesclar. *p.* **3.** Cruzar-se mutuamente. [C.: 1]

en.tre.fe.char [*Entr(e)-* + *fechar.*] *vtd.* Entrecerrar. [C.: 1 (ê)]

en.tre.ga [Dev. de *entregar.*] *sf.* **1.** Ato ou efeito de entregar(-se). **2.** A coisa entregue.

en.tre.ga.dor (ô) [*Entregar.* ◼19A] *sm.* Aquele que entrega a domicílio mercadorias compradas, refeições, etc.

en.tre.gar [Lat. *integrare.* ◼1A] *vtd.* **1.** Passar às mãos ou à posse de alguém. **2.** *Pop.* V. *denunciar* (1). *tdi.* **3.** Entregar (1 e 2). **4.** Restituir, devolver. **5.** Deixar aos cuidados de; confiar.

p. **6.** Dedicar-se. **7.** V. *render* (8). **8.** Deixar-se dominar por vício, paixão, etc. **9.** Abandonar-se, dar-se. [C.: 1C (é). Part.: *entregado* e *entregue.*]

en.tre.gue [Part. irreg. de *entregar.*] *adj2g.* **1.** Dado por entrega. **2.** Dedicado, devotado.

en.tre.la.çar [*Entr(e)-* + *laçar.*] *vtd. e tdi.* **1.** Prender, ligar, enlaçando um no outro. **2.** Entretecer, entrançar. *p.* **3.** Ligar-se, enlear-se. [C.: 1B] § **en.tre.la.ça.men.to** *sm.*

en.tre.li.nha [*Entr(e)-* + *linha.*] *sf.* **1.** Espaço entre 2 linhas. **2.** Aquilo que nele se escreve.

en.tre.li.nhar [*Entrelinha.* ◼1A] *vtd.* Pôr entrelinha em. [C.: 1]

en.tre.me.ar [*Entr(e)-* + *meio*+ -*ar*². ◼1A] *vtd., tdi., int.* e *p.* Pôr ou estar de permeio; entremeter(-se). [C.: 12A]

en.tre.mei.o *sm.* **1.** Aquilo que está de permeio. **2.** Renda ou tira bordada, sem bicos.

en.tre.men.tes *adv.* Neste ou naquele intervalo de tempo; entretanto.

en.tre.me.ter [Lat. *intermittere.* ◼1B] *vtd., tdi.* e *p.* Meter(-se) de permeio. [C.: 2 (ê-é)]

en.tre.mos.trar [*Entr(e)-* + *mostrar.*] *vtd., tdi.* e *p.* Mostrar(-se) incompletamente. [C.: 1 (ó)]

en.tre.nó [*Entr(e)-* + *nó.*] *sm.* Porção de caule situada entre 2 nós.

en.tre:o.lhar-se [*Entr(e)-* + *olhar* + *se*¹.] *vp.* Olhar-se mutuamente. [C.: 1 (ó)]

en.tre:ou.vir [*Entr(e)-* + *ouvir.*] *vtd.* Ouvir de modo vago, confuso. [C.: 39]

en.tre.per.na [Esp. *entrepierna.*] *sf.* A parte das calças onde se juntam as pernas.

en.tre.pos.to (ô) [Lat. *interpositu.*] *sm.* Lugar onde se armazenam e/ou se vendem mercadorias dum estado ou duma companhia. [Pl.: -*postos* (ó).]

en.tres.sa.fra [*Entr(e)* + *safra.*] *sf.* Período entre uma safra e outra do mesmo produto.

en.tres.so.la [*Entr(e)-* + *sola.*] *sf.* Peça entre a palmilha e a sola do calçado.

en.tre.tan.to [*Entre* + *tanto.*] *adv.* **1.** Entrementes. ● *conj.* **2.** Todavia, contudo.

en.tre.te.cer [*Entr(e)-* + *tecer.*] *vtd.* **1.** Tecer entremeando. **2.** Urdir, tramar. *tdi.* **3.** Inserir; intercalar. *p.* **4.** Entrelaçar-se. [C.: 2A (ê-é)]

en.tre.te.la [*Entr(e)-* + *tela.*] *sf.* Pano que se põe entre o forro e a fazenda numa peça de vestuário para lhe dar mais consistência.

en.tre.tem.po *sm.* Tempo intermediário.

en.tre.te.ni.men.to [Esp. *entretenimiento.* ◼3A] *sm.* Ato de entreter(-se), ou aquilo que entretém.

en.tre.ter [*Entr(e)-* + *ter.*] *vtd.* **1.** Distrair, para desviar a atenção. **2.** Divertir com recreação. *int.* **3.** Servir de distração. *p.* **4.** Divertir-se, recrear-se. **5.** Ocupar-se. [C.: 15]

entretítulo | envenenar

en.tre.tí.tu.lo [*Entr(e)-* + *título*.] *sm. Jorn.* Cada um dos títulos curtos us. para dividir o texto de uma matéria em blocos; intertítulo.

en.tre.var[1] [*Entravar*.] *vtd. e p.* Cobrir(-se) de trevas. [C.: 1 (é)]

en.tre.var[2] [*En-*[2] + *treva* + *-ar*[2]. ▪1A] *vtd.* 1. Tornar paralítico. *int. e p.* 2. Ficar paralítico. [C.: 1 (é)] § **en.tre.va.do** *adj. sm.*

en.tre.ver [Trad. do fr. *entrevoir*. ▪1B] *vtd.* 1. Ver de maneira imperfeita. 2. Perceber antecipadamente; prever. *p.* 3. Ver-se de passagem; avistar-se. [C.: 22]

en.tre.ve.ro (ê) [Esp.plat. *entrevero*.] *Bras. sm.* Confusão, briga; desentendimento.

en.tre.vis.ta [Trad. do fr. *entrevue*.] *sf.* 1. Conversa de jornalista com alguém, visando obter informações, para divulgação através dos meios de comunicação. 2. Exame oral de um candidato a emprego, curso, etc.

en.tre.vis.tar [*Entrevista*. ▪1A] *vtd. e p.* Ter entrevista (com). [C.: 1]

en.trin.chei.ra.men.to [*Entrincheirar*. ▪3] *sm.* 1. Ato de entrincheirar(-se). 2. Conjunto de trincheiras.

en.trin.chei.rar [*En-*[2] + *trincheira* + *-ar*[2]. ▪1A] *vtd. e p.* Fortificar(-se) com trincheiras. [C.: 1]

en.tris.te.cer [*En-*[2] + *triste* + *-ecer*. ▪1P] *vtd. e p.* Tornar(-se) triste; afligir(-se). [C.: 2A (ê-é)] § **en.tris.te.ce.dor** (ô) *adj.*

en.tron.ca.do [*Entroncar*. ▪17A] *adj.* Corpulento, espadaúdo e, ger., de estatura mediana.

en.tron.ca.men.to [*Entroncar*. ▪3] *sm.* Ponto de junção de 2 ou mais caminhos, de 2 ou mais coisas.

en.tron.car [*En-*[2] + *tronco* + *-ar*[2]. ▪1A] *v.int.* 1. Criar tronco; robustecer. 2. Reunir-se (um caminho a outro). [C.: 1A]

en.tro.ni.zar [Lat.ecl. *inthronizare*. ▪1D] *vtd.* 1. Elevar ao trono. 2. Pôr em altar (imagem de santo). 3. Exaltar. [C.: 1] § **en.tro.ni.za.ção** *sf.*

en.tro.pi.a [Gr. *entropé*, 'volta'. ▪8A] *sf. Fís.* Medida da quantidade de desordem dum sistema.

en.tro.sa.men.to [*Entrosar*. ▪3] *sm.* 1. Ato ou efeito de entrosar(-se). 2. Coincidência de pontos de vista, opiniões, interesses, etc.

en.tro.sar [*Entrós*, 'roda dentada'. ▪1A] *vtd.* 1. Meter os dentes de (uma roda) pelos vãos de outra; engrenar. 2. Adaptar a um meio ou a uma situação; harmonizar-se. *int. e p.* 3. Encaixar-se, adaptar-se. 4. Entrosar (2). [C.: 1 (ó)]

en.trou.xar ou **en.troi.xar** [*En-*[2] + *trouxa* ou *troixa* + *-ar*[2]. ▪1A] *vtd.* Meter em trouxa. [C.: 1]

en.tu.lhar [*En-*[2] + *tulha* + *-ar*[2]. ▪1A] *vtd.* 1. Meter em tulha (cereais, etc.). 2. Amontoar, acumular. *p.* 3. Encher-se, abarrotar-se. [C.: 1]

en.tu.lho [Dev. de *entulhar*.] *sm.* 1. Caliça, pedregulhos, areia, tudo que sirva para aterrar, nivelar depressão de terreno, vala, etc. 2. Restos inúteis de material (tijolos, madeira, etc.) acumulados durante construção ou demolição de prédio. 3. Lixo *pl.*

en.tu.pi.gai.tar [*Entupir* + *gaita* + *-ar*[2], poss. ▪1A] *vtd. e p.* Embaraçar(-se), atrapalhar(-se). [C.: 1]

en.tu.pir [V.A] *vtd.* 1. V. *obstruir* (1). *tdi.* 2. Fazer ficar cheio. *p.* 3. V. *obstruir* (4). 4. Ficar cheio. [C.: 54]

en.tu.si.as.mar [*Entusiasmo*. ▪1A] *vtd. e p.* Encher(-se) de entusiasmo; animar(-se). [C.: 1] § **en.tu.si.as.ma.do** *adj.*

en.tu.si.as.mo [Gr. *enthousiasmós*, 'êxtase'.] *sm.* 1. Veemência, vigor, no falar ou no escrever. 2. Grande interesse ou admiração. 3. Dedicação ardente. 4. Viva alegria; júbilo.

en.tu.si.as.ta [Gr. *enthousiastés*.] *adj2g. s2g.* Que, ou quem se entusiasma.

en.tu.si.ás.ti.co [Gr. *enthousiastikós*. ▪35B] *adj.* Que tem ou denota entusiasmo.

e.nu.me.ra.ção [Lat. *enumeratione*. ▪2A] *sf.* 1. Indicação de coisas uma por uma. 2. Exposição ou relação metódica. 3. Conta, cômputo. [Pl.: *-ções*.]

e.nu.me.rar [Lat. *enumerare*. ▪1A] *vtd.* 1. Fazer enumeração (1) de. 2. Relacionar metodicamente. [C.: 1 (é)] § **e.nu.me.rá.vel** *adj2g.*

e.nun.ci.a.do [Lat. *enuntiatu*. ▪17] *sm.* 1. Aquilo que se enunciou. 2. Sentença(s) que expressa(m) um problema, uma lei, etc.

e.nun.ci.ar [Lat. *enuntiare*. ▪1A] *vtd.* Exprimir, expor (ideia, pensamento, opinião) por palavras, gestos, etc. [C.: 1] § **e.nun.ci:a.ção** *sf.*

en.vai.de.cer [*En-*[2] + *vaid(ade)* + *-ecer*. ▪1P] *vtd. e p.* Tornar(-se) vaidoso; enfunar(-se), inflar(-se). [C.: 2A (ê-é)]

en.va.si.lhar [*En-*[2] + *vasilha* + *-ar*[2]. ▪1A] *vtd.* Meter em vasilha, pipa, tonel, garrafa. [C.: 1]

en.ve.lhe.cer [*En-*[2] + *velho* + *-ecer*. ▪1P] *vtd. e int.* Tornar(-se) velho. [C.: 2A (ê-é)]

en.ve.lhe.ci.do [Part. de *envelhecer*.] *adj.* 1. Que envelheceu. 2. Decadente, declinante: *civilização envelhecida*. 3. *Fam.* Que aparenta ser mais velho do que é na realidade.

en.ve.lhe.ci.men.to [*Envelhecer*. ▪3A] *sm.* 1. Ato, processo ou efeito de envelhecer. 2. Processo ou procedimento para tornar velho ou como que envelhecido.

en.ve.lo.par [*Envelope*. ▪1A] *vtd. Bras.* Meter em envelope(s). [C.: 1 (ó)]

en.ve.lo.pe [Fr. *enveloppe*.] *sm.* Invólucro para remessa ou guarda de correspondência, documento ou impresso qualquer; sobrecarta.

en.ve.ne.nar [*En-*[2] + *veneno* + *-ar*[2]. ▪1A] *vtd.* 1. Misturar veneno em. 2. Ministrar veneno a; intoxicar. 3. Corromper, perverter. 4. Desvirtuar, distorcer. 5. Estragar, destruir. *tdi.* 6. Influenciar negativamente (alguém) em relação a outra pessoa ou a alguma coisa: *Ela o envenenou contra mim*. *p.* 7. Tomar veneno para matar-se. **8.** Intoxicar-se. [C.: 1] § **en.ve.ne.na.do** *adj.*; **en.ve.ne.na.men.to** *sm.*

en.ver.de.cer [*En-*² + *verde* + *-ecer*. ◼1P] *vtd. e int.* **1.** Tornar(-se) verde. **2.** Cobrir(-se) de verdor. **3.** *Fig.* Rejuvenescer. *p.* **4.** Tornar-se verde. [C.: 2A (ê-é)]

en.ve.re.dar [*En-*² + *vereda* + *-ar*². ◼1A] *v.int. e tc.* Tomar caminho; dirigir-se. [C.: 1 (é)]

en.ver.ga.du.ra [*Envergar*. ◼5A] *sf.* **1.** A distância de uma a outra ponta das asas abertas duma ave. **2.** Dimensão máxima transversal de uma ponta à outra das asas de um avião. **3.** Capacidade, aptidão. **4.** Importância, peso.

en.ver.gar [*En-*² + *verga* + *-ar*². ◼1A] *vtd.* **1.** Curvar, arquear. **2.** Vestir, trajar. *int. e p.* **3.** Vergar(-se), curvar(-se). [C.: 1C (é)]

en.ver.go.nhar [*En-*² + *vergonha* + *-ar*². ◼1A] *vtd.* **1.** Encher de vergonha. **2.** Desonrar. *tdi.* **3.** Envergonhar (1 e 2). *p.* **4.** Ter vergonha. [C.: 1]

en.ver.ni.zar [*En-*² + *verniz* + *-ar*². ◼1A] *vtd.* Cobrir com verniz (1). [C.: 1]

en.ves.gar [*En-*² + *vesgo* + *-ar*². ◼1A] *vtd. e int.* Tornar ou ficar (os olhos, a vista, ou pessoa) vesgo(s). [C.: 1C (é)]

en.vi.a.do [*Enviar*. ◼17A] *sm.* **1.** Portador, mensageiro. **2.** Encarregado de negócios diplomáticos. **3.** Jornalista de empresa de comunicação que viaja a outro lugar para cobrir determinado acontecimento.

en.vi.ar [Lat. *inviare*. ◼1A] *vtd.* **1.** Fazer (algo ou alguém) chegar ao destino ou ao destinatário: *enviar uma carta, um mensageiro*. **2.** Fazer chegar ao conhecimento de alguém: *enviar notícias*. ● *vtd. e int.* **3.** Enviar (1 e 2), mandar. *td. e c.* **4.** Mandar (alguém ou algo). [C.: 1]

en.vi.dar [Lat. *invitare*. ◼1A] *vtd.* **1.** Lançar desafio a; provocar. **2.** Empregar com muito empenho. [C.: 1]

en.vi.dra.çar [*En-*² + *vidraça* + *-ar*². ◼1A] *vtd.* **1.** Cobrir ou guarnecer de vidros. **2.** Dar aspecto vítreo a. [C.: 1B] § **en.vi.dra.ça.do** *adj.*

en.vi:e.sar [*En-*² + *viés* + *-ar*². ◼1A] *vtd.* **1.** Pôr ao viés. **2.** Envesgar. **3.** Entortar (corpo, letra, quadro, etc.). *p.* **4.** Entortar-se. [C.: 1 (é)] § **en.vi:e.sa.do** *adj.*

en.vi.le.cer [Lat. *invilescere*. ◼1P] *vtd.* **1.** Tornar vil; aviltar. **2.** Vender por preço vil. *int. e p.* **3.** Aviltar-se. [C.: 2A (ê-é)]

en.vi.o [Dev. de *enviar*.] *sm.* Ato de enviar.

en.vi:u.var *vtd. e p.* Tornar(-se) viúvo. [C.: 1F]

en.vol.ta (ô) *sf.* Confusão, desordem, tumulto.

en.vol.to (ô) [Lat. **involvitu*.] *adj.* Envolvido, embrulhado.

en.vol.tó.ri.o [*Envolto*. ◼23] *sm.* Invólucro.

en.vol.ver [Lat. *involvere*. ◼1B] *vtd.* **1.** Estender-se totalmente sobre; abranger, abarcar. **2.** Encerrar, conter. **3.** Estar ou pôr-se ao redor de; cercar, rodear. **4.** Cobrir, enrolando; cingir. **5.** *Fig.* Cativar; seduzir. **6.** Fazer tomar parte; comprometer. **7.** Trazer como consequência; acarretar. *tdi.* **8.** Envolver (3, 4 e 6). *p.* **9.** Cobrir-se, enrolando. **10.** Tomar parte: *envolver-se na vida alheia*. **11.** Ter relação amorosa ou de amizade com alguém. [C.: 2 (ô-ó). Part.: *envolvido* e *envolto*.] § **en.vol.vi.do** *adj.*

en.vol.vi.men.to [*Envolver*. ◼3A] *sm.* **1.** Ação ou efeito de envolver(-se). **2.** *Restr.* Relação pessoal que envolve amizade ou amor.

en.xa.da [Lat. **asciata*.] *sf.* Instrumento de capinar ou revolver a terra.

en.xa.dre.zar [*En-*² + *xadrez* + *-ar*². ◼1A] *vtd.* Dividir em quadrados. [C.: 1 (é)] § **en.xa.dre.za.do** *adj.*

en.xa.dris.mo [Port.ant. *enxadrez*, 'xadrez'. ◼11] *sm.* A arte ou gosto do jogo de xadrez.

en.xa.dris.ta [*Enxadrez*. ◼36] *s2g.* Jogador de xadrez; xadrezista.

en.xa.guar [Lat.vulg. **exaquare*.] *vtd.* Tirar o sabão de (roupa, etc.), com água. [C.: 1G ou 1H]

en.xa.me [Lat. *examen*.] *sm.* **1.** O conjunto das abelhas duma colmeia. **2.** *P.ext.* Multidão de gente, ou de animais.

en.xa.me.ar [*Enxame*. ◼1N] *vtd.* **1.** Reunir (as abelhas) em cortiço. *int.* **2.** Formar enxame. **3.** Pulular, formigar. [C.: 12A]

en.xa.que.ca (ê) *sf. Med.* Dor de cabeça periódica, muitas vezes unilateral, e que se acompanha de náusea, vômito, etc.

en.xár.ci:a [It. *esarcia*.] *sf.* O conjunto de cabos, nos navios à vela.

en.xa.ro.par [*En-*² + *xarope* + *-ar*². ◼1A] *vtd.* Transformar em xarope. [C.: 1 (ó)]

en.xer.ga (ê) [V.C] *sf.* **1.** Colchão rústico. **2.** Cama pobre; catre.

en.xer.gão [*Enxerga*. ◼28A] *sm.* Espécie de estrado (2). [Pl.: *-gões*.]

en.xer.gar [V.D] *vtd.* **1.** Ver a custo; entrever. **2.** Descortinar, avistar. **3.** Notar, perceber. **4.** Pressentir. *tdi.* **5.** Enxergar (3 e 4). *transobj.* **6.** Julgar, considerar. [C.: 1C (é)]

en.xe.ri.do [Part. de *enxerir*.] *adj. Bras.* V. *intrometido* (1).

en.xe.rir-se [Lat. *inserire* + *se*¹.] *vp. Bras.* V. *intrometer* (2). [C.: 48]

en.xer.tar [Lat. *insertare*. ◼1A] *vtd.* **1.** Fazer enxerto em. **2.** Introduzir, inserir. *tdi.* **3.** Enxertar (1 e 2). *p.* **4.** Inserir-se. [C.: 1 (é)]

en.xer.ti.a [*Enxert(ar)*. ◼8A] *sf.* Ato ou efeito de enxertar.

en.xer.to (ê) [Dev. de *enxertar*.] *sm.* **1.** *Bot.* Método de propagação vegetal no qual se introduz parte viva duma planta em outra, para que nesta se desenvolva. **2.** *Bot.* A planta enxertada. **3.** *Med.* Tecido ou órgão implantado num organismo.

en.xó [Lat. *asciola*.] *sf.* Instrumento de cabo curto e com chapa de aço cortante, para desbastar madeira.

en.xo.frar [*Enxofre.*◻1A] *vtd.* **1.** Polvilhar, preparar ou desinfetar com enxofre. *p.* **2.** *Fig.* Irritar-se. [C.: 1 (ó)]

en.xo.fre (ó) [Lat. *sulfure, sulphure,* poss. com infl. moçár.] *sm. Quím.* V. *calcogênio* [símb.: *S*].

en.xo.tar [*En-*[2] + lus. *xote.*◻1A] *vtd.* **1.** Afugentar, empurrando, batendo ou gritando. **2.** Expulsar. [C.: 1 (ó)]

en.xo.val [Do ár.] *sm.* Conjunto de roupas, etc. de quem se casa, de recém-nascido, etc. [Pl.: *-vais.*]

en.xo.va.lhar [*Enxova,* 'cárcere sujo' + *-alhar,* poss.◻1L] *vtd.* **1.** Sujar, emporcalhar. **2.** *Fig.* Macular; difamar. *p.* **3.** Ficar sujo; emporcalhar-se. **4.** *Fig.* Macular-se. [C.: 1]

en.xo.vi.a [Do ár.] *sf.* Cárcere térreo ou subterrâneo, escuro, úmido e sujo.

en.xu.ga.doi.ro ou **en.xu.ga.dou.ro** [*Enxugar.* ◻26B] *sm.* Lugar onde se põe algo a enxugar.

en.xu.gar [Lat. *exsucare.*◻1A] *vtd.* **1.** Tirar a umidade a; secar. **2.** Fazer cessar (as lágrimas, o pranto) a. **3.** Eliminar (o que é excessivo). **4.** *Bras. Fig.* Eliminar (de um texto) o que é supérfluo, para maior clareza e elegância. *int.* e *p.* **5.** Secar(-se). [C.: 1C. Part.: *enxugado* e *enxuto.*] § **en.xu.ga.men.to** *sm.*

en.xún.di.a [Lat. *axungia.*◻8A] *sf.* **1.** Gordura do porco e das aves. **2.** Gordura (1).

en.xun.di.o.so (ô) [*Enxúndia.*◻37] *adj.* Cheio de enxúndia; obeso. [Pl.: *-osos* (ó).]

en.xur.ra.da [*Enxurro.*◻4] *sf.* **1.** Fluxo de água, volumoso, que corre com muita força, e é resultante de grandes chuvas. **2.** *Fig.* Algo em grande quantidade.

en.xu.to [Lat. *exsuctu,* 'sem suco'.] *adj.* **1.** Não molhado; seco. **2.** Sem lágrimas. **3.** Sem chuva. **4.** *Fig.* Que não é gordo nem magro.

en.zi.ma [Al. *Enzym.*] *sf.* **1.** Fermento solúvel. **2.** *Quím.* Proteína com propriedades catalíticas específicas. § **en.zi.má.ti.co** *adj.*

e:o.ce.no [*Eo-* + *-ceno*[1].] *adj. sm.* Diz-se de, ou a segunda das épocas do período terciário [v. *terciário* (2)].

e.ó.li.co [Lat. *aeolicu.*◻35B] *adj.* Relativo ao vento.

e.pa (ê) [V.B] *interj.* Expressa espanto, advertência, etc.

e.pên.te.se [Lat. *epenthese.*] *sf. E.Ling.* Desenvolvimento de fonema(s) no meio de uma palavra. [Ex.: lat. *stella* > port. *estrela.*]

e.pi.ben.tos [Ingl. *epibenthos.*] *sm2n. Ecol.* Epifauna.

e.pi.ce.no [Lat. *epicoenu.*] *adj. E.Ling.* Diz-se do substantivo de um só gênero, masculino ou feminino, o qual designa a espécie de um animal, *i.e.,* se aplica a indivíduos de ambos os sexos. Ex. *a borboleta, o tatu.* [Sendo necessária a referência ao sexo, usam-se os subst. *macho* e *fêmea,* ou os adjetivos *macho* e *fêmeo: o macho da cobra, cobra macha; a fêmea do tatu, tatu fêmeo.*]

e.pi.cen.tro [Gr. *epíkentron.*] *sm.* Ponto da superfície terrestre acima do local onde se origina um terremoto.

é.pi.co [Lat. *epicu.*◻35B] *adj.* **1.** Referente à epopeia e aos heróis. **2.** Digno de epopeia.

e.pi.cu.ris.mo [Antr. *Epicuro.*◻11] *sm. Filos.* Doutrina do filósofo grego Epicuro (341-270 a.C.), que identifica o bem com o prazer, que deve ser encontrado na prática da virtude e na cultura do espírito. § **e.pi.cu.ris.ta** *s2g.adj2g.*

e.pi.de.mi.a [Gr. *epidemía.*◻8A] *Med. sf.* **1.** Ocorrência súbita, e em número elevado de pessoas, de doença, esp. infecciosa. **2.** *Restr.* Aparecimento intermitente de doença infecciosa contagiosa, a qual rapidamente se difunde. § **e.pi.dê.mi.co** *adj.*

e.pi.der.me [Lat. *epidermis.*] *sf.* **1.** *Histol.* Camada celular superficial que reveste a derme e com ela constitui a pele. **2.** *Bot.* A camada celular mais externa duma planta. § **e.pi.dér.mi.co** *adj.*

e.pi.dí.di.mo [Lat.cient. *epididymus.*] *sm. Anat.* Pequeno corpo situado na parte superior de cada testículo, de que constitui o início da via excretora.

e.pi.fa.ni.a [Lat. *epiphania.*◻8A] *sf.* **1.** Aparição ou manifestação divina. **2.** Festividade religiosa comemorativa dessa aparição. **3.** Dia de Reis.

e.pi.fau.na [*Ep(i)-* + *fauna.*] *sf. Ecol.* O conjunto de organismos bentônicos que vivem no fundo de mar ou em leito de rio; epibentos.

e.pí.fi.to [*Ep(i)-* + *-fito.*] *adj. sm. Bot.* Diz-se de, ou vegetal que vive sobre outro sem dele se nutrir.

e.pi.glo.te [Lat. *epiglotte.*] *sf. Anat.* Válvula que fecha a glote no momento da deglutição. § **e.pi.gló.ti.co** *adj.*

e.pi.go.no [Lat. *epigonu.*] *sm.* **1.** Aquele que pertence à geração seguinte. **2.** Discípulo ou imitador de um grande mestre.

e.pi.gra.fe [Gr. *epigraphé.*] *sf.* **1.** Inscrição (2). **2.** Citação no começo de livro, capítulo, etc. ger. relacionada ao tema desenvolvido neles.

e.pi.gra.ma [Gr. *epígramma,* pelo lat. *epigramma.*] *sm.* **1.** Poesia breve, satírica. **2.** Dito mordaz e picante.

e.pi.lep.si.a [Gr. *epilepsía.*◻8A] *sf. Med.* Afecção, de que há várias formas, que se manifesta por crise(s) com distúrbios de consciência, contrações involuntárias musculares, etc.

e.pi.lép.ti.co ou **e.pi.lé.ti.co** [Gr. *epileptikós.* ◻35B] *adj. sm.* Relativo à, ou que ou quem sofre de epilepsia.

e.pí.lo.go [Gr. *epílogos.*] *sm.* **1.** Remate, fecho. **2.** Conclusão de uma obra literária. **3.** O último ato ou cena de uma peça.

e.pis.co.pa.do [Lat. *episcopatu.*◻17C] *sm.* **1.** Dignidade ou jurisdição dum bispo. **2.** Conjunto de bispos.

episcopal | equipagem

e.pis.co.pal [Lat. *episcopale*.◘ 39] *adj2g.* Relativo a bispo. [Pl.: *-pais.*]

e.pi.só.di:o [Gr. *epeisódion.*] *sm.* **1.** Ação ligada à principal (em obra literária ou artística). **2.** Fato, caso, sucesso. § **e.pi.só.di.co** *adj.*

e.pis.te.mo.lo.gi.a [Gr. *epistéme*, 'ciência', + -*o-* + -*logia.*] *sf.* Estudo crítico dos princípios, hipóteses e resultados das ciências já constituídas; teoria da ciência. § **e.pis.te.mo.ló.gi.co** *adj.*

e.pís.to.la [Lat. *epistola.*] *sf.* **1.** V. *carta* (1). **2.** *Rel.* Cada uma das cartas dos apóstolos que visavam o reforço da fé entre os cristãos e a conversão dos gentios. § **e.pis.to.lar** *adj2g.*

e.pi.tá.fi:o [Lat. *epitaphiu.*] *sm.* Inscrição tumular.

e.pi.té.li:o [Fr. *épithélium.*◘ 34B] *sm. Histol.* Tecido, de que há alguns tipos, que reveste a superfície externa do corpo, assim como as paredes das cavidades internas deste. § **e.pi.te.li.al** *adj2g.*

e.pí.te.to [Lat. *epitheton.*] *sm.* **1.** Palavra ou frase que qualifica pessoa ou coisa. **2.** Cognome, alcunha.

e.pí.to.me [Lat. *epitome.*] *sm.* Resumo, sinopse.

e.pi.zo.o.ti.a [Fr. *épizootie.*◘ 8A] *sf.* Doença endêmica de animais.

é.po.ca [Gr. *époche.*] *sf.* **1.** Período, fase; tempo. **2.** Faixa cronológica para a qual se toma por base a ocorrência de um fato marcante, certas conjunturas, ou por nela ter vivido um personagem notável, etc.; era, idade: *a época das descobertas.* **3.** Subdivisão de período (5) geológico, maior que a idade (7).

e.po.pei.a (éi) [Gr. *epopoíia.*] *sf.* Poema longo sobre assunto grandioso e heroico.

ep.si.lo ou **ep.sí.lon** [Gr. *è psílon.*] *sm.* A 5ª letra do alfabeto grego (E, ε).

e.qua.ção [Lat. *aequatione.*◘ 2] *sf.* **1.** *Mat.* Igualdade (2) que só é válida para certos valores das variáveis que nela figuram. **2.** Afirmação ou raciocínio em que 2 ou mais coisas são consideradas iguais. [Pl.: *-ções.*]

e.qua.ci:o.nar [*Equação* (-*cion*-).◘ 1A] *vtd.* Dispor os dados de (um problema, uma questão, etc.), a fim de dar-lhe a solução. [C.: 1]

e.qua.dor (ô) [Lat.med. *aequatore.*◘ 19A] *sm.* O círculo máximo da esfera terrestre, perpendicular à linha que une os polos.

e.qua.li.za.ção [Ingl. *equalization.*◘ 2A] *sf. Eletrôn.* Diminuição da distorção de um sinal por meio de circuitos que compensam as deformações, reforçando a intensidade de algumas frequências e diminuindo a de outras. [Pl.: *-ções.*] § **e.qua.li.za.dor** (ô) *adj. sm.*

e.quâ.ni.me [Lat. *aequanime.*] *adj2g.* Que tem ou denota equanimidade.

e.qua.ni.mi.da.de [Lat. *aequanimitate.*◘ 14] *sf.* **1.** Igualdade de ânimo tanto na desgraça quanto na prosperidade. **2.** Moderação. **3.** Equidade em julgar.

e.qua.to.ri.al [*Equador* (-*tor*-).◘ 39C] *adj2g.* Do, ou situado no equador. [Pl.: *-ais.*]

e.ques.tre (ües) [Lat. *equestre.*] *adj2g.* Relativo à cavalaria, ou a cavaleiros.

e.qui.ân.gu.lo (qüi) [*Equi-* + *ângulo.*] *adj. Geom.* Que tem os ângulos iguais.

e.qui.da.de (qui ou qüi) [Lat. *aequitate.*◘ 14] *sf.* Disposição de reconhecer igualmente o direito de cada um; justiça.

e.quí.de:o¹ (qüí) [Lat. *equus*, 'cavalo', + -*ídeo³*.] *adj.* Relativo ou semelhante ao cavalo.

e.quí.de:o² (qüí) [Tax. *Equidae.*] *adj. sm. Zool.* Diz-se de, ou espécime dos equídeos, família de perissodátilos que inclui os cavalos, asnos e zebras.

e.qui.dis.tan.te (qüi) [Lat. *aequidistante.*◘ 21] *adj2g.* Que dista igualmente. § **e.qui.dis.tân.ci:a** (qüi) *sf.*

e.qui.lá.te.ro (qui ou qüi) [Lat. *aequilateru.*] *adj. Geom.* Que tem os lados iguais entre si.

e.qui.li.bra.do [Lat. *aequilibratu.*◘ 17A] *adj.* **1.** Posto ou mantido em equilíbrio. **2.** Que revela equilíbrio, prudência.

e.qui.li.brar [Fr. *équilibrer.*◘ 1A] *vtd.* **1.** Pôr ou manter em equilíbrio. **2.** Contrabalançar, compensar. *p.* **3.** Manter-se em equilíbrio. [C.: 1]

e.qui.lí.bri:o [Lat. *aequilibriu.*◘ 34B] *sm.* **1.** Manutenção dum corpo na posição normal, sem oscilações ou desvios. **2.** Igualdade entre forças opostas. **3.** Estabilidade mental e emocional. **4.** Estado de um sistema (8) em que não ocorrem, nele, certas modificações (químicas, mecânicas, térmicas, etc.).

e.qui.li.bris.ta [*Equilíbrio.*◘ 36] *s2g.* **1.** Artista que se apresenta, equilibrando, em posições e movimentos difíceis, em cordas de aço, trapézios, etc., fazendo malabarismos, sozinho, a 2 ou em grupo, nos teatros, circos, etc.; malabarista. **2.** *Fig.* Malabarista (2).

e.qui.mo.se [Gr. *ekchýmosis.*] *sf. Med.* Pequena mancha devida a hemorragia, que pode ocorrer na pele, nas mucosas ou nas serosas. § **e.qui.mó.ti.co** *adj.*

e.qui.no (qüi) [Lat. *echinu.*◘ 30] *adj.* **1.** Relativo a cavalo; cavalar. ● *sm.* **2.** Animal equino.

e.qui.nó.ci:o [Lat. *aequinoctiu.*] *sm.* Ponto da órbita da Terra onde se registra igual duração do dia e da noite. § **e.qui.no.ci.al** *adj2g.*

e.qui.no.der.mo [Tax. *Echinoderma.*] *adj. sm. Zool.* Diz-se de, ou espécime dos equinodermos, filo de invertebrados marinhos, de corpo coberto, ger., de formação calcária. Ex.: estrelas-do-mar.

e.qui.noi.de (ói) [Tax. *Echinoidea.*] *adj2g. sm. Zool.* Diz-se de, ou espécime dos equinoides, classe de equinodermos com carapaça formada por placas revestidas de espinhos; são os ouriços-do-mar.

e.qui.pa.gem [Fr. *équipage.*◘ 6] *sf.* **1.** Conjunto de pessoas empregadas nos serviços a bordo

equipamento | errado

de uma embarcação. 2. Os tripulantes dum avião. [Pl.: *-gens.*]

e.qui.pa.men.to [Fr. *équipement.*☐3] *sm.* 1. Tudo aquilo de que o militar precisa para entrar em serviço. 2. O conjunto daquilo que serve para equipar. 3. O conjunto dos instrumentos necessários ao exercício de determinada função.

e.qui.par [Fr. *équiper.*☐1A] *vtd.* 1. Guarnecer ou prover (embarcação) do necessário para manobra, defesa, etc. 2. Prover do necessário. *p.* 3. Prover-se do necessário. [C.: 1]

e.qui.pa.rar [Lat. *aequiparare.*☐1A] *vtd. e tdi.* 1. Comparar (pessoas ou coisas) considerando--as iguais. *p.* 2. Comparar-se, igualando-se; emparelhar-se. [C.: 1] § **e.qui.pa.ra.ção** *sf.*

e.qui.pe [Fr. *équipe.*] *sf.* Grupo de pessoas que juntas participam duma competição esportiva ou se aplicam a uma tarefa ou trabalho.

e.qui.ta.ção [Lat. *equitatione.*☐2A] *sf.* Arte de cavalgar. [Pl.: *-ções.*]

e.qui.ta.ti.vo (qui ou qüi) [Lat. *aequitate* + *-ivo.*☐22] *adj.* Que tem ou denota equidade.

e.qui.va.len.te (qui ou qüi) [Lat. *aequivalente.* ☐21A] *adj2g.* 1. De igual valor. • *sm.* 2. Aquilo que equivale. § **e.qui.va.lên.ci.a** (qui ou qüi) *sf.*

e.qui.va.ler (qui ou qüi) [Lat. *aequivalere.*☐1B] *vti. e p.* Ser igual no valor, no peso ou na força. [C.: 28]

e.qui.vo.car-se [Lat. *aequivocare* + *se*¹.☐1A] *vp.* 1. Confundir (6). 2. Cometer engano, equívoco; enganar-se. [C.: 1A (ó)] § **e.qui.vo.ca.ção** *sf.*

e.quí.vo.co [Lat. *aequivocu.*] *adj.* 1. Ambíguo (1). 2. Que dá margem à suspeita. • *sm.* 3. Engano.

■ **Er** *Quím.* Símb. de *érbio.*

e.ra [Lat. *aera.*] *sf.* 1. Ponto determinado no tempo, que se toma por base para a contagem dos anos. 2. V. *época* (2). 3. Cada uma das divisões básicas do tempo geológico, subdivididas em períodos, épocas e idades.

e.rá.ri.o [Lat. *aerariu.*☐24] *sm.* V. *fisco.*

ér.bi:o [Lat.cient. *erbium.*] *sm. Quím.* V. *lantanídeos* [símb.: *Er*].

→ **e-reader** (i-ríder) [Ingl.] *sm. Inform.* Pequeno aparelho, no qual se pode ler na tela o conteúdo de livros digitais.

e.re.ção [Lat. *erectione.*☐2] *sf.* Ato ou efeito de erguer(-se) ou de erigir. [Pl.: *-ções.*]

e.re.mi.ta [Lat. *eremita.*] *s2g.* Quem vive só, em lugar ermo, por penitência; ermitão.

e.ré.til [*Ereto* + *-il*¹.] *adj2g.* Capaz de ereção. [Pl.: *-teis.*]

e.re.ti.zon.tí.de:o [Tax. *Erethizontidae.*] *adj. sm. Zool.* Diz-se de, ou espécime dos eretizontídeos, família de roedores arborícolas de corpo espinhoso, pernas curtas, garras compridas e cauda preênsil. Ex.: ouriço.

e.re.to ou **e.rec.to** [Lat. *erectu.*] *adj.* Erguido, aprumado.

er.go.me.tri.a [*Ergo-* + *-metria.*] *sf. Med.* Medição pelo ergômetro. § **er.go.mé.tri.co** *adj.*

er.gô.me.tro [*Ergo-* + *-metro.*] *sm. Med.* Aparelho com que se mede o trabalho desenvolvido por um grupo de músculos.

er.go.no.mi.a [*Ergo-* + *-nom(o)-* + *-ia*¹.☐8A] *sf.* Ciência que visa à organização metódica do trabalho em função do fim proposto e das relações entre o homem e a máquina. § **er.go.nô.mi.co** *adj.*

er.guer [Lat.vulg. **ergere.*☐1B] *vtd.* 1. Levantar, elevar. 2. Construir; erigir, edificar. 3. Fazer soar alto (a voz). 4. Animar, alentar. *tdi.* 5. Erguer (2). *tdc.* 6. Erguer (1). *p.* 7. Pôr-se em pé; levantar-se. 8. Aparecer, surgir. [C.: 2C]

e.ri.cá.ce:a [Tax. *Ericaceae.*] *sf. Bot.* Espécime das ericáceas, família de plantas lenhosas, ger. arbustivas. Ex.: azáleia. § **e.ri.cá.ce:o** *adj.*

e.ri.çar ou **er.ri.çar** [Lat.vulg. **ericiare.*☐1A] *vtd. e p.* Tornar(-se) arrepiado, hirto; arrepiar(-se). [C.: 1B]

e.ri.gir [Lat. *erigere.*☐1C] *vtd.* 1. Erguer, levantar a prumo. 2. Fundar, criar. 3. V. *erguer* (2). *tdi.* 4. V. *erguer* (2). [C.: 3A]

e.ri.si.pe.la [Gr. *erysípelas.*] *sf. Med.* Forma aguda superficial de celulite, ger. causada por estreptococo.

e.ri.te.ma [Gr. *erýthema.*] *sm. Med.* Área de vermelhidão cutânea devida a congestão de vasos capilares. § **e.ri.te.ma.to.so** (ô) *adj.*

e.ri.tro.xi.lá.ce:a (cs) [Tax. *Erythroxylaceae.*] *sf. Bot.* Espécime das eritroxiláceas, família de árvores e arbustos de regiões tropicais e subtropicais. § **e.ri.tro.xi.lá.ce:o** (cs) *adj.*

er.mi.da [Lat. *eremita.*] *sf.* 1. Capela fora do povoado. 2. Igrejinha.

er.mi.tão [B.-lat. *eremitanu.*☐28B] *sm.* 1. Eremita. 2. Aquele que cuida de uma ermida. [Pl.: *-tães, -tãos, -tões.* Fem.: *ermitã, ermitoa.*]

er.mo (ê) [Lat. *eremu.*] *sm.* 1. Lugar sem habitantes; deserto. • *adj.* 2. Desabitado, deserto.

e.ro.dir [Lat. *erodere.*☐1C] *vtd.* Causar erosão em. [C.: 8. Norm. é unipess.]

e.ro.são [Lat. *erosione.*☐2] *sf.* Desgaste (do solo, das rochas, etc.) causado pelas águas correntes, pelo vento, pelo movimento das geleiras e pelos mares. [Pl.: *-sões.*]

e.ró.ti.co [Lat. *eroticu.*☐35B] *adj.* 1. Relativo ao amor. 2. Relativo ao amor sensual. 3. Que desperta o desejo sexual.

e.ro.tis.mo [*Erot(o)-* + *-ismo.*☐11] *sm.* Qualidade ou caráter de erótico.

er.ra.di.car [Lat. *eradicare.*☐1A] *vtd.* V. *desarraigar.* [C.: 1A]

er.rá.ti.co [Lat. **errativu.*] *adj.* V. *errante.*

er.ra.do [Lat. *erratu.*☐17A] *adj.* 1. Que tem erro(s). 2. Que não é o certo ou o adequado. 3. *Bras.* Que comete erros, gafes.

er.ran.te [Lat. *errante*.⬛21] *adj2g*. Que erra ou vagueia; erradio, andante.

er.rar [Lat. *errare*.⬛1A] *vtd*. **1**. Cometer erro, enganar-se, em. **2**. Não acertar em: *errar o alvo*. *ti*. **3**. Errar (1): *errar de endereço*. *tc*. **4**. Andar a esmo; vagar. **5**. Percorrer. *int*. **6**. Cometer erro(s); falhar. **7**. V. *vagabundear* (1). [C.:1 (é)]

er.ra.ta [Lat. *errata*.] *sf*. Lista dos erros de obra impressa e suas correções; corrigenda.

er.re *sm*. A letra r.

er.ro [Dev. de *errar*, poss.] *sm*. **1**. Ato ou efeito de errar (1 e 6). **2**. Juízo falso. **3**. Incorreção, inexatidão. **4**. Desvio do bom caminho. **5**. *Fís*. Qualquer medida da flutuação ou da incerteza associada a uma medição.

er.rô.ne:o [Lat. *erroneu*.] *adj*. Que contém erro; falso.

e.ruc.tar [Lat. *eructare*.⬛1A] *v.int*. Arrotar (1). [C.:1] § **e.ruc.ta.ção** *sf*.

e.ru.di.ção [Lat. *eruditione*.⬛2] *sf*. Instrução vasta e variada. [Pl.: *-ções*.]

e.ru.di.tis.mo [*Erudito*.⬛11] *sm*. **1**. Ostentação de erudição. **2**. Termo ou construção que entrou na língua por via erudita.

e.ru.di.to (dí) [Lat. *eruditu*.] *adj. sm*. Que, ou aquele que tem erudição.

e.rup.ção [Lat. *eruptione*.⬛2] *sf*. **1**. Saída com ímpeto. **2**. *Med*. Enrubescimento da pele, às vezes com formação de manchas, vesículas, etc. **3**. Emissão de lavas, cinzas, etc., por vulcão. [Pl.: *-ções*.]

e.rup.ti.vo [Lat. *eruptus* + *-ivo*.⬛22] *adj*. Que provoca erupção.

er.va [Lat. *herba*.] *sf*. **1**. *Bot*. Planta não lenhosa cujas partes aéreas vivem menos dum ano. **2**. *Gír*. Dinheiro. ◆ **Erva daninha**. *Bot*. Erva que nasce nos meios de certas plantas cultivadas, prejudicando-as.

er.va-ci.drei.ra *sf*. *Bot*. Planta lamiácea, medicinal, de folhas ovais e flores brancas ou róseas. [Pl.: *ervas-cidreiras*.]

er.va-de-pas.sa.ri.nho *sf*. *Bot*. Planta lorantácea que parasita árvores por disseminação pelos pássaros. [Pl.: *ervas-de-passarinho*.]

er.va-do.ce *sf*. *Bot*. **1**. Anis. **2**. Funcho. [Pl.: *ervas-doces*.]

er.val [Esp.plat. *yerbal*.⬛39] *sm*. *Bras*. Mata em que predomina a erva-mate. [Pl.: *-vais*.]

er.va-ma.te [*Erva* + *mate*[1].] *sf*. *Bot*. Árvore aquifoliácea de cujas folhas se faz o mate[1] (3); mate. [Pl.: *ervas-mate(s)*.]

er.vi.lha [Lat. *ervilia*.] *sf*. **1**. *Bot*. Trepadeira fabácea, anual. **2**. A vagem ou a semente comestível dessa planta.

er.vo.so (ô) [Lat. *herbosu*.⬛37] *adj*. Cheio de ervas; herboso. [Pl.: *-vosos* (ó).]

■ **Es** *Quím*. Símb. de *einstêinio*.

es.ba.fo.ri.do [Part. de *esbaforir*.] *adj*. **1**. Ofegante pelo cansaço ou pela pressa. **2**. Apressado.

es.ba.fo.rir [V.C] *vtd. e p*. Fazer ficar, ou ficar cansado e ofegante. [C.: 9]

es.ba.ga.çar [*Es-* + *bagaço* + *-ar*[2].⬛1A] *vtd. e p*. **1**. Fazer(se) em bagaços, ou em cacos. **2**. *Bras*. Dissipar(-se) (bens). [C.: 1B]

es.ban.da.lhar [*Es-* + *bandalho* + *-ar*[2].⬛1A] *vtd*. **1**. Fazer em trapos; esfarrapar. *p*. **2**. Perverter-se, corromper-se. **3**. Despedaçar-se. [C.: 1]

es.ban.jar [V.E] *vtd*. V. *desperdiçar* (1). [C.: 1] § **es.ban.ja.dor** (ô) *adj. sm*.; **es.ban.ja.men.to** *sm*.

es.bar.ra.da [*Esbarrar*.⬛4] *sf*. *Bras*. V. *esbarro*.

es.bar.rão [*Esbarrar*.⬛2] *sm*. *Bras*. V. *esbarro*. [Pl.: *-rões*.]

es.bar.rar [*Es-* + *barra* + *-ar*[2].⬛1A] *vti*. **1**. Ir de encontro; topar. **2**. Encontrar por acaso. *tc*. **3**. Ir ter; chegar. *p*. **4**. Acotovelar (3). [C.: 1]

es.bar.ro [Dev. de *esbarrar*.] *sm*. Ação de esbarrar; encontrão, esbarrada, esbarrão.

es.ba.ter [It. *sbattere*.⬛1B] *vtd*. Atenuar, em graus, os contrastes de cor ou tom de. [C.: 2]

es.bei.çar [*Es-* + *beiço* + *-ar*[2].⬛1A] *vtd*. Arrancar os beiços, as bordas, a. [C.: 1B]

es.bel.to [It. *svelto*.] *adj*. **1**. Garboso, airoso. **2**. Magro e elegante. § **es.bel.tez** (ê) *sf*.

es.bir.ro [It. *sbirro*.] *sm*. **1**. Empregado dos tribunais. **2**. Policial.

es.bo.çar [It. *sbozzare*.⬛1A] *vtd*. **1**. Fazer esboço de; debuxar. **2**. Deixar entrever; aflorar. **3**. Planejar, traçar: *esboçar um plano*. [C.: 1B (ó)]

es.bo.ço (ô) [It. *sbozzo*.] *sm*. **1**. Delineamento em linhas gerais duma obra de desenho, gravura, escultura, etc.; debuxo. **2**. Obra em estado de esboço; debuxo. **3**. *Fig*. Resumo, sumário.

es.bo.de.gar [*Es-* + *bodega* + *-ar*[2].⬛1A] *vtd*. **1**. Arruinar, estragar. *p*. **2**. Desleixar-se. **3**. Cansar-se. [C.: 1C (é)] § **es.bo.de.ga.do** *adj*. (*bras*.)

es.bo.fe.te.ar [*Es-* + *bofete*, 'tabefe', + *-ear*.⬛1N] *vtd*. Dar bofetada(s) em. [C.: 12A]

es.bor.do.ar [*Es-* + *bordão*[1] (*bordo*-) + *-ar*[2].⬛1A] *vtd*. Dar bordoada(s) em. [C.: 1D]

es.bór.ni:a [It. *sbornia*.] *sf*. **1**. Farra (1). **2**. V. *orgia* (1).

es.bo.ro.ar [*Es-* + *boroa*, 'broa', + *-ar*[2].⬛1A] *vtd., int. e p*. **1**. Reduzir(-se) a pó; desfazer(-se). **2**. Desmoronar(-se). [C.: 1D]

es.bor.ra.char [*Es-* + *borracha* + *-ar*[2].⬛1A] *vtd*. **1**. Fazer rebentar, apertando ou achatando. *p*. **2**. Estatelar-se no chão. [C.: 1] § **es.bor.ra.cha.do** *adj*.

es.bran.qui.ça.do [*Esbranquiçar*.⬛17A] *adj*. Tirante a branco; alvadio, alvacento, branca-cento, branquicento.

es.bra.se.ar [*Es-* + *brasa* + *-ear*.⬛1N] *vtd*. **1**. Pôr em brasa. **2**. Ruborizar. *int. e p*. **3**. Fazer-se da cor da brasa. [C.: 12A] § **es.bra.se.a.do** *adj*.

esbravejar | escalonar

es.bra.ve.jar [*Es-* + *bravo* + *-ejar*.◘1E] *vti. e int.* Gritar, bradar, vociferar. [C.: 1 (ê)]

es.bu.ga.lha.do [*Esbugalhar*.◘17A] *adj.* Muito saliente ou arregalado (olho).

es.bu.ga.lhar [*Es-* + *bugalho* + *-ar*².◘1A] *vtd.* Abrir muito (os olhos). [C.: 1]

es.bu.lhar [Lat. *spoliare*.◘1A] *vtd. e tdi.* Espoliar. [C.: 1]

es.bu.lho [Dev. de *esbulhar*.] *sm.* Ato de esbulhar; espoliação.

es.bu.ra.car *vtd.* 1. Encher de buracos. 2. Fazer buraco em; furar. *p.* 3. Encher-se de buracos. [C.: 1A] § **es.bu.ra.ca.do** *adj.*

es.ca.be.che (é) [Do ár.] *sm.* Molho que conserva de temperos refogados, com vinagre, para carne ou peixe.

es.ca.be.lo (ê) [Lat. *scabellu*.] *sm.* 1. Banco pequeno, para descanso dos pés. 2. *Etnogr.* Assento ao rés do chão us., esp. pelas mulheres, entre vários povos indígenas brasileiros.

es.ca.bi.char [V.D] *vtd.* Investigar ou examinar com paciência (coisas miúdas); escarafunchar. [C.: 1]

es.ca.bi.o.se [Lat. *scabie*, 'sarna', + *-ose*¹.] *sf. Med.* Afecção cutânea contagiosa, parasitária e que causa intenso prurido. [Sin.: *sarna* e (pop.) *pereba*.] § **es.ca.bi.o.so** (ô) *adj.*

es.ca.bre.a.do *adj.* 1. Zangado; irritado. 2. *Bras.* Ressabiado, melindrado.

es.ca.bro.so (ô) [Lat. *scabrosu*.◘37] *adj.* 1. Pedregoso. 2. Difícil, árduo. 3. Indecoroso. [Pl.: *-brosos* (ó).]

es.ca.bu.jar *v.int.* Debater-se com os pés e com as mãos; estrebuchar. [C.: 1]

es.ca.char [Lat. *exquassiare*, poss.◘1A] *vtd.* 1. Abrir à força. 2. Separar ao meio. [C.: 1]

es.ca.da [B.-lat. *scalata*.] *sf.* 1. Série de degraus para subir ou descer. 2. *Fig.* Meio de vencer ou se elevar.

es.ca.da.ri.a [*Escada*.◘15] *sf.* 1. Série de escadas em lanços seguidos, separados por patamares. 2. Escada ampla e/ou longa.

es.ca.fan.dris.ta [*Escafandro*.◘36] *s2g.* Mergulhador que usa o escafandro.

es.ca.fan.dro [Fr. *scaphandre*.] *sm.* Vestimenta impermeável e hermética, provida de um aparelho respiratório, e própria para mergulhos demorados.

es.ca.fe.der-se [V.B] *vp.* Fugir às pressas; safar-se. [C.: 2 (ê-é)]

es.ca.la [Lat. *scala*.] *sf.* 1. Linha graduada, dividida em partes iguais, que indica a relação das dimensões ou distâncias marcadas sobre um plano com as dimensões ou distâncias reais. 2. Porto ou lugar de parada de qualquer meio de transporte, entre o local de partida e o de chegada. 3. *Mús.* Disposição esquemática de notas que se sucedem em ordem ascendente ou descendente. ◆ **Escala absoluta de temperatura.** *Fís.* V. *escala internacional de temperatura.* **Escala Celsius.** *Fís.* Escala de temperatura com 2 pontos fixos: o 0, na temperatura de fusão do gelo, e o 100, na temperatura de ebulição da água, ambos sob pressão de uma atmosfera. **Escala Fahrenheit.** *Fís.* Escala de temperatura us. em países de língua inglesa. A temperatura em graus Fahrenheit é igual à soma de 32 mais 9/5 da temperatura em graus Celsius. **Escala internacional de temperatura.** *Fís.* Aquela baseada nos 2 princípios da termodinâmica, com um ponto fixo: o ponto triplo da água, fixado em 273,16; escala absoluta de temperatura, escala Kelvin. **Escala Kelvin.** *Fís.* V. *escala internacional de temperatura.*

es.ca.la.da [Fr. *escalade*, poss.] *sf.* Ato ou efeito de escalar.

es.ca.lão [*Escala*.◘28A] *sm.* 1. Cada um dos pontos sucessivos duma série; nível, grau. 2. Nível hierárquico, na administração pública ou privada. [Pl.: *-lões.*]

es.ca.lar¹ [Lat. *scalaris*.] *adj2g.* 1. Que é representado em escala (1). 2. *Fís.* Diz-se de qualquer grandeza que pode ser caracterizada exclusivamente por um número, dimensional ou não. 3. *Mat.* Relativo ao valor numérico de uma grandeza. [C.: 1]

es.ca.lar² [*Escala*.◘1A] *vtd.* 1. Subir a (algum lugar) usando escada. 2. Subir a (montanha íngreme). 3. Atingir, alcançar. 4. Escalonar (3). 5. Designar para serviços em horas ou lugares determinados. 6. *Bras.* Escolher (atletas, etc.) para a formação de equipe. [C.: 1]

es.ca.la.vrar [Esp. *descalabrar*, com troca de pref. ◘1A] *vtd.* 1. Golpear, esfolar, arranhar. 2. Esburacar. *int. e p.* 3. Arranhar-se. [C.: 1]

es.cal.da.do [*Escaldar*.◘17A] *adj.* 1. Em que se jogou água fervente. ● *sm.* 2. *Bras. N.E.* Pirão feito com porções de caldo a ferver e farinha, alternadamente, sem mexer.

es.cal.da.du.ra [*Escaldar*.◘5A] *sf.* Ato ou efeito de escaldar(-se).

es.cal.da-pés *sm2n.* Pedilúvio com água muito quente.

es.cal.dar [Lat. *excaldare*.◘1A] *vtd.* 1. Queimar com líquido quente ou vapor. 2. Passar em água fervendo. 3. Aquecer muito. *int.* 4. Ser muito quente. *p.* 5. Sofrer queimadura. [C.: 1] § **es.cal.dan.te** *adj2g.*

es.ca.le.no [Lat. *scalenu*.] *adj. Geom.* Diz-se do triângulo cujos ângulos e lados são todos desiguais.

es.ca.ler (é) [V.E] *sm.* Embarcação miúda, impelida a remo ou à vela, e que executa serviços dum navio ou repartição marítima.

es.ca.lo.nar [Esp. *escalonar*.◘1A] *vtd.* 1. Distribuir em grupos ou escalões. 2. Subir por de-

escalpar | escarafunchar

graus ou etapas; escalar. [C.: 1] § **es.ca.lo.na.men.to** *sm.*

es.cal.par [*Escalpo.*■1A] *vtd.* Escalpelar². [C.: 1]

es.cal.pe.lar¹ [*Escalpelo.*■1A] *vtd.* **1.** Rasgar ou dissecar com escalpelo. **2.** *Fig.* Analisar minuciosamente. [C.: 1 (é)]

es.cal.pe.lar² [*Escalpar* + *pelar*, poss.] *vtd.* Arrancar a pele do crânio a. [C.: 1 (é)]

es.cal.pe.lo (ê) [Lat. *scalpellu.*] *sm. Med.* Bisturi de um ou 2 gumes, us. em dissecações.

es.cal.po [Ingl. *skalp.*] *sm.* Cabeleira arrancada do crânio com a pele, troféu de guerra para alguns índios americanos.

es.cal.va.do [*Escalvar.*■17A] *adj.* V. *calvo.*

es.ca.ma [Lat. *squama.*] *sf.* **1.** *Zool.* Cada uma das pequenas lâminas que protegem a pele de alguns peixes e reptis. **2.** *Med.* Cada uma das crostas que se separam da epiderme por efeito de certas moléstias.

es.ca.ma.do [*Escamar.*■17A] *adj. sm. Zool.* Diz-se de, ou espécime dos escamados, ordem que reúne os sáurios e as serpentes.

es.ca.mar [*Escama.*■1A] *vtd.* **1.** Tirar as escamas a. *int.* **2.** Desfazer-se em escamas. *p.* **3.** Perder as escamas. [Sin.ger.: *descamar.* C.: 1]

es.ca.mo.so (ô) [Lat. *squamosu.*■37] *adj.* Coberto de escamas. [Pl.: *-mosos* (ó).]

es.ca.mo.te.ar [Fr. *escamoter.*■1N] *vtd.* **1.** Fazer desaparecer sem que se note. **2.** Furtar com destreza. **3.** Encobrir com subterfúgios. *p.* **4.** Fugir sorrateiramente. [C.: 12A] § **es.ca.mo.te:a.ção** *sf.*

es.cân.ca.ra [Dev. de *escancarar.*] *sf.* Estado do que se acha à vista. ♦ **Às escâncaras.** À vista de todos.

es.can.ca.ra.do [*Escancarar.*■17A] *adj.* **1.** Claro, patente. **2.** Totalmente aberto.

es.can.ca.rar *vtd. e p.* **1.** Abrir(-se) inteiramente. **2.** Mostrar(-se). [C.: 1]

es.can.char *vtd.* **1.** Separar ao meio. **2.** Abrir (as pernas), ao montar a cavalo, ou ao modo de quem o faz. [C.: 1]

es.can.da.li.zar [Lat. *scandalizare.*■1D] *vtd.* **1.** Causar escândalo (2) a. **2.** Ofender, melindrar. *int.* **3.** Escandalizar (1 e 2). *p.* **4.** Melindrar-se. [C.: 1] § **es.can.da.li.zá.vel** *adj2g.*

es.cân.da.lo [Lat. *scandalu.*] *sm.* **1.** O que é causa ou resultado de erro, ou pecado. **2.** Indignação provocada por mau exemplo. **3.** *Fig.* Tumulto, escarcéu. **4.** *Fig.* Fato imoral, revoltante.

es.can.da.lo.so (ô) [Lat. *scandalosu.*■37] *adj.* Que escandaliza. [Pl.: *-losos* (ó).]

es.can.di.na.vo [Fr. *Scandinave.*] *adj.* **1.** Da Escandinávia, península da Europa setentrional. ● *sm.* **2.** O natural ou habitante da Escandinávia.

es.can.dir [Lat. *scandere.*■1C] *vtd.* Decompor (um verso) em seus elementos métricos. [C.: 3]

es.ca.ne.ar [Ingl. (*to*) *scan.*■1N] *vtd. Inform.* Digitalizar (texto, imagem, etc.) por meio de escâner. [C.: 12A]

es.câ.ner [Ingl. *scanner.*] *sm. Inform.* Aparelho capaz de captar imagens e convertê-las em um conjunto de dados digitais.

es.can.ga.lhar [*Es-* + *cangalho* + *-ar².*■1A] *vtd. e p.* Desarranjar(-se); estragar(-se). [C.: 1]

es.ca.nho.ar [*Es-* + *canhão* (*-nho-*) + *-ar².*■1A] *vtd. e p.* Barbear(-se) com apuro, passando a navalha ou a lâmina uma segunda vez de baixo para cima. [C.: 1D]

es.ca.ni.fra.do *adj.* Muito magro; escanzelado.

es.ca.ni.nho [*Escano.*■32] *sm.* Pequeno compartimento em gaveta, cofre, armário, etc.

es.can.são [Lat. *scansione.*■2] *sf.* Ato ou efeito de escandir. [Pl.: *-sões.*]

es.can.tei.o [V.C] *sm. Bras.Fut.* Infração que consiste em sair a bola pela linha de fundo, tocada por um jogador do time que defende; córner.

es.can.ze.la.do *adj.* Escanifrado.

es.ca.pa.da [*Escapar.*■4] *sf.* **1.** Fuga precipitada e às ocultas. **2.** Saída rápida. [Sin.ger.: *escapulida, escapadela.*]

es.ca.pa.de.la [*Escapar.*■7A] *sf.* V. *escapada.*

es.ca.pa.men.to [*Escapar.*■3] *sm.* Escape.

es.ca.par [Lat.vulg. **excappare.*■1A] *vti.* **1.** Livrar-se de perigo ou de acidente funesto, desagradável, etc. **2.** Esquivar-se, furtar-se. **3.** Fugir, livrar-se. **4.** *Fig.* Passar despercebido. **5.** Soltar(-se). *int.* **6.** Sobreviver. **7.** V. *fugir* (1). [C.: 1. Part.: *escapado, escapo* e *escape.*]

es.ca.pa.tó.ri:a *sf.* Desculpa, subterfúgio.

es.ca.pe [Dev. de *escapar.*] *sm.* Ação ou efeito de escapar(-se); escapamento.

es.ca.po [Lat. *scapu.*] *adj.* Fora de perigo; salvo.

es.cá.pu.la [Lat. *scapula.*] *sf.* **1.** Prego de cabeça dobrado em ângulo reto para suspensão dum objeto. **2.** *Anat.* Cada um de 2 ossos chatos, delgados e triangulares que formam, cada um, a parte posterior do ombro. [Denom. ant.: *omoplata.*]

es.ca.pu.lá.ri:o [Lat. *scapulariu.*■24] *sm.* V. *bentinho.*

es.ca.pu.li.da [*Escapulir* + *-ida.*] *sf.* V. *escapada.*

es.ca.pu.lir [Lat.vulg. *excapulare,* poss.■1C] *vti., int. e p.* V. *fugir* (1). [C.: 52]

es.ca.ra [Lat. *schara.*] *sf. Med.* Crosta resultante da necrose de tecido por traumatismo, queimadura, imobilização em leito, etc.

es.ca.ra.be.í.de:o [Tax. *Scarabaeidae.*] *adj. sm. Zool.* Diz-se de, ou espécime dos escarabeídeos, família de escaravelhos cujas larvas, são, ger., daninhas à agricultura.

es.ca.ra.fun.char [Lat. **scariphunculare.*■1A] *vtd.* **1.** Esgaravatar (2). **2.** Escabichar. **3.** Remexer em. [C.: 1]

es.ca.ra.mu.ça [It. *scaramuccia*.] *sf.* Combate; briga, contenda.

es.ca.ra.ve.lho (ê) [Lat.vulg. **scarabiculu*.] *sm. Zool.* Inseto escarabeídeo que se alimenta de excrementos de mamíferos herbívoros; bicho-carpinteiro.

es.car.céu [V.E] *sm.* 1. Vagalhão. 2. *Fig.* Gritaria.

es.car.gô [Fr. *escargot*.] *sm. Zool.* Nome comum a moluscos gastrópodes, terrestres, comestíveis.

es.ca.ri.fi.car [Lat. *scarificare*. ◫1A] *vtd.* Revolver (a terra) a fim de arejar as raízes das plantas. [C.: 1A]

es.car.la.te [Fr.ant. *escarlate*.] *adj2g.adj2g2n.* 1. De cor vermelha vivíssima e rutilante. ● *sm.* 2. Essa cor.

es.car.la.ti.na [Fr. *scarlatine*. ◫31] *sf. Med.* Doença infecciosa aguda causada por estreptococo e que se caracteriza por febre, amigdalite, faringite, etc.

es.car.men.tar [*Escarmento*. ◫1A] *vtd.* 1. Castigar ou repreender com rigor. *p.* 2. Ficar advertido pelo dano ou castigo que recebeu. [C.: 1]

es.car.men.to *sm.* 1. Correção, castigo, punição. 2. Exemplo, lição.

es.car.nar [*Es-* + *carne* + *-ar*². ◫1A] *vtd.* 1. Descobrir (um osso), tirando a carne; descarnar. 2. Rapar (a pele). *p.* 3. Perder a pele. [C.: 1]

es.car.ne.cer [*Escarn(ir)*. ◫1P] *vtd. e ti.* Fazer escárnio (de). [C.: 2A (ê-é)]

es.car.ni.nho [*Escárnio*. ◫32] *adj.* Que faz ou revela escárnio.

es.cár.ni.o [*Escarnir*, poss.] *sm.* 1. V. *zombaria*. 2. Desprezo, desdém.

es.car.nir [Do germ.] *vtd. e ti.* V. *escarnecer*. [C.:3]

es.ca.ro.la [Esp. *escarola*.] *sf. Bot.* Variedade de chicória.

es.car.pa [It. *scarpa*.] *sf.* Ladeira íngreme.

es.car.pa.do [*Escarpar*. ◫17A] *adj.* Íngreme.

es.car.ra.dei.ra [*Escarrar*. ◫16A] *sf.* Vaso onde se escarra.

es.car.ran.char [V.E] *vtd. e p.* Montar ou assentar(-se) de pernas muito abertas. [C.: 1]

es.car.ra.pa.char [V.E] *vtd.* 1. Abrir muito (as pernas). *tc.* 2. Estatelar-se. *p.* 3. Sentar-se muito à vontade. [C.: 1]

es.car.rar [Lat. *screare*. ◫1A] *v.int.* 1. Expelir o escarro; expectorar. *td.* 2. Expelir da boca (escarro, sangue). [C.: 1]

es.car.ro [Dev. de *escarrar*.] *sm.* Matéria oriunda do sistema respiratório e eliminada pela boca.

es.car.var [Lat. *scarifare*. ◫1A] *vtd.* 1. Cavar superficialmente. 2. Aluir, abalar. [C.: 1]

es.cas.se.ar [*Escasso*. ◫1N] *vtd. e tdi.* 1. Dar com escassez. *int.* 2. Fazer-se escasso; rarear. [C.: 12A]

es.cas.sez (ê) [*Escasso*. ◫12A] *sf.* 1. Qualidade de escasso. 2. Falta, carência.

es.cas.so [Lat.vulg. **excarsu*.] *adj.* De que há pouco; parco, raro.

es.ca.to.lo.gi.a¹ [*Escat(o)-* + *-logia*.] *sf.* Estudo sobre os excrementos. § **es.ca.to.ló.gi.co**¹ *adj.*

es.ca.to.lo.gi.a² [*Escato-* + *-logia*.] *sf. Teol.* Tratado sobre os fins últimos do homem. § **es.ca.to.ló.gi.co**² *adj.*

es.ca.va.ção [Lat. *excavatione*. ◫2A] *sf.* 1. Ato ou efeito de escavar. 2. Remoção de aterro ou entulho para nivelar ou abrir cortes num terreno. [Pl.: -ções.]

es.ca.va.dei.ra [*Escavar*. ◫16A] *sf.* Nome comum a máquinas de escavar e revolver terra.

es.ca.va.dor (ô) [*Escavar*. ◫19A] *adj.* 1. Que cava ou escava. 2. *Zool.* Que cava o solo, nele formando galerias (diz-se de animais como a toupeira, a ratazana).

es.ca.var [Lat. *excavare*. ◫1A] *vtd.* 1. Formar cavidades em. 2. Cavar em roda. 3. Fazer escavação (2) em. *p.* 4. Formar cova ou cavidade. [C.: 1] § **es.ca.va.do** *adj.*

es.ca.vei.ra.do *adj.* Que lembra uma caveira, pelo rosto descarnado.

es.cla.re.cer *vtd.* 1. Iluminar, alumiar. 2. Tornar claro, compreensível. 3. Dar explicação a. *tdi.* 4. Esclarecer (3). *int.* 5. Tornar-se claro. *p.* 6. Informar-se. [C.: 2A (ê-é)]

es.cla.re.ci.do [Part. de *esclarecer*.] *adj.* 1. Que se esclareceu. 2. Instruído, culto. 3. Receptivo a novas ideias e comportamentos.

es.cla.re.ci.men.to [*Esclarecer*. ◫3A] *sm.* 1. Ação ou efeito de esclarecer(-se). 2. Explicação, justificação. 3. Informação, dado.

es.cle.ra [Lat.cient. *sclera*.] *sf. Anat.* Membrana branca externa que reveste posteriormente cada globo ocular em cerca de 5/6 e que se continua, anteriormente, com cada córnea. [Denom. ant.: *esclerótica*.]

es.cle.rac.tí.ni.o [Tax. *Scleractinia*.] *adj. sm. Zool.* Diz-se de, ou espécime dos escleractínios, ordem de corais antozoários, ger. coloniais, de exosqueleto calcário, considerados os principais construtores de recifes de corais; são os corais-duros. [Sin.: *madrepórico*.]

es.cle.rên.qui.ma [*Escler(o)-* + *-ênquima*.] *sm.* Tecido vegetal de sustentação, muito duro e resistente, formado por células mortas.

es.cle.ro.sar [*Esclerose*. ◫1A] *vtd. e p.* Fazer adquirir esclerose, ou adquiri-la. [C.: 1 (ó)]

es.cle.ro.se [Gr. *sklérosis*.] *sf. Med.* Endurecimento de formação anatômica, e consequente aumento, nela, de tecido conjuntivo. § **es.cle.ró.ti.co** *adj.*

es.cle.ró.ti.ca [Lat.med. *sclerotica*.] *sf. Anat.* V. *esclera*.

escoadoiro | escorchar

es.co.a.doi.ro ou **es.co.a.dou.ro** [*Escoar.*▫26B] *sm.* Lugar ou cano por onde se escoam águas, etc.

es.co.a.men.to [*Escoar.*▫3] *sm.* **1.** Ato de escoar(-se). **2.** Declive por onde as águas escoam.

es.co.ar [Lat. *excolare.*▫1A] *vtd.* **1.** Fazer correr lentamente (um líquido). **2.** Deixar escorrer. **3.** Fazer (o trânsito) fluir. *int.* **4.** Correr, escorrer. **5.** Esvair-se. **6.** Decorrer, passar(-se). **7.** Fluir (o trânsito). *p.* **8.** Escoar (3 a 6). [C.: 1D]

es.co.cês [▫38A] *adj.* **1.** Da Escócia (Grã--Bretanha). ● *sm.* **2.** O natural ou habitante da Escócia. [Flex.: *escoceses* (ê), *escocesa(s)* (ê).]

es.coi.ce.ar [*Es-* + *coice* + *-ear.*▫1N] *vtd.* **1.** Dar coice em. **2.** Tratar brutalmente; insultar. *int.* **3.** Escoicear (1). [C.: 12A]

es.coi.mar [*Es-* + *coima* + *-ar².*▫1A] *vtdi.* **1.** Livrar (de impurezas, ou, *fig.*, de falhas, etc.); limpar. *p.* **2.** Livrar-se. [C.: 1]

es.col [*Escolher.*] *sm.* **1.** Elite. **2.** As pessoas mais cultas. [Pl.: *-cóis*.]

es.co.la [Lat. *schola.*] *sf.* **1.** Estabelecimento público ou privado onde se ministra ensino coletivo. **2.** Os alunos, professores e pessoal duma escola. **3.** Sistema ou doutrina de pessoa notável em ramo de saber e seus seguidores. ◆ **Escola de samba.** Sociedade musical e recreativa, composta de sambistas, passistas, compositores, músicos, figurinistas, etc., e que promove festejos, espetáculos e desfiles (esp. no carnaval). **Fazer escola.** Servir de modelo, de exemplo a ser seguido.

es.co.la.do [*Escola.*▫17B] *adj. Bras.* Esperto, sabido.

es.co.lar [Lat. *scholare.*▫40] *adj2g.* **1.** Relativo a escola. ● *s2g.* **2.** Estudante, aluno.

es.co.la.ri.da.de [*Escolar.*▫14] *sf.* Aprendizagem escolar.

es.co.la.ri.zar [*Escolar.*▫1D] *vtd.* e *p.* Submeter(-se) ao ensino escolar. [C.: 1]

es.co.lás.ti.ca [Lat. *scholastica.*] *sf.* Filosofia cristã da Idade Média, caracterizada sobretudo pelo problema da relação entre fé e razão. § **es.co.lás.ti.co** *adj.*

es.co.lha (ô) [Dev. de *escolher.*] *sf.* **1.** Ato ou efeito de escolher. **2.** Preferência, predileção. **3.** Opção. **4.** *Bras.* Café inferior. ◆ **Múltipla escolha.** Teste em que cada questão apresenta várias respostas, devendo-se escolher a correta.

es.co.lher [*Es-* + *colher* (ê).] *vtd.* **1.** Decidir-se por (algo, alguém); ter como preferência; preferir. **2.** Fazer seleção de: *escolher grãos*. *tdi.* e *ti.* **3.** Optar (entre 2 ou mais pessoas ou coisas). *transobj.* **4.** Eleger, nomear. [C.: 2 (ô-é)] § **es.co.lhi.do** *adj. sm.*

es.co.lho (ô) [It. *scoglio.*] *sm.* Rochedo à superfície da água.

es.co.li.o.se [Gr. *skolíosis.*] *sf. Med.* Desvio lateral da coluna vertebral. § **es.co.li.ó.ti.co** *adj.*

es.co.lo.pa.cí.de:o [Tax. *Scolopacidae.*] *adj. sm. Zool.* Diz-se de, ou espécime dos escolopacídeos, família de aves caradriiformes, paludícolas. Ex.: maçaricos, narcejas.

es.col.ta [Esp. *escolta.*] *sf.* **1.** Conjunto de policiais, embarcações, aviões, etc., que acompanham ou defendem pessoa(s) ou coisa(s). **2.** Séquito. **3.** *P.ext.* Ação de escoltar.

es.col.tar [*Escolta.*▫1A] *vtd.* **1.** Acompanhar para defender ou guardar. **2.** Ir ou seguir junto de; acompanhar. [C.: 1]

es.com.brí.de:o [Tax. *Scombridae.*] *adj. sm. Zool.* Diz-se de, ou espécime dos escombrídeos, fam. de peixes perciformes, marinhos. Ex.: o atum.

es.com.bros [Esp. *escombros.*] *smpl.* Entulhos, destroços.

es.con.de-es.con.de [*Esconder*, reduplicado.] *sm2n.* Jogo infantil em que uma criança deve procurar as outras, que se esconderam.

es.con.der [Lat. *abscondere.*▫1B] *vtd.* **1.** Pôr em lugar oculto; ocultar. **2.** Não revelar. **3.** Disfarçar, dissimular. *tdi.* **4.** Esconder (1 e 2). *tdc.* **5.** Esconder (1). *p.* **6.** Ocultar-se. **7.** Disfarçar-se, mascarar-se. [C.: 2] § **es.con.di.do** *adj. sm.*

es.con.de.ri.jo [Esp. *escondrijo.*] *sm.* Lugar onde alguém ou algo se esconde.

es.con.di.das *el. sm. pl.* Us. na loc. adv. *às escondidas*. ◆ **Às escondidas.** Ocultamente.

es.con.ju.rar [*Es-* + *conjurar.*] *vtd.* **1.** Exorcismar. **2.** Fazer imprecações contra; amaldiçoar. **3.** Afastar. *int.* **4.** Esconjurar (2). *p.* **5.** Lastimar--se, lamentar-se. [C.: 1]

es.con.ju.ro [Dev. de *esconjurar.*] *sm.* **1.** Juramento com imprecações. **2.** Exorcismo.

es.con.so [Lat. *absconsu.*] *adj.* Oculto, escondido.

es.co.pe.ta (ê) [Esp. *escopeta.*] *sf.* Antiga espingarda curta.

es.co.po (ô) [Lat. *scopu.*] *sm.* Alvo, mira; intenção.

es.co.pro (ô) [Lat. *scalpru.*] *sm.* Instrumento de ferro e aço, para lavrar madeiras, pedras, etc.

es.co.ra [Fr.ant. *escore.*] *sf.* **1.** V. *esteio* (1). **2.** *Fig.* Amparo, arrimo.

es.co.rar [*Escora.*▫1A] *vtd.* **1.** Segurar com escora(s). **2.** Amparar (1). **3.** *Bras.* Esperar (alguém) de emboscada; tocaiar. **4.** *Bras.* Enfrentar, detendo. *tdc.* **5.** Escorar (2). *p.* **6.** Amparar-se, estear-se. [C.: 1 (ó)]

es.cor.bu.to [Fr. *scorbut.*] *sm. Med.* Doença devida a carência de vitamina C, e caracterizada pela tendência a hemorragias.

es.cor.char [Lat.vulg. *excorticare.*▫1A] *vtd.* **1.** Tirar a casca ou cortiça de. **2.** Tirar a pele ou o revestimento de. **3.** Cobrar preço(s) exorbitante(s) a. **4.** Destruir. [C.: 1 (ó)]

es.cor.ço (ô) [It. *scorcio*.] *sm.* **1.** Desenho ou pintura em miniatura. **2.** *Fig.* Resumo, síntese.

es.co.re [Ingl. *score*.] *sm.* Resultado de uma partida esportiva expresso em números; contagem.

es.có.ri:a [Lat. *scoria*.] *sf.* **1.** Resíduo que se forma junto com a fusão dos metais. **2.** *Pej.* V. *ralé* (2).

es.co.ri.ar [Lat. *excoriare*. ▢1A] *vtd. e p.* Ferir(-se) superficialmente. [C.: 1] § **es.co.ri.a.ção** *sf.*

es.cor.pi.a.no *sm.* **1.** Indivíduo nascido sob o signo de Escorpião. ● *adj.* **2.** Diz-se de, ou pertencente ou relativo ao escorpiano.

es.cor.pi.ão [Lat. *scorpione*. ▢28] *sm.* **1.** *Zool.* Nome comum a escorpionídeos; lacrau. **2.** *Astr.* A oitava constelação do Zodíaco, situada no hemisfério sul. **3.** *Astrol.* O 8º signo do Zodíaco, relativo aos que nascem entre 23 de outubro e 21 de novembro. [Com inicial maiúsc., nas acepçs. 2 e 3.] [Pl.: -ões.]

es.cor.pi.o.ní.de:o [Tax. *Scorpionida*.] *adj. sm.* *Zool.* Diz-se de, ou espécime dos escorpionídeos, ordem de aracnídeos cujo abdome tem 12 segmentos, os 5 últimos formando cauda com aguilhão, pelo qual inoculam peçonha.

es.cor.ra.çar [V.C] *vtd.* **1.** Pôr para fora, expulsar, com desprezo. **2.** Afugentar, batendo. [C.: 1B]

es.cor.re.dor (ô) [*Escorrer*. ▢19A] *sm.* *Bras.* Utensílio, ger. de plástico ou de metal, em que se põe algo para secar ou para escorrer: *escorredor de pratos*.

es.cor.re.ga [Dev. de *escorregar*.] *sf.* Escorregador (2).

es.cor.re.ga.de.la [*Escorregar*. ▢7A] *sf.* **1.** Ato ou efeito de escorregar; escorregão. **2.** *Fig.* Erro, deslize.

es.cor.re.ga.di:o *adj.* **1.** Em que se escorrega facilmente. **2.** *Fig.* Difícil de segurar, ou de controlar, ou de conhecer. **3.** *Fig.* Que foge a perguntas, ou as evita.

es.cor.re.ga.dor (ô) [*Escorregar*. ▢19A] *adj.* **1.** Que escorrega. ● *sm.* **2.** Plano inclinado para as crianças se divertirem, escorregando; escorrega.

es.cor.re.gão [*Escorregar*. ▢2] *sm.* Escorregadela (1). [Pl.: -*gões*.]

es.cor.re.gar [Lat.vulg. *excurricare*. ▢1A] *v.int.* **1.** Deslizar com o próprio peso; resvalar. **2.** Ser escorregadio. **3.** Cometer erro, falta, deslize. *ti.* **4.** Incorrer; cair. **5.** Cometer erro. *tdc.* **6.** Deslizar. [C.: 1C (é)]

es.cor.rei.to [Lat. **excorrectu*.] *adj.* **1.** Sem defeito ou lesão. **2.** Apurado, correto.

es.cor.rer [Lat. *excurrere*. ▢1B] *vtd.* **1.** Fazer correr ou esgotar (o líquido). **2.** Tirar a (algo) o líquido com que se achava misturado. *tc.* **3.** Fluir, escoar. *int.* **4.** Gotejar, pingar. **5.** *Fig.* Descair, pender. [C.: 2 (ô-ó)]

→ **escort** (escórti) [Ingl.] *s2g.* V. *escorte*.

es.cor.te [Ingl. *escort*.] *s2g.* Profissional que serve como acompanhante em eventos, recepções, etc., e, às vezes, tb., sexualmente.

es.cor.va [It.ant. *scroba*.] *sf.* Porção de pólvora para comunicar fogo à carga dum foguete ou dum tiro de mina.

es.cor.var [*Escorva*. ▢1A] *vtd.* Pôr escorva em. [C.: 1]

es.co.te [Fr.ant. *escot*.] *sm.* A parte que cada um deve pagar de uma despesa comum.

es.co.tei.ro[1] [*Escote*. ▢25] *adj.* **1.** Que viaja sem bagagem. **2.** Só, desacompanhado.

es.co.tei.ro[2] [Ingl. *scout* + *-eiro*. ▢25] *sm.* **1.** Membro de qualquer unidade de escotismo. [Cf. *bandeirante* (2).] ● *adj.* **2.** Relativo ao escotismo.

es.co.ti.lha [Esp. *escotilla*.] *sf.* Abertura em convés do navio.

es.co.tis.mo [*Escot*(*eiro*[2]). ▢11] *sm.* Organização mundial de educação fora da escola, fundada por Baden Powell (1857-1941), e que visa a desenvolver, nos jovens, um comportamento baseado em valores éticos.

es.co.va[1] (ô) [Dev. de *escovar*.] *sf.* Utensílio para limpar, lustrar, pentear, etc., que consta de placa onde são inseridos filamentos flexíveis de cerda, fio sintético ou metal. ◆ **Fazer escova.** Dar forma ao cabelo secando e penteando com escova e secador elétrico.

es.co.va[2] (ô) [Lat. *scopa*.] *sf.* Escovadela (1).

es.co.va.de.la [*Escovar*. ▢7A] *sf.* **1.** Ato de escovar; escova. **2.** *Fig.* Pito, repreensão.

es.co.va.do [*Escovar*. ▢17A] *adj.* **1.** Limpo, ou penteado com escova. **2.** *Pop.* Bem vestido. **3.** *Bras. Fam.* Esperto, ladino.

es.co.var [*Escova*. ▢1A] *vtd.* **1.** Limpar com escova. **2.** Pentear com escova. **3.** *Fig.* Repreender, censurar. **4.** *Fig.* Surrar. [C.: 1 (ó)]

es.cra.va.tu.ra [F. irreg. a partir de *escravo*. ▢5B] *sf.* **1.** Tráfico de escravos. **2.** Escravidão (2).

es.cra.vi.dão [*Escravo* + *-idão*.] *sf.* **1.** Condição de escravo; cativeiro, servidão. **2.** Regime social de sujeição do homem e utilização de sua força para fins econômicos, e como propriedade privada; escravatura. [Pl.: -*dões*.]

es.cra.vi.zar [*Escravo*. ▢1D] *vtd.* **1.** Tornar escravo. **2.** *P.ext.* Oprimir, subjugar. *p.* **3.** Fazer-se escravo. [C.: 1]

es.cra.vo [Lat.med. *sclavu*.] *adj. sm.* **1.** Que, ou aquele que está sujeito a um senhor, como propriedade dele. **2.** *P.ext.* Que, ou aquele que está inteiramente sujeito a outrem, ou a alguma coisa.

es.cra.vo.cra.ci.a [*Escravo* + *-cracia*.] *sf.* O predomínio dos escravocratas.

escravocrata | escuma

es.cra.vo.cra.ta [Escravo + -crata.] adj2g. 1. Em que há escravidão, ou que é partidário dela. ●s2g. 2. Partidário dela.

es.cre.te [Ingl. scratch.] sm. V. seleção (2).

es.cre.ven.te [Escrever. ▣21] s2g. Quem copia o que outrem escreve ou dita; escriturário.

es.cre.ver [Lat. scribere. ▣1B] vtd. 1. Representar por meio de escrita. 2. Criar (obra literária, científica, etc.). 3. Bras. Pop. Lançar multa a (infrator de trânsito). tdi. e ti. 4. Dirigir carta(s), bilhete(s), etc. int. 5. Criar obra literária, científica, etc. 6. Exercer a profissão de escritor. p. 7. Cartear-se; corresponder-se. [C.: 2 (é-é). Part.: escrito.]

es.cre.vi.nhar [Escrev(er). ▣1] vtd. 1. Escrever (algo sem proveito ou valor). int. 2. Escrever mal. [C.: 1]

es.cri.ba [Lat. scriba.] sm. 1. Entre os judeus, aquele que lia e interpretava as leis. 2. Aquele que tinha por profissão copiar. ● s2g. 3. Pop. Mau escritor.

es.crí.ni.o [Lat. scriniu.] sm. Cofrezinho estofado, para guardar joias.

es.cri.ta [F.subst. de escrito.] sf. 1. Representação de palavras ou ideias por sinais; escritura. 2. Grafia (1). 3. Ato de escrever. 4. Aquilo que se escreve. 5. Escrituração mercantil. 6. Bras. O que constitui uma rotina.

es.cri.to [Lat. scriptu.] adj. 1. Representado ou expresso pela escrita (1). ●sm. 2. Composição literária ou científica.

es.cri.tor (ô) [Lat. scriptore. ▣19] sm. Autor de obras literárias e/ou científicas.

es.cri.tó.ri.o [Lat. scriptoriu. ▣23] sm. 1. Compartimento da casa destinado à leitura e à escrita; gabinete. 2. Lugar onde se faz o expediente duma administração ou se tratam negócios.

es.cri.tu.ra [Lat. scriptura. ▣5] sf. 1. Documento autêntico de um contrato. 2. Escrita (1). 3. Restr. A Bíblia. ♦ **Sagrada Escritura.** A Bíblia.

es.cri.tu.rar [Escritura. ▣1A] vtd. 1. Registrar sistematicamente (contas comerciais). 2. Lavrar (documento autêntico). [C.: 1] § es.cri.tu.ra.ção sf.

es.cri.tu.rá.ri.o [Escritura. ▣24] sm. 1. Quem escritura. 2. Escrevente.

es.cri.va.ni.nha sf. 1. Mesa com apetrechos para escrever. 2. P.ext. Carteira (2).

es.cri.vão [B.-lat. scribane. ▣28B] sm. Oficial público que escreve autos, atas e outros documentos de fé pública. [Pl.: -vães. Fem.: escrivã.]

es.cro.fu.la.ri.á.ce.a [Tax. Scrophulariaceae.] sf. Bot. Espécie das escrofulariáceas, família de plantas que apresentam flores zigomorfas e fruto capsular ou bacáceo. § es.cro.fu.la.ri.á.ce.o adj.

es.cro.que [Fr. escroc.] s2g. O que se apodera de bens alheios por manobras fraudulentas.

es.cro.to (ô) [Lat. scrotu.] Anat. sm. Bolsa que contém os testículos. § es.cro.tal adj2g.

es.crú.pu.lo [Lat. scrupulu.] sm. 1. Hesitação ou dúvida de consciência; melindre. 2. Cuidado, zelo.

es.cru.pu.lo.so (ô) [Lat. scrupulosu. ▣37] adj. Que tem escrúpulos. [Pl.: -losos (ó).]

es.cru.tar [Lat. scrutare. ▣1A] vtd. Investigar, pesquisar. [C.: 1]

es.cru.ti.nar [Lat. scrutinare. ▣1A] v.int. e td. Verificar os votos, apurar o número deles e conferi-los. [C.: 1]

es.cru.tí.ni.o [Lat. scrutiniu.] sm. 1. Votação em urna. 2. P.ext. Apuração de votos.

es.cu.dar [Escudo. ▣1A] vtd. 1. Cobrir ou defender com escudo. 2. Proteger, defender. tdi. 3. Escudar (2). p. 4. Estribar-se, apoiar-se. [C.: 1]

es.cu.dei.ro [Lat. scutariu. ▣25] sm. Na Idade Média, pajem que carregava o escudo do cavaleiro e/ou acompanhava à guerra.

es.cu.de.la [Lat. scutella.] sf. Tigela de madeira, pouco funda.

es.cu.de.ri.a [It. scuderia, poss. ▣15A] sf. Organização proprietária de carros de corrida esp. fabricados para disputar provas automobilísticas.

es.cu.do [Lat. scutu.] sm. 1. Arma defensiva contra golpes de espada ou de lança. 2. Peça com representações de armas ou os brasões. 3. Zool. Placa triangular, dura, que recobre o tegumento de animais como os crustáceos, etc.

es.cu.la.char vtd. Pop. Descompor, desmoralizar; esculhambar. [C.: 1] § es.cu.la.cha.do adj.

es.cu.lham.bar vtd. e ti. Pop. 1. V. esculachar. 2. Estragar; danificar. p. 3. Arruinar-se. [C.: 1]

es.cul.pir [Lat. sculpere. ▣1C] vtd. 1. Trabalhar (pedra, madeira, barro, etc.), imprimindo-lhe uma forma particular. 2. Fig. Imprimir, gravar. int. 3. Trabalhar como escultor. [C.: 8. Embora defectivo, é, pop., conjugado em todas as pessoas e tempos: eu esculpo, esculpes, etc.]

es.cul.tor (ô) [Lat. sculptore. ▣19] sm. Artista que faz a escultura (2).

es.cul.tu.ra [Lat. sculptura. ▣5] sf. 1. Arte de trabalhar a matéria entalhando a madeira, modelando o barro, cinzelando a pedra ou o mármore, fundindo o metal, para representar em relevo estátuas, figuras, obras abstratas, etc. 2. Obra de arte assim realizada.

es.cul.tu.ral [Escultura. ▣39] adj2g. 1. Concernente à escultura. 2. Que tem formas perfeitas. [Pl.: -rais.]

es.cu.ma [Do germ.] sf. V. espuma.

escumadeira | esfoladura

es.cu.ma.dei.ra [*Escumar.*⬚16A] *sf.* Colher crivada de orifícios, para tirar a escuma dos líquidos; espumadeira.

es.cu.mar [*Escuma.*⬚1A] *vtd. e int.* V. *espumar.* [C.: 1]

es.cu.mi.lha [*Escuma* + *-ilha,* poss.] *sf.* 1. Chumbo moído para caçar pássaros. 2. Tecido fino e transparente de lã ou seda.

es.cu.na [Ingl. *schooner.*] *sf.* Antigo navio à vela.

es.cu.ras *el. sf. pl.* Us. na loc. adv. *às escuras.* ◆ **Às escuras.** No escuro.

es.cu.re.cer [*Escuro.*⬚1P] *vtd.* 1. Tornar escuro: *O corte de energia escureceu o bairro.* 2. Fazer diminuir a luz de: *O sol escondeu-se, escurecendo o dia.* 3. Apagar o brilho, a glória de. 4. Tornar obscuro. 5. Turvar, perturbar. *int.* 6. Tornar-se escuro. 7. Turvar-se (a vista). 8. Anoitecer. [C.: 2A (ê-é). Na acepç. 8, é impess., v. 7.]

es.cu.ri.dão [*Escuro* + *-idão.*] *sf.* 1. Estado do que é escuro. 2. Falta de luz; escuro. 3. *Fig.* Ignorância. [Pl.: *-dões.*]

es.cu.ro [Lat. *obscuru.*] *adj.* 1. Falto de luz; pouco claro. 2. Tirante a negro. 3. *Fig.* Misterioso, escuso. ● *sm.* 4. Escuridão (2).

es.cu.sa [Dev. de *escusar.*] *sf.* 1. Ato ou efeito de escusar(-se). 2. Desculpa, justificativa.

es.cu.sa.do [*Escusar.*⬚17A] *adj.* Inútil, desnecessário.

es.cu.sar [Lat. *excusare.*⬚1A] *vtd.* 1. Admitir desculpas de; desculpar. 2. Dispensar. 3. Servir de desculpa; justificar. *tdi.* 4. Escusar (1 e 2). *p.* 5. Desculpar-se. 6. Recusar-se, negar-se. [C.: 1] § **es.cu.sá.vel** *adj2g.*

es.cu.so [Lat. *absconsu.*] *adj.* 1. Esconso, escondido. 2. Suspeito.

es.cu.ta [Dev. de *escutar.*] *sf.* Ato de escutar. ◆ **Escuta eletrônica.** *Telecom.* Sistema de escuta que registra emissões eletromagnéticas provenientes de radares, de redes de telecomunicações, de aviões, etc.

es.cu.tar [Lat. *auscultare.*⬚1A] *vtd.* 1. Tornar-se ou estar atento para ouvir. 2. Ouvir (1). 3. Atender os conselhos de. *int.* 4. Prestar atenção para ouvir alguma coisa. [C.: 1]

es.cu.ti.for.me [Lat. *scutum*, 'escudo', + *-iforme.*] *adj2g.* Em forma de escudo (1).

es.drú.xu.lo [It. *sdrucciolo.*] *adj.* 1. *E.Ling.* Proparoxítono. 2. *Pop.* Esquisito, excêntrico. ● *sm.* 3. *E.Ling.* Proparoxítono.

■ **E.S.E.** Abrev. de *és-sudeste.*

es.fa.ce.lar [*Esfacelo,* tipo de gangrena.⬚1A] *vtd.* 1. Arruinar, destruir. 2. Fazer em pedaços. *p.* 3. Arruinar-se. 4. Desfazer-se. [C.: 1 (é)] § **es.fa.ce.la.men.to** *sm.*

es.fai.ma.do [*Esfaimar.*⬚17A] *adj.* Faminto.

es.fal.far [V.C] *vtd. e p.* Enfraquecer(-se) por trabalho ou doença; esgotar(-se); extenuar(-se). [C.: 1]

es.fa.que.ar [*Es-* + *faca* + *-ear.*⬚1N] *vtd.* 1. Ferir ou matar com faca. *int.* 2. *Fam.* Cobrar preço exorbitante. *p.* 3. Ferir-se mutuamente com faca. [C.: 12A]

es.fa.re.lar [*Es-* + *farelo* + *-ar*².⬚1A] *vtd.* 1. Converter em farelo; esmigalhar. 2. Quebrar, esfacelar. 3. *Fig.* Fragmentar. *p.* 4. Converter-se em farelo, ou como que em farelo. [C.: 1 (é)]

es.far.ra.pa.do [*Esfarrapar.*⬚17A] *adj.* 1. De vestes em farrapos; roto. 2. *Fig.* Sem consistência (desculpa).

es.far.ra.par *vtd.* 1. Reduzir a farrapos; esfrangalhar. 2. Rasgar, dilacerar. *p.* 3. Rasgar-se, esfrangalhar-se. [C.: 1]

es.fe.nis.cí.de.o [Tax.*Spheniscidae.*] *adj.sm.Zool.* Diz-se de, ou espécime dos esfeniscídeos, fam. de aves marinhas esfenisciformes com asas modificadas em paletas natatórias. São os pinguins.

es.fe.nis.ci.for.me [Tax. *Spheniscíformes.*] *adj2g. sm. Zool.* Diz-se de, ou espécime dos esfenisciformes, ordem de aves oceânicas do hemisfério austral. São típicas das zonas subantártica e antártica, e as mais numerosas.

es.fe.ra [Lat. *sphaera.*] *sf.* 1. Região do espaço limitada por uma superfície esférica que tem todos os seus pontos à mesma distância de um ponto central. 2. Qualquer corpo redondo; bola, globo. 3. *Fig.* Ambiente social; círculo. 4. *Fig.* V. *campo* (5).

es.fé.ri.co [Lat. *sphaericu.*⬚35B] *adj.* Em forma de esfera (2).

es.fe.ro.grá.fi.ca *adj.(f.) sf.* Diz-se da, ou a caneta em cuja ponta há uma esfera metálica que regula a saída da tinta.

es.fi:a.par [*Es-* + *fiapo* + *-ar*².⬚1A] *vtd., int. e p.* Desfazer(-se) em fiapos. [C.: 1]

es.fínc.ter [Gr. *sphinktér.*] *sm. Anat.* Faixa anular de fibras musculares que, ao relaxarem-se ou contraírem-se, regulam o trânsito de alguns ductos naturais do corpo. [Pl.: *esfíncteres.*] § **es.finc.te.ri.a.no** *adj.*

es.fin.ge [Lat. *Sphinge.*] *sf.* 1. Monstro mitológico, leão alado com cabeça e busto humanos, que matava os viajantes quando não deciframentos o enigma que lhes propunha. 2. *Fig.* Pessoa misteriosa.

es.fir.ra [Do ár.] *sf. Cul.* Iguaria de origem árabe, de formato triangular, feita com massa de farinha de trigo e recheio de carne, queijo ou verduras, no forno.

es.fo.gue.ar [*Es-* + *fogo* + *-ear.*⬚1N] *vtd.* 1. Afoguear (1 a 3). *p.* 2. Corar muito; enrubescer. 3. *Bras.* Perder a calma. [C.: 12A]

es.fo.la.du.ra [*Esfolar.*⬚5A] *sf.* Ato ou efeito de esfolar(-se).

esfolar | esgueirar

es.fo.lar [Lat.-hisp. *exfollare*.◻1A] *vtd.* **1.** Tirar a pele ou o couro de. **2.** Arranhar, escoriar. **3.** *Fig.* Vender caro a. *p.* **4.** Arranhar-se. [C.: 1 (ó)] § **es.fo.la.do** *adj.*

es.fo.me.a.do [*Esfomear*.◻17A] *adj.* V. *faminto*.

es.fo.me.ar [*Es-* + *fome* + *-ear*.◻1N] *vtd.* Causar fome a. [C.: 12A]

es.for.ça.do [*Esforçar*.◻17A] *adj.* **1.** Que se esforça para conseguir algo. **2.** Vigoroso, enérgico. **3.** Diligente, aplicado.

es.for.çar [*Es-* + *força* + *-ar*².◻1A] *vtd.* **1.** Dar força a. **2.** Encorajar, estimular. *int.* e *p.* **3.** Cobrar força, ânimo. **4.** Empregar todas as forças para conseguir algo. [C.: 1B (ó)]

es.for.ço (ô) [Dev. de *esforçar*.] *sm.* **1.** Atividade em que alguém mobiliza as suas forças, físicas e/ou morais, para atingir um fim. **2.** Vigor, energia. **3.** *Fig.* Ânimo, coragem. [Pl.: *esforços* (ó).]

es.fran.ga.lhar [*Es-* + *frangalho* + *-ar*².◻1A] *vtd.* e *p.* Esfarrapar(-se). [C.: 1]

es.fre.ga [Dev. de *esfregar*.] *sf.* **1.** Ato de esfregar. **2.** *Pop.* Surra, sova.

es.fre.ga.ção [*Esfregar*.◻2A] *sf.* Esfrega (1). [Pl.: *-ções*.]

es.fre.gão [*Esfregar*.◻28B] *sm.* Pano, ou outro objeto para esfregar, limpando. [Pl.: *-gões*.]

es.fre.gar [Lat. *exfricare*.◻1A] *vtd.* e *tdi.* **1.** Passar repetidamente a mão, ou um objeto apropriado, pela superfície de (um corpo), para produzir ou aumentar o calor, para limpar, etc. **2.** Roçar (uma coisa em outra). **3.** Friccionar, atritar. *p.* **4.** Roçar-se. [C.: 1C (é)]

es.fri.ar [*Es-* + *frio* + *-ar*².◻1A] *vtd.*, *int.* e *p.* **1.** Tornar(-se) frio. **2.** Tornar(-se) insensível, indiferente. [C.: 1] § **es.fri:a.men.to** *sm.*

es.fu.ma.çar *vtd.* **1.** Encher de fumaça. **2.** Defumar (alimentos). *p.* **3.** Encher-se de fumaça. **4.** *Fig.* Sumir; esfumar. [C.: 1]

es.fu.mar [It. *sfumare*.◻1A] *vtd.* **1.** Desenhar a carvão (3). **2.** Esbater com esfuminho. *p.* **3.** Desaparecer pouco a pouco. [C.: 1]

es.fu.mi.nho [It. *sfumino*.] *sm.* Rolo de feltro, etc., aparado em ponta, para esbater desenho a lápis, a carvão, etc.

es.fu.zi.an.te [*Esfuziar*.◻21] *adj2g.* **1.** Que esfuzia. **2.** *Fig.* Muito alegre, comunicativo; radiante. **3.** Próprio de pessoa esfuziante.

es.fu.zi.ar [*Esfuziar* (de *fuzil*).◻1A] *v.int.* Zunir como os projetis da fuzilaria. [C.: 1]

es.ga.da.nhar [*Es-* + *gadanho* + *-ar*².◻1A] *vtd.* e *p.* Ferir(-se) com as unhas; arranhar(-se). [C.: 1B]

es.gal.ga.do [*Es-* + *galgo* + *-ado*¹.◻17B] *adj.* Magro e alto como um galgo.

es.ga.lhar *vtd.* **1.** Desgalhar. *int.* e *p.* **2.** Dividir-se em novos ramos. [C.: 1]

es.ga.na.ção [*Esganar*.◻2A] *sf.* **1.** Ato de esganar. **2.** Gana, avidez. [Pl.: *-ções*.]

es.ga.na.do [*Esganar*.◻17A] *adj.* **1.** Faminto. **2.** Ávido, sôfrego.

es.ga.nar [*Es-* + *gana* + *-ar*².◻1A] *vtd.* **1.** Estrangular, sufocar. *p.* **2.** Mostrar-se sôfrego. [C.: 1]

es.ga.ni.çar [De *ganir*.] *vtd.* **1.** Tornar (a voz) aguda, à maneira de ganido. *p.* **2.** Cantar com som agudo. [C.: 1B] § **es.ga.ni.ça.do** *adj.*

es.gar [V.C] *sm.* Careta, trejeito.

es.ga.ra.va.ta.dor (ô) [*Esgaravatar*.◻19A] *sm.* **1.** Instrumento para limpar pequenos orifícios. **2.** Instrumento para remexer brasas.

es.ga.ra.va.tar ou **es.gra.va.tar** [*Es-* + *garavato* + *-ar*².◻1A] *vtd.* **1.** Limpar ou remexer com esgaravatador. **2.** Remexer com as unhas, as pontas dos dedos, objeto pontudo, etc.; escarafunchar. [C.: 1]

es.gar.çar [Lat. *exquartiare*, poss.◻1A] *vtd.* **1.** Dividir (o pano), apartando os fios; desfiar. **2.** Desfazer. *int.* **3.** Abrir-se (o tecido). *p.* **4.** Esgarçar (3). **5.** Desfazer-se. [C.: 1B]

es.ga.ze.a.do [*Esgazear*.◻17A] *adj.* **1.** Deslavado, desbotado (cor). **2.** Diz-se dos olhos inquietos, com expressão de espanto ou desvairamento.

es.ga.ze.ar [V.C] *vtd.* **1.** Volver (os olhos), deixando mais à vista a esclera. **2.** Volver (os olhos) com expressão desvairada. [C.: 12A]

es.go:e.lar [*Es-* + *goela* + *-ar*².◻1A] *vtd.* **1.** Dizer aos gritos. *int.* e *p.* **2.** Gritar muito, e em tom elevado. [C.: 1 (é)]

es.go.ta.du.ra [*Esgotar*.◻5A] *sf.* Ato ou efeito de esgotar(-se); esgotamento.

es.go.tar [*Es-* + *gota* (ô) + *-ar*².◻1A] *vtd.* **1.** Tirar até a última gota de; vazar. **2.** Engolir todo o conteúdo de. **3.** Consumir. **4.** Extenuar. **5.** Tratar inteiramente (um assunto). *int.* **6.** Esgotar (7 a 9). *p.* **7.** Exaurir-se, secar-se. **8.** Ser vendido (livro, jornal, mercadorias, ingresso, etc.) até ao último exemplar ou o final do estoque; acabar. **9.** Gastar-se por inteiro; consumir-se. [C.: 1 (ó)] § **es.go.ta.do** *adj.*; **es.go.ta.men.to** *sm.*

es.go.to (ô) [Dev. de *esgotar*.] *sm.* **1.** Cano ou orifício para dar vazão a qualquer líquido. **2.** Escoadouro para águas servidas e dejetos de conjuntos habitacionais. [Cf., nesta acepç., *galeria* (4).]

es.gri.ma [Occ. *escrima*.] *sf.* Arte de jogar com armas brancas: espada, sabre e florete.

es.gri.mir [Occ.ant. *escremir*.◻1C] *vtd.* **1.** Jogar ou manejar (armas brancas). *ti.* **2.** Esgrimir (4). *int.* **3.** Manejar armas brancas. **4.** *Fig.* Brigar, lutar. [C.: 3]

es.gri.mis.ta [*Esgrima*.◻36] *s2g.* Pessoa que esgrime.

es.guei.rar [V.C] *vtd.* **1.** Voltar (o olhar, os olhos) sorrateiramente. **2.** Mover disfarçadamente.

p. **3.** Mover-se ou retirar-se sorrateira ou cautelosamente. [C.: 1]

es.gue.lha (ê) [V.E] *sf.* Obliquidade, soslaio.
♦ **De esguelha.** De soslaio; de través.

es.gui.char [*Esguicho*. ▣1A] *vtd.* **1.** Expelir com força (um líquido) por tubo ou orifício. • *int. e tc.* **2.** Sair por abertura estreita, com ímpeto; jorrar. [C.: 1]

es.gui.cho [Or.onom., poss.] *sm.* **1.** Ato ou efeito de esguichar. **2.** Jacto de líquido.

es.gui.o [Lat. *exiguu*.] *adj.* Alto e delgado.

es.la.vo [Lat.med. *sclavu*.] *sm.* **1.** Grupo étnico e linguístico que abrange os poloneses, checos, eslovacos, búlgaros, rus. e outros povos afins, da Europa Central. **2.** Indivíduo desse grupo. • *adj.* **3.** Desse grupo.

es.ma:e.cer [*Esmaiar*. ▣1P] *v.int.* **1.** Perder a cor; desbotar, desmaiar. **2.** Perder as forças; enfraquecer. **3.** Desvanecer-se. *p.* **4.** Esmaecer (1). [C.: 2A (ê-é)]

es.ma.gar [Lat.vulg. *exmagare*. ▣1A] *vtd.* **1.** Comprimir até rebentar ou achatar. **2.** Triturar, macerar. **3.** *Fig.* Vencer, suplantar. **4.** *Fig.* Oprimir, tiranizar. **5.** *Fig.* Abater; afligir; angustiar. [C.: 1C] § **es.ma.ga.men.to** *sm.*

es.mal.tar [*Esmalte*. ▣1A] *vtd.* **1.** Cobrir ou ornar com esmalte. **2.** *Fig.* Enfeitar, adornar. [C.: 1] § **es.mal.ta.do** *adj.*

es.mal.te [Frânc. *smalt*.] *sm.* **1.** Substância transparente, aplicável em estado líquido, e que, após a secagem, produz película brilhante, de aspecto vítreo. **2.** *Anat.* Substância que reveste dentina de coroas dentárias. **3.** *Restr.* Espécie de esmalte (1) que se passa nas unhas para embelezá-las.

es.me.ral.da [Lat.vulg. *smaragda*.] *sf. Min.* Pedra preciosa, em geral verde.

es.me.ral.di.no [*Esmeralda*. ▣30] *adj.* Da cor da esmeralda.

es.me.rar [Lat.vulg. *exmerare*. ▣1A] *vtd.* **1.** Mostrar esmero em. *p.* **2.** Trabalhar com esmero. **3.** Aperfeiçoar-se. [C.: 1 (é)] § **es.me.ra.do** *adj.*

es.me.ril [Cat. *esmeril*, poss.] *sm.* **1.** Substância que contém óxido de ferro e que, pulverizada, serve para polir metais, pedras preciosas, etc. **2.** Pedra de amolar; amoladeira, mó. [Pl.: *-ris*.]

es.me.ri.lar ou **es.me.ri.lhar** [*Esmeril*. ▣1A] *vtd.* **1.** Polir com esmeril. **2.** *Fig.* Pesquisar, investigar. **3.** *Fig.* Apurar. *p.* **4.** Apurar-se. [C.: 1]

es.me.ro (ê) [Dev. de *esmerar*.] *sm.* **1.** Cuidado especial num serviço. **2.** Grande apuro.

es.mi.ga.lhar *vtd. e p.* Reduzir(-se) a migalhas; espedaçar(-se). [C.: 1]

es.mi.lo.don.te [Adapt. do tax. *Smilodon*.] *sm. Paleont.* Felídeo feroz, com cerca de 1,5m de comprimento, rabo e pernas curtas, e 2 enormes dentes caninos superiores. Extinguiu-se há cerca de 11.000 anos e fósseis foram encontrados nas Américas do Norte e do Sul. [Sin.: *tigre-de-dentes-de-sabre*.]

es.mir.rar-se [*Es-* + *mirrar* + *se*[1]] *vp.* Secar, murchar(-se), mirrar-se. [C.: 1]

es.mi:u.çar [*Es-* + lat. *minutia* + *-ar*[2]. ▣1A] *vtd.* **1.** Dividir em partes miúdas. **2.** Examinar, analisar. **3.** Explicar com minúcia; destrinçar. [C.: 1B (úç)]

es.mo (ê) [Dev. de *esmar*.] *sm.* Cálculo aproximado; estimativa. ♦ **A esmo. 1.** Ao acaso, sem rumo. **2.** Sem fundamento.

es.mo.la [Lat. *eleemosyna*.] *sf.* O que se dá aos necessitados; espórtula.

es.mo.lam.ba.do [*Esmolambar*. ▣17A] *adj. sm. Bras.* Diz-se de, ou quem está com a roupa em molambos.

es.mo.lar [*Esmola*. ▣1A] *vtd. e int.* Dar esmola a, ou pedir esmolas. [C.: 1 (ó)]

es.mo.ler (lér) [*Esmola*.] *adj2g. s2g.* **1.** Que, ou quem dá esmolas. **2.** *Bras. Pop.* Que, ou quem as pede.

es.mo.re.cer *vtd.* **1.** Tirar o ânimo a. **2.** Diminuir a intensidade de. *int.* **3.** Perder o ânimo; desanimar(-se). **4.** Desmaiar, desfalecer. **5.** Apagar-se; extinguir-se. [C.: 2A (ê-é)] § **es.mo.re.ci.do** *adj.*; **es.mo.re.ci.men.to** *sm.*

es.mur.rar *vtd.* Dar murros em. [C.: 1]

es.no.bar [*Esnobe*. ▣1A] *vtd.* **1.** Tratar com desprezo a. *int.* **2.** Proceder como esnobe. [C.: 1 (ó)] § **es.no.ba.ção** *sf. (bras.)*

es.no.be [Ingl. *snob*.] *adj2g. s2g.* Que, ou quem tem, ou denota esnobismo.

es.no.bis.mo [*Esnobe*. ▣11] *sm.* **1.** Tendência a desprezar relações humildes e a admirar e/ou respeitar com exagero os que têm grande prestígio ou alta posição social. **2.** Exacerbado sentimento de superioridade.

és-nor.des.te *sm.* **1.** Ponto do horizonte situado entre o E. e o N.E. **2.** Vento que sopra desse rumo. **3.** Região ou regiões sitas a és-nordeste (1). • *adj2g.* **4.** Situado a és-nordeste (1), ou dele procedente. [Abrev. de 1 e 3: *E.N.E.* Sin. ger.: *lés-nordeste*. Pl.: *és-nordestes*.]

e.so.fa.gi.te [*Esôfago* + *-ite*[1].] *sf. Med.* Inflamação do esôfago.

e.sô.fa.go [Gr. *oisophágos*.] *sm. Anat.* Órgão que comunica a faringe com o estômago. § **e.so.fa.gi.a.no** *adj.*

e.so.té.ri.co [Lat. *esotericu*. ▣35B] *adj.* **1.** *Filos.* Diz-se de ensinamento que, em escolas da Grécia antiga, era dado somente a um círculo restrito. **2.** Relativo a conhecimento de ordem sobrenatural, próprio para os iniciados. [Cf. *exotérico*.] § **e.so.te.ris.mo** *sm.*

es.pa.çar [*Espaço*. ▣1A] *vtd.* **1.** Abrir intervalo entre; espacejar. **2.** Adiar, protelar. **3.** Aumentar o intervalo (2) entre. [C.: 1B]

espacejar | espargir

es.pa.ce.jar [*Espaço*.◘1E] *vtd.* **1.** Espaçar (1). **2.** *Tip.* Abrir espaços entre (palavras, letras, linhas). [C.: 1 (ê)] § **es.pa.ce.ja.men.to** *sm.*

es.pa.ci.al [Fr. *spatial*.◘39] *adj2g.* Relativo ao espaço (4), ou que nele se realiza. [Pl.: *-ais.*]

es.pa.ço [Lat. *spatiu*.] *sm.* **1.** Distância entre 2 pontos; área ou volume entre limites determinados. **2.** Lugar mais ou menos bem delimitado, que pode ser ocupado por algo ou alguém. **3.** Extensão contínua e indefinida na qual as coisas existem e se movem. **4.** V. *espaço sideral*. **5.** Período ou intervalo de tempo. **6.** O claro (12) entre palavras adjacentes ou, mesmo, entre as letras duma palavra; branco.
◆ **Espaço aéreo.** O sobreposto a um terreno e que dele é parte integrante, ou o sobreposto ao território de um Estado, que nele exerce direitos de soberania. **Espaço sideral.** Região na qual o sistema solar, nossa galáxia e as demais galáxias existem; espaço.

es.pa.ço.na.ve [*Espaço + nave.*] *sf.* Veículo espacial, ger. tripulado; astronave, cosmonave, nave espacial.

es.pa.ço.so (ô) [Lat. *spatiosu*.◘37] *adj.* Que tem espaço; extenso, amplo. [Pl.: *-çosos* (ó).]

es.pa.ço-tem.po *sm. Fís.* Espaço quadrimensional, us. na teoria da relatividade, formado pelas 3 dimensões espaciais e por uma temporal. [Pl.: *espaços-tempo(s)*.]

es.pa.da [Lat. *spatha*.] *sf.* Arma branca de lâmina comprida e pontiaguda, com 1 ou 2 gumes.

es.pa.da.chim [It. *spadaccino*.] *s2g.* Quem luta com espada. [Pl.: *-chins.*]

es.pa.da-de-são-jor.ge *sf. Bot.* Planta asparagácea, herbácea, de folhas ornamentais. [Pl.: *espadas-de-são-jorge*.]

es.pa.da.gão [*Espada + -g- + -ão*¹.◘28A] *sm.* Espada grande. [Pl.: *-gões.*]

es.pa.da.na [De *espada*.] *sf.* **1.** Coisa em forma de espada. **2.** Labareda. **3.** Barbatana de peixe.

es.pa.da.nar [*Espadana*.◘1A] *vtd.* **1.** Deixar cair em borbotões. *int.* **2.** Sair em borbotões. [C.: 1]

es.pa.dar.te [Fr. *espaart*.] *sm. Zool.* Peixe xifiídeo do Atlântico, cuja maxila se prolonga em forma de espada.

es.pa.das *sfpl.* Um dos 4 naipes, preto, figurado com o ferro (2) duma lança.

es.pa.da.ú.do [*Espádua,* 'ombro', + *-udo.*] *adj.* De espáduas largas.

es.pa.dim [*Espada + -im.*] *sm.* Pequena espada. [Pl.: *-dins.*]

es.pá.du.a [Lat. *spathula*.] *sf. Anat.* A omoplata e as partes moles que a revestem; espalda.

es.pa.gue.te [It. *spaghetti*.] *sm.* Macarrão em fios, feito de sêmola de trigo.

es.pai.re.cer [*Es- + pair(ar) + -ecer.*◘1P] *vtd. e int.* Distrair(-se), recrear(-se). [C.: 2A (ê-é)]

es.pal.da [Lat. *spathula*.] *sf.* **1.** Espádua. **2.** V. *espaldar*.

es.pal.dar [*Espalda.*◘40] *sm.* Costas de cadeira; espalda, respaldo.

es.pa.lha.fa.to [V.C] *sm.* Balbúrdia, estardalhaço.

es.pa.lha.fa.to.so (ô) [*Espalhafato*.◘37] *adj.* **1.** Que faz espalhafato. **2.** Muito chamativo; espetaculoso. [Pl.: *-tosos* (ó).]

es.pa.lhar [*Es- + palha + -ar*².◘1A] *vtd.* **1.** Lançar para diferentes lados. **2.** Tornar público; divulgar. **3.** Difundir, emitir. *tdi.* **4.** Infundir, incutir. *int.* **5.** Dispersar-se. *p.* **6.** Debandar. **7.** Difundir-se. **8.** Divulgar-se. [C.: 1] § **es.pa.lha.do** *adj. sm.*; **es.pa.lha.men.to** *sm.*

es.pal.mar [*Es- + palma*¹ *+ -ar*².◘1A] *vtd.* **1.** Tornar plano como a palma da mão; aplainar. **2.** Aparar (a bola, peteca, etc.) com a(s) mão(s). *int.* **3.** Espalmar (2). [C.: 1] § **es.pal.ma.do** *adj.*

es.pa.na.dor (ô) [*Espanar*.◘19A] *sm.* Utensílio para espanar, feito de penas ou de tiras de pano, etc.

es.pa.nar [*Es- + pano*¹ *+ -ar*².◘1A] *vtd.* Sacudir o pó de. [C.: 1]

es.pan.car [*Es- + panca + -ar*².◘1A] *vtd.* Agredir com pancadas; surrar. [C.: 1A] § **es.pan.ca.men.to** *sm.*

es.pa.nhol [Lat. pop. **hispaniolu*.] *adj.* **1.** Da Espanha (Europa). ● *sm.* **2.** O natural ou habitante da Espanha. **3.** *E.Ling.* A língua espanhola. [Flex. de 1 e 2: *espanhóis, espanhola(s).*]

es.pa.nho.lis.mo [*Espanhol.*◘11] *sm.* Palavra, ou construção própria do espanhol (3).

es.pan.ta.di.ço *adj.* Que se espanta facilmente.

es.pan.ta.do [*Espantar*.◘17A] *adj.* Cheio de espanto, de pasmo; aturdido, atônito.

es.pan.ta.lho [*Espant(ar) + -alho.*] *sm.* **1.** Boneco ou qualquer objeto que se põe no campo (2) para espantar e afugentar aves ou roedores. **2.** *Fig.* Pessoa feia.

es.pan.tar [Lat.vulg. **expaventare*.◘1A] *vtd.* **1.** Causar espanto a. **2.** Pôr em fuga, por assombro, etc. **3.** *P.ext.* Afastar. *int.* **4.** Causar espanto. *p.* **5.** Encher-se de espanto. **6.** Ficar surpreso ou admirado. **7.** Assustar-se. [C.: 1]

es.pan.to [Dev. de *espantar*.] *sm.* **1.** Pasmo, admiração. **2.** Susto, sobressalto. **3.** Admiração.

es.pan.to.so (ô) [*Espanto*.◘37] *adj.* Que causa espanto; assombroso. [Pl.: *-tosos* (ó).]

es.pa.ra.dra.po [It. *sparadrappo*.] *sm.* Tira de material aderente us. para manter curativos no lugar, etc.

es.par.gir ou **es.par.zir** [Lat. *spargere*.◘1C] *vtd.* **1.** Espalhar ou derramar (um líquido). **2.** Espalhar em borrifos ou pequenas porções. [C.: 3A. Para alguns autores, só se deve conjugar nas f. em que *gue* ou *g* se seguir *e* ou *i*; para outros, deve-se conjugar em todas as f. Raramente é us. na 1ª pess. sing. do pres. ind. e, pois, no

esparramar | especulativo

es.par.ra.mar [Esp. *esparramar*.◘1A] vtd. e p. Espalhar(-se), dispersar(-se). [C.: 1] § **es.par.ra.ma.ção** sf.

es.par.re.la [V.E◘7] sf. 1. Armadilha de caça. 2. *Fig.* Logro.

es.par.so [Lat. *sparsu*.] adj. Disperso; espalhado.

es.par.ta.no [Lat. *spartanu*.◘29] adj. 1. De Esparta (Grécia). 2. *P.ext.* Sóbrio, austero (à maneira dos espartanos antigos). ● sm. 3. O natural ou habitante de Esparta.

es.par.ti.lho [*Esparto* + *-ilho*.] sm. 1. Colete com barbatanas us. outrora pelas mulheres. 2. Peça feminina semelhante ao espartilho (1), de tecido resistente, em versão moderna, us. ger. como roupa íntima.

es.par.to [Lat. *spartu*.] sm. *Bot.* Planta poácea, medicinal, e de que se fazem cestas, etc.

es.pas.mo [Lat. *spasmu*.] sm. *Med.* Contração súbita e involuntária de músculo(s), acompanhada de dor e de distúrbio funcional.

es.pas.mó.di.co [Lat.med. *spasmodicu*.◘35B] adj. Que se manifesta por espasmo, ou da natureza dele.

es.pa.ta [Lat. *spatha*.] sf. *Bot.* Bráctea ampla que envolve espiga como, p.ex., no antúrio.

es.pa.ti.far [V.E] vtd. e p. Fazer(-se) em pedaços; despedaçar(-se). [C.: 1]

es.pá.tu.la [Lat. *spathula*.] sf. Espécie de faca de madeira, metal, etc., para abrir os livros, ou espalmar, amolecer ou misturar preparações farmacêuticas.

es.pa.ven.tar [It. *spaventare*.◘1A] vtd. e p. Espantar(-se), assustar(-se). [C.: 1]

es.pa.ven.to [It. *spavento*.] sm. 1. Espanto, susto. 2. Aparato, pompa.

es.pa.vo.rir [*Es-* + *pavor* + *-ir*.◘1C] vtd. e p. Apavorar(-se), assustar(-se). [C.: 9] § **es.pa.vo.ri.do** adj.

es.pe.car [*Espeque*.◘1A] vtd. Suster em espeque; escorar. [C.: 1A (é)]

es.pe.ci.a.ção [Ingl. *speciation*.◘2A] sf. *Biol.* Processo evolutivo que leva à formação de novas espécies. [Pl.: -*ções*.]

es.pe.ci.al [Lat. *speciale*.◘39] adj2g. 1. Relativo a uma espécie; próprio, específico. 2. Exclusivo, reservado. 3. Fora do comum. [Pl.: -*ais*.]

es.pe.ci.a.li.da.de [Lat. *specialitate*.◘14] sf. 1. Qualidade de especial. 2. Coisa fora do comum, ou rara. 3. Trabalho, profissão (ou ramo dentro de uma profissão) específicos.

es.pe.ci.a.lis.ta [*Especial*.◘36] adj2g. s2g. Que, ou quem se dedica a uma especialidade (3).

es.pe.ci.a.li.za.do [*Especializar*.◘17A] adj. 1. Que se especializou. 2. *Anat.* Diz-se de órgão, tecido, etc., que desempenha uma função que lhe é privativa.

es.pe.ci.a.li.zar [*Especial*.◘1D] vtd. 1. Mencionar ou tratar à parte, de modo especial. *p.* 2. Dedicar-se a uma especialidade (3). [C.: 1] § **es.pe.ci.a.li.za.ção** sf.

es.pe.ci.al.men.te [*Especial*.◘42] adv. 1. De modo especial; particularmente. 2. De modo característico: *Hoje o dia foi especialmente quente*.

es.pe.ci.a.ri.a [*Espécie*.◘15] sf. Qualquer produto vegetal, aromático (cravo, canela, pimenta, etc.), us. para condimentar iguarias.

es.pé.ci.e [Lat. *specie*.] sf. 1. Gênero, natureza, qualidade. 2. Condição, casta. 3. Aquilo que comparamos a outra coisa, por lhe ser semelhante: *Este tecido é uma espécie de seda*. 4. *Biol.* Unidade biológica fundamental: grupo de organismos vivos muito semelhantes entre si e aos ancestrais, e que se cruzam.

es.pe.ci.fi.car [Lat. *specificare*.◘1A] vtd. 1. Indicar a espécie de. 2. Explicar minuciosamente. [C.: 1A]

es.pe.ci.fi.ci.da.de [*Específico*.◘14] sf. 1. Qualidade de específico. 2. Qualidade típica duma espécie.

es.pe.cí.fi.co [Lat. *specificu*.] adj. 1. De, ou próprio de espécie. 2. Exclusivo, especial.

es.pé.ci.me ou **es.pé.ci.men** [Lat. *specimen*.] sm. 1. Modelo, amostra. 2. *Bot. Zool.* Indivíduo representativo de uma família, de uma classe, etc. [Pl.: de *espécimen*: *especimens* e (p. us.) *especímenes*.]

es.pe.ci.o.so (ô) [Lat. *speciosu*.◘37] adj. 1. De aparência enganadora. 2. Belo, atraente. [Pl.: -*osos* (ó).]

es.pec.ta.dor (ô) [Lat. *spectatore*.◘19A] sm. 1. Quem assiste a um ato; testemunha. 2. Quem assiste a um espetáculo.

es.pec.tro [Lat. *spectru*.] sm. 1. Figura imaginária. 2. V. *fantasma* (3).

es.pe.cu.la.ção [Lat. *speculatione*.◘2A] sf. 1. Ato ou efeito de especular[2]. 2. Negócio, ger. prejudicial a outrem, que visa ao lucro fácil. [Pl.: -*ções*.]

es.pe.cu.lar[1] [Lat. *speculare*.◘40] adj2g. 1. Relativo a espelho. 2. *Med.* Relativo a exame realizado com espéculo.

es.pe.cu.lar[2] [Lat. *speculare*.◘1A] vtd. 1. Examinar com atenção; averiguar; pesquisar. *ti.* 2. Valer-se de certa posição, ou de circunstância, etc., para obter vantagens. 3. Informar-se minuciosamente. 4. Meditar, refletir. *int.* 5. Especular[2] (4). 6. Meter-se em operações financeiras visando apenas a lucros. [C.: 1] § **es.pe.cu.la.dor** (ô) adj. sm.

es.pe.cu.la.ti.vo [Lat. *speculativu*.◘22A] adj. Em que há especulação, ou caracterizado por ela.

espéculo | espiadela

es.pé.cu.lo [Lat. *speculu.*] *sm.* Instrumento médico com que se examina o interior de ducto ou de cavidade do corpo.

es.pe.da.çar [*Es-* + *pedaço* + *-ar*². ◼1A] *vtd. e p.* V. *despedaçar*(-se). [C.: 1C]

es.pe.le.o.lo.gi.a [*Espeleo-* + *-logia.*] *sf. Geol.* Estudo e exploração de cavernas, grutas, etc.

es.pe.le:o.lo.gis.ta [*Espeleologia.* ◼36] *s2g.* Especialista em espeleologia.

es.pe.lhan.te [*Espelhar.* ◼21] *adj2g.* Brilhante como um espelho.

es.pe.lhar [*Espelho.* ◼1A] *vtd.* **1.** Converter em espelho. **2.** Refletir como um espelho; retratar. *int.* **3.** Refletir a luz como um espelho; brilhar. *p.* **4.** Ver-se em espelho. **5.** Refletir-se, brilhar. [C.: 1 (é)]

es.pe.lho (ê) [Lat. *speculu.*] *sm.* **1.** *Ópt.* Superfície refletora de raios luminosos. **2.** Objeto que serve para refletir imagens. **3.** *Fig.* Modelo, exemplo. **4.** *Eng.Elétr.* Tampa de caixa de derivação de condutor elétrico, ou de caixa para interruptor ou tomada.

es.pe.lun.ca [Lat. *spelunca.*] *sf.* Local sujo e/ou escondido onde, ger. se joga cartas, etc.

es.pe.que [Fr. *anspect.*] *sm.* V. *esteio* (1).

es.pe.ra [Dev. de *esperar.*] *sf.* **1.** Ato ou efeito de esperar. **2.** Expectativa, esperança. **3.** V. *emboscada* (1).

es.pe.ran.ça [*Esperar.* ◼9A] *sf.* **1.** Ato de esperar o que se deseja. **2.** Expectativa. **3.** Fé em conseguir o que se deseja. **4.** O que se espera ou deseja. **5.** *Rel.* A segunda das 3 virtudes teologais (q.v.). **6.** *Bras. Zool.* Inseto ortóptero, ger. verde, com longas antenas.

es.pe.ran.ça.do [*Esperançar.* ◼17A] *adj.* Que tem esperança; esperançoso.

es.pe.ran.çar [*Esperança.* ◼1A] *vtd.* **1.** Dar esperança(s) a; animar. *p.* **2.** Ter esperança. [C.: 1B]

es.pe.ran.ço.so (ô) [*Esperança.* ◼37] *adj.* Esperançado. [Pl.: *-çosos* (ó).]

es.pe.ran.to [Pseudôn. *Esperanto.*] *sm. E.Ling.* Língua artificial, elaborada por Ludwik Lejzer Zamenhof (1859-1917).

es.pe.rar [Lat. *sperare.* ◼1A] *vtd.* **1.** Ter esperança em. **2.** Estar ou ficar à espera de. **3.** Supor, presumir. **4.** Aguardar em espera ou emboscada. *ti.* **5.** Ter fé; confiar. **6.** Ter esperança ou desejar: *esperar por um bem*. **7.** Esperar (2). *tdi.* **8.** Contar obter ou receber. *int.* **9.** Estar na expectativa. [C.: 1 (é)]

es.per.di.çar *vtd.* V. *desperdiçar* (1). [C.: 1B]

es.per.ma [Lat. *sperma.*] *sm. Biol.* Líquido fecundante produzido pelos órgãos genitais dos animais machos; sêmen.

es.per.ma.ce.te [Lat.med. *sperma ceti.*] *sm.* Substância gordurosa com que se fabricam velas luminosas.

es.per.ma.to.zoi.de (ói) [*Espermat(o)-* + *-zo(o)-* + *-oide.*] *sm. Biol.* Célula sexual masculina, móvel.

es.per.mi.ci.da [*Esperma* + *-i-* + *-cida.*] *adj2g. sm.* Diz-se de, ou substância que destrói espermatozoide.

es.per.ne.ar [*Es-* + *perna* + *-ear.* ◼1N] *v.int.* Agitar as pernas. [C.: 12A]

es.per.ta.lhão [*Esperto* + *-alhão.*] *adj. sm.* Diz-se de, ou homem muito esperto, finório. [Pl.: *-lhões.* Fem.: *espertalhona.*]

es.per.tar [Lat. **expertare*.* ◼1A] *vtd.* **1.** Tornar esperto (1). **2.** V. *despertar* (1). *int. e p.* **3.** V. *despertar* (7 e 9). **4.** Cobrar ânimo; animar-se. [C.: 1 (é)]

es.per.te.za (ê) [*Esperto.* ◼12] *sf.* Qualidade, ação, modos ou dito de pessoa esperta.

es.per.to [Lat.vulg. *expertu.*] *adj.* **1.** Acordado, desperto. **2.** Inteligente. **3.** Velhaco, espertalhão. **4.** Quase quente. [Cf. *experto.*]

es.pes.sar [Lat. *spissare.* ◼1A] *vtd. e p.* Tornar(-se) espesso. [C.: 1 (é)] § **es.pes.sa.men.to** *sm.*

es.pes.so (ê) [Lat. *spissu.*] *adj.* **1.** Grosso, denso. **2.** Basto, cerrado. **3.** Compacto, sólido.

es.pes.su.ra [*Espesso.* ◼5] *sf.* Qualidade de espesso; grossura.

es.pe.ta.cu.lar [*Espetáculo.* ◼40] *adj2g. Bras.* **1.** Que constitui espetáculo (1). **2.** Ótimo, excelente.

es.pe.tá.cu.lo [Lat. *spectaculu.*] *sm.* **1.** Tudo o que chama a atenção, atrai e prende o olhar. **2.** Representação teatral ou exibição de cinema, televisão, etc.; função. **3.** Cena ridícula ou escandalosa.

es.pe.ta.cu.lo.so (ô) [*Espetáculo.* ◼37] *adj.* **1.** Que dá muito na vista. **2.** Ostentoso, pomposo. **3.** Espalhafatoso (2). [Pl.: *-losos* (ó).]

es.pe.tar [*Espeto.* ◼1A] *vtd.* **1.** Furar com espeto. *p.* **2.** Cravar-se. **3.** Ferir-se. **4.** Arrepiar-se. [C.: 1 (é)]

es.pe.to (ê) [Gót. **spitus.*] *sm.* **1.** Utensílio de ferro ou de pau, para assar carne nele espetada. **2.** Pau aguçado numa das pontas. **3.** *Fig.* Pessoa alta e magra.

es.pe.vi.ta.do [*Espevitar.* ◼17A] *adj.* Vivo; petulante; saliente.

es.pe.zi.nhar [*Es-* + *pé* + *-z-* + *-inhar.* ◼1I] *vtd.* **1.** Calcar aos pés; pisar. **2.** *Fig.* Humilhar, rebaixar. [C.: 1]

es.pi.a¹ [Gót. **spaíha.*] *s2g.* **1.** Pessoa que às escondidas espreita as ações de alguém. **2.** Sentinela, vigia. **3.** Espião (2).

es.pi.a² *sf.* Qualquer cabo² (3) que se amarra no alto de mastros ou postes para mantê-los em equilíbrio.

es.pi.a.da [*Espiar.* ◼4] *sf. Bras.* Ato de espiar (1 e 3) rapidamente; espiadela.

es.pi.a.de.la [*Espiar.* ◼7A] *sf.* Espiada.

espião | espiritualismo

es.pi.ão [It. *spione*.] *sm.* **1.** Indivíduo que delata, por incumbência, o que observou e/ou escutou. **2.** Agente secreto; espia. [Pl.: *-ões*. Fem.: *espiã*.]

es.pi.ar [Gót. *spaíhôn*.■1A] *vtd.* **1.** Observar em segredo; espionar. **2.** Aguardar (ensejo, ocasião). **3.** *Bras.* Observar, olhar. *ti. e int.* **4.** Espiar (3). [C.: 1. Cf. *expiar*.]

es.pi.ca.çar [*Es-* + *pico*¹ + *-açar*.■1M] *vtd.* **1.** Ferir com o bico. **2.** Picar com instrumento agudo. **3.** Instigar, incitar. **4.** Afligir; torturar. [C.: 1B]

es.pi.char [*Espicho*.■1A] *vtd.* **1.** Esticar, estender. *int.* **2.** Crescer em altura. **3.** *Pop.* V. *morrer* (1). *p.* **4.** Deitar-se. [C.: 1]

es.pi.ga [Lat. *spica*.] *sf.* **1.** *Bot.* Inflorescência caracterizada por flores sésseis dispostas ao longo do eixo. **2.** *Fam.* Contratempo, maçada.

es.pi.ga.do [*Espigar*.■17A] *adj.* **1.** Que criou espiga. **2.** *Fig.* Diz-se de pessoa magra e alta.

es.pi.gão [*Espiga*.■28A] *sm.* **1.** Espiga grande. **2.** Pico de serra, monte ou rochedo. **3.** Divisor das águas do telhado. **4.** *Bras.* Edifício com muitos andares. [Pl.: *-gões*.]

es.pi.gar [Lat. *spicare*.] *v.int.* **1.** Criar espiga (o milho, etc.). **2.** Desenvolver-se, crescer. [C.: 1C]

es.pi.na.frar [*Espinafre*.■1A] *vtd. Bras. Gír.* Repreender ou criticar com dureza. [C.: 1] § **es.pi.na.fra.ção** *sf.*

es.pi.na.fre [Do ár.] *sm. Bot.* Erva quenopodiácea, hortense, rica em ferro.

es.pin.gar.da [Fr.ant. *espingarde*.] *sf.* Arma de fogo, de cano longo.

es.pin.gar.de.ar [*Espingarda*.■1N] *vtd.* Ferir ou matar com espingarda. [C.: 12A]

es.pi.nha [Lat. *spina*.] *sf.* **1.** *Anat.* Designação genérica de saliência óssea em forma de espinho. **2.** *Pop.* A coluna vertebral. **3.** Osso de peixe. **4.** Borbulha da pele, esp. do rosto. ◆ **Espinha dorsal. 1.** *Pop.* A coluna vertebral. **2.** *Fig.* Aquilo que dá sustentação, que constitui a estrutura principal.

es.pi.nha.ço [*Espinha* + *-aço*.] *sm.* **1.** *Pop.* Coluna vertebral. **2.** *Pop.* Costas, dorso. **3.** Serro.

es.pi.nhal [*Espinho*.■39] *adj2g.* Relativo a espinha (1 e 2). [Pl.: *-nhais*.]

es.pi.nhar [*Espinho*.■1A] *vtd. e p.* **1.** Picar(-se) ou ferir(-se) com espinho. **2.** Irritar(-se). [C.: 1]

es.pi.nhei.ro [*Espinho*.■25] *sm. Bot.* Arbusto rutáceo cujos frutos e folhas fornecem condimento.

es.pi.nhe.la [*Espinha*.■7] *sf. Pop.* O apêndice cartilaginoso do esterno.

es.pi.nhen.to [*Espinho*.■27] *adj.* Cheio de espinhos ou espinhas.

es.pi.nho [Lat. *spinu*.] *sm.* **1.** *Bot.* Excrescência dura e pungente da epiderme duma planta. **2.** *Zool.* Acúleo (3). **3.** *Zool.* Cerda do ouriço ou do porco-espinho. **4.** *Fig.* Pico, ponta. **5.** *Pop.* Dificuldade, embaraço.

es.pi.nho.so (ô) [*Espinho*.■37] *adj.* **1.** Que tem espinhos ou espinhas. **2.** *Fig.* Embaraçoso. [Pl.: *-nhosos*(ó).]

es.pi.nos.sau.ro [Tax. *Spinosaurus*.] *sm. Paleont.* Dinossauro terópode, com c. de 15m de comprimento e uma fileira de longos espinhos ao longo da coluna vertebral. Viveu no cretáceo, e fósseis foram achados na África e no Brasil.

es.pi.no.te.ar *v.int.* Dar pinotes. [C.: 12A]

es.pi:o.nar [Fr. *espionner*.■1A] *vtd.* **1.** Espreitar ou investigar como espião. **2.** Espiar (1). [C.: 1] § **es.pi:o.na.gem** *sf.*

es.pi.que [*Espeque*, poss.] *sm. Bot.* Estipe.

es.pi.ra [Lat. *spira*.] *sf.* **1.** Configuração da espiral. **2.** Cada volta da espiral. **3.** *Eng.Elétr.* Cada volta de uma bobina.

es.pi.ral [Lat.med. *spirale*.■39] *sf.* **1.** *Geom.* Curva plana gerada por um ponto móvel que gira em torno de um ponto fixo, ao mesmo tempo que dele se afasta ou se aproxima segundo uma lei determinada. **2.** Curva ou sinuosidade de que lembra a espiral (1). [Pl.: *-rais*.]

es.pi.ra.la.do [*Espiral*.■17B] *adj.* Em forma de espiral.

es.pi.ra.lar [*Espiral*.■1A] *vtd., int. e p.* Dar forma de espiral a, ou tomá-la. [C.: 1]

es.pi.ri.lo [Tax. *Spirillum*.] *sm. Bacter.* Bactéria em forma de filamento alongado e helicoidal. § **es.pi.ri.lar** *adj2g.*

es.pí.ri.ta [Fr. *spirite*.] *adj2g.* **1.** Relativo ao espiritismo. ● *s2g.* **2.** Partidário dele. [Sin.ger.: *espiritista*.]

es.pi.ri.tis.mo [Fr. *spiritisme*.■11] *sm. Rel.* Doutrina baseada na crença da sobrevivência da alma e da existência de comunicações entre vivos e mortos.

es.pi.ri.tis.ta [Fr. *spiritiste*.■36] *adj2g. s2g.* V. *espírita*.

es.pí.ri.to [Lat. *spiritu*.] *sm.* **1.** A parte imaterial do ser humano; alma. **2.** Entidade sobrenatural ou imaginária, como os anjos, o diabo, os duendes. **3.** Inteligência. **4.** V. *humor* (3). **5.** Pensamento, ideia. **6.** Líquido obtido pela destilação; álcool.

es.pí.ri.to-san.ten.se [■38] *adj2g.* **1.** Do ES. ● *s2g.* **2.** O natural ou habitante desse estado. [Sin.ger.: *capixaba*. Pl.: *espírito-santenses*.]

es.pi.ri.tu.al [Lat. *spirituale*.■39] *adj2g.* Relativo ao espírito (1). [Pl.: *-ais*.]

es.pi.ri.tu:a.li.da.de [*Espiritual*.■14] *sf.* **1.** Qualidade ou caráter de espiritual. **2.** O progresso metódico dos valores espirituais.

es.pi.ri.tu:a.lis.mo [*Espiritual*.■11] *sm.* Doutrina cuja base é a prioridade do espírito com relação às condições materiais. § **es.pi.ri.tu:a.lis.ta** *adj2g. s2g.*

espiritualizar | espreitar

es.pi.ri.tu:a.li.zar [*Espiritual*.◘1D] *vtd.* **1.** Converter em espírito. *p.* **2.** Despir-se de afeições terrenas. **3.** Buscar a espiritualidade (2). [C.: 1] § **es.pi.ri.tu:a.li.za.ção** *sf.*

es.pi.ri.tu.o.so (ô) [*Espírito*.◘37A] *adj.* **1.** Que tem ou denota espírito (3 e 4). **2.** Alcoólico (1). [Pl.: *-osos* (ó).]

es.pir.ra.dei.ra [*Espirrar*.◘16A] *sf. Bras. Bot.* Arbusto apocináceo, ornamental.

es.pir.rar [Lat. *exspirare*.◘1A] *vtd.* **1.** Expelir. **2.** Dar, soltar. *int.* **3.** Dar espirro. **4.** Esguichar, jorrar. *tc.* **5.** Espirrar (4). [C.: 1]

es.pir.ro [Dev. de *espirrar*.] *sm.* Expiração violenta e estrepitosa.

es.pla.na.da [It. *spianata*.◘4] *sf.* Terreno urbano plano e descoberto.

es.plên.di.do [Lat. *splendidu*.] *adj.* **1.** Que tem esplendor (1). **2.** Grandioso; suntuoso. **3.** *Fam.* Excelente.

es.plen.dor (ô) [Lat. *splendore*.◘19] *sm.* **1.** Brilho intenso; fulgor, resplendor. **2.** Suntuosidade, pompa.

es.po.car [*Es-* + tupi *poka*.◘1A] *v.int. Bras.* Estourar, pipocar. [C.: 1A (ó). Norm. é unipess.]

es.po.jar-se *vp.* Estender-se e rebolar-se no chão. [C.: 1 (ó)]

es.po.le.ta (ê) [It. *spoletta*.] *sf.* Cápsula que inflama a carga dos projetis ocos, causando o disparo.

es.po.li.ar [Lat. *spoliare*.◘1A] *vtd.* e *tdi.* Privar de algo por fraude ou violência; esbulhar. [C.: 1] § **es.po.li:a.ção** *sf.*

es.pó.li:o [Lat. *spoliu*.] *sm.* Bens que alguém, morrendo, deixou.

es.pon.gi.á.ri:o [Tax. *Spongiaria*.] *adj. sm. Zool.* V. *porífero*.

es.pon.ja [Lat. *spongia*.] *sf.* **1.** *Zool.* Nome comum a poríferos, ger. marinhos; esponja-do-mar. **2.** Substância porosa e leve, deles proveniente, ou de material sintético. § **es.pon.jo.so** (ô) *adj.*

es.pon.ja-do-mar *sf. Zool.* Esponja (1). [Pl.: *esponjas-do-mar.*]

es.pon.sais [Lat. *sponsales*.] *smpl.* Noivado (1).

es.pon.sal [Lat. *sponsale*.◘39] *adj2g.* Relativo a esposos. [Pl.: *-sais.*]

es.pon.tâ.ne:o [Lat. *spontaneu*.] *adj.* **1.** Voluntário (2). **2.** Que se desenvolve, ou vegeta, sem intervenção humana. § **es.pon.ta.nei.da.de** *sf.*

es.pon.tar [*Es-* + *ponta* + *-ar*²·◘1A] *vtd.* **1.** Aparar ou cortar as pontas a. *int.* **2.** V. *despontar* (3). [C.: 1]

es.po.ra [Gót. **spaúra*.] *sf.* Artefato de metal que se põe no tacão do calçado para incitar o animal que se monta.

es.po.ra.da [*Espora*.◘4] *sf.* Picada com espora.

es.po.rân.gi:o [*Espor(o)-* + *-ângio*.] *sm. Biol.* Célula ou corpo onde se formam esporos.

es.po.rão [Provç.ant.*esporon*.]*sm.***1.***Zool.*Saliência córnea do tarso de alguns fasianídeos. **2.** Contraforte duma parede. [Pl.: *-rões*.]

es.po.re.ar [*Espora*.◘1N] *vtd.* **1.** Ferir, picar, excitar com espora. **2.** Estimular, excitar. *tdi.* **3.** Esporear (2). [C.: 12A]

es.po.rí.fe.ro [*Esporo* + *-ífero*.] *adj.* Que tem esporos.

es.po.ro [Lat.cient. *spora*.] *sm. Biol.* Célula reprodutora de várias plantas e microrganismos, que se pode desenvolver em um indivíduo sem fundir-se com outra.

es.po.ró.fi.to [*Espor(o)-* + *-fito*.] *sm. Bot.* Vegetal que apresenta esporos.

es.po.ro.zo.á.ri:o *adj. sm. Zool.* Diz-se de, ou espécime dos esporozoários, subfilo de protozoários parasitos que se reproduzem por ciclo alterno, ora sexuado, ora por esporulação.

es.por.rar *vtd.* e *int. Bras. Chulo* Ejacular. [C.: 1 (ó)]

es.por.ro (ô) [Dev. de *esporrar*.] *sm. Bras. Chulo* **1.** Esperma. **2.** Bagunça, desordem. **3.** Repreensão violenta.

es.por.te [Ingl. *sport*.] *sm.* **1.** O conjunto dos exercícios físicos praticados com método, individualmente ou em equipe; desporte, desporto. **2.** Qualquer deles. **3.** *Fig.* Entretenimento.

es.por.tis.ta [*Esporte*.◘36] *adj2g. s2g.* Que, ou quem se dedica ao esporte; desportista.

es.por.ti.vo [*Esporte*.◘22] *adj.* **1.** Relativo a esporte. **2.** Que é dado à prática de esporte. **3.** Próprio de quem é esportivo (2).

es.pór.tu.la [Lat. *sportula*.] *sf.* **1.** Gorjeta. **2.** Esmola.

es.po.ru.la.ção [*Esporular*, 'formar esporos'. ◘2A] *sf. Biol.* Formação de esporos. [Pl.: *-ções*.]

es.po.sa (ô) [Lat. *sponsa*.] *sf.* Mulher (em relação ao marido).

es.po.sar [Lat. *sponsare*.◘1A] *vtd.* **1.** Unir em casamento; casar. **2.** Receber por esposa ou esposo; desposar. **3.** Defender com interesse. *p.* **4.** Casar-se. [C.: 1 (ó)]

es.po.so (ô) [Lat. *sponsu*.] *sm.* Marido. [Pl.: *-posos* (ô).]

es.pos.te.jar [*Es-* + *posta*¹ + *-ejar*.◘1E] *vtd.* Cortar em postas; retalhar. [C.: 1 (ê)]

es.prai.ar [*Es-*+ *praia*+ *-ar*².◘1A] *vtd.* **1.** Lançar à praia. **2.** Estender. **3.** Espalhar. **4.** Espraiecer. *p.* **5.** Estender-se pela praia. **6.** Expandir-se. **7.** Divagar sobre um assunto. [C.: 1]

es.pre.gui.ça.dei.ra [*Espreguiçar*.◘16A] *sf.* Cadeira com encosto reclinado ou reclinável e lugar para se estenderem as pernas.

es.pre.gui.çar-se *vp.* Estirar os membros, por sono ou moleza. [C.: 1B]

es.prei.ta [Dev. de *espreitar*.] *sf.* Ato de espreitar.

es.prei.tar [V.C◘1A] *vtd.* **1.** Observar ocultamente; espiar. **2.** Observar com atenção. [C.: 1]

espremedor | esquisito

es.pre.me.dor (ó) [*Espremer.*◻19A] *adj.* **1.** Que espreme. ● *sm.* **2.** Aquele ou aquilo que espreme. **3.** Aparelho para retirar, espremendo, suco de frutas, de vegetais.

es.pre.mer [Lat. *exprimere.*◻1B] *vtd.* **1.** Comprimir para extrair o suco. **2.** Comprimir, apertar. **3.** Interrogar com insistência. *p.* **4.** Apertar-se, comprimir-se. [C.: 2]

es.pu.ma [Lat. *spuma.*] *sf.* **1.** Conjunto de bolhas que se formam à superfície dum líquido que se agita, que fermenta ou que ferve. **2.** Saliva espumosa. [Sin.ger.: *escuma.*] § **es.pu.mo.so** (ô) *adj.*

es.pu.ma.dei.ra [*Espumar.*◻16A] *sf.* Escumadeira.

es.pu.mar [Lat. *spumare.*◻1A] *vtd.* **1.** Tirar a espuma de. **2.** Cobrir de espuma. **3.** *Fig.* Destilar. *int.* **4.** Fazer espuma; deitar espuma. [Sin. ger.: *escumar.* C.: 1] § **es.pu.man.te** *adj2g.*

es.pú.ri:o [Lat. *spuriu.*] *adj.* **1.** Não genuíno. **2.** Ilegítimo, ilegal.

es.qua.dra [It. *squadra.*] *sf.* **1.** A totalidade dos navios de guerra dum país. **2.** Seção duma companhia de infantaria.

es.qua.drão [It. *squadrone.*] *sm.* Seção dum regimento de cavalaria (3). [Pl.: *-drões.*]

es.qua.dre.jar [*Esquadro.*◻1E] *vtd.* Serrar ou cortar em esquadria. [C.: 1 (ê)]

es.qua.dri.a [*Esquadro.*◻8A] *sf.* **1.** Ângulo reto. **2.** Armação de madeira, metal, etc., onde se fixam portas, janelas, venezianas, etc. **3.** *Constr.* Nome genérico de portas, caixilhos, etc.

es.qua.dri.lha [Esp. *escuadrilla.*] *sf.* Grupamento de aeronaves.

es.qua.dri.nhar [Lat.vulg. **scrutiniare.*◻1A] *vtd.* Examinar minuciosamente. [C.: 1]

es.qua.dro [It. *squadro.*] *sm.* Instrumento triangular para formar ou medir ângulos e tirar linhas perpendiculares.

es.quá.li.do [Lat. *squalidu.*] *adj.* **1.** Sórdido, sujo. **2.** Sem forças e de faces descoradas.

es.quar.te.jar [*Es-* + *quarto* + *-ejar.*◻1E] *vtd.* **1.** Partir em quartos. **2.** Retalhar, espostejar. [C.: 1 (ê)] § **es.quar.te.ja.men.to** *sm.*

es.que.cer [Lat.vulg. **excadescere.*◻1P] *vtd.* **1.** Deixar sair da memória; não se lembrar de. **2.** Pôr de lado; desprezar. **3.** Perder o amor, a estima, a (alguém). **4.** Deixar por inadvertência: *esquecer um guarda-chuva.* **5.** Tirar da memória. **6.** Deixar; largar. *ti.* **7.** Esquecer (1). *p.* **8.** Perder a lembrança. **9.** Descuidar-se. **10.** Estar absorto. [C.: 2A (ê-é)]

es.que.ci.do [Part. de *esquecer.*] *adj.* **1.** Que se esqueceu. **2.** Que se esquece facilmente. **3.** *Pop.* Que está sem movimento; paralisado. ● *sm.* **4.** Indivíduo esquecido.

es.que.ci.men.to [*Esquecer.*◻3A] *sm.* **1.** Ato ou efeito de esquecer(-se). **2.** Omissão, descuido.

es.quei.te [Ingl. *skate (board).*] *sm.* **1.** Prancha com rodas de patins. **2.** Esporte em que se fazem evoluções com o esqueite (1). § **es.quei.tis.mo** *sm.*; **es.quei.tis.ta** *adj2g. s2g.*

es.que.lé.ti.co [*Esqueleto.*◻35B] *adj.* **1.** *Anat.* Relativo a esqueleto. **2.** *Fig.* Magríssimo.

es.que.le.to (ê) [Gr. *skeletós.*] *sm.* **1.** *Anat.* Conjunto de ossos, cartilagens e ligamentos que se interligam para formar o arcabouço do corpo dos animais vertebrados. **2.** Armação de um edifício, navio, etc.; ossada. **3.** *Fig.* Pessoa esquelética. [Sin. de 1 e 2: *ossatura.*]

es.que.ma [Lat. *schema.*] *sm.* **1.** Figura que representa não a forma, mas as relações e funções de algo. **2.** Esboço; resumo.

es.que.má.ti.co [*Esquema* + *-ático.*] *adj.* **1.** Referente a esquema. **2.** Feito segundo esquema.

es.que.ma.ti.zar [Gr. *schematízein.*◻1D] *vtd.* Representar por meio de esquema. [C.: 1] § **es.que.ma.ti.za.ção** *sf.*

es.quen.ta.do [*Esquentar.*◻17A] *adj.* **1.** Aquecido, requentado. **2.** *Fig.* Irado, iracundo.

es.quen.tar [Lat.vulg. **excalentare.*◻1A] *vtd.* **1.** Causar calor, ou mais calor, a. **2.** Aquecer. **3.** *Fig.* Irar, irritar. *p.* **4.** Aquecer-se. **5.** *Fig.* Irritar-se. *int.* **6.** Aquecer (3). **7.** *Bras.* Preocupar-se. [C.: 1]

es.quer.da (ê) [F.subst. de *esquerdo.*] *sf.* **1.** O lado oposto ao direito. **2.** O que fica no lado esquerdo. **3.** Conjunto de partidários duma reforma ou revolução socialista.

es.quer.dis.ta [*Esquerda.*◻36] *adj2g.* **1.** Relativo à, ou que é partidário da esquerda (3). ● *s2g.* **2.** Partidário dela.

es.quer.do (ê) [Or. pré-rom., poss.] *adj.* **1.** Que está na esquerda (1 e 2); sinistro. **2.** Oblíquo, torto. **3.** *Fig.* Desajeitado.

es.qui [Fr. *ski.*] *sm.* Cada um de um par de peças longas e estreitas, de diferentes materiais, que se atam aos pés para deslizar sobre a neve.

es.qui.ar [*Esqui.*◻1O] *v.int.* Deslizar com esqui. [C.: 1]

es.qui.fe [Cat. *esquif.*] *sm.* V. *caixão* (2).

es.qui.li.a.no [◻29A] *adj.* Do, ou relativo ao dramaturgo grego Ésquilo (M.), ou à sua obra.

es.qui.lo [Gr. *skíouros.*] *sm. Zool.* V. *caxinguelê.*

es.qui.mó [Fr. *esquimau.*] *s2g.* **1.** Indivíduo dos esquimós, povo nativo da Groenlândia, da costa setentrional da América e das ilhas árticas vizinhas. ● *adj2g.* **2.** Desse povo.

es.qui.na [Germ. **skina.*] *sf.* **1.** Ângulo formado por 2 paredes convergentes; canto. **2.** Lugar onde 2 ou mais ruas se cruzam.

es.qui.si.to [Lat. *exquisitu.*] *adj.* **1.** Invulgar, raro. **2.** Excelente; delicioso. **3.** V. *extravagante* (2).

esquistossomatoso | estadista

4. *Fam.* Desagradável: *cheiro, gosto esquisito.* § **es.qui.si.ti.ce** *sf.*

es.quis.tos.so.ma.to.so (ô) *adj.* Relativo à esquistossomose.

es.quis.tos.so.mí.de:o [Tax. *Schistosomidae.*] *adj. sm. Zool.* Diz-se de, ou espécime dos esquistossomídeos, fam. de vermes platelmintos, causadores da esquistossomose.

es.quis.tos.so.mo [*Esquisto-* + -*somo.*] *sm. Zool.* Qualquer de vários vermes esquistossomídeos.

es.quis.tos.so.mo.se [*Esquistossomo* + -*ose*¹.] *sf. Med.* Infecção produzida por esquistossomo.

es.qui.va [Dev. de *esquivar.*] *sf.* Ato de esquivar ou evitar um golpe, desviando o corpo ou parte dele.

es.qui.van.ça [*Esquivar.*◘ 9A] *sf.* **1.** Desdém. **2.** Recusa.

es.qui.var [*Esquivo.*◘ 1A] *vtd.* **1.** Evitar (pessoa ou coisa que ameaça ou desagrada). *p.* **2.** Eximir-se, furtar-se. **3.** Evitar, fugir. [C.: 1]

es.qui.vo [Gót. *skiuhs, poss.] *adj.* **1.** Desdenhoso. **2.** Arisco; intratável.

es.qui.zo.fre.ni.a [*Esquiz(o)*- + gr. *phrenós* + -*ia*¹. ◘ 8A] *sf. Psiq.* Grupo de distúrbios mentais que, basicamente, demonstram dissociação e discordância das funções psíquicas, perda de unidade da personalidade, ruptura de contato com a realidade. § **es.qui.zo.frê.ni.co** *adj. sm.*

es.sa¹ [V.E] *sf.* **1.** Catafalco. **2.** Espécie de túmulo vazio erguido num templo enquanto se sufraga a alma do defunto.

es.sa² [Lat. *ipsa.*] *pron.dem.* Fem. sing. de *esse* (ê).

es.se *sm.* A letra *s.*

es.se (ê) [Lat. *ipse.*] *pron.dem.* Aplica-se a pessoa ou coisa próxima daquela a quem nos dirigimos, ou que tem relação com ela.

es.sên.ci.a [Lat. *essentia.*◘ 10] *sf.* **1.** O que constitui a natureza de algo; substância. **2.** Óleo fino e aromático extraído de certos vegetais.

es.sen.ci.al [Lat. *essentiale.*◘ 39] *adj2g.* **1.** Relativo à essência. **2.** Indispensável, necessário. [Pl.: -*ais.*]

es.sou.tro Contr. do pron. *esse* com o pron. indef. *outro.*

és-su.des.te *sm.* **1.** Ponto do horizonte situado entre o E. e o S.E. **2.** O vento que sopra dessa direção. **3.** Região ou regiões situadas a és--sudeste (1). ♦ *adj2g.* **4.** Situado a és-sudeste (1), ou dele procedente. [Abrev. de 1 e 3: E.S.E. Sin.ger.: *és-sueste, lés-sueste, lés-sudeste.* Pl.: *és-sudestes.*]

és-su.es.te *sm. adj2g.* V. *és-sudeste.* [Abrev.: E.S.E. Pl.: *és-suestes.*]

es.ta [Lat. *ista.*] *pron.dem.* Fem. de *este.*

es.ta.ba.na.do *adj.* **1.** Imprudente, adoidado. **2.** Desajeitado, desastrado.

es.ta.be.le.cer [Lat. **stabiliscere.*◘ 1P] *vtd.* **1.** Fazer estável, firme. **2.** Criar, instituir. **3.** Determinar, fixar. **4.** Instalar. **5.** Organizar. *tdi.* **6.** Firmar. *p.* **7.** Fixar residência. **8.** Abrir estabelecimento comercial ou industrial. **9.** V. *afirmar* (5). [C.: 2A (é-ê)] § **es.ta.be.le.ci.do** *adj.*

es.ta.be.le.ci.men.to [*Estabelecer.*◘ 3A] *sm.* **1.** Ato ou efeito de estabelecer(-se). **2.** Casa comercial.

es.ta.bi.li.da.de [Lat. *stabilitate.*◘ 14] *sf.* Qualidade de estável.

es.ta.bi.li.zar [*Estável* (-*bil-*) + -*izar.*◘ 1D] *vtd.* e *p.* Tornar(-se) estável, fixo. [C.: 1] § **es.ta.bi.li.za.ção** *sf.*; **es.ta.bi.li.za.do** *adj.*

es.tá.bu.lo [Lat. *stabulu.*] *sm.* Lugar coberto onde se recolhe o gado vacum.

es.ta.ca [Gót. **stakka.*] *sf.* **1.** Peça alongada, de madeira, aço ou concreto, que se crava no solo para transmitir-lhe a carga duma construção, como parte do alicerce. **2.** Pau que se finca no solo para marcar, suster, amparar, etc.

es.ta.ca.da [*Estaca.*◘ 4] *sf.* Lugar defendido ou fechado por estacas muito juntas.

es.ta.ção [Lat. *statione.*◘ 2A] *sf.* **1.** Paragem ou pausa num lugar. **2.** Lugar onde param trens, ônibus, etc. **3.** Posto policial, telefônico, etc. **4.** *Telecom.* Centro de radiotransmissão. **5.** *Rád. Telev.* V. *emissora.* **6.** Cada uma das 4 divisões do ano: primavera, verão, outono, inverno. **7.** Quadra, época. [Pl.: -*ções.*] ♦ **Estação elevatória.** *Bras.* Elevatória.

es.ta.car [*Estaca.*◘ 1A] *vtd.* **1.** Segurar com estacas. **2.** Interromper, sustar. *int.* **3.** Parar de repente. [C.: 1A]

es.ta.ca.ri.a [*Estaca.*◘ 15] *sf.* Conjunto de estacas que formam alicerces de construção.

es.ta.ci.o.na.men.to [*Estacionar.*◘ 3] *sm.* **1.** Ato de estacionar. **2.** Lugar onde se estacionam veículos.

es.ta.ci.o.nar [*Estação* (-*cion-*).◘ 1A] *v.int.* **1.** Fazer estação (1); parar. **2.** Permanecer estacionário, ou sem alteração, evolução ou desenvolvimento. *td.* **3.** Fazer parar (um veículo) por algum tempo, em certo lugar. [C.: 1]

es.ta.ci.o.ná.ri:o [Lat. *stationariu.*◘ 24] *adj.* Imóvel, parado.

es.ta.da [*Estar.*◘ 4] *sf.* Ato de estar; permanência, estadia.

es.ta.de.ar [*Estado.*◘ 1N] *vtd. e p.* Mostrar(-se) com ostentação. [C.: 12A]

es.ta.di.a [*Estada.*◘ 8A] *sf.* **1.** Prazo concedido para carga e descarga do navio enquanto ancorado num porto. **2.** V. *estada.*

es.tá.di:o [Lat. *stadiu.*] *sm.* Campo de jogos esportivos.

es.ta.dis.ta [*Estado.*◘ 36] *s2g.* Pessoa de atuação notável na política e na administração dum país.

estado | estanque

es.ta.do [Lat. *statu*.] *sm.* **1.** Modo de ser ou estar. **2.** Situação ou disposição em que se acham as pessoas ou as coisas. **3.** Situação social ou profissional; condição. **4.** O conjunto das condições físicas e morais duma pessoa. **5.** Luxo, pompa. **6.** O conjunto dos poderes políticos duma nação; governo. **7.** Divisão territorial de certos países. **8.** Nação politicamente organizada. [Com cap., nas acepç. 7 e 8.]

es.ta.do-mai.or *sm. Mil.* Grupo de oficiais que assessoram um comandante no planejamento e no controle de execução de operações militares. [Pl.: *estados-maiores*.]

es.ta.du.al [*Estado*. ◼39A] *adj2g. Bras.* Relativo a estado (7). [Pl.: *-ais*.]

es.ta.fa [Dev. de *estafar*.] *sf.* **1.** Cansaço, fadiga. **2.** Fadiga por trabalho muscular ou intelectual intenso e prolongado; esgotamento.

es.ta.far [It. *staffare*, poss.] *vtd. e p.* **1.** Cansar(-se); fatigar(-se). **2.** Aborrecer(-se), enfastiar(-se). [C.: 1] § **es.ta.fan.te** *adj2g.*

es.ta.fer.mo (ê) [It. *stà fermo*] *sm. Fam.* Pessoa sem préstimo.

es.ta.fe.ta (ê) [It. *staffetta*.] *sm.* Entregador de telegramas, de correspondência.

es.ta.fi.lo.co.co [Tax. *Staphylococcus*.] *sm. Biol.* Nome comum a bactérias gram-positivas, que são cocos que formam colônias em cachos, sendo muitas delas patogênicas. § **es.ta.fi.lo.có.ci.co** *adj.*

es.tag.fla.ção *sf. Econ.* Situação em que há simultaneamente estagnação econômica, com baixo crescimento ou decréscimo do produto nacional e do emprego, e inflação. [Pl.: *-ções*.]

es.ta.gi.ar [*Estágio*. ◼1A] *vtc. e int.* Fazer estágio (1 e 2) em. [C.: 1]

es.ta.gi.á.ri.o [*Estágio*. ◼24] *sm.* Aquele que faz estágio (1 e 2).

es.tá.gi.o [Fr. *stage*, do lat.med. *stagium*.] *sm.* **1.** Aprendizado (de qualquer profissional). **2.** Aprendizado de especialização em organização pública ou particular. **3.** Etapa, fase.

es.tag.nar [Lat. *stagnare*. ◼1A] *vtd.* **1.** Impedir o corrimento de (um líquido). **2.** Fazer cessar; paralisar. *int.* **3.** Ficar (a água) presa, empoçada. **4.** Estagnar (5). *p.* **5.** Não progredir; paralisar-se. [C.: 1] § **es.tag.na.ção** *sf.*; **es.tag.na.do** *adj.*

es.tai [Fr.ant. *estai*.] *sm.* **1.** Cabo de aço para absorver os esforços de um poste ou de outra construção, transmitindo-os ao solo por meio de âncoras. **2.** *Marinh.* Qualquer dos cabos que aguentam a mastreação para vante.

es.ta.lac.ti.te [Gr. *stalaktós* + *-ite²*.] *sf. Min.* Precipitado (4) mineral, alongado, que se forma nos tetos de caverna ou subterrâneo.

es.ta.la.gem [Provç.ant. *ostalatge*. ◼6] *sf.* V. *hospedaria*. [Pl.: *-gens*.]

es.ta.lag.mi.te [*Estalagm(o)-* + *-ite²*.] *sf. Min.* Precipitado (4) mineral, alongado, que se forma no solo de caverna ou subterrâneo.

es.ta.la.ja.dei.ro *sm.* Dono de estalagem.

es.ta.lar [V.C] *vtd.* **1.** Produzir estalo em. **2.** Estrelar (2). *ti.* **3.** Latejar. *int.* **4.** Fender-se; estralar. **5.** Produzir estalo; estralar. [C.: 1] § **es.ta.la.do** *adj.*

es.ta.lei.ro *sm.* Lugar onde se constroem e/ou consertam navios.

es.ta.li.do [*Estalo* + *-ido*.] *sm.* Estalo.

es.ta.lo [Dev. de *estalar*.] *sm.* Som breve e seco produzido por coisa que se racha ou quebra, ou se choca com outra, de súbito e com ímpeto; estalido.

es.ta.me [Lat. *stamine*, 'fio'.] *sm. Bot.* Órgão masculino da flor, formado pelo filete (3).

es.tam.pa [It. *stampa*.] *sf.* **1.** Figura impressa. **2.** Figura, ilustração. **3.** Cada exemplar tirado de placa ou prancha gravada.

es.tam.pa.do [*Estampar*. ◼17A] *adj.* **1.** Que se estampou. ● *sm.* **2.** *Bras.* Tecido estampado.

es.tam.pa.gem [*Estampa*. ◼6] *sf.* Ato, efeito ou processo de estampar. [Pl.: *-gens*.]

es.tam.par [*Estampa*. ◼1A] *vtd.* **1.** Imprimir letras, figuras, etc., sobre (tecido, metal, papel, plástico, etc.), obtendo cópias isoladas ou repetições sucessivas. *p.* **2.** Gravar-se, fixar-se. [C.: 1]

es.tam.pa.ri.a [*Estampa*. ◼15] *sf.* Fábrica ou seção de fábrica onde se estampam tecidos, etc.

es.tam.pi.do [Occ.ant. *estampida*, poss.] *sm.* Som forte e súbito, como o da detonação de arma de fogo.

es.tam.pi.lha [Esp. *estampilla*.] *sf.* **1.** Marca estampada por chapa própria. **2.** Selo do fisco.

es.tam.pi.lhar [*Estampilha*. ◼1A] *vtd.* Pôr estampilha(s) em. [C.: 1]

es.tan.car [V.D] *vtd.* **1.** Impedir o fluxo de (líquido). **2.** Pôr fim a. *int.* **3.** Deixar de correr. **4.** Não continuar; parar. *p.* **5.** Estancar (3). [C.: 1A]

es.tân.ci.a¹ [It. *stanza*.] *sf.* **1.** Parada, estação. **2.** Grupo de versos que apresentam, ger., sentido completo; estrofe.

es.tân.ci.a² [Esp.plat. *estancia*. ◼9] *sf. Bras. RS* Fazenda (2).

es.tan.ci.ei.ro [Esp.plat. *estanciero*. ◼25] *sm.* Dono de estância².

es.tan.dar.te [Fr.ant. *standart*.] *sm.* **1.** Bandeira de guerra. **2.** V. *bandeira* (1).

es.ta.nho [Lat. *stanneu*.] *sm. Quím.* Elemento de número atômico 50, metálico, branco-prateado, dúctil, us. puro ou em ligas, como o bronze [símb.: Sn].

es.tan.que [Dev. de *estancar*.] *adj2g.* **1.** Sem fenda ou abertura por onde entre ou saia

estante | esteira¹

líquido. **2.** *P.ext.* Sem comunicação; isolado: *A matemática e a física não são áreas estanques*.

es.tan.te [Lat. *stante*.] *sf.* **1.** Móvel com prateleiras, para livros, etc. **2.** Suporte inclinado para facilitar a leitura de livros, partituras, etc.

es.ta.pa.fúr.di:o [V.E] *adj.* Extravagante, esquisito.

es.ta.que.ar [*Estaca*.◘1N] *vtd.* **1.** Segurar com estacas. **2.** *Bras.* Colocar estacas para construção de (cercas). [C.: 12A]

es.tar [Lat. *stare*.◘1A] *v. pred.* **1.** Ser em um dado momento; achar-se (em certa condição): *O tempo está fresco*. **2.** Achar-se, encontrar-se (em certo estado ou condição): *O doente já está bom*. **3.** Manter-se ou achar-se (em certa posição ou situação): *estar de pé*; *estar de férias*. **4.** Permanecer: *estar de prontidão*. **5.** Ter atingido certo momento ou estado: *Está em idade de casar*. **6.** Vestir, trajar: *Estava de saia.* *tc.* **7.** Achar-se, encontrar-se (em dado lugar, em dado momento): *Ele está no escritório*. **8.** Comparecer; presenciar: *Estiveram na festa. ti.* **9.** Consistir; basear-se: *O problema está na seleção do material.* ★ *Impess.* **10.** Fazer: *Está muito calor.* [Seguido: **a)** da prep. *para* e de v. no infinitivo, indica a proximidade imediata de um acontecimento, a intenção, ou a possibilidade de ocorrer aquilo que o infinitivo expressa: *Está para chover*; *Estavam para sair*; **b)** da prep. *por* e de v. no infinitivo, indica que a ação expressa por este verbo ainda não se executou: *O trabalho está por fazer*; **c)** de gerúndio, ou de infinitivo regido de prep. *a*, funciona como auxiliar e expressa uma ação que se prolonga por algum tempo: *Está fazendo hora*; *Esteve a ler toda a noite*; **d)** da prep. *a* e de um v. no infinitivo, exprime futuro próximo: *O ano está a expirar*.] [C.: 11]

es.tar.da.lha.ço [V.D] *sm.* Grande bulha; rumor.

es.tar.re.cer [Lat. *exterrescere.◘1P] *vtd.* **1.** Assustar, aterrorizar. *int. e p.* **2.** Assustar-se; apavorar-se. [C.: 2A (ê-é)]

es.ta.tal [Lat. *status* + *-al*¹.◘39] *adj2g.* Pertencente ou relativo ao estado (8). [Pl.: *-tais*.]

es.ta.te.lar [V.D] *vtd. e p.* Atirar(-se) ao chão; estender(-se) no solo. [C.: 1 (é)]

es.tá.ti.ca [Gr. *statiké*.] *sf.* **1.** Parte da mecânica que estuda o equilíbrio dos corpos sob a ação de forças. **2.** Ruído produzido nos radiorreceptores por impulsos elétricos provenientes de atividades elétricas na atmosfera terrestre.

es.tá.ti.co [Gr. *statikós*.◘35B] *adj.* Imóvel, parado. [Cf. *extático*.]

es.ta.tís.ti.ca [Fr. *statistique*.] *sf.* **1.** Parte da matemática em que se investigam processos de obtenção, organização e análise de dados sobre uma população ou uma coleção de seres quaisquer, e métodos de tirar conclusões e fazer predições com base nesses dados. **2.** Conjunto de elementos numéricos relativos a um fato social.

es.ta.tís.ti.co [De *estatística*.◘35B] *adj.* **1.** Relativo à estatística. ● *sm.* **2.** Especialista em estatística.

es.ta.ti.zar [Lat. *status*, 'estado', + *-izar*.◘1D] *vtd.* **1.** Transformar (empresa particular) em propriedade do Estado. **2.** Reservar (recurso natural, etc.) à exploração exclusiva do Estado. [Sin.ger.: *nacionalizar*. C.: 1]

es.ta.tor (ô) [Ingl. *stator*.◘19] *sm. Eng.Elétr.* Carcaça (4), núcleo e enrolamento de máquina elétrica rotativa.

es.tá.tu:a [Lat. *statua*.] *sf.* Peça de escultura em 3 dimensões, que representa figura humana, ou animal, etc.

es.ta.tu:á.ri.a [*Estátua*.◘15] *sf.* Coleção de estátuas.

es.ta.tu:á.ri:a [Lat. *statuaria*.◘15B] *sf.* Arte de fazer estátuas.

es.ta.tu:á.ri:o [Lat. *statuariu*.◘24] *sm.* Aquele que faz estátuas.

es.ta.tu.e.ta (ê) *sf.* Pequena estátua.

es.ta.tu.ir [Lat. *statuere*.◘1C] *vtd.* Determinar em estatuto; estabelecer. [C.: 42]

es.ta.tu.ra [Lat. *statura*.◘5B] *sf.* **1.** Altura duma pessoa em posição vertical. **2.** *Fig.* Valor (2).

es.ta.tu.to [Lat. *statutu*.] *sm.* Lei orgânica de um Estado, sociedade ou associação. § **es.ta.tu.tá.ri:o** *adj.*

es.tá.vel [Lat. *stabile*.◘41] *adj2g.* Assente, firme, sólido, inalterável. [Pl.: *-veis*.]

es.te [Fr. *est*.] *sm.* **1.** Ponto cardeal (q.v.) sito à direita do observador voltado para o norte (1); levante, oriente. **2.** Oriente (1). **3.** Região ou regiões sitas a este. **4.** O vento que sopra do este. ● *adj2g.* **5.** Situado a este (1), ou dele procedente. [Abrev. de 1 a 3: *E*. Sin.ger.: *leste*.]

es.te (ê) [Lat. *iste*.] *pron.dem.* Designa: pessoa ou coisa presente e próxima de quem fala; lugar onde se está, ou vive, ou nasceu; fatos cronológicos e fenômenos atmosféricos ocorrentes quando a pessoa fala ou escreve; etc.

es.te:a.ri.na *sf.* Substância us. na fabricação de velas.

es.te.gos.sau.ro [Tax. *Stegosaurus*.] *sm. Paleont.* Dinossauro ornitísquio, herbívoro, com c. de 9m de comprimento, com 2 fileiras de placas ósseas ao longo do pescoço, dorso e cauda. Viveu no jurássico superior, e fósseis foram encontrados na África, América do Norte, Ásia e Europa.

es.tei.o [V.E] *sm.* **1.** Peça para suster alguma coisa; escora, espeque. **2.** Amparo, apoio.

es.tei.ra¹ [Lat. *aestuaria*.] *sf. Mar.* Porção de água revolta que a embarcação deixa atrás de si.

esteira² | estetoscópio

es.tei.ra² [Esp. *estera*.] *sf.* Tecido de junco, tábua, palha, etc., us. para forrar chão, paredes, etc.

es.te.lar [Lat. *stellare*. ▣40] *adj2g.* Referente às estrelas, ou constituído delas.

es.te.li:o.na.tá.ri:o [*Estelionato*. ▣24] *sm.* Autor de estelionato.

es.te.li:o.na.to [Lat. *stellionatu*. ▣18] *sm.* Ato de obter, para si ou para outrem, vantagem patrimonial ilícita, em prejuízo alheio, induzindo ou mantendo em erro alguém, por meio fraudulento.

es.tên.cil [Ingl. *stencil*.] *sm.* 1. Matriz na qual se gravam textos e imagens para reprodução em mimeógrafo. 2. *Bras.* Qualquer matriz ou fôrma us. na produção de cópias por meio de tinta, mediante diferentes técnicas. [Pl.: *estênceis*.]

es.ten.der [Lat. *extendere*. ▣1B] *vtd.* 1. Dar maior superfície a: *Os bandeirantes estenderam os limites do Brasil*. 2. Pôr ao comprido ou ao longo; desdobrar, estirar: *estender os lençóis*. 3. Alongar, distender. 4. Prolongar. *tdi.* 5. Oferecer, apresentando: *Estendeu-me suas mãos*. *int.* 6. Tornar-se comprido. *p.* 7. Alongar-se, prolongar-se. 8. Pôr-se deitado. 9. Prolongar-se no tempo. 10. Abranger, abarcar. [C.: 2] § **es.ten.di.do** *adj. sm.*

es.te.no.gra.far [*Estenograf(ia)*. ▣1A] *vtd. e int.* Escrever em estenografia; taquigrafar. [C.: 1]

es.te.no.gra.fi.a [*Esten(o)-* + *-grafia*.] *sf.* Escrita abreviada na qual se empregam sinais que permitem escrever com a mesma rapidez com que se fala; taquigrafia. § **es.te.no.grá.fi.co** *adj.*; **es.te.nó.gra.fo** *sm.*

es.te.pe¹ [Rus. *step*.] *sf. Fitogeo.* Tipo de vegetação dominado por plantas pequenas, sobretudo poáceas, e próprio de zonas frias e secas.

es.te.pe² [Ingl. *stepney*.] *sm. Bras.* Pneu sobressalente que se leva de reserva no automóvel.

és.ter [Al. *Ester*.] *sm. Quím.* Qualquer de certos compostos orgânicos, líquidos ou sólidos, resultantes da combinação química de um ácido e um álcool (1), com eliminação de água; ex.: acetato de etila (formado por combinação de ácido acético e etanol).

es.ter.co (ê) [Lat. *stercus*.] *sm.* Excremento animal.

es.ter.cu.li.á.ce:a [Tax. *Sterculiaceae*.] *sf. Bot.* Espécime das esterculiáceas, família de árvores, arbustos e ervas floríferos, de folhas ger. recortadas e fruto capsular ou bacáceo; ex.: o cacaueiro. § **es.ter.cu.li.á.ce:o** *adj.*

es.té.re:o [Gr. *stereós*, 'sólido'; 'cúbico'.] *sm.* Medida de volume para lenha, equiv. a um metro cúbico.

es.te.re:o.fo.ni.a [*Estereo-* + *-fon(o)-* + *-ia¹*. ▣8A] *sf.* Técnica artificial de reprodução de som, a qual se caracteriza por reconstituir a distribuição espacial das fontes sonoras. § **es.te.re:o.fô.ni.co** *adj.*

es.te.re:os.co.pi.a [*Estereo-* + *-scop-* + *-ia¹*. ▣8A] *sf. Fot.* Processo fotográfico que produz efeito tridimensional. § **es.te.re:os.có.pi.co** *adj.*

es.te.re:os.có.pi:o [*Estereo-* + *-scópio*.] *sm. Fot.* Visor binocular us. na observação de imagem estereoscópica.

es.te.re:o.ti.pa.do [*Estereotipar*. ▣17A] *adj.* 1. Que se estereotipou. 2. Que não varia; fixo, inalterável.

es.te.re:o.ti.par [*Estereótipo*. ▣1A] *vtd.* 1. Imprimir por estereotipia. 2. Tornar fixo, inalterável. [C.: 1]

es.te.re:o.ti.pi.a [*Estereo-* + *-tip(o)-* + *-ia¹*. ▣8A] *sf. Tip.* Processo em que se duplica uma composição tipográfica, transformando-a em fôrma compacta, mediante moldagem de uma matriz.

es.té.ril [Lat. *sterile*.] *adj2g.* 1. Que não produz; improdutivo, infecundo, ingrato, sáfaro. 2. Em que nada se produziu ou realizou. 3. *Med.* Livre de micróbios vivos. 4. *Med.* Que sofre de esterilidade (2). [Pl.: *-reis*.]

es.te.ri.li.da.de [Lat. *sterilitate*. ▣14] *adj.* 1. Qualidade de estéril; infecundidade. 2. *Med.* Incapacidade de conceber, por parte da mulher, ou de induzir à concepção, por parte do homem.

es.te.ri.li.za.dor (ô) [*Esterilizar*. ▣19A] *adj.* 1. Que esteriliza; esterilizante. ● *sm.* 2. Aparelho para esterilizar.

es.te.ri.li.zan.te [*Esterilizar*. ▣21] *adj2g.* Esterilizador (1).

es.te.ri.li.zar [*Estéril*. ▣1D] *vtd.* 1. Tornar estéril (1, 3 e 4). 2. *Med.* Destruir microrganismos vivos. [C.: 1] § **es.te.ri.li.za.ção** *sf.*

es.ter.no [Lat.cient. *sternum*, do gr. *stérnon*.] *sm. Anat.* Osso ímpar, situado na parte anterior do tórax. § **es.ter.nal** *adj2g.*

es.ter.quei.ra [*Esterco*. ▣16] *sf.* Estrumeira.

es.ter.tor (ô) [Lat.cient. *stertore*.] *sm.* 1. Respiração rouca e crepitante dos moribundos; vasca. 2. *Med.* Ruído pulmonar, percebido por ausculta, e que é acompanhado de som surdo e prolongado. [Pl.: *-tores* (ô).] § **es.ter.to.ro.so** (ó) *adj.*

es.te.ta [Gr. *aisthetés*.] *s2g.* 1. Pessoa que coloca os valores estéticos, a beleza, acima de tudo. 2. Pessoa versada em estética.

es.té.ti.ca [Gr. *aisthetiké*.] *sf.* Estudo das condições e dos efeitos da criação artística. § **es.té.ti.co** *adj.*

es.te.ti.cis.ta [*Estético*. ▣36] *s2g.* Profissional especialista em assuntos de beleza, maquiagem, penteado, etc.

es.te.tos.có.pi:o [*Esteto-* + *-scópio*.] *sm. Med.* Instrumento com que se realiza ausculta.

estévia | estival

es.té.vi:a [Tax. *Stevia*.] *sf. Bot.* Planta asterácea da qual se extrai um tipo de adoçante.

es.ti.a.da [*Estiar*.◼4] *sf.* 1. Estiagem. 2. Breve espaço de tempo em que deixa de chover.

es.ti.a.gem [*Estiar*.◼6] *sf.* Abaixamento máximo da água em rios, fontes, etc.; estiada. [Pl.: *-gens*.]

es.ti.ar [*Estio*.◼1A] *v.int.* 1. Serenar (o tempo). 2. Cessar de chover. [C.: 1. Na acepç. 2., é impess.]

es.ti.bor.do [Fr.ant. *estribord*, poss.] *sm. Mar.* O lado direito da embarcação a partir da proa; boreste.

es.ti.car [V.E] *vtd.* 1. Puxar, estender, segurando com força nas extremidades. 2. Estender, espichar. *int.* 3. *Pop.* V. *morrer* (1). *p.* 4. Estender-se. [C.: 1A]

es.tig.ma [Lat. *stigma*.] *sm.* 1. Cicatriz, sinal. 2. Ferrete (2). 3. *Bot.* Porção terminal do gineceu, que recolhe o pólen e sobre a qual ele germina.

es.tig.ma.ti.zar [Lat.med. *stigmatizare*.◼1D] *vtd.* 1. Marcar com estigma (2). 2. *Fig.* Censurar, condenar. [C.: 1]

es.ti.le.te (ê) [Fr. *stylet*.] *sm.* 1. Punhal de lâmina fina. 2. *Bot.* Porção que prolonga o ovário (3) para cima, e em cuja ponta fica o estigma.

es.ti.lha.çar [*Estilhaço*.◼1A] *vtd.* e *p.* Partir(-se) em estilhaços; despedaçar(-se). [C.: 1B]

es.ti.lha.ço [*Estilha* + *-aço*.] *sm.* 1. Fragmento dum objeto despedaçado e projetado com violência. 2. Pedaço, fragmento.

es.ti.lin.gue [V.C] *sm.* V. *atiradeira*.

es.ti.lis.ta [*Estilo*.◼36] *s2g.* 1. Pessoa que escreve com estilo apurado, elegante. 2. Profissional que lança as novas formas da moda.

es.ti.lís.ti.ca [Fr. *stylistique*.] *sf.* Disciplina que estuda a expressividade duma língua, *i.e.*, sua capacidade de emocionar mediante o estilo (1).

es.ti.lís.ti.co [Fr. *stylistique*.◼35B] *adj.* Relativo ao estilo ou à estilística.

es.ti.li.za.do [*Estilizar*.◼17A] *adj.* Que foi feito ou modificado para expressar certo(s) efeito(s) estético(s).

es.ti.lo [Lat. *stilu*.] *sm.* 1. Modo de exprimir-se falando ou escrevendo. 2. Uso, costume. 3. A feição típica de um artista, uma escola artística, uma época, uma cultura, etc. 4. Gênero, qualidade, espécie. 5. Maneira de tratar, de viver; procedimento, conduta, modos. 6. Maneira ou traço pessoal no agir, na prática de um esporte, na dança, etc.

es.ti.ma [Dev. de *estimar*.] *sf.* 1. Sentimento de importância, do valor, de alguém ou de algo; apreço. 2. Amizade.

es.ti.mar [Lat. *aestimare*.◼1A] *vtd.* 1. Ter em estima (1); apreciar. 2. Avaliar o preço, o valor de. *p.* 3. Ter estima (1) recíproca. 4. Prezar-se. [C.: 1] § **es.ti.ma.ção** *sf.*; **es.ti.ma.do** *adj.*

es.ti.ma.ti.va *sf.* Avaliação; cômputo.

es.ti.ma.ti.vo [*Estimar*.◼22A] *adj.* Fundado no apreço que se dá, ou em probabilidades.

es.ti.má.vel [Lat. *aestimabile*.◼41] *adj2g.* Digno de estima. [Pl.: *-veis*.]

es.ti.mu.lan.te [*Estimular*.◼21] *adj2g. sm.* Diz-se de, ou medicamento, etc. que estimula, que excita.

es.ti.mu.lar [Lat. *stimulare*.◼1A] *vtd.* 1. Dar estímulo a; incitar. 2. Animar, encorajar. *tdi.* 3. Estimular (2). [C.: 1]

es.tí.mu.lo [Lat. *stimulu*.] *sm.* 1. Aquilo que ativa a ação orgânica no homem, no animal e na planta, que o(s) incita a algo. 2. Aquele ou aquilo que impele à ação.

es.ti:o [Lat. *aestivu*.] *sm.* Verão.

es.ti.o.la.men.to [*Estiolar*.◼3] *sm.* 1. Alteração mórbida dos seres vivos privados da influência da luz e do ar puro. 2. *Fig.* Definhamento, fraqueza.

es.ti:o.lar [Fr. *étioler*.◼1A] *vtd.* 1. Causar estiolamento a. *int.* e *p.* 2. Sofrer estiolamento. [C.: 1 (ó)]

es.ti.pe [Lat. *stipes* (nom.).] *sm. Bot.* O caule das arecáceas e dos fetos arborescentes; espique.

es.ti.pen.di.ar [Lat. **stipendiare*.] *vtd.* Dar estipêndio a. [C.: 1]

es.ti.pên.di:o [Lat. *stipendiu*.] *sm.* Salário, soldada, paga.

es.ti.pu.lar [*Estípula*.◼1A] *vtd.* 1. Ajustar ou convencionar segundo condições ou cláusulas. 2. Determinar, estabelecer: *estipular a forma de pagamento*. *tdi.* 3. Estipular (2). [C.: 1]

es.ti.ra.cá.ce:a [Tax. *Styracaceae*.] *sf. Bot.* Espécime das estiracáceas, família de árvores e arbustos floríferos de frutos capsulares, drupáceos, ou secos e indeiscentes; alguns produzem resinas aromáticas. Ex.: benjoeiro. § **es.ti.ra.cá.ce:o** *adj.*

es.ti.ra.da [*Estirar*.◼4] *sf.* Estirão.

es.ti.rão [*Estir(ar)*.◼2] *sm.* Caminhada longa; estirada. [Pl.: *-rões*.]

es.ti.rar [*Es-* + *tirar*.] *vtd.* 1. Estender, puxando. 2. Alongar; esticar. 3. Deitar por terra. *p.* 4. Estender-se ao comprido. [C.: 1]

es.ti.re.no *sm. Quím.* Substância aromática, us. na fabricação de polímeros.

es.tir.pe [Lat. *stirpe*.] *sf.* Origem, linhagem.

es.ti.va [It. *stiva*.] *sf.* 1. A primeira porção de carga de navio. 2. Serviço de movimentação de carga a bordo dos navios, nos portos.

es.ti.va.dor (ô) [*Estivar*.◼19A] *sm.* Aquele que trabalha em estiva.

es.ti.val [Lat. *aestivale*.◼39] *adj2g.* Pertencente, ou relativo ao estio, ao verão. [Pl.:*-vais*.]

estocada | estrado

es.to.ca.da [*Estoque*.◼4] *sf.* Golpe com estoque[1] ou com a ponta de espada ou florete.

es.to.car [*Estoque*.◼1A] *vtd. Bras.* Formar estoque[2] (1) de. [C.: 1A (ó). Cf. *estucar*.] § **es.to.ca.gem** *sf.*

es.to.fa (ô) [Fr.ant. *estophe*.] *sf.* 1. Estofo (1). 2. *Fig.* Laia.

es.to.fa.dor (ô) [*Estofar*.◼19A] *sm.* Aquele que tem por ofício estofar móveis.

es.to.fa.men.to [*Estofar*.◼3] *sm.* 1. Ato ou efeito de estofar. 2. Material (estofo, molas, etc.) de um móvel estofado.

es.to.far [*Estofo*[1].◼1A] *vtd.* Guarnecer ou cobrir de estofo. [C.: 1 (ó)] § **es.to.fa.do** *adj.*

es.to.fo (ô) [*Estofa* (ó).] *sm.* 1. Tecido para revestir sofás, poltronas, etc.; estofa. 2. Algodão, espuma, etc., us. por baixo dele.

es.toi.cis.mo [*Estoico*.◼11] *sm.* 1. *Filos.* Doutrina que identifica a verdadeira felicidade com a virtude, devendo o homem viver em harmonia com a razão cósmica e indiferente às vicissitudes da vida. 2. *P.ext.* Impassibilidade em face da dor ou da adversidade.

es.toi.co (ói) [Lat. *stoicu*.] *adj. sm.* 1. Diz-se, ou aquele que é partidário do estoicismo (1). 2. Diz-se de, ou aquele que é impassível ante a dor e a adversidade.

es.to.jo (ô) [Dev. de *estojar*.] *sm.* Caixa cuja forma e disposição internas se adaptam ao conteúdo.

es.to.la [Lat. *stola*.] *sf.* 1. Fita larga que os sacerdotes põem por cima da alva (2). 2. Espécie de xale retangular, comprido.

es.to.ma.cal [Lat. *stomachus* + -*al*[1].◼39] *adj2g.* Do estômago, ou relativo a ele. [Pl.: -*cais*.]

es.to.ma.gar [Lat. **stomachare*.◼1A] *vtd. e p.* 1. Agastar(-se). 2. Ofender(-se). [C.: 1C]

es.tô.ma.go [Lat. *stomachu*.] *sm. Anat.* Órgão situado entre o esôfago e o duodeno, e onde se realiza importante fase da digestão.

es.to.ma.ti.te [*Estomat(o)-* + -*ite*[1].] *sf. Med.* Inflamação da mucosa da boca (1).

es.to.ma.tó.po.de [Tax. *Stomatopoda*.] *adj2g. sm. Zool.* Diz-se de, ou espécime dos estomatópodes, ordem de crustáceos que vivem no fundo do mar. São as tamburutacas.

es.ton.te.ar [*Es-* + *tonto* + -*ear*.◼1N] *vtd.* 1. Tornar tonto, aturdir. 2. Deslumbrar, maravilhar. *p.* 3. Ficar tonto. [C.: 12A] § **es.ton.te:a.men.to** *sm.*; **es.ton.te.an.te** *adj2g.*

es.to.pa (ô) [Lat. *stuppa*.] *sf.* 1. Na tecelagem, o resíduo da fibra penteada com o qual se elabora o fio cardado. 2. Tecido fabricado com a estopa (1).

es.to.pa.da [*Estopa*.◼4] *sf.* Coisa enfadonha; maçada.

es.to.pim [*Estopa* + -*im*.] *sm.* Acessório de explosivo, destinado a transmitir a chama para ignição duma espoleta ou de outro explosivo congênere; atilho. [Pl.: -*pins*.]

es.to.que[1] [Fr.ant. *estoc*.] *sm.* 1. Espada comprida e reta, pontuda, com lâmina triangular ou quadrangular. 2. *Bras.* Faca rústica.

es.to.que[2] [Ingl. *stock*.] *sm.* 1. Porção armazenada de mercadorias. 2. Local de estoque[2] (1). § **es.to.quis.ta** *s2g.*

es.to.re [Fr. *store*.] *sm.* Cortina que se enrola e desenrola por meio de mecanismo apropriado.

es.tor.ri.car ou **es.tur.ri.car** [*Es-* + rad. de *torrar* + -*icar*.◼1F] *vtd. e int.* Secar demasiadamente, torrando ou quase queimando. [C.: 1A]

es.tor.var [Lat. *exturbare*.◼1A] *vtd.* 1. Causar estorvo a. 2. Impedir; tolher. [C.: 1 (ó)]

es.tor.vo (ô) [Dev. de *estorvar*.] *sm.* 1. Embaraço, obstáculo. 2. Coisa ou pessoa que estorva.

es.tou.ra.do ou **es.toi.ra.do** [*Estourar* ou *estoirar*.◼17A] *adj.* 1. Que estourou; rebentado. 2. *Fig.* Que se enerva com facilidade.

es.tou.rar ou **es.toi.rar** [*Estouro* ou *estoiro*.◼1A] *v.int.* 1. Dar estouro. 2. Soar com estrépito. 3. Fazer-se em pedaços. 4. Debandar. 5. Latejar. 6. Vir à tona. *td.* 7. Fazer rebentar com estrondo; explodir. 8. Destruir. 9. Arrebentar. *ti.* 10. Encher-se. *p.* 11. *Bras. Pop.* Arrebentar-se, machucar-se. [C.: 1]

es.tou.ro ou **es.toi.ro** [V.A] *sm.* 1. Ruído de coisa que estoura. 2. Acontecimento imprevisto. 3. *Fig.* Discussão violenta. 4. *Bras.* Repreensão súbita e violenta.

es.tou.tro Contr. do pron. *este* com o pron. indef. *outro*.

es.tou.va.do *adj.* Imprudente; estabanado.

es.tou.va.men.to *sm.* 1. Qualidade de estouvado. 2. Ação própria de pessoa estouvada.

es.trá.bi.co [*Estrab(o)-* + -*ico*[2].◼35B] *adj. sm.* Diz-se de, ou aquele que sofre de estrabismo.

es.tra.bis.mo [Gr. *strabismós*.◼11] *sm. Med.* Desvio ocular para dentro ou para fora, de modo que os eixos visuais se situam, um em relação a outro, diferentemente do normal.

es.tra.ça.lhar *vtd. e p.* Despedaçar(-se) total ou violentamente. [C.: 1]

es.tra.da [Lat. *strata*.] *sf.* 1. Caminho relativamente largo, para o trânsito. 2. Qualquer via de transporte terrestre; caminho. ♦ **Estrada de ferro.** Ferrovia.

es.tra.dei.ri.ce [*Estradeiro*.◼13] *sf. Bras.* Ação própria de estradeiro (3).

es.tra.dei.ro [*Estrada*.◼25] *adj. Bras.* 1. Que está sempre em viagem. 2. V. *trapaceiro*. ● *sm.* 3. V. *trapaceiro*.

es.tra.do [Lat. *stratu*.] *sm.* 1. Armação larga e rasa, ger. de madeira, us. como piso, etc.; tablado. 2. Parte da cama sobre a qual assenta o colchão.

es.tra.gão [Fr. *estragon*.] *sm. Bot.* Planta asterácea, de folhas pequenas, de sabor forte e picante, us. como condimento. [Pl.: *-gões*.]

es.tra.gar [Lat.vulg. *stragare*.◘1A] *vtd.* e *p.* **1.** Fazer estrago em, ou sofrer estrago; danificar(-se). **2.** Prejudicar(-se). **3.** Viciar(-se), corromper(-se). **4.** Degenerar-se (2). *int.* **5.** Apodrecer. [C.: 1C] § **es.tra.ga.do** *adj.*

es.tra.go [Dev. de *estragar*.] *sm.* **1.** Prejuízo, dano; deterioração. **2.** Dano moral. **3.** Mau uso; desperdício.

es.tra.la.da [*Estralar*.◘4] *sf.* Grande ruído ou gritaria.

es.tra.lar [Var. de *estalar*.] *v.int.* **1.** Dar muitos estralos ou estalos. **2.** Estalar (4 e 5). [C.: 1]

es.tram.bó.ti.co [*Estramboto*.◘35B] *adj. Fam.* V. *extravagante* (2).

es.tran.gei.ra.do [*Estrangeiro*.◘17B] *adj.* Que tem modos, fala, usos e costumes de estrangeiro, ou prefere o que é estrangeiro.

es.tran.gei.ri.ce [*Estrangeiro*.◘13] *sf.* **1.** Coisa feita ou dita a modo de estrangeiros. **2.** Afeição excessiva às coisas estrangeiras.

es.tran.gei.ris.mo [*Estrangeiro*.◘11] *sm.* Palavra, frase ou construção sintática estrangeira.

es.tran.gei.ro [Fr.ant. *estrangier*.◘25] *adj.* **1.** De nação diferente daquela a que se pertence, ou próprio dela. **2.** Diz-se de país que não é o nosso. ● *sm.* **3.** A(s) terra(s) estrangeira(s); o exterior. **4.** Indivíduo estrangeiro; forasteiro, gringo (*pop.*), estranja (*pop.*). **5.** Exótico (1).

es.tran.gu.lar [Lat.*strangulare*.◘1A] *vtd.* **1.** Apertar o pescoço de, dificultando-lhe ou impedindo-lhe a respiração; sufocar. **2.** Comprimir. **3.** Reprimir. *p.* **4.** Suicidar-se por estrangulação. [C.: 1] § **es.tran.gu.la.ção** *sf.*; **es.tran.gu.la.dor** (ô) *adj. sm.*; **es.tran.gu.la.men.to** *sm.*

es.tra.nhar [*Estranho*.◘1A] *vtd.* **1.** Achar estranho (1). **2.** Achar censurável. **3.** *Fam.* Esquivar-se de (pessoa desconhecida). [C.: 1]

es.tra.nhá.vel [*Estranhar*.◘41] *adj2g.* **1.** Que causa estranheza. **2.** Censurável, repreensível. [Pl.: *-veis*.]

es.tra.nhe.za (ê) [*Estranho*.◘12] *sf.* **1.** Qualidade de estranho. **2.** Espanto, pasmo.

es.tra.nho [Lat. *extraneu*.] *adj.* **1.** Fora do comum; desusado. **2.** Que é de fora; estrangeiro; alheio. **3.** Singular; extravagante. **4.** Misterioso.

es.tran.ja [Regr. de (*terra*) *estrangeira*.] *sf. Pop.* **1.** V. *estrangeiro* (3). ● *s2g.* **2.** V. *estrangeiro* (4).

es.tra.ta.ge.ma [Lat. *estrategema*.] *sm.* **1.** Ardil us. na guerra para burlar o inimigo. **2.** Manha, ardil.

es.tra.té.gi.a [Lat. *strategia*.] *sf.* **1.** Arte militar de planejar e executar movimento e operações de tropas, navios e/ou aviões para alcançar ou manter posições relativas e potenciais bélicas favoráveis a futuras ações táticas. **2.** Arte de aplicar os meios disponíveis ou explorar condições favoráveis com vista a objetivos específicos. § **es.tra.té.gi.co** *adj.*; **es.tra.te.gis.ta** *s2g.*

es.tra.ti.fi.car [*Estrati-* + *-ficar*.] *vtd.* **1.** Dispor em estratos ou camadas. *p.* **2.** *Fig.* Permanecer em um mesmo estado; não mudar. [C.: 1A] § **es.tra.ti.fi.ca.ção** *sf.*; **es.tra.ti.fi.ca.do** *adj.*

es.tra.to [Lat. *stratu*.◘18] *sm.* **1.** Cada uma das camadas das rochas estratificadas. **2.** *Met.* Nuvem baixa que se apresenta como uma camada horizontal de base bem definida. **3.** *Soc.* Faixa ou camada de população quanto ao nível de renda, educação, etc. [Cf. *extrato*.]

es.tra.tos.fe.ra [*Estrato-* + *-sfera*.] *sf. Geofís.* Camada atmosférica situada acima de 12.000m de altitude. § **es.tra.tos.fé.ri.co** *adj.*

es.tre.ar [*Estreia*.◘1A] *vtd.* **1.** Fazer a estreia (2 a 5) de. *int.* e *p.* **2.** Fazer algo pela primeira vez. [C.: 12B. Cf. *estriar*.] § **es.tre.an.te** *adj2g. s2g.*

es.tre.ba.ri.a *sf.* Lugar onde se recolhem bestas.

es.tre.bu.char [V.E] *v.int.* e *p.* Agitar muito, convulsivamente, os pés e as mãos; debater-se. [C.: 1]

es.trei.a (éi) [Lat. *strena*.] *sf.* **1.** Ato ou efeito de estrear(-se). **2.** O primeiro uso que se faz de uma coisa. **3.** A primeira vez que um artista, um filme, etc., se apresenta. **4.** A primeira obra dum escritor, artista ou cientista. **5.** V. *inauguração* (2).

es.trei.tar [*Estreito*.◘1A] *vtd.* **1.** Tornar (mais) estreito. **2.** Diminuir. **3.** Apertar contra si. **4.** Tornar mais íntimo. *int.* e *p.* **5.** Tornar(-se) estreito. **6.** Tornar-se mais íntimo. [C.: 1] § **es.trei.ta.men.to** *sm.*

es.trei.to [Lat. *strictu*.] *adj.* **1.** Que é pouco largo ou pouco amplo. **2.** Delgado, fino. **3.** *Fig.* Tacanho (3). ● *sm.* **4.** Braço de mar que liga 2 mares ou 2 partes do mesmo mar; canal. **5.** *Bras.* Trecho de rio onde a largura normal deste se reduz. § **es.trei.te.za** (ê) *sf.*

es.tre.la (ê) [Lat. *stella*.] *sf.* **1.** *Astr.* Nome comum aos astros luminosos que mantêm praticamente as mesmas posições relativas na esfera celeste, e que, observados a olho nu, apresentam cintilação. **2.** Qualquer astro. **3.** *Fig.* Destino, fado. **4.** *Fig.* Artista (3) de renome; astro. **5.** *P.ext.* Pessoa que sobressai em determinada área; astro. ◆ **Estrela cadente.** *Astr.* Meteorito que se torna incandescente ao atravessar a atmosfera. **Estrela da manhã.** *Astr.* V. *estrela-d'alva*. **Estrela matutina.** *Astr.* V. *estrela-d'alva*.

es.tre.la-d'al.va *sf. Astr.* O planeta Vênus, quando observado ao nascer do Sol; estrela da manhã, estrela matutina. [Pl.: *estrelas-d'alva*.]

estrelado | estrilo

es.tre.la.do [*Estrelar*.⬜17A] *adj.* **1.** Coberto ou cheio de estrelas. **2.** Em forma de estrela. **3.** Diz-se de ovos fritos sem serem mexidos.

es.tre.la-do-mar *sf. Zool.* Animal equinodermo cujo corpo tem forma de estrela. [Pl.: *estrelas-do-mar*.]

es.tre.lar [*Estrela*.⬜1A] *vtd.* **1.** Encher ou ornar de estrelas. **2.** Frigir (ovos) sem os mexer. **3.** *Fig.* Enfeitar. **4.** *Bras.* Trabalhar em (filme, peça) como estrela ou astro. *p.* **5.** Cobrir-se de estrelas. **6.** *Fig.* Enfeitar-se. [C.: 1 (é)]

es.tre.la.to [*Estrela*.⬜18] *sm. Bras.* Situação de grande projeção desfrutada por estrela (4 e 5).

es.tre.li.nha [*Estrela*.⬜32A] *sf.* **1.** Asterisco. **2.** Massa para sopa, em forma de estrelas.

es.tre.lis.mo [*Estrela*.⬜11] *sm. Bras.* Comportamento presunçoso, afetado, próprio de quem se julga uma estrela [v. *estrela* (4 e 5)].

es.tre.me *adj2g.* Sem mistura; puro; genuíno.

es.tre.me.ção [*Estremecer*.⬜2] *sm.* Tremor rápido; estremecimento. [Pl.: *-ções*.]

es.tre.me.cer [*Es-* + lat. *tremiscere*.⬜1P] *vtd.* **1.** Causar tremor a. **2.** *Fig.* Estimar enternecidamente. *int.* **3.** Tremer subitamente de medo, espanto, etc. **4.** Sofrer abalo rápido. [C.: 2A (ê-é)]

es.tre.me.ci.do [Part. de *estremecer*.] *adj.* **1.** Pouco firme; abalado. **2.** *Fig.* Muito amado.

es.tre.me.ci.men.to [*Estremecer*.⬜3A] *sm.* **1.** Ato ou efeito de estremecer(-se). **2.** Tremor passageiro. **3.** *Fig.* Afeição profunda. **4.** *Fig.* Ligeiro desentendimento numa relação pessoal.

es.tre.mu.nhar [V.E] *v.int.* e *p.* Despertar de súbito, ainda tonto de sono. [C.: 1]

es.trê.nu:o [Lat. *strenuu*.] *adj.* **1.** Valente, corajoso. **2.** Ativo, diligente. **3.** Esforçado, tenaz.

es.tre.par [*Estrepe*.⬜1A] *vtd.* **1.** Ferir com estrepe. **2.** *Bras. Gír.* Prejudicar. *p.* **3.** Ferir-se em estrepe. **4.** *Bras. Gír.* Dar-se mal. [C.: 1 (é)]

es.tre.pe [Lat. *stirpe*.] *sm.* **1.** Ponta aguçada de algo; espinho. **2.** Pua de madeira ou de ferro que, nas guerras, era us. como arma. **3.** *Fig.* Situação difícil; dificuldade. **4.** *Fig. Pop.* Pessoa incômoda. **5.** *Etnogr.* Armadilha defensiva, us. por certos povos indígenas, constituída por lascas de madeira cravadas no chão e aguçadas nas extremidades. **6.** *Bras. Pej.* Pessoa muito feia.

es.tre.pi.tar [Lat. *strepitare*.⬜1A] *v.int.* Soar, vibrar, com estrépito; estrondar. [C.: 1]

es.tré.pi.to [Lat. *strepitu*.] *sm.* V. *estrondo* (1).

es.tre.pi.to.so (ô) [*Estrépito*.⬜37] *adj.* Que produz estrépito. [Pl.: *-tosos* (ó).]

es.trep.to.co.co [Tax. *Streptococcus*.] *sm. Biol.* Nome comum a bactérias ger. parasitas, gram-positivas, que se apresentam em colônias que formam cadeia. § **es.trep.to.có.ci.co** *adj.*

es.trep.to.mi.ci.na [*Estrepto-* + *-micina*.] *sf. Quím.* Antibiótico com poder bactericida, produzido a partir do *Streptomyces griseus*.

es.tres.sar [*Estresse*.⬜1A] *vtd.* **1.** Causar estresse a. **2.** *Fig.* Causar sensações semelhantes a do estresse (agitação, nervoso, etc.) a (alguém). *int.* e *p.* **3.** Apresentar estresse. [C.: 1 (é)]

es.tres.se [Ingl. *stress*.] *sm. Med.* Conjunto de reações do organismo a agressões de origens diversas, capazes de perturbar-lhe o equilíbrio interno.

es.tri.a [Lat. *stria*.] *sf.* Linha fina que forma um sulco, aresta, etc., na superfície dum corpo.

es.tri.a.do [Lat. *striatu*.⬜17A] *adj.* Que tem estria(s).

es.tri.ar [Lat. *striare*.⬜1A] *vtd.* Formar estria(s) em. [C.: 1. Cf. *estrear*.] § **es.tri:a.men.to** *sm.*

es.tri.bar [*Estribo*.⬜1A] *vtd.* **1.** Firmar (os pés) em estribo. **2.** Firmar, apoiar. *ti.* **3.** Fundamentar-se. *p.* **4.** Firmar-se em estribo. **5.** Fundamentar-se. [C.: 1]

es.tri.bei.ra [*Estribo*.⬜16] *sf.* Estribo de montar à gineta. ◆ **Perder as estribeiras.** Praticar despropósitos, desmandos.

es.tri.bi.lho [Esp. *estribillo*.] *sm.* Verso(s) repetido(s) no fim de cada estrofe duma composição poética; refrão.

es.tri.bo [Or.germ., poss.] *sm.* **1.** Peça presa ao loro, de cada lado da sela, e na qual o cavaleiro firma o pé. **2.** Degrau ou plataforma de viaturas. **3.** *Anat.* Pequeno osso da orelha média.

es.tric.ni.na [Fr. *strychnine*.⬜31] *sf. Quím.* Alcaloide encontrado na noz-vômica, que é estimulante nervoso, e venenoso.

es.tric.to [Lat. *strictu*.] *adj. Bras.* V. *estrito*.

es.tri.den.te [Lat. *stridente*.⬜21] *adj2g.* Que faz estridor; agudo. § **es.tri.dên.ci:a** *sf.*

es.tri.dor (ô) [Lat. *stridore*.⬜19] *sm.* Ruído forte, penetrante.

es.tri.du.lar [*Estrídulo*.⬜1A] *v.int.* **1.** Fazer, produzir estridor. **2.** Cantar ou dizer com som estrídulo. [C.: 1]

es.trí.du.lo [Lat. *stridulu*.] *adj. sm.* Diz-se de, ou som estridente.

es.tri.gí.de:o [Tax. *Strigidae*.] *adj. sm. Zool.* Diz-se de, ou espécime dos estrigídeos, família de aves estrigiformes. Ex.: caburés, corujas.

es.tri.gi.for.me [Tax. *Strigiformes*.] *adj2g. sm. Zool.* Diz-se de, ou espécime dos estrigiformes, ordem de aves de rapina, noturnas, de bico muito curvo, com ceroma, pés preensores, unhas aduncas e, ger., com penacho.

es.tri.lar [*Estrilo*.⬜1A] *v.int.* **1.** Vociferar por zanga, exasperação. **2.** Protestar fortemente. [C.: 1]

es.tri.lo [It. *strillo*.] *sm.* **1.** Grito irritado, ou de protesto. **2.** Reclamação indignada.

estripar | estufado

es.tri.par [*Es-* + *tripa* + *-ar*²._□_1A] *vtd*. Tirar as tripas a; destripar. [C.: 1]

es.tri.pu.li.a *sf. Bras.* Travessura; tropelia.

es.tri.to [Lat. *strictu*.] *adj*. **1**. Rigoroso, exato. **2**. Que é o mínimo exigido. **3**. Que deixa pouca margem de ação ou de interpretação.

es.tro [Lat. *oestru*.] *sm*. Inspiração (4).

es.tro.fe [Lat. *strophe*.] *sf*. Estância¹(2).

es.tro.gê.ni.o [*Estr(o)-*+*-gen(o)-*+*-io*². _□_34B] *sm. Bioquím.* Nome comum aos hormônios responsáveis pelo aparecimento dos caracteres sexuais secundários na mulher.

es.troi.na [V.C] *adj2g. s2g.* Extravagante e perdulário. § **es.tro:i.ni.ce** *sf*.

es.trom.par [*Es-* + *trompa* + *-ar*², poss. _□_1A] *vtd*. Esfalfar, extenuar. [C.: 1]

es.tron.ci.o [Lat.cient. *strontium*.] *sm. Quím.* V. *metal alcalinoterroso* [símb.: Sr]

es.tron.dar [*Estrondo*._□_1A] *v.int*. Fazer ou causar estrondo; estrondear. [C.: 1]

es.tron.de.ar [*Estrondo*._□_1N] *v.int*. Estrondar. [C.: 12A] § **es.tron.de.an.te** *adj2g.*

es.tron.do [V.C] *sm*. **1**. Grande ruído; estampido, estrépito. **2**. Ostentação ruidosa; pompa.

es.tron.do.so (ô) [*Estrondo*._□_37] *adj*. **1**. Que faz estrondo (1). **2**. Em que há estrondo (2). [Pl.: -*dosos* (ó).]

es.tro.pi.ar *vtd*. **1**. Cortar algum membro a; mutilar. **2**. Fatigar ou cansar muito. **3**. Ler ou pronunciar mal. **4**. Executar mal, cantando ou tocando. *p*. **5**. Aleijar-se. [C.: 1]

es.tro.pí.ci.o [It. *stropiccio*.] *sm*. Prejuízo, dano. [Cf. *estrupício*.]

es.tru.gir [Lat. **exturgere*, poss. _□_1C] *vtd*. **1**. Fazer estremecer com estrondo. **2**. *Cul.* Refogar. *int*. **3**. Vibrar fortemente. [C.: 3A. Norm. é unipess.]

es.tru.mar [*Estrume*._□_1A] *vtd*. Deitar estrume em (terra ou cultura). [C.: 1]

es.tru.me [Lat. **strumen*.] *sm*. Adubo (2) constituído de esterco e folhas apodrecidas.

es.tru.mei.ra [*Estrume*._□_16] *sf*. Depósito de estrume; esterqueira.

es.tru.pí.ci.o [Var. de *estropício*.] *sm. Bras. Pop.* **1**. Algazarra, arruaça. **2**. Asneira. **3**. Coisa de grandes dimensões, ou complicada. **4**. *Pej.* Pessoa esquisita, ou muito feia, etc.

es.tru.ti.o.cul.tu.ra [Lat.*struthio, onis*, 'avestruz', + *cultura*.] *sf.* Arte e técnica de criar avestruz.

es.tru.ti.o.mi.mo [Tax. *Struthiomimus*.] *sm. Paleont.* Dinossauro terópode, onívoro, com c. de 4m de comprimento, tinha cabeça pequena, bico córneo, longa cauda e pescoço comprido; viveu no cretáceo superior e fósseis foram descobertos na América do Norte.

es.tru.ti.o:ní.de:o [Tax. *Struthionidae*.] *adj. sm. Zool.* Diz-se de, ou espécime dos estrutionídeos, família que abrange as maiores aves atuais; herbívoras e frugívoras, nidificam no solo e habitam a África. São as avestruzes.

es.tru.ti:o.ni.for.me [Tax. *Struthioniformes*.] *adj2g. sm. Zool.* Diz-se de, ou espécime dos estrutioniformes, ordem que compreende apenas a família estrutionídea.

es.tru.tu.ra [Lat. *structura*._□_5] *sf*. **1**. Reunião de partes ou elementos, em certa ordem ou disposição. **2**. O modo como as partes ou elementos se relacionam, e que determina as características ou o funcionamento do todo. **3**. A parte mais resistente de um corpo, construção, etc., que lhe dá sustentação e conformação espacial. **4**. *Fig.* O que é mais fundamental, essencial, ou estável. § **es.tru.tu.ral** *adj2g.*

es.tru.tu.rar [*Estrutura*._□_1A] *vtd*. **1**. Fazer ou formar estrutura (1) de. *p*. **2**. Adquirir estrutura. [C.: 1] § **es.tru.tu.ra.ção** *sf.*

es.tu.á.ri:o [Lat. *aestuariu*._□_24] *sm*. Tipo de foz em que o curso de água se abre mais ou menos largamente.

es.tu.ca.dor (ô) [*Estucar*._□_19A] *sm*. Operário que estuca.

es.tu.car [*Estuque*._□_1A] *vtd*. Revestir de estuque. [C.: 1A. Cf. *estocar*.]

es.tu.dan.te [*Estudar*._□_21] *s2g*. Pessoa que estuda; aluno. § **es.tu.dan.til** *adj2g.*

es.tu.dar [*Estudo*._□_1A] *vtd*. **1**. Aplicar a inteligência a, para aprender. **2**. Observar atentamente. **3**. Procurar fixar na memória. **4**. Frequentar o curso de. **5**. Exercitar-se, adestrar-se: *estudar piano*. **6**. Examinar atentamente. *int*. **7**. Estudar (1). **8**. Ser estudante. *p*. **9**. Observar-se, analisar-se. [C.: 1] § **es.tu.da.do** *adj.*

es.tú.di:o [Ingl. *studio*.] *sm*. **1**. Oficina de artista. **2**. Local destinado a atividades artísticas, ou próprio para a realização de filmagens, gravações para rádio e tevê, fotografias, etc.

es.tu.di.o.so (ô) [Lat.*studiosu*._□_37] *adj. sm.* Que, ou aquele que gosta de estudar. [Pl.: -*diosos* (ó).]

es.tu.do [Lat. *studiu*.] *sm*. **1**. Ato de estudar. **2**. Aplicação do espírito para aprender. **3**. O conjunto dos conhecimentos adquiridos com essa aplicação. **4**. Trabalhos que precedem a execução dum projeto. **5**. Trabalho literário ou científico sobre um assunto. **6**. Exame, análise.

es.tu.fa [It. *stufa*.] *sf.* **1**. Fogão para aquecer aposentos. **2**. Parte do fogão indiretamente aquecida. **3**. Construção ger. de material leve, e, envidraçada, com temperatura e umidade controladas, para cultura de plantas.

es.tu.fa.do [*Estufar*¹._□_17A] *adj*. **1**. Metido ou seco em estufa. ● *sm*. **2**. *Cul.* Prato de carne que se estufou [v. *estufar*¹ (2)].

estufar¹ | eternidade

es.tu.far¹ [*Estufa.*☐1A] *vtd.* **1.** Aquecer em estufa. **2.** *Cul.* Cozinhar (a carne refogada) a fogo lento. [C.:1]

es.tu.far² [*Es-* + *tufar.*] *vtd. e int.* **1.** Aumentar o volume de, ou tê-lo aumentado. **2.** Inflar(-se). *p.* **3.** Sentir-se orgulhoso. [C.:1]

es.tu.gar [V.D] *vtd.* **1.** Apressar, aligeirar (o passo). **2.** Incitar. [C.:1C]

es.tul.ti.ce [*Estulto.*☐13] *sf.* Estultícia.

es.tul.tí.ci:a [Lat. *stultitia.*] *sf.* Qualidade ou procedimento de estulto; estultice.

es.tul.to [Lat. *stultu.*] *adj.* V. *tolo* (1 e 2).

es.tu.pe.fa.ção [Fr. *stupéfaction.*☐2] *sf.* **1.** Entorpecimento, torpor. **2.** *Fig.* Pasmo, assombro. [Pl.: *-ções*].

es.tu.pe.fa.ci.en.te [Lat. *stupefaciente.*☐21A] *adj2g.* **1.** Que causa estupefação. ● *sm.* **2.** *Med.* Entorpecente (2).

es.tu.pe.fa.to [Lat. *stupefactu.*] *adj.* Pasmado, atônito.

es.tu.pen.do [Lat. *stupendu.*] *adj.* **1.** Admirável, maravilhoso. **2.** Espantoso; extraordinário.

es.tu.pi.dez (ê) [*Estúpido.*☐12A] *sf.* **1.** Qualidade de estúpido. **2.** Ação ou dito de estúpido (3).

es.tu.pi.di.fi.car [*Estúpido* + *-ificar.*] *vtd. e p.* Tornar(-se) estúpido. [C.:1A]

es.tú.pi.do [Lat. *stupidu.*] *adj.* **1.** Falto de inteligência, de discernimento. **2.** Grosseiro, incivil. ● *sm.* **3.** Indivíduo estúpido (1 e 2).

es.tu.por (ô) [Lat. *stupore.*] *sm.* **1.** *Med.* Estado mórbido em que o doente, imóvel, não reage a estímulos externos. **2.** *Pop.* Qualquer paralisia repentina. **3.** *Fig. Pop.* Pessoa de más qualidades, ou muito feia.

es.tu.po.rar [*Estupor.*☐1A] *vtd. e p.* Fazer cair, ou cair em estupor. [C.: 1 (ó)]

es.tu.prar [Lat. *stuprare.*☐1A] *vtd.* Cometer estupro contra; violar, violentar. [C.: 1] § **es.tu.pra.dor** (ô) *adj. sm.*

es.tu.pro [Lat. *stupru.*] *sm.* O crime de constranger alguém ao coito com violência ou grave ameaça; violação.

es.tu.que [Fr. *stuc.*] *sm.* **1.** Massa preparada com gesso, água e cola. **2.** Revestimento ou ornatos feitos com ela.

es.tur.jão [Fr.ant. *estourjon.*☐28] *sm.* *Zool.* Peixe acipenserídeo de cujas ovas se faz caviar. [Pl.: *-jões.*]

es.tur.rar [Por *estorrar*, de *torrar.*] *vtd.* **1.** Estorricar; queimar. *int. e p.* **2.** Secar demais. [C.:1]

es.tur.ro [Dev. de *esturrar.*] *sm.* Estado ou cheiro de coisa esturrada.

es.va.e.cer [*Es-* + lat. *vanu* (v. *vão*) + *-ecer.*☐1P] *vtd. e p.* **1.** Desfazer(-se), dissipar(-se); desvanecer(-se). **2.** Fazer perder as forças, ou perdê-las. **3.** Desanimar(-se). [F.paral.: *esvanecer*. C.: 2A (ê-é)]. § **es.va.e.ci.men.to** *sm.*

es.va.ir [Lat.vulg. **exvaire.*☐1C] *vtd.* **1.** Fazer evaporar ou desaparecer; dissipar. *p.* **2.** Evaporar-se ou desaparecer; dissipar-se. **3.** Esgotar-se, exaurir-se. **4.** Desmaiar. [C.: 38. Mais us. como *p.*]

es.va.ne.cer [*Es-* + lat. *vanu* (v. *vão*) + *-ecer.*☐1P] *vtd. e p.* V. *esvaecer.* [C.: 2A (ê-é)]

es.va.zi.ar [*Es-* + *vazio* + *-ar².*☐1A] *vtd. e p.* **1.** Tornar(-se) vazio. **2.** Tirar a importância a, ou perdê-la. [C.:1] § **es.va.zi:a.men.to** *sm.*

es.ver.de.a.do [*Esverdear.*☐17A] *adj.* Tirante a verde.

es.ver.de.ar [*Es-* + *verde* + *-ear.*☐1N] *vtd. e int.* Dar cor verde ou esverdeada a, ou adquirir essa(s) cor(es). [C.:12A]

es.vo:a.çar [*Es-* + rad. de *voar* + *-açar.*☐1M] *v.int. e p.* **1.** Bater as asas com força, para voar; adejar, voejar. **2.** Flutuar ao vento. [C.:1B]

es.vur.mar [*Es-* + *vurmo* + *-ar².*☐1A] *vtd.* **1.** Limpar (a ferida) do pus, espremendo-a. **2.** *Fig.* Criticar (defeito de alguém). [C.:1]

■ **ET** [Abrev. de *extraterrestre.*] Ser que se supõe existir em outro planeta, etc.

e.ta [Gr. *éta.*] *sm.* A 7.ª letra do alfabeto grego (H, η).

e.ta (ê) *interj.* *Bras.* Exprime animação, surpresa ou aborrecimento.

e.ta.no [*Et-* + *-ano².*] *sm.* *Quím.* Alcano que contém 2 átomos de carbono, gasoso [fórm.: $CH_3\text{-}CH_3$].

e.ta.nol [*Etano* + *-ol².*] *sm.* *Quím.* Álcool etílico. V. *álcool* (2). [Pl.: *-nóis.*]

e.ta.pa [Fr. *étape.*] *sf.* **1.** Cada uma das partes em que pode dividir-se o desenvolvimento dum negócio, obra, etc. **2.** Fase, estágio.

e.tá.ri:o *adj.* Relativo a idade.

e.te.no [Ingl. *ethene.*] *sm.* *Quím.* Hidrocarboneto gasoso, incolor, que é uma das principais matérias-primas da indústria química; etileno. [É o mais simples dos alcenos; fórm.: $H_2C \equiv H_2$.]

é.ter [Lat. *aether.*] *sm.* **1.** O espaço celeste. **2.** *Quím.* Qualquer de certos compostos orgânicos que contêm 2 grupos hidrocarbônicos unidos por um átomo de oxigênio; ex.: éter dietílico. **3.** *Quím. Restr.* O éter dietílico. ♦ **Éter dietílico.** *Quím.* Líquido incolor, volátil, com cheiro característico, inflamável, us. como solvente [fórm.: $(CH_3CH_2)_2O$]. **Éter etílico.** *Quím.* Nome comum do *éter dietílico.* **Éter sulfúrico.** O éter dietílico. [O nome se refere ao ácido sulfúrico, us. na sua fabricação.]

e.té.re:o [Lat. *aethereu.*] *adj.* **1.** Relativo ao, ou da natureza do éter. **2.** Sublime; celestial.

e.ter.ni.da.de [Lat. *aeternitate.*☐14] *sf.* **1.** Qualidade de eterno. **2.** A vida que, para crentes, começa após a morte. **3.** *Fig.* Demora indefinida.

eternizar | eufausiáceo

e.ter.ni.zar [*Eterno*. ◨1D] *vtd.* **1.** Tornar eterno. **2.** Prolongar. **3.** Dar glória ou fama imorredoura a; imortalizar. *p.* **4.** Prolongar-se indefinidamente. **5.** Imortalizar-se. [C.: 1]

e.ter.no [Lat. *aeternu*.] *adj.* **1.** Que não tem princípio nem fim; que dura sempre. **2.** V. *imortal* (1). **3.** Incessante. **4.** Imutável. ◆ **O Eterno.** Deus.

→ **ethernet** (êternéti) [Ingl.] *sf. Inform.* Padrão de conexão us. em redes locais, que define o padrão de cabos, conectores e formato de envio e recepção das informações.

é.ti.ca [Lat. *ethica*.] *sf.* **1.** Estudo dos juízos de apreciação referentes à conduta humana, do ponto de vista do bem e do mal. **2.** Conjunto de normas e princípios que norteiam a boa conduta do ser humano.

é.ti.co [Lat. *ethicu*. ◨35B] *adj.* Pertencente ou relativo à ética.

e.ti.la [Fr. *éthyle*.] *sf. Quím.* Alquila de 2 átomos de carbono, correspondente ao etano [fórm.: $-CH_2CH_3$].

e.ti.le.no [*Etil* + *-eno*².] *sm. Quím.* Nome comum do *eteno*.

e.tí.li.co [*Etil-* + *-ico*². ◨35B] *adj. Quím.* Qualificativo de certos compostos orgânicos derivados do etano.

e.ti.mo.lo.gi.a [Gr. *etymología*. ◨8A] *sf.* **1.** O estudo da origem das palavras. **2.** Origem duma palavra. § **e.ti.mo.ló.gi.co** *adj.*

e.ti.mo.lo.gis.ta [*Etimologia*. ◨36] *s2g.* Especialista em etimologia; etimólogo.

e.ti.mó.lo.go [Lat. *etymologos*.] *sm.* Etimologista.

e.ti.no *sm. Quím.* Hidrocarboneto gasoso, incolor, de cheiro desagradável, altamente inflamável, us. em maçaricos para soldar e na indústria química; acetileno. [É o mais simples dos alcinos; fórm.: H-C≡C-H.]

e.ti:o.lo.gi.a [Lat. *aetiologia*. ◨8A] *sf.* Parte da medicina que trata das causas das doenças. § **e.ti:o.ló.gi.co** *adj.*

e.ti.que.ta (ê) [Fr. *étiquette*.] *sf.* **1.** Conjunto de cerimônias us. na corte ou na casa dum chefe de Estado. **2.** Formas cerimoniosas do trato social; formalidade, protocolo. **3.** Rótulo para designar o que algo é, ou contém.

e.ti.que.tar [Fr. *étiqueter*. ◨1A] *vtd.* Pôr etiqueta(s) (3) em. [C.: 1 (é)]

et.ni.a [*Etn(o)-* + *-ia*¹. ◨8A] *sf. Antrop.* População ou grupo social que apresenta homogeneidade cultural, compartilhando história e origem comuns. § **et.ni.ci.da.de** *sf.*

ét.ni.co [Lat. *ethinicu*. ◨35B] *adj.* Relativo ou pertencente a povo ou raça.

et.no.cen.tris.mo [*Etn(o)-* + *centro* + *-ismo*. ◨11] *sm.* Tendência a considerar as normas e valores da própria sociedade ou cultura como critério de avaliação de todas as demais. § **et.no.cên.tri.co** *adj.*

et.no.gra.fi.a [*Etn(o)-* + *-grafia*.] *sf. Antrop.* **1.** Estudo descritivo de um ou mais aspectos sociais e culturais de um povo, grupo social, etc. **2.** Atividade de obtenção e elaboração de dados, em pesquisa de campo antropológica. § **et.no.grá.fi.co** *adj.*; **et.nó.gra.fo** *sm.*

et.no.lo.gi.a [*Etn(o)-* + *-logia*.] *sf. Antrop.* **1.** Parte da antropologia que procura generalizar e sistematizar os conhecimentos a respeito dos diferentes povos e suas culturas, obtidos através da etnografia (2). **2.** *Bras.* O estudo antropológico das sociedades indígenas. § **et.no.ló.gi.co** *adj.*; **et.nó.lo.go** *sm.*

et.nô.ni.mo [*Etn(o)-* + *-ônimo*.] *sm.* Nome de povos, de tribos e de castas. ◆ **Etnônimo brasílico.** Designação de povo, etnia ou grupo que habitava o território brasileiro em tempos pré-cabralianos, e de seus descendentes atuais. [Pela convenção usualmente seguida pelos antropólogos, os etnônimos se escrevem com maiúsc. inicial e não variam em gênero e número.]

e.to.lo.gi.a [*Eto-* + *-logia*.] *sf.* Ciência que estuda o comportamento dos animais.

e.to.lo.gis.ta [*Etologia*. ◨36] *s2g.*

e.tó.lo.go [*Eto-* + *-logo*.] *sm.* Especialista em etologia; etologista.

e.tos [Gr. *éthos*.] *sm2n.* **1.** Modo de ser, temperamento ou disposição interior, de natureza emocional ou moral. **2.** O espírito que anima uma coletividade, instituição, etc., e que marca suas manifestações culturais.

eu [Lat.vulg. *eo*, do lat. *ego*.] *pron.* **1.** Pron. pess. da 1ª pess., us. por quem fala ou escreve para referir-se a si mesmo. ● *sm.* **2.** A personalidade de quem fala.

■ **Eu** *Quím.* Símb. de *európio*.

eu.ca.lip.to [Tax. *Eucalyptus*.] *sm. Bot.* Grande árvore mirtácea, medicinal, e de madeira útil.

eu.ca.ri.on.te [*Eu-* + *-cari(o)-* + *-onte*.] *sm. Biol.* Organismo formado por uma ou mais células, que têm núcleo distinto, envolvido por membrana nuclear; eucarioto.

eu.ca.ri.o.to [Ingl. *eucaryote*.] *sm. Biol.* Eucarionte.

eu.ca.ris.ti.a [Lat.ecl. *eucharistia*. ◨8A] *sf. Rel.* **1.** Um dos 7 sacramentos da Igreja Católica, no qual Jesus Cristo se acha presente sob as aparências do pão e do vinho, com seu corpo, sangue, alma e divindade; comunhão. **2.** *P.ext.* Missa (1).

eu.cli.di.a.no [◨29A] *adj.* Relativo ao, ou próprio do matemático grego Euclides (M.).

eu.fau.si.á.ce:o [Tax. *Euphausiacea*.] *adj. sm. Zool.* Diz-se de, ou espécime dos eufausiáceos, ordem de crustáceos marinhos dos mares frios. [V. *krill*.]

eu.fe.mis.mo [Gr. *euphemismós*.▣11] *sm*. 1. Ato de suavizar a expressão duma ideia substituindo a palavra apropriada por outra mais cortês. 2. Palavra us. por eufemismo.

eu.fo.ni.a [Lat. *euphonia*.▣8A] *sf*. 1. Som agradável. 2. Escolha feliz de sons. § **eu.fô.ni.co** *adj*.

eu.for.bi.á.ce:a [Tax. *Euphorbiaceae*.] *sf. Bot*. Espécime das euforbiáceas, família de ervas, árvores e arbustos ger. lactescentes, cujo fruto é uma tricoca. Ex.: a seringueira. § **eu.for.bi.á.ce:o** *adj*.

eu.fo.ri.a [Gr. *euphoría*.▣8A] *sf*. 1. Sensação de perfeito bem-estar. 2. Alegria intensa e, em regra, expansiva. § **eu.fó.ri.co** *adj*.

eu.ge.ni.a [Fr. *eugénie*.▣8A] *sf*. O estudo das condições mais propícias à reprodução e melhora da raça humana. § **eu.gê.ni.co** *adj*.

eu.nu.co [Lat. *eunuchu*.] *sm*. Homem castrado que, no Oriente, servia nos haréns, na corte.

eu.par.qué.ri.a [Tax. *Euparkeria*.] *sm. Paleont*. Pequeno réptil carnívoro, com c. de 50cm de comprimento; era muito veloz, e podia tb. deslocar-se em posição bipedal. Viveu no triássico, e fósseis foram achados no sul da África.

eu.ra.si.a.no [*Eur(o)-* + *asiano*.] *adj*. Da, pertencente ou relativo à Eurásia, *i.e.*, conjunto de terras da Europa e da Ásia.

eu.ri.bi.on.te [*Euri-* + *-bionte*.] *sm. Ecol*. Espécie capaz de povoar meios muito variáveis; eurioico.

eu.ri.oi.co (ói) [*Euri-* + *-oico*.] *sm. Ecol*. Euribionte.

eu.ri.pi.di.a.no [▣29A] *adj*. Relativo ao, ou próprio do dramaturgo grego Eurípides (**M.**).

eu.ro [F.red. de *Europa*.] *sm. Econ*. Moeda comum a vários países europeus, introduzida, em muitos deles (tais como Alemanha, Andorra, Áustria, Bélgica, Espanha, Finlândia, França, Grécia, Holanda, Itália e Portugal), como unidade escritural desde 1999, e como notas e moedas, a partir de 2002.

eu.ro.dó.lar [*Eur(o)-* + *dólar*.] *sm. Econ*. Moeda dos E.U.A. depositada em bancos não americanos, esp. europeus, e por estes emprestada em transações financeiras com vários países.

eu.ro.pe:i.zar (e-i) [*Europeu*.▣1D] *vtd. e p*. Tornar(-se) europeu; adaptar(-se) ao temperamento, maneira ou estilo europeus. [C.: 1F] § **eu.ro.pe:i.za.ção** *sf*.; **eu.ro.pe:i.za.do** *adj*.

eu.ro.peu [Lat. *europaeu*.] *adj*. 1. Da Europa. ● *sm*. 2. O natural ou habitante da Europa. [Fem.: *europeia* (éi).]

eu.ró.pi:o [Top. *Europa*.▣34B] *sm. Quím*. V. *lantanídeos* [símb.: *Eu*].

eu.ta.ná.si:a ou **eu.ta.na.si.a** [Gr. *euthanasía*.] *sf*. 1. Morte serena, sem sofrimento. 2. *Med*. Prática, ger. sem amparo legal, pela qual se busca abreviar sem dor ou sofrimento a vida dum enfermo incurável e terminal (2).

eu.tro.fi.ca.ção [Ingl. *euthrophication*.▣2A] *sf. Ecol*. Proliferação de matéria orgânica em meio hídrico, e que resulta na multiplicação de matéria vegetal que, por decomposição, provoca a diminuição do oxigênio necessário à vida animal. [Pl.: *-ções*.]

eu.tró.fi.co [*Eutrofia*.▣35B] *adj*. Rico em nutrientes, pela eutroficação.

e.va.cu.ar [Lat. *evacuare*.▣1A] *vtd*. 1. Desocupar; esvaziar. 2. Sair de (uma praça de guerra), por haver capitulado. 3. Expelir. *int*. 4. V. *defecar* (2). [C.: 1] § **e.va.cu.a.ção** *sf*.

e.va.dir [Lat. *evadere*.▣1C] *vtd*. 1. Fugir a; evitar. *p*. 2. Fugir às ocultas. 3. Fugir de prisão. 4. Sumir-se. [C.: 3]

e.van.ge.lho [Gr. *euangélion*, 'boa nova', pelo lat. *evangeliu*.] *sm*. 1. *Rel*. Doutrina de Cristo. 2. *Rel*. Cada um dos 4 livros principais do Novo Testamento, ou trechos deles. [Com inicial maiúsc. nessas acepçs.] 3. *Fig*. Coisa tida por verdadeira. 4. Norma; doutrina.

e.van.gé.li.co [Lat. *evangelicu*.▣35B] *adj*. 1. Relativo ao Evangelho (1 e 2). 2. Relativo ou pertencente a certos grupos religiosos não ligados ao protestantismo histórico, e que afirmam seguir os Evangelhos com rigor. ● *sm*. 3. Membro de um desses grupos.

e.van.ge.lis.mo [Lat. *evangelium* + *-ismo*.▣11] *sm*. Sistema ou política moral ou religiosa fundada no Evangelho.

e.van.ge.lis.ta [Lat. *evangelista*.▣36] *sm. Rel*. Autor de qualquer dos 4 livros do Evangelho.

e.van.ge.li.zar [Lat. *evangelizare*.▣1D] *vtd*. 1. Pregar o Evangelho a; apostolar, pregar. *p*. 2. Cristianizar-se. [C.: 1] § **e.van.ge.li.za.ção** *sf*.

e.va.po.ra.ção [Lat. *evaporatione*.▣2A] *sf*. 1. Ato de evaporar(-se). 2. Transformação dum líquido em vapor, efetuada a qualquer temperatura. [Pl.: *-ções*.]

e.va.po.rar [Lat. *evaporare*.▣1A] *vtd*. 1. Transformar em vapor ou gás: *O calor evapora a água. int*. 2. Converter-se em vapor (1). *p*. 3. Passar ao estado de vapor (1). 4. *Fig*. Desaparecer, dissipar-se. [C.: 1 (ó)]

e.va.são [Lat. *evasione*.▣28] *sf*. Ato de evadir-se; fuga. [Pl.: *-sões*.]

e.va.si.va [F.subst. de *evasivo*.] *sf*. Desculpa ardilosa; subterfúgio.

e.va.si.vo [Lat. *evasus*.▣22] *adj*. 1. Que facilita a evasão. 2. *Fig*. Sutil, hábil: *resposta evasiva*. 3. Que serve de subterfúgio; ardiloso.

e.ven.to [Lat. *eventu*.▣27] *sm*. 1. Eventualidade (2). 2. Acontecimento, sucesso.

e.ven.tu.al [*Evento.*◨39A] *adj2g.* Que depende de acontecimento incerto; casual, fortuito, acidental. [Pl.: *-ais.*]

e.ven.tu:a.li.da.de [*Eventual.*◨14] *sf.* **1.** Qualidade de eventual. **2.** Acontecimento eventual; evento.

e.vi.dên.ci.a[1] [Lat. *evidentia.*◨10] *sf.* Qualidade do que é evidente ou incontestável; certeza manifesta.

e.vi.dên.ci.a[2] [Ingl. *evidence.*] *sf.* Prova da existência ou da ocorrência de algo.

e.vi.den.ci.ar [*Evidência.*◨1A] *vtd. e p.* Tornar(-se) evidente. [C.: 1]

e.vi.den.te [Lat. *evidente.*◨21] *adj2g.* Que se compreende prontamente, dispensando demonstração; que não oferece dúvida; claro, manifesto, patente.

e.vi.den.te.men.te [*Evidente.*◨42] *adv.* De modo evidente, explícito; claramente.

e.vi.tar [Lat. *evitare.*] *vtd.* **1.** Fugir a, desviar-se de (coisa ou pessoa nociva ou desagradável). **2.** Impedir, atalhar. [C.: 1] § **e.vi.tá.vel** *adj2g.*

e.vo.car [Lat. *evocare.*◨1A] *vtd.* **1.** Chamar de algum lugar. **2.** Clamar por (almas do outro mundo, demônios), mediante exorcismos ou invocações. **3.** Trazer à lembrança. [C.: 1A (ó)] § **e.vo.ca.ção** *sf.*; **e.vo.ca.ti.vo** *adj.*

e.vo.lar-se [Lat. *evolare* + *se*[1].◨1A] *vp.* **1.** Elevar-se, voando. **2.** Exalar-se. **3.** Desfazer-se, dissipar-se. [C.: 1 (ó)]

e.vo.lu.ção [Lat. *evolutione.*◨2A] *sf.* **1.** Deslocamento progressivo. **2.** Série de movimentos concatenados e harmônicos. **3.** Sucessão de acontecimentos em que cada um está condicionado pelo(s) anterior(es). **4.** Processo de transformação em que certas características ou elementos simples ou indistintos se tornam aos poucos mais complexos ou mais pronunciados; desenvolvimento. **5.** *Biol.* Segundo o darwinismo, processo que, ao longo de sucessivas gerações, leva à diferenciação das espécies, determinado por mutações genéticas e por seleção natural. [Pl.: *-ções.*]

e.vo.lu.ci:o.nar [*Evolução* (*-cion-*).◨1A] *v.int.* **1.** Evolver. **2.** Fazer evolução (2). *td.* **3.** Fazer passar por transformação; modificar. [C.: 1]

e.vo.lu.ci:o.nis.mo [Fr. *évolutionnisme.*◨11] *sm.* Doutrina filosófica ou teoria científica fundada na ideia de evolução. § **e.vo.lu.ci:o.nis.ta** *adj2g. s2g.*

e.vo.lu.í.do [Part. de *evoluir.*] *adj.* **1.** Que atingiu elevado grau de desenvolvimento, de cultura, etc. **2.** Apto a aceitar novas ideias, novos padrões de comportamento; avançado.

e.vo.lu.ir [Fr. *évoluer.*◨1C] *v.int.* **1.** Executar ou sofrer evolução. *ti.* **2.** Passar gradualmente de um estado a outro, por uma série de transformações. [Sin.ger.: *evolver.* C.: 42] § **e.vo.lu.ti.vo** *adj.*

e.vol.ver [Lat. *evolvere.*◨1B] *v.int. e ti.* V. *evoluir.* [C.: 2 (ô-ó)]

e.xa.ção (z) [Lat. *exactione.*◨2] *sf.* **1.** Cobrança rigorosa de dívida ou de impostos. **2.** Exatidão. [Pl.: *-ções.*]

e.xa.cer.ba.ção (z) [Lat. *exacerbatione.*◨2A] *sf.* **1.** Ato ou efeito de exacerbar(-se). **2.** Irritação. [Pl.: *-ções.*]

e.xa.cer.bar (z) [Lat. *exacerbare.*◨1A] *vtd. e p.* **1.** Tornar(-se) mais acerbo, mais intenso, mais veemente, mais violento, etc. **2.** Irritar(-se), exasperar(-se). [C.: 1 (é)]

e.xa.ge.ra.ção (z) [Lat. *exaggeratione.*◨2A] *sf.* Ato de exagerar(-se); exagero. [Pl.: *-ções.*]

e.xa.ge.ra.do (z) [Lat. *exaggeratu.*◨17A] *adj.* **1.** Em que há exageração. **2.** Que é dado a exagerar.

e.xa.ge.rar (z) [Lat. *exaggerare.*◨1A] *vtd.* **1.** Dar ou atribuir a (coisa ou fato), proporções maiores que as reais. **2.** Encarecer em demasia. **3.** Aparentar mais do que sente. *ti.* **4.** *Bras.* Usar com excesso: *exagerar no sal. int.* **5.** Fazer ou dizer algo com excesso. [C.: 1 (é)]

e.xa.ge.ro (z...ê) [Dev. de *exagerar.*] *sm.* Exageração.

e.xa.la.ção (z) [Lat. *exhalatione.*◨2A] *sf.* **1.** Ato de exalar(-se). **2.** O que se exala dum corpo sólido ou líquido. [Pl.: *-ções.*]

e.xa.lar (z) [Lat. *exhalare.*◨1A] *vtd.* **1.** Emitir, lançar de si (vapores, odores, etc.). *p.* **2.** Sair; emanar. **3.** Evolar-se. [C.: 1]

e.xal.ta.do (z) [Lat. *exaltatu.*◨17A] *adj.* **1.** Exagerado, excessivo. **2.** Fanático, apaixonado. **3.** Facilmente irritável.

e.xal.tar (z) [Lat. *exaltare.*◨1A] *vtd.* **1.** Tornar alto, ou sublime, ou grandioso, etc. **2.** Louvar. **3.** Levar ao mais alto grau de intensidade. **4.** Enfurecer. *p.* **5.** Excitar-se ao extremo. **6.** Enfurecer-se. **7.** Vangloriar-se. [C.: 1] § **e.xal.ta.ção** (z) *sf.*

e.xa.me (z) [Lat. *examen.*] *sm.* **1.** Ato de examinar. **2.** Prova a que alguém é submetido e pela qual demonstra sua capacidade em determinado assunto. **3.** V. *inspeção.* **4.** *Med.* Qualquer procedimento médico que vise esclarecer causa, tipo, evolução e tratamento de doença ou verificar sanidade (2) de doente.

e.xa.mi.na.do (z) [*Examinar.*◨17A] *adj. sm.* Que, ou quem se examinou.

e.xa.mi.nar (z) [Lat. *examinare.*◨1A] *vtd.* **1.** Analisar com atenção e minúcia. **2.** Ponderar ou meditar sobre. **3.** Submeter a exame (2 a 4). **4.** Observar, sondar. *p.* **5.** Observar a própria consciência. [C.: 1] § **e.xa.mi.na.dor** (z...ô) *adj. sm.*; **e.xa.mi.nan.do** (z) *sm.*

exangue | excitante

e.xan.gue (z) [Lat. *exsangue.*] *adj2g.* 1. Sem sangue. 2. Sem forças.

e.xâ.ni.me (z) [Lat. *exanime.*] *adj2g.* Desfalecido, ou morto.

e.xan.te.ma (z) [Gr. *exánthema.*] *sm. Med.* Vermelhidão cutânea, de intensidade variável, e encontrada em numerosas doenças.

e.xa.rar (z) [Lat. *exarare.* ▣1A] *vtd.* Consignar ou registrar por escrito; lavrar. [C.: 1]

e.xas.pe.rar (z) [Lat. *exasperare.* ▣1A] *vtd. e p.* 1. Irritar(-se) muito; encolerizar(-se). 2. Agravar(-se), exacerbar(-se). [C.: 1 (é)] § **e.xas.pe.ra.ção** *sf.*; **e.xas.pe.ran.te** (z) *adj2g.*

e.xa.ta.men.te [F. de *exato.* ▣42] *adv.* 1. Em conformidade com. 2. Com exatidão: *O que ele quer exatamente?* 3. Rigorosamente, pontualmente: *O trem partiu exatamente ao meio-dia.*

e.xa.to (z) [Lat. *exactu.*] *adj.* 1. De acordo com as regras ou a verdade; certo, correto. 2. Preciso, rigoroso. 3. Perfeito, esmerado. § **e.xa.ti.dão** (z) *sf.*

e.xau.rir (z) [Lat. *exhaurire.* ▣1C] *vtd.* 1. Esgotar inteiramente; despejar até à última gota. 2. Dissipar inteiramente. *p.* 3. Esgotar-se. 4. Cansar-se; esgotar-se. [C.: 8. Embora defectivo, há tendência na língua falada de conjugá-lo em todas as pessoas: *eu me exauro, tu te exaures,* etc.] § **e.xau.rí.vel** (z) *adj2g.*

e.xaus.tão (z) [Lat. *exhaustione.* ▣2] *sf.* 1. Ato ou efeito de exaurir(-se). 2. Cansaço extremo; esgotamento. [Pl.: -tões.]

e.xaus.ti.vo (z) [*Exausto.* ▣22] *adj.* 1. Que esgota, que exaure. 2. Cansativo no mais alto grau.

e.xaus.to (z) [Lat. *exhaustu.*] *adj.* Muitíssimo cansado; extenuado, esgotado, arrebentado.

e.xaus.tor (z...ô) [Fr. *exhausteur.* ▣19] *sm.* Aparelho que aspira o ar viciado e/ou o renova.

e.xau.to.rar (z) [Lat. *exauctorare.* ▣1A] *vtd.* V. *desautorar* (1). [C.: 1 (ó)]

ex.ce.ção [Lat. *exceptione.* ▣2] *sf.* 1. Ato ou efeito de excetuar(-se). 2. Desvio da regra geral. 3. Aquilo que se exclui da regra. 4. Exclusão. [Pl.: *-ções.*]

ex.ce.den.te [*Exceder.* ▣21] *adj2g.* 1. Que excede ou sobeja. ● *sm.* Excesso, sobejo, sobra.

ex.ce.der [Lat. *excedere.* ▣1B] *vtd. e tdi.* 1. Ser superior a, ir além de (em peso, valor, extensão, etc.). 2. Superar. *ti.* 3. Exceder (1). *p.* 4. Ir além do que é natural, conveniente. 5. Irritar-se ao extremo; enfurecer-se. 6. Esmerar-se. [C.: 2 (ê-é)] § **ex.ce.dí.vel** *adj2g.*

ex.ce.lên.ci:a [Lat. *excellentia.* ▣10] *sf.* 1. Qualidade de excelente; primazia. 2. Tratamento que se dá a pessoas de alta hierarquia social, política, etc. ◆ **Sua excelência.** V. *excelentíssimo* (2). **Vossa excelência.** V. *excelentíssimo* (2).

ex.ce.len.te [Lat. *excellente.* ▣21A] *adj2g.* Muitíssimo bom; excepcional, excelso.

ex.ce.len.tís.si.mo [Lat. *excellentissimu.*] *adj.* 1. Superl. abs. sint. de *excelente.* 2. Tratamento honorífico dado a indivíduos de alta hierarquia política, social, etc.; sua excelência, vossa excelência. [Abrev.: *Ex.mo*]

ex.ce.ler [Lat. *excellere.* ▣1B] *v.int. e ti.* Distinguir-se de outros, ou entre outros, ou acima de outros; ser excelente. [C.: Defect. Faltam-lhe as f. em que ao *l* do radical se seguiria *o* ou *a*: a 1ª pess. do sing. do pres. ind. e todo o pres. subj. Nas demais formas segue o paradigma 2.]

ex.cel.so [Lat. *excelsu.*] *adj.* 1. Alto; sublime. 2. V. *excelente.*

ex.cen.tri.ci.da.de[1] [Lat.med. *excentricitate.* ▣14] *sf.* Desvio ou afastamento do centro.

ex.cen.tri.ci.da.de[2] [*Excêntrico*[2]. ▣14] *sf.* Qualidade, modos, ou procedimento de excêntrico[2]; extravagância.

ex.cên.tri.co[1] [Lat.med. *excentricu.* ▣35B] *adj.* 1. Que desvia ou afasta do centro. 2. Que não tem o mesmo centro.

ex.cên.tri.co[2] [Ingl. *eccentric.* ▣35B] *adj. sm.* V. *extravagante* (2 e 4).

ex.cep.ci:o.nal [Fr. *exceptionnel.* ▣39] *adj2g.* 1. Em que há, ou que constitui exceção. 2. Que goza de exceção. 3. V. *excelente.* 4. Que é portador de necessidades especiais (q.v.). ● *s2g.* 5. Indivíduo excepcional (4). [Pl.: *-nais.*]

ex.ces.si.vo [*Excesso.* ▣22] *adj.* Demasiado; exagerado.

ex.ces.so [Lat. *excessu.*] *sm.* 1. Diferença para mais entre 2 quantidades. 2. Aquilo que excede o permitido, o legal, o normal. 3. Sobra (1). 4. *Fig.* Violência; desmando.

ex.ce.to [Lat. *exceptu.*] *prep.* Com exclusão ou à exceção de; afora, salvo, tirante.

ex.ce.tu.ar [*Exceto.* ▣1Aa] *vtd., tdi. e p.* Isentar(-se), excluir(-se). [C.: 1]

ex.ci.pi.en.te [Lat. *excipiente.* ▣21] *sm. Med.* Substância a que se incorpora(m) o(s) princípio(s) ativo(s) de medicamento para que se absorva(m) mais facilmente.

ex.ci.são [Lat. *excisione.* ▣2] *sf. Cir.* Retirada, amputação. [Pl.: *-sões.*]

ex.ci.ta.bi.li.da.de [*Excitável* (-bil-). ▣14] *sf.* 1. Qualidade de excitável. 2. *Fisiol.* Irritabilidade (2).

ex.ci.ta.ção [Lat. *excitatione.* ▣2A] *sf.* 1. Ato ou efeito de excitar(-se). 2. Grande agitação. 3. Forte sensação de vigor, energia, entusiasmo e/ou desejo. 4. Desejo sexual. 5. *Eletrôn.* Tensão, ou corrente, aplicada externamente aos terminais de entrada de um circuito, dispositivo, ou equipamento. [Pl.: *-ções.*]

ex.ci.tan.te [*Excitar.* ▣21] *adj2g. sm.* Que, ou o que excita, ou desperta forte interesse, emoção ou desejo.

excitar | exemplar

ex.ci.tar [Lat. *excitare*.◘1H] *vtd*. **1**. Ativar a ação de. **2**. Estimular. **3**. Avivar, despertar. **4**. Irritar, enraivecer. **5**. Provocar excitação (3 ou 4) em. *p*. **6**. Exaltar-se, inflamar-se. **7**. Ter ou sentir excitação (3 ou 4). [C.: 1] § **ex.ci.ta.do** *adj*.; **ex.ci.tá.vel** *adj2g*.

ex.cla.ma.ção [Lat. *exclamatione*.◘2A] *sf*. **1**. Ato de exclamar; voz, grito ou brado de alegria, raiva, dor, etc. **2**. Sinal de pontuação (!) com que se marca a entoação exclamativa. [Pl.: -*ções*.]

ex.cla.mar [Lat. *exclamare*.◘1A] *vtd*. **1**. Pronunciar em voz muito alta; bradar, clamar. *int*. **2**. Vociferar, gritar. [C.: 1]

ex.cla.ma.ti.vo [*Exclamar*.◘22A] *adj*. Que encerra exclamação.

ex.clu.den.te [*Excluir* (*exclud*-).◘21A] *adj2g*. Que exclui, ou em que há exclusão.

ex.clu.ir [Lat. *excludere*.◘1C] *vtd*. **1**. Ser incompatível com: *Um elogio não exclui a crítica*. **2**. Eliminar. *tdi*. **3**. Pôr fora; expulsar. **4**. Retirar, eliminar: *Excluíram-no da lista de convidados*. *p*. **5**. Isentar-se. [C.: 42] § **ex.clu.são** *sf*.

ex.clu.si.va.men.te [F. de *exclusivo*.◘42] *adv*. **1**. Que exclui o restante. **2**. Apenas, somente: *loja exclusivamente feminina*.

ex.clu.si.ve [Lat.med. *exclusivus*, seg. o mod. dos adv. lat. em -*e*.] *adv*. Excluindo.

ex.clu.si.vis.mo [*Exclusivo*.◘11] *sm*. Sistema ou feitio de quem repele tudo que é contrário à sua opinião, ou quer tudo só para seu uso ou gozo pessoal. § **ex.clu.si.vis.ta** *adj2g. s2g*.

ex.clu.si.vo [Lat.med. *exclusivu*.◘22] *adj*. **1**. Que exclui ou elimina. **2**. Privativo, restrito. § **ex.clu.si.vi.da.de** *sf*.

ex.co.gi.tar [Lat. *excogitare*.◘1A] *vtd*. **1**. Cogitar, idear. **2**. Pesquisar. *int*. **3**. Refletir, imaginar. [C.: 1] § **ex.co.gi.ta.ção** *sf*.

ex.co.mun.gar [Lat. *excommunicare*.◘1A] *vtd*. **1**. Impor a excomunhão a. **2**. Amaldiçoar, esconjurar. **3**. Condenar, reprovar. [C.: 1C]

ex.co.mu.nhão [Lat. **ex-communione*.] *sf. Rel*. Pena eclesiástica que exclui do gozo de todos ou de alguns dos bens espirituais comuns aos fiéis. [Pl.: -*nhões*.]

ex.cre.ção [Lat. *excretione*.◘2] *sf. Med*. Eliminação, do corpo, de qualquer substância ou matéria. [Pl.: -*ções*.]

ex.cre.men.to [Lat. *excrementu*.◘3B] *sm*. **1**. Tudo que os animais expelem do corpo pelas vias naturais. **2**. Fezes. § **ex.cre.men.tí.ci.o** *adj*.

ex.cres.cên.ci.a [Lat. *excrescentia*.◘10] *sf*. **1**. Saliência, proeminência. **2**. Excesso, demasia. **3**. *Med*. Tumor, mais ou menos volumoso, na superfície dum órgão.

ex.cre.tar [Lat. **excretare*.◘1A] *vtd*. Segregar; expelir. [C.: 1 (é)] § **ex.cre.tor** (ô) *adj*.; **ex.cre.tó.ri:o** *adj*.

ex.cur.são [Lat. *excursione*.◘2] *sf*. **1**. Passeio de instrução ou de recreio, pelas cercanias. **2**. Viagem, ger. em grupo. [Pl.: -*sões*.]

ex.cur.si:o.nar [*Excursão* (-*sion*-).◘1A] *v.int*. Fazer excursão. [C.: 1]

ex.cur.si:o.nis.ta [Fr. *excursionniste*.◘36] *s2g*. Pessoa que faz excursões.

e.xe.cra.ção (z) [Lat. *exsecratione*.◘2A] *sf*. **1**. Ato de execrar(-se); aversão ilimitada. **2**. Aquele ou aquilo que se execra. [Pl.: -*ções*.]

e.xe.cran.do (z) [Lat. *exsecrandu*.◘1A] *adj*. V. *execrável*.

e.xe.crar (z) [Lat. *exsecrare*.◘1A] *vtd*. **1**. Detestar, abominar. **2**. Desejar mal a (alguém). *p*. **3**. Detestar-se. [C.: 1 (é)]

e.xe.crá.vel (z) [Lat. *exsecrabile*.◘41] *adj2g*. Que merece execração; abominável, execrando. [Pl.: -*veis*.]

e.xe.cu.ção (z) [Lat. *exsecutione*, do lat. *exsequi* (v. *executar*).◘2] *sf*. **1**. Ato ou efeito de executar. **2**. Cumprimento de pena de morte. [Pl.: -*ções*.]

e.xe.cu.tan.te (z) [*Executar*.◘21] *adj2g*. **1**. Que executa. ● *s2g*. **2**. Músico que executa peça musical.

e.xe.cu.tar (z) [Lat. **exscecutare*, de *exsecutus*, part. de *exsequi* (v. *execução*).◘1A] *vtd*. **1**. Levar a efeito; realizar. **2**. Tornar efetivas as prescrições de; cumprir. **3**. Tocar (3). **4**. Cantar (3). **5**. Representar, interpretar. **6**. Suplicar, justiçar; matar. **7**. Obrigar (um devedor) a pagar por meio de ação judicial. **8**. *Inform*. Processar (instrução ou rotina) de um programa; rodar. [C.: 1] § **e.xe.cu.tá.vel** (z) *adj2g*.

e.xe.cu.ti.vo[1] (z) [Lat. *exsecutus* + -*ivo*.◘22] *adj*. **1**. Que executa; executor. **2**. Ativo, decidido. **3**. Encarregado de executar as leis. ● *sm*. **4**. Um dos 3 poderes detentores da soberania estatal, ao qual incumbe a execução das leis e a administração dos negócios públicos.

e.xe.cu.ti.vo[2] (z) [Ingl. *executive*.◘22] *sm*. Aquele que ocupa cargo de direção ou chefia de alto nível, esp. numa empresa.

e.xe.cu.tor (z...ô) [Lat. *exsecutore*.◘19] *adj*. Executivo[1] (1).

e.xe.cu.tó.ri:o (z) [Lat. *exsecutus* (v. *executar*).◘23] *adj*. Que se pode ou há de executar.

e.xe.ge.se (z...gé) [Gr. *exégesis*.] *sf*. Explicação ou interpretação de obra literária, artística, de um sonho, etc. § **e.xe.gé.ti.co** *adj*.

e.xe.ge.ta (z...gé) [Gr. *exegetés*.] *s2g*. Pessoa que faz exegese(s).

e.xem.plar (z) [Lat. *exemplare*.◘40] *adj2g*. **1**. Que serve ou pode servir de exemplo. ● *sm*. **2**. V. *exemplo* (1). **3**. Peça (2). **4**. Cada indiví-

exemplificar | exonerar

duo de certa espécie ou variedade. **5.** Cada um dos impressos pertencentes à mesma tiragem, edição ou coleção; número. § **e.xem.pla.ri.da.de** sf.

e.xem.pli.fi.car (z) [*Exemplo* + *-ificar.*] vtd. **1.** Mostrar com exemplos. **2.** Mencionar como exemplo. [C.: 1A] § **e.xem.pli.fi.ca.ção** (z) sf.

e.xem.plo (z) [Lat. *exemplu.*] sm. **1.** Aquilo que pode ou deve ser imitado ou copiado; modelo. **2.** Fato de que se pode tirar proveito ou ensino; lição. **3.** Frase ou passagem dum autor, citada para confirmar regra ou demonstrar alguma coisa.

e.xé.qui:as (z) [Adapt. do lat. *exsequiae, arum.*] sfpl. Cerimônias ou honras fúnebres.

e.xe.quí.vel (z...güi) [Lat. **exsequibile.* ◘ 41] adj2g. Que se pode executar; possível de executar. [Pl.: *-veis.*] § **e.xe.qui.bi.li.da.de** (z...qüi) sf.

e.xer.cer (z) [Lat. *exercere.*◘1B] vtd. **1.** Desempenhar ou cumprir obrigações ou deveres inerentes a (cargo, função, tarefa, etc.) **2.** Ter certo efeito sobre alguém ou algo: *exercer poder, fascínio.* **3.** Praticar. [C.: 2A (ê-é)]

e.xer.cí.ci:o (z) [Lat. *exercitiu.*] sm. **1.** Ato de exercer; prática, uso. **2.** Desempenho de função ou profissão. **3.** Atividade física. **4.** Atividade planejada e executada regularmente. **5.** Trabalho escolar para adestrar ou treinar o aluno. **6.** *Restr.* Período de execução dos serviços dum orçamento público.

e.xer.ci.tar (z) [Lat. *exercitare.*◘1A] vtd. **1.** Praticar, exercer. **2.** Pôr em ação. p. **3.** Adestrar-se pelo estudo ou pelo exercício. [C.: 1]

e.xér.ci.to (z) [Lat. *exercitu.*] sm. **1.** Conjunto das forças armadas de terra de um país. **2.** As tropas que entram num combate. **3.** *Fig.* Multidão.

e.xi.bi.ci:o.nis.mo (z) [Exibição (-cion-).◘11] sm. **1.** Mania ou gosto de ostentação ou exibição. **2.** *Psiq.* Impulso patológico que leva a mostrar órgãos genitais. § **e.xi.bi.ci:o.nis.ta** (z) adj2g. s2g.

e.xi.bir (z) [Lat. *exhibere.*◘1C] vtd. e p. **1.** Mostrar(-se), apresentar(-se). **2.** Expor(-se), patentear(-se). **3.** Mostrar(-se) com aparato. tdi. **4.** Mostrar, apresentar. [C.: 3] § **e.xi.bi.ção** (z) sf.

e.xi.gên.ci:a (z) [Lat. *exigentia.*◘10] sf. **1.** Ato de exigir. **2.** Pedido urgente ou impertinente.

e.xi.gen.te (z) [Lat. *exigente.*◘21A] adj2g. **1.** Que exige. **2.** Difícil de contentar, de satisfazer.

e.xi.gir (z) [Lat. *exigere.*◘1C] vtd. **1.** Reclamar, em função de direito legítimo ou suposto. **2.** Ordenar, intimar. **3.** Prescrever, determinar. **4.** Requerer; demandar. tdi. **5.** Exigir (1 e 3). **6.** Pedir com autoridade. [C.: 3A] § **e.xi.gí.vel** (z) adj2g.

e.xí.guo (z) [Lat. *exiguu.*] adj. **1.** De pequenas proporções; diminuto. **2.** Escasso, parco. § **e.xi.gui.da.de** (z...güi) sf.

e.xi.lar (z) [*Exíl(io).*◘1A] vtd. **1.** Mandar para o exílio; expatriar. **2.** Afastar, apartar. p. **3.** Condenar-se a exílio voluntário. **4.** Isolar-se. [C.: 1] § **e.xi.la.do** (z) adj. sm.

e.xí.li:o (z) [Lat. *exiliu.*] sm. **1.** Degredo, desterro. **2.** O lugar onde reside o exilado.

e.xí.mi:o (z) [Lat. *eximiu.*] adj. Excelente em sua arte ou profissão.

e.xi.mir (z) [Lat. *exemere.*◘1C] vtd. **1.** Isentar, desobrigar, dispensar. tdi. **2.** Isentar; livrar: *Eximiu-o de culpa.* p. **3.** Isentar-se, desobrigar-se. **4.** Esquivar-se. [C.: 3]

e.xis.tên.ci:a (z) [B.-lat. *existentia.*◘10] sf. **1.** O fato de existir, de viver. **2.** Vida (1 e 3). **3.** *P.ext.* Tempo de duração: *A revista teve breve existência.* **4.** Ser vivo, ente. § **e.xis.ten.ci.al** (z) adj2g.

e.xis.ten.ci:a.lis.mo (z) [Fr. *existentialisme.*◘11] sm. *Filos.* Caráter das doutrinas para as quais o objeto próprio da reflexão é o homem na sua existência concreta. § **e.xis.ten.ci:a.lis.ta** (z) adj2g. s2g.

e.xis.tir (z) [Lat. *exsistere.*◘1C] v.int. **1.** Ter existência real; ser, haver. **2.** Viver, estar. **3.** Subsistir, durar. [C.: 3] § **e.xis.ten.te** (z) adj2g.

ê.xi.to (z) sm. **1.** Resultado, consequência. **2.** Resultado feliz; bom êxito.

■ **Ex.mo** Abrev. de *excelentíssimo*.

e.xo.ce.tí.de:o (z) [Tax. *Exocoetidae.*] adj. sm. *Zool.* Diz-se de, ou espécime dos exocetídeos, família de peixes marinhos, de nadadeiras peitorais expandidas.

e.xó.cri.no (z) [*Ex(o)-* + v.gr. *kríno.*] adj. Diz-se de órgão glandular que, por via própria, elimina produto de secreção para o meio externo. Ex.: as parótidas. [Cf. *endócrino.*]

ê.xo.do (z) [Lat. *exodu.*] sm. Emigração, saída.

e.xo:es.que.le.to ou **e.xos.que.le.to** (z...lê) [*Ex(o)-* + *esqueleto*] sm. *Zool.* Esqueleto córneo que reveste o corpo dos artrópodes.

e.xo.ga.mi.a (z) [*Ex(o)-* + *-gam(o)-* + *-ia*[1]. ◘ 8A] sf. *Antrop.* Costume social que prescreve o casamento entre indivíduos pertencentes a grupos ou subgrupos distintos.

e.xo.gâ.mi.co (z) [*Exogamia.*◘35B] adj. Relativo à, próprio da, ou que se caracteriza pela exogamia; exógamo.

e.xó.ga.mo (z) [*Ex(o)-* + *-gamo.*] adj. **1.** Exogâmico. • sm. **2.** Seguidor da exogamia.

e.xó.ge.no (z) [*Ex(o)-* + *-geno.*] adj. Originado no exterior do organismo, ou por fatores externos.

e.xo.ne.rar (z) [Lat. *exonerare.*◘1A] vtd. **1.** Destituir de emprego; demitir. **2.** Tirar ônus a; desobrigar, desonerar. p. **3.** Demitir-se; deso-

exoplaneta | experimental

brigar-se, desonerar-se. [C.: 1 (é)] § **e.xo.ne.ra.ção** (z) *sf.*

e.xo.pla.ne.ta (z...ê) [*Ex(o)-* + *planeta*.] *sm. Astr.* Planeta não pertencente ao Sistema Solar e que orbita uma estrela.

e.xo.rar (z) [Lat. *exorare*. ◘ 1A] *vtd., tdi. e int.* Implorar com ânsia. [C.: 1 (ó)]

e.xor.bi.tân.ci.a (z) [*Exorbitar*. ◘ 9] *sf.* 1. Ato de exorbitar. 2. Excesso, demasia. 3. Preço excessivo.

e.xor.bi.tar (z) [Lat. *exorbitare*. ◘ 1A] *v.int.* 1. Exceder os justos limites, o razoável. *ti.* 2. Desviar-se (de norma, regra, razão). [C.: 1] § **e.xor.bi.tan.te** (z) *adj2g.*

e.xor.cis.mar (z) [*Exorcismo*. ◘ 1A] *vtd.* V. *exorcizar*. [C.: 1]

e.xor.cis.mo (z) [Lat. *exorcismu*. ◘ 11] *sm.* Oração e cerimônia religiosa com que se esconjura o Demônio, os espíritos maus, etc.; esconjuro.

e.xor.cis.ta (z) [Lat. *exorcista*. ◘ 36] *adj2g. s2g.* Que, ou aquele que realiza a cerimônia do exorcismo.

e.xor.ci.zar (z) [Lat. *exorcizare*. ◘ 1D] *vtd.* Fazer exorcismo contra; esconjurar, exorcismar. [C.: 1]

e.xór.di.o (z) [Lat. *exordiu*.] *sm.* O começo de um discurso.

e.xor.tar (z) [Lat. **exhortare*. ◘ 1A] *vtd.* 1. Animar, incitar. *tdi.* 2. Aconselhar; procurar induzir. [C.: 1 (ó)] § **e.xor.ta.ção** (z) *sf.*

e.xor.ta.ti.vo (z) [Lat. *exhortativu*. ◘ 22A] *adj.* Próprio para exortar.

e.xos.fe.ra (z) [*Ex(o)-* + *-sfera*.] *sf. Geofís.* Camada atmosférica exterior à ionosfera.

e.xo.té.ri.co (z) [Lat. *exotericu*. ◘ 35B] *adj.* Diz-se de ensinamento transmitido ao público sem restrição. [Cf. *esotérico*.]

e.xó.ti.co (z) [Lat. *exoticu*. ◘ 35B] *adj.* 1. Que não é indígena; estrangeiro. 2. Excêntrico, extravagante.

e.xo.tis.mo (z) [Fr. *exotisme*. ◘ 11] *sm.* 1. Qualidade de exótico. 2. Coisa exótica.

ex.pan.dir [Lat. *expandere*. ◘ 1C] *vtd.* 1. Tornar pando; dilatar. 2. Difundir, espalhar. 3. Fazer crescer; desenvolver. *p.* 4. Desenvolver-se. 5. Aumentar. 6. Desabafar-se. 7. Mostrar-se expansivo. 8. Difundir-se. [C.: 3]

ex.pan.são [Lat. *expansione*. ◘ 2] *sf.* Ato ou efeito de expandir(-se). [Pl.: -sões.]

ex.pan.si.vo [*Expanso*. ◘ 22] *adj.* 1. Suscetível de expandir(-se). 2. *Fig.* Comunicativo.

ex.pa.tri.ar [*Ex-* + *pátria* + *-ar*². ◘ 1A] *vtd.* 1. Expulsar da pátria; exilar, banir. *p.* 2. Ir para o exílio. 3. Ir residir em país estrangeiro. [C.: 1] § **ex.pa.tri.a.ção** *sf.*; **ex.pa.tri.a.do** *adj. sm.*

ex.pec.tan.te [*Expectar*. ◘ 21] *adj2g.* Que espera, observando.

ex.pec.ta.ti.va ou **ex.pe.ta.ti.va** [Lat.med. *expectativa*.] *sf.* Esperança fundada em supostos direitos, probabilidades ou promessas.

ex.pec.to.ra.ção ou **ex.pe.to.ra.ção** [*Expectorar* ou *expetorar*. ◘ 2A] *sf. Med.* Ação de expelir, pela boca, matéria proveniente do sistema respiratório. [Pl.: -ções.]

ex.pec.to.ran.te ou **ex.pe.to.ran.te** [*Expectorar* ou *expetorar*. ◘ 21] *adj2g. sm. Med.* Diz-se de, ou medicamento que provoca ou facilita a expectoração.

ex.pec.to.rar ou **ex.pe.to.rar** [Lat. *expectorare*. ◘ 1A] *vtd.* 1. Expelir do peito; escarrar. *int.* 2. Expelir o escarro. [C.: 1 (ó)]

ex.pe.di.ção [Lat. *expeditione*. ◘ 2A] *sf.* 1. Ato ou efeito de expedir. 2. *Mil.* Remessa de tropas para um determinado fim. 3. *P.ext.* Grupo dedicado a explorar, a estudar uma região, em geral cientificamente. 4. *Bras.* Seção encarregada de expedir cartas ou mercadorias, em lojas, etc. [Pl.: -ções.]

ex.pe.di.ci.o.ná.ri.o [*Expedição(-cion-)*. ◘ 24] *adj. sm.* Que, ou aquele que faz parte de expedição.

ex.pe.di.en.te [Lat. *expediente*. ◘ 21A] *sm.* 1. Horário de funcionamento das repartições públicas, lojas, escritórios, etc. 2. A correspondência, requerimentos, etc., duma repartição. 3. Meio para eliminar embaraços ou alcançar determinados fins. 4. *Edit.* Seção de um periódico onde se registram os nome do jornalista responsável, a tiragem, o endereço da redação, etc.

ex.pe.dir [Lat. *expedire*. ◘ 1C] *vtd.* 1. Remeter ao destino; enviar. 2. Fazer partir, com determinado fim. 3. Publicar oficialmente (decreto, portaria, etc.). *tdi.* 4. Expedir (1). *p.* 5. Desembaraçar-se, livrar-se. [C.: 40]

ex.pe.di.to [Lat. *expeditu*.] *adj.* Que age com rapidez; diligente, lesto.

ex.pe.lir [Lat. *expellere*. ◘ 1C] *vtd.* 1. Lançar fora com violência; expulsar. 2. Lançar de si. 3. Arremessar à distância. 4. Proferir com violência. *tdc.* 5. Expelir (1). [C.: 48. Part.: *expelido* e *expulso*.]

ex.pen.sas [Lat. *expensas*.] *el. sfpl.* Us. na loc. prep. *a expensas de*. ♦ **A expensas de.** À custa de; com despesas pagas por.

ex.pe.ri.ên.ci.a [Lat. *experientia*. ◘ 10] *sf.* 1. Conhecimento que se obtém na prática. 2. Prática da vida. 3. Habilidade ou perícia resultante do exercício contínuo duma profissão, arte ou ofício. 4. Experimento (2).

ex.pe.ri.en.te [Lat. *experiente*. ◘ 21A] *adj2g. s2g.* Que, ou quem tem experiência.

ex.pe.ri.men.tal [*Experimento*. ◘ 39] *adj2g.* Relativo a, ou fundado na experiência. [Pl.: -tais.]

experimentar | exportar

ex.pe.ri.men.tar [*Experimento*.☐1A] *vtd.* **1.** Realizar experimento ou experiência. **2.** Pôr em prática; executar. **3.** Tentar, empreender. **4.** Submeter a provas morais. **5.** Conhecer pela experiência (2). **6.** Vestir (roupa) ou calçar (sapatos, etc.) ou pôr (chapéu, etc.) para ver se ficam bem. **7.** Sofrer, suportar. [C.: 1] § **ex.pe.ri.men.ta.ção** *sf.*

ex.pe.ri.men.to [Lat. *experimentu*.☐3] *sm.* **1.** Ação de fazer algo, com o objetivo de analisar o seu desenvolvimento ou resultado. **2.** Método científico que testa uma hipótese ou demonstra um fato conhecido; experiência.

ex.per.to [Lat. *expertu*.] *adj.* **1.** Que tem experiência. **2.** Que sabe; ciente. ● *sm.* **3.** Perito (3). [Cf. *esperto*.]

ex.pi.ar [Lat. *expiare*.☐1O] *vtd.* **1.** Remir (a culpa), cumprindo pena. **2.** Sofrer as consequências de. **3.** Sofrer, padecer. [C.: 1. Cf. *espiar*.] § **ex.pi.a.ção** *sf.*

ex.pi.a.tó.ri:o [Lat. *expiatoriu*.☐23A] *adj.* Que serve para expiar.

ex.pi.ra.ção [Lat. *exspiratione*.☐2A] *sf.* **1.** Expulsão do ar dos pulmões. **2.** Termo (1) de certo prazo. [Pl.: *-ções*.]

ex.pi.rar [Lat. *exspirare*.☐1A] *vtd.* **1.** Expelir (o ar) dos pulmões. **2.** Exalar. *int.* **3.** Morrer (1). **4.** Terminar, findar. [C.: 1]

ex.pla.nar [Lat. *explanare*.☐1A] *vtd.* **1.** Tornar plano, fácil, claro. **2.** Esclarecer, explicar. [C.: 1] § **ex.pla.na.ção** *sf.*

ex.ple.ti.vo [Lat. *expletivu*.☐22A] *adj. E.Ling.* Diz-se de palavras e expressões que, embora desnecessárias ao sentido da frase, lhe dão maior força ou graça.

ex.pli.ca.ção [Lat. *explicatione*.☐2A] *sf.* **1.** Ato de explicar(-se). **2.** Lição particular. **3.** Razão (de uma coisa, de uma atitude, etc.). [Pl.: *-ções*.]

ex.pli.ca.dor (ô) [Lat. *explicatore*.☐19A] *adj.* **1.** Que explica. ● *sm.* **2.** Aquele que leciona; professor.

ex.pli.car [Lat. *explicare*.☐1A] *vtd.* **1.** Tornar inteligível ou claro: *explicar* uma questão. **2.** Interpretar: *explicar* os textos bíblicos. **3.** Dar a explicação (3) de (algo); justificar. **4.** Esclarecer (2): *explicar* um método. *tdi.* **5.** Explicar (1, 2 e 4). **6.** Apresentar como justificativa ou justificação. *p.* **7.** Dar razão das suas ações ou palavras. **8.** Exprimir-se, expressar-se. [C.: 1A] § **ex.pli.ca.ti.vo** *adj.*; **ex.pli.cá.vel** *adj2g.*

ex.pli.ci.tar [*Explícito*.☐1A] *vtd.* Tornar explícito. [C.: 1]

ex.plí.ci.to [Lat. *explicitu*.] *adj.* **1.** Claro, explicado. **2.** Sem reservas ou restrições.

ex.plo.dir [Lat. *explodere*.☐1C] *vtd.* **1.** Provocar a explosão de. *int.* **2.** Fazer explosão; estourar. [C.: 8. Embora os gramáticos considerem-no defectivo, há uma tendência popular e literária de conjugá-lo em todas as pessoas e tempos: *explodo* (ou *expludo*), *explodes*, etc.]

ex.plo.rar [Lat. *explorare*.☐1A] *vtd.* **1.** Procurar, descobrir. **2.** Percorrer estudando. **3.** Pesquisar, estudar. **4.** Desenvolver (negócio ou indústria). **5.** Tirar partido ou proveito de (fato, situação, etc.). **6.** Abusar da ingenuidade, ou da ignorância de; enganar. [C.: 1 (ó)] § **ex.plo.ra.ção** *sf.*; **ex.plo.ra.dor** (ô) *adj. sm.*; **ex.plo.rá.vel** *adj2g.*

ex.plo.são [Lat. *explosione*.☐2] *sf.* **1.** Comoção ou abalo seguido de detonação e produzido pelo desenvolvimento repentino duma força, ou pela expansão súbita de um gás. **2.** *P.ext.* Detonação, estouro. **3.** *Fig.* Manifestação súbita: *explosão* de riso. [Pl.: *-sões*.]

ex.plo.si.vo [Lat. *explosus* + *-ivo*.☐22] *adj.* **1.** Capaz de explodir. **2.** *Fig.* Arrebatado, impulsivo. ● *sm.* **3.** Substância inflamável, capaz de produzir explosão (1).

ex.po.en.te [De *exponente*.☐21A] *sm.* **1.** *Mat.* Na exponenciação, o número que indica quantas vezes certo número fixo (a base) deve ser multiplicado por si mesmo. [Ger. se escreve alceado à direita do número que representa a base.] ● *s2g.* **2.** Representante ilustre duma classe, profissão, etc.

ex.po.nen.ci:a.ção [*Exponenciar*.☐2A] *sf. Mat.* Potenciação. [Pl.: *-ções*.]

ex.po.nen.ci.al [*Exponente* (*-enci-*).☐39] *adj2g.* **1.** Que constitui um expoente (2). **2.** Relativo a expoente (1); caracterizado por exponenciação. **3.** Que muda em taxa cada vez mais acentuada. [Pl. *-ais*.]

ex.po.nen.ci.ar [*Exponente* (*-enci-*).☐1A] *vtd. Mat.* Potenciar. [C.: 1]

ex.por [Lat. *exponere*.] *vtd.* **1.** Pôr em perigo; arriscar: *Expor* a própria vida. **2.** Contar, narrar: *expor* um fato. **3.** Explicar, explanar. **4.** Revelar; apresentar. **5.** Deixar ver. **6.** Pôr à vista; mostrar. **7.** Tornar evidente. *tdi.* **8.** Expor (1 a 7). **9.** Sujeitar à ação de. *int.* **10.** Fazer exposição (2). *p.* **11.** Exibir-se. **12.** Arriscar-se. **13.** Sujeitar-se à ação de. [C.: 34]

ex.por.ta.ção [Lat. *exportatione*.☐2A] *sf.* **1.** Ato ou efeito de exportar. **2.** O conjunto dos artigos exportados. [Pl.: *-ções*.]

ex.por.ta.dor (ô) [Lat. *exportatore*.☐19A] *adj. sm.* Que, ou negociante ou firma que exporta.

ex.por.tar [Lat. *exportare*.☐1A] *vtd. e tdc.* **1.** Mandar transportar para fora de um país, estado ou do município (artigos nele produzidos). **2.** *Fig.* Ser a fonte ou o berço de (alguém ou algo que alcança notoriedade e vence fronteiras). **3.** *P.ext.* Viabilizar a aquisição de (tecnologia, conhecimento, etc.) em outro(s) país(es). **4.** *Inform.* Gravar (dados) em formato diferente do original, para permitir sua

exposição | extensivo

leitura por outros aplicativos. *int.* **5.** Exportar (1). [C.: 1 (ó)] § **ex.por.tá.vel** *adj2g.*

ex.po.si.ção [Lat. *expositione.*■2] *sf.* **1.** Ato ou efeito de expor(-se). **2.** Exibição pública de obras de arte, fotografias, peças de artesanato, produtos industriais, etc.; feira. **3.** O conjunto do que se expõe. [Pl.: -ções.]

ex.po.si.ti.vo [Lat. *expositus*, 'exposto', + *-ivo*. ■22] *adj.* **1.** Relativo a exposição. **2.** Que expõe, descreve, dá a conhecer.

ex.po.si.tor (ô) [Lat. *expositore.*■19] *sm.* Aquele que expõe.

ex.pos.to (ô) [Lat. *expositu*.] *adj.* Que está à mostra, à vista. [Pl.: *-postos* (ó).]

ex.pres.são [Lat. *expressione.*■2] *sf.* **1.** Ato de exprimir(-se). **2.** Enunciação do pensamento por gestos ou palavras escritas ou faladas; verbo. **3.** Dito, frase. **4.** Representação; manifestação. [Pl.: *-sões.*] ◆ **Expressão idiomática.** Sequência de palavras que funcionam como uma unidade; idiotismo. Ex.: *ficar a ver navios* (= *não alcançar o que queria*).

ex.pres.sar [Lat. *expressare.*■1A] *vtd., tdi. e p.* V. *exprimir*. [C.: 1 (é). Part.: *expressado* e *expresso*.]

ex.pres.si.o.nis.mo [Fr.*expressionnisme.*■11]*sm. Art.Plást. Liter.* Representação subjetiva do mundo exterior por meio de um tratamento de forte apelo emocional, acentuadamente exagerado e deformado.

ex.pres.si.vo [*Expresso.*■22] *adj.* Que exprime; significativo. § **ex.pres.si.vi.da.de** *sf.*

ex.pres.so [Lat. *expressu.*] *adj.* **1.** Que fica exarado, consignado. **2.** Categórico; concludente. **3.** Que é enviado rapidamente, sem delongas. **4.** Diz-se de qualquer meio de transporte coletivo que vai ao seu destino sem parar em todas as estações ou cidades. ● *sm.* **5.** Veículo expresso (4).

ex.pri.mir [Lat. *exprimere.*■1C] *vtd.* **1.** Dar a entender, a conhecer. **2.** Enunciar por palavras ou gestos. **3.** Representar por meio de arte. **4.** Significar, representar. *tdi.* **5.** Exprimir (1). *p.* **6.** Fazer conhecer suas ideias; comunicar-se. **7.** Manifestar-se, mostrar-se. [Sin.ger.: *expressar.* C.: 3. Part.: *exprimido* e *expresso*.] § **ex.pri.mí.vel** *adj2g.*

ex.pro.bar ou **ex.pro.brar** [Lat. *exprobrare.*■1A] *vtd.* **1.** Fazer censuras a; censurar, criticar. *tdi.* **2.** Exprobar (1). **3.** Imputar falta, acusando. [C.: 1 (ó)] § **ex.pro.ba.ção** ou **ex.pro.bra.ção** *sf.*

ex.pro.pri.ar [*Ex-* + *próprio* + *-ar*². ■1A] *vtd. e tdi.* Tirar a (alguém), legalmente, a posse de sua propriedade, mediante indenização. [C.: 1] § **ex.pro.pri.a.ção** *sf.*

ex.pug.nar [Lat. *expugnare.*■1A] *vtd.* Conquistar à força de armas; vencer, pelejando. [C.: 1] § **ex.pug.na.ção** *sf.*; **ex.pug.ná.vel** *adj2g.*

ex.pul.são [Lat. *expulsione.*■2] *sf.* **1.** Ato de expulsar. **2.** Saída forçada. **3.** Evacuação. [Pl.: *-sões.*]

ex.pul.sar [Lat. *expulsare.*■1A] *vtd.* **1.** Fazer sair, por castigo ou violência, do lugar onde estava. **2.** Excluir por pena ou castigo. **3.** Eliminar. *tdc.* **4.** Expulsar (1). [C.: 1. Part.: *expulsado* e *expulso*.]

ex.pul.so [Lat. *expulsu.*] *adj.* Que se expulsou.

ex.pur.gar [Lat. *expurgare.*■1A] *vtd.* **1.** Purgar completamente; purificar. **2.** Livrar do que é nocivo ou imoral. *tdi.* **3.** Limpar; purificar. *p.* **4.** Limpar-se, corrigir-se. [C.: 1C] § **ex.pur.ga.ção** *sf.*

ex.pur.go [Dev. de *expurgar*.] *sm.* Ato ou efeito de expurgar.

exs.tan.te [Lat. *exstante.*■21] *adj2g.* Que não foi exterminado, ou destruído, ou perdido, etc.; que subsiste. [Cf. *extinto*.]

ex.su.dar [Lat. *exsudare.*■1A] *vtd. e int.* Segregar, ou sair, em forma de gotas ou de suor. [C.: 1] § **ex.su.da.ção** *sf.*

ex.su.da.to [Lat. *exsudatu*.] *sm. Med.* Líquido, de natureza variável, que flui de área inflamada.

ex.sur.gir [Lat. *exsurgere.*■1C] *v.int.* Erguer-se, levantar-se. [C.: 3A]

êx.ta.se [Gr. *ékstasis*.] *sm.* **1.** Arrebatamento íntimo; arroubo. **2.** Admiração de coisas sobrenaturais.

ex.ta.si.a.do [*Extasiar.*■17A] *adj.* **1.** Em êxtase; arrebatado. **2.** Pasmado, assombrado.

ex.ta.si.ar [*Êxtase.*■1O] *vtd. e p.* Causar êxtase a, ou cair em êxtase; inebriar(-se), enlevar(-se). [C.: 1]

ex.tá.ti.co [Gr. *ekstatikós.*■35B] *adj.* Posto em êxtase; enlevado. [Cf. *estático*.]

ex.tem.po.râ.ne:o [Lat. *extemporaneu*.] *adj.* Fora do tempo próprio.

ex.ten.são [Lat. *extensione.*■2] *sf.* **1.** Efeito de estender(-se); ampliação. **2.** Dimensão (1). **3.** Espaço de tempo; duração. **4.** Importância, alcance. **5.** Aplicação extensiva do sentido de palavra ou frase. **6.** Instalação telefônica ligada à mesma linha que outro(s) aparelho(s), em local diverso. **7.** Fio com conexões que aumenta o tamanho de outro fio, ger. o de uma tomada elétrica. **8.** *Inform.* Sequência de caracteres adicionada ao final do nome de um arquivo, e que indica o tipo do arquivo, segundo sua função ou formato. [Pl.: *-sões.*]

ex.ten.sí.vel [Lat. *extensus* + *-ível.*■41A] *adj2g.* Extensivo (1). [Pl.: *-veis*.]

ex.ten.si.vo [Lat. *extensivu.*■22] *adj.* **1.** Que se pode estender; extensível. **2.** Que se aplica a mais de um caso. **3.** Diz-se de produção agrícola em área extensa, com técnicas rudimentares e baixa produtividade. **4.** Diz-se de crescimento agrícola apenas pelo

extenso | extrativismo

aumento da área explorada, sem melhoria técnica.

ex.ten.so [Lat. *extensu*.] *adj*. **1.** Vasto, amplo. **2.** Comprido, longo. **3.** Prolongado.

ex.te.nu.ar [Lat. *extenuare*. ⬛1A] *vtd. e p.* Esgotar as forças a, ou as próprias forças; debilitar(-se). [C.: 1] § **ex.te.nu:a.ção** *sf*.; **ex.te.nu.a.do** *adj*.; **ex.te.nu.an.te** *adj2g*.

ex.te.ri.or (ô) [Lat. *exteriore*.] *adj2g*. **1.** Que está na parte de fora. **2.** Relativo a nações estrangeiras; externo. • *sm*. **3.** A parte externa. **4.** Aspecto, aparência. **5.** Estrangeiro (3).

ex.te.ri:o.ri.da.de [*Exterior*. ⬛14] *sf*. **1.** Qualidade de exterior. **2.** Aquilo que se exterioriza.

ex.te.ri:o.ri.zar [*Exterior*. ⬛1D] *vtd. e int.* Dar(-se) a conhecer; externar(-se). [C.: 1]

ex.ter.mi.nar [Lat. *exterminare*. ⬛1A] *vtd.* **1.** Expulsar, desterrar. **2.** Destruir com mortandade; aniquilar. **3.** Acabar com. *tdc.* **4.** Exterminar (1). [C.: 1] § **ex.ter.mi.na.dor** (ô) *adj. sm*.

ex.ter.mí.ni:o [Lat. *exterminiu*.] *sm*. Ato ou efeito de exterminar.

ex.ter.nar [*Externo*. ⬛1A] *vtd. e p.* V. *exteriorizar*. [C.: 1 (é)]

ex.ter.na.to [Fr. *externat*. ⬛18] *sm*. Estabelecimento de ensino apenas para alunos externos.

ex.ter.no [Lat. *externu*.] *adj*. **1.** Que está por fora ou vem de fora. Exterior (2). **3.** Diz-se do aluno que não mora no colégio. **4.** Diz-se do medicamento que se aplica em parte externa do corpo.

ex.tin.ção [Lat. *exstinctione*. ⬛2] *sf*. **1.** Ato ou efeito de extinguir(-se). **2.** Abolição, supressão. [Pl.: *-ções*.]

ex.tin.guir [Lat. *exstinguere*. ⬛1C] *vtd.* **1.** Apagar (fogo). **2.** Amortecer, abrandar. **3.** Aniquilar. **4.** Pagar (dívida). **5.** Exterminar (2) inteiramente. **6.** Exterminar (3). **7.** Abolir. *p.* **8.** Apagar-se. **9.** Esgotar-se. **10.** Desaparecer; acabar-se. [C.: 3B. Part.: *extinguido* e *extinto*.] § **ex.tin.guí.vel** *adj2g*.

ex.tin.to [Lat. *exstinctu*.] *adj*. **1.** Que deixou de existir; acabado. [Cf. *exstante*.] **2.** Apagado. • *sm*. **3.** Morto, finado.

ex.tin.tor (ô) [Lat. *exstinctore*.] *adj*. **1.** Que extingue. • *sm*. **2.** Aparelho para extinguir incêndios.

ex.tir.par [Lat. *exstirpare*. ⬛1A] *vtd.* **1.** V. *desarraigar*. **2.** Extinguir, destruir. **3.** Extrair. [C.: 1] § **ex.tir.pa.ção** *sf*.; **ex.tir.pá.vel** *adj2g*.

ex.tor.quir [Lat. *extorquere*. ⬛1C] *vtd. e tdi.* **1.** Obter por violência, ardil, etc. **2.** Adquirir por extorsão (2). [C.: 8]

ex.tor.são [Lat.med. *extorsione*. ⬛2] *sf*. **1.** Ato de extorquir. **2.** Ato pelo qual alguém, mediante violência, ameaça, etc., é constrangido a ceder bem ou dinheiro. [Pl.: *-sões*.]

ex.tor.si:o.ná.ri:o [*Extorsão*(*-sion-*). ⬛24] *adj. sm*. Que, ou aquele que pratica extorsão.

ex.tor.si.vo [*Extorso*. ⬛22] *adj*. Que constitui extorsão.

ex.tra [Lat. *extra*.] *Pop. adj2g*. **1.** F.red. de *extraordinário*. • *s2g*. **2.** Quem faz serviço acidental ou suplementar. **3.** Ator que vem à cena como elemento de um grupo, aglomerado, ou multidão; figurante, ponta.

ex.tra.ção [Lat. *extractione*. ⬛2] *sf*. **1.** Ato ou efeito de extrair. **2.** Aquilo que se extrai. **3.** Consumo, venda. **4.** Sorteio de tômbolas e loterias. [Pl.: *-ções*.]

ex.tra.clas.se *adj2g. Educ.* Diz-se do que ocorre, ou é feito, fora da sala de aula.

ex.tra.con.ju.gal [*Extra-* + *conjugal*.] *adj2g*. Que está fora dos direitos e deveres conjugais; estranho ao matrimônio. [Pl.: *-gais*.]

ex.tra.cor.pó.re:o [*Extra-* + *corpóreo*.] *adj*. Que acontece, se situa ou se realiza fora do corpo.

ex.tra.di.ção [Fr. *extradition*. ⬛2] *sf. Jur.* Entrega de alguém ao país que o reclama. [Pl.: *-ções*.]

ex.tra.di.tar [Ingl. (*to*) *extradite*. ⬛1A] *vtd. Jur.* Entregar por extradição. [C.: 1]

ex.tra.ir [Lat. *extrahere*. ⬛1C] *vtd.* **1.** Tirar de dentro de onde estava; tirar para fora. **2.** Arrancar, extirpar. **3.** Colher, tirar. **4.** Executar, tocar. **5.** *Mat.* Calcular (a raiz de um número). *tdi.* **6.** Extrair (1 a 3). [C.: 38]

ex.tra.ju.di.ci.al *adj2g*. Extrajudiciário. [Pl.: *-ais*.]

ex.tra.ju.di.ci.á.ri:o [*Extra-* + *judiciário*.] *adj*. Que não se realiza perante a autoridade judiciária; extrajudicial.

ex.tra.na.tu.ral [Lat. *extranaturale*. ⬛39] *adj2g*. Fora do natural. [Pl.: *-rais*.]

ex.tra.nu.me.rá.ri:o [*Extra-* + *numerário*.] *adj*. **1.** Que está além ou fora do número certo. **2.** Não pertencente ao quadro efetivo dos funcionários ou empregados.

ex.tra.o.fi.ci.al [*Extra-* + *oficial*.] *adj2g*. **1.** Que não tem origem oficial. **2.** Estranho a negócios públicos. [Pl.: *-ais*.]

ex.tra.or.di.ná.ri:o [Lat. *extraordinariu*. ⬛24] *adj*. **1.** Não ordinário; fora do comum. **2.** Admirável, espantoso. **3.** Extravagante (2). **4.** Muito grande ou elevado. **5.** Que só ocorre em dadas circunstâncias. • *sm*. **6.** Qualquer despesa, ou ato, fora do comum, imprevisto.

ex.tra.po.lar [*Extra-* + (*inter*)*polar*.] *vtd.* Ir além de; ultrapassar, exceder. [C.: 1 (ó)]

ex.tra.ter.re.no [*Extra-* + *terreno*.] *adj*. De fora da Terra.

ex.tra.ter.res.tre *adj2g. s2g*. Diz-se de, ou aquele ou aquilo que é de fora da Terra.

ex.tra.ti.vis.mo [*Extrativo*. ⬛11] *sm*. **1.** Exploração dos recursos naturais renováveis em áreas protegidas pelo poder público. **2.** Extração de recursos naturais sem a preocupação com a conservação das espécies ou do meio ambiente.

ex.tra.ti.vis.ta [Extrativismo. ▫36] adj2g. s2g. Diz-se de, ou aquele que pratica o extrativismo.

ex.tra.ti.vo [Extrato. ▫22] adj. 1. Relativo a extração. 2. Que opera por extração.

ex.tra.to [Lat. extractu.] sm. 1. Coisa que se extraiu de outra. 2. Trecho, fragmento. 3. V. resumo (2). 4. Reprodução, cópia. 5. Essência aromática; perfume. 6. Med. Forma farmacêutica obtida por solução e evaporação. [Cf. estrato.]

ex.tra.va.gân.ci.a [Fr. extravagance, poss. ▫9] sf. Qualidade, modos ou procedimento de extravagante; excentricidade.

ex.tra.va.gan.te [Lat.med. extravagante. ▫21] adj2g. 1. Que anda fora do seu lugar. 2. Que se afasta do habitual, do comum; singular, original, estrambótico, excêntrico, esquisito, extraordinário. 3. Estroina. ● s2g. 4. Pessoa extravagante (2 e 3); excêntrico.

ex.tra.va.sar [Extra- + vaso + -ar². ▫1A] vtd. 1. Fazer transbordar ou derramar (líquido). 2. Manifestar; expandir, transbordar. ti. 3. Sair. int. e p. 4. Sair do leito (rio). 5. Derramar-se. [C.: 1]

ex.tra.va.sor (ô) [Extravas(ar). ▫19] sm. Eng. Civil Dispositivo de segurança, us. em barragens, para não permitir que o nível de água do reservatório atinja valor perigoso.

ex.tra.vi.ar [Extra- + via + -ar². ▫1A] vtd. 1. Tirar do caminho ou via; desencaminhar. 2. Fazer que não chegue ao seu destino. 3. Induzir em erro. p. 4. Perder-se. [C.: 1]

ex.tra.vi.o [Dev. de extraviar.] sm. Ato ou efeito de extraviar(-se).

ex.tre.ma.do [Extremar. ▫17A] adj. 1. Extraordinário, excepcional. 2. Extremo, extraordinário.

ex.tre.ma.men.te [F. de extremo. ▫42] adv. De modo extremo; muito: Está _extremamente frio_.

ex.tre.mar [Extremo. ▫1A] vtd. e p. Tornar(-se) extremo, máximo; distinguir(-se). [C.: 1]

ex.tre.ma-un.ção [F. de extremo + unção.] sf. Rel. Unção dos doentes com óleo dos enfermos, um dos 7 sacramentos da Igreja Católica. [Pl.: extrema(s)-unções.]

ex.tre.mi.da.de [Lat. extremitate. ▫14] sf. 1. Qualidade de extremo. 2. Fim, limite. 3. Ponta (1).

ex.tre.mis.mo [Extremo. ▫11] sm. Doutrina ou corrente que preconiza soluções extremas para os problemas sociais. § **ex.tre.mis.ta** adj2g. s2g.

ex.tre.mo [Lat. extremu.] adj. 1. Que está no ponto mais afastado; remoto, distante. 2. Que atingiu o grau máximo. 3. Diz-se de facção, radical. ● sm. 4. O ponto mais distante.

ex.tre.mó.fi.lo [Extremo + -filo²; ingl. extremophile.] adj. sm. Biol. Diz-se de, ou microrganismo que vive em condições extremas de temperatura e pressão.

ex.tre.mos smpl. 1. Carinho excessivo. 2. Último recurso.

ex.tre.mo.sa sf. Bot. Arvoreta litrácea, de belas flores.

ex.tre.mo.so (ô) [Extremo. ▫37] adj. Que tem extremos; que chega a extremos. [Pl.: -mosos (ó).]

ex.trín.se.co (s = c) [Lat. extrinsecu.] adj. Não pertencente à essência duma coisa ou pessoa.

ex.tro.ver.são [Fr. extroversion. ▫2] sf. Qualidade ou estado de extrovertido. [Pl.: -sões.]

ex.tro.ver.ter-se [Deduz. de extrovertido.] vp. Proceder como extrovertido. [C.: 2 (ê-é)]

ex.tro.ver.ti.do [Adapt. do fr. extroverti, extraverti.] adj. sm. Que, ou aquele que é comunicativo.

e.xu (x = ch) [Do ior.] sm. Bras. Rel. Orixá ou mensageiro dos orixás, assimilado ao diabo cristão por missionários, e descrito como de gênio irascível, vaidoso e suscetível, embora possa trabalhar para o bem.

e.xu.be.rân.ci.a (z) [Lat. exuberantia. ▫9] sf. 1. Qualidade ou característica de exuberante. 2. Grande abundância.

e.xu.be.ran.te (z) [Lat. exuberante. ▫21] adj2g. 1. Cheio, repleto. 2. Animado, vivo. 3. Viçoso, vigoroso. 4. Vistoso.

e.xul.ta.ção (z) [Lat. exsultatione. ▫2A] sf. Estado de quem exulta; júbilo. [Pl.: -ções.]

e.xul.tar (z) [Lat. exsultare. ▫1A] v.int. e ti. Sentir e manifestar grande júbilo, ou alvoroço; alegrar-se. [C.: 1] § **e.xul.tan.te** (z) adj2g.

e.xu.mar (z) [Lat.med. exhumare. ▫1A] vtd. e ti. Tirar da sepultura; desenterrar. [C.: 1] § **e.xu.ma.ção** (z) sf.

ex-vo.to (ês) [Lat. ex voto.] sm. Quadro, imagem, ou parte do corpo humano esculpida, que se oferece a um santo em reconhecimento por graça alcançada. [Pl.: ex-votos.]

f (efe) *sm.* **1.** A 6ª letra do nosso alfabeto. **2.** Figura ou representação dessa letra. ● *num.* **3.** Sexto (1), numa série. [Pl. do sm., com duplo *f: ff.*]
■ f *Mat.* Símb. de *função* (8).
■ **F 1.** No sistema hexadecimal, o 16º algarismo, equiv. ao número decimal 15. **2.** *Mús.* Sinal com que se representa a nota fá, ou a escala ou acorde nela baseados. **3.** *Quím.* Símb. de *flúor.*

fá [F.red. de *famuli*; v. *ut.*] *sm. Mús.* **1.** O quarto grau da escala diatônica de dó. **2.** Sinal da nota fá na pauta.

fã [Ingl. *fan.*] *s2g. Pop.* Admirador exaltado; tiete.
■ **FAB** Sigla de *Força Aérea Brasileira.*

fa.bá.ce:a [Tax. *Fabaceae.*] *sf. Bot.* Espécime das fabáceas, família que reúne plantas herbáceas mas tb. árvores e arbustos cujos frutos são legumes. § **fa.bá.ce:o** *adj.*

fa.ba.le [Tax. *Fabales.*] *sf. Bot.* Espécime das fabales, ordem que reúne as mimosáceas, cesalpiniáceas e fabáceas. § **fa.bal** *adj2g.*

fá.bri.ca [Lat. *fabrica.*] *sf.* **1.** Estabelecimento industrial equipado com máquinas capazes de transformar matéria-prima em produtos prontos para o consumo. **2.** V. *fabrico.* **3.** O pessoal de um desses estabelecimentos.

fa.bri.ca.ção [Lat. *fabricatione.* ▣2A] *sf.* **1.** Ato ou efeito de fabricar; fabrico. **2.** Arte, maneira ou técnica de fabricar algo; fabrico. [Pl.: *-ções.*]

fa.bri.can.te [Lat. *fabricante.* ▣21] *s2g.* **1.** Pessoa que trabalha na fabricação de objetos de consumo ou que dirige sua fabricação. **2.** O(s) dirigente(s) de uma fábrica (1). ● *sm.f.* **3.** Indústria ou firma que fabrica certo produto.

fa.bri.car [Lat. *fabricare.* ▣1A] *vtd.* **1.** Produzir em fábrica. **2.** Inventar; engendrar. **3.** Construir. **4.** Causar. [C.: 1A] § **fa.bri.cá.vel** *adj2g.*

fa.bri.co [Dev. de *fabricar.*] *sm.* Fábrica, fabricação, lavor.

fa.bril [Lat. *fabrile.*] *adj2g.* **1.** Relativo a manufatura. **2.** Relativo a, ou próprio de fábrica (1). [Pl.: *-bris.*]

fa.bros.sau.ro [Tax. *Fabrosaurus.*] *sm. Paleont.* Dinossauro ornitísquio, herbívoro, com cerca de 1m de comprimento, e que se locomovia em posição bipedal. Viveu do triássico superior ao jurássico inferior, e fósseis foram encontrados na África do Sul.

fá.bu.la [Lat. *fabula.*] *sf.* **1.** Narração alegórica cujas personagens são, em regra, animais, e que encerra lição moral. **2.** Mito (5). **3.** Lenda, ficção.

fa.bu.lar [Lat. *fabulare.* ▣1A] *vtd.* **1.** Narrar em forma de fábula. **2.** Inventar. *int.* **3.** Contar fábulas. **4.** Mentir. [C.: 1] § **fa.bu.la.ção** *sf.*; **fa.bu.la.dor** (ô) *adj. sm.*

fa.bu.lá.ri:o [*Fábula.* ▣24] *sm.* Coleção de fábulas.

fa.bu.lis.ta [*Fábula.* ▣36] *s2g.* Autor de fábulas.

fa.bu.lo.so (ô) [Lat. *fabulosu.* ▣37] *adj.* **1.** Que não tem existência real; imaginário. **2.** De fábula(s). **3.** Excelente. [Pl.: *-losos* (ó).]

fa.ca [V.C] *sf.* Instrumento cortante, constituído de lâmina e cabo.

fa.ca.da [*Faca.* ▣4] *sf.* **1.** Golpe de faca. **2.** Surpresa dolorosa. **3.** *Pop.* Pedido de dinheiro.

fa.ça.nha [Esp.ant. *fazaña.*] *sf.* **1.** Ato heroico; feito, proeza. **2.** *Fig.* Coisa notável, difícil de executar; proeza. **3.** *Irôn.* Ação má, perversa.

fa.ça.nho.so (ô) [*Façanha.* ▣37] *adj.* Que pratica façanha. [Pl.: *-nhosos* (ó).]

fa.cão [*Faca*¹. ▣28A] *sm.* **1.** Aum. de *faca.* **2.** Sabre, espada. [Pl.: *-cões.*]

fac.ção [Lat. *factione.* ▣2] *sf.* **1.** Bando sedicioso. **2.** Partido político. **3.** *P.ext.* Parte divergente ou dissidente dum grupo ou partido. [Pl.: *-ções.*]

facciosismo | faiança

fac.ci.o.sis.mo [*Faccioso*.◙11] *sm.* 1. Qualidade de faccioso; parcialidade. 2. Paixão desmedida, exacerbada, por algo.

fac.ci.o.so (ó) [Lat. *factiosu*.◙37] *adj. sm.* Que, próprio de, ou quem tem comportamento ou espírito sectário (2). [Pl.: -*osos* (ó).]

fa.ce [Lat. *facie*.] *sf.* **1.** *Anat.* A parte anterior da cabeça, que se estende da fronte ao queixo. 2. Parte lateral da face. 3. A superfície (2), exposta: *a face da Terra voltada para o Sol.* 4. Aspecto; faceta, lado. 5. Em medalha ou moeda, o lado da efígie. ◆ **Em face de.** Na presença ou vista de; diante de. **Fazer face a. 1.** Não fugir a (dificuldade). **2.** Opor-se a. **3.** Prover a; custear.

fa.ce.ar [*Face*.◙1A] *vtd.* **1.** Fazer faces ou lados em. **2.** Mostrar-se à frente ou à face de. *tc.* **3.** Ficar em frente. [C.: 12A]

→ **facebook** (feicibúqui) [Ingl. M. reg.] *sm. Inform.* Rede social gratuita, em que usuários trocam mensagens, postam ou compartilham textos e fotos, etc. [Com cap.]

fa.cé.ci.a [Lat. *facetia*.] *sf.* Dito chistoso.

fa.cei.ro [*Face*.◙25] *adj.* **1.** Que é dado a enfeitar-se. **2.** Alegre, contente. **3.** Dengoso (1). § **fa.cei.ri.ce** *sf.*

fa.ce.ta (ê) [Fr. *facette*.] *sf.* **1.** Superfície limitante de cristal ou pedra preciosa. **2.** V. *face* (4).

fa.ce.tar [*Faceta*.◙1A] *vtd.* **1.** Fazer facetas em. **2.** Lapidar, polir. [C.: 1 (é)]

fa.cha.da [It. *facciata*.] *sf.* **1.** Qualquer das faces de um edifício, esp. a da frente. **2.** *Fig.* Aparência, aspecto.

fa.cho [Lat. *fasculo.] *sm.* **1.** Aquilo que emite luz, clarão. **2.** Archote.

fa.ci.al [Lat. *faciale*.◙39] *adj2g.* Da face, ou relativo a ela. [Pl.: -*ais*.]

fá.cil [Lat. *facile*.] *adj2g.* **1.** Que se faz ou consegue sem esforço, ou se entende ou se aprende sem custo. **2.** Claro, simples. **3.** Dócil. [Pl.: -*ceis*. Superl.: *facílimo, facílissimo*.] ● *adv.* **4.** Com facilidade; facilmente.

fa.ci.li.da.de [Lat. *facilitate*.◙14] *sf.* **1.** Qualidade de fácil. **2.** Ausência de obstáculos ou de impedimentos. **3.** Tendência ou disposição natural. **4.** Habilidade ou aptidão. **5.** Rapidez, desembaraço (com que se faz algo).

fa.ci.li.da.des *sfpl.* Meios fáceis de conseguir algo.

fa.ci.li.tar [Fr. *faciliter*.◙1A] *vtd.* **1.** Tornar (mais) fácil. **2.** Facilitar (1). **3.** Pôr à disposição. *int.* **4.** Agir com imprevidência; descuidar-se. [C.: 1] § **fa.ci.li.ta.ção** *sf.*

fa.cil.men.te [*Fácil*.◙42] *adv.* **1.** Fácil (4). **2.** De modo irrefletido.

fa.cí.no.ra [Lat. *facinora*.] *s2g.* Pessoa perversa e criminosa.

fã-clu.be *sm. Bras.* Associação de fãs de cantor(a), ator, atriz, etc. [Pl.: *fãs-clube(s)*.]

fac-si.mi.lar [*Fac-símile*.◙40] *adj2g.* **1.** Impresso em fac-símile. **2.** Relativo a fac-símile. [Pl.: *fac-similares*.]

fac-sí.mi.le [Do lat.] *sm.* **1.** Reprodução de texto, de documento, etc., esp. por processo fotográfico. **2.** V. *fax*. [Pl.: *fac-símiles*.]

fac.tí.vel [Lat. *factus* + -*ível*.◙41] *adj2g.* Que pode ser feito; exequível. [Pl.: -*veis*.]

fac.toi.de (ói) [Ingl. *factoid*.] *sm.* Fala ou ação de político, etc., que tem o intuito deliberado de gerar impacto na opinião pública.

fac.tó.tum [Lat. *fac totum*, 'faze tudo'.] *sm.* Pessoa incumbida de todos os negócios de outrem. [Pl.: -*tuns*.]

fac.tu.al ou **fa.tu.al** [Lat. *factum*.◙39A] *adj2g.* Relativo a, ou que se baseia nos fatos. [Pl.: -*ais*.]

fa.cul.da.de [Lat. *facultate*.◙14] *sf.* **1.** Poder de fazer algo; capacidade. **2.** Talento, dom. **3.** Escola de ensino superior.

fa.cul.tar [Lat. *facultas* + -*ar*². ◙1A] *vtd. e tdi.* **1.** Facilitar, permitir. **2.** Proporcionar. [C.: 1]

fa.cul.ta.ti.vo [*Facultar*.◙22A] *adj.* **1.** Que dá a faculdade ou o poder de algo. **2.** Não obrigatório. ● *sm.* **3.** Médico.

fa.cún.di.a [Lat. *facundia*.] *sf.* Facilidade para discursar; eloquência.

fa.cun.do [Lat. *facundu*.] *adj.* Eloquente.

fa.da [Lat. *fata*.] *sf.* Entidade fantástica, com poder sobrenatural.

fa.da.do [*Fadar*.◙17A] *adj.* Destinado de antemão por fado ou destino; predestinado.

fa.dar [*Fado*.◙1A] *vtd.* **1.** Determinar o destino, a sorte de. *tdi.* **2.** Destinar (1). [C.: 1]

fa.dá.ri.o [*Fado*.◙24] *sm.* Destino talhado como que por poder sobrenatural.

fa.di.ga [Dev. de *fadigar*.] *sf.* **1.** Cansaço. **2.** *Fís.* Diminuição gradual da resistência de um material por efeito de solicitações repetidas.

fa.dis.ta [*Fado*.◙36] *s2g.* Quem toca ou canta fados.

fa.do [Lat. *fatu*.] *sm.* **1.** V. *destino* (1). **2.** Canção popular portuguesa, de feição triste.

fa.gá.ce.a [Tax. *Fagaceae*.] *sf. Bot.* Espécime das fagáceas, família de árvores sempre-verdes, de madeira útil, do hemisfério norte. Ex.: faia. § **fa.gá.ce.o** *adj.*

fa.gó.ci.to [*Fag*(o)- + -*cito*.] *sm. Citol.* Célula que realiza a fagocitose.

fa.go.ci.to.se [*Fagócito* + -*ose*¹.] *sf. Citol.* Processo pelo qual uma célula animal, ou um organismo unicelular, envolve uma partícula sólida, incorporando-a. Ocorre, p.ex., na defesa do organismo contra agentes estranhos.

fa.go.te [It. *fagotto*.] *sm.* Instrumento de sopro, de madeira, com tubo cônico, longo e dobrado, e palheta dupla. § **fa.go.tis.ta** *s2g.*

→ **fagottini** (fagotíni) [It.] *smpl. Cul.* Massa (5) recheada, com as pontas dobradas para o centro e alteadas.

fa.guei.ro [Port.ant. *afagueiro*, de *afagar*.] *adj.* **1.** Que afaga; meigo. **2.** Agradável.

fa.gu.lha [Lat. *facucula.] *sf.* V. *centelha* (1).

fai.a [Lat. (*materia*) *fagea*.] *sf. Bot.* Árvore fagácea, ornamental.

fai.an.ça [Fr.ant. *faiance*.] *sf.* Louça de barro vidrado.

faina | falseta

fai.na [Cat.ant. *faena*.] *sf.* **1.** Atividade a que concorre ponderável parcela da tripulação dum navio. **2.** V. *azáfama* (2).

→ fair-play (fér-plêi) [Ingl.] *sm.* Capacidade de aceitar insucesso, derrota, etc., com serenidade.

fai.são [Esp. *faisán*.] *sm. Zool.* Ave fasianídea, famosa pela carne e plumagem. [Pl.: *-sões*. Fem.: *faisoa, faisã*.]

fa.ís.ca [Lat.vulg. *favisca*, poss.] *sf.* **1.** Partícula que salta duma substância candente ou em atrito com outro corpo; centelha. **2.** Palheta de ouro que se perde na terra ou areia de minas.

fa.is.ca.dor (a-is...ô) [*Faiscar*.◼19A] *sm. Bras.* O que se ocupa de faiscar (5); garimpeiro.

fa.is.car (a-is) [*Faísca*.◼1A] *vtd.* **1.** Lançar de si. **2.** Lançar como faíscas. *int.* **3.** Lançar faíscas. **4.** Cintilar, brilhar. **5.** *Bras.* Procurar faísca (2) ou diamante em terras já lavradas. [C.: 1A] § **fa.is.can.te** (a-is) *adj2g.*

fai.xa [Lat. *fascia*.] *sf.* **1.** V. *tira* (1). **2.** Atadura (3). **3.** Porção de terra estreita e longa; orla. **4.** Parte, porção. ◆ **Faixa de pedestre.** *Bras.* Faixa listrada pintada no chão para indicar local de travessia de pedestres.

fai.xa-pre.ta [*Faixa* + f. de *preto*.] *sf.* **1.** Grau mais elevado de certas lutas marciais como o judô e o caratê ● *adj2g.* **2.** Que alcança esse grau: *judoca faixa-preta.* ● *s2g.* **3.** Quem alcança esse grau. [Pl.: *faixas-pretas*.]

fa.ju.to *adj. Bras. Pop.* **1.** Que não é autêntico; ruim, falso. **2.** Cafona, brega.

fa.la [Dev. de *falar*.] *sf.* **1.** Ação ou faculdade de falar (1). **2.** *P.ext.* Emissão de sons por animais; voz. **3.** Timbre da voz. **4.** Discurso (1).

fa.la.ção [*Falar*.◼2A] *sf. Pop.* Discurso, fala. [Pl.: *-ções*.]

fa.lá.ci.a [Lat. *fallacia*.] *sf.* **1.** Qualidade ou caráter de falaz. **2.** Dito ou ação de quem é falso, trapaceiro.

fa.la.ci.o.so (ó) [Lat. *fallaciosu*.◼37] *adj.* Enganoso, falaz. [Pl.: *-osos* (ó).]

fa.la.cro.co.ra.cí.de.o [Lat. *Phalacrocoracidae*.] *adj. sm. Zool.* Diz-se de, ou espécime dos falacrocoracídeos, família de aves pelicaniformes. No Brasil, são representados pelos biguás.

fa.la.do [*Falar*.◼17A] *adj.* Famoso, notável.

fa.la.dor (ô) [*Falar*.◼19A] *adj. sm.* Que, ou aquele que fala muito, que é indiscreto.

fa.lan.ge [Lat. *phalange*.] *sf.* **1.** Multidão. **2.** Tropa ou conjunto de tropas de guerreiros. **3.** *Anat.* Cada um dos ossos que formam os dedos das mãos e dos pés, no ser humano e em outros animais.

fa.lan.te [*Falar*.◼21] *adj2g.* **1.** Que fala. **2.** Que fala demais. ● *sm.* **3.** Aquele que fala uma língua.

fa.lar [Lat. *fabulare*.◼1A] *v.int.* **1.** Expressar-se por palavras; dizer. **2.** Discorrer sobre um assunto. **3.** Ser muito expressivo no significativo. *td.* **4.** Exprimir por meio de palavras. **5.** Contar, referir, dizer. **6.** Conversar sobre. **7.** Saber exprimir-se (em algum idioma). *tdi.* **8.** Falar (4 e 5). **9.** *Fam.* Dizer, ensinar. *ti.* **10.** Conversar sobre algo. **11.** Conversar com, ou interpelar alguém. *bit. i.* **12.** Falar (10). *p.* **13.** Dialogar. [C.: 1] ● *sm.* **14.** Ato, efeito ou modo de falar (1).

fa.las.trão [*Falar* + *-astr(o)-* + *-ão*¹.◼28A] *adj. sm.* Tagarela. [Pl.: *-trões.* Fem.: *falastrona.*]

fa.la.tó.ri:o [*Falar*.◼23A] *sm.* **1.** Ruído de vozes, de fala. **2.** Maledicência.

fa.laz [Lat. *fallace*.] *adj2g.* **1.** Enganador, fraudulento. **2.** Enganoso, ilusório, falacioso. [Superl.: *falacíssimo*.]

fal.cão [Lat. *falcone*.] *sm. Zool.* Ave falconídea de voo rápido, e que pode ser treinada para a caça. [Pl.: *-cões*.]

fal.ca.tru.a [Dev. de *falcatruar*.] *sf.* Artifício para burlar; fraude, logro.

fal.co.a.ri.a [*Falcão* (*-co-*).◼15] *sf.* Arte de adestrar falcões para a caça de pequenos animais.

fal.co.ní.de:o [Tax. *Falconidae.*] *adj. sm. Zool.* Diz-se de, ou espécime dos falconídeos, família de aves falconiformes. Ex.: falcões, caracarás, acauãs.

fal.co.ni.for.me [Tax. *Falconiformes*.] *adj2g. sm. Zool.* Diz-se de, ou espécime dos falconiformes, ordem de aves predadoras, diurnas, de bico robusto, ceroma bem desenvolvido, asas longas e fortes, e garras pontiagudas. Inclui os acipitrídeos e os falconídeos.

fal.da [Or.frânc., poss.] *sf.* V. *aba* (4).

fa.le.cer [Lat. **falescere*.] *v.int.* **1.** V. *morrer* (1). *ti.* **2.** Faltar. **3.** Carecer (1). [C.: 2A (ê-é)]

fa.le.ci.do [Part. de *falecer*.] *adj. sm.* Que, ou aquele que faleceu; morto.

fa.le.ci.men.to [*Falecer*.◼3A] *sm.* **1.** Morte, óbito. **2.** Falta, carência.

fa.lên.cia [*Falir*.◼10] *sf.* Ato ou efeito de falir.

fa.lé.si:a [Fr. *falaise*.] *sf.* Nome comum a terras ou rochas altas e íngremes, à beira-mar, resultantes da erosão marinha.

fa.lha [Lat.vulg. **fallia*.] *sf.* **1.** Omissão. **2.** Defeito.

fa.lhar [*Falha*.◼1A] *v.int.* **1.** Fazer falhas em. **2.** Não acertar; errar. *ti.* **3.** Deixar de cumprir ou de fazer. **4.** Não corresponder às expectativas (de alguém), ou trair-lhe a confiança. **5.** Falhar (2). *int.* **6.** Não suceder como se esperava. **7.** Malograr-se. **8.** Não funcionar (2), ou fazê-lo mal. [C.: 1]

fa.lho [De *falha*.] *adj.* **1.** Que tem falha(s). **2.** Falto, carente.

fá.li.co [Gr. *phallikós*.◼35B] *adj.* Relativo a falo.

fa.lir [Lat. *fallere*.◼1C] *v.int.* **1.** Não ter com que pagar aos credores; quebrar. **2.** Malograr-se, fracassar. **3.** Desfalecer. [C.: 9] § **fa.li.do** *adj. sm.*

fa.lí.vel [*Falir*.◼41] *adj2g.* Que pode falhar ou enganar-se. [Pl.: *-veis*.] § **fa.li.bi.li.da.de** *sf.*

fa.lo [Lat. *phallu*.] *sm.* **1.** O pênis. **2.** Símbolo ou representação dele.

fal.sá.ri:o [Lat. *falsariu*.] *sm.* Falsificador de documentos, moeda, etc.

fal.se.ar [*Falso*.◼1N] *vtd.* **1.** Tornar falso; falsificar. **2.** Enganar, atraiçoar. **3.** Dar tom de falsete a (a voz). *int.* **4.** Pisar em falso. [C.: 12A] § **fal.se:a.men.to** *sm.*

fal.se.ta (ê) [*Falso* + *-eta* (ê).] *sf. Pop.* Ação desleal; traição.

fal.se.te (ê) [It. *falsetto*.] *sm.* Voz com que se procura imitar a voz de soprano ou a de meninos.

fal.si.da.de [Lat. *falsitate*. ▣14] *sf.* **1.** Qualidade de falso. **2.** Mentira, calúnia. **3.** Ação ou atitude de falso (8); fingimento. ◆ **Falsidade ideológica.** *Jur.* O crime de omitir, em documentos, declarações que deles deviam constar, ou de neles inserir declaração falsa, ou diferente da que devia ser escrita.

fal.si.fi.ca.ção [*Falsificar*. ▣2A] *sf.* **1.** Ato ou efeito de falsificar. **2.** Objeto falsificado. [Pl.: *-ções*.]

fal.si.fi.ca.do [*Falsificar*. ▣17A] *adj.* Que sofreu falsificação.

fal.si.fi.ca.dor (ô) [*Falsificar*. ▣19A] *adj. sm.* Que, ou aquele que falsifica.

fal.si.fi.car [Lat.med. *falsificare*. ▣1A] *vtd.* **1.** Fazer (algo) que não é verdadeiro passar por tal: *falsificar dinheiro*. **2.** Imitar com fraude: *falsificar uma assinatura*. [C.: 1A]

fal.so [Lat. *falsu*.] *adj.* **1.** Contrário à realidade. **2.** Em que há mentira ou dolo. **3.** Que age de modo desleal ou com traição; que não diz a verdade. **4.** Que encerra traição ou deslealdade. **5.** A que falta fundamento ou exatidão. **6.** Falsificado. **7.** Que imita algo, ou que parece verdadeiro. ● *sm.* **8.** Indivíduo falso (3). **9.** Aquilo que é falso.

fal.ta [Lat.vulg. **fallita*.] *sf.* **1.** Ato ou efeito de faltar. **2.** Privação. **3.** Ausência (2). **4.** Culpa. **5.** Erro (4). **6.** *Esport.* Transgressão das regras de um jogo ou esporte. ◆ **Sem falta.** Infalivelmente; sem falhar ou faltar.

fal.tar [*Falta*. ▣1A] *vti.* **1.** Sentir ou sofrer privação de (coisa necessária ou com que se contava). **2.** Deixar de fazer, de cumprir, de acudir, de comparecer. **3.** Ser indispensável (para se completar um número ou um todo). **4.** Faltar (6): *Faltam recursos ao Estado*. *int.* **5.** Não comparecer. **6.** Deixar de haver; não existir. [C.: 1]

fal.to [De *faltar*.] *adj.* Que tem falta ou carência de algo; privado, desprovido.

fal.to.so (ô) [*Faltar*. ▣37] *adj.* **1.** Que cometeu falta; culpado. **2.** Diz-se de aluno ou de professor que falta às aulas. [Pl.: *-tosos* (ó).]

fa.ma [Lat. *fama*.] *sf.* **1.** Voz geral; voz pública. **2.** Conceito ou opinião de muitos sobre alguém ou algo.

fa.mé.li.co [Lat. *famelicu*. ▣35B] *adj.* V. *faminto*.

fa.mi.ge.ra.do [Lat. *famigeratu*.] *adj.* De muita fama (sobretudo quando má).

fa.mí.li.a [Lat. *familia*.] *sf.* **1.** Pessoas aparentadas que vivem, ger., na mesma casa, particularmente o pai, a mãe e os filhos. **2.** Pessoas do mesmo sangue. **3.** Origem, ascendência. **4.** *Art.Gráf.* O conjunto dos caracteres ou dos tipos com o mesmo desenho básico. **5.** *Biol.* Reunião de gêneros [v. *gênero* (5)]. **6.** *E.Ling.* Conjunto de línguas provenientes de uma língua ancestral comum.

fa.mi.li.ar [Lat. *familiare*. ▣40] *adj2g.* **1.** Da família, ou próprio dela. **2.** Vulgar, comum. **3.** Que se conhece bem. ● *sm.* **4.** Pessoa da família.

fa.mi.li.a.ri.da.de [Lat. *familiaritate*. ▣14] *sf.* **1.** Qualidade do que é familiar. **2.** Intimidade.

fa.mi.li.a.ri.zar [*Familiar*. ▣1D] *vtd.* **1.** Tornar familiar. *tdi.* **2.** Acostumar, habituar. *p.* **3.** Relacionar-se. **4.** Acostumar-se. [C.: 1] § **fa.mi.li.a.ri.za.do** *adj.*

fa.min.to [Lat.vulg. **faminentu*.] *adj.* Que tem fome; famélico, esfomeado, esfaimado.

fa.mo.so (ô) [Lat. *famosu*. ▣37] *adj.* Que tem fama; célebre. [Pl.: *-mosos* (ó).]

fâ.mu.lo [Lat. *famulu*.] *sm.* Criado, servidor.

fa.nal [It. *fanale*.] *sm.* Farol (1). [Pl.: *-nais*.]

fa.nar [Fr. *faner*. ▣1A] *vtd. e p.* Murchar(-se), secar(-se). [C.: 1]

fa.ná.ti.co [Lat. *fanaticu*. ▣35B] *adj.* **1.** Que se julga inspirado por uma divindade. **2.** Que adere cegamente a doutrina ou partido. **3.** Que tem grande dedicação ou amor a alguém ou algo. ● *sm.* **4.** Indivíduo fanático.

fa.na.tis.mo [Fr. *fanatisme*. ▣11] *sm.* Qualidade, caráter, espírito ou procedimento de fanático (4).

fa.na.ti.zar [Fr. *fanatiser*.] *vtd. e p.* Tornar(-se) fanático. [C.: 1]

fan.ca.ri.a *sf.* Trabalho mal-acabado.

fan.dan.go [Esp. *fandango*.] *sm.* **1.** Dança espanhola. **2.** Música para essa dança. **3.** *Bras. S.* Baile popular, rural, ao som de viola ou de sanfona.

fa.ne.ró.ga.mo [Gr. *phanerós* + *-gamo*.] *adj. sm.* *Bot.* Diz-se de, ou vegetal cujos órgãos reprodutores são aparentes; produz flores. [Cf. *criptógamo*.] § **fa.ne.ro.ga.mi.co** *adj.*

fan.far.ra [Fr. *fanfare*.] *sf.* Banda de música formada por instrumentos de sopro, de metal, e bateria.

fan.far.rão [Esp. *fanfarrón*.] *adj. sm.* Que, ou quem blasona de valente sem o ser; parlapatão, ferrabrás, farofeiro. [Pl.: *-rões*. Fem.: *fanfarrona*.]

fan.far.ri.ce [*Fanfarra*. ▣13] *sf.* **1.** Qualidade ou caráter de fanfarrão; pabulagem, quixotada. **2.** Ato, dito ou modos de fanfarrão; fanfarronada, gabarolice.

fan.far.ro.na.da [Esp. *fanfarronada*. ▣4] *sf.* V. *fanfarrice* (2).

fa.nho [V.A] *adj.* Fanhoso (1).

fa.nho.so (ô) *adj.* **1.** Que fala ou parece falar pelo nariz; fanho. **2.** Diz-se de voz de quem fala assim, ou de som que a lembra. [Pl.: *-nhosos* (ó).]

fa.ni.qui.to *sm. Fam.* Ataque de nervos sem importância nem gravidade; chilique, fricote, piripaque, piti.

fan.ta.si.a [Gr. *phantasía*. ▣8A] *sf.* **1.** Imaginação (1). **2.** Obra ou criação da imaginação. **3.** V. *devaneio*. **4.** Vestimenta us. no carnaval e em outros festejos, e que imita, p.ex., a de palhaços, bruxas, etc. ◆ **De fantasia.** Feito com material não precioso (diz-se de anel, brinco, etc.).

fan.ta.si.ar [*Fantasia*. ▣1A] *vtd.* **1.** Criar na fantasia; idealizar. *transobj.* **2.** Vestir fantasia. *int.* **3.** Sonhar, devanear. *p.* **4.** Fantasiar (2). [C.: 1]

fan.ta.si.o.so (ô) [*Fantasia*. ▣37] *adj.* Cheio de fantasia (1); imaginoso. [Pl.: *-osos* (ó).]

fan.tas.ma [Lat. *phantasma*.] *sm.* **1.** Imagem ilusória; fantasmagoria. **2.** Visão apavorante. **3.**

Suposto reaparecimento de defunto, ger. sob forma indefinida; assombração, espectro, aparição, sombra, visagem, visão.

fan.tas.ma.go.ri.a [Fr. *fantasmagorie*.■8A] *sf.* 1. Arte de fazer surgir, mediante ilusão de óptica, figuras luminosas na escuridão. 2. Fantasma (1). § **fan.tas.ma.gó.ri.co** *adj*.

fan.tás.ti.co [Gr. *phantastikós*.■35B] *adj*. 1. Que só existe na fantasia, na imaginação; imaginário. 2. Extraordinário.

fan.to.che [Fr. *fantoche*.] *sm*. Boneco de cabeça feita de massa de papel, etc., e em cujo corpo, formado pela roupa, o operador esconde a mão que o movimenta; títere, marionete.

→ **fanzine** (fanzíni) [Ingl.] *sm. Jorn.* Revista sobre um ou mais temas, tais como música, cinema, ficção científica, etc. [F.red.: *zine*.]

fa.quei.ro [*Faca*.■25] *sm*. Jogo ou estojo de talheres.

fa.quir [Do ár.] *sm*. 1. Hindu mendicante que vive em ascetismo rigoroso. 2. Homem que se submete a jejuns e a duras provas de resistência física.

fa.rân.do.la [Do occ.] *sf*. 1. Dança provç. em cadeia, executada ao som de instrumentos típicos. 2. *Fig*. Grupo agitado, barulhento; bando.

fa.ra.ó [Gr. *pharaó*, de or. egípcia.] *sm*. Soberano do antigo Egito.

fa.ra.ô.ni.co [*Faraó* (faraon-) + -*ico*².■35B] *adj*. Dos faraós, ou de sua época.

far.da [Cat. *farda*.] *sf*. 1. Uniforme de corte e cores regulamentares para diversas classes ou corpos de indivíduos; fardamento. 2. *Fig*. A carreira militar.

far.da.men.to [*Farda*.■3] *sm*. 1. Farda (1). 2. Conjunto de fardas.

far.dão [*Farda*.■28A] *sm. Bras*. Farda (1) us. em solenidade pelos membros de certas academias. [Pl.: -*dões*.]

far.dar [*Farda*.■1A] *vtd. e p*. Vestir(se) com farda (1). [C.: 1]

far.do [Regr. de *fardel*.] *sm*. 1. Coisa(s) mais ou menos volumosa(s) ou pesada(s), destinada(s) a transporte; carga. 2. Pacote. 3. *Fig*. O que moralmente custa suportar; carga.

fa.re.jar [*Faro*.■1E] *vtd*. 1. Seguir levado pelo faro ou cheiro. 2. Adivinhar, pressentir. *int*. 3. Tomar o faro. [C.: 1 (ê)]

fa.re.lo [Lat. **farellu*.] *sm*. 1. A parte grosseira da farinha de trigo ou de outros cereais, que resta depois da peneiração. 2. *Fam*. Resíduos de certos farináceos: *farelo de pão*.

far.fa.lhar [*Farfalha*.■1A] *v.int*. Rumorejar como a folhagem agitada pelo vento. [C.: 1] § **far.fa.lha.da** *sf*.

fa.ri.ná.ce:o [Lat. *farinaceu*.] *adj*. 1. Relativo à farinha, ou dela obtido, ou que a contém. ● *sm*. 2. Alimento farináceo.

fa.rin.ge [Gr. *phárynx, yngis*.] *sf. Anat*. Órgão que se estende da base do crânio ao início do esôfago. § **fa.rín.ge:o** *adj*.

fa.rin.gi.te [*Faringe* + -*ite*¹.] *sf. Med*. Inflamação da faringe.

fa.ri.nha [Lat. *farina*.] *sf*. 1. Pó a que se reduzem certos produtos, esp. os cereais moídos. 2. *Bras*. Farinha de mandioca.

fa.ri.nha.da *sf. Bras*. Fabrico da farinha (2).

fa.ri.nhei.ra [*Farinha*.■16] *sf*. Recipiente em que se serve a farinha (2).

fa.ri.nhen.to [*Farinha*.■27] *adj*. Que tem muita farinha.

fa.ri.seu [Lat. *pharisaeu*.] *sm*. Indivíduo hipócrita. [Fem.: *fariseia* (éi).]

far.ma.cêu.ti.co [Lat. *pharmaceuticu*.■35B] *adj*. 1. Relativo a farmácia. 2. Preparado em farmácia. ● *sm*. 3. Indivíduo diplomado em farmácia e/ou profissional dessa especialidade.

far.má.ci:a [Lat. *pharmacia*.] *sf*. 1. Parte da farmacologia que trata do modo de preparar, caracterizar e conservar os medicamentos. 2. Estabelecimento onde se preparam e/ou vendem medicamentos; botica.

far.ma.co.lo.gi.a (fàr) [*Farmaco*- + -*logia*.] *sf*. Parte da medicina que estuda os medicamentos. § **far.ma.co.ló.gi.co** (fàr) *adj*.

far.ma.co.lo.gis.ta (fàr) [*Farmacologia*.■36] *s2g*. Especialista em farmacologia.

far.ma.co.pei.a (éi) [Gr. *pharmakopoíïa*.] *sf*. Código com fórmulas e modo de preparação de medicamentos, e onde se listam aqueles aprovados pelo Estado.

far.nel [De *fardel*, ou de or. fr.] *sm*. Provisões alimentícias para jornada. [Pl.: -*néis*.]

fa.ro [V.E] *sm*. 1. Olfato dos animais. 2. *Fig*. Intuição; instinto.

fa.ro.fa [Do quimb., poss.] *sf*. 1. *Bras*. Farinha de mandioca torrada, com gordura e às vezes ovos, etc. 2. *Fig*. Jactância, ostentação.

fa.ro.fei.ro [*Farofa*.■25] *adj. sm. Bras*. 1. V. *fanfarrão*. 2. Que, ou quem leva farnel para a praia.

fa.rol [Esp. *farol*.] *sm*. 1. Construção erguida na costa, à entrada de porto, ilha, etc., onde há uma luz que serve de guia aos navegantes; fanal. 2. Lanterna dianteira de um veículo, de luz forte. 3. *Bras. SP* V. *sinaleira*. [Pl.: -*róis*.]

fa.ro.lei.ro [*Farol*.■25] *sm*. O encarregado de um farol.

fa.ro.le.te (ê) [*Farol* + -*ete* (ê).] *sm*. Pequeno farol de veículos automóveis.

far.pa *sf*. 1. Ponta metálica penetrante, em forma de ângulo agudo. 2. Lasca de madeira que por acaso se introduz na pele; felpa. 3. Haste armada de farpa (1), com que se picam touros em corridas. 4. *Fig*. Crítica mordaz.

far.pa.do [*Farpa*.■17B] *adj*. Recortado em forma de farpa.

far.par [Or.ibero-românica.] *vtd*. V. *farpear*. [C.: 1]

far.pe.ar [*Farpa*.■1N] *vtd*. 1. Meter farpa(s) em. 2. *Fig*. Dirigir farpas [v. *farpa* (4) a. [Sin.ger.: *farpar*. C.: 12A]

far.pe.la [*Farpa*.■7] *sf*. Roupa, traje; fatiota.

far.ra [Do lunfardo.] *sf.* **1.** Diversão que, ger., inclui companhia alegre, bebidas, música, etc.; esbórnia. **2.** *Fam.* Caçoada, brincadeira.
far.ran.cho *sm.* **1.** Rancho (1) que se dirige a romaria ou diversão. **2.** Grupo de pessoas que tem por fito divertir-se.
far.ra.po *sm.* **1.** Pedaço de pano, rasgado ou muito usado. **2.** Peça de roupa muito rota.
far.re.ar [*Farra*.◾1N] *v.int.* Fazer farra. [C.: 12A]
far.ri.pas *sfpl.* Cabelos muito ralos na cabeça.
far.ris.ta [*Farra*.◾36] *adj2g. s2g. Bras.* Que, ou quem é dado a farras.
far.rou.pi.lha [Farrapo, poss.] *s2g.* Maltrapilho.
far.sa [Fr. médio *farse*.] *sf.* **1.** Peça cômica de um só ato e de ação burlesca. **2.** Logro, embuste.
far.san.te [It. *farsante*.◾21] *s2g.* **1.** Quem representa farsa ou pratica atos burlescos. **2.** Farsista (1). ● *adj2g.* **3.** Diz-se de farsante (1 e 2).
far.sis.ta [*Farsa*.◾36] *s2g.* **1.** Pessoa pouco séria, pouco confiável; farsante. ● *adj2g.* **2.** Próprio de farsista (1).
far.ta.ção [*Fartar*.◾2A] *sf.* V. **enfarte**¹. [Pl.: -ções.]
far.tar [*Farto*.◾1A] *vtd.* **1.** Saciar a fome e/ou a sede a. **2.** Satisfazer (sentimento, desejo). **3.** Causar aborrecimento a. *tdi.* **4.** Encher, abarrotar. *p.* **5.** V. **empanturrar**. **6.** Cansar-se. [C.: 1. Part.: *fartado* e *farto*.]
far.to [Dev. de *fartar*.] *adj.* **1.** Que se satisfez ou se saciou. **2.** Abundante. **3.** Que se cansou ou se aborreceu, por alguma razão; aborrecido.
far.tum *sm.* **1.** Mau cheiro resultante de ranço. **2.** Bodum, catinga. [Pl.: *-tuns*.]
far.tu.ra [Lat. *fartura*.] *sf.* V. **abundância**.
fas.cí.cu.lo [Lat. *fasciculu*.] *sm. Edit.* **1.** Caderno ou grupo de cadernos duma obra que se publica à medida que vai sendo impressa. **2.** Número (5).
fas.ci.na.ção [Lat. *fascinatione*.◾2A] *sf.* **1.** Fascínio. **2.** Encanto, enlevo. [Pl.: -ções.]
fas.ci.nar [Lat. *fascinare*.◾1A] *vtd.* **1.** Subjugar com o olhar. **2.** Atrair irresistivelmente; encantar. **3.** Causar fascínio, encanto. *int.* **4.** Seduzir, deslumbrar. [C.: 1] § **fas.ci.nan.te** *adj2g.*
fas.cí.ni:o [*Fascin(ar) + -io*².◾34B] *sm.* Grande atração; deslumbramento, fascinação.
fas.cis.mo [It. *fascismo*.] *sm.* Sistema político nacionalista, antidemocrático, liderado por Benito Mussolini (1883-1945), na Itália. § **fas.cis.ta** *adj2g. s2g.*
fa.se [Gr. *phásis*.] *sf.* **1.** Cada uma das distintas partes de uma sucessão de modificações, de um percurso, desenvolvimento ou ciclo. **2.** Epoca ou período com características definidas. **3.** *Astr.* Aparência da Lua ou de um planeta, quando vistos da Terra, e que varia regularmente conforme a iluminação deles pelo Sol. **4.** *Fís.* Fração de um movimento periódico ou de um ciclo regular, completada em determinado instante, e us. como medida da diferença temporal entre 2 movimentos ou ciclos que têm o mesmo período e se dão simultaneamente, mas sem coincidência entre estados equiv. [Quando há perfeita coincidência entre estados equiv., diz-se que os movimentos ou ciclos estão em fase; quando não, que estão fora de fase.] **5.** *Eletr.* Cada uma das variações periódicas de tensão elétrica, simultâneas mas não coincidentes, que constituem uma corrente elétrica alternada. [Quando há apenas uma variação periódica, a corrente é dita monofásica.] **6.** *Fís.-Quím.* Porção de matéria que forma uma parte homogênea e distinta de outras, em um sistema físico-químico.
→ **fashion** (féchon) [Ingl.] *adj2g2n.* **1.** Da, ou relativo à moda ou à sua indústria. **2.** Que está na moda. § **fa.shi:o.nis.ta** *adj2g.*
fa.si:a.ní.de:o [Tax. *Phasianidae*.] *adj. sm. Zool.* Diz-se de, ou espécime dos fasianídeos, família de aves galiformes de bico ger. curto e forte, e pernas adaptadas para a corrida e para ciscar o chão, em busca de alimento. Ex.: galinhas, faisões, pavões.
fas.ma.tí.de:o [Tax. *Phasmatidae*.] *adj. sm. Zool.* Diz-se de, ou espécime dos fasmatídeos, família de grandes insetos que abrange os bichos-paus.
→ **fast-food** (féstfúdi) [Ingl.] *sf.* **1.** Alimento preparado e servido de modo rápido, que pode ser consumido no local ou não. **2.** Estabelecimento que serve esse tipo de alimento.
fas.ti.di.o.so (ô) [Lat. *fastidiosu*.◾37] *adj.* Que dá fastio; tedioso. [Pl.: *-osos* (ó).]
fas.ti:o [Lat. *fastidiu*.] *sm.* **1.** Falta de apetite. **2.** Tédio.
fas.tos *smpl.* Registros públicos de fatos ou obras memoráveis.
fas.tu.o.so (ô) [Lat. *fastuosu*.◾37] *adj.* Pomposo, luxuoso, faustoso. [Pl.: *-osos* (ó).]
fa.tal [Lat. *fatale*.◾39] *adj2g.* **1.** Determinado pelo fado (1). **2.** Que tem de ser; inevitável. **3.** Funesto, nefasto. [Pl.: *-tais*.]
fa.ta.li.da.de [Lat. *fatalitate*.◾14] *sf.* **1.** Qualidade de fatal. **2.** Destino, fado. **3.** Acontecimento funesto.
fa.ta.lis.mo [*Fatal*.◾11] *sm. Filos.* Doutrina ou atitude segundo a qual o curso da vida humana está previamente fixado. § **fa.ta.lis.ta** *adj2g. s2g.*
fa.ti.a [Do *ár.*] *sf.* **1.** Pedaço fino e chato de pão, queijo, frutas, etc.; naco, talhada. **2.** Cada um dos pedaços que se cortam de bolo, torta, etc.
fa.ti.ar [*Fatia*.◾1A] *vtd.* Cortar em fatias. [C.: 1]
fa.tí.di.co [Lat. *fatidicu*.◾35B] *adj.* Sinistro; trágico.
fa.ti.gar [Lat. *fatigare*.◾1A] *vtd. e p.* **1.** Cansar(-se). **2.** Aborrecer(-se), enfadar(-se). [C.: 1C] § **fa.ti.ga.do** *adj.*; **fa.ti.gan.te** *adj2g.*
fa.ti.o.ta *sf.* V. **farpela**.
fa.to¹ [Lat. *factu*.] *sm.* **1.** Coisa ou ação feita; sucesso, caso, feito. **2.** Aquilo que realmente existe, que é real. ◆ **De fato**. **1.** Com efeito; efetivamente. **2.** Realmente.
fa.to² [Gót. **fat*, poss.] *sm.* **1.** Roupa, vestuário. **2.** Rebanho pequeno, esp. de cabras.

fator | fazer

fa.tor (ó) [Lat. *factore*.] *sm.* **1.** Aquele que faz ou executa algo. **2.** Aquilo que contribui para um resultado. **3.** *Mat.* Cada um dos números (ou outras entidades matemáticas) que entram numa multiplicação. **4.** *Mat.* Cada um dos divisores de um número, os quais, quando multiplicados, têm como produto esse número. ♦ **Fator de produção.** *Econ.* Insumo (1).

fa.to.rar [*Fator*.▪1A] *vtd. Mat.* Decompor (um número) em todos os seus fatores. [C.: 2 (ó)] § fa.to.ra.ção *sf.*

fá.tu:o [Lat. *fatuu*.] *adj.* **1.** Muito tolo. **2.** Vaidoso, presunçoso. **3.** V. *transitório.* § fa.tu:i.da.de *sf.*

fa.tu.ra [Lat. *factura*.] *sf.* **1.** Ato, efeito, modo de fazer; feitura. **2.** Relação especificada que acompanha remessa de mercadorias expedidas.

fa.tu.rar [*Fatura*.▪1A] *vtd.* **1.** Fazer a fatura (2) de (mercadoria vendida). **2.** Incluir em fatura (2) (uma mercadoria). *int.* **3.** *Bras. Pop.* Ganhar muito dinheiro. [C.: 1] § fa.tu.ra.men.to *sm.*

fau.ce [Lat. *fauce*.] *sf. Anat.* Porção do sistema digestório em que se dá a passagem da boca para a faringe.

fau.na [Lat.cient. *fauna*.] *sf.* Conjunto dos animais próprios duma região ou dum período geológico.

fau.no [Mit. lat. *Faunus*.] *sm.* Divindade mitológica campestre, cabeluda, com pés de cabra e cornos.

faus.to[1] [Lat. *faustus*.] *adj.* Feliz; venturoso; próspero.

faus.to[2] [Alter. do lat. *fastus*.] *sm.* V. *pompa* (2).

faus.to.so (ô) [*Fausto*[2].▪37] *adj.* V. *fastuoso.* [Pl.: -tosos (ó).]

fa.va [Lat. *faba*.] *sf. Bot.* **1.** Planta fabácea, hortense, medicinal, cujo fruto é uma vagem viscosa, com sementes comestíveis. **2.** Qualquer vagem. ♦ **Mandar às favas.** 1. Destratar (alguém que importuna). 2. Demonstrar pouco apreço por algo.

fa.vei.ra [*Fava*.▪16] *sf. Bras.* Nome comum a várias trepadeiras fabáceas, cujos frutos são vagens com várias sementes.

fa.ve.la [Top. (*Morro da*) *Favela* (RJ).] *sf. Bras.* Conjunto de habitações populares, em geral toscamente construídas e usualmente deficientes de infraestrutura.

fa.ve.la.do [*Favela*.▪17B] *sm. adj. Bras.* Morador de favela.

fa.vo [Lat. *favu*.] *sm.* Alvéolo(s) onde as abelhas depositam o mel.

fa.vô.ni:o [Lat. *favoniu*.] *sm.* **1.** Vento brando do poente. **2.** Vento propício.

fa.vor (ô) [Lat. *favore*.] *sm.* **1.** Mercê, graça; obséquio. **2.** V. *benefício* (1).

fa.vo.rá.vel [Lat. *favorabile*.▪41] *adj2g.* **1.** Que favorece; propício. **2.** Que é em favor de algo ou de alguém. [Pl.: -veis.]

fa.vo.re.cer [*Favor*.▪1P] *vtd.* **1.** Ser em favor de (alguém); beneficiar. **2.** Proteger com parcialidade. **3.** Realçar o mérito de. *tdi.* **4.** Dotar, beneficiar. *p.* **5.** Valer-se. [C.: 2A (ê-é)] § fa.vo.re.ci.men.to *sm.*

fa.vo.ri.tis.mo [*Favorito*.▪11] *sm.* Preferência dada a favorito.

fa.vo.ri.to [It. *favorito*.] *adj.* **1.** Amado com preferência. **2.** A que se dá preferência; preferido, predileto. ● *sm.* **3.** Aquele que é o predileto.

fax (cs) [Do ingl.] *sm2n.* **1.** Equipamento que reproduz documentos à distância, através de linha telefônica. **2.** Documento transmitido pelo *fax.*

fa.xi.na [It. *fascina*.] *sf.* **1.** Feixe de ramos, ou de paus curtos, com que se entopem fossos, nas campanhas militares. **2.** Serviço de limpeza de rancho nas casernas. **3.** Limpeza geral.

fa.xi.nar [*Faxina*.▪1A] *vtd. e int.* Fazer faxina (3) (em). [C.: 1]

fa.xi.nei.ro [*Faxina*.▪25] *sm.* **1.** Aquele que nos quartéis tem serviço de faxina (2 e 3). **2.** Encarregado de faxina (3).

→ **fax-modem** (facsmôdem) [Ingl.] *sm. Inform.* Dispositivo para computadores, que combina as funções do *modem* convencional e as de envio e recepção de fax.

fa.zen.da [Lat.vulg. *facenda*.] *sf.* **1.** Conjunto de bens; haveres. **2.** Propriedade rural, de lavoura ou de criação de gado. **3.** Pano, tecido. **4.** As finanças públicas.

fa.zen.dá.ri:o [*Fazenda*.▪24] *adj.* Relativo a fazenda (4).

fa.zen.dei.ro [*Fazenda*.▪25] *sm.* Dono de fazenda (2).

fa.zer [Lat. *facere*.▪1B] *vtd.* **1.** Dar existência ou forma a; criar. **2.** Construir (prédios, estradas, etc.). **3.** Fabricar; manufaturar. **4.** Produzir intelectualmente. **5.** Executar, realizar (uma ação física ou movimento). **6.** Pintar, esculpir, gravar, talhar, etc. (obra de arte). **7.** Preparar, cozinhando. **8.** Pôr em ordem: *Fez a cama ao levantar-se.* **9.** Aparar, cortar, etc. ou mandar que o façam: *Fez barba e bigode.* **10.** Dar origem a; produzir: *fazer barulho.* **11.** Levar a efeito; realizar: *fazer um pagamento.* **12.** *Restr.* Proferir (discurso, promessa, votos, etc.). **13.** Conceber; imaginar. **14.** Cursar: *Fez química.* **15.** Formar: *Fizeram uma longa fila.* **16.** Obter (um resultado) por esforço, competência ou sorte. **17.** *Pop.* Excretar. **18.** Trabalhar em: *Ele faz carretos.* **19.** Ir às compras em (feira, supermercado, etc.). **20.** Representar o papel de: *Ele fez Hamlet na escola.* **21.** Percorrer: *Ao meio-dia já fizera um longo trecho da estrada.* **22.** Conquistar: *Queria fazer novos amigos.* **23.** Submeter-se a ações e processos que permitam a realização de (exame). **24.** Ser a causa, a razão ou o motivo de: *O terremoto fez a cidade tremer.* [Neste caso é seguido de outro verbo no infinitivo.]★ *Impess.* **25.** Ter decorrido (período de tempo); haver: *Faz 2 anos que ele nasceu.* **26.** Ocorrer (estado atmosférico); haver: *Faz frio. Faz sol. tdi.* **27.** Prestar (favor, obséquio) a alguém. **28.** Transformar, converter: *fazer* *do vestido saia.* **29.** Fazer (16): *Fez 58 pontos na prova.* **30.** Causar, ocasionar. *transobj.* **31.** Tornar: *Os problemas fizeram brancos os seus cabelos. ti.* **32.** Esforçar-se: *Faça por ser um bom aluno. int.* **33.** Proceder, portar-se. *p.* **34.** Tornar-se, transformar-se. **35.** Fingir-se: *fazer-se de bobo.* [C.: 18]

faz-tu.do *sm2n.* Pessoa que se ocupa em múltiplos misteres.

■ **Fe** *Quím.* Símb. de *ferro*.

fé [Lat. *fide*.] *sf.* **1.** Crença religiosa ou em valores espirituais. **2.** Conjunto de dogmas e doutrinas que constituem um culto. **3.** *Rel.* A primeira das virtudes teologais: adesão e anuência pessoal a Deus e aos seus desígnios. **4.** Firmeza na execução duma promessa ou compromisso. **5.** Crença, confiança. **6.** Testemunho autêntico, escrito, de certos funcionários, que tem força em juízo.

fe:al.da.de [Lat. **foedalitate*.▣ 14] *sf.* Qualidade de feio; feiura.

■ **FEB** Sigla de *Força Expedicionária Brasileira*.

fe.bre [Lat. *febre*.] *sf.* **1.** *Med.* Elevação da temperatura corporal em virtude de doença; hipertermia, pirexia. **2.** *Fig.* Exaltação do espírito. ◆ **Febre aftosa.** *Med.* Doença virótica, muito contagiosa, que incide em animais selvagens e domésticos, esp. ruminantes e porcos, e, eventualmente, no homem. **Febre amarela.** *Med.* Virose, endêmica e epidêmica, transmitida ao homem por mosquito, que a adquire ou do próprio homem (febre amarela urbana) ou de animal (febre amarela silvestre).

fe.bri.ci.tan.te [Lat. *febricitante*.▣ 21] *adj2g.* Febril (1 e 3).

fe.brí.cu.la [Lat. *febricula*.] *sf. Med.* Febre de pouca intensidade.

fe.brí.fu.go [*Febr*(i)- + -*fugo*².] *adj. sm. Med.* Que, ou medicamento que combate a febre; antifebril, antipirético.

fe.bril [Lat. *febrile*.] *adj2g.* **1.** Em estado de febre; febricitante. **2.** Relativo a febre; pirético. **3.** Exaltado; febricitante. [Pl.: *-bris*.]

fe.cal [Fr. *fécal*.▣ 39] *adj2g.* Referente a fezes, ou constituído delas. [Pl.: *-cais*.]

fe.cha.do [*Fechar*.▣ 17A] *adj.* **1.** Que não está aberto; cerrado. **2.** Que fala ou expressa pouco (ou nada) sobre si. **3.** Que expressa tristeza, ou seriedade, etc. **4.** Denso, compacto, cerrado: *mata fechada.* **5.** Diz-se de tempo escuro, nublado, chuvoso. **6.** Diz-se de curva que faz ângulo agudo (com mudança brusca e acentuada de direção).

fe.cha.du.ra [*Fechar*.▣ 5A] *sf.* Peça metálica que, por meio de lingueta(s) e com o auxílio de chave, fecha porta, gaveta, etc.

fe.cha.men.to [*Fechar*.▣ 3] *sm.* **1.** Ato ou efeito de fechar(-se). **2.** Realização de um negócio.

fe.char [*Fecho* (ê).▣ 1A] *vtd.* **1.** Pôr algo em posição de obstruir a entrada, a abertura, de; cerrar. **2.** *Restr.* Unir as partes separadas de (porta, janela, etc.), para cerrá-las, ou mover porta, tampa, etc. de (edificação, veículo, móvel, objeto, etc.), para impedir o acesso ao seu interior. **3.** Unir as partes separadas de: *fechar os olhos.* **4.** Tapar a abertura de. **5.** Impedir o acesso a, ou o trânsito em; obstruir. **6.** Interromper o funcionamento de: *fechar uma escola.* **7.** Concretizar (um negócio). **8.** Cicatrizar (ferida) **9.** *Inform.* Encerrar sessão de uso de (arquivo, programa, etc.). **10.** *Bras. Pop.* Cortar (15). *int.* **11.** Terminar, findar. **12.** Encerrar o expediente. **13.** Deixar de funcionar. **14.** Cicatrizar-se (ferida). **15.** Passar (o sinal de trânsito, quando verde ou amarelo) a vermelho, que indica parada obrigatória. *p.* **16.** Unir-se (as partes separadas de alguma coisa); cerrar-se. **17.** Meter-se em recinto fechado. **18.** Dar por encerrado (expediente, negócio, etc.). [C.: 1 (ê)]

fe.cho (ê) [V.E] *sm.* **1.** Aldrava ou ferrolho de porta. **2.** Qualquer peça com que se fecha um objeto. **3.** Ponto onde se unem e fecham 2 partes duma coisa. **4.** Remate, acabamento. ◆ **Fecho ecler.** Fecho (2) us. em roupas, bolsas, etc., dotado de dentes que engranzam para abrir e fechar; zíper.

fé.cu.la [Lat. *faecula*.] *sf.* Substância farinácea extraída de tubérculos e raízes, us. como alimento.

fe.cu.len.to [Lat. *faeculentu*.▣ 27] *adj.* Que tem fécula.

fe.cun.da.ção [*Fecundar*.▣ 2A] *sf.* **1.** Ato ou efeito de fecundar. **2.** *Biol.* Forma de reprodução sexuada: união do gameta masculino com o feminino, formando o zigoto. [Sin.: *fertilização*.] [Pl.: -*ções*.]

fe.cun.dar [Lat. *fecundare*.▣ 1A] *vtd.* **1.** Transmitir a (um germe) causa imediata do seu desenvolvimento. **2.** Fertilizar. **3.** Tornar capaz de conceber ou gerar. *int. p.* **4.** Tornar-se fecundo. **5.** Conceber. [C.: 1] § **fe.cun.dan.te** *adj2g.*

fe.cun.do [Lat. *fecundu*.] *adj.* **1.** Capaz de produzir ou de reproduzir(-se); fértil, produtivo. **2.** Criador. § **fe.cun.di.da.de** *sf.*

fe.de.go.so (ô) *sm. Bot.* Nome comum a vários arbustos e arvoretas das leguminosas com propriedades medicinais. [Pl.: *-gosos* (ó).]

fe.de.lho (ê) [Lat. **feticulu*, ou de *feder*, poss.] *sm.* **1.** Criança de pouca idade. **2.** Criançola.

fe.den.ti.na *sf.* Grande fedor.

fe.der [Lat. *foetere*.▣ 1B] *v.int.* **1.** Exalar mau cheiro. **2.** *Fig.* Causar má impressão. *ti.* **3.** *Fig.* Causar aborrecimento. **4.** Feder (1). [C.: 2 (ê-é)]

fe.de.ra.ção [Lat. *foederatione*.▣ 2A] *sf.* **1.** União política entre estados, sob um governo central. **2.** União de clubes, empresas, sindicatos, etc. **3.** Associação, aliança. [Pl.: *-ções*.]

fe.de.ral [Lat. *foederale*.▣ 39] *adj2g.* Relativo a federação. [Pl.: *-rais*.]

fe.de.ra.lis.mo [*Federal*.▣ 11] *sm.* Forma de governo pelo qual vários estados se reúnem numa só nação, sem perda de sua autonomia fora dos negócios de interesse comum.

federalizar | feminilidade

fe.de.ra.li.zar [*Federal*.◘1D] *vtd. e p.* Tornar(-se) federal. [C.:1]

fe.de.rar [Lat. *foederare*.◘1A] *vtd. e p.* Reunir(-se) em federação. [C.:1 (é)]

fe.de.ra.ti.vo [*Federar*.◘22A] *adj.* De, ou relativo a uma federação.

fe.dor (ô) [Lat. *foetore*.] *sm.* Mau cheiro; cheiro repelente ou nauseabundo; fetidez.

fe.do.ren.to [*Fedor*.◘27] *adj.* Que exala fedor; fétido.

fe.é.ri.co [Fr. *féerique*.◘35B] *adj.* 1. Do mundo das fadas; mágico. 2. Maravilhoso, deslumbrante.

fei.ção [Lat. *factione*.◘2] *sf.* 1. Forma, aspecto. 2. Jeito, modo. 3. Indole, caráter. [Pl.: *-ções*.]

fei.ções *sfpl.* Delineamento do rosto humano; rosto, semblante.

fei.jão [Lat. *phaseolonu.] *sm.* 1. Semente de feijoeiro. 2. Feijoeiro. 3. O feijão cozido. 4. *P.ext.* Alimento. [Pl.: *-jões*.]

fei.jão-fra.di.nho *sm. Bot.* 1. Planta fabácea de flores violáceas cujo fruto é vagem fina com sementes comestíveis. 2. A semente dessa planta. [Pl.: *feijões-fradinho(s)*.]

fei.jo.a.da [*Feijão* (-*jo*-).◘4] *sf.* 1. Qualquer prato preparado com feijão. 2. *Bras.* Prato típico nacional, preparado com feijão, ger. preto, toucinho, carne-seca, porco (2) salgado, etc., e, no N. e N.E., tb. com verduras cozidas.

fei.jo.al [*Feijão* (-*jo*-).◘39] *sm.* Plantação de feijão. [Pl.: *-ais*.]

fei.jo.ei.ro [*Feijão* (-*jo*-).◘25] *sm. Bot.* Nome comum a trepadeiras fabáceas de sementes comestíveis, o feijão.

fei.o [Lat. *foedu*.] *adj.* 1. De aspecto desagradável. 2. Indecoroso; vil. 3. Diz-se do tempo mau, chuvoso, etc. ● *sm.* 4. Coisa ou pessoa feia.

fei.o.so [*Feio*.◘37] *adj.* Um tanto feio. [Pl.: *-osos* (ó).]

fei.ra [Lat. *feria*.] *sf.* 1. Lugar público, não raro descoberto, onde se expõem e vendem mercadorias. 2. Exposição (2). 3. Palavra que entra na composição dos nomes dos dias da semana, menos o sábado e o domingo.

fei.ran.te [*Feirar*.◘21] *s2g.* Pessoa que vende em feira.

fei.ta [*Feito*¹.] *sf.* 1. Obra; ação. 2. Ocasião, vez.

fei.ti.ça.ri.a [*Feitiço*.◘15] *sf.* Ação maléfica, própria de feiticeiro ou feiticeira; bruxaria, feitiço, mandinga, sortilégio, canjerê, trabalho.

fei.ti.cei.ro [*Feitiço*.◘25] *sm.* Aquele que faz feitiçaria; bruxo.

fei.ti.ço [Lat. *facticiu*, ou de *feito* + -*iço*.] *sm.* 1. V. *feitiçaria*. 2. *Fig.* Encanto, fascinação.

fei.ti.o [*Feito*².◘34A] *sm.* 1. Forma, figura, feição. 2. Modo, jeito. 3. V. *temperamento* (2).

fei.to¹ [Lat. *factu* (sm.).] *sm.* 1. V. *fato*¹ (1). 2. Ato (1). 3. V. *façanha* (1).

fei.to² [Lat. *factu* (adj.).] *adj.* 1. V. *afeito*. 2. Adulto, crescido. 3. Decidido, resolvido. 4. Constituído, formado. 5. Pronto para ser usado ou consumido.

fei.tor (ô) [Lat. *factore*.] *sm.* 1. Administrador de bens alheios. 2. Capataz.

fei.to.ri.a [*Feitor*.◘8A] *sf.* 1. Administração de feitor. 2. *Bras.* No período colonial, posto de troca com os indígenas, mormente de pau-brasil.

fei.tu.ra [Lat. *factura*.◘5] *sf.* Fatura (1).

fei.u.ra [*Feio*.◘5] *sf.* Fealdade.

fei.xe [Lat. *fasce*.] *sm.* 1. Molho, braçada. 2. Grande porção de qualquer coisa.

fel [Lat. *felle*.] *sm.* 1. *Pop.* Bílis (1). 2. Coisa muito amarga. [Pl.: *féis* e *feles*.]

fe.lá [Do ár.] *sm.* Camponês, lavrador, esp. do Egito.

felds.pa.to [Al. *Feldspath*.] *sm. Min.* Nome comum a vários minerais componentes de rochas eruptivas.

fe.li.ci.da.de [Lat. *felicitate*.◘14] *sf.* 1. Qualidade ou estado de feliz. 2. Bom êxito; sucesso.

fe.li.ci.da.des *sfpl.* Congratulações.

fe.li.ci.tar [Lat. *felicitare*.◘1A] *vtd.* 1. Tornar feliz. 2. Dirigir parabéns ou cumprimentos a; congratular, cumprimentar. *tdi.* 3. Felicitar (2). *p.* 4. Congratular-se. [C.: 1] § fe.li.ci.ta.ção *sf.*

fe.lí.de:o [Tax. *Felidae*.] *adj. sm. Zool.* Diz-se de, ou espécime dos felídeos, família de mamíferos carnívoros de garras afiadas e retráteis; abrange os leões, onças, tigres e gatos em geral.

fe.li.no [Lat. *felinu*.] *adj.* Do gato ou semelhante a ele.

fe.liz [Lat. *felice*.] *adj2g.* 1. Que goza de satisfação, sorte, ventura; afortunado. 2. Intimamente contente, alegre. 3. Que teve ou tem bom resultado; bem-sucedido. 4. Favorecido pela sorte; afortunado. 5. Que proporciona, traz ou transmite felicidade.

fe.li.zar.do [*Feliz* + -*ardo*.] *sm.* Indivíduo que julgamos estar muito feliz por ter ganho herança, prêmio, etc.

fe.liz.men.te [*Feliz*.◘42] *adv.* 1. De modo feliz: *Vivem felizmente.* 2. Por felicidade: *Felizmente sobreviveu ao acidente.*

fe.lo.ni.a [Fr. *félonie*.◘8A] *sf.* 1. Rebelião de vassalo contra o senhor. 2. Traição, perfídia.

fel.pa (ê) [V.C] *sf.* 1. Pelo saliente nos tecidos; felpo. 2. Penugem de animais. 3. Lanugem de certas folhas ou frutos. 4. Farpa (2).

fel.po (ê) *sm.* Felpa (1).

fel.pu.do [*Felpa* + -*udo*.] *adj.* Que tem muita felpa.

fel.tro (ê) [It. *feltro*.] *sm.* Espécie de estofo, de lã ou de pelo, produzido por empastamento.

■ **f.e.m.** *Eletr.* Abrev. de *força eletromotriz.*

fê.me:a [Lat. *femina*.] *sf.* 1. Qualquer animal do sexo feminino. 2. Mulher (1). 3. Peça dobradiça ou com orifício próprio, de colchete, etc., que encaixa em outra, o macho.

fê.me:o [Lat. *feminu*.] *adj.* Que não é macho: *quati fêmeo.*

fe.mi.nil [Lat. *feminile*.] *adj2g.* Próprio de mulher; feminino. [Pl.: *-nis*.]

fe.mi.ni.li.da.de [*Feminil*.◘14] *sf.* Qualidade, caráter, modo de ser ou viver próprio da mulher.

fe.mi.ni.no [Lat. *femininu*.] *adj.* **1.** Relativo ao sexo caracterizado pelo ovário, nos animais e nas plantas. **2.** Feminil. **3.** *E.Ling.* Diz-se do gênero de palavras que, pela terminação e concordância, designam seres femininos, ou que são considerados como tal. ● *sm.* **4.** O gênero feminino.

fe.mi.nis.mo [Fr. *féminisme*.◘11] *sm.* Movimento favorável à equiparação dos direitos civis e políticos da mulher aos do homem. § **fe.mi.nis.ta** *adj2g. s2g.*

fe.mi.ni.zar [Lat. *femina*, 'fêmea', + *-izar*.◘1D] *vtd.* **1.** Dar caráter ou feição feminina a. *p.* **2.** Adquirir modos femininos. [C.: 1]

fe.mo.ral [Lat. *femur, femoris*, + *-al*¹.◘39] *adj2g.* De fêmur ou de coxa, ou relativo a um ou a outro. [Pl.: *-rais*.]

fê.mur [Lat. *femur*.] *sm. Anat.* Osso único da coxa. [Pl.: *fêmures*.]

fen.da [Dev. de *fender*.] *sf.* **1.** Abertura numa superfície, ou em objeto fendido ou rachado. **2.** Qualquer abertura estreita. [Sin.ger.: *frincha, greta*.]

fen.der [Lat. *findere*.◘1B] *vtd.* **1.** Fazer fenda (2) em. **2.** Separar no sentido do comprimento. **3.** Navegar por; sulcar. **4.** Atravessar, cruzar. *int. e p.* **5.** Abrir-se em fenda (2); rachar-se. [C.: 2] § **fen.di.men.to** *sm.*

fe.ne.cer [V. D] *v.int.* **1.** Terminar. **2.** V. *morrer* (1). **3.** Murchar (planta, flor). [C.: 2A (ê-é)]

fe.ní.ci.o [Lat. *phoeniciu*.] *adj.* **1.** Da Fenícia (Ásia antiga). ● *sm.* **2.** O natural ou habitante da Fenícia.

fe.ni.cop.te.rí.de.o [Tax. *Phoenicopteridae*.] *adj. sm. Zool.* Diz-se de, ou família de aves ciconiiformes que vivem junto a áreas alagadas, procurando alimento na lama. São os flamingos.

fê.nix (s) [Lat. *phoenix*.] *sf2n.* Ave mitológica que, segundo a tradição egípcia, após viver por séculos, deixava-se queimar, para renascer das cinzas, revigorada.

fe.no [Lat. *fenu*.] *sm.* Erva ceifada e seca, para alimento de animais.

fe.nol [*Fen*(o)- + *-ol*².] *sm. Quím.* Substância sólida, de cheiro característico, encontrada no alcatrão [fórm.: C₆H₅OH]. [Pl.: *-nóis*.]

fe.nolf.ta.le.í.na [*Fenol* + *ftaleína*.] *sf. Quím.* Substância orgânica, cristalina, us. como indicador e, em medicina, como laxante.

fe.no.me.nal [*Fenômeno*.◘39] *adj2g.* Que tem caráter de fenômeno; raro, assombroso, espantoso. [Pl.: *-nais*.]

fe.nô.me.no [Lat. *phaenomenon*.] *sm.* **1.** Qualquer modificação operada nos corpos por agentes físicos ou químicos. **2.** Tudo quanto é percebido pelos sentidos ou pela consciência. **3.** Fato de natureza moral ou social. **4.** Tudo o que se observa de extraordinário no ar ou no céu. **5.** O que é raro e surpreendente. **6.** Pessoa ou objeto com algo anormal ou extraordinário.

fe.nó.ti.po [*Fen*(o)- + *-tipo*.] *sm. Biol.* Característica de um indivíduo (2), determinada pelo seu genótipo e pelas condições ambientais. § **fe.no.tí.pi.co** *adj.*

fe.ó.fi.to [Tax. *Phaeophyta*.] *adj. sm. Bot.* Diz-se de, ou espécime dos feófitos, divisão de algas pluricelulares de cor parda ou esverdeada, das águas frias do hemisfério norte.

fe.ra [Lat. *fera*.] *sf.* **1.** Animal bravio e carnívoro. **2.** Pessoa muito cruel.

fe.raz [Lat. *ferace*.] *adj2g.* De grande força produtiva; fértil, fecundo. [Superl.: *feracíssimo*.] § **fe.ra.ci.da.de** *sf.*

fé.re.tro [Lat. *feretru*.] *sm.* V. *caixão* (2).

fe.re.za (ê) [*Fero*.◘12] *sf.* Ferocidade.

fé.ri.a [Lat. *feria*.] *sf.* **1.** Dia semanal. **2.** Salário de trabalhador. **3.** Soma dos salários da semana. **4.** Em casa comercial, a quantia apurada mediante vendas.

fe.ri.a.do [Lat. *feriatu*.◘12] *adj. sm.* Diz-se de, ou dia de férias.

fé.ri.as [Lat. *ferias*.] *sfpl.* **1.** Dias em que se suspendem os trabalhos oficiais (datas patrióticas e dias santificados). **2.** Certo número de dias seguidos para descanso de empregados, estudantes, etc.

fe.ri.da [F.subst. de *ferido*.] *sf.* **1.** Lesão corporal causada por trauma. **2.** Ulceração, chaga. [Sin. ger.: *ferimento*.]

fe.ri.men.to [*Ferir*.◘3] *sm.* **1.** Ato ou efeito de ferir(-se). **2.** V. *ferida*.

fe.ri.no [Lat. *ferinu*.◘30] *adj.* **1.** Semelhante a fera. **2.** Próprio de fera; feroz. **3.** Cruel, desumano. **4.** Muito irônico ou extremamente sarcástico.

fe.rir [Lat. *ferire*.◘1C] *vtd.* **1.** Fazer ferida(s) em. **2.** Cortar, lancetar. **3.** Tocar, tanger. **4.** Ofender. **5.** Causar impressão em (olhos, orelhas). **6.** Prejudicar ou contrariar (interesses, princípios, etc.). **7.** Atritar: *ferir a pedra*. *p.* **8.** Sofrer ferimento(s). **9.** Produzir ferimento(s) em si mesmo. **10.** Melindrar-se. [C.: 48] § **fe.ri.do** *adj. sm.*

fer.men.ta.ção [Lat. *fermentatione*.◘2A] *sf.* **1.** Transformação química provocada por fermento vivo ou por princípio extraído de fermento. **2.** Efervescência gasosa oriunda dessa transformação. **3.** *Fig.* Efervescência, agitação. [Pl.: *-ções*.]

fer.men.tar [Lat. *fermentare*.◘1A] *vtd.* **1.** Produzir fermentação em. **2.** *Fig.* Agitar, excitar. *int.* **3.** Decompor-se pela fermentação. **4.** Agitar-se. [C.: 1]

fer.men.to [Lat. *fermentu*.] *sm.* **1.** *Quím. Desus.* Microrganismo que produz fermentação; enzima. **2.** Massa de farinha que azedou e que, misturada a outra massa de pão, a fermenta. [Sin.ger.: *levedura*.]

fér.mi.o [Antr. *Fermi*.◘34B] *sm. Quím.* V. *actinídeos* [símb.: *Fm*].

fer.nan.do-no.ro.nhen.se [◘38] *adj2g.* **1.** De Fernando de Noronha, ilha que integra o

Estado de Pernambuco. • *s2g.* **2.** O natural ou habitante de Fernando de Noronha. [Pl.: *fernando-noronhenses.*]

fe.ro [Lat. *feru.*] *adj.* **1.** V. *feroz.* **2.** Encarniçado, cruento. **3.** Intimidador, amedrontador.

fe.ro.ci.da.de [Lat. *ferocitate.* ◨14] *sf.* Qualidade de feroz; fereza.

fe.ro.mô.ni:o ou **fe.ror.mô.ni:o** *sm. Quím.* Substância segregada por inseto, etc., que serve de meio de comunicação entre membros da espécie ou de atrativo sexual.

fe.roz [Lat. *feroce.*] *adj2g.* **1.** De índole ou natureza de fera; bravio. **2.** Perverso, cruel. **3.** Violento, impetuoso. [Sin.ger.: *fero.*]

fer.ra [Dev. de *ferrar.*] *sf.* **1.** Ato ou efeito de ferrar (3). **2.** *Bras.* Época durante a qual se ferra o gado.

fer.ra.brás [Fr. *fier-à-bras.*] *adj2g. s2g.* V. *fanfarrão.* [Pl.: *ferrabrases.*]

fer.ra.dor (ô) [*Ferrar.* ◨19A] *sm.* Indivíduo cuja profissão é ferrar cavalgaduras, etc.

fer.ra.du.ra [*Ferrar.* ◨5A] *sf.* Peça de ferro que se aplica na parte inferior da pata de uma cavalgadura.

fer.ra.du.ra-do-mar *sf. Zool.* Animal equinodermo, equinoide, dotado de proteção calcária discoide. [Pl.: *ferraduras-do-mar.*]

fer.ra.gei.ro [*Ferragem.* ◨25] *sm.* Negociante de ferragens ou de ferro; ferreiro.

fer.ra.gem [*Ferro.* ◨6] *sf.* **1.** Conjunto ou porção de peças de ferro necessárias para edificação, artefatos, etc. **2.** Guarnição de ferro. [Pl.: *-gens.*]

fer.ra.men.ta [Lat. *ferramenta.*] *sf.* **1.** Utensílio de ferro de trabalhador. **2.** Utensílio(s) duma arte ou ofício.

fer.ra.men.tei.ro [*Ferramenta.* ◨25] *sm.* Mecânico especializado na confecção de ferramentas e moldes.

fer.rão [*Ferro.* ◨28A] *sm.* **1.** Aguilhão (1). **2.** *Zool.* Órgão em forma de aguilhão que constitui a defesa de certos animais, como, p. ex., o marimbondo e a raia. [Pl.: *-rões.*]

fer.rar [*Ferro.* ◨1A] *vtd.* **1.** Guarnecer de ferro. **2.** Pôr ferraduras em (cavalgadura). **3.** Marcar com ferro em brasa (boi, cavalo, etc.). **4.** Colher (vela¹). **5.** *Bras. Pop.* Prejudicar. *tdi.* **6.** Dar, aplicar. **7.** Cravar, enterrar. *int.* **8.** *Bras.* Marcar o animal com ferro em brasa. *p.* **9.** Entranhar-se, cravar-se. **10.** *Bras. Gír.* Sair-se mal. [C.: 1 (é)] § **fer.ra.do** *adj.*

fer.ra.ri.a [*Ferro.* ◨15] *sf.* **1.** Fábrica de ferragens. **2.** Loja ou oficina de ferreiros.

fer.rei.ro [*Ferro.* ◨25] *sm.* **1.** Artífice que trabalha em ferro. **2.** Ferrageiro.

fer.re.nho [*Ferro* + *-enho.*] *adj.* **1.** Duro, inflexível; férreo. **2.** Que não cede; obstinado.

fér.re:o [Lat. *ferreu.*] *adj.* **1.** De ferro. **2.** Ferrífero. **3.** Forte, resistente. **4.** V. *ferrenho* (1).

fer.re.te (ê) [*Ferro* + *-ete* (ê).] *sm.* **1.** Instrumento com que se marcavam escravos e criminosos, e com que se marca o gado. **2.** Sinal de ignomínia; estigma.

fer.re.te.ar [*Ferrete.* ◨1N] *vtd.* **1.** Marcar com ferrete. **2.** *Fig.* Afligir. [C.: 12A]

fer.rí.fe.ro [*Ferr(i)-* + *-fero.*] *adj.* Que contém ferro ou sais de ferro; férreo.

fer.ro [Lat. *ferru.*] *sm.* **1.** *Quím.* Elemento de número atômico 26, metálico, branco-acinzentado, duro, que forma ligas, como o aço, de aplicações importantes, e tem muitos empregos na indústria e na arte [símb.: *Fe*]. **2.** Instrumento feito de ferro, ou apenas a parte cortante e/ou perfurante desse instrumento. **3.** Utensílio doméstico de base achatada, ger. elétrico, e que, aquecido, é us. para alisar roupas. **4.** Ferramenta de certas artes ou ofícios.

fer.ro.a.da [*Ferroar.* ◨4] *sf.* **1.** Picada com ferrão. **2.** Pontada. **3.** Censura mordaz.

fer.ro.ar [*Ferrão* (-*ro*-). ◨1A] *vtd., tdi. e int.* Dar ferroadas. [C.: 1D]

fer.ro-gu.sa *sm.* O que se obtém diretamente do alto-forno. [Pl.: *ferros-gusa(s).*]

fer.ro.lho (ô) [Lat. *veruculu.*] *sm.* **1.** Tranca corrediça de ferro para fechar portas e janelas. **2.** *Fut.* Retranca (3). [Pl.: *-rolhos* (ô).]

fer.ro.mag.né.ti.co *adj. Fís.* Diz-se de substâncias que têm elevada permeabilidade magnética, que pode ser observada pela forte atração entre 2 corpos que a possuam.

fer.ro.mag.ne.tis.mo *sm. Fís.* Propriedade das substâncias ferromagnéticas.

fer.ro-ve.lho *sm.* **1.** Objeto, ger. metálico e deteriorado, que se põe de lado. **2.** Estabelecimento que negocia com ferro-velho (1); sucata. [Pl.: *ferros-velhos.*]

fer.ro.vi.a [It. *ferrovia.*] *sf.* Sistema de transporte sobre trilhos.

fer.ro.vi.á.ri:o [*Ferrovia.* ◨24] *adj.* **1.** De ferrovia, ou relativo a ela. **2.** Que se faz por ferrovia: *transporte ferroviário.* • *sm.* **3.** Empregado em ferrovia.

fer.ru.gem [Lat. *ferrugine.*] *sf.* Óxido que se forma à superfície do ferro exposto à umidade, ou sobre outros metais. [Pl.: *-gens.*]

fer.ru.gen.to [*Ferrugem.* ◨27] *adj.* Coberto de ferrugem.

fer.ru.gi.no.so (ô) [Lat. *ferruginosu.* ◨37] *adj.* **1.** Da natureza da ferrugem ou do ferro. **2.** Que contém ferro. [Pl.: *-nosos* (ó).]

fér.til [Lat. *fertile.*] *adj2g.* **1.** V. *fecundo* (1). **2.** Capaz de produzir com facilidade, de inventar, de criar. **3.** Muito fecundo (terra, terreno). [Pl.: *-teis.*]

fer.ti.li.da.de [Lat. *fertilitate.* ◨14] *sf.* **1.** Qualidade de fértil. **2.** *Fig.* Disposição para a fecundação.

fer.ti.li.za.ção [*Fertilizar.* ◨2A] *sf.* **1.** Ato ou efeito de fertilizar. **2.** *Biol.* União da célula sexual masculina com a célula sexual feminina. [Pl.: *-ções.*]

fer.ti.li.zan.te [*Fertilizar.* ◨21] *adj2g.* **1.** Que fertiliza. • *sm.* **2.** Adubo.

fer.ti.li.zar [*Fértil*.▫1D] *vtd., int. e p.* Tornar(-se) fértil ou produtivo. [C.: 1]

fé.ru.la [Lat. *ferula*.] *sf.* Palmatória.

fer.ve.doi.ro ou **fer.ve.dou.ro** [*Ferver*.▫26B] *sm.* 1. Movimento semelhante ao de um líquido a ferver. 2. Grande ajuntamento. 3. Grande agitação.

fer.ven.tar [*Ferv(er)* + *-entar*.] *vtd.* V. *afeventar*. [C.: 1]

fer.ven.te [Lat. *fervente*.▫21] *adj2g.* 1. Que ferve. 2. *Fig.* Que tem ímpeto e ardor; ardente, fervoroso.

fer.ver [Lat. *fervere*.▫1B] *vtd.* 1. Produzir ebulição (1) em. 2. Esterilizar em água fervente ou em outro líquido em ebulição. 3. Esterilizar em água fervendo. *ti.* 4. Exaltar-se: *ferver de raiva*. *int.* 5. Entrar em ebulição. 6. Animar-se; excitar-se. 7. Ser em grande número; pulular. [C.: 2 (ê-é)] § **fer.vi.do** *adj.*

fér.vi.do [Lat. *fervidu*.] *adj.* 1. Muito quente. 2. *Fig.* Caloroso, entusiástico. 3. Fervoroso.

fer.vi.lhar [*Ferver*.▫1K] *v.int.* 1. Ferver continuamente. 2. Achar-se ou ficar em estado de excitação. 3. Pulular. *ti.* 4. Fervilhar (3). [C.: 1]

fer.vor (ô) [Lat. *fervore*.] *sm.* 1. Ato de ferver, ou estado do que ferve. 2. Calor veemente. 3. Ardor, energia. 4. Dedicação, zelo.

fer.vo.ro.so (ô) [*Fervor*.▫37] *adj.* Cheio de fervor; férvido. [Pl.: *-rosos* (ó).]

fer.vu.ra [Lat. *fervura*.▫5] *sf.* Ato ou efeito de ferver; ebulição.

fes.ce.ni.no [Lat. *fescenninu*.] *adj.* Obsceno, licencioso.

fes.ta [Lat. *festa*.] *sf.* 1. Reunião alegre para fim de divertimento. 2. Solenidade, comemoração. 3. Festividade religiosa. 4. Regozijo, alegria.

fes.tan.ça *sf.* Festa muito animada.

fes.tão [It. *festone*.] *sm.* Ornato ger. em forma de arco de flores, folhagens, etc. [Pl.: *-tões*.]

fes.tas *sfpl.* 1. Carícias, agrados. 2. Presente, dádiva. 3. O dia de Natal e o ano-novo.

fes.tei.ro [*Festa*.▫25] *adj.* 1. Dado a festas. ● *sm.* 2. Aquele que patrocina festividade religiosa.

fes.te.jar [*Festa*.▫1E] *vtd.* 1. Fazer festa a, ou em honra de. 2. Comemorar; celebrar. 3. Fazer festas em. [C.: 1 (è)]

fes.te.jo (ê) [Dev. de *festejar*.] *sm.* 1. Ato ou efeito de festejar. 2. Festividade; solenidade.

fes.tim [Fr. *festin*.] *sm.* 1. Pequena festa. 2. Banquete. 3. Cartucho (2) sem projetil. [Pl.: *-tins*.]

fes.ti.val [Ingl. *festival*.] *sm.* 1. Grande festa. 2. Festa artística em que se exibem várias obras de competição. [Pl.: *-vais*.]

fes.ti.vi.da.de [Lat. *festivitate*.▫14] *sf.* Festa religiosa ou cívica; função.

fes.ti.vo [Lat. *festivu*.▫22] *adj.* 1. De festa. 2. Alegre, divertido.

fes.to.ar [*Festão (-to-)*.▫1A] *vtd.* Ornar com festões. [C.: 1D]

fe.ti.che [Fr. *fétiche*.] *sm.* Objeto animado ou inanimado, feito pelo homem ou produzido pela natureza, ao qual se atribui poder sobrenatural e se presta culto.

fe.ti.chis.mo [Fr. *fétichisme*.▫11] *sm.* 1. Culto de fetiches. 2. *Psiq.* Perversão sexual em que se atribui a um objeto ou a uma parte do corpo o poder de produzir orgasmo, ou de ajudar a produzi-lo. § **fe.ti.chis.ta** *adj2g. s2g.*

fé.ti.do [Lat. *foetidu*.] *adj.* Que fede; fedorento, nauseabundo. § **fe.ti.dez** *sf.*

fe.to¹ [Lat. *fetu* ou *foetu*.] *sm. Embr.* O produto da fecundação, em animal vivíparo, depois que apresenta a forma da espécie.

fe.to² [Lat. *filictu*.] *sm. Bot.* Nome comum a várias plantas filicíneas.

feu.dal [Lat.med. *feudale*.▫39] *adj2g.* Relativo a, ou próprio de feudo ou de feudalismo. [Pl.: *-dais*.]

feu.da.lis.mo [*Feudal*.▫11] *sm.* Regime feudal.

feu.da.tá.ri:o [Lat.med. *feudatariu*.] *adj.* 1. Feudal. 2. Que paga feudo. ● *sm.* 3. Indivíduo feudatário (2); vassalo.

feu.do [B.-lat. *feudu*.] *sm.* 1. Propriedade que o senhor de certos domínios concedia mediante a condição de vassalagem e prestação de serviços e rendas. 2. Direito ou dignidade feudal.

fe.ve.rei.ro [Lat. *februariu*.▫25] *sm.* O 2º mês do ano, com 28 ou (nos anos bissextos) 29 dias.

fez (ê) *sm.* Barrete us. por certos povos do Oriente Médio e da África. [Pl.: *fezes* (ê).]

fe.zes [Lat. *faeces*.] *sfpl.* 1. Borra (1). 2. Matérias fecais; excrementos. 3. Escórias metálicas.

fe.zi.nha [*Fé*.▫32C] *sf. Bras. Pop.* O ato de arriscar algum dinheiro no jogo. [Usa-se, ger., na loc. *fazer uma fezinha em*.] ◆ **Fazer uma fezinha em.** V. *fezinha*.

■ **FGTS** Sigla de *Fundo de Garantia do Tempo de Serviço*.

fi [Do gr.] *sm.* A 21ª letra do alfabeto grego (Φ, φ).

fi:a.ção [*Fiar*¹.▫2A] *sf.* 1. Ato ou efeito de fiar¹. 2. Local onde se fia. 3. O conjunto de fios de uma instalação elétrica. [Pl.: *-ções*.]

fi.a.da [*Fiar*¹.▫4] *sf.* 1. Conjunto de fios. 2. Enfiada (1): *uma fiada de peixes*. 3. Fileira de tijolos, etc., assentadas com argamassa.

fi.a.do [*Fiar*¹.▫17A] *adj.* 1. Vendido a crédito. ● *adv.* 2. A crédito: *vender, comprar fiado*.

fi:a.dor (ô) [*Fiar*².▫19A] *sm.* 1. Quem fia ou abona alguém, responsabilizando-se pelo cumprimento de obrigações do abonado. 2. Correia do freio (1).

fi.am.bre [Esp. *fiambre*.] *sm.* Carne, sobretudo presunto, preparada para se comer fria.

fi.an.ça [*Fiar*².▫9A] *sf.* 1. Ato de fiar² (1). 2. Quantia em que importa a caução (3).

fi:an.dei.ra [Alter. de *fiadeira*.] *sf.* 1. Mulher que se ocupa em fiar. 2. *Zool.* Cada um dos apêndices abdominais das aranhas, por onde saem os fios com que fazem a teia.

fi.a.po [*Fio*.] *sm.* Fio tênue.

fi.ar¹ [Lat. *filare*.▫1A] *vtd.* 1. Reduzir a fio (substância filamentosa). 2. Puxar à fieira. 3. *Fig.*

fiar² | figura

Maquinar (intrigas). *int.* **4.** Reduzir a fio qualquer matéria filamentosa. [C.: 1]

fi.ar² [Lat. **fidare.*◻1A] *vtd.* **1.** Ser o fiador de; afiançar. **2.** Esperar, confiar. **3.** Vender a crédito. *int.* **4.** Fiar² (3). *p.* **5.** Ter confiança; confiar. [C.: 1]

fi.as.co [It. *fiasco.*] *sm.* Malogro, fracasso.

fi.bra [Lat. *fibra.*] *sf.* **1.** Cada uma das estruturas alongadas que constituem tecidos animais e vegetais ou certas substâncias minerais. **2.** *Anat.* Formação (6) alongada, filiforme. **3.** Qualquer filamento ou fio. **4.** Energia, caráter. ◆ **Fibra de vidro.** Filamento de vidro que tem largo emprego na indústria. **Fibra óptica.** Filamento de material transparente, capaz de conduzir sinais ópticos, us. para confecção de cabos de telecomunicações.

fi.bri.la.ção [*Fibrila.*◻2A] *sf. Med.* Contração muscular involuntária e sem coordenação. [Pl.: *-ções.*]

fi.bri.no.gê.ni:o [*Fibrina* + *-o-* + *-gen(o)-* + *-io²*.] *sm. Bioquím.* Proteína presente no plasma com importante papel na coagulação do sangue.

fi.broi.de (ói) [*Fibra-* + *-oide.*] *adj2g. sm. Med.* Diz-se de, ou tumor que tem estrutura fibrosa, lembrando fibroma.

fi.bro.ma [*Fibra-* + *-oma¹*.] *sm. Med.* Tumor benigno formado, em grande parte, por tecido fibroso. § **fi.bro.ma.to.so** (ô) *adj.*

fi.bro.se [*Fibra* + *-ose¹*.] *sf. Med.* Formação de tecido fibroso.

fi.bro.so (ô) [*Fibra-* + *-oso.*◻37] *adj.* **1.** Que tem ou é composto de fibras. **2.** Semelhante a fibra. [Pl.: *-brosos* (ó).]

fi.bros.se.ro.so (ô) [*Fibra* + *-o-* + *seroso.*] *adj.* Que se compõe de elementos fibrosos e serosos. [Pl.: *-rosos* (ó).]

fi.bu.la [Lat. *fibula.*] *sf. Anat.* O osso mais externo e menor de cada perna. [Denom. ant.: *perônio.*]

fi.car [Lat.vulg. **figicare.*] *vtc.* **1.** Estacionar (em algum lugar); permanecer. **2.** Estar situado: *Brasília fica no Planalto Central.* **3.** Pernoitar: *Ficaram num hotel.* **4.** Ser adiado, transferido: *A festa ficou para domingo.* **5.** Permanecer por algum tempo. *ti.* **6.** Subsistir (1), como resto ou remanescente; restar, sobrar. **7.** Obrigar-se (a algo). **8.** Concordar. **9.** Caber por quinhão. **10.** Ficar sob a responsabilidade de. **11.** Custar. **12.** Obter ou deter a guarda de. **13.** Contrair (doença). **14.** Acertar; combinar: *Ficaram de sair.* **15.** *Bras. Gír.* Ficar (21). **16.** Comprar: *Ficou com o carro azul. pred.* **17.** Permanecer em certa situação, ou posição: *ficar imóvel.* **18.** Passar a ser ou a estar; tornar-se. *int.* **19.** Perdurar. **20.** Ficar (6). **21.** *Bras. Gír.* Trocar carinhos sem compromisso de namoro. *p.* **22.** Demorar-se. ★ **23.** É us. tb. como auxiliar, com a noção de 'passar a': *Ficou sabendo de tudo.* [C.: 1A]

fic.ção [Lat. *fictione.*] *sf.* **1.** Ato ou efeito de fingir. **2.** Coisa imaginária; fantasia, criação. **3.** *Fig.* Literatura de ficção. [Pl.: *-ções.*]

fic.ci.ô.ni.mo [*Ficção* (*-cion-*) + *-ônimo.*] *sm.* Nome genérico de subst. ou adj. formados a partir de nomes de obras de literatura de ficção ou de personagens dela. Ex.: *quixotesco,* de *Quixote.*

fic.ci.o.nis.ta [*Ficção* (*-cion-*).◻36] *s2g.* Autor(a) de obras de ficção (3).

fi.cha [Fr. *fiche.*] *sf.* **1.** Tento² (1) de jogo. **2.** Peça semelhante ao tento² (1), ou retângulo de papel, etc., que se compra e corresponde ao preço duma passagem, dum telefonema, etc. **3.** Cartão para anotações e ulterior classificação. **4.** O que está anotado em uma ficha. **5.** Registro em repartições, consultórios, etc., sobre alguém. ◆ **Cair a ficha.** *Bras. Gír.* Compreender ou perceber algo só depois de certo tempo.

fi.char [*Ficha.*◻1A] *vtd.* Anotar ou registrar em ficha(s). [C.: 1]

fi.chá.ri:o [*Ficha.*◻24] *sm.* **1.** Coleção de fichas. **2.** Lugar onde se guardam fichas.

fi.co.lo.gi.a [Gr. *phýkos* + *-logia.*] *sf.* Algologia. § **fi.co.lo.gis.ta** *s2g.*; **fi.có.lo.go** *sm.*

fic.tí.ci:o [Lat. *ficticiu.*] *adj.* **1.** Imaginário. **2.** Simulado.

fí.cus [Tax. *Ficus.*] *sm2n. Bot.* Nome comum a várias árvores, lianas, e outras trepadeiras moráceas, lactescentes. Ex.: a figueira.

fi.dal.go [De *filho de algo.*] *sm.* **1.** Aquele que tem título de nobreza. ● *adj.* **2.** Que tem privilégios de nobreza. **3.** Generoso, nobre.

fi.dal.gui.a [*Fidalgo.*◻8A] *sf.* **1.** Qualidade ou ação de fidalgo. **2.** A classe dos fidalgos.

fi.de.dig.no [Lat. *fide dignu.*] *adj.* Digno de fé; merecedor de crédito. § **fi.de.dig.ni.da.de** *sf.*

fi.de.li.da.de [Lat. *fidelitate.*◻14] *sf.* Qualidade de fiel.

fi.du.ci.al [*Fidúcia.*◻39] *adj2g.* Fiduciário. [Pl.: *-ais.*]

fi.du.ci.á.ri:o [Lat. *fiduciariu.*] *adj.* Dependente de confiança, ou que a revela; fiducial.

fi.ei.ra [*Fio.*◻16] *sf.* **1.** Aparelho com que se reduzem a fio os metais. **2.** V. *fileira.*

fi.el [Lat. *fidele.*] *adj2g.* **1.** Digno de fé; leal, honrado. **2.** Que não falha; com o qual se pode contar; seguro **3.** Exato em fazer as coisas. **4.** Verídico, verdadeiro. [Superl.: *fidelíssimo.*] ● *sm.* **5.** Fio ou ponteiro que indica o equilíbrio de uma balança. **6.** Membro de seita ou religião. [Pl.: *-éis.*]

fi.ga [Lat. *fica,* 'vulva'.] *sf.* **1.** Amuleto em forma de mão fechada, com o polegar entre o indicador e o médio. **2.** Sinal em que se põem os dedos como na figa (1), para esconjurar ou repelir.

fi.ga.dal [*Fígado.*◻39] *adj2g.* **1.** Hepático. **2.** *Fig.* Intenso, profundo. [Pl.: *-dais.*]

fí.ga.do [Lat.vulg. **ficatu.*] *sm. Anat.* Grande órgão glandular, anexo ao tubo digestivo, e que segrega bílis.

fi.go [Lat. *ficu.*] *sm.* Infrutescência da figueira.

fi.guei.ra [*Figo.*◻16] *sf. Bot.* Nome comum a várias árvores das moráceas, uma delas com infrutescência comestível, o figo.

fi.gu.ra [Lat. *figura.*] *sf.* **1.** A estatura e a configuração geral do corpo. **2.** Vulto, corpo. **3.** Forma

figuração | filiforme

exterior; figuração. **4.** Imagem, representação. **5.** Representação de imagem por desenho, gravura, etc.; ilustração. **6.** Nome comum ao rei, ao valete e à dama, nos baralhos. **7.** *Edit.* Designação genérica de elemento não textual (desenho, tabela, quadro, etc.) us. em publicações impressas. **8.** *Geom.* Qualquer conjunto formado por pontos, linhas e superfícies; configuração. **9.** *E.Ling.* Forma de elocução que foge da norma rigorosa, para um fim expressivo. **10.** *Mús.* Cada um dos 8 sinais gráficos que indicam a duração de uma nota ou de uma pausa.

fi.gu.ra.ção [Lat. *figuratione*.▫2A] *sf.* **1.** Ato de figurar. **2.** Figura (3). [Pl.: -*ções*.]

fi.gu.ra.do [*Figurar*.▫17A] *adj.* **1.** Alegórico. **2.** Hipotético. **3.** *E.Ling.* Diz-se do sentido de palavra ou locução expressa simbolicamente por metáfora, metonímia, etc.

fi.gu.ran.te [Lat. *figurante*.▫21] *s2g.* V. *extra* (3).

fi.gu.rão [*Figura*.▫28A] *sm.* Indivíduo importante. [Pl.: -*rões*.]

fi.gu.rar [Lat. *figurare*.▫1A] *vtd.* **1.** Traçar a figura de. **2.** Simbolizar. **3.** Fingir. *ti.* **4.** Tomar parte; participar. **5.** Fazer parte. [C.: 1]

fi.gu.ra.ti.vo [Lat. *figurativu*.▫22] *adj.* **1.** Simbólico, representativo. **2.** Que representa, em arte, a forma real das coisas sensíveis.

fi.gu.ri.nha [*Figura*.▫32A] *sf.* Pequena estampa para coleções.

fi.gu.ri.nis.ta [*Figurino*.▫36] *s2g.* Desenhista de figurinos.

fi.gu.ri.no [It. *figurino*.] *sm.* **1.** Figura que representa o traje da moda. **2.** Revista de modas.

fi.la¹ [Fr. *file*.] *sf.* Fileira, esp. de pessoas que se põem umas atrás das outras, pela ordem de chegada.

fi.la² [Dev. de *filar*.] *sf.* Ato de filar.

fi.la³ [F.red. de *cão de fila*.] *sm.* Cão de musculatura forte, faro agudíssimo, cabeça e focinho grandes, us. como cão de guarda.

fi.la.men.to [Fr. *filament*.] *sm.* **1.** Fio de pequeníssimo diâmetro. **2.** *Bot.* Porção do talo dos vegetais com desenvolvimento linear.

fi.la.men.to.so (ô) [*Filamento*.▫37] *adj.* Constituído por filamentos. [Pl.: -*tosos* (ó).]

fi.lan.te [Fr. *filant*.▫21] *adj2g. s2g. Bras.* Que, ou quem é dado a filar (4 e 6).

fi.lan.tro.pi.a [Lat. *philanthropia*.▫8A] *sf.* **1.** Amor à humanidade. **2.** A caridade. § **fi.lan.tró.pi.co** *adj.*

fi.lan.tro.po (ô) [Lat. *philanthropu*.] *sm.* Aquele que pratica a filantropia (2).

fi.lão [Fr. *filon*.] *sm.* **1.** Enchimento das fendas da crosta terrestre por substâncias de origem hidrotérmica. **2.** Veio (2). **3.** *Fig.* Fonte de lucros e vantagens. [Pl.: -*lões*.]

fi.lar *vtd.* **1.** Agarrar à força. **2.** Segurar com os dentes. **3.** Açular (cão). **4.** *Bras.* Obter de graça, ou pedir a outrem, para não comprar. **5.** *Bras. Pop.* Observar ocultamente; espreitar. **6.** *Bras.* Fazer que os outros paguem. *tdi.* **7.** Filar (4 e 6). *int.* **8.** Segurar com os dentes a presa. *p.* **9.** Agarrar-se com os dentes a algo. **10.** Agarrar-se, segurar-se. [C.: 1]

fi.lá.ri.a [Tax. *Filaria*.] *sf. Zool.* Nematódeo que parasita o sistema cardiovascular, o tecido conjuntivo, etc. dos vertebrados.

fi.la.ri.a.se [*Filária* + -*íase*.] *sf. Med.* Filariose.

fi.la.ri.o.se [*Filária* + -*ose*¹.] *sf. Med.* Infecção por filária; filaríase.

fi.lar.mô.ni.ca *sf.* **1.** Sociedade musical. **2.** Orquestra ou banda de música.

fi.la.te.li.a [Fr. *philatélie*.▫8A] *sf.* Hábito e gosto de colecionar selos do correio. § **fi.la.té.li.co** *adj.*

fi.la.te.lis.ta [Fr. *philatéliste*.▫36] *s2g.* Pessoa dada à filatelia.

fi.láu.ci.a [Lat. *philautia*.] *sf.* **1.** Amor-próprio exagerado. **2.** Presunção, vaidade.

fi.lé [Fr. *filet*.] *sm.* **1.** Carne proveniente do dorso das reses. **2.** *Bras.* Bife (1). **3.** Fatia de carne de peixe, sem espinhas. **4.** Fatia fina cortada, ger., do peito de aves. **5.** Certo trabalho de agulha. **6.** *Bras.* Filé-mignon (2).

fi.lei.ra [*Fila*¹.▫16] *sf.* Série de coisas, pessoas, etc., em linha reta; fieira, fila, carreira.

fi.lé-*mig.non* *sm.* **1.** Filé (1) de boi. **2.** *Bras.* A melhor parte de algo; filé. [Pl.: *filés*-*mignons*.]

fi.le.te (ê) [Fr. *filet*.] *sm.* **1.** Pequeno fio. **2.** *Anat.* Ramificação mais tênue dos nervos. **3.** *Bot.* A parte do estame que sustenta a antera.

fi.lha [Lat. *filia*.] *sf.* Pessoa do sexo feminino, em relação aos pais.

fi.lha.ra.da [*Filho*.▫4A] *sf.* Porção de filhos.

fi.lho [Lat. *filiu*.] *sm.* **1.** Pessoa do sexo masculino, em relação aos pais. **2.** Descendente. **3.** Aquele que é procedente (de alguma terra, região, etc.). **4.** Ser humano, em relação a Deus, a quem o educou, etc. ● *adj.* **5.** Procedente, resultante.

fi.lhó ou **fi.lhós** *sm.f.* Bolinho de ovos e farinha polvilhado com açúcar e canela ou passado em calda de açúcar. [Pl. de *filhós*: *filhoses*.]

fi.lho-fa.mí.li.as *sm.* O filho menor sujeito ao pátrio poder. [Pl.: *filhos-família(s)*.]

fi.lho.te [*Filho* + -*ote*¹.] *sm.* Cria de animal.

fi.li.a.ção [Lat. *filiatione*.▫2A] *sf.* **1.** Ato de perfilhar. **2.** Relação de parentesco entre os pais e seus filhos. **3.** Os pais de alguém. [Pl.: -*ções*.]

fi.li.al [Lat. *filiale*.▫39] *adj2g.* **1.** Relativo a filho. ● *sf.* **2.** Estabelecimento dependente da matriz (3); sucursal. [Pl.: -*ais*.]

fi.li.ar [*Fili*-² + -*iar*.▫10] *vtd.* **1.** V. *perfilhar* (1). *tdi.* **2.** Admitir (em comunidade, sociedade, etc.). **3.** Relacionar, ligar. *p.* **4.** Originar-se. **5.** Entrar em comunidade, sociedade, etc. **6.** Ligar-se. [C.: 1]

fi.li.cí.ne.a [Tax. *Filicineae*.] *sf. Bot.* Espécime das filicíneas, classe de pteridófitos que abrange fetos, samambaias e avencas. § **fi.li.cí.ne.o** *adj.*

fi.li.for.me [*Fili*-¹ + -*forme*.] *adj2g.* **1.** Delgado como um fio. **2.** Semelhante ao fio.

fi.li.gra.na [It. *filigrana*.] *sf.* **1.** Obra de ourivesaria, feita de fios de ouro ou prata delicadamente entrelaçados e soldados. **2.** Marca-d'água.

fi.li.pe.ta (ê) [*Fili-*³ + *-peta*.] *sf.* Impresso com propaganda, etc., que, ger., é distribuído pelas ruas.

fi.lis.teu [Lat. *Philistaeu.*] *adj.* **1.** Relativo aos filisteus, povo não semita, vizinho e inimigo dos hebreus, citado na Bíblia. ● *sm.* **2.** Indivíduo filisteu. **3.** *Fig.* Indivíduo de espírito vulgar, terra a terra. [Fem.: *filisteia* (éi).]

fil.ma.do.ra (ô) [*Filmar*.◻20] *sf.* Câmera cinematográfica ou de vídeo, de uso amador.

fil.mar [*Filme*.◻1A] *vtd.* **1.** Registrar sequência de imagens em filme (1). **2.** Fazer um filme (2) baseado em (determinado enredo). **3.** *Fig.* Registrar na memória. *int.* **4.** Fazer filme(s). [C.: 1] § **fil.ma.gem** *sf.*

fil.me [Ingl. *film*.] *sm.* **1.** *Fot. Cin.* Película recoberta por emulsão fotossensível us. para registrar imagens. **2.** Obra cinematográfica; fita, película.

fil.mo.gra.fi.a [*Filme* + *-o-* + *-grafia*.] *sf.* Rol de filmes de um diretor, ator, etc.

fil.mo.te.ca [*Filme* + *-o-* + *-teca*.] *sf.* Coleção de filmes.

fi.lo [Lat.cient. *Phylum*.] *sm. Biol.* Em zoologia, reunião de classes [v. *classe* (5)].

fi.ló [Lat. *filu*, com mud. da tônica.] *sm.* Tecido transparente, de seda, algodão, etc., tramado em forma de rede.

fi.ló.di.o [Gr. *phyllódes*, 'foliáceo', + *-io*².◻34B] *sm. Bot.* Pecíolo achatado semelhante à folha.

fi.lo.lo.gi.a [Gr. *philología*.◻8A] *sf.* Estudo da língua em toda a sua amplitude, e dos escritos que a documentam. § **fi.lo.ló.gi.co** *adj.*

fi.ló.lo.go [Lat. *philologo*.] *sm.* Especialista em filologia.

fi.lo.so.fal [*Filósofo*.◻39] *adj2g.* V. *filosófico*. [Pl.: *-fais.*]

fi.lo.so.far [Lat. *philosophare.] *v.int.* **1.** Raciocinar sobre assuntos filosóficos. **2.** Raciocinar tirando induções. **3.** Meditar. *ti.* **4.** Argumentar, discutir com sutileza. [C.: 1 (ó)]

fi.lo.so.fi.a [Gr. *philosophía*.◻8A] *sf.* **1.** Estudo que visa a ampliar incessantemente a compreensão da realidade, no sentido de apreendê-la na sua inteireza. **2.** Pensamento de filósofo(s), ou obra que o contém. **3.** Razão; sabedoria.

fi.lo.só.fi.co [Gr. *philosophikós*.◻35B] *adj.* **1.** Relativo a filosofia, ou a filósofo. **2.** Racional, lógico.

fi.ló.so.fo [Gr. *philósophos*.] *adj.* **1.** Que cultiva a filosofia. ● *sm.* **2.** Aquele que a cultiva. **3.** *Pop.* Aquele que vive indiferente às convenções sociais.

fi.los.to.ma.tí.de:o [Tax.*Phyllostomatidae*.]*adj.sm. Zool.* Diz-se de, ou família de quirópteros capazes de ecolocalização, e que têm alimentação variada. Habitam do S.O. dos Estados Unidos até a Argentina e as Antilhas.

fi.lo.ta.xi.a (cs) [*Fil(o)-*¹ + *-taxia*.] *sf. Bot.* Estudo da disposição das folhas no caule.

fil.trar [*Filtro*.◻1A] *vtd.* **1.** Fazer ou deixar passar (um líquido) por filtro. **2.** Não deixar passar; reter. *tdi.* **3.** Escolher, selecionar. *int. e p.* **4.** Passar através, ou como que através, de filtro. [C.: 1] § **fil.tra.ção** *sf.*; **fil.tra.gem** *sf.*

fil.tro [B.-lat. *filtru*.] *sm.* **1.** Aparelho que purifica a água, retendo ou retirando-lhe as impurezas. **2.** Tudo que é capaz de filtrar. **3.** Beberagem que, supostamente, despertava o amor na pessoa a quem era ministrada. **4.** *Eletrôn.* Dispositivo capaz de processar sinais elétricos analógicos ou digitais. ◆ **Filtro de linha.** *Eletrôn.* Dispositivo que suprime ruídos e surtos de tensão da rede elétrica.

fim [Lat. *fine*.] *sm.* **1.** Conclusão; final. **2.** Extremidade; final. **3.** A última parte ou fase de algo; final. **4.** Causa. **5.** Alvo. **6.** Morte (1 e 2). [Pl.: *fins*.] ◆ **Fim de semana.** Dia(s) que, na semana, se aproveita(m) para descanso e lazer (ger. domingo, ou sábado e domingo). **Fim do mundo. 1.** Lugar longínquo; cafundó. **2.** Grande transtorno. **3.** Desgraça total. **A fim de.** Com a intenção de. **Por fim.** Depois de muito tempo ou esforço; enfim, finalmente.

fím.bri:a [Lat. *fimbria*.] *sf.* Franja, orla.

fi.mo.se [Lat.cient. *phimosis*.] *sf. Med.* Aperto do prepúcio, que impossibilita descobrir a glande.

fi.na.do [*Finar*.◻17A] *sm.* Defunto.

fi.nal [Lat. *finale*.] *adj2g.* **1.** Do fim; último. ● *sm.* **2.** Fim (1 a 3). ● *sf. Esport.* **3.** Prova, ou partida, etc., final, em competição. [Pl.: *-nais*.]

fi.na.li.da.de [*Final*.◻14] *sf.* Fim a que algo se destina; objetivo, alvo.

fi.na.lís.si.ma *sf.* A final (3), numa competição acirrada.

fi.na.lis.ta [*Final*.◻36] *adj2g. s2g.* Diz-se de, ou pessoa, atleta, equipe, etc., que chega à final (3).

fi.na.li.zar [*Final*.◻1D] *vtd.* **1.** Pôr fim a; concluir. *int.* **2.** Ter fim; acabar. **3.** *Fut.* Chutar para gol. *p.* **4.** Finalizar (2). [C.: 1]

fi.nal.men.te [*Final*.◻42] *adv.* V. *por fim.*

fi.nan.ça [Fr. *finance*.] *sf.* V. *finanças*.

fi.nan.ças *sfpl.* **1.** Situação financeira. **2.** Recursos monetários e econômicos de um país, uma empresa, ou um indivíduo.

fi.nan.cei.ro [*Finança*.◻25] *adj.* Relativo a finanças, à circulação e gestão do dinheiro.

fi.nan.ci:a.men.to [*Financiar*.◻3] *sm.* **1.** Ato de financiar. **2.** Importância com que se financia alguma coisa.

fi.nan.ci.ar [*Finança*.◻1O] *vtd.* **1.** Prover às despesas de; bancar. *tdi.* **2.** Dar como financiamento. [C.: 1]

fi.nan.cis.ta [*Finança*.◻36] *s2g.* Especialista em finanças.

fi.nar-se [*Fim* (*fin-*) + *-ar*² + *se*¹.◻1A] *vp.* **1.** Definhar-se. **2.** V. *morrer* (1). [C.: 1]

fin.ca-pé *sm.* **1.** Ato de fincar o pé com força. **2.** Porfia, pertinácia. [Pl.: *finca-pés*.]

fincar | fisiologista

fin.car [Lat.vulg. **figicare*.] *vtd.* **1.** Cravar, enterrar. *tdc.* **2.** Fincar (1). **3.** Enraizar, arraigar. **4.** Pôr, apoiando com força. *tdi.* **5.** Fincar (3). **6.** Fitar, fixar. *p.* **7.** Cravar-se, enterrar-se. [C.: 1A]

fin.dar [*Findo.* ☐ 1A] *vtd.* **1.** Pôr fim a, ou chegar ao fim de; acabar. *int.* **2.** Ter fim. [C.: 1]

fin.do [Lat. *finitu.*] *adj.* **1.** Que se findou. **2.** Concluído, acabado.

fi.ne.za (ê) [*Fino.* ☐ 12] *sf.* **1.** Qualidade de fino. **2.** Amabilidade, gentileza.

fin.gi.do [Part. de *fingir.*] *adj.* **1.** Que denota, ou em que há fingimento, dissimulação; falso. **2.** Que age com falsidade; dissimulado. ● *sm.* **3.** Indivíduo fingido (2).

fin.gi.men.to [*Fingir.* ☐ 3] *sm.* **1.** Ato ou efeito de fingir(-se). **2.** Ação ou comportamento daquele que finge, ou aparenta ser o que não é; falsidade.

fin.gir [Lat. *fingere.* ☐ 1C] *vtd.* **1.** Inventar, fabular. **2.** Aparentar, simular. *int.* **3.** Ser ou mostrar-se dissimulado, hipócrita. *pred.* **4.** Simular ser. *p.* **5.** Querer ou fazer-se passar por. [C.: 3A] § **fin.gi.dor** (ô) *adj. sm.*

fi.ni.to [Lat. *finitu.*] *adj.* Que tem fim.

fin.lan.dês [☐ 38A] *adj.* **1.** Da Finlândia (Europa). ● *sm.* **2.** O natural ou habitante daquele país. **3.** *E.Ling.* A sua língua. [Flex. de 1 e 2: *finlandeses* (ê), *finlandesa(s)* (ê).]

fi.no [Lat.med. *fīnu.*] *adj.* **1.** Que não é grosso; delgado. **2.** Agudo e vibrante (som, voz). **3.** Que tem ou revela delicadeza, amabilidade ou elegância. **4.** Esbelto. **5.** De boa qualidade. **6.** Esperto, sagaz. § **fi.nu.ra** *sf.*

fi.nó.ri.o [*Fino* + *-ório.*] *adj. sm.* Que, ou quem é esperto, ladino.

fin.ta [It. *finta.*] *sf.* **1.** Logro. **2.** *Esport.* Drible.

fin.tar [*Finta.* ☐ 1A] *vtd.* **1.** Lograr, enganar. **2.** *Fut.* Driblar (2). [C.: 1]

fi:o [Lat. *filu.*] *sm.* **1.** Fibra extraída de plantas têxteis. **2.** Linha fiada e torcida. **3.** Enfiada (1). **4.** Porção de metal esticado na fieira (1). **5.** Tênue corrente de líquido. **6.** Encadeamento. **7.** Gume.

fi.or.de [Nor. *fjord.*] *sm.* Golfo estreito e profundo, entre montanhas altas.

→ **firewall** (fáiruol) [Ingl.] *sm. Inform.* Dispositivo de segurança que, numa rede de computadores, filtra a entrada e saída de dados, barrando os nocivos.

fir.ma [Dev. de *firmar.*] *sf.* **1.** Assinatura manuscrita ou gravada. **2.** Nome us. pelo comerciante ou industrial no exercício de suas atividades; razão social.

fir.ma.men.to [Lat. *firmamentu.* ☐ 3] *sm.* Hemisfério (1) celeste visível; o céu.

fir.mar [Lat. *firmare.* ☐ 1A] *vtd.* **1.** Tornar firme, seguro; fixar. **2.** Corroborar. **3.** Combinar, ajustar. **4.** Pôr firma (2) ou assinatura em (documento). **5.** Estabelecer. **6.** Sancionar (lei, decreto). *tdc.* **7.** Firmar (1). *tdi.* **8.** Basear, fundamentar. *int.* **9.** Ficar (o tempo) firme. *p.* **10.** Tornar-se firme, estável. **11.** Apoiar-se, amparar-se. [C.: 1]

fir.me [Lat.vulg. *firme.*] *adj2g.* **1.** Sólido, seguro, fixo. **2.** Estável. **3.** Inalterável. **4.** Resoluto, decidido. **5.** Que não desbota (cor). § **fir.me.za** (ê) *sf.*

fi.ru.la [V.C] *sf. Bras.* **1.** V. *circunlóquio.* **2.** *Fut.* Demonstração de domínio da bola.

fis.cal [Lat. *fiscale.* ☐ 39] *adj2g.* **1.** Relativo ao fisco. ● *s2g.* **2.** Empregado aduaneiro. **3.** Pessoa incumbida de fiscalizar certos atos ou executar certas disposições. [Pl.: *-cais.*]

fis.ca.li.za.ção [*Fiscalizar.* ☐ 2A] *sf.* **1.** Ato ou efeito de fiscalizar. **2.** Entidade(s) ou pessoa(s) que têm a função de fiscalizar. [Pl.: *-ções.*]

fis.ca.li.zar [*Fiscal.* ☐ 1D] *vtd.* **1.** Vigiar examinando. **2.** Sindicar (os atos de outrem). *int.* **3.** Exercer o ofício de fiscal. [C.: 1]

fis.co [Lat. *fiscu.*] *sm.* Conjunto de órgãos da administração pública, incumbidos da arrecadação e fiscalização de tributos; tesouro, erário.

fi.se.te.rí.de:o [Tax. *Physeteridae.*] *adj. sm. Zool.* Diz-se do espécime dos fisiterídeos, família de cetáceos providos de dentes e com narina única. São os cachalotes.

fis.ga [Dev. de *fisgar.*] *sf.* Arpão para pescar.

fis.ga.da [*Fisgar.* ☐ 4] *sf. Pop.* Dor aguda e rápida.

fis.gar [Lat.vulg. **fixicare.* ☐ 1A] *vtd.* **1.** Pescar com arpão ou fisga. **2.** *Fig.* Perceber com rapidez. **3.** Deter (quem se ia escapando). **4.** *Fam.* Conquistar o amor de (alguém). [C.: 1C]

fí.si.ca [Lat. *physica.*] *sf.* Ciência que investiga as propriedades dos campos [v. *campo* (6)] e as propriedades e a estrutura dos sistemas materiais, e suas leis fundamentais.

fi.si.cis.mo [*Física.* ☐ 11] *sm. Filos.* Doutrina que afirma ser a linguagem da física, de direito, a linguagem de toda a ciência.

fí.si.co [Lat. *physicu.* ☐ 35B] *adj.* **1.** Relativo à física ou às leis da natureza. ● *sm.* **2.** As qualidades exteriores e materiais do homem. **3.** Compleição (1). **4.** Especialista em física.

fí.si.co-quí.mi.ca *sf.* Ciência que emprega métodos e informações da física e da química para investigar as propriedades de sistemas, relacionando-as a sua estrutura e constituição. [Pl.: *físico-químicas.*]

fí.si.co-quí.mi.co *adj.* Relativo à físico-química. [Pl.: *físico-químicos.*]

fi.si.cul.tu.ris.mo [*Físi(co)* + *cultura* + *-ismo.* ☐ 11] *sm.* Desenvolvimento do volume da musculatura corporal. § **fi.si.cul.tu.ris.ta** *adj2g. s2g.*

fi.si.o.lo.gi.a [Gr. *physiología.* ☐ 8A] *sf.* Parte da biologia que investiga as funções orgânicas e processos ou atividades vitais. § **fi.si:o.ló.gi.co** *adj.*

fi.si:o.lo.gis.mo [*Fisiológico.* ☐ 11] *sm. Bras. Deprec.* Atitude ou prática (de políticos, funcionários públicos, etc.) caracterizada pela busca de ganhos ou vantagens pessoais.

fi.si:o.lo.gis.ta [*Fisiologia.* ☐ 36] *adj2g. s2g.* Que, ou quem é especialista em fisiologia.

fisionomia | flagrar

fi.si:o.no.mi.a [Lat.med. *physionomia*. ▣8A] *sf.* **1.** As feições do rosto; semblante, aspecto, rosto. **2.** Conjunto de caracteres especiais. § **fi.si:o.nô.mi.co** *adj.*

fi.si:o.no.mis.ta [*Fisionomia.* ▣36] *s2g.* Quem gravava bem as fisionomias.

fi.si:o.te.ra.pi.a [*Fisio-* + *-terapia.*] *sf. Med.* Terapia em que se usam agentes e exercícios físicos. § **fi.si:o.te.rá.pi.co** *adj.*

fis.são [Lat. *fissione.* ▣2] *sf.* **1.** Ação ou efeito de cindir. **2.** *Fís.* Reação nuclear, espontânea ou provocada, em que um núcleo atômico, ger. pesado, como, p.ex., o do urânio, se divide em 2 partes de massas comparáveis, liberando grande quantidade de energia. [Pl.: -*sões*.] ♦ **Fissão nuclear.** *Fís.* V. *fissão* (2).

fís.sil [Lat. *fissile.*] *adj2g.* **1.** Que se pode fender. **2.** Capaz de sofrer fissão (2). [Pl.: -*seis*.]

fis.sí.pe.de [Lat. *fissipede.*] *adj2g. Zool.* Que tem os dedos separados, livres, como o cão, o gato e o urso.

fis.su.ra [Lat. *fissura.*] *sf.* **1.** Racha ou fenda pouco perceptível. **2.** *Anat.* Nome genérico de fenda ou sulco. **3.** *Med.* Ulceração superficial alongada, ger. dolorosa. **4.** *Med.* Sulco ósseo superficial devido a traumatismo. **5.** *Bras. Pop.* Forte anseio; sofreguidão.

fis.su.ra.do [*Fissurar* (de *fissura*). ▣17A] *adj. Bras. Pop.* **1.** Ávido, sôfrego. **2.** Loucamente apaixonado.

fís.tu.la [Lat. *fistula.*] *sf. Med.* Ducto patológico, de natureza congênita ou não, que comunica 2 órgãos, ou um órgão, com o meio exterior. § **fis.tu.lo.so** (ô) *adj.*

fi.ta [Lat. *vitta*, poss.] *sf.* **1.** Tecido reto e fino, us. para atar, enfeitar, etc. **2.** V. *filme* (2). **3.** Manha e/ou fingimento. ♦ **Fita cassete.** Fita magnética em que se gravam sons.

fi.tar [Lat. *fictus*, 'fixado', + -*ar*². ▣1A] *vtd.* **1.** Fixar a vista em; fixar. **2.** Fixar (a atenção, etc.). *tdi.* **3.** Fitar (1). *p.* **4.** Olhar-se mutuamente. [C.: 1]

fi.tei.ro [*Fita.* ▣25] *adj. sm.* Diz-se de, ou aquele que faz fita (3).

fi.to¹ [Dev. de *fitar*.] *sm.* V. *alvo* (5).

fi.to² [Lat. *fictu.*] *adj.* Cravado, pregado.

fi.to.ben.tos [Ingl. *phytobenthos*.] *sm2n. Bot.* O conjunto das plantas aquáticas macroscópicas, bentônicas.

fi.to.fa.go [*Fit(o)-* + *-fago.*] *adj. sm.* Diz-se de, ou aquele que se nutre de vegetais.

fi.to.ge:o.gra.fi.a [*Fit(o)-* + *geografia.*] *sf.* Parte da botânica que trata da distribuição geográfica das plantas. § **fi.to.ge:o.grá.fi.co** *adj.*

fi.to.me.di.ca.men.to [*Fit(o)-* + *medicamento*.] *sm. Med.* Medicamento constituído, basicamente, de plantas.

fi.to.plânc.ton [*Fit(o)-* + *plâncton*.] *sm. Bot.* V. *plâncton*. [Pl.: -*tons*.]

fi.tos.sa.ni.tá.ri:o [*Fit(o)-* + *sanitário*.] *adj.* **1.** Das, ou relativo às condições sanitárias dos vegetais. **2.** Us. na prevenção de pragas agrícolas e/ou no seu combate.

fi.tos.sa.ni.ta.ris.mo [*Fitossanitário*. ▣11] *sm.* Controle fitossanitário. § **fi.tos.sa.ni.ta.ris.ta** *adj2g.*

fi.to.te.ra.pêu.ti.co [*Fitoterapeuta*. ▣35B] *adj.* De, ou relativo a fitoterapia ou a fitoterapeuta.

fi.to.te.ra.pi.a [*Fit(o)-* + *-terapia.*] *sf. Med.* Tratamento mediante o uso de plantas. § **fi.to.te.rá.pi.co** *adj.*

fi.ve.la [Lat.vulg. **fibella*.] *sf.* Peça metálica, com uma parte dentada em que se enfia ou prende a presilha de certos vestuários, ou uma correia, etc.

fi.xa.ção (cs) [*Fixar.* ▣2A] *sf.* **1.** Ato ou efeito de fixar(-se). **2.** Apego exagerado ou doentio a algo ou a alguém. **3.** O objeto desse apego. [Pl.: -*ções*.]

fi.xa.dor (cs... ô) [*Fixar.* ▣19A] *adj.* **1.** Que fixa. ● *sm.* **2.** Aquilo que fixa. **3.** *Restr.* Líquido com que se fixa o penteado.

fi.xar (cs) [*Fixo.* ▣1A] *vtd.* **1.** Pregar em algum lugar. **2.** Tornar firme, estável. **3.** Fitar (1). **4.** Determinar. **5.** Assentar, estabelecer. **6.** Reter na memória. *tdi.* **7.** Fitar (1). *tdc.* **8.** Fixar (1 e 5). *p.* **9.** Tornar-se firme. **10.** Aplicar toda a atenção. **11.** Estabelecer residência. **12.** Ter fixação (2) por. [C.: 1] § **fi.xá.vel** (cs) *adj2g.*

fi.xo (cs) [Lat. *fixu.*] *adj.* **1.** Que está pegado e preso a um corpo imóvel. **2.** Voltado para alguém ou algo sem se desviar. **3.** Seguro, estável. **4.** Imóvel. **5.** Constante (1). **6.** Que não desbota (cor). § **fi.xi.dez** (cs...ê) *sf.*

fla.ci.dez (ê) [*Flácido*. ▣12A] *sf.* **1.** Qualidade ou estado de flácido (1 e 2). **2.** Debilidade muscular.

flá.ci.do [Lat. *flaccidu.*] *adj.* **1.** Sem firmeza, consistência ou rigidez; mole. **2.** Sem elasticidade; frouxo. **3.** Que tem flacidez (2).

fla.ge.la.ção [Lat. *flagellatione.* ▣2A] *sf.* **1.** Ato ou efeito de flagelar(-se). **2.** Tortura. **3.** Sofrimento. [Pl.: -*ções*.]

fla.ge.la.do¹ [*Flagelo*². ▣17B] *adj. Zool.* Provido de flagelo².

fla.ge.la.do² [*Flagelar.* ▣17A] *adj. sm.* **1.** Que, ou quem foi atingido por flagelo¹ (3). **2.** Que, ou quem sofreu flagelação.

fla.ge.lar [Lat. *flagellare.* ▣1A] *vtd.* **1.** Bater com flagelo¹ (1) em; açoitar. **2.** Afligir, torturar. *p.* **3.** Mortificar-se. [C.: 1 (é)]

fla.ge.lo¹ [Lat. *flagellu.*] *sm.* **1.** Chicote para açoitar. **2.** Tortura, suplício. **3.** Calamidade pública.

fla.ge.lo² [Lat.cient. *flagellum.*] *sm. Biol.* Filamento protoplasmático móvel, que serve de órgão locomotor a protozoários, gametas, etc.

fla.gra *sm. Bras. Gír.* V. *flagrante* (2).

fla.gran.te [Lat. *flagrante.* ▣21] *adj2g.* **1.** Manifesto, patente. **2.** Diz-se do ato que a pessoa é surpreendida a praticar. ● *sm.* **3.** Ato flagrante (2). **4.** Comprovação ou documentação de flagrante (3). [Cf. *fragrante*.]

fla.grar [Lat. *flagrare.* ▣1A] *vtd. Bras. Pop.* **1.** Apanhar em flagrante (3). **2.** Fazer o flagrante (4) de. [C.: 1]

fla.ma [Lat. *flamma*.] *sf.* **1.** Chama, labareda. **2.** Calor, ardor. **3.** Vivacidade.

fla.man.te [Lat. *flammante*. ▪21] *adj2g.* **1.** Flamejante (1). **2.** De cor viva.

fla.mar [Lat. *flammare*. ▪1A] *vtd.* Desinfetar por meio de chamas rápidas, queimando álcool; flambar. [C.: 1]

flam.bar [Fr. *flamber*. ▪1A] *vtd.* **1.** Flamar. **2.** *Cul.* Pôr bebida alcoólica sobre (alimento), ateando-lhe fogo em seguida. [C.: 1] § **flam.ba.do** *adj.*; **flam.ba.gem** *sf.*

flam.bo:ai.ã [Fr. *flamboyant*.] *sm. Bot.* Árvore cesalpiniácea, florífera, de regiões tropicais.

fla.me.jan.te [*Flamejar*. ▪21] *adj2g.* **1.** Que flameja; flamante. **2.** Vistoso.

fla.me.jar [*Flama*. ▪1E] *v.int.* **1.** Lançar flamas ou chamas. **2.** Brilhar como a chama. *td.* **3.** Lançar à maneira de chamas. [C.: 1 (ê). Norm. é unipess.]

fla.men.go [Hol. *flaming*.] *adj.* **1.** De Flandres (França e Bélgica). ● *sm.* **2.** O natural ou habitante de Flandres. **3.** *E.Ling.* A língua dessa região.

fla.min.go [Provç. *flamenc*.] *sm. Zool.* Ave fenicopterídea, pernalta, de coloração rosada.

flâ.mu.la [Lat. *flammula*.] *sf.* **1.** Pequena chama. **2.** Bandeirola estreita e pontiaguda.

flan.co [Fr. *flanc*.] *sm.* **1.** Lado de um exército ou de um corpo de tropas. **2.** *Anat.* Cada uma de 2 regiões laterais abdominais abaixo de hipocôndrio e acima de ílio. **3.** Parte lateral de qualquer objeto; lado.

fla.ne.la [Fr. *flanelle*.] *sf.* Certo tecido de lã.

fla.ne.li.nha [*Flanela*. ▪32A] *s2g. Bras.* Pessoa que, em troca de gorjeta, vigia veículos estacionados nas ruas.

fla.ne.ló.gra.fo [*Flanela* + -*o*- + -*grafo*.] *sm.* Material didático, us. pelo professor, que consiste num quadro revestido de tecido felpudo sobre o qual se grudam figuras, escritos, etc.

flan.que.ar [*Flanco*. ▪1N] *vtd.* **1.** Atacar de flanco. **2.** Marchar ao lado de. **3.** Defender (por todos os flancos). [C.: 12A]

→ **flash** (fléchi) [Ingl.] *sm.* **1.** Clarão (1) do dispositivo que o produz, us. gen. em fotografia. **2.** *Cin. Telev.* Cena curtíssima. **3.** *Jorn.* Notícia (5) considerada prioridade, que interrompe a programação normal de uma emissora.

→ **flashback** (fléchibéqui) [Ingl.] *sm.* Na literatura, no cinema, etc., trecho ou cena que revive acontecimentos passados.

fla.to [Lat. *flatu*.] *sm.* Flatulência (1).

fla.tu.lên.ci:a [Fr. *flatulence*.] *sf.* **1.** Acúmulo de gases no tubo digestório; flato. **2.** *Fig.* Bazófia, vanglória.

fla.tu.len.to [Fr. *flatulent*.] *adj.* **1.** De, ou relativo a flatulência. **2.** Que é sujeito a flatulência (1).

flau.ta [Occ.ant. *flauta* ou *flaüt*, poss.] *sf.* Instrumento musical de sopro, de tubo aberto, com orifícios, e de embocadura livre.

flau.te.ar [*Flauta*. ▪1N] *v.int.* **1.** Tocar flauta. **2.** *Bras.* Viver na flauta; vadiar. *td.* **3.** *Bras.* Zombar de. [C.: 12A]

flau.tim [It. *flautino*.] *sm.* Instrumento de sopro, menor e mais fino que a flauta. [Pl.: -*tins*.]

flau.tis.ta [*Flauta*. ▪36] *s2g.* Quem toca flauta.

fle.bi.te [Gr. *phlebós*, 'veia', + -*ite*¹.] *sf. Med.* Inflamação de uma ou mais veias.

fle.cha [Fr. *flèche*.] *sf.* **1.** Haste de madeira ou metal, com ponta aguda, e que se arremessa por meio de arco ou besta; seta. **2.** Extremidade piramidal ou cônica de uma torre.

fle.cha.da [*Flecha*. ▪4] *sf.* Golpe ou ferimento de flecha (1).

fle.char [*Flecha*. ▪1A] *vtd.* **1.** Ferir com flecha (1). **2.** *Fig.* Magoar. *tc.* **3.** Correr em direção a. [C.: 1 (ê).]

flec.tir ou **fle.tir** [Lat. *flectere*. ▪1C] *vtd.* Vergar, dobrar; flexionar. *int. e p.* **2.** Dobrar(-se), flexionar(-se). [C.: 48]

flei.mão ou **fleg.mão** [Lat. *phlegmone*.] *sm. Med.* Inflamação do tecido conjuntivo. [Pl.: -*mões*.]

fler.tar [*Flerte* (ê). ▪1A] *v.int. e ti.* Namorar por pouco tempo. [C.: 1 (é)]

fler.te (êr) [Ingl. *flirt*.] *sm.* Paquera ou namoro superficial, sem consequência.

fleu.ma ou **fleg.ma** (ê) [Lat. *phlegma*.] *sf.* **1.** Frieza de ânimo, impassibilidade. **2.** Pachorra. **3.** *Med.* Secreção mucosa viscosa.

fleu.má.ti.co ou **fleg.má.ti.co** [Lat. *phlegmaticu*. ▪35B] *adj. Med.* Que tem fleuma.

→ **flex** (flécsi) [Ingl.] *adj2g2n. sm2n.* Diz-se de, ou veículo cujo motor funciona com 2 tipos de combustível (álcool e gasolina).

fle.xão (cs) [Lat. *flexione*. ▪2] *sf.* **1.** Ato de flectir; curvatura. **2.** *E.Ling.* Variante das desinências nas palavras declináveis e conjugáveis. **3.** Movimento pelo qual parte do membro se dobra sobre outra situada acima dele. [Pl.: -*xões*.]

fle.xi.bi.li.zar (cs) [*Flexível* (-*bil*-). ▪1D] *vtd. e p.* Tornar(-se) flexível. [C.: 1]

fle.xi.o.na.do (cs) [*Flexionar*. ▪17A] *adj.* **1.** Que se flexionou. **2.** Em que há flexão (2).

fle.xi.o.nar (cs) [*Flexão* (-*xion*-). ▪1A] *vtd.* **1.** Fazer a flexão (2) de. **2.** Flectir (1). *int. e p.* **3.** Flectir (2). **4.** Assumir flexão (2). [C.: 1]

fle.xí.vel (cs) [Lat. *flexibile*. ▪41] *adj2g.* **1.** Que se pode dobrar ou curvar. **2.** Elástico (1). **3.** Fácil de manejar; maleável. **4.** Dócil, submisso. [Pl.: -*veis*.] § **fle.xi.bi.li.da.de** (cs) *sf.*

fle.xo.gra.fi.a (cs) [Lat. *flexus* + -*grafia*.] *sf.* Sistema de impressão que utiliza fôrma moldada em plástico ou borracha.

fle.xu.o.so (cs...ô) [Lat. *flexuosu*. ▪37] *adj.* V. *sinuoso* (1).

fli.pe.ra.ma [Ingl. *flipper* + -*ama*.] *sm.* **1.** Máquina eletrônica de jogo, acionada por ficha. **2.** Estabelecimento onde há várias dessas máquinas.

flo.co [Lat. *floccu*.] *sm.* **1.** Partícula de neve que esvoaça e cai lentamente. **2.** Conjunto de filamentos que esvoaçam ao sopro da aragem.

fló.cu.lo [Lat. *flocculu*.] *sm.* Pequeno floco.

flor | fluxo

flor (ó) [Lat. *flos, floris*.] *sf.* **1.** *Bot.* O órgão reprodutor das angiospermas, e que, ger., tem cores vivas e cheiro agradável. **2.** Planta que dá flores. **3.** A parte mais fina de uma substância. **4.** A superfície exterior do couro. **5.** Elite, escol. **6.** Pessoa bela e/ou boa.

flo.ra [Lat.*cient. Flora*, do mit. lat.] *sf.* **1.** O conjunto das espécies vegetais duma região. **2.** *P.ext.* O conjunto das plantas us. para certos fins: *flora medicinal*. **3.** V. *flora bacteriana*.
◆ **Flora bacteriana.** As bactérias que existem normalmente em determinada parte do organismo, como, p.ex., o intestino.

flo.ra.ção [*Florar*.◼2A] *sf.* **1.** *Bot.* Abertura das flores de uma planta; florada. **2.** *Fig.* Desenvolvimento, progresso.

flo.ra.da [*Flor*.◼4] *sf. Bot.* Floração (1).

flo.ral [Lat. *florale*.◼39] *adj2g.* **1.** Relativo a flor (1) ou a flora. **2.** Que contém só flores. [Pl.: *-rais*.]

flo.rão [It. *fiorone*.] *sm.* Ornato circular, do feitio de flor, no centro de teto, abóbada, etc. [Pl.: *-rões*.]

flor-das-pe-dras *sf. Zool.* V. *anêmona-do-mar*. [Pl.: *flores-das-pedras*.]

flor de lis *sf.* Ornamento heráldico em forma de um lírio estilizado. [Pl.: *flores de lis*.]

flor-de-lis *sf. Bot.* Planta bulbosa, amarilidácea, florífera. [Pl.: *flores-de-lis*.]

flo.re.a.do [*Florear*.◼17A] *adj.* **1.** Cheio de floreios. **2.** Que se ornou, adornou. ● *sm.* **3.** Enfeite. **4.** Variação caprichosa, em música.

flo.re.ar [*Flor*.◼1N] *vtd.* **1.** V. *florir* (2 e 3). **2.** Ornar com imagens literárias ou artísticas. **3.** Manejar com destreza (arma branca). [C.: 12A]

flo.rei.o [Dev. de *florear*.] *sm.* **1.** Ato de florear. **2.** Ornatos exagerados.

flo.rei.ra [*Flor*.◼16] *sf.* Vaso ou jarra para flores.

flo.ren.ti.no [◼30] *adj.* **1.** De Florença (Itália). ● *sm.* **2.** O natural ou habitante de Florença.

flo.res.cer [Lat. *florescere*.◼1Pa] *v.int.* **1.** Florir (4). **2.** Prosperar, desenvolver-se. *td.* **3.** Cobrir de flores; florir. [C.: 2A (ê-é)] § **flo.res.cen.te** *adj2g.*; **flo.res.ci.men.to** *sm.*

flo.res.ta [Fr.ant. *forest*, com infl. de *flor*.] *sf.* Vasta extensão de terreno coberta de árvores grandes, cujas copas se tocam.

flo.res.tal [*Floresta*.◼39] *adj2g.* De, ou próprio de floresta. [Pl.: *-tais*.]

flo.re.te (ê) [Fr. *fleuret*.] *sm.* Arma branca, us. na esgrima, composta de cabo e haste metálica pontiaguda.

flo.ri:a.no.po.li.ta.no *adj.* **1.** De Florianópolis, capital de SC. ● *sm.* **2.** O natural ou habitante de Florianópolis.

flo.ri.cul.tor (ô) [*Flor* + *-i- + cultor*.] *sm.* Aquele que pratica a floricultura.

flo.ri.cul.tu.ra [*Flor* + *-i- + cultura*.] *sf.* **1.** Arte de cultivar flores. **2.** Lugar onde se vendem flores.

flo.ri.do [Part. de *florir*.] *adj.* **1.** Em flor; coberto de flores. **2.** Adornado de flores.

fló.ri.do [Lat. *floridu*.] *adj.* Brilhante, esplêndido.

flo.rí.fe.ro [Lat. *floriferu*.] *adj.* Que produz flores.

flo.ri.lé.gi:o [Lat. *florilegiu*.] *sm.* V. *antologia*.

flo.rir [Lat. *florire*.◼1C] *vtd.* **1.** Florescer (3). **2.** Adornar com flores; florear. **3.** Enfeitar, adornar; florear. *int.* **4.** Dar flores ou estar em flor; florescer. **5.** Desabrochar. [C.: 8]

flo.ris.ta [*Flor*.◼36] *s2g.* **1.** Comerciante de flores. **2.** Fabricante de flores artificiais.

flo.ti.lha [Esp. *flotilla*.] *sf.* **1.** Frota pequena. **2.** Agrupamento de pequenos navios (de guerra ou de pesca).

flu.en.te [Lat. *fluente*.◼21] *adj2g.* **1.** Que corre facilmente; corrente. **2.** Fluido (2). **3.** *Fig.* Que se expressa bem falando ou escrevendo. **4.** *Fig.* Natural, espontâneo. § **flu.ên.ci:a** *sf.*

flu:i.dez (ê) [*Fluido*.◼12A] *sf.* Qualidade do que é fluido.

flu:i.di.fi.car [*Fluido*.◼1A] *vtd.* e *p.* Tornar(-se) fluido. [C.: 1A] § **flu:i.di.fi.ca.ção** *sf.*

flu:i.do [Lat. *fluidu*.] *adj.* **1.** Diz-se das substâncias líquidas ou gasosas. **2.** Que corre ou se expande à maneira de líquido ou gás; fluente. **3.** Frouxo, brando. ● *sm.* **4.** Corpo (líquido ou gasoso) que toma a forma do recipiente em que está.

flu.ir [Lat. *fluere*.◼1C] *v.int.* **1.** Correr em estado líquido. **2.** Dirigir-se. **3.** Decorrer (tempo). **4.** Circular (o trânsito). *tc.* **5.** Fluir (2). *ti.* **6.** Proceder, provir. [C.: 42]

flu.mi.nen.se [Lat. *flumen, inis*, 'rio', + *-ense*.◼38] *adj2g.* **1.** Do RJ. ● *s2g.* **2.** O natural ou habitante desse estado.

flú.or [Lat. *fluor*.] *sm. Quím.* V. *halogênio* [símb.: *F*].

flu:o.rar [*Flúor*.◼1A] *vtd.* **1.** Adicionar flúor a. **2.** *P.ext.* Adicionar fluoreto a. [A água é fluorada com fluoreto, e não com flúor.] [C.: 1 (ó)]

flu:o.res.cên.ci:a [*Fluorescer*.◼10] *sf.* Luminescência provocada pela conversão, em corpo, de alguma forma de energia em radiação visível. § **flu:o.res.cen.te** *adj2g.*

flu:o.re.to (ê) [*Flúor* + *-eto*²*.*] *sm.* **1.** *Quím.* Ânion constituído por um átomo de flúor com carga negativa unitária. **2.** Qualquer composto em que ocorre o fluoreto (1).

flu.tu.an.te [Lat. *fluctuante*.◼21] *adj2g.* **1.** Que flutua. **2.** Que varia ou pode variar em nível, grau, intensidade, etc. ● *sm.* **3.** Plataforma flutuante onde atracam embarcações.

flu.tu.ar [Lat. *fluctuare*.◼1A] *v.int.* **1.** Conservar-se à superfície dum líquido; boiar. **2.** Agitar-se ao vento. **3.** Permanecer no ar; pairar. **4.** Oscilar (moeda) em sua cotação. **5.** *Fig.* Vaguear, errar. [C.: 1] § **flu.tu:a.ção** *sf.*; **flu.tu:a.dor** (ô) *adj. sm.*

flu.vi.al [Lat. *fluviale*.◼39] *adj2g.* Relativo a, ou próprio de rios, ou que neles vive. [Pl.: *-ais*.]

flu.vi.á.ri:o *adj2g.* Que, ou quem, na marinha mercante, opera na navegação fluvial e lacustre.

flu.xo (cs) [Lat. *fluxu*.] *sm.* **1.** Ato ou modo de fluir. **2.** Corrente, curso de fluido em um conduto, de tráfego numa rua, etc. **3.** Passagem de algo (matéria, partículas, energia) que se desloca através ou ao longo de um espaço. **4.** Medida do fluxo (3).

flu.xo.gra.ma (cs) [*Fluxo* + *-grama*.] *sm.* Representação gráfica, por meio de símbolos geométricos, da solução algorítmica de um problema, de uma sequência de operações e movimentos, etc.

- **Fm** *Quím.* Símb. de *férmio*.
- **FM** Abrev. de *frequência modulada*.
- **FMI** Sigla de *Fundo Monetário Internacional*.

fo.bi.a [Lat.cient. *phobia*.] *sf.* **1.** Medo mórbido. **2.** Aversão.

fo.ca [Lat. *phoca*.] *sf. Zool.* Mamífero focídeo encontrado em todos os oceanos, esp. nas altas latitudes.

fo.cal [*Foco*.■39] *adj2g.* Relativo a foco. [Pl.: *-cais*.]

fo.ca.li.zar [*Focal*.■1D] *vtd.* **1.** *Opt.* Ajustar ou arrumar (um espécime óptico) de modo que forme imagens nítidas. **2.** Pôr em foco; salientar. [Sin.ger.: *enfocar* e *focar*. C.: 1]

fo.car [*Foco* + *-ar*².■1A] *vtd.* V.*focalizar*. [C.: 1A (ó)]

fo.cí.de.o [Tax. *Phocidae*.] *adj. sm. Zool.* Diz-se de, ou espécime dos focídeos, família de mamíferos carnívoros, aquáticos, desprovidos de orelhas, e cujos membros posteriores, em forma de barbatana, são impróprios à locomoção em terra. Ex.: as focas.

fo.ci.nhei.ra [*Focinho*.■16] *sf.* **1.** Focinho de porco (1). **2.** Correia que cinge o focinho de um animal.

fo.ci.nho [Lat. **faucinu*.] *sm.* **1.** Parte anterior, saliente, da cabeça de certos animais, em que ficam nariz e boca. **2.** *Pop.* Cara (1).

fo.co [Lat. *focu*.] *sm.* **1.** *Opt.* Ponto (8) para onde converge, ou donde diverge, um feixe de raios luminosos paralelos, após atravessar uma lente. **2.** *Fot.* Dispositivo que permite o ajuste de uma lente, para que o foco (1) desta incida sobre a superfície fotossensível (o filme, a tela, etc.). **3.** A nitidez da imagem obtida graças a esse ajuste. **4.** *Geom.* Ponto fixo em relação ao qual se verificam certas propriedades de uma curva. **5.** *Med.* Ponto (8) de infecção, em certas moléstias microbianas. **6.** Ponto (8) de convergência.

fo.fo (ô) [V.B] *adj.* **1.** Leve e que facilmente cede à pressão; mole, macio. **2.** *Fig.* Bonito e gracioso.

fo.fo.ca [V.B] *sf. Bras. Pop.* Mexerico, intriga.

fo.fo.car [*Fofoca*.■1A] *v.int. Bras. Pop.* Fazer fofoca. [C.: 1A (ó)]

fo.fo.quei.ro [*Fofoca*.■25] *adj. sm. Bras. Pop.* Que, ou aquele que faz fofoca.

fo.fu.ra [*Fofo*.■5] *sf.* Qualidade de fofo (2).

fo.ga.cho [*Fogo* + *-acho*.] *sm.* **1.** Labareda ou chama pequena. **2.** Sensação de calor que vem à face.

fo.ga.gem [*Fogo*.■6] *sf. Pop.* Nome comum a vários distúrbios cutâneos e de mucosa. [Pl.: *-gens*.]

fo.gão [*Fogo*.■28A] *sm.* **1.** Caixa de ferro ou de alvenaria, com fornalha e chaminé, para cozinhar. **2.** *P.ext.* Artefato metálico, móvel ou fixo, com bocas [v. *boca* (10)] por onde sai o fogo alimentado por gás ou lenha, us. em cozinhas. **3.** V. *lareira* (2). [Pl.: *-gões*.]

fo.ga.rei.ro [Port.ant. *fogar*.■25] *sm.* Pequeno fogão portátil, de barro ou de ferro, para cozinhar ou aquecer.

fo.ga.réu [*Fogo* + *-aréu*.] *sm.* Fogo que se expande em labaredas.

fo.go (ô) [Lat. *focu*.] *sm.* **1.** Desenvolvimento simultâneo de calor e luz, que é produto da combustão de matérias inflamáveis. **2.** Incêndio (2). **3.** Descarga de arma. **4.** Clarão intenso. **5.** Na Antiguidade, um dos 4 elementos (sendo os outros a água, a terra e o ar). [Pl.: *fogos* (ó).]
◆ **Fogo de palha.** Entusiasmo passageiro. **Estar de fogo.** *Bras. Gír.* Estar bêbado.

fo.go-fá.tu:o *sm.* Inflamação espontânea de gases emanados das sepulturas e de pântanos. [Sin., bras. pop.: *boitatá*. Pl.: *fogos-fátuos*.]

fo.gos (ô) *smpl.* Foguetes [v. *foguete* (1)].

fo.go.so (ô) [*Fogo*.■37] *adj.* **1.** Que tem fogo ou calor; ardoroso. **2.** Impetuoso. **3.** Irrequieto. [Pl.: *-gosos* (ó).]

fo.guei.ra [Lat. *focaria*.] *sf.* Lenha ou outra matéria combustível empilhada, à qual se lança fogo.

fo.gue.ta.da [*Foguete*.■4] *sf.* **1.** Foguetório (2). **2.** *Fig.* Descompostura.

fo.gue.te (ê) [Cat. *coet*, com infl. de *fogo*, poss.] *sm.* **1.** Engenho pirotécnico que estoura no ar, us. em ocasiões festivas; rojão, fogos. **2.** Elemento motor us. em projetis, mísseis, etc. **3.** *Astron.* Veículo espacial que utiliza propulsão a reação.

fo.gue.tei.ro [*Foguete*.■25] *sm.* **1.** Fabricante de foguetes [v. *foguete* (1)]. **2.** *Fig.* V. *mentiroso* (1).

fo.gue.tó.ri:o [*Foguete*.■23] *sm.* **1.** Festa com muitos foguetes [v. *foguete* (1)]. **2.** *Fig.* Estampido de foguetes; foguetada.

fo.guis.ta [*Fogo*.■36] *s2g. Bras.* O encarregado das fornalhas nas máquinas a vapor.

foi.ça.da [*Foice*.■4] *sf.* Golpe de foice.

foi.çar [*Foice*.■1A] *vtd.* Cortar com foice; ceifar. [C.: 1B]

foi.ce [Lat. *falce*.] *sf.* Instrumento para ceifar.

fol.clo.re (ó) [Ingl. *folklore*.] *sm.* O conjunto ou estudo de tradições, conhecimentos ou crenças de um povo, expressos em suas lendas, suas canções e seus costumes. § **fol.cló.ri.co** *adj.*; **fol.clo.ris.ta** *s2g.*

fôl.der [Ingl. *folder*.] *sm.* Impresso promocional de uma única folha, com 2 ou mais dobras. [Pl.: *fôlderes*. Tb. se usa o ingl. *folder*.]

fo.le [Lat. *folle*.] *sm.* Utensílio que produz vento, para ativar combustão, limpar cavidades, etc.

fô.le.go [Dev. de *folegar*.] *sm.* **1.** Capacidade de reter o ar nos pulmões. **2.** *Fig.* Ânimo, coragem.

fol.ga [Dev. de *folgar*.] *sf.* **1.** Interrupção de atividade para descanso ou recreação. **2.** O período dessa interrupção. **3.** Desafogo. **4.** Largura (1).

fol.ga.do [*Folgar*.■17A] *adj.* **1.** Que tem folga. **2.** Largo (3). **3.** Despreocupado. **4.** *Bras. Fam.* Confiado (2). **5.** *Bras. Fam.* Que se esquiva ao

folgança | fontanela

trabalho. ● sm. 6. Bras. Fam. Indivíduo folgado (4 e 5).

fol.gan.ça [Folgar.◨9A] sf. 1. Folga, descanso. 2. Festa, divertimento; folguedo.

fol.gar [Lat. follicare.◨1A] vtd. 1. Dar folga ou descanso a. 2. Tornar largo; desajustar. tdi. 3. Aliviar, livrar. ti. 4. Ter alívio (em cuidados, trabalhos). 5. Alegrar-se. 6. Bras. Pop. Agir com abuso ou atrevimento (com alguém). int. 7. Ter folga ou descanso. 8. Ter prazer ou lazer. [C.: 1C (ó)]

fol.ga.zão [Esp. holgazán, poss.] adj. sm. 1. Que, ou aquele que gosta de folgar, de divertir-se. 2. Brincalhão. [Pl.: -zões. Fem.: folgazona.]

fol.gue.do (ê) [Folgar + -edo.] sm. V. folgança (2).

fo.lha (ó) [Lat. folia.] sf. 1. Bot. Órgão laminar, ger. verde, de planta, e que é o principal órgão da fotossíntese. 2. Representação ou imitação da folha (1). 3. Pedaço de papel de certo formato, espessura ou cor. 4. Cada uma das unidades materiais de que se compõe um livro, uma revista, etc., cujas faces têm o nome de página. 5. Parte móvel de janela ou de porta.

fo.lha de flan.dres sf. Folha de ferro estanhado, us. no fabrico de utensílios; lata. [F.red.: flandres. Pl.: folhas de flandres.]

fo.lha.do [Lat. foliatu.◨17B] adj. 1. Cheio de folhas. 2. Em folhas. ● sm. Cul. Salgado de forno, feito de massa folhada e recheio.

fo.lha.gem [Folha.◨6] sf. 1. O conjunto das folhas duma planta. 2. Ornato que imita folhas ou flores. [Pl.: -gens.]

fo.lhe.a.do [Folha + -eado.] adj. Formado por folhas, ou relativo a elas.

fo.lhe.ar [Folha.◨1N] vtd. 1. Volver as folhas de (livro, revista, etc.); manusear. 2. Ler apressadamente, ou sem atenção, as folhas de. 3. Consultar, estudar. [C.: 12A]

fo.lhe.tim [Trad. do fr. feuilleton.] sm. 1. Seção literária dum periódico, que ocupa, em regra, a parte inferior duma página; gazetilha. 2. Fragmento de romance publicado dia a dia num jornal. [Pl.: -tins.]

fo.lhe.ti.nes.co (ê) [Folhetim (-tin-) + -esco.◨33A] adj. 1. Próprio de folhetim. 2. Cheio de lances, de aventuras (fato, história, etc.).

fo.lhe.ti.nis.ta [Folhetim (-tin-).◨36] s2g. Pessoa que escreve folhetins.

fo.lhe.to (ê) [It. foglietto.] sm. Publicação não periódica, de poucas folhas, com ou sem capa.

fo.lhi.nha [Folha.◨32A] sf. Calendário impresso.

fo.lho.so (ó) [Lat. foliosu.◨37] sm. Zool. O terceiro estômago dos ruminantes. [Pl.: -lhosos (ó).]

fo.lhu.do [Folha + -udo.] adj. Cheio de folhas.

fo.li.a [Fr. folie.◨8A] sf. Folgança ruidosa; pândega.

fo.li.á.ce:o [Lat. foliaceu.] adj. 1. Semelhante a folha (1). 2. Bot. Diz-se de órgão ou parte vegetal de aspecto laminar.

fo.li.ão [Folia.◨28B] sm. Indivíduo amigo da folia. [Pl.: -ões. Fem.: foliona.]

fo.lí.cu.lo [Lat. folliculu.] sm. Anat. Nome genérico de formação saciforme, ou glândula, com função secretora ou excretora. ◆ **Folículo ovariano.** Anat. Cada um dos conjuntos de células que envolvem um oócito.

fó.li:o [F.red. de in-fólio.] sm. Edit. Número que indica a paginação de uma publicação impressa.

fo.lí:o.lo [B.-lat. foliolu.] sm. Bot. Cada uma das partes da folha composta.

fo.me [Lat. fame.] sf. 1. Grande apetite de alimentos. 2. Míngua de víveres. 3. Avidez (1).

fo.men.tar [Lat. fomentare.◨1A] vtd. 1. Promover o desenvolvimento de; estimular. 2. Excitar, incitar. 3. Friccionar (a pele) com um medicamento líquido. [C.: 1] § **fo.men.ta.ção** sf.

fo.men.to [Lat. fomentu.] sm. 1. Ato ou efeito de fomentar. 2. Medicamento para fomentar (3). 3. Lenitivo, refrigério. 4. Estímulo.

fo.na.ção [Fr. phonation.◨2A] sf. Fisiol. Produção da voz. [Pl.: -ções.]

fo.na.do [Fone[1].◨17B] adj. Diz-se de mensagem passada pelo telefone.

fo.na.dor (ô) adj. Que produz a voz.

fo.ne[1] [F.red. de telefone.] sm. Bras. A peça do aparelho telefônico que se leva à orelha.

fo.ne[2] [Ingl. -phone.] sm. V. fone de ouvido. ◆ **Fone de ouvido.** Dispositivo dotado de pequenos alto-falantes, acoplado a rádio, CD-player, mp3, telefone, etc., que se põe na orelha. [Sin. (ingl.): headphone. Tb. se diz apenas fone.]

fo.ne.ma [Fr. phonème.] sm. E.Ling. Unidade mínima distintiva no sistema sonoro de uma língua.

fo.né.ti.ca [Gr. phonetiké.] sf. E.Ling. Estudo dos sons da fala, esp. no que diz respeito à sua produção, transmissão e recepção.

fo.ne.ti.cis.ta [Fonética.◨36] s2g. E.Ling. Especialista em fonética.

fo.né.ti.co [Gr. phonetikós.◨35B] adj. Relativo a fonema ou à fonética.

fo.ni.a.tra [Fon(o)- + -iatra.] s2g. Med. Especialista em foniatria.

fo.ni:a.tri.a [Fon(o)- + -iatria.] sf. Med. Parte da medicina que se ocupa das perturbações da fonação e de seu tratamento.

fo.no.au.di:o.lo.gi.a [Fon(o)- + -audi(o)- + -logia.] sf. Med. Ramo da medicina que se ocupa dos problemas da fonação e da audição. § **fo.no.au.di:o.ló.gi.co** adj.

fo.no.au.di:ó.lo.go [Fon(o)- + -audi(o)- + -logo.] sm. Med. Especialista em fonoaudiologia.

fo.nó.gra.fo [Fon(o)- + -grafo.] sm. Aparelho que reproduz os sons gravados em discos sob a forma de sulcos espiralados; gramofone. § **fo.no.grá.fi.co** adj.

fo.no.gra.ma [Fon(o)- + -grama.] sm. 1. Sinal gráfico que representa um som. 2. Bras. Telegrama fonado.

fo.no.lo.gi.a [Fon(o)- + -logia.] sf. E.Ling. Estudo dos sons da linguagem.

fon.ta.ne.la [It. fontanella.] sf. Anat. Espaço membranoso que os fetos e as crianças muito novas têm no crânio. [Sin., pop.: moleira.]

fon.te [Lat. *fonte*.] *sf.* **1.** Nascente de água; manancial, olho-d'água. **2.** Chafariz. **3.** Origem, causa. **4.** Documento (ou pessoa) de que(m) se obtém informação. **5.** *Anat.* Cada um dos lados da cabeça que formam a região temporal. **6.** *Eng.Elétr.* Circuito capaz de fornecer energia elétrica, em condições controladas, a outro circuito. ◆ **Fonte de alimentação.** *Eng.Elétr.* V. *fonte* (6).

fo.ra [Lat. *foras*.] *adv.* **1.** Na parte exterior. **2.** Em outro lugar que não sua casa. **3.** No estrangeiro. ● *prep.* **4.** Sem contar com; afora, além de. **5.** Exceto. ● *interj.* **6.** Exprime desaprovação, insatisfação, desprezo, etc., ou o ensejo de que alguém se retire ou se afaste, ou que algo termine ou acabe. ● *sm.* **7.** Erro grosseiro. **8.** Rata, gafe. ◆ **Fora de. 1.** Afora, fora, exceto. **2.** Não envolvido ou não incluído em. **De fora. 1.** À vista; exposto. **2.** Sem participar; excluído. **Por fora.** Mal informado, ou desinformado.

fo.ra da lei *adj2g2n. s2g2n.* V. *marginal* (2 e 3).

fo.ra.gi.do [Lat. *foras exitu*.] *adj. sm.* Que, ou aquele que fugiu, para escapar à justiça, etc.

fo.ra.gir-se [Deduz. de *foragido*.]⬛1C] *vp.* Esconder-se, homiziar-se. [C.: 3A]

fo.ras.tei.ro [Esp. *forastero*.] *adj. sm.* Que, ou quem é de fora; estrangeiro.

for.ca (ô) [Lat. *furca*.] *sf.* Instrumento para o suplício da estrangulação ou do enforcamento.

for.ça (ô) [B.-lat. *fortia*.] *sf.* **1.** Saúde física; vigor. **2.** Energia física ou moral. **3.** Esforço necessário para fazer algo. **4.** Ação de obrigar alguém a fazer algo; violência. **5.** Influência, prestígio. **6.** Energia elétrica. **7.** *Fís.* Todo agente capaz de atribuir aceleração a um corpo. **8.** Conjunto de tropas, navios ou aeronaves, para fins operantes ou administrativos. ◆ **Força de trabalho.** *Econ.* Total de pessoas disponíveis para exercer atividades produtivas, e que abrange os ocupados e os que estejam buscando ocupação. **Força eletromotriz.** *Eletr.* Tensão elétrica entre os terminais de uma fonte de energia elétrica que está funcionando em condições de reversibilidade. [Abrev.: *f.e.m.*] **À força.** Por meio de força física; com uso de violência.

for.ca.do [V.C] *sm.* Instrumento de lavoura: haste com 2 ou 3 pontas; garfo.

for.ça.do [*Forçar*.⬛17A] *adj.* **1.** Que se forçou; obrigado, compelido. **2.** Não natural; contrafeito. ● *sm.* **3.** Indivíduo condenado a trabalhos forçados; grilheta.

for.çar [*Força*.⬛1A] *vtd.* **1.** Obter por força. **2.** Entrar à força em. **3.** Violentar, estuprar. **4.** Arrombar (porta, janela, etc.). **5.** Submeter a esforço excessivo. *tdi.* **6.** Obrigar (alguém) a fazer algo. *p.* **7.** Obrigar-se a; constranger-se. [C.: 1B (ó)]

for.ça-ta.re.fa *sf.* Conjunto de profissionais de diferentes áreas que, temporariamente, atuam juntos na realização de uma tarefa. [Pl.: *forças-tarefa(s)*.]

for.ce.jar [*Força*.⬛1E] *vti.* **1.** Empregar esforços. **2.** Lutar. [C.: 1 (ê)]

fór.ceps [Lat. *forceps*.] *sm2n.* Tenaz ou pinça cirúrgica us. para extrair do útero a criança.

for.ço.so (ô) [*Força*.⬛37] *adj.* Que é indispensável ou imperioso que se faça, dada a sua força, importância ou urgência; necessário; inevitável. [Pl.: *-cosos* (ó).]

for.çu.do [*Força* + *-udo*.] *adj.* Diz-se daquele que tem muita força; forte.

fo.rei.ro [*Foro* (ô).⬛25] *sm.* O que faz uso dum prédio e percebe os lucros relativos a ele, pagando foro ao senhorio direto.

fo.ren.se [Lat. *forense*.⬛38] *adj2g.* Relativo ao foro judicial.

for.ja [Fr. *forge*.] *sf.* **1.** Conjunto de fornalha, fole, bigorna, que usam no seu ofício os que trabalham em metal. **2.** Oficina de ferreiro.

for.jar [*Forja*.⬛1A] *vtd.* **1.** Aquecer e trabalhar na forja. **2.** Fabricar, fazer. **3.** Inventar. **4.** Falsificar. [C.: 1 (ó)]

for.ma [Lat. *forma*.] *sf.* **1.** Os limites exteriores da matéria de que se constituiu um corpo, e que a este conferem configuração particular. **2.** Ser ou objeto cuja natureza e aspecto não se podem precisar. **3.** Modo variável por que uma ideia, acontecimento, ação, se apresenta. **4.** Maneira, modo. **5.** Tipo determinado sob cujo modelo se faz algo. **6.** Estado, condição. **7.** Boa aparência, ou bom estado físico. **8.** Alinhamento, fila. **9.** O modo de expressão que o artista adota na criação ou composição duma obra, usando os elementos adequados à sua arte. ◆ **Forma paralela.** *E.Ling.* A que, na língua, coexiste com outra, sem dela provir.

fôr.ma [De *forma*.] *sf.* **1.** Modelo oco onde se põe metal derretido, material em estado plástico, vidro ou qualquer líquido que, solidificando-se, tomará a forma desejada; molde. **2.** Peça que imita o pé, us. no fabrico de calçados. **3.** Vasilha em que se assam bolos, etc. **4.** *Art.Gráf.* Base que contém zona impressora com imagem a ser transferida, direta ou indiretamente, para papel ou outra superfície; matriz. [O uso de acento nessa palavra é facultativo.]

for.ma.ção [Lat. *formatione*.⬛2A] *sf.* **1.** Ato, efeito ou modo de formar. **2.** Constituição, caráter. **3.** Modo por que se constituiu uma mentalidade, um caráter. **4.** O conjunto dos elementos que constituem um corpo de tropas. **5.** Conjunto de aviões em voo, de navios de guerra em operação, etc. **6.** *Anat.* Nome genérico de estrutura ou parte dela, e que tem aspecto definido. [Pl.: *-ções*.]

for.ma.do [*Formar*.⬛17A] *adj.* **1.** Que recebeu forma. **2.** Feito, constituído. **3.** Que concluiu um dado curso e nele se diplomou.

for.mal [Lat. *formale*.⬛39] *adj2g.* **1.** Relativo à forma. **2.** Evidente, manifesto. **3.** Genuíno. **4.** Convencional. [Pl.: *-mais*.]

for.mal.de.í.do [*Fórm(ico)* + *aldeído*.] *sm. Quím.* Aldeído gasoso com somente um átomo de

formalidade | fornecer

carbono [fórm.: HCHO], normalmente us. em solução aquosa [v. *formol*]; aldeído fórmico.

for.ma.li.da.de [Fr. *formalité*.◼14] *sf.* 1. Aquilo que é de praxe. 2. V. *etiqueta* (2).

for.ma.lis.mo [*Formal*.◼11] *sm.* 1. Respeito exagerado e meticuloso a normas, regras ou modelos. 2. Tendência artística que privilegia os aspectos formais em vez do conteúdo.

for.ma.li.zar [*Formal*.◼1D] *vtd.* 1. Dar forma a; formar. 2. Realizar segundo fórmulas ou formalidades. [C.: 1]

for.ma.mi.da [*Form-* + *amida*.] *sf. Quím.* A mais simples das amidas orgânicas [fórm.: HC(=O)NH$_2$.].

for.man.do [*Formar* + *-ando*.] *sm. Bras.* Aquele que está prestes a formar-se.

for.mão [*Formar*.◼28B] *sm.* Utensílio com uma extremidade chata e cortante, e outra embutida em cabo. [Pl.: *-mões*.]

for.mar [Lat. *formare*.◼1A] *vtd.* 1. Dar a forma a (algo). 2. Ter a forma de. 3. Conceber, imaginar. 4. Pôr em ordem, em linha. 5. Educar. 6. Fabricar, fazer. 7. Constituir. *int.* 8. Dispor-se em ordem, alinhando-se (tropas). *p.* 9. Tomar forma. 10. Concluir curso universitário, etc. [C.: 1 (ó)] § **for.ma.dor** (ô) *adj. sm.*

for.ma.ta.ção [*Formatar*.◼2A] *sf.* 1. Ato ou efeito de formatar. 2. *Inform.* Padrão de organização de disco magnético ou outro meio similar de armazenamento. 3. A disposição espacial dos elementos visuais de um documento (texto, imagens, etc.). [Pl.: *-ções*.]

for.ma.tar [Ingl. *(to) format*.◼1A] *vtd.* 1. *Inform.* Estabelecer a forma de disposição dos dados em (arquivo ou registro). 2. *Inform.* Preparar (meio de armazenamento magnético) para receber dados. 3. *Inform.* Especificar a disposição dos elementos na tela do computador, ou em documento a ser impresso por meio dele. 4. Determinar o formato (4) de. [C.: 1]

for.ma.ti.vo [*Formar*.◼22A] *adj.* Que dá forma a alguma coisa.

for.ma.to [Fr. *format*.] *sm.* 1. Feitio, forma. 2. Tamanho de folha, livro, anúncio, etc. 3. *Inform.* Conjunto de características específicas de estruturação, codificação, organização ou apresentação de dados. 4. *Rád. Telev.* Estrutura ou forma de apresentação de programa de TV ou de rádio, seminário, etc.

for.ma.tu.ra [Lat. *formatura*.◼5B] *sf.* 1. Ato ou efeito de formar(-se). 2. Graduação universitária, ou em outros cursos.

for.mi.a.to [(*Ácido*) *fórmi*(co) + *-ato*².] *sm. Quím.* Qualquer éster ou sal do ácido fórmico.

fór.mi.ca [*Formica*, m.reg.] *sf.* Nome comercial de material laminado, recoberto de resina artificial, us. esp. para revestimentos.

for.mi.ci.da *adj2g.* 1. Diz-se de substância usada para matar formigas. ● *sm.* 2. Substância formicida.

for.mi.cí.de:o [Tax. *Formicidae*.] *adj. sm. Zool.* Diz-se de, ou espécie dos formicídeos, família de insetos himenópteros, sociais, que inclui espécies predadoras. São as formigas.

fór.mi.co [Lat. *formica*.] *adj. Quím.* Diz-se do ácido carboxílico de um átomo de carbono [fórm.: HC(=O)OH], encontrado no veneno das formigas e, tb., de certas substâncias derivadas desse ácido, como, p.ex., o aldeído fórmico.

for.mi.dá.vel [Lat. *formidabile*.◼41] *adj2g.* 1. Descomunal, colossal. 2. Terrível, pavoroso. 3. Que desperta admiração, entusiasmo, etc. 4. Muito bom, ou bonito, etc. [Pl.: *-veis*.]

for.mi.ga [Lat. *formica*.] *sf.* 1. *Zool.* Nome comum a todos os formicídeos. 2. *Fig.* Pessoa econômica e/ou trabalhadeira. 3. *Fam.* Pessoa que gosta muito de doces [v. *doce* (5)].

for.mi.ga-le.ão *sf. Bras. Zool.* Inseto neuróptero cuja larva vive em um cone invertido, escavado na areia, que é tb. uma armadilha para suas presas. [Pl.: *formigas-leão(ões)*.]

for.mi.ga.men.to [*Formigar*.◼3] *sm. Med.* Forma de parestesia (q.v.); formigueiro.

for.mi.gar [Lat. *formicare*.◼1A] *v.int.* 1. Sentir formigamento. 2. Pulular (2). *ti.* 3. Apresentar em quantidade. [C.: 1C] § **for.mi.gan.te** *adj2g.*

for.mi.guei.ro [*Formiga*.◼25] *sm.* 1. Toca de formigas. 2. Multidão de pessoas. 3. Formigamento.

for.mi.nha [*Fôrma*.◼32A] *sf.* Fôrma (3) para bolos, empadas, etc., muito pequenos.

for.mol *sm. Quím.* Solução aquosa de formaldeído, us. como antisséptico, bactericida e para conservar cadáveres, etc. [Pl.: *-móis*.]

for.mo.so (ô) [Lat. *formosu*.◼37] *adj.* De formas, feições ou aspecto agradável, harmonioso; belo, bonito. [Pl.: *-mosos* (ó).]

for.mo.su.ra [*Formoso*.◼5] *sf.* 1. Qualidade de formoso. 2. Pessoa ou coisa formosa.

fór.mu.la [Lat. *formula*.] *sf.* 1. Expressão dum preceito, regra ou princípio. 2. Modo já estabelecido para requerer, declarar, executar, etc., alguma coisa, com palavras precisas. 3. Receita (3). 4. *Med.* Enumeração, com as respectivas quantidades, das substâncias que devem ser associadas para produzir determinados efeitos.

for.mu.lar [*Fórmula*.◼1A] *vtd.* 1. Pôr em fórmula. 2. Aviar (uma receita). 3. Expor com precisão (conceito, proposta, etc.); articular. [C.: 1] § **for.mu.la.ção** *sf.*

for.mu.lá.ri:o [*Fórmula*.◼24] *sm.* 1. Coleção de fórmulas. 2. Modelo, impresso ou não, de fórmula (2).

for.na.da *sf.* 1. Conjunto dos pães, tijolos, etc., que se cozem de cada vez no mesmo forno. 2. Porção de coisas que se fazem duma vez.

for.na.lha [Lat. *fornacula*.] *sf.* 1. Forno grande. 2. Parte do forno, da máquina ou do fogão, onde se queima o combustível; forno.

for.ne.cer [*Forn(ir)*.◼1P] *vtd. e tdi.* 1. Abastecer de. 2. Gerar, produzir. 3. Proporcionar o necessário (a). [C.: 2A (ê-é)] § **for.ne.ce.dor** (ô) *adj. sm.*; **for.ne.ci.men.to** *sm.*

for.nei.ro [Lat. *furnariu*. ⬛25] *sm.* Responsável pelo forno.

for.ni.car [Lat. *fornicare.*] *v.int. e ti.* Copular (com). [C.: 1A]

for.ni.do [Part. de *fornir.*] *adj.* **1.** Abastecido, provido. **2.** Robusto.

for.ni.lho [Esp. *hornillo.*] *sm.* Pequeno forno ou fogareiro.

for.no (ô) [Lat. *furnu.*] *sm.* **1.** Construção em forma de abóbada com portinhola, para cozer pão, louça, cal, telha, etc. **2.** Fornalha (2). **3.** Parte do fogão para fazer assados. **4.** *Fig.* Lugar muito quente. [Pl.: *fornos* (ó).]

fo.ro [Lat. *foru.*] *sm.* Praça pública, na antiga Roma; fórum.

fo.ro (ô) [*Foro*.] *sm.* **1.** Quantia ou pensão paga anualmente pelo foreiro. **2.** Uso ou privilégio garantido pelo tempo ou pela lei. **3.** Lugar onde funcionam os órgãos do poder judiciário; tribunal. [Sin., nesta acepç.: *fórum*.]

fo.ros *smpl.* Imunidades, privilégios.

for.qui.lha [Esp. *horquilla.*] *sf.* **1.** Pequeno forcado de 3 pontas. **2.** Vara, pau ou tronco bifurcado.

for.ra [F.subst. de *forro*².] *sf. Pop.* Desforra.

for.ra.do [*Forrar*¹.⬛17A] *adj.* Que tem forro¹.

for.ra.gei.ro [*Forrage(m)*.⬛25] *adj.* Que serve como forragem.

for.ra.gem [Fr. *fourrage.* ⬛6] *sf.* Qualquer planta ou grão para alimentação de gado. [Pl.: *-gens*.]

for.rar¹ [Esp. *forrar*.⬛1A] *vtd.* **1.** Pôr forro¹ em. **2.** Reforçar com entretela. **3.** Revestir. *tdi.* **4.** Forrar¹ (3). *p.* **5.** Agasalhar-se. **6.** Revestir-se. [C.: 1 (ó)] § **for.ra.ção** *sf.*

for.rar² [*Forro*². ⬛1A] *vtd.* **1.** Tornar forro² ou livre; alforriar. **2.** Poupar, economizar. *p.* **3.** Livrar-se. [C.: 1 (ó)]

for.ro¹ (ô) [Fr.ant. *feurre.*] *sm.* **1.** Enchimento ou guarnição interna de certos artefatos, peças de vestuário, etc. **2.** Revestimento de sofás, cadeiras, etc. **3.** Tábuas com que se reveste por dentro o teto de casas. **4.** Revestimento de paredes, edifícios, etc. [Pl.: *forros* (ó).]

for.ro² (ô) [Do ár.] *adj.* **1.** Liberto; alforriado. **2.** Que não paga foro (1). **3.** Livre, isento. [Flex.: *forros* (ô), *forra(s)* (ó).]

for.ró [F.red. de *forrobodó*.] *sm. Bras. Pop.* **1.** V. *arrasta-pé*. **2.** Música nordestina de gênero variado e dança semelhante ao baião, porém com andamento mais acelerado, típicas desses bailes.

for.ro.bo.dó [V.D] *sm. Bras. Pop.* V. *arrasta-pé*.

for.ta.le.cer [*Fortal(eza)*.⬛1P] *vtd.* **1.** Tornar (mais) forte; robustecer, fortificar. **2.** Munir de meios de defesa. **3.** Corroborar. **4.** Encorajar. *p.* **5.** Robustecer-se. **6.** Munir-se de meios de defesa. [C.: 2A (ê-é)] § **for.ta.le.ci.men.to** *sm.*

for.ta.le.za (ê) [Occ.ant. *fortalessa, fortaleza*.] *sf.* **1.** Qualidade ou virtude dos fortes. **2.** Solidez, segurança. **3.** Força, energia moral. **4.** V. *forte* (13).

for.ta.le.zen.se [⬛38] *adj2g.* **1.** De Fortaleza, capital do CE. ● *s2g.* **2.** O natural ou habitante de Fortaleza.

for.te [Lat. *forte*.] *adj2g.* **1.** Que tem força; vigoroso. **2.** Robusto, corpulento. **3.** Que tem fortaleza de ânimo; enérgico. **4.** Poderoso. **5.** Com muita possibilidade de vitória. **6.** Consistente, rijo. **7.** Que tem fortificações. **8.** Intenso, violento. **9.** De valor; de peso. **10.** Nutritivo. **11.** *Bras. Pop.* Que tem prestígio ou está prestigiado em função ou cargo. ● *sm.* **12.** Aquilo em que alguém é excelente. **13.** Construção para proteção dum lugar estratégico, duma cidade ou região; fortaleza, fortificação. ● *s2g.* **14.** Pessoa forte (3).

for.ti.fi.ca.ção [Lat. *fortificatione.*⬛2A] *sf.* **1.** Ato ou efeito de fortificar. **2.** V. *forte* (13). [Pl.: *-ções*.]

for.ti.fi.can.te [Lat. *fortificante*.⬛21] *adj2g.* **1.** Que fortifica. ● *sm.* **2.** Preparado que fortalece o organismo.

for.ti.fi.car [Lat. *fortificare*.⬛1A] *vtd.* **1.** Tornar forte; fortalecer. **2.** Guarnecer de forte (13). *p.* **3.** V. *fortalecer* (5). [C.: 1A]

for.tim [*Forte + -im*.] *sm.* Pequeno forte (13). [Pl.: *-tins*.]

for.tui.to (túi) [Lat. *fortuitu.*] *adj.* V. *eventual*.

for.tu.na [Lat. *fortuna*.] *sf.* **1.** Casualidade, acaso. **2.** Destino, fado, sorte. **3.** Boa sorte. **4.** Riqueza.

fó.rum [Do lat.] *sm.* **1.** V. *foro*. **2.** V. *foro* (ô) (3). [Pl.: *fóruns*.]

fos.co (ô) [Lat. *fuscu*.] *adj.* Sem brilho ou transparência; baço.

fos.fa.to [(*Ácido*) *fosf(órico*) + -*ato*².] *sm. Quím.* Qualquer sal do ácido fosfórico.

fos.fo.res.cên.ci:a [*Fosforescer*.⬛10] *sf.* Propriedade de certos corpos de brilhar na obscuridade, sem espalhar calor. § **fos.fo.res.cen.te** *adj2g.*

fos.fó.ri.co [*Fósforo*. ⬛35B] *adj.* **1.** Relativo a, ou que contém fósforo. **2.** Que brilha como o fósforo. **3.** *Quím.* Diz-se de um ácido [fórm.: H_3PO_4] de grande importância industrial e biológica.

fós.fo.ro [Lat. *phosphoru.*] *sm.* **1.** *Quím.* Elemento de número atômico 15, não metálico, luminoso na obscuridade, e que arde em contato com o ar [símb.: *P*]. **2.** Palito com uma cabeça composta de corpos que se inflamam quando atritados.

fos.sa [Lat. *fossa*.] *sf.* **1.** Cavidade, mais ou menos ampla e profunda, no solo; fosso. **2.** Cavidade subterrânea para despejo de imundícies ou onde se recolhem esgotos sanitários. **3.** *Anat.* V. *cavidade* (3). **4.** *Pop.* Forte depressão moral.

fos.sar [*Fossa.* ⬛1A] *vtd. e int.* **1.** Revolver (a terra) com o focinho ou fuça. **2.** *Fig.* Sondar, investigar. [Sin.ger.: *fuçar*. C.: 1 (ó).]

fós.sil [Fr. *fossile*, do lat.] *adj2g.* **1.** Que se extrai da terra. ● *sm.* **2.** Vestígio ou resto petrificado de animais ou vegetais que habitaram a Terra em época remotíssima, e que ger. não são mais

fossilizar | fracassar

representados por espécimes vivos. 3. *Fig.* O que é antiquado. [Pl.: *-seis.*]

fos.si.li.zar [*Fóssil.*◼1D] *vtd.* e *p.* 1. Tornar fóssil. *p.* 2. Tornar-se antiquado, ultrapassado. [C.: 1] § fos.si.li.za.ção *sf.*; fos.si.li.za.do *adj.*

fos.so (ô) [It. *fosso.*] *sm.* 1. Fossa (1) que delimita um terreno, que serve de defesa, etc. 2. Valado. 3. *Fig.* Divergência, desacordo. [Pl.: *fossos* (ó).]

fo.to *sf.* F.red. de *fotografia* (2).

fo.to.cé.lu.la [*Foto-* + *célula.*] *sf.* 1. Qualquer dispositivo fotoelétrico (1). 2. *Eletr.* Dispositivo fotoelétrico que converte radiação luminosa em eletricidade.

fo.to.com.po.si.ção [*Foto-* + *composição.*] *sf. Edit.* Composição (6) fotográfica. [Pl.: *-ções.*]

fo.to.con.du.ti.vi.da.de *sf.* Variação, devida à ação da luz, na condutividade de uma substância.

fo.to.có.pi.a *sf.* 1. Processo de reprodução fotográfica de documento(s) sobre papel sensibilizado. 2. A cópia assim feita.

fo.to.co.pi.a.do.ra (ô) [*Fotocopiar.*◼20] *sf.* Aparelho para tirar fotocópias.

fo.to.co.pi.ar [*Fotocópia.*◼1A] *vtd.* Reproduzir por fotocópia. [C.: 1]

fo.to.de.tec.tor (ô) [*Fot(o)-* + *detector.*] *adj. sm. Eletrôn.* Diz-se de, ou dispositivo que detecta ou responde à energia luminosa.

fo.to:e.lé.tri.co ou **fo.te.lé.tri.co** *adj. Fís.* 1. Relativo a efeitos elétricos ou modificações de certas características elétricas, causados pela interação da luz ou outra radiação eletromagnética com as substâncias. 2. Relativo a, ou que realiza transformação de energia luminosa em elétrica.

fo.to.fo.bi.a [*Fot(o)-* + *-fobia.*] *sf. Med.* Aversão à luz devida ao desconforto causado por ela.

fo.to.gê.ni.co [*Fot(o)-* + *-gen(o)-* + *-ico*[2].◼35B] *adj.* Que se representa bem pela fotografia.

fo.to.gra.far [*Fot(o)-* + *-graf(o)-* + *-ar*[2].◼1A] *vtd.* 1. Registrar (imagem) por meio de fotografia. *int.* 2. Sair (bem ou mal) em fotografia(s). [C.: 1]

fo.to.gra.fi.a [*Fot(o)-* + *-grafia.*] *sf.* 1. Processo de registrar imagens mediante a ação da luz sobre filme (1). 2. Imagem assim obtida; foto. § fo.to.grá.fi.co *adj.*

fo.to.gra.fo [*Fot(o)-* + *-grafo.*] *sm.* Aquele que tira fotografias, profissionalmente ou não.

fo.to.gra.ma [*Foto-* + *-grama.*] *sm.* Cada uma das imagens registradas em filme (1) fotográfico ou cinematográfico.

fo.to.gra.vu.ra *sf. Art.Gráf.* Processo que reproduz placas gravadas em relevo.

fo.to.li.to [F.red. de *fotolitografia.*] *sm.* 1. Pedra ou placa de metal com imagem fotográfica para impressão. 2. *Art.Gráf.* Filme (1) us. para gravar na chapa (4) imagem para impressão.

fo.to.log [Ingl. *photolog.*] *sm.* Álbum de fotografias virtual, posto na Internet.

fo.to.me.tri.a [*Fot(o)-* + *-metria.*] *sf.* Parte da física que estuda a medição de fluxos luminosos e suas características energéticas.

fo.tô.me.tro [*Fot(o)-* + *-metro.*] *sm.* Instrumento us. para medir intensidade luminosa.

fo.to.mon.ta.gem [*Foto-* + *montagem.*] *sf.* Composição feita com recortes de fotografias e desenhos combinados e fotografados novamente. [Pl.: *-gens.*]

fó.ton [*Fot(o)-* + *-on.*] *sm. Fís.* Partícula elementar associada ao campo eletromagnético; *quantum* de luz.

fo.to.no.ve.la [*Foto-* + *novela.*] *sf.* História em quadrinhos em que imagens fotográficas substituem os desenhos.

fo.tos.sen.sí.vel [*Fot(o)-* + *sensível.*] *adj2g.* Que se modifica ou apresenta reação (química, orgânica, elétrica, etc.) à incidência da luz. [Pl.: *-veis.*] § fo.tos.sen.si.bi.li.da.de *sf.*

fo.tos.sen.sor (ô) [*Fot(o)-* + *sensor.*] *adj. sm.* Diz-se de, ou dispositivo sensível à luminosidade (em diferentes graus).

fo.tos.sín.te.se [*Fot(o)-* + *síntese.*] *sf.* Processo químico pelo qual plantas verdes e outros organismos fototrópicos sintetizam compostos orgânicos, a partir de dióxido de carbono e de água, sob a ação da luz solar, e com desprendimento de oxigênio.

fo.to.te.ra.pi.a [*Fot(o)-* + *-terapia.*] *sf. Med.* Tratamento que utiliza a ação da luz. § fo.to.te.rá.pi.co *adj.*

fo.to.tro.pis.mo [*Fot(o)-* + *tropismo.*] *sm. Biol.* Tropismo determinado pela luz. § fo.to.tró.pi.co *adj.*

fó.ve.a [Lat. *fovea.*] *sf. Anat.* Nome genérico de pequena depressão na superfície ou no corpo de um órgão.

fo.vis.mo [Fr. *fauvisme.*◼11] *sm.* Movimento artístico do início do séc. XX, caracterizado pela simplificação das formas e pela valorização da cor.

→ **fox-terrier** (fócs-têrriê) [Ingl.] *sm. Zool.* Cão de porte médio, originário da Inglaterra, de pelagem abundante, ger. branca com manchas escuras.

→ **foxtrote** (focstróti) [Ingl. *foxtrot.*] *sm.* Dança de salão, de par, oriunda dos E.U.A.

foz [Lat. *fauce.*] *sf.* Ponto onde um rio (ou outro curso fluvial) deságua, no mar, num lago ou em outro rio; embocadura, desembocadura.

■ **Fr** *Quím.* Símb. de *frâncio.*

fra.ca.lhão [*Fraco* + *-alhão.*] *sm.* Indivíduo covarde. [Pl.: *-lhões.* Fem.: *fracalhona.*]

fra.ção [Lat. *fractione.*◼2] *sf.* 1. Parte de um todo. 2. *Mat.* Número que representa uma ou mais partes da unidade que foi dividida em partes iguais. [Pode ser escrita em forma decimal, como, p.ex., 0,5 ou 0,375; ou na forma de divisão entre 2 números inteiros, um acima outro abaixo de um traço: $1/2$.] 3. Mistura parcial obtida num processo de separação dos componentes de um sistema. [Pl.: *-ções.*]

fra.cas.sar [It. *fracassare.*◼1A] *vtd.* 1. Despedaçar com estrépito. ● *int.* e *ti.* 2. Falhar, malograr-se. [C.: 1]

fracasso | franquia

fra.cas.so [It. *fracasso*.] *sm.* **1.** Estrondo de coisa que se parte ou cai. **2.** Mau êxito; malogro; ruína.

fra.ci:o.nar [*Fração* (*-cion-*).◨ 1A] *vtd.* **1.** Partir em frações ou fragmentos; dividir. *p.* **2.** Dividir-se. [C.: 1] § **fra.ci:o.na.men.to** *sm.*

fra.ci:o.ná.ri:o [*Fração* (*-cion-*).◨ 24] *adj.* Em que há fração.

fra.co [Lat. *flaccu*.] *adj.* **1.** Que não tem ou está sem força física, saúde, vigor. **2.** Sem força de vontade. **3.** Sujeito a errar, a pecar. **4.** Sem autoridade, poder, importância, influência. **5.** Pouco versado. **6.** Frágil (2). **7.** Pouco expressivo, medíocre. **8.** Sem importância ou expressão. **9.** De baixo teor alcoólico. **10.** *Bras. Pop.* Tuberculoso (1). ● *sm.* **11.** Pendor ou inclinação irresistível.

frac.tal [Lat. *fractus*, 'quebrado', + *-al*¹.◨ 39] *adj2g. sm.* Diz-se de, ou forma geométrica que pode ser subdividida indefinidamente em partes, as quais, de certo modo, são cópias reduzidas do todo. [Pl.: *-tais*.]

fra.de¹ [Lat. *fratre*.] *sm.* Religioso de comunidade onde se emitem votos solenes.

fra.de² *sm.* Marco de pedra ou de concreto à entrada de ruas, becos, etc., ou em calçadas, para proteger edificações ou impedir acesso de veículos.

fra.ga [Lat. *fraga*.] *sf.* Rocha escarpada; penhasco.

fra.ga.ta¹ [It. *fregata*.] *sf.* Navio de guerra de porte médio, veloz, próprio para dar combate a submarinos ou realizar outras missões.

fra.ga.ta² *sm. Bras. Mar.* V. *capitão de fragata*.

frá.gil [Lat. *fragile*.] *adj2g.* **1.** Fácil de romper ou de quebrar. **2.** Pouco sólido ou resistente; fraco. **3.** Pouco vigoroso; débil. **4.** Pouco durável. [Pl.: *-geis*. Superl.: *fragílimo*, *fragilíssimo*.] § **fra.gi.li.da.de** *sf.*

fra.gi.li.zar [*Frágil*.◨ 1D] *vtd. e p.* **1.** Tornar(-se) frágil; debilitar(-se). **2.** Abater(-se) emocionalmente; sensibilizar(-se). [C.: 1] § **fra.gi.li.za.do** *adj.*; **fra.gi.li.zá.vel** *adj2g.*

frag.men.tar [*Fragmento*.◨ 1A] *vtd. e p.* Fazer(-se) em fragmentos; quebrar(-se). [C.: 1] § **frag.men.ta.ção** *sf.*; **frag.men.ta.do** *adj.*

frag.men.tá.ri:o [*Fragmento*.◨ 24] *adj.* Que se encontra em fragmentos.

frag.men.to [Lat. *fragmentu*.] *sm.* **1.** Cada um dos pedaços de uma coisa partida ou quebrada. **2.** Parte dum todo; pedaço, fração.

fra.gor (ô) [Lat. *fragore*.] *sm.* V. *estrondo* (1).

fra.go.so (ô) [Lat. *fragosu*.◨ 37] *adj.* Cheio de fragas. [Pl.: *-gosos* (ó).]

fra.grân.ci:a [Lat. *fragrantia*.] *sf.* Perfume.

fra.gran.te [Lat. *fragrante*.◨ 21] *adj2g.* Odorífero, perfumado, aromático. [Cf. *flagrante*.]

fral.da [Port.ant. *faldra*.] *sf.* **1.** A parte inferior da camisa. **2.** Peça de pano, ou de material sintético, macio e absorvente, que se adapta às entrepernas e nádegas do bebê, ou de pessoa incontinente, para reter urina e fezes. **3.** Sopé (de serra, monte, etc.).

fral.di.nha [*Fralda*.◨ 32A] *sf. Bras.* Corte de carne bovina, fibrosa e um tanto rija, tirada do abdome do animal.

fram.bo.e.sa (ê) [Fr. *framboise*.] *sf. Bot.* O fruto da framboeseira.

fram.bo:e.sei.ra [*Framboesa*.◨ 16] *sf. Bot.* Arbusto rosáceo, pequeno e ramoso, de fruto cheiroso e comestível.

fran.cês [Fr.ant. *franceis*.] *adj.* **1.** Da França (Europa). ● *sm.* **2.** O natural ou habitante da França. **3.** *E.Ling.* A língua francesa. **4.** Voc. dessa língua. [Flex. de 1 e 2: *franceses* (ê), *francesa(s)* (ê).]

fran.ce.sis.mo [*Francês*.◨ 11] *sm.* **1.** Galicismo. **2.** Admiração profunda ao que é francês.

frân.ci:o [Lat.cient. *francium*.] *sm. Quím.* V. *metal alcalino* [símb.: *Fr*].

fran.cis.ca.no [◨ 29] *adj.* **1.** De uma das ordens de S. Francisco, ou próprio delas. **2.** *Pop.* Diz-se da pobreza extrema, ou da vida em pobreza extrema, ou do modo de proceder de quem vive ou optou por viver na humildade. ● *sm.* **3.** Frade franciscano (1).

fran.co [Fr. *franc*.] *sm.* **1.** Indivíduo dos francos, povo germ. que conquistou parte da Gália (antiga região da Europa). ● *adj.* **2.** Desse povo. **3.** Espontâneo, sincero. **4.** Desimpedido, livre. **5.** Isento de tributos, impostos ou qualquer pagamento.

fran.ga [Fem. de *frango*.] *sf.* Galinha nova, que ainda não põe [v. *pôr* (28)].

fran.ga.lho [V.C] *sm.* **1.** Farrapo, trapo. **2.** Coisa ou pessoa em péssimo estado.

fran.go [Regr. de *frangão*.] *sm.* **1.** O filho da galinha, já crescido, mas antes de ser galo. **2.** *Pop.* Rapazola. **3.** *Fut.* Bola fácil de defender que o goleiro deixa passar.

fran.go.te [*Frango* + *-ote*¹.] *sm.* Rapazinho, adolescente.

fran.go-xa.drez *sm. Cul.* Prato oriental feito com peito de frango, pimentão, legumes, *shoyu*, amendoim, cebola, amido de milho e açúcar. [Pl.: *frangos-xadrez*.]

fran.ja [Fr. *frange*.] *sf.* **1.** Galão com fios pendentes (de algodão, de seda, etc.), us. como enfeite ou guarnição. **2.** Cabelo puxado para a testa e aparado.

fran.jar [*Franja*.◨ 1A] *vtd.* **1.** Guarnecer com franja (1). **2.** Aparar (o cabelo) em franja. **3.** Desfiar (toalha, etc.) em franjas. [C.: 1]

fran.que.ar [*Franco*.◨ 1N] *vtd.* **1.** Isentar de imposto ou pagamento. **2.** Tornar evidente; patentear. **3.** Tornar franco, livre; facultar. **4.** Pagar o porte de (carta ou outra remessa postal). **5.** Conceder (franquia [5]). *tdi.* **6.** Franquear (3). [C.: 12A]

fran.que.za (ê) [*Franco*.◨ 12] *sf.* **1.** Qualidade de franco. **2.** Qualidade ou ação de quem diz a verdade ou não tem a intenção de enganar; sinceridade.

fran.qui.a [*Franco*.◨ 8A] *sf.* **1.** Liberdade de direitos; imunidade, privilégio. **2.** Isenção de certos direitos, certas obrigações. **3.** Pagamen-

franzido | freira

to de porte de carta e demais remessas postais. 4. Em contratos de seguro, parte do prejuízo não coberta por seguradora. 5. Licença concedida por detentor de marca registrada a firmas independentes, para fabricação ou venda de produtos com tal marca.

fran.zi.do [Part. de *franzir*.] *adj.* **1.** Que se franziu. ● *sm.* **2.** Conjunto de dobras não achatadas de um tecido, que se aproximam por meio de um fio que se puxa.

fran.zi.no *adj.* **1.** De talhe fino, delgado. **2.** Pouco resistente; fraco, raquítico.

fran.zir [*Frangir*, var. de *franger*, 'quebrar'.] *vtd.* **1.** Fazer pequenas pregas em. **2.** Enrugar, amarrotar. **3.** Contrair. *p.* **4.** Contrair-se. [C.: 3]

fra.que [Fr. *frac.*] *sm.* Traje de cerimônia masculino, bem ajustado ao tronco, curto na frente e com longas abas atrás.

fra.que.ar [*Fraco.* ▣1N] *v.int.* V. *fraquejar*. [C.: 12A]

fra.que.jar [*Fraco.* ▣1E] *v.int.* **1.** Mostrar-se abatido, sem forças; desfalecer. **2.** Perder o vigor; desencorajar-se. [C.: 1 (ê)]

fra.que.za (ê) [*Fraco.* ▣12] *sf.* **1.** Estado, qualidade ou ação de fraco. **2.** Perda súbita da força física. **3.** Aquilo a que não se pode resistir.

fras.cá.ri:o [*Frasco.* ▣24] *adj.* Libertino, dissoluto.

fras.co [V.D] *sm.* **1.** Garrafa pequena ou vaso de vidro, cristal ou barro vidrado, ger. para líquidos. **2.** Recipiente de tamanho e forma variados, ger. de plástico, próprio para pílulas, pós, etc.

fra.se [Lat. *phrase.*] *sf.* **1.** Reunião de palavras que formam sentido completo; sentença. **2.** Locução, expressão.

fra.se.a.do [*Frasear.* ▣17A] *adj.* **1.** Que se fraseou. ● *sm.* **2.** Modo próprio de falar ou de escrever; palavreado.

fra.se.ar [*Frase.* ▣1N] *v.int.* Dispor as ideias em frases. [C.: 12A]

fra.se:o.lo.gi.a [*Frase* + *-o-* + *-logia*.] *sf.* Conjunto das frases ou locuções próprias de uma língua, de um escritor, de uma época, etc.

fras.quei.ra [*Frasco.* ▣16] *sf.* **1.** Lugar onde se guardam frascos e garrafas. **2.** *Bras.* Pequena maleta em que se carregam objetos de toalete, em viagem.

fra.ter.nal [*Fraterno.* ▣39] *adj2g.* Fraterno. [Pl.: -*nais.*]

fra.ter.ni.da.de [Lat. *fraternitate.* ▣14] *sf.* **1.** Parentesco de irmãos. **2.** Amor ao próximo. **3.** Harmonia, concórdia.

fra.ter.ni.zar [*Fraterno.* ▣1D] *vtd.* **1.** Unir com amizade estreita, fraterna. ● *int. e ti.* **2.** Comungar nas mesmas ideias. *p.* **3.** Unir-se como irmãos. [C.: 1]

fra.ter.no [Lat. *fraternu.*] *adj.* De, ou próprio de irmão; fraternal.

fra.tri.a [Gr. *phratría*, 'confraria'. ▣8A] *sf.* Subdivisão de tribo ou outro grupamento, constituída por indivíduos ou grupos ligados a um genitor ou antepassado comum.

fra.tri.ci.da [Lat. *fratricida.*] *s2g.* Assassino de irmão.

fra.tri.cí.di:o [Lat. *fratricidiu.*] *sm.* Assassínio de irmão.

fra.tu.ra [Lat. *fractura.*] *sf.* **1.** Ato ou efeito de fraturar. **2.** Ruptura, quebra, separação de osso ou cartilagem.

fra.tu.rar [Lat. *Fratura.* ▣1A] *vtd., int. e p.* Sofrer fratura (2) em ou partir (osso, superfície articular, ou osso de membro): *fraturar o fêmur, a perna.* [C.: 1]

frau.dar [Lat. *fraudare.* ▣1A] *vtd.* Cometer fraude contra; defraudar. [C.: 1]

frau.de [Lat. *fraude.*] *sf.* **1.** V. *logro* (2). **2.** Abuso de confiança.

frau.du.len.to [Lat. *fraudulentu.* ▣27] *adj.* Propenso a, ou em que há fraude.

fre.a.da [*Frear.* ▣4] *sf.* **1.** Ato ou efeito de frear, de apertar o freio dum veículo. **2.** *P.ext.* As marcas de pneu, no asfalto, ou o som, resultante(s) de freada (1).

fre.ar [Lat. *frenare.*] *vtd.* **1.** Refrear. **2.** Apertar o freio (2) de. *int.* **3.** Apertar o freio (2) de veículo. **4.** Parar (veículo). *p.* **5.** Conter-se. [Sin.: (de 2 a 4) *brecar* e (de 2 e 3) *travar*. C.: 12A]

fre.á.ti.co [Gr. *phréar, atos.* ▣35B] *adj.* Diz-se de lençol (2) de água que se forma em profundidade relativamente pequena.

fre.chal [*Frecha.* ▣39] *sm.* Viga onde se assentam os frontais de cada pavimento de uma casa. [Pl.: -*chais.*]

→ **freelance** (frilânci) [Ingl.] *sm.* **1.** Trabalho avulso feito por autônomo (3), ger. para empresa jornalística, editora, etc. **2.** Profissional que realiza *freelance* (1); *freelancer*.

→ **freelancer** (frilâncer) [Ingl.] *s2g.* *Freelance* (2).

→ **freeware** (friuér) [Ingl.] *sm.* *Inform.* Programa de computador us. gratuitamente, e que, ger., se baixa da Internet.

→ **freezer** (frízer) [Ingl.] *sm.* Eletrodoméstico que serve para congelar alimentos.

fre.guês [Lat.hisp. *filiu ecclesiae*, 'paroquiano'.] *sm.* **1.** Aquele que compra ou vende habitualmente a determinada pessoa. **2.** Comprador, cliente. [Flex.: *fregueses* (ê), *freguesa(s)* (ê).]

fre.gue.si.a [*Freguês.* ▣8A] *sf.* **1.** Povoação, sob o aspecto eclesiástico. **2.** Concorrência de fregueses a estabelecimento ou vendedor; clientela.

frei [*Freire*.] *sm.* Membro de certa ordem religiosa.

frei.o [Lat. *frenu.*] *sm.* **1.** Peça de metal que passa pela boca da cavalgadura, presa às rédeas, e serve para guiá-la; trava, travão. **2.** Dispositivo que modera ou faz cessar o movimento de maquinismos ou veículos; travão; breque. **3.** *Anat.* Pequena prega que reduz ou evita o movimento duma estrutura do corpo. **4.** *Fig.* Aquilo que reprime.

frei.ra [Fem. de *freire*.] *sf.* Religiosa de uma ordem, à qual faz votos; madre.

freixo | frigorífico

frei.xo [Lat. *fraxinu*.] *sm. Bot.* Grande árvore oleácea.

fre.men.te [Lat. *fremente*.] *adj2g.* **1.** Que freme, que vibra. **2.** Veemente, arrebatado.

fre.mir [Lat. *fremere*. ▫1C] *v.int.* **1.** Ter rumor surdo e áspero. **2.** Vibrar, ecoar. **3.** Estremecer. *td.* **4.** Agitar. [C.: 8]

frê.mi.to [Lat. *fremitu*.] *sm.* **1.** Rumor surdo e áspero. **2.** Sussurro, rumor. **3.** Estremecimento, vibração. **4.** *Med.* Vibração perceptível por palpação.

fre.ne.si [Fr. *frénésie*.] *sm.* **1.** Delírio, desvario. **2.** Grande excitação ou agitação.

fre.né.ti.co [Lat. *phreneticu*. ▫35B] *adj.* Que tem ou revela frenesi.

fren.te [Esp. *frente*.] *sf.* **1.** Parte anterior de qualquer coisa; face. **2.** Fachada (1). **3.** Rosto, face. **4.** Testa (2). **5.** V. *dianteira*. **6.** Local de combate. **7.** Presença. ♦ **Frente fria.** *Met.* Limite entre uma massa de ar quente e uma massa de ar frio, que ger. avança e substitui a primeira, acompanhada de ventos e chuva. **À frente. 1.** Na dianteira. **2.** Na direção; no comando. **De frente.** Em posição frontal. **De frente para.** Com a face voltada diretamente na direção de. **Em frente. 1.** Defronte, perante. **2.** Adiante; além.

fren.tis.ta [*Frente*. ▫36] *s2g. Bras.* Empregado que, em posto de gasolina, atende o público.

fre.quên.ci.a (qüen) [Lat. *frequentia*.] *sf.* **1.** Ato ou efeito de frequentar. **2.** Repetição amiudada de fatos ou acontecimentos. **3.** As pessoas que frequentam um lugar. **4.** *Fís.* Número de ciclos que um sistema com movimento periódico efetua na unidade de tempo. ♦ **Frequência modulada.** *Fís.* Frequência variável que em cada instante é proporcional à amplitude de outro movimento periódico. [Abrev.: *FM*.]

fre.quen.tar (qüen) [Lat. *frequentare*. ▫1A] *vtd.* **1.** Ir frequentemente a. **2.** Conviver com. **3.** Cursar (estabelecimento de ensino). [C.: 1] § **fre.quen.ta.dor** (qüen...ô) *adj. sm.*

fre.quen.te (qüen) [Lat. *frequente*. ▫21] *adj2g.* **1.** Amiúde; continuado. **2.** Assíduo. **3.** Comum, habitual.

fre.quen.te.men.te (qüen) [*Frequente*. ▫42] *adv.* Com frequência.

fre.sa [Fr. *fraise*.] *sf.* Ferramenta giratória de diversos gumes para cortar ou desbastar metais e outros materiais.

fre.sar [*Fresa*. ▫1A] *vtd.* Cortar ou desbastar com fresa. [C.: 1 (é)]

fres.ca (ê) [F.subst. de *fresco*.] *sf.* Aragem agradável que sopra de manhã ou à tardinha.

fres.co (ê) [It. *fresco*.] *adj.* **1.** Entre frio e morno; levemente frio. **2.** Viçoso. **3.** Sadio. **4.** Vigoroso, forte. **5.** Não estragado. **6.** Bem arejado. **7.** *Fig.* Recente.

fres.cor (ô) [*Fresco*. ▫19] *sm.* **1.** Qualidade de fresco. **2.** Viço (1). **3.** V. *vigor* (2). [Sin.ger.: *frescura*.]

fres.cu.ra [*Fresco*. ▫5] *sf.* **1.** V. *frescor*. **2.** *Pop.* Procedimento ou expressão abusada ou impudica. **3.** *Pop.* Procedimento de quem se sente ofendido em virtude de coisa ou fato de pouca ou nenhuma importância.

fres.su.ra [Fr. *fressure*. ▫5] *sf.* O conjunto das vísceras mais grossas (pulmões, fígado, coração, etc.) de alguns animais.

fres.ta [Lat. *fenestra*.] *sf.* **1.** Abertura estreita na parede, para deixar passar a luz e o ar. **2.** Fenda, greta, frincha.

fre.tar [*Frete*. ▫1A] *vtd.* **1.** Tomar ou ceder a frete. *tdi.* **2.** Ajustar por frete. [C.: 1 (é)] § **fre.ta.men.to** *sm.*

fre.te [Fr. *fret*.] *sm.* **1.** Preço a pagar, resultante da aplicação duma tarifa a um serviço de transporte. **2.** Transporte fluvial ou marítimo. **3.** Carregamento de navio. **4.** Coisa transportada.

freu.di.a.no (frói) [▫29A] *adj.* De ou relativo a Sigmund Freud (**M.**), ou às suas teorias.

fre.vo (ê) [Dev. de *frever*, por *ferver*.] *sm. Bras. N.E.* Dança carnavalesca de rua e salão, essencialmente rítmica, de coreografia individual e andamento rápido.

fri.a.gem [*Frio*. ▫6] *sf.* Frialdade resultante de vento. [Pl.: *-gens*.]

fri.al.da.de [Lat. *frigiditate*. ▫14] *sf.* **1.** Qualidade ou estado de frio; friúra, frieza. **2.** Tempo frio. **3.** Falta de ardor; insensibilidade, frigidez, frieza.

fri.á.vel [Lat. *friabile*. ▫41] *adj2g.* **1.** Que se pode reduzir a fragmentos. **2.** *Geol.* Diz-se das rochas que se fragmentam facilmente. [Pl.: *-veis*.]

fric.ção [Lat. *frictione*. ▫2A] *sf.* Ato ou efeito de friccionar; atrito. [Pl.: *-ções*.]

fric.ci.o.nar [*Fricção* (-*cion*-). ▫1A] *vtd.* **1.** Fazer fomentação em. **2.** Atritar, esfregar. [C.: 1]

fri.co.te *sm.* **1.** Manha, dengue. **2.** *Bras. Gír.* V. *faniquito*.

fri.ei.ra [*Frio*. ▫16] *sf. Med.Pop.* **1.** Dermatite causada por frio acompanhada de prurido e inchação. **2.** Afecção cutânea produzida, ger., entre pododáctilos.

fri.e.za (ê) [*Frio*. ▫12] *sf.* V. *frialdade* (1 e 3).

fri.gi.dei.ra [*Frigir*. ▫16A] *sf.* **1.** Utensílio de barro ou de metal, para frigir. **2.** *Bras. N.E. MG* V. *fritada* (2).

fri.gi.dez (ê) [*Frígido*. ▫12A] *sf.* **1.** Qualidade de frígido ou de frio. **2.** V. *frialdade* (3). **3.** *Fig.* Ausência de desejo e de prazer durante relação sexual.

frí.gi.do [Lat. *frigidu*.] *adj.* **1.** Muito frio; álgido. **2.** Que tem frigidez (3).

frí.gi:o [Lat. *phrygiu*.] *adj.* **1.** Da Frígia (Ásia antiga). ● *sm.* **2.** O natural ou habitante da Frígia.

fri.gir [Lat. *frigere*. ▫1C] *vtd.* **1.** Cozer com óleo, manteiga, azeite, etc., na frigideira; fritar. *int.* **2.** Ficar frito; fritar. *p.* **3.** Afligir-se. [C.: 47]

fri.go.rí.fi.co [Lat. *frigorificu*. ▫35B] *adj. sm.* Diz-se de, ou estabelecimento, ou compartimen-

363

frincha | frutificação

to, para conservar, congelando-os, carnes e outros produtos perecíveis.

frin.cha [V.E] sf. V. *fenda*.

frin.gi.lí.de:o [Tax. *Fringillidae*.] adj. sm. Zool. Diz-se de, ou espécime dos fringilídeos, família de aves passeriformes, algumas delas notáveis pelo canto; são granívoras, insetívoras ou frugívoras. Ex.: canários.

fri:o [Lat. *frigidu*.] adj. **1.** Que perdeu o calor, ou não o tem. **2.** Em que faz frio (4). **3.** Insensível, impassível. [Superl.: *frigidíssimo*.] ● sm. **4.** Baixa temperatura.

fri:o.ren.to adj. Que sente muito frio.

fri:os smpl. Presuntos, carnes, salsichas e outros embutidos, cozidos, salgados ou defumados.

fri.sa¹ [Do lat.] sf. Tecido grosseiro de lã.

fri.sa² sf. Teatr. Camarote junto à plateia.

fri.sa.dor (ô) [Frisar¹.◨19A] sm. Instrumento para frisar¹.

fri.san.te¹ [Frisar¹.◨21] adj2g. Que frisa ou encrespa.

fri.san.te² [Frisar².◨21] adj2g. **1.** Que frisa ou salienta. **2.** Exato, convincente.

fri.sar¹ [Frisa¹.◨1A] vtd. **1.** Encrespar (o cabelo). **2.** Franzir. [C.: 1] § **fri.sa.do¹** adj. sm.

fri.sar² [Friso.◨1A] vtd. **1.** Pôr friso em. **2.** Salientar. [C.: 1] § **fri.sa.do²** adj. sm.

fri.so [It. *friso*.] sm. **1.** Faixa pintada ou esculpida na parte superior de parede. **2.** Tábua estreita e aparelhada, para forros ou tetos. **3.** Arquit. Parte plana entre a cornija e a arquitrave.

fri.ta.da [Fritar.◨4] sf. **1.** Aquilo que se frita duma vez. **2.** Cul. Massa de ovos batidos cozida em frigideira sobre camarões, ou picadinho de carne, etc.; frigideira, mal-assada.

fri.ta.dei.ra [Fritar.◨16A] sf. Panela ou utensílio elétrico, próprios para realizar a fritura de alimentos.

fri.tar [Frito.◨1A] vtd. e int. V. *frigir* (1 e 2). [C.: 1]

fri.to [Lat. *frictu*.] adj. Que se frigiu ou fritou.

fri.tu.ra [Frito.◨5] sf. **1.** Ato de fritar. **2.** Qualquer alimento frito.

fri.ú.ra [Frio.◨5] sf. V. *frialdade* (1).

frí.vo.lo [Lat. *frivolu*.] adj. **1.** V. *fútil*. **2.** V. *volúvel* (3). § **fri.vo.li.da.de** sf.

→ frizz (fríz) [Ingl.] sm. Frisado (em cabelo); cabelo arrepiado.

fron.de [Lat. *fronde*.] sf. Bot. **1.** A copa, os ramos ou a ramagem das árvores. **2.** A folha dos pteridófitos e das arecáceas.

fron.do.so (ô) [Lat. *frondosu*.◨37] adj. Que tem ampla fronde. [Pl.: *-dosos* (ó).]

fro.nha [V.E] sf. **1.** Espécie de saco que, com enchimento de substância macia (penas, espuma de plástico, etc.), forma o travesseiro ou a almofada. **2.** Capa para envolver o travesseiro.

fron.tal [Fronte.◨39] adj2g. **1.** Relativo à fronte. **2.** Fronteiro. **3.** Franco, claro. ● sm. **4.** Ornato por cima de portas ou janelas. **5.** Parede de meio tijolo. **6.** Anat. Osso único situado na parte anterior do crânio e formador do esqueleto da fronte. [Pl.: *-tais*.]

fron.tão [It. *frontone*.] sm. Arquit. Coroamento de fachada, de porta, etc., em forma triangular ou em arco. [Pl.: *-tões*.]

fron.ta.ri.a [Fronte.◨15] sf. A fachada principal de um edifício.

fron.te [Lat. *fronte*.] sf. Parte da face situada acima dos olhos; testa.

fron.tei.ra [F.subst. de *fronteiro*.] sf. **1.** Extremidade dum país ou duma região do lado onde confina com outro; limite, raia. **2.** Região adjacente a essa extremidade.

fron.tei.ri.ço [Fronteira + -iço.] adj. Que vive ou fica na fronteira.

fron.tei.ro [Fronte.◨25] adj. Que está defronte; frontal.

fron.tis.pí.ci:o [B.-lat. *frontispiciu*.] sm. **1.** Fachada principal. **2.** Rosto, face. **3.** Portada (2).

fro.ta [Fr. *flotte*.] sf. **1.** Conjunto de navios mercantes de um mesmo país, ou duma mesma companhia, ou duma mesma categoria. **2.** Conjunto de veículos pertencentes a um mesmo indivíduo ou a uma mesma companhia. **3.** P.ext. Grande quantidade.

frou.xi.dão [Frouxo + -idão.] sf. Condição ou procedimento de frouxo. [Pl.: *-dões*.]

frou.xo [Lat. *fluxu*.] adj. **1.** Que não está retesado; pouco tenso ou apertado; lasso, laxo, bambo. **2.** Sem energia; fraco. **3.** Indolente. **4.** Bras. Pop. Covarde.

fru-fru [Fr. *froufrou*.] sm. Rumor de folhas, de seda atritada, de asas no voo. [Pl.: *fru-frus*.]

fru.gal [Lat. *frugale*.◨39] adj. **1.** Relativo a frutos, ou que se sustenta deles. **2.** Que se contenta com pouca alimentação. **3.** Composto de alimento simples, leve. [Pl.: *-gais*.] § **fru.ga.li.da.de** sf.

fru.gí.vo.ro [Fr. *frugivore*.] adj. Que se alimenta de frutos.

fru.ir [Lat. **fruere*.◨1C] vtd. **1.** Estar na posse de; possuir. **2.** V. *usufruir* (2). ti. **3.** Desfrutar. [C.: 42] § **fru:i.ção** sf.

frus.trar [Lat. *frustrare*.◨1A] vtd. **1.** Enganar a expectativa de; iludir. p. **3.** Inutilizar. p. **3.** Malograr-se, falhar. **4.** Decepcionar-se. [C.: 1]

fru.ta [Lat. *fructa*.] sf. Bot. Nome comum a frutos, pseudofrutos e infrutescências comestíveis; fruto.

fru.ta-de-con.de sf. Bot. V. *pinha* (2). [Pl.: *frutas-de-conde*.]

fru.ta-pão sf. Bot. Árvore morácea de fruto carnudo, alimentício, do mesmo nome. [Pl.: *frutas-pão* e *frutas-pães*.]

fru.tei.ra [Fruta.◨16] sf. **1.** Árvore frutífera. **2.** Vendedora de frutas. **3.** Recipiente para frutas.

fru.tei.ro [Fruta.◨25] sm. Vendedor de frutas.

fru.ti.cul.tor (ô) [Frut(i)- + cultor.] sm. Aquele que pratica a fruticultura.

fru.ti.cul.tu.ra [Frut(i)- + cultura.] sf. Cultura de árvores frutíferas.

fru.tí.fe.ro [Lat. *fructifero*.] adj. Que dá frutos.

fru.ti.fi.ca.ção [Lat. *fructificatione*.◨2A] sf. **1.** Ato ou efeito de frutificar. **2.** Formação de fruto.

frutificar | fumar

3. Época em que as árvores frutificam [v. *frutificar* (1)]. [Pl.: -ções.]

fru.ti.fi.car [Lat. *fructificare*.▫1A] *v.int.* 1. Dar frutos. 2. Produzir resultado vantajoso; dar lucro. *td.* 3. Dar como fruto. 4. Produzir (bom resultado). [C.: 1A. Norm. é unipess.]

fru.to [Lat. *fructu*.] *sm.* 1. *Bot.* Órgão gerado pelos vegetais floríferos, e que conduz a semente; carpo. 2. Fruta. 3. Filho; prole. 4. Aquilo que resulta ou provém de uma ação, comportamento, processo, etc. 5. O que provém de um lugar, ambiente. 6. Proveito, vantagem. 7. Renda, lucro. ♦ **Frutos do mar.** Animais marinhos (crustáceos e moluscos) us. na alimentação humana.

fru.tu.o.so (ó) [Lat. *fructuosu*.▫37] *adj.* 1. Abundante em frutos. 2. Proveitoso, lucrativo. [Pl.: *-osos* (ó).]

fti.ráp.te.ro [Tax. *Phthiraptera*.] *adj. sm. Zool.* Diz-se de, ou ordem de piolhos, ectoparasitos de aves e mamíferos, que se alimentam de sangue ou de fragmentos de pele e de penas.

fu.bá [Do quimb.] *sm. Bras.* Farinha de milho ou de arroz.

fu.ça [Regr. de *focinho*.] *sf.Chulo* 1. Ventas, focinho. 2. Cara, focinha. [Tb. us. no plural.]

fu.çar [*Fuça*.▫1A] *vtd. Bras.* V. *fossar*. [C.: 1B]

fu.ças [Pl. de *fuça*.] *sfpl. Chulo* V. *fuça*.

fu.ga¹ [Lat. *fuga*.] *sf.* 1. Ato ou efeito de fugir. 2. Retirada rápida e precipitada. [Sin.ger.: *fugida*.]

fu.ga² [It. *fuga*.] *sf. Mús.* Composição polifônica baseada sobre a imitação, e que explora sistematicamente os recursos de um tema principal (sujeito) e de temas secundários (contrassujeitos), apresentados em contraponto com o sujeito.

fu.gaz [Lat. *fugace*.] *adj2g.* 1. Que foge rápido. 2. Pouco duradouro; fugidio, fugitivo. § **fu.ga.ci.da.de** *sf.*

fu.gi.da [*Fugir* + *-ida*.] *sf.* 1. V. *fuga¹*. 2. Ato de ir e voltar com rapidez a algum lugar.

fu.gi.di:o *adj.* 1. Dado a fugas; acostumado a fugir. 2. Fugitivo (1). 3. V. *fugaz* (2).

fu.gir [Lat. *fugere*.▫1C] *v.int.* 1. Retirar-se às pressas para escapar a algum perigo; pôr-se em fuga; abalar, escapar, escapulir(-se), mandar-se, arrancar(-se), azular, raspar-se, dar no pé. 2. Ir-se afastando. 3. Passar depressa. *ti.* 4. Desviar-se. 5. Evitar: *fugir de um assunto*. *tc.* 6. Soltar-se; escapar. [C.: 53]

fu.gi.ti.vo [Lat. *fugitivu*.▫22A] *adj.* 1. Que fugiu, que se evadiu; fugidio. 2. V. *fugaz* (2). ● *sm.* 3. Indivíduo que foge.

fu.i.nha [Fr. *fouine*.] *sf. Zool.* Pequeno mustelídeo daninho.

fu.jão [*Fugir*.▫28B] *adj.* Que é vezeiro em fugir. [Pl.: *-jões*. Fem.: *fujona*.]

fu.la.no [Do ár.] *sm.* 1. Designação vaga de pessoa incerta ou que não se quer nomear; sujeito, cujo, dito-cujo. 2. Pessoa, indivíduo.

ful.cro [Lat. *fulcru*.] *sm.* 1. Suporte, sustentáculo. 2. Suporte sobre o qual gira algo.

fu.lei.ro [Esp. *fulero*.] *adj.* Sem valor; ordinário, reles.

fu.le.re.no [F.red. de *buckminsterfulereno*.] *sm. Quím.* Qualquer de certas substâncias semelhantes ao buckminsterfulereno.

ful.gen.te [Lat. *fulgente*.▫21] *adj2g.* Que fulge; fúlgido.

fúl.gi.do [Lat. *fulgidu*.] *adj.* Fulgente.

ful.gir [Lat. *fulgere*.▫1C] *v.int.* 1. Ter fulgor; resplandecer. 2. Sobressair. [C.: 8]

ful.gor (ô) [Lat. *fulgore*.] *sm.* Brilho, cintilação.

ful.go.rí.de:o [Tax. *Fulgoridae*.] *adj. sm. Zool.* Diz-se de, ou espécime dos fulgorídeos, família de insetos hemípteros, ger. solo grandes e de cores vivas. Ex.: jequitiranaboia.

ful.gu.ra.ção [Lat. *fulguratione*.▫2A] *sf.* 1. Clarão desacompanhado de estampido, causado pela eletricidade atmosférica. 2. Cintilação, brilho. 3. Ação de raio (4) sobre o homem ou outros animais. 4. *Med.* Destruição, com objetivo terapêutico, de tecido vivo, mediante corrente de alta frequência. [Pl.: *-ções*.]

ful.gu.rar [Lat. *fulgurare*.▫1A] *v.int.* 1. Cintilar. 2. Resplandecer. 3. Sobressair. [C.: 1] § **ful.gu.ran.te** *adj2g.*

fu.li.gem [Lat. *fuligine*.] *sf.* Substância preta formada por depósito de fumaça; picumã, tisne. [Pl.: *-gens*.]

fu.li.gi.no.so (ô) [Lat. *fuliginosu*.▫37] *adj.* Que tem fuligem. [Pl.: *-nosos* (ó).]

ful.mi.nan.te [Lat. *fulminante*.▫21] *adj2g.* 1. Que fulmina. 2. Que mata instantaneamente. 3. Cruel, terrível.

ful.mi.nar [Lat. *fulminare*.▫1A] *vtd.* 1. Despedir, lançar (raios). 2. Ferir com o raio, ou a modo de raio. 3. Matar instantaneamente. 4. Reduzir à impotência: *Seu olhar fulminou-a*. 5. Aniquilar. *tdi.* 6. Dirigir, despedir. [C.: 1]

ful.ni.ô *s2g. Bras. Etnôn.* Indivíduo dos fulniôs, povo indígena do tronco macro-jê, que habita PE. ● *sm.* 2. *E.Ling.* A língua desse povo. ● *adj2g.* 3. De ou relativo a fulniô (1 e 2).

fu.lo [Lat. *fulvu*.] *adj. Pop.* Extremamente irritado ou zangado.

ful.vo [Lat. *fulvu*.] *adj.* De cor amarela escura.

fu.ma.ça [*Fumo* + *-aça*.] *sf.* 1. Grande porção de fumo (1). 2. Porção de fumo (3) absorvida pelo fumante.

fu.ma.çar [*Fumaça*.▫1A] *vtd.* 1. Encher de fumaça. *int.* 2. Lançar fumaça; fumegar. [C.: 1B]

fu.ma.ças *sfpl.* Vaidade, jactância.

fu.ma.cei.ra [*Fumaça*.▫16] *sf.* Grande porção de fumaça.

fu.ma.cen.to [*Fumaça*.▫27] *adj.* Cheio de fumaça.

fu.man.te [*Fumar*.▫21] *adj2g. s2g.* Que, ou o que tem o hábito de fumar.

fu.mar [Lat. *fumare*.▫1A] *vtd.* 1. Aspirar o fumo ou tabaco de. 2. Defumar (1). *int.* 3. Aspirar o fumo do charuto, cigarro, cachimbo, etc. 4.

fumegante | fundo

Pop. Irritar-se, enfurecer(-se). [Sin. bras., de 1 e 3: *pitar.* C.: 1]

fu.me.gan.te [*Fumegar.* 21] *adj2g.* 1. Que fumega. 2. Diz-se do alimento muito quente.

fu.me.gar [Lat. *fumigare.* 1A] *v.int.* 1. Lançar ou exalar fumaça ou vapores. *td.* 2. Lançar de si; exalar. [C.: 1C (é). Cf. *fumigar.*]

fu.mei.ro [Fumariu. 25] *sm.* 1. Chaminé. 2. Espaço entre o fogão e o telhado, onde se defumam alimentos.

fu.mi.cul.tu.ra [*Fumo* + *-i-* + *cultura.*] *sf.* Cultura do fumo (3).

fu.mi.gar [Lat. *fumigare.* 1A] *vtd.* 1. Expor à fumaça, a vapores ou gases; defumar. 2. Desinfetar (um local) por meio de substâncias químicas em estado gasoso. [C.: 1C. Cf. *fumegar.*] § **fu.mi.ga.ção** *sf.*

fu.mo [Lat. *fumu.*] *sm.* 1. Vapor que sobe dos corpos em combustão ou muito aquecidos. 2. Exalação malcheirosa que sobe dos corpos em decomposição. 3. Tabaco (1 e 2).

fu.nam.bu.lis.mo [*Funâmbulo.* 11] *sm.* Ação ou arte do funâmbulo.

fu.nâm.bu.lo [Lat. *funambulu.*] *sm.* Equilibrista que anda e volteia na corda ou no arame.

fun.ção [Lat. *functione.* 2] *sf.* 1. Ação própria ou natural dum órgão, aparelho ou máquina. 2. Cargo, serviço, ofício. 3. Prática ou exercício de função (2). 4. Utilidade, serventia. 5. Posição, papel; atribuição. 6. Espetáculo (2). 7. Festividade. 8. *Mat.* Relação entre 2 ou mais conjuntos, definida por uma regra que associa, a cada elemento de um conjunto, mais de um elemento determinado de outro. 9. *Quím.* Grupo de átomos que, presente numa molécula, lhe confere propriedades químicas características; grupo funcional. 10. *Quím.* Conjunto de substâncias que têm o mesmo grupamento funcional. [Pl.: *-ções.*]

fun.cho [Lat. *fenuculu.*] *sm. Bot.* Erva apiácea aromática; erva-doce.

fun.ci.o.nal [*Função* (-*cion-*). 39] *adj2g.* 1. Referente a função, ou ao desempenho desta. 2. Concernente a funções orgânicas vitais, ou à sua realização. 3. Diz-se daquilo que é capaz de cumprir com eficiência seus fins utilitários; prático. 4. *Med.* Diz-se de lesão ou de distúrbio para os quais não se encontram lesão orgânica explicativa. [Pl.: *-nais.*] § **fun.ci.o.na.li.da.de** *sf.*

fun.ci.o.na.lis.mo [*Funcional.* 11] *sm.* 1. Os funcionários públicos. 2. Tendência a privilegiar, no pensamento ou na prática, aquilo que é funcional, ou a ideia de função. § **fun.ci.o.na.lis.ta** *adj2g. s2g.*

fun.ci.o.nar [*Função* (-*cion-*). 1A] *v.int.* 1. Exercer as respectivas funções. 2. Realizar, com precisão e regularidade, função ou operação para a qual foi desenvolvido ou preparado. 3. Estar em atividade ou em vigor. 4. Ter bom êxito; dar bom resultado. [C.: 1] § **fun.ci.o.na.men.to** *sm.*

fun.ci.o.ná.ri.o [Fr. *fonctionnaire.* 24] *sm.* Aquele que exerce uma função, esp. pública.

fun.da [Lat. *funda.*] *sf.* 1. Laçada de couro ou de corda para arrojar pedras. 2. *Med.* Dispositivo us. para deter o progresso de certas hérnias.

fun.da.ção [Lat. *fundatione.* 2A] *sf.* 1. Ato ou efeito de fundar. 2. Instituição para fins de utilidade pública ou de beneficência. 3. Alicerce (1). [Pl.: *-ções.*]

fun.da.men.tal [Lat. *fundamentale.* 39] *adj2g.* 1. Que serve de fundamento (2). ● *sm.* 2. O que importa; o essencial. [Pl.: *-tais.*]

fun.da.men.ta.lis.mo [Ingl. *fundamentalism.* 11] *sm. Rel.* Observância rigorosa da ortodoxia duma doutrina religiosa. § **fun.da.men.ta.lis.ta** *adj2g. s2g.*

fun.da.men.tar [*Fundamento.* 1A] *vtd., tdi.* e *p.* Dar fundamento (2) a, ou ter como fundamento; fundar(-se), basear(-se), estribar-se. [C.: 1] § **fun.da.men.ta.ção** *sf.*

fun.da.men.to [Lat. *fundamentu.* 3] *sm.* 1. Base, alicerce. 2. Conjunto de razões em que se funda uma tese, ponto de vista, etc.; base, apoio. 3. Razão, motivo.

fun.dão [*Fundo.* 28A] *sm.* 1. V. *pego*[1] (1). 2. Lugar afastado, ermo. [Pl.: *-dões.*]

fun.dar [Lat. *fundare.* 1A] *vtd.* 1. Assentar os alicerces de (construção). 2. Edificar, construir. 3. Criar, estabelecer. 4. V. *fundamentar. tdi.* 5. Apoiar, basear. *p.* 6. V. *fundamentar.* [C.: 1] § **fun.da.do** *adj.;* **fun.da.dor** (ô) *adj. sm.*

fun.de.ar [*Fundo.* 1N] *v.int.* 1. Deitar âncora; ancorar. 2. Ir ao fundo. [C.: 12A]

fun.den.te [Lat. *fundente.* 21] *adj2g.* 1. Que está em, ou facilita fusão. ● *sm.* 2. Substância que auxilia a fusão dos metais.

fun.di.á.ri.o [Lat. *fundus,* 'bens de raiz', + *-i-* + *-ário.* 24] *adj.* Relativo a terrenos ou imóveis.

fun.di.ção [*Fundir.* 2A] *sf.* Ato, efeito, arte ou fábrica de fundir. [Pl.: *-ções.*]

fun.di.dor (ô) [*Fundir.* 19A] *adj.* 1. Que funde. ● *sm.* 2. Operário que funde.

fun.di.lho *sm.* V. *fundilhos.*

fun.di.lhos [Esp. *fondillos.*] *smpl.* Parte das calças e cuecas que corresponde ao assento.

fun.dir [Lat. *fundere.* 1C] *vtd.* 1. Derreter, liquefazer (metais). 2. Lançar metal fundido em molde (1), para solidificação; vazar. 3. Incorporar em uma só (várias coisas); juntar, unir. *tdi.* 4. Fundir (3). *p.* 5. Derreter-se. 6. Incorporar-se. [C.: 3]

fun.do [Lat. *fundu.*] *adj.* 1. Que tem fundura; profundo. 2. Cavado; reentrante. 3. Muito firme; arraigado. 4. Profundo (4). ● *sm.* 5. A parte que, numa cavidade, recipiente, etc., fica mais longe da borda, da abertura de entrada, etc. 6. A parte mais baixa e sólida em que repousam ou correm as águas. 7. Profundidade. 8. A parte

mais baixa, ou mais afastada, ou mais interior dum lugar ou duma região. **9.** A extremidade da agulha de costura manual, com buraco, e oposta à ponta. **10.** Substância, essência. **11.** Âmago, íntimo. **12.** *Econ.* Recursos monetários reservados para determinado fim; fundos.
◆ **Fundo de investimento.** *Econ.* Fundo (12) formado por quotas de vários investidores e administrado por instituição financeira, com rateio dos rendimentos entre os quotistas.

fun.dos *smpl.Econ.* **1.** Fundo (12). **2.** Capital e outros valores constitutivos do ativo duma sociedade.

fun.du.ra [*Fundo.*◘ 5] *sf.* Distância vertical da boca ou da superfície (de um poço, etc.) ao fundo; profundidade.

fú.ne.bre [Lat. *funebre.*] *adj2g.* Relativo à morte, aos mortos ou a coisa a eles relacionadas; funerário, funeral, funéreo, mortuário.

fu.ne.ral [Lat. *funerale.*◘ 39] *adj2g.* **1.** V. *fúnebre.* ● *sm.* **2.** Rito ou cerimônia (de cunho religioso ou não) para enterramento ou cremação, etc. de pessoa(s) morta(s); enterro, sepultamento, saimento. [Pl.: *-rais.*]

fu.ne.rá.ri.a [F.subst. de *funerário.*] *sf. Bras.* Estabelecimento comercial que cuida de funerais.

fu.ne.rá.ri.o [Lat. *funerariu.*◘ 24] *adj.* V. *fúnebre.*

fu.né.re.o [Lat. *funereu.*] *adj.* V. *fúnebre.*

fu.nes.to [Lat. *funestu.*] *adj.* **1.** Que fere mortalmente, ou prognostica ou traz desgraça, desventura, tristeza, etc. **2.** Prejudicial, desastroso.

fun.gar [V.A] *v.int.* Produzir som, absorvendo ar, muco, rapé, etc., pelo nariz. [C.: 1C]

fun.gi.ci.da [Lat. *fungi* + *-cida.*] *adj2g. sm.* Diz-se de, ou substância tóxica para combater fungos.

fun.gí.vel [Lat. **fungibile.*◘ 41] *adj2g.* **1.** Que se gasta. **2.** Que se consome com o primeiro uso. [Pl.: *-veis.*]

fun.go [Lat. *fungu.*] *sm. Biol.* Espécime dos fungos, reino que reúne seres vivos unicelulares ou pluricelulares, eucariontes, esporíferos, que não têm clorofila. Ex.: cogumelos.

fu.ni.cu.lar *sm.* Veículo em que a tração é feita por cabos acionados por motor estacionário, muito us. para vencer grandes diferenças de nível.

fu.nil [Lat.vulg. **fundiculu.*] *sm.* Utensílio cônico, provido de um tubo, para transvasar líquidos. [Pl.: *-nis.*]

fu.ni.la.ri.a [*Funil.*◘ 15] *sf.* Estabelecimento de funileiro.

fu.ni.lei.ro [*Funil.*◘ 25] *sm.* Fabricante de funis e de outros utensílios de folha de flandres.

→ **funk** (fânqui) [Ingl.] *sm.* **1.** Gênero de música popular dançante, de compasso quaternário, de origem norte-americana. ● *adj2g.* **2.** Do, ou relativo ao *funk* (1): *baile* funk.

fu.ra-bo.lo (bô) *sm.* ou **fu.ra-bo.los** (bô) *sm2n. Bras. Fam.* O dedo indicador. [Pl. de fura-bolo: *fura-bolos* (bô).]

fu.ra.cão [Esp. *huracán.*] *sm.* **1.** *Met.* Ciclone que se forma nas regiões do Atlântico Norte, do mar do Caribe, do golfo do México e na costa nordeste da Austrália, e no qual a velocidade dos ventos pode atingir até 300km/h. **2.** *Fig.* Grande ímpeto. [Pl.: *-cões.*]

fu.ra.dei.ra [*Furar.*◘ 16A] *sf.* Ferramenta ou máquina com broca, us. para furar (1).

fu.ra.dor (ô) [*Furar.*◘ 19A] *adj.* **1.** Que fura. ● *sm.* **2.** Utensílio com que se abrem furos ou, furando, se quebra gelo, etc.

fu.ra-gre.ve *adj2g. s2g.* Que, ou aquele que, contrariando movimento grevista, não para de trabalhar. [Pl.: *fura-greves.*]

fu.rão¹ [Lat. *furone.*] *sm. Zool.* Mamífero mustelídeo. [Pl.: *-rões.*]

fu.rão² [*Furar.*◘ 28B] *sm. Pop.* Indivíduo cavador ou bisbilhoteiro. [Pl.: *-rões.* Fem.: *furona.*]

fu.rar [Lat. *forare.*◘ 1A] *vtd.* **1.** Abrir ou fazer furo(s) em. **2.** Penetrar em; introduzir. **3.** Frustrar. *int.* **4.** Abrir caminho. **5.** Romper. [C.: 1]

fur.gão [Fr. *fourgon.*] *sm.* Carro coberto, para transporte de bagagens ou pequena carga. [Pl.: *-gões.*]

fú.ri.a [Lat. *furia.*] *sf.* **1.** Furor (1). **2.** Raiva, ódio. **3.** Entusiasmo, ímpeto. **4.** Pessoa furiosa.

fu.ri.bun.do [Lat. *furibundu.*] *adj.* Furioso (1).

fu.ri.o.so (ó) [Lat. *furiosu.*◘ 37] *adj.* **1.** Quem tem fúria, ou ira; furibundo. **2.** Entusiasta, apaixonado. **3.** Impetuoso, arrebatado. [Pl.: *-osos* (ó).]

fur.na [V.C] *sf.* Caverna ou gruta, formada, ger., de blocos de pedra; antro, lapa.

fur.na.ri.í.de:o [Tax. *Furnariidae.*] *adj. sm. Zool.* Diz-se de, ou espécime dos furnariídeos, família de aves passeriformes, que preparam seus ninhos trabalhando a lama ou com gravetos, etc. Ex. joão-de-barro, cochicho.

fu.ro [Dev. de *furar.*] *sm.* **1.** Abertura artificial; buraco, orifício. **2.** *Bras.* Notícia dada em primeira mão num jornal, em noticiário de televisão, de rádio, etc.

fu.ror (ô) [Lat. *furore.*] *sm.* **1.** Grande exaltação de ânimo; fúria. **2.** Delírio violento. **3.** Arrebatamento. **4.** Entusiasmo, veemência.

fur.ri.el [Fr. *fourrier.*] *sm.* V. *hierarquia militar.* [Pl.: *-éis.*]

fur.ta-cor *adj2g2n.* **1.** Que apresenta cor diversa, segundo a luz projetada; cambiante. ● *sm.* **2.** A cor cambiante. [Pl. do sm.: *furta-cores.*]

fur.tar [*Furto.*◘ 1A] *vtd.* **1.** Subtrair fraudulentamente (coisa alheia); roubar. **2.** Fazer passar como seu (trabalho, ideia, etc.). *tdi.* **3.** Furtar (1 e 2). **4.** Desviar, esquivar. *p.* **5.** V. *esquivar* (2). [C.: 1]

fur.ti.vo [Lat. *furtivu.*] *adj.* **1.** Praticado a furto, às ocultas. **2.** Disfarçado, dissimulado.

fur.to [Lat. *furtu*.] *sm.* **1.** Ato ou efeito de furtar. **2.** O que se furtou. ◆ **A furto.** Às ocultas; com dissimulação.

fu.rún.cu.lo [Lat. *furunculu*.] *sm. Med.* Lesão (5) inflamatória cutânea circunscrita causada pela penetração de bactérias em folículo piloso.

fu.run.cu.lo.se [*Furúnculo* + *-ose*¹.] *sf. Med.* Erupção de furúnculos.

fu.sa [It. *fusa*.] *sf. Mús.* Figura que vale a metade da semicolcheia.

fu.são [Lat. *fusione*. ▣2] *sf.* **1.** Ato ou efeito de fundir(-se). **2.** *Fís.* Passagem duma substância, ou duma mistura, da fase sólida para a líquida. [Pl.: *-sões*.] ◆ **Fusão nuclear.** *Fís.* Reação nuclear em que núcleos leves reagem para formar outro mais pesado, com grande desprendimento de energia.

fus.co [Lat. *fuscu*.] *adj.* Escuro, pardo.

fu.se.la.gem [Fr. *fuselage*. ▣6] *sf.* O corpo principal e mais resistente do avião. [Pl.: *-gens*.]

fu.si.for.me [*Fuso* + *-iforme*.] *adj2g.* Que tem forma de fuso.

fu.sí.vel [B.-lat. *fusibile*.] *adj2g.* **1.** Que se pode fundir. ● *sm.* **2.** *Eng.Elétr.* Dispositivo de proteção de circuitos elétricos, formado por um material que funde, interrompendo o circuito, quando a corrente elétrica que o percorre ultrapassa um dado valor. [Pl.: *-veis*.] § **fu.si.bi.li.da.de** *sf.*

fu.so [Lat. *fusu*.] *sm.* **1.** Instrumento roliço sobre o qual se torna, ao fiar, a maçaroca. **2.** Peça onde se enrola a corda do relógio. ◆ **Fuso horário.** Cada uma das 24 partes da superfície terrestre limitadas por meridianos distantes entre si de 15 graus: em cada uma dessas partes, a hora, por convenção, é a mesma.

fu.sô [Fr. *fuseau*.] *sm.* Calça elástica comprida, presa sob o calcanhar.

fu.so.lo.gi.a [Fr. *fuséologie*. ▣8A] *sf.* Estudo dos foguetes.

fu.só.lo.go [Fr. *fuséologue*.] *sm.* Especialista em fusologia.

fus.tão [V.E] *sm.* Tecido cujo direito forma cordões justapostos. [Pl.: *-tões*.]

fus.te [Lat. *fuste*.] *sm.* **1.** Haste, cabo. **2.** A parte da coluna entre o capitel e a base.

fus.ti.gar [Lat. *fustigare*. ▣1A] *vtd.* **1.** Bater com vara. **2.** Açoitar. **3.** *Fig.* Excitar, estimular. [C.: 1C]

fu.te.bol [Ingl. *football*.] *sm. Esport.* Jogo esportivo disputado por 2 times, de 11 jogadores cada um, com uma bola de couro, num campo com um gol (1) em cada uma das extremidades, e cujo objetivo é fazer entrar a bola no gol (1) defendido pelo adversário. [Pl.: *-bóis*.] ◆ **Futebol de salão.** *Esport.* Futsal.

fu.te.bol-ar.te *sm2n. Esport.* O que é jogado com técnica, graça e elegância, sem o uso de expedientes antiesportivos.

fu.te.vô.lei [*Fute(bol)* + *vôlei*.] *sm. Esport.* Jogo assemelhado ao vôlei, ger. praticado em quadra de areia, mas no qual é vedado às equipes o uso das mãos.

fú.til [Lat. *futile*.] *adj2g.* **1.** Sem valor, importância ou utilidade; insignificante, vão. **2.** Que só se preocupa com coisas menos importantes, superficiais. **3.** Próprio ou característico de pessoa fútil (2). [Sin. ger.: *frívolo*. Pl.: *-teis*.]

fu.ti.li.da.de [Lat. *futilitate*. ▣14] *sf.* **1.** Qualidade ou caráter de fútil. **2.** Coisa fútil.

fu.ti.li.zar [*Fútil*. ▣1D] *vtd.* **1.** Querer tornar, ou tornar fútil. *int.* **2.** Dizer ou fazer futilidades. *p.* **3.** Tornar-se fútil. [C.: 1]

fu.tri.car [*Futrica*. ▣1A] *Bras. Pop. vtd.* **1.** Intrigar, mexericar; fuxicar. *int.* **2.** Intrometer-se em algo para atrapalhar. **3.** Futricar (1). [C.: 1A]

fut.sal *sm. Esport.* Futebol praticado em quadra (7), com equipes de 5 jogadores; futebol de salão. [Pl.: *futsais*.]

fu.tu.rar [*Futuro*. ▣1A] *vtd. e tdi.* **1.** Predizer, conjeturar. *int.* **2.** Vaticinar. [C.: 1]

fu.tu.ris.mo [Fr. *futurisme*. ▣11] *sm.* Movimento modernista baseado numa concepção extremamente dinâmica da vida, voltada para o futuro. § **fu.tu.ris.ta** *adj2g. s2g.*

fu.tu.ro [Lat. *futuru*.] *sm.* **1.** Tempo que há de vir; porvir. **2.** Sorte futura; destino. ● *adj.* **3.** Vindouro.

fu.tu.ro.lo.gi.a [*Futuro* + *-logia*.] *sf.* **1.** Investigação dos possíveis processos futuros de mudança social, econômica, técnica, biológica, ecológica, etc. **2.** *Irôn.* Especulação acerca do futuro de uma sociedade, da humanidade ou do mundo. § **fu.tu.ro.ló.gi.co** *adj.*; **fu.tu.ro.lo.gis.ta** *s2g.*; **fu.tu.ró.lo.go** *sm.*

fu.tu.ro.so (ô) [*Futuro*. ▣37] *adj.* Que promete bom futuro. [Pl.: *-rosos* (ó).]

fu.xi.car [Var. de *futicar*.] *vtd.* **1.** Coser ligeiramente e a grandes pontos. **2.** Amarrotar. **3.** Remexer, revirar. **4.** *Bras. Fam.* V. *futricar* (1). *int.* **5.** *Bras. Fam.* Fuxicar (4). [C.: 1A]

fu.xi.co [Dev. de *fuxicar*.] *sm. Bras. Fam.* Intriga, mexerico.

fu.zar.ca [De *fuzo*.] *sf. Bras. Pop.* Farra, folia.

fu.zil [Fr. *fusil*.] *sm.* **1.** Relâmpago. **2.** Arma portátil de repetição, de cano longo. [Pl.: *-zis*.]

fu.zi.lar [*Fuzil*. ▣1A] *vtd.* **1.** Despedir de si, a modo de raios ou centelhas. **2.** Matar com arma de fogo. *int.* **3.** Anunciar ódio, rancor. [C.: 1]

fu.zi.la.ri.a [*Fuzil*. ▣15] *sf.* Tiros simultâneos.

fu.zi.lei.ro [*Fuzil*. ▣25] *sm.* **1.** Soldado armado de fuzil. **2.** *Bras. Mar.* Fuzileiro naval.

fu.zu.ê *sm. Bras. Gír.* **1.** Festa, função. **2.** Barulho, confusão.

g (gê) *sm.* **1.** A 7ª letra do nosso alfabeto. **2.** Figura ou representação dessa letra. ● *num.* **3.** Sétimo (1), numa série. [Pl. do sm., com duplo *g*: *gg*.]
■ **g** Símb. de *grama²*.
■ **G** *Mús.* Sinal com que se representa a nota sol, ou a escala ou acorde nela baseados.
■ **Ga** *Quím.* Símb. de *gálio*.
ga.bar [Fr. *gaber* ou provç. *gabar*. ◘1A] *vtd.* **1.** Fazer o elogio de; louvar. **2.** Lisonjear, incensar. *p.* **3.** Jactar-se, vangloriar-se. [C.: 1] § **ga.ba.ção** *sf.*
ga.bar.di.na [Fr. *gabardine*.] *sf.* Tecido de lã ou algodão, em que os fios formam listras diagonais salientes.
ga.ba.ri.ta.do [*Gabarito*. ◘17B] *adj. Bras.* Que tem gabarito.
ga.ba.ri.tar [*Gabarito*. ◘1A] *vtd.* Acertar todas as questões de uma prova, ger. de múltipla escolha (q.v.). [C.: 1]
ga.ba.ri.to [Fr. *gabarit*.] *sm.* **1.** Modelo a que se devem conformar certas partes de navio, peças de artilharia, etc. **2.** O conjunto das dimensões que se devem observar em construções. **3.** Instrumento com que se verificam essas dimensões. **4.** Qualquer série de dimensões prefixadas. **5.** *Bras.* Tabela das respostas corretas das questões duma prova. **6.** *Bras.* Nível (3).
ga.bi.ne.te (ê) [Fr. *cabinet*.] *sm.* **1.** Numa edificação, recinto mais ou menos isolado, para certos trabalhos. **2.** Escritório (1). **3.** O conjunto dos ministros dum Estado, ou dos auxiliares ou colaboradores imediatos dum chefe de Estado, ministro, etc. **4.** *Inform.* Caixa, ou invólucro inteiriço de certos aparelhos.
ga.bo.la ou **ga.ba.ro.la** [De *gabar*.] *adj2g.s2g.* Que, ou quem gosta de gabar-se.
ga.bo.li.ce ou **ga.ba.ro.li.ce** [*Gabola* ou *gabarola*. ◘13] *sf.* Ato ou dito de gabola ou gabarola.

ga.da.nhar [De *gadanha*. ◘1A] *vtd.* **1.** Recolher, juntar com gadanho (3). **2.** Agarrar ou ferir com unhas ou garras. [C.: 1]
ga.da.nho [De *gadanha*.] *sm.* **1.** Garra de ave de rapina. **2.** *P.ext.* Unha. **3.** Espécie de ancinho.
➔ **gadget** (gádjet) [Ingl.] *sm.* Aparelho eletroeletrônico portátil, como *smartphones*, *tablets*, etc.
ga.dí.de:o [Tax. *Gadidae*.] *adj. sm. Zool.* Diz-se de, ou espécime dos gadídeos, família de peixes marinhos das águas frias e temperadas. Ex.: bacalhau, hadoque.
ga.do [Port.ant. *Gãado, gaado*, part.pass. do ant. *gãar, gaanar*, 'ganhar'.] *sm.* **1.** Reses em geral. **2.** Rebanho (1).
ga.do.lí.ni:o [Lat.cient. *gadolinium*.] *sm. Quím.* V. *lantanídeos* [símb.: *Gd*].
ga.fa.nho.to (ô) [Do rad. de *gafa*, 'garra', por alusão à forma do inseto.] *sm. Zool.* Inseto ortóptero, daninho.
ga.fe [Fr. *gaffe*.] *sf.* Ação e/ou palavras inconvenientes; mancada, rata.
ga.fi.ei.ra [De *gafeira*, poss.] *sf.* Estabelecimento comercial com pista de dança e orquestra, e onde se dança aos pares.
ga.fo.ri.nha *sf.* Cabelo em desalinho; grenha.
ga.gá [Fr. *gaga*.] *adj2g.Pop.* Caduco (2).
ga.go [V.A] *adj. sm.* Que, ou aquele que gagueja; tartamudo.
ga.guei.ra [*Gago*. ◘16] *sf.* Gaguez.
ga.gue.jar [*Gago*. ◘1E] *v.int.* **1.** Pronunciar as palavras com hesitação e repetindo as sílabas; tartamudear. **2.** Falar sem certeza. **3.** Vacilar nas respostas. *td.* **4.** Gaguejar (1). [C.: 1 (è)]
ga.guez (ê) [*Gago*. ◘12A] *sf.* Embaraço de fala típico dos gagos.
gai.a.col *sm.* V. *guaiacol*. [Pl.: -*cóis*.]

gaiato | galho

gai.a.to [De *gaio*².] *sm.* **1.** Rapaz travesso e vadio. **2.** Indivíduo alegre, brincalhão. § **gai.a.ti.ce** *sf.*
→ **gaijin** (gaijín) [Jap.] *s2g2n.* Estrangeiro.
gai.o¹ [Lat. *gaiu*.] *sm. Zool.* Ave europeia, corvídea.
gai.o² [Occ. *gai*, poss.] *adj.* Alegre, jovial.
gai.o.la [Fr. ant. *caveola*.] *sf.* **1.** Pequena clausura em que se encerram aves, feita de cana, junco, arame, etc. **2.** Jaula. ● *sm.* **3.** *Bras. AM a PI* Pequeno vapor de navegação fluvial.
gai.ta [V.D] *sf.* **1.** Instrumento de sopro, com vários orifícios, que se toca fazendo-o correr por entre os lábios, duma extremidade à outra. **2.** *Bras.* Pequena flauta reta, espécie de pífaro.
gai.tei.ro [*Gaita.*▫ 25] *sm.* **1.** Tocador de gaita. ● *adj.* **2.** Folião, festeiro.
gai.tis.ta [*Gaita.*▫ 36] *adj2g.s2g.* Que, ou aquele que toca gaita.
ga:i.vo.ta [Lat. *gavia*, 'gaivota', + -*ota*², ou um seu dim. *gaviota*.] *sf. Zool.* Ave larídea, palmípede, de asas longas.
ga.jo [Regr. de *gajão*.] *sm.* **1.** Homem de modos abrutalhados. **2.** Sujeito qualquer; tipo.
ga.la [Fr. ant. *gale*.] *sf.* **1.** Traje para solenidades. **2.** V. *pompa* (2). **3.** Festa nacional.
ga.lã [Esp. *galán*.] *sm. Cin. Teatr. Telev.* Personagem ou ator que tem o papel decisivo nas intrigas amorosas.
ga.la.lau [Antr. e ficción. *Galalão*.] *sm. Bras. Fam.* Homem alto.
ga.la.li.te [Al. *Galalith*, m.reg.] *sf.* Material plástico derivado da caseína pura, tratada pelo formol.
ga.lan.te [It. *galante*.] *adj2g.* **1.** Gracioso, gentil. **2.** Elegante (1). **3.** Engraçado, espirituoso. ● *s2g.* **4.** Pessoa galante.
ga.lan.te.ar [*Galante.*▫ 1N] *vtd.* **1.** Fazer a corte a. *int.* **2.** Dizer galanteios. [C.: 12A] § **ga.lan.te:a.dor** (ô) *adj. sm.*
ga.lan.tei.o [Dev. de *galantear.*] *sm.* Ações ou ditos de galante (3); atenções amorosas; corte (ó).
ga.lan.te.ri.a [Fr. *galanterie*, ou do it. *galanteria*.] *sf.* **1.** Arte ou jeito de galantear. **2.** Dito galante.
ga.lão¹ [Fr. *galon*.] *sm.* **1.** Tira ou cadarço, de tecido bordado ou de fios entrançados, us. como enfeite ou debrum; grega. **2.** Tira de ponta dourada, us. como distintivo no boné e nas mangas da farda de certas categorias de militares e funcionários. [Pl.: -*lões*.]
ga.lão² [Ingl. *gallon*.] *sm.* Medida de capacidade, equiv. a 3,785 litros. [Pl.: -*lões*.]
ga.lar [*Galo.*▫ 1A] *vtd.* Fecundar (a fêmea). [Aplica-se aos galináceos.] [C.: 1. Unipess.]
ga.lar.dão [Do gót.] *sm.* V. *prêmio* (1). [Pl.: -*dões*.]
ga.lar.do.ar [Esp. *galardonar*.] *vtd.* **1.** Conferir galardão a. **2.** Premiar, compensar. [C.: 1D]
ga.lá.xi:a (cs) [Lat. *galaxias*.] *sf. Astr.* Conjunto aparentemente isolado no espaço cósmico de milhões ou bilhões de estrelas, mantidas agrupadas pela gravidade.
ga.lé [Fr. ant. *galée*.] *sf.* **1.** Antiga embarcação de guerra, longa e estreita, impelida por grandes remos. ● *sm.* **2.** Homem sentenciado às galés (2).

ga.le.ão [Fr. *galion*.] *sm.* Antigo navio de guerra, com popa arredondada e bojuda e 4 mastros. [Pl.: -*ões*.]
ga.le.go (ê) [Lat. *gallaecu*.] *adj.* **1.** Da Galiza (Espanha). ● *sm.* **2.** O natural ou habitante da Galiza. **3.** *E.Ling.* A língua falada ali. **4.** *Bras. Deprec.* Português (2).
ga.le.na [Lat. *galena*.] *sf. Min.* O principal minério do chumbo.
ga.le.o.ta [It. *galeotta*.] *sf. Ant.* Pequena galé, de até 20 remos.
ga.le.ra¹ [Cat. *galera*.] *sf.* **1.** Antigo navio à vela, de 3 mastros. **2.** Carroça para transportar bombeiros, em serviço de incêndio.
ga.le.ra² [De *galeria*.] *sf. Bras. Gír.* **1.** V. *torcida*¹. **2.** Turma (4).
ga.le.ri.a [It. *galleria*.] *sf.* **1.** Corredor extenso em que, ger., se dispõem quadros, estátuas, etc. **2.** Coleção de quadros, estátuas, etc., organizada artisticamente. **3.** Estabelecimento que expõe e/ou vende obras dessa natureza. **4.** Conduto para águas pluviais, ger. subterrâneo. **5.** Corredor subterrâneo. **6.** Nos teatros, a localidade mais barata, sita na parte mais alta do recinto. **7.** *Fitogeo.* Mata que margeia rio, riacho ou córrego.
ga.lés *smpl. Ant.* **1.** A pena dos condenados a remar em galé (1). **2.** Trabalhos forçados executados por presos com correntes aos pés.
ga.lês *adj.* **1.** Do País de Gales (Reino Unido). ● *sm.* **2.** O natural ou habitante do País de Gales. **3.** *E.Ling.* A língua galesa. [Flex. de 1 e 2: *galeses* (ê), *galesa(s)* (ê).]
ga.le.to (ê) [It. *galletto*.] *sm.* Frango ainda novo.
gal.gar [*Galgo.*▫ 1A] *vtd.* **1.** Saltar por cima de; transpor. **2.** Subir; trepar. **3.** Andar por. **4.** Elevar-se a; atingir. [C.: 1C]
gal.go [Lat.vulg. *gallicu*.] *sm.* Cão de talhe elevado, pernas longas, focinho afilado e muito ágil.
ga.lha [Esp. *agalla*.] *sf. Bot.* Cecídio.
ga.lha.da [*Galho.*▫ 4] *sf.* **1.** Ramagem de árvores; galharada, galharia. **2.** *Zool.* Cada um dos cornos ramificados dos cervídeos machos; galho.
ga.lha.ra.da [*Galho.*▫ 4A] *sf.* V. *galhada* (1).
ga.lhar.de.te (ê) [Occ.ant. *galhardet*.] *sm.* **1.** Flâmula para ornamentar ruas, etc., em ocasiões festivas; pendão. **2.** *Prop.* Bandeirola (1) com dizeres, figuras, etc., us. em eventos promocionais, campanha eleitoral, etc.; *banner*.
ga.lhar.di.a [*Galhardo.*▫ 8A] *sf.* Qualidade de galhardo.
ga.lhar.do [Fr. *gaillard*, ou do occ.ant. *galhart*.] *adj.* **1.** Garboso, bem-apessoado. **2.** Generoso, gentil.
ga.lha.ri.a [*Galho.*▫ 15] *sf.* V. *galhada* (1).
ga.lhe.ta (ê) [Esp. *galleta*.] *sf.* Vaso pequeno, de vidro, para o azeite e o vinagre.
ga.lhe.tei.ro [*Galheta.*▫ 25] *sm.* Utensílio de mesa que sustenta as galhetas.
ga.lho [Lat.vulg. *galleu.] *sm.* **1.** Ramo (1). **2.** A parte do ramo que, partido este, fica presa ao caule. **3.** Galhada (2). **4.** *Gír.* Dificuldade, complicação. **5.** *Pop.* V. *bico* (4).

galhofa | ganga²

ga.lho.fa [Esp. *gallofa*.] *sf.* Gracejo, troça, zombaria.
ga.lho.far [*Galhofa*.◘ 1A] *v.int.* **1.** Fazer galhofa; gracejar. *td.* **2.** Dizer em tom de galhofa. *ti.* **3.** Zombar. [C.: 1 (ó)]
ga.lho.fei.ro [*Galhofa*.◘ 25] *adj.* Que é dado a galhofas.
ga.lhu.do [*Galho* + *-udo*.] *adj.* Que tem grandes cornos.
ga.li.cis.mo [Fr. *gallicisme*.◘ 11] *sm.* Palavra, expressão ou construção sintática afrancesada; francesismo.
ga.li.for.me [Tax. *Galliformes*.] *adj2g.sm. Zool.* Diz-se de, ou espécime dos galiformes, ordem de aves de bico pequeno e forte, asas curtas e arredondadas, e pernas curtas; são terrestres ou arborícolas. A ordem inclui os cracídeos e os fasianídeos.
ga.li.leu [Lat. *galilaeu*.] *adj.* **1.** Da Galileia, região da Palestina (Ásia) onde Cristo pregou parte de sua doutrina. ● *sm.* **2.** O natural ou habitante da Galileia. [Fem.: *galileia* (éi).]
ga.li.mi.mo [Tax. *Gallimimus*.] *sm. Paleont.* Dinossauro terópode de 4m a 6m de comprimento e cerca de 2m de altura. Tinha pernas compridas, pescoço longo, cabeça pequena e um longo e fino bico córneo. Viveu no cretáceo superior, e fósseis foram descobertos na Ásia.
ga.li.ná.ce:o [Lat. *gallinaceu*.] *adj.sm.* Diz-se de, ou ave semelhante à galinha.
ga.li.nha [Lat. *gallina*.] *sf.* **1.** *Zool.* Ave fasianídea, a fêmea do galo, domesticada visando à carne e aos ovos. **2.** *Fig.* Pessoa covarde, medrosa.
ga.li.nha-d'an.go.la *sf. Zool.* Ave numidídea originária da África, de penas pretas com pintas brancas. [Sin., pop.: *tô-fraca*, *picota*. Pl.: *galinhas-d'angola*.]
ga.li.nha-mor.ta [*Galinha* + o f. de *morto*.] *Bras. sf.* **1.** *Gír.* Pechincha (2). ● *s2g.* **2.** Indivíduo apático ou covarde. [Pl.: *galinhas-mortas*.]
ga.li.nhei.ro [*Galinha*.◘ 25] *sm.* **1.** Vendedor de galinhas. **2.** Cercado onde se criam galinhas.
gá.li:o [Top. *Gal(ia)*.◘ 34] *sm. Quím.* Elemento de número atômico 31, metálico [símb.: *Ga*].
ga.lo [Lat. *gallu*.] *sm.* **1.** *Zool.* Ave fasianídea, o macho da galinha; tem crista carnuda e asas curtas e largas. **2.** *Pop.* Pequena inchação na testa ou na cabeça, resultante de pancada.
ga.lo.cha [Provç.ant. *galocha*.] *sf.* Calçado de borracha us. por cima dos sapatos para preservá-los da umidade.
ga.lo.pa.da [*Galopar*.◘ 4] *sf.* Corrida a galope; galope.
ga.lo.pan.te [*Galopar*.◘ 21] *adj2g.* **1.** Que galopa. **2.** *Pop.* Diz-se da tísica de desenlace rápido.
ga.lo.par [Fr. *galoper*.] *v.int.* **1.** Andar a galope. *td.* **2.** Percorrer, galopando. **3.** Fazer galopar (1). [C.: 1 (ó)]
ga.lo.pe [Fr. *galop*.] *sm.* **1.** A carreira mais rápida de alguns animais, esp. do cavalo. **2.** Corrida veloz. **3.** Galopada.

gal.pão [Hisp.-amer.*galpón*,do náuatle.] *sm. Bras.* Construção coberta, fechada por paredes ou tapumes, e destinada a fins industriais ou a depósito. [Pl.: *-pões*.]
gal.va.ni.zar [Fr. *galvaniser*.◘ 1D] *vtd.* Recobrir (um metal) com outro, por processo eletrolítico. [C.: 1] § **gal.va.ni.za.ção** *sf.*; **gal.va.ni.za.do** *adj.*; **gal.va.ni.za.dor** (ô) *adj. sm.*
ga.ma [Gr. *gámma*.] *sf.* **1.** A 3ª letra do alfabeto grego (Γ, γ). ● *sf.* **2.** *Mús.* Qualquer escala (3). **3.** Sucessão de ideias, teorias, etc.
ga.ma.ção [*Gamar*.◘ 2A] *sf. Bras. Gír.* Amor; paixão. [Pl.: *-ções*.]
ga.ma.do [*Gamar*.◘ 17A] *adj. Bras. Gír.* Muito apaixonado.
ga.mão [V.C] *sm.* **1.** Jogo (de azar e cálculo) de tábulas e dados, entre 2 parceiros. **2.** Tabuleiro em que é jogado. [Pl.: *-mãos*, *-mões*.]
ga.mar [V.C] *vti.* e *int. Bras. Gír.* Encantar-se, apaixonar-se por. [C.: 1]
gam.bá [Do tupi.] *sm.f.* **1.** *Zool.* Mamífero didelfídeo; sariguê. **2.** *Pop. Deprec.* Ébrio inveterado.
gam.bi:ar.ra [V.C] *sf. Teatr.* Rampa de luzes e/ou refletores, situada ao lado de outras, ou acima da ribalta, ou no teto da plateia, a uns metros do palco.
gam.bi.to [It. *gambetto*.] *sm.* Cambito (2).
ga.me.la *sf.* Vasilha de madeira ou de barro.
ga.me.lei.ra [*Gamela*.◘ 16] *sf. Bot.* Grande árvore morácea, lactescente, e de madeira útil.
ga.me.ta (ê) [Lat.cient. *gameta*.] *sm. Biol.* Célula reprodutora, masculina ou feminina, capaz de unir-se a outra do sexo oposto, na reprodução sexuada.
ga.me.tân.gi:o [*Gamet(o)-* + *-ângio*.] *sm. Bot.* Órgão que produz gametas.
ga.me.tó.fi.to [*Gamet(o)-* + *-fito*.] *sm. Bot.* Numa planta, organismo, ou parte dele, que tem a função de produzir células sexuadas reprodutivas.
ga.mo [Lat.vulg. *gammu*.] *sm. Zool.* Cervídeo semelhante ao veado.
ga.na [Esp. *gana*.] *sf.* **1.** Grande apetite ou desejo de algo. **2.** Impulso, ímpeto. **3.** Má vontade contra alguém; raiva.
ga.nân.ci:a [Esp. *ganancia*.] *sf.* Sede ou ambição de ganho.
ga.nan.ci.o.so (ô) [*Ganância*.◘ 37] *adj.* Que tem ganância. [Pl.: *-osos* (ó).]
gan.cho [V.C] *sm.* **1.** Peça recurva, de material resistente, para suspender quaisquer pesos. **2.** Parte da calça em que se unem as 2 pernas.
gan.dai.a [Cat. *gandalla*.] *sf.* **1.** Vadiagem, ociosidade. **2.** Vida dissoluta.
gan.dai.ar [*Gandaia*.◘ 1A] *v.int.* Viver na gandaia. [C.: 1]
gan.du.la [Esp. *gandulo*.] *s2g. Esport.* Pessoa que busca e devolve a bola que sai de campo ou quadra durante o jogo.
gan.ga¹ [Do quimb.] *sf.* Tecido forte, azul ou amarelo.
gan.ga² [Al. *Gang*.] *sf.* Resíduo, ger. inaproveitável, de uma jazida mineral.

gânglio | gargarejamento

gân.gli:o [Gr. *gánglion*, pelo lat. *ganglion.*] *sm.* *Anat.* Cada uma das pequenas estruturas, variáveis em forma, espessura e constituição, que se situam ao longo dos vasos linfáticos (linfonodos) ou no sistema nervoso (gânglios nervosos). ♦ **Gânglio linfático.** *Anat.* V. *linfonodo.* **Gânglio nervoso.** *Anat.* V. *gânglio.*

gan.gor.ra (ô) [V.C] *sf. Bras.* Aparelho para diversão infantil: tábua apoiada em peça pontiaguda, sobre a qual gira horizontalmente ou oscila.

gan.gre.na [Lat. *gangraena.*] *sf.* **1.** *Med.* Morte de tecido ou órgão ger. por perda de suprimento sanguíneo. **2.** *Fig.* Corrupção moral. § **gan.gre.no.so** (ô) *adj.*

gan.gre.nar [*Gangrena*. ▢1A] *vtd.* **1.** Produzir gangrena em. **2.** Corromper. *int. e p.* **3.** Converter-se em gangrena. **4.** Corromper-se. [C.: 1]

gângs.ter [Ingl. *gangster.*] *sm.* **1.** Membro de grupo de malfeitores que cometem assaltos e roubos à mão armada. **2.** *Fig. Pop.* Indivíduo que por seu caráter e ações se assemelha, moralmente, a um gângster (1). [Pl.: *gângsteres.*]

gan.gue [Ingl. *gang.*] *sf.* **1.** Grupo de malfeitores. **2.** *Bras. Gír.* Turma (4).

ga.nha-pão [*Ganhar* + *pão.*] *sm.* **1.** Trabalho de que alguém vive. **2.** Instrumento, objeto, etc., que proporciona os meios de subsistência. [Pl.: *ganha-pães.*]

ga.nhar [De or. gót. e germ.] *vtd.* **1.** Adquirir, granjear. **2.** Adquirir a posse de. **3.** Receber (quantia correspondente a ordenado, salário, etc.); perceber. **4.** Conseguir, alcançar. **5.** Obter por direito ou por acaso. **6.** Obter a vitória em; vencer: *Ganhamos o jogo.* **7.** Captar, atrair: *Ganhou a simpatia de todos.* **8.** Passar a ter: *A estrada ganhou novos acessos.* **9.** Conquistar, seduzir: *Ele ganhou uma das meninas.* **10.** Economizar (tempo). **11.** Ganhar (14 e 15): *Ganhou um beliscão.* **12.** *Fam.* Dar à luz: *Ela ganhou neném.* *ti.* **13.** Vencer o adversário, opositor, etc.: *O Brasil ganhou da Argentina.* *tdi.* **14.** Receber (presente, dádiva, etc.). **15.** Receber (golpe). **16.** Receber (afago, carinho). **17.** Receber (quantia). **18.** *int.* **19.** Adquirir a posse de dinheiro ou bens. [C.: 1. Part.: *ganhado* (p.us.) e *ganho.*] § **ga.nha.dor** (ô) *adj. sm.*

ga.nho [Dev. de *ganhar.*] *adj. sm.* Que, ou aquilo que se ganhou.

ga.ni.do [Lat. *gannitu.*] *sm.* **1.** Grito lamentoso dos cães. **2.** *Fig.* Voz esganiçada.

ga.nir [Lat. *gannire*. ▢1C] *v.int.* Dar ganidos. [C.: 8]

gan.so [Gót. **gans*, 'gansa'.] *sm. Zool.* Nome comum a aves anatídeas, palmípedes, de pescoço longo e ger. maiores do que os patos.

gan.zá [Do quimb.] *sm. Bras.* Espécie de maracá.

ga.ra.gei.ro [*Garag(em).* ▢25] *adj.* **1.** Que toca ou ensaia em garagem (diz-se de músico ou banda). **2.** Feito ou produzido em garagem: *CD garageiro.* ● *sm.* **3.** Músico garageiro (1).

ga.ra.gem [Fr. *garage.* ▢6] *sf.* **1.** Abrigo para veículos. **2.** Oficina onde eles são consertados. [Pl.: *-gens.*]

ga.ra.gis.ta [*Garag(em).* ▢36] *s2g.* Dono ou encarregado de garagem.

ga.ra.nhão [Esp. *garañón*, do germ.] *sm.* Cavalo destinado à reprodução. [Pl.: *-nhões.*]

ga.ran.ti.a [Fr. *garantie.*] *sf.* **1.** Ato ou efeito de garantir. **2.** Ato ou palavra com que se assegura obrigação, intenção, etc. **3.** Documento assegurador da autenticidade e/ou boa qualidade dum produto ou serviço. **4.** *P.ext.* O período em que vigora tal garantia.

ga.ran.tir [Fr. *garantir.* ▢1C] *vtd.* **1.** Responsabilizar-se por; afiançar. **2.** Afirmar como certo, como bom. **3.** Tornar certo, seguro. *tdi.* **4.** Garantir (2 e 3). **5.** Livrar, defender. **6.** Conferir, dar. [C.: 3] § **ga.ran.ti.do** *adj.*

ga.ra.pa [Regr. do esp. *garapiña.*] *sf. Bras.* **1.** Bebida refrigerante: mel ou açúcar com água. **2.** Refresco de qualquer fruta. **3.** O caldo da cana para destilação.

ga.ra.tu.ja [It. *grattugia*, poss.] *sf.* **1.** V. *careta* (1). **2.** Desenho malfeito. **3.** Rabisco.

ga.ra.tu.jar [It. *grattuggiare.* ▢1A] *v.int.* Fazer garatujas. [C.: 1]

gar.bo [It. *garbo.*] *sm.* **1.** Elegância (1). **2.** Distinção (3). § **gar.bo.so** (ô) *adj.*

gar.ça [Or. pré-rom., poss.] *sf. Zool.* Ave ardeídea que vive em bandos.

gar.çom ou **gar.ção** [Fr. *garçon.*] *sm.* Empregado que serve à mesa em restaurantes, cafés, etc. [Pl.: *garçons* ou *garções.*]

gar.ço.ne.te [*Garçom* (*-çon-*) + *-ete.*] *sf. Bras.* Empregada que serve à mesa ou ao balcão, tal como os garçons.

gar.dê.ni:a [Tax. *Gardenia.*] *sf. Bot.* Arvoreta rubiácea, florífera, ornamental, e sua flor; jasmim-do-cabo.

gar.fa.da [*Garfo.* ▢4] *sf.* Porção de comida que um garfo leva de cada vez.

gar.far [*Garfo.* ▢1A] *vtd.* **1.** Pegar, ou revolver, etc., com garfo. **2.** *Bras. Gír.* Prejudicar, lesar. [C.: 1]

gar.fo [Lat. *graphiu.*] *sm.* **1.** Utensílio formado de um cabo e parte terminal com 3 ou 4 dentes, que faz parte do talher e serve para levar a comida à boca e segurar peça de alimento que se quer cortar. **2.** Forcado.

gar.ga.lha.da [*Gargalhar.* ▢4] *sf.* Risada franca e ruidosa.

gar.ga.lhar [*Garg-*, como em *garganta*, + *-alhar*. ▢1L] *v.int.* Soltar gargalhadas. [C.: 1]

gar.ga.lo [Onom. *garg-*.] *sm.* Parte superior de garrafa ou de outra vasilha, com entrada estreita.

gar.gan.ta [Onom. *garg-*, que imita o 'ruído que se faz ao expectorar', poss.] *sf.* **1.** Parte anterior do pescoço; gorja, gasganete, goela. **2.** *Anat.* Trajeto que vai da boca à faringe. **3.** Entrada ou abertura estreita. **4.** V. *desfiladeiro.*

gar.gan.te.ar [*Garganta.* ▢1N] *v.int.* Fazer trinados com a voz. [C.: 12A]

gar.gan.ti.lha [Esp. *gargantilla.*] *sf.* Colar que se ajusta ao pescoço.

gar.ga.re.ja.men.to [*Gargarejar.* ▢3] *sm.* Ato ou efeito de gargarejar; gargarejo.

gargarejar | gastador

gar.ga.re.jar [Lat. *gargarizare*.] *vtd.* **1.** Agitar (um líquido) na boca ou na garganta. *int.* **2.** Fazer gargarejos. [C.: 1 (ê)]

gar.ga.re.jo (ê) [Dev. de *gargarejar*.] *sm.* **1.** Agitação de um líquido na boca ou na garganta; gargarejamento. **2.** *Bras. Gír.* Em teatros, cinemas, etc., a primeira fila de cadeiras, ou de pessoas em pé.

ga.ri [Antr. (*Aleixo*) *Gary*.] *sm. Bras.* Varredor de ruas.

ga.rim.pa.gem [*Garimpar*.◘ 6] *sf. Bras.* Prática de garimpo. [Pl.: *-gens*.]

ga.rim.par [*Garimpo*.◘ 1A] *Bras. v.int.* **1.** Exercer o ofício de garimpeiro. *td.* **2.** Procurar (metal precioso). **3.** *P.ext.* Procurar como que em garimpo. **4.** *Fig.* Selecionar, reunindo. [C.: 1]

ga.rim.pei.ro [*Grimpa*.◘ 25] *sm. Bras.* **1.** O que anda à cata de metais e pedras preciosas. **2.** O que trabalha nas lavras diamantinas. **3.** Faiscador.

ga.rim.po [Deduz. de *garimpeiro*.] *sm. Bras.* Lugar onde há explorações diamantinas e auríferas.

gar.ni.sé [Top. *Guernsey*.] *adj2g.* **1.** Diz-se de galináceo pequeno, de origem inglesa. **2.** *Fig. Pop.* Diz-se de pessoa franzina, de pequena estatura, e brigona.

ga.ro.a (ô) [Esp. de *garúa*.] *sf. Bras.* Chuva miúda e persistente.

ga.ro.ar [*Garoa*.◘ 1A] *v.int. Bras.* Cair garoa. [C.: 1D. Impess.]

ga.ro.ta.da [*Garoto*.◘ 4] *sf.* **1.** Ajuntamento de garotos. **2.** Ato ou dito de garoto.

ga.ro.to (ô) [V.C] *sm.* **V.** *menino.* § **ga.ro.ti.ce** *sf.*

ga.rou.pa [V.C] *sf. Zool.* Nome comum a vários peixes serranídeos.

gar.ra [Esp. *garra*, poss.] *sf.* **1.** A unha aguçada e curva de feras e aves de rapina. **2.** *P.ext.* Unha comprida e que lembra a garra (1). **3.** *Fig.* Entusiasmo, vontade. ♦ **Mostrar as garras.** V. *mostrar as unhas.*

gar.ra.fa [V.C] *sf.* **1.** Vaso, ger. de vidro e com gargalo estreito, para conter líquidos. **2.** O conteúdo dele.

gar.ra.fa.da [*Garrafa*.◘ 4] *sf.* **1.** Medicamento líquido contido numa garrafa. **2.** Pancada com garrafa.

gar.ra.fal [Esp. *garrafal*.◘ 39] *adj2g.* **1.** Em forma de garrafa. **2.** *Fig.* Grande, graúdo. [Pl.: *-fais*.]

gar.ra.fão [*Garrafa*.◘ 28A] *sm.* **1.** Garrafa grande. **2.** *Basq.* Área do campo, sob a tabela (7), na qual o jogador atacante só pode permanecer, no máximo, 3 segundos. [Pl.: *-fões*.]

gar.ran.cho [Esp. *garrancho*.] *sm. Bras.* Letra ininteligível, ou feia.

gar.ri.ça *sf. Bras. Zool.* Cambaxirra.

gar.ri.do [*Garrir* + *-ido*.] *adj.* **1.** Muito enfeitado. **2.** Elegante. **3.** Alegre, vivo. § **gar.ri.di.ce** *sf.*

gar.ro.te¹ [Fr. *garrot* (de or.contr.), poss.] *sm.* **1.** Pau curto com que se aperta a corda que estrangula os condenados. **2.** Estrangulação sem suspensão do padecente. **3.** *Med.* Dispositivo aplicado em redor de membro (1), a fim de produzir compressão, até que não se perceba batimento arterial.

gar.ro.te² [Fr. *garrot* (do provç. *garrot*), poss.] *sm.* Bezerro de 2 a 4 anos de idade.

gar.ro.ti.lho [Esp. *garrotillo*.] *sm. Med.* Crupe diftérico.

gar.ru.cha [Esp. *garrucha*.] *sf.* Pistola de carregar pela boca.

gar.ru.li.ce [*Garrulo*.◘ 13] *sf.* Tagarelice (1).

gár.ru.lo [Lat. *garrulu*.] *adj. sm.* Tagarela.

ga.ru.pa [Fr. *croupe*, do frânc.] *sf.* A parte superior do corpo das cavalgaduras que vai do lombo à anca.

gás [Fr.ant. *gas*.] *sm.* Fluido muito compressível cujo volume é o do recipiente que o contém. ♦ **Gás carbônico.** *Quím.* Dióxido de carbono, gasoso, incolor, inodoro, solúvel em água, produzido pela respiração e pela queima de substâncias que contêm carbono. **Gás natural veicular.** *Quím.* Combustível fóssil metano, us. em motores a gasolina. [Sigla: *GNV*.] **Gás nobre.** *Quím.* Qualquer dos gases elementares (hélio, neônio, argônio, criptônio, xenônio e radônio) cujos números atômicos são, respectivamente, 2, 10, 18, 36, 54 e 86. **Gás sulfuroso.** *Quím.* Dióxido de enxofre, gasoso, sufocante, produzido pela queima do enxofre. **Cheio de gás.** *Fig.* Com muita disposição.

ga.se:i.fi.car [Fr. *gazéifier*.] *vtd.* **1.** Transformar em gás. **2.** Adicionar gás a. *p.* **3.** Transformar-se em gás. [Sin.ger.: *gasificar*. C.: 1A] § **ga.se:i.fi.ca.ção** *sf.*; **ga.se:i.fi.cá.vel** *adj2g.*

ga.ses [Pl. de *gás*.] *smpl.* Vapores do estômago e dos intestinos.

gas.ga.ne.te (ê) [Rad. expr. *gasg-*, como em *engasgar*.] *sm.* V. *garganta* (1).

ga.si.fi.car [*Gás* + *-ificar*.] *vtd.* e *p.* V. *gaseificar*. [C.: 1A] § **ga.si.fi.ca.ção** *sf.*; **ga.si.fi.cá.vel** *adj2g.*

ga.so.du.to [*Gas*(o)- + *-duto*.] *sm.* Tubulação destinada a conduzir, principalmente, gases naturais ou derivados de petróleo, etc.

ga.so.gê.ni:o [*Gas*(o)- + *-gen*(o)- + *-io*².◘ 34B] *sm.* **1.** Aparelho para fabricar ou produzir gás. **2.** Aparelho para produção de gás combustível, us. como substituto da gasolina, etc.

ga.so.li.na [Fr. *gazoline*.] *sf.* Líquido volátil extraído do petróleo por destilação e us. como combustível.

ga.sô.me.tro [*Gas*(o)- + *-metro*.] *sm.* Reservatório de gás para iluminação ou combustão.

ga.so.sa [F.subst. de *gasoso*.] *sf. Bras.* Limonada gasosa.

ga.so.so (ô) [*Gás*.◘ 37] *adj.* Da natureza do, ou que contém grande quantidade de gás, esp. gás carbônico. [Pl.: *-sosos* (ó).]

gas.ta.dei.ra [*Gastar*.◘ 16A] *sf. Fam.* Aquela que gasta muito.

gas.ta.dor (ô) [*Gastar*.◘ 19A] *adj. sm.* Que, ou quem gasta muito; perdulário.

gas.tar [Lat. *vastare*, com infl. do germ.] *vtd.* **1.** Diminuir pelo atrito o volume ou a superfície de. **2.** Destruir, danificar. **3.** Consumir. **4.** Despender. **5.** Servir-se de; empregar. **6.** Passar (a vida, o tempo). *tdi.* **7.** Empregar, aplicar. **8.** Desperdiçar. *int.* **9.** Despender dinheiro. *p.* **10.** Perder as forças, a saúde. **11.** Estragar-se. [C.: 1. Part.: *gastado* e *gasto*.]

gas.to [De *gastar*.] *adj.* **1.** Que se gastou. ● *sm.* **2.** O que se gastou ou despendeu; despesa, dispêndio.

gas.tral.gi.a [*Gastr(o)-* + *-algia*. ■8A] *sf. Med.* Dor no estômago.

gas.tren.te.ri.te [*Gastr(o)-* + *-enter(o)-* + *-ite*¹.] *sf. Med.* Inflamação do estômago e do intestino.

gas.tren.te.ro.lo.gi.a ou **gas.tro.en.te.ro.lo.gi.a** [*Gastr(o)-* + *-enter(o)-* + *-logia*. ■8A] *sf. Med.* Ramo da medicina que se ocupa das doenças do sistema digestório.

gas.tren.te.ro.lo.gis.ta ou **gas.tro.en.te.ro.lo.gis.ta** [*Gastrenterologia* ou *gastroenterologia*. ■36] *s2g. Med.* Especialista em gastrenterologia ou gastroenterologia.

gás.tri.co [*Gastr(o)-* + *-ico*². ■35B] *adj.* Relativo ao estômago.

gas.trin.tes.ti.nal [*Gastr(o)-* + *intestinal*.] *adj2g.* Relativo a estômago e a intestino. [Pl.: *-nais*.]

gas.tri.te [*Gastr(o)-* + *-ite*¹.] *sf. Med.* Inflamação do estômago.

gas.tro.no.mi.a [Gr. *gastronomía*. ■8A] *sf.* Arte de cozinhar de modo que se dê o maior prazer a quem come. § **gas.tro.nô.mi.co** *adj.*

gas.trô.no.mo [*Gastr(o)-* + *-nomo*.] *sm.* Amante das boas iguarias.

gas.tró.po.de [Tax. *Gastropoda*.] *adj2g.sm. Zool.* Diz-se de, ou espécime dos gastrópodes, classe de moluscos de forma assimétrica, aquáticos ou terrestres. A concha, quando presente, consta de uma só peça.

gas.tros.co.pi.a [*Gastr(o)-* + *-scop-* + *-ia*¹. ■8A] *sf. Med.* Exame endoscópico do estômago. § **gas.tros.có.pi.co** *adj.*

gas.tu.ra [*Gasto.* ■5] *sf.* Sensação desagradável, aflitiva, que se tem ao toque de certos objetos, a certos sons, etc.

ga.ta [Lat. *catta*.] *sf.* **1.** A fêmea do gato. **2.** *Marinh.* Nome comum a vários mastros. **3.** *Bras.* Mulher bonita e provocante.

ga.ti.lho [Esp. *gatillo*.] *sm.* Peça dos fechos da arma de fogo que, puxada, efetua o disparo.

ga.ti.ma.nhos [De *gato*.] *smpl.* Gestos ridículos ou sinais feitos com as mãos.

ga.ti.nha [*Gata.* ■32A] *sf. Bras. Gír.* Menina graciosa, bonita.

ga.ti.nhas [Pl. de *gatinha*.] *sfpl.* Us. na loc. adv. *de gatinhas.* ◆ **De gatinhas.** Com as mãos e os joelhos apoiados no chão.

ga.to [Lat. *cattu*.] *sm.* **1.** *Zool.* Felídeo domesticado pelo homem desde tempos remotos. [Aum.: *gatarrão, gatorro*.] **2.** *Bras.* Homem bonito. **3.** *Bras. Pop.* Ligação clandestina de energia elétrica.

ga.to-do-ma.to *sm. Bras. Zool.* Jaguatirica. [Pl.: *gatos-do-mato*.]

ga.to-pin.ga.do [*Gato* + *pingado*.] *sm.* Cada um dos poucos indivíduos presentes em determinado local: *Ao final da festa, havia somente 5 gatos-pingados.* [Pl.: *gatos-pingados*.]

ga.to-sa.pa.to *sm.* Coisa desprezível. [Pl.: *gatos-sapato(s)*.] ◆ **Fazer gato-sapato de.** Fazer (alguém) de joguete.

ga.tu.na.gem [*Gatuno.* ■6] *sf.* Ação própria de gatuno; furto. [Pl.: *-gens*.]

ga.tu.nar [*Gatuno.* ■1A] *vtd.* e *int.* Furtar, roubar. [C.: 1]

ga.tu.no [Esp. *gatuno*.] *sm.* Aquele que furta; ladrão.

ga.tu.ra.mo [Do tupi.] *sm. Zool.* Nome comum a diversas aves emberizídeas, frugívoras, canoras, de dorso parcialmente azulado, acinzentado, verde, etc.

ga:u.cha.da [*Gaúcho.* ■4] *sf. Bras.* **1.** Grande porção de gaúchos. **2.** Gauchada.

ga:u.cha.ri.a [*Gaúcho.* ■15] *sf. Bras.* Ação própria de gaúcho; gauchada.

ga:u.ches.co (ês) [*Gaúcho.* ■33A] *adj. Bras.* Relativo a gaúcho, ou próprio dele.

ga.ú.cho [Esp.plat. *gaucho*.] *adj. sm.* V. *rio-grandense-do-sul.*

gau.dé.ri.o [Esp.plat. *gauderio*.] *sm.* **1.** Homem ou cão vadio, vagabundo. **2.** *Zool.* Chupim. ● *adj.* **3.** Diz-se de gaudério (1).

gáu.di.o [Lat. *gaudiu.*] *sm.* Alegria; júbilo.

gá.ve:a [Lat. **gavia*.] *sf. Marinh.* Cada um dos mastros suplementares que espigavam logo acima dos mastros compridos e grossos dos antigos navios à vela.

ga.ve.la *sf.* Feixe de espigas.

ga.ve.ta (ê) [Provç. *gaveda*.] *sf.* Caixa sem tampa, corrediça, que se introduz, como parte integrante, em mesa, cômoda, etc.

ga.ve.tei.ro [*Gaveta.* ■25] *sm.* Armação que se põe no interior dum móvel para suster gavetas.

ga.vi.al [Tax. *Gavialis*.] *sm. Zool.* Grande gavialídeo do rio Ganges (Índia). [Pl.: *-ais*.]

ga.vi.a.lí.de:o [Tax. *Gavialidae*.] *adj. sm. Zool.* Diz-se de, ou espécime dos gavialídeos, fam. monoespecífica de crocodilianos que compreende o gavial.

ga.vi.ão [Or.germ.] *sm. Zool.* Nome comum a várias aves falconiformes, acipitrídeas e falconídeas; são predadoras de aves, reptis e pequenos mamíferos. [Pl.: *-ões*.]

ga.vi.nha [V.C] *sf. Bot.* Órgão de fixação das plantas trepadeiras.

→ **gay** (guêi) [Ingl.] *adj2g2n.* *s2g.* V. *guei.*

ga.ze [Fr. *gaze*.] *sf.* Tecido leve e transparente.

ga.ze.ar¹ [V.A] *v.int.* Cantar (a garça, a andorinha, etc.). [C.: 12A]

ga.ze.ar² [De *gazetear*, poss.] *vtd.* **1.** Faltar a (o estudo, a aula, etc.). *int.* **2.** Faltar às aulas ou ao trabalho para vadiar. [Sin.ger.: *gazetear*. C.: 12A]

ga.ze.la [Do ár.] *sf. Zool.* Bovídeo de longas patas delgadas e chifres espiralados; vive em bandos na África e Ásia.

ga.ze.ta¹ (ê) [It. *gazzetta*.] *sf.* Publicação política, doutrinária, noticiosa, literária, etc.

ga.ze.ta² (ê) [V.E] *sf.* Ato de gazear².

ga.ze.te.ar [*Gazeta*². ▣1N] *vtd. e int.* V. *gazear*². [C.: 12A]

ga.ze.tei.ro [*Gazeta*². ▣25] *adj. sm.* Diz-se de, ou estudante que gazeia.

ga.ze.ti.lha [*Gazeta*¹ + *-ilha*.] *sf.* **1.** Seção noticiosa de um periódico. **2.** Folhetim (1).

ga.zu.a [V.E] *sf.* Ferro curvo ou torto com que se podem abrir fechaduras.

■ **GB** Símb. de *gigabyte*.
■ **Gd** *Quím.* Símb. de *gadolínio*.
■ **Ge** *Quím.* Símb. de *germânio*.

gê *sm.* A letra *g*.

ge.a.da [Lat. *gelata*.] *sf.* Orvalho congelado.

ge.ar [Lat. *gelare*. ▣1N] *v.int.* Formar-se ou cair geada. [C.: 12A. Impess.]

ge.car.ci.ní.de.o [Tax. *Gecarcinidae*.] *adj. sm. Zool.* Diz-se de, ou espécime dos gecarcinídeos, fam. de crustáceos decápodes onívoros, de regiões tropicais, que vivem em terra, água salobra ou água doce, e vão ao oceano para reproduzir. Ex.: o guaiamu.

ge.co.ní.de.o [Tax. *Geconidae, Gekkonidae*.] *adj. sm. Zool.* Diz-se de, ou espécime dos geconídeos, fam. de pequenos lagartos insetívoros, ger. noturnos, que têm o corpo recoberto de escamas. Ex.: lagartixa.

gêi.ser [Isl. *Geysir*.] *sm.* Fonte quente com erupções periódicas e que, normalmente, traz muitos sais em dissolução.

gel [Ingl. *gel*.] *sm.* **1.** *Quím.* Coloide formado por um sólido disperso em um líquido. **2.** *Pop.* Cosmético gelatinoso us. no cabelo. [Pl.: *géis* e *geles*.]

ge.la.dei.ra [*Gelar*. ▣16A] *sf. Bras.* Móvel que encerra uma máquina frigorífica destinada a manter-lhe o interior em baixa temperatura; refrigerador.

ge.la.do [Lat. *gelatu*.] *adj.* **1.** Muito frio; frigidíssimo. ● *sm.* **2.** *Bras.* Qualquer bebida gelada.

ge.la.du.ra [*Gelar*. ▣5A] *sf. Med.* Lesão causada por ação do frio.

ge.lar [Lat. *gelare*. ▣1A] *vtd., int. e p.* **1.** Congelar (1 e 4). **2.** Tornar(-se) excessivamente frio; refriar(-se). **3.** *Fig.* Apavorar(-se). [C.: 1 (é)]

ge.la.ti.na [It. *gelatina*.] *sf.* **1.** Proteína existente nos ossos e tecidos fibrosos animais. **2.** Gelatina (1) preparada para uso alimentar. **3.** Iguaria feita com ela.

ge.la.ti.no.so (ô) [*Gelatina*. ▣37] *adj.* **1.** Que contém gelatina. **2.** Da natureza e aspecto da geleia. [Pl.: *-nosos* (ó).]

ge.lei.a (éi) [Fr. *gelée*.] *sf.* Alimento preparado com frutas cozidas e açúcar, e que, ao esfriar, toma consistência gelatinosa.

ge.lei.ra [*Gelo*. ▣16] *sf.* Amontoamento de gelo passível de deslocamento, nas regiões em que a queda de neve ultrapassa o degelo.

gé.li.do [Lat. *gelidu*.] *adj.* Muito frio; gelado.

ge.lo (ê) [Lat. *gelu*.] *sm.* **1.** Água em estado sólido, cristalizada, por estar em temperatura muito baixa. **2.** Frio excessivo. **3.** *Fig.* Indiferença, insensibilidade, desinteresse. **4.** Tonalidade de cor cinza quase branca.

ge.lo.se [*Gel* + *-ose*¹.] *sf.* V. *ágar-ágar*.

ge.lo-se.co [*Gelo* (ê) + *seco* (ê).] *sm. Quím.* Anidrido carbônico sólido. [Pl.: *gelos-secos*.]

ge.lo.si.a [It. *gelosia*.] *sf.* Grade de tabuinhas de madeira cruzadas a intervalos, que ocupa o vão duma janela; rótula.

ge.ma [Lat. *gemma*.] *sf.* **1.** *Biol.* A parte central, amarela, do ovo das aves. **2.** *Biol.* Massa celular que, brotando de tecido ou órgão, pode originar novo indivíduo. **3.** Pedra preciosa (q.v.).

ge.ma.ção [*Gemar*. ▣2A] *sf. Biol.* Tipo de reprodução assexuada que ocorre em certos organismos, e que se dá pelo aparecimento de gema (2) que cresce diferenciada, dando origem a um novo indivíduo. [Pl.: *-ções*.]

ge.ma.da [*Gema*. ▣4] *sf.* Porção de gema(s) de ovo, batida(s) com açúcar, à qual se adiciona líquido quente.

gê.me.o [Lat. *geminu*.] *adj.* **1.** Que nasceu do mesmo parto. **2.** Idêntico, igual. ● *sm.* **3.** Indivíduo gêmeo (1).

gê.me.os [Pl. de *gêmeo*.] *smpl.* **1.** *Astr.* A 3ª constelação do Zodíaco, situada no hemisfério norte. **2.** *Astrol.* O 3º signo do Zodíaco, relativo aos que nascem entre 21 de maio e 20 de junho. [Com inicial maiúsc.]

ge.mer [Lat. *gemere*. ▣1B] *v.int.* **1.** Exprimir dor moral ou física com voz chorosa. **2.** Produzir som triste, ou monótono. **3.** Ranger, estalar. **4.** Sofrer. *td.* **5.** Dizer, gemendo. [C.: 2] § **ge.men.te** *adj2g*.

ge.mi.do [Lat. *gemitu*.] *sm.* **1.** Ato de gemer (1). **2.** Som plangente.

ge.mi.na.do [Lat. *geminatu*. ▣17] *adj.* **1.** Que é igual e forma um par: *colunas geminadas*. **2.** Que é igual e conjugado: *casas geminadas*. **3.** *Bot.* Que nasce aos pares: *flores geminadas*.

ge.mi.nar [Lat. *geminare*. ▣1A] *vtd.* Duplicar, ligando. [C.: 1]

ge.mi.ni.a.no [Lat. *geminus* + *-iano*. ▣29A] *sm.* **1.** Indivíduo nascido sob o signo de Gêmeos. ● *adj.* **2.** Diz-se de, ou pertencente ou relativo a geminiano.

ge.mo.lo.gi.a [*Gema* + *-o-* + *-logia*. ▣8A] *sf.* Ciência que trata das pedras preciosas. § **ge.mo.ló.gi.co** *adj*.

gen.ci.a.na [Lat. *gentiana*.] *sf. Bot.* Erva gencianácea, medicinal.

gen.ci.a.ná.ce.a [Tax. *Gentianaceae*.] *sf. Bot.* Espécime das gencianáceas, fam. de ervas glabras das zonas temperadas. § **gen.ci.a.ná.ce.o** *adj*.

ge.ne [Al. *Gen*, pelo ingl. *gene*.] *sm. Gen.* Unidade hereditária ou genética, situada no cromossomo, e que determina as características dum indivíduo.

ge.ne:a.lo.gi.a [Gr. *genealogía*.⊟8A] *sf.* **1.** Lista ou diagrama com os nomes dos antepassados de um indivíduo e a indicação dos casamentos e das sucessivas gerações que o ligam a determinado ancestral. **2.** A série desses antepassados. **3.** O estudo da origem das famílias. **4.** *Fig.* Procedência, origem. **5.** Os descendentes de um indivíduo, família ou grupo de organismos. § **ge.ne:a.ló.gi.co** *adj.*

ge.ne.bra [Fr.ant. *genevre*.] *sf.* Aguardente de cereais, com bagas de zimbro nela destiladas ou maceradas.

ge.ne.ral [Fr. *général*, do lat.] *sm.* **1.** V. *hierarquia militar*. **2.** Caudilho, chefe. [Pl.: -*rais*.]

ge.ne.ra.la.do [*General*.⊟17C] *sm.* Generalato.

ge.ne.ra.la.to [*General*.⊟18] *sm.* Posto de general.

ge.ne.ral de bri.ga.da *sm.* V. *hierarquia militar*. [Pl.: *generais de brigada*.]

ge.ne.ral de di.vi.são *sm.* V. *hierarquia militar*. [Pl.: *generais de divisão*.]

ge.ne.ral de e.xér.ci.to *sm.* V. *hierarquia militar*. [Pl.: *generais de exército*.]

ge.ne.ra.li.da.de [Lat. *generalitate*.⊟14] *sf.* **1.** Qualidade do que é geral. **2.** O maior número.

ge.ne.ra.li.da.des [Do pl. de *generalidade*.] *sfpl.* Rudimentos.

ge.ne.ra.lís.si.mo [Superl. abs. sint. de *general*.] *sm.* O chefe supremo de um exército.

ge.ne.ra.li.zar [Lat. *generalis*, 'geral', + *-izar*. ⊟1D] *vtd. e p.* Tornar(-se) geral ou comum; difundir(-se), propagar(-se). [C.: 1] § **ge.ne.ra.li.za.ção** *sf.*

ge.ne.ra.ti.vo [Lat. *generatus* + *-ivo*.⊟22] *adj.* Gerativo.

ge.né.ri.co [*Gênero*.⊟35B] *adj.* **1.** Respeitante a gênero. **2.** Geral (1). **3.** Diz-se de medicamento comercializado com o nome técnico, *i.e.*, o nome do princípio ativo que o integra. ● *sm.* **4.** Medicamento genérico.

gê.ne.ro [Lat. *genus, eris*, 'classe', poss. pelo lat. **generum*.] *sm.* **1.** Agrupamento de indivíduos, objetos, etc. que tenham características comuns. **2.** Classe, ordem, qualidade. **3.** Modo, estilo. **4.** *Antrop.* A forma como se manifesta, social e culturalmente, a identidade sexual dos indivíduos. **5.** *Biol.* Reunião de espécies [v. *espécie* (4).] **6.** *E.Ling.* Categoria que classifica os nomes em masculino, feminino e neutro. ◆ **Gênero humano.** A espécie humana; a humanidade. **Comum de dois gêneros.** *E.Ling.* V. *comum de dois*.

gê.ne.ros [Pl. de *gênero*.] *smpl.* Mercadorias, esp. víveres.

ge.ne.ro.si.da.de [Lat. *generositate*.⊟14] *sf.* **1.** Qualidade de generoso. **2.** Ação generosa.

ge.ne.ro.so (ô) [Lat. *generosu*.⊟37] *adj.* **1.** Que gosta de dar; pródigo. **2.** Que perdoa facilmente. **3.** Magnânimo. **4.** Diz-se de vinho de elevada graduação alcoólica, e que se bebe fora das refeições ou à sobremesa. [Pl.: -*rosos* (ó).]

gê.ne.se [Lat. *genese*.] *sf.* **1.** Formação dos seres, desde uma origem. **2.** Formação, constituição.

ge.né.si.co [*Gênese*.⊟35B] *adj.* Genético.

ge.né.ti.ca [F.subst. de *genético*.] *sf.* Ramo da biologia que estuda as leis da transmissão dos caracteres hereditários nos indivíduos.

ge.ne.ti.ca.men.te [F. de *genético*.⊟42] *adv.* **1.** Por causas, ou meios genéticos. **2.** Segundo a genética.

ge.né.ti.co [Gr. *genetikós*, 'que produz'.⊟35B] *adj.* Relativo à gênese, à geração, ou à genética; genésico.

gen.gi.bre [Do ár.] *sm. Bot.* Erva zingiberácea, medicinal.

gen.gi.va [Lat. *gingiva*.] *sf. Anat.* Parte da mucosa da boca, e que circunda colo de dente que já irrompeu. § **gen.gi.val** *adj2g.*

gen.gi.vi.te [*Gengiva* + *-ite*[1].] *sf. Med.* Inflamação das gengivas.

ge.ni.al [Lat. *geniale*.⊟39] *adj2g.* **1.** De, ou próprio do gênio. **2.** Ótimo, excelente. [Pl.: -*ais*.]

gê.ni:o [Lat. *geniu*.] *sm.* **1.** Espírito benéfico ou maléfico, que, segundo os antigos, presidia ao destino de cada um. **2.** Altíssimo grau de capacidade mental criadora, em qualquer sentido. **3.** Indivíduo de potência intelectual incomum. **4.** Índole, temperamento. **5.** Mau gênio; irascibilidade.

ge.ni.o.so (ô) [*Gênio*.⊟37] *adj.* Que tem gênio mau. [Pl.: -*osos* (ó).]

ge.ni.tal [Lat. *genitale*.⊟39] *adj2g.* Relativo à geração, ou que serve para ela. [Pl.: -*tais*.]

ge.ni.tá.li.a [Lat. *genitalia*.] *sf. Anat.* O conjunto dos órgãos reprodutores, esp. dos órgãos sexuais externos.

ge.ni.tor (ô) [Lat. *genitore*.⊟19] *sm.* **1.** Aquele que gera, ou que gerou. **2.** Pai.

ge.ni.to.ra (ô) [Fem. de *genitor*.] *sf.* **1.** Aquela que gera, ou que gerou. **2.** Mãe.

ge.no.ci.da [*Gen(o)-*[2] + *-cida*.] *adj2g.* **1.** Relativo a genocídio. **2.** Que comete genocídio. ● *s2g.* **3.** Indivíduo genocida (2).

ge.no.cí.di:o [*Gen(o)-*[2] + *-cídio*.] *sm.* Tentativa de, ou destruição, total ou parcial, de grupo nacional, étnico, racial ou religioso.

ge.no.ma [Al. *Genom*.] *sm. Biol.* A informação hereditária total de um organismo ou indivíduo.

ge.no.plas.ti.a [*Gen(o)-*[1] + *-plast(o)-* + *-ia*[1].⊟8A] *sf. Med.* Cirurgia plástica na face.

ge.nó.ti.po [*Gen(o)-*[2] + *-tipo*.] *sm. Gen.* Constituição genética de um indivíduo.

gen.ro [Lat. *generu*.] *sm.* O marido da filha em relação aos pais desta. [Fem.: *nora*.]

gen.ta.lha [It. *gentaglia*, poss.] *sf. Deprec.* V. *ralé* (2).

gen.te [Lat. *gente*.⊟21] *sf.* **1.** Quantidade de pessoas indeterminadas; povo. **2.** Grupo de pessoas que têm certas características, ou profissão, ou interesses, em comum. **3.** O ser humano. **4.** População. ◆ **A gente.** A(s) pessoa(s) que fala(m); eu, nós. [Us. com o verbo na 3ª pess.]

gen.til [Lat. *gentile*.] *adj2g.* **1.** V. *magnânimo*. **2.** Gracioso, delicado. **3.** V. *cortês*. [Pl.: -*tis*.]

gen.ti.le.za (ê) [*Gentil*.⊟12] *sf.* **1.** Qualidade ou caráter de gentil. **2.** Amabilidade, delicadeza.

gentil-homem | geriatria

gen.til-ho.mem [Fr. *gentilhomme.*] *sm.* Homem nobre; fidalgo. [Pl.: *gentis-homens.*]

gen.ti.li.co [Lat. *gentilis* + *-ico*². ▣35B] *adj.* **1.** De, ou próprio de gentio. **2.** Diz-se do nome que designa a nação à qual se pertence. ● *sm.* **3.** Esse nome.

gen.ti:o [Lat. *genetivu.*] *sm.* **1.** Aquele que professa o paganismo; infiel. **2.** *P.ext.* O índio¹ (1).

ge.nu.fle.xão (cs) [Lat. *genuflexione.* ▣2] *sf.* Flexão do joelho. [Pl.: *-xões.*]

ge.nu.fle.xó.ri:o (cs) [Lat.med. *genuflexoriu.* ▣23] *sm.* Estrado para ajoelhar e orar, com apoio para os braços.

ge.nu:i.ni.da.de (u-i) [*Genuíno.* ▣14] *sf.* Qualidade ou caráter de genuíno.

ge.nu.í.no [Lat. *genuinu.*] *adj.* **1.** Sem mistura nem alteração; puro. **2.** V. *autêntico* (5).

ge:o.cên.tri.co [*Ge(o)-* + *-centro-* + *-ico*². ▣35B] *adj.* **1.** Relativo ao centro da Terra. **2.** Que tem a Terra como centro.

ge:o.ci.ên.ci:as [*Ge(o)-* + o pl. de *ciência.*] *sfpl.* As ciências relacionadas com o estudo da Terra, como, p.ex., a geografia, a geologia.

ge:o.de.si.a ou **ge:o.dé.si:a** [Gr. *geodaisía.*] *sf.* Ciência que trata da forma e das dimensões da Terra, e de pontos determinados de sua superfície. § **ge:o.dé.si.co** *adj.*

ge:o.fa.gi.a [*Ge(o)-*+*-fag(o)-*+*-ia*¹. ▣8A] *sf. Med.* Hábito patológico de comer barro, ou outra forma de terra. § **ge:o.fá.gi.co** *adj.*; **ge.ó.fa.go** *adj. sm.*

ge:o.fí.si.ca [*Ge(o)-* + *física.*] *sf.* Ciência que estuda os fenômenos físicos que afetam a Terra.

ge:o.gra.fi.a [Gr. *geographía.* ▣8A] *sf.* Ciência que descreve a superfície da Terra e estuda seus acidentes físicos, climas, solos e as relações entre o meio natural e os seres vivos (plantas e animais, inclusive o homem). § **ge:o.grá.fi.co** *adj.*; **ge.ó.gra.fo** *sm.*

ge.oi.de (ói) [*Ge(o)-* + *-oide.*] *sm.* Sólido geométrico que tem forma semelhante à da Terra.

ge:o.lo.gi.a [Lat.med. *geologia.*] *sf.* Ciência cujo objetivo é o estudo das origens, formação e sucessivas transformações e evoluções do globo terrestre. § **ge:o.ló.gi.co** *adj.*; **ge.ó.lo.go** *sm.*

ge.ô.me.tra [Lat. *geometra.*] *s2g.* Especialista em geometria.

ge:o.me.tri.a [Gr. *geometría,* 'agrimensura'.] *sf.* Ciência que investiga as formas e dimensões dos seres matemáticos. § **ge:o.mé.tri.co** *adj.*

ge:o.me.tri.zar [*Geométrico.* ▣1D] *vtd.* Dar forma geométrica a. [C.: 1] § **ge:o.me.tri.za.ção** *sf.*

ge:o.po.lí.ti.ca [*Ge(o)-* + *política.*] *sf.* Ramo da geografia que trata do Estado em suas relações com o meio; geografia política.

ge:os.fe.ra [*Ge(o)-* + *-sfera.*] *sf.* A parte mineral, não viva, da Terra, formada pela litosfera, hidrosfera e atmosfera.

ge:os.sau.ro [Tax. *Geosaurus.*] *sm. Paleont.* Reptil crocodiliano aquático, de corpo alongado, com cerca de 3m de comprimento, dentes afiados, 4 barbatanas carnudas e longa nadadeira anal. Viveu do jurássico superior ao cretáceo inferior, e fósseis foram encontrados na Europa e África do Sul.

ge:o.téc.ni.ca [*Ge(o)-* + *técnica.*] *sf.* Ramo da geologia que estuda as propriedades dos solos e das rochas com vista a projetos de construção.

ge.ra.ção [Lat. *generatione.* ▣2A] *sf.* **1.** Ato ou efeito de gerar. **2.** Cada grau de filiação de pai a filho. **3.** Conjunto de pessoas nascidas pela mesma época. **4.** O espaço de tempo (aproximadamente 25 anos) que vai de uma geração (3) a outra. **5.** *Rád. Telev.* Transmissão em circuito fechado de sinais de áudio ou vídeo para um ou mais pontos. [Pl.: *-ções.*]

ge.ra.dor (ô) [Lat. *generatore.* ▣19A] *adj.* **1.** Que gera. ● *sm.* **2.** Aquele ou aquilo que gera. **3.** A parte das máquinas de vapor em que este fluido se produz. **4.** Dispositivo capaz de fornecer energia elétrica a um circuito.

ge.ral [Lat. *generale.* ▣39] *adj2g.* **1.** Comum à maior parte; genérico. **2.** V. *total* (1). **3.** Universal (4). ● *sm.* **4.** A maior parte. ● *sf.* **5.** Local, em teatros, estádios, etc., pelo qual se cobram preços mais baixos. [Pl.: *-rais.*] ◆ **Em geral. 1.** Indica relação ou referência a todos, ou à maioria, de um grupo ou conjunto. **2.** Indica que aquilo que se diz é um fato regular, habitual, comum. **3.** Na maioria das vezes. [Sin.ger.: *geralmente.*]

ge.ral.men.te [*Geral.* ▣42] *adv.* V. *em geral.*

ge.ra.ni.á.ce:a [Tax. *Geraniaceae.*] *sf. Bot.* Espécime das geraniáceas, família de ervas e subarbustos ornamentais. § **ge.ra.ni.á.ce:o** *adj.*

ge.râ.ni:o [Lat. *geranion,* ou *geranium* (< gr. *gerânion*); tax. *Geranium.*] *sm. Bot.* Nome comum a várias geraniáceas.

ge.rar [Lat. *generare.* ▣1A] *vtd.* **1.** Criar, procriar. **2.** Causar. **3.** Produzir. **4.** Conceber (1). **5.** *Rád. Telev.* Fazer a geração de (programa). *p.* **6.** Nascer; desenvolver-se. [C.: 1 (é)]

ge.ra.ti.vo [*Gerar.* ▣22A] *adj.* **1.** Que pode gerar. **2.** Relativo à geração.

ge.ra.triz [Lat. *generatrice.*] *adj.(f.)* **1.** Que gera. ● *sf.* **2.** *Geom.* Ponto, linha ou superfície aberta cujo deslocamento origina, respectivamente, uma linha, uma superfície ou um sólido.

ge.rên.ci:a [*Gerir.* ▣10] *sf.* **1.** Gestão. **2.** Funções de gerente. **3.** O lugar onde ele exerce suas funções. **4.** O período de exercício dessa função.

ge.ren.ci.ar [*Gerência.* ▣1A] *vtd.* **1.** Dirigir como gerente. **2.** V. *gerir.* [C.: 1] § **ge.ren.ci.a.men.to** *sm.*

ge.ren.te [Lat. *gerente.* ▣21] *adj2g.s2g.* Que, ou quem gere negócios, bens ou serviços.

ger.ge.lim [Do ár.] *sm. Bot.* Erva pedaliácea cujas sementes, comestíveis, fornecem óleo comestível e us. na indústria farmacêutica, em indústrias alimentícias, etc. [Pl.: *-lins.*]

ge.ri.a.tra [*Ger(o)-* + *-iatra.*] *s2g.* Especialista em geriatria.

ge.ri.a.tri.a [*Ger(o)-* + *-iatria.*] *sf. Med.* Estudo do idoso quanto a suas condições de vida normais e patológicas; gerontologia. § **ge.ri.á.tri.co** *adj.*

geringonça | gigantismo

ge.rin.gon.ça [Esp. *jerigonza*.] *sf.* **1.** Objeto ou coisa malfeita e de duração precária. **2.** *Pej.* Coisa pela qual não se tem apreço.

ge.rir [Lat. *gerere*. ◘1C] *vtd.* Ter gerência sobre; administrar, dirigir, gerenciar. [C.: 48]

ger.mâ.ni.co [Lat. *germanicu*. ◘35B] *adj.* Relativo à antiga Germânia, ou à Alemanha (Europa).

ger.mâ.ni:o [Lat.cient.*germanium*. ◘4] *sm. Quím.* Elemento de número atômico 32, cristalino, cinza-metálico, us. na manufatura de dispositivos eletrônicos [símb.: *Ge*].

ger.ma.nis.mo [*Germano*². ◘11] *sm.* **1.** Palavra, expressão ou construção peculiar à língua alemã. **2.** Admiração profunda a tudo quanto é alemão.

ger.ma.ni.zar [*Germano*². ◘1D] *vtd. e p.* Adaptar(-se) ao temperamento, à maneira e/ou ao estilo germ. [C.: 1] § **ger.ma.ni.za.ção** *sf.*; **ger.ma.ni.za.do** *adj.*

ger.ma.no¹ [Lat. *germanu*, 'irmão'.] *adj. sm.* Diz-se de, ou cada um dos irmãos que procedem do mesmo pai e/ou da mesma mãe.

ger.ma.no² [Lat. *germanu*, 'da Germânia'.] *sm.* **1.** Indivíduo dos germanos, povo que habitava a antiga Germânia, região da Europa Central. ● *adj.* **2.** Desse povo. **3.** Da Alemanha ou dos alemães.

ger.ma.nó.fi.lo [*Germano*² + *-filo*.] *adj. sm.* Amigo ou admirador da Alemanha e dos alemães.

ger.me [Lat. *germen*.] *sm.* **1.** Rudimento de um novo ser. **2.** Micróbio (2). **3.** Princípio, origem, causa.

gér.men [Lat. *germen*.] *sm.* V. *germe*.

ger.mi.ci.da [*Germ(i)-* + *-cida*.] *adj2g.sm.* Diz-se de, ou substância que mata germes.

ger.mi.nal [Fr. *germinal*. ◘39] *adj2g.* Relativo ao germe. [Pl.: *-nais*.]

ger.mi.nar [Lat. *germinare*. ◘1A] *v.int.* **1.** Começar a desenvolver-se (semente, bulbo, etc.). **2.** Tomar incremento ou vulto. *td.* **3.** Causar, gerar. [C.: 1] § **ger.mi.na.ção** *sf.*

ge.ron.to.cra.ci.a [*Geront(o)-* + *-cracia*.] *sf.* **1.** Governo exercido por anciãos. **2.** *Antrop. Sociol.* Sistema político baseado na autoridade decisiva dos membros mais velhos do grupo. § **ge.ron.to.crá.ti.co** *adj.*

ge.ron.to.lo.gi.a [*Geront(o)-* + *-logia*.] *sf. Med.* Geriatria. § **ge.ron.to.ló.gi.co** *adj.*

ger.re.í.de:o [Tax. *Gerreidae*.] *adj. sm.* Diz-se de, ou espécime dos gerreídeos, família de pequenos peixes marinhos, perciformes, que habitam águas litorâneas tropicais e subtropicais.

ge.rún.di:o [Lat. *gerundiu*.] *sm. E.Ling.* Forma invariável dos verbos que se produz, em português, pela mudança do *r* final do infinitivo em *-ndo*.

ger.vão ou **ger.bão** *sm. Bot.* Nome comum a ervas verbenáceas ornamentais, ou forrageiras. [Pl.: *gervões* ou *gerbões*.]

ges.sar [*Gesso*. ◘1A] *vtd.* V. *engessar*. [C.: 1 (é)]

ges.so (ê) [Lat. *gypsu*.] *sm.* **1.** Gipsita cozida a baixa temperatura e us. em moldagens, tetos rebaixados, e em traumatologia. **2.** Objeto moldado em gesso.

ges.ta [Fr. *geste*.] *sf.* **1.** Feitos guerreiros. **2.** Canção que celebra tais feitos.

ges.ta.ção [Lat. *gestatione*. ◘2A] *sf.* **1.** Tempo decorrido da concepção (2) até o nascimento; gravidez. **2.** *Fig.* Elaboração; produção. [Pl.: *-ções*.]

ges.tan.te [Lat. *gestante*. ◘21] *sf.* Mulher durante a gestação (1).

ges.tão [Lat. *gestione*. ◘2] *sf.* Ato ou efeito de gerir; gerência. [Pl.: *-tões*.]

ges.tar [Lat. *gestare*. ◘1A] *vtd. e int.* Conceber, gerar. [C.: 1 (é)]

ges.ta.tó.ri:o [Lat. *gestatoriu*. ◘23A] *adj.* **1.** Relativo à gestação. **2.** Que pode ser transportado.

ges.ti.cu.lar [Lat. **gesticulare*. ◘1A] *v.int. e td.* Fazer gestos, ou exprimir por gestos. [C.: 1] § **ges.ti.cu.la.ção** *sf.*; **ges.ti.cu.la.do** *adj.*

ges.to¹ [Lat. *gestu*.] *sm.* Movimento do corpo, esp. da cabeça e dos braços, para exprimir ideias ou sentimentos, ou para realçar a expressão.

ges.to² [Fr. *geste*, do lat. *gestu*.] *sm.* Ação, ato (ger., brilhante).

◼ **GHz** *Fís.* Símb. de *giga-hertz*.

gi.ár.di:a [Tax. *Giardia*.] *sf. Zool.* Nome comum a protozoários flagelados, parasitas do sistema digestório humano e de outros animais.

gi:ar.dí.a.se [Tax. *Giard(ia)* + *-íase*.] *sf. Med.* Infecção intestinal, causada por giárdia, que provoca diarreia abundante.

gi.ba [Lat. *gibba*.] *sf.* V. *corcunda* (1).

gi.bão¹ [It.ant.*gippone*.] *sm.* Casaco de couro us. pelos vaqueiros; véstia. [Pl.: *-bões*.]

gi.bão² [Fr. *gibbon*.] *sm. Zool.* Nome comum a vários macacos grandes, asiáticos, de focinho alongado, grandes dentes e calosidades nas nádegas. [Pl.: *-bões*.]

gi.bi *sm. Bras.* **1.** Nome registrado de determinada revista em quadrinhos, infantojuvenil. **2.** *P.ext.* Qualquer revista em quadrinhos.

gi.bo.so (ó) [Lat. *gibbosu*. ◘37] *adj.* Que tem giba. [Pl.: *-bosos* (ó).] § **gi.bo.si.da.de** *sf.*

gi.di.a.no [Antr. (*André*) *Gide*. ◘29A] *adj.* Relativo ao, ou próprio do escritor André Gide **(M.)**, ou à sua obra.

gi.es.ta [Lat. *genista*.] *sf. Bot.* Subarbusto fabáceo, ornamental

➜ **gigabit** (gigábit) [Ingl.] *sm. Inform.* Unidade de medida de informação, equiv. a bilhão de *bits* (exatamente 1.073.741.824 *bits*) [símb.: *gB*].

➜ **gigabyte** (gigabáit) [Ingl.] *sm. Inform.* Unidade de medida de informação, equiv. a 1.024 *megabytes* [símb.: *GB*].

gi.ga-hertz [*Giga-* + *hertz*.] *sm. Fís.* Unidade de medida de frequência, igual a 10^9 *hertz* [símb.: *GHz*].

gi.gan.ta *sf.* Fem. de *gigante* (1).

gi.gan.te [Lat. *gigante*, do gr.] *sm.* **1.** Homem de elevada estatura e/ou grande corpulência. ● *adj2g.* **2.** Enorme.

gi.gan.tes.co (ê) [Fr. *gigantesque*.] *adj.* **1.** Que tem estatura de gigante. **2.** *Fig.* Fora do comum; extraordinário.

gi.gan.tis.mo [*Gigante*. ◘11] *sm.* **1.** Desenvolvimento extraordinário e anormal de qualquer ser, animal ou vegetal. **2.** *P.ext.* Crescimento gigantesco.

gigolô | gladiador

gi.go.lô [Fr. *gigolo*.] *sm.* Homem que vive à custa de mulher.

gil.ber.ti.a.no [⊡29A] *adj.* Relativo ao, ou próprio do sociólogo Gilberto Freire **(M.)**, ou à sua obra.

gi.le.te (é) [Antr. *Gillette*, m.reg.] *sf.* **1.** Nome registrado de uma lâmina para barbear. **2.** *P.ext.* Qualquer lâmina para barbear.

gil.vaz [V.E] *sm.* Golpe ou cicatriz no rosto.

gim [Ingl. *gin*.] *sm.* Aguardente de cereais (cevada, trigo, aveia) e zimbro. [Pl.: *gins*.]

gim.nos.per.ma [Tax. *Gymnospermae*.] *sf. Bot.* Espécime das gimnospermas, grupo de vegetais que se caracterizam pelos óvulos e sementes a descoberto, e que são abundantes nos climas temperados, mas raros no Brasil. Ex.: coníferas. [Cf. *angiosperma*.] § **gim.nos.per.mo** *adj.*

gim-tô.ni.ca [*Gim* + (*água*)*tônica*.] *sm.f. Bras.* Gim misturado com água tônica. [Pl.: *gins-tônicas*.]

gi.na.si.a.no [*Ginásio*.⊡29] *sm.* Aluno de ginásio (2).

gi.ná.si:o [Lat. *gymnasiu*.] *sm.* **1.** Lugar onde se pratica ginástica. **2.** *Bras. Desus.* Período de ensino de 4 anos que sucedia ao curso primário. **3.** *Bras. Desus.* Estabelecimento em que se ministrava esse ensino. § **gi.na.si.al** *adj2g.*

gi.nas.ta [Gr. *gymnastés*.] *s2g.* Praticante de ginástica esportiva.

gi.nás.ti.ca [Fr. *gymnastique*.] *sf.* Arte ou ato de exercitar o corpo, para fortificá-lo ou dar-lhe agilidade. § **gi.nás.ti.co** *adj.*

gin.ca.na [Ingl. *gymkhana*, do hindi.] *sf.* Competição entre equipes em que ganha a que completar certas tarefas com mais rapidez e habilidade.

gi.ne.ceu [Lat. *ginaeceu*.] *sm. Bot.* Órgão feminino das flores, que consta, ger., de 3 partes: ovário, estilete e estigma.

gi.ne.co.lo.gi.a [*Gineco-* + *-logia*.] *sf. Med.* Parte da medicina que estuda as doenças privativas das mulheres. § **gi.ne.co.ló.gi.co** *adj.*; **gi.ne.co.lo.gis.ta** *s2g.*

gi.ne.ta (ê) [De *ginete*.] *sf.* Sistema de equitação de estribo curto.

gi.ne.te (ê) [Do ár.] *sm.* **1.** Cavalo de boa raça, fino e bem adestrado. **2.** Bom cavaleiro (4).

gi.ne.te.ar [Esp.plat. *jinetear*.⊡1N] *v.int.* **1.** Corcovear (o cavalo). *td.* **2.** Fazer (o animal) corcovear. [C.: 12A]

gin.ga [Dev. de *gingar*.] *sf.* **1.** *Bras. Cap.* Movimentação de corpo do capoeirista, com a qual este prepara os golpes ofensivos e defensivos e procura enganar o adversário. **2.** Meneio ou requebro desenvolto do corpo; gingado.

gin.ga.do [*Gingar*.⊡17A] *adj.* **1.** Em que se meneia, ou requebra o corpo: *andar gingado*. ● *sm.* **2.** Ginga (2).

gin.gar [Port.ant. *gingrar*.] *v.int.* Bambolear(-se), saracotear-se. [C.: 1C]

gin.ja [V.E] *sf. Bot.* O fruto da ginjeira.

gin.jei.ra [*Ginja*.⊡16] *sf. Bot.* Arvore frutífera rosácea.

→ **ginseng** (gínsen) [Chin.] *sm. Bot.* Arbusto araliáceo, originário da China, de flores esverdeadas e frutos bacáceos, vermelhos, e cuja raiz tem uso medicinal.

gíp.se:o [Lat. *gypseu*.] *adj.* Feito de gesso.

gip.si.ta [*Gips*(*o*)- + *-ita*³.] *sf. Min.* Mineral, sulfato de cálcio hidratado, abundante na natureza; gesso.

gi.ra [Dev. de *girar*.] *s2g. Bras. Fam.* Pessoa meio maluca.

gi.ra.fa [It. *giraffa*.] *sf.* **1.** *Zool.* Mamífero girafídeo, africano. **2.** *Pop.* Pessoa alta e/ou de pescoço muito comprido.

gi.ra.fí.de:o [Tax. *Giraffidae*.] *adj. sm. Zool.* Diz-se de, ou espécime dos girafídeos, família de artiodáctilos de pescoço muito longo, patas finas, e com 2 pequenos cornos.

gi.rân.do.la [It. *girandola*.] *sf.* **1.** Roda em que se reúne certo número de foguetes que se acendem ao mesmo tempo. **2.** *P.ext.* O conjunto dos foguetes assim reunidos.

gi.rar [Lat. *gyrare*.⊡1A] *v.int.* **1.** Andar à roda ou em giro; rodar. **2.** Andar dum lado para outro. **3.** Circular. **4.** Decorrer, passar(-se). *td.* **5.** Fazer rodar ou fazer dar voltas. [C.: 1]

gi.ras.sol [*Girar* + *sol*¹.] *sm. Bot.* Planta asterácea de grandes flores amarelas e frutos (pop. ditos *sementes*) que fornecem óleo comestível; helianto. [Pl.: *-sóis*.]

gi.ra.tó.ri:o [*Girar*.⊡23A] *adj.* Que gira ou circula.

gí.ri:a [V.E] *sf.* **1.** Linguagem de malfeitores, malandros, etc. **2.** Linguagem que, nascida em certo grupo social, termina estendendo-se à linguagem familiar. **3.** Palavra ou expressão de gíria (1 e 2). § **gi.ri.es.co** (ê) *adj.*

gi.ri.no [Lat. *gyrinu*.] *sm. Zool.* Nome comum às larvas dos anuros.

gi.ro [Lat. *gyru*.] *sm.* **1.** Volta, circuito. **2.** Movimento de negócio. **3.** *Fam.* Pequena excursão ou passeio; volta.

giz [Do ár.] *sm.* **1.** *Min.* Calcário de fácil fragmentação e que contém sílica e argila; greda. **2.** Bastonete de giz (1), para se escrever em quadros-negros.

gla.bro [Lat. *glabru*.] *adj.* Sem pelo (1 e 3), ou sem barba.

gla.ce [Fr. *glace*.] *sf.* Cobertura de bolo, docinhos, etc. solidificada ou não, feita, ger., à base de açúcar; glacê.

gla.cê [Fr. *glacé*.] *sm.* **1.** Glace. ● *adj2g.* **2.** Diz-se de frutas secas e cobertas de açúcar.

gla.ci.a.ção [Lat. *glaciare*.⊡2A] *sf.* Formação particular dos períodos geológicos em que a superfície da Terra estava recoberta pelas geleiras. [Pl.: *-ções*.]

gla.ci.al [Lat. *glaciale*.⊡39] *adj2g.* **1.** Do, ou relativo ao gelo. **2.** Muito frio. **3.** *Fig.* Sem animação. [Pl.: *-ais*.]

gla.di.a.dor (ô) [Lat. *gladiatore*.⊡19A] *sm.* Aquele que nos circos romanos combatia com homens ou com feras.

gládio | glossinídeo

glá.di:o [Lat. *gladiu*.] *sm.* Espada de 2 gumes; espada.

gla.dí.o.lo [Tax. *Gladiolus*.] *sm. Bot.* Nome comum a plantas iridáceas, herbáceas, floríferas.

→ **glamor** ou **glamour** (glâmúr) [Ingl.] *sm.* Encanto pessoal; charme.

gla.mo.ro.so (ô) [*Glamor*. ▫37] *adj.* Que tem ou revela *glamor*. [Pl.: *-osos* (ó).]

glan.de [Lat. *glande*.] *sf.* **1.** *Bot.* Fruto do carvalho, pop. chamado *bolota*. **2.** *Anat.* Nome genérico de pequena massa arredondada. **3.** *Anat.* Extremidade do pênis, em forma de barrete.

glân.du.la [Lat. *glandula*.] *sf. Anat.* Conjunto de células especializadas, que fabricam substância(s) destinada(s) a atuar no organismo e, após, ser(em) destruída(s), ou dela eliminada(s). ♦ **Glândula endócrina** (ou **de secreção interna**). A que libera hormônio(s) na corrente sanguínea. **Glândula exócrina** (ou **de secreção externa**). Aquela cuja secreção (p.ex., saliva, lágrima) é conduzida, por ductos, a uma superfície interna ou externa do corpo. **Glândula tireóidea**. *Anat.* Glândula endócrina de situação anterior e inferior no pescoço. [Denom. ant.: *tireoide*.]

glan.du.lar [*Glândula*.▫40] *adj2g.* Relativo a, ou que tem forma de glândula; glanduliforme.

glan.du.lí.fe.ro [*Glândula* + *-ífero*.] *adj.* Que tem glândulas.

glan.du.li.for.me [*Glândula* + *-iforme*.] *adj2g.* Glandular.

glau.co [Lat. *glaucu*.] *adj.* Verde tirante a azul; verde-azulado.

glau.co.ma [Lat. *glaucoma*.] *sm. Med.* Cada uma de um grupo de oftalmopatias caracterizadas por aumento de pressão intraocular e diminuição do campo visual.

glau.co.ma.to.so (ô) [*Glaucoma* (*glaucomat-*) + *-oso*.▫37] *adj. sm.* Que, ou aquele que tem glaucoma. [Pl.: *-osos* (ó).]

gle.ba [Lat. *gleba*.] *sf.* Terreno próprio para cultura; torrão.

glei.che.ni.á.ce:a [Tax. *Gleicheniaceae*.] *sf. Bot.* Espécime das gleicheniáceas, família de pteridófitos das regiões tropicais. Ex.: samambaias. § **glei.che.ni.á.ce:o** *adj.*

gli.ce.mi.a [*Glic(o)-* + *-emia*.] *sf. Med.* Teor de glicose no sangue.

gli.ce.rí.de:o [*Glicer(o)-* + *-ídeo*².] *sm. Quím.* Qualquer éster da glicerina.

gli.ce.ri.na [Fr. *glicérine*.▫31] *sf. Quím.* Álcool líquido, incolor, viscoso.

gli.ci.di:o [*Glic(o)-* + *-ídio*.] *sm. Quím.* Designação geral de açúcares, carboidratos e substâncias análogas. § **gli.cí.di.co** *adj.*

gli.co.pro.te.í.na [*Glic(o)-* + *proteína*.] *sf. Bioquím.* Proteína ligada a resíduo glicídico.

gli.co.se [Fr. *glycose*.] *sf. Quím.* Açúcar sólido, incolor, encontrado no sangue e em várias plantas [fórm.: $C_6H_{12}O_6$].

gli.co.su.ri.a [*Glicose* + *-uria*.] *sf. Med.* Eliminação de glicose pela urina.

gli.ó.ci.to [*Gli(a)-* + *-o-* + *-cito*.] *sm. Anat.* Rede de células e de fibras que serve de estrutura de sustentação do sistema nervoso. [Denom. ant.: *neuróglia*.]

glip.to.don.te [Tax. *Glyptodon*.] *sm. Paleont.* Tatu com cerca de 3m de comprimento e 1,5m de altura, que viveu no plistoceno e cujos fósseis foram encontrados na América do Sul.

glo.bal [*Globo*. ▫39] *adj2g.* **1.** Relativo ao globo (2). **2.** Integral, total. [Pl.: *-bais*.]

glo.ba.li.za.ção [*Globalizar*.▫2A] *sf.* Processo de integração entre as economias e sociedades dos vários países, esp. no que se refere à produção de mercadorias e serviços, aos mercados financeiros, e à difusão de informações. [Pl.: *-ções*.]

glo.ba.li.zar [*Global*.▫1D] *vtd.* **1.** Totalizar, integralizar. *p.* **2.** Sofrer globalização. [C.: 1]

glo.bo (ô) [Lat. *globu*.] *sm.* **1.** Corpo esférico. **2.** O globo terrestre; a Terra. **3.** Representação esférica do sistema planetário. [Pl.: *globos* (ó).]

glo.bu.lar [*Glóbulo*.▫40] *adj2g.* Com a forma de globo; orbicular.

gló.bu.lo [Lat. *globulu*.] *sm.* Pequeno globo. ♦ **Glóbulo sanguíneo**. *Histol.* Qualquer das células normalmente e funcionalmente presentes no sangue (hemácias [glóbulos vermelhos], leucócitos [glóbulos brancos], plaquetas).

gló.ri:a [Lat. *gloria*.] *sf.* **1.** Fama obtida por ações extraordinárias, grandes serviços à humanidade, etc.; celebridade, renome. **2.** Brilho intenso; esplendor. **3.** Honra, homenagem.

glo.ri.ar [Lat. **gloriare*.] *vtd.* **1.** Cobrir de glória; glorificar. *p.* **2.** Glorificar (2). **3.** Ufanar-se, envaidecer-se; glorificar. [C.: 1]

glo.ri.fi.car [Lat. *glorificare*.▫1A] *vtd.* **1.** Prestar homenagem a; honrar. *p.* **2.** Adquirir glória; gloriar-se. **3.** Glorificar (3). [C.: 8] § **glo.ri.fi.ca.ção** *sf.*; **glo.ri.fi.ca.dor** (ô) *adj. sm.*

glo.rí:o.la [Lat. *gloriola*.] *sf.* Glória vã.

glo.ri.o.so (ô) [Lat. *gloriosu*.▫37] *adj.* Cheio de glória, ou que a dá. [Pl.: *-osos* (ó).]

glo.sa [B.-lat. *glosa*.] *sf.* **1.** Nota explicativa de palavra ou texto. **2.** Anotação marginal ou nas entrelinhas. **3.** Censura, crítica. **4.** Composição poética a que servem de mote os 4 versos duma quadra.

glo.sar [*Glosa*.▫1A] *vtd.* **1.** Comentar, anotar. **2.** Censurar, criticar. **3.** Suprimir ou anular. **4.** Fazer glosa (4) de. *int.* **5.** Fazer glosas. [C.: 1 (ó)]

→ **gloss** (glós) [Ingl.] *sm.* V. *gloss labial*. ♦ **Gloss labial**. Cosmético próprio para dar brilho aos lábios.

glos.sá.ri:o [Lat. *glossariu*.▫24] *sm.* **1.** Vocabulário ou livro em que se explicam palavras de significação obscura. **2.** Vocabulário de um texto ou obra.

glos.si.ní.de:o [Tax. *Glossinidae*.] *adj. sm. Zool.* Diz-se de, ou espécime dos glossinídeos, família de moscas dípteras, hematófagas, que são importantes vetores de organismos patogênicos, como, p.ex., o causador da *doença do sono*.

glos.so.té.ri:o [Tax. *Glossotherium.*] *sm. Paleont.* Nome comum a preguiças gigantes que viveram no plistoceno, e cujos fósseis foram encontrados na América do Norte e do Sul.

glo.te [Gr. *glottís.*] *sf. Anat.* Abertura na laringe, entre as bordas livres das cordas vocais inferiores. § **gló.ti.co** *adj.*

■ **GLS** Abrev. de *gays, lésbicas e simpatizantes.*

glu.ma [Lat.cient. *gluma.*] *sf. Bot.* Brácteaque envolve e protege os órgãos florais das poáceas.

glú.on [Ingl. *gluon.*] *sm. Fís.* Partícula subnuclear de massa e carga elétrica nulas, mediadora das interações fortes entre *quarks* e responsável pela força de coesão que permite formar os núcleos atômicos.

glu.tão [Lat. *glutone.*■28B] *adj. sm.* Que, ou aquele que come muito e com avidez; comilão, edaz. [Pl.: *-tões.* Fem.: *glutona.*]

glu.te ou **glú.ten** [Lat. *gluten.*] *sm.* Proteína existente em cereais como, p.ex., no trigo, na cevada, na aveia e na soja.

glú.te:o [Gr. *gloutós*, 'nádega', + *-eo.*] *adj. Anat.* Referente às nádegas.

glu.ti.no.so (ô) [Lat. *glutinosu.*■37] *adj.* Que tem glute, ou é da consistência dele. [Pl.: *-nosos* (ó).]

glu.to.na.ri.a [*Glutão* (*-ton-*).■15] *sf.* Qualidade de glutão.

gnais.se [Al. *Gneiss.*] *sm. Geol.* Rocha metamórfica laminada, cristalina, de composição mineralógica muito variável.

gno.mo [Lat. dos alquimistas *gnomu.*] *sm. Folcl.* Anão lendário que, no interior da Terra, guarda minas e tesouros.

gno.se [Gr. *gnôsis.*] *sf.* **1.** Conhecimento, sabedoria. **2.** Conhecimento dos mistérios divinos.

gno.si:o.lo.gi.a [*Gnosio-* + *-logia.*] *sf.* Estudo das fontes, limites e valor do conhecimento humano.

gnos.ti.cis.mo [*Gnóstico.*■11] *sm.* Movimento herético baseado na gnose (2), dos 2 primeiros séculos de nossa era. § **gnós.ti.co** *adj.*

gnu [Fr. *gnou.*] *sm. Zool.* Antílope africano com cabeça e chifres semelhantes aos do búfalo.

■ **GNV** Sigla de *gás natural veicular.*

go.dê [Fr. *godet.*] *sm.* **1.** Corte de tecido em viés, us. em saias, etc. ● *adj2g.* **2.** Diz-se de roupa ou parte dela assim cortada.

go.e.la [Lat. **guelella.*] *sf. Pop.* V. *garganta* (1).

goe.thi:a.no (gue) [■29A] *adj.* Relativo ao, ou próprio do escritor Johann Wolfgang von Goethe (**M.**), ou à sua obra.

go.go (ô) [De *gosma*, poss.] *sm.* Gosma (1).

go.gó [*Goela.*] *sm. Bras. Fam.* V. *proeminência laríngea.*

gói [Iídiche *goy, goi.*] *s2g.* Entre os judeus, indivíduo ou povo não judeu.

goi.a.ba [V.D] *sf. Bot.* O fruto da goiabeira, rico em vitamina C.

goi.a.ba.da [*Goiaba.*■4] *sf.* Doce de goiaba.

goi.a.bei.ra [*Goiaba.*■16] *sf. Bot.* Arvoreta mirtácea, frutífera, nativa de regiões tropicais das Américas.

goi.a.mum *sm. Bras. Zool.* V. *guaiamu.* [Pl.: *-muns.*]

goi.a.ni.en.se [■38] *adj2g.* **1.** De Goiânia, capital de GO. ● *s2g.* **2.** O natural ou habitante de Goiânia.

goi.a.no [■29] *adj.* **1.** Do Estado de Goiás, ou da cidade e município do mesmo nome. ● *sm.* **2.** O natural ou habitante de Goiás.

goi.ta.cá *adj2g.s2g. Bras. Etnôn.* Diz-se de, ou indivíduo dos goitacás, povo indígena extinto que até a metade do séc. XVII senhoreava o litoral e outras áreas do ES e do RJ.

goi.va [Lat. *gulbia.*] *sf.* Formão que tem o chanfro do corte no lado côncavo, e us. em marcenaria, escultura, etc.

goi.vo [Lat. *gaudiu*, 'alegria'.] *sm. Bot.* Erva brassicácea ornamental, e sua flor.

gol (ô) [Ingl. *goal.*] *sm. Esport.* **1.** Linha ou quadro que a bola deve transpor, como principal objetivo do jogo; arco, baliza, meta. **2.** Ponto que se marca quando a bola transpõe o gol (1) do adversário. [Pl.: *gois* (p.us), *golos* (lus.) e *gols* (f. menos boa, porém mais us.).]

go.la [Lat. *gula*, 'garganta'.] *sf.* A parte do vestuário junto ao pescoço ou em volta dele.

go.le [Por *engole, dev. de *engolir.*] *sm.* Porção de líquido que se engole duma vez; trago, sorvo, hausto.

go.le.a.da [*Golear.*■4] *sf. Fut.* Vitória por larga margem de gols.

go.le:a.dor (ô) [*Golear.*■19A] *adj.* **1.** Que faz muitos gols. ● *sm.* **2.** Artilheiro (2).

go.le.ar [*Gol.*■1N] *vtd. e int.* Vencer por vários gols. [C.: 12A]

go.lei.ro [*Gol.*■25] *sm. Bras. Fut.* Jogador que defende o gol; arqueiro.

go.le.ta (ê) [*Gola* + *-eta* (ê).] *sf.* Barra (6).

gol.fa.da [Esp. *golfarada.*] *sf.* **1.** Aquilo que se golfa ou vomita duma vez. **2.** Jorro, jato.

gol.far [Deduz. de *golfada.*■1A] *vtd.* **1.** Expelir em golfadas; vomitar. **2.** Expelir; emitir. *int.* **3.** Sair em golfadas. [C.: 1 (ó)]

gol.fe (ô) [Ingl. *golf.*] *sm.* Esporte de origem escocesa, que consiste em impelir com um taco uma bolinha maciça, fazendo-a entrar numa série de buracos.

gol.fi.nho [Lat. *delphinu*, com infl. de *golfo.*] *sm. Zool.* Cetáceo delfinídeo de até 2m de comprimento; delfim.

gol.fo (ô) [Lat.vulg. *colphu.*] *sm.* Porção de mar que entra fundo pela terra, e cuja abertura é muito larga.

gol.pe [Lat.vulg. *colupus (lat. *colophus*, 'bofetada').] *sm.* **1.** Movimento pelo qual um corpo se choca com outro; pancada. **2.** V. *incisão* (1). **3.** Acontecimento súbito e inesperado. **4.** Choque (5). **5.** Manobra para lesar outrem. ◆ **Golpe de Estado.** Subversão da ordem constitucional e tomada de poder por indivíduo ou grupo de certo modo ligados ao Estado.

gol.pe.ar [*Golpe.*■1N] *vtd.* **1.** Dar golpes em. **2.** Ferir com golpes. **3.** Afligir, angustiar. [C.: 12A]

gol.pis.ta [*Golpe.*■36] *adj2g.s2g.* Que, ou aquele que dá golpe (5) ou participa do golpe de Estado.

go.ma [B.-lat. *gumma*.] *sf.* **1.** Seiva translúcida e viscosa de alguns vegetais. **2.** Cola feita com farinha de trigo, etc., e água. **3.** Preparado para engomar roupa, feito com água e amido. ♦ **Goma de mascar.** A goma elástica e pegajosa de certas plantas, envolvida por açúcar e essências, e que não se dissolve com a mastigação; chicle.

go.ma-a.rá.bi.ca *sf.* Cola (1) feita da resina de certas árvores. [Pl.: *gomas-arábicas*.]

go.ma-la.ca [*Goma* + *laca*.] *sf.* V. *laca*. [Pl.: *gomas-laca(s)*.]

go.mar [*Goma*. ▣ 1A] *vtd.* Engomar (1). [C.: 1]

go.mo [V.E] *sm.* **1.** V. *broto* (1). **2.** Divisão natural da polpa de certos frutos.

gô.na.da [Ingl. *gonad*.] *sf. Biol.* Glândula sexual que produz gametas e segrega hormônios. [Os testículos são as gônadas masculinas e os ovários, as femininas.]

gon.çal.vi.no [▣ 30] *adj.* Relativo ao, ou próprio do poeta Gonçalves Dias **(M.)**, ou à sua obra.

gôn.do.la [It. *gondola*.] *sf.* **1.** Pequena embarcação de remos, típica dos canais de Veneza (Itália). **2.** *Bras.* Estante de supermercado.

gon.do.lei.ro [*Gôndola*. ▣ 25] *sm.* Tripulante de gôndola (1).

gon.fo.té.ri:o [Tax. *Gomphotherium*.] *sm. Paleont.* Mastodonte com cerca de 3m de altura, dotado de 4 presas, 2 na maxila, e 2 na longa mandíbula. Viveu do mioceno superior ao plioceno superior, e fósseis foram encontrados na África, Ásia, Europa e América do Norte.

gon.go [Mal. *gong*.] *sm.* Instrumento de percussão: disco metálico que se faz vibrar batendo--lhe com uma baqueta.

gon.go.lo (gô) ou **gon.go.ló** [Do quimb.] *sm. Bras. Zool.* Embuá.

gon.gó.ri.co [*Gongorismo*. ▣ 35B] *adj.* Do gongorismo, ou relativo a essa escola.

gon.go.ris.mo [Antr. *Góngora*. ▣ 11] *sm.* **1.** Escola literária espanhola inspirada no modelo de Luis de Góngora **(M.)**, caracterizada por excesso de metáforas, antíteses, anástrofes e alusões clássicas. **2.** Modo de escrever típico dessa escola.

go.no.co.co [Lat.cient. *gonococcus*.] *sm. Biol.* Bactéria que causa gonorreia.

go.nor.rei.a (éi) [Lat. *gonorrhoea*.] *sf. Med.* Infecção bacteriana ger. adquirida mediante relação sexual, e que produz, no homem, uretrite e eliminação de secreção purulenta, e, na mulher, compromete órgãos genitais; blenorragia, purgação (*pop.*).

gon.zo [Fr.ant. *gonz*.] *sm.* Dobradiça de porta ou de janela.

go.rar [Esp.ant. *gorare, do celta.] *vtd. e int.* **1.** Malograr(-se), frustrar(-se). **2.** Impedir a incubação de, ou não chegar a incubar (ovo). [C.: 1 (ó)]

gor.do (ô) [Lat. *gurdu*.] *adj.* **1.** Que tem muita gordura; gorduroso, graxo. **2.** Que tem o tecido adiposo desenvolvido. **3.** Avultado, alentado. **4.** Diz-se do domingo e da terça-feira de carnaval.

gor.du.cho [*Gordo* + *-ucho*.] *adj.* Um tanto gordo.

gor.du.ra [*Gordo*. ▣ 5] *sf.* **1.** Substância graxa, de escassa consistência, encontrada nos tecidos adiposos dos animais e em vários óleos vegetais. **2.** Tecido adiposo. **3.** Obesidade.

gor.du.ro.so (ô) [*Gordura*. ▣ 37] *adj.* **1.** V. *gordo* (1). **2.** Cheio ou sujo de gordura; engordurado. **3.** Da consistência da gordura. [Pl.: -*rosos* (ó).]

gor.go.mi.lo *sm. Pop.* Garganta, goela. [Tb. us. no pl.]

gor.go.ná.ce:o [Tax. *Gorgonacea*.] *adj. sm. Zool.* Diz-se de, ou espécime dos gorgonáceos, ordem de animais antozoários que formam colônias ger. arborescentes; incluem os corais vermelhos.

gor.go.ni.í.de:o [Tax. *Gorgoniidae*.] *adj. sm. Zool.* Diz-se de, ou espécime dos gorgoniídeos, família de gorgonáceos.

gor.go.rão [Ingl. ant. *grogoran*.] *sm.* Tecido encorpado, de seda ou lã, em cordões salientes. [Pl.: -*rões*.]

gor.gu.lho [Lat.vulg. *gurgulio, onis,* poss. pelo nom.] *sm. Zool.* V. *caruncho*.

go.ri.la [Tax. *Gorilla*.] *sm.* **1.** *Zool.* Grande macaco pongídeo, africano. **2.** *Fig.* Brutamontes.

gor.ja [Fr. *gorge*.] *sf.* V. *garganta* (1).

gor.je.ar [*Gorja*. ▣ 1N] *v.int.* **1.** Soltar sons agradáveis (os pássaros); trinar. *td.* **2.** Exprimir com voz melodiosa. [C.: 12A]

gor.jei.o [Dev. de *gorjear*.] *sm.* Ato ou efeito de gorjear.

gor.je.ta (ê) [*Gorja* + *-eta*.] *sf.* Pequena quantia, além da devida, que se dá como gratificação; propina, espórtula.

go.ro (ô) [Dev. de *gorar*.] *adj.* Que gorou.

go.ro.ro.ba [V.C] *sf. Bras. Pop.* **1.** Comida malfeita. **2.** Comida, refeição.

gor.ro (ô) [De *gorra*.] *sm.* Barrete (1).

gos.ma [V.D] *sf.* **1.** Doença que ataca a língua das aves, sobretudo as galináceas; gogo. **2.** Matéria composta de várias substâncias (água, muco, etc.), e que se expele pela boca. **3.** Matéria semelhante à gosma (2).

gos.men.to [*Gosma*. ▣ 27] *adj.* Cheio de gosma.

gos.tar [Lat. *gustare*. ▣ 1A] *vti.* **1.** Achar bom o gosto, o sabor: *Gosta de feijoada*. **2.** Sentir prazer: *Gosta de olhar o mar*. **3.** Ter afeição, amizade. **4.** Julgar bom; aprovar. **5.** Ter por hábito; costumar. **6.** Precisar de algo para crescer, se desenvolver: *Samambaias gostam de luz. p.* **7.** Estimar-se mutuamente. [C.: 1 (ó)]

gos.to (ô) [Lat. *gustu*.] *sm.* **1.** Sabor (2). **2.** Prazer; satisfação. **3.** Capacidade subjetiva de julgar o valor estético ou moral de algo. **4.** Pendor, inclinação. [Pl.: *gostos* (ô).]

gos.to.são [*Gostoso*. ▣ 28A] *sm. Bras. Gír.* Homem atraente, gabola, cheio de pose (2). [Pl.: -*sões*. Fem.: *gostosona*.]

gos.to.so (ô) [*Gosto*. ▣ 37] *adj.* **1.** Que tem bom gosto ou sabor; saboroso. **2.** Que dá prazer, satisfação; agradável. **3.** *Bras. Gír.* Diz-se de pessoa muito atraente, sensual. [Pl.: -*tosos* (ó).]

gos.to.so.na *sf. Bras. Gír.* Mulher muito atraente.
gos.to.su.ra [*Gostoso*.▣5] *sf. Bras. Fam.* **1.** Coisa gostosa. **2.** Grande gosto; delícia.
go.ta (ô) [Lat. *gutta*.] *sf.* **1.** Porção mínima de líquido suficientemente pesado para cair em forma de esfera ou pera; pingo, pinga. **2.** Gotícula (de orvalho ou de suor). **3.** *Med.* Artropatia causada por distúrbio metabólico, e em que ocorre excreção de ácido úrico no organismo. § **go.to.so** (ô) *adj.*
go.tei.ra [*Gota* (ô).▣16] *sf.* **1.** Telha de beiral, donde escorre a água da chuva. **2.** Fenda ou buraco de telhado de onde cai água quando chove.
go.te.jar [*Gota* (ô).▣1E] *v.int.* **1.** Cair em gotas. *td.* **2.** Deixar cair gota a gota. [Sin.ger.: *pingar*. C.: 1 (è)] § **go.te.jan.te** *adj2g.*
gó.ti.co [B.-lat. *gothicu*.▣35B] *adj.* Diz-se dum estilo arquitetônico que floresceu na Europa do séc. XII ao XVI, e que se caracteriza sobretudo pelo uso de ogivas.
go.tí.cu.la [*Gota* (ô) + -*i*- + -*cula*.] *sf.* Gota mínima; gotinha, gotazinha.
→ **gourmand** (gurmã) [Fr.] *sm.* Aquele que gosta de comer bem, e muito.
→ **gourmet** (gurmê) [Fr.] *sm.* Aquele que conhece e sabe apreciar a boa comida e os bons vinhos.
go.ver.na.bi.li.da.de [*Governável* (-*bil*-).▣14] *sf.* Estabilidade ou condição (política, econômica, social, etc.) que torna possível o exercício do governo.
go.ver.na.dor (ô) [Lat. *gubernatore*.▣19A] *sm.* **1.** Aquele que governa um estado, uma região. **2.** Aquele que é o chefe do poder executivo de um dos estados de uma república federativa.
go.ver.na.do.ra (ô) [F. de *governador*.] *sf.* Aquela que é a chefe do poder executivo de um dos estados de uma república federativa.
go.ver.na.men.tal [Fr. *gouvernemental*.▣39] *adj2g.* Relativo ao governo, ou que dele parte ou emana. [Pl.: -*tais*.]
go.ver.nan.ta [Fr. *gouvernante*.] *sf.* Mulher que administra casa de outrem, ou que se emprega em casa de família para educar crianças.
go.ver.nan.te [*Governar*.▣21] *adj2g.s2g.* Que, ou aquele que governa.
go.ver.nar [Lat. *gubernare*.▣1A] *vtd.* **1.** Regular o andamento de; conduzir. **2.** Exercer o governo de. **3.** Ter poder ou autoridade sobre. **4.** Dominar, controlar. *int.* **5.** Ter poder de administrar e dispor. *p.* **6.** Cuidar dos seus interesses. **7.** Dominar-se, controlar-se. [C.: 1 (è)] § **go.ver.ná.vel** *adj2g.*
go.ver.nis.ta [*Governo*.▣36] *adj2g.s2g.* Partidário do governo.
go.ver.no (ê) [Dev. de *governar*.] *sm.* **1.** Ato ou efeito de governar(-se). **2.** Administração, direção. **3.** Domínio, controle. **4.** O poder executivo. **5.** Regime político dum Estado. **6.** Freio; direção.
go.za.ção [*Gozar*.▣2A] *sf. Bras. Fam.* Ação ou efeito de gozar (4 e 8); zombaria; deboche. [Pl.: -*ções*.]

go.za.do [*Gozar*.▣17A] *adj.* **1.** Desfrutado, fruído. **2.** *Bras.* Esquisito, estranho. **3.** *Bras. Gír.* Engraçado.
go.za.dor (ô) [*Gozar*.▣19A] *adj. sm. Bras.* Que, ou aquele que gosta de fazer gozação.
go.zar [Esp. *gozar*.] *vtd.* **1.** Usar ou possuir (coisa útil ou aprazível). **2.** Aproveitar, desfrutar. **3.** Sentir prazer ou satisfação. **4.** *Bras. Fam.* Rir de (ato, fato, alguém); debochar. *ti.* **5.** Gozar (3 e 4). **6.** Ter; desfrutar: *Goza de boa saúde*. *int.* **7.** Experimentar prazer. **8.** Achar graça em algo. **9.** Atingir o orgasmo. [C.: 1 (ó)]
go.zo (ô) [Esp. *gozo*.] *sm.* **1.** Ato de gozar; prazer, satisfação. **2.** Posse ou uso de alguma coisa de que advém satisfação e/ou vantagens. **3.** *Bras.* Prazer sexual. [Pl.: *gozos* (ô).]
go.zo.so [*Gozo* (ô)▣37] *adj.* **1.** Em que há, ou que revela ou constitui gozo (1). **2.** Que tem gozo ou prazer. [Pl.: -*zosos* (ó).]

■ **GPS** [Sigla do ingl. *global positioning system.*] Aparelho receptor de sinais de satélite que permite ao usuário obter sua posição precisa na superfície da Terra.

grã[1] [Lat. *grana*, nom. pl. de *granum, i*, 'grão', 'semente'.] *sf.* Lã tinta de escarlate.
grã[2] *sf.* O aspecto macroscópico do tecido das madeiras e do couro curtido.
grã[3] [De *gran(de)*.] *adj2g.* Grão[2].
gra.ça [Lat. *gratia*.] *sf.* **1.** Favor dispensado ou recebido; mercê, benefício. **2.** Ato de clemência do poder público, que favorece um condenado; mercê. **3.** Beleza, elegância. **4.** Dito ou ato espirituoso; gracejo, chiste. **5.** O nome de batismo. **6.** Favor ou mercê concedida a alguém por Deus. ♦ **De graça. 1.** Gratuitamente, sem pagamento. **2.** *Fig.* Muito barato.
gra.ças [Pl. de *graça*.] *sfpl.* **1.** Agradecimento. ● *interj.* **2.** Expressa satisfação, alívio. **3.** Expressa agradecimento.
gra.ce.jar [*Graça*.▣1E] *v.int. e ti.* **1.** Dizer gracejos. *td.* **2.** Exprimir por gracejo. [C.: 1 (è)]
gra.ce.jo (ê) [Dev. de *gracejar*.] *sm.* V. *graça* (4).
grá.cil [Lat. *gracile*.] *adj2g.* **1.** Delgado, fino. **2.** Airoso, elegante. [Pl.: -*ceis*. Superl.: *gracílimo*.]
gra.ci.o.so (ô) [Lat. *gratiosu*.▣37] *adj.* **1.** Que tem, ou em que há graça. **2.** Dado ou feito de graça. [Pl.: -*osos* (ó).] § **gra.ci:o.sa.men.te** *adv.*; **gra.ci:o.si.da.de** *sf.*
gra.ço.la [*Graça* + -*ola*.] *sf.* Dito zombeteiro ou de mau gosto.
gra.da.ção [Lat. *gradatione*.▣2A] *sf.* Aumento, diminuição ou transição gradual. [Pl.: -*ções*.]
gra.da.ti.vo [Lat. *gradatus*.▣22] *adj.* **1.** Que se processa por graus ou valores sucessivos (crescentes ou decrescentes). **2.** Gradual.
gra.de [Lat. *crate*.] *sf.* **1.** Armação de peças cruzadas ou paralelas, com intervalos, para resguardar um lugar, ou vedá-lo. **2.** Instrumento para revolver e aplanar a terra lavrada. **3.** *Rád. Telev.* A estrutura de programação de uma emissora, constituída pelo conjunto de

gradeado | grampo

programas e intervalos comerciais. **4.** *Bras.* Engradado (2 e 3).

gra.de.a.do [Grade + -eado.] *adj.* **1.** Que tem grade(s). ● *sm.* **2.** Grade para vedar janelas, jardins, etc.; gradeamento.

gra.de:a.men.to [Gradear.▢3] *sm.* **1.** Ato ou efeito de gradear (2.). Gradeado.

gra.de.ar [Grade.▢1N] *vtd.* Prover de, ou limitar com grades; engradar. [C.: 12A]

gra.di.en.te [Lat. *gradiente*.▢21] *sm.* **1.** Medida da inclinação dum terreno. **2.** Medida da variação de determinada característica de um meio (a pressão atmosférica, a temperatura, p.ex.) dum ponto para outro desse meio.

gra.dil [Grade + -il¹.] *sm.* Grade (1) pouco alta. [Pl.: -*dis*.]

gra.do¹ [Lat. *gratu*.] *sm.* Vontade (1). ◆ **De bom grado.** De boa vontade.

gra.do² [Lat. *gradu*.] *adj.* **1.** Bem desenvolvido; graúdo. **2.** Eminente, notável; ilustre.

gra.du.a.ção [Lat. *graduatione*.▢2A] *sf.* **1.** Ato ou efeito de graduar(-se). **2.** Divisão em graus, minutos e segundos. **3.** Hierarquia social; categoria. **4.** *Bras.* Grau (13) na etapa inicial do ensino universitário. [Pl.: -*ções*.]

gra.du.a.do [Graduar.▢17A] *adj.* **1.** Dividido em graus. **2.** Eminente, grado. **3.** *Bras.* Que se graduou ou diplomou em universidade.

gra.du.al [Lat.med. *graduale*.▢39] *adj2g.* Que se faz por graus, etapas; gradativo. [Pl.: -*ais*.]

gra.du.ar [Fr. *graduer*, do lat.med.] *vtd.* **1.** Dispor ou marcar por graus. **2.** Ordenar em categorias; classificar. **3.** Dirigir de modo gradual. **4.** Conferir grau universitário, ou as honras de posto militar, a. **5.** Aquilatar, avaliar. *tdi.* **6.** Graduar (4). *p.* **7.** Tomar grau universitário.

gra.far [Graf(o)- + -ar².▢1A] *vtd.* Dar forma escrita a. [?]

gra.fi.a [Graf(o)- + -ia¹.▢8A] *sf.* **1.** A técnica ou uso da linguagem como comunicação escrita; escrita. **2.** Maneira de escrever.

grá.fi.ca [F.subst. de *gráfico*.] *sf.* Estabelecimento gráfico.

grá.fi.co [Lat. *graphicu*.▢35B] *adj.* **1.** Relativo à grafia, ou às artes gráficas, ou que delas se ocupa. **2.** Representado por desenho ou figuras geométricas. ● *sm.* **3.** Representação gráfica de fenômenos de vária natureza. **4.** O que trabalha na indústria gráfica.

grã-fi.no *Bras. adj.* **1.** Que é rico ou elegante. **2.** Que é requintado: *casa grã-fina*. ● *sm.* **3.** Indivíduo grã-fino (1). [Pl.: *grã-finos*.]

gra.fi.ta [Al. *Graphit*.] *sf. Min.* Grafite.

gra.fi.tar¹ [Grafita.▢1A] *vtd.* Converter em grafita. [C.: 1]

gra.fi.tar² [Grafite².▢1A] *vtd. Bras.* Inscrever grafite² em; pichar. [C.: 1]

gra.fi.te¹ [Fr. *graphite*.] *sm. Min.* Forma alotrópica do carbono, opaca, de cor cinza a preta, us. em lápis, baterias, tintas, etc.; grafita.

gra.fi.te² [It. *graffiti*, pl. de *graffito*.] *sm.* Palavra, frase ou desenho feitos em muro ou parede de local público.

gra.fi.tei.ro [Grafite².▢25] *sm.* Aquele que inscreve grafite².

gra.fo.lo.gi.a [Graf(o)- + -*logia*.] *sf.* **1.** Ciência geral da escrita. **2.** Análise da personalidade de alguém pelo estudo dos traços de sua escrita. § **gra.fo.ló.gi.co** *adj.*; **gra.fó.lo.go** *sm.*

gra.lha [Lat. *graculu*, com mud. de gên.] *sf.* **1.** *Zool.* Ave corvídea de voz estridente. **2.** *Fig.* Pessoa tagarela, de voz estridente.

gra.lhar [Gralha.▢1A] *v.int.* **1.** Grasnar (a gralha e outras aves de voz semelhante à dela). **2.** *Fig.* Tagarelar. [C.: 1]

gra.ma¹ [Lat. *gramina*.] *sf. Bot.* Nome comum a várias poáceas ornamentais, ou forrageiras, ou medicinais.

gra.ma² [Fr. *gramme*, do gr. *grámma*, *atos*.] *sm. Fís.* Unidade de medida de massa, igual a 0,001kg.

gra.ma.do [Gramar¹.▢17A] *adj. sm. Bras.* Diz-se de, ou terreno coberto ou plantado de grama¹.

gra.mar¹ [V.E] *vtd.* **1.** Suportar, aturar; sofrer. **2.** *Bras. Pop.* Andar, trilhar. [C.: 1]

gra.mar² [Grama¹.▢1A] *vtd. Bras.* Plantar ou cobrir de grama¹. [C.: 1]

gra.má.ti.ca [Lat. *grammatica*, do gr.] *sf.* **1.** Estudo ou tratado dos fatos da linguagem e das leis naturais que a regulam. **2.** Livro onde se expõem as regras da linguagem.

gra.ma.ti.cal [Lat. *grammaticale*.▢39] *adj2g.* Relativo ou conforme à gramática. [Pl.: -*cais*.]

gra.má.ti.co [Lat. *grammaticu*, do gr.▢35B] *adj.* **1.** Da gramática. ● *sm.* **2.** Especialista em gramática.

gra.ma.tu.ra [Rad. greco-latino *grammat*-, + -*ura*.▢5] *sf. Edit.* Valor que expressa a massa (8) de uma folha de papel de 1m², em gramas.

gram-ne.ga.ti.vo [Gram + *negativo*.] *adj. Bacter.* Diz-se de espécie de bactéria que não retém a coloração violeta de certo corante. [Pl.: *gram-negativos*.]

gra.mo.fo.ne [Fr. *gramophone*.] *sm.* Fonógrafo.

gram.pe:a.dor (ô) [Grampear.▢19A] *sm.* **1.** Aparelho para grampear papéis, tecido em madeira, etc. **2.** Indivíduo que instala grampo (6).

gram.pe.ar [Grampo.▢1N] *vtd.* **1.** Prender com grampo(s). **2.** *Bras.* Aplicar grampo (6) em (telefone). **3.** *Bras.* Grampear (2) o telefone de (alguém, instituição, local, etc.). [C.: 12A] § **gram.pe.a.men.to** *sm.*

gram.po [De *grampa*, poss.] *sm.* **1.** Peça de metal que segura e liga 2 pedras, numa construção. **2.** Haste para segurar peças nas quais se trabalha. **3.** Gancho de metal para prender o cabelo feminino. **4.** Prego em forma de U com que se firmam fios elétricos, etc. **5.** Fio de metal fino e duro, com as pontas dobradas em ângulo reto, us. para grampear folhas de papel, etc. **6.** *Bras.* Instalação que interfere nas ligações da

gram-positivo | grato

linha do telefone que se quer controlar, a fim de poder ouvir e/ou gravar conversações.

gram-po.si.ti.vo [*Gram* + *positivo*.] *adj. Bacter.* Diz-se de espécie de bactéria que retém a coloração violeta de certo corante. [Pl.: *gram-positivos*.]

gra.na [De *grão*¹.] *sf. Bras. Gír.* V. *dinheiro* (4).

gra.na.da¹ [Fr. *grenade*.] *sf.* Artefato bélico com uma câmara interna que leva uma carga de arrebentamento.

gra.na.da² [V.D] *sf. Min.* Nome comum a silicatos cristalizados cuja coloração depende da composição.

gra.na.dei.ro [*Granada*¹.◘25] *sm.* Soldado que vai na dianteira de cada regimento.

gran.de [Lat. *grande*.] *adj2g.* 1. De tamanho, volume, intensidade, etc., acima do normal, ou da média. 2. Longo, comprido. 3. Crescido; desenvolvido. 4. Numeroso. 5. Exagerado. 6. Desmedido (1). 7. Bondoso, generoso. 8. Grave, sério. 9. Poderoso. 10. Que revela magnanimidade, ou heroísmo, etc. ● *sm.* 11. Pessoa rica e/ou poderosa, influente.

gran.de.za (ê) [*Grande*.◘12] *sf.* 1. Qualidade de grande. 2. *Mat.* Entidade suscetível de medida.

gran.di.lo.quen.te (qüen) *adj2g.* V. *grandíloquo*. (Superl.: *grandiloquentíssimo* (qüen).)
§ **gran.di.lo.quên.ci.a** (qüen) *sf.*

gran.dí.lo.quo [Lat. *grandiloqu*.] *adj.* 1. Que tem linguagem pomposa. 2. Diz-se do estilo nobre, elevado. [Sin.ger.: *grandiloquente* (qüen).]

gran.di.o.so (ô) [Esp. *grandioso*.◘37] *adj.* 1. Grande, nobre, elevado. 2. Pomposo. [Pl.: -*osos* (ó).]
§ **gran.di:o.si.da.de** *sf.*

gra.nel [Cat. *graner*.] *sm.* V. *celeiro*. [Pl.: -*néis*.]
◆ **A granel.** Diz-se de mercadorias comercializadas fora da embalagem, em quantidades fracionárias.

gra.ni.to [*Gran(i)-* + *-ito*¹.] *sm. Geol.* Rocha ígnea granular caracterizada essencialmente por quartzo e um feldspato alcalino. § **gra.ní.ti.co** *adj.*

gra.ní.vo.ro [*Gran(i)-* + *-voro*.] *adj.* Que se alimenta de grãos ou de sementes.

gra.ni.zo [Esp. *granizo*.] *sm.* Chuva cujas gotas se congelam ao atravessar uma camada de ar frio, caindo sob a forma de pedras de gelo; saraiva; chuva de pedra.

gran.ja [Fr. *grange*.] *sf.* Pequena propriedade rural de criação de pequenos animais para abate (aves, coelhos, etc.), venda de ovos, cultivo de hortaliças, etc.

gran.je.ar [*Granja*.◘1N] *vtd.* 1. Conquistar ou obter com trabalho ou esforço. 2. Atrair, conquistar; obter. [C.: 12A]

gran.jei.o [Dev. de *granjear*.] *sm.* Ato de granjear.

gran.jei.ro [*Granja*.◘25] *sm.* Aquele que cultiva uma granja, ou é dono de granja.

gra.nu.la.ção [*Granular*².◘2A] *sf.* 1. Ato ou efeito de granular². 2. *Biol.* Agregado de substâncias que se apresenta sob a forma de grânulo(s). [Pl.: -*ções*.]

gra.nu.la.do¹ [*Grânulo*.◘17B] *adj.* Que apresenta grânulos.

gra.nu.la.do² [*Granular*².◘17A] *adj.* 1. Reduzido a grânulos. ● *sm.* 2. Confeito em grânulos.

gra.nu.lar¹ [*Grânulo*.◘40] *adj2g.* Composto de grânulos.

gra.nu.lar² [*Grânulo*.◘1A] *vtd.* Dar forma de grânulos a. [C.: 1]

grâ.nu.lo [Lat. *granulu*.] *sm.* Pequeno grão.

gra.nu.lo.so (ô) [*Grânulo*.◘37] *adj.* Formado de grânulos. [Pl.: -*losos* (ó).]

grão¹ [Lat. *granu*.] *sm.* 1. Semente de cereais e de outras plantas. 2. Pequeno corpo arredondado. [Pl.: *grãos*.]

grão² *adj.* F. apocopada de *grande*; *grã*. [Pl.: *grãos*.]

grão-de-bi.co [*Grão*¹ + *de* + *bico*.] *sm.* 1. *Bot.* Planta fabácea, hortense. 2. Sua semente, alimentícia. [Pl.: *grãos-de-bico*.]

grão-du.ca.do ou **grã-du.ca.do** [*Grão-duque*.◘17C] *sm.* País governado por grão-duque. [Pl.: *grão-ducados* ou *grã-ducados*.]

grão-du.que ou **grã-du.que** [*Grão*² + *duque*.] *sm.* Título dado a alguns príncipes soberanos. [Pl.: *grão-duques* ou *grã-duques*.]

grão-mes.tre [*Grão*² + *mestre*.] *sm.* O chefe supremo de antiga ordem religiosa ou de cavalaria, ou de loja maçônica. [Pl.: *grão-mestres*.]

grão-vi.zir [*Grão*² + *vizir*.] *sm.* O primeiro-ministro do Império Otomano. [Pl.: *grão-vizires*.]

grap.sí.de:o [Tax. *Grapsidae*.] *adj. sm. Zool.* Diz-se de, ou espécime dos grapsídeos, família de crustáceos de carapaça quadrangular que habitam mares, estuários e mangues.

gras.na.da [*Grasnar*.◘4] *sf.* Ato ou efeito de grasnar; grasnido.

gras.nar [Lat.-hisp. **gracinare*.◘1A] *v.int.* 1. Soltar a voz (o pato, o corvo, a rã, etc.). 2. Gritar em voz desagradável. *td.* 3. Dizer, grasnando. [C.: 1]

gras.ni.do [*Grasnir* + *-ido*.] *sm.* Grasnada.

gras.sar [Lat. **grassare*.] *v.int.* Alastrar-se progressivamente. [C.: 1. Unipess.]

gra.ti.dão [Lat. *gratitudine*.] *sf.* 1. Qualidade de quem é grato. 2. Reconhecimento, agradecimento. [Pl.: -*dões*.]

gra.ti.fi.ca.ção [Lat. *gratificatione*.◘2A] *sf.* 1. Ato ou efeito de gratificar. 2. Retribuição de serviço extraordinário, ou remuneração acima da normal por serviço bem executado. 3. Remuneração de certos cargos públicos em comissão. [Pl.: -*ções*.]

gra.ti.fi.car [Lat. *gratificare*.◘1A] *vtd.* 1. Dar ou cobrar gratificação (2) a. 2. Dar gorjeta a. [C.: 1A] § **gra.ti.fi.can.te** *adj2g.*

gra.ti.nar [Fr. *gratiner*.◘1A] *vtd. e int.* Fazer tostar queijo ralado, farinha de rosca, etc. na superfície de (prato de forno). [C.: 1]

grá.tis [Lat. *gratis*.] *adv.* 1. Gratuitamente, graciosamente. ● *adj2g2n.* 2. De graça; gratuito: *amostras grátis*.

gra.to [Lat. *gratu*.] *adj.* 1. Que se mostra agradecido, ou demonstra gratidão. 2. Agradável.

gra.tu:i.da.de [*Gratui(to)*.⊡14] *sf.* Qualidade de gratuito.

gra.tui.to [Lat. *gratuitu*.] *adj.* **1.** Feito, dado ou recebido de graça: *entrada gratuita*. **2.** Que não envolve interesse ou vantagem. **3.** Infundado; sem prova: *acusação gratuita*. § **gra.tui.ta.men.te** *adv.*

gra.tu.la.tó.ri:o [Lat. *gratulatoriu*.⊡23A] *adj.* **1.** Em que se manifesta gratidão. **2.** Próprio para felicitar.

grau [Lat. *gradu*, 'degrau', 'passo'.] *sm.* **1.** Cada um dos pontos ou estágios sucessivos duma progressão. **2.** Cada uma das divisões duma escala de medidas quantitativas. **3.** Coeficiente (1). **4.** *Fís.* Unidade de medida termométrica [símb.: °]. **5.** *Geogr. Geom.* Unidade de medida angular (tb. us. na medição da distância angular entre os paralelos e meridianos terrestres [símb.: °]. **6.** Título obtido ao completar-se o curso universitário, ou como honraria. **7.** Nota (4). **8.** Proximidade ou afastamento entre parentes, segundo o número de gerações (indicado com numeral ordinal) que os separam do tronco ou antepassado comum: *primos em segundo grau*. **9.** Ponto irreversível que se atinge num estado (físico, psíquico, social, etc.) ou num projeto. **10.** Classe, categoria. **11.** *Mús.* Cada um dos sons que se sucedem numa escala. **12.** *E.Ling.* Categoria que exprime aumento ou diminuição de um ser (grau do subst.), ou maior ou menor intensidade de um atributo ou de uma circunstância (grau do adj. e do adv.). **13.** *Bras.* Cada uma das divisões do ensino desenvolvida em etapas progressivas. ♦ **Grau Celsius.** *Fís.* Unidade us. na medição de temperaturas segundo a escala Celsius (q.v.). [Sin.: *grau centígrado* (impr.).] **Grau centígrado.** *Impr. Fís.* Grau Celsius. **Grau Fahrenheit.** *Fís.* Unidade de medida de temperatura, us. na escala Fahrenheit (q.v.). **Grau Kelvin.** *Impr. Fís.* V. *kelvin.*

gra.ú.do [Lat. **granutu*, poss.] *adj.* **1.** Grado² (1). **2.** Crescido, grande. **3.** Importante, influente.

gra.ú.na [Do tupi.] *sf. Bras. Zool.* Ave emberizídea, canora, de plumagem preta, com brilho sedoso, bico negro com profundos sulcos na base; melro.

gra.va.ção [*Gravar*¹.⊡2A] *sf.* **1.** Ato ou efeito de gravar. **2.** Captação e registro de sons, ou de sons e imagens, em disco, fita magnética, ou outro suporte. [Pl.: -*ções*.]

gra.va.dor (ô) [*Gravar*¹.⊡19A] *sm.* **1.** Aquele que grava. **2.** Artista que faz gravuras. **3.** Aparelho de gravação (2).

gra.va.do.ra (ô) [*Gravar*¹.⊡20] *sf. Bras.* Empresa industrial que faz gravações [v. *gravação* (2)] para fins comerciais.

gra.va.me [Lat. *gravamen*.] *sm.* **1.** Encargo pesado; ônus. **2.** *Jur.* Contrato que cerceia direito de proprietário de imóvel.

gra.var¹ [Fr. *graver*.] *vtd.* **1.** Abrir com buril, cinzel, etc. **2.** Entalhar com formão, talhadeira, etc. **3.** Entalhar, fixar ou fazer corroer (imagens e eventualmente letras), para posterior impressão. **4.** Fazer gravação (2) de. **5.** Memorizar. **6.** Registrar (sons, imagens, informações para computador) em algum tipo de suporte (ger., magnético) para posterior reprodução ou processamento. [C.: 1]

gra.var² [Lat. *gravare*.] *vtd.* **1.** Onerar, vexar. **2.** Sobrecarregar com tributo(s). [C.: 1]

gra.va.ta [Fr. *cravate*.] *sf.* **1.** Tira de tecido, estreita e longa, us. em volta do pescoço e amarrada na frente em nó ou laço. **2.** *Bras.* Golpe sufocante aplicado com o braço em volta do pescoço da vítima.

gra.va.tá [De *caraguatá*.] *sm. Bras. Bot.* V. *bromélia*.

gra.ve [Lat. *grave*.] *adj2g.* **1.** Sujeito à ação da gravidade. **2.** Importante, sério. **3.** Austero, solene. **4.** Rígido, severo. **5.** Intenso, vivo. **6.** Doloroso, penoso. **7.** Que pode ter consequências sérias, trágicas. **8.** *Fís.* Diz-se de som produzido por ondas de baixa frequência.

gra.ve.to (ê) *sm.* Pedaço de lenha miúda.

grá.vi.da [Lat. *gravida* (f. de *gravidus*).] *sf.* Mulher grávida.

gra.vi.da.de [Lat. *gravitate*.⊡14] *sf.* **1.** Qualidade de grave. **2.** *Fís.* Atração que a Terra exerce sobre qualquer corpo colocado em suas vizinhanças, devido à força gravitacional.

gra.vi.dez (ê) [*Grávido*.⊡12A] *sf.* **1.** *Med.* Estado da mulher, e das fêmeas em geral, durante a gestação; prenhez. **2.** Gestação (1).

grá.vi.do [Lat. *gravidu*.] *adj.* **1.** Em estado de gravidez; prenhe. **2.** Cheio, repleto.

gra.vi.o.la [V.E] *sf. Bras. Bot.* **1.** Árvore anonácea frutífera, e de madeira útil. **2.** Seu fruto.

gra.vi.ta.ção [Fr. *gravitation*.⊡2A] *sf.* **1.** Ato de gravitar. **2.** *Fís.* Atração que um corpo exerce sobre outro, em razão de sua massa, e que é proporcional a essa massa (e também à massa do corpo atraído) e decresce com o quadrado da distância que separa os 2 corpos. [Pl.: -*ções*.]

gra.vi.ta.ci:o.nal [*Gravitação* (-cion-).⊡39] *adj2g.* Relativo a, ou em que há gravitação. [Pl.: -*nais*.]

gra.vi.tar [Fr. *graviter*.⊡1A] *vti.* **1.** Tender para um ponto ou centro pela força de gravitação. **2.** Andar à volta de um astro, atraído por ele. [C.: 1]

gra.vu.ra [Fr. *gravure*.⊡5] *sf.* **1.** Ato, efeito ou arte de gravar¹ (1 a 3). **2.** Estampa gravada.

gra.xa [Lat.vulg. **crassia*.] *sf.* **1.** Substância para conservar o couro e dar-lhe brilho. **2.** *Quím.* Emulsão dum sabão metálico num óleo, para lubrificação.

gra.xo [De *graxa*.] *adj.* **1.** V. *gordo* (1). **2.** *Quím.* Diz-se de ácidos carboxílicos, ger. com mais de 10 átomos de carbono, que combinados com a glicerina sob a forma de ésteres, constituem as gorduras e óleos animais e vegetais.

→ **gray** | **gritante**

→ **gray** (grêi) [Ingl.] *sm. Fís.* Unidade de medida de dose de radiação ionizante absorvida, no Sistema Internacional [símb.: *Gy*].

gre.co-la.ti.no [*Greco-* + *latino*.] *adj.* Pertencente ou relativo à Grécia e a Roma, a gregos e latinos, ou ao grego e ao latim. [Pl.: *greco-latinos*.]

gre.co-ro.ma.no [*Greco-* + *romano*.] *adj.* Comum aos gregos e aos romanos, ou ao idioma grego e ao latino. [Pl.: *greco-romanos*.]

gre.da [Lat. *creta*.] *sf.* Giz (1).

gre.ga (ê) [F.subst. do adj. *grego*.] *sf.* **1.** Cercadura arquitetônica formada de linhas retas entrelaçadas. **2.** Galão¹(1).

gre.gá.ri:o [Lat. *gregariu*.◻24] *adj.* Que vive em bando.

gre.go (ê) [Gr. *graikós*, pelo lat. *graecu*.] *adj.* **1.** Da Grécia (Europa); heleno. • *sm.* **2.** O natural ou habitante da Grécia; heleno. **3.** *E.Ling.* A língua grega. **4.** Voc. dessa língua. ◆ **Grego tardio.** *E.Ling.* O escrito a partir de 30 a.C. (conquista do Egito pelos romanos) por alguns escritores dos primeiros séculos da era cristã e que representou um retorno artificial ao grego dos grandes escritores áticos.

gre.go.ri.a.no¹ [◻29A] *adj.* Diz-se do rito e do canto atribuídos ao papa Gregório I (séc. VI).

gre.go.ri.a.no² [◻29A] *adj.* Relativo à reforma cronológica do papa Gregório XIII (séc. XVI).

grei [Lat. *grege*.] *sf.* **1.** Rebanho de gado miúdo. **2.** Sociedade; partido.

gre.lar [*Grelo*.◻1A] *v.int.* Deitar grelo (1). [C.: 1 (é)]

gre.lha (ê) [Fr.ant. *greille*.] *sf.* Grade de ferro sobre a qual se assam substâncias comestíveis, ou sobre a qual se acende o carvão nos fogareiros, etc.

gre.lhar [*Grelha*.◻1A] *vtd.* Assar ou torrar na grelha. [C.: 1 (é)]

gre.lo (ê) [V.C] *sm. Bot.* **1.** Gema (2) que se desenvolve na semente. **2.** Haste de algumas plantas antes de as flores desabrocharem.

grê.mi:o [Lat. *gremiu*.] *sm.* V. *sociedade* (3).

gre.ná [Fr. *grenat*.] *adj2g2n.* **1.** Da cor da granada² avermelhada, ou da romã. • *sm.* **2.** Essa cor.

gre.nha [Or. celta.] *sf.* Gaforinha.

gre.ta (ê) [Lat.vulg. *crepta*.] *sf.* **1.** Abertura da terra, provocada pelo calor do Sol. **2.** V. *fenda*.

gre.tar [Lat.vulg. **creptare*.◻1A] *vtd.* **1.** Abrir fenda ou greta em. *int. e p.* **2.** Fender-se, abrir-se. [C.: 1 (é)] § **gre.ta.do** *adj.*

gre.ve [Fr. *grève*.] *sf.* Recusa, resultante de acordo, de operários, estudantes, funcionários, etc., a trabalhar ou a comparecer onde o dever os chama até que sejam atendidos em certas reivindicações.

gre.vis.ta [*Greve*.◻36] *adj2g.* **1.** Relativo a greve. • *s2g.* **2.** Quem promove greve e/ou nela toma parte.

gri.far [*Grifo*.◻1A] *vtd.* **1.** Compor (uma palavra ou trecho de texto) em grifo, para realçar. **2.** Sublinhar no original (palavra ou trecho que se deva compor em grifo). **3.** Destacar, ressaltar. [C.: 1]

gri.fe [Fr. *griffe*.] *sf. Market.* Marca de produtos ou de linha de produtos sofisticados, ger. com o nome de pessoa famosa. ◆ **De grife.** Que tem marca comercial famosa: *Só usa roupas de grife.*

gri.fo [Lat. *gryphu*.] *adj.* **1.** Itálico (3). **2.** Sublinhado. • *sm.* **3.** Itálico (4).

gri.la.do [*Grilar*.◻17A] *adj. Bras. Gír.* Vivamente preocupado ou perturbado.

gri.la.gem [*Grilo*.◻6] *sf. Bras.* Sistema us. por grileiros. [Pl.: *-gens*.]

gri.lar [*Grilo*.◻1A] *vtd., int. e p. Bras. Fam.* Preocupar(-se); amolar(-se), chatear(-se). [C.: 1]

gri.lei.ro [*Grilo*.◻25] *sm. Bras.* Indivíduo que se apossa de terras alheias mediante falsas escrituras de propriedade.

gri.lhão [*Grilho*.◻28A] *sm.* **1.** V. *cadeia* (1). **2.** Laço, prisão. [Pl.: *-lhões*.]

gri.lhe.ta (ê) [*Grilho* + *-eta* (ê).] *sf.* **1.** Argola de ferro, no extremo duma corrente do mesmo metal, à qual se prendiam os condenados a trabalhos forçados. • *sm.* **2.** Homem condenado àqueles trabalhos; forçado.

→ **grill** (gríu) [Ingl.] *sm.* Grelha (usada para assar).

gri.lo [Lat. *grillu*.] *sm. Zool.* Inseto ortóptero, dotado de órgão que produz estridor.

grim.pa [Dev. de *grimpar*¹, poss.] *sf.* **1.** Lâmina móvel do cata-vento; ventoinha. **2.** V. *cume* (1).

grim.par¹ [Fr. *grimper*.] *v.int.* **1.** Subir, trepar. **2.** Investir contra alguém. **3.** Responder com insolência. *td.* **4.** Subir a; galgar. [C.: 1]

grim.par² [Var. de *gripar*¹.◻1A] *v.int. Bras.* Colarem-se as peças de (um motor a explosão); gripar. [C.: 1]

gri.nal.da [Fr.ant. *guerlande*.] *sf.* **1.** Coroa de flores, ramos, pedraria, etc.; guirlanda. **2.** Ornato arquitetônico em grinalda (1).

grin.go [Esp. *gringo*.] *sm. Bras. Pop. Depreca.* V. *estrangeiro* (4).

gri.pa.do [*Gripe* + *-ado*¹.◻17B] *adj. sm. Bras.* Que, ou aquele que está com gripe.

gri.par¹ [Fr. *gripper*, poss.] *v.int.* Grimpar². [C.: 1]

gri.par² [*Gripe*.◻1A] *vtd.* **1.** Causar gripe a. *int.* **2.** Ser atacado de gripe. [C.: 1]

gri.pe [Fr. *grippe*.] *sf. Med.* Virose que causa febre, cefaleia, mal-estar, além de manifestações respiratórias (irritação nasal, faringite, etc.); influenza. § **gri.pal** *adj2g.*

gri.sa.lho [Fr. *grisaille*.] *adj.* **1.** Diz-se do cabelo escuro entremeado de fios brancos. **2.** Que tem cabelos grisalhos.

gri.se.ta (ê) [V.E] *sf.* Peça metálica onde se enfia a torcida das lamparinas.

gri.ta [Dev. de *gritar*.] *sf.* Gritaria.

gri.ta.lhão [*Gritar* + *-alhão*.] *sm.* Indivíduo que grita muito. [Pl.: *-lhões.* Fem.: *gritalhona*.]

gri.tan.te [*Gritar*.◻21] *adj2g.* **1.** Que grita, clama ou brada. **2.** Diz-se de cores muito vivas. **3.** Clamoroso (1 e 2).

gri.tar [Lat.vulg. *critare*, poss.] *v.int.* **1.** Dar grito(s). **2.** Falar muito alto. **3.** Protestar, reclamar. *ti.* **4.** Chamar aos gritos; berrar. **5.** Gritar (3). **6.** Advertir em voz alta. *td.* **7.** Dizer em voz alta; berrar. [C.: 1] § **gri.ta.dor** (ó) *adj. sm.*

gri.ta.ri.a [*Grito*.▣15] *sf.* Sucessão de gritos; grita.

gri.to [Dev. de gritar.] *sm.* **1.** Voz ger. aguda e elevada, que se ouve ao longe. **2.** *Zool.* Voz forte dos animais, variável com a espécie.

gro.gue [Ingl. *grog*.] *sm.* **1.** Bebida alcoólica misturada com água quente, açúcar e casca ou suco de limão. ● *adj2g.* **2.** Meio tonto, como que bêbado.

gro.sa¹ [It. *grossa*.] *sf.* Doze dúzias.

gro.sa² [V.E] *sf.* Lima grossa para desbastar madeira, ferro ou o casco de cavalgaduras.

gro.se.lha (é) [Fr. *groseille*.] *sf.* **1.** *Bot.* O fruto da groselheira. **2.** Xarope de groselha (1).

gro.se.lhei.ra [*Groselha*.▣16] *sf. Bot.* Arbusto saxifragáceo frutífero.

gros.sei.ro [*Grosso*.▣25] *adj.* **1.** De qualidade inferior. **2.** Malfeito, tosco. **3.** De maneiras ou modos descorteses, impolidos; mal-educado, áspero, rude. **4.** Imoral, sórdido. [Sin. de 3 e 4 (chulo): *grosso*.]

gros.se.ri.a [Fr. *grosserie* (hoje, desus. nesta acepç.).] *sf.* Qualidade, modos, ação, dito, de grosseiro.

gros.sis.ta [*Grosso*.▣36] *adj2g.s2g.* V. *atacadista*.

gros.so (ô) [Lat. *grossu*.] *adj.* **1.** De grande diâmetro. **2.** Sólido, consistente. **3.** Denso, espesso. **4.** Áspero: *pele grossa*. **5.** Grave (8). **6.** Mais volumoso ou encorpado que outros da mesma espécie. **7.** *Chulo V. grosseiro* (3 e 4). ● *adv.* **8.** Com voz grossa. ● *sm.* **9.** A maior parte. [Pl. do adj. e sm.: *grossos* (ó).]

gros.su.ra [*Grosso*.▣5] *sf.* **1.** Qualidade de grosso. **2.** Dimensão de alguns sólidos entre a superfície anterior e a posterior. **3.** *Bras. Pop.* Ato ou expressão grosseira, sórdida, rude.

gro.ta [It. *grotta*.] *sf.* **1.** Abertura produzida pelas enchentes na ribanceira ou na margem dum rio. **2.** *Bras.* Vale profundo.

gro.tão [*Grota*.▣28A] *sm. Bras.* Depressão funda entre montanhas. [Pl.: -*tões*.]

gro.tes.co (ê) [It. *grottesco*.] *adj.* Que suscita riso ou escárnio; ridículo.

grou [Lat.vulg. **gruu* (cl. lat. *grus, uis*).] *sm. Zool.* Ave gruídea, migrante.

gru.a [Lat.vulg. **grua*.] *sf.* **1.** A fêmea do grou. **2.** Aparelho us. para levantar grandes pesos.

gru.dar [*Grude*.▣1A] *vtd. e tdi.* **1.** Ligar ou colar com grude. **2.** Fazer aderir a alguma superfície; colar. *ti.* **3.** Unir-se, colar-se. **4.** *Bras. Gír.* Não se afastar (de alguém). *int. e p.* **5.** Ligar-se, colar. [C.: 1]

gru.de [Lat. *glute(n)*.] *sm.* Cola ou massa para ajustar e unir peças de madeira, couro, etc.

gru.den.to [*Grude*.▣27] *adj.* Pegajoso, viscoso.

gru.í.de.o [Tax. *Gruidae*.] *adj. sm. Zool.* Diz-se de, ou espécime dos gruídeos, família de grandes aves gruiformes de asas largas, adaptadas para planar; vivem, ger., em alagadiços. Ex.: o grou.

gru:i.for.me [Tax. *Gruiformes*.] *adj2g.sm. Zool.* Diz-se de, ou espécime dos gruiformes, ordem de aves aquáticas e terrestres, pernaltas, grandes ou pequenas, de bico alongado. Inclui, entre outros, os gruídeos, ralídeos e cariamídeos.

gru.me.te (ê) [Fr.ant. *gromet*.] *sm.* Marinheiro de graduação inferior na armada.

gru.mi.xa.ma [Do tupi.] *sf. Bras. Bot.* **1.** Arvoreta mirtácea, de fruto bacáceo comestível; grumixameira. **2.** Seu fruto.

gru.mi.xa.mei.ra [*Grumixama*.▣16] *sf. Bras. Bot.* Grumixama (1).

gru.mo [Lat. *grumu*.] *sm.* Aglomeração de partículas, seres ou objetos pequeninos.

→ **grunge** (grândji) [Ingl.] *sm.* **1.** *Mús.* Rock do final da década de 1980, com vocal rouco e guitarra destoante, cujas letras falam sobre angústia, alienação e desencantamento social. **2.** *P.ext. Vest.* Modo de vestir semelhante ao dos músicos do *grunge* (1).

gru.nhi.do [*Grunhir* + -*ido*.] *sm.* **1.** Ação de grunhir. **2.** Voz do porco, do javali.

gru.nhir [Lat. *grunnire*.▣1C] *v.int.* **1.** Soltar grunhidos (o porco ou o javali, ou, p.ext., outros animais). *td.* **2.** Emitir à maneira de grunhido. [C.: 8]

gru.pa.men.to [*Grupar*.▣3] *sm.* **1.** Ato ou efeito de grupar. **2.** Organização militar que reúne elementos de comando e de combate. **3.** *Quím.* V. *grupo* (3).

gru.par [*Grupo*.▣1A] *vtd. e p.* Agrupar. [C.: 1]

gru.pi.a.ra *sf. Bras.* Gupiara.

gru.po [It. *gruppo*, poss. do gót.] *sm.* **1.** Reunião ou conjunto de pessoas, coisas ou objetos que se abrangem no mesmo lance de olhos ou formam um todo. **2.** Pequena associação de pessoas reunidas para um fim comum. **3.** *Quím.* Conjunto de átomos, ligados entre si, que faz parte de uma molécula; grupamento, radical. **4.** *Quím.* Conjunto de elementos que constituem uma coluna na tabela periódica (q.v.) e que têm, ger., propriedades químicas semelhantes. ◆ **Grupo étnico.** *Antrop.* Etnia. **Grupo funcional.** *Quím.* Aquele que caracteriza uma função (9). **Grupo sanguíneo.** *Med.* Cada uma das categorias em que são classificados indivíduos, segundo a presença ou ausência, em seu sangue, de certas substâncias (aglutinogênios e aglutininas) que determinam a possibilidade ou não de transfusões e transplantes. **Grupos taxonômicos.** *Biol.* Classificação metódica dos seres vivos baseada num conjunto de caracteres que, a partir da espécie (4), se apresentam em gradação crescente: *gênero, família, ordem, classe, ramo* ou *filo* e *reino*.

gruta | guardanapo

gru.ta [It. dialetal *grutta*.] *sf.* Caverna natural ou artificial.

gua.bi.ra.ba [Do tupi.] *sf. Bras. Bot.* Arbusto boragináceo, frutífero, e seu fruto.

gua.bi.ro.ba ou **ga.bi.ro.ba** [Do tupi.] *sf. Bras. Bot.* Arbusto mirtáceo, frutífero, medicinal, e seu fruto.

gua.bi.ru ou **ga.bi.ru** [Do tupi.] *sm. Bras.* **1.** *Zool.* Murídeo cinza-avermelhado, comum nas zonas e habitações rurais do Brasil. **2.** Gatuno, larápio.

gua.che ou **gua.cho** [Fr. *gouache*.] *sm.* **1.** Preparação feita de substâncias corantes destemperadas em água de mistura com goma e tornadas pastosas pela adição de mel. **2.** Pintura executada com guache. [Cf. *guaxe*.]

gua.co [Hisp.-amer. *guaco*.] *sm. Bot.* Planta asterácea com inúmeros empregos na medicina popular do Brasil.

guai.a.col [*Guáiaco* + *-ol*³.] *sm.* Composto aromático, líquido, oleoso, incolor, us. em medicina. [Pl.: *-cóis*.]

guai.a.mu [Do tupi.] *sm. Bras. Zool.* Crustáceo decápode, azul; goiamum.

gua.ja.ja.ra *adj2g.s2g. Bras. Etnôn.* Diz-se de, ou indivíduo dos guajajaras, povo indígena da família linguística tupi-guarani, que habita o MA.

guam.pa [Esp.plat. *guampa*.] *sf. Bras.* **1.** V. *corno*. **2.** Vasilha para líquidos, feita de chifre.

gua.na.co [Esp. *guanaco*.] *sm. Zool.* Mamífero camelídeo da América do Sul, que é a espécie selvagem do lhama.

guan.du ou **guan.do** [Or.afr.] *sm. Bras. Bot.* Arbusto fabáceo, de sementes (feijões) comestíveis.

gua.no [Esp. *guano*, do quích.] *sm.* **1.** Acumulação de fosfato de cálcio resultante de excremento de aves marinhas. **2.** Adubo artificial para as terras, semelhante a esse.

gua.po [Esp. *guapo*.] *adj.* **1.** Ousado, valente. **2.** Bonito, garboso.

gua.rá¹ [Do tupi.] *sm. Bras. Zool.* Ave tresquiornitídea vermelha, dos estuários da América do Sul.

gua.rá² [Do tupi.] *sm. Bras. Zool.* Canídeo de hábitos noturnos, que é um cachorro selvagem; alimenta-se de pequenos mamíferos, aves e frutas.

gua.ra.ju.ba [Do tupi.] *sf. Zool.* Peixe perciforme, carangídeo, da costa atlântica das Américas.

gua.ra.ná [Do tupi.] *sm. Bras.* **1.** *Bot.* Cipó sapindáceo da floresta amazônica, cuja cápsula fornece semente rica em substâncias excitantes. **2.** Massa fabricada com essas sementes. **3.** Bebida feita com o pó dessa massa.

gua.ra.ni *s2g. Bras.* **1.** *Etnôn.* Indivíduo dos guaranis, povo indígena da família linguística tupi-guarani, que habita Argentina, Bolívia, Paraguai e os estados brasileiros de MS, SP, RJ, PR, ES, SC e RS, constituindo um dos maiores grupos existentes no Brasil. ● *sm.* **2.** *E.Ling.* Denom. para diversas variantes de línguas indígenas da família tupi-guarani, da qual a mais conhecida é língua oficial no Paraguai, ao lado do espanhol. ● *adj2g.* **3.** Pertencente ou relativo a guarani (1 e 2).

guar.da [Germ. *warda*, ou dev. de *guardar*.] *sf.* **1.** Ato ou efeito de guardar. **2.** Proteção, amparo. **3.** Resguardo da mão, na arma branca. **4.** Serviço de vigilância feito por uma ou mais pessoas. ● *s2g.* **5.** Pessoa incumbida de vigiar ou guardar alguma coisa; vigia, sentinela, atalaia.

guar.da-can.ce.la [*Guardar* + *cancela*.] *sm. Bras.* Vigia incumbido das passagens de nível das ferrovias. [Pl.: *guarda-cancelas*.]

guar.da-cha.ves [*Guardar* + o pl. de *chave*.] *s2g2n.* Vigia incumbido de manobrar as chaves nos desvios ou entroncamentos dos trilhos das ferrovias.

guar.da-chu.va [*Guardar* + *chuva*.] *sm.* Armação de varetas móveis, coberta de pano ou de outro material, para resguardar da chuva ou do sol; guarda-sol, chapéu de sol, chapéu de chuva, paraguas. [Pl.: *guarda-chuvas*.]

guar.da-cos.tas [*Guardar* + o pl. de *costa*.] *sm2n.* **1.** Pessoa que acompanha outra para defendê-la. **2.** V. *capanga* (3).

guar.da.dor (ô) [*Guardar*, ▪19A] *adj. sm.* Que, ou aquele que guarda, que vigia algo.

guar.da-flo.res.tal [*Guarda* + *florestal*.] *sm.* Funcionário do Estado incumbido de vigiar florestas e matas. [Pl.: *guardas-florestais*.]

guar.da-fo.go (ô) [*Guardar* + *fogo*.] *sm.* Parede entre prédios contíguos, para evitar a comunicação de fogo. [Pl.: *guarda-fogos* (ó).]

guar.da-frei.o [*Guardar* + *freio*.] *sm.* Ferroviário que vigia e manobra os freios dos vagões. [Pl.: *guarda-freios*.]

guar.da-li.vros [*Guardar* + o pl. de *livro*.] *s2g2n.* Profissional que se encarrega da escrituração de livros [v. *livro* (3)].

guar.da-loi.ça ou **guar.da-lou.ça** *sm.* Armário ou prateleira onde se guarda louça. [Pl.: *guarda-loiças* ou *guarda-louças*.]

guar.da-ma.ri.nha [Esp. *guardia marina*.] *sm.* **1.** Aluno de escola naval que estagia para ser promovido a segundo-tenente. **2.** V. *hierarquia militar*. [Pl.: *guardas-marinha(s)*.]

guar.da-mor [*Guarda* + *mor*.] *sm.* Título de chefe da polícia aduaneira nos portos. [Pl.: *guardas-mores*.]

guar.da.mo.ri.a [*Guarda-mor*, ▪8A] *sf. Bras.* Repartição anexa às alfândegas, incumbida da polícia fiscal nos portos e a bordo dos navios.

guar.da-mó.veis [*Guardar* + o pl. de *móvel*.] *sm2n. Bras.* Estabelecimento onde, mediante pagamento, se depositam móveis.

guar.da.na.po [Fr. *garde-nappe*.] *sm.* Pequena toalha de pano ou de papel, para limpar os lábios.

guarda-noturno | guia

guar.da-no.tur.no [*Guarda* + *noturno*.] *sm.* Guarda (5) que, à noite, ronda e vigia as entradas de habitações ou casas comerciais. [Pl.: *guardas-noturnos*.]

guar.da-pó [*Guardar* + *pó*.] *sm.* Veste us. por cima da roupa a fim de resguardá-la do pó, em viagem, aula, etc. [Pl.: *guarda-pós*.]

guar.dar [Germ. *wardôn*.] *vtd.* **1.** Vigiar com o fim de defender, proteger ou preservar. **2.** Pôr em lugar próprio. **3.** Tomar conta de. **4.** Proteger, defender. **5.** Não revelar; ocultar. **6.** Não perder. **7.** Conservar, manter. **8.** Memorizar. **9.** Velar² (3). *tdc.* **10.** Guardar (2). *tdi.* **11.** Reservar; destinar. **12.** Defender. *p.* **13.** Prevenir-se; acautelar-se. **14.** Preservar-se, reservar-se. [C.: 1]

guar.da-rou.pa [*Guardar* + *roupa*.] *sm.* **1.** Armário onde se guarda a roupa. **2.** O conjunto das roupas de uso duma pessoa ou dos componentes dum grupo. [Pl.: *guarda-roupas*.]

guar.da-sol [*Guardar* + *sol*¹.] *sm.* V. *guarda-chuva*. [Pl.: *guarda-sóis*.]

guar.di.ão [De *wardianem, romanização do gót. *wardjan*.] *sm.* **1.** Superior de alguns conventos. **2.** *Fig.* Aquele que guarda, preserva. [Pl.: -ães, -ões. Fem.: *guardiã*.]

gua.ri.ba [Do tupi.] *sm. Bras. Zool.* Cebídeo cuja pele da mandíbula é barbada, e que vive em bandos; bugio.

gua.ri.da [*Guarir* + *-ida*.] *sf.* **1.** Covil de feras. **2.** Abrigo, refúgio.

gua.ri.ta [Fr. ant. *garite*.] *sf.* **1.** Torre nos ângulos dos antigos baluartes, para abrigo das sentinelas. **2.** Cabine, ger. removível, para abrigar vigilantes, etc.

guar.ne.cer [Port. *guarn(ir)* + *-ecer*.] ◼1P] *vtd.* **1.** Prover do necessário. **2.** Fortalecer, fortificar. **3.** Caiar (parede) depois de rebocada. **4.** Adornar. *tdi.* **5.** Prover, munir. [C.: 2A (ê-é)]

guar.ni.ção [*Guarnir* (de or. germ.).] ◼2A] *sf.* **1.** Aquilo que guarnece. **2.** Tropa que defende determinada praça, ou nela serve. **3.** A equipagem dum navio. **4.** O punho e a guarda (3) da espada. **5.** Enfeite, adorno. **6.** Guarnição (5) feita com verduras cruas ou cozidas, etc., as quais, ger., servem de acompanhamento de um prato (2). **7.** *P.ext.* Acompanhamento de um prato (2). [Pl.: *-ções*.]

guas.ca [Hisp.-amer. *guasca*, do quích.] *sf. Bras.* **1.** Tira ou correia de couro cru. ● *adj2g.s2g.* **2.** V. *rio-grandense-do-sul*.

gua.xe [Do tupi.] *sm. Bras. Zool.* Ave emberizídea preta e vermelha, que habita o C. ao S. do Brasil. [Cf. *guache*.]

gua.xi.ma [Do tupi.] *sf. Bras. Bot.* Planta malvácea medicinal, de fibras têxteis.

gua.xi.nim [Do tupi.] *sm. Bras. Zool.* Canídeo selvagem que vive nos brejos e mangues. [Pl.: *-nins*.]

gu.de *sm. Bras.* Jogo infantil cujo fito é fazer entrarem em 3 buracos bolinhas de vidro; birosca.

gue.de.lha (ê) [Lat. *viticula*, 'pequena vide', 'melena', poss. com infl. do gót. *wathils, 'penacho'.] *sf.* Cabelo desgrenhado e longo.

guei [Ingl. *gay*.] *adj2g.* **1.** Diz-se de homossexual. **2.** Que visa, esp., ao público homossexual: *filme guei*. ● *s2g.* **3.** Indivíduo homossexual. [F. ingl.: *gay*.]

guei.xa [Do jap.] *sf.* Cantora e dançarina japonesa que, em reuniões, entretém os homens com dança, música e conversação.

guel.ra [V.D] *sf. Zool.* Órgão respiratório dos animais aquáticos; brânquia.

guen.zo [V.E] *adj. Bras.* **1.** Magríssimo. **2.** Fraco (1).

gue.par.do [Fr. *guépard*, do it.] *sm. Zool.* Felídeo da África e S.O. da Ásia. Tem pernas longas, pelagem fulva com manchas negras, garras não retráteis, e é o animal mais veloz da fauna terrestre (corre até 100km/h).

guer.ra [Germ. *werra*.] *sf.* **1.** Luta armada entre nações ou partidos; conflito. **2.** Expedição militar; campanha. **3.** A arte militar. **4.** Oposição. ◆ **Guerra biológica.** Uso de microrganismos (vírus, bactérias) ou suas toxinas, para prejudicar ou matar populações humanas, plantações, rebanhos, etc. **Guerra civil.** A que se faz entre partidos e ou grupos de um mesmo povo ou país. **Guerra nuclear.** Aquela em que se empregam armas nucleares.

guer.re.ar [*Guerra*.◼1N] *vtd.* **1.** Fazer guerra a; combater. *ti.* **2.** Disputar (com alguém), ou bater-se (por ou contra algo). *int.* **3.** Fazer guerra; combater. [C.: 12A]

guer.rei.ro [*Guerra*.◼25] *adj.* **1.** Relativo a guerra. **2.** Belicoso (1). ● *sm.* **3.** Aquele que guerreia.

guer.ri.lha [Esp. *guerrilla*.] *sf.* **1.** Luta armada travada por grupos constituídos irregularmente, e que não obedece às normas das convenções internacionais. **2.** Tropa indisciplinada.

guer.ri.lhar [*Guerrilha*.◼1A] *v.int.* **1.** Fazer guerrilha. **2.** Ser guerrilheiro. [C.: 1]

guer.ri.lhei.ro [*Guerrilha*.◼25] *sm.* **1.** Aquele que combate em guerrilha. ● *adj.* **2.** Relativo a guerrilha.

gue.to (ê) [It. *ghetto*.] *sm.* **1.** Bairro onde os judeus eram obrigados a morar. **2.** *P.ext.* Bairro onde são confinadas certas minorias, por imposições econômicas, ou raciais, ou mesmo sociais.

gui.a [Dev. de *guiar*.] *sf.* **1.** Ato ou efeito de guiar. **2.** Documento que acompanha a correspondência oficial, ou mercadorias, para terem livre trânsito. **3.** Formulário para pagamento de importâncias, para notificações, etc. ● *s2g.* **4.** Pessoa que guia outras. **5.** Pessoa que acompanha turistas, viajantes, etc. ● *sm.* **6.** Livro de instruções. **7.** Publicação para orientar habitantes ou visitantes de determinada região ou cidade.

gui.ão [Fr.ant. *guion*.] *sm.* **1.** Pendão ou estandarte que vai à frente de procissões ou irmandades. **2.** Guidom. [Pl.: *-ães, -ões.*]

gui.ar [V.C] *vtd.* **1.** Servir de guia a; orientar, dirigir. **2.** Proteger. **3.** Conduzir (cavalos). **4.** Dirigir (veículo automóvel). **5.** Aconselhar. *tdc.* **6.** Encaminhar, conduzir. *int.* **7.** Dirigir veículo automóvel. *p.* **8.** Dirigir-se. [C.: 1]

gui.chê [Fr. *guichet*.] *sm.* Portinhola em parede, porta, grade, etc., por onde o público se comunica com funcionários ou empregados, como, p.ex., caixa de um banco, bilheteiro, etc.

gui.dom [Fr. *guidon*.] *sm.* Barra de direção de bicicletas, motocicletas, etc.; guião.

gui.lho.ti.na [Fr. *guillotine*.] *sf.* **1.** Instrumento de decapitação, no qual o golpe é desferido por uma lâmina triangular precipitada de certa altura. **2.** Caixilho de janela que se levanta e abaixa verticalmente.

gui.lho.ti.nar [*Guilhotina*.◻1A] *vtd.* Decapitar com a guilhotina (1). [C.: 1]

guim.ba [Do quimb., poss.] *sf. Bras. Pop.* A parte que resta do charuto ou do cigarro, depois de fumado; bagana.

gui.na.da [*Guinar*.◻4] *sf.* **1.** *Mar.* Desvio da proa para um ou outro bordo, que afasta o navio do rumo em que vinha. **2.** Mudança profunda, radical e/ou súbita, em situação, atitude, etc. **3.** Desvio (1) que um veículo realiza de repente.

gui.nar [V.C] *v.int.* **1.** Mover-se às guinadas; oscilar. **2.** Dar uma guinada. *td.* **3.** Desviar com rapidez. [C.: 1]

guin.char¹ [*Guincho*¹.◻1A] *v.int.* Soltar guinchos [v. *guincho*¹]. [C.: 1]

guin.char² [*Guincho*².◻1A] *vtd. Bras.* **1.** Puxar (um veículo), com o guincho² (3). **2.** Içar com o guincho² (1 e 3). [C.: 1]

guin.cho¹ [V.A] *sm.* Som agudo e inarticulado emitido pelo homem e por alguns animais; chio.

guin.cho² [Ingl. *winch*.] *sm.* **1.** Pequeno guindaste. **2.** Máquina us. a bordo na manobra de cabos ou amarras. **3.** *Bras.* Reboque (4).

guin.dar [Fr.ant. *winder*.] *vtd., tdi. e p.* Levantar(-se), alçar(-se). [C.: 1]

guin.das.te [Occ. **guindatz*.] *sm.* Aparelho para levantar pesos.

guir.lan.da [Fr.ant. *guerlande*, do it.] *sf.* **1.** Grinalda (1). **2.** Festão.

gui.sa [Do germ. **wisa*, 'modo', 'maneira' (hoje, al. *Weise*).] *sf. Pus.* Maneira, modo. ◆ **À guisa de.** À maneira de.

gui.sa.do [Subst. do part. de *guisar*.] *sm.* Carne refogada com molho.

gui.sar [*Guisa*.◻1A] *vtd.* **1.** Preparar com refogado. **2.** Preparar, traçar. [C.: 1]

gui.tar.ra [Do ár.] *sf.* Nome de vários instrumentos de cordas dedilháveis, com braço longo e caixa de ressonância de fundo chato.

gui.tar.ris.ta [*Guitarra*.◻36] *s2g.* Pessoa que toca guitarra.

gui.zo [V.C] *sm.* Esferazinha oca, de metal, com furinhos, que contém bolinha(s) maciça(s) e que, agitada, produz som peculiar; cascavel.

gu.la [Lat. *gula*.] *sf.* **1.** Excesso na comida e na bebida. **2.** Apego excessivo a boas iguarias. [Sin.ger.: *gulodice*.]

gu.lo.di.ce [Alter. de *gulosice*.] *sf.* **1.** V. *gula*. **2.** Iguaria muito apetitosa; guloseima.

gu.lo.sei.ma [*Guloso + -eima*.] *sf.* Gulodice (2).

gu.lo.so (ô) [Lat. *gulosu*.◻37] *adj.* Que tem o vício da gula ou gosta de gulodices. [Pl.: *-losos* (ó).]

gu.me [Lat. *acumen*.] *sm.* O lado afiado de instrumento de corte; fio.

gu.mí.fe.ro [Lat. *gummis, is*, 'goma', + *-fero*.] *adj.* Que produz goma.

gu.pi.a.ra [Var. de *crupiara*.] *sf. Bras.* Depósito diamantífero na crista dos morros; grupiara.

gu.ri [Do tupi.] *sm. Bras.* V. *menino*.

gu.ri.a [Fem. de *guri*.] *sf. Bras.* **1.** Menina (1). **2.** Namorada.

gu.ri.za.da [*Guri + -zada*.◻4C] *sf.* Criançada (1 e 2).

gu.ru.pés [Fr. *beaupré*.] *sm2n. Marinh.* No veleiro, mastro que se lança, inclinado, do bico da proa para a frente, no plano longitudinal.

gu.sa [Fr. *gueuse*, poss.] *sf.* F.red. de *ferro-gusa*.

gus.ta.ção [Lat. *gustatione*.◻2A] *sf.* **1.** Ato de provar. **2.** Paladar (2). [Pl.: *-ções.*]

gus.ta.ti.vo [Lat. *gustatus*, 'saboreado', + *-ivo*.◻22] *adj.* Relativo ao sentido do gosto.

gu.ta-per.cha [Ingl. *gutta-percha*, do mal.] *sf. Bot.* Árvore sapotácea cujo látex tem uso industrial. [Pl.: *guta(s)-perchas*.]

gu.ten.ber.gui.a.no [◻29A] *adj.* Relativo a, ou próprio de Gutenberg (**M.**).

gu.ti.fe.rá.ce:a [Tax. *Gutifferaceae*.] *sf. Bot.* Espécime das gutiferáceas, família de árvores e arbustos floríferos, lactescentes, e de frutos capsulares, drupáceos, ou bacáceos. § **gu.ti.fe.rá.ce:o** *adj.*

gu.tí.fe.ro [*Guta + -ífero*.] *adj. Poét.* Que deita gotas.

gu.tu.ral [*Gutur(i)- + -al*¹.◻39] *adj2g.* **1.** Relativo ou pertencente à garganta. **2.** Produzido ou modificado na garganta (som). [Pl.: *-rais.*]

gu.tu.ra.li.zar [*Gutural*.◻1D] *vtd. E.Ling.* Tornar gutural (2). [C.: 1]

■ **Gy** *Fís.* Símb. de *gray*.

h (agá) *sm.* **1.** A 8ª letra do nosso alfabeto. **2.** Figura ou representação dessa letra. ● *num.* **3.** Oitavo (1), numa série. [Pl. do sm., com duplo *h*: *hh*.]
- **h** Símb. de *hora*.
- **H** *Quím.* Símb. de *hidrogênio*.
- **ha** Símb. de *hectare*.

hã [V.A] *interj.* Indica reflexão, admiração.

→ **habeas corpus** (ábeas córpus) [Lat.] *sm.* Ação judicial em favor de quem sofre ou está para sofrer coação na sua liberdade de locomoção por ilegalidade ou abuso de poder.

há.bil [Lat. *habile*.] *adj2g.* **1.** Que tem aptidão ou capacidade para algo. **2.** Inteligente, sagaz. **3.** De acordo com as imposições legais, com as exigências preestabelecidas: *Fez a prova em tempo hábil.* [Pl.: -*beis*.] § **ha.bi.li.da.de** *sf.*

ha.bi.li.do.so (ô) [*Habilid(ade)*.[]37] *adj.* Que tem ou revela habilidade. [Pl.:-*dosos* (ó).]

ha.bi.li.ta.ção [*Habilitar.*[]2A] *sf.* **1.** Ato ou efeito de habilitar(-se). **2.** Aptidão, capacidade. **3.** Documento que atesta a aptidão e o direito de alguém de dirigir veículo automóvel. [Pl.: -*ções*.]

ha.bi.li.ta.ções *sfpl.* Cabedal de conhecimentos.

ha.bi.li.tar [Lat. *habilitare*.[]1A] *vtd. e tdi.* **1.** Tornar hábil, ou apto, ou capaz; preparar. *p.* **2.** Tornar-se apto, ou capaz. **3.** Justificar legalmente habilitação jurídica. **4.** Pôr-se à disposição. [C.: 1]

ha.bi.ta.ção [Lat. *habitatione*.[]2A] *sf.* **1.** Ato ou efeito de habitar. **2.** Lugar ou casa onde se habita; morada. [Pl.: -*ções*.] § **ha.bi.ta.ci.o.nal** *adj2g.*

ha.bi.tan.te [Lat. *habitante*.[]21] *s2g.* Quem reside habitualmente num lugar; morador.

ha.bi.tar [Lat. *habitare*.[]1A] *vtd.* **1.** Ocupar como residência; residir. **2.** Tornar habitado. **3.** Ter *habitat* em. *tc.* **4.** Habitar (1). *ti.* **5.** Morar (com alguém). [C.: 1] § **ha.bi.tá.vel** *adj2g.*

→ **habitat** (ábitat) [Lat.] *sm. Ecol.* **1.** Lugar onde vive um organismo. **2.** O conjunto das características ecológicas do *habitat* (1).

há.bi.tat [Lat. *habitat*, 'ele habita'.] *sm. Ecol.* V. *habitat.* [Pl.: -*tats*.]

ha.bi.te-se [*Habitar + se*¹.] *sm2n.* Autorização de órgão municipal permitindo a ocupação e uso de um imóvel.

há.bi.to [Lat. *habitu*.] *sm.* **1.** Disposição adquirida pela repetição frequente dum ato; uso, costume. **2.** Roupagem de frade ou freira. **3.** *Biol.* O conjunto das características físicas de um organismo: *planta de hábito arborescente*.

ha.bi.tu.al [Lat.med. *habituale*.[]39] *adj2g.* **1.** Que se faz, ou que sucede, por hábito. **2.** Usual. [Pl.: -*ais*.]

ha.bi.tu.ar [Lat.med. *habituare*.[]1A] *vtdi. e p.* Fazer contrair um hábito, ou contraí-lo; acostumar(-se). [C.: 1]

ha.chu.ra [Fr. *hachure*.] *sf.* Raiado ou raias que, em desenho ou gravura, produz(em) efeito de sombra ou nuança.

ha.chu.rar [Fr. *hachurer*.[]1A] *vtd.* Traçar hachura(s) em. [C.: 1]

→ **hacker** (réquer/ráquer) [Ingl.] *s2g. Inform.* Indivíduo perito em informática que invade, em geral ilegalmente, sistemas de computadores.

ha.do.que [Ingl. *haddock*.] *sm. Zool.* Peixe gadídeo, alimentício, das águas frias e temperadas do hemisfério norte.

háf.ni:o [Lat.cient. *hafnium*.] *sm. Quím.* Elemento de número atômico 72, metálico [símb.: *Hf*].

ha.gi:o.gra.fi.a (àg) [*Hagi(o)- + -grafia*.] *sf.* Biografia de santo (6).

hagiógrafo | haver

ha.gi:ó.gra.fo [Lat. *hagiographu.*] *adj.* **1.** Diz-se dos livros do Antigo Testamento, menos o Pentateuco e os Profetas. ● *sm.* **2.** Autor que escreve sobre a vida dos santos.

ha.gi.ô.ni.mo [*Hagi(o)-* + *-ônimo.*] *sm.* Hierônimo.

hai.cai [Do jap.] *sm.* Poema japonês constituído de 3 versos, dos quais 2 são pentassílabos e 1, o segundo, é heptassílabo.

ha.li.êu.ti.ca [Gr. *halieutiké.*] *sf.* A arte da pesca. § **ha.li.êu.ti.co** *adj.*

há.li.to [Lat. *halitu.*] *sm.* **1.** Ar expirado; bafo. **2.** Cheiro da boca.

ha.li.to.se [*Hálito* + *-ose*¹.] *sf. Med.* Mau hálito.

→ **hall** (ról) [Ingl.] *sm.* V. *vestíbulo* (1).

ha.lo [Lat. *halos.*] *sm.* **1.** Círculo luminoso que, às vezes, é visto ao redor do Sol, da Lua, etc. **2.** V. *auréola* (1 e 2).

ha.lo.gê.ni:o *sm. Quím.* Qualquer dos elementos (flúor, cloro, bromo, iodo e astatínio) cujos números atômicos são, respectivamente, 9, 17, 35, 53 e 85.

hal.ter ou **hal.te.re** [Do nom. sing. do lat. *halteres.*] *sm.* Instrumento ginástico: 2 esferas de ferro ligadas por uma haste desse metal, que a mão segura facilmente.

hal.te.ro.fi.lis.mo [*Halter(o)-* + *-fil(o)-* + *-ismo.*⚒11] *sm.* A prática de ginástica por meio de halteres.

hal.te.ro.fi.lis.ta [*Halterofilismo.*⚒36] *s2g.* Pessoa que pratica o halterofilismo.

ham.búr.guer [Ingl. *hamburger.*] *sm.* **1.** Bife arredondado e achatado de carne, ou frango, etc., moídos na máquina. **2.** Sanduíche redondo feito com esse bife. [Pl.: *hambúrgueres.*]

→ **hamster** (rémister/râmister) [Ingl., do al.] *sm. Zool.* Mamífero roedor, cricetídeo, com até 30cm, de cauda curta e bolsa na face interna da bochecha, muito us. como animal de estimação.

han.de.bol [Ingl. *handball.*] *sm. Esport.* Jogo de bola, com 2 equipes de 7 jogadores e passes feitos só com as mãos, exceptuando os goleiros, que usam tb. os pés, cujo objetivo é fazer gols no adversário. § **han.de.bo.lis.ta** *s2g.*

han.gar [Fr. *hangar*, or. frânc.] *sm.* Abrigo fechado, ou galpão, para aeronaves, barcos, etc.

han.se.ni.a.no (an) [Antr. (*G. H. A.*) *Hansen* (1841-1912), médico que descobriu o bacilo da lepra.⚒29A] *adj. sm. Med.* Que, ou quem tem hanseníase.

han.se.ní.a.se (an) [Antr. *Hansen* + *-íase.*] *sf. Med.* Lepra (1).

ha.plo.lo.gi.a [*Hapl(o)-* + *-logia.*] *sf. E.Ling.* Contração ou redução dos elementos similares de um vocábulo. Ex.: *idólatra*, por *idolólatra*.

→ **happy hour** (répi áuer) [Ingl., lit. 'hora feliz'.] *sm.* Período após o expediente (1) em que as pessoas se reúnem em bares, etc., para beber, conversar, etc.

ha.ra.qui.ri [Do jap.] *sm.* Modalidade japonesa de suicídio, em que se rasga o ventre à faca ou a sabre.

ha.ras [Fr. *haras.*] *sm2n.* Campo ou fazenda de criação de cavalos de corrida; coudelaria.

→ **hardware** (rárduér) [Ingl.] *sm. Inform.* Componente, ou conjunto de componentes físicos de um computador.

ha.rém [Fr. *harem*, do ár.] *sm.* **1.** Parte de certas habitações muçulmanas destinada às mulheres. **2.** *P.ext.* As mulheres que aí vivem. [Pl.: *-réns.*]

har.mo.ni.a [Gr. *harmonía.*⚒8A] *sf.* **1.** Disposição bem ordenada entre as partes de um todo. **2.** Paz coletiva entre pessoas. **3.** Agradável sucessão de sons.

har.mô.ni.ca [Ingl. *harmonica.*] *sf. Mús.* **1.** Instrumento musical: caixa de ressonância com lâminas de vidro de comprimento desigual que são vibradas com uma baqueta. **2.** *Bras.* Espécie de acordeão.

har.mô.ni.co [Lat. *harmonicu.*⚒35B] *adj.* Relativo a, ou em que há harmonia.

har.mô.ni:o [Fr. *harmonium.*⚒34B] *sm. Mús.* Pequeno órgão (4) de sala, em que os tubos são substituídos por palhetas livres.

har.mo.ni.o.so (ó) [*Harmonia.*⚒37] *adj.* Que tem ou está em harmonia. [Pl.: *-osos* (ó).

har.mo.nis.ta [*Harmônio.*⚒36] *s2g. Mús.* Tocador de harmônio.

har.mo.ni.zar [*Harmonia.*⚒1D] *vtd. e tdi.* **1.** Pôr em harmonia; conciliar. *ti., int. e p.* **2.** Estar em harmonia. [C.: 1] § **har.mo.ni.za.ção** *sf.*

har.pa [Fr. *harpe.*] *sf. Mús.* Instrumento (4) mais ou menos triangular, de cordas desiguais, que se tangem com os dedos das 2 mãos, e dotado de pedais.

har.pe.ar [*Harpa.*⚒1N] *v.int.* Tocar harpa; harpejar. [C.: 12A. Cf. *arpear.*]

har.pe.jar [*Harpa.*⚒1E] *v.int.* Harpear. [C.: 1 (ê). Cf. *arpejar.*]

har.pi.a (pí) [Lat. *harpyia*, do gr.] *sf.* Monstro fabuloso, com rosto de mulher e corpo de abutre.

har.pis.ta [*Harpa.*⚒36] *s2g.* Quem toca harpa.

→ **hashtag** (râchitág) [Ingl.] *sf.* **1.** O símbolo #. [Sin.: *jogo da velha* (2).] **2.** Em redes sociais como o *Twitter* e *Facebook*, o símbolo #, que anteposto a uma palavra ou frase, dentro de uma mensagem, serve para identificar um tópico de interesse e facilitar a procura dele e a interação com o seu conteúdo.

hás.si:o [Lat.cient. *hassium.*]⚒36. *Quím.* Elemento de número atômico 108, artificial [símb.: *Hs*].

has.ta [Lat. *hasta.*] *sf.* **1.** Lança (1). **2.** Leilão. ◆ **Hasta pública.** Venda de bens em público pregão.

has.te [De *hasta.*] *sf.* **1.** Pau ou ferro, direito, longo e levantado, no qual se encrava ou apoia algo. **2.** Pau de bandeira. **3.** V. *corno*.

has.te.ar [*Haste.*⚒1N] *vtd.* **1.** Elevar ou prender ao cimo de haste, vara ou mastro. *p.* **2.** Erguer-se, levantar-se. [C.: 12A]

hau.rir [Lat. *haurire.*⚒1C] *vtd.* **1.** Tirar para fora de lugar profundo. **2.** Esgotar (1). **3.** Sorver (1). **4.** Extrair, colher. [C.: 8]

haus.to [Lat. *haustu.*] *sm.* **1.** Ato de haurir. **2.** V. *gole*.

ha.ver [Lat. *habere.*] *vtd.* **1.** *P.us.* Ter, possuir. **2.** *P.us.* Sentir; ter. **3.** Considerar, julgar: *Houveram que era melhor partir.* ★ *impess.* **4.** V. *existir*

haveres | heliporto

(1). **5.** Suceder, ocorrer; dar-se. **6.** Realizar-se, efetuar-se. **7.** Fazer (18 e 19): *Não o vejo há 2 anos; Há sol. transobj.* **8.** Supor, considerar: *Nós o havemos por tolo.* p. **9.** Proceder, comportar-se. **10.** Entender-se, avir-se. ★ **11.** Como auxiliar, junto do infinitivo precedido da prep. *de*, forma os tempos compostos do futuro, podendo, tb., expressar 'certeza, ou possibilidade real de algo acontecer', 'obrigatoriedade ou o firme propósito', 'resolução', 'decisão': *Hás de ver que é bom rapaz.* **12.** Como auxiliar, junto ao particípio, forma os tempos compostos para o pretérito: *haver aceitado.* [C.: 16] ● *sm.* **13.** Crédito.

ha.ve.res (ê) [Do pl. da subst. do v. *haver.*] *smpl.* Bens; riqueza.

ha.xi.xe [Do ár., pelo fr. *ha(s)chi(s)ch.*] *sm.* Resina extraída das folhas e inflorescências do cânhamo (1).

■ **HD** *sm. Inform.* V. *disco rígido.*

■ **He** *Quím.* Símb. de *hélio.*

→ **headphone** (rédifoun/rédifoni) [Ingl.] *sm.* V. *fone de ouvido.*

heb.do.ma.dá.ri:o [Lat.ecl. *hebdomadariu.* ▣24] *adj.* **1.** Semanal. ● *sm.* **2.** Publicação semanal; semanário.

he.bi.a.tra [Gr. *hébe*, 'juventude', + *-iatra.*] *s2g. Med.* Pediatra especialista em hebiatria.

he.bi:a.tri.a [Gr. *hébe*, 'juventude', + *-iatria.*] *sf. Med.* Ramo da medicina que se ocupa das alterações e problemas típicos dos adolescentes. § he.bi.á.tri.co *adj.*

he.brai.co [Lat. *hebraicu.*] *adj.* **1.** Hebreu (3). ● *sm.* **2.** Hebreu (1). **3.** *E.Ling.* Língua em que se escreveu grande parte da Bíblia, hoje a língua oficial de Israel; hebreu.

he.breu [Lat. *hebraeu.*] *sm.* **1.** Indivíduo dos hebreus, povo semita da Antiguidade, do qual descendem os atuais judeus; hebraico. **2.** *E.Ling.* Hebraico (3). ● *adj.* **3.** Dos hebreus; hebraico. [Fem., nas acepçs. 1 e 3: *hebreia* (éi).]

he.ca.tom.be [Lat. *hecatombe.*] *sf.* **1.** Outrora, sacrifício de cem bois. **2.** *P.ext.* Mortandade, carnificina.

hec.ta.re [*Hect(o)-* + *are.*] *sm.* Unidade de medida agrária, equiv. a 100 ares [símb.: *ha*].

hec.to.gra.ma [*Hect(o)-* + *grama*^{2}.] *sm.* Medida de massa, equiv. a 100 gramas [símb.: *hg*].

hec.to.li.tro [*Hect(o)-* + *litro.*] *sm.* Medida de capacidade, equiv. a 100 litros [símb.: *hl*].

hec.tô.me.tro [*Hect(o)-* + *-metro.*] *sm.* Medida de comprimento, equiv. a 100 metros [símb.: *hm*].

he.di.on.do [Esp. *hediondo.*] *adj.* **1.** Vicioso, sórdido. **2.** Repulsivo. **3.** Pavoroso, medonho. § **he.di:on.dez** (ê) *sf.*

he.do.nis.mo [Gr. *hedoné*, 'prazer'. ▣11] *sm.* Tendência a considerar que o prazer individual e imediato é a finalidade da vida. § he.do.nis.ta *adj2g.s2g.*

he.ge.mo.ni.a [Gr. *hegemonía.* ▣8A] *sf.* Preponderância, supremacia. § he.ge.mô.ni.co *adj.*

hé.gi.ra [Do ár.] *sf.* **1.** Era maometana que se inicia com a partida de Maomé (v. *maometano*) para Medina. **2.** *Fig.* Fuga^1.

hei.deg.ge.ri.a.no (hai...gue) [▣29A] *adj.* Relativo a, ou próprio de Martin Heidegger **(M.)**, ou à sua filosofia.

hein *interj.* V. *hem.*

he.lan.ca [M.reg.] *sf. Tec.Têx.* Tecido elástico, us. em roupas esportivas.

he.lê.ni.co [Gr. *hellenikós.* ▣35B] *adj.* Relativo à Hélade, ou Grécia antiga.

he.le.nis.mo [Gr. *hellenismós.* ▣11] *sm.* **1.** Palavra, locução ou construção própria da língua grega. **2.** O conjunto das ideias e costumes da Grécia antiga.

he.le.nis.ta [Gr. *hellenistés.* ▣36] *s2g.* Especialista na língua e civilização da Grécia antiga.

he.le.nís.ti.co [*Helenista.* ▣35B] *adj.* **1.** Referente ao helenismo. **2.** Diz-se do período, entre a morte de Alexandre Magno (356-323 a.C.) e a conquista do Egito por Roma (31 a.C), em que a cultura helênica conheceu grande expansão e florescimento a leste do Mediterrâneo e no Oriente Médio.

he.le.no [Gr. *héllen, enos.*] *adj. sm.* V. *grego* (1 e 2).

he.li.an.to [Tax. *Helianthus.*] *sm. Bot.* Girassol.

hé.li.ce [Lat. *helice,* do gr.] *sf.* **1.** Linha, faixa, objeto, etc., que se curva ou se torce, no espaço, em forma de espiral. **2.** *Geom.* Curva reversa cujas tangentes formam um ângulo constante com uma reta fixa do espaço. **3.** Peça formada por um conjunto de pás, presas a um eixo comum, us. como propulsor de navio, de aviões, etc., e em ventiladores, etc. [Nesta acepç., em nossa marinha, só se usa no masc.]

he.li.coi.dal [*Helicoide.* ▣39] *adj2g.* Helicoide. [Pl.: *-dais.*]

he.li.coi.de (ói) [Gr. *helikoeidés.*] *adj2g.* Em forma de hélice; helicoidal.

he.li.cóp.te.ro [Fr. *hélicoptère.*] *sm.* Aeronave de asa rotativa em forma de grandes hélices, capaz de elevar-se e baixar verticalmente, além de realizar deslocamentos horizontais e voo pairado.

hé.li:o [Lat.cient. *helium.*] *sm. Quím.* Elemento que, no estado líquido, tem o mais baixo ponto de ebulição conhecido e, no estado gasoso, é us. para inflar balões. V. *gás nobre* [símb.: *He*].

he.li:o.cen.tris.mo [*Heli(o)-* + *centro* + *-ismo.* ▣11] *sm.* Sistema que tem o Sol como centro. § he.li:o.cên.tri.co *adj.*

he.li:o.gra.vu.ra [*Heli(o)-* + *gravura.*] *sf.* Processo de fotogravura a entalhe.

he.li:o.tró.pi:o [Lat. *heliotropiu.*] *sm. Bot.* **1.** Erva boraginácea de flores diminutas. **2.** Qualquer planta cujas flores se voltam para o Sol.

he.li:o.tro.pis.mo (è) [*Heli(o)-* + *tropismo.*] *sm.* Fenômeno de fototropismo (q.v.) no qual a fonte de luz é o Sol^1 (1).

he.li.pon.to [*Heli(cóptero)* + *ponto.*] *sm.* Local apropriado para pouso e decolagem de helicópteros.

he.li.por.to (ô) [*Heli(cóptero)* + *porto.*] *sm.* Heliponto dotado de instalações para pouso e decolagem de helicópteros, embarque e de-

hem | herança

sembarque de passageiros e/ou de carga. [Pl.: -portos (ó).]

hem *interj.* Denota não haver a pessoa ouvido bem, ou ter ficado espantada ou indignada.

he.má.ci:a [Fr. *hématie*. ▣8A] *sf. Histol.* Glóbulo vermelho do sangue.

he.ma.ti.ta [*Hemat(o)-* + *-ita³*.] *sf. Min.* Mineral que é um dos mais importantes minérios de ferro.

he.ma.tó.fa.go [*Hemat(o)-* + *-fago*.] *adj.* Que se nutre de sangue.

he.ma.to.lo.gi.a [*Hemat(o)-* + *-logia*.] *sf. Med.* Estudo do sangue e dos órgãos formadores deste. § **he.ma.to.ló.gi.co** *adj.*

he.ma.to.lo.gis.ta [*Hematologia*. ▣36] *s2g.* Especialista em hematologia.

he.ma.to.ma [*Hemat(o)-* + *-oma¹*.] *sm. Med.* Tumor formado de sangue extravasado.

he.ma.to.se [Gr. *haimátosis*.] *sf. Fisiol.* Processo fisiológico em que o sangue, com baixo teor de oxigênio, é trazido pelas artérias pulmonares aos pulmões, onde ocorrem trocas gasosas que o tornam rico em oxigênio.

he.ma.to.zo.á.ri:o [*Hemat(o)-* + *-zo(o)-* + *-ário*. ▣24] *adj. sm. Biol.* Diz-se de, ou protozoário que parasita o sangue de animais.

he.me.ro.te.ca [*Hemero-* + *-teca*.] *sf.* Seção de biblioteca onde estão jornais e revistas.

he.mi:a.ce.tal [*Hemi-* + *acetal*.] *sm. Quím.* Produto da adição reversível de álcool a aldeído. [Pl.: -*tais*.]

he.mi.ce.tal [*Hemi-* + *cetal*.] *sm. Quím.* Produto da adição reversível de álcool a cetona. [Pl.: -*tais*.]

he.mi.ci.clo [Lat. *hemicyclu*.] *sm.* Espaço semicircular, esp. o munido de bancadas para espectadores.

he.mi.ple.gi.a [*Hemi-* + *-pleg-* + *-ia¹*. ▣8A] *sf. Med.* Paralisia de um dos lados do corpo. § **he.mi.plé.gi.co** *adj. sm.*

he.míp.te.ro [*Hemi-* + *-ptero*.] *adj. sm. Zool.* Diz-se de, ou espécime dos hemípteros, ordem de artrópodes de sistema bucal sugador; são aquáticos ou terrestres, na maioria fitófagos, mas alguns são parasitas e hematófagos.

he.mis.fé.ri:o [Lat. *hemisphaeriu*.] *sm.* **1.** Metade duma esfera. **2.** Cada uma das 2 metades em que a Terra é imaginariamente dividida pelo círculo do equador. § **he.mis.fé.ri.co** *adj.*

he.mo.cen.tro [*Hem(o)-* + *centro*.] *sm. Med.* Local em que são feitos a coleta, o processamento e a transfusão de sangue e de seus derivados, e tb. sua distribuição, além de outros serviços.

he.mo.di.á.li.se [*Hem(o)-* + *diálise*.] *sf. Med.* Processo terapêutico em que o sangue é depurado de várias substâncias nocivas.

he.mo.fi.li.a [*Hem(o)-* + *-filia*.] *sf. Med.* Distúrbio de coagulação sanguínea, de caráter hereditário, e em que surgem, espontaneamente ou como decorrência de traumatismos, mesmo leves, hemorragias subcutâneas, em membranas mucosas, articulações, etc. § **he.mo.fí.li.co** *adj.*

he.mo.glo.bi.na [*Hem(o)-* + *glob(ul)ina*.] *sf. Fisiol.* Pigmento existente na hemácia, e que transporta oxigênio.

he.mo.gra.ma [*Hem(o)-* + *-grama*.] *sm. Med.* Exame laboratorial que fornece dados sobre componentes do sangue.

he.mop.ti.se [Lat. *haemoptise*.] *sf. Med.* Expectoração sanguínea ou sanguinolenta.

he.mor.ra.gi.a [Lat. *haemorrhagia*.] *sf. Med.* Derramamento de sangue para fora dos vasos que o contêm. § **he.mor.rá.gi.co** *adj.*

he.mor.roi.da (ói) [Lat. *haemorrhoida*.] *sf. Med.* Variz em reto ou ânus.

he.mós.ta.se [Gr. *haimostasis*.] *sf. Med.* Detenção de hemorragia.

he.mos.tá.ti.co [*Hemóst(ase)+-ático*.] *adj. sm. Med.* Diz-se de, ou procedimento ou medicamento que detém ou ajuda a deter hemorragia.

he.na [Do ár., pelo fr.] *sf. Bot.* Arbusto ou arvoreta litrácea, com cujas casca e folhas secas se prepara tintura castanho-avermelhada us. para tingir cabelos, ou em xampus, etc.

hen.de.ca.e.dro [*Hendeca(a)-* + *-edro*.] *sm. Geom.* Poliedro de 11 faces.

hen.de.cá.go.no [Lat. *hendecagonu*.] *sm. Geom.* Polígono de 11 lados.

hen.de.cas.sí.la.bo [Lat. *hendecasyllabu*.] *adj.* **1.** Que tem 11 sílabas. ● *sm.* **2.** Verso de 11 sílabas.

he.pá.ti.co [Lat. *hepaticu*. ▣35B] *adj.* Relativo ao fígado; figadal.

he.pa.ti.te [*Hepat(o)-* + *-ite¹*.] *sf. Med.* Inflamação do fígado.

he.pa.to.lo.gi.a [*Hepat(o)-* + *-logia*.] *sf. Med.* Estudo do fígado. § **he.pa.to.ló.gi.co** *adj.*

he.pa.to.lo.gis.ta [*Hepatologia* + *-ista*. ▣36] *s2g. Med.* Especialista em hepatologia.

he.pa.to.ma [*Hepat(o)-* + *-oma¹*.] *sm. Med.* Qualquer tumor do fígado.

hep.ta.cam.pe.ão [*Hept(a)-* + *campeão*.] *adj. sm.* Diz-se do, ou o vencedor, pela sétima vez, consecutiva ou não, em provas ou competições. [F.red.: *hepta*. Pl.: -ões. Fem.: *heptacampeã*.]

hep.ta.cam.pe:o.na.to [*Hept(a)-* + *campeonato*.] *sm.* Campeonato conquistado pela sétima vez.

hep.ta.e.dro [*Hept(a)-* + *-edro*.] *sm. Geom.* Poliedro de 7 faces.

hep.tá.go.no [Lat. *heptagonu*.] *sm. Geom.* Polígono de 7 lados. § **hep.ta.go.nal** *adj 2g.*

hep.ta.no [*Hept(a)-* + *-ano²*.] *sm. Quím.* Alcano que contém 7 átomos de carbono, líquido, que é um dos componentes principais da gasolina.

hep.tas.sí.la.bo [*Hept(a)-* + *-sílabo*.] *adj. sm.* V. *setissílabo*.

he.ra [Lat. *hedera*.] *sf. Bot.* Nome comum a várias trepadeiras araliáceas.

he.rál.di.ca [Fr. *héraldique*.] *sf.* A arte ou ciência dos brasões. § **he.rál.di.co** *adj.*

he.ran.ça [Lat. *haerentia*, com infl. de *herdar*.] *sf.* **1.** O que se herda, ou se transmite por hereditariedade (2). **2.** Patrimônio deixado por alguém ao morrer.

her.bá.ce:o [Lat. *herbaceu*.] *adj.* Que tem a consistência e o porte de erva.

her.ba.ná.ri:o [Lat. *herbanu* + *-ário*. ◾24] *sm.* 1. Estabelecimento que vende ervas medicinais. 2. Indivíduo que as conhece e/ou vende.

her.bá.ri:o [Lat. *herbarium*. ◾34B] *sm.* Coleção de plantas dessecadas que se destinam à pesquisa científica.

her.bi.ci.da [*Herbi-* + *-cida*.] *adj2g. sm.* Diz-se de, ou substância que destrói ervas daninhas.

her.bí.fe.ro [Lat. *herbiferu*.] *adj.* Que produz erva.

her.bí.vo.ro [*Herbi-* + *-voro*.] *adj.* Que se alimenta de ervas.

her.bo.re:o Relativo a erva.

her.bo.so (ô) [Lat. *herbosu*. ◾37] *adj.* Ervoso. [Pl.: *-bosos* (ó).]

her.cú.le:o [Lat. *herculeu*.] *adj.* 1. Extraordinariamente forte. 2. Extremamente difícil.

hér.cu.les [Mit. lat. *Hercules*.] *sm2n. Fig.* Homem hercúleo.

her.da.de [Lat. *hereditate*.] *sf.* Grande propriedade rural.

her.dar [Lat. *hereditare*.] *vtd. e tdi.* 1. Receber por herança. 2. Adquirir por hereditariedade (vício, moléstia, etc.). 3. Deixar por herança; legar. 4. Receber por transmissão. [C.: 1 (é)]

her.dei.ro [Lat. *hereditariu*. ◾25] *sm.* 1. Aquele que herda [v. *herdar* (1 e 4)]. 2. *Fam.* Filho (1).

he.re.di.ta.ri:e.da.de [*Hereditário(o)*. ◾14A] *sf.* 1. Qualidade de hereditário. 2. Transmissão dos caracteres físicos ou morais aos descendentes.

he.re.di.tá.ri:o [Lat. *hereditariu*. ◾24] *adj.* Que se transmite por herança.

he.re.ge [Provç.ant. *eretge*, do lat. *haereticu*.] *adj2g. s2g.* Que, ou quem professa heresia (1).

he.re.si.a [Lat. *haeresis* (do gr.) + *-ia*¹. ◾8A] *sf.* 1. Doutrina contrária ao que foi definido pela Igreja em matéria de fé. 2. *Fig.* Contrassenso; absurdo.

he.ré.ti.co [Lat. *haereticu*. ◾35B] *adj.* Relativo a, ou que contém heresia.

her.ma [Lat. *Herma, ae*, do gr. *Hermês*.] *sf.* 1. Estátua do deus mitológico Hermes ou Mercúrio. 2. Busto em que o peito, as costas e os ombros são cortados por planos verticais.

her.ma.fro.di.to [Lat. *hermaphroditu*.] *adj. sm. Biol.* Diz-se de, ou ser que tem órgãos reprodutores dos 2 sexos. § **her.ma.fro.di.tis.mo** *sm.*

her.me.neu.ta [Gr. *hermeneutês*.] *s2g.* Especialista em hermenêutica.

her.me.nêu.ti.ca [F.subst. de *hermenêutico*.] *sf.* Método que visa a interpretação de textos (filosóficos, religiosos, etc.). § **her.me.nêu.ti.co** *adj.*

her.mé.ti.co [B.-lat. *hermeticu*. ◾35B] *adj.* 1. Inteiramente fechado, de sorte que o ar não possa entrar. 2. *Fig.* De compreensão muito difícil.

her.me.tis.mo [Fr. *hermétisme*. ◾11] *sm.* Qualidade de hermético (2).

hér.ni:a [Lat. *hernia*.] *sf. Med.* Deslocamento parcial ou total dum órgão através de orifício patológico ou tornado patológico. § **her.ni.á.ri:o** *adj.*

he.ro.do.ti.a.no [◾29A] *adj.* Relativo a, ou próprio de Heródoto (M.), ou à sua obra.

he.rói [Lat. *heroe.] *sm.* 1. Homem extraordinário pelos feitos guerreiros, valor ou magnanimidade. 2. Protagonista de obra literária.

he.roi.co (ói) [Lat. *heroicu*.] *adj.* Próprio de herói.

he.ro.í.na¹ [Lat. *heroine*.] *sf.* Mulher de valor extraordinário, ou que é protagonista duma obra literária, cinematográfica, etc.

he.ro.í.na² [Al. *Heroin*, pelo fr. *héroïne* ou pelo ingl. *heroin*.] *sf. Quím.* Substância sintética, tóxica, feita da morfina, de ação mais intensa que esta, e que é uma droga (3) ilegal, capaz de rapidamente gerar dependência no usuário.

he.ro.ís.mo [*Herói*. ◾11] *sm.* 1. Qualidade de herói ou de heroico. 2. Ato heroico.

her.pes [Lat. *herpes*, do gr.] *sm2n. Med.* Virose cutânea devida a herpes-vírus, e caracterizada pela formação de agregados de pequenas empolas.

her.pes.vi.rí.de:o [Tax. *Herpesviridae*.] *adj. sm. Microb.* Diz-se de, ou espécime dos herpesvirídeos, família de vírus DNA que infecta vertebrados.

her.pes-ví.rus [Tax. *Herpesvirus*.] *sm2n. Microb.* Vírus herpesvirídeo.

her.pes-zós.ter [Lat.cient. *Herpes zoster*.] *sm. Med.* Virose, muito dolorosa, devida a herpesvirídeo, e caracterizada por erupção unilateral de empolas, que acompanha o trajeto de nervos sensitivos. [Sin.: *zona*. Pl.: *herpes-zósteres*.]

→**hertz** (rérts) [Antr.(*Heinrich*)*Hertz*(1857-1894).] *sm. Fís.* Unidade de medida de frequência de um fenômeno periódico igual à frequência de um evento por segundo [simb.: *Hz*].

he.si.ta.ção [Lat. *haesitatione*. ◾2A] *sf.* 1. Ato ou efeito de hesitar. 2. Estado de quem hesita. 3. Indecisão, dúvida. [Pl.: *-ções*.]

he.si.tar [Lat. *haesitare*. ◾1A] *v.int. e ti.* 1. Estar ou ficar indeciso, perplexo. 2. Ter dúvidas. [Sin. ger.: *vacilar, titubear*. C.: 1] § **he.si.tan.te** *adj2g.*

hé.te.ro *adj2g2n. s2g.* V. *heterossexual.*

he.te.ro.do.xo (èt...cs) [Gr. *heteródoxos*.] *adj.* Desviado de princípios doutrinários. [Opõe-se a *ortodoxo* (cs).] § **he.te.ro.do.xi.a** (cs) *sf.*

he.te.ró.fo.no [Gr. *heteróphono*.] *adj. sm.* Diz-se de, ou vocábulo que tem grafia idêntica a de outro, mas se pronuncia de modo diferente. Ex.: *sede* (ê) = secura, *sede* = assento.

he.te.ro.ga.mi.a [*Heter(o)-* + *-gam(o)-* + *-ia*¹. ◾8A] *sf. Biol.* Reprodução sexuada por meio de gametas diferentes; anisogamia. § **he.te.ro.gâ.mi.co** *adj.*

he.te.ro.gê.ne:o (èt) [Lat.escol. *heterogeneu*.] *adj.* 1. De diferente natureza. 2. Composto de partes de diferente natureza. § **he.te.ro.ge.ne:i.da.de** *sf.*

he.te.rô.ni.mo [*Heter(o)-* + *-ônimo*.] *adj.* 1. Diz-se de autor que publica um livro sob o nome verdadeiro de outra pessoa. ● *sm.* 2. Outro nome, imaginário, que um autor empresta a suposto autor de certas obras suas.

he.te.ro.no.mi.a (èt) [*Heter(o)-* + *-nom(o)-* + *-ia*¹. ◾8A] *sf.* Condição de pessoa ou grupo que recebe de outrem a lei a que se deve submeter.

heterossexual | hidromassagem

he.te.ros.se.xu.al (èt...cs) [*Heter(o)- + sexual.*] *adj2g.s2g.* Diz-se de, ou indivíduo que tem preferência sexual por pessoa de sexo oposto ao seu. [F.red.: *hétero.* Pl.: *-ais.*] § **he.te.ros.se.xu:a.li.da.de** (èt...cs) *sf.*; **he.te.ros.se.xu:a.lis.mo** (èt...cs) *sm.*

he.te.ro.tró.fi.co (èt) [*Heterotrofia.* ▣35B] *adj. Biol.* Diz-se de organismos (animais em geral, fungos, algumas plantas, etc.) incapazes de sintetizar o próprio alimento e cuja nutrição se realiza pela ingestão e digestão de substâncias orgânicas vegetais e/ou animais. [Cf. *autotrófico.*] § **he.te.ro.tro.fi.a** *sf.*

heu.re.ca [Gr. *heúreka.*] *interj.* Achei, encontrei. [É us. quando se acha a solução dum problema difícil.]

heu.rís.ti.ca [Lat.cient. *heuristica.*] *sf.* Conjunto de regras e métodos que visam à descoberta, à invenção ou à resolução de problemas. § **heu.rís.ti.co** *adj.*

he.xa *adj2g. s2g.* V. *hexacampeão.*

he.xa.cam.pe.ão (cs) [*Hex(a)- + campeão.*] *adj. sm.* Diz-se do, ou o vencedor, pela sexta vez, consecutiva ou não, em provas ou competições. [F.red.: *hexa.* Pl.: *-ões.* Fem.: *hexacampeã.*]

he.xa.cam.pe:o.na.to [*Hex(a)- + campeonato.*] *sm.* Campeonato conquistado pela sexta vez.

he.xa.de.ci.mal (cs ou z) [*Hex(a)- + decimal.*] *adj2g.* Relativo ou pertencente ao sistema de numeração que emprega 16 algarismos. [Pl.: *-mais.*]

he.xa.e.dro (cs ou z) [*Hex(a)- + -edro.*] *sm. Geom.* Poliedro de 6 faces.

he.xá.go.no (cs ou z) [Lat. *hexagonu.*] *sm. Geom.* Polígono de 6 lados. § **he.xa.go.nal** (cs ou z) *adj2g.*

he.xa.no (cs ou z) [*Hex(a)- + -ano².*] *sm. Quím.* Alcano que contém 6 átomos de carbono, líquido, us. como solvente.

he.xas.sí.la.bo (cs ou z) [Lat. *hexasyllabu.*] *adj. sm.* Diz-se de, ou verso ou palavra de 6 sílabas.

■ **Hf** *Quím.* Símb. de *háfnio.*
■ **hg** Símb. de *hectograma.*
■ **Hg** *Quím.* Símb. de *mercúrio.*

hi.a.to [Lat. *hiatu.*] *sm.* **1.** *E.Ling.* Encontro de 2 vogais pertencentes a sílabas distintas. Ex.: *dia, reúne.* **2.** *Fig.* Intervalo.

hi.ber.na.ção [Lat. *hibernatione.* ▣2A] *sf.* Sono letárgico de certos animais durante o inverno. [Pl.: *-ções.*]

hi.ber.nal [Lat. *hibernale.* ▣39] *adj2g.* Do, ou relativo ao inverno, ou próprio dele. [Pl.: *-nais.*]

hi.ber.nar [Lat. *hibernare.* ▣1A] *v.int.* **1.** Estar ou cair em hibernação. **2.** Invernar (2). [C.: 1 (é)] § **hi.ber.nan.te** *adj2g.*

hi.bis.co [Tax. *Hibiscus.*] *sm. Bot.* Planta herbácea, arbusto, ou arvoreta das malváceas, de grandes flores exuberantes.

hí.bri.do [Lat. *(h)ibrida* ou *hybrida*, poss. pelo fr. *hybride.*] *adj. Biol.* Originário do cruzamento de espécies diferentes.

hi.dra¹ [Mit. gr. *Hýdra.*] *sf. Mit.* Serpente fabulosa, morta por Hércules (semideus da mitologia grega).

hi.dra² [Tax. *Hydra.*] *sf. Zool.* Hidrozoário de água doce, polipoide, séssil, sem esqueleto calcário; vive em colônias.

hi.dra.má.ti.co [Ingl. *Hydra-Matic*, m.reg.] *adj.* **1.** Diz-se da mudança (3) cujo comando é acionado automaticamente por meio de sistema hidráulico. **2.** Diz-se do automóvel dotado desse tipo de mudança.

hi.dran.te [Ingl. *hydrant.*] *sm.* Válvula ou torneira a que se liga a mangueira¹, ger. para extinção de incêndios.

hi.dra.ta.do [*Hidratar.* ▣17A] *adj.* **1.** Que se hidratou. **2.** Associado quimicamente à água.

hi.dra.tan.te [*Hidratar.* ▣21] *adj2g. s2g.* Que, ou aquilo que hidrata.

hi.dra.tar [*Hidrato.* ▣1A] *vtd.* **1.** Converter em hidrato. **2.** Tratar (a pele) com substância que mantenha a sua umidade natural, ou que a devolva. **3.** *Med.* Administrar água ou outro líquido, para compensar perdas líquidas, pela boca ou por outras vias. [C.: 1] § **hi.dra.ta.ção** *sf.*

hi.dra.to [*Hidr(o)- + -ato³.*] *sm. Quím.* Composto que contém uma ou mais moléculas de água.

hi.dráu.li.ca [F.subst. de *hidráulico.*] *sf. Fís.* Investigação simplificada de escoamento de fluidos (esp. água).

hi.dráu.li.co [Lat. *hydraulicu.* ▣35B] *adj.* **1.** Relativo à hidráulica. **2.** Relativo a qualquer movimento de líquidos, esp. a água.

hi.dra.vi.ão ou **hi.dro:a.vi.ão** [*Hidr(o)- + avião.*] *sm.* Avião que opera somente a partir de superfície aquática; hidroplano. [Pl.: *-vões.*]

hi.dre.lé.tri.ca ou **hi.dro:e.lé.tri.ca** *sf.* Empresa ou companhia de energia hidrelétrica.

hi.dre.lé.tri.co ou **hi.dro:e.lé.tri.co** [*Hidr(o)- + elétrico.*] *adj.* Em que se produz corrente elétrica por meio de força hidráulica.

hí.dri.co [*Hidr(o)- + -ico².* ▣35B] *adj.* Da, ou relativo à água.

hi.dro.car.bo.ne.to (ê) [*Hidr(o)- + carboneto.*] *sm. Quím.* Composto formado apenas por átomos de carbono e hidrogênio.

hi.dro.car.bô.ni.co [*Hidrocarbono.* ▣35B] *adj. Quím.* Próprio do, ou derivado de hidrocarboneto.

hi.dró.fi.lo [*Hidr(o)- + -filo.*] *adj.* Que absorve bem a água.

hi.dro.fo.bi.a [B.-lat. *hydrophobia.*] *sf.* **1.** Horror aos líquidos. **2.** *Med.* Raiva (1). § **hi.dro.fó.bi.co** *adj.*; **hi.dró.fo.bo** *adj.*

hi.dro.gê.ni:o [Fr. *hidrogène*,] *sm. Quím.* Elemento de número atômico 1, gasoso, incolor, participante de uma longa série de compostos [símb.: *H*].

hi.dro.gi.nás.ti.ca [*Hidr(o) + ginástica.*] *sf.* Modalidade de ginástica praticada dentro da água.

hi.dro.gra.fi.a [*Hidr(o)- + -grafia.*] *sf.* Conjunto das águas correntes ou estáveis duma região. § **hi.dro.grá.fi.co** *adj.*

hi.dro.mas.sa.gem [*Hidr(o)- + massagem.*] *sf.* Massagem feita com jatos de água. [Pl.: *-gens.*]

hi.drô.me.tro [*Hidr(o)-* + *-metro.*] *sm.* Aparelho para medir a quantidade de água consumida em residências.

hi.dro.mi.ne.ral [*Hidr(o)-* + *mineral.*] *adj2g.* Relativo à água mineral. [Pl.: *-rais.*]

hi.drô.ni:o [Ingl. *hydronium.* ◼ 34B] *sm. Quím.* O cátion H_3O^+.

hi.dro.pi.si.a *sf. Med.* Acumulação anormal de líquido em tecidos ou em cavidades do corpo.

hi.dro.pla.no [*Hidr(o)-* + *(aero)plano.*] *sm.* V. *hidravião.*

hi.dro.po.ni.a *sf.* Hidropônica.

hi.dro.pô.ni.ca [Ingl. *hydroponics*, poss.] *sf.* Técnica de cultura de plantas em solução nutriente, ger. com suporte de areia, cascalho, etc.; hidroponia. § **hi.dro.pô.ni.co** *adj.*

hi.dro.que.rí.de:o [Tax. *Hydrochoeridae.*] *adj. sm. Zool.* Diz-se de, ou espécime dos hidroqueridos, família de roedores com uma única espécie, a capivara.

hi.dros.fe.ra [*Hidr(o)-* + *-sfera.*] *sf.* As águas oceânicas e as águas continentais da superfície terrestre, incluindo os lençóis subterrâneos e o vapor aquoso da atmosfera.

hi.dro.te.ra.pi.a [*Hidr(o)-* + *-terapia.*] *sf. Med.* **1.** Terapia pela água. **2.** *Restr.* Tratamento em que a água tem aplicações externas (banhos, duchas, etc.). § **hi.dro.te.rá.pi.co** *adj.*

hi.dro.tér.mi.co [*Hidr(o)-* + *-term(o)-* + *-ico²*. ◼ 35B] *adj.* Relativo à água e ao calor.

hi.dro.vi.a [*Hidr(o)-* + *via.*] *sf.* Via líquida (mar, rios, lagos, etc.) us. para o transporte e as comunicações; aquavia. § **hi.dro.vi.á.ri:o** *adj.*

hi.dró.xi.do (cs) [*Hidr(o)-* + *óxido.*] *sm. Quím.* Composto químico formado por um ou mais ânions HO^- e um cátion metálico.

hi.dro.xi.la (cs) [*Hidrox(i)-* + *-ila².*] *sf. Quím.* **1.** O grupo –OH, presente em hidróxidos, alcoóis, ácidos carboxílicos, etc. **2.** O ânion HO^-.

hi.dro.zo.á.ri:o [Tax. *Hydrozoa.*] *adj. sm. Zool.* Diz-se de, ou espécime dos hidrozoários, classe de animais multicelulares, ger. marinhos, que, em seu ciclo de vida, podem ser polipoides ou medusoides. Ex.: caravelas e hidras.

hi.e.na [Lat. *hyaena.*] *sf.* **1.** *Zool.* Mamífero hienídeo. **2.** *Fig.* Pessoa que ri da desgraça alheia.

hi:e.ní.de:o [Tax. *Hyaenidae.*] *adj. sm. Zool.* Diz-se de, ou espécime dos hienídeos, família de mamíferos carnívoros que se alimentam, sobretudo, de animais mortos e putrefatos. São as hienas.

hi:e.rar.qui.a [B-lat. *hierarchia.*] *sf.* **1.** Ordem e subordinação dos poderes eclesiásticos, civis e militares. **2.** Série contínua de graus ou escalões, em ordem crescente ou decrescente. ♦ **Hierarquia militar.** Ordenação da autoridade, em diferentes níveis, dentro da estrutura das forças armadas. [No Exército, Marinha de Guerra e Aeronáutica brasileiros existem hoje, respectivamente, os seguintes postos e graduações, aqui citados em ordem decrescente: marechal, almirante, marechal do ar (preenchidos apenas em épocas excepcionais); general de exército, almirante de esquadra, tenente-brigadeiro; general de divisão, vice-almirante, major-brigadeiro; general de brigada, contra-almirante, brigadeiro do ar; coronel, capitão de mar e guerra, coronel-aviador; tenente-coronel, capitão de fragata, tenente-coronel-aviador; major, capitão de corveta, major-aviador; capitão, capitão-tenente, capitão-aviador; primeiro-tenente (nas 3 armas); segundo-tenente (nas 3 armas); aspirante a oficial, guarda-marinha, aspirante a oficial aviador; subtenente, suboficial; primeiro-sargento (nas 3 armas); segundo-sargento (nas 3 armas); terceiro-sargento (nas 3 armas); cabo (nas 3 armas); soldado, marinheiro, soldado. No Exército do Brasil colonial e imperial, a hierarquia militar era a seguinte: marechal de exército; tenente-general; marechal de campo; brigadeiro, mestre de campo, ou coronel; tenente-coronel; sargento-mor ou major; ajudante ou capitão; tenente; alferes; primeiro-cadete; segundo-cadete; primeiro-sargento; segundo-sargento; furriel; cabo de esquadra; anspeçada; soldado; e na Marinha de Guerra: almirante; vice-almirante; chefe de esquadra; chefe de divisão; capitão de mar e guerra; capitão de fragata; capitão-tenente; tenente do mar ou primeiro-tenente; segundo-tenente; guarda-marinha; aspirante; primeiro-sargento; segundo-sargento; quartel-mestre; cabo; marinheiro.]

hi:e.rár.qui.co [Gr. *hierarchikós.* ◼ 35B] *adj.* De acordo com a hierarquia.

hi:e.rar.qui.zar [*Hierarquia.* ◼ 1D] *vtd.* Organizar ou distribuir segundo uma ordem hierárquica, ou segundo a importância de. [C.: 1]

hi:e.ró.gli.fo [*Hier(o)-* + *-glifo.*] *sm.* Ideograma figurativo que constitui a notação de certas escritas analíticas.

hi:e.rô.ni.mo [*Hier(o)-* + *-ônimo.*] *sm.* Designação comum aos nomes sagrados, próprios ou não, de qualquer crença religiosa; hagiônimo.

hí.fen [Lat. *hyphen.*] *sm. E.Ling.* Sinal gráfico (-) us. para ligar os elementos de palavras compostas, unir pronomes átonos a verbos, e separar, no fim da linha, uma palavra em 2 partes; traço de união. [Pl.: *hifens* e (p.us.) *hífenes.*]

hi.fe.ni.zar [*Hífen.* ◼ 1D] *vtd.* **1.** Usar hífen em. **2.** Unir com hífen. [C.: 1]

hí.gi.do [Gr. *hyg(iés)*, 'são', + *-ido.*] *adj.* **1.** Relativo à saúde. **2.** Sadio, são. § **hi.gi.dez** (ê) *sf.*

hi.gi.e.ne [Fr. *hygiène.*] *sf.* **1.** *Med.* Ciência relativa à conservação da saúde. **2.** Limpeza, asseio.

hi.gi.ê.ni.co [*Higiene.* ◼ 35B] *adj.* **1.** Relativo à higiene. **2.** Limpo, asseado.

hi.gi:e.nis.ta [*Higiene.* ◼ 36] *s2g.* Especialista em higiene.

hi.gi:e.ni.zar [*Higiene.* ◼ 1D] *vtd.* Dar condições de higiene necessárias a evitar doenças ou impedir que estas se propaguem; tornar higiênico, saudável. [C.: 1]

higrometria | hipnótico

hi.gro.me.tri.a [*Higr(o)-* + *-metria.*] *sf. Fís.* Parte da física que estuda os processos e métodos de medida da unidade da atmosfera.

hi.grô.me.tro [*Higr(o)-* + *-metro.*] *sm. Fís.* Qualquer instrumento destinado a medir a umidade do ar ou de um gás.

hi.la.ri.an.te [*Hilariar.* 21] *adj2g.* Que produz hilaridade.

hi.la.ri.da.de [Lat. *hilaritate.* 14] *sf.* **1.** Alegria, riso. **2.** Vontade de rir; explosão de riso(s).

hi.lá.ri:o [*Hilo.* 24] *adj. Bras. Gír.* Muito engraçado.

hí.men [Gr. *hymén.*] *sm. Anat.* Prega membranosa que, parcial ou totalmente, oclui o orifício vaginal externo. [Pl.: *himens* e (p.us.) *hímenes*.]

hi.me.neu [Lat. *hymenaeu.*] *sm.* Matrimônio (1).

hi.me.nóp.te.ro [Tax. *Hymenoptera.*] *adj. sm. Zool.* Diz-se de, ou espécime dos himenópteros, grande ordem de insetos com 4 asas membranosas, sistema bucal diversificado (mastigador, sugador, etc.) e ovipositor modificado para serrar, perfurar ou ferroar; são ger. insetos sociais. Ex.: abelhas, marimbondos, formigas.

hi.ná.ri:o [Lat. *Hymnariu.* 24] *sm.* Coleção de hinos.

hin.di [Do hindi.] *sm. E.Ling.* A mais importante das línguas vernáculas da Índia, considerada a língua oficial.

hin.du.ís.mo [*Hindu.* 11] *sm.* Religião atual da maioria dos povos da Índia, resultante de uma evolução secular do Veda e do bramanismo.

hin.dus.tâ.ni [Do hindi.] *sm. E.Ling.* O dialeto padrão do hindi.

hi.no [Lat. *hymnu.*] *sm.* **1.** Poema ou cântico de veneração, louvor ou invocação à divindade. **2.** Música marcial ou solene, acompanhada dum texto.

hip [Ingl. *hip.*] *interj.* Proferida antes do hurra.

hi.pe.rá.ci.do [*Hiper-* + *ácido.*] *adj.* Demasiadamente ácido. § **hi.pe.ra.ci.dez** (ê) *sf.*

hi.pe.ra.ti.vo [*Hiper-* + *ativo.*] *adj.* Que é excessiva ou patologicamente ativo. § **hi.pe.ra.ti.vi.da.de** *sf.*

hi.pér.ba.to ou **hi.pér.ba.ton** [Lat. *hyperbaton.*] *sm. E.Ling.* Inversão da ordem natural das palavras ou das orações.

hi.pér.bo.le [Lat. *hyperbole.*] *sf.* **1.** *Geom.* Curva plana e aberta, que reúne os pontos de um plano cujas distâncias a 2 pontos fixos desse plano têm determinada diferença constante. **2.** *E.Ling.* Modo de se expressar engrandecendo ou diminuindo certos fatos de maneira muito acentuada; exageração. § **hi.per.bó.li.co** *adj.*

hi.per.in.fla.ção [*Hiper-* + *inflação.*] *sf. Econ.* Aumento muito rápido do nível de preços de um país, provocando rejeição crescente da moeda nacional. [Pl.: *-ções*.]

hi.per.me.nor.rei.a (éi) [*Hiper-* + *menorreia.*] *sf. Med.* Menstruação excessiva com duração, e a intervalos habituais; menorragia.

hi.per.mer.ca.do *sm.* Supermercado muito grande que, além dos produtos tradicionais, vende eletrodomésticos, roupas, etc.

hi.per.me.tro.pe [Gr. *hypérmetros*, 'excessivo', + *-ope.*] *adj2g. s2g.* Diz-se de, ou aquele que sofre de hipermetropia.

hi.per.me.tro.pi:a [Gr. *hypérmetros*, 'excessivo', + *-opia.*] *sf. Oftalm.* Vício de refração em que as imagens se formam com foco situado além da retina, devido a encurtamento do globo ocular, com consequente dificuldade de enxergar perfeitamente, esp. objetos próximos. [Cf. *miopia*.]

hi.per.mí.di:a [*Hiper(texto)* + *mídia.*] *sf. Inform.* Conjunto de textos, gráficos, sons, vídeos, etc., organizado segundo o modelo próprio do hipertexto.

hi.per.sen.si.bi.li.da.de [*Hipersensível (-bil-).* 14] *sf.* **1.** Qualidade ou estado de hipersensível. **2.** *Med.* Sensibilidade a um estímulo muito aumentada.

hi.per.sen.sí.vel [*Hiper-* + *sensível.* 41] *adj2g.* Extremamente sensível. [Pl.: *-veis*.]

hi.per.ten.são [*Hiper-* + *tensão.*] *sf. Med.* Elevação, acima do normal, da pressão no interior de um órgão ou de um sistema (7), como ocorre, p.ex., na hipertensão arterial. [Pl.: *-sões*.]

hi.per.ten.so [Deduz. de *hipertensão.*] *adj. sm.* Que, ou aquele que tem hipertensão.

hi.per.ter.mi.a [*Hiper-* + *-term(o)-* + *-ia¹.* 8A] *sf.* V. *febre* (1).

hi.per.tex.to (ês) [Ingl. *hypertext.*] *sm. Inform.* Conjunto de blocos mais ou menos autônomos de texto, apresentado em meio eletrônico computadorizado e no qual há remissões associando entre si diversos elementos, de tal modo que o leitor pode passar diretamente entre eles, escolhendo seu próprio percurso de leitura, sem seguir sequência predeterminada. § **hi.per.tex.tu.al** (ês) *adj2g.*

hi.per.tro.fi.a [*Hiper-* + *-trofia.*] *sf. Histol.* Aumento de tamanho de um tecido ou órgão, devido ao aumento de tamanho das células que o formam.

→ **hip hop** (rip róp) [Ingl.] *sm.* Movimento sociocultural, surgido na década de 1970 nos E.U.A., que reúne música, dança, pintura, etc. [No Brasil, é mais expressivo nas periferias das grandes cidades.]

hí.pi.co [Gr. *hippikós.* 35B] *adj.* Relativo a hipismo ou a cavalos.

hi.pis.mo [*Hip(o)-²* + *-ismo.* 11] *sm.* O esporte das corridas de cavalos; turfe.

hip.no.se [*Hipn(o)-* + *-ose¹.*] *sf. Psiq.* Tipo especial e incompleto de sono, provocado por meios vários (olhar, etc.) executados pelo hipnotizador, a cujas sugestões o hipnotizado obedece.

hip.nó.ti.co [Gr. *hypnotikós.* 35B] *adj.* **1.** Que produz sono, esp. hipnose. **2.** *Fig.* Que fascina, prende, encanta. ● *sm.* **3.** Substância hipnótica (1).

hip.no.tis.mo [Ingl. *hypnotism.*] *sm.* Conjunto de processos físicos ou psíquicos us. para produzir a hipnose.

hip.no.ti.zar [Fr. *hypnotiser.*] *vtd.* **1.** Fazer cair em hipnose. **2.** *Fig.* Encantar, fascinar. [C.:1] § **hip.no.ti.za.dor** (ô) *sm.*; **hip.no.ti.zan.te** *adj2g.*

hi.po.ca.ló.ri.co [*Hip(o)-*¹ + *calórico.*] *adj.* De baixo teor calórico.

hi.po.cam.po [Lat. *hippocampu.*] *sm.* *Zool.* Cavalo-marinho.

hi.po.clo.ri.to [*Hipoclor(oso)* + *-ito*³.] *sm.* *Quím.* **1.** O ânion ClO⁻. **2.** Qualquer sal que contenha esse ânion.

hi.po.con.dri.a [Lat. *hypochondria.*⬛8A] *sf.* *Psiq.* Estado mental em que há depressão e doentia preocupação com a própria saúde; nosomania. § **hi.po.con.drí.a.co** *adj.*

hi.po.côn.dri:o [Lat. *hypochondriu.*] *sm.* *Anat.* Cada uma de 2 regiões superolaterais do abdome.

hi.po.cri.si.a [Gr. *hypokrísia.*⬛8A] *sf.* **1.** Afetação de virtude ou sentimento que não se tem. **2.** Fingimento, falsidade.

hi.pó.cri.ta [Lat. *hypocrita.*] *adj2g.* Que tem, ou em que há hipocrisia.

hi.po.der.me [*Hip(o)-*¹ + *-derme.*] *sf.* *Histol.* V. *tela subcutânea.*

hi.po.dér.mi.co [*Hipoderme.*⬛35B] *adj.* **1.** Que está abaixo da pele. **2.** Que se aplica por baixo da pele. **3.** Relativo à hipoderme.

hi.po.dro.mo [Lat. *hippodromu.*] *sm.* Local onde se realizam corridas de cavalos; prado.

hi.pó.fi.se [Gr. *hypóphisis.*] *sf.* *Anat.* Pequena glândula endócrina, situada na base do cérebro, e que exerce ação reguladora de várias outras glândulas endócrinas; pituitária.

hi.po.gli.ce.mi.a [*Hip(o)-*¹ + *glicemia.*] *sf.* *Med.* Taxa de glicose no sangue abaixo da normal.

hi.po.po.ta.mí.de:o [Tax. *Hippopotamidae.*] *adj.* *sm.* *Zool.* Diz-se de, ou espécime dos hipopotamídeos, família de mamíferos artiodáctilos, herbívoros, africanos, com apenas 2 espécies.

hi.po.pó.ta.mo [Lat. *hippopotamu.*] *sm.* *Zool.* Nome comum aos mamíferos hipopotamídeos. Um, de grande porte, anfíbio, comum em rios e lagos; o outro, menor, habitante de florestas e pântanos, dito *hipopótamo pigmeu.*

hi.pós.ta.se [Gr. *hypóstasis.*] *sf.* Ficção tomada como real.

hi.po.tá.la.mo [*Hip(o)-*¹ + *tálamo.*] *sm.* *Anat.* Área do diencéfalo, e que forma a parte anterior e ventral do terceiro ventrículo; participa de importantes funções, como, p.ex., atividade endócrina, regulação do metabolismo, etc.

hi.po.te.ca [Lat. *hypotheca.*] *sf.* **1.** Sujeição de bens imóveis ao pagamento duma dívida, sem se transferir ao credor a posse do bem gravado. **2.** Dívida resultante de hipoteca (1).

hi.po.te.car [*Hipoteca.*⬛1A] *vtd.* **1.** Sujeitar a hipoteca. *tdi.* **2.** Ceder em hipoteca. **3.** *Fig.* Garantir, assegurar. [C.: 1A (é)]

hi.po.te.cá.ri:o [Lat. *hypothecariu.*⬛24] *adj.* Relativo a hipoteca.

hi.po.te.nu.sa [Lat. *hypotenusa.*] *sf.* *Geom.* Lado oposto ao ângulo reto de um triângulo retângulo.

hi.po.ter.mi.a [*Hip(o)-*¹ + *-term(o)-* + *-ia*¹.⬛8A] *sf.* *Med.* Queda excessiva da temperatura corporal.

hi.pó.te.se [Gr. *hypóthesis.*] *sf.* **1.** V. *conjetura.* **2.** Acontecimento incerto; eventualidade.

hi.po.té.ti.co [Gr. *hypothetikós.*] *adj.* Fundado em hipótese.

→ **hippie** (rípi) [Ingl.] *adj2g2n.* *s2g.* Diz-se de, ou indivíduo que, nas décadas de 1960 e 1970, com suas roupas coloridas e cabelos longos, se opunha à sociedade tradicional, levava vida comunitária e pregava a paz e o amor.

hir.su.to [Lat. *hirsutu.*] *adj.* **1.** De pelos longos, duros e espessos. **2.** V. *hirto* (3).

hir.to [Lat. *hirtu.*] *adj.* **1.** Teso, inteiriçado. **2.** Parado, imóvel. **3.** Eriçado, arrepiado; hirsuto.

hi.ru.dí.ne:o [Tax. *Hirudinea.*] *adj.* *sm.* *Zool.* Diz-se de, ou espécime dos hirudíneos, classe de anelídeos de corpo achatado, e com ventosa para fixação. Vivem na terra ou na água; são as sanguessugas.

hi.run.di.ní.de:o [Tax. *Hirundinidae.*] *adj.* *sm.* *Zool.* Diz-se de, ou espécime dos hirundinídeos, família de aves passeriformes que vivem em bandos e migram; são as andorinhas.

his.pâ.ni.co [Lat. *hispanicu.*⬛35B] *adj.* Espanhol: *literatura hispânica.*

his.pa.no-a.me.ri.ca.no [*Hispan(o)-* + *americano.*] *adj.* **1.** Da América de língua espanhola. ● *sm.* **2.** Indivíduo de origem espanhola e americana. [Flex.: *hispano-americanos, hispano-americana(s).*]

his.so.pe (ó) [De *hissopo*, por ser com raminhos desta planta que se fazia a bênção.] *sm.* Aspersório.

his.te.rec.to.mi.a [*Hister(o)-* + *-ectom-* + *-ia*¹.⬛8A] *sf.* *Med.* Remoção parcial ou total do útero.

his.te.re.se [Ingl. *hysteresis.*] *sf.* *Fís.* Fenômeno que consiste em a resposta de um sistema a uma solicitação externa se atrasar em relação ao incremento ou à atenuação dessa solicitação.

his.te.ri.a [*Hister(o)-* + *-ia*¹.⬛8A] *sf.* *Psiq.* Neurose que se caracteriza pela presença de sinais diversos (paralisias, distúrbios visuais, etc.), e que podem ser reproduzidos por sugestão ou por autossugestão. [Sin.: *histerismo.*]

his.té.ri.co [Gr. *hysterikós*, 'referente ao útero'. ⬛35B] *adj.* **1.** Relativo à, ou que tem histeria. **2.** *Pop.* Irritável.

his.te.ris.mo [Histeria.⬛11] *sm.* *Psiq.* Histeria.

his.te.ros.co.pi.a [*Hister(o)-* + *-scop-* + *-ia*¹.⬛8A] *sf.* *Med.* Exame endoscópico da cavidade uterina.

his.te.ros.có.pi:o [*Hister(o)-* + *-scópio.*] *sm.* *Med.* Endoscópio uterino.

his.to.lo.gi.a [*Hist(o)-* + *-logia.*] *sf.* Ramo da biologia que estuda a estrutura microscópica normal de tecidos e órgãos. § **his.to.ló.gi.co** *adj.*

his.tó.ri:a [Lat. *historia.*] *sf.* **1.** Narração dos fatos notáveis ocorridos na vida dos povos, em parti-

historiador | homenagem

cular, e da humanidade, em geral. **2.** Conjunto de conhecimentos, adquiridos através da tradição e/ou mediante documentos, acerca da evolução do passado da humanidade. **3.** Ciência e método que permitem adquiri-los e transmiti-los. **4.** Narração de acontecimentos, ações, fatos ou particularidades relativos a um determinado assunto. **5.** V. *narrativa* (2). **6.** V. *enredo* (3). **7.** Patranha, lorota. ♦ **História em quadrinhos.** Sequência de desenhos (ger. limitados por bordas retangulares), com ou sem legendas, que contam uma história. [Abrev.: *HQ*.] **História natural.** Designação tradicional das ciências naturais (q.v.), e o estudo meramente descritivo dos seres vegetais, animais ou minerais.

his.to.ri:a.dor (ó) [*Historiar*.◫19A] *sm.* Especialista em história (1); historiógrafo.

his.to.ri.ar [*História*.◫1A] *vtd. e tdi.* Contar, narrar. [C.: 1]

his.to.ri.cis.mo [*Histórico*.◫11] *sm. Filos.* Doutrina que estuda seus objetos do ponto de vista da origem e desenvolvimento deles.

his.tó.ri.co [Lat. *historicu*.◫35B] *adj.* **1.** Da, ou digno de figurar na história (1). **2.** Real, verdadeiro. ● *sm.* **3.** Exposição cronológica de fatos.

his.to.ri.e.ta (ê) [Fr. *historiette*.] *sf.* História (4 e 5) curta.

his.to.ri:o.gra.fi.a [Gr. *historiographía*.◫8A] *sf.* **1.** Ciência e arte de escrever a história (1). **2.** Estudo histórico e crítico acerca da história ou dos historiadores. § **his.to.ri:o.grá.fi.co** *adj.*

his.to.ri.ó.gra.fo [Lat. *historiographu*.] *sm.* Historiador.

his.tri.ão [Lat. *histrione*.] *sm.* **1.** Entre os romanos, ator de certo tipo de comédia. **2.** Comediante. **3.** Palhaço, bobo. [Pl.: *-triões*.]

his.tri.cí.de:o [Tax. *Hystricidae*.] *adj. sm. Zool.* Diz-se, ou espécime dos histricídeos, fam. de roedores escavadores, noturnos; têm alguns pelos do corpo modificados em espinhos, pernas curtas, e, algumas espécies, cauda longa. São os porcos-espinhos.

hi.tle.ris.mo [*Hitler*.◫11] *sm.* O conjunto das doutrinas de Hitler [v. *nazismo*].

■ **HIV** Sigla inglesa de *Human Immunodeficiency Virus*, que se refere a agente causador da AIDS.
■ **hl** Símb. de *hectolitro*.
■ **hm** Símb. de *hectômetro*.
■ **Ho** *Quím.* Símb. de *hólmio*.
→ **hobby** (róbi) [Ingl.] *sm.* Atividade de recreio ou de descanso, praticada, ger., em horas de lazer.

ho.di.er.no [Lat. *hodiernu*.] *adj.* Dos dias de hoje; atual.

ho.dô.me.tro [*Hodo-* + *-metro*.] *sm.* Instrumento que mede distâncias percorridas.

ho.je (ô) [Lat. *hodie*.] *adv.* **1.** No dia em que estamos. **2.** Atualmente.

ho.lan.dês [◫38A] *adj.* **1.** Da Holanda (Europa). ● *sm.* **2.** O natural ou habitante da Holanda. **3.** *E.Ling.* A língua holandesa. [Flex. de 1 e 2: *holandeses* (ê), *holandesa(s)* (ê).]

ho.le.ri.te [Ingl. *hollerith*.] *sm. Bras.* Contracheque.

ho.lis.mo [*Hol(o)-* + *-ismo*.◫11] *sm.* **1.** Teoria de que existe uma tendência à interação dos elementos do universo e esp. dos seres vivos, e não de uma soma dessas partes. **2.** Método holístico de observação ou de estudo. § **ho.lis.ta** *adj2g.s2g.*

ho.lís.ti.co [*Holista*.◫35B] *adj.* **1.** Relativo ou próprio de holismo. **2.** Que dá preferência ao todo ou a um sistema completo, e não à análise, à separação das respectivas partes componentes.

hól.mi:o [Lat.cient. *holmium*.◫34B] *sm. Quím.* V. *lantanídeos* [símb.: *Ho*].

ho.lo.caus.to [Lat. *holocaustu*.] *sm.* **1.** Entre os antigos hebreus, sacrifício em que se queimavam inteiramente os animais. **2.** *Fig.* Sacrifício, expiação. **3.** *Restr.* Massacre de milhões de judeus pelos nazistas.

ho.lo.ce.no [*Hol(o)-* + *-ceno*[1].] *adj. sm.* Relativo a, ou época do período quaternário (de c.10 mil anos atrás até o presente) em que ocorre o desenvolvimento e a expansão da civilização humana.

ho.lo.fo.te [Fr. *holophote*, poss.] *sm.* Projetor de grande intensidade que ilumina os objetos à distância.

ho.lo.gra.fi.a [*Hol(o)-* + *-grafia*.] *sf. Fot.* Processo fotográfico para a obtenção de imagens tridimensionais mediante utilização de *laser*. § **ho.lo.grá.fi.co** *adj.*

ho.lo.gra.ma [*Hol(o)-* + *-grama*.] *sm.* Imagem tridimensional, obtida por holografia.

ho.lo.tu.rói.de:o [Tax. *Holothuroidea*.] *adj. sm. Zool.* Diz-se de, ou espécime dos holoturóideos, classe de equinodermos de corpo cilíndrico que têm vida livre, ou são fixos. Ex.: pepinos-do-mar.

ho.ma.lo.cé.fa.lo (ôm) [*Homal(o)-* + *-céfalo*.] *sm. Paleont.* Dinossauro herbívoro, com cerca de 1,50m de comprimento, uma placa óssea na cabeça, e que se deslocava em posição bipedal. Viveu no cretáceo, e fósseis foram encontrados na Mongólia.

hom.bri.da.de [Esp. *hombredad*.◫14] *sf.* **1.** Aspecto varonil. **2.** Nobreza de caráter; dignidade, brio.

ho.mem [Lat. *homine*.] *sm.* **1.** Qualquer indivíduo de uma espécie animal de mamíferos bípedes, simiiformes, mas com grande desenvolvimento cerebral, capacidade de fala e raciocínio; ser humano. **2.** A espécie humana; a humanidade. **3.** Ser humano do sexo masculino; varão. **4.** O homem (3) sexualmente maduro, ou na idade adulta. [Pl.: *-mens*.]

ho.mem-rã *sm.* Mergulhador profissional, munido de traje apropriado e dispositivo respiratório autônomo. [Pl.: *homens-rã(s)*.]

ho.me.na.ge.ar [*Homenage(m)*.◫1N] *vtd.* Prestar homenagem (2) a. [C.: 12A] § **ho.me.na.ge.a.do** *adj. sm.*

ho.me.na.gem [Occ.ant. *omenatge*.◫6] *sf.* **1.** *Ant.* Promessa de fidelidade do vassalo ao senhor feudal. **2.** Ato de respeito, de consideração, de cortesia; preito. [Pl.: *-gens.*]

ho.men.zar.rão [*Homem* + *-zarrão.*] *sm.* Homem muito alto e forte. [Pl.: *-rões.*]

ho.me:o.pa.ta [*Homeo-* + *-pata*] *adj2g. s2g.* Diz-se de, ou médico que exerce a homeopatia.

ho.me:o.pa.ti.a [*Homeo-* + *-patia.*] *sf.* Sistema terapêutico em que se tratam as doenças com substâncias ministradas em doses pequeníssimas, capazes de produzir, em pessoas sãs, sintomas semelhantes aos que apresentam os doentes a serem tratados. § **ho.me:o.pá.ti.co** *adj.*

→ **homepage** (rôumipeidji) [Ingl.] *sf. Inform.* **1.** Página oficial de entrada em um sítio da *Web*, que ger. contém uma apresentação e remissões às principais seções de conteúdo. **2.** Sítio da *Web*, na Internet.

ho.mé.ri.co [Gr. *homerikós.* 35B] *adj.* **1.** Relativo ao, ou próprio do poeta grego Homero (M.) **2.** *Fig.* Fora do comum, enorme.

→ **home theater** (rôumi tíater/rom tíater) [Ingl.] *sm.* Aparelhagem para exibição de filmes, vídeos, etc., com qualidade de imagem e som de cinema.

ho.mi.ci.da [Lat. *homicida.*] *adj2g. s2g.* Que, ou aquele que pratica homicídio(s).

ho.mi.cí.di:o [Lat. *homicidiu.* 34B] *sm.* Morte de uma pessoa, praticada por outrem; assassinato.

ho.mi.li.a [Gr. *homilía.* 8A] *sf. Rel.* Pregação em estilo simples e quase coloquial sobre o Evangelho (2).

ho.mi.ní.de:o [Tax.*Hominidae.*] *adj.sm.Zool.* Diz-se de, ou espécime dos hominídeos, família de simiiformes que inclui o homem e formas ancestrais atualmente extintas. [Classificação mais moderna inclui nesta família macacos, como, p.ex., gorilas e chimpanzés.]

ho.mi.zi.ar [Port.arc. *homízio*, 'homicídio', + *-ar².* 1A] *vtd., tdc. e p.* **1.** Esconder(-se) à vigilância da justiça. **2.** Esconder(-se). [C.: 1]

→ **homo** (ômo) [Lat.cient.] *sm.* **1.** Gênero de primatas simiiformes do qual os humanos (*Homo sapiens sapiens*) são os únicos representantes atuais. **2.** Qualquer espécie desse gênero, como as extintas *Homo habilis* (= homem hábil), *Homo erectus* (= homem ereto) e *Homo sapiens* (= homem inteligente). **3.** Qualquer espécime desse gênero.

ho.mo *adj2g2n. s2g. Gír.* V. *homossexual.*

ho.mo.a.fe.ti.vo *adj.* **1.** Relativo a relacionamento entre pessoas do mesmo sexo. **2.** De ou próprio de pessoas do mesmo sexo que mantêm relação estável: *direito homoafetivo.*

ho.mo.fo.bi.a [*Homo(o)-* + *-fobia.*] *sf.* Aversão aos homossexuais ou ao homossexualismo. § **ho.mo.fó.bi.co** *adj.*

ho.mó.fo.no [Gr. *homofono.*] *adj. sm. E.Ling.* Diz-se de, ou vocábulo que tem o mesmo som de outro com grafia e sentido diferentes. Ex.: *paço* e *passo.* [Cf. *homógrafo.*]

ho.mo.ge.ne:i.zar [*Homogêneo.* 1D] *vtd. e p.* Tornar(-se) homogêneo. [C.: 1F]

ho.mo.gê.ne:o [Lat.escol. *homogeneu.*] *adj.* **1.** De composição uniforme. **2.** Cujos elementos se equivalem. § **ho.mo.ge.nei.da.de** *sf.*

ho.mó.gra.fo [*Hom(o)-* + *-grafo.*] *adj. sm. E.Ling.* Diz-se de, ou palavras de grafia idêntica e significado diverso. Ex.: *cedo* (ê), adv., e *cedo* (ê), do v. *ceder.* [Cf. *homófono.*]

ho.mo.lo.gar [*Homólogo.* 1A] *vtd.* Confirmar ou aprovar por autoridade judicial ou administrativa. [C.: 1C (ó)] § **ho.mo.lo.ga.ção** *sf.*

ho.mó.lo.go [Gr. *homólogos.*] *adj.* **1.** *Geom.* Diz-se dos lados, ângulos, diagonais, segmentos, vértices e outros elementos que se correspondem ordenadamente em figuras semelhantes. **2.** Equivalente, correspondente, embora mais ou menos diverso. **3.** Que tem posição, estrutura, função, etc., iguais ou similares.

ho.mo.ní.mi:a [Lat. *homonymia.* 8B] *sf.* Propriedade de homônimo.

ho.mô.ni.mo [Gr. *homónymos.*] *adj. sm.* **1.** Que, ou aquele que tem o mesmo nome. **2.** *E.Ling.* Diz-se de, ou palavra que se pronuncia e/ou escreve da mesma forma que outra, mas de origem e sentido diferentes. [V. *homófono* e *homógrafo.*]

ho.móp.te.ro [Tax.*Homoptera.*] *adj. sm. Zool.* Diz-se de, ou espécime dos homópteros, ordem de insetos fitófagos.

ho.mos.se.xu.al (cs) [*Hom(o)-* + *sexual.*] *adj. sm.* Diz-se de, ou indivíduo que tem preferência sexual por pessoa do mesmo sexo que o seu. [F.red.: *homo.* Pl.: *-ais.*] § **ho.mos.se.xu:a.li.da.de** (cs) *sf.*; **ho.mos.se.xu:a.lis.mo** (cs) *sm.*

ho.mún.cu.lo [Lat. *homunculu.*] *sm.* Homenzinho.

ho.nes.tar [Lat. *honestare.* 1A] *vtd.* **1.** Tornar honesto; honrar. **2.** Coonestar. **3.** Adornar. [C.: 1 (é)]

ho.nes.to [Lat. *honestu.*] *adj.* **1.** Honrado, digno. **2.** Íntegro, probo. § **ho.nes.ti.da.de** *sf.*

ho.no.rá.ri:o [Lat. *honorariu.* 24] *adj.* **1.** V. *honorífico* (1). **2.** Que dá honras sem os proventos materiais; honorífico.

ho.no.rá.ri:os *smpl.* Remuneração a quem exerce profissão liberal como, p.ex., advogado, médico, etc.; proventos.

ho.no.rá.vel [Lat. *honorabile.* 41] *adj2g.* Digno de ser honrado. [Pl.: *-veis.*] § **ho.no.ra.bi.li.da.de** *sf.*

ho.no.rí.fi.co [Lat. *honorificu.*] *adj.* **1.** Que honra e distingue; honroso, honorário. **2.** Honorário (2).

hon.ra [Dev. de *honrar.*] *sf.* **1.** Consideração à virtude, ao talento, à coragem, à santidade, às boas ações ou às qualidades de alguém. **2.** Sentimento de dignidade própria que leva o homem a procurar merecer a consideração geral; pundonor, brio. **3.** *P.ext.* Dignidade.

hon.ra.do [*Honrar.* 17A] *adj.* **1.** Que tem honra; honesto, probo, sério. **2.** Tratado com honra e respeito. § **hon.ra.dez** (ê) *sf.*

hon.rar [Lat. *honorare*.▣ 1A] *vtd.* **1.** Conferir honras a. **2.** Distinguir com honrarias. **3.** Respeitar. **4.** Lisonjear. *p.* **5.** Adquirir honra. **6.** Lisonjear-se. [C.: 1]

hon.ra.ri.a [*Honra*▣ 15] *sf.* **1.** Dignidade, distinção. [M.us. no pl.] **2.** Manifestação honrosa.

hon.ro.so (ô) [*Honra*.▣ 37] *adj.* **1.** Que dá, ou em que há honra. **2.** V. *honorífico* (1). [Pl.: *-rosos* (ó).]

hó.quei [Ingl. *hockey*.] *sm. Esport.* Jogo entre 2 equipes, em que cada uma, munida de bastões recurvados numa extremidade, tenta impelir 1 pequena bola através do arco adversário.

ho.ra [Lat. *hora*.] *sf.* **1.** Intervalo de tempo igual a 1/24 do dia (2). [Equivale a 60 minutos. Símb.: *h*]. **2.** Pancada ou badalada em campainha ou sino de relógio, indicando horas. **3.** Momento propício; ocasião. **4.** Tempo exato.

ho.ra-au.la *sf.* A duração de uma aula. [Pl.: *horas- -aula*(s).]

ho.ra-luz *sf.* Distância percorrida pela luz em uma hora e equiv. a 1,1 bilhão de quilômetros. [Pl.: *horas-luz*.]

ho.rá.ri:o [*Hora*.▣ 24] *adj.* **1.** Relativo a hora(s). **2.** Que se percorre no espaço de uma hora. • *sm.* **3.** Tabela indicativa das horas de certos serviços.

hor.da [Fr. *horde*.] *sf.* **1.** Tribo nômade. **2.** Bando de aventureiros, de indisciplinados, de invasores, etc.

ho.ris.ta [*Hora*.▣ 36] *adj2g. s2g.* Diz-se de, ou empregado cujo salário é calculado em horas e não em dias.

ho.ri.zon.tal [*Horizonte*.▣ 39] *adj2g.* **1.** Do, ou paralelo ao horizonte. **2.** Estendido horizontalmente. • *sf.* **3.** Linha paralela ao horizonte. [Pl.: *-tais*.] § **ho.ri.zon.ta.li.da.de** *sf.*

ho.ri.zon.te [Lat. *horizonte*.] *sm.* Linha na qual o céu e o mar parecem se encontrar.

hor.mô.ni:o [Ingl. *hormone*.] *sm. Biol.* Substância produzida no corpo por órgão, células de um órgão, ou por células dispersas, que é lançada na corrente sanguínea, e que regula o crescimento ou o funcionamento de um órgão ou de um tecido.

ho.rós.co.po [Lat. *horoscopu*.] *sm.* Prognóstico sobre a vida duma pessoa, tirado, segundo os astrólogos, da situação de certos astros na hora do nascimento dela.

hor.ren.do [Lat. *horrendu*.] *adj.* **1.** Que causa horror. **2.** Que é muito feio. **3.** Cruel. [Sin.ger.: *horrível* e *horroroso*.]

hor.ri.pi.lar [Lat. *horripilare*.▣ 1A] *vtd. e p.* **1.** Causar arrepios a, ou tê-los. **2.** Horrorizar(-se). [C.: 1] § **hor.ri.pi.lan.te** *adj2g.*

hor.rí.vel [Lat. *horribile*.▣ 41] *adj2g.* **1.** V. *horrendo*. **2.** Muito ruim; péssimo, horroroso. [Pl.: *-veis*.]

hor.ror (ô) [Lat. *horrore*.] *sm.* **1.** Sensação arrepiante de medo, de pavor. **2.** Aquilo que inspira repulsa, aversão. **3.** *Pop.* Ror [v. *quantidade* (2)].

hor.ro.ri.zar [*Horror*.▣ 1D] *vtd. e p.* **1.** Encher(-se) de horror, de pavor; horripilar(-se). *int.* **2.** Causar horror. [C.: 1] § **hor.ro.ri.za.do** *adj.*

hor.ro.ro.so (ô) [*Horror*.▣ 37] *adj.* **1.** V. *horrendo*. **2.** V. *horrível* (2). [Pl.: *-rosos* (ó).]

→ **hors-concours** (or-concúr) [Fr.] *adj2g2n.* Convidado a participar de concurso, mas sem concorrer a prêmios, por ser muito superior aos outros concorrentes ou não se enquadrar nas regras da competição.

hor.ta [Lat.med. *horta*.] *sf.* Terreno onde se cultivam hortaliças.

hor.ta.li.ça [Esp. *hortaliza*.] *sf. Bot.* Nome comum a plantas herbáceas comestíveis que, ger., se cultivam em hortas; verdura.

hor.te.lã [Lat. *hortulana*.] *sf. Bot.* Erva lamiácea de propriedades semelhantes às da hortelã- -pimenta.

hor.te.lão [Lat. *hortulanu*, pelo esp. *hortelano*.] *sm.* Aquele que trata de horta. [Pl.: *-lãos, -lões*. Fem.: *horteloa*.]

hor.te.lã-pi.men.ta *sf. Bot.* Erva lamiácea, aromática, que fornece óleo rico em mentol. [Pl.: *hortelãs-pimenta*(s).]

hor.ten.se [Lat. *hortense*.▣ 38] *adj2g.* Relativo a, ou cultivado em horta; hortícola.

hor.tên.si:a [Fr. *hortensia*.▣ 8B] *sf. Bot.* Arbusto saxifragáceo, ornamental, e suas flores.

hor.tí.co.la [Lat. *horticola*.] *adj2g.* Hortense.

hor.ti.cul.tor (ô) [*Horta* + *-i-* + *cultor*.] *sm.* Pessoa que se dedica à horticultura.

hor.ti.cul.tu.ra [*Horta* + *-i-* + *cultura*.] *sf.* Arte de cultivar hortas e jardins.

hor.ti.fru.ti.gran.jei.ro [*Horta* + *-i-* + *-frut(i)-* + *granjeiro*.] *adj. sm. Bras.* Diz-se de, ou produtos de hortas, pomares ou granjas.

hor.to (ô) [Lat. *hortu*.] *sm.* Terreno onde se cultivam plantas de jardim.

ho.sa.na [Lat.ecl. *hosanna*, do hebr.] *sm.* **1.** *Rel.* Hino eclesiástico que se canta no domingo de Ramos, que marca o início da Semana Santa. **2.** *Fig.* Louvor.

hos.pe.da.gem [*Hospedar*.▣ 6] *sf.* **1.** Ato de hospedar; hospitalidade. **2.** V. *hospedaria*. [Pl.: *-gens*.]

hos.pe.dar [Lat. **hospitare*.▣ 1A] *vtd.* **1.** Receber ou alojar como hóspede. **2.** Abrigar. *p.* **3.** Tornar-se hóspede. [C.: 1 (é)]

hos.pe.da.ri.a [*Hóspede*.▣ 15] *sf.* Casa onde se recebem hóspedes mediante remuneração; estalagem, hospedagem; albergue.

hós.pe.de [Lat. *hospite*.] *sm.* Quem se aloja temporariamente em casa alheia, ou hotel, etc.

hos.pe.dei.ro [*Hóspede*.▣ 25] *adj.* **1.** Que hospeda. • *sm.* **2.** Quem hospeda. **3.** *Biol.* Animal, ou planta, que dá abrigo a, ou nutre outro organismo. **4.** *Med.* Organismo que recebe órgão, ou tecido, proveniente de outro organismo.

hos.pí.ci:o [Lat. *hospitiu*.] *sm.* **1.** *Desus.* Casa onde se hospedavam e/ou tratavam pessoas pobres ou doentes, gratuitamente. **2.** Manicômio.

hospital | ■Hz

hos.pi.tal [Lat. *hospitale*, 'hospedaria'.] *sm.* Estabelecimento onde se tratam doentes, internados ou não. [Pl.: *-tais*.]

hos.pi.ta.lar [*Hospital*.⊡40] *adj2g. Med.* Relativo a hospital.

hos.pi.ta.lei.ro [*Hospital*.⊡25] *adj.* **1.** Que dá hospedagem por bondade ou caridade. **2.** Que acolhe com satisfação (os hóspedes).

hos.pi.ta.li.da.de [Lat. *hospitalitate*.⊡14] *sf.* **1.** Hospedagem (1). **2.** Qualidade de hospitaleiro.

hos.pi.ta.li.zar [*Hospital*.⊡1D] *vtd. e p.* Internar(-se) em hospital. [C.:1]

hos.te [Lat. *hoste*.] *sf.* Tropa; exército.

hós.ti:a [Lat. *hostia*.] *sf. Rel.* Partícula circular de massa de pão ázimo que é consagrada na missa.

hos.til (í) [Lat. *hostile*.] *adj2g.* **1.** Que se opõe claramente a alguém ou a alguma coisa. **2.** Que age como inimigo; agressivo. **3.** Próprio de inimigo; pouco amistoso. [Pl.: *-tis*.] § **hos.ti.li.da.de** *sf.*; **hos.til.men.te** *adv.*

hos.ti.li.zar [*Hostil*.⊡1D] *vtd.* **1.** Tratar hostilmente. **2.** Ter sentimento hostil contra. **3.** Mover guerra a. *p.* **4.** Agredir-se mutuamente. [C.:1]

ho.tel [Fr. *hôtel*.] *sm.* Estabelecimento onde se alugam quartos e apartamentos mobiliados, com refeições ou sem elas. [Pl.: *-téis*.]

ho.te.la.ri.a [*Hotel*.⊡15] *sf.* **1.** A técnica de administrar hotéis. **2.** O conjunto dos hotéis de uma região, de um país.

ho.te.lei.ro [*Hotel*.⊡25] *sm.* **1.** Dono ou administrador de hotel. ● *adj.* **2.** Relativo a hotéis.

→ **hotspot** (rótispóti) [Ingl.] *sm. Inform.* Local disponível ao uso de conexão à Internet sem fio.

hou.ais.si.a.no [⊡29A] *adj.* Relativo ao, ou próprio do filólogo e lexicógrafo Antônio Houaiss (**M.**), ou à sua obra.

■ **HQ** Abrev. de *História em quadrinhos*.

■ **Hs** *Quím.* Símb. de *hássio*.

hu.lha [Fr. *houille*.] *sf.* V. *carvão* (1).

hu.lhei.ra [*Hulha*.⊡16] *sf.* Mina ou jazigo de hulha.

hum *interj.* Exprime dúvida, desconfiança.

hu.ma.nar [Lat. *humanare.⊡1A] *vtd. e p.* Humanizar (1 e 3). [C.:1]

hu.ma.ni.da.de [Lat. *humanitate*.⊡14] *sf.* **1.** A natureza humana. **2.** O homem, o gênero humano. **3.** *Fig.* Capacidade de compreensão ou de aceitação em relação aos semelhantes. **4.** *Fig.* Clemência.

hu.ma.ni.da.des *sfpl.* O estudo da língua e literatura grega e latina.

hu.ma.nis.mo [Fr. *humanisme*.] *sm.* **1.** *Filos.* Doutrina ou atitude que se coloca expressamente numa perspectiva antropocêntrica. **2.** Movimento renascentista voltado esp. para as línguas e literaturas greco-romanas. **3.** Formação do espírito humano voltada para a cultura literária e científica. § **hu.ma.nis.ta** *adj2g.*

hu.ma.ni.tá.ri:o [Fr. *humanitaire*.⊡24] *adj.* Que ama os seus semelhantes; humano.

hu.ma.ni.zar [*Humano*.⊡1D] *vtd.* **1.** Dar condição humana a; humanar. **2.** Civilizar. *p.* **3.** Tornar-se humano; humanar-se. [C.:1]

hu.ma.no [Lat. *humanu*.] *adj.* **1.** Relativo ao homem, ou dele próprio. **2.** Humanitário.

hu.ma.noi.de (ói) [*Humano* + *-oide*.] *adj2g. s2g.* Diz-se de, ou robô com aparência e outras características humanas.

hu.mi.a.no (hiu) [⊡29A] *adj.* Relativo a, ou próprio de David Hume (**M.**), ou à sua filosofia.

hu.mil.da.de [Lat. *humilitate*.⊡14] *sf.* **1.** Virtude que nos dá o sentimento da nossa fraqueza. **2.** Modéstia. **3.** Submissão.

hu.mil.de *adj2g.* **1.** Que tem ou aparenta humildade. ● *s2g.* **2.** Pessoa de condição modesta.

hu.mi.lha.ção [Lat. *humiliatione*.⊡2A] *sf.* **1.** Ato ou efeito de humilhar(-se), de rebaixar(-se) ou constranger(-se) moralmente. **2.** Vexame, vergonha. [Pl.: *-ções*.]

hu.mi.lhan.te [*Humilhar*.⊡21] *adj2g.* Que humilha; vergonhoso.

hu.mi.lhar [Lat. *humiliare*.⊡1A] *vtd.* **1.** Tornar humilde. **2.** Tratar com desprezo; vexar, aviltar, menosprezar. *p.* **3.** Portar-se de modo subserviente; aviltar-se, rebaixar-se. **4.** Agir como se fosse inferior a; aviltar-se, rebaixar-se, menosprezar-se. [C.:1]

hu.mo [Lat. *humu*.] *sm. Ecol.* O produto da decomposição parcial de restos vegetais ou animais, que se acumulam no chão florestal, onde enriquece o solo. [A f. de maior uso é *húmus*.]

hu.mor (ô) [Lat. *humor, oris*.] *sm.* **1.** *Fisiol.* Substância orgânica líquida ou semilíquida. **2.** Disposição de espírito. **3.** Veia cômica; espírito, graça. **4.** Capacidade de perceber ou expressar o que é cômico ou divertido.

hu.mo.ra.lis.mo [*Humoral*.⊡11] *sm.* Antiga teoria segundo a qual a saúde e a doença dependem, respectivamente, do equilíbrio ou do desequilíbrio dos humores [v. *humor* (1)].

hu.mo.ris.mo [*Humor*.⊡11] *sm.* Qualidade ou caráter de humorista, ou dos escritos humorísticos.

hu.mo.ris.ta [*Humor*.⊡36] *s2g.* Pessoa que fala ou escreve com humor (3).

hu.mo.rís.ti.co [*Humorista*.⊡35B] *adj.* Em que há, ou que tem graça, espírito ou feição irônica.

hú.mus *sm2n. Ecol.* V. *humo*.

hún.ga.ro [Lat.med. *hungaru*.] *adj.* **1.** Da Hungria (Europa). ● *sm.* **2.** O natural ou habitante da Hungria. **3.** *E.Ling.* A língua húngara.

hur.ra [Ingl. *hurrah*!] *interj. sm.* **1.** Exclamação de saudação ou de entusiasmo. **2.** Grito de saudação de marinheiros. [V. *hip*.]

hus.ser.li.a.no [⊡29A] *adj.* Relativo a, ou próprio de Edmund Husserl (**M.**), ou à sua filosofia.

→ **hyperlink** (ráiper línqui) [Ingl.] *sf. Inform.* V. *link*.

■ **Hz** *Fís.* Símb. de *hertz*.

i *sm.* **1.** A 9ª letra do nosso alfabeto. **2.** Figura ou representação dessa letra. ● *num.* **3.** Nono (1), numa série. [Pl. do sm., com duplo *i: ii.*]
■ **i** *Mat.* Símb. da *unidade imaginária.*
■ **I 1.** Na numeração romana, símb. do número 1. **2.** *Quím.* Símb. de iodo.
ia.iá (ià-iá) [*Sinhá.*] *sf. Bras. Fam.* Tratamento dado às meninas e às moças no tempo da escravidão (2).
i:a.lo.ri.xá [Do ior.] *sf.* Mãe de santo.
i:a.no.mâ.mi *s2g. Bras.* **1.** *Etnôn.* Indivíduo dos ianomâmis, povo indígena que habita o extremo Norte de RR e AM, e a Venezuela. ● *sm.* **2.** *E.Ling.* Família linguística à qual pertencem as línguas faladas por alguns povos indígenas da Amazônia setentrional. ● *adj2g.* **3.** Pertencente ou relativo a ianomâmi (1 e 2).
i:an.que [Ingl. *yankee.*] *adj2g. s2g.* V. *americano* (2 e 4).
i:a.ra [Do tupi.] *sf. Bras. Folcl.* V. *mãe-d'água.*
i:a.te [Ingl. *yatch.*] *sm.* Embarcação à vela ou a motor, para recreio ou regata.
i.bé.ri.co [Lat. *ibericu.* ■35B] *adj.* **1.** Da Ibéria, antigo nome da Espanha, ou dos iberos. **2.** Da Península Ibérica; ibero. ● *sm.* **3.** Ibero (2).
i.be.ro (bé) [Lat. *iberu*] *adj.* **1.** Ibérico (2). ● *sm.* **2.** Indivíduo dos iberos, antigos habitantes da Ibéria; ibérico.
i.be.ro-a.me.ri.ca.no *adj.* **1.** Dos, relativo aos, ou próprio dos povos americanos colonizados por Portugal ou pela Espanha. ● *sm.* **2.** Indivíduo ibero-americano. [Flex.: *ibero-americanos, ibero-americana(s).*]
■ **IBGE** Sigla da *Fundação Instituto Brasileiro de Geografia e Estatística.*
→ **ibidem** (ibídem) [Lat.] *adv.* **1.** Aí mesmo. **2.** Na mesma obra, capítulo, ou página.

í.bis [Lat. *ibis.*] *sf. m. 2n. Zool.* Ave tresquiornitídea da África, Ásia e Austrália.
i.bo.pe *sm.* **1.** Sigla de *Instituto Brasileiro de Opinião Pública e Estatística* (m.reg.). [Com inicial maiúsc.] **2.** Índice obtido, mediante pesquisa, por esse ou por outro instituto.
i.çá [Do ior.] *sm. f. Bras. Zool.* Tanajura.
i.çar [Fr. *hisser.* ■1A] *vtd.* Erguer, levantar. [C.: 1B. Cf. *inçar.*]
→ **iceberg** (aicibérgui) [Ingl.] *sm.* Grande massa de gelo que se desprende de plataforma de gelo e que vaga, à deriva, nos oceanos.
■ **ICMS** Sigla de *imposto sobre circulação de mercadorias e serviços.*
í.co.ne [Lat. *icone.*] *sm.* **1.** Na igreja russa e na grega, representação, em superfície plana, da figura de Cristo, da Virgem ou de um santo. **2.** *Fig.* Pessoa ou coisa que simboliza um fato, estilo, período, etc. **3.** Símbolo gráfico que representa um objeto pelos seus traços mais característicos. **4.** *Inform.* Figura us. para identificar e/ou acionar, na tela do computador, programa ou recurso de programa.
i.co.no.clas.ta [Gr. *eikonoklástes.*] *adj2g. s2g.* Que, ou quem destrói símbolos, estátuas, etc.
i.co.no.gra.fi.a[Gr.*eikonographía.*■8A]*sf.***1.**Descrição e estudo das imagens ou representações visuais. **2.** O conjunto das imagens e dos símbolos us. por um artista ou por uma coletividade. § **i.co.no.grá.fi.co** *adj.*
i.co.no.te.ca [*Icon(o)-* + *-teca.*] *sf.* Local onde se guardam imagens, etc.
i.co.sa.e.dro [Gr. *eikosáedron.*] *sm. Geom.* Poliedro de 20 faces. § **i.co.sa.é.dri.co** *adj.*
i.co.sá.go.no [Gr. *eikoságonos.*] *sm.* Polígono de 20 lados. § **i.co.sa.go.nal** *adj2g.*

ictericia | idiotia

ic.te.rí.ci:a ou **i.te.rí.ci:a** [Lat. *icterus* + *-ícia*.] *sf. Med.* Síndrome caracterizada pela deposição de pigmento biliar na pele e nas mucosas, apresentando o paciente coloração amarelada. § **ic.té.ri.co** *adj.*

ic.te.rí.de:o [Tax. *Icterideae.*] *adj. sm. Zool.* Diz-se de, ou espécime dos icterídeos, família de aves passeriformes de bico longo, pés fortes, ger. onívoras. Ex.: chupins, japins.

ic.tí.i.co [Gr. *ichthyikós.* ◘35B] *adj.* Relativo a peixe, ou próprio dele.

ic.ti.ó.fa.go [Gr. *ichthyophágos.*] *adj. sm.* Que, ou quem come peixe.

ic.tio:fau.na [*Ictio*(o)- + *fauna.*] *sf. Zool.* O conjunto dos peixes de uma região.

ic.tio:lo.gi.a [*Ictio*(o)- + *-logia.*] *sf.* Parte da zoologia que trata dos peixes.

ic.ti.or.nis [Tax. *Ichthyornis.*] *sf2n. Paleont.* Ave do tamanho de uma gaivota, e semelhante a ela. Viveu no cretáceo e fósseis foram encontrados na América do Norte.

id [Lat. *id.*] *sm. Psican.* Instância psíquica que é receptáculo das pulsões e da maioria dos processos inconscientes.

i.da [F.subst. de *ido.*] *sf.* **1.** Ato ou movimento de ir(-se). **2.** Jornada de ida.

i.da.de [Lat. *aetate.*] *sf.* **1.** Número de anos de alguém ou de algo. **2.** Duração ordinária da vida. **3.** Época da vida. **4.** Velhice: *achaques da idade.* **5.** V. *época* (2). **6.** Qualquer época da história da humanidade ou de uma civilização, que apresenta determinadas características culturais ou sociais. **7.** Subdivisão do tempo geológico, menor que a época (3). ◆ **Idade da Pedra.** Período da pré-história em que as ferramentas e armas eram feitas de pedra, madeira ou osso. Divide-se em *paleolítico*, *mesolítico* e *neolítico*. **Idade Média.** Período histórico da Europa, compreendido entre o começo do séc. V e meados do séc. XV, marcado esp. pelo feudalismo.

i.de.al [Lat. *ideale.* ◘39] *adj2g.* **1.** Que existe somente na ideia; imaginário. **2.** Que reúne toda a perfeição concebível. ● *sm.* **3.** O que é objeto da nossa mais alta aspiração. **4.** O modelo sonhado ou ideado pela fantasia dum artista. [Pl.: -*ais*.]

i.de:a.lis.mo [*Ideal.* ◘11] *sm.* **1.** Propensão do espírito para o ideal. **2.** *Filos.* Qualquer uma das doutrinas que afirma ser a realidade essencialmente espiritual, mental, intelectual ou psicológica. § **i.de.a.lis.ta** *adj2g. s2g.*

i.de:a.li.zar [*Ideal.* ◘11] *vtd.* **1.** Tornar ideal. **2.** Fantasiar (1). **3.** Projetar, planejar. *p.* **4.** Imaginar-se de modo ideal. [C.: 1A] § **i.de:a.li.za.ção** *sf.*

i.de.ar [*Ideia* ◘1A] *vtd.* **1.** Criar na ideia. **2.** Projetar, planejar. [C.: 12B]

i.dei.a (éi) [Gr. *idéa.*] *sf.* **1.** Representação mental de coisa concreta ou abstrata. **2.** Projeto, plano. **3.** V. *imaginação* (4). **4.** Opinião, conceito. **5.** Mente, pensamento. **6.** Lembrança.

i.dei.as (éi) *sfpl.* O conjunto dos pensamentos e das concepções de um indivíduo ou de um grupo social, em qualquer campo (5).
→ **idem** (ídem) [Lat.] *pron.* **1.** A mesma coisa. **2.** Da mesma forma, etc. [Us. para evitar repetições.]

i.dên.ti.co [Lat.med. *identicu.* ◘35B] *adj.* Perfeitamente igual.

i.den.ti.da.de [Lat. *identitate.* ◘14] *sf.* **1.** Qualidade de idêntico. **2.** Os caracteres próprios e exclusivos duma pessoa: nome, idade, estado, profissão, sexo, etc.

i.den.ti.fi.ca.ção [*Identificar.* ◘2A] *sf.* **1.** Ato ou efeito de identificar(-se). **2.** Reconhecimento duma coisa ou dum indivíduo como os próprios. [Pl.: -*ções.*]

i.den.ti.fi.car [Lat.med. *identificare.* ◘1A] *vtd.* **1.** Tornar idêntico. **2.** Determinar ou estabelecer a identidade de. **3.** Determinar a classificação científica de. **4.** Reconhecer (algo ou alguém). *p.* **5.** Dizer ou comprovar, por meio de documentos, a própria identidade. **6.** Perceber a afinidade própria com pessoa ou grupo. [C.: 1A] § **i.den.ti.fi.cá.vel** *adj2g.*

i.de:o.gra.fi.a [*Ideo*- + -*grafia.*] *sf.* Representação de ideias por meio de sinais que reproduzem objetos concretos. § **i.de:o.grá.fi.co** *adj.*

i.de:o.gra.ma [*Ideo*- + -*grama.*] *sm.* Sinal ideográfico que representa uma ideia ou noção. Ex.: hieróglifo, os sinais da escrita chinesa. § **i.de:o.gra.má.ti.co** *adj.*

i.de:o.lo.gi.a [*Ideo*- + -*logia.*] *sf.* **1.** Conjunto de ideias que tem por base uma teoria política ou econômica. **2.** Modo de ver, próprio de um indivíduo ou de uma classe. § **i.de.o.ló.gi.co** *adj.*

■ **IDH** Abrev. de *índice de desenvolvimento humano.*

i.dí.li:o [Lat. *idylliu.*] *sm.* **1.** Pequeno poema campestre. **2.** Amor poético e suave. § **i.dí.li.co** *adj.*

i.di:o.la.li.a [*Idi*(o)- + -*lal*(o)- + -*ia*¹. ◘8A] *sf. Psiq.* Criação de uma linguagem própria.

i.di.o.ma [Gr. *idíoma.*] *sm.* Língua duma nação ou peculiar a uma região.

i.di:o.má.ti.co [Gr. *idiomatikós.* ◘35B] *adj.* Relativo ou peculiar a um idioma.

i.di:o.ma.tis.mo [*Idiomat*(o)- + -*ismo.* ◘11] *sm.* Idiotismo (2).

i.di:o.pa.ti.a [Gr. *idiopátheia.* ◘8A] *sf. Med.* Doença de origem desconhecida. § **i.di:o.pá.ti.co** *adj.*

i.di:os.sin.cra.si.a [Gr. *idiossynkrasía.* ◘8A] *sf.* Maneira própria de ver, sentir, reagir, de cada indivíduo. § **i.di:os.sin.crá.si.co** *adj.*; **i.di:os.sin.crá.ti.co** *adj.*

i.di.o.ta [Lat. *idiota.*] *adj2g. s2g.* **1.** Que, ou quem é pouco inteligente; ignorante, imbecil. **2.** V. *tolo* (1, 2 e 6). **3.** *Psiq.* Diz-se de, ou aquele que sofre de idiotia.

i.di:o.ti.a [*Idiota.* ◘8A] *sf. Psiq.* A mais grave das formas de retardo mental.

i.di:o.ti.ce [*Idiota*. ▣13] *sf.* Qualidades, modos ou ditos de idiota; idiotismo.

i.di:o.tis.mo [Lat. *idiotismu*. ▣11] *sm.* **1.** Idiotice. **2.** Expressão idiomática (q.v.); idiomatismo.

i.do [Lat. *itu*.] *adj.* Que foi ou se foi; passado.

i.dó.la.tra [Lat. *idolatra*.] *adj2g.* **1.** Relativo à, ou que pratica a idolatria. ● *s2g.* **2.** Pessoa idólatra.

i.do.la.trar [*Idólatra*. ▣1A] *vtd.* **1.** Prestar idolatria (1) a. **2.** Amar com idolatria (2). [C.: 1]

i.do.la.tri.a [Lat. *idolatria*. ▣8A] *sf.* **1.** Culto prestado a ídolos. **2.** Amor ou paixão exagerada. § **i.do.lá.tri.co** *adj.*

í.do.lo [Lat. *idolu*.] *sm.* **1.** Estátua ou simples objeto cultuado como deus ou deusa. **2.** Pessoa, ger. famosa, a quem se tributa respeito ou afeto excessivos.

i.dô.ne:o [Lat. *idoneu*.] *adj.* **1.** Próprio ou adequado para alguma coisa. **2.** Que tem condições para desempenhar certos cargos ou realizar certas obras. § **i.do.nei.da.de** *sf.*

i.dos *smpl.* Os tempos, os dias passados.

i.do.so (ô) [*Id(ade)*. ▣37] *adj. sm.* Que, ou quem tem bastante idade; velho. [Pl.: *idosos* (ó).]

■ **i.e.** [Abrev. do lat. *id est*.] Isto é.

i.e.ne [Jap. *yen*.] *sm.* Unidade monetária, e moeda, do Japão.

i.ga.pó [Do tupi.] *sm. Bras. Amaz.* Mata inundada: trecho de floresta onde a água, após a enchente dos rios, fica por algum tempo estagnada.

i.ga.ra [Do tupi.] *sf. Bras.* Canoa feita de um tronco (1), escavado.

i.ga.ra.pé [Do tupi.] *sm. Bras. Amaz.* Pequeno rio, às vezes navegável.

i.ga.ri.té [Do tupi.] *sf. Bras.* Canoa.

i.glu [Ingl. *igloo*.] *sm.* Casa (1) em forma de cúpula, construída pelos esquimós com blocos de neve compacta.

ig.na.ro [Lat. *ignaru*.] *adj.* Ignorante, bronco, rude.

ig.na.vo [Lat. *ignavu*.] *adj.* Indolente, preguiçoso.

íg.ne:o [Lat. *igneu*.] *adj.* Do, ou da natureza e/ou cor do fogo.

ig.ni.ção [Fr. *ignition*. ▣2A] *sf.* **1.** Estado de corpo em combustão. **2.** Mecanismo que dá início à ação do combustível no cilindro do motor de combustão interna.

ig.ní.fe.ro [Lat. *igniferu*.] *adj.* Em que há fogo; ignígero.

ig.ní.ge.ro [*Igni-* + -*gero*.] *adj.* Ignífero.

ig.nó.bil [Lat. *ignobile*.] *adj2g.* Sem nobreza; abjeto, vil. [Pl.: -*beis*.]

ig.no.mí.ni:a [Lat. *ignominia*.] *sf.* Grande desonra; infâmia.

ig.no.mi.ni.o.so (ô) [Lat. *ignominiosu*. ▣37] *adj.* Que traz ou envolve ignomínia; infame. [Pl.: -*osos* (ó).]

ig.no.ra.do [*Ignorar*. ▣17A] *adj.* Não sabido; desconhecido; ignoto.

ig.no.rân.ci:a [Lat. *ignorantia*. ▣9] *sf.* **1.** Condição de quem não é instruído. **2.** Falta de saber. **3.** Estado de quem ignora ou desconhece alguma coisa. **4.** *P.ext. Bras. Pop.* Falta de educação; estupidez, grosseria.

ig.no.ran.te [Lat. *ignorante*. ▣21] *adj2g. s2g.* **1.** Que, ou quem ignora. **2.** Que, ou quem não tem instrução. **3.** *P.ext. Bras. Pop.* Falto de educação, ou aquele que não a tem; estúpido, grosseiro.

ig.no.rar [Lat. *ignorare*. ▣1A] *vtd.* **1.** Não ter conhecimento de; não saber. **2.** Não usar de. **3.** Não ter. **4.** Não tomar conhecimento de (pessoa ou fato), por desprezo ou indiferença. [C.: 1 (ó)]

ig.no.to [Lat. *ignotu*.] *adj.* Que é desconhecido, ignorado.

■ **IGPM** *Econ.* Abrev. de *Índice Geral de Preços de Mercado*.

i.gre.ja (ê) [Lat. *ecclesia*.] *sf.* **1.** Templo cristão. **2.** Autoridade eclesiástica. **3.** A comunidade cristã.

i.gre.ji.nha [*Igreja*. ▣32A] *sf.* **1.** Igreja (1) pequena. **2.** *Fig.* Panelinha.

i.gual [Lat. *aequale*. ▣39A] *adj2g.* **1.** Que tem a mesma aparência, estrutura ou proporção; idêntico. **2.** Que tem o mesmo nível; plano. **3.** Que tem a mesma grandeza, valor, quantidade, quantia ou número; equivalente. **4.** Da mesma condição, categoria, natureza, etc. [Pl.: *iguais*.]

i.gua.lar [*Igual*. ▣1A] *vtd. e tdi.* **1.** Tornar igual; nivelar. *ti.* **2.** Tornar-se, ou ser igual. *p.* **3.** Tornar-se ou supor-se igual a. [C.: 1]

i.gual.da.de [Lat. *aequalitate*. ▣14] *sf.* **1.** Qualidade ou estado de igual. **2.** *Mat.* Expressão com a qual se afirma que 2 entidades (com o sinal = entre elas) são iguais, ou devem ser assim consideradas.

i.gua.lha [Lat. *aequalia*.] *sf.* Igualdade de posição social.

i.gua.li.tá.ri:o [Fr. *égalitaire*. ▣24] *adj.* Relativo a, ou que é partidário da igualdade de condições para todos os membros da sociedade.

i.gua.li.ta.ris.mo [Fr. *égalitarisme*. ▣11] *sm.* Sistema que preconiza a igualdade de condições para todos os membros da sociedade.

i.gual.men.te [*Igual*. ▣42] *adv.* De maneira igual: *Ama-os igualmente*.

i.gua.na [Tax. *Iguana*.] *sf. m. Zool.* Reptil iguaníideo de grande porte, com uma crista que vai da nuca à cauda.

i.gua.ní.de:o [Tax. *Iguanidae*.] *adj. sm. Zool.* Diz-se de, ou espécime dos iguanídeos, família de lagartos de membros longos e ágeis e que, ger., têm crista (2).

i.gua.no.don.te [Tax. *Iguanodon*.] *sm. Paleont.* Dinossauro ornitísquio, herbívoro, com cerca de 10m de comprimento, que se locomovia nas 4 patas ou em posição bipedal. Viveu no cretáceo, e fósseis foram achados na Europa, África e América do Norte.

iguaria | imagem

i.gua.ri.a [V.C] *sf.* Comida fina e/ou apetitosa.

ih *interj.* Designa admiração, espanto, ironia ou temor.

i:í.di.che [Al. *jüdisch-deutsch*.] *sm. E.Ling.* Língua germ. falada por judeus, esp. na Europa central e oriental; judeu-alemão.

i.la.ção [Lat. *illatione*.⬜2A] *sf.* O que resulta de um raciocínio; dedução. [Pl.: *-ções*.]

i.la.ti.vo [Lat. *illatus + -ivo*.⬜22] *adj.* Em que há ilação; conclusivo.

i.le.gal [Lat.med. *illegale*.⬜39] *adj2g.* Contrário à lei; ilegítimo. [Pl.: *-gais*.] § **i.le.ga.li.da.de** *sf.*

i.le.gí.ti.mo [Lat. *illegitimu*.] *adj.* Não legítimo. § **i.le.gi.ti.mi.da.de** *sf.*

i.le.gí.vel [Lat. **illegibile*.⬜41] *adj2g.* Não legível. [Pl.: *-veis*.] § **i.le.gi.bi.li.da.de** *sf.*

í.le.o [Lat.cient. *ileum*.] *sm. Anat.* Terceira e última porção do intestino delgado.

i.le.so (é ou ê) [Lat. *illaesu*.] *adj.* São e salvo; incólume.

i.le.tra.do [Lat. *illiteratu*.⬜17] *adj.* **1.** Que não tem conhecimentos literários. **2.** Analfabeto, ou quase.

i.lha [Lat. *insula*.] *sf.* Terra menos extensa que os continentes e cercada de água por todos os lados.

i.lhal [V.D] *sm.* Cada uma das depressões laterais por baixo do lombo do cavalo; ilharga. [Pl.: *ilhais*.]

i.lhar [*Ilha*.⬜1A] *vtd. e p.* Tornar(-se) isolado, incomunicável, como em uma ilha; isolar(-se). [C.: 1] § **i.lha.do** *adj.*

i.lhar.ga [Lat. **iliarica*.] *sf.* **1.** Cada uma das partes laterais e inferiores do abdome. **2.** Ilhal.

i.lhéu [Ilha.] *adj.* **1.** Relativo a ilha. ● *sm.* **2.** O natural ou habitante duma ilha. [Sin.ger.: *insulano, insular*. Fem.: *ilhoa* (ô).]

i.lhó ou **i.lhós** [Lat. **oculiolu*.] *sm. f.* Orifício por onde se enfia fita ou cordão. [Pl. de *ilhós*: *ilhoses*.]

i.lho.ta [*Ilha + -ota*¹.] *sf.* Ilha pequena.

i.lí.a.co [Fr. *iliaque*.] *sm. Anat.* **1.** Cada um de 2 ossos da bacia (3), constituído de 3 partes: ílio, ísquio e púbis. ● *adj.* **2.** Pertencente ou relativo à bacia (3).

i.li.ba.do [Lat. *illibatu*.⬜17] *adj.* Não tocado; puro, incorrupto.

i.li.bar [Lat. **illibare*.⬜1A] *vtd.* Tornar puro, sem mancha. [C.: 1]

i.lí.ci.to [Lat. *illicitu*.] *adj.* **1.** Não lícito; proibido pela lei. **2.** Contrário à moral e/ou ao direito. § **i.li.ci.ti.tu.de** *sf.*

i.li.mi.ta.do [Lat. *illimitatu*.⬜17] *adj.* Sem limite; infinito, imenso.

í.li.o [Lat.cient. *ilium*.] *sm. Anat.* A maior das 3 partes do ilíaco.

i.ló.gi.co [*I- + lógico*.] *adj.* Que não tem lógica; absurdo.

i.lu.dir [Lat. *illudere*.⬜1C] *vtd.* **1.** Produzir ilusão em; enganar, lograr. **2.** Dissimular, disfarçar. *p.* **3.** Cair ou viver em ilusão. [C.: 3]

i.lu.mi.na.ção [Lat. *illuminatione*.⬜2A] *sf.* **1.** Ato ou efeito de iluminar(-se). **2.** Arte e técnica de iluminar recintos. **3.** *P.ext.* O conjunto das luzes que iluminam um ambiente, parte dele, ou um objeto. **4.** *Fig.* Inspiração. [Pl.: *-ções*.]

i.lu.mi.na.do [*Iluminar*.⬜17A] *adj.* **1.** Que recebe luz ou iluminação. **2.** *Fig.* Que parece irradiar luz. ● *sm.* **3.** Indivíduo que se julga inspirado.

i.lu.mi.nar [Lat. *illuminare*.⬜1A] *vtd.* **1.** Derramar luz sobre; alumiar. **2.** Brilhar em. **3.** Esclarecer, ilustrar. **4.** Inspirar, orientar. *p.* **5.** Encher-se de luz (*lit.* e *fig.*); alumiar-se. [C.: 1] § **i.lu.mi.nan.te** *adj2g.*

i.lu.mi.nis.mo [Fr. *illuminisme*.⬜11] *sm.* Movimento intelectual dos sécs. XVII e XVIII, em países europeus e em suas colônias, que tem como base a crença na razão e nas ciências como motores do progresso. § **i.lu.mi.nis.ta** *adj2g. s2g.*

i.lu.mi.nu.ra [Fr. *enluminure*.⬜5] *sf.* Em antigos manuscritos e em alguns incunábulos, pintura minuciosa, com ornatos, representando letras iniciais.

i.lu.são [Lat. *illusione*.⬜2] *sf.* **1.** Engano dos sentidos ou da mente, que faz tomar uma coisa por outra. **2.** Sonho, devaneio. [Pl.: *-sões*.]

i.lu.si:o.nis.mo [Fr. *illusionisme*.⬜11] *sm.* V. *prestidigitação*.

i.lu.si:o.nis.ta [Fr. *illusioniste*.⬜36] *s2g.* V. *prestidigitador*.

i.lu.só.ri:o [Lat. *illusoriu*.⬜23] *adj.* Que produz ilusão; enganoso.

i.lus.tra.ção [Lat. *illustratione*.⬜2A] *sf.* **1.** Ato ou efeito de ilustrar(-se). **2.** Conhecimento; saber. **3.** Imagem ou figura que orna ou elucida um texto escrito. [Pl.: *-ções*.]

i.lus.tra.do [Lat. *illustratu*.⬜17A] *adj.* **1.** Que tem ilustração (2); instruído. **2.** Que tem gravuras ou ilustrações.

i.lus.tra.dor (ô) [Lat. *illustratore*.⬜19A] *adj.* **1.** Que ilustra. ● *sm.* **2.** Desenhista de ilustrações.

i.lus.trar [Lat. *illustrare*.⬜1A] *vtd.* **1.** Tornar ilustre; glorificar. **2.** Esclarecer, elucidar. **3.** Instruir. **4.** Exemplificar. **5.** Ornar com ilustração (3). *p.* **6.** Adquirir conhecimentos; instruir-se. [C.: 1] § **i.lus.tra.ti.vo** *adj.*

i.lus.tre [Lat. *illustre*.] *adj2g.* **1.** Que se distingue por qualidades dignas de louvor; insigne, célebre, notável. **2.** Nobre, fidalgo.

í.mã [Fr. *aïmant*.] *sm.* **1.** *Fís.* Corpo de material ferromagnético com imantação permanente; magneto. **2.** Peça de metal imantada.

i.ma.cu.la.do [Lat. *immaculatu*.⬜17] *adj.* **1.** Sem mácula ou mancha. **2.** Puro, inocente. [Sin. ger.: *cândido*.]

i.ma.gem [Lat. *imagine*.] *sf.* **1.** Representação gráfica, plástica ou fotográfica de pessoa ou de objeto. **2.** Representação plástica de Cristo, da Virgem, dum santo, etc. **3.** Estampa que representa assunto ou motivo religioso. **4.** Reprodução de pessoa ou de objeto numa superfície refletora. **5.** Representação mental

imaginação | imersão

dum objeto, impressão, etc.; lembrança, recordação. **6.** Representação cinematográfica ou televisionada, de pessoa, animal, objeto, cena, etc. **7.** Metáfora. [Pl.: *-gens*.] § **i.ma.gé.ti.co** *adj*.

i.ma.gi.na.ção [Lat. *imaginatione*. ■2A] *sf*. **1.** Faculdade que tem o espírito de imaginar; fantasia. **2.** Faculdade de criar mediante a combinação de ideias. **3.** A coisa imaginada. **4.** Criação, invenção, ideia. **5.** Fantasia, devaneio. [Pl.: *-ções*.]

i.ma.gi.nar [Lat. *imaginare*. ■1A] *vtd*. **1.** Construir ou conceber na imaginação; fantasiar, idear, inventar. **2.** Representar na imaginação. **3.** Fazer ideia; supor, presumir. *int*. **4.** Pensar, cismar. *p*. **5.** Julgar-se, supor-se. [C.: 1] § **i.ma.gi.ná.vel** *adj2g*.

i.ma.gi.ná.ri.o [Lat. *imaginariu*. ■24] *adj*. **1.** Que só existe em imaginação; ilusório; irreal, fantástico. ● *sm*. **2.** As ideias, as crenças, os símbolos e as opiniões de uma pessoa ou de um grupo. **3.** Aquele que faz imagens de santos; santeiro.

i.ma.gi.na.ti.va *sf*. Faculdade de imaginar.

i.ma.gi.na.ti.vo [Lat. *imaginativu*. ■22A] *adj*. Imaginoso.

i.ma.gi.no.so (ó) [Lat. *imaginosu*. ■37] *adj*. Dotado de imaginação fértil; imaginativo. [Pl.: *-nosos* (ó).]

i.ma.go [Lat. *imago*.] *sf*. Zool. A forma definitiva do inseto, após as suas metamorfoses, e na qual se lhe define o sexo.

i.ma.ne [Lat. *immane*.] *adj2g*. Enorme.

i.ma.nen.te [Lat. *immanente*. ■21] *adj2g*. Que existe sempre em um dado objeto e inseparável dele. § **i.ma.nên.ci.a** *sf*.

i.ma.ni.zar [*Imã* (*iman-*). ■1D] *vtd*. V. *imantar*. [C.: 1] § **i.ma.ni.za.ção** *sf*.

i.man.tar [Fr. *aimanter*. ■1A] *vtd*. Comunicar a (um metal) a propriedade do ímã; magnetizar, imanizar. [C.: 1] § **i.man.ta.ção** *sf*.

i.mar.ces.cí.vel [Lat. *immarcescibile*. ■41] *adj2g*. Que não murcha. [Pl.: *-veis*.]

i.ma.te.ri.al [Lat.ecl. *immateriale*. ■39] *adj2g*. Que não tem a natureza da matéria. [Pl.: *-ais*.]

i.ma.tu.ro [Lat. *immaturu*.] *adj*. **1.** Que não é ou não está maduro. **2.** Que não atingiu o pleno desenvolvimento físico, emocional ou intelectual. § **i.ma.tu.ri.da.de** *sf*.

im.ba.tí.vel [*Im-*² + *bativel (de *bater*). ■41A] *adj2g*. Que não pode ser batido ou vencido. [Pl.: *-veis*.]

im.ba.ú.ba [Do tupi.] *sf*. Umbaúba.

im.bé [Do tupi.] *sm*. Bras. Bot. Planta arácea, trepadeira.

im.be.cil (cíl) [Lat. *imbecille*.] *adj2g. s2g*. **1.** V. *idiota* (1). **2.** V. *tolo* (1, 2 e 6). **3.** Psiq. Que, ou aquele que sofre de imbecilidade. [Pl.: *-cis*.]

im.be.ci.li.da.de [Lat. *imbecillitate*. ■14] *sf*. **1.** Qualidade ou ato de imbecil. **2.** Psiq. Retardo mental em que o nível intelectual do indivíduo não ultrapassa o de uma criança de 7 anos.

im.be.ci.li.zar [*Imbecil*. ■1D] *vtd. e p*. Tornar(-se) imbecil. [C.: 1]

im.be.le [Lat. *imbelle*.] *adj2g*. Não belicoso.

im.ber.be [Lat. *imberbe*.] *adj2g*. Sem barba (1).

im.bri.car [Lat. *imbricare*. ■1A] *vtd., tdi. e p*. Dispor(-se) (coisas) de maneira que só em parte se sobreponham umas às outras, como, p.ex., as escamas do peixe. [C.: 1A] § **im.bri.ca.ção** *sf*.; **im.bri.ca.do** *adj*.

im.bu [Do tupi.] *sm. Bras. Bot*. O fruto do imbuzeiro. [Var.: *umbu*.]

im.bui.a [Do tupi.] *sf. Bras. Bot*. Árvore laurácea de madeira útil.

im.bu.ir [Lat. *imbuere*. ■1C] *vtdi*. **1.** Meter num líquido; embeber. **2.** Fazer penetrar; embeber, entranhar. **3.** V. *infundir* (2). *P*. **4.** Buscar ter em si; impregnar-se. [C.: 42]

im.bu.zei.ro [*Imbu*. ■25B] *sm. Bras. Bot*. Arvoreta anacardiácea de frutos comestíveis. [Var.: *umbuzeiro*.]

i.me.di.a.ção [*Imediar* (de *médio*). ■2A] *sf*. O fato de estar imediato. [Pl.: *-ções*.]

i.me.di.a.ções *sfpl*. Região situada em torno de uma povoação; vizinhanças, arredores.

i.me.di.a.ta.men.te [F. de *imediato*. ■42] *adv*. Sem demora; logo.

i.me.di.a.tis.mo [*Imediato*. ■11] *sm*. Sistema de atuar dispensando mediações e rodeios, visando a vantagem imediata.

i.me.di.a.to [Lat. *immediatu*.] *adj*. **1.** Que não tem nada de permeio; próximo. **2.** Rápido, instantâneo. ● *sm*. **3.** O que vem logo abaixo do chefe, e o substitui em suas faltas. **4.** Oficial que substitui o comandante de um navio. ◆ **De imediato**. Sem demora.

i.me.mo.rá.vel [Lat. *immemorabile*. ■41] *adj2g*. Imemorial. [Pl.: *-veis*.]

i.me.mo.ri.al [*I-* + *memorial*.] *adj2g*. De que não há memória; imemorável. [Pl.: *-ais*.]

i.men.si.da.de [Lat. *immensitate*. ■14] *sf*. **1.** Extensão ilimitada. **2.** O espaço imenso; o infinito. [Sin.*ger*.: *imensidão*.]

i.men.si.dão [*Imenso* + *-idão*.] *sf*. V. *imensidade*. [Pl.: *-dões*.]

i.men.so [Lat. *immensu*.] *adj*. **1.** Que não tem medida; incomensurável, ilimitado. **2.** Muito grande; enorme. **3.** Inúmero, inumerável.

i.men.su.rá.vel [Lat. *immensurabile*. ■41] *adj2g*. Que não pode ser medido; incomensurável. [Pl.: *-veis*.] § **i.men.su.ra.bi.li.da.de** *sf*.

i.me.re.ci.do [*I-* + *merecido*.] *adj*. Não merecido.

i.mer.gir [Lat. *immergere*. ■1C] *vtd*. **1.** Fazer submergir; mergulhar. *int., tc. e p*. **2.** Entrar; penetrar; introduzir-se. [C.: 8. Embora defectivo por tradição, este verbo vem sendo conjugado em todas as pessoas: *eu imerjo, tu imerges*, etc. Part.: *imergido e imerso*.] § **i.mer.gen.te** *adj2g*.

i.mer.são [Lat. *immersione*. ■2] *sf*. Ato de imergir(-se). [Antôn.: *emersão*. Pl.: *-sões*.]

409

imerso | impedância

i.mer.so [Lat. *immersu.*] *adj.* Mergulhado, submerso.

i.me.xí.vel [*I-* + *mexível.*] *adj2g.* Em que não se pode ou não se deve mexer [Pl.: -*veis.*]

i.mi.grar [Lat. *immigrare.* ▫1A] *v.int. e tc.* Entrar (num país estranho) para nele viver. [C.: 1. Cf. *emigrar.*] § **i.mi.gra.ção** *sf.*; **i.mi.gra.do** *adj. sm.*; **i.mi.gran.te** *adj2g. s2g.*

i.mi.gra.tó.ri.o [*Imigrar.* ▫23A] *adj.* Relativo à imigração.

i.mi.nên.ci.a [Lat. *imminentia.*] *sf.* Caráter de iminente; proximidade. [Cf. *eminência.*]

i.mi.nen.te [Lat. *imminente.* ▫21A] *adj2g.* Que ameaça acontecer em breve. [Cf. *eminente.*]

i.mis.cí.vel [Lat. **immiscibile.* ▫41] *adj2g.* Que não se mistura. [Pl.: -*veis.*]

i.mis.cu.ir-se [Lat. *immiscuere* + *se¹.* ▫1C] *vp.* V. *intrometer* (2). [C.: 3]

i.mis.são [Lat. *immissione.* ▫2] *sf.* Ato ou efeito de imitir. [Pl.: -*sões.* Cf. *emissão.*]

i.mi.ta.ção [Lat. *imitatione.* ▫2A] *sf.* 1. Ato ou efeito de imitar. 2. *Mús.* Processo que consiste na reprodução de um motivo melódico em diferentes planos da composição. [Pl.: -*ções.*]

i.mi.tar [Lat. *imitare.* ▫1A] *vtd.* 1. Reproduzir à semelhança de; copiar. 2. Ter por modelo ou norma. 3. Tentar reproduzir a maneira, o estilo de. 4. Falsificar; contrafazer. 5. Ter falsa aparência de. [C.: 1] § **i.mi.ta.dor** (ô) *adj. sm.*; **i.mi.ta.ti.vo** *adj.*; **i.mi.tá.vel** *adj2g.*

i.mi.tir [Lat. *imittere.* ▫1C] *vtd.* Pôr para dentro; meter. [C.: 3. Cf. *emitir.*]

▪ **IML** Sigla de *Instituto Médico Legal.*

i.mo.bi.li.á.ri.a *sf.* Empresa que se dedica à construção de edifícios e/ou ao comércio de lotes, residências, lojas, etc.

i.mo.bi.li.á.ri.o [*Imobiliár* (-*bil*-). ▫24C] *adj.* Relativo a imóveis.

i.mo.bi.li.da.de [Lat. *immobilitate.* ▫14] *sf.* Qualidade ou estado de imóvel.

i.mo.bi.lis.mo [Fr. *immobilisme.* ▫11] *sm.* 1. Fixidez, imutabilidade. 2. Predileção pelas coisas antigas e/ou aversão ao progresso.

i.mo.bi.li.zar [*Imóvel* (-*bil*-). ▫1D] *vtd.* 1. Tornar imóvel. 2. Prejudicar o desenvolvimento de. *p.* 3. Tornar-se imóvel. 4. Não progredir. [C.: 1] § **i.mo.bi.li.za.ção** *sf.*

i.mo.de.ra.ção [Lat. *immoderatione.* ▫2A] *sf.* Falta de moderação. [Pl.: -*ções.*]

i.mo.de.ra.do [Lat. *immoderatu.* ▫17] *adj.* Não moderado; desconhecido.

i.mo.dés.ti.a [Lat. *immodestia.*] *sf.* 1. Falta de modéstia. 2. V. *impudor.* § **i.mo.des.to** *adj.*

i.mo.lar [Lat. *immolare.* ▫1A] *vtd.* 1. Matar em sacrifício; sacrificar. 2. *P.ext.* Assassinar, matar. *tdi.* 3. Oferecer em sacrifício. *p.* 4. Sacrificar-se. [C.: 1 (ó)] § **i.mo.la.ção** *sf.*

i.mo.ral [*I-* + *moral.*] *adj2g.* Contrário à moral. [Pl.: -*rais.*] § **i.mo.ra.li.da.de** *sf.*

i.mor.re.doi.ro ou **i.mor.re.dou.ro** [Lat. *immorituru.*] *adj.* V. *imortal* (1).

i.mor.tais *smpl.* Os deuses do paganismo.

i.mor.tal [Lat. *immortale.* ▫39] *adj2g.* 1. Que não morre; eterno. 2. Que será sempre lembrado. ● *s2g.* 3. Aquele ou aquilo que não morre. 4. *Restr.* Membro da Academia Brasileira de Letras. [Pl.: -*tais.*] § **i.mor.ta.li.da.de** *sf.*

i.mor.ta.li.zar [*Imortal.* ▫1D] *vtd. ep.* 1. Tornar(-se) imortal. 2. Eternizar(-se) na memória dos homens. [C.: 1] § **i.mor.ta.li.zá.vel** *adj2g.*

i.mó.vel [Lat. *immobile.* ▫41] *adj2g.* 1. Sem movimento; parado. ● *sm.* 2. Bem que não é móvel, como terras, casas, etc. 3. *P.ext.* Edifício, casa. [Pl.: -*veis.*]

im.pa.ci.ên.ci.a [Lat. *impatientia.*] *sf.* Qualidade ou condição de impaciente.

im.pa.ci.en.tar [*Impaciente.* ▫1A] *vtd. e p.* Fazer perder, ou perder, a paciência; irritar(-se). [C.: 1]

im.pa.ci.en.te [Lat. *impatiente.* ▫21] *adj2g.* 1. Que não tem paciência. 2. Que não sabe esperar; que está sempre agitado ou ansioso.

im.pac.to [Lat. *impactu.*] *sm.* 1. Encontro de projetil, míssil, bomba ou torpedo, com o alvo; choque. 2. Colisão de 2 ou mais corpos. 3. *Fig.* Impressão causada, em alguém ou algo, por fato, ação, etc.

im.pa.gá.vel [*Im-²* + *pagável.*] *adj2g.* 1. Que não se pode ou não se deve pagar. 2. *Fig.* Muito engraçado; hilariante. [Pl.: -*veis.*]

im.pal.pá.vel [*Im-²* + *palpável.*] *adj2g.* Que não se pode palpar. [Pl.: -*veis.*]

im.pa.lu.dar [*Im-²* + *palud(i)-* + *-ar².* ▫1A] *vtd. e p.* Infeccionar(-se) com agente causador de impaludismo. [C.: 1]

im.pa.lu.dis.mo [*Im-²* + *palud(i)-* + *-ismo.* ▫11] *sm.* V. *malária.*

ím.par [Lat. *impare.*] *adj2g.* 1. Que não tem igual; sem-par. 2. *Mat.* Diz-se de número não divisível por 2. ● *sm.* 3. *Mat.* Número ímpar (2).

im.par.ci.al [*Im-²* + *parcial.*] *adj2g.* Que julga sem paixão; reto, justo. [Pl.: -*ais.*] § **im.par.ci.a.li.da.de** *sf.*

im.pas.se [Fr. *impasse.*] *sm.* Situação de que é difícil ou impossível uma saída favorável.

im.pas.sí.vel [Lat. *impassibile.* ▫41] *adj2g.* Indiferente à dor, às alegrias ou aos desgostos. [Pl.: -*veis.*] § **im.pas.si.bi.li.da.de** *sf.*

im.pa.tri.ó.ti.co [*Im-²* + *patriótico.*] *adj.* Não patriótico.

im.pá.vi.do [Lat. *impavidu.*] *adj.* Não pávido; destemido.

→ **impeachment** (impítchiman) [Ingl.] *sm.* No presidencialismo, destituição, por ato do legislativo, de ocupante de cargo governamental que prevaricou; impedimento.

im.pe.cá.vel [Lat. *impeccabile.* ▫41] *adj2g.* 1. Não sujeito a pecar. 2. Sem falha ou defeito. [Pl.: -*veis.*]

im.pe.dân.ci.a [Ingl. *impedance.* ▫9] *sf. Eletr.* Relação entre a tensão e a corrente. [Em corrente alternada, resistência aparente que se opõe à circulação da corrente.]

impedimento | impetuoso

im.pe.di.men.to [Lat. *impedimentu*.◼3] *sm.* **1.** Ato ou efeito de impedir. **2.** Coisa que impede ou dificulta; obstáculo, estorvo. **3.** *Bras.* Impeachment. **4.** *Fut.* Posição irregular de um jogador, no campo do adversário e no momento do passe.

im.pe.dir [Lat. *impedire*.◼1C] *vtd.* **1.** Impossibilitar a execução ou o prosseguimento de; barrar. **2.** Interromper, obstruir. **3.** Tornar impraticável. **4.** Não permitir. *tdi.* **5.** Impedir (4). **6.** Dificultar; tolher; inviabilizar. [C.: 40] § **im.pe.di.ti.vo** *adj. sm.*

im.pe.lir [Lat. *impellere*.◼1C] *vtd.* **1.** Impulsionar para algum lugar. **2.** Incitar, instigar. *tdi.* **3.** Impelir (1 e 2). **4.** Coagir, obrigar. [C.: 48]

im.pe.ne [*Im-²* + *-pene*.] *adj2g.* Sem penas ou plumas. [Cf. *implume*.]

im.pe.ne.trá.vel [Lat. *impenetrabile*.◼41] *adj2g.* **1.** Que não se pode penetrar. **2.** Incompreensível; inexplicável. **3.** Que não mostra o que sente ou pensa. [Pl.: *-veis*.]

im.pe.ni.ten.te [Lat. *impaenitente*.◼21] *adj2g.* Que persiste no erro ou no crime.

im.pen.sa.do [*Im-²* + *pensado*.] *adj.* Em que não houve reflexão: *ato impensado*.

im.pen.sá.vel [*Im-²* + *pensável*.] *adj2g.* Inimaginável. [Pl.: *-veis*.]

im.pe.ra.dor (ô) [Lat. *imperatore*.◼19A] *sm.* **1.** Aquele que rege um império (2). **2.** Nome dado ao soberano de algumas nações.

im.pe.rar [Lat. *imperare*.◼1A] *v.int.* Exercer o mando supremo; reinar. **2.** Dominar, prevalecer. [C.: 1 (ó)] § **im.pe.ran.te** *adj2g. s2g.*

im.pe.ra.ti.vo [Lat. *imperativu*.◼22A] *adj.* **1.** Que ordena ou exprime ordem. **2.** *E.Ling.* Diz-se do modo verbal que exprime ordem, exortação ou súplica. ● *sm.* **3.** Imposição, ditame. **4.** Necessidade imperiosa. **5.** *E.Ling.* O modo imperativo.

im.pe.ra.triz [Lat. *imperatrice*.] *sf.* **1.** Esposa do imperador. **2.** Soberana dum império.

im.per.cep.tí.vel [*Im-²* + *perceptível*.] *adj2g.* Não perceptível. [Pl.: *-veis*.]

im.per.dí.vel [*Im-²* + *perdível*.] *adj2g.* **1.** Cuja vitória é certa. **2.** Que não pode deixar de ser visto, etc.: *filme imperdível*. [Pl.: *-veis*.]

im.per.do.á.vel [*Im-²* + *perdoável*.] *adj2g.* Não perdoável. [Pl.: *-veis*.]

im.pe.re.ce.doi.ro ou **im.pe.re.ce.dou.ro** *adj.* Imperecível.

im.pe.re.cí.vel [*Im-²* + *perecível*.] *adj2g.* Que não há de perecer. [Pl.: *-veis*.]

im.per.fei.ção [Lat. *imperfectione*.◼2] *sf.* **1.** Qualidade de imperfeito. **2.** Falta de primor. **3.** Incorreção, defeito. [Pl.: *-ções*.]

im.per.fei.to [Lat. *imperfectu*.] *adj.* **1.** Falto de perfeição. ● *sm.* **2.** *E.Ling.* Tempo verbal que exprime ação incompleta ou não realizada.

im.pe.ri.al [Lat. *imperiale*.◼39] *adj2g.* Relativo a império, ou a imperador. [Pl.: *-ais*.]

im.pe.ri.a.lis.mo [*Imperial*.◼11] *sm.* Política de expansão e domínio territorial e/ou econômico de uma nação sobre outras. § **im.pe.ri:a.lis.ta** *adj2g. s2g.*

im.pe.rí.ci.a [Lat. *imperitia*.] *sf.* Qualidade ou ato de imperito.

im.pé.ri:o [Lat. *imperiu*.] *sm.* **1.** Autoridade, domínio. **2.** Monarquia cujo soberano tem o título de imperador ou imperatriz. **3.** O território desse Estado. **4.** Estado poderoso e/ou muito vasto.

im.pe.ri.o.so (ô) [Lat. *imperiosu*.◼37] *adj.* **1.** Que manda com império (1); dominador. **2.** Impreterível, inevitável. [Pl.: *-osos* (ó).]

im.pe.ri.to [Lat. *imperitu*.] *adj.* Não perito; inábil.

im.per.me:a.bi.li.zan.te [*Impermeabilizar*.◼21] *adj2g. sm.* Que, ou aquilo que impermeabiliza.

im.per.me:a.bi.li.zar [*Impermeável* (*-bil-*).◼1D] *vtd.* Tornar impermeável. [C.: 1] § **im.per.me:a.bi.li.za.ção** *sf.*

im.per.me.á.vel [*Im-²* + *permeável*.] *adj2g.* **1.** Que não permite a passagem de fluidos, como, p.ex., a água. **2.** *Fig.* Que não se deixa penetrar, atingir. [Pl.: *-veis*.] § **im.per.me:a.bi.li.da.de** *sf.*

im.pers.cru.tá.vel [Lat. *imperscrutabile*.◼41] *adj2g.* Que não se pode perscrutar. [Pl.: *-veis*.]

im.per.tér.ri.to [Lat. *imperterritu*.] *adj.* Que não se aterroriza.

im.per.ti.nên.ci:a *sf.* **1.** Qualidade de impertinente. **2.** Ação ou dito de indivíduo impertinente.

im.per.ti.nen.te [Lat. *impertinente*.◼21A] *adj2g.* **1.** Que não vem a propósito; inoportuno. **2.** Que fala ou age de modo inconveniente ou ofensivo; insolente.

im.per.tur.bá.vel [Lat. *imperturbabile*.◼41] *adj2g.* Que não se perturba. [Pl.: *-veis*.]

im.pes.so.al [Lat. *impersonale*.◼39] *adj2g.* **1.** Que não se refere ou não se dirige a alguém em particular, mas às pessoas em geral. **2.** *E.Ling.* Diz-se de verbo que não comporta sujeito concebível. [Ex.: *anoitecer*, *nevar*.] [Pl.: *-ais*.] § **im.pes.so:a.li.da.de** *sf.*

im.pe.ti.gem [Lat. *impetigine*.] *sf. Med.* Impetigo. [Pl.: *-gens*.]

im.pe.ti.go [Lat. *impetigo* (nom.).] *sm. Med.* Dermatose bacteriana, sob a forma de empolas ou de pústulas que se agrupam e, precocemente, se rompem, formando erosões que, rapidamente, aumentam e se alastram. [F. paral.: *impetigem*.]

ím.pe.to [Lat. *impetu*.] *sm.* **1.** Movimento arrebatado. **2.** Manifestação súbita e violenta; impulso. **3.** Pressa irrefletida; precipitação.

im.pe.trar [Lat. *impetrare*.◼1A] *vtd. e tdi.* **1.** Interpor (um recurso). **2.** Rogar, obrigar. [C.: 1 (é)] § **im.pe.tran.te** *adj2g. s2g.*; **im.pe.tra.ti.vo** *adj.*

im.pe.tu.o.so (ô) [Lat. *impetuosu*.◼37] *adj.* **1.** Que se move com ímpeto, ou que o tem. **2.** Arrebatado, veemente. [Pl.: *-osos* (ó).] § **im.pe.tu:o.si.da.de** *sf.*

impiedade | importar

im.pi:e.da.de [Lat. *impietate*. ◉14A] *sf.* Falta de piedade.

im.pi:e.do.so (ô) [*Im-²* + *piedoso.*] *adj.* Sem piedade. [Pl.: *-dosos* (ó).]

im.pi.gem ou **im.pin.gem** [Lat. *impetigine.*] *sf. Med.* Designação imprecisa, comum a várias dermatoses. [Pl.: *-gens*.]

im.pin.gir [Lat. *impingere.* ◉1C] *vtdi.* 1. Dar ou aplicar violentamente. 2. Levar a acreditar, iludindo. 3. Obrigar a aceitar; empurrar. 4. Fazer passar uma coisa por outra. [C.: 3A]

ím.pi:o [Lat. *impiu.*] *adj.* 1. Que não tem fé; incrédulo. 2. Que denota ou envolve impiedade. ● *sm.* 3. Indivíduo ímpio (1).

im.pla.cá.vel [Lat. *implacabile.* ◉41] *adj2g.* 1. Que não se deixa aplacar. 2. Que não perdoa. [Pl.: *-veis*.]

im.plan.tar [*Im-¹* + *plantar.*] *vtdc. e tdi.* 1. Introduzir; estabelecer. 2. Inserir (uma coisa) em outra. *td.* 3. Implantar (1). 4. *Med.* Fazer implante de. [C.: 1] § **im.plan.ta.ção** *sf.*; **im.plan.ta.do** *adj. sm.*

im.plan.te [Dev. de *implantar.*] *sm. Med.* Matéria inserida ou implantada em indivíduo, e que pode ser orgânica (p.ex., rim) ou inorgânica (p.ex., prótese dentária).

im.ple.men.tar [*Implemento.* ◉1A] *vtd.* 1. Prover de implemento(s). 2. Pôr em prática; dar execução a (plano, programa ou projeto). [C.: 1] § **im.ple.men.ta.ção** *sf.*

im.ple.men.to [Ingl. *implement.*] *sm.* 1. O que é indispensável à execução de algo; petrechos. 2. Cumprimento, execução.

im.pli.ca.ção [Lat. *implicatione.* ◉2A] *sf.* 1. Ato ou efeito de implicar(-se); implicância. 2. O que fica implicado ou subentendido. 3. Relação de antecedência e consequência entre fatos ou proposições. [Pl.: *-ções*.]

im.pli.cân.ci:a [*Implicar.* ◉9] *sf.* 1. Implicação (1). 2. *Fam.* Má vontade; birra. 3. Antipatia.

im.pli.can.te [Lat. *implicante.* ◉21] *adj2g. s2g.* 1. Que, ou quem implica. 2. *Fam.* Que, ou quem é dado a criar caso(s), desavença(s), a amolar.

im.pli.car [Lat. *implicare.* ◉1A] *vtd.* 1. Tornar confuso; embaraçar. 2. Fazer supor. 3. Trazer como consequência. 4. Demandar, requerer. *tdi.* 5. Comprometer, envolver. 6. Originar. *ti.* 7. Implicar (3). 8. Antipatizar. 9. Chatear, amolar, perturbar (pessoa[s]). 10. Dizer ou agir com implicância (2 e 3). 11. Mostrar-se antipático ou contrário a (fato, coisa, etc.). *int.* 12. Ser incompatível. *p.* 13. Comprometer-se. [C.: 1A]

im.pli.ca.ti.vo [*Implicar.* ◉22A] *adj.* Que implica, ou produz implicação.

im.pli.ci.to [Lat. *implicitu.*] *adj.* Que está envolvido, mas não de modo claro; subentendido.

im.plo.dir [Ingl. (*to*) *implode.* ◉1C] *vtd. e int.* Provocar a implosão de, ou sofrer o efeito de implosão. [C.: 8. Embora defectivo, há tendência a conjugá-lo em todas as pessoas e tempos: *implodo* (ou *impludo*), *implodes,* etc.]

im.plo.rar [Lat. *implorare.* ◉1A] *vtd.* 1. Pedir em tom de súplica chorosa, ou humildemente. 2. Solicitar com insistência. *tdi.* 3. Implorar (1). *int.* 4. Pedir com ansiedade e insistência. [C.: 1 (ó)]

im.plo.são [Ingl. *implosion.* ◉2] *sf.* 1. Conjunto de explosões que se combinam de tal forma que seus efeitos tendem para um ponto central. 2. Fenômeno, ger. violento, que ocorre quando as paredes de um recipiente cedem a uma pressão que é maior no exterior que no interior. [Pl.: *-sões*.]

im.plu.me [Lat. *implume.*] *adj2g.* Que ainda não tem penas ou plumas. [Cf. *impene.*]

im.po.li.do [Lat. *impolitu.*] *adj.* 1. Que não recebeu polimento. 2. Não polido; descortês; rude.

im.po.lu.to [Lat. *impollutu.*] *adj.* Não poluído; imaculado.

im.pon.de.ra.do [*Im-²* + *ponderado.*] *adj.* Irrefletido, precipitado.

im.pon.de.rá.vel [*Im-²* + *ponderável.*] *adj2g.* 1. Que não se pode pesar ou avaliar. ● *sm.* 2. O que não se pode prever ou evitar. [Pl.: *-veis*.]

im.po.nen.te [Lat. *imponente.* ◉21] *adj2g.* 1. Que impõe admiração; majestoso. 2. Arrogante, altivo. § **im.po.nên.ci:a** *sf.*

im.pon.tu.al *adj2g.* Não pontual. [Pl.: *-ais*.] § **im.pon.tu:a.li.da.de** *sf.*

im.po.pu.lar [*Im-²* + *popular.*] *adj2g.* Não popular. § **im.po.pu.la.ri.da.de** *sf.*

im.por [Lat. *imponere.*] *vtd.* 1. Tornar obrigatório ou indispensável. 2. Inspirar, infundir. 3. Fixar, estabelecer. *tdi.* 4. Impor (2 e 3). 5. Conferir, atribuir. 6. Infligir (1). *int.* 7. Enganar com boas maneiras; iludir. *p.* 8. Fazer-se aceitar. 9. Determinar a si mesmo. [C.: 34]

im.por.ta.ção [*Importar.* ◉2A] *sf.* 1. Ato ou efeito de importar. 2. O que se importou. [Pl.: *-ções*.]

im.por.ta.do [*Importar.* ◉17A] *adj. sm.* Que, ou aquilo que se importou [v. *importar* (1)].

im.por.ta.do.ra (ô) [*Importar.* ◉20] *sf. Bras.* Firma ou empresa importadora.

im.por.tân.ci:a [*Importar.* ◉9] *sf.* 1. Grande valor; mérito, interesse. 2. Autoridade, prestígio que se atribui a alguém por causa de sua projeção social, cultura, riqueza, etc. 3. Quantia em dinheiro. 4. Valor em dinheiro; custo, importe.

im.por.tan.te [Lat. *importante.* ◉21] *adj2g.* 1. Que tem importância. 2. Que merece consideração, apreço. 3. Que importa; necessário. ● *sm.* 4. O que é essencial ou mais interessa.

im.por.tar [Lat. *importare.* ◉1A] *vtd.* 1. Fazer vir de outro país, estado ou município. 2. Ter como consequência ou resultado; causar, implicar. *tdi.* 3. Resultar, causar. *ti.* 4. Ter como consequência. 5. Ser necessário; convir, interessar. 6. Atingir (certo preço ou custo). *int.* 7. Ser útil ou proveitoso; interessar. *p.* 8. Fazer caso; ligar importância. [C.: 1 (ó)] § **im.por.ta.dor** (ô) *adj. sm.*

412

im.por.tá.vel [*Importar.*◼41] *adj2g.* Que pode ser importado. [Pl.: *-veis.*]

im.por.te [Dev. de *importar.*] *sm.* V. *importância* (4).

im.por.tu.nar [Lat. *importunare.*◼1A] *vtd.* **1.** Incomodar com súplicas repetidas. **2.** Aborrecer, apoquentar. **3.** Causar transtorno, embaraço a. [C.: 1] § **im.por.tu.na.ção** *sf.*

im.por.tu.no [Lat. *importunu.*] *adj.* **1.** Que importuna; impertinente, maçante. **2.** Inoportuno.

im.po.si.ção [Lat. *impositione.*◼2A] *sf.* **1.** Ação de impor, estabelecer, determinar. **2.** Coisa imposta. [Pl.: -*ções.*]

im.po.si.ti.vo [Lat. *impositivu.*◼22] *adj.* Que impõe ou se impõe.

im.pos.si.bi.li.tar [Lat. *impossibilit(ate)* + *-ar*². ◼1A] *vtd.* **1.** Tornar impossível ou irrealizável. **2.** Fazer perder as forças, os meios ou a aptidão para. *tdi.* **3.** Privar de fazer algo. *p.* **4.** Perder as forças, a aptidão para fazer algo. [C.: 1]

im.pos.sí.vel [Lat. *impossibile.*◼41] *adj2g.* **1.** Que não pode existir, acontecer, etc. **2.** *Restr.* Que não pode ser feito; irrealizável, impraticável. **3.** Incrível, extraordinário. **4.** Insuportável, intolerável. ● *sm.* **5.** Coisa impossível. [Pl.: -*veis.*] § **im.pos.si.bi.li.da.de** *sf.*

im.pos.tar [It. *impostare.*◼1A] *vtd.* Emitir corretamente (a voz). [C.: 1 (é)] § **im.pos.ta.ção** *sf.*

im.pos.to (ô) [Lat.med. *impositu.*] *adj.* **1.** Que se faz aceitar ou realizar à força. ● *sm.* **2.** Tributo, contribuição. [Pl.: *-postos* (ó).] ◆ **Imposto de renda.** *Econ.* O que é cobrado pela União sobre os rendimentos de pessoas e firmas [sigla: *IR*]. **Imposto predial e territorial urbano.** *Econ.* O que é cobrado pelos Municípios sobre o valor de imóveis urbanos [sigla: *IPTU*]. **Imposto sobre circulação de mercadorias e serviços.** *Econ.* O que é cobrado pelos Estados e Distrito Federal sobre o valor de venda de mercadorias [sigla: *ICMS*].

im.pos.tor (ô) [Lat. *impostore.*◼19] *adj. sm.* Que, ou aquele que tem impostura.

im.pos.tu.ra [Lat. *impostura.*◼5] *sf.* **1.** Embuste, logro. **2.** Hipocrisia, fingimento.

im.po.tá.vel [*Im-*² + *potável.*] *adj2g.* Não potável. [Pl.: *-veis.*]

im.po.tên.ci.a [Lat. *impotentia.*] *sf.* **1.** Qualidade de impotente (1). **2.** *Med.* Falta de ereção do pênis.

im.po.ten.te [Lat. *impotente.*◼21] *adj2g.* **1.** Que não pode; fraco, débil. **2.** Que tem impotência (2).

im.pra.ti.cá.vel *adj2g.* **1.** Que não se pode praticar. **2.** V. *impossível* (2). **3.** Intransitável. [Pl.: *-veis.*]

im.pre.car [Lat. **impreca*re.*◼1A] *vtdi.* **1.** Pedir (a Deus ou a poder superior) que envie sobre alguém (males ou bens). **2.** Pedir ou rogar com insistência. *int.* **3.** Rogar pragas. [C.: 1A (é)] § **im.pre.ca.ção** *sf.*

im.pre.ci.são [*Im-*² + *precisão.*] *sf.* Falta de precisão, de rigor. [Pl.: *-sões.*]

im.pre.ci.so [*Im-*² + *preciso.*] *adj.* Falto de precisão; indeterminado, vago.

im.preg.nar [Lat. *impregnare.*◼1A] *vtd.* **1.** Infiltrar-se em; penetrar. *tdi.* **2.** Embeber; penetrar. **3.** Incutir, infundir. *p.* **4.** Penetrar. **5.** Embeber-se. [C.: 1 (é)] § **im.preg.na.ção** *sf.*

im.pren.sa [V.C.] *sf.* **1.** *Art. Gráf.* Tipografia (1). **2.** O conjunto dos jornais e das publicações congêneres. **3.** Os jornalistas, os repórteres.

im.pren.sar [*Imprensa.*◼1A] *vtd.* **1.** Apertar no prelo. **2.** Apertar à maneira de prensa; apertar muito. **3.** Forçar a uma decisão, a uma atitude. [C.: 1]

im.pres.cin.dí.vel [*Im-*² + *prescindível.*] *adj2g.* Não prescindível; indispensável. [Pl.: *-veis.*]

im.pres.cri.tí.vel [*Im-*² + *prescritível.*] *adj2g.* Que não prescreve. [Pl.: *-veis.*]

im.pres.são [Lat. *impressione.*◼2] *sf.* **1.** Ato ou efeito de imprimir(-se). **2.** Marca ou sinal da pressão dum corpo sobre outro. **3.** Estado físico ou psicológico resultante da atuação de elementos ou situações exteriores sobre os sentidos; sensação. **4.** Influência que um ser ou uma situação exerce em alguém. **5.** Opinião vaga. **6.** *Art. Gráf. Inform.* Qualquer processo de aplicação mecânica de tinta (em papel, etc.), ou de fixação ou formação química de pigmento em uma superfície, para reprodução ou multiplicação de texto ou imagem. **7.** *Art. Gráf. Inform.* Cópia ou reprodução obtida por impressão (6). [Pl.: *-sões.*]

im.pres.si.o.nar [*Impressão* (-sion-).◼1A] *vtd.* **1.** Produzir impressão moral em; abalar. **2.** Causar boa, ou má impressão (4) a. *int.* **3.** Impressionar (2) alguém. *p.* **4.** Receber impressão moral. [C.: 1] § **im.pres.si:o.nan.te** *adj2g.*

im.pres.si.o.ná.vel [*Impressionar.*◼41] *adj2g.* Que se impressiona fácil. [Pl.: *-veis.*]

im.pres.si.o.nis.mo [Fr. *impressionnisme.*◼11] *sm.* Movimento pictórico do fim do séc. XIX, que expressa a realidade essencialmente como impressão de fenômenos de cor e luz. § **im.pres.si:o.nis.ta** *adj2g. s2g.*

im.pres.so [Lat. *impressu.*] *adj.* **1.** Que se imprimiu. ● *sm.* **2.** Produto das artes ou indústrias gráficas. **3.** Papel impresso para uso em correspondência, serviços administrativos, etc.

im.pres.sor (ô) [*Impresso.*◼19] *adj. sm.* Que, ou quem imprime.

im.pres.so.ra (ô) [F.subst. de *impressor.*] *sf.* **1.** V. *prensa* (2). **2.** *Art. Gráf.* Equipamento us. para imprimir (2 e 3). **3.** *Inform.* Aparelho que reproduz os dados de saída de um computador, registrando-os com tinta ou pigmento sobre papel ou outro suporte similar.

im.pres.tá.vel [Lat. *imprestabile.*◼41] *adj2g.* **1.** Que não presta; inútil. **2.** Sem prestimosidade. [Pl.: *-veis.*]

im.pre.te.rí.vel [*Im-*² + *preterível.*] *adj2g.* Que não se pode preterir. [Pl.: *-veis.*]

imprevidência | imunidade

im.pre.vi.dên.ci:a [*Im-*² + *previdência*.] *sf.* Falta de previdência. § **im.pre.vi.den.te** *adj2g.*

im.pre.vi.sí.vel [*Im-*² + *previsível*.] *adj2g.* Não previsível. [Pl.: *-veis*.]

im.pre.vis.to [*Im-*² + *previsto*.] *adj.* **1.** Inopinado, inesperado. ● *sm.* **2.** Circunstância ou acontecimento imprevisto (1).

im.pri.mir [Lat. *imprimere*.◻1C] *vtd.* **1.** Fixar (marca, sinal, etc.) por meio de pressão. **2.** Representar ou reproduzir (texto, figura, etc.) com sinais gráficos sobre papel ou outro material, por meio da arte, da técnica ou do processo de impressão (6 e 7). **3.** Produzir (cópia[s] de texto, imagens, etc., ou de publicação), por meio de impressão (6 e 7). *tdi.* **4.** Incutir, gravar. **5.** Inspirar, infundir. **6.** Produzir, causar. **7.** *Inform.* Reproduzir em papel, ou suporte similar, por meio de impressora, etc. [C.: 3. Part.: *imprimido* e *impresso*.]

ím.pro.bo [Lat. *improbu*.] *adj.* Sem probidade; desonesto. § **im.pro.bi.da.de** *sf.*

im.pro.ce.den.te [*Im-*² + *procedente*.◻21] *adj2g.* Não procedente. § **im.pro.ce.dên.ci:a** *sf.*

im.pro.ce.der [*Im-*² + *proceder*.] *v.int.* Não ser procedente. [C.: 2 (é-é).]

im.pro.du.ti.vo [*Im-*² + *produtivo*.] *adj.* **1.** V. *estéril* (1). **2.** Não rendoso.

im.pro.fe.rí.vel *adj2g.* Que não se pode proferir. [Pl.: *-veis*.]

im.pro.fí.cu:o [Lat. *improficuu*.] *adj.* Não profícuo; sem proveito.

im.pro.pé.ri:o [Lat. *improperiu*.] *sm.* **1.** Ato ou palavra repreensível, ofensiva; vitupério. **2.** Repreensão injuriosa.

im.pró.pri:o [Lat. *impropriu*.] *adj.* **1.** Que não é próprio; inadequado, indébito. **2.** Que não é justo; inexato. **3.** Indecoroso, indecente. § **im.pro.pri:e.da.de** *sf.*

im.pror.ro.gá.vel [*Im-*² + *prorrogável*.] *adj2g.* Não prorrogável. [Pl.: *-veis*.]

im.pro.vá.vel [Lat. *improbabile*.◻41] *adj2g.* Não provável. [Pl.: *-veis*.]

im.pro.vi.sar [*Improviso*.◻1A] *vtd.* **1.** Fazer, preparar ou inventar às pressas, sem plano ou organização prévia. **2.** Falar, escrever ou compor de improviso. *int.* **3.** Discursar ou versejar de improviso. [C.: 1] § **im.pro.vi.sa.ção** *sf.*; **im.pro.vi.sa.do** *adj. sm.*

im.pro.vi.so [Lat. *improvisu*.] *adj.* **1.** Repentino, súbito, inopinado. ● *sm.* **2.** Aquilo (esp. produto intelectual) que é concebido e feito na própria ocasião. ◆ **De improviso.** Sem preparação prévia: *Discurso de improviso.*

im.pru.dên.ci:a [Lat. *imprudentia*.◻10] *sf.* **1.** Falta de prudência. **2.** Ato ou dito contrário à prudência. § **im.pru.den.te** *adj2g. s2g.*

im.pú.be.re [Lat. *impubere*.] *adj2g.* Que não é púbere.

im.pu.bli.cá.vel *adj2g.* Que não deve, ou não pode ser publicado. [Pl.: *-veis*.]

im.pu.dên.ci:a [Lat. *impudentia*.] *sf.* **1.** V. *impudor*. **2.** Ato ou dito impudente.

im.pu.den.te [Lat. *impudente*.◻21A] *adj2g.* Impudico.

im.pu.di.cí.ci:a [Lat. *impudicitia*.] *sf.* Falta de pudicícia.

im.pu.di.co (dí) [Lat. *impudicu*.◻35A] *adj.* Sem pudor; impudente.

im.pu.dor (ô) [*Im-*² + *pudor*.] *sm.* Falta de pudor, de pejo; impudência, despudor, imodéstia.

im.pu.ei.ra *sf. Bras.* V. *ipueira*.

im.pug.nar [Lat. *impugnare*.◻1A] *vtd.* **1.** Contrariar com razões; refutar, contestar, opugnar. **2.** Pugnar contra; opor-se a. [C.: 1] § **im.pug.na.ção** *sf.*; **im.pug.na.dor** (ô) *adj. sm.*

im.pul.são [Lat. *impulsione*.◻2] *sf.* **1.** Impulso (1). **2.** *Fís.* Produto entre a intensidade de uma força e seu tempo de aplicação; impulso. [Pl.: *-sões*.]

im.pul.si:o.nar [*Impulsão (-sion-)*.◻1A] *vtd.* **1.** Dar impulso a; impelir. **2.** Dar impulso moral; estimular. *tdi.* **3.** Impulsionar (2). [C.: 1]

im.pul.si.vo [*Impulso*.◻22] *adj.* **1.** Que dá impulso. **2.** Que age sem refletir. **3.** Que facilmente se excita ou enfurece. § **im.pul.si.vi.da.de** *sf.*

im.pul.so [Lat. *impulsu*.] *sm.* **1.** Ato de impelir; impulsão. **2.** Ímpeto (2). **3.** *Fig.* O que propicia o desenvolvimento, o progresso de algo; estímulo, incentivo. **4.** *Eletrôn.* Pulso (1). **5.** *Fís.* Impulsão (2).

im.pu.ne [Lat. *impune*.] *adj2g.* Que escapou à punição. § **im.pu.ni.da.de** *sf.*

im.pu.re.za (ê) [Lat. *impuritia*.◻12] *sf.* **1.** Qualidade ou estado de impuro. **2.** Aquilo que, misturado a uma substância, a polui ou adultera. **3.** Coisa impura.

im.pu.ro [Lat. *impuru*.] *adj.* Que não tem pureza, ou contém impureza(s).

im.pu.ta.ção [Lat. *imputatione*.◻2A] *sf.* **1.** Ato ou efeito de imputar. **2.** Aquilo que é imputado. [Pl.: *-ções*.]

im.pu.tar [Lat. *imputare*.◻1A] *vtdi.* **1.** Atribuir (a alguém) a responsabilidade de. **2.** Conferir. [C.: 1]

im.pu.tá.vel [*Imputar*.◻41] *adj2g.* Suscetível de se imputar. [Pl.: *-veis*.]

im.pu.tres.cí.vel [*Im-*² + *putrescível*.] *adj2g.* Que não apodrece. [Pl.: *-veis*.]

i.mun.dí.ci:a [Lat. *immunditia*.] *sf.* V. *imundície*.

i.mun.dí.ci:e [Lat. *immunditie*.] *sf.* **1.** Falta de asseio. **2.** Coisa imunda; porcaria, sujeira. **3.** Dejeto, lixo, entulho. [F.paral.: *imundícia*.]

i.mun.do [Lat. *immundu*.] *adj.* **1.** Que é, ou está, falto de limpeza, muito sujo. **2.** Indecente, obsceno.

i.mu.ne [Lat. *immune*.] *adj2g.* Não sujeito; isento, livre.

i.mu.ni.da.de [Lat. *immunitate*.◻14] *sf.* **1.** Condição de não ser sujeito a algum ônus ou encargo. **2.** *Med.* Estado que confere a um organismo proteção contra infecções, e que é obtido, p.ex., por imunização ou por prévia infecção. **3.** *Jur.* Direitos, privilégios ou van-

i.mu.ni.zar [*Imune.* 1D] *vtd. e tdi.* **1.** Tornar imune a determinada(s) moléstia(s). **2.** Tornar imune, não sujeito; defender. [C.: 1] § **i.mu.ni.za.ção** *sf.*

i.mu.no.de.fi.ci.ên.ci.a [*Imun(o)-* + *deficiência.*] *sf. Med.* Deficiência de meios de defesa imunológica. § **i.mu.no.de.fi.ci.en.te** *adj2g. s2g.*

i.mu.no.de.pri.mi.do [*Imun(o)-* + *deprimido.*] *adj. sm. Med.* Que, ou aquele que apresenta baixa imunidade (2).

i.mu.no.glo.bu.li.na [*Imun(o)-* + *globulina.*] *sf. Med.* Grupo de proteínas, de origem animal, capazes de agir como anticorpos específicos.

i.mu.no.lo.gi.a [*Imun(o)-* + *-logia.*] *sf.* Estudo dos processos pelos quais os organismos são capazes de distinguir entre substâncias ou células próprias e as de origem exterior, como na aquisição de imunidade a infecções (produzindo anticorpos como reação à presença de antígenos), ou na rejeição à presença de tecidos orgânicos estranhos (como em enxertos e transplantes de órgãos). § **i.mu.no.ló.gi.co** *adj.*; **i.mu.no.lo.gis.ta** *s2g.*

i.mu.tá.vel [Lat. *immutabile.* 41] *adj2g.* Não sujeito a mudança. [Pl.: *-veis.*] § **i.mu.ta.bi.li.da.de** *sf.*

■ **In** *Quím.* Símb. de índio².

i.na.ba.lá.vel [*In-²* + *abalável.*] *adj2g.* **1.** Que não pode ser abalado. **2.** *Fig.* Que não se pode afetar ou demover; implacável: *crença inabalável.* [Pl.: *-veis.*]

i.ná.bil [Lat. *inhabile.*] *adj2g.* Não hábil; desajeitado, inapto. [Pl.: *-beis.*] § **i.na.bi.li.da.de** *sf.*

i.na.bi.li.tar [*In-²* + *habilitar.*] *vtd. e p.* **1.** Tornar(-se) inábil, física ou moralmente. **2.** Reprovar, ou ser reprovado, em concurso ou exame. *tdi.* **3.** Tornar física ou moralmente inábil ou inapto. [C.: 1] § **i.na.bi.li.ta.ção** *sf.*

i.na.bi.tá.vel [Lat. *inhabitabile.* 41] *adj2g.* Que não se pode habitar. [Pl.: *-veis.*]

i.na.bi.tu.al [*In-²* + *habitual.*] *adj2g.* Não habitual; insólito. [Pl.: *-ais.*]

i.na.bor.dá.vel [*In-²* + *abordável.*] *adj2g.* Que não se pode abordar. [Pl.: *-veis.*]

i.na.ca.ba.do *adj.* Não acabado; inconcluso.

i.na.ca.bá.vel [*In-²* + *acabável.*] *adj2g.* Que não se pode acabar. [Pl.: *-veis.*]

i.na.ção [*In-²* + *ação.*] *sf.* Falta de ação; inércia. [Pl.: *-ções.*]

i.na.cei.tá.vel [*In-²* + *aceitável.*] *adj2g.* Não aceitável. [Pl.: *-veis.*]

i.na.ces.sí.vel [Lat. *inaccessibile.* 41] *adj2g.* **1.** Que não dá acesso. **2.** Que não se pode conhecer, compreender. **3.** De difícil contato, trato; insociável, intratável.

i.na.cre.di.tá.vel [*In-²* + *acreditável.*] *adj2g.* Não acreditável; incrível. [Pl.: *-veis.*]

i.na.dap.tá.vel [*In-²* + *adaptável.*] *adj2g.* Não adaptável. [Pl.: *-veis.*]

i.na.de.qua.ção [*In-²* + *adequação.*] *sf.* Falta de adequação. [Pl.: *-ções.*]

i.na.de.qua.do [*In-²* + *adequado.*] *adj.* Não adequado; impróprio.

i.na.di.á.vel [*In-²* + *adiável.*] *adj2g.* Que não se pode adiar. [Pl.: *-veis.*]

i.na.dim.plên.ci.a [*In-²* + *adimplência.*] *sf.* Falta de cumprimento de um contrato ou de uma obrigação.

i.na.dim.plen.te [*In-²* + *adimplente.*] *adj2g.* Diz-se do devedor que incorre em inadimplência.

i.nad.mis.sí.vel [*In-²* + *admissível.*] *adj2g.* Não admissível. [Pl.: *-veis.*]

i.nad.ver.tên.ci.a [Lat.med. *inadvertentia.*] *sf.* **1.** Imprevidência, descuido. **2.** Irreflexão, imprudência.

i.nad.ver.ti.do [*In-²* + *advertido.*] *adj.* Feito sem reflexão.

i.na.fi.an.çá.vel [*In-²* + *afiançável.*] *adj2g.* Não afiançável. [Pl.: *-veis.*]

i.na.la.ção [Lat. *inhalatione.* 2A] *sf.* **1.** Ato ou efeito de inalar. **2.** *Med.* Absorção, pelas vias respiratórias, dos vapores de substâncias medicamentosas. [Pl.: *-ções.*]

i.na.la.dor (ô) [*Inalar.* 19A] *adj. sm.* Que, ou aquilo que serve para fazer inalação.

i.na.lar [Lat. *inhalare.* 1A] *vtd.* Absorver com o hálito; aspirar. [C.: 1] § **i.na.lan.te** *adj2g. sm.*

i.na.li.e.ná.vel [*In-²* + *alienável.*] *adj2g.* Não alienável; intransferível. [Pl.: *-veis.*]

i.nal.te.rá.vel [*In-²* + *alterável.*] *adj2g.* **1.** Que não se pode alterar. **2.** Impassível, imperturbável. [Pl.: *-veis.*]

i.nam.bu *sm. f. Bras. Zool.* V. *inhambu.*

i.na.mis.to.so (ô) *adj.* Não amistoso; inimigo, hostil. [Pl.: *-tosos* (ó).]

i.na.mo.ví.vel [*In-²* + *amovível.*] *adj2g.* **1.** Que não pode ser destituído de seu posto. **2.** Que não pode ser removido. [Pl.: *-veis.*]

i.na.ne [Lat. *inane.*] *adj2g.* **1.** Vazio, oco. **2.** Frívolo, vão. § **i.na.ni.da.de** *sf.*

i.na.ni.ção [Lat.med. *inanitione.* 2A] *sf.* **1.** Qualidade de inane. **2.** Prostração por falta de alimento. [Pl.: *-ções.*]

i.na.ni.ma.do [Lat.med. *inanimatu.* 17] *adj.* **1.** Sem ânimo; morto. **2.** Sem sentidos. **3.** Sem alma; sem vida.

i.na.pe.lá.vel [*In-²* + *apelável.*] *adj2g.* De que não se pode apelar. [Pl.: *-veis.*]

i.na.pe.tên.ci.a [*In-²* + *apetência.*] *sf.* Falta de apetite. § **i.na.pe.ten.te** *adj2g.*

i.na.pli.cá.vel *adj2g.* Não aplicável. [Pl.: *-veis.*]

i.na.pre.ci.á.vel [*In-²* + *apreciável.*] *adj2g.* **1.** Que não se pode avaliar, apreciar. **2.** Tão precioso que parece estar acima de toda a estima ou consideração que se lhe possa ter. [Pl.: *-veis.*]

i.na.pro.vei.tá.vel [*In-²* + *aproveitável.*] *adj2g.* Não aproveitável. [Pl.: *-veis.*]

i.nap.ti.dão [*In-²* + *aptidão.*] *sf.* Falta de aptidão. [Pl.: *-dões.*]

i.nap.to [*In-²* + *apto.*] *adj.* Não apto; incapaz.

inarrável | inchar

i.nar.rá.vel [*In-*[2] + *narrável.*] *adj2g.* Que não pode narrar; inenarrável. [Pl.: *-veis.*]

i.nar.ti.cu.la.do [*In-*[2] + *articulado.*] *adj.* Que não é articulado ou pronunciado, ou que o é com dificuldade ou deficiência.

i.nar.ti.cu.lá.vel [*In-*[2] + *articulável.*] *adj2g.* Que não se pode articular ou pronunciar. [Pl.: *-veis.*]

i.nas.si.mi.lá.vel [*In-*[2] + *assimilável.*] *adj2g.* Não assimilável. [Pl.: *-veis.*]

i.na.ta.cá.vel [*In-*[2] + *atacável.*] *adj2g.* Que não se pode atacar ou censurar; intangível, intocável. [Pl.: *-veis.*]

i.na.tin.gí.vel [*In-*[2] + *atingível.*] *adj2g.* Não atingível. [Pl.: *-veis.*]

i.na.tis.mo [*Inato*[1].◼11] *sm. Filos.* Doutrina que admite a existência de ideias independentes da experiência.

i.na.ti.vo [*In-*[2] + *ativo.*] *adj.* **1.** Que não atua, age. **2.** Que não está em exercício. **3.** Aposentado ou reformado (funcionário ou empregado). § **i.na.ti.vi.da.de** *sf.*

i.na.to[1] [Lat. *innatu,* 'nascido em'.] *adj.* Que nasce com o indivíduo; natural, nato.

i.na.to[2] [Lat. *innatu.*] *adj.* Não nascido.

i.nau.di.to (dí) [Lat. *inauditu.*] *adj.* **1.** Que nunca se ouviu dizer. **2.** Extraordinário, incrível.

i.nau.dí.vel [Lat. *inaudibile.*◼41] *adj2g.* Não audível. [Pl.: *-veis.*]

i.nau.gu.ra.ção [Lat. *inauguratione.*◼2A] *sf.* **1.** Ato de inaugurar. **2.** Solenidade inaugural; abertura, estreia. [Pl.: *-ções.*]

i.nau.gu.ral *adj2g.* **1.** Referente a inauguração. **2.** Que inaugura ou inicia. [Pl.: *-rais.*]

i.nau.gu.rar [Lat. *inaugurare.*◼1A] *vtd.* **1.** Expor pela primeira vez à vista ou ao uso do público. **2.** Introduzir o uso de. *p.* **3.** Iniciar-se. [C.: 1]

i.nau.tên.ti.co [*In-*[2] + *autêntico.*] *adj.* Não autêntico.

i.na.ve.gá.vel [Lat. *innavigabile.*◼41] *adj2g.* Não navegável. [Pl.: *-veis.*]

in.ca [Esp. *inca.*] *s2g.* **1.** Membro de uma dinastia reinante no Peru na época da conquista espanhola. **2.** Soberano dessa dinastia. **3.** Indivíduo dos incas, povo quíchua dominado por essa dinastia. ● *adj2g.* **4.** Desse povo.

in.ca.bí.vel [*In-*[2] + *cabível.*] *adj2g.* Que não tem cabimento. [Pl.: *-veis.*]

in.cal.cu.lá.vel [*In-*[2] + *calculável.*] *adj2g.* **1.** Não calculável. **2.** Muito numeroso. [Pl.: *-veis.*]

in.can.des.cên.ci.a [*Incandescer.*◼10] *sf.* **1.** Estado de incandescente. **2.** *Fís.* Emissão de radiação luminosa por parte de um corpo aquecido.

in.can.des.cen.te [*Incandescer.*◼21] *adj2g.* Que está em brasa; ardente, candente.

in.can.des.cer [Lat. *incandescere.*◼1Pa] *vtd. e int.* Tornar(-se) candente. [C.: 2A (ê-é)]

in.can.sá.vel [*In-*[2] + *cansável.*] *adj2g.* Que não se cansa. [Pl.: *-veis.*]

in.ca.pa.ci.da.de [*In-*[2] + *capacidade.*] *sf.* Falta de capacidade; inaptidão.

in.ca.pa.ci.tar [*In-*[2] + *capacitar.*] *vtd., tdi. e p.* Tornar(-se) incapaz. [C.: 1]

in.ca.paz [Lat. *incapace.*] *adj2g. s2g.* Que, ou quem não é capaz, ou não tem capacidade legal.

in.çar [Lat. **indiciare.*◼1A] *vtd.* **1.** Povoar de prole copiosa (de animais, esp. insetos ou parasitos). **2.** Alastrar-se ou espalhar-se por. *p.* **3.** Encher-se. **4.** Contaminar-se. [C.: 1B. Cf. *içar.*]

in.ca.rac.te.rís.ti.co [*In-*[2] + *característico.*] *adj.* Não característico.

in.cau.to [Lat. *incautu.*] *adj.* Não cauteloso; imprudente.

in.cen.der [Lat. *incendere.*◼1B] *vtd. e p.* **1.** Fazer arder, ou arder, ou como que fazer arder, ou arder; pôr fogo a, ou pegar fogo; inflamar(-se). **2.** Ruborizar(-se). **3.** Excitar(-se). [C.: 2]

in.cen.di.ar [*Incêndio.*◼1A] *vtd.* **1.** Atear fogo a; queimar. **2.** Afoguear, abrasar, como num incêndio. **3.** Excitar, inflamar. *p.* **4.** Queimar, arder; abrasar-se, inflamar-se. [C.: 13]

in.cen.di.á.ri:o [Lat. *incendiariu.*◼24] *adj.* **1.** Que ateia incêndio. **2.** *Fig.* Que prega ou lidera revolta. ● *sm.* **3.** Indivíduo incendiário (1 e 2).

in.cên.di:o [Lat. *incendiu.*] *sm.* **1.** Ato ou efeito de incendiar. **2.** Fogo que lavra com intensidade, destruindo e, às vezes, causando prejuízos; queima.

in.cen.sar [Lat. *incensare.*◼1A] *vtd.* **1.** Defumar ou perfumar com incenso. **2.** Adular, bajular. [C.: 1]

in.cen.so [Lat. *incensu.*] *sm.* Resina aromática, extraída de certas árvores.

in.cen.ti.var [*Incentivo.*◼1A] *vtd. e tdi.* Dar incentivo (a); estimular. [C.: 1]

in.cen.ti.vo [Lat. *incentivu.*◼22] *sm.* Aquilo que incita ou excita; estímulo.

in.cer.te.za (ê) [*In-*[2] + *certeza.*] *sf.* Falta de certeza.

in.cer.to [Lat. *incertu.*] *adj.* **1.** Não certo; indeterminado, impreciso. **2.** Que encerra dúvida. **3.** Pouco nítido; indistinto. **4.** Inconstante, variável. **5.** Que é, ou está, indeciso, vacilante.

in.ces.san.te [*In-*[2] + *cessante.*] *adj2g.* Que não cessa.

in.ces.to (é) [Lat. *incestu.*] *sm.* União sexual ilícita entre parentes consanguíneos, afins ou adotivos.

in.ces.tu.o.so (ô) [Lat. *incestuoso.*◼37] *adj.* Referente a, ou que praticou incesto. [Pl.: *-osos* (ó).]

in.cha.ção [Lat. *inflatione.*◼2A] *sf.* **1.** Ato ou efeito de inchar-se; inchamento. **2.** *Pop. Med.* Aumento de volume; tumefação; inchaço. [Pl.: *-ções.*]

in.cha.ço [*Inchar* + *-aço.*] *sm. Pop. Med.* V. *inchação* (2).

in.char [Lat. *inflare.*◼1A] *vtd.* **1.** V. *intumescer.* **2.** Aumentar o volume de; dilatar. **3.** Envaide-

incidência | incompatível

cer. *int. e p.* **4.** V. *intumescer*. **5.** Envaidecer-se. [C.: 1] § in.cha.do *adj.*; in.cha.men.to *sm.*

in.ci.dên.ci.a [Lat.med. *incidentia.*] *sf.* **1.** Ação de incidir. **2.** Qualidade de incidente.

in.ci.den.tal [*Incidente.*⬛39] *adj2g.* Relativo a, ou que tem caráter de incidente (2). [Pl.: *-tais.*]

in.ci.den.te [Lat. *incidente.* ⬛21] *adj2g.* **1.** Que incide ou sobrevém. ● *sm.* **2.** Circunstância acidental.

in.ci.dir [Lat. *incidere.*⬛1C] *vti.* **1.** Recair; refletir-se. **2.** Recair; pesar. **3.** Cair, incorrer. [C.: 3]

in.ci.ne.rar [Lat.med. *incinerare.* ⬛1A] *vtd.* Queimar até reduzir a cinzas. [C.: 1 (é)] § in.ci.ne.ra.ção *sf.*; in.ci.ne.ra.dor (ô) *adj. sm.*

in.ci.pi.en.te [Lat. *incipiente.*⬛21] *adj2g.* Que está no começo.

in.cir.cun.ci.so [Lat. *incircumcisu.*] *adj.* Não circunciso.

in.ci.são [Lat. *incisione.*⬛2] *sf.* **1.** Corte, talho, golpe. **2.** *Med.* Seção (1) de tecido ou de órgão produzida por instrumento próprio. [Pl.: *-sões.*] § in.ci.si:o.nal *adj2g.*

in.ci.si.vo [Lat.med. *incisivu.*⬛22] *adj.* **1.** Que corta ou é próprio para cortar. **2.** *Fig.* Que é direto, que age sem rodeios. **3.** *Fig.* Que é cortante, penetrante. **4.** *Anat.* Diz-se de cada um dos 8 dentes situados, 4 em cima e 4 embaixo, na frente das arcadas. ● *sm.* **5.** *Anat.* Dente incisivo.

in.ci.so [Lat. *incisu.*] *adj.* **1.** Ferido ou cortado com o gume de objeto cortante. ● *sm.* **2.** V. *alínea* (2).

in.ci.ta.ção [Lat. *incitatione.*⬛2A] *sf.* **1.** Ato ou efeito de incitar(-se). **2.** Aquilo que incita. [Pl.: *-ções.*]

in.ci.tar [Lat. *incitare.*⬛1A] *vtd.* **1.** Instigar; impelir. **2.** Suscitar. **3.** Açular (um animal). *tdi.* **4.** Incitar (1). [C.: 1] § in.ci.ta.dor (ô) *adj. sm.*; in.ci.ta.men.to *sm.*; in.ci.tá.vel *adj2g.*

in.ci.vil [Lat. *incivile.*] *adj.* Não civil; descortês. [Pl.: *-vis.*] § in.ci.vi.li.da.de *sf.*

in.ci.vi.li.za.do *adj.* Não civilizado.

in.clas.si.fi.cá.vel *adj2g.* **1.** Que não se pode classificar. **2.** *P.ext.* Digno de censura ou reprovação. [Pl.: *-veis.*]

in.cle.men.te [Lat. *inclemente.*] *adj2g.* Não clemente; não indulgente. § in.cle.mên.ci.a *sf.*

in.cli.na.ção [Lat. *inclinatione.*⬛2A] *sf.* **1.** Ato ou efeito de inclinar(-se). **2.** V. *tendência* (1). **3.** *Fig.* Simpatia, afeição por alguém ou por algo. **4.** *Fig.* Objeto da inclinação (3). [Pl.: *-ções.*]

in.cli.nar [Lat. *inclinare.*⬛1A] *vtd.* **1.** Desviar da linha reta. **2.** Colocar obliquamente com relação a um plano ou uma direção. **3.** Tornar propenso; predispor. *tdi.* **4.** Inclinar (3). **5.** Deixar pender. *tdc.* **6.** Inclinar (2). *p.* **7.** Desviar-se da linha reta, vertical ou horizontal. **8.** Curvar-se, abaixar-se. **9.** Mostrar preferência; ter propensão; tender a. [C.: 1] § in.cli.na.do *adj.*

in.clu.ir [Lat. *includere.*⬛1C] *vtd.* **1.** Conter ou trazer em si; compreender, abranger. **2.** Fazer tomar parte; inserir, introduzir. **3.** Fazer constar de lista, de série, etc.; relacionar. *tdi.* **4.** Incluir (2 e 3). *p.* **5.** Estar incluído ou compreendido; fazer parte; inserir-se. [C.: 42. Part.: *incluído* e *incluso.*] § in.clu.são *sf.*

in.clu.si.ve [Lat.ecl. *inclusive.*] *adv.* De modo inclusivo; com inclusão.

in.clu.si.vo [Lat.med. *inclusivu.*⬛22] *adj.* Que inclui, abrange.

in.clu.so [Lat. *inclusu.*] *adj.* Incluído, compreendido.

in.co:a.ti.vo [Lat. *inchoativu.*⬛22A] *adj.* Diz-se de verbo que exprime começo de ação ou de estado e sua progressão. Ex.: *anoitecer, florescer.*

in.co:er.cí.vel [*In-*[2]+ *coercível.*] *adj2g.* Irreprimível. [Pl.: *-veis.*]

in.co:e.rên.ci:a [*In-*[2]+ *coerência.*] *sf.* **1.** Qualidade ou condição de incoerente. **2.** Ação, afirmação ou pensamento que está em desacordo com outros pensamentos, ações, etc., da própria pessoa.

in.co:e.ren.te [*In-*[2]+ *coerente.*] *adj2g.* **1.** Sem coerência. **2.** Em desacordo ou contradição com outra coisa; contraditório.

in.cóg.ni.ta [F.subst. de *incógnito.*] *sf.* O que é desconhecido e falta saber para solucionar um problema ou para afirmar algo com certeza e exatidão.

in.cóg.ni.to [Lat. *incognitu.*] *adj.* **1.** Que é desconhecido; ignoto. ● *adv.* **2.** Sob nome suposto; secretamente.

in.cog.nos.cí.vel [*In-*[2]+ *cognoscível.*] *adj2g.* Que não se pode conhecer. [Pl.: *-veis.*]

in.co.lor (ô) [Lat. *incolore.*] *adj2g.* **1.** Sem cor; descolorido. **2.** Sem opinião determinada.

in.có.lu.me [Lat. *incolume.*] *adj2g.* Ileso.

in.com.bus.tí.vel [*In-*[2]+ *combustível.*] *adj2g.* Que não pode queimar-se. [Pl.: *-veis.*]

in.co.men.su.rá.vel [Lat. *incommensurabile.*⬛41] *adj2g.* **1.** Imensurável. **2.** Que não tem medida comum com outra grandeza. [Pl.: *-veis.*]

in.co.mo.dar [Lat. *incommodare.*⬛1A] *vtd.* **1.** Causar incômodo a; importunar. **2.** Desgostar, irritar. *int.* **3.** Incomodar (1). *p.* **4.** Molestar-se, cansar-se. **5.** Indispor-se, zangar-se. [C.: 1 (ó)]

in.cô.mo.do [Lat. *incommodu.*] *adj.* **1.** Que não oferece comodidade. **2.** Que causa desconforto. **3.** Que enfada, aborrece. ● *sm.* **4.** Aquilo que incomoda, desagrada ou importuna. **5.** Transtorno, perturbação. **6.** Doença ligeira; indisposição.

in.com.pa.rá.vel [Lat. *incomparabile.*⬛41] *adj2g.* Que não admite comparação. [Pl.: *-veis.*]

in.com.pa.ti.bi.li.zar [*Incompatível* (*-bil-*).⬛1D] *vtd., tdi. e p.* Tornar(-se) incompatível. [C.: 1]

in.com.pa.tí.vel [*In-*[2]+ *compatível.*] *adj2g.* **1.** Que não pode harmonizar-se. **2.** Diz-se de cargos ou funções que não se podem acumular. [Pl.: *-veis.*] § in.com.pa.ti.bi.li.da.de *sf.*

incompetência | incontinente

in.com.pe.tên.ci:a [*In-*[2] + *competência.*] *sf.* **1.** Falta de competência. **2.** Falta de habilidade; inaptidão.

in.com.pe.ten.te [Lat. *incompetente.*] *adj2g. s2g.* Que, ou quem não tem competência.

in.com.ple.to [Lat. *incompletu.*] *adj.* Não completo.

in.com.pre.en.di.do *adj.* Que não é (bem) compreendido, apreciado.

in.com.pre.en.são [*In-*[2] + *compreensão.*] *sf.* Falta de compreensão. [Pl.: *-sões.*]

in.com.pre.en.sí.vel [Lat. *incomprehensibile.* ▣ 41] *adj2g.* Que não se pode compreender. [Pl.: *-veis.*]

in.com.pre.en.si.vo *adj.* Incapaz de compreensão para com outrem.

in.com.pres.sí.vel [*In-*[2] + *compressível.*] *adj2g.* **1.** Que não se pode comprimir. **2.** *Fig.* Que não se pode reprimir; irreprimível. [Pl.: *-veis.*]

in.co.mum [Lat. *incommune.*] *adj2g.* **1.** Fora do comum. **2.** Nunca visto; inédito.

in.co.mu.ni.cá.vel [Lat. *incommunicabile.* ▣ 41] *adj2g.* **1.** Que não tem ou não apresenta comunicação. **2.** Intratável, insociável. [Pl.: *-veis.*] § **in.co.mu.ni.ca.bi.li.da.de** *sf.*

in.co.mu.tá.vel [Lat. *incommutabile.* ▣ 41] *adj2g.* Não comutável. [Pl.: *-veis.*]

in.con.ce.bí.vel [*In-*[2] + *concebível.*] *adj2g.* **1.** Não concebível. **2.** Incrível, extraordinário; difícil de imaginar ou admitir. [Pl.: *-veis.*]

in.con.ci.li.á.vel [*In-*[2] + *conciliável.*] *adj2g.* Não conciliável; incompatível. [Pl.: *-veis.*]

in.con.clu.den.te [*In-*[2] + *concludente.*] *adj2g.* Não concludente.

in.con.clu.si.vo *adj.* Sem conclusão.

in.con.clu.so [*In-*[2] + *concluso.*] *adj.* Não concluído ou concluso; inacabado.

in.con.cus.so [Lat. *inconcussu.*] *adj.* **1.** Que não pode ser abalado. **2.** Que não é passível de contestação. **3.** Austero, incorruptível.

in.con.di.ci:o.nal [*In-*[2] + *condicional.*] *adj2g.* Não sujeito a condições; absoluto, irrestrito. [Pl.: *-nais.*]

in.con.fes.sá.vel [*In-*[2] + *confessável.*] *adj2g.* Que não se pode ou não se deve confessar. [Pl.: *-veis.*]

in.con.fes.so [Lat. *inconfessu.*] *adj.* Que não é confesso.

in.con.fi.dên.ci:a [*In-*[2] + *confidência.*] *sf.* **1.** Revelação de segredo confiado. **2.** *Restr.* Falta de fidelidade para com alguém, particularmente para com o soberano ou o Estado.

in.con.fi.den.te [*In-*[2] + *confidente.*] *adj2g. s2g.* **1.** Que, ou aquele que não guarda segredos. **2.** Que, ou quem está envolvido em inconfidência.

in.con.for.ma.do [*In-*[2] + *conformado.*] *adj.* Que não se conforma ou não se conformou.

in.con.for.mis.mo *sm.* Procedimento de quem é inconformado.

in.con.fun.dí.vel [*In-*[2] + *confundível.*] *adj2g.* Não confundível. [Pl.: *-veis.*]

in.con.ge.lá.vel [*In-*[2] + *congelável.*] *adj2g.* Não congelável. [Pl.: *-veis.*]

in.con.gru.en.te [Lat. *incongruente.* ▣ 21A] *adj2g.* **1.** Que não convém; inconveniente. **2.** Que apresenta contradição; incoerente. § **in.con.gru.ên.ci:a** *sf.*

in.co.nho [Do tupi.] *adj.* Que nasce pegado a outro (fruto).

in.con.ju.gá.vel [*In-*[2] + *conjugável.*] *adj2g.* Não conjugável. [Pl.: *-veis.*]

in.cons.ci.en.te [*In-*[2] + *consciente.*] *adj2g.* **1.** Que não tem consciência. **2.** Que está sem consciência (5). **3.** Que procede sem consciência (3). **4.** V. *leviano* (1). ● *s2g.* **5.** Pessoa inconsciente. ● *sm.* **6.** Aquilo que se passa na mente (impulsos, recordações, etc.) mas escapa à consciência, e que se manifesta em sonhos, em certos comportamentos, etc. § **in.cons.ci.ên.ci:a** *sf.*

in.con.se.quên.ci:a (qüen) [Lat. *inconsequentia.*] *sf.* Falta de consequência; incoerência. § **in.con.se.quen.te** (qüen) *adj2g.*

in.con.si.de.ra.do [Lat. *inconsideratu.* ▣ 17] *adj.* Que não considera; imprudente, precipitado.

in.con.sis.ten.te [*In-*[2] + *consistente.*] *adj2g.* **1.** Falto de consistência. **2.** Sem consistência, solidez, fundamento. § **in.con.sis.tên.ci:a** *sf.*

in.con.so.lá.vel [Lat. *inconsolabile.* ▣ 41] *adj2g.* Não consolável. [Pl.: *-veis.*]

in.cons.tân.ci:a [Lat. *inconstantia.* ▣ 9] *sf.* Qualidade de inconstante.

in.cons.tan.te [Lat. *inconstante.* ▣ 21] *adj2g.* **1.** Que muda facilmente de opinião, de atitude, etc.; volúvel. **2.** Que não é estável, que varia; instável.

in.cons.ti.tu.ci:o.nal [*In-*[2] + *constitucional.*] *adj2g.* Não constitucional, ou que se opõe à constituição do Estado. [Pl.: *-nais.*] § **in.cons.ti.tu.ci:o.na.li.da.de** *sf.*

in.con.sú.til [Lat. *inconsutile.*] *adj2g.* Sem costuras. [Pl.: *-teis.*]

in.con.tá.vel *adj2g.* Impossível de contar. [Pl.: *-veis.*]

in.con.ten.tá.vel *adj2g.* Difícil ou impossível de conter. [Pl.: *-veis.*]

in.con.tes.ta.do *adj.* Inconteste.

in.con.tes.tá.vel [*In-*[2] + *contestável.*] *adj2g.* Não contestável; indiscutível, inquestionável, incontroverso. [Pl.: *-veis.*]

in.con.tes.te *adj2g.* Que não sofre contestação; incontestado.

in.con.ti.do [*In-*[2] + *contido.*] *adj.* Que não se pode conter.

in.con.ti.nên.ci:a [Lat. *incontinentia.* ▣ 10] *sf.* **1.** Falta de continência. **2.** *Med.* Emissão involuntária de substâncias cuja excreção está, ger., sujeita à vontade.

in.con.ti.nen.te [Lat. *incontinente.* ▣ 21A] *adj2g.* **1.** Falto de continência; imoderado, sensual. **2.** Que tem incontinência (2). ● *s2g.* **3.** Pessoa imoderada em sensualidade.

in.con.ti.nên.ti [Lat. *in continenti.*] *adv.* Sem demora; sem interrupção.
in.con.tras.tá.vel [*In-*² + *contrastável.*] *adj2g.* **1.** V. *irrespondível.* **2.** V. *irrevogável.* [Pl.: *-veis.*]
in.con.tro.lá.vel *adj2g.* Não controlável; irreprimível. [Pl.: *-veis.*]
in.con.tro.ver.so *adj.* V. *incontestável.*
in.con.ve.ni.en.te [Lat. *inconveniente.* ◼ 21A] *adj2g.* **1.** Falto de conveniência; impróprio. **2.** Oposto às conveniências. ● *sm.* **3.** Perigo, risco. **4.** Estorvo, embaraço. § **in.con.ve.ni.ên.cia** *sf.*
in.con.ver.sí.vel [Lat.med. *inconversibile.* ◼ 41] *adj2g.* Que não se pode converter. [Pl.: *-veis.*]
in.cor.po.ra.do.ra (ô) [*Incorporar.* ◼ 20] *sf.* Firma ou empresa que incorpora [v. *incorporar* (4)].
in.cor.po.rar [Lat. *incorporare.* ◼ 1A] *vtd.* **1.** Dar forma corpórea a. **2.** Reunir (diversas companhias mercantis) em uma só. **3.** Reunir ou juntar num só corpo, conjunto ou estrutura. **4.** Realizar contrato para construção de imóvel (3) em condomínio. **5.** Trazer ou reunir a si, em acréscimo, aquisição; assimilar; absorver. *tdi.* **6.** Incorporar (3). *p.* **7.** Tomar forma corpórea; materializar-se. **8.** Reunir-se, juntar-se. [C.: 1 (ó)] § **in.cor.po.ra.ção** *sf.*; **in.cor.po.ra.dor** (ô) *adj. sm.*
in.cor.pó.re:o [Lat. *incorporeu.*] *adj.* Que não tem corpo; imaterial.
in.cor.re.ção [*In-*² + *correção.*] *sf.* **1.** Falta de correção. **2.** Ação ou atitude incorreta. [Pl.: *-ções.*]
in.cor.rer [Lat. *incurrere.* ◼ 1B] *vti.* **1.** Ficar incluído, implicado ou comprometido; incidir. **2.** Ficar sujeito a. [C.: 2 (ô-ó)]
in.cor.re.to [Lat. *incorrectu.*] *adj.* **1.** Que não está correto; errado. **2.** Não correto; desonesto, indigno.
in.cor.ri.gí.vel [Lat. *incorrigibile.* ◼ 41] *adj2g.* **1.** Impossível de corrigir. **2.** Incapaz de corrigir-se. [Pl.: *-veis.*]
in.cor.rup.tí.vel [Lat. *incorruptibile.* ◼ 41] *adj2g.* **1.** Que não se deixa corromper. **2.** Que não se deixa subornar; insubornável. [Pl.: *-veis.*] § **in.cor.rup.ti.bi.li.da.de** *sf.*
in.cor.rup.to [Lat. *incorruptu.*] *adj.* Que não se corrompeu.
◼ **INCRA** Sigla de *Instituto Nacional de Colonização e Reforma Agrária.*
in.cré.du.lo [Lat. *incredulu.*] *adj.* **1.** Falto de crença; ímpio, ateu. ● *sm.* **2.** Indivíduo incrédulo; incréu. § **in.cre.du.li.da.de** *sf.*
in.cre.men.tar [Lat.med. *incrementare.* ◼ 1A] *vtd.* **1.** Promover o incremento de. **2.** Tornar mais elaborado ou diferente; realçar. **3.** Animar. *p.* **4.** Tomar incremento. **5.** Tornar-se mais elaborado ou sofisticado. [C.: 1] § **in.cre.men.ta.do** *adj.*
in.cre.men.to [Lat. *incrementu.*] *sm.* Ato de crescer, de aumentar; desenvolvimento.
in.cre.par [Lat. *increpare.* ◼ 1A] *vtd.* **1.** Repreender asperamente. *tdi.* e *transobj.* **2.** Acusar, censurar. [C.: 1 (é)] § **in.cre.pa.ção** *sf.*

in.créu [Lat. *incredulu.*] *sm.* Incrédulo (2).
in.cri.mi.nar [*In-*¹ + *criminar.*] *vtd.* **1.** Ter por criminoso. **2.** V. *inculpar* (1). *p.* **3.** Deixar transparecer a própria culpa. [C.: 1] § **in.cri.mi.na.ção** *sf.*
in.cri.ti.cá.vel *adj2g.* Não criticável. [Pl.: *-veis.*]
in.crí.vel [Lat. *incredibile.* ◼ 41] *adj2g.* **1.** Difícil, ou impossível, de acreditar; inacreditável. **2.** Fora do comum; extraordinário. **3.** Excêntrico, estranho. [Pl.: *-veis.*]
in.cru.en.to [Lat. *incruentu.* ◼ 27] *adj.* Em que não houve derramamento de sangue.
in.crus.ta.ção [Lat. *incrustatione.* ◼ 2A] *sf.* **1.** Ato ou efeito de incrustar(-se). **2.** Coisa incrustada. [Pl.: *-ções.*]
in.crus.tar [Lat. *incrustare.* ◼ 1A] *vtd.* **1.** Cobrir de crosta. **2.** Adornar com embutidos ou incrustações. *tdi.* **3.** Embutir, inserir. **4.** Cobrir. *p.* **5.** Prender-se fortemente. **6.** Arraigar-se. [C.: 1]
in.cu.ba.ção [Lat. *incubatione.* ◼ 2A] *sf.* **1.** Ato ou efeito de incubar. **2.** *Fig.* Elaboração, preparação. [Pl.: *-ções.*]
in.cu.ba.dei.ra [*Incubar.* ◼ 16A] *sf.* V. *chocadeira.*
in.cu.ba.do.ra (ô) [*Incubar.* ◼ 20] *sf.* **1.** V. *chocadeira.* **2.** Aparelho destinado a manter criança prematura em ambiente de temperatura, oxigenação e umidade apropriadas.
in.cu.bar [Lat. *incubare.* ◼ 1A] *vtd.* **1.** Chocar (ovos). **2.** Premeditar, planejar. **3.** Possuir em estado latente. [C.: 1] § **in.cu.ba.do** *adj.*
in.cul.ca [Dev. de *inculcar.*] *sf.* **1.** Ato ou efeito de inculcar. **2.** Pessoa que inculca.
in.cul.car [Lat. *inculcare.* ◼ 1A] *vtd.* **1.** Apontar, citar, recomendar. **2.** Demonstrar. **3.** Repetir várias vezes, para gravar no espírito. *tdi.* **4.** Propor, indicar, aconselhar. **5.** Gravar, fixar. [C.: 1A]
in.cul.pa.do¹ [Lat. *inculpatu,* 'inocente'. ◼ 17] *adj.* Isento de culpa; inocente.
in.cul.pa.do² [Lat. *inculpatu,* 'culpado'. ◼ 17] *adj. sm.* Que, ou quem é objeto de inculpação; acusado, culpado.
in.cul.par [Lat. *inculpare.* ◼ 1A] *vtd., tdi.* e *transobj.* **1.** Atribuir culpa (a); acusar, incriminar. *p.* **2.** Confessar-se culpado. [C.: 1]
in.cul.pá.vel [Lat. *inculpabile.* ◼ 41] *adj2g.* Que não se pode culpar. [Pl.: *-veis.*] § **in.cul.pa.bi.li.da.de** *sf.*
in.cul.to [Lat. *incultu.*] *adj.* **1.** Não cultivado; agreste, árido. **2.** Sem cultura ou instrução.
in.cul.tu.ra *sf.* Falta de cultura.
in.cum.bên.ci:a [*Incumbir.* ◼ 10] *sf.* **1.** Ato ou efeito de incumbir(-se); encargo, cargo. **2.** Missão ou negócio que se incumbe a alguém.
in.cum.bir [Lat. *incumbere.* ◼ 1C] *vtdi.* **1.** Dar comissão ou incumbência a; encarregar. *ti.* **2.** Caber, competir. *p.* **3.** Encarregar-se. [C.: 3]
in.cu.ná.bu.lo [Lat. **incunabulu.*] *adj. sm.* Diz-se de, ou livro impresso nos primeiros anos da arte de imprimir, até 1500.
in.cu.rá.vel [Lat. *incurabile.* ◼ 41] *adj2g.* Que não tem cura. [Pl.: *-veis.*]

incúria | indexar

in.cú.ri:a [Lat. *incuria*.] *sf.* Falta de cuidado; desleixo.

in.cur.são [Lat. *incursione*. ◻2] *sf.* 1. Invasão militar. 2. Entrada, penetração. [Pl.: *-sões*.]

in.cur.si:o.nar [*Incursão* (*-sion-*) + *-ar*². ◻1A] *vtc.* Penetrar em (território, área, etc.). [C.: 1]

in.cur.so [Lat. *incursu*.] *adj.* Que incorreu em algo.

in.cu.tir [Lat. *incutere*. ◻1C] *vtd.* 1. Inspirar, infundir. *tdi.* 2. Infundir no ânimo; insinuar. [C.: 3]

in.da *adv.* Ainda.

in.da.gar [Lat. *indagare*.◻1A] *vtd.* 1. Procurar saber; pesquisar, investigar, inquirir. 2. Perguntar, inquirir, interrogar. *tdi. e ti.* 3. Indagar (1). [C.: 1C] § **in.da.ga.ção** *sf.*; **in.da.ga.ti.vo** *adj.*; **in.da.ga.tó.ri:o** *adj.*

in.dé.bi.to [Lat. *indebitu*.] *adj.* 1. Que não tem razão de ser; improcedente. 2. Não devido.

in.de.cên.ci:a [Lat. *indecentia*.◻10] *sf.* 1. Falta de decência. 2. Ação, dito ou modos indecentes.

in.de.cen.te [Lat. *indecente*.◻21] *adj2g.* 1. Que não tem decência. 2. Contrário à decência (ato, dito ou modo); obsceno.

in.de.ci.frá.vel *adj2g.* Que não pode ser decifrado. [Pl.: *-veis*.]

in.de.ci.são [*In-*² + *decisão*.] *sf.* 1. Estado ou qualidade de indeciso. 2. Falta de espírito de decisão. [Pl.: *-sões*.]

in.de.ci.so [Lat. *indecisu*.] *adj.* 1. Não decidido; hesitante, irresoluto. 2. V. *indistinto* (1).

in.de.cli.ná.vel [Lat. *indeclinabile*.◻41] *adj2g.* 1. De que é impossível declinar; irrecusável. 2. *E.Ling.* Diz-se das palavras que não se flexionam; invariável. [Pl.: *-veis*.]

in.de.com.po.ní.vel [*In-*² + *decomponível*.] *adj2g.* Que não se pode decompor. [Pl.: *-veis*.]

in.de.co.ro.so (ô) [Lat. *indecorusu*. ◻37] *adj.* Não decoroso; indecente. [Pl.: *-rosos* (ó).]

in.de.fec.ti.vel [*In-*² + *defectível*.] *adj2g.* Que não falha; infalível. [Pl.: *-veis*.]

in.de.fen.sá.vel *adj2g.* Sem defesa; não defensável. [Pl.: *-veis*.]

in.de.fe.rir [*In-*² + *deferir*.] *vtd.* Não deferir; dar despacho contrário a. [C.: 48] § **in.de.fe.ri.do** *adj.*; **in.de.fe.ri.men.to** *sm.*; **in.de.fe.rí.vel** *adj2g.*

in.de.fe.so (ê) [Lat. *indefensu*.] *adj.* 1. Que não é defendido. 2. Que não sabe, ou não pode se defender.

in.de.fi.ni.ção [*In-*² + *definição*.] *sf.* Estado daquilo que não se define, resolve. 2. Estado ou atitude de quem não toma uma posição, decisão. [Pl.: *-ções*.]

in.de.fi.ni.do [Lat. *indefinitu*.] *adj.* Não definido; incerto.

in.de.fi.ní.vel [*In-*² + *definível*.] *adj2g.* Que não se pode definir. [Pl.: *-veis*.]

in.de:is.cen.te *adj2g. Bot.* Que não se abre espontaneamente ao atingir a maturação (fruto).

in.de.lé.vel [Lat. *indelebile*.◻41] *adj2g.* Que não se pode delir. [Pl.: *-veis*.]

in.de.li.ca.do [*In-*² + *delicado*.] *adj.* Não delicado; rude, grosseiro. § **in.de.li.ca.de.za** (ê) *sf.*

in.de.ne [Lat. *indemne*.] *adj2g.* Que não sofreu dano; ileso. § **in.de.ni.da.de** *sf.*

in.de.ni.za.ção [*Indenizar*.◻2A] *sf.* 1. Ato de indenizar. 2. Quantia com que se indeniza [v. *indenizar* (1 e 2)]. [Pl.: *-ções*.]

in.de.ni.zar [*Indene*.◻1D] *vtd.* 1. Ressarcir (pessoa, empresa) por danos, prejuízos, acidentes. 2. *Bras.* Pagar o que de direito a (funcionário, etc.), à época de demissão, quebra de contrato, etc. *tdi.* 3. Indenizar (1). *p.* 4. Receber indenização (2) ou compensação. [C.: 1] § **in.de.ni.za.tó.ri:o** *adj.*

in.de.pen.dên.ci:a [*In-*² + *dependência*.] *sf.* 1. Estado ou condição de quem ou do que é independente. 2. Liberdade ou autonomia para agir e decidir. 3. Caráter de quem rejeita qualquer sujeição. 4. *Fig.* Bem-estar; fortuna.

in.de.pen.den.te [*In-*² + *dependente*.] *adj2g.* 1. Livre de qualquer dependência ou sujeição. 2. Que tem meios próprios de subsistência. 3. Que tem autonomia política (país).

in.de.pen.der [Lat. *impendere*.] *vti.* Não depender; não estar subordinado. [C.: 2]

in.des.cri.tí.vel [*In-*² + *descritível*.] *adj2g.* Que não se pode descrever. [Pl.: *-veis*.]

in.des.cul.pá.vel *adj2g.* Que não merece desculpa. [Pl.: *-veis*.]

in.de.se.já.vel [*In-*² + *desejável*.] *adj2g.* 1. Não desejável. ● *s2g.* 2. Estrangeiro (4) cuja entrada ou permanência num país é tida por inconveniente. [Pl.: *-veis*.]

in.des.tru.tí.vel [*In-*² + *destrutível*.] *adj2g.* Não destrutível. [Pl.: *-veis*.]

in.de.ter.mi.na.ção [*In-*² + *determinação*.] *sf.* 1. Ausência ou falta de determinação. 2. *Filos.* Caráter de fenômeno que não é regularmente condicionado por outros. [Pl.: *-ções*.]

in.de.ter.mi.na.do [Lat. *indeterminatu*.◻17] *adj.* 1. Não determinado quanto à origem, natureza, composição, etc.; indefinido. 2. Incapaz de se decidir; indeciso, irresoluto. 3. *Mat.* Diz-se de equação com infinitas soluções.

in.de.ter.mi.ná.vel [Lat. *indeterminabile*.◻41] *adj2g.* Não determinável. [Pl.: *-veis*.]

in.de.vas.sá.vel [*In-*² + *devassável*.] *adj2g.* Que não se pode devassar. [Pl.: *-veis*.]

in.de.vi.do [*In-*² + *devido*.] *adj.* 1. Imerecido. 2. V. *impróprio* (1).

ín.dex (cs) [Lat. *index*.] *sm2n.* 1. *P.us.* V. *índice*. 2. Catálogo dos livros cuja leitura era proibida pela Igreja.

in.de.xar (cs) [*Index*.◻1A] *vtd.* 1. Ordenar em forma de índice. 2. *Econ.* Tornar (importância monetária, como depósito de poupança, salário, etc.) corrigível automaticamente, de acordo com um índice de preços. [C.: 1 (é)] § **in.de.xa.ção** (cs) *sf.*; **in.de.xa.dor** (cs...ô) *sm.*

indianismo | indiscriminado

in.di:a.nis.mo [*Indiano.*◻11] *sm.* **1.** Ciência da língua e da civilização da Índia. **2.** *Bras.* Literatura inspirada em temas da vida dos índios das Américas. § **in.di:a.nis.ta** *adj2g. s2g.*

in.di.ca.dor (ô) [*Indicar.*◻19A] *adj.* **1.** Que indica. **2.** Diz-se do dedo situado entre o polegar e o médio. ● *sm.* **3.** Dedo indicador (2). **4.** *Quím.* Substância que tem uma cor em meio básico e outra em meio ácido.

in.di.car [Lat. *indicare.*◻1A] *vtd.* **1.** Apontar com o dedo; indigitar. **2.** Tornar patente; revelar. **3.** Apontar, designar para um campo, etc. **4.** Propor, sugerir. **5.** Expor, mencionar. **6.** Aconselhar, lembrar. *tdi.* **7.** Indicar (1, 3, 4 e 6). [C.: 1A] § **in.di.ca.ção** *sf.*; **in.di.ca.do** *adj.*

in.di.ca.ti.vo [Lat. *indicativu.*◻22A] *adj.* **1.** Que indica. **2.** *E.Ling.* Diz-se do modo verbal que apresenta o fato como positivo e absoluto. ● *sm.* **3.** *E.Ling.* Esse modo.

ín.di.ce [Lat. *indice.*] *sm.* **1.** O que serve para indicar, mostrar. **2.** *Edit.* Lista, em ordem alfabética, de nomes, assuntos, etc., com a indicação das páginas ou das partes em que esses tópicos são mencionados numa obra. **3.** *Edit.* Sumário (4). **4.** Número que dá ideia de uma proporção, ou que é obtido estatisticamente e mostra o grau ou nível atingidos por determinado fenômeno, ação, etc., em comparação com outro(s): *índice de aprovação*. **5.** *Mat.* Símbolo numérico ou literal que se apõe a outro símbolo, para identificar um elemento em um conjunto. ◆ **Índice de preços.** *Econ.* Número que indica a variação média dos preços, em relação a um período tomado como base.

in.di.ci.a.do [*Indiciar.* 17A] *adj.* **1.** Notado por indícios. ● *sm.* **2.** *Jur.* Aquele sobre quem recaem indícios de ter delinquido.

in.di.ci.ar [*Indício.*◻1A] *vtd.* **1.** Dar indício(s) de. **2.** Denunciar, acusar. **3.** Submeter a inquérito policial ou administrativo. [C.: 1] § **in.di.ci:a.men.to** *sm.*

in.di.ci:o [Lat. *indiciu.*] *sm.* **1.** Aquilo que indica alguma coisa. **2.** Marca que denuncia algo; sinal, vestígio.

ín.di.co [Lat. *indicu.*] *adj.* Relativo ao oceano Índico.

in.di.fe.ren.ça [Lat. *indifferentia.*] *sf.* **1.** Desinteresse. **2.** *Fig.* Frieza ao tratar ou falar com alguém.

in.di.fe.ren.te [Lat. *indifferente.*] *adj2g.* **1.** Que demonstra desinteresse por algo ou alguém, ou não lhe dá atenção. **2.** Insensível às coisas ou pessoas em geral; apático.

in.dí.ge.na [Lat. *indigena.*] *adj2g.* **1.** Originário de determinado país, região ou localidade; nativo. **2.** *Bras.* Relativo a índio¹ (1), ou aos índios em geral. ● *s2g.* **3.** Pessoa natural do lugar ou do país em que habita; nativo. **4.** Índio¹ (1 e 2).

in.di.gên.ci:a [Lat. *indigentia.*] *sf.* **1.** Estado de indigente (1). **2.** Os indigentes; a mendicância.

in.di.ge.nis.mo [*Indígena.*◻11] *sm.* **1.** Defesa e valorização dos povos indígenas. **2.** *Bras.* Conjunto de ideias e ações relativas à situação dos indígenas brasileiros e à sua incorporação à sociedade nacional. § **in.di.ge.nis.ta** *adj2g. s2g.*

in.di.gen.te [Lat. *indigente.*◻21A] *adj2g.* **1.** Muito pobre; paupérrimo. ● *s2g.* **2.** Pessoa indigente; mendigo.

in.di.ges.tão [Lat. *indigestione.*◻2] *sf. Med.* Digestão deficiente, ou falta de digestão. [Pl.: *-tões.*]

in.di.ges.to [Lat. *indigestu.*] *adj.* **1.** Difícil de ser digerido. **2.** Que produz indigestão.

in.di.gi.ta.do [*Indigitar.*◻17A] *adj. sm.* Diz-se de, o indivíduo apontado como culpado de crime ou de falta.

in.di.gi.tar [Lat. *indigitare.*◻1A] *vtd. e tdi.* **1.** Indicar (1). **2.** Designar, mostrar. [C.: 1]

in.dig.na.ção [Lat. *indignatione.*◻2A] *sf.* Sentimento de cólera despertado por ação indigna; ódio, raiva. [Pl.: *-ções.*]

in.dig.na.do [*Indignar.*◻17A] *adj.* Que mostra ou sente indignação.

in.dig.nar [Lat. **indignare.*◻1A] *vtd. e p.* Fazer sentir, ou sentir, indignação; revoltar(-se). [C.: 1]

in.dig.ni.da.de [Lat. *indignitate.*◻14] *sf.* **1.** Falta de dignidade. **2.** Ação indigna.

in.dig.no [Lat. *indignu.*] *adj.* **1.** Não digno. **2.** Que praticou indignidade ou procede de maneira não digna.

ín.di.go [Lat. *indicu.*] *sm.* **1.** Anil¹ (1). **2.** *Quím.* Anil².

ín.di:o¹ [Top. *Índia*, por engano de Colombo (M.).] *sm.* **1.** Aborígine das Américas; habitante das terras americanas, ao chegarem os primeiros europeus, nos séculos XV e XVI. **2.** Indivíduo que pertence a grupo étnico descendente dos aborígines americanos. [Sin., nestas acepçs.: *indígena.*] ● *adj.* **3.** Relativo aos índios.

ín.di:o² [Lat.cient. *indium.*◻34B] *sm. Quím.* Elemento de número atômico 49, metálico [símb.: *In*].

in.di.re.ta *sf. Fam.* Observação ou alusão feita com disfarce.

in.di.re.to [Lat.med. *indirectu.*] *adj.* **1.** Não direto. **2.** Que se faz ou recebe por intermédio de outrem. **3.** Que revela ambiguidade, dúvida.

in.dis.ci.pli.na [*In-²* + *disciplina.*] *sf.* Procedimento, ato ou dito contrário à disciplina.

in.dis.ci.pli.na.do [*In-²* + *disciplinado.*] *adj.* Que não tem disciplina.

in.dis.cre.to [Lat. *indiscretu.*] *adj.* **1.** Não discreto ou reservado; inconveniente. **2.** Bisbilhoteiro, mexeriqueiro. **3.** Tagarela, linguarudo.

in.dis.cri.ção [*In-²* + *discrição.*] *sf.* **1.** Qualidade de indiscreto. **2.** Ato ou dito indiscreto. [Pl.: *-ções.*]

in.dis.cri.mi.na.do *adj.* Não discriminado.

indiscutível | industrial

in.dis.cu.tí.vel [*In-²* + *discutível*.] *adj2g.* V. *incontestável*. [Pl.: *-veis*.]

in.dis.far.çá.vel *adj2g.* Que não se pode disfarçar. [Pl.: *-veis*.]

in.dis.pen.sá.vel *adj2g.* Não dispensável; imprescindível. [Pl.: *-veis*.]

in.dis.po.ní.vel [*In-²* + *disponível*.] *adj2g.* De que não se pode dispor. [Pl.: *-veis*.]

in.dis.por [*In-²* + *dispor*.] *vtd.* **1.** Alterar a disposição de. **2.** Produzir mal-estar ou doença em. **3.** Irritar, aborrecer. *tdi.* **4.** Gerar inimizade; inimizar, malquistar. *p.* **5.** Aborrecer-se. **6.** Inimizar-se, malquistar-se. [C.: 34]

in.dis.po.si.ção [*In-²* + *disposição*.] *sf.* **1.** Pequena alteração na saúde; mal-estar. **2.** *Fig.* Briga, desavença. [Pl.: *-ções*.]

in.dis.pos.to (ô) [Lat. *indispositu*.] *adj.* **1.** Que tem indisposição, mal-estar. **2.** *Fig.* Agastado com alguém; zangado. [Pl.: *-postos* (ó).]

in.dis.pu.tá.vel [Lat. *indisputabile*.▪41] *adj2g.* Não disputável. [Pl.: *-veis*.]

in.dis.so.lú.vel [Lat. *indissolubile*.▪41] *adj2g.* Não dissolúvel. [Pl.: *-veis*.] § **in.dis.so.lu.bi.li.da.de** *sf.*

in.dis.tin.to [Lat. *indistinctu*.] *adj.* **1.** Que não se distingue ou difere dos demais. **2.** A que falta definição; que é vago ou indefinido. **3.** Confuso; misturado.

in.di.vi.du.al [*Indivíduo*.▪39] *adj2g.* **1.** Relativo a indivíduo. **2.** Peculiar a, ou executado por uma só pessoa. [Pl.: *-ais*.]

in.di.vi.du.a.li.da.de [*Individual*.▪14] *sf.* **1.** O que constitui o indivíduo. **2.** Caráter especial ou particularidade que distingue uma pessoa ou coisa. **3.** *P.ext.* Personalidade, vulto.

in.di.vi.du.a.lis.mo [*Individual*.▪11] *sm.* **1.** A existência individual. **2.** Sentimento ou conduta egocêntrica.

in.di.vi.du.a.lis.ta [*Individual*.▪36] *adj2g.* **1.** Relativo ao, ou que é sectário do individualismo. **2.** Egoísta, egocêntrico. ● *s2g.* **3.** Sectário do individualismo. **4.** Pessoa egoísta, egocêntrica.

in.di.vi.du.a.li.zar [*Individual*.▪1D] *vtd.* e *p.* Tornar(-se) individual; particularizar(-se). [C.: 1]

in.di.ví.du.o [Lat. *individuu*.] *adj.* **1.** Indiviso. ● *sm.* **2.** *Biol.* O exemplar duma espécie qualquer, orgânica ou inorgânica, que constitui uma unidade distinta. **3.** A pessoa humana, considerada em suas características particulares; criatura. **4.** *Fam.* Pessoa qualquer; sujeito, criatura, cidadão.

in.di.vi.sí.vel [Lat. *indivisibile*.▪41] *adj2g.* Não divisível. [Pl.: *-veis*.]

in.di.vi.so [Lat. *indivisu*.] *adj.* Não dividido; indivíduo.

in.di.zí.vel [*In-²* + *dizível*.] *adj2g.* **1.** Que não se pode dizer. **2.** Raro, incomum. [Pl.: *-veis*.]

in.dó.cil [Lat. *indocile*.] *adj2g.* Não dócil; rebelde; insubordinável. [Pl.: *-ceis*.] § **in.do.ci.li.da.de** *sf.*

in.do.eu.ro.peu [*Indo-* + *europeu*.] *adj.* **1.** *E.Ling.* Relativo ou pertencente à família de línguas faladas em grande parte da Europa, nos países de colonização europeia, e tb. em regiões da Ásia. **2.** Relativo a qualquer povo que fala língua indo-europeia, ou ao povo que falava o indo-europeu (3). ● *sm.* **3.** *E.Ling.* A língua pré-histórica (c.4º. -3º. milênios a.C.), da qual derivaram as línguas indo-europeias. [Flex.: *indo-europeus*, *indo-europeia(s)* (éi).]

ín.do.le [Lat. *indole*.] *sf.* O modo de ser, natural, de um indivíduo; temperamento.

in.do.len.te [Lat. *indolente*.▪21] *adj2g.* *s2g.* **1.** Que, ou quem é insensível, apático. **2.** Que, ou quem evita esforço, trabalho; preguiçoso. § **in.do.lên.ci.a** *sf.*

in.do.lor (ô) [Lat. *indolore*.] *adj2g.* Que não provoca dor.

in.do.má.vel [Lat. *indomabile*.▪41] *adj2g.* Impossível de domar; indômito. [Pl.: *-veis*.]

in.dô.mi.to [Lat. *indomitu*.] *adj.* **1.** Não domado; bravio. **2.** Indomável.

in.du.bi.tá.vel [Lat. *indubitabile*.▪41] *adj2g.* De que não se pode duvidar. [Pl.: *-veis*.]

in.du.ção [Lat. *inductione*.▪2] *sf.* **1.** Ato ou efeito de induzir. **2.** *Fís.* Produção de certos estados elétricos ou magnéticos de um corpo, por efeito da presença, na vizinhança deste, de corpo(s) magnético(s) ou com carga elétrica, ou por variação de um campo elétrico. **3.** *Lóg.* Operação de estabelecer uma proposição geral com base no conhecimento de dados singulares. [Pl.: *-ções*.]

in.dul.gen.te [Lat. *indulgente*.▪21] *adj2g.* **1.** Pronto a perdoar. **2.** Condescendente, complacente. § **in.dul.gên.ci.a** *sf.*

in.dul.tar [*Indulto*.▪1A] *vtd.* Dar indulto a. [C.: 1]

in.dul.to [Lat. *indultu*.] *sm.* **1.** Perdão, graça. **2.** Decreto pelo qual se concede indulto (1).

in.du.men.tá.ri.a *sf.* **1.** A arte ou a história do vestuário. **2.** V. *roupa* (2).

in.du.men.to [Lat. *indumentu*.] *sm.* V. *roupa* (2).

in.dús.tri.a [Lat. *industria*.] *sf.* **1.** Aptidão, habilidade para criar ou fazer alguma coisa. **2.** *Fig.* Invenção, astúcia, engenho. **3.** *Econ.* Atividade (ou conjunto das atividades) de produção de mercadorias, abrangendo a extração de produtos naturais e sua transformação. **4.** O conjunto das empresas industriais, ou qualquer dos ramos da indústria (3): *indústria pesqueira, petrolífera, etc.* **5.** *P.ext.* Usina, manufatura, fábrica. ♦ **Indústria de transformação.** *Econ.* A que transforma matérias-primas em produtos intermediários (ex.: lingotes de aço) ou produtos finais (ex.: roupas, máquinas). **Indústria extrativa.** *Econ.* A da extração e beneficiamento de produtos vegetais ou minerais.

in.dus.tri.al *adj2g.* **1.** Da, ou produzido pela indústria. **2.** Em que a indústria apresenta desenvolvimento: *centro industrial.* ● *s2g.* **3.**

industrializar | inexpugnável

Pessoa que dirige, ou tem uma indústria. [Pl.: *-ais.*]

in.dus.tri:a.li.zar [*Industrial.* ⬛1D] *vtd.* **1.** Promover o desenvolvimento industrial de. **2.** Aproveitar (algo) como matéria-prima industrial. *p.* **3.** Tornar-se industrial (2). [C.: 1] § **in.dus.tri:a.li.za.ção** *sf.*

in.dus.tri:a.li.zá.vel [*Industrializar.* ⬛41] *adj2g.* Que pode ser industrializado. [Pl.: *-veis.*]

in.dus.tri.á.ri:o [*Indústria.* ⬛24] *sm.* Operário que trabalha na indústria.

in.dus.tri.o.so (ô) [Lat. *industriosu.* ⬛37] *adj.* **1.** Dotado de indústria (1); laborioso. **2.** Executado com indústria, com arte. **3.** Esperto, hábil, sagaz. [Pl.: *-osos* (ó).]

in.du.ti.vo [Lat. *inductivu.* ⬛22] *adj.* **1.** Que procede por indução. **2.** Em que há indução, ou relativo a ela.

in.du.tor (ô) [Lat. *inductore.* ⬛19] *adj.* **1.** Que induz, incita, instiga ou sugere. **2.** Que produz indução. ● *sm.* **3.** Aquele que induz; incitador, instigador, induzidor.

in.du.zir [Lat. *inducere.* ⬛1C] *vtd.* **1.** Causar, inspirar. **2.** Concluir, deduzir. **3.** Mover. *tdi.* **4.** Induzir (3). **5.** Instigar, incitar. **6.** Fazer cair ou incorrer. [C.: 41]

i.ne.bri.ar [Lat. *inebriare.* ⬛1A] *vtd. e p.* **1.** Tornar(-se) ébrio; embriagar(-se). **2.** *Fig.* Extasiar(-se). [C.: 1] § **i.ne.bri.an.te** *adj2g.*

i.ne.di.tis.mo [*Inédito.* ⬛11] *sm.* Caráter ou qualidade de inédito.

i.né.di.to [Lat. *Ineditu.*] *adj.* **1.** Não publicado ou não impresso. **2.** *Fig.* Nunca visto; incomum.

i.ne.fá.vel [Lat. *ineffabile.* ⬛41] *adj2g.* **1.** Que não se pode exprimir por palavras. **2.** *P.ext.* Encantador, inebriante. [Pl.: *-veis.*]

i.ne.fi.caz [Lat. *inefficace.*] *adj2g.* Não eficaz; inútil. § **i.ne.fi.cá.ci:a** *sf.*

i.ne.fi.ci.en.te [*Ineficiente.*] *adj2g.* Sem eficiência. § **i.ne.fi.ci.ên.ci:a** *sf.*

i.ne.gá.vel [*I-* + *negável.*] *adj2g.* Que não se pode negar; evidente. [Pl.: *-veis.*]

i.ne.go.ci.á.vel [*I-* + *negociável.*] *adj2g.* Que não se pode negociar. [Pl.: *-veis.*]

i.ne.le.gí.vel [*In-²* + *elegível.*] *adj2g.* Não elegível. [Pl.: *-veis.*] § **i.ne.le.gi.bi.li.da.de** *sf.*

i.ne.lu.tá.vel [Lat. *ineluctabile.* ⬛41] *adj2g.* Com que se luta em vão. [Pl.: *-veis.*]

i.ne.nar.rá.vel [Lat. *inenarrabile.* ⬛41] *adj2g.* Inarrável. [Pl.: *-veis.*]

i.nep.to [Lat. *ineptu.*] *adj.* **1.** Sem nenhuma habilidade ou aptidão. **2.** Destituído de sensatez ou de inteligência; tolo, idiota. § **i.nép.ci:a** *sf.*

i.ne.quí.vo.co [*In-²* + *equívoco.*] *adj.* Em que não há equívoco; claro.

i.nér.ci:a [Lat. *inertia.*] *sf.* **1.** Falta de ação, de atividade; inação. **2.** Indolência; preguiça. **3.** *Fís.* Resistência que todos os corpos materiais opõem à modificação de seu estado de movimento (ou de repouso).

i.ne.ren.te [Lat. *inhaerente.* ⬛21] *adj2g.* Que está por natureza inseparavelmente ligado a alguma pessoa ou coisa. § **i.ne.rên.ci:a** *sf.*

i.ner.me [Lat. *inerme.*] *adj2g.* Sem armas ou meios de defesa.

i.ner.te [Lat. *inerte.*] *adj2g.* Que tem ou produz inércia; que não age, ou não interage.

i.nes.cru.pu.lo.so (ô) *adj.* Não escrupuloso. [Pl.: *-losos* (ó).]

i.nes.cru.tá.vel *adj2g.* Que não se pode escrutar. [Pl.: *-veis.*]

i.nes.cu.sá.vel [Lat. *inexcusabile.* ⬛41] *adj2g.* Que não se pode escusar. [Pl.: *-veis.*]

i.nes.go.tá.vel *adj2g.* **1.** Que não se pode esgotar. **2.** Que existe em abundância. [Sin.ger.: *inexaurível.* Pl.: *-veis.*]

i.nes.pe.ra.do [*In-²* + *esperado.*] *adj.* Não esperado; imprevisto.

i.nes.que.cí.vel *adj2g.* Que não se pode esquecer; inolvidável. [Pl.: *-veis.*]

i.nes.ti.má.vel [Lat. *inaestimabile.* ⬛41] *adj2g.* **1.** Que não se pode estimar ou avaliar. **2.** Que tem valor altíssimo. [Pl.: *-veis.*]

i.ne.vi.tá.vel [Lat. *inevitabile.* ⬛41] *adj2g.* Não evitável. [Pl.: *-veis.*]

i.ne.xa.ti.dão (z) *sf.* **1.** Falta de exatidão. **2.** Coisa inexata. [Pl.: *-dões.*]

i.ne.xa.to (z) [*In-²* + *exato.*] *adj.* Falto de exatidão.

i.ne.xau.rí.vel (z) [*In-²* + *exaurível.*] *adj2g.* V. *inesgotável.* Pl.: *-veis.*]

i.nex.ce.dí.vel [*In-²* + *excedível.*] *adj2g.* Que não se pode exceder. [Pl.: *-veis.*]

i.ne.xe.quí.vel (z...qüí) *adj2g.* Não exequível; inviável. [Pl.: *-veis.*] § **i.ne.xe.qui.bi.li.da.de** (z...qüi) *sf.*

i.ne.xis.tên.ci:a (z) *sf.* Não existência. § **i.ne.xis.ten.te** (z) *adj2g.*

i.ne.xis.tir (z) [*In-²* + *existir.*] *v.int.* Não existir; não haver. [C.: 3]

i.ne.xo.rá.vel (z) [Lat. *inexorabile.* ⬛41] *adj2g.* **1.** Que não se move a rogos. **2.** Que não muda de comportamento; duro, implacável, inflexível. [Pl.: *-veis.*]

i.nex.pe.ri.ên.ci:a [Lat. *inexperientia.*] *sf.* **1.** Qualidade de inexperiente. **2.** Erro devido a inexperiência.

i.nex.pe.ri.en.te [Lat. *inexperiente.*] *adj2g. s2g.* **1.** Que, ou quem não tem experiência. **2.** Inocente, ingênuo.

i.nex.pli.cá.vel [Lat. *inexplicabile.* ⬛41] *adj2g.* Não explicável. [Pl.: *-veis.*]

i.nex.plo.ra.do [Lat. *inexploratu.* ⬛17] *adj.* Não explorado.

i.nex.plo.rá.vel [*In-²* + *explorável.*] *adj2g.* Não explorável. [Pl.: *-veis.*]

i.nex.pres.si.vo [*In-²* + *expressivo.*] *adj.* Não expressivo.

i.nex.pri.mí.vel [*In-²* + *exprimível.*] *adj2g.* **1.** Não exprimível. **2.** *Fig.* Encantador. [Pl.: *-veis.*]

i.nex.pug.ná.vel [Lat. *inexpugnabile.* ⬛41] *adj2g.* Que não se pode tomar de assalto. [Pl.: *-veis.*]

inextinguível | infernizar

i.nex.tin.guí.vel [Lat. *inex(s)tinguibile*.▫41] *adj2g.* Não extinguível. [Pl.: *-veis*.] § **i.nex.tin.gui.bi.li.da.de** *sf.*

i.nex.tri.cá.vel ou **i.nex.trin.cá.vel** [Lat. *inextricabile*.▫41] *adj2g.* Que não se pode deslindar. [Pl.: *-veis*.]

in.fa.lí.vel [Lat.med. *infallibile*.▫41] *adj2g.* **1.** Que não falha. **2.** Que não pode deixar de ser, de acontecer; inevitável. **3.** Que nunca se engana ou erra. [Pl.: *-veis*.] § **in.fa.li.bi.li.da.de** *sf.*

in.fa.mar [Lat. *infamare*.▫1A] *vtd.* **1.** Tornar infame, ignominioso. **2.** Atribuir infâmia a. **3.** Difamar (1). *p.* **4.** Desonrar-se. [C.: 1] § **in.fa.man.te** *adj2g.*

in.fa.me [Lat. *infame*.] *adj2g.* **1.** Que tem má fama. **2.** Que pratica atos vis, desonrosos; abjeto, desprezível, torpe. **3.** Próprio de quem é infame.

in.fâ.mi.a [Lat. *infamia*.] *sf.* **1.** Má fama. **2.** Perda de boa fama. **3.** Ignomínia. **4.** Qualidade de, ou ato infame.

in.fân.ci.a [Lat. *infantia*.] *sf.* **1.** Etapa da vida humana que vai do nascimento à puberdade; puerícia, meninice. **2.** As crianças. **3.** *Fig.* O primeiro período de existência de uma instituição, sociedade, etc.

in.fan.ta *sf.* Fem. de *infante*¹ (3).

in.fan.ta.ri.a [*Infante*².▫15] *sf. Mil.* Tropa militar que marcha e combate a pé.

in.fan.te¹ [Lat. *infante*.] *adj2g.* **1.** Que está na infância (1). **2.** Criança (1). ● *sm.* **3.** Filho do rei de Portugal ou da Espanha, porém não herdeiro da coroa.

in.fan.te² [It. *fante*, com infl. de *infante*¹.] *sm.* Soldado de infantaria.

in.fan.ti.ci.da [Lat. *infanticida*.] *adj2g. s2g.* Que, ou quem praticou infanticídio.

in.fan.ti.cí.di:o [Lat. *infanticidiu*.] *sm.* **1.** Assassínio de recém-nascido ou criança (1). **2.** *Jur.* O ato de matar o próprio filho, sob a influência do estado puerperal, durante o parto ou logo depois.

in.fan.til [Lat. *infantile*.] *adj2g.* **1.** Próprio da infância (1), ou para crianças; pueril. **2.** Próprio de quem age como criança; tolo, ingênuo. [Pl.: *-tis*.] § **in.fan.ti.li.da.de** *sf.*

in.fan.ti.lis.mo [*Infantil*.▫11] *sm. Med.* Persistência de caracteres infantis na vida adulta, notando-se, principalmente, retardo mental e subdesenvolvimento sexual.

in.fan.ti.li.zar [*Infantil*.▫1D] *vtd. e p.* Tornar(-se) infantil. [C.: 1]

in.fan.to.ju.ve.nil *adj2g.* Relativo à infância e à juventude, ou apropriado a elas. [Pl.: *-nis*.]

in.far.to [Lat. *infartu*.] *sm. Med.* Área de necrose consequente à baixa de teor de oxigênio; enfarte.

in.fa.ti.gá.vel [Lat. *infatigabile*.▫41] *adj2g.* **1.** Que não se fatiga. **2.** Zeloso, desvelado. [Pl.: *-veis*.]

in.faus.to [Lat. *infaustu*.] *adj.* Que não é fausto ou propício; infeliz, aziago.

in.fec.ção ou **in.fe.ção** [Lat. *infectione*.▫2] *sf.* **1.** Ato ou efeito de infeccionar(-se). **2.** Qualidade ou estado de infeccionado. **3.** Contaminação, corrupção. **4.** *Inform.* Presença de vírus (2) em computador(es), disco(s) ou arquivo(s). **5.** *Med.* Penetração, desenvolvimento e multiplicação de microrganismos no organismo animal, com consequências variadas, ger. nocivas. [Pl.: *-ções*.]

in.fec.ci:o.nar ou **in.fe.ci.o.nar** *vtd.* **1.** Contagiar, viciar. **2.** *Med.* Causar infecção (5) a. *p.* **3.** Contaminar-se. [Sin.ger.: *infectar*. C.: 1] § **in.fe(c).ci:o.na.do** *adj.*

in.fec.ci.o.so ou **in.fe.ci.o.so** (ó) *adj.* Que produz infecção, ou dela resulta. [Pl.: *-ciosos* (ó).]

in.fec.tar ou **in.fe.tar** [*Infe(c)to* + *-ar*².▫1A] *vtd.* **1.** V. *infeccionar*. **2.** *Inform.* Causar infecção (4) em (computador, arquivo, etc.). *p.* **3.** V. *infeccionar*. [C.: 1 (é)] § **in.fe(c).tan.te** *adj2g.*

in.fec.to ou **in.fe.to** [Lat. *infectu*.] *adj.* **1.** Que tem infecção. **2.** Que lança mau cheiro. **3.** *Fig.* Moralmente repugnante.

in.fec.to.con.ta.gi.o.so (ó) [*Infecto* + *contagioso*.] *adj. Med.* Diz-se de doença que causa infecção e se propaga por contágio. [Pl.: *-osos* (ó).]

in.fe.cun.do [Lat. *infecundu*.] *adj.* V. *estéril* (1). § **in.fe.cun.di.da.de** *sf.*

in.fe.li.ci.da.de [Lat. *infelicitate*.▫14] *sf.* **1.** Qualidade ou estado de infeliz; desdita. **2.** Lance infeliz; acontecimento desfavorável.

in.fe.li.ci.tar [*Infelicidade* (*-cit-*).▫1A] *vtd.* Tornar infeliz, desditoso. [C.: 1]

in.fe.liz [Lat. *infelice*.] *adj2g.* **1.** Não feliz; desditoso, desgraçado. **2.** Fora de propósito; incabível. **3.** V. *infausto*. ● *s2g.* **4.** Pessoa infeliz. [Sin. (pop.) de 1 e 4: *desinfeliz*.]

in.fe.liz.men.te [*Infeliz*.▫42] *adv.* **1.** De modo infeliz. **2.** Por infelicidade; lamentavelmente.

in.fen.so [Lat. *infensu*.] *adj.* Contrário, adverso.

in.fe.rên.ci:a [Lat.med. *inferentia*.▫10] *sf.* **1.** Ato ou efeito de inferir; conclusão. **2.** Raciocínio, dedução, indução.

in.fe.ri.or (ó) [Lat. *inferiore*.] *adj2g.* **1.** Que está abaixo, por baixo ou mais baixo. **2.** Que está abaixo de outro(s) em qualidade, importância, valor. **3.** Que ocorre no começo ou próximo ao começo de um período cronológico. § **in.fe.ri:o.ri.da.de** *sf.*

in.fe.ri:o.ri.zar [*Inferior*.▫1D] *vtd. e p.* Tornar(-se) inferior. [C.: 1]

in.fe.rir [Lat. *inferere.▫1C] *vtd. e tdi.* Deduzir pelo raciocínio. [C.: 48]

in.fer.nal [Lat. *infernale*.▫39] *adj2g.* **1.** Relativo ao, ou próprio do inferno. **2.** Terrível, atroz, diabólico. [Pl.: *-nais*.]

in.fer.nar [*Inferno*.▫1A] *vtd.* Atormentar, afligir; infernizar. [C.: 1 (é)]

in.fer.ni.zar [*Inferno*.▫1D] *vtd.* **1.** Infernar. **2.** Arreliar, irritar. [C.: 1]

in.fer.no [Lat. cristão *infernu*.] *sm.* **1.** *Mit.* Lugar subterrâneo onde estão as almas dos mortos. **2.** Segundo o cristianismo, lugar ou situação pessoal em que se encontram os que morreram em estado de pecado. **3.** Tormento, martírio.

in.fér.til [Lat. *infertile*.] *adj2g.* Que não é fértil; estéril. [Pl.: *-teis.*]

in.fes.ta.ção [Lat. *infestatione*.]◨2A] *sf.* **1.** Ato ou efeito de infestar. **2.** *Med.* Estabelecimento, proliferação e ação deletéria de parasitos, na pele e apêndices dela. [Pl.: *-ções.*]

in.fes.ta.do [*Infestar*.◨17A] *adj. sm.* Diz-se de, ou aquele em que há infestação (2).

in.fes.tar [Lat. *infestare*.◨1A] *vtd.* **1.** Percorrer, devastando; assolar. **2.** Produzir infestação (2) em. **3.** *Fig.* Causar grandes estragos a. [C.: 1 (é)]

in.fe.to.con.ta.gi.o.so (ô) *adj. Med.* V. *infectocontagioso.* [Pl.: *-osos* (ó).]

in.fi.de.li.da.de [Lat. *infidelitate*.◨14] *sf.* Qualidade ou procedimento de infiel.

in.fi.el [Lat. *infidele*.] *adj2g.* **1.** Sem fidelidade; desleal. **2.** Que não é exato. ● *s2g.* **3.** Gentio (1). [Pl.: *-éis.*]

in.fil.tra.ção [*Infiltrar*.◨2A] *sf.* **1.** Ato ou efeito de infiltrar(-se). **2.** Penetração de um fluido em um sólido através de poros ou interstícios. **3.** *Med.* Acúmulo, em células ou tecidos, de substâncias estranhas a eles. **4.** *Med.* Injeção de anestésico, ou de outro medicamento, visando efeito local. [Pl.: *-ções.*]

in.fil.trar [*In-*[1] + *filtrar*.◨1A] *vtd.* **1.** Penetrar como através de filtro. **2.** Causar infiltração (2) em. **3.** Introduzir lentamente; insinuar. **4.** *Med.* Fazer infiltração (4) em. *tdi.* **5.** Introduzir. **6.** *Fig.* Infiltrar (3). *p.* **7.** Introduzir-se aos poucos; insinuar-se. **8.** Penetrar no meio de. [C.: 1]

ín.fi.mo [Lat. *infimu*.] *adj.* O mais baixo de todos.

in.fin.dá.vel [*In-*[2] + *findável*.] *adj2g.* Que não chega ao fim. [Pl.: *-veis.*]

in.fin.do [*In-*[2] + *findo*.] *adj.* Infinito (1).

in.fi.ni.da.de [Lat. *infinitate*.◨14] *sf.* Grande porção.

in.fi.ni.te.si.mal *adj2g.* **1.** Relativo a, ou que constitui uma quantidade ou fração tão pequena quanto se possa supor ou imaginar. **2.** *Fig.* Extremamente pequeno. [Pl.: *-mais.*]

in.fi.ni.ti.vo [Lat. *infinitivo*.◨22] *E.Ling. adj.* **1.** Diz-se do modo verbal que, em português, exprime ação ou estado, sem ger. determinar número e pessoa, ou tempo. ● *sm.* **2.** Esse modo. [Sin.ger.: *infinito.*]

in.fi.ni.to [Lat. *infinitu*.] *adj.* **1.** Sem fim, termo ou limite; infindo. **2.** De extensão ou intensidade extremas; imenso. **3.** V. *inumerável*. **4.** *E.Ling.* V. *infinitivo* (1). ● *sm.* **5.** Extensão infinita. **6.** *E.Ling.* V. *infinitivo* (2). **7.** *Mat.* Grandeza cujo valor numérico é tão grande quanto se queira supor ou se possa imaginar [símb.: ∞].

in.fi.xo (cs) [Lat. *infixu*.] *sm. E.Ling.* Afixo no interior de palavra. Ex.: o *t* de *cafeteira.*

in.fla.ção [Lat. *inflatione*.◨2A] *sf.* **1.** Ato ou efeito de inflar(-se). **2.** *Econ.* Aumento geral de preços, com consequente perda do poder aquisitivo do dinheiro. [Pl.: *-ções.*] Cf. *infração.*]

in.fla.ci.o.nar [*Inflação* (*-cion-*).◨1A] *vtd. e int.* Produzir inflação (2) (em). [C.: 1]

in.fla.do [Lat. *inflatu*.◨17A] *adj.* **1.** Que se inflou; inchado. **2.** *Fig.* Soberbo, vaidoso.

in.fla.ma.ção [Lat. *inflammatione*.◨2A] *sf.* **1.** Ato ou efeito de inflamar(-se). **2.** *Med.* Reação protetora em tecidos animais, produzida por tipos diferentes de agressão. [Pl.: *-ções.*]

in.fla.mar [Lat. *inflammare*.◨1A] *vtd.* **1.** Converter em chamas. **2.** *Fig.* Excitar; estimular. **3.** Causar inflamação (2) a. **4.** Ruborizar. *int.* **5.** Sofrer inflamação (2). *p.* **6.** Pegar fogo. **7.** *Fig.* Exaltar-se. **8.** Ruborizar-se. [C.: 1] § **in.fla.ma.do** *adj.*; **in.fla.ma.tó.ri:o** *adj.*

in.fla.má.vel [*Inflamar*.◨41] *adj2g. sm.* Que, ou substância que se pode inflamar. [Pl.: *-veis.*]

in.flar [Lat. *inflare*.◨1A] *vtd. e p.* **1.** Encher(-se), enfunar(-se). **2.** V. *envaidecer*. [C.: 1]

in.fle.xão (cs) [Lat. *inflexione*.◨28] *sf.* **1.** Ato ou efeito de inflectir(-se); curvatura, flexão. **2.** Mudança de direção; desvio. **3.** V. *entoação* (2). [Pl.: *-xões.*]

in.fle.xí.vel (cs) [Lat. *inflexibile*.◨41] *adj2g.* **1.** Não flexível (1). **2.** V. *inexorável* (2). [Pl.: *-veis.*] § **in.fle.xi.bi.li.da.de** (cs) *sf.*

in.fli.gir [Lat. *infligere*.◨1C] *vtdi.* **1.** Cominar ou aplicar (pena, castigo, repreensão). **2.** Causar, produzir. [C.: 3A. Cf. *infringir*.]

in.flo.res.cên.ci:a [Lat.cient. *inflorescentia*.] *sf. Bot.* Peça florífera em que há mais de uma flor num pedúnculo.

in.flu.ên.ci:a [Lat.med. *influentia*.◨10] *sf.* **1.** Ato ou efeito de influir; influxo. **2.** Capacidade, ou poder, que pessoa ou coisa tem de interferir no comportamento, no desenvolvimento, na vida de outra; influxo. **3.** Autoridade intelectual ou moral que pessoa ou coisa exerce sobre outra.

in.flu:en.ci.ar [*Influência*.◨1A] *vtd., tdi., ti. e p.* Exercer influência em, ou receber influência. [C.: 1]

in.flu.en.te [Lat. *influente*.◨21A] *adj2g. s2g.* Que, ou o que influi ou exerce influência.

in.flu.en.za [It. *influenza*.] *sf. Med.* V. *gripe*.

in.flu.ir [Lat. *influere*.◨1C] *vtd.* **1.** Fazer fluir para dentro de. **2.** Comunicar, inspirar, incutir. **3.** Entusiasmar, animar. *tdi.* **4.** Influir (2). *ti.* **5.** Exercer influência (2 e 3). *int.* **6.** Exercer influência (2 e 3); ter importância. [C.: 42]

in.flu.xo (cs) [Lat. *influxu*.] *sm.* V. *influência* (1 e 2).

in.fo.gra.fi.a [*Info*(*rmação*) + *-grafia*.] *sf. Edit.* Técnica de combinar desenhos, fotos, gráficos, etc. para a apresentação dramatizada de dados. § **in.fo.grá.fi.co** *adj.*

in.for.ma.ção [Lat. *informatione.* ◼2A] *sf.* **1.** Ato ou efeito de informar(-se); informe. **2.** Fatos conhecidos ou dados comunicados acerca de alguém ou algo. **3.** Instrução. **4.** Tudo que é passível de ser apreendido, assimilado ou armazenado pela mente humana. **5.** Qualquer sequência de elementos que produz determinado efeito e, tb., transmite e armazena a capacidade de produzir tal efeito: *informação genética*. **6.** Fato de interesse específico, conhecido graças a observação, pesquisa e análise. [Pl.: *-ções*.] § **in.for.ma.ci:o.nal** *adj2g.*

in.for.mal [Ingl. *informal.* ◼39] *adj2g.* **1.** Destituído de formalidade (2). **2.** Próprio de quem é informal. **3.** Diz-se do trabalho não regulamentado, ou do trabalhador sem carteira de trabalho assinada. [Pl.: *-mais*.]

in.for.ma.li.da.de [*In-*[2] + *formalidade*.] *sf. Bras.* **1.** Falta de formalidade. **2.** Caráter ou condição de informal (3).

in.for.mar [Lat. *informare.* ◼1A] *vtd.* **1.** Dar informe ou parecer sobre. **2.** Comunicar, participar. *tdi.* **3.** Informar (2). *ti. e int.* **4.** Dar informações, notícias. *p.* **5.** Inteirar (6). [C.: 1 (ó)] § **in.for.man.te** *s2g.*

in.for.má.ti.ca [Fr. *informatique*.] *sf.* Ciência que visa ao tratamento da informação através do uso de equipamentos da área de processamento de dados.

in.for.ma.ti.vo [*Informar.* ◼22A] *adj.* Destinado a informar ou noticiar.

in.for.ma.ti.zar [*Informática.* ◼1D] *vtd.* **1.** Adaptar (métodos, tarefas, atividades) ao uso de sistemas computadorizados. **2.** Equipar (instituição, empresa, etc.) com sistemas de computador. [C.: 1]

in.for.me[1] [Dev. de *informar*.] *sm.* Informação (1).

in.for.me[2] [Lat. *informe*.] *adj2g.* Sem forma ou feitio; amorfo.

in.for.tu.na.do [Lat. *infortunatu.* ◼17] *adj.* Sem fortuna; infeliz.

in.for.tú.ni:o [Lat. *infortuniu*.] *sm.* **1.** Falta de ventura; desdita, desventura. **2.** Resultado infeliz; insucesso.

in.fo.te.ca [*Info(rmática)* + *(biblio)teca*.] *sf.* Biblioteca informatizada, cujo acervo pode ser acessado via Internet.

in.fra.ção [Lat. *infractione.* ◼2] *sf.* Ato ou efeito de infringir. [Pl.: *-ções*. Cf. *inflação*.]

in.fra.es.tru.tu.ra [*Infra-* + *estrutura*.] *sf.* **1.** Parte inferior duma estrutura. **2.** A estrutura básica de uma organização, sistema, etc. **3.** *Restr.* A base material ou econômica da sociedade. **4.** *Urb.* Numa cidade, conjunto das instalações necessárias às atividades humanas, como rede de esgotos, de água, de energia elétrica, etc. § **in.fra.es.tru.tu.ral** *adj2g.*

in.fra.li.to.ral *adj2g. sm.* Diz-se de, ou região costeira banhada pelo mar, situada abaixo da mais baixa linha de maré. [Pl.: *-rais*.]

in.fra.tor (ô) [Lat. *infractore.* ◼19] *sm.* Aquele que infringe.

in.fra.ver.me.lho (ê) *sm. Fís.* Radiação eletromagnética com comprimento de onda superior ao da radiação visível e inferior ao das micro-ondas.

in.fre.ne [Lat. *infrene*.] *adj2g.* Sem freio; desenfreado.

in.fre.quen.te (qüen) [Lat. *infrequente.* ◼21A] *adj2g.* Não frequente.

in.frin.gir [Lat. *infringere.* ◼1C] *vtd.* Violar, transgredir; desrespeitar. [C.: 3A. Cf. *infligir*.]

in.fru.tes.cên.ci:a [*In-*[1] + *frutescência*.] *sf. Bot.* Frutificação simultânea duma inflorescência, que resulta num fruto composto íntegro. Ex.: o abacaxi.

in.fru.tí.fe.ro [Lat.med. *infructiferu*.] *adj.* **1.** Que é estéril, árido. **2.** Sem resultado; inútil.

in.fun.da.do [*In-*[2] + *fundado*.] *adj.* Sem fundamento.

in.fun.dir [Lat. *infundere.* ◼1C] *vtd.* **1.** Efetuar infusão (2) de. **2.** Comunicar, incutir, inspirar. *tdi.* **3.** Entornar, derramar. **4.** Infundir (2). *p.* **5.** Introduzir-se. [C.: 3]

in.fu.são [Lat. *infusione.* ◼2] *sf.* **1.** Ato ou efeito de infundir(-se). **2.** Processo em que se lança líquido fervente sobre substância de que se deseja retirar um princípio ativo. [Pl.: *-sões*.]

in.fu.sí.vel [*In-*[2] + *fusível*.] *adj2g.* Não fusível. [Pl.: *-veis*.]

in.fu.so [Lat. *infusu*.] *adj.* Posto em infusão.

in.gá [Do tupi.] *sm. f. Bot.* **1.** Árvore mimosácea, de frutos ger. comestíveis; ingazeira, ingazeiro. **2.** Esse fruto.

in.ga.zei.ra [*Ingá.* ◼16B] *sf. Bras. Bot.* V. *ingá* (1).

in.ga.zei.ro [*Ingá.* ◼25B] *sm. Bras. Bot.* V. *ingá* (1).

in.gê.ni.to [Lat. *ingenitu*.] *adj.* De nascença; inato.

in.gen.te [Lat. *ingente.* ◼21] *adj2g.* Muito grande; enorme.

in.ge.nu:i.da.de [Lat. *ingenuitate.* ◼14] *sf.* Qualidade, ato ou dito de ingênuo (1 e 2); puerilidade.

in.gê.nu:o [Lat. *ingenuu*.] *adj.* **1.** Sem malícia; franco. **2.** Em que há inocência, pureza; singelo, pueril. • *sm.* **3.** Indivíduo ingênuo. **4.** Filho de escrava nascido após a lei da emancipação.

in.ge.rên.ci:a [Lat. *ingerentia*.] *sf.* Ato ou efeito de ingerir(-se).

in.ge.rir [Lat. *ingerere.* ◼1C] *vtd.* **1.** Introduzir no organismo pela boca (1). *tdi.* **2.** Introduzir. *p.* **3.** Intervir, intrometer(-se). [C.: 48]

in.ges.tão [Lat. *ingestione.* ◼2] *sf.* Ato de ingerir; deglutição. [Pl.: *-tões*.]

in.glês [Fr.ant. *angleis* ou *engleis*.] *adj.* **1.** Da Inglaterra (Reino Unido); anglo. • *sm.* **2.** O natural ou habitante da Inglaterra; anglo. **3.**

inglesar | injetar

E.Ling. A língua inglesa. [Flex. de 1 e 2: *ingleses* (ê), *inglesa(s)* (ê).]

in.gle.sar [*Inglês*.⬛1A] *vtd. e p.* Dar feição inglesa a, ou tomá-la. [C.: 1 (é)]

in.gló.ri:o [Lat. *ingloriu*.⬛23] *adj.* Em que não há glória.

in.glu.vi:o [Lat. *ingluviu.] *sm. Zool.* Dilatação no esôfago das aves, onde os alimentos são temporariamente armazenados; papo.

in.gra.to [Lat. *ingratu*.] *adj.* **1.** Que não é grato, que não reconhece os benefícios recebidos. **2.** V. *estéril* (1). **3.** Desagradável, molesto. § **in.gra.ti.dão** *sf.*

in.gre.di.en.te [Lat. *ingrediente*.⬛21] *sm.* Substância que entra na preparação de medicamento, iguaria, etc.

ín.gre.me [V.D] *adj2g.* Muito inclinado; escarpado.

in.gres.sar [*Ingresso*.⬛1A] *vtc. e ti.* Fazer ingresso; entrar. [C.: 1 (é)]

in.gres.so [Lat. *ingressu*.] *sm.* **1.** Ato de entrar ou ingressar; entrada, acesso. **2.** *Bras.* Bilhete que dá direito a ingressar numa diversão, etc.; entrada.

ín.gua [Lat.med. *inguina*.] *sf. Med.* **1.** Ingurgitamento de linfonodo inguinal. **2.** *P.ext.* Ingurgitamento dos gânglios das axilas, do pescoço, etc.

in.gui.nal [Lat. *inguinale*.⬛39] *adj2g.* Relativo à virilha. [Pl.: *-nais*.]

in.gur.gi.tar [Lat. *ingurgitare*.⬛1A] *vtd.* **1.** Entupir; obstruir. *int. e p.* **2.** Inchar(-se), intumescer(-se). [C.: 1] § **in.gur.gi.ta.men.to** *sm.*

i.nha.ca [Or.afric.] *sf. Bras. Pop.* Catinga, morrinha.

i.nham.bu [Do tupi.] *sm. Bras. Zool.* Ave tinamídea das matas. [Var.: *inambu*, *nambu*, *nhambu*.]

i.nha.me [Or.afr.] *sm. Bot.* Erva arácea de tubérculos nutritivos, do mesmo nome.

i.ni.bi.ção [Lat. *inhibitione*.⬛2A] *sf.* **1.** Ato ou efeito de inibir(-se). **2.** Resistência psicológica a certos sentimentos ou atos. [Pl.: *-ções*.]

i.ni.bi.do [Lat. *inhibitu*.] *adj.* **1.** Que se inibiu. **2.** Que apresenta inibição (2). ● *sm.* **3.** Indivíduo inibido (2).

i.ni.bir [Lat. *inhibere*.⬛1C] *vtd.* **1.** Impedir, embaraçar. *tdi.* **2.** Impedir, impossibilitar. *p.* **3.** Embaraçar-se; retrair-se. [C.: 3] § **i.ni.bi.dor** (ô) *adj.*

i.ni.bi.tó.ri:o [*Inibir*.⬛23A] *adj.* Capaz de inibir.

i.ni.ci.a.ção [Lat. *initiatione*.⬛2A] *sf.* **1.** Ato ou efeito de iniciar(-se). **2.** Aquisição das primeiras noções duma matéria ou disciplina. **3.** Preparação pela qual se inicia alguém nos mistérios de uma religião, doutrina ou rito. **4.** *Antrop.* Série de atos e cerimônias rituais que marcam a passagem dos indivíduos a novas posições sociais, ou seu acesso a determinadas funções. **5.** *Inform.* Sequência mais ou menos padronizada de operações com que se prepara um computador ou periférico para uso. [Pl.: *-ções*.]

i.ni.ci.a.do [*Iniciar*.⬛17A] *adj.* **1.** Instruído em (conhecimento, arte, etc.). ● *sm.* **2.** Neófito de qualquer seita ou ordem.

i.ni.ci.al [Lat. *initiale*.⬛39] *adj2g.* **1.** Que inicia. ● *sf.* **2.** A primeira letra de uma palavra. [Pl.: *-ais*.]

i.ni.ci.a.li.zar [*Inicial*.⬛1D] *vtd. Inform.* V. *iniciar* (3 e 4). [C.: 1] § **i.ni.ci:a.li.za.ção** *sf.*

i.ni.ci.al.men.te [*Inicial*.⬛42] *adv.* No início, no começo.

i.ni.ci.ar [Lat. *initiare*.⬛1A] *vtd.* **1.** Dar princípio a; começar. **2.** Ministrar as primeiras noções; informar. **3.** *Inform.* Submeter (computador ou periférico) a iniciação (5). **4.** *Inform.* Carregar ou abrir (programa). *tdi.* **5.** Iniciar (2). **6.** Admitir aos mistérios e cerimônias (de ordem ou seita). *p.* **7.** Ser admitido; entrar. [C.: 1] § **i.ni.ci.an.te** *adj2g. s2g.*

i.ni.ci:a.ti.va [F.subst. de *iniciativo*.] *sf.* **1.** Ação de quem é o primeiro a propor e/ou empreender algo. **2.** *P.ext.* Empreendimento. **3.** Qualidade de saber agir.

i.ní.ci:o [Lat. *initiu*.⬛34] *sm.* Princípio, começo.

i.ni.gua.lá.vel [*In-*² + *igualável*.] *adj2g.* Não igualável. [Pl.: *-veis*.]

i.ni.lu.dí.vel [*In-*² + *iludível*.] *adj2g.* **1.** Que não admite dúvidas. **2.** Que não se pode iludir. [Pl.: *-veis*.]

i.ni.ma.gi.ná.vel *adj2g.* Que não se pode imaginar; impensável. [Pl.: *-veis*.]

i.ni.mi.go [Lat. *inimicu*.] *adj.* **1.** Que se opõe, que é contrário a; hostil. **2.** De grupo, facção ou partido oposto. **3.** Que causa dano; nocivo. ● *sm.* **4.** Aquele que odeia ou detesta alguém ou algo. **5.** Grupo, facção ou partido hostil. **6.** Coisa nociva.

i.ni.mi.tá.vel [Lat. *inimitabile*.⬛41] *adj2g.* Não imitável. [Pl.: *-veis*.]

i.ni.mi.za.de [Lat.vulg. *inimicitate.] *sf.* Falta de amizade; malquerença.

i.ni.mi.zar [*Inimizo(ade)*.⬛1A] *vtd., tdi. e p.* Tornar(-se) inimigo; indispor(-se), malquistar(-se). [C.: 1]

i.nin.te.li.gí.vel [Lat. *inintelligibile*.⬛41] *adj2g.* Não inteligível; obscuro. [Pl.: *-veis*.]

i.nin.ter.rup.to [*In-*² + *interrupto*.] *adj.* Não interrupto; constante, perene.

i.ní.quo [Lat. *iniquu*.] *adj.* **1.** Contrário à equidade. **2.** Perverso, malévolo. § **i.ni.qui.da.de** (qüi) *sf.*

in.je.ção [Lat. *injectione*.⬛2] *sf.* **1.** Ato ou efeito de injetar. **2.** Líquido que se injeta. **3.** Introdução de líquido medicamentoso em tecido ou órgão por meio de seringa e agulha. [Pl.: *-ções*.]

in.je.tar [Lat. *injectare*.⬛1A] *vtd.* **1.** Introduzir num corpo, sob pressão (gás ou líquido). *tdi.* **2.** *P.ext.* Introduzir. [C.: 1 (é)] § **in.je.tá.vel** *adj2g.*

injetor | inquisitorial

in.je.tor (ô) [*Injetar*.◼19] *adj.* **1.** Que injeta. ● *sm.* **2.** Aparelho para injetar.

in.jun.ção [Lat. *injunctione*.◼2] *sf.* Ordem formal; imposição. [Pl.: *-ções*.]

in.jú.ri:a [Lat. *injuria*.] *sf.* **1.** Ato ou efeito de injuriar. **2.** Ato ou dito ofensivo; ofensa, insulto. **3.** Aquilo que é injusto. **4.** *Med.* Qualquer lesão infligida ao corpo.

in.ju.ri.a.do [*Injuriar*.◼17A] *adj.* V. *ofendido*.

in.ju.ri.ar [Lat. *injuriare*.◼1A] *vtd.* **1.** Dirigir injúria ou insulto a. *p.* **2.** *Bras. Pop.* Zangar-se. [C.: 1] § **in.ju.ri:a.dor** (ô) *adj. sm.*; **in.ju.ri.an.te** *adj2g.*

in.ju.ri.o.so (ô) [Lat. *injuriosu*.◼37] *adj.* Em que há injúria. [Pl.: *-osos* (ó).]

in.jus.ti.ça [Lat. *injustitia*.] *sf.* **1.** Falta de justiça. **2.** Ação ou coisa injusta.

in.jus.ti.ça.do [*In-²* + *justiçado*.◼17B] *adj. sm.* Que, ou quem não recebeu justiça.

in.jus.ti.fi.cá.vel *adj2g.* Não justificável; indesculpável. [Pl.: *-veis*.]

in.jus.to [Lat. *injustu*.] *adj.* Falto de justiça ou contrário a ela.

■ **INL** Sigla de *Instituto Nacional do Livro*.

i.nob.ser.vân.ci:a *sf.* Falta de observância.

i.no.cên.ci:a [Lat. *innocentia*.] *sf.* **1.** Qualidade de inocente. **2.** Falta de culpa. **3.** Ausência de malícia; candura, pureza. **4.** Excessiva credulidade; ingenuidade.

i.no.cen.tar [*Inocente*.◼1A] *vtd. e tdi.* **1.** Considerar ou tornar inocente. **2.** Desculpar, absolver. *p.* **3.** Ser considerado inocente. [C.: 1]

i.no.cen.te [Lat. *innocente*.◼21] *adj2g.* **1.** Que não causa dano; inofensivo, inócuo. **2.** Isento de culpa. **3.** Que tem inocência (3); cândido, puro. ● *s2g.* **4.** Pessoa inocente. **5.** Criança de tenra idade.

i.no.cu.lar [Lat. *inoculare*.◼1A] *vtd.* **1.** Enxertar, inserir, introduzir. **2.** *Med.* Introduzir (em organismo) soro, vacina, microrganismo causador de doença, etc. [C.: 1] § **i.no.cu.la.ção** *sf.*

i.nó.cu:o [Lat. *innocuu*.] *adj.* Que não faz dano; inofensivo.

i.no.do.ro (dó) [Lat. *inodoru*.] *adj.* Que não tem odor.

i.no.fen.si.vo [*In-²* + *ofensivo*.] *adj.* Inócuo.

i.nol.vi.dá.vel *adj2g.* Inesquecível. [Pl.: *-veis*.]

i.no.mi.ná.vel [Lat. *innominabile*.◼41] *adj2g.* **1.** Que não se pode designar por um nome. **2.** Abjeto, ignóbil. [Pl.: *-veis*.]

i.no.pe.ran.te [*In-²* + *operante*.] *adj2g.* Que não opera, não produz o efeito necessário. § **i.no.pe.rân.ci:a** *sf.*

i.no.pi.na.do [Lat. *inopinatu*.] *adj.* Não esperado; imprevisto.

i.no.por.tu.no [Lat. *inopportunu*.] *adj.* Não oportuno; importuno.

i.nor.gâ.ni.co [*In-²* + *orgânico*.] *adj.* **1.** Que não tem órgãos; não orgânico. **2.** Sem vida. **3.** Que não é composto de matéria vegetal ou animal.

i.nós.pi.to [Lat. *inhospitu*.] *adj.* **1.** Sem condições para hospedar. **2.** Em que não se pode viver.

i.no.va.ção [Lat. *innovatione*.] *sf.* **1.** Ato ou efeito de inovar. **2.** Novidade (2). [Pl.: *-ções*.]

i.no.var [Do lat. *innovare*.◼1A] *vtd.* **1.** Renovar (1). **2.** Introduzir novidade em. [C.: 1 (ó)] § **i.no.va.dor** (ô) *adj. sm.*

i.nox (cs) [M.reg.] *sm2n.* Aço inoxidável. [Tb. us. como aposit.: *fogão inox*.]

i.no.xi.dá.vel (cs) *adj2g.* Que não se oxida, não enferruja. [Pl.: *-veis*.]

→ **input** (input) [Ingl.] *sm. Inform.* Entrada (13 e 14).

in.qua.li.fi.cá.vel *adj2g.* **1.** Que não se pode qualificar. **2.** Abjeto, indigno. [Pl.: *-veis*.]

in.que.bran.tá.vel [*In-²* + *quebrantável*.] *adj2g.* Que não se pode quebrantar. [Pl.: *-veis*.]

in.que.brá.vel *adj2g.* Que não se pode quebrar. [Pl.: *-veis*.]

in.qué.ri.to (ké) [Dev. do lat. **inquaeritare*.] *sm.* **1.** Ato ou efeito de inquirir. **2.** Conjunto de atos e diligências que visam a apurar alguma coisa; sindicância.

in.ques.ti.o.ná.vel *adj2g.* V. *incontestável*. [Pl.: *-veis*.]

in.qui:e.ta.ção [Lat. *inquietatione*.◼2A] *sf.* Falta de quietação, de sossego; excitação, inquietude. [Pl.: *-ções*.]

in.qui:e.ta.dor (ô) [Lat. *inquietatore*.◼19A] *adj.* Que causa inquietação; inquietante.

in.qui:e.tan.te [*Inquietar*.◼21] *adj2g.* Inquietador.

in.qui:e.tar [Lat. *inquietare*.◼1A] *vtd. e p.* Tornar(-se) inquieto; perturbar(-se). [C.:1 (é)]

in.qui:e.to [Lat. *inquietu*.] *adj.* **1.** Não quieto; desassossegado. **2.** Que não para quieto; turbulento, agitado. **3.** Que está aflito, perturbado.

in.qui:e.tu.de [Lat. *inquietudine*.] *sf.* V. *inquietação*.

in.qui.li.na.to [Lat. *inquilinatu*.◼18] *sm.* **1.** Estado de quem reside em casa alugada. **2.** Os inquilinos.

in.qui.li.no [Lat. *inquilinu*.] *sm.* Indivíduo residente em casa que tomou de aluguel.

in.qui.rir [Lat. *inquirere*.◼1C] *vtd.* **1.** V. *indagar* (1 e 2). **2.** Interrogar judicialmente. *tdi. e ti.* **3.** V. *indagar* (1 e 2). *int.* **4.** Fazer perguntas, indagações. [C.: 3] § **in.qui.ri.ção** *sf.*; **in.qui.ri.dor** (ô) *adj. sm.*

in.qui.si.ção [Lat. *inquisitione*.◼2] *sf.* **1.** Ato ou efeito de inquirir. **2.** Antigo tribunal eclesiástico instituído para investigar e punir crimes contra a fé católica. [Nesta acepç., com inicial maiúsc. Pl.: *-ções*.]

in.qui.si.dor (ô) [Lat. *inquisitore*.◼19A] *sm.* Juiz da Inquisição.

in.qui.si.ti.vo [Lat. *inquisitivu*.◼22] *adj.* Relativo a, ou que envolve inquisição.

in.qui.si.to.ri.al [*Inquisitório*.◼39] *adj2g.* Relativo a inquisição, ou severo como os métodos da Inquisição. [Pl.: *-riais*.]

in.sa.ci.á.vel [Lat. *insatiabile*. ◘41] *adj2g.* Que não é possível saciar; que nunca se satisfaz. [Pl.: *-veis*.]

in.sa.lu.bre [Lat. *insalubre*.] *adj2g.* Não salubre; mau para a saúde. § **in.sa.lu.bri.da.de** *sf.*

in.sa.ná.vel [Lat. *insanabile*. ◘41] *adj2g.* Que não se pode sanar. [Pl.: *-veis*.]

in.sa.ni.da.de [Lat. *insanitate*. ◘14] *sf.* 1. Qualidade de insano. 2. Demência, loucura.

in.sa.no [Lat. *insanu*.] *adj.* 1. V. *insensato*. 2. Que apresenta distúrbio mental. 3. *Fig.* Excessivo; árduo. ● *sm.* 4. Indivíduo insano (2).

in.sa.tis.fa.ção [*In-*² + *satisfação.*] *sf.* Falta de satisfação. [Pl.: *-ções*.]

in.sa.tis.fa.tó.ri:o [*In-*² + *satisfatório.*] *adj.* 1. Que não satisfaz; não satisfatório. 2. Que envolve insatisfação ou descontentamento.

in.sa.tis.fei.to [*In-*² + *satisfeito.*] *adj.* Que não se satisfez; que não está satisfeito.

in.sa.tu.ra.do [*In-*² + *saturado.*] *adj. Quím.* Diz-se de compostos orgânicos com dois átomos de carbono adjacentes dupla ou triplamente ligados entre si.

ins.ci.en.te [Lat. *insciente*. ◘21] *adj2g.* Não ciente; ignorante. § **ins.ci.ên.ci:a** *sf.*

ins.cre.ver [Lat. *inscribere*. ◘1B] *vtd. e tdi.* 1. Escrever, insculpindo ou gravando. 2. Efetuar a inscrição de. 3. Pôr por escrito; escrever. *p.* 4. Fornecer dados para a própria inscrição. [C.: 2 (ê-é). Part.: *inscrito*.]

ins.cri.ção [Lat. *inscriptione*. ◘2] *sf.* 1. Ato ou efeito de inscrever. 2. Palavras escritas ou gravadas em monumento, medalha, etc.; epígrafe. 3. Ato ou efeito de assentar em registro, lista, etc. [Pl.: *-ções*.]

ins.cri.to [Lat. *inscriptu*.] *adj.* 1. Que se inscreveu, registrou. 2. Incluído (em lista).

ins.cul.pir [Lat. *insculpere*. ◘1C] *vtd.* 1. Entalhar, esculpir. 2. Gravar em material duro; gravar. *tdi.* 3. Insculpir (1). [C.: 8]

in.se.gu.ran.ça *sf.* Falta de segurança.

in.se.gu.ro *adj.* Não seguro.

in.se.mi.na.ção [*Inseminar*. ◘2A] *sf.* 1. Fecundação do óvulo. 2. Introdução de sêmen na cavidade uterina. [Pl.: *-ções*.]

in.se.mi.nar [Lat. *inseminare*. ◘1A] *vtd.* Fazer a inseminação (2) em. [C.: 1]

in.sen.sa.to [Lat. *insensatu*.] *adj.* Falto de senso ou razão; louco, insano.

in.sen.si.bi.li.zar [*Insensível* (*-bil-*). ◘1D] *vtd. e p.* Tornar(-se) insensível. [C.: 1]

in.sen.sí.vel [Lat. *insensibile*. ◘41] *adj2g.* 1. Sem sensibilidade. 2. Não sensível; apático, indiferente. 3. Que não tem compaixão; impiedoso. [Pl.: *-veis*.] § **in.sen.si.bi.li.da.de** *sf.*

in.se.pa.rá.vel [Lat. *inseparabile*. ◘41] *adj2g.* 1. Não separável. 2. *Fig.* Muito unido a outro(s), ou entre si. [Pl.: *-veis*.]

in.se.pul.to [Lat. *insepultu*.] *adj.* Não sepulto.

in.ser.ção [Lat. *insertione*. ◘2] *sf.* Ato ou efeito de inserir(-se). [Pl.: *-ções*.]

in.se.rir [Lat. *inserere*. ◘1C] *vtdi.* 1. Introduzir, incluir. 2. Pôr, colocar. *p.* 3. Fixar-se, implantar-se. 4. Meter-se, pôr-se. [C.: 48. Part.: *inserido* e *inserto*.]

in.ser.to [Lat. *insertu*.] *adj.* 1. Que se inseriu. 2. Publicado entre outras coisas.

in.se.ti.ci.da [*Inseti-* + *-cida.*] *adj2g. sm.* Que, ou substância que mata insetos.

in.se.tí.vo.ro [*Inseti-* + *-voro.*] *adj.* Que se nutre de insetos.

in.se.to [Tax. *Insecta*, do lat. (*animale*) *insectum*.] *sm. Zool.* Espécime dos insetos, classe de artrópodes com um par de antenas, ger. 2 pares de asas, e 3 pares de patas; são na maioria terrestres. Ex.: barata, grilo.

in.sí.di:a [Lat. *insidia*.] *sf.* 1. V. *emboscada* (1). 2. Ação desleal, traiçoeira.

in.si.di.o.so (ô) [Lat. *insidiosu*. ◘37] *adj.* 1. Que é dado a armar insídias. 2. Traiçoeiro, pérfido. [Pl.: *-osos* (ó).]

in.sig.ne [Lat. *insigne*.] *adj2g.* Muito distinto; notável, célebre.

in.síg.ni:a [Lat. *insignia*.] *sf.* 1. Sinal distintivo de função, dignidade, posto, nobreza, etc.; símbolo. 2. Sinal distintivo dos membros de associação, irmandade, etc. [Sin.ger.: *emblema*.]

in.sig.ni.fi.cân.ci:a *sf.* 1. Qualidade de insignificante. 2. V. *ninharia*.

in.sig.ni.fi.can.te [*In-*² + *significante.*] *adj2g.* Que não tem valor; reles.

in.sin.ce.ro [Lat. *insinceru*.] *adj.* Não sincero. § **in.sin.ce.ri.da.de** *sf.*

in.si.nu:a.ção [Lat. *insinuatione*. ◘2A] *sf.* 1. Ato ou efeito de insinuar(-se). 2. Aquilo que se dá a entender (sem ser expresso direta ou claramente). 3. Sugestão, lembrança. 4. Advertência direta ou disfarçada. [Pl.: *-ções*.]

in.si.nu.an.te [*Insinuar*. ◘21] *adj2g.* 1. Que insinua ou é próprio para insinuar. 2. Que tem o dom, a habilidade de insinuar-se.

in.si.nu.ar [Lat. *insinuare*. ◘1A] *vtd.* 1. Fazer penetrar no ânimo de; persuadir. 2. Dar a entender de modo sutil ou indireto. *tdi.* 3. Insinuar (1 e 2). 4. Introduzir sutilmente ou com destreza. *p.* 5. Introduzir-se com habilidade ou dissimulação. 6. *Bras. Pop.* Demonstrar interesse sexual por alguém. [C.: 1]

in.sí.pi.do [Lat. *insipidu*.] *adj.* 1. Sem sabor; desenxabido. 2. Tedioso; monótono. § **in.si.pi.dez** (ê) *sf.*

in.si.pi.ên.ci:a [Lat. *insipientia*.] *sf.* Qualidade de insipiente.

in.si.pi.en.te [Lat. *insipiente*.] *adj2g.* Não sapiente; ignorante.

in.sis.tên.ci:a [*Insistir*. ◘10] *sf.* 1. Ato ou efeito de insistir. 2. Qualidade de insistente.

in.sis.ten.te [Lat. *insistente*. ◘21] *adj2g.* 1. Que insiste; obstinado, perseverante. 2. Importuno, maçante. 3. Em que há insistência; feito com insistência.

insistir | instituição

in.sis.tir [Lat. *insistere*. ■1C] *vti. e int.* **1.** Perseverar no que diz, pede ou faz. **2.** Teimar; obstinar-se. [C.: 3]

in.so.ci.á.vel [Lat. *insociabile*. ■41] *adj2g.* Não sociável; misantropo. [Pl.: *-veis.*]

in.so.fis.má.vel *adj2g.* Que não admite sofisma. [Pl.: *-veis.*]

in.so.fri.do [*In-*[2] + *sofrido.*] *adj.* **1.** Que tem pouca paciência para sofrer. **2.** Sôfrego (3).

in.so.la.ção [Lat. *insolatione*. ■2A] *sf.* **1.** Tempo durante o qual o Sol brilha livre de nebulosidade ou nevoeiro. **2.** *Med.* Consequência mórbida de intensa exposição ao calor, e em que há desidratação, distúrbios neurológicos, musculares, etc. [Pl.: *-ções.*]

in.so.len.te [Lat. *insolente*. ■21] *adj2g.* Ofensivamente desrespeitoso em atos e/ou palavras; atrevido, arrogante, grosseiro, malcriado. § **in.so.lên.ci.a** *sf.*

in.só.li.to [Lat. *insolitu*.] *adj.* **1.** Contrário ao costume, às regras; inabitual. **2.** Incomum.

in.so.lú.vel [Lat. *insolubile*. ■41] *adj2g.* Que não se pode dissolver, ou resolver. [Pl.: *-veis.*]

in.sol.ven.te [*In-*[2] + *solvente.*] *adj2g.* Que não pode pagar o que deve. § **in.sol.vên.ci.a** *sf.*

in.son.dá.vel *adj.* **1.** De que não se pode encontrar o fundo. **2.** Inexplicável; incompreensível. [Pl.: *-veis.*]

in.so.ne [Lat. *insomne*.] *adj2g.* **1.** Que tem insônia. **2.** Passado em claro, sem dormir (noite).

in.sô.ni.a [Lat. *insomnia*.] *sf.* Privação do sono; grande dificuldade para dormir; vigília.

in.so.no.ro (nó) [*In-*[2] + *sonoro.*] *adj.* Que não soa.

in.sos.so (ô) [Lat. *insulsu*.] *adj.* **1.** Sem o sal preciso; insulso. **2.** Sem tempero.

ins.pe.ção [Lat. *inspectione*. ■2] *sf.* Ato ou efeito de inspecionar; vistoria, exame, fiscalização. [Pl.: *-ções.*]

ins.pe.ci.o.nar [*Inspeção* (*-cion-*). ■1A] *vtd.* **1.** Examinar como inspetor. **2.** Examinar com atenção. [C.: 1]

ins.pe.tor (ô) [Lat. *inspectore*. ■19] *sm.* **1.** Encarregado de inspeção. **2.** Chefe de repartição aduaneira.

ins.pe.to.ri.a [*Inspetor*. ■8A] *sf. Bras.* Repartição ou junta encarregada de inspecionar.

ins.pi.ra.ção [Lat. *inspiratione*. ■2A] *sf.* **1.** Ato de inspirar(-se) ou de ser inspirado. **2.** Ato de inspirar (1 e 5). **3.** Qualquer estímulo ao pensamento ou à atividade criadora. **4.** Entusiasmo poético; estro. [Pl.: *-ções.*]

ins.pi.ra.do [*Inspirar*. ■17A] *adj.* **1.** Que procede sob o influxo de uma inspiração mística ou poética. **2.** Que tem ou revela inspiração (4). **3.** Que resultou de inspiração (2).

ins.pi.ra.dor (ô) [Lat. *inspiratore*.] *adj.* Que inspira ou sugere.

ins.pi.rar [Lat. *inspirare*. ■1A] *vtd.* **1.** Introduzir (o ar) nos pulmões. **2.** Fazer que (uma ideia, concepção, etc.) se apresente; sugerir. **3.** Fazer sentir; incutir, infundir. *tdi.* **4.** Motivar, sugerir. *int.* **5.** Introduzir o ar nos pulmões. *p.* **6.** Receber inspiração. **7.** Entusiasmar-se. [C.: 1] § **ins.pi.ra.tó.ri.o** *adj.*

■ **INSS** Sigla de *Instituto Nacional de Seguro Social.*

ins.ta.bi.li.da.de [Lat. *instabilitate*. ■14] *sf.* Qualidade de instável.

ins.ta.la.ção [Lat.med. *installatione*. ■2A] *sf.* **1.** Ato ou efeito de instalar(-se). **2.** Conjunto de aparelhos ou peças instaladas. [Pl.: *-ções.*]

ins.ta.lar [Lat.med. *installare*. ■1A] *vtd. e tdc.* **1.** Dispor para funcionar; estabelecer. **2.** Dar hospedagem a; alojar. *tdi.* **3.** Dar posse a. *p.* **4.** Hospedar-se. [C.: 1] § **ins.ta.la.do** *adj.*; **ins.ta.la.dor** (ô) *adj. sm.*

ins.tân.ci.a [Lat. *instantia*. ■9] *sf.* **1.** Qualidade do que é instante. **2.** Pedido ou solicitação instante. **3.** *Jur.* Jurisdição; foro (ô). **4.** *Psican.* Na teoria freudiana, cada uma das diferentes partes do psiquismo.

ins.tan.tâ.ne.o [Lat.med. *instantaneu*.] *adj.* **1.** Que se dá num instante; momentâneo. **2.** Que se pode preparar fácil e rapidamente. ● *sm.* **3.** Fotografia tirada rapidamente, com câmera portátil.

ins.tan.te [Lat. *instante*. ■21] *adj2g.* **1.** Que insta ou insiste. **2.** Que está para acontecer; iminente. **3.** Urgente, inadiável. ● *sm.* **4.** V. *momento* (1 e 2).

ins.tar [Lat. *instare*. ■1A] *vtd. e tdi.* **1.** Pedir com instância; insistir. *ti.* **2.** Instar (1). **3.** Argumentar; questionar. *int.* **4.** Persistir, insistir. [C.: 1]

ins.tau.rar [Lat. *instaurare*. ■1A] *vtd.* **1.** Começar, iniciar, estabelecer. **2.** Fundar, inaugurar. [C.: 1] § **ins.tau.ra.ção** *sf.*

ins.tá.vel [Lat. *instabile*. ■41] *adj2g.* Não estável; mudável. [Pl.: *-veis.*]

ins.ti.gar [Lat. *instigare*. ■1A] *vtd.* **1.** Incitar, estimular. **2.** Açular, provocar (animais). *tdi.* **3.** Instigar (1). **4.** Incitar (pessoa) contra (outra). [C.: 1C] § **ins.ti.ga.ção** *sf.*; **ins.ti.gan.te** *adj2g.*

ins.ti.lar [Lat. *instillare*. ■1A] *vtd.* **1.** Introduzir gota a gota. *tdi.* **2.** *Fig.* V. *insuflar* (2). *p.* **3.** Infiltrar-se. [C.: 1] § **ins.ti.la.ção** *sf.*

ins.tin.ti.vo [*Instinto*. ■22] *adj.* **1.** Relativo ao instinto. **2.** Que age guiado só pelo instinto. **3.** V. *automático* (2).

ins.tin.to [Lat. *instinctu*.] *sm.* **1.** Padrão inato de comportamento dos animais, variável segundo a espécie. **2.** Impulso espontâneo e alheio à razão; intuição.

ins.ti.tu.ci.o.nal [Lat. *institutione* + *-al*[1]. ■39] *adj2g.* Relativo a instituição. [Pl.: *-nais.*]

ins.ti.tu.ci.o.na.li.zar [*Institucional*. ■1D] *vtd. e p.* Dar caráter de instituição a, ou adquiri-lo. [C.: 1]

ins.ti.tu.i.ção [Lat. *institutione*. ■2A] *sf.* **1.** Ato ou efeito de instituir. **2.** A coisa instituída. **3.** Associação ou organização de caráter social, religioso, filantrópico, etc. [Pl.: *-ções.*]

instituições | insuportável

ins.ti.tu:i.ções [Pl. de *instituição*.] *sf.pl.* **1.** O conjunto das leis, das normas que regem uma sociedade política. **2.** O conjunto das estruturas sociais estabelecidas, esp. as relacionadas com a coisa pública.

ins.ti.tu.ir [Lat. *instituere.*◼1C] *vtd.* **1.** Dar começo a; estabelecer; criar. **2.** Marcar; aprazar. *Transobj.* **3.** Nomear ou declarar por herdeiro. [C.: 42]

ins.ti.tu.to [Lat. *institutu.*] *sm.* **1.** Nome comum a certas agremiações de caráter cultural, artístico, etc., ou a certos estabelecimentos de ensino médio e superior. **2.** Organização paraestatal para fins de previdência social, aposentadoria, pensões, etc. **3.** O local onde funciona um instituto.

ins.tru.ção [Lat. *instructione.*◼2] *sf.* **1.** Ato ou efeito de instruir(-se). **2.** O conjunto de conhecimentos adquiridos. **3.** Explicação dada para um determinado fim. **4.** Descrição ou esclarecimento que alguém dá a outra pessoa sobre o que esta deve fazer; ordem, comando. **5.** *Inform.* Numa linguagem de programação, representação elementar da ação computacional, que determina cada passo da execução de um programa. [Pl.: *-ções*.]

ins.tru.í.do [*Instruir*.] *adj.* Que se instruiu.

ins.tru.ir [Lat. *instruere.*◼1C] *vtd.* **1.** Transmitir conhecimento a; educar, ensinar. **2.** Ensinar como proceder, ou transmitir instruções. **3.** Adestrar, habilitar. **4.** *Jur.* Preparar (processo, causa, etc.) para ser julgado. *tdi.* **5.** Esclarecer, informar. *int.* **6.** Educar. *p.* **7.** Receber instrução. **8.** Informar-se. [C.: 42]

ins.tru.men.ta.dor (ô) [*Instrumentar.*◼19A] *sm. Bras.* Aquele que instrumenta [v. *instrumentar* (2)].

ins.tru.men.tal [*Instrumento.*◼39] *adj2g.* **1.** Que serve de instrumento. **2.** Relativo a instrumentos. • *sm.* **3.** Conjunto de instrumentos. [Pl.: *-tais*.]

ins.tru.men.ta.li.zar [*Instrumental.*◼1D] *vtd. e p.* Dotar(-se) dos meios ou dos instrumentos necessários, adequados. [C.: 1]

ins.tru.men.tar [*Instrumento.*◼1A] *vtd.* **1.** Escrever para cada instrumento (4) (a parte da peça musical que lhe pertence, numa orquestra). **2.** Fornecer a (o cirurgião e auxiliares) o material us. no ato operatório. *int.* **3.** Instrumentar (2). [C.: 1] § **ins.tru.men.ta.ção** *sf.*

ins.tru.men.tis.ta [*Instrumento.*◼36] *s2g.* Pessoa que toca um ou mais instrumentos.

ins.tru.men.to [Lat. *instrumentu.*] *sm.* **1.** Objeto, ger. mais simples que o aparelho, que serve de agente mecânico na execução de qualquer trabalho. **2.** Qualquer objeto considerado em sua função ou utilidade. **3.** Recursos us. para alcançar um objetivo; meio. **4.** *Restr.* Objeto que produz sons musicais. Há vários tipos: de cordas (como a harpa, o violão, o violino, o piano); de percussão (como o xilofone, o tambor, o pandeiro); de sopro (como a flauta, o trombone, o saxofone).

ins.tru.ti.vo [Lat. *instructus* + *-ivo.*◼22] *adj.* Que instrui ou é próprio para instruir.

ins.tru.tor (ô) [Lat. *instructore.*◼19] *adj. sm.* Que, ou o que instrui, ensina.

in.sub.mis.so *adj.* **1.** Não submisso; altivo, independente. • *sm.* **2.** *Bras.* Cidadão que, convocado para o serviço militar, não se apresentou. § **in.sub.mis.são** *sf.*

in.su.bor.di.na.ção *sf.* **1.** Falta de subordinação. **2.** Ato de se rebelar, revoltar; rebelião, revolta. [Pl.: *-ções*.]

in.su.bor.di.na.do [*Insubordinar.*◼17A] *adj.* **1.** Que se insubordinou ou não se subordina. • *sm.* **2.** Indivíduo insubordinado (1).

in.su.bor.di.nar [*In-*² + *subordinar*.] *vtd.* **1.** Causar insubordinação em. *p.* **2.** Cometer ato de insubordinação. [C.: 1] § **in.su.bor.di.ná.vel** *adj2g.*

in.su.bor.ná.vel [*In-*² + *subornável*.] *adj2g.* Não subornável; incorruptível. [Pl.: *-veis*.]

in.sub.sis.ten.te (sis) [*In-*² + *subsistente*.] *adj2g.* Não subsistente. § **in.sub.sis.tên.ci:a** *sf.*

in.subs.ti.tu.í.vel *adj2g.* Que não se pode substituir. [Pl.: *-veis*.]

in.su.ces.so [*In-*² + *sucesso*.] *sm.* Mau resultado; malogro.

in.su.fi.ci.en.te [Lat. *insufficiente.*] *adj2g.* **1.** Não suficiente. **2.** Que não atinge o valor necessário; que fica abaixo da média. § **in.su.fi.ci.ên.ci:a** *sf.*

in.su.flar [Lat. *insufflare.*◼1A] *vtd.* **1.** Encher de ar, gás ou vapor, por meio de sopro. **2.** Sugerir, insinuar, instilar. *tdi.* **3.** Insuflar (2). **4.** *Med.* Administrar sob pressão (corpos pulverizados ou gases) em superfícies ou cavidades. [C.: 1] § **in.su.fla.ção** *sf.*; **in.su.fla.dor** (ô) *adj. sm.*

in.su.la.no [Lat. *insulanu.*◼29] *adj. sm.* V. *ilhéu*.

in.su.lar [Lat. *insulare.*◼40] *adj2g. s2g.* V. *ilhéu*.

in.su.li.na [Fr. *insuline.*◼31] *sf. Quím.* Hormônio segregado pelo pâncreas.

in.sul.so [Lat. *insulsu.*] *adj.* Insosso (1).

in.sul.ta.do [*Insultar.*◼17A] *adj.* V. *ofendido*.

in.sul.tan.te [*Insultar.*◼21] *adj2g.* Em que há insulto; insultuoso. § **in.sul.ta.dor** (ô) *adj.*

in.sul.tar [Lat. *insultare.*◼1A] *vtd.* Dirigir insulto a. [C.: 1]

in.sul.to [Lat.med. *insultu.*] *sm.* Atitude ou palavra com que se ofende; injúria, afronta.

in.sul.tu.o.so (ô) [*Insulto.*◼37A] *adj.* Insultante. [Pl.: *-osos* (ó).]

in.su.mo *sm. Econ.* Elemento que entra no processo de produção de mercadorias ou serviços (máquinas e equipamentos, trabalho humano, etc.); fator de produção.

in.su.pe.rá.vel [Lat. *insuperabile.*◼41] *adj2g.* Não superável. [Pl.: *-veis*.]

in.su.por.tá.vel *adj2g.* Difícil de suportar. [Pl.: *-veis*.]

insurgente | intendência

in.sur.gen.te [*Insurgir.*⬚21A] *adj2g. s2g.* Que, ou quem se insurge ou insurgiu.

in.sur.gir [Lat. *insurgere.*⬚1C] *vtd. e p.* 1. Sublevar(-se), rebelar(-se), insubordinar(-se). *ti.* 2. Surgir. [C.: 3A. M.us. como p.]

in.sur.rei.ção [Lat. *insurrectione.*⬚2] *sf.* Ato ou efeito de insurgir(-se). [Pl.: -*ções.*]

in.sur.re.to ou **in.sur.rec.to** [Lat. *insurrectu.*] *adj. sm.* Que, ou quem se insurgiu.

in.sus.pei.ção [*In-*² + *suspeição.*] *sf.* Falta de suspeição. [Pl.: -*ções.*]

in.sus.pei.to [*In-*² + *suspeito.*] *adj.* 1. Não suspeito. 2. De quem não se pode, ou deve, suspeitar.

in.sus.ten.tá.vel [Lat. *insustentabile.*⬚41] *adj2g.* Que não se pode sustentar. [Pl.: -*veis.*]

in.tan.gí.vel [*In-*² + *tangível.*] *adj2g.* 1. V. *intocável* (1). 2. V. *inatacável.* [Pl.: -*veis.*] § **in.tan.gi.bi.li.da.de** *sf.*

in.ta.nha [Do tupi.] *sm. Bras. Zool.* Anfíbio anuro que é um sapo grande, muito voraz; sapo-boi.

in.tac.to ou **in.tac.to** [Lat. *intactu.*] *adj.* 1. Não tocado. 2. Que se mantém íntegro; incólume, ileso. 3. *Fig.* Puro, impoluto.

ín.te.gra *sf.* 1. Totalidade, soma. 2. Contexto completo de lei, etc.

in.te.gral [Lat.med. *integrale.*⬚39] *adj2g.* 1. Total, inteiro, global; sem diminuições nem restrições: *seguro integral.* 2. Diz-se de cereal cujos grãos não são descascados, ou de produto ou alimento com eles preparado: *pão integral.* 3. Diz-se de alimento que conserva sua composição original. [Pl.: -*grais.*]

in.te.gra.lis.mo [*Integral.*⬚11] *sm. Bras.* Movimento político brasileiro baseado nos moldes fascistas, fundado em 1932 e extinto em 1937. § **in.te.gra.lis.ta** *adj2g. s2g.*

in.te.gra.li.zar [*Integral.*⬚1D] *vtd.* V. *integrar* (1). [C.: 1]

in.te.gran.te [*Integrar.*⬚21] *adj2g.* 1. Que integra ou completa. 2. *E.Ling.* Diz-se de conjunção subordinativa (*que, se*) que introduz certas orações subordinadas. ● *s2g.* 3. Pessoa que faz parte de um grupo, de uma equipe, etc.

in.te.grar [Lat. *integrare.*⬚1A] *vtd.* 1. Tornar inteiro; completar; integralizar. 2. Fazer parte de. *tdi.* 3. Juntar. *p.* 4. Tornar-se parte integrante; incorporar-se. [C.: 1 (é)] § **in.te.gra.ção** *sf.*; **in.te.gra.dor** (ô) *adj. sm.*

ín.te.gro [Lat. *integru.*] *adj.* 1. Inteiro, completo. 2. De reputação ilibada; reto; intacável. 3. Brioso, pundonoroso.

in.tei.ra.men.te [F. *inteiro.*⬚42] *adv.* De modo total, integral; completamente.

in.tei.rar [*Inteiro.*⬚1A] *vtd.* 1. Tornar inteiro ou completo; completar. 2. Terminar. 3. Completar, totalizar. 4. Completar (quantia). *tdi.* 5. Dar a conhecer; cientificar. *p.* 6. Informar-se bem; cientificar-se. [C.: 1] § **in.tei.ra.ção** *sf.*

in.tei.re.za (ê) [*Inteiro.*⬚12] *sf.* 1. Qualidade ou estado de inteiro. 2. Integridade física ou moral.

in.tei.ri.ço [*Inteiro* + *-iço.*] *adj.* 1. Feito de uma só peça; inteiro. 2. Inflexível, rígido.

in.tei.ro [Lat. *integru.*] *adj.* 1. Que se apresenta ou é considerado com todas as suas partes. 2. Que não está quebrado ou danificado. 3. Diz-se de grupo, conjunto, etc. considerado com todos os elementos formadores, sem exceção. 4. Que tem ou preservou a saúde; que não apresenta ferimentos; ileso. 5. *Mat.* Que representa quantidade exata (positiva ou negativa) de unidades, sem frações: *número inteiro* (q.v.). ● *sm.* 6. *Mat.* Número inteiro.

in.te.lec.ção [Lat. *intellectione.*⬚2] *sf.* Ato de entender. [Pl.: -*ções.*]

in.te.lec.ti.vo [Lat. *intellectivu.*⬚22] *adj.* Relativo ao intelecto.

in.te.lec.to [Lat. *intellectu.*] *sm.* V. *inteligência* (1).

in.te.lec.tu.al [Lat. *intellectuale.*⬚39A] *adj2g.* 1. Relativo ao intelecto. 2. Que tem dotes de espírito, de inteligência. ● *s2g.* 3. Pessoa devotada às coisas do espírito, da inteligência. [Pl.: -*ais.*]

in.te.lec.tu.a.li.da.de [Lat. *intellectualitate.*⬚14] *sf.* 1. V. *inteligência* (1). 2. As faculdades intelectuais.

in.te.lec.tu.a.lis.mo [*Intelectual* + *-ismo*; ingl. *intellectualism.*⬚11] *sm.* Predomínio dos elementos racionais.

in.te.lec.tu.a.li.zar [*Intelectual.*⬚1D] *vtd. e p.* Tornar(-se) intelectual. [C.: 1]

in.te.li.gên.ci.a [Lat. *intelligentia.*⬚2] *sf.* 1. Faculdade ou capacidade de aprender, apreender, compreender ou adaptar-se facilmente; intelecto, intelectualidade. 2. Destreza mental; agudeza, perspicácia. 3. Pessoa inteligente.

in.te.li.gen.te [Lat. *intelligente.*⬚21] *adj2g.* Que tem ou revela inteligência (1 e 2).

in.te.li.gí.vel [Lat. *intelligibile.*⬚41] *adj2g.* Que se compreende bem. [Pl.: -*veis.*] § **in.te.li.gi.bi.li.da.de** *sf.*

in.te.me.ra.to [Lat. *intemeratu.*] *adj.* Íntegro, puro, incorrupto.

in.tem.pe.ran.ça [Lat. *intemperantia.*⬚2] *sf.* Falta de temperança.

in.tem.pe.ran.te [Lat. *intemperante.*⬚21] *adj2g.* 1. Que não é sóbrio, comedido. 2. Dissoluto, descomedido.

in.tem.pé.ri.e [Lat. *intemperie.*] *sf.* Falta de boas condições atmosféricas; mau tempo.

in.tem.pes.ti.vo [Lat. *intempestivu.*] *adj.* 1. Fora do tempo próprio. 2. Súbito, imprevisto.

in.ten.ção [Lat. *intentione.*⬚2] *sf.* 1. V. *intento.* 2. O que se objetiva fazer; propósito. 3. O que se deseja alcançar; vontade. [Pl.: -*ções.*]

in.ten.ci.o.na.do [*Intencionar.*⬚17A] *adj.* Feito com intenção.

in.ten.ci.o.nal [Lat.med. *intentionale.*⬚39] *adj2g.* Em que há, ou, que revela intenção. [Pl.: -*nais.*] § **in.ten.ci.o.na.li.da.de** *sf.*

in.ten.ci.o.nar [*Intenção* (*-cion-*).⬚1A] *vtd.* Ter a intenção de; tencionar. [C.: 1]

in.ten.dên.ci.a [Fr. *intendance.*] *sf.* Cargo ou direção de intendente, ou lugar onde ele exerce suas funções.

intendente | interessado

in.ten.den.te [Fr. *intendant*. ▣21] *s2g.* **1.** Pessoa que dirige ou administra alguma coisa. ● *sm.* **2.** *Bras.* Nome que até cerca de 1930 se deu aos chefes do poder executivo municipal, hoje prefeitos.

in.ten.si.da.de [*Intenso*. ▣14] *sf.* **1.** Qualidade ou condição de intenso. **2.** Grau muito elevado (de força, energia, potência, atividade). **3.** *E.Ling.* O maior grau de força expiratória com que um som da fala é proferido.

in.ten.si.fi.car [*Intenso* + *-ificar*. ▣1A] *vtd.* e *p.* Tornar(-se) intenso ou mais intenso. [C.: 1Â]
§ **in.ten.si.fi.ca.ção** *sf.*

in.ten.si.vo [Lat.med. *intensivu*. ▣22] *adj.* **1.** Que tem intensidade; ativo, intenso. **2.** Diz-se da cultura que acumula trabalho e capital em terreno relativamente limitado. **3.** Que pede aplicação intensa, por ser de curto prazo.

in.ten.so [Lat. *intensu*.] *adj.* **1.** Que tem ou se manifesta com força ou energia. **2.** Impetuoso, veemente. **3.** Que se manifesta ou se faz sentir em grau elevado. **4.** Que se realiza com, ou exige o uso de grande força ou energia; duro, penoso. **5.** Muito ativo.

in.ten.tar [Lat. *intentare*. ▣1A] *vtd.* **1.** Tentar, tencionar. **2.** Esforçar-se por. **3.** *Jur.* Propor em juízo. [C.: 1]

in.ten.to [Lat. *intentu*.] *sm.* Plano, desígnio, intenção, tenção.

in.ten.to.na [Esp. *intentona*.] *sf.* **1.** Intento louco. **2.** Conluio e/ou tentativa de motim ou revolta.

in.te.ra.ção [*Inter-* + *ação*.] *sf.* Ação que se exerce mutuamente entre 2 ou mais coisas, ou 2 ou mais pessoas, etc. [Pl.: *-ções*.] ♦ **Interação eletromagnética.** *Fís.* Força de longo alcance que atua entre partículas ou corpos que têm carga elétrica. **Interação forte.** *Fís.* Força muito intensa que atua entre *quarks* e glúons, e é responsável pela estabilidade dos núcleos atômicos. **Interação fraca.** *Fís.* Força de curto alcance que atua nos *quarks* e léptons, e que é responsável pela desintegração radioativa de núcleos atômicos. **Interação gravitacional.** *Fís.* Força de longo alcance, que atua sobre os corpos com massa ou energia, e que gera uma atração mútua entre eles.

in.te.ra.gir [*Inter-* + *agir*.] *v.int.* **1.** Agir reciprocamente. *ti.* **2.** Relacionar-se, comunicar-se. [C.: 3A]

in.te.ra.ti.vi.da.de [*Interativo*. ▣14] *sf.* **1.** Caráter ou condição de interativo. **2.** Capacidade (de equipamento, sistema de comunicação, computação, etc.) de interagir ou permitir interação.

in.te.ra.ti.vo [*Inter-* + *ativo*.] *adj.* **1.** Relativo a interação. **2.** Diz-se de recurso, meio ou processo de comunicação que permite ao receptor interagir com o emissor. **3.** *Inform.* Relativo a sistemas, programas, etc. em que o usuário pode ou deve intervir no curso das atividades do computador, fornecendo dados ou comandos.

in.ter.ca.lar [Lat. *intercalare*. ▣1A] *vtd., tdi.* e *p.* Pôr(-se) de permeio; interpor. [C.: 1] § **in.ter.ca.la.ção** *sf.*

in.ter.câm.bi.o [*Inter-* + *câmbio*.] *sm.* **1.** Troca, permuta. **2.** Relações de comércio, ou culturais, entre nações.

in.ter.ce.der [Lat. *intercedere*. ▣1B] *vti.* e *bit. i.* Intervir (a favor de alguém ou de algo). [C.: 2 (ê-é)]

in.ter.ce.lu.lar [*Inter-* + *celular*.] *adj2g.* Localizado entre as células.

in.ter.cep.tar [*Intercepto*. ▣1A] *vtd.* **1.** Interromper no seu curso; deter. **2.** Reter, deter (o que era destinado a outrem). **3.** Ser obstáculo a. **4.** Captar. [C.: 1 (é)]

in.ter.ces.são [Lat. *intercessione*. ▣2] *sf.* Ato de interceder; intervenção. [Pl.: *-sões*.]

in.ter.ces.sor (ô) [Lat. *intercessore*. ▣19] *adj. sm.* Que, ou aquele que intercede; medianeiro.

in.ter.clu.be [*Inter-* + *clube*.] *adj2g.* Que se realiza ou se disputa entre clubes.

in.ter.co.mu.ni.car-se [*Inter-* + *comunicar* + *se*¹.] *vp.* Comunicar-se reciprocamente. [C.: 1A]

in.ter.co.nec.ta.do *adj.* Que está em interconexão.

in.ter.co.ne.xão (cs) [*Inter-* + *conexão*.] *sf.* Conexão entre 2 ou mais processos, equipamentos, ideias, etc.

in.ter.con.ti.nen.tal [*Inter-* + *continental*.] *adj2g.* **1.** Situado entre continentes. **2.** Que se faz de continente para continente. [Pl.: *-tais*.]

in.ter.cos.tal *adj2g.* Localizado entre as costelas. [Pl.: *-tais*.]

in.ter.cur.so [Lat. *intercursu*.] *sm.* **1.** Comunicação, trato. **2.** Relacionamento.

in.ter.de.pen.dên.ci.a [*Inter-* + *dependência*.] *sf.* Dependência recíproca.

in.ter.de.pen.der [*Inter-* + *depender*.] *v.int.* Depender reciprocamente. [C.: 2] § **in.ter.de.pen.den.te** *adj2g.*

in.ter.di.ção [Lat. *interdictione*. ▣2] *sf.* **1.** Ato de interdizer (1). **2.** *Jur.* Privação judicial de alguém reger sua pessoa e seus bens. **3.** *Jur.* Privação legal do gozo ou exercício de certos direitos a bem da coletividade. [Sin.ger.: *interdito*. Pl.: *-ções*.]

in.ter.dis.ci.pli.nar [*Inter-* + *disciplinar*.] *adj2g.* Comum a 2 ou mais campos disciplinares inter-relacionados. § **in.ter.dis.ci.pli.na.ri.da.de** *sf.*

in.ter.di.tar [*Interdito*. ▣1A] *vtd.* **1.** Declarar interdito (1 e 2). **2.** Pronunciar interdito (5) contra. **3.** *P.ext.* Impedir a utilização de, ou o acesso a. [C.: 1] § **in.ter.di.ta.do** *adj. sm.*

in.ter.di.to [Lat. *interdictu*.] *adj.* **1.** Que está sob interdição; interditado. **2.** *Jur.* Privado por interdição (2 e 3). ● *sm.* **3.** Indivíduo interdito (2). **4.** V. *interdição*. **5.** *Jur.* Ação intentada com o fito de proteger a posse.

in.ter.di.zer [Lat. *interdicere*. ▣1B] *vtd.* **1.** Proibir, impedir. **2.** *Jur.* Privar por interdição (2 e 3). *tdi.* **3.** Interdizer (1). [C.: 17]

in.te.res.sa.do [*Interessar*. ▣17A] *adj.* **1.** Que tem interesse em algo. **2.** Baseado em interesses pessoais. **3.** Que tem participação nos lucros duma firma (empregado).

in.te.res.san.te [*Interessar.*▫21] *adj2g.* **1.** Que interessa; importante. **2.** Que prende a atenção; que cativa.

in.te.res.sar [*Interesse.*▫1A] *vtd.* **1.** Dar interesse ou proveito a. **2.** Cativar a atenção, a curiosidade de. **3.** Captar a benevolência de. *tdi.* **4.** Atrair ou provocar o interesse, a atenção. **5.** Dar a (alguém) parte (em algum negócio). *ti.* **6.** Dizer respeito. **7.** Ser útil, proveitoso, importar. *int.* **8.** Ter ou despertar interesse. *p.* **9.** Tomar interesse; empenhar-se. **10.** Ter interesse, curiosidade. [C.: 1 (é)]

in.te.res.se (ê) [Lat. *interesse*, 'estar entre'.] *sm.* **1.** Lucro material ou pecuniário; ganho. **2.** Parte ou participação que alguém tem em alguma coisa. **3.** Vantagem, proveito; benefício. **4.** Cobiça, avidez. **5.** Zelo, simpatia ou curiosidade por alguém ou algo. **6.** Grande atenção; empenho.

in.te.res.sei.ro [*Interesse.*▫25] *adj.* **1.** Que só atende ao seu interesse. **2.** Inspirado pelo interesse.

in.te.res.ta.du.al [*Inter-* + *estadual.*] *adj2g.* Que se efetua entre 2 ou mais estados da mesma união política. [Pl.: *-ais.*]

in.te.res.te.lar [*Inter-* + *estelar.*] *adj2g.* Diz-se do que está situado, ou se realiza, entre as estrelas.

in.ter.fa.ce [Ingl. *interface.*] *sf.* **1.** Recurso que permite comunicação ou interação entre 2 sistemas ou organismos. **2.** *Inform.* Dispositivo de conexão entre computador e periférico(s), ou entre periféricos. **3.** *Inform.* Conjunto de elementos de *hardware* e *software* destinados a possibilitar a interação com o usuário.

in.ter.fe.rên.ci.a [*Interferir.*▫10] *sf.* **1.** Ato ou efeito de interferir. **2.** Conjunto de sinais espúrios que, durante o percurso de transmissão de um sinal de telecomunicações, a este se superpõe, perturbando e mascarando o seu entendimento.

in.ter.fe.rir [Ingl. (*to*) *interfere.*▫1C] *vti.* Ter participação, ou poder de decisão, ou meios para alterar ou modificar; intervir (1). [C.: 48] § **in.ter.fe.ren.te** *adj2g.*

in.ter.fo.nar [*Interfone.*▫1A] *vtd.* e *int.* Comunicar-se por meio de interfone. [C.: 1]

in.ter.fo.ne [*Inter-* + *fone.*] *sm.* Aparelho eletracústico, com microfone e pequeno alto-falante, us. para a comunicação entre recintos de um mesmo prédio.

in.ter.ga.lác.ti.co *adj.* Diz-se do que está situado, ou se realiza, entre as galáxias.

in.ter.gla.ci.á.ri.o *adj. Geol.* Que fica entre 2 períodos glaciários.

in.ter.go.ver.na.men.tal [*Inter-* + *governamental.*] *adj2g.* Que se realiza entre 2 ou mais governos ou governadores. [Pl.: *-tais.*]

ín.te.rim [Lat. *interim.*] *sm.* Estado interino. [Pl.: *-rins.*] ◆ **Nesse ínterim.** De permeio, entrementes, entretanto.

in.te.ri.no [It. *interino.*] *adj.* Que exerce funções só durante o tempo de impedimento de outrem. § **in.te.ri.ni.da.de** *sf.*

in.te.ri.or (ô) [Lat. *interiore.*] *adj2g.* **1.** Que está dentro; interno. **2.** Que se passa no íntimo de alguém. ● *sm.* **3.** A parte interna. **4.** O âmago (3). **5.** Em país litorâneo, a região situada costa adentro. **6.** Toda a região de um estado, com exclusão da sua capital.

in.te.ri.o.ra.no [*Interior.*▫29] *adj.* **1.** Relativo ao interior (5 e 6). **2.** Que é do interior.

in.te.ri.o.ri.zar [*Interior.*▫1D] *vtd.* **1.** Trazer para dentro de si; incorporar, assimilar. **2.** Introduzir pelo interior. *p.* **3.** Tornar-se interior. **4.** Introduzir-se pelo interior. [C.: 1]

in.ter.jei.ção [Lat. *interjectione.*▫2] *sf. E.Ling.* Palavra com que se exprime um sentimento de dor, alegria, admiração, irritação, etc. Ex.: *ah, ai, ih, ó, puxa,* etc. [Pl.: *-ções.*]

in.ter.jec.ti.vo [Lat. *interjectivu.*▫22A] *adj.* **1.** Expresso por interjeição. **2.** Da natureza da interjeição.

in.ter.li.gar [Lat. *interligare.*▫1A] *vtd.* e *p.* Ligar(-se) entre si (2 ou mais coisas). [C.: 1C] § **in.ter.li.ga.do** *adj.*

in.ter.lo.cu.ção [Lat. *interlocutione.*▫2] *sf.* Conversação entre 2 ou mais pessoas. [Pl.: *-ções.*]

in.ter.lo.cu.tor (ô) [Lat. *interlocutus* + *-or.*▫19] *sm.* Aquele que fala com outro, ou em nome de outro.

in.ter.lú.di.o [Lat.med. *interludiu.*] *sm. Mús.* Trecho de composição musical intercalado entre as várias partes desta.

in.ter.me.di.a.ção [*Intermediar.*▫2A] *sf.* Ato ou efeito de intermediar; mediação. [Pl.: *-ções.*]

in.ter.me.di.ar [*Intermédio.*▫1A] *vtd.* **1.** Entremear. **2.** Servir de intermediário (2) em. *tdi.* **3.** Intermediar (1). *int.* **4.** Intervir, interceder. [C.: 13]

in.ter.me.di.á.ri.o [*Intermédio.*▫24] *adj.* **1.** Que está de permeio; intermédio. ● *sm.* **2.** V. *mediador.* **3.** Corretor. **4.** Negociante que age entre o produtor e o consumidor; atravessador, revendedor.

in.ter.mé.di.o [Lat. *intermediu.*▫34B] *adj.* **1.** Intermediário (1). ● *sm.* **2.** Intervenção, mediação.

in.ter.mi.ná.vel [Lat. *interminabile.*▫41] *adj2g.* **1.** Sem termo; infinito. **2.** Que se prolonga; demorado. [Pl.: *-veis.*]

in.ter.mi.ten.te [Lat. *intermittente.*▫21] *adj2g.* Que apresenta interrupções ou suspensões; não contínuo.

in.ter.na.ci.o.nal [*Inter-* + *nacional.*] *adj2g.* Relativo a, ou que se realiza entre nações. [Pl.: *-nais.*]

in.ter.na.ci.o.na.li.zar [*Internacional.*▫1D] *vtd.* e *p.* Tornar(-se) internacional. [C.: 1] § **in.ter.na.ci.o.na.li.za.ção** *sf.*

in.ter.nar [*Interno.*▫1A] *vtd.* **1.** Colocar dentro; introduzir. **2.** Pôr em internato. **3.** Requisitar a permanência, diurna e noturna, de (paciente) em hospital, clínica, para tratamento intensivo ou não. **4.** Confiar (idoso, deficiente, etc.) aos cuidados e à assistência de instituição especializada. **5.** *Bras.* Tornar (menor de idade) interno em instituição governamental. *tdc.* e *tdi.*

internato | intervalo

6. Internar (2 a 5). *p.* 7. Meter-se; entranhar-se. 8. Recolher-se em hospital, em asilo, etc. [C.: 1 (é)] § **in.ter.na.ção** *sf.*; **in.ter.na.men.to** *sm.*

in.ter.na.to [Fr. *internat*.⊟18] *sm.* Instituição de ensino ou assistência onde os alunos ou socorridos residem; pensionato.

in.ter.nau.ta [*Inter(net)* + *-nauta*.] *s2g. Inform.* Usuário da Internet, rede mundial de computadores.

in.ter.net [Ingl. *Internet*.] *sf. Inform.* 1. Conjunto de redes de computadores ligadas entre si. 2. Rede de computadores de âmbito mundial, descentralizada e de acesso público, cujos principais serviços oferecidos são o correio eletrônico e a *Web.* [Com inicial maiúsc. nesta acepção.] [Tb. se diz *rede.*] § **in.ter.né.ti.co** *adj.*

in.ter.no [Lat. *internu*.] *adj.* 1. Que está dentro; interior. 2. Diz-se de aluno que mora no colégio onde estuda. ● *sm.* 3. Aluno interno (2). 4. Estudante de medicina que auxilia, num hospital, o corpo médico.

in.te.ro.ce.â.ni.co (in) [*Inter-* + *oceânico.*] *adj.* Que está entre os oceanos.

in.ter.par.ti.dá.ri.o *adj.* Que se efetua entre partidos políticos.

in.ter.pe.lar [Lat. *interpellare*.⊟1A] *vtd.* 1. Dirigir a palavra a (alguém) para perguntar alguma coisa. 2. Intimar (alguém) a que responda. [C.: 1 (é)] § **in.ter.pe.la.ção** *sf.*; **in.ter.pe.lan.te** *adj2g. s2g.*

in.ter.pe.ne.trar-se [*Inter-* + *penetrar* + *se*[1].] *vp.* Penetrar-se mutuamente. [C.: 1 (é)]

in.ter.pla.ne.tá.ri.o [*Inter-* + *planetário.*] *adj.* Que está ou se efetua entre planetas.

in.ter.po.lar [*Inter-* + *polo*[1] + *-ar*[2].⊟1A] *vtd. e int.* Introduzir, inserir. [C.: 1 (ó)]

in.ter.por [Lat. *interponere*.] *vtd. e tdi.* 1. Pôr de permeio; entremear, interpolar. 2. Opor, contrapor. 3. *Jur.* Entrar em juízo com (um recurso). *p.* 4. Meter-se de permeio. 5. Opor-se, contrapor-se. [C.: 34]

in.ter.po.si.ção [Lat. *interpositione*.⊟2] *sf.* Ato ou efeito de interpor(-se). [Pl.: *-ções.*]

in.ter.pos.to (ô) [Lat. *interpositu*.] *adj.* Que se interpôs. [Pl.: *-postos* (ó).]

in.ter.pre.ta.ção [Lat. *interpretatione*.⊟2A] *sf.* 1. Ato ou efeito de interpretar. 2. Explicação (de texto, lei, etc.). 3. Arte e técnica de interpretar (4). 4. Modo de interpretar (4). 5. *Mús.* Modo como se toca e/ou canta uma peça musical. [Pl.: *-ções.*]

in.ter.pre.tar [Lat. **interpretare*.⊟1A] *vtd.* 1. Ajuizar a intenção, o sentido de. 2. Explicar ou declarar o sentido de (texto, lei, etc.). 3. Tirar de (sonho, visão, etc.) indução ou presságio. 4. Representar no teatro, no cinema, na televisão, etc. 5. *Mús.* Executar peça musical. *tdi.* 6. Interpretar (2 e 3). [C.: 1 (é)] § **in.ter.pre.tá.vel** *adj2g.*

in.tér.pre.te [Lat. *interprete*.] *s2g.* 1. Pessoa que interpreta. 2. Quem serve de intermediário para fazer compreender indivíduos que falam idiomas diferentes.

in.ter.ra.ci.al [*Inter-* + *racial.*] *adj2g.* Que se realiza ou se observa entre raças. [Pl.: *inter--raciais.*]

in.ter.reg.no [Lat. *interregnu*.] *sm.* 1. Tempo que decorre entre 2 reinados. 2. Interrupção, intervalo.

in.ter-re.la.ção [*Inter-* + *relação.*] *sf.* Relação mútua. [Pl.: *inter-relações.*]

in.ter-re.la.ci.o.nar [*Inter-* + *relacionar.*] *vtd. e tdi.* 1. Estabelecer inter-relações. *p.* 2. Ter inter--relação. [C.: 1] § **in.ter-re.la.ci.o.na.do** *adj.*

in.ter.ro.ga.ção [Lat. *interrogatione*.⊟2A] *sf.* 1. Ato ou efeito de interrogar(-se); interrogatório. 2. Sinal de pontuação (?) com que se marca a entoação interrogativa. [Pl.: *-ções.*]

in.ter.ro.gar [Lat. *interrogare*.⊟1A] *vtd. e tdi.* 1. Fazer perguntas a; inquirir. 2. Propor questões a; examinar. *int.* 3. Fazer perguntas, indagações, interrogações. [C.: 1C (ó)]

in.ter.ro.ga.ti.vo [Lat. *interrogativu*.⊟22A] *adj.* Que encerra interrogação ou pergunta.

in.ter.ro.ga.tó.ri.o [Lat. *interrogatoriu*.⊟23A] *sm.* 1. Interrogação (1). 2. *Jur.* Auto em que se escrevem as respostas do indiciado ou do réu às perguntas feitas pela autoridade competente.

in.ter.rom.per [Lat. *interrumpere*.⊟1B] *vtd.* 1. Fazer parar, ou deixar de fazer, por algum tempo. 2. Fazer cessar. 3. Deixar de fazer temporariamente. 4. Cortar o discurso a. 5. Embaraçar, estorvar. *p.* 6. Cessar o que vinha fazendo. [C.: 2]

in.ter.rup.ção [Lat. *interruptione*.⊟2] *sf.* Ato ou efeito de interromper(-se). [Pl.: *-ções.*]

in.ter.rup.to [Lat. *interruptu*.] *adj.* Que se interrompeu; suspenso.

in.ter.rup.tor (ô) [Lat. *interruptore*.⊟19] *adj.* 1. Que interrompe. ● *sm.* 2. Aquele ou aquilo que interrompe. 3. Dispositivo que pode interromper ou restabelecer a continuidade num circuito elétrico, ou numa parte dele; comutador.

in.ter.se.ção ou **in.ter.sec.ção** [Lat. *intersectione*.⊟2] *sf.* 1. Ato de cortar-se mutuamente. 2. *Mat.* V. *conjunto interseção.* [Pl.: *-ções.*]

in.ters.tí.ci.o [Lat. *interstitiu*.] *sm.* 1. Pequeno intervalo entre as partes dum todo. 2. Fenda, frincha.

in.ter.tí.tu.lo *sm. Jorn.* Entretítulo.

in.ter.tri.bal *adj2g.* Que ocorre entre tribos. [Pl.: *-bais.*]

in.ter.tro.pi.cal [*Inter-* + *tropical.*] *adj2g.* Que se situa entre os trópicos. [Pl.: *-cais.*]

in.te.rur.ba.no [*Inter-* + *urbano.*] *adj.* 1. Que se faz ou verifica entre cidades ou outras aglomerações populacionais. ● *sm.* 2. *Bras.* Comunicação telefônica entre 2 cidades.

in.ter.va.lar[1] [*Intervalo.*⊟40] *adj2g.* Situado num intervalo.

in.ter.va.lar[2] [Lat. *intervallare*.⊟1A] *vtd. e tdi.* Dispor com intervalos; entremear. [C.: 1]

in.ter.va.lo [Lat. *intervallu*.] *sm.* 1. Espaço entre 2 pontos ou 2 coisas. 2. Espaço de tempo

intervenção | intrincado

entre 2 fatos, 2 épocas. **3.** *Mús.* Distância que separa 2 sons.

in.ter.ven.ção [Lat. *interventione*.◼2] *sf.* **1.** Ato de intervir; interferência. **2.** *Bras.* Interferência do poder central em qualquer unidade da Federação. [Pl.: *-ções*.] ♦ **Intervenção cirúrgica.** *Med.* Operação (2).

in.ter.ven.tor (ô) [Lat. *interventore*.◼19] *adj.* **1.** Que intervém; interveniente. ● *sm.* **2.** *Bras.* Aquele que o presidente da República delega para assumir interinamente o governo dum estado (7) sujeito ao regime de intervenção.

in.ter.ver.te.bral *adj2g. Anat.* Situado entre vértebras. [Pl.: *-brais*.]

in.ter.vir [Lat. *intervenire*.◼1C] *vti.* **1.** Meter-se de permeio; ingerir-se, interferir. **2.** Interpor sua autoridade, ou bons ofícios, ou diligência. *int.* **3.** Sobrevir. **4.** Intervir (1). [C.: 36] § **in.ter.ve.ni.en.te** *adj2g.*

in.ter.vo.cá.li.co [*Inter-* + *vocálico*.] *adj. E.Ling.* Que está entre vogais.

in.tes.ti.no [Lat. *intestinu*.] *adj.* **1.** Que está, ou vem de dentro; interno; íntimo. **2.** Que acontece, ou surge, no interior de um grupo social. ● *sm.* **3.** *Anat.* Víscera integrante do tubo digestório, e que vai do estômago até o ânus. ♦ **Intestino delgado.** *Anat.* A primeira parte do intestino (3), e que se divide em duodeno, jejuno e íleo. **Intestino grosso.** *Anat.* Porção do intestino (3) que se estende desde o ceco até o ânus. § **in.tes.ti.nal** *adj2g.*

in.ti.ma.ção [Lat. *intimatione*.◼2A] *sf.* **1.** Ato de intimar ou ser intimado. **2.** *Jur.* Notificação judicial. [Pl.: *-ções*.]

in.ti.mar [Lat. *intimare*.◼1A] *vtdi.* **1.** Determinar de modo impositivo, autoritário; ordenar. *td.* **2.** *Jur.* Fazer intimação (2) a. [C.: 1] § **in.ti.ma.do** *adj. sm.*; **in.ti.ma.ti.vo** *adj.*

in.ti.ma.ti.va *sf.* Frase ou gesto com força de intimação.

in.ti.mi.da.de [*Íntimo*.◼14] *sf.* **1.** Qualidade de íntimo. **2.** Vida íntima, particular; privacidade. **3.** Trato íntimo.

in.ti.mi.dar [*In-*[1] + *tímido* + *-ar*[2].◼1A] *vtd. e p.* **1.** Tornar(-se) tímido, receoso. **2.** Amedrontar(-se). [C.: 1] § **in.ti.mi.da.ção** *sf.*; **in.ti.mi.da.dor** (ô) *adj. sm.*; **in.ti.mi.da.ti.vo** *adj.*

ín.ti.mo [Lat. *intimu*.] *adj.* **1.** Que está muito dentro. **2.** Que atua no interior. **3.** Muito cordial ou afetuoso. **4.** Estreitamente ligado. ● *sm.* **5.** O âmago (3). **6.** Amigo íntimo.

in.ti.mo.ra.to [*In-*[2] + *timorato*.] *adj.* Sem temor; destemido.

in.ti.tu.lar [Lat. *intitulare*.◼1A] *vtd.* **1.** Dar título a. *transobj.* **2.** Denominar. *p.* **3.** Ter por denominação ou título; chamar-se. [C.: 1]

in.to.cá.vel *adj2g.* **1.** Em que não se pode tocar; intangível, impalpável. **2.** V. *inatacável.* [Pl.: *-veis*.]

in.to.le.ran.te [Lat. *intolerante*.◼21] *adj2g.* Não tolerante. § **in.to.le.rân.ci.a** *sf.*

in.to.le.rá.vel [Lat. *intolerabile*.◼41] *adj2g.* Não tolerável. [Pl.: *-veis*.]

in.to.xi.car (cs) [*In-*[1] + *tóxico*.◼1A] *vtd. e p.* Envenenar(-se). [C.: 1A] § **in.to.xi.ca.ção** (cs) *sf.*

in.tra.ce.lu.lar [*Intra-* + *celular*.] *adj2g. Citol.* Relativo ao interior da célula, ou ali situado, ou que ali se realiza.

in.tra.du.zí.vel *adj2g.* Que não se pode traduzir. [Pl.: *-veis*.]

in.tra.gá.vel *adj2g.* Que não se pode tragar; insuportável. [Pl.: *-veis*.]

in.tra.mus.cu.lar [*Intra-* + *muscular*.] *adj2g.* **1.** Relativo ao interior de músculo. **2.** Que se aplica no interior de músculo.

in.tra.net [Ingl. *Intranet*.] *sf. Inform.* Rede de computadores de acesso privado, porém ligada à Internet.

in.tran.qui.li.da.de (qüi) *sf.* Falta de tranquilidade.

in.tran.qui.li.zar (qüi) [*Intranquilo*.◼1D] *vtd. e p.* Tirar a tranquilidade a, ou perdê-la. [C.: 1]

in.tran.qui.lo (qüi) *adj.* Que não é, ou não está tranquilo.

in.trans.fe.rí.vel [*In-*[2] + *transferível*.] *adj2g.* Não transferível; inalienável. [Pl.: *-veis*.]

in.tran.si.gên.ci.a (zi) *sf.* **1.** Falta de transigência; intolerância. **2.** Austeridade de caráter; severidade. § **in.tran.si.gen.te** (zi) *adj2g.*

in.tran.si.tá.vel (zi) [*In-*[2] + *transitável*.] *adj2g.* Por onde não é possível transitar. [Pl.: *-veis*.]

in.tran.si.ti.vo (zi) [Lat. *intransitivu*.◼22] *adj. E.Ling.* Diz-se do verbo cuja ação ou estado não transita do sujeito a nenhum objeto.

in.trans.mis.sí.vel *adj2g.* Não transmissível. [Pl.: *-veis*.]

in.trans.po.ní.vel *adj2g.* Que não se pode transpor. [Pl.: *-veis*.]

in.tra.o.cu.lar [*Intra-* + *ocular*.] *adj2g.* **1.** Localizado no interior de olho. **2.** Que se aplica no interior de olho.

in.tra.tá.vel [Lat. *intractabile*.◼41] *adj2g.* **1.** Não tratável. **2.** Insociável. [Pl.: *-veis*.]

in.tra.u.te.ri.no [*Intra-* + *uterino*.] *adj. Anat.* Do, ou relativo ao interior do útero.

in.tra.ve.no.so (ô) [*Intra-* + *venoso*.] *adj.* **1.** Relativo ao interior de veia. **2.** Que se aplica no interior de veia. [Sin.ger.: *endovenoso.* Pl.: *-nosos* (ó).]

in.tré.pi.do [Lat. *intrepidu*.] *adj.* **1.** Que não trepida; audaz, corajoso. **2.** Que não tem medo; destemido. § **in.tre.pi.dez** (ê) *sf.*

in.tri.ga [Fr. *intrigue*.] *sf.* **1.** Comentário malicioso, ou de má-fé, que ocasiona aborrecimentos, inimizades; enredo, mexerico. [Dim. irreg.: *intriguelha* (ê).] **2.** V. *enredo* (3).

in.tri.gar [Fr. *intriguer*.◼1A] *vtd. e tdi.* **1.** Inimizar com intrigas. **2.** Encher de curiosidade; tornar perplexo. *p.* **3.** Inimizar-se, indispor-se. **4.** Ficar perplexo, curioso, ou desconfiado. [C.: 1C] § **in.tri.gan.te** *adj2g. s2g.*

in.trin.ca.do ou **in.tri.ca.do** [*Intrincar* ou *intricar*, 'enredar'.◼17A] *adj.* **1.** Que é obscuro, pouco claro. 2. Que é ou está enredado, embaraçado. 3. De difícil resolução.

in.trín.se.co [Lat. *intrinsecu*.] *adj.* 1. Que está dentro duma coisa ou pessoa e lhe é próprio, íntimo. 2. Inseparavelmente ligado a uma pessoa ou coisa.

in.tro.du.ção [Lat. *introductione*.◘2] *sf.* 1. Ato ou efeito de introduzir(-se). 2. V. *prefácio*. [Pl.: -ções.]

in.tro.du.tor (ô) [Lat. *introductore*.◘19] *adj. sm.* Que, ou aquele que introduz.

in.tro.du.zir [Lat. *introducere*.◘1C] *vtd.* 1. Fazer entrar, ou fazer ser adotado. 2. Fazer penetrar; meter. *tdi.* 3. Introduzir (1 e 2). 4. Incluir, incorporar. 5. Intrujar, enfronhar. *tdc.* 6. Introduzir (1 e 2). *p.* 7. Fazer-se admitir, entrar. 8. Fixar-se, arraigar-se. [C.: 41] § **in.tro.du.ti.vo** *adj.*; **in.tro.du.tó.ri:o** *adj.*

in.troi.to (ói) [Lat. *introitu*.] *sm.* Começo, princípio.

in.tro.me.ter [Lat. *intromittere*.◘1B] *vtdc. e tdi.* 1. Pôr no meio ou no interior; pôr entre; intercalar, introduzir. *p.* 2. Tomar parte em, ou emitir opinião sobre coisa ou assunto alheio; enxerir-se, ingerir-se, imiscuir-se. [C.: 2 (ê-é)]

in.tro.me.ti.do [Part. de *intrometer*.] *adj.* 1. Que se mete no que não lhe toca; enxerido, metediço, indiscreto. ● *sm.* 2. Indivíduo intrometido (1).

in.tro.me.ti.men.to [*Intrometer*.◘3A] *sm.* 1. Ato de intrometer(-se); intromissão. 2. Modos ou ação de intrometido.

in.tro.mis.são [Lat.med. *intromissione*.◘2] *sf.* Intrometimento (1). [Pl.: -sões.]

in.tros.pec.ção [Ingl. *introspection*.◘2] *sf.* Observação dos próprios pensamentos ou sentimentos. [Pl.: -ções.]

in.tro.ver.são [*Introverso*.◘2] *sf.* Qualidade ou estado de introvertido. [Pl.: -sões.]

in.tro.ver.ter-se [*Intro-* + lat. *vertere* + *se*¹.◘1B] *vp.* Voltar-se para dentro; concentrar-se. [Antôn.: *extroverter-se*. C.: 2 (ê-é).]

in.tro.ver.ti.do [Part. de *introverter*.] *adj.* Diz-se de indivíduo reservado, calado, ensimesmado.

in.tru.jão [*Intrujar*.◘28B] *sm.* 1. Indivíduo que intruja. 2. *Bras.* Receptor de objetos furtados. [Pl.: -jões.]

in.tru.jar *vtd.* 1. Imiscuir-se com (outras pessoas), para explorá-las; lograr. *int.* 2. Contar mentiras. *p.* 3. Fazer intrujices; lograr-se. [C.: 1]

in.tru.ji.ce [*Intruj(ão)*.◘13] *sf.* Ato de intrujar.

in.tru.são [Lat.med. *intrusione*.◘2] *sf.* Ação de intruso. [Pl.: -sões.]

in.tru.so [Lat.med. *intrusu*.] *adj. sm.* Diz-se de, ou indivíduo que se introduz em lugar, cargo, dignidade, etc., sem qualidade para tal.

in.tu:i.ção [Lat. *intuitione*.◘2] *sf.* 1. Conhecimento imediato, que independe do raciocínio. 2. Pressentimento sobre um suposto acontecimento futuro. [Pl.: -ções.]

in.tu.ir [Lat. *intuere*.◘1C] *vtd. e int.* Deduzir ou concluir por intuição. [C.: 42]

in.tu:i.ti.vo [Lat.med. *intuitivu*.◘22] *adj.* 1. Da, ou próprio, ou fundado na intuição. 2. Dotado dela.

in.tui.to (túi) [Lat. *intuitu*.] *sm.* 1. O que se tem em vista; intento, plano. 2. Finalidade, objetivo.

in.tu.mes.cer [Lat. *intumescere*.◘1Pa] *vtd., int. e p.* Tornar(-se) túmido; tumefazer(-se), inchar. [C.: 2A (ê-é)] § **in.tu.mes.ci.do** *adj.*

in.tur.ges.cer [Lat. *iturgescere*.◘1Pa] *vtd., int. e p.* Tornar(-se) túrgido ou inchado. [C.: 2A (ê-é)] § **in.tur.ges.cên.ci:a** *sf.*

i.nú.bil [*In-*² + *núbil*.] *adj2g.* Que não é núbil. [Pl.: -beis.]

i.nu.ma.ção [*Inumar*.◘2A] *sf.* Ato de inumar; enterro. [Pl.: -ções.]

i.nu.ma.no [Lat. *inhumanu*.] *adj.* Alheio ao sentimento de humanidade; cruel.

i.nu.mar [Lat. *inhumare*.◘1A] *vtd.* Sepultar, enterrar. [Antôn.: *exumar*. C.: 1]

i.nu.me.rá.vel [Lat. *innumerabile*.◘41] *adj2g.* Que não se pode numerar ou contar; muito numeroso; infinito, inúmero. [Pl.: -veis.]

i.nú.me.ro [Lat. *innumeru*.] *adj.* V. *inumerável*.

i.nun.da.ção [Lat. *inundatione*.◘2A] *sf.* 1. Ato ou efeito de inundar(-se). 2. V. *enchente* (1). [Pl.: -ções.]

i.nun.dar [Lat. *inundare*.◘1A] *vtd.* 1. Cobrir de água; submergir, alagar. 2. Encher de água ou de outro líquido. 3. Encher completamente. 4. Transbordar. *p.* 5. Cobrir-se de água. [C.: 1] § **i.nun.dá.vel** *adj2g.*

i.nu.si.ta.do [Lat. *inusitatu*.◘17] *adj.* Não usado ou usual.

i.nú.til [Lat. *inutile*.] *adj2g.* 1. Sem utilidade ou préstimo. 2. Sem nenhum resultado; em vão. [Pl.: -teis.] § **i.nu.ti.li.da.de** *sf.*

i.nu.ti.li.zar [*Inútil*.◘1D] *vtd. e p.* 1. Tornar(-se) inútil ou imprestável. 2. Destruir(-se), danificar(-se). [C.: 1] § **i.nu.ti.li.za.do** *adj.*

in.va.dir [Lat. *invadere*.◘1C] *vtd.* 1. Entrar à força ou hostilmente em. 2. Difundir-se, espalhar-se por. 3. Tomar, dominar. [C.: 3]

in.va.li.dar [*Inválido*.◘1A] *vtd. e p.* Tornar(-se) inválido. [C.: 1]

in.vá.li.do [Lat. *invalidu*.] *adj.* 1. Que não vale. 2. Que perdeu o vigor; fraco. 3. Mutilado ou paralítico. ● *sm.* 4. Indivíduo inválido (2 e 3). § **in.va.li.dez** (ê) *sf.*

in.va.ri.á.vel *adj2g.* 1. Que não varia; imutável; constante; firme. 2. *E.Ling.* Indeclinável (2). [Pl.: -veis.] § **in.va.ri:a.bi.li.da.de** *sf.*

in.va.são [Lat. *invasione*.◘2] *sf.* Ato ou efeito de invadir. [Pl.: -sões.]

in.va.sor (ô) [Lat. *invasore*.◘19] *adj. sm.* Que, ou o que invade.

in.vec.ti.va *sf.* Palavras injuriosas dirigidas a alguém; doesto.

in.vec.ti.var [*Invectiva*.◘1A] *vtd.* 1. Dirigir invectiva(s) a; censurar energicamente. *ti.* 2. Dizer invectivas. [C.: 1]

inveja | inviável

in.ve.ja [Lat. *invidia.*] *sf.* **1.** Desgosto ou pesar pelo bem ou felicidade de outrem. **2.** Desejo violento de possuir o bem alheio. **3.** Objeto da inveja.

in.ve.jar [*Inveja.*▪1A] *vtd.* **1.** Ter inveja de. **2.** Cobiçar (o que é de outrem). *int.* **3.** Ter ou sentir inveja. [C.: **1.** Tem (ao contrário da grande maioria dos verbos em *-ejar*) o *e* aberto nas formas rizotônicas: *invejo* (é), *invejas* (é), *invejam* (é); *inveje* (é), *invejes* (é), *invejem* (é), etc.]

in.ve.já.vel [*Invejar.*▪41] *adj2g.* **1.** Que se pode invejar; digno de inveja. **2.** De muito valor; apreciável. [Pl.: *-veis*]

in.ve.jo.so (ô) [Lat. *invidiosu.*▪37] *adj.* Que tem inveja. [Pl.: *-josos* (ó).]

in.ven.ção [Lat. *inventione.*▪2] *sf.* **1.** Ato ou efeito de inventar. **2.** Coisa inventada; invento. **3.** Faculdade ou poder inventivo; criatividade. [Pl.: *-ções*.]

in.ven.ci.o.ni.ce [*Invenção* (*-cion-*).▪13] *sf.* Embuste, mentira.

in.ven.cí.vel [Lat. *invincibile.*▪41] *adj2g.* Que não se pode vencer; invicto. [Pl.: *-veis.*] § **in.ven.ci.bi.li.da.de** *sf.*

in.ven.dá.vel [*In-*² + *vendável.*] *adj2g.* Não vendável. [Pl.: *-veis.*]

in.ven.dí.vel [Lat. *invendibile.*▪41] *adj2g.* Não vendível. [Pl.: *-veis.*]

in.ven.tar [*Invento.*▪1A] *vtd.* **1.** Ser o primeiro a ter ideia de. **2.** Criar na imaginação; imaginar ou descobrir através do pensamento. **3.** Contar falsamente; urdir. *ti.* **4.** Cismar, resolver. [C.: 1]

in.ven.ta.ri.ar [*Inventário.*▪1A] *vtd.* **1.** Fazer o inventário de. **2.** Descrever miudamente. **3.** Relacionar. [C.: 1] § **in.ven.ta.ri.an.te** *adj2g. s2g.*

in.ven.tá.ri:o [Lat. *inventariu.*▪24] *sm.* **1.** Relação dos bens deixados por alguém que morreu. **2.** Relação ou rol de mercadorias, bens, etc.

in.ven.ti.va [F.subst. de *inventivo.*] *sf.* Faculdade de inventar.

in.ven.ti.vo [*Invento.*▪22] *adj.* **1.** Inventor (1). **2.** Em que há invenção, criação.

in.ven.to [Lat. *inventu.*▪1] *sm.* Invenção (2).

in.ven.tor (ô) [Lat. *inventore.*▪19] *adj.* **1.** Que inventa; inventivo. ● *sm.* **2.** Aquele que inventa, ou que faz uma descoberta.

in.ver.na.da¹ *sf.* Invernia.

in.ver.na.da² [Esp.plat. *invernada.*] *sf. Bras.* Pastagem rodeada de obstáculos, onde se guarda gado para que repouse e se restaure.

in.ver.na.dor (ô) [Esp.plat. *invernador.*▪19A] *sm.* Invernista.

in.ver.nar [Lat. *hibernare.*▪1A] *vtc.* **1.** Passar o inverno. *int.* **2.** Fazer mau tempo; hibernar. [C.: 1 (é)]

in.ver.ni.a [*Inverno.*▪8A] *sf.* Inverno rigoroso; invernada.

in.ver.nis.ta *s2g.* Pessoa que se dedica a engorda de animais para o talho; invernador.

in.ver.no [Lat. *hibernu.*] *sm.* **1.** Estação do ano que sucede ao outono e antecede a primavera. **2.** Tempo frio. **3.** *Bras. N. N.E.* Estação das chuvas. § **in.ver.nal** *adj2g.*; **in.ver.no.so** (ô) *adj.*

in.ve.ros.sí.mil [*In-*² + *verossímil.*] *adj2g.* Não verossímil; inacreditável. [Pl.: *-meis.* Superl.: *inverossimílimo.*]

in.ve.ros.si.mi.lhan.ça [*In-*² + *verossimilhança.*] *sf.* Qualidade de inverossímil.

in.ver.são [Lat. *inversione.*▪2] *sf.* Ato ou efeito de inverter. [Pl.: *-sões.*]

in.ver.si.vo [*Inverso.*▪22] *adj.* **1.** Inversor (1). **2.** Em que há inversão.

in.ver.so [Lat. *inversu.*] *adj.* **1.** Que segue sentido, ordem, etc., contrário ao sentido ou à ordem natural. **2.** Oposto, contrário. ● *sm.* **3.** V. *oposto* (4). **4.** *Mat.* Número que somado a outro dá como resultado 0 (diz-se tb. *inverso aditivo*), ou número que multiplicado a outro dá como resultado 1 (diz-se tb. *inverso multiplicativo*).

in.ver.sor (ô) *adj.* **1.** Que inverte; inversivo. ● *sm.* **2.** O que inverte.

in.ver.te.bra.do [Lat.cient.*invertebratus.*]*adj.sm.* Diz-se de, ou animal que não tem vértebras.

in.ver.ter [Lat. *invertere.*▪1B] *vtd.* **1.** Voltar ou virar em sentido contrário ou natural. **2.** Alterar, mudar. *p.* **3.** Virar-se ao contrário. **4.** Tornar-se o contrário do que era. [C.: 2 (ê-é)]

in.vés [De *inverso.*] *sm.* Lado oposto; avesso.
♦ **Ao invés de.** Ao contrário de.

in.ves.ti.da [*Investir* + *-ida.*] *sf.* Ato ou efeito de investir (1).

in.ves.ti.du.ra [*Investir.*▪5A] *sf.* Ato de investir num cargo.

in.ves.ti.ga.dor (ô) [Lat. *investigatore.*▪19A]*adj.* **1.** Que investiga. ● *sm.* **2.** Aquele que o faz. **3.** *Bras.* Agente ou policial.

in.ves.ti.gar [Lat. *investigare.*▪1A] *vtd.* **1.** Seguir os vestígios de. **2.** Pesquisar. **3.** Examinar com atenção. [C.: 1C] § **in.ves.ti.ga.ção** *sf.*; **in.ves.ti.ga.ti.vo** *adj.*; **in.ves.ti.ga.tó.ri:o** *adj.*

in.ves.ti.men.to [*Investir.*▪3] *sm.* **1.** Ato ou efeito de investir. **2.** *Econ.* Aplicação de dinheiro (em títulos, ações, imóveis, etc.) com o propósito de obter lucro. **3.** *Econ.* Aumento do estoque de capital (5), expandindo a capacidade produtiva da economia.

in.ves.tir [Lat. *investire.*▪1C] *vti.* **1.** Atacar, acometer. **2.** Aplicar ou empregar capitais. *tdi.* **3.** Investir (2). *transobj.* **4.** Eleger, nomear. **5.** Empossar formalmente. *p.* **6.** Atacar, acometer. **7.** Tomar posse. [C.: 48] § **in.ves.ti.dor** (ô) *adj. sm.*

in.ve.te.ra.do [Lat. *inveteratu.*▪17A] *adj.* **1.** Muito antigo; de velha data. **2.** Profundamente radicado; arraigado.

in.ve.te.rar [Lat. *inveterare.*▪1A] *vtd.* **1.** Tornar velho, antigo. *tdi.* **2.** Fixar ou arraigar com o tempo. *p.* **3.** Tornar-se velho, antigo. **4.** Fixar-se com o tempo. [C.: 1 (é)]

in.vi:a.bi.li.zar [*Inviável* (*-bil-*).▪1D] *vtd. e p.* Tornar(-se) inviável. [C.: 1]

in.vi.á.vel [*In-*² + *viável.*] *adj2g.* Não viável; inexequível. [Pl.: *-veis.*]

in.vic.to [Lat. *invictu*.] *adj*. Que não sofreu derrota.
ín.vi:o [Lat. *inviu*.] *adj*. **1**. Em que não há caminho; intransitável. **2**. Intransitável (caminho).
in.vi:o.la.do [Lat. *inviolatu*.🔲17] *adj*. Não violado; íntegro.
in.vi:o.lá.vel [Lat. *inviolabile*.🔲41] *adj2g*. Não violável. [Pl.: *-veis*.] § **in.vi:o.la.bi.li.da.de** *sf*.
in.vi.sí.vel [Lat. *invisibile*.🔲41] *adj2g*. Que não se pode ver, ou de que não se tem conhecimento. [Pl.: *-veis*.] § **in.vi.si.bi.li.da.de** *sf*.
→ **in vitro** (in vítru) [Lat.] Que ocorre em tubo de ensaio: *fertilização* in vitro.
in.vo.car [Lat. *invocare*.🔲1A] *vtd*. **1**. Implorar a proteção, ou o socorro, ou auxílio, de. **2**. Rogar, suplicar. **3**. Alegar em seu favor. **4**. Evocar, conjurar. *ti*. e *p*. **5**. Bras. Gír. Antipatizar, embirrar. [C.: 1A (ó)] § **in.vo.ca.ção** *sf*.
in.vo.ca.ti.vo [Lat. *invocativu*.🔲22A] *adj*. Que invoca, que é próprio para invocar.
in.vo.lu.ção [Lat. *involutione*.🔲2A] *sf*. Movimento regressivo. [Pl.: *-ções*.]
in.vó.lu.cro [Lat. *involucru*.] *sm*. Tudo que serve para envolver; envoltório.
in.vo.lu.ir *v.int*. Sofrer involução; regredir. [C.: 42]
in.vo.lun.tá.ri:o [Lat. *involuntariu*.🔲24] *adj*. Não voluntário; independente da vontade.
in.vo.lu.to [Lat. *involutu*.] *adj*. Bot. Diz-se da disposição das folhas jovens quando se acham enroladas sobre a face interna.
in.vul.gar [*In*-² + *vulgar*.] *adj2g*. Não vulgar; incomum.
in.vul.ne.rá.vel [Lat. *invulnerabile*.🔲41] *adj2g*. Não vulnerável. [Pl.: *-veis*.]
in.zo.nei.ro [*Inzona*, 'intriga'.🔲25] *adj*. Bras. Pop. **1**. Que faz intrigas; intrigante. **2**. Que dissimula; sonso; manhoso.
i:o.de.to (ê) [*Iodo* + *-eto*².] *sm*. Quím. **1**. O ânion simples do iodo. **2**. Qualquer sal que contenha esse ânion.
i:o.do (ô) [Gr. *iódes*.] *sm*. Quím. V. *halogênio* [símb.: *I*].
i:o.do.fór.mi:o *sm*. Quím. Substância orgânica us. como anestésico local e como antisséptico [fórm.: CHI_3].
■ **IOF** Sigla de *Imposto sobre Operações Financeiras*.
i:o.ga [Do sânscr.] *sf. m*. **1**. Sistema de filosofia da Índia no qual se expõem os meios fisiológicos e psíquicos que levam a um estado de perfeição, livre de paixões e de inquietude. **2**. Técnica de ginástica para aplicação de ioga.
i:o.gue [Do sânscr.] *adj2g*. **1**. Referente à, ou próprio da ioga. ● *s2g*. **2**. Asceta indiano. **3**. Aquele que pratica a ioga.
i:o.gur.te [Do turco.] *sm*. Coalhada preparada sob a ação de fermentos lácteos.
io.iô¹ [Ingl. *yoyo*, m.reg.] *sm*. Brinquedo constituído por 2 discos unidos no centro por um pequeno cilindro preso a um cordão que faz o ioiô subir e descer.

io.iô² [*Sinhô*.] *sm*. Bras. Tratamento que os escravos davam aos senhores; nhonhô, nhô.
í.on [Ingl. *ion*.] *sm*. Fís.-Quím. Átomo ou grupamento de átomos com excesso ou com falta de carga elétrica negativa. [Pl.: *íons*.]
i:o.ni.zan.te [*Ionizar*.🔲21] *adj2g*. Que produz íons.
i:o.ni.zar [*Ion*.🔲1D] *vtd*. Fís.-Quím. Formar íons em. [C.: 1] § **i:o.ni.za.ção** *sf*.
i:o.nos.fe.ra [*Íon* + *-o-* + *-sfera*.] *sf*. Geogr. Camada externa da atmosfera terrestre onde há grande ionização, e que pode alcançar 1.000km de altitude.
i:o.ru.ba [Dessa língua.] *s2g*. **1**. *Etnôn*. Indivíduo dos iorubas, povos que vivem no S.O. da Nigéria e no S.E. da República do Benim. ● *sm*. **2**. *E.Ling*. Língua falada pelos iorubas. ● *adj2g*. **3**. Pertencente ou relativo a ioruba (1 e 2). [Sin. de 1 e 3: *iorubano, nagô*.]
i:o.ru.ba.no [*Ioruba*.🔲29] *sm. adj*. V. *ioruba* (1 e 3).
i:o.ta [Gr. *iôta*.] *sm*. A 9ª letra do alfabeto grego (Ι, ι).
i.pê (ê) ou **i.pé** [Do tupi.] *sm*. Bras. Bot. Nome comum às árvores bignoniáceas, ornamentais, de madeira útil, com flores amarelas, brancas, arroxeadas, ou róseas. A flor do ipê amarelo é, por lei, a flor símbolo nacional.
i.pe.ca.cu.a.nha [Do tupi.] *sf*. Bras. Bot. Erva rubiácea medicinal; poaia.
■ **IPEM** Sigla de *Instituto de Pesos e Medidas*.
■ **I.P.I.** Sigla de *Imposto sobre Produtos Industrializados*.
ip.sí.lon ou **íp.si.lon** ou **ip.si.lo.ne** [Gr. *ypsílon*.] *sm*. **1**. A letra *y*. **2**. A 20ª letra do alfabeto grego (Υ,υ).
→ **ipsis litteris** (ípsis líteris) [Lat.] Pelas mesmas letras; fielmente: *Reproduziu a carta* ipsis litteris.
■ **IPTU** Sigla de *Imposto Predial e Territorial Urbano* (q.v.).
i.pu.ei.ra ou **im.pu.ei.ra** [Do tupi.] *sf*. Bras. Lagoeiro formado nos lugares baixos pelo transbordamento dos rios.
■ **IPVA** Sigla de *Imposto sobre a Propriedade de Veículos Automotores*.
ir [Lat. *ire*.] *v.int*. **1**. Passar, ou deslocar-se dum lugar para outro, por movimento próprio, impulso imprimido, etc., ou com auxílio de transporte ou veículo. **2**. Retirar-se, partir. **3**. Ser mandado ou remetido. **4**. Achar-se (em certo estágio, fase, etc.). **5**. Achar-se (de saúde, de situação, etc.). **6**. Extinguir-se; ir-se. **7**. V. *morrer* (1). *tc*. **8**. Ir (1) a ou para (algum lugar). **9**. Percorrer, seguir. **10**. Ser levado ou transportado, voluntariamente ou não. **11**. Comparecer, apresentar-se. **12**. Ocorrer. **13**. Levar. *bit. c*. **14**. Estender-se, prolongar-se. *ti*. **15**. Dar início, começar. **16**. Tratar (de um assunto). **17**. Simpatizar. **18**. Combinar. *bit. i*. **19**. *Fig*. Passar gradualmente. *td*. **20**. Andar por; seguir. *pred*. **21**. Estar, achar-se (de saúde, situação, etc.). *p*. **22**. Retirar-se, partir. **23**. Dirigir-se. **24**. Ter fim; dissipar-se. **25**. V. *morrer* (1). [C.: 35]

■ Ir | irregularidade

■ Ir *Quím.* Símb. de *irídio*.
■ IR Sigla de *imposto de renda* (q.v.).
i.ra [Lat. *ira*.] *sf.* **1.** Cólera (1). **2.** Desejo de vingança.
i.ra.cun.do [Lat. *iracundu*.] *adj.* Propenso a, ou cheio de ira; irascível, iroso, irado; violento.
i.ra.do [Lat. *iratu*.◘17] *adj.* V. *iracundo*.
i.rar [*Ira*.◘1A] *vtd.* e *p.* Causar ira a, ou encher-se de ira; encolerizar(-se). [C.: 1]
i.ra.ra [Do tupi.] *sf. Bras. Zool.* Mamífero mustelídeo de hábitos noturnos.
i.ras.cí.vel [Lat. *irascibile*.◘41] *adj2g.* V. *iracundo.* [Pl.: -*veis*.] § **i.ras.ci.bi.li.da.de** *sf.*
i.re.rê [Do tupi.] *sm. f. Bras. Zool.* Ave anatídea dos rios e das lagoas, que à noite sobrevoa cidades, assobiando, e durante o dia, descansa; assobiadeira.
i.ri.dá.ce:a [Tax. *Iridaceae*.] *sf. Bot.* Espécime das iridáceas, família de plantas monocotiledôneas, ornamentais, que têm rizomas, bulbos ou tubérculos. § **i.ri.dá.ce:o** *adj.*
i.ri.des.cen.te [Fr. *iridescent*.◘21A] *adj2g.* Que apresenta ou reflete as cores do arco-íris.
i.rí.di:o [Lat.cient. *iridium*. ◘34B] *sm. Quím.* Elemento de número atômico 77, metálico [símb.: *Ir*].
í.ris¹ [Lat. *iris*.] *sf. m.* 2*n*. **1.** O espectro solar. **2.** *Anat.* Em cada olho, membrana circular, pigmentada, com orifício central (pupila), e situada posteriormente à córnea e anteriormente à lente; as fibras musculares, agindo sobre a pupila, regulam a entrada da luz no olho.
í.ris² [Tax. *Iris*.] *sf2n. Bot.* Erva iridácea ornamental, e sua flor.
i.ri.sar [*Íris*¹.◘1A] *vtd., int.* e *p.* Dar as cores do arco-íris a, ou tomá-las; matizar(-se). [C.: 1] § **i.ri.sa.ção** *sf.*
ir.lan.dês [◘38A] *adj.* **1.** Da Irlanda (Reino Unido). ● *sm.* **2.** O natural ou habitante da Irlanda. **3.** *E.Ling.* A língua irlandesa. [Flex. de 1 e 2: *irlandeses* (ê), *irlandesa(s)* (ê).]
ir.ma.nar [*Irmão* (-man-).◘1A] *vtd.* e *tdi.* **1.** Tornar irmão; unir por laços fraternais. **2.** Igualar, unir. *p.* **3.** Unir-se; igualar-se. [C.:1] § **ir.ma.na.ção** *sf.*
ir.man.da.de [Lat. *germanitate*.◘14C] *sf.* **1.** Parentesco entre irmãos. **2.** Associação de caráter religioso; confraria.
ir.mão [Lat. *germanu*.◘28B] *sm.* **1.** Filho do mesmo pai e da mesma mãe, ou só do mesmo pai ou só da mesma mãe, em relação ao outro(s) filho(s); mano. **2.** Correligionário, confrade. **3.** Frade ou religioso que não recebe as ordens sacras. **4.** Membro de uma irmandade (2). **5.** Um dos componentes dum par (animal, objeto). [Pl.: -*mãos*. Fem.: *irmã*.] ◆ **Irmão de leite.** Colaço.
i.ro.ni:a [Lat. *ironia*.◘8A] *sf.* **1.** Modo de exprimir-se em que se diz o contrário do que se pensa ou sente. **2.** Contraste fortuito que parece um escárnio.
i.rô.ni.co [Lat. *ironicu*.◘35B] *adj.* Que usa de, ou em que há ironia.
i.ro.ni.zar [*Ironia*.◘1D] *vtd.* **1.** Fazer ironia sobre. **2.** Dizer ou escrever com ironia. *int.* **3.** Fazer ironia. [C.: 1]
i.ro.so (ó) [*Ira*.◘37] *adj.* V. *iracundo*. [Pl.: *irosos* (ó).]
ir.ra [V.B] *interj.* Exprime raiva, repulsa, desprezo, desaprovação; fora, apre.
ir.ra.ci:o.nal [Lat. *irrationale*.◘39] *adj2g.* **1.** Que não resulta do emprego da razão, ou contrário a ela. **2.** Que não raciocina. **3.** *Mat.* Que não representa uma razão (7) entre números inteiros. ● *sm.* **4.** Qualquer animal, com exceção do ser humano. [Pl.: -*nais*.] § **ir.ra.ci:o.na.li.da.de** *sf.*
ir.ra.di:a.ção [Lat. *irradiatione*.◘2A] *sf.* **1.** Ato ou efeito de irradiar(-se). **2.** *Fís.* Bombardeio duma substância por um feixe de partículas ou de raios X. [Pl.: -*ções*.]
ir.ra.di:an.te [Lat. *irradiante*.◘21] *adj2g.* **1.** Que irradia. **2.** Brilhante, luminoso. **3.** Muito alegre; vivo, expressivo.
ir.ra.di:ar [Lat. *irradiare*.◘1A] *vtd.* **1.** Lançar de si, emitir (raios luminosos, caloríficos, etc.), em sentido centrífugo. **2.** Propagar, difundir. **3.** Transmitir por meio de radiodifusora. *ti.* e *p.* **4.** Difundir-se. [C.: 1]
ir.re.al [*Ir-*² + *real*².] *adj2g.* Não real; imaginário. [Pl.: -*ais*.]
ir.re:a.li.zá.vel *adj2g.* Não realizável. [Pl.: -*veis*.]
ir.re.ba.tí.vel *adj2g.* Que não se pode rebater. [Pl.: -*veis*.]
ir.re.con.ci.li.á.vel [Lat. *irreconciliable*.◘41] *adj2g.* Que não se pode reconciliar. [Pl.: -*veis*.]
ir.re.co.nhe.cí.vel [*Ir-*² + *reconhecível*.] *adj2g.* Não reconhecível. [Pl.: -*veis*.]
ir.re.cor.rí.vel *adj2g.* De que não se pode recorrer. [Pl.: -*veis*.]
ir.re.cu.pe.rá.vel [Lat. *irrecuperabile*.◘41] *adj2g.* Não recuperável. [Pl.: -*veis*.]
ir.re.cu.sá.vel [Lat. *irrecusabile*.◘41] *adj2g.* **1.** Que não se pode recusar. **2.** Incontestável, inegável. [Pl.: -*veis*.]
ir.re.du.tí.vel [*Ir-*² + *redutível*.] *adj2g.* **1.** Não redutível. **2.** Indomável, invencível. [Pl.: -*veis*.]
ir.re.fle.ti.do [*Ir-*² + *refletido*.] *adj.* Que não reflete, ou em que não há reflexão; inconsiderado, impensado.
ir.re.fle.xão (cs) [*Ir-*² + *reflexão*.] *sf.* Falta de reflexão. [Pl.: -*xões*.]
ir.re.fre.á.vel [Lat. *irrefrenabile*.◘41] *adj2g.* Não refreável; irreprimível. [Pl.: -*veis*.]
ir.re.fu.tá.vel [Lat. *irrefutabile*.◘41] *adj2g.* V. *irrespondível*. [Pl.: -*veis*.]
ir.re.ge.ne.rá.vel *adj2g.* Não regenerável; incorrigível. [Pl.: -*veis*.]
ir.re.gu.lar [Lat. *irregulare*.◘40] *adj2g.* **1.** Não regular; anormal. **2.** Inconstante, vário. **3.** De tamanho variável; desigual. **4.** Contrário à lei ou à justiça.
ir.re.gu.la.ri.da.de [*Irregular*.◘14] *sf.* **1.** Qualidade ou estado de irregular. **2.** Ação ou situação irregular.

ir.re.le.van.te [*Ir-*² + *relevante.*] *adj2g.* Não relevante.

ir.re.li.gi.o.so (ô) [Lat. *irreligiosu.* ▣37] *adj.* **1.** Não religioso. **2.** Ateu, ímpio. [Pl.: *-osos* (ó).] § **ir.re.li.gi.o.si.da.de** *sf.*

ir.re.me.di.á.vel [Lat. *irremediabile.* ▣41] *adj2g.* Que não se pode remediar. [Pl.: *-veis.*]

ir.re.mo.ví.vel [*Ir-*² + *removível.*] *adj2g.* Que não pode ser removido. [Pl.: *-veis.*]

ir.re.pa.rá.vel [Lat. *irreparabile.* ▣41] *adj2g.* Que não se pode reparar, recuperar ou suprir. [Pl.: *-veis.*]

ir.re.pli.cá.vel *adj2g.* V. *irrespondível.* [Pl.: *-veis.*]

ir.re.pre.en.sí.vel [Lat. *irreprehensibile.* ▣41] *adj2g.* Que não merece repreensão. [Pl.: *-veis.*]

ir.re.pri.mí.vel [*Ir-*² + *reprimível.*] *adj2g.* Não reprimível; incoercível. [Pl.: *-veis.*]

ir.re.pro.chá.vel *adj2g.* Que não merece reproche. [Pl.: *-veis.*]

ir.re.qui.e.to [Lat. *irrequietu.*] *adj.* **1.** Que nunca está sossegado; que não para quieto; buliçoso, turbulento. **2.** Que está sempre em movimento; agitado.

ir.res.ga.tá.vel [*Ir-*² + *resgatável.*] *adj2g.* Que não se pode resgatar. [Pl.: *-veis.*]

ir.re.sis.tí.vel *adj2g.* A que não se pode resistir. [Pl.: *-veis.*]

ir.re.so.lu.to [Lat. *irresolutu.*] *adj.* Não resoluto; hesitante, indeciso. § **ir.re.so.lu.ção** *sf.*

ir.re.so.lú.vel [Lat. *irresolubile.* ▣41] *adj2g.* Que não se pode resolver. [Pl.: *-veis.*]

ir.res.pi.rá.vel [Lat.tard.*irrespirabile.* ▣41] *adj2g.* Que, ou onde não se pode respirar. [Pl.: *-veis.*]

ir.res.pon.dí.vel *adj2g.* A que não se pode responder; irrefutável, irreplicável, incontrastável. [Pl.: *-veis.*]

ir.res.pon.sá.vel [*Ir-*² + *responsável.*] *adj2g.* **1.** Que não pode ser responsabilizado pelos atos que pratica. **2.** Próprio de irresponsável. **3.** V. *leviano* (1). • *s2g.* **4.** Pessoa irresponsável. [Pl.: *-veis.*] § **ir.res.pon.sa.bi.li.da.de** *sf.*

ir.res.trin.gí.vel *adj2g.* Que não se pode restringir. [Pl.: *-veis.*]

ir.res.tri.to [*Ir-*² + *restrito.*] *adj.* Não restrito; ilimitado.

ir.re.tor.quí.vel *adj2g.* A que não se pode retorquir. [Pl.: *-veis.*]

ir.re.tra.tá.vel [Lat. *irretractabile.* ▣41] *adj2g.* V. *irrevogável.* [Pl.: *-veis.*]

ir.re.ve.ren.te [Lat. *irreverente.* ▣21A] *adj2g.* Falto de reverência; desatencioso, incivil. § **ir.re.ve.rên.ci.a** *sf.*

ir.re.ver.sí.vel [*Ir-*² + *reversível.*] *adj2g.* Não reversível. [Pl.: *-veis.*]

ir.re.vo.cá.vel ou **ir.re.vo.gá.vel** [Lat. *irrevocabile.* ▣41] *adj2g.* Não revogável; irretratável, incontrastável. [Pl.: *-veis.*]

ir.ri.ga.ção [Lat. *irrigatione.* ▣2A] *sf.* **1.** Ato ou efeito de irrigar. **2.** Rega artificial das terras por meio de canais, canos, etc. [Pl.: *-ções.*]

ir.ri.ga.dor (ô) [Lat. *irrigatore.* ▣19A] *adj.* **1.** Que irriga. • *sm.* **2.** Artefato para regar.

ir.ri.gar [Lat. *irrigare.* ▣1A] *vtd.* **1.** V. *regar* (1). **2.** Fazer afluir o sangue a. **3.** Molhar por meio de irrigação (2). [C.: 1C]

ir.ri.são [Lat. *irrisione.* ▣2] *sf.* Zombaria, motejo, escárnio. [Pl.: *-sões.*]

ir.ri.só.ri.o [Lat. *irrisoriu.* ▣23] *adj.* **1.** Em que há, ou que provoca irrisão. **2.** *Fam.* Que é irrelevante.

ir.ri.ta.bi.li.da.de [Lat. *irritabilitate.* ▣14] *sf.* **1.** Qualidade ou estado de irritável. **2.** *Fisiol.* Capacidade que tem um órgão de reagir a estimulo(s); excitabilidade.

ir.ri.ta.ção [Do lat. *irritatione.* ▣2A] *sf.* **1.** Ato ou efeito de irritar. **2.** Estado de irritabilidade, mau humor, exasperação em que alguém se encontra. **3.** *Med. Impr.* Lesão de natureza inflamatória (em pele ou mucosa). [Pl.: *-ções.*]

ir.ri.ta.di.ço *adj.* Que se irrita com facilidade.

ir.ri.ta.do [*Irritar.* ▣17A] *adj.* **1.** Que se irritou; encolerizado. **2.** Que denota ou revela irritação, agastamento, exasperação. **3.** Que apresenta irritação (3).

ir.ri.tar [Lat. *irritare*, 'encolerizar'. ▣1A] *vtd.* **1.** Produzir irritação (2 e 3) em. **2.** Provocar; importunar. **3.** Impacientar. *p.* **4.** Ter irritação (2); aborrecer-se. **5.** Impacientar-se. [C.: 1] § **ir.ri.tan.te** *adj2g.*

ir.ri.tá.vel [Lat. *irritabile.* ▣41] *adj2g.* Que se irrita facilmente. [Pl.: *-veis.*]

ír.ri.to [Lat. *irritu.*] *adj.* Que ficou sem efeito; nulo.

ir.rom.per [Lat. *irrumpere.* ▣1B] *v.int.* **1.** Entrar, ou brotar, com ímpeto ou violência. **2.** Aparecer, ou fazer-se ouvir, de repente. [C.: 2]

ir.rup.ção [Lat. *irruptione.* ▣2] *sf.* **1.** Ato de irromper. **2.** Deflagração. [Pl.: *-ções.*] § **ir.rup.ti.vo** *adj.*

is.ca [Lat. *esca.*] *sf.* **1.** Engodo que se põe no anzol para pescar. **2.** Combustível que recebe as faíscas do fuzil para comunicar fogo. **3.** *Cul.* Tira de fígado ou de bacalhau frita. **4.** Chamariz, engodo.

i.sen.ção [Lat. *exemptione.* ▣2] *sf.* **1.** Ato ou efeito de eximir(-se) ou isentar(-se). **2.** Independência de caráter. **3.** Imparcialidade; neutralidade. [Pl.: *-ções.*]

i.sen.tar [*Isento.* ▣1A] *vtdi. e p.* Tornar(-se) isento. [C.: 1]

i.sen.to [Lat. *exemptu.*] *adj.* **1.** Que não está sujeito a um dever ou obrigação; livre. **2.** Imparcial, neutro.

is.lã ou **is.la.me** [Fr. *islam.*] *sm.* O conjunto dos muçulmanos, sua religião, cultura e civilização; o mundo muçulmano. [Com inicial maiúsc.]

is.lâ.mi.co [*Islame.* ▣35B] *adj.* Do, ou relativo ao Islã.

is.la.mis.mo [*Islame.* ▣11] *sm.* Religião monoteísta fundada por Maomé **(M.)**. [Sin.: *maometismo.*]

is.la.mi.ta [*Islame* + *-ita*².] *adj2g. s2g.* V. *muçulmano.*

isóbaro | ixe

i.só.ba.ro [Fr. *isobare*.] *adj.* **1.** *Fís.* Diz-se de 2 ou mais núcleos que têm números atômicos diferentes, mas o mesmo número de massa, como, p.ex., zircônio 90, e nióbio 90. **2.** De igual pressão atmosférica.

i.só.ba.ta [*Is(o)-* + *-bata²*.] *sf.* Linha que, nas cartas hidrográficas, liga pontos de igual profundidade.

i.so.ga.mi.a [*Is(o)-* + *-gam(o)-* + *-ia¹*.◘8A] *sf.* **1.** *Antrop.* Casamento entre indivíduos de mesmo *status* social, econômico ou religioso. **2.** *Biol.* Fusão de gametas iguais. § **i.so.gâ.mi.co** *adj.*

i.so.la.do [*Isolar*.◘17A] *adj.* **1.** Que se isolou ou se separou. **2.** De que não há igual; único. **3.** De um só, ou de um só grupo. **4.** Só, sozinho. **5.** Sem companhia. **6.** Afastado, distante.

i.so.la.dor (ô) [*Isolar*.◘19A] *adj.* **1.** Que isola; isolante. ● *sm.* **2.** *Eng.Elétr. Eletrôn.* Componente dum circuito, que tem a função de o isolar de outras forças ou componentes elétricos do exterior.

i.so.la.men.to [*Isolar*.◘3] *sm.* **1.** Ato ou efeito de isolar(-se). **2.** Estado de pessoa isolada.

i.so.lan.te [*Isolar*.◘21] *adj2g.* **1.** Isolador (1). ● *sm.* **2.** *Eletr.* Substância que conduz pouquíssima ou nenhuma corrente elétrica.

i.so.lar [Fr. *isoler*.◘1A] *vtd.* **1.** Tornar solitário; deixar só. **2.** *Eletr.* Aplicar isolador ou isolante a. *tdi.* **3.** Isolar (1). *p.* **4.** Afastar-se do convívio social. [C.: 1 (ó)]

i.so.por (ô) [M.reg.] *sm.* Material pouco denso, isolante térmico, formado por polímero contendo inúmeros alvéolos com ar.

i.sóp.te.ro [Tax. *Isoptera*.] *adj.sm. Zool.* Diz-se de, ou espécime dos isópteros, ordem de artrópodes com 4 asas membranosas, iguais; são sociais, e alguns (soldados, operários) são ápteros. São os cupins.

i.sós.ce.le *adj2g.* ou **i.sós.ce.les** [Gr. *isoskelés*.] *adj2g2n. Geom.* **1.** Diz-se do triângulo que tem 2 de seus lados iguais e, portanto, 2 ângulos iguais. **2.** Diz-se do trapézio cujos lados não paralelos são iguais.

i.só.to.po [*Is(o)-* + *-topo*.] *sm. Quím.* Cada um dos tipos de átomo de um mesmo elemento químico; neles a carga do núcleo é igual, mas o número de nêutrons é diferente. § **i.so.tó.pi.co** *adj.*

i.so.tró.pi.co [*Is(o)-* + *-trop(o)-* + *-ico²*.◘35B] *adj.* Com propriedades físicas idênticas, ou de mesmo valor, independentemente da direção; isótropo. § **i.so.tro.pi.a** *sf.*

i.só.tro.po [Gr. *isótropos*.] *adj.* Isotrópico.

is.quei.ro [V.C◘25] *sm.* Pequeno aparelho com pedra, ou líquido, ou gás inflamável, que produz chama.

is.que.mi.a [Gr. *íschaimos* + *-ia¹*.◘8A] *sf. Med.* Suspensão ou baixa, localizada, de irrigação sanguínea, devida a má circulação arterial.

ís.qui.o [Gr. *ischíon*.] *sm. Anat.* A porção dorsal inferior do ilíaco.

is.ra.e.li.ta [Lat.ecl. *israelita*.] *s2g.* **1.** Indivíduo do povo de Israel (Oriente Médio). ● *adj2g.* **2.** Desse povo. [Sin.ger.: *judeu*.]

■ **I.S.S.** Sigla de *Imposto Sobre Serviços*.

is.sei [Do jap.] *adj2g. s2g.* Diz-se de, ou japonês que emigra, esp., para a América.

is.so [Lat. *ipsu*.] *pron.dem.* **1.** Essa(s) coisa(s). **2.** *Deprec. Fam.* Essa pessoa. ♦ **Por isso.** Em razão disso, por esse motivo.

ist.mo [Gr. *isthmós*.] *sm.* Faixa de terra que liga uma península a um continente.

is.to [Lat. *istu(d)*.] *pron.dem.* **1.** Esta(s) coisa(s). **2.** *Deprec. Fam.* Esta pessoa.

i.ta.li.a.nis.mo [*Italiano*.◘11] *sm.* **1.** Palavra, expressão ou construção peculiar à língua italiana. **2.** Admiração profunda a tudo quanto é italiano.

i.ta.li.a.no [It. *italiano*.◘29] *adj.* **1.** Da Itália (Europa); itálico. ● *sm.* **2.** O natural ou habitante da Itália. **3.** *E.Ling.* A língua italiana.

i.tá.li.co [Lat. *italicu*.◘35B] *adj.* **1.** Italiano (1). **2.** Da Itália antiga. **3.** *Art. Gráf.* Diz-se do tipo de realce inclinado para a direita; grifo. ● *sm.* **4.** *Art. Gráf.* Esse tipo; grifo.

í.ta.lo [Lat. *italu*.] *adj. sm.* Italiano (1 e 2).

i.ta.o.ca [Do tupi.] *sf. Bras.* Caverna (1).

i.ta.pe.ba [Do tupi.] *sf. Bras.* Recife de pedra paralelo à margem de rio.

i.ta.ra.ré [Do tupi.] *sm. Bras.* Curso subterrâneo de um rio através de rochas calcárias.

i.tem [Lat. *item*.] *adv.* **1.** Da mesma forma; também. [Us. em contas e numerações.] ● *sm.* **2.** Cada um dos artigos ou alíneas duma exposição escrita, dum regulamento, etc. **3.** *Inform.* Dado elementar. **4.** *Inform.* Variável (2) elementar. [Pl. do sm.: *itens*.]

i.te.ra.ção [Lat. *iteratione*.◘2A] *sf.* **1.** Ato de iterar; repetição. **2.** *Mat.* (Emprego de) sequência finita de operações em que o objeto de cada uma é o resultado da que a precede. [Pl.: *-ções*.]

i.te.rar [Lat. *iterare*.◘1A] *vtd.* Tornar a fazer ou a dizer; repetir, reiterar. [C.: 1 (é)]

i.te.ra.ti.vo [Lat. *iterativu*.◘22A] *adj.* **1.** Relativo a, ou em que há iteração. **2.** Repetido, reiterado.

i.tér.bi:o [Lat.cient. *ytterbium*.◘34B] *sm. Quím.* V. *lantanídeos* [símb.: *Yb*].

i.te.rí.ci:a *sf. Med.* Icterícia.

i.ti.ne.ran.te [Lat. *itinerante*.◘21] *adj2g. s2g.* Que, ou quem viaja, percorre itinerários.

i.ti.ne.rá.ri:o [Lat. *itinerariu*.◘24] *adj.* **1.** Concernente a caminhos. ● *sm.* **2.** Descrição de viagem; roteiro. **3.** Caminho a percorrer, ou percorrido. **4.** Caminho, trajeto.

i.to.ro.ró [Do tupi.] *sm. Bras.* Pequena cachoeira.

í.tri:o *sm. Quím.* Elemento de número atômico 39, metálico [símb.: *Y*].

i.xe *interj. Bras.* Exclamação irônica, ou de desprezo.

j (jota) *sm.* **1.** A 10ª letra do nosso alfabeto. **2.** Figura ou representação dessa letra. ● *num.* **3.** Décimo (1), numa série. [Pl. do sm., com duplo *j*: *jj.*]

já [Lat. *jam.*] *adv.* **1.** Neste momento; agora. **2.** Sem demora; agora mesmo. **3.** Jamais (2). ♦ **Já, já.** De imediato. **Já que.** Visto que; uma vez que. **Desde já.** A partir deste momento.

ja.bá[1] [Do tupi, poss.] *sm.f. Bras.* V. *charque.*

ja.bá[2] *sm. Bras. Gír.* V. *jabaculê.*

ja.ba.cu.lê *sm. Bras. Gír.* **1.** V. *gorjeta.* **2.** V. *dinheiro* (4). **3.** Dinheiro de suborno; propina. [F.red.: *jabá.*]

ja.bo.ran.di [Do tupi.] *sm. Bras. Bot.* Arbusto rutáceo, medicinal.

ja.bo.ta *sf. Bras.* A fêmea do jabuti.

ja.bu.ru [Do tupi.] *sm. Bras. Zool.* Ave ciconiídea que frequenta rios, lagoas e pantanais; tuiuiú.

ja.bu.ti [Do tupi.] *sm. Bras. Zool.* Quelídeo de carapaça alta.

ja.bu.ti.ca.ba [Do tupi.] *sf. Bras. Bot.* Fruto da jabuticabeira.

ja.bu.ti.ca.bal [*Jabuticaba.*◘ 39] *sm. Bras.* Grande quantidade de jabuticabeiras. [Pl.: *-bais.*]

ja.bu.ti.ca.bei.ra [*Jabuticaba.*◘ 16] *sf. Bras. Bot.* Árvore mirtácea, frutífera.

ja.ca [Do malaiala.] *sf. Bot.* O fruto da jaqueira.

ja.cá [Do tupi.] *sm. Bras.* Cesto para conduzir carga às costas de animais.

ja.ça [V.E] *sf.* **1.** Substância heterogênea em pedra preciosa. **2.** *Fig.* Mancha, falha.

ja.ca.mi ou **ja.ca.mim** [Do tupi.] *sm. Bras. Zool.* Ave psofiídea domesticável. [Pl. de jacamim: *-mins.*]

ja.ça.nã [Do tupi.] *sf. Bras. Zool.* Ave jacanídea.

ja.ca.ní.de:o [Tax. *Jacanidae.*] *adj.sm. Zool.* Diz-se de, ou espécime dos jacanídeos, família de aves caradriiformes, pernaltas, paludícolas, das Américas Central e do Sul, Sudeste Asiático, África e Austrália, que nidificam em plantas flutuantes. Ex.: jaçanãs.

ja.ca.ran.dá [Do tupi.] *sm. Bras. Bot.* Árvore fabácea que fornece madeira de lei.

ja.ca.ré [Do tupi.] *sm. Zool.* Nome comum aos aligatorídeos do Brasil e, esp., ao *Caiman yacaré*, restrito à bacia do rio Paraguai.

ja.cen.te [Lat. *jacente.*◘ 21] *adj2g.* **1.** Que jaz. **2.** Imóvel, estacionário.

ja.cin.to [Lat. *hyacinthu.*] *sm. Bot.* Erva liliácea florífera.

ja.co.bi.nis.mo [Fr. *jacobinisme.*◘ 11] *sm.* Partido, doutrina ou ideias de jacobino.

ja.co.bi.no [Fr. *jacobin.*] *sm.* **1.** Membro de um clube político fundado em Paris em 1789. **2.** *Bras.* Nacionalista estreito (3); xenófobo.

jac.tân.ci:a [Lat. *jactantia.*◘ 9] *sf.* **1.** Vaidade, ostentação. **2.** Arrogância, orgulho.

jac.tan.ci.o.so (ô) [*Jactância.*◘ 37] *adj.* Que tem ou denota jactância. [Pl.: *-osos* (ó).]

jac.tar-se [Lat. *jactare + se*[1].◘ 1A] *vp.* Ter jactância; gabar-se. [C.: 1]

jac.to *sm.* V. *jato.*

ja.cu [Do tupi.] *sm. Bras. Zool.* Ave cracídea das matas brasileiras, que ger. tem topete ou mesmo penacho; algumas espécies apresentam barbela.

ja.cu.ba [V.C] *sf. Bras. N.* Refresco feito com água, farinha de mandioca e açúcar; chibé ou xibé.

ja.cu.lar [Lat. *jaculare.*◘ 1A] *vtd.* **1.** Ejacular. **2.** Lançar, arremessar. [C.: 1]

jaculatória | jardineira

ja.cu.la.tó.ri:a [F.subst. de *jaculatório*.] *sf.* Oração curta e fervorosa.

ja.cu.mã [Do tupi.] *sm.* Remo indígena em forma de pá.

ja.cu.ndá [Do tupi.] *sm. Bras. Zool.* Peixe ciclídeo.

ja.cu.tin.ga [*Jacu* + -*tinga*.] *sf. Bras. Zool.* Ave cracídea da mata virgem, principalmente do S.E.

◆ **jacuzzi** (jacúzi) [It., m.reg.] *sm.* Banheira com jatos de água para hidromassagem.

ja.de [Fr. *jade*.] *sf. Min.* Mineral duro, compacto, esverdeado.

ja.ez (ê) [Do ár.] *sm.* **1.** Aparelho e adorno para bestas. **2.** Qualidade, espécie.

ja.guar [Do tupi-guar.] *sm. Zool.* Felídeo grande e feroz cuja pelagem tem manchas pretas; onça, onça-pintada.

ja.gua.ti.ri.ca [Do tupi.] *sf. Bras. Zool.* Felídeo noturno selvagem; gato-do-mato.

ja.gun.ço [V.D] *sm. Bras.* **1.** V. *capanga* (3). **2.** Seguidor de Antônio Conselheiro na campanha de Canudos (Bahia, 1896–1897).

ja.le.co [Esp. *jaleco*, do turco.] *sm.* Casaco de tecido leve, sem forro, de uso profissional por médicos, dentistas, cabeleireiros, etc.

ja.mais [Lat. *jam magis*.] *adv.* **1.** Em tempo nenhum; nunca. **2.** Em algum ou qualquer tempo passado; já.

ja.man.ta [V.E] *sf.* **1.** *Zool.* Peixe mobulídeo de até 1,5t. **2.** *Bras.* Carreta (2). **3.** *Bras. Pej.* Indivíduo grande, desajeitado.

ja.ma.xim [Do tupi.] *sm. Etnogr.* Cesto para cargas, provido de alça; panacum. [Pl.: -*xins*.]

jam.bei.ro [*Jambo-*.⊡25] *sm. Bot.* Árvore mirtácea, frutífera.

jam.bo [Do sânscr.] *sm. Bot.* O fruto, de cor rubra ou tostada, do jambeiro.

jam.bo.lão [Concani *jambulam*.] *sm. Bras. Bot.* Jamelão. [Pl.: -*lões*.]

ja.me.gão *sm. Pop.* Assinatura; rubrica. [Pl.: -*gões*.]

ja.me.lão [Var. de *jambolão*.] *sm. Bras. Bot.* Árvore mirtácea de frutas edules; jambolão. [Pl.: -*lões*.]

jan.dai.a [Do tupi.] *sf. Bras. Zool.* Ave psitacídea que vive em bandos; maitaca, maritaca.

ja.nei.ro [Lat. *Januariu*.⊡25] *sm.* O primeiro mês do ano, com 31 dias.

ja.ne.la [Lat.vulg. *januella.] *sf.* **1.** Abertura na parede dum edifício para deixar que nele entre a luz e o ar. **2.** *Inform.* Em interfaces gráficas, região retangular na tela do computador onde são exibidas as informações de um processo em execução.

jan.ga.da [Do malaiala.] *sf. Bras.* Embarcação chata à vela, feita ger. de 6 paus roliços, dos pescadores do N.E.

jan.ga.dei.ro [*Jangada*.⊡25] *sm. Bras.* Dono ou patrão de jangada.

jân.gal ou **jân.ga.la** [Ingl. *jungle*.] *sm.* Floresta, selva. [Pl. de jângal: -*les*.]

ja.no.ta [Fr. *janot*.] *adj2g.s2g.* Diz-se de, ou pessoa que se veste com excessivo apuro; peralta, pimpão.

jan.ta [Dev. de *jantar*.] *sf. Pop.* Jantar (4 e 5).

jan.tar [Lat. *jantare*.⊡1A] *v.int.* **1.** Tomar o jantar (4 e 5). *td.* **2.** Comer ao jantar (4). **3.** *Gír.* Passar para trás; suplantar. [C.: 1] ● *sm.* **4.** A refeição da noite. **5.** A comida que constitui essa refeição.

ja.ó [V.A] *sm.f. Bras. Zool.* Ave tinamídea, escura, de pio triste, do Brasil central e de grande parte da Amazônia.

ja.pim [Do tupi.] *sm. Bras. Zool.* Ave emberizídea negra, com a base da cauda amarela, e cujo ninho é característico: uma bolsa curta e larga, com pequena abertura na parte superior; xexéu. [Pl.: -*pins*.]

ja.po.na [Subst. de *japona*, fem. ant. de *japão*.] *sf.* Espécie de jaquetão, ger. azul-marinho.

ja.po.nês [Top. *Japão* (*japon-*).⊡38A] *adj.* **1.** Do Japão (Ásia). ● *sm.* **2.** O natural ou habitante do Japão. **3.** *E.Ling.* A língua japonesa. [Sin. de 1 e 2: *nipônico*. Flex. de 1 e 2: *japoneses* (ê), *japonesa(s)* (ê).]

ja.quei.ra [*Jaca*.⊡16] *sf. Bot.* Grande árvore morácea de fruto grande e carnudo, a jaca.

ja.que.ta (ê) [Fr. *jaquette*.] *sf.* Casaco que ger. chega só até a cintura.

ja.que.tão [*Jaqueta*.⊡28A] *sm.* Paletó traspassado na frente, com 4 ou 6 botões. [Pl.: -*tões*.]

ja.ra.guá [Do tupi.] *sm. Bras. Bot.* Planta poácea alta, forrageira.

ja.ra.ra.ca [Do tupi.] *sf. Bras.* **1.** *Zool.* Ofídio colubrídeo venenoso de até 1,50m. **2.** *Fig.* Víbora (2).

ja.ra.ra.cu.çu [*Jararaca* + -*uçu*.] *sm. Bras. Zool.* Ofídio crotalídeo amarelo-escuro, de até 2,20m.

jar.da [Ingl. *yard*.] *sf.* Unidade fundamental de comprimento do sistema inglês, equiv. a 3 pés ou 914mm [símb.: *yd*]

jar.dim [Fr. *jardin*.] *sm.* Terreno onde se cultivam plantas de toda natureza. [Pl.: -*dins*.]
◆ **Jardim botânico**. Local onde se cultivam e se expõem espécimes botânicos. **Jardim zoológico**. V. *zoológico* (2).

jar.dim de in.fân.ci:a *sm. Educ.* Escola para crianças menores de 6 anos. [Pl.: *jardins de infância*.]

jar.dim de in.ver.no *sm.* Área interna de casa, apartamento, etc., ger. com boa iluminação e arejada, onde se cultivam plantas. [Pl.: *jardins de inverno*.]

jar.di.nar [*Jardim* (*jardin-*).⊡1A] *v.int.* Cultivar jardim. [C.: 1] § **jar.di.na.gem** *sf.*

jar.di.nei.ra [*Jardim* (*jardin-*).⊡16] *sf.* **1.** Fem. de *jardineiro*. **2.** Elemento construído para a colocação de plantas. **3.** *Bras.* Ônibus aberto, de bancos paralelos.

jardineiro | jequitibá

jar.di.nei.ro [*Jardim (jardin-)*.⬛25] *sm.* Profissional que jardina.

jar.gão [Fr. *jargon*.] *sm.* **1.** Linguagem corrompida. **2.** Gíria profissional. [Pl.: *-gões*.]

ja.ri.na [Do tupi.] *sf. Bras. Bot.* Palmeira arecácea de cujas sementes se fazem botões; marfim-vegetal.

ja.ri.ta.ta.ca [V.C] *sf. Bras. Zool.* Mamífero mustelídeo ofiófago do N. do país; tem glândula anal que secreta e faz projetar, como defesa, líquido fétido e irritante; cangambá.

jar.ra [Do ár.] *sf.* Recipiente para água ou para flores; jarro.

jar.re.te (ê) [Fr. *jarret*.] *sm.* **1.** A parte da perna situada atrás do joelho. **2.** Nervo ou tendão da perna dos quadrúpedes.

jar.ro [De *jarra*.] *sm.* **1.** Jarra. **2.** Vaso alto e bojudo, com asa e bico, próprio para água.

jas.mim [Do ár. *yāsmīn*, poss. pelo fr. *jasmin*.] *sm.* **1.** *Bot.* Arbusto ou trepadeira oleácea, de flores alvas, perfumadíssimas; jasmineiro. **2.** A flor do jasmim. [Pl.: *-mins*.]

jas.mim-do-ca.bo *sm. Bot.* Gardênia. [Pl.: *jasmins-do-cabo*.]

jas.mi.nei.ro [*Jasmim (jasmin-)*.⬛25] *sm. Bot.* Jasmim (1).

jas.pe [Lat. *iaspis* (nom.).] *sm. Min.* Variedade de quartzo opaco, de cores diversas, sendo a vermelha a mais comum.

ja.ta.í [Do tupi.] *sm. Bras. Bot.* Jatobá.

ja.to [Lat. *jactu*.] *sm.* **1.** Ímpeto, impulso. **2.** Saída impetuosa de um líquido ou de um gás; jorro. **3.** *Bras.* Avião movido a propulsão a jato. [Var.: *jacto*.]

ja.to.bá [Do tupi.] *sm. Bras. Bot.* Árvore cesalpiniácea, de fruto comestível; jataí.

ja.ú[1] [Do tupi.] *sm. Bras. Zool.* Grande peixe fluvial, pimelodídeo.

ja.ú[2] *sm. Bras.* Andaime móvel, us. em serviços de pintura e reparos externos de edifícios.

jau.la [Fr.ant. *jaole, jaiole*.] *sf.* Prisão para feras; gaiola.

ja.va [Ingl. *java*.] *sm. Inform.* Linguagem de programação orientada a objetos desenvolvida nos anos 90.

ja.va.li [Do ár.] *sm. Zool.* Mamífero suídeo; é um porco selvagem.

ja.va.li.na [*Javali*.⬛31] *sf.* A fêmea do javali.

ja.va.ne.sa (ê) [F.subst. de *javanês*.] *sf. Tec.Têx.* Tecido macio, feito com fio de filamento de viscose na urdidura e fio de viscose na trama.

ja.vé *sm. Rel.* Jeová. [Com inicial maiúsc.]

ja.zer [Lat. *jacere*.⬛1B] *v.int.* **1.** Estar deitado no chão ou em cama. **2.** Estar morto, ou como morto. **3.** Estar sepultado. *pred.* **4.** Permanecer, estar. [C.: 32]

ja.zi.da [*Jazer* + *-ida*.] *sf.* Depósito natural de substâncias úteis, inclusive os combustíveis naturais.

ja.zi.go [De *jazer*.] *sm.* **1.** V. *sepultura*. **2.** Pequena edificação nos cemitérios, para o sepultamento de várias pessoas.

→ **jazz** (djéz) [Ingl.] *sm. Mús.* Música norte-americana, de origem negra, de ritmo sinc., marcada por improvisações em torno de um tema básico. [Pl.: *jazzes*.]

jê *sm. Bras.* **1.** Designação genérica de diversos povos indígenas do Brasil central. **2.** *E.Ling.* Família linguística do tronco macro-jê, que reúne diversas línguas faladas por povos indígenas do Brasil central. ● *adj2g.* **3.** Pertencente ou relativo a jê (1 e 2).

→ **jeans** (djins) [Ingl.] *sm.* **1.** *Blue jeans* (2). **2.** Calça semelhante à *blue jeans*, mas em outras cores, ou preta, ou branca.

je.ca [F.red. de *jeca-tatu*.] *s2g.adj2g. Bras. Deprec.* V. *caipira*.

je.ca-ta.tu [Do ficcion. *Jeca Tatu*, de *Urupês*, de M. Lobato **(M.)**.] *s2g.adj2g. Bras. Deprec.* V. *caipira*.

je.gue [Ingl. *jackass*.] *sm. Bras. N. N.E. C.O.* V. *jumento* (1).

jei.ra [Lat. *diaria (opera)*, 'trabalhos diários'.] *sf.* Medida agrária que varia, segundo o país, de 19 a 36 hectares.

jei.to [Lat. *jactu*.] *sm.* **1.** Modo, maneira. **2.** Aspecto (1). **3.** Caráter (4). **4.** Tendência, propensão. **5.** Habilidade, aptidão. **6.** Torcedura; luxação. **7.** *Bras.* Boas maneiras. ◆ **Dar um jeito.** *Bras.* Encontrar uma solução para determinada situação. **Sem jeito.** Acanhado, embaraçado.

jei.to.so (ô) [*Jeito*.⬛37] *adj.* **1.** Que tem jeito; hábil. **2.** Elegante, airoso. **3.** Adequado. [Pl.: *-tosos* (ó).]

je.ju.ar [Lat. *jejunare*.⬛1A] *v.int.* **1.** Praticar o jejum. **2.** Abster-se de algo. [C.: 1] § **je.ju.a.dor** (ô) *adj.sm.*

je.jum [Lat. *jejunu*.] *sm.* Abstinência total ou parcial de alimentação, em certos dias, por penitência ou prescrição religiosa ou médica. [Pl.: *-juns*.]

je.ju.no [Lat. *jejunu*.] *adj.* **1.** Que está em jejum. ● *sm.* **2.** *Anat.* A segunda porção do intestino delgado. § **je.ju.nal** *adj2g.*

je.ni.pa.pei.ro [*Jenipapo*.⬛25] *sm. Bras. Bot.* Árvore rubiácea de bagas aromáticas comestíveis e us. para fazer licores.

je.ni.pa.po [Do tupi.] *sm. Bras. Bot.* O fruto do jenipapeiro.

je:o.vá [Hebr. *Jehovah*.] *sm. Rel.* Um dos nomes atribuídos a Deus; Javé. [Com inicial maiúsc.]

je.qui [Do tupi.] *sm. Bras. N. N.E.* Cesto para pesca, longo e afunilado.

je.qui.ce [*Jeca*.⬛13] *sf. Bras.* Atos ou modos próprios de jeca.

je.qui.ti.bá [Do tupi.] *sm. Bras. Bot.* Árvore lecitidácea de madeira útil.

je.qui.ti.ra.na.boi.a (ói) [Do tupi.] *sf. Bras. Zool.* Inseto fulgorídeo, inofensivo, cuja cabeça lembra a dos lagartos.

je.re.ré [Do tupi.] *sm. Bras. N.E.* a SP Espécie de rede para pesca de camarões e de peixes miúdos.

je.ri.co [V.D] *sm.* V. *jumento* (1).

je.ri.mum [Do tupi.] *sm. Bras. N. N.E.* **1.** Abóbora. **2.** *Bot.* V. *aboboreira*. [Pl.: -muns.]

je.ro.pi.ga [Poss. de *xaropiga*, de *xarope*.] *sf.* **1.** Bebida feita de mosto, aguardente e açúcar. **2.** Vinho ordinário; zurrapa.

jér.sei [Top. ingl. *Jersey*.] *sm.* Tecido de tricô muito fino.

je.su.í.ta [Lat.mod.*jesuita*.] *sm.* Membro da Companhia de Jesus, ordem religiosa fundada por Santo Inácio de Loyola (1491-1556). § **je.su.í.ti.co** *adj.*

→ **jet lag** (djéti légui) [Ingl.] *sm. Med.* Insônia, irritabilidade, etc., que acomete quem muda de fusos horários, em viagem longa de avião.

je.tom [Fr. *jeton*.] *sm.* Remuneração recebida pelos membros de certas instituições pelo comparecimento a sessões ou reuniões. [Pl.: -tons.]

ji.a [Do tupi.] *sf. Bras. Zool.* Rã.

ji.boi.a (ói) [Do tupi.] *sf. Zool.* Cobra boídea, não venenosa, arborícola, de até 4m.

ji.boi.ar (òi) [*Jibóia*.⬛1A] *v.int.* e *td. Bras.* Digerir em repouso refeição farta. [C.: 1E]

ji.ça.ra *sf. Bras. Bot.* V. *juçara*.

ji.ló [Do quimb.] *sm. Bras. Bot.* Fruto, de sabor amargo, do jiloeiro.

ji.lo.ei.ro (lò) [*Jiló*.⬛25] *sm. Bras. Bot.* Erva solanácea muito cultivada no Brasil, de frutos amargos, alimentícios.

→ **jingle** (djíngol) [Ingl.] *sm.* Pequeno anúncio musicado.

jin.ji.bir.ra [Ingl. *ginger beer*.] *sf.* Bebida fermentada feita de frutas, gengibre, etc., e água.

ji.pe [Ingl. *jeep*.] *sm.* Automóvel com tração nas 4 rodas, hoje us. sobretudo em serviços rurais.

ji.rau [Do tupi.] *sm. Bras.* **1.** Armação de madeira sobre a qual se constroem casas. **2.** Qualquer armação de madeira em forma de estrado ou palanque. **3.** Pavimento construído a meia altura de um recinto; mezanino.

jiu-jít.su [Ingl. *jiu-jitsu*, do jap.] *sm.* Luta corporal em que se tenta imobilizar o adversário com golpes de destreza aplicados a pontos sensíveis do corpo. [Pl.: *jiu-jítsus*.]

jo:a.lhei.ro [Adapt. do fr. *joaillier*.⬛25] *sm.* Fabricante e/ou vendedor de joias.

jo:a.lhe.ri.a [Adapt. do fr. *joaillerie*.⬛15A] *sf.* Estabelecimento onde se vendem joias.

jo:a.ne.te (ê) [Esp. *juanete*.] *sm. Med.* Bolsa serosa recoberta de pele espessada, resultante ger. de compressão por calçado, e desenvolvida, sobretudo, ao nível de articulação do primeiro pododáctilo.

jo:a.ni.nha [Antr. *Joana*.⬛32A] *sf. Zool.* Pequeno inseto coccinelídeo de asas coloridas.

jo:a.ni.no *adj.* Relativo a João ou Joana, ou a S. João.

jo:ão-de-bar.ro *sm. Bras. Zool.* Ave furnariídea que constrói o ninho amassando barro. [Pl.: *joões-de-barro*.]

jo:ão-nin.guém *sm. Pej.* Indivíduo insignificante. [Pl.: *joões-ninguém*.]

jo:ão-pes.ta.na *sm. Pop.* O sono. [Pl.: *joão(ões)-pestanas*.]

jo.ça *sf. Bras. Gír.* Coisa complicada, ou ruim, ou sem valia.

jo.co.so (ô) [Lat. *jocosu*.⬛37] *adj.* Que provoca o riso; engraçado. [Pl.: -cosos (ó).] § **jo.co.si.da.de** *sf.*

jo.ei.ra[1] [*Joio*⬛16] *sf.* Peneira para separar o trigo do joio.

jo.ei.ra[2] [Dev. de *joeirar*.] *sf.* Ato de joeirar; joeiramento.

jo:ei.ra.men.to [*Joeirar*.⬛3] *sm.* Joeira[2].

jo:ei.rar [*Joeira*.⬛1A] *vtd.* **1.** Passar (o trigo) pela joeira. **2.** Peneirar. **3.** Escolher, separando o que é bom do que é ruim (*lit.* e *fig.*). [C.: 1]

jo:e.lha.da [*Joelho*.⬛4] *sf.* Pancada com o joelho.

jo:e.lhei.ra [*Joelho*.⬛16] *sf.* Peça com que se protegem os joelhos.

jo.e.lho[1] (ê) [Lat.vulg. *genuculu*, dim. de *genu*, pela f. arc. *geolho*, com metátese.] *sm.* **1.** *Anat.* Segmento de membro inferior que compreende a articulação de coxa e perna e as partes moles que a circundam. **2.** A parte da veste correspondente ao joelho.

jo.e.lho[2] (ê) *sm.* V. *joelho de porco*.

jo.e.lho de po.rco *sm. Pop.* Salgado feito com massa de pão e recheio de presunto e queijo. [Tb. se diz apenas *joelho*. Pl.: *joelhos de porco*.]

jo.ga.ço [*Jogo* + -*aço*.] *sm.* Partida esportiva excepcional; jogão.

jo.ga.da [*Jogar*.⬛4] *sf.* **1.** Ato ou efeito de jogar. **2.** Cada um dos movimentos ou sequência de movimentos de um jogo; lance.

jo.ga.do [*Jogar*.⬛17A] *adj.* **1.** Que se jogou ou arriscou no jogo. **2.** Prostrado, inerte. **3.** *Bras.* Abandonado, desamparado.

jo.ga.dor (ô) [*Jogar*.⬛19] *adj.* **1.** Que joga. • *sm.* **2.** Aquele que joga por esporte, hábito, profissão ou vício.

jo.gão [*Jogo*.⬛28A] *sm.* Jogaço. [Pl.: -*gões*.]

jo.gar [Lat. *jocare*.⬛1A] *vtd.* **1.** Tomar parte no jogo de. **2.** Arriscar ao jogo. **3.** Arremessar, atirar. **4.** Ser praticante de (esporte). **5.** Fazer mover-se de um lado para o outro. **6.** Dizer de modo repentino. *tdi.* **7.** Jogar (3). **8.** Instigar, açular. *ti.* **9.** Disputar partida. **10.** Fazer apostas em jogo. *int.* **11.** Ter o hábito ou vício do

jogatina | ➜ **joystick**

jogo. **12.** Oscilar, balançar-se. *p.* **13.** Atirar-se, lançar-se. [C.: 1C (ó)] ◆ **Jogar fora.** Desfazer-se de (algo).

jo.ga.ti.na [It. *giocatina*.] *sf.* O hábito ou vício, ou exercício continuado, do jogo, principalmente o de azar.

➜ **jogging** (djóguin) [Ingl.] *sm.* **1.** Corrida ao ar livre, em ritmo moderado. **2.** Vestuário esportivo próprio para *jogging* (1).

jo.go (ô) [Lat. *jocu*.] *sm.* **1.** Atividade física ou mental fundada em sistema de regras que definem a perda ou o ganho. **2.** Passatempo. **3.** V. *jogo de azar*. **4.** O vício de jogar. **5.** Série de coisas que forma um todo, ou coleção. **6.** Conjugação harmoniosa de peças mecânicas com o fim de movimentar um maquinismo. **7.** Balanço, oscilação. **8.** *Fig.* Manha, astúcia. **9.** *Fig.* Comportamento de quem visa a obter vantagens de outrem. ◆ **Jogo de azar.** Aquele em que a perda ou o ganho dependem da sorte, ou mais do sorte do que do cálculo. **Jogos malabares.** Exercícios de equilibrismo, de movimentação de objetos, etc. que exigem agilidade e perícia. **Jogos olímpicos.** Competições esportivas internacionais, que se realizam de 4 em 4 anos, cada vez numa cidade previamente escolhida.

jo.go da ve.lha *sm. Bras.* **1.** Jogo para 2 jogadores que consiste num desenho de 2 linhas paralelas horizontais sobre 2 verticais, formando 9 casas. Inicia-se com um deles marcando, p.ex., um X numa das casas, o outro, um 0 noutra casa, ganhando o que primeiro consegue 3 marcas iguais na horizontal, diagonal ou vertical. **2.** O símbolo #, utilizado no teclado de computadores e telefones celulares. [Sin., nesta acepç.: *hashtag*. Pl.: *jogos da velha*.]

jo.go-trei.no *sm. Esport.* Aquele que antecede a uma partida ou competição oficial, com o intuito de aprimorar o time. [Pl.: *jogos-treino(s)*.]

jo.gral [Provç. *joglar*.] *sm.* Na Idade Média, trovador ou intérprete de poemas e canções de caráter épico, romanesco ou dramático. [Pl.: *-grais*. Fem.: *jogralesa*.]

jo.gue.te (ê) [*Jogo + -ete* (ê).] *sm.* Pessoa que é objeto de ludíbrio ou zombaria, ou que é manobrada facilmente pelos outros.

joi.a (ói) [Fr.ant. *joie*.] *sf.* **1.** Artefato de material precioso (metal, pedra, etc.). **2.** *Fig.* Pessoa ou coisa muito valiosa ou muito boa. **3.** Quantia que pagam os que são admitidos como membros de associações, clubes, etc.

➜ **joint venture** (djóint véntchur) [Ingl.] *loc. subst. Econ.* Associação temporária de empresas, com o objetivo de explorar certo(s) negócio(s), dividindo os lucros e os riscos.

joi.o [Lat. *lolium*.] *sm. Bot.* Planta poácea que medra nos trigais.

jo.jo.ba [Esp. *jojoba*.] *sf.* Arbusto buxáceo cujas sementes fornecem óleo us. em cosméticos e cujas folhas servem como forragem.

jol.dra (ô) *sf.* V. *choldra*.

jon.go [Do quimb.] *sm. Bras.* Caxambu (2).

jô.ni:o [Gr. *iónios*, pelo lat. *ioniu*.] *adj.sm.* Diz-se de, ou indivíduo que habitava a antiga Jônia (colônia grega da Ásia Menor).

jó.quei [Ingl. *jockey*.] *sm.* Cavaleiro que monta, por profissão, cavalo de corrida; montaria.

jor.na.da [Provç. *jornada*.] *sf.* **1.** Caminho que se faz num dia. **2.** Viagem por terra. **3.** Ação ou expedição militar. **4.** Duração do trabalho diário.

jor.na.de.ar [*Jornada*. ◻1N] *v.int.* Fazer jornada(s). [C.: 12A]

jor.nal¹ [Lat. *diurnale*. ◻39] *sm.* Salário diário; salário. [Pl.: *-nais*.]

jor.nal² [It. *giornale*. ◻39] *sm.* **1.** Gazeta diária; diário. **2.** Noticiário. [Pl.: *-nais*.]

jor.na.le.co [*Jornal²* + *-eco*.] *sm.* Jornal² (1) insignificante e/ou mal redigido.

jor.na.lei.ro¹ [*Jornal¹*. ◻25] *sm.* Operário a quem se paga jornal¹.

jor.na.lei.ro² [*Jornal²*. ◻25] *sm.* Vendedor e/ou entregador de jornais.

jor.na.lis.mo [*Jornal²*. ◻11] *sm.* **1.** A profissão de jornalista. **2.** A imprensa jornalística. [Sin. ger.: *periodismo*.]

jor.na.lis.ta [*Jornal²*. ◻36] *s2g.* Pessoa que dirige ou redige um jornal² (1), ou que dele é colaboradora; periodista.

jor.na.lís.ti.co [*Jornalista*. ◻35B] *adj.* Relativo a jornal², a jornalista ou ao jornalismo.

jor.rar [*Jorro*. ◻1A] *v.int. e tc.* **1.** Brotar, com jorro ou com ímpeto. *ti.* **2.** *Fig.* Fluir, manar. *td.* **3.** Lançar com ímpeto. **4.** Lançar de si; emitir. [C.: 1 (ó)]

jor.ro (ô) [V.A] *sm.* Jato (2).

jo.ta¹ [Lat. *iota*, do gr. *iôta*.] *sm.* A letra *j*.

jo.ta² [Esp. *jota*.] *sf.* Música e dança popular espanhola.

jou.le (jaul ou jul) [Antr. (*James P.*) *Joule* (1818-1889).] *sm. Fís.* Unidade de medida de energia no S.I. igual ao trabalho realizado por uma força constante de um newton cujo ponto de aplicação se desloca da distância de um metro na direção da força.

jo.vem [Lat. *juvene*.] *adj2g.* **1.** Que está na juventude; juvenil. **2.** Juvenil (1). ● *s2g.* **3.** Pessoa jovem (1). [Pl.: *-vens*.]

jo.vi.al [Lat. *joviale*, 'de Júpiter'. ◻39] *adj2g.* **1.** Alegre, prazenteiro. **2.** Engraçado, espirituoso. [Pl.: *-ais*.] § **jo.vi:a.li.da.de** *sf.*

jo:y.ci.a.no [◻29A] *adj.* Relativo ao, ou próprio do escritor James Joyce **(M.)**, ou à sua obra.

➜ **joystick** (djòistik) [Ingl.] *sm. Inform.* Dispositivo us. para jogos de computador, que permite indicar direções e intensidades por meio de uma alavanca e selecionar ações por meio de botões.

ju.á [Do tupi.] *sm. Bras. Bot.* **1.** Arrebenta-cavalo. **2.** O fruto do juazeiro.

ju:a.zei.ro (à) [*Juá.*▣25B] *sm. Bras. Bot.* Árvore da caatinga nordestina, de fruto comestível.

ju.ba [Lat. *juba.*] *sf.* Crina de leão.

ju.bi.la.ção [Lat. *jubilatione,* ou de *jubilar.*▣2A] *sf.* **1.** Ato ou efeito de jubilar(-se). **2.** Grande alegria; contentamento. **3.** Aposentadoria de professor. **4.** Afastamento de um aluno de um curso por descumprimento de regras (esp. inobservância do prazo máximo para conclusão do curso). [Pl.: -*ções.*]

ju.bi.lar [*Jubileu.*▣1A] *vtd. ep.* **1.** Encher(-se) de júbilo; alegrar(-se) muito. **2.** Aposentar(-se) (professor). **3.** Impor jubilação (4) a, ou sofrê-la. [C.: 1] § **ju.bi.la.do** *adj.*

ju.bi.leu [Lat. *jubilaeu.*] *sm.* **1.** Indulgência plenária concedida pelo papa em várias solenidades. **2.** Solenidade da recepção do jubileu (1). **3.** O quinquagésimo aniversário de casamento, do exercício duma função, etc.

jú.bi.lo [Lat. *jubilu.*] *sm.* Grande contentamento; alegria.

ju.bi.lo.so (ô) [*Júbilo.*▣37] *adj.* Cheio de júbilo. [Pl.: -*losos* (ó).]

ju.cá [Do tupi.] *sm. Bras. Bot.* Pau-ferro.

ju.ça.ra [Do tupi.] *sf. Bras. Bot.* **1.** Palmeira arecácea cujo gomo terminal constitui o palmito. **2.** V. *açaí* (1).

ju.cun.do [Lat. *jucundu.*] *adj.* Alegre, prazenteiro, jovial. § **ju.cun.di.da.de** *sf.*

ju.dai.co [Lat. *judaicu.*] *adj.* Relativo a judeus; judeu.

ju.da.ís.mo [Lat. *judaismu.*▣11] *sm.* Ambiente social, cultural, político e religioso do povo hebreu, no qual se formou o cristianismo.

ju.da.i.zan.te [Lat. *judaizante.*▣21] *adj2g.s2g.* Que, ou quem judaíza.

ju.da.i.zar [Lat. *judaizare.*▣1A] *v.int.* **1.** Observar os ritos e tradições judaicos. *td.* **2.** Converter ao judaísmo. [C.: 1E]

ju.das [Antr. *Judas,* personagem bíblico.] *sm2n.* Indivíduo falso; traidor.

ju.deu [Lat. *judaeu,* do hebr.] *adj.* **1.** Da Judeia (Ásia). **2.** Israelita (2). **3.** Judaico. ● *sm.* **4.** O natural ou habitante da Judeia. **5.** Israelita (1). **6.** Aquele que segue a religião judaica. [Fem.: *judia.*]

ju.deu-a.le.mão *sm. E.Ling.* Iídiche. [Pl.: *judeu--alemães.*]

ju.di.a.ção [*Judiar.*▣2A] *sf.* Maus tratos. [Pl.: -*ções.*]

ju.di.ar *vti.* Usar de judiação; maltratar. [C.: 1]

ju.di.a.ri.a *sf.* **1.** Grande porção de judeus. **2.** Bairro destinado a judeus.

ju.di.can.te [Lat. *judicante.*▣21] *adj2g.* **1.** Que julga; judicativo. **2.** Que exerce as funções de juiz.

ju.di.ca.ti.vo [*Judicar.*▣22A] *adj.* **1.** Judicante (1). **2.** Que tem a faculdade de julgar ou sentenciar.

ju.di.ca.tó.ri:o [Lat. *judicatoriu.*▣23A] *adj.* **1.** Próprio para julgar. **2.** Relativo a julgamento.

ju.di.ca.tu.ra [Lat.med. *judicatura.*▣5B] *sf.* **1.** Poder de julgar. **2.** Função, cargo ou dignidade de juiz.

ju.di.ci.al [Lat. *judiciale.*▣39] *adj2g.* **1.** Relativo a juiz, a tribunais ou à justiça; forense. **2.** Judiciário (1). [Pl.: -*ais.*]

ju.di.ci.á.ri:o [Lat. *judiciariu.*▣24] *adj.* **1.** Relativo ao direito processual ou à organização da justiça; judicial. ● *sm.* **2.** Um dos 3 poderes detentores da soberania estatal, ao qual incumbe distribuir justiça e interpretar a constituição.

ju.di.ci.o.so (ô) [Lat. *judicium,* 'juízo', + -*oso.* ▣37] *adj.* **1.** Que julga com acerto; sensato. **2.** Que revela acerto, juízo. [Pl.: -*osos* (ó).]

ju.dô [Jap. *jūdō,* de *jū,* 'delicadeza', e *dō,* 'doutrina'.] *sm.* Jogo esportivo de combate e defesa, inspirado nas técnicas de jiu-jítsu.

ju.do.ca [Jap. *judoka.*] *s2g.* Praticante de judô.

ju.glan.dá.ce:a [Tax. *Juglandaceae.*] *sf. Bot.* Espécime das juglandáceas, família de árvores e arbustos que ocorrem em zonas temperadas do globo. § **ju.glan.dá.ce:o** *adj.*

ju.go [Lat. *jugu.*] *sm.* **1.** Canga[1]. **2.** Junta de bois. **3.** *Fig.* Sujeição, submissão. **4.** *Fig.* Domínio moral.

ju.gu.lar[1] [Lat. *jugulum* ou *jugulus,* 'garganta', + -*ar*[1].▣40] *adj2g. Anat.* **1.** Relativo à garganta (1) ou ao pescoço. ● *sf.* **2.** Cada um de 3 pares de veias de cada lado do pescoço.

ju.gu.lar[2] [Lat. *jugulare.*▣1A] *vtd.* **1.** Debelar, sufocar. **2.** Dominar, subjugar. **3.** Degolar. [C.: 1]

ju.iz (u-íz) [Lat.vulg. **judice* (com *i* longo).] *sm.* **1.** Aquele que tem o poder de julgar. **2.** Aquele que julga. **3.** Membro de um júri. **4.** Membro do poder judiciário. **5.** Aquele que dirige competição esportiva; árbitro. ◆ **Juiz de Direito.** *Jur.* **1.** Indivíduo encarregado de julgar segundo a prova dos autos e segundo o direito. **2.** Magistrado da primeira instância.

ju.í.za [Fem. de *juiz.*] *sf.* Mulher que exerce as funções de juiz.

ju:i.za.do [*Juiz.*▣17C] *sm.* **1.** Cargo de juiz (4). **2.** Local onde este exerce suas funções.

ju.í.zo [Lat. *judiciu.*] *sm.* **1.** Ato de julgar. **2.** Conceito, opinião. **3.** Modo equilibrado de pensar e agir; tino, ponderação, senso, bom-senso, siso. **4.** Foro ou tribunal onde se processam e julgam os pleitos. **5.** *Pop.* Mente, pensamento. ◆ **Juízo Final.** *Rel.* Segundo a doutrina cristã, aquele pelo qual, no fim do mundo, Deus há de julgar os vivos e os mortos, separando os bons e os maus.

ju.ju.ba [Lat.med. *jujuba*.] *sf.* **1.** *Bot.* Árvore semelhante ao juazeiro, que ocorre da BA a SP. **2.** *Bot.* O fruto dela, drupáceo, edule. **3.** O suco ou a massa desse fruto. **4.** Bala (3) feita de jujuba (3).

ju.jút.su *sm.* V. *jiu-jítsu*.

jul.ga.do [*Julgar*.◨17B] *adj.* **1.** Sentenciado. **2.** Imaginado, pensado. ● *sm.* **3.** Sentenciado.

jul.ga.men.to [*Julgar*.◨3] *sm.* **1.** Ato ou efeito de julgar. **2.** Sentença, decisão. **3.** Apreciação, exame. **4.** Audiência (4).

jul.gar [Lat. *judicare*.◨1A] *vtd.* **1.** Decidir como juiz ou árbitro. **2.** Sentenciar (1). **3.** Crer por indícios, suposição, etc.; supor, presumir, pressupor. **4.** Formar opinião ou juízo crítico sobre; avaliar. *transobj.* **5.** Considerar. *ti. e tdi.* **6.** Julgar (4). *int.* **7.** Sentenciar (3). *p.* **8.** Ter-se por; considerar-se. [C.: 1C] § **jul.ga.dor** (ô) *adj.sm.*

ju.lho [Lat. *juliu*.] *sm.* O sétimo mês do ano, com 31 dias.

ju.li.a.no [Lat. *julianu*.◨29] *adj.* Relativo à reforma cronológica de Júlio César, no ano 45 a.C.

ju.men.to [Lat. *jumentu*.] *sm.* **1.** *Zool.* Mamífero equídeo us. como animal de tração e carga; asno, burro, jerico, jegue. **2.** *Fig.* V. *cavalo* (2).

jun.cá.ce:a [Tax. *Juncaceae*.] *sf. Bot.* Família de monocotiledôneas liliflloras, que compreende poáceas dos lugares úmidos de zonas temperadas e frias. § **jun.cá.ce:o** *adj.*

jun.ção [Lat. *junctione*.◨2] *sf.* **1.** Ato de juntar(-se). **2.** Ponto onde 2 ou mais coisas se unem; junta, juntura. [Pl.: -*ções*.]

jun.car [*Junco*.◨1A] *vtd.* **1.** Cobrir de juncos. **2.** Cobrir de folhas ou flores. **3.** Encher, cobrir. *tdi.* **4.** Juncar (2). [C.: 1A]

jun.co [Lat. *juncu*.] *sm.* **1.** *Bot.* Nome comum a várias plantas flexíveis das ciperáceas e juncáceas, de que se fazem móveis, bengalas, etc. **2.** Bengala de junco.

jun.gir [Lat. *jungere*.◨1C] *vtd.* **1.** Ligar por jugo; emparelhar. **2.** Unir, ligar, atar. **3.** Subjugar. [C.: 8. É, ger., unipess.]

jun.gui.a.no [◨29A] *adj.* Relativo a, ou próprio de Carl Jung (**M.**), ou à sua obra.

ju.nho [Lat. *juniu*.] *sm.* O sexto mês do ano, com 30 dias.

ju.ni.no [Lat. *juniu*, 'junho'.◨30] *adj. Bras.* Relativo ao, ou que se realiza no mês de junho.

jú.ni.or [Lat. *junior* (nom.).] *adj.* **1.** O mais jovem (de dois). **2.** Emprega-se após o nome da pessoa, para indicar que é a mais jovem da família com aquele nome. [Pl.: *juniores* (ô).]

ju.ní.pe.ro [Lat. *juniperu*.] *sm. Bot.* Zimbro.

jun.qui.lho [Esp. *junquillo*.] *sm.* **1.** *Bot.* Erva amarilidácea de flores perfumadas. **2.** Sua flor.

jun.ta [F.subst. de *junto*.] *sf.* **1.** V. *junção* (2). **2.** Articulação, juntura. **3.** Parelha (1). **4.** Reunião de pessoas convocadas para um dado fim. **5.** Conferência de médicos junto a um enfermo.

jun.tar [*Ajuntar*, ou *junto*.◨1A] *vtd.* **1.** Pôr junto ou em contato; ligar, unir. **2.** Reunir (pessoa[s]) no mesmo lugar, ao mesmo tempo. **3.** Ir acumulando, somando, para formar conjunto ou todo. **4.** Acumular (quantia em dinheiro) aos poucos; poupar. **5.** Unir por laços afetivos ou por interesses afins, etc. **6.** Juntar (8). *tdi.* **7.** Acrescentar a outros elementos ou a um conjunto (ger. misturando); reunir. **8.** Estabelecer ligação, contato. *int.* **9.** Juntar (4). *p.* **10.** Passar a viver como casal no mesmo domicílio, mas sem casar legalmente. [C.: 1. Part.: *juntado* e *junto*.]

jun.to [Subst. do adj. *junto*.] *adj.* **1.** Unido, anexo. **2.** Próximo, chegado. ● *adv.* **3.** Juntamente. **4.** Ao lado; perto.

jun.tu.ra [Lat. *junctura*.◨5] *sf.* **1.** V. *junção* (2). **2.** Junta (2). **3.** Linha de união ou de junção de 2 peças. **4.** *Anat.* Articulação (3).

jú.pi.ter [Lat. *Jupiter* (nom.).] *sm. Astr.* O maior planeta do sistema solar, o quinto em ordem de afastamento do Sol, tendo 16 satélites. [Com inicial maiúsc.]

ju.qui.ri [Do tupi.] *sm. Bras. Bot.* Árvore mimosácea, da Amazônia, de flores alvas, perfumadas.

ju.ra [Dev. de *jurar*.] *sf.* Juramento.

ju.ra.do [*Jurar*.◨17C] *adj.* **1.** Solenemente declarado. **2.** Protestado com juramento. **3.** *Bras.* Ameaçado (de agressão ou morte). ● *sm.* **4.** Membro de júri (1).

ju.ra.men.tar [*Juramento*.◨1A] *vtd.* e *p.* V. *ajuramentar*. [C.: 1] § **ju.ra.men.ta.do** *adj.*

ju.ra.men.to [Lat. *juramentu*.◨3] *sm.* **1.** Ato de jurar. **2.** Afirmação ou promessa solene.

ju.rar [Lat. *jurare*.◨1A] *vtd.* **1.** Afirmar sob juramento. **2.** Invocar, chamar. **3.** Afirmar categoricamente; afiançar. *tdi.* **4.** Jurar (1 e 3). *ti.* **5.** Fazer juramento (2). **6.** Proferir imprecações; praguejar. *int.* **7.** Prestar ou proferir juramento. [C.: 1]

ju.rás.si.co [Fr. *jurassique*.◨35B] *adj.sm.* Diz-se de, ou segundo período da era mesozoica.

ju.re.ma [Do tupi.] *sf. Bras.* **1.** *Bot.* Arbusto mimosáceo, espinhoso. **2.** Bebida alucinógena feita com a casca, as raízes ou os frutos dele.

jú.ri [Ingl. *jury*.] *sm.* **1.** Tribunal judiciário formado por um juiz de direito, que o preside e julga segundo a prova dos autos, e certo número de cidadãos (jurados), que julgam como juízes de fato; tribunal do júri. **2.** *P.ext.* Comissão incumbida de avaliar o mérito de pessoas ou coisas.

jurídico | juventude

ju.rí.di.co [Lat. *juridicu.* ▣35] *adj.* **1.** Relativo ao direito. **2.** Conforme aos princípios do direito; lícito, legal.

ju.ris.con.sul.to [Lat. *jurisconsultu.*] *sm.* Homem versado na ciência do direito e que faz profissão de dar pareceres sobre questões judiciais; jurista, jurisperito, jurisprudente.

ju.ris.di.ção [Lat. *jurisdictione.* ▣2] *sf.* **1.** Poder atribuído a uma autoridade para fazer cumprir certas leis e punir quem as infrinja em determinada área. **2.** Área na qual se exerce esse poder; vara. **3.** Poder, influência. [Pl.: -ções.] § **ju.ris.di.ci:o.nal** *adj2g.*

ju.ris.pe.ri.to [Lat. *jurisperitu.*] *sm.* V. *jurisconsulto.*

ju.ris.pru.dên.ci:a [Lat. *jurisprudentia.*] *sf.* Interpretação reiterada que os tribunais dão à lei, nos casos concretos submetidos a seu julgamento.

ju.ris.pru.den.te [Lat. *jurisprudente.*] *s2g.* V. *jurisconsulto.*

ju.ris.ta [Lat.med. *jurista.*] *s2g.* V. *jurisconsulto.*

ju.ri.ti ou **ju.ru.ti** [Do tupi.] *sf. Bras. Bot.* Ave columbídea cor de canela com a ponta das retrizes brancas, de canto melancólico.

ju.ro [Lat. *jure.*] *sm.* **1.** Importância cobrada pelo empréstimo de dinheiro. **2.** Rendimento, interesse. [M.us. no pl.]

ju.ros *smpl.* Juro.

ju.ru.be.ba [Do tupi.] *sf. Bras. Bot.* Arbusto solanáceo, medicinal.

ju.ru.ju.ba [Do tupi.] *sf. Bras. Bot.* Subarbusto verbenáceo ornamental, e medicinal; verberão.

ju.ru.pa.ri [Do tupi.] *sm. Bras.* **1.** Um dos diabos dos tupis. **2.** Entre missionários, o diabo do cristianismo.

ju.ru.ru [Do tupi.] *adj2g.Bras.* Triste, melancólico.

jus [Lat. *jus.*] *sm.* Direito (10). ◆ **Fazer jus a.** Ser merecedor de.

ju.san.te [Fr.ant. *jusant.*] *sf.* **1.** Vazante da maré. **2.** Sentido em que fluem as águas de uma corrente fluvial.

jus.fi.lo.so.fi.a [*Jus- + filosofia.*] *sf.Jur.* Parte da ciência jurídica que estuda e analisa os princípios ou fundamentos filosóficos do Direito. § **jus.fi.lo.só.fi.co** *adj.*

jus.ta [Dev. de *justar.*] *sf.* **1.** Na Idade Média, combate entre 2 cavaleiros armados de lança; torneio. **2.** Luta, combate.

jus.ta.flu.vi.al [*Justa- + fluvial.*] *adj2g.* Que está nas margens de um rio. [Pl.: -*ais.*]

jus.ta.li.ne.ar [*Justa- + linear.*] *adj2g.* Diz-se de tradução em que o texto de cada linha vai traduzido ao lado, ou na linha imediata.

jus.ta.men.te [F. de *justo.* ▣42] *adv.* **1.** De modo justo. **2.** Logo, exatamente: *Queria pagar menos e foi comprar justamente esse?*

jus.ta.por (ô) [*Justa- + pôr.*] *vtd., tdi. e p.* Pôr(-se) junto. [C.: 34]

jus.ta.po.si.ção [*Justa- + posição.*] *sf.* **1.** Ato ou efeito de justapor(-se). **2.** *E.Ling.* V. *composição* (8). [Pl.: -*ções.*]

jus.ta.pos.to (ô) [*Justa- + posto.*] *adj.* Que se justapôs. [Pl.: -*postos* (ó).]

jus.tar [Cat. *justar.*] *v.int.* Participar de justa; combater. [C.: 1]

jus.te.za (ê) [Lat. *justitia.* ▣12] *sf.* Qualidade de justo; exatidão, precisão, certeza.

jus.ti.ça [Lat. *justitia.*] *sf.* **1.** A virtude de dar a cada um aquilo que é seu. **2.** A faculdade de julgar segundo o direito e melhor consciência. **3.** Magistratura (2). **4.** Conjunto de magistrados judiciais e pessoas que servem junto deles. **5.** O pessoal dum tribunal. **6.** O poder judiciário.

jus.ti.çar [*Justiça.* ▣1A] *vtd.* Punir com a morte ou com suplício. [C.: 1B] § **jus.ti.ça.do** *adj.sm.*

jus.ti.cei.ro [*Justiça.* ▣25] *adj.* **1.** Amante da justiça. **2.** Rigoroso na aplicação da lei; imparcial, inflexível. ● *sm.* **3.** Indivíduo justiceiro.

jus.ti.fi.car [Lat. *justificare.* ▣1A] *vtd.* **1.** Demonstrar ou provar a inocência de. **2.** Provar em juízo; provar. **3.** Tornar (algo) justo, legítimo ou aceitável ética e moralmente; legitimar, desculpar. **4.** Apresentar a razão de ser de (procedimento, modo de pensar, etc.) ou a explicação para (fato, etc.). **5.** Dar razão a; fundamentar. *p.* **6.** Provar a própria inocência, ou a boa razão do seu procedimento. [C.: 1A] § **jus.ti.fi.ca.ção** *sf.*; **jus.ti.fi.ca.ti.vo** *adj.*; **jus.ti.fi.cá.vel** *adj2g.*

jus.ti.fi.ca.ti.va [F.subst. de *justificativo.*] *sf.* Causa, prova ou documento que comprova a realidade de um fato.

jus.to [Lat. *justu.*] *adj.* **1.** Conforme à justiça, à equidade, à razão. **2.** Imparcial; íntegro. **3.** Exato, preciso. **4.** Legítimo, fundado. **5.** Que se ajusta ou se adapta bem. **6.** Apertado. ● *sm.* **7.** Homem virtuoso.

ju.ta [Ingl. *jute.*] *sf. Bot.* Erva tiliácea, de fibras têxteis.

ju.to [Sing. do lat.med. *Juti.*] *adj.sm.* Diz-se de, ou indivíduo dos jutos, antigo povo germ.

ju.ve.nes.cer [Lat. *juvenescere.* ▣1Pa] *vtd. e p.* Rejuvenescer(-se). [C.: 2A (ê-é)]

ju.ve.nil [Lat. *juvenile.*] *adj2g.* **1.** Da, ou próprio da juventude; jovem. **2.** Jovem (1). [Pl.: -*nis.*]

ju.ve.ni.li.da.de [Lat. *juvenilitate.* ▣14] *sf.* V. *juventude* (1).

ju.ven.tu.de [Lat. *juventute.*] *sf.* **1.** Idade moça; mocidade, juvenilidade. **2.** A gente moça; mocidade.

k (cá) *sm.* **1.** A 11ª letra do nosso alfabeto, us. em certos estrangeirismos, em nomes próprios estrangeiros e seus derivados, e em símbolos e abreviaturas de uso internacional. **2.** Figura ou representação dessa letra. ● *num.* **3.** Undécimo (1), numa série. [Pl. do sm., com duplo *k*: *kk*.]
■ **K 1.** *Fís.* Símb. de *kelvin*. **2.** *Fís.* Símb. de *káon*. **3.** *Quím.* Símb. de *potássio*.

kaf.ki.a.no [Antr. *Kafka*.▣29A] *adj.* **1.** Relativo ao, ou próprio do escritor Franz Kafka (**M.**), ou à sua obra. **2.** Diz-se de situação absurda, opressiva, digna de figurar na obra de Kafka.

kan.ti.a.no [▣29A] *adj.* Relativo a, ou próprio de Immanuel Kant (**M.**), ou à sua filosofia.

ká.on [Do ingl.] *sm.Fís.* Denom. genérica de mésons de massa aproximadamente igual à metade da massa do próton [símb.: *K*].

→ **karaoke** (caraoquê) [Jap.] *sm.* Em reunião, festa, casa noturna, etc., divertimento em que alguém do público canta ao microfone, acompanhado ou não de *playback*.

kar.de.cis.mo [Antr. *Kardec*.▣11] *sm. Rel.* Doutrina espírita do pensador francês Allan Kardec (1804-1869).

kar.de.cis.ta [*Kardecismo*.▣36] *adj2g.* Relativo a, ou próprio de Allan Kardec, ou à sua doutrina.

→ **kart** (cárti) [Ingl.] *sm.* Pequeno automóvel dotado de embreagem automática e sem carroceria.

■ **kb** Símb. de *kilobit*.
■ **Kb** Símb. de *kilobyte*.
■ **kcal** *Fís.* Símb. de *quilocaloria*.

→ **kelvin** (quélvin) [V.C.I. de lorde *Kelvin*, físico inglês (1824-1907).] *sm. Fís.* Intervalo unitário de temperatura na escala absoluta de temperatura [símb.: *K*].

ke.ple.ri.a.no [▣29A] *adj.* Relativo ao, ou próprio do astrônomo Johannes Kepler (**M.**).

→ **kerning** (quérnin) [Ingl.] *sm. Art.Gráf.* Espacejamento estabelecido automaticamente entre pares de letras por sistema eletrônico de composição.

→ **ketchup** (quétchâp/quétchup [bras.]) [Ingl.] *sm.* Molho grosso de tomate e temperos, levemente adocicado.

■ **kg** Símb. de *quilograma*.

→ **khmer** (qmér) [Termo nativo.] *sm.* **1.** Indivíduo dos *khmers*, povo nativo do Camboja. **2.** *E.Ling.* Língua oficial do Camboja. § **khme.ri.a.no** *adj.*

■ **kHz** Símb. de *quilohertz*.

→ **kibutz** (quibúts) [Hebr.] *sm.* Fazenda coletiva, em Israel. [Pl.: *kibutzim*.]

→ **kickbox** (quicbócs) [Ingl.] *sm. Esport.* Arte marcial na qual são permitidos golpes com os punhos e as pernas.

ki:er.ke.ga:ar.di.a.no (quir) [▣29A] *adj.* Relativo a, ou próprio de Soren Kierkegaard (**M.**), ou à sua filosofia.

→ **kilobit** (quílou-bit) [Ingl.] *sm. Inform.* Unidade de medida de informação equiv. a 2^{10} (*i.e.*, 1.024) *bits* [símb.: *kb*].

→ **kilobyte** (quílou-báit) [Ingl.] *sm. Inform.* Unidade de medida de informação equiv. a 2^{10} (*i.e.*, 1.024) *bytes* [símb.: *Kb*].

→ **kilt** (quílti) [Ingl.] *sm.* Saiote pregueado, parcialmente trespassado, quadriculado em cores correspondentes a cada clã ou família, e que faz parte do traje típico masculino da Escócia.

→ **king-size** (quíngui sáizi) [Ingl.] *adj2g2n.* Diz-se de cama, colchão, etc., de tamanho maior que o comum.

→ **kit** | ■ **kWh**

→ **kit** (quíti) [Ingl.] *sm.* Conjunto de materiais reunidos em embalagem adequada e us. para um fim específico.
→ **kitchenette** (quítchinéti) [Ingl.] *sf.* V. *quitinete*.
→ **kitsch** (quítchi) [Al.] *adj2g2n.sm2n.* Diz-se de, ou qualquer manifestação (decorativa ou outra) que adota elementos inusitados ou populares considerados de mau gosto pela cultura estabelecida. [Como s., com inicial maiúsc.]
→ **kiwi** (quíui) [Ingl.] *sm.* V. *quiuí*.
■ **kl** Símb. de *quilolitro*.
■ **km** Símb. de *quilômetro*.
→ **know-how** (nôu-ráu) [Ingl.] *sm.* Conjunto de conhecimentos necessários ao desempenho de função ou tarefa.
→ **kombi** [M.reg.] *sf.* **1.** Automóvel de porte médio, de carroceria alta e linear, us. esp. para transporte coletivo, lícito ou ilícito. **2.** *Bras.P.ext.* Qualquer automóvel de transporte coletivo, lícito ou ilícito.
→ **kosher** (cócher) [Hebr.] *adj2g2n.* Diz-se do alimento preparado de acordo com a lei judaica.
■ **Kr** *Quím.* Símb. de *criptônio*.
→ **krill** (cril) [Ingl.] *sm2n.Zool.* Pequeno crustáceo eufausiáceo, planctônico.
→ **kümmel** (químel) [Al.] *sm.* Licor alcoólico aromatizado com cominho, ger. fabricado na Alemanha e na Rússia. [Com inicial maiúsc.]
→ **kung fu** (cung-fu) [Chin.] *sm.* Arte marcial chinesa.
■ **kW** Símb. de *quilowatt*.
■ **kWh** Símb. de *quilowatt-hora*.

l (éle) *sm.* **1.** A 12ª letra do nosso alfabeto. **2.** Figura ou representação dessa letra. **3.** A forma da letra L (maiúsc.), com 2 segmentos aproximadamente perpendiculares, ou aquilo que tem essa forma. ● *num.* **4.** Undécimo (1), numa série. **5.** Duodécimo (1), numa série em que a letra *k* corresponde ao 11º elemento. [Pl. do sm., com duplo *l*: *ll*.]

■ **l** Símb. de *litro*.
■ **L 1.** Na numeração romana, símb. do número *50*. **2.** *Geogr.* Abrev. de *leste*.
■ **La** *Quím.* Símb. de *lantânio*.

lá[1] [F.red. de *labii*; v. *ut.*] *sm. Mús.* **1.** O sexto grau da escala diatônica de dó. **2.** Sinal da nota *lá* na pauta.

lá[2] [Lat. *ad illac.*] *adv.* **1.** Naquele lugar; ali. **2.** Àquele lugar; ali. **3.** Nesse tempo (futuro); então. ◆ **Para lá de. 1.** Mais longe ou afastado que, além de. **2.** Mais do que; muitíssimo.

lã [Lat. *lana.*] *sf.* **1.** Pelo que cobre o corpo de certos animais. **2.** Fio de lã. **3.** Pano tecido com ele.

la.ba.re.da (ê) [V.E] *sf.* Grande chama; língua de fogo.

lá.ba.ro [Lat. *labaru.*] *sm.* V. *bandeira* (1).

la.béu [V.E] *sm.* **1.** Nota infame ou infamante. **2.** Mancha na reputação; desonra.

lá.bi:a [Lat. *labia.*] *sf.* **1.** Astúcia, manha. **2.** Palavreado (2).

la.bi.a.do [*Lábio*.⊡17B] *adj. Bot.* Cuja corola, de 5 pétalas, tem 2 delas soldadas, lembrando um lábio.

la.bi.al [Lat.med. *labiale.*⊡39] *adj2g.* **1.** Relativo ao lábio. **2.** *E.Ling.* Que se pronuncia com os lábios. [Pl.: *-ais*.]

lá.bil [Lat. *labile.*] *adj2g.* **1.** Instável, variável. **2.** Passageiro, transitório. [Pl.: *-beis*.]

lá.bi:o [Lat. *labiu.*] *sm. Anat.* **1.** Qualquer borda carnosa do corpo. **2.** Cada uma das bordas carnosas da boca: uma superior, outra inferior. ◆ **Grande lábio.** *Anat.* Cada uma das bordas da vulva. **Pequeno lábio.** *Anat.* Cada uma de 2 dobras membranosas, situadas para dentro dos grandes lábios.

la.bi.rin.ti.te [*Labirinto* + *-ite*[1].] *sf. Med.* Inflamação de labirinto (3).

la.bi.rin.to [Lat. *labyrinthu.*] *sm.* **1.** Edifício com muitas divisões, corredores, etc., e de feitio tão complicado que só a muito custo se acerta a sua saída. **2.** Jardim cortado por numerosas ruas entrelaçadas. **3.** *Anat.* Sistema de cavidades ou ductos que se comunicam entre si. **4.** *Anat.* Estrutura de osso e membranas de orelha interna, preenchida por fluido, e que tem função na audição e no equilíbrio e na orientação espacial do corpo. **5.** *Bras. N.E.* Crivo (2). § **la.bi.rín.ti.co** *adj.*

la.bor (ô) [Lat. *labore.*] *sm.* Trabalho.

la.bo.rar [Lat. *laborare.*⊡1A] *v.int.* **1.** V. *labutar*. *td.* **2.** Cultivar (as terras); lavrar. *ti.* **3.** Incorrer (em erro, engano). [C.: 1 (ó)]

la.bo.ra.tó.ri:o [Lat.med. *laboratoriu.*⊡23A] *sm.* Sala ou edifício onde se preparam medicamentos ou se fazem experiências científicas, exames clínicos, etc. § **la.bor.te.rá.pi.co** *adj.*

la.bo.ra.to.ris.ta [*Laboratório.*⊡36] *s2g.* Técnico de laboratório.

la.bo.ri.o.so (ô) [Lat. *laboriosu.*⊡37] *adj.* Trabalhoso, difícil. [Pl.: *-osos* (ó).]

la.bor.te.ra.pi.a [*Labor* + *-terapia*.] *sf.* Terapia ocupacional. § **la.bor.te.rá.pi.co** *adj.*

la.bra.dor (ô) [Top. *Labrador* (Canadá).] *sm. Zool.* Cão de grande porte, de pelo curto e

labrego | ladrar

espesso, que pode ser adestrado para servir como cão-guia (q.v.).

la.bre.go (ê) [Esp. *labriego*, poss.] *adj. sm.* Diz-se de, ou indivíduo rude, grosseiro.

la.bu.ta [Dev. de *labutar*.] *sf.* Trabalho ou labor intenso.

la.bu.tar [De *labor*, poss.] *v.int.* Trabalhar duro e com perseverança; lidar, laborar. [C.: 1]

la.ca [Do ár.] *sf.* **1.** Resina vermelho-escura extraída de árvores anacardiáceas do Extremo Oriente. **2.** Verniz obtido sinteticamente.

la.ça.da [*Laçar*.▣4] *sf.* **1.** Nó cuja alça se desata facilmente. **2.** Alça no ponto do crochê ou do tricô.

la.ça.dor (ô) [*Laçar*.▣19A] *sm. Bras.* Homem destro em laçar o gado.

la.cai.o [Esp. *lacayo*.] *sm.* **1.** Criado de libré, que acompanhava o amo. **2.** *Fig. Pej.* Indivíduo desprezível, bajulador.

la.ca.ni.a.no [Antr. *Lacan*.▣29A] *adj.* Relativo ao, ou próprio do psicanalista Jacques Lacan (1901-1981, França), ou às suas teorias.

la.çar [*Laço*.▣1A] *vtd. e p.* Prender(-se) com ou por laço; enlaçar(-se). [C.: 1B]

la.ça.ri.a [*Laço*.▣15] *sf.* Fitas enlaçadas.

la.ça.ro.te *sm.* Laço (1) grande e vistoso.

la.ce.rar [Lat. *lacerare*.▣1A] *vtd. e p.* **1.** Afligir(-se) muito. **2.** Causar ou sofrer ferimento. [C.: 1 (é)] § **la.ce.ra.ção** *sf.*

la.ço [Lat.vulg. *laciu*.] *sm.* **1.** Nó que se desata sem esforço, e apresenta 1, 2 ou mais alças. **2.** Aliança, vínculo. **3.** Armadilha. **4.** Corda lançada para prender o gado.

la.cô.ni.co [Lat. *laconicu*.▣35B] *adj.* Breve, conciso.

la.co.nis.mo [Gr. *lakonismós*.▣11] *sm.* Modo breve, lacônico, de falar ou escrever.

la.crai.a [De *lacrau*.] *sf. Bras. Zool.* Artrópode miriápode, peçonhento, que tem pinça córnea na extremidade do abdome; centopeia.

la.cra.i.nha [*Lacraia*.▣32A] *sf. Bras. Zool.* Inseto dermáptero inofensivo.

la.crar [*Lacre*.▣1A] *vtd.* **1.** Selar ou fechar com lacre. **2.** *P.ext.* Fechar completamente. [C.: 1] § **la.cra.ção** *sf.*

la.crau [Do ár.] *sm. Zool.* Escorpião (1).

la.cre *sm.* Substância resinosa us. para fechar garrafas, selar ou fechar cartas, etc.

la.cri.mal [*Lacrim*(o)- + -*al*[1].▣39] *adj2g.* **1.** Relativo a, ou que produz lágrimas. ● *sm.* **2.** *Anat.* Pequeno osso situado na parede medial de cada órbita. [Pl.: -*mais*.]

la.cri.mar [Lat. *lacrimare*.▣1A] *v.int.* Deitar lágrimas; chorar. [C.: 1]

la.cri.me.jar [*Lacrim*(o)- + -*ejar*.▣1E] *v.int.* Deitar algumas lágrimas. [C.: 1 (ê)] § **la.cri.me.jan.te** *adj2g.*

la.cri.mo.gê.ne:o [*Lacrim*(o)- + -*gen*(o)- + -*eo*.] *adj.* Que provoca lágrimas.

la.cri.mo.so (ô) [Lat. *lacrimosu*.▣37] *adj.* **1.** Que chora; choroso. **2.** Aflito, lastimoso. [Pl.: -*mosos* (ó).]

lac.tar [Lat. *lactare*.▣1A] *vtd.* Amamentar. [C.: 1] § **lac.tan.te** *adj2g.*

lac.tá.ri:o [Lat. *lactariu*.▣24] *sm.* Estabelecimento em que se colhe e distribui leite humano.

lac.ten.te [Lat. *lactente*.▣21] *adj2g. s2g.* Diz-se de, ou ser que ainda mama.

lác.te:o ou **lá.te:o** [Lat. *lacteu*.] *adj.* **1.** Relativo a leite. **2.** Leitoso (1). **3.** Que contém leite.

lac.tes.cen.te [Lat. *lactescente*.▣21] *adj2g.* **1.** Que contém suco leitoso. **2.** Provido de látex. § **lac.tes.cên.ci:a** *sf.*

lác.ti.co [*Lact*(i)- + -*ico*[2].▣35B] *adj.* Relativo ao leite.

lac.tí.fe.ro [Lat. *lactiferu*.] *adj.* Que produz leite.

lac.to.ba.ci.lo [Tax. *Lactobacillus*.] *sm. Biol.* Nome comum a bactérias gram-positivas, us. na produção de queijos, iogurtes, etc.

lac.to.se [*Lact*(i)- + -*ose*[2].] *sf.* Açúcar encontrado no leite.

la.cu.na [Lat. *lacuna*.] *sf.* **1.** Vácuo, vão. **2.** Falha, omissão. **3.** *Fís.* Buraco (5).

la.cu.nar [*Lacuna*.▣40] *adj2g.* Que apresenta lacunas.

la.cus.tre [Fr. *lacustre*.] *adj2g.* Relativo a, ou que está às margens de um lago ou sobre ele.

la.da.i.nha (a-i) [Lat. *litania*.] *sf.* **1.** *Rel.* Oração formada por uma série de invocações curtas e respostas repetidas. **2.** *Fig.* V. **lenga-lenga**.

la.de.ar [*Lado*.▣1N] *vtd.* **1.** Acompanhar, indo ao lado. **2.** Estar situado ao lado de. **3.** Não tratar diretamente; contornar. *int.* **4.** Andar (a cavalgadura) de través. [C.: 12A] § **la.de.a.do** *adj.*

la.dei.ra [*Lado*.▣16] *sf.* **1.** Inclinação de terreno um tanto acentuada. **2.** Rua mais ou menos íngreme.

la.di.no [Lat. *latinu*.] *adj.* **1.** Sagaz (1). **2.** Astucioso.

la.do [Lat. *latus* (neutro).] *sm.* **1.** Parte direita ou esquerda de qualquer corpo. **2.** Flanco (3). **3.** Lugar à direita ou à esquerda de alguém ou de algo. **4.** Parte oposta a outra. **5.** Qualquer face dum objeto, em relação às outras. **6.** Direção, rumo. **7.** Lugar, sítio, banda (m.us., nesta acepç., no pl.). **8.** Partido, grupo. **9.** V. *face* (4). ♦ **Ao lado de.** A favor de; no mesmo grupo (e contra os mesmos adversários) que. **De lado. 1.** De modo oblíquo. **2.** Sobre o flanco: *dormir de lado*. **Pôr de lado. 1.** Abandonar, desprezar. **2.** Deixar de usar; encostar.

la.dra *adj.* (*f*) *sf.* Diz-se de, ou mulher que rouba.

la.dra.do [Lat. *latratu*.] *sm.* V. *latido*.

la.drão [Lat. *latrone*.] *adj.* **1.** Que furta ou rouba. ● *sm.* **2.** Aquele que furta ou rouba; gatuno, larápio, rato. **3.** Homem desonesto. **4.** Tubo de descarga em depósitos de água, banheiras, etc., para dar saída ao excedente e evitar que transbordem. [Pl.: -*drões*. Fem.: **ladra**.]

la.drar [Lat. *latrare*.▣1A] *v.int.* **1.** *Latir. td.* **2.** Proferir com violência. [C.: 1. Norm., não é us. nas 1ªs pess.]

la.dri.lhar [*Ladrilho.*◼1A] *vtd.* Revestir de ladrilhos; azulejar. [C.: 1]

la.dri.lhei.ro [*Ladrilho.*◼25] *sm.* Fabricante e/ou assentador de ladrilhos; azulejeiro, azulejador.

la.dri.lho [Esp. *ladrillo.*] *sm.* Peça de cerâmica, de barro cozido, etc., para revestir paredes ou pavimentos; azulejo.

la.dro [Dev. de *ladrar.*] *sm.* V. *latido.*

la.dro.a.gem [*Ladrão* (*ladro-*).◼6] *sf.* V. *ladroeira.* [Pl.: *-gens.*]

la.dro.ei.ra [*Ladrão* (*ladro-*).◼16] *sf.* **1.** Roubo, furto. **2.** Roubo repetido, contínuo. [Sin.ger.: *ladroagem.*]

la.ga.mar *sm.* Baía ou golfo abrigado, no interior dum rio ou duma enseada.

la.gar [Lat.med. *lacare.*] *sm.* Espécie de tanque onde se espremem certos frutos, como azeitonas e uvas.

la.gar.ta [Lat. **lacarta.*] *sf. Zool.* Nome comum às larvas dos lepidópteros.

la.gar.ta-de-fo.go *sf. Bras. Zool.* V. *tatarana.* [Pl.: *lagartas-de-fogo.*]

la.gar.te.ar [*Lagarto.*◼1N] *v.int.* Expor-se ao sol, à maneira do lagarto. [C.: 12A]

la.gar.ti.xa [Esp. *lagartija.*] *sf. Zool.* Nome comum a vários lagartos geconídeos pequeninos; osga.

la.gar.to [Lat. **lacartu.*] *sm. Zool.* Nome comum a vários sáurios, iguanídeos, camaleontídeos, teiídeos, etc. Ex.: a iguana, o camaleão, o teiú.

la.go [Lat. *lacu.*] *sm.* **1.** Extensão de água cercada de terras. **2.** *Pop.* Tanque irregular de jardim.

la.go.a (ô) [Lat. **lacona.*] *sf.* Lago (1) pouco extenso.

la.go.ei.ro [*Lago.*◼25] *sm.* **1.** Depósito de água de chuva. **2.** Lugar alagadiço.

la.gos.ta [Lat. **lacusta.*] *sf. Zool.* Crustáceo palinurídeo us. na alimentação.

la.gos.tim [*Lagosta* + *-im.*] *sm. Zool.* Crustáceo cilarídeo us. na alimentação. [Pl.: *-tins.*]

lá.gri.ma [Lat. *lacrima.*] *sf.* **1.** Secreção das glândulas dos olhos, que serve para lubrificar a conjuntiva. **2.** Gota dessa secreção. **3.** Gota, pingo. **4.** Objeto em forma de lágrima.

la.gri.me.jar *v.int.* V. *lacrimejar.* [C.: 1 (è)] § **la.gri.me.jan.te** *adj2g.*

la.gu.na [Lat. *lacuna.*] *sf.* Lago de barragem, formado de águas salgadas, por acumulação das águas do mar.

lai.a [V.E] *sf.* Qualidade; casta; jaez, estofa.

lai.cis.mo [*Laico.*◼11] *sm.* Estado ou caráter de laico.

lai.co [Lat.ecl. *laicu.*] *sf.* Leigo (1).

lai.vo [V.E] *sm.* **1.** Mancha, nódoa. **2.** Marca, traço.

lai.vos *smpl.* Noções elementares; rudimentos.

la.je [V.C] *sf.* **1.** Pedra de superfície plana, de pequena espessura, ger. quadrangular; lousa. **2.** Obra contínua de concreto armado, a qual constitui pavimento ou teto de edificação.

la.je.a.do [*Lajear.*◼17A] *adj.* **1.** Revestido de lajes. ● *sm.* **2.** Pavimento lajeado; lajedo.

la.je.ar [*Laje.*◼1N] *vtd.* Assentar lajes em. [C.: 12A]

la.je.do (ê) [*Laje* + *-edo.*] *sm.* Lajeado (2).

la.jo.ta [*Laje* + *-ota*¹.] *sf.* Pequena laje.

la.jo.tei.ro [*Lajota.*◼25] *sm.* Assentador de lajotas.

la.ma¹ [Lat. *lama.*] *sf.* **1.** V. *lodo* (1). **2.** Mistura de terra e água que se forma quando chove ou se molha o solo sem pavimento (1). **3.** *P.ext.* Qualquer mistura de água e material pulverulento (2). **4.** *Fig.* Sordidez, miséria, lodo.

la.ma² [Do tibetano.] *sm.* Sacerdote budista, entre os mongóis e tibetanos.

la.ma³ [Tax. *Lama.*] *sm.f. Zool.* Lhama².

la.ma.çal [*Lama*¹ + *-açal.*] *sm.* Lugar onde há muita lama¹; atoleiro, lameiro, lamaceira, lamaceiro, atascadeiro. [Pl.: *-çais.*]

la.ma.cei.ra [*Lama*¹ + *-aç(a)-* + *-eira.*◼16] *sf.* V. *lamaçal.*

la.ma.cei.ro *sm.* V. *lamaçal.*

la.ma.cen.to *adj.* Coberto de lama¹; lamoso.

lam.ba.da [*Lombada.*] *sf.* **1.** Paulada, cacetada. **2.** *Bras.* Golpe de chicote ou rebenque. **3.** Música em compasso binário, andamento vivo e animado, e ritmo acentuadamente sinc. **4.** Dança que a acompanha.

lam.ban.ça [*Lamber.*◼9A] *sf. Fam.* **1.** Coisa que se pode lamber ou comer. **2.** Vozearia, algazarra. **3.** *Bras.* Gabolice. **4.** *Bras.* Serviço malfeito.

lam.bão [*Lamb(er).*◼28B] *adj. sm.* **1.** Guloso. **2.** Que, ou quem se lambuza ao comer, ou faz mal o seu serviço. **3.** V. *tolo* (1 e 2). [Pl.: *-bões.* Fem.: *lambona.*]

lam.ba.ri [Do tupi.] *sm. Bras. Zool.* Pequeno peixe caracídeo.

lamb.da [Do gr.] *sm.* A 11ª letra do alfabeto grego (Λ, λ).

lam.be.dor (ô) [*Lamber.*◼19A] *adj. sm.* **1.** Que, ou aquele que lambe. **2.** Adulador, bajulador.

lam.be-lam.be [*Lamber*, repetido.] *sm.* Fotógrafo ambulante. [Pl.: *lambe(s)-lambes.*]

lam.ber [Lat. *lambere.*◼1B] *vtd.* **1.** Passar a língua sobre. **2.** Tocar de leve; roçar. **3.** Estender-se por, destruindo: *O fogo lambeu a casa.* **4.** *Bras.* Adular. *int.* **5.** *Bras. RJ* Incendiar-se (um balão, um imóvel, etc.) por inteiro. [C.: 2]

lam.bi.da [*Lamber* + *-ida.*] *sf.* Lambidela.

lam.bi.de.la [*Lambida.*◼7] *sf.* Ato ou efeito de lamber; lambida.

lam.bi.do [Part. de *lamber.*] *adj.* **1.** Que se lambeu. **2.** Desgracioso, desenxabido. **3.** Diz-se de cabelo muito liso.

lam.bis.car [*Lamber.*◼1G] *vtd. e int.* Comer um pouco de; debicar. [C.: 2]

lam.bis.co [Dev. de *lambiscar.*] *sm.* Pequena porção de comida.

lam.bis.goi.a (ói) *s2g.* Pessoa afetada.

lam.bre.quim [Fr. *lambrequin.*] *sm.* Ornato de madeira, ou de lâmina metálica, com recortes vazados, para beiras de telhados, cortinas, etc.

lambreta | lançar

lam.bre.ta (ê) [It. *lambretta*, m.reg.] *sf.* Veículo motorizado, com 2 pequenas rodas e assento em lugar do selim.

lam.bri [Fr. *lambris*.] *sm.* Revestimento de madeira, etc., aplicado até certa altura, de paredes internas. [Mais us. no pl.]

lam.bu.jem *sf.* **1.** Resto de comida que fica no prato. **2.** Pequeno lucro com que se seduz alguém. **3.** *Bras.* Vantagem que um jogador concede ao parceiro. [Pl.: *-jens*.]

lam.bu.zar [*Lamber*, poss.] *vtd. e p.* Sujar(-se), emporcalhar(-se), esp. de comida. [C.: 1]

la.mei.ro [*Lama¹*.▣25] *sm.* V. lamaçal.

la.me.li.for.me (lâ) [*Lameli-* + *-forme*.] *adj2g.* Em forma de lâmina.

la.men.ta.ção [Lat. *lamentatione*.▣2A] *sf.* **1.** Ato ou efeito de lamentar(-se). **2.** Queixa, lamento. **3.** Canto fúnebre. [Pl.: *-ções*.]

la.men.tar [Lat. *lamentare*.▣1A] *vtd.* **1.** Chorar ou prantear com gemidos e gritos. **2.** Sentir ou dizer que sente grande pesar por (algo). *p.* **3.** Lastimar (4). [C.: 1]

la.men.tá.vel [Lat. *lamentabile*.▣41] *adj2g.* Digno de ser lamentado; digno de dó, compaixão; lastimável, lastimoso, deplorável. [Pl.: *-veis*.]

la.men.to [Lat. *lamentu*.] *sm.* **1.** Queixa plangente; lamúria. **2.** Pranto, choro.

la.men.to.so (ô) [Lat. *lamentosu*.▣37] *adj.* Que tem caráter de lamento. [Pl.: *-tosos* (ó).]

la.mi.á.ce:a [Tax. *Lamiaceae*.] *sf. Bot.* Espécime das lamiáceas, família de plantas floríferas, herbáceas ou arbustivas, cujas flores têm corola labiada; várias são ornamentais e/ou medicinais. Ex.: a hortelã. § **la.mi.á.ce:o** *adj.*

lâ.mi.na [Lat. *lamina*.] *sf.* **1.** Chapa delgada de metal ou de outro material. **2.** Fragmento chato e delgado de qualquer substância. **3.** Folha de instrumento cortante.

lâ.mi.na-d'á.gua *sf.* Distância entre a superfície e o fundo de uma massa de água. [Pl.: *lâminas-d'água*.]

la.mi.na.do [*Lâmina*.▣17B] *adj.* **1.** Que tem feitio de lâmina. ● *sm.* **2.** Placa de madeira compensada feita com camadas finas superpostas e coladas.

la.mi.na.dor (ô) [*Laminar²*.▣19A] *adj. sm.* Que, ou aquele ou aquilo que lamina.

la.mi.nar¹ [*Lâmina*.▣40] *adj2g.* Formado por lâminas, ou que as tem.

la.mi.nar² [*Lâmina*.▣1A] *vtd.* Reduzir a lâminas. [C.: 1] § **la.mi.na.ção** *sf.*

lam.ní.de:o [Tax. *Lamnidae*.] *adj. sm. Zool.* Diz-se de, ou espécime dos lamnídeos, pequena fam. de peixes elasmobrânquios, marinhos, de focinho pontudo e corpo fusiforme.

la.mo.so (ô) [*Lama¹*.▣37] *adj.* Lamacento. [Pl.: *-mosos* (ó).]

lâm.pa.da [Lat. *lampada*.] *sf.* **1.** Vaso com uma torcida e líquido combustível, para alumiar. **2.** Qualquer aparelho para iluminar.

lam.pa.dá.ri:o [Lat. *lampadariu*.▣24] *sm.* **1.** Candelabro. **2.** Peça para iluminação, donde pendem dispositivos para um ou mais focos de luz.

lam.pa.ri.na [Esp. *lamparilla*.] *sf.* Recipiente com um líquido iluminante, no qual se mergulha um discozinho traspassado por um pavio que, aceso, dá luz.

lam.pei.ro *adj.* Buliçoso, vivo.

lam.pe.jar *v.int.* Emitir lampejo. [C.: 1 (ê)] § **lam.pe.jan.te** *adj2g.*

lam.pe.jo (ê) [Dev. de *lampejar*.] *sm.* **1.** Clarão repentino; chispa. **2.** V. *centelha* (1). **3.** *Fig.* Manifestação rápida e/ou brilhante duma ideia.

lam.pi.ão [It. *lampione*.] *sm.* Lanterna grande, portátil ou fixa em teto, etc. [Pl.: *-ões*.]

lam.prei.a (êi ou éi) [Lat. *lampreda*.] *sf. Zool.* Peixe petromizonídeo.

la.mú.ri:a [Lat. *lemuria*.] *sf.* **1.** Lamento (1). **2.** Lenga-lenga de desgraças.

la.mu.ri.ar [*Lamúria*.▣1A] *v.int. e p.* **1.** Fazer lamúria; lamentar-se. *td.* **2.** Dizer em tom de lamúria. [C.: 1] § **la.mu.ri.an.te** *adj2g.*

→ **lan** (lã) [Ingl.] *sf.* V. *lan house*.

lan.ça [Lat. *lancea*.] *sf.* **1.** Arma ofensiva ou de arremesso: haste comprida terminada por ferro pontiagudo. **2.** Varal de carruagem.

lan.ça-cha.mas *sm2n.* Arma que projeta e inflama combustível gelatinoso para incendiar material e/ou pessoa.

lan.ça.dei.ra [*Lançar*.▣16A] *sf.* **1.** Peça de tear que contém um cilindro por onde passa o fio de tecelagem. **2.** Peça semelhante, nas máquinas de costura.

lan.ça.dor (ô) [*Lançar*.▣19A] *adj.* **1.** Que lança. ● *sm.* **2.** Aquele ou aquilo que lança. **3.** *Astron.* Foguete us. para colocar um satélite ou uma sonda no espaço.

lan.ça.men.to [*Lançar*.▣ 3] *sm.* **1.** Ato de lançar(-se); lance, lanço. **2.** Ato de dar a conhecer ao público, de exibir alguma coisa. **3.** Livro, filme, etc., de que se fez o lançamento (2). **4.** Registro ou escrituração contábil. **5.** *Restr.* Envio de um engenho ao espaço por intermédio de um dispositivo de propulsão. **6.** *Fut.* Passe de longa distância. **7.** *Market.* Introdução de um novo produto ou serviço no mercado.

lan.ça-per.fu.me *sm.* Recipiente cilíndrico, com éter perfumado, que se lança em jato, esp. pelo carnaval. [Pl.: *lança-perfumes*.]

lan.çar [*Lanceare*.▣1A] *vtd.* **1.** Atirar com força; arremessar. **2.** Jogar; arremessar. **3.** Vomitar (1). **4.** Emitir, expedir. **5.** Fazer brotar. **6.** Apresentar; propor: *lançar uma candidatura*. **7.** Pôr em voga. **8.** Fazer o lançamento (2) de. *tdc.* **9.** Lançar (1). **10.** Despejar, vazar. *tdi.* **11.** Lançar (1). **12.** Atribuir, imputar. **13.** Dirigir (6). **14.** Oferecer como lanço, em leilão. **15.** Expelir. *int.* **16.** Vomitar (4). *p.* **17.** Atirar-se, arrojar-se. **18.** Arriscar-se. **19.** Desaguar. [C.: 1B] § **lan.ça.do** *adj.*

lança-torpedos | lapidar²

lan.ça-tor.pe.dos *sm2n.* Aparelho a bordo de navio de guerra, para lançar torpedos.

lan.ce [Dev. de *lançar*.] *sm.* **1.** V. lançamento (1). **2.** Lanço (2) em consórcios e afins. **3.** Acontecimento, fato. **4.** Caso ou situação difícil. **5.** Jogada (2).

lan.ce.ar [Lat. *lanceare*. ⬜1N] *vtd.* Ferir com lança (1). [C.: 12A]

lan.cei.ro [*Lança*. ⬜25] *sm.* Soldado armado de lança.

lan.ce:o.la.do [Lat. *lanceolatu*. ⬜17B] *adj.* Que tem feitio semelhante ao da lança.

lan.ce.ta (ê) [Fr. *lancette*.] *sf.* Instrumento cirúrgico de 2 gumes, para sangrias, incisão de abscesso, etc.

lan.ce.tar [*Lanceta*. ⬜1A] *vtd.* Cortar ou abrir com lanceta. [C.: 1 (é)]

lan.cha [Do mal.] *sf.* Embarcação, de propulsão ger. a motor, para navegação costeira, ou transporte, ou lazer, ou para outros serviços.

lan.char [*Lanche*. ⬜1A] *v.int.* **1.** Comer lanche. *td.* **2.** Comer como lanche. [C.: 1]

lan.che [Ingl. *lunch*, 'almoço'.] *sm.* **1.** Merenda. **2.** Refeição pequena.

lan.chei.ra [*Lanche*. ⬜16] *sf.* Maleta onde se leva lanche; merendeira.

lan.cho.ne.te [Ingl. *luncheonette*.] *sf. Bras.* Casa onde se servem refeições ligeiras, sucos de fruta, etc.

lan.ci.nar [Lat. *lancinare*. ⬜1A] *vtd.* **1.** Picar, golpear; pungir. **2.** Atormentar, afligir. [C.: 1] § **lan.ci.nan.te** *adj2g.*

lan.ço [Dev. de *lançar*.] *sm.* **1.** V. lançamento (1). **2.** Oferta de preço em leilão; lance, monta. **3.** Seção de estrada, muro, parede, piso, etc. **4.** Parte de uma escada compreendida entre 2 patamares. **5.** Lado de uma rua. **6.** Lance (2).

lan.ga.nho [V.D] *sm. Bras.* **1.** Carne de má qualidade. **2.** Coisa mole, viscosa, repugnante.

lan.go.ro.so (ô) [*Langor*. ⬜37] *adj.* V. lânguido (1 e 3). [Pl.: -*rosos* (ó).]

lan.gues.cer [Lat. *languescere*. ⬜1Pa] *v.int.* Tornar-se lânguido; definhar(-se). [C.: 2A (ê-é)]

lan.gui.dez (ê) [*Lânguido*. ⬜12A] *sf.* Estado de languidez.

lân.gui.do [Lat. *languidu*.] *adj.* **1.** Sem forças; fraco, debilitado, langoroso. **2.** Mórbido, doentio. **3.** Voluptuoso, sensual, langoroso.

la.nhar [Lat. *laniare*. ⬜1A] *vtd.* **1.** Dar golpe, ou lanho, em. **2.** *P.ext.* Ferir, machucar. **3.** Afligir, magoar. *p.* **4.** Ferir-se, machucar-se. [C.: 1]

la.nho [Dev. de *lanhar*.] *sm.* Golpe de instrumento cortante.

→ **lan house** (lã ráusi) [Ingl.] *sf.* Estabelecimento em que as pessoas pagam para ter acesso à Internet e a jogos numa rede local.

la.ni.fí.ci:o [Lat. *lanificiu*. ⬜34B] *sm.* Obra, tecido ou manufatura de lã.

la.ní.ge.ro [Lat. *lanigeru*.] *adj.* Que tem, produz, ou cria lã.

la.no.li.na [*Lan(i)-* + *-ol*³ + *-ina*. ⬜31] *sf. Quím.* Mistura de colesterol e seus ésteres, obtida da gordura da lã, e us. como base de pomadas e cosméticos.

la.no.so (ô) [Lat. *lanosu*. ⬜37] *adj.* **1.** Relativo à lã. **2.** Semelhante à lã, ou que tem muita lã; lanudo. [Pl.: -*nosos* (ó).]

lan.ta.ní.de:os ou **lan.ta.ní.di:os** [De *lantânio*.] *smpl. Quím.* Grupo de elementos, com propriedades químicas semelhantes às do lantânio, de número atômico entre 58 e 71, que compreende, em ordem crescente de número atômico, cério, prasiodímio, neodímio, promécio, samário, európio, gadolínio, térbio, disprósio, hólmio, érbio, túlio, itérbio e lutécio.

lan.tâ.ni:o [Gr. *lanthán(ein)* + *-io*². ⬜34B] *sm. Quím.* V. lantanídeos [símb.: *La*].

lan.te.jou.la ou **len.te.jou.la** [Esp. *lentejuela*.] *sf.* Pequena palheta de metal, plástico, etc., circular e furada, que se cose ao tecido para o enfeitar; paetê.

lan.ter.na [Lat. *lanterna*.] *sf.* **1.** Utensílio portátil com lâmpada elétrica alimentada por pilhas. **2.** Dispositivo de iluminação e/ou sinalização instalado em veículos. **3.** Utensílio de matéria transparente, como o vidro, no qual se põe uma luz protegida contra o vento. **4.** *Bras.* Lanterninha (2).

lan.ter.na.gem [*Lanterna*. ⬜6] *sf. Bras.* Operação de endireitar ou aplanar carrocerias de automóvel. [Pl.: -*gens*.]

lan.ter.nei.ro [*Lanterna*. ⬜25] *sm. Bras.* Especialista em lanternagem.

lan.ter.ni.nha [*Lanterna*. ⬜32A] *s2g. Bras.* **1.** Em cinemas, teatros, guia munido de lanterna (1) que ajuda o espectador a encontrar um lugar. **2.** *Esport.* O último colocado em qualquer competição; lanterna.

la.nu.do [*Lan(i)-* + *-udo*.] *adj.* Lanoso (2).

la.nu.gem [Lat. *lanugine*.] *sf.* **1.** V. buço. **2.** *Bot.* Pelo macio que cobre algumas folhas ou frutos. [Pl.: -*gens*.]

la.pa [V. D] *sf.* Grande pedra ou laje que forma um abrigo.

lá.pa.ro [Or. ibero-românica.] *sm.* Filhote de coelho; coelho novo.

la.pa.ros.co.pi.a (là) [*Laparo-* + *-scop-* + *-ia*¹. ⬜8A] *sf. Med.* Exame endoscópico da cavidade abdominal, e que permite a realização de exames e de intervenções cirúrgicas. § **la.pa.ros.có.pi.co** (là) *adj.*

la.pa.ro.to.mi.a (là) [*Laparo-* + *-tom(o)-* + *-ia*¹. ⬜8A] *sf. Med.* Qualquer incisão destinada a abrir a cavidade abdominal. § **la.pa.ro.tô.mi.co** (là) *adj.*

la.pe.la [V.E] *sf.* Parte anterior e superior de um casaco voltada para fora.

la.pi.dar¹ [Lat. *lapidare*. ⬜40] *adj2g.* **1.** Relativo a, ou gravado em lápide. **2.** Primoroso, perfeito.

la.pi.dar² [Lat. *lapidare*. ⬜1A] *vtd.* **1.** Maltratar ou matar com pedradas. **2.** Talhar, polir (pe-

lapidaria | lástima

dra preciosa). **3.** Polir, aperfeiçoar. **4.** *Fig.* Educar com esmero. *p.* **5.** *Fig.* Aperfeiçoar-se; polir-se. [C.: 1] § **la.pi.da.ção** *sf.*

la.pi.da.ri.a [*Lapidar*². ⬛8A] *sf.* **1.** Arte de lapidar²(2). **2.** Oficina de lapidário.

la.pi.dá.ri:o [Lat. *lapidariu*. ⬛24] *sm.* Aquele que lapida pedras preciosas.

lá.pi.de [Lat. *lapide*.] *sf.* **1.** Pedra com qualquer inscrição comemorativa. **2.** Laje tumular.

la.pi.nha [*Lapa*.⬛32A] *sf. Bras. N.E.* Nicho ou presépio que se arma pelo Natal, Ano-Novo e Reis.

lá.pis [It. *lapis*.] *sm2n.* Pequeno cilindro de grafita, etc., envolvido em madeira, para escrever ou desenhar.

la.pi.sei.ra [*Lápis*.⬛16] *sf.* Tubo de metal, matéria plástica, etc., onde se encaixa um pequeno cilindro de grafita, e que se usa como lápis.

lap.so [Lat. *lapsu*.] *sm.* **1.** Espaço de tempo. **2.** Engano involuntário.

→ **laptop** (lépi-tópi) [Ingl.] *sm. Inform.* Microcomputador portátil, dotado de bateria, monitor plano e teclado.

la.quê [Fr. *laqué*.] *sm.* Produto com que se vaporizam os cabelos para fixar o penteado.

la.que:a.du.ra *sf. Med.* Ligadura (3).

la.que.ar [*Laca*.⬛1N] *vtd.* Cobrir com laca ou com tinta esmaltada. [C.: 12A] § **la.que.a.do** *adj.*

lar [Lat. *lare*.] *sm.* **1.** A parte da cozinha onde se acende o fogo. **2.** Lareira (1). **3.** A casa de habitação. **4.** A família (1). **5.** A pátria.

la.ran.ja [Do ár.] *sf.* **1.** *Bot.* O fruto da laranjeira. **2.** *Bras. Pop.* Indivíduo que, ciente ou não, tem seu nome e registro legais us. em transações, ger. ilícitas, em benefício de terceiro, cuja identidade fica oculta.

la.ran.ja.da [*Laranja*.⬛4] *sf.* O sumo da laranja ger. com adoçante e água.

la.ran.jal [*Laranja*.⬛39] *sm.* Plantação de laranjeiras. [Pl.: -*jais*.]

la.ran.jei.ra [*Laranja*.⬛16] *sf. Bot.* Árvore frutífera, rutácea.

la.ran.jei.ro *sm.* Vendedor de laranjas.

la.rá.pi:o [V.E] *sm.* V. *ladrão* (2).

lar.de.ar [*Lardo*.⬛1N] *vtd.* Entremear (carne) com lardo. [C.: 12A]

lar.do [Lat. *lardu*.] *sm.* Toicinho, sobretudo em tiras.

la.rei.ra *sf.* **1.** A laje do lar (1), onde se acende o fogo; lar. **2.** Fornalha onde se faz fogo para aquecer interiores; chaminé, fogão.

lar.ga [Dev. de *largar*.] *sf. Fig.* Largueza, liberdade.

lar.ga.da [*Largar*.⬛4] *sf.* **1.** Ato de largar. **2.** Partida de um lugar. **3.** Ponto de partida e o momento inicial de uma corrida.

lar.gar [*Largo*.⬛1A] *vtd.* **1.** Soltar (o que se segura). **2.** Deixar cair. **3.** Deixar fugir. **4.** Pôr de parte; abandonar. **5.** Deixar, abandonar. **6.** Desviar-se de. **7.** *Pop.* Proferir, soltar. *ti.* **8.** Deixar, cessar. **9.** Separar-se. **10.** Soltar-se. *int. e p.* **11.** Partir; ir-se. [C.: 1C]

lar.go [It. *largo*.] *adj.* **1.** Que tem grande extensão transversal. **2.** Amplo, vasto. **3.** Que não é estreito ou apertado; folgado. **4.** Longo; demorado. **5.** Importante, considerável. **6.** Generoso, liberal. ● *sm.* **7.** V. *largura* (1). **8.** Praça (1). ◆ **Ao largo de.** Longe de; à distância.

lar.gue.za (ê) [*Largo*.⬛12] *sf.* **1.** V. *largura* (1). **2.** Generosidade, liberalidade. **3.** Abastança, folga.

lar.gu.ra [*Largo*.⬛5] *sf.* **1.** Qualidade de largo; largueza, largo. **2.** A menor dimensão duma superfície plana horizontal, em contraposição a *comprimento*.

la.rí.de:o [Tax. *Laridae*.] *adj. sm. Zool.* Diz-se de, ou espécime dos larídeos, família de aves caradriiformes, semimarinhas, onívoras, cosmopolitas, e que nidificam em bando. Ex.: gaivotas.

la.rin.ge [Gr. *lárynx, yngos*.] *sf.m. Anat.* Ducto situado acima da traqueia e abaixo da raiz da língua, e que intervém no mecanismo da fonação. § **la.rín.ge:o** *adj.*

la.rin.gi.te [*Laringe* + -*ite*¹.] *sf. Med.* Inflamação da laringe.

lar.va [Lat. *larva*.] *sf. Zool.* O primeiro estágio do desenvolvimento, independente e móvel, do ciclo de vida da maioria dos invertebrados, anfíbios e peixes.

lar.val [Lat. *larvale*.⬛39] *adj2g.* Relativo a larva; larvar. [Pl.: -*vais*.]

lar.var [*Larva*.⬛40] *adj2g.* Larval.

lar.vi.ci.da [*Larva* + -*i*- + -*cida*.] *adj2g. sm.* Que, ou aquilo (produto, etc.) que destrói larvas.

la.sa.nha [It. *lasagna*.] *sf.* Massa alimentícia em tiras largas.

las.ca [V.C] *sf.* **1.** Fragmento, ger. fino e longo, de madeira, pedra, etc. **2.** Fatia, talhada.

las.car [*Lasca*.⬛1A] *vtd.* **1.** Fazer lascas em; rachar. **2.** Atear (fogo). *tdi.* **3.** Lascar (4). *int.* **4.** Fazer-se em lascas; fender-se. *p.* **5.** Lascar (4). **6.** *Pop.* Dar-se mal. [C.: 1A] § **las.ca.do** *adj.*

las.ci.vo [Lat. *lascivu*.] *adj.* Libidinoso, lúbrico. § **las.ci.vi:a** *sf.*

→ **laser** (lêizer) [Ingl.] *sm.* **1.** Radiação luminosa altamente concentrada, sem defasagem, de uma só cor. **2.** Dispositivo que a produz.

la.ser.te.ra.pi.a (lei) [*Laser* + -*terapia*.] *sf. Med.* Terapia em que se usa o *laser*.

las.si.dão [Lat. *lassitudine*.] *sf.* **1.** Qualidade ou estado de lasso. **2.** Prostração de forças; fadiga. [F.paral.: *lassitude*. Pl.: -*dões*.]

las.si.tu.de [Lat. *lassitudine*.] *sf.* V. *lassidão*.

las.so [Lat. *lassu*.] *adj.* **1.** Cansado, fatigado. **2.** V. *frouxo* (1). **3.** V. *libertino*.

las.tex (cs) [M.reg.] *sm2n. Tec.Têx.* Fibra elástica, de fios de borracha recobertos por fios de algodão, seda ou náilon, ou o tecido fabricado com essa fibra.

lás.ti.ma [Dev. de *lastimar*.] *sf.* **1.** V. *compaixão*. **2.** Tristeza, desdita. **3.** Aquilo que é lastimável. **4.** Coisa ou pessoa inútil.

las.ti.mar [Lat.vulg. *blastemare*.◘1A] *vtd.* **1.** Lamentar (1 e 2). **2.** Causar aflição, angústia, etc.; afligir, angustiar. **3.** Compadecer-se de. *p.* **4.** V. *queixar-se* (1). [C.: 1] § **las.ti.má.vel** *adj2g.*

las.ti.mo.so (ô) [*Lástima*.◘37] *adj.* **1.** Próprio de quem se lastima; triste, plangente. **2.** V. *lamentável*. [Pl.: *-mosos* (ó).]

las.tra.gem [*Lastrar*.◘6] *sf.* Ato de pôr lastro² no leito das vias férreas; lastreamento. [Pl.: *-gens.*]

las.trar [*Lastro*¹.◘1A] *vtd.* **1.** Carregar com lastro¹ (1). **2.** Tornar mais firme, aumentando o peso. **3.** Espalhar-se por; cobrir. *int.* **4.** Alastrar(-se), propagar-se. [C.: 1]

las.tre:a.men.to *sm.* Lastragem.

las.tro¹ [Fr.ant. *last.*] *sm.* **1.** Tudo que se mete no porão do navio para lhe dar estabilidade. **2.** Depósito em ouro que serve de garantia ao papel-moeda. **3.** Base, fundamento.

las.tro² *sm. Bras.* **1.** Camada de pedra britada que forma uma base de superfície resistente ou pesada. **2.** Camada de pedra britada posta sob os dormentes duma ferrovia.

la.ta [B.-lat. *latta*.] *sf.* **1.** Folha de flandres. **2.** Recipiente feito desse material.

la.ta.da [*Lata*.◘4] *sf.* Armação para sustentar trepadeira.

la.ta de sar.di.nha *sf. Pop.* Veículo, etc., muitíssimo lotado. [Pl.: *latas de sardinha.*]

la.ta.gão [V.E] *sm.* Homem robusto e alto. [Pl.: *-gões.*]

la.tão [Fr.ant. *laton.*] *sm.* Liga de cobre e zinco. [Pl.: *-tões.*]

la.ta.ri.a [*Lata*.◘15] *sf.* **1.** Grande porção de latas. **2.** *P.ext.* Alimentos enlatados. **3.** Carroceria de automóvel.

la.ta-ve.lha *sf.* Veículo ou eletrodoméstico velho e/ou malconservado. [Pl.: *latas-velhas.*]

lá.te.go [Do gót., poss.] *sm.* Açoite feito de correia ou de corda.

la.te.jar [*Lat(ir)*.◘1E] *v.int.* **1.** Pulsar (coração, artéria, etc.), esp. de modo perceptível. **2.** Apresentar (uma parte do corpo) forte pulsação, em virtude de machucado, ferimento, dor, etc. [C.: 1 (è)] § **la.te.jan.te** *adj2g.*

la.te.jo (ê) [Dev. de *latejar*.] *sm.* Ato de latejar; pulsação.

la.ten.te [Lat. *latente*.◘21] *adj2g.* **1.** Não manifesto; oculto. **2.** Dissimulado, disfarçado.

la.te.ral [Lat. *laterale*.◘39] *adj2g.* Relativo ao, ou que está ao lado. [Pl.: *-rais.*]

lá.tex (cs) [Lat.cient. *latex.*] *sm2n. Bot.* Suco espesso, quase sempre alvo, que brota de muitas plantas quando feridas.

la.ti.cí.ni.o [Lat. *lacticiniu.*] *sm.* Preparado comestível feito com leite.

la.ti.do [Part. de *latir*.] *sm.* A voz do cão; ladro, ladrado.

la.ti.fun.di.á.ri.o [*Latifúndio*.◘24] *sm.* Dono de latifúndio.

la.ti.fún.di.o [Lat. *latifundiu*.◘34B] *sm.* Propriedade rural de grande extensão, esp. a que tem grande proporção de terras não cultivadas.

la.tim [Lat. *latine*, 'em língua latina'.] *sm.* **1.** *E.Ling.* Língua indo-europeia primitivamente falada no Lácio, antiga região da Itália, e que se difundiu pelo império romano. **2.** *E.Ling.* Voc. dessa língua. **3.** *Fig.* Coisa difícil de compreender. [Pl.: *-tins.*] ◆ **Latim científico.** *E.Ling.* Terminologia adotada por médicos, botânicos, zoólogos, etc., para facilitar o entendimento e a comunicação entre cientistas e estudiosos em geral. **Latim clássico.** *E.Ling.* O latim literário escrito desde o fim do latim arcaico até a morte do imperador Otávio Augusto (14 d.C). **Latim eclesiástico.** *E.Ling.* Aquele que, desde o início do cristianismo, passou a constituir a língua oficial da Igreja. **Latim medieval.** *E.Ling.* O latim falado e escrito durante a Idade Média (q.v.). **Latim tardio.** *E.Ling.* O latim literário dos séc. III a V da era cristã e que, por vezes, alcança os séc. VI e VII. **Latim vulgar.** *E.Ling.* A língua realmente falada pelo povo romano e que deu origem às línguas românicas.

la.ti.ni.da.de [Lat. *latinitate*.◘14] *sf.* O conjunto dos povos latinos.

la.ti.nis.mo [*Latim* (*-tin-*).◘11] *sm. E.Ling.* Locução ou construção peculiar à língua latina.

la.ti.nis.ta [*Latim* (*-tin-*).◘36] *s2g.* Grande conhecedor do latim.

la.ti.ni.zar [Lat. *latinizare*.◘1D] *vtd.* Submeter à influência da cultura latina. [C.: 1]

la.ti.no [Lat. *latinu*.] *adj.* Relativo ao latim, ou aos povos de origem latina.

la.ti.no-a.me.ri.ca.no *adj.* **1.** Pertencente aos países americanos de línguas neolatinas. ● *sm.* **2.** Indivíduo latino-americano. [Pl.: *latino-americanos.*]

la.tir [Lat. *glattire*.◘1C] *v.int.* Dar latidos; ladrar. [C.: 8. Norm., é unipess.]

la.ti.tu.de [Lat. *latitudine.*] *sf.* **1.** Qualidade de lato; largura. **2.** Na esfera terrestre, ângulo que faz com o plano do equador terrestre o raio que passa por determinado observador ou determinada localidade.

la.to [Lat. *latu.*] *adj.* Amplo, extenso.

la.to:a.ri.a [*Latão* (*-to-*).◘15] *sf.* Oficina ou ofício de latoeiro.

la.to.ei.ro [*Latão* (*-to-*).◘25] *sm.* O que trabalha em obras de lata e/ou de latão.

→ **lato sensu** (látu sênsu) [Lat.] Em sentido lato.

la.tri.a [Lat. *latria.*] *sf.* **1.** Adoração devida aos deuses. **2.** Culto.

la.tri.na [Lat. *latrina.*] *sf.* Dependência da casa com vaso ou fossa de dejeções; cloaca, privada, quartinho.

la.tro.ci.da [*Latro(cínio)* + *-cida.*] *adj2g. s2g.* Que, ou quem comete latrocínio.

la.tro.cí.ni.o [Lat. *latrociniu.*] *sm.* Roubo ou extorsão violenta, à mão armada.

lau.da [V.C] *sf. Edit.* Folha padronizada de papel, e que contém um número determinado de linhas e caracteres (espaços e letras).

láu.da.no [Lat.cient. *laudanum.*] *sf.* Sedativo cuja base é o ópio.

lau.da.tó.ri:o [Lat. *laudatoriu.* ▪23A] *adj.* Próprio de, ou que encerra louvor.

lau.dê.mi:o [Lat. *laudemio.*] *sm. Jur.* Pensão ou prêmio que o foreiro paga ao senhorio direto, quando há alienação do respectivo prédio.

lau.do [Lat. *laudo*, do v. *laudare.*] *sm.* Parecer de perito(s), com a conclusão da perícia; louvação.

lau.rá.ce:a [Tax. *Lauraceae.*] *sf. Bot.* Espécime das lauráceas, família de árvores e arbustos dicotiledôneos de frutos bacáceos ou drupáceos. Ex.: abacateiro. § **lau.rá.ce:o** *adj.*

láu.re:a [Lat. *laurea.*] *sf.* V. *laurel.*

lau.re.a.do [Lat. *laureatu.* ▪17A] *adj.* **1.** Que recebeu laurel ou láurea. **2.** Festejado; homenageado. ● *sm.* **3.** Indivíduo laureado.

lau.re.ar [Lat. *laureare.* ▪1N] *vtd.* **1.** Coroar ou cingir de louros. **2.** Premiar por mérito literário, artístico, etc. **3.** Aplaudir; festejar. [C.: 12A]

lau.rel [Esp. *laurel.*] *sm.* **1.** Coroa de louros. **2.** Prêmio, recompensa. [Sin.ger.: *láurea*. Pl.: *-réis*.]

lau.rên.ci:o [Antr. *Lawrence + -io*^{2}. ▪34B] *sm. Quím.* V. *actinídeos* [símb.: *Lr*].

láu.re:o [Lat. *laureu.*] *adj.* Relativo a louro.

lau.to [Lat. *lautu.*] *adj.* Suntuoso e abundante; opíparo.

la.va [It. dial. *lava.*] *sf.* Magma expelido em erupção vulcânica.

la.va.bo [Lat. *lavabo.*] *sm.* **1.** Reservatório de águas, com torneira, em sacristia, refeitório, etc.; pia, lavatório. **2.** *Bras.* Lavatório (3).

la.va.dei.ra [*Lavar.* ▪6] *sf.* **1.** Mulher que lava roupa. **2.** *Zool.* V. *libélula.*

la.va.do [*Lavar.* ▪17A] *adj.* Que se lavou; limpo.

la.va.do.ra (ô) [*Lavar.* ▪20] *sf.* Máquina de lavar roupa.

la.va.du.ra [*Lavar.* ▪5A] *sf.* Lavagem (1).

la.va.gem [*Lavar.* ▪6] *sf.* **1.** Ato ou efeito de lavar(-se); lavadura. **2.** Restos de comida para os porcos. **3.** *Med.* Irrigação de órgão (estômago, intestino, etc.) para a remoção de corpo estranho. [Pl.: *-gens.*]

la.va-lou.ça *sf.m.* Máquina que lava pratos, talheres, copos, etc. [Pl.: *lava-louças.*]

la.van.da [It. *lavanda.*] *sf.* **1.** *Bot.* Alfazema (1). **2.** Água-de-colônia feita da essência dessa planta.

la.van.de.ri.a [Fr. *lavanderie.* ▪15A] *sf.* **1.** Estabelecimento onde se lavam e passam peças de vestuário; tinturaria. **2.** Parte de casa, hotel, etc., onde se lava e se passa roupa.

la.va-pés *sm2n. Rel.* Cerimônia litúrgica, em quinta-feira santa, na qual se celebra o haver Jesus lavado os pés aos discípulos.

la.var [Lat. *lavare.* ▪1A] *vtd.* **1.** Limpar, banhando; banhar. **2.** Purificar; expurgar. **3.** *Bras.* Disfarçar a origem ilícita de (dinheiro) mediante investimentos legais. *int.* **4.** Saber lavar (1). **5.** Trabalhar como lavadeira. *p.* **6.** Tomar banho. [C.: 1]

la.va-rou.pa *sf.m.* Máquina de lavar roupa, com função centrífuga ou não. [Pl.: *lava-roupas.*]

la.va.tó.ri:o [Lat. *lavatoriu.* ▪23A] *sm.* **1.** Utensílio ou móvel com apretos para lavar as mãos e o rosto. **2.** Pia (2) us. para o mesmo fim. **3.** Aposento com vaso sanitário e pia (2); lavabo (*bras.*). **4.** *Fig.* Purificação, expurgação.

la.vor (ô) [Lat. *labore.*] *sm.* Trabalho manual.

la.vou.ra ou **la.voi.ra** [Dev. do ant. *lavorar.*] *sf.* **1.** Preparação do terreno para a sementeira ou plantação. **2.** Amanho e/ou cultivo da terra; lavradio, lavragem, agricultura. [Sin.ger.: *lavra.*]

la.vra [Dev. de *lavrar.*] *sf.* **1.** Ato de lavrar. **2.** V. *lavoura.* **3.** *Bras.* Terreno de mineração.

la.vra.di:o [*Lavrado.* ▪34A] *adj.* **1.** Próprio para ser lavrado; arável. ● *sm.* **2.** V. *lavoura* (2).

la.vra.dor (ô) [Lat. *laboratore.* ▪19A] *sm.* Aquele que trabalha na lavoura, como proprietário ou como empregado; agricultor.

la.vra.gem [*Lavrar.* ▪6] *sf.* **1.** Ato ou efeito de lavrar. **2.** V. *lavoura* (2). [Pl.: *-gens.*]

la.vrar [Lat. *laborare.* ▪1A] *vtd.* **1.** Sulcar (a terra) com arado ou trator; arar, cultivar. **2.** Fazer ornatos ou lavores em. **3.** Lapidar^2 (2). **4.** Gastar; corroer. **5.** Exarar. *int.* **6.** Alastrar-se, propagar-se. [C.: 1]

la.vra.tu.ra [*Lavrar.* ▪5B] *sf. Bras.* Ato de lavrar (escritura, documento).

la.xan.te [Lat. *laxante.* ▪21] *sm.* Purgante ligeiro; laxativo, minorativo.

la.xar [Lat. *laxare.* ▪1A] *vtd.* Relaxar, afrouxar. [C.: 1]

la.xa.ti.vo [Lat. *laxativu.* ▪22A] *sm.* Laxante.

la.xo [Lat. *laxu.*] *adj.* V. *frouxo* (1).

la.za.ren.to [Antr. bíbl. *Lázaro.* ▪27] *adj. sm.* **1.** Diz-se de, ou quem tem pústulas, chagas. **2.** V. *leproso.*

la.za.re.to (ê) [It. *lazzaretto.*] *sm.* Edifício para quarentena de pessoas suspeitas de contágio.

lá.za.ro [Antr. bíbl. *Lázaro.*] *sm.* Lazarento.

la.zei.ra [Lat.vulg. **laceria.* ▪16] *sf.* **1.** Desgraça, miséria. **2.** *Pop.* Fome.

la.zei.ren.to [*Lazeira.* ▪27] *adj. Pop.* Que tem lazeira.

la.zer (ê) [Lat. *licere.*] *sm.* Tempo disponível; descanso, folga.

▪ **lcd** [Ingl. *l(iquid) c(rystal) d(isplay).*] *Tec.* Tela de televisão, computador, etc., com uma película de cristal líquido, que muda suas características ópticas quando uma corrente elétrica é aplicada sobre ela.

le.al [Lat. *legale.* ▪40] *adj2g.* **1.** Sincero, franco e honesto. **2.** Fiel aos seus compromissos. [Pl.: *-ais.*] § **le.al.da.de** *sf.*

le.ão [Lat. *leone.*] *sm.* **1.** *Zool.* Felídeo predador de grande porte, de cauda longa e felpuda, e juba; habita a África. [Fem.: *leoa.*] **2.** Homem valente. **3.** *Astr.* A 5ª constelação do Zodíaco, situada no hemisfério norte. **4.** *Astrol.* O 5º

leão de chácara | lei

signo do Zodíaco, relativo aos que nascem entre 22 de julho e 22 de agosto. [Com inicial maiúsc., nas acepçs. 3 e 4.] [Pl.: -ões.]

le.ão de chá.ca.ra *sm. Bras. Gír.* Segurança (5) de casa de diversões. [Pl.: *leões de chácara*.]

→ **leasing** (lízin) [Ingl.] *sm. Econ.* V. *arrendamento mercantil*.

le.bra.cho [*Lebre* + *-acho*.] *sm.* O macho da lebre, ainda novo.

le.brão [*Lebre*.▣ 28A] *sm.* O macho da lebre. [Pl.: *-brões*.]

le.bre [Lat. *lepore*.] *sf. Zool.* Mamífero leporídeo cujas patas posteriores, maiores que as anteriores, são adaptadas para o salto e para a corrida.

le.bre-do-mar *sf. Zool.* Aplísia. [Pl.: *lebres-do-mar*.]

le.brei.ro [*Lebre*.▣ 25] *adj.* Diz-se de lebréu.

le.bréu [*Lebre* + *-eu*.] *sm.* Cão que caça lebres.

le.ci.o.nar [*Lição* (*lecion-*).▣ 1A] *vtd.* **1.** Dar lições de. *int.* **2.** Exercer o magistério; dar aulas; ensinar. [C.: 1]

le.ci.ti.dá.ce:a [Tax. *Lecythidaceae*.] *sf. Bot.* Espécime das lecitidáceas, família de árvores dicotiledôneas, intertropicais. Ex.: jequitibá. § **le.ci.ti.dá.ce:o** *adj.*

le.do (ê) [Lat. *laetu*.] *adj.* Risonho, alegre.

le.ga.ção [Lat. *legatione*.▣ 2A] *sf.* **1.** Ato de legar. **2.** Qualquer missão que trata dos interesses dum Estado junto a uma potência estrangeira. **3.** Missão diplomática de caráter permanente, inferior a embaixada. **4.** A sede duma legação (3). [Pl.: *-ções*.]

le.ga.do[1] [Lat. *legatu*, 'enviado'.] *sm.* Núncio (2) com missão especial.

le.ga.do[2] [Lat. *legatu*, 'dádiva'.] *sm.* Valor ou objeto que alguém deixa a outrem em testamento.

le.gal [Lat. *legale*.▣ 39] *adj2g.* **1.** Referente ou conforme à lei; legítimo. **2.** V. *jurídico* (2). **3.** *Bras. Pop.* Certo, em ordem. **4.** *Bras. Gír.* Palavra que exprime numerosas ideias apreciativas: *ótimo*, *perfeito*, *leal*, *digno*, etc. [V. *bacana*.] [Pl.: *-gais*.]

le.ga.li.da.de [Lat.med. *legalitate*.▣ 14] *sf.* **1.** Qualidade de legal. **2.** Sistema (6) conforme à lei.

le.ga.lis.mo [*Legal*.▣ 11] *sm.* **1.** Apego, ger. exagerado, a normas e procedimentos legais. **2.** Respeito à(s) lei(s) vigente(s).

le.ga.lis.ta [*Legal*.▣ 36] *adj2g.* Relativo à legalidade, ou que pugna por ela.

le.ga.li.zar [*Legal*.▣ 1D] *vtd.* Tornar legal; legitimar. [C.:1] § **le.ga.li.za.ção** *sf.*; **le.ga.li.za.do** *adj.*

le.gar [Lat. *legare*.▣ 1A] *vtdi.* Deixar como legado[2]; transmitir. [C.: 1C (é)]

le.ga.tá.ri:o [Lat. *legatariu*.▣ 24A] *sm.* O que recebeu um legado[2].

le.gen.da [Fr. *légende*.] *sf.* **1.** Relato da vida de santos. **2.** Lenda (2). **3.** Letreiro, inscrição. **4.** *Edit. Jorn.* Texto curto e explicativo que acompanha fotografia ou ilustração. **5.** *Cin. Telev.* Texto superposto às imagens, com a tradução das falas dos personagens.

le.gen.dar [*Legenda*.▣ 1A] *vtd.* e *int.* Pôr legenda (4 e 5) em. [C.: 1] § **le.gen.da.do** *adj.*

le.gen.dá.ri:o [*Legenda*.▣ 24] *adj.* **1.** Relativo a legendas. **2.** Lendário. ● *sm.* **3.** Coleção de legendas [v. *legenda* (1)].

→ **legging** (léguin) [Ingl.] *sm.* Calça de malha comprida e justa.

le.gi.ão [Lat. *legione*.] *sf.* **1.** Corpo do antigo exército romano constituído de infantaria e cavalaria. **2.** Corpo ou divisão de exército. **3.** *Fig.* Multidão de seres reais ou imaginários. **4.** Designação de certas instituições militares, beneficentes, honoríficas, etc. [Pl.: *-giões*.]

le.gi:o.ná.ri:o [Lat. *legionariu*.▣ 24] *adj.* **1.** De legião. ● *sm.* **2.** Aquele que pertence a legião (1, 2 e 4).

le.gis.la.ção [Lat. *legislatione*.▣ 2A] *sf.* **1.** Conjunto de leis. **2.** A ciência das leis. [Pl.: *-ções*.]

le.gis.la.dor (ô) [Lat. *legislatore*.▣ 19A] *adj. sm.* Que, ou aquele que legisla.

le.gis.lar [Deduz. de *legislador*.▣ 1A] *vtd.* **1.** Estabelecer (regras, leis, normas, etc.). *ti.* e *int.* **2.** Estabelecer ou fazer leis. [C.: 1]

le.gis.la.ti.vo [*Legislar*.▣ 22A] *adj.* **1.** Que legisla. ● *sm.* **2.** Um dos 3 poderes detentores da soberania estatal, ao qual incumbe elaborar as leis.

le.gis.la.tu.ra [Fr. *législature*.▣ 5B] *sf.* Período durante o qual os legisladores exercem o seu ofício.

le.gis.ta [Lat.med. *legista*.▣ 36] *s2g.* **1.** Quem conhece ou estuda as leis. **2.** Médico que se dedica aos aspectos jurídicos da profissão.

le.gí.ti.ma *sf.* Parte da herança reservada por lei aos herdeiros necessários.

le.gi.ti.mar [Lat.med. *legitimare*.▣ 1A] *vtd.* **1.** Tornar legítimo; legalizar. **2.** Equiparar (o filho ilegítimo) à situação legal dos filhos legítimos. **3.** *Fig.* V. *justificar* (3). [C.: 1] § **le.gi.ti.ma.ção** *sf.*

le.gí.ti.mo [Lat. *legitimu*.] *adj.* **1.** Conforme à lei; legal. **2.** Fundado no direito, na razão ou na justiça. **3.** V. *autêntico* (5). **4.** Resultante de matrimônio (filho). § **le.gi.ti.mi.da.de** *sf.*

le.gí.vel [Lat. *legibile*.▣ 41] *adj2g.* Que se pode ler. [Pl.: *-veis*.]

lé.gua [Lat. *leuca*.] *sf.* Medida itinerária equiv. a cerca de 6.600m.

le.gu.me [Lat. *legumen*.] *sm. Bot.* **1.** A vagem com sementes que é fruto das fabales. **2.** *Bras.* Hortaliça.

le.gu.mi.ni.for.me [Lat. *legumini-* + *-forme*.] *adj2g.* Em forma de legume (1).

le.gu.mi.no.so (ô) [Lat.cient. *leguminosus*.▣ 37] *adj.* Que frutifica em vagem ou legume. [Pl.: *-nosos* (ó).]

lei [Lat. *lege*.] *sf.* **1.** Regra de direito ditada pela autoridade estatal e tornada obrigatória para se manter a ordem e o progresso numa comunidade. **2.** Norma(s) elaborada(s) e votada(s) pelo poder legislativo. **3.** Obrigação imposta pela consciência e pela sociedade.

leiaute | lenocínio

4. Norma, regra. ♦ **Lei Áurea**. Lei que aboliu a escravatura no Brasil, assinada em 13 de maio de 1888 pela princesa Isabel. **Lei da selva**. O império ou domínio da força bruta. **Lei do Ventre Livre**. Lei que declarou livres os filhos de escravos nascidos a partir de 28 de setembro de 1871, data de sua assinatura.

lei.au.te [Ingl. *layout*.] *sm*. Projeto ou esquema de uma obra apresentados graficamente.

lei.go [Lat. *laicu*.] *adj*. 1. Que não é clérigo; laico. 2. Estranho ou alheio a um assunto. 3. V. *secular* (5).

lei.lão [Do ár.] *sm*. Venda pública a quem oferecer maior lanço; hasta. [Pl.: *-lões*.]

lei.lo.ar [*Leilão* (-*lo*-).▫1A] *vtd*. Pôr ou apregoar em leilão. [C.: 1D]

lei.lo.ei.ro [*Leilão* (-*lo*-).▫25] *sm*. Organizador e/ou pregoeiro de leilões.

leish.ma.ni.o.se (lich) [Tax. *Leishmania* + -*ose*¹.] *sf. Med.* Nome comum às infecções causadas por protozoários do gênero *Leishmania*.

lei.tão [*Leite*.▫28A] *sm*. Porco novo; bacorinho, bácoro. [Pl.: *-tões*.]

lei.te [Lat. *lacte*.] *sm*. 1. Líquido branco, opaco, alimentício, segregado pelas glândulas mamárias das fêmeas dos mamíferos. 2. Suco vegetal branco. 3. Qualquer líquido leitoso, ger. preparado a partir de outros produtos: *leite de soja, de aveia*.

lei.tei.ra [*Leite*.▫16] *sf*. 1. Recipiente onde se serve ou ferve o leite. 2. Vendedora de leite.

lei.tei.ro [*Leite*.▫25] *adj*. 1. Que produz leite. ● *sm*. 2. Vendedor de leite.

lei.te.ri.a [*Leite*.▫15A] *sf*. Casa comercial especializada na venda de leite e lacticínios.

lei.to [Lat. *lectu*.] *sm*. 1. Armação de madeira, ferro, etc., que sustenta o estrado e o colchão da cama. 2. A própria cama. 3. Superfície aplainada de caminho, rua, estrada, etc. 4. Extensão de terreno sobre a qual flui um rio.

lei.to.a (ô) *sf*. A fêmea do leitão.

lei.tor (ô) [Lat. *lectore*.▫19] *adj. sm*. Que, ou aquele que lê ou tem o hábito de ler.

lei.to.so (ô) [*Leite*.▫37] *adj*. 1. Que tem o aspecto e/ou a coloração do leite; lácteo. 2. Esbranquiçado e opaco. [Pl.: *-tosos* (ó).]

lei.tu.ra [Lat.med. *lectura*.] *sf*. 1. Ato, arte ou hábito de ler. 2. Aquilo que se lê. 3. *Tec*. Operação de percorrer, em um meio físico, marcas codificadas (as informações registradas), e fazê-las voltar à forma anterior (como imagens, sons, dados para processamento).

le.ma [Lat. *lemma*.] *sm*. 1. Proposição que prepara a demonstração de outra. 2. Sentença, divisa.

lem.bran.ça [*Lembrar*.▫9A] *sf*. 1. Ato ou efeito de lembrar(-se). 2. Ideia ou recordação de fatos passados que se conserva na memória. 3. Inspiração, ideia. 4. Presente, brinde.

lem.bran.ças *sfpl*. V. *recomendações*.

lem.brar [Lat. *memorare*.▫1A] *vtd*. 1. Trazer à memória; recordar. 2. Dar a ideia de; sugerir, propor. *tdi*. 3. Fazer recordar. 4. V. *recomendar* (2). *ti. e p*. 5. Ter lembrança; recordar-se. [C.: 1]

lem.bre.te (ê) [*Lembr(ar)* + *-ete* (ê).] *sm*. Anotação para ajudar a memória.

le.me [V.C] *sm*. 1. Aparelho instalado na popa da embarcação ou na cauda do avião, e que serve para governá-los. 2. Direção, governo.

lê.mu.re [Tax. *Lemur*.] *sm. Zool*. Mamífero lemurídeo.

lê.mu.re-vo:a.dor *sm. Zool*. Mamífero cinocefalídeo. [Pl.: *lêmures-voadores*.]

le.mu.rí.de.o [Tax. *Lemuridae*.] *adj. sm. Zool*. Diz-se de, ou espécime dos lemurídeos, família de primatas arborícolas, herbívoros, sociais, que habitam Madagascar (África).

len.ço [Lat.vulg. *lenteu*.] *sm*. Quadrado de pano para assoar o nariz ou para ornar e/ou resguardar a cabeça ou o pescoço.

len.çol [Lat. *linteolu*.] *sm*. 1. Peça de tecido us. para forrar a cama e/ou para servir de coberta. 2. Depósito subterrâneo natural de água, petróleo, etc. [Pl.: *-çóis*.]

len.da [Lat. *legenda*.] *sf*. 1. Tradição popular. 2. Narração de caráter maravilhoso, em que os fatos históricos são deformados pela imaginação do povo ou do poeta; legenda. 3. Ficção, fábula.

len.dá.ri:o [*Lenda*.▫24] *adj*. Com caráter de lenda; legendário.

lên.de.a [Lat.vulg. **lendina*.] *sf. Zool*. Nome comum a ovos de insetos anopluros (piolhos), que ger. se agarram à base dos pelos.

len.ga-len.ga [V.A] *sf*. Conversa, narração ou discurso enfadonho; arenga, cantilena, chorumela, ladainha. [Pl.: *lenga-lengas*.]

le.nha [Lat. *ligna*, pl. de *lignum*.] *sf*. Porção de achas usadas como combustível.

le.nha.dor (ô) [Lat. *lignatore*.▫19A] *sm*. Quem corta ou racha lenha.

le.nhar [*Lenha*.▫1A] *v.int*. Cortar lenha para queimar. [C.: 1]

le.nhei.ro [*Lenha*.▫25] *sm*. 1. Aquele que corta e/ou negocia lenhas. 2. Lugar onde se empilha a lenha cortada.

le.nho [Lat. *lignu*.] *sm*. 1. *Bot*. O principal tecido de sustentação e condução da seiva bruta nos caules e raízes. 2. Madeiro.

le.nho.so (ô) [Lat. *lignosu*.▫37] *adj*. Que tem a natureza, o aspecto ou a consistência do lenho ou da madeira. [Pl.: *-nhosos* (ó).]

le.ni.men.to [Lat. *lenimentu*.▫3] *sm*. Aquilo que suaviza, mitiga.

le.nir [Lat. *lenire*.▫1C] *vtd*. Fazer menor a força, a intensidade de; abrandar, mitigar. [C.: 9]

le.ni.ti.vo [Lat.med. *lenitivu*.▫22A] *adj*. 1. Próprio para lenir; calmante. ● *sm*. 2. Medicamento lenitivo.

le.no.cí.ni:o [Lat. *lenociniu*.] *sm*. Crime de prestar assistência à libidinagem alheia e/ou dela tirar proveito.

lentamente | lés-sudeste

len.ta.men.te [F. de *lento*.◨42] *adv.* De modo lento ou (mais) demorado (lit. ou fig.): *Falava lentamente; O tempo passava lentamente*.

len.te¹ [Lat. *lente*.◨21A] *sf.* **1.** Corpo transparente, limitado por 2 superfícies refratoras, das quais pelo menos uma é curva. **2.** *Anat.* Em cada olho, formação biconvexa, transparente, que intervém no mecanismo de refração ocular. [Denom. ant.: *cristalino*.] ♦ **Lente de contato.** Pequeno disco, côncavo de um lado e convexo do outro, que se aplica sobre a córnea, ger. para corrigir problemas visuais.

len.te² [Lat. *legente*.◨21A] *s2g. Obsol.* Professor de escola superior.

lên.ti.co [*Lento*.◨35B] *adj. Ecol.* Diz-se de ambiente de água parada, ou de organismo que nele vive.

len.tí.cu.la [Lat. *lenticula*.] *sf.* Lente¹ pequena.

len.ti.dão [Lat. *lentitudine*.] *sf.* **1.** Qualidade de lento. **2.** Vagar, pachorra. [Pl.: *-dões*.]

len.ti.lha [Lat. *lenticula*.] *sf.* **1.** *Bot.* Trepadeira fabácea, com legume que contém grão alimentício. **2.** Esse grão.

len.to [Lat. *lentu*.] *adj.* **1.** Que se move ou faz algo devagar; moroso, mole. **2.** Pouco agitado; brando.

le:o.nar.des.co [◨33A] *adj.* Do ou relativo ao pintor Leonardo da Vinci (**M.**), ou à sua obra.

le:o.ni.no [Lat. *leoninu*.◨30] *adj.* **1.** Do, ou próprio do leão. **2.** *Fig.* Fraudulento, doloso (contrato). **3.** De, relativo a, ou próprio de leonino (4). ● *sm.* **4.** Indivíduo nascido sob o signo de Leão.

le:o.par.do [Lat. *leopardu*.] *sm. Zool.* Grande felídeo de pele mosqueada, da África e da Ásia.

lé.pi.do [Lat. *lepidu*.] *adj.* **1.** Alegre, jovial. **2.** Ligeiro, ágil.

le.pi.dóp.te.ro [Tax. *Lepidoptera*.] *adj. sm. Zool.* Diz-se de, ou espécime dos lepidópteros, ordem de insetos cujas 4 asas membranosas são recobertas de escamas. São as borboletas e as mariposas.

le.pis.ma.tí.de:o [Tax. *Lepismatidae*.] *adj. sm. Zool.* Diz-se de, ou espécime dos lepismatídeos, família de tisanuros ápteros que destroem tecido, papel, etc. São as traças.

le.po.rí.de:o [Tax. *Leporidae*.] *adj. sm. Zool.* Diz-se de, ou espécime dos leporídeos, família de mamíferos roedores à qual pertencem a lebre e o coelho.

le.po.ri.no [Lat. *leporinu*.◨30] *adj.* **1.** Da lebre. **2.** Diz-se do lábio bucal superior com fenda congênita.

le.pra [Lat. *lepra*.] *sf.* **1.** *Med.* Doença infecciosa crônica, transmissível, e que lesa pele, membranas mucosas, nervos, ossos e vísceras; hanseníase, morfeia. **2.** *Pop.* Sarna de cachorro. **3.** *Fig.* Vício que se propaga.

le.pro.sá.ri:o [*Leproso*.◨24] *sm.* Hospital de leprosos.

le.pro.so (ô) [Lat. *leprosu*.◨37] *adj. sm.* Que, ou quem tem lepra (1); hanseniano, morfético, lazarento. [Pl.: *-prosos* (ó).]

lép.ton [Gr. *leptón*.] *sm. Fís.* Partícula elementar que interage com outras partículas através de interações fracas, eletromagnéticas ou gravitacionais. Ex.: elétron, múon, neutrino.

lep.tos.pi.ro.se [Tax. *Leptospira* + *-ose*¹.] *sf. Med.* Doença infecciosa, bacteriana, que se propaga pela água poluída com urina de roedores.

le.que [Top. *Liú Kiú* (China).] *sm.* **1.** Abano semicircular de tecido ou papel, ajustado a uma armação com varetas que se abre e fecha. **2.** Qualquer coisa com a forma ou disposição dum leque aberto. **3.** *Fig.* Conjunto de coisas a se escolher, etc.

ler [Lat. *legere*.] *vtd.* **1.** Percorrer com a vista (o que está escrito), proferindo ou não as palavras, mas conhecendo-as (e interpretando-as). **2.** Ver e estudar (coisa escrita). **3.** Decifrar e interpretar o sentido de. **4.** Perceber (sinais, mensagem). **5.** Adivinhar. **6.** *Tec.* Captar signos ou sinais registrados em (um suporte) para recuperar as informações por eles codificadas. **7.** *Inform.* Copiar (informação armazenada ou externa) para a memória principal do computador, onde fica disponível para processamento. *tdi.* **8.** Ler (1) em voz alta para alguém. *int.* **9.** Ser capaz de reconhecer palavra(s) ao vê-la(s) escrita(s). [C.: 25] § **li.do** *adj.*

ler.do [Esp. *lerdo*, poss.] *adj.* **1.** Lento ou pesado nos movimentos. **2.** Tolo, aparvalhado. § **ler.de.za** (ê) *sf.*

le.ro-le.ro [V.A] *sm. Pop.* Conversa fiada, sem objetivo. [Pl.: *lero-leros*.]

le.são [Lat. *laesione*.◨2] *sf.* **1.** Ato ou efeito de lesar(-se). **2.** Pancada, contusão. **3.** Dano, prejuízo. **4.** Violação dum direito. **5.** *Med.* Dano produzido em estrutura ou órgão. [Pl.: *-sões*.]

le.sar [Lat. **laesare*.◨1A] *vtd.* **1.** Causar lesão a; contundir, ferir. **2.** Ofender a reputação ou violar o direito de. **3.** Prejudicar (1). [C.: 1 (é)]

les.bi:a.nis.mo [*Lesbiano*.◨11] *sm.* Homossexualismo feminino.

lés.bi.ca *sf.* Aquela que é dada ao lesbianismo.

le.si:o.nar [*Lesão* (*lesion-*).◨1A] *vtd. e p.* Causar lesão a, ou sofrê-la. [C.: 1]

le.si.vo [*Les(ão)*.◨22] *adj.* **1.** Que lesa; que causa lesão. **2.** Prejudicial.

les.ma (ê) [Lat. *limace*.] *sf.* **1.** *Zool.* Nome comum a moluscos gastrópodes terrestres, que têm pequena concha sob o manto. **2.** *Fig.* Pessoa indolente, mole.

les.ma-do-mar *sf. Zool.* Molusco nudibrânquio. [Pl.: *lesmas-do-mar*.]

lés-nor.des.te *sm. adj2g.* V. *és-nordeste*. [Abrev.: *L.N.E.* Pl.: *lés-nordestes*.]

le.so (é) [Lat. *laesu*.] *adj.* **1.** Ofendido, lesado, física ou moralmente. **2.** *Bras.* V. *tolo* (1 e 2).

lés-su.des.te *sm. adj2g.* V. *és-sudeste*. [Abrev.: *L.S.E.* Pl.: *lés-sudestes*.]

lés-su.es.te *sm. adj2g.* V. *és-sudeste.* [Abrev.: *L.S.E.* Pl.: *lés-suestes.*]
les.te [Fr. *l'est*, do ingl.] *sm. adj2g.* V. *este.* [Abrev.: *L.*]
les.to (é) [V.E] *adj.* 1. V. *ágil* (2). 2. V. *expedito.*
le.tal [Lat. *letale*.◘39] *adj2g.* 1. V. *mortal* (2). 2. Próprio da morte. [Pl.: -*tais.*]
le.tar.gi.a [Gr. *lethargía*.◘8A] *sf.* 1. *Med.* Estado patológico em que há diminuição do nível de consciência, e caracterizado por indiferença, sonolência e apatia. 2. Sono profundo; letargo. 3. Indiferença, apatia; letargo. § **le.tár.gi.co** *adj.*
le.tar.go [Lat. *lethargu*.] *sm.* V. *letargia* (2 e 3).
le.ti.vo [Lat. *lectus*.◘22] *adj.* 1. Em que há lições ou aulas. 2. Relativo às atividades escolares.
le.tra [Lat. *littera*.] *sf.* 1. Cada um dos sinais gráficos elementares, correspondentes aos diversos sons de uma língua, e que são combinados para representar, na escrita, os vocábulos dela, podendo ter diferentes formas segundo sua origem, seu uso, etc. 2. Caligrafia (2). 3. *Fig.* Sentido claramente expresso pela escrita. 4. Texto em verso de certas músicas ou canções. 5. V. *letra de câmbio.* ♦ **Letra de câmbio.** Título de crédito pelo qual o credor ordena ao devedor que pague certa quantia em certa data. **Letra de fôrma ou de imprensa.** 1. Qualquer letra impressa, ou seu desenho ou sua forma predefinidos na preparação dos elementos (moldes, fotogravuras) que aplicam a tinta. 2. Letra escrita à mão, porém não cursiva, e sim com o desenho próprio da letra de fôrma (1). **Tirar de letra.** *Bras. Pop.* Resolver ou fazer com muita facilidade.
le.tra.do [Lat. *litteratu*.◘17A] *adj. sm.* 1. Que, ou quem é versado em letras; erudito. 2. *Educ.* Que, ou aquele que se letrou [v. *letrar* (2)].
le.tra.men.to [*Letrar*.◘3] *sm.* 1. Ato ou efeito de letrar(-se). 2. *Bras. Educ. E.Ling* Estado ou condição de indivíduo ou grupo capaz de utilizar-se da leitura e da escrita, ou de exercê-las como instrumentos de sua realização e de seu desenvolvimento social e cultural.
le.trar [*Letra*.◘1A] *vtd.* 1. Tornar letrado (1). 2. Capacitar ao uso social e cultural da leitura e da escrita. *p.* 3. Tornar-se letrado. [C.: 1 (é)]
le.tras (ê) *sfpl.* 1. O cultivo da literatura e/ou da língua ou das humanidades. 2. Curso universitário que prioriza o estudo de uma ou mais línguas, gramática, linguística, etc.
le.trei.ro [*Letra*.◘25] *sm.* Inscrição sucinta, em letras visíveis, que contém informação, aviso, etc.
le.tris.ta [*Letra*.◘36] *s2g.* 1. Artista gráfico especialista no desenho de letras. 2. Pessoa que pinta letras. 3. Aquele que escreve letras de música.
léu [Provç. *leu*.] *sm.* Us. na expr. *ao léu.* ♦ **Ao léu.** 1. À toa; à vontade. 2. Sem cobertura ou proteção; à mostra; nu.

leu.ce.mi.a [*Leuc*(*o*)- + -*emia*.] *sf. Med.* Doença maligna, de caráter progressivo, e em que há proliferação desordenada de leucócitos e de seus precursores, no sangue e na medula óssea. § **leu.cê.mi.co** *adj. sm.*
leu.có.ci.to [*Leuc*(*o*)- + -*cito*.] *sm. Histol.* Célula incolor, nucleada, presente no sangue e na linfa, ativa no combate a infecções do organismo.
leu.co.ci.to.se [*Leucócito* + -*ose*¹.] *sf. Med.* Aumento transitório da taxa sanguínea de leucócitos, e que pode ter variadas causas.
leu.co.pe.ni.a [*Leuc*(*o*)- + gr. *penía*.] *sf. Med.* Diminuição do número de leucócitos no sangue.
le.va [Dev. de *levar*.] *sf.* 1. Alistamento de tropas; recrutamento. 2. Quantidade (2); magote.
le.va.da [*Levar*.◘4] *sf.* 1. Ato de levar. 2. Corrente de água que se desvia de um rio para regar ou para mover algum engenho. 3. Cascata, cachoeira. 4. *Bras.* Elevação de terreno.
le.va.di.ço *adj.* Que se levanta ou baixa facilmente.
le.va.do [*Levar*.◘17A] *adj.* 1. Que se levou. 2. *Pop.* V. *travesso.*
le.va e traz *s2g2n. Bras.* Pessoa intrigante, mexeriqueira; arengueiro.
le.van.ta.dor (ô) [*Levantar*.◘19A] *adj. sm. Esport.* Diz-se de, ou jogador que, numa equipe de vôlei, é o responsável pelos levantamentos.
le.van.ta.men.to [*Levantar*.◘3] *sm.* 1. Ato ou efeito de levantar(-se). 2. Acréscimo, aumento, elevação. 3. Pesquisa para obtenção de dados. 4. *P.ext.* Enumeração deles; arrolamento. 5. *Esport.* No vôlei, o ato de lançar a bola para o alto, para que um companheiro de equipe possa mandá-la para a quadra adversária.
le.van.tar [Lat. *levantare*.◘1A] *vtd.* 1. Pôr ao alto; elevar, erguer. 2. Pôr em posição ereta; erguer. 3. Erigir, edificando. 4. Erguer do chão; suspender. 5. Fazer subir ao ar, espalhando. 6. Dar mais altura a; tornar alto. 7. Dirigir (os olhos, a vista) para o alto. 8. Elevar, erguer (*lit.* ou *fig.*). 9. Engrandecer. 10. Suscitar. 11. Conseguir (dinheiro) por empréstimo, ou por outro meio. 12. Obter, conquistar. 13. Realizar levantamento (3 e 4). 14. *Esport.* Fazer levantamento (5) de. *tdi.* 15. Levantar (8 e 14). *p.* 16. Pôr-se de pé; erguer-se. 17. Sair da cama. 18. Rebelar-se, sublevar-se. 19. Surgir. [C.: 1] § **le.van.ta.do** *adj.*
le.van.te¹ [It. *levante*.◘21] *sm.* 1. Este (1). 2. Os países do Mediterrâneo oriental. [Nesta acepç., com inicial maiúsc.]
le.van.te² [Dev. de *levantar*.] *sm. Revolta, motim.*
le.van.ti.no [*Levante*¹.◘30] *adj.* Do levante¹ (2).
le.var [Lat. *levare*.◘1A] *vtd.* 1. Fazer passar dum lugar para outro; transportar. 2. Portar, carregar. 3. Retirar, afastar. 4. Levar, conduzir. 5. Ter em seu poder. 6. Ser portador de; transmitir. 7. Obter, receber. 8. Tirar, roubar. 9. Causar a morte de; matar. 10. Sofrer (física ou moralmente). 11. Ganhar, lucrar. 12. Fazer representar; exibir. 13. Ter (dada capacidade);

poder conter. *tdi.* **14.** Aproximar. **15.** Fazer chegar. **16.** Induzir, mover. **17.** Portar (1). **18.** Passar (certo tempo) numa atividade; gastar. *tdc.* **19.** Levar (1 e 2). **20.** Fazer ir ou chegar; conduzir, guiar. **21.** Fazer chegar; estender. **22.** Retirar, afastar. *tc.* **23.** Ir ter; conduzir. *int.* **24.** *Fam.* Ser castigado fisicamente. *p.* **25.** Deixar-se dominar. [C.: 1 (é)]

le.ve [Lat. *leve.*] *adj2g.* **1.** De pouco peso ou pouca densidade. **2.** Pouco espesso ou denso; tênue. **3.** Que se movimenta com desembaraço, agilmente. **4.** *Fig.* Livre de peso ou pressão; aliviado. **5.** *Fig.* Sem profundidade ou gravidade; superficial. **6.** De fácil digestão (alimento, etc.). [Sin. de 3, 5 e 6: *ligeiro*].

le.ve.dar [*Lêvedo.*⊡ 1A] *vtd.* **1.** Tornar lêvedo; fazer fermentar. **2.** Fermentar (a massa). [C.: 1 (é)] § **le.ve.da.do** *adj.*

lê.ve.do ou **le.ve.do** *bras.* [Lat.vulg. **levitu.*] *sm.* Fungo que é agente de fermentação, us. na preparação de bebidas alcoólicas não destiladas e na panificação; levedura.

le.ve.du.ra [*Levedo.*⊡ 5] *sf.* **1.** V. *lêvedo* (1). **2.** V. *fermento.*

le.ve.za (ê) [*Leve.*⊡ 12] *sf.* **1.** Qualidade de leve. **2.** *Fig.* Leviandade.

le.vi:an.da.de [*Leviano.*⊡ 14] *sf.* Qualidade, caráter, conduta ou ato de leviano; leveza.

le.vi.a.no [Lat.vulg. **levianu.*⊡ 28] *adj.* **1.** Que julga ou procede irrefletidamente; irresponsável, inconsciente. **2.** Que revela irreflexão ou irresponsabilidade: *atitude leviana.* **3.** Inconstante nas relações amorosas; volúvel. ● *sm.* **4.** Indivíduo leviano (1 e 3).

le.vi.ta [Lat. *levita.*] *sm.* **1.** Membro da tribo de Levi, entre os hebreus. **2.** Sacerdote da antiga Jerusalém.

le.vi.tar [Lat. **levitu + -ar².*⊡ 1A] *v.int. e p.* Erguer-se (pessoa ou coisa) acima do solo, sem que nada visível a sustenha ou suspenda. [C.: 1] § **le.vi.ta.ção** *sf.*

lé.xi.co (cs) [Gr. *lexikós.*⊡ 35B] *sm.* **1.** Dicionário (1). **2.** Dicionário abreviado. **3.** O conjunto das palavras usadas numa língua, ou num texto, ou por um autor. § **le.xi.cal** *adj2g.*

le.xi.co.gra.fi.a (cs) [*Lexico- + -grafia.*] *sf.* A ciência do lexicógrafo. § **le.xi.co.grá.fi.co** (cs) *adj.*

le.xi.có.gra.fo (cs) [Gr. *lexikográphos.*] *sm.* Dicionarista.

le.xi.co.lo.gi.a (cs) [*Lexico- + -logia.*] *sf.* Parte da gramática que se ocupa da etimologia das palavras e das várias acepções delas. § **le.xi.co.ló.gi.co** (cs) *adj.*

le.xo.vis.sau.ro (cs) [Tax. *Lexovisaurus.*] *sm.* *Paleont.* Dinossauro ornitísquio, herbívoro, com placas ósseas ao longo do pescoço e dorso e espinhos ao longo da cauda. Viveu no médio jurássico, e fósseis foram encontrados na Inglaterra e França.

■ **lg** *Mat.* Símb. de *logaritmo decimal* [outra f.: *log*].

■ **LGBT** Abrev. de *Lésbicas, gays, bissexuais, travestis, transexuais e transgêneros.*

lha Contr. do pron. pess. *lhe* (obj. ind.) com o pron. pess. *a* (obj. dir.).

lha.ma¹ [Esp. *llama.*] *sf.* Tecido de fio de prata ou de ouro.

lha.ma² [Hisp.-amer. *llama.*] *sm.f.* *Zool.* Mamífero camelídeo domesticado, da América do Sul, de pelagem longa e lanosa; lama.

lha.no [Esp. *llano.*] *adj.* **1.** Sincero (1). **2.** Despretensioso; modesto. **3.** Afável, delicado. § **lha.ne.za** (ê) *sf.*

lha.nos [Esp. *llanos.*] *smpl.* Extensas planícies de vegetação herbácea, na América do Sul.

lhas Contr. do pron. pess. *lhe* (obj. ind.) com o pron. pess. *as* (obj. dir.).

lhe [Lat. *illi.*] *pron. pess.* A ele, a ela (ou a você, ao senhor, a V. Sª, etc.), ou nele, nela, etc., ou dele, dela, etc.

lho **1.** Contr. do pron. pess. *lhe* (obj. ind.) com o pron. pess. *o* (obj. dir.). **2.** Contr. do pron. pess. *lhe* (obj. ind.) com o pron. dem. *o* neutro (obj. dir.).

lhos Contr. do pron. pess. *lhe* (obj. ind.) com o pron. pess. *os* (obj. dir.).

■ **Li** *Quím.* Símb. de *lítio.*

li.a.me (â) [Lat. *ligamen.*] *sm.* O que liga uma coisa ou pessoa a outra.

li.a.na [Fr. *liane.*] *sf.* *Bot.* Nome comum a trepadeiras lenhosas, epífitas.

li.ba.ção [Lat. *libatione.*⊡ 2A] *sf.* Ato de libar ou de beber. [Pl.: -ções].

li.bar [Lat. *libare.*⊡ 1A] *vtd.* **1.** Beber, sorver. **2.** Experimentar, gozar. [C.: 1]

li.be.lo (bé) [Lat. *libellu.*] *sm.* **1.** *Jur.* Exposição articulada do que se pretende provar contra um réu. **2.** Escrito de caráter satírico ou difamatório.

li.bé.lu.la [Fr. *libellule.*] *sf.* *Zool.* Inseto odonato, cosmopolita; lavadeira, lavandeira.

lí.ber [Lat. *liber.*] *sm.* *Bot.* Tecido condutor da seiva orgânica.

li.be.ra.ção [Lat. *liberatione.*⊡ 2A] *sf.* **1.** Ato ou efeito de liberar(-se). **2.** Extinção de dívida ou obrigação. **3.** Dispensa. [Pl.: -ções].

li.be.ral [Lat. *liberale.*⊡ 39] *adj2g.* **1.** Amigo de dar; dadivoso, pródigo. **2.** Que é partidário do liberalismo. **3.** Que tem ideias ou opiniões avançadas. ● *s2g.* **4.** Partidário do liberalismo. [Pl.: *-rais.*]

li.be.ra.li.da.de [Lat. *liberalitate.*⊡ 14] *sf.* Qualidade de liberal (1).

li.be.ra.lis.mo [*Liberal.*⊡ 11] *sm.* Atitude dos que defendem a propriedade privada, as reformas sociais graduais, as liberdades civis e a liberdade de mercado. ◆ **Liberalismo econômico.** *Econ.* Doutrina que enfatiza a iniciativa individual, a concorrência entre agentes econômicos e a ausência de interferência governamental como princípios de organização econômica. § **li.be.ra.lis.ta** *adj2g.*

li.be.ra.li.zar [*Liberal.*⊡ 1D] *vtd.* **1.** Prodigalizar. **2.** Tornar (mais) liberal. *tdi.* **3.** Liberalizar (1). *p.* **4.** Tornar-se liberal. [C.: 1]

li.be.rar [Lat. *liberare.*⊡ 1A] *vtd.* **1.** Tornar livre ou quite de obrigação de dívida. **2.** Permitir. **3.** Produzir ou lançar de si (gás ou outra substância). **4.** *Bras.* Tornar disponível. *tdi.* **5.** Libertar, livrar. **6.** Isentar, desobrigar. *p.* **7.** Livrar-se. **8.** Desobrigar-se. [C.: 1 (é)]

li.ber.da.de [Lat. *libertate*. ▣14] *sf.* **1.** Faculdade de cada um se decidir ou agir segundo a própria determinação. **2.** Estado ou condição de homem livre. **3.** Confiança, intimidade (às vezes abusiva). ◆ **Liberdade condicional.** *Jur.* Liberdade, com algumas condições restritivas, que se dá a certos condenados, antes do fim da pena.

li.ber.tar [Lat.med. *libertare*. ▣1A] *vtd.* **1.** Tornar liberto; livrar (*lit.* e *fig.*). *tdi.* e *p.* **2.** Tornar(-se) liberto; livrar(-se) (*lit.* e *fig.*). **3.** Livrar(-se) da influência, ou do poder de. **4.** Desobrigar(-se), isentar(-se). [C.: 1 (é)] § **li.ber.ta.ção** *sf.*; **li.ber.ta.dor** (ô) *adj. sm.*

li.ber.tá.ri:o [Fr. *libertaire*. ▣24] *adj. sm.* **1.** Diz-se de, ou partidário da liberdade absoluta. **2.** *P.ext.* Anarquista.

li.ber.ti.no [Fr. *libertin*.] *adj.* **1.** Que não se prende às convenções sociais ou da moral, esp. em relação ao comportamento sexual; lasso, libidinoso, licencioso. ● *sm.* **2.** Indivíduo libertino. § **li.ber.ti.na.gem** *sf.*

li.ber.to [Lat. *libertu*.] *adj.* **1.** Que foi libertado; livre. ● *sm.* **2.** Escravo liberto.

li.bi.di.na.gem [Lat. *libido, inis* + *-agem*. ▣6] *sf.* Vida ou atos libidinosos. [Pl.: *-gens*.]

li.bi.di.no.so (ô) [Lat. *libidinosu*. ▣37] *adj.* **1.** Relativo ao prazer sexual ou que o sugere. **2.** V. *libertino* (1). [Pl.: *-nosos* (ó).]

li.bi.do (bí) [Lat. *libido* (nom.).] *sf.* Instinto ou desejo sexual.

li.bra [Lat. *libra*.] *sf.* **1.** Medida de massa, us. no sistema inglês de pesos e medidas. **2.** Moeda real cujo valor variou conforme os tempos e lugares. **3.** *Astr.* A sétima constelação do Zodíaco, situada no hemisfério sul. **4.** *Astrol.* O 7º signo do Zodíaco, relativo aos nascidos entre 23 de setembro e 22 de outubro. [Com inicial maiúsc., nas acepçs. 3 e 4.]

li.brar [Lat. *librare*. ▣1A] *vtd.* **1.** Pôr em equilíbrio. *tdi.* **2.** *Fig.* Basear. *p.* **3.** Suster-se (no ar). **4.** *Fig.* Basear-se. [C.: 1]

■ **LIBRAS** Sigla de Língua Brasileira de Sinais.

li.bré [Fr. *livrée*.] *sf.* Uniforme de criado de casas nobres.

li.bre.to (ê) [It. *libretto*.] *sm.* Texto ou argumento de ópera, opereta ou comédia musicada.

li.bri.a.no [*Libra*. ▣29A] *sm.* **1.** Indivíduo nascido sob o signo de Libra. ● *adj.* **2.** De, relativo a, ou próprio de libriano (1).

li.ça [Fr. *lice*.] *sf.* **1.** Lugar destinado a torneios, combates, correrias, etc. **2.** *P.ext.* Luta, combate.

li.ção [Lat. *lectione*. ▣2] *sf.* **1.** Matéria ou tema ensinado pelo professor ao aluno; aula. **2.** Trabalho escolar apresentado pelo aluno ao professor. **3.** Ensinamento, conselho ou exemplo que orienta ou instrui. **4.** Exemplo (2). [Pl.: *-ções*.]

li.cen.ça [Lat. *licentia*.] *sf.* **1.** Consentimento, autorização para falar, passar, etc. [Us. em fórmulas de polidez tais como *dar licença* e *com licença*.] **2.** Permissão dada por autoridade para o exercício de uma atividade em determinado local, ger. mediante o pagamento de uma taxa. **3.** Documento que atesta a concessão de licença (1 e 2). **4.** Autorização para faltar ao serviço durante um dado período. ◆ **Licença especial.** *Bras.* Licença-prêmio (q.v.).

li.cen.ça-ma.ter.ni.da.de *sf.* Licença (4) concedida à mulher a partir do nono mês de gravidez. [Pl.: *licenças-maternidade(s)*.]

li.cen.ça-pa.ter.ni.da.de *sf.* Licença (4) de 15 dias concedida ao pai quando do nascimento do filho. [Pl.: *licenças-paternidade(s)*.]

li.cen.ça-prê.mi:o *sf.* Licença (4) a que tem direito funcionário público depois de cada quinquênio de exercício; licença especial. [Pl.: *licenças-prêmio(s)*.]

li.cen.ci.a.do [*Licenciar*. ▣17A] *adj.* **1.** Que tem licença. **2.** Que foi dispensado. **3.** Que tem licenciatura. ● *sm.* **4.** Indivíduo licenciado (3).

li.cen.ci.ar [Lat.med. *licentiare*. ▣1A] *vtd.* **1.** Conceder licença (4) a. **2.** Conceder licenciatura a. *p.* **3.** Tomar licença (4). **4.** Tomar licenciatura. [C.: 1 (B.) ou 13 (P.)] § **li.cen.ci:a.men.to** *sm.*

li.cen.ci:a.tu.ra [*Licenciar*. ▣5B] *sf.* Grau universitário que permite o exercício do magistério do ensino médio.

li.cen.ci:o.so (ô) [Lat. *licentiosu*. ▣37] *adj.* **1.** Indisciplinado, desregrado. **2.** V. *libertino* (1). **3.** Sensual, libidinoso. [Pl.: *-osos* (ó).] § **li.cen.ci:o.si.da.de** *sf.*

li.ceu [Lat. *lyceu*.] *sm.* Estabelecimento de ensino secundário e/ou profissional.

li.chi.a [Tax. *Litchi*. ▣] *sf. Bot.* **1.** Árvore sapindácea, de origem chinesa, de fruto edule, de arilo carnoso e casca vermelha. **2.** Esse fruto.

li.ci.tar [Lat. *licitare. ▣1A] *v.int.* **1.** Oferecer qualquer quantia no ato de arrematação. *td.* **2.** Pôr em leilão. **3.** Efetuar (a administração pública) seleção da proposta mais vantajosa para fornecimento de bens ou prestação de serviços. [C.: 1] § **li.ci.ta.ção** *sf.*; **li.ci.tan.te** *adj2g. s2g.*

lí.ci.to [Lat. *licitu*.] *adj.* **1.** Permitido por lei. **2.** V. *jurídico* (2). **3.** Admissível, permissível.

li.cor [Lat. *liquore*.] *sm.* Bebida alcoólica, aromatizada e doce.

li.co.rei.ra [*Licor*. ▣16] *sf.* Licoreiro.

li.co.rei.ro [*Licor*. ▣25] *sm.* Conjunto de garrafa e cálices para licor; licoreira.

li.co.ro.so (ô) [*Licor*. ▣37] *adj.* Que tem o aroma e a consistência do licor, ou é doce como ele. [Pl.: *-rosos* (ó).]

li.da [Dev. de *lidar*.] *sf.* Ato de lidar; labuta, lide.

li.dar [Lat. *litigare*. ▣1A] *vtd.* **1.** Participar de (luta). *ti.* **2.** Ocupar-se. **3.** *Fig.* Tratar com (pessoa[s]). **4.** *Fig.* Passar por; enfrentar. *int.* **5.** V. *labutar.* [C.: 1]

li.de[1] [Ingl. *lead*.] *sf.* **1.** V. *lida.* **2.** V. *litígio.*

lide² | limite

li.de² [Lat. *lite*.] *sm. Jorn.* Parte introdutória de matéria jornalística, que ger. apresenta o resumo desta matéria.
li.der [Ingl. *leader*.] *sm.* Guia; chefe.
li.de.rar [*Líder*.◼1A] *vtd.* 1. Dirigir na condição de líder. 2. Ser o primeiro em. [C.: 1 (é)] § **li.de.ran.ça** *sf.*
lí.di.mo [Lat. *legitimu*.] *adj.* 1. Legítimo, autêntico. 2. Puro, genuíno.
li.ga [Dev. de *ligar*.] *sf.* 1. V. *ligação* (1). 2. Aliança, pacto. 3. Partido (2). 4. Tira elástica que cinge a meia à perna. 5. *Quím.* Mistura de 2 ou mais metais, produzida por fusão dos componentes.
li.ga.ção [Lat. *ligatione*.◼2A] *sf.* 1. Ato ou efeito de ligar(-se); ligamento, ligadura, liga. 2. Relação, vinculação. 3. Amizade. 4. Relação amorosa e sensual. 5. Estabelecimento de conexão entre aparelhos telefônicos. 6. A comunicação (entre pessoas ou equipamentos) assim estabelecida. [Pl.: *-ções*.] ◆ **Ligação covalente.** *Fís.-Quím.* Ligação homopolar em que existe um orbital molecular correspondente à combinação dos orbitais de 2 elétrons de valência de 2 átomos. **Ligação direta.** Conexão elétrica que permite dar partida em automóvel, moto, etc., sem o uso da chave de ignição. **Ligação homopolar.** *Fís.-Quím.* Aquela em que a atração eletrostática é nula ou desprezível.
li.ga.du.ra [Lat. *ligatura*.◼5A] *sf.* 1. V. *ligação* (1). 2. Faixa, atadura, ligamento. 3. *Med.* Ato ou processo de fechar artificialmente cavidade, vaso ou ducto; laqueadura.
li.ga.men.to [Lat. *ligamentu*.◼3] *sm.* 1. V. *ligação* (1). 2. V. *ligadura* (2). 3. *Anat.* Estrutura constituída por tecido fibroso, forte, que se insere pelas extremidades em ossos ou cartilagens. § **li.ga.men.tar** *adj2g.*
li.ga.ne.te *sf. Tec.Têx.* Tecido de malha, de fios sintéticos, fino e arejado, com o qual se fazem roupas femininas e para dormir.
li.gar [Lat. *ligare*.◼1A] *vtd.* 1. Apertar, prender, atar, com laço ou ligadura; prender, fixar. 2. Juntar novamente (o que está separado, cortado). 3. Fazer aderir ou pegar. 4. Pôr em comunicação, ou em contato. 5. Tornar conexo ou coerente; associar. 6. Unir por vínculos morais ou afetivos. 7. Combinar, misturar: *ligar metais*. 8. Pôr em funcionamento. 9. *Med.* Fazer ligadura (3) em. *tdi.* 10. Ligar (1, 2 e 4). 11. Unir, vincular. 12. Relacionar, associar. 13. Ligar (7). *ti.* 14. Prestar atenção, ou dar importância. 15. Telefonar. *int.* 16. Unir, aderir; soldar-se. *p.* 17. Unir-se por vínculos morais ou afetivos. 18. Relacionar-se. 19. Formar aliança. 20. Combinar-se. [C.: 1C] § **li.ga.do** *adj.*
li.gei.ro [Fr. *léger*.] *adj.* 1. V. *leve* (3, 5 e 6). 2. V. *veloz*. 3. V. *ágil* (2). 4. *Fig.* V. *volúvel* (2). § **li.gei.re.za** (ê) *sf.*
→ **light** (láiti) [Ingl.] *adj2g2n.* 1. Diz-se de alimento ou bebida que tem seu valor calórico, ou percentual de sal, gordura, etc., reduzido (se comparado com o produto tradicional), ou que é feito com outro adoçante que não o açúcar. 2. *P.ext.* Moderado, suave: *inverno light*.
lig.ni.fi.ca.ção [*Lignificar(-se)*.◼2A] *sf. Bot.* Impregnação da membrana das células vegetais pela lignina. [Pl.: *-ções*.]
lig.ni.na [*Lign(i)-* + *-ina*.◼31] *sf. Bot.* Substância que forma o lenho.
lig.ni.to [*Lign(i)-* + *-ito²*.] *sm.* Linhito.
li.lás ou **li.lá** [Fr. *lilas*, do ár.] *sm.* 1. *Bot.* Arbusto oleáceo de flores arroxeadas. 2. A flor desse arbusto. ● *adj2g.* 3. Da cor arroxeada do lilás (2).
li.li.á.ce:as [Tax. *Liliaceae*.] *sf. Bot.* Espécime das liliáceas, família de plantas monocotiledôneas, algumas ornamentais, outras medicinais. § **li.li.á.ce:o** *adj.*
li.li.i.flo.ra [Tax. *Liliiflorae*.] *sf. Bot.* Espécime das liliifloras, ordem de monocotiledôneas caracterizadas por flores vistosas cujo endosperma é carnoso ou cartilaginoso e tem reservas graxas. § **li.li.i.flo.ro** *adj.*
li.ma¹ [Lat. *lima*.] *sf.* Ferramenta manual de aço, com superfície lavrada de estrias, e us. para polir ou desbastar ou raspar matérias duras.
li.ma² [Do ár.] *sf. Bot.* O fruto da limeira.
li.ma.lha [Fr. *limaille*.] *sf.* Pó de um metal quando é limado.
li.mão [Do ár.] *sm. Bot.* O fruto, cítrico, do limoeiro. [Pl.: *-mões*.]
li.mar [Lat. *limare*.◼1A] *vtd.* 1. Desgastar, raspar ou polir com lima¹. 2. Aperfeiçoar, corrigir. [C.: 1] § **li.ma.gem** *sf.*
lim.bo [Lat. *limbu*.] *sm.* 1. Orla, borda. 2. Rebordo do disco de um instrumento de medição, sobre o qual é marcada a graduação angular. 3. Lugar onde, segundo a religião católica, estão as almas de mortos sem batismo.
li.mei.ra [*Lima²*.◼16] *sf. Bot.* Árvore rutácea, frutífera.
li.mi.ar [Lat. *liminare*.◼40] *sm.* 1. Soleira da porta. 2. *Fig.* Começo, início.
li.mi.nar [Lat. *liminare*.◼40] *adj2g.* 1. Posto à frente; que antecede. 2. Diz-se de medida do juiz, no início do processo, para evitar dano irreparável ao direito que se alega. 3. Que constitui um limiar ou uma passagem. ● *sf.* 4. Medida liminar.
li.mi.ta.ção [Lat. *limitatione*.◼2A] *sf.* 1. Ato ou efeito de limitar(-se). 2. Fixação, delimitação. 3. Contenção, diminuição. 4. Insuficiência, mediocridade. [Pl.: *-ções*.]
li.mi.ta.dor (ô) [Lat. *limitatore*.◼19A] *adj. sm.* Que, ou o que limita, restringe.
li.mi.tar [Lat. *limitare*.◼1A] *vtd.* 1. Determinar os limites de, ou servir de limite a. 2. Restringir, diminuir. *tdi.* 3. Restringir, circunscrever. *p.* 4. Restringir-se. 5. Ter como limite; confinar, lindar. [C.: 1] § **li.mi.ta.do** *adj.*; **li.mi.tan.te** *adj2g.*; **li.mi.ta.ti.vo** *adj.*
li.mi.te [Lat. *limite*.] *sm.* 1. Linha de demarcação; raia. 2. Local onde se separam 2 terrenos ou

limítrofe | linguagem

territórios contíguos; fronteira. **3.** Parte ou ponto extremo; fim, termo. [Sin.ger.: *linde*.]

li.mí.tro.fe [Fr. *limitrophe*.] *adj2g*. Que se encontra na região da fronteira; confinante.

lim.no.lo.gi.a *sf*. Ramo da ecologia que estuda os hábitats e os ecossistemas de água doce. § **lim.no.ló.gi.co** *adj*.

lim.no.plânc.ton [*Limn(o)-* + *plâncton*.] *sm. Ecol.* O plâncton das águas doces.

li.mo [Lat. *limu*.] *sm.* **1.** Alga que se encontra na água doce. **2.** Lodo, lama. § **li.mo.so** (ô) *adj*.

li.mo.ei.ro [*Limão (limo-)*.▣ 25] *sm. Bot.* Arvoreta rutácea, frutífera.

li.mo.na.da [*Limão (limon-)*.▣ 4] *sf.* O sumo do limão com água e açúcar.

li.mo.ne.no [V.C.I. *limon-* + *-eno²*.] *sm. Quím.* Terpeno de cheiro característico, encontrado no óleo essencial da casca da laranja, e de outras frutas cítricas.

lim.pa.de.la [*Limpar*.▣ 7A] *sf.* Limpeza rápida e superficial.

lim.pa.dor (ô) [*Limpar*.▣ 19A] *adj. sm.* Que, ou aquele ou aquilo que limpa.

lim.par [*Limpo*.▣ 1A] *vtd.* **1.** Tornar limpo. **2.** Livrar de impureza(s); purificar. **3.** Tornar sereno e sem nuvens. **4.** Esvaziar o conteúdo de. **5.** *Fig.* Furtar, roubar. *p.* **6.** Tornar-se limpo. *int.* **7.** Ficar claro, sem nuvens (o céu, o tempo). [C.: 1. Part.: *limpado* e *limpo*.] § **lim.pa.men.to** *sm.*; **lim.pan.te** *adj2g*.

lim.pa.tri.lhos *sm2n. Bras.* Espécie de grade resistente fixada à frente da locomotiva para remover corpos que se encontram entre os trilhos.

lim.pe.za (ê) [*Limpo*.▣ 12] *sf.* **1.** Ato ou efeito de limpar(-se). **2.** Qualidade de limpo, de asseado; asseio. **3.** Esmero, apuro.

lím.pi.do [Lat. *limpidu*.] *adj.* **1.** Que não é turvo; transparente, lúcido. **2.** Nítido, claro, limpo. **3.** Sem nuvens; limpo. § **lim.pi.dez** (ê) *sf*.

lim.po [Lat. *limpidu*, por via pop.] *adj.* **1.** Sem mancha; asseado. **2.** V. *límpido* (2 e 3). **3.** Que é visível, claro. **4.** V. *bem-acabado*. **5.** Isento, livre. **6.** Puro, imaculado. **7.** Honrado, probo. **8.** *Bras. Gír.* V. *pronto* (5). ◆ **Passar a limpo.** Copiar ou repetir (texto, esboço ou desenho, etc.) com mais apuro. **Tirar a limpo.** Investigar para obter esclarecimentos.

li.mu.si.ne [Fr. *limousine*.] *sf.* Automóvel de passeio espaçoso e fechado por vidros.

li.ná.ce:a [Tax. *Linaceae*.] *sf. Bot.* Espécime das lináceas, família de ervas, arbustos e árvores cultivados pelas flores, ou pelas fibras úteis. § **li.ná.ce:o** *adj*.

lin.ce [Lat. *lynce*.] *sm. Zool.* Felídeo selvagem, de cauda curta.

lin.char [Antr. (*W.*) *Lynch* (1742-1820).▣ 1A] *vtd.* Justiçar sumariamente, sem qualquer espécie de julgamento legal. [C.: 1] § **lin.cha.men.to** *sm*.

lin.dar [Lat. *limitare*.▣ 1A] *vtd.* **1.** Pôr linde em; demarcar. *tc.* **2.** V. *limitar* (5). [C.: 1]

lin.de [Lat. *limite*.] *sm.* V. *limite*.

lin.de.za (ê) [*Lindo*.▣ 12] *sf.* **1.** Qualidade de lindo. **2.** Pessoa ou coisa linda.

lin.do [V.C] *adj.* **1.** Agradável à vista ou ao espírito; belo, formoso. **2.** Gracioso, delicado; airoso. **3.** Perfeito, primoroso.

li.ne:a.men.tos *smpl.* **1.** Traços gerais; esboço. **2.** Linhas do corpo humano. **3.** Rudimentos.

li.ne.ar [Lat. *lineare*.▣ 40] *adj2g*. **1.** Relativo a, ou que apresenta a disposição de linha (7 a 9). **2.** Que se representa por linhas. **3.** Sem rodeios; direto. **4.** *Antrop.* Relativo a parentesco traçado por linha direta, por relações sucessivas de filiação.

lin.fa [Lat. *lympha*, 'água'.] *sf.* **1.** *Histol.* Líquido transparente, amarelado ou incolor, que circula nos vasos linfáticos e contém, esp., linfócitos. **2.** *Poét.* A água.

lin.fá.ti.co [Lat. *lymphaticu*.▣ 35B] *adj.* **1.** Relativo a linfa, ou que a contém. **2.** Sem vida; apático.

lin.fó.ci.to [*Linf(o)-* + *-cito*.] *sm. Histol.* Leucócito sem granulações específicas.

lin.foi.de (ói) [*Linf(o)-* + *-oide*.] *adj2g*. Semelhante à linfa.

lin.fo.ma [*Linf(o)-* + *-oma¹*.] *sm. Med.* Qualquer doença maligna de tecido linfoide.

lin.fo.no.do *sm. Anat.* Estrutura anatômica encontrada no trajeto dos troncos e vasos linfáticos. [Denom. ant.: *gânglio linfático*.]

→ **lingerie** (langerrí) [Fr.] *sf.* Roupa íntima feminina, como, p.ex., calcinha e sutiã.

lin.go.te [Fr. *lingot*.] *sm.* Barra de metal fundido.

lín.gua [Lat. *lingua*.] *sf.* **1.** *Anat.* Órgão muscular, alongado, móvel, situado na cavidade bucal, e que serve para a degustação, a deglutição e a articulação dos sons da voz. **2.** Objeto semelhante à língua (1). **3.** O conjunto das palavras e expressões, faladas ou escritas, us. por um povo, por uma nação, e o conjunto das regras da sua gramática. ◆ **Língua de sinais.** Aquela que, em vez de palavras faladas (sons), se expressa por gestos, esp. das mãos e dos braços, e por expressões faciais e corporais. [A Língua Brasileira de Sinais (LIBRAS) é a segunda língua oficial brasileira, desde 2002/2005.]

lín.gua de so.gra *sf.* Tira dupla de papel colado, enrolada sobre si mesma, com um apito na ponta, e que, ao ser soprada, se desenrola, produzindo um assobio. [Pl.: *línguas de sogra*.]

lin.gua.do [*Língua*.▣ 17B] *sm.* **1.** Barra ou lingote de ferro-gusa. **2.** *Zool.* Peixe soleídeo, de carne muito apreciada.

lin.gua.fo.ne [M.reg.] *sm.* Método de ensino de línguas mediante o uso de gravação (2).

lin.gua.gem [Provç. *lenguatge*.▣ 6] *sf.* **1.** O uso da voz e de outros sons que se articulam formando palavras (as quais podem articular-se em frases maiores), para expressão e comunicação entre pessoas. **2.** A forma de expressão pela linguagem (1), ou pela sua representação escrita, e que é própria de um indivíduo, um grupo, uma classe, etc. **3.** Vocabulário; palavreado. [Pl.: *-gens*.] ◆ **Linguagem de programação.** *Inform.* Conjunto de instruções e regras de composição e encadeamento, por meio do qual se representam ações executáveis por um computador.

lin.gua.jar [*Linguag(em)*.] *sm.* **1.** Modo de falar; fala. **2.** Falar (14).
lin.gual [Lat.med. *linguale.* ▣39] *adj2g.* Relativo à língua (1). [Pl.: *-guais.*]
lín.gua-mãe *sf.* Língua da qual outra provém. [Pl.: *línguas-mãe(s).*]
lin.gua.ru.do *adj. sm.* **1.** Falador. **2.** Maledicente.
lin.gue.ta (güê) [*Língua* + *-eta* (ê).] *sf.* Peça móvel das fechaduras, a qual, movida pela chave, tranca porta, gaveta, etc.
lin.gui.ça (güi) [V.D] *sf.* Enchido de carne de porco, frango, etc. ◆ **Linguiça calabresa.** A que é feita com carne de porco, toucinho e pimenta-calabresa, e depois defumada. [Tb. se diz apenas *calabresa.*]
lin.guis.ta (güis) [*Língua.* ▣36] *s2g.* Especialista em linguística ou no estudo da língua.
lin.guís.ti.ca (güis) [Fr. *linguistique.*] *sf.* A ciência da linguagem.
lin.guís.ti.co (güis) [*Linguista.* ▣35B] *adj.* Relativo à linguística ou à língua (3), ou que tem por base a língua (3).
li.nha [Lat. *linea*.] *sf.* **1.** Fio de fibras de linho torcidas, de algodão, ou de seda, fibra sintética, etc. para coser, bordar, fazer renda, etc. **2.** Cordel para usos vários. **3.** Fio com anzol para pescar. **4.** Sistema de fios ou de cabos que conduzem energia elétrica, ou que estabelecem comunicações a distância por meio elétrico. **5.** Contato ou conexão entre aparelhos de telecomunicação, ou o sinal elétrico que transporta mensagens à distância. **6.** Serviço regular de telecomunicações, ou direito de uso deste serviço. **7.** Traço contínuo duma só dimensão. **8.** Contorno (1). **9.** Traço de separação real ou imaginário. **10.** Cada um dos traços que sulcam as palmas das mãos. **11.** Série de unidades militares, ou pessoas em geral, ou coisas, alinhadas ou enfileiradas. **12.** V. *trilho*[2] (3). **13.** *Pext.* Serviço de transporte (rodoviário, aéreo, marítimo) entre localidades. **14.** Série de palavras escritas numa mesma direção de lado a lado da página. **15.** Processo, técnica. **16.** Série de graus de parentesco, numa família. **17.** Regra, norma. **18.** Correção de maneiras. **19.** Serviço regular de transporte entre 2 pontos. ◆ **Linha de crédito.** *Econ.* Crédito que o favorecido pode utilizar segundo suas necessidades, até certo limite preestabelecido, dentro de prazo determinado. **Linha férrea.** V. *ferrovia.*
li.nha.ça [*Linho* + *-aça*.] *sf.* A semente do linho (1).
li.nha.da [*Linha.* ▣4] *sf.* **1.** Lance de anzol. **2.** *Fig.* Espiadela.
li.nha.gem [*Linha.* ▣6] *sf.* **1.** Genealogia, estirpe; família. **2.** *Antrop.* Unidade social formada por indivíduos ligados a um ancestral comum por laços demonstráveis de descendência. [Pl.: *-gens.*]
li.nhi.to *sm.* Carvão fóssil.
li.nho [Lat. *linu.*] *sm.* **1.** *Bot.* Erva linácea cujo caule fornece uma fibra do mesmo nome. **2.** Tecido de linho.

li.ni.men.to [Lat. *linimentu.* ▣3] *sm.* Medicamento líquido, untuoso, para fricções.
→ **link** (línqui) [Ingl.] *sm. Inform.* Em hipertextos e hipermídia, vínculo entre documentos ou pontos de documentos; *hyperlink.*
li.nó.le.o [Ingl. *linoleum.*] *sm.* Tela recoberta de substância impermeável (óleo de linhaça e pó de cortiça), e que é us. para tapetes.
li:o.fi.li.za.ção [*Liofilizar.* ▣2A] *sf.* Processo de secagem e eliminação de substâncias voláteis realizado em temperatura baixa e sob pressão reduzida. [Pl.: *-ções.*]
li:o.fi.li.zar [*Lio-* + *-fil*(*o*)- + *-izar.* ▣1D] *vtd.* Efetuar a liofilização de. [C.: 1]
li.pí.di:o [*Lip*(*o*)- + *-ídio*[2].] *sm. Quím.* Designação geral de gorduras e outras substâncias lipofílicas existentes nos seres vivos.
li.po:as.pi.ra.ção *sf. Med.* Cirurgia estética, em que se aspira(m) excesso(s) gorduroso(s) do corpo humano. [Pl.: *-ções.*]
li.po:as.pi.rar *vtd. Med.* Realizar lipoaspiração em. [C.: 1] § **li.po:as.pi.ra.do** *adj.*
li.po.fí.li.co [*Lip*(*o*)- + *-fil*(*o*)- + *-ico*[2]. ▣35B] *adj. Quím.* Que se dissolve bem em gorduras e hidrocarbonetos.
li.poi.de (ói) [*Lip*(*o*)- + *-oide.*] *adj2g.* Referente a gordura.
li.po.ma [*Lip*(*o*)- + *-oma*[1].] *sm. Med.* Tumor benigno formado por tecido gorduroso.
li.que.fa.ção [Lat. *liquefactione.* ▣2] *sf.* **1.** Ato ou efeito de liquefazer(-se). **2.** *Fís.* Passagem de uma substância do estado gasoso ao estado líquido. [Pl.: *-ções.*]
li.que.fa.zer (que ou qüe) [Lat. *liquefacere.* ▣1B] *vtd. e p.* **1.** Tornar(-se) líquido. **2.** Fundir(-se), derreter(-se) (metal). [Sin.ger.: *liquidificar* (qui ou qüi). C.: 18]
li.que.fei.to (que ou qüe) [Lat. *liquefactu.*] *adj.* Que se liquefez.
lí.quen [Lat. *lichen.*] *adj. sm.* **1.** *Biol.* Diz-se de, ou espécime dos liquens, grupo de vegetais formados por um fungo e uma alga, em simbiose; produzem larga série de antibióticos. **2.** *Med.* Nome genérico de vários tipos de doenças cutâneas caracterizadas pela presença de lesões papulares pequenas e firmes, ger. muito próximas entre si. [Pl.: *liquens* e *líquenes.*]
li.qui.da.ção (qui ou qüi) [*Liquidar.* ▣2A] *sf.* **1.** Ato ou efeito de liquidar(-se). **2.** Venda de mercadorias a preços abaixo do normal. [Sin., bras., de 2: *queima.* Pl.: *-ções.*]
li.qui.dan.te (qui ou qüi) [*Liquidar.* ▣21] *adj2g.* **1.** Que liquida. ●*s2g.* **2.** Pessoa física ou jurídica incumbida da liquidação duma sociedade civil ou comercial.
li.qui.dar (qui ou qüi) [*Líquido.* ▣1A] *vtd.* **1.** Ajustar (contas). **2.** Pagar, resgatar (um título). **3.** Solver (uma obrigação). **4.** Tirar a limpo; apurar. **5.** *Pop.* Matar (1). **6.** Encerrar (assunto ou questão desagradável). **7.** Encerrar transações comerciais de (firma, etc.). **8.** Vencer (um adversário) com facilidade e grande vanta-

liquidez | litro

gem. **9.** Vender por preço baixo, ou abaixo do custo; queimar, torrar. *p.* **10.** Arruinar-se. [C.:1]

li.qui.dez (qui ou qüi...è) [*Líquido*.◻12A] *sf. Econ.* **1.** Facilidade com que um ativo pode ser convertido em dinheiro. **2.** Disponibilidade de ativos líquidos.

li.qui.di.fi.ca.dor (qui ou qüi...ô) [*Liquidificar*.◻19A] *sm.* Aparelho elétrico para transformar líquido ou pasta, ou misturar, ou triturar certos alimentos.

li.qui.di.fi.car (qui ou qüi) [*Líquido*+*-ificar*.◻1A] *vtd. e p.* V. *liquefazer.* [C.:1A]

lí.qui.do (qui ou qüi) [Lat. *liquidu.*] *adj.* **1.** Diz-se de substância que corre ou flui e toma a forma do recipiente que a contém, mas sem alterar o volume. **2.** Próprio de, semelhante a, ou composto por substância(s) líquida(s). **3.** Sem inclusão da embalagem ou do vasilhame: *peso líquido.* **4.** *Econ.* Diz-se de ativo em dinheiro, ou facilmente conversível em dinheiro. **5.** *Econ.* Diz-se de valor obtido após deduções ou descontos. **6.** *Fig.* Apurado, verificado; final. ● *sm.* **7.** Substância líquida. ♦ **Líquido amniótico.** Líquido claro que envolve e protege o feto. **Líquido e certo.** Que não está sujeito a dúvida ou contestação.

li.ra [Lat. *lyra*, do gr.] *sf.* Instrumento musical de cordas, em forma de *U*.

lí.ri.ca *sf.* Poesia lírica.

lí.ri.co [Lat. *lyricu*, do gr.◻35B] *adj.* **1.** Diz-se do gênero de poesia em que se cantam emoções e sentimentos íntimos. **2.** Sentimental. **3.** Relativo a ópera.

lí.rio [Tax. *Lilium.*] *sm.* **1.** *Bot.* Planta liliácea, ornamental. **2.** A flor dessa planta; lis.

lí.rio-da-paz *sm. Bot.* Erva arácea de inflorescências odoríferas. [Pl.: *lírios-da-paz.*]

lí.rio-do-mar *sm. Zool.* Equinodermo crinoide. [Pl.: *lírios-do-mar.*]

lis [Fr. *lis.*] *sm.* Lírio (2).

lis.bo.e.ta (ê) [Top. *Lisboa*+*-eta* (ê).] *adj2g.* **1.** De Lisboa, capital de Portugal. ● *s2g.* **2.** O natural ou habitante de Lisboa.

li.so [V.E] *adj.* **1.** De superfície plana ou sem aspereza. **2.** Diz-se de cabelo não ondulado ou encaracolado. **3.** *Pop.* V. *pronto* (5).

li.son.ja [Esp. *lisonja.*] *sf.* Louvor exagerado; adulação.

li.son.je:a.dor (ô) [*Lisonjear*.◻19A] *adj.* Que lisonjeia; lisonjeiro.

li.son.je.ar [*Lisonja*.◻1N] *vtd.* **1.** Procurar agradar com lisonjas. **2.** Agradar a; deleitar. *p.* **3.** Deleitar-se, recebendo lisonjas. [C.:12A]

li.son.jei.ro [*Lisonja*.◻25] *adj.* **1.** Lisonjeador. **2.** Prometedor; satisfatório.

lis.ta [It. *lista.*] *sf.* **1.** Relação de nomes de pessoas ou coisas; relação, rol, arrolamento, listagem. **2.** V. *listra.*

lis.ta.gem [*Lista*.◻6] *sf.* **1.** V. *lista* (1). **2.** Lista contínua em computador. [Pl.: *-gens.*]

lis.tar [*Lista.*◻1A] *vtd.* **1.** Arrolar, relacionar. **2.** Fornecer ou enumerar (informações) na forma de lista(s). [C.:1]

lis.tra [Var. de *lista.*] *sf.* **1.** Num tecido, linha ou faixa de cor ou textura diferente; risca. **2.** Risco, traço.

lis.tra.do [*Listrar.*◻17A] *adj.* Que tem listras ou riscas; riscado.

lis.trar [*Listra.*◻1A] *vtd.* Pôr listras em. [C.:1]

li.su.ra [*Liso.*◻5] *sf.* **1.** Qualidade de liso. **2.** Honradez; franqueza.

li.ta.ni.a [Lat.ecl. *litania.*] *sf.* V. *ladainha.*

li.tei.ra [Fr. *litière.*] *sf.* Cadeirinha coberta, sustentada por 2 longos varais e conduzida por 2 bestas ou por 2 homens, um à frente e outro atrás.

li.te.ral [Lat. *litterale.*◻39] *adj2g.* **1.** Relativo a letra (1). **2.** Conforme à letra do texto. **3.** Expresso por letra(s). **4.** Que denota rigor; exato, rigoroso. [Pl.: *-rais.*]

li.te.rá.ri:o [Lat. *litterariu.*◻24] *adj.* Relativo a letras, à literatura.

li.te.ra.to [Lat. *litteratu.*] *sm.* Autor de obras literárias; escritor.

li.te.ra.tu.ra [Lat. *litteratura.*◻5] *sf.* **1.** Arte de compor trabalhos artísticos em prosa ou verso. **2.** O conjunto de trabalhos literários dum país ou duma época.

lí.ti.co [Gr. *lithikós.*◻35B] *adj.* Relativo a pedra.

li.ti.gar [Lat. *litigare.*◻1A] *vti. e int.* **1.** Ter litígio ou demanda. **2.** Contender, pelejar. [C.: 1C] § **li.ti.gan.te** *adj2g. s2g.*

li.tí.gi:o [Lat. *litigiu.*] *sm.* **1.** Questão judicial; demanda, pleito. **2.** Disputa, contenda, pendência, querela. [Sin.ger.: *lide.*]

li.ti.gi.o.so (ô) [Lat. *litigiosu.*◻37] *adj.* Que envolve litígio. [Pl.: *-osos* (ó).]

lí.ti:o [*Lit*(*o*)-+*-io*².◻34B] *sm. Quím.* V. *metal alcalino* [símb.: *Li*].

li.tó.fi.lo [*Lit*(*o*)-+*-filo.*] *adj.* Que cresce e se desenvolve nos rochedos; rupestre.

li.to.gra.far [*Lit*(*o*)-+*-graf*(*o*)-+*-ar*².◻1A] *vtd.* Gravar ou imprimir em litografia. [C.:1]

li.to.gra.fi.a [*Lit*(*o*)-+*-grafia.*] *sf.* **1.** Processo de gravar sobre pedra calcária ou placa de metal. **2.** Estampa obtida por este processo; litogravura. § **li.to.grá.fi.co** *adj.*

li.to.gra.vu.ra *sf.* Litografia (2).

li.to.lo.gi.a *sf. Geol.* Estudo das rochas.

li.to.ral [Lat. *litorale.*◻39] *adj2g.* **1.** Litorâneo. ● *sm.* **2.** Região banhada pelo mar; costa. [Pl.: *-rais.*]

li.to.râ.ne:o *adj.* Da beira-mar; litoral.

li.to.ri.na [It. *littorina.*] *sf. Bras.* Automotriz.

li.tos.fe.ra [*Lit*(*o*)-+*-sfera.*] *sf. Geofís.* A parte externa, consolidada, da Terra; crosta terrestre.

li.trá.ce:a [Tax. *Lythraceae.*] *sf. Bot.* Espécime das litráceas, família de ervas e arbustos ornamentais de países quentes e temperados. Ex.: *li*. § **li.trá.ce:o** *adj.*

li.tro [Fr. *litre.*] *sm.* **1.** Unidade de medida de capacidade, igual a um decímetro cúbico [símb.: *l*

li.tur.gi.a [Lat.ecl. *liturgia*.] *sf.* O culto público e oficial instituído por uma igreja; ritual. § **li.túr.gi.co** *adj.*

lí.vi.do [Lat. *lividu*.] *adj.* **1.** De cor entre o branco e o preto, mais ou menos plúmbea. **2.** Extremamente pálido (1). § **li.vi.dez** (ê) *sf.*

li.vrar [Lat. *liberare*.▣1A] *vtd., tdi. e p.* **1.** Tornar(-se) livre; soltar(-se). **2.** Isentar(-se) de mal ou perigo. **3.** Tirar(-se) de embaraço ou situação difícil; salvar(-se). **4.** Liberar(-se) de ir ou de comparecer a (compromisso, lugar, etc.). [C.: 1] § **li.vra.men.to** *sm.*

li.vra.ri.a [*Livro*.▣15] *sf.* Loja de livros.

li.vre [Lat. *liber*.] *adj2g.* **1.** Que não está sujeito a algum senhor. **2.** Que não está, ou já não está, prisioneiro; solto. **3.** Desprendido, solto. **4.** Que age por si mesmo; independente. **5.** Que goza dos seus direitos civis e políticos. **6.** Cujo funcionamento sem coerção ou discriminação é garantido por lei. **7.** Permitido, autorizado. **8.** Isento (1). **9.** Disponível, desocupado. **10.** Desimpedido, desembaraçado. **11.** Que não está casado. **12.** Desregrado, licencioso. **13.** Sem limites; imenso.

li.vre-ar.bi.tri:o *sm.* Capacidade individual de autodeterminação. [Pl.: *livres-arbítrios*.]

li.vre.co *sm.* Livro sem valor, reles.

li.vre-do.cên.ci:a *sf.* Docência-livre (q.v.). [Pl.: *livres-docências*.]

li.vre-do.cen.te *sm.* V. *docente-livre*. [Pl.: *livres-docentes*.]

li.vrei.ro [Lat. *librariu*.▣25] *sm.* **1.** Comerciante de livros. ● *adj.* **2.** Referente à produção de livros.

li.vre-pen.sa.dor (ô) *sm.* Aquele que pensa livremente, guiado pela razão, esp. em matéria religiosa. [Pl.: *livres-pensadores* (ô).]

li.vres.co (ê) [*Livro*.▣33A] *adj.* Proveniente apenas de leituras, e não de experiência ou estudo: *saber livresco*.

li.vro [Lat. *libru*.] *sm.* **1.** Reunião de folhas impressas presas por um lado e enfeixadas ou montadas em capa. **2.** A obra intelectual publicada sob a forma de livro (1). **3.** Registro para certos tipos de anotações, sobretudo comerciais.

li.xa [Dev. de *lixar*.] *sf.* Papel a que se aglutina substância abrasiva, ou outra, us. para polir metais, madeiras, modelar as unhas, etc.

li.xão [*Lixo*.▣28A] *sm. Bras.* Lixeira (2). [Pl.: -*xões*.]

li.xar [V.D] *vtd.* **1.** Desgastar ou polir com lixa. **2.** Polir, brunir. *p.* **3.** *Pop.* Sair-se mal; arruinar-se. **4.** *Pop.* Não dar importância, atenção. [C.: 1]

li.xei.ra [*Lixa*.▣16] *sf.* **1.** Depósito de lixo; lata de lixo. **2.** Vazadouro de lixo; lixão.

li.xei.ro [*Lixo*.▣25] *sm. Bras.* Quem recolhe o lixo, mantém limpas as ruas, etc.; gari.

li.xí.vi:a [Lat. *lixivia*.] *sf.* Barrela.

li.xo [V.E] *sm.* **1.** O que se varre da casa, da rua, e se joga fora; entulho. **2.** Coisa imprestável.
  ♦ **Lixo atômico ou radioativo.** *Fís.* Conjunto de detritos resultantes de fissão nuclear e que devem ser isolados em razão de sua radioatividade; rejeito nuclear.

▪ **L.N.E.** Abrev. de *lés-nordeste*.

lo [Lat. *illu*.] **1.** F. arc. do art. def. masc. sing. **2.** F. arc. do pron. pess. oblíquo da 3ª pess. masc. sing., ainda hoje us. depois de f. verbais acabadas em *r, s* ou *z*, após os pron. *nos* e *vos*, e o adv. *eis*, com apócope das referidas consoantes, juntamente com a inclusão desse pronome: *fazê-lo, fi-lo, qui-lo, trá-lo, no-lo* contaram, *vo-lo* deram, *ei-lo* aqui. **3.** F. arc. do pron.dem. neutro *o*, ainda hoje us. nos mesmos casos em que se usa *lo* (2).

ló [Fr. *lof*.] *sm. Marinh.* O lado da embarcação voltado para barlavento.

lo.a (ô) [Dev. de *loar*.] *sf.* Discurso laudatório; apologia.

lo:a.sá.ce:a [Tax. *Loasaceae*.] *sf. Bot.* Espécime das loasáceas, família de plantas ger. dotadas de pelos urentes. Ex.: o cansanção. § **lo:a.sá.ce:o** *adj.*

→ **lobby** (lóbi) [Ingl.] *sm.* **1.** Grupo de pressão que visa a influenciar decisões governamentais em favor de certos interesses. **2.** Atividade como a de tal grupo.

lo.bi.nho [*Lobo*.▣32] *sm. Pop.* Cisto subcutâneo; calombo.

lo.bi.so.mem [Lat. *lupus homo*.] *sm. Folcl.* Homem que, segundo a crendice, se transforma em lobo nas noites de sexta-feira. [Pl.: -*mens*.]

lo.bis.ta [Ingl. *Lobby* + -*ista*.▣36] *adj2g. s2g.* Diz-se de, ou pessoa que pertence a um *lobby*.

lo.bo [Gr. *lobós*.] *sm. Anat.* **1.** Porção de um órgão demarcada com maior ou menor nitidez, como, p.ex., no cérebro. [Dim.: *lóbulo*.] **2.** Parte pendente e mole da orelha.

lo.bo (ô) [Lat. *lupu*.] *sm. Zool.* Canídeo selvagem da Europa, Ásia e América do Norte. [Fem.: *loba* (ô).]

lo.bo do mar (lô) *sm.* Marinheiro experimentado. [Pl.: *lobos do mar* (lô).]

lo.bo.to.mi.a [*Lob*(o)- + -*tom*(o)- + -*ia*¹.▣8A] *sf. Med.* Incisão em lobo (2).

lo.bo.to.mi.zar [*Lobotomia*.▣1D] *vtd.* Realizar lobotomia em. [C.: 1]

lo.bre.gar [*Lôbrego*.▣1A] *vtd.* Tornar lôbrego. [C.: 1C (é). Cf. *lobrigar*.]

lô.bre.go *adj.* V. *lúgubre* (2 e 3).

lo.bri.gar [V.E] *vtd.* **1.** Ver a custo, indistintamente, ou por acaso. **2.** Ver ao longe. [C.: 1C. Cf. *lobregar*.]

ló.bu.lo [*Lobo* + -*ulo*.] *sm.* Pequeno lobo.

lo.bu.lo.so (ô) [*Lóbulo*.▣37] *adj.* Que apresenta lóbulo(s). [Pl.: -*osos* (ó).]

lo.ca [V.E] *sf.* Gruta pequena, ou lapa, que serve de esconderijo a animais.

lo.ca.ção [Lat. *locatione*.▣2A] *sf.* **1.** Ato de locar. **2.** Aluguel (1). [Pl.: -*ções*.]

lo.ca.dor (ô) [Lat. *locatore*.▣19A] *sm.* Aquele que se obrigou a ceder algo em locação, ou a prestar um serviço.

locadora | →logon

lo.ca.do.ra [*Locar*.◘20] *sf.* Estabelecimento comercial que aluga carros, fitas de vídeo, DVDs, CDs, etc.

lo.cal [Lat. *locale*.◘39] *adj2g.* **1.** Relativo a determinado lugar. **2.** Restrito ou limitado a uma área, um subconjunto ou um domínio específico. **3.** *Inform.* Relativo ao computador que está sendo diretamente utilizado pelo usuário, numa rede de computadores. ● *sm.* **4.** Lugar, sítio ou ponto referido a um fato. [Pl.: *-cais.*]

lo.ca.li.da.de [*Local.*◘14] *sf.* **1.** Lugar determinado. **2.** Povoado.

lo.ca.li.za.ção [*Localizar.*◘2A] *sf.* **1.** Ato ou efeito de localizar(-se). **2.** Lugar determinado. [Pl.: *-ções.*]

lo.ca.li.zar [*Local.*◘1D] *vtd.* **1.** Determinar local de; locar. **2.** Inteirar-se do paradeiro de. **3.** Detectar, identificar. **4.** Situar no tempo e no espaço. *tdc.* **5.** Inteirar-se ou saber do paradeiro de. *p.* **6.** Fixar-se (em certo lugar). [C.: 1] § **lo.ca.li.za.do** *adj.*

lo.ção [Lat. *lotione*.◘2] *sf. Bras.* Líquido perfumado, para a cútis ou os cabelos. [Pl.: *-ções.*]

lo.car [Lat. *locare*.◘1A] *vtd.* **1.** Dar de aluguel ou de arrendamento; alugar. **2.** Localizar (1). **3.** *Bras.* Marcar com estaca (os pontos singulares duma construção, ou o eixo duma estrada). [C.: 1A (ó)]

lo.ca.tá.ri:o [Lat. *locatariu*.◘24A] *sm.* Aquele que se obrigou a receber a coisa alugada ou a prestação de serviços.

lo.cau.te *sm.* V. *lockout.*

→ **lockout** (locáuti) [Ingl.] *sm.* Paralisação de setor ou unidade produtiva determinada pelos proprietários, como instrumento de pressão.

lo.co.mo.ção [Fr. *locomotion*.◘2] *sf.* Ato de locomover-se, ou de transportar. [Pl.: *-ções.*]

lo.co.mo.ti.va [Ingl. *locomotive*.] *sf.* Máquina a vapor, elétrica, etc., que opera a tração dos trens de ferro.

lo.co.mo.tor (ô) *adj.* Que opera a locomoção.

lo.co.mo.triz [*Loco-* + *motriz.*] *adj. (f.)* Fem. de *locomotor.*

lo.co.mó.vel *adj2g.* **1.** Que pode locomover-se. ● *sm.* **2.** Máquina a vapor sobre rodas. [Pl.: *-veis.*]

lo.co.mo.ver-se [*Loco-* + *mover* + *se*¹.] *vp.* Mudar de lugar; deslocar-se. [C.: 2 (ó-ó)]

lo.cu.ção [Lat. *locutione*.◘2] *sf.* **1.** Modo especial de falar ou de dizer. **2.** *E.Ling.* Reunião de 2 ou mais palavras que compõem o significado de uma só. [Pl.: *-ções.*]

lo.cu.ple.tar [Lat. *locupletare*.◘1A] *vtd. e p.* **1.** Encher(-se) em demasia. **2.** Tornar(-se) rico. **3.** *Bras. P.ext.* Enriquecer(-se) por meios na da honestos. [C.: 1 (ê)]

lo.cu.tor (ô) [Lat. *locutore*.◘19] *sm. Rád. Telev.* Profissional que apresenta programas, narra eventos esportivos ou faz a leitura de textos, comerciais ou não.

lo.cu.tó.ri:o [Lat. *locutoriu*.◘23] *sm.* Compartimento separado por grade, vidro, etc., donde falam as pessoas recolhidas em conventos, prisões, etc., com as de fora; parlatório.

lo.da.çal [*Lodo* (ô) + *-açal.*] *sm.* Lugar onde há muito lodo (1).

lo.do (ô) [Lat. *lotu*.] *sm.* **1.** Argila muito mole, quase fluida, que contém matéria orgânica; vasa, lama. **2.** *Fig.* V. *lama*¹ (4).

lo.do.so (ô) [Lat. *lutosu*.◘37] *adj.* Que tem lodo (1); lamacento. [Pl.: *-dosos* (ó).]

→ **loft** (lófti) [Ingl.] *sm. Arquit.* Apartamento, etc., sem divisórias, onde os ambientes são integrados.

→ **log** (lógui) [Ingl.] *Mat.* Símb. de *logaritmo decimal* [outra f.: *lg*].

lo.ga.ni.á.ce:a [Tax. *Loganiaceae.*] *sf. Bot.* Espécime das loganiáceas, família de árvores, arbustos e trepadeiras dotados de frutos capsulares. Ex.: noz-vômica. § **lo.ga.ni.á.ce:o** *adj.*

lo.gar [Ingl. *Log(in)* + *-ar*².◘1A] *vti. e int. Inform.* Fazer ou realizar *login* (1). [C.: 1C]

lo.ga.rit.mo [Lat.cient. *logarithmu.*] *sm. Mat.* **1.** Expoente a que se deve elevar um número constante para obter-se outro número. **2.** V. *logaritmo decimal.* ◆ **Logaritmo decimal.** *Mat.* O expoente a que se deve elevar o número 10 para se obter outro número; logaritmo [símb.: *lg* e *log*].

ló.gi.ca [Lat. *logica*, do gr.] *sf.* **1.** Coerência de raciocínio, de ideias. **2.** Modo de raciocinar peculiar a alguém, ou a um grupo. **3.** Sequência coerente, regular e necessária de acontecimentos, de coisas. **4.** *Filos.* A ciência dos princípios normativos e formais do raciocínio.

ló.gi.co [Lat. *logicu*, do gr.◘35B] *adj.* **1.** Conforme à lógica, ao bom-senso. **2.** Que raciocina com justeza, coerência. **3.** Que resulta, natural ou inevitavelmente, de uma certa situação, de um dado, de um fato.

→ **login** (loguín) [Ingl.] *sm. Inform.* **1.** Início de uma sessão de conexão (4), em que ger. é feita a identificação do usuário. **2.** O nome que identifica um usuário em um sistema de computadores.

lo.go [Lat. *locu.*] *adv.* **1.** Sem tardança; imediatamente. **2.** Com a maior brevidade. **3.** Daqui a pouco. **4.** Exatamente, justamente. **5.** Ainda por cima; por cúmulo. ● *conj.* **6.** Por conseguinte; portanto. ◆ **Logo mais.** Dentro em pouco; em breve. **Logo que.** No momento em que; assim que, tão logo, mal. **Até logo ou até logo mais.** Cumprimento de despedida (quando se espera rever proximamente o interlocutor); até mais. **Tão logo.** V. *logo que.*

→ **logoff** (logófi) [Ingl.] *sm. Inform.* Encerramento de sessão de conexão (4).

lo.go.gri.fo [*Log(o)-* + lat. *griphus.*] *sm.* Charada em que as letras da palavra insinuada pelo conceito, parcialmente combinadas, formam outras palavras, que é preciso adivinhar para se chegar àquela.

lo.go.mar.ca [*Log(o)-* + *marca.*] *sf. Prop.* Representação visual de marca (3).

→ **logon** (logón) [Ingl.] *sm. Inform.* V. *login* (1).

logotipo | losango

lo.go.ti.po [Fr. *logotype*.] *sm.* Símbolo formado por palavra ou letra(s) com desenho característico para representar visualmente uma empresa, um produto, etc. [Cf. *marca* (3).]

lo.gra.doi.ro ou **lo.gra.dou.ro** [*Lograr*.◨26B] *sm.* Praça, rua, passeio ou jardim público.

lo.grar [Lat. **lucrare*.◨1A] *vtd.* **1.** Gozar, fruir, desfrutar. **2.** Ser bem-sucedido em; conseguir. **3.** Ludibriar (2). *int.* **4.** Produzir o resultado que se esperava. [C.: 1 (ó)]

lo.gro (ô) [Lat. *lucru*.] *sm.* **1.** Ato ou efeito de lograr. **2.** Artifício para iludir; burla, trapaça, fraude, cilada.

lo.ja [Fr. *loge*.] *sf.* **1.** Num edifício, dependência para atividades comerciais. **2.** Estabelecimento comercial. **3.** *Bot.* Cada uma das subdivisões da antera ou do ovário das plantas. ♦ **Loja maçônica.** Templo ou local de reunião de maçons.

lo.jis.ta [*Loja*.◨36] *s2g.* Dono ou diretor de loja de comércio.

lom.ba [De *lombo*.] *sf.* **1.** Crista arredondada de colina ou serra. **2.** Ladeira (1). **3.** Monte de terra ou areia formado pelo vento.

lom.ba.da [*Lombo*.◨4] *sf.* **1.** O dorso do boi. **2.** Num livro, o lado da costura; dorso, lombo. **3.** Pequena elevação, transversal, em rua, estrada, etc., que obriga os veículos a reduzir a velocidade; quebra-molas.

lom.bar [*Lombo*.◨40] *adj2g.* Relativo a lombo.

lom.bei.ra *sf. Bras.* **1.** Moleza de corpo; preguiça. **2.** V. *sonolência* (1).

lom.bi.lho [Esp.plat. *lomillo*.] *sm. Bras. S.* Espécie de sela.

lom.bo [Lat. *lumbu*.] *sm.* **1.** *Anat.* Segmento do dorso situado entre o tórax, acima, e a bacia, abaixo. **2.** Parte carnosa aos lados da espinha dorsal, nos animais. **3.** V. *lombada* (1).

lom.bri.cal [*Lombric(i)-* + *-al¹*.◨39] *adj2g.* Relativo ou semelhante à lombriga. [Pl.: *-cais*]

lom.bri.ga [Lat. *lumbricu*.] *sf. Zool.* Animal ascarídeo, parasito do intestino do homem; bicha.

lom.bri.guei.ro [*Lombriga*.◨25] *sm. Fam.* Vermífugo (2).

lom.bu.do [*Lombo* + *-udo*.] *adj.* Que tem grande lombo (1 e 2).

lo.na [Top. *Olonne* (França).] *sf.* Tecido resistente, de linho grosso, algodão ou cânhamo.

lon.dri.no [◨30] *adj.* **1.** De Londres, capital da Inglaterra. ● *sm.* **2.** O natural ou habitante de Londres.

lon.ga *sm. Cin. Telev.* V. *longa-metragem*.

lon.ga-me.tra.gem *sm. Cin. Telev.* Filme com duração superior a 70 minutos. [Pl.: *longas-metragens*.]

lon.gâ.ni.me [Lat. *longanime*.] *adj2g.* **1.** Magnânimo; generoso. **2.** Corajoso; intrépido. **3.** Paciente, resignado. § **lon.ga.ni.mi.da.de** *sf.*

lon.ga.ri.na [Fr. *longrine*.] *sf.* Qualquer viga disposta segundo o comprimento de uma estrutura.

lon.ge [Lat. *longe*.] *adv.* **1.** A grande distância, no espaço ou no tempo. ● *adj2g.* **2.** Que se situa a grande distância; distante, longínquo.

lon.ge.vo (é) [Lat. *longaevu*.] *adj.* Muito idoso; macróbio. § **lon.ge.vi.da.de** *sf.*

lon.gi.lí.ne:o [*Longi-* + *-líneo*.] *adj.* Delgado e alongado.

lon.gín.quo [Lat. *longinquu*.] *adj.* **1.** V. *longe* (2). **2.** Que chega de grande distância: *um som longínquo*.

lon.gi.tu.de [Lat. *longitudine*.] *sf.* **1.** Lonjura. **2.** Na esfera terrestre, arco do equador terrestre compreendido entre o meridiano que passa pelo observatório astronômico de Greenwich (Inglaterra) e o meridiano que passa pelo observador.

lon.gi.tu.di.nal [Lat. *longitudine* + *-al¹*.◨39] *adj2g.* Relativo ao comprimento, à longitude. [Pl.: *-nais*.]

lon.go [Lat. *longu*.] *adj.* **1.** Que se estende em sentido longitudinal. **2.** Demorado; duradouro. ♦ **Ao longo de. 1.** No sentido longitudinal; acompanhando a extensão de (algo). **2.** À beira de. **3.** Durante, no decorrer

lon.ju.ra [*Longe*.◨5] *sf.* Grande distância; longitude.

lon.tra [Lat. *lutra*.] *sf. Zool.* Mamífero mustelídeo, semiaquático; alimenta-se, ger., de peixes.

lo.quaz [Lat. *loquace*.] *adj2g.* **1.** Falador, palrador. **2.** Que se expressa facilmente, eloquente. § **lo.qua.ci.da.de** *sf.*

lo.ran.tá.ce:a [Tax. *Loranthaceae*.] *sf.* Espécime das lorantáceas, família de dicotiledôneas parasitas. Ex.: erva-de-passarinho. § **lo.ran.tá.ce:o** *adj.*

lor.de [Ingl. *lord*.] *sm.* **1.** Título honorífico inglês. **2.** Membro de uma das câmaras do parlamento inglês.

lor.do.se [Gr. *lórdosis*.] *sf. Med.* Convexidade, em sentido anterior, normalmente presente nos segmentos cervical e lombar da coluna vertebral, e que pode, patologicamente, exagerar-se. § **lor.dó.ti.co** *adj.*

lo.ri.ca.ri.í.de:o [Tax. *Loricariidae*.] *adj. sm. Zool.* Diz-se de, ou espécime dos loricariídeos, grande família de peixes de água doce; herbívoros, têm a cabeça e parte do corpo revestidos por placas ósseas e sistema bucal sugador, com o qual se prendem a rochas, etc. Ocorrem na América Central e na do Sul. Ex.: cascudo.

lo.ro [Lat. *loru*.] *sm.* Correia dupla afivelada à sela ou ao selim para firmar o estribo.

lo.ro.ta [V.E] *sf. Bras.* **1.** V. *mentira* (1). **2.** Conversa fiada.

lo.ro.tei.ro [*Lorota*.◨25] *adj. sm. Bras. Pop.* V. *mentiroso* (1 e 3).

lor.pa (ô) [V.C] *adj2g. s2g.* **1.** V. *tolo* (1 e 2). **2.** Grosseiro, boçal.

lo.san.go [Fr. *losange*.] *sm.* **1.** *Geom.* Quadrilátero plano que tem os lados iguais, com 2 ângulos agudos e 2 obtusos. **2.** Objeto em forma de losango (1).

lo.ta.ção [*Lotar*. ⬛2A] *sf.* **1.** Ato ou efeito de lotar. **2.** A capacidade dum veículo, duma sala de espetáculos, etc. [Pl.: *-ções.*]

lo.tar [*Lote*. ⬛1A] *vtd.* **1.** Fixar ou determinar o número de. **2.** Completar a lotação (2) de; encher. *tdc.* **3.** Colocar (funcionário) em (determinado setor, repartição, etc.). *int.* **4.** Completar a lotação (2). [C.: 1 (ó)] § **lo.ta.do** *adj.*

lo.te [Fr. *lot.*] *sm.* **1.** Quinhão que cabe a alguém numa partilha. **2.** Objeto(s) leiloado(s) de uma vez. **3.** Determinada porção de objetos, ger. da mesma natureza. **4.** Área delimitada de terreno para construções, ou pequena agricultura.

lo.te.ar [*Lote*. ⬛1N] *vtd.* Dividir (um terreno) em lotes. [C.: 12A]

lo.te.ri.a [It. *lotteria.*] *sf.* **1.** Toda espécie de jogo de azar em que se tiram à sorte prêmios a que correspondem bilhetes numerados, cartões marcados, ou meios análogos de aposta. **2.** *Fig.* Aquilo que depende do acaso. § **lo.té.ri.co** *adj.*

ló.ti.co [Lat. *lotus* + *-ico²*. ⬛35B] *adj. Ecol.* Diz-se de ambiente de água corrente, ou de organismo que nele vive.

lo.to¹ [Lat. *Lotus.*] *sm.* **1.** *Bot.* Planta aquática nelácea. **2.** Sua flor. [Sin.ger.: *lótus.*]

lo.to² [F.red. de *loteria.*] *sm. Bras.* Loteria oficial em que se sorteiam 5 dezenas.

lo.to (ó) [It. *lotto.*] *sm.* Jogo de azar com cartões, numerados de 1 a 90; víspora. [F.paral.: *lótus.*]

ló.tus [Tax. *Lotus.*] *sm2n. Bot.* V. *loto¹.*

lou.ça ou **loi.ça** [V.C] *sf.* Artefato de barro, porcelana, etc., para uso doméstico, sobretudo para serviço de mesa.

lou.ção [Lat. **lautianu.*] *adj.* **1.** Garrido (1). **2.** Airoso, garboso. **3.** Benfeito; formoso. [Pl.: *-ções.* Fem.: *louçã.*] § **lou.ça.ni.a** *sf.*

lou.co [V.E] *adj.* **1.** Que perdeu a razão; doido, maluco. **2.** Contrário à razão; insensato. **3.** Dominado por paixão intensa; apaixonado. **4.** Extravagante, doidivanas.

lou.cu.ra [*Louco*. ⬛5] *sf.* Estado ou condição de louco; insanidade mental.

→ **lounge** (láunji) [Ingl.] *sm.* Espaço ou sala, de espera ou não, em aeroporto, restaurante, boate, hotel, etc., em que se pode ficar sentado confortavelmente.

lou.rei.ro ou **loi.rei.ro** [B-lat. *laurariu.* ⬛25] *sm. Bot.* Arvoreta laurácea de folhas condimentosas; louro.

lou.ro¹ ou **loi.ro** [Lat. *lauru.*] *sm.* **1.** *Bot.* Loureiro. **2.** Sua folha.

lou.ro² ou **loi.ro** [Mal. *nori.*] *sm. Zool.* Papagaio (1).

lou.ro³ ou **loi.ro** [V.D] *adj.* **1.** De cor amarelo-tostada, entre o dourado e o castanho-claro. **2.** Diz-se do cabelo dessa cor. ● *sm.* **3.** Aquele que tem o cabelo louro.

lou.ros ou **loi.ros** *smpl.* Glórias, triunfos, lauréis.

lou.sa ou **loi.sa** [Lat.vulg. *lausia.*] *sf.* **1.** Laje (1). **2.** Pedra tumular. **3.** Lâmina de ardósia, na qual se escreve com ponteiro da mesma pedra ou com giz; pedra, quadro.

lou.va-a-deus *sm2n. Zool.* Inseto mantídeo que, pousado, lembra pessoa em oração.

lou.va.ção [Lat. *laudatione.* ⬛2A] *sf.* **1.** Ato ou efeito de louvar(-se); louvor. **2.** Laudo. [Pl.: *-ções.*]

lou.va.do [*Louvar*. ⬛17A] *adj.* **1.** Que recebeu louvor. ● *sm.* **2.** Indivíduo nomeado ou escolhido para decidir demanda como perito.

lou.va.mi.nha [Occ. *lauza amia.*] *sf.* Louvor excessivo; lisonja.

lou.var [Lat. *laudare.* ⬛1A] *vtd.* **1.** Dirigir louvor(es) a; elogiar. **2.** Exaltar, glorificar. **3.** Bendizer (1). *p.* **4.** Gabar-se; vangloriar-se. [C.: 1] § **lou.vá.vel** *adj2g.*

lou.vor (ô) [Port.arc. *loor, loar.*] *sm.* **1.** Louvação (1). **2.** Elogio, encômio. **3.** Glorificação, exaltação.

- **Lr** *Quím.* Símb. de *laurêncio*.
- **L.S.E.** Abrev. de *lés-sudeste* e *lés-sueste*.
- **Lu** *Quím.* Símb. de *lutécio*.

lu.a [Lat. *luna.*] *sf.* **1.** Satélite natural da Terra. [Tem cerca de 1/4 do diâmetro da Terra, em torno da qual completa uma translação em pouco menos de 27 dias e 8 horas, tempo aproximadamente igual ao de sua rotação. Assim, está sempre com a mesma face (dita *face visível*) voltada para a Terra, mudando de aspecto conforme a porção dela que é iluminada pelo Sol (são as chamadas fases da Lua, que se repetem em ciclos de 29,5 dias).] [Com inicial maiúsc.] **2.** Período de um mês lunar (aproximadamente 29,5 dias). **3.** Satélite dum planeta qualquer. ◆ **Lua cheia.** Fase (3) em que toda a superfície visível da Lua reflete para a Terra a luz do Sol (aparece como um disco inteiramente iluminado). **Lua nova.** Fase (3) em que a face visível da Lua não recebe a luz do Sol (não fica aparente, ou aparece apenas como um fino arco iluminado).

lu.a de mel *sf.* Os primeiros dias após o casamento. [Pl.: *luas de mel.*]

lu.ar [Lat. *lunare.* ⬛40] *sm.* O clarão da Lua.

lú.bri.co [Lat. *lubricu.* ⬛35B] *adj.* V. *lascivo.* § **lu.bri.ci.da.de** *sf.*

lu.bri.fi.can.te [*Lubrificar*. ⬛21] *adj2g. sm.* Que ou substância que lubrifica.

lu.bri.fi.car [Fr. *lubrifier.* ⬛1A] *vtd.* **1.** Tornar úmido ou escorregadio; umedecer. **2.** Pôr óleo, graxa, etc., para diminuir o atrito entre as partes ou peças de (motor, aparelho, etc.). *p.* **3.** Tornar-se úmido ou escorregadio. [C.: 1A] § **lu.bri.fi.ca.ção** *sf.*

lu.car.na [Fr. *lucarne.*] *sf.* Abertura em telhado de casa para entrada de luz; luzerna.

lu.cer.na [Lat. *lucerna.*] *sf.* Pequena luz.

lú.ci.do [Lat. *lucidu.*] *adj.* **1.** Que luz; brilhante, luzente. **2.** V. *límpido* (1). **3.** *Fig.* Que tem clareza, penetração da inteligência ou da razão. § **lu.ci.dez** (ê) *sf.*

lú.ci.fer [Lat.ecl. *Lucifer.*] *sm.* **1.** V. *diabo* (2). **2.** V. *demônio* (2). [Com inicial maiúsc.]

lu.crar [Lat. **lucrare.* ▣1A] *vtd., tdi. e ti.* **1.** Tirar lucro ou vantagem de; aproveitar. *int.* **2.** Auferir lucro. [C.: 1]

lu.cra.ti.vo [Lat. *lucrativu.* ▣22A] *adj.* Que dá lucro ou vantagem.

lu.cro [Lat. *lucru.*] *sm.* **1.** Ganho, vantagem ou benefício que se obtém de algo, ou com uma atividade. **2.** *P.ext.* Proveito, vantagem.

lu.cu.bra.ção [Lat. *lucubratione.* ▣2A] *sf.* Reflexão longa e profunda. [Pl.: -*ções*.]

lu.cu.brar [Lat. *lucubrare.* ▣1A] *v.int.* **1.** Trabalhar ou estudar de noite, à luz. **2.** Meditar, refletir. [C.: 1]

lu.di.bri.ar [*Ludíbrio.* ▣1A] *vtd.* **1.** Tratar com ludíbrio (1). **2.** Enganar, tapear, lograr. [C.: 1]

lu.dí.bri:o [Lat. *ludibriu.* ▣34B] *sm.* **1.** V. *zombaria.* **2.** Objeto de zombaria ou desprezo.

lú.di.co [*Lud(i)-* + *-ico².* ▣35B] *adj.* Relativo a jogos, brinquedos e divertimentos.

lu.fa.da [*Lufa.* ▣4] *sf.* Rajada de vento.

lu.fa-lu.fa *sf.* V. *azáfama* (2). [Pl.: *lufa-lufas.*]

lu.gar [Port.ant. *logar*, do lat. *locale*.] *sm.* **1.** Espaço ocupado; sítio. **2.** Espaço (2). **3.** Sítio ou ponto referido a um fato. **4.** Ambiente (2). **5.** Povoação, localidade, região ou país. **6.** *Fig.* Posição, situação. **7.** Emprego, cargo. **8.** Assento marcado e determinado. **9.** Posição determinada num conjunto, numa série, etc. **10.** Oportunidade, vez. ♦ **Dar lugar a**. Ter como resultado; causar, originar. **Ter lugar.** Realizar-se, efetuar-se; ocorrer.

lu.gar-co.mum *sm.* Argumento, ideia ou expressão muito conhecida e repisada; chavão, clichê. [Pl.: *lugares-comuns.*]

lu.ga.re.jo (ê) [*Lugar* + *-ejo.*] *sm.* Pequeno povoado; arraial.

lu.gar-te.nen.te [Lat.med. *locum tenens.*] *sm.* Aquele que substitui outrem por algum tempo. [Pl.: *lugar-tenentes.*]

lú.gu.bre [Lat. *lugubre.*] *adj2g.* **1.** Relativo a, ou que é sinal de luto, morte; lutuoso. **2.** Que revela tristeza profunda; lôbrego, lutuoso. **3.** Que inspira medo, pavor; lôbrego, sepulcral. [Sin.ger.: *fúnebre.*]

lu.la *sf. Zool.* Molusco cefalópode marinho.

lum.ba.go [Lat. *lumbago* (nom.).] *sm. Med.* Dor lombar.

lu.me [Lat. *lumen.*] *sm.* **1.** Fogo (1). **2.** Luz; fulgor.

lu.mi.nar [Lat. *luminare.* ▣40] *sm.* Homem preeminente na ciência, nas artes ou nas letras; luzeiro.

lu.mi.ná.ri:a [Lat. *luminaria.*] *sf.* **1.** Aquilo que alumia. **2.** Qualquer objeto destinado a iluminar.

lu.mi.nes.cên.ci:a [Lat. **luminescentia.*] *sf.* Emissão de luz por uma substância, provocada por processo que não seja o aquecimento. § **lu.mi.nes.cen.te** *adj2g.*

lu.mi.nol [Ingl. *luminol* (do lat. *lumen, inis,* 'luz').] *sm. Quím.* Composto orgânico [fórm.: $C_8H_7N_3O_2$] capaz de emitir luminescência de cor azulada ao reagir com certas substâncias, como, p.ex., a hemoglobina. [Us. para detecção de resíduos de sangue. Pl.: -*nóis.*]

lu.mi.no.so (ô) [Lat. *luminosu.* ▣37] *adj.* **1.** Que dá, esparge ou reflete luz. **2.** *Fig.* Lúcido; perspicaz. [Pl.: -*nosos* (ó).] § **lu.mi.no.si.da.de** *sf.*

lu.na.ção [Lat. *lunatione.* ▣2A] *sf.* Espaço de tempo decorrido entre 2 luas novas consecutivas. [Pl.: -*ções*.]

lu.nar [Lat. *lunare.* ▣40] *adj2g.* Da, ou próprio da Lua.

lu.ná.ti.co [Lat. *lunaticu.* ▣35B] *adj.* **1.** Sujeito à influência da Lua. **2.** *Fig.* V. *amalucado* (2).

lun.du ou **lun.dum** [Or.afr.] *sm. Bras.* Dança de par solto, de origem africana. [Pl. de lundum: -*duns.*]

lu.ne.ta (ê) [Fr. *lunette.*] *sf.* **1.** Telescópio refrator, de pequena abertura. **2.** Óculo (1).

lun.far.do [Esp.plat.] *sm.* Gíria de Buenos Aires e arredores.

lu.ni.for.me [*Lun(i)-* + *-forme.*] *adj2g.* Em forma de meia-lua.

lu.pa [Fr. *loupe.*] *sf.* Lente us. como instrumento óptico de ampliação.

lu.pa.nar [Lat. *lupanare.*] *sm.* V. *prostíbulo.*

lu.pi.no [Lat. *lupinu.* ▣30] *adj.* Relativo a, ou próprio de lobo.

lú.pu.lo [Lat.med. *lupulu.*] *sm.* Trepadeira canabidácea cujas flores se usam para aromatizar a cerveja.

lú.pus [Lat. *lupus.*] *sm2n. Med. Desus.* Lesão cutânea, destrutiva.

lu.ra [Lat. *lura*, poss.] *sf.* Toca de coelhos e outros animais.

lú.ri.do [Lat. *luridu.*] *adj.* **1.** Pálido. **2.** Sombrio.

lus.co-fus.co *sm.* A hora do crepúsculo vespertino ou matutino; lusque-fusque. [Pl.: *lusco-fuscos.*]

lu.sí.a.da *adj2g. s2g.* V. *lusitano.*

lu.si.ta.no [Lat. *lusitanu.* ▣29] *adj.* **1.** Da Lusitânia (nome antigo de parte da Península Ibérica) e de seus habitantes. **2.** Português (1). ● *sm.* **3.** Português (2). [Sin.ger.: *luso, lusíada.*]

lu.so [Mit.lat. *Lusus.*] *adj. sm.* V. *lusitano.*

lu.so-bra.si.lei.ro *adj.* **1.** De, ou relativo a Portugal e ao Brasil, ou de origem portuguesa e brasileira. ● *sm.* **2.** Indivíduo de origem portuguesa e brasileira. [Sin.ger.: *luso-brasílico.* Pl.: *luso-brasileiros.*]

lu.so-bra.sí.li.co *adj. sm.* V. *luso-brasileiro.* [Pl.: *luso-brasílicos.*]

lu.so.fo.ni.a [*Lusofono.* ▣8A] *sf.* Comunidade formada por povos que habitualmente falam português.

lu.só.fo.no [Luso- + -fono.] adj. sm. Diz-se de, ou país, ou povo, ou indivíduo, etc., que fala português, ou que tem o português como língua.

lus.que-fus.que sm. Lusco-fusco. [Pl.: lusque-fusques.]

lus.tral [Lat. lustrale.▫39] adj2g. **1.** Que serve para lustrar. **2.** Diz-se da água do batismo cristão. [Pl.: -trais.]

lus.trar [Lat. lustrare.▫1A] vtd. **1.** Dar brilho ou lustre a; polir. **2.** Engraxar. **3.** Purificar, limpar. int. **4.** Brilhar. [C.: 1]

lus.tre [Fr. lustre.] sm. **1.** Polimento dado a um objeto, ou que se reflete naturalmente. **2.** Fig. Brilhantismo. **3.** Candelabro suspenso, de vários braços.

lus.tro¹ [Lat. lustru.] sm. Quinquênio.

lus.tro² [Dev. de lustrar.] sm. Polimento, lustre.

lus.tro.so (ô) [Lustre.▫37] adj. Que tem lustre (1 e 2). [Pl.: -trosos (ó).]

lu.ta [Lat. lucta.] sf. **1.** Combate corpo a corpo, sem armas, entre 2 atletas. **2.** Qualquer combate corpo a corpo. **3.** Peleja; guerra. **4.** Antagonismo entre forças contrárias; conflito. **5.** Esforço (1). ◆ **Luta livre.** Aquela, praticada como esporte, em que há permissão para aplicar qualquer espécie de golpe, com certas restrições.

lu.ta.dor (ô) [Lat. luctatore.▫19A] adj. **1.** Que luta. ● sm. **2.** Aquele que luta por um fim. **3.** Atleta que pratica luta (1).

lu.tar [Lat. luctare.▫1A] v.int. **1.** Travar luta; combater, pugnar. **2.** Trabalhar duro para atingir certo objetivo. ti. **3.** V. contender (2). **4.** Empenhar-se (na conquista do que se quer, do que se precisa, ou daquilo em que se acredita). [C.: 1]

lu.té.ci:o [Lat. lutetium.▫34B] sm. Quím. V. lantanídeos [símb.: Lu].

lu.te.ra.nis.mo [Luterano.▫11] sm. Doutrina e seita religiosa do reformador religioso Martinho Lutero (1483-1546, Alemanha).

lu.te.ra.no [Antr. (M.) Lutero.▫29] adj. Que, ou o que é adepto do luteranismo.

lut.ja.ní.de:o [Tax. Lutjanidae.] adj.sm. Zool. Diz-se de, ou espécime dos lutjanídeos, grande família de peixes perciformes, ger. marinhos, das regiões tropicais. Ex.: vermelho.

lu.to [Lat. luctu.] sm. **1.** Sentimento de dor pela morte de alguém. **2.** Os sinais exteriores desse sentimento, esp. o traje, ordinariamente preto. **3.** O tempo que se fica de luto (2). **4.** Consternação, dó.

lu.tu.len.to [Lat. lutulentu.▫27] adj. Lodoso, lamacento.

lu.tu.o.so (ô) [Lat. luctuosu.▫37] adj. **1.** Coberto de luto. **2.** V. lúgubre (2). [Pl.: -osos (ó).]

lu.va [Do gót.] sf. Peça de vestuário que se ajusta à mão e aos dedos. ◆ **Assentar como uma luva.** Convir ou servir perfeitamente.

lu.vas sfpl. Soma extra paga, quando exigida, pelo inquilino ao senhorio, no contrato de locação de um prédio, etc.

lu.vei.ro [Luva.▫25] sm. Fabricante de luvas.

lu.xa.ção [Lat. luxatione.▫2A] sf. **1.** Deslocamento de qualquer parte do corpo, esp. de osso. **2.** Deslocamento permanente de 2 superfícies articulares que, em grau variável, perderam as relações que mantinham normalmente. [Pl.: -ções.]

lu.xar¹ [Lat. luxare.▫1A] vtd. **1.** Deslocar, desarticular (osso). int. **2.** Ficar deslocado. [C.: 1]

lu.xar² [Luxo.▫1A] v.int. Ostentar luxo. [C.: 1]

lu.xen.to [Luxo.▫27] adj. Bras. Pretensioso; exigente.

lu.xo [Lat. luxu.] sm. **1.** Vida que se leva com grandes despesas supérfluas e o gosto do conforto excessivo e do prazer; fausto. **2.** Bem ou prazer custoso e supérfluo. **3.** Bras. Dengues, melindres. **4.** Bras. Recusa fingida a fazer ou aceitar algo.

lu.xu.o.so (ô) [Luxo.▫37A] adj. Em que há luxo, ou que o ostenta. [Pl.: -osos (ó).] § **lu.xu:o.si.da.de** sf.

lu.xú.ri:a [Lat. luxuria.] sf. **1.** Viço das plantas. **2.** V. sensualidade (2).

lu.xu.ri.an.te [Lat. luxuriante.▫21] adj2g. Viçoso, exuberante.

lu.xu.ri.ar [Lat. luxuriare.▫1A] v.int. **1.** Vicejar. **2.** Fig. Entregar-se à luxúria, à libertinagem. [C.: 1]

lu.xu.ri.o.so (ô) [Lat. luxuriosu.▫37] adj. Sensual, libertino. [Pl.: -osos (ó).]

luz [Lat. luce.] sf. **1.** Fís. Radiação eletromagnética capaz de ser percebida pela visão humana. **2.** Claridade emitida pelos corpos celestes, ou por corpos que não a têm, mas que a refletem de outros. **3.** Claridade, luminosidade. **4.** Objeto us. para iluminar. **5.** Brilho, fulgor. **6.** Inteligência. **7.** Ilustração, saber. ◆ **À luz de.** Conforme os princípios, critérios ou regras de. **Dar à luz.** V. parir.

lu.zei.ro [Luz.▫25] sm. **1.** Qualquer coisa que emite luz. **2.** Luminar.

lu.zen.te [Lat. lucente.▫21A] adj2g. Que brilha ou luz; luzidio.

lu.zer.na [Lat. lucerna.] sf. **1.** Clarão (2). **2.** Lucarna.

lu.zi.di:o [Luzido.▫34A] adj. Brilhante, luzido, luzente.

lu.zi.do [Part. de luzir.] adj. **1.** Vistoso, pomposo. **2.** V. luzidio.

lu.zi.men.to [Luzir.▫3] sm. **1.** Ação ou efeito de luzir. **2.** Brilho. **3.** Pompa, fausto.

lu.zir [Lat. lucere.▫1C] v.int. **1.** Emitir luz; irradiar claridade. **2.** Refletir a luz (superfície polida). **3.** Fig. Brilhar, destacar-se. [C.: 41]

m (êm) *sm.* **1.** A 13ª letra do nosso alfabeto. **2.** Figura ou representação dessa letra. ● *num.* **3.** Duodécimo (1), numa série. **4.** Décimo terceiro, numa série em que a letra *k* corresponde ao 11º elemento. [Pl. do sm., com duplo *m*: *mm*.]

■ **m 1.** Símb. do *metro* (1). **2.** *Fís.* Símb. de *massa* (8). **3.** Abrev. de *minuto*.

■ **M** Na numeração romana, símb. do número 1.000.

ma Contr. do pron. pess. *me* (obj. ind.) com o pron. dem. *a* (obj. dir.).

má [Lat. *mala*.] *adj. sf.* Fem. de *mau*.

ma.ca [Do taino.] *sf.* **1.** Cama com rodas em que se transportam doentes. **2.** Padiola (2).

ma.ça [Lat.vulg. **matea*.] *sf.* **1.** Clava. **2.** Pilão cilíndrico us. pelos calceteiros; maço.

ma.çã [Lat. *matiana*.] *sf. Bot.* O fruto da macieira. ◆ **Maçã do rosto.** *Anat.* Bochecha.

ma.ca.bro (cá) [Fr. *macabre*.] *adj.* Fúnebre, funéreo.

ma.ca.ca [F. de *macaco*.] *sf.* **1.** *Zool.* A fêmea do macaco. **2.** *Pop.* V. *caiporismo*.

ma.ca.ca.da [*Macaco*.■4] *sf.* **1.** Macacaria. **2.** *Bras. Fam.* Os amigos, a família.

ma.ca.cão [*Macaco*.■28A] *sm.* **1.** Calça e blusa inteiriças, ger. folgadas, de tecido consistente, us. por operários. **2.** Vestimenta esportiva semelhante a essa. [Pl.: *-cões*.]

ma.ca.ca.ri.a [*Macaco*.■15] *sf.* Bando de macacos; macacada.

ma.ca.co [Or.afr.] *sm.* **1.** *Zool.* Nome comum aos primatas, à exceção dos lêmures e do homem; símio. **2.** Aquele que macaqueia. **3.** Maquinismo, com manivela, para levantar pesos. ◆ **Macacos do Novo Mundo.** *Zool.* Os que habitam as Américas Central e do Sul; são platirrinos, de tamanho, forma e cor variados, e com duas famílias: cebídeos e calitriquídeos. Ex.: micos e bugios. **Macacos do Velho Mundo.** *Zool.* Os que habitam a África e a Ásia; são catarrinos, e compreendem os cercopitecídeos. Ex.: babuínos e cólobos.

ma.ca.co.a (ô) [V.C] *sf. Fam.* Doença sem gravidade.

ma.ça.da [*Maça*.■4] *sf.* Trabalho, atividade ou situação enfadonha, fastidiosa.

ma.ca.da.me [Antr. (*J. L.*) *Mac Adam* (1758-1836).] *sm.* Sistema de calçamento de ruas e estradas: camada espessa de pedra britada, aglutinada e comprimida.

ma,ca.dâ.mi:a [Tax. *Macadamia*.■8B] *sf. Bot.* Árvore proteácea de sementes nuciformes comestíveis, do mesmo nome.

ma.cam.bú.zi:o [V.C] *adj.* Sorumbático, tristonho.

ma.ça.ne.ta (ê) [*Maçã + -eta* (ê).] *sf.* Remate por onde se pega, para fazer funcionar, o trinco das portas e janelas.

ma.çan.te [*Maçar*.■21] *adj2g.* **1.** Que maça, enfada, aborrece; chato, amolante, cacete. ● *s2g.* **2.** Indivíduo maçante.

ma.ca.pa.en.se (pà) [■38] *adj2g.* **1.** De Macapá, capital do AP. ● *s2g.* **2.** O natural ou habitante de Macapá.

ma.ca.pão [It. *marzapane*.] *sm.* Bolo de amêndoas. [Pl.: *-pães*.]

ma.ca.que.ar [*Macaco*.■1N] *vtd.* Imitar de modo ridículo. [C.: 12A]

ma.ca.qui.ce [*Macaco*.■13] *sf.* Ato ou efeito de macaquear.

ma.çar [*Maça* ou *maço*.■1A] *vtd.* **1.** Enfadar, importunar, amolar. *int.* **2.** Ser maçante. [C.: 1B]

ma.ça.ran.du.ba [Do tupi.] *sf. Bras. Bot.* Árvore sapotácea, de madeira útil.

ma.ca.réu [V.E] *sm.* Onda de arrebentação que irrompe de súbito em sentido oposto ao do fluxo das águas de rio e, seguida de ondas menores, sobe rio acima.

ma.ça.ri.co [V.E] *sm.* **1.** Aparelho que permite obter chama a uma temperatura muito alta, us. para soldar, fundir ou cortar metais. **2.** *Zool.* Ave escolopacídea, ribeirinha.

ma.ça.ro.ca [V.C] *sf.* **1.** Fio que o fuso enrolou em torno de si. **2.** Espiga de milho.

ma.car.rão [It. *maccherone*.◘ 28] *sm.* Massa alimentícia de farinha de trigo, de feitio variado. [Pl.: *-rões*.]

ma.car.ro.na.da [*Macarrão* (-rona-). ◘ 4] *sf. Cul.* Iguaria feita com macarrão cozido, molho, etc.

ma.car.rô.ni.co [It. *maccheronico*.◘ 35B] *adj.* Diz-se de qualquer idioma mal falado ou mal escrito.

ma.ca.xei.ra ou **ma.ca.xe.ra** (ê) [Do tupi.] *sf. Bras. Bot.* V. *mandioca*.

ma.ce.ga [V.E] *sf.* Qualquer erva daninha das searas.

ma.ce.gal [*Macega*.◘ 39] *sm. Bras.* Grande extensão de terreno coberto de macega. [Pl.: *-gais*.]

ma.cei.ó [Or. tapuia, poss.] *sm. Bras. N.E.* Lagoeiro à beira-mar.

ma.cei.o.en.se (ò) [◘ 38] *adj2g.* **1.** De Maceió, capital de AL. ● *s2g.* **2.** O natural ou habitante de Maceió.

ma.ce.la [V.E] *sf. Bot.* Camomila.

ma.ce.rar [Lat. *macerare*.◘ 1A] *vtd.* **1.** Amolecer (substância sólida) pela ação dum líquido, ou socando. **2.** Machucar (algo) para extrair-lhe o suco. **3.** *Fig.* Mortificar (o corpo) por penitência. *p.* **4.** Torturar-se. [C.: 1 (é)] § **ma.ce.ra.ção** *sf.*; **ma.ce.ra.do** *adj.*

ma.cér.ri.mo [Lat. *macerrimu*.] *adj.* Muitíssimo magro; magríssimo.

ma.ce.ta (ê) [*Maço* + *-eta* (ê).] *sf.* Pequeno maço (1) de ferro us. pelos pedreiros.

ma.ce.tar [*Maceta* ou *macete*.◘ 1A] *vtd.* Bater com a maceta ou o macete em. [C.: 1 (é)]

ma.ce.te (ê) [*Maço* + *-ete* (ê).] *sm.* **1.** Maço (1) com que se bate no cabo dos formões. **2.** *Bras. Gír.* Recurso engenhoso para se obter algo.

ma.cha.da.da [*Machado*.◘ 4] *sf.* Golpe de machado.

ma.cha.di.a.no [◘ 29A] *adj.* Do, ou relativo ao escritor Machado de Assis (**M.**), ou à sua obra.

ma.cha.di.nha [*Machada*.◘ 32A] *sf.* Machado pequeno.

ma.cha.do [Lat. **marculatu*.] *sm.* Instrumento cortante que se usa, encabado, para rachar lenha, etc.

ma.chão [*Macho*.◘ 28A] *sm.* Homem que alardeia sua masculinidade. [Pl.: *-chões*.]

ma.chis.mo [*Macho*.◘ 11] *sm.* Atitude ou comportamento de quem crê que o homem é socialmente superior à mulher. § **ma.chis.ta** *adj2g. s2g.*

ma.cho [Lat. *masculu*.] *sm.* **1.** Animal do sexo masculino. **2.** Homem (física e sexualmente). **3.** Valentão, fanfarrão. **4.** Dobra em 2 pregas num pano, uma de cada lado. **5.** Peça da dobradiça, do colchete, etc., que encaixa na outra, a fêmea. ● *adj.* **6.** Diz-se de macho (1): *cobra macha.*

ma.chu.ca.do [*Machucar*.◘ 17A] *adj.* **1.** Que se machucou. ● *sm.* **2.** Contusão, lesão, machucão. **3.** *P.ext.* Qualquer ferimento ger. sem gravidade; machucão.

ma.chu.cão [*Machucar*.◘ 2] *sm.* V. *machucado* (2 e 3). [Pl.: *-cões*.]

ma.chu.car [Esp. *machucar*, poss.◘ 1A] *vtd.* **1.** Esmagar (corpo) com o peso e/ou a dureza de outro. **2.** Produzir chaga ou contusão em; ferir. **3.** *Fig.* Melindrar, magoar. *p.* **4.** Ferir-se. **5.** *Fig.* Magoar-se. **6.** *Bras. Gír.* Sair-se mal. [C.: 1A] § **ma.chu.ca.du.ra** *sf.*

ma.ci.ço [Esp. *macizo*.] *adj.* **1.** Que não é oco; compacto. **2.** Espesso, cerrado. ● *sm.* **3.** Conjunto de montanhas grupadas em volta dum ponto culminante. **4.** Aquilo que é denso e compacto.

ma.ci.ei.ra [*Maçã*.◘ 16] *sf. Bot.* Árvore rosácea, frutífera.

ma.ci.ez (ê) ou **ma.ci.e.za** (ê) [*Macio*.◘ 12A] *sf.* Qualidade de macio.

ma.ci.len.to [Lat. *macilentu*.◘ 27] *adj.* Magro e pálido.

ma.ci.o [Do ár., poss.] *adj.* **1.** Suave ao tato. **2.** Doce, brando.

ma.ci.o.ta [*Macio* + *-ota*¹.] *sf.* Us. na loc. *na maciota.* ◆ **Na maciota.** Sem esforço ou complicação; tranquilamente.

ma.ço [De *maça*.] *sm.* **1.** Martelo de madeira us. por carpinteiros, escultores, calceteiros, etc. **2.** Maça (2). **3.** Conjunto de coisas atadas juntas ou contidas no mesmo invólucro.

ma.çom [Fr. *maçon*, do frânc. 'pedreiro'.] *sm.* Membro da maçonaria; pedreiro-livre. [Pl.: *-çons*.] § **ma.çô.ni.co** *adj.*

ma.ço.na.ri.a [Fr. *maçonnerie*.◘ 15] *sf.* Sociedade filantrópica secreta que tem por símbolo os instrumentos do pedreiro e do arquiteto.

ma.co.nha [Do quimb.] *sf. Bot.* As folhas e inflorescências dessecadas e trituradas do cânhamo (1), us. como alucinógeno.

ma.co.nhei.ro [*Maconha*.◘ 25] *sm. Bras.* Vendedor e/ou fumante de maconha.

ma.cra.mé ou **ma.cra.mê** [Fr. *macramé*.] *sm.* Passamanaria feita com cordões trançados nos quais se dão nós.

má-cri:a.ção *sf.* **1.** Qualidade de quem é mal-criado. **2.** Ato ou dito grosseiro, rude. [Pl.: *má(s)-criações*.]

ma.cró.bi:o [Gr. *makróbios*.] *adj. sm.* Que, ou aquele que tem idade avançada.

ma.cro.bi.ó.ti.ca [Gr. *makrobíotos*, 'de vida longa', + *-ica*.] *sf.* Dieta com base em cereais integrais, legumes e frutas.

macrocefalia | maestria

ma.cro.ce.fa.li.a [*Macrocéfalo*.◨ 8A] *sf. Med.* Aumento patológico do volume da cabeça. § **ma.cro.ce.fá.li.co** *adj.*; **ma.cro.cé.fa.lo** *adj. sm.*

ma.cro.cos.mo [*Macr(o)-* + *-cosmo*.] *sm.* O Cosmo como um todo orgânico, p.opos. ao ser humano (microcosmo).

ma.cro:e.co.no.mi.a *sf. Econ.* Parte da economia (3) que estuda o funcionamento do sistema econômico como um todo.

ma.cro-jê *sm. Bras.* **1.** *E.Ling.* Tronco linguístico de ampla distribuição no Brasil, do qual constam, p.ex., as famílias bororo, jê e botocudo. ● *adj2g.* **2.** Pertencente ou relativo a macro-jê (1). [Pl., nesta acepç.: *macros-jês*.]

ma.cro.ma.ni.a [*Macr(o)-* + *-mania*.] *sf. Psiq.* Megalomania. § **ma.cro.ma.ní.a.co** *adj. sm.*

ma.cro.po.dí.de:o [Tax. *Macropodidae*.] *adj. sm. Zool.* Diz-se de, ou espécime dos macropódeos, família de marsupiais herbívoros. Ex.: canguru.

ma.cros.có.pi.co [*Macr(o)-* + *-scop-* + *-ico²*.◨ 35B] *adj.* **1.** Diz-se de observação feita a olho nu. **2.** *P.ext.* Visível a olho nu.

ma.cu.co [Do tupi.] *sm. Zool.* Ave tinamídea das matas virgens.

ma.çu.do [*Maça* + *-udo*.] *adj.* **1.** Que tem forma de maça. **2.** Maçante, monótono (escrito, discurso).

má.cu.la [Lat. *macula*.] *sf.* **1.** Nódoa, mancha. **2.** V. *mancha* (4).

ma.cu.lar [Lat. *maculare*.◨ 1A] *vtd.* **1.** Pôr máculas em. **2.** *Fig.* Infamar. *p.* **3.** Incorrer em desonra. [C.: 1] § **ma.cu.la.dor** (ô) *adj.*

ma.cum.ba [De quimb.] *sf. Bras.* **1.** Religião afro-brasileira com elementos de religiões indígenas e do cristianismo. **2.** O ritual que corresponde a ela.

ma.cum.bei.ro [*Macumba*.◨ 25] *adj. sm. Bras.* Diz-se de, ou praticante da macumba.

ma.cu.xi *adj2g. s2g. Bras. Etnôn.* Diz-se de, ou indivíduo dos macuxis, povo indígena da família linguística caraíba, que habita em RR.

ma.da.ma *sf.* V. *madame*.

ma.da.me [Fr. *madame*.] *sf.* **1.** Senhora, dama. **2.** *Pop.* Dona de casa.

ma.dei.ra [Lat. *materia*.◨ 16] *sf. Bot.* Cerne de árvore, constituído pelo lenho morto. ♦ **Madeira de lei.** *Bot.* Madeira dura, própria para construções.

ma.dei.ra.me [*Madeira* + *-ame*.] *sm.* Madeiramento.

ma.dei.ra.men.to [*Madeirar*.◨ 3] *sm.* O conjunto das madeiras que constituem a estrutura de uma edificação, ou de parte dela; madeirame.

ma.dei.rei.ra [*Madeira*.◨ 16] *sf.* Empresa que se dedica à exploração e ao comércio de madeira.

ma.dei.rei.ro [*Madeira*.◨ 25] *sm.* **1.** Negociante de madeiras. ● *adj.* **2.** Relativo ao comércio ou à indústria de madeiras.

ma.dei.ro [De *madeira*.] *sm.* Peça grossa de madeira; lenho.

ma.dei.xa [Lat. *mataxa*.] *sf.* Mecha de cabelos da cabeça.

ma.do.na [It. *madonna*.] *sf.* Nossa Senhora (representada em imagem ou pintura).

ma.dor.na *sf.* V. *modorra*.

ma.dra.ço [V.E] *adj. sm.* V. *mandrião*.

ma.dras.ta [Lat. **matrasta*.] *sf.* A mulher, em relação ao(s) filho(s) que o marido teve anteriormente.

ma.dre [Lat. *mater*, 'mãe'.] *sf.* **1.** Freira. **2.** Superiora de comunidade religiosa. **3.** Viga horizontal sobre a qual assentam barrotes. **4.** *Anat.* V. *útero*.

ma.dre.pé.ro.la [It. *madreperla*.] *sf.* Substância iridescente, nacarada, lisa, que forma a camada interna da concha de vários moluscos.

ma.dre.po.rá.ri:o [Tax. *Madreporaria*.◨ 24] *adj. sm. Zool.* Escleractínio.

ma.dres.sil.va [Lat.med. *matrisilva*.] *sf. Bot.* Trepadeira caprifoliácea de flores perfumadas, e sua flor.

ma.dri.gal [It. *madrigale*.◨ 39] *sm.* **1.** Composição poética engenhosa e galante. **2.** Galanteio dirigido a damas. [Pl.: *-gais*.]

ma.dri.le.no [Esp. *madrileño*.] *adj.* **1.** De Madri, capital da Espanha. ● *sm.* **2.** O natural ou habitante de Madri.

ma.dri.nha [Lat. **matrina*.◨ 32A] *sf.* **1.** Mulher que serve de testemunha em batizado, crisma e casamento, e assim chamada em relação ao neófito ou à pessoa que se crisma ou casa. **2.** *Bras.* Egua ou besta que serve de guia duma tropa de muares.

ma.dru.ga.da [*Madrugar*.◨ 4] *sf.* **1.** V. *manhã* (2). **2.** Período entre zero hora e o amanhecer.

ma.dru.gar [Lat. **maturicare*.◨ 1A] *v.int.* **1.** Levantar-se bem cedo. **2.** Chegar cedo a um lugar. [C.: 1C] § **ma.dru.ga.dor** (ô) *adj.*

ma.du.ra.ção [*Madurar*.◨ 2A] *sf.* Sazonamento de fruta; amadurecimento, maturação. [Pl.: *-ções*.]

ma.du.rar [Lat. *maturare*.◨ 1A] *vtd., int. e p.* Amadurecer. [C.: 1]

ma.du.re.za (ê) *sf.* [*Maduro*.◨ 12] Qualidade ou estado de maduro.

ma.du.ro [Lat. *maturu*.] *adj.* **1.** Pronto para ser colhido, ceifado, ou comido (grão, fruto etc.). **2.** Plenamente desenvolvido; amadurecido. **3.** Que já não é moço. **4.** *Fig.* Prudente, refletido.

mãe [Lat. *mater*.] *sf.* **1.** Mulher ou qualquer fêmea que deu à luz um ou mais filhos. **2.** Fonte, origem.

mãe-ben.ta *sf. Bras. Cul.* Bolinho de farinha de trigo, coco e ovos. [Pl.: *mães-bentas*.]

mãe-d'á.gua *sf. Bras. Folcl.* Ente fantástico, espécie de sereia de rios e lagos; iara, uiara. [Pl.: *mães-d'água*.]

mãe de san.to *sf. Bras.* Fem. de *pai de santo*. [Pl.: *mães de santo*.]

mãe-do-ca.ma.rão *sf. Bras. Zool.* Tamburutaca. [Pl.: *mães-do-camarão*.]

ma.es.tri.a *sf.* Mestria.

maestrina | magríssimo

ma.es.tri.na [It. *maestrina*.] *sf.* Fem. de *maestro*.

ma.es.tro [It. *maestro*.] *sm.* 1. Compositor musical. 2. Regente de orquestra.

má-fé *sf.* Intenção dolosa; perfídia. [Pl.: *más-fés.*]

má.fi:a [Do it. dial.] *sf.* 1. Organização criminosa originária da Itália. 2. *P.ext.* Qualquer organização criminosa poderosa em dado país ou região. 3. *P.ext.* Grupo de criminosos muito bem organizados. § **ma.fi.o.so** (ô) *adj.sm.*

má-for.ma.ção *sf. Med.* Formação anormal ou defeituosa, de origem congênita ou hereditária. [Pl.: *más-formações.*]

ma.ga *sf.* Mulher que pratica magia.

ma.ga.não [*Magano*. ▣28A] *sm.* Aquele que é muito magano. [Pl.: *-nões.* Fem.: *maganona.*]

ma.ga.no [*Mangana*, poss.] *adj. sm.* Diz-se de, ou indivíduo jovial, engraçado.

ma.ga.re.fe [Do ár.-hisp.] *sm.* Aquele que mata e esfola reses nos matadouros; carniceiro.

ma.ga.zi.ne [Ingl. *magazine*, do ár.] *sm.* 1. Publicação periódica, ger. ilustrada e recreativa. 2. Casa onde se vendem artigos de modas; loja.

ma.gen.ta [Top. *Magenta* (Itália).] *adj2g.2n. sm.* V. *carm* (2 a 4).

ma.gi.a [Lat. *magia*.] *sf.* 1. Arte ou ciência oculta com que se pretende produzir efeitos e fenômenos contrários às leis naturais; bruxaria, mágica. 2. Magnetismo, encanto. 3. *Antrop.* Conjunto de crenças, práticas e saberes relativos ao possível uso ou domínio de forças impessoais que agem na natureza ou nos indivíduos. ◆ **Magia negra.** Magia (1) praticada com maus propósitos; necromancia.

má.gi.ca [V. *magia* (1).] 2. V. *prestidigitação*.

má.gi.co [Lat. *magicu*. ▣35] *adj.* 1. Referente à magia. 2. Extraordinário, sobrenatural. 3. *Fig.* Encantador, fascinante. ● *sm.* 4. V. *mago* (2). 5. V. *prestidigitador*.

ma.gis.té.ri:o [Lat. *magisteriu*.] *sm.* 1. Cargo de professor. 2. O exercício desse cargo, ou a classe dos professores; professorado.

ma.gis.tra.do [Lat. *magistratu*. ▣17] *sm.* 1. Aquele a quem se delegaram poderes para governar ou distribuir justiça. 2. Juiz, desembargador, ministro.

ma.gis.tral [Lat. *magistrale*. ▣39] *adj2g.* 1. De mestre. 2. Perfeito, completo, exemplar. [Pl.: *-trais.*]

ma.gis.tra.tu.ra [Lat. *magistratus* + *-ura*. ▣5] *sf.* 1. Dignidade ou funções de magistrado. 2. A classe dos magistrados.

mag.ma [Lat. *magma*.] *sm.* Massa natural, fluida, ígnea, existente no interior da Terra. § **mag.má.ti.co** *adj.*

mag.na.ni.mi.da.de [Lat. *magnanimitate*. ▣14] *sf.* Qualidade ou atitude de quem é magnânimo.

mag.nâ.ni.mo [Lat. *magnanimu*.] *adj.* Que tem ou denota grandeza de alma; generoso.

mag.na.ta [Lat. *magnates*.] *s2g.* Pessoa influente ou ilustre; manata (*pop.*).

mag.né.si:a [Fr. *magnésie*, do top. gr. *Magnesía*.] *sf. Quím.* O óxido de magnésio, branco, cristalino, us. como refratário e em medicina.

mag.né.si:o [Lat.cient. *magnesium*.] *sm. Quím.* V. *metal alcalinoterroso* [símb.: *Mg*]

mag.né.ti.co [Fr. *magnétique*. ▣35] *adj2g.* 1. Relativo ao magneto ou ao magnetismo. 2. Diz-se de fenômeno pertinente a um ímã, ou análogo aos provocados por um ímã.

mag.ne.tis.mo [Fr. *magnétisme*. ▣11] *sm.* 1. *Fís.* Nome comum às propriedades características dos campos e das substâncias magnéticas. 2. *Fig.* Fascinação, encantamento.

mag.ne.ti.zar [Fr. *magnétiser*. ▣1D] *vtd.* 1. V. *imantar.* 2. Dominar a vontade de. 3. *Fig.* Atrair, fascinar. [C.: 1] § **mag.ne.ti.za.ção** *sf.*; **mag.ne.ti.za.dor** (ô) *adj. sm.*

mag.ne.to *sm. Fís.* Imã (1).

mag.ne.tô.me.tro [*Magnet(o)-* + *-metro*.] *sm. Geofís.* Instrumento destinado à medição de intensidade de campo magnético.

mag.ni.fi.car [Lat. *magnificare*. ▣1A] *vtd.* 1. Engrandecer, louvando. 2. Ampliar as dimensões de (um objeto). *p.* 3. Mostrar-se grande, magnífico. [C.: 1A] § **mag.ni.fi.ca.ção** *sf.*

mag.ni.fi.cên.ci:a [Lat. *magnificentia*. ▣10] *sf.* 1. Qualidade de magnificente. 2. Ostentação, luxo. 3. Generosidade, liberalidade.

mag.ni.fi.cen.te [Lat. *magnificente*. ▣21A] *adj2g.* 1. Grandioso; suntuoso. 2. Generoso, liberal. [Sin.ger.: *magnífico.*]

mag.ní.fi.co [Lat. *magnificu*. ▣35] *adj.* 1. V. *magnificente.* 2. Muito bom; excelente.

mag.ni.tu.de [Lat. *magnitudine*.] *sf.* 1. Qualidade de magno; grandeza. 2. Importância, gravidade.

mag.no [Lat. *magnu*.] *adj.* Grande, importante.

mag.nó.li:a [Tax. *Magnolia*. ▣8B] *sf. Bot.* Árvore magnoliácea, ornamental, e sua flor.

mag.no.li.á.ce:a [Tax. *Magnoliaceae*.] *sf. Bot.* Espécime das magnoliáceas, família de árvores ornamentais esp. das regiões temperadas. § **mag.no.li.á.ce:o** *adj.*

ma.go [Lat. *magu*.] *sm.* 1. Antigo sacerdote, entre os medos e persas. 2. O que pratica a magia (1); mágico, bruxo.

má.go:a [Lat. *macula*.] *sf.* 1. Sentimento de tristeza ou desgosto, causados por fato ou ação que nos fere moral ou emocionalmente. 2. Pena, tristeza, descontentamento, desagrado. 3. Dó, pena.

ma.go.ar [Lat. *maculare*. ▣1A] *vtd.* 1. Ferir, contundir. 2. Causar mágoa, pesar, tristeza, a; contristar. 3. Causar ofensa a, ou ferir o amor-próprio de; melindrar. *p.* 4. Ferir-se, contundir-se. 5. Ofender-se, melindrar-se. 6. Afligir-se, contristar-se. [C.: 1D] § **ma.go.a.do** *adj.*

ma.go.te [V.C] *sm.* V. *quantidade* (2).

ma.gre.lo [*Magro* + *-elo*.] *adj. sm. Bras.* Magricela.

ma.gri.ce.la *adj2g. s2g.* Que, ou quem é muito magro; esquelético.

ma.grís.si.mo *adj.* Macérrimo.

ma.gro [Lat. *macru*.] *adj.* **1.** Com pouca gordura corporal. **2.** Que tem pouca ou nenhuma gordura ou sebo. **3.** Pouco rendoso. § **ma.gre.za** (ê) *sf.*

ma.gua.ri [Do tupi.] *sm. Bras. Zool.* Ave ciconiiforme sul-americana.

mai.a *s2g.* **1.** Indivíduo dos maias, povo que habitava a América Central e parte do México. ● *sm.* **2.** *E.Ling.* A sua língua. ● *adj2g.* **3.** Dos maias.

mai.êu.ti.ca [Gr. *maieutiké (téchne).*] *sf.* Na filosofia socrática, arte de extrair do interlocutor, por meio de perguntas, as verdades do objeto em questão.

mai.o [Lat. *Maiu.*] *sm.* O quinto mês do ano, com 31 dias.

mai.ô [Fr. *maillot.*] *sm.* Traje que molda o corpo, feito ger. em tecido elástico e é us. para banho de mar, de piscinas, etc.

mai.o.ne.se [Fr. *mayonnaise.*] *sf.* **1.** Molho frio e espesso feito com azeite, gema de ovo e mostarda. **2.** Prato frio, feito com batata, cenoura, etc., a que se adiciona esse molho.

mai.or [Lat. *majore.*] *adj2g.* **1.** Que excede outro em tamanho, espaço, duração, grandeza, etc. **2.** Que chegou à maioridade. ● *s2g.* **3.** Indivíduo maior (2). ◆ **Maior de idade.** V. *maior* (3). **A maior. 1.** A mais. **2.** *Econ.* A exceder o valor nominal.

mai.o.ral [Maior. ■39] *s2g.* O chefe, o cabeça. [Pl.: *-rais*.]

mai.o.ri.a [*Maior.* ■8A] *sf.* O maior número ou a maior parte.

mai.o.ri.da.de [*Maior.* ■14] *sf.* Estado ou condição de quem já atingiu a idade a partir da qual tem plenos direitos e responsabilidades como membro da sociedade. ◆ **Maioridade civil.** Aquela definida para efeitos civis (no Brasil, vigora a partir dos 21 anos de idade).

mais [Lat. *magis.*] *adv.* **1.** Designa aumento, grandeza, superioridade, comparação. **2.** Além disso; também. **3.** Antes; preferentemente: *"Mais vale 1 pássaro na mão do que 2 voando"* (prov.). **4.** De novo. ● *sm.* **5.** V. *resto* (1). ● *pron.indef.* **6.** Em maior número ou quantidade. ◆ **A mais.** Além do necessário, do essencial; a maior. **Até mais.** Até logo.

mai.se.na *sf.* Amido de milho.

mais-que-per.fei.to *adj. sm. E.Ling.* Diz-se de, ou o tempo verbal que indica ação ou estado passado com relação ao perfeito (5). [Pl.: *mais-que-perfeitos*.]

mais-va.li.a *sf. Econ.* Na economia marxista, valor não remunerado que o trabalho assalariado acrescenta aos bens produzidos, e que é a real fonte de lucro dos capitalistas. [Pl.: *mais-valias*.]

mai.ta.ca [Do tupi.] *sf. Bras. Zool.* V. *jandaia*.

→ **maître** (métri) [Fr.] *sm.* Garçom que chefia os outros garçons.

mai.ús.cu.la *sf.* Letra maiúscula.

mai.ús.cu.lo [Lat. *majusculu.*] *adj. Tip.* Diz-se da letra ger. maior que sua correspondente minúscula e com formato diferente do dela, us. para destacar nome próprio, marcar o início de texto, etc.

ma.jes.ta.de [Lat. *majestate.*] *sf.* **1.** Grandeza suprema; elevação, superioridade, sublimidade. **2.** Título de imperador ou rei e de imperatriz ou rainha.

ma.jes.tá.ti.co [Lat. *majestate* + *-ico*². ■35B] *adj.* **1.** De, ou próprio de majestade. **2.** Augusto, sublime, majestoso.

ma.jes.to.so (ô) [Lat. *majest(ate)* + *-oso*. ■37] *adj.* **1.** Que tem majestade. **2.** Imponente, suntuoso. **3.** V. *majestático* (2). [Pl.: *-tosos* (ó).]

ma.jor [Fr. *major* ou *majeur.*] *sm.* V. *hierarquia militar*.

ma.jo.rar [Fr. *majorer.* ■1A] *vtd.* Aumentar. [C.: 1 (ó).] § **ma.jo.ra.ção** (ç)

ma.jor-a.vi.a.dor (o...ô) *sm.* V. *hierarquia militar*. [Pl.: *majores-aviadores*.]

ma.jor-bri.ga.dei.ro *sm.* V. *hierarquia militar*. [Pl.: *majores-brigadeiros*.]

ma.jo.ri.tá.ri.o [Fr. *majoritaire.* ■24A] *adj. Bras.* Relativo à maioria.

→ **making of** (mêiquin ófi) [Ingl.] *sm2n. Cin. Telev.* Registro da produção de filme, programa de televisão, etc., ger. com entrevistas de atores, diretores, etc.

mal *sm.* **1.** O que é nocivo, mau. **2.** Aquilo que se opõe ao bem, à virtude, à honra. [Antôn. de 1 e 2: *bem*.] **3.** Enfermidade, doença. **4.** Desgraça, infortúnio. **5.** V. *malefício* (1). [Pl.: *males*.] ● *adv.* **6.** De modo mau, ou diferente do que devia ser: *agir mal*. **7.** De modo imperfeito: *Escreve mal*. **8.** De modo insatisfatório ou insuficiente: *Mal estudou para a prova*. **9.** De modo desfavorável. **10.** De modo rude. **11.** Escassamente; pouco: *comer mal*. **12.** A custo; dificilmente: *Mal consegui andar*. **13.** Gravemente enfermo: *Pegou muita chuva e ficou mal*. ● *conj.* **14.** V. *logo que*.

ma.la [Fr. *malle.*] *sf.* **1.** Saco de couro ou de pano, ger. fechado com cadeado. **2.** Tipo de caixa para transporte de roupas em viagem. **3.** Mala (1) para o transporte de correspondência; mala postal. **4.** *Pext.* Correspondência postal. **5.** *Bras. Gír.* Pessoa maçante. ◆ **Mala postal.** Mala (3).

ma.la.ba.ris.mo [(*Jogos*) *malabares*. ■11] *sm.* Exercício de jogos malabares (q.v.).

ma.la.ba.ris.ta [*Malabarismo*. ■36] *s2g.* **1.** Artista que executa jogos malabares (q.v.). **2.** *Fig.* Pessoa que sabe se virar [v. *virar* (13)]; equilibrista.

mal-a.ca.ba.do *adj.* Feito sem perfeição; malfeito. [Pl.: *mal-acabados*.]

ma.la.ca.che.ta (ê) *sf. Bras. Min.* Mica.

ma.la-di.re.ta *sf. Market.* **1.** Sistema de comunicação individualizada via correio (2). **2.** Material enviado por mala-direta (1). [Pl.: *malas-diretas*.]

ma.la.gue.ta (ê) [V.C] *sf.* A semente, aromática e picante, condimentosa, de uma planta zingiberácea de or. africana; pimenta-malagueta.

mal-a.jam.bra.do *adj.* V. *mal-amanhado.* [Pl.: *mal-ajambrados.*]

mal-a.ma.nha.do *adj.* Que se veste ou vestiu mal; malvestido, mal-posto, mal-ajambrado. [Pl.: *mal-amanhados.*]

ma.lan.dra.gem [*Malandro.* 6] *sf.* **1.** Súcia de malandros. **2.** Qualidade, ato ou dito de malandro; malandrice. [Pl.: *-gens.*]

ma.lan.drar [*Malandro.* 1A] *v.int.* Levar vida de malandro. [C.: 1]

ma.lan.dri.ce [*Malandro.* 13] *sf.* Malandragem (2).

ma.lan.dro [Deduz. de *malandrim.*] *sm.* **1.** Indivíduo velhaco, ou que não trabalha e vive de artifícios; velhaco, patife. **2.** Indivíduo preguiçoso; mandrião. **3.** Indivíduo vivo, astuto. ● *adj.* **4.** Que é malandro.

ma.lar [Lat. *mala* + *-ar¹*. 40] *sm.* Anat. V. *zigoma.*

ma.lá.ri:a [It. *malaria.*] *sf. Med.* Doença infecciosa, endêmica em várias regiões, causada por protozoários do gênero *Plasmodium*, e transmitida por mosquitos do gênero *Anopheles*; impaludismo, maleita, paludismo, sezão.

mal-as.sa.da *sf. Bras.* V. *fritada* (2). [Pl.: *mal-assadas.*]

mal-as.som.bra.do *adj. Bras.* Diz-se de lugar em que se acredita haver fantasma (3). [Pl.: *mal-assombrados.*]

mal-a.ven.tu.ra.do *adj. sm.* Desventurado, desditoso. [Pl.: *mal-aventurados.*]

mal.ba.ra.tar *vtd.* **1.** Vender com prejuízo. **2.** Gastar ou usar mal; desperdiçar, desbaratar. *tdi.* **3.** Aplicar indevidamente. [C.: 1] § **mal.ba.ra.ta.dor** (ô) *adj.*

mal.chei.ro.so (ô) *adj.* Que cheira mal. [Pl.: *-rosos* (ó).]

mal.cri.a.do *adj. sm.* Diz-se de, ou indivíduo descortês; mal-educado.

mal.da.de [Lat. *malitate.* 14] *sf.* **1.** Qualidade de mau. **2.** Ação má, malvadeza. **3.** Malícia (3).

mal.dar *vtd.* **1.** Conceber mau juízo sobre: <u>Mal-dou</u> minhas palavras. *ti.* e *int.* **2.** Fazer mau juízo. [C.: 1]

mal.di.ção [Lat. *maledictione.* 2] *sf.* **1.** Ato ou efeito de maldizer ou amaldiçoar. **2.** Praga (1). **3.** Infortúnio, desgraça. [Pl.: *-ções.*]

mal.di.to [Lat. *maledictu.*] *adj.* **1.** Diz-se daquele ou daquilo que é alvo de maldição. **2.** Pernicioso, funesto.

mal.di.zer [Lat. *maledicere.* 1B] *vtd.* **1.** V. *amaldiçoar. ti.* **2.** Dizer mal. [C.: 17]

mal.do.so (ô) [*Mald(ade).* 37] *adj.* Que tem maldade. [Pl.: *-dosos* (ó).]

ma.le.ar [Lat. **malleare.* 1A] *vtd.* **1.** Transformar em lâminas. **2.** Bater com o martelo em; malhar. **3.** Tornar dócil, flexível; abrandar. [C.: 12A]

ma.le.á.vel [Fr. *malléable.* 41] *adj2g.* Que se pode malear ou malhar; flexível. [Pl.: *-veis.*] § **ma.le:a.bi.li.da.de** *sf.*

ma.le.di.cên.ci:a ou **mal.di.zên.ci:a** [Lat. *maledicentia.* 10] *sf.* Qualidade ou ação de maledicente.

ma.le.di.cen.te ou **mal.di.zen.te** [Lat. *maledicente.* 21] *adj2g. s2g.* Que, ou quem fala mal dos outros.

mal-e.du.ca.do *adj. sm.* Malcriado. [Pl.: *mal-educados.*]

ma.le.fí.ci:o [Lat. *maleficiu.*] *sm.* **1.** Prejuízo, dano; mal. **2.** Feitiço, sortilégio.

ma.lé.fi.co [Lat. *maleficu.*] *adj.* Que provoca o mal, ou o atrai; maligno. [Superl.: *maleficentíssimo.*]

ma.lei.ro [*Mala.* 25] *sm.* **1.** Fabricante e/ou vendedor de mala. **2.** Lugar para se guardarem malas. **3.** *Bras.* Carregador.

ma.lei.ta [Lat. *maledicta.*] *sf. Med.* V. *malária.*

mal e mal *adv.* **1.** Pouco mais ou menos. **2.** Escassamente.

mal-en.ca.ra.do *adj.* **1.** Que tem má cara. **2.** Que aparenta má índole. [Pl.: *mal-encarados.*]

mal-en.ten.di.do *adj.* Aquilo que se entendeu mal; desentendimento. [Pl.: *mal-entendidos.*]

mal-es.cri.to *adj.* Malredigido. [Pl.: *mal-escritos.*]

mal-es.tar *sm.* **1.** Indisposição orgânica. **2.** Situação incômoda; desconforto, embaraço. [Pl.: *mal-estares.*]

ma.le.ta (ê) [*Mala* + *-eta* (ê).] *sf.* Pequena mala; malote.

ma.le.vo.lên.ci:a [Lat. *malevolentia.* 10] *sf.* Qualidade ou ação de malevolente.

ma.le.vo.len.te [Lat. *malevolente.* 21A] *adj2g.* **1.** De má índole; mau, malévolo. **2.** Que tem má vontade contra alguém.

ma.lé.vo.lo [Lat. *malevolu.*] *adj.* V. *malevolente* (1). [Superl.: *malevolentíssimo.*]

mal.fa.dar *vtd.* **1.** Profetizar má sorte a. **2.** Tornar infeliz. [C.: 1] § **mal.fa.da.do** *adj.*

mal.fa.ze.jo (ê) *adj.* Amigo de fazer o mal.

mal.fei.to [Lat. *malefactu.*] *adj.* Que não foi feito corretamente.

mal.fei.tor (ô) [Lat. *malefactore.* 19] *sm.* Aquele que comete crimes ou delitos graves; facínora, bandido, bandoleiro.

mal.for.ma.ção [Fr. *malformation.* 2A] *sf. Med.* V. *má-formação.* [Pl.: *-ções.*]

mal.for.ma.do *adj.* Que tem má-formação.

mal.gra.do *prep.* Não obstante; apesar de.

ma.lha¹ [Fr. *maille*, do lat. *macula.*] *sf.* **1.** Cada uma das alças ou voltas dum fio (de lã, seda, etc.). **2.** Tecido cujas malhas se ligam, formando carreiras superpostas. **3.** Roupa colante, de malha. **4.** Tecido de malha com fios metálicos, us. na Idade Média em vestes de combate. ♦ **Malha fina.** *Fig.* Método rigoroso de busca ou pesquisa (p.ex., para fiscalização), ou o seu emprego.

ma.lha² [Lat. *macula.*] *sf.* Mancha natural na pele dos animais.

ma.lha³ [Dev. de *malhar.*] *sf.* V. *surra* (1).

malhada¹ | malvado

ma.lha.da¹ [*Malhar.*⬜4] *sf.* Pancada com malho.

ma.lha.da² *sf.* 1. Cabana de pastores. 2. Curral de gado. 3. Rebanho de ovelhas.

ma.lha.do¹ [*Malhar.*⬜17A] *adj.* 1. Que se malhou. 2. *Bras. Gír.* Moldado (o corpo ou parte dele) devido a ginástica e/ou musculação; sarado.

ma.lha.do² [*Malha².*⬜17B] *adj.* Que tem malhas ou manchas.

ma.lhar [*Malho.*⬜1A] *vtd.* 1. Bater com o malho em. 2. Bater, espancar. 3. *Fam.* Falar mal de. *int.* 4. *Bras. Gír.* Fazer ginástica e/ou musculação. [C.: 1] § **ma.lha.ção** *sf.*

ma.lha.ri.a [*Malha¹.*⬜15] *sf.* Indústria, fábrica ou loja de malha¹ (2 e 3).

ma.lho [Lat. *malleu.*] *sm.* Grande martelo, sem unhas.

mal-hu.mo.ra.do *adj.* Que tem ou está de mau humor; irritado, azedo. [Pl.: *mal-humorados*.]

ma.lí.ci.a [Lat. *malitia.*] *sf.* 1. Tendência para o mal. 2. Astúcia, dissimulação, esperteza, manha, ronha. 3. Intenção maldosa ou satírica; maldade.

ma.li.ci.ar [*Malícia.*⬜1A] *vtd.* 1. Atribuir malícia a. 2. Tomar em mau sentido. 3. Fazer mau juízo de. [C.: 1]

ma.li.ci.o.so (ó) [Lat. *malitiosu.*⬜37] *adj.* Que tem ou denota malícia. [Pl.: -*osos* (ó).]

ma.lig.no [Lat. *malignu.*] *adj.* 1. Maléfico. 2. Nocivo, danoso. 3. *Med.* Que piora progressivamente, levando à morte (doença). 4. *Med.* Que invade tecidos de outro órgão e causa metástase (tumor [2]). § **ma.lig.ni.da.de** *sf.*

mal-in.for.ma.do *adj.* Que não teve, ou recebeu, suficiente informação sobre determinado assunto. [Pl.: *mal-informados*.]

mal-in.ten.ci.o.na.do *adj.* Que tem más intenções. [Pl.: *mal-intencionados*.]

mal.me.quer *sm. Bot.* Bem-me-quer.

mal.nu.tri.do *adj.* Que não se nutriu devidamente; cuja alimentação foi (ou é) fraca em termos nutricionais.

ma.lo.ca [Esp.plat. *maloca*.] *sf. Bras.* 1. Habitação índia, que aloja diversas famílias. 2. Aldeia indígena.

ma.lo.grar *vtd.* 1. Fazer desaparecer ou gorar. *p.* 2. Não ir avante; frustrar-se. [C.: 1 (ó)]

ma.lo.gro (ó) [Dev. de *malograr*.] *sm.* Insucesso, fracasso.

ma.lo.te [*Mala* + *-ote¹*.] *sm.* 1. Maleta. 2. *Bras.* Serviço rápido de transporte e entrega de correspondência e encomendas.

mal.pa.ra.do [*Malparar*, 'expor a mau destino'. ⬜17A] *adj.* Em situação desfavorável.

mal.pas.sa.do *adj. Cul.* Diz-se de bife, etc., que não foi de todo cozido.

mal.pi.ghi.á.ce.a [Tax. *Malpighiaceae.*] *sf. Bot.* Espécime das malpighiáceas, família que inclui árvores e arbustos lenhosos, por vezes trepadores. Ex.: murici. § **mal.pi.ghi.á.ce:o** *adj.*

mal.pos.to (ó) *adj.* V. *mal-amanhado*. [Pl.: -*postos* (ó).]

mal.que.ren.ça [*Malquerer.*⬜10A] *sf.* Falta de estima ou amizade; malquerer.

mal.que.rer *vtd.* 1. Querer mal a. [C.: 26] ● *sm.* 2. Malquerença.

mal.quis.tar [*Malquisto.*⬜1A] *vtd., tdi. e p.* Tornar(-se) malquisto. [C.: 1]

mal.quis.to *adj.* Que é objeto de malquerença, de antipatia.

mal.re.di.gi.do *adj.* Que não teve redação apurada, benfeita; mal-escrito.

mal.são *adj.* 1. Não sadio; insalubre. 2. Mal curado. 3. Mórbido, doentio. 4. Maléfico, maligno. [Pl.: -*sãos*. Fem.: *malsã*.]

mal.si.nar¹ [*Mal* + lat. *signare.*⬜1A] *vtd.* 1. Desejar mal a. 2. Agourar o mal de. *tdi.* 3. Malsinar¹ (2). [C.: 1]

mal.si.nar² *vtd.* 1. Denunciar, delatar. 2. Torcer o sentido de. 3. Censurar, condenar. [C.: 1]

mal.so.an.te *adj2g.* Que soa mal.

mal.su.ce.di.do *adj.* Que teve mau sucesso, ou insucesso.

mal.ta [Top. *Malta*, ilha do Mediterrâneo.] *sf.* 1. Bando, grupo. 2. V. *corja*.

mal.ta.do [*Maltar.*⬜17A] *adj.* A que se adicionou malte.

mal.te [Ingl. *malt.*] *sm.* Produto da germinação das sementes de cevada, e de outros grãos, us. no fabrico de cerveja, etc.

mal.thu.si.a.nis.mo [*Malthusiano.*⬜11] *sm.* Teoria econômica de Malthus (v. *malthusiano*), segundo a qual a população tende a crescer mais do que seus meios de subsistência, causando redução no nível médio de renda.

mal.thu.si.a.no [Antr. (*T. R. Malthus*.)⬜29A] *adj.* Relativo a, ou próprio do economista Thomas R. Malthus (1766-1834, Inglaterra), ou ao malthusianismo.

mal.tra.ça.do *adj.* 1. Que não se traçou corretamente. 2. De traço feio ou irregular.

mal.tra.pi.lho *adj.* Que anda esfarrapado; roto.

mal.tra.tar *vtd.* 1. Infligir maus tratos a. 2. Tratar mal; insultar, ultrajar. 3. *Fig.* Danificar, estragar. [C.: 1] § **mal.tra.ta.do** *adj.*

ma.lu.co [De *mal.*] *adj.* 1. V. *louco* (1). 2. Que age como louco. 3. V. *tolo* (1 e 2). ● *sm.* 4. Indivíduo maluco.

ma.lu.quei.ra [*Maluco.*⬜16] *sf.* Maluquice (2 a 4).

ma.lu.qui.ce [*Maluco.*⬜13] *sf.* 1. Loucura. 2. Ato ou dito de maluco. 3. Extravagância, esquisitice. 4. Tolice, bobagem. [Sin. de 2 a 4: *maluqueira*.]

mal.va [Lat. *malva.*] *sf. Bot.* Erva malvácea mucilaginosa, medicinal, e sua flor.

mal.vá.ce:a [Tax. *Malvaceae.*] *sf. Bot.* Espécime das malváceas, família que abrange ervas, árvores e arbustos lenhosos. Ex.: hibisco. § **mal.vá.ce:o** *adj.*

mal.va.de.za (ê) [*Malvado.*⬜12A] *sf.* Qualidade ou ato de malvado; maldade.

mal.va.do [Lat.vulg. *malefatiu*, *malefatu.⬜17] *adj.* Que pratica atos cruéis, ou disso é capaz.

mal.ver.sa.ção [Fr. *malversation*. ▫2A] *sf.* **1.** Falta no exercício de um cargo, ou na gerência de fundos (q.v.). **2.** Má administração. [Pl.: -*ções*.]

mal.ves.ti.do *adj.* **1.** V. *mal-amanhado*. **2.** Vestido inadequadamente.

mal.vis.to *adj.* **1.** Mal conceituado; suspeito. **2.** Antipatizado, malquisto.

→ **malware** (mauér) [Ingl.] *sm. Inform.* Qualquer *software*, como vírus ou *spyware*, que se infiltra em computador, para causar dano ou roubar informações.

ma.ma [Lat. *mamma*.] *sf.* **1.** *Anat.* Órgão glandular dos mamíferos que, na fêmea, segrega leite. **2.** *Anat.* Cada uma das glândulas mamárias femininas; peito (*pop.*). [Denom. ant.: *seio*.] **3.** O período de amamentação.

ma.ma.da [*Mamar*. ▫4] *sf.* **1.** Ato de mamar. **2.** Tempo que dura a amamentação.

ma.ma.dei.ra [*Mamar*. ▫16A] *sf.* **1.** Garrafinha com chupeta, para amamentar crianças. **2.** O leite, mingau, ou suco, etc., contido em mamadeira (1).

ma.mãe [*Mamã*, com infl. de *mãe*.] *sf. Bras.* Tratamento carinhoso dado à mãe.

ma.man.ga.ba [Do tupi.] *sf. Zool.* Nome comum a abelhas que fazem o ninho no solo.

ma.mão [*Mama*. ▫28A] *sm. Bot.* O fruto do mamoeiro, de polpa amarela, espessa e suculenta. [Pl.: -*mões*.]

ma.mar [Lat. *mammare*. ▫1A] *vtd. e ti.* **1.** Sugar ou chupar (leite de quem amamenta, ou na mamadeira). **2.** Chupar, sugar. *tdi.* **3.** *Fig.* Extorquir. *int.* **4.** Mamar (1). [C.: 1]

ma.má.ri:o [*Mama*. ▫24] *adj.* Relativo a mama.

ma.ma.ta [*Mamar*. ▫4] *sf. Bras.* **1.** Empresa ou administração pública em que se mama [v. *mamar* (3)]. **2.** V. *negociata*.

mam.bem.be [V.E] *sm. Bras.* **1.** Ator ou grupo teatral amador, ambulante. ● *adj2g.* **2.** Medíocre, ordinário.

ma.me.lu.co [Do ár.] *sm. Bras.* Filho de índio com branco; marabá.

ma.mí.fe.ro[1] [*Mam(i)-* + -*fero*.] *adj.* Que tem mamas.

ma.mí.fe.ro[2] [Tax. *Mammiferae*.] *adj. sm. Zool.* Diz-se de, ou espécime dos mamíferos, classe de vertebrados caracterizados pelas glândulas mamárias e pelo corpo ger. coberto de pelos. Ex.: primatas, carnívoros e cetáceos.

ma.mi.lo [Lat. *mamilla*.] *sm.* **1.** *Anat.* Saliência pigmentada da superfície anterior de mama (1). [Sin., pop.: *maminha*.] **2.** *P.ext.* O que tem a forma de mamilo.

ma.mi.nha [*Mama*. ▫32A] *sf.* **1.** Mamilo (1). **2.** A parte mais macia da alcatra.

ma.mo.ei.ro [*Mamão (-mo-)*. ▫25] *sm. Bot.* Arvoreta caricácea, frutífera.

ma.mo.gra.fi.a [*Mamo-* + -*grafia*.] *sf.* Exame radiológico de mama.

ma.mo.na [Do quím.] *sf. Bot.* Planta euforbiácea de fruto capsular do mesmo nome, do qual se extrai óleo útil; carrapateira.

ma.mo.plas.ti.a [*Mamo-* + -*plast(o)-* + -*ia*[1]. ▫8A] *sf. Cir.* Operação plástica em mama; mastoplastia.

ma.mu.te [Fr. *mammouth*.] *sm. Paleont.* Elefante primitivo, com c. de 2,5m a 4,5m de altura, tromba comprida, duas longas presas e densa pelagem. Viveu no plistoceno, na Europa, Ásia e América do Norte, e se extinguiu há c. de 10.000 anos, no final da idade do gelo.

ma.na *sf. Fam.* Irmã.

ma.ná [Lat. *manna*.] *sm.* **1.** Alimento que, segundo a Bíblia, Deus mandou, em forma de chuva, aos israelitas no deserto. **2.** Coisa muito vantajosa.

ma.na.cá [Do tupi.] *sm. Bot.* Arbusto solanáceo, ornamental.

ma.na.da *sf.* Rebanho de gado grosso.

ma.nan.ci.al [Esp. *manantial*. ▫39] *sm.* **1.** V. *fonte* (1). **2.** *P.ext.* Fonte (1) perene e abundante. [Pl.: -*ais*.]

ma.nar [Lat. *manare*. ▫1A] *vtd.* **1.** Verter incessantemente e/ou em abundância. *int.* **2.** Correr ou fluir em abundância. [C.: 1]

ma.nau.en.se [▫38] *adj2g.* **1.** De Manaus, capital do AM. ● *s2g.* **2.** O natural ou habitante de Manaus.

man.ca.da [*Mancar*. ▫4] *sf. Bras.* **1.** Erro; falha. **2.** V. *gafe*.

man.cal [V.E] *sm.* Dispositivo sobre o qual se apoia um eixo que gira, desliza ou oscila, e que lhe permite movimento com um mínimo de atrito. [Pl.: -*cais*.]

man.car [*Manco*. ▫1A] *v.int.* **1.** Coxear. *p.* **2.** Ficar manco. **3.** *Bras. Gír.* Convencer-se de que está sendo inoportuno, inconveniente. [C.: 1A]

man.ce.bi.a [*Mancebo*. ▫8A] *sf.* Estado de quem vive maritalmente com alguém, sem com ele ser casado.

man.ce.bo (ê) [Lat.vulg. hisp. *mancipu.] *sm.* Rapaz (2).

man.cha [Lat. *macula*.] *sf.* **1.** Nódoa; laivo. **2.** Malha[2]. **3.** Cada pincelada, na distribuição das tintas num quadro. **4.** Desonra, labéu; mácula. **5.** *Edit.* A parte impressa da página, p.opos. às margens.

man.char [*Mancha*. ▫1A] *vtd. e p.* **1.** Sujar(-se) com mancha; enodoar(-se). **2.** *Fig.* Infamar(-se), desonrar(-se). [C.: 1] § **man.cha.do** *adj.*

man.chei.a [*Man-* + *cheia*.] *sf.* Porção de coisas, ou duma coisa, que a mão pode abranger; punhado.

man.che.te [Fr. *manchette*.] *sf.* Título ou notícia, em letras maiores, em jornal ou revista.

man.co [Lat. *mancu*.] *adj.* **1.** Diz-se de pessoa ou de animal a que falta mão ou pé, ou que não pode servir-se de algum braço ou perna. **2.** V. *coxo*. ● *sm.* **3.** Indivíduo manco.

man.co.mu.nar [*Man-* + *comum* + -*ar*[2]. ▫1A] *vtd. e tdi.* **1.** Ajustar, combinar. *p.* **2.** Pôr-se de acordo; combinar-se. [C.: 1]

man.da.ca.ru [Do tupi.] *sm. Bras. Bot.* Cactácea de porte arbóreo.

man.da.chu.va s2g. 1. Indivíduo importante ou influente; figurão. 2. Chefe, líder.

man.da.do [Lat. *mandatu*.▫17A] adj. 1. Que se mandou, se enviou. ● sm. 2. V. *mandamento* (1). 3. Recado, incumbência. 4. Ordem escrita que emana de autoridade.

man.da.men.to [*Mandar*.▫3] sm. 1. Ato ou efeito de mandar; mandado, mando. 2. Preceito, regra. 3. A ordem contida num mandado (4). 4. *Rel.* Cada um dos preceitos do decálogo.

man.dan.te [Lat. *mandante*.▫21] adj2g. s2g. Que, ou quem manda, ou que incita a certos atos.

man.dão [*Mandar*.▫28A] adj. sm. Que, ou quem gosta de mandar. [Pl.: *-dões*. Fem.: *mandona*.]

man.dar [Lat. *mandare*.▫1A] vtd. 1. Exigir que se faça; ordenar. 2. Determinar. 3. Comandar. 4. Ter autoridade sobre; governar. 5. Enviar. tdi. 6. Preceituar, determinar. 7. Mandar (5): *Mandou um presente para o avô*. 8. Ordenar que vá, ou permitir que vá. 9. Atirar, arremessar. ti. 10. Exercer poder ou autoridade: *manda no irmão*. tdc. 11. Mandar (8): *Mandou o filho para Roma*. int. 12. Exercer o mando. p. 13. *Pop.* Ir(-se) embora. 14. *Bras. Pop.* V. *fugir* (1). [C.: 1]

man.da.rim [Do sânscr.] sm. Alto funcionário público, na antiga China. [Pl.: *-rins*.]

man.da.tá.ri:o [Lat. *mandatariu*.▫24] sm. 1. Aquele que recebe mandato. 2. Executor de mandatos. 3. Representante, procurador.

man.da.to [Lat. *mandatu*.] sm. 1. Autorização que alguém confere a outrem para praticar em seu nome certos atos; delegação, procuração. 2. Missão, incumbência. 3. Poderes políticos que o povo outorga a um cidadão, pelo voto, para governar nação, estado ou município, ou representá-lo nas respectivas assembleias legislativas. 4. *P.ext.* O período do mandato (3).

man.dí.bu.la [Lat. *mandibula*.] sf. *Osso* único, em forma de ferradura, que constitui a queixada inferior do homem e de outros vertebrados. § **man.di.bu.lar** adj2g.

man.din.ga [Top. *Mandinga* (África).] sf. V. *feitiçaria*. § **man.din.guei.ro** sm.

man.din.gar [*Mandinga*.▫1A] vtd. e int. Fazer mandinga, feitiço (para). [C.: 1C]

man.di.o.ca [Do tupi.] sf. 1. *Bot.* Planta euforbiácea de tubérculo alimentício, com que se faz farinha, etc.; há tb. espécies venenosas. 2. Seu tubérculo. [Sin.ger.: *aipim, macaxeira*.]

man.di.o.qui.nha [*Mandioca*.▫32A] sf. *Bras. Bot.* V. *batata-baroa*.

man.do [Dev. de *mandar*.] sm. 1. Poder ou direito de mandar; autoridade, comando. 2. V. *mandamento* (1).

man.dri.ão adj. sm. Que, ou quem é preguiçoso, vadio; madraço, malandro. [Pl.: *-driões*. Fem.: *mandriona*.]

man.dril[1] [Fr. *mandrin*.] sm. Ferramenta us. para retificar e calibrar furos. [Pl.: *-dris*.]

man.dril[2] [Ingl. *man*, 'homem', + *drill*, 'babuíno', poss.] sm. *Zool.* Gibão[2] africano que, quando adulto, tem listras vermelhas, brilhantes, na face, e nádegas calosas, azuis. [Pl.: *-dris*.]

man.du.car [Lat. *manducare*.▫1A] vtd. e int. Comer, mastigar. [C.: 1A]

ma.né sm. 1. Indivíduo inepto, desleixado. 2. Tolo, bobo. [Sin.ger.: *zé-mané*.]

ma.nei.ra sf. 1. Modo particular de ser ou de agir. 2. Meio, modo, forma. 3. Abertura das saias ou blusas a partir do cós. ♦ **Ter maneiras.** Ser bem-educado.

ma.nei.rar [*Maneira*.▫1A] vtd. *Bras. Gír.* 1. Remediar ou resolver (problema, dificuldade, etc.). int. 2. Diminuir de intensidade; abrandar. 3. Agir com tato, prudência. [C.: 1]

ma.nei.ro [Lat. *manuariu*.▫25] adj. 1. Fácil de manejar. 2. Que exige pouco esforço. 3. *Bras. Gír.* Bacana (q.v.).

ma.nei.ro.so (ô) [*Maneira*.▫37] adj. Que tem boas maneiras; afável. [Pl.: *-rosos* (ó).]

ma.ne.jar [It. *maneggiare*.▫1E] vtd. 1. Manusear (1). 2. Governar com as mãos. 3. Dirigir, controlar. [C.: 1 (é)]

ma.ne.jo (ê) [Dev. de *manejar*.] sm. 1. Ato ou efeito de manejar. 2. Gerência, administração.

ma.ne.ma [Do tupi.] sm. *Bras.* 1. Farinha grossa de mandioca. 2. *Fig.* Tolo, idiota.

ma.ne.quim [Fr. *mannequin*.] sm. 1. Boneco que representa homem ou mulher, us. em estudos artísticos ou científicos, ou para exposição de roupas em lojas, vitrinas, etc. 2. Medida para roupas feitas. ● s2g. 3. Pessoa que exibe roupas, etc., de casa de modas; modelo. [Pl.: *-quins*.]

ma.ne.ta (ê) [*Man-* + *-eta* (ê).] adj2g. s2g. Diz-se de, ou pessoa a quem falta um braço ou uma das mãos.

man.ga[1] [Lat. *manica*.] sf. 1. Parte do vestuário onde se enfia o braço. 2. Qualquer peça em forma de tubo que reveste ou protege outra peça.

man.ga[2] [Do malaiala.] sf. *Bot.* O fruto da mangueira[2].

man.gá [Do jap.] sm. História em quadrinhos japonesa.

man.ga.ba [Do tupi.] sf. *Bras. Bot.* O fruto da mangabeira.

man.ga.bei.ra [*Mangaba*.▫16] sf. *Bras. Bot.* Arvoreta apocinácea, frequente nos cerrados.

man.ga-lar.ga adj2g. sm. *Bras.* Diz-se de, ou cavalo de certa raça obtida em MG (manga-larga marchador), e em SP (manga-larga paulista). [Pl.: *mangas-largas*.]

man.ga.nês [Fr. *manganèse*.] sm. *Quím.* Elemento de número atômico 25, metálico, cinzento, mole, denso, us. em diversas ligas [símb.: *Mn*].

man.gar [V.D] vti. e int. 1. Caçoar, afetando seriedade. 2. Escarnecer, zombar. [C.: 1C] § **man.ga.ção** sf.

man.gual [Lat. *manuale*.▫39A] sm. 1. Instrumento para malhar cereais. 2. Chicote com que se açoitam animais. [Pl.: *-guais*.]

man.gue [V.D] sm. *Fitogeo.* 1. Ecossistema costeiro, das regiões quentes, ger. inundado por água salobra, com plantas e animais característicos; manguezal. **2.** Cada uma das plantas que aí vegetam.

man.guei.ra[1] [*Manga*[1].◻16] *sf.* Tubo de lona, borracha, etc., para condução de água ou de ar.

man.guei.ra[2] [*Manga*[2].◻16] *sf. Bot.* Árvore anacardiácea de fruto alimentício, a manga.

man.gue.zal [*Mangue*.◻39B] *sm. Fitogeo.* Mangue (1). [Pl. *-zais*.]

ma.nha [Lat.vulg. *mania.] *sf.* **1.** Destreza, habilidade. **2.** V. *malícia* (2). **3.** Defeito ou mau hábito inveterado. **4.** Dengue, luxo. **5.** *Fam.* Choro infantil sem causa.

ma.nhã [Lat.vulg. (*hora*) *maneana.] *sf.* **1.** Tempo que vai do nascer do Sol ao meio-dia. **2.** A alvorada; o amanhecer; a madrugada.

ma.nho.so (ô) [*Manha*.◻37] *adj.* **1.** Que tem ou revela manha(s). **2.** *Fam.* Diz-se de criança choramingas. [Pl.: *-nhosos* (ó).]

ma.ni.a [Gr. *manía*.] *sf.* **1.** *Psiq.* Síndrome mental caracterizada por excitação psíquica, insônia, muita atividade, etc., e, em certos casos, agitação motora. **2.** Excentricidade, esquisitice. **3.** Gosto exagerado por algo. **4.** Ideia fixa doentia; obsessão. **5.** V. *cacoete* (2).

ma.ní.a.co [Lat.med. *maniacu*.] *adj. sm.* Diz-se de, ou aquele que sofre de mania (1).

ma.ni:a.tar ou **ma.ni:e.tar** [*Mani*-[2] + *atar*.] *vtd.* **1.** Atar as mãos de. **2.** Prender, amarrar. **3.** Constranger, subjugar. [C.: *maniatar* 1 e *manietar* 1 (é)]

ma.ni.ço.ba [Do tupi.] *sf. Bras. Bot.* Arvoreta euforbiácea, lactescente.

ma.ni.cô.mi:o [*Mani*-[1] + *-cômio*.] *sm.* Hospital para doentes mentais; hospício.

ma.ní.cu.la [Lat. *manicula*.] *sf.* **1.** *Zool.* Membro anterior de mamífero. **2.** *Bras.* Manivela (1).

ma.ni.cu.re [Fr. *manucure*.] *s2g.* Profissional que trata das unhas das mãos e dos pés.

ma.ni.cu.ro *sm.* V. *manicure*.

ma.ni.fes.ta.ção [Lat. *manifestatione*.◻2A] *sf.* **1.** Ato ou efeito de manifestar(-se). **2.** Demonstração, revelação. **3.** Homenagem pública e coletiva. [Pl.: *-cões*.]

ma.ni.fes.tan.te [Lat. *manifestante*.◻21] *adj2g. s2g.* **1.** Que, ou quem (se) manifesta. **2.** Que, ou quem sai à rua em passeata, etc., para protestar, apoiar, reivindicar, etc.

ma.ni.fes.tar [Lat. *manifestare*.◻1A] *vtd.* **1.** Tornar manifesto (opinião, apoio, desaprovação); divulgar. **2.** Exprimir, revelar: *Seu rosto <u>manifestava</u> alegria*. *p.* **3.** Mostrar(-se), revelar(-se). **4.** Declarar-se, pronunciar-se. *tdi.* **5.** Declarar, revelar. [C.: 1 (é)]

ma.ni.fes.to [Lat. *manifestu*.] *adj.* **1.** V. *evidente*. ● *sm.* **2.** Coisa manifestada. **3.** Declaração pública ou solene das razões que justificam certos atos ou fundamentam certos direitos. **4.** Programa político, religioso, etc.

ma.ni.lha [Esp. *manilla*.] *sf.* Tubo de barro vidrado, para canalização de água e esgoto.

ma.ni.nho [Lat. hisp. *manninu.] *adj.* **1.** Estéril, infecundo. **2.** Não aproveitável ou não aproveitado para o cultivo; inculto, estéril. **3.** Bravo, silvestre.

ma.ni.pu.lar [Lat. *manipulare*.◻1A] *vtd.* **1.** Preparar com a mão. **2.** Preparar (medicamentos) com corpos simples. **3.** Fazer funcionar. **4.** *Fig.* Dominar, controlar. **5.** *Fig.* Levar alguém a pensar ou a agir como nos convém. [C.: 1] § **ma.ni.pu.la.ção** *sf.*; **ma.ni.pu.la.dor** (ô) *adj. sm.*; **ma.ni.pu.lá.vel** *adj2g.*

ma.ni.que.ís.mo [Fr. *manichéisme*.◻11] *sm.* **1.** *Filos.* Doutrina segundo a qual o Universo é dominado por 2 princípios: o bem e o mal. **2.** Ponto de vista de quem divide uma questão, etc., em 2 partes opostas, sem nuança. § **ma.ni.que.ís.ta** *adj2g. s2g.*

ma.nir.ro.to (ô) [*Mani*-[2] + *roto*.] *sm.* V. *mão-aberta*.

ma.ni.tó ou **ma.ni.tô** [Do algonquino.] *sm.* Gênio tutelar, ou demônio, entre certos índios americanos.

ma.ni.ve.la [Fr. *manivelle*.] *sf.* **1.** Peça de máquina à qual se imprime movimento com a mão; manícula. **2.** Peça sujeita a qualquer força motriz, e que aciona engenho ou máquina.

man.jar [Lat. *manducare*.◻1A] *vtd.* **1.** *Ant.* Comer (1). **2.** *Bras. Gír.* Observar, espionar. **3.** *Gír.* Entender, compreender. *ti.* **4.** *Gír.* Entender. [C.: 1] ● *sm.* **5.** Qualquer substância alimentícia, esp. as delicadas e apetitosas.

man.jar-bran.co *sm. Cul.* Pudim feito com leite, maisena, coco e açúcar, ger. acompanhado de compota de ameixas pretas. [Pl.: *manjares-brancos*.]

man.je.doi.ra ou **man.je.dou.ra** *sf.* Tabuleiro onde, nas estrebarias, se põe comida para os animais.

man.je.ri.cão [V.E] *sm. Bot.* Erva lamiácea, condimentosa. [Pl.: *-cões*.]

man.je.ro.na *sf. Bot.* Erva lamiácea, tônica, aromática, condimentosa.

ma.no *sm. Fam.* **1.** Irmão (1). **2.** Amigo cordial.

ma.no.bra [Fr. *manœuvre*.] *sf.* **1.** Ação de fazer funcionar à mão um aparelho, máquina, etc. **2.** Acomodação de veículo em vaga[2] (2). **3.** Conjunto de ações ou movimentos para se alcançar um dado fim. **4.** Movimento de tropas em campanha. **5.** Trama ardilosa; artimanha.

ma.no.bra.bi.li.da.de [*Manobrável* (-*bil*-).◻14] *sf.* Capacidade de manobrar, controlar, dirigir, por meio de manobra(s).

ma.no.bra.do [*Manobrar*.◻17A] *adj.* **1.** Que se manobrou. **2.** Controlado, dirigido.

ma.no.brar [Fr. *manœuvrer*.◻1A] *vtd.* **1.** Realizar manobra(s) com. **2.** Encaminhar ou governar com habilidade. **3.** Executar movimentos em, para fazer funcionar. *int.* **4.** Realizar exercícios militares. [C.: 1 (ó)] § **ma.no.brá.vel** *adj2g.*

ma.no.brei.ro [*Manobra*.◻25] *sm.* **1.** O que faz ou dirige manobras. **2.** Indivíduo incumbido de manobrar veículos automóveis; manobrista.

manobrista | mãozada

ma.no.bris.ta [*Manobra.* ▣36] *s2g. Bras.* Manobreiro (2).

ma.no.pla [Lat.vulg. *manupulu*, poss.] *sf.* 1. Antiga luva de ferro. 2. Mão grande e malfeita; manzorra.

man.quei.ra [*Manco.* ▣16] *sf.* 1. Deficiência de manco. 2. Ato de manquejar.

man.que.jar [*Manco.* ▣1E] *v.int. e ti.* 1. V. *coxear.* 2. *Fig.* Falhar, claudicar. [C.: 1 (ê)]

man.são [Lat. *mansione.* ▣2] *sf.* Residência grande e luxuosa. [Pl.: -sões.]

man.sar.da [Fr. *mansarde.*] *sf.* 1. Água-furtada. 2. Morada pobre.

man.si.dão [*Manso* + *-idão.*] *sf.* 1. Qualidade ou estado de manso; mansuetude. 2. Serenidade, tranquilidade. [Pl.: -dões.]

man.si.nho [*Manso.* ▣32] *adv.* V. *de manso* (1).
◆ **De mansinho.** V. *de manso* (1).

man.so [Lat.vulg. *mansu.*] *adj.* 1. De índole pacífica; pacato. 2. Sereno, tranquilo. 3. Domesticado; amansado. 4. Não silvestre; cultivado.
◆ **De manso. 1.** De modo vagaroso, sereno, pacífico; de mansinho, mansinho. **2.** De modo sorrateiro.

man.su.e.tu.de [Lat. *mansuetudine.*] *sf.* Mansidão (1).

man.ta [De *manto.*] *sf.* 1. Grande pano de lã, para agasalhar. 2. Lenço grande us. como xale. 3. Pano de lã us. sob o selim. 4. Grande peça de carne ou peixe, curada ao sol.

man.tei.ga [Or. pré-rom., poss.] *sf.* Substância gorda e alimentícia que se extrai da nata do leite.

man.tei.guei.ra [*Manteiga.* ▣16] *sf.* Recipiente para manteiga.

man.te.ne.dor (ô) [Esp. *mantenedor.* ▣19A] *adj.* Que mantém, sustenta, protege ou defende.

man.ter [Lat. **manutenere.* ▣1B] *vtd.* 1. Prover do necessário à subsistência. 2. Conservar, sustentar. 3. Sustentar em certa posição, ou no gozo dum direito. 4. Conservar, preservar. 5. Observar, cumprir: <u>manter a palavra</u>. *tdc.* 6. Fazer ficar em algum lugar. *transobj.* 7. Manter (4). *p.* 8. Alimentar-se, sustentar-se. 9. Conservar-se, permanecer. [C.: 15]

man.tí.de:o [Tax. *Mantidae.*] *adj. sm. Zool.* Diz-se de, ou espécime dos mantídeos, família de insetos de tamanho médio a grande, de coloração críptica e predadores de outros insetos. São os louva-a-deus.

man.ti.lha [Esp. *mantilla.*] *sf.* 1. Manta para proteger os ombros e a cabeça. 2. Véu fino, adorno feminino para cabeça e ombros.

man.ti.men.tos *smpl.* Víveres, comestíveis.

man.to [Lat. *mantu.*] *sm.* 1. Veste longa, folgada e sem mangas, para abrigo de cabeça e tronco. 2. Capa de cauda, com rodado, que se prende nos ombros. 3. *Zool.* Membrana entre o corpo do animal e a concha, nos moluscos e braquiópodes.

man.tô [Fr. *manteau.*] *sm.* Casaco feminino, longo, us. por cima de outra veste.

ma.nu.al [Lat. *manuale.* ▣39A] *adj2g.* 1. Da mão. 2. Feito com as mãos, ou manobrado com elas. ●*sm.* 3. Livro que traz noções essenciais sobre uma matéria. [Pl.: -ais.]

ma.nu.fa.tu.ra [Lat.med. *manufactura.* ▣5B] *sf.* 1. Trabalho manual. 2. Obra feita à mão. 3. Estabelecimento com grande produção de artigos, feitos manualmente e/ou com uso de máquinas; fábrica. 4. Produto de manufatura (3).

ma.nu.fa.tu.rar [*Manufatura.* ▣1A] *vtd.* 1. Produzir com trabalho manual. 2. Fabricar ou produzir em manufatura (3); fabricar. [C.: 1] § **ma.nu.fa.tu.ra.do** *adj. sm.*

ma.nus.cri.to [Lat. *manu scriptu.*] *adj. sm.* Que, ou aquilo que se escreveu à mão.

ma.nu.se.ar [Lat. *manus* + *-ear.* ▣1N] *vtd.* 1. Pegar ou executar com a mão; manejar. 2. Folhear (l). [C.: 12A] § **ma.nu.se.á.vel** *adj2g.*

ma.nu.sei.o [Dev. de *manusear.*] *sm.* Ato ou efeito de manusear.

ma.nu.ten.ção [Lat.med. *manutentione.* ▣2A] *sf.* 1. Ato ou efeito de manter(-se). 2. As medidas necessárias para a conservação ou para o funcionamento de algo. [Pl.: -ções.]

man.zor.ra (ô) [Aum. de *mão.*] *sf.* Manopla (2).

mão [Lat. *manu.* ▣2] *sf.* 1. Em cada membro superior, o segmento distal ao punho. 2. Cada extremidade dos membros superiores dos quadrúmanos, e anteriores dos quadrúpedes. 3. Domínio, controle. 4. Lado, direção ou posição indicada por cada uma das mãos. 5. Porção de coisas que se abrange com a mão; mãozada. 6. V. *demão.* 7. Lanço completo de jogo de cartas. 8. Numa via pública, a direção em que o veículo deve transitar. [Pl.: *mãos.*] ◆ **À mão armada.** Com uso de arma de fogo (revólver, fuzil, etc.). **À mão livre.** Feito sem auxílio de instrumentos (diz-se de desenhos, etc.). **Dar uma mão.** Ajudar, auxiliar. **De mão beijada.** De graça, sem pedir ou receber nada em troca. **De segunda mão.** Já usado. **Em mão(s). 1.** Bilhete, carta, etc. cuja entrega se confia ao particular e não ao correio. **2.** Diz-se desse modo de enviar correspondência. **Em primeira mão. 1.** Sem ninguém ter usado antes de quem adquiriu, do dono. **2.** Sem que ninguém tenha divulgado antes; com prioridade. **Lançar mão de.** Servir-se de. **Lavar as mãos.** *Fig.* Eximir-se de responsabilidade. **Pedir a mão de.** Pedir em casamento.

mão-a.ber.ta *s2g. Bras.* Indivíduo gastador; perdulário, manirroto. [Pl.: *mãos-abertas.*]

mão de o.bra *sf.* 1. Trabalho manual de operário, artífice, etc. 2. A força de trabalho de uma empresa, entidade, etc. 3. *Bras. Pop.* Coisa difícil, complicada. [Pl.: *mãos de obra.*]

ma:o.me.ta.no [It. *maomettano.*] *adj.* 1. Relativo ao, ou próprio do profeta Maomé (**M.**) 2. V. *muçulmano* (1). ●*sm.* 3. V. *muçulmano* (2).

ma:o.me.tis.mo [Fr. *mahométisme.* ▣11] *sm.* Islamismo.

mão.za.da [*Mão.* ▣4C] *sf.* Mão (5).

ma.pa [Lat. *mappa*.] *sm.* **1.** Representação gráfica da superfície da Terra (ou de parte dela), e que mostra a localização de montanhas, rios, mares, cidades, etc. **2.** Representação gráfica em que se indicam a localização ou outras informações sobre a disposição física de objetos em um espaço. **3.** Desenho ou esquema simples, para mostrar a localização de certas coisas num lugar, ou um trajeto a ser seguido. **4.** Quadro sinóptico. **5.** Lista descritiva; relação.

ma.pa-mún.di [Lat.med. *mappa mundi*.] *sm.* Mapa que representa toda a superfície da Terra, em 2 hemisférios. [Pl.: *mapas-múndi*.]

ma.pe.ar [*Mapa*.◻1N] *vtd.* Fazer ou levantar o mapa de. [C.: 12A] § **ma.pe:a.men.to** *sm.*

ma.po.te.ca [*Mapa* + -*o*- + -*teca*.] *sf.* Coleção de mapas e cartas geográficas.

ma.que.te (é) ou **ma.que.ta** (ê) [Fr. *maquette*.] *sf.* **1.** Esboço de uma obra de escultura, moldado em barro ou cera. **2.** Miniatura de projeto arquitetônico ou de engenharia.

ma.qui.a.dor (ô) ou **ma.qui.la.dor** (ô) [*Maquiar* ou *maquilar*.◻19A] *sm.* Profissional que aplica maquiagem.

ma.qui.a.gem ou **ma.qui.la.gem** [Fr. *maquillage*.◻6] *sf.* **1.** Ato ou efeito de maquiar; pintura. **2.** Os produtos de beleza (batom, pó de arroz, etc.) us. para maquiar. [Pl.: -*gens*.]

ma.qui.ar ou **ma.qui.lar** [Fr. *maquiller*.◻1A] *vtd.* **1.** Aplicar cosméticos em (o rosto). *p.* **2.** Aplicar cosméticos no próprio rosto; pintar-se. [C.: 1]

ma.qui:a.vé.li.co [Antr. *Maquiavel*.◻35B] *adj.* Do, ou relativo ao maquiavelismo. **2.** Que tem, ou em que há perfídia, má-fé.

ma.qui:a.ve.lis.mo [Antr. *Maquiavel*.◻11] *sm.* **1.** Sistema político exposto por Maquiavel (**M.**), em sua obra *O Príncipe*. **2.** Política desprovida de boa-fé. **3.** *Fig.* Procedimento astucioso; velhacaria.

má.qui.na [Lat. *machina*.] *sf.* **1.** Aparelho para comunicar movimento, ou para aproveitar, pôr em ação ou transformar, energia ou agente natural. **2.** V. *mecanismo* (1). **3.** Veículo locomotor. **4.** Utensílio, instrumento.

ma.qui.nal [Lat. *machinale*.◻39] *adj2g.* V. *automático* (2). [Pl.: -*nais*.]

ma.qui.nar [Lat. *machinare.◻1A] *vtd.* **1.** Arquitetar, tramar (ardil, plano, etc.); urdir. **2.** Projetar, planear. *tdi.* **3.** Maquinar (1). *ti.* **4.** Conspirar, tramar. [C.: 1] § **ma.qui.na.ção** *sf.*

ma.qui.na.ri.a [*Máquina*.◻15] *sf.* Conjunto de máquinas; maquinismo.

ma.qui.nis.mo [Fr. *machinisme*.◻11] *sm.* **1.** V. *mecanismo* (1). **2.** Maquinaria.

ma.qui.nis.ta [Fr. *machiniste*.◻36] *s2g.* **1.** Quem inventa, constrói ou conduz máquinas, sobretudo locomotivas e máquinas de navios a vapor. **2.** *Telev.* Profissional que monta, desmonta e transporta cenários.

mar [Lat. *mare*.] *sm.* **1.** Oceano (1). **2.** Cada uma das porções em que ele se divide. **3.** Porção mais ou menos delimitada de oceano. **4.** Grande massa de água salgada, cercada por terras continentais. **5.** *Fig.* Grande quantidade ou extensão. ◆ **Mar aberto.** Porção ampla de mar, sem acidentes geográficos que dificultem a navegação. **Mar alto.** Alto-mar. **Mar territorial.** Região marítima que constitui uma faixa adjacente ao litoral de determinado Estado, sob o domínio deste.

ma.ra.bá [Do tupi.] *s2g. Bras.* Mameluco.

ma.ra.cá [Do tupi.] *sm. Bras.* **1.** Instrumento chocalhante dos índios. **2.** Chocalho que acompanha certas músicas e danças populares.

ma.ra.ca.nã [Do tupi.] *sf. Bras. Zool.* Ave psitacídea, semelhante a pequena arara.

ma.ra.ca.tu [Or.afr., poss.] *sm. Bras. PE* Cortejo carnavalesco que segue uma mulher que, num bastão, leva uma bonequinha enfeitada, a *calunga*.

ma.ra.cu.já [Do tupi.] *sm. Bras. Bot.* O fruto do maracujazeiro, us. para refrescos, sorvetes, etc.

ma.ra.cu.ja.zei.ro (jà) [*Maracujá*.◻25B] *sm. Bot.* Trepadeira passiflorácea de fruto edule, o maracujá. [Sin.: *maracujá*.]

ma.ra.cu.tai.a *sf. Bras. Gír.* V. *negociata*.

ma.ra.fo.na [Do ár., poss.] *sf.* **1.** Boneca de trapos. **2.** Prostituta.

ma.ra.já [Do sânscr.] *sm.* Príncipe ou potentado, na Índia.

ma.ra.jo.a.ra [Do tupi.] *adj2g. Bras.* **1.** Da ilha de Marajó (PA). ● *s2g.* **2.** O natural ou habitante dessa ilha.

ma.ra.nhão [*Maranha*, poss.◻28A] *sm.* Intriga caluniosa; mexerico. [Pl.: -*nhões*.]

ma.ra.nhen.se [◻38] *adj2g.* **1.** De MA. ● *s2g.* **2.** O natural ou habitante desse estado.

ma.ra.ni [Do sânscr.] *sf.* Mulher de marajá.

ma.ran.tá.ce:a [Tax. *Marantaceae*.] *sf. Bot.* Espécime das marantáceas, família de plantas herbáceas ger. ornamentais. Ex.: araruta. § **ma.ran.tá.ce:o** *adj.*

ma.ras.mo [Gr. *marasmós*.] *sm.* **1.** Fraqueza extrema; extenuação. **2.** Inércia, inatividade.

ma.ra.to.na [Top. *Maratona*.] *sf.* **1.** Corrida longa, a pé. **2.** Competição esportiva, intelectual, etc.

ma.ra.vi.lha [Lat. *mirabilia*.] *sf.* **1.** Ato ou fato extraordinário, surpreendente, prodigioso. **2.** Pessoa ou coisa admirável, extraordinária. § **ma.ra.vi.lho.so** (ô) *adj.*

ma.ra.vi.lhar [*Maravilha*.◻1A] *vtd. e p.* **1.** Encher(-se) de admiração, assombro, pasmo. *int.* **2.** Causar admiração, pasmo. [C.: 1]

mar.ca [V.D] *sf.* **1.** Ato ou efeito de marcar. **2.** Sinal distintivo de um objeto. **3.** Símbolo gráfico (logotipo, emblema ou figura) que identifica instituição, empresa, produto, etc. **4.** Categoria, qualidade. **5.** Mancha ou vestígio de doença ou contusão. **6.** Limite, marco. **7.** Medida reguladora; padrão. **8.** *Fig.* Impressão (que fica no espírito).

mar.ca.ção [*Marcar*.◻2A] *sf.* **1.** Ato ou efeito de marcar. **2.** *Teatr.* Indicação e coordenação, pelo diretor, dos movimentos e atitudes dos

marca-d'água | marga

atores numa peça. **3.** *Teatr.* Tais movimentos e atitudes. [Pl.: *-ções.*]

mar.ca-d'á.gua *sf.* Letreiro ou desenho, visível por transparência, numa folha de papel; filigrana. [Pl.: *marcas-d'água.*]

mar.ca.dor (ô) [*Marcar.*☐19A] *adj. sm.* Que, aquilo ou aquele que marca. ◆ **Marcador de texto.** Marca-texto.

mar.can.te [*Marcar.*☐21] *adj2g.* **1.** Que marca, produz forte impressão. **2.** Que sobressai, se evidencia.

mar.ca-pas.so *sm. Med.* Instrumento que, mediante impulsos elétricos, estimula a contração muscular cardíaca. [Pl.: *marca-passos.*]

mar.car [Or.germ.☐1A] *vtd.* **1.** Pôr marca ou sinal em. **2.** Indicar, apontar: *O relógio marca a hora.* **3.** Ser o traço distintivo de. **4.** Demarcar, delimitar. **5.** Fixar, determinar. **6.** Deixar marca ou sinal visível em: *Seu sapato marcou o chão.* **7.** Produzir forte impressão em. **8.** Combinar, ajustar: *Marcaram um cinema.* **9.** Assinalar (o gado) a ferro em brasa. **10.** *Esport.* Fazer (ponto, gol, cesta, etc.). **11.** *Esport.* Dizer, o juiz ou árbitro, a ocorrência de (falta, lateral, pênalti, etc.). **12.** *Esport.* Acompanhar o adversário, dificultando-lhe a atuação. *tdi.* **13.** Marcar (8): *Marcou um almoço com o irmão. int.* **14.** Deixar marca, traços, sinais, de sua presença, atuação, etc. **15.** *Esport.* Fazer gol ou ponto. [C.: 1A] § **mar.ca.do** *adj.*

mar.ca-tex.to *sm.* Caneta us. para assinalar trechos escritos; marcador de texto. [Pl.: *marca-textos.*]

mar.ce.na.ri.a [*Marcen(eiro).*☐15] *sf.* Oficina ou arte de marceneiro.

mar.ce.nei.ro [V.C] *sm.* Oficial que trabalha a madeira com mais arte que o carpinteiro.

mar.cha [Dev. de *marchar.*] *sf.* **1.** Ato ou efeito de marchar. **2.** Jornada a pé. **3.** Modo de andar; andadura, passo. **4.** Cortejo, séquito. **5.** Passo cadenciado (dum indivíduo, ou corpo de tropas). **6.** Sequência, sucessão. **7.** Progresso, andamento. **8.** Peça musical, em compasso binário ou quaternário, com que se regula a marcha (5). **9.** *Bras.* Gênero de música popular em compasso binário cuja coreografia é um andar ritmado, em voltas.

mar.cha.dor (ô) [*Marchar.*☐19A] *adj. sm.* **1.** Que, ou aquele que marcha. Diz-se de, ou cavalo de passo largo e compassado.

→ **marchand** (marchã) [Fr.] *sm. Bras.* Indivíduo que negocia com obras de arte (quadros, esculturas, etc.).

mar.char [Fr. *marcher.*☐1A] *v.int.* **1.** Andar, caminhar. **2.** Caminhar a passo cadenciado. **3.** Seguir os devidos trâmites. *tc.* **4.** Dirigir-se. *ti.* **5.** Progredir, avançar. **6.** Ir em busca. [C.: 1]

mar.che.tar [Fr. *marqueter.*☐1A] *vtd.* **1.** Fazer (obra de marchetaria). *tdi.* **2.** Embutir, tauxiar. [C.: 1 (é)]

mar.che.ta.ri.a [*Marchetar*, poss.☐8A] *sf.* **1.** Arte de incrustar, embutir ou aplicar peças recortadas de madeira, marfim, bronze, etc., em obra de marcenaria, formando desenhos. **2.** A obra assim executada.

mar.chi.nha [*Marcha.*☐32A] *sf. Bras.* Marcha (9) de andamento vivo e ritmo binário.

mar.ci.al [Lat. *martiale.*☐39] *adj2g.* **1.** Relativo à, ou próprio da guerra; bélico. **2.** Belicoso, aguerrido. [Pl.: *- ais.*]

mar.ci.a.no [Lat. **martianu.*☐29A] *adj.* **1.** Do, ou relativo ao planeta Marte. ● *sm.* **2.** Suposto habitante dele.

mar.co [*Marca.*] *sm.* **1.** Sinal de demarcação que se põe nos limites territoriais. **2.** Coluna, pirâmide, etc., para assinalar um local ou acontecimento. **3.** Fronteira, limite. **4.** Guarnição fixa de portas e janelas.

mar.ço [Lat. *martiu.*] *sm.* O terceiro mês do ano, com 31 dias.

ma.ré [Fr. *marée.*] *sf.* **1.** Movimento periódico de elevação e abaixamento das águas do mar, devido à atração gravitacional da Lua e do Sol. **2.** *Fig.* Período em que os acontecimentos parecem ir numa mesma direção: *maré de sorte.* ◆ **Maré alta.** Fase da maré (1) em que as águas atingem altura máxima, antes de começarem a baixar; maré cheia, preamar, montante. **Maré baixa.** Fase da maré (1) em que as águas estão em altura mínima, antes de começarem a se elevar; baixa-mar. **Maré cheia.** V. *maré alta.* **Maré de sizígia.** Maré de grande amplitude, que se segue ao dia de lua cheia ou de lua nova; água-viva.

ma.re.ar [*Mar.*☐1N] *vtd.* **1.** Provocar enjoo em. **2.** Tirar o brilho a; embaciar. *int.* **3.** Enjoar a bordo. [C.: 12A]

ma.re.chal [Fr. *maréchal.*] *sm.* **1.** V. *hierarquia militar.* **2.** Chefe supremo do exército, em caso de guerra. [Pl.: *-chais.*]

ma.re.cha.la.to ou **ma.re.cha.la.do** *sm.* Cargo ou dignidade de marechal.

ma.re.chal de cam.po *sm.* V. *hierarquia militar.* [Pl.: *marechais de campo.*]

ma.re.chal de e.xér.ci.to *sm.* V. *hierarquia militar.* [Pl.: *marechais de exército.*]

ma.re.chal do ar *sm.* V. *hierarquia militar.* [Pl.: *marechais do ar.*]

ma.re.jar [*Mar.*☐1E] *vtd.* **1.** Verter, gotejar. *ti.* e *tc.* **2.** Brotar; sair. *p.* **3.** Encher-se de lágrimas. [C.: 1 (ê)]

ma.re.mo.to [*Mare-* + *-moto.*] *sm.* Grande agitação do mar, causada pelas oscilações sísmicas.

ma.re.si.a [De *maré.*] *sf.* Cheiro típico vindo do mar, na vazante (2).

ma.re.ta (ê) [It. *maretta.*] *sf.* Pequena onda.

ma.ré-ver.me.lha *sf. Ecol.* Proliferação extraordinária de fitoplânctons, esp. de dinoflagelados, que, ger., dá coloração avermelhada à água do mar. [Pl.: *marés-vermelhas.*]

mar.fim [Do ár.] *sm.* Substância resistente, branco-amarelada, das presas do elefante, da morsa, etc. [Pl.: *-fins.*]

mar.fim-ve.ge.tal *sm.* Jarina. *Bot.* [Pl.: *marfins-vegetais.*]

mar.ga [Lat. *marga.*] *sf.* Calcário argiloso.

margarida | marmóreo

mar.ga.ri.da [Lat. *margarita*.] *sf.* **1.** *Bot.* Planta asterácea, ornamental. **2.** Sua flor.

mar.ga.ri.na [Fr. *margarine*. ▫31] *sf.* Substância, semelhante à manteiga, extraída dos sebos e óleos vegetais.

mar.ge.ar [Lat. *marginare*. ▫1N] *vtd.* **1.** Fazer margem em. **2.** Seguir pela margem de. **3.** Situar-se à margem. [C.: 12A] § **mar.ge.an.te** *adj2g.*

mar.gem [Lat. *margine*.] *sf.* **1.** Parte em branco ao redor de folha manuscrita ou impressa. **2.** Linha ou faixa que limita ou circunda algo; borda. **3.** O terreno que ladeia um curso de água ou circunda um lago; beira, orla. **4.** Ensejo, ocasião. [Pl.: *-gens*.] ◆ **À margem.** Separado, ou separadamente, em relação a um grupo, acontecimento, etc.

mar.gi.nal [*Margem* (*-gin-*)-. ▫39] *adj2g.* **1.** Da margem (1 e 2), ou feito, escrito, desenhado nela. **2.** Que vive fora do âmbito da sociedade ou da lei, como vagabundo, mendigo ou delinquente. ● *s2g.* **3.** Indivíduo marginal (2). [Sin. de 2 e 3: *fora da lei*. Pl.: *-nais.*]

mar.gi.na.li.da.de [*Marginal*. ▫14] *sf.* Estado ou condição de marginal (3).

mar.gi.na.li.zar [*Marginal*. ▫1D] *vtd.* **1.** Impedir que participe de uma sociedade, grupo, da vida pública, etc. *p.* **2.** Tornar-se marginal (3). [C.: 1]

ma.ri.a-fu.ma.ça *sf.* Trem (3) com locomotiva a vapor. [Pl.: *marias-fumaça(s)*.]

ma.ri.a-mo.le *sf.* Doce feito de clara de ovo, açúcar e gelatina batidas até tomarem consistência esponjosa. [Pl.: *marias-moles*.]

ma.ri.a.no [Antr. *Maria*, a mãe de Jesus. ▫29] *adj. Rel.* Relativo à Virgem Maria, ou a seu culto.

ma.ri.a-sem-ver.go.nha *sf. Bras. Bot.* Erva balsaminácea, espontânea, ornamental. [Pl.: *marias-sem-vergonha*.]

ma.ri.a vai com as ou.tras *s2g2n. Fam.* Pessoa fraca e sem vontade própria.

ma.ri.cas *sm2n.* Indivíduo efeminado, ou medroso.

ma.ri.cul.tu.ra [*Mari- + cultura*.] *sf.* Cultivo de animais e plantas marinhos visando seu aproveitamento pelo homem.

ma.ri.do [Lat. *maritu*.] *sm.* Cônjuge do sexo masculino.

ma.rim.ba [Do quimb.] *sf.* Instrumento de percussão: série de lâminas graduadas em escala, percutidas com 2 baquetas e dispostas sobre cabaças ou tubos de metal.

ma.rim.bon.do [Do quimb.] *sm. Bras. Zool.* Vespa.

ma.ri.nha *sf.* **1.** Praia, beira-mar. **2.** O que diz respeito à navegação por mar. **3.** Forças navais ou navios de guerra com sua equipagem. **4.** Salina. **5.** Desenho ou pintura inspirada em motivo marítimo. ◆ **Marinha mercante.** Setor de atividades encarregado do transporte de mercadorias e pessoas sobre a água.

ma.ri.nha.gem [*Marinho*. ▫6] *sf.* O conjunto dos marinheiros; maruja. [Pl.: *-gens*.]

ma.ri.nha.ri.a [*Marinha*. ▫15] *sf.* A arte ou profissão de marinheiro, restrita, hoje, a atividades menores.

ma.ri.nhei.ro [*Marinha*. ▫25] *sm.* **1.** V. *marítimo* (4). **2.** V. *hierarquia militar.*

ma.ri.nho [Lat. *marinu*. ▫32] *adj.* Relativo ao mar, ou que o habita ou dele provém; marítimo.

ma.ri.o.ne.te [Fr. *marionette*.] *sf.* V. *fantoche.*

ma.ri.po.sa (ô) [Esp. *mariposa*.] *sf. Zool.* Nome comum a lepidópteros noturnos ou crepusculares.

ma.ris.ca.da [*Marisco*. ▫4] *sf.* Prato feito de vários tipos de mariscos.

ma.ris.car [*Marisco*. ▫1A] *vtd.* **1.** Colher, apanhar (mariscos). *int.* **2.** Colher ou apanhar mariscos. **3.** Catar ou ciscar insetos pelo chão. [C.: 1A]

ma.ris.co [*Mar*. ▫33] *sm. Zool.* **1.** Qualquer dos invertebrados marinhos, ger. crustáceos e moluscos, que servem de alimento ao homem. **2.** *Restr.* Mexilhão.

ma.ris.ma [Esp. *marisma*.] *sf.* Terreno alagadiço à beira de mar ou rio.

ma.ris.ta [Fr. *mariste*.] *s2g.* **1.** Religioso da Congregação dos Maristas. ● *adj2g.* **2.** Pertencente ou relativo a ela.

ma.ri.ta.ca [De *maitaca*.] *sf. Zool.* V. *jandaia.*

ma.ri.tal [Lat. *maritale*. ▫39] *adj2g.* Relativo a marido, ou ao matrimônio. [Pl.: *-tais*.]

ma.ri.ti.cí.di.o [Lat. *maritus*, 'marido', +*-i-*+*-cídio*.] *sm.* Crime de mulher que mata marido.

ma.rí.ti.mo [Lat. *maritimu*.] *adj.* **1.** Marinho. **2.** Que ocorre no mar, ou se faz pelo mar. **3.** Relativo à marinha (2). ● *sm.* **4.** O que exerce atividade profissional a bordo de uma embarcação; marinheiro, marujo.

→ **marketing** (márketin) [Ingl.] Conjunto de estratégias e ações relativas a desenvolvimento, apreçamento, distribuição e promoção de produtos e serviços, e que visa à adequação destes ao mercado.

mar.man.jo [V.D] *sm. Pop.* **1.** Homem adulto, ou abrutalhado. **2.** Moço corpulento.

mar.me.la.da [*Marmelo*. ▫4] *sf.* **1.** Doce pastoso, de marmelo. **2.** *Bras.* V. *negociata.*

mar.me.lei.ro [*Marmelo*. ▫25] *sm. Bot.* Árvore rosácea de cujo fruto, o marmelo, se faz doce.

mar.me.lo [Lat. *melimelu*.] *sm. Bot.* O fruto do marmeleiro.

mar.mi.ta [Fr. *marmite*.] *sf.* **1.** Recipiente com tampa, para transportar comida. **2.** O conteúdo dele.

mar.mi.tei.ro [*Marmita*. ▫25] *sm. Bras.* Empregado que entrega marmita em domicílio.

mar.mo.ra.ri.a [*Mármore*. ▫15] *sf.* Estabelecimento onde se fazem trabalhos em mármore.

már.mo.re [Lat. *marmore*.] *sm. Geol.* Rocha metamórfica de cores variadas, us. em obras de arquitetura e escultura.

mar.mo.rei.ra [*Mármore*. ▫16] *sf.* Pedreira de mármore.

mar.mó.re.o [Lat. *marmoreu*.] *adj.* Semelhante ao, ou feito de mármore.

marmorista | mascar

mar.mo.ris.ta [*Mármore*.☐36] *s2g*. O que trabalha com mármore.

mar.mo.ta [Fr. *marmotte*.] *sf. Zool.* Mamífero roedor ciurídeo.

ma.ro.la [De *mar*.] *sf. Bras.* Ondulação na superfície do mar.

ma.rom.ba [Do ár.] *sf.* Vara com que se equilibram funâmbulos.

ma.rom.bar [*Maromba*.☐1A] *v.int. Bras.* **1.** Procurar equilibrar-se; tentear. **2.** Usar de dissimulação. [C.: 1]

ma.ro.ni.ta *adj2g. s2g.* Do, ou indivíduo dos maronitas, católicos do Líbano (Ásia).

ma.ros.ca [V.E] *sf.* Trapaça, logro, ardil.

ma.ro.to (ô) [V.E] *adj.* **1.** Ladino, esperto. **2.** Velhaco, patife. ● *sm.* **3.** Indivíduo maroto.

mar.quês [Occ.ant. *marqués*.] *sm.* Título nobiliárquico, superior ao de conde e inferior ao de duque. [V. *barão*.]

mar.que.sa (ê) *sf.* **1.** Fem. de *marquês*. **2.** Canapé largo, ger. com assento de palhinha.

mar.que.sa.do (ê) [*Marquês*.☐17C] *sm.* Cargo, dignidade ou domínios de marquês ou marquesa.

mar.que.tei.ro [Ingl. *market(ing)* + -*eiro*.☐25] *sm. Pop.* Profissional de *marketing*.

mar.qui.se [Fr. *marquise*.] *sf.* Cobertura saliente, na parte externa dum edifício.

mar.ra [Lat. *marra*.] *sf.* Marrão¹. ◆ **Na marra. 1.** *Pop.* Mediante emprego de violência. **2.** Com todo o esforço necessário; a qualquer preço.

mar.rão¹ [*Marra*.☐28A] *sm.* Grande martelo com que se quebram pedras; marra. [Pl.: -*rões*.]

mar.rão² [Do ár.] *sm.* Pequeno porco desmamado. [Pl.: -*rãos*. Fem.: *marrã*.]

mar.rão³ [*Chimarrão*, poss.] *adj. sm.* Diz-se de, ou rês bravia. [Pl.: -*rões*.]

mar.rar [*Marra*.☐1A] *v.int.* Arremeter com os cornos (animal cornífero). [C.: 1] § **mar.ra.da** *sf.*

mar.re.ca [F. de *marreco*.] *sf. Zool.* Pequena ave anatídea.

mar.ren.to [*Marra*.☐27] *adj. Bras. Gír.* Diz-se de indivíduo arrogante, presunçoso.

mar.re.ta (ê) [*Marra* + -*eta* (ê).] *sf.* Tipo de martelo grande, de cabo longo.

mar.re.ta.da [*Marreta*.☐4] *sf.* Pancada ou golpe com marreta.

mar.re.tar [*Marreta*.☐1A] *vtd.* **1.** Bater com marreta em. **2.** *Bras.* Espancar, surrar. **3.** *Bras.* Criticar severamente. [C.: 1 (é)]

mar.re.tei.ro [*Marreta*.☐25] *sm.* **1.** Operário que trabalha com marreta. **2.** *Bras. SP* Vendedor ambulante.

mar.rom [Fr. *marron*.] *adj2g.* Castanho. [Pl.: -*rons*.]

mar.ro.quim [Fr. *marroquin*.] *sm.* Pele de cabra ou de bode, tingida do lado da flor (4) e já pronta para artefatos. [Pl.: -*quins*.]

mar.ru.á *sm. Bras.* Novilho não domesticado.

mar.su.pi.al [Lat. *marsupium* + -*al*¹.☐39] *adj2g. sm. Zool.* Diz-se de, ou espécime dos marsupiais, ordem de mamíferos cujo desenvolvimento embrionário termina no marsúpio. Ex.: canguru, gambá. [Pl.: -*ais*.]

mar.sú.pi:o [Lat. *marsupiu*.] *sm. Zool.* A bolsa formada pela pele do abdome dos marsupiais.

mar.ta [Fr. *martre*.] *sf. Zool.* Mustelídeo cuja pelagem é us. em agasalhos.

mar.te [Mit. lat. *Marte*, 'deus da guerra'.] *sm. Astr.* O quarto planeta em ordem de afastamento do Sol, e que tem 2 satélites. [Com inicial maiúsc.]

mar.te.la.da [*Martelo*.☐4] *sf.* Pancada com martelo.

mar.te.lar [*Martelo*.☐1A] *vtd.* **1.** Bater com o martelo em. **2.** *Fig.* Aturdir, atordoar. *int.* **3.** Dar marteladas. **4.** *Fig.* Insistir para persuadir, ou para alcançar algo. [C.: 1 (é)]

mar.te.le.te (ê) [*Martelo* + -*ete* (ê).] *sm.* Pequeno martelo.

mar.te.lo [Lat.med. *martellu*.] *sm.* **1.** Instrumento de metal, com cabo, para bater, quebrar e, sobretudo, cravar e retirar pregos em madeira. **2.** Pequeno malho us. por juízes, leiloeiros, etc. **3.** *Anat.* Ossículo em forma de martelo em orelha média.

mar.tim-pes.ca.dor (ô) [Trad. do fr. *martin-pêcheur*.] *sm. Bras. Zool.* Nome comum a aves alcedinídeas, de pescoço curto e bico comprido, que se alimentam de peixes e de insetos aquáticos. [Sin.: *ariramba*. Pl.: *martins-pescadores*.]

mar.ti.ne.te (ê) [Fr. *martinet*.] *sm.* Martelo grande e pesado, movido à água ou vapor, para malhar a frio o aço ou o ferro.

már.tir [Lat.ecl. *martyre*.] *s2g.* **1.** Quem sofreu torturas ou morreu, por sustentar a fé cristã. **2.** *P.ext.* Quem sofre muito.

mar.tí.ri:o [Lat.ecl. *martyriu*.] *sm.* **1.** Sofrimento ou suplício de mártir (1). **2.** Grande sofrimento.

mar.ti.ri.zar [Lat.ecl. *martyrizare*.☐1D] *vtd.* **1.** Infligir martírio a. **2.** Afligir, atormentar. *p.* **3.** Mortificar (4). [C.: 1]

ma.ru.í ou **ma.ru.im** (u-ím) [Do tupi.] *sm. Bras. Zool.* Inseto díptero de picada dolorosa. [Pl. de maruim: *maruins* (u-íns).]

ma.ru.ja.da [*Marujo*.☐4] *sf.* Aglomeração de marujos.

ma.ru.jo [*Mar*.] *sm.* V. *marítimo* (4).

ma.ru.lhar [*Marulho*.☐1A] *v.int.* **1.** Agitar-se (o mar) formando ondas. **2.** Imitar o ruído das ondas. [C.: 1]

ma.ru.lho [*Mar* + (*bar*)*ulho*.] *sm.* O movimento permanente das águas do mar.

mar.xis.mo (cs) [Antr. *Marx*.☐11] *sm.* Sistema político e econômico dos filósofos alemães Karl Marx (1818-1883) e Friedrich Engels (1820-1895). § **mar.xis.ta** (cs) *adj2g. s2g.*

mar.zi.pã [It. *marzapane*.] *sm. Cul.* Doce feito com amêndoas, claras de ovo e açúcar.

mas¹ [Lat. *magis*.] *conj.* **1.** Exprime oposição ou restrição, ou causa de uma ação, etc. ● *sm.* **2.** Obstáculo, estorvo.

mas² Contr. do pron. pess. *me* (obj. ind.) com o pron. pess. *as* (obj. dir.).

mas.car [Lat. *masticare*.☐1A] *vtd.* **1.** Mastigar sem engolir. *int.* **2.** Mastigar fumo. [C.: 1A]

más.ca.ra [V.D] *sf.* **1.** Objeto que representa uma cara ou parte dela, e se usa no rosto como disfarce. **2.** Peça para resguardar o rosto, na guerra ou na esgrima. **3.** Molde que se tira do rosto dos cadáveres. **4.** Peça do aparelho que se aplica no nariz e boca do paciente para anestesiá-lo. **5.** Peça de pano ou outro material para cobrir ou proteger o rosto ou parte dele. **6.** Cosmético para tratamento ou limpeza da pele do rosto. **7.** *Pext.* Fisionomia típica.

mas.ca.ra.da [*Máscara*.◘4] *sf.* Festa de que participam mascarados.

mas.ca.ra.do [*Mascarar*.◘17A] *adj. sm.* **1.** Que, ou quem está disfarçado com máscara (1). **2.** Que, ou quem é fingido, dissimulado. **3.** Que, ou quem é muito convencido.

mas.ca.rar [*Máscara*.◘1A] *vtd. e p.* **1.** Pôr máscara (em). **2.** Disfarçar(-se), dissimular(-se). [C.: 1]

mas.ca.te [Top. *Mascate* (Oriente Médio).] *sm. Bras.* Mercador ambulante que vende bijuterias, objetos manufaturados, etc.

mas.ca.vo [Dev. de *mascavar*.] *adj.* Diz-se do açúcar não refinado.

mas.co.te [Fr. *mascotte*.] *sf.* Pessoa, animal ou coisa a que se atribui o dom de trazer sorte ou felicidade.

mas.cu.li.ni.da.de [*Masculino*.◘14] *sf.* Qualidade de masculino (1 e 2).

mas.cu.li.ni.zar [*Masculino*.◘1D] *vtd.* **1.** Tornar masculino. **2.** Atribuir gênero masculino, ou dar forma masculina, a. *p.* **3.** Tomar aparência e/ou modos próprios do sexo masculino. [C.: 1]

mas.cu.li.no [Lat. *masculinu*.◘30] *adj.* **1.** Que é do sexo dos animais machos; macho. **2.** Másculo (1). **3.** *E.Ling.* Diz-se dos nomes que pela terminação e concordância designam seres masculinos, ou como tal considerados.

más.cu.lo [Lat. *masculu*.] *adj.* **1.** Do, ou próprio do homem, ou de animal macho; masculino. **2.** Varonil, viril.

mas.mor.ra (ô) [Do ár.] *sf.* Prisão subterrânea.

ma.so.quis.mo [Fr. *masochisme*.◘11] *sm.* **1.** Perversão sexual em que a pessoa só tem prazer ao ser maltratada. **2.** *Pext.* Prazer que se sente com o próprio sofrimento.

ma.so.quis.ta [Fr. *masochiste*.◘36] *adj2g.* **1.** Relativo ao, ou próprio do masoquismo. ● *sm.* **2.** Indivíduo masoquista.

mas.sa [Lat. *massa*.] *sf.* **1.** Quantidade apreciável de matéria sólida ou pastosa, ger. de forma indefinida. **2.** Quantidade relativamente grande dum fluido. **3.** Aglomerado de elementos (ger. da mesma natureza) que formam um conjunto. **4.** Mistura de farinha com um líquido, formando pasta. **5.** Comestível de farinha amassada, para ser cozido. **6.** Número considerável de pessoas que mantêm entre si coesão de caráter social, cultural, etc. **7.** Turba, multidão. **8.** *Fís.* Grandeza fundamental da física que mede a inércia de um corpo, *i.e.*, sua resistência à aceleração, e cuja unidade de medida no S.I. é o quilograma [símb.: m]. ◆ **Massa atômica.** *Fís.-Quím.* Razão entre a massa de um átomo de um nuclídeo e 1/12 da massa de um átomo do nuclídeo carbono 12. **Massa cinzenta 1.** O tecido nervoso do cérebro e da medula espinhal, de cor marrom acinzentada. **2.** *Fig.* Inteligência, capacidade intelectual. **Massa folhada.** *Cul.* Massa trabalhada em dobras sucessivas. **Em massa.** Em sua maioria: *A assembleia reagiu em massa.*

mas.sa.crar [Fr. *massacrer*.◘1A] *vtd.* **1.** Matar cruelmente; chacinar. **2.** *Fig.* Pôr em situação embaraçosa, ou penosa ou humilhante. **3.** *Fig.* Cansar, estafar. [C.: 1]

mas.sa.cre [Fr. *massacre*.] *sm.* **1.** Morticínio cruel. **2.** Ato ou efeito de massacrar.

mas.sa.ge.ar [*Massage(m)*.◘1A] *vtd.* **1.** Dar massagens em. *int.* **2.** Fazer massagens. [C.: 12A]

mas.sa.gem [Fr. *massage*.] *sf.* Compressão metódica de parte do corpo para melhorar a circulação, ou para se obterem outros efeitos terapêuticos. [Pl.: *-gens*.]

mas.sa.gis.ta [*Massagem*.◘36] *s2g.* Especialista em massagens.

mas.sa.pê ou **mas.sa.pé** [V.C] *sm. Bras.* Terra argilosa, preta quase sempre, formada pela decomposição de calcários.

mas.sas *sfpl.* **1.** Multidão. **2.** O povo.

mas.si.fi.car [*Massa* + *-ificar*.◘1A] *vtd.* Orientar e/ou influenciar (o[s] indivíduo[s]) pela mídia, no sentido de igualar-lhe(s) as reações e a conduta. [C.: 1A] **§ mas.si.fi.ca.ção** *sf.*

mas.tec.to.mi.a [*Mast(o)-* + *-ectom-* + *-ia¹*.◘8A] *sf. Med.* Ablação total ou parcial de mama.

mas.ti.ga.dor (ô) [*Mastigar*.◘19A] *adj.* Que mastiga ou serve para mastigar.

mas.ti.gar [Lat. *masticare*.◘1A] *vtd.* **1.** Triturar com os dentes. **2.** *Fig.* Pronunciar confusamente; resmungar. [C.: 1C] **§ mas.ti.ga.ção** *sf.*

mas.ti.gó.fo.ro [Gr. *mastigophóros*.] *adj. sm. Zool.* Diz-se de, ou espécime dos mastigóforos, classe de protozoários flagelados.

mas.tim [Fr.ant. *mastin*.] *sm.* Cão para guarda de gado. [Pl.: *-tins*.]

mas.ti.te [*Mast(o)-* + *-ite¹*.] *sf.* Inflamação de mama.

mas.to.don.te [*Mast(o)-* + *-odonte*; lat.cient. *Mastodon*.] *sm. Paleont.* Elefante primitivo, peludo, adaptado ao clima frio, com c. de 2 a 3m de altura e duas longas presas. Surgiu no oligoceno, na África, e espalhou-se pela Europa, Ásia e América, tendo-se extinguido há c. de 10 mil anos.

mas.to.plas.ti.a [*Mast(o)-* + *-plast(o)-* + *-ia¹*.◘8A] *sf. Cir.* Mamoplastia.

mas.tre.a.ção [*Mastrear*.◘2A] *sf.* **1.** Ato ou efeito de mastrear. **2.** Os mastros duma embarcação. [Pl.: *-ções*.]

mas.tre.ar [*Mastro*.◘1N] *vtd.* Pôr mastro em (embarcação). [C.: 12A]

mas.tro [Fr.ant. *mast*.] *sm.* **1.** Peça de madeira, ou de metal, cilíndrica, que se ergue acima do convés, para suster as velas (nas embarcações à vela), antenas, luzes de posição e de marcha, etc. **2.** Haste sobre a qual se iça a bandeira.

mas.tru.ço [Lat.vulg. *masturtiu.*] *sm. Bras. Bot.* Erva brassicácea, medicinal.

mas.tur.bar [Lat. **masturbare.*◨1A] *vtd. e p.* Provocar orgasmo em si ou em outrem pela fricção da mão ou por outro modo. [C.: 1] § **mas.tur.ba.ção** *sf.*

ma.ta [Lat. *matta.*] *sf.* Terreno onde crescem árvores silvestres; floresta, selva, mato.

ma.ta-bor.rão *sm.* Papel que absorve tinta ou qualquer outro líquido. [Pl.: *mata-borrões.*]

ma.ta-bur.ro *sm. Bras.* Ponte de traves espaçadas, para vedar o trânsito de animais. [Pl.: *mata-burros.*]

ma.ta.cão *sm.* **1.** Pedra solta, grande e arredondada. **2.** Grande fatia ou pedaço. [Pl.: *-cães.*]

ma.ta.do [*Matar.*◨17A] *adj. Bras.* Malfeito, malacabado.

ma.ta.doi.ro ou **ma.ta.dou.ro** [*Matar.*◨26B] *sm.* **1.** Lugar onde se abatem reses para consumo público. **2.** *Fig.* Lugar muito insalubre. [Sin. ger.: *abatedoiro* ou *abatedouro.*]

ma.ta.gal [De *mata.*] *sm.* **1.** Brenha. **2.** Terreno coberto de plantas bravias; mato. [Pl.: *-gais.*]

ma.ta.lo.ta.gem [Fr. *matelotage.*◨6] *sf.* **1.** Provisão de mantimentos para uma viagem. **2.** *Pop.* Farnel, matula. [Pl.: *-gens.*]

ma.ta.lo.te [Fr. *matelot.*] *sm.* **1.** Marinheiro, marujo. **2.** *Mar.* Navio que navega mais próximo de outro.

ma.tan.ça [*Matar.*◨9A] *sf.* **1.** Assassinato coletivo; morticínio, mortandade, chacina, carnificina. **2.** Abatimento de reses para consumo.

ma.tar [Lat.vulg. **mattare,* poss.] *vtd.* **1.** Tirar violentamente a vida a; assassinar. **2.** Causar a morte de. **3.** Fazer murchar. **4.** Fazer desaparecer. **5.** Saciar, satisfazer: *matar a sede.* **6.** Fazer às pressas e mal. **7.** *Bras. Gír.* Deixar de comparecer a (aula, trabalho). **8.** *Fut.* Amortecer (a bola). *int.* **9.** Causar morte(s). **10.** Ser assassino. **11.** *Fut.* Amortecer a bola. *p.* **12.** Suicidar-se (1). **13.** *Fig.* Cansar-se muito; fatigar-se: *Mata-se de trabalhar.* [C.: 1. Part.: *matado* e *morto.*] § **ma.ta.dor** (ô) *adj. sm.*

ma.te[1] [Esp.plat. *mate,* do quích.] *sm.* **1.** *Bot.* Erva-mate. **2.** Suas folhas, secas e pisadas. **3.** A infusão dessas folhas.

ma.te[2] [Fr. mat.] *adj2g2n.* Embaciado, fosco.

ma.tei.ro [*Mata.*◨25] *sm. Bras.* Explorador de matas.

ma.te.má.ti.ca [Lat. *mathematica.*] *sf.* Ciência que investiga relações entre entidades definidas abstrata e logicamente.

ma.te.ma.ti.ca.men.te [F. de *matemático.*◨42] *adv.* **1.** Com relação à matemática, ou segundo cálculos matemáticos. **2.** Com certeza ou comprovação derivadas de raciocínios e cálculos matemáticos. **3.** *Fig.* De modo exato, metódico ou minucioso.

ma.te.má.ti.co [Lat. *mathematicu.*◨35B] *adj.* **1.** Relativo à matemática. • *sm.* **2.** Especialista em matemática.

ma.té.ri.a [Lat. *materia.*] *sf.* **1.** Qualquer substância sólida, líquida ou gasosa que ocupa lugar no espaço. **2.** Substância capaz de receber certa forma, ou em que atua determinado agente. **3.** Assunto de discurso, conversação, etc. **4.** Causa, objeto. **5.** Notícia, reportagem, artigo, texto qualquer, de jornal, revista, noticiário de TV, etc. **6.** Disciplina escolar. ◆ **Matéria escura.** *Fís.* Matéria de origem ainda desconhecida, diferente da que forma estrelas e planetas e que seria responsável por cerca de 90% da massa do universo.

ma.te.ri.al [Lat. *materiale.*◨39] *adj2g.* **1.** Relativo à matéria. **2.** Não espiritual. • *sm.* **3.** O que é relativo à matéria. **4.** Conjunto dos objetos necessários a uma obra, construção, etc. **5.** Petrechos, utensílios. [Pl.: *-ais.*]

ma.te.ri.a.li.da.de [*Material.*◨14] *sf.* **1.** Qualidade do que é material. **2.** Ausência de sensibilidade.

ma.te.ri.a.lis.mo [*Material.*◨11] *sm.* **1.** Vida voltada unicamente para os gozos e bens materiais. **2.** *Filos.* Qualquer das doutrinas filosóficas que afirme a antecedência da natureza com relação ao espírito, à mente ou a qualquer realidade de ordem intelectual.

ma.te.ri.a.lis.ta [*Material.*◨36] *adj2g.* **1.** Relativo ao, ou que é partidário do materialismo. • *sm.* **2.** Partidário dele.

ma.te.ri.a.li.zar [*Material.*◨1D] *vtd.* **1.** Tornar material. **2.** Atribuir as qualidades de matéria a. **3.** Fazer com que (algo) se torne realidade, aconteça ou passe a existir; realizar. *p.* **4.** *Espir.* Manifestar-se (o espírito) sob forma material. **5.** Realizar-se. [C.: 1] § **ma.te.ri.a.li.za.ção** *sf.*

ma.té.ri.a-pri.ma *sf.* A substância bruta principal e essencial com que se faz alguma coisa. [Pl.: *matérias-primas.*]

ma.ter.nal [*Materno.*◨39] *adj2g.* Materno. [Pl.: *-nais.*]

ma.ter.ni.da.de [Lat.med. *maternitate.*◨14] *sf.* **1.** Condição de mãe. **2.** Hospital, ou setor hospitalar, para atendimento às gestantes, e para intervenções cirúrgicas obstétricas.

ma.ter.no [Lat. *maternu.*] *adj.* De, ou próprio de mãe; maternal.

ma.ti.lha [V.E] *sf.* Grupo de cães de caça.

ma.ti.na [Lat. *matutina.*] *sf.* **1.** V. *matinada* (1). **2.** *Pop.* Manhã (1).

ma.ti.na.da *sf.* **1.** O alvorecer do dia; alvorada, matina. **2.** Ruído forte. Algazarra, vozearia.

ma.ti.nal [*Matina.*◨39] *adj2g.* Matutino (1). [Pl.: *-nais.*]

ma.ti.nas *sfpl.* Na liturgia católica, a primeira parte do ofício divino.

ma.ti.nê [Fr. *matinée.*] *sf.* Vesperal (2).

ma.tiz [V.C] *sm.* **1.** Num todo, colorido ou tonalidade obtidos pela combinação de várias cores. **2.** *Fig.* Gradação sutil, quase imperceptível.

ma.ti.zar [*Matiz.*◨ 1A] *vtd.* **1.** Dar diferentes gradações a (as cores); nuançar. **2.** Dar cores diversas a; colorir. *p.* **3.** Apresentar diversas cores; irisar-se. [C.: 1] § **ma.ti.za.do** *adj.*

ma.to [De *mata.*] *sm.* **1.** Terreno inculto onde nascem plantas agrestes. **2.** Essas plantas, antes e depois de cortadas.

ma.to-gros.sen.se [◨ 38] *adj2g.* **1.** De MT. ● *s2g.* **2.** O natural ou habitante desse estado. [Pl.: *mato-grossenses.*]

ma.to-gros.sen.se-do-sul [Top. *Mato Grosso do Sul.*◨ 38] *adj2g. s2g.* V. *sul-mato-grossense.* [Pl.: *mato-grossenses-do-sul.*]

ma.tra.ca [Do ár.] *sf.* **1.** Instrumento de percussão que produz estalos secos, us. liturgicamente na Semana Santa. **2.** Pessoa tagarela.

ma.tra.que.ar [*Matraca.*◨ 1N] *v.int.* **1.** Tocar matraca. **2.** V. *tagarelar. td.* **3.** Falar ruidosa e repetidamente. [C.: 12A]

ma.trei.ro [Esp. *matrero.*] *adj.* Astuto, manhoso, sabido.

ma.tri.ar.ca [*Matr(i)-* + *-arca.*] *sf.* Mulher, considerada como base da família ou autoridade social. § **ma.tri:ar.cal** *adj2g.*

ma.tri:ar.ca.do [*Matriarca.*◨ 17C] *sm. Antrop.* Ordem social em que há preponderância da autoridade materna ou feminina.

ma.tri.ci.da [Lat. *matricida.*] *adj2g. s2g.* Diz-se de, ou assassino da própria mãe.

ma.tri.cí.di:o [Lat. *matricidiu.*] *sm.* Assassinato da própria mãe.

ma.trí.cu.la [Lat. *matricula.*] *sf.* **1.** Registro de nomes de pessoas sujeitas a certos serviços ou encargos. **2.** Ato ou efeito de matricular(-se). **3.** Taxa paga por quem se matricula.

ma.tri.cu.lar [*Matrícula.*◨ 1A] *vtd. e p.* **1.** Inscrever(-se) em registro de matrícula. **2.** Admitir ou ser admitido como membro de instituição de ensino. [C.: 1]

ma.tri.la.te.ral *adj2g. Antrop.* Relativo ao parentesco pelo lado da mãe. [Pl.: *-rais.*]

ma.tri.li.ne.ar [*Matr(i)-* + *linear.*] *adj2g. Antrop.* **1.** Relativo aos parentes por linha exclusivamente feminina. **2.** Relativo a descendência pela linha materna.

ma.tri.mô.ni:o [Lat. *matrimoniu.*] *sm.* **1.** União legal de homem com mulher; casamento. **2.** *Rel.* Um dos 7 sacramentos da Igreja Católica: *a celebração do matrimônio diante de um padre.* § **ma.tri.mo.ni.al** *adj2g.*

má.tri:o [*Matr(i)-* + *-io*². ◨ 34B] *adj.* Relativo à mãe.

ma.triz [Lat. *matrice.*] *sf.* **1.** Lugar onde algo se gera ou cria. **2.** Molde para a fundição de qualquer peça. **3.** Estabelecimento principal, centralizador e controlador das sucursais; sede. **4.** Igreja matriz. **5.** Cópia completa e de alta qualidade de filme, gravação de áudio, arquivo magnético, etc., us. para duplicação, reprodução ou edição. **6.** *Anat.* V. *útero.* **7.** *Art.Gráf.* Fôrma (4). **8.** *Mat.* Representação de um conjunto, com os elementos dispostos em linhas e colunas.

ma.tro.na [Lat. *matrona.*] *sf.* **1.** Entre os antigos romanos, esposa. **2.** Mulher madura e corpulenta.

ma.tu.la¹ *sf.* V. *corja.*

ma.tu.la² *sf. Bras.* Farnel, merenda.

ma.tu.ra.ção [*Maturar.*◨ 2A] *sf.* **1.** Ato ou efeito de maturar. **2.** V. *maduração.* [Pl.: *-ções.*]

ma.tu.rar [Lat. *maturare.*◨ 1A] *vtd., int. e p.* Amadurecer. [C.: 1]

ma.tu.ri.da.de [Lat. *maturitate.*◨ 14] *sf.* **1.** Estado ou condição de maduro, de plenamente desenvolvido. **2.** Idade madura.

ma.tu.sa.lém [Antr. bíblico *Matusalém.*] *sm. Fam.* Homem velhíssimo; macróbio. [Pl.: *-léns.*]

ma.tu.ta.gem [*Matuto.*◨ 6] *sf. Bras.* Matutice. [Pl.: *-gens.*]

ma.tu.tar [*Matuto.*◨ 1A] *v.int.* **1.** Pensar ou refletir em algo; cismar, ruminar. *ti.* **2.** Pensar, refletir. [C.: 1]

ma.tu.ti.ce [*Matuto.*◨ 13] *sf.* Aparência, modos ou ação de matuto; matutagem.

ma.tu.ti.no [Lat. *matutinu.*◨ 30] *adj.* **1.** Da manhã; matinal. ● *sm.* **2.** Jornal que sai pela manhã.

ma.tu.to [*Mato.*] *adj.* **1.** Que vive no mato, na roça. V. *caipira* (2). ● *sm.* **2.** V. *caipira* (1).

mau [Lat. *malu.*] *adj.* **1.** Que causa mal, prejuízo ou moléstia. **2.** Malfeito; imperfeito. **3.** Funesto, nefasto. **4.** V. *malevolente* (1). **5.** Contrário à razão, à justiça, à virtude. **6.** Grosseiro, rude. **7.** Incapaz, inábil. **8.** Sem talento. ● *sm.* **9.** Homem mau. [Antôn.: *bom.* Fem.: *má.*]

mau-ca.rá.ter *adj2g. s2g.* Diz-se de, ou pessoa sem escrúpulos, de má índole. [Pl.: *maus-caracteres.*]

mau-o.lha.do *sm.* Suposta desgraça causada por certas pessoas a outras para quem olham. [Pl.: *maus-olhados.*]

mau.ri.ci.nho [Antr. *Maurício.*◨ 32] *sm. Bras. Gír.* Rapaz muito preocupado com sua aparência e roupa, e que gosta de frequentar lugares na moda. [Cf. *patricinha.*]

mau.so.léu [Lat. *Mausoleu.*] *sm.* Sepulcro suntuoso.

maus-tra.tos *smpl.* Crime de expor ao perigo a vida ou a saúde de pessoa que se acha sob sua responsabilidade.

ma.vi.o.so (ô) [*Amavioso.*] *adj.* Suave, harmonioso. [Pl.: *-viosos* (ó).]

ma.xa.ca.li *Bras. s2g.* **1.** *Etnôn.* Indivíduo dos maxacalis, povo indígena que habita MG. ● *sm.* **2.** *E.Ling.* Família linguística do tronco macro-jê, que reúne línguas faladas por povos indígenas em MG. ● *adj2g.* **3.** Pertencente ou relativo a maxacali (1 e 2).

ma.xi.des.va.lo.ri.za.ção (cs) *sf. Bras.* Desvalorização substancial de uma moeda em relação a outra. [Pl.: *-ções.*]

ma.xi.la (cs) [Lat. *maxilla.*] *sf. Anat.* Estrutura óssea em que se implantam os dentes superiores, que contribui para formar o esqueleto de órbitas, cavidades nasais e palato.

ma.xi.lar (cs) [Lat. *maxillare*. 40] adj2g. Anat. **1.** Relativo à maxila. ● sm. **2.** Cada um dos 2 ossos formadores da maxila.

má.xi.ma (cs ou ss) sf. **1.** Princípio básico e indiscutível de ciência ou arte. **2.** V. *aforismo*. **3.** V. *provérbio*.

má.xi.me (cs...è) [Lat. *maxime*.] adv. Principalmente, especialmente.

ma.xi.mi.zar (cs ou ss) [*Máximo*. 1D] vtd. **1.** Elevar ao máximo. **2.** Superestimar. [C.: 1] § **ma.xi.mi.za.ção** (cs ou ss) sf.

má.xi.mo (cs ou ss) [Lat. *maximu*.] adj. **1.** Maior (em tamanho), ou superior (em número, quantidade, valor, etc.) a todos os demais. **2.** Que é o maior possível ou admitido (em tamanho, valor, etc.). ● sm. **3.** Grande porção, quantidade, valor. **4.** Aquilo que é maior ou superior aos demais; limite superior (de quantidade, valor, grau).

ma.xi.xe[1] [Do quimb.] sm. Bras. Bot. O fruto do maxixeiro.

ma.xi.xe[2] sm. Bras. Dança urbana de par unido, e de andamento rápido.

ma.xi.xei.ro [*Maxixe*[1]. 25] sm. Bras. Bot. Cucurbitácea de frutos comestíveis.

ma.ze.la [Lat.vulg. *macella*.] sf. **1.** Ferida, chaga. **2.** Doença, enfermidade. **3.** Aborrecimento, desgosto. **4.** Mancha na reputação.

ma.zur.ca [Pol. *mazurka*.] sf. Dança popular polonesa.

■ **Mb** Símb. de *megabit*.

■ **MB** Símb. de *megabyte*.

■ **MC** (emicí) [Ingl.] s2g. **1.** Aquele que anima ou apresenta um *show*, um evento. **2.** Na cultura *hip-hop*, o *MC* (1) que canta e rima. **3.** No *funk*, o *MC* (1) do baile, que ger. pode ser um misto de DJ, compositor e/ou cantor, ou apenas um dos 3.

■ **Md** *Quím*. Símb. de *mendelévio*.

■ **mdc** *Mat*. Símb. de *máximo divisor comum*.

me [*Mi*, contr. do lat. *mihi*.] F. átona do pronome *eu*.

me:a.ção [*Mear*. 2A] sf. **1.** Divisão em 2 partes iguais. **2.** Direito de copropriedade entre 2 vizinhos, sobre um ou mais objetos. [Pl.: -ções.]

me.a.da sf. Porção de fios dobados.

me.a.do [*Mear*. 17A] sm. A parte média ou mediana; o meio. [Tb. us. no pl.]

me:a.lhei.ro sm. Pequeno cofre com uma fenda por onde se põe dinheiro a juntar.

me.an.dro [Top. gr. *Maíandros*.] sm. Sinuosidade de curso d'água, de caminho, etc.

me.ão [Lat. *medianu*.] adj. **1.** Intermediário, mediano, médio. **2.** Nem grande nem pequeno; mediano. [Pl.: -ãos. Fem.: meã.]

me.ar [Lat. *mediare*. 1A] vtd. **1.** Dividir ou partir ao meio. **2.** Chegar à metade de. *p.* **3.** Chegar ao meio. [C.: 12A. Cf. *miar*.]

me.a.to [Lat. *meato*.] sm. Orifício externo de canal ou ducto.

me.câ.ni.ca [Lat. *mechanica*.] sf. Ciência que investiga os movimentos e as forças que os provocam.

me.câ.ni.co [Lat. *mechanicu*. 35B] adj. **1.** Relativo à mecânica. **2.** Feito com máquina. **3.** Maquinal, automático. ● sm. **4.** Especialista em mecânica.

me.ca.nis.mo [Fr. *mécanisme*. 11] sm. **1.** Disposição das partes constitutivas de uma máquina; máquina, maquinismo. **2.** Processo de funcionamento.

me.ca.ni.zar [*Mecan(o)-* + *-izar*. 1D] vtd. **1.** Prover de máquinas e meios mecânicos. *p.* **2.** Tornar-se maquinal. [C.: 1] § **me.ca.ni.za.ção** sf.

me.ca.no.gra.fi.a [*Mecan(o)-* + *-grafia*.] sf. Emprego de máquinas ou dispositivos mecânicos para operações de cálculo, classificação, etc., em documentos diversos.

me.ce.nas [Antr. *Mecenas* (60 a.C.-8 d.C.), protetor de artistas.] sm2n. Patrocinador das letras, ciências e artes, ou de artistas e sábios.

me.cha [Fr. *mèche*.] sf. **1.** Feixe ou torcida de fios ou filamentos. **2.** Torcida ou pavio da vela ou lampião.

me.da.lha [It. *medaglia*.] sf. **1.** Peça metálica, ger. arredondada, com emblema, efígie e inscrição. **2.** Peça que representa objeto de devoção religiosa.

me.da.lhão [*Medalha*. 28A] sm. **1.** Medalha grande. **2.** Moldura ou joia para retrato, mecha de cabelos, etc. **3.** *Depreç*. Homem importante; figurão. [Pl.: -lhões.]

mé.di:a [Lat. *media*, pl. de *medium*.] sf. **1.** Situação ou posição do que está igualmente distante dos pontos extremos. **2.** Nota mínima para aprovação escolar. **3.** Bras. Xícara de café com leite. ◆ **Média aritmética.** *Mat.* Número que se obtém dividindo o resultado de uma soma pelo número de parcelas somadas. **Média geométrica.** *Mat.* Raiz, de ordem n, do produto de n valores dados.

me.di.a.ção [Lat. *mediatione*. 2A] sf. Ato ou efeito de mediar; intermediação. [Pl.: -ções.]

me.di.a.dor (ô) [Lat. *mediatore*. 19A] adj. sm. **1.** Que, ou aquele, ou aquilo, que medeia ou intervém; intermediário, medianeiro **2.** Diz-se de, ou pessoa que coordena discussão em grupo; moderador.

me.di.al [Lat. *mediale*. 39] adj2g. V. *mediano* (1). [Pl.: -ais.]

me.di.a.na sf. *Geom.* Num triângulo, segmento de reta que une um vértice ao meio do lado oposto.

me.di:a.nei.ro [*Mediano*. 25] adj. sm. **1.** V. *mediador* (1). **2.** Que, ou aquele que executa os desígnios de alguém. **3.** Intercessor.

me.di:a.ni.a [*Mediano*. 8A] sf. **1.** Qualidade de mediano (1). **2.** Meio-termo entre riqueza e pobreza.

me.di.a.no [Lat. *medianu*. 29] adj. **1.** Que está no meio, ou entre 2 extremos; médio. **2.** Meão (2). **3.** V. *medíocre*.

me.di.an.te [Lat. *mediante*.▫21] *adj2g.* **1.** Que serve de intermediário. ● *prep.* **2.** Por meio ou intermédio de. **3.** A troco de: *Saiu da prisão <u>mediante</u> fiança*.

me.di.ar [Lat. *mediare*.▫1A] *vtd.* **1.** Dividir ao meio. **2.** Intervir como árbitro ou mediador. [C.: 13]

me.di.a.to [Lat. *mediatu*.] *adj.* Que está em relação com outra(s) pessoa(s) ou coisa(s) por meio de uma terceira; indireto.

me.di.a.triz [Lat. *mediatrice*.] *sf. Geom.* Reta ou semirreta perpendicular a um segmento, e que o corta ao meio.

me.di.ca.ção [Lat. *medicatione*.▫2A] *sf.* Ato, ação ou efeito de medicar. [Pl.: -*ções*.]

me.di.ca.men.to [Lat. *medicamentu*.▫3] *sm.* Substância ou preparado (3) que se utiliza como remédio. § **me.di.ca.men.to.so** (ó) *adj.*

me.di.ção [*Medir*.▫2A] *sf.* Ato ou efeito de medir; medida. [Pl.: -*ções*.]

me.di.car [Lat. *medicare*.▫1A] *vtd., int. e p.* Tratar com medicamento(s), ou tomá-lo(s). [C.: 1A]

me.di.ci.na [Lat. *medicina*.▫31] *sf.* Arte e ciência de evitar, curar ou atenuar as doenças.

me.di.ci.nal [Lat. *medicinale*.▫39] *adj2g.* **1.** Relativo à medicina; médico. **2.** Que serve de medicamento. [Pl.: -*nais*.]

mé.di.co [Lat. *medicu*.] *adj.* **1.** Medicinal (1). ● *sm.* **2.** Indivíduo diplomado em medicina e que a exerce; doutor (*pop.*).

mé.di.co-le.gal *adj2g.* Relativo à parte da medicina que se ocupa de questões jurídicas. [Pl.: *médico-legais*.]

mé.di.co-le.gis.ta *s2g.* Legista (2). [Pl.: *médicos-legistas*.]

me.di.da [*Medir* + -*ida*.] *sf.* **1.** Medição. **2.** Padrão (2). **3.** Qualquer objeto para medir uma quantidade. **4.** Limite, termo. **5.** Dimensão, extensão. **6.** Disposição, providência. ◆ **À medida que.** Us. para dar ideia de que um processo, ação ou sucessão de acontecimentos se dá ao mesmo tempo que outro, ao qual está associado: *<u>À medida que</u> falava, entusiasmava-se*.

me.di.dor (ô) [*Medir*.▫19A] *adj.* **1.** Que mede. ● *sm.* **2.** Aquele ou aquilo que mede.

me.di.e.val [Fr. *médiéval*.▫39] *adj2g.* Da Idade Média, ou próprio desta. [Pl.: -*vais*.]

mé.di.o [Lat. *mediu*.] *adj.* **1.** V. *mediano* (1). **2.** Que apresenta certa característica em grau não muito alto nem muito baixo. **3.** Diz-se do dedo maior da mão, situado entre o anular¹ (3) e o indicador (3). **4.** Que ocorre entre as 2 partes extremas de 1 período cronológico. ● *sm.* **5.** O dedo médio.

me.dí.o.cre [Lat. *mediocre*.] *adj2g.* **1.** Que não é bom nem mau. **2.** Sem relevo; vulgar. [Sin.ger.: *mediano*.]

me.di.o.cri.da.de [Lat. *mediocritate*.▫14] *sf.* **1.** Qualidade de medíocre. **2.** Pessoa medíocre.

me.di.o.li.to.ral (mé) *adj2g. sm.* Mesolitoral. [Pl.: -*rais*.]

me.dir [Lat. **metire*.] *vtd.* **1.** Determinar ou verificar, tendo por base uma escala fixa, a extensão, medida ou grandeza de. **2.** Ser a medida de. **3.** *Fig.* Usar com cuidado e convenientemente: *<u>medir</u> as palavras*. **4.** Avaliar, calcular. **5.** Pesar (3). **6.** Contar as sílabas métricas de. *tc.* **7.** Ter a extensão, o comprimento ou a altura de. *p.* **8.** Competir; bater-se. [C.: 40]

me.di.ta.bun.do [Lat. *meditabundu*.] *adj.* Que medita profundamente; pensativo, meditativo.

me.di.tar [Lat. *meditare*.▫1A] *vtd.* **1.** Submeter a exame interior; ponderar. **2.** Estudar, considerar, refletir. *ti. e int.* **3.** Concentrar intensamente o espírito em algo; refletir, pensar. [C.: 1] § **me.di.ta.ção** *sf.*

me.di.ta.ti.vo [Lat. *meditativu*.▫22A] *adj.* V. *meditabundo*.

me.di.ter.râ.ne.o [Lat. *mediterraneu*.] *adj.* **1.** Situado entre terras. **2.** Próprio do mar Mediterrâneo (o maior dos mares continentais, entre o S. da Europa, o N. da África e o O. da Ásia), ou das terras e regiões por ele banhadas.

mé.di.um [Lat. *medium*.] *s2g. Rel.* Intermediário entre os vivos e a alma dos mortos. [Pl.: -*uns*.] § **me.di:u.ni.da.de** *sf.*

me.do (ê) [Lat. *metu*.] *sm.* **1.** Sentimento de viva inquietação ante a noção de perigo real ou imaginário, de ameaça; pavor, temor. **2.** V. *receio*.

me.do.nho [*Medo* (ê) + -*onho*.] *adj.* **1.** Que causa medo. **2.** Horrendo, horrível.

me.drar¹ [Esp. *medrar*.▫1A] *v.int.* **1.** Crescer, vegetando; desenvolver-se. **2.** Prosperar, progredir. *td.* **3.** Fazer crescer ou fazer prosperar. [C.: 1 (é)]

me.drar² [*Medr(oso)*.▫1A] *v.int. Bras. Gír.* Ter medo. [C.: 1 (é)]

me.dro.so (ô) [Lat.-hisp. **metorosu*.▫37] *adj.* Cheio de medo. [Pl.: -*drosos* (ó).]

me.du.la [Lat. *medulla*.] *sf.* **1.** *Anat.* Nome comum a órgãos, porções de órgãos, ou a estruturas, que se caracterizam por ter uma situação central em relação à estrutura ou ao órgão em cujo interior se encontram. **2.** *Bot.* A porção central de um caule cilíndrico. **3.** Âmago, essência. ◆ **Medula espinhal.** *Anat.* A parte do sistema nervoso central contida na coluna vertebral.

me.du.lar [Lat. *medullare*.▫40] *adj2g.* **1.** Relativo a medula. **2.** Essencial, fundamental.

me.du.sa [Mit. gr. *Médousa*.] *sf. Zool.* Forma livre de cnidário, semelhante a sino ou a guarda-chuva.

me.du.soi.de (ói) [*Medusa* + -*oide*.] *adj2g.* Que tem forma ou consistência de medusa.

me.ei.ro [*Meio*.▫25] *adj.* **1.** Que tem direito à metade dos bens. ● *sm.* **2.** O que planta em terreno alheio, e com cujo proprietário reparte o resultado das plantações.

me.fis.to.fé.li.co [Antr. *Mefistófeles*.▫35B] *adj.* **1.** Relativo a, ou próprio de Mefistófeles, demônio das lendas germ. **2.** *Fig.* Diabólico; terrível.

me.ga *sm. Inform.* V. *megabyte*.

→ **megabit** | **melanina**

→ **me.ga.bit** (megabit) [Ingl.] *sm. Inform.* Unidade de medida de informação, equiv. a 2^{20} (*i.e.*, 1.048.576) *bits* [símb.: *Mb*].

→ **me.ga.byte** (megabáit) [Ingl.] *sm. Inform.* Unidade de medida de informação, equiv. a 2^{20} (*i.e.*, 1.048.576) *bytes* [símb.: *MB*]. [F.red.: *mega*.]

me.ga.fo.ne [*Meg(a)-* + *-fone.*] *sm.* Instrumento us. para amplificar a voz.

me.ga-hertz *sm2n. Fís.* Unidade de medida de frequência, igual a um milhão de hertz [símb.: *MHz*].

me.ga.lí.ti.co *adj.* Diz-se dos monumentos pré-históricos feitos de grandes blocos de pedra.

me.ga.lo.cé.fa.lo (mè) *adj.* Que tem cabeça excessivamente grande. § **me.ga.lo.ce.fá.li.co** *adj.*

me.ga.lo.ma.ni.a (mè) [*Megal(o)-* + *-mania.*] *sf. Psiq.* Mania de grandeza; superestima patológica de si mesmo, das próprias qualidades; macromania. § **me.ga.lo.ma.ní.a.co** *adj.*

me.ga.ló.po.le [*Megal(o)-* + *-pole.*] *sf.* Extensa região urbana formada por várias metrópoles cujos limites se interpenetram.

me.ga.los.sau.ro [Tax. *Megalosaurus.*] *sm. Paleont.* Dinossauro terópode, saurísquio, com c. de 10m de comprimento e 3m de altura. Viveu no cretáceo e fósseis foram achados na Inglaterra e na França.

me.ga.té.ri:o [Tax. *Megatherium.*] *sm. Paleont.* Preguiça primitiva, com c. de 5m de comprimento e 3 toneladas. Viveu no plistoceno e fósseis foram achados nas Américas do Sul e do Norte.

me.ga.ton [*Mega-* + *ton(elada).*] *sm. Fís.* Unidade de medida da energia que se desprende numa explosão nuclear e equiv. à energia de um milhão de toneladas de dinamite.

me.ge.ra (gé) [Mit.gr. *Mégaira*, pelo fr. *mégère.*] *sf.* 1. Mulher cruel. 2. Mãe desnaturada.

me.gôh.me.tro [*Megoh(m)* + *-metro.*] *sm. Eng. Elétr.* Instrumento para medir resistência elétrica de isolamento.

mei.a [F.red. de *meia-calça.*] *sf.* 1. Peça tecida em algodão, lã, seda, etc., para cobrir o pé e a perna ou parte dela. 2. Ponto de malha com que se faz essa e outras peças de vestuário.

mei.a-á.gua *sf.* Telhado de um só plano. [Pl.: *meias-águas.*]

mei.a-cal.ça [O f. de *meio* + *calça.*] *sf.* Meia (1) que vai até a cintura. [Pl.: *meias-calças.*]

mei.a-di.rei.ta *s2g. Fut.* Atleta que ocupa, na linha dianteira, a posição entre o centro e a ponta direita. [Pl.: *meias-direitas.*]

mei.a-es.quer.da *s2g. Fut.* Atleta que ocupa, na linha dianteira, a posição entre o centro e a ponta esquerda. [Pl.: *meias-esquerdas.*]

mei.a-es.ta.ção *sf.* Os dias do ano que não são nem muito quentes nem muito frios. [Pl.: *meias-estações.*]

mei.a-i.da.de *sf.* Na vida humana, o período entre a juventude e a velhice. [Pl.: *meias-idades.*]

mei.a-ir.mã *sf.* Filha só do mesmo pai, ou só da mesma mãe, em relação a outro(s) filho(s). [Pl.: *meias-irmãs.*]

mei.a-lu.a *sf.* Aspecto da Lua quando se mostra em forma de semicírculo. [Pl.: *meias-luas.*]

mei.a-luz *sf.* Claridade dúbia; penumbra. [Pl.: *meias-luzes.*]

mei.a-noi.te *sf.* As 24 horas. [Pl.: *meias-noites.*]

mei.a-tin.ta *sf.* 1. Gradação de cores; matiz. 2. Tom de uma cor, entre luz e sombra. [Pl.: *meias-tintas.*]

mei.go [Lat. *magicu.*] *adj.* 1. Amável, afável. 2. Carinhoso; suave. § **mei.gui.ce** *sf.*

mei.o [Lat. *mediu.*] *sm.* 1. Ponto equidistante dos extremos; metade. 2. Ponto equidistante de vários outros em sua periferia; centro. 3. Posição intermediária. 4. Situação de permeio. 5. *Fig.* Lugar onde se vive; ambiente. 6. *Fig.* Grupo social a que se pertence; círculo, mundo. 7. Meio ambiente. 8. Recurso(s) empregado(s) para alcançar um objetivo; método. 9. Capacidade, condição. 10. Via, caminho. ● *adj.* 11. Incompleto, inacabado. ● *num.* 12. Metade da unidade. ● *adv.* 13. Um pouco; um tanto; quase. ◆ **Meio ambiente.** *Ecol.* O conjunto de condições e influências naturais que cercam um ser vivo ou uma comunidade (5), e que agem sobre ele(s). **Por meio de.** Com o uso de; mediante.

mei.o-di.a *sm.* As 12 horas. [Pl.: *meios-dias.*]

mei.o-fi:o *sm.* Fieira de pedras de cantaria, ou de outro material, que serve de remate à calçada. [Pl.: *meios-fios.*]

mei.o-ir.mão *sm.* Filho só do mesmo pai, ou só da mesma mãe, em relação a outro(s) filho(s). [Pl.: *meios-irmãos.* Fem.: *meia-irmã.*]

mei.os *smpl.* Bens pecuniários; haveres.

mei.o-ter.mo *sm.* Termo a igual distância de 2 extremos. [Pl.: *meios-termos.*]

mei.o-tom *sm.* 1. *Mús.* Intervalo de metade de um tom. 2. V. *nuance* (1). [Pl.: *meios-tons.*]

mei:t.né.ri:o [Lat. *Meitnerium.*◘34B] *sm. Quím.* Elemento de número atômico 109, artificial [símb.: *Mt*].

mel [Lat.vulg. **mele.*] *sm.* Substância doce elaborada pelas abelhas. [Pl.: *meles* e *méis.*]

me.la.ço [*Mel* + *-aço.*] *sm.* Líquido viscoso, borra de cristalização do açúcar.

me.la.do[1] [*Mel.*◘17B] *sm. Bras.* A calda grossa do açúcar, de que se faz rapadura.

me.la.do[2] [*Melar.*◘17A] *adj.* 1. Adoçado com, ou doce que nem mel. 2. *Bras.* Sujo ou lambuzado de mel ou de outra substância pegajosa.

me.lan.ci.a *sf. Bot.* Cucurbitácea de fruto comestível, grande e suculento, do mesmo nome.

me.lan.co.li.a [Gr. *melancholía.*] *sf.* 1. *Psiq.* Forma grave de depressão (6). 2. Tristeza, pesar.

me.lan.có.li.co [Lat. *melancholicu.*◘35B] *adj.* Que sofre de melancolia, ou a tem.

me.la.ni.na [*Melan(o)-* + *-ina.*◘31] *sf. Biol.* Pigmento negro encontrado, normalmente, em pele, cabelo, etc., e, patologicamente, em diversos tumores.

melão | memória

me.lão [Lat. *melone*.◘ 2] *sm. Bot.* O fruto do meloeiro. [Pl.: *-lões*.]

me.lar [*Mel*.◘ 1A] *vtd.* **1.** Adoçar ou cobrir com mel. **2.** *Pop.* Anular; estragar. *p.* **3.** Lambuzar-se. [C.: 1 (é)]

me.las.to.ma.tá.ce:a [Tax. *Melastomataceae*.] *sf. Bot.* Espécime das melastomatáceas, família de ervas, arbustos e árvores floríferos de regiões tropicais e subtropicais. Ex.: quaresma. § **me.las.to.ma.tá.ce:o** *adj.*

me.le:a.gri.dí.de:o [Tax. *Meleagrididae*.] *adj. sm. Zool.* Diz-se de, ou espécime dos meleagrídideos, família de grandes aves galiformes de cauda larga e arredondada; são terrestres, e gregárias. Ex.: o peru.

me.le.ca [*Mel* + *-eca*.] *sf. Bras. Pop.* Secreção nasal.

me.le.na [Esp. *melena*.] *sf.* **1.** Cabelos longos e soltos. **2.** *Med.* Eliminação de fezes escuras, contendo sangue alterado bioquimicamente.

me.lhor [Lat. *meliore*.] *adj2g.* **1.** Comp. de super. de *bom*. ● *sm.* **2.** O que é superior a tudo o mais. **3.** O que é acertado ou sensato. ● *adv.* **4.** Comp. de *bem*: mais bem; de modo mais perfeito, ou justo, etc.

me.lho.ra [Dev. de *melhorar*.] *sf.* Transição para melhor estado ou condição; melhoria.

me.lho.ra.men.to [*Melhorar*.◘ 3] *sm.* **1.** Benfeitoria, beneficiamento; melhoria. **2.** Adiantamento, progresso.

me.lho.rar [Lat. *meliorare*.◘ 1A] *vtd.* **1.** Tornar melhor ou superior. **2.** Fazer convalescer. *ti.* **3.** Apresentar melhora, ou adquirir melhor situação. *int.* **4.** Tornar-se melhor. **5.** Convalescer. [C.: 1 (ó)]

me.lho.ri.a [*Melhor*.◘ 8A] *sf.* **1.** Melhora. **2.** Melhoramento (1).

me.li.á.ce:a [Tax. *Meliaceae*.] *sf. Bot.* Espécime das meliáceas, família de árvores floríferas de fruto capsular, lenhoso. Ex.: o cedro. § **me.li.á.ce:o** *adj.*

me.li.an.te [Esp. *maleante*.◘ 21] *s2g.* Malandro, vagabundo.

me.lí.fe.ro [Lat. *melliferu*.] *adj.* Que produz mel.

me.lí.flu:o [Lat. *mellifluu*.] *adj.* **1.** Que flui como o mel. **2.** De voz e/ou maneiras brandas, doces.

me.lin.drar [*Melindre*.◘ 1A] *vtd. e p.* Suscetibilizar(-se), magoar(-se). [C.: 1]

me.lin.dre [Esp. *melindre*.] *sm.* **1.** Delicadeza no trato. **2.** Escrúpulo (1). **3.** Facilidade de magoar-se; suscetibilidade. **4.** *Bras.* Afetação (2).

me.lin.dro.so (ô) [*Melindre*.◘ 37] *adj.* **1.** Delicado, sensível. **2.** Muito suscetível. **3.** V. *embaraçoso*. [Pl.: *-drosos* (ó).]

me.lis.so.gra.fi.a [*Meliss*(o)- + *-grafia*.] *sf.* Descrição dos costumes das abelhas. § **me.lis.so.grá.fi.co** *adj.*

me.lo.di.a [Gr. *meloidía*.] *sf.* **1.** Sucessão rítmica de sons simples, a intervalos diferentes, e com certo sentido musical. **2.** *Pop.* Música (3) agradável, com as características da melodia (1). § **me.ló.di.co** *adj.*

me.lo.di.o.so (ô) [*Melodia*.◘ 37] *adj.* **1.** Em que há melodia (1). **2.** *Fig.* Suave, agradável. [Pl.: *-osos* (ó).]

me.lo.dra.ma [*Mel*(o)- + *drama*.] *sm. Teatr.* Peça demasiado sentimental, com situações turbulentas e diálogos pomposos. § **me.lo.dra.má.ti.co** *adj.*

me.lo.ei.ro [*Melão* (-lo-).◘ 25] *sm. Bot.* Cucurbitácea de fruto comestível e suculento, o melão.

me.lo.í.de:o [Tax. *Meloidae*.] *adj. sm. Zool.* Diz-se de, ou espécime dos meloideos, família de coleópteros que inclui besouros daninhos às plantas, como a vaquinha (2).

me.lo.ma.ni.a [*Mel*(o)- + *-mania*.] *sf.* Paixão exagerada pela música. § **me.lo.ma.ní.a.co** *adj.*; **me.lô.ma.no** *adj. sm.*

me.lo.pei.a (éi) [Lat. *melopoeia*.] *sf.* **1.** Peça musical para acompanhar recitativo. **2.** Toada monótona.

me.lo.so (ô) [Lat. *mellosu*.◘ 37] *adj.* **1.** Que lembra o mel; doce. **2.** Sentimental em demasia. [Pl.: *-losos* (ó).]

mel.ro [Lat. *merulu*.] *sm.* **1.** *Zool.* Graúna. **2.** *Fig.* Indivíduo espertalhão. [Fem.: melra e mélroa.]

mem.bra.na [Lat. *membrana*.] *sf.* **1.** *Anat.* Nome genérico da fina camada de tecido orgânico que recobre uma superfície ou divide espaço ou órgão. **2.** Tecido fino, ou película, que separa 2 partes e que recebe ou transmite vibrações: <u>membrana dum tambor</u>. **3.** *Citol.* Camada de tecido que envolve externamente a célula.
◆ **Membrana do tímpano.** *Anat.* Membrana que separa a cavidade do tímpano, da orelha externa. **Membrana serosa.** *Anat.* Membrana que reveste internamente as cavidades torácica e abdominal, e órgãos nelas contidos; serosa.

mem.bra.no.so (ô) [*Membran*(i)- + *-oso*.◘ 37] *adj.* Que tem membrana, ou é da natureza, ou da consistência dela. [Pl.: *-nosos* (ó).]

mem.bro [Lat. *membru*.] *sm.* **1.** *Anat.* Cada um dos 4 apêndices laterais do tronco, 2 superiores e 2 inferiores, ligados a ele por meio de articulações, e que realizam movimentos diversos, entre os quais a locomoção. **2.** Pessoa pertencente a uma associação, comunidade, etc.; sócio, associado. **3.** Parte de um todo (organização, comunidade, etc.).

me.me *sm.* Frase curta ou imagem ou, mesmo, ideia simples, que se difunde pela Internet, podendo ser, eventualmente, modificada, suprimida ou incorporar-se à cultura da época.

me.mo.ran.do [Lat. *memorandum*.] *sm.* **1.** Papel onde se anotam coisas a serem lembradas. **2.** Participação ou aviso por escrito.

me.mo.rar [Lat. *memorare*.◘ 1A] *vtd.* Lembrar, recordar. [C.: 1 (ó)]

me.mo.rá.vel [Lat. *memorabile*.◘ 41] *adj2g.* **1.** Digno de ser lembrado. **2.** Célebre, notável. [Pl.: *-veis*.]

me.mó.ri:a [Lat. *memoria*.] *sf.* **1.** Faculdade de reter as ideias, impressões e conhecimentos adquiridos. **2.** Lembrança, reminiscência. **3.** Dissertação sobre assunto científico, literário ou artístico. **4.** *Inform.* Dispositivo em que informações podem ser registradas, conservadas, e posteriormente recuperadas, esp. a memória principal (q.v.). **5.** *Inform.* Memória principal. ◆ **Memória principal.** *Inform.* A que é interna ao computador, ligada ao processador, e que armazena os dados e instruções de um programa que está sendo executado. **De memória.** Com uso da memória; sem necessidade de rever, reler, ouvir novamente, etc.

me.mo.ri.al [Lat. *memoriale*.▣ 39] *sm.* **1.** Escrito que relata fatos memoráveis. **2.** Petição escrita. [Pl.: *-ais*.]

me.mo.ri:a.lis.ta [*Memorial*.▣ 36] *s2g.* Autor de memórias.

me.mó.ri:as *sfpl.* Escrito em que alguém conta sua vida ou narra fatos a que assistiu ou de que participou.

me.mo.ri.zar [Fr. *mémoriser*.▣ 1D] *vtd.* **1.** Trazer à memória. **2.** Aprender de cor. [C.: 1] § **me.mo.ri.za.ção** *sf.*

men.ção [Lat. *mentione*.▣ 2A] *sf.* **1.** O ato de nomear ou citar algo ou alguém; referência. **2.** Gesto(s) de quem se dispõe a praticar um ato; tenção. **3.** Registro, nota. [Pl.: *-ções*.]

men.ci:o.nar [*Menção* (*-cion-*).▣ 1A] *vtd.* **1.** Fazer menção (1) de. **2.** Referir, relatar, expor. *tdi.* **3.** Mencionar (2). [C.: 1]

men.daz [Lat. *mendace*.] *adj2g.* **1.** Mentiroso, falso. **2.** Desleal, traiçoeiro. [Superl.: *mendacíssimo*.]

men.de.lé.vi:o [Lat.cient. *mendelevium*.▣ 34B] *sm. Quím.* V. *actinídeos* [símb.: *Md*].

men.di.cân.ci:a *sf.* V. *mendicidade*.

men.di.can.te [Lat. *mendicante*.▣ 21] *adj2g.* **1.** Que mendiga. ● *sm.* **2.** Quem mendiga; mendigo.

men.di.ci.da.de [Lat. *mendicitate*.▣ 14] *sf.* **1.** Ato de mendigar. **2.** Os mendigos. **3.** Condição de mendigo. [Sin.ger.: *mendicância*.]

men.di.gar [Lat. *mendicare*.▣ 1A] *vtd. e int.* **1.** Pedir por esmola; esmolar. **2.** Pedir com humildade, ou pleitear servilmente. *tdi.* **3.** Mendigar (2). [C.: 1C]

men.di.go [Lat. *mendicu*.] *sm.* Aquele que pede esmola para viver; mendicante, pedinte.

me.ne.ar [De *manear*.] *vtd. e p.* **1.** Mover(-se) de um para outro lado. **2.** Mover(-se) com desenvoltura; saracotear(-se). [C.: 12A]

me.nei:o [Dev. de *menear*.] *sm.* **1.** Ato ou efeito de menear(-se). **2.** Movimento do corpo ou de parte dele.

me.nes.trel [Fr.ant. *menestrel*.] *sm.* Poeta ou cantor medieval. [Pl.: *-tréis*.]

me.ni.na *sf.* **1.** Criança do sexo feminino. **2.** Mulher nova e/ou solteira; mocinha.

me.ni.na do o.lho *sf. Pop.* Pupila (2). [Pl.: *meninas dos olhos*.]

me.ni.na dos o.lhos *sf. Pop.* Pessoa, ou coisa preferida. [Pl.: *meninas dos olhos*.]

me.nin.ge [Fr. *méninge*.] *sf. Anat.* Cada uma das 3 membranas que envolvem o encéfalo e a medula espinhal. § **me.nín.ge:o** *adj.*

me.nin.gi.te [*Mening(o)- + -ite*[1].] *sf. Med.* Inflamação de meninge.

me.ni.ni.ce [*Menino*.▣ 13] *sf.* **1.** V. *infância* (1). **2.** Ato ou dito próprio de menino; criancice.

me.ni.no [V.B] *sm.* Criança do sexo masculino. [Sin., bras.: *garoto*, *guri*.]

me.nis.co [Gr. *meniskos*.▣ 33] *sm. Anat.* Formação corporal em forma de crescente. [Us. tb. para designar formação cartilaginosa na extremidade superior de tíbia.]

me.no.pau.sa [*Men(o)- + -pausa*.] *sf. Med.* Cessação permanente da menstruação.

me.nor [Lat. *minore*.] *adj2g.* **1.** Mais pequeno. [É corretíssimo o comp. *mais pequeno*.] **2.** Que ainda não atingiu a maioridade. ● *s2g.* **3.** Indivíduo menor (2).

me.no.ri.da.de [*Menor*.▣ 14] *sf.* **1.** Estado ou condição de pessoa menor (2); idade até aos 21 anos; minoridade. **2.** A parte ou quantidade menor de um todo.

me.nor.ra.gi.a [*Men(o)- + -rragia*.] *sf. Med.* Hipermenorreia.

me.nor.rei.a (éi) [*Men(o)- + -rreia*.] *sf.* Menstruação normal.

me.nos [Lat. *minus*.] *pron.indef.* **1.** Em menor número ou quantidade. ● *adv.* **2.** Em grau ou intensidade menor (de sentimento, de determinada qualidade). **3.** Em número ou quantidade menor; com menos intensidade. ● *prep.* **4.** Só não; exceto, salvo: *todos, menos eu*. ● *sm.* **5.** O que é mínimo.

me.nos.ca.bar [Lat. *minuscapare.▣ 1A] *vtd.* **1.** Reduzir a menos. **2.** Fazer pouco de; depreciar, desprezar, desmerecer. [C.: 1]

me.nos.ca.bo [Dev. de *menoscabar*.] *sm.* Ato ou efeito de menoscabar.

me.nos.pre.zar [Esp. *menospreciar*.▣ 1A] *vtd.* **1.** Ter em menos conta ou em pouco apreço; desprezar. *p.* **2.** V. *humilhar* (4). [C.: 1 (é)]

me.nos.pre.zo (ê) [Esp. *menosprecio*.] *sm.* Ato ou efeito de menosprezar; desprezo.

men.sa.gei.ro [Fr. *messager*.▣ 25] *sm.* Aquele que entrega mensagens, encomendas, etc.

men.sa.gem [Fr. *message*.▣ 6] *sf.* **1.** Comunicação ou recado verbal ou escrito. **2.** Discurso que um chefe de governo envia ao parlamento. [Pl.: *-gens*.]

men.sal [Lat. *mensuale*.▣ 39] *adj2g.* Relativo a, ou que dura um mês, ou se faz de mês em mês. [Pl.: *-sais*.]

men.sa.lão [*Mensal*.▣ 2] *sm. Bras.* Esquema de propina, ou essa paga mensalmente a políticos que votem a favor dos governistas. [Pl.: *-lões*.]

men.sa.lei.ro [*Mensal(ão)*.▣ 25] *adj. sm. Bras.* Diz-se de, ou político que recebe ou participa do mensalão.

men.sa.li.da.de [*Mensal*.▣ 14] *sf.* Importância paga por mês.

men.sá.ri:o [Lat. *mensis + -ário*.▣ 24] *sm.* Publicação periódica mensal.

mens.tru:a.ção [*Menstruar*.▣ 2A] *sf.* Fluxo sanguíneo normal, que ocorre durante a fase fértil da vida da mulher, e que se origina no útero,

mênstruo | merendeira

eliminando-se para o meio exterior; mênstruo. [Pl.: -ções.]

mêns.tru:o [Lat. *menstruu.*] *sm.* Menstruação. § **mens.tru.al** *adj2g.*

men.su.rar [Lat. *mensurare.*◨1A] *vtd.* Determinar a medida de; medir. [C.: 1] § **men.su.rá.vel** *adj2g.*

men.ta [Lat. *mentha.*] *sf.* O nome genérico da hortelã.

men.ta.li.da.de [*Mental.*◨14] *sf.* 1. Qualidade que caracteriza a atividade da mente. 2. Conjunto das manifestações intelectuais e psíquicas de um indivíduo ou de um grupo.

men.te [Lat. *mente.*] *sf.* 1. Inteligência; espírito; pensamento. 2. Concepção, imaginação. 3. Intuito, tenção. § **men.tal** *adj2g.*

men.te.cap.to [Lat. *mente captu.*] *adj.* 1. Que perdeu a razão; louco. 2. Tolo, néscio.

men.tir [Lat. *mentire.*◨1C] *v.int.* 1. Afirmar coisa que sabe ser contrária à verdade. 2. Errar no que diz. 3. Induzir em erro. t. 4. Mentir (1). 5. Dizer mentira(s); enganar. [C.: 48]

men.ti.ra [*Mentir*, poss.] *sf.* 1. Ato de mentir; impostura, fraude; peta, potoca, lorota. 2. Engano dos sentidos ou do espírito; erro, ilusão.

men.ti.ro.so (ó) [*Mentira.*◨37] *adj.* 1. Que mente. 2. Oposto à verdade; falso. ● *sm.* 3. Aquele que mente. [Sin. de 1 e 3: *loroteiro, potoqueiro.* Pl.: *-rosos* (ó).]

men.to [Lat. *mentu.*] *sm.* 1. *Anat.* Porção da face abaixo do lábio bucal inferior. 2. *Zool.* Saliência carnuda por baixo do beiço inferior dos animais.

men.tol *sm.* Substância existente na essência da hortelã ou menta. [Pl.: *-tóis.*] § **men.to.la.do** *adj.*

men.tor (ô) [Ficción. *Mentor*, da *Odisseia*, de Homero (**M**).] *sm.* Guia intelectual.

menu [Fr. *menu.*] *sm.* 1. V. *cardápio.* 2. O conjunto de iguarias e bebidas servidas numa refeição. 3. *Inform.* Lista exibida na tela do computador e cujos itens representam comandos de um programa, para escolha de uma opção.

me.que.tre.fe [V.D] *sm. Pop.* V. *joão-ninguém.*

mer.ca.de.jar [*Mercado.*◨1E] *v.int.* 1. Ser mercador ou negociante; mercanciar, traficar. *td. e tdi.* 2. Negociar, vender. [C.: 1 (é)]

mer.ca.do [Lat. *mercatu.*◨17] *sm.* 1. Lugar onde se comerciam gêneros alimentícios e outras mercadorias. 2. *Econ.* Qualquer situação em que compradores e vendedores em potencial entram em contato. 3. *Econ.* O conjunto dos mercados [v. *mercado* (2)]. ◆ **Mercado comum.** *Econ.* Associação de países visando estimular o comércio recíproco pela eliminação de tarifas alfandegárias entre eles, e estabelecimento de política comercial comum quanto aos demais países.

mer.ca.dor (ô) [Lat. *mercatore.*◨19A] *sm.* Aquele que merca; mercante.

mer.ca.do.ri.a [*Mercador.*◨8A] *sf. Econ.* 1. Bem resultante do processo de produção e destinado à venda; mercancia. 2. Bem comerciável (em contraposição a serviços).

mer.can.ci.a (cí) [It. *mercanzia.*] *sf.* 1. Ato de mercadejar; tráfico, comércio. 2. Mercadoria (1).

mer.can.ci.ar [*Mercancia.*◨1A] *v.int., td. e tdi.* V. *mercadejar* (1). [C.: 1]

mer.can.te [It. *mercante.*◨21] *adj2g.* 1. Relativo ao trato comercial; mercantil. ● *s2g.* 2. Mercador.

mer.can.til [It. *mercantile.*] *adj2g.* 1. Relativo a mercadorias. 2. Mercante (1). 3. Referente ao comércio; comercial. [Pl.: *-tis.*]

mer.can.ti.lis.mo [*Mercantil.*◨11] *sm.* 1. Predominância do interesse ou do espírito mercantil. 2. Doutrina econômica que defende ações do estado visando à obtenção de um saldo positivo, nas transações do país com o exterior.

mer.car [Lat. **mercare.*◨1A] *vtd.* Comprar para vender. [C.: 1A (é)]

mer.cê [Lat. *mercede.*] *sf.* 1. Preço ou recompensa de trabalho; paga. 2. V. *graça* (1 e 2). ◆ **À mercê de.** Inteiramente dependente ou submetido às ações ou vontades de alguém. **Vossa Mercê.** Antigo tratamento dado à pessoa de cerimônia, contraído em *vossemecê, vosmecê, você*, etc.

mer.ce:a.ri.a [It. *merceria.*◨15] *sf.* Loja onde se vendem a retalho gêneros alimentícios; armazém, venda.

mer.ce.ei.ro [*Merce(aria).*◨25] *sm.* Dono de mercearia.

mer.ce.ná.ri:o [Lat. *mercenariu.*◨24] *adj. sm.* Que, ou quem trabalha por soldo, ou só pelo interesse da paga.

→ **merchandising** (merchandáisin) [Ingl.] *sm. Prop.* Propaganda não declarada que consiste na menção ou aparição de um produto, etc., em programa de televisão, de rádio, em filme, espetáculo teatral, etc.

mer.cú.ri:o [Mit. romano *Mercúrio*, o mensageiro dos deuses.] *sm.* 1. *Quím.* Elemento de número atômico 80, metálico, líquido, prateado, denso, venenoso [símb.: Hg]. 2. *Astr.* No sistema solar, o planeta mais próximo do Sol. [Com inicial maiúsc., nesta acepç.] § **mer.cu.ri.al** *adj2g.*

mer.da [Lat. *merda.*] *sf. Chulo* Matérias fecais; excremento, bosta.

me.re.cer [Lat. **merescere.*◨1B] *vtd.* 1. Ser digno de. 2. Ter direito a. 3. Estar em condições de obter ou de receber. [C.: 2A (ê-é)] § **me.re.ce.dor** (ô) *adj.*; **me.re.ci.do** *adj.*

me.re.ci.men.to [*Merecer.*◨3A] *sm.* Qualidade de quem merece; mérito.

me.ren.da [Lat. *merenda.*] *sf.* 1. Refeição leve, entre o almoço e o jantar. 2. O que os alunos levam para comer na escola.

me.ren.dar [*Merenda.*◨1A] *v.int. e td.* Comer a merenda, ou à hora da merenda. [C.: 1]

me.ren.dei.ra [*Merenda.*◨16] *sf.* 1. Lancheira. 2. Funcionária responsável pelo preparo da merenda escolar.

merengue¹ | mesozoico

me.ren.gue¹ [Esp. *merengue*.] *sm. Cul.* V. *suspiro* (7 e 8).

me.ren.gue² [Ingl. *merengue*, do esp. *meringue*.] *sm.* Música e dança originária da República Dominicana, de ritmo alegre e contagiante.

me.re.trí.ci:o [Lat. *meretriciu*.] *sm.* **1.** Profissão de meretriz. **2.** As meretrizes.

me.re.triz [Lat. *meretrice*.] *sf.* Mulher que pratica o ato sexual por dinheiro; prostituta.

mer.gu.lha.dor (ô) [*Mergulhar*.⬛19A] *adj.* **1.** Que mergulha. • *sm.* **2.** Aquele que o faz. **3.** O mergulhador (2) profissional.

mer.gu.lhão [*Mergulho*.⬛28A] *sm.* **1.** *Bot.* Haste de planta que se mergulha na terra para criar novas raízes e germinar. **2.** *Zool.* Nome comum a aves podicipedídeas que mergulham para apanhar seu alimento. [Pl.: *-lhões*.]

mer.gu.lhar [Lat. *merguliare.⬛1A] *vtd.* **1.** Introduzir na água ou em outro líquido. **2.** Fazer penetrar. *tc.* **3.** Penetrar ou lançar-se (em piscina, lagoa, mar, etc.). **4.** Atirar-se, jogar-se. *ti.* **5.** *Fig.* Dedicar-se, entregar-se totalmente: *mergulhar nos estudos*. *tdc.* **6.** Mergulhar (2). *int.* **7.** Entrar na água a ponto de ficar coberto por ela; imergir. **8.** Lançar-se, jogar-se como se em mergulho. *p.* **9.** Mergulhar (7). [C.: 1]

mer.gu.lho [Dev. de *mergulhar*.] *sm.* **1.** Ato de mergulhar(-se). **2.** A prática ou o ofício de quem mergulha [v. *mergulhar* (3)], como esportista ou profissional.

me.ri.di.a.no [Lat. *meridianu*.⬛29A] *sm.* **1.** *Astr. Geogr.* Qualquer círculo imaginário sobre a superfície da Terra, e que passa pelos polos. **2.** Linha que circunda uma superfície passando pelos polos desta. • *adj.* **3.** Relativo ao meio-dia, ao ponto ou momento em que o Sol aparece mais alto, no céu.

me.ri.di:o.nal [Lat. *meridionale*.⬛39] *adj2g.* **1.** Que está do lado do Sul; austral. • *s2g.* **2.** Habitante das regiões do Sul. [Pl.: *-nais*.]

me.ri.tís.si.mo [Lat. *meritissimu*.] *adj.* De grande mérito; digníssimo. [Aplica-se, sobretudo, a juízes de direito.]

mé.ri.to [Lat. *meritu*.] *sm.* Merecimento.

me.ri.tó.ri:o [Lat. *meritoriu*.] *adj.* Que merece louvor; louvável.

me.ro [V.C] *adj.* **1.** Sem mistura; puro, simples. **2.** Comum, simples.

me.ro.plânc.ton *sm. Ecol.* Fase temporária ou sazonal de plâncton, formada por larvas de organismos bentônicos. [Pl.: *-tons*.]

mês [Lat. *mense*.] *sm.* **1.** Cada uma das 12 divisões do ano atual: sete com 31 dias, quatro com 30 dias, e uma (fevereiro) com 28 ou (nos anos bissextos) 29 dias. **2.** Espaço de 30 dias. [Pl.: *meses* (ê).]

me.sa (ê) [Lat. *mensa*.] *sf.* **1.** Móvel sobre o qual se come, escreve, trabalha, etc. **2.** Conjunto formado pelo presidente e secretários duma assembleia. **3.** Numa seção eleitoral, o conjunto dos indivíduos que se ocupam dos trabalhos relativos à votação. **4.** Quantia fixa ou cumulativa de apostas, em certos jogos de azar. **5.** O conjunto dos que estão à mesa para a refeição. **6.** *Cin. Telev.* Equipamento com recursos para edição ou execução de efeitos, como mixagem, equalização, etc.

me.sa.da [*Mês*.⬛4] *sf.* Quantia que se dá em cada mês.

me.sa de ca.be.cei.ra *sf.* Mesinha posta à cabeceira da cama. [Pl.: *mesas de cabeceira*.]

me.sa de cen.tro *sf.* Mesa baixa, ger. no centro de uma sala, e na qual se põem revistas, objetos de decoração, etc.; mesinha de centro. [Pl.: *mesas de centro*.]

me.sa-re.don.da *sf.* Reunião de pessoas especialistas, ou que entendem de determinado assunto, e que o discutem ou deliberam sobre ele. [Pl.: *mesas-redondas*.]

me.sá.ri:o [Lat. *mensariu*.⬛24] *sm.* Quem faz parte da mesa (3).

me.sa-te.nis.ta *s2g. Bras. Esport.* Jogador de tênis de mesa. [Pl.: *mesas-tenista(s)*.]

mes.cla [Dev. de *mesclar*.] *sf.* **1.** Mistura de elementos diversos; amálgama, misto. **2.** Tecido em que os fios da trama e da urdidura são de cores diversas.

mes.clar [Lat.vulg. *misculare.⬛1A] *vtd. e tdi.* **1.** Juntar ou unir (coisas ou seres diversos) para formar um todo; misturar, ligar, amalgamar. **2.** Unir, incorporar. *p.* **3.** Misturar-se, juntar-se, confundir-se. [C.: 1 (é)]

me.se.ta (ê) [Esp. *meseta*.] *sf. Geogr.* Planalto de pequena conformação.

me.si.nha de cen.tro *sf.* Mesa de centro. [Pl.: *mesinhas de centro*.]

mes.mi.ce [*Mesmo*.⬛13] *sf.* **1.** Ausência de variedade ou de progresso. **2.** V. *pasmaceira* (2).

mes.mo (ê) [Lat. *metipsimu.] *adj.* **1.** Igual, idêntico: *Estavam com a mesma roupa*. • *pron. dem.* **2.** Esse, essa, aquele, aquela: *Depois da doença meu pai não é o mesmo*. • *sm.* **3.** A mesma coisa: *Colar na escola é o mesmo que enganar a si próprio*. • *adv.* **4.** Exatamente: *Aconteceu mesmo como ele disse*. **5.** Ainda: *Chegou mesmo a ofender-se com tais palavras*.

me.só.cli.se [*Mes(o)-* + *-clise*.] *sf. E.Ling.* Intercalação de pronome átono em um verbo no futuro do indicativo. Ex.: *dir-te-ei*, *amá-lo-ia*.

me.so.lí.ti.co [Lat.] *adj. sm.* Diz-se de, ou fase da Idade da Pedra que faz a transição entre o paleolítico e o neolítico.

me.so.li.to.ral [*Mes(o)-* + *litoral*.] *adj2g. sm.* Diz-se de, ou região costeira banhada pelo mar, situada entre a linha de maré mais alta e a linha de maré mais baixa; mediolitoral. [Pl.: *-rais*.]

mé.son [Ingl. *meson*.] *sm. Fís.* Denom. genérica de partículas constituídas por um par *quark--antiquark*.

me.sos.fe.ra [*Mes(o)-* + *-sfera*.] *sf. Geofís.* Camada atmosférica entre a estratosfera e a ionosfera.

me.so.zoi.co (ói) [*Mes(o)-* + *-zoico*.] *adj.* Relativo à era geológica iniciada há c.248 milhões de anos e que durou c.183 milhões de anos, durante a qual os dinossauros surgiram, se difundiram e, por fim, se extinguiram; inclui os períodos triássico, jurássico e cretáceo.

mes.qui.nha.ri.a [*Mesquinho.* ▫15] *sf.* V. *mesquinhez.*

mes.qui.nhez (ê) [*Mesquinho.* ▫12A] *sf.* **1.** Qualidade de mesquinho. **2.** Ação mesquinha. [Sin. ger.: *mesquinharia.*]

mes.qui.nho [Do ár.] *adj.* **1.** Insignificante, parco. **2.** Não generoso; avaro. **3.** Baixo, sórdido.

mes.qui.ta [Do ár.] *sf.* O templo dos muçulmanos.

mes.se [Lat. *messe.*] *sf.* **1.** Seara em bom estado de ceifar. **2.** Ceifa, colheita. **3.** *Fig.* Aquisição, conquista.

mes.si.a.nis.mo [Fr. *messianisme.* ▫11] *sm.* **1.** Crença na vinda de um messias, que anuncia e instaura uma época de felicidade e justiça. **2.** Qualquer movimento político-religioso baseado nessa crença. § **mes.si.a.nis.ta** *adj2g.*

mes.si.as [Lat. *messias.*] *sm2n.* **1.** *Rel.* Redentor prometido por Deus, a quem ele confere algo de seu poder ou de sua autoridade. **2.** Para os cristãos, Jesus Cristo. § **mes.si.â.ni.co** *adj.*

mes.ti.ça.gem [*Mestiço.* ▫6] *sf.* **1.** Cruzamento de espécies diferentes. **2.** V. *miscigenação.* [Pl.: *-gens.*]

mes.ti.ça.men.to [*Mestiçar.* ▫3] *sm.* V. *miscigenação.*

mes.ti.çar [*Mestiço.* ▫1A] *vtd. e p.* Cruzar(-se) (os indivíduos de uma etnia, ou de uma raça) com os de outra; caldear. [C.: 1B]

mes.ti.ço [Lat. *mixticiu.*] *adj.* **1.** Que descende de indivíduos de etnias diferentes. **2.** Que provém do cruzamento de animais de raças diferentes. • *sm.* **3.** Pessoa mestiça ou animal mestiço.

mes.tra *sf.* Mulher que ensina; professora.

mes.tra.do [*Mestre.* ▫17C] *sm.* **1.** Conjunto de mestres. **2.** Curso de pós-graduação que capacita o graduado à execução de pesquisas em uma área de conhecimento. **3.** *Bras.* O grau de mestre (7).

mes.tre [Fr.ant. *maiestre.*] *sm.* **1.** Homem que ensina; professor. **2.** O que é perito ou versado numa ciência ou arte. **3.** Homem de muito saber. **4.** Quem se avantaja em qualquer coisa. **5.** Artífice, em relação a seus subordinados. **6.** Comandante de pequena embarcação; patrão. **7.** Aquele que tem o mestrado (2). • *adj.* **8.** Que serve de base ou de guia; fundamental.

mes.tre-cu.ca *sm. Fam.* Cozinheiro. [Pl.: *mestres-cucas.*]

mes.tre de ar.mas *sm.* Professor de esgrima. [Pl.: *mestres de armas.*]

mes.tre de cam.po *sm.* V. *hierarquia militar.* [Pl.: *mestres de campo.*]

mes.tre de ce.ri.mô.ni.as *sm.* **1.** Sacerdote que dirige o cerimonial litúrgico. **2.** Mestre-sala (1). [Pl.: *mestres de cerimônias.*]

mes.tre de o.bras *sm.* Supervisor de operários numa construção. [Pl.: *mestres de obras.*]

mes.tre-es.co.la *sm.* Professor de instrução primária. [Pl.: *mestres-escolas.*]

mes.tre-sa.la *sm.* **1.** Diretor de um baile público ou de um desfile festivo; mestre de cerimônias. **2.** *Bras.* Aquele que, nos desfiles das escolas de samba, faz par com a porta-bandeira. [Pl.: *mestres-salas.*]

mes.tri.a [*Mestre.* ▫8A] *sf.* **1.** Qualidade de mestre. **2.** Perícia, destreza. [F.paral.: *maestria.*]

me.su.ra [Lat. *mensura.*] *sf.* Reverência (4).

me.su.rar [Lat. *mensurare.* ▫1A] *vtd.* **1.** Fazer ou dirigir mesura a; cumprimentar, cortejar. *p.* **2.** Agir com comedimento; moderar-se. [C.: 1]

me.su.rei.ro [*Mesura.* ▫25] *adj.* Dado a fazer mesuras.

me.ta [Lat. *meta.*] *sf.* **1.** Sinal que indica ou demarca o ponto final de corridas (de cavalos, regatas, etc.). **2.** V. *gol* (1). **3.** *Fig.* V. *alvo* (5).

me.ta.bo.lis.mo *sm. Fisiol.* Conjunto de fenômenos físicos e químicos que produzem substância viva organizada e, também dos que levam, no organismo, à conversão de substâncias em produtos a serem excretados. § **me.ta.bó.li.co** *adj.*

me.ta.car.po [*Met(a)-* + *-carpo.*] *sm. Anat.* Em mão, a parte situada entre o punho e os quirodáctilos. § **me.ta.car.pi.a.no** *adj.*

me.ta.de [Lat. *medietate.*] *sf.* **1.** Cada uma das 2 partes iguais em que se divide um todo. **2.** Meio (1). **3.** Cara-metade.

me.ta.fí.si.ca [Lat.med. *metaphysica.*] *sf.* **1.** *Filos.* Estudo sistemático dos fundamentos da realidade e do conhecimento. **2.** *Fig.* Sutileza no arrazoar, no discorrer.

me.ta.fí.si.co *adj.* **1.** Relativo à metafísica. **2.** V. *transcendente* (2).

me.tá.fo.ra [Lat. *metaphora.*] *sf. E.Ling.* Tropo em que a significação natural duma palavra é substituída por outra com que tem relação de semelhança. [Por metáfora, chama-se *raposa* a uma pessoa astuta.] § **me.ta.fó.ri.co** *adj.*

me.tal [Esp. *metal*, do lat. *mettalu.*] *sm.* **1.** Substância simples, com brilho próprio, boa condutora de calor e de eletricidade. **2.** *Fig.* V. *dinheiro* (4). **3.** Timbre (da voz). [Pl.: *-tais.*] ◆ **Metal alcalino.** *Quím.* Qualquer metal do 1º grupo da classificação periódica dos elementos (lítio, sódio, potássio, rubídio, césio, frâncio), cujos números atômicos são, respectivamente, 3, 11, 19, 37, 55 e 87. **Metal alcalinoterroso.** *Quím.* Qualquer dos metais, (berílio, magnésio, cálcio, estrôncio, bário, rádio), cujos números atômicos são, respectivamente, 4, 12, 20, 38, 56 e 88.

me.tá.li.co [Lat. *metallicu.* ▫35B] *adj.* **1.** De, ou relativo a metal. **2.** Similar, na cor e aparência, a metal. **3.** Que soa como metal.

me.ta.li.zar [*Metal.* ▫1D] *vtd.* **1.** Transformar em metal. **2.** Guarnecer ou recobrir com metal. **3.** Dar cor ou aparência de metal a. [C.: 1] § **me.ta.li.za.ção** *sf.;* **me.ta.li.za.do** *adj.*

me.ta.lo.gra.fi.a [*Metal(o)-* + *-grafia.*] *sf.* **1.** Estudo e descrição dos metais e ligas. **2.** Tratado sobre metais e ligas. § **me.ta.lo.grá.fi.co** *adj.*

metalurgia | metragem

me.ta.lur.gi.a [Gr. *metallourgía*. ◼8A] *sf.* Conjunto de tratamentos físicos e químicos a que os minerais são submetidos para se extraírem os metais. § **me.ta.lúr.gi.co** *adj. sm.*

me.ta.me.ri.za.ção *sf. Zool.* Divisão do corpo de verme ou artrópode em metâmeros. [Pl.: -ções.]

me.tâ.me.ro [*Met(a)*- + *-mero*.] *sm. Zool.* Cada um dos anéis de verme ou artrópode.

me.ta.mor.fo.se [Gr. *metamórphosis*.] *sf.* **1.** Transformação. **2.** *Zool.* Mudança de forma e estrutura que se opera no ciclo de vida de certos animais, como, p.ex., de insetos e batráquios. § **me.ta.mór.fi.co** *adj.*

me.ta.mor.fo.se.ar [*Metamorfose*. ◼1N] *vtd. e p.* Sofrer metamorfose; transformar(-se), modificar(-se). [C.: 12A]

me.ta.no *sm. Quím.* Hidrocarboneto mais simples, com 1 átomo de carbono e 4 de hidrogênio [fórm.: CH_4], gás inflamável, de uso industrial e doméstico, encontrado em jazidas e tb. produzido na decomposição de matéria orgânica.

me.ta.nol [*Metano* + *-ol²*.] *sm. Quím.* Álcool metílico; líquido volátil, inflamável, venenoso, com propriedades semelhantes às do etanol. [Pl.: *-nóis*.]

me.ta.plas.mo [Lat. *metaplasmu*.] *sm. E.Ling.* Qualquer das figuras que acrescentam, suprimem, permutam ou transpõem fonemas nas palavras. Ex.: *enamorar* > *namorar*; *desvariar* > *desvairar*.

me.tás.ta.se [Gr. *metástasis*.] *sf. Med.* Migração de doença de um órgão a outro a que não está diretamente ligado anatomicamente. § **me.tas.tá.ti.co** *adj.*

me.ta.tar.so [*Met(a)*- + *-tarso*.] *sm. Anat.* Em cada pé, a parte situada entre o tarso e os pododáctilos. § **me.ta.tar.si.a.no** *adj.*

me.tá.te.se [Lat. *metathese*.] *sf. E.Ling.* Transposição de fonemas dentro de um mesmo vocábulo; comutação. Ex.: *esburgar* > *esbrugar*.

me.ta.zo.á.ri:o *sm. Biol.* Organismo animal com muitas células. [Cf. *protozoário*.]

me.te.di.ço *adj.* Intrometido, indiscreto; metido.

me.tem.psi.co.se [Lat. *metempsychose*.] *sf.* Doutrina segundo a qual uma mesma alma pode animar, sucessivamente, corpos diversos, humanos, animais ou vegetais; transmigração.

me.te.ó.ri.co [*Meteoro*. ◼35B] *adj.* **1.** Referente a, ou produzido por meteoro. **2.** *Fig.* Brilhante porém efêmero.

me.te:o.ri.to [*Meteor(o)*- + *-ito²*.] *sm. Astr.* Corpo metálico ou rochoso que, vindo do espaço cósmico, cai na superfície da Terra; aerólito.

me.te:o.ro [Gr. *metéoros*.] *sm.* **1.** Qualquer fenômeno que ocorre na atmosfera terrestre: chuva, neve, relâmpago, estrela cadente, etc. **2.** Fenômeno luminoso que resulta do atrito de meteoroide com gases da atmosfera terrestre.

me.te:o.roi.de (ói) [*Meteor(o)*- + *-oide*.] *sm.* Pequeno corpo que vaga pelo espaço cósmico e que incandesce ao entrar na atmosfera terrestre.

me.te:o.ro.lo.gi.a [Gr. *meteorología*. ◼8A] *sf.* **1.** A parte da física que estuda os meteoros [v. *meteoro* (1)]. **2.** Ciência que estuda os fenômenos atmosféricos, possibilitando a previsão do tempo. § **me.te:o.ro.ló.gi.co** *adj.*

me.ter [Lat. *mittere*. ◼1B] *vtd.* **1.** Causar, inspirar: *Isso não me mete medo*. **2.** Empregar, aplicar; pôr. **3.** Fazer entrar ou participar. **4.** Aplicar (tapa, golpe) em. *tdc.* **5.** Fazer entrar; introduzir. **6.** Pôr, colocar: *Meteram-no na cadeia*. **7.** Olhar por, através de. **8.** Pôr, guardar. *td.* **9.** Meter (1): *meter dó*. *p.* **10.** Esconder-se; ocultar-se. **11.** Recolher-se: *meter-se na cama*. **12.** Intrometer-se, ingerir-se. **13.** Envolver-se, associar-se. **14.** Provocar, desafiar (alguém). **15.** Penetrar em certo acesso, lugar; enfiar-se. [C.: 2 (é-é)]

me.ti.cu.lo.so (ô) [Lat. *meticulosu*. ◼37] *adj.* **1.** Suscetível de pequenos receios ou escrúpulos; escrupuloso. **2.** Minucioso (1). **3.** Cuidadoso, cauteloso. [Pl.: *-losos* (ó).] § **me.ti.cu.lo.si.da.de** *sf.*

me.ti.do [Part. de *meter*.] *adj.* V. *metediço*.

me.ti.la [*Met(a)*- + *-ila²*.] *sf. Quím.* Alquila de um átomo de carbono, correspondente ao metano [fórm.: $-CH_3$].

me.ti.la.mi.na [Ingl. *methylamine*.] *sf. Quím.* A mais simples das aminas, gasosa, com odor desagradável [fórm.: CH_3NH_2].

me.tí.li.co [*Metil*- + *-ico²*. ◼35B] *adj.* Diz-se de certos compostos orgânicos derivados do metano.

me.tó.di.co [Lat. *methodicu*. ◼35B] *adj.* Que tem, ou em que há método.

me.to.dis.mo [*Método*. ◼11] *sm.* Movimento de revitalização religiosa dentro da Igreja Anglicana, no séc. XVIII, liderado pelo pregador inglês John Wesley (1703-1791), e que acabou por se transformar numa nova Igreja. § **me.to.dis.ta** *adj2g. sm.*

me.to.di.zar [*Método*. ◼1D] *vtd.* **1.** Tornar metódico. **2.** Regularizar, ordenar. [C.: 1]

mé.to.do [Gr. *méthodos*.] *sm.* **1.** Procedimento organizado que conduz a um certo resultado. **2.** Processo ou técnica de ensino. **3.** Modo de agir, de proceder. **4.** Regularidade e coerência na ação. **5.** Tratado (3) elementar.

me.to.do.lo.gi.a [*Método* + *-logia*.] *sf.* Conjunto de métodos, regras e postulados us. em determinada disciplina, e sua aplicação. § **me.to.do.ló.gi.co** *adj.*

me.to.ní.mi:a [Lat. *metonymia*.] *sf. E.Ling.* Tropo que consiste em designar um objeto por palavra designativa de outro objeto que tem com o primeiro uma relação de causa e efeito (*trabalho*, por *obra*), de continente e conteúdo (*copo*, por *bebida*), a parte pelo todo (*asa*, por *avião*), etc. § **me.to.ní.mi.co** *adj.*

me.tra.gem [*Metro*. ◼6] *sf.* **1.** Medição em metros. **2.** Quantidade de metros. [Pl.: *-gens*.]

metralha | mico-leão

me.tra.lha [Fr. *mitraille*.] *sf.* Balas miúdas, pedaços de ferro, cacos, etc., com que se carregam projetis ocos.

me.tra.lha.do.ra (ô) [*Metralhar*.□20] *sf.* Arma de fogo automática, que em pouco tempo dispara muitos projetis.

me.tra.lhar [*Metralha*.□1A] *vtd.* **1.** Atacar com tiros de metralha, ou com metralhadora. **2.** Fazer fogo contra. [C.: 1]

mé.tri.ca *sf.* Arte que ensina os elementos necessários à feitura de versos medidos.

mé.tri.co [Lat. *metricu*.□35B] *adj.* Relativo ao metro (1), ou ao sistema que o tem por base, ou à métrica.

me.tri.fi.car [*Metr(o)*-² + -*ificar*] *vtd.* **1.** Pôr em verso medido. *int.* **2.** Compor versos medidos. [C.: 1A] § **me.tri.fi.ca.ção** *sf.*

me.tri.te [*Metr(o)*-¹ + -*ite*¹.] *sf. Med.* Inflamação do útero.

me.tro [Lat. *metru*.] *sm.* **1.** Unidade fundamental de medida de comprimento no SI, igual ao comprimento do trajeto feito pela luz no vácuo num intervalo de tempo de 1/299.792.458 de segundo [símb.: *m*]. **2.** Qualquer objeto de medir, com o comprimento de um metro. **3.** Medida reguladora da quantidade de pés ou sílabas de um verso.

me.trô [Fr. *métro*.] *sm.* V. *metropolitano*².

me.tro.lo.gi.a *sf.* Ciência que estuda os sistemas de pesos e medidas.

me.trô.no.mo [*Metr(o)*-² + -*nomo*.] *sm. Mús.* Instrumento us. para regular os andamentos musicais.

me.tró.po.le [Lat. *metropole*.] *sf.* **1.** Cidade principal, ou capital de província ou de estado. **2.** Cidade grande. **3.** Nação, em relação às suas colônias.

me.tro.po.li.ta.no¹ [Lat. *metropolitanu*.□29] *adj.* **1.** De, ou que tem aspecto ou caráter de metrópole. ● *sm.* **2.** Prelado da metrópole, em relação aos prelados sufragâneos.

me.tro.po.li.ta.no² [Fr. *métropolitain*.] *sm.* Sistema de viação urbana em túneis subterrâneos; metrô.

me.tror.ra.gi.a [*Metr(o)*-¹ + -*rragia*.] *sf. Med.* Hemorragia uterina que ocorre a intervalos irregulares, porém frequentes.

me.tro.vi.á.ri:o *adj.* **1.** Do, ou relativo ao metrô. ● *sm.* **2.** Funcionário do metrô.

meu [Lat. *meu*.] *pron.poss.* Pertencente à, ou próprio da, ou sentido, ou experimentado, pela pessoa que fala.

■ **MeV** *Fís.* Unidade de medida de energia equiv. a um milhão de elétrons-volt.

me.xer [Lat. *miscere*.] *vtd.* **1.** Imprimir movimento a; agitar; mover. **2.** Deslocar. **3.** Misturar, revolvendo. **4.** Mexer (3) o conteúdo de. *ti.* **5.** Remexer (4). **6.** Importunar com gracejos ou impertinências. **7.** Ocupar-se: *Mexe com química*. *int. e p.* **8.** Mover-se. **9.** Sair do seu lugar ou posição. [C.: 2 (ê-é)] § **me.xe.ção** *sf. (fam.)*

me.xe.ri.ca [De *mexerico*.] *sf.* V. *tangerina*.

me.xe.ri.car [*Mexer*.□1F] *vtdi. e int.* Fazer mexerico; bisbilhotar. [C.: 1A]

me.xe.ri.co [Dev. de *mexericar*.] *sm.* Enredo, intriga, bisbilhotice.

me.xe.ri.quei.ra [*Mexerica*.□16] *sf. Bras. Bot.* Tangerineira.

me.xe.ri.quei.ro [*Mexerico*.□25] *adj. sm.* Que, ou quem mexerica; bisbilhoteiro.

me.xi.da [*Mexer* + -*ida*.] *sf.* **1.** Ato ou efeito de mexer. **2.** Confusão, desordem, mixórdia.

me.xi.lhão [Lat.vulg. hisp. *muscellione.] *sm. Zool.* Nome comum a vários moluscos bivalves que se fixam em pedras. [Pl.: -*lhões*.]

me.za.ni.no [It. *mezzanino*.□30] *sm.* Pavimento intermediário entre 2 andares principais.

me.zi.nha [Lat. *medicina*.□32A] *sf. Pop.* Qualquer remédio caseiro; puçanga (*bras.*, *N.*).

■ **mg** Símb. de *miligrama*.
■ **Mg** *Quím.* Símb. de *magnésio*.
■ **MHz** *Fís.* Símb. de *megahertz*.

mi¹ [F.red. de *mira*; v. *ut*.] *sm. Mús.* **1.** O terceiro grau da escala diatônica de dó. **2.** Sinal da nota mi, na pauta.

mi² [Lat.med. *my*.] *sm.* A 12ª letra do alfabeto grego (M, μ); mu.

mi.a.do [*Miar*.□17A] *sm.* A voz do gato e de outros animais; mio.

mi:al.gi.a [*Mi*- + -*alg(o)*- + -*ia*¹.□8A] *sf. Med.* Dor muscular.

mi.ar [*Miau*.□1A] *v.int.* Soltar miado ou som que o lembra. [C.: 1. Cf. *mear*.]

mi.as.ma [Gr. *míasma*.] *sm.* Emanação fétida oriunda de animais ou plantas em decomposição.

mi.au [V.A] *sm.* **1.** Onomatopeia da voz do gato. **2.** *Inf.* O gato.

mi.ca [Lat. *mica*.] *sf. Min.* Mineral brilhante, mole, de clivagem basal, e que pode ser us. como isolante; malacacheta.

mi.ca.do [Jap. *mikado*.] *sm.* Título do soberano do Japão.

mi.ca.gem *sf.* V. *careta* (1). [Pl.: -*gens*.]

mi.çan.ga [Do cafre.] *sf.* Conta (9) miúda, de vidro. [M.us. no pl.]

mic.ção [Lat. *mictione*.□2A] *sf.* Ato de urinar. [Pl.: -*ções*.]

mi.ce.to.lo.gi.a [*Micet(o)*- + -*logia*.] *sf.* Micologia.

mi.co¹ [Do caraíba.] *sm. Bras. Zool.* Nome comum a diversos macacos calitriquídeos.

mi.co² *sm. Bras.* **1.** Mico-preto. **2.** *P.ext.* Coisa indesejável que se procura passar adiante. ◆ **Pagar mico.** *Bras. Gír.* Dar vexame.

mi.co-le.ão *sm. Bras. Zool.* Nome comum a micos calitriquídeos, com 4 espécies endêmicas da Mata Atlântica brasileira: mico-leão-dourado, mico-leão-de-cara-dourada, mico-leão-preto e mico-leão-de-cara-preta. [Pl.: *micos-leões* e *micos-leão*.]

micologia | migrar

mi.co.lo.gi.a [*Mic(o)-* + *-logia*.] *sf.* Ciência que trata dos fungos; micetologia.

mi.co-pre.to *sm. Bras.* Certo jogo de cartas infantil, em que a carta sem par tem desenho de um mico[1] preto; mico. [É marca registrada.]

mi.co.se [*Mic(o)-* + *-ose*[1].] *sf. Med.* Qualquer infecção produzida por fungo.

mi.crei.ro [*Micro.*⬛25] *sm. Inform.* 1. Usuário habitual de micros. ● *adj.* 2. Relativo a microcomputador.

mi.cro *sm. Inform.* V. *microcomputador*.

mi.cró.bi:o [*Micr(o)-*[1] + *-bio.*] *sm. Microb.* 1. Organismo unicelular bacteriano, vegetal, ou animal. 2. Microrganismo capaz de produzir doenças, e causar fermentação e putrefação; germe. § **mi.cro.bi.a.no** *adj.*

mi.cro.bi.o.lo.gi.a [*Micróbio* + *-logia*.] *sf.* Ciência que estuda os microrganismos. § **mi.cro.bi.o.ló.gi.co** *adj.*

mi.cro.blo.gue [Ingl. *mycroblog*.] *sm. Inform.* *Blog* com mensagens de tamanho restrito.

mi.cro.ci.rur.gi.a *sf.* Cirurgia em que as intervenções são feitas com o auxílio de microscópio especial.

mi.cro.com.pu.ta.dor (ó) *sm. Inform.* Computador que usa um único microprocessador como unidade central de processamento. [F.red.: *micro*.]

mi.cro.cos.mo [Lat.med. *microcosmu*.] *sm.* 1. Mundo pequeno; miniatura do universo. 2. *Restr.* O ser humano (p.opos. a *macrocosmo*.) 3. *Fig.* Pequena sociedade (1 e 2).

mi.cro.cré.di.to *sm. Econ.* Empréstimo de pequeno valor, destinado, ger., à população de menor renda.

mi.cro:e.co.no.mi.a *sf. Econ.* Parte da economia (3) que estuda o comportamento de agentes econômicos individuais (consumidores, produtores) e sua interação no mercado.

mi.cro:em.pre.sa (ê) *sf. Econ.* Empresa ou firma individual cuja receita anual é abaixo de determinado valor estabelecido pelo Estado, sendo por isto isenta de certos impostos.

mi.cro.fi.bra [*Micr(o)-*[1]+ *fibra*.] *sf. Tec.Têx.* Nome comum a tecidos sintéticos leves, de alta resistência, que oferecem isolamento em relação ao frio e ao vento.

mi.cro.fil.mar [*Microfilme.*⬛1A] *vtd.* Fotografar (livros, documentos, etc.) em microfilme. [C.: 1] § **mi.cro.fil.ma.gem** *sf.*

mi.cro.fil.me *sm.* Reprodução fotográfica de documentos, livros, etc., em formato muito reduzido.

mi.cro.flo.ra *sf.* Flora constituída por vegetais microscópicos como, p.ex., certas algas.

mi.cro.fo.ne [*Micr(o)-*[1]+ *-fone*.] *sm.* Aparelho que transforma a energia sonora em energia elétrica.

mi.cro.fo.ni.a [*Micr(o)-*[1]+ *-fon(o)-* + *-ia*[1].⬛8A] *sf.* Perturbação na transmissão sonora, causada por vibração mecânica.

mi.cro.in.for.má.ti.ca (o-in) *sf. Inform.* Parte da informática que lida com equipamentos e programas us. em microcomputadores.

mi.crô.me.tro [*Micr(o)-*[2] + *-metro*.] *sm.* 1. *Fís.* Unidade de medida de comprimento, igual à milionésima parte do metro [símb.: μm]; mícron. 2. Instrumento para medição de comprimentos ou de ângulos muito pequenos, baseado em dispositivos mecânicos ou em sistemas ópticos.

mí.cron [Gr. *mikrón*.] *sm. Fís.* Micrômetro (1).

mi.cro-on.da [*Micr(o)-*[1] + *onda*.] *sf. Fís.* Radiação eletromagnética de comprimento relativamente pequeno (entre 0,6m e 1mm, correspondendo a frequências entre aprox. 500 MHz e 300 GHz). [Pl.: *micro-ondas*.]

mi.cro-on.das *sm2n.* Forno em que se usam micro-ondas (V. *micro-onda*) para cozimento, aquecimento ou descongelamento de alimentos.

mi.cro-ô.ni.bus *sm2n.* Ônibus de tamanho reduzido.

mi.cro.pro.ces.sa.dor (ô) *sm. Inform.* Processador (3) miniaturizado, cujos circuitos são fabricados numa única pastilha de silício.

mi.cror.ga.nis.mo ou **mi.cro-or.ga.nis.mo** [*Micr(o)-*[1] + *organismo*.] *sm. Microb.* Nome comum a organismos microscópicos. Ex.: bactérias, vírus. [Pl. para micro-organismo: *micro-organismos*.]

mi.cros.có.pi.co [*Microscópio.*⬛35B] *adj.* 1. Visível só ao microscópio. 2. *Fig.* Muito pequeno.

mi.cros.có.pi:o [*Micr(o)-*[1] + *-scópio*.⬛34B] *sm.* Instrumento óptico para a observação e estudo de objetos de pequeníssimas dimensões.

mic.tó.ri:o [Lat. *mictoriu*.] *sm.* Lugar próprio para nele se urinar.

mi.cu.im [Do tupi.] *sm. Bras. Zool.* Ácaro cuja picada provoca forte coceira; mucuim. [Pl.: *-ins*.]

mí.di.a [Ingl. (*mass*) *media*.] *sf.* 1. Designação genérica dos meios, veículos e canais de comunicação, como, p.ex., jornal, revista, rádio, televisão, *outdoor*, etc. 2. Setor de agência de propaganda responsável pela veiculação de anúncios na mídia (1).

mi.ga.lha *sf.* Pequeno fragmento de pão, de bolo, ou de outro alimento farináceo.

mi.ga.lo.mor.fo (mì) [Tax. *Mygalomorphae*.] *adj. sm. Zool.* Diz-se de, ou espécime dos migalomorfos, subordem de grandes aracnídeos cuja picada é dolorosa e, a de algumas espécies, venenosa.

mi.gra.ção [Lat. *migratione*.⬛2A] *sf.* 1. Passagem dum país para outro (diz-se de indivíduo, ou de povo). 2. Deslocamento periódico de certas espécies animais, ger. associado a mudanças de estação (6). [Pl.: *-ções*.] § **mi.gra.tó.ri:o** *adj2g.*

mi.grar [Lat. *migrare*.⬛1A] *vtc. e int.* 1. Mudar de país ou de região. 2. Mudar de pouso (aves). [C.: 1] § **mi.gran.te** *adj2g. s2g.*

miiologia | mimético

mi.i.o.lo.gi.a [*Mii(o)*- + -*logia*.] *sf.* Tratado acerca das moscas. § **mi.i.o.ló.gi.co** *adj.*

mi.ja.da [*Mijar*.◼4] *sf. Pop.* **1.** Ação de mijar. **2.** A porção de urina de uma micção.

mi.jar [Lat. *meiare*.◼1A] *v.int., td. e p. Pop.* V. *urinar*. [C.: 1]

mi.jo [Dev. de *mijar*.] *sm. Pop.* V. *urina*.

mil [Lat. *mille*.] *num.* **1.** Quantidade que é uma unidade maior que 999. **2.** Número correspondente a essa quantidade. [Representa-se em algarismos arábicos por 1.000, e em romano, por M.] **3.** *Fig.* V. *milhão* (2).

mi.la.gre [Lat. *miraculu*.] *sm.* **1.** Feito ou ocorrência extraordinária, não explicável pelas leis da natureza. **2.** *Fig.* Acontecimento espantoso.

mi.la.grei.ro [*Milagre*.◼25] *adj. sm.* Que, ou aquele que faz milagres, ou neles crê.

mi.la.gro.so (ó) [*Milagre*.◼37] *adj.* **1.** A quem se atribuem milagres, ou que os faz. **2.** Maravilhoso, prodigioso, miraculoso. [Sin.ger. (deprec): *milagrento*.] [Pl.: -*grosos* (ó).]

mi.le.nar [*Milên(io)*.◼40] *adj2g.* Que tem um milênio; milenário.

mi.le.ná.rio [Lat. *millenariu*.◼24] *adj.* **1.** Relativo ao milhar. **2.** Milenar. ● *sm.* **3.** Milênio.

mi.le.na.ris.mo [*Milenar*.◼11] *sm.* Crença na ideia de que Cristo reinará no mundo num período de mil anos, nos quais haveria paz, justiça e felicidade gerais. § **mi.le.na.ris.ta** *adj2g.*

mi.lê.ni.o [Lat. *mille*, 'mil', seg. o mod. de *biênio*, etc.] *sm.* Período de mil anos; milenário.

mi.lé.si.ma (zi) *sf.* Cada uma das mil partes iguais em que se pode dividir a unidade.

mi.lé.si.mo [Lat. *millesimu*.] *num.* **1.** Ordinal correspondente a 1.000. **2.** Fracionário correspondente a 1.000.

mi.lha [Lat. *milia*.] *sf.* Medida itinerária inglesa e norte-americana, equiv. a 1.609m. ◆ **Milha marítima.** *Náut.* Unidade de distância us. em navegação, igual ao comprimento de um minuto de meridiano terrestre, e que é convencionalmente fixada em 1.852m.

mi.lha.fre *sm. Zool.* Ave falconídea europeia.

mi.lhão [It. *milione*.] *sm.* **1.** Mil milhares. **2.** *Fig.* Grande número indeterminado, porém muito considerável; mil, milhar. [Pl.: -*lhões*.]

mi.lhar [Lat. *milliare*.◼1A] *sm.* **1.** Mil unidades. **2.** V. *milhão* (2).

mi.lha.ral *sm.* Plantação de milho. [Pl.: -*rais*.]

mi.lhei.ro [Lat. *milliariu*.] *sm.* Milhar (1), na contagem de certas coisas (plantas, frutas, etc.).

mi.lho [Lat. *miliu*.] *sm.* **1.** Cereal (2) us. na alimentação. **2.** *Gír.* V. *dinheiro* (4).

mi.lhões *smpl.* **1.** *Pop.* Muito dinheiro. ● *adv.* **2.** *Bras. Gír.* No mais alto grau; muitíssimo.

mi.lho-ver.de *sm.* Milho colhido antes de madurar, que se come cozido na espiga ou em grãos. [Pl.: *milhos-verdes*.]

mi.lí.ci.a [Lat. *militia*.] *sf.* **1.** A prática da vida militar, e da guerra. **2.** A força militar dum país. **3.** *Bras.* Grupo paramilitar de segurança, de atuação por vezes ilícita. § **mi.li.ci.a.no** *adj.*

mi.li.gra.ma [*Mili-* + *grama*².] *sm.* Medida de massa, equiv. à milésima parte do grama² [símb.: *mg*].

mi.li.li.tro *sm.* Unidade de capacidade, equiv. à milésima parte do litro [símb.: *ml*].

mi.lí.me.tro *sm.* Unidade de comprimento equiv. à milésima parte do metro [símb.: *mm*]. § **mi.li.me.tra.do** *adj.*; **mi.li.mé.tri.co** *adj.*

mi.li:o.ná.ri:o [Fr. *millionaire*.◼24] *adj.* **1.** Que tem milhões, é dono de uma grande fortuna. **2.** Que representa ou encerra milhões. ● *sm.* **3.** Quem é milionário (1).

mi.li:o.né.si.ma *sf.* Cada uma de um milhão de partes iguais em que se divide um todo.

mi.li:o.né.si.mo *num.* **1.** Ordinal correspondente a milhão. **2.** Fracionário correspondente a milhão.

mi.li.tân.ci:a [*Militar*².◼9] *sf.* Atividade ou estado de militante.

mi.li.tan.te [Lat. *militante*.◼21] *adj2g. s2g.* **1.** Diz-se de, ou aquele que está engajado na luta por uma causa, ideia, um partido, etc. **2.** Diz-se de, ou aquele que adere sem restrições a organização política, sindical, religiosa, etc., e nela atuando intensamente.

mi.li.tar¹ [Lat. *militare*.◼40] *adj2g.* **1.** De, ou relativo à guerra, às milícias, aos soldados. **2.** De, ou relativo às 3 forças armadas (marinha, exército e aeronáutica). **3.** Do exército. ● *sm.* **4.** Aquele que segue a carreira militar.

mi.li.tar² [Lat. *militare*.◼1A] *v.int.* **1.** Seguir a carreira das armas. **2.** Fazer guerra; combater. **3.** Seguir e defender as ideias dum grupo político, religioso, etc. [C.: 1]

mi.li.ta.ris.mo [*Militar*¹.◼11] *sm.* Sistema político em que preponderam os militares. § **mi.li.ta.ris.ta** *adj2g. s2g.*

mi.li.ta.ri.zar [*Militar*¹.◼1D] *vtd.* Dar organização militar a; prover de armas e/ou de outros recursos militares. [C.: 1]

→ **milk-shake** (mílqui-chêiqui) [Ingl.] *sm.* Leite batido com sorvete.

mi.lon.ga [Esp.plat. *milonga*.] *sf. Bras. RS* Certa música platina, cantada ao som de violão.

mi.lon.gas *sfpl. Bras.* Mexericos, intrigas.

mil-réis [*Mil* + *réis*, pl. de *real*².] *sm2n.* Unidade monetária brasileira antes de 11.11.1942, quando foi substituído pelo cruzeiro (1 mil-réis = 1 cruzeiro).

mim [Lat. *mi*.] *pron. pess.* F. oblíqua de *eu*, sempre regida de preposição.

mi.mar [*Mimo*¹.◼1A] *vtd. e p.* Tratar(-se) com mimo¹ (2). [C.: 1] § **mi.ma.do** *adj.*

mi.me:o.gra.far [*Mimeógrafo*.◼1A] *vtd.* Tirar cópia(s) de, ao mimeógrafo. [C.: 1]

mi.me.ó.gra.fo [Ingl. *Mimeograph*, m.reg.] *sm. Edit.* Equipamento para impressão em pequenos formatos e em baixa tiragem, que utiliza estêncil como matriz.

mi.mé.ti.co [Gr. *mimetikós*.◼35B] *adj.* Relativo a, ou em que há mimetismo.

mimetismo | mínimo

mi.me.tis.mo [Gr. *mimetós* + *-ismo*.▫11] *sm.* **1.** Propriedade que têm certas espécies vivas de confundir-se pela forma, cor, etc. com o ambiente, ou com indivíduos de outra espécie. **2.** *P.ext.* Imitação de alguém ou de algo.

mí.mi.ca [Fr. *mimique*.] *sf.* **1.** A arte de expressar por meio de gestos; pantomima. **2.** Pantomima (2). § **mí.mi.co** *adj.*

mi.mo¹ [V.B] *sm.* **1.** Presente delicado. **2.** Delicadeza, gentileza. **3.** Afago, carícia.

mi.mo² [Lat. *mimu.*] *sm.* Ator de pantomima.

mi.mo.sa [Tax. *Mimosa.*] *sf. Bot.* Arbusto mimosáceo, de flores amarelas.

mi.mo.se.ar [*Mimoso.*▫1A] *vtd.* **1.** Tratar com mimo¹; mimar. *tdi.* **2.** Presentear. [C.: 12A]

mi.mo.so (ô) [*Mimo¹.*▫37] *adj.* **1.** Delicado, sensível. **2.** Terno, meigo. **3.** Gracioso, encantador. [Pl.: -mosos (ó).]

mi.na [Fr. *mine.*] *sf.* **1.** Depósito subterrâneo de minérios. **2.** Cavidade artificial na terra, para se extraírem minérios, combustíveis, etc. **3.** *P.ext.* Jazida de minérios preciosos. **4.** Nascente de água. **5.** Cavidade cheia de pólvora e que, explodindo, destrói quanto está por cima. **6.** Engenho de guerra camuflado, que contém matérias explosivas. **7.** A grafita dos lapiseiras. **8.** *Fig.* Negócio lucrativo.

mi.nar [*Mina.*▫1A] *vtd.* **1.** Abrir mina(s) em. **2.** Cavar, escavar. **3.** Propagar-se, alastrar-se. **4.** Corroer aos poucos; consumir. **5.** Brotar, fluir, manar. *int.* **6.** Brotar, fluir. [C.: 1]

mi.na.re.te (ê) [Fr. *minaret*, do ár.] *sm.* Torre alta e estreita de mesquita, donde se anuncia a hora das orações.

min.di.nho *adj. sm.* V. *mínimo* (4 e 7).

mi.nei.ro¹ [*Mina.*▫20] *adj.* **1.** Relativo a mina (1 a 3). ● *sm.* **2.** O que trabalha em minas, ou as possui.

mi.nei.ro² [Top. *Mina(s Gerais).*▫25] *adj.* **1.** De MG. ● *sm.* **2.** O natural ou habitante desse estado.

mi.ne.ra.do.ra (ô) [*Minerar.*▫20] *sf.* Empresa que extrai e comercializa minério.

mi.ne.ral [Fr. *minéral.*] *adj2g.* **1.** Relativo aos minerais. ● *sm.* **2.** Corpo inorgânico, sólido à temperatura ordinária, que constitui as rochas da crosta terrestre. [Pl.: -rais.]

mi.ne.ra.li.zar [*Mineral.*▫1D] *vtd. e p.* Converter(-se) em mineral. [C.: 1] § **mi.ne.ra.li.za.ção** *sf.*

mi.ne.ra.lo.gi.a [*Mineral* + -*o*- + -*logia.*] *sf.* Ciência que trata dos minerais. § **mi.ne.ra.ló.gi.co** *adj.*

mi.ne.ra.lo.gis.ta [*Mineralogia.*▫36] *s2g.* Especialista em mineralogia.

mi.ne.rar [*Miner(al).*▫1A] *vtd. e int.* Explorar (mina), ou extrair de mina. [C.: 1 (é)] § **mi.ne.ra.ção** *sf.*

mi.né.ri:o *sm.* Mineral ou associação de minerais de que se podem extrair metais ou substâncias não metálicas.

min.gau [Do tupi.] *sm. Bras.* Papa de farinha de trigo, milho, aveia, etc.

mín.gua [Dev. de *minguar.*] *sf.* **1.** Falta do necessário; privação, penúria. **2.** *Fig.* Falta, carência.

min.guan.te *adj2g.* **1.** Que míngua. ● *sm.* **2.** *Astr.* Quarto minguante.

min.guar [Lat.vulg. *minuare.*▫1A] *vtd. e int.* Tornar(-se) menor, ou escasso. [C.: 1G] § **min.gua.do** *adj.*

mi.nha [Lat.vulg. *mia.*] *pron.poss.* Fem. de *meu.*

mi.nho.ca [V.D] *sf. Zool.* Nome comum a animais anelídeos, terrestres.

mí.ni¹ *sm.* F.red. de minidicionário.

mí.ni² *sf.m.* **1.** Vestido, blusa, saia ou casaco de comprimento mais curto. ● *adj2g2n.* **2.** Diz-se desse tipo de roupa.

mi.ni:a.tu.ra [It. *miniatura.*▫5B] *sf.* **1.** Pintura, desenho, etc., de pequenas dimensões. **2.** *P.ext.* Qualquer coisa em ponto pequeno.

mi.ni:a.tu.ri.zar [*Miniatura.*▫1D] *vtd.* **1.** Pintar em miniatura, ou fazer miniatura(s), ou como que miniatura de. **2.** *Tec.* Fabricar (circuitos eletrônicos de estado sólido, ou aparelhos que os empregam) com dimensões muito reduzidas. [C.: 1] § **mi.ni.a.tu.ri.za.do** *adj.*

mi.ni.des.va.lo.ri.za.ção *sf. Bras. Econ.* Pequena desvalorização de uma moeda em relação a outra. [Pl.: -ções.]

mi.ni.di.ci:o.ná.ri:o [*Mini-* + *dicionário.*] *sm.* Dicionário de pequeno porte.

mi.ni.fun.di.á.ri:o [*Minifúndio.*▫24] *sm.* Proprietário de minifúndio.

mi.ni.fún.di:o [*Mini-* + *(lati)fúndio.*] *sm.* Pequena propriedade rural, esp. a que é voltada à agricultura de subsistência.

mí.ni.ma *sf. Mús.* Figura que vale a metade da semibreve.

mi.ni.ma.lis.mo [Ingl. *minimal* + *ismo.*▫11] *sm.* **1.** *Art.Plást.* Corrente surgida por volta de 1965, e que visa reduzir a pintura e a escultura às mais simples formas. **2.** *Mús.* Método moderno de composição que tem como característica principal o uso obsedante da repetição, só alterada por pequenas modulações e mudanças dinâmicas ou rítmicas. **3.** *P.ext.* Qualquer movimento artístico que se expressa através da extrema simplificação da forma.

mi.ni.ma.lis.ta [*Minimalismo.*▫36] *adj2g.* **1.** Relativo ao, ou que é adepto ou seguidor do minimalismo. ● *s2g.* **2.** Adepto ou seguidor do minimalismo.

mi.ni.ma.men.te [F. de *mínimo.*▫42] *adv.* **1.** Em grau ou intensidade muito pequenos. **2.** No menor grau ou intensidade que é aceitável, necessário ou suficiente.

mi.ni.mi.zar [*Mínimo.*▫1D] *vtd.* **1.** Reduzir ao mínimo. **2.** Subestimar. [C.: 1] § **mi.ni.mi.za.ção** *sf.*; **mi.ni.mi.za.do** *adj.*

mí.ni.mo [Lat. *minimu.*] *adj.* **1.** Superl. de *pequeno*; que é o menor, ou que tem quantidade, valor ou grau muito baixos. **2.** Que não é maior ou superior (em grau, quantidade, valor) a nenhum outro de um grupo; menor ou inferior a todos os demais: <u>mínimo múltiplo comum</u>

minissaia | miraculoso

(q.v.). **3.** Que é o menor possível ou admitido (em tamanho, valor, etc.): *salário mínimo* (q.v.). **4.** Diz-se do quinto dedo da mão, sendo o primeiro o polegar; mindinho. ● *sm* **5.** Pequena porção, quantidade, valor ou tamanho. **6.** Aquilo que é menor ou inferior que os demais. **7.** Dedo mínimo (4); mindinho.

mi.nis.sai.a [*Míni-* + *saia*.] *sf.* Saia muito curta.

mi.nis.sé.ri:e *sf. Telev.* Novela ou filme produzido para televisão e apresentado em poucos episódios.

mi.nis.té.ri:o [Lat. *ministeriu*.] *sm.* **1.** Cargo, incumbência, mister. **2.** Profissão, função. **3.** Parte da administração dos negócios do Estado atribuída a cada ministro. **4.** Função de ministro (3), ou tempo de exercício dela. **5.** Local onde têm sede as atividades ministeriais da administração pública. § **mi.nis.te.ri.al** *adj2g.*

mi.nis.tra [Lat. *ministra*.] *sf.* **1.** Mulher que exerce função de ministro (3 e 4). **2.** Mulher de ministro.

mi.nis.trar [Lat. *ministrare*.▫1A] *vtd. e tdi.* **1.** Dar, fornecer. **2.** Administrar; aplicar. [C.: 1] § **mi.nis.tra.ção** *sf.*

mi.nis.tro [Lat. *ministru*.] *sm.* **1.** Aquele a quem incumbe cargo, função, ofício. **2.** Medianeiro, intermediário. **3.** Chefe de um ministério (3); Ministro de Estado. **4.** Categoria diplomática abaixo da de embaixador (1), e título de quem a ocupa. **5.** Pastor protestante. ♦ **Ministro de Estado.** Ministro (1).

mi.no.rar [Lat. *minorare*.▫1A] *vtd.* **1.** Tornar menor; diminuir. **2.** Atenuar. [C.: 1 (ó)]

mi.no.ra.ti.vo [*Minorar*.▫22A] *adj.* **1.** Que minora ou diminui. ● *sm.* **2.** V. *laxante.*

mi.no.ri.a [Lat. *minore* + -*ia*¹.▫8A] *sf.* **1.** Inferioridade numérica. **2.** A parte menos numerosa duma corporação deliberativa, etc. **3.** *Antrop. Sociol.* Subgrupo que, dentro de uma sociedade, se considera e/ou é considerado diferente do grupo dominante, e que não participa, em igualdade de condições, da vida social.

mi.no.ri.da.de [Lat. *minor, oris* + *-(i)dade*.▫14] *sf.* Menoridade (1).

mi.no.ri.tá.ri:o [Fr. *minoritaire*.▫24A] *adj.* **1.** Pertencente ou relativo à minoria. **2.** Que constitui, ou se apoia, em minoria (2).

mi.nu.a.no [Esp.plat. *minuano*.] *sm. Bras. RS* V. *pampeiro.*

mi.nú.ci:a [Lat. *minutia*.] *sf.* **1.** V. *pormenor.* **2.** Coisa muito miúda, ou insignificante; ninharia.

mi.nu.ci.ar [*Minúcia*.▫1A] *vtd.* V. *pormenorizar.* [C.: 1]

mi.nu.ci.o.so (ô) [*Minúcia*.▫37] *adj.* **1.** Que se prende a minúcias; meticuloso. **2.** Narrado por miúdo. **3.** Feito com toda a atenção. [Pl.: *-ciosos* (ó).]

mi.nu.dên.ci:a [Esp. *menudencia*.] *sf.* **1.** V. *pormenor.* **2.** Observação ou exame escrupuloso.

mi.nu.den.ci.ar [*Minudência*.▫1A] *vtd.* V. *pormenorizar.* [C.: 1]

mi.nu.en.do [Lat. *minuendu*.] *sm.* V. *diminuendo.*

mi.nu.e.to (ê) [Fr. *menuet*.] *sm. Mús.* Antiga dança nobre e graciosa, de origem francesa.

mi.nús.cu.la *sf.* Letra minúscula.

mi.nús.cu.lo [Lat. *minusculu*.] *adj.* **1.** Pequeno, miúdo. **2.** *Tip.* Diz-se de letra, ger. menor que sua correspondente maiúsc., e com formato diferente do dela, que é mais apropriada para textos em geral, exceto no início de período e de nome próprio.

mi.nu.ta¹ [Lat. *minuta*.] *sf.* A primeira redação de qualquer documento; rascunho.

mi.nu.ta² [Fr. *à la minute*.] *sf. Bras.* Nos restaurantes, comida feita no momento de servir.

mi.nu.tar [*Minuta*¹.▫1A] *vtd.* Fazer ou ditar a minuta¹ de. [C.: 1]

mi.nu.to [Lat. *minutu*.] *sm.* **1.** Unidade de medida de intervalo de tempo, igual a 60s. **2.** Unidade de medida de arco ou ângulo, e igual a 1/60 do grau [símb.: *m*]. **3.** *Fig.* Momento, instante.

mi.o [Dev. de *miar*.] *sm.* Miado.

mi:o.cár.di:o [*Mio(s)-* + *-cárdio*.] *sm. Anat.* A camada média, e mais espessa, muscular, da parede do coração.

mi:o.car.di.te [*Miocárdio* + *-ite*¹.] *sf. Med.* Inflamação do miocárdio.

mi:o.ce.no [*Mi(o)-* + *-ceno*¹.] *adj. sm.* Diz-se de, ou a quarta das épocas do período terciário.

mi.o.lo (ô) [Lat. **medullu*.] *sm.* **1.** A parte interior do pão, de alguns frutos, etc. **2.** *Fam.* O cérebro, a massa encefálica. **3.** *Fam.* Medula (1) ou tutano. **4.** *Fig.* A parte essencial, fundamental. **5.** *Fig.* Inteligência, juízo. **6.** *Edit.* O conjunto das páginas de uma publicação impressa, enfeixado pela capa. [Pl.: *miolos* (ó).]

mi:o.lo.gi.a *sf.* Estudo dos músculos.

mi.o.ma [*Mio(s)-* + *-oma*¹.] *sm. Med.* Qualquer tumor constituído por fibras musculares.

mi:opa.ti.a *sf. Med.* Qualquer afecção em músculo(s).

mí.o.pe [Lat. *myope*.] *adj2g. s2g.* Diz-se de, ou aquele que sofre de miopia.

mi:o.pi.a [*Míope*.▫8A] *sf. Oftalm.* Vício de refração em que os raios luminosos entram paralelamente ao eixo ótico, sendo levados a um foco adiante da retina, e no qual se vê apenas, claramente, os objetos próximos. [Cf. *hipermetropia*.]

mi:o.só.tis [Tax. *Myosotis*.] *sm2n. Bot.* Erva boraginácea de pequenas flores azuis, do mesmo nome.

mi.ra¹ [Dev. de *mirar*.] *sf.* **1.** Ato ou efeito de mirar. **2.** Pontaria (2). **3.** *Fig.* Objetivo; intuito.

mi.ra² [It. *mira*.] *sf.* Apêndice metálico, na extremidade do cano de arma de fogo, para dirigir a pontaria.

mi.ra.bo.lan.te [Fr. *mirabolant*.▫21] *adj2g.* **1.** Ridiculamente vistoso ou pomposo. **2.** Surpreendente, espantoso.

mi.ra.cu.lo.so (ô) [Lat. *miraculosu*.▫37] *adj.* V. *milagroso* (2). [Pl.: *-losos* (ó).]

miragem | misterioso

mi.ra.gem [Fr. *mirage.*◼6] *sf.* **1.** Efeito óptico, frequente nos desertos, que faz ver a imagem, de ordinário, em posição invertida. **2.** Visão enganosa. [Pl.: *-gens.*]

mi.ra.mar [*Mirar + mar.*] *sm.* Mirante voltado para o mar.

mi.ran.te [*Mirar.*◼21] *sm.* Local, em ponto elevado, donde se apreciam vistas panorâmicas, e que pode ter muretas, ou constituir um pavilhão, com bancos, etc.

mi.rar [Lat. *mirare.*◼1A] *vtd.* **1.** Cravar a vista em; fitar, observar; olhar. **2.** Voltar-se os olhos para fitar. **3.** Avistar, enxergar. *ti.* **4.** Tomar como alvo; apontar. *p.* **5.** Ver-se, contemplar-se (em espelho, etc.). [C.: 1]

mi.rí.a.de ou **mi.rí.a.da** [Lat.med. *myriade.*] *sf.* Quantidade indeterminada, porém grandíssima.

mi.ri:a.gra.ma (mí) [*Miri(a)- + grama*²*.*] *sm.* Unidade de massa equiv. a 10.000g.

mi.ri:a.li.tro (mí) [*Miri(a)- + litro.*] *sm.* Unidade de capacidade equiv. a 10.000L.

mi.ri.â.me.tro [*Miri(a)- + metro.*] *sm.* Unidade de comprimento equiv. a 10.000m.

mi.ri.á.po.de [Tax. *Myriapoda.*] *adj2g. sm. Zool.* Diz-se de, ou espécime dos miriápodes, grupo de artrópodes ápteros, de corpo segmentado, com 1 ou 2 pares de patas em cada segmento. Ex.: lacraias, embuás.

mi.rim [Do tupi.] *adj2g. Bras.* **1.** Pequeno, diminuto. (Antôn.: *açu.*) ● *sf.* **2.** *Zool.* Nome comum a pequenas abelhas sem ferrão. [Pl.: *-rins.*]

mi.ris.ti.cá.ce:a [Tax. *Myristicaceae.*] *sf. Bot.* Espécime das miristicáceas, família de árvores dioicas, floríferas, de fruto capsular e semente com arilo aromático: Ex.: moscadeira. § **mi.ris.ti.cá.ce:o** *adj.*

mir.me.co.fa.gí.de:o [Tax. *Myrmecophagidae.*] *adj. sm. Zool.* Diz-se de, ou espécime dos mirmecofagídeos, família de desdentados que se nutrem de insetos, esp. formigas. Ex.: tamanduá-bandeira.

mir.ra [Lat. *myrrha.*] *sf.* **1.** *Bot.* Árvore burserácea de resina perfumada. **2.** Essa resina.

mir.rar [*Mirra.*◼1A] *vtd.* **1.** Tornar seco; ressecar. **2.** Tornar magro; consumir. *int. e p.* **3.** Emagrecer em extremo. **4.** Diminuir de volume; encolher. [C.: 1] § **mir.ra.do** *adj.*

mir.tá.ce:a [Tax. *Myrtaceae.*] *sf. Bot.* Espécime das mirtáceas, família de árvores e arbustos dicotiledôneos de regiões quentes. Ex.: jabuticabeira, eucalipto. § **mir.tá.ce:o** *adj.*

mi.san.tro.pi.a [Gr. *misanthropía.*◼8A] *sf.* Aversão à sociedade, aos homens. § **mi.san.tró.pi.co** *adj.*

mi.san.tro.po (ó) [Gr. *misánthropos.*] *adj. sm.* Que, ou quem sofre de misantropia.

mis.ce.lâ.ne:a [Lat. *miscellanea.*] *sf.* **1.** Mistura de variadas compilações literárias. **2.** Mistura de coisas diversas.

mis.ci.ge.na.ção [Ingl. *miscegenation.*◼2A] *sf.* Cruzamento de etnias; caldeamento, mestiçagem, mestiçamento, mistura. [Pl.: *-ções.*]

mis.ci.ge.na.do [*Miscigenar.*◼17A] *adj.* Resultante de miscigenação.

mis.ci.ge.nar [Lat. *miscere + -gen(o)- + -ar*²*.*◼1A] *vtd. e p.* Cruzar(-se) (uma etnia com outra), em procriação. [C.: 1]

mis.cí.vel [Lat. **miscibile.*◼41] *adj2g.* Que se pode misturar. [Pl.: *-veis.*]

mi.se.rá.vel [Lat. *miserabile.*◼41] *adj2g.* **1.** Digno de compaixão. **2.** Desprezível, infame. **3.** Perverso, malvado. **4.** Próprio de quem é muito pobre. **5.** Sem valor; ínfimo. **6.** Avarento, sovina. [Sin. de 1, 2, 4 e 5: *mísero*. Pl.: *-veis*. Superl.: *miserabilíssimo.*] § **mi.se.ra.bi.li.da.de** *sf.*

mi.sé.ri:a [Lat. *miseria.*] *sf.* **1.** Estado deplorável. **2.** Indigência, penúria. **3.** Avareza, sovinice. **4.** Bagatela, ninharia. **5.** Ação vil.

mi.se.ri.cór.di:a [Lat. *misericordia.*] *sf.* Compaixão suscitada pela miséria, pela dor alheia. § **mi.se.ri.cor.di.o.so** (ô) *adj.*

mí.se.ro [Lat. *miseru.*] *adj.* V. *miserável* (1, 2, 4 e 5).

mi.so.gi.ni.a [Gr. *misogynía.*◼8A] *sf.* Aversão às mulheres. § **mi.só.gi.no** *adj. sm.*

mi.so.ne.ís.mo [*Mis(o)- + -ne(o)- + -ismo.*◼11] *sm.* Aversão a tudo quanto é novo. § **mi.so.ne.is.ta** *adj2g. s2g.*

mis.sa [Lat. *missa.*] *sf.* **1.** *Rel.* Celebração fundamental do culto católico, que comemora a Ceia de Cristo e seu sacrifício pela humanidade. **2.** *Mús. Restr.* Obra vocal e instrumental composta para uma missa cantada ou solene.

mis.sal [*Missa.*◼39] *sm.* Livro que encerra as orações da missa e outras. [Pl.: *-sais.*]

mis.são [Lat. *missione.*◼2] *sf.* **1.** Função ou poder que se confere a alguém para fazer algo; encargo. **2.** Comissão diplomática. **3.** Obrigação, dever. **4.** Instituição de missionários para pregação da fé cristã. [Pl.: *-sões.*]

mís.sil [Lat. *missile.*] *sm.* Engenho lançado com o fim de alcançar um alvo, percorrendo uma trajetória entre 2 pontos. [Pl.: *-seis.*]

mis.si:o.ná.ri:o [*Missão* (-sion-)*.*◼24] *sm.* **1.** Propagandista, defensor. **2.** Pregador de missão (4).

mis.si.va *sf.* V. *carta* (1).

mis.si.vis.ta [*Missiva.*◼36] *s2g.* Pessoa que escreve ou é portadora de missivas.

mis.sô [Do jap.] *sm. Cul.* Pasta de soja fermentada, às vezes com arroz, muito us. na culinária japonesa.

mis.ter (é) [Lat. *ministerii* (*est*)*.*] *sm.* **1.** V. *ofício* (1). **2.** V. *profissão* (2). **3.** V. *ministério* (1). **4.** Coisa necessária ou forçosa, obrigatória.

mis.té.ri:o [Lat. *mysteriu.*] *sm.* **1.** Objeto de fé ou dogma religioso, impenetrável à razão humana. **2.** Tudo que a inteligência humana é incapaz de explicar ou compreender. **3.** Coisa ou elemento oculto ou obscuro.

mis.te.ri.o.so (ô) [*Mistério.*◼37] *adj.* **1.** Em que há mistério. **2.** Inexplicável, enigmático. **3.**

mística | mobilizar

Estranho, imponderável. **4.** Dúbio, suspeito. [Pl.: *-osos* (ó).]

mís.ti.ca *sf.* Firme crença numa doutrina religiosa, filosófica, etc.

mis.ti.cis.mo [*Místico*.▪11] *sm.* **1.** Estado espiritual de união com o divino, o sobrenatural. **2.** Doutrina que afirma a possibilidade dessa união. **3.** Religiosidade profunda.

mís.ti.co [Lat. *mysticu*.▪35B] *adj.* **1.** Referente ou próprio das experiências do misticismo (1). **2.** Que pratica o misticismo. ● *sm.* **3.** Aquele que pratica o misticismo.

mis.ti.fi.car [Fr. *mystifier*.▪1A] *vtd.* **1.** Abusar da credulidade de; ludibriar. **2.** Devanear, fantasiar. [C.: 1A] § mis.ti.fi.ca.ção *sf.*

mis.to [Lat. *mixtu*.] *adj.* **1.** Oriundo da mistura de elementos diversos. **2.** Confuso, misturado. **3.** Que transporta conjuntamente cargas e passageiros (veículo). **4.** Que admite alunos dos 2 sexos (escola). ● *sm.* **5.** Mistura, mescla.

mis.to-quen.te *sm. Bras.* Sanduíche de queijo e presunto. [Pl.: *mistos-quentes*.]

mis.tu.ra [Lat. *mixtura*.▪5] *sf.* **1.** Ato ou efeito de misturar(-se). **2.** Conjunto ou composto de coisas distintas. **3.** V. *mescla* (1). **4.** V. *miscigenação*.

mis.tu.rar [*Mistura*.▪1A] *vtd.* **1.** Juntar (pessoas ou coisas diversas). **2.** Cruzar, unir (seres de castas ou espécies diversas). *tdi.* **3.** Juntar, mesclar. **4.** Confundir, baralhar. *p.* **5.** Confundir-se, mesclar-se. [C.: 1]

mi.ti.fi.car [*Mit(i)-* + *-ificar*.] *vtd.* Converter em mito. [C.: 1A] § mi.ti.fi.ca.ção *sf.*

mi.ti.gar [Lat. *mitigare*.▪1A] *vtd.* **1.** Abrandar, amansar. **2.** Suavizar, aliviar. **3.** Diminuir, atenuar. *p.* **4.** Suavizar-se. [C.: 1C] § mi.ti.ga.ção *sf.*; mi.ti.ga.dor *adj.*

mi.to [Lat. *mythu*.] *sm.* **1.** Relato sobre seres e acontecimentos imaginários, acerca dos primeiros tempos ou de épocas heroicas. **2.** Narrativa de significação simbólica, transmitida de geração em geração dentro de determinado grupo, e considerada verdadeira por ele. **3.** Ideia falsa, que distorce a realidade ou não corresponde a ela. **4.** Pessoa, fato ou coisa real valorizados pela imaginação popular, pela tradição, etc. **5.** *Fig.* Coisa ou pessoa fictícia, irreal; fábula. § mí.ti.co *adj.*

mi.to.côn.dri:a [*Mit(o)-*¹ + gr. *chóndros*, 'cartilagem', + *-ia*².▪8B] *sf. Citol.* Organela membranosa presente em célula de organismo eucarionte, e cuja função é gerar energia.

mi.to.lo.gi.a [Gr. *mythología*.] *sf.* **1.** O estudo da ciência dos mitos. **2.** O conjunto ou a matéria deles. § mi.to.ló.gi.co *adj.*; mi.tó.lo.go *sm.*

mi.to.ma.ni.a [*Mit(o)-*² + *-mania*.] *sf.* Tendência mórbida para a mentira. § mi.tô.ma.no *sm.*

mi.tô.ni.mo *sm.* Nome de personagem mitológico. Ex.: Hércules.

mi.tra [Lat. *mitra*.] *sf.* **1.** Barrete alto e cônico, com 2 faixas que caem sobre as espáduas, us. pelo papa, bispos e cardeais em certas solenidades. **2.** Dignidade pontifícia ou episcopal. **3.** O bispado. **4.** *Pop. Zool.* V. *uropígio*.

mi.tra.do [*Mitra*.▪17B] *adj.* Que tem mitra (1), ou o direito de usá-la.

mi.tri.da.tis.mo *sm.* Imunidade adquirida contra veneno mediante ministração de doses crescentes dele.

mi:u.ça.lha [*Miúça* + *-alha*.] *sf.* Conjunto de coisas miúdas e sem importância.

mi:u.de.za [*Miúdo*.▪12] *sf.* **1.** Qualidade de miúdo. **2.** V. *pormenor*.

mi:u.de.zas *sfpl.* **1.** Minúcias, particularidades. **2.** Objetos de pouco valor.

mi.ú.do [Lat. *minutu*.] *adj.* **1.** Pequenino, diminuto. **2.** Amiudado, frequente: *Faz miúdas visitas aos amigos*. ◆ **Por miúdo.** Com minúcias.

mi.ú.dos *smpl.* **1.** Dinheiro de pouco valor, ou em moedas. **2.** Pequenas vísceras de animais. Ex.: moela, fígado.

mix (cs) [Ingl.] *sm2n.* Qualquer mistura, esp. de alimentos.

mi.xa.gem (cs) [Ingl. (*to*) *mix* + *-agem*.▪6] *sf.* Combinação de 2 ou mais sinais de som ou de imagem. [Pl.: *-gens*.]

mi.xar (cs) [Ingl. (*to*) *mix*.▪1A] *vtd.* Fazer a mixagem de. [C.: 1]

mi.xa.ri.a [*Mixe*, 'pequeno'.▪15] *sf. Bras. Gír.* **1.** V. *ninharia*. **2.** Quantia irrisória.

mi.xór.di:a [De *mexer*, poss.] *sf.* **1.** Mistura desordenada de coisas diversas. **2.** Confusão, embrulhada.

■ **ml** Símb. de *mililitro*.
■ **mm** Símb. de *milímetro*.
■ **mmc** *Mat.* Símb. de *mínimo múltiplo comum*.
■ **Mn** *Quím.* Símb. de *manganês*.

mne.mô.ni.ca *sf.* Arte e técnica de desenvolver a memória. § mne.mô.ni.co *adj.*

mo 1. Contr. do pron. pess. *me* (obj. ind.) com o pron. pess. *o* (obj. dir.): *Entregou-me um livro, e ofereceu-mo* como lembrança. **2.** Contr. do pron. pess. *me* (obj. ind.) com o pron. dem. *o* neutro (obj. dir.).

■ **Mo** *Quím.* Símb. de *molibdênio*.

mó [Lat. *mola*.] *sf.* **1.** Pedra de moinho, ou de lagar. **2.** V. *esmeril* (2).

moa [Do maori.] *sf. Zool.* Grande ave ratita, áptera, herbívora, com c. de 3m de altura, nativa da Nova Zelândia e extinta há centenas de anos.

mo.a.gem [*Moer*.▪6] *sf.* Ato ou efeito de moer (1 e 2); moedura. [Pl.: *-gens*.]

mó.bil [Lat. *mobile*.] *adj2g.* **1.** Móvel (1). ● *sm.* **2.** O que induz alguém a uma ação; móvel, motivação, motivo. [Pl.: *-beis, -biles*.]

mo.bí.li:a [Lat. *mobilia*.] *sf.* Mobiliário.

mo.bi.li.ar [*Mobília*.▪1A] *vtd. Bras.* Guarnecer de mobília. [C.: 1. Recebe acento gráfico nas formas rizotônicas: *mobílio, mobílias, mobília,....* etc.]

mo.bi.li.á.ri:o [Fr. *mobiliaire*.▪24] *sm.* Conjunto de móveis; mobília.

mo.bi.li.da.de [Lat. *mobilitate*.▪14] *sf.* Qualidade do que é móvel.

mo.bi.li.zar [Fr. *mobiliser*.▪1D] *vtd.* **1.** V. *movimentar* (1). **2.** Fazer passar (tropas) do estado

mo.bu.lí.de:o [Tax. *Mobulidae*.] *adj. sm. Zool.* Diz-se de, ou espécime dos mobulídeos, família de grandes peixes marinhos de áreas tropicais e subtropicais. Ex.: jamanta.

mo.ca *sm.* Variedade de café superior, originário da Arábia. **2.** Porção de moca (1).

mo.ça (ó) [De *moço*.] *sf.* **1.** Mulher jovem; rapariga (p.us. no Brasil). **2.** Mulher púbere.

mo.ça.da [*Moça*.◘4] *sf.* Grupo ou reunião de jovens.

mo.cam.bo [Do quimb.] *sm. Bras. N.E.* Habitação miserável.

mo.ção [Fr. *motion*.◘2] *sf.* Proposta, numa assembleia, sobre o estudo de uma questão ou a propósito de incidente que ali surja. [Pl.: *-ções*.]

mo.çá.ra.be [Do ár.] *adj2g. s2g.* Diz-se de, ou cristão que vivia nas terras da Península Ibérica (Europa) ocupadas pelos árabes.

mo.ça.re.la *sf.* V. *mozarela*.

mo.ce.tão [Aum. de *moço*.] *sm.* Rapaz robusto e bem-parecido. [Pl.: *-tões*. Fem.: *mocetona*.]

mo.chi.la [Esp. *mochila*.] *sf.* Saco onde soldados, excursionistas, alunos, etc., levam às costas objetos de uso.

mo.chi.lei.ro [*Mochila*.◘25] *sm.* Indivíduo, ger. jovem, que viaja com pouca bagagem (ger. mochila) e gasta pouco com transporte, alimentação e hospedagem.

mo.cho¹ (ó) [V.C] *sm.* **1.** *Zool.* Nome comum a corujas e caburés que não têm penacho ou tufo de penas na cabeça. **2.** Banco baixo, sem encosto.

mo.cho² (ó) [Or.expr., poss.] *adj.* Diz-se do animal que, devendo ter chifres, não os tem.

mo.ci.da.de [*Moço*.◘14] *sf.* **1.** O período da vida entre a infância e a idade madura; juventude. **2.** Os moços.

mo.ci.nha [*Moça*.◘32A] *sf.* Moça muito jovem.

mo.ci.nho [*Moço*.◘32] *sm. Bras.* Herói de filmes de aventura, e que ger. enfrenta o(s) bandido(s).

mo.ço (ô) [V.C] *adj.* **1.** Novo em idade; jovem. ● *sm.* **2.** Rapaz (2).

mo.co.tó [Do tupi.] *sm. Bras.* Pata de bovino, sem o casco, us. como alimento.

mo.da [Fr. *mode*.] *sf.* **1.** Uso, hábito ou estilo ger. aceito, variável com a época, e resultante de determinado gosto, meio social, região, etc. **2.** Uso passageiro que regula a forma de vestir, etc. **3.** Arte e técnica do vestuário. **4.** Maneira, modo. **5.** *Bras.* Modinha.

mo.dal [*Modo*.◘39] *adj2g.* Relativo a modo ou modalidade. [Pl.: *-dais*.]

mo.da.li.da.de [*Modal*.◘14] *sf.* **1.** Cada um dos aspectos diversos duma coisa. **2.** Forma ou característica de uma coisa, ato, pensamento, organização, etc.

mo.de.lar¹ [*Modelo*.◘40] *adj2g.* Que serve de modelo.

mo.de.lar² [*Modelo*.◘1A] *vtd.* **1.** Fazer o modelo ou molde de. **2.** Dar forma ou contorno a; moldar. *p.* **3.** Tomar por modelo; moldar-se em. [C.: 1 (é)] § **mo.de.la.gem** *sf.*

mo.de.lo (ê) [It. *modello*.] *sm.* **1.** Representação de algo a ser reproduzido. **2.** Representação, em pequena escala, de algo que se quer reproduzir em grande. **3.** Protótipo de um objeto. **4.** Pessoa que posa para artista plástico ou fotógrafo. **5.** Pessoa ou coisa que serve de exemplo ou norma. **6.** Protótipo de peça de vestuário, ou de outros produtos como carro, etc. a ser(em) fabricado(s) em série. ● *s2g.* **7.** Manequim (3).

→ modem (môuem) [Ingl.] *sm. Inform.* Dispositivo que permite a comunicação entre computadores digitais, por meio de canal analógico (como linha telefônica convencional). [Pl.: *modems*.]

mo.de.ra.ção [Lat. *moderatione*.◘2A] *sf.* **1.** Ato ou efeito de moderar(-se). **2.** Virtude de não praticar excessos; comedimento. [Pl.: *-ções*.]

mo.de.ra.dor (ô) [Lat. *moderatore*.◘19A] *adj. sm.* **1.** Que, ou aquele ou aquilo que modera. **2.** Mediador (2).

mo.de.rar [Lat. *moderare*.◘1A] *vtd.* **1.** Conter nos justos ou devidos limites. **2.** Refrear, sofrear. *p.* **3.** Agir com comedimento. [C.: 1 (é)] § **mo.de.ra.do** *adj.*

mo.der.ni.ce [*Moderno*.◘13] *sf.* Apego a coisas modernas.

mo.der.ni.da.de [Lat.med. *modernitate*.◘14] *sf.* Qualidade ou condição do que é moderno.

mo.der.nis.mo [*Moderno*.◘11] *sm.* **1.** Preferência pelo que é moderno. **2.** Facilidade em adotar ideias e práticas modernas. **3.** Nome comum a movimentos literários e artísticos surgidos a partir do fim do séc. XIX. § **mo.der.nis.ta** *adj2g. s2g.*

mo.der.ni.zar [*Moderno*.◘1D] *vtd. e p.* Adaptar(-se) aos usos ou às necessidades modernas. [C.: 1] § **mo.der.ni.za.ção** *sf.*

mo.der.no [Lat. *modernu*.] *adj.* **1.** Dos tempos atuais ou mais próximos do nosso; recente. **2.** Atual, hodierno. **3.** Que está na moda.

mo.dés.ti:a [Lat. *modestia*.] *sf.* **1.** Ausência de vaidade; simplicidade, despretensão. **2.** Comedimento nas ações, na conduta.

mo.des.to [Lat. *modestu*.] *adj.* Que tem, ou em que há modéstia.

mó.di.co [Lat. *modicu*.] *adj.* **1.** Que não é alto, ou excessivo, ou exagerado; moderado. **2.** Parco, escasso. § **mo.di.ci.da.de** *sf.*

mo.di.fi.car [Lat. *modificare*.◘1A] *vtd.* **1.** Transformar a forma ou o modo de ser de. **2.** Alterar, transformar. **3.** Acrescentar novo valor, ideia, noção, especificação, etc., a. *p.* **4.** Alterar-se; mudar. [C.: 1A] § **mo.di.fi.ca.ção** *sf.*

mo.di.nha [*Moda*.◘32A] *sf. Bras.* Cantiga popular urbana com acompanhamento de violão; moda.

mo.dis.mo [*Moda.*☐11] *sm.* **1.** *E.Ling.* Modo de falar que, pelo uso, se tornou aceito. **2.** O que está em moda.

mo.dis.ta [Fr. *modiste.*☐36] *s2g.* Profissional que faz roupas ou chapéus, ou dirige a feitura deles.

mo.do [Lat. *modu.*] *sm.* **1.** Maneira, feição ou forma particular; jeito. **2.** Sistema, método. **3.** Estado, situação. **4.** Meio, maneira. **5.** *E.Ling.* Forma que o verbo assume para exprimir uma maneira do estado, ação, qualidade, etc., por ele indicados. **6.** *Mús.* Sequência de tons e semitons dentro da oitava da escala diatônica.
♦ **De modo nenhum.** Em nenhuma situação ou circunstância. [Us. para exprimir negação enfática.]

mo.dor.ra (ô) [V.C] *sf.* **1.** Prostração mórbida, ou sonolência, ou preguiça. **2.** Insensibilidade, apatia. [Var.: *madorna*.]

mo.dos *smpl.* V. ar (5).

mo.du.la.ção [Lat. *modulatione.*☐2A] *sf.* **1.** Ato ou efeito de modular (som, cores). **2.** Variações de altura ou de intensidade na emissão de sons. **3.** *Eletrôn.* Processo pelo qual se faz com que uma das características de uma onda eletromagnética (amplitude, frequência, ou fase) varie proporcionalmente à tensão instantânea de sinais elétricos fornecidos ao transmissor da onda. [A onda original, dita *onda portadora*, serve como meio de comunicação dos sinais (p.ex., em rádio, telefonia, etc.); a onda modificada e transmitida, dita *onda modulada*, passa posteriormente por processo de demodulação para que os sinais sejam recuperados.] **4.** *Mús.* Passagem de um modo ou de um tom para outro, segundo as regras da harmonia. [Pl.: -ções.]

mo.du.la.dor (ô) [Lat. *modulatore.*☐19A] *adj.* **1.** Que modula; modulante. ● *sm.* **2.** Aquele que modula. **3.** *Eletrôn.* Circuito em que se dá a modulação (3) de um sinal.

mo.du.lar [*Módulo.*☐1A] *vtd.* **1.** Tocar, cantar ou dizer melodiosamente. **2.** Fazer variações de altura ou de intensidade na emissão de (sons). **3.** *Eletrôn.* Aplicar o processo de modulação (3) a (onda portadora). *int.* **4.** *Mús.* Fazer modulação (4). [C.: 1] § **mo.du.lan.te** *adj2g.*

mó.du.lo [Lat. *modulu.*] *sm.* **1.** Qualquer quantidade que se toma como unidade de medida. **2.** *Arquit.* Medida que se convenciona como unidade padrão e à qual se sujeitam as dimensões das partes de uma construção. **3.** Parte de conjunto mecânico ou eletrônico com certas características dimensionais e funcionais escolhidas para facilitar a realização de determinado conjunto. **4.** Unidade (de material de construção, mobiliário, etc.) planejada para ajustar-se a outra. **5.** Parte autônoma de um veículo espacial; cabina.

→ **modus operandi** (módus operândi) [Lat.] *sm.* Modo pelo qual se executa algo.

mo.e.da [Lat. *moneta.*] *sf.* **1.** Peça metálica, ger. circular, cunhada por autoridade soberana, e que é meio de troca e medida de valor. **2.** Qualquer instrumento us. como meio de pagamento; dinheiro.

mo:e.dei.ro [*Moeda.*☐25] *sm.* **1.** Fabricante de moedas. **2.** Pequena bolsa para moedas.

mo:e.dor (ô) [*Moer.*☐19A] *adj.* **1.** Que mói ou tritura. ● *sm.* **2.** Aparelho trocador.

mo:e.du.ra [*Moer.*☐5A] *sf.* Moagem.

mo.e.la [De *moer.*] *sf.* *Zool.* Parte do tubo digestório de alguns animais, como as aves, e na qual o alimento ingerido é triturado.

mo.en.da [Lat. *molenda.*] *sf.* Moinho (3).

mo.er [Lat. *molere.*☐1B] *vtd.* **1.** Reduzir a pó; triturar. **2.** Reduzir a pedaços mínimos. **3.** Fazer passar por uma prensa para extrair o suco. **4.** *Fam.* Maltratar com pancadas. *p.* **5.** Cansar-se, extenuar-se. **6.** Afligir-se, atormentar-se. [C.: 33]

mo.fa [Dev. de *mofar*².] *sf.* V. *zombaria*.

mo.far¹ [*Mofo.*☐1A] *vtd.* **1.** Cobrir de mofo. *int.* **2.** Criar mofo. **3.** *Fam.* Ficar indefinidamente à espera. [C.: 1 (ó)]

mo.far² [V.C] *vti.* Zombar, troçar. [C.: 1 (ó)]

mo.fi.no [Esp. *mohino*, poss.] *adj.* **1.** Infeliz, desgraçado. **2.** Avarento, sovina. **3.** *Bras.* Doentio, enfermiço.

mo.fo (ô) *sm.* **1.** Bolor (1). **2.** Bafio de coisa velha ou estragada; ranço.

mog.no [Ingl. *mahogany.*] *sm.* *Bot.* Árvore meliácea cuja madeira de lei é us. em marcenaria; acaju.

mo.í.do [Part. de *moer.*] *adj.* **1.** Que se moeu. **2.** *Fig.* Exausto, fatigado.

mo.i.nho [Lat. *molinu.*] *sm.* **1.** Engenho para moer cereais, composto de 2 mós sobrepostas e giratórias. **2.** Lugar onde está instalado esse engenho. **3.** Máquina para triturar qualquer coisa; moenda.

moi.ta [V.E] *sf.* **1.** Grupo espesso de plantas; touça. ● *interj.* **2.** *Gír.* Serve para pedir silêncio ou segredo.

mo.ji.ca [Do tupi.] *sf.* **1.** *Bras.* Mingau feito a fogo lento. **2.** *Cul.* Peixe cozido, preparado com caldo de féculas.

mol [Al. *Mol.*] *sm.* *Quím.* **1.** Unidade de quantidade de matéria do SI, igual à quantidade de matéria contida em tantas entidades elementares (p.ex.: moléculas ou íons de um dado tipo, partículas elementares, como elétrons ou nêutrons, fótons, etc.) quantos são os átomos existentes em 0,012kg do isótopo de massa 12 do carbono [símb.: *mol*]. **2.** A massa, em gramas, contida em um mol (1) de uma dada substância; molécula-grama. [Pl.: *mols*.]

mo.la [It. *molla.*] *sf.* **1.** Peça elástica, ger. metálica, espiralada ou helicoidal, que reage quando vergada, distendida ou comprimida. **2.** *Fig.* Móvel, incentivo.

mo.lam.ben.to [*Molambo.*☐27] *adj.* *sm.* Diz-se de, ou pessoa maltrapilha.

mo.lam.bo [Do quimb.] *sm.* *Bras.* **1.** Pedaço de pano velho, roto e sujo. **2.** Roupa esfarrapada.

mo.lar [Lat. *molare*.⬛40] *adj2g.* **1.** Próprio para moer; que mói. **2.** *Anat.* Diz-se de cada um dos 12 dentes situados, 6 em cima e 6 embaixo, nos extremos posteriores das arcadas. ● *sm.* **3.** *Anat.* Dente molar.

mol.dar [*Molde*.⬛1A] *vtd.* **1.** Formar o molde de. **2.** Adaptar a molde. **3.** Fundir, vazando no molde. **4.** Modelar² (2). **5.** Adaptar, conformar. *tdi.* **6.** Moldar (5). **7.** Regular, orientar. *p.* **8.** Modelar² (3). **9.** Orientar-se, regular-se. [C.: 1 (ó)] § **mol.da.gem** *sf.*

mol.de [Esp. *molde.*] *sm.* **1.** Modelo (3) oco em que se introduz matéria pastosa ou líquida, que, ao solidificar-se, toma a forma dele. **2.** Peça pela qual se corta, reproduz ou dispõe algo. **3.** Fôrma (1).

mol.du.ra [Esp. *moldura.*] *sf.* Peça com que se cercam e/ou guarnecem pinturas, fotografias, etc.

mol.du.rei.ro [*Moldura*.⬛25] *sm.* Fabricante de molduras.

mo.le¹ [Lat. *mole*.] *sf.* **1.** Grande massa ou volume informe. **2.** Construção maciça, enorme.

mo.le² [Lat. *molle*.] *adj2g.* **1.** Que cede à compressão; macio, tenro. **2.** V. *lento* (1). **3.** Débil, fraco. **4.** Preguiçoso, indolente. **5.** Sensível, terno.

mo.le.ca.da [*Moleque*.⬛4] *sf.* Grupo de moleques.

mo.le.ca.gem [*Moleque*.⬛6] *sf. Bras.* Ação de moleque (2). [Pl.: *-gens.*]

mo.lé.cu.la [Fr. *molécule*.] *sf. Fís.-Quím.* A menor porção duma substância capaz de existência independente sem perder suas propriedades químicas. § **mo.le.cu.lar** *adj2g.*

mo.lé.cu.la-gra.ma *sf. Quím.* Mol (2). [Pl.: *moléculas-grama(s)*.]

mo.lei.ra¹ *sf.* Mulher de moleiro.

mo.lei.ra² [*Mole².*⬛16] *sf. Fam.* **1.** Fontanela. **2.** *P.ext.* A abóbada do crânio.

mo.lei.rão [*Mole².*⬛16] *adj. sm. Bras.* V. *molenga*. [Pl.: *-rões.* Fem.: *moleirona.*]

mo.lei.ro [Lat. *molinariu*.⬛25] *sm.* **1.** Dono de moinho. **2.** Aquele que mói cereais profissionalmente.

mo.le.jo (ê) [*Mola + -ejo*.] *sm.* **1.** Conjunto de molas de um carro, esp. automóvel. **2.** A ação dessas molas.

mo.len.ga [De *mole²*.] *adj2g. s2g.* Diz-se de, ou indivíduo preguiçoso, ou covarde, ou falto de energia; moleirão, moloide.

mo.le.que [Do quimb.] *sm.* **1.** *Bras.* Menino de pouca idade. [Fem.: *moleca.*] **2.** Homem sem palavra e/ou sem integridade.

mo.les.tar [Lat. *molestare*.⬛1A] *vtd.* **1.** Causar moléstia a. **2.** Magoar, ofender. **3.** Aborrecer, apoquentar. *p.* **4.** Magoar-se, aborrecer-se. [C.: 1 (é)]

mo.lés.ti:a [Lat. *molestia*.] *sf.* **1.** *Med.* Incômodo ou sofrimento físico; doença, mal. **2.** Incômodo ou sofrimento moral; aborrecimento.

mo.les.to [Lat. *molestu*.] *adj.* Que molesta; que produz incômodo físico ou moral.

mo.le.tom [Fr. *moletton*.] *sm.* **1.** Tecido de malha, ger. espesso, us. em roupas esportivas. **2.** Traje esportivo de moletom (1), unissex, e composto, ger., de calças compridas, ajustadas ao tornozelo, e blusão. [Pl.: *-tons.*]

mo.le.za (ê) [Lat. *mollitia*.⬛12] *sf.* **1.** Qualidade de mole². **2.** Perda ou falta de forças. **3.** Preguiça, indolência.

mo.lha.de.la [*Molhar*.⬛7A] *sf.* **1.** Ato de molhar(-se) rapidamente de uma vez. **2.** Banho rápido. **3.** *Gír.* Gorjeta.

mo.lha.dos *smpl.* Vinho, azeite e outros líquidos que se vendem em mercearias.

mo.lhar [Lat.vulg. **molliare*.⬛1A] *vtd.* **1.** Embeber em, ou repassar, ou cobrir de líquido. **2.** Umedecer de leve. *tdi.* **3.** Molhar (1). *p.* **4.** Entornar líquido sobre si. **5.** *Fam.* Urinar-se. [C.: 1 (ó)]

mo.lhe [Cat. *moll*.] *sm.* Estrutura marítima fixada em terra e que serve de quebra-mar, cais, etc.

mo.lhei.ra [*Molho* (ô).⬛16] *sf.* Vasilha em que à mesa se servem molhos.

mo.lho [Lat.vulg. **manuculu*.] *sm.* **1.** Pequeno feixe. **2.** Porção de objetos reunidos num só grupo.

mo.lho (ô) [Dev. de *molhar*, poss.] *sm.* **1.** Qualquer preparação culinária em que se refogam iguarias, ou que as acompanha. **2.** Água ou outro líquido onde se imerge uma substância.
◆ **De molho. 1.** Imerso em água por certo tempo. **2.** *Fam.* Temporariamente inativo.

mo.lib.dê.ni:o [Lat. *molybdaena + -io²*.⬛34B] *sm. Quím.* Elemento de número atômico 42, metálico, branco, mole, resistente, us. em ligas [símb.: *Mo*].

mo.li.ne.te (ê) [Fr. *moulinet*.] *sm.* **1.** Movimento giratório rápido, com uma espada, um pau, etc., à volta do corpo. **2.** Torniquetes cruzados que giram sobre um pião, em cinema, ônibus, etc. **3.** Carretel com manivela que se adapta ao caniço para enrolar a linha de pescar.

mo.loi.de (ói) [*Mole² + -oide*.] *adj2g. s2g.* V. *molenga*.

mo.los.so (ô) [Lat. *molossu*.] *sm.* Cão de fila grande e forte.

mo.lus.co [Tax. *Mollusca*.] *adj. sm. Zool.* Diz-se de, ou espécime dos moluscos, filo de animais invertebrados de corpo mole, ger. coberto por carapaça ou concha calcária; são marinhos, de água doce, ou terrestres. Ex.: lula, polvo.

mo.lus.coi.de (ói) [*Molusco + -oide.*] *adj2g.* Semelhante a molusco.

mo.men.tâ.ne:o [Lat. *momentaneu*.] *adj.* Que dura um momento; instantâneo.

mo.men.to [Lat. *momentu*.] *sm.* **1.** Espaço pequeníssimo, mas indeterminado, de tempo; instante. **2.** Ocasião, instante. **3.** Ocasião própria. **4.** *Fís.* Produto da massa pela velocidade de um corpo.

mo.men.to.so (ô) [Lat. *momentosu*.⬛37] *adj.* Grave, importante. [Pl.: *-tosos* (ó).]

mo.mi.ces *sfpl.* Série de trejeitos, caretas, esgares.

momo | monopé

mo.mo [V.B] *sm.* **1.** Pequena farsa popular, ou o ator que a representa. **2.** Figura que personifica o carnaval.

mo.na.cal [Lat. *monachale*.◘39] *adj2g.* Relativo a, ou próprio de monge ou monja, ou da vida conventual; monástico. [Pl.: -*cais*.]

mo.nar.ca [Lat. *monarcha*.] *sm.* Soberano vitalício e, comumente, hereditário, duma nação ou dum Estado.

mo.nar.qui.a [Lat. *monarchia*.◘8A] *sf.* Estado ou forma de governo em que o soberano é monarca. § **mo.nár.qui.co** *adj.*

mo.nar.quis.ta [*Monarquia*.◘36] *adj2g.* **1.** Relativo à monarquia, ou que é partidário dela. ● *s2g.* **2.** Pessoa monarquista.

mo.nas.té.ri.o [Gr. *monasterion*.] *sm.* Mosteiro.

mo.nás.ti.co [Lat. *monasticu*.◘35B] *adj.* Monacal.

mon.ção [Do ár.] *sf.* **1.** Vento favorável à navegação. **2.** Vento periódico, típico do S. e do S.E. da Ásia. **3.** *Fig.* Ensejo. **4.** *Bras.* Cada uma das expedições que, pelos rios, faziam as comunicações das capitanias de SP e MT. [Pl.: -*ções*.]

mo.ne.ra [Tax. *Monera*.] *sf. Biol.* Espécime das moneras, reino que abrange todos os seres vivos procariotos. Ex.: bactéria.

mo.ne.tá.ri.o [Lat. *monetariu*.◘24] *adj.* Relativo à moeda.

mon.ge [Provç.ant. *monge*.] *sm.* **1.** Frade ou religioso de mosteiro. **2.** Aquele que se isola da sociedade e leva vida austera. [Fem.: *monja*.]

mon.gol [Do persa.] *adj2g.* **1.** Da Mongólia (Ásia). ● *s2g.* **2.** O natural ou habitante da Mongólia. **3.** Língua falada na Mongólia e em parte da China. [Pl.: -*góis*.]

mon.go.lis.mo [*Mongol*.◘11] *sm. Med.* V. *síndrome de Down.*

mon.go.loi.de (ói) [*Mongol* + -*oide*.] *adj2g.* e *sg.* Diz-se de, ou indivíduo que sofre de mongolismo.

mo.ni.mi.á.ce.a [Tax. *Monimiaceae*.] *sf. Bot.* Espécime das monimiáceas, família de árvores e arbustos sempre-verdes de frutos aquênicos. Ex.: boldo. § **mo.ni.mi.á.ce:o** *adj.*

mo.ni.tor (ô) [Lat. *monitore*.◘19] *sm.* **1.** Aquele que dá conselhos, lições, que admoesta. **2.** Aluno adiantado, que ajuda, no ensino, ao professor. **3.** *Med.* Instrumento destinado a observação e/ou registro de funções vitais. **4.** Dispositivo ou aparelho que monitoriza. **5.** *Inform.* Dispositivo de saída de dados, us. para visualizar as informações apresentadas por um computador, constituindo a sua tela (5); monitor de vídeo.
◆ **Monitor de vídeo.** *Inform.* Monitor (5).

mo.ni.to.rar [*Monitor*.◘1A] *vtd.* Monitorizar. [C.: 1] § **mo.ni.to.ra.ção** *sf.*; **mo.ni.to.ra.men.to** *sm.*

mo.ni.tó.ri.o [Lat. *monitoriu*.◘23] *adj.* Que adverte, repreende.

mo.ni.to.ri.zar [*Monitor*.◘1D] *vtd.* Acompanhar e avaliar (dados fornecidos por aparelhagem técnica); monitorar. [C.: 1] § **mo.ni.to.ri.za.ção** *sf.*

mon.jo.lo (ô ou ó) [Do quimb.] *sm. Bras.* Engenho tosco, movido a água, para pilar milho e, primitivamente, para descascar café.

mo.no [V.C] *sm.* **1.** *Zool.* Nome comum aos macacos, e esp. aos cebídeos. **2.** *Fam.* Homem feio, desajeitado.

mo.no.ci.clo [*Mon(o)*- + -*ciclo*.] *sm.* Velocípede de uma roda só.

mo.no.cór.di.o [Lat. *monochordon*.] *adj.* Monótono, uniforme.

mo.no.co.ti.le.dô.ne:o [*Mon(o)*- + *cotilédone* + -*eo*.] *adj.* Com um cotilédone.

mo.no.cro.má.ti.co *adj.* **1.** Que só tem uma cor. **2.** *Fís.* Diz-se de radiação com um só comprimento de onda.

mo.no.cro.mi.a [*Mon(o)*- + -*crom(o)*- + -*ia¹*.◘8A] *sf. Art. Gráf.* Processo de impressão em uma só cor.

mo.nó.cu.lo [*Mon(o)*- + *óculo*.] *sm.* Lente de correção que se encaixa parcialmente em uma das órbitas.

mo.no.cul.tu.ra [*Mon(o)*- + *cultura*.] *sf.* Cultura exclusiva dum produto agrícola.

mo.no.es.pe.cí.fi.co *adj. Biol.* De que há uma só espécie

mo.no.ga.mi.a [Gr. *monogamía*.◘8A] *sf.* Costume ou prática segundo a qual uma pessoa (homem ou mulher) não pode ter mais de um cônjuge. [Cf. *poligamia*.] § **mo.no.gâ.mi.co** *adj.*; **mo.nó.ga.mo** *adj. sm.*

mo.no.ge.nis.mo *sm.* Teoria segundo a qual a humanidade descende de ancestrais comuns. § **mo.no.ge.nis.ta** *adj2g. s2g.*

mo.no.gra.fi.a [*Mon(o)*- + -*grafia*.] *sf.* Texto elaborado dentro de regras específicas e resultante de estudo aprofundado sobre determinado tema.

mo.no.gra.ma *sm.* Entrelaçamento de letras iniciais ou principais do nome de pessoa ou de entidade.

mo.no.lín.gue (güe) [*Mon(o)*- + -*língue*.] *adj2g.* **1.** De, ou relativo a indivíduo ou comunidade que utiliza apenas uma língua. **2.** Escrito em uma só língua. [Sin.ger.: *unilíngue*.]

mo.no.lin.guis.mo (güis) [*Monolíngue*.◘11] *sm.* Utilização regular de apenas uma língua. § **mo.no.lin.guis.ta** (güis) *adj2g.*

mo.nó.li.to [Lat. *monolithu*.] *sm.* **1.** Pedra de grandes dimensões. **2.** Monumento feito de um só bloco de pedra.

mo.no.lo.gar [*Monólogo*.◘1A] *v.int.* **1.** Falar consigo só. **2.** Recitar monólogo. [C.: 1C (ó)]

mo.nó.lo.go [Gr. *monológos*.] *sm.* **1.** *Teatr.* Cena em que um só ator representa, falando. **2.** Solilóquio.

mo.nô.mi:o *sm. Mat.* Cada um dos termos de um polinômio.

mo.no.mo.tor (ô) *adj. sm.* Diz-se de, ou veículo de um só motor.

mo.no.pé [*Mon(o)*- + *pé*.] *sm. Fot.* Suporte com uma escora, no qual se apoia câmera fotográfica.

mo.no.pó.li:o [Lat. *monopoliu*.] *sm.* Situação de mercado em que a oferta de mercadoria ou serviço é controlada por um só vendedor.

mo.no.po.li.zar [*Monopólio*.▪1D] *vtd.* 1. Fazer ou ter monopólio de; açambarcar. 2. *Fig.* Atrair unicamente para si: *monopolizar as atenções*. [C.:1] § **mo.no.po.li.za.ção** *sf.*

mo.nos.pér.mi.co [*Monospermia*.▪35B] *adj.* Que contém uma só semente.

mo.nos.sí.la.bo [Gr. *monosýllabos*.] *adj. sm.* Diz-se de, ou palavra de uma só sílaba. § **mo.nos.si.lá.bi.co** *adj.*

mo.no.te.ís.mo *sm.* Crença em um só Deus. § **mo.no.te.ís.ta** *adj2g. s2g.*

mo.no.ti.po [Ingl. *monotype*.] *sf.* Compositora mecânica formada por 2 máquinas distintas: a unidade compositora (*teclado*) e a unidade fundidora.

mo.nó.to.no [Lat. *monotonu*.] *adj.* 1. De, ou em um só tom. 2. Que não varia. 3. Enfadonho, fastidioso. § **mo.no.to.ni.a** *sf.*

mo.nó.xi.do (cs) [*Mon(o)-* + *óxido*.] *sm. Quím.* Óxido com um só átomo de oxigênio por molécula. ◆ **Monóxido de carbono.** *Quím.* Gás altamente venenoso, presente no gás encanado de uso doméstico e em escapamentos de veículos, aquecedores, etc.

mon.se.nhor (ô) [It. *monsignore*.] *sm.* 1. Título honorífico que o papa concede a alguns eclesiásticos. 2. *Bras. Bot.* Crisântemo.

mons.tro [Lat. *monstru*.] *sm.* 1. *Biol.* Corpo organizado que apresenta, parcial ou totalmente, conformação anômala. 2. Ser, mitológico ou lendário, de conformação extravagante. 3. Pessoa cruel ou horrenda.

mons.tru.o.so (ô) [Lat. *monstruosu*.▪37] *adj.* 1. Que tem conformação de monstro. 2. Enorme, extraordinário. 3. Que assombra pela grande perversidade. 4. Feio em demasia. [Pl.: *-truosos* (ó).] § **mons.tru:o.si.da.de** *sf.*

mon.ta [Dev. de *montar*.] *sf.* 1. Importância total duma conta; soma, montante. 2. Importância, gravidade. 3. Preço ou valor; custo. 4. V. *lance* (2).

mon.ta.da [*Montar*.▪4] *sf.* 1. Ato de montar (1). 2. Elevação nas cambas do freio.

mon.ta.dor (ô) [*Montar*.▪19A] *sm.* Aquele que faz montagens.

mon.ta.do.ra (ô) [*Montar*.▪20] *sf. Bras.* Fábrica de automóveis.

mon.ta.gem [*Montar*.▪6] *sf.* 1. Ato ou efeito de montar. 2. Operação de reunir peças num dispositivo, mecanismo, etc., de modo que funcione ou preencha o seu fim. 3. Encenação (2). [Pl.: *-gens*.]

mon.ta.nha [Lat.vulg. **montanea*.] *sf.* 1. Série de montes. 2. Grande elevação de algo. 3. Grande volume.

mon.ta.nha-rus.sa [Fr. *montagne russe*.] *sf.* Tipo de divertimento; armação feita com uma série de vagonetes que deslizam com rapidez sobre aclives e declives. [Pl.: *montanhas-russas*.]

mon.ta.nhês [*Montanha*.▪38A] *adj.* 1. Que habita as montanhas ou é próprio delas. ● *sm.* 2. Aquele que nelas vive. [Flex.: *montanheses* (ê), *montanhesa(s)* (ê).]

mon.ta.nhis.mo [*Montanha*.▪11] *sm.* Esporte que consiste em escalar montanhas; alpinismo.

mon.ta.nhis.ta [*Montanhismo*.▪36] *adj2g.* 1. Relativo ao, ou que pratica o montanhismo. ● *s2g.* 2. Pessoa que o pratica.

mon.ta.nho.so (ô) [*Montanha*.▪37] *adj.* Em que há muitas montanhas. [Pl.: *-nhosos* (ó).]

mon.tan.te [*Montar*.▪21] *adj2g.* 1. Que sobe. ● *sm.* 2. V. *monta* (1). 3. Direção donde correm as águas duma corrente fluvial. 4. V. *maré alta.*

mon.tão [*Monte*.▪28A] *sm.* 1. Acumulação desordenada; monte. 2. Grande quantidade ou porção. [Pl.: *-tões*.]

mon.tar [Lat.vulg. **montare*.▪1A] *vtd.* 1. Pôr-se sobre (cavalgadura); cavalgar. 2. Colocar sobre; sobrepor. 3. Aprontar, armar, para funcionar. 4. Encenar (um espetáculo teatral). *tc.* 5. Montar (2). 6. Atingir (determinada soma). *int.* 7. Praticar a equitação. [C.:1] § **mon.ta.do** *adj.*

mon.ta.ri.a [*Montar*.▪15] *sf. Bras.* 1. Animal que se pode cavalgar. 2. Jóquei. 3. Pequena canoa.

mon.te [Lat. *monte*.] *sm.* 1. Elevação notável de terreno acima do solo que a cerca; serra. 2. Qualquer acúmulo de coisas. 3. Montão (1).

mon.te.pi:o [*Monte* + *pio*.] *sm.* 1. Instituição em que, mediante certas condições, se adquire o direito de, por morte, deixar pensão pagável a alguém de sua escolha. 2. Essa pensão.

mon.tês [*Monte*.▪38A] *adj2g.* 1. Dos montes; montanhês. 2. Próprio de montanhês. [Sin.ger.: *montesino*. Flex.: (como *adj2g.*): *monteses* (ê); (como *adj.*): *monteses* (ê), *montesa(s)* (ê).]

mon.te.si.no *adj.* V. *montês.*

mon.tí.cu.lo [Lat. *monticulu*.] *sm.* Pequeno monte (1 e 2).

mon.to.ei.ra [*Montão* (*monto-*).▪16] *sf.* Grande porção de qualquer coisa.

mon.tu.ro *sm.* Lugar onde se deposita lixo.

mo.nu.men.tal [Lat. *monumentale*.▪39] *adj2g.* 1. Que tem caráter de monumento. 2. Enorme; colossal. [Pl.: *-tais*.]

mo.nu.men.to [Lat. *monumentu*.] *sm.* 1. Obra ou construção destinada a transmitir à posteridade a memória de fato ou pessoa notável. 2. Qualquer obra notável.

mo.que.ar [*Moqué(m)*.▪1N] *vtd. Bras.* Secar ou assar (carne ou peixe) no moquém. [C.:12A]

mo.que.ca[1] [Do quimb.] *sf. Bras.* Guisado, ger. de peixe ou mariscos.

mo.que.ca[2] [De *moquear*.] *sf. Bras. Amaz.* O peixe moqueado envolto em folha de bananeira.

mo.quém [Do tupi.] *sm. Bras.* Grelha de varas para assar ou secar carne ou peixe.

mor *adj2g.* F. sinc. de *maior.*

mo.ra [Lat. *mora*.] *sf.* Retardamento do devedor no cumprimento de uma obrigação.

mo.rá.ce:a [Tax. *Moraceae*.] *sf. Bot.* Espécime das moráceas, família de árvores e arbustos floríferos, lactescentes, de infrutescências ger. comestíveis. Ex.: § **mo.rá.ce:o** *adj.*

mo.ra.da [*Morar*.◼4] *sf.* Lugar onde se mora ou habita; habitação, moradia, casa.

mo.ra.di.a [*Morada*.◼8A] *sf.* V. *morada.*

mo.ra.dor (ô) [*Morar*.◼19A] *adj. sm.* Que, ou quem mora.

mo.ral [Lat. *morale*.◼39] *sf.* **1.** Conjunto de regras de conduta ou hábitos julgados válidos, quer universalmente, quer para grupo ou pessoa determinada. **2.** Conclusão moral duma obra, dum fato, etc. ● *sm.* **3.** O conjunto das nossas faculdades morais; brio, dignidade. **4.** A moralidade (1 a 3) de algo. **5.** *Pop.* Disposição de espírito; humor. ● *adj2g.* **6.** Relativo a moral. [Pl.: -rais.]

mo.ra.li.da.de [Lat. *moralitate*.◼14] *sf.* **1.** Qualidade do que é moral. **2.** Doutrina, princípios ou regras morais. **3.** Fábula e, p.ext., história moralizadora.

mo.ra.lis.ta [*Moral*.◼36] *adj2g. s2g.* Que, ou quem escreve sobre moral, ou prega moral.

mo.ra.li.za.dor (ô) [*Moralizar*.◼19A] *adj.* **1.** Que moraliza. **2.** V. *edificante* (2 e 3).

mo.ra.li.zar [*Moral*.◼1D] *vtd.* **1.** Conformar aos princípios duma determinada moral. *int.* **2.** Pregar moral. [C.: 1] § **mo.ra.li.za.ção** *sf.*

mo.ran.ga [De *morango*.] *sf. Bras. Bot.* Planta cucurbitácea, variedade de abóbora.

mo.ran.go [Lat.vulg. *moranicu*.] *sm. Bot.* Infrutescência carnosa (e, não, fruto), edule, do morangueiro.

mo.ran.guei.ro [*Morango*.◼25] *sm. Bot.* Erva rosácea que dá o morango.

mo.rar [Lat. *morare*.◼1A] *vtc.* **1.** Ter residência; habitar. **2.** Encontrar-se, achar-se. *ti. e int.* **3.** Residir; viver. **4.** *Bras. Gír.* Compreender. [C.: 1 (ó)]

mo.ra.tó.ri:a *sf.* **1.** Dilação de prazo dada pelo credor ao devedor para pagamento de uma dívida. **2.** Suspensão do pagamento de uma dívida, decidida unilateralmente pelo devedor, ou negociada com o credor.

mo.ra.tó.ri:o [Lat. *moratoriu*.◼23] *adj.* Que envolve demora.

mór.bi.do [Lat. *morbidu*.] *adj.* **1.** Relativo a doença, ou que a causa. **2.** Enfermo, doente. **3.** Lânguido, mole. **4.** Que revela desequilíbrio psíquico ou perversidade. § **mor.bi.dez** (ê) *sf.*

mor.bo [Lat. *morbu*.] *sm.* Estado patológico; doença. § **mor.bo.so** (ô) *adj.*

mor.ce.go [Port.arc. *mur* (lat. *mure*, 'rato') + *cego*.] *sm. Zool.* Mamífero quiróptero.

mor.ce.la [V.C] *sf.* Chouriço cujo elemento principal é o sangue de porco.

mor.da.ça [Lat.vulg. *mordacia*.] *sf.* **1.** Objeto com que se tapa a boca de alguém para que não fale nem grite. **2.** Açaimo.

mor.daz [Lat. *mordace*.] *adj2g.* **1.** Corrosivo, destrutivo. **2.** Maldizente; satírico. § **mor.da.ci.da.de** *sf.*

mor.de.du.ra [*Morder*.◼5A] *sf.* Dentada ou vestígio de dentada. [Sin., bras.: *mordida*.]

mor.den.te [*Morder*.◼21] *adj2g.* **1.** Que morde. **2.** Provocante, excitante. ● *sm.* **3.** Substância com que se fixam as cores, em pintura ou tinturaria.

mor.der [Lat. *mordere*.◼1B] *vtd.* **1.** Apertar com os dentes; cortar ou ferir com eles. **2.** Dar dentada(s) em. **3.** Afligir, atormentar. *p.* **4.** Dar dentadas em si mesmo. **5.** Atormentar-se. [C.: 2 (ô-ó)] § **mor.de.dor** (ô) *adj. sm.*

mor.di.da [*Morder* + -*ida*.] *sf. Bras.* Mordedura.

mor.dis.car [*Morder*.◼1G] *vtd.* Morder de leve repetidas vezes. [C.: 1A]

mor.do.mi.a [*Mordomo*.◼8A] *sf.* **1.** Cargo ou ofício de mordomo. **2.** *Bras.* Vantagens concedidas a certos funcionários, e que lhes aumenta indiretamente os salários. **3.** *Bras.* Conforto, privilégio, regalia.

mor.do.mo [Lat.vulg. *majordomu*.] *sm.* **1.** Administrador dos bens duma casa, irmandade, confraria, etc.; ecônomo. **2.** Serviçal que administra uma casa.

mo.rei.a (éi) [Lat. *muraena*.] *sf. Zool.* Peixe murenídeo.

mo.re.no [Esp. *moreno*.] *adj.* De cor trigueira.

mor.fei.a (éi) [B.-lat. *morphea*.] *sf. Med.* V. *lepra* (1).

mor.fe.ma [Fr. *morphème*.] *sm. E.Ling.* **1.** Elemento que confere ao aspecto gramatical ao semantema, relacionando-o na oração e delimitando sua função e seu significado. Ex.: os afixos. **2.** Elemento linguístico mínimo que possui significado.

mor.fé.ti.co [Mit. *Morfeu* (do gr.) + -*ético*.] *adj. sm.* V. *leproso.*

mor.fi.na [Fr. *morphine*.◼31] *sf.* Alcaloide do ópio, branco, cristalino, us. como sedativo.

mor.fo.lo.gi.a [*Morf(o)*- + -*logia*.] *sf.* **1.** Descrição da forma. **2.** *E.Ling.* O estudo da estrutura e formação de palavras. § **mor.fo.ló.gi.co** *adj.*

mor.fos.sin.tá.ti.co [*Morf(o)*- + *sintático*.] *adj.* Da morfologia e da sintaxe.

mor.ga.di:o [*Morgado*.◼34A] *adj.* **1.** De, ou relativo a morgado. ● *sm.* **2.** Qualidade de morgado.

mor.ga.do [Lat.vulg. *maioricatu*.◼17] *sm.* Filho primogênito, ou filho único.

mor.gue [Fr. *morgue*.] *sf.* Necrotério.

mo.ri.bun.do [Lat. *moribundu*.] *adj. sm.* Que, ou aquele que está morrendo; agonizante.

mo.ri.ge.ra.do [Lat. *morigeratu*.◼17] *adj.* Que tem bons costumes, ou vida exemplar.

mo.ri.ge.rar [Lat. *morigerare*.◼1A] *vtd.* **1.** Moderar os costumes de; ensinar bons costumes a. *p.* **2.** Adquirir bons costumes. [C.: 1 (é)]

mo.rim [Do mal.] *sm.* Pano branco, de algodão, de qualidade inferior.

mo.rin.ga [Do quimb.] *sf.* Bilha para refrescar a água; quartinha (*bras.*).

mor.ma.cei.ra [*Mormaço*.◼16] *sf.* Mormaço forte.

mor.ma.ço [V.C] *sm.* **1.** Tempo quente e úmido. **2.** Tempo abafado.

mor.men.te [*Mor*.◼42] *adv.* Principalmente, sobretudo.

mormo | moscovita

mor.mo (ô) [Lat. *morbu*.] *sm.* Moléstia contagiosa dos equídeos, transmissível ao homem.

mór.mon [Ingl. *mormon*.] *adj2g. sm.* Sectário de uma seita religiosa protestante fundada nos E.U.A., em 1830, por Joseph Smith.

mor.no (ô) [V.D] *adj.* **1.** Pouco quente; tépido. **2.** Sem energia; frouxo. § **mor.ni.dão** *sf.*

mo.ro.so (ô) [Lat. *morosu*.⬚37] *adj.* V. *lento* (1). [Pl.: *-rosos* (ó).] § **mo.ro.si.da.de** *sf.*

mor.ra (ô) [De *morrer*.] *interj.* Exprime o desejo de que algo acabe, ou alguém seja morto ou afastado de um posto.

mor.rão [V.E] *sm.* Ponta carbonizada de torcida². [Pl.: *-rões*.]

mor.rer [Lat.vulg. *morrere*.⬚1B] *v.int.* **1.** Perder a vida; falecer, finar-se, fenecer, expirar, desaparecer, descansar, desencarnar, ir(-se), passar, perecer, sucumbir, abotoar (*gír*.), espichar (*pop*.), esticar (*pop*.). **2.** Extinguir--se, acabar(-se): *O sonho morreu.* **3.** Perder (a planta) o vigor; estiolar-se. **4.** Não chegar a efetuar-se: *O projeto morreu.* **5.** *Bras.* Parar de funcionar. *ti.* **6.** Experimentar em grau muito intenso (sentimento, sensação, desejo, etc.). *transobj.* **7.** Achar-se (em certo estado ou condição) no fim da vida. [C.: 2 (ô-ó). Part.: *morrido* e *morto*.] ♦ **Morrer na praia.** *Pop.* Fracassar na etapa final.

mor.ri.nha [V.D] *sf.* **1.** Sarna epidêmica do gado. **2.** *Pop.* Achaque, mal-estar. **3.** Prostração, lassidão. **4.** *Bras.* Fedor exalado por algo ou alguém.

mor.ri.nhen.to [*Morrinha*.⬚27] *adj.* Que tem morrinha.

mor.ro (ô) [V.C] *sm.* **1.** Monte pouco elevado; colina, outeiro. **2.** *Bras.RJ* Favela.

mor.sa *sf. Zool.* Mamífero triquequídeo, marinho.

mor.ta.de.la [It. *mortadella*.⬚7] *sf.* Enchido de carne bovina.

mor.tal [Lat. *mortale*.⬚39] *adj2g.* **1.** Sujeito à morte. **2.** Que a produz; mortífero, letal. **3.** Molesto ao extremo. **4.** Figadal, encarniçado. ● *sm.* **5.** O ser humano. [Pl.: *-tais*.] § **mor.ta.li.da.de** *sf.*

mor.ta.lha [Lat. *mortualia*.] *sf.* **1.** Vestidura em que se envolve o morto. **2.** Retângulo de papel ou de palha em que se embrulha o fumo do cigarro.

mor.tan.da.de [Lat. *mortalitate*, com infl. de voc. em *-ndade*.⬚14C] *sf.* **1.** V. *matança* (1). **2.** Número elevado de mortes.

mor.te [Lat. *morte*.] *sf.* **1.** *Med.* Cessação da vida. **2.** Termo, fim. **3.** Destruição, ruína. **4.** Pesar profundo. ♦ **Morte cerebral.** *Med.* Lesão encefálica irreversível, e caracterizada clinicamente por ausência de resposta a estímulos, de atividade muscular, respiratória, etc., e por inatividade eletroencefalográfica.

mor.tei.ro [Fr. *mortier*.⬚25] *sm.* **1.** Canhão curto e de boca larga. **2.** Pequena peça de ferro que se carrega com pólvora para dar tiros ou fazer explosão festiva.

mor.ti.cí.ni:o [Lat.*morticinu*,'mortenatural',+*-io*². ⬚34B] *sm.* V. *matança* (1).

mor.ti.ço *adj.* Prestes a apagar-se.

mor.ti.fe.ro [Lat. *mortiferu*.] *adj.* V. *mortal* (2).

mor.ti.fi.car [Lat. *mortificare*.⬚1A] *vtd.* **1.** Diminuir ou extinguir a vitalidade de (alguma parte do corpo). **2.** Torturar (o corpo) com penitências. **3.** Desgostar ou afligir muito. *p.* **4.** Castigar o próprio corpo com penitências; martirizar-se. **5.** Atormentar-se. [C.: 1A] § **mor.ti.fi.ca.ção** *sf.*

mor.to (ô) [Lat. *mortuu*.] *adj.* **1.** Que morreu; defunto, falecido. **2.** Murcho ou seco (vegetal). **3.** Paralisado; inerte. **4.** Extinto, apagado. **5.** Acabado, encerrado. **6.** Sem brilho. **7.** Sem atividade. **8.** Exausto. **9.** Ávido, sôfrego. ● *sm.* **10.** Aquele que morreu. **11.** Cadáver humano.

mor.tu.á.ri:o [Lat. *mortuariu*.⬚24] *adj.* V. *fúnebre.*

mo.ru.bi.xa.ba [Do tupi.] *sm. Bras.* Chefe temporal dos povos indígenas brasileiros; cacique, tuxaua.

mos Contr. do pron. pess. *me* (obj. ind.) com o pron. pess. *os* (obj. dir.).

mo.sai.co¹ [It. *mosaico*.] *sm.* Embutido de pedrinhas de cores, dispostas de modo que formem desenhos.

mo.sai.co² [Gr. *mosaikós*.] *adj.* Relativo ao, ou próprio do profeta e legislador bíblico Moisés (c.séc. XIV-XIII a.C).

mo.sas.sau.ro [Tax. *Mosasaurus*.] *sm. Paleont.* Reptil marinho, carnívoro, com c. de 12 a 18m de comprimento. Tinha 4 nadadeiras, cabeça grande e dentes afiados. Viveu no cretáceo e fósseis foram encontrados na América do Norte e Europa.

mos.ca (ô) [Lat. *musca*.] *sf.* **1.** *Zool.* Nome comum a insetos dípteros entre os quais figura a mosca-doméstica. **2.** Porção de barba que se deixa crescer sob o lábio inferior. **3.** O ponto central do alvo dos exercícios de tiro. ♦ **Na mosca.** Com grande precisão, com grande acerto (ao fazer uma tentativa).

mos.ca.dei.ra [*Moscado*.⬚16] *sf. Bot.* Árvore miristicácea de frutos carnosos cuja semente, única, fornece a noz-moscada (3); noz-moscada.

mos.ca.do [Lat.med. *muscatu*.] *adj.* Almiscarado; aromático.

mos.ca-do.més.ti.ca *sf. Zool.* Inseto muscídeo, cosmopolita. [Pl.: *moscas-domésticas*.]

mos.ca-mor.ta *s2g.* Pessoa desanimada, sem graça. [Pl.: *moscas-mortas*.]

mos.car [*Mosca*.⬚1A] *v.int. Bras.* **1.** Ser logrado. **2.** Não compreender. *p.* **3.** Desaparecer, sumir--se. [C.: v. irregular: o *o* da raiz muda-se em *u* nas f. rizotônicas, e o *c* transforma-se em *qu* antes de *e* (v.1A).]

mos.car.do [*Mosca* + *-ardo*.] *sm. Zool.* Inseto díptero maior que a mosca comum, que broca a madeira para criar suas larvas.

mos.ca.tel [Cat. *moscatell*.] *adj2g.* **1.** Diz-se duma variedade de uva, e do vinho feito dela. ● *sm.* **2.** Esse vinho. [Pl.: *-téis*.]

mos.co.vi.ta [Top. *Moscóvia* (Moscou) + *-ita*².] *adj2g.* **1.** De, ou relativo a Moscou, capital da

mosqueado | motor

Rússia. ● *s2g.* **2.** O natural ou habitante de Moscou.

mos.que.a.do [*Mosquear.*◻17A] *adj.* Que tem malhas escuras.

mos.que.ar [*Mosca.*◻1N] *vtd. e p.* Salpicar de pintas ou manchas, ou cobrir-se delas. [C.: 12A]

mos.que.tão[1] [*Mosca,* poss.] *sm.* Peça metálica que prende o relógio de bolso à respectiva corrente. [Pl.: *-tões.*]

mos.que.tão[2] [De *mosquete.*] *sm. Bras.* Fuzil pequeno us. por soldados de cavalaria e de artilharia. [Pl.: *-tões.*]

mos.que.te (ê) [It. *moschetto.*] *sm.* Arma antiga semelhante à espingarda.

mos.que.tei.ro [*Mosquete.*◻25] *sm.* **1.** Antigo soldado armado de mosquete. **2.** *Hist.* Na França, no séc. XVII, nobre que era membro de uma das 2 companhias de cavalaria.

mos.qui.tei.ro [*Mosquito.*◻25] *sm.* Cortinado para proteger contra mosquitos.

mos.qui.to [*Mosca + -ito*[1].] *sm. Zool.* Nome comum a vários insetos dípteros, regionalmente denominados muriçoca, pernilongo, etc.

mos.sa [Lat. *morsu.*] *sf.* **1.** Vestígio de pancada ou de pressão. **2.** Impressão moral; abalo.

mos.tar.da [Fr.ant. *moustarde.*] *sf.* **1.** Semente de mostardeira. **2.** Mostardeira. **3.** Pó de mostarda. **4.** Molho pastoso feito com mostarda (3).

mos.tar.dei.ra [*Mostarda.*◻16] *sf. Bot.* Erva brassicácea de folhas comestíveis e cujas sementes fornecem pó amarelo picante, a mostarda; mostarda.

mos.tei.ro [Lat. *monasteriu.*◻25] *sm.* Habitação de monges ou monjas; monastério.

mos.to (ô) [Lat. *mustu.*] *sm.* Sumo de uvas antes de terminada a fermentação.

mos.tra [Dev. de *mostrar.*] *sf.* **1.** Ato ou efeito de mostrar(-se). **2.** Exposição de obras de caráter artístico, literário, histórico, etc.

mos.tra.dor (ô) [*Mostrar.*◻19A] *adj.* **1.** Que mostra. ● *sm.* **2.** A parte do relógio onde estão indicadas as horas e os minutos. **3.** *P.ext.* Parte de equipamento de medição em que estão indicados os valores assumidos por uma variável.

mos.trar [Lat. *monstrare.*◻1A] *vtd.* **1.** Fazer ver. **2.** Dar a conhecer; manifestar. **3.** Apontar, indicar. **4.** Dar aparência de; simular. *tdi.* **5.** Mostrar (1 a 4). **6.** Demonstrar. *P.* **7.** Revelar-se. **8.** Dar mostras de. [Var.: *amostrar.*] [C.: 1 (ó)]

mos.tras *sfpl.* Atos exteriores; aparências.

mos.tren.go ou **mons.tren.go** [Esp. *mostrenco.*] *sm.* Pessoa disforme e/ou muito feia.

mos.tru.á.ri.o [Cat. *mostruari.*◻24B] *sm.* Móvel, livro, etc., onde se expõem amostras de mercadorias à venda.

mo.te [Fr. *mot.*] *sm.* Conceito, ger. expresso numa quadra ou num dístico, para ser glosado.

mo.te.jar [*Motejo.*◻1A] *vtd.* **1.** Fazer motejo ou zombaria de; escarnecer. *ti. e int.* **2.** Caçoar, zombar. [C.: 1 (ê)] **§ mo.te.ja.dor** (ô) *adj. sm.*

mo.te.jo (ê) [It. *motteggio.*] *sm.* V. *zombaria.*

mo.tel [Ingl. *motel.*] *sm.* **1.** Hotel à beira de estradas de grande circulação, com estacionamento para carros. **2.** *Bras.* Hotel para encontros amorosos. [Pl.: *-téis.*]

mo.te.te (ê) [Occ.ant. *motet.*] *sm.* **1.** Dito engraçado ou satírico. **2.** *Mús.* Composição polifônica em várias vozes.

mo.ti.li.da.de [Fr. *motilité.*] *sf.* **1.** Faculdade de mover(-se). **2.** Força motriz.

mo.tim [Fr. med. *mutin.*] *sm.* Revolta, sublevação. [Pl.: *-tins.*]

mo.ti.va.ção [*Motivar.*◻2A] *sf.* **1.** Ato ou efeito de motivar. **2.** Exposição de motivos ou causas. **3.** Conjunto de fatores que determinam a atividade e a conduta individuais. **4.** V. *móbil* (2). [Pl.: *-ções.*]

mo.ti.va.do [*Motivar.*◻17A] *adj.* **1.** Causado, determinado. **2.** Cujo motivo ou razão se explicou. **3.** Que participa ativamente, ou que age com interesse e motivação.

mo.ti.var [*Motivo.*◻1A] *vtd.* **1.** Dar motivo a; causar. **2.** Despertar o interesse, a curiosidade, de; prender a atenção de. *tdi.* **3.** Incitar, mover; estimular. [C.: 1]

mo.ti.vo [Lat. *motivu.*◻22] *sm.* **1.** Causa, razão. **2.** Fim, intuito. **3.** V. *móbil* (2).

mo.to[1] [Lat. *motu.*] *sm.* Movimento. ♦ **De moto próprio.** De vontade própria; espontaneamente.

mo.to[2] *sf. Pop.* V. *motocicleta.*

mo.to.bói *sm.* V. *motoboy.*

mo.to.boy [*Moto*[2] + *boy.*] *sm.* Motociclista que trabalha entregando, ou recebendo, encomendas ou mercadorias.

mo.to.ca *sf. Pop.* V. *motocicleta.*

mo.to.ci.cle.ta *sf.* Veículo de 2 rodas, com 1 selim ou 2, e motor a gasolina; motociclo, moto, motoca.

mo.to.ci.clis.ta [*Motociclo.*◻36] *s2g. Bras.* Pessoa que dirige motocicleta; motoqueiro (*pop.*).

mo.to.ci.clo *sm.* V. *motocicleta.*

mo.to.con.tí.nu.o *sm. Fís.* Suposto mecanismo que funcionaria indefinidamente, sem despender energia ou transformando em trabalho toda a energia recebida. [Sin.: *moto-perpétuo.* Pl.: *motos-contínuos.*]

→ **motocross** (motocrós) [Ingl.] *sm. Esport.* Corrida de motocicleta em pista bastante acidentada.

mo.to.per.pé.tu.o *sm. Fís.* Moto-contínuo. [Pl.: *motos-perpétuos.*]

mo.to.quei.ro [*Motoca.*◻25] *sm. Pop.* Motociclista.

mo.tor (ô) [Fr. *moteur.*] *adj.* **1.** Que faz mover, que causa movimento, que impulsiona. ● *sm.* **2.** Qualquer dispositivo que emprega algum tipo de energia (como eletricidade, calor) para dar movimento a máquinas. **3.** *Fig.* Pessoa ou coisa que faz mover, que dá impulso, ou desencadeia transformações.

mo.to.ris.ta [Motor.■36] *s2g.* **1.** Condutor de qualquer veículo de tração mecânica. **2.** Condutor de automóvel; chofer.

mo.to.ri.za.do [Motorizar.■17A] *adj.* **1.** Que é movido a motor. **2.** Que tem e/ou se utiliza de veículo a motor.

mo.to.ri.zar [Motor.■1D] *vtd. e p.* Prover(-se) de veículo motorizado. [C.: 1] § **mo.to.ri.za.ção** *sf.*

mo.tor.nei.ro [Motor.■25] *sm. Bras.* Motorista de bonde.

mo.tos.ser.ra [Moto- + serra.] *sf.* Serra com motor elétrico.

mo.to.tá.xi (cs) [Moto² + táxi.] *sf.m.* A moto² usada para o transporte de passageiros.

mo.to.ta.xis.ta (cs) [Mototáxi.■36] *s2g.* Pessoa que conduz a mototáxi.

mo.tri.ci.da.de [Fr. *motricité*.] *sf.* Capacidade de realizar movimento.

mo.triz [Fr. *motrice*.] *adj2g. sf.* Diz-se de, ou força que dá movimento.

mou.co [V.E] *adj.* Que não ouve, ou ouve pouco ou mal; surdo.

mou.rão ou **moi.rão** [V.D] *sm. Bras.* **1.** Esteio grosso, fincado firme no solo, e ao qual se amarram reses. **2.** Pau que sustenta o arame, nas cercas. [Pl.: *-rões*.]

mou.re.jar ou **moi.re.jar** [Mouro ou moiro.■1E] *v.int. e ti.* Trabalhar muito, sem descanso (como um mouro). [C.: 1 (ê)]

mou.ris.co ou **moi.ris.co** [Mouro ou moiro.■33] *adj.* Mouro (4).

mou.ro ou **moi.ro** [Lat. *mauru*.] *sm.* **1.** Indivíduo dos mouros, povos que habitavam a Mauritânia (África). **2.** Homem que trabalha muito. ● *adj.* **3.** Da Mauritânia. **4.** De, ou próprio de mouros; mourisco.

→ **mouse** (máusi) [Ingl.] *sm. Inform.* Periférico móvel que controla a posição de um cursor na tela, e que conta com um ou mais botões, us. para indicar e selecionar opções, ícones e outros elementos de interface.

mo.ve.di.ço *adj.* **1.** Que se move facilmente. **2.** Pouco firme.

mó.vel [Lat. *mobile*.■41] *adj2g.* **1.** Que se pode mover; móbil. ● *sm.* **2.** V. *móbil* (2). **3.** Peça de mobília. [Pl.: *-veis*.]

mo.ve.la.ri.a [Móvel.■15] *sf.* Estabelecimento onde se vendem móveis [v. *móvel* (3)].

mo.ve.lei.ro [Móvel.■25] *sm. Bras.* Fabricante e/ou vendedor de móveis.

mo.ver [Lat. *movere*.■1B] *vtd.* **1.** Dar ou comunicar movimento a. **2.** Deslocar; remover. **3.** Exercer movimento(s) com; mexer. **4.** Movimentar dum lado para outro; menear: *mover a cabeça*. **5.** Induzir ou determinar a fazer algo. **6.** Inspirar ou compaixão a; comover. *tdc.* **7.** Mover (2). *tdi.* **8.** Induzir, levar. **9.** Promover, realizar. *ti.* **10.** Mover (8): *mover à piedade*. *p.* **11.** Estar ou pôr-se em movimento; movimentar-se. [C.: 2 (ô-ó)] § **mo.ví.vel** *adj2g.*

mo.vi.men.tar [Movimento.■1A] *vtd. e p.* **1.** Pôr(-se) em movimento; mobilizar(-se), mover(-se). **2.** Animar(-se). [C.: 1] § **mo.vi.men.ta.ção** *sf.*

mo.vi.men.to [Mover.■3A] *sm.* **1.** Ato ou processo de mover(-se). **2.** Mudança de um corpo, ou de parte dele, de um para outro lugar; deslocamento. **3.** Determinado modo de mover-se. **4.** Animação, agitação. **5.** Série de atividades em prol de determinado fim. **6.** Evolução ou tendência, em campo (5). **7.** *Mús.* Cada uma das partes de uma composição instrumental do tipo da suíte ou da sonata.

mo.vi.o.la [M.reg.] *sf. Cin.* Equipamento us. para edição de filmes.

mo.xi.ni.fa.da [V.C] *sf.* Mistura de coisas; miscelânea, mixórdia.

mo.za.re.la [It. *mozzarella*.] *sf.* Queijo de leite de búfala ou, em escala industrial, de vaca, de origem italiana.

mo.zar.ti.a.no [■29A] *adj.* Relativo ao, ou próprio do compositor Wolfgang Amadeus Mozart **(M.)**, ou à sua obra.

■ **MPB** Abrev. de *Música Popular Brasileira*.

■ **MP3** [Abrev. do ingl. *MPEG Layer 3*.] *Inform.* Forma de compressão de arquivos de áudio com mínima perda de qualidade.

■ **MST** Abrev. de *Movimento dos Trabalhadores Rurais sem Terra*.

■ **Mt** *Quím.* Símb. de *meitnério*.

mu¹ [Lat. *mulu*.] *sm.* V. *mulo*.

mu² *sm.* V. *mi²*.

mu.am.ba [Do quimb.] *sf. Bras. Pop.* Contrabando (2).

mu:am.bei.ro [Muamba.■25] *sm. Bras. Pop.* Contrabandista.

mu.ar [Lat. *mulare*.■40] *adj2g. sm.* Diz-se de, ou animal pertencente à raça do mulo.

mu.ca.ma [Do quimb.] *sf. Bras.* Escrava negra que ajudava nos serviços domésticos.

mu.ci.la.gem [Lat. *mucilagine*.■6] *sf.* Nome comum a compostos viscosos produzidos por plantas. [Pl.: *-gens*.]

mu.ci.la.gi.no.so (ó) [Mucilagem (*-gin-*).■37] *adj.* Que segrega mucilagem, ou é semelhante a ela. [Pl.: *-nosos* (ó).]

mu.ci.na [Muc(i)- + -ina.■31] *sf. Bioquím.* Cada uma de um grupo de glicoproteínas que são os principais constituintes do muco.

mu.co [Lat. *mucu*.] *sm. Histol.* Substância formada por água, mucina, células e sais, secretada por membranas mucosas, protegendo-as e lubrificando-as, além de aprisionar bactérias, partículas de poeira, etc.

mu.co.cu.tâ.ne:o *adj.* Relativo a pele e mucosa.

mu.co.sa *sf. Anat.* Membrana que reveste internamente diversos órgãos e é umidificada por secreção líquida.

mu.co.si.da.de [Mucoso.■14] *sf. Impr.* Muco.

mu.co.so (ó) [Lat. *mucosu*.■37] *adj.* Que produz, ou tem a natureza do muco. [Pl.: *-cosos* (ó).]

muçuã | multidisciplinaridade

mu.çu.ã [Do tupi.] *sf. Bras. Zool.* Pequena tartaruga (de até 30cm), do baixo Amazonas.

mu.cu.im [Do tupi.] *sm. Bras. Zool.* Micuim. [Pl.: *-ins.*]

mu.çul.ma.no [Do ár.] *adj.* **1.** Relativo ou pertencente ao islamismo, ou que é seguidor dele. ● *sm.* **2.** Seguidor do islamismo. [Sin.ger.: *islamita, maometano.*]

mu.çum [Do tupi.] *sm. Bras. Zool.* Peixe simbranquídeo sul-americano. [Pl.: *-çuns.*]

mu.çu.ra.na [Do tupi.] *sf. Bras. Zool.* Colubrídeo, comum no Brasil, que se alimenta de outros.

mu.da [Dev. de *mudar.*] *sf.* **1.** Mudança (1). **2.** Substituição de animais cansados da jornada por outros, descansados. **3.** Renovação do pelo, das penas ou da pele de certos animais. **4.** *Bot.* Planta tirada do viveiro para plantação definitiva. **5.** *Bot.* Planta ou parte dela us. para reprodução.

mu.dan.ça [*Mudar.*◘9A] *sf.* **1.** Ato ou efeito de mudar(-se); muda. **2.** Os móveis e os pertences dos que se mudam. **3.** Alavanca com que se mudam as marchas, em veículo automotor.

mu.dar [Lat. *mutare.*◘1A] *vtd.* **1.** Remover, deslocar: *Mudou a mesa, e a sala pareceu maior.* **2.** Transferir para outro local: *Em 1960 o governo brasileiro mudou a capital federal.* **3.** Alterar, modificar: *mudar o visual.* **4.** Trocar, variar. *tdi.* **5.** Transformar, converter. *tdc.* **6.** Pôr (algo) em outro lugar: *Mudou a cama para perto da janela. bit. i.* **7.** Sofrer alteração, modificação. *ti.* **8.** Deixar ou trocar uma coisa por outra: *mudar de camisa. tc.* **9.** *Fam.* Mudar (12): *Mudou para São Paulo.* [Muito comum na linguagem informal, mas a forma pronominal é a preferida na linguagem culta.] *int.* **10.** Mudar (12). **11.** Tornar-se diferente do que era: *Os tempos mudaram. p.* **12.** Transferir-se para outra moradia ou outro local. [C.: 1]

mu.dá.vel [Lat. *mutabile.*◘41] *adj2g.* **1.** Suscetível de mudar (5). **2.** V. *volúvel* (2). [Sin.ger.: *mutável.* Pl.: *-veis.*]

mu.dez (ê) [*Mudo.*◘12A] *sf.* Estado de mudo; mutismo.

mu.do [Lat. *mutu.*] *adj.* **1.** *Med.* Privado do uso da palavra por defeito orgânico, ou causa psíquica. **2.** Calado, silencioso. **3.** Que não se expressa por palavras. **4.** Que não soa. ● *sm.* **5.** Homem mudo. [Fem.: *muda.*]

mu.gi.do [Part. subst. de *mugir.*] *sm.* A voz do boi e de outros bovídeos.

mu.gi.lí.de:o [Tax. *Mugilidae.*] *adj. sm. Zool.* Diz-se de, ou espécime dos mugilídeos, família de peixes perciformes que abrange as tainhas.

mu.gir [Lat. *mugire.*◘1C] *v.int.* Dar mugidos. [C.: 3A. Norm. us. só nas 3as pess. Cf. *mungir.*]

mui (üi) *adv.* F. apocopada de *muito,* us. antes de adjetivos ou de advérbios em *–mente.*

mu:i.ra.qui.tã [Do tupi.] *sm. Bras. Amaz.* Artefato talhado em nefrita, em forma de sapo, serpente, etc., e que se crê ser amuleto.

mui.to (üi) [Lat. *multu.*] *adv.* **1.** Que é em grande número, em abundância, ou em grande intensidade. ● *pron. indef.* **2.** Algo em grande quantidade, em abundância, ou demasia. ● *adv.* **3.** Com excesso ou abundância; em alto grau. ● *sm.* **4.** O que é em grande quantidade.

mu.la.ti.nho [*Mulato.*◘32] *sm. Bot.* Variedade de feijão.

mu.la.to [Esp. *mulato.*] *sm.* **1.** Filho de pai branco e mãe negra, ou vice-versa; pardo. **2.** Homem escuro, trigueiro. ● *adj.* **3.** Diz-se de mulato; pardo. [Fem.: *mulata.*]

mu.le [Fr. *mule.*] *sm. Vest.* Sapato feminino leve, com ou sem salto, aberto na parte de trás.

mu.le.ta (ê) [Esp. *muleta.*] *sf.* Bastão de braço curvo, ao qual se apoiam os coxos.

mu.lher [Lat. *muliere.*] *sf.* **1.** Ser humano do sexo feminino. **2.** *Restr.* Mulher (1), após a puberdade. **3.** Esposa.

mu.lhe.ra.ça [*Mulher* + *-aça.*] *sf.* Mulher alta e forte.

mu.lhe.ren.go [*Mulher* + *-engo.*] *adj. sm.* Que, ou aquele que é muito dado a mulheres.

mu.lhe.ril [*Mulher* + *-il*^{1}.] *adj2g.* De, ou próprio de mulher. [Pl.: *-ris.*]

mu.lhe.ri:o [*Mulher.*◘34A] *sm. Fam.* **1.** Multidão de mulheres. **2.** As mulheres.

mu.lo [Lat. *mulu.*] *sm. Zool.* Mamífero perissodáctilo estéril, híbrido de jumento com égua ou de cavalo com jumenta. [Fem.: *mula.*]

mul.ta [Lat. *mulcta.*] *sf.* **1.** Pena pecuniária. **2.** Documento que a comprova.

mul.tar [Lat. *mulctare.*◘1A] *vtd. e tdi.* Impor ou aplicar multa (a). [C.: 1]

mul.ti.ce.lu.lar [*Mult(i)-* + *celular.*] *adj2g. Biol.* Pluricelular.

mul.ti.co.lor (ôr) [Lat. *multicolore.*] *adj2g.* V. *policromo.*

mul.ti.co.lo.ri.do *adj.* V. *policromo.*

mul.ti.cor (ó) [Lat. *multicolore.*] *adj2g.* V. *policromo.*

mul.ti.cul.tu.ral *adj. s2g.* Que reúne diversas culturas. [Pl.: *-rais.*]

mul.ti.cul.tu.ra.lis.mo [*Multicultural.*◘11] *sm.* Coexistência de diversas culturas numa sociedade.

mul.ti.dão [Lat. *multitudine.*] *sf.* **1.** Grande número de pessoas ou coisas. **2.** O povo (4). [Pl.: *-dões.*]

mul.ti.dis.ci.pli.nar *adj2g.* Que abrange múltiplas disciplinas.

mul.ti.dis.ci.pli.na.ri.da.de [*Multidisciplinar.*◘14] *sf. Pedag.* **1.** Conjunto de múltiplas disciplinas. **2.** O estudo pela adição de disciplinas ou campos disciplinares independentes para aprofundar um conhecimento, um saber.

multifário | munheca

mul.ti.fá.ri:o [Lat. *multifariu.*] *adj.* Que tem muitos aspectos; variado.

mul.ti.for.me [Lat. *multiforme.*] *adj2g.* Que tem muitas formas; polimorfo.

mul.ti.fun.ci:o.nal *adj2g.* Que é capaz de realizar diversas funções. [Pl.: *-nais.*]

mul.ti.la.te.ral *adj2g.* Que se faz ou realiza entre várias pessoas, instituições ou nações. [Pl.: *-rais.*]

mul.ti.lín.gue (güe) [*Mult(i)-* + *-língue.*] *adj2g.* Que fala muitas línguas.

mul.ti.mí.di:a [*Mult(i)-* + *mídia.*] *Inform. sf.* 1. Combinação de diversos formatos de apresentação de informações audiovisuais, como textos, imagens, sons, vídeos, animações, etc. ● *adj2g.* 2. Que consiste em, ou utiliza multimídia (1). 3. Próprio para apresentar e processar informação nos diversos formatos us. em multimídia.

mul.ti.mi.li:o.ná.ri:o *adj. sm.* Que, ou quem é muitas vezes milionário.

mul.ti.na.ci:o.nal *adj2g.* 1. De, relativo, ou pertencente a muitos países ou nações. 2. De que participam muitos países. 3. Diz-se de empresa que opera em vários países. ● *sf.* 4. Empresa multinacional. [Pl.: *-nais.*]

mul.ti.pli.ca.ção [Lat. *multiplicatione.*◻2A] *sf.* 1. Ato ou efeito de multiplicar(-se). 2. *Arit.* Operação elementar em que se calcula a soma de 2 ou mais parcelas iguais. 3. *Mat.* Nome de operações análogas à multiplicação (2), e definidas para aplicação em outras matemáticas. [Pl.: *-ções.*]

mul.ti.pli.ca.dor (ô) [Lat. *multiplicatore.*◻19A] *adj.* 1. Que multiplica. ● *sm.* 2. *Arit.* Número pelo qual se multiplica outro.

mul.ti.pli.can.do [Lat. *multiplicandu.*] *sm. Arit.* Número que vai ser multiplicado.

mul.ti.pli.car [Lat. *multiplicare.*◻1F] *vtd.* 1. Aumentar em número, importância, ou intensidade. 2. Produzir em grande quantidade. 3. Repetir, amiudar. *int.* 4. *Arit.* Realizar multiplicação. *p.* 5. Crescer em número. 6. Propagar-se. 7. Reproduzir-se. [C.: 1A] § **mul.ti.pli.ca.ti.vo** *adj.*; **mul.ti.pli.cá.vel** *adj2g.*

mul.ti.pli.ce [Lat. *multiplice.*] *adj2g.* Que se manifesta de muitas maneiras; complexo, variado.

mul.ti.pli.ci.da.de [Lat. *multiplicitate.*◻14] *sf.* 1. Qualidade de múltiplice. 2. Grande número; abundância.

múl.ti.plo [Lat. *multiplu.*] *adj.* 1. Que abrange muitas espécies ou coisas. 2. Que não é simples nem único. ● *sm.* 3. *Arit.* Produto de um número por um inteiro. ◆ **Múltiplo comum.** *Mat.* Número que é múltiplo de outros números, simultaneamente. **Mínimo múltiplo comum.** *Mat.* O menor inteiro que é múltiplo de todos os membros de um conjunto de inteiros [símb.: *mmc*].

mul.tis.se.cu.lar (mùl) *adj2g.* Que tem muitos séculos.

mul.tí.va.go [Lat. *multivagu.*] *adj.* Que anda de um lugar para outro; vagabundo.

mul.ti.vi.ta.mí.ni.co *adj.* Que tem várias vitaminas, esp. a C, a E, as do complexo B, os aminoácidos, o betacaroteno, o zinco e outros antioxidantes (diz-se de suplemento alimentar).

mu.lun.gu [Do tupi.] *sm. Bras. Bot.* Árvore fabácea, de flores amarelas.

mú.mi:a [Do ár.] *sf.* 1. Corpo embalsamado pelos antigos egípcios ou, modernamente, por processos análogos. 2. *Med.* Cadáver em que parte dos tecidos não ósseos se desseca naturalmente. 3. *Fig.* Pessoa magríssima, ou apática.

mu.mi.fi.ca.ção [*Mumificar.*◻2A] *sf.* 1. Ato ou efeito de mumificar(-se). 2. *Med.* Conversão que resulta em aspecto semelhante ao da múmia, como ocorre em gangrena seca. [Pl.: *-ções.*]

mu.mi.fi.car [*Múmia.*◻1A] *vtd. e p.* Converter(-se) em múmia. [C.: 1A]

mun.da.no [Lat. *mundanu.*] *adj.* 1. Relativo ao mundo (considerado este pelo lado material); terreno, terrestre. 2. Dado a gozos ou prazeres materiais. § **mun.da.nis.mo** *sm.*

mun.dão [*Mundo.*◻28A] *sm. Bras.* 1. Grande extensão de terra; mundaréu. 2. V. *quantidade* (2). [Pl.: *-dões.*]

mun.da.réu [*Mundo* + *-aréu.*] *sm.* 1. Mundão (1). 2. Grande porção de coisas ou pessoas.

mun.di.al [Lat. *mundiale.*◻39] *adj2g.* Relativo ao mundo. [Pl.: *-ais.*]

mun.dí.ci:a ou **mun.dí.ci:e** [Lat. *munditia.*] *sf.* Asseio, limpeza.

mun.do [Lat. *mundu.*] *sm.* 1. A Terra e os astros considerados como um todo organizado; o Universo. 2. Qualquer corpo celeste. 3. O globo terrestre; a Terra. 4. A Terra ou parte dela, com seus habitantes. 5. O gênero humano. 6. *Fig.* A vida no século (4), na sociedade. 7. Classe social. 8. V. *quantidade* (2). ● *adj.* 9. Limpo, puro. [Nesta acepç., opõe-se a *imundo*.] ◆ **No mundo da Lua.** *Fig.* Alheio à realidade. **Novo Mundo.** O continente americano; as Américas. **Terceiro Mundo.** O conjunto dos países subdesenvolvidos. **Todo o mundo.** Todos; todas as pessoas; as pessoas em geral. **Velho Mundo.** A Europa, Ásia e África.

mun.du.ru.cu *Bras. s2g.* 1. *Etnôn.* Indivíduo dos mundurucus, povo indígena que habita no PA. ● *sm.* 2. *E.Ling.* Família linguística do tronco tupi, que reúne línguas faladas por povos indígenas do PA. ● *adj2g.* 3. Pertencente ou relativo a mundurucu (1 e 2).

mun.gir [Lat. **mulgire.*◻1C] *vtd.* Ordenhar. [C.: 3A. Cf. *mugir*.]

mun.gu.zá ou **mun.gun.zá** [Do quimb.] *sm. Bras. N. N.E.* V. *canjica* (2).

mu.nhe.ca [Esp. *muñeca.*] *sf.* A parte da mão que se liga ao braço; punho.

munição | muscídeo

mu.ni.ção [Lat. *munitione*. ◨2A] *sf.* **1.** Nome comum a qualquer material, de guerra ou não, com que se devem prover tropas, navios de guerra, etc. **2.** Projetis, pólvora, etc., com que se carregam armas de fogo; carga. [Pl.: -*ções*.]

mu.ni.ci.ar *vtd.* V. municionar. [C.: 1]

mu.ni.ci:o.nar [*Munição* (-*cion*-). ◨1A] *vtd.* Prover ou abastecer de munições; municiar, munir. [C.: 1] § **mu.ni.ci.o.na.men.to** *sm.*

mu.ni.ci.pal [Lat. *municipale*. ◨39] *adj2g.* Do município. [Pl.: -*pais*.]

mu.ni.ci.pa.li.da.de [*Municipal*. ◨14] *sf.* **1.** Câmara municipal. **2.** Município.

mu.ni.ci.pa.lis.mo [*Municipal*. ◨11] *sm.* Sistema de administração pública que atende esp. à organização e às prerrogativas do município.

mu.ni.ci.pe [Lat. *municipe*.] *s2g.* Cidadão dum município.

mu.ni.cí.pi:o [Lat. *municipiu*.] *sm.* Circunscrição administrativa autônoma do estado, governada por um prefeito e uma câmara de vereadores; municipalidade.

mu.ni.fi.cen.te [Lat. *munificente*. ◨21A] *adj2g.* Generoso, liberal. § **mu.ni.fi.cên.ci:a** *sf.*

mu.nir [Lat. *munire*. ◨1C] *vtd.* **1.** V. *municionar*. *tdi.* **2.** Prover; abastecer. *p.* **3.** Prover-se, abastecer-se. [C.: 3]

mú.on [Ingl. *muon*.] *sm. Fís.* Partícula elementar da família dos léptons, com propriedades muito semelhantes às do elétron mas com massa 207 vezes maior, e abundante nos raios cósmicos que atingem a superfície da Terra.

mu.que [De *músculo*.] *sm. Bras. Gír.* Força muscular.

mu.qui.ra.na [Do tupi.] *sf. Bras.* **1.** *Zool.* Inseto pediculídeo que parasita o homem. ● *s2g.* **2.** *Pop.* Pessoa avara.

mu.ral [Lat. *murale*. ◨39] *adj2g.* **1.** Relativo a, ou feito em muro ou parede. ● *sm.* **2.** Pintura mural. [Pl.: -*rais*.]

mu.ra.lha [It. *muraglia*.] *sf.* **1.** Muro que guarnece fortaleza ou praça de armas. **2.** Grande muro; paredão.

mu.ra.lis.ta [*Mural*. ◨36] *adj2g.* **1.** Relativo a mural. **2.** Relativo a, ou próprio de muralista (3). ● *s2g.* **3.** Artista que pinta murais.

mu.rar [*Muro*. ◨1A] *vtd.* **1.** Cercar, ou vedar ou defender com muro ou tapume. **2.** Servir de muro a. [C.: 1]

mur.ça [V.C] *sf.* Cabeção de cor us. pelos cônegos por cima da sobrepeliz.

mur.char [*Murcho*. ◨1A] *vtd., int. e p.* **1.** Tornar(-se) murcho. **2.** *Fig.* Fazer perder, ou perder a energia, a animação, a força, etc. **3.** *Fig.* Entristecer(-se). [C.: 1]

mur.cho [V.D] *adj.* **1.** Que perdeu a frescura, o viço, a cor, a beleza, a força ou a energia. **2.** Que se esvazia, ou se está esvaziando. § **mur.chi.dão** *sf.*

mu.re.ní.de:o [Tax. *Muraenidae*.] *adj. sm. Zool.* Diz-se de, ou espécime dos murenídeos, família de peixes marinhos anguiliformes, agressivos. Ex.: moreia.

mu.re.ta (ê) [*Muro* + -*eta* (ê).] *sf.* Muro baixo.

mu.ri.á.ti.co *adj. Quím.* Diz-se do ácido clorídrico, comercial, impuro.

mu.ri.ci [Do tupi.] *sm. Bras. Bot.* Nome comum a várias árvores e arbustos malpighiáceos dos cerrados, e de seus frutos edules.

mu.ri.ço.ca [Do tupi.] *sf. Bras. N.E. Zool.* V. *mosquito*.

mu.rí.de:o [Tax. *Muridae*.] *adj. sm. Zool.* Diz-se de, ou espécime dos murídeos, família de ratos e camundongos, arborícolas, escavadores, terrestres ou semiaquáticos.

mu.ri.no [Lat. *murinu*.] *adj.* Pertencente ou relativo ao, ou próprio do rato.

mur.mu.ra.ção [Lat. *murmuratione*. ◨2A] *sf.* **1.** Murmúrio (1). **2.** Difamação, maledicência. [Pl.: -*ções*.]

mur.mu.rar [Lat. *murmurare*. ◨1A] *vtd.* **1.** Emitir (som leve, frouxo). **2.** Dizer em voz baixa; segredar. **3.** Censurar ou repreender em voz baixa. *tdi.* **4.** Murmurar (2). *ti.* **5.** Falar contra alguém ou algo. *int.* **6.** Produzir murmúrio. [C.: 1] § **mur.mu.ran.te** *adj2g.*

mur.mu.re.jar [*Murmur*(*ar*). ◨1E] *v.int.* Produzir murmúrio; rumorejar. [C.: 1 (ê)]

mur.mu.ri.nho *sm.* Sussurro de vozes simultâneas.

mur.mú.ri:o [Lat. *murmuriu*.] *sm.* **1.** Ato de murmurar; murmuração. **2.** Ruído das ondas, da água corrente, das folhas agitadas, etc. **3.** Som confuso ou plangente.

mu.ro [Lat. *muru*.] *sm.* **1.** Parede forte que circunda um recinto ou separa um lugar do outro. **2.** *Fig.* Defesa, proteção.

mur.ro [V.E] *sm.* Soco (ó).

mur.ta [Lat.vulg. *murta*.] *sf. Bot.* Arbusto mirtáceo cultivado para compor cercas vivas.

ru.mu.cu.tu.tu [Do tupi.] *sm. Bras. Zool.* Ave estrigídea, coruja parda com partes amarelas, e que se alimenta de aves e pequenos mamíferos.

mu.sa [Gr. *moûsa*.] *sf.* **1.** *Mit.* Cada uma das 9 deusas que presidiam às artes. **2.** *Mit.* Divindade inspiradora da poesia. **3.** *Fig.* Pessoa que inspira um artista.

mu.sá.ce:a [Tax. *Musaceae*.] *sf. Bot.* Espécime das musáceas, família de monocotiledôneas composta de grandes ervas arborescentes e perenes cujos frutos se apresentam em cachos. Ex.: bananeira. § **mu.sá.ce:o** *adj.*

mus.ci.ca.pí.de:o [Tax. *Muscicapidae*.] *adj. sm. Zool.* Diz-se de, ou espécime dos muscicapídeos, família de aves passeriformes; a voz de várias espécies é múltipla. Ex.: sabiá.

mus.cí.de:o [Tax. *Muscidae*.] *adj. sm. Zool.* Diz-se de, ou espécime dos muscídeos, família de dípteros pequenos e grandes, todos de aparência similar; as fêmeas põem ovos em fezes ou em outros restos orgânicos. São vetores de muitas doenças. Ex.: a mosca-doméstica.

musculação | muxoxo

mus.cu.la.ção *sf.* Exercício físico, com aparelho ou sem ele, cujo objetivo é o ganho de massa muscular. [Pl.: *-ções.*]

mus.cu.lar [*Músculo.*◘40] *adj2g.* Relativo ou pertencente a músculo.

mus.cu.la.tu.ra [Fr. *musculature.*◘5B] *sf.* O conjunto dos músculos do corpo.

mús.cu.lo [Lat. *musculu.*] *sm. Anat.* Cada um dos órgãos que, no corpo dos animais, têm como função produzir movimento (voluntário ou involuntário), sendo constituídos por fibras de tecido especializado para contração e relaxação, as quais se inserem em ossos, ou fazem parte da estrutura de outro órgão.

mus.cu.lo.mem.bra.no.so (mús...ô) *adj. Anat.* Respeitante a músculo e a membrana. [Pl.: *-nosos* (ó).]

mus.cu.lo.so (ô) [Lat. *musculosu.*◘37] *adj.* De músculos desenvolvidos. [Pl.: *-losos* (ó).]

mu.se:o.lo.gi.a [*Museu* + *-o-* + *-logia.*] *sf.* Ciência que trata dos princípios de conservação e apresentação das obras de arte nos museus.

mu.seu [Gr. *Mouseîon*, pelo lat. *museu.*] *sm.* Lugar destinado ao estudo, reunião e exposição de obras de arte, de peças e coleções científicas, ou de objetos antigos, etc.

mus.go [Lat. *muscu.*] *sm. Bot.* Nome comum a vegetais briófitos minutos que crescem no solo ou sobre pedras, outros vegetais, etc.

mus.go.so (ô) [*Musgo.*◘37] *adj.* Coberto de, ou semelhante ao musgo. [Pl.: *-gosos* (ó).]

mú.si.ca [Lat. *musica.*] *sf.* **1.** Arte e ciência de combinar os sons de modo agradável à audição. **2.** Composição musical. **3.** Música (2) escrita. **4.** Conjunto ou corporação de músicos.

mu.si.cal [*Música.*◘39] *adj2g.* **1.** Da, ou próprio da música; músico. **2.** Agradável de se ouvir; harmonioso. **3.** Diz-se de espetáculo em que predominam músicas. [Pl.: *-cais.*] § **mu.si.ca.li.da.de** *sf.*

mu.si.car [*Música.*◘1A] *vtd.* Pôr em música. [C.: 1A]

mu.si.cis.ta [It. *musicista.*◘36] *s2g. Bras.* Profissional da música.

mú.si.co [Lat. *musico.*◘35B] *adj.* **1.** Musical (1). ● *sm.* **2.** O que compõe peças musicais, toca ou canta, ou pertence a banda ou orquestra.

mu.si.co.te.ra.pi.a *sf.* Tratamento de certas doenças mentais no qual se utiliza a música. § **mu.si.co.te.rá.pi.co** *adj.*

mus.sa.ca ou **mus.sa.cá** [Do turco.] *sf.m. Cul.* Prato constituído de camadas intercaladas de berinjela e carne moída, e coberto de molho branco gratinado.

mus.se [Fr. *mousse.*] *sf. Cul.* Iguaria leve, cremosa, feita com creme de leite, claras de ovo, gelatina, etc., e um ingrediente básico (chocolate, maracujá, queijo, etc.).

mus.se.li.na [Fr. *mousseline.*◘31] *sf.* Tecido leve e transparente.

mus.te.lí.de:o [Tax. *Mustelidae.*] *adj.sm. Zool.* Diz-se de, ou espécime dos mustelídeos, família de mamíferos carnívoros, ger. pequenos, de pernas curtas e grossas, unhas afiladas, e que podem exalar cheiro forte. Ex.: iraras, doninhas, lontras.

mu.ta.ção [Lat. *mutatione.*◘2A] *sf.* Mudança; transformação. [Pl.: *-ções.*]

mu.tan.te [Lat. *mutante.*◘21] *adj2g.* **1.** Que sofre mudança, mutação. **2.** *Biol.* Diz-se de animal que apresenta características distintas das de seus ancestrais. ● *s2g.* **3.** Animal mutante.

mu.ta.tó.ri:o [Lat. *mutatoriu.*◘23A] *adj.* Que muda; que produz mudança.

mu.tá.vel [Lat. *mutabile.*◘41] *adj2g.* V. *mudável.* [Pl.: *-veis.*] § **mu.ta.bi.li.da.de** *sf.*

mu.ti.lar [Lat. *mutilare.*◘1A] *vtd.* **1.** Privar de membro ou de parte de membro. **2.** Cortar qualquer parte de; truncar. *p.* **3.** Cortar membro do próprio corpo, ou parte dele. [C.: 1] § **mu.ti.la.ção** *sf.*; **mu.ti.la.do** *adj.*

mu.ti.rão [Do tupi.] *sm. Bras.* **1.** Auxílio gratuito, que prestam uns aos outros os lavradores (em colheita, construção de casa, etc.), reunindo-se todos os da vizinhança e trabalhando em prol de um só. [Sin.: *adjutório.* Var.: *muxirão.*] **2.** *P.ext.* Auxílio gratuito que prestam uns aos outros os membros de uma comunidade, em proveito de todos, como no caso de melhorias locais. [Pl.: *-rões.*]

mu.tis.mo [Lat. *mutus* + *-ismo.*◘11] *sm.* **1.** Mudez. **2.** Silêncio; sossego.

mu.trei.ta *sf. Bras. RS* Gordura excessiva de gado vacum.

mu.tre.ta (ê) *sf. Bras. Gír.* Logro, trapaça.

mu.tu:a.lis.mo *sm. Ecol.* Tipo de associação entre organismos de espécies diferentes, e no qual há benefícios para uns e outros. § **mu.tu:a.lis.ta** *adj2g.*

mu.tu.ar [Lat. *mutuare.*◘1A] *vtd. e tdi.* **1.** Trocar entre si. **2.** Dar ou tomar por empréstimo (coisa fungível). [C.: 1]

mu.tu.ca [Do tupi.] *sf. Bras. Zool.* Nome comum a moscas hematófagas. [Var.: *butuca.*]

mu.tum [Do tupi.] *sm. Bras. Zool.* Ave cracídea, neotropical, com topete às vezes crespo; algumas espécies apresentam saliência carnuda no bico. [Pl.: *-tuns.*]

mú.tu:o [Lat. *mutuu.*] *adj.* V. *recíproco.* § **mu.tu.a.li.da.de** *sf.*

mu.vu.ca [Do quic., poss.] *sf. Bras. Pop.* **1.** Grande aglomeração de pessoas em certo local. **2.** Tumulto, confusão.

mu.xi.ba [Do quimb.] *sf. Bras.* **1.** Carne magra, para cães. **2.** Pelanca.

mu.xi.rão *sm. Bras.* V. *mutirão* (1). [Pl.: *-rões.*]

mu.xo.xo (ô) [Do quimb.] *sm. Bras.* **1.** Beijo, carícia. **2.** Estalo com a língua e os lábios, que indica desprezo ou desdém.

n (êne) *sm.* **1.** A 14.ª letra do nosso alfabeto. **2.** Figura ou representação dessa letra. ● *num.* **3.** Décimo terceiro, numa série. **4.** Décimo quarto, numa série em que a letra *k* corresponde ao 11º elemento. [Pl. do sm., com duplo *n*: *nn*.]

■ **n** *n. Mat.* Representação de um número qualquer (ger., um número inteiro), não determinado. **2.** Us. correntemente para dar ideia de quantidade ou número relativamente grande, ou excessivo; vários, muitos.

■ **N 1.** *Geogr.* Abrev. de *Norte*. **2.** *Fís.* Símb. de *newton*. **3.** *Mat.* Símb. do conjunto dos números naturais. **4.** *Quím.* Símb. de *nitrogênio*.

na[1] Equiv. da prep. *em* e do art. def. *a*.

na[2] F. que assume o pron. oblíquo da 3.ª pess. sing., fem., *la* (= a), quando precedido de som nasal: *Comparam-na à mãe*.

■ **Na** *Quím.* Símb. de *sódio*.

na.ba.bes.co (ê) [*Nababo*.■33A] *adj.* **1.** Próprio de nababo. **2.** Luxuoso.

na.ba.bo [Do ár.] *sm.* **1.** Antigo título de autoridades da Índia. **2.** Pessoa muito rica, que vive cercada de luxo.

na.bi.ça [Esp. *nabiza*, poss.] *sf. Bot.* Erva brassicácea de folhas comestíveis.

na.bo [Lat. *napu*.] *sm. Bot.* Erva brassicácea de raízes comestíveis, do mesmo nome.

na.ção [Lat. *natione*.■2] *sf.* **1.** Agrupamento de seres, ger. fixos num território, ligados por origem, tradições, costumes, etc., e, ger. por uma língua; povo. **2.** País (3). **3.** O povo dum território organizado politicamente sob um único governo. [Pl.: *-ções*.]

ná.car [Esp. *nácar*.] *sm.* **1.** Substância branca, brilhante, com reflexos irisados, existente no interior das conchas. **2.** Colorido nacarado.

na.ca.ra.do [*Nácar*.■17B] *adj.* **1.** Semelhante ao nácar. **2.** Cor-de-rosa (1).

na.ci.o.nal [Fr. *national*.■39] *adj2g.* **1.** Da nação, ou de uma nação. **2.** Nativo (3). ● *s2g.* **3.** V. *nativo* (4). [Pl.: *-nais*.]

na.ci.o.na.li.da.de [*Nacional*.■14] *sf.* **1.** Qualidade de nacional. **2.** País de nascimento. **3.** Condição própria de cidadão dum país, por naturalidade ou por naturalização.

na.ci.o.na.lis.mo [*Nacional*.■11] *sm.* **1.** Preferência marcante por tudo que é próprio da nação à qual se pertence; patriotismo. **2.** Doutrina política que reivindica para os povos o direito de formar nações, organizadas politicamente em Estados soberanos. **3.** Política de nacionalização das atividades dum país: indústria, comércio, etc.

na.ci.o.na.lis.ta [*Nacionalismo*.■36] *adj2g.* **1.** Relativo ao, ou adepto, ou seguidor, ou defensor do nacionalismo. ● *s2g.* **2.** Adepto, ou seguidor, ou defensor do nacionalismo.

na.ci.o.na.li.zar [*Nacional*.■1D] *vtd.* **1.** Tornar nacional. **2.** Naturalizar (1 e 2). **3.** V. *estatizar*. *p.* **4.** Tornar-se nacional. **5.** Naturalizar-se. [C.: 1] § **na.ci.o.na.li.za.ção** *sf.*

na.co [V.C] *sm.* Pedaço, porção.

na.da [Da loc. do lat. *res nata*, 'nenhuma coisa nascida', que, com elipse do *não* (*res* [*non*] *nata*) e perda do *res*, passou a significar 'coisa alguma', 'nada'.] *pron.indef.* **1.** Nenhuma coisa. ● *adv.* **2.** De modo nenhum. ● *sm.* **3.** A não existência. **4.** V. *ninharia*.

na.da.dei.ra [*Nadar*.■16A] *sf.* **1.** *Zool.* Órgão locomotor dos peixes: expansão cutânea lameliforme sustentada por esqueleto ósseo ou cartilaginoso. **2.** Pé de pato.

na.dar [Lat. *natare*.] *v.int.* **1.** Sustentar-se e mover-se sobre a água por impulso próprio. *ti.*

nádega | narcotismo

2. Estar imerso em um líquido. **3.** *Fig.* Ter em abundância (dinheiro, bens). *td.* **4.** Percorrer nadando. [C.: 1] § **na.da.dor** (ô) *adj. sm.*

ná.de.ga [Lat.vulg. *natica*.] *sf. Anat.* Cada uma das 2 partes carnudas e globulares que formam a porção superior e posterior das coxas.

ná.de.gas *sfpl.* O conjunto das 2 nádegas; assento, traseiro.

na.dir [Do ár.] *sm. Astr.* O ponto da esfera celeste que se situa verticalmente abaixo do observador, passando pelo centro da Terra. [Opõe-se a *zênite*.]

na.do [Dev. de *nadar*.] *sm.* Ato ou efeito de nadar.

naf.ta [Lat. *naphta*.] *sf. Quím.* Mistura de hidrocarbonetos de ponto de ebulição baixo, obtida por destilação do petróleo.

naf.ta.le.no [*Nafta* + -*l*- + -*eno*².] *sm. Quím.* Hidrocarboneto aromático, cristalino, branco, obtido na destilação do alcatrão de hulha [fórm.: $C_{10}H_8$].

na.gô [Do fom, poss.] *s2g. adj2g.* V. *ioruba* (1 e 3).

nái.a.de [Lat. *Naias, ados*, do gr.] *sf.* Divindade mitológica, inferior, ninfa dos rios e das fontes.

nái.lon [Ingl. *nylon*, m.reg.] *sm.* **1.** Aportuguesamento de *nylon*, nome comercial duma fibra têxtil sintética. **2.** Tecido feito com ela.

nai.pe [V.E] *sm.* Cada um dos 4 símbolos com que se distinguem os 4 grupos das cartas de jogar: ouros e copas, paus e espadas.

na.ja [Tax. *Naja*.] *sf. Zool.* Grande reptil viperídeo da Ásia e África que expande lateralmente a pele do pescoço, quando excitado.

nal.gum Contração da prep. *em* com o pron. indef. *algum*. [Flex.: *nalguma(s), nalguns*.]

nam.bi.qua.ra *s2g. Bras.* **1.** *Etnôn.* Indivíduo dos nambiquaras, povo indígena que habita em MT e RO. ● *sm.* **2.** *E.Ling.* Família linguística que reúne línguas faladas pelos agrupamentos étnicos que formam o povo nambiquara. ● *adj2g.* **3.** Pertencente ou relativo a nambiquara (1 e 2).

nam.bu [Do tupi.] *sm. Bras. Zool.* V. *inhambu*.

na.mo.ra.da [Fem. de *namorado*.] *sf.* Aquela a quem se namora.

na.mo.ra.dei.ra [*Namorar*.⬛16A] *adj.(f.) sf.* Diz-se de, ou aquela que namora muito.

na.mo.ra.do [*Namorar*.⬛17A] *sm.* **1.** Aquele a quem se namora. **2.** *Bras. Zool.* Peixe perciforme do Atlântico que chega a atingir 1m, e que tem grande valor comercial.

na.mo.ra.dor (ô) [*Namorar*.⬛19A] *adj. sm.* Que, ou aquele que namora muito.

na.mo.rar [De *enamorar*.] *vtd.* **1.** Procurar inspirar amor a; cortejar, requestar. **2.** Manter relação de namoro (2) com. **3.** Desejar muito; cobiçar. *ti.* **4.** Namorar (2). *int.* **5.** Andar de namoro com alguém; ser namorado. *p.* **6.** Enamorar-se. [C.: 1 (ó)]

na.mo.ri.car [*Namorico*.⬛1A] *vtd. e int.* Namorar por pouco tempo, ou levianamente. [C.: 1A]

na.mo.ro (ô) [Dev. de *namorar*.] *sm.* **1.** Ato de namorar. **2.** Relação de interesse amoroso recíproco.

na.nar [*Nana*.⬛1A] *v.int. Inf.* Dormir (1). [C.: 1]

na.ni.co [*Nan(o)-* + -*ico*¹.⬛35A] *adj.* De figura anã.

na.nis.mo [*Nan(o)-* + -*ismo*.⬛11] *sm. Med.* Acentuado subdesenvolvimento da estatura.

na.no.ci.ên.ci.a [*Nano-* + *ciência*.] *sf. Fís.* Estudo das propriedades de materiais na escala nanométrica (da ordem de 10^{-9} m).

na.nô.me.tro [*Nano-* + -*metro*.] *sm.* Submúltiplo do metro, igual a 10^{-9} m [símb.: *nm*].

na.no.tec.no.lo.gi.a [*Nano-* + *tecnologia*.] *sf.* Qualquer tecnologia us. na fabricação ou no uso de dispositivos ou sistemas de dimensões da ordem de um a cem nanômetros. § **na.no.tec.no.ló.gi.co** *adj2g.*

nan.quim [Top. *Nanquim*.] *sm.* Tinta preta para desenho. [Pl.: -*quins*.]

não [Lat. *non*.] *adv.* **1.** Exprime negação. [Pode ser partícula de realce: *O que eu não faria por você!*] ● *sm.* **2.** Negativa; recusa. [Pl. do sm.: *nãos*.]

não ca.ló.ri.co *adj.* Diz-se de alimento ou bebida que não fornece energia ao organismo. [Pl.: *não calóricos*.]

não fu.man.te *adj2g. s2g.* Que, ou aquele que não fuma. [Pl.: *não fumantes*.]

não go.ver.na.men.tal *adj2g.* Que não tem relação com o governo ou com as instituições, empresas, etc. vinculadas a este. [Pl.: *não governamentais*.]

não ín.di.o *adj. sm.* Que, ou aquele que não é índio¹ (2). [Pl.: *não índios*.]

não mi.li.tar *adj2g.* Que não é militar. [Pl.: *não militares*.]

não vi:o.lên.ci.a [Ingl. *non-violence*.] *sf.* Abstenção da violência em qualquer circunstância. [Pl.: *não violências*.]

na.pa [Top. *Napa* (E.U.A.).] *sf.* **1.** Espécie de pelica fina e macia feita de pele de carneiro. **2.** Material sintético semelhante à napa (1).

na.po.le.ô.ni.co [⬛35B] *adj.* Relativo ao, ou próprio do imperador francês Napoleão Bonaparte (**M.**), ou à sua época.

na.que.le (ê) Contr. da prep. *em* e do pron. dem. *aquele*.

na.que.lou.tro Contr. de *naquele* e do pron.indef. *outro*.

na.qui.lo Contr. da prep. *em* e do pron. dem. *aquilo*.

nar.ce.ja (ê) *sf. Zool.* Ave escolopacídea, paludícola.

nar.ci.sis.mo [*Narciso*.⬛11] *sm.* Amor excessivo a si mesmo.

nar.ci.so [Mit. *Narciso*, do gr.] *sm.* **1.** Homem muito vaidoso, enamorado de si. **2.** *Bot.* Erva amarilidácea de flores perfumadas. § **nar.ci.sis.ta** *adj2g. s2g.*

nar.co.se [Gr. *nárkosis*.] *sf. Med.* Depressão inespecífica e reversível do sistema nervoso central, produzida por droga(s), e que leva a sono e insensibilidade.

nar.có.ti.co [Gr. *narkotikós*.⬛35B] *adj. sm.* Diz-se de, ou substância que produz narcose.

nar.co.tis.mo [*Narcótico*.⬛11] *sm.* **1.** Conjunto dos efeitos produzidos pelos narcóticos. **2.** O vício do narcótico.

narcotizar | natural

nar.co.ti.zar [*Narcótico*.◘1D] *vtd.* **1.** Aplicar narcótico a. **2.** Provocar narcose em. **3.** *P.ext.* Adormecer, entorpecer. **4.** *Fig.* Entediar. [C.: 1]

nar.co.trá.fi.co [*Narc(o)-* + *tráfico*.] *sm.* Tráfico de drogas [v. *droga* (2 e 3)].

nar.do [Lat. *nardu*.] *sm. Bot.* Erva valerianácea, aromática.

na.ri.gão [*Narig(udo)*.◘28A] *sm.* Nariz enorme. [Pl.: *-gões*.]

na.ri.gu.do [Lat.vulg. **naricutu*.] *adj.* Que tem narigão.

na.ri.guei.ra [F.subst. de *narigueiro*.◘16] *sf. Etnogr.* Adorno, ger. feito de penas, e que atravessa o septo nasal, us. entre índios brasileiros.

na.ri.na [Fr. *narine*.◘31] *sf. Anat.* Cada um dos 2 orifícios externos das cavidades nasais.

na.riz [Lat.vulg. *naricae*, 'ventas', por um sing. **narice*.] *sm.* **1.** *Anat.* Estrutura integrante do sistema respiratório, situada na face, entre a fronte e a boca, e na qual são captadas as sensações olfativas. **2.** A narina. **3.** *P.ext.* O olfato.

nar.ra.ção [Lat. *narratione*.◘2A] *sf.* **1.** Ato ou efeito de narrar. **2.** Exposição oral ou escrita de um fato; narrativa. [Pl.: *-ções*.]

nar.ra.dor (ô) [Lat. *narratore*.◘19A] *adj.* **1.** Que narra ou conta. ● *sm.* **2.** Aquele que narra ou conta. **3.** Nos romances, figura de ficção que narra a história. **4.** *Cin. Telev.* Locutor que explica, descreve ou comenta aquilo que é mostrado. **5.** *Teatr.* Personagem que faz a intermediação entre a ação da peça e o público.

nar.rar [Lat. *narrare*.◘1A] *vtd. e tdi.* **1.** Expor minuciosamente. **2.** Fazer a narração (2) de; contar, relatar. [C.: 1]

nar.ra.ti.va [F.subst. de *narrativo*.] *sf.* **1.** Narração (2). **2.** Forma literária na qual se expõe uma série de fatos reais ou imaginários; conto, história.

nar.ra.ti.vo [Lat. *narrativu*.◘22A] *adj.* Referente a, ou que tem caráter de narração.

na.sal [*Nas(i)-* + *-al*[1].◘39] *adj2g.* **1.** Do, ou relativo ao nariz. **2.** Diz-se de som da fala, que se pronuncia com saída do ar apenas pelo nariz (p.ex.: m, n, nh), ou com saída do ar pela boca e pelo nariz, com ressonância neste (p.ex.: ã, õ); nasalado. **3.** Diz-se da voz caracterizada pela forte ressonância dos sons no nariz; fanhoso, nasalado. [Pl.: *-sais*.]

na.sa.la.do [*Nasalar*.◘17A] *adj.* V. *nasal* (2 e 3).

na.sa.lar [*Nasal*.◘1A] *vtd.* Pronunciar pelo nariz; tornar nasal. [C.: 1] § **na.sa.la.ção** *sf.*

nas.ce.dou.ro ou **nas.ce.doi.ro** [*Nascer*.◘26] *sm.* Lugar onde se nasce.

nas.cen.ça [Lat. *nascentia*.◘10A] *sf.* V. *nascimento*.

nas.cen.te [Lat. *nascente*.◘21A] *adj2g.* **1.** Que nasce ou começa. ● *sm.* **2.** V. *oriente* (1). ● *sf.* **3.** Fonte dum curso de água.

nas.cer [Lat. *nascere*.◘1B] *v.int.* **1.** Vir ao mundo, à luz; começar a ter vida exterior. **2.** Começar a crescer, a desenvolver-se. **3.** Ter princípio ou origem. **4.** Brotar, rebentar. **5.** Principiar a aparecer, a manifestar-se; começar. **6.** Surgir, aparecer. *ti.* **7.** Descender. **8.** Derivar. **9.** *Fig.* Despertar. **10.** Ser fadado a, ter aptidão. *pred.* **11.** Vir ao mundo com (certa qualidade, aptidão, etc.): *Já nasceu bom.* [C.: 2A] § **nas.ci.do** *adj.*

nas.ci.da [F.subst. de *nascido*.] *sf. Pop.* Tumor, furúnculo.

nas.ci.men.to [*Nascer*.◘3A] *sm.* **1.** Ato de nascer. **2.** Princípio, começo. [Sin.ger.: *nascença*.]

nas.ci.tu.ro [Lat. *nasciturus*.] *adj. sm.* Que, ou aquele que vai nascer.

nas.tro [It. *nastro*.] *sm.* Fita estreita de tecido.

na.ta [Lat.vulg. *natta*.] *sf.* **1.** A parte gorda do leite; creme. **2.** *Fig.* A melhor parte duma coisa.

na.ta.ção [Lat. *natatione*.◘2A] *sf.* **1.** Ação, exercício ou esporte de nadar. **2.** Modo de locomoção dos animais aquáticos. **3.** Equipe de nadadores de clube, associação, etc. [Pl.: *-ções*.]

na.tal [Lat. *natale*.◘39] *adj2g.* **1.** Onde ocorreu o nascimento. ● *sm.* **2.** Natalício (2). **3.** *Rel.* Dia em que se comemora o nascimento de Cristo (25 de dezembro). [Com inicial maiúsc., nesta acepç.] [Pl.: *-tais*.]

na.ta.len.se [◘38] *adj2g.* **1.** De Natal, capital do RN. ● *s2g.* **2.** O natural ou habitante de Natal.

na.ta.lí.ci.o [Lat. *nataliciu*.◘34] *adj.* **1.** Do dia do nascimento. ● *sm.* **2.** O dia do nascimento; natal.

na.ta.li.da.de [Lat.med. *natalitate*.◘14] *sf.* Percentagem de nascimentos duma comunidade em determinado período de tempo.

na.ta.li.no [*Natal*.◘30] *adj. Bras.* Relativo ao Natal, ou às festas do Natal.

na.ta.tó.ri:o [Lat. *natatoriu*.◘23A] *adj.* Que serve para nadar.

na.ti.mor.to (ô) [*Nati-* + *morto*.] *adj. sm.* Diz-se de, ou indivíduo que nasce morto. [Pl.: *-mortos* (ó).]

na.ti.vi.da.de [Lat. *nativitate*.◘14] *sf.* Nascimento (esp. o de Cristo e o dos santos).

na.ti.vis.mo [*Nativo*.◘11] *sm.* Valorização, ou tendência a valorizar elementos naturais, próprios de um povo, grupo étnico ou país, ger. recusando influência estrangeira.

na.ti.vo [Lat. *nativu*.◘22A] *adj.* **1.** Que é natural; congênito. **2.** Que nasce; que procede. **3.** Não estrangeiro; nacional. ● *sm.* **4.** Indivíduo natural duma terra, dum país; autóctone, indígena, natural, nacional. § **na.ti.vis.ta** *adj2g. s2g.*

na.to [Lat. *natu*.] *adj.* **1.** Que nasceu; nascido. **2.** V. *inato*[1].

na.tre.mi.a [Lat.cient. *natr(ium)* + *-emia*.] *sf.* Teor de sódio no sangue.

na.tu.ra [Lat. *natura*.] *sf. Poét.* Natureza.

na.tu.ral [Lat. *naturale*.◘39] *adj2g.* **1.** Da natureza. **2.** Em que não há trabalho ou intervenção do homem. **3.** Que segue a ordem natural das coisas; lógico. **4.** V. *inato*[1]. **5.** Instintivo, automático, maquinal. **6.** Próprio, peculiar. **7.** Sem artifício; espontâneo. **8.** Que nasceu em determinado lugar; nascido, oriundo. **9.** Diz-se de alimento que não contém preservativos nem aditivos artificiais, mas que foi submetido a certos beneficiamentos. ● *sm.* **10.** V. *nativo* (4). **11.** Aquilo que é conforme à natureza. [Pl.: *-rais*.]

naturalidade | nazismo

na.tu.ra.li.da.de [Lat. *naturalitate*.▣ 14] *sf.* **1.** Qualidade ou caráter de natural. **2.** Local (município, estado, etc.) de nascimento. **3.** Nascimento, origem.

na.tu.ra.lis.mo [*Natural*.▣ 11] *sm.* **1.** Estado do que é produzido pela natureza. **2.** Movimento artístico e literário do séc. XIX que, influenciado pelos princípios e métodos das ciências naturais, procurava retratar a realidade com objetividade, sem idealização.

na.tu.ra.lis.ta [*Natural*.▣ 36] *adj2g.* **1.** Relativo ao, ou que é seguidor do naturalismo (2). **2.** Especialista em história natural, esp. em Botânica e Zoologia.

na.tu.ra.li.zar [*Natural*.▣ 1D] *vtd.* **1.** Dar a (um estrangeiro) os direitos de que fruem os cidadãos dum país, com a consequente perda da nacionalidade de origem. **2.** Adotar como nacional, ou como nativo ou vernáculo. *p.* **3.** Adquirir (um estrangeiro) os direitos que têm os naturais dum país, renunciando à nacionalidade original. [Sin. ger.: *nacionalizar*. C.: 1] § **na.tu.ra.li.za.ção** *sf.*

na.tu.ral.men.te [*Natural*.▣ 42] *adv.* **1.** Por processo natural, sem artifício ou intervenção humana. **2.** Sem influência, ação ou controle externos; de modo espontâneo. **3.** Evidentemente, certamente, muito provavelmente. ● *interj.* **4.** Está claro; certamente. [Exprime assentimento, concordância, etc.]

na.tu.re.ba [*Natur(al)* + *-eba*.] *s2g. Bras. Joc.* **1.** Pessoa que se alimenta de produtos naturais [v. *natural* (9)]. ● *adj2g.* **2.** Diz-se de alimento natural (9).

na.tu.re.za (ê) [*Natura*.▣ 12] *sf.* **1.** Todos os seres que constituem o universo. **2.** Força ativa que estabeleceu e conserva a ordem natural de tudo quanto existe. **3.** *Restr.* O mundo, excluídos o homem e suas criações. **4.** Temperamento do indivíduo. **5.** Espécie, qualidade.

na.tu.re.za-mor.ta *sf. Art.Plást.* Pintura em que se representam coisas ou seres inanimados. [Pl.: *naturezas-mortas*.]

nau [Cat. *nau*, do lat. *nave*.] *sf.* **1.** Antigo navio, redondo tanto na forma do casco quanto no velame. **2.** *Poét.* Navio.

nau.fra.gar [Lat. *naufragare*.▣ 1A] *v.int.* **1.** Ir a pique, soçobrar (a embarcação). **2.** Sofrer naufrágio (os tripulantes ou os passageiros). **3.** *Fig.* Perder-se; malograr-se. *td.* **4.** Fazer naufragar (1). [C.: 1C]

nau.frá.gi.o [Lat. *naufragiu*.▣ 34] *sm.* **1.** Ato ou efeito de naufragar. **2.** *Fig.* Grande insucesso.

náu.fra.go [Lat. *naufragu*.] *sm.* Aquele que naufragou.

náu.se.a [Lat. *nausea*.] *sf.* **1.** Sensação de desconforto abdominal, frequentemente seguida de vômito; enjoo. **2.** *Fig.* Sentimento de aversão, repulsa; asco, nojo.

nau.se.a.bun.do [Lat. *nauseabundu*.] *adj.* Que produz náuseas; nauseante.

nau.se.an.te [Lat. *nauseante*.▣ 21] *adj2g.* Nauseabundo.

nau.se.ar [Lat. *nauseare*.▣ 1N] *vtd. e p.* Causar náusea a, ou sentir náusea; enojar(-se). [C.: 12A]

nau.ta [Lat. *nauta*, do gr.] *sm.* Marinheiro, navegador.

náu.ti.ca [Gr. *nautiké*.] *sf.* Ciência e arte da navegação sobre água; navegação.

náu.ti.co [Lat. *nauticu*.▣ 35B] *adj.* Relativo a nauta ou náutica.

na.val [Lat. *navale*.▣ 39] *adj2g.* **1.** Relativo a navio ou a navegação. **2.** Relativo à marinha de guerra. [Pl.: *-vais*.]

na.va.lha [Lat. *novacula*.] *sf.* Lâmina metálica, muito afiada, presa a um cabo, com dispositivo para nele se embutir.

na.va.lha.da [*Navalha*.▣ 4] *sf.* Golpe de navalha.

na.va.lhar [*Navalha*.▣ 1A] *vtd.* Golpear com navalha. [C.: 1]

na.ve [Lat. *nave*.] *sf.* Espaço, na igreja, desde a entrada até o santuário. ◆ **Nave espacial.** V. *espaçonave*.

na.ve.ga.bi.li.da.de [*Navegável* (*-bil-*).▣ 14] *sf.* Qualidade ou estado de navegável.

na.ve.ga.ção [Lat. *navigatione*.▣ 2A] *sf.* **1.** Ato ou efeito de navegar. **2.** Viagem por mar. **3.** Náutica. **4.** *Inform.* Ato ou efeito de navegar (4). [Pl.: *-ções*.]

na.ve.ga.dor (ô) [Lat. *navigatore*.▣ 19A] *adj.* **1.** Que navega, ou sabe navegar; navegante. ● *sm.* **2.** Indivíduo navegador (1). **3.** Perito encarregado, em aeronave, navio ou submarino, dos cálculos de navegação.

na.ve.gar [Lat. *navigare*.▣ 1A] *vtd.* **1.** Percorrer (mar, rio, e, p.ext., atmosfera ou espaço cósmico) em navio, embarcação, aeronave, ou outro veículo. *int.* **2.** Viajar sobre água, ou na atmosfera, ou no espaço cósmico. **3.** Seguir viagem (a embarcação). **4.** *Inform.* Percorrer interativamente hipertexto ou hipermídia, determinando, a cada documento consultado, qual deve ser apresentado a seguir. [C.: 1C (é)] § **na.ve.gan.te** *adj2g. s2g.*

na.ve.gá.vel [Lat. *navigabile*.▣ 41] *adj2g.* Que pode ser navegado. [Pl.: *-veis*.]

na.ve.ta (ê) [Fr. *navette*, poss.] *sf.* Vaso pequeno, alongado, onde se põe o incenso para os turíbulos.

na.vi.o [Lat. *navigiu*.▣ 34] *sm.* Embarcação de grande porte; nau.

na.vi.o-a.e.ró.dro.mo *sm.* Base aérea flutuante, com propulsão própria, que abriga aviões e suas equipagens aéreas. [Sin., impr.: *porta-aviões*. Pl.: *navios-aeródromos*.]

na.vi.o-tan.que *sm.* Navio destinado a transportar carga líquida, como óleo, gasolina e vinho. [Pl.: *navios-tanque(s)*.]

na.za.re.no [Lat. *nazarenu*.] *adj.* **1.** De Nazaré, cidade da Galileia (Oriente Médio) onde viveu Cristo. ● *sm.* **2.** O natural ou habitante de Nazaré. **3.** *Restr.* Designação que os judeus davam a Cristo.

na.zis.mo [*Názi*.▣ 11] *sm.* Movimento nacionalista alemão, de direita, imperialista, baseado

na pretensa superioridade da raça ariana e liderado por Adolf Hitler (1889-1945). § **na.zis.ta** adj2g. s2g.
- **Nb** Quím. Símb. de nióbio.
- **Nd** Quím. Símb. de neodímio.
- **Ne** Quím. Símb. de neônio.
- **N.E.** Abrev. de nordeste.

ne.bli.na [Esp. neblina. ◻31] sf. Névoa densa e rasteira; nevoeiro.

ne.bli.nar [Neblina. ◻1A] v.int. 1. Cair neblina. 2. V. chuviscar. [C.: 1. Defect., impess.]

ne.bu.li.za.ção [Nebulizar. ◻2A] sf. 1. Ato ou efeito de nebulizar (1). 2. Med. Aplicação de líquido medicamentoso vaporizado. [Pl.: -ções.]

ne.bu.li.za.dor (ô) [Nebulizar. ◻19A] sm. Pulverizador que pode ser us. para nebulização (2).

ne.bu.li.zar [Nebul(i)- + -izar. ◻1D] vtd. 1. Transformar (um líquido) em vapor. 2. Tratar por meio de nebulização (2). [C.: 1]

ne.bu.lo.sa [F.subst. de nebuloso.] sf. Astr. Nuvem de poeira e gás interestelar.

ne.bu.lo.si.da.de [Lat. nebulositate. ◻14] sf. 1. Qualidade ou estado de nebuloso. 2. Met. Gotículas provenientes da condensação do vapor de água, e que flutuam na atmosfera sob as formas de nevoeiro e de nuvem. 3. Fig. Falta de clareza no modo de exprimir-se.

ne.bu.lo.so (ô) [Lat. nebulosu. ◻37] adj. 1. Coberto de, ou em que há nuvens ou vapores densos; nublado. 2. Sem transparência; turvo. 3. Pouco definido; indistinto. 4. Fig. Pouco ou nada claro; obscuro, ininteligível. [Pl.: -losos (ó).]

ne.ce.da.de [Esp. necedad. ◻14A] sf. 1. Ignorância crassa; estupidez. 2. Asneira, tolice. [Sin. ger.: nescidade.]

→ **nécessaire** (necessér) [Fr.] sm. Bolsa, estojo, etc., com objetos necessários à toalete ou a uma atividade, como, p.ex., a costura.

ne.ces.sá.ri:o [Lat. necessariu. ◻24] adj. 1. Que é essencial, que não pode faltar; indispensável, imprescindível. 2. Que é exigido para a obtenção de determinado fim. 3. Que não pode deixar de ser; forçoso, inevitável. 4. Que deve ser feito, cumprido. ● sm. 5. Aquilo que é necessário.

ne.ces.si.da.de [Lat. necessitate. ◻14] sf. 1. Qualidade de, ou o que é necessário. 2. Aquilo que é inevitável, fatal. 3. Privação dos bens necessários; indigência, pobreza. ♦ **De primeira necessidade.** Indispensável, imprescindível.

ne.ces.si.ta.do [Necessitar. ◻17A] adj. sm. Que, ou quem padece necessidade (3).

ne.ces.si.tar [Lat.med. necessitare. ◻1A] vtd. 1. Sentir necessidade de; precisar (de). 2. Exigir, reclamar. 3. Ter necessidade ou obrigação de. ti. 4. Necessitar (1 e 2). int. 5. Sofrer necessidade (3). [C.: 1]

ne.cro.fa.go [Gr. nekrophágos.] adj. sm. Zool. Diz-se de, ou animal que se alimenta de cadáveres. § **ne.cro.fa.gi.a** sf.

ne.cro.fi.li.a [Necr(o)- + -filia.] sf. Psiq. Perversão em que há atração sexual por cadáver.

ne.cró.fi.lo [Necr(o)- + -filo.] adj. sm. Psiq. Diz-se de, ou aquele que sofre de necrofilia.

ne.cro.lo.gi.a [Necr(o)- + -logia.] sf. 1. Lista de mortos. 2. Necrológio (1).

ne.cro.ló.gi:o [Necr(o)- + -log(o)- + -io². ◻34] sm. 1. Notícia em jornal, etc., sobre pessoas falecidas; necrologia. 2. Elogio a pessoas falecidas.

ne.cro.man.ci.a ou **ni.gro.man.ci.a** (cí) [Gr. nekromanteía.] sf. 1. Adivinhação pela invocação dos espíritos. 2. Magia negra. § **ne.cro.man.te** s2g.

ne.cró.po.le [Gr. nekrópolis.] sf. V. cemitério.

ne.crop.si.a ou **ne.cróp.si:a** [Necr(o)- + -opsia.] sf. Med. Exame médico das diversas partes de um cadáver. [Sin., impr.: autopsia ou autópsia.]

ne.cro.sar [Necrose. ◻1A] vtd. 1. Produzir necrose em. p. 2. Ser atacado de necrose. [C.: 1 (ó)] § **ne.cro.sa.do** adj.; **ne.cro.san.te** adj2g.

ne.cro.se [Gr. nékrosis.] sf. Med. Conjunto de alterações morfológicas que caracterizam morte celular e que se devem a ação enzimática. § **ne.cró.ti.co** adj.

ne.cro.té.ri:o [Necr(o)- + -tério².] sm. Lugar onde se expõem os cadáveres que vão ser submetidos a necropsia, ou identificados.

néc.tar [Lat. nectare.] sm. 1. Mit. A bebida dos deuses. 2. Líquido açucarado que certas plantas segregam.

nec.ta.ri.na [Tax. (Prunus persica) nectarina.] sf. Bot. Variedade de pêssego.

néc.ton [Al. Nekton.] sm. Ocean. Biol. O conjunto das espécies que vivem no meio da massa líquida, independentemente do fundo, e são capazes de se locomover e vencer as correntes.

né.di:o [Lat. nitidu. ◻34] adj. 1. Que brilha; luzidio. 2. De pele lustrosa.

ne.fan.do [Lat. nefandu.] adj. Indigno de se nomear; execrável.

ne.fas.to [Lat. nefastu.] adj. 1. Que causa desgraça; funesto. 2. De mau agouro; agourento.

ne.fral.gi.a [Nefr(o)- + -alg(o)- + -ia¹. ◻8A] sf. Med. Dor renal.

ne.frec.to.mi.a [Nefr(o)- + -ectom- + -ia¹. ◻8A] sf. Med. Retirada, parcial ou total, de rim.

ne.fri.ta [Nefr(o)- + -ita³.] sf. Min. Mineral compacto, esverdeado ou azulado, que os antigos preconizavam contra as dores dos rins.

ne.fri.te [Lat. nephrite.] sf. Med. Inflamação renal.

ne.fro.lo.gi.a [Nefr(o)- + -logia.] sf. Parte da medicina que estuda as doenças renais.

ne.fro.pa.ti.a [Nefr(o)- + -patia.] sf. Med. Qualquer doença renal.

ne.fro.se [Nefr(o)- + -ose¹.] sf. Med. Doença degenerativa renal.

ne.fro.to.mi.a [Nefr(o)- + -tom(o)- + -ia¹. ◻8A] sf. Med. Incisão em rim.

ne.ga.ça [Negar + -aça.] sf. 1. Engodo, isca. 2. Recusa, negação (por ext. fingida).

ne.ga.ção [Lat. negatione. ◻2A] sf. 1. Ato de negar; negativa. 2. Falta de aptidão ou vocação. 3. Recusa de alguma coisa; negativa. 4. O oposto de algo. [Pl.: -ções.]

ne.ga.ce.ar [*Negaça.*■1N] *vtd.* **1.** Atrair por meio de negaça (1). **2.** Recusar, ger. fingidamente. *int.* **3.** Fazer negaças. [C.: 12A]

ne.gar [Lat. *negare.*■1A] *vtd.* **1.** Dizer que não é verdadeiro (uma coisa). **2.** Afirmar que não. **3.** Não admitir a existência de. **4.** Não reconhecer como verdadeiro. **5.** Não conceder; recusar. *tdi.* **6.** Negar (1, 2 e 5). **7.** Contestar. *p.* **8.** Recusar-se. [C.: 1C (é)]

ne.ga.ti.va [Lat. *negativa.*] *sf.* **1.** Proposição com que se nega uma coisa. **2.** V. *negação* (1 e 3).

ne.ga.ti.vis.mo [*Negativo.*■11] *sm.* Espírito de negação sistemática.

ne.ga.ti.vo [Lat. *negativu.*■22A] *adj.* **1.** Que encerra ou exprime negação. **2.** Sem efeito; nulo. **3.** De resultado contrário ao que se espera. ● *sm.* **4.** *Fot.* Imagem fotográfica que se forma impressionando-se diretamente uma chapa ou um filme.

→ **négligé** (negligê) [Fr.] *sm.* Roupão fino, feminino.

ne.gli.gên.ci.a [Lat. *negligentia.*] *sf.* Falta de atenção ou de cuidado; desleixo, incúria.

ne.gli.gen.ci.ar [*Negligência.*■1A] *vtd.* Tratar com negligência; descuidar-se de. [C.: 1]

ne.gli.gen.te [Lat. *negligente.*] *adj2g.* **1.** Que tem ou revela negligência. ● *s2g.* **2.** Pessoa negligente.

ne.go (ê) [De *negro.*] *sm. Bras. Pop.* Camarada, amigo; negro.

ne.go.ci.a.ção [Lat. *negotiatione.*■2A] *sf.* **1.** Ato ou efeito de negociar. **2.** V. *negócio* (2). [Pl.: -*ções.*]

ne.go.ci.an.te [Lat. *negotiante.*■21] *s2g.* Pessoa que negocia; comerciante.

ne.go.ci.ar [Lat. **negotiare.*■1A] *vti. e int.* **1.** Fazer negócios; comerciar. **2.** Manter relações para concluir tratados ou convênios. *td.* **3.** Concluir, ajustar. **4.** Comprar ou vender. *tdi.* **5.** Negociar (1 e 3). [C.: 1 (B.) ou 13 (P.)] § **ne.go.ci:a.dor** (ô) *adj. sm.*; **ne.go.ci.á.vel** *adj2g.*

ne.go.ci.a.ta [*Negócio* + -*ata.*] *sf.* Negócio (2) irregular, em que há roubo ou trapaça; mamata, arranjo, maracutaia, marmelada.

ne.gó.ci:o [Lat. *negotiu.*] *sm.* **1.** V. *comércio* (2). **2.** Relações comerciais; negociação, transação. **3.** Caso, coisa, assunto; fato. **4.** Casa de negócio (1).

ne.go.cis.ta [*Negócio.*■36] *s2g. Bras.* Quem é dado a negociatas.

ne.gre.ga.do [Lat. *nigricatu.*] *adj.* Desgraçado, infeliz.

ne.grei.ro [*Negro.*■25] *adj.* **1.** Relativo a negros. **2.** Dizia-se de navio que transportava escravos negros. ● *sm.* **3.** Aquele que negociava com escravos negros.

ne.gre.jar [*Negro.*■1E] *v.int.* Mostrar-se ou tornar-se negro. [C.: 1 (è)]

ne.gri.dão [*Negro* + -*idão.*] *sf.* **1.** Negrura (1). **2.** V. *negrume* (1). [Pl.: -*dões.*]

ne.gri.to [*Negro* + -*ito*^{1}.] *adj. sm. Art.Gráf.* Diz-se de, ou tipo de traços acentuadamente mais grossos que o normal.

ne.gri.tu.de [*Negro* + -*itude.*] *sf.* **1.** Estado ou condição das pessoas negras. **2.** Afirmação ou tomada de consciência acerca dos valores culturais dos povos africanos negros e de seus descendentes.

ne.gro (ê) [Lat. *nigru.*] *adj.* **1.** Preto (1 e 2). **2.** Diz-se do indivíduo que tem a pele muito pigmentada, escura. **3.** *Fig.* Sombrio, lúgubre. ● *sm.* **4.** A cor preta. **5.** Indivíduo negro (2). **6.** *Bras. Pop.* Nego.

ne.groi.de (ói) [*Negro* + -*oide.*] *adj2g. s2g.* Diz-se de, ou indivíduo semelhante aos de etnia negra.

ne.gru.me [*Negro* + -*ume.*] *sm.* **1.** Qualidade ou estado do que é negro; escuridão, negrura, negridão. **2.** Nevoeiro espesso ou conjunto de nuvens carregadas. **3.** *Fig.* Tristeza, melancolia.

ne.gru.ra [*Negro.*■5] *sf.* **1.** Qualidade de negro; negridão. **2.** V. *negrume* (1).

ne.le (ê) Contr. da prep. *em* com o pron. pess. *ele.*

ne.lo.re [Top. *Nelore* (Índia).] *adj2g. sm.* Diz-se de, ou uma raça zebu.

nem [Lat. *nec.*] *conj.* **1.** E não. **2.** E sem. **3.** Ao menos, pelo menos; sequer. **4.** Ou (1).

ne.ma.tó.de:o [Tax. *Nematoda.*] *adj. sm. Zool.* Diz-se de, ou espécime dos nematódeos, classe de vermes asquelmintos de vida livre, ou parasitos.

ne.nê *sm. Bras.* V. *neném.*

ne.ném *sm.* Criança de colo; nenê; bebê, bebé. [Pl.: -*néns.*]

ne.nhum [De *nem* e *um.*] *pron.indef.* **1.** Nem um (só). **2.** Qualquer (1). [Flex.: nenhuns, nenhuma(s).]

ne.nhu.res [De *nenhum.*] *adv.* Em nenhuma parte. [Cf. *algures* e *alhures.*]

nê.ni:a [Lat. *nenia.*] *sf.* Canto fúnebre.

ne.nú.far [Fr. *nénuphar*, do persa.] *sm. Bot.* Planta ninfeácea de belas flores. [Pl.: *nenúfares.*]

ne:o.clas.si.cis.mo [*Ne(o)-* + *classicismo.*] *sm.* Movimento artístico e literário (séc. XVIII e começo do séc. XIX) que pregava o retorno ao estilo clássico.

ne:o.clas.si.cis.ta [*Neoclassicismo.*■36] *adj2g.* **1.** Relativo ao, ou que é adepto do neoclassicismo. ● *s2g.* **2.** Adepto ou seguidor do neoclassicismo.

ne:o.dí.mi:o [Ingl. *neodymium.*■34B] *sm. Quím.* V. *lantanídeos* [símb.: *Nd*].

ne.ó.fi.to [Lat. *neophytu.*] *sm.* **1.** Aquele que recebeu ou acabou de receber o batismo. **2.** V. *novato* (2).

ne:o.for.ma.ção [*Ne(o)-* + *formação.*] *sf. Med.* Formação de novo(s) tecido(s), ou como parte de processo de reparação de lesão, ou como tumor benigno ou maligno. [Pl.: -*ções.*]

ne:o.la.ti.no [*Ne(o)-* + *latino.*] *adj.* **1.** *E.Ling.* Diz-se das línguas modernas oriundas do latim: português, espanhol, francês, italiano e romeno. **2.** Relativo às nações ou aos países modernos cuja língua e civilização derivam da latina.

ne:o.li.be.ra.lis.mo [*Ne(o)-* + *liberalismo.*■11] *sm.* Doutrina, em voga a partir das últimas décadas do século XX, que favorece uma redução do papel do Estado na esfera econômica.

ne:o.lí.ti.co [*Ne(o)-* + -*lit(o)-* + -*ico*^{2}.■35B] *adj. sm.* Diz-se de, ou a fase mais recente do

neologismo | neurose

Idade da Pedra (c.10 mil a c.6 mil a.C.), caracterizada pelo uso de instrumentos de pedra polida, pelo surgimento da agricultura e pela domesticação de animais.

ne:o.lo.gis.mo [*Ne(o)-* + *-log(o)-* + *-ismo*.◘ 11] *sm.* **1**. Palavra ou expressão nova, ou antiga com sentido novo. **2**. Nova doutrina, sobretudo em teologia.

ne:o.lo.gis.ta [*Neologismo*.◘ 36] *adj2g. s2g.* Que, ou quem emprega neologismos(1).

né.on [Gr. *néon*, 'novo'.] *sm.* **1.** *Quím.* Neônio. **2.** Letreiro comercial luminoso que utiliza néon (1).

ne.ô.ni:o [*Néon*.◘ 34B] *sm. Quím.* Elemento us. em iluminação. V. *gás nobre* [símb.: *Ne*].

ne:o.pla.si.a [*Ne(o)-* + *-plas(i)-* + *-ia*¹.◘ 8A] *sf. Med.* Qualquer tumor, benigno ou maligno. § **ne.o.plá.si.co** *adj.*

ne:o.tro.pi.cal [*Ne(o)-* + *tropical*.] *adj2g.* Próprio da América tropical. [Pl.: -*cais*.]

ne.po.tis.mo [*Nepote* + *-ismo*.◘ 11] *sm.* Favorecimento a parentes ou amigos. § **ne.po.tis.ta** *adj2g. s2g.*

→ **nerd** (nérdi) [Ingl.] *s2g. Gír.* Pessoa muito estudiosa, ger. apaixonada por tecnologia, mas socialmente inepta. [Ger. us. como pej.]

ne.rei.da [Mit. lat. *Nereides*, do gr.] *sf.* Divindade mitológica, ninfa dos mares.

ne.res *pron.indef. Bras. Gír.* Coisa nenhuma, nada.

ner.vo (ê) [Lat. *nervu*.] *sm.* **1.** *Anat.* Cordão esbranquiçado constituído de feixes de fibras nervosas contidos em bainha, e que tem como função transmitir impulsos para o, ou do sistema nervoso central. **2.** *Fig.* Força, energia.

ner.vo.si.da.de [Lat. *nervositate*.◘ 14] *sf.* V. *nervosismo* (1).

ner.vo.sis.mo [*Nervoso*.◘ 11] *sm.* **1.** Emotividade exagerada; irritabilidade, nervosidade. **2.** Estado caracterizado por distúrbios do sistema nervoso; nervoso.

ner.vo.so (ô) [Lat. *nervosu*.◘ 37] *adj.* **1.** Relativo a, ou que contém elemento(s) do sistema nervoso. **2.** Que sofre de nervosismo. **3.** Que denota ou revela nervosismo ou irritabilidade. ● *sm.* **4.** Nervosismo (2). [Pl.: -*vosos* (ó).]

ner.vu.ra [*Nervo*.◘ 5] *sf.* **1.** Moldura nas arestas duma abóbada, nas quinas das pedras, etc. **2.** Prega fina e costurada, em tecido. **3.** Saliência, de pouca projeção, em superfície sólida. **4.** *Bot.* Cada cordão (3) que forma os feixes vasculares da planta. **5.** *Zool.* Filete córneo que sustenta a membrana da asa dos insetos.

nes.ci.da.de [*Nésc(io)*◘ 14] *sf.* V. *necedade.*

nés.ci:o [Lat. *nesciu*.◘ 34] *adj.* **1.** Que não sabe; ignorante, estúpido. **2.** Incapaz, inepto. ● *sm.* **3.** Indivíduo néscio.

nes.ga (ê) [Do ár.] *sf.* **1.** Pedaço de pano triangular que se cose entre 2 outros para ampliar. **2.** Pequena porção de qualquer espaço.

nês.pe.ra [Lat.vulg. **nespiru*.] *sf. Bot.* O fruto, bacáceo, da nespereira.

nes.pe.rei.ra [*Nêspera*.◘ 16] *sf. Bot.* Árvore rosácea, frutífera.

nes.se (ê) Contr. da prep. *em* e do pron. dem. *esse.*

nes.sou.tro Equiv. da prep. *em* e de *essoutro.*

nes.te (ê) Contr. da prep. *em* e do pron. dem. *este.*

nes.tou.tro Equiv. da prep. *em* e de *estoutro.*

→ **net** (néti) [Ingl.] *sf.* F.red. de Internet.

ne.ta [Lat. *nepta*.] *sf.* Filha de filho ou filha, em relação aos pais destes, os avós.

→ **netbook** (nétibúqui) [Ingl.] *sm.* Micro menor que o *notebook*, para us. geral ou da Web.

ne.to [De *neta*¹.] *sm.* Filho de filho ou filha, em relação aos pais destes, os avós.

ne.tú.ni:o [Mit. *Netuno*.◘ 34B] *sm. Quím.* V. *actinídeos* [símb.: *Np*].

ne.tu.no [Mit. *Netuno*.] *sm. Astr.* Oitavo planeta em ordem de afastamento do Sol, e que tem 8 satélites. [Com inicial maiúsc.]

neu.ral [*Neur(o)-* + *-al*¹.◘ 39] *adj2g.* Dos nervos, ou próprio deles. [Pl.: -*rais*.]

neu.ral.gi.a [*Neur(o)-* + *-alg(o)-* + *-ia*¹.◘ 8A] *sf. Med.* Dor, variável em intensidade, localização e causa, e que se propaga ao longo do(s) trajeto(s) de nervo(s); nevralgia. § **neu.rál.gi.co** *adj.*

neu.ras.te.ni.a [*Neur(o)-* + *astenia*.] *sf.* **1.** *Psic.* Afecção mental caracterizada por astenia física ou psíquica, grande irritabilidade, cefaleia, e alterações do sono. **2.** *Pop.* Mau humor.

neu.ras.tê.ni.co [*Neurastenia*.◘ 35B] *adj.* **1.** Respeitante a neurastenia, ou que dela sofre. ● *sm.* **2.** Aquele que sofre de neurastenia. **3.** *Pop.* Indivíduo mal-humorado, iracundo.

neu.ri.te [*Neur(o)-* + *-ite*¹.] *sf. Med.* Inflamação de nervo; nevrite.

neu.ro.ci.rur.gi.a [*Neur(o)-* + *cirurgia*.] *sf. Med.* Cirurgia do sistema nervoso. § **neu.ro.ci.rur.gi.ão** *sm.*; **neu.ro.ci.rúr.gi.co** *adj.*

neu.ró.glia [*Neur(o)-* + *-glia*.] *sf. Anat.* V. *glióticto.*

neu.ro.lin.guís.ti.ca (güis) [*Neur(o)-*+*linguística*.] *sf.* Ramo da linguística que estuda o cérebro humano em relação à aquisição da linguagem, aos distúrbios da fala e ao uso da língua. § **neu.ro.lin.guis.ta** (güis) *s2g.*; **neu.ro.lin.guís.ti.co** (güis) *adj.*

neu.ro.lo.gi.a [*Neur(o)-* + *-logia*.] *sf. Med.* Estudo do sistema nervoso; nevrologia. § **neu.ro.ló.gi.co** *adj.*; **neu.ro.lo.gis.ta** *s2g.*

neu.rô.ni:o [Gr. *neúron*, 'fibra'.◘ 34B] *sm. Histol.* Célula excitável que, reagindo a estímulos recebidos, os conduz a outras células (através de ramificações). [E o constituinte principal dos nervos e do cérebro.] § **neu.ro.ni.al** *adj2g.*

neu.ro.pa.ti.a [*Neur(o)-* + *-patia*.] *sf. Med.* Qualquer doença do sistema nervoso.

neu.róp.te.ro [Tax. *Neuroptera*.] *adj. sm. Zool.* Diz-se de, ou espécime dos neurópteros, ordem de insetos predadores, com 4 asas membranosas e sistema bucal mastigador. Ex.: formiga-leão.

neu.ro.se [*Neur(o)-* + *-ose*¹.] *sf. Psic.* Perturbação mental que não compromete as funções essenciais da personalidade, mantendo o pa-

neurótico | ninfa

ciente penosa consciência de seu estado, sem violar as principais normas sociais; nevrose.

neu.ró.ti.co [*Neur(ose)*. ◘ 35B] *adj. sm. Psic.* Diz-se de, ou aquele que sofre de neurose; nevrótico.

neu.ro.tó.xi.co (cs) [*Neur(o)-* + *-tóxico*.] *adj. sm. Med.* Diz-se de, ou agente tóxico para o sistema nervoso.

nêus.ton [Ingl. *neuston*.] *sm. Ecol.* Comunidade de organismos planctônicos que vivem sobre a superfície, ou muito próximo dela.

neu.tral [*Neutro*. ◘ 39] *adj2g.* V. *neutro* (1 e 2). [Pl.: *-trais.*] § **neu.tra.li.da.de** *sf.*

neu.tra.li.zar [*Neutral*. ◘ 1D] *vtd.* **1.** Declarar ou tornar neutro (uma nação). **2.** Anular a ação ou os efeitos de. **3.** Tornar inativo, inerte; anular. *p.* **4.** Tornar-se neutro. [C.: 1] § **neu.tra.li.za.ção** *sf.*; **neu.tra.li.zan.te** *adj2g.*

neu.tri.no [*Neutro*. ◘ 30] *sm. Fís.* Partícula elementar da família dos léptons, com massa nula ou muito pequena e carga elétrica nula, formada em alguns processos de desintegração de outras partículas.

neu.tro [Lat. *neutru*.] *adj.* **1.** Que não toma partido nem a favor nem contra; neutral. **2.** Diz-se de nação cujo território as potências se comprometem a respeitar em caso de guerra entre elas; neutral. **3.** Indefinido, indistinto. **4.** Diz-se de cor indefinida e pouco vistosa como, p.ex., o cinza e o bege. **5.** *Eng.Elétr.* Num circuito de corrente alternada, condutor permanentemente ligado à terra e que tem potencial constantemente igual a zero.

nêu.tron [*Neutro* + *-on*.] *sm. Fís.* Uma das partículas elementares, eletricamente neutra, que constituem os átomos.

ne.va.da [*Nevar*. ◘ 4] *sf.* **1.** A neve que cai de uma vez. **2.** Queda de neve.

ne.va.do [*Nevar*. ◘ 17A] *adj.* Coberto de neve, branco como neve, ou semelhante a ela.

ne.var [Lat.vulg. *nivare*. ◘ 1A] *v.int.* Cair neve. [C.: 5 (é). Defect., impess.]

ne.vas.ca [De *neve*.] *sf.* Nevada acompanhada de temporal.

ne.ve [Lat. *nive*.] *sf.* Precipitação de cristais de gelo formados diretamente pelo congelamento do vapor de água que está em suspensão no ar atmosférico.

ne.vis.car [*Neve*. ◘ 1G] *v.int.* Cair neve em pequena quantidade. [C.: 1A. Defect., impess.]

né.vo.a [Lat. *nebula*.] *sf.* **1.** Turvação atmosférica, menos intensa que a cerração, que não reduz a visibilidade a menos de um quilômetro. **2.** Aquilo que embaça a vista.

ne.vo.ei.ro [*Névoa*. ◘ 25] *sm.* Névoa espessa; bruma.

ne.vo.en.to [*Névoa*. ◘ 27] *adj.* Nebuloso, nublado.

ne.vral.gi.a [*Nevr(o)-* + *-alg(o)-* + *-ia*[1]. ◘ 8A] *sf. Med.* Neuralgia. § **ne.vrál.gi.co** *adj.*

ne.vri.te [*Nevr(o)-* + *-ite*[1].] *sf. Med.* Neurite.

ne.vro.lo.gi.a [*Nevr(o)-* + *-logia*.] *sf. Med.* Neurologia. § **ne.vro.ló.gi.co** *adj.*; **ne.vro.lo.gis.ta** *s2g.*

ne.vro.se [*Nevr(o)-* + *-ose*[1].] *sf. Psic.* Neurose.

ne.vró.ti.co [*Nevr(ose)* + *-ótico*. ◘ 35B] *adj. sm. Psic.* V. *neurótico*.

➔ **newton** (níuton) [Antr.ingl. *Newton*.] *sm. Fís.* Unidade de medida de força do Sistema Internacional [símb.: *N*].

ne.xo (cs) [Lat. *nexu*.] *sm.* **1.** Ligação, vínculo. **2.** Coerência, lógica.

■ **NGB** Abrev. de *Nomenclatura Gramatical Brasileira*.

nhá [De *sinhá*.] *sf. Bras.* Iaiá, senhora.

nham.bi.qua.ra *s2g. sm. adj2g. Bras.* V. *nambiquara*.

nham.bu [Do tupi.] *sm. Bras. Zool.* V. *inhambu*.

nhan.du [Do tupi.] *sm. Bras. Zool.* Ema.

nhe-nhe-nhem [Do tupi.] *sm. Bras.* **1.** Falatório interminável. **2.** Resmungo, reclamação. [Pl.: *nhe-nhe-nhens*.]

nhô *sm. Bras. Pop.* V. *ioiô*[2].

nho.nhô [De *nhô*.] *sm. Bras. Pop.* V. *ioiô*[2].

nho.que [It. *gnocchi*.] *sm. Bras.* **1.** *Cul.* Massa (5) típica da cozinha italiana, à base de batata. **2.** Prato feito com essa massa.

ni [Gr. *ný*.] *sm.* A 13.ª letra do alfabeto grego (N, ν).

■ **Ni** *Quím.* Símb. de *níquel*.

ni.ca [V.E] *sf.* **1.** Impertinência, rabugice. **2.** V. *ninharia*.

ni.cho [It.ant. *nicchio*.] *sm.* **1.** Cavidade ou vão em parede ou muro para colocar estátua, imagem, etc. **2.** *Ecol.* Porção restrita de um *habitat*, onde vigem condições especiais de ambiente. ◆ **Nicho ecológico.** *Ecol.* Espaço ocupado por uma espécie, num ecossistema.

ni.có.ti.co [*Nicot(iana)*. ◘ 35B] *adj.* Relativo ao fumo.

ni.co.ti.na [Tax. *Nicot(iana)*. ◘ 31] *sf. Quím.* Alcaloide existente nas folhas do tabaco.

nic.ta.gi.ná.ce.a [Tax. *Nyctaginaceae*.] *sf. Bot.* Espécime das nictagináceas, família de plantas herbáceas, lenhosas, de flores com 5 pétalas e fruto indeiscente. § **nic.ta.gi.ná.ce:o** *adj.*

ni.di.fi.car [Lat. *nidificare*. ◘ 1A] *v.int.* Fazer ninho. [C.: 1A]

nie.tzschi.a.no (nítxi) [◘ 29A] *adj.* Relativo a, ou próprio de Friedrich Nietzsche (**M.**), ou à sua filosofia.

ni.fe [*Ní(quel)* + *fe(rro)*.] *sf. Geofís.* Núcleo central da Terra, supostamente constituído de níquel e ferro; barisfera.

ni.gro.man.ci.a (cí) *sf.* V. *necromancia*. § **ni.gro.man.te** *s2g.*

ni:i.lis.mo [Fr. *nihilisme*. ◘ 11] *sm.* **1.** Descrença absoluta. **2.** Doutrina segundo a qual nada existe de absoluto. § **ni:i.lis.ta** *adj2g. s2g.*

nim.bar [*Nimbo*. ◘ 1A] *vtd.* Aureolar[2]. [C.: 1]

nim.bo [Lat. *nimbu*, 'aguaceiro'.] *sm.* **1.** *Met.* Nuvem cinzenta e densa, que facilmente se precipita em chuva ou neve. **2.** *Fig.* Auréola, resplendor.

ní.mi:o [Lat. *nimiu*. ◘ 34A] *adj.* Excessivo, demasiado.

ni.nar [*Nina*. ◘ 1A] *vtd.* Fazer adormecer; embalar. [C.: 1]

nin.fa [Lat. *nympha*, do gr.] *sf.* **1.** *Mit.* Divindade fabulosa dos rios, dos bosques e dos montes. **2.** *Zool.* O estágio jovem de certos insetos, como, p.ex., libélulas e gafanhotos, em que se assemelham aos adultos, exceto quanto às asas e aos órgãos reprodutores, que não se desenvolveram.

nin.fal [*Ninfa*.◻39] *adj2g.* Relativo a, ou próprio de ninfa. [Pl.: -*fais.*]

nin.fe.á.ce:a [Tax. *Nymphaeaceae.*] *sf. Bot.* Espécime das ninfeáceas, família de grandes ervas aquáticas, floríferas. Ex.: vitória-régia. § **nin.fe.á.ce:o** *adj.*

nin.fô.ma.na [*Ninf(o)-* + -*mana.*] *sf.* Aquela que tem ninfomania; ninfomaníaca.

nin.fo.ma.ni.a [*Ninf(o)-* + -*mania.*] *sf.* Tendência, nas mulheres, às vezes de caráter patológico, para o abuso do coito. § **nin.fo.ma.ní.a.co** *adj.*

nin.fo.ma.ní.a.ca [F.subst. de *ninfomaníaco*.] *sf.* Ninfômana.

nin.guém [Lat. *nec quem.*] *pron.indef.* Nenhuma pessoa.

ni.nha.da [*Ninho*.◻4] *sf.* **1.** Avezinhas contidas em um ninho. **2.** Os filhos que a fêmea de qualquer animal pariu duma só vez.

ni.nha.ri.a [Esp. *niñería*, 'ação infantil'.◻15] *sf.* Coisa sem préstimo ou valor; bagatela, insignificância, nica, nuga, bugiganga, mixaria, nada, nonada.

ni.nho [Lat. *nidu*.◻32] *sm.* **1.** Abrigo que as aves fazem para a postura de ovos e criação dos filhotes. **2.** Lugar onde os animais se recolhem e dormem. **3.** *Fig.* Abrigo. **4.** *Fig.* Lar.

nin.ja [Do jap.] *s2g.* Lutador de ninjútsu.

nin.jút.su [Do jap.] *sm.* Arte marcial originária do Japão medieval.

ni.ó.bi:o [Lat.cient. *niobium*.◻34B] *sm. Quím.* Elemento de número atômico 41, metálico [símb.: *Nb*].

ni.pô.ni.co [Jap. *Nippon*, 'Japão', + -*ico*².◻35B] *adj. sm.* V. *japonês* (1 e 2).

ní.quel [Al. *Nickel*.] *sm.* **1.** *Quím.* Elemento de número atômico 28, metálico, branco-prateado, us. em ligas e como catalisador [símb.: *Ni*]. **2.** Moeda divisionária feita com ele. **3.** *Pop.* V. *dinheiro* (4). [Pl.: *níqueis.*]

ni.que.lar [*Níquel*.◻1A] *vtd.* Cobrir ou guarnecer de níquel. [C.: 1 (é)] § **ni.que.la.gem** *sf.*

nir.va.na [Do sânscr.] *sm.* No budismo, estado de beatitude, de serenidade, com a extinção de todo sofrimento, desejo, de toda individualidade.

nis.sei [Do jap.] *adj2g. s2g.* Diz-se de, ou filho de pais japoneses que emigraram.

nis.so Contr. da prep. *em* e do pron. dem. *isso.*

nis.to Contr. da prep. *em* e do pron. dem. *isto.*

ní.ti.do [Lat. *nitidu*.] *adj.* **1.** Que brilha. **2.** Em que há limpidez. **3.** Que possibilita uma visão clara, distinta. **4.** Que se ouve claramente. **5.** Em que há clareza, inteligibilidade. § **ni.ti.dez** (ê) *sf.*

ni.tra.to [Fr. *nitrate*.] *sm. Quím.* Qualquer sal derivado do ácido nítrico.

ní.tri.co [*Nitr(o)-* + -*ico*².◻35B] *adj. Quím.* Diz-se dum ácido muito reativo [fórm.: HNO_3], oxidante, com muitas aplicações industriais.

ni.tri.to *sm. Quím.* Qualquer sal ou derivado do ácido nitroso.

ni.tro.ge.na.do [*Nitrogên(io)*.◻17B] *adj.* Que contém nitrogênio.

ni.tro.gê.ni:o [*Nitr(o)-* + -*gen(o)-* + -*io*².◻34B] *sm. Quím.* Elemento de número atômico 7, existente na atmosfera, gasoso, incolor, inodoro, pouco ativo, mas que participa de grande número de compostos [símb.: *N*].

ni.tro.gli.ce.ri.na [*Nitr(o)-*+*glicerina*.◻31] *sf. Quím.* Líquido oleoso, amarelado, us. na fabricação de explosivos.

ni.tro.me.ta.no [*Nitr(o)-* + *metano*.] *sm. Quím.* Líquido muito inflamável, us. como combustível de motores especiais [fórm.: CH_3NO_2].

ni.tro.so [*Nitr(o)-* + -*oso*.◻37] *adj. Quím.* Diz-se de ácido instável [fórm.: HNO_2] us. na preparação de corantes. [Pl.: -*trosos* (ó).]

ní.vel [Fr.ant. *nivel*, do lat.vulg. *libellu.◻41] *sm.* **1.** Instrumento para determinar a horizontalidade dum plano. **2.** Superfície paralela ao plano do horizonte. **3.** Altura relativa numa escala de valores. **4.** Situação, estado. [Pl.: -*veis.*]

ni.ve.lar [*Nível*.◻1A] *vtd. e tdi.* **1.** Colocar no mesmo nível. **2.** Igualar (1). *ti.* **3.** Ficar no mesmo nível ou plano. *p.* **4.** Equiparar-se, igualar-se. [C.: 1 (é)] § **ni.ve.la.men.to** *sm.*

ní.ve:o [Lat. *niveu*.] *adj.* De, ou alvo como a neve.

■ **nm** Símb. de *nanômetro*.

■ **N.N.E.** Abrev. de *nor-nordeste*.

■ **N.N.O.** Abrev. de *nor-noroeste*. [Outra f.: *N.N.W.*]

■ **N.N.W.** Abrev. de *nor-noroeste*. [Outra f.: *N.N.O.*]

no¹ **1.** Equiv. da prep. *em* e de *lo* (1). **2.** Equiv. da prep. *em* e de *lo* (2). **3.** Equiv. da prep. *em* e de *lo* (3).

no² F. que o pron. *lo* (o) assume em presença de f. verbais terminadas em ditongos nasais, como *ão, am* (= ão), *õe, em* (= êi): Estão-<u>no</u> vendo.

no³ F. que assume o pron. *nos* antes de *lo, la, los, las* (= o, a, os, as): no-lo, no-las.

■ **No** *Quím.* Símb. de *nobélio*.

■ **N.O.** Abrev. de *noroeste*. [Outra f.: *N.W.*]

nó [Lat. *nodu*.] *sm.* **1.** Entrelaçamento de 1 ou 2 cordas, linhas ou fios, para encurtá-los, marcá-los ou uni-los. **2.** A parte mais dura da madeira. **3.** A articulação das falanges dos dedos. **4.** Aquilo que une, liga; vínculo. **5.** O ponto crítico ou essencial de um assunto, negócio, problema, etc. **6.** Unidade de velocidade, igual a uma milha marítima por hora. **7.** *Bot.* Porção do caule ou do ramo onde se inserem as folhas.

no.bé.li:o [Lat.cient. *nobelium*.◻34B] *sm. Quím.* V. *actinídeos* [símb.: *No*].

no.bi.li.á.ri:o [Lat. *nobile*, 'nobre'.◻24C] *adj.* Relativo à nobreza.

no.bi.li.ar.qui.a [Lat. *nobile*, 'nobre', + -*i-* + -*arquia*.] *sf.* **1.** Estudo das origens e tradições das famílias nobres. **2.** Os nobres; a nobreza. § **no.bi.li.ár.qui.co** *adj.*

nobilitar | noningentésimo

no.bi.li.tar [Lat. *nobilitare*.⬚1A] *vtd. e p.* Tornar(-se) nobre; enobrecer(-se). [C.: 1] § **no.bi.li.ta.ção** *sf.*

no.bre [Lat. *nobile*.] *adj2g.* 1. Que tem título nobiliárquico; fidalgo. 2. Diz-se dos indivíduos fidalgos. 3. Célebre (2), ilustre. 4. Que é de elevada categoria; excelente. 5. Elevado, sublime. 6. Generoso, magnânimo. ● *sm.* 7. Indivíduo da nobreza (2).

→ **nobreak** (nôubrêiqui) [Ingl.] *sm. Eng.Elétr.* Equipamento com bateria que, em caso de falha na rede elétrica, supre o fornecimento de eletricidade durante certo tempo.

no.bre.za (ê) [*Nobre*.⬚12] *sf.* 1. Qualidade ou caráter de nobre. 2. Classe dos nobres, indivíduos que têm título (de conde, duque, etc.) e certos privilégios concedidos por um soberano.

no.ção [Lat. *notione*.⬚2] *sf.* 1. Conhecimento vago ou superficial acerca de algo. 2. Concepção, ideia. [Pl.: *-ções*.]

no.cau.te [Ingl. *knock-out*.] *sm.* No boxe, derrota de um dos lutadores por ficar inconsciente durante 10 segundos, no mínimo.

no.cau.te.ar [*Nocaute*.⬚1N] *vtd.* Levar a nocaute. [C.: 12A]

no.ci.vo [Lat. *nocivu*.⬚22] *adj.* Que prejudica, ou é próprio para causar dano. § **no.ci.vi.da.de** *sf.*

no.ções *sfpl.* Conhecimentos elementares.

noc.tâm.bu.lo [*Noct(i)-* + *-âmbulo*.] *adj. sm.* Que, ou quem anda ou vagueia de noite; noctívago.

noc.tí.va.go [Lat. *noctivagu*.] *adj. sm.* Noctâmbulo.

no.do [Lat. *nodu*, por via erudita.] *sm. Med.* Pequena massa de tecido (3), normal ou patológico, em forma de tumefação. § **no.dal** *adj2g.*

nó.do.a [Lat. *notula*.] *sf.* 1. Sinal deixado por corpo ou substância que marca ou suja; mancha. 2. *Fig.* Imperfeição moral; desdouro, mácula.

no.do.so (ô) [Lat. *nodosu*.⬚37] *adj.* Que tem nós. [Pl.: *-dosos* (ó).]

nó.du.lo [Lat. *nodulu*.] *sm.* 1. Nó pequeno. 2. *Anat.* Designação genérica de massa muito pequena de tecido (3). § **no.du.lar** *adj2g.*

no.guei.ra [Lat.vulg. **nucaria*.⬚16] *sf. Bot.* Árvore juglandácea que dá a noz (1).

noi.ta.da [*Noite*.⬚4] *sf.* 1. Espaço ou duração duma noite. 2. Divertimento que dura a noite inteira, ou quase.

noi.te [Lat. *nocte*.] *sf.* 1. Espaço de tempo em que o Sol está abaixo do horizonte. 2. Escuridão, treva(s).

noi.va [De *noivo*.] *sf.* Aquela que vai casar; prometida.

noi.va.do [*Noivar*.⬚17A] *sm.* 1. Compromisso de casamento; esponsais. 2. O período de tempo entre esse compromisso e as núpcias.

noi.var [*Noivo*.⬚1A] *v.int. e ti.* Ficar ou tornar-se noivo. [C.: 1]

noi.vo [Lat. **novius*.] *sm.* Aquele que vai casar; prometido.

no.jen.to [*Nojo*.⬚27] *adj.* 1. Que causa nojo. 2. V. *repugnante* (2).

no.jo (ô) [De *enojo*.] *sm.* 1. Náuseas, enjoo. 2. Sensação de repugnância, de asco. 3. Profunda mágoa; pesar. 4. Luto.

no-la Contr. do pron. pess. *nos* (obj. ind.) com o pron. pess. *la* (obj. dir.), fem. de *lo* (2).

no-las Contr. do pron. pess. *nos* (obj. ind.) com o pron. pess. *las* (obj. dir.), fem. pl. de *lo* (2).

no.li.ção *sf.* Ato de vontade que nega, que se opõe. [Antôn.: *volição*. Pl.: *-ções*.]

no-lo 1. Contr. do pron. pess. *nos* (obj. ind.) com o pron. pess. *lo* (2) (obj. dir.). 2. Comb. do pron. pess. *nos* (obj. ind.) com o pron. dem. neutro *lo* (3) (obj. dir.).

no-los Contr. do pron. pess. *nos* (obj. ind.) com o pron. pess. *los* (obj. dir.), masc. pl. de *lo* (2).

no.ma.de [Lat. *nomade*, do gr.] *adj2g.* 1. Diz-se de tribos ou povos que estão sempre a deslocar-se em busca de alimentos, pastagens, etc. 2. Que leva vida errante. ● *s2g.* 3. Pessoa nômade.

no.ma.dis.mo [*Nômade*.⬚11] *sm.* Sistema de vida de nômade.

no.me [Lat. *nomen*.] *sm.* 1. Palavra(s) com que se designa pessoa, animal ou coisa. 2. Prenome. 3. Sobrenome. 4. V. *nomeada*.

no.me.a.da [*Nomear*.⬚4] *sf.* Fama, reputação, renome, nome.

no.me.ar [Lat. *nominare*.⬚1N] *vtd.* 1. Designar pelo nome; proferir o nome de. 2. Chamar pelo nome. 3. Atribuir cargo, ou comissão, a; designar. *transob.* 4. Considerar; classificar. 5. Designar. *p.* 6. Intitular-se. [C.: 12A] § **no.me:a.ção** *sf.*

no.men.cla.tu.ra [Lat. *nomenclatura*.⬚5] *sf.* Conjunto de termos peculiares a uma arte, ou ciência, etc.

no.mi.na.ção [Lat. *nominatione*.⬚2A] *sf. E.Ling.* Figura de retórica pela qual se dá nome a uma coisa que não o tem. [Pl.: *-ções*.]

no.mi.nal [Lat. *nominale*.⬚39] *adj2g.* 1. Relativo ao nome. 2. Que existe só em nome. 3. *Econ.* Diz-se do valor declarado de uma ação ou de um título de crédito (em oposição ao valor efetivamente pago). [Pl.: *-nais*.]

no.mi.na.ta [Lat. *nominata*.] *sf.* Lista de nomes.

no.mi.na.ti.vo [Lat. *nominativu*.⬚22A] *adj.* 1. Que tem nome, ou que denomina. 2. Que traz o nome do proprietário ou favorecido.

no.na.da [*Non*, f. arc. de 'não'.⬚4] *sf.* V. *ninharia*.

no.na.ge.ná.ri:o [Lat. *nonagenariu*.] *adj. sm.* Que, ou quem está na casa dos 90 anos de idade.

no.na.gé.si.mo [Lat. *nonagesimu*.] *num.* Ordinal e fracionário correspondente a 90.

no.na.to [Lat. *non natu*, 'não nascido'.] *adj. sm.* 1. Diz-se de, ou criança que nasceu mediante operação cesariana. 2. Diz-se de, ou criança ou animal que se tirou do ventre da mãe depois que esta morreu.

no.ni.lhão ou **no.ni.li.ão** [*Nono* + *-ilhão* ou *-ilião*.] *num.* Mil octilhões; 10 elevado à 30.ª potência. [Pl.: *nonilhões* ou *noniliões*.]

no.nin.gen.té.si.mo [Lat. *noningentesimu*.] *num.* 1. Ordinal correspondente a 900. 2. Fracionário correspondente a 900.

no.no [Do it. *nonno*.] *num.* **1.** Ordinal correspondente a 9. **2.** Fracionário correspondente a 9.
→ **nonsense** (nonsênsi) [Ingl.] *sm.* Palavra, ou dito, ou comportamento, etc., sem sentido, absurdo. [Em português é us. como *adj2g2n*.]
no.nu.plo *num.* **1.** Que é 9 vezes maior que outro. ● *sm.* **2.** Quantidade 9 vezes maior que outra.
no.ra[1] [Lat.vulg. *nora*.] *sf.* A mulher do filho em relação aos pais dele.
no.ra[2] [Do ár.] *sf.* Aparelho para tirar água de poços, cisternas, etc.
nor.des.te [Fr. *nord-est.*] *sm.* **1.** Ponto do horizonte situado a 45° do N. e do E. **2.** Vento que sopra daí. **3.** Região ou regiões situadas a nordeste (1). **4.** *Geogr.* V. *Grande Região*. [Com inicial maiúsc. nesta acepç.] ● *adj2g.* **5.** Situado a nordeste (1), ou dele procedente. [Abrev. de 1 e 3 e 4: *N.E.*]
nor.des.ti.no [*Nordeste.* ▪30] *adj.* **1.** Do Nordeste brasileiro. ● *sm.* **2.** *Bras.* O natural ou habitante dessa região.
nór.di.co [Al. *nordisch*. ▪35B] *adj.* **1.** Dos, ou pertencente ou relativo aos países do norte da Europa (Dinamarca, Finlândia, Suécia, Noruega e Islândia). ● *sm.* **2.** O natural ou habitante dos países nórdicos.
nor.ma [Lat. *norma*.] *sf.* **1.** Aquilo que se adota como base ou medida para a realização ou avaliação de algo. **2.** O que se tem como princípio, regra.
nor.mal [Lat. *normale.*] *adj2g.* **1.** Conforme a norma. **2.** Que é habitual, comum. **3.** Diz-se do curso para formação de professores primários. **4.** *Geom.* Diz-se de reta perpendicular a uma curva ou a um plano. ● *sm.* **5.** Curso normal (3). ● *sf.* **6.** *Geom.* Reta normal (4). [Pl.: *-mais.*] ◆ **Normal superior**. Curso destinado à formação de professores em nível superior. Habilitação mínima exigida para professores da educação básica. § **nor.ma.li.da.de** *sf.*
nor.ma.lis.ta [*Normal.* ▪36] *adj2g. s2g.* Que, ou quem segue ou tem o curso normal (3).
nor.ma.li.zar [*Normal.* ▪1D] *vtd. e p.* Fazer voltar, ou voltar, à normalidade, ao estado normal. [C.: 1] § **nor.ma.li.za.ção** *sf.*
nor.mal.men.te [*Normal.* ▪42] *adv.* **1.** Na maioria das vezes; frequentemente. **2.** Com normalidade: *Sarou e já anda normalmente*.
nor.ma.ti.vo [Fr. *normatif.* ▪22A] *adj.* Que serve de, ou estabelece norma.
nor.ma.ti.za.ção [*Normatizar.* ▪2A] *sf.* Ato ou efeito de normatizar. [Pl.: *-ções.*]
nor.ma.ti.zar [Lat. *normatus.* ▪1D] *vtd.* **1.** Estabelecer normas para. **2.** Submeter a norma(s). [C.: 1]
nor-nor.des.te [*Nor(te)* + *nordeste.*] *sm.* **1.** Ponto do horizonte entre o N. e o N.E. [Abrev.: *N.N.E.*] **2.** Vento que sopra desse ponto. **3.** Região ou regiões situadas a nor-nordeste (1). ● *adj2g.* **4.** Situado a nor-nordeste (1), ou dele procedente. [Abrev. de 1 e 3: *N.N.E.* Pl.: *nor-nordestes.*]

nor-no.ro.es.te [*Nor(te)* + *noroeste.*] *sm.* **1.** Ponto do horizonte entre o N. e o N.O. **2.** Vento que sopra desse ponto. **3.** Região ou regiões situadas a nor-noroeste (1). ● *adj2g.* **4.** Situado a nor-noroeste (1), ou dele procedente. [Abrev. de 1 e 3: *N.N.O.* ou *N.N.W.* Pl.: *nor-noroestes.*]
no.ro.es.te [Fr.ant. *norouest.*] *sm.* **1.** Ponto do horizonte situado a 45° do N. e do O. **2.** Vento que sopra desse ponto. **3.** Região ou regiões situadas a noroeste (1). ● *adj2g.* **4.** Situado a noroeste (1), ou dele procedente. [Abrev. de 1 e 3: *N.O.* ou *N.W.*]
nor.ta.da [*Norte.* ▪4] *sf.* Vento frio e/ou áspero que sopra do norte.
nor.te [Anglo-saxônio *north*, ou do fr. *nord*.] *sm.* **1.** Ponto cardeal (q.v.) que se opõe diretamente ao sul (1) e se acha à esquerda do observador voltado para o este. **2.** O polo norte. **3.** Região ou regiões sitas ao norte. **4.** O vento que sopra do norte. **5.** Rumo, direção. **6.** *Geogr.* V. *Grande Região*. [Com inicial maiúsc. nesta acepç.] ● *adj2g.* **7.** Situado ao norte (1), ou dele procedente. [Abrev. de 1, 3 e 6: *N.*]
nor.te-a.me.ri.ca.no *adj.* **1.** Da América do Norte. **2.** *Restr.* V. *americano* (2). ● *sm.* **3.** O natural ou habitante da América do Norte. **4.** *Restr.* V. *americano* (4). [Pl.: *norte-americanos.*]
nor.te.ar [*Norte.* ▪1N] *vtd.* **1.** Dar a direção do norte a. **2.** Orientar, guiar. *tdi.* **3.** Nortear (2). *p.* **4.** Orientar-se. **5.** Encaminhar-se. [C.: 12A]
nor.tis.ta [*Norte.* ▪36] *adj2g.* **1.** Do Norte brasileiro. **2.** *Bras. Pop.* Do Nordeste brasileiro. ● *s2g.* **3.** O natural ou habitante dessas regiões.
no.ru.e.guês [▪38A] *adj.* **1.** Da Noruega (Europa). ● *sm.* **2.** O natural ou habitante da Noruega. **3.** *E.Ling.* A língua falada nesse país. [Flex. de 1 e 2: *norueguesess* (ê), *norueguesa(s)* (ê).]
nos[1] [Lat. *nos* (átono).] F. oblíqua do pron.pess. *nós*, a qual funciona, ger., como objeto direto ou, em menor número de vezes, como indireto.
nos[2] Masc. pl. de *no*[2].
nos[3] Masc. pl. de *no*[3].
nós [Lat. *nos* (tônico).] *pron.pess.* (da 1ª pess. do pl. de ambos os gêneros) que funciona como sujeito, predicativo e regime de preposições.
no.so.cô.mi.o [*Noso-* + *-cômio.* ▪34] *sm.* Hospital. § **no.so.co.mi.al** *adj2g.*
no.so.fo.bi.a [*Noso-* + *-fobia.*] *sf. Psiq.* Horror patológico a doença.
no.so.ma.ni.a [*Noso-* + *-mania.*] *sf. Psiq.* Hipocondria.
nos.so [Lat. *nostru.*] *pron.* Pertencente a, ou próprio de, ou experimentado por nós. ◆ **Os nossos.** A nossa família; os nossos amigos íntimos, ou um grupo social restrito.
nos.tal.gi.a [Fr. *nostalgie.* ▪8A] *sf.* **1.** Saudade da pátria. **2.** *P.ext.* Saudade.
nos.tál.gi.co [*Nostalgia.* ▪35B] *adj.* Que sente, ou em que há nostalgia.
no.ta [Lat. *nota*.] *sf.* **1.** Marca para assinalar algo. **2.** Anotação, registro de acontecimento ou assunto de interesse. **3.** Breve comunicação escrita. **4.** Julgamento (de aptidão revelada

em exame ou concurso, etc.) expresso em números, palavras, etc.; grau. **5.** Conta de despesa efetuada. **6.** Cédula (3). **7.** Registro das escrituras dos tabeliães. **8.** *Edit.* Comentário, explicação ou aditamento à parte do texto de uma obra. **9.** *Mús.* Cada um dos sinais gráficos com que se representam convencionalmente a altura e duração relativas dos sons. **10.** *Mús.* Som musical, produzido por um instrumento (4) ou pela voz humana.

no.ta.bi.li.da.de [*Notável* (-*bil-*). ▣14] *sf.* **1.** Qualidade de notável. **2.** Pessoa ilustre, notável.

no.ta.bi.li.zar [*Notável* (-*bil-*). ▣1D] *vtd.* e *p.* Tornar(-se) notável; celebrizar(-se). [C.: 1]

no.ta.ção [Lat. *notatione.* ▣2A] *sf.* **1.** Ato, e efeito ou modo de notar. **2.** Sistema de representação ou designação convencional. **3.** Conjunto de sinais com que se faz a notação (2). [Pl.: -*ções*.]

no.tar [Lat. *notare.* ▣1A] *vtd.* **1.** Pôr sinal, nota, em. **2.** Tomar nota de. **3.** Atentar ou reparar em; observar. **4.** Escrever nas notas de tabelião. *tdi.* **5.** Notar (3). [C.: 1 (ó)]

no.ta.ri.a.do [*Notário* ▣17C] *sm.* Ofício ou funções de notário.

no.tá.ri:o [Lat. *notariu.* ▣24A] *sm.* Escrivão público; tabelião.

no.tá.vel [Lat. *notabile.* ▣41] *adj2g.* **1.** Digno de nota, atenção. **2.** Que merece apreço ou louvor. **3.** Que se destaca por seus méritos; eminente, ilustre. **4.** Que é apreciável, considerável. [Pl.: -*veis*. Superl.: *notabilíssimo*.]

→ **notebook** (nôutibúqui) [Ingl.] *sm. Inform.* Microcomputador portátil, menor que o *laptop*.

no.tí.ci:a [Lat. *notitia.*] *sf.* **1.** Informação acerca de pessoa ou de fato. **2.** Resumo dum acontecimento ou dum assunto qualquer. **3.** V. *novidade* (3). **4.** Lembrança, memória. **5.** *Jorn.* Relato de acontecimento atual, ger. de interesse público, veiculado em mídia.

no.ti.ci.ar [*Notícia* ▣1A] *vtd.* e *tdi.* **1.** Dar notícia de. **2.** Tornar conhecido; divulgar. [C.: 1] § **no.ti.ci:a.dor** (ó) *adj.*

no.ti.ci.á.ri:o [*Notícia.* ▣24] *sm.* Conjunto de notícias divulgadas por jornal, televisão, cinema, etc.; jornal.

no.ti.ci:a.ris.ta [*Noticiário.* ▣36] *s2g.* **1.** Jornalista que redige notícias. **2.** *P.ext.* Jornalista que apresenta noticiário em televisão e rádio.

no.ti.ci.o.so (ó) [*Notícia.* ▣37] *adj.* Que traz ou contém (muitas) notícias. [Pl.: -*osos* (ó).]

no.ti.fi.ca.ção [*Notificar.* ▣2A] *sf.* **1.** Ato ou efeito de notificar. **2.** *Jur.* Ordem judicial para que se faça ou não alguma coisa. **3.** *P.ext. Jur.* Documento que contém essa ordem. [Pl.: -*ções*.]

no.ti.fi.car [Lat. *notificare.* ▣1A] *vtd.* e *tdi.* **1.** Dar ciência ou notícia a; inteirar. **2.** Dar judicialmente conhecimento de; intimar. [C.: 1A]

no.to.cor.da [*Not*(*o*)- + lat. *chorda.*] *sf. Embr.* Notocórdio.

no.to.cór.di:o [*Not*(*o*)- + lat.cient. *chord-* + *-io²*. ▣34B] *sm. Embr.* Estrutura celular flexível, em forma de bastão, presente em formas embrionárias ou adultas dos cordados; nos vertebrados é substituída total ou parcialmente pela coluna vertebral; notocorda.

no.to.ri.e.da.de [Lat.med. *notorietate.* ▣14A] *sf.* **1.** Qualidade de notório. **2.** *Fig.* Pessoa de notória competência ou saber.

no.tó.ri:o [Lat. *notoriu.* ▣23] *adj.* Sabido de todos; público.

no.tos.sau.ro [Tax. *Nothosaurus.*] *sm. Paleont.* Réptil carnívoro, mais aquático que terrestre, com cerca de 3m de comprimento, pescoço e cauda longos, dentes afiados e membros em forma de remo, providos de dedos. Viveu no triássico, e fósseis foram encontrados na Europa, África e Ásia.

no.tur.no [Lat. *nocturnu.*] *adj.* **1.** Relativo à, ou que se faz de noite, ou que funciona de noite. **2.** *Bot. Zool.* Diz-se de animal, ou de planta, que realiza a maior parte de suas funções (como alimentação, florescimento) à noite. ● *sm.* **3.** *Mús.* Composição para piano, de caráter melancólico e sonhador. **4.** *Bras.* Trem (3) que corre à noite.

nou.tro Equiv. da prep. *em* e do pron.indef. *outro.*

no.va [F.subst. de *novo.*] *sf.* **1.** V. *novidade* (3). **2.** *Astr.* Estrela que se tornou bruscamente muito luminosa.

no.va.men.te [F. de *novo.* ▣42] *adv.* Mais uma vez; de novo.

no.va.to [Lat. *novatu.*] *sm.* **1.** Estudante novel; calouro. **2.** Pessoa inexperiente, bisonha; principiante, noviço, neófito.

no.ve [Lat. *novem.*] *num.* **1.** Quantidade que é uma unidade maior que 8. **2.** Número (1) correspondente a essa quantidade. [Representa-se em algarismo arábico por 9, e em romanos, por IX.]

no.ve.cen.tos [*Nove* + o pl. de *cento*.] *num.* **1.** Quantidade que é uma unidade maior que 899. **2.** Número (1) correspondente a essa quantidade. [Representa-se em algarismos arábicos por 900, e em romanos por CM.]

no.vel (é) [Cat. *novell*.] *adj2g.* **1.** V. *novo* (1). **2.** Inexperiente, bisonho. [Pl.: -*véis*.]

no.ve.la [Fr. *nouvelle*.] *sf.* **1.** *Liter.* Narração, usualmente curta, ordenada e completa, de fatos humanos fictícios, mas, em regra, verossímeis. **2.** Obra de ficção com apresentação seriada pelo rádio ou pela televisão. **3.** *P.ext.* Litígio, problema, etc. que não se resolve, que se arrasta.

no.ve.lei.ro [*Novela.* ▣25] *adj. sm.* **1.** *Bras.* Que, ou quem escreve e/ou aprecia novela (2). **2.** Novidadeiro.

no.ve.les.co (ê) [*Novela.* ▣33A] *adj.* Próprio de novela.

no.ve.lis.ta [*Novela.* ▣36] *s2g.* Autor de novela.

no.ve.lo (ê) [Lat. *globellu.*] *sm.* Bola feita de fio enrolado.

no.vem.bro [Lat. *Novembre.*] *sm.* O 11.º mês do ano, com 30 dias.

no.ve.na [Lat. *novena.*] *sf.* **1.** O espaço de 9 dias. **2.** Rezas feitas durante 9 dias.

no.vê.ni:o *sm.* Espaço de 9 anos.

no.ven.ta [Lat. *nonaginta*, com infl. de *novem*.] *num.* **1.** Quantidade que é uma unidade maior

noviça | numerador

que 89. **2.** Número (1) correspondente a essa unidade. [Representa-se em algarismos arábicos por 90, e em romanos, por XC.]

no.vi.ça *sf.* Fem. de *noviço*.

no.vi.ci.a.do [Lat. *noviciu*, 'novo'. ▪17C] *sm.* **1.** Aprendizado a que se submetem os noviços. **2.** A duração dele.

no.vi.ço [Lat. *noviciu*.] *sm.* **1.** Homem que se está preparando para professar num convento. **2.** V. *novato* (2).

no.vi.da.de [Lat. *novitate*. ▪14] *sf.* **1.** Qualidade de novo. **2.** Aquilo que é novo; coisa nova; inovação. **3.** Aquilo que acaba de acontecer ou que ainda não foi divulgado; nova, notícia. **4.** Situação ou fato imprevisto, ou raro.

no.vi.da.dei.ro [*Novidade*. ▪25A] *adj. sm.* Que, ou quem gosta de contar novidades; noveleiro.

no.vi.lha [Esp. *novilla*.] *sf.* Vaca nova; bezerra.

no.vi.lho [Esp. *novillo*.] *sm.* Boi ainda novo.

no.vo (ô) [Lat. *novu*.] *adj.* **1.** Que tem pouco tempo de existência; recente. **2.** Moço, jovem. **3.** Que é visto pela primeira vez. **4.** Que acaba de ser feito ou adquirido. **5.** Que tem pouco uso. **6.** Original (4). **7.** Que chegou recentemente: *E novo na cidade.* [Pl.: *novos* (ó).] ♦ **De novo.** Outra vez; novamente.

no.vo-ri.co [*Novo* + *rico*, para trad. o fr. *nouveau-riche*.] *sm.* Indivíduo cuja riqueza é recente, e, esp., o que gosta de ostentá-la. [Pl.: *novos-ricos*.]

no.vos *smpl.* A gente nova.

noz [Lat. *nuce*.] *sf. Bot.* **1.** O fruto da nogueira, conhecido no Brasil como noz de Natal. **2.** Fruto seco, com uma só semente, como o das palmeiras.

noz-mos.ca.da *sf.* **1.** *Bot.* Moscadeira. **2.** *Bot.* O seu fruto e a semente, aromática, us. como especiaria. **3.** Essa especiaria. [Pl.: *nozes-moscadas*.]

noz-vô.mi.ca *sf. Bot.* Árvore loganiácea cujos frutos têm sementes que dão a estricnina e outros alcaloides. [Pl.: *nozes-vômicas*.]

■ **Np** *Quím.* Símb. de *netúnio*.

nu¹ [Lat. *nudu*.] *adj.* **1.** Sem vestuário; despido, pelado. **2.** Descalço: *pés nus.* **3.** Sem cobertura; descoberto, exposto. **4.** Sem folhas ou vegetação. **5.** Sem ornamentos; desataviado. **6.** Sem nada; vazio. **7.** Desembainhado (a espada). **8.** *Fig.* Não disfarçado; evidente.

nu² *sm.* V. *ni*.

nu:an.çar [Fr. *nuancer*. ▪1A] *vtd.* Matizar (1). [C.: 1B]

nu.an.ce [Fr. *nuance*.] *sf.* **1.** Graduação sutil duma cor; matiz, meio-tom. **2.** Diferença tênue entre coisas do mesmo gênero.

nu.ben.te [Lat. *nubente*.] *s2g.* Pessoa que se vai casar.

nú.bil [Lat. *nubile*.] *adj2g.* Casadouro. [Pl.: *-beis*.]

nu.bla.do [*Nublar*. ▪17A] *adj.* Coberto de, ou em que há nuvens.

nu.blar [Lat. *nubilare*. ▪1A] *vtd. e p.* Cobrir(-se) de nuvens; anuviar(-se), toldar-se. [C.: 1]

nu.ca [B.-lat. *nucha*.] *sf.* A parte posterior do pescoço.

nu.ci.for.me [*Nuci-* + *-forme*.] *adj2g.* Semelhante a uma noz.

nu.cle.a.do [*Nuclear*. ▪17A] *adj.* Que tem núcleo.

nu.cle.ar [*Nucle(i)-* + *-ar*¹. ▪40] *adj2g.* **1.** Relativo a núcleo. **2.** *Fís.* Diz-se de fenômeno, aparelho, etc., em que se processam reações de fissão nuclear, controladas ou não.

nu.clei.co [*Nucle(i)-* + *-ico*³. ▪35B] *adj. Quím.* Diz-se dos ácidos ribonucleico (q.v.) e desoxirribonucleico (q.v.), ger. encontrados nos núcleos das células.

nú.cle.o [Lat. *nucleu*.] *sm.* **1.** O miolo da noz e de outros frutos. **2.** O ponto central ou essencial. **3.** *Citol.* Estrutura encontrada no interior da célula, e que comanda as atividades celulares e regula a reprodução. **4.** *Eng.Elétr.* Peça de material ferromagnético em torno da qual se enrola um condutor para constituir um indutor. **5.** *Fís.* Núcleo atômico (q.v.). ♦ **Núcleo atômico.** *Fís.* Parte do átomo com carga positiva e com a quase totalidade da sua massa constituída por prótons e nêutrons.

nú.cle.on [*Nucle(i)-* + *-on*.] *sm. Fís.* Nome comum às partículas que constituem o núcleo (5).

nu.clí.de:o [*Núcleo* + *-ídeo*³.] *sm. Fís.* Átomo caracterizado por um número de massa e um número atômico determinados, e que tem vida média suficientemente longa para permitir a sua identificação com um elemento químico.

nu.da.ção [Lat. *nudatione*. ▪2A] *sf.* Ato ou efeito de desnudar(-se). [Pl.: *-ções*.]

nu.dez (ê) [Lat. *nudus*, 'nu'. ▪12A] *sf.* **1.** Estado de nu. **2.** Ausência de ornatos.

nu.di.brân.qui:o [*Nud(i)-* + *brânquio*.] *adj. sm. Zool.* Diz-se de, ou espécime dos nudibrânquios, ordem de moluscos gastrópodes, desprovidos de manto (3) e concha, quando adultos. Ex.: lesma-do-mar.

nu.dis.mo [*Nud(i)-* + *-ismo*. ▪11] *sm.* **1.** Doutrina que prega o viver ao ar livre em completa nudez. **2.** A respectiva prática. § **nu.dis.ta** *adj2g. s2g.*

nu.ga [Lat. *nugae*.] *sf.* V. *ninharia*.

nu.gá [Fr. *nougat*.] *sm.* Doce de nozes ou amêndoas misturadas com mel.

nu.li.da.de [Lat.med. *nullitate*.] *sf.* **1.** Qualidade de nulo. **2.** *Fig.* Pessoa sem mérito nenhum.

nu.li.fi.car [Lat. *nullificare*. ▪1A] *vtd. e p.* V. *anular*². [C.: 1A]

nu.lo [Lat. *nullu*.] *adj.* **1.** Não válido. **2.** Sem efeito; inútil, vão. **3.** Inepto, incapaz.

num Equiv. da prep. *em* e do art. indef. *um* ou do num. *um*.

nu.me [Lat. *numen*.] *sm.* **1.** V. *deidade* (1). **2.** Divindade mitológica.

nu.me.ra.ção [Lat. *numeratione*. ▪2A] *sf.* **1.** Ato ou efeito de numerar. **2.** Série de números que distinguem as páginas de livro, manuscrito, etc. **3.** Processo de escrever ou representar os números. [Pl.: *-ções*.]

nu.me.ra.dor (ô) [Lat. *numeratore*. ▪19A] *adj.* **1.** Que numera. ● *sm.* **2.** Aquele que o faz. **3.** Aparelho para numerar. **4.** *Arit.* Numa fração ordinária, o elemento que fica acima do traço de fração.

nu.me.ral [Lat. *numerale*. ◨39] *adj2g*. **1.** Relativo a, ou indicativo de número. ● *sm*. **2.** *E.Ling.* Classe de palavras que indica uma quantidade exata de pessoas ou coisas ou o lugar que elas ocupam numa série. [Pl.: *-rais*.] ◆ **Numeral cardinal.** Aquele que designa quantidade absoluta: *um*, *dois*, *três*, ... **Numeral ordinal.** Aquele que indica ordem ou série: *primeiro*, *segundo*, *terceiro*, etc.

nu.me.rar [Lat. *numerare*. ◨1A] *vtd*. **1.** Pôr números em. **2.** Dispor por ordem numérica. [C.: 1 (é)]

nu.me.rá.ri:o [B.-lat. *numerariu*. ◨24] *adj*. **1.** Relativo a números. **2.** Expresso em número(s). ● *sm*. **3.** Dinheiro efetivo; moeda.

nu.me.rá.vel [Lat. *numerabile*. ◨41] *adj2g*. Que pode ser numerado. [Pl.: *-veis*.]

nu.mé.ri.co [*Número*. ◨35B] *adj*. Relativo a número, ou composto por números.

nú.me.ro [Lat. *numeru*.] *sm*. **1.** Entidade abstrata que corresponde a um aspecto ou a característica mensurável de algo (quantidade, grandeza, intensidade, etc.). **2.** Porção, parcela. **3.** Palavra ou símbolo que expressa a quantidade. **4.** Exemplar (5). **5.** *Edit.* Unidade de publicação periódica; fascículo. **6.** *E.Ling.* Flexão nominal ou verbal indicativa de um ou de mais. **7.** *Mat.* Na teoria dos conjuntos, pode-se definir número como: a soma total dos elementos ou unidades de um conjunto, uma série, etc. ◆ **Número atômico.** *Fís.* Número que corresponde à quantidade de prótons no núcleo dos átomos de um elemento, e que coincide com a ordem do elemento na classificação periódica [símb.: Z]. **Número complexo.** *Mat.* Número que pode ser escrito na forma $a + ib$, em que a e b são reais, e i é $\sqrt{-1}$ (a raiz quadrada de -1); número imaginário; complexo. **Número de massa.** *Fís.* Número que corresponde à quantidade total de prótons e nêutrons presentes no núcleo de um átomo [símb.: A]. **Número imaginário.** *Mat.* V. *número complexo*. **Número inteiro.** *Mat.* Qualquer elemento da série .... , -3, -2, -1, 0, 1, 2, 3, 4, ... **Número irracional.** *Mat.* Aquele que não é um número racional, e que é representado com infinitas casas decimais, sem dízima. **Número natural.** *Mat.* Número inteiro positivo [1, 2, 3, ...]. **Número pi** (π). *Mat.* Número irracional igual à razão entre o comprimento de uma circunferência de círculo e o seu diâmetro; pi. Seu valor aproximado é 3,1416. **Número primo.** Primo². **Número racional.** *Mat.* Aquele que é o quociente da divisão de 2 números inteiros, com divisor não nulo (diferente de 0). [Pode ser um número inteiro, fracionário, ou uma soma de inteiro e fracionário.] **Número real.** *Mat.* Aquele que é um número racional ou um número irracional. [Pode-se fazer corresponder a cada número real um ponto em uma reta.]

nu.me.ro.lo.gi:a [*Número* + *-logia*.] *sf*. Estudo do significado oculto dos números e sua suposta influência no destino das pessoas. § **nu.me.ro.lo.gis.ta** *s2g*.; **nu.me.ró.lo.go** *sm*.

nu.me.ro.so (ó) [Lat. *numerosu*. ◨37] *adj*. Em grande número; abundante, copioso. [Pl.: *-rosos* (ó).]

nu.mi.dí.de:o [Tax. *Numidídae*.] *adj. sm. Zool.* Diz-se de, ou espécime dos numidídeos, família de aves galiformes que têm cabeça nua e o resto do corpo coberto de penas pretas com pintas brancas. São as galinhas-d'angola.

nu.mis.ma.ta [Fr. *numismate*.] *s2g*. Especialista em numismática.

nu.mis.má.ti.ca [Fr. *numismatique*.] *sf*. Estudo das moedas e medalhas. § **nu.mis.má.ti.co** *adj*.

nun.ca [Lat. *nunquam*.] *adv*. **1.** Em tempo algum; jamais. **2.** Não (1).

nun.ci.a.tu.ra [Lat. *nuntiatus*, de *nuntiare*, 'anunciar', + *-ura*. ◨5] *sf*. **1.** Dignidade ou funções de núncio apostólico. **2.** O lugar onde ele as exerce.

nún.ci:o [Lat. *nuntiu*. ◨34] *sm*. **1.** O encarregado de transmitir uma mensagem; mensageiro. **2.** Embaixador do papa.

nun.cu.pa.ção [Lat. *nuncupatione*. ◨2] *sf. Jur.* Designação ou instituição de herdeiro feita oralmente. [Pl.: *-ções*.]

nun.jút.su *sm*. V. *ninjútsu*.

núp.ci:as [Lat. *nuptias*.] *sfpl*. Casamento (1). § **nup.ci.al** *adj2g*.

nu.tri.ção [Lat. *nutritione*. ◨2A] *sf*. **1.** Ato ou efeito de nutrir(-se). **2.** Sustento, alimento. [Sin. de 1 e 2: *nutrimento*.] **3.** Conjunto dos processos que vão desde a ingestão dos alimentos até a sua assimilação pelas células. [Pl.: *-ções*.]

nu.tri.ci.o.nal [*Nutrição* (*-cion-*). ◨39] *adj2g*. Relativo a nutrição. [Pl.: *-nais*.]

nu.tri.ci.o.nis.mo [*Nutrição* (*-cion-*). ◨11] *sm*. O estudo da nutrição (3).

nu.tri.ci.o.nis.ta [*Nutrição* (*-cion-*). ◨36] *s2g*. Profissional especialista em planejamento nutricional; dietista.

nu.tri.en.te [Lat. *nutriente*. ◨21] *adj2g*. **1.** V. *nutritivo*. ● *sm*. **2.** Substância nutriente.

nu.tri.men.to [Lat. *nutrimentu*. ◨3] *sm*. Nutrição (1 e 2).

nu.trir [Lat. *nutrire*. ◨1C] *vtd*. **1.** Alimentar, sustentar. **2.** Engordar, cevar. **3.** *Fig.* Alentar, alimentar. *tdi*. **4.** Nutrir (1 e 3). *int*. **5.** Ser nutritivo. *p*. **6.** Alimentar-se; sustentar-se. [C.: 3]

nu.tri.ti.vo [Lat. *Nutrir*. ◨22A] *adj*. Próprio para nutrir; nutriente, alimentício.

nu.triz [Lat. *nutrice*.] *sf*. **1.** Mulher que amamenta. ● *adj*. (*f*.) **2.** Que alimenta.

nu.vem [Lat. *nube*.] *sf*. **1.** Conjunto visível de partículas de água ou de gelo em suspensão na atmosfera. **2.** Conjunto de partículas de pó, fumaça, gases, etc., suspensos no ar. **3.** Turvação da vista. **4.** *Fig.* Tristeza ou apreensão. **5.** *Fig.* Porção de coisas reunidas, por via de regra em movimento. **6.** Conjunto de computadores, conexões, servidores, etc. que armazenam dados, arquivos, etc., na Internet, e que podem ser acessados e utilizados pelos usuários. [Pl.: *-vens*.]

■ **N.W.** Abrev. de *noroeste*. [Outra f.: *N.O.*]

o (ó) *sm.* 1. A 15ª letra do nosso alfabeto. 2. Figura ou representação dessa letra. 3. A forma aproximadamente circular da letra *o*, ou aquilo que tem essa forma. ● *num.* 4. Décimo quarto, numa série. 5. Décimo quinto, numa série em que a letra *k* corresponde ao 11º elemento. [Pl. do sm.: *os* (ós), tb. com duplo *o*: *oo*.]

o 1. Art. def. masc. sing. 2. Pron. pess. oblíquo da 3ª pess., masc. 3. Pron. dem. masc. 4. Pron. dem. neutro, equiv. a *isto*, ou *isso*, ou *aquilo*.

■ **O** 1. *Geogr.* Abrev. de *oeste*. 2. *Med.* Us. (por sua semelhança com o algarismo 0) como indicação de ausência de aglutinógenos nas hemácias, característica de um grupo sanguíneo, designado *grupo O*. 3. *Quím.* Símb. de *oxigênio*.

ó¹ *sm.* A letra *o*.

ó² *interj.* Us. para chamar, atrair a atenção, invocar, etc.; ô (*bras.*).

ô *interj. Bras.* Ó².

■ **OAB** Sigla de *Ordem dos Advogados do Brasil*.

o.á.sis [Fr. *oasis*.] *sm2n.* Região com vegetação e água em meio a deserto.

o.ba (ô) *interj. Bras.* 1. Upa (3). 2. Opa.

o.ba-o.ba [De *oba*, reduplicada.] *sm. Bras. Pop.* 1. Situação em que há grande favorecimento, ger. irregular, de quem dela participa: *oba-oba dos corruptos nas obras para as Olimpíadas*. 2. Fala ou ação de quem age como se já tivesse ganho uma partida antes mesmo de sua ocorrência: *O capitão do time pediu para que evitassem o oba-oba*. [Pl.: *oba-obas*.]

ob.ce.ca.do [*Obcecar*.▣17A] *adj.* 1. Com a inteligência, a razão obscurecida. 2. Contumaz no erro. 3. Teimoso, obstinado.

ob.ce.car [Lat. *obcaecare*.▣1A] *vtd.* 1. Tornar cego; cegar. 2. Obscurecer (a consciência, a razão, o espírito), causando desvario, desequilíbrio, etc. 3. Obsedar. *tdi.* 4. Induzir em erro. [Os pron. adequados são *o(s)*, *a(s)*, *-lo(s)*, *-la(s)*, e não *lhe(s)*.] *p.* 5. Tornar-se contumaz no erro. [C.: 1A (é)] § **ob.ce.ca.ção** *sf.*; **ob.ce.can.te** *adj2g.*

o.be.de.cer [Lat. **oboediscere*.▣1P] *vti.* 1. Sujeitar-se à vontade ou à autoridade ou ao mando de outrem: *obedecer aos pais*. 2. Cumprir, executar. 3. Estar sujeito. 4. Não resistir; ceder. 5. Estar ou ficar sujeito a uma força ou influência. *td.* 6. *Pop.* Obedecer (1): *Obedece o pai*. [Ocorre, em bons autores, como *td.*; é melhor, entretanto, na linguagem culta formal, usar a regência indireta.] *int.* 7. Executar ordens. [C.: 2A (ê-é)]

o.be.di.ên.ci:a [Lat. *obedientia*.] *sf.* 1. Ato ou efeito de obedecer. 2. Disposição para obedecer. 3. Submissão à vontade de alguém. § **o.be.di.en.te** *adj2g.*

o.be.lis.co [Lat. *obeliscu*.] *sm.* Monumento ou marco quadrangular, alongado, de pedra, sobre um pedestal.

o.be.si.da.de [Lat. *obesitate*.▣14] *sf. Med.* Deposição excessiva de gordura no organismo.

o.be.so (é ou ê) [Lat. *obesu*.] *adj.* Que tem obesidade.

ó.bi.ce [Lat. *obice*.] *sm.* V. *obstáculo* (1).

ó.bi.to [Lat. *obitu*.] *sm.* Morte de pessoa; passamento.

o.bi.tu.á.ri:o [*Óbito*.▣24B] *adj.* 1. Relativo a óbito. ● *sm.* 2. Registro de óbito(s).

ob.je.ção [Lat. *objectione*.▣2] *sf.* 1. Ato ou efeito de objetar. 2. V. *oposição* (1). [Pl.: -ções.]

ob.je.tar [Lat. *objectare*.▣1A] *vtd. e tdi.* 1. Contrapor (um argumento a outro). *ti.* 2. Opor-se a. [C.: 1 (é)]

ob.je.ti.va [F.subst. de *objetivo*.] *sf.* Lente ou sistema de lentes de um instrumento, como, p.ex.,

objetivar | obsequiar

câmera fotográfica, que permite a observação ou o registro fotográfico de objetos.

ob.je.ti.var [*Objetivo*.◨1A] *vtd*. **1.** Tornar objetivo. **2.** Ter por fim; pretender. [C.: 1] § **ob.je.ti.va.ção** *sf.*

ob.je.ti.vi.da.de [*Objetivo*.◨14] *sf.* Qualidade de objetivo.

ob.je.ti.vo [*Objeto*.◨22] *adj*. **1.** Relativo a objeto. **2.** Que vai direto ao ponto; prático, positivo. **3.** Externo à mente. ● *sm.* **4.** Alvo (5).

ob.je.to [Lat.med. *objectu*.] *sm.* **1.** Tudo que é perceptível por qualquer dos sentidos. **2.** Coisa, peça, artigo de compra e venda. **3.** Matéria, assunto de interesse, de estudo. **4.** Motivo, causa de um acontecimento, de uma ação, etc. **5.** Objetivo, alvo. **6.** *Inform*. Elemento de programa, na tela do computador, que cumpre função de interação com o usuário. ◆ **Objeto direto.** *E.Ling*. Complemento que integra a significação do verbo sem auxílio de preposição. [No ex. *José comprou uma casa*, uma casa é obj. dir. de comprar.] **Objeto indireto.** *E.Ling*. Complemento que integra a significação do verbo ligando-se a este por uma preposição. [No ex. *Ele gosta de pizza*, pizza é obj. ind. de gostar.] [Há verbos que, em certas frases, pedem mais de um objeto, um direto e outro indireto; ex.: *dar, ganhar, obrigar, pedir*.]

o.bla.ção [Lat. *oblatione*.◨2] *sf.* **1.** Oferenda feita a Deus ou aos santos. **2.** Qualquer oferta ou oferecimento. [Pl.: *-ções*.]

o.bla.to [Lat. *oblatu*.] *sm.* **1.** Leigo que se oferece para servir em ordem monástica. ● *adj*. **2.** Achatado nos polos.

o.blí.qua [F.subst. de *oblíquo*.] *sf. Geom.* Reta não ortogonal nem paralela a outra reta ou a um plano.

o.blí.quo [Lat. *obliquu*.] *adj*. **1.** Não perpendicular; inclinado. **2.** Torto (2). **3.** *Fig.* Em que há incorreção, ardil: *conduta oblíqua*. § **o.bli.qui.da.de** (qüi) *sf.*

o.bli.te.rar [Lat. *obliterare*.◨1A] *vtd*. **1.** Fazer desaparecer aos poucos; apagar. **2.** Suprimir, eliminar. **3.** Fazer esquecer. **4.** Obstruir, tapar. *p.* **5.** Apagar-se, extinguir-se. [C.: 1 (é)] § **o.bli.te.ra.ção** *sf.*

ob.lon.go [Lat. *oblongu*.] *adj*. **1.** Que tem mais comprimento que largura. **2.** Elíptico, oval.

ob.nu.bi.la.ção [Lat. *obnubilatione*.◨2A] *sf. Med.* Perturbação da consciência, caracterizada por obscurecimento e lentidão do pensamento. [Pl.: *-ções*.]

ob.nu.bi.lar [Lat. *obnubilare*.◨1A] *vtd*. **1.** Obscurecer, escurecer. **2.** *Med.* Produzir obnubilação. [C.: 1]

o.bo.é [It.ant. *oboè*.] *sm*. Instrumento musical, de sopro, feito de madeira, com palheta dupla.

o.bo.ís.ta [*Oboé*.◨36] *s2g*. Quem toca oboé.

ó.bo.lo [Gr. *obolós*.] *sm.* **1.** Pequena moeda grega, antiga. **2.** Pequeno donativo ou esmola.

o.bra [Lat. *opera*.] *sf.* **1.** Efeito do trabalho ou da ação. **2.** Ação humana, sob o ponto de vista moral ou religioso: *Pratica boas obras*. **3.** A construção, ou o reparo, de edifícios, estruturas, etc. **4.** Lugar onde acontece a obra (3). **5.** Trabalho literário, científico ou artístico. **6.** A produção total dum escritor, cientista, etc. **7.** Ato ou efeito de obrar ou defecar.

o.bra-pri.ma [*Obra* + o f. de *primo*².] *sf.* **1.** A melhor e/ou a mais benfeita obra de uma época, um gênero, um estilo ou um autor. **2.** Obra perfeita. [Pl.: *obras-primas*.]

o.brar [Lat. *operare*.◨1A] *vtd*. **1.** Fazer, executar. **2.** Produzir. *ti.* **3.** Trabalhar, agir. *int.* **4.** Realizar uma ação; agir. **5.** Defecar. [C.: 1 (ó)]

o.brei.ro [Lat. *operariu*.◨25] *adj. sm.* V. *operário*.

o.bri.ga.ção [Lat. *obligatione*.◨2A] *sf.* **1.** Imposição moral, legal, etc. que impele alguém a uma ação. **2.** Benefício ou favor recebido ou feito. **3.** Dever, encargo a que se está sujeito. **4.** Serviço, tarefa de que se está encarregado. **5.** Escrita pela qual alguém se obriga ao pagamento de uma dívida, ao cumprimento dum contrato, etc. [Pl.: *-ções*.]

o.bri.ga.do [Lat. *obligatu*.◨17A] *adj*. **1.** Imposto por lei, pelo uso, pela convenção, etc.; obrigatório. **2.** Que se sente em débito, por gentileza ou favor recebido; grato, agradecido. **3.** Sujeito a dívida. **4.** V. *forçado* (1).

o.bri.gar [Lat. *obligare*.◨1A] *vtdi*. **1.** Pôr na obrigação, no dever. **2.** Fazer ou impor que faça; forçar, compelir: *Obrigou-a a correr*. **3.** Gerar a necessidade de ou estimular a: *A leitura obrigou-o a pensar*. **4.** Empenhar (a palavra). **5.** Determinar como condição moral; preceituar, impor. *p.* **6.** Aceitar ou assumir um compromisso, como se o fizesse por força de lei. **7.** Responsabilizar-se por. **8.** Forçar-se: *Obrigou-se a estudar*. [C.: 1C]

o.bri.ga.tó.ri:o [Lat. *obligatoriu*.◨23A] *adj*. **1.** Que envolve obrigação; que obriga. **2.** Obrigado (1). § **o.bri.ga.to.ri.e.da.de** *sf.*

obs.ce.no [Lat. *obscenu*.] *adj*. **1.** Que fere o pudor; impuro, desonesto. **2.** Que profere ou escreve coisas obscenas. § **obs.ce.ni.da.de** *sf.*

obs.cu.ran.tis.mo [*Obscurante*.◨11] *sm.* **1.** Ausência de conhecimento; ignorância. **2.** Posição ou política contrária ao conhecimento, ao esclarecimento. § **obs.cu.ran.tis.ta** *adj2g. s2g.*

obs.cu.re.cer [*Obscuro*.◨1P] *vtd*. **1.** Tornar obscuro. **2.** Perturbar, confundir: *obscurecer o pensamento*. **3.** Encobrir. *int. e p.* **4.** Tornar-se obscuro. **5.** Tornar-se sombrio, ou triste. **6.** Tornar-se menos inteligível, compreensível. [C.: 2A (ê-é)] § **obs.cu.re.ci.men.to** *sm.*

obs.cu.ro [Lat. *obscuru*.] *adj*. **1.** Falto de luz; escuro. **2.** Sombrio, tenebroso. **3.** Difícil de entender; confuso. **4.** Desconhecido, ignorado. **5.** Humilde, pobre; sem notoriedade ou prestígio. § **obs.cu.ri.da.de** *sf.*

ob.se.dar [Do fr. *obséder*.◨1A] *vtd*. Apoderar-se (uma ideia) do espírito de (alguém), sem lhe dar descanso; obcecar. [C.: 1 (é)] § **ob.se.dan.te** *adj2g.*

ob.se.qui.ar (ze) [*Obséquio*.◨1A] *vtd*. **1.** Prestar obséquios, serviços a. **2.** Presentear. *tdi.* **3.** Obsequiar (2). [C.: 1 (B.) ou 13 (P.)]

obséquio | ocasionar

ob.sé.qui.o (zé) [Lat. *obsequiu*.] *sm.* 1. Ato de obsequiar. 2. Favor, serviço.

ob.se.qui.o.so (zè...ô) [Lat. *obsequiosu*. ▪37] *adj.* Que gosta de obsequiar; serviçal. [Pl.: *-osos* (ó).] § **ob.se.qui.o.si.da.de** (ze) *sf.*

ob.ser.va.ção [Lat. *observatione*. ▪2A] *sf.* 1. Ato ou efeito de observar(-se). 2. Cumprimento, prática de lei, norma, etc. 3. Exame de fenômeno, fato, etc. 4. Registro escrito ou oral que resulta de exame ou estudo. 5. Palavras de advertência. [Pl.: *-ções*.]

ob.ser.vân.ci.a [Lat. *observantia*. ▪9] *sf.* 1. Execução fiel; prática. 2. Cumprimento rigoroso das regras e disciplina da vida claustral.

ob.ser.var [Lat. *observare*. ▪1A] *vtd.* 1. Examinar miudamente; estudar. 2. Espiar, espreitar. 3. Cumprir ou respeitar as prescrições ou os preceitos de. 4. Notar (3). *tdi.* 5. Fazer ver; advertir. 6. Notar, verificar. *int.* 7. Examinar atentamente a(s) pessoa(s) e/ou o ambiente que a(s) cerca. *p.* 8. Vigiar as próprias ações. [C.: 1 (é)] § **ob.ser.va.dor** (ô) *adj. sm.*

ob.ser.va.tó.ri.o [*Observar*. ▪23A] *sm.* 1. Instituição ou serviço de observações astronômicas ou meteorológicas. 2. Edifício onde funciona.

ob.ser.vá.vel [Lat. *observabile*. ▪41] *adj2g.* 1. Que pode ou merece ser observado. 2. Diz-se de grandeza que é passível de uma medida direta. [Pl.: *-veis*.]

ob.ses.são [Lat. *obsessione*. ▪2] *sf.* 1. Ação de atormentar, de perseguir. 2. *Psiq.* Sentimento ou ideia que, gerando angústia, se impõe à consciência de um indivíduo. [Pl.: *-sões*.]

ob.ses.si.vo [*Obsesso*. ▪22] *adj.* Que causa, ou em que há obsessão.

ob.ses.si.vo-com.pul.si.vo *adj. Psiq.* Em que há obsessão (2) compulsiva. [Pl.: *obsessivo-compulsivos*.]

ob.so.le.to (é) [Lat. *obsoletu*.] *adj.* Que caiu em desuso.

obs.ta.cu.li.zar [*Obstáculo*. ▪1D] *vtd. Bras.* Criar obstáculos, dificuldades a. [C.: 1]

obs.tá.cu.lo [Lat. *obstaculu*.] *sm.* 1. Aquilo que impede ou dificulta; empecilho, óbice. 2. Cada uma das diferentes barreiras dispostas em pista de corridas.

obs.tan.te [Lat. *obstante*. ▪21] *adj2g.* Que obsta. ◆ **Não obstante.** 1. V. *apesar de*. 2. No entanto; contudo.

obs.tar [Lat. *obstare*. ▪1A] *vtd. e ti.* Causar embaraço ou impedimento (a). [C.: 1 (ó)]

obs.te.tra [Deduz. de *obstetriz* (do lat. *obstetrice*).] *s2g. Med.* Especialista em obstetrícia.

obs.te.trí.ci.a [F.subst. de *obstetrício*, 'relativo ao parto'.] *sf. Med.* Ramo da cirurgia que se ocupa da gravidez e do parto. § **obs.té.tri.co** *adj.*

obs.ti.na.ção [Lat. *obstinatione*. ▪2A] *sf.* Ação, comportamento daquele que é obstinado. [Pl.: *-ções*.]

obs.ti.na.do [Lat. *obstinatu*. ▪17A] *adj.* 1. Que se aferra a uma ideia, uma opinião, um plano, etc. 2. Que não se deixa dissuadir; irredutível. 3. Que é birrento, teimoso.

obs.ti.nar [Lat. *obstinare*. ▪1A] *vtd. e p.* Tornar(-se) ou mostrar(-se) obstinado. [C.: 1]

obs.tru.ção [Lat. *obstructione*. ▪2] *sf.* 1. Ato ou efeito de obstruir. 2. *Bras. Fig.* Oposição propositada. [Pl.: *-ções*.]

obs.tru.ir [Lat. *obstruere*. ▪1C] *vtd.* 1. Fechar; tapar. 2. Impedir com obstáculo a passagem ou a circulação de. *p.* 3. Fechar-se. [C.: 42]

ob.tem.pe.rar [Lat. *obtemperare*. ▪1A] *vtd. e tdi.* 1. Dizer em resposta, com humildade e modéstia. *ti. e int.* 2. Obedecer, aquiescer. [C.: 1 (é)]

ob.ten.ção [*Obter* + *-ção*, por anal. com *reter/retenção*, etc. ▪2A] *sf.* Ato ou efeito de obter. [Pl.: *-ções*.]

ob.ten.tor (ô) [Lat. *obtentus* + *-or*. ▪19] *adj. sm.* Que, ou aquele que obtém.

ob.ter [Lat. *obtinere*. ▪1B] *vtd.* 1. Alcançar, conseguir (o que se pede ou deseja). 2. Ganhar, granjear. 3. Conseguir; conquistar. *tdi.* 4. Obter (1 e 3). [C.: 15]

ob.tu.ra.ção [Lat. *obturatione*. ▪2A] *sf.* 1. Ato ou efeito de obturar. 2. *Odont.* Obstrução, com fim terapêutico, de cavidade dentária resultante de cárie. [Pl.: *-ções*.]

ob.tu.ra.dor (ô) [*Obturar*. ▪19A] *adj.* 1. Que obtura. ● *sm.* 2. Aquilo que serve para obturar. 3. *Fot.* Dispositivo de câmara fotográfica que regula o tempo de exposição de filme sensível.

ob.tu.rar [Lat. *obturare*. ▪1A] *vtd.* 1. Tapar, fechar. 2. *Cir. Odont.* Obstruir (cavidade dentária ou óssea). [C.: 1]

ob.tu.so [Lat. *obtusu*.] *adj.* 1. Que não é agudo; rombo. 2. Rude, bronco. 3. *Geom.* Diz-se do ângulo que tem abertura maior que a do ângulo reto. § **ob.tu.si.da.de** *sf.*

o.bum.brar [Lat. *obumbrare*. ▪1A] *vtd. e p.* Cobrir(-se) de sombras; nublar(-se). [C.: 1. Norm. é unipess.] § **o.bum.bra.ção** *sf.*

o.bus [Fr. *obus*.] *sm.* 1. Pequena peça de artilharia semelhante a um morteiro comprido. 2. Projetil lançado por ela.

ob.vi.ar [Lat. *obviare*. ▪1A] *vtd.* 1. Remediar, prevenir, atalhar. *ti.* 2. Obstar, opor-se. [C.: 1]

ób.vi.o [Lat. *obviu*.] *adj.* Que salta à vista; manifesto, claro.

o.ca [Do tupi.] *sf. Bras.* Palhoça de índios.

o.ca.ra [Do tupi.] *sf. Bras.* Terreiro de aldeia indígena.

o.ca.ri.na [It. *ocarina*.] *sf.* Instrumento de sopro, oval, ger. feito de barro. § **o.ca.ri.nis.ta** *s2g.*

o.ca.si.ão [Lat. *occasione*. ▪2] *sf.* 1. Oportunidade para a realização de algo. 2. Momento; circunstância. 3. Tempo em que ocorre algo. [Pl.: *-ões*.] ◆ **De ocasião.** Especialmente bom; vantajoso: *preço de ocasião*.

o.ca.si.o.nal [*Ocasião* (*-sion-*). ▪39] *adj2g.* Casual, eventual. [Pl.: *-nais*.]

o.ca.si.o.nar [*Ocasião* (*-sion-*) + *-ar²*. ▪1A] *vtd.* 1. Causar, motivar. *tdi.* 2. Ocasionar (1). 3. Oferecer, proporcionar. *p.* 4. Suceder, ocorrer. [C.: 1]

o.ca.so [Lat. *occasu*.] *sm.* **1.** Desaparecimento de um astro no horizonte, do lado oeste. **2.** V. *ocidente* (1). **3.** Termo, fim.

oc.ci.pi.tal [Lat.med. *occipitale*.◘39] *adj2g. sm. Anat.* Diz-se de, ou osso único situado na parte posterior e inferior do crânio. [Pl.: *-tais*.]

oc.ci.ta.no *adj. sm. E.Ling.* Diz-se de, ou dialeto falado no vale do rio Ródano (França) e a leste desse rio.

o.ce.â.ni.co [*Oceano*.◘35B] *adj.* **1.** Do oceano. **2.** Da Oceania.

o.ce.a.no [Lat. *Oceanu*, do gr.] *sm.* **1.** A vasta extensão de águas salgadas que cobre a maior parte da Terra; mar. **2.** Cada uma das grandes porções em que se dividem essas águas: o Pacífico, o Atlântico, o Índico, o Glacial Ártico e o Glacial Antártico.

o.ce.a.no.gra.fi.a [*Oceano* + *-grafia*.] *sf.* Estudo das características físicas e biológicas dos oceanos e dos mares. § **o.ce:a.no.grá.fi.co** *adj.*

o.ci.den.tal [Lat. *occidentale*.◘39] *adj2g.* **1.** Do Ocidente. **2.** Que habita as regiões do Ocidente. ● *s2g.* **3.** O natural ou habitante dele. [Pl.: *-tais*.]

o.ci.den.ta.li.zar [*Ocidental*.◘1D] *vtd. e p.* Dar características ocidentais a, ou adquiri-las. [C.: 1]

o.ci.den.te [Lat. *occidente*.] *sm.* **1.** O lado onde se vê o desaparecimento do Sol; poente, ocaso. **2.** V. *oeste* (1). **3.** A região do hemisfério terrestre que fica ao poente. [Com inicial maiúsc., nesta acepç.]

ó.cio [Lat. *otiu*.] *sm.* **1.** Descanso de trabalho. **2.** Tempo que se passa desocupado; vagar, ociosidade. **3.** Falta de trabalho, de ocupação.

o.ci.o.si.da.de [Lat. *otiositate*.◘14] *sf.* V. *ócio* (2).

o.ci.o.so (ó) [Lat. *otiosu*.◘37] *adj.* **1.** Que não trabalha; desocupado. **2.** Em que há ócio. **3.** Preguiçoso, vadio. [Pl.: *-osos* (ó).]

o.clu.ir [Lat. *occludere*.◘1C] *vtd.* Provocar a oclusão, o fechamento, de. [C.: 42] § **o.clu.í.do** *adj.*

o.clu.são [Lat. *occlusione*.◘2] *sf.* **1.** Ato de fechar, ou estado do que se acha fechado; fechamento. **2.** *Med.* Obliteração de ducto, de orifício ou de interior de órgão devida a causas diversas. [Pl.: *-sões*.]

o.clu.si.vo [Lat. *occlusus* + *-ivo*.◘22] *adj.* Que produz oclusão.

o.clu.so [Lat. *occlusu*.] *adj.* Em que há oclusão; fechado.

o.co (ô) [Dev. de *ocar*, do lat. *occare*.] *adj.* **1.** Sem medula ou miolo. **2.** Vazio, vão. **3.** Sem valor ou importância. ● *sm.* **4.** Lugar oco.

o.cor.rên.ci:a [*Ocorrer*.◘10] *sf.* **1.** Aquilo que ocorre, acontece; acontecimento, sucesso. **2.** Circunstância, ocasião.

o.cor.rer [Lat. *occurrere*.◘1B] *v.int.* **1.** Acontecer, suceder. **2.** Aparecer, sobrevir. **3.** Vir à memória ou ao pensamento. *ti.* **4.** Ocorrer (1). **5.** Vir ao encontro, ao auxílio; aparecer: *Ocorreram ao seu chamado.* **6.** Ocorrer (3): *Esta ideia não me ocorreu. tc.* **7.** Vir a algum lugar. [C.: 2 (ô-ó)] § **o.cor.ri.do** *adj.*

o.cra ou **o.cre** [Lat. *ochra*.] *sf.* **1.** Argila de várias tonalidades pardacentas (vermelhas, amarelas, castanhas), us. em pintura. ● *sm.* **2.** Cada uma dessas tonalidades.

oc.ta.cam.pe.ão [*Octa-* + *campeão*.] *adj. sm.* V. *octocampeão*. [Pl.: *-ões*. Fem.: *octacampeã*.]

oc.ta.cam.pe.o.na.to [*Octa-* + *campeonato*.] *sm.* V. *octocampeonato*.

oc.ta.e.dro [Gr. *oktáedros*.] *sm. Geom.* Poliedro de 8 faces.

oc.ta.na [*Oct*(o)- + *-ana*².] *sf. Quím.* V. *octano*.

oc.ta.no [De *octana*.] *sm. Quím.* Alcano que contém 8 átomos de carbono, líquido, e que é um dos componentes principais da gasolina.

oc.ti.lhão ou **oc.ti.li.ão** [*Oct*(o)- + *-ilhão* ou *-ilião*.] *num.* Mil setilhões; 10 elevado à 27.ª potência. [Pl.: *octilhões* ou *octiliões*.]

oc.tin.gen.té.si.mo [Lat. *octingentesimu*.] *num.* **1.** Ordinal correspondente a 800. **2.** Fracionário correspondente a 800.

oc.to.cam.pe.ão [*Oct*(o)- + *campeão*.] *adj. sm.* Diz-se de, ou clube, equipe, grupo ou atleta que foi campeão por 8 vezes, seguidas ou não. [Pl.: *-ões*. Fem.: *octocampeã*.]

oc.to.cam.pe:o.na.to [*Oct*(o)- + *campeonato*.] *sm.* Campeonato (2) obtido por um mesmo disputante pela oitava vez, consecutiva ou não.

oc.to.ge.ná.ri:o [Lat. *octogenariu*.◘24] *adj. sm.* Que, ou quem está na casa dos 80 anos de idade.

oc.to.gé.si.mo (zi) [Lat. *octogesimu*.] *num.* Ordinal e fracionário correspondente a 80.

oc.tó.go.no [Lat. *octogonu*.] *sm. Geom.* Polígono de 8 lados. § **oc.to.go.nal** *adj2g.*

oc.tó.po.de [*Oct*(o)- + *-pode*.] *adj2g. sm. Zool.* Diz-se de, ou espécime dos octópodes, ordem de moluscos cefalópodes com 8 tentáculos longos. Ex.: argonauta, polvo.

oc.tos.sí.la.bo [Lat. *octosyllabu*.] *adj.* **1.** Que tem 8 sílabas. ● *sm.* **2.** Vocábulo ou verso de 8 sílabas.

óc.tu.plo *num.* **1.** Que é 8 vezes maior que outro. ● *sm.* **2.** Quantidade 8 vezes maior que outra.

o.cu.lar¹ [F.subst. de *ocular*² (entenda-se *lente*).] *sf.* A parte dum instrumento óptico destinada a aumentar o ângulo de observação da imagem formada pela objetiva.

o.cu.lar² [Lat. *oculare*.] *adj2g.* Relativo a olho(s), ou a vista.

o.cu.lis.ta [*Óculos*.◘36] *s2g.* Oftalmologista.

ó.cu.lo [Lat. *oculu*.] *sm.* **1.** Instrumento que permite boa visão a longa distância, formado de um ou vários tubos encaixados entre si, com lentes de aumento; luneta. **2.** Qualquer instrumento (binóculo, telescópio, etc.) com lente para auxiliar e ampliar a visão. **3.** Abertura circular, provida ou não de vidro.

ó.cu.los [Pl. de *óculo*.] *smpl.* Objeto composto de lentes encaixadas numa armação, com hastes que as prendem ao pavilhão da orelha, e cavalete que repousa sobre o nariz, e que serve, ger., para correção visual.

ocultar | oferecer

o.cul.tar [Lat. *occultare*.⬜1A] *vtd. e tdi.* **1.** Encobrir, esconder. **2.** Não revelar. *p.* **3.** Esconder-se. [C.: 1] § **o.cul.ta.ção** *sf.*

o.cul.tas *el. sf. pl.* Us. na loc. adv. *às ocultas*. ◆ **Às ocultas**. De modo oculto; à socapa, a furto, em surdina.

o.cul.tis.mo [*Oculto*.⬜11] *sm.* Ciência dos fenômenos que parecem não poder ser explicados pelas leis naturais; esoterismo. § **o.cul.tis.ta** *adj2g. s2g.*

o.cul.to [Lat. *occultu*.] *adj.* **1.** Escondido, encoberto; recôndito. **2.** Não manifesto; secreto. **3.** Misterioso, sobrenatural.

o.cu.pa.ção [Lat. *occupatione*.⬜2A] *sf.* **1.** Ato de ocupar(-se). **2.** Atividade, serviço ou trabalho manual ou intelectual. [Pl.: *-ções*.]

o.cu.pa.ci:o.nal [*Ocupação(-cion)-*.⬜39] *adj2g.* Relativo a trabalho, a ocupação. [Pl.: *-nais*.]

o.cu.par [Lat. *occupare*.⬜1A] *vtd.* **1.** Estar ou ficar na posse de. **2.** Tomar posse de. **3.** Tomar (um lugar) à força; invadir, conquistar. **4.** Habitar. **5.** Preencher: *A arte ocupa a sua vida*. **6.** Empregar, aproveitar. **7.** Dar trabalho ou ocupação a. **8.** Tomar (tempo); levar. *tdi.* **9.** Ocupar (6 e 7). *p.* **10.** Dedicar-se a; cuidar de: *ocupar-se com* (ou *de*) *leituras*. **11.** Tratar. [C.: 1] § **o.cu.pa.do** *adj.*; **o.cu.pan.te** *adj2g. s2g.*

o.da.lis.ca [Fr. *odalisque*, do turco.] *sf.* Mulher de harém.

o.de [Lat. *ode*, do gr.] *sf.* Composição poética de caráter lírico.

o.di.ar [*Ódio*.⬜1A] *vtd. e int.* **1.** Ter ódio ou profunda aversão a; detestar. *p.* **2.** Sentir ódio de si mesmo. **3.** Ter ódio recíproco. [C.: 13]

o.di.en.to [*Ódio*.⬜27] *adj.* **1.** Que revela ódio. **2.** Que tem ódio; rancoroso.

ó.di:o [Lat. *odiu*.] *sm.* **1.** Paixão que impele a causar ou desejar mal a alguém; raiva, ira. **2.** Aversão a pessoa, atitude, coisa, etc.

o.di.o.so (ô) [Lat. *odiosu*.⬜37] *adj.* **1.** Digno de ódio; execrável. **2.** Que o inspira; repulsivo. [Pl.: *-osos* (ó).] § **o.di:o.si.da.de** *sf.*

o.dis.sei.a (éi) [Gr. *Odýsseia*, pelo lat. *Odyssea*.] *sf.* **1.** Viagem cheia de peripécias e aventuras. **2.** Série de complicações ou ocorrências variadas e inesperadas.

o.do.na.to [Tax. *Odonata*.] *adj. sm. Zool.* Diz-se de, ou espécime dos odonatos, ordem de insetos de corpo delgado, 2 pares de asas membranosas, transparentes, e olhos proeminentes. Ex.: libélula.

o.don.to.ge.ri.a.tri.a [*Odont(o)-* + *geriatria*.] *sf.* Ramo da odontologia especializado em tratar de pacientes idosos. § **o.don.to.ge.ri.á.tri.ca** *s2g.*; **o.don.to.ge.ri.á.tri.co** *adj.*

o.don.to.lo.gi.a [*Odont(o)-* + *-logia*.] *sf.* Parte da medicina que estuda os dentes. § **o.don.to.lo.gis.ta** *s2g.*

o.don.to.pe.di.a.tri.a [*Odont(o)-* + *pediatria*.] *sf.* Ramo da odontologia especializado em tratar de crianças. § **o.don.to.pe.di.a.tra** *s2g.*; **o.don.to.pe.di.á.tri.co** *adj.*

o.dor (ô) [Lat. *odore*.] *sm.* **1.** Impressão produzida no olfato pelas emanações voláteis dos corpos; cheiro. **2.** Cheiro agradável; aroma.

o.do.ran.te [Lat. *odorante*.⬜21] *adj2g.* Que exala odor (2); odorífero, olente.

o.do.rí.fe.ro [Lat. *odoriferu*.] *adj.* V. *odorante*.

o.dre (ô) [Lat. *utre*.] *sm.* Saco feito de pele, para transportar líquidos.

■ **OEA** Sigla de *Organização dos Estados Americanos*.

o.és-no.ro.es.te [*Oés*, f.red. de *oeste*, + *noroeste*.] *sm.* **1.** Ponto do horizonte situado entre O. e N.O. **2.** Vento que sopra desse ponto. **3.** Região ou regiões situadas a oés-noroeste (1). ● *adj2g.* **4.** Situado a oés-noroeste (1), ou dele procedente. [Abrev. de 1 e 3: *O.N.O.* ou *W.N.W.* Pl.: *oés-noroestes*.]

o.és-su.do.es.te [*Oés*, f.red. de *oeste*, + *sudoeste*.] *sm.* **1.** Ponto do horizonte situado entre O. e S.O. **2.** Vento que sopra desse ponto. **3.** Região ou regiões situadas a oés-sudoeste (1). ● *adj2g.* **4.** Situado a oés-sudoeste (1), ou dele procedente. [Abrev. de 1 e 3: *O.S.O.* ou *W.S.W.* Pl.: *oés-sudoestes*.]

o.es.te [Fr. *ouest*, do anglo-saxão *west*.] *sm.* **1.** Ponto cardeal (q.v.) situado à esquerda do observador voltado para o norte (1); ocidente, poente. [Abrev.: *O.* ou *W.*] **2.** O vento que sopra daí. **3.** Região ou regiões situadas a oeste (1). [Com inicial maiúsc. nesta acepç.] ● *adj2g.* **4.** Situado a oeste (1), ou dele procedente.

o.fe.gar [Lat. *offocare*.⬜1A] *v.int.* Respirar a custo e com ruído, por efeito de cansaço; arquejar. [C.: 1C (é)] § **o.fe.gan.te** *adj2g.*

o.fen.der [Lat. *offendere*.⬜1B] *vtd.* **1.** Fazer mal a. **2.** Ferir ou atacar em combate. **3.** Fazer ofensa (1) a; injuriar: *Não quero ofendê-lo*. [Os pron. certos para a(s) terceira(s) pess., neste caso, são: *o(s)*, *a(s)*; e não *lhe(s)*.] **4.** Ir contra as regras ou os preceitos de: *atos que ofendem a moral*. **5.** Desgostar, magoar. *int.* **6.** Fazer ofensa. *p.* **7.** Considerar-se insultado, injuriado, ultrajado. [C.: 2]

o.fen.di.do [Part. de *ofender*.] *adj.* Que sofreu ofensa, injúria, insulto; injuriado, insultado.

o.fen.sa [Lat. *offensa*.] *sf.* **1.** Ação de ferir ou magoar alguém com palavra(s) ou ato(s). **2.** Violação de regras.

o.fen.si.va [F.subst. de *ofensivo*.] *sf.* **1.** Ato ou situação de quem ataca. **2.** Iniciativa no ataque.

o.fen.si.vo [Lat. *offensus* + *-ivo*.⬜22] *adj.* Próprio para ofender, ou atacar.

o.fen.sor (ô) [Lat. *offensore*.⬜19] *adj. sm.* Que, ou aquele que ofende.

o.fe.re.cer [Lat. **offerescere*.⬜1P] *vtd.* **1.** Apresentar ou propor para que seja aceito. **2.** Apresentar para algum fim; pôr à disposição. **3.** Proporcionar, dar. **4.** Expor, exibir. *tdi.* **5.** Dar como oferta, mimo ou presente. **6.** Oferecer (2 e 4). **7.** Imolar (3). *p.* **8.** Apresentar-se. **9.** Prestar-se a. **10.** Dar-se, entregar-se. [C.: 2A (ê-é)] § **o.fe.re.ci.do** *adj.*

o.fe.re.ci.men.to [*Oferecer*. ▫3A] *sm.* Ato ou efeito de oferecer.

o.fe.ren.da [Lat. *offerenda*.] *sf.* Aquilo que se oferece; presente, dádiva, oferta.

o.fer.ta [Lat. **offerta*.] *sf.* 1. Ato de oferecer(-se); oferecimento. 2. V. *oferenda*. 3. *Econ.* Quantidade de mercadoria ou serviço à venda, a determinado preço.

o.fer.tar [*Oferta*. ▫1A] *vtd. e tdi.* 1. Dar como oferta; oferecer. *p.* 2. Oferecer-se. [C.: 1 (é)]

➔ **office-boy** (ófici-bói) [Ingl.] V. *bói*.

➔ **off-line** (ófi-láini) [Ingl.] *adv.* 1. Sem conexão com, ou entre, sistemas de transmissão e/ou processamento de informação. • *adj2g2n.* 2. Diz-se de dispositivo, etc., que se encontra desconectado do sistema, ou inacessível a ele.

➔ **off-road** (ófi-rôudi) [Ingl.] *adj2g2n. sm.* Diz-se de, ou veículo próprio para estradas não pavimentadas, terrenos acidentados, desertos, etc.

➔ **offshore** (ófi-chór) [Ingl.] *adj2g2n.* 1. Situado ou realizado em alto-mar: *poços offshore, pesquisa offshore.* 2. Que atende às necessidades das plataformas de petróleo e gás: *navios offshore.* 3. Diz-se de empresa que tem sede ou base de operações no exterior.

o.fi.ci.al [Lat. *officiale*. ▫39] *adj2g.* 1. Relativo a, ou proposto por autoridade, ou emanado dela. 2. Relativo aos altos funcionários do Estado. 3. Referente ao funcionalismo público; burocrático. • *s2g.sm.* 4. Quem tem um ofício ou emprego. 5. Na hierarquia judicial ou administrativa, profissional a quem cabe fazer citações, intimações, etc. 6. Qualquer militar das forças armadas ou da polícia que exerce certo grau de comando e de nível hierárquico acima de aspirante (no Exército, na Aeronáutica e na Polícia Militar) ou de guarda-marinha (na Marinha de Guerra). [Na Marinha Mercante, são considerados oficiais: os capitães de longo curso e de cabotagem, os oficiais superiores de máquinas e os 1os e 2os oficiais de náutica, de máquinas e de radiocomunicações; e, no grupo dos fluviários: o capitão fluvial, o piloto fluvial e o supervisor maquinista motorista fluvial.] [Cf. *hierarquia militar.* Pl.: *-ais*. Fem. do sm.: *oficiala*.]

o.fi.ci.a.la.to [*Oficial*. ▫18] *sm.* Condição ou dignidade de oficial militar.

o.fi.ci.al-ge.ne.ral *sm.* Designação comum a todos os oficiais de posto superior a coronel (no Exército ou na Aeronáutica) ou a capitão de mar e guerra (na Marinha de Guerra). [Pl.: *oficiais-generais.*]

o.fi.ci.a.li.da.de [Lat. *officialitate*. ▫14] *sf.* Conjunto de oficiais [v. *oficial* (6)].

o.fi.ci:a.li.za.do [*Oficializar*. ▫17A] *adj.* 1. Que se oficializou; tornado oficial. 2. Consagrado pelo uso; sancionado.

o.fi.ci:a.li.zar [*Oficial*. ▫1D] *vtd.* Dar sanção ou caráter oficial a; tornar oficial. [C.: 1A] § **o.fi.ci:a.li.za.ção** *sf.*

o.fi.ci.ar [*Ofício*. ▫1A] *v.int.* 1. Celebrar o ofício religioso. *td.* 2. Ajudar a celebrar (a missa). [C.: 1] § **o.fi.ci.an.te** *adj2g. s2g.*

o.fi.ci.na [Lat. *officina*.] *sf.* 1. Lugar onde se exerce um ofício. 2. Lugar onde se consertam veículos automóveis.

o.fí.ci:o [Lat. *officiu*, 'dever'.] *sm.* 1. Ocupação, função, mister. 2. V. *profissão* (2). 3. Incumbência, missão. 4. Conjunto de orações e cerimônias religiosas. 5. Cargo público ou oficial. 6. Cartório, tabelionato. 7. Comunicação escrita e formal entre autoridades da mesma categoria, ou de inferiores a superiores hierárquicos.

o.fi.ci.o.so (ó) [Lat. *offisiosu*. ▫37] *adj.* 1. Obsequioso, servical. 2. Que, embora sem formalidade oficial, provém de fontes oficiais. [Pl.: *-osos* (ó).]

o.fí.di.co [*Ofid-* + *-ico*². ▫35B] *adj.* Relativo a serpente.

o.fí.di:o [Gr. *ophídion*.] *sm. Zool.* Serpente (1 e 2).

o.fi.ó.fa.go [Gr. *ophiophágos*.] *adj. sm.* Que, ou aquele que se alimenta de serpentes, de cobras.

of.se.te [Ingl. *offset*.] *sm.* Método de impressão indireta em que a imagem ou os caracteres gravados são transferidos para o papel por intermédio de um cilindro de borracha.

of.tal.mi.a [Gr. *ophthalmía*. ▫8A] *sf. Med.* Inflamação grave no olho, ou em suas imediações.

of.tál.mi.co [Gr. *ophthalmikós*. ▫35B] *Med. adj.* 1. De, ou relativo ao(s) olho(s). 2. Us. contra oftalmia. • *sm.* 3. Medicamento contra oftalmia.

of.tal.mo.lo.gi.a [*Oftalm(o)-* + *-logia*.] *sf.* Parte da medicina que se ocupa do estudo dos olhos.

of.tal.mo.lo.gis.ta [*Oftalmologia*. ▫36] *s2g.* Especialista em oftalmologia; oculista.

of.tal.mo.pa.ti.a [*Oftalm(o)-* + *-patia*.] *sf.* Qualquer doença do olho.

o.fu.rô [Do jap.] *sm.* Banheira de madeira, grande, coletiva, familiar, us. para banhos relaxantes, em que a água, entre 36 e 40°C, cobre os ombros de uma pessoa sentada. [No Brasil, vem sendo us. para fins terapêuticos, individualmente.]

o.fus.car [Lat. *offuscare*. ▫1A] *vtd.* 1. Impedir de ver ou de ser visto; ocultar. 2. Turvar a vista a. 3. Tornar menos claro ou menos perceptível. *int.* 4. Turvar a vista. *p.* 5. Obscurecer-se. 6. Perder o brilho, o prestígio, etc.; apagar-se. [C.: 1A] § **o.fus.can.te** *adj2g.*

o.gi.va [Fr. *ogive*.] *sf.* 1. *Arquit.* Figura típica das abóbadas góticas, formada pelo cruzamento de 2 arcos iguais que se cortam superiormente. 2. Parte frontal afilada de um projetil, foguete ou veículo espacial, e que, ger., leva a carga útil.

o.gi.val [*Ogiva*. ▫39] *adj2g.* De, ou em forma de ogiva. [Pl.: *-vais*.]

o.gum [Do ior.] *sm. Bras. Rel.* Orixá masculino, guerreiro, a quem se atribui o ensino da metalurgia aos homens. [Com inicial maiúsc.]

oh [Lat. *o*.] *interj.* Exprime espanto, surpresa, alegria, repugnância, etc.

→ ohm | oligarquia

→ ohm (om) [Antr. (*Georg Simon*) *Ohm* (1787-1854), físico alemão.] *sm. Eletr.* Unidade de medida de resistência elétrica no SI [símb.: *W*]. [Pl.: *ohms*.] § **ôh.mi.co** *adj.*

oh.mí.me.tro [*Ohm* + -*i*- + -*metro*.] *sm. Eng. Elétr.* Instrumento com que se mede a resistência elétrica de um componente de circuito.

oi *interj.* **1.** *Bras.* Exprime espanto, chamamento, resposta ao apelo do nome. **2.** Saudação jovial.

oi.tão ou **ou.tão** [Lat. *altanu.*] *sm.* **1.** Cada uma das paredes laterais da casa, situadas nas linhas de divisa do lote. **2.** Cada um dos espaços laterais dum edifício. [Pl.: -*tões*.]

oi.ta.va [Lat. *octava.*] *sf.* **1.** Cada uma das 8 partes iguais em que se divide um todo. **2.** *Mús.* Intervalo de 8 graus entre 2 notas do mesmo nome. **3.** Estrofe de 8 versos.

oi.ta.va.do [*Oitavar*.◨17A] *adj.* Que tem 8 faces.

oi.ta.vo [Lat. *octavu.*] *num.* **1.** Ordinal correspondente a 8. **2.** Fracionário correspondente a 8.

oi.ten.ta [Lat.vulg. *octaginta*.] *num.* **1.** Quantidade que é uma unidade maior que 79. **2.** Número (1) correspondente a essa unidade. [Representa-se em algarismos arábicos por 80, e em romanos, por LXXX.]

oi.ti [Do tupi.] *sm. Bras. Bot.* Árvore crisobalanácea de frutos edules.

oi.ti.ci.ca [Do tupi.] *sf. Bras. Bot.* Árvore crisobalanácea, com propriedades medicinais.

oi.to [Lat. *octo.*] *num.* **1.** Quantidade que é uma unidade maior que 7. **2.** Número (1) correspondente a essa quantidade. [Representa-se em algarismo arábico por 8, e em romanos, por VIII.]

oi.to.cen.té.si.mo *num.* Octingentésimo.

oi.to.cen.tos [*Oito* + o pl. de *cento*.] *num.* **1.** Quantidade que é uma unidade maior que 799. **2.** Número (1) correspondente a essa quantidade. [Representa-se em algarismos arábicos por 800, e em romanos, por DCCC.]

o.je.ri.za [Esp. *ojeriza*.] *sf.* Aversão, antipatia (a pessoa ou coisa).

o.la [Esp. *ola*.] *sf. Pop.* Em estádio, movimento festivo realizado pelos torcedores, que, com os braços erguidos, evoluem à maneira das ondas do mar.

o.lá *interj.* Serve para chamar, para saudar, e indicar espanto; olé.

o.la.ri.a [*Ola* (ó), 'panela de barro'.◨15] *sf.* Fábrica de louça de barro, manilhas, tijolos e telhas.

o.lé [Esp. *olé*.] *interj.* **1.** Olá. **2.** Exprime afirmação.

o.le.á.ce:a [Tax. *Oleaceae*.] *sf. Bot.* Espécime das oleáceas, família de plantas superiores, lenhosas, dos climas temperados. Ex.: a oliveira. § **o.le.á.ce:o** *adj.*

o.le.a.do [*Olear*.◨17A] *sm.* Tecido grosso tratado com impermeabilizante; encerado.

o.le:a.gi.no.so (ó) [Lat. *oleagina*, 'oliveira'.◨37] *adj.* Que contém óleo. [Pl.: -*nosos* (ó).]

o.le.ar [*Óleo*.◨1A] *vtd.* Cobrir ou untar de óleo. [C.: 12A]

o.lei.ro [*Ola* (ó).◨25] *sm.* Aquele que trabalha em olaria.

o.len.te [Lat. *olente*.◨21] *adj2g.* V. *odorante*.

ó.le:o [Lat. *oleu*.] *sm.* **1.** Nome comum a substâncias ger. viscosas e inflamáveis, insolúveis em água, de origem animal ou vegetal. **2.** O petróleo, e alguns de seus derivados, como, p.ex., o óleo *diesel*. **3.** Perfume oleoso; essência. **4.** *Bras.* V. *cachaça* (2). ♦ **Óleo essencial.** *Quím.* Aquele que é extraído de (partes de) uma planta, e que muitas vezes contém substâncias odoríferas, medicinais, etc.

o.le:o.du.to (òl) [*Oleo*- + -*duto*.] *sm.* Sistema de tubulações e instalações conexas, destinado ao transporte de petróleo ou de seus derivados líquidos.

o.le.o.so (ô) [Lat. *oleosu*.◨37] *adj.* Que tem óleo; untuoso. [Pl.: -*osos* (ó).]

ol.fa.ção [Lat. *olfactione*.◨2] *sf.* Ação de cheirar.

ol.fa.ti.vo [*Olfato*.◨22] *adj.* V. *olfatório*.

ol.fa.to [Lat. *olfactu*.] *sm.* **1.** Sentido com que se percebem os odores. **2.** Faro (1).

ol.fa.tó.ri.o [*Olfato*.◨23] *adj.* Relativo ao olfato: *bulbo olfatório*.

o.lha.da [*Olhar*.◨4] *sf.* Ação de olhar rapidamente; olhadela.

o.lha.de.la [*Olhar*.◨7A] *sf.* Olhada.

o.lha.do [*Olhar*.◨17A] *sm.* Mau-olhado.

o.lhar [Lat. *adoculare*.◨1A] *vtd.* e *ti.* **1.** Fitar os olhos ou a vista (em); mirar. **2.** Atentar ou reparar em. **3.** Tomar conta (de): *olhar uma criança*. **4.** Zelar por. *int.* **5.** Exercer ou aplicar o sentido da vista. *p.* **6.** Ver-se, encarar-se. **7.** Ver-se mutuamente. [C.: 1 (ó)] ● *sm.* **8.** Ação, expressão ou modo de olhar.

o.lhei.ras [*Olho* + o pl. de -*eira*.◨16] *sfpl.* Manchas lívidas ou azuladas nas pálpebras inferiores, ger. causadas por enfermidade, insônia ou cansaço.

o.lhei.ro [*Olho*.◨25] *sm.* **1.** Aquele que olha ou vigia certos trabalhos. **2.** *Bras.* Indivíduo que vigia um eventual aparecimento da polícia.

o.lho (ô) [Lat. *oculu*.] *sm.* **1.** *Anat.* Órgão par, em forma de globo, situado um em cada órbita, e que constitui o órgão da visão. **2.** Percepção operada pela visão; olhar, vista. **3.** *Fig.* Atenção, cuidado, vigilância: *Fique de olho nele*. **4.** Abertura arredondada. *Pl.: olhos* (ó). ● *interj.* **5.** Atenção, cuidado. ♦ **A olho nu.** Apenas com a vista, sem auxílio de qualquer instrumento.

o.lho-d'á.gua *sm.* V. *fonte* (1). [Pl.: *olhos-d'água* (ó).]

o.lho de boi *sm.* Clarabóia circular ou elíptica. [Pl.: *olhos de boi* (ó).]

o.lho de ga.to *sm. Bras. Pop.* Catadióptrico. [Pl.: *olhos de gato* (ó).]

o.lho do so.gra *sm. Bras. Cul.* Doce feito de ameixa ou tâmara recheada com doce de coco, ou de ovos, etc., e coberto, ou não, com calda caramelada. [Pl.: *olhos de sogra* (ó).]

o.li.gar.qui.a [Gr. *oligarchía*.◨8A] *sf.* **1.** Governo de poucas pessoas, pertencentes ao mesmo partido, classe ou família. **2.** Predomínio de pequeno grupo na direção dos negócios públicos.

oligoceno | ondeado

o.li.go.ce.no [Olig(o)- + -ceno³.] adj. sm. Diz-se da, ou a terceira das épocas do período terciário.

o.li.go:e.le.men.to [Olig(o)- + elemento.] sm. Elemento químico essencial à vida, e presente em pequeníssimas quantidades nos organismos vivos.

o.li.go.fre.ni.a [Olig(o)- + -fren(o)- + -ia¹.▫8A] sf. Psiq. Desenvolvimento mental insuficiente. § **o.li.go.frê.ni.co** adj.

o.li.go.pó.li:o [Olig(o)- + -pólio.] sm. Econ. Situação de mercado em que a oferta é controlada por um pequeno número de grandes empresas.

o.li.go.que.ta (ê) [Tax. Oligochaeta.] adj2g. sm. Zool. Diz-se de, ou espécime dos oligoquetas, classe de anelídeos, hermafroditas, com poucas cerdas em cada segmento, ger. terrestres, alguns marinhos ou de água doce. Ex.: minhoca.

o.lim.pí.a.da [Lat. olympiade.] sf. Celebração dos jogos olímpicos.

o.lim.pí.a.das sfpl. Jogos olímpicos.

o.lím.pi.co¹ [Lat. olympicu, do gr. olympikós, 'relativo ao olimpo'.▫35B] adj. **1.** Pertencente ou relativo ao olimpo. **2.** Fig. Grandioso, majestoso, sublime.

o.lím.pi.co² [Lat. olympicu, do gr. olympikós, 'relativo a Olímpia, cidade do Peloponeso'.▫35B] adj. Referente às olimpíadas.

o.lim.po [Lat. Olympos, do top. gr. Ólympos.] sm. **1.** Mit. Morada dos deuses greco-latinos. **2.** Poét. Lugar de delícias; céu. **3.** Mit. O conjunto dos deuses greco-latinos.

o.li.va [Lat. oliva.] sf. Azeitona.

o.li.val [Oliva.▫39] sm. Terreno plantado de oliveiras. [Pl.: -vais.]

o.li.vei.ra [Lat. olivaria, i.e., arbor olivaria.] sf. Bot. Arvoreta oleácea que dá a azeitona.

o.lor (ô) [Lat. olore.] sm. Cheiro agradável; perfume. § **o.lo.ro.so** (ô) adj.

ol.vi.dar [Lat.vulg. oblitare.▫1A] vtd. e p. Não se lembrar; esquecer(-se). [C.: 1]

ol.vi.do [Dev. de olvidar.] sm. Ato ou efeito de olvidar(-se).

om.bre.ar [Ombro.▫1N] vti. **1.** Ficar ombro a ombro. **2.** Igualar-se, equiparar-se. [C.: 12A]

om.brei.ra [Ombro.▫16] sf. **1.** Cada uma das partes do vestuário correspondentes aos ombros. **2.** P.ext. Cada uma das peças acolchoadas aplicadas internamente para altear a ombreira (1). **3.** Umbral (1).

om.bro [Lat. umeru.] sm. **1.** Anat. O segmento mais alto de cada membro superior, representando o local por que esse membro se une ao tórax; espádua. **2.** Força, vigor.

→ **ombudsman** (ombúdsmen) [Sueco.] s2g. **1.** Em firma ou empresa, pessoa encarregada de manter a comunicação entre os clientes, os funcionários e a direção. **2.** Jorn. Pessoa encarregada num jornal, etc., de criticar o que nele sai publicado, muitas vezes a partir de reclamações de leitores. [Sin.ger.: ouvidor.]

■ **OMC** Sigla de Organização Mundial do Comércio.

ô.me.ga [Do gr.] sm. A 24.ª e última letra do alfabeto grego (Ω, ω).

o.me.le.te (é) [Fr. omelette.] sf.m. Cul. Fritada de ovos batidos.

o.mí.cron ou **o.mi.cro** [Gr. ò mikrón.] sm. A 15.ª letra do alfabeto grego (O, o).

o.mi.no.so (ô) [Lat. ominosu.▫37] adj. Agourento; nefasto. [Pl.: -nosos (ó).]

o.mis.são [Lat. omissione.▫2] sf. **1.** Ato ou efeito de omitir(-se). **2.** Aquilo que se omitiu; falta, lacuna. [Pl.: -sões.]

o.mis.so [Lat. omissu.] adj. **1.** Em que há omissão ou lacuna. **2.** Que mostra, ou revela, desatenção, descuido; negligente.

o.mi.tir [Lat. omittere.▫1C] vtd. **1.** Deixar de fazer, dizer ou escrever; não mencionar: _omitir um fato_. **2.** Descuidar-se de fazer: _Não omitiu nenhuma providência_. **3.** Deixar em esquecimento. p. **4.** Não agir quando se esperaria que o fizesse. [C.:3]

o.mo.pla.ta [Gr. omopláte.] sf. Anat. V. escápula (2).

■ **OMS** Sigla de Organização Mundial da Saúde.

o.na.grá.ce:a [Tax. Onagracea.] sf. Bot. Espécime das onagráceas, família de ervas e arbustos de flores capitular ou bacáceo. Ex.: brinco-de-princesa. § **o.na.grá.ce:o** adj.

o.na.nis.mo [Antr. Onã, personagem bíblico.▫11] sm. Masturbação masculina.

on.ça¹ [Lat. uncia.] sf. Medida de peso inglesa, equiv. a 28,349g.

on.ça² [V.C] sf. Bras. Zool. V. jaguar. ♦ **Estar (ou ficar) uma onça.** Bras. Estar ou ficar muito zangado.

on.ça-par.da sf. Bras. Zool. V. suçuarana. [Pl.: onças-pardas.]

on.ça-pin.ta.da sf. Bras. Zool. V. jaguar. [Pl.: onças-pintadas.]

on.ça-ver.me.lha sf. Bras. Zool. V. suçuarana. [Pl.: onças-vermelhas.]

on.co.lo.gi.a [Onco- + -logia.] sf. Med. Estudo das neoplasias.

on.da [Lat. unda.] sf. **1.** Porção de água do mar, lago ou rio que se eleva. **2.** Grande quantidade ou afluxo de líquido. **3.** Manifestação de fenômeno político, social ou econômico que irrompe subitamente e logo se propaga. **4.** Fig. Intensidade crescente (de um sentimento); acesso, ímpeto. **5.** Aumento ou crescimento rápido e temporário: _onda de calor_, _onda de crimes_. **6.** Ondulação (2). **7.** Fís. Perturbação periódica mediante a qual pode haver transporte de energia dum ponto a outro de um material ou do espaço vazio. **8.** Bras. Confusão, complicação. ♦ **Onda de rádio ou onda hertziana.** Fís. Onda eletromagnética us. em radioemissão e radiorrecepção. **Onda modulada.** Fís. V. modulação (3). **Onda portadora.** Telecom. V. modulação (3).

on.de [Lat. unde, 'donde'.] adv. **1.** Em que lugar; no qual lugar. ● pron. **2.** Em que. ♦ **Onde quer que.** Em qualquer lugar onde [us. com o v. no subjuntivo]: _Onde quer que ele esteja, estará bem_.

on.de.a.do [Ondear.▫17A] adj. **1.** Que tem ondas. **2.** Disposto em curvas; ondulado.

ondear | operação

on.de.ar [*Onda*.◘1N] *v.int.* 1. Mover-se (a água) em ondulação (1). 2. Fazer ondulação (2); serpear. 3. Propagar-se ou transmitir-se em tornas. *td.* 4. Tornar ondeado. *p.* 5. Mover-se em ondulações. [Sin. ger.: *ondular*. C.: 12A]

on.du.la.ção [*Ondular*.◘2A] *sf.* 1. Formação de ondas pouco agitadas. 2. Movimento semelhante ao das ondas; onda. 3. Forma ou linha sinuosa. 4. Conjunto de saliências e depressões. [Pl.: *-ções*.]

on.du.la.do [Lat. *undulatu*.◘17] *adj.* Ondeado (2).

on.du.lan.te [*Ondular*.◘21] *adj2g.* Que ondula; onduloso, ondulatório.

on.du.lar [Lat. **undulare*.◘1A] *v.int., td. e p.* V. *ondear*. [C.: 1]

on.du.la.tó.ri.o [*Ondular*.◘23A] *adj.* V. *ondulante*.

on.du.lo.so (ô) [*Ondul-*, como em *ondular*.◘37] *adj.* V. *ondulante*. [Pl.: *-losos* (ó).]

o.ne.rar [Lat. *onerare*.◘1A] *vtd.* 1. Impor ônus a. 2. Oprimir, vexar. 3. Sobrecarregar. *tdi.* 4. Onerar (1 e 3). *p.* 5. Sujeitar-se a ônus. [C.: 1 (é)]

o.ne.ro.so (ô) [Lat. *onerosu*.◘37] *adj.* 1. Que envolve ou impõe ônus. 2. De que resultam grandes gastos; dispendioso, custoso. [Pl.: *-rosos* (ó).]

■ **ONG** Sigla de *organização não governamental*.

ô.ni.bus *sm2n.* Veículo automóvel para transporte público de passageiros, com itinerário preestabelecido; auto-ônibus. ◆ **Ônibus espacial.** *Astron.* V. *orbitador*.

o.ni.co.fa.gi.a [*Onic(o)-* + *-fag(o)-* + *-ia*¹.◘8A] *sf.* Roedura habitual de unha.

o.ni.po.tên.ci.a [Lat. *omnipotentia*.] *sf.* Qualidade de onipotente (1).

o.ni.po.ten.te [Lat. *omnipotente*.] *adj2g.* 1. Que pode tudo; que tem poder absoluto. ● *sm.* 2. Deus. [Com inicial maiúsc., nesta acepç.]

o.ni.pre.sen.te [*Oni-* + *presente*.] *adj2g.* Que está em todos os lugares. § **o.ni.pre.sen.ça** *sf.*

o.ní.ri.co [*Onir(o)-* + *-ico*².◘35B] *adj.* Relativo ao sonho.

o.nis.ci.en.te [*Oni-* + lat. *sciente*, 'ciente'.] *adj2g.* Que sabe tudo. § **o.nis.ci.ên.ci.a** *sf.*

o.ní.vo.ro [Lat. *omnivoru*.] *adj.* Que se alimenta de animais e de vegetais; polífago.

ô.nix (cs) *sm2n. Min.* Variedade de ágata.

→ **on-line** (on-láini) [Ingl.] *adv.* 1. Em conexão com, ou entre, sistemas de processamento ou transmissão de informação. ● *adj2g2n.* 2. *Inform.* Diz-se de periférico, etc. que se encontra conectado a um sistema computacional, ou acessível para utilização por este.

■ **O.N.O.** Abrev. de *oés-noroeste*.

o.no.más.ti.ca [F.subst. de *onomástico*.] *sf.* 1. Estudo e investigação da origem, das transformações, da morfologia, etc., dos nomes próprios. 2. Lista ou catálogo de nomes próprios.

o.no.más.ti.co [Gr. *onomastikós*.◘35B] *adj.* Relativo aos nomes próprios.

o.no.ma.to.pei.a (éi) [Lat. *onomatopoeia*.] *sf.* Palavra que imita o som natural da coisa significada. [Ex.: *tique-taque*.] § **o.no.ma.to.pai.co** *adj.*

on.tem [Lat. *ad nocte(m)*, 'na noite passada'.] *adv.* 1. No dia anterior ao em que se está. 2. No tempo que passou.

on.to.lo.gi.a [*Ont(o)-* + *-logia*.] *sf.* Parte da filosofia que trata da natureza do ser. § **on.to.ló.gi.co** *adj.*

■ **ONU** Sigla de *Organização das Nações Unidas*.

ô.nus [Lat. *onus*.] *sm2n.* 1. Aquilo que sobrecarrega; carga, peso. 2. Encargo, obrigação.

on.ze [Lat. *undeci*.] *num.* 1. Quantidade que é uma unidade maior que 10. 2. Número (1) correspondente a essa quantidade. [Representa-se em algarismos arábicos por 11, e em romanos, por XI.] ● *sm.* 3. *Fut. Pop.* Equipe, time.

o.ó.ci.to [*Oo-* + *-cito*.] *sm. Biol.* Célula precursora de óvulo.

o.o.gô.ni.o [*Oo-* + gr. *gónos* + *-io*².◘34B] *sm. Bot.* Órgão que pode conter uma ou mais oosferas.

o.os.fe.ra (ó-os) [*Oo-* + *-sfera*.] *sf. Bot.* O gameta feminino, não móvel, de certas plantas.

o.o.te.ca (ó-o) [*Oo-* + *-teca*.] *sf. Zool.* Estojo, onde ficam os ovos, secretado por certos insetos.

o.pa [V.E] *sf.* Capa sem mangas, com aberturas para os braços, us. pelos membros de irmandades religiosas.

o.pa (ô) [De *upa*.] *interj. Bras.* Indica admiração, espanto, e tb. é f. de saudação; oba.

o.pa.co [Lat. *opacu*.] *adj.* 1. Que não deixa atravessar a luz. 2. Com pouca claridade; obscuro, sombrio. § **o.pa.ci.da.de** *sf.*

o.pa.la [Fr. *opale*.] *sf.* 1. *Min.* Mineral de coloração leitosa e azulada. 2. Certo tecido fino de algodão.

o.pa.les.cen.te [**Opalescer*.◘21] *adj2g.* Opalino.

o.pa.li.na [Fr. *opaline*.] *sf.* Vidro fosco, mas translúcido.

o.pa.li.no [*Opala*.◘30] *adj.* Da cor da opala (1); opalescente.

op.ção [Lat. *optione*.◘2] *sf.* 1. Ato ou faculdade de optar. 2. Aquilo por que se opta. [Pl.: *-ções*.]

op.ci.o.nal [*Opção* (*opcion-*).◘39] *adj2g.* Que pode ser objeto de opção. [Pl.: *-nais*.]

→ **open market** (óupen márqueti) [Ingl.] *loc. adj.* 1. Diz-se das operações de compra e venda de títulos do governo pelo Banco Central, com o propósito de diminuir ou aumentar o estoque de moeda na economia. ● *loc. subst.* 2. O mercado financeiro associado a tais operações.

■ **OPEP** Sigla de *Organização dos Países Exportadores de Petróleo*.

ó.pe.ra [It. *opera*.] *sf.* Drama cantado com acompanhamento de orquestra, ou intercalado com diálogos falados, ou com recitativo (2).

o.pe.ra.ção [Lat. *operatione*.◘2A] *sf.* 1. Ato ou efeito de operar. 2. *Med.* Qualquer ato realizado manualmente por cirurgião com ou sem auxílio de instrumento, ou de finalidade terapêutica ou para esclarecimento de diagnóstico; intervenção cirúrgica. 3. Manobra ou combate militar. 4. Transação comercial. 5. *Mat.* Qualquer processo em que se transforma uma entidade matemática em outra. [Pl.:

operacional | oposto

-ções.] ◆ **Operação algébrica.** *Mat.* Qualquer das operações – soma, subtração, multiplicação, divisão, elevação a uma potência e extração de uma raiz – efetuadas um número finito de vezes, isoladamente ou em conjunto. **Operação elementar.** *Mat.* Qualquer das 4 operações matemáticas básicas e mais simples: soma, subtração, multiplicação e divisão.

o.pe.ra.ci.o.nal [*Operação* (-*cion-*).◘39] *adj2g.* **1.** Relativo a operação. **2.** Que está pronto para funcionar. **3.** *Mil.* Que está em condições de realizar operações. [Pl.: -*nais*.]

o.pe.ra.dor (ô) [Lat. *operatore*.◘19A] *adj.* **1.** Que opera. ● *sm.* **2.** Aquele ou aquilo que opera. **3.** *Impr.* Cirurgião. **4.** *Mat.* Símbolo de uma operação que se efetua sobre uma variável ou sobre uma função.

o.pe.ra.do.ra [*Operar*.◘20] *sf.* Qualquer empresa que explora certas atividades, como, p.ex., serviços turísticos e aluguel de carros.

o.pe.ran.te [Lat. *operante*.◘21] *adj2g.* Que opera, produz ou realiza; produtivo, operoso.

o.pe.rar [Lat. *operare*.◘1A] *vtd.* **1.** Fazer realizar (algo) em resultado de trabalho ou esforço próprio; executar. **2.** Produzir (qualquer efeito). **3.** Submeter a operação (2). **4.** Fazer funcionar: *operar um mecanismo. ti.* **5.** Atuar, agir: *A empresa opera na bolsa. int.* **6.** Entrar em função ou atividade. **7.** Realizar operação (2). *p.* **8.** Sofrer intervenção cirúrgica. **9.** Suceder, realizar-se. [C.: 1 (é)]

o.pe.ra.ri.a.do [*Operário*.◘17C] *sm.* O conjunto dos operários [v. *operário* (1)].

o.pe.rá.ri:o [Lat. *operariu*.◘24] *sm.* **1.** O que trabalha numa arte ou num ofício, ou em fábrica. **2.** *Zool.* Entre insetos sociais (formigas, abelhas, cupins, etc.), indivíduo estéril, que mantém o ninho e provê alimento. ● *adj.* **3.** Relativo a operário (1). **4.** Diz-se de operário (1): *abelha operária.* [Sin. ger.: *obreiro.*]

o.pe.ra.tó.ri:o [Lat. *operatoriu*.◘23A] *adj.* Referente a operações.

o.pér.cu.lo [Lat. *operculu*, 'tampa'.] *sm.* **1.** *Bot.* Porção que fecha superiormente órgão cavitário, como, p.ex., no fruto do jequitibá. **2.** *Zool.* Peça córnea ou calcária que fecha abertura da concha de certos moluscos gastrópodes, quando estes nela penetram.

o.pe.re.ta (ê) [It. *operetta*] *sf.* Gênero leve de teatro musicado, sobre assunto cômico e sentimental, e no qual as estrofes cantadas alternam com as partes faladas.

o.pe.ro.so (ô) [Lat. *operosu*.◘37] *adj.* **1.** V. *operante.* **2.** Trabalhoso, difícil. [Pl.: -*rosos* (ó).] § **o.pe.ro.si.da.de** *sf.*

o.pi.la.ção [Lat. *oppilatione*.◘2A] *sf.* **1.** Ato ou efeito de opilar(-se). **2.** Obstrução de um ducto orgânico. **3.** *Med.* V. *ancilostomíase.* [Pl.: -*ções*.]

o.pi.la.do [*Opilar*.◘17A] *adj. sm. Bras.* Diz-se de, ou doente de opilação.

o.pi.lar [Lat. *oppilare*.◘1A] *vtd.* **1.** Causar opilação (2) a. *p.* **2.** Sofrer de opilação (2 ou 3). [C.: 1]

o.pi.mo (pí) [Lat. *opimu*.] *adj.* Abundante, fértil, rico.

o.pi.nar [Lat. *opinare*.◘1A] *v.int.* e *ti.* **1.** Expor o que julga (sobre assunto em estudo, deliberação, etc.); dar o seu parecer. *td.* **2.** Ser de opinião. [C.: 1] § **o.pi.nan.te** *adj2g. s2g.*

o.pi.na.ti.vo [Lat. *opinativu*.◘22A] *adj.* **1.** Baseado em opinião particular. **2.** *P.ext.* Discutível, duvidoso.

o.pi.ni.ão [Lat. *opinione*.◘2] *sf.* **1.** Modo de ver, pensar, deliberar; ideia. **2.** Parecer, juízo sobre alguém ou alguma coisa. **3.** *Bras.* Teimosia; capricho. [Pl.: -*ões*.]

o.pi.ni.á.ti.co [*Opini*(*ão*) + -*ático*.] *adj.* V. *opinioso.*

o.pi.ni.o.so (ô) [Lat. *opiniosu*.◘37] *adj.* Aferrado à sua opinião; obstinado, opiniático. [Pl.: -*osos* (ó).]

ó.pi:o [Lat. *opiu*.] *sm.* Substância que se extrai dos frutos imaturos de várias papaveráceas, e que é us. como narcótico.

o.pí.pa.ro [Lat. *opiparu*.] *adj.* Esplêndido, pomposo.

o.pis.to.glos.so [*Opist*(*o*)- + -*glosso*.] *adj. Zool.* Cuja língua é retrátil e está inserida na base da cavidade oral, como ocorre, p.ex., com as rãs.

o.po.nen.te [Lat. *opponente*.◘21] *adj2g. s2g.* Opositor.

o.por (ô) [Lat. *opponere*, 'pôr na frente'.] *vtdi.* **1.** Apresentar em oposição, ou como objeção ou impugnação. **2.** Pôr defronte de, para que forme obstáculo. **3.** Pôr de maneira que forme contraste. **4.** Apresentar como objeção; objetar. *td.* **5.** Opor (1). *p.* **6.** Ser contrário. **7.** Surgir em oposição. **8.** Estar em contradição ou em oposição. **9.** Recusar-se, negar-se. [C.: 34]

o.por.tu.ni.da.de [Lat. *opportunitate*.◘14] *sf.* **1.** Qualidade de oportuno. **2.** Ocasião oportuna.

o.por.tu.nis.mo [*Oportuno*.◘11] *sm.* Comportamento de quem se aproveita das circunstâncias, que subordina seus princípios a seus interesses imediatos. § **o.por.tu.nis.ta** *adj2g. s2g.*

o.por.tu.ni.zar [*Oportuno*.◘1D] *vtd.* **1.** Tornar oportuno. **2.** Possibilitar a realização ou ocorrência de (algo). [C.:1]

o.por.tu.no [Lat. *opportunu*.] *adj.* Que vem a tempo, a propósito; apropriado, conveniente.

o.po.si.ção [Lat. *oppositione*.◘2A] *sf.* **1.** Ato ou efeito de opor(-se); impedimento; obstáculo, objeção. **2.** Situação de pessoas ou coisas que se opõem. **3.** Partido(s) político(s) contrário(s) ao governo. **4.** Antagonismo, contrariedade. **5.** Contraste, diferença: *oposição de cores.* [Pl.: -*ções*.] § **o.po.si.ci:o.nis.ta** *adj2g. s2g.*

o.po.si.ci:o.nis.mo [*Oposição* (-*cion-*).◘11] *sm.* **1.** Sistema de opor-se a tudo, sem exceção. **2.** Facção política que se opõe ao governo.

o.po.si.tor (ô) [Lat. *oppositus*.◘19] *adj. sm.* Que, ou quem se opõe, que é adversário ou concorrente; oponente.

o.pos.to (ô) [Lat. *oppositu*.] *adj.* **1.** Que está em frente; fronteiro. **2.** Contrário, inverso. **3.** Contraditório (1). ● *sm.* **4.** O que é contrário; o inverso; antítese. [Pl.: *opostos* (ós).]

547

opressão | ordeiro

o.pres.são [Lat. *oppressione*.⬜2] *sf.* **1.** Ato ou efeito de oprimir. **2.** Exercício exagerado de poder, ou de violência, sobre indivíduos ou grupos; tirania. **3.** Dificuldade de respirar; sufocação. [Pl.: *-sões*.]

o.pres.si.vo [*Opresso*.⬜22] *adj.* V. *opressor* (1).

o.pres.so [Lat. *oppressu*.] *adj.* Que sofre(u) opressão.

o.pres.sor (ô) [Lat. *oppressore*.⬜19] *adj.* **1.** Que oprime ou serve para oprimir; opriment, opressivo. ● *sm.* **2.** Aquele que oprime.

o.pri.men.te [Lat. *opprimente*.⬜21A] *adj2g.* V. *opressor* (1).

o.pri.mi.do [Part. de *oprimir*.] *adj.* Que sofre opressão; humilhado, vexado.

o.pri.mir [Lat. *opprimere*.⬜1C] *vtd.* **1.** Sobrecarregar com peso. **2.** Apertar, comprimir. **3.** V. *afligir* (1). **4.** Tiranizar (1). **5.** Humilhar, vexar. *int.* **6.** Causar opressão. [C.: 3. Part.: *oprimido* e *opresso*.]

o.pró.bri:o [Lat. *opprobriu*.] *sm.* **1.** Abjeção extrema. **2.** Ignomínia, desonra. **3.** Afronta infamante; injúria.

op.tar [Lat. *optare*.⬜1A] *vti. e int.* Decidir-se por uma coisa (entre 2 ou mais). [C.: 1 (ó)]

op.ta.ti.vo [Lat. *optativu*.⬜22A] *adj.* Que indica opção.

óp.ti.ca ou **ó.ti.ca** [Gr. *optiké*.] *sf.* **1.** Parte da física que trata da luz e da visão. **2.** Casa onde se vendem e/ou fabricam instrumentos ópticos. **3.** Maneira de ver, de julgar, de sentir.

óp.ti.co ou **ó.ti.co** [Gr. *optikós*.⬜35B] *adj.* **1.** Relativo à óptica, à visão, ou ao olho. ● *sm.* **2.** Especialista em óptica (1). **3.** Fabricante de instrumentos ópticos.

o.pug.nar [Lat. *oppugnare*.⬜1A] *vtd.* **1.** Investir para tomar (praça ou fortaleza); assaltar, acometer. **2.** Combater (ideia, instituição, etc.). **3.** V. *impugnar* (1). [C.: 1]

o.pu.lên.ci:a [Lat. *opulentia*.] *sf.* **1.** Abundância de riquezas. **2.** Luxo, fausto. **3.** Grandeza, esplendor.

o.pu.len.to [Lat. *opulentu*.⬜27] *adj.* **1.** Possuidor de riquezas; rico, abastado. **2.** Que tem pompa; faustoso. **3.** Que é farto, abundante.

o.pús.cu.lo [Lat. *opusculu*.] *sm.* Pequena obra escrita.

o.ra [Lat. *ad hora(m)*.] *conj.* **1.** Mas; note-se (que). ● *adv.* **2.** Agora. ● *interj.* **3.** Indica impaciência, menosprezo. ◆ **Por ora**. V. *por enquanto*.

o.ra.ção [Lat. *oratione*.⬜2A] *sf.* **1.** Súplica religiosa; reza, prece, rogo. **2.** Discurso, locução para comover ou persuadir. **3.** *E.Ling.* Frase, ou membro de frase, com sujeito e predicado, ou apenas este último. [Pl.: *-ções*.] ◆ **Oração coordenada**. *E.Ling.* Cada uma daquelas que, num período composto, estão numa relação de coordenação (2). [Ex.: no período *Estuda e trabalha*, há 2 orações coordenadas.] **Oração principal**. *E.Ling.* Numa relação de subordinação (3), a que se constitui no núcleo da sentença. **Oração subordinada**. *E.Ling.* Numa relação de subordinação (3), a que desempenha função sintática ligada à oração principal.

o.ra.ci:o.nal [Lat. *orationale*.⬜39] *adj2g. E.Ling.* Relativo a oração (3). [Pl.: *-nais*.]

o.ra.cu.lar [*Oráculo*.⬜40] *adj2g.* Próprio de oráculo.

o.rá.cu.lo [Lat. *oraculu*.] *sm.* **1.** Divindade que respondia a consultas e orientava o crente. **2.** *Fig.* Pessoa cuja palavra ou cujo conselho inspira muita confiança.

o.ra.dor (ô) [Lat. *oratore*.⬜19A] *sm.* Aquele que ora [v. *orar* (2)].

o.ra.go [Lat. *oraculu*.] *sm.* O santo da invocação que dá o nome a uma capela ou templo.

o.ral [Lat.med. *orale*.⬜40] *adj2g.* **1.** Relativo à boca; bucal. **2.** Emitido pela boca; verbal, vocal. **3.** Feito de viva voz. [Pl.: *orais*.]

o.ran.go.tan.go [Do mal.] *sm. Zool.* Grande macaco pongídeo asiático.

o.rar [Lat. *orare*.⬜1A] *v.int.* **1.** Fazer oração; rezar. **2.** Discursar em público. *ti.* **3.** Dirigir oração a, ou rezar. *tdi.* **4.** Pedir, suplicar, rogar. *td.* **5.** Fazer (prece); rezar. [C.: 1 (ó)]

o.ra.tó.ri:a [Lat. *oratoria*.] *sf.* Arte de falar ao público.

o.ra.tó.ri:o [Lat. *oratoriu*.⬜23A] *adj.* **1.** Relativo à oratória, ou a orador. ● *sm.* **2.** Nicho ou pequeno armário com imagens religiosas. **3.** *Mús.* Espécie de ópera sacra na qual o jogo cênico foi aos poucos abandonado.

or.be [Lat. *orbe*.] *sm.* **1.** Esfera, globo. **2.** Corpo celeste; astro.

or.bi.cu.lar [Lat. *orbiculare*.⬜40] *adj2g.* **1.** Globular. **2.** Circular[1] (1).

ór.bi.ta [Lat. *orbita*.] *sf.* **1.** *Anat.* Cada uma das cavidades ósseas da face em que se aloja um globo ocular. **2.** *Astr.* Trajetória fechada que um astro descreve em torno de outro. **3.** *Fig.* Esfera de ação; área.

or.bi.ta.dor (ô) [*Orbitar*.⬜19A] *sm. Astron.* Veículo espacial recuperável que efetua viagens entre a Terra e uma órbita terrestre; ônibus espacial.

or.bi.tal [*Órbita*.⬜39] *adj2g.* **1.** Relativo a órbita. ● *sm.* **2.** *Fís.* Função de onda de um elétron num átomo ou numa molécula. [Pl.: *-tais*.]

or.bi.tar [*Órbita*.⬜1A] *vtd. e int.* **1.** Mover-se numa trajetória fechada em torno de (um corpo). **2.** *Astr.* Orbitar (1) (um corpo celeste), por efeito da gravidade. [C.: 1]

or.bi.tá.ri:o [*Órbita*.⬜24] *adj.* De órbita (1), ou relativo a ela.

or.ca [Lat. *orca*.] *sf. Zool.* Cetáceo delfinídeo agressivo, carnívoro.

or.ça.men.to [*Orçar*.⬜3] *sm.* **1.** Ato ou efeito de orçar; cálculo. **2.** Discriminação da origem e aplicação de recursos para certo fim. **3.** Discriminação da receita e da despesa da administração pública para o exercício seguinte. **4.** Cálculo dos gastos para a realização duma obra. § **or.ça.men.tá.ri:o** *adj.*

or.çar [It. *orzare*.⬜1A] *vtd.* **1.** Calcular, computar. *ti.* **2.** Ser ou ter aproximadamente. **3.** Chegar; atingir. [C.: 1B (ó)]

or.dei.ro [*Ord(em)*.⬜25] *adj.* Amigo da ordem; pacífico.

ordem | organizado

or.dem [Lat. *ordine*.] *sf.* **1.** Disposição conveniente dos meios para se obterem os fins. **2.** Arranjo de algo segundo certas relações. **3.** Boa disposição; ordenação. **4.** Regra ou lei estabelecida. **5.** Estabilidade social. **6.** Bom comportamento; disciplina. **7.** Determinação de autoridade; mandado. **8.** Documento que autoriza ou determina a execução de uma ação. **9.** Classe ou hierarquia de cidadãos. **10.** Classe de pessoas que exercem dada profissão liberal. **11.** Série, sequência. **12.** Classe de honra instituída por um soberano. **13.** Comunidade religiosa que faz votos de viver segundo determinadas regras. **14.** *Rel.* Um dos 7 sacramentos da Igreja Católica, que confere o poder de exercer funções eclesiásticas. **15.** *Biol.* Reunião de famílias [v. *família* (5)]. [Pl.: *-dens*]. ◆ **Na ordem do dia.** Muito falado, comentado.

or.de.na.ção [Lat. *ordinatione*.⬛2A] *sf.* **1.** Ato ou efeito de ordenar(-se); ordenamento. **2.** Ordem (3). [Pl.: *-ções*].

or.de.na.da [F.subst. de *ordenado*.] *sf. Geom.* Coordenada cartesiana correspondente ao eixo vertical, no plano.

or.de.na.do [*Ordenar*.⬛17A] *adj.* **1.** Posto em ordem. **2.** Que tem ordem; metódico. **3.** *Mat.* Diz-se de conjunto, grupo, etc., no qual cada elemento individual está associado a posição ou número únicos e determinados. ● *sm.* **4.** Vencimento dum funcionário ou empregado qualquer, pago periodicamente.

or.de.na.men.to [*Ordenar*.⬛3] *sm.* Ordenação (1).

or.de.nan.ça [*Ordenar*.⬛9A] *s2g.* Soldado às ordens dum superior hierárquico.

or.de.nar [Lat. *ordinare*.⬛1A] *vtd.* **1.** Pôr em ordem (2 e 3); arranjar, dispor. **2.** Determinar por ordem (7). **3.** Determinar, mandar. **4.** Conferir o sacramento da ordem (14) a. *tdi.* **5.** Ordenar (3): <u>Ordenou</u> *ao filho que saísse. p.* **6.** Receber ordem (14). [C.: 1]

or.de.nha [Dev. de *ordenhar*.] *sf.* Ato ou efeito de ordenhar.

or.de.nhar [Lat.vulg. *ordiniare*.⬛1A] *vtd.* Espremer a teta de (um animal) para tirar o leite; mungir. [C.: 1]

or.di.nal [Lat. *ordinale*.⬛39] *adj2g.* Diz-se do numeral que indica ordem ou série. [Pl.: *-nais*].

or.di.ná.ri:a [F.subst. de *ordinário*.] *sf.* **1.** Gasto diário, mensal ou anual. **2.** Pensão alimentícia.

or.di.ná.ri:o [Lat. *ordinariu*.⬛24] *adj.* **1.** Que está na ordem usual das coisas; habitual, comum. **2.** Regular, frequente. **3.** De má qualidade; inferior. **4.** De baixa condição; baixo, grosseiro. **5.** *Bras.* Sem caráter; reles, ruim. ● *sm.* **6.** O que é habitual. **7.** *Lit.* Designação comum às partes invariáveis de qualquer missa, cantada ou não.

or.do.vi.ci.a.no [Ingl. *ordovician*.] *adj. sm.* Relativo a, ou período da era paleozoica (c.505 milhões a c.438 milhões de anos) em que surgiram os primeiros vertebrados (peixes).

o.ré.ga.no ou **o.ré.gão** [Lat. *origanu*.] *sm. Bot.* Erva lamiácea condimentosa, oriunda do Mediterrâneo. [Pl. de orégão: *-gãos*.]

o.re.lha (ê) [Lat. *auricula*.] *sf. Anat.* **1.** Órgão pelo qual se percebem os sons. **2.** Cada uma das 2 partes da orelha (1) situada uma de cada lado da cabeça e que são responsáveis pela audição e pelo equilíbrio e que consistem na parte externa (orelha externa) do pavilhão da orelha e do meato acústico externo; na parte interna (orelha interna) do labirinto; e parte média (orelha média) do estribo, do martelo e da bigorna. [Denom. ant.: *ouvido*].

o.re.lha-de-pau *sf. Bras. Biol.* Urupê. [Pl.: *orelhas--de-pau*.]

o.re.lhão [*Orelha*.⬛28A] *sm. Bras. Pop.* Telefone público instalado numa espécie de concha, e ger. ao ar livre. [Pl.: *-lhões*.]

o.re.lhu.do [*Orelha* + *-udo*.] *adj.* **1.** Que tem orelhas grandes. **2.** Estúpido, burro.

or.fa.na.to [*Órfão* (orfan-).⬛18] *sm.* Asilo para órfãos.

or.fan.da.de [Lat. *orphanitate*.⬛14] *sf.* Estado de órfão.

ór.fão [Lat. *orphanu*.] *adj.* **1.** Que perdeu os pais, ou um deles. **2.** Abandonado, desamparado. ● *sm.* **3.** Aquele que ficou órfão (1). [Pl.: *-fãos*. Fem.: *órfã*.]

or.fe.ão [Fr. *orphéon*.] *sm.* Sociedade cujos membros se consagram ao canto coral, com acompanhamento ou sem ele. [Pl.: *-ões*.] § **or.fe.ô.ni.co** *adj.*

or.gan.di [Fr. *organdi*.] *sm.* Tecido armado, muito leve e transparente.

or.ga.ne.la [Lat.cient. *organella*.⬛7] *sf. Citol.* Numa célula, estrutura permanente, envolta em membrana, e que tem função específica. Ex.: flagelo².

or.gâ.ni.co [Lat. *organicu*.⬛35B] *adj.* **1.** Relativo a órgão, organização, ou a seres organizados. **2.** Relativo a, ou próprio de organismo (2). **3.** Relativo a, ou próprio da química orgânica. **4.** Relativo a, ou derivado de organismos vivos. **5.** Relativo à agricultura e pecuária que não usam pesticidas e fertilizantes sintéticos. **6.** *Fig.* Que é natural ou inato, ou profundamente arraigado, e não planejado ou imposto do exterior.

or.ga.nis.mo [Fr. *organisme*.⬛11] *sm.* **1.** O conjunto dos órgãos dos seres vivos. **2.** A constituição do corpo humano. **3.** Qualquer ser, sistema ou estrutura organizada. **4.** Entidade que exerce funções de caráter social, político, etc.; organização, órgão.

or.ga.nis.ta [Lat.med. *organista*.⬛36] *s2g.* Pessoa que toca órgão.

or.ga.ni.za.ção [*Organizar*.⬛2A] *sf.* **1.** Ato ou efeito de organizar(-se). **2.** Modo por que um ser vivo é organizado. **3.** Associação ou instituição com objetivos definidos. **4.** V. *organismo* (4). [Pl.: *-ções*.] ◆ **Organização não governamental.** Aquela que não integra o Estado nem está ligada ao Governo, e cujas atividades, não sendo empresariais, estão voltadas para a esfera pública [sigla: *ONG*].

or.ga.ni.za.do [*Organizar*.⬛17A] *adj.* **1.** Que tem órgãos. **2.** Ordenado, arranjado.

or.ga.ni.zar [Fr. *organiser*. ▢1D] *vtd.* **1.** Estabelecer as bases de. **2.** Dar às partes de (um corpo) a disposição necessária para as funções a que ele se destina. **3.** Submeter a certa disciplina. **4.** Planejar (evento, acontecimento, etc.). **5.** Determinar como e por quem (algo deve ser feito). *p.* **6.** Constituir-se definitivamente; formar-se. **7.** Planejar (alguém) as suas atividades. [C.: 1] § **or.ga.ni.za.dor** (ô) *adj. sm.*

or.ga.no.clo.ra.do [*Organo-* + *clorado.*] *adj. sm. Quím.* Diz-se de, ou substância orgânica, ger. inseticida, que contém cloro (muitas das quais são consideradas nocivas ao meio ambiente).

or.ga.no.fos.fo.ra.do [*Organo-* + *fosforado.*] *adj. sm. Quím.* Diz-se de, ou substância orgânica, ger. inseticida, tóxica, que contém fósforo.

or.ga.no.gra.ma [*Organ(o)-* + *-grama.*] *sm.* Quadro representativo de organização ou de serviço, etc., e que indica as relações entre suas unidades, as atribuições de cada uma, etc.

or.gan.za [De *Lorganza*, m.reg., poss.] *sf.* Tecido fino e transparente, mais encorpado que o organdi.

ór.gão [Lat. *organu.*] *sm.* **1.** *Biol.* Parte de um organismo, ger. autossuficiente, e dotada de função vital específica. **2.** Cada parte dum maquinismo. **3.** Meio ou veículo de comunicação. **4.** *Mús.* Grande instrumento de sopro, com tubos afinados cromaticamente e acionados por um a 5 teclados manuais e uma pedaleira. **5.** V. *organismo* (4). [Pl.: *órgãos*].

or.gas.mo [Gr. *orgasmós.*] *sm.* O mais alto grau de excitação dos sentidos ou de um órgão, esp. o clímax do ato sexual.

or.gi.a [Gr. *órgia*, 'festas de Baco', com infl. do fr. *orgie.*] *sf.* **1.** Festim licencioso; esbórnia, bacanal. **2.** *Fig.* Desordem, tumulto. **3.** *Fig.* Abundância, profusão.

or.gí.a.co [Gr. *orgiakós.*] *adj.* Relativo a orgia, ou que a lembra.

or.gu.lhar [*Orgulho*. ▢1A] *vtd. e p.* Fazer sentir, ou sentir, orgulho. [C.: 1]

or.gu.lho [Cat. *orgull.*] *sm.* **1.** Sentimento de dignidade pessoal; brio, altivez. **2.** Amor-próprio demasiado; soberba. **3.** Aquilo ou aquele(s) de que(m) se tem orgulho. § **or.gu.lho.so** (ô) *adj. sm.*

ori [Or.afric.] *sm.* Manteiga vegetal us. como hidratante ou em rituais.

o.ri:en.ta.ção [*Orientar*. ▢2A] *sf.* **1.** Ato ou efeito de orientar(-se). **2.** Direção, guia. **3.** Impulso, tendência. [Pl.: *-ções*]. ♦ **Orientação educacional ou orientação escolar.** *Educ.* Método psicológico e pedagógico de acompanhamento das atividades dos estudantes (esp. os adolescentes), visando a contribuir para seu desenvolvimento intelectual e a formação da personalidade. **Orientação profissional.** Atividade, baseada em métodos de psicologia e pedagogia, que visa a ajudar esp. adolescentes na escolha da sua profissão.

o.ri:en.ta.dor (ô) [*Orientar*. ▢19A] *adj. sm.* **1.** Que, ou aquele ou aquilo que orienta. **2.** Diz-se de, ou professor responsável por dirigir os estudos ou as pesquisas do aluno. ♦ **Orientador educacional ou orientador escolar.** *Educ.* Especialista em orientação educacional (q.v.). **Orientador profissional.** Especialista em orientação profissional (q.v.).

o.ri:en.tal [Lat. *orientale*. ▢39] *adj2g.* **1.** Relativo ao Oriente ou situado lá, ou de lá originário, ou que lá vive ou vegeta. ● *s2g.* **2.** Pessoa oriental. [Pl.: *-tais*.]

o.ri:en.tar [*Oriente*. ▢1A] *vtd.* **1.** Determinar a posição de (um lugar) em relação aos pontos cardeais. **2.** Adaptar ou ajustar à direção deles. **3.** Indicar o rumo, a direção a; dirigir, guiar. *tdi.* **4.** Orientar (3), aconselhando. *p.* **5.** Reconhecer ou examinar a situação de lugar, ou de posição em que se acha, para guiar-se. [C.: 1]

o.ri:en.te [Lat. *oriente*.] *sm.* **1.** A parte onde nasce o Sol; este, nascente. **2.** V. *este* (1). **3.** A Ásia. [Com inicial maiúsc., nesta acepç.] **4.** *P.ext.* Os povos da Ásia; os orientais. ♦ **Oriente Médio ou Oriente Próximo.** Região a leste da margem oriental do mar Mediterrâneo, da Turquia ao Egito, e na qual se incluem, por vezes, Iraque, Irã e Afeganistão. **Extremo Oriente.** Região que compreende os países do Leste da Ásia.

o.ri.fí.ci:o [Lat. *orificiu.*] *sm.* Entrada ou abertura estreita e/ou pequena.

o.ri.gâ.mi [Do jap.] *sm.* Arte japonesa de dobrar papel em forma decorativa. § **o.ri.ga.mis.ta** *s2g.*

o.ri.gem [Lat. *origine.*] *sf.* **1.** O surgimento ou início de alguma coisa; princípio, começo. **2.** O que provoca a manifestação de certo fenômeno; causa, motivo. **3.** V. *ascendência* (4). **4.** V. *procedência* (2). [Pl.: *-gens*.]

o.ri.gi.nal [Lat. *originale*. ▢39] *adj2g.* **1.** Relativo a origem. **2.** Que provém da origem; inicial, originário. **3.** Que não ocorreu nem existiu antes; inédito. **4.** Feito pela primeira vez, ou que tem caráter próprio, que não imita nem segue nada, ninguém; novo. ● *sm.* **5.** Qualquer obra original, ou manuscrito, desenho, escultura, etc., de que se poderão tirar cópias ou reproduções. [Pl.: *-nais*.] § **o.ri.gi.na.li.da.de** *sf.*

o.ri.gi.nar [*Origem* (*origen-*). ▢1A] *vtd.* **1.** Dar origem a; causar. *p.* **2.** Ter origem; ser proveniente. [C.: 1]

o.ri.gi.ná.ri:o [Lat. *originariu*. ▢24] *adj.* **1.** V. *original* (2). **2.** Que procede, provém; descendente, oriundo.

o.ri.un.do [It. *oriundo.*] V. *originário* (2).

o.ri.xá [Ior. *orisha.*] *s2g.* Divindade de religiões afro-brasileiras.

o.ri.zi.cul.tor (ô) [*Orizi-* + *cultor.*] *sm.* Aquele que se dedica à orizicultura. [Var.: *rizicultor*.]

o.ri.zi.cul.tu.ra [*Orizi-* + *cultura.*] *sf.* Cultura do arroz. [Var.: *rizicultura*.]

or.la [Lat.vulg. *orula, dim. de *ora*, 'borda'.] *sf.* **1.** Borda, rebordo. **2.** V. *margem* (3). **3.** Faixa (3). **4.** Rebordo de roupas, etc.

or.lar [*Orla*. ▢1A] *vtd.* **1.** Guarnecer com orla. **2.** V. *rodear* (3). [C.: 1 (ó)]

ornamental | oscilação

or.na.men.tal [*Ornamento*.⬛39] *adj2g*. **1.** Relativo a ornamento(s). **2.** Próprio para ornamentar. [Pl.: -*tais*.]

or.na.men.tar [*Ornamento*.⬛1A] *vtd*. **1.** Pôr ornamento(s), ou adorno(s), enfeite(s) em; adornar, enfeitar. **2.** Abrilhantar, realçar. *tdi*. **3.** Ornamentar (1). *p*. **4.** Enfeitar-se, adornar-se. [Sin. ger.: *ornar*. C.: 1] § **or.na.men.ta.ção** *sf*.

or.na.men.to [Lat. *ornamentu*.] *sm*. **1.** V. *enfeite*. **2.** *Mús*. Nota ou grupo de notas que embelezam a melodia ou enriquecem a expressão.

or.nar [Lat. *ornare*.⬛1A] *vtd., tdi. e p*. V. *ornamentar*. [C.: 1 (ó)]

or.na.to [Lat. *ornatu*.] *sm*. **1.** Efeito de ornar; ornamentação. **2.** V. *enfeite*.

or.ne.ar [V.A] *v.int*. V. *zurrar*. [C.: 12A. Norm., não é us. nas 1.ªˢ pess.]

or.ne.jar [V.A] *v.int*. V. *zurrar*. [C.: 1 (ê). Norm., não é us. nas 1.ªˢ pess.]

or.ne.jo (ê) [Dev. de *ornejar*.] *sm*. Zurro.

or.ni.tís.qui:o [Tax. *Ornithischia*.] *adj. sm. Paleont*. Diz-se de, ou espécime dos ornitísquios, ordem de dinossauros que se caracterizam pela estrutura óssea dos quadris semelhante à das aves atuais. Ex.: estegossauro.

or.ni.to.lo.gi.a [*Ornit(o)*- + -*logia*.] *sf*. Parte da zoologia que trata das aves. § **or.ni.to.ló.gi.co** *adj*.; **or.ni.tó.lo.go** *sm*.

or.ni.to.mi.mo [Tax. *Ornithomimus*.] *sm. Paleont*. Dinossauro terópode, onívoro, com cerca de 5m de comprimento e 2,5m de altura, e que lembrava uma avestruz, com a cabeça pequena, cauda e pescoço longos e pernas compridas. Viveu no cretáceo superior, e fósseis foram encontrados na América do Norte e Ásia.

or.ni.tor.rin.co [*Ornit(o)*- + -*rinco*.] *sm. Zool*. Mamífero ovíparo, anfíbio, com bico de pato, cloaca, cauda longa e achatada e dedos palmados, com garras; vive na Austrália e Tasmânia.

o.ro.fa.rin.ge [Lat. *oris*, 'boca' + -*o*- + *faringe*.] *sf. Anat*. Uma das divisões da faringe, e que está compreendida entre o palato mole, acima, e a borda superior da epiglote, abaixo.

o.ro.gê.ne.se [*Or(o)*- + -*gênese*.] *sf. Geol*. Orogenia.

o.ro.ge.ni.a [*Or(o)*- + -*genia*.] *sf. Geol*. Processo de formação de uma cadeia de montanhas; orogênese. § **o.ro.gê.ni.co** *adj2g*.

o.ro.gra.fi.a [*Or(o)*- + -*grafia*.] *sf. Geol*. Área de estudo que trata das montanhas. § **o.ro.grá.fi.co** *adj2g*.

or.ques.tra [Lat. *orchestra*.] *sf*. **1.** Conjunto de músicos que executam peças para concertos, ou outras. **2.** Os respectivos instrumentos. **3.** O lugar dos músicos em um teatro. § **or.ques.tral** *adj2g*.

or.ques.trar [*Orquestra*.⬛1A] *vtd*. **1.** Adaptar (peça musical) aos vários instrumentos duma orquestra; instrumentar para orquestra. **2.** *Fig*. Combinar harmoniosamente. **3.** Dirigir ou coordenar (conjunto de elementos ou ações individuais), procurando obter certo resultado. [C.: 1 (é)] § **or.ques.tra.ção** *sf*.

or.qui.dá.ce:a [Tax. *Orchidaceae*.] *sf. Bot*. Espécime das orquidáceas, família de monocotiledôneas cujas flores têm sementes insignificantes que germinam em associação com certos fungos. § **or.qui.dá.ce:o** *adj*.

or.qui.dá.ri:o [*Orquid(ea)* + -*ário*.⬛24] *sm. Bras*. Viveiro para orquídeas.

or.quí.de:a [Lat.cient. *Orchid*-+-*ea*.] *sf. Bot*. Nome comum às orquidáceas, tidas impropriamente como parasitas.

or.to.don.ti.a [*Ort(o)*-+-*(o)dont(o)*-+-*ia*¹.⬛8A] *sf*. Ramo da odontologia que se ocupa da prevenção e correção de defeitos de posição de dentes. § **or.to.dôn.ti.co** *adj*.

or.to.don.tis.ta [*Ortodontia*.⬛36] *s2g*. Especialista em ortodontia.

or.to.do.xo (cs) [Gr. *orthódoxos*.] *adj*. **1.** Conforme com a doutrina religiosa tida como verdadeira. **2.** *P.ext*. Conforme com os princípios tradicionais de qualquer doutrina, moral, etc. **3.** Da Igreja Católica Apostólica Ortodoxa, ou relativo a ela. **4.** Que é sectário da Igreja Ortodoxa. ● *sm*. **5.** Indivíduo ortodoxo (4). § **or.to.do.xi.a** (cs) *sf*.

or.to:e.pi.a ou **or.to.é.pi:a** [Gr. *orthoépeia*.] *sf*. Pronúncia normal e correta; ortofonia.

or.to.fo.ni.a [*Ort(o)*- + -*fon(o)*- + -*ia*¹.⬛8A] *sf*. Ortoepia.

or.to.go.nal [Gr. *orthógonos*.⬛39] *adj2g. Geom*. Que forma ângulos retos. [Pl.: -*nais*.]

or.to.gra.far [*Ortografia*.⬛1A] *vtd. e int*. Escrever segundo as regras ortográficas. [C.: 1]

or.to.gra.fi.a [Gr. *orthographía*.⬛8A] *sf*. **1.** Parte da gramática que ensina a escrever corretamente as palavras. **2.** Maneira de representar as palavras por meio da escrita; grafia. § **or.to.grá.fi.co** *adj*.

or.to.mo.le.cu.lar [*Ort(o)*- + *molecular*.] *adj2g. Med*. Diz-se de terapia, etc., que visa a restaurar, em nível molecular, as concentrações e funções das substâncias presentes normalmente no organismo.

or.to.pe.di.a [*Ort(o)*- + -*pedia*; fr. *orthopédie*.] *sf*. Ramo da medicina que se ocupa da preservação ou restauração anatômica e/ou funcional do esqueleto e das formações ligadas a ele. § **or.to.pé.di.co** *adj*.

or.to.pe.dis.ta [*Ortopedia*.⬛36] *s2g. Med*. Especialista em ortopedia.

or.tóp.te.ro [Tax. *Orthoptera*.] *adj. sm. Zool*. Diz-se de, ou espécime dos ortópteros, ordem de insetos de 4 asas, sendo as anteriores coriáceas, e os fêmures posteriores muito fortes, adaptados para o salto. Ex.: grilos, esperanças.

or.va.lhar [*Orvalho*.⬛1A] *vtd. e p*. **1.** Molhar(-se) ou umedecer(-se) com orvalho. **2.** Molhar(-se), umedecer(-se). *int*. **3.** Cair orvalho. [C.: 1]

or.va.lho [V.C] *sm*. Umidade da atmosfera, que se condensa (durante a noite, sobretudo) e se deposita, em forma de gotículas, sobre qualquer superfície fria; rocio.

■ **Os** *Quím*. Símb. de *ósmio*.

os.ci.la.ção [Lat. *oscillatione*.⬛2A] *sf*. **1.** Ato ou efeito de oscilar. **2.** *Fís*. Fenômeno em que uma

oscilar | otomano

os.ci.lar [Lat. *oscillare*.⬛1A] *v.int.* **1.** Mover-se alternadamente em sentidos opostos. **2.** Movimentar-se em vaivém; balançar-se. **3.** Sofrer abalo; tremer. **4.** Vacilar, hesitar. *ti.* **5.** Oscilar (4). [C.: 1] § **os.ci.lan.te** *adj2g.*; **os.ci.la.tó.ri:o** *adj.*

os.ci.los.có.pi:o [*Oscilo-* + *-scópio*.] *sm. Fís.* Instrumento que permite detectar e observar oscilações.

os.cu.lar [Lat. *osculare*.⬛1A] *vtd.* Dar ósculo(s) em; beijar. [C.: 1] § **os.cu.la.ção** *sf.*

ós.cu.lo [Lat. *osculu*.] *sm.* V. *beijo*.

os.ga [Do ár.] *sf. Zool.* Lagartixa.

ós.mi:o [*Osm(o)-*[1] + *-io*[2].⬛34B] *sm. Quím.* Elemento de número atômico 76, metálico [símb.: *Os*].

os.mo.se [*Osm(o)-*[2] + *-ose*[1].] *sf. Fís.-Quím.* Passagem do solvente de uma solução através de membrana impermeável ao soluto.

■ **O.S.O.** Abrev. de *oés-sudoeste*.

os.sa.da [*Osso*.] *sf.* **1.** Quantidade de ossos. **2.** Os ossos dum cadáver; carcaça. **3.** O conjunto de ossos de um vertebrado morto; carcaça. **4.** V. *esqueleto* (2).

os.sá.ri:o [Lat. *ossariu*.⬛24] *sm.* V. *ossuário*.

os.sa.tu.ra [Fr. *ossature*.] *sf.* **1.** *Anat.* Esqueleto (1). **2.** V. *esqueleto* (2).

ós.se:o [Lat. *osseu*.] *adj.* **1.** Relativo ao, ou da natureza do osso. **2.** Que tem osso(s).

ós.se.o [Lat. *osseu*.] *sm.* Pequeno osso.

os.si.fi.car [*Ossi-* + *-ficar*.⬛1A] *vtd.* e *p.* **1.** Converter(-se) em osso. **2.** Endurecer como osso. [C.: 1A] § **os.si.fi.ca.ção** *sf.*; **os.si.fi.ca.do** *adj.*

os.so (ô) [Lat. *ossu*.] *sm. Anat.* **1.** Cada uma das diversas peças formadas por tecido rígido que, juntamente com as cartilagens e ligamentos, formam o esqueleto dos vertebrados. **2.** Qualquer fragmento do esqueleto animal. [Pl.: *ossos* (ó).] ♦ **Ossos do ofício.** Encargos ou dificuldades inerentes a uma atividade.

os.su.á.ri:o [Lat. *ossuariu*.⬛24] *sm.* **1.** Depósito de ossos humanos. **2.** Sepultura comum de muitos cadáveres. Sin. ger.: *ossário*.)

os.su.do [*Osso*.] *adj.* De ossos grandes ou salientes.

os.te.íc.te [Tax. *Osteichthyes*.] *adj2g. sm. Zool.* Diz-se de, ou espécime dos osteíctes, classe de peixes que abrange aqueles que têm esqueleto ósseo. É a maior classe de vertebrados.

os.te.í.te [*Oste(o)-* + *-ite*[1].] *sf. Med.* Inflamação de tecido ósseo.

os.ten.si.vo [Lat. *ostensivu*.⬛22] *adj.* Que se pode mostrar ou ostentar, ou é próprio para isso.

os.ten.só.ri:o [*Ostensor*.⬛34B] *sm.* Custódia onde se ostenta a hóstia consagrada.

os.ten.ta.ção [Lat. *ostentatione*.⬛2A] *sf.* **1.** Ato ou efeito de ostentar(-se). **2.** Exibição aparatosa. **3.** Pompa, luxo. [Pl.: *-ções*.]

os.ten.tar [Lat. *ostentare*.⬛1A] *vtd.* **1.** Exibir com aparato ou com orgulho. *int.* **2.** Fazer ostentação (2). *p.* **3.** Mostrar-se com ostentação. [C.: 1]

os.ten.to.so (ô) [*Ostent-*, como em *ostentar*, + *-oso*.⬛37] *adj.* **1.** Feito ou disposto com ostentação. **2.** Magnífico, soberbo. [Pl.: *-tosos* (ó).]

os.te:o.glos.sí.de:o [Tax. *Osteoglossidae*.] *adj. sm. Zool.* Diz-se de, ou espécime dos osteoglossídeos, pequena família de peixes de água doce, de até 4,50m de comprimento, que vivem na América do Sul, África, Indonésia, Malásia e Austrália. Ex.: pirarucu.

os.te:o.lo.gi.a [*Oste(o)-* + *-logia*.] *sf.* Estudo dos ossos.

os.te:o.mi:e.li.te [*Oste(o)-* + *-miel(o)-* + *-ite*[1].] *sf. Med.* Inflamação de medula óssea.

os.te:o.pa.ti.a [*Oste(o)-* + *-patia*.] *sf. Med.* Qualquer doença óssea.

os.te:o.po.ro.se [*Oste(o)-* + *-por(o)-* + *-ose*[1].] *sf. Med.* Afecção em que os ossos se tornam menos densos, menos espessos.

os.tra (ô) [Lat. *ostrea*.] *sf. Zool.* Molusco bivalve, comestível, podendo algumas espécies ser criadas em viveiros.

os.tra.cis.mo [Gr. *ostrakismós*.⬛11] *sm.* **1.** Na Grécia antiga, desterro temporário determinado em plebiscito. **2.** *P.ext.* Afastamento das funções políticas. **3.** *Fig.* Afastamento da vida social, intelectual, etc.

os.tre.i.cul.tor (e-i...ô) [*Ostre(i)-* + *cultor*.] *sm.* Aquele que se dedica à ostreicultura.

os.tre.i.cul.tu.ra (e-i) [*Ostre(i)-* + *cultura*.] *sf.* Cultura de ostras.

os.trei.ra [*Ostra*.⬛16] *sf.* Lugar onde se criam ostras.

os.wal.di.a.no [⬛29A] *adj.* Relativo ao, ou próprio do escritor Oswald de Andrade **(M.)**, ou à sua obra.

■ **OTAN** Sigla de *Ordem do Tratado do Atlântico Norte*.

o.tá.ri:o [Lunf. *otario*, 'homem ingênuo'.] *sm. Gír.* Indivíduo tolo, simplório.

ó.ti.ca *sf. Bras.* V. *óptica*.

ó.ti.co[1] *adj.* Relativo ou pertencente ao ouvido (orelha, atualmente).

ó.ti.co[2] *adj. sm. Bras.* V. *óptico*.

o.ti.mis.mo [*Ótimo*.⬛11] *sm.* Sistema de julgar tudo o melhor possível, de achar que tudo vai bem. § **o.ti.mis.ta** *adj2g. s2g.*

o.ti.mi.za.ção [*Otimizar* + *-ção*.⬛2A] *sf.* **1.** Ato, processo ou efeito de otimizar. **2.** *Inform.* O conjunto de técnicas algorítmicas e de programação us. para buscar o ponto ótimo de funções matemáticas. [Pl.: *-ções*.]

o.ti.mi.zar [*Ótimo*.⬛1D] *vtd.* **1.** Tornar ótimo. **2.** Aproveitar, utilizar, ou realizar melhor, ou de forma mais produtiva. **3.** *Inform.* Aperfeiçoar (um programa) a fim de que realize sua função no menor tempo ou no menor número de passos possível. [C.: 1]

ó.ti.mo [Lat. *optimu*.] *adj.* Superl. absoluto de *bom*; boníssimo.

o.ti.te [*Ot(o)-* + *-ite*[1].] *sf. Med.* Inflamação do ouvido (orelha, atualmente).

o.to.ma.no [Antr. *Uthman*, 'Osmã', imperador turco (1259-1326).] *adj. sm.* V. *turco* (1 e 2).

o.tor.ri.no s2g. F.red. de *otorrinolaringologista*.

o.tor.ri.no.la.rin.go.lo.gi.a [*Ot(o)-* + *-rin(o)-* + *-laring(o)-* + *-logia.*] sf. Parte da medicina consagrada ao estudo e tratamento das doenças da orelha, do nariz e da garganta. § **o.tor.ri.no.la.rin.go.ló.gi.co** adj.

o.tor.ri.no.la.rin.go.lo.gis.ta [*Otorrinolaringologia.* ▣36] s2g. Especialista em otorrinolaringologia. [F.red.: *otorrino*.]

ou [Lat. *aut.*] conj. **1.** Designa alternativa ou exclusão. **2.** Indica dúvida, incerteza ou hesitação. **3.** De outro modo; por outra(s) palavra(s).

ou.re.la [Lat.vulg. **orella*.] sf. **1.** Orla (4) de fazenda. **2.** Margem, beira.

ou.ri.çar [*Ouriço.* ▣1A] vtd. **1.** Tornar semelhante ao ouriço; eriçar, arrepiar. **2.** Tornar áspero; encrespar. p. **3.** Encrespar-se. **4.** Eriçar-se, arrepiar-se. [C.: 1B]

ou.ri.ço [Lat. *ericiu*.] sm. **1.** O invólucro da castanha, ou, p.ext., de certos frutos. **2.** Zool. Ouriço-cacheiro.

ou.ri.ço-ca.chei.ro sm. Zool. Mamífero roedor, eretizontídeo; ouriço. [Pl.: *ouriços-cacheiros*.]

ou.ri.ço-do-mar sm. Zool. Animal equinodermo, equinoide. [Pl.: *ouriços-do-mar*.]

ou.ri.ves [Lat. *aurifice*.] s2g2n. Fabricante e/ou vendedor de artefatos de ouro, prata e platina.

ou.ri.ve.sa.ri.a [*Ourives.* ▣15] sf. **1.** A arte de ourives. **2.** Oficina ou loja de ourives.

ou.ro [Lat. *auru*.] sm. **1.** Quím. Elemento de número atômico 79, metálico, amarelo, dúctil, maleável, denso, us. em ligas preciosas [símb.: Au]. **2.** Qualquer moeda ou artefato desse metal. **3.** Fig. Riqueza, opulência. **4.** Cor amarela muito brilhante. **5.** V. *dinheiro* (4).

ou.ro.pel [Fr.ant. *oripel*.] sm. **1.** Liga metálica de cobre amarelo, ou latão e zinco, que imita o ouro; pechisbeque. **2.** Ouro falso. **3.** Aparência enganosa. [Pl.: *-péis*.]

ou.ros smpl. Um dos 4 naipes, vermelho, figurado com o desenho dum losango.

ou.sa.do [*Ousar.* ▣17A] adj. **1.** Que ousa, que não teme; intrépido, corajoso. **2.** Que não respeita a decência, as conveniências; atrevido. **3.** Que inova. § **ou.sa.di.a** sf.

ou.sar [Lat.vulg. **ausare*.▣1A] vtd. **1.** Ser bastante corajoso para; atrever-se. **2.** Tentar (coisa difícil ou perigosa). [C.: 1]

→ **outdoor** (audór/autdór [bras.]) [Ingl.] sm. Prop. Grande cartaz, com forte apelo visual e comunicação instantânea, posto ao ar livre, ger. à margem das vias públicas.

ou.tei.ro ou **oi.tei.ro** [Lat. *altariu*, 'a parte mais alta do altar'. ▣25] sm. Pequeno monte; colina.

ou.to.nal [Lat. *autumnale*.▣39] adj2g. Próprio do outono; outoniço. [Pl.: *-nais*.]

ou.to.ni.ço [*Outono* + *-iço*.] adj. **1.** Outonal. **2.** Que principia a envelhecer.

ou.to.no [Lat. *autumnu*.] sm. **1.** Estação do ano que sucede ao verão e antecede o inverno. **2.** Declínio, decadência.

ou.tor.ga [Dev. de *outorgar*.] sf. Ato ou efeito de outorgar.

ou.tor.gar [Lat. **auctoricare*.▣1A] vtd. **1.** Consentir em; aprovar. **2.** Dar, conceder. **3.** Conferir (mandato). **4.** Jur. Declarar em escritura pública. tdi. **5.** Consentir, facultar. **6.** Outorgar (2). **7.** Atribuir; imputar. [C.: 1C (ó)]

→ **output** (áutipúti) [Ingl.] **1.** Econ. O produto, o resultado da combinação dos fatores de produção. **2.** Inform. Saída (6 e 7).

ou.trem [Lat. *alteri*.] pron. Outra(s) pessoa(s).

ou.tro [Lat. *alteru*.] pron. **1.** Diverso do primeiro; diferente de pessoa ou coisa especificada. **2.** Seguinte, imediato. **3.** O resto, o restante: *Alguns irão hoje; os outros, amanhã*.

ou.tro.ra [*Outra* + *hora*.] adv. Em outro tempo; antigamente.

ou.tros pron. pl. Outras pessoas, indeterminadas; o próximo; outrem.

ou.tros.sim [*Outro* + *sim*.] adv. Também; bem assim.

ou.tu.bro [Lat. *Octobre*.] sm. O 10.º mês do ano, com 31 dias.

ou.vi.do [Part. de *ouvir*.] sm. Anat. V. *orelha*. ◆ **Dar ouvidos a.** Acreditar ou prestar atenção em (alguém, ou algo que se diz). **De ouvido.** Reproduzindo, de modo intuitivo e sem aprendizado, aquilo que se ouve. **Entrar por um ouvido e sair pelo outro.** Não dar atenção a (conselho, advertência, pedido, etc.). **Ser todo ouvidos.** Prestar atenção ao que se diz.

ou.vi.dor (ô) [*Ouvir.* ▣19A] sm. Bras. **1.** No período colonial, o juiz posto pelos donatários. **2.** Antigo magistrado com as funções do atual juiz (4). **3.** V. *ombudsman*.

ou.vin.te [*Ouvir.* ▣21] s2g. **1.** Que assiste a um discurso, uma conferência, uma aula, etc., ou ouve rádio. **2.** Estudante que assiste às aulas sem ser matriculado.

ou.vir [Lat. *audire*.▣1C] vtd. **1.** Perceber, entender (os sons) pelo sentido da audição; escutar. **2.** Ouvir os sons de. **3.** Dar atenção a; atender, escutar: *Não ouça o que ele diz*. **4.** Inquirir (o réu, as testemunhas, etc.). **5.** Escutar os conselhos ou razões de. int. **6.** Perceber pelo sentido da audição. [C.: 39]

o.va [Lat. *ova*.] sf. Zool. O ovário dos peixes. ◆ **Uma ova.** Us. para exprimir negação ou recusa enfáticas, protesto.

o.va.ção [Lat. *ovatione*.▣2A] sf. Aclamação pública. [Pl.: *-ções*.]

o.va.ci.o.nar [*Ovação* (*-cion-*).▣1A] vtd. Fazer ovação a. [C.: 1]

o.val [Lat. *ovale*.▣39] adj2g. **1.** De forma semelhante à do ovo ou à do contorno deste; ovoide, ovalado. ● sf. **2.** Geom. Figura plana ou sólida, de forma oval (1). [Pl.: *-vais*.]

o.va.la.do [*Ovalar.*▣17A] adj. V. *oval* (1).

o.va.lar [*Oval.*▣1A] vtd. Tornar oval. [C.: 1]

o.van.te [Lat. *ovante*.] adj2g. Triunfante, vitorioso.

o.var [*Ovo.*▣1A] v.int. Criar ovos ou ovas. [C.: 1 (ó)] § **o.va.do** adj.

ovário | ozônio

o.vá.ri:o [Lat.cient. *ovarium*.◘24] *sm.* **1.** *Anat.* Cada uma de 2 glândulas sexuais femininas, situadas na pelve, das quais provêm os óvulos. **2.** *Zool.* Órgão onde se formam os ovos ou óvulos, nas fêmeas dos animais ovíparos. **3.** *Bot.* Pequeno órgão da flor, que encerra os óvulos, dentro dos quais se acha a célula reprodutora feminina. § **o.va.ri.a.no** *adj.*

o.vei.ro [Lat. *ovariu*.◘25] *sm. Zool.* O ovário das aves.

o.ve.lha (ê) [Lat. *ovicula*.] *sf.* **1.** A fêmea do carneiro. **2.** *Fig.* O cristão, em relação ao seu pastor espiritual.

o.ve.lhum [*Ovelha* + -*um*¹.] *adj2g.* Relativo a ovelhas, carneiros e cordeiros; ovino. [Pl.: -*lhuns*.]

→ **overbooking** (ôvérbúquin) [Ingl.] *sm.* Reserva ou venda de passagens além do número de assentos de um avião, visando possíveis desistências ou ausências de passageiros no momento da viagem.

→ **overdose** (ôvérdôuzi) [Ingl.] *sf.* Dose excessiva, ger. de tóxico.

→ **overnight** (ôvernáiti) [Ingl.] *adj2g2n. sm.* Diz-se das, ou as aplicações financeiras, em títulos do Governo vendidos pelo Banco Central (v. *open market*), feitas num dia para resgate no próximo dia útil.

o.vi.á.ri:o [Lat. **oviariu*.◘24] *sm.* **1.** V. *ovil.* **2.** Rebanho de ovelhas.

o.vil [Lat. *ovile*.] *sm.* Curral de ovelhas; aprisco, oviário. [Pl.: -*vis*.]

o.vi.no [Lat. *ove*, 'ovelha', + -*ino*.] *adj.* Ovelhum.

o.vi.no.cul.tu.ra [*Ovino* + *cultura*.] *sf.* Criação de ovelhas.

o.ví.pa.ro [Lat. *oviparu*.] *adj. sm. Zool.* Diz-se de, ou animal que põe ovos, cujo desenvolvimento se completa fora do organismo materno.

o.vi.po.si.tor [*Ov(i)-* + lat. *positus* + -*or*.◘19] *sm. Zool.* Nos insetos, estrutura que permite a postura dos ovos.

o.vi.rrap.tor (ó) [Tax. *Oviraptor*.] *sm.* Dinossauro terópode, ornitísquio, com cerca de 2m de comprimento e 30kg de peso. Tinha cauda comprida, braços curtos e garras afiadas nos dedos dos pés e das mãos. Viveu no cretáceo superior, e fósseis foram encontrados na Ásia.

óv.ni *sm.* Acrôn. de *objeto voador não identificado*, us. para hipotéticos engenhos voadores de origem extraterrestre; ufo.

o.vo (ô) [Lat. *ovu*.] *sm. Biol.* **1.** Estrutura reprodutiva produzida por fêmeas de aves, reptis, peixes, etc., capaz de dar origem a um novo indivíduo. **2.** V. *zigoto*. [Pl.: *ovos* (ó).] ◆ **Pisar em ovos.** Conduzir-se com cautela ou habilidade, por estar em situação delicada.

o.voi.de (ói) [*Ov(i)-* + -*oide*.] *adj2g.* Oval (1).

o.vo.vi.ví.pa.ro [*Ovo-* + *vivíparo*.] *adj. sm. Zool.* Diz-se de, ou animal cujo ovo é incubado no interior do organismo materno, nutrindo-se o embrião de alimento nele contido.

o.vu.la.ção [*Ovular*².◘2A] *sf. Biol.* Expulsão pelo folículo ovariano de um óvulo capaz de ser fecundado. [Pl.: -*ções*.]

o.vu.lar¹ [*Ovul(i)-* + -*ar*¹.◘40] *adj2g.* **1.** De, ou pertencente a óvulo. **2.** Que tem forma de óvulo.

o.vu.lar² [*Óvulo*.◘1A] *v.int.* Ter ovulação. [C.: 1]

ó.vu.lo [Lat.cient. *ovulum*.] *sm.* **1.** *Biol.* Célula sexual ou gameta feminino que poderá sofrer fecundação. **2.** *Bot.* Estrutura encontrada no interior do ovário (3), e dentro da qual se acha a oosfera.

o.xa.lá [Do ár., 'queira Deus'.] *interj.* Tomara; queira Deus.

o.xa.li.dá.ce:a (cs) [Tax. *Oxalidaceae*.] *sf. Bot.* Espécime das oxalidáceas, família de ervas ou arvoretas tropicais de fruto bacáceo ou capsular, muitas vezes edule. Ex.: caramboleira. § **o.xa.li.dá.ce:o** (cs) *adj.*

o.xi.á.ci.do (cs) [*Ox(i)-* + *ácido*.] *sm. Quím.* Qualquer ácido com pelo menos um oxigênio em sua molécula, como, p.ex., os ácidos sulfúrico (H_2SO_4) e nítrico (HNO_3), mas não o clorídrico (HCl).

o.xi.dar (cs) [*Óxido*.◘1A] *vtd.* **1.** Combinar com oxigênio; retirar hidrogênio de uma substância; retirar (elétrons) de um íon ou de uma molécula. **2.** Enferrujar. *p.* **3.** Enferrujar-se. [C.: 1] § **o.xi.da.ção** (cs) *sf.*; **o.xi.dan.te** (cs) *adj2g. sm.*; **o.xi.dá.vel** (cs) *adj2g.*

ó.xi.do (cs) *sm. Quím.* Composto binário de oxigênio e outro elemento.

o.xi.ge.na.ção (cs) [*Oxigenar*.◘2A] *sf.* **1.** Ato ou efeito de oxigenar. **2.** Capacidade de oxigenar-se, de receber oxigênio. [Pl.: -*ções*.]

o.xi.ge.na.do (cs) [*Oxigenar*.◘17A] *adj.* **1.** Que contém oxigênio. **2.** Que sofreu a ação da água oxigenada: *cabelos oxigenados*.

o.xi.ge.nar (cs) [*Oxigen(io)*.◘1A] *vtd.* **1.** *Quím.* Tratar (uma substância) pelo oxigênio e fixá-lo em sua molécula. **2.** Ministrar oxigênio a. **3.** Aumentar a oxigenação (2) de. **4.** *Pop.* Clarear (os cabelos) com água oxigenada e amônia. *p.* **5.** Sofrer aumento de oxigênio. [C.: 1]

o.xi.gê.ni:o (cs) [*Ox(i)-* + -*gen(o)-* + -*io*².◘34B] *sm. Quím.* **1.** Elemento de número atômico 8 [símb.: O]. V. *calcogênio*. **2.** Forma diatômica do oxigênio (1), gás que constitui cerca de 21% da atmosfera, incolor, inodoro, insípido, com grande atividade química, indispensável e quase todas as formas de vida [fórm.: O_2].

o.xí.to.no (cs) [Gr. *oxýtonos*.] *adj. sm. E.Ling.* Diz-se de, ou vocábulo que tem o acento na última sílaba.

o.xi.ú.ro (cs) [Tax. *Oxyuris*.] *sm. Zool.* Nematódeo que parasita o intestino grosso do homem.

o.xum [Do ior.] *sf. Bras. Rel.* Orixá feminino, que é uma divindade faceira e vaidosa, da água doce. [Com inicial maiúsc.]

o.zô.ni:o [Al. *Ozon*.] *sm. Quím.* Substância que é uma forma alotrópica do elemento oxigênio, gasosa, muito reativa, que forma uma tênue camada na estratosfera, essencial para proteger os seres vivos das radiações provenientes do Sol [fórm.: O_3].

p (pê) *sm.* **1.** A 16ª letra do nosso alfabeto. **2.** Figura ou representação dessa letra. ● *num.* **3.** Décimo quinto, numa série. **4.** Décimo sexto, numa série em que a letra *k* corresponde ao 11º elemento. [Pl. do sm., com duplo *p*: *pp.*]
■ **P** *Quím.* Símb. de *fósforo*.
■ **Pa** *Quím.* Símb. de *protactínio*.

pá [Lat. *pala.*] *sf.* **1.** Instrumento largo e chato, com rebordos laterais e um cabo, para cavar o solo, remover terra, areia, lixo. **2.** A parte mais larga e carnuda da perna dianteira da rês.

pa.bu.la.gem [*Pábulo*, 'fanfarrão'. ▣ 6] *sf.* **1.** *Bras.* Empáfia. **2.** V. *fanfarrice* (1). [Pl.: *-gens.*]

pa.ca [Do tupi.] *sf. Zool.* Dasiproctídeo comum nas Américas Central e do Sul, que chega a medir 70cm de comprimento.

pa.ca.to [Lat. *pacatu.* ▣ 18] *adj.* **1.** V. *pacífico* (1). **2.** Em que há paz, tranquilidade. § **pa.ca.tez** (ê) *sf.*

pa.chor.ra (ô) [V.C] *sf.* **1.** Vagar, lentidão. **2.** Atitude que é mistura de indolência e paciência.

pa.chor.ren.to [*Pachorra.* ▣ 27] *adj.* Que tem ou denota pachorra.

pa.ci.ên.ci:a [Lat. *patientia.*] *sf.* **1.** Qualidade de quem sabe esperar. **2.** Virtude que consiste em suportar dores, infortúnios, etc., com resignação. **3.** Passatempo individual com cartas de baralho.

pa.ci.en.te [Lat. *patiente.*] *adj2g.* **1.** Que revela paciência. ● *s2g.* **2.** Pessoa doente, sob cuidados médicos.

pa.ci.fi.car [Lat. *pacificare.* ▣ 1A] *vtd.* **1.** Restituir a paz a; tranquilizar. *p.* **2.** Tranquilizar-se. [C.: 1A] § **pa.ci.fi.ca.ção** *sf.*; **pa.ci.fi.ca.dor** (ô) *adj. sm.*

pa.ci.fi.co [Lat. *pacíficu.*] *adj.* **1.** Amigo da paz; tranquilo, pacato. **2.** Aceito sem discussão ou oposição.

pa.ci.fis.mo [Fr. *pacifisme.* ▣ 11] *sm.* Sistema dos que propugnam a paz universal. § **pa.ci.fis.ta** *adj2g. s2g.*

pa.ço [Lat. *palatiu.*] *sm.* Palácio real ou episcopal.

pa.co.ba ou **pa.co.va** [Do tupi.] *sf. Bras.* Banana (1).

pa.ço.ca [Or.ind., poss.] *sf. Bras.* **1.** Comida feita de carne-seca refogada, desfiada, e socada com farinha de mandioca. **2.** Doce de amendoim socado com rapadura.

pa.co.te *sm.* Pequeno maço; embrulho.

pa.có.vi:o *adj. sm.* V. *tolo* (1, 2 e 6).

pac.to [Lat. *pactu.*] *sm.* Ajuste, acordo, entre Estados, ou particulares.

pac.tu.ar [*Pacto.* ▣ 1Aa] *vtd. e tdi.* **1.** Combinar, ajustar, contratar. *ti.* **2.** Fazer pacto. [C.: 1] § **pac.tu.an.te** *adj2g. s2g.*

pa.cu [Do tupi.] *sm. Bras. Zool.* Peixe caracídeo, fluvial.

pa.cu:e.ra [Do tupi.] *sf. Bras.* Fressura de boi, porco ou carneiro.

pa.da.ri.a [*Pada*, 'pãozinho'. ▣ 15] *sf.* Lugar onde se fabrica e/ou vende pão, bolachas, etc.; panificação, panificadora.

pa.de.cer [Lat.vulg. **patiscere.* ▣ 1B] *vtd.* **1.** Ser afligido ou atormentado por. **2.** Suportar, aguentar. *ti.* **3.** Ser acometido ou sofrer (de enfermidade ou mal). *int.* **4.** Sofrer dores físicas ou morais. [C.: 2A (ê-é)] § **pa.de.cen.te** *adj2g. s2g.*; **pa.de.ci.men.to** *sm.*

pa.dei.ro [Lat.vulg. **panatariu.* ▣ 25] *sm.* Fabricante, vendedor ou entregador de pão.

pa.di.o.la [V.E] *sf.* **1.** Espécie de tabuleiro retangular, com 4 varais, us. para transporte. **2.** Cama portátil, sem rodas, em que se transportam doentes ou feridos; maca.

555

padioleiro | pai dos burros

pa.di:o.lei.ro [*Padiola.*◼25] *sm. Bras.* Aquele que carrega ou ajuda a carregar padiola.

pa.drão [Lat. *patronu.*◼28] *sm.* **1.** Modelo oficial de pesos e medidas. **2.** Aquilo que serve de base ou norma para avaliação; medida. **3.** Objeto que serve de modelo à feitura de outro. **4.** Desenho decorativo estampado em tecido, etc. **5.** *Fig.* Modelo, exemplo, protótipo. [Pl.: *-drões.*]

pa.dras.to [Lat.vulg. *patrastru.*] *sm.* O homem, em relação ao(s) filho(s) que sua mulher teve anteriormente.

pa.dre [Lat. *pater.*] *sm.* Aquele que já recebeu a ordem (14); sacerdote, reverendo.

pa.dre.ar [Port.ant. *padre,* 'pai'.◼1N] *v.int.* Procriar (esp. o cavalo e o burro). [C.: 12A] § **pa.dre.a.ção** *sf.*

pa.dre-cu.ra *sm.* V. *cura* (4). [Pl.: *padres-curas.*]

pa.dre-mes.tre *sm.* Sacerdote professor. [Pl.: *padres-mestres.*]

pa.dre-nos.so *sm.* Pai-nosso. [Pl.: *padre(s)-nossos.*]

pa.dri.nho [Lat.vulg. **patrinu.*◼32] *sm.* Testemunha de batismo, casamento, duelo, etc.

pa.dro.ei.ro [Lat. **patronariu.*◼25] *adj. sm.* Diz-se de, ou santo que país, ou cidade, categoria profissional, etc., adota como protetor.

pa.dro.na.gem [*Padrão* (*-dron-*).◼6] *sf.* A cor, ou conjunto de cores e/ou de desenhos, de um tecido, etc. [Pl.: *-gens.*]

pa.dro.ni.za.ção [*Padronizar.*◼2A] *sf.* **1.** Ato ou efeito de padronizar. **2.** Uso de padrões, modelos ou critérios preestabelecidos. **3.** Uniformização na produção de objetos do mesmo gênero segundo padrão (2). **4.** Uniformização do comportamento, da preferência dos indivíduos segundo modelos aceitos pela maioria ou pela criação de novos hábitos: *padronização da moda.* [Pl.: *-ções.*]

pa.dro.ni.zar [*Padrão* (*-dron-*).◼1D] *vtd.* **1.** Estabelecer padrão ou padrões para (algo). **2.** Tornar iguais ou semelhantes (pessoas, comportamentos, atitudes, coisas); uniformizar. *p.* **3.** Tornar-se padronizado, uniforme. [C.: 1] § **pa.dro.ni.za.do** *adj.*

→ **paella** (paêlha/paeja/paéia) [Esp.] *sf. Cul.* Iguaria espanhola feita com arroz, legumes, carnes e crustáceos diversos.

pa.e.tê [Fr. *pailleté.*] *sm.* Lantejoula.

pa.ga [Dev. de *pagar.*] *sf.* **1.** Pagamento (1). **2.** Recompensa, retribuição.

pa.ga.do.ri.a [*Pagador.*◼8A] *sf.* Local onde se efetuam pagamentos.

pa.ga.men.to [*Pagar.*◼3] *sm.* **1.** Ato ou efeito de pagar(-se); paga. **2.** Remuneração, estipêndio. **3.** Modo de pagar.

pa.ga.nis.mo [*Pagão* (*-gan-*).◼11] *sm.* Religião pagã.

pa.ga.ni.zar [*Pagão* (*-gan-*).◼1D] *vtd. e p.* **1.** Tornar(-se) pagão; perder a condição de cristão. *int.* **2.** Proceder ou pensar como pagão. [C.: 1] § **pa.ga.ni.za.ção** *sf.*

pa.gão [Lat. *paganu.*◼28B] *adj. sm.* **1.** Que, ou quem não foi batizado. **2.** Que, ou quem é adepto de qualquer das religiões em que não se adota o batismo. [Pl.: *-gãos.* Fem.: *pagã.*]

pa.gar [Lat. *pacare.*◼1A] *vtd.* **1.** Satisfazer (dívida, encargo, etc.). **2.** Satisfazer o preço ou valor de. **3.** Remunerar, gratificar. **4.** Sofrer vingança, desforra em consequência de. **5.** Expiar (culpa, etc.). **6.** *Gír.* Deixar aparecer, por descuido: *pagar calcinha. tdi.* **7.** Pagar (1 a 3). **8.** Reembolsar (o que é devido). *int.* **9.** Reembolsar alguém do que lhe é devido. **10.** Expiar uma culpa. [C.: 1C. Part.: *pagado* e *pago.*] ◆ **Pagar caro.** Sofrer duramente as consequências de um procedimento. § **pa.ga.dor** (ó) *adj. sm.* ; **pa.gá.vel** *adj2g.*

→ **pager** (pêidjer) [Ingl.] *sm.* Pequeno receptor portátil que registra numa tela mensagens transmitidas por uma central de radiotransmissão.

pá.gi.na [Lat. *pagina.*] *sf.* **1.** Cada um dos lados das folhas dos livros e de outras publicações. **2.** O texto contido em cada um desses lados. **3.** *Inform.* Qualquer documento que se pode consultar na *Web* em uma localização com endereço específico. **4.** *Inform.* Sítio[1] (5).

pa.gi.na.ção [*Paginar.*◼2A] *sf.* **1.** Ato ou efeito de paginar. **2.** Ordem das páginas. [Pl.: *-ções.*]

pa.gi.nar [*Página.*◼1A] *vtd.* **1.** Numerar por ordem as páginas de. **2.** Reunir (composição tipográfica, etc.) para formar páginas. **3.** Arranjar graficamente as páginas de (livro, etc.). [C.: 1] § **pa.gi.na.dor** (ô) *sm.*

pa.go[1] [Lat. *pagu.*] *sm. Bras. RS* O lugar natal.

pa.go[2] [De *pagar.*] *adj.* **1.** Entregue para pagamento. **2.** Que recebeu paga.

pa.go.de [Do sânscr.] *sm.* **1.** Templo de certos povos asiáticos. **2.** *Fig.* Divertimento espalhafatoso; pândega; pagodeira. **3.** Certo gênero de samba. **4.** Qualquer música desse gênero. **5.** *Bras.* Reunião onde se cantam pagodes e outros ritmos populares.

pa.go.dei.ra [*Pagode.*◼16] *sf. Fam.* V. *pagode* (2).

pa.go.dei.ro [*Pagode.*◼25] *sm. Bras.* **1.** Frequentador de pagode (4). **2.** Cantor ou compositor de pagode (4).

pai [Lat. *pater.*] *sm.* **1.** Homem que deu ser a outro(s), que tem um ou mais filhos; progenitor. **2.** Aquele que exerce as funções de pai. **3.** Papai. **4.** Criador ou fundador de doutrina, etc. ◆ **Pai de família.** Indivíduo que tem mulher e filhos.

pai de san.to *sm. Bras.* Em certos ritos afro-brasileiros, chefe espiritual e responsável pelo terreiro. [Pl.: *pais de santo.* Correspondente fem.: *mãe de santo.*]

pai de to.dos *sm. Fam.* O dedo médio. [Pl.: *pais de todos.*]

pai dos bur.ros *sm. Bras. Pop.* V. *dicionário.* [Pl.: *pais dos burros.*]

pai.na (ãi) [Do malaiala.] *sf. Bot.* Conjunto de fibras sedosas que envolvem as sementes de várias plantas.

pai.in.ço [Lat. *paniciu*.] *sm.* **1.** *Bot.* Planta poácea europeia cultivada como alimentar. **2.** O seu grão.

pai.nei.ra [*Paina.*◼1◼] *sf. Bot.* Árvore bombacácea de flores róseas, e que dá paina; barriguda.

pai.nel [Esp. *painel*.] *sm.* **1.** Pintura sobre tela, madeira, etc. **2.** Almofada de portas e janelas. [Pl.: *-néis*.]

pai-nos.so *sm.* Oração cristã que principia por essas palavras; padre-nosso. [Pl.: *pai(s)-nossos*.]

→ **paintball** (peintibol) [Ingl.] *sm.* Jogo em que 2 equipes simulam disputar uma guerra, atirando com rifles, uma contra a outra, bolinhas cheias de tinta colorida.

pai:o [Antr. gal. *Payo*.] *sm.* Linguiça grossa, muito curada, de porco.

pai.ol [Cat.dial. *paiol*.] *sm.* **1.** Depósito de pólvora e de outros petrechos de guerra. **2.** *Bras.* Depósito de gêneros da lavoura. [Pl.: *-óis*.]

pai.o.lei.ro [*Paiol.*◼25◼] *sm.* Guarda de paiol (1).

pai.rar [Provç.ant. *pairar*.◼1A◼] *v.int.* **1.** Estar ou ficar no alto, sobranceiro. **2.** Adejar sem sair do lugar. **3.** Estar iminente; ameaçar. [C.: 1]

pais *smpl.* **1.** O pai e a mãe. **2.** Os antepassados.

pa.ís [Fr. *pays*.] *sm.* **1.** Região, território. **2.** Pátria, terra. **3.** Território habitado por uma coletividade, com designação própria; nação.

pai.sa.gem [Fr. *paysage.*◼6◼] *sf.* **1.** Espaço de terreno que se abrange num lance de vista. **2.** Pintura, gravura ou desenho que representa uma paisagem. [Pl.: *-gens*.]

pai.sa.gis.mo [*Paisag(em).*◼11◼] *sm.* **1.** Representação da paisagem por pintura ou desenho. **2.** Estudo e utilização da paisagem como complemento da arquitetura. § **pai.sa.gís.ti.co** *adj.*

pai.sa.gis.ta [Fr. *paysagiste.*◼36◼] *s2g.* **1.** Pessoa que pinta paisagens. **2.** Pessoa que planeja paisagens decorativas de parques e jardins.

pai.sa.gís.ti.ca *sf.* A arte da paisagista.

pai.sa.na *el.sm.* Us. na loc. à paisana. ◆ **À paisana.** Em traje civil (diz-se de militar).

pai.sa.no [Fr. *paysan.*◼29◼] *sm.* **1.** Conterrâneo, compatriota. **2.** Indivíduo não militar.

pai.xão [Lat. *passione.*◼28◼] *sf.* **1.** Sentimento ou emoção levados a um alto grau de intensidade. **2.** Amor ardente. **3.** Entusiasmo muito vivo. **4.** Atividade, hábito ou vício dominador. **5.** O objeto da paixão (2 a 4). **6.** Desgosto, mágoa. **7.** *Rel.* O martírio de Cristo. [Com cap., nesta acepç.] [Pl.: *-xões*.]

pa.jé [Do tupi.] *sm. Etnol.* Para os indígenas brasileiros, indivíduo que tem o poder de comunicar-se com potências e seres não humanos e realizar curas e outros atos rituais. [Sin.: *piaga*.]

pa.je.ar [*Pajé(m).*◼1A◼] *vtd. Bras.* Tomar conta de; vigiar. [C.: 12A]

pa.je.lan.ça [*Pajé.*] *sf. Bras. Etnol.* Conjunto de atividades rituais realizadas por um pajé com certo propósito (p.ex., curas, previsões, etc.).

pa.jem [Fr.ant. *page*.] *sm.* **1.** Moço nobre que, na Idade Média, acompanhava certo príncipe, senhor, etc., para se aperfeiçoar na carreira das armas e nas boas maneiras. ● *sf.* **2.** *Bras. SP* V. *ama-seca*. [Pl.: *-jens*.]

pa.la¹ [Lat. *pala*.] *sf.* Anteparo dianteiro do boné, que protege os olhos contra a claridade.

pa.la² [V.E] *sm. Bras. S.* Poncho leve, de pontas franjadas.

pa.la.ce.te (ê) [*Palác(io)* + *-ete* (ê).] *sm.* Casa suntuosa.

pa.la.ci.a.no [*Palácio.*◼29◼] *adj.* **1.** Próprio de quem vive na corte; cortesão. ● *sm.* **2.** V. *cortesão* (3).

pa.lá.ci:o [Lat. *palatiu.*◼34B◼] *sm.* **1.** Residência de monarca, de chefe de governo, de família nobre, etc. **2.** Construção ampla e suntuosa.

pa.la.dar [Lat.vulg. **palatare.*◼40◼] *sm.* **1.** *Anat.* Palato. **2.** Sentido (4) pelo qual se percebe o sabor das coisas; gustação. **3.** Sabor, gosto.

pa.la.di.no [It. *paladino.*◼30◼] *sm.* **1.** Cada um dos principais cavaleiros que acompanhavam o imperador Carlos Magno (742-814) na guerra. **2.** Homem de grande bravura.

pa.lá.di:o [Lat. *palladiu.*◼1◼] *sm.* **1.** Salvaguarda, proteção. **2.** *Quím.* Elemento de número atômico 46, metálico [símb.: *Pd*].

pa.la.fi.ta [It. *palafitta.*] *sf.* Habitação em terreno alagado, construída sobre estacas.

pa.lan.que [De *palanca*, 'estacaria', poss.] *sm.* Estrado com degraus, para espectadores de festas ao ar livre, para quem vai discursar, etc.

pa.la.tá.vel [Ingl. *palatable.*◼41◼] *adj2g.* **1.** Agradável ao paladar. **2.** *Fig.* Aceitável, tolerável. [Pl.: *-veis*.]

pa.la.to [Lat. *palatu*.] *sm. Anat.* Formação (6) que separa a cavidade nasal da oral; paladar. § **pa.la.tal** *adj2g.*; **pa.la.ti.no** *adj.*

pa.la.vra [Lat. *parabola*.] *sf.* **1.** Fonema ou grupo de fonemas com uma significação; termo, vocábulo. **2.** Sua representação gráfica. **3.** Manifestação verbal ou escrita. **4.** Faculdade de expressar ideias por meio de sons articulados; fala. **5.** Modo de falar. **6.** Promessa ou garantia verbal que se dá a alguém. ◆ **Palavra de honra.** Aquela em que alguém empenha sua honra, sua credibilidade. [Us. tb. como interj., para prometer ou assegurar.] **Dar a palavra a.** Permitir que (alguém) fale.

pa.la.vra.da [*Palavra.*◼4◼] *sf.* Palavrão.

pa.la.vrão [*Palavra.*◼28A◼] *sm.* Palavra obscena ou grosseira; palavrada. [Pl.: *-vrões*.]

pa.la.vra-ô.ni.bus *sf.* Aquela com muitas acepções, prestando-se, dentro de certos limites, à expressão de numerosas ideias. Ex.: *legal* (q.v.), *bacana* (q.v.). [Pl.: *palavras-ônibus*.]

pa.la.vre.a.do [*Palavra* + *-eado*.] *sm.* **1.** Conjunto de palavras com pouco ou nenhum nexo e

palavrório | palito

importância; palanfrório, palavrório. **2.** Loquacidade astuciosa; lábia.

pa.la.vró.ri:o [*Palavra*.⊡23] *sm.* V. *palavreado* (1).

pa.la.vro.so (ó) [*Palavra*.⊡37] *adj.* Prolixo na expressão; de loquacidade enfadonha. [Pl.: *-vrosos* (ó).]

pal.co [It. *palco*.] *sm.* Tablado ou estrado destinado a espetáculos e representações teatrais.

pa.le.mo.ní.de:o [Tax. *Palaemonidae.*] *adj. sm. Zool.* Diz-se de, ou espécime dos palemonídeos, família de camarões de águas doces e salobras da América do Sul.

pa.le:o.ce.no [*Pale*(o)- + *-ceno*¹.] *adj. sm.* Diz-se de, ou a época mais antiga do período terciário.

pa.le:o.gra.fi.a [*Pale*(o)- + *-grafia*.] *sf.* Ciência auxiliar da história, que estuda a escrita antiga em qualquer espécie de material. § **pa.le:o.grá.fi.co** *adj.*; **pa.le:ó.gra.fo** *sm.*

pa.le:o.lí.ti.co [*Pale*(o)- + *-lit*(o)- + *-ico*². ⊡35B] *adj. sm.* Diz-se de, ou a fase mais antiga e mais longa da Idade da Pedra (estendeu-se até c.10 mil a.C.) que se caracteriza pelo uso, entre os hominídeos, de objetos de osso e de pedra lascada.

pa.le:o.lo.gi.a [*Pale*(o)- + *-logia*.] *sf.* O estudo das línguas antigas. § **pa.le:o.ló.gi.co** *adj.*; **pa.le.ó.lo.go** *sm.*

pa.le:on.to.lo.gi.a [*Pale*(o)- + *-ont*(o)- + *-logia*.] *sf.* Ciência que estuda animais e vegetais fósseis. § **pa.le:on.to.ló.gi.co** *adj.*; **pa.le:on.tó.lo.go** *sm.*

pa.le:o.zoi.co (ói) [*Pale*(o)- + *-zoico*.] *adj.* Relativo à era geológica (c.590 a c.248 milhões de anos) na qual as primitivas formas de vida se diversificaram e evoluíram; inclui os períodos cambriano, ordoviciano, siluriano, devoniano, carbonífero e permiano.

pa.ler.ma [V.E] *adj2g. s2g.* V. *tolo* (1, 2 e 6). § **pa.ler.mi.ce** *sf.*

pa.les.ti.no [Lat. *palaestinu*.⊡30] *adj.* **1.** Da, ou pertencente ou relativo à Palestina (Oriente Médio [Ásia]). **2.** Relativo ao povo originário da Palestina, à sua cultura, etc. ● *sm.* **3.** O natural ou habitante da Palestina.

pa.les.tra [Lat. *palaestra*.] *sf.* **1.** Conversa, conversação. **2.** Exposição oral sobre tema cultural, científico, etc., ministrada a público (5).

pa.les.trar [Lat. *palaestrare*.⊡1A] *v.int. e ti.* Manter palestra (com); conversar. [C.: 1 (é)] § **pa.les.tra.dor** (ô) *sm.*; **pa.les.tran.te** *s2g.*

pa.le.ta (ê) [It. *paletta*.] *sf.* **1.** Placa ger. oval, com orifício onde se enfia o polegar, sobre a qual os pintores dispõem e misturam as tintas; palheta. **2.** *Bras. S.* Escápula ou espádua, sobretudo de animal.

pa.le.tó [Fr. *paletot*.] *sm.* Casaco reto, com bolsos, que vai, ger., até os quadris.

pa.lha [Lat. *palea*.] *sf.* **1.** Haste seca das poáceas (esp. cereais), despojada dos grãos e us. na indústria, ou como forragem. **2.** Palhinha (2).
♦ **Não levantar uma palha.** *Bras. Pop.* Não fazer nada; não ajudar ninguém.

pa.lha.ça.da [*Palhaço*.⊡4] *sf.* **1.** Ato ou dito de palhaço. **2.** Cena burlesca, ridícula ou divertida.

pa.lha.ço [It. *pagliaccio*.] *sm.* **1.** Artista circense que se veste de maneira grotesca e faz pilhérias e momices. **2.** *Fig.* Homem que se presta ao ridículo.

pa.lhei.ro [*Palha*.⊡25] *sm.* Lugar onde se guarda palha.

pa.lhe.ta¹ (ê) [Alter. de *paleta*.] *sf.* **1.** Qualquer lâmina ou espátula com aplicação especial, como, p.ex., em persianas. **2.** Lâmina metálica, de madeira, etc., de vários instrumentos de sopro, e que produz sons quando por ela passa corrente de ar. **3.** Paleta (1).

pa.lhe.ta² (ê) [*Palha* + *-eta* (ê).] *sm.* Chapéu de palha.

pa.lhi.nha [*Palha*.⊡32A] *sf.* **1.** Fragmento de palha. **2.** Tira muito fina, de junco seco, para tecer assentos e encostos de cadeiras, etc.; palha.

pa.lho.ça [De *palha*.] *sf.* Cabana coberta de palha.

pa.li.ar [Lat. *palliare*.⊡1A] *vtd.* **1.** Encobrir com falsa aparência; disfarçar. **2.** Tratar com paliativo. [C.: 1] § **pa.li:a.ção** *sf.*; **pa.li:a.dor** (ô) *adj. sm.*; **pa.li.á.vel** *adj2g.*

pa.li:a.ti.vo [*Paliar*.⊡22A] *adj.* **1.** Que serve para paliar. ● *sm.* **2.** Tratamento ou medicamento de eficácia transitória. **3.** *P.ext.* O que serve como solução provisória para problema, etc.

pa.li.ça.da [Esp. *palizada*.] *sf.* **1.** Tapume feito com estacas fincadas na terra. **2.** Obstáculo para defesa militar.

pá.li.do [Lat. *pallidu*.] *adj.* **1.** Diz-se da pele (sobretudo da tez) descorada. **2.** De cor pouco viva; desmaiado. **3.** De pouca intensidade; tênue. **4.** *Fig.* Pouco expressivo. § **pa.li.dez** (ê) *sf.*

pa.limp.ses.to [Lat. *palimpsestu*.] *sm.* **1.** Antigo material de escrita, esp. o pergaminho, que, devido à sua escassez, era us. mais de uma vez. **2.** Manuscrito sob cujo texto se descobre(m) a(s) escrita(s) anterior(es).

pa.lín.dro.mo [Gr. *palíndromos*.] *adj. sm.* Diz-se de, ou frase, ou palavra que, lida da esquerda para a direita, ou vice-versa, tem o mesmo sentido. Ex.: Socorram-me, subi no ônibus em Marrocos; osso.

pa.li.nu.rí.de:o [Tax. *Palinuridae*.] *adj. sm. Zool.* Diz-se de, ou espécime dos palinurídeos, família de grandes crustáceos decápodes de abdome bem desenvolvido, achatado, e antenas longas. Ex.: cavaquinha.

pá.li.o [Lat. *palliu*.⊡34] *sm.* Dossel portátil, com varas, us. em cortejos e procissões, e que abriga pessoa grada ou o sacerdote que leva a custódia.

pa.li.tar [*Palito*.⊡1A] *vtd.* Limpar (os dentes) com palito. [C.: 1]

pa.li.tei.ro [*Palito*.⊡25] *sm.* Estojo de palitos.

pa.li.to *sm.* **1.** Pequena haste, ger. de madeira, para esgaravatar os dentes. **2.** Qualquer objeto com formato de palito (1).

palma¹ | panarício

pal.ma¹ [Lat. *palma*.] *sf. Anat.* Face anterior da mão. ♦ **Conhecer (algo ou alguém) como a palma da mão.** Conhecer muito bem.

pal.ma² [Tax. *Palmae*.] *sf. Bot.* Folha de palmeira.

pal.ma.da [*Palma¹*.⊡4] *sf.* Pancada com a palma¹.

pal.ma.do [*Palma¹*.⊡17B] *adj.* **1.** De forma semelhante à da mão com os dedos abertos. **2.** *Zool.* Cuja estrutura é ligada por membrana ou cartilagem (diz-se de órgão ou membro de animal).

pal.mar¹ [*Palma¹*.⊡40] *adj2g.* Relativo à palma¹.

pal.mar² *sm.* Palmeiral.

pal.mar³ [Lat. *palmare*.⊡40] *adj2g.* **1.** Do comprimento de um palmo. **2.** Grande, excessivo.

pal.mas *sfpl.* Ato de bater com as palmas (v. *palma¹*) uma na outra, e com o qual se demonstra aplauso, se chama a atenção para que abram porta, etc.

pal.ma.ti.for.me *adj2g.* Que tem forma de palma¹.

pal.ma.tó.ri:a [Lat. *palmatoria (férula)*.] *sf.* Peça circular de madeira, provida de cabo, com a qual se castigava alguém batendo com ela na palma da sua mão; férula.

pal.me.ar [*Palma¹*.⊡1N] *vtd. e int.* **1.** Aplaudir batendo palmas. ♦ *vtd.* **2.** Percorrer palmo a palmo, detidamente; palmilhar. [C.: 12A]

pal.mei.ra [*Palma²*.⊡16] *sf. Bot.* Nome comum a todas as arecáceas.

pal.mei.ral [*Palmeira*.⊡39] *sm.* Grupo de palmeiras; palmar. [Pl.: -*rais*.]

pal.men.se [⊡38] *adj2g.* **1.** De Palmas, capital do TO. ♦ *s2g.* **2.** O natural ou habitante de Palmas.

pal.mi.lha [Esp. *palmilla*.] *sf.* Revestimento interior da sola do calçado.

pal.mi.lhar [*Palmilha*.⊡1A] *vtd.* **1.** Palmear². **2.** Calcar com os pés, andando. *int.* **3.** Andar a pé. [C.: 1]

pal.mí.pe.de [Lat. *palmipede*.] *adj2g.* Que tem os dedos pés unidos por membranas.

pal.mi.tal [*Palmito*.⊡39] *sm.* Grupo de palmitos ou palmiteiros. [Pl.: -*tais*.]

pal.mi.tei.ro [*Palmito*.⊡25] *sm.* Palmito (1).

pal.mi.to [*Palm(i)-* + *-ito¹*.] *sm.* **1.** *Bot.* Nome comum a arecáceas cujo gomo terminal do caule é comestível; palmiteiro. **2.** Esse gomo.

pal.mo [Lat. *palmu*.] *sm.* **1.** Medida da distância que vai da ponta do polegar à do mínimo, estando a mão estendida. **2.** Antiga medida correspondente a 0,22m.

→ **palmtop** (palmitópi) [Ingl.] *sm. Inform.* Computador de tamanho reduzido, pequeno o bastante para ser us. na palma da mão.

pal.par [Lat. *palpare*.⊡1A] *vtd. e p.* V. *apalpar*. [C.: 1] § **pal.pa.ção** *sf*; **pal.pá.vel** *adj2g.*

pál.pe.bra [Lat. *palpebra*.] *sf. Anat.* Cada uma das 2 pregas móveis, uma superior e outra inferior, dotada de cílios, que protege a superfície anterior do globo ocular. § **pal.pe.bral** *adj2g.*

pal.pi.ta.ção [Lat. *palpitatione*.⊡2A] *sf.* **1.** Ato de palpitar. **2.** Movimento desordenado, agitado. **3.** *Med.* Consciência de batimento cardíaco. [Pl.: -*ções*.]

pal.pi.tan.te [Lat. *palpitante*.⊡21] *adj2g.* **1.** Que palpita. **2.** *Fig.* De grande interesse.

pal.pi.tar [Lat. *palpitare*.⊡1H] *v.int.* **1.** Pulsar² (3). *ti.* **2.** *Fam.* Dar palpite(s). [C.: 1]

pal.pi.te [Dev. de *palpitar*.] *sm.* **1.** Pressentimento, suspeita. **2.** Intuição de ganho (no jogo). **3.** *Fam.* Opinião, sugestão. § **pal.pi.tei.ro** *adj. sm.*

pal.po [Lat.cient. *palpus*.] *sm. Zool.* **1.** Apêndice sensorial próximo à boca de muitos invertebrados. **2.** O segundo par de apêndices dos aracnídeos, com que estes sujeitam as presas.

pal.rar [De *parlar*.] *v.int.* **1.** Articular sons vazios de sentido; chalrar. **2.** V. *tagarelar*. [C.: 1] § **pal.ra.dor** (ô) *adj.*

pa.lu.de [Lat. *palude*.] *sm.* V. *pântano*.

pa.lu.dí.co.la [Lat. *paludicola*.] *adj2g.* Que vive em palude ou pântano.

pa.lu.dis.mo [*Palude*.⊡11] *sm. Med.* V. *malária*.

pa.lu.do.so (ô) [Lat. *paludosu*.⊡37] *adj.* Em que há paludes ou pântanos; palustre. [Pl.: -*dosos* (ó).]

pa.lus.tre [Lat. *palustre*.] *adj2g.* **1.** De, ou próprio de pauis. **2.** Que vive em pauis ou pântanos. **3.** Paludoso.

pa.mo.nha [Do tupi.] *sf.* **1.** *Bras.* Espécie de bolo de milho verde, cozido em folhas de milho ou de bananeira. ♦ *sm.* **2.** *Pop.* Pessoa mole, preguiçosa.

pam.pa [Do quích.] *adj2g. Bras.* **1.** Diz-se de cavalo malhado em todo o corpo. ♦ *sm.f.* **2.** Grande planície coberta de vegetação rasteira, na região meridional da América do Sul.

pâm.pa.no [Esp. *pámpano*.⊡29] *sm.* Parra.

pam.pei.ro [*Pampa*.⊡25] *sm. Bras.* Vento que sopra das regiões meridionais da Argentina e pode alcançar o RS, onde é chamado *minuano*.

pa.na.ca [V.B] *adj2g. s2g. Bras. Pop.* Diz-se de, ou pessoa boba, tola.

pa.na.cei.a (éi) [Lat. *panacea*.] *sf.* Remédio pretensamente eficaz para todos os males, físicos e morais.

pa.na.cum [Do tupi.] *sm. Bras.* **1.** Canastra. **2.** *Etnogr.* Jamaxim. [Pl.: -*cuns*.]

pa.na.do [*Panar*, 'empanar'.⊡17A] *adj.* Passado em ovo e farinha de pão, e frito.

pa.na.má [Top. *Panamá*.] *sm.* Chapéu de palha, de copa e abas flexíveis.

pan-a.me.ri.ca.nis.mo [*Pan-americano*.⊡11] *sm.* Doutrina que prega a solidariedade e a cooperação entre as nações americanas. [Pl.: *pan-americanismos*.] § **pan-a.me.ri.ca.nis.ta** *adj2g. s2g.*

pan-a.me.ri.ca.no [*Pan-* + *americano*.] *adj.* Relativo a todas as nações da América. [Pl.: *pan-americanos*.]

pa.na.rí.ci:o [Lat. *panariciu*.⊡34B] *sm. Med.* Inflamação que afeta os tecidos dispostos em torno da unha e sob ela. [Var.: *panariz*.]

pança | panteísmo

pan.ça [Lat.vulg. *palancia*.] *sf.* **1.** *Zool.* A primeira cavidade do estômago duplo dos ruminantes. **2.** *Pop.* V. *barriga* (2).

pan.ca.da [*Panca*. ◼4] *sf.* **1.** Golpe (1). **2.** Agressão física por meio de socos, tapas, etc. **3.** Nos relógios, som que indica as horas. **4.** Chuva violenta e súbita. ● *adj2g.* **5.** *Bras. Pop.* Diz-se de pessoa amalucada.

pan.ca.da.ri.a [*Pancada*. ◼15] *sf.* Muitas pancadas. V. *surra* (1).

pân.cre:as [Gr. *pánkreas*.] *sm2n. Anat.* Grande órgão glandular situado por trás do estômago, e que exerce importante influência na digestão e em processos metabólicos.

pan.cre.á.ti.co [*Pancreat(o)-* + *-ico²*. ◼35B] *adj.* **1.** Do pâncreas. **2.** Diz-se do suco segregado por ele.

pan.cre:a.ti.te [*Pancreat(o)-* + *-ite¹*.] *sf. Med.* Inflamação do pâncreas.

pan.çu.do [*Pança* + *-udo*.] *adj.* Que tem grande pança (2); barrigudo.

pan.da [Fr. *panda*, de or. nepali.] *sm. Zool.* Nome comum a 2 espécies de mamíferos, uma, grande, semelhante a um urso, com pelagem branca e preta, vivendo em áreas restritas da China e do Tibete, e que se alimenta sobretudo de bambu; a outra, bem menor, lembrando um guaxinim, marrom-avermelhada, de longo rabo felpudo, e nativa do L. da Ásia.

pan.da.re.cos [V.E] *smpl.* Frangalhos, pedaços. ◆ **Em pandarecos. 1.** Inteiramente despedaçado. **2.** *Fig.* Muito cansado.

pân.de.ga [V.E] *sf.* **1.** V. *pagode* (2). **2.** Patuscada.

pân.de.go [De *pândega*.] *adj.* **1.** Amigo de pândegas. **2.** Engraçado e alegre.

pan.dei.ro [Esp. *pandero*. ◼25A] *sm.* Aro, com guizos ou sem eles, sobre o qual se estica uma pele, que se tange batendo-a com a mão.

pan.de.mi.a [Gr. *pandemía*. ◼8A] *sf. Med.* Epidemia que ocorre em grandes proporções, até mesmo por todo o planeta. § **pan.dê.mi.co** *adj.*

pan.de.mô.ni.o [Ingl. *Pandemonium*. ◼34B] *sm.* Tumulto, balbúrdia, confusão, generalizados.

pan.do [Lat. *pandu*.] *adj.* **1.** Inflado, enfunado. **2.** Aberto e encurvado.

pan.dor.ga [Esp. *pandorga*.] *sf. Bras.* V. *papagaio* (3).

pa.ne [Fr. *panne*.] *sf.* **1.** Enguiço de veículo ou máquina por defeito do motor. **2.** *Pop.* Perda, momentânea, de raciocínio ou de memória.

pa.ne.gí.ri.co [Lat. *panegyricu*. ◼35B] *sm.* Elogio, louvor.

pa.nei.ro [Esp. *panero*. ◼25] *sm.* Cesto de tala de palmeira e trançado largo.

pa.ne.la [Lat. *pannella. ◼7] *sf.* **1.** Vasilha de barro, metal, etc. onde se cozem alimentos. **2.** O conteúdo da panela (1).

pa.ne.la.ço *sm.* Manifestação de caráter político, em que se batem em panelas e afins.

pa.ne.li.nha [*Panela*. ◼32A] *sf.* Grupo muito fechado de pessoas; igrejinha.

pa.ne.to.ne [It. *panettone*.] *sm.* Bolo de massa fermentada, recheado com frutas cristalizadas ou gotas de chocolate, muito consumido na época natalina.

pan.fle.tar [*Panfleto*. ◼1A] *v.int.* Distribuir panfletos [v. *panfleto* (2)]. [C.: 1] § **pan.fle.ta.gem** *sf.*

pan.fle.tá.ri:o [*Panfleto*. ◼24] *adj.* **1.** Que critica ou apoia (algo ou alguém) com veemência. ● *sm.* **2.** Autor de panfletos.

pan.fle.to (ê) [Fr. *pamphlet*.] *sm.* **1.** Escrito polêmico ou satírico, em estilo veemente. **2.** Impresso com o nome e/ou a foto de candidato a cargo eletivo, seu número, seu partido, etc.

pan.ga.ré [Esp.plat. *pangaré*.] *sm. Bras.* Cavalo reles.

pâ.ni.co [Gr. *panikón*. ◼35B] *sm.* Susto ou pavor repentino.

pa.ni.fi.ca.ção [*Panificar*. ◼2A] *sf.* **1.** Ato ou efeito de panificar. **2.** V. *padaria*. [Pl.: *-ções*.]

pa.ni.fi.ca.do.ra (ó) [*Panificar*. ◼20] *sf. Bras.* V. *padaria*.

pa.ni.fi.car [*Pani-* + *-ficar*.] *vtd.* Fabricar pão. [C.: 1A]

pa.no¹ [Lat. *pannu*.] *sm.* **1.** Qualquer tecido; fazenda. **2.** Vela¹ (1). **3.** *Pop.* Manchas na pele.

pa.no² *adj2g.sm. E.Ling.* Diz-se de, ou família linguística de povos indígenas do AC, AM e Peru.

pa.no.ra.ma [Ingl. *panorama*.] *sm.* **1.** O que é visto por um observador posto no centro, ou em um ponto mais alto, ao observar o que o circunda. **2.** *P.ext.* Paisagem, vista. **3.** Visão, ou análise, ampla de algo: *panorama da economia mundial.* § **pa.no.râ.mi.co** *adj.*

pan.que.ca [Ingl. *pancake*.] *sf.* Massa leve de farinha de trigo, leite e ovos, frita, e que se enrola com um recheio.

pan.ta.gru.é.li.co [Ficción. *Pantagruel* + *-ico²*. ◼35B] *adj.* **1.** Relativo a, ou próprio de Pantagruel, personagem comilão criado pelo escritor francês Rabelais **(M.)**. **2.** Digno de Pantagruel.

pan.ta.lo.nas [Fr. *pantalons*.] *sfpl.* **1.** Calças (de homem). **2.** Calças compridas, de boca larga.

pan.ta.nal [*Pântano*. ◼39] *sm.* **1.** Pântano grande. **2.** *Bras. Fitogeo.* Zona geofísica de parte de MS, de MT e do Paraguai, na baixada do rio Paraguai, que abrange as terras baixas e as elevações e morros que por elas se espalham. [Nesta acepç., com inicial maiúsc.] [Pl.: -*nais*.]

pan.ta.nei.ro [*Pântano*. ◼25] *adj. Bras.* **1.** Do Pantanal (2). ● *sm.* **2.** O natural ou habitante do Pantanal (2).

pân.ta.no *sm.* Terras baixas e alagadiças; banhado, brejo, charco, palude, paul, tijuco, tremedal. § **pan.ta.no.so** (ô) *adj.*

pan.te.ão [Lat. *pantheon*, de gr.] *sm.* Monumento para perpetuar a memória de homens ilustres e que, ger., contém seus restos mortais. [Pl.: *-ões*.]

pan.te.ís.mo [*Pan-* + *teísmo*.] *sm. Filos.* Doutrina que identifica a divindade com o universo. § **pan.te.ís.ta** *adj2g. s2g.*

pan.te.ra [Tax. *Panthera.*] *sf. Zool.* Nome comum a vários felídeos ferozes, grandes, fortes e ágeis, da Ásia e África.

pan.tó.gra.fo [*Pant(o)-* + *-grafo.*] *sm.* Instrumento que é um paralelogramo articulado, e com que se copiam desenhos em escala variada.

pan.to.mi.ma [Lat. *pantomima.*] *sf.* **1.** Mímica (1). **2.** *Teatr.* Peça em que o(s) ator(es) se manifesta(m) só por gestos, expressões corporais ou fisionômicas; mímica. § **pan.to.mi.mei.ro** *sm.*

pan.tro.pi.cal [*Pan-* + *tropical.*] *adj2g.* Que habita qualquer região dos trópicos. [Pl.: *-cais.*]

pan.tu.fa [Fr. *pantoufle.*] *sf.* Chinelo com estofo, para agasalho.

pan.tur.ri.lha [Esp. *pantorrilla.*] *sf.* Barriga da perna.

pão [Lat. *pane.*] *sm.* **1.** Alimento feito de massa de farinha de vários cereais, com água e fermento, e que é assado ao forno. **2.** *Fig.* O alimento diário. [Pl.: *pães.*] ♦ **Pão árabe.** Pão ázimo, redondo e achatado. **Pão de fôrma.** Pão de massa leve, assado em forma retangular e cortado em fatias. **Pão francês.** Pãozinho, oblongo, feito de trigo e talhado na parte de cima. **Pão integral.** Aquele que é feito com farinha integral e semolina.

pão de ló *sm.* Bolo sem gordura, leve e fofo. [Pl.: *pães de ló.*]

pão-du.ro *adj2g. s2g. Bras. Fam.* V. *avaro.* [Pl.: *pães-duros.*] § **pão-du.ris.mo** *sm.*

pa.pa¹ [Lat. *papa*, do gr.] *sm.* O chefe da Igreja Católica. [Ger. com inicial maiúsc.] [Fem.: *papisa.*]

pa.pa² [Lat. *pappa* ou *papa.*] *sf.* Farinha cozida em água ou leite.

pa.pa-ca.pim [*Papar* + *capim.*] *sm. Zool.* Coleirinho. [Pl.: *papa-capins.*]

pa.pa.da [*Papo.* ▫4] *sf.* Grande acúmulo de gordura na parte inferior da face, que se espalha sob o queixo.

pa.pa-de-fun.to *sm. Bras. Gír.* Papa-defuntos. [Pl.: *papa-defuntos.*]

pa.pa-de.fun.tos *sm2n. Bras. Gír.* Funcionário de funerária.

pa.pa.do [*Papa¹.* ▫17C] *sm.* Dignidade de papa¹.

pa.pa.gai.a.da [*Papagaio.* ▫4] *sf. Bras. Pop.* Ação ou exibição exagerada e ridícula.

pa.pa.gai.o [Do ár., poss.] *sm.* **1.** *Zool.* Nome comum a aves psitacídeas que ger. são capazes de imitar a voz humana; louro. **2.** *Pop.* Tagarela. **3.** Brinquedo infantil: armação de varetas coberta de papel fino, e que, por meio duma linha, se empina, mantendo-se no ar; pipa, pandorga. **4.** *Bras.* Qualquer letra de câmbio, ou promissória. • *interj.* **5.** Indica forte espanto.

pa.pa.gai.o de pi.ra.ta *sm. Bras. Pop. Joc.* Indivíduo que se posta junto a celebridade, etc., só para aparecer em fotografia, jornal, televisão, etc. [Pl.: *papagaios de pirata.*]

pa.pa.gue.ar [*Papagai(aio).* ▫1N] *v.int.* Falar muito, e como o papagaio; palrar. [C.: 12A]

pa.pai *sm.* Tratamento que os filhos dão ao pai; pai.

pa.pai.a [Hisp.-amer. *papaya.*] *sf.* Mamão de tamanho reduzido.

pa.pal [*Papa¹.* ▫39] *adj2g.* Do papa¹, ou relativo a ele. [Pl.: *-pais.*]

pa.pa-mos.ca (ô) *sm. f. Zool.* Pequeno aracnídeo saltador que caça moscas; papa-moscas. [Pl.: *papa-moscas.*]

pa.pa-mos.cas (ô) *sm. f.2n. Zool.* V. *papa-mosca.*

pa.pão [*Papar.* ▫28B] *sm. Folcl.* Monstro imaginário com que se amedrontam as crianças; bicho-papão, cuca, tutu. [Pl.: *-pões.*]

pa.pa-o.vo (ô) *sm. Bras. Zool.* Colubrídeo arborícola de até 2m. [Pl.: *papa-ovos* (ó).]

pa.par [Lat. *pappare.* ▫1A] *vtd. Fam.* **1.** Comer (1). **2.** Conseguir, lograr. [C.: 1]

→ **paparazzo** (papará̱tsu) [It.] *sm.* Fotógrafo, ger. *freelancer*, que se dedica a tirar fotos indiscretas de celebridades. [Pl.: *paparazzi.*]

pa.pa.ri.car [*Paparico(s).* ▫1A] *vtd.* Tratar com paparicos. [C.: 1A] § **pa.pa.ri.ca.do** *adj.*

pa.pa.ri.cos *smpl.* Mimos ou cuidados excessivos.

pa.pa-ter.ra [*Papar* + *terra.*] *sm. Bras. Zool.* Nome comum a vários peixes cienídeos. [Pl.: *papa-terras.*]

pa.pa.ve.rá.ce.a [Tax. *Papaveraceae.*] *sf. Bot.* Espécime das papaveráceas, família de ervas, ger. lactescentes, de áreas temperadas. Ex.: papoula. § **pa.pa.ve.rá.ce:o** *adj.*

pa.pe.ar [*Papo.* ▫1N] *v.int.* **1.** Conversar, prosear; bater papo. **2.** V. *tagarelar. ti.* **3.** Papear (1). [C.: 12A]

pa.pei.ra [*Papo.* ▫16] *sf. Bras.* **1.** Caxumba. **2.** *Pop.* Papo (4).

pa.pel [Cat. *paper.*] *sm.* **1.** Pasta de matéria fibrosa, que se reduz a folhas secas finas e flexíveis, us. para escrever, imprimir, embrulhar, etc. **2.** Folha de papel escrita. **3.** Parte que cada ator desempenha. **4.** Desempenho, função. **5.** Dinheiro em notas. **6.** *Econ.* Documento negociável que representa um valor (ações, títulos do governo, etc.). [Pl.: *-péis.*]

pa.pe.la.da [*Papel.* ▫4] *sf.* Grande porção de papéis.

pa.pel-a.lu.mí.ni:o *sm.* Lâmina finíssima de alumínio us. como embalagem (2) ou no uso doméstico. [Pl.: *papéis-alumínio(s).*]

pa.pe.lão [*Papel.* ▫28A] *sm.* **1.** Cartão (1) grosso, mais ou menos rígido. **2.** *Bras.* Conduta vergonhosa ou ridícula. [Pl.: *-lões.*]

pa.pe.la.ri.a [*Papel.* ▫15] *sf.* Estabelecimento onde se vendem papel e outros artigos para escolas, etc.

pa.pe.le.ta (ê) [*Papel* + *-eta* (ê).] *sf.* **1.** Papel avulso. **2.** Nos hospitais, boletim médico dum paciente.

pa.pel-mo.e.da *sm. Econ.* Cédula emitida pela autoridade monetária de um país, ger. de aceitação obrigatória. [Pl.: *papéis-moeda(s).*]

papelotes | paráfrase

pa.pe.lo.tes [Fr. *papillotes*.] *smpl*. Cada uma das tiras de papel em que se enrolam, para as encrespar, pequenas mechas de cabelo.

pa.pel-to.a.lha *sm*. Rolo de papel pontilhado, destacável, próprio para uso na cozinha, etc. ou esse papel. [Pl.: *papéis-toalha(s)*.]

pa.pe.lu.cho [*Papel* + *-ucho*.] *sm*. Papel sem importância.

pa.pi.la [Lat. *papilla*.] *sf. Anat*. Nome genérico de formação (6) semelhante ao mamilo.

pa.pi.rá.ce:o [Lat. *papyraceu*.] *adj*. Semelhante a papel.

pa.pi.ro [Lat. *papyru*.] *sm*. 1. *Bot*. Erva ciperácea de caule longo e rijo. 2. Folha para escrita que se preparava, no antigo Egito, com os caules dela. 3. Manuscrito feito nessa folha. § **pa.pí.re:o** *adj*.

pa.po [Dev. de *papar*.] *sm*. 1. *Zool*. V. *inglúvio*. 2. A parte externa ao papo (1). 3. Parte fofa, em roupa malfeita. 4. *Pop*. Aumento de volume do pescoço, provocado, ger., pelo bócio; papeira. 5. *Bras. Fam*. V. *bate-papo*. ♦ **Papo furado**. *Bras. Pop*. V. *conversa fiada*. **Bater papo**. *Bras. Fam*. V. *papear* (1). **De papo para o ar**. Sem fazer nada.

pa.pou.la ou **pa.poi.la** [Lat.vulg. **papavera*.] *sf. Bot*. Erva papaverácea de cujas flores se obtém o ópio.

pá.pri.ca [Do húng.] *sf*. Tempero em pó, feito com pimentão vermelho.

pa.pu.do [*Papo* + *-udo*.] *adj*. Que tem papo (4).

pá.pu.la [Lat. *papula*.] *sf. Med*. Pequena elevação eruptiva na pele. § **pa.pu.lar** *adj2g*.

pa.que.ra [Dev. de *paquerar*.] *sf. Bras. Gír*. Ato ou efeito de paquerar.

pa.que.rar *Bras. Gír. vtd*. 1. Tentar aproximação com (alguém), buscando namoro ou aventura amorosa. 2. Espreitar, espiar. *int*. 3. Buscar namoro ou aventura amorosa. [C.: 1 (é)] § **pa.que.ra.dor** (ô) *adj.sm*.

pa.qui.ce.fa.los.sau.ro [Tax. *Pachycephalosaurus*.] *sm. Paleont*. Dinossauro ornitísquio, herbívoro, bípede, com carapaça óssea na cabeça e c. de 5m de comprimento. Viveu no cretáceo, e fósseis foram encontrados na África, América do Norte e Ásia.

pa.qui.der.me [Fr. *pachyderme*, do gr.] *adj2g*. 1. De pele espessa. ● *sm*. 2. Animal paquiderme. Ex.: elefante.

par [Lat. *pare*.] *adj2g*. 1. Igual, semelhante. 2. *Mat*. Diz-se de número divisível por 2. 3. Representado por número par: *ano par*; *dias pares*. ● *sm*. 4. Conjunto de órgãos, peças de vestuário, de adorno, etc., iguais ou da mesma natureza: *par de olhos*, *par de brincos*. 5. Pessoa que dança, em relação àquela com quem dança. 6. V. *parelha* (2). 7. Pessoa igual a outra em condição social. 8. *Fís*. V. *binário* (2).

pa.ra [Lat. *per* + *ad*.] *prep*. 1. Exprime sentimento, julgamento, opinião de alguém a respeito de outrem ou de algo: *Para ela, o amor era uma ilusão*. 2. Exprime o lugar para onde alguém se dirige, sobretudo com ânimo de permanência: *Foi para a Bahia*. 3. Inicia orações com a ideia de fim: *Ficou sozinho para trabalhar*.

pa.ra.be.ni.zar [*Parabém* (-*ben*-). ▫1D] *vtd*. Apresentar parabéns a; felicitar. [C.: 1]

pa.ra.béns *smpl*. Felicitações, congratulações.

pa.rá.bo.la[1] [Lat.cient. *parabola*.] *sf. Geom*. Curva plana aberta, na qual a distância de cada ponto a determinada reta fixa é igual à distância desse mesmo ponto a determinado ponto fixo fora da reta.

pa.rá.bo.la[2] [Gr. *parabolé*.] *sf*. Narração alegórica na qual o conjunto de elementos evoca outra realidade de ordem superior.

pa.ra.bó.li.ca *sf*. Antena parabólica [v. *parabólico* (2)].

pa.ra.bó.li.co[1] [Gr. *parabolikós*. ▫35B] *adj*. De, ou relativo a parábola.

pa.ra.bó.li.co[2] [*Parábola1*. ▫35B] *adj*. Diz-se de antena cuja forma permite concentrar os sinais de rádio e televisão, recebidos de satélite, num único ponto (o foco).

pa.ra-bri.sa *sm*. Vidro transparente, fixo na parte dianteira de automóvel [Pl.: *para-brisas*.]

pa.ra-cho.que *sm*. Qualquer dispositivo para amortecer choques. [Pl.: *para-choques*.]

pa.ra.da [*Parar*. ▫4] *sf*. 1. Ato ou efeito de parar. 2. Lugar onde se para. 3. Lugar onde um veículo para habitualmente. 4. Pausa, interrupção. 5. Formatura e desfile de tropas. 6. Quantia que se aposta no jogo, em cada lance.

pa.ra.dei.ro [*Parar*. ▫25A] *sm*. Ponto em que alguém ou algo está ou para, ou vai parar.

pa.ra.di.dá.ti.co [*Par(a)-* + *didático*.] *adj*. Diz-se de qualquer material us. na complementação do ensino.

pa.ra.dig.ma [Lat. *paradigma*.] *sm*. Modelo, padrão. § **pa.ra.dig.má.ti.co** *adj*.

pa.ra.di.sí.a.co [Lat. *paradisiacu*.] *adj*. Do paraíso, ou próprio dele.

pa.ra.dou.ro ou **pa.ra.doi.ro** [*Parar*. ▫26B] *sm. Bras*. Lugar onde o gado costuma passar a noite.

pa.ra.do.xo (cs) [Lat. *paradoxon*.] *sm*. 1. Conceito que é ou parece contrário ao senso comum. 2. *Filos*. Afirmação que vai de encontro a sistemas ou pressupostos que se impuseram como incontestáveis ao pensamento. § **pa.ra.do.xal** (cs) *adj2g*.

pa.ra.en.se [▫38] *adj2g*. 1. Do PA. ● *s2g*. 2. O natural ou habitante desse estado.

pa.ra.es.ta.tal ou **pa.res.ta.tal** *adj2g. sf*. Diz-se de, ou entidade criada pelo governo com a forma jurídica de empresa privada, para exercer atividade de interesse público. [Pl.: *-tais*.]

pa.ra.fer.ná.li:a [Lat.med. *paraphernalia*.] *sf*. 1. Objetos de uso pessoal. 2. Equipamento necessário a cada atividade.

pa.ra.fi.na [Fr. *paraffine*. ▫31] *sf. Quím*. Mistura de alcanos de ponto de ebulição alto, líquida, incolor, ou sólida, branca.

pa.rá.fra.se [Lat. *paraphrase*.] *sf*. 1. Desenvolvimento ou interpretação de um texto sem

pa.ra.fra.se.ar [*Paráfrase.*⬛1N] *vtd.* Explicar ou traduzir por meio de paráfrase. [C.: 12A]
pa.ra.fu.sar [*Parafuso.*⬛1A] *vtd.* **1.** Fixar ou apertar por meio de parafuso(s) ou rosca(s). **2.** *Fig.* Especular; maturar. [C.: 1]
pa.ra.fu.so [V.E] *sm.* Prego sulcado em hélice, com uma fenda na cabeça, e que se fixa com chave (2).
pa.ra.gem [*Parar.*⬛6] *sf.* Lugar, local. [Pl.: *-gens.*]
pa.rá.gra.fo [Lat. *paragraphu.*] *sm.* **1.** Seção de discurso ou de capítulo que forma sentido completo, e que, em regra, começa com a mudança de linha e entrada. **2.** *V. alínea* (2). **3.** Sinal (§) que representa parágrafo. § **pa.ra.grá.fi.co** *adj.*
pa.ra.i.ba.no [⬛29] *adj.* **1.** Da PB. ● *sm.* **2.** O natural ou habitante desse estado.
pa.ra.í.so [Lat. *paradisu.*] *sm.* **1.** Lugar de delícias, onde, ao que reza a Bíblia, Deus colocou Adão e Eva; Éden. [Com inicial maiúsc.] **2.** *Rel.* O céu (4). **3.** Lugar aprazível; éden.
pa.ra-la.ma *sm.* Anteparo acima das rodas de veículo para protegê-lo de respingos de lama, etc. [Pl.: *para-lamas.*]
pa.ra.la.xe (cs) [Gr. *parállaxis.*] *sf.* Mudança aparente de lugar de um corpo quando se altera o ponto de observação.
pa.ra.le.la *sf. Geom.* Cada uma de 2 retas que, situadas no mesmo plano, não têm ponto em comum.
pa.ra.le.las *sfpl.* Aparelho de ginástica constituído de barras paralelas.
pa.ra.le.le.pí.pe.do [Lat. *parallelepipedu.*] *sm.* **1.** *Geom.* Hexaedro cujas faces opostas são paralelas e congruentes, esp. aquele em que estas são retângulos. **2.** Pedra de calçamento de ruas, que tem a forma de um paralelepípedo (1) de corte retangular.
pa.ra.le.lis.mo [*Paralelo.*⬛11] *sm.* **1.** Posição de linhas ou superfícies paralelas. **2.** *Fig.* Correspondência de ideias ou opiniões.
pa.ra.le.lo [Lat. *parallelu.*] *adj.* **1.** Diz-se de linhas ou superfícies equidistantes em toda a extensão. **2.** Que progride na mesma proporção. ● *sm.* **3.** *Astr.* Cada um dos círculos menores da esfera celeste perpendiculares ao meridiano. **4.** *Fig.* Comparação, confronto.
pa.ra.le.lo.gra.mo [Lat. *parallelogrammu.*] *sm. Geom.* Quadrilátero plano cujos lados opostos são paralelos.
pa.ra.lim.pí.a.das *sfpl.* V. *paraolimpíadas.*
pa.ra.li.sar [Gr. *parálysis.*⬛1A] *vtd.* **1.** Tornar paralítico. **2.** Tornar inerte. **3.** Fazer cessar, parar. *int. e p.* **4.** Tornar-se paralítico. **5.** Tornar-se inerte. [C.: 1] § **pa.ra.li.sa.ção** *sf.*; **pa.ra.li.san.te** *adj2g.*
pa.ra.li.si.a [Gr. *parálysis* + *-ia*[1].⬛8A] *sf.* **1.** *Med.* Perda de função motora em determinada(s) parte(s) do corpo. **2.** Falta de ação; marasmo, torpor. ◆ **Paralisia infantil.** *Med.* Poliomielite.
pa.ra.lí.ti.co [Lat. *paralyticu.*⬛35] *adj. sm.* Diz-se de, ou aquele que sofre de paralisia (1).
pa.ra.lo.gis.mo [Lat. *paralogismu.*⬛11] *sm. Lóg.* Argumento não conclusivo.
pa.ra.lú.ni:o [*Par(a)-* + *-lun(i)-* + *-io*².⬛34B] *sm. Astr.* Halo que se forma ao redor do disco lunar.
pa.ra.mé.di.co [*Par(a)-* + *-médico.*] *adj.* **1.** Que auxilia ou complementa a atividade médica. ● *sm.* **2.** Profissional com função paramédica: *O socorrista é um <u>paramédico</u>.*
pa.ra.men.tar [*Paramento.*⬛1A] *vtd. e p.* Vestir(-se) com paramento(s). [C.: 1]
pa.ra.men.to [Lat.med. *paramentu.*⬛3] *sm.* Adorno, enfeite, ornato.
pa.ra.men.tos *smpl.* **1.** Vestes litúrgicas. **2.** Alfaias das igrejas.
pa.râ.me.tro. [*Par(a)-* + *-metro.*] *sm.* **1.** *Mat.* Variável ou constante à qual, numa relação determinada ou numa questão específica, se atribui um papel particular e distinto do das outras variáveis ou constantes. **2.** *P.ext. Mat.* Todo elemento cuja variação de valor modifica a solução dum problema sem lhe modificar a natureza. **3.** *P.ext.* Critério, padrão, norma de comparação ou avaliação.
pa.ra.mi.li.tar *adj2g.* **1.** Diz-se de grupo de cidadãos armados e fardados que não faz parte do exército ou da polícia de um país. ● *s2g.* **2.** Membro desse grupo.
pá.ra.mo [Lat. *paramu.*] *sm.* **1.** Campo deserto. **2.** O firmamento.
pa.ra.ná [Do tupi.] *sm. Bras.* **1.** Braço de rio, separado deste por uma ilha. **2.** Canal que liga 2 rios.
pa.ra.na.en.se [⬛38] *adj2g.* **1.** Do PR. ● *s2g.* **2.** O natural ou habitante desse Estado.
pa.ra.nin.far [*Paraninfo.*⬛1A] *vtd.* Servir de paraninfo. [C.: 1]
pa.ra.nin.fo [Lat. *paranymphu.*] *sm.* Padrinho em solenidades, esp. na da colação de grau.
pa.ra.noi.a (ói) [Gr. *paránoia.*] *sf. Psiq.* Transtorno mental crônico, de evolução lenta e progressiva, caracterizada por delírios de grandeza e/ou de perseguição, estruturados de modo lógico. § **pa.ra.noi.co** (ói) *adj.*
pa.ra.nor.mal *adj2g.* **1.** Que está fora dos limites da experiência normal ou dos fenômenos explicáveis cientificamente. ● *s2g.* **2.** Indivíduo que apresenta manifestações paranormais. [Pl.: *-mais.*] § **pa.ra.nor.ma.li.da.de** *sf.*
pa.ra.o.lim.pí.a.das *smpl.* Jogos olímpicos disputados apenas por portadores de necessidades especiais. [Embora menos boa, a f. oficial é paralimpíadas.]
pa.ra.pei.to [It. *parapetto.*] *sm.* **1.** Peça que compõe a parte inferior duma janela e serve de apoio a quem nela se debruça; peitoril. **2.** A parte superior duma trincheira.
pa.ra.pen.te [Fr. *parapente.*] *sm.* Paraquedas insuflado no solo, e em um ponto de grande elevação, como rampa de asa-delta, etc. § **pa.ra.pen.tis.ta** *s2g.*

pa.ra.ple.gi.a [Gr. *paraplegía*. ▢8A] *sf. Med.* Paralisia dos membros inferiores que compromete também, parcialmente, o tronco. § **pa.ra.plé.gi.co** *adj.*

pa.ra.psi.co.lo.gi.a *sf.* Estudo experimental dos fenômenos ditos ocultos. § **pa.ra.psi.co.ló.gi.co** *adj.*

pa.ra.que.das *sm2n.* Aparelho, em forma de guarda-chuva aberto ou de formato retangular, que reduz a velocidade da queda dos corpos no ar.

pa.ra.que.dis.mo [*Paraquedas*. ▢11] *sm.* Técnica do salto de paraquedas us. para fins militares, de salvamento, esportivos etc.

pa.ra.que.dis.ta [*Paraquedas*. ▢36] *s2g.* Quem salta de paraquedas.

pa.rar [Lat. *parare*. ▢1A] *v.int.* 1. Cessar de andar, de mover-se, de falar, etc. 2. Não continuar. 3. Deixar-se ficar (em algum lugar); fixar-se. 4. Ficar suspenso ou imóvel; pairar. *ti.* 5. Cessar, deixar. 6. Não ir além. *td.* 7. Impedir de andar, ou interromper a marcha de; deter. [C.: 1] § **pa.ra.do** *adj.*; **pa.ra.dor** (ô) *adj.sm.*

pa.ra.rai.os *sm2n.* Sistema de condutores metálicos postos nos pontos mais elevados duma edificação e ligados à terra, para dar caminho mais fácil às descargas elétricas atmosféricas.

pa.ra.si.ta *sm. adj2g.* V. *parasito*.

pa.ra.si.tar *v.int.* 1. Viver como parasito. *td.* 2. Viver à custa de; explorar. [C.: 1] § **pa.ra.si.ta.ção** *sf.*

pa.ra.si.tá.ri:o [*Parasito*. ▢24] *adj.* Relativo a parasito, ou produzido por ele.

pa.ra.si.to [Lat. *parasitu*. ▢1] *adj. sm.* 1. *Biol.* Diz-se de, ou organismo que, pelo menos numa fase do seu desenvolvimento, vive na superfície ou no interior de outro organismo, o hospedeiro, obtendo dele parte, ou a totalidade de seus nutrientes. 2. *Fig.* Diz-se de, ou quem vive à custa alheia. [F.paral.: *parasita*.] § **pa.ra.si.tis.mo** *sm.*

pa.ra.si.to.lo.gi.a [*Parasito* + *-logia*.] *sf. Biol.* Ramo da ciência que estuda os parasitos.

pa.ra.ti [Top. *Parati*.] *sm. Bras.* V. *cachaça* (1).

pa.ra.ti.foi.de (ói) *adj2g. Med.* Diz-se de infecção causada por qualquer dos sorotipos *Salmonella*, excetuada a *Salmonella typhy*.

par.bo:i.li.za.do ou **par.bo.li.za.do** [*Parboilizar*, 'pré-cozer'. ▢17A] *adj.* Diz-se do arroz parcialmente cozido, para absorver, no grão, as vitaminas e os sais minerais da casca.

par.ca [Ingl. *parka*.] *sf.* Casaco esporte impermeável e de capuz, e cujo comprimento, ger., ultrapassa os quadris.

par.cei.ro [Lat. *partiariu*. ▢25] *sm.* 1. Aquele que está de parceria; sócio. 2. Par, companheiro. 3. Pessoa com quem se joga.

par.cel [Esp. *parcel*.] *sm.* Recife que emerge; escolho. [Pl.: *-céis*.]

par.ce.la [Fr. *parcelle*. ▢7] *sf.* 1. Pequena parte. 2. *Mat.* Cada um dos elementos submetidos à operação de soma.

par.ce.lar [*Parcela*. ▢1A] *vtd. e tdi.* Dividir em parcelas. [C.: 1 (é)]

par.ce.ri.a *sf.* Reunião de 2 ou mais pessoas que visam a interesse comum; sociedade, companhia.

par.ci.al [Lat. *partiale*. ▢39] *adj2g.* 1. Não total. 2. Que se realiza por partes. 3. Favorável a uma das partes, num litígio, numa questão, etc. 4. Que não julga ou não opina com isenção; injusto. [Pl.: *-ais*.] § **par.ci:a.li.da.de** *sf.*

par.ci.mô.ni:a [Lat. *parcimonia*.] *sf.* 1. Qualidade de parco. 2. Ato ou costume de poupar (6). § **par.ci.mo.ni.o.so** (ô) *adj.*

par.co [Lat. *parcu*.] *adj.* 1. Que poupa ou economiza; econômico. 2. Não abundante; frugal, sóbrio.

par.da.cen.to *adj.* Tirante a pardo.

par.dal [V.C] *sm. Zool.* Ave passerídea, disseminada no Brasil, mas originária do Antigo Continente, que nidifica em habitações humanas. [Pl.: *-dais*. Fem.: *pardoca, pardaloca*.]

par.di.ei.ro [Lat. *parietinariu. ▢25] *sm.* Edifício velho, em ruínas.

par.do [Lat. *pardu*.] *adj.* 1. De cor entre o branco e o preto, ou entre o amarelo e o castanho. 2. Mulato (3). ● *sm.* 3. Mulato (1).

pa.re.cen.ça [*Parecer*. ▢10A] *sf.* Semelhança, similitude.

pa.re.cer [Lat.vulg. *parescere. ▢1B] *v.pred.* 1. Ter semelhança com. 2. Ter aparência de. 3. Causar a impressão de estar em certo estado ou condição, ou de realizar certa ação. 4. Ser aparentemente: *Parece mais velha*. *int.* 5. Ser provável, crível, ou verossímil: *Parece que vai chover*. *ti.* 6. Ser da opinião ou parecer (de alguém). 7. Representar-se na mente. *p.* 8. Assemelhar-se. [C.: 2A (ê-é)] ● *sm.* 9. Opinião fundamentada sobre dado assunto. § **pa.re.ci.do** *adj.*

pa.re.dão [*Parede*. ▢28A] *sm.* Muro alto e espesso. [Pl.: *-dões*.]

pa.re.de (ê) [Lat.vulg. *parete*.] *sf.* 1. Obra de alvenaria ou de outro material, que forma as vedações externas e as divisões internas das edificações. 2. Tudo o que limita ou veda qualquer espaço: *as paredes de um órgão, de um objeto*. 3. Greve.

pa.re.de-mei.a *sf.* Parede que divide 2 prédios contíguos, pertencente em comum aos proprietários destes. [Pl.: *paredes-meias*.]

pa.re.dis.ta [*Parede*. ▢36] *adj2g. s2g.* Grevista.

pa.re.dro (ê) [Lat. *paredru*.] *sm.* 1. Mentor, conselheiro. 2. Homem importante.

pa.re.lha (ê) [De *parelho*.] *sf.* 1. Par de alguns animais, esp. muares e cavalares; junta. 2. Conjunto de 2 seres semelhantes; par, casal.

pa.re.lhei.ro [*Parelha*. ▢25] *sm. Bras. S.* Cavalo tratado e cuidado para disputar corridas.

pa.re.lho (ê) [Lat.vulg. *pariculu.] *adj.* Semelhante, igual; par.

pa.ré.li:o [Lat. *parelion*.] *sm. Astr.* Mancha brilhante que se forma no halo solar, devida à

parênquima | paroxismo

refração da luz, e que parece multiplicar a imagem do Sol.

pa.rên.qui.ma [Gr.tard. *parénchyma*.] *sm. Bot.* Tecido (3) mole, formado de células de parede fina, e com espaços aéreos intercalados; constitui a maior parte de frutas, caules, raízes, etc. § **pa.ren.qui.ma.to.so** (ô) *adj.*

pa.ren.te [Lat. *parente*.◨21A] *s2g.* Pessoa que, em relação a outra(s), pertence à mesma família, quer pelo sangue, quer por casamento.

pa.ren.tes.co (ês) [*Parente*.◨33A] *sm.* 1. Qualidade de parente. 2. Origem comum. 3. Traços comuns; conexão.

pa.rên.te.se [Lat.*parenthese*.] *sm.* 1. Frase que se intercala num período, ou período(s) que se intercala(m) num texto, e que forma(m) sentido à parte. 2. *Mat.* Símbolo us. para agrupar os participantes de uma operação ou série de operações.

pa.rên.te.ses *smpl.* Sinais de pontuação ( ) que encerram parêntese (1).

pa.re.ô [Do taitiano.] *sm. Bras.* Saída de praia ou traje carnavalesco inspirado em vestimenta de mesmo nome us. por mulheres do Taiti.

pá.re.o [*Par* + *-eo*.] *sm.* Cada uma das disputas, nas corridas de cavalos.

pa.res.te.si.a [*Par(a)-* + gr. *aísthesis*, 'sensação', + *-ia*[1].◨8A] *sf. Med.* Sensação táctil anormal, de queimação, ou de formigamento, etc., frequentemente sem estimulação externa.

pá.ri.a [Do tâmil.] *sm.* 1. Na Índia, membro da casta mais baixa, ou até dela excluído, no mais ínfimo degrau da escala social. 2. *Fig.* Indivíduo como que excluído da sociedade.

pa.ri.da.de [Lat. *paritate*.◨14] *sf.* 1. Qualidade de par (1). 2. *Econ.* Estado de câmbio em que há equivalência de moedas. 3. *Fís.* Propriedade duma função de onda, característica do seu comportamento na troca de sinal de suas 3 coordenadas espaciais. 4. *Mat.* Propriedade de ser par ou ímpar.

pa.ri.e.tal [Lat. *parietale*.◨39] *adj2g.* 1. Relativo à parede. ● *sm.* 2. *Anat.* Cada um dos 2 ossos que contribuem para formar as paredes superiores e laterais do crânio. [Pl.: *-tais*.]

pa.rir [Lat. *parere*.◨1C] *vtd.* 1. Expelir do útero (a fêmea vivípara, em relação ao ser que ela concebeu); dar à luz, *int.* 2. Dar à luz o feto. [Ето: Irreg. na 1ª pess. sing. do pres. ind., *pairo*, e em todo o pres. subj.: *paira, pairas*, etc. Ger. só se conjuga nas pess. em que o *r* da raiz se segue a vogal *i*, o que corresponderia ao paradigma 9.] § **pa.ri.dei.ra** *adj.(f.)*

pa.ri.si.en.se [◨38] *adj2g.* 1. De Paris, capital da França. ● *s2g.* 2. O natural ou habitante de Paris.

par.la.men.tar[1] [*Parlamento*.◨40] *adj2g.* 1. Do parlamento. ● *s2g.* 2. Membro de um parlamento.

par.la.men.tar[2] [*Parlamento*.◨1A] *v.int. e ti.* 1. Fazer ou aceitar proposta(s) sobre negócios de guerra. 2. *Fig.* Conferenciar. [C.: 1]

par.la.men.ta.ris.mo [*Parlamentar*[1].◨11] *sm.* Regime político em que o gabinete (3), constituído pelos ministros de Estado, é responsável perante o parlamento, que através dele governa a nação. § **par.la.men.ta.ris.ta** *adj2g. s2g.*

par.la.men.to [Ingl. *parliament*.◨3] *sm.* 1. Câmara legislativa. 2. V. *congresso* (3).

par.la.pa.tão *adj. sm.* V. *fanfarrão*. [Pl.: *-tões*. Fem.: *parlapatona*.] § **par.la.pa.ti.ce** *sf.*

par.la.tó.ri:o *sm.* 1. Locutório. 2. Balcão, em edifício público, onde autoridades falam ao público.

par.len.da *sf.* Conjunto de rimas infantis, de caráter lúdico e ritmo fácil, us. para divertir, ajudar a memorizar, etc. Ex.: Um, dois, feijão com arroz. Três quatro, feijão no prato. Cinco, seis, é minha vez. Sete, oito, de comer biscoito. Nove, dez, ou de comer pastéis.

par.me.são [It. *parmigiano*.◨28A] *adj.* 1. De Parma (Itália). 2. Diz-se dum queijo de massa dura, próprio para ser ralado. ● *sm.* 3. O natural ou habitante de Parma. [Fem. de 1 e 3: *parmesã*.] 4. Queijo parmesão. [Pl.: *-sãos, -sões*.]

par.na.si:a.nis.mo [*Parnasiano*.◨11] *sm.* Movimento literário poético surgido na França no séc. XIX, com grande preocupação pela forma, e que tinha como um dos lemas "a arte pela arte"; parnaso.

par.na.si.a.no [Top. *Parnaso*.◨29A] *adj.* Do, pertencente ou relativo ao parnaso, ou ao parnasianismo.

par.na.so [Top. lat. *Parnasu*.] *sm.* 1. Morada simbólica dos poetas. 2. A poesia ou o conjunto dos poetas. 3. Parnasianismo.

pa.ro.a.ra [Do tupi.] *s2g. Bras. N.* Nordestino que vive na Amaz.

pá.ro.co [Lat. *parochu*.] *sm.* Padre encarregado de uma paróquia.

pa.ró.di:a [Lat. *parodia*.] *sf.* 1. Imitação cômica de uma composição literária. 2. Imitação burlesca.

pa.ro.di.ar [*Paródia*.◨1A] *vtd.* Fazer paródia de. [C.: 1]

pa.ro.lar [*Parola* (do it.).◨1A] *v.int. e ti.* Falar muito; tagarelar. [C.: 1 (ó)] § **pa.ro.la.gem** *sf.*

pa.ro.ní.mi:a [Gr. *paronímia*.◨8B] *sf.* Caráter de parônimo. § **pa.ro.ní.mi.co** *adj.*

pa.rô.ni.mo [Lat. *paronymu*.] *adj. sm. E.Ling.* Diz-se de, ou palavras que têm som semelhante ao de outras.

pa.ró.qui:a [Lat. *parochia*.] *sf.* Divisão territorial duma diocese sobre a qual tem jurisdição um pároco. § **pa.ro.qui.al** *adj2g.*

pa.ro.qui.a.no [*Paróquia*.◨29] *adj. sm.* Que, ou aquele que habita na paróquia

pa.ro.ti.da ou **pa.ró.ti.de** [Lat. *parotide*.] *sf. Anat.* Cada uma de 2 glândulas salivares situadas adiante e abaixo da orelha. § **pa.ro.tí.de:o** *adj.*

pa.ro.xis.mo (cs) [Gr. *paroxysmós*.◨11] *sm.* 1. *Med.* Estágio duma doença em que os sintomas se manifestam com maior intensidade. 2. *Fig.* A maior intensidade; o auge.

pa.ro.xí.to.no (cs) [Gr. *paroxýtonos*.] *adj. sm. E.Ling.* Diz-se de, ou vocábulo que tem o acento tônico na penúltima sílaba.

par.que [Fr. *parc*.] *sm.* **1.** Área de lazer arborizada, ger. pública. **2.** Área reservada para a proteção da natureza. **3.** *Fig.* Área onde se concentra determinada atividade: *parque gráfico*. ◆ **Parque de diversão.** Local com brinquedos e equipamentos, destinados à recreação de crianças e adultos.

par.que.te (ê) [Fr. *parquet*.] *sm.* Soalho de madeira cujos tacos formam desenhos. [Var.: *parquê*.]

par.quí.me.tro *sm.* Pequeno poste com dispositivo para medir o tempo de permanência de automóvel.

par.ra [V.E] *sf.* Folha de videira; pâmpano.

par.rei.ra [*Parra*.▪16] *sf.* **1.** *Bot.* Nome comum a certas trepadeiras, esp. a videira. **2.** Videira cujos ramos se firmam, ger., numa latada.

par.ri.ci.da [Lat. *parricida*.] *s2g.* Quem cometeu parricídio.

par.ri.cí.di:o [Lat. *parricidiu*.] *sm.* Assassinato do próprio pai.

par.ru.do [*Parra* + -*udo*.] *adj.* Forte, musculoso.

par.te [Lat. *parte*.] *sf.* **1.** Porção de um todo. **2.** Local, sítio. **3.** Lado, banda. **4.** Cada uma das pessoas que se opõem num litígio, ou que celebram entre si um contrato. **5.** A fala de cada ator numa peça teatral. **6.** Cada uma das divisões de obra escrita, musical, etc. ◆ **À parte.** Isoladamente; separadamente; particularmente. **Dar parte de.** Fazer denúncia de (crime, delito, agressão, etc.).

par.tei.ra [*Parto*.▪16] *sf.* **1.** Fem. de *parteiro*. **2.** Mulher que assiste as parturientes.

par.tei.ro [*Parto*.▪25] *adj. sm.* Diz-se de, ou médico que assiste partos.

par.te.jar [*Parto*.▪1E] *vtd.* Servir de parteiro ou parteira a. [C.: 1 (ê)]

par.te.no.gê.ne.se [Gr. *parthénos*, 'virgem', + -*gênese*.] *adj. Biol.* Tipo de reprodução em que o embrião se desenvolve de óvulo não fertilizado.

par.tes *sfpl.* **1.** Os órgãos genitais externos. **2.** *Fig.* Melindres; manhas.

par.ti.ci.par [Lat. *participare*.▪1A] *vtd. e tdi.* **1.** Informar, comunicar. *ti.* **2.** Ter ou tomar parte em. **3.** Ter parcela em um todo, ou receber, em divisão ou em partilha, parte de um todo. [C.: 1] § **par.ti.ci.pa.ção** *sf.*; **par.ti.ci.pan.te** *adj2g. s2g.*; **par.ti.ci.pa.ti.vo** *adj.*

par.ti.cí.pi:o [Lat. *participiu*.▪34B] *sm. E.Ling.* Uma das formas do verbo, que pode constituir um processo verbal ou ter função adjetiva. § **par.ti.ci.pi.al** *adj2g.*

par.tí.cu.la [Lat. *particula*.] *sf.* **1.** Parte pequeníssima. **2.** *Fís.* Nome genérico dum sistema a que se podem atribuir as propriedades dum corpo de dimensões diminutas e massa significativa. **3.** *E.Ling.* Palavra invariável com função gramatical, mas não facilmente classificada numa das partes do discurso.

◆ **Partícula elementar.** *Fís.* Cada um dos componentes fundamentais da matéria e da radiação. **Partícula subatômica.** *Fís.* Nome comum às partículas de dimensões muito menores que as de um átomo, como os elétrons, os prótons, os neutrinos, etc.

par.ti.cu.lar [Lat. *particulare*.▪40] *adj2g.* **1.** Relativo apenas a certos seres vivos, ou a certa(s) pessoa(s) ou coisa(s). **2.** Privativo (2). ● *sm.* **3.** Uma pessoa qualquer.

par.ti.cu.la.ri.da.de [*Particular*.▪14] *sf.* **1.** Qualidade de *particular*. **2.** Característica (1). **3.** V. *pormenor*.

par.ti.cu.la.ri.zar [*Particular*.▪1D] *vtd.* **1.** Narrar ou referir com pormenores. **2.** Especificar, individualizar. *p.* **3.** Sobressair, distinguir-se. [C.: 1] § **par.ti.cu.la.ri.za.ção** *sf.*

par.ti.cu.lar.men.te [*Particular*.▪42] *adv.* **1.** Em particular, a sós. **2.** De modo próprio. **3.** Mais do que o habitual: *Hoje estava particularmente aflita*.

par.ti.da [*Partir* + -*ida*.] *sf.* **1.** Ato de partir; saída. **2.** Número de jogos necessários para que um parceiro ganhe. **3.** Prélio esportivo. **4.** Quantidade de mercadorias destinada ao comércio. **5.** V. *pirraça* (1).

par.ti.dá.ri:o [*Partido*.▪24] *adj. sm.* Que, ou quem é membro ou simpatizante de um partido (1), ou segue uma ideia, escola, etc.

par.ti.da.ris.mo [*Partidário*.▪11] *sm.* Entusiasmo partidário. § **par.ti.da.ris.ta** *adj2g. s2g.*

par.ti.do [Part. de *partir*.] *sm.* **1.** Organização cujos membros realizam uma ação comum com fins políticos e sociais. **2.** Associação de pessoas unidas pelos mesmos interesses, ideais, objetivos; liga. **3.** Posição; lado. **4.** V. *proveito* (2). **5.** Pessoa casadoura, considerada sob o aspecto financeiro e/ou social.

par.ti.lha [Lat. *particula*.] *sf.* Repartição dos bens duma herança, ou de lucros, etc.

par.ti.lhar [*Partilha*.▪1A] *vtd. e tdi.* **1.** Fazer partilha de. **2.** V. *compartilhar*. *ti.* **3.** V. *compartilhar*. [C.: 1]

par.tir [Lat. *partire*.▪1C] *vtd.* **1.** Dividir em partes. **2.** Separar, dividir. **3.** Quebrar, romper. *tdi.* **4.** Repartir, distribuir. *ti.* **5.** Tomar por base ou como referência ou ponto de partida. **6.** Originar-se, provir. **7.** Investir contra. *tc.* **8.** Partir (6). **9.** Pôr-se a caminho; ir-se. *int.* **10.** Partir (9). *p.* **11.** Quebrar-se, romper-se. [C.: 3] § **par.ti.ção** *sf.*

par.ti.tu.ra [It. *partitura*.▪5B] *sf. Mús.* Disposição gráfica das partes vocais e/ou instrumentais duma composição, a fim de permitir leitura simultânea.

par.to [Lat. *partu*.] *sm.* Ato ou efeito de parir.

pár.ton [Ingl. *parton*.] *sm. Fís.* Partícula subnuclear constituinte de núcleons.

par.tu.ri.en.te [Lat. *parturiente*.▪21] *adj2g. sf.* Diz-se de, ou mulher que está prestes a parir.

par.vo [Lat. *parvulu*.] *adj. sm.* V. *tolo* (1, 2 e 6). § **par.vo.í.ce** *sf.*

par.vo.vi.ro.se [Tax. *Parvovír(us)* + *-ose¹*.] *sf.* *Med.Veter.* Infecção causada por gênero de vírus da subfamília *Parvoviridae* que infecta mamíferos e aves. ♦ **Parvovirose canina.** *Veter.* Aquela que acomete os cães, ger. de modo fatal, e que se caracteriza por febre alta, vômito e diarreia.

pas.cal [Lat. *paschale*.◘39] *adj2g.* Da, ou relativo à Páscoa; pascoal. [Pl.: *-cais.*]

pas.ca.li.a.no [◘29A] *adj.* De ou relativo a Blaise Pascal **(M.)**, ou à sua filosofia.

pás.co:a [Lat.vulg. *pascua*, do hebr.] *sf. Rel.* **1.** Festa anual dos hebreus, que comemora a sua saída do Egito. **2.** Festa anual dos cristãos, que comemora a ressurreição de Cristo. [Com inicial maiúsc.]

pas.co:al [*Páscoa*.◘39] *adj2g.* Pascal. [Pl.: *-ais.*]
→ **pas de deux** (pá dê dê) [Fr.] *sm.* Balé ou parte de um balé para 2 bailarinos.

pas.ma.cei.ra [De *pasmo¹*.] *sf.* **1.** Pasmo¹ ou admiração tola. **2.** Falta de atividade; apatia, mesmice.

pas.mar [*Pasmo¹*.◘1A] *vtd.* **1.** Causar pasmo¹ a. *int.* e *p.* **2.** Sentir pasmo¹. [C.: 1] § **pas.ma.do** *adj.*

pas.mo¹ [Lat.vulg. *pasmu*.] *sm.* Assombro, espanto.

pas.mo² [Part. irreg. de *pasmar*.] *adj.* Assombrado, espantado.

pas.pa.lhão [V.A] *adj. sm.* V. *tolo* (1, 2 e 6). [Pl.: *-lhões.* Fem.: *paspalhona*.]

pas.pa.lho [V.A] *adj. sm.* V. *tolo* (1, 2 e 6)

pas.quim [It.ant. *pasquino*.] *sm.* **1.** Sátira afixada em lugar público. **2.** Jornal ou panfleto difamador. **3.** Jornal pouco importante. [Pl.: *-quins.*]

pas.sa [Lat. (*uva*) *passa*.] *sf.* Fruta seca, esp. uva.

pas.sa.da [*Passo* ou de *passar*.◘4] *sf.* **1.** Passo¹ (1). **2.** Ida rápida a um lugar.

pas.sa.dei.ra [*Passar*.◘16A] *sf.* **1.** Tapete longo e estreito. **2.** *Bras.* Mulher que passa roupa.

pas.sa.di.ço *sm.* **1.** Passagem externa, ger. suspensa, que liga 2 edifícios ou 2 partes de um mesmo edifício. **2.** Corredor ou galeria de comunicação. **3.** Ponte na parte superior do navio, onde ficam o comandante e o homem do leme.

pas.sa.di.o *sm.* Alimentação diária.

pas.sa.dis.mo [*Passado*.◘11] *sm.* Culto do passado. § **pas.sa.dis.ta** *adj2g. s2g.*

pas.sa.do [*Passar*.◘17A] *adj.* **1.** Que passou, ou acaba de passar. **2.** Antiquado, obsoleto. **3.** Diz-se de alimento em começo de putrefação. **4.** Seco ao forno ou ao sol (fruto). **5.** Cozido ou assado (alimento). **6.** *Fig.* Encabulado, envergonhado. ● *sm.* **7.** O tempo que passou.

pas.sa.dor (ô) [*Passar*.◘19A] *sm.* Utensílio de cozinha com furos por onde se espremem ou passam batatas, legumes, etc.

pas.sa-fo.ra *interj.* **1.** Us. para enxotar cães. ● *sm.* **2.** Descompostura, repreensão: *Recebeu um passa-fora.*

pas.sa.gei.ro [Fr.ant. *passagier*.◘25] *adj.* **1.** V. *transitório*. **2.** Pouco importante; insignificante. ● *sm.* **3.** Pessoa que viaja num veículo.

pas.sa.gem [Fr. *passage*.◘6] *sf.* **1.** Ato ou efeito de passar(-se). **2.** Local por onde se passa; acesso. **3.** Quantia que o passageiro (3) paga pelo transporte num veículo. **4.** Bilhete (3). **5.** Trecho de obra citada. [Pl.: *-gens.*]

pas.sa.ma.na.ri.a [*Passamanes*.◘15] *sf.* Nome comum a certos tipos de tecido (galões, borlas, etc.), trabalhados ou entrançados com fio grosso.

pas.sa.ma.nes [Fr. *passements*.] *smpl.* Fitas ou galões entretecidos a prata, ouro ou seda.

pas.sa.men.to [*Passar*.◘3] *sm.* Óbito.

pas.san.te [*Passar*.◘21] *adj2g. s2g.* V. *transeunte*.

pas.sa.por.te [Fr. *passeport*.] *sm.* Documento oficial que autoriza alguém a sair do país, e que serve como identificação.

pas.sar [Lat.vulg. **passare*.◘1A] *vtd.* **1.** Percorrer de um lado para outro; atravessar, transpor. **2.** Ir além de: *passar a fronteira*. **3.** Coar através de peneira ou joeira. **4.** Coar (café). **5.** Alisar (roupa) com ferro (3). **6.** Marcar (como tarefa). **7.** Expedir: *passar um telegrama*. **8.** Sofrer, suportar: *passar privações*. **9.** Gozar, desfrutar. **10.** Pôr em circulação. **11.** Contrabandear. **12.** Cozinhar, assar ou grelhar (carne, peixe, etc.). **13.** *Bras. Esport.* Lançar (a bola) para companheiro de equipe. *tdi.* **14.** Introduzir, enfiar. **15.** Fazer passar por. **16.** Circundar; rodear. **17.** Passar às mãos; entregar: *Passou-me o livro*. **18.** Transmitir por contágio. **19.** Dirigir: *Passou-lhe um sermão*. **20.** Pôr: *passar geleia no pão*. **21.** *Bras. Esport.* Passar (13). *tc.* **22.** Ir de um lugar (para outro). **23.** Introduzir-se; penetrar. **24.** Estar de passagem. *ti.* **25.** Passar (8). **26.** Ingressar: *Tiradentes passou à história*. **27.** Adotar um procedimento ou atitude diversa da anterior. **28.** Ser aprovado em exame ou concurso. **29.** Ser promovido (a cargo ou categoria superior). *bit. i.* **30.** Mudar (de situação, profissão, etc.). *bit. c.* **31.** Mudar (de lugar). *int.* **32.** Percorrer um lugar sem nele se deter. **33.** Deixar de existir; acabar. **34.** V. *morrer* (1). **35.** Passar (28). **36.** Decorrer, transcorrer (tempo). **37.** Ser exibido (filme, etc.). **38.** Ser votado, aprovado (medida, projeto, etc.). **39.** Ser tolerável. **40.** Passar (5). **41.** Começar a apodrecer. **42.** Estar em certo estado; encontrar-se: *passar bem. p.* **43.** Acontecer, suceder. **44.** Passar (36): *Passaram-se 3 meses.* **45.** Bandear-se. [C.: 1]

pas.sa.ra.da [*Pássaro*.◘4] *sf.* Porção de pássaros.

pas.sa.re.la [Fr. *passarelle*.] *sf.* **1.** Ponte para pedestre construída sobre ruas ou estradas. **2.** Plataforma um tanto elevada, para passagem em desfiles de moda, etc.

pas.sa.ri.nhei.ro [*Passarinho*.◘25] *sm.* Criador ou vendedor de pássaros.

pas.sa.ri.nho [*Pássaro*.◘32] *sm.* *Zool.* Pássaro pequeno.

pás.sa.ro [Lat.vulg. *passaru.*] *sm. Zool.* Nome comum às aves passeriformes.

pas.sa.tem.po [*Passar* + *tempo.*] *sm.* Divertimento, diversão.

pas.sá.vel [*Passar.* ▣ 41] *adj2g.* Que se pode aceitar; razoável, tolerável. [Pl.: *-veis.*]

pas.se [Dev. de *passar.*] *sm.* **1.** Licença, permissão. **2.** *Esport.* Ato de passar a bola a um companheiro de equipe.

pas.se.ar [*Passo.* ▣ 1N] *v.int.* **1.** Ir a algum lugar a passeio, em visita, ger. para divertir-se, espairecer. *td.* **2.** Percorrer em passeio. [C.: 12A] § **pas.se.a.dor** (ô) *adj.*

pas.se.a.ta [*Passear* + *-ata.*] *sf.* **1.** Pequeno passeio. **2.** *Bras.* Marcha coletiva em sinal de regozijo, homenagem, protesto, etc.

pas.sei.o [Dev. de *passear.*] *sm.* **1.** Ato de passear. **2.** Percurso de um local a outro, para exercício ou como divertimento. **3.** Lugar onde se passeia. **4.** Calçada.

pas.se.rí.de.o [Tax. *Passeridae.*] *adj. sm. Zool.* Diz-se de, ou espécime dos passerídeos, família de aves passeriformes, onívoras, de bico forte e cônico, e canto pouco desenvolvido. Ex.: pardal.

pas.se.ri.for.me [Tax. *Passeriformes.*] *adj2g. sm. Zool.* Diz-se de, ou espécime dos passeriformes, ordem de aves pequenas ou médias, terrestres, aéreas, arbóreas, e cosmopolitas, em que se incluem os corvídeos, cotingídeos, emberizídeos, fringilídeos, hirundinídeos, muscicapídeos, passerídeos, tiranídeos, piprídeos e outras famílias.

pas.si.flo.rá.ce.a [Tax. *Passifloraceae.*] *sf. Bot.* Espécime das passifloráceas, família de plantas floríferas de frutos ger. comestíveis. Ex.: maracujá. § **pas.si.flo.rá.ce.o** *adj.*

pas.si.o.nal [Lat. *passionale.* ▣ 39] *adj2g.* **1.** Relativo a paixão. **2.** Suscetível de, ou causado por paixão. [Pl.: *-nais.*]

pas.sis.ta [*Passo*[1]. ▣ 36] *s2g. Bras.* **1.** *N.E.* Dançarino de passo[1] (7) ou de frevo. **2.** Pessoa que samba com muita agilidade e graça.

pas.sí.vel [Lat. *passibile.* ▣ 41] *adj2g.* Sujeito a experimentar sensações e emoções, ou a sofrer penas ou sanções. [Pl.: *-veis.*]

pas.si.vo [Lat. *passivu.*] *adj.* **1.** Que sofre ou recebe uma ação ou impressão. **2.** Que não atua; inerte. **3.** *Eletrôn.* Que não gera nem amplifica energia, num circuito. § **pas.si.vi.da.de** *sf.*

pas.so[1] [Lat. *passu.*] *sm.* **1.** Ato de deslocar o ponto de apoio do corpo de um pé para o outro, mediante movimentos para a frente, para trás ou para os lados; passada. **2.** O espaço percorrido a cada um desses movimentos. **3.** Ato ou modo de andar. **4.** V. *pegada.* **5.** A andadura mais lenta do cavalo. **6.** *Fig.* Ato; negócio; assunto. **7.** *Bras.* Movimentos de dança feitos ao som do frevo e outras marchas carnavalescas típicas. ♦ **Ao passo que.** **1.** À medida que; ao mesmo tempo; enquanto (em sentido temporal). **2.** Mas, contudo; enquanto (com sentido adversativo). **Marcar passo.** **1.** Movimentar os pés sem sair do lugar. **2.** *Fig.* Não melhorar, não progredir.

pas.so[2] [Dev. de *passar.*] *sm.* V. *desfiladeiro.*

pas.ta [Lat. *pasta.*] *sf.* **1.** Porção de matéria sólida pulverulenta ligada ou amassada com líquido ou gordura e muito plástica. **2.** Cartolina, plástico, etc., dobrados, onde se guardam ou classificam papéis, documentos, etc. **3.** Bolsa achatada, de couro, plástico, etc., para transportar livros, documentos, etc. **4.** *Fig.* Cargo de ministro de Estado. **5.** *Inform.* Diretório (4).

pas.ta.gem *sf.* V. *pasto* (2). [Pl.: *-gens.*]

pas.tar [Lat.vulg. *pastare.* ▣ 1A] *v.int.* Comer (o gado) erva não ceifada. [C.: 1]

pas.tel[1] [Fr.ant. *pastel.*] *sm.* **1.** Iguaria feita com pequenas porções de massa (4) recheada e, ger., frita. **2.** Caracteres tipográficos empastelados. [Pl.: *-téis.*]

pas.tel[2] [It. *pastello.*] *sm.* **1.** Bastão feito com giz a que se adicionam pigmentos de várias cores. **2.** Pintura ou desenho a pastel. [Pl.: *-téis.*]

pas.te.lão [*Pastel*[1]. ▣ 28A] *sm.* **1.** V. *empada* (1). **2.** *Bras.* Indivíduo moleirão. [Pl.: *-lões.*]

pas.te.la.ri.a [*Pastel*[1]. ▣ 15] *sf.* **1.** Os doces e salgados que se preparam com vários tipos de massa. **2.** Estabelecimento onde se faz e/ou vende pastelaria.

pas.te.lei.ro [*Pastel*[1]. ▣ 25] *sm.* Aquele que faz e/ou vende pastelaria (1).

pas.teu.ri.a.no [▣ 29A] *adj.* De ou relativo a Louis Pasteur (**M.**), ou à sua obra.

pas.teu.ri.zar [Fr. *pasteuriser.* ▣ 1D] *vtd.* Esterilizar (o leite, etc.) pelo calor, aquecendo-o e depois esfriando-o rapidamente. [C.: 1] § **pas.teu.ri.za.ção** *sf.*

pas.ti.che [Fr. *pastiche.*] *sm.* Obra literária ou artística plagiada de outra.

pas.ti.fí.ci.o [It. *pastificio.*] *sm. Bras. SP* Fábrica de massas alimentícias.

pas.ti.lha [Esp. *pastilla.*] *sf.* **1.** Pequena porção de pasta solidificada, achatada, que contém medicamento, essência, etc. **2.** *Constr.* Pequeno ladrilho.

pas.to [Lat. *pastu.*] *sm.* **1.** Erva para alimento do gado. **2.** Lugar onde o gado pasta ou pode pastar; pastagem, pastoreio.

pas.tor (ô) [Lat. *pastore.* ▣ 19] *sm.* **1.** Guardador de gado; pegureiro. **2.** *Fig.* Sacerdote protestante. **3.** *Fig.* Diretor, mentor espiritual.

pas.to.ral [Lat. *pastorale.* ▣ 39] *adj2g.* **1.** V. *pastoril.* **2.** De, ou relativo a pastor (2). ● *sf.* **3.** *Rel.* Circular dirigida aos padres ou aos fiéis pelo papa, ou por um bispo. **4.** V. *écloga.* [Pl.: *-rais.*]

pas.to.re.ar [*Pastor.* ▣ 1N] *v.int.* **1.** Guiar ao pasto (2). *td.* **2.** Guardar (o gado) no pasto. [C.: 12A]

pas.to.rei.o [Dev. de *pastorear.*] *sm.* **1.** Atividade ou indústria pastoril. **2.** *Bras.* V. *pasto* (2).

pas.to.ril [*Pastor* + *-il*[1].] *adj2g.* **1.** Relativo a, ou próprio de pastor (1). **2.** V. *campestre.* [Sin. ger.: *pastoral.* Pl.: *-ris.*]

pastoso | patricinha

pas.to.so (ô) [*Pasta*. ▣37] *adj.* **1.** Que tem consistência de pasta (1). **2.** Viscoso, pegajoso. [Pl.: *-tosos* (ó).]

pa.ta[1] [V.A] *sf.* A fêmea do pato.

pa.ta[2] [Or.onom., poss.] *sf.* **1.** Pé de animal. **2.** *Pop.* Pé grande; pé.

pa.ta.ca [V.C] *sf. Bras.* **1.** Antiga moeda de prata, que valia 320 réis. **2.** V. *dinheiro* (4).

pa.ta.co:a.da *sf.* V. *asneira*.

pa.ta.da [*Pata*[2]. ▣4] *sf.* Pancada com a pata ou com a planta do pé.

pa.tá.gi:o [Lat.cient. *patagium*. ▣34B] *sm. Zool.* Dobra de pele que vai dos membros anteriores aos posteriores e que ocorre, p.ex., nos quirópteros; é us. para voar ou planar.

pa.ta.mar [V.C] *sm.* Piso mais largo que os degraus, em escada.

pa.ta.ti.va [Do tupi.] *sf. Bras. Zool.* Ave emberizídea cinzenta.

pa.ta.vi.na [Lat. *patavina*.] *pron. indef.* Coisa nenhuma; nada.

pa.ta.xó *adj2g. s2g. Bras. Etnôn.* Diz-se de, ou indivíduo dos pataxós, povo indígena da família linguística maxacali, habitante de regiões da BA e MG.

pa.tê [Fr. *pâté*.] *sm.* Iguaria pastosa feita de fígado, etc.

pa.te.ar [*Pata*[2]. ▣1N] *v.int.* **1.** Bater com as patas. **2.** Bater com os pés no chão, vaiando. [C.: 12A]

pa.te.la [Lat. *patella*. ▣7] *sf. Anat.* Osso situado adiante da articulação do fêmur com tíbia, em membro inferior; rodela (*pop.*). [Denom. ant.: *rótula*.]

pa.te.na ou **pá.te.na** [Lat. *patena*.] *sf.* Disco, de ouro ou de metal dourado, para cobrir o cálice e receber a hóstia.

pa.ten.te [Lat. *patente*. ▣21] *adj2g.* **1.** Cujo uso é franqueado a todos. **2.** V. *evidente*. ● *sf.* **3.** Título oficial duma concessão ou dum privilégio. **4.** Posto (militar).

pa.ten.te.ar [*Patente*. ▣1N] *vtd.* **1.** Tornar patente (2). **2.** Registrar como patente (3). *tdi.* **3.** Patentear (1). *p.* **4.** Tornar-se patente (2). [C.: 12A] § **pa.ten.te:a.ção** *sf.*

pa.ter.nal [*Paterno*. ▣39] *adj2g.* De pai, ou como de um pai; paterno. [Pl.: *-nais*.]

pa.ter.na.lis.mo [*Paternal*. ▣11] *sm.* **1.** Regime baseado na autoridade paterna. **2.** Sistema de relações entre o chefe e os subordinados, seguindo concepção paternal da autoridade.

pa.ter.ni.da.de [Lat. *paternitate*. ▣14] *sf.* Condição de pai.

pa.ter.no [Lat. *paternu*.] *adj.* **1.** Paternal. **2.** Relativo ao pai, ou aos pais; pátrio.

pa.te.ta [*Pato*.] *adj2g. s2g.* V. *tolo* (1, 2 e 6). § **pa.te.ti.ce** *sf.*

pa.té.ti.co [Lat. *patheticu*. ▣35] *adj.* **1.** Que produz ou denota forte emoção. **2.** Trágico, sinistro.

pa.ti.bu.lar [*Patíbulo*. ▣40] *adj2g.* **1.** Relativo a patíbulo. **2.** Que tem aspecto de criminoso, ou dá a impressão de o ser.

pa.tí.bu.lo [Lat. *patibulu*.] *sm.* Estrado ou lugar onde os condenados sofrem a pena capital; cadafalso.

pa.ti.fe [V.E] *adj. sm.* V. *velhaco*. § **pa.ti.fa.ri.a** *sf.*

pa.tim [Fr. *patin*.] *sm.* **1.** Calçado com lâmina vertical de aço para deslizar no gelo. **2.** Calçado com rodinhas próprio para rolar sobre pavimento liso. [Pl.: *-tins*.]

pá.ti.na [It. *patina*.] *sf.* Camada esverdeada que se forma no cobre ou no bronze após longa exposição à umidade atmosférica.

pa.ti.na.dor (ô) [*Patinar*. ▣19A] *adj. sm.* Que, ou aquele que patina.

pa.ti.nar [*Patim* (-*tin*-). ▣1A] *v.int.* Deslizar ou rolar sobre patins. [C.: 1] § **pa.ti.na.ção** *sf.*

pa.ti.ne.te [Fr. *patinette*.] *sf.m.* Brinquedo composto por 2 estruturas articuladas, uma vertical e outra horizontal, sobre 2 rodas, onde se pousa um dos pés, dando impulso com o outro.

pa.ti.nhar [*Pato*. ▣1I] *v.int.* **1.** Agitar a água à maneira dos patos. **2.** Andar, mover-se, pisando em água, lama, etc. **3.** Moverem-se as rodas de (veículo automóvel) girando, mas sem imprimir deslocamento ao veículo, por falta de aderência. [C.: 1]

pá.ti:o [V.C] *sm.* Espaço descoberto, ger. no interior dum edifício.

pa.to [V.A] *sm.* **1.** *Zool.* Ave anatídea doméstica, maior que a marreca. **2.** *Pop.* V. *tolo* (6).

pa.to.ge.ni.a [*Pato-* + *-genia*.] *sf.* Estudo de mecanismo pelo qual se desenvolve doença. § **pa.to.gê.ni.co** *adj.*

pa.to.la [*Pata*[2] + *-ola*.] *sf. Zool.* A pata preênsil dos caranguejos, siris, etc.

pa.to.lo.gi.a [*Pato-* + *-logia*.] *sf. Med.* Ramo da medicina que se ocupa da natureza e das modificações produzidas no organismo por doença. § **pa.to.ló.gi.co** *adj.*; **pa.to.lo.gis.ta** *s2g.*

pa.to.ta *sf. Bras.* Grupo, bando.

pa.tra.nha [Esp. *patraña*.] *sf.* Grande mentira.

pa.trão [Lat. *patronu*. ▣28] *sm.* **1.** Chefe ou dono de estabelecimento, fábrica, etc., em relação aos empregados; empregador. **2.** O dono da casa em relação aos empregados. **3.** Mestre de barco. [Pl.: *-trões*.]

pá.tri:a [Lat. *patria*.] *sf.* **1.** O país onde nascemos; o torrão natal; terra. **2.** Cidade, aldeia, etc., natal.

pa.tri.ar.ca [Lat. *patriarcha*.] *sm.* **1.** Homem venerando cercado de família numerosa. **2.** Chefe de família de vida honrada. § **pa.tri.ar.cal** *adj2g.*

pa.tri.ar.ca.do [*Patriarca*. ▣17C] *sm.* Regime social em que o pai é a autoridade máxima.

pa.tri.ci.a.do [Lat. *patriciatu*. ▣17C] *sm.* A aristocracia, a nobreza.

pa.tri.ci.nha [Antr. *Patrícia*. ▣32A] *sf. Bras. Gír.* Moça que gosta de se exibir com roupas e outros produtos de grife e de frequentar lugares na moda. [Cf. *mauricinho*.]

patrício | paulista

pa.trí.ci:o [Lat. *patriciu*.◘34B] *sm.* **1.** Homem da classe dos nobres, na antiga Roma. **2.** V. *conterrâneo*. ● *adj.* **3.** Relativo a patrício.

pa.tri.la.te.ral [*Patr(i)-* + *lateral*.] *adj2g. Antrop. Etnol.* Relativo a parentesco pelo lado paterno. [Pl.: *-rais*.]

pa.tri.li.ne.ar [*Patr(i)-* + *linear*.] *adj2g. Antrop.* **1.** Agnático. **2.** Relativo à descendência pela linha paterna.

pa.tri.mô.ni:o [Lat. *patrimoniu*.] *sm.* **1.** Herança paterna. **2.** Bens de família. **3.** *P.ext.* Os bens, materiais ou não, duma pessoa ou empresa. **4.** *Fig.* Riqueza: <u>patrimônio</u> *cultural*. § **pa.tri.mo.ni.al** *adj2g.*

pá.tri:o [Lat. *patriu*.] *adj.* **1.** Da pátria. **2.** Paterno (2). ● *sm.* **3.** Adjetivo que se refere a região, país, estado, cidade, etc. Ex.: *americano, brasileiro, mineiro*.

pa.tri.o.ta [Lat. *patriota*.] *s2g.* Pessoa que ama a pátria e procura servi-la.

pa.tri:o.ta.da [*Patriota*.◘4] *sf. Bras.* Alarde de patriotismo.

pa.tri:o.ti.ce [*Patriota*.◘13] *sf. Deprec.* **1.** Mania patriótica. **2.** Falso patriotismo.

pa.tri.ó.ti.co [Lat. *patrioticu*.◘35B] *adj.* **1.** Que revela patriotismo. **2.** Relativo a patriota.

pa.tri:o.tis.mo [*Patriota*.◘11] *sm.* **1.** Amor da pátria; consciência dos deveres cívicos e apego e/ou admiração pelas coisas do seu país.

pa.tro.a (ô) [Lat. *patrona*.] *sf.* **1.** Mulher do patrão. **2.** Chefe ou dona de estabelecimento, fábrica, etc., em relação aos seus empregados. **3.** A dona da casa em relação aos seus empregados. **4.** *Fam.* Esposa.

pa.tro.ci.na.dor (ô) [*Patrocinar*.◘19A] *adj.* **1.** Que patrocina. ● *sm.* **2.** Aquele que patrocina. **3.** Pessoa ou empresa que patrocina [v. *patrocinar* (2 e 3)].

pa.tro.ci.nar [Lat. *patrocinare.◘1A] *vtd.* **1.** Dar patrocínio a. **2.** Custear (atividades culturais, esportivas, programa de televisão, de rádio, ou evento, etc.). **3.** Dar meios ou recursos a (atleta, personalidade, etc.), ger. em troca de publicidade. [C.: 1]

pa.tro.cí.ni:o [Lat. *patrociniu*.◘34B] *sm.* **1.** Proteção, auxílio. **2.** A ação de dar ou receber auxílio financeiro, ou de serviços. **3.** Aquilo que se dá ou recebe em patrocínio (2).

pa.tro.na [Lat. *patrona*.] *sf.* **1.** Cartucheira. **2.** *Bras. N.E.* Bolsa de couro dos sertanejos. **3.** *Etnogr.* Cesto rígido, com alça e tampa, us. entre indígenas brasileiros; patuá.

pa.tro.nal [Lat. *patronale*.◘39] *adj2g.* Relativo a patrão (1). [Pl.: *-nais*.]

pa.tro.na.to [Lat. *patronatu*.◘18] *sm.* **1.** Autoridade de patrão. **2.** Instituição de assistência, esp. para menores.

pa.tro.nes.se [Fr.] *sf.* Senhora que organiza ou patrocina festa, etc. beneficente.

pa.tro.ní.mi.co [Lat. *patronymicu*.◘35B] *adj.* **1.** Relativo a pai, esp. quanto ao nome de família. **2.** Diz-se do sobrenome derivado do nome do pai ou de um antecessor.

pa.tro.no [Lat. *patronu*.] *sm.* **1.** Defensor, protetor. **2.** Advogado, em relação a seus clientes.

pa.tru.lha [Fr. *Patrouille*.] *sf.* **1.** Ato ou efeito de patrulhar; patrulhamento. **2.** Ronda de soldados. **3.** Grupamento de navios e/ou aeronaves que patrulham.

pa.tru.lhar [*Patrulha*.◘1A] *vtd. e int.* Rondar, fiscalizando ou vigiando sistematicamente. [C.: 1] § **pa.tru.lha.men.to** *sm.*

pa.tru.lhei.ro [*Patrulha*.◘25] *sm.* **1.** Aquele que patrulha. **2.** *Mar.* Pequeno navio destinado a patrulhar áreas marítimas não distantes do litoral.

pa.tu.á *sm.* **1.** *Bras.* Balaio. **2.** Patrona (3). **3.** V. *bentinho*.

pa.tu.lei.a [V.C] *sf.* V. *plebe*.

pa.tu.ri [Do tupi.] *sm. Bras. Zool.* Marreca castanho-avermelhada.

pa.tus.ca.da [*Patusco* + *-ada*.◘4] *sf.* Ajuntamento festivo de pessoas para comer e beber; pândega.

pa.tus.car [*Patusco*.◘1A] *v.int.* Andar em patuscadas; farrear. [C.: 1A]

pa.tus.co [V.E] *adj.* Que gosta de patuscadas.

pau [Lat. *palu*.] *sm.* **1.** Pedaço de madeira. **2.** Bordão, cajado. **3.** Qualquer peça de madeira, trabalhada ou não. **4.** Pedaço de substância sólida semelhante a um pau (1): <u>pau *de guaraná*</u>. **5.** *Bras. Gír.* Reprovação em exame. ● *adj2g.* **6.** *Bras. Fam.* Maçante, cacete. ◆ **Pau para toda obra.** Pessoa que se presta a tudo ou coisa que serve para tudo.

pau a pi.que *sm.* Construção feita de ripas ou varas entrecruzadas, e barro. [Pl.: *paus a pique*.]

pau-bra.sil *sm.* Árvore cesalpiniácea, de madeira tintorial avermelhada, dura e incorruptível. [Pl.: *paus-brasil(is)*.]

pau-ce.tim *sm. Bras. Bot.* Árvore apocinácea, útil. [Pl.: *paus-cetim(ns)*.]

pau-d'á.gua *sm. Pop.* Beberrão, ébrio. [Pl.: *paus-d'água*.]

pau-d'ar.co *sm. Bras. Bot.* Ipê (q.v.) de flores amarelas. [Pl.: *paus-d'arco*.]

pau de a.ra.ra *sm. Bras.* **1.** Caminhão coberto us. no transporte de retirantes nordestinos. **2.** Espécie de instrumento de tortura. ● *s2g.* **3.** Retirante que viaja no pau de arara (1). [Pl.: *paus de arara*.]

pau de se.bo *sm.* Mastro untado com sebo, em cujo topo se põe um prêmio para quem conseguir ir lá buscá-lo. [Pl.: *paus de sebo*.]

pau-fer.ro *sm. Bras. Bot.* Árvore cesalpiniácea, de madeira duríssima; jucá. [Pl.: *paus-ferro(s)*.]

pa.ul (a-úl) [Lat. *palude*, pela f. *padule.] *sm.* V. *pântano*. [Pl.: *pauis* (a-ú).]

pau.la.da *sf.* Pancada com pau; cacetada.

pau.la.ti.no [Adv. lat. *paulatim*.] *adj.* **1.** Feito aos poucos. **2.** Lento, vagaroso.

pau.lis.ta [Top. (*São*) *Paulo*.◘36] *adj2g.* **1.** De SP. ● *s2g.* **2.** O natural ou habitante desse estado.

paulistano | peanha

pau.lis.ta.no [◪ 29] *adj2g.* **1.** De São Paulo, capital de SP. ● *sm.* **2.** O natural ou habitante de São Paulo.

pau-man.da.do *sm.* Pessoa subserviente. [Pl.: *paus-mandados*.]

pau-mar.fim *sm. Bras. Bot.* Árvore rutácea, útil. [Pl.: *paus-marfim(ns)*.]

pau.pe.ris.mo [Fr. *paupérisme*.◪ 11] *sm.* Miséria, penúria.

pau.pér.ri.mo [Lat. *pauperrimu*.] *adj.* Superl. de *pobre*.

paus *smpl.* Um dos 4 naipes, preto, figurado com o desenho de um trevo.

pau.sa [Lat. *pausa*.] *sf.* **1.** Interrupção temporária de ação, movimento ou som. **2.** *Mús.* Cada um dos sinais gráficos que indicam a duração do silêncio, num trecho musical.

pau.sar [Lat. *pausare*.◪ 1A] *v.int.* **1.** Fazer pausa. *td.* **2.** Tornar vagaroso, lento. [C.: 1] § **pau.sa.do** *adj.*

pau.ta [Lat. *pacta*.] *sf.* **1.** Conjunto de linhas horizontais e paralelas produzidas no papel por máquina apropriada. **2.** Cada uma delas. **3.** *Mús.* Sistema de 1 a 5 linhas (ou mais) horizontais, paralelas e equidistantes, sobre e entre as quais se escrevem as notas musicais. **4.** Lista, rol. **5.** Lista programada dos trabalhos de cada dia.

pau.tar [*Pauta*.◪ 1A] *vtd.* **1.** Riscar (o papel) com pauta (1). **2.** Pôr em pauta (4 e 5). **3.** Regularizar, regular. *tdi. e p.* **4.** Guiar(-se), orientar(-se). [C.: 1] § **pau.ta.do** *adj.*

pa.va.na [It. *pavana*.] *sf.* **1.** No começo do séc. XVI, dança de corte, com andamento lento e majestoso. **2.** Depois de 1600, peça instrumental com as características dessa dança.

pa.vão [Lat. *pavone*.◪ 28] *sm. Zool.* Ave fasianídea de bela plumagem. [Pl.: *-vões*. Fem.: *pavoa*.]

pa.vê [Fr. *pavé*.] *sm.* Doce feito com biscoitos ou fatias de bolo, embebidos em licor, leite, etc., dispostos em camadas entremeadas de creme, gelatina, etc.

pa.vei.a [V.E] *sf.* **1.** Molho, feixe. **2.** Montículo de mato roçado.

pá.vi.do [Lat. *pavidu*.] *adj.* Que tem pavor; medroso.

pa.vi.lhão [Fr. *pavillon*.◪ 28] *sm.* **1.** Construção leve ger. desmontável. **2.** Construção isolada, num conjunto de edifícios, ou independente dele. **3.** Parte de um edifício construída como anexo ao seu corpo principal. **4.** V. *bandeira* (1). **5.** *Anat.* Nome genérico de formação dilatada em final de trajeto de órgão ou de estrutura. [Pl.: *-lhões*.]

pa.vi.men.ta.ção [*Pavimentar*.◪ 2A] *sf.* **1.** Ato ou efeito de pavimentar. **2.** V. *pavimento* (1 e 2). [Pl.: *-ções*.]

pa.vi.men.tar [*Pavimento*.◪ 1A] *vtd.* Fazer o pavimento de. [C.: 1]

pa.vi.men.to [Lat. *pavimentu*.◪ 3] *sm.* **1.** Revestimento, com material apropriado, do solo (ou de parte duma construção), onde se pisa; piso, chão. **2.** Estrutura aplicada à superfície de ruas, rodovias, etc., e constituída de uma ou várias camadas de material capaz de resistir ao rodar dos veículos. **3.** Andar de edifício. [Sin. de 1 e 2: *pavimentação*.]

pa.vi:o [Lat.vulg. **papilu*.] *sm.* **1.** Torcida². **2.** Rolo de cera que a envolve. ♦ **Ter (o) pavio curto.** *Fam.* Irritar-se facilmente.

pa.vo.ne.ar [*Pavão* (-von-).◪ 1N] *v.int.* **1.** Caminhar com ares soberbos, como o pavão. *td.* **2.** Exibir, ostentar. *p.* **3.** Vangloriar-se, ufanar-se. [C.: 12A]

pa.vor (ô) [Lat. *pavore*.] *sm.* **1.** Grande susto ou medo; terror. **2.** Aversão: *Tinha pavor a desonestos*. § **pa.vo.ro.so** (ô) *adj.*

pa.vu.na [Do tupi.] *sf. Bras. S.* Vale fundo e escarpado.

pa.xá [Do turco.] *sm.* Título dos governadores de províncias do Império Otomano.

→ **pay-per-view** (pêi-per-viu) [Ingl.] *sm. Telev.* **1.** Serviço de TV por assinatura, no qual o cliente paga por programa a que assiste. **2.** A programação disponibilizada nesse serviço.

paz [Lat. *pace*.] *sf.* **1.** Ausência de lutas, violências ou perturbações sociais, ou de conflitos entre pessoas. **2.** Restabelecimento de relações amigáveis entre países beligerantes. **3.** Sossego, serenidade. ♦ **Fazer as pazes.** Reconciliar-se.

■ **Pb** *Quím.* Símb. de *chumbo*.

■ **PC** Sigla de *computador pessoal* (em ingl. *personal computer*).

■ **Pd** *Quím.* Símb. de *paládio*.

pé [Lat. *pede*.] *sm.* **1.** *Anat.* Cada uma das 2 extremidades inferiores do corpo humano, uma em cada membro inferior. **2.** Pata² (2). **3.** V. *pedestal*. **4.** A parte inferior dum objeto, que o sustenta. **5.** Numa cama, a parte oposta à cabeceira. **6.** *Bot.* Cada exemplar de uma planta. **7.** Estado de um negócio, etc. **8.** Parte em que se divide o verso metrificado. **9.** Unidade de medida linear anglo-saxônica, equiv. a cerca de 30,48cm. ♦ **Pé ante pé.** Na ponta dos pés. **Pé chato.** *Med.* Pé com a curvatura natural da parte interna (o arco do pé) muito reduzida. **Pé de anjo.** *Bras. Fam.* Pé grande. **A pé.** Caminhando com os próprios pés: *viemos a pé*. **Dar no pé.** *Bras. Pop.* V. *fugir* (1). **Dar pé.** *Bras. Pop.* Ser raso (trecho de mar, rio, etc.) o suficiente para que alguém, de pé, fique com a cabeça fora da água. **De pé. 1.** Em posição vertical (pessoa ou coisa); em pé. **2.** Conforme o combinado. **Em pé.** De pé (1). **Em pé de igualdade.** Em condições iguais ou muito semelhantes; de igual para igual. **Meter os pés pelas mãos. 1.** Atrapalhar-se, confundir-se. **2.** Praticar inconveniências; cometer disparate ou gafe.

pê *sm.* A letra *p*.

pe.a.nha [Lat. **pedanea*.] *sf.* Pedestal sobre o qual assenta imagem, cruz, etc.

pe.ão¹ [Lat.vulg. *pedone*.] *sm.* **1.** Homem que anda a pé. **2.** No jogo de xadrez, peça de movimento limitado. [Pl.: *peões* e *peães*. Fem.: *peona, peoa*. Cf. *pião*.]

pe.ão² [Esp.plat. *peón*.] *sm. Bras.* **1.** Amansador de cavalos, burros, bestas, etc. **2.** Condutor de tropa. **3.** Servente de obra. [Pl.: *peões* e *peães*. Fem.: *peona, peoa*. Cf. *pião*.]

pe.ar [*Peia*. ▪1A] *vtd.* **1.** Prender com peia(s). **2.** Embaraçar, estorvar. [C.: 12A. Cf. *piar*.]

■ **PEC** Sigla de *Proposta de Emenda Constitucional*.

pe.ça [Do celta.] *sf.* **1.** Parte dum todo indiviso, dum conjunto. **2.** Qualquer objeto que forma uma unidade completa; exemplar. **3.** Porção de tecido destinado à venda, e enrolado em objeto cilíndrico ou retangular. **4.** Pedra ou figura, em jogo de tabuleiro. **5.** Compartimento ou divisão duma casa. **6.** Documento que faz parte dum processo. **7.** Trabalho literário ou artístico. **8.** *Fig.* Engano, logro.

pe.ca.do [Lat. *peccatu*. ▪17] *sm.* **1.** Transgressão de preceito religioso. **2.** Falta, culpa.

pe.ca.mi.no.so (ô) [Lat.ecl. *peccamine* + *-oso*. ▪37] *adj.* Da natureza do pecado. [Pl.: *-nosos* (ó).]

pe.car [Lat. *peccare*. ▪1A] *v.int.* **1.** Cometer pecado, ou falta. *ti.* **2.** Pecar (1). **3.** Apresentar falha ou defeito. [C.: 1A (é)] § **pe.ca.dor** (ô) *adj. sm.*

pe.cha [Esp. *pecha*.] *sf.* Defeito moral; falha, falta.

pe.chin.cha [V.C] *sf.* **1.** Grande conveniência ou vantagem, em compra ou troca. **2.** Coisa muito barata; galinha-morta.

pe.chin.char [*Pechincha*. ▪1A] *v.int. e ti.* Procurar obter pechincha; regatear. [C.: 1]

pe.chin.chei.ro [*Pechincha*. ▪25] *adj. sm.* Que, ou aquele que pechincha.

pe.chis.be.que [Antr. *Pinchbeck*, relojoeiro inglês.] *sm.* Ouropel (1).

pe.ci.lo.tér.mi.co [*Pecil(o)-* + *-term(o)-* + *-ico²*. ▪35B] *adj. Biol.* Diz-se de animal cujo organismo sofre variações de temperatura, de acordo com a temperatura do ambiente. Ex.: anfíbios.

pe.cí.o.lo [Lat.cient. *petiolus*.] *sm. Bot.* Haste que une a folha ao caule.

pe.co (ê) [V.C] *adj.* **1.** Que não medrou. **2.** Que definhou. **3.** *Fig.* Néscio, ignorante.

pe.ço.nha [Do tupi.] *sf. Zool.* Secreção venenosa de alguns animais, como cobras. § **pe.ço.nhen.to** (ê) *adj.*

pec.ti.na.do [Lat. *pecten, inis*, 'pente', + *-ado¹*. ▪17B] *adj.* Em forma de pente.

pe.cu.á.ri.a *sf.* Arte e indústria do tratamento e da criação do gado. § **pe.cu:a.ris.ta** *s2g.*

pe.cu.á.ri.o [Lat. *pecuariu*. ▪24] *adj.* Relativo a gados.

pe.cu.la.tá.ri.o [*Peculato*. ▪24] *sm.* O que comete peculato.

pe.cu.la.to [Lat. *peculatu*. ▪18] *sm.* Delito de funcionário público que se apropria de valor ou qualquer outro bem móvel, em proveito próprio ou alheio.

pe.cu.li.ar [Lat. *peculiare*. ▪40] *adj2g.* Que é atributo particular duma pessoa ou coisa. § **pe.cu.li.a.ri.da.de** *sf.*

pe.cú.li.o [Lat. *peculiu*.] *sm.* Dinheiro acumulado por trabalho ou economia.

pe.cú.ni.a [Lat. *pecunia*.] *sf.* V. *dinheiro* (4).

pe.cu.ni.á.ri.o [Lat. *pecuniariu*. ▪24] *adj.* Relativo a, ou representado por dinheiro.

pe.da.ço [Lat.vulg. *pitacciu*.] *sm.* **1.** Porção (1). **2.** Pequeno espaço de tempo. **3.** Trecho, passagem.

pe.dá.gi:o [It. *pedaggio*.] *sm. Bras.* Tributo cobrado pelo direito de passagem por uma via de transporte terrestre.

pe.da.go.gi.a [Gr. *paidagogía*. ▪8A] *sf.* Teoria e ciência da educação e do ensino. § **pe.da.gó.gi.co** *adj.*

pe.da.go.go (ô) [Lat. *paedagogu*.] *sm.* O que aplica a pedagogia, que ensina; professor.

pé-d'á.gua *sm.* Aguaceiro. [Pl.: *pés-d'água*.]

pe.dal [Lat. *pedale*. ▪39] *sm.* Peça de um maquinismo que é acionada com o pé. [Pl.: *-dais*.]

pe.da.lar [*Pedal*. ▪1A] *vtd.* **1.** Mover ou acionar o pedal de. *int.* **2.** Andar de bicicleta. [C.: 1]

pe.da.lei.ra [*Pedal*. ▪16] *sf. Mús.* Teclado de pedais colocado na parte inferior do órgão, e acionado pelos pés do organista.

pe.da.li.á.ce:a [Tax. *Pedaliaceae*.] *sf. Bot.* Espécime das pedaliáceas, família de ervas ger. tropicais. Ex.: gergelim. § **pe.da.li.á.ce:o** *adj.*

pe.dan.te [It. *pedante*. ▪21] *adj2g. s2g.* Que, ou quem se expressa exibindo conhecimentos que não tem, ou é vaidoso, pretensioso. § **pe.dan.tis.mo** *sm.*

pé de a.tle.ta *sm. Med.* Micose crônica da pele do(s) pé(s), e devida a fungos. [Pl.: *pés de atleta*.]

pé de boi *sm. Bras. Fam.* Pessoa muito trabalhadora. [Pl.: *pés de boi*.]

pé de ca.bra *sm.* Alavanca de ferro com uma das extremidades fendida. [Pl.: *pés de cabra*.]

pé de ga.li.nha *sm.* Ruga em canto externo de pele periorbitária. [Pl.: *pés de galinha*.]

pé-de-mei.a [*Pé* + *de* + *meia*.] *sm.* Pecúlio, economias. [Pl.: *pés-de-meia*.]

pé de mo.le.que [*Pé* + *de* + *moleque*.] *sm. Bras.* **1.** Doce sólido, feito com rapadura e amendoim. **2.** *N.E.* Bolo de aipim, fubá e coco. [Pl.: *pés de moleque*.]

pé de pa.to *sm.* Calçado de borracha para nadadores e mergulhadores; nadadeira. [Pl.: *pés de pato*.]

pe.de.ras.ta [Gr. *paiderastés*.] *sm.* Aquele que é dado à pederastia.

pe.de.ras.ti.a [Gr. *paiderastía*. ▪8A] *sf.* **1.** *Psiq.* Perversão em que ocorre relação sexual de homem com menino. **2.** *Impr.* Homossexualismo masculino.

pe.der.nei.ra [Lat.vulg. **petrinariu*.] *sf.* Pedra duríssima que, ferida, produz faíscas.

pe.des.tal [Fr. *piédestal*.] *sm.* Peça que sustenta uma estátua, coluna, etc.; pé, base. [Pl.: *-tais*.]

pedestre | pega-ladrão

pe.des.tre [Lat. *pedestre*.] *adj2g. s2g.* Que, ou quem anda a pé, ou está a pé.

pe.des.tri:a.nis.mo [Ingl. *pedestrianism*.◘ 11] *sm.* Esporte que consiste em grandes marchas a pé.

pé de ven.to *sm.* **1.** Ventania breve. **2.** Vento fortíssimo. [Pl.: *pés de vento*.]

pe.di.a.tra [*Ped(o)*- + -*iatra*.] *s2g.* Especialista em pediatria.

pe.di:a.tri.a [*Ped(o)*- + -*iatria*.] *sf. Med.* Estudo de doenças de crianças. § **pe.di.á.tri.co** *adj.*

pe.di.cu.lí.de:o [Tax. *Pediculidae*.] *adj. sm. Zool.* Diz-se de, ou espécime dos pediculídeos, família de insetos anopluros. Ex.: piolhos.

pe.di.cu.lo.se [Tax. *Pediculus* + -*i*- + -*ose*¹.] *sf.* Infestação por piolho.

pe.di.cu.re [Fr. *pedicure*.] *s2g.* Quem se dedica ao tratamento ou embelezamento dos pés.

pe.di.cu.ro *sm.* V. *pedicure.*

pe.di.do [Lat. *petitu*.] *sm.* **1.** Ato de pedir. **2.** Aquilo que se pediu.

→ **pedigree** (pedigrí) [Ingl.] *sm.* **1.** Genealogia de um animal de raça (cão, cavalo, etc.). **2.** Documento que a confirma.

pe.di.lú.vi:o *sm.* Banho dos pés.

pe.din.char [Depreciat.] *vtd. e int.* Pedir muito e com impertinência ou lamúria. [C: 1]

pe.din.te [Lat. *petiente*.] *adj2g. s2g.* Que, ou quem pede, esp. esmolas.

pe.dir [Lat. *petire.◘ 1C] *vtd.* **1.** Rogar que conceda; dar a conhecer aquilo que se necessita, deseja ou quer; solicitar. **2.** Suplicar; requerer. **3.** Requerer, demandar. **4.** Solicitar em casamento. *tdi.* **5.** Pedir (1 e 2). *ti.* **6.** Pedir (1 e 2). **7.** Solicitar licença, permissão. *int.* **8.** Fazer pedidos. [C: 40]

pe.do.fi.li.a [*Ped(o)*- + -*filia*.] *sf.* **1.** *Psiq.* Perversão caracterizada pela atração sexual de um adulto por crianças ou adolescentes. **2.** Prática de atos sexuais com crianças. § **pe.dó.fi.lo** *adj. sm.*

pe.dra [Lat. *petra*.] *sf.* **1.** Matéria mineral dura e sólida, da natureza das rochas. **2.** Fragmento dela. **3.** Rocha, rochedo. **4.** Lápide sepulcral. **5.** Pedra preciosa, ou não, us. em joalheria e bijuteria. **6.** V. *quadro* (4). **7.** Pedaço de qualquer substância sólida e dura. **8.** Peça dos jogos de tabuleiro. **9.** *Fig.* Pessoa pouco inteligente. **10.** *Fig.* O que é duro, insensível, empedernido. **11.** *Med. Pop.* Cálculo (4). ♦ **Pedra de toque. 1.** Jaspe ou qualquer outra pedra dura e escura com que os joalheiros avaliam a pureza dos metais. **2.** *Fig.* Aquilo que é o melhor exemplo de sua categoria, e em comparação com o qual outras coisas podem ser avaliadas. **Pedra filosofal.** Substância que os alquimistas tentavam descobrir, e que supostamente permitiria transformar metais em ouro. **Pedra lascada.** Pedra quebrada grosseiramente us. como instrumento, entre os homens do paleolítico. **Pedra polida.** Pedra trabalhada para ser us. na confecção de armas e utensílios, no neolítico. **Pedra preciosa.** Mineral como, p.ex., diamante, rubi, esmeralda que, lapidado, é us. em joalheria; gema. **Não deixar pedra sobre pedra.** Arrasar inteiramente.

pe.dra.da [*Pedra*.◘ 4] *sf.* Pancada com pedra.

pe.dra-po.mes *sf.* Pedra (1) seca, leve e porosa, para polir objetos e limpar ou amaciar a pele. [Pl.: *pedras-pomes*.]

pe.dra.ri.a [*Pedra*.◘ 15] *sf.* Porção de pedras, esp. pedras preciosas.

pe.dra-sa.bão *sf. Min.* Variedade de talco (1) muito us. em esculturas. [Pl.: *pedras-sabão(ões)*.]

pe.dra-u.me *sf.* Nome vulgar do sulfato de alumínio e potássio. [Pl.: *pedras-umes*.]

pe.dre.go.so (ô) *adj.* Cheio de pedras; pedroso, pedrento. [Pl.: -*gosos* (ó).]

pe.dre.gu.lho *sm.* **1.** Pedra grande. **2.** *Bras.* Porção de pedras miúdas.

pe.drei.ra [*Pedra*.◘ 16] *sf.* Lugar donde se extrai pedra.

pe.drei.ro [*Pedra*.◘ 25] *sm.* Aquele que trabalha em obras de pedra e cal.

pe.drei.ro-li.vre [*Pedreiro* + *livre*.] *sm.* Maçom. [Pl.: *pedreiros-livres*.]

pe.dren.to [*Pedra*.◘ 27] *adj.* **1.** Com aspecto de pedra. **2.** V. *pedregoso.*

pe.drês [*Pedra*.◘ 38A] *adj2g.* Carijó.

pe.dro.so (ô) [Lat. *petrosu*.◘ 37] *adj.* V. *pedregoso.* [Pl.: -*drosos* (ó).]

pe.dún.cu.lo [Lat.cient. *pedunculus*.] *sm. Bot.* A haste de uma flor, um fruto, ou um racemo. § **pe.dun.cu.la.do** *adj.*; **pe.dun.cu.lar** *adj2g.*

pê-e.fe *sm. Bras.* Prato-feito. [Pl.: *pê-efes*.]

pê-e.me [Da sigla *P.M.*] *sf. Bras.* **1.** A polícia militar. ● *s2g.* **2.** Soldado da Polícia Militar. [Pl.: *pê-emes*.]

pé-fri:o *sm. Bras. Pop.* Indivíduo que tem ou traz azar. [Pl.: *pés-frios*. Antôn.: *pé-quente*.]

pe.ga [Dev. de *pegar*.] *sf.* **1.** Ato ou efeito de pegar. **2.** *Fig.* Discussão acalorada, ou briga. ● *sm.* **3.** *Bras.* Pega (2). **4.** *Bras.* Corrida de automóveis ilegal, realizada ger. de madrugada, pelas ruas da cidade, sem qualquer tipo de segurança.

pe.ga (ê) [Lat. *pica*.] *sf. Zool.* Ave corvídea, europeia.

pe.ga.da (gá) [Lat. *pedicata.◘ 4] *sf.* Vestígio que o pé deixa no solo; passo, pisada.

pe.ga.di.nha [*Pegada*, 'ato de pegar'.◘ 32A] *sf.* Farsa, ger. televisiva, com fins cômicos, que envolve alguém numa situação artificial, quase sempre inusitada e constrangedora.

pe.ga.do [*Pegar*.◘ 17A] *adj.* Contíguo (2).

pe.ga.jo.so (ô) [*Pegar* + -*j*- + -*oso*.◘ 37] *adj.* Que pega ou adere fácil; viscoso. [Pl.: -*josos* (ó).]

pe.ga-la.drão *sm.* **1.** Dispositivo de segurança para joias. **2.** Dispositivo mecânico ou elétrico de alarme. [Pl.: *pega-ladrões*.]

pega-pega | pele

pe.ga-pe.ga [*Pegar*, repetido.] *sm. Bras.* **1.** Conflito, briga. **2.** Prisão em massa. [Pl.: *pega(s)-pegas.*]

pe.gar [Lat. *picare*. ▣1A] *vtd.* **1.** Fazer aderir; colar. **2.** Prender, segurar. **3.** Contrair (doença) por contágio, etc. **4.** Subir, entrar ou instalar-se em (meio de transporte); tomar. **5.** Ir apanhar; buscar. **6.** Atacar; investir. **7.** Entender, perceber. **8.** Captar som, imagem de. **9.** Ser atingido por; receber: *pegar chuva.* **10.** Aceitar fazer (trabalho, serviço). **11.** Ser condenado a. **12.** Seguir por. *tc.* **13.** Ser ou estar contíguo. *ti.* **14.** Agarrar, segurar. **15.** Começar a fazer, a executar. *int.* **16.** Ficar aderente; colar-se. **17.** Lançar ou criar raízes (uma planta). **18.** Generalizar-se, difundir-se. **19.** Inflamar-se; acender. **20.** Ser contagioso. *p.* **21.** Unir-se, aderir. **22.** Discutir, brigar. [C.: 1C (é). Part.: *pegado* e *pego.*] ◆ **Pegar mal.** *Bras. Pop.* Ser (ação, dito, etc.) mal recebido ou aceito.

pe.ga-ra.paz *sm.* Pequena mecha de cabelo recurvada e pegada à testa ou aos lados do rosto. [Pl.: *pega-rapazes.*]

pe.go[1] [Lat. *pelagu*.] *sm.* **1.** A parte mais funda de um rio, lago, etc.; fundão, poço. **2.** Pélago (1).

pe.go[2] ou **pe.go** (ê) *Bras.* Part. irreg. de *pegar*; pegado.

pe.gu.rei.ro [Lat. *pecorariu*. ▣25] *sm.* Pastor (1).

pei.a (êi) *sf.* **1.** Prisão de corda ou ferro que segura os pés das bestas. **2.** V. *empecilho.* **3.** *Bras.* Açoite, chicote.

pei.dar [*Peido*. ▣1A] *v.int. Chulo* Dar peido(s). [C.: 1]

pei.do [Lat. *peditu*.] *sm. Chulo* Ventosidade emitida pelo ânus; traque, pum.

pei.ta [Port.arc. *peito*.] *sf.* **1.** Dádiva feita com vista a subornar. **2.** O crime de aceitá-la.

pei.tar[1] [*Peita*. ▣1A] *vtd.* Subornar. [C.: 1]

pei.tar[2] [*Peito*. ▣1A] *vtd.* Enfrentar corajosamente. [C.: 1]

pei.ti.lho [*Peito* + -*ilho*.] *sm.* Parte da roupa que cobre o peito.

pei.to [Lat. *pectus (pectoris)*.] *sm.* **1.** *Anat.* Tórax. **2.** A parte anterior e externa do tórax. **3.** V. *mama* (2). **4.** Os órgãos respiratórios. **5.** A parte inferior do tórax dos animais de talho, e a anterior do tórax das aves. **6.** *Fig.* Coragem, ânimo. ◆ **De peito.** Diz-se de criança muito nova, que ainda mama. **Do peito.** Muito querido; do coração.

pei.to.ral [Lat. *pectorale*. ▣39] *adj2g.* **1.** Do peito. **2.** Que faz bem ao peito (4). ● *sm.* **3.** *Pop.* Medicamento peitoral (2). [Pl.: *-rais.*]

pei.to.ril [Lat. **pectorile*.] *sm.* Parapeito (1). [Pl.: *-ris.*]

pei.tu.do [*Peito* + *-udo*.] *adj.* **1.** De peito grande. **2.** *Bras.* Valentão, intrépido.

pei.xa.da [*Peixe*. ▣4] *sf. Bras.* Prato de peixe cozido ou guisado.

pei.xão [*Peixe*. ▣28A] *sm. Pop.* Mulher cheia de corpo, vistosa. [Pl.: *-xões.*]

pei.xa.ri.a [*Peixe*. ▣15] *sf.* Estabelecimento onde se vende peixe.

pei.xe [Lat. *pisce*.] *sm. Zool.* Animal vertebrado, aquático, de pele nua ou coberta por escamas, dotado de nadadeiras e de guelras. São os osteíctes e os condrictes.

pei.xe-boi *sm. Bras. Zool.* Mamífero triquequídeo das águas costeiras e rios da América tropical e subtropical e da África ocidental. [Pl.: *peixes-boi(s).*]

pei.xe-e.lé.tri.co *sm. Bras. Zool.* Poraquê. [Pl.: *peixes-elétricos.*]

pei.xe-es.pa.da *sm. Zool.* Peixe triquiurídeo do Atlântico. [Pl.: *peixes-espada(s).*]

pei.xei.ra [*Peixe*. ▣16] *sf. Bras. N.E.* **1.** Faca para cortar peixe. **2.** Facão curto e muito cortante.

pei.xei.ro [*Peixe*. ▣25] *sm.* Vendedor de peixe.

pei.xes [Lat. *pisces*.] *smpl.* **1.** *Astr.* A 12ª constelação do Zodíaco, situada no hemisfério norte. **2.** *Astrol.* O 12º signo do Zodíaco, relativo aos que nascem entre 22 de fevereiro e 20 de março. [Com inicial maiúsc.]

pei.xe-vo.a.dor *sm. Zool.* Nome comum a todos os peixes exocetídeos. [Pl.: *peixes-voadores.*]

pe.jar [V.E] *vtd.* **1.** Encher; carregar. *ti.* **2.** Causar pejo. *int.* **3.** Tornar-se grávida. *p.* **4.** Envergonhar-se. [C.: 1 (é)] § **pe.ja.do** *adj.*

pe.jo [Dev. de *pejar*.] *sm.* **1.** Pudor. **2.** Acanhamento, timidez.

pe.jo.ra.ti.vo [*Pejorar*. ▣22A] *adj.* Diz-se de vocábulo de sentido torpe, obsceno ou desagradável.

pe.la [Lat.vulg. **pilella*.] *sf.* Bola, esp. a de borracha, us. para jogar ou brincar.

pe.la (ê) Fem. de *pelo*[2].

pe.la.da[1] *sf. Med.* Afecção das regiões pilosas, em particular o couro cabeludo.

pe.la.da[2] [*Pela*, poss. ▣4] *sf. Bras.* Jogo de futebol ligeiro, em campo improvisado.

pe.la.do[1] [*Pelar*[1]. ▣17A] *adj.* A que tiraram o pelo, ou que não o tem.

pe.la.do[2] [*Pelar*[2]. ▣17A] *adj.* **1.** A que se tirou a pele; esfolado. **2.** A que se tirou a casca. **3.** Pobre, miserável. **4.** *Bras. Fam.* V. *nu*[1] (1).

pe.la.gem [*Pelo*[1]. ▣6] *sf.* O pelo dos animais. [Pl.: *-gens.*]

pé.la.go [Lat. *pelagu*.] *sm.* **1.** Abismo marítimo; pego. **2.** Mar alto. § **pe.lá.gi.co** *adj.*

pe.lan.ca [De *pele*.] *sf.* Pele flácida e pendente. § **pe.lan.cu.do** *adj.*

pe.lar[1] [*Pelo*[1]. ▣1A] *vtd. e p.* Tirar o pelo a, ou ficar sem ele. [C.: 1 (é)]

pe.lar[2] [*Pele*. ▣1A] *vtd.* **1.** Tirar a pele ou a casca de. *p.* **2.** Ficar sem pele. **3.** Despir-se. [C.: 1 (é)]

pe.le [Lat. *pelle*.] *sf.* **1.** *Anat.* Órgão mais ou menos espesso que reveste exteriormente o corpo humano, dos demais vertebrados e o de muitos outros; derma. **2.** *Fam.* A epiderme. **3.** A pele de certos animais, us. como agasalho ou como ornamento deste. **4.** A casca de certos frutos e legumes. ◆ **Cair na pele de. 1.** *Bras. Pop.* Zombar de. **2.** Falar mal de.

pelecípode | pendurar

pe.le.cí.po.de [Tax. *Pelecipoda.*] *adj2g. sm. Zool.* Bivalve².

pe.le.go (ê) [Esp. *pellejo*.] *sm. Bras.* 1. A pele do carneiro com a lã. 2. Sindicalista defensor dos interesses do patrão. 3. Capacho (2).

pe.le.ja (ê) [Dev. de *pelejar*.] *sf.* Ato de pelejar.

pe.le.jar *v.int.* 1. Batalhar, combater. 2. Sustentar discussão. *ti.* 3. Pelejar (1). 4. Insistir, instar. [C.: 1 (ê)]

pe.le.ri.ne [Fr. *pèlerine*.] *sf.* Capa longa, com fendas para os braços.

pe.le.te.ri.a [Fr. *pelleterie*. ◘15A] *sf. Bras.* Estabelecimento onde se fazem abrigos de pele ou se vendem peles e peliças.

pe.le-ver.me.lha *s2g.* 1. Nome comum aos indivíduos de vários povos aborígines dos E.U.A., que usavam tingir-se de matéria corante vermelha. ● *adj2g.* 2. Pertencente ou relativo a eles. [Pl.: *peles-vermelhas*.]

pe.li.ca *sf.* Pele fina, curtida e preparada para luvas, calçados, etc.

pe.li.ça [Lat. *pellicea*.] *sf.* Peça de vestuário, ou manta, de peles finas e macias.

pe.li.ca.ní.de:o *adj. sm. Zool.* Diz-se de, ou espécime dos pelicanídeos, família de grandes aves pelicaniformes de asas compridas e largas, bico largo com saco membranoso por baixo. Habitam áreas costeiras, estuários.

pe.li.ca.ni.for.me *adj2g. sm. Zool.* Diz-se de, ou espécime dos pelicaniformes, ordem de aves aquáticas, ger. marinhas, de grande bico, pernas curtas, e pés com 4 palmados; inclui os sulídeos, os pelicanídeos, etc.

pe.li.ca.no [Lat. *pelicanu*. ◘29] *sm. Zool.* Ave marinha, pelicanídea.

pe.li.co [*Pele*. ◘35A] *sm. Pop.* Envoltório do feto no ventre materno.

pe.lí.cu.la [Lat. *pellicula*.] *sf.* 1. Pele ou membrana finíssima. 2. V. *filme* (2).

pe.lin.tra [V.E] *s2g.* 1. Pessoa maltrajada que tem pretensões a sobressair. 2. Pessoa descarada, desavergonhada.

pe.lo 1. Aglut. da prep. *per* e do art. arc. *lo* (*o*). 2. Aglut. da prep. *per* e do pron.dem. masc., arc., *lo* (*o*). 3. Aglut. da prep. *per* e do pron.dem. neutro, arc., *lo* (*o*).

pe.lo (ê) [Lat. *pilu*.] *sm.* 1. *Anat.* Cada um dos apêndices filamentosos da pele. 2. *Zool.* O conjunto dos pelos dum animal. 3. *Bot.* Filamento que recobre numerosas plantas. ◆ **Em pelo.** 1. Nu, despido. 2. Sem sela ou cangalha.

pe.lo.ta [Esp. *pelota*.] *sf.* 1. Bola ou pela pequena. 2. *Bras.* Bola de futebol. ◆ **Dar pelota a.** *Bras. Gír.* Dar importância a.

pe.lo.tão [Fr. *peloton*.] *sm.* Cada uma das 3 partes em que se divide uma companhia de soldados.

pe.lou.ri.nho [Fr. *pilori*. ◘32] *sm.* Coluna, em lugar público, junto à qual se expunham e castigavam criminosos.

pe.lou.ro *sm.* Bala que se usava em peças de artilharia.

pe.lú.ci:a [Fr. *peluche*, poss.] *sf.* Tecido com um lado veludoso.

pe.lu.do [*Pelo*¹ + *-udo*.] *adj.* 1. Que tem muito pelo; piloso. 2. Coberto de pelo.

pel.ve [Lat. *pelve*.] *sf. Anat.* Bacia (3). § **pél.vi.co** *adj.*

pe.na¹ [Lat. *penna*.] *sf.* 1. *Zool.* Cada uma das peças que revestem o corpo das aves; pluma. 2. Laminazinha de metal, terminada em ponta, que, adaptada a uma caneta, serve para escrever ou desenhar.

pe.na² [Lat. *poena*.] *sf.* 1. Castigo, punição; penalidade. 2. Sofrimento, aflição. 3. V. *compaixão*. 4. Mágoa, tristeza. 5. Punição imposta pelo Estado ao delinquente ou contraventor. ◆ **Pena capital.** Pena²(5) de morte.

pe.na³ *sf. Ant.* Pevide.

pe.na.cho [It. *pennacchio*.] *sm.* 1. Conjunto de penas para adorno. 2. *Zool.* V. *poupa* (2).

pe.na.da [*Pena*¹. ◘4] *sf.* Traço de pena¹(2).

pe.na.do [*Pena*¹. ◘17B] *adj.* Que tem penas; emplumado.

pe.nal [*Pena*¹. ◘39] *adj2g.* Relativo a penas judiciais ou às leis penais. [Pl.: *-nais*.]

pe.na.li.da.de [*Penal*. ◘14] *sf.* 1. Sistema de penas impostas pela lei. 2. V. *pena*²(1).

pe.na.li.zar [*Penal*. ◘1D] *vtd.* 1. Causar pena ou desgosto a. 2. Infligir pena a. *p.* 3. Sentir pena, desgosto. [C.: 1]

pê.nal.ti [Ingl. *penalty*.] *sm. Fut.* Falta máxima punida com chute direto a 11m do gol.

pe.nar [*Pena*². ◘1A] *v.int.* Sofrer pena, dor; padecer. [C.: 1]

pen.ca [V.E] *sf.* 1. Cacho de flores ou frutos. 2. Grande quantidade.

pen.dão [Esp. *pendón*.] *sm.* 1. V. *bandeira* (1). 2. Galhardete (1). 3. Emblema ou símbolo de um partido. 4. Inflorescência do milho. [Pl.: *-dões*.]

pen.dên.ci:a [*Pender*. ◘10] *sf.* 1. V. *litígio* (2). 2. *Jur.* Tempo durante o qual uma causa ou um recurso está pendente ou correndo.

pen.den.te [Lat. *pendente*. ◘21] *adj2g.* Que pende; pêndulo.

pen.der [Lat. *pendere*. ◘1B] *v.int. e tc.* 1. Estar pendurado ou suspenso. 2. Inclinar-se, descair. *ti.* 3. Ter tendência, propensão. *p.* 4. Inclinar-se. [C.: 2]

pen.dor (ô) [*Pend(er) + -or*. ◘19] *sm.* 1. Declive, inclinação, rampa. 2. V. *tendência* (1).

→ **pen drive** (pen dráivi) [Ingl.] *sm. Inform.* Dispositivo de memória removível que ger. é conectado a uma porta USB do computador.

pên.du.lo [Lat. *pendulu*.] *adj.* 1. Pendente (1). ● *sm.* 2. Corpo pesado, suspenso no extremo dum fio ou duma vara, que oscila à ação do próprio peso. § **pen.du.lar** *adj2g.*

pen.du.rar [Lat.vulg. **pendulare*. ◘1A] *vtd.* 1. Suspender (algo) em lugar elevado, sem deixar que toque no chão. 2. Empenhar, hipotecar. 3. *Bras.* Não pagar (conta). *tdc.* 4. Colocar em lugar alto.

penduricalho | penta

p. 5. Estar suspenso; pender. 6. Ficar por muito tempo em. [Sin.ger.: *dependurar*. C.: 1]

pen.du.ri.ca.lho *sm.* Coisa pendente, para ornato; balangandã.

pe.ne.di.a [*Penedo*. 8A] *sf.* Agrupamento de penedos.

pe.ne.do (ê) [*Pena*³ + -*edo*.] *sm.* 1. Rochedo (2). 2. Penha.

pe.nei.ra [Lat.vulg. *panaria.] *sf.* Objeto formado de fios entrançados, de tela, etc., e us. para separar substâncias reduzidas a fragmentos, retendo as mais grossas.

pe.nei.rar [*Peneirar*. 1A] *vtd.* 1. Fazer passar pela peneira. *int.* 2. V. *chuviscar*. [C.: 1] § **pe.nei.ra.ção** *sf.*

pe.ne.tra [Dev. de *penetrar*.] *s2g. Bras.* Pessoa que entra em festas, espetáculos, etc., sem convite.

pe.ne.trar [Lat. *penetrare*. 1A] *vtd.* 1. Passar para dentro de; entrar. 2. Passar através de. 3. Chegar ao íntimo de. 4. Chegar a perceber; entender. *tc.* 5. Introduzir-se, entrar. 6. Embrenhar-se. [C.: 1 (é)] § **pe.ne.tra.ção** *sf.*; **pe.ne.tran.te** *adj2g.*; **pe.ne.trá.vel** *adj2g.*

pe.nha [Esp. *peña*.] *sf.* Grande massa de pedra isolada e saliente; penedo.

pe.nhas.co [Esp. *peñasco*.] *sm.* 1. Penha elevada. 2. Rochedo (1).

pe.nho.ar [Fr. *peignoir*.] *sm. Vest.* Roupa feminina, caseira, ger. aberta na frente, us. sobre roupa de dormir ou a roupa de baixo; robe.

pe.nhor (ô) [Lat. *pignore*.] *sm.* 1. Direito real que vincula coisa móvel, ou mobilizável, a uma dívida, como garantia do pagamento desta. 2. A coisa que constitui essa garantia. 3. Garantia, segurança.

pe.nho.ra [Dev. de *penhorar*.] *sf.* Apreensão judicial de bens, valores, etc., de devedor executado, em quantidade bastante para garantir a execução.

pe.nho.ra.do [*Penhorar*. 17A] *adj.* 1. Apreendido por penhora. 2. Grato, reconhecido.

pe.nho.rar [Lat.vulg. *pignorare*, *pignerare*. 1A] *vtd.* 1. Dar em garantia ou penhor; empenhar. 2. Dar motivo de gratidão a. *p.* 3. Mostrar-se reconhecido, grato. [C.: 1 (ó)]

pe.ni.ci.li.na [Ingl. *penicillin*. 31] *sf. Quím.* Cada uma de um grupo de substâncias, obtidas natural e/ou sinteticamente, e que mostram importante ação antibiótica.

pe.ni.co [V.E] *sm. Pop.* V. *urinol*.

pe.ní.fe.ro [Lat. *penniferu*.] *adj.* Que tem penas; penudo.

pe.ni.for.me [*Pen*(i)- + -*forme*.] *adj2g.* Em forma de pena.

pe.nín.su.la [*Pen*(e)- + lat. *insula*.] *sf.* Porção de terra cercada de água por todos os lados, menos um.

pe.nin.su.lar [*Península*. 40] *adj2g.* 1. Pertencente ou relativo a península. ● *s2g.* 2. O natural ou habitante duma península.

pê.nis [Lat. *penis*.] *sm2n. Anat.* Órgão masculino da copulação e da excreção urinária.

pe.ni.tên.ci:a [Lat. *poenitentia*. 10] *sf.* 1. Arrependimento por falta cometida; contrição. 2. Expiação dessa falta. 3. *Rel.* Um dos 7 sacramentos da Igreja Católica: a acusação dos próprios pecados a um padre, a fim de obter o perdão divino; confissão.

pe.ni.ten.ci.ar [*Penitência*. 1A] *vtd. e p.* Impor penitência a outrem ou a si mesmo. [C.: 1]

pe.ni.ten.ci.á.ri:a [*Penitência*. 15B] *sf.* Estabelecimento oficial ao qual são recolhidos os réus condenados a pena de reclusão ou detenção; presídio.

pe.ni.ten.ci.á.ri:o [*Penitência*. 24] *adj.* 1. Relativo a penitenciárias. ● *sm.* 2. Indivíduo preso em penitenciária.

pe.ni.ten.te [Lat. *poenitente*. 21] *adj2g. s2g.* Que, ou quem se arrepende, ou faz confissão de seus pecados.

pe.no.so (ô) [*Pena*². 37] *adj.* 1. Que causa sofrimento ou incômodo. 2. Difícil, complicado. [Pl.: -*nosos* (ó).]

pen.sa.dor (ô) [*Pensar*. 19A] *adj.* 1. Que pensa, que reflete. ● *sm.* 2. Aquele que pensa, que reflete. 3. O que estuda e faz observações profundas e filosóficas sobre determinados problemas.

pen.sa.men.to [*Pensar*. 3] *sm.* 1. Ato ou efeito de pensar. 2. Faculdade de pensar logicamente. 3. Poder de formular conceitos. 4. O produto do pensamento; ideia. 5. V. *mente* (1). 6. Recordação, lembrança. 7. Modo de pensar; opinião. 8. Frase que encerra um conceito moral.

pen.san.te [Lat. *pensante*. 21] *adj2g.* Que pensa; que faz uso da razão.

pen.são [Lat. *pensione*. 2] *sf.* 1. Renda anual ou mensal paga a alguém durante toda a vida. 2. Pequeno hotel de caráter familiar. [Pl.: -*sões*.]

pen.sar [Lat. *pensare*. 1A] *v.int.* 1. Formar ou combinar no espírito pensamentos ou ideias. 2. V. *meditar* (3). *ti.* 3. Lembrar-se: *Ontem pensei em você*. 4. Tencionar, cogitar. 5. Meditar, refletir. 6. Cuidar: *Pensar nos detalhes*. *td.* 7. Julgar: *Que pensará ele?* 8. Imaginar, supor. 9. Pôr penso em. [C.: 1] ● *sm.* 10. Pensamento, opinião. § **pen.sa.do** *adj.*

pen.sa.ti.vo [*Pensar*. 22A] *adj.* V. *meditabundo*.

pên.sil [Lat. *pensile*.] *adj2g.* 1. Suspenso, pendurado. 2. Construído sobre abóbadas ou colunas. [Pl.: -*seis*.]

pen.si:o.nar [*Pensão* (-*sion*-). 1A] *vtd.* Dar ou pagar pensão a. [C.: 1]

pen.si:o.na.to [*Pensão* (-*sion*-). 18] *sm.* 1. Internato. 2. Casa que recebe hóspedes e fornece refeições.

pen.si:o.nis.ta [*Pensão* (-*sion*-). 36] *s2g.* 1. Quem recebe pensão, esp. do Estado. 2. *Bras.* Quem mora em pensão ou em pensionato.

pen.so [Dev. de *pensar*.] *sm.* Curativo (2).

pen.ta *adj2g. s2g.* V. *pentacampeão*.

pen.ta.cam.pe.ão [*Pent(a)-* + *campeão*.] *adj. sm.* Diz-se do, ou o vencedor, pela quinta vez, consecutiva ou não, em provas ou competições. [F.red.: *penta*. Pl.: *-ões*. Fem.: *pentacampeã*.]

pen.tá.go.no [Lat. *pentagonu*.] *sm. Geom.* Polígono de 5 lados. § **pen.ta.go.nal** *adj2g.*

pen.ta.no [*Pent(a)-* + *-ano*².] *sm. Quím.* Alcano que contém 5 átomos de carbono, líquido volátil, que é um dos componentes principais da nafta.

pen.tas.sí.la.bo [Lat. *pentasyllabu*.] *adj.* 1. Que tem 5 sílabas. ● *sm.* 2. Vocábulo ou verso pentassílabo.

pen.ta.teu.co [Lat. *Pentateuchu*.] *sm. Rel.* Os 5 primeiros livros do Velho Testamento; a *Torá* judaica. [Com cap.]

pen.ta.tlo [Lat. *pentathlu*.] *sm.* Conjunto de 5 provas de atletismo: corrida (200 e 1.500 metros), salto em altura, lançamento (de disco e de dardo).

pen.te [Lat. *pecten, inis*.] *sm.* 1. Instrumento com dentes muito próximos, para compor ou prender os cabelos. 2. Instrumento de ferro com que se carda lã. 3. Peça onde se encaixam as balas das armas automáticas.

pen.te:a.dei.ra [*Pentear*.◉16A] *sf. Bras.* Mesinha com espelho e gavetas, para as mulheres se pentearem.

pen.te.a.do [*Pentear*.◉17A] *sm.* Modo especial de arranjar os cabelos.

pen.te.ar [Lat. *pectinare*.◉1N] *vtd.* 1. Compor, alisar (os cabelos) com o pente. *p.* 2. Compor os próprios cabelos. [C.:12A]

pen.te.cos.tes [Lat. *pentecoste, es*, de or. gr.] *sm2n. Rel.* Festa católica celebrada 50 dias após a Páscoa, que comemora a descida do Espírito Santo sobre os apóstolos. [Com inicial maiúsc.]

pen.te-fi.no *sm.* Pente de dentes finos. [Pl.: *pentes-finos*.]

pe.nu.do [*Pena*¹ + *-udo*.] *adj.* Penífero.

pe.nu.gem [*Pena*¹ + *-ugem*.] *sf.* 1. As penas, pelos ou cabelos que nascem primeiro. 2. Pelo macio e curto. 3. V. *buço*. [Pl.: *-gens*.]

pe.núl.ti.mo [Lat. *penultimu*.] *adj.* Que antecede imediatamente o último.

pe.num.bra *sf.* 1. Sombra incompleta. 2. Meia-luz.

pe.nú.ri:a [Lat. *penuria*.] *sf.* Pobreza extrema; miséria.

pe.pi.nei.ro [*Pepino*.◉25] *sm. Bot.* Trepadeira cucurbitácea de fruto comestível em salada e conserva.

pe.pi.no [Esp. *pepino*, poss.◉30] *sm. Bot.* O fruto do pepineiro.

pe.pi.no-do-mar *sm. Zool.* Equinodermo de forma semelhante à de um pepino, e que, dessidratado, é us. como alimento. [Pl.: *pepinos-do-mar*.]

pe.pi.ta [Esp. *pepita*.] *sf.* Grão ou palheta de metal nativo, esp. de ouro.

pentacampeão | percentual

pe.que.na *sf. Bras.* 1. *Fam.* Menina. 2. *Gír.* Namorada.

pe.que.nez (ê) [*Pequeno*.◉12A] *sf.* 1. Qualidade ou estado de pequeno. 2. Mesquinhez; insignificância.

pe.que.ni.no [*Pequeno*.◉30] *adj.* Muito pequeno.

pe.que.no [Lat.vulg. *pitinnu*.] *adj.* 1. Pouco extenso. 2. De tamanho diminuto. 3. Diz-se de quem está na infância. 4. De baixa estatura, ou de pouco valor. 5. Limitado, acanhado. ● *sm.* 6. *Fam.* Menino. 7. *Gír.* Namorado.

pé-quen.te *sm. Bras. Pop.* Indivíduo que tem ou traz sorte. [Pl.: *pés-quentes*. Antôn.: *pé-frio*.]

pe.quer.ru.cho *adj.sm.* Diz-se de, ou menino muito pequeno.

pe.qui [Do tupi.] *sm. Bras. Bot.* Árvore cariocarácea dos cerrados, de fruto do mesmo nome; pequizeiro.

pe.qui.nês [Top. *Pequim* (*-quin-*).◉38A] *sm. Zool.* Cão pequeno, originário da China, de pelagem lisa, longa, de cor variada, focinho achatado e olhos grandes. [Pl.: *-neses*.]

pe.qui.zei.ro [*Pequi*.◉25B] *sm. Bras. Bot.* Pequi.

per [Lat. *per*.] *prep. Ant.* Por.

pe.ra (ê) [Lat. *pira*.] *sf.* 1. *Bot.* O fruto da pereira. 2. Porção de barba que se deixa crescer no queixo. [Pl.: *peras*.]

pe.ral [*Pera*.◉39] *sm.* Conjunto de pereiras; pereiral. [Pl.: *-rais*.]

pe.ral.ta [Antr. *Peralta*, famoso aventureiro espanhol.] *adj2g. s2g.* 1. V. *janota*. 2. *Bras.* Diz-se de, ou criança travessa. § **pe.ral.ti.ce** *sf.*

pe.ram.bei.ra ou **pi.ram.bei.ra** [V.E] *sf. Bras.* Precipício; abismo.

pe.ram.bu.lar [Lat. *perambulare*.◉1A] *v.int.* Andar sem rumo; vaguear, vagar. [C.: 1] § **pe.ram.bu.la.ção** *sf.*

pe.ran.te [*Per* + *ante*.] *prep.* Na presença de; diante de.

pé-ra.pa.do *sm. Bras.* Pobretão. [Pl.: *pés-rapados*.]

pe.rau [Do tupi.] *sm. Bras.* Declive rápido do fundo do mar ou de um rio, junto à costa ou à margem.

per.cal *sm.* Tecido fino de algodão. [Pl.: *-cais*.]

per.cal.ço [Dev. do lat.vulg. **percaptiare*.] *sm.* 1. Lucro; proveito. 2. Transtorno, dificuldade.

per.ca.li.na [Fr. *percaline*.◉31] *sf.* Tecido de algodão, forte, us. sobretudo em encadernação.

per.ce.ber [Lat. *percipere*.◉1B] *vtd.* 1. Adquirir conhecimento de, pelos sentidos. 2. V. *compreender* (2). 3. Dar-se conta de; atentar, reparar; notar. 4. V. *ouvir* (1). 5. Ver bem. 6. Ver ao longe. 7. Receber (honorários, vantagens, etc.). [C.: 2 (ê-é)] § **per.ce.bi.men.to** *sm.*

per.cen.ta.gem [Ingl. *percentage*.◉6] *sf.* 1. Parte proporcional calculada sobre 100 unidades. 2. Taxa calculada sobre um capital de 100 unidades. [Sin.ger.: *percentual*. Pl.: *-gens*.]

per.cen.tu.al [Lat. *per centum* + *-ual*.◉39A] *adj2g.* 1. Relativo a percentagem. ● *sm.* 2. V. *percentagem*. [Pl.: *-ais*.]

percepção | perfeito

per.cep.ção [Lat. *perceptione*. ◼2A] *sf.* Ato, efeito ou faculdade de perceber. [Pl.: *-ções.*]

per.cep.tí.vel [Lat.med. *perceptibile*. ◼41] *adj2g.* Que se pode perceber. [Pl.: *-veis.*]

per.ce.ve.jo (ê) [V.E] *sm.* **1.** *Zool.* Nome comum a vários cimicídeos. **2.** Preguinho de cabeça chata.

per.ci.for.me [Tax. *Perciformes*.] *adj2g. sm. Zool.* Diz-se, ou espécime dos perciformes, grande ordem de peixes osteíctes que ocorrem em água doce e salgada.

per.cor.rer [Lat. *percurrere*.] *vtd.* **1.** Correr ou andar por. **2.** Passar por, ou ao longo de. [C.: 2 (ô-ó)]

per.cu.ci.en.te [Lat. *percutiente*.] *adj2sg.* **1.** Que percute. **2.** Agudo, penetrante.

per.cur.so [Lat. *percursu*.] *sm.* **1.** Ato ou efeito de percorrer. **2.** V. *trajeto*.

per.cus.são [Lat. *percussione*. ◼2] *sf.* **1.** Ato ou efeito de percutir. **2.** Choque de dois corpos. **3.** *Med.* Aplicação de leves pancadas em área do corpo, para análise do som obtido, como parte de exame. **4.** O conjunto dos instrumentos de percussão [v. *instrumento* (4)]. [Pl.: *-sões.*]

per.cus.si.o.nis.ta [*Percussão* (*-sion-*). ◼36] *s2g. Bras.* Tocador de instrumento de percussão [v. *instrumento* (4)].

per.cu.tir [Lat. *percutere*. ◼1C] *vtd.* Bater ou tocar fortemente em; ferir. [C.: 3] § **per.cu.tí.vel** *adj2g.*

per.da (ê) [Lat. *perdita*.] *sf.* **1.** Ato ou efeito de perder. **2.** Morte, falecimento. **3.** Extravio, sumiço. **4.** Dano total; destruição.

per.dão [Dev. do arc. *perdõar*.] *sm.* **1.** Remissão de pena, de dívida, etc. ● *interj.* **2.** Fórmula de polidez com que se pede desculpa.

per.der [Lat. *perdere*. ◼1B] *vtd.* **1.** Ser ou ficar privado de (coisa que se possuía). **2.** Cessar de ter ou deixar de sentir. **3.** Sofrer a perda, o prejuízo de. **4.** Não aproveitar. **5.** Ter mau êxito em. **6.** Esquecer em lugar de que não se tem lembrança. **7.** Deixar de viajar em (veículo) por não chegar na hora. **8.** Perverter, corromper. **9.** Deixar de ver ou de ouvir. **10.** Não fazer bom uso de; desperdiçar. **11.** Ser vencido em. **12.** Não chegar a dar à luz. **13.** Ficar temporariamente privado de. **14.** Deixar de ter; desfazer-se: *perder um vício.* **15.** Ser derrotado. *int.* **16.** Sofrer dano, derrota, ou prejuízo. *p.* **17.** Arruinar-se, desgraçar-se. **18.** Extraviar-se. [C.: 29]

per.di.ção [Lat. *perditione*. ◼2A] *sf.* **1.** Ato ou efeito de perder(-se). **2.** Desgraça, ruína. **3.** *Fam.* Tentação irresistível. [Pl.: *-ções.*]

per.di.do [Part. de *perder*.] *adj.* **1.** Sumido, desaparecido. **2.** Extraviado. **3.** Imoral, libertino. **4.** Destruído; irrecuperável.

per.di.gão [Lat.vulg. *perdicone.] *sm.* O macho da perdiz. [Pl.: *-gões.*]

per.di.go.to (ô) [Lat.vulg. *perdiccottu.] *sm.* **1.** Filhote de perdiz. **2.** *Pop.* Salpico de saliva.

per.di.guei.ro [Lat.vulg. *perdicariu. ◼25] *adj.sm.* Diz-se de, ou cão que caça perdizes.

per.diz [Lat. *perdice*.] *sf. Zool.* Ave tinamídea de carne apreciada.

per.do.ar [Lat. *perdonare*. ◼1A] *vtd. e tdi.* **1.** Desculpar (pena, culpa, dívida, etc.). *int.* **2.** Conceder perdão ou desculpa. [C.: 1D] § **per.do.á.vel** *adj2g.*

per.du.lá.ri:o [De *perder*.] *adj. sm.* Gastador, esbanjador.

per.du.rar [Lat. *perdurare*. ◼1A] *v.int.* **1.** Durar muito. **2.** Permanecer, subsistir. [C.: 1] § **per.du.rá.vel** *adj2g.*

pe.re.ba [Do tupi.] *sf. Bras.* **1.** Lesão cutânea imprecisa. **2.** *Pop.* V. *escabiose*. **3.** Pequena ferida.

pe.re.ce.doi.ro ou **pe.re.ce.dou.ro** [*Perecer*. ◼26A] *adj.* Que há de perecer; perecível.

pe.re.cer [Lat.vulg. *periscere. ◼1B] *v.int.* **1.** Deixar de existir; acabar. **2.** V. *morrer* (1). [C.: 2A (ê-é)] § **pe.re.ci.men.to** *sm.*

pe.re.cí.vel [*Perecer*. ◼41A] *adj2g.* Perecedoiro. [Pl.: *-veis.*]

pe.re.gri.nar [Lat. *peregrinare*. ◼1A] *v.int. e tc.* **1.** Viajar ou andar por terras distantes. **2.** Ir em romaria a lugares tidos como santos ou de devoção. [C.: 1] § **pe.re.gri.na.ção** *sf.*

pe.re.gri.no [Lat. *peregrinu*. ◼30] *adj.* **1.** Que peregrina. **2.** Estranho, estrangeiro. **3.** *Fig.* De bondade ou beleza rara. ● *sm.* **4.** Romeiro.

pe.rei.ra [*Pera*. ◼16] *sf. Bot.* Árvore das rosáceas, frutífera.

pe.rei.ral [*Pereira*. ◼39] *sm.* Peral. [Pl.: *-rais.*]

pe.remp.tó.ri:o [Lat. *peremptoriu*. ◼23] *adj.* Terminante, decisivo.

pe.re.ne [Lat. *perenne*.] *adj2g.* **1.** Que dura muitos anos. **2.** Perpétuo, eterno. **3.** V. *ininterrupto*. **4.** *Bot.* Que vive por muitos anos (planta). § **pe.re.ni.da.de** *sf.*

pe.re.ni.zar [*Perene*. ◼1D] *vtd. e p.* Tornar(-se) perene. [C.: 1]

pe.re.re.ca [Do tupi.] *sf. Bras. Zool.* Nome comum a vários anuros, ger. arborícolas.

per.fa.zer [*Per-* + *fazer*.] *vtd.* **1.** Completar o número ou o valor de. **2.** Fazer até o fim; concluir. **3.** Totalizar (4). [C.: 18]

per.fec.ci.o.nis.mo [Lat. *perfectione* + *-ismo*. ◼11] *sm.* Tendência exagerada para atingir a perfeição na realização de algo. § **per.fec.ci:o.nis.ta** *adj2g. s2g.*

per.fec.tí.vel [Lat. *perfectus* + *-ível*. ◼41A] *adj2g.* Suscetível de perfeição ou de aperfeiçoamento. [Pl.: *-veis.*]

per.fei.ção [Lat. *perfectione*. ◼2] *sf.* **1.** Qualidade ou caráter de perfeito. **2.** Ausência de quaisquer defeitos. [Pl.: *-ções.*]

per.fei.ta.men.te [F. de *perfeito*. ◼42] *adv.* **1.** De modo perfeito ou correto. **2.** Exprime afirmação, concordância ou permissão; sim.

per.fei.to [Lat. *perfectu*.] *adj.* **1.** Que reúne todas as qualidades positivas concebíveis, ou atingiu o mais alto grau numa escala de valores. **2.**

perfídia | periódico

Ótimo, excelente. **3.** Executado ou fabricado com perfeição. **4.** Completo, total; rematado, acabado. ● *sm.* **5.** *E.Ling.* Tempo verbal que exprime coisa já passada em relação a certa época.

per.fí.di:a [Lat. *perfidia*.⬜8A] *sf.* Ação ou caráter de pérfido.

pér.fi.do [Lat. *perfidu*.] *adj.* **1.** Que mente à fé jurada; desleal. **2.** Falso, traiçoeiro.

per.fil [Occ.ant. *perfil*.] *sm.* **1.** Contorno do rosto de pessoa vista de lado. **2.** A representação dum objeto que é visto só de um lado. **3.** Contorno, silhueta. **4.** *Fig.* Descrição de alguém em traços rápidos. [Pl.: *-fis*.]

per.fi.lar [*Perfil*.⬜1A] *vtd.* **1.** Traçar o perfil de. **2.** Pôr em linha, alinhar (soldados). **3.** Endireitar, aprumar. *p.* **4.** Aprumar-se. [C.: 1]

per.fi.lhar [*Per-* + *filho* + *-ar²*.⬜1A] *vtd.* **1.** Receber ou reconhecer legalmente como filho; adotar, filiar. **2.** Defender (teoria, princípio). [C.: 1] § **per.fi.lha.ção** *sf.*

per.fu.mar [*Per-* + *fumar*.] *vtd. e p.* Espargir perfume em, ou pôr perfume em si mesmo. [C.: 1] § **per.fu.ma.do** *adj.*

per.fu.ma.ri.a [*Perfume*.⬜15] *sf.* Fábrica ou loja de perfumes.

per.fu.me [Dev. de *perfumar*.] *sm.* **1.** Cheiro agradável exalado de substância aromática. **2.** Produto feito de essências aromáticas, e us. para perfumar. **3.** Extrato (5).

per.fu.mis.ta [*Perfume*.⬜36] *s2g.* Fabricante e/ou vendedor de perfumes.

per.func.tó.ri:o [Lat. *perfunctoriu*.⬜23] *adj.* Que se faz como simples rotina, e não por necessidade; superficial.

per.fu.ra.do.ra (ó) [*Perfurar*.⬜20] *sf.* Máquina para perfurar.

per.fu.rar [Lat. *perforare*.⬜1A] *vtd.* **1.** Fazer furo(s) em. **2.** Cavar. [C.: 1] § **per.fu.ra.ção** *sf.*; **per.fu.ra.dor** (ô) *adj. sm.*; **per.fu.ran.te** *adj.*

per.fu.ra.triz *sf.* Máquina com broca, para perfurar o solo.

per.fu.são [Lat. *perfusione*.⬜2] *sf. Med.* Passagem de líquido por um órgão. [Pl.: *-sões*.]

per.ga.mi.nho [Lat. *pergaminu*.⬜32] *sm.* **1.** Pele de cabra, ovelha, etc., preparada para servir de material de escrita. **2.** Manuscrito em pele assim tratada. **3.** *Bras. Fig.* Diploma de curso superior.

per.ga.mi.nhos *smpl.* Títulos de nobreza.

pér.gu.la [It. *pergola*.] *sf.* Estrutura com vigamento regular que se constrói com um teto vazado, em área externa de edificação.

per.gun.ta [Dev. de *perguntar*.] *sf.* **1.** Palavra ou frase com que se interroga. **2.** Quesito (1).

per.gun.tar [Lat.vulg. **praecunctare*.⬜1A] *vtd.* **1.** Fazer pergunta(s) a; interrogar. **2.** Propor (uma questão); indagar. *tdi.* **3.** Perguntar (2), ou solicitar (informação ou permissão, licença, etc.). *ti.* **4.** Perguntar (1). *p.* **5.** Indagar a si próprio. [C.: 1]

pe.ri.an.to [*Peri-* + *-anto*.] *sm. Bot.* O conjunto dos verticilos protetores da flor.

pe.ri.as.tro [*Peri-* + *astro*.] *sm. Astr.* Numa órbita elíptica, ponto em que o astro se encontra mais próximo do seu centro de atração. [Cf. *apoastro*.]

pe.ri.cár.di:o [Lat.cient. *pericardium*.] *sm. Anat.* Saco fibrosseroso que envolve o coração.

pe.ri.car.po [*Peri-* + *-carpo*.] *sm. Bot.* A parede (2) dum fruto, formada pelo ovário amadurecido.

pe.rí.ci:a [Lat. *peritia*.] *sf.* **1.** Qualidade de perito. **2.** Vistoria especializada. **3.** O(s) que a faz(em). § **pe.ri.ci.al** *adj2g.*

pe.ri.cli.tar [Lat. **periclitare*.⬜1A] *v.int.* Correr perigo; perigar. [C.: 1] § **pe.ri.cli.tan.te** *adj2g.*

pe.ri.cu.lo.si.da.de [Lat. *periculosus* + *-(i)dade*.⬜14] *sf.* Qualidade ou estado de perigoso.

pe.ri.du.ral [*Peri-* + *dura(-máter)* + *-al¹*.⬜39] *adj2g.* **1.** *Anat.* Imediatamente externo à dura-máter. **2.** *Med.* Diz-se de anestesia em que o anestésico é injetado no espaço peridural. ● *sf.* **3.** Essa anestesia. [Pl.: *-rais*.]

pe.ri.é.li:o [*Peri-* + *-(h)élio*.] *sm. Astr.* O ponto de maior aproximação do Sol, na órbita de um astro que gravita em torno dele. [Opõe-se a *afélio*.]

pe.ri.fe.ri.a [Lat. *peripheria*.⬜15A] *sf.* **1.** Superfície ou linha que delimita externamente um corpo ou uma região do espaço. **2.** Numa cidade, a região mais afastada do centro urbano.

pe.ri.fé.ri.co [*Periferia*.⬜35B] *adj.* **1.** Relativo a periferia. ● *sm.* **2.** *Inform.* Equipamento que se liga aos componentes centrais de um computador (CPU, memória principal), e que complementa as suas funções; p.ex.: monitor de vídeo, teclado, impressora, discos.

pe.rí.fra.se [Lat. *periphrase*.] *sf.* V. *circunlóquio*. § **pe.ri.frás.ti.co** *adj.*

pe.ri.gar [*Perigo*.⬜1A] *v.int.* Periclitar. [C.: 1C]

pe.ri.geu [Gr. *perígeion*.] *sm. Astr.* Ponto de maior aproximação da Terra, descrito pela Lua ou por um satélite artificial, no seu movimento orbital. [Opõe-se a *apogeu*.]

pe.ri.go [Lat. *periculu*.] *sm.* **1.** Circunstância, estado ou situação que prenuncia um mal para alguém ou algo. **2.** Aquilo que a provoca.

pe.ri.go.so (ô) [Lat. *periculosu*.⬜37] *adj.* Em que há perigo. [Pl.: *-gosos* (ó).]

pe.ri.gue.te [*Perigo* + *-ete*.] *sf. Bras. Gír.* Moça ou mulher namoradeira.

pe.rí.me.tro [Lat. *perimetru*.] *sm.* **1.** *Geom.* Linha fechada que delimita uma figura plana, ou o comprimento dessa linha. **2.** Limite exterior de determinada área ou região. § **pe.ri.me.tral** *adj2g.*

pe.rí.ne:o [Lat.cient. *perineum*.] *sm. Anat.* Espaço situado, no homem, entre o escroto e o ânus e, na mulher, entre a vulva e o ânus. § **pe.ri.ne.al** *adj2g.*

pe.ri.ó.di.co [Lat. *periodicu*.⬜35] *adj.* **1.** Relativo a período. **2.** Que se repete com intervalo

periodismo | pernalta

regulares, ou apresenta certos fenômenos ou sintomas em horas ou dias certos. **3.** Diz-se de obra ou publicação que aparece em tempos determinados. ● *sm.* **4.** Jornal periódico (3). § **pe.ri.o.di.ci.da.de** *sf.*

pe.ri:o.dis.mo [*Período.*▣ 11] *sm.* V. *jornalismo.*

pe.ri:o.dis.ta [*Periódico.*▣ 36] *s2g.* Jornalista.

pe.ri:o.do [Lat. *periodu.*] *sm.* **1.** O tempo transcorrido entre 2 datas ou 2 fatos mais ou menos marcantes. **2.** Qualquer espaço de tempo, determinado ou indeterminado. **3.** Período (2) marcado por certas características gerais. **4.** Época, fase. **5.** Subdivisão de era (3) geológica, maior que a época (3). **6.** *E.Ling.* Oração ou reunião de orações que formam sentido completo. **7.** *Quím.* Conjunto de elementos em que a camada de elétrons mais externa é a mesma. **8.** *Fís.* Num fenômeno periódico, tempo necessário para a realização de um ciclo. ◆ **Período de incubação.** O compreendido entre a aquisição de organismo infectante e o aparecimento de sintomas da infecção.

pe.ri.or.bi.tá.ri:o [*Peri-* + *orbitário.*] *adj.* Diz-se do que cerca órbita (1 e 2).

pe.ri.ós.te:o [Lat. *periosteon.*] *sm. Anat.* Membrana que reveste externamente os ossos.

pe.ri.pé.ci:a [Gr. *peripéteia.*] *sf.* Sucesso imprevisto; aventura.

pé.ri.plo [Lat. *periplu.*] *sm.* **1.** Navegação à volta dum continente. **2.** *P.ext.* Viagem, peregrinação.

pe.ri.qui.to [Esp. *periquito.*] *sm. Zool.* Ave psitacídea pequena, de coloração verde, amarela, azul, etc.

pe.ris.có.pi:o [*Peri-* + *-scópio.*] *sm.* Instrumento óptico que permite ver por cima dum obstáculo, us. sobretudo em submarinos.

pe.ris.so.dá(c).ti.lo [Tax. *Perissodactyla.*] *adj. sm. Zool.* Diz-se de, ou espécime dos perissodátilos, ordem de ungulados em que o número de dedos funcionais se reduz a 3, ou a 1. Ex.: cavalos, antas.

pe.ris.tal.se *sf. Fisiol.* Movimento da musculatura de órgãos ocos, que impulsiona para diante o conteúdo desses órgãos; peristaltismo. § **pe.ris.tál.ti.co** *adj.*

pe.ris.tal.tis.mo [*Peristáltico.*▣ 11] *sm. Fisiol.* Peristalse.

pe.ri.to [Lat. *peritu.*] *adj.* **1.** Diz-se de perito (3 e 4). **2.** Sábio, erudito. ● *sm.* **3.** O que é sabedor ou especialista em determinado assunto; experto. **4.** O que é nomeado judicialmente para exame ou vistoria.

pe.ri.tô.ni:o [Gr. *peritónion.*] *sm. Anat.* Membrana serosa que reveste interiormente as cavidades abdominal e pélvica, bem como os órgãos nelas contidos.

pe.ri.to.ni.te *sf. Med.* Inflamação do peritônio.

per.ju.rar [Lat. *perjurare.*▣ 1A] *vtd.* **1.** V. *abjurar* (1). *ti. e int.* **2.** Jurar falso. [C.: 1]

per.jú.ri:o [Lat. *perjuriu.*] *sm.* Ato ou efeito de perjurar.

per.ju.ro [Lat. *perjuru.*] *adj. sm.* Que, ou quem perjura.

per.ma.ne.cer [Lat. **permanescere.*▣ 1B] *v.pred.* **1.** Continuar a ser ou estar, ou ficar; conservar-se. *int.* **2.** Demorar-se. *ti.* **3.** Persistir, insistir. [C.: 2A (ê-é)]

per.ma.nên.ci:a [Lat. *permanentia.*] *sf.* **1.** Qualidade de permanente. **2.** V. *estada.*

per.ma.nen.te [Lat. *permanente.*▣ 21] *adj2g.* **1.** Que permanece; contínuo. **2.** V. *duradouro.* ● *sf.* **3.** Ondulação artificial do cabelo.

per.man.ga.na.to *sm. Quím.* Sal que contém o ânion MnO_4^-, p.ex., o permanganato de potássio, us., em solução aquosa diluída, como antisséptico.

per.me.ar [Lat. *permeare.*▣ 1N] *vtd.* **1.** Penetrar, atravessar. *tdi.* **2.** Fazer passar pelo meio. [C.: 12A]

per.me.á.vel [Lat. *permeabile.*▣ 41] *adj2g.* Que se pode penetrar, transpassar. [Pl.: *-veis.*] § **per.me.a.bi.li.da.de** *sf.*

per.mei.o [*Per-* + *meio.*] *el.sm.* Us. na loc. adv. *de permeio.* ◆ **De permeio. 1.** No meio. **2.** De mistura. **3.** V. *neste ínterim.*

per.mi.a.no [Top. *Perm* (Rússia) + *-iano.*▣ 29A] *adj. sm.* Relativo a, ou período da era paleozoica (c.286 a c.248 milhões de anos) com clima quente e seco em grande parte do mundo, e em que os reptis proliferaram.

per.mis.são [Lat. *permissione.*▣ 2] *sf.* Ato ou efeito de permitir; consentimento. [Pl.: *-sões.*]

per.mis.sí.vel [Lat. *permissus* + *-ível.*▣ 41A] *adj2g.* Que pode ser permitido. [Pl.: *-veis.*]

per.mis.si.vo [Lat. *permissus* + *-ivo.*▣ 22] *adj.* **1.** Tolerante, indulgente. **2.** Que envolve permissão.

per.mi.tir [Lat. *permittere.*▣ 1C] *vtd.* **1.** Dar liberdade, poder, licença ou consentimento para. **2.** Deixar que aconteça; aceitar, admitir, tolerar. **3.** Dar margem, origem, ou azo a. *tdi.* **4.** Permitir (1). **5.** Tornar possível. *p.* **6.** Tomar a liberdade ou a iniciativa de. [C.: 3]

per.mu.ta [Dev. de *permutar.*] *sf.* Ato ou efeito de permutar.

per.mu.tar [Lat. *permutare.*▣ 1A] *vtd. e tdi.* Dar mutuamente; trocar. [C.: 1] § **per.mu.ta.ção** *sf.*; **per.mu.tá.vel** *adj2g.*

per.na [Lat. *perna.*] *sf.* **1.** *Anat.* Em membro inferior, o segmento que vai do joelho ao tornozelo. **2.** Cada membro locomotor de certos animais. **3.** Qualquer haste ou prolongamento de coisa que se bifurca. **4.** Nome comum a várias peças que servem de suporte a um objeto. **5.** Haste de letra. ◆ **Bater perna.** Andar à toa. **Passar a perna em.** Agir deslealmente em prejuízo de; enganar; lograr.

per.na.da [*Perna.*▣ 4] *sf.* **1.** Passada larga. **2.** Pequeno braço de rio. **3.** *Bras.* Rasteira.

per.na de pau *s2g. Esport. Gír.* Cabeça de bagre. [Pl.: *pernas de pau.*]

per.nal.ta *adj2g.* Que tem pernas altas.

580

pernambucano | personalismo

per.nam.bu.ca.no [⬛29] *adj.* **1.** De PE. ● *sm.* **2.** O natural ou habitante desse estado.

per.nei.ras *sfpl.* Peças, ger. de couro, que envolvem as pernas para protegê-las.

per.ne.ta (ê) [*Perna* + *-eta* (ê).] *s2g.* Pessoa a quem falta uma perna.

per.ni.ci.o.so (ó) [Lat. *perniciosu*.⬛37] *adj.* Que causa mal; nocivo. [Pl.: *-osos* (ó).] § **per.ni.cio.si.da.de** *sf.*

per.nil [*Perna* + *-il*¹.] *sm.* Coxa do porco e de outros quadrúpedes comestíveis. [Pl.: *-nis.*]

per.ni.lon.go [*Perna* + *-i-* + *longo*.] *sm. Bras. Zool.* V. *mosquito*.

per.noi.tar [Lat. *pernoctare*.⬛1A] *v.int. e tc.* Ficar durante a noite; passar a noite. [C.: 1]

per.noi.te [Dev. de *pernoitar*.] *sm. Bras.* Ato ou efeito de pernoitar.

per.nos.ti.co [Do s. ant. *pronóstico*, 'indivíduo petulante', poss.] *adj.* V. *presunçoso.* § **per.nos.ti.cis.mo** *sm.*

pe.ro.ba [Do tupi.] *sf. Bras. Bot.* Nome comum a várias árvores apocináceas e bignoniáceas de madeira útil.

pé.ro.la [It. *perla*.] *sf.* **1.** Glóbulo duro, brilhante, nacarado, que se forma nas conchas de alguns moluscos bivalves. **2.** *Fig.* Pessoa de ótimas qualidades morais.

pe.ro.lar [*Pérola*.⬛1A] *vtd.* Dar forma ou aparência de pérola a. [C.: 1 (ó)] § **pe.ro.la.do** *adj.*

pe.rô.ni:o *sm. Anat.* V. *fíbula.*

pe.ro.ra.ção [Lat. *peroratione*.⬛2A] *sf.* A parte final de um discurso. [Pl.: *-ções.*]

pe.ro.rar [Lat. *perorare*.⬛1A] *v.int.* **1.** Terminar um discurso. **2.** Discursar pedantemente. *td.* **3.** Falar a favor de. [C.: 1 (ó)]

pe.ró.xi.do (cs) [*Per-* + *óxido*.] *sm. Quím.* Substância, orgânica ou inorgânica, que contém o grupo -O-O-. e esse grupo.

per.pas.sar [*Per-* + *passar*.] *vti. e t.c.* **1.** Passar junto, ou ao longo de. *int.* **2.** Decorrer, passar. [C.: 1] § **per.pas.san.te** *adj2g.*

per.pen.di.cu.lar [Lat. *perpendiculare*.⬛40] *adj2g. Geom.* **1.** Diz-se de qualquer configuração geométrica (como reta, plano, etc.) cuja interseção com outra forma um ângulo reto. **2.** Diz-se de coisas, partes, elementos, etc. que se cruzam ou se juntam formando ângulo reto: *ruas <u>perpendiculares</u>*. ● *sf.* **3.** Linha perpendicular (1) a outra. § **per.pen.di.cu.la.ri.da.de** *sf.*

per.pe.trar [Lat. *perpetrare*.⬛1A] *vtd.* Cometer, praticar (ato mau). [C.: 1 (é)] § **per.pe.tra.ção** *sf.*

per.pé.tu:a *sf. Bot.* Nome comum a várias plantas asteráceas cujas flores, membranosas, duram muito.

per.pe.tu.ar [Lat. *perpetuare*.⬛1A] *vtd. e p.* **1.** Tornar(-se) perpétuo; eternizar(-se). **2.** Multiplicar(-se), propagar(-se). [C.: 1] § **per.pe.tu.a.ção** *sf.*

per.pé.tu:a-ro.xa *sf. Bot.* Erva amarantácea campestre, de flores roxas. [Pl.: *perpétuas-roxas.*]

per.pé.tu:o [Lat. *perpetuu*.] *adj.* **1.** Incessante, contínuo. **2.** Vitalício (cargo ou função). § **per.pe.tu:i.da.de** *sf.*

per.ple.xo (cs) [Lat. *perplexu*.] *adj.* **1.** Indeciso, hesitante. **2.** Espantado, atônito. § **per.ple.xi.da.de** (cs) *sf.*

per.qui.rir [Lat. *perquirere*.⬛1C] *vtd. e int.* Perscrutar. [C.: 3] § **per.qui.ri.ção** *sf.*

per.ren.gue [Esp. *perrengue*.] *adj2g. Bras.* **1.** Covarde, medroso. **2.** Que manqueja; capenga. ● *sm.* **3.** *Gír.* Situação difícil.

per.ro (ê) [Esp. *perro*.] *adj.* Difícil de abrir e fechar.

per.sa [Lat. *persa*.] *adj2g.* **1.** Da antiga Pérsia (atual Irã). ● *s2g.* **2.** O natural ou habitante da antiga Pérsia. ● *sm.* **3.** *E.Ling.* A língua persa.

pers.cru.tar [Lat. *perscrutare*.⬛1A] *vtd. e int.* Investigar minuciosamente; perquirir. [C.: 1] § **pers.cru.ta.ção** *sf.*

per.se.cu.tó.ri:o [Lat. *persecutus* + *-ório*.⬛23] *adj.* Em que há, ou que envolve perseguição.

per.se.gui.ção [*Perseguir*.⬛2A] *sf.* **1.** Ato ou efeito de perseguir. **2.** Tratamento cruel ou injusto infligido com encarniçamento. [Pl.: *-ções.*]

per.se.guir [Lat. *persequere.⬛1C] *vtd.* **1.** Ir no encalço de. **2.** Incomodar; importunar. **3.** Constranger, atormentar. **4.** Buscar realizar, conquistar ou adquirir. [C.: 45] § **per.se.gui.dor** (ô) *adj.sm.*

per.se.ve.rar [Lat. *perseverare*.⬛1A] *vti.* **1.** Conservar-se firme e constante. *pred.* **2.** Continuar a ser ou ficar. *int.* **3.** Continuar, perdurar. [Sin. de 1 a 3: *persistir*.] **4.** Permanecer sem mudar ou sem variar de intento. [C.: 1 (é)] § **per.se.ve.ran.ça** *sf.*; **per.se.ve.ran.te** *adj2g.*

per.si.a.na [Fr. *persienne*.] *sf.* Anteparo de lâminas estreitas posto em janelas para resguardar do sol.

per.sig.nar-se [Lat. *persignare* + *se*¹, poss.] *vp.* Fazer com o polegar da mão direita 3 cruzes, na testa, na boca e no peito, pronunciando a fórmula litúrgica: "Pelo sinal da Santa Cruz, livrai-nos Deus, Nosso Senhor, dos nossos inimigos. Amém". [C.: 1]

per.sis.ten.te [Lat. *persistente*.⬛21A] *adj2g.* Que persiste; pertinaz. § **per.sis.tên.ci:a** *sf.*

per.sis.tir [Lat. *persistere*.⬛1C] *vti., pred. e int.* V. *perseverar* (1 a 3). [C.: 3]

per.so.na.gem [Fr. *personnage*.⬛6] *sf.m.* **1.** Pessoa notável; personalidade. **2.** Cada um dos papéis duma peça teatral que devem ser representados por um ator. **3.** Cada um daqueles que figuram numa narração, poema ou acontecimento. [Pl.: *-gens.*]

per.so.na.li.da.de [Lat. *personalitate*.⬛14] *sf.* **1.** Caráter ou qualidade do que é pessoal. **2.** O que determina a individualidade duma pessoa moral; o que a distingue de outra. **3.** Personagem (1).

per.so.na.lis.mo [*Personal(i)-* + *-ismo*.⬛11] *sm.* **1.** Qualidade do que é pessoal. **2.** Atitude ou conduta de quem refere tudo a si próprio. § per.so.na.lis.ta *adj2g*.

per.so.na.li.zar [*Personal*(i)- + -*izar*.◼ 1D] *vtd*. 1. Atribuir qualidades de pessoa a; personificar. 2. Dar caráter pessoal a. 3. Fazer (um produto) ou implementar (um serviço) de acordo com as necessidades, as características ou o gosto de cliente, usuário, etc. [C.: 1] § per.so.na.li.za.ção *sf*.; per.so.na.li.za.do *adj*.

per.so.ni.fi.car [*Person*(i)- + -*ficar*.] *vtd*. 1. Personalizar (1). 2. Representar por meio duma pessoa; pessoalizar. 3. Simbolizar, exprimir. [C.: 1A] § per.so.ni.fi.ca.ção *sf*.; per.so.ni.fi.ca.do *adj*.

pers.pec.ti.va [Lat. *perspectiva*.] *sf*. 1. Arte de representar os objetos sobre um plano, tais como se apresentam à vista. 2. Aspecto dos objetos vistos de certa distância. 3. Expectativa. § pers.pec.ti.vo ou pers.pe.ti.vo *adj*.

pers.pi.caz [Lat. *perspicace*.] *adj2g*. 1. Que vê bem; que observa. 2. Fino, sagaz. § pers.pi.cá.ci.a *sf*.

per.su.a.dir [Lat. *persuadere*.◼ 1C] *vtdi*. 1. Levar a crer ou a aceitar. 2. Levar a se decidir a respeito de (algo); convencer. *td*. 3. Persuadir (2). *int*. 4. Induzir à persuasão; convencer. *p*. 5. Adquirir persuasão; convencer-se. [Antôn.: *dissuadir*. C.: 3]

per.su.a.são [Lat. *persuasione*.◼ 2] *sf*. 1. Ato ou efeito de persuadir(-se). 2. Convicção, certeza. 3. Capacidade ou habilidade para persuadir. [Pl.: -*sões*.]

per.su.a.si.vo [Lat. *persuasus* + -*ivo*.◼ 22] *adj*. Que persuade; suasório.

per.ten.cen.te [*Pertencer*.◼ 21] *adj2g*. 1. Que pertence. 2. Pertinente (1).

per.ten.cer [Lat. *pertinescere.◼ 1B] *vti*. 1. Ser propriedade de. 2. Ser ou fazer parte de. 3. Dizer respeito. 4. Ser próprio ou característico de. 5. Ser devido ou merecido. 6. Caber, competir. [C.: 2A (ê-é)]

per.ten.ces *smpl*. 1. Aquilo que faz parte de algo. 2. Objetos de uso pessoal.

per.ti.naz [Lat. *pertinace*.] *adj2g*. Persistente. § per.ti.ná.ci.a *sf*.

per.ti.nen.te [Lat. *pertinente*.◼ 21] *adj2g*. 1. Que concerne, é relativo a algo; pertencente. 2. Que vem a propósito.

per.to [V.C] *adv*. 1. A pequena distância. 2. A pouco tempo; brevemente. ● *adj2g*. 3. Próximo, vizinho. ♦ Perto de. 1. Próximo de (no espaço ou no tempo). 2. Cerca de. 3. A ponto de; quase. De perto. 1. A pouca distância. 2. Intimamente.

per.tur.bar [Lat. *perturbare*.◼ 1A] *vtd*. 1. Alterar, modificar. 2. Causar embaraço ou aborrecimento a. 3. Abalar; comover. 4. Criar desordem em. *int*. 5. Causar atordoamento. *p*. 6. Perder a serenidade. 7. Envergonhar-se; embaraçar-se. 8. Alterar-se, modificar-se. [C.: 1] § per.tur.ba.ção *sf*.; per.tur.ba.do *adj*.

pe.ru [V.C] *sm*. Zool. Ave meleagridídea, domesticada.

pe.ru.a [F. de *peru*.] *sf*. 1. Zool. A fêmea do peru. 2. *Bras. Gír*. Mulher que se veste ou se maquia de modo exagerado.

pe.ru.ar [*Peru*.◼ 1Aa] *v.int*. *Bras*. Observar um jogo, palpitando. [C.: 1]

pe.ru.ca [Fr. *perruque*.] *sf*. V. *cabeleira* (2).

per.ver.são [Lat. *perversione*.◼ 2] *sf*. 1. Ato ou efeito de perverter(-se). 2. Corrupção, depravação. 3. Med. Desvio da normalidade do instinto (sexual, etc.), ou de julgamento, devido a distúrbio psíquico. [Pl.: -*sões*.]

per.ver.so [Lat. *perversu*.] *adj*. 1. Que tem malíssima índole. 2. *Fig*. Defeituoso, vicioso. § per.ver.si.da.de *sf*.

per.ver.ter [Lat. *pervertere*.◼ 1B] *vtd*. 1. Tornar perverso ou mau; corromper, depravar. 2. Desvirtuar, deturpar. 3. Tornar-se perverso; depravar-se. [C.: 2 (ê-é)] § per.ver.ti.do *adj*.

pe.sa.de.lo [*Pesar*.◼ 4] *sf*. 1. Aquilo que se pesa duma vez numa balança. 2. Pesagem.

pe.sa.de.lo (ê) [*Pesado* + -*elo*.] *sm*. 1. Sonho aflitivo com sensação de angústia, de opressão. 2. *Fig*. Obsessão que amedronta. 3. *Fig*. Pessoa ou coisa molesta ou enfadonha.

pe.sa.do [*Pesar*.◼ 17A] *adj*. 1. Que tem muito peso. 2. *Bras. Fig*. Que tem peso (11); azarado.

pe.sa.gem [*Pesar*.◼ 6] *sf*. Ato ou efeito de pesar; pesada. [Pl.: -*gens*.]

pê.sa.mes *smpl*. Expressão de pesar por infortúnio ocorrido a alguém; condolências, sentimentos.

pe.sar [Lat. *pensare*.◼ 1A] *vtd*. 1. Avaliar o peso de. 2. Examinar com atenção; ponderar. 3. Calcular prévia e minuciosamente as consequências de; medir. *ti*. 4. Fazer carga; recair. 5. Ter ou exercer influência. 6. Causar desgosto. 7. Causar arrependimento. 8. Causar mágoa, sofrimento, etc. *int*. 9. Ter certo peso, ou ter muito peso. 10. Produzir mal-estar. *p*. 11. Verificar o próprio peso. [C.: 1 (é). Nas acepçs. 7 e 8 só é us. nas 3ªˢ pess., e tem o *e* fechado nas formas rizotônicas: pesa (ê), pese (ê).] ● *sm*. 12. Tristeza, desgosto.

pe.sa.ro.so (ô) [*Pesar*.◼ 37] *adj*. Cheio de pesar (12). [Pl.: -*rosos* (ó).]

pes.ca [Dev. de *pescar*.] *sf*. 1. Ato, arte ou prática de pescar; pescaria. 2. O que se pescou.

pes.ca.da *sf*. Zool. Nome comum a vários peixes perciformes de carne branca.

pes.ca.do [*Pescar*.◼ 17A] *adj*. 1. Que se pescou. ● *sm*. 2. Qualquer peixe (ou outro animal) que se pesca para fins alimentares.

pes.ca.dor (ô) [Lat. *piscatore*.◼ 19A] *sm*. Aquele que pesca, por trabalho ou lazer.

pes.car [Lat. *piscare*.◼ 1A] *vtd*. 1. Apanhar na água (peixe ou crustáceos, etc.). 2. Retirar da água como que pescando. 3. Conseguir ardilosamente. 4. *Pop*. V. *pegar* (7). *ti*. 5. *Pop*. Ter conhecimentos, noções. *int*. 6. Ocupar-se da pesca. [C.: 1A (é)]

pescaria | petisco

pes.ca.ri.a [*Pescar*.◘15] *sf.* **1.** Pesca (1). **2.** Indústria da pesca.

pes.co.ção [*Pescoço*.◘28A] *sm. Pop.* Sopapo, tabefe, tapa. [Pl.: -*ções*.]

pes.co.ço (ô) [Esp.ant. *pescoço*.] *sm.* **1.** Colo¹ (2). **2.** Região que une cabeça e tórax.

pe.so (ê) [Lat. *pensu*.] *sm.* **1.** *Fís.* Força que um corpo exerce sobre qualquer obstáculo que se oponha diretamente à sua queda; o produto da massa de um corpo pela aceleração da gravidade. **2.** Qualidade dum corpo pesado. **3.** Tudo que faz pressão; carga. **4.** Sólido de metal, us. para avaliar na balança o peso dum corpo. **5.** *Fig.* Sensação de opressão devida a cansaço físico ou psicológico. **6.** *Fig.* Tudo que fatiga, preocupa ou abate. **7.** *Fig.* Valor, mérito. **8.** *Fig.* Prestígio, influência. **9.** *Esport.* No boxe e em outras lutas, categoria de atleta que se classifica pelo peso. **10.** *Esport.* Esfera de metal us. para lançamento, em competições atléticas. **11.** *Fig.* V. *caiporismo*. **12.** *Bras.* Porção determinada de carne, nos açougues. ◆ **Em peso.** Em grande número, ou na totalidade.

pes.pe.gar *vtdi.* Assentar com violência ou energia; aplicar, pregar. [C.: 1C (é)]

pes.pon.tar *vtd.* Coser a pesponto. [C.: 1]

pes.pon.to [Dev. de *pespontar*.] *sm.* Costura externa, ger. à máquina e com pontos graúdos, para prender ou ornamentar a parte costurada.

pes.que e pa.gue *sm2n.* Local com um criadouro de peixes, de água natural (lago, lagoa, etc.) ou artificial (açude, etc.), no qual se pesca e, ao sair, se paga por aquilo que se pescou.

pes.quei.ro [*Pesca*.◘25] *adj.* Relativo à pesca.

pes.que-pa.gue *sm2n.* V. *pesque e pague*.

pes.qui.sa [Esp. *pesquisa*.] *sf.* **1.** Ato ou efeito de pesquisar (1 e 2). **2.** Investigação e estudo, minuciosos e sistemáticos, com o fim de descobrir fatos relativos a um campo do conhecimento.

pes.qui.sa.dor (ô) [*Pesquisar*.◘19A] *adj. sm.* Que, ou aquele que pesquisa.

pes.qui.sar [*Pesquisa*.◘1A] *vtd.* **1.** Buscar com diligência; inquirir. **2.** Informar-se a respeito de. *int.* **3.** Fazer pesquisa (2). [C.: 1]

pes.se.ga.da [*Pêssego*.◘4] *sf.* Doce de pêssego.

pês.se.go [Lat. *persicu(m) (malum)*.] *sm. Bot.* O fruto do pessegueiro.

pes.se.guei.ro [*Pêssego*.◘25] *sm. Bot.* Árvore rosácea, frutífera.

pes.si.mis.mo [*Péssimo*.◘11] *sm.* Tendência para encarar tudo pelo lado negativo. § **pes.si.mis.ta** *adj2g. s2g.*

pés.si.mo [Lat. *pessimu*.] *adj.* Superl. absoluto de *mau*.

pes.so.a (ô) [Lat. *persona*.] *sf.* **1.** O ser humano em seus aspectos biológico, espiritual e social. **2.** Indivíduo (3 e 4). **3.** *E.Ling.* Flexão pela qual o verbo indica as relações dos sujeitos falantes entre si. **4.** *Jur.* Ser a quem se atribuem direitos e obrigações. **5.** *Jur.* Coletividade, associação reconhecida juridicamente. ◆ **Em pessoa.** Pessoalmente.

pes.so.al [Lat. *personale*.◘39] *adj2g.* **1.** De, ou relativo a pessoa. **2.** Peculiar a uma só pessoa; individual. **3.** Reservado, particular. ● *sm.* **4.** Conjunto de indivíduos incumbidos de certos serviços. [Pl.: -*ais*.]

pes.so.a.li.zar [*Pessoal*.◘1D] *vtd.* Personificar (2). [C.: 1] § **pes.so.a.li.za.ção** *sf.*

pes.so.al.men.te [*Pessoal*.◘42] *adv.* De modo pessoal; em pessoa.

pes.so.a.no [◘29] *adj.* Do, ou relativo ao escritor Fernando Pessoa **(M.)**, ou à sua obra.

pes.so.en.se [◘38] *adj2g.* **1.** De João Pessoa, capital da PB. ● *s2g.* **2.** O natural ou habitante de João Pessoa.

pes.ta.na [V.C] *sf.* Cílio.

pes.ta.ne.jar [*Pestana*.◘1E] *v.int.* Piscar (3). [C.: 1 (ê)]

pes.te [Lat. *peste*.] *sf.* **1.** Nome comum a certas doenças contagiosas graves. **2.** Qualquer epidemia com grande mortandade. **3.** *Fig.* Pessoa má. **4.** *Med.* Grave infecção, causada pela bactéria *Yersinia pestis*, com caráter epidêmico ou endêmico. ◆ **Peste bubônica.** *Med.* Forma de peste (4), esp. do rato, transmissível ao homem por pulga, e em que surgem tumefações de linfonodos pop. chamadas *bubões*.

pes.ti.ci.da [Ingl. *pesticide*.] *adj2g. sm.* Diz-se de, ou substância que combate praga (4).

pes.tí.fe.ro [Lat. *pestiferu*.] *adj.* Que produz peste; pestilento.

pes.ti.len.to [Lat. *pestilentu*.◘27] *adj.* **1.** Que tem o caráter da peste, ou é por ela infectado. **2.** Pestífero. **3.** Infecto, fétido, pútrido. **4.** *Fig.* Que corrompe ou perverte.

→ **pet** (péti) [Ingl.] *s2g.* Animal doméstico, esp. cães e gatos.

PET [Acrôn. do ingl. *polyethylene terephthalate*.] *adj2g.sm.* Diz-se de, ou plástico transparente, us. na fabricação de garrafas.

pe.ta (ê) [Lat. **pitta*.] *sf.* V. *mentira* (1).

pé.ta.la [Lat. *petalu*.] *sf. Bot.* Cada peça que constitui a corola das flores.

pe.tar.do [Fr. *pétard*.] *sm.* Engenho explosivo, portátil, para destruir obstáculos.

pe.te.ca [Do tupi.] *sf. Bras.* Espécie de pequena bola achatada e leve, guarnecida de penas, que se lança ao ar com a palma das mãos.

pe.te.le.co [V.A] *sm. Bras.* Pancada com a ponta do dedo médio, firmada, para o golpe, no polegar.

pe.ti.ção [Lat. *petitione*.◘2A] *sf.* **1.** Ato de pedir. **2.** Solicitação por escrito; requerimento. [Pl.: -*ções*.]

pe.tis.car [*Petisco*.◘1A] *v.int.* **1.** Comer petisco. **2.** Comer um pouco, provando ou saboreando. [C.: 1A]

pe.tis.co [V.E] *sm.* Iguaria saborosa; acepipe, pitéu.

pe.tis.quei.ra [*Petisco*. ◼16] *sf.* **1.** Armário em que se guarda comida. **2.** Restaurante de preços módicos.

→ **petit-pois** (petí-puá) [Fr.] *sm.* Grão da ervilha.

pe.tre.char [Esp. *pertrechar*. ◼1A] *vtd. e p.* Prover(-se) de petrechos. [C.: 1 (ê)]

pe.tre.chos (ê) [Esp. *petrechos*.] *smpl.* **1.** Munição e instrumentos de guerra. **2.** Quaisquer objetos necessários à execução de algo; aprestos. [Var.: *apetrechos*.]

pé.tre:o [Lat. *petreu*.] *adj.* **1.** De, ou relativo a pedra. **2.** *Fig.* Insensível, impassível.

pe.tri.fi.car [*Petr(i)-* + *-ficar*.] *vtd., int. e p.* **1.** Converter(-se) em pedra ou como que em pedra; empedrar(-se). **2.** Tornar(-se) duro, desumano. **3.** Assombrar(-se), assustar(-se). [C.: 1A] § **pe.tri.fi.ca.do** *adj.*

pe.tro.gra.fi.a [*Petro-* + *-grafia*.] *sf.* Estudo descritivo e sistemático das rochas. § **pe.tro.grá.fi.co** *adj.*

pe.tro.lei.ra [*Petróleo*. ◼16] *sf.* Empresa de pesquisa, exploração, produção, e comercialização do petróleo.

pe.tro.lei.ro [*Petról(eo)*. ◼25] *adj.* **1.** Relativo a, ou que transporta petróleo. • *sm.* **2.** Navio petroleiro.

pe.tró.le:o [Lat.med. *petroleu*.] *sm.* Combustível líquido natural, extraído de jazidas subterrâneas das rochas sedimentares.

pe.tro.lí.fe.ro [*Petról(eo)* + *-ífero*.] *adj.* Que produz petróleo.

pe.tro.lo.gi.a [*Petro-* + *-logia*.] *sf.* Ciência que trata das origens, transformações, estrutura e classificação das rochas.

pe.tro.mi.zo.ní.de:o [Tax. *Petromyzonidae*.] *adj. sm. Zool.* Diz-se de, ou espécime dos petromizoníedos, família de peixes e de outros vertebrados semelhantes, de corpo fusiforme e boca suctorial semelhante a funil. Ex.: lampreia.

→ **pet shop** (péti-chópi) [Ingl.] *sm.f.* Estabelecimento especializado na venda de alimentos, remédios, acessórios, etc., para cães, gatos, etc., e que tb. presta outros serviços, como banho e tosa.

pe.tu.lan.te [Lat. *petulante*. ◼21] *adj2g.* Atrevido, ousado. § **pe.tu.lân.ci:a** *sf.*

pe.tú.ni:a [Tax. *Petunia*.] *sf. Bot.* Erva solanácea, ornamental.

pe.vi.de [Lat. *pituita*.] *sf.* **1.** *Bot.* Semente de vários frutos carnosos. **2.** *Veter.* Película patológica na língua de algumas aves, que as impede de beber.

pe.xo.ta.da ou **pi.xo.ta.da** [*Pexote* ou *pixote*. ◼4] *sf.* **1.** Ação de pexote (1). **2.** Falta própria de pexote (2).

pe.xo.te ou **pi.xo.te** [Do chin.] *sm.* **1.** Jogador inexperiente ou canhestro. **2.** Novato, principiante. **3.** Menino novo; criança.

pez (ê) [Lat. *pice*.] *sm.* Substância negra, sólida ou muito viscosa, pegajosa, resíduo de destilação de óleos, alcatrões, etc.; piche.

■ **ph** *sm. Quím.* Logaritmo decimal do inverso da atividade dos íons hidrogênio numa solução. [As soluções ácidas têm pH menor que 7; as básicas, maior que 7; e as neutras, em torno de 7.]

pi [Gr.] *sm.* **1.** A 16ª letra do alfabeto grego (Π, π). **2.** *Mat.* V. *número pi*.

pi.a [Lat. *pila*.] *sf.* **1.** Vaso de pedra para líquidos. **2.** Bacia com água corrente e escoamento, para o serviço de cozinha, banheiro, etc.

pi.á [Do tupi.] *sm. Bras. S.* **1.** Índio jovem. **2.** Menino.

pi.a.ba ou **pi.a.va** [Do tupi.] *sf. Bras. Zool.* Nome comum a vários caracídeos.

pi.a.ça.ba ou **pi:a.ça.va** [Do tupi.] *sf. Bras.* **1.** *Bot.* Palmácea produtora de fibras com que se fazem vassouras. **2.** Vassoura de piaçaba.

pi.a.da [*Piar*. ◼4] *sf.* Dito espirituoso; pilhéria, anedota.

pi.a.dis.ta [*Piada*. ◼36] *adj2g. s2g.* Que, ou quem conta ou cria piadas.

pi.a-má.ter [Do lat.] *sf. Anat.* A mais interna das 3 meninges que recobrem o encéfalo e a medula espinhal. [Pl.: *pias-máteres*.]

pi.a.nis.ta [*Piano*[1]. ◼36] *s2g.* Pessoa que toca piano.

pi.a.no[1] [F.red. do it. *pianoforte*.] *sm. Mús.* Instrumento de teclado, composto essencialmente de uma caixa de ressonância na qual se estendem cordas percutíveis por martelos.

pi.a.no[2] [It. *piano*.] *adv. Mús.* Suavemente, com pouca força.

pi.a.no.la [Ingl. *pianola*, m.reg.] *sf.* Piano mecânico.

pi.ão [De *peão*.] *sm.* Brinquedo piriforme, que gira quando impulsionado. [Pl.: -*ões*. Cf. *peão*.]

pi.ar [V.A] *v.int.* Dar pios [v. *pio*[1]]; pipilar. [C.: 1. Cf. *pear*.]

pi.au.i.en.se (au-i) [◼38] *adj2g.* **1.** Do PI. • *s2g.* **2.** O natural ou habitante desse estado.

■ **PIB** Sigla de *Produto Interno Bruto*.

pi.ca [Dev. de *picar*.] *sf.* Lança antiga; pique.

pi.ca.da [*Picar*. ◼4] *sf.* **1.** Ato ou efeito de picar(-se). **2.** Mordedura de inseto ou cobra. **3.** Atalho estreito aberto no mato a golpes de facão.

pi.ca.dei.ro [*Picar*. ◼25A] *sm.* **1.** Local onde se adestram cavalos ou se ensina equitação. **2.** Área central do circo, onde os artistas se exibem.

pi.ca.di.nho [*Picado*. ◼32] *sm. Bras.* Carne guisada cortada em pedacinhos.

pi.ca.do [*Picar*. ◼17A] *adj.* **1.** Coberto de, ou ferido com picadas. **2.** Marcado com pintas ou sinais. **3.** Diz-se de mar agitado.

pi.ca.nha [De *picar*, poss.] *sf. Bras.* **1.** A parte posterior da região lombar da rês. **2.** A carne dessa região.

pi.can.te [*Picar*. ◼21] *adj2g.* **1.** Que pica. **2.** Que excita ou irrita o paladar; ardido. **3.** *Fig.* Malicioso e/ou mordaz.

pi.ca-pau *sm. Zool.* Nome comum a várias aves picídeas que picam troncos à procura de larvas. [Pl.: *pica-paus*.]

pi.car *vtd.* **1.** Ferir ou furar com objeto pontiagudo ou perfurador. **2.** Ferir com o ferrão ou com o bico. **3.** Ferir (o touro) com farpa. **4.** Reduzir a pequenos fragmentos. **5.** Produzir sensação acre ou queimante em. **6.** Animar, estimular. **7.** Encolerizar; irritar. **8.** Causar comichão em. *int.* **9.** Ser picante (2). **10.** Esporear o animal. **11.** Produzir comichão ou coceira. *p.* **12.** Ferir-se com objeto pontiagudo. [Sin. de 2 e 8: *pinicar*. C.: 1A]

pi.car.di.a [Esp. *picardía*.] *sf.* **1.** Ação de pícaro (4). **2.** V. *pirraça* (1).

pi.ca.res.co (ê) [Esp. *picaresco*. ▢33A] *adj.* Burlesco; ridículo; pícaro.

pi.ca.re.ta (ê) [*Picar* + *-eta* (ê).] *sf.* **1.** Instrumento de ferro, para escavar, arrancar pedras, etc. ● *s2g.* **2.** *Bras. Pop.* Pessoa que usa de qualquer expediente para alcançar vantagens.

pi.ca.re.ta.gem [*Picareta*. ▢6] *sf. Bras. Pop.* Ação própria de picareta (2). [Pl.: *-gens*.]

pí.ca.ro [Esp. *pícaro*.] *adj.* **1.** Ardiloso, astuto. **2.** Esperto, sagaz. **3.** V. *picaresco*. ● *sm.* **4.** Indivíduo pícaro.

pi.çar.ra [Esp. *pizarra*.] *sf.* **1.** Qualquer rocha sedimentar argilosa, endurecida. **2.** Terra misturada com areia e pedra.

pi.cas.si.a.no [▢29A] *adj.* Do, ou relativo ao pintor Pablo Picasso (M.), ou à sua obra.

pi.char [*Piche*. ▢1A] *vtd. Bras.* **1.** Aplicar piche em. **2.** *Gír.* Criticar asperamente. **3.** Grafitar². [C.: 1] § **pi.cha.ção** *sf.*; **pi.cha.dor** (ô) *adj. sm.*

pi.che [Ingl. *pitch*.] *sm.* Pez.

pi.cí.de.o [Tax. *Picidae*.] *adj. sm. Zool.* Diz-se de, ou espécime dos picídeos, família de aves piciformes de bico longo e forte, língua comprida e, ger., com crista; são frugívoras e insetívoras. Ex.: pica-pau.

pi.ci.for.me [Tax. *Piciformes*.] *adj2g. sm. Zool.* Diz-se de, ou espécime dos piciformes, ordem de aves arborícolas, que inclui os ranfastídeos, picídeos, etc.

pi.cles [Ingl. *pickles*.] *smpl.* Legumes conservados em vinagre.

pi.co¹ [Dev. de *picar*.] *sm.* **1.** Ponta aguda. **2.** Cume agudo de monte. **3.** Espinho, acúleo.

pi.co² *sm.* Um pouco mais.

pi.co.lé [V.A] *sm. Bras.* Sorvete solidificado na extremidade dum pauzinho.

pi.co.ta [De *pico*¹.] *sf. Zool. Pop.* V. *galinha-d'angola*.

pi.co.tar [*Picote*. ▢1A] *vtd. Bras.* Fazer picote ou perfuração em. [C.: 1 (ó)] § **pi.co.ta.gem** *sf.*

pi.co.te [Esp. *picote*.] *sm.* **1.** Sucessão de furos pequenos e próximos em papel a destacar (blocos, talonários, etc.). **2.** Recorte dentado de selos postais, etc.

pic.tó.ri.co [Lat. *pictore* + *-ico*². ▢35B] *adj.* De, ou relativo a pintura.

pi.cu.á [Do tupi.] *sm.* **1.** Cesto, balaio. **2.** Saco de lona ou algodão.

pi.cu.i.nha (u-í) *sf.* **1.** Dito ou alusão picante. **2.** V. *pirraça* (1).

pi.cu.mã ou **pu.cu.mã** [Do tupi.] *sm. Bras.* **1.** V. *fuligem*. **2.** Teia de aranha enegrecida pela fuligem.

pi:e.da.de [Lat. *pietate*. ▢14A] *sf.* **1.** Amor e respeito às coisas religiosas. **2.** V. *compaixão*.

pi:e.do.so (ô) [Lat.med. *pietoso*. ▢37] *adj.* Que tem piedade; pio. [Pl.: *-dosos* (ó).]

pi.e.gas [V.E] *adj2g2n.* **1.** Que é ridiculamente sentimental. **2.** Próprio de piegas. ● *s2g2n.* **3.** Pessoa piegas.

pi:e.gui.ce [*Piegas*. ▢13] *sf.* Qualidade, modos, ato ou dito de piegas.

→ **piercing** (pírcin) [Ingl.] *sm.* Ato de perfurar a língua ou a pele (do rosto, do umbigo, etc.) para ali inserir peça de metal. **2.** A peça ali inserida.

pi:er.rô [Fr. *pierrot*.] *sm.* **1.** *Teatr.* Personagem ingênuo e sentimental da comédia italiana, vestido de calça e casaco muito amplos, enfeitados de pompons e com grande gola franzida. **2.** *P.ext.* Traje semelhante ao do pierrô (1).

pi.fão [V.E] *sm. Pop.* V. *bebedeira* (1). [Pl.: *-fões*.]

pi.far [V.E] *vint.* **1.** Falhar, gorar. **2.** Deixar de funcionar; avariar-se. [C.: 1]

pi.fa.ro [Médio alto-al. *Pifer*.] *sm.* Espécie de oboé, com 9 orifícios.

pí.fi:o [Esp. *pifia*.] *adj.* Reles, grosseiro, vil.

pi.gar.re.ar [*Pigarro*. ▢1N] *v.int.* Tossir com pigarro. [C.: 12A]

pi.gar.ro [V.E] *sm.* Embaraço na garganta provocado por muco.

pig.men.ta.ção [*Pigmentar*. ▢2A] *sf.* Coloração produzida por pigmento. [Pl.: *-ções*.]

pig.men.ta.do [*Pigmento*. ▢17B] *adj.* Que tem pigmento.

pig.men.to [Lat. *pigmentu*.] *sm.* **1.** Nome comum a várias substâncias que dão coloração aos tecidos vegetais ou animais, ou a líquidos, pastas, etc. **2.** Substância para coloração us. em pintura ou tintura.

pig.meu [Lat. *pygmaeu*.] *sm.* **1.** *Etnol.* Indivíduo de certas etnias de homens de baixa estatura (inferior a 1,50m), e que habitam a África equatorial e o S.E. da Ásia. **2.** *Deprec.* Indivíduo muito baixo (1). **3.** *Pej.* Pessoa moralmente mesquinha ou intelectualmente insignificante. ● *adj.* **4.** De, ou relativo a pigmeu (1 a 3). [Fem.: *pigmeia* (éi).]

pi.ja.ma [Ingl. *pyjama*.] *sm.f.* Vestuário caseiro ou para dormir, composto de casaco e calças.

pi.lan.tra *adj2g. s2g. Bras.* Diz-se de, ou indivíduo reles, sem caráter. § **pi.lan.tra.gem** *sf.*

pi.lão [*Pilar*². ▢28B] *sm.* Utensílio para socar, triturar, amassar. [Pl.: *-lões*.]

pi.lar¹ [Esp. *pilar*.] *sm.* Elemento vertical da estrutura duma construção, que suporta determinada carga.

pi.lar² [Lat. *pilare*. ▢1A] *vtd.* Pisar, moer ou socar no pilão. [C.: 1] § **pi.la.do** *adj.*

pi.las.tra [It. *pilastro*.] *sf.* Pilar[1] de 4 faces que, ger., adere por uma delas à parede de um edifício.

pí.le:o [Lat. *pileu*.] *sm.* **1.** *Biol.* A porção esporífera de várias espécies de fungos. **2.** *Zool.* O lado superior da cabeça das aves.

pi.le.que [V.E] *sm. Bras. Pop.* V. **bebedeira** (1).

pi.lha [Dev. de *pilhar*.] *sf.* **1.** Porção de coisas dispostas umas sobre as outras. **2.** *Fís.-Quím.* Sistema que transforma energia química em energia elétrica. **3.** *Pop.* Pessoa muito nervosa.

pi.lhar [It. *pigliare*.◘1A] *vtd.* **1.** Obter, alcançar. **2.** V. *saquear*. **3.** Aparecer inopinadamente diante de. *p.* **4.** Achar-se, ver-se (em certo estado, ou condição, etc.). [C.: 1] **§ pi.lha.gem** *sf.*

pi.lhé.ri:a [V.E] *sf.* V. **piada**. **§ pi.lhé.ri.co** *adj.*

pi.lhe.ri.ar [*Pilhéria*.◘1A] *v.int.* e *ti.* Fazer pilhéria; troçar. [C.: 1]

pi.lo.ro [Gr. *pylorós*.] *sm. Anat.* Orifício de comunicação do estômago com o duodeno. **§ pi.ló.ri.co** *adj.*

pi.lo.so (ó) [Lat. *pilosu*.◘37] *adj.* Peludo (1). [Pl.: -*losos* (ó). **§ pi.lo.si.da.de** *sf.*

pi.lo.ta.gem [*Pilotar*.◘6] *sf.* Arte, profissão ou serviços de piloto. [Pl.: -*gens*.]

pi.lo.tar [*Piloto*.◘1A] *vtd.* **1.** Governar ou dirigir como piloto. *int.* **2.** Exercer funções de piloto. [C.: 1 (ó)]

pi.lo.tis [Fr. *pilotis*.] *sm2n.* O conjunto dos pilares ou colunas de sustentação de edifícios, que deixam, no pavimento em que se erguem, área livre para circulação.

pi.lo.to (ô) [It. *piloto*.] *sm.* **1.** O que dirige uma embarcação mercante, subordinado ao comandante. **2.** O que dirige uma aeronave, carro de corridas, etc. **3.** *Rád. Telev.* Programa demonstrativo e experimental de uma série a ser produzida. **4.** *Bras.* Nos aquecedores de gás, bico que, aceso, propaga a chama aos demais.

pí.lu.la [Lat. *pilula*.] *sf.* **1.** Medicamento em forma de bolinha sólida, para uso por via oral. **2.** *Fig.* Coisa desagradável. **3.** *Restr.* Pílula anticoncepcional.

pi.me.lo.dí.de:o [Tax. *Pimelodidae*.] *adj. sm. Zool.* Diz-se de, ou espécime dos pimelodídeos, grande família de peixes fluviais, sul-americanos, de corpo alongado, ger. noturnos. Ex.: jaú.

pi.men.ta [Lat. *pigmenta*.] *sf.* **1.** *Bot.* Nome comum a várias piperáceas e solanáceas cujos frutos, do mesmo nome, são bagas picantes us. como tempero; pimenteira. **2.** *Bras. Fam.* Pessoa irrequieta, muito viva.

pi.men.ta-do-rei.no *sf. Bot.* Trepadeira piperácea de frutos us. como condimento. **2.** Esse condimento, em grãos ou moído. [Pl.: *pimentas-do-reino*.]

pi.men.ta-ma.la.gue.ta *sf.* Malagueta. [Pl.: *pimentas-malagueta(s)*.]

pi.men.tão [*Pimenta*.◘28A] *sm. Bot.* Erva solanácea cujo fruto, do mesmo nome, é us. como alimento ou tempero. [Pl.: -*tões*.]

pi.men.tei.ra [*Pimenta*.◘16] *sf.* **1.** *Bot.* Pimenta (1). **2.** Recipiente para servir seus frutos us. como condimento.

pim.pão *adj. sm.* **1.** Vaidoso, jactancioso. **2.** V. *janota*. [Pl.: -*pões*. Fem.: *pimpona*.]

pim.po.lho (ô) [Esp. *pimpollo*.] *sm.* **1.** Rebento da videira. **2.** *Fig.* Criança pequena e robusta.

pi.ná.ce:a [Tax. *Pinaceae*.] *sf. Bot.* Espécime das pináceas, família de coníferas de folhas aciculares, dos climas temperados. Ex.: cedro-do-líbano. **§ pi.ná.ce:o** *adj.*

pi.na.co.te.ca [Lat. *pinacotheca*.] *sf.* **1.** Museu de pintura. **2.** Coleção de quadros.

pi.ná.cu.lo [Lat. *pinnaculu*.] *sm.* V. **cume** (1).

pin.ça [Fr. *pince*.] *sf.* **1.** Instrumento formado de 2 hastes que seguram, apertam ou arrancam sob pressão. **2.** *Zool.* No cavalo, a parte anterior e inferior do casco. **3.** *Zool.* Apêndice preênsil de alguns artrópodes, como, p.ex., o dos escorpionídeos.

pin.çar [*Pinça*.◘1A] *vtd.* **1.** Prender ou apertar com pinça. **2.** *Fig.* Destacar, selecionar (exemplo, opinião, etc.). [C.: 1B]

pín.ca.ro [V.E] *sm.* V. **cume** (1).

pin.cel [Cat. *pincell*.] *sm.* Objeto formado por um tufo de pelos fixado no extremo dum cabo, para espalhar tintas, verniz, etc., ou para ensaboar a cara, ao barbear, para aplicar maquiagem, etc. [Pl.: -*céis*.]

pin.ce.la.da [*Pincel*.◘4] *sf.* Traço ou toque de pincel.

pin.ce.lar [*Pincel*.◘1A] *vtd.* Passar pincel em. [C.: 1 (é)]

pin.cho [Dev. de *pinchar*.] *sm.* Salto, pulo.

pin.da.í.ba [Do tupi.] *sf. Bras. Fam.* Falta de dinheiro.

pin.do.ba [Do tupi.] *sf. Bras. Bot.* Palmeira arecácea cujas nozes dão óleo útil.

pi.ne.al *adj2g.* **1.** Piniforme. **2.** Píneo (1). **3.** *Anat.* Diz-se de pequena glândula endócrina de forma oval, situada no cérebro. [Pl.: -*ais*.]

pi.ne.no [Tax. *Pin(us)* + -*eno*[2].] *sm. Quím.* Terpeno proveniente do pinheiro, que é o constituinte principal da aguarrás.

pí.ne:o [Lat. *pineu*.] *adj.* **1.** Relativo ao pinheiro; pineal. **2.** Feito de pinho (1).

pin.ga [De *pingo*.] *sf.* **1.** V. **gota** (1). **2.** Gole, trago. **3.** *Bras. Pop.* V. **cachaça** (1).

pin.ga.dei.ra [*Pingar*.◘16A] *sf.* **1.** Série de pingos. **2.** Coisa que pinga. **3.** *Constr.* Sulco ou saliência longitudinal feitos em fachada (1), destinados a impedir que as águas pluviais escorram ao longo das paredes.

pin.gar [Lat.vulg. **pendicare*.◘1A] *vtd.* **1.** Deitar pingos ou borrifos em. **2.** Verter aos pingos; gotejar. *int.* **3.** Cair aos pingos; gotejar. **4.** Começar a chover. **5.** Render pouco a pouco. [C.: 1C] **§ pin.ga.do** *adj.*

pin.gen.te [V.C] *sm.* **1.** Pequeno objeto pendente, de forma alongada. **2.** Brinco (1) pendente. **3.** *Bras.* Passageiro que viaja pendurado em veículo.

pin.go [Dev. de *pingar*.] *sm.* **1.** V. *gota* (1). **2.** Pequena mancha deixada por pingo (1) de gordura, tinta, etc. **3.** *Bras.* Porção ínfima.

pin.gu.ço [*Pinga* + *-uço*.] *adj. Bras.* **1.** V. *embriagado*. ● *sm.* **2.** Cachaceiro.

pin.gue-pon.gue [Ingl. *ping-pong*.] *sm.* Jogo em que cada jogador, com uma raquete, atira a bola sobre a rede que divide a mesa em 2 campos; esta bola, ao quicar sobre o lado adversário uma única vez, deverá ser devolvida, e assim sucessivamente. [Sin.: *tênis de mesa*. Pl.: *pingue-pongues*.]

pin.guim (güim) [Fr. *pingouin*.] *sm. Zool.* Ave esfeniscídea; nidifica no polo sul. [Pl.: *-guins*.]

pi.nha [Lat. *pinea*.] *sf. Bot.* **1.** O fruto, ger. cônico, do pinheiro e de outras coníferas. **2.** O fruto da pinheira; fruta-de-conde, ata.

pi.nhal [*Pinho*.◻39] *sm.* Mata de pinheiros; pinheiral. [Pl.: *-nhais*.]

pi.nhão [Esp. *piñón*.◻28] *sm.* Cada semente contida na pinha. [Pl.: *-nhões*.]

pi.nhei.ra [*Pinha*.◻16] *sf. Bras. Bot.* Arvoreta anonácea, frutífera.

pi.nhei.ral [*Pinheiro*.◻39] *sm.* Pinhal. [Pl.: *-rais*.]

pi.nhei.ro [B.-lat. *pinariu*.◻25] *sm. Bot.* Nome comum a várias pináceas.

pi.nhei.ro-do-pa.ra.ná *sm. Bras. Bot.* Araucária. [Pl.: *pinheiros-do-paraná*.]

pi.nho [Lat. *pinu*.◻32] *sm.* **1.** Madeira de pinheiro. **2.** *Bras. Pop.* Violão.

pi.ni.car *vtd. Bras.* **1.** Picar (2 e 8). **2.** Beliscar (1). [C.: 1A]

pi.ni.for.me [*Pin(i)-* + *-forme*.] *adj2g.* Em forma de pinha; pineal.

pi.no [Lat. *pinu*, 'pinheiro'.] *sm.* **1.** Peça que se introduz em orifícios de 2 ou mais peças para estabelecer entre elas união fixa ou articulada. **2.** Haste de válvula, em motor de explosão. **3.** O zênite (1). **4.** O auge. ◆ **A pino.** Em direção (quase) perfeitamente vertical, ou visível nessa direção.

pi.no.te [*Pino* + *-ote*[1].] *sm.* **1.** Salto que a cavalgadura dá, escoiceando. **2.** Salto, pulo, pirueta.

pi.no.te.ar [*Pinote*.◻1N] *v.int.* Dar pinotes. [C.: 12A]

pin.ta [Dev. de *pintar*.] *sf.* **1.** Pequena mancha. **2.** Sinal (7). **3.** *Pop.* Aparência, aspecto.

pin.ta.do [*Pintar*.◻17A] *adj.* **1.** Representado por meio de pintura. **2.** Cheio de pintas. **3.** Que se maquiou. **4.** *Pop.* Muito parecido; idêntico.

pin.tal.gar [De *pintar*.◻1A] *vtd.* Pintar de cores variegadas. [C.: 1C]

pin.tar [Lat. *pinctare*.◻1A] *vtd.* **1.** Representar por traços ou cores. **2.** Recobrir de tinta. **3.** Executar por meio de pintura. *int.* **4.** Praticar a arte ou exercer a profissão de pintor. **5.** Surgir ou começar a surgir. **6.** *Bras.* Mostrar-se promissor. **7.** *Bras.* Fazer travessuras. **8.** *Bras. Gír.* Comparecer a algum lugar. *p.* **9.** Maquiar (2). [C.: 1] ◆ **Pintar e bordar.** *Bras. Fam.* Fazer travessuras, diabruras, ou coisas extraordinárias.

pin.tas.sil.go [V.D] *sm. Zool.* Nome comum a aves fringilídeas, canoras.

pin.to [V.A] *sm.* Filhote de galinha ainda novo.

pin.tor (ô) [Lat.vulg. **pinctore*.◻19] *sm.* **1.** Pessoa que exerce a arte da pintura. **2.** Aquele que pinta paredes.

pin.tu.ra [Lat.vulg. **pinctura*.◻5B] *sf.* **1.** Ato ou efeito de pintar(-se). **2.** Revestimento de uma superfície com matéria corante. **3.** Arte e técnica de representar o visível ou imaginário numa superfície plana, mediante o uso de tintas. **4.** A obra pictórica. **5.** Profissão de pintor. **6.** Colorido. **7.** Maquiagem (1).

pi:o[1] [V.A] *sm.* Voz de certas aves; pípilo.

pi:o[2] [Lat. *piu*.] *adj.* Piedoso.

pi:o.gê.ni.co *adj.* Que gera pus.

pi.o.lhen.to [*Piolho*.◻27] *adj.* Que tem piolhos.

pi.o.lho (ô) [Lat.vulg. *peduculu*.] *sm. Zool.* Nome comum a insetos pediculídeos, sugadores, que parasitam vertebrados. [Pl.: *-olhos* (ô).]

pi.o.lho-de-co.bra *sm. Bras. Zool.* V. *embuá*. [Pl.: *piolhos-de-cobra*.]

pi.on [Ingl. *pi(-més)on*.] *sm. Fís.* Partícula elementar, da família dos mésons e com massa aproximada de $140 MeV/c^2$, descoberta em 1947 pelo físico brasileiro César Lattes (**M.**).

pi:o.nei.ro [Fr. *pionnier*.◻25] *sm.* **1.** Aquele que abre caminho através de região mal conhecida. **2.** *Fig.* Precursor (4). ● *adj.* **3.** Que se antecipa ou abre caminho.

pi.or [Lat. *pejore*.] *adj2g.* **1.** Comp. de superioridade de *mau*. ● *sm.* **2.** Aquele que é inferior a tudo o mais. ● *adv.* **3.** De modo pior. [Antôn.: *melhor*.] ◆ **Levar a pior.** Ser derrotado numa contenda ou questão; sair prejudicado.

pi.o.ra [Dev. de *piorar*.] *sf.* Ato ou efeito de piorar.

pi:o.rar [Lat. *pejorare*.◻1A] *vtd. e int.* Tornar ou ficar pior; agravar(-se). [C.: 1 (ó)]

pi:or.rei.a (éi) [Gr. *pyórrhoia*.] *sf. Med.* Eliminação, para o meio exterior, de matéria purulenta.

pi.pa [Lat.vulg. **pipa*.] *sf.* **1.** Vasilha bojuda, de madeira, para vinho e outros líquidos; barrica. **2.** *Fig. Pop.* Pessoa baixa e gorda. **3.** *Fig.* Homem beberrão. **4.** *Bras.* V. *papagaio* (3).

pi.pa.ro.te [Esp. *papirote*.] *sm.* Pancada que se dá com a cabeça do dedo médio apoiada sobre o polegar e soltando-se com força.

pi.pe.rá.ce:a [Tax. *Piperaceae*.] *sf. Bot.* Espécime das piperáceas, família de plantas tropicais, de uso ornamental, medicinal ou como condimento. Ex.: pimenta-do-reino. § **pi.pe.rá.ce:o** *adj.*

pi.pe.ta (ê) [Fr. *pipette*.] *sf.* Tubo de vidro em que se recolhe, por aspiração, um líquido, para medir-lhe o volume.

pi.pi [Do tupi.] *sm. Bras. Inf.* V. *urina*.

pi.pi.lar [Lat. *pipilare*.◻1A] *v.int.* Piar. [C.: 1]

pi.pi.lo [Dev. de *pipilar*.] *sm.* Pio[1].

pi.po.ca [Do tupi.] *sf.* O grão de milho rebentado ao calor do fogo.

pi.po.car [*Pipoca*. ▫1A] *v.int. Bras.* Estalar como pipoca; espocar. [C.: 1A (ó)]

pi.po.quei.ro [*Pipoca*. ▫25] *sm.* Vendedor de pipocas.

pi.prí.de:o [Tax. *Pipridae*.] *adj. sm. Zool.* Diz-se de, ou espécime dos piprídeos, família de pequenos pássaros canoros, ger. pretos e de cabeça colorida, das Américas Central e do Sul. Ex.: tangará, rendeira.

pi.que [Dev. de *picar*.] *sm.* **1.** Pica. **2.** *Bras.* Brinquedo em que uma criança tem de pegar alguma das outras antes que esta chegue a um lugar determinado. **3.** *P.ext.* Esse lugar. **4.** *Bras.* Corte pequeno. **5.** *Bras.* O momento, o ponto de maior intensidade. ◆ **Ir a pique.** Afundar-se (a embarcação).

pi.que.ni.que [Ingl. *picnic*.] *sm.* Excursão festiva ao ar livre, com comidas e bebidas.

pi.que.te (ê) [Fr. *piquet*.] *sm.* **1.** Corpo de soldados que formam guarda avançada. **2.** Pequena estaca que se crava no terreno para marcar um ponto em trabalho topográfico. **3.** *Bras.* Grupo de funcionários que se posta à entrada de empresas para impedir a entrada de outros, por ocasião de greve.

pi.ra [Lat. *pyra*.] *sf.* **1.** Fogueira onde se queimam cadáveres. **2.** Qualquer fogueira.

pi.ra.ce.ma [Do tupi.] *sf. Bras. Amaz.* **1.** Cardume de peixes. **2.** Época em que esses cardumes migram para as nascentes dos rios.

pi.ra.do [*Pirar*. ▫17A] *adj. Pop.* V. *doido* (1).

pi.ram.bei.ra *sf. Bras.* V. *perambeira*.

pi.ra.mi.dal [*Pirâmide*. ▫39] *adj2g.* **1.** Em forma de pirâmide. **2.** *Fig.* Colossal, extraordinário. [Pl.: -*dais*.]

pi.râ.mi.de [Lat. *pyramide*.] *sf.* **1.** *Geom.* Poliedro em que uma das faces (a base) é um polígono qualquer e as outras são triângulos com um vértice comum. **2.** Monumento em forma de pirâmide com base quadrangular.

pi.ran.del.li.a.no [▫29A] *adj.* Do, ou relativo ao escritor italiano Luigi Pirandello (**M.**), ou à sua obra.

pi.ra.nha [Do tupi.] *sf. Bras. Zool.* Peixe caracídeo voracíssimo, com dentes numerosos e cortantes.

pi.rão [Do tupi.] *sm. Bras.* Papa de farinha escaldada. [Pl.: -*rões*.]

pi.rar [Cigano *pirar*. ▫1A] *v.int. Pop.* **1.** Escapulir, fugir. **2.** V. *enlouquecer*. *p.* **3.** Escapulir-se. [C.: 1]

pi.ra.ru.cu [Do tupi.] *sm.* Peixe osteoglossídeo da bacia amazônica, que chega a 2,5m de comprimento, sendo o maior peixe fluvial de escama.

pi.ra.ta [It. *pirata*.] *sm.* **1.** Bandido que cruza os mares com o fito de roubar. **2.** *Bras.* Tratante, malandro. ● *adj2g.* **3.** Diz-se de edição de livros, CDs, DVDs, etc. ou de produção de objetos, etc., fraudulenta.

pi.ra.ta.ri.a [*Pirata*. ▫15] *sf.* **1.** Ação ou vida de pirata. **2.** Roubo, extorsão. **3.** Ato ou efeito de piratear (2).

pi.ra.te.ar [*Pirata*. ▫1N] *v.int.* **1.** Levar vida de pirata. *td.* **2.** Fazer edição ou produção pirata de. [C.: 12A] § **pi.ra.te.a.do** *adj.*

pi.res [V.C] *sm2n.* Pratinho sobre o qual se põe a xícara.

pi.ré.ti.co [Gr. *pyretikós*. ▫35B] *adj.* Relativo a febre (1).

pi.rex (cs) *sm2n.* Marca registrada de determinado vidro e/ou utensílio de vidro resistente ao calor.

pi.re.xi.a (cs) [Gr. *pýrexis* + -*ia*[1]. ▫8A] *sf.* V. *febre* (1).

pi.ri.for.me [*Piri-* + -*forme*.] *adj2g.* Em forma de pera.

pi.ri.lam.po [Gr. *pyrilampís*.] *sm. Zool.* Coleóptero cuja parte final do abdome emite luz fosforescente; vaga-lume.

pi.ri.pa.que [V.B] *sm. Bras. Gír.* V. *faniquito*.

pi.ri.ri [Do tupi.] *sm. Bras. Fam.* V. *diarreia*.

pi.ro.fo.bi.a [*Piro-* + -*fobia*.] *sf. Psiq.* Horror mórbido a fogo. § **pi.ro.fó.bi.co** *adj.*; **pi.ró.fo.bo** *adj. sm.*

pi.ro.ga [Fr. *pirogue*.] *sf. Bras. Etnogr.* Canoa indígena, feita dum tronco de árvore escavado a fogo.

pi.ro.gra.vu.ra *sf.* **1.** Arte de desenhar ou gravar com ponta candente. **2.** Desenho feito assim.

pi.ro.ma.ni.a [*Piro-* + -*mania*.] *sf. Psiq.* Mania de atear fogo. § **pi.ro.ma.ní.a.co** *adj.*

pi.rô.me.tro [*Piro-* + -*metro*.] *sm.* Instrumento para medir temperaturas elevadas.

pi.ro.se [Gr. *pýrosis*.] *sf. Med.* Sensação retrosternal de queimação, e que se propaga, em direção ascendente, para o pescoço (2); azia.

pi.ro.tec.ni.a [*Piro-* + -*tecn(o)-* + -*ia*[1]. ▫8A] *sf.* **1.** Arte de empregar o fogo. **2.** A técnica da preparação de fogos de artifício.

pi.ro.téc.ni.co [*Pirotecnia*. ▫35B] *adj.* **1.** Relativo à pirotecnia, ou feito mediante ela. ● *sm.* **2.** Fabricante de foguete (1).

pir.ra.ça [V.E] *sf.* **1.** Coisa feita com o propósito de contrariar; partida, picardia, picuinha. **2.** V. *birra*.

pir.ra.çar [*Pirraça*. ▫1A] *v.int. e td.* Fazer pirraça (a). [C.: 1B]

pir.ra.lho [V.C] *sm. Bras.* Criança, guri.

pir.ró.fi.to [Tax. *Pyrrhophyta*.] *adj. sm. Bot.* Diz-se de, ou espécime dos pirrófitos, divisão de algas planctônicas unicelulares, ger. flageladas; algumas são cobertas por carapaça de celulose. [Sin.: *dinófito* e (do sm.) *dinoflagélida*.]

pir.ro.ni.ce [Antr. gr. *Pýrron* (c.365-275 a.C.) + -*ice*. ▫13] *sf.* **1.** Desconfiança sistemática. **2.** Obstinação acintosa; teimosia.

pir.rô.ni.co *adj.* Que duvida de tudo.

pirueta | pituitária

pi.ru.e.ta (ê) [Fr. *pirouette*.] *sf.* **1.** Volta do cavalo sobre uma das mãos. **2.** Rodopio sobre um pé. **3.** V. *pinote* (2).

pi.ru.e.tar [*Pirueta*.◘1A] *v.int.* Fazer piruetas. [C.: 1 (é)]

pi.ru.li.to [V.C] *sm. Bras.* Substância doce em forma de bola, etc., enfiada num palito.

pi.sa [Dev. de *pisar*.] *sf.* **1.** Ato de pisar. **2.** Surra, sova.

pi.sa.da [*Pisar*.◘4] *sf.* **1.** V. *pegada*. **2.** Pisadela.

pi.sa.de.la [*Pisar*.◘7A] *sf.* Ato ou efeito de pisar; pisada.

pi.sa.du.ra [*Pisar*.◘5A] *sf.* **1.** Vestígio de pisada(s). **2.** Contusão.

pi.sar [Lat. *pinsare*.◘1A] *vtd.* **1.** Pôr o(s) pé(s) sobre. **2.** Passar ou andar por cima de. **3.** Esmagar com os pés. **4.** Triturar ou moer com pilão. **5.** Causar contusão em. **6.** Desdenhar, desprezar. *ti.* **7.** Pisar (1, 6 e 9). *tc.* **8.** Entrar, percorrer. **9.** Andar, caminhar. *int.* **10.** Pisar (9). **11.** *Bras. Gír.* Acelerar veículo automóvel. [C.: 1] § **pi.sa.do** *adj.*

pis.ca.de.la [*Piscar*.◘7A] *sf.* Ato ou efeito de piscar.

pis.ca-pis.ca [De *piscar*, repetido.] *sm.* Nos automóveis, farolete que, piscando, indica a mudança de direção do veículo. [Pl.: *pisca(s)--piscas*.]

pis.car [V.B] *vtd.* **1.** Fechar e abrir rapidamente (os olhos). *tdi.* e *ti.* **2.** Dar sinal, piscando. *int.* **3.** Fechar e abrir rapidamente os olhos; pestanejar. [C.: 1A] ◆ **Num piscar de olhos.** Num instante; imediatamente.

pís.ce.o [Lat. *pisceu*.] *adj.* Relativo a peixe.

pis.ci.a.no [Lat. *Pisces* + *-iano*.◘29A] *sm.* **1.** Indivíduo nascido sob o signo de Peixes. ● *adj.* **2.** Diz-se de, ou pertencente ou relativo a pisciano (1).

pis.ci.cul.tor (ô) [*Pisci-* + *cultor*.] *sm.* O que pratica a piscicultura.

pis.ci.cul.tu.ra [*Pisci-* + *cultura*.] *sf.* Arte de criar peixes.

pis.ci.for.me [*Pisci-* + *-forme*.] *adj2g.* Em forma de peixe.

pis.ci.na [Lat. *piscina*.] *sf.* Tanque artificial para natação.

pis.co.so (ô) [Lat. *piscosu*.◘37] *adj.* Em que há muito peixe. [Pl.: *-cosos* (ó).]

pi.so [Dev. de *pisar*.] *sm.* **1.** Modo de andar. **2.** Terreno em que se anda. **3.** V. *pavimento* (1).

pi.so.te.ar [Esp.plat. *pisotear*.◘1N] *vtd.* Calcar com os pés; espezinhar. [C.: 12A] § **pi.so.te.a.do** *adj.*

pis.ta [It. *pista*.] *sf.* **1.** Indício, vestígio. **2.** Encalço, procura. **3.** A parte de uma rodovia ou de uma rua sobre a qual os veículos circulam. **4.** A parte do hipódromo onde correm os cavalos. **5.** Faixa de um aeródromo preparada para pouso e decolagem de aeronaves. **6.** Parte de salão reservada a danças.

pis.tão *sm.* V. *pistom*. [Pl.: *-ões*.]

pis.ti.lo [Lat. *pistillu*.] *sm. Bot.* O conjunto dos órgãos femininos da flor, formado de ovário, estilete e estigma.

pis.to.la [Fr. *pistole*.] *sf.* **1.** Arma de fogo portátil. **2.** Canudo de fogo de artifício que dispara glóbulos luminosos, etc. **3.** Aparelho com que se pulveriza tinta ou verniz.

pis.to.lão [*Pistola*.◘28A] *sm. Bras.* **1.** Recomendação de pessoa importante. **2.** Quem a faz. [Pl.: *-lões*.]

pis.to.lei.ro [*Pistola*.◘25] *sm.* **1.** Bandido armado. **2.** V. *capanga* (3). **3.** Assassino profissional.

pis.tom [Fr. *piston*.] *sm.* **1.** Êmbolo (1). **2.** Espécie de trompete. [Var.: *pistão*. Pl.: *-tons*.]

pi.ta [Do quích.] *sf.* **1.** Fio (1) da piteira. **2.** Piteira¹.

pi.ta.da *sf.* **1.** Pequena porção de substância (sal, rapé, etc.) que se põe entre o polegar e o indicador para cheirar. **2.** *P.ext.* Pequena porção de tempero em pó que se apanha com as pontas dos dedos, para aplicar na comida ou bebida. **3.** *P.ext.* Pequena porção de uma coisa.

pi.ta.gó.ri.co [Lat. *pythagoricu*.◘35] *adj.* Relativo ao, ou próprio do filósofo e matemático grego Pitágoras.

pi.tan.ga [Do tupi.] *sf. Bras. Bot.* O fruto da pitangueira.

pi.tan.guei.ra [*Pitanga*.◘16] *sf. Bot.* Árvore ou arvoreta mirtácea de frutos bacáceos, suculentos.

pi.tar [Do tupi.◘1A] *vtd.* e *int. Bras.* Fumar (1 e 3). [C.: 1]

pit.boy (bói) [Ingl. *pit* (*bull*) + *boy*.] *sm.* Rapaz, ger. de corpo musculoso, de comportamento agressivo.

→ **pit bull** (pítibul) [Ingl.] *sm. Zool.* Cão forte, agressivo, originário do cruzamento de diversas raças de *terrier* (q.v.).

pi.tei.ra¹ [*Pita*.◘16] *sf. Bras. Bot.* Grande erva agavácea cujas folhas, grossas e longas, fornecem boa fibra; pita.

pi.tei.ra² [*Pit(ar)*.◘16] *sf. Bras.* Boquilha.

pi.téu [V.E] *sm. Fam.* V. *petisco*.

pi.ti *sm.* V. *faniquito*.

pi.to¹ [Dev. de *pitar*.] *sm. Bras.* Cachimbo.

pi.to² [V.D] *sm. Fam.* V. *repreensão*.

pi.tom.ba [Do tupi.] *sf. Bras. Bot.* O fruto da pitombeira.

pi.tom.bei.ra [*Pitomba*.◘16] *sf. Bras. Bot.* Árvore sapindácea, frutífera.

pí.ton [Mit. lat. *Python*.] *sm.* **1.** *Zool.* Grande serpente não venenosa. **2.** Mago, necromante.

pi.to.ni.sa [Lat. *pythonissa*.] *sf.* Fem. de *píton* (2).

pi.to.res.co (ê) [It. *pittoresco*.◘33A] *adj.* **1.** Próprio para ser pintado. **2.** Graciosamente original.

pi.tu [Do tupi.] *sm. Bras. Zool.* Crustáceo palemonídeo; camarão-d'água-doce.

pi.tu.í.ta [Lat. *pituita*.] *sf. Med.* Secreção mucosa espessa e viscosa.

pi.tu:i.tá.ri:a *sf. Anat.* Hipófise.

pi.um (i-úm) [Do tupi.] *sm. Bras. Amaz. Zool.* Borrachudo. [Pl.: *-uns.*]
pi.ve.te [Esp. *pebete*.] *sm. Bras. RJ SP Gír.* Menino ladrão e/ou que trabalha para ladrões.
pi.vô [Fr. *pivot.*] *sm.* **1.** Haste metálica que suporta coroas nas raízes ou incrustações de dentes. **2.** Peça roliça encaixada com folga em outra peça, para formarem uma junção giratória. **3.** *Fig.* Agente principal. **4.** *Basq.* Jogador que fica próximo à cesta, ger. de costas, para pegar o rebote ou para finalizar a jogada.
pi.vo.tar [*Pivô.*⬛1A] *vtd.* Girar em torno de um pivô (2). [C.: 1 (ô)]
pi.xa.im (a-ím) [Do tupi.] *sm. Bras.* **1.** V. *carapinha.* ● *adj2g.* **2.** Encarapinhado. [Pl.: *-ins.*]
➔ **pixel** (pícsel) [Ingl.] *sm.* Menor unidade de cor de uma imagem digital.
pi.xí.di.o (cs) [Gr. *pyxídion.*] *sm. Bot.* Fruto seco, do tipo cápsula, que se abre transversalmente. Ex.: sapucaia.
pi.zi.ca.to [It. *pizzicato*, 'beliscado'.] *adj. sm. Mús.* Diz-se do, ou o modo de fazer vibrar as cordas dos instrumentos de arco dedilhando-as.
➔ **pizza** (pítsa) [It.] *sf.* Comida ger. salgada, italiana, feita com massa de pão assado ger. em forma de disco, e com cobertura de queijo, tomate, banana, etc.
➔ **pizzaiolo** (pítsaiôlo) [It.] *sm. Cul.* O profissional que prepara *pizzas.*
piz.za.ri.a (tsa) [*Pizza.*⬛15] *sf.* Lugar onde se fabrica e/ou vende *pizza.*
pla.ca [Fr. *plaque.*] *sf.* **1.** Chapa ou lâmina de material resistente. **2.** Placa de metal colocada nos automóveis, com seu número de licenciamento (p.ext., esse número); chapa. **3.** *Eletr.* Eletrodo (1). **4.** *Eletrôn.* Circuito impresso. **5.** *Inform.* Circuito impresso, com conector externo para acoplá-lo a um equipamento eletrônico. ◆ **Placa dérmica.** *Zool.* Cada uma das peças córneas que formam a carapaça que recobre os quelônios. **Placa tectônica.** *Geogr.* Cada um dos grandes segmentos externos da crosta terrestre, que se deslocam lentamente sobre a parte inferior, mais plástica, e interagem com outros segmentos vizinhos, o que origina vulcanismo, sismos, etc.
pla.ca-mãe *sf. Inform.* Placa (4) principal de um computador, em que se instalam o microprocessador central (CPU) e outros circuitos e componentes acessórios. [Pl.: *placas-mãe(s).*]
pla.car [Fr. *placard.*] *sm.* **1.** Quadro onde se marcam os pontos ganhos num jogo (futebol, tênis, etc.). **2.** *Bras.P.ext.* Escore.
pla.ce.bo [Lat. *placebo.*] *sm. Med.* Forma farmacêutica inativa, us. em experimentos médicos.
pla.cen.ta [Lat.cient. *placenta.*] *sf. Anat.* Órgão que liga, envolvendo-o, o produto da concepção ao útero materno, durante a gestação. § **pla.cen.tá.ri:o** *adj.*
plá.ci.do [Lat. *placidu.*] *adj.* **1.** Sereno, tranquilo. **2.** Pacífico, brando. § **pla.ci.dez** (ê) *sf.*

pla.coi.de (ói) [*Plac(o)- + -oide.*] *adj2g. Zool.* Diz-se de cada escama, em forma de placa quadrangular, dos elasmobrânquios.
pla.ga [Lat. *plaga.*] *sf.* Região, país.
pla.gi.ar [*Plágio.*⬛1A] *vtd.* **1.** Apresentar como seu (trabalho intelectual de outrem). **2.** Imitar (obra alheia). [C.: 1]
plá.gi:o [Lat. *plagiu.*] *sm.* Ato ou efeito de plagiar.
plai.na (ã) *sf.* Instrumento para alisar madeira.
pla.na.dor (ô) [*Planar.*⬛19A] *sm.* Avião sem aparelhos de propulsão.
pla.nal.to [*Plano + alto*¹.] *sm.* Grande extensão de terreno elevado, plano ou pouco ondulado; altiplano, chapada.
pla.nar [*Plano.*⬛1A] *v.int.* **1.** Voar (a aeronave) sustentada apenas pela ação das asas, sem interferência do motor. **2.** Voar (pássaro) com as asas imóveis. [C.: 1]
pla.ná.ri:a [Tax. *Planaria.*] *sf. Zool.* Animal platelminto, ger. de vida livre.
plânc.ton [Gr. *planktón.*] *sm. Biol.* Comunidade de pequenos animais (*zooplâncton*) e vegetais (*fitoplâncton*) que flutuam livremente nas águas doces, salobras e marinhas. [Pl.: *-tons.*] § **planc.tô.ni.co** *adj.*
pla.ne.jar [*Plano.*⬛1E] *vtd.* **1.** Fazer o plano ou a planta de; projetar, traçar. **2.** Tencionar, projetar. **3.** Elaborar um plano de. [C.: 1 (ê)] § **pla.ne.ja.men.to** *sm.*
pla.ne.ta (ê) [B.-lat. *planeta.*] *sm. Astr.* Corpo celeste, de forma quase esférica, que gira ao redor de uma estrela em órbita cuja vizinhança foi desimpedida de outros corpos celestes devido à sua ação gravitacional. [Excluindo Plutão, recentemente reclassificado como *planeta-anão*, são oito os que giram em torno do Sol: Mercúrio, Vênus, Terra, Marte, Júpiter, Saturno, Urano e Netuno.]
pla.ne.ta-a.não (ê) *sm. Astr.* Corpo celeste muito semelhante a um planeta, mas que não conseguiu com sua força gravitacional desimpedir a vizinhança de sua órbita de outros corpos celestes. [Excluem-se desta definição os satélites.] [Pl.: *planetas-anão(ões).*]
pla.ne.tá.ri:o [*Planeta.*⬛24] *adj.* **1.** Relativo aos planetas. ● *sm.* **2.** Instrumento de projeção (5) para demonstrar a posição e o movimento dos corpos celestes. [Pode projetar o céu como seria visto em qualquer época e lugar do planeta.] **3.** Edifício ou sala onde se projetam essas imagens numa cúpula.
pla.ne.toi.de (ói) *sm. Astr.* Asteroide.
plan.gen.te [Lat. *plangente.*⬛21A] *adj2g.* **1.** Que chora. **2.** V. *lastimoso* (1).
plan.ger [Lat. *plangere.*⬛1B] *v.int.* **1.** Chorar, lamentando-se. **2.** Soar tristemente. *td.* **3.** Planger (). [C.: 2B] § **plan.gên.ci:a** *sf.*
pla.ní.ci:e [Lat. *planitie.*] *sf.* Grande extensão de terreno plano.
pla.ni.fi.car [*Plani- + -ficar.*] *vtd.* **1.** Apresentar em planta (3). **2.** Planejar, projetar. **3.** Submeter a plano (9). [C.: 1A] § **pla.ni.fi.ca.do** *adj.*

planilha | plateia

pla.ni.lha [Hisp.-amer. *planilla*.] *sf.* **1.** Qualquer folha impressa, ou formulário, onde se lançam determinadas informações, cálculos, etc. **2.** *Inform.* Programa que organiza os dados em forma tabular e permite estabelecer entre eles relações definidas como fórmulas lógicas e matemáticas; planilha eletrônica. ◆ **Planilha eletrônica.** *Inform.* Planilha (2).

pla.nis.fé.ri:o [*Plani*- + -*sfer(o)*- + -*io*². □34B] *sm.* **1.** Representação duma esfera ou dum globo num plano. **2.** Mapa que representa os 2 hemisférios terrestres ou celestes numa superfície plana.

pla.no [Lat. *planu*.] *adj.* **1.** Sem desigualdades; liso. **2.** De superfície plana. **3.** Simples, fácil. **4.** *Geom.* Diz-se da curva ou superfície que pode ser contida em um plano (14). **5.** *Geom.* Relativo ao estudo de curvas e superfícies planas (v. *plano* [4]). ● *sm.* **6.** Qualquer superfície plana limitada. **7.** Planta ou traçado que representa, em escala, uma cidade, um conjunto de construções, uma rede de serviços públicos, etc., determinando a proporção e as posições relativas de seus elementos. **8.** Arranjo ou disposição duma obra. **9.** *Fig.* Conjunto de métodos e medidas para a execução dum empreendimento; projeto. **10.** *Fig.* Situação, posição. **11.** *Fig.* Intento, propósito. **12.** *Cin. Fot. Telev.* Posição da câmara em relação ao objeto ou à cena a ser registrada. **13.** *Cin. Telev.* Trecho de cena registrado sem interrupção ou corte. **14.** *Geom.* Superfície que contém inteiramente toda reta que liga 2 de seus pontos.

plan.ta [Lat. *planta*.] *sf.* **1.** *Bot.* Espécime das plantas, reino que engloba todos os vegetais, seres vivos pluricelulares, autotróficos. **2.** Parte do pé que assenta no chão. **3.** Representação gráfica da projeção horizontal de edificação, cidade, etc.

plan.ta.ção [Lat. *plantatione*. □2A] *sf.* **1.** Ato ou efeito de plantar; plantio. **2.** Terreno plantado. [Pl.: -*ções*.]

plan.ta.dor (ô) [Lat. *plantatore*. □19A] *adj. sm.* Que, ou aquele que planta.

plan.tão [Fr. *planton*.] *sm.* **1.** Horário de serviço escalado para um profissional exercer suas atividades em qualquer setor, como delegacia, hospital, etc. **2.** Serviço noturno, ou em dias ou horas normalmente sem expediente, em redações de jornais, hospitais, etc. [Pl.: -*tões*.]

plan.tar [Lat. *plantare*. □1A] *vtd.* **1.** Meter (um vegetal) na terra para aí enraizar. **2.** Semear, cultivar. **3.** Preparar (a terra) para a plantação; amanhar. **4.** Fincar verticalmente na terra. **5.** Assentar; erigir. *p.* **6.** Ficar parado; estacionar. [C.: 1]

plan.tel [Esp.plat. *plantel*.] *sm.* **1.** Grupo de animais de boa raça (esp. equinos e bovinos), selecionados para reprodução. **2.** *Bras.* Os profissionais de dada área. [Pl.: -*téis*.]

plan.ti:o [*Plantar*. □34B] *sm.* Plantação (1).

plan.to.nis.ta [*Plantão* (-*ton*-). □36] *s2g. Bras.* Pessoa de plantão.

plâ.nu.la [Lat.med. *planula*.] *sf. Zool.* Forma larval planctônica de certos corais.

pla.que.ta (ê) [Fr. *plaquette*.] *sf.* **1.** Pequena placa. **2.** *Histol.* V. *plaqueta sanguínea*. ◆ **Plaqueta sanguínea.** *Histol.* Célula discoide presente no sangue dos mamíferos, e que desempenha importante papel na coagulação do sangue.

plas.ma [Lat. *plasma*.] *sm. Histol.* A parte líquida do sangue, em que estão suspensas partículas componentes dele. [Cf. *soro*.]

plas.mar [Lat. *plasmare*. □1A] *vtd.* **1.** Modelar em gesso, em barro, etc. **2.** Dar forma a; modelar. [C.: 1]

plás.ti.ca [Lat. *plastica*.] *sf.* **1.** Arte de plasmar. **2.** A conformação geral do corpo humano. **3.** Operação (2) plástica.

plás.ti.co [Lat. *plasticu*. □35B] *adj.* **1.** Relativo à plástica. **2.** Que tem a propriedade de adquirir determinadas formas. **3.** Diz-se de matéria sintética, dotada de grande maleabilidade e facilmente transformável mediante o emprego de calor e pressão. **4.** Diz-se de ato cirúrgico que visa a modificar, embelezando ou reconstruindo, uma parte externa do corpo humano. **5.** Que tem características de beleza e harmonia. ● *sm.* **6.** Matéria plástica. **7.** *Pop.* Cirurgião plástico. § plas.ti.ci.da.de *sf.*

plas.ti.fi.car *vtd.* Cobrir (papel, tecido, etc.) com película plástica transparente. [C.: 1A] § plas.ti.fi.ca.ção *sf.*; plas.ti.fi.ca.do *adj.*

pla.ta.for.ma [Fr. *plate-forme*.] *sf.* **1.** Área plana horizontal, mais ou menos alteada. **2.** Terraço (2). **3.** Estrado na parte posterior ou anterior de alguns veículos. **4.** Área à altura do piso dos vagões, para facilitar o embarque ou desembarque de passageiros ou de cargas, nas ferrovias. **5.** *Inform.* Tipo ou configuração específicos de computador, de sistema operacional, ou do conjunto de ambos. **6.** Plataforma petrolífera. **7.** *Bras. Fig.* Programa de candidato a cargo eletivo. ◆ **Plataforma continental.** *Ocean.* Zona imersa que declina suavemente entre a praia e o talude continental, até cerca de 200m de profundidade. **Plataforma petrolífera.** Grande estrutura metálica, construída, ger., em alto mar para a extração de petróleo.

pla.ta.ná.ce:a [Tax. *Platanaceae*.] *sf. Bot.* Espécime das platanáceas, família de árvores floríferas de zonas temperadas. § pla.ta.ná.ce:o *adj.*

pla.ta.nis.tí.de:o [Tax. *Platanistidae*.] *adj. sm. Zool.* Diz-se de, ou espécime dos platanistídeos, cetáceos fluviais de rostro longo e fino, e dentes aguçados. São os botos.

plá.ta.no [Lat. *platanu*.] *sm. Bot.* Árvore platanácea.

pla.tei.a (éi) [Fr. *platée*.] *sf.* **1.** Num teatro, pavimento entre a orquestra ou o palco e os camarotes. **2.** *P.ext.* Os espectadores.

pla.tel.min.to [Tax. *Platyhelminthes.*] *adj. sm. Zool.* Diz-se de, ou espécime dos platelmintos, filo de vermes de corpo achatado, segmentado ou não, e cujo tubo digestório (quando presente) é desprovido de ânus; alguns têm vida livre, mas são, na maioria, parasitas. Ex.: tênias, esquistossomos.

pla.ti.ban.da [Fr. *plate-bande.*] *sf.* 1. Mureta de alvenaria maciça ou vazada, no topo das paredes externas de uma construção. 2. Grade ou muro que limita um terraço, etc.

pla.ti.na[1] [Esp. *platina.*] *sf. Quím.* Elemento de número atômico 78, metálico, branco-prateado, us. em ligas preciosas e que tem aplicações científicas [símb.: *Pt*].

pla.ti.na[2] [Fr. *platine.*] *sf.* 1. Presilha em que os soldados de infantaria seguram as correias. 2. Peça metálica us. em vários aparelhos submetidos a corrente elétrica.

pla.ti.nar [*Platina*[1].◻1A] *vtd.* 1. Recobrir de platina[1]. 2. Dar tom ou brilho de platina[1]a. [C.: 1]

pla.ti.no [Esp. *platino.*◻30] *adj.* 1. Da região do rio da Prata. ● *sm.* 2. O natural ou habitante dela.

pla.tir.ri.no [*Plat(i)-* + *-rino.*] *adj. Zool.* 1. Que tem septo nasal largo e narinas voltadas para os lados (diz-se de primata). ● *sm.* 2. Primata platirrino (1).

pla.tô.ni.co [Lat. *platonicu.*◻35B] *adj.* 1. De, ou relativo a Platão (**M.**), ou à sua filosofia. 2. *Fig.* Alheio a interesses ou gozos materiais: *amor platônico*.

plau.sí.vel [Lat. *plausibile.*◻41A] *adj2g.* 1. Digno de aplauso. 2. Razoável, admissível. [Pl.: *-veis.*] § plau.si.bi.li.da.de *sf.*

→ **play** (plêi) [Ingl.] *sm.* V. *playground.*

→ **playback** (pleibéqui) [Ingl.] *sm. Rád. Telev.* Reprodução de sequência de imagens, ou de trilha sonora, gravada previamente.

→ **player** (plêier) [Ingl.] *sm.* V. *CD-player.*

→ **playground** (plêigraundi) [Ingl.] *sm.* Lugar us. para recreação infantil, ger. aparelhado com brinquedos. [F.red.: *play.*]

ple.be [Lat. *plebe.*] *sf.* O conjunto das pessoas pertencentes às classes menos favorecidas; povo, patuleia, zé-povinho.

ple.be.ís.mo [*Plebe.*◻11] *sm.* Modos, usos, palavras de uso da plebe.

ple.beu [Lat. *plebeiu.*] *adj.* 1. Da, ou próprio da plebe. ● *sm.* 2. Indivíduo plebeu. [Fem.: *plebeia* (éi).]

ple.bis.ci.to [Lat. *plebiscitu.*] *sm.* Consulta direta ao povo sobre questão de notória importância política.

plec.tóg.na.to [Tax. *Plectognathi.*] *adj. sm. Zool.* Diz-se de, ou espécime dos plectógnatos, ordem de osteíctes de corpo revestido de escamas irregulares que formam, às vezes, um estojo ósseo. Ex.: o baiacu.

plec.tro [Lat. *plectru.*] *sm.* Espécie de unha de marfim, osso, plástico, etc., com que se fazem vibrar as cordas de certos instrumentos (bandolim, guitarra, etc.).

plêi.a.de [Adapt. do lat. *pleiades.*] *sf.* Reunião ou grupo de pessoas célebres, notórias.

pleis.to.ce.no ou **plis.to.ce.no** [Gr. *pleîstos* + *-ceno*[1].] *adj. sm.* Diz-se de, ou a primeira e mais longa das 2 épocas do quaternário, que se estendeu até c.10 mil a.C., caracterizada por uma série de glaciações.

plei.te.ar [*Pleito.*◻1N] *vtd.* 1. Questionar em juízo. 2. Fazer por conseguir. 3. Concorrer a; disputar. *ti. e int.* 4. Ter pleito com alguém. [C.: 12A] § plei.te.an.te *adj2g. s2g.*

plei.to [Esp. *pleito.*] *sm.* 1. V. *litígio* (1). 2. Debate, discussão. 3. Competição eleitoral decidida pelo voto.

ple.ná.ri.o [Lat. *plenariu.*◻24] *adj.* 1. Pleno, completo. ● *sm.* 2. Assembleia ou tribunal que reúne em sessão (quase) todos os seus membros. 3. *Bras.* O local onde este se reúne.

ple.ni.lú.ni.o [Lat. *pleniluniu.*] *sm.* A lua cheia.

ple.ni.po.ten.ci.á.ri.o *adj.* Que tem plenos poderes.

ple.ni.tu.de [Lat. *plenitudine.*] *sf.* Qualidade ou estado de pleno.

ple.no [Lat. *plenu.*] *adj.* 1. Cheio, repleto. 2. Completo, absoluto. 3. Perfeito, acabado.

ple.o.nas.mo [Lat. *pleonasmu.*] *sm. E.Ling.* Redundância de termos, que em certos casos é legítima, por conferir à expressão mais vigor, ou clareza. § ple.o.nás.ti.co *adj.*

ple.si:os.sau.ro [Tax. *Plesiosaurus.*] *sm. Paleont.* Reptil marinho, carnívoro, de corpo fusiforme, com cerca de 2,5m de comprimento e 4 nadadeiras em forma de remo. Viveu no jurássico inferior, e fósseis dele foram encontrados na Europa.

ple.to.ra (ó) [Gr. *plethóre.*] *sf.* 1. *Med.* Aumento do volume sanguíneo, em um local do organismo. 2. *Fig.* Qualquer superabundância ger. nociva.

pleu.ra [Gr. *pleurá.*] *sf.* Dupla membrana serosa que envolve cada um dos pulmões externamente, e a cavidade torácica internamente. § pleu.ral *adj2g.*

pleu.ri.si.a [Fr.ant. *pleurisie.*] *sf. Med.* Inflamação da pleura; pleurite.

pleu.ri.te [Lat. *pleurite* (nom.).] *sf. Med.* Pleurisia.

pleus.to ou **plêus.ton** [Ingl. *pleuston.*] *sm. Ecol.* Comunidade de organismos que vivem em suspensão na água, seja flutuando, seja submersos.

pli:o.ce.no [*Plio-* + *-ceno*[1].] *adj. sm.* Diz-se de, ou a quinta e mais recente época do período terciário.

plis.sa.do [*Plissar.*◻17A] *adj.* 1. Em que se fez plissê. ● *sm.* 2. Plissê.

plis.sar [Fr. *plisser.*◻1A] *vtd.* Fazer plissê em. [C.: 1]

plis.sê [Fr. *plissé.*] *sm.* Série de pregas feitas em tecido, ger. com máquina própria, e que não se desmancham; plissado.

→ **plotter** | **poder**

→ **plotter** (plóter) [Ingl.] *sm. Inform.* Dispositivo dotado de pinos ou canetas especiais para representação gráfica de dados de um computador; traçador gráfico.

plu.ma [Lat. *pluma*.] *sf.* **1.** *Zool.* Pena¹(1). **2.** Pena us. como adorno.

plu.ma.gem [*Pluma* + -6] *sf. Zool.* O conjunto das penas duma ave. [Pl.: -*gens*.]

plúm.be.o [Lat. *plumbeu*.] *adj.* De chumbo, ou da cor dele.

plu.ral [Lat. *plurale*.◘39] *adj2g.sm E.Ling.* Diz-se do, ou o número (6) que indica mais de um. [Pl.: -*rais*.]

plu.ra.li.da.de [Lat. *pluralitate*.◘14] *sf.* **1.** O maior número. **2.** Grande número.

plu.ra.li.zar [*Plural*.◘1D] *vtd.* **1.** Pôr ou usar no plural. **2.** Aumentar em número; multiplicar. [C.: 1]

plu.ri.ce.lu.lar [*Pluri-* + *celular*.] *adj2g. Biol.* Constituído de mais de uma célula; multicelular.

plu.ri.dis.ci.pli.nar *adj2g.* De, ou relativo a diversas disciplinas de um mesmo campo disciplinar, ou a vários campos disciplinares interligados ou inter-relacionados. § **plu.ri.dis.ci.pli.na.ri.da.de** *sf.*

plu.ri.par.ti.dá.ri.o *adj.* Relativo a mais de um partido.

plu.ri.par.ti.da.ris.mo [*Pluripartidário.*◘11] *sm.* Regime político que admite a formação legal de vários partidos. § **plu.ri.par.ti.da.ris.ta** *adj2g. s2g.*

plu.tão [Mit. lat. *Plutone*, do gr.] *sm.* **1.** *Poét.* O fogo. **2.** *Astr.* Planeta-anão situado além da órbita de Netuno, e que até recentemente era tido como o nono planeta do sistema solar. [Nesta acepç., com inicial maiúsc.] [Pl.: -*tões*.]

plu.to.cra.ci.a [Gr. *ploutokratía*.◘8A] *sf.* Governo em que o poder pertence às classes ricas.

plu.to.cra.ta [*Pluto-* + *-crata*.] *s2g.* Pessoa influente pelo seu dinheiro.

plu.tô.ni.o [*Plutão*.◘34B] *sm. Quím.* Elemento artificial, radioativo, us. na confecção de bomba atômica. V. *actinídeos* [símb.: *Pu*].

plu.vi.al [Lat. *pluviale*.◘39] *adj2g.* De chuva. [Pl.: -*ais*.]

plu.vi:o.me.tri.a [Lat. *pluvia* + -*o*- + -*metria*.] *sf.* Área de estudo que se ocupa da distribuição das chuvas. § **plu.vi:o.mé.tri.co** *adj.*

plu.vi.ô.me.tro [Lat. *pluvia* + -*o*- + -*metro*.] *sm.* Instrumento que mede a quantidade de chuva caída em determinado lugar e tempo.

plu.vi.o.so (ó) [Lat. *pluviosu*.◘37] *adj.* Chuvoso. [Pl.: -*osos* (ó).]

■ **Pm** *Quím.* Símb. de promécio.
■ **PNB** Sigla de *Produto Nacional Bruto*.

pneu *sm.* V. *pneumático* (2).

pneu.má.ti.co [Lat. *pneumaticu*.◘35B] *adj.* **1.** Relativo ao ar. ● *sm.* **2.** Aro de borracha com que se revestem rodas de veículos; pneu. [F.red., nesta acepç.: *pneu*.]

pneu.ma.to.cis.to [*Pneumato-* + -*cisto*.] *sm. Bot.* Vesícula cheia de ar, flutuadora, de vários tipos de algas pardas.

pneu.ma.to.fó.fo.ro [*Pneumato-* + -*foro*.] *sm.* **1.** *Bot.* Raiz que, nas plantas dos mangues ou dos pântanos, deixa a descoberto a ponta para exercer função respiratória. **2.** *Zool.* Vesícula cheia de ar, flutuadora, de cnidários.

pneu.mo.ni.a [Gr. *pneumonía*.◘8A] *sf. Med.* Inflamação pulmonar.

■ **Po** *Quím.* Símb. de polônio.

pó¹ [Lat.vulg. **pulvus*.] *sm.* **1.** Qualquer substância reduzida a partículas finas e homogêneas. **2.** Tenuíssimas partículas de terra seca, ou de qualquer outra substância, que cobrem o solo ou se elevam na atmosfera; poeira.

pó² *sm.* V. *pó de arroz*.

po.á.ce:a [Tax. *Poaceae*.] *sf. Bot.* Espécime das poáceas, família de plantas que engloba vegetais como o capim, o bambu, a cana, o arroz e o trigo. § **po.á.ce:o** *adj.*

po.ai.a [Do tupi.] *sf. Bras. Bot.* Ipecacuanha.

po.bre [Lat. *paupere*.] *adj2g.* **1.** Que não tem o necessário à vida; sem dinheiro ou recursos. **2.** Que denota pobreza. **3.** *Fig.* Pouco produtivo. **4.** *Fig.* Pouco dotado. ● *s2g.* **5.** Pessoa pobre. **6.** Mendigo, pedinte.

po.bre-di.a.bo *sm.* Sujeito sem personalidade e/ou sem importância. [Pl.: *pobres-diabos*.]

po.bre.tão [*Pobre* + -*t*- + -*ão*¹.◘28A] *sm.* Homem paupérrimo; pé-rapado. [Pl.: -*tões*.]

po.bre.za (ê) [*Pobre*.◘12] *sf.* **1.** Estado ou qualidade de pobre. **2.** A classe dos pobres.

po.ça (ô ou ó) [*Poço*.] *sf.* Depressão natural de terreno, pouco funda, com água.

po.ção [Lat. *potione*.◘2] *sf. Med.* Forma farmacêutica, veiculada por água, que contém medicamento dissolvido ou em suspensão, e a ser ministrado por via oral. [Pl.: -*ções*.]

po.cil.ga [Port.*porcilga*, de *porco*.] *sf.* **1.** Curral de porcos. **2.** Casa ou lugar imundo.

po.ço (ô) [Lat. *puteu*.] *sm.* **1.** Cavidade funda aberta na terra para atingir o lençol de água mais próximo à superfície. **2.** Grande buraco cavado na terra para acumular água. **3.** V. *pego*¹(1). **4.** Abertura pela qual se desce a uma mina. **5.** Qualquer perfuração que se faz no solo. [Pl.: *poços* (ó).]

po.da [Dev. de *podar*.] *sf.* Ato ou efeito de podar, ou época de fazê-lo.

po.dar [Lat. *putare*.◘1A] *vtd.* **1.** Cortar, aparar ramos de (plantas); desbastar. **2.** *Fig.* Tornar menos basto ou espesso; desbastar. **3.** *Fig.* Pôr limites a. [C.: 1 (ó)]

pó de ar.roz *sm.* Pó cosmético, muito fino, que se aplica à cútis. [F.red.: *pó*. Pl.: *pós de arroz*.]

po.der [Lat.vulg. **potere*.◘1B] *vtd.* **1.** Ter a faculdade, ou o direito, de. **2.** Ter força, ou energia, ou calma, ou paciência, para. **3.** Ter possibilidade de, ou autorização para. **4.** Estar arriscado ou exposto a; ter probabilidade de. **5.** Ter ocasião ou meio de. **6.** Ter o direito ou a razão de. **7.**

Ter saúde, ou condições de, ou capacidade para aguentar ou suportar, etc. *int.* **8.** Ter possibilidade. **9.** Dispor de força ou autoridade. **10.** Ter força física ou moral. [C.: 24] ● *sm.* **11.** Direito de deliberar, agir e mandar. **12.** Possibilidade; recursos. **13.** Vigor, potência. **14.** Domínio, força. **15.** Eficácia, efeito. **16.** Capacidade, aptidão. **17.** Autoridade constituída; governo dum país. **18.** Função do Estado relativa a suas formas distintas e exercida pelos órgãos competentes. [Pl. do sm.: *poderes*.] ◆ **Poder executivo.** V. *executivo*[1] (4). **Poder judiciário.** V. *judiciário* (2). **Poder legislativo.** V. *legislativo* (2).

po.de.ri:o [*Poder*.◨34B] *sm.* Grande poder.
po.de.ro.so (ô) [*Poder*.◨37] *adj.* **1.** Que tem ou exerce poder. **2.** De grande efeito; enérgico. [Pl.: -*rosos* (ó).]
po.di.ci.pe.dí.deo [Tax. *Podicipedidae.*] *adj. sm.* Zool. Diz-se de, ou espécime dos podicipedídeos, família de aves aquáticas, migratórias, que mergulham para apanhar os peixes, crustáceos, etc. dos quais se alimentam. São os mergulhões.
pó.di:o [Lat. *podiu*.] *sm.* **1.** Pavimento (1), elevado, para pôr em destaque parte de um salão. **2.** Em certas disputas esportivas, plataforma onde sobem, para premiação, os concorrentes vencedores. **3.** Estrado elevado para o regente de uma orquestra, de um coro, etc.
po.do.dá(c).ti.lo [*Pod*(*o*)- + -*dá*(*c*)*tilo*.] *sm. Anat.* Dedo do pé. [Sin. (desus.): *artelho*.]
po.dre (ô) [Lat. *putre*.] *adj2g.* **1.** Em decomposição. **2.** Fétido; infecto. **3.** *Fig.* Pervertido, contaminado. § **po.dri.dão** *sf.*
po:e.dei.ra [Port.arc. *poer*.◨16A] *adj.(f.)* Diz-se de galinha que põe muitos ovos.
po:e.dor (ô) [Port.arc. *poer*.◨19A] *adj.* Que põe ovos (diz-se de animal).
po.ei.ra [*Pó*[1].◨16] *sf. Pó*[1] (2).
po:ei.ra.da [*Poeira*.◨4] *sf.* Muito pó ou poeira.
po:ei.ren.to [*Poeira*.◨27] *adj.* Que tem poeira.
po.e.jo (ê) [Lat. *pulegiu*.] *sm. Bot.* Erva lamiácea, aromática, com óleo rico em mentol.
po.e.ma [Lat. *poema*.] *sm.* **1.** Obra em verso ou não, em que há poesia (1). **2.** Composição poética de certa extensão, com enredo.
po:e.me.to (ê) [*Poema* + -*eto*[1].] *sm.* Poema curto.
po.en.te [Lat. *ponente*.◨21A] *adj2g.* **1.** Que põe ou se põe. **2.** Diz-se do Sol quando no ocaso. ● *sm.* **3.** V. *ocidente* (1).
po:e.si.a [Lat. *poese*.] *sf.* **1.** Arte de criar imagens, de sugerir emoções por meio de uma linguagem em que se combinam sons, ritmos e significados. **2.** Composição poética de pouca extensão. **3.** Gênero poético. **4.** *Fig.* Caráter do que emociona, toca a sensibilidade.
po.e.ta [Lat. *poeta*.] *sm.* **1.** Aquele que escreve e se consagra à poesia. **2.** *Fam.* Pessoa sensível, de imaginação inspirada ou sonhadora. [Fem.: *poetisa*.]

po:e.tar [Lat. *poetare*.◨1A] *v.int.* Fazer versos; poetizar. [C.: 1 (é)]
po.é.ti.ca [Lat. *poetica*.] *sf.* Arte de fazer versos.
po.é.ti.co [Lat. *poeticu*.◨35B] *adj.* **1.** Da poesia, ou próprio dela, ou que a encerra. **2.** Cheio de poesia, de emoção.
po:e.ti.sa [*Poeta* + -*isa*.] *sf.* Mulher que faz poesias.
po:e.ti.zar [*Poético*.◨1D] *vtd.* **1.** Tornar poético. *int.* **2.** Poetar. [C.: 1]
pois [Lat. *post*.] *conj.* **1.** À vista disso; portanto. **2.** Nesse caso. **3.** Mas, porém.
po.la.co [Fr. *polaque*.] *adj. sm.* V. *polonês*.
po.lai.na [Fr.antr. *polaine*.] *sf.* Peça que protege a parte inferior da perna e a superior do pé, e é us. por cima do calçado.
po.lar [*Polo*[1].◨40] *adj2g.* **1.** Dos polos. **2.** Situado junto a eles, ou na direção deles.
po.la.ri.za.ção [*Polarizar*.◨2A] *sf.* **1.** Ato, processo ou o efeito de polarizar(-se). **2.** *Eletr.* Estabelecimento duma diferença de potencial elétrico entre 2 eletrodos. **3.** *Eletrôn.* V. *tensão de polarização.* **4.** *Fís.* Fenômeno apresentado por uma onda eletromagnética em que a direção de vibração da onda permanece constante. [Pl.: -*ções*.]
po.la.ri.zar [*Polar*.◨1D] *vtd.* **1.** Atrair para si; concentrar. *p.* **2.** Concentrar-se para um certo fim. [C.: 1]
pol.ca [Fr. *polka*.] *sf.* Dança de andamento vivo, oriunda da Polônia.
pol.dra (ô) *sf.* Égua nova.
pol.dro (ô) [Lat.vulg. **pullitru*.] *sm.* Potro.
po.le.ga.da [Lat.vulg. **pullicata*.◨4] *sf.* **1.** Medida aproximadamente igual à do comprimento da segunda falange do polegar. **2.** Medida inglesa, equiv. a 25,40mm do sistema métrico decimal.
po.le.gar [Lat. *pollicare*.◨40] *adj2g. sm.* Diz-se do, ou o primeiro e mais curto e grosso dos dedos da mão.
po.lei.ro *sm.* **1.** Conjunto de varas dispostas a certa altura do chão, onde as aves pousam e dormem. **2.** *Pop.* Torrinha.
po.lê.mi.ca *sf.* Controvérsia oral ou escrita.
po.lê.mi.co [Gr. *polemikós.*◨35B] *adj.* Relativo à polêmica.
po.le.mis.ta [Gr. *polemistés.*◨36] *s2g.* Quem polemiza.
po.le.mi.zar [*Polêmico*.◨1D] *v.int. e ti.* Travar polêmica (com). [C.: 1]
pó.len [Lat. *pollen*.] *sm. Bot.* Conjunto de minúsculos grãos contidos na antera e que contêm as células sexuais masculinas das plantas floríferas. V. *polinização.* [Pl.: *polens*.]
po.len.ta [It. *polenta*.] *sf.* Espécie de angu (1) de farinha de milho.
→ pole position (pôuli pozíchion) [Ingl.] *sf. Esport.* **1.** Em corrida automobilística, a primeira posição na largada (3), alcançada pelo

polia | pólipo

piloto mais rápido nos treinos. ● *s2g.* **2.** Piloto que sai na *pole position* (1).

po.li.a [Fr. *poulie*.] *sf.* Roda presa a um eixo, e cuja circunferência recebe uma correia da qual uma das extremidades é aplicada à força e a outra à resistência.

po.li.a.mi.da [*Poli-*[1]+ *amida*.] *sf. Quím.* Polímero que contém, repetido a intervalos regulares, o fragmento característico das amidas; as poliamidas têm grande emprego em tecidos sintéticos. Ex.: náilon.

po.li.an.dri.a [Gr. *polyandría*. ◨8A] *sf.* União conjugal com mais de um homem, simultaneamente. § **po.li.ân.dri.co** *adj.*; **po.li.an.dro** *adj.*

po.li.chi.ne.lo [Fr. *polichinelle*, do it.] *sm.* Antigo personagem teatral caracterizado por nariz longo, corcunda, roupas coloridas, etc.

po.li.ci.a [Lat. *politia*.] *sf.* **1.** Conjunto de leis ou regras impostas aos cidadãos visando à moral, à ordem e à segurança pública. **2.** Corporação que engloba os órgãos e instituições incumbidos de fazê-las respeitadas. **3.** Os membros de tal corporação. **4.** Boa ordem; disciplina. ● *s2g.* **5.** Membro de corporação policial; policial.

po.li.ci.al [*Polícia*. ◨39] *adj2g.* **1.** Da, ou próprio da polícia, ou útil a seus fins. ● *s2g.* **2.** Polícia (5). [Pl.: *-ais.*]

po.li.ci.a.men.to [*Policiar*. ◨3] *sm.* **1.** Ato ou efeito de policiar(-se). **2.** O conjunto dos policiais em ação, em geral ou em certo evento, ou em determinado momento ou área.

po.li.ci.ar [*Polícia*. ◨1A] *vtd.* **1.** Vigiar, em cumprimento de leis ou regulamentos policiais. **2.** Vigiar, zelar. **3.** Reprimir, conter. *p.* **4.** Dominar-se, conter-se. [C.: 1]

po.li.clí.ni.ca [*Poli-*[1]+ *clínica.*] *sf.* Hospital, ou estabelecimento ambulatorial, onde se tratam doenças de todos os tipos, e que conta com médicos de muitas especialidades.

po.li.cro.mi.a [*Policromo*. ◨8A] *sf.* Multiplicidade de cores.

po.li.cro.mo [Gr. *polýchromos*.] *adj.* De várias cores; multicolor, multicolorido, multicor.

po.li.cul.tu.ra *sf.* Cultura de muitos produtos agrícolas em determinada área. § **po.li.cul.tor** (ô) *adj. sm.*

po.li.do [Part. de *polir*.] *adj.* **1.** Alisado, liso. **2.** Lustroso, luzidio. **3.** *Fig.* Atencioso, cortês. § **po.li.dez** (ê) *sf.*

po.li.dor (ô) [Lat. *politore*. ◨19A] *adj. sm.* Que, ou aquele ou aquilo que pule.

po.li.e.dro [Gr. *polýedros*.] *sm. Geom.* Sólido limitado por polígonos planos. § **po.li.é.dri.co** *adj.*

po.li.és.ter [*Poli-*[1]+ *éster*.] *sm. Quím.* Polímero que contém, repetido a intervalos regulares, o fragmento característico dos ésteres. [Tem grande emprego em tecidos sintéticos.] [Pl.: *poliésteres*.]

po.li.es.ti.re.no *sm. Quím.* Polímero us. em embalagens e na fabricação de isopor.

po.li.e.ti.le.no *sm. Quím.* Polímero us. na fabricação de recipientes para líquidos e em embalagens.

po.lí.fa.go [Gr. *polyphágos*.] *adj. sm.* Onívoro.

po.li.fo.ni.a [Gr. *polyphonía*.] *sf. Mús.* **1.** Simultaneidade de várias melodias harmonicamente dispostas. **2.** Composição a várias vozes. § **po.li.fô.ni.co** *adj.*

po.li.ga.mi.a [Gr. ecl. *polygamía*. ◨8A] *sf.* União conjugal de um indivíduo com vários outros, simultaneamente. [Cf. *monogamia*.] § **po.li.gâ.mi.co** *adj.*

po.lí.ga.mo [Gr. *polýgamos*.] *adj. sm.* Que, ou aquele que tem, simultaneamente, mais de um cônjuge.

po.li.gi.ni.a [*Poli-*[1]+ gr. *-gynía*. ◨8A] *sf.* União conjugal com mais de uma mulher, simultaneamente. § **po.li.gi.ni.co** *adj.*; **po.li.gi.no** *adj. sm.*

po.li.glo.ta [Gr. *polýglottos*.] *s2g.* Quem sabe ou fala muitas línguas.

po.li.go.nal [*Polígono*. ◨39] *adj2g.* Que tem muitos ângulos. [Pl.: *-nais.*]

po.lí.go.no [Lat. *polygonu*.] *sm.* **1.** *Geom.* Figura plana, limitada exteriormente por 3 ou mais segmentos de reta. **2.** A linha poligonal (q.v.) fechada que limita essa figura. **3.** Figura que determina a forma geral de uma praça de guerra. ♦ **Polígono regular**. *Geom.* O que tem todos os lados e todos os ângulos iguais.

po.lí.gra.fo [Gr. *polygráphos*.] *sm.* O que escreve sobre matérias diversas.

po.li-in.sa.tu.ra.do (pò) *adj. Quím.* Diz-se de compostos orgânicos que possuem vários pares de átomos de carbono dupla ou triplamente ligados entre si. [Pl.: *poli-insaturados.*]

po.lí.me.ro [Gr. *polymerés*.] *sm. Quím.* Composto formado pela repetição de grande número de fragmentos iguais, ou de poucos tipos. § **po.li.mé.ri.co** *adj.*

po.li.mor.fo [Gr. *polýmorphos*.] *adj.* **1.** Multiforme. **2.** Sujeito a variar de forma. § **po.li.mór.fi.co** *adj.*

po.li.neu.ri.te (pò) *sf. Med.* Inflamação simultânea de vários nervos.

po.li.ni.za.ção [*Polinizar*. ◨2A] *sf. Bot.* Transporte do pólen da antera para o estigma (3), possibilitando a fertilização. [Pl.: *-ções.*]

po.li.ni.zar [*Polin*(i)- + *-izar*. ◨1D] *vtd.* Realizar a polinização de. [C.: 1]

po.li.nô.mi:o *sm. Mat.* Expressão composta por 2 ou mais termos, cada um sendo um produto de constantes e potências inteiras de variáveis.

po.li:o.mi:e.li.te [*Polio-* + *-miel*(o)- + *-ite*[1].] *sf. Med.* Virose aguda, de incidência endêmica ou epidêmica, que compromete o sistema nervoso central, e que leva à atrofia de grupos musculares e deformidade permanente; paralisia infantil. § **po.li:o.mi:e.lí.ti.co** *adj.*

pó.li.po [Lat. *polypu*.] *sm.* **1.** *Med.* Excrescência carnosa que surge de membrana mucosa. **2.** *Zool.* Cnidário ger. sedentário, cilíndrico

po.li.po.di.á.ce:a [Tax. *Polypodiaceae.*] *sf. Bot.* Espécime das polipodiáceas, família de pteridófitos ger. herbáceos. Ex.: avencas, samambaias. § **po.li.po.di.á.ce:o** *adj.*

po.li.poi.de (ói) [*Pólipo* + *-oide.*] *adj2g.* **1.** De, relativo a, ou semelhante a pólipo. **2.** Cujo corpo tem forma de pólipo (diz-se de cnidário).

po.li.po.rá.ce:a [Tax. *Polyporaceae.*] *sf. Biol.* Espécime das polipuráceas, família de fungos que se nutrem de matéria orgânica em decomposição. § **po.li.po.rá.ce:o** *adj.*

po.lir [Lat. *polire.* ◻1C] *vtd.* **1.** Lustrar (1). **2.** Tornar polido, cortês; educar. **3.** Aprimorar, aperfeiçoar. *p.* **4.** Aperfeiçoar-se. [C.: 51] § **po.li.men.to** *sm.*

po.lir.rit.mi.a [*Poli-*[1] + *ritmo* + *-ia*[1]. ◻8A] *sf. Mús.* Superposição de várias fórmulas rítmicas diferentes. § **po.lir.rít.mi.co** *adj.*

po.lis.sí.la.bo [Lat. *polysyllabu.*] *sm. E.Ling.* Palavra de mais de 3 sílabas. § **po.lis.si.lá.bi.co** *adj.*

po.lis.sín.de.to [Gr. *polysýndeton.*] *sm. E.Ling.* Emprego repetitivo de conjunções coordenativas. § **po.lis.sin.dé.ti.co** *adj.*

po.li.téc.ni.ca *sf.* Escola politécnica.

po.li.téc.ni.co [Fr. *polytechnique.* ◻35B] *adj.* **1.** Que abrange numerosas artes ou ciências. **2.** Diz-se da escola onde se estuda engenharia.

po.li.te.ís.mo [Fr. *polythéisme.*] *sm.* Religião em que há vários deuses. § **po.li.te.ís.ta** *adj2g. s2g.*

po.lí.ti.ca *sf.* **1.** Conjunto dos fenômenos e das práticas relativos ao Estado ou a uma sociedade. **2.** Arte e ciência de bem governar, de cuidar dos negócios públicos. **3.** Qualquer modalidade de exercício da política (2). **4.** Habilidade no trato das relações humanas. **5.** Modo acertado de conduzir uma negociação; estratégia.

po.li.ti.ca.gem [*Política.* ◻6] *sf.* Política mesquinha, estreita. [Pl.: *-gens*.]

po.lí.ti.co [Lat. *politicu.* ◻35] *adj.* **1.** Da, ou próprio da política. **2.** Que trata ou se ocupa de política. **3.** Cortês, polido. **4.** Astuto, hábil. ● *sm.* **5.** Indivíduo que exerce ou procura exercer a política (2).

po.li.ti.co-re.li.gi.o.so (ô) *adj.* Que é próprio da política e da religião. [Pl.: *políticos-religiosos* (ósos)]

po.li.ti.quei.ro [*Política.* ◻25] *adj. sm.* Diz-se de, ou aquele que faz politicagem.

po.li.ti.zar [*Política.* ◻1D] *vtd.* **1.** Inculcar a (certas classes ou categorias sociais) ou a (indivíduos dessas classes) a consciência dos seus deveres e direitos políticos. *p.* **2.** Tomar consciência política. [C.: 1] § **po.li.ti.za.ção** *sf.*; **po.li.ti.za.do** *adj.*

po.li.u.re.ta.no (pò) *sm. Quím.* Substância polimérica e sintética.

po.li.va.len.te [*Poli-*[1] + *valente.*] *adj2g.* **1.** Que tem vários usos. **2.** Capaz de atuar em áreas diversas.

e oco, que se fixa ao substrato por uma das extremidades, sendo a outra uma boca circundada de tentáculos.

po.lo[1] [Lat. *polu.*] *sm.* **1.** Cada uma das extremidades do eixo imaginário sobre o qual a Terra executa seu movimento de rotação. [Há o *polo norte* ou *ártico* e o *polo sul* ou *antártico*.] **2.** Nome comum às regiões glaciais vizinhas dessas extremidades. **3.** *Eng.Elétr.* Cada um dos terminais dum gerador elétrico, duma pilha ou bateria, etc. **4.** *Fís.* Cada uma das 2 partes (ger. próximas das extremidades) de um ímã ou de um eletroímã, nas quais aparentemente se concentram certos efeitos magnéticos neles observados. **5.** *Fig.* Cada um de 2 ou mais elementos ou aspectos considerados como extremos opostos.

po.lo[2] [Ingl. *polo.*] *sm.* Jogo praticado a cavalo: movimentação de uma bola de madeira, com um taco, para além da meta adversária. ◆ **Polo aquático.** *Esport.* Jogo de bola com as mãos, disputado numa piscina entre 2 equipes.

po.lo.nês [Fr. *polonais.* ◻38A] *adj.* **1.** Da Polônia (Europa). ● *sm.* **2.** O natural ou habitante da Polônia. **3.** *E.Ling.* A língua polonesa. [Sin. ger.: *polaco*. Flex. de 1 e 2: *poloneses* (ê), *polonesa(s)* (ê).]

po.lô.ni:o [Lat.cient. *polonium.* ◻34B] *sm. Quím.* V. *calcogêneo* [símb.: *Po*].

pol.pa (ô) [Lat. *pulpa.*] *sf.* **1.** Carne (1), sem osso nem gorduras. **2.** A parte carnosa dos frutos, das raízes, etc. **3.** *Anat.* Nos dentes, a parte interna e central.

pol.pu.do [*Polpa* + *-udo.*] *adj.* **1.** Que tem muita polpa. **2.** Muito rendoso (negócio).

pol.trão [It. *poltrone.*] *sm.* Indivíduo covarde ou medroso. [Pl.: *-trões.*] § **pol.tro.ni.ce** *sf.*

pol.tro.na [It. *poltrona.*] *sf.* **1.** Grande cadeira de braços. **2.** Cadeira de plateia, em teatros, cinemas, etc.

po.lu.ção [Lat. *pollutione.*] *sf.* Emissão involuntária de esperma. [Pl.: *-ções*.]

po.lu.en.te [Lat. *polluente.* ◻21A] *adj2g.* **1.** Que polui; poluidor. ● *sm.* **2.** Qualquer agente que polui, que altera as condições de um ecossistema.

po.lu.i.ção [Lat. *pollutione.* ◻2A] *sf.* **1.** Ato ou efeito de poluir(-se). **2.** Contaminação e consequente degradação do meio natural causadas por agentes químicos, detritos domésticos, industriais, etc. **3.** Degradação do meio ambiente por um ou mais fatores prejudiciais à saúde, ao equilíbrio emocional, etc. [Pl.: *-ções*.]

po.lu.ir [Lat. *polluere.* ◻1C] *vtd.* **1.** Sujar, corromper, tornando prejudicial à saúde. **2.** Sujar, manchar. *p.* **3.** Corromper-se, perverter-se. [C.: 42] § **po.lu:i.dor** (ô) *adj.*

pol.vi.lhar [*Polvilho.* ◻1A] *vtd.* **1.** Cobrir ou salpicar de pó. **2.** Salpicar de algo. [C.: 1] § **pol.vi.lha.do** *adj.*

pol.vi.lho [Esp. *polvillo.*] *sm.* **1.** Pó fino. **2.** Farinha finíssima, que se obtém da mandioca.

pol.vo (ô) [Lat. *polypu.*] *sm. Zool.* Molusco cefalópode com 8 tentáculos.

pól.vo.ra [Esp. *pólvora*.] *sf.* Substância explosiva us. para carregar armas de fogo.

pol.vo.ri.nho [*Pólvora.* ▣32] *sm.* Utensílio onde se leva pólvora para a caça.

pol.vo.ro.sa [Esp. *polvorosa*.] *sf. Pop.* Azáfama; tumulto.

po.ma.da [Fr. *pomad*. ▣4] *sf.* Mistura de uma pasta gordurosa com uma ou mais substâncias medicinais ou aromáticas.

po.mar [B.-lat. *pomare*.] *sm.* Terreno onde se cultivam árvores frutíferas.

po.ma.to.mí.de:o [Tax. *Pomatomidae*.] *adj. sm. Zool.* Diz-se de, ou espécime dos pomatomídeos, família monoespecífica de peixes marinhos perciformes, vorazes, cosmopolitas, e que atingem até 1,10m. São as anchovas.

pom.ba [Lat. *palumba*.] *sf. Zool.* Ave columbídea cuja espécie doméstica é us. como alimento.

pom.bal [*Pombo.* ▣39] *sm.* Casa ou local onde se recolhem ou criam pombos. [Pl.: -*bais*.]

pom.ba.li.no [▣30] *adj.* Relativo ao, ou próprio do Marquês de Pombal **(M.)**.

pom.bo [Lat. *palumbu*.] *sm.* O macho da pomba.

pom.bo-cor.rei.o *sm. Zool.* Ave columbídea treinada para levar comunicações ou correspondência. [Pl.: *pombos-correio(s)*.]

po.mi.cul.tor (ô) [*Pomi-* + *cultor*.] *sm.* Fruticultor que se dedica à pomicultura.

po.mi.cul.tu.ra [*Pomi-* + *cultura*.] *sf.* Cultura de árvores frutíferas.

po.mo [Lat. *pomu*.] *sm. Bot.* Fruto carnoso e de forma aproximadamente esférica, como a maçã, a pera.

po.mo de a.dão *sm. Anat.* V. *proeminência laríngea*. [Pl.: *pomos de adão*.]

pom.pa [Lat. *pompa*.] *sf.* **1.** Aparato suntuoso e magnífico. **2.** Grande luxo; fausto, gala.

pom.pe.ar [*Pompa*. ▣1N] *vtd.* **1.** Expor vaidosamente; ostentar. *int.* **2.** Exibir pompa, ostentar riqueza. [C.: 12A]

pom.pom [Fr. *pompon*.] *sm.* Borla de fios curtos cortados em forma de bola, e us. como enfeite. [Pl.: -*pons*.]

pom.po.so (ô) [Lat. *pomposu*. ▣37] *adj.* **1.** Em que há pompa. **2.** *P.ext.* Excessivamente enfeitado. [Pl.: -*posos* (ó).]

pon.che [Ingl. *punch*.] *sm.* Bebida feita, ger., com vinho, água mineral e frutas picadas.

pon.cho [Esp.plat. *poncho*.] *sm. Bras. S.* Capa quadrangular, de lã grossa, com uma abertura no meio, pela qual passa a cabeça.

pon.de.ra.do [*Ponderar*. ▣17A] *adj.* V. *sensato*.

pon.de.rar [Lat. *ponderare*. ▣1A] *vtd.* **1.** Examinar com atenção e minúcia; pesar. **2.** Ter em consideração. *ti.* **3.** Meditar (1). *tdi.* **4.** Dizer em defesa duma opinião. [C.: 1 (é)] § **pon.de.ra.ção** *sf.*; **pon.de.rá.vel** *adj2g.*

pô.nei [Fr. *poney*.] *sm.* Cavalo pequeno, porém ágil.

pon.gí.de:o [Tax. *Pongidae*.] *adj. sm. Zool.* Diz-se de, ou espécime dos pongídeos, família de grandes macacos que inclui gorilas e chimpanzés (africanos), orangotangos e gibões (asiáticos), todos eles sem cauda.

pon.ta [Lat. *puncta*.] *sf.* **1.** A parte ou o ponto em que algo termina; extremidade. **2.** Qualquer saliência pronunciada ou em ângulo, ou em curva, ou aguçada, quadrada, etc. **3.** O princípio ou o fim duma série. **4.** V. *corno.* **5.** *Geogr.* Cabo[1] (3). **6.** *Bras. Cin. Teatr. Telev.* Papel (3) curto ou de pouca importância. **7.** *Fig.* Um pouco; pontinha. **8.** *Bras. Fig.* Alta qualidade; destaque. ● *s2g.* **9.** *Bras.* V. *extra* (2). **10.** *Bras. Fut.* Ponta-direita ou ponta-esquerda.
♦ **De ponta a ponta.** Do princípio ao fim. **Saber na ponta da língua.** Ter (lição, assunto, etc.) perfeitamente sabido, estudado.

pon.ta.da [*Ponta*. ▣4] *sf.* Dor aguda e rápida; ferroada.

pon.ta-di.rei.ta *sm. Fut.* Jogador que ocupa a extremidade direita da linha dianteira; ponta. [Pl.: *pontas-direitas*.]

pon.ta-es.quer.da *sm. Fut.* Jogador que ocupa a extremidade esquerda da linha dianteira; ponta. [Pl.: *pontas-esquerdas*.]

pon.tal [*Ponta*. ▣39] *sm.* Ponta de terra que entra um pouco no mar ou no rio. [Pl.: -*tais*.]

pon.tão [Lat. *pontone*.] *sm.* Plataforma(s) flutuante(s) que forma(m) uma ponte. [Pl.: -*tões*.]

pon.ta.pé [*Ponta* + *pé*.] *sm.* Pancada com a ponta do pé.

pon.ta.ri.a [*Ponto*. ▣15] *sf.* **1.** Ato de assestar, de apontar. **2.** Habilidade de acertar num alvo; mira.

pon.te [Lat. *ponte*. ▣21] *sf.* Construção destinada a ligar margens opostas duma superfície líquida qualquer.

pon.te.ar [*Ponto*[1]. ▣1N] *vtd.* **1.** Pontilhar. **2.** Colocar os dedos nos pontos de (instrumentos de cordas), para tocar. [C.: 12A]

pon.tei.ra [*Ponta*. ▣16] *sf.* Peça de metal que reforça o extremo inferior de bengalas, guarda-chuvas, a bainha das armas brancas, etc.

pon.tei.ro [*Ponto*[1]. ▣25] *sm.* **1.** Agulha de metal que indica, nos quadrantes dos relógios, as horas, os minutos e os segundos. **2.** Qualquer agulha ou haste móvel que, no mostrador dum aparelho, fornece indicação.

pon.ti:a.gu.do *adj.* Que termina em ponta aguçada; pontudo.

pon.ti.fi.ca.do [Lat. *pontificatu*. ▣17C] *sm.* **1.** Dignidade de pontífice. **2.** Tempo de exercício dela.

pon.ti.fi.cal [Lat. *pontificale*. ▣39] *adj2g.* **1.** Relativo a pontífice, ou a pontificado (1); pontifício. ● *sm.* **2.** Longa capa que usam os bispos em certos ofícios litúrgicos. [Pl.: -*cais*.]

pon.ti.fi.car [*Pontífice*. ▣1A] *v.int.* **1.** Oficiar na qualidade de pontífice (1). **2.** Celebrar missa com pontifical (2). **3.** *Fig.* Falar ou escrever em tom categórico. [C.: 1A]

pon.tí.fi.ce [Lat. *pontifice.*] *sm.* **1.** Dignitário eclesiástico (bispo, arcebispo). **2.** O papa; Sumo Pontífice. ◆ **Sumo Pontífice.** Pontífice (2).

pon.ti.fí.ci:o [Lat. *pontifíciu.*] *adj.* Pontifical (1).

pon.ti.lhão [Ponte + -ilh(o)- + -ão.⊡28A] *sm.* Pequena ponte. [Pl.: *-lhões.*]

pon.ti.lhar [Ponto¹ + -ilh(o)- + -ar².⊡1A] *vtd.* Marcar com pontinhos; pontear. [C.: 1]

pon.ti.nha [Ponta.⊡32A] *sf.* Ponta (7).

pon.to [Lat. *punctu.*] *sm.* **1.** Picada com a agulha que se enfia em tecido, couro, etc., para passar o fio de costura, bordado, etc. **2.** Porção de linha ou fio entre 2 furos. **3.** Cada uma das laçadas, nós, etc., feitos em tricô, renda, etc. **4.** Sinalzinho semelhante ao que a ponta dum lápis imprime no papel. **5.** *E.Ling.* V. *sinal de pontuação.* **6.** Sinal adotado, us. em abreviaturas e sobre o *i* e o *j*. **7.** Manchazinha arredondada. **8.** Lugar fixo e determinado. **9.** Lugar fixo de parada de coletivos. **10.** Cada um dos espaços em que se divide a craveira do sapateiro ou a do luveiro. **11.** Livro, cartão, etc. de registro de entrada e saída diária de empregados. **12.** Grau pelo qual se mede algum valor, por acréscimo ou diminuição. **13.** Grau de consistência que se dá à calda do açúcar. **14.** Cada uma das unidades que são marcadas, ganhas ou perdidas, em certos jogos. **15.** Grau de merecimento (em exame, etc.). **16.** Em exames ou concursos, a matéria tirada à sorte para sobre ela discorrer o aluno ou o candidato. **17.** Pessoa que, em lugar não visto pela plateia, no teatro, lê a fala dos atores para lhes ajudar a memória. **18.** Assunto, matéria. **19.** Grau de adiantamento de um trabalho, empreendimento, etc. **20.** Termo, fim; parada; ponto-final. **21.** Porção de fio firmada por um nó, que se deixa em abertura cirúrgica, para promover a união dos tecidos. **22.** A localização de determinada cidade, estação de rádio, aeronave, embarcação, etc. **23.** *Tip.* Unidade de medida tipográfica. ◆ **Ponto cardeal.** Designação comum às direções da rosa dos ventos que apontam para norte, sul, este, oeste. **Ponto de vista.** Maneira de considerar ou de entender um assunto ou uma questão. **Ponto morto.** Posição da alavanca de mudança de marchas, em que o movimento do motor não é transmitido às rodas. **Em ponto.** Exatamente, precisamente. **Entregar os pontos.** *Pop.* Dar-se por vencido; desistir, render-se.

pon.to de ex.cla.ma.ção *sm. E.Ling.* V. *sinal de pontuação.* [Pl.: *pontos de exclamação.*]

pon.to de in.ter.ro.ga.ção *sm. E.Ling.* V. *sinal de pontuação.* [Pl.: *pontos de interrogação.*]

pon.to e vír.gu.la *sm. E.Ling.* V. *sinal de pontuação.* [Pl.: *ponto(s) e vírgulas.*]

pon.to-fi.nal *sm.* V. *ponto* (5 e 20). [Pl.: *pontos-finais.*]

pon.tu.a.ção [Pontuar.⊡2A] *sf.* **1.** Colocação dos sinais ortográficos na escrita. **2.** Sistema de sinais gráficos que indicam, na escrita, pausas na linguagem oral. [Pl.: *-ções.*]

pon.tu.al [Ponto.⊡39A] *adj2g.* Que chega, parte, ou cumpre as obrigações ou compromissos, executa trabalho, etc., no tempo devido ou à hora marcada. [Pl.: *-ais.*] § **pon.tu:a.li.da.de** *sf.*

pon.tu.ar [Ponto.⊡1Aa] *vtd.* **1.** Marcar com sinal de pontuação. **2.** Caracterizar, marcar. [C.: 1]

pon.tu.do [Ponta + -udo.] *adj.* **1.** Que tem ponta(s). **2.** Pontiagudo.

→ **poodle** (púdol) [Ingl.] *sm. Zool.* Nome comum a certos cães de tamanhos e cores variáveis, focinho retangular, orelhas pendentes e pelagem crespa e macia.

→ **pop** (pópi) [Ingl.] *adj2g2n.* **1.** Próprio das obras artísticas ou de entretenimento difundidas pelos meios de comunicação de massa ou criadas pela indústria cultural. **2.** Diz-se de um tipo de música popular, internacionalmente difundida no século XX, em que se usam, esp., a guitarra e outros instrumentos com amplificação elétrica.

po.pa (ó) [Lat. *popa.*] *sf.* A parte posterior da embarcação.

→ **popeline** [Fr.] *sf.* Tecido lustroso, de algodão, para vestes femininas, camisas de homem, etc.

po.pu.la.ção [Lat. *populatione.*⊡2A] *sf.* **1.** O conjunto, ou o número, de habitantes dum país, duma região, duma cidade, etc. **2.** *Ecol.* O conjunto de indivíduos da mesma espécie que vivem numa mesma região. [Pl.: *-ções.*] § **po.pu.la.ci:o.nal** *adj2g.*

po.pu.lar [Lat. *populare.*⊡40] *adj2g.* **1.** Do, ou próprio do povo, ou feito por ele. **2.** Simpático ao povo. **3.** Vulgar, trivial. **4.** Feito, distribuído ou adaptado para ser acessível ao uso ou consumo por grande número de indivíduos, esp. aos com menor poder aquisitivo: *casas populares.* **5.** Conhecido ou apreciado por muitos. ● *sm.* **6.** Indivíduo qualquer: *Foi socorrido por populares.* § **po.pu.la.ri.da.de** *sf.*

po.pu.la.ri.zar [Popular.⊡1D] *vtd. e p.* Tornar(-se) conhecido, divulgado, ou estimado pelo povo. [C.: 1] § **po.pu.la.ri.za.ção** *sf.*

po.pu.lis.mo [Popul(i)- + -ismo.⊡11] *sm. Bras.* Ação política em que o governante, ger. carismático, se liga diretamente ao povo, deixando em segundo plano as intituições democráticas. § **po.pu.lis.ta** *adj2g.*

po.pu.lo.so (ô) [Lat. *populosu.*⊡37] *adj.* Que tem grande população. [Pl.: *-losos* (ó).]

→ **pop-up** (pópi-âpi) [Ingl.] *sm. Inform.* Na *Web*, janela destinada a exibir propaganda.

pô.quer [Ingl. *poker.*] *sm.* Certo jogo de cartas para 2 ou mais parceiros.

por [Lat. *pro.*] *prep.* **1.** Exprime relações de lugar (*Passou por aqui*), tempo (*Viveram felizes por anos*), meio, modo (*Exprimiu-se por um gesto*), preço (*Comprei o livro por um preço alto*), causa (*Sofreu por amor*), etc. **2.** Rege o predicativo do sujeito ou do objeto direto

pôr | porra

(*Ele passa por violento, Todos o têm por sábio* e, esp., o agente da passiva (*Foi feito por mim*).

pôr [Lat. *ponere*.] *vtd.* **1.** Colocar (em algum lugar); depor. **2.** Colocar, firmando ou apoiando; apoiar, firmar: *pôr o pé no degrau*. **3.** Colocar em posição ou lugar adequados. **4.** Guardar (em lugar seguro); depositar. *tdi.* **5.** Colocar próximo; levar: *Pôs a mão à cabeça*. **6.** Colocar (adorno, acessório, etc.). **7.** Apor (2). **8.** Dar (nome). **9.** Arrastar, impelir (a um estado ou situação). **10.** Incutir, infundir. **11.** Fazer consistir; concentrar. **12.** Fazer recair; imputar. **13.** Atribuir (defeito, falha). **14.** Dirigir (o olhar, a atenção) para alguém ou algo; fixar. **15.** Apresentar à vista; expor. **16.** Anunciar a disponibilização de (algo [móvel ou imóvel]) para venda ou locação: *Pôs a casa à venda*. **17.** Expor (questão, razão, etc.); propor. **18.** V. *traduzir* (1). **19.** Incluir, inserir. **20.** Deitar, misturando: *pôr sal no molho*. **21.** Fazer aplicação de. **22.** Exibir, apresentar: *pôr uma peça em cartaz*. *td.* **23.** Vestir (1 e 2). **24.** Calçar (1). **25.** Colocar: *pôr um anel*. **26.** Pôr (21): *pôr compressas*. **27.** Preparar para que se possa utilizar; arranjar: *pôr a mesa*. **28.** Deitar (ovos) no ninho. **29.** Deixar de lado; largar, depor. *transobj.* **30.** Fazer ficar; tornar: *A confusão o pôs louco*. **31.** Dar nome. *int.* **32.** Deitar ovos no ninho. **33.** Planejar algo: "*O homem põe e Deus dispõe*" (prov). *p.* **34.** Colocar-se (em certo local ou posição). **35.** Permanecer (em certa situação); ficar: *pôr-se de vigia*. **36.** Começar, principiar: *Pôs-se a gritar*. **37.** Desaparecer no ocaso. **38.** Tornar-se, fazer-se. **39.** *Fig.* Colocar-se hipoteticamente; supor-se: *Ponha-se no meu lugar*. [C.: 34]

po.rão [Lat. *planu*.] *sm.* **1.** Qualquer espaço entre o convés mais baixo e o fundo da embarcação. **2.** Nos navios mercantes, cada um dos grandes espaços estanques onde se arruma a carga. **3.** *Bras.* Parte da habitação entre o solo e o primeiro pavimento. [Pl.: -rões.]

po.ra.quê [Do tupi.] *sm. Bras. Zool.* Peixe electroforídeo dos rios da Amazônia e do rio Orenoco; peixe-elétrico.

por.ca [Lat. *porca*.] *sf.* **1.** A fêmea do porco. **2.** Peça de ferro, com furo em espiral, que se atarraxa na extremidade do parafuso.

por.ca.da [*Porco*.◨4] *sf.* Vara de porcos.

por.ca.lhão [*Porco* + *-alhão*.] *sm.* Homem muito porco, imundo. [Pl.: *-lhões*. Fem.: *porcalhona*.]

por.ção [Lat. *portione*.◨2] *sf.* **1.** Parte ou quantidade limitada de algo; pedaço. **2.** V. *quantidade* (2). [Pl.: -ções.]

por.ca.ri.a [*Porco*.◨15] *sf.* **1.** Imundície, sujeira. **2.** Coisa malfeita, má, ou sem valor; porqueira.

por.ce.la.na [It. *porcellana*.] *sf.* **1.** Louça fina, preparada essencialmente com caulim, vitrificada ou não. **2.** Objeto de porcelana.

por.cen.ta.gem [Loc. *por cento*.◨6] *sf.* V. *percentagem*. [Pl.: *-gens*.]

por.co (ô) [Lat. *porcu*.] *sm.* **1.** *Zool.* Mamífero suíneo, doméstico; cerdo. **2.** Carne de porco. **3.** Homem imundo. ● *adj.* **4.** Imundo, sujo. **5.** Obsceno, licencioso. [Pl.: *porcos* (ó).]

por.co-do-ma.to *sm. Bras. Zool.Impr.* Caititu. [Pl.: *porcos-do-mato* (ó).]

por.co-es.pi.nho *sm. Zool.* Mamífero roedor histricídeo. [Pl.: *porcos-espinho(s)* (ó).]

pôr do sol *sm.* Ocaso (1) do Sol. [Pl.: *pores do sol*.]

po.re.jar [*Poro*.◨1E] *vtd.* Exsudar pelos poros; suar. [C.: 1 (è)]

po.rém [Lat. *proinde*.] *conj.* Contudo; mas; todavia.

por.fi.a [Lat. *perfidia*.] *sf.* **1.** Insistência, teima. **2.** Disputa, competição.

por.fi.ar [*Porfia*.◨1A] *v.int.* **1.** Discutir com calor. *ti.* **2.** Discutir, altercar. **3.** Insistir, teimar. **4.** Disputar (1). [C.: 1]

po.rí.fe.ro [*Pori-* + *-ífero*.] *adj. sm. Zool.* Diz-se ou, espécime dos poríferos, filo de invertebrados aquáticos, ger. marinhos, de formas variadas, e com poros e canais revestidos por células flageladas. São as esponjas.

por.me.nor [Loc. *por menor*.] *sm.* Circunstância particular; particularidade, minudência, minúcia, miudeza.

por.me.no.ri.zar [*Pormenor*.◨1D] *vtd.* Referir ou descrever com pormenores; minuciar, minudenciar. [C.: 1] § **por.me.no.ri.za.do.do** *adj.*

por.no.gra.fi.a [Gr. *pornográphos* + *-ia*¹.◨8A] *sf.* Figura(s), fotografia(s), filme(s), obra literária ou de arte, etc. relativos a, ou que tratam de coisas ou assuntos obscenos ou licenciosos. § **por.no.grá.fi.co** *adj.*

po.ro [Lat. *poru*.] *sm.* **1.** *Anat.* Nome genérico de pequena abertura. **2.** *Anat. Restr.* Poro sudoríparo. **3.** *Bot.* Orifício muito estreito num órgão ou parte vegetal. ◆ **Poro sudoríparo.** *Anat.* Orifício de ducto de glândula sudorípara. § **po.ro.so** (ô) *adj.*

po.ron.go [Esp.plat. *porongo*, do quích.] *sm.* **1.** *Bot.* Trepadeira cucurbitácea de cujos frutos ocos, de casca dura, se fazem cuias e vasos. **2.** Cuia ou vaso feito com o fruto seco do porongo (1); cabaço. [Sin.ger.: *cabaça*.]

po.ro.ro.ca [Do tupi.] *sf. Bras.* Macaréu de alguns metros de altura, grande efeito destruidor e forte estrondo, que ocorre próximo à foz do Amazonas e de alguns rios do MA.

por.quan.to [*Por* + *quanto*.] *conj.* Por isso que; visto que; porque.

por.que [*Por* + *que*.] *conj.* Pelo motivo de.

por.quê [*Por* + *quê*.] *sm.* Causa; motivo; razão: *Não sabia o porquê de sua ironia*.

por.quei.ra [*Porco*.◨16] *sf.* **1.** Curral de porcos. **2.** Porcaria (2). ● *s2g.* **3.** *Bras. Pop.* Pessoa insignificante, ou reles.

por.qui.nho-da-ín.di:a *sm. Zool.* Cobaia. [Pl.: *porquinhos-da-índia*.]

por.ra (ô) [De *porro*.] *Bras. Chulo sf.* **1.** O esperma. **2.** Coisa, negócio. ● *interj.* **3.** Exprime impaciência, desagrado, etc.

por.re [Regr. de *porrão*, poss.] *sm. Bras. Pop.* V. *bebedeira* (1).
por.re.ta.da [*Porrete*.▣4] *sf.* Pancada com porrete.
por.re.te (ê) [*Porra* + -*ete* (ê).] *sm.* Cacete com uma das extremidades arredondada.
por.ta [Lat. *porta*.] *sf.* **1.** Abertura em parede, ao nível do piso, para dar entrada ou saída. **2.** Peça que gira sobre dobradiças e fecha essa abertura. **3.** Peça com que se fecham certos móveis, veículos, etc., à guisa de porta (2). **4.** *Inform.* Conector que serve para ligar periféricos a um computador.
por.ta-a.vi.ões *sm2n. Impr.* Navio-aeródromo.
por.ta-ban.dei.ra *sm.* **1.** Oficial que conduz a bandeira do regimento. ● *s2g.* **2.** Quem leva bandeira, ou estandarte, em solenidade ou desfile. ● *sf.* **3.** *Bras.* Moça que, nos desfiles, leva o estandarte das escolas de samba, fazendo graciosas evoluções. [Sin. de 2 e 3: *porta-estandarte*. Pl.: *porta-bandeiras*.]
por.ta.bi.li.da.de [*Portável* (-*bil*-).▣14] *sf.* **1.** Direito de manter o mesmo número telefônico, após mudança de endereço e/ou de operadora de serviço. [Desde que não haja alteração de área local ou de registro.] **2.** Capacidade que um *hardware* ou um *software* possui de ser conectado a diferentes tipos de computadores.
por.ta-cha.péus *sm2n. Bras.* Cabide para chapéus.
por.ta.da [*Porta*.▣4] *sf.* **1.** Grande porta, ger. com ornatos. **2.** Página de rosto de um livro; frontispício.
por.ta.dor (ô) [Lat. *portatore*.▣19A] *adj.* **1.** Que leva ou traz consigo ou em si. ● *sm.* **2.** Aquele que, em nome de outrem, ou não, leva algo a qualquer destino. **3.** *Fís.* Num semicondutor, a entidade (elétron, ou ausência dele na estrutura do material) por meio da qual se dá o transporte de carga elétrica. **4.** *Med.* Indivíduo em cujo organismo está presente germe causador de doença infecciosa, e que pode ser transmissor desta, mesmo sem estar doente. ◆ **Portador de carga.** *Fís.* Portador (3). **Portador de necessidades especiais.** *Educ.* Diz-se de indivíduo que necessita de recursos educativos especializados para minimizar suas dificuldades ou desenvolver seu potencial, por ter algum tipo de deficiência ou alta habilidade.
por.ta-es.tan.dar.te *s2g. sf.* Porta-bandeira (2 e 3). [Pl.: *porta-estandartes*.]
por.tal [*Porta*.▣39] *sm.* **1.** A porta principal, ou o conjunto das portas principais dum edifício; pórtico. **2.** Parte fixa da porta. [Pl.: *-tais*.]
por.ta.ló [Cat. *portaló*.] *sm.* Abertura na borda, ou passagem na balaustrada, ou abertura no costado de navio mercante, por onde se entra a bordo e se sai de bordo.
por.ta-lu.vas *sm2n.* Compartimento, ger. à direita no painel dos veículos automóveis, que serve para guardar pequenos objetos.
por.ta-ma.las *sm2n.* A parte dum veículo automóvel destinada ao transporte de bagagem.
por.ta-ní.queis *sm2n. Bras.* Pequena bolsa onde se levam moedas.
por.tan.to [*Por* + *tanto*.] *conj.* Logo; por conseguinte.
por.tão [*Porta*.▣28A] *sm.* **1.** Porta grande. **2.** Porta que dá acesso, da rua, ao terreno, a um jardim, à garagem, etc. [Pl.: *-tões*.]
por.tar [Lat. *portare*.▣1A] *vtd.* **1.** Carregar consigo; levar, conduzir. *p.* **2.** Proceder de certo modo; comportar-se. [C.: 1 (ó) § **por.tá.vel** *adj2g*.
por.ta-re.tra.tos *sm2n.* Moldura em que se põem fotografias.
por.ta.ri.a [*Porta*.▣15] *sf.* **1.** Vestíbulo, ou porta principal, de edifício, repartição, etc. **2.** Documento de ato administrativo de autoridade pública, com instruções, nomeações, etc.
por.tá.til *adj2g.* **1.** De fácil transporte. **2.** De pequeno volume e/ou pouco peso. [Pl.: *-teis*.]
por.ta-voz *sm.* **1.** Instrumento semelhante a uma trombeta, para reforçar a voz de quem fala por ele. ● *s2g.* **2.** Quem fala em nome de outrem. [Pl.: *porta-vozes*.]
por.te [Dev. de *portar*.] *sm.* **1.** Ato de conduzir ou trazer, ou transportar. **2.** Preço de transporte ou de franquia de correspondência. **3.** Aspecto físico; aparência. **4.** O modo como alguém se apresenta; apresentação. **5.** Tamanho de um animal ou de um vegetal.
por.tei.ra [*Porta*.▣16] *sf.* **1.** Fem. de *porteiro*. **2.** Grande cancela ou portão de entrada em propriedades rurais.
por.tei.ro [*Porta*.▣25] *sm.* Homem que guarda porta ou portaria (1).
por.tei.ro-e.le.trô.ni.co *sm.* Num edifício, mecanismo eletrônico instalado para permitir a comunicação verbal entre a portaria, ou cada uma de suas unidades, e alguém que pretende entrar. [Pl.: *porteiros-eletrônicos*.]
por.te.nho [Esp. *porteño*.] *adj.* **1.** De Buenos Aires, capital da Argentina. ● *sm.* **2.** O natural ou habitante de Buenos Aires.
por.ten.to [Lat. *portentu*.▣27] *sm.* **1.** Coisa ou sucesso maravilhoso. **2.** Pessoa de inteligência incomum. [Sin.ger.: *prodígio*.] § **por.ten.to.so** (ô) *adj.*
pór.ti.co [Lat. *porticu*.▣35B] *sm.* **1.** *Arquit.* Átrio amplo, com o teto sustentado por colunas ou pilares. **2.** Portal (1).
por.ti.nho.la *sf.* Pequena porta.
por.to [Lat. *portu*.] *sm.* **1.** Lugar em costa, ou em rio, lagoa, etc., dotado, ger., de instalações adequadas, onde as embarcações podem fundear ou amarrar e estabelecer contatos com a terra e tb. onde se realizam embarque e desembarque de passageiros e carga. **2.** Cidade, vila, etc., que tem junto um porto.
por.to-a.le.gren.se [▣38] *adj2g.* **1.** De Porto Alegre, capital do RS. ● *s2g.* **2.** O natural ou habitante de Porto Alegre. [Pl.: *porto-alegrenses*.]

por.to-ve.lhen.se [◼38] *adj2g.* **1.** De Porto Velho, capital de RO. ● *s2g.* **2.** O natural ou habitante de Porto Velho. [Pl.: *porto-velhenses*.]

por.tu.á.ri.o [*Porto*.◼24B] *adj.* **1.** Relativo a porto (1). ● *sm.* **2.** Aquele que trabalha ou serve em porto.

por.tu.guês [Lat.vulg. *portucalense*.◼38A] *adj.* **1.** De Portugal (Europa). ● *sm.* **2.** O natural ou habitante desse país. **3.** *E.Ling.* Língua românica oficial de Portugal, do Brasil, de Angola, Cabo Verde, Guiné-Bissau, Moçambique, São Tomé e Príncipe, Timor Leste, e, tb., falada em Goa (Índia) e Macau (China). [Há 2 variedades tidas como padrão, a do Brasil, e a de Portugal, oficial para os outros.] [Flex. de 1 e 2: *portugueses* (ê), *portuguesa(s)* (ê).]

por.tu.nhol [*Portu(guês)* + (*espa*)*nhol*.] *sm. Pop.* Modo de se expressar que mistura o português com palavras e expressões espanholas ou que mistura o espanhol com palavras e expressões portuguesas, por não dominar o falante de um desses idiomas a outra língua.

por.tu.ní.de.o [Tax. *Portunidae*.] *adj. sm. Zool.* Diz-se de, ou espécime dos portunídeos, família de crustáceos decápodes cujo quinto par de pernas é modificado para a natação. São os siris.

por.ven.tu.ra [*Por* + *ventura*.] *adv.* Acaso; por acaso.

por.vir [*Por* + *vir*.] *sm.* Futuro (1).

po.sar [*Pose*.◼1A] *v.int.* Fazer pose. [C.: 1 (ó)]

po.se (ô) [Fr. *pose*.] *sf.* **1.** Posição (2). **2.** Postura estudada, artificial. **3.** Ato de servir de modelo a pintor ou escultor.

pós-es.cri.to [Lat.med. *postscriptum*.] *adj2g.* **1.** Escrito depois. ● *sm.* **2.** O que se escreve numa carta, depois de assinada. [Pl.: *pós-escritos*.]

pos.fá.ci.o *sm.* Advertência posta no fim de um livro.

pós-fi.xa.do [*Pós-* + *fixado*.] *adj.* Diz-se de investimento cujo rendimento é calculado ao final do prazo de aplicação. [Pl.: *pós-fixados*.]

pós-gra.du.a.ção *sf.* Grau ou curso de ensino superior para aqueles que já concluíram o curso de graduação. [Pl.: *pós-graduações*.]

po.si.ção [Lat. *positione*.◼2] *sf.* **1.** Lugar onde está posta uma pessoa ou coisa. **2.** Postura do corpo; pose. **3.** Circunstância, situação. **4.** *Restr.* Situação social, hierárquica, etc. [Pl.: *-ções*.]

po.si.ci.o.nar [*Posição* (*-cion-*).◼1A] *vtd.* **1.** Pôr em posição. *p.* **2.** Tomar posição; situar-se. [C.: 1]

po.si.ti.var [*Positivo*.◼1A] *vtd.* e *p.* Tornar(-se) positivo. [C.: 1]

po.si.ti.vis.mo [Fr. *positivisme*.◼11] *sm.* Conjunto de doutrinas de Auguste Comte (M.), que atribuem à constituição e ao processo da ciência positiva importância capital para o progresso do conhecimento. § **po.si.ti.vis.ta** *adj2g. s2g.*

po.si.ti.vo [Lat. *positivu*.◼2] *adj.* **1.** Real, evidente. **2.** Incontestável, indiscutível. **3.** Baseado nos fatos e na experiência. **4.** De caráter prático; objetivo. **5.** *Mat.* Que exprime grandeza superior a zero. **6.** *E.Ling.* Diz-se do grau que no substantivo indica a dimensão normal dos seres e no adjetivo exprime só a qualidade. ● *sm.* **7.** O que é certo, real, útil. **8.** Imagem fotográfica em que as luzes e as sombras são iguais às do original.

pó.si.tron [Ingl. *positron*.] *sm. Fís.* Antipartícula do elétron.

pós-me.ri.di.a.no [Lat. *postmeridianu*.◼29A] *adj.* Posterior ao meio-dia. [Pl.: *pós-meridianos*.]

po.so.lo.gi.a [Gr. *póson* + *-logia*.] *sf.* Indicação das doses em que devem ser aplicados os medicamentos.

pós-pa.go *adj. sm.* Diz-se de, ou linha telefônica ou aparelho em que se paga posteriormente pelas ligações feitas. [Pl.: *pós-pagos*.]

pos.por [Lat. *postponere*.] *vtd.* **1.** Pôr depois. **2.** Deixar para depois; adiar. *tdi.* **3.** Pospor (1). [C.: 34] § **pos.po.si.ção** *sf.*

pos.po.si.ti.vo [Lat. *postpositivu*.◼22] *adj.* Que se pospõe.

pos.pos.to (ô) [Part. de *pospor*.] *adj.* Posto depois. [Pl.: *-postos* (ó).]

pos.san.te [V. lat. *posse* + *-ante*.◼21B] *adj2g.* V. *pujante* (1).

pos.se [Subst. do lat. *posse*.] *sf.* **1.** Detenção duma coisa com o fim de tirar dela qualquer utilidade econômica. **2.** Investidura em cargo público, ou posto honorífico, etc., ou a respectiva solenidade.

pos.sei.ro [*Posse*.◼25] *adj.* **1.** *Jur.* Que está na posse legal de imóvel ou imóveis indivisos. ● *sm.* **2.** *Jur.* Indivíduo possidente. **3.** *Bras.* Aquele que ocupa terra devoluta.

pos.ses *sfpl.* Bens.

pos.ses.são [Lat. *possessione*.◼2] *sf.* **1.** Colônia (3). **2.** Estado em que o corpo e/ou a mente se encontram supostamente dominados por um ser ou força exterior, ou que não se manifesta habitualmente. [Pl.: *-sões*.]

pos.ses.si.vi.da.de [*Possessivo*.◼14] *sf.* Característica ou sentimento de quem é (muito) possessivo.

pos.ses.si.vo [Lat. *possessivu*.◼22] *adj.* **1.** Que tem exacerbado sentimento de posse. **2.** *E.Ling.* Diz-se de pronome que indica posse. ● *sm.* **3.** Pronome possessivo.

pos.ses.so [Lat. *possessu*.] *adj.* Endemoninhado (1). **2.** Furioso, irado. ● *sm.* **3.** Indivíduo possesso.

pos.si.bi.li.da.de [Lat. *possibilitate*.◼14] *sf.* **1.** Qualidade ou condição de possível. **2.** Acontecimento ou circunstância possível, que pode ser, ter sido ou vir a ser real. **3.** *Restr.* Hipótese, opção ou alternativa possível. **4.** Uso ou utilidade potencial; oportunidade.

pos.si.bi.li.tar *vtd.* e *tdi.* Tornar possível. [C.: 1]

pos.sí.vel [Lat. *possibile*.◼41] *adj2g.* **1.** Que pode ser, existir, acontecer, etc. **2.** *Restr.* Que pode ser feito ou praticado, ou realizado; factível, realizável, praticável. **3.** Que não está acima ou além do poder, da capacidade de alguém ou de algo. ● *sm.* **4.** O que é possível. [Pl.: *-veis.*]

pos.su.ir [Lat.vulg. **possidire.* ■1C] *vtd.* **1.** Ter ou reter em seu poder; ter a posse de; ter como propriedade. **2.** Ser naturalmente dotado de. **3.** Desfrutar, usufruir. **4.** Ter em si. **5.** Ter cópula, o macho, com. [C.: 42] § **pos.su.i.dor** (ô) *adj. sm.*

→ **post** (póusti) [Ingl.] *sm.* Mensagem ou foto, etc., adicionada às já disponíveis em *blog*, ou sítio da Internet.

pos.ta[1] [F. de *posto.*] *sf.* **1.** Pedaço de peixe. **2.** Talhada, pedaço.

pos.ta[2] [It. *posta.*] *sf. Desus.* Correio (2).

pos.tal[1] [Fr. *postal.*] *sm.* Cartão-postal. [Pl.: *-ais.*]

pos.tal[2] [*Posta*[2]. ■39] *adj2g.* Relativo ao correio. [Pl.: *-ais.*]

pos.ta.lis.ta [*Postal*[2]. ■36] *s2g.* Funcionário dos correios.

pos.tar[1] [*Posto*[1]. ■1A] *vtd.* **1.** Pôr (alguém) num lugar ou posto. *p.* **2.** Permanecer muito tempo; pôr-se. [C.: 1 (ó)]

pos.tar[2] [*Posta*[2]. ■1A] *vtd. Bras.* **1.** Pôr (carta, etc.) no correio. **2.** Adicionar ou anexar (mensagem, foto, etc.) em *blog*, rede social, etc. [C.: 1 (ó)]

pos.ta-res.tan.te *sf.* Lugar onde ficam, no correio, cartas, pacotes, etc., até serem reclamadas. [Pl.: *postas-restantes.*]

pos.te [Lat. *poste.*] *sm.* Haste de madeira, ferro, etc., presa verticalmente no solo.

pôs.ter [Ingl. *poster.*] *sm.* Cartaz impresso, us. para fins decorativos. [Pl.: *pôsteres.*]

pos.ter.gar [Lat.med. *postergare.* ■1A] *vtd.* Deixar atrás, ou em atraso. [C.: 1C (é)]

pos.te.ri.da.de [Lat. *posteritate.* ■14] *sf.* **1.** Caráter ou situação de posterior. **2.** As gerações futuras.

pos.te.ri.or (ô) [Lat. *posteriore.*] *adj2g.* **1.** Que vem ou está depois; ulterior. **2.** Situado atrás, ou que ficou atrás.

pós.te.ro [Lat. *posteru.*] *adj.* Futuro, vindouro.

pos.ti.ço [Lat.vulg. *appositiciu.*] *adj.* **1.** De pôr e tirar. **2.** Que não é natural.

pos.ti.go [Lat. *posticu.*] *sm.* Abertura em porta ou janela, que permite observar sem as abrir.

pos.to[1] (ô) [Lat. *postu.*] *sm.* **1.** Lugar ocupado por alguém ou algo. **2.** Estação ou alojamento de tropas ou guardas policiais. **3.** Cargo; dignidade. **4.** Grau hierárquico de oficial. **5.** Lugar que cada um deve ocupar no desempenho de suas funções. **6.** Estabelecimento subordinado a um órgão central, e destinado ao atendimento público. **7.** *Bras.* Estabelecimento que vende gasolina, álcool, etc., para veículos.

pos.to[2] (ô) [Part. de *pôr.*] *adj.* **1.** Colocado, situado. **2.** Desaparecido (o Sol). ◆ **Posto que.** Se bem que; embora.

pos.tu.la.do [Lat. *postulatu.* ■17] *sm.* Princípio não demonstrado de um argumento ou teoria.

pos.tu.lar [Lat. *postulare.* ■1A] *vtd.* **1.** Pedir com instância; implorar. **2.** Requerer, documentando a alegação. *tdi.* **3.** Postular (1). [C.: 1] § **pos.tu.lan.te** *adj2g. s2g.*

pós.tu.mo [Lat. *postumu.*] *adj.* **1.** Nascido após a morte do pai. **2.** Posterior à morte de alguém. **3.** Publicado após a morte do autor.

pos.tu.ra [Lat. *positura.* ■5] *sf.* **1.** Posição do corpo ou de parte dele. **2.** Modo de pensar e agir; atitude. **3.** Ato ou efeito de pôr ovos. § **pos.tu.ral** *adj2g.*

po.tas.sa [Al. *Pottasche.*] *sf. Quím.* Hidróxido de potássio.

po.tás.si.o [Lat.cient. *potassium.* ■34B] *sm. Quím.* V. *metal alcalino* [símb.: *K*].

po.tá.vel [Lat. *potabile.* ■41] *adj2g.* Que se pode beber. [Pl.: *-veis.*] § **po.ta.bi.li.da.de** *sf.*

po.te [Provç. *pot.*] *sm.* Recipiente de barro ou de outro material para líquidos, etc.

po.tên.ci.a [Lat. *potentia.*] *sf.* **1.** Qualidade de potente. **2.** Vigor, força. **3.** Vigor sexual. **4.** Força aplicada à realização de certo feito. **5.** Nação poderosa. **6.** *Fís.* A energia produzida ou consumida, por unidade de tempo, em um sistema. **7.** *Mat.* Produto (6) de fatores iguais; o resultado de uma série de multiplicações em que o mesmo número é repetido como fator. [A quantidade de fatores iguais é indicada por um ordinal: *1.000 é a terceira potência de 10.*]

po.ten.ci.a.ção [*Potenciar.* ■2A] *sf. Mat.* Série de multiplicações em que se obtém a potência (7) de um número. [Pl.: *-ções.*]

po.ten.ci.al [Lat.med. *potentiale.* ■39] *adj2g.* **1.** Relativo a potência. **2.** Virtual, possível. ● *sm.* **3.** Poder ou força potencial. **4.** Capacidades, habilidades, talento, etc. não utilizados, mas que se podem manifestar quando há estímulo ou treinamento adequados. **5.** *Fís.* V. *potencial elétrico.* [Pl.: *-ais.*] ◆ **Potencial elétrico.** *Fís.* Função de um campo elétrico igual, em cada ponto, ao trabalho necessário para trazer do infinito ao ponto uma carga elétrica positiva e unitária.

po.ten.ci.ar [*Potência.* ■1A] *vtd. Mat.* Elevar (quantidade) a uma potência; exponenciar. [C.: 1]

po.ten.ta.do [Lat. *potentatu.* ■17] *sm.* **1.** Soberano de grande autoridade ou poder material. **2.** Pessoa muito rica, influente, poderosa.

po.ten.te [Lat. *potente.* ■21] *adj.* **1.** Que pode. **2.** Que tem a faculdade de fazer ou produzir algo. **3.** Que tem poderio ou importância. **4.** Violento, enérgico.

po.ti.guar [Do tupi.] *s2g. adj2g. Bras.* V. *rio-grandense-do-norte.*

po.ti.gua.ra *adj2g. s2g. Bras. Etnôn.* Diz-se de, ou indivíduo dos potiguaras, povo indígena do tronco linguístico tupi, que habita a costa da PB.

po.tó [Do tupi.] *sm. Bras. Zool.* Inseto coleóptero dotado de secreção cáustica e vesicante.

po.to.ca [Or.onom., poss.] *sf. Bras. Pop.* V. *mentira* (1).

po.to.quei.ro [*Potoca.* ■25] *adj. Bras. Pop.* V. *mentiroso* (1 e 3).

po.tran.ca sf. Bras. Fem. de potranco.
po.tran.co [De potro.] sm. Bras. Potro de menos de 2 anos.
po.tro (ô) [Lat.vulg. *pulletru.] sm. Cavalo até aos 4 anos; poldro.
pou.ca-ver.go.nha sf. 1. Falta de vergonha. 2. Ato imoral. [Pl.: poucas-vergonhas.]
pou.co [Lat. paucu.] pron. 1. Em pequena quantidade; escasso. ● sm. 2. Pequena quantidade. ● adv. 3. Não muito; insuficientemente.
◆ **Pouco a pouco.** De modo gradual; sem mudanças súbitas. **Daqui a pouco.** Dentro de instantes; breve.
pou.pa [Lat. upupa.] sf. Zool. 1. Ave upupídea. 2. Tufo de penas na cabeça de algumas aves; penacho, crista.
pou.pa.do [Poupar. ▫17A] adj. V. econômico (2).
pou.pan.ça [Poupar. ▫9A] sf. 1. Economia, parcimônia. 2. Parte da renda que não é gasta em consumo. 3. Bras. Caderneta de poupança.
pou.par [Lat. palpare. ▫1A] vtd. 1. Gastar com moderação; economizar. 2. Ser tolerante com. 3. Não fazer mal a. tdi. 4. Pôr a salvo. 5. Fazer que não despenda; evitar. int. 6. Viver com economia. p. 7. Esquivar-se, eximir-se. [C.: 1] § **pou.pa.dor** (ô) adj. sm.
pou.qui.nho [Pouco. ▫32] sm. Muito pouca coisa; quase nada.
pou.sa.da [Pousar. ▫4] sf. 1. Ato ou efeito de pousar. 2. Lugar de hospedagem.
pou.sar [Lat. pausare. ▫1A] vtd. 1. Pôr, colocar (em algum lugar); assentar. tdc. 2. Firmar, apoiar. tc. 3. Baixar, pousando. 4. Morar, fixar-se. 5. Pousar (7). int. 6. Empoleirar-se. 7. Passar a noite; pernoitar. 8. Pousar (3). [C.: 1]
pou.so [Dev. de pousar.] sm. 1. Lugar onde alguém ou algo pousa, costuma estar ou descansar. 2. V. aterrissagem.
po.va.réu [Povo + -aréu.] sm. Grande multidão.
po.vo (ô) [Lat. populu.] sm. 1. Conjunto de indivíduos que falam (em regra) a mesma língua, têm costumes e hábitos idênticos, uma história e tradições comuns. 2. Os habitantes duma localidade ou região; povoação. 3. V. povoado. 4. Aglomeração de gente; multidão. 5. V. plebe. [Pl.: povos (ó).]
po.vo:a.ção [Povoar. ▫2A] sf. 1. Povo (2). 2. V. povoado. [Pl.: -ções.]
po.vo.a.do [Povoar. ▫17A] sm. Pequena aglomeração urbana; povoação, povo.
po.vo.ar [Povo + -oar.] vtd. 1. Prover de habitantes; tornar habitado. 2. Habitar, ocupar. 3. Ajuntar-se, aglomerar-se, em. tdi. 4. Encher; prover. 5. Infundir (emoções, ideias, etc.). p. 6. Encher-se (de coisas incorpóreas). [C.: 1D] § **po.vo:a.dor** (ô) adj. sm. ; **po.vo:a.men.to** sm.
■ **Pr** Quím. Símb. de prasiodímio.
pra¹ F. sinc. da prep.
pra² Contr. de pra¹ com o art. def. fem. a, ou com o pron.dem. a.
pra.ça [Lat. platea.] sf. 1. Lugar público cercado de edificações; largo. 2. Mercado; feira. 3. O conjunto das casas comerciais duma cidade; o seu comércio. 4. Aquele que, na hierarquia militar (q.v.), fica abaixo de segundo-tenente. 5. Vila ou cidade fortificada. 6. Alarde, ostentação. ● sm. 7. Bras. Soldado de polícia. ● s2g. 8. Militar sem graduação ou posto.
pra.ci.nha [Praça. ▫32A] sm. Soldado da Força Expedicionária Brasileira, na II Guerra Mundial.
pra.do [Lat. pratu.] sm. 1. Campo coberto de plantas herbáceas que servem para pastagem. 2. Bras. Hipódromo.
pra.ga [Lat. plaga.] sf. 1. Imprecação de males contra alguém ou algo; maldição. 2. Grande desgraça; calamidade. 3. Fig. Pessoa ou coisa importuna, desagradável. 4. Nome comum a insetos e/ou doenças por eles provocadas, que atacam plantas e animais.
prag.má.ti.ca sf. Conjunto de fórmulas para as cerimônias da corte ou da Igreja.
prag.má.ti.co [Lat. pragmaticu. ▫35B] adj. Diz-se de pessoa, atitude ou projeto que é objetivo, direto, eficiente.
prag.ma.tis.mo [Ingl.pragmatism. ▫11] sm.Filos. Doutrina segundo a qual as ideias são instrumentos de ação que só valem se produzem efeitos práticos.
pra.gue.jar [Praga. ▫1E] v.int. 1. Dizer pragas ou imprecações. ti. 2. Lançar pragas. [C.: 1 (ê)] § **pra.gue.ja.dor** (ô) adj. sm.; **pra.gue.ja.men.to** sm.
prai.a [Lat.plagia.] sf. 1. Orla de terra, ger. coberta de areia, confinando com o mar. 2. Parte do leito de um rio que fica a descoberto quando as águas baixam.
prai.a.no [Praia. ▫29] sm. 1. Habitante da praia ou litoral. ● adj. 2. Relativo a, ou próprio da, ou situado na praia. [Sin.ger.: praieiro.]
prai.ei.ro [Praia. ▫25] adj. sm. V. praiano.
pran.cha [De plancha, do fr. planche.] sf. 1. Grande tábua, grossa e larga. 2. Espécie de ponte posta entre embarcações e o cais, ou entre 2 embarcações, para trânsito de pessoal. 3. Peça chata e alongada de madeira, fibras, etc., us. para natação, surfe, etc.
pran.cha.da [Prancha. ▫4] sf. Pancada a toda a largura da prancha (1).
pran.che.ta (ê) [Prancha + -eta.] sf. 1. Tábua ou mesa própria para desenhar. 2. Bras. Pequena prancha (1) us. como suporte para escrever.
pran.te.ar [Pranto. ▫1N] vtd., ti. e int. Verter pranto (por); chorar. [C.: 12A] § **pran.te.a.do** adj.
pran.to [Lat. planctu.] sm. Choro acompanhado de vozes queixosas e soluços.
pra.si:o.dí.mi:o sm. Quím. V. lantanídeos [símb.: Pr].
pra.ta [B.-lat. plata.] sf. 1. Quím. Elemento de número atômico 47, metálico, branco-brilhante, denso, maleável, dúctil, us. em numerosas ligas preciosas [símb.: Ag]. 2. Objeto feito com esse metal. 3. V. dinheiro (4).

pra.ta.ri.a [*Prata*.□15] *sf*. Conjunto de objetos de prata.

pra.tar.raz [*Prato* + *-arraz*.] *sm*. Prato (1) grande.

pra.te.a.do [*Pratear*.□17A] *adj*. **1.** Que se prateou. ● *sm*. **2.** Cor ou tonalidade de prata.

pra.te.ar [*Prata*.□1N] *vtd*. **1.** Revestir de uma camada de prata. **2.** Dar a cor e o brilho da prata a. [C.: 1] § **pra.te:a.ção** *sf*.; **pra.te:a.dor** (ô) *adj*. *sm*.

pra.te.lei.ra *sf*. **1.** Tábua fixa onde se colocam pratos, etc. **2.** Cada uma das tábuas horizontais de armário ou estante.

prá.ti.ca [Dev. de *praticar*.] *sf*. **1.** Ato ou efeito de praticar. **2.** Uso, exercício. **3.** Rotina; hábito. **4.** Saber provindo da experiência. **5.** Aplicação da teoria. **6.** Discurso rápido; conferência. **7.** Licença a navegantes para se comunicarem com um porto ou uma cidade.

pra.ti.ca.men.te [F. de *prático*.□42] *adv*. **1.** De modo prático. **2.** Quase que: *O texto está praticamente feito*. **3.** Na prática, de fato: *Praticamente, ele mora aqui*.

pra.ti.car [B.-lat. *praticare*.□1A] *vtd*. **1.** Fazer, realizar, executar. **2.** Atuar profissionalmente ou como amador em. **3.** Fazer (certo esporte). **4.** Manter trato com; tratar, frequentar. **5.** Dizer, proferir. *ti*. **6.** Ter trato. *int*. **7.** Adquirir prática ou experiência. [C.: 1A] § **pra.ti.can.te** *adj2g. s2g.*; **pra.ti.cá.vel** *adj2g*.

prá.ti.co [Lat. *practicu*.□35B] *adj*. **1.** Relativo à prática. **2.** Experiente, perito. **3.** V. *objetivo* (2). **4.** Funcional (3). ● *sm*. **5.** Homem que conhece bem os acidentes hidrográficos de áreas restritas e conduz embarcações através delas. **6.** *Bras*. O que exerce profissão liberal sem ser diplomado.

pra.to [Fr. *plat*.] *sm*. **1.** Recipiente de louça ou de metal, ger. raso e circular, em que se serve a comida. **2.** Iguaria preparada de determinada maneira. **3.** Alimentação, comida. **4.** Concha de balança. **5.** Peça de vários maquinismos em forma de prato (1). ● *adj*. **6.** Chato, plano: *queijo prato*. ◆ **Prato feito**. Comida trivial e de baixo preço, e que já vem servida no prato; pê-efe.

pra.tos *smpl*. Instrumento de percussão formado por 2 peças circulares de metal.

pra.xe [Gr. *práxis*.] *sf*. O que se pratica habitualmente; rotina, prática.

pra.zen.tei.ro *adj*. Que revela prazer; prazeroso, jovial.

pra.zer [Lat. *placere*.□1B] *vti*. **1.** Causar satisfação; agradar, aprazer. [C.: 57] ● *sm*. **2.** Sentimento de alegria, de satisfação. **3.** Aquilo que provoca prazer. § **pra.ze.ro.so** (ô) *adj*.

pra.zo [Lat. *placitu*.] *sm*. **1.** Tempo determinado. **2.** Espaço de tempo durante o qual deve realizar-se alguma coisa. ◆ **A prazo**. Em parcelas, pagas dentro de prazo prefixado.

pré [Fr. *prêt*.] *sm*. *Ant*. A diária dum soldado.

pre.á [Do tupi.] *sm.f*. *Bras*. *Zool*. Mamífero caviídeo.

pre.a.mar (è) [Loc. lat. *plena mare*.] *sf*. V. *maré alta*.

pre.âm.bu.lo [Lat. *praeambulu*.] *sm*. **1.** V. *prefácio*. **2.** Preliminar (2).

pre.ar [Lat. **praedare*.] *vtd*. **1.** Prender, aprisionar. *int*. **2.** Fazer presa. [C.: 12A]

pre.ben.da [Lat. *praebenda*.] *sf*. **1.** Renda eclesiástica. **2.** Ocupação rendosa e de pouco trabalho. **3.** *Bras*. Tarefa desagradável.

pré-ca.bra.li.a.no [*Pré-* + *cabraliano*.] *adj*. Anterior a Pedro Álvares Cabral (**M.**), à sua chegada ao Brasil. [Pl.: *pré-cabralianos*.]

pré-ca.bra.li.no [□30] *adj*. V. *pré-cabraliano*.

pré-cam.bri.a.no [*Pré-* + *cambriano*.] *adj*. *sm*. Relativo a, ou a mais antiga e mais longa era geológica (da consolidação da crosta terrestre, há mais de 4 bilhões de anos, ao começo do cambriano), cujos vestígios rochosos e fósseis são relativamente raros; divide-se em 2 fases: arqueano e proterozoico. [Pl.: *pré-cambrianos*.]

pré-can.di.da.to *sm*. Aquele que pleiteia ser escolhido por partido político como candidato a um cargo eletivo. [Pl.: *pré-candidatos*.] § **pré-can.di.da.tu.ra** *sf*.

pre.cá.ri:o [Lat. *precariu*.□24B] *adj*. **1.** Difícil, minguado. **2.** Escasso, insuficiente. **3.** Incerto, contingente. **4.** Pouco durável. **5.** Débil, delicado. § **pre.ca.ri:e.da.de** *sf*.

pre.ca.tar [Esp. *percatar*.□1A] *vtd*., *tdi*. *e p*. Pôr(-se) de sobreaviso; prevenir(-se), precaver(-se). [C.: 1]

pre.ca.tó.ri:a *sf*. Documento pelo qual um órgão judicial demanda a outro a prática de um ato processual.

pre.ca.tó.ri:o [Lat. *precatoriu*.□23] *adj*. **1.** Em que se pede algo. ● *sm*. **2.** Documento precatório.

pre.cau.ção [Lat. *praecautione*.□2] *sf*. **1.** Ato de precaver(-se). **2.** Cautela, cuidado. [Pl.: *-ções*.]

pre.ca.ver [Lat. *praecavere*.□1B] *vtd*., *tdi*. *e p*. V. *precatar*. [C.: 6. M.us. como pron.]

pre.ca.vi.do [Part. de *precaver*.] *adj*. **1.** Que tem ou denota precaução. **2.** V. *prudente* (1).

pre.ce [Lat. *prece*.] *sf*. V. *oração* (1).

pre.ce.den.te [Lat. *praecedente*.□21] *adj2g*. **1.** Que precede; antecedente. ● *sm*. **2.** Procedimento que serve de critério ou pretexto a práticas posteriores semelhantes. § **pre.ce.dên.ci:a** *sf*.

pre.ce.der [Lat. *praecedere*.□1B] *vtd*. **1.** Ir, vir, estar adiante de; anteceder. **2.** Chegar antes de. **3.** Viver em época anterior a. **4.** Ocorrer antes de. *ti*. **5.** Preceder (1 a 4). *tdi*. **6.** Fazer vir ou aparecer antes. [C.: 2 (é-é)]

pre.cei.to [Lat. *praeceptu*.] *sm*. **1.** Regra de proceder; norma. **2.** Ensinamento, doutrina. **3.** Prescrição, determinação.

pre.cei.tu.ar [*Preceito*.□1Aa] *vtd*. *e int*. Estabelecer como preceito ou regra. [C.: 1]

pre.cep.tor (ô) [Lat. *praeceptore*.□19] *sm*. Aquele que ministra preceitos ou instrução.

pre.ci.clar [*Pré-* + *(re)ciclar*.] *vtd*. *e int*. Optar por comprar (produto [com embalagem] de material biodegradável, reciclável ou reutilizável). [C.: 1] § **pre.ci.cla.gem** *sf*.

preciosismo | predisposição

pre.ci:o.sis.mo [*Precioso*.◼11] *sm*. Requinte ou sutileza excessiva no falar e no escrever.

pre.ci.o.so (ô) [Lat. *pretiosu*.◼37] *adj*. **1**. De grande preço. **2**. Valiosíssimo. **3**. Interessante, importante. **4**. Pernóstico, pedante: *estilo precioso*. [Pl.: *-osos* (ó).] § **pre.ci:o.si.da.de** *sf*.

pre.ci.pí.ci:o [Lat. *praecipitiu*.] *sm*. **1**. V. *abismo* (1). **2**. *Fig*. Grave perigo.

pre.ci.pi.ta.ção [Lat. *praecipitatione*.◼2A] *sf*. **1**. Ato ou efeito de precipitar(-se). **2**. Pressa irrefletida. [Pl.: *-ções*.]

pre.ci.pi.ta.do [*Precipitar*.◼17A] *adj*. **1**. Diz-se de indivíduo que não reflete sobre aquilo que faz, ou sobre suas consequências; imprudente. **2**. Feito com pressa, ou de modo impulsivo ou irrefletido; apressado, arrebatado. ● *sm*. **3**. Indivíduo precipitado (1). **4**. *Quím*. Sólido que se forma e se deposita no seio duma solução líquida.

pre.ci.pi.tar [Lat. *praecipitare*.◼1A] *vtdc*. **1**. Lançar ou arrojar (de lugar elevado, em precipício). *tdi*. **2**. Atirar, arrastar (a aventuras, perigos). *ti*. **3**. Tornar mais rápido. **4**. Pronunciar com rapidez. **5**. Antecipar (1). *int*. **6**. *Quím*. Formar precipitado (4). *p*. **7**. Despenhar-se, abismar-se. **8**. Correr desabaladamente. **9**. Proceder com precipitação. [C.: 1]

pre.cí.pu:o [Lat. *praecipuu*.] *adj*. Principal, essencial.

pre.ci.sa.men.te [F. de *preciso*.◼42] *adv*. **1**. De modo preciso. **2**. Logo, justamente.

pre.ci.são [Lat. *praecisione*.◼2] *sf*. **1**. Carência do que é preciso, necessário, ou útil. **2**. Urgência, necessidade. **3**. Exatidão de cálculos. **4**. Rigor de linguagem. [Pl.: *-sões*.]

pre.ci.sar [*Preciso*.◼1A] *vtd*. **1**. Indicar com exatidão; particularizar. **2**. Ter precisão ou necessidade de; necessitar. **3**. Citar ou mencionar especialmente. *ti*. **4**. Precisar (2): *Precisa de atenção*. *int*. **5**. Ser pobre, necessitado. **6**. Ser preciso ou necessário. [C.: 1] § **pre.ci.sa.do** *adj*.

pre.ci.so [Lat. *praecisu*.] *adj*. **1**. Necessário; urgente. **2**. Exato, definido. **3**. Claro, categórico.

pre.cla.ro [Lat. *praeclaru*.] *adj*. Ilustre, famoso.

pre.ço (ê) [Lat. *pretiu*.] *sm*. **1**. Quantidade de dinheiro necessária para comprar mercadoria ou serviço; expressão monetária do valor. **2**. Relação de troca de um bem por outro. ♦ **A preço de banana**. *Bras*. Muito barato. **A qualquer preço**. Sem poupar esforço, mesmo com grande perda ou sacrifício; a todo custo.

pre.co.ce [Lat. *praecoce*.] *adj2g*. **1**. Prematuro, antecipado. **2**. Que tem determinadas faculdades prematuramente desenvolvidas. § **pre.co.ci.da.de** *sf*.

pre.con.ce.ber [*Pre-* + *conceber*.] *vtd*. Conceber antecipadamente. [C.: 2 (ê-é)] § **pre.con.ce.bi.do** *adj*.

pre.con.cei.to [*Pre-* + *conceito*.] *sm*. **1**. Ideia preconcebida. **2**. Suspeita, intolerância, aversão a outras raças, credos, religiões, etc.

pre.con.cei.tu.o.so (ô) [*Preconceito*.◼37A] *adj*. *sm*. Que, ou aquele que tem preconceito(s). [Pl.: *-osos* (ó).]

pre.con.di.ção *sf*. Condição prévia.

pre.co.ni.zar [Lat. *praeconizare*.◼1D] *vtd*. **1**. Apregoar com louvor. **2**. Recomendar louvando. [C.: 1] § **pre.co.ni.za.ção** *sf*.

pre.cur.sor (ô) [Lat. *praecursore*.◼19] *adj*. **1**. Que vai adiante. **2**. Que anuncia um sucesso, ou a chegada de alguém. **3**. Que precede. ● *sm*. **4**. Aquele que é precursor; pioneiro.

pre.da.dor (ô) [Lat. *praedatore*.◼19A] *adj*. *sm*. *Ecol*. Diz-se de, ou animal que caça ou mata a presa para alimentar-se.

pré-da.tar [*Pré-* + *datar*.] *vtd*. Pôr data futura em. [C.: 1] § **pré-da.ta.do** *adj*.

pre.da.tó.ri:o [Lat. *praedatoriu*.◼23A] *adj*. **1**. Relativo a roubo ou a destruição. **2**. Próprio de predador, ou relativo a ele. **3**. *Fig*. Prejudicial, daninho.

pre.de.ces.sor (ô) [Lat. *praedecessore*.◼19] *sm*. Antecessor (1).

pre.de.fi.nir *vtd*. Determinar, definir, estabelecer (regras, princípios, métodos, relações, etc.) previamente. [C.: 3] § **pre.de.fi.ni.ção** *sf*.; **pre.de.fi.ni.do** *adj*.

pre.des.ti.nar [Lat. *praedestinare*.◼1A] *vtdi*. **1**. Destinar com antecipação. **2**. Destinar a grandes feitos. [C.: 1] § **pre.des.ti.na.ção** *sf*.

pre.de.ter.mi.nar *vtd*. Determinar com antecipação. [C.: 1] § **pre.de.ter.mi.na.do** *adj*.

pré.di.ca [Dev. de *predicar*.] *sf*. **1**. V. *sermão* (1). **2**. Discurso; oração.

pre.di.ca.ção [Lat. *praedicatione*.◼2A] *sf*. *E.Ling*. Emprego, ou atribuição de predicado. [Pl.: *-ções*.]

pre.di.ca.do [Lat. *praedicatu*.◼17] *sm*. **1**. Qualidade característica; atributo. **2**. Prenda, virtude. **3**. *E.Ling*. Verbo (ex.: *Chove!*) ou conjunto enunciativo (ex.: *Chove muito!*) que expressa a informação; nas orações com sujeito e predicado, o predicado é aquilo que se declara sobre o sujeito (ex.: Ela *gosta de bichos*.).

pre.di.ção [Lat. *praedictione*.◼2] *sf*. Ato ou efeito de predizer; profecia. [Pl.: *-ções*.]

pre.di.ca.ti.vo [Lat. *praedicativu*.◼22A] *adj*. *sm*. *E.Ling*. Diz-se da, ou a qualidade atribuída ao sujeito ou ao objeto, e que inteira ou completa a significação do verbo.

pre.di.le.ção [Fr. *prédilection*.◼2] *sf*. **1**. Gosto ou amizade preferente por algo ou alguém; preferência. **2**. Afeição extremosa. [Pl.: *-ções*.]

pre.di.le.to [Lat.med. *praedilectu*.] *adj*. Querido com predileção.

pré.di:o [Lat. *praediu*.] *sm*. **1**. Propriedade imóvel, rústica ou urbana. **2**. Casa, edificação. § **pre.di.al** *adj2g*.

pre.dis.por *vtd*., *tdi*. e *p*. Dispor(-se) com antecipação. [C.: 34] § **pre.dis.pos.to** (ô) *adj*.

pre.dis.po.si.ção *sf*. **1**. Ato de predispor(-se). **2**. Vocação, pendor. [Pl.: *-ções*.]

pre.di.to [Lat. *praedictu.*] *adj.* Dito ou citado antes.
pre.di.zer [Lat. *praedicere.*◻1B] *vtd. e tdi.* Dizer antecipadamente; prenunciar, vaticinar, prognosticar. [C.: 17] § **pre.di.ção** *sf.*
pre.do.mi.na.ção [*Predominar.*◻2A] *sf.* Ato ou efeito de predominar; predominância. [Pl.: *-ções.*]
pre.do.mi.nân.ci.a [*Predominar.*◻9] *sf.* 1. Predominação. 2. Qualidade de predominante.
pre.do.mi.nar [*Pre-* + *dominar.*] *v.int.* 1. Ser o primeiro em domínio ou influência. 2. Dominar muito; prevalecer. 3. V. *sobressair* (1). [C.: 1] § **pre.do.mi.nan.te** *adj2g.*
pre.do.mí.ni.o [*Pre-* + *domínio.*] *sm.* V. *supremacia* (1).
pre.e.mi.nen.te [Lat. *praeeminente.*◻21] *adj2g.* 1. Superior, sublime; preeminente. 2. Nobre, distinto. § **pre.e.mi.nên.ci.a** *sf.*
pre.en.cher *vtd.* 1. Encher totalmente. 2. Exercer (cargo ou função); ocupar. 3. Ocupar (espaço de tempo). 4. Cumprir plenamente. [C.: 2] § **pre.en.chi.men.to** *sm.*
pre.en.são [Lat. *praehensione.*◻2] *sf.* Ato ou efeito de prender, agarrar. [Pl.: *-sões.*]
pre.ên.sil [Lat. *praehensus* + *-il¹.*] *adj2g.* Que tem a faculdade de prender ou agarrar; preensor. [Pl.: *preênseis.*]
pre.en.sor (ô) [Lat. *praehensus* + *-or.*◻19] *adj.* Preênsil.
pré-es.co.la *sf.* Estabelecimento que trabalha com a educação de crianças de 4 a 6 anos de idade. [Pl.: *pré-escolas.*]
pré-es.co.lar *adj2g.* 1. Anterior ao período escolar. ● *s2g.* 2. Criança na idade de frequentar curso pré-escolar, ou que o frequenta. [Pl.: *pré-escolares.*]
pre.es.ta.be.le.cer *vtd.* Estabelecer previamente. [C.: 2A (ê-é)]
pre.e.xis.ten.te (z) *adj2g.* Que preexiste. § **pre.e.xis.tên.ci.a** (z) *sf.*
pre.e.xis.tir (z) *v.int.* Existir primeiro ou anteriormente. [C.: 3]
pré-fa.bri.ca.do *adj.* 1. Cujas peças ou partes já se acham fabricadas e prontas para ser montadas. 2. *Fig.* Planejado para surtir determinado efeito. [Pl.: *pré-fabricados.*]
pre.fa.ci.ar [*Prefácio.*◻1A] *vtd.* Fazer prefácio a. [C.: 1] § **pre.fa.ci.a.dor** (ô) *sm.*
pre.fá.ci.o [Lat. *praefatio* (nom.).] *sm.* Discurso ou advertência que antecede obra escrita; prólogo, preâmbulo, introdução.
pre.fei.to [Lat. *praefectu.*] *sm. Bras.* O que está investido do poder executivo numa municipalidade.
pre.fei.tu.ra [Lat. *praefectura.*◻5B] *sf.* 1. Cargo de prefeito. 2. *Bras.* Repartição onde este exerce as suas funções.
pre.fe.rên.ci.a [Lat.med. **praeferentia.*◻10] *sf.* 1. Ato ou efeito de preferir. 2. Predileção (1).
pre.fe.ren.ci.al [*Preferência.*◻39] *adj2g.* Que tem preferência. [Pl.: *-ais.*]

pre.fe.rir [Lat. **praeferere.*◻1C] *vtd.* 1. Dar a primazia a; escolher. *tdi.* 2. Ter predileção por. 3. Achar melhor. [C.: 48] § **pre.fe.ren.te** *adj2g. s2g.*; **pre.fe.ri.do** *adj.*; **pre.fe.rí.vel** *adj2g.*
pre.fi.xa.do (cs) [*Prefixar.*◻17A] *adj.* 1. Prefixo (1). 2. Diz-se de investimento cujo rendimento é calculado no ato da aplicação.
pre.fi.xar (cs) [*Pre-* + *fixar.*] *vtd.* Fixar ou determinar antecipadamente. [C.: 1]
pre.fi.xo (cs) [Lat. *praefixu.*] *adj.* 1. Fixado ou determinado antes; prefixado. ● *sm.* 2. *E.Ling.* Afixo que antecede a raiz (5).
pre.flo.ra.ção *sf. Bot.* A disposição das partes do perianto no interior de um botão floral. [Pl.: *-ções.*]
pre.ga [Lat. *plica.*] *sf.* 1. Dobra em tecido de vestuário, estofamento, etc. 2. Ruga ou dobra casual dum estofo. 3. Ruga ou dobra na pele.
pre.ga.ção [*Pregar².*◻2A] *sf.* 1. V. *sermão* (1). 2. *Fam.* V. *repreensão.* [Pl.: *-ções.*]
pre.ga.dor¹ (ô) [*Pregar².*◻19A] *sm.* Aquele que faz pregações.
pre.ga.dor² (ô) [*Pregar¹.*◻19A] *sm.* Aquilo que serve para prender ou segurar: *pregador de roupa, de cabelo, etc.*
pre.gão [Lat. *praecone.*◻2] *sm.* 1. Ato de apregoar. 2. Proclamação pública. [Pl.: *-gões.*]
pre.gar¹ [*Prego.*◻1A] *vtd.* 1. Fixar ou segurar com prego(s). 2. Introduzir à força (prego ou objeto pontiagudo); cravar. 3. Unir, ligar. 4. Unir, cosendo: *pregar um bolso. tdi.* 5. Fixar, fitar. 6. V. *pespegar.* 7. Fazer acreditar, iludindo. *bt.* 8. Pregar¹ (1). *int.* 9. *Bras.* Ficar muito cansado; extenuar-se. [C.: 1C (é)]
pre.gar² [Lat. *plicare.*◻1A] *v.int.* 1. Pronunciar sermões. *td.* 2. Pronunciar (sermão). 3. Preconizar, louvar. 4. V. *alardear. tdi.* 5. Ensinar, sob a forma de doutrina. 6. Incutir, infundir. *ti.* 7. V. *evangelizar* (1). 8. Bradar, vociferar. [C.: 1C (é)]
pre.go [Esp. *priego,* ou dev. de *pregar¹.*] *sm.* 1. Haste de metal, pontiaguda num lado e com cabeça no outro, destinada a cravar-se num ponto ou objeto que se quer segurar ou fixar. 2. Cravo² (1). 3. *Pop.* Casa de penhor.
pre.go.ei.ro [*Pregoar,* 'apregoar'.◻25] *sm.* O que lança pregão.
pre.gões *smpl.* Proclamas de casamento.
pre.gres.so [Lat. *praegressu.*] *adj.* Decorrido anteriormente.
pre.gue.ar [*Prega.*◻1N] *vtd.* Fazer pregas em. [C.: 12A]
pre.gui.ça [Lat. *pigritia.*] *sf.* 1. Aversão ao trabalho; indolência. 2. *Bras. Zool.* Mamífero bradipodídeo.
pre.gui.ço.so (ô) [*Preguiça.*◻37] *adj.sm.* Que, ou aquele que tem preguiça. [Pl.: *-cosos* (ó).]
pré-his.tó.ri.a [*Pré-* + *história.*] *sf.* Período histórico anterior ao aparecimento da escrita. [Pl.: *pré-histórias.*]
pré-his.tó.ri.co [*Pré-* + *histórico.*] *adj.* Pertencente ou relativo à pré-história; ante-histórico. [Pl.: *pré-históricos.*]

preito | preparar

prei.to [Provç.ant. *plait.*] *sm.* **1.** Sujeição, vassalagem. **2.** Homenagem (2). **3.** *Ant.* Ajuste, pacto.

pre.ju.di.car [Lat. *praejudicare.* 1A] *vtd.* **1.** Causar prejuízo, ou dano, ou transtorno, a; lesar. **2.** Tornar sem efeito; anular. *p.* **3.** Sofrer prejuízo. [C.: 1A]

pre.ju.di.ci.al [Lat. *praejudiciale.* 39] *adj2g.* Que prejudica; lesivo. [Pl.: -*ais*.]

pre.ju.í.zo [Lat. *praejudiciu.*] *sm.* Ato ou efeito de prejudicar.

pre.jul.gar *vtd.* **1.** Julgar antecipadamente. **2.** Formar ou emitir juízo sobre (alguma pessoa ou coisa) sem exame prévio. *transobj.* **3.** Prejulgar (1). [C.: 1C] § **pre.jul.ga.men.to** *sm.*

pre.la.do [Lat. *praelatu*, 'levado adiante'. 17] *sm.* Título honorífico de dignitário eclesiástico.

pre.la.zi.a [B.-lat. *praelatia.*] *sf.* Dignidade ou jurisdição de prelado.

pre.le.ção [Lat. *praelectione.* 2] *sf.* Discurso ou conferência didática. [Pl.: -*ções*.]

pre.li.bar [Lat. *praelibare.* 1A] *vtd.* Libar, gozar com antecipação. [C.: 1]

pre.li.mi.nar [Fr. *préliminaire.* 40] *adj2g.* **1.** Prévio. ● *sm.* **2.** Relatório que antecede lei ou decreto; preâmbulo. ● *sf.* **3.** Condição prévia.

pré.li.o [Lat. *proeliu*.] *sm.* Luta, combate.

pre.lo [Lat. *prelu.*] *sm.* V. *prensa* (2).

pre.lu.di.ar [*Prelúdio.* 1A] *vtd.* **1.** Fazer prelúdio a. **2.** Executar como prelúdio. *int.* **3.** Executar prelúdio. [C.: 1]

pre.lú.di.o [Fr. *prélude.*] *sm.* **1.** Ato ou exercício prévio. **2.** *Mús.* Introdução de uma obra musical.

pre.ma.tu.ro [Lat. *praematuru.*] *adj.* **1.** Que amadureceu ou se manifesta antes do tempo. **2.** Que nasceu antes do termo normal da gestação. ● *sm.* **3.** Criança que nasce prematuramente, após 20 semanas de gravidez.

pre.me.di.tar [Lat. **praemeditare.* 1A] *vtd.* Resolver com antecipação, e refletidamente. [C.: 1] § **pre.me.di.ta.ção** *sf.*

pre.men.te [Lat. *premente.* 21A] *adj2g.* **1.** Que preme. **2.** Urgente (1). § **pre.mên.ci.a** *sf.*

pre.mer ou **pre.mir** [Lat. *premere.* 1B e 1C] *vtd.* **1.** Fazer pressão em; calcar, comprimir. *p.* **2.** Comprimir-se. [C.: *premer* 2 e *premir* 8.]

pre.mi.ar [*Prêmio.* 1A] *vtd.* **1.** Conceder prêmio ou galardão a. **2.** Recompensar; remunerar. [C.: 1 (B.) ou 13 (P.)] § **pre.mi.a.ção** *sf.*; **pre.mi.a.do** *adj.*

prê.mi.o [Lat. *praemiu.*] *sm.* **1.** Bem material ou moral recebido por serviço prestado, trabalho executado ou méritos especiais; recompensa, galardão, retribuição. **2.** Juros, lucros.

pre.mis.sa [Lat. *praemissa.*] *sf.* Cada uma das proposições que servem de base à conclusão.

pré-mo.lar *adj2g. sm.* Diz-se de, ou cada um dos 8 dentes situados, 4 em cima e 4 embaixo, imediatamente antes dos molares. [Pl.: *pré-molares*.]

pre.mo.ni.ção [Lat. *praemonitione.* 2] *sf.* Sensação ou advertência antecipada do que vai acontecer; pressentimento. [Pl.: -*ções*.]

pré-na.tal [*Pré-* + *natal.*] *adj2g.* **1.** Anterior ao nascimento. **2.** Relativo a esse período, ou que se realiza nele. ● *sm.* **3.** Série de consultas médicas e exames a que a mulher grávida deve se submeter durante a gestação. [Pl.: *pré-natais.*]

pren.da [Lat. *pignera.*] *sf.* **1.** Presente (5). **2.** Predicado, dote. **3.** Aptidão, habilidade.

pren.da.do [*Prendar.* 17A] *adj.* Que tem prendas apreciáveis.

pren.der [Lat. *prehendere.* 1B] *vtd.* **1.** Tornar unido; ligar. **2.** Fixar em algum lugar; pregar. **3.** Capturar, aprisionar. **4.** Atrair, fascinar. **5.** Tolher: *A roupa prendia seus gestos*. **6.** Conter; segurar: *prender a respiração*. **7.** Arrumar (o cabelo) fixando-o com grampos, fita, trança, coque, etc. *tdc.* **8.** Prender (2). **9.** Reter: *O medo o prende em casa. tdi.* **10.** Atar, ligar. **11.** Ligar, moral ou afetivamente. **12.** Encadear, vincular. *tc.* **13.** Fixar-se, arraigar-se. *p.* **14.** Agarrar-se, segurar-se. **15.** Tomar afeição. **16.** Ligar-se, relacionar-se. [C.: 2]

pre.nhe [Lat. **praegne.*] *adj2g.* **1.** Cheio, repleto. **2.** Diz-se de fêmea grávida.

pre.nhez (ê) [*Prenhe.* 12A] *sf.* Gravidez (1).

pre.no.me [Lat. *praenomen.*] *sm.* Nome que precede o de família; nome.

pren.sa [Dev. de *prensar.*] *sf.* **1.** Instrumento para comprimir ou achatar. **2.** Aparelho para reproduzir, com tinta, imagens e textos moldados, gravados, etc.; impressora, prelo.

pren.sar [Lat. *pressare.* 1A] *vtd.* **1.** Comprimir na prensa (1). **2.** Apertar muito. [C.: 1]

pre.nun.ci.ar [Lat. *praenuntiare.* 1A] *vtd.* **1.** V. *predizer.* **2.** Anunciar antecipadamente. [C.: 1]

pre.núnoci.o [Lat. *praenuntiu.*] *sm.* Anúncio de coisa futura.

pre:o.cu.pa.ção [Lat. *praeoccupatione.* 2A] *sf.* **1.** Ato ou efeito de preocupar(-se). **2.** Ideia fixa e antecipada a um fato, e que perturba a mente. **3.** Inquietação proveniente dela. [Pl.: -*ções*.]

pre:o.cu.par [Lat. *praeoccupare.* 1A] *vtd. e tdi.* **1.** Causar preocupação (2 e 3); impressionar negativamente; inquietar. *p.* **2.** Ter preocupação (2 e 3); inquietar-se. [C.: 1] § **pre:o.cu.pa.do** *adj.*; **pre:o.cu.pan.te** *adj2g.*

pré-pa.go *adj. sm.* Diz-se de, ou linha telefônica ou aparelho para os quais se compram, antecipadamente, os créditos que permitem a realização de ligações. [Pl.: *pré-pagos.*]

pre.pa.ra.ção [Lat. *praeparatione.* 2A] *sf.* Ato, arte, efeito ou modo de preparar(-se); preparo, preparativo. [Pl.: -*ções*.]

pre.pa.ra.do [Lat. *praeparatu.* 17A] *adj.* **1.** Que se preparou. **2.** *Bras.* Que tem preparo (2). ● *sm.* **3.** Produto químico ou farmacêutico.

pre.pa.rar [Lat. *praeparare.* 1A] *vtd.* **1.** Dispor ou planejar com antecedência. **2.** Promover, fomentar. **3.** Obter ou compor, associando vários elementos. **4.** Pôr em condições de

607

preparativo | preservativo

atingir um dado objetivo. **5.** *Fig.* V. *armar* (6). *tdi.* **6.** Preparar (1 e 4). *p.* **7.** Dispor-se com antecedência. **8.** Vestir-se; aprontar-se. [C.: 1]

pre.pa.ra.ti.vo [*Preparar.* ◼ 22A] *adj.* **1.** Preparatório. **2.** V. *preparação*.

pre.pa.ra.ti.vos *smpl.* Disposições preliminares acerca de algum empreendimento.

pre.pa.ra.tó.ri:o [Lat. *praeparatoriu.* ◼ 23A] *adj.* Que prepara ou serve para preparar; preparativo.

pre.pa.ro [Dev. de *preparar.*] *sm.* **1.** V. *preparação*. **2.** *Bras.* Competência, instrução.

pre.pon.de.rân.ci:a [*Preponderar.* ◼ 9] *sf.* Predomínio, supremacia.

pre.pon.de.rar [Lat. *praeponderare.* ◼ 1A] *v.int.* Ter maior peso, ou mais influência ou importância. [C.: 1 (é)] § **pre.pon.de.ran.te** *adj2g.*

pre.po.si.ção [Lat. *praepositione.* ◼ 2] *sf. E.Ling.* Palavra invariável que liga orações ou partes da oração, estabelecendo entre elas numerosas relações. [Pl.: *-ções.*]

pre.po.si.ti.vo [Lat. *praepositivu.* ◼ 22] *adj.* Relativo à preposição, ou da natureza dela.

pre.pos.to (ô) [Lat.vulg. *praepostu.*] *sm.* **1.** Aquele que dirige um serviço ou um negócio por delegação da pessoa competente. **2.** *Bras.* Representante; delegado. [Pl.: *-postos* (ó).]

pre.po.tên.ci:a [Lat. *praepotentia.*] *sf.* **1.** Grande poder ou influência. **2.** Abuso de poder.

pre.po.ten.te [Lat. *praepotente.* ◼ 21] *adj2g.* **1.** Muito poderoso ou influente. **2.** Que abusa do poder. **3.** Que revela prepotência.

pre.pú.ci:o [Lat. *praeputiu.*] *sm. Anat.* **1.** Nome genérico de prega cutânea que recobre alguma formação anatômica. **2.** *Restr.* Prepúcio (1) do pênis.

prer.ro.ga.ti.va [Lat. *praerogativa.*] *sf.* Vantagem com que se distingue pessoa ou corporação; privilégio, regalia.

pre.sa (ê) [Lat. *prensa.*] *sf.* **1.** O que se apreendeu ao inimigo. **2.** Coisa ou pessoa arrebatada ou apreendida com violência ou rapacidade; despojo. **3.** *Ecol.* Animal que outro caça ou mata para a própria alimentação. **4.** Dente canino. **5.** Mulher encarcerada.

pré-sal [*Pré-* + *sal.*] *sm. Geol.* Conjunto de reservatórios com grande quantidade de petróleo e gás, localizados na área marítima litorânea abaixo de uma camada de sal (a mais de 7 mil metros). [Esses reservatórios estão, principalmente, no litoral do Atlântico Sul.] [Pl.: *pré-sais.*]

pres.bi.o.pi:a [*Presbi*(o)- + *-opia.*] *sf. Oftalm.* Distúrbio visual, devido ao envelhecimento, em que se perde o poder de distinguir com nitidez os objetos próximos; presbiopsia, presbitia, vista cansada.

pres.bi:op.si:a [*Presbi*(o)- + *-opsia.*] *sf. Oftalm.* V. *presbiopia*.

pres.bi.te.ri:a.nis.mo [*Presbiteriano.* ◼ 11] *sm.* Doutrina religiosa que só reconhece a autoridade do presbítero (2).

pres.bi.te.ri.a.no [*Presbítero.* ◼ 29] *adj. sm.* Diz-se de, ou sectário do presbiterianismo.

pres.bi.té.ri:o [Lat. *presbyteriu.*] *sm.* Residência, ou igreja paroquial.

pres.bí.te.ro [Lat. *presbyteru.*] *sm.* **1.** Sacerdote, padre. **2.** Superintendente da Igreja protestante; bispo.

pres.bi.ti:a *sf. Oftalm.* V. *presbiopia*.

pres.ci.en.te [Lat. *praesciente.* ◼ 21] *adj2g.* Que prevê o futuro. § **pres.ci.ên.ci:a** *sf.*

pres.cin.dir [Lat. *praescindere.* ◼ 1C] *vti.* Não levar em conta; pôr de lado. [C.: 3] § **pres.cin.dí.vel** *adj2g.*

pres.cre.ver [Lat. *praescribere.* ◼ 1B] *vtd.* **1.** Ordenar de antemão e explicitamente. **2.** Indicar com precisão. **3.** Receitar (1). *tdi.* **4.** Prescrever (3). *int.* **5.** Cair em desuso. **6.** *Jur.* Ser atingido por prescrição (4 e 5). [C.: 2 (ê-é)]

pres.cri.ção [Lat. *praescriptione.* ◼ 2] *sf.* **1.** Ato ou efeito de prescrever. **2.** Ordem expressa e formal. **3.** Preceito, regra. **4.** *Jur.* Perda dum direito pelo não uso dele durante determinado tempo. **5.** *Jur.* Extinção da punibilidade de criminoso ou contraventor por não ter o Estado agido contra ele no tempo legal. **6.** Instrução escrita relativa a preparo e ministração de remédio e/ou outras medidas integrantes de tratamento médico. [Pl.: *-ções.*]

pres.cri.to [Lat. *praescriptu.*] *adj.* Que (se) prescreveu.

pre.sen.ça [Lat. *praesentia.*] *sf.* **1.** O estar alguém ou algo presente (1 a 3). **2.** Talhe, porte. ◆ **Em presença de.** V. *diante de* (1).

pre.sen.ci.ar [*Presença* (-senci-). ◼ 1A] *vtd.* Estar presente a; assistir. [C.: 1 (B.) ou 13 (P.)]

pre.sen.te [Lat. *praesente.* ◼ 21] *adj2g.* **1.** Que assiste pessoalmente. **2.** Que está à vista (pessoa ou coisa). **3.** Que existe ou sucede no momento em que se fala; atual. ● *sm.* **4.** O tempo presente. **5.** O que se dá como agrado, retribuição ou lembrança; prenda. **6.** *E.Ling.* Tempo verbal que exprime atualidade.

pre.sen.te.ar [*Presente.* ◼ 1N] *vtd. e tdi.* Dar presente a. [C.: 12A]

pre.se.pa.da [*Presepe.* ◼ 4] *sf. Bras.* **1.** Gabolice, fanfarrice. **2.** Brincadeira de mau gosto, ou palhaçada.

pre.se.pe [Lat. *praesepe.*] *sm.* V. *presépio*.

pre.sé.pi:o [Lat. *praesepiu.*] *sm.* **1.** Curral, estábulo. **2.** *Rel.* Representação do estábulo de Belém e das figuras que, segundo o Evangelho, participaram do nascimento de Cristo.

pre.ser.va.ci:o.nis.ta [*Preservação* (-cion-). ◼ 36] *adj2g. s2g.* Que, ou quem se empenha para preservar o meio ambiente.

pre.ser.var [Lat. *praeservare.* ◼ 1A] *vtd. e p.* **1.** Livrar(-se) de algum mal ou dano. **2.** Livrar(-se), resguardar(-se). *tdi.* **3.** Livrar, defender. [C.: 1 (é)] § **pre.ser.va.ção** *sf.*

pre.ser.va.ti.vo [*Preservar.* ◼ 22A] *adj.* **1.** Próprio para preservar. ● *sm.* **2.** Aquilo que preserva. **3.** *Med.* Qualquer agente (5) destinado a

presidência | préstito

evitar gravidez ou doença sexualmente transmissível.

pre.si.dên.ci:a [*Presidir*.◼10] *sf.* **1.** Ato de presidir. **2.** Dignidade ou cargo, ou tempo de exercício das funções de presidente. **3.** O presidente. **4.** *Pop.* Lugar de honra à mesa dum banquete. § **pre.si.den.ci.al** *adj2g.*

pre.si.den.ci:a.lis.mo [*Presidencial*.◼11] *sm.* Regime político em que o chefe do governo é o presidente da República, mantendo-se a independência e a harmonia do executivo, do legislativo e do judiciário. § **pre.si.den.ci.a.lis.ta** *adj2g. s2g.*

pre.si.den.ci.á.vel [*Presidenciar* (de *presidência*).◼41] *adj2g. s2g.* Que, ou quem almeja ser candidato a presidente, ou ser eleito presidente.

pre.si.den.ta [*Presidente* + *a*, p.anal. com *chefa*, *generala*, etc.] *sf.* Aquela que ocupa o cargo da presidência, esp. o da presidência da República.

pre.si.den.te [Lat. *praesidente*.◼21A] *adj2g.* **1.** Que preside. ● *s2g.* **2.** Quem preside. **3.** Quem dirige os trabalhos duma assembleia ou corporação deliberativa. **4.** O presidente ou a presidente da República.

pre.si.di.á.ri:o [*Presídio*.◼24] *adj.* **1.** Relativo a presídio. ● *sm.* **2.** Detento que cumpre pena em presídio.

pre.sí.di:o [Lat. *praesidiu*.] *sm.* **1.** V. *cadeia* (3). **2.** Penitenciária.

pre.si.dir [Lat. *praesidere*.◼1C] *vtd. e ti.* **1.** Dirigir como presidente. **2.** Assistir, dirigindo, orientando ou guiando. **3.** Dirigir como chefe (comissão, obra, etc.). [C.: 3]

pre.si.lha [Esp. *presilla*.] *sf.* Tira para amarrar, afivelar, prender.

pre.so (ê) [Lat. *prensu*.] *adj.* **1.** Seguro por corda, correia, corrente, etc. **2.** Condenado à prisão. **3.** Detido pela polícia. **4.** Sem liberdade de ação ou movimento. ● *sm.* **5.** V. *prisioneiro* (1).

pres.sa [Dev. de um *pressar*, do lat. *pressare*.] *sf.* **1.** Necessidade intensa de chegar a um lugar, atingir um objetivo, fazer algo. **2.** Precipitação, irreflexão.

pres.sa.gi.ar [*Presságio*.◼1A] *vtd.* **1.** Anunciar por presságio. **2.** Ter presságio; adivinhar, prever, pressentir. [C.: 1]

pres.sá.gi:o [Lat. *praesagiu*.◼34B] *sm.* Fato ou sinal que prenuncia o futuro; agouro, augúrio, auspício.

pres.sa.go [Lat. *praesagu*.] *adj.* Que pressagia, ou em que há presságio.

pres.são [Lat. *pressione*.◼2] *sf.* **1.** Ato ou efeito de premer ou apertar. **2.** Influência coercitiva; coação. **3.** *Bras.* Colchete em que as 2 peças se encaixam por pressão. **4.** *Fís.* Força exercida perpendicularmente a uma superfície por unidade de área. [Pl.: -sões.] ◆ **Pressão arterial.** A pressão exercida pelo sangue sobre parede arterial. **Pressão atmosférica.** *Fís.* A pressão exercida pelo ar da atmosfera terrestre em qualquer ponto dela, e que depende da massa da coluna de ar acima do ponto considerado.

pres.sen.ti.men.to [*Pressentir*.◼3] *sm.* **1.** Ato ou efeito de pressentir. **2.** Premonição.

pres.sen.tir [Lat. *praesentire*.◼1C] *vtd.* **1.** Sentir com antecipação. **2.** V. *pressagiar* (2). **3.** Desconfiar, suspeitar. **4.** Ouvir ou perceber antes de ver. [C.: 48]

pres.si:o.nar [*Pressão* (-*sion*-).◼1A] *vtd.* **1.** Fazer pressão sobre (algo ou alguém). **2.** Constranger, coagir. [C.: 1]

pres.su.por *vtd.* Supor de antemão; presumir. [C.: 34]

pres.su.po.si.ção *sf.* Ato ou efeito de pressupor; pressuposto. [Pl.: -ções.]

pres.su.pos.to (ô) [Part. de *pressupor*.] *adj.* **1.** Que se pressupõe. ● *sm.* **2.** Pressuposição. [Pl.: -*postos* (ó).]

pres.su.ri.zar [Ingl. (*to*) *pressurize*.◼1D] *vtd.* Manter aproximadamente normal a pressão dentro de um espaço hermeticamente fechado. [C.: 1] § **pres.su.ri.za.ção** *sf.*

pres.su.ro.so (ô) [Lat. *pressura* + -*oso*.◼37] *adj.* Cheio de pressa ou de zelo. [Pl.: -*rosos* (ó).]

pres.ta.ção [Lat. *praestatione*.◼2A] *sf.* **1.** Ato ou efeito de prestar. **2.** Pagamento a prazo, para solver dívida ou encargo. [Pl.: -ções.]

pres.ta.mis.ta [Ant. *préstamo*, de *prestar*.◼36] *s2g.* **1.** Indivíduo que empresta dinheiro a juros. **2.** Indivíduo que compra a prestações.

pres.tar [Lat. *praestare*.◼1A] *vtdi.* **1.** Dar com presteza e cuidado. **2.** Conceder, dar. **3.** Dedicar; render. *td.* **4.** Prestar (1 e 2). **5.** Realizar ou cumprir por imposição legal. *int.* **6.** Ter préstimo, serventia ou proveito. **7.** Ter boa índole. *p.* **8.** Ser adequado; servir. [C.: 1 (é)] § **pres.tá.vel** *adj2g.*

pres.ta.ti.vo [*Prestar*.◼22A] *adj.* Pronto a servir; prestável.

pres.tes [Fr.ant. *prestre*.] *adj2g2n.* **1.** Disposto; pronto. **2.** Rápido, ligeiro. **3.** Que está a ponto de acontecer. ● *adv.* **4.** Com presteza. § **pres.te.za** (ê) *sf.*

pres.ti.di.gi.ta.ção [Fr. *prestidigitation*.◼2A] *sf.* Arte e técnica de prestidigitador; mágica, ilusionismo. [Pl.: -ções.]

pres.ti.di.gi.ta.dor (ô) [Fr. *prestidigitateur*.◼19A] *sm.* Artista que, pela ligeireza das mãos, faz deslocar ou desaparecer objetos; prestímano, mágico, ilusionista.

pres.ti.gi.ar [*Prestígio*.◼1A] *vtd.* Dar prestígio a. [C.: 1]

pres.tí.gi:o [Lat. *praestigiu*.] *sm.* Condição de superioridade ou influência pessoal, baseada no bom êxito ou no valor individual, e aceita pela maioria. § **pres.ti.gi.o.so** (ô) *adj.*

pres.tí.ma.no [*Presti*- + -*mano*².] *sm.* V. *prestidigitador*.

prés.ti.mo [De *prestar*.] *sm.* Qualidade do que presta, ou de quem tem mérito ou capacidade de ser útil, de servir.

pres.ti.mo.so (ô) [*Préstimo*.◼37] *adj.* De muito préstimo. [Pl.: -*mosos* (ó).] § **pres.ti.mo.si.da.de** *sf.*

prés.ti.to [Lat. *praestitu*.] *sm.* Agrupamento de muitas pessoas em marcha; procissão.

pre.su.mi.do [Part. de *presumir*.] *adj.* **1.** Que se presume. **2.** V. *presunçoso*.

pre.su.mir [Lat. *praesumere*.◘ 1C] *vtd.* **1.** Entender, baseando-se em certas probabilidades. **2.** Pressupor. [C.: 3] § **pre.su.mí.vel** *adj2g.*

pre.sun.ção [Lat. *praesumptione*.◘ 2] *sf.* **1.** Ato ou efeito de presumir. **2.** Suposição, suspeita. **3.** Opinião exagerada de si mesmo, das próprias qualidades e do próprio valor, e que faz que o indivíduo se julgue merecedor da atenção e admiração dos demais; fatuidade, vaidade. [Pl.: -*ções*.]

pre.sun.ço.so (ô) [*Presunç(ão)*.◘ 37] *adj.* Que tem ou denota presunção, vaidade, afetação; presumido, vaidoso, pernóstico, pretensioso, precioso. [Pl.: -*çosos* (ó).]

pre.sun.to [Lat. **persunctu*.] *sm.* Perna ou espádua de porco, salgada e curada ao fumeiro.

pre.ten.den.te [Lat. *praetendente*.◘ 21A] *adj2g.* **1.** Que pretende. ● *s2g.* **2.** Príncipe que pretende ter direito a um trono. ● *sm.* **3.** O que aspira a desposar uma mulher.

pre.ten.der [Lat. *praetendere*.◘ 1B] *vtd.* **1.** Reclamar como um direito. **2.** Solicitar, pleitear. **3.** Desejar, querer. **4.** Planejar, tencionar. *p.* **5.** Julgar-se, considerar-se. [C.: 2]

pre.ten.são [Lat. *praetensus* + -*ão*³.◘ 2] *sf.* **1.** Ato ou efeito de pretender. **2.** Direito suposto e reivindicado. **3.** Vaidade exagerada; soberba. [Pl.: -*sões*.]

pre.ten.si.o.so (ô) [*Pretensão* (-*sio*-).◘ 37] *adj.* **1.** V. *presunçoso*. **2.** Que pretende em demasia. [Pl.: -*osos* (ó).]

pre.ten.so [Lat. *praetensu*.] *adj.* Suposto, fictício.

pre.te.rir [Lat. *praeterire*.◘ 1C] *vtd.* **1.** Deixar de parte; desprezar. **2.** Deixar de promover¹ (4) sem justificativa legal ou moral. **3.** Ocupar lugar que cabia a (outrem). **4.** Prescindir de; omitir. [C.: 48] § **pre.te.ri.ção** *sf.*; **pre.te.rí.vel** *adj2g.*

pre.té.ri.to [Lat. *praeteritu*.] *adj.* **1.** Que passou; passado. ● *sm.* **2.** *E.Ling.* Tempo verbal que exprime ação passada ou anterior.

pre.tex.tar (ês) [*Pretexto*.◘ 1A] *vtd.* Dar ou tomar como pretexto. [C.: 1 (é)]

pre.tex.to (ês) [Lat. *praetextu*.] *sm.* Razão aparente ou fictícia que se alega para dissimular o motivo real de ato ou omissão. ◆ **A pretexto de.** Com o fim ou a razão aparente de; tendo (algo) como justificativa.

pre.to (ê) *adj.* **1.** Da cor do ébano, do carvão; negro. **2.** Diz-se de coisas que apresentam cor escura. **3.** Sujo, encardido. **4.** V. *negro* (2). **5.** *Bras.* Difícil, perigoso. ● *sm.* **6.** V. *negro* (5).

pre.tor (ô) [Lat. *praetore*.◘ 19] *sm.* **1.** Na antiga Roma, magistrado que distribuía a justiça. **2.** Magistrado de alçada inferior à de juiz.

pre.to.ri.a [*Pretor*.◘ 8A] *sf.* Jurisdição ou repartição de pretor.

pre.va.le.cer [Lat. *praevalescere*.◘ 1B] *v.int.* e *ti.* **1.** Impor-se (ou superar), por valor, mérito, etc.; predominar. *p.* **2.** Valer-se, aproveitar-se. [C.: 2A (é-é)] § **pre.va.le.cen.te** *adj2g.*

pre.va.ri.ca.ção [Lat. *praevaricatione*.◘ 2A] *sf.* **1.** Ato ou efeito de prevaricar. **2.** *Jur.* Crime perpetrado por funcionário público, e que consiste em retardar ou deixar de praticar, indebitamente, ato de ofício, ou em praticá-lo para satisfação de interesse pessoal.

pre.va.ri.car [Lat. **praevaricare*.◘ 1A] *v.int.* **1.** Faltar ao dever, ou aos deveres de seu cargo ou profissão. **2.** Cometer prevaricação (2). **3.** *P.ext.* Incorrer em falta grave. **4.** Torcer a justiça. **5.** Perpetrar adultério. [C.: 1A] § **pre.va.ri.ca.dor** (ô) *adj. sm.*

pre.ven.ção [Lat. *praeventione*.◘ 2A] *sf.* **1.** Ato ou efeito de prevenir(-se). **2.** Opinião ou sentimento de aversão ou de repulsa, sem base racional. [Pl.: -*ções*.]

pre.ve.nir [Lat. *praevenire*.◘ 1C] *vtd.* **1.** Dispor com antecipação, ou de sorte que evite (dano ou mal). **2.** Chegar, dizer ou fazer antes de outrem. **3.** Interromper, atalhar. **4.** V. *precatar. T.d.i.* **5.** Avisar, informar com antecedência. *int.* **6.** Prevenir (1). *p.* **7.** V. *precatar*. [C.: 49] § **pre.ve.ni.do** *adj.*

pre.ven.ti.vo [Lat. *praeventus* + -*ivo*.◘ 22] *adj.* **1.** Próprio para prevenir ou evitar. **2.** Diz-se de exame, ou conjunto de exames, que previne ou reduz o risco de doença maligna. ● *sm.* **3.** Qualquer exame preventivo (2), esp. o ginecológico.

pre.ven.tó.ri.o [Lat. *praeventus* + -*ório*.◘ 23] *sm.* Estabelecimento em que são confinadas pessoas, com o objetivo de deter difusão de doença, como, p.ex., para a profilaxia de tuberculose em crianças que estão expostas ao contágio.

pre.ver [Lat. *praevidere*.◘ 1B] *vtd.* **1.** Ver, estudar, examinar ou dizer de antemão. **2.** V. *pressagiar* (2). **3.** Pressupor; subentender. *int.* **4.** Fazer conjeturas; calcular. [C.: 22] § **pre.vis.to** *adj.*

pre.vi.den.ci.á.ri.o [*Previdência*.◘ 24] *sm.* Funcionário de instituto de previdência.

pre.vi.den.te [Lat. *praevidente*.◘ 21A] *adj2g.* Que prevê; precavido, prudente. § **pre.vi.dên.ci.a** *sf.*

pré.vi.o [Lat. *praeviu*.] *adj.* Que se faz ou diz antes de outra coisa; preliminar.

pre.vi.são *sf.* **1.** Ato ou efeito de prever. **2.** Estudo ou exame feito com antecedência. [Pl.: -*sões*.]

pre.vi.sí.vel [Lat. *praevisus* + -*ível*.◘ 41A] *adj2g.* Que se pode prever. [Pl.: -*veis*.]

pre.zar [Lat. *pretiare*.◘ 1A] *vtd.* **1.** Ter em alto preço, em grande consideração ou respeito. **2.** Gostar de; amar. *p.* **3.** Estimar-se, respeitar-se. **4.** Honrar-se, ufanar-se. [C.: 1 (é)] § **pre.za.do** *adj.*; **pre.zá.vel** *adj2g.*

pri.ma [De *primo*.◘ 1A] *sf.* **1.** *Rel.* A primeira das 7 horas canônicas. **2.** *Mús.* A corda que dá o som mais agudo em certos instrumentos (violino, violoncelo, etc.).

pri.ma.ci.al [*Primacia.*◻39] *adj2g.* Que tem primazia. [Pl.: *-ais.*]
pri.ma.do [Lat. *primatu.*◻17] *sm.* **1.** Primazia (1). **2.** Prioridade (1).
pri.ma.do.na [It. *primadonna.*] *sf.* Cantora que faz o papel principal numa ópera. [Pl.: *prima--donas.*]
pri.mar [Fr. *primer.*◻1A] *vti.* **1.** Ser o primeiro. **2.** Mostrar-se o mais notável; distinguir-se. [C.: 1]
pri.má.ri:o [Lat. *primariu.*◻24] *adj.* **1.** Que antecede outro. **2.** Elementar, rudimentar. **3.** *Econ.* Relativo à agricultura e à extração de produtos minerais ou vegetais. § **pri.ma.ri.e.da.de** *sf.*
pri.ma.ta [Tax. *Primates.*] *adj2g. sm. Zool.* Diz-se de, ou espécime dos primatas, ordem de mamíferos que inclui os lêmures, os macacos e o homem.
pri.ma.to.lo.gia [*Primata* + *-o-* + *-logia.*] *sf.* A parte da zoologia que estuda os primatas. § **pri.ma.to.lo.gis.ta** *s2g.*
pri.ma.ve.ra [Lat. *primo vere.*] *sf.* Estação do ano que sucede ao inverno e antecede o verão. § **pri.ma.ve.ril** *adj2g.*
pri.maz [Voc. deduz. de *primazia.*] *sm.* Prelado de categoria superior à de arcebispo e bispo.
pri.ma.zi.a [B.-lat. *primatia.*] *sf.* **1.** Dignidade de primaz; primado. **2.** V. *prioridade.*
pri.mei.ra-da.ma [Trad. do ingl. *first lady.*] *sf.* A esposa do presidente, do governador, ou do prefeito. [Pl.: *primeiras-damas.*]
pri.mei.ro [Lat. *primariu.*◻25] *num.* **1.** Que ocupa o lugar de número 1, numa série ordenada. ● *adj.* **2.** Que não é precedido por outros; que está adiante ou acima dos outros, quanto ao tempo, à posição, à importância, à qualidade, etc. **3.** Inicial, básico, elementar. ● *adv.* **4.** Antes de qualquer outra pessoa ou coisa; primeiramente.
pri.mei.ro-ca.de.te *sm.* V. *hierarquia militar.* [Pl.: *primeiros-cadetes.*]
pri.mei.ro-mi.nis.tro *sm.* O chefe de governo no parlamentarismo. [Pl.: *primeiros-ministros.*]
pri.mei.ro-sar.gen.to *sm.* V. *hierarquia militar.* [Pl.: *primeiros-sargentos.*]
pri.mei.ro-te.nen.te *sm.* V. *hierarquia militar.* [Pl.: *primeiros-tenentes.*]
pri.me.vo [Lat. *primaevu.*] *adj.* **1.** Relativo aos tempos primitivos. **2.** Antigo; primitivo.
pri.mí.ci:as [Lat. *primitias.*] *sfpl.* **1.** Primeiros frutos. **2.** Primeiras produções. **3.** Primeiros sentimentos ou prazeres.
pri.mí.pa.ra [*Prim*(*i*)- + *-para.*] *adj.(f.) sf.* Que, ou aquela que pariu pela primeira vez.
pri.mi.ti.vo [Lat. *primitivu.*] *adj.* **1.** De primeira origem. **2.** Dos primeiros tempos. **3.** Não derivado. **4.** Simples; rude. **5.** Diz-se de povo ainda em estado natural, p.opos. a *civilizado*. **6.** Relativo aos povos não letrados, que vivem em sociedades de organização mais simples e tecnologia menos desenvolvida do que aquelas ditas civilizadas e modernas. **7.** *E.Ling.* Diz-se da palavra que serve de radical a outra. ● *sm.* **8.** Pessoa ou coisa primitiva.
pri.mo¹ [Lat. (*consobrinus*) *primus.*] *sm.* Indivíduo em relação aos filhos de tias e tios.
pri.mo² [Lat. *primu.*] *adj. sm. Mat.* Diz-se de, ou número só divisível por si e por 1.
pri.mo.gê.ni.to [Lat. *primogenitu.*] *adj. sm.* Diz-se de, ou filho gerado antes dos outros.
pri.mor (ô) [Lat. *primore.*] *sm.* **1.** Perfeição, excelência. **2.** Beleza; encanto. § **pri.mo.ro.so** (ô) *adj.*
pri.mor.di.al [Lat. *primordiale.*◻39] *adj2g.* **1.** Relativo a primórdio. **2.** Básico, fundamental. [Pl.: *-ais.*]
pri.mór.di:o [Lat. *primordiu.*] *sm.* **1.** Aquilo que se organiza ou ordena primeiro. **2.** Fonte, origem.
prin.ce.sa (ê) [Esp. *princesa.*] *sf.* **1.** Mulher de príncipe. **2.** Soberana de principado. **3.** Filha de rei.
prin.ci.pa.do [Lat. *principatu.*◻17C] *sm.* **1.** Dignidade de príncipe ou de princesa. **2.** Território ou Estado governado por príncipe ou princesa.
prin.ci.pal [Lat. *principale.*◻39] *adj2g.* **1.** Que está em primeiro lugar. **2.** Fundamental, essencial. [Pl.: *-pais.*]
prin.ci.pal.men.te [*Principal.*◻42] *adv.* Sobretudo, especialmente.
prín.ci.pe [It. *príncipe*, do lat.] *sm.* **1.** Filho ou membro de família reinante. **2.** Filho primogênito de rei. **3.** Chefe de principado (2). **4.** Consorte da rainha, em alguns Estados. **5.** Título de nobreza, em alguns países. § **prin.ci.pes.co** (ê) *adj.*
prin.ci.pi.an.te [*Principiar.*◻21] *adj2g. s2g.* Que, ou quem principia um exercício ou aprendizado.
prin.ci.pi.ar [Lat. *principiare.*◻1A] *vtd, ti. e int.* Dar princípio a, ou ter princípio; começar. [C.: 1]
prin.cí.pi:o [Lat. *principiu.*] *sm.* **1.** Momento ou local ou trecho em que algo tem origem. **2.** Causa primária; origem. **3.** Preceito, regra. ◆ **Princípio ativo.** O ingrediente principal de uma substância, planta, etc. **A princípio.** **1.** No começo, no(s) primeiro(s) momento(s). **2.** Antes de reflexão ou observação mais cuidadosas. **Em princípio.** Antes de qualquer consideração; antes de mais nada.
prin.cí.pi:os *smpl.* **1.** Bons costumes; educação. **2.** Proposições diretoras duma arte, duma ciência.
pri.or (ô) [Lat. *priore.*] *sm.* **1.** O pároco de certas freguesias. **2.** Superior de certas ordens religiosas.
pri:o.ri.da.de [Lat.med. *prioritate.*◻14] *sf.* **1.** Qualidade do que ou de quem é o primeiro; primado. **2.** Precedência dada a alguém ou a algo. [Sin.ger.: *primazia.*] § **pri:o.ri.tá.ri:o** *adj.*
pri:o.ri.zar [*Prior.*◻1D] *vtd.* Dar prioridade (2) a. [C.: 1]

prisão | processador

pri.são [Lat.vulg. *prensione*.◻2] *sf.* **1.** Ato ou efeito de prender; captura. **2.** V. *cadeia* (3). **3.** Recinto fechado. **4.** *Fig.* Vínculo; peia. [Pl.: *-sões.*]

pris.co [Lat. *priscu*.] *adj.* De tempos passados; antigo, prístino.

pri.si:o.nei.ro [*Prisão* (-*sion*-).◻25] *sm.* **1.** Indivíduo privado da liberdade; preso, detento. **2.** Indivíduo aprisionado em ocasião de guerra.

pris.ma [Lat. *prisma*.] *sm.* **1.** *Geom.* Poliedro em que 2 faces opostas (chamadas bases) são polígonos paralelos e congruentes, e as outras, paralelogramos. **2.** *Opt.* Sólido em forma de prisma (1), ger. triangular, feito de vidro ou outra substância transparente, us. para dispersar ou refratar a luz. ◆ **Prisma oblíquo.** *Geom.* Aquele que não é um prisma reto. **Prisma reto.** *Geom.* Aquele que tem arestas laterais perpendiculares à base.

pris.má.ti.co [*Prisma* + *-ático*.] *adj.* Em forma de prisma.

prís.ti.no [Lat. *pristinu*.◻30] *adj.* V. *prisco.*

pri.va.ci.da.de *sf.* Intimidade (2).

pri.va.ções *sfpl.* Falta do necessário à vida.

pri.va.da *sf.* V. *latrina.*

pri.va.do[1] [Lat. *privatu*.] *sm.* Favorito, valido.

pri.va.do[2] [*Privar*.◻17A] *adj.* **1.** Não público; particular. **2.** Que não tem ou não apresenta algo, ou que deixou de ter ou de apresentar algo de que antes dispunha; desprovido, falto.

pri.van.ça [Lat. *privantia*.◻9A] *sf.* Estado de privado[1].

pri.var [Lat. *privare*.◻1A] *vtdi.* **1.** Despojar de algo. **2.** Impedir de ter a posse de algo. *ti.* **3.** Conviver intimamente. *p.* **4.** Tirar a si mesmo o gozo (de algo). [C.: 1] § **pri.va.ção** *sf.*

pri.va.ti.vo [Lat. *privativu*.◻22A] *adj.* **1.** Peculiar, próprio. **2.** De propriedade ou uso exclusivo; particular.

pri.va.ti.zar [*privatus* + *-izar*.◻1D] *vtd.* Trazer para o setor privado ou particular. [C.: 1] § **pri.va.ti.za.ção** *sf.*

pri.vi.le.gi.ar [*Privilégio*.◻1A] *vtd.* Conceder privilégio a. [C.: 1] § **pri.vi.le.gi.a.do** *adj.*

pri.vi.lé.gi:o [Lat. *privilegiu*.] *sm.* **1.** Vantagem que se concede a alguém com exclusão de outros. **2.** Permissão especial. **3.** V. *prerrogativa.*

pró [Lat. *pro*.] *adv.* **1.** A favor. ● *sm.* **2.** Vantagem, conveniência: *os prós e os contras.*

pro.a (ô) [Lat. *prora*.] *sf.* **1.** A parte anterior da embarcação. **2.** *Fam.* Vaidade, presunção.

■ **PROÁLCOOL** Abrev. de *Programa Nacional do Álcool.*

pro.ba.bi.li.da.de [Lat. *probabilitate*.◻14] *sf.* Qualidade de provável.

pro.ban.te [Lat. *probante*.◻21] *adj2g. Jur.* Que prova (em juízo).

pro.ble.ma [Lat. *problema*.] *sm.* **1.** Questão matemática proposta para que se lhe dê solução. **2.** Questão não solvida, ou de solução difícil.

pro.ble.má.ti.ca *sf.* O conjunto dos problemas relativos a um assunto.

pro.ble.má.ti.co [Gr. *problematikós*.◻35B] *adj.* **1.** Relativo a, ou que constitui problema. **2.** Incerto, duvidoso.

pro.bo [Lat. *probu*.] *adj.* De caráter íntegro; honrado. § **pro.bi.da.de** *sf.*

pro.bós.ci.de [Lat. *proboscide*.] *sf. Zool.* **1.** Focinho longo e flexível de alguns mamíferos, como, p.ex., o do elefante. **2.** Protrusão tubular dos insetos dípteros. **3.** Órgão protrátil anterior de certos vermes.

pro.bos.cí.de:o [Tax. *proboscidea*.] *adj. sm. Zool.* Diz-se de, ou espécime dos proboscídeos, ordem de grandes mamíferos cujo focinho é prolongado em tromba. São os elefantes.

pro.ca.ri.on.te [Ingl. *procaryote*.] *sm. Biol.* Procarioto.

pro.ca.ri.o.to (ó) [*Pro-*[1] + *-cari(o)-* + a term. *-oto*.] *sm. Biol.* Organismo formado por uma célula apenas, desprovida de membrana nuclear; procarionte.

pro.ce.dên.ci:a [*Proceder*.◻10] *sf.* **1.** Ato ou efeito de proceder. **2.** Lugar donde alguém ou algo procede; origem, proveniência.

pro.ce.den.te [Lat. *procedente*.◻21A] *adj2g.* **1.** Oriundo, proveniente. **2.** Consequente, lógico.

pro.ce.der [Lat. *procedere*.◻1B] *vti.* **1.** Originar-se, derivar-se. **2.** V. *descender* (1). **3.** Instaurar processo. **4.** Levar a efeito; executar. *tc.* **5.** Provir, vir. *int.* **6.** Comportar-se, portar-se. **7.** Ter fundamento. [C.: 2 (ê-é)] ● *sm.* **8.** Procedimento (1).

pro.ce.di.men.to [*Proceder*.◻3A] *sm.* **1.** Ato ou efeito de proceder. **2.** Modo de agir, de proceder; comportamento. **3.** Processo, método. **4.** *Inform.* Programa que controla a execução de outros programas.

pro.ce.la [Lat. *procella*.] *sf.* Tempestade marítima. § **pro.ce.lo.so** (ô) *adj.*

pro.ce.la.ri.i.for.me [Tax. *Procellariiformes*.] *adj2g. sm. Zool.* Diz-se de, ou espécime dos procelariiformes, ordem de grandes aves oceânicas, encontradas sobretudo no hemisfério sul, que têm pés palmados e narinas prolongadas em tubo, na base do bico. Inclui os diomedeídeos.

pró.cer [Lat. *procere*.] *sm.* Homem importante em uma nação, uma classe, um partido, etc. [Pl.: *próceres.*]

pro.ces.sa.dor (ô) [*Processar*.◻19A] *adj.* **1.** Que processa. ● *sm.* **2.** Aquele ou aquilo que processa. **3.** Processador de alimentos. **4.** *Inform.* Circuito integrado que realiza operações aritméticas e lógicas de processamento e o controle da execução de programas. **5.** *Inform.* Em microcomputadores, a unidade central de processamento. ◆ **Processador de alimentos.** Aparelho, ger. elétrico, para reduzir a pasta certos alimentos (frutas, legumes, etc.). **Processador de textos.** *Inform.* Aplicativo para processamento de textos (q.v.).

pro.ces.sa.men.to [*Processar*.◼3] *sm.* **1.** Ato ou efeito de processar. **2.** V. *processamento de dados*. ◆ **Processamento de dados**. *Inform.* Manipulação dos dados em um sistema computacional, que tecnicamente equivale à execução de instruções por processador(es), e que abrange a entrada (13) de dados iniciais, sua verificação, armazenamento, recuperação e transformação, e a produção de novas informações a partir deles. **Processamento de textos**. *Inform.* Uso de computador para redigir, editar, formatar e imprimir textos.

pro.ces.sar [*Processo*.◼1A] *vtd.* **1.** Instaurar processo contra. **2.** Conferir (documento) para validar. **3.** Reduzir (alimentos) a pasta, em processador (3). **4.** *Inform.* Manipular e transformar (dados) em computador, seguindo as instruções de um programa. *p.* **5.** Acontecer progressivamente; realizar-se, dar-se, verificar-se. [C.: 1 (é)] § **pro.ces.sá.vel** *adj2g.*

pro.ces.so [Lat. *processu*.] *sm.* **1.** Ato de proceder, de ir por diante. **2.** Sucessão de estados ou de mudanças. **3.** Modo por que se realiza ou executa uma coisa; método, técnica. **4.** *Jur.* V. *demanda* (2). **5.** *Anat.* Nome genérico de saliência, como, p.ex., em osso.

pro.ces.su.al [*Processo*.◼39A] *adj2g.* Relativo a processo judicial. [Pl.: *-ais.*]

pro.ci.o.ní.de:o [Tax. *Procyonidae*.] *adj. sm. Zool.* Diz-se de, ou espécime dos procionídeos, família de mamíferos fissípedes, carnívoros ou onívoros, de pernas um tanto curtas, e ger. arborícolas. Ex.: o quati.

pro.cis.são [Lat. *processione*.◼2] *sf.* **1.** Préstito religioso. **2.** Préstito. [Pl.: *-sões.*]

pro.cla.ma [Dev. de *proclamar*.] *sm.* Pregão ou edital de casamento.

pro.cla.mar [Lat. *proclamare*.◼1A] *vtd.* **1.** Anunciar em público e em voz alta. **2.** Afirmar com ênfase. *transobj.* **3.** Eleger, aclamar. *p.* **4.** Fazer-se aclamar. [C.: 1] § **pro.cla.ma.ção** *sf.*

pró.cli.se [*Pro-*¹ + *-clise*.] *sf. E.Ling.* Anteposição de palavra átona a outra que não o é, subordinando-se quanto ao acento desta. [Por vezes, o termo é us. para indicar a simples anteposição de um vocábulo a outro: *a próclise dos pronomes átonos*.] § **pro.clí.ti.co** *adj.*

pro.cras.ti.nar [Lat. *procrastinare*.◼1A] *vtd.* V. *adiar.* [C.: 1]

pro.cri.ar [Lat. *procreare*.◼1A] *vtd.* **1.** Dar nascimento a; gerar. *int.* **2.** Reproduzir-se. [C.: 1] § **pro.cri:a.ção** *sf.*

proc.to.lo.gi.a [*Proct(o)-* + *-logia*.] *sf. Med.* Área da medicina que trata das doenças do reto e do ânus. § **proc.to.lo.gis.ta** *s2g.*

pro.cu.ra [Dev. de *procurar*.] *sf.* **1.** Ato de procurar. **2.** Demanda (3). ◆ **À procura de**. Procurando, buscando.

pro.cu.ra.ção [Lat. *procuratione*.◼2A] *sf.* **1.** Incumbência dada a outrem por alguém para tratar de negócio(s) em seu nome. **2.** Instrumento da procuração. **3.** *P.ext.* V. *mandato* (1). [Pl.: *-ções.*]

pro.cu.ra.dor (ô) [Lat. *procuratore*.◼19A] *sm.* **1.** Aquele que tem ou recebeu procuração (1). **2.** Advogado do Estado.

pro.cu.ra.do.ri.a [*Procurador*.◼8A] *sf.* Ofício, funções ou repartição do procurador (2).

pro.cu.rar [Lat. *procurare*.◼1A] *vtd.* **1.** Esforçar-se por achar ou conseguir. **2.** Pedir com instância. **3.** Ir ao encontro de. **4.** Empenhar-se por. **5.** Indagar, inquirir. *ti.* **6.** Esforçar-se por encontrar ou localizar. [C.: 1]

pro.di.ga.li.da.de [Lat. *prodigalitate*.◼14] *sf.* **1.** Generosidade. **2.** Abundância.

pro.di.ga.li.zar *vtd. e tdi.* Dar com profusão; liberalizar. [C.: 1]

pro.dí.gio [Lat. *prodigiu*.] *sm.* V. *portento*. § **pro.di.gi.o.so** (ô) *adj.*

pró.di.go [Lat. *prodigu*.] *adj.* **1.** Esbanjador, dissipador. **2.** V. *liberal* (1).

pro.du.ção [Lat. *productione*.◼2] *sf.* **1.** Ato ou efeito de produzir. **2.** Produto (1). **3.** O que se produz, ou o volume da produção. **4.** *Cin. Teatr. Telev.* Ato de produzir espetáculo (da realização à apresentação) para o qual são necessários recursos financeiros e equipe especializada. [Pl.: *-ções.*]

pro.du.ti.vi.da.de [*Produtivo*.◼14] *sf.* **1.** Faculdade de produtivo. **2.** *Econ.* Relação entre a quantidade ou valor produzido e a quantidade ou valor dos insumos aplicados à produção.

pro.du.ti.vo [Lat. *productivu*.◼22] *adj.* **1.** Que produz; fértil, fecundo. **2.** Rendoso, proveitoso.

pro.du.to [Lat. *productu*.] *sm.* **1.** O que é produzido ou fabricado; produção. **2.** Resultado de qualquer atividade humana. **3.** V. *receita* (1). **4.** Consequência, resultado. **5.** Animal ou planta resultante de função reprodutiva dirigida, com vista ao aprimoramento da espécie. **6.** *Mat.* Resultado de uma multiplicação, ou de uma série de multiplicações. **7.** *Econ.* Valor total da produção de bens e serviços num país, em determinado período (ger. um ano). ◆ **Produto de beleza**. Produto para o embelezamento e cuidado do corpo, ger. de aplicação externa. **Produto final**. *Econ.* O que se destina a ser vendido aos consumidores. **Produto intermediário**. *Econ.* O que se destina a entrar na produção de outros bens. **Produto interno bruto**. *Econ.* Valor total dos bens e serviços produzidos num país, inclusive os pagamentos a fatores de produção no exterior, em determinado período (ger. um ano), e sem desconto dos gastos de depreciação. [Sigla: *PIB*.] **Produto nacional bruto**. *Econ.* Valor total da produção de bens e serviços num país, inclusive os gastos de depreciação, e descontado o remetido ao ex-

produtor | prógnata

terior para pagamento de fatores de produção. [Sigla: *PNB*.] **Produto primário.** *Econ.* Produto agropecuário ou resultante de extração mineral ou vegetal.

pro.du.tor (ô) [Lat. *productore*. ▣19] *adj. sm.* **1.** Que, ou quem produz. **2.** Diz-se de, ou aquele que se incumbe dos meios materiais e humanos para a realização de um filme, um programa, uma peça, etc.

pro.du.zir [Lat. *producere*. ▣1C] *vtd.* **1.** Dar nascimento ou origem a; criar. **2.** Fazer aparecer; originar. **3.** Apresentar, exibir. **4.** Causar, motivar. **5.** Render (3). **6.** Fabricar (1). **7.** Criar pela imaginação. *int.* **8.** Ser fértil. *p.* **9.** *Bras.* Vestir-se, arranjar-se com apuro. [C.: 41]

pro.e.mi.nên.ci.a [*Proeminente*. ▣8B] *sf.* V. *saliência* (1). ♦ **Proeminência laríngea.** *Anat.* A saliência da cartilagem tireóidea; gogó (*bras. fam.*). [Denom. ant.: *pomo de adão*.]

pro.e.mi.nen.te [Lat. *proeminente*. ▣21] *adj2g.* **1.** Que se alteia acima do que o circunda. **2.** Saliente (2). **3.** Preeminente (1).

pro.e.za (ê) [Fr.ant. *proece*.] *sf.* V. *façanha* (1 e 2).

pro.fa.nar [Lat. *profanare*. ▣1A] *vtd.* **1.** Tratar com irreverência (coisas sagradas). **2.** Infringir (norma, regra). **3.** Violar a santidade de. **4.** Fazer mau uso de. **5.** Macular, desonrar. [C.: 1] § **pro.fa.na.ção** *sf.*; **pro.fa.na.dor** (ô) *adj. sm.*

pro.fa.no [Lat. *profanu*.] *adj.* **1.** Estranho à religião. **2.** Contrário ao respeito devido a coisas sagradas. **3.** Não sagrado. **4.** V. *secular* (5). § **pro.fa.ni.da.de** *sf.*

pro.fe.ci.a [Lat. *prophetia*.] *sf.* **1.** Predição do futuro por um profeta. **2.** Suposição, conjetura.

pro.fe.rir [Lat. *proferere. ▣1C] *vtd.* **1.** Pronunciar em voz alta e clara. **2.** Dizer, pronunciar. **3.** Publicar, decretar. [C.: 48] § **pro.fe.ri.men.to** *sm.*

pro.fes.sar [*Professo*. ▣1A] *vtd.* **1.** Reconhecer publicamente. **2.** Abraçar (cargo ou profissão). **3.** Adotar, abraçar (doutrina). *tdi.* **4.** Prometer, jurar. *int.* **5.** Fazer votos, entrando para uma ordem religiosa. [C.: 1 (é)]

pro.fes.so [Lat. *professu*.] *adj.* **1.** Que professou. **2.** Relativo a frades ou freiras.

pro.fes.sor (ô) [Lat. *professore*. ▣19] *sm.* Aquele que ensina uma ciência, arte, técnica; mestre. § **pro.fes.so.ral** *adj2g.*

pro.fes.so.ra [F. de *professor*.] *sf.* Mestra.

pro.fes.so.ra.do [*Professor*. ▣17C] *sm.* Magistério (2).

pro.fe.ta [Lat. *propheta*.] *sm.* Indivíduo que prediz o futuro.

pro.fé.ti.co [Lat. *propheticu*. ▣35B] *adj.* Relativo a profeta ou a profecia.

pro.fe.ti.sa *sf.* Fem. de *profeta*.

pro.fe.ti.zar [Lat. *prophetizare*. ▣1D] *vtd.* **1.** Predizer ou anunciar como profeta; vaticinar. **2.** Prever, pressagiar. [C.: 1]

pro.fi.ci.en.te [Lat. *proficiente*. ▣21] *adj2g.* **1.** Que tem perfeito conhecimento; competente, capaz. **2.** V. *profícuo*. § **pro.fi.ci.ên.ci.a** *sf.*

pro.fí.cuo [Lat. *proficuu*.] *adj.* Util, vantajoso; proficiente. § **pro.fi.cu:i.da.de** *sf.*

pro.fi.lác.ti.co ou **pro.fi.lá.ti.co** [Gr. *prophylaktikós*. ▣35B] *adj.* Mediante profilaxia, ou relativo a ela.

pro.fi.la.xi.a (cs) [Fr. *prophylaxie*. ▣8A] *sf. Med.* Emprego de qualquer procedimento ou agente para evitar instalação e/ou propagação de doença.

pro.fis.são [Lat. *professione*. ▣2] *sf.* **1.** Ato ou efeito de professar (5). **2.** Atividade ou ocupação especializada, da qual se podem tirar os meios de subsistência; ofício, mister. [Pl.: -sões.] ♦ **Profissão liberal.** Profissão de nível superior que habilita o exercício dela por conta própria de quem a tem. Ex.: advocacia, engenharia.

pro.fis.si:o.nal [*Profissão* (-*sion*-). ▣39] *adj2g.* **1.** Relativo a profissão. ● *s2g.* **2.** Quem faz uma coisa por ofício. [Pl.: -*nais*.]

pro.fis.si:o.na.li.za.ção [*Profissionalizar*. ▣2A] *sf.* **1.** Ato ou efeito de profissionalizar(-se). **2.** Processo que forma profissionais ou treinamento próprio para essa capacitação. [Pl.: -*ções*.]

pro.fis.si:o.na.li.za.nte [*Profissionalizar*. ▣21] *adj2g. sm.* Diz-se de, ou curso que forma e capacita profissionais.

pro.fis.si:o.na.li.zar [*Profissional*. ▣1D] *vtd. e p.* **1.** Dar caráter profissional a, ou adquiri-lo. **2.** Habilitar(-se) para uma profissão ou tornar(-se) apto a exercer um certo ofício, por meio de curso(s) específico(s). [C.: 1]

pró.fu.go [Lat. *profugu*.] *adj.* Fugitivo, desertor.

pro.fun.da.men.te [F. de *profundo*. ▣42] *adv.* **1.** De modo profundo; muito. **2.** De fato, realmente: *Estava <u>profundamente</u> arrependido*.

pro.fun.das *sfpl.* **1.** A parte mais funda. **2.** *Fam.* O inferno.

pro.fun.di.da.de [Lat. *profunditate*. ▣14] *sf.* Qualidade de profundo; profundeza.

pro.fun.do [Lat. *profundu*.] *adj.* **1.** Cujo fundo é muito distante da superfície ou da borda. **2.** Que penetra muito. **3.** Escuro, carregado (cor). **4.** Que vem ou parece vir do íntimo; fundo. **5.** De grande alcance. **6.** Que tem grande conhecimento e perspicácia. § **pro.fun.de.za** (ê) *sf.*

pro.fu.são [Lat. *profusione*. ▣2] *sf.* **1.** Superabundância (1). **2.** Esbanjamento, desperdício. [Pl.: -*sões*.]

pro.fu.so [Lat. *profusu*.] *adj.* **1.** Que se espalha em abundância. **2.** Copioso, abundante.

pro.gê.ni:e [Lat. *progenie*.] *sf.* **1.** V. *ascendência* (4). **2.** Geração, prole.

pro.ge.ni.tor (ô) [Lat. *progenitore*. ▣19] *sm.* **1.** Indivíduo que origina uma descendência. **2.** Pai (1).

próg.na.ta [*Pro-*[1] + *-gnata*.] *adj2g. s2g.* Prógnato.

prog.na.tis.mo [*Prógnato*. ⬛11] *sm. Med.* Proeminência anormal da mandíbula.

próg.na.to [*Pro-*¹ + *-gnato*.] *adj.sm.* Que, ou quem tem prognatismo; prógnata.

prog.nos.ti.car [*Prognóstico*. ⬛1A] *vtd. e tdi.* V. *predizer*. [C.: 1A]

prog.nós.ti.co [Lat. *prognosticu*. ⬛35B] *sm.* 1. Conjetura sobre o desenvolvimento dum negócio, etc. 2. Juízo médico, baseado no diagnóstico, acerca da evolução duma doença.

pro.gra.ma [Lat. *programma*.] *sm.* 1. Impresso que contém os pormenores dum espetáculo, festa, etc. 2. Indicação geral das matérias para estudar num curso. 3. Conjunto de princípios ou relação de objetivos de indivíduo, partido político, etc. 4. Lista detalhada de compromissos por atender, de projetos ou planos a executar, em ordem preferencial. 5. *Inform.* Sequência completa de instruções a serem executadas por computador. 6. *Rád. Telev.* Apresentação de audições radiofônicas ou espetáculos televisionados, etc. 7. *Tec.* Conjunto previamente definido de instruções a serem executadas por uma máquina capaz de interpretá-las. ♦ **Programa de computador.** *Inform.* V. *programa* (5).

pro.gra.ma.ção [*Programar*. ⬛2A] *sf.* 1. Ato ou efeito de programar. 2. Conjunto de apresentações, ações, eventos, etc. planejados antecipadamente. 3. *Inform.* Ciência ou técnica de elaboração de programas de computador. 4. *Rád. Telev.* Conjunto de programas de uma emissora.

pro.gra.mar [*Programa*. ⬛1A] *vtd.* 1. Fazer o programa de; planejar. 2. Prever ou selecionar, como parte de programa (6) ou de programação (2 e 4). 3. *Inform.* Determinar a forma de funcionamento de (aparelho, computador), fornecendo programa (5). *int.* 4. *Inform.* Elaborar (programa [5]) de computador. [C.: 1] § **pro.gra.ma.dor** (ô) *sm.*; **pro.gra.má.vel** *adj2g.*

pro.gre.dir [Lat. **progredere*. ⬛1C] *v.int.* 1. Caminhar para a frente; avançar. 2. Ter ou fazer progresso; desenvolver-se. *ti.* 3. Progredir (2). [C.: 49]

pro.gres.são [Lat. *progressione*. ⬛2] *sf.* 1. Progresso (1). 2. Sucessão ininterrupta e gradual e que corresponde ao desenvolvimento de algo. [Pl.: *-sões*.] ♦ **Progressão aritmética.** *Mat.* Sucessão de números em que cada termo é obtido da soma do termo anterior com uma parcela fixa. **Progressão geométrica.** *Mat.* Sucessão de números em que cada termo é obtido da multiplicação do termo anterior por um fator fixo.

pro.gres.sis.ta [*Progresso*. ⬛36] *adj2g.* Favorável ao progresso (político, social, etc.).

pro.gres.si.vo [*Progresso*. ⬛22] *adj.* 1. Que progride, ou encerra progressão. 2. Que se realiza gradualmente.

pro.gres.so [Lat. *progressu*.] *sm.* 1. Ato ou efeito de progredir; progressão. 2. Marcha para a frente. 3. O conjunto das mudanças havidas no curso do tempo.

pro:i.bi.do [Part. de *proibir*.] *adj.* Que não se pode fazer, ter, vender, ou ver, etc., por ser ilegal, inadequado, ou contrário a uma norma ou lei.

pro:i.bir [Lat. *prohibere*. ⬛1C] *vtd.* 1. Não permitir; impedir que se faça. 2. Tornar ilegal; interditar. *tdi.* 3. Não permitir (alguma coisa) a alguém. 4. Tornar (algo) ilegal ou restringir o uso de; vedar. [C.: 3C] § **pro:i.bi.ção** *sf.*

pro:i.bi.ti.vo [*Proibir*. ⬛22A] *adj.* Que encerra proibição.

pro.je.ção [Lat. *projectione*. ⬛2] *sf.* 1. Ato ou efeito de projetar(-se). 2. Saliência, proeminência. 3. Representação geográfica duma parte da Terra ou do espaço sideral, num plano. 4. *Geom.* Operação de transformar uma figura em outra mediante retas que ligam pontos da primeira aos da segunda, sujeitas a condições. 5. Apresentação de imagens numa tela com auxílio de projetor (2). 6. Cálculo ou estimativa de uma situação futura, supondo-se a continuidade dos processos ou mudanças em curso. [Pl.: *-ções*.]

pro.je.tar [Lat. *projectare*. ⬛1A] *vtd.* 1. Fazer projeto de. 2. Atirar longe; arremessar. 3. Reproduzir em tela (filmes, etc.). 4. *Fig.* Tornar famoso, conhecido. *p.* 5. Arremessar-se, precipitar-se. 6. *Fig.* Tornar-se famoso, conhecido. [C.: 1 (é)]

pro.je.til ou **pro.jé.til** [Fr. *projectile*.] *sm.* 1. Corpo que se move no espaço, abandonado a si mesmo após haver recebido impulso. 2. Corpo arremessado por arma de fogo. [Pl.: *projetis* ou *projéteis*.]

pro.je.tis.ta [*Projeto*. ⬛36] *adj2g. s2g.* Diz-se de, ou pessoa que faz projetos (arquitetônicos, automobilísticos, etc.).

pro.je.to [Lat. *projectu*.] *sm.* 1. Plano, intento. 2. Empreendimento. 3. Redação preliminar de lei, de relatório, etc. 4. Plano geral de edificação.

pro.je.tor (ô) [Lat. *projectus* + *-or*. ⬛19] *sm.* 1. Aparelho para projetar feixes luminosos. 2. Aparelho de projeção cinematográfica.

prol [Lat.vulg. *prode*.] *sm. Antiq.* Lucro, proveito. [Pl.: *próis*.] ♦ **Em prol de.** Em proveito ou em defesa de.

pro.la.ção [Lat. *prolatione*.] *sf.* 1. Ato ou efeito de proferir. 2. V. *delonga*. [Pl.: *-ções*.]

pro.le [Lat. *prole*.] *sf.* 1. Geração, descendência. 2. Filho(s).

pro.le.ta.ri.a.do [*Proletário*. ⬛17C] *sm.* A classe dos proletários.

pro.le.tá.ri:o [Lat. *proletariu*. ⬛24] *sm.* Indivíduo que trabalha em ofício ou profissão manual ou mecânica, em troca de salário, e dele vive.

pro.li.fe.rar [*Prolífero*. ⬛1A] *v.int.* 1. Ter prole ou geração; reproduzir-se. 2. Crescer em

prolífero | pronto-socorro

número; multiplicar-se. [C.: 1 (é)] § **pro.li.fe.ra.ção** *sf*.

pro.lí.fe.ro [*Proli-* + *-fero.*] *adj.* **1.** Que faz prole. **2.** Produtivo, fecundo (pessoa). [Sin.ger.: *prolífico.*]

pro.lí.fi.co [Lat.med. *prolificu.*⬚35B] *adj.* V. *prolífero.*

pro.li.xo (cs) [Lat. *prolixu.*] *adj.* **1.** Muito longo ou difuso. **2.** Fastidioso, enfadonho. § **pro.li.xi.da.de** (cs) *sf.*

pró.lo.go [Lat. *prologu.*] *sm.* V. *prefácio.* § **pro.lo.gal** *adj2g.*

pro.lon.ga.men.to [*Prolongar.*⬚3] *sm.* **1.** Ato ou efeito de prolongar(-se). **2.** Continuação de algo na mesma direção.

pro.lon.gar [Lat. *prolongare.*⬚1A] *vtd.* **1.** Tornar mais longo; alongar. **2.** Aumentar a duração de. **3.** Adiar, procrastinar. *p.* **4.** Estender-se, alongar-se. [C.: 1C] § **pro.lon.ga.do** *adj.*

pro.mé.ci.o [Lat.cient. *promethium.*⬚34B] *sm. Quím.* V. *lantanídeos* [símb.: *Pm*].

pro.mes.sa [Lat.med. *promissa*] *sf.* **1.** Ato ou efeito de prometer; promissão. **2.** Coisa prometida. **3.** Voto, juramento.

pro.me.ter [Lat. *promittere.*⬚1B] *vtd.* **1.** Obrigar-se verbalmente ou por escrito a (fazer ou dar alguma coisa); comprometer-se a. **2.** Pressagiar, anunciar. **3.** Dar esperança, ou mostrar probabilidade de. *tdi.* **4.** Prometer (1 e 3). **5.** Oferecer (certa quantia, valor) por. *int.* **6.** Fazer promessa. **7.** Dar esperança de bom futuro, de progresso. [C.: 2 (ê-é)] § **pro.me.te.dor** (ô) *adj.*

pro.me.ti.da *sf.* Noiva.

pro.me.ti.do [Part. de *prometer.*] *adj.* **1.** Que se prometeu. ● *sm.* **2.** Aquilo que se prometeu. **3.** Noivo.

pro.mis.cu.ir-se [*Promíscuo* + *-ir* + *se*[1].⬚1C] *vp.* Misturar-se, mesclar-se. [C.: 42]

pro.mís.cu.o [Lat. *promiscuu.*] *adj.* Agregado sem ordem nem distinção; misturado, confuso. § **pro.mis.cu.i.da.de** *sf.*

pro.mis.são [Lat. *promissione.*⬚2] *sf.* Promessa (1). [Pl.: *-sões.*]

pro.mis.sor (ô) [Lat. *promissore.*⬚19] *adj.* Cheio de promessas; próspero, propício.

pro.mis.só.ri.a *sf.* Título de crédito formal, nominativo, com promessa de pagamento.

pro.mi.ten.te [Lat. *promitente.*⬚21A] *adj2g. s2g.* Que, ou quem promete.

pro.mo.ção[1] [Lat. *promotione.*⬚2] *sf.* **1.** Ato ou efeito de promover[1]. **2.** Acesso a cargo ou categoria superior. [Pl.: *-ções.*] § **pro.mo.ci.o.nal**[1] *adj2g.*

pro.mo.ção[2] [Ingl. *promotion.*⬚2A] *sf.* Campanha de propaganda. [Pl.: *-ções.*] § **pro.mo.ci.o.nal**[2] *adj2g.*

pro.mon.tó.ri.o [Lat. *promontoriu.*⬚23] *sm.* Cabo formado de rochas elevadas ou alcantis.

pro.mo.tor [Lat. *promotus* + *-or.*⬚19] *adj.* **1.** Que promove. ● *sm.* **2.** Aquele que o faz. **3.** Servidor do Ministério Público encarregado de promover ações consideradas de interesse público.

pro.mo.to.ri.a [*Promotor.*⬚8A] *sf.* Órgão, cargo ou ofício de promotor.

pro.mo.ver[1] [Lat. *promovere.*⬚1B] *vtd.* **1.** Dar impulso a; fazer avançar. **2.** Causar, originar. **3.** Diligenciar para que se realize. *tdi.* **4.** Elevar a (cargo ou classe superior). [C.: 2 (ô-ó)]

pro.mo.ver[2] [Ingl. (*to*) *promove.*⬚1B] *vtd.* **1.** Fazer promoção[2] de. *p.* **2.** Dar a conhecer as suas próprias qualidades. [C.: 2 (ô-ó)]

→**prompt** (prômpti) [Ingl.] *sm. Inform.* Sinal emitido por computador, indicando a sua disponibilidade para receber novos comandos digitados pelo usuário.

→**prompter** (prômpter) [Ingl.] *sm. Cin. Teatr. Telev.* Ponto eletrônico que emprega monitor de vídeo, ger. acoplado a uma câmara, no qual se exibe o texto a ser lido em cena; *teleprompter.* [Cf. *dália*[2].]

pro.mul.gar [Lat. *promulgare.*⬚1A] *vtd.* **1.** Ordenar a publicação de (lei). **2.** Tornar oficialmente público. [C.: 1C] § **pro.mul.ga.ção** *sf.*; **pro.mul.ga.dor** (ô) *adj.*

pro.no.me [Lat. *pronomen.*] *sm. E.Ling.* Palavra que substitui o substantivo, ou que o acompanha para tornar-lhe claro o significado, ou para acrescentar-lhe outra noção. ◆ **Pronome de tratamento.** *E.Ling.* Palavra ou locução que funciona tal como os pronomes pessoais. Ex.: *você, vossa excelência, a gente.* **Pronome indefinido.** Aquele que indica uma terceira pessoa indeterminada: *ninguém, algo, qualquer, tudo, todo, cada*, etc. **Pronome interrogativo.** Os pronomes indefinidos *que, quem, qual, quanto* quando us. em frases interrogativas: *Quanto custa isso?* **Pronome possessivo.** Aquele que indica posse, relação intrínseca: *meu/minha, teu/tua, seu/sua, nosso/nossa, vosso/vossa.* **Pronome reflexivo.** *E.Ling.* Aquele que acompanha o verbo na voz reflexa [v. *voz* (5)]. Ex.: o pron. *se* na frase *Maria feriu-se.*

pro.no.mi.nal [Lat. *pronominale.*⬚39] *adj2g.* **1.** Relativo a pronome. **2.** *E.Ling.* Que se conjuga com pronomes oblíquos (verbo). [Pl.: *-nais.*]

pron.ti.dão [*Pronto* + *-idão.*] *sf.* **1.** Qualidade de pronto. **2.** Estado de alerta duma unidade militar. [Pl.: *-dões.*]

pron.ti.fi.car-se [*Pronto* + *-ificar.*] *vp.* Mostrar-se pronto, disposto. [C.: 1A]

pron.to [Lat. *promptu.*] *adj.* **1.** Que não tarda; breve. **2.** Rápido, imediato: *pronto atendimento.* **3.** Concluído, terminado. **4.** Preparado, apto. **5.** *Bras. Gír.* Sem dinheiro; duro, limpo, liso, teso, quebrado.

pron.to-so.cor.ro (cô) *sm.* Hospital para atendimento de casos de urgência. [Pl.: *prontos-socorros* (có).]

prontuário | propriedade

pron.tu.á.ri:o [Lat. *promptuariu*. ▣24] *sm.* **1.** Manual de indicações úteis. **2.** *Bras.* Ficha (médica, policial, etc.) com os dados referentes a alguém.

pro.nún.ci:a [Dev. de *pronunciar*.] *sf.* Ato, efeito ou modo de pronunciar.

pro.nun.ci:a.men.to [*Pronunciar*.▣3] *sm.* **1.** Ato ou efeito de pronunciar-se ou manifestar sua opinião. **2.** Fala, discurso. **3.** *Restr.* Ato ou efeito de pronunciar-se ou insurgir-se coletivamente contra o governo, ou medida governamental.

pro.nun.ci.ar [Lat. *pronuntiare*.▣1A] *vtd.* **1.** Exprimir verbalmente; articular. **2.** Proferir (2). **3.** Decretar, publicar. **4.** Acentuar, salientar. *p.* **5.** Manifestar o que pensa ou sente. **6.** Insurgir-se, revoltar-se. [C.: 1] § **pro.nun.ci.a.ção** *sf.*; **pro.nun.ci.a.do** *adj.*

pro.pa.gan.da [Lat. *propaganda*.] *sf.* **1.** Propagação de princípios, ideias, doutrinas, conhecimentos ou teorias. **2.** Forma de promover o conhecimento e a aceitação de ideias, produtos, etc., por meio da veiculação na mídia de mensagens pagas; publicidade. **3.** Arte e técnica de planejar, criar, executar e veicular mensagens de propaganda; publicidade.

pro.pa.gan.dis.ta [*Propaganda*.▣36] *s2g.* Quem faz propaganda. § **pro.pa.gan.dís.ti.co** *adj.*

pro.pa.gar [Lat. *propagare*.▣1A] *vtd.* **1.** Multiplicar, ou reproduzindo, ou por geração. **2.** Dilatar, estender. **3.** Fazer propaganda de. **4.** V. *propalar* (1). *p.* **5.** Reproduzir-se. **6.** Difundir-se, propalar-se. **7.** Desenvolver-se por contágio. [C.: 1C] § **pro.pa.ga.ção** *sf.*; **pro.pa.ga.dor** (ô) *adj. sm.*

pro.pa.lar [Lat. *propalare*.▣1A] *vtd.* **1.** Tornar público; divulgar, propagar. *p.* **2.** Propagar (6). [C.: 1]

pro.pa.no [(Ácido) prop(iônico)- + -ano²*.*] *sm. Quím.* Alcano que contém 3 átomos de carbono [fórm.: CH_3–CH_2–CH_3], gasoso, que é um dos componentes principais do gás vendido em bujões, para uso doméstico.

pro.pa.ro.xí.to.no (cs) [Gr. *proparoxýtonos.*] *adj. sm. E.Ling.* Diz-se de, ou vocábulo que tem o acento tônico na antepenúltima sílaba; esdrúxulo.

pro.pe.dêu.ti.co [*Pro-*¹ + gr. *paideutikós*.▣35B] *adj.* Que serve de introdução; preliminar, prévio.

pro.pen.der [Lat. *propendere*.▣1B] *vtc.* **1.** Estar inclinado; inclinar-se, pender. *ti.* **2.** Ter propensão; tender. [C.: 2] § **pro.pen.den.te** *adj2g.*

pro.pen.são [Lat. *propensione*.▣2] *sf.* **1.** V. *tendência* (1). **2.** V. *atração* (3). [Pl.: *-sões.*]

pro.pen.so [Lat. *propensu*.] *adj.* Inclinado, tendente.

pro.pi.ci.ar [Lat. *propitiare*.▣1A] *vtd. e tdi.* **1.** Tornar propício, favorável. **2.** Oferecer, proporcionar. [C.: 1]

pro.pí.ci:o [Lat. *propitiu*.] *adj.* **1.** Que protege ou auxilia. **2.** Favorável (1).

pro.pi.na [B.-lat. *propina*.▣31] *sf.* **1.** V. *gorjeta*. **2.** *Bras.* Peita (1).

pro.pi.nar [Lat. *propinare*.▣1J] *vtd. e tdi.* Dar a beber; ministrar. [C.: 1]

pro.pín.quo [Lat. *propinquu*.] *adj.* Próximo, vizinho. § **pro.pin.qui.da.de** (qüi) *sf.*

pró.po.le [*Pro-*¹ + *-pole*.] *sf.* Substância resinosa, coletada das plantas pelas abelhas, e us., com a cera, na construção dos alvéolos e no reparo da colmeia. [É tb. us. por suas propriedades medicinais.]

pró.po.lis [*Pro-*¹ + *-polis*.] *sf2n.* V. *própole*.

pro.por [Lat. *proponere*.] *vtd.* **1.** Submeter à apreciação; apresentar. **2.** Sugerir: *propor um passeio*. **3.** Requerer em juízo; intentar. **4.** Expor, apresentar. **5.** Determinar, dispor. *tdi.* **6.** Propor (1, 2, 4 e 5). **7.** Oferecer como lance ou preço. *p.* **8.** Dispor-se. **9.** Tencionar. [C.: 34] § **pro.po.nen.te** *adj2g. s2g.*

pro.por.ção [Lat. *proportione*.▣2] *sf.* **1.** Relação entre coisas; comparação. **2.** Dimensão, extensão. **3.** Disposição regular, harmônica; simetria. **4.** Conformidade, identidade. **5.** *Arit.* Igualdade entre 2 razões. [Pl.: *-ções.*] ◆ **À proporção que.** V. *à medida que.*

pro.por.ci:o.nal [Lat. *proportionale*▣39] *adj2g.* **1.** Disposto regularmente. **2.** *Arit.* Relativo a proporção (5). **3.** *Mat.* Diz-se de uma variável cujo quociente por outra é constante. [Pl.: *-nais.*] § **pro.por.ci:o.na.li.da.de** *sf.*

pro.por.ci:o.nar [*Proporção* (*-cion-*).▣1A] *vtd. e tdi.* **1.** Observar proporção entre. **2.** Dar, oferecer. *p.* **3.** Tornar-se proporcional. **4.** Oferecer-se, apresentar-se. [C.: 1] § **pro.por.ci:o.na.do** *adj.*

pro.po.si.ção [Lat. *propositione*.▣2] *sf.* **1.** Ato ou efeito de propor. **2.** Proposta (2). **3.** *Lóg.* Expressão verbal suscetível de ser dita verdadeira ou falsa. [Pl.: *-ções.*]

pro.po.si.ta.do [*Propósito*.▣17B] *adj.* Em que há propósito ou intenção; proposital.

pro.po.si.tal [*Propósito*.▣39] *adj2g.* Propositado. [Pl.: *-tais.*]

pro.pó.si.to [Lat. *propositu*.] *sm.* **1.** Intenção, intento. **2.** Deliberação, resolução. **3.** Tino, prudência. ◆ **A propósito.** Por falar nisso; por sinal. **De propósito.** Intencionalmente; por querer. **Vir a propósito.** Ser oportuno, conveniente.

pro.pos.ta *sf.* **1.** Ato de propor. **2.** O que se propõe ou apresenta; proposição. **3.** Plano ou projeto proposto.

pro.pos.to (ô) [Lat. *propositu*.] *adj.* Que foi objeto de proposta. [Pl.: *-postos* (ó).]

pro.pri:a.men.te [F. de *próprio*.▣42] *adv.* De fato, exatamente: *Ele não era propriamente belo.*

pro.pri:e.da.de [Lat. *proprietate*.▣14A] *sf.* **1.** Qualidade de próprio. **2.** Qualidade especial; particularidade. **3.** Emprego apropriado de

proprietário | prostração

linguagem. **4.** *Jur.* Direito de usar, gozar e dispor de bens. **5.** Bem sobre o qual se exerce esse direito.

pro.pri:e.tá.ri:o [Lat. *proprietariu*. ◼24] *adj. sm.* Que, ou quem tem a propriedade de algo.

pró.pri:o [Lat. *propriu*.] *adj.* **1.** Que pertence ao sujeito (6). **2.** Particular, natural. **3.** Adequado, apropriado. **4.** Exato, preciso. **5.** Textual, literal. **6.** Não figurado. ● *sm.* **7.** Portador ou mensageiro.

pro.pug.nar [Lat. *propugnare*. ◼1A] *vtd.* **1.** Defender, combatendo. **2.** Sustentar luta, moral ou física. *ti.* **3.** Propugnar (2). [C.: 1] § **pro.pug.na.dor** (ô) *adj. sm.*

pro.pul.são [Lat. *propulsus* + *-ão*³. ◼2] *sf.* Ato ou efeito de propulsar. [Pl.: *-sões*.] ◆ **Propulsão a jato.** A provocada pela ejeção, em alta velocidade, de um fluido através de um bocal apropriado, orientado em sentido oposto ao do movimento do corpo.

pro.pul.sar [Lat. *propulsare*. ◼1A] *vtd.* Impelir para diante, ou para longe. [C.: 1]

pro.pul.sor (ô) [Lat. *propulsore*. ◼19] *adj.* **1.** Que propulsa. ● *sm.* **2.** Engenho que transmite movimento a certos maquinismos.

pror.ro.gar [Lat. *prorogare*. ◼1A] *vtd.* **1.** Dilatar (prazo estabelecido). **2.** Fazer durar além do prazo estabelecido. **3.** Adiar o término de. [C.: 1C (ó)] § **pror.ro.ga.ção** *sf.*; **pror.ro.gá.vel** *adj2g.*

pror.rom.per [Lat. *prorumpere*. ◼1B] *vti.* **1.** Sair ou irromper com ímpeto. *int.* **2.** Manifestar-se de repente. [C.: 2]

pro.sa [Lat. *prosa* (*oratione*).] *sf.* **1.** O modo natural de falar ou escrever, p.opos. a verso¹. **2.** *Fig.* Aquilo que é vulgar, positivo ou material. **3.** *Fam.* Astúcia, lábia. **4.** Conversa. **5.** *Bras. Pop.* Fanfarrice, gabolice. ● *s2g.* **6.** *Bras.* Pessoa pedante.

pro.sa.dor (ô) [*Prosar*. ◼19A] *sm.* Aquele que escreve em prosa.

pro.sai.co [Lat. *prosaicu*.] *adj.* **1.** Da, ou semelhante ou relativo à prosa. **2.** Trivial, vulgar. § **pro.sa.ís.mo** *sm.*

pro.sá.pi:a [Lat. *prosapia*.] *sf.* **1.** Progênie, linhagem. **2.** Gabolice, fanfarrice. **3.** Altivez, orgulho.

pro.sar [*Prosa*. ◼1A] *v.int.* **1.** Escrever em prosa. **2.** Conversar sobre assunto sem importância. [C.: 1 (ó)]

pros.cê.ni:o [Lat. *proscēniu*.] *sm.* **1.** A frente do palco. **2.** O palco.

pros.cre.ver [Lat. *proscribere*. ◼1B] *vtd.* **1.** Condenar a degredo por voto escrito ou por sentença. **2.** Pôr fora de uso. **3.** Proibir, condenar. *tdc.* **4.** Desterrar, banir. **5.** Afastar, expulsar. [C.: 2 (ê-é)]

pros.cri.ção [Lat. *proscriptione*. ◼2] *sf.* Ato ou efeito de proscrever. [Pl.: *-ções*.]

pros.cri.to [Lat. *proscriptu*.] *adj.* **1.** Que proscreveu. ● *sm.* **2.** Aquele que foi desterrado.

pro.se.ar [*Prosa*. ◼1N] *v.int.* e *ti.* V. papear (1). [C.: 12A] § **pro.se.a.dor** (ô) *adj. sm.*

pro.se.li.tis.mo [*Prosélito*. ◼11] *sm.* Atividade diligente em fazer prosélitos.

pro.sé.li.to [Lat. *proselytu*.] *sm.* Indivíduo convertido a uma doutrina, uma ideia ou um sistema; sectário.

pro.sen.cé.fa.lo [Gr. *prós*, 'junto de' + *encéfalo*.] *sm. Anat.* Parte do encéfalo derivada de vesícula cerebral primária.

pro.só.di:a [Lat. *prosodia*.] *sf.* Pronúncia regular das palavras, com a devida acentuação. § **pro.só.di.co** *adj.*

pro.so.po.pei.a (éi) [Lat. *prosopopoeia*.] *sf. E.Ling.* Figura que dá vida a coisas inanimadas, e voz a pessoas ausentes e a animais.

pros.pec.ção [Ingl. *prospection*. ◼2] *sf.* **1.** Método e/ou técnica de localizar e avaliar jazidas minerais. **2.** *P.ext.* Sondagem, investigação. [Pl.: *-ções*.]

pros.pec.to [Lat. *prospectu*.] *sm.* Impresso de propaganda ou de instruções sobre o uso dum aparelho, objeto ou produto.

pros.pe.rar [Lat. *prosperare*. ◼1A] *v.int.* **1.** Tornar-se próspero. **2.** Ir em aumento; progredir. **3.** Desenvolver-se. *td.* **4.** Tornar próspero. [C.: 1 (é)]

prós.pe.ro [Lat. *prosperu*.] *adj.* **1.** Propício, favorável. **2.** Ditoso, afortunado. § **pros.pe.ri.da.de** *sf.*

pros.se.cu.ção [Lat. *prosecutione*. ◼2] *sf.* Prosseguimento. [Pl.: *-ções*.]

pros.se.gui.men.to [*Prosseguir*. ◼3] *sm.* Ato ou efeito de prosseguir; prossecução.

pros.se.guir [Lat. *prosequere*. ◼1C] *vtd.* **1.** Dar seguimento a. **2.** Continuar por (um caminho). **3.** Continuar a ler. *ti.* **4.** Continuar a falar, a proceder, etc. *int.* **5.** Seguir avante. [C.: 45]

prós.ta.ta [Gr. *prostátes*.] *sf. Anat.* Glândula própria do sexo masculino, e que circunda o colo² vesical e parte da uretra. § **pros.tá.ti.co** *adj.*

pros.ter.nar [Lat. *prosternare*. ◼1A] *vtd.* **1.** V. prostrar (1). *p.* **2.** Curvar-se até ao chão, com respeito. [C.: 1 (é)]

pros.tí.bu.lo [Lat. *prostibulu*.] *sm.* Lugar de prostituição. § **pros.ti.bu.lar** *adj2g.*

pros.ti.tu:i.ção [Lat. *prostitutione*. ◼2] *sf.* **1.** Ato ou efeito de prostituir(-se). **2.** Comércio sexual profissional. **3.** Modo de vida próprio de quem se prostitui. [Pl.: *-ções*.]

pros.ti.tu.ir [Lat. *prostituere*. ◼1C] *vtd.* e *p.* **1.** Tornar(-se) prostituta ou prostituto. **2.** *Fig.* Degradar(-se), aviltar(-se). [C.: 42]

pros.ti.tu.ta [Lat. *prostituta*.] *sf.* Mulher que pratica o ato sexual por dinheiro.

pros.ti.tu.to [Lat. *prostitutu*.] *sm.* Homem que pratica o ato sexual por dinheiro.

pros.tra.ção [Lat. *prostratione*. ◼2] *sf.* **1.** Ação ou efeito de prostrar(-se). **2.** Enfraquecimento extremo. [Pl.: *-ções*.]

prostrado | próton

pros.tra.do [*Prostrar.* ■17A] *adj.* 1. Lançado por terra; derribado. 2. Abatido física ou moralmente. 3. *Bot.* Que se deita ou curva sobre o solo.

pros.trar [Lat. *prostrare.* ■1A] *vtd.* 1. Lançar por terra; abater, prosternar. 2. Enfraquecer muito (física ou moralmente); alquebrar. *p.* 3. Lançar-se de bruços ao chão. 4. Curvar-se, arquear-se. [C.: 1 (ó)]

pro.tac.tí.ni:o [Lat.cient. *protactinium.* ■34B] *sm. Quím.* V. *actinídeos* [símb.: *Pa*].

pro.ta.go.nis.ta [Gr. *protagonistés.* ■36] *s2g.* Personagem principal.

pro.ta.go.ni.zar [*Protagonista.* ■1D] *vtd.* Ser protagonista de. [C.: 1]

pro.te.á.ce:a [Tax. *Proteaceae.*] *sf. Bot.* Espécime das proteáceas, família de árvores e arbustos de folhas coriáceas, ger. da África do Sul e da Austrália. § **pro.te.á.ce:o** *adj.*

pro.te.ção [Lat. *protectione.* ■2] *sf.* 1. Ato ou efeito de proteger(-se). 2. Abrigo, resguardo. 3. Dedicação pessoal àquilo ou àquele que dela precisa. 4. Auxílio, amparo. [Pl.: *-ções.*]

pro.te.ci:o.nis.mo [Fr. *protectionnisme.* ■11] *sm. Econ.* Prática ou doutrina de proteção aos produtores nacionais, pela imposição de obstáculos à importação de produtos concorrentes, como tarifas alfandegárias. § **pro.te.ci:o.nis.ta** *adj2g. s2g.*

pro.te.ger [Lat. *protegere.* ■1B] *vtd.* 1. Dispensar proteção a; amparar, favorecer. 2. Defender (2). 3. Preservar do mal. *tdi.* 4. Defender de riscos, perigos, ataques (físicos ou morais), intempéries, etc.; preservar do mal, resguardar. *p.* 5. Defender (10). [C.: 2B (ê)]

pro.te.gi.do [Part. de *proteger.*] *adj. sm.* Que, ou aquele que recebe de alguém proteção especial.

pro.te.í.na [Fr. *protéine.* ■31] *sf. Quím.* Nome comum a compostos orgânicos de carbono, hidrogênio, nitrogênio, oxigênio e enxofre, que constituem o principal componente dos organismos vivos. § **pro.tei.co** (éi) *adj.*

pro.te.lar [Lat. *protelare.* ■1A] *vtd.* V. *adiar.* [C.: 1 (é)] § **pro.te.la.ção** *sf.*

pro.te.ro.zoi.co (ói) [*Proter(o)-* + *-zo(o)-* + *-ico²*. ■35B] *adj. sm.* Relativo a, ou segunda fase do pré-cambriano (iniciada há c.2,5 bilhões de anos), em que proliferaram organismos unicelulares primitivos.

pró.te.se [Lat. *prothese.*] *sf.* 1. *Med.* Substituto artificial de parte do corpo, perdida acidentalmente (dente, braço, etc.), ou devido a causa patológica, ou retirada de modo intencional. 2. *E.Ling.* Aumento de fonema ou sílaba no princípio da palavra. Ex.: *alagoa* por *lagoa.*

pro.te.sis.ta [*Prótese.* ■36] *s2g. Odont.* Protético (2).

pro.tes.tan.te [Lat. *protestante.* ■21] *adj2g.* 1. Que protesta. 2. Relativo ao protestantismo. ● *s2g.* 3. Partidário dele.

pro.tes.tan.tis.mo [*Protestante.* ■11] *sm.* Movimento religioso do início do séc. XVI (*Reforma*), que originou igrejas cristãs dissidentes.

pro.tes.tar [Lat. *protestare.* ■1A] *vtd.* 1. Comprometer-se solenemente a. 2. Obrigar-se verbalmente ou por escrito a. 3. Mandar a protesto (4). *tdi.* 4. Assegurar; prometer. *ti.* 5. Insurgir-se, rebelar-se. 6. Clamar, bradar. *int.* 7. Reclamar com veemência. [C.: 1 (é)] § **pro.tes.ta.ção** *sf.*

pro.tes.to [Dev. de *protestar.*] *sm.* 1. Ato ou efeito de protestar. 2. Desígnio ou resolução inabalável. 3. V. *reclamação* (2). 4. *Jur.* Ato com que se prova ter sido um título de crédito apresentado para pagamento sem que este tenha sido feito.

pro.té.ti.co [Gr. *prothetikós.* ■35B] *adj.* 1. Relativo a, ou em que há prótese. ● *sm.* 2. Especialista em prótese dentária; protesista.

pro.te.tor (ô) [Lat. *protectore.* ■19] *adj. sm.* Que, ou o que protege.

pro.te.to.ra.do [*Protetor.* ■17C] *sm.* 1. Situação dum Estado posto sob a autoridade de outro. 2. O Estado posto nessa situação.

pro.tis.ta [Gr. *prótista.*] *adj2g. sm. Biol.* Diz-se de, ou espécime dos protistas, reino que reúne os seres vivos unicelulares, eucariontes. Ex.: protozoários.

pro.to.co.lar¹ [*Protocolo.* ■40] *adj2g.* Relativo ao, ou em conformidade com o protocolo.

pro.to.co.lar² [*Protocolo.* ■1A] *vtd. Bras.* Registrar em protocolo. [C.: 1 (ó)]

pro.to.co.lo [Fr. *protocole.*] *sm.* 1. Registro de atos públicos. 2. Registro das audiências nos tribunais, ou duma conferência ou deliberação diplomática. 3. Repartição onde se registra entrada de documentos. 4. Formulário regulador de atos públicos. 5. Acordo internacional. 6. Livro de registro de correspondência duma firma, repartição pública, etc. 7. V. *etiqueta* (2). 8. *Inform.* Conjunto de regras e especificações técnicas que regulam a transmissão de dados entre computadores ou programas, permitindo a detecção e a correção de erros.

pro.to.fo.ni.a [*Prot(o)-* + *-fon(o)-* + *-ia¹*. ■8A] *sf. Mús.* Introdução orquestral de uma obra lírica. § **pro.to.fô.ni.co** *adj.*

pro.to.már.tir [Lat.ecl. *protomartyr.*] *s2g.* O primeiro mártir, entre os de uma religião ou de um ideal político.

pró.ton [Gr. *prôton.*] *sm. Fís.* Partícula elementar estável, carga elétrica positiva e igual à do elétron em magnitude; forma o núcleo do átomo de hidrogênio e, juntamente com o nêutron, é um dos constituintes de todos os núcleos atômicos.

protoplasma | providente

pro.to.plas.ma [*Prot(o)-* + *-plasma*.] *sm. Citol.* O conteúdo celular vivo, formado principalmente de citoplasma e núcleo. § **pro.to.plas.má.ti.co** *adj.*

pro.tó.ti.po [Lat. *prototypu*.] *sm.* Primeiro tipo ou exemplar; modelo.

pro.to.zo.á.ri:o [*Prot(o)-* + *-zo(o)-* + *-ário*; tax. *Protozoa*.] *adj. sm. Biol.* Diz-se de, ou espécime dos protozoários, filo de microrganismos unicelulares. Ex.: amebas.

pro.tra.ir [Lat. *protrahere*.◼1C] *vtd.* **1.** Fazer ir à frente. **2.** Aumentar a duração de; dilatar. **3.** Adiar, procrastinar. *p.* **4.** Sobressair, ressaltar. **5.** Prolongar-se, prorrogar-se. [C.: 38] § **pro.tra.í.vel** *adj2g.*

pro.trá.til [Lat. *protractus* + *-il*¹.] *adj2g.* Que se pode alongar para a frente; protraível: *língua protrátil.* [Opõe-se a *retrátil*. Pl.: *-teis.*]

pro.tru.são [*Protruso*.◼2] *sf. Biol.* Estado ou condição de órgão, estrutura, etc., que se projeta além de sua superfície. [Pl.: *-sões.*]

pro.tu.be.rân.ci:a [*Protuberante*.◼8B] *sf.* V. *saliência* (1).

pro.tu.be.ran.te [Lat. *protuberante*.◼21] *adj2g.* Que tem protuberância(s).

prous.ti.a.no (prus) [◼29A] *adj.* Do, ou relativo ao escritor Marcel Proust (**M.**), ou à sua obra.

pro.va [Lat. *proba*.] *sf.* **1.** Aquilo que atesta a veracidade ou a autenticidade de algo. **2.** Ato que atesta uma intenção ou sentimento; testemunho. **3.** Processo que permite verificar a exatidão dum cálculo. **4.** Ato de provar (5 e 6). **5.** Concurso, exame ou competição, ou cada uma das partes deles. **6.** *Art. Gráf.* Impressão tirada de texto já composto, para revisão e correção.

pro.va.ção [Lat. *probatione*.◼2A] *sf.* **1.** Ato ou efeito de provar. **2.** Situação aflitiva, penosa. [Pl.: *-ções.*]

pro.va.dor (ô) [Lat. *probatore*.◼19A] *sm.* **1.** Aquele que prova. **2.** Compartimento, em lojas de roupas, ateliês, etc., onde os clientes provam as roupas.

pro.var [Lat. *probare*.◼1A] *vtd.* **1.** Estabelecer a verdade, a realidade de; dar prova de. **2.** Demonstrar, comprovar. **3.** Submeter a prova; experimentar. **4.** Revelar, mostrar. **5.** Comer ou beber pequena porção de (algo), para experimentar. **6.** Sofrer, suportar, passar. **7.** Experimentar, vestindo ou calçando. **8.** Experimentar, sofrendo. *tdi.* **9.** Dar a prova ou a demonstração. **10.** Testemunhar, atestar. *ti.* **11.** Provar (5). [C.: 1 (ó)]

pro.vá.vel [Lat. *probabile*.◼41] *adj2g.* **1.** Que se pode provar. **2.** Que parece verdadeiro, verossímil, com base em indícios convincentes, mas sem prova definitiva. **3.** Que se pode, com motivos razoáveis, esperar que aconteça (fato, acontecimento). [Pl.: *-veis.*]

pro.va.vel.men.te [*Provável*.◼42] *adv.* **1.** Sendo provável ou possível. **2.** De modo quase certo.

pro.vec.to [Lat. *provectu*.] *adj.* **1.** Muito adiantado ou sabedor. **2.** Diz-se de pessoa idosa, de idade avançada.

pro.ve.dor (ô) [*Prover*.◼19A] *sm.* **1.** Aquele que provê. **2.** Dirigente de certas instituições pias. **3.** *Inform.* Instituição que tem computador(es) conectado(s) a uma grande rede (p.ex., a Internet) e que oferece acesso a esta rede para outros computadores, inclusive por meio de linhas telefônicas; provedor de acesso. ◆ **Provedor de acesso.** *Inform.* Provedor (3).

pro.vei.to [Lat. *profectu*.] *sm.* **1.** Ganho, lucro. **2.** Utilidade, vantagem, benefício, partido.

pro.vei.to.so (ô) [*Proveito*.◼37] *adj.* Que dá proveito. [Pl.: *-tosos* (ó).]

pro.ven.çal [Top. *Provença* (França) + *-al*¹.◼39] *adj2g.* **1.** Da, ou próprio da Provença. ● *s2g.* **2.** O natural ou habitante da Provença. **3.** Diz-se do occitano. ● *sm.* **4.** *E.Ling.* Occitano. [Pl.: *-çais.*]

pro.ve.ni.ên.ci:a *sf.* **1.** V. *procedência* (2). **2.** Fonte, origem.

pro.ve.ni.en.te [Lat. *proveniente*.] *adj2g.* Que provém; oriundo.

pro.ven.to [Lat. *proventu*.] *sm.* Lucro, rendimento.

pro.ven.tos *smpl.* Honorários.

pro.ver [Lat. *providere*.◼1B] *vtd.* **1.** Tomar providência acerca de; providenciar. **2.** Despachar ou nomear alguém para (cargo vago). *tdi.* **3.** Fornecer, abastecer. **4.** Dotar, brindar. *ti.* **5.** Atender às necessidades de. *p.* **6.** Munir-se, abastecer-se. [C.: 23]

pro.ver.bi.al [Lat. *proverbiale*.◼39] *adj2g.* Relativo a, ou da natureza de provérbio. [Pl.: *-ais.*]

pro.vér.bi:o [Lat. *proverbiu*.] *sm.* Sentença (1) de caráter prático e popular, expressa em forma sucinta e ger. rica em imagens; máxima, dito, ditado, refrão, rifão, anexim, adágio.

pro.ve.ta (ê) [Fr. *éprouvette*.] *sf.* Tubo de vidro com marcações e base achatada, us. para medir o volume de líquidos.

pro.vi.dên.ci:a [Lat. *providentia*.] *sf.* **1.** A suprema sabedoria com que Deus supostamente conduz todas as coisas. **2.** O próprio Deus. [Com cap. nesta acepç.] **3.** Disposições ou medidas próprias para alcançar um fim. **4.** Acontecimento feliz.

pro.vi.den.ci.al [*Providência*.◼39] *adj2g.* **1.** Determinado ou inspirado pela Providência (2). **2.** Muito oportuno. [Pl.: *-ais.*]

pro.vi.den.ci.ar [*Providência*.◼1A] *vtd.* **1.** Dispor providentemente. **2.** Prover (1). *int.* **3.** Tomar providência (3). *ti.* **4.** Acudir, atender. [C.: 1]

pro.vi.den.te [Lat. *providente*.◼21] *adj2g.* **1.** Que provê. **2.** V. *prudente* (1).

provido | psicografia

pro.vi.do [Part. de *prover*.] *adj.* Munido, abastecido; cheio.

pro.vi.men.to [*Prover*.☐3A] *sm.* **1.** Ato ou efeito de prover; provisão. **2.** Ato de preencher cargo ou ofício público por nomeação, promoção, etc.

pro.vín.ci:a [Lat. *provincia*.] *sf.* **1.** Divisão regional e/ou administrativa de muitos países, ger. sob a autoridade dum delegado do poder central. **2.** No Segundo Reinado, no Brasil, cada uma das grandes divisões administrativas, governadas por um presidente. **3.** O interior dum país, p.opos. à capital. **4.** *Ocean.* Cada uma das divisões do meio ambiente marinho.

pro.vin.ci.al [Lat. *provinciale*.☐39] *adj2g.* Relativo a província. [Pl.: *-ais.*]

pro.vin.ci:a.nis.mo [*Provinciano*.☐11] *sm.* **1.** Palavra, locução, etc., próprias duma ou mais províncias. **2.** Costume de província (3).

pro.vin.ci.a.no [*Província*.☐29] *adj.* **1.** Da província (1). ● *sm.* **2.** Indivíduo de província e/ou imbuído de espírito provinciano.

pro.vir [Lat. *provenire*.☐1C] *vti.* **1.** Ter origem; proceder. **2.** V. *descender* (1). *tc.* **3.** Provir (1). [C.: 36] § **pro.vin.do** *adj.*

pro.vi.são [Lat. *provisione*.☐28] *sf.* **1.** Provimento (1). **2.** Sortimento (2). **3.** Mantimentos, víveres. [Pl.: *-sões.*]

pro.vi.só.ri:o [Lat. *provisus* + *-ório*.☐23] *adj.* Interino, temporário.

pro.vo.ca.ção [Lat. *provocatione*.☐2A] *sf.* **1.** Acinte. **2.** Tentação (3). [Pl.: *-ções.*]

pro.vo.ca.dor (ô) [Lat. *provocatore*.☐19A] *adj. sm.* Que, ou aquele que provoca.

pro.vo.car [Lat. *provocare*.☐1A] *vtd.* **1.** V. *desafiar* (2). **2.** Dirigir desaforo a; insultar. **3.** Produzir, causar. **4.** Atrair (4). **5.** Causar desejo sexual em. *int.* **6.** Dirigir provocação. [C.: 1A (ó)] § **pro.vo.can.te** *adj2g.*

pro.vo.lo.ne [It. *provolone*.] *sm. Cul.* Queijo de leite de vaca, de origem italiana, defumado, salgado, e de forma ger. cilíndrica.

pro.xe.ne.ta (cs ou ch...ê) [Lat. *proxeneta*.] *s2g.* **1.** Intermediário, por dinheiro, em casos amorosos. **2.** Cáften.

pro.xi.mi.da.de (ss) [Lat. *proximitate*.☐14] *sf.* **1.** Qualidade do que é ou está próximo. **2.** Iminência.

pró.xi.mo (ss) [Lat. *proximu*.] *adj.* **1.** Que está perto, a pouca distância (no espaço ou no tempo); vizinho. **2.** Que está prestes, ou ocorreu muito pouco antes. **3.** Muito chegado e/ou muito ligado. ● *sm.* **4.** O ser humano; os homens.

pru.dên.ci:a [Lat. *prudentia*.] *sf.* **1.** Qualidade de quem age com comedimento, buscando evitar tudo que julga fonte de erro ou de dano. **2.** Cautela, precaução.

pru.den.te [Lat. *prudente*.☐21] *adj2g.* **1.** Que tem prudência; precavido, previdente, providente. **2.** V. *sensato.*

pru.ma.da [*Prumar*.☐4] *sf.* **1.** Posição vertical do prumo (1). **2.** Lançamento do prumo (2) à água de mar, etc., para determinar-lhe a profundidade.

pru.mo [Lat. *plumbu*.] *sm.* **1.** Instrumento formado de uma peça de metal ou de pedra suspensa por um fio, com que se determina a linha vertical. **2.** Aparelho para determinar a profundidade das águas em que se encontra a embarcação. **3.** *Fig.* Prudência; tino. ◆ **A prumo.** Em direção ou posição vertical.

pru.ri.do (í) [Lat. *pruritu*.] *sm.* **1.** *Med.* Sensação desagradável causada por enfermidade ou agente irritante, e que leva o indivíduo a coçar-se em busca de alívio. **2.** *Fig.* Desejo veemente. § **pru.ri.gi.no.so** (ô) *adj.*

prus.si.a.no [☐29] *adj.* **1.** Da Prússia, antigo Estado alemão. ● *sm.* **2.** O natural ou habitante da Prússia.

■ **PSA** [Ingl. *p(rostatic) s(pecific) a(ntigen)*.] *sm. Med.* Enzima segregada na próstata, e que, quando se apresenta no soro com valor acima do normal, segundo a idade, indica hiperplasia ou tumor maligno desse órgão.

pseu.do.fru.to [*Pseud(o)-* + *fruto*.] *sm. Bot.* Órgão semelhante a baga, resultante do crescimento de parte acessória da flor, e que pode incluir, ou não, sementes. Ex.: o pedúnculo do fruto do cajueiro, o caju.

pseu.do.mem.bra.na [*Pseud(o)-* + *membrana*.] *sf. Med.* Falsa membrana que se localiza em mucosas.

pseu.dô.ni.mo [Gr. *pseudónymos*.] *sm.* Nome falso ou suposto, ger. adotado por um escritor, artista, etc. § **pseu.do.ní.mi:a** *sf.*

pseu.dó.po.de [*Pseud(o)-* + *-pode*.] *sm. Biol.* Protrusão temporária da superfície de célula de amebas e de outros protozoários, para locomoção, alimentação, etc.

psi [Gr. *pseí, psí*.] *sm.* A 23ª letra do alfabeto grego (Ψ, ψ).

psi.ca.ná.li.se *sf.* Conjunto de métodos destinados a investigar experiências emocionais passadas, determinar seu papel na atual vida mental do paciente, dar orientação para medidas psicoterápicas; análise. § **psi.ca.na.lí.ti.co** *adj.*

psi.ca.na.lis.ta [*Psicanál(ise)*.☐36] *s2g.* Especialista em psicanálise; analista.

psi.co.dé.li.co [*Psic(o)-* + gr. *dêlos* + *-ico²*.☐35B] *adj.* **1.** Diz-se das drogas que provocam alucinações. **2.** Diz-se das alucinações que essas drogas provocam.

psi.co.dra.ma [*Psic(o)-* + *drama*.] *sm. Psic.* Técnica us. em psicoterapia de grupo, e em que o paciente deve dramatizar seus próprios conflitos emocionais. § **psi.co.dra.má.ti.co** *adj.*

psi.co.gra.far [*Psic(o)-* + *grafar*.] *vtd.* Realizar a psicografia de. [C.: 1]

psi.co.gra.fi.a *sf.* **1.** Descrição dos fatos da mente. **2.** No espiritismo, escrita ditada por um

psi.co.grá.fi.co adj.; **psi.có.gra.fo** sm.
psi.co.lo.gi.a [*Psic(o)-* + *-logia*.] sf. 1. Ramo da ciência que estuda a mente e os processos mentais, esp. no que se relaciona ao comportamento do homem e de outros animais. 2. Conjunto de estados e disposições psíquicas e mentais de um indivíduo ou grupo de indivíduos. § **psi.co.ló.gi.co** adj.
psi.có.lo.go [*Psic(o)-* + *-logo.*] sm. Especialista em psicologia.
psi.co.neu.ro.se sf. Psiq. Estado intermediário entre neurose e psicose. § **psi.co.neu.ró.ti.co** adj. sm.
psi.co.pa.ta [*Psic(o)-* + *-pata.*] adj2g. s2g. Psiq. Diz-se de, ou pessoa que apresenta desvios de personalidade ou de caráter, como, p.ex., a ausência de sentimentos de compaixão ou de culpa, que levam a comportamento antissocial.
psi.co.pa.to.lo.gi.a sf. Psiq. Ramo da psiquiatria que estuda causas e natureza das doenças mentais. § **psi.co.pa.to.ló.gi.co** adj.; **psi.co.pa.to.lo.gis.ta** s2g.
psi.co.pe.da.go.gi.a sf. Aplicação da psicologia experimental à pedagogia. § **psi.co.pe.da.gó.gi.co** adj.; **psi.co.pe.da.go.go** sm.
psi.co.se [*Psic(o)-* + *-ose*[1].] sf. Psiq. Qualquer transtorno em que as funções mentais estão suficientemente perturbadas a ponto de prejudicar de modo expressivo a capacidade do paciente de enfrentar as situações habituais do cotidiano. § **psi.có.ti.co** adj. sm.
psi.co.te.ra.peu.ta s2g. Especialista em psicoterapia.
psi.co.te.ra.pi.a sf. Tratamento de distúrbios mentais e comportamentais pelo emprego de técnicas psicológicas várias (sugestão, persuasão, etc.). § **psi.co.te.rá.pi.co** adj.
psi.co.tró.pi.co [*Psic(o)-*+*-trop(o)-*+*-ico*[2].■35B] adj. sm. Psiq. Diz-se, ou medicamento que age sobre o psiquismo.
psi.que [Gr. *psyché*.] sf. Conjunto de fenômenos da vida mental, e que inclui processos conscientes e inconscientes.
psi.qui.a.tra [*Psiqu(e)-* + *-iatra.*] s2g. Especialista em psiquiatria.
psi.qui.a.tri.a [*Psiqu(e)-*+*-iatria.*] sf. Med. Ramo da medicina que trata das doenças mentais. § **psi.qui.á.tri.co** adj.
psí.qui.co [Gr. *psychikós*.■35B] adj. Relativo à psique ou ao psiquismo.
psi.quis.mo [*Psiqu(e)-* + *-ismo.*■11] sm. O conjunto dos fenômenos ou dos processos mentais conscientes ou inconscientes dum indivíduo ou dum grupo.
psi.ta.cí.de:o [Tax. *Psittacidae*.] adj. sm. Zool. Diz-se de, ou espécime dos psitacídeos, família de aves psitaciformes, frugívoras e granívoras. Ex.: arara, papagaio, periquito.
psi.ta.ci.for.me [Tax. *Psittaciformes*.] adj2g. sm. Zool. Diz-se de, ou espécime dos psitaciformes, ordem de aves de bico forte, grosso e recurvo, língua carnuda e grossa, dedos livres, 2 para a frente e 2 para trás, e pés adaptados à preensão. Inclui os psitacídeos.
psiu [V.A] interj. Us. para fazer calar ou para chamar.
pso.fi.í.de:o [Tax. *Psophiidae*.] adj. sm. Zool. Diz-se de, ou espécime dos psofiídeos, família de aves pernaltas amazônicas dotadas de topete. São os jacamins.
■ **Pt** Quím. Símb. de platina.
pte.ri.dó.fi.to [Tax. *Pteridophyta*.] adj. sm. Bot. Diz-se de, ou espécime dos pteridófitos, grupo de plantas sem flores que se multiplicam formando esporângios em folhas modificadas, ou não. Ex.: avencas, samambaias.
pte.ros.sau.ro [*Pter(o)-*+*-sauro*.] adj. sm. Paleont. Diz-se de, ou ordem de reptis voadores, carnívoros, do mesozoico, com espécies que variavam de poucos centímetros a mais de 10m de envergadura. A estrutura da asa era formada por uma fina e resistente membrana, presa ao corpo, a partir do alto da perna, e esticada ao longo do braço e do quarto dedo, muito longo.
■ **Pu** Quím. Símb. de plutônio.
pu.a [V.C] sf. 1. Ponta aguda. 2. Haste da espora. 3. Broca (1). 4. Bico de verruma.
pu.ber.da.de [Lat. *pubertate*.■14] sf. Fisiol. Fase da evolução corporal em que começam a desenvolver-se os caracteres sexuais secundários, bem como a capacidade de reprodução da espécie.
pú.be.re [Lat. *pubere*.] adj2g. Que chegou à puberdade.
pu.bi.a.no [*Púbis*.■29] adj. Relativo ou pertencente ao púbis.
pú.bis [Lat. *pubis*.] sm2n. Anat. A parte inferior e anterior do osso ilíaco.
pu.bli.ca.ção [Lat. *publicatione*.■2A] sf. 1. Ato ou efeito de publicar. 2. Obra publicada. [Pl.: *-ções.*]
pú.bli.ca-for.ma sf. Cópia integral, exata e certificada, de um documento, feita por tabelião, e que pode substituir esse documento na maioria dos casos. [Pl.: *públicas-formas.*]
pu.bli.car [Lat. *publicare*.■1A] vtd. 1. Tornar público, notório. 2. Dar conhecimento de (lei, decreto, etc.). 3. Editar (livro, revista, etc.). [C.: 1A] § **pu.bli.ca.do** adj.
pu.bli.ci.da.de [*Público*.■14] sf. 1. Qualidade do que é público ou do que é feito em público. 2. Publicação de matéria jornalística de interesse de uma organização, empresa, indivíduo, etc. 3. Propaganda (2 e 3).
pu.bli.cis.ta [Fr. *publiciste*.■36] s2g. 1. Pessoa que escreve para o público. 2. Especialista em direito público.

publicitário | pulsar¹

pu.bli.ci.tá.ri:o [Fr. *publicitaire*.▣ 24A] *adj.* **1.** Relativo a publicidade (2). ● *sm.* **2.** *Prof.* Profissional especializado em propaganda (3).

pú.bli.co [Lat. *publicu*.▣ 35B] *adj.* **1.** Relativo, pertencente ou destinado ao povo, à coletividade, ou ao governo de um país. **2.** Que é do uso de todos, ou que está aberto ou acessível a quaisquer pessoas: *hospital público*. **3.** Conhecido de todos; manifesto, notório. **4.** Que se realiza em presença de testemunhas, perante pessoas; não secreto: *ato público*. ● *sm.* **5.** Conjunto de pessoas que assistem a um espetáculo, a uma reunião, etc.; audiência, assistência. **6.** Conjunto de pessoas às quais se destina uma mensagem artística, jornalística, publicitária, etc.

pu.çá [Do tupi.] *sm. Etnogr.* Pequena rede de pesca, em forma de cone curto e munida de cabo, us. pelos índios brasileiros para pegar peixes miúdos, pitus, etc.

pu.çan.ga [Do tupi.] *sf.* **1.** *Bras. N.* Mezinha. **2.** *Bras. Amaz.* Remédio receitado pelos pajés.

pú.ca.ro [Lat. *poculu*, poss.] *sm.* **1.** Pequeno vaso com asa, ger. destinado a extrair líquidos de outros recipientes maiores. **2.** Pequeno vaso de toucador.

pu.den.do [Lat. *pudendu*.] *adj.* **1.** V. *pudico*. **2.** Que o pudor deve recatar.

pu.den.te [Lat. *pudente*.▣ 21] *adj2g.* V. *pudico*.

pu.de.ra *interj.* Não era para menos; claro.

pu.di.bun.do [Lat. *pudibundu*.] *adj.* V. *pudico*.

pu.di.cí.ci:a [Lat. *pudicitia*.] *sf.* Qualidade ou virtude de pudico.

pu.di.co (í) [Lat. *pudicu*.▣ 35A] *adj.* Que tem ou revela pudor; pudendo, pudente, pudibundo.

pu.dim [Ingl. *pudding*.] *sm.* Iguaria cremosa assada, ger., em banho-maria. [Pl.: *-dins*.]

pu.dor (ô) [Lat. *pudore*.] *sm.* Sentimento de vergonha, de mal-estar, gerado pelo que pode ferir a decência, a honestidade, a modéstia; pejo. § **pu.do.ro.so** (ô) *adj.*

pu:e.rí.ci:a [Lat. *pueritia*.] *sf.* V. *infância* (1).

pu:e.ri.cul.tor [*Pueri-* + *cultor*.] *sm. Med.* Especialista em puericultura.

pu:e.ri.cul.tu.ra [*Pueri-* + *cultura*.] *sf.* O conjunto dos meios adequados ao desenvolvimento fisiológico da criança, antes e após o nascimento.

pu:e.ril [Lat. *puerile*.] *adj2g.* **1.** Infantil (1). **2.** V. *ingênuo* (2). [Pl.: *-ris*.]

pu:e.ri.li.da.de [Lat. *puerilitate*.▣ 14] *sf.* **1.** V. *criancice*. **2.** Ingenuidade.

pu:ér.pe.ra [Lat. *puerpera*.] *adj.(f.) sf.* Diz-se de, ou mulher que pariu recentemente.

pu:er.pé.ri:o [Lat. *puerperiu*.] *sm.* Período que vai da expulsão da criança e da placenta, até que seja completa a involução uterina. § **pu:er.pe.ral** *adj2g.*

puf [V.A] *interj.* Designa cansaço, enfado, etc.

pu.gi.la.to [Lat. *pugillatu*.] *sm.* Luta com os punhos, a socos.

pu.gi.lis.mo [*Pugil(i)-* + *-ismo*.▣ 11] *sm.* Boxe (1).

pu.gi.lis.ta [*Pugil(i)-* + *-ista*.▣ 36] *s2g.* Atleta de pugilato.

pug.na [Lat. *pugna*.] *sf.* Ato de pugnar; peleja, combate.

pug.nar [Lat. *pugnare*.▣ 1A] *vtd.* **1.** Tomar a defesa de; punir por. *ti. e int.* **2.** V. *lutar* (1). [C.: 1]

pug.naz [Lat. *pugnace*.] *adj2g.* Dado a pugnas; lutador.

pu.ir [Lat. *polire*.▣ 1C] *vtd., int. e p.* Desgastar(-se) roçando ou friccionando. [C.: 58] § **pu.í.do** *adj.*

pu.jan.te [Esp. *pujante*.▣ 21] *adj2g.* **1.** De grande força; vigoroso, possante. **2.** Grandioso, magnificente. **3.** Altivo, altaneiro. § **pu.jan.ça** *sf.*

pu.lar [Lat. *pullare*.▣ 1A] *v.int.* **1.** Elevar-se do chão com rápido impulso do corpo; saltar. **2.** Lançar-se de um ponto mais alto para outro mais baixo, em salto. **3.** Pulsar com veemência (o coração). *td.* **4.** Transpor (muro, obstáculo, etc.), saltando. [C.: 1]

pul.ga [Lat.vulg. **pulica*.] *sf. Zool.* Nome comum a insetos sifonápteros, saltadores, hematófagos, parasitas do homem e de outros animais, e que podem transmitir várias doenças.

pul.gão [*Pulga*.▣ 28A] *sm. Zool.* Inseto afidídeo que suga a seiva das plantas. [Pl.: *-gões*.]

pul.gue.do (ê) [*Pulga* + *-edo*.] *sm.* **1.** Muitas pulgas. **2.** Lugar onde elas abundam.

pul.guen.to [*Pulga*.▣ 27] *adj.* Cheio de pulgas.

pu.lha [Esp. *pulla*.] *sf.* **1.** Gracejo escarninho. **2.** Ação de pulha (3). ● *sm.* **3.** Indivíduo sem caráter; patife. § **pu.lhi.ce** *sf.*

pul.mão [Lat. *pulmone*.] *sm.* **1.** *Anat.* Cada um dos 2 órgãos (direito e esquerdo) em que se efetua a hematose, e que ocupam, respectivamente, a cavidade lateral direita e a esquerda do tórax. **2.** *Zool.* Cada um dos 2 órgãos respiratórios, nos vertebrados que têm respiração aérea. [Pl.: *-mões*.] § **pul.mo.nar** *adj2g.*

pu.lo [Dev. de *pular*.] *sm.* **1.** Ação de pular. **2.** Pulsação violenta. **3.** Ida rápida a um lugar.

pu.lô.ver [Ingl. *pull-over*.] *sm.* Agasalho de malha de lã que se veste enfiando pela cabeça. [Pl.: *pulôveres*.]

púl.pi.to [Lat. *pulpitu*.] *sm.* Tribuna para pregadores, nos templos religiosos.

pul.sa.ção [Lat. *pulsatione*.▣ 2A] *sf.* **1.** Ato ou efeito de pulsar. **2.** *Fisiol.* Movimento de contração e dilatação do coração e das artérias; batimento. [Pl.: *-ções*.]

pul.são [Ingl. *pulsion*.] *sf. Psican.* Força psíquica, inconsciente, que dirige e incita a atividade de um indivíduo: *pulsões sexuais*. [Pl.: *-sões*.]

pul.sar¹ [Ingl. *pulsa(ting) r(adio sources)*.] *sm. Astr.* Fonte de rádio estelar emissora de impulsos que se repetem a intervalos muito regulares.

pul.sar² [Lat. *pulsare.* ◼1A] *vtd.* **1.** Mover por meio de impulso. **2.** Pôr em movimento desordenado; agitar. *int.* **3.** Efetuar a pulsação (2); palpitar. [C.: 1] § **pul.san.te** *adj2g.*; **pul.sá.til** *adj2g.*

pul.sei.ra [*Pulso.* ◼16] *sf.* Ornato para os pulsos ou os braços.

pul.so [Lat. *pulsu.*] *sm.* **1.** *Eletrôn.* Variação, ger. limitada a um pequeno intervalo de tempo, de uma grandeza elétrica; impulso. **2.** *Fisiol.* Batimento arterial que se faz sentir em várias partes do corpo, sobretudo na região do punho (1). **3.** *Impr.* Punho (1). **4.** Força, vigor. ♦ **A pulso.** À força (q.v.). **De pulso.** 1. Enérgico; autoritário. **2.** Que se impõe. **Ter pulso.** Ser enérgico (diz-se de pessoa); ser capaz de impor sua vontade ou decisão.

pu.lu.lar [Lat. *pullulare.* ◼1A] *v.int.* **1.** Lançar rebentos (a planta). **2.** Abundar; formigar. *ti.* **3.** Pulular (2). [C.: 1] § **pu.lu.lan.te** *adj2g.*

pul.ve.ri.za.dor (ô) [*Pulverizar.* ◼19A] *sm.* Aparelho para pulverizar (3).

pul.ve.ri.zar [Lat. *pulverizare.* ◼1D] *vtd.* **1.** Reduzir a pó. **2.** Cobrir de pó; polvilhar. **3.** Difundir (líquido) em gotas tenuíssimas. [C.: 1] § **pul.ve.ri.za.ção** *sf.*; **pul.ve.ri.zá.vel** *adj2g.*

pul.ve.ru.len.to [Lat. *pulverulentu.* ◼27] *adj.* **1.** Coberto ou cheio de pó. **2.** Que está sob a forma de pó. **3.** Da natureza do pó.

pum [V.A] *interj.* **1.** Designa estrondo ou detonação. ● *sm.* **2.** *Pop.* V. *peido.* [Pl. do sm.: *puns.*]

pu.ma [Esp.plat. *puma.*] *sm. Zool.* V. *suçuarana.*

pun.ção [Lat. *punctione.* ◼2] *sf.* Ato ou efeito de puncionar; punctura. [Pl.: *-ções.*]

pun.ci.o.nar [*Punção* (-*cion*-).◼1A] *vtd.* Furar com instrumento próprio, pontiagudo. [C.: 1]

punc.tu.ra ou **pun.tu.ra** [Lat. *punctura.* ◼5B] *sf.* Punção.

pun.do.nor (ô) [Esp. *pundonor.*] *sm.* **1.** Sentimento de dignidade. **2.** Grande suscetibilidade em coisas de amor-próprio. § **pun.do.no.ro.so** (ô) *adj.*

pun.ga¹ [Do lunf.] *sm.* **1.** A vítima do punguista. **2.** Furto praticado por punguista. **3.** A técnica do punguista.

pun.ga² [Or.afr., poss.] *adj2g.* **1.** Ordinário, ruim. **2.** Moleirão, preguiçoso. **3.** Diz-se do cavalo de corrida que é o último a chegar. ● *sm.* **4.** Cavalo punga.

pun.gen.te [Lat. *pungente.* ◼21A] *adj2g.* Que punge ou aflige.

pun.gir [Lat. *pungere.* ◼1C] *vtd.* **1.** Ferir ou furar com objeto pontiagudo; picar. **2.** Estimular, espicaçar. **3.** V. *afligir* (1). [C.: 8] § **pun.gi.ti.vo** *adj.*

pun.gue.ar [*Punga¹.* ◼1N] *vtd. Bras. Gír.* Furtar (carteira, joias, dinheiro, etc.), de alguém em lugar de grande aglomeração. [C.: 12A]

pun.guis.ta [*Punga¹.* ◼36] *s2g. Bras. Gír.* Pessoa que bate carteiras, etc.

pu.nha.do [*Punho.* ◼17B] *sm.* **1.** Mancheia. **2.** Número reduzido.

pu.nhal [Lat.vulg. **pugnale.* ◼39] *sm.* Pequena arma branca de lâmina curta e penetrante. [Pl.: *-nhais.*]

pu.nha.la.da [*Punhal.* ◼4] *sf.* **1.** Golpe de punhal. **2.** Profundo sofrimento.

pu.nhe.ta (ê) [*Punho* + *-eta* (ê).] *sf. Chulo* Masturbação masculina.

pu.nho [Lat. *pugnu.*] *sf.* **1.** *Anat.* Parte de membro superior situada entre antebraço e mão. **2.** Mão fechada. **3.** Força de um golpe com punho (2). **4.** Tira adaptada às extremidades das mangas de camisas, etc., e que cinge o punho (1). **5.** Empunhadura.

pu.ni.bi.li.da.de [*Punível* (-*bil*-).◼14] *sf.* Caráter de punível.

pu.ni.cá.ce.a [Tax. *Punicaceae.*] *sf. Bot.* Espécime das punicáceas, família de arvoretas de frutos bacáceos, suculentos, ger. edules. § **pu.ni.cá.ce:o** *adj.*

pú.ni.co [Lat. *punicu.* ◼35B] *adj. sm.* V. *cartaginês.*

pu.nir¹ [Lat. *punire.* ◼1C] *vtd.* **1.** Castigar (1). **2.** Aplicar correção a; reprimir. *tdi.* **3.** Punir¹ (1). *p.* **4.** Infligir pena ou castigo a si próprio. [C.: 3] § **pu.ni.ção** *sf.*; **pu.ni.ti.vo** *adj.*; **pu.ní.vel** *adj2g.*

pu.nir² *vti.* Pugnar (1). [C.: 3]

→ **punk** (pânqui) [Ingl.] *sm.* **1.** Movimento contestatório, que surgiu na Inglaterra no final dos anos 1970, associado a um tipo de *rock* de letras ácidas, agressivamente executado, e cujos adeptos exibem cabelos e roupas peculiares. ● *s2g.* **3.** Seguidor do movimento *punk.*

pu.pa [Lat. *pupa.*] *sf. Zool.* Inseto em estágio de desenvolvimento entre a fase larval e a adulta.

pu.pi.la [Lat. *pupilla.*] *sf.* **1.** Fem. de *pupilo.* **2.** *Anat.* Orifício no centro da íris, e pelo qual passam os raios luminosos. § **pu.pi.lar** *adj2g.*

pu.pi.lo [Lat. *pupillu.* ◼10] *sm.* Órfão sob tutela.

pu.pu.nha [Do tupi.] *sf. Bras. Bot.* O fruto da pupunheira.

pu.pu.nhei.ra [*Pupunha.* ◼16] *sf. Bras. Bot.* Palmeira arecácea da Amaz., de fruto comestível.

pu.rê [Fr. *purée.*] *sm.* Alimento pastoso, feito de batatas, legumes, etc., espremidos ou passados em peneira.

pu.re.za (ê) [Lat. *puritia.*] *sf.* Estado ou qualidade de puro.

pur.ga [Dev. de *purgar.*] *sf.* V. *purgante* (1).

pur.ga.ção [Lat. *purgatione.* ◼2A] *sf.* **1.** Ato ou efeito de purgar. **2.** Corrimento; supuração. **3.** *Pop.* V. *gonorreia.* [Pl.: *-ções.*]

pur.gan.te [Lat. *purgante.* ◼21] *sm.* **1.** Medicamento ou qualquer substância que causa forte evacuação intestinal; purga, purgativo. **2.** *Fam.* Pessoa ou coisa tediosa.

pur.gar [Lat. *purgare.* ◼1A] *vtd.* **1.** Purificar, limpar. **2.** Tratar por meio de purgante. **3.** Remir

purgativo | ▪PVC

(culpa), cumprindo pena. *tdi.* **4.** V. *purificar* (2). *int.* **5.** Expelir pus ou maus humores. *p.* **6.** Tomar purga. [C.: 1C]

pur.ga.ti.vo [Lat. *purgativu.*⬛22A] *adj.* **1.** Que faz purgar. ● *sm.* **2.** V. *purgante* (1).

pur.ga.tó.ri:o [Lat. *purgatoriu.*⬛23A] *sm.* Teol. Lugar de purificação das almas dos justos, antes de admitidas na bem-aventurança.

pu.ri.fi.ca.ção [Lat. *purificatione.*⬛2A] *sf.* **1.** Ato ou efeito de purificar(-se). **2.** Festa da Igreja Católica, celebrada em 2 de fevereiro. [Pl.: -*ções.*]

pu.ri.fi.ca.dor (ô) [*Purificar.*⬛19A] *adj.* **1.** Que purifica. ● *sm.* **2.** Aparelho para purificar: *purificador de água, de ar.*

pu.ri.fi.car [Lat. *purificare.*⬛1A] *vtd. e p.* **1.** Tornar(-se) puro (física ou moralmente). *tdi.* **2.** Limpar, depurar; purgar. [C.: 1A] § **pu.ri.fi.ca.ti.vo** *adj.*

pu.ris.ta [*Purismo.*⬛36] *s2g.* Pessoa que tem preocupação exagerada com a linguagem escrita e falada.

pu.ri.ta.no [Ingl. *puritan.*⬛29] *adj.* **1.** Diz-se do sectário presbiteriano que pretende interpretar com rigor o sentido literal da Bíblia. **2.** Que é ou se diz muito rigoroso na aplicação de princípios morais. ● *sm.* **3.** Indivíduo puritano. § **pu.ri.ta.nis.mo** *sm.*

pu.ro [Lat. *puru.*] *adj.* **1.** Sem mistura nem alteração. **2.** Sem impurezas. **3.** Límpido, transparente. **4.** Sem manchas; limpo. **5.** Inocente, cândido. **6.** Casto, virtuoso. **7.** Probo, íntegro. **8.** Castiço.

pu.ro-san.gue *adj2g. s2g.* Diz-se de, ou cavalo de raça pura. [Pl.: *puros-sangues.*]

púr.pu.ra¹ [Lat. *purpura.*] *sf.* **1.** Matéria corante, vermelho-escura tirante a violeta, segregada pela púrpura². **2.** A cor vermelho-escura. **3.** Tecido purpúreo, outrora símbolo de riqueza ou de alta dignidade social. **4.** Dignidade cardinalícia. **5.** *Med.* Pequena hemorragia em pele, membrana mucosa ou superfície serosa.

púr.pu.ra² [Tax. *Purpura.*] *sf.* Zool. Nome comum a moluscos gastrópodes cuja glândula anal segrega púrpura¹ (1).

pur.pú.re:o [Lat. *purpureu.*] *adj.* Da cor da púrpura; purpurino.

pur.pu.ri.na [*Púrpura*¹.⬛31] *sf.* Pó metálico, de cor variada, us. em maquiagem, decoração, etc.

pur.pu.ri.no [*Púrpura*¹.⬛30] *adj.* Purpúreo.

pu.ru.len.to [Lat. *purulentu.*⬛27] *adj.* Que contém ou segrega pus. § **pu.ru.lên.ci:a** *sf.*

pus [Lat. *pus.*] *sm. Med.* Produto de inflamação, composto de bactérias, leucócitos, etc., e de um líquido rico em proteínas.

pu.si.lâ.ni.me [Lat. *pusillanime.*] *adj2g.* **1.** Fraco de ânimo, de energia. **2.** Falto de coragem; covarde. § **pu.si.la.ni.mi.da.de** *sf.*

pús.tu.la [Lat. *pustula.*] *sf.* Empola (1) cheia de líquido purulento. § **pus.tu.lo.so** (ô) *adj.*

pu.ta [Lat. **putta.*] *sf. Chulo* **1.** Prostituta. ● *adj2g2n.* **2.** Muito grande ou muito intenso. **3.** Bacana, legal; maravilhoso: *um puta filme.*

pu.ta.ti.vo [Lat. *putativu.*⬛22A] *adj.* Que aparenta ser verdadeiro, legal e certo, sem o ser; suposto.

pu.to [Lat. **puttu.*] *sm.* **1.** *Chulo* Prostituto. **2.** *Chulo* Homem mau-caráter. **3.** *Gír.* Dinheiro: *Não tenho um puto.* **4.** *Lus.* Menino, garoto. ● *adj.* **5.** *Chulo* Muito irritado; furioso.

pu.tre.fa.ção [Lat. *putrefactione.*⬛2] *sf.* Decomposição das matérias orgânicas pela ação das enzimas microbianas; apodrecimento. [Pl.: -*ções.*]

pu.tre.fac.to ou **pu.tre.fa.to** [Lat. *putrefactu.*] *adj.* Que apodreceu; podre, pútrido.

pu.tre.fa.zer [Lat. *putrefacere.*⬛1B] *vtd. e p.* Tornar(-se) podre (material ou moralmente). [C.: 18]

pú.tri.do [Lat. *putridu.*] *adj.* **1.** V. *putrefacto.* **2.** Pestilento (3).

pu.xa [V.C] *interj. Bras.* Exprime espanto, impaciência, zanga, etc.

pu.xa.da [*Puxar.*⬛4] *sf.* **1.** Ato ou efeito de puxar. **2.** Puxão (1). **3.** A carta que um parceiro joga ao principiar a mão (7). **4.** *Bras.* Esforço enérgico para alcançar um fim. **5.** *Bras.* Puxado (5). **6.** *Bras.* Caminhada longa.

pu.xa.do [*Puxar.*⬛17A] *adj.* **1.** Esticado, retesado. **2.** Em cujo preparo houve muito apuro (iguarias). **3.** *Fam.* Elevado no preço; caro. **4.** *Bras.* Exaustivo, cansativo. ● *sm.* **5.** *Bras.* Construção que prolonga o corpo central da casa; puxada.

pu.xa.dor (ô) [*Puxar.*⬛19A] *sm.* **1.** Peça pela qual se puxa para abrir portas, gavetas, etc. **2.** Aquele ou aquilo que puxa.

pu.xão [*Puxar.*⬛2] *sm.* **1.** Ato ou efeito de puxar com força; puxada. **2.** Repelão, encontrão. [Pl.: -*xões.*]

pu.xa-pu.xa [De *puxar*, repetido.] *sm. Bras.* Doce ou bala de consistência elástica ou pegajosa. [Pl.: *puxa(s)-puxas.*]

pu.xar [Lat. *pulsare.*⬛1A] *vtd.* **1.** Atrair ou deslocar para si. **2.** Mover após si; arrastar. **3.** Fazer sair à força, ou tentá-lo. **4.** Retesar, esticar. **5.** Tirar e empunhar. **6.** Provocar: *puxar briga.* **7.** Causar, motivar. **8.** Começar (música, reza, etc.), para que outros acompanhem. **9.** Instigar (1). **10.** Consumir, gastar: *Chuveiro elétrico puxa muita energia.* **11.** Compor (as vestes). **12.** Deixar ferver bem (um molho, ou um guisado). **13.** *Bras. Gír.* Roubar (automóveis). *ti.* **14.** Ter vocação. **15.** Herdar qualidades de (antecedentes). [C.: 1]

pu.xa-sa.co *adj2g. s2g. Bras. Gír.* V. *bajulador.* [Pl.: *puxa-sacos.*]

pu.xo [Dev. de *puxar.*] *sm. Pop.* Dor no ânus, a qual acompanha ou antecede uma evacuação difícil.

▪ **PVC** Sigla do ingl. *(p)oly(v)inyl(c)hloride* (policloreto de vinila), polímero muito us., p.ex., na fabricação de mangueiras, embalagens, etc.

q (quê) *sm.* **1.** A 17.ª letra do nosso alfabeto. **2.** Figura ou representação dessa letra. ● *num.* **3.** Décimo sexto, numa série. **4.** Décimo sétimo, numa série em que a letra *k* corresponde ao 11º elemento. [Pl. do sm., com duplo *q*: *qq*.]

■ **Q.G.** Abrev. de *quartel-general*.

■ **Q.I.** *Psic.* Sigla de *quociente de inteligência*.

qua.der.na.do [*Quaderna*, 'grupo de quatro'. ▣17B] *adj. Bot.* Diz-se das folhas ou flores dispostas 4 a 4 na haste da planta.

qua.dra [Lat. *quadra*.] *sf.* **1.** Compartimento ou terreno com a forma aproximada de um quadrilátero. **2.** Estrofe de 4 versos; quarteto, copla. **3.** Período, época, quartel. **4.** Série de 4, em certos jogos. **5.** A distância entre uma esquina e outra do mesmo lado de uma rua. **6.** Quarteirão (2). **7.** *Bras.* Campo de esportes (tênis, vôlei, basquete, etc.). **8.** *Bras.* Local de ensaio das escolas de samba.

qua.dra.do [Lat. *quadratu*.▣17] *adj.* **1.** Que tem (contorno com) a forma de um quadrilátero em que os ângulos e os lados são aproximadamente iguais. **2.** Da forma do quadrado (4). **3.** *Bras. Fig.* Que tem opiniões, atitudes, comportamento convencionais, antiquados. ● *sm.* **4.** *Geom.* Quadrilátero com 4 ângulos retos e os 4 lados iguais entre si. **5.** *Mat.* O produto de um número por si mesmo. **6.** Qualquer coisa com forma quadrada ou quadrangular. **7.** *Bras. Fig.* Indivíduo quadrado (3).

qua.dra.ge.ná.ri:o [Lat. *quadragenariu*.▣24] *adj. sm.* Que, ou quem está na casa dos 40 anos de idade; quarentão.

qua.dra.gé.si.mo [Lat. *quadragesimu*.] *num.* Ordinal e fracionário correspondente a 40.

qua.dran.gu.lar [Lat. *quadrangulare*.▣40] *adj2g.* **1.** Que tem 4 ângulos. ● *sm.* **2.** Torneio esportivo com 4 participantes.

qua.drân.gu.lo [Lat. *quadrangulu*.] *sm. Geom.* Figura com 4 ângulos.

qua.dran.te [Lat. *quadrante*.▣21] *sm.* **1.** *Geom.* Qualquer das 4 partes em que se pode dividir igualmente um círculo. **2.** Mostrador de relógio em que as horas são indicadas pela posição de ponteiros ou de sombra produzida pelo Sol. **3.** *Fig.* V. *setor* (2).

qua.drar [Lat. *quadrare*.▣1A] *vtd.* **1.** Dar forma quadrada a. *int.* **2.** Ser satisfatório, conveniente. [C.: 1]

qua.dra.tim [It. *quadratino*.] *sm. Tip.* Espaço de grossura igual ao corpo a que pertence, us. sobretudo para recolher parágrafo. [Pl.: -*tins*.]

qua.dra.tu.ra [Lat. *quadratura*.▣5B] *sf. Astr.* Posição de 2 corpos celestes quando suas longitudes têm a diferença de 90°.

qua.dri.ci.clo [*Quadr(i)*- + -*ciclo*.] *sm.* Veículo leve, motorizado ou não, aberto, montado sobre 4 rodas.

qua.dri.cro.mi.a [*Quadr(i)*-+-*crom(o)*-+-*ia*¹.▣8A] *sf. Art.Gráf.* Processo de impressão em 4 cores (ciano, magenta, amarelo e preto), capaz de simular todas as cores e nuanças.

qua.drí.cu.la [*Quadra* + -*i*- + -*cula*.] *sf.* Pequeno quadrado, ou retângulo.

qua.dri.cu.lar [*Quadrícula*.▣1A] *vtd.* **1.** Dar forma de quadrícula a. **2.** Dividir em quadrículas. [C.: 1] § **qua.dri.cu.la.do** *adj.*

qua.dri.di.men.si.o.nal [*Quadr(i)*- + *dimensional*. ▣39] *adj2g.* Que tem 4 dimensões. [Pl.: -*nais*.]

qua.dri.ê.ni:o [Lat. *quadrienniu*.] *sm.* Período de 4 anos; quatriênio.

quadriga | quantidade

qua.dri.ga [Lat. *quadriga*.] *sf.* Carro tirado por 4 cavalos.

qua.dri.gê.me:o [Lat. *quadrigeminu*.] *adj.* **1.** Referente a cada um de 4 irmãos gêmeos, ou a todos eles. ● *sm.* **2.** Cada um de 4 irmãos gêmeos; quádruplo.

qua.dril [V.C] *sm. Anat.* Cada uma de 2 regiões, uma de cada lado da pelve, onde o fêmur se articula com o ilíaco; anca. [Pl.: -*dris*.]

qua.dri.lá.te.ro [Lat. *quadrilateru*.] *adj.* **1.** Que tem 4 lados. ● *sm.* **2.** *Geom.* Polígono de 4 lados.

qua.dri.lha [Esp. *cuadrilla*.] *sf.* **1.** Bando de ladrões ou malfeitores. **2.** Contradança de salão que forma figuras.

qua.dri.lon.go [*Quadr(i)-* + *longo*.] *adj. sm.* Que ou coisa que tem 4 lados paralelos 2 a 2, sendo 2 deles maiores que os outros 2.

qua.dri.mes.tral [*Quadrimestre*.⊡39] *adj2g.* **1.** Relativo a quadrimestre. **2.** Que se realiza ou sucede de 4 em 4 meses. [Pl.: -*trais*.]

qua.dri.mes.tre [Lat. *quadrimestre*.] *sm.* Período de 4 meses.

qua.dri.mo.tor (ô) [*Quadr(i)-* + *motor*.] *sm.* Aeronave com 4 motores.

qua.drin.gen.té.si.mo [Lat. *quadringentesimu*.] *num.* **1.** Ordinal correspondente a 400. **2.** Fracionário correspondente a 400.

qua.dri.nhis.ta *adj2g.s2g. Bras.* V. *quadrinista*.

qua.dri.nho [*Quadro*.⊡32] *sm.* Cada um dos pequenos quadros que compõem uma história em quadrinhos.

qua.dri.nhos *smpl.* V. *história em quadrinhos*.

qua.dri.nis.ta [*Quadrinho(s)*.⊡36] *adj2g.s2g.Bras.* Diz-se de, ou autor de quadrinhos. [Outra forma: *quadrinhista*.]

qua.dri.ple.gi.a [*Quadr(i)-* + -*pleg-* + -*ia*¹.⊡8A] *sf. Med.* Tetraplegia. § **qua.dri.plé.gi.co** *adj.*

qua.dri.po.lo [*Quadr(i)-* + *polo*¹.] *sm. Eletr.* Dispositivo elétrico com 4 terminais diretamente acessíveis.

qua.dro [Lat. *quadru*.] *sm.* **1.** O que tem a forma de um quadrilátero. **2.** Moldura, ou cercadura gráfica, ger. com essa forma, que limita externamente pinturas, gráficos, etc. **3.** Obra de pintura executada sobre superfície plana, ger. guarnecida de moldura e transportável. **4.** Peça plana, quadrilátera, us. nas escolas para cálculos, traçados, etc.; quadro-negro, quadro de giz, pedra, lousa. **5.** Qualquer superfície limitada, móvel ou fixa, onde há informações, gráficos, pontos luminosos, etc., para a informação e/ou o controle mecânico. **6.** Resenha, lista. **7.** O conjunto dos empregados de uma empresa, funcionários de uma repartição, associados de um clube, etc. **8.** *Restr.* Assalariado(s) de alto nível em empresa ou órgão público. **9.** *Cin. Telev.* Cada imagem de uma película cinematográfica, ou a menor imagem da televisão.

qua.dro de giz *sm.* V. *quadro* (4). [Pl.: *quadros de giz*.]

qua.dro-ne.gro *sm.* V. *quadro* (4). [Pl.: *quadros-negros*.]

qua.dru.ma.no [Lat. *quadrumanu*.] *adj.* Que tem 4 mãos.

qua.dru.pe.de [Lat. *quadrupede*.] *adj2g.* **1.** *Zool.* Tetrápode (1). ● *sm.* **2.** *Zool.* Tetrápode (2). ● *s2g.* **3.** *Fig. Pop.* Pessoa estúpida.

qua.dru.pli.car [Lat. *quadruplicare*.⊡1A] *vtd.* **1.** Multiplicar por 4. **2.** Tornar 4 vezes maior. *int. e p.* **3.** Tornar-se 4 vezes maior; redobrar, reduplicar. [C.: 1A] § **qua.dru.pli.cá.vel** *adj2g.*

quá.dru.plo [Lat. *quadruplu*.] *num.* **1.** Que é 4 vezes maior. ● *sm.* **2.** Quantidade 4 vezes maior que outra. **3.** Quadrigêmeo (2).

qual [Lat. *quale*.] *pron.* **1.** Que pessoa ou que coisa, entre 2 ou mais. **2.** De que natureza, de que qualidade, etc. [Pl.: *quais*.] ● *conj.* **3.** Como (1). ● *interj.* **4.** Designa espanto, dúvida, negação, etc.

qua.li.da.de [Lat. *qualitate*.⊡14] *sf.* **1.** Propriedade, atributo ou condição das coisas ou das pessoas, que as distingue das outras e lhes determina a natureza. **2.** Superioridade, excelência de alguém ou de algo. **3.** Dote, virtude. **4.** Condição social, civil, jurídica, etc.; casta, laia.

qua.li.fi.ca.do [*Qualificar*.⊡17A] *adj.* **1.** Que tem certas qualidades, ou determinado cabedal de conhecimentos ou atributos. **2.** *Jur.* Diz-se de crime esp. agravado em razão de certas circunstâncias expressas em lei.

qua.li.fi.car [Lat.med. *qualificare*.⊡1A] *vtd.* **1.** Indicar a(s) qualidade(s) de. **2.** Avaliar, apreciar. **3.** Considerar habilitado, apto, idôneo. *transobj.* **4.** Atribuir qualidade(s) a; considerar. *p.* **5.** Classificar (5). [C.: 1A] § **qua.li.fi.ca.ção** *sf.*

qua.li.fi.ca.ti.vo [*Qualificar*.⊡22A] *adj.* Que qualifica ou serve para qualificar.

qua.li.ta.ti.vo [Lat. *qualitativu*.⊡22A] *adj.* Que exprime ou determina a(s) qualidade(s).

qual.quer [*Qual* + v. *querer*.] *pron.* **1.** Designa coisa, lugar ou indivíduo indeterminado. **2.** Um, algum.

quan.do [Lat. *quando*.] *adv.* **1.** Em que época ou ocasião. ● *conj.* **2.** No tempo ou no momento em que. ◆ **De quando em quando.** V. *de vez em quando*.

quan.ti.a [*Quanto*.⊡8A] *sf.* Soma ou quantidade de dinheiro; importância.

quân.ti.co [*Quant(i)-* + -*ico*².⊡35B] *adj. Fís.* **1.** Relativo a *quantum* ou *quanta*, ou às teorias físicas baseadas na suposição de que a energia associada às partículas subatômicas não varia de modo contínuo, e sim em 'saltos' entre valores discretos. **2.** Relativo a sistemas ou fenômenos físicos descritos ou analisados com essas teorias.

quan.ti.da.de [Lat. *quantitate*.⊡14] *sf.* **1.** Grandeza (2) expressa em número. **2.** Grande porção

quantificar | quaternário

de pessoas ou de coisas; grande número; abundância, magote, porção, mundão.

quan.ti.fi.car [Lat.med. *quantificare*.▫1A] *vtd.* **1.** Determinar a quantidade ou o valor de. **2.** *Fís.* Descrever ou estudar (sistema físico) segundo a teoria quântica; quantizar. [C.: 1A] § quan.ti.fi.ca.ção *sf.*

quan.ti.ta.ti.vo [Lat. *quantitas, atis*, 'quantidade', + *-ivo*.▫22] *adj.* Relativo a, ou indicativo de quantidade.

quan.ti.zar [*Quant(i)-*+*-izar*.▫1D] *vtd. Fís.* Quantificar (2). [C.: 1]

quan.to [Lat. *quantu*.] *pron.indef.* **1.** Que número de; que quantidade. **2.** Que preço. **3.** Que, todo que, tudo que. ● *adv.* **4.** Quão grandemente, intensamente, etc. **5.** V. *quão*.

→ **quantum** (quântum) [Lat.] *sm.* **1.** Quantidade ou parcela mensurável. **2.** *Fís.* Quantidade indivisível de energia eletromagnética. [Pl.: *quanta*.]

quão [Lat. *quam*.] *adv.* Como; que; quanto.

qua.ra.dor (ô) [*Quarar*.▫19A] *sm. Bras.* Coradouro.

qua.rar *vtd. Bras.* V. *corar* (2). [C.: 1]

qua.ren.ta [Lat.vulg. *quarainta*.] *num.* **1.** Quantidade que é uma unidade maior que 39. **2.** Número (1) correspondente a essa quantidade. [Representa-se em algarismos arábicos por 40, e em romanos, por XL.]

qua.ren.tão [*Quarenta*.▫28A] *adj. sm.* Quadragenário. [Pl.: *-tões*. Fem.: *quarentona*.]

qua.ren.te.na [Fr. *quarantaine*.] *sf. Med.* Período, outrora de 40 dias, durante o qual indivíduos expostos a doença contagiosa grave permanecem isolados, para confirmar se têm ou não a doença, impedindo assim a sua disseminação.

qua.res.ma [Lat. *quadragesima*.] *sf.* **1.** *Rel.* Os 40 dias que vão da quarta-feira de cinzas ao domingo de Páscoa. **2.** *Bras.Bot.* Nome comum a várias melastomatáceas que florescem nessa época; quaresmeira.

qua.res.mal [*Quaresma*.▫39] *adj2g.* Da quaresma (1), ou relativo a ela. [Pl.: *-mais*.]

qua.res.mei.ra [*Quaresma*.▫16] *sf. Bras.Bot.* Quaresma (2).

→ **quark** (cuárq) [Ingl.] *sm. Fís.* Partícula subnuclear de carga elétrica fracionária considerada como um dos constituintes fundamentais da matéria. [Pl.: *quarks*.]

quar.ta[1] [De *quarto*.] *sf.* **1.** Uma das 4 partes iguais em que se pode dividir qualquer unidade. **2.** Cântaro de barro, ou bilha.

quar.ta[2] *sf.* V. *quarta-feira*.

quar.tã [Lat. *quartana* (febre).] *adj.(f.) sf. Med.* Diz-se de, ou febre intermitente que se repete de 4 em 4 dias.

quar.ta de fi.nal *sf. Esport.* Em certos torneios, etapa em que se realizam 4 jogos, com 8 times buscando uma vaga nas semifinais. [Pl.: *quartas de final*.]

quar.ta-fei.ra [F. do num. *quarto* + *feira*.] *sf.* O quarto dia da semana, começada no domingo. [F.red.: *quarta*. Pl.: *quartas-feiras*.]

quar.tei.rão [*Quarteiro*.▫28B] *sm.* **1.** A quarta parte dum cento. **2.** Grupo de casas que forma um quadrilátero de que cada um dos lados dá para uma rua; quadra. [Pl.: *-rões*.]

quar.tel[1] [Cat. *quarter*, pelo esp. *cuartel*.] *sm.* **1.** A quarta parte dum século. **2.** V. *quadra* (3). [Pl.: *-téis*.]

quar.tel[2] [Fr. *quartier*.] *sm.* **1.** Edifício onde se alojam tropas; caserna, aquartelamento. **2.** Moradia, abrigo. [Pl.: *-téis*.]

quar.te.la.da [*Quartel*[2].▫4] *sf. Bras. Pej.* Rebelião militar para tomar o poder.

quar.tel-ge.ne.ral [*Quartel*[2] + *general*.] *sm.* **1.** O lugar ocupado pelos oficiais-generais e seu estado-maior. **2.** O local de trabalho do general, donde ele expede as suas ordens. [Abrev.: *Q.G.* Pl.: *quartéis-generais*.]

quar.tel-mes.tre [*Quartel*[2] + *mestre*.] *sm.* V. *hierarquia militar*. [Pl.: *quartéis-mestres*.]

quar.te.to (ê) [It. *quartetto*.] *sm.* **1.** V. *quadra* (2). **2.** *Mús.* Composição para 4 vozes ou 4 instrumentos. **3.** *Mús.* Conjunto de 4 vozes ou 4 instrumentos. **4.** Os músicos desse conjunto.

quar.ti.nha [*Quarta*.▫32A] *sf.* **1.** *Bras. N.E. RS* Moringa. **2.** *Bras. RS SP* Copo de barro com tampa.

quar.ti.nho [*Quarto*.▫32] *sm. Pop.* V. *latrina*.

quar.to [Lat. *quartu*.] *num.* **1.** Ordinal correspondente a 4. **2.** Fracionário correspondente a 4. ● *sm.* **3.** Numa casa, num apartamento, etc., dormitório ou compartimento destinado ao trato íntimo. ♦ **Quarto crescente.** *Astr.* Fase (3) entre a lua nova e a lua cheia; crescente. **Quarto minguante.** *Astr.* Fase (3) entre a lua cheia e a lua nova; minguante.

quar.tos *smpl.* Ancas, quadris.

quart.zo [Fr. *quartz*.] *sm. Min.* Mineral que se apresenta em numerosas variedades.

qua.rup (kuarúp) [Do camaiurá *kwaryp*.] *sm2n. Etnogr.* Entre indígenas brasileiros da região do alto Xingu (MT), cerimônia intertribal de celebração dos mortos.

qua.sar [Ingl.] *sm. Astr.* Objeto celeste distante, emissor de ondas de rádio e ger. mais brilhante que uma galáxia inteira.

qua.se [Lat. *quasi*, 'como se'.] *adv.* **1.** Perto, aproximadamente. **2.** Pouco menos.

quás.si.a [Tax. *Quassia*.▫8B] *sf. Bot.* Arvoreta simarubácea da América Central e região amazônica.

qua.ter.ná.ri.o[Lat.*quaternariu*.▫24]*adj.***1.**Composto de 4 unidades ou elementos. **2.** *Mús.* Diz-se do compasso de 4 tempos iguais. **3.** Diz-se do período da era cenozoica iniciado há c.2 milhões de anos, quando se acredita que surgiu a espécie humana, e que se estende até o presente; compreende as épocas pleistocena e holocena. ● *sm.* 4. Esse período.

qua.ti [Do tupi.] *sm. Bras. Zool.* Mamífero procionídeo que vive em bando.

qua.tor.ze (ô) [Lat. *quattuordecim.*] *num.* 1. Quantidade que é uma unidade maior que 13. 2. Número (1) correspondente a essa quantidade. [Representa-se em algarismos arábicos por 14, e em romanos, por XIV.]

qua.tri.ê.ni:o *sm. Bras.* Quadriênio.

qua.tri.lhão ou **qua.tri.li.ão** [Fr. *quatrillon.*] *num.* Mil trilhões; a 15ª potência de 10. [Pl.: *quatrilhões* ou *quatriliões.*]

qua.tro [Lat.vulg. *quattor*, por *quattuor.*] *num.* 1. Quantidade que é uma unidade maior que 3. 2. Número (1) correspondente a essa quantidade. [Representa-se em algarismo arábico por 4, e em romanos, por IV.]

qua.tro.cen.tos [*Quatro* + o pl. de *cento.*] *num.* 1. Quantidade que é uma unidade maior que 399. 2. Número (1) correspondente a essa quantidade. [Representa-se em algarismo arábico por 400, e em romanos, por CD.]

■ **4G** Sigla de *quarta geração* (de padrões e tecnologia) de telefonia móvel.

que[1] [Lat. *quid.*] *pron. interrog.* 1. Que espécie de. 2. Que coisa(s). ● *pron. excl.* 3. Que espécie ou feitio de, etc.

que[2] *conj. coord. adit.* E (1).

que[3] [Lat. *quem.*] *pron. rel.* Introduz oração subordinada, reproduzindo o sentido de um termo ou da totalidade duma oração anterior.

que[4] *conj. coord. alternativa.* Ou (1).

que[5] [Lat. *quam.*] *conj. subord. comparativa.*

que[6] [Lat. *quia.*] *conj. subord. integrante.*

que[7] [Lat. *quid.*] *adv.* Quão: *Que* bela é a sua namorada!

que[8] *prep.* Exceto, salvo.

quê[1] [Lat. *quid.*] *sm.* 1. Alguma coisa, qualquer coisa. 2. Dificuldade, complicação.

quê[2] *sm.* A letra *q*.

quê[3] *interj.* Exprime espanto, admiração, perplexidade, indignação: — *Quê?* Como ousa dizer tal coisa?

que.bra [Dev. de *quebrar.*] *sf.* 1. Ato ou efeito de quebrar(-se). 2. Perda, diminuição. 3. V. *transgressão.* 4. Interrupção, rompimento. 5. Falência. 6. Vinco, dobra.

que.bra-ca.be.ça [*Quebrar* + *cabeça.*] *sm.* 1. *Pop.* Questão ou problema difícil, complicado. 2. Jogo que consiste em combinar peças baralhadas para formar um todo, ger. uma figura. [Pl.: *quebra-cabeças.*]

que.bra.da [F.subst. de *quebrado.*] *sf.* 1. Cada aclive ou declive dum terreno ondulado. 2. Depressão de terreno produzida pela água.

que.bra.dei.ra [*Quebrar*.◘16A] *sf. Pop.* Falta de dinheiro.

que.bra.di.ço *adj.* Que se quebra facilmente.

que.bra.do [*Quebrar*.◘17A] *adj.* 1. Fragmentado, partido. 2. Cansado, abatido. 3. Lânguido, frouxo. 4. Diz-se de maquinismo enguiçado. 5. Arruinado, falido. 6. *Bras. Gír.* V. *pronto* (5).

que.bra.dos [Pl. subst. de *quebrado.*] *smpl. Bras.* Dinheiro miúdo.

que.bra-ga.lho [*Quebrar* + *galho.*] *sm. Pop.* Recurso improvisado, ou temporário, us. para sanar um problema, uma dificuldade. [Pl.: *quebra-galhos.*]

que.bra-luz [*Quebrar* + *luz.*] *sm.* 1. Peça para preservar os olhos da luz forte de vela, lâmpada, etc. 2. Abajur. [Pl.: *quebra-luzes.*]

que.bra-mar [*Quebrar* + *mar.*] *sm.* Estrutura ou barreira natural que protege ancoradouro ou praia da agitação das ondas. [Pl.: *quebra-mares.*]

que.bra-mo.las [*Quebrar* + o pl. de *mola.*] *sm2n. Bras.* Lombada (3).

que.bra-no.zes [*Quebrar* + o pl. de *noz.*] *sm2n.* Instrumento para quebrar nozes, amêndoas, etc.

que.bran.tar [Lat.vulg. **crepantare*.◘1A] *vtd.* 1. Abater, arrasar. 2. Infringir, violar. 3. Vencer, domar. 4. Debilitar, enfraquecer. *p.* 5. Enfraquecer(-se), abalar-se. [C.: 1]

que.bran.to [Dev. de *quebrantar.*] *sm.* 1. Prostração, fraqueza. 2. Segundo superstição popular, mal-estar provocado por mau-olhado (q.v.).

que.bra-que.bra [De *quebrar*, repetido.] *sm. Bras.* 1. Arruaça com depredações. 2. V. *rolo* (9). [Pl.: *quebra(s)-quebras.*]

que.brar [Lat. *crepare*, 'estalar'.◘1A] *vtd.* 1. Fazer em pedaços; despedaçar. 2. Fraturar. 3. Interromper: *Um grito quebrou o silêncio.* 4. Infringir, transgredir: *quebrar o protocolo.* 5. Faltar ao cumprimento de (promessa ou palavra). 6. Mudar a direção de; desviar. 7. Danificar. 8. Fazer falir (1). *int.* 9. Romper(-se), partir(-se).10. Falir (1).11. Enguiçar (máquina, maquinismo, etc.). 12. Dobrar-se, curvar-se. 13. Dar com ímpeto (as ondas). *p.* 14. Romper-se, partir-se. 15. Quebrar (12). [C.: 1 (é)]

que.da [Do arc. *caeda*, de *caer* (f. arc. de *cair*).] *sf.* 1. Ato ou efeito de cair. 2. Declive, descida. 3. Decadência, declínio. 4. V. *tendência* (1). 5. Extinção ou cessação brusca do poder. 6. Tombo[1], trambolhão.

que.da-d'á.gua [*Queda* + *de* + *água.*] *sf.* Lugar onde o curso dum rio é acentuadamente vertical; cachoeira, cascata, catarata, salto. [Pl.: *quedas-d'água.*]

que.da de bra.ço [*Queda* + *de* + *braço.*] *sf. Bras.* Medição de força entre 2 pessoas que, com os cotovelos apoiados em mesa, etc., se dão as mãos ou cruzam os pulsos, vencendo a que obriga o adversário a dobrar o antebraço. [Pl.: *quedas de braço.*]

que.dar [Lat. **quetare*.◘1A] *v.int. e p.* Estar quedo; ficar; deter-se. [C.: 1 (é)]

quede | **querelar**

que.de *Bras. Fam.Pop.* F. us. interrogativamente, no sentido de: que é (feito) de? onde está? [Var.: *quedê, cadê.*]

que.dê *Bras. Fam.Pop.* V. *quede.*

que.do (ê) [Lat. *quetu.*] *adj.* V. *quieto* (1 e 2).

quei.ja.di.nha [*Queijada.*⬛32A] *sf. Cul.* Espécie de bolo de coco e de queijo, feito em fôrmas pequenas.

quei.ja.ri.a [*Queijo.*⬛15] *sf.* Lugar onde se fazem queijos.

quei.jo [Lat. *caseu.*] *sm.* Alimento constituído de massa obtida pela coagulação e fermentação do leite.

quei.ma [Dev. de *queimar.*] *sf.* **1.** Ato ou efeito de queimar(-se); queimação. **2.** Queima pelo fogo; queimação, incêndio. **3.** *Bras.* Liquidação (2). ◆ **Queima de arquivo.** *Pop.* Assassinato de testemunha(s) de crime(s).

quei.ma.ção [*Queimar.*⬛2A] *sf.* V. *queima* (1 e 2). [Pl.: *-ções.*]

quei.ma.da [*Queimar.*⬛4] *sf.* **1.** Queima de mato, de vegetação seca ou verde. **2.** Lugar onde houve queimada.

quei.ma.do [*Queimar.*⬛17A] *adj.* **1.** Consumido pelo fogo. **2.** Enegrecido por ele ou pelo calor; tostado. **3.** Que perdeu o viço; ressequido. **4.** Bronzeado, moreno. **5.** *Bras. Fam.* V. *zangado.*

quei.ma.du.ra [*Queimar.*⬛5A] *sf. Med.* Lesão causada por ação do fogo ou do calor.

quei.mar [Lat.vulg. **caimare*, 'cauterizar'.⬛1A] *vtd.* **1.** Consumir pelo fogo; reduzir a cinzas. **2.** Pôr fogo a; incendiar. **3.** Tostar, crestar. **4.** Murchar, ressequir. **5.** Produzir queimadura em. **6.** Consumir, gastar. **7.** Dissipar, esbanjar. **8.** V. *liquidar* (9). **9.** *Bras.* Fazer perder a credibilidade. *int.* **10.** Produzir calor intenso; abrasar. **11.** Produzir queimaduras. **12.** Estar quente. *p.* **13.** Incendiar-se. **14.** Sofrer queimaduras. **15.** *Bras. Fam.* V. *zangar* (2). [C.: 1] § **quei.ma.dor** (ô) *adj. sm.*

quei.ma-rou.pa [*Queimar + roupa.*] *el.sf.* Us. na loc. adv. *à queima-roupa.* ◆ **À queima-roupa.** De muito perto.

quei.ro.si.a.no¹ [Antr. (*Raquel de*) *Queirós.*⬛29A] *adj.* Relativo a, ou próprio da escritora Raquel de Queirós (**M.**), ou à sua obra.

quei.ro.si.a.no² [Antr. *Queirós + -iano.*⬛29A] *adj.* V. *eciano.*

quei.xa [Dev. de *queixar-se.*] *sf.* **1.** Ato ou efeito de queixar-se. **2.** Motivo de desprazer, mágoa, ofensa, etc. **3.** V. *queixume.* **4.** V. *reclamação* (2). **5.** Comunicação à autoridade competente de ofensas ou danos recebidos.

quei.xa-cri.me [*Queixa + crime.*] *sf. Jur.* Petição com que se inicia um processo de ação penal privada. [Pl.: *queixas-crime(s).*]

quei.xa.da [*Queixo.*⬛4] *sf.* **1.** Mandíbula (q.v.). **2.** Queixo grande, proeminente. ● *sm.* **3.** *Bras. Zool.* Mamífero taiaçuídeo com glândula odorífera no meio das costas, e que habita do Texas à Argentina.

quei.xar-se [Lat.vulg. **quassiare + se*¹.⬛1A] *vp.* **1.** Manifestar dor ou pesar; lamentar-se, lastimar-se, querelar-se. **2.** Denunciar o mal ou a ofensa que recebeu. **3.** Descrever (sofrimentos ou agravos). [C.: 1]

quei.xo [Lat. **capseu.*] *sm. Anat.* A parte inferior do rosto, abaixo dos lábios. § **quei.xal** *adj2g.*

quei.xo.so (ô) [*Queixa.*⬛37] *adj.* Que se queixa. [Pl.: *-xosos* (ó).]

quei.xu.do [*Queixo + -udo.*] *adj.* Cujo queixo é muito proeminente.

quei.xu.me [*Queixa + -ume.*] *sm.* Lamúria, lamentação; queixa.

que.jan.do [Lat. **quid genitu.*] *pron.indef.* Que é da mesma natureza ou qualidade.

que.lí.de:o [Tax. *Chelidae.*] *adj. sm. Zool.* Diz-se de, ou espécime dos quelídeos, família de quelônios de água doce cuja cabeça e pescoço podem ser mais longos que a carapaça. Ex.: cágados.

que.loi.de (ói) [*Quel(i)- + -oide.*] *sm. Med.* Cicatriz muito saliente.

que.lô.ni:o [Tax. *Chelonia.*] *adj. sm. Zool.* Diz-se de, ou espécime dos quelônios, ordem de reptis terrestres e aquáticos, desprovidos de dentes, que têm o corpo encerrado em estojo ósseo. Ex.: tartarugas.

quem [Lat. *quem.*] *pron.* **1.** Pessoa(s) ou a(s) pessoa(s) que. **2.** A(s) pessoa(s) a quem. **3.** Que pessoa(s). **4.** Alguém que.

que.no.po.di.á.ce:a [Tax.*Chenopodiaceae.*] *sf.Bot.* Espécime das quenopodiáceas, família de ervas floríferas, de fruto nuciforme. § **que.no.po.di.á.ce:o** *adj.*

quen.tão [*Quente.*⬛28A] *sm. Bras.* Aguardente de cana com açúcar, gengibre e canela, servida quente. [Pl.: *-tões.*]

quen.te [Lat. *calente*, pelas f. **caente* e **queente.*] *cdj2g.* **1.** De temperatura elevada. **2.** Em que há calor; cálido. **3.** Abrasador, ardente. **4.** Que transmite calor. **5.** *Fig.* Sensual. **6.** *Fig. Pop.* De forte interesse no momento (notícia, assunto). ● *sm.* **7.** Lugar quente. § **quen.tu.ra** *sf.*

quen.ti.nha [*Quente + -inha.*⬛32A] *sf. Bras.* **1.** Comida colocada ainda quente em embalagem de alumínio, para ser consumida em casa, local de trabalho, etc. **2.** Essa embalagem.

que.pe [Fr. *képi.*] *sm.* Boné us. por militares de vários países.

quer [Do v. *querer.*] *conj.* Ou: *Quer saias, quer não, eu sairei.*

que.re.la [Lat. *querella.*] *sf.* **1.** Petição com que se principia a ação penal a cargo do particular ofendido. **2.** V. *litígio* (2).

que.re.lar [Lat. **querelare.*⬛1A] *vtd.* **1.** Intentar ação penal privada em juízo contra alguém. *p.* **2.** V. *queixar-se* (1). [C.: 1 (é)] § **que.re.lan.te** *adj2g.s2g.*

querência | quilométrico

que.rên.ci:a [Esp. *querencia*. ▪10] *sf. Bras.* Lugar onde o gado pasta ou onde foi criado.

que.rer [Lat. *quaerere*, 'procurar'. ▪1B] *vtd.* **1.** Ter vontade de; desejar. **2.** Ter a intenção de; tencionar. **3.** Desejar possuir. **4.** Ordenar, exigir: *Quero que você vá buscar o que pedi*. **5.** Desejar, apetecer. **6.** Consentir; permitir. **7.** Necessitar de; requerer. **8.** Ambicionar: *Queriam o poder*. **9.** Julgar, acreditar. **10.** Pretender: *Queremos aumento salarial!* **11.** Fazer o favor de: *Queira sentar-se*. **12.** Ter possibilidade de; poder. **13.** Apresentar os primeiros sinais ou sintoma; estar propenso a: *A criança está querendo ficar gripada*. **14.** Agir, consciente ou inconscientemente, de maneira a (v. no infinito e complementos); fazer por onde: *Ele está querendo repetir o ano*. [Nas acepçs. 13 e 14, em construções formadas por v. aux. + gerúndio, seguidos de verbo no infinito, com ou sem complementos.] ★ *Impess.* **15.** Estar na iminência, ou próximo de: *Quando saí, estava querendo chover. transobj.* **16.** Desejar que (alguém) chegue a: *O pai o queria doutor. ti.* **17.** Ter afeição; gostar. *int.* **18.** Ter ou manifestar vontade, intenção, de ter ou fazer algo. **19.** Ter ou manifestar vontade firme e decidida. *p.* **20.** Ter necessidade ou ânsia de; desejar. **21.** Amar-se mutuamente. [C.: 26] ◆ **Por querer**. De propósito.

que.ri.do [Part. de *querer*.] *adj.* A que ou a quem se quer muito.

quer.mes.se [Fr. *kermesse*.] *sf.* Feira beneficente, com barraquinha, leilão de prendas, etc.

que.ro-que.ro [V.A] *sm. Bras. Zool.* Ave caradriídea que vive perto das águas, e nas vargens. [Pl.: *queros-queros*.]

que.ro.se.ne [Ingl. *kerosene*.] *sm.* Líquido combustível, resultante da destilação do petróleo.

que.ru.bim [Lat. *cherubin*, do hebr.] *sm.* **1.** *Rel.* Anjo (1) da segunda ordem na hierarquia, representado como uma cabeça ladeada por asas. **2.** *Fig.* Criança bonita e gorducha. [Pl.: -*bins*.]

que.si.to [Lat. *quaesitu*, 'pergunta'.] *sm.* **1.** Ponto ou questão sobre que se pede resposta (opinião, juízo ou esclarecimento); pergunta. **2.** Requisito.

ques.tão [Lat. *quaestione*. ▪2] *sf.* **1.** Pergunta, interrogação. **2.** Tese, assunto, tema em geral, sujeito a meditação, estudo, etc. **3.** Desavença, discussão. **4.** V. *demanda* (2). **5.** Ponto para ser resolvido; problema. **6.** Ponto em discussão levado à Justiça e submetido à decisão dum magistrado. [Pl.: -*tões*.]

ques.ti:o.nar [*Questão* (*question*-). ▪1A] *vtd.* **1.** Fazer ou levantar questão sobre; discutir, disputar. **2.** Retorquir, redarguir. *int.* **3.** Altercar, discutir. [C.: 1] § **ques.ti:o.ná.vel** *adj2g.*

ques.ti:o.ná.ri:o [*Questão* (*question*-). ▪24] *sm.* Série de questões ou perguntas.

que.to.don.tí.de:o [Tax. *Chaetodontidae*.] *adj. sm. Zool.* Diz-se de, ou espécime dos quetodontídeos, família de peixes perciformes marinhos, que inclui numerosas espécies multicoloridas, usadas em aquários.

qui [Gr. *kheî, khî.*] *sm.* A 22.ª letra do alfabeto grego (Χ, χ).

qui:a.bei.ro [*Quiabo*. ▪25] *sm. Bot.* Erva malvácea cujo fruto se come imaturo, e cozido.

qui.a.bo [V.C] *sm. Bot.* O fruto do quiabeiro.

qui.be [Do ár.] *sm.Cul.* Iguaria árabe feita, ger., de carne moída, trigo integral e temperos.

qui.be.be (ê ou é) [Do quimb.] *sm. Bras. N.E. Cul.* Papa de abóbora.

qui.çá [*Port.ant. quiçab* e *quiçabe*, alter. de *qui sabe*, 'quem sabe'.] *adv.* Talvez; porventura.

qui.car [Or.onom., poss.] *v.int. Bras.* **1.** Saltar, pular (a bola). **2.** *Fam.* Ficar indignado, furioso. *td.* **3.** Fazer saltar (a bola). [C.: 1A]

qui:e.tar [Lat. *quietare*. ▪1A] *vtd.* **1.** Fazer estar quieto; aquietar, tranquilizar. *int. e p.* **2.** Aquietar(-se). [C.: 1 (é)] § **qui:e.ta.ção** *sf.*

qui:e.to [Lat. *quietu*.] *adj.* **1.** Que não se mexe; imóvel, quedo. **2.** Calmo, sossegado, quedo. **3.** Dócil, pacífico. § **qui:e.tu.de** *sf.*

qui.la.te [Do ár. (de or. gr.), pelo port.arc. *quirate*.] *sm.* **1.** Medida da pureza do ouro. [O ouro de 24 quilates é puro; o de 18 quilates tem 75% de ouro puro.] **2.** Unidade de peso para pedras preciosas, equiv. a 200mg.

qui.lha [Fr. *quille*.] *sf.* Peça estrutural básica do casco de uma embarcação, disposta na parte mais baixa do seu plano diametral, em quase todo o seu comprimento.

qui.lo[1] [Gr. *chylós*, 'suco'.] *sm. Fisiol.* Líquido leitoso captado do alimento, durante a digestão, por vasos linfáticos intestinais, e que consiste de linfa e de matéria gordurosa.

qui.lo[2] *sm.* Quilograma.

qui.lo.ca.lo.ri.a [*Quil(o)-* + *caloria*.] *sf. Fís.* Unidade de medida de energia igual a 1.000 calorias.

qui.lo.gra.ma [*Quil(o)-* + *grama*[2]; fr. *kilogramme*.] *sm.* Unidade fundamental de medida de massa no Sistema Internacional, equiv. a 1.000 gramas; quilo [símb.: *kg*].

qui.lo-hertz [*Quil(o)-* + *hertz*.] *sm. Fís.* Unidade de medida de frequência, igual a 1.000 *hertz* [símb.: *kHz*].

qui.lo.li.tro [*Quil(o)-* + *litro*; fr. *kilolitre*.] *sm.* Unidade de capacidade, equiv. a 1.000 litros [símb.: *Kl*].

qui.lom.bo [Do quimb.] *sm. Bras.* Refúgio de escravos fugidos.

qui.lo.me.tra.gem [*Quilômetro*. ▪6] *sf.* **1.** Ação de quilometrar. **2.** Distância expressa em quilômetros. [Pl.: *-gens*.]

qui.lo.me.trar [*Quilômetro*. ▪1A] *vtd.* Medir ou marcar por quilômetros. [C.: 1 (é)]

qui.lo.mé.tri.co [*Quilômetro*. ▪35B] *adj.* **1.** Que tem um quilômetro. **2.** Demasiado extenso.

qui.lô.me.tro [*Quil(o)-* + *metro*; fr. *kilomètre*.] *sm.* Unidade de comprimento, igual a 1.000 metros [símb.: *km*].

qui.lo.watt (uót) [*Quil(o)-* + *watt*.] *sm.* Unidade de medida de potência ativa em circuitos elétricos de corrente alternada, igual a 1.000 watts [símb.: *kW*].

qui.lo.watt-ho.ra (uót) *sm.* Unidade que representa o consumo de energia por um aparelho de potência 1kW durante 1 hora [símb.: *kWh*]. [Pl.: *quilowatts-hora(s)*.]

qui.me.ra [Gr. *chímaira*.] *sf.* 1. Monstro fabuloso. 2. *Fig.* Fantasia, sonho. § **qui.mé.ri.co** *adj.*

quí.mi.ca [F.subst. de *químico*.] *sf.* Ciência que estuda a estrutura das substâncias, correlacionando-a com as propriedades macroscópicas, e investiga as transformações destas substâncias. ◆ **Química orgânica.** Parte da química que estuda os compostos que contêm carbono.

quí.mi.co [Fr. *chimique*.■35B] *adj.* 1. Relativo a, ou obtido por química. ● *sm.* 2. Especialista em química.

qui.mi:o.te.ra.pi.a [*Quimio-* (de *química*) + *-terapia*.] *sf. Med.* Tratamento de doenças (câncer, etc.) por meio de agentes químicos. § **qui.mi:o.te.rá.pi.co** *adj. sm.*

qui.mo [Gr. *chymós*, 'suco'.] *sm. Fisiol.* Matéria homogênea, de consistência variável, produzida pela fase gástrica da digestão.

qui.mo.no [Jap. *kimono*.] *sm.* Túnica longa, de mangas largas, us. no Japão pelos 2 sexos.

qui.na¹ [Lat. *quini, ae, a,* 'de 5 em 5'.] *sf.* Grupo de 5 objetos, ger. iguais.

qui.na² [De *quinaquina*.] *sf.* 1. *Bot.* Árvore rubiácea cuja casca tem propriedades febrífugas. 2. Sua casca.

qui.na³ [De *esquina*.] *sf.* Ângulo ou vértice saliente; canto.

qui.na.do [*Quina¹*.■17B] *adj.* 1. Preparado com quina² (2). ● *sm.* 2. Vinho quinado.

qui.nau [Lat. *quin autem...,* 'mas ao contrário...', poss.] *sm.* Corretivo, emenda.

quin.dão [*Quind(im)*.■28A] *sm. Bras. Cul.* Quindim (2) feito em fôrma grande. [Pl.: *-dões*.]

quin.dim [Or.afr., poss.] *sm.* 1. Graça, atrativo. 2. *Bras. Cul.* Docinho de gema de ovo, coco e açúcar. [Pl.: *-dins*.]

quin.gen.té.si.mo (qüin...zi) [Lat. *quingentesimu*.] *num.* 1. Ordinal correspondente a 500. 2. Fracionário correspondente a 500.

qui.nhão [Lat. *quinione*.] *sm.* A parte dum todo que cabe a cada um daqueles por quem se divide; cota. [Pl.: *-nhões*.]

qui.nhen.tos [Lat. *quingentos*.] *num.* 1. Quantidade que é uma unidade maior que 499. 2. Número (1) correspondente a essa quantidade. [Representa-se em algarismos arábicos por 500, e em romano, por D.]

qui.ni.na [*Quina²*.■31] *sf. Quím.* Alcaloide da quina² e de plantas congêneres, us. contra a malária.

qui.ni.no *sm. Pop.* Sulfato de quinina.

qui.no.a (ô) [Hisp.-amer. *quinua*, do quích. *quínua*.] *sf. Bot.* Planta quenopodiácea de folhas triangulares e frutos de cujas sementes se faz pasta alimentícia, básica para muitos povos sul-americanos.

quin.qua.ge.ná.ri:o (qüin) [Lat. *quinquagenariu*.] *adj. sm.* Que, ou quem está na casa dos 50 anos de idade; cinquentão.

quin.qua.gé.si.mo (qüin...zi) [Lat. *quinquagesimu*.] *num.* 1. Ordinal correspondente a 50. 2. Fracionário correspondente a 50.

quin.que.nal (qüinqüe) [Lat. *quinquennale*.] *adj2g.* Que dura um quinquênio. [Pl.: *-nais*.]

quin.quê.ni:o (qüinqüê) [Lat. *quinquenniu*.] *sm.* Espaço de 5 anos; lustro.

quin.qui.di:o (qüinqüi) [*Quinqui-* + lat. *dies*, 'dia'.] *sm.* Espaço de 5 dias.

quin.qui.lha.ri.as [Pl. de *quinquilharia*, do fr. *quincaillerie*.] *sfpl.* Joias falsas, ou outros objetos de pouco valor.

quin.ta¹ [Lat. *quintana*, 'rua em que se fazia o mercado'.] *sf. Lus.* Grande propriedade rústica, com casa de habitação.

quin.ta² *sf.* V. *quinta-feira*.

quin.ta³ [Fem. do ord. *quinto*.] *sf. Mús.* Intervalo (3) de 5 notas.

quin.ta-co.lu.na [Esp. *quinta-columna*.] *sf.* Pessoa que atua sub-repticiamente num país, preparando ajuda ao invasor em caso de invasão, ou fazendo espionagem e propaganda a favor daquele; quinta-colunista. [Pl.: *quinta-colunas*.] § **quin.ta.co.lu.nis.mo** *sm.*; **quin.ta.co.lu.nis.ta** *adj2g.s2g.*

quin.ta-es.sên.ci:a ou **quin.tes.sên.ci:a** [F. de *quinto* + *essência*.] *sf.* 1. Extrato levado ao último apuramento. 2. *Fig.* O mais alto grau; o auge. [Pl.: *quinta-essências* ou *quintessências*.]

quin.ta-fei.ra [F. do num. *quinto* + *feira*.] *sf.* O quinto dia da semana, principiada no domingo. [F.red.: *quinta*. Pl.: *quintas-feiras*.]

quin.tal¹ [Lat.vulg. *quintanale*.■39] *sm.* Pequeno terreno, muitas vezes com jardim ou com horta, atrás de casa. [Pl.: *-tais*.]

quin.tal² [Do ár.] *sm.* Antigo peso de 4 arrobas. [Pl.: *-tais*.]

quin.te.to (ê) [It. *quintetto*.] *sm. Mús.* 1. Composição para 5 vozes ou 5 instrumentos. 2. O conjunto dessas vozes ou desses instrumentos. 3. Os 5 músicos desse conjunto.

quin.ti.lhão ou **quin.ti.li.ão** [*Quint(o)-* + *-ilhão* ou *-ilião*.] *num. Mat.* Mil quatrilhões; a 18.ª potência de 10. [Pl.: *quintilhões* ou *quintiliões*.]

quin.to [Lat. *quintu*.] *num.* 1. Que ocupa o lugar de número 5, numa série ordenada. 2. Cada uma das 5 partes iguais em que se divide algo.

quintuplicar | quotizar

quin.tu.pli.car [Lat. *quintuplice*, 'quíntuplo', + *-ar*². ◼1A] *vtd.* e *p.* Multiplicar(-se) por 5. [C.: 1A] § **quin.tu.pli.cá.vel** *adj2g.*

quín.tu.plo [Lat. **quintuplu.*] *num.* **1.** Que é 5 vezes maior. ● *sm.* **2.** Quantidade 5 vezes maior que outra.

quin.ze [Lat. *quindecim.*] *num.* **1.** Quantidade que é uma unidade maior que 14. **2.** Número (1) correspondente a essa quantidade. [Representa-se em algarismos arábicos por 15, e em romanos, por XV.]

quin.ze.na [*Quinze* + *-ena.*] *sf.* Espaço de 15 dias.

quin.ze.nal [*Quinzena*¹.◼39] *adj2g.* **1.** Relativo a quinzena. **2.** Que aparece, se faz ou se publica de 15 em 15 dias. [Pl.: *-nais.*]

qui.os.que [Fr. *kiosque.*] *sm.* **1.** Pequeno pavilhão aberto instalado em praças, jardins, etc. **2.** Pavilhão (1), onde se vendem jornais, flores, etc.

qui.pro.quó (qüi) [Lat. *quid pro quo*, 'isto por aquilo'.] *sm.* **1.** Confusão duma coisa com outra. **2.** Situação cômica resultante de equívoco(s).

qui.re.ra [Do tupi.] *sf. Bras.* Milho quebrado que se dá a pintos e pássaros.

qui.ro.dác.ti.lo ou **qui.ro.dá.ti.lo** [*Quir(o)-* + *-dá(c)tilo.*] *sm.* Dedo da mão.

qui.ro.man.ci.a (cí) [Gr. *cheiromantéia.*] *sf.* Adivinhação pelo exame das linhas da palma da mão. § **qui.ro.man.te** *s2g.*

qui.róp.te.ro [Tax. *Chiroptera.*] *adj. sm. Zool.* Diz-se de, ou espécime dos quirópteros, ordem de mamíferos noctívagos que têm patágio e uropatágio. Inclui os desmodontídeos e os filostomatídeos.

quis.to [Gr. *kýstis*, 'bexiga', pelo fr. *kyste.*] *sm. Med.* Cavidade fechada onde se acumulam secreções que não podem escoar-se.

qui.ta.ção [*Quitar.*◼2A] *sf.* **1.** Ato ou efeito de quitar(-se). **2.** Documento pelo qual o devedor se torna quite. [Pl.: *-ções.*]

qui.tan.da [Do quimb.] *sf. Bras.* **1.** Tabuleiro com gêneros e mercadorias, de vendedores ambulantes. **2.** Pequeno estabelecimento onde se vendem frutas, legumes, cereais, etc.

qui.tan.dei.ro [*Quitanda.*◼25] *sm. Bras.* Dono de quitanda.

qui.tar [Lat.med. *quitare*, ou do fr. *quitter*, poss. ◼1A] *vtd.* **1.** Desobrigar do que devia dar ou fazer. **2.** Saldar, pagar. **3.** Poupar, evitar: *quitar discussões.* **4.** Perder, deixar. *tdi.* **5.** Quitar (1). *p.* **6.** Desembaraçar-se, livrar-se. **7.** Separar-se. [C.: 1]

qui.te [Fr. *quitte.*] *adj2g.* **1.** Que saldou suas contas; livre de dívida. **2.** Livre, desembaraçado.

qui.ti.na [*Quit(o)-* + *-ina.*◼31] *sf.* Substância calcária que reveste os artrópodes em geral. § **qui.ti.no.so** (ô) *adj.*

qui.ti.ne.te [Ingl. *kitchenette.*] *sf.* **1.** Cozinha pequena, ou armário disposto como cozinha. **2.** Apartamento de um único compartimento e mais banheiro e quitinete.

qui.tu.te [Do quimb.] *sm. Bras.* Petisco, iguaria.

qui.tu.tei.ro [*Quitute.*◼25] *sm. Bras.* Aquele que faz quitutes.

qui.uí ou **qui.vi** [Ingl. *kiwi* (*fruit*), *kiwi* (*berry*).] *sm.* **1.** *Zool.* Ave apterigídea da Nova Zelândia. **2.** *Bot.* Fruto, suculento, de uma trepadeira actinidácea, originária do Sudeste Asiático.

qui.xa.ba [Or.ind., poss.] *sf. Bras.* O fruto da quixabeira.

qui.xa.bei.ra [*Quixaba.*◼16] *sf. Bras.Bot.* Arvoreta sapotácea da caatinga.

qui.xo.ta.da [*Quixote.*◼4] *sf.* **1.** V. *fanfarrice* (1). **2.** Ato ou dito de homem quixotesco (2).

qui.xo.tes.co (ê) [Ficcion. *Quixote.*◼33A] *adj.* **1.** Relativo a D. Quixote, herói romanesco e idealista da obra *D. Quixote de la Mancha*, de Cervantes (v. *cervantesco*). **2.** *Fig.* Romântico, sonhador.

qui.xo.tis.mo [Ficcion. *Quixote.*◼11] *sm.* **1.** Modos próprios de D. Quixote (v. *quixotesco*). **2.** *Fig.* Romantismo, cavalheirismo e idealismo exagerados.

qui.zi.la ou **qui.zí.lia** [Do quimb.] *sf.* **1.** Repugnância, antipatia. **2.** Aborrecimento, chateação. **3.** Zanga; rixa.

quo.ci.en.te ou **co.ci.en.te** [Lat. **quotiente.*] *sm. Mat.* O resultado da operação de divisão. ◆ **Quociente de inteligência.** *Psic.* Medida da inteligência de um indivíduo, obtida por meio de testes. [Sigla: *Q.I.*]

→ **quorum** (cuórum) [Lat.] *sm.* Número mínimo de pessoas presentes exigido por lei ou estatuto para que um órgão coletivo funcione.

quó.rum [Lat. *quorum.*] *sm.* V. *quorum.*

quo.ta [Lat. *quota.*] *sf.* V. *cota*².

quo.ta-par.te *sf.* Cota-parte. [Pl.: *quotas-partes.*]

quo.ti.di.a.no [Lat. *quotidianu.*◼29A] *adj. sm.* Cotidiano.

quo.tis.ta *s2g.* Cotista.

quo.ti.zar *vtd.* e *p.* Cotizar. [C.: 1]

r (érre) *sm.* **1.** A 18ª letra do nosso alfabeto. **2.** Figura ou representação dessa letra. ● *num.* **3.** Décimo sétimo, numa série. **4.** Décimo oitavo, numa série em que a letra *k* corresponde ao 11º elemento. [Pl. do sm., com duplo *r*: *rr*.]

■ **r** *Geom.* Abrev. de *raio* (5).

■ **R 1.** *Eletr.* Símb. de *resistência elétrica*. **2.** *Mat.* Símb. do conjunto dos números reais.

■ **Ra** *Quím.* Símb. de *rádio*².

rã [Lat. *rana*.] *sf. Zool.* Pequeno animal ranídeo, de pele lisa, sem cauda, com pernas posteriores longas, próprias para saltar, e língua retrátil.

ra.ba.da [*Rabo*.◘4] *sf.* **1.** Rabadilha. **2.** Rabo, ger. de boi, sem pele nem pelos, ou prato preparado com ele. **3.** Rabeira (2).

ra.ba.di.lha [*Rabada* + *-ilha*.] *sf.* A parte posterior do corpo das aves, peixes e mamíferos; rabada.

ra.ba.na.da¹ [*Rábano*.◘4] *sf. Cul.* Fatia de pão que se frita depois de embebida em leite e ovos batidos.

ra.ba.na.da² [Por *rabadada.] *sf.* **1.** Golpe com o rabo (1). **2.** *Fam.* Gesto brusco de irritação ou desdém.

ra.ba.ne.te (ê) [*Rábano* + *-ete* (ê).] *sm.* **1.** *Bot.* Erva brassicácea cuja raiz, comestível, tem sabor picante e consistência quebradiça. **2.** Essa raiz.

rá.ba.no [Lat. *raphanus*.] *sm. Bot.* Erva brassicácea e sua raiz comestível, da qual o rabanete é uma variedade.

ra.be.ar [*Rabo*.◘1N] *v.int.* **1.** Mexer com o rabo ou a cauda. **2.** Fazer movimentos semelhantes aos do animal que rabeia. **3.** *P.ext.* Rebolar-se. [C.: 12A]

ra.be.ca [Fr.ant. *rebec*.] *sf. Bras.* Espécie de violino de som fanhoso.

ra.be.cão [*Rabeca*.◘28A] *sm.* **1.** *Pop.* Contrabaixo. **2.** *Bras.* Carro para transporte de cadáveres. [Pl.: *-cões*.]

ra.bei.ra [*Rabo*.◘16] *sf.* **1.** Vestígio, rastro. **2.** Os últimos numa corrida, fila, etc.; rabada. **3.** *Bras.* A parte traseira do veículo.

ra.be.lai.si.a.no(belè)[Antr.*Rabelais*.◘29A]*adj.* Do, ou relativo ao escritor François Rabelais (**M.**), ou à sua obra.

ra.bi [Hebr. *rabbi*.] *sm.* Rabino.

ra.bi.ça [*Rabo* + *-iça*.] *sf.* Braço ou guidom do arado.

ra.bi.cho [*Rabo* + *-icho*.] *sm.* **1.** Pequena trança de cabelo que pende da nuca. **2.** Correia dos arreios da cavalgadura; retranca. **3.** *Bras. Pop.* Paixão, amor.

ra.bi.có [De *rabo*.] *adj2g. Bras.* Suru.

ra.bi.no [Lat.med. *rabbinu*, do hebr.] *sm.* **1.** Líder espiritual, ou mestre das leis e textos religiosos, no judaísmo. **2.** Sacerdote do culto judaico. [F.paral.: *rabi*.]

ra.bis.car [*Rabisco*◘1A] *v.int. e td.* **1.** Fazer rabiscos (em). **2.** Escrever de modo ininteligível, ou às pressas. [C.: 1A]

ra.bis.co [*Rabo*, poss.◘33] *sm.* **1.** Risco tortuoso; garatuja. **2.** Letra mal traçada, ou desenho tosco, malfeito.

ra.bis.cos *smpl.* Trecho(s) escrito(s) sem capricho ou sem reflexão, de pouco valor artístico ou intelectual.

ra.bo [Lat. *rapu*.] *sm.* **1.** Cauda (1 e 2). **2.** Cabo de certos utensílios ou instrumentos. **3.** *Chulo* As nádegas, ou o ânus. ◆ **Meter o rabo entre as pernas.** *Pop. Fig.* Calar ou humilhar-se, com medo ou por não ter razão. **Ter o rabo**

preso. *Bras. Fam.* Estar comprometido, envolvido em situação reprovável, ou em atividade ilegal.

ra.bo de ar.rai.a *sm. Bras.* **1.** Na capoeira[2] (2), golpe com o calcanhar alto e a perna em movimento de girar. **2.** *N.E.* Cavalo de pau. [Pl.: *rabos de arraia.*]

ra.bo.na *sf.* Fraque de abas curtas.

ra.bu.do [*Rabo* + -*udo.*] *adj.* Que tem rabo ou cauda grande.

ra.bu.gem *sf.* **1.** *Veter.* Doença de cães, semelhante à sarna. **2.** Rabugice. [Pl.: -*gens.*]

ra.bu.gen.to [*Rabug(em).* 27] *adj.* **1.** Que tem rabugem (1). **2.** V. *ranzinza.*

ra.bu.gi.ce [*Rabug(em).* 13] *sf.* Qualidade ou modos de rabugento (2); rabugem.

ra.bu.jar [*Rabug(em).* 1A] *v.int.* Ser ou mostrar-se rabugento (2), ranzinza. [C.: 1]

rá.bu.la [Lat. *rabula.*] *sm.* **1.** *Deprec.* Advogado desonesto ou de baixa categoria. **2.** *Bras.* Quem advoga sem ter diploma.

ra.ça [It. *razza.*] *sf.* **1.** O conjunto dos ascendentes e descendentes duma família, tribo ou povo, com origens comuns. **2.** O conjunto de indivíduos cujas características corporais são semelhantes e transmitidas por hereditariedade, embora possam variar dum indivíduo para outro. **3.** Divisão de uma espécie animal, provinda do cruzamento de indivíduos selecionados para manter ou aprimorar determinados caracteres. **4.** *Fig.* Grande empenho ou combatividade.

ra.ção [Lat. *ratione.*] *sf.* **1.** Porção de alimentos necessária para a nutrição humana ou animal, em determinado período. **2.** Porção de alimento distribuída para cada pessoa, numa refeição coletiva. **3.** Alimento preparado para animais. **4.** Porção de alimento ou bens de consumo a que se tem direito, quando eles são racionados. [Pl.: -*ções.*]

ra.ce.mo [Lat. *racemu.*] *sm. Bot.* Tipo de inflorescência em que as flores se inserem em diferentes níveis de um único eixo.

ra.cha [Dev. de *rachar.*] *sf.* **1.** Abertura ou descontinuidade de coisa que rachou; rachadura. ● *sm.* **2.** *Bras.* Dissensão. **3.** *Bras. RJ* Pelada[2], ger. violenta.

ra.cha.du.ra [*Rachar.* 2] *sf.* **1.** Ato ou efeito de rachar(-se). **2.** Racha (1).

ra.char [V.C] *vtd.* **1.** Dividir no sentido do comprimento. **2.** Partir ou dividir com violência. **3.** *Pop.* Partilhar, dividir entre si (o uso de algo, despesas, etc.), ou repartir entre si (dinheiro, lucros, etc.). *int. e p.* **4.** Fender (5). [C.: 1]

ra.ci.al [Ingl. *racial.* 39] *adj2g.* Relativo a raça. [Pl.: -*ais.*]

ra.ci:o.ci.nar [Lat. *ratiocinare.* 1A] *v.int. e ti.* **1.** Fazer raciocínio(s). *td.* **2.** Pensar, refletir, considerar. [C.: 1]

ra.ci:o.cí.ni:o [Lat. *ratiociniu.* 34] *sm.* **1.** Encadeamento, aparentemente lógico, de juízos ou pensamentos. **2.** Capacidade de raciocinar.

ra.ci:o.nal [Lat. *rationale.* 39] *adj2g.* **1.** Que usa da razão ou é capaz de usá-la (p.opos. aos instintos, paixões, etc.). **2.** Que resulta do uso da razão. **3.** Relativo a ou que exprime razão (7): *número <u>racional</u>.* [Pl.: -*nais.*] § **ra.ci:o.na.li.da.de** *sf.*

ra.ci:o.na.lis.mo [*Racional.* 11] *sm.* **1.** Método de observar ou julgar as coisas baseado unicamente na razão (e não em dogmas, tradições, etc.). **2.** *Filos.* Doutrina que privilegia a razão como fonte do conhecimento. § **ra.ci:o.na.lis.ta** *adj2g. s2g.*

ra.ci:o.na.li.zar [*Racional.* 1D] *vtd.* **1.** Tornar racional. **2.** Tornar mais eficiente (atividade, trabalho, etc.), com planejamento ou pelo emprego de métodos científicos ou técnicas mais adequadas. *int.* **3.** Explicar ou conceber os próprios atos e reações como decorrentes de motivos racionais, e não dos impulsos e desejos inconscientes. [C.: 1] § **ra.ci:o.na.li.za.ção** *sf.*

ra.ci:o.nar [*Ração* (-*cion*-).◻ 1A] *vtd.* **1.** Distribuir em rações; repartir regradamente. **2.** Limitar a distribuição ou o consumo de (certos bens ou serviços), estabelecendo a quantidade máxima a que cada um tem direito.[C.: 1] § **ra.ci:o.na.men.to** *sm.*

ra.cis.mo [*Raça.* 11] *sm.* **1.** Doutrina que sustenta a superioridade de certas raças. **2.** Preconceito ou discriminação em relação a indivíduo(s) considerado(s) de outra(s) raça(s). § **ra.cis.ta** *adj2g. s2g.*

→ **rack** (réqui) [Ingl.] *sm.* Móvel, ou estrutura, para aparelho de som ou de vídeo.

ra.dar [Ingl. *radar.*] *sm.* Técnica, ou equipamento que permite conhecer a forma, natureza e localização de objetos, ou a direção e velocidade de seu movimento, mediante a emissão de ondas de rádio de alta frequência e a recepção e análise daquelas refletidas por eles.

ra.di:a.ção [Lat. *radiatione.* 2A] *sf.* **1.** Ato ou efeito de radiar. **2.** Ondas ou energia luminosa, calorífera, etc. [Pl.: -*ções.*] ◆ **Radiação eletromagnética.** *Fís.* Energia eletromagnética que se propaga sob a forma de ondas. **Radiação ionizante.** *Fís.* Radiação penetrante que produz íons ao passar pela matéria.

ra.di:a.do [Lat. *radiatu.* 17A] *adj.* Disposto em raios [v. *raio* (3)].

ra.di:a.dor (ô) [*Radiar.* 19A] *sm.* Aparelho para aquecer ambientes, ou para refrigerar certas máquinas.

ra.di.al [*Radi*(o)-[1] + -*al*[1]. 39] *adj2g.* **1.** Que emite raios. **2.** *Anat.* Referente a rádio[1]. ● *sf.* **3.** Rua que vai do centro para a periferia urbana. [Pl.: -*ais.*]

ra.di:a.lis.mo [*Radi*(o)-[2] + -al- (=*al*[1]) + *ismo.* 11] *sm. Bras.* Atividade profissional de jornalismo eletrônico.

radialista | radiografia

ra.di:a.lis.ta [*Radi(o)-*[2] + *-al-* (=*-al*[1]) + *-ista.* ■36] *s2g. Bras.* Pessoa que se dedica profissionalmente à radiodifusão.

ra.di.a.no [*Radi(o)-*[1] + *-ano*[1]. ■29] *sm. Geom.* Unidade de medida de ângulos, equiv. ao ângulo que, no centro de um círculo, corresponde a um arco cujo comprimento é igual ao raio da circunferência [símb.: *rad*].

ra.di.an.te [Lat. *radiante*. ■21] *adj2g.* 1. Que radia. 2. Que experimenta ou revela grande alegria ou felicidade; radioso.

ra.di.ar [Lat. *radiare*. ■1A] *v.int.* 1. Emitir ondas e energia calorífica, luminosa, etc. 2. Brilhar de modo intenso; cintilar, resplandecer. [C.:1]

ra.di:a.ti.vi.da.de *sf.* V. *radioatividade*.

ra.di:a.ti.vo *adj.* V. *radioativo*.

ra.di.cal [*Radic(i)-* + *-al*[1]. ■39] *adj2g.* 1. Relativo a raiz. 2. *Fig.* Fundamental, básico, essencial. 3. *P.ext. Fig.* Extremo, acentuado, de intensidade ou grau máximos. 4. Relativo ou favorável a mudanças sociais profundas, completas. 5. Caracterizado por falta de moderação, de transigência ou de flexibilidade na adesão a certas ideias. 6. Que envolve risco fora do comum e exige grande perícia. ● *s2g.* 7. Indivíduo que tem ideias ou práticas radicais (v. acepç. 4 e 5). ● *sm.* 8. *E.Ling.* Parte invariável duma palavra; base. 9. *Mat.* Símbolo da operação de extração da raiz de um número ou expressão qualquer. 10. *Quím.* Radical livre. 11. *Quím.* V. *grupo* (3). [Pl.: *-cais.*] ◆ **Radical livre**. *Quím.* Átomo ou molécula que tem um número ímpar de elétrons, o que lhe permite provocar facilmente reações químicas; radical.

ra.di.ca.lis.mo [*Radical.* ■11] *sm.* Doutrina ou comportamento de radical (7).

ra.di.ca.li.zar [*Radical.* ■1D] *vtd., int. e p.* Tornar(-se) radical. [C.: 1]

ra.di.cal.men.te [*Radical.* ■42] *adv.* 1. De modo radical (3 a 5). 2. Completamente, absolutamente.

ra.di.can.do [Lat. *radicandu.*] *sm. Mat.* Expressão sob o símbolo de um radical (9).

ra.di.car [Lat.ecl. *radicare.* ■1A] *vtd., tdi. e p.* Enraizar(-se), arraigar(-se). [C.:1A] § **ra.di.ca.ção** *sf.*

→ **radicchio** (radíquio) [It.] *sm.* Variedade de chicória, com folhas purpúreas com laivos brancos.

ra.di.ci.a.ção [**Radiciar* (de *radic(i)-*). ■2A] *sf. Mat.* Operação em que se calcula a raiz (6) de um número. [Pl.: *-ções.*]

ra.di.cu.la [Lat. *radicula.*] *sf. Bot.* Pequena raiz.

ra.di.cu.lar [*Radícula.* ■40] *adj2g.* 1. Relativo a radícula. 2. De, relativo a, ou que tem forma de raiz.

ra.di:e.le.tri.ci.da.de *sf.* V. *radioeletricidade*.

rá.di:o[1] [Lat. *radiu.* ■34B] *sm.* Osso longo que forma com a ulna o esqueleto do antebraço.

rá.di:o[2] [Lat.cient. *radium.* ■34B] *sm. Quím.* V. *metal alcalinoterroso* [símb.: *Ra*].

rá.di:o[3] [F.red. de *radiofonia.*] *sm.* 1. Técnica ou processo de empregar ondas eletromagnéticas (v. *onda de rádio*) para a transmissão à distância, e sem fios, de sinais elétricos. 2. Radiofonia. 3. V. *radiodifusão*. 4. Meio de comunicação (q.v.) que emprega o rádio[3] (1), esp. em radiodifusão de programas radiofônicos. 5. Aparelho ou conjunto dos aparelhos para emitir e receber sinais radiofônicos (esp. de mensagens faladas). 6. *Restr.* Aparelho receptor de programas radiofônicos de radiodifusão. ● *sf.* 7. Radiodifusora.

ra.di:o.a.ma.dor (ô) [*Radi(o)-*[2] + *amador.*] *sm.* Aquele que opera, sem finalidade lucrativa, estação particular de rádio[3] (3).

ra.di:o.a.ti.vi.da.de [*Radi(o)-*[1]+*atividade.*] *sf. Fís.* Propriedade que têm certos átomos de emitir espontaneamente radiação (partículas subatômicas), por efeito duma instabilidade dos seus núcleos.

ra.di:o.a.ti.vo ou **ra.di:a.ti.vo** (rà) *adj.* Que tem radioatividade.

■ **RADIOBRÁS** Sigla de *Rádio do Brasil*.

ra.di:o.co.mu.ni.ca.ção *sf.* V. *radiodifusão*. [Pl.: *-ções.*]

ra.di:o.di.fu.são [*Radi(o)-*[1] + *difusão.*] *sf.* Transmissão de som ou de imagens por meio de ondas eletromagnéticas; rádio, radiocomunicação. [Pl.: *-sões.*]

ra.di:o.di.fu.sor (ô) *adj.* Que faz radiodifusão.

ra.di:o.di.fu.so.ra (ô) *sf. Rád. Telev.* V. *emissora*.

ra.di:o:e.le.tri.ci.da.de ou **ra.di:e.le.tri.ci.da.de** (rà) *sf.* Parte da física que trata do estudo e da aplicação das ondas de rádio.

ra.di:o:e.mis.são [*Radi(o)-*[1]+*emissão.*]*sf.*1. Emissão de qualquer radiação. 2. Emissão de mensagens por meio de rádio[3] (1), e esp. por radiodifusão. [Pl.: *-sões.*]

ra.di:o:e.mis.so.ra (ô) [*Radi(o)-*[2] + *emissora.*] *sf.* Estação emissora de rádio[3] (1).

ra.di:o.fo.ni.a [*Radi(o)-*[1] + *-fon(o)-* + *-ia*[1]. ■8A] *sf.* Comunicação de mensagens sonoras por meio do rádio[3] (1).

ra.di:o.fô.ni.co [*Radiofonia.* ■35B] *adj.* Relativo à radiofonia, ou às mensagens ou a programas transmitidos.

ra.di:o.fo.to.gra.fi.a *sf.* 1. Imagem fotográfica transmitida por rádio[3] (1). 2. Processo de transmissão dessa imagem.

ra.di:o.fre.quên.ci:a (qüen) *sf. Fís.* A frequência ou faixa de frequência das ondas de rádio (v. *onda de rádio*).

ra.di:o.gra.far [*Radi(o)-*[1] + *-graf(o)-* + *-ar*[2]. ■1A] *vtd.* 1. *Med.* Registrar a imagem (de algo), por meio de radiografia (1). 2. Expedir (notícia) sob a forma de radiograma. [C.: 1]

ra.ci:o.gra.fi.a [*Radi(o)-*[1]+*-grafia.*] *sf.* 1. Técnica ou processo de obtenção de imagens, em que se faz incidir sobre uma superfície sensível os raios X que atravessam um corpo, permitindo a visualização do interior deste. 2. Registro da imagem assim obtida. 3. *Fig.* Análise em profundidade duma situação, etc. § **ra.di:o.grá.fi.co** *adj.*

ra.di:o.gra.ma *sm.* Mensagem transmitida por radiotelegrafia.

ra.di:o.lo.gi.a [*Radi(o)-*[1] + *-logia.*] *sf.* 1. Estudo científico de raios X e dos corpos radioativos. 2. *Med.* Estudo das radiações ionizantes e não ionizantes em suas aplicações ao diagnóstico e tratamento de doenças. § **ra.di:o.ló.gi.co** *adj.*; **ra.di:o.lo.gis.ta** *s2g.*

ra.di:o.no.ve.la [*Radi(o)-*[2] + *novela.*] *sf. Bras.* Novela (2) radiofônica.

ra.di:o.pa.tru.lha *sf.* Veículo de patrulha equipado com rádio[3] (5).

ra.di:or.re.cep.ção [*Radi(o)-*[2] + *recepção.*] *sf.* Recepção de mensagens transmitidas por rádio[3] (1), com uso de aparelho conveniente (v. *rádio*[3] [5 e 6]). [Pl.: *-ções.*]

ra.di:or.re.cep.tor (ô) [*Radi(o)-*[1] + *receptor.*] *sm.* Dispositivo eletrônico capaz de produzir ondas acústicas.

ra.di:os.co.pi.a [*Radi(o)-*[1] + *-scop-* + *-ia*[1].[]8A] *sf. Med.* Exame de estruturas profundas do corpo, mediante a projeção, numa tela, de sombras de raios X que passam através dele, entre a fonte de irradiação e a tela. § **ra.di:os.có.pi.co** *adj.*

ra.di.o.so (ô) [Lat. *radiosu.*[]37] *adj.* 1. Que lança raios de luz. 2. Radiante (2). [Pl.: *-osos* (ó).]

ra.di:o.te.le.gra.fi.a *sf.* Telegrafia em que os sinais são transmitidos por rádio[3] (1); telegrafia sem fio. § **ra.di:o.te.le.grá.fi.co** *adj.*

ra.di:o.te.ra.pêu.ti.ca *sf. Med.* Radioterapia. § **ra.di:o.te.ra.pêu.ti.co** *adj.*

ra.di:o.te.ra.pi.a [*Radi(o)-*[1] + *terapia.*] *sf. Med.* Terapia pelo uso de radiação ionizante; radioterapêutica. § **ra.di:o.te.rá.pi.co** *adj.*

ra.di:o.trans.mis.são *sf.* Transmissão radiofônica. [Pl.: *-sões.*]

ra.di:ou.vin.te [*Radi(o)-*[2] + *ouvinte.*] *s2g.* Ouvinte de emissões radiofônicas.

ra.dô.ni:o [Lat.cient. *radonium.*[]34] *sm. Quím.* V. *gás nobre* [símb.: *Rn*].

ra.fa.e.les.co [Antr. *Rafael.*[]33A] *adj.* Do, ou relativo ao pintor Rafael (**M.**), ou à sua obra.

ra.fei.ro [V.D] *adj. sm.* Diz-se de, ou cão guardador de gado.

rá.fi:a [Tax. *Raphia.*[]8B] *sf.* 1. *Bot.* Arecácea cujas folhas dão ótima fibra. 2. Fio fabricado com essa fibra.

→ **rafting** (ráfitin) [Ingl.] *sm. Esport.* Canoagem em rio encachoeirado.

rai.a[1] [Lat. **radia.*] *sf.* 1. Risca, traço. 2. Limite (1). 3. V. *fronteira* (1). 4. Pista de corrida de cavalos.

rai.a[2] [Lat. *raia, raja.*] *sf. Zool.* Nome comum a vários peixes rajídeos e dasiatídeos marinhos, cosmopolitas, de corpo achatado; arraia.

rai.a.do [*Raia*[1].[]17B] *sm.* Série de raias ou conjunto de raias.

rai.ar[1] [Lat. *radiare.*[]1A] *v.int.* 1. Brilhar, cintilar. 2. Despontar no horizonte. 3. *Fig.* Surgir. [C.: 1]

rai.ar[2] [*Raia*[1].[]1A] *vtd.* Traçar riscas ou raias em. [C.: 1]

rai.nha (a-í) [Lat. *regina.*] *sf.* 1. A esposa (ou a viúva) do rei (1). 2. A soberana de um reino (1). 3. A principal entre outras ou outros. 4. A peça mais poderosa do jogo de xadrez. 5. Abelha-mestra.

rai.o [Lat. *radiu.*] *sm.* 1. A luz que emana dum foco luminoso e segue uma trajetória reta em determinada direção. 2. Luz intensa e viva. 3. Cada um dos traços ou peças que, partindo dum centro, se estendem em várias direções. 4. Descarga elétrica entre uma nuvem e o solo, com relâmpago e trovão. 5. *Geom.* Segmento de reta que vai duma circunferência, ou duma superfície esférica, até o seu centro, ou o comprimento desse segmento. ◆ **Raios X.** *Fís.* Radiação eletromagnética de alta frequência, us. na visualização do interior do corpo e de objetos.

rai.va [Lat. **rabia.*] *sf.* 1. *Med.* Virose que incide em mamíferos, principalmente os silvestres, em animais domésticos, e no homem; hidrofobia. 2. *Fig.* Sentimento violento de ódio. 3. *P.ext.* Sentimento de irritação ou aversão intensas. § **rai.vo.so** (ô) *adj.*

ra.iz (a-í) [Lat. *radice.*] *sf.* 1. *Bot.* Parte da planta que cresce para baixo, ger. dentro do solo, fixando-a e fornecendo-lhe a água e os nutrientes que absorve. 2. Parte inferior; base. 3. *Anat.* Nos dentes, unhas e pelos ou fios de cabelo, a parte que permanece fixa no interior do corpo, e a partir da qual eles se desenvolvem. 4. *Fig.* Princípio, origem. 5. *E.Ling.* A parte básica da estrutura da palavra. 6. *Mat.* Número que, multiplicado por si mesmo certa quantidade de vezes (indicada na expressão), fornece como produto um número dado. [Pl.: *raízes.*] ◆ **Raiz cúbica.** *Mat.* Número que, elevado ao cubo (multiplicado por si mesmo 2 vezes), tem como produto um número dado. **Raiz quadrada.** *Mat.* Número que, elevado ao quadrado (multiplicado por si mesmo), tem por produto um número dado. **Até a raiz dos cabelos.** *Fig.* Completamente, ao máximo.

ra.iz-for.te *sf. Bot.* Planta brassicácea de raízes de sabor picante, us. como condimento. [Pl.: *raízes-fortes.*]

ra.já [Do hindi.] *sm.* Príncipe ou soberano de estado indiano. [Fem.: *rani.*]

ra.ja.da [V.C] *sf.* 1. Vento forte e de curta duração. 2. Série ininterrupta de tiros de arma automática.

ra.ja.do *adj.* Que tem raias ou riscos.

ra.jí.de:o [Tax. *Rajidae.*] *adj. sm. Zool.* Diz-se de, ou espécime dos rajídeos, família de peixes elasmobrânquios, ger. marinhos e de corpo achatado; têm distribuição cosmopolita. Ex.: raias.

ra.la.dor (ô) [*Ralar*.⊡19A] *sm.* Utensílio próprio para ralar (1); ralo.

ra.lar [*Ralo*¹.⊡1A] *vtd.* **1.** Reduzir (uma substância ou um corpo) a fragmentos pequenos, friccionando com superfície áspera ou raspando com lâmina(s) ou saliência(s) aguçada(s). **2.** Ferir de leve, com fricção superficial, ou arranhando. **3.** Afligir, atormentar. *int.* **4.** *Bras. Gír.* Trabalhar muito, de modo cansativo. *p.* **5.** Apoquentar-se, aborrecer-se muito. [C.: 1] § **ra.la.ção** *sf.*

ra.lé [V.C] *sf.* **1.** Plebe. **2.** A camada social constituída de indivíduos desclassificados, delinquentes, etc.; gentalha, escória. [Var. na acepç. 1: *relé*.]

ra.lhar [Lat. **rabulare*.⊡1A] *v.int.* **1.** Repreender em voz alta. *ti.* **2.** Repreender. [C.: 1]

ra.lho [Dev. de *ralhar*.] *sm.* Ato ou efeito de ralhar.

ra.lí.de.o [Tax. *Rallidae*.] *adj. sm. Zool.* Diz-se de, ou espécime dos ralídeos, família de aves gruiformes de tamanho pequeno e médio; vivem nos brejos e à beira de rios e lagos. Ex.: saracuras.

ra.lo¹ [Lat. *rallu.*] *sm.* **1.** Ralador. **2.** O crivo da peneira. **3.** Placa com orifícios para coar água e outros líquidos, que se adapta à abertura dum encanamento. **4.** Abertura de encanamento, provida de ralo¹(3), para escoamento de água, etc.

ra.lo² [B.-lat. *rallu.*] *adj.* Pouco espesso ou pouco denso; raro.

■ **RAM** [Ingl. *r(andom)-a(ccess) m(emory).*] *Inform.* Sigla que designa um tipo de memória (4) temporária e de acesso rápido para leitura e gravação, us. como memória principal de computador.

ra.ma [De *ramo.*] *sf. Bot.* O conjunto dos ramos de uma planta; ramada, ramagem. ◆ **Em rama.** Diz-se de matéria-prima têxtil natural, antes de ser preparada para fiar.

ra.ma.da [*Ramo*⊡4] *sf.* V. *rama.*

ra.ma.gem [*Ramo*.⊡6] *sf.* V. *rama.* [Pl.: *-gens.*]

ra.mal [Lat. *ramale*.⊡39] *sm.* **1.** Caminho subsidiário de estradas de ferro ou de rodagem. **2.** Derivação de uma linha principal de energia elétrica, ou de uma canalização hidráulica, ou de esgoto, etc. **3.** *Bras.* Cada uma das ramificações internas duma rede telefônica. [Pl.: *-mais.*]

ra.ma.lhe.te (ê) [*Ramo* + *-alh(o)-* + *-ete* (ê).] *sm.* Pequeno molho de flores; ramo, buquê.

ra.ma.lho [*Ramo* + *-alho.*] *sm.* Grande ramo.

ra.mei.ra [*Ramo.*⊡16] *sf.* Meretriz.

ra.mer.rão [V.A] *sm.* **1.** Repetição monótona, enfadonha. **2.** *P.ext.* Rotina (2). [Pl.: *-rões.*]

ra.mi.fi.ca.ção [*Ramificar.*⊡2A] *sf.* **1.** Ato ou efeito de ramificar(-se). **2.** *Bot.* Subdivisão dos ramos, das raízes ou dos caules das plantas. [Pl.: *-ções.*]

ra.mi.fi.car [Lat.med. *ramificare.*⊡1A] *vtd.* **1.** Dividir em ramos, ramais, partes, etc. **2.** Dividir. *p.* **3.** Dividir-se em ramos, ramais, partes, etc. **4.** Dividir-se. **5.** Propagar-se. [C.: 1A]

ra.mo [Lat. *ramu.*] *sm.* **1.** *Bot.* Subdivisão do caule das plantas; galho. **2.** V. *ramalhete.* **3.** Cada família descendente dum mesmo tronco. **4.** Atividade específica em qualquer trabalho ou profissão. **5.** *Biol.* Em botânica, reunião de classes [v. *classe* (5)].

ra.mo.so (ô) [Lat. *ramosu.*⊡37] *adj.* Abundante em ramos. [Pl.: *-mosos* (ó).]

ram.pa [Fr. *rampe.*] *sf.* Plano inclinado: *aclive* (no sentido da subida) e *declive* (no da descida).

ran.çar [*Ranço.*⊡1A] *v.int.* Criar ranço. [C.: 1B]

ran.chei.ra [Esp.plat. *ranchera.*⊡16] *sf.* Dança e música popular, de origem argentina, comum no RS.

ran.chei.ro [*Rancho.*⊡25] *sm.* Aquele que prepara o rancho (4).

ran.cho [Esp. *rancho.*] *sm.* **1.** Grupo de pessoas em passeio, marcha, jornada ou trabalho. **2.** Acampamento ou barraca para abrigar rancho (1). **3.** Bando de gente. **4.** Refeição para muitas pessoas. **5.** *Bras.* Casa ou cabana para abrigo provisório, em canteiro de obras, etc. **6.** Casa pobre; choupana.

ran.ço [Lat. *rancidu.*] *sm.* **1.** Cheiro forte e sabor acre que o contato com o ar produz nas substâncias gordas. **2.** Mofo (2). § **ran.ço.so** (ô) *adj.*

ran.cor (ô) [Lat. *rancore.*] *sm.* **1.** Ressentimento profundo e agudo, que não se atenua com o tempo, resultante de ato alheio que causa dano ou mágoa. **2.** Ódio. § **ran.co.ro.so** (ô) *adj.*

ran.fas.tí.de.o [Tax. *Ramphastidae.*] *adj. sm. Zool.* Diz-se de, ou espécime dos ranfastídeos, família de aves piciformes de porte médio a grande, de plumagem brilhante, bico enorme e forte, frugívoras, das Américas Central e do Sul. São os tucanos.

ran.ger [De *ringir.*] *v.int.* **1.** Produzir ruído áspero, como o do atrito entre 2 objetos duros; rinchar. *td.* **2.** Roçar (os dentes), apertando a mandíbula contra os maxilares. [C.: 2B]

ran.gi.do [Part. de *ranger.*] *sm.* Som produzido por coisa(s) que range(m).

ran.gí.fer [Tax. *Rangifer.*] *sm. Zool.* Rena.

ran.go [V.E] *sm. Bras. Pop.* Comida, refeição.

ra.nhe.ta (ê) [*Ranho* + *-eta* (ê).] *adj2g. Bras.* V. *ranzinza.*

ra.nho *sm.* V. *muco.*

ra.nhu.ra [Fr. *rainure.*] *sf.* **1.** Entalhe alongado na madeira. **2.** Parte mais funda, escavada, que forma risca ou sulco numa superfície.

ra.ni [Do sânscr.] *sf.* Mulher de rajá.

ra.ni.cul.tor (râni...ô) [Lat. *rana* + *-i-* + *cultor.*] *sm.* Aquele que se dedica à ranicultura.

ra.ni.cul.tu.ra (râni) [Lat. *rana* + *-i-* + *cultura.*] *sf.* Criação de rãs, esp. para consumo na alimentação humana.

ra.ní.de:o [Tax. *Ranidae.*] *adj. sm. Zool.* Diz-se de, ou espécime dos ranídeos, família de anfíbios anuros, opistoglossos.

→ **ranking** (rânquin) [Ingl.] *sm.* Listagem classificatória.

ra.nun.cu.lá.ce:a [Tax. *Ranunculaceae.*] *sf. Bot.* Espécime das ranunculáceas, família de plantas floríferas das zonas temperadas e frias; algumas espécies são medicinais. § **ra.nun.cu.lá.ce:o** *adj.*

ra.nún.cu.lo [Tax. *Ranunculus.*] *sm. Bot.* Erva ranunculácea cultivada como ornamental, e como medicinal.

ran.zin.za [V.A] *adj2g.* Zangado, mal-humorado; ranheta, rabugento.

→ **rap** (répi) [Ingl.] *sm. Mús.* Tipo de música urbana, mais falada do que cantada, ger. com melodia simples e letra que aborda as mazelas sociais.

ra.pa.ce [Lat. *rapace.*] *adj2g.* **1.** Que rouba ou faz rapina. **2.** *Zool.* Diz-se de ave voraz, que persegue sua presa com tenacidade.

ra.pa.ci.da.de [Lat. *rapacitate.* ◼14] *sf.* Qualidade de rapace (1); tendência para o roubo e a rapina, ou hábito de roubar.

ra.pa.du.ra [*Rapar.* ◼5A] *sf.* **1.** Ato de rapar. **2.** *Bras.* Açúcar mascavo, em forma de pequenos tijolos.

ra.pa.gão [*Rapaz* + *-ão*¹, a ex. de *nariz/narigão.* ◼28A] *sm.* Rapaz vigoroso e corpulento. [Pl.: *-gões.*]

ra.pa.pé *sm.* **1.** Ato de arrastar o pé ao cumprimentar. **2.** Cumprimento exagerado; salamaleque, zumbaia. **3.** *P.ext.* Bajulação; adulação.

ra.par [Do germ. ◼1A] *vtd.* **1.** Desgastar, cortando em fragmentos ou lascas. **2.** Cortar rente o pelo de; raspar. *p.* **3.** Barbear-se. [C:1]

ra.pa.ri.ga [*Rapaz.*] *sf.* **1.** *P.us.* no Brasil Mulher nova. **2.** *Bras. N. N.E. MG GO* Prostituta.

ra.paz [Lat. *rapace.*] *sm.* **1.** Adolescente do sexo masculino. **2.** Homem jovem; moço.

ra.pa.zi.a.da *sf.* **1.** Grupo de rapazes. **2.** Brincadeira, sem malícia, de rapazes.

ra.pa.zo.la [*Rapaz* + *-ola.*] *sm.* Rapaz adolescente ou muito jovem; rapazote.

ra.pa.zo.te [*Rapaz* + *-ote*¹.] *sm.* Rapazola.

ra.pé [Fr. *râpé.*] *sm.* Tabaco em pó para cheirar.

ra.pel [Fr. *rappel.*] *sm.* Descida por paredões íngremes, ou precipícios, com o uso de corda passada ao redor do corpo e, às vezes, com outros dispositivos. [Pl.: *-péis.*]

ra.pi.da.men.te [F. de *rápido.* ◼42] *adv.* **1.** De modo rápido: *Andava rapidamente.* **2.** Em curto espaço de tempo: *Vestiu-se rapidamente.*

ra.pi.dez (ê) [*Rápido.* ◼12A] *sf.* **1.** Qualidade ou condição de rápido; velocidade, ligeireza, pressa. **2.** Brevidade, transitoriedade.

rá.pi.do [Lat. *rapidu.*] *adj.* **1.** Que se move depressa; veloz. **2.** Efêmero, breve. **3.** Que se efetua ou se executa em pouco tempo. **4.** Que age ou trabalha muito em pouco tempo; ágil, ligeiro. ● *adv.* **5.** Com rapidez; rapidamente.

ra.pi.na [Lat. *rapina.*] *sf.* Ato de rapinar.

ra.pi.na.gem [*Rapinar.* ◼6] *sf.* **1.** Hábito de rapinar. **2.** Conjunto de roubos. [Pl.: *-gens.*]

ra.pi.nar [*Rapina.* ◼1A] *vtd.* **1.** Roubar, tirar com violência. **2.** Subtrair, furtar. *int.* **3.** Cometer rapinagem (2). [C.: 1] § **ra.pi.nan.te** *adj2g. s2g.*

ra.po.sa (ô) [Esp. ant. e dial. *rabosa.*] *sf.* **1.** *Zool.* Canídeo selvagem, de pequeno porte, predador de aves. **2.** Sua pele curtida. **3.** *Fig.* Pessoa astuta. § **ra.po.si.no** *adj.*

ra.po.so (ô) *sm.* O macho da raposa.

→ **rapper** (répêr) [Ingl.] *s2g. Mús.* Compositor ou cantor de *rap.*

rap.só.di:a (s) [Lat. *rhapsodia.* ◼8B] *sf.* **1.** Trecho de uma composição poética. **2.** *Mús.* Composição musical que utiliza melodias tradicionais ou populares.

rap.tar [Lat. *raptare.* ◼1A] *vtd.* Levar consigo (pessoa), com uso de violência ou sedução. [C.: 1]

rap.to [Lat. *raptu.*] *sm.* **1.** Ato ou efeito de raptar. **2.** *Fig.* Arrebatamento, enlevo, êxtase.

rap.tor (ô) [Lat. *raptore.* ◼19] *adj. sm.* Que, ou aquele que rapta.

ra.que [Lat. *rachis.*] *sf.* **1.** *Anat.* Coluna vertebral e as partes moles dispostas posteriormente a esta. **2.** *Bot.* Eixo de inflorescência. **3.** *Zool.* Eixo da pena das aves.

ra.que.ta (ê) ou **ra.que.te** (é) [Fr. *raquette.*] *sf.* Instrumento de formato circular ou ovalado, que se empunha pelo cabo, us. para impelir a bola no tênis, no pingue-pongue e em outros jogos.

ra.qui.a.no [*Raqui(o)-* + *-ano*¹. ◼29] *adj. Anat.* Relativo à raque.

ra.qui.di.a.no [Fr. *rachidien.* ◼29A] *adj. Anat.* V. *raquiano.*

ra.quí.ti.co [*Raquitismo.* ◼35B] *adj.* **1.** Que tem raquitismo. **2.** Franzino (2).

ra.qui.tis.mo [Gr. *rhachítes* + *-ismo.* ◼11] *sm. Med.* Doença da infância, causada por distúrbios metabólicos e carência de vitamina D, e caracterizada por deformidades do esqueleto.

ra.ra.men.te [F. de *raro.* ◼42] *adv.* De modo raro, pouco frequente.

ra.re.ar [*Raro.* ◼1N] *vtd. e int.* Tornar(-se) raro, pouco numeroso ou pouco frequente; rarefazer(-se). [C.: 12A]

ra.re.fa.ção *sf.* Ato ou efeito de rarefazer(-se). [Pl.: *-ções.*]

ra.re.fa.zer [Lat. *rarefacere.* ◼1B] *vtd. e p.* **1.** Tornar(-se) menos denso, menos espesso. **2.** Rarear. [C.: 18]

ra.re.fei.to [Lat. *rarefactu.*] *adj.* Que se rarefez; rareado.

ra.ri.da.de [Lat. *raritate.* ◼14] *sf.* **1.** Qualidade ou condição de raro. **2.** Objeto raro; curiosidade.

ra.ro [Lat. *raru.*] *adj.* **1.** De que há pouco; não abundante. **2.** Pouco frequente. **3.** Ralo². ● *adv.* **4.** Raras vezes. ◆ **De raro em raro.** Raro (4). **Não raro.** Muitas vezes.

ra.sa [Lat. *rasa*.] *sf.* Antiga medida de capacidade, equiv., mais ou menos, ao alqueire (1).
ra.san.te [*Rasar*.◨21] *adj2g.* 1. Que rasa ou serve para rasar. 2. *Fig.* Que tem ou efetua trajetória (no ar) muito próxima ao solo. ● *sm.* 3. Voo ou manobra (de avião, etc.) rasante (2).
ra.sar [Lat. *rasare, poss.◨1A] *vtd.* 1. Medir, usando a rasa. 2. Acertar (a medida) com a rasoura; rasourar. 3. Tornar raso. [C.: 1]
ras.ca [Dev. de *rascar*.] *sf.* Rede de arrastar, para pesca.
ras.can.te [*Rascar*.◨21] *adj2g.* 1. Que deixa travo. 2. Diz-se de som áspero, que parece arranhar ou resultar de atrito.
ras.cu.nhar [Esp. *rascuñar*.◨1A] *vtd.* Fazer rascunho de. [C.: 1]
ras.cu.nho [Esp. *rascuño*.] *sm.* 1. Minuta. 2. Esboço de anotações para a feição definitiva dum texto; borrão, bosquejo.
ras.ga.do [*Rasgar*.◨17A] *adj.* 1. Que apresenta rasgo ou rasgão. 2. Extenso, amplo. 3. Aberto, franco.
ras.gão [*Rasgar*.◨2] *sm.* Abertura em superfície que se cortou ou se rompeu; rasgo. [Pl.: -*gões*.]
ras.gar [Lat.vulg. *rasicare, poss.◨1A] *vtd.* 1. Abrir rasgão em. 2. Dividir em pedaços irregulares, destruindo. 3. Romper, ferir. *p.* 4. Romper-se. [C.: 1C]
ras.go [Dev. de *rasgar*.] *sm.* 1. Rasgão. 2. Ação nobre, exemplar. 3. Arroubo, ímpeto.
ra.so [Lat. *rasu*.] *adj.* 1. Liso, plano (superfície). 2. Arrasado, destruído. 3. Cortado rente. 4. Rasteiro (2). 5. Pouco profundo.
ra.sou.ra [De *raso*.] *sf.* Pau roliço us. para nivelar as medidas de secos.
ra.sou.rar [*Rasoura*.◨1A] *vtd.* Nivelar com a rasoura. [C.: 1]
ras.pa [Dev. de *raspar*.] *sf.* Pequena apara tirada de um objeto que se raspou.
ras.pa.dei.ra [*Raspar*.◨16A] *sf.* Instrumento para raspar.
ras.pão [*Raspar*.◨2] *sm.* Ferimento ligeiro, produzido por atrito superficial. [Pl.: -*pões*.] ♦ **De raspão.** 1. Com atrito passageiro, e sem choque frontal ou encontro direto. 2. De modo oblíquo.
ras.par [Do germ.◨1A] *vtd.* 1. Tirar, com instrumento áspero ou cortante, parte da superfície de. 2. *P.ext.* Remover ou apagar, raspando. 3. Tocar ou ferir, com atrito superficial, sem colidir em cheio. 4. Rapar (2). *p.* 5. *Pop.* V. *fugir* (1). [C.: 1] § **ras.pa.gem** *sf.*
ras.te.ar [*Rasto*.◨1N] *vtd. e int.* 1. V. *rastrear*. 2. *Bras.* Procurar (algo). [C.: 12A]
ras.tei.ra *sf.* 1. Movimento ardiloso e brusco com que se desloca(m) a(s) perna(s) de outra pessoa para desequilibrá-la; pernada. 2. *Fig.* Ato traiçoeiro; perfídia.
ras.tei.ro [*Rasto*.◨25] *adj.* 1. Que anda de rastos, que rasteja. 2. Que se eleva a pouca altura; raso. 3. *Fig.* Ordinário, humilde, sem excelência.
ras.te.jar [*Rasto*.◨1E] *vtd.* 1. V. *rastrear. int.* 2. V. *rastrear.* 3. Andar arrastando-se, ou deslocar-se com todo o corpo junto ao solo; rojar. [C.: 1 (ê)]
ras.ti.lho [*Rasto* + -*ilho*.] *sm.* 1. Fio com pólvora ou substância inflamável, us. para comunicar fogo a algo. 2. *Fig.* Aquilo que desencadeia ações coletivas violentas (guerra, revolução, etc.).
ras.to *sm.* V. *rastro.* ♦ **De rastos.** Rastejando, arrastando-se.
ras.tre.a.men.to [*Rastrear*.◨3] *sm.* 1. Ato ou efeito de rastrear. 2. Processo de acompanhar trajetória de algo (satélite, míssil, avião, etc.) por meio de radar, rádio ou fotografia.
ras.tre.ar [*Rastro*.◨1N] *vtd. e int.* Seguir o rastro ou a pista de; rastear, rastejar. [C.: 12A]
ras.tre.á.vel [*Rastrear*.◨41] *adj2g.* 1. Que se pode rastrear. 2. Que se pode localizar (diz-se de dinheiro). [Pl.: -*véis*.] § **ras.tre.a.bi.li.da.de** *sf.*
ras.tro [Lat. *rastru*.] *sm.* Vestígio, indício, rasto.
ra.su.ra [Lat. *rasura*.◨5] *sf.* Palavra(s) riscada(s) ou apagada(s) de modo que sua leitura se torne impossível.
ra.su.rar [*Rasura*.◨1A] *vtd.* Fazer rasura em. [C.: 1]
ra.ta¹ [F. de *rato*.] *sf.* A fêmea do rato.
ra.ta² *sf. Bras.* 1. Ato inoportuno ou inconveniente. 2. V. *gafe*.
ra.ta.plã [V.A] *sm.* Onomatopeia do toque do tambor.
ra.ta.ri.a [*Rato*.◨15] *sf.* Grande número de ratos.
➔ **ratatouille** [ratatúie] [Fr.] *sf. Cul.* Prato que é uma mistura de berinjela, abobrinha, tomate, pimentão, cebola e temperos, cozidos em azeite.
ra.ta.za.na *sf. Zool.* Mamífero murídeo, espécie de rato com cerca de 20cm de comprimento e de dorso cinzento, que vive de preferência em pântanos, esgotos, etc.
ra.te.ar¹ [Lat. *ratus* + -*ear*.◨1N] *vtd. e tdi.* Dividir proporcionalmente. [C.: 12A]
ra.te.ar² [Fr. *rater*.◨1N] *v.int. Bras.* Falhar (um motor). [C.: 12A. Unipess.]
ra.tei.o [Dev. de *ratear¹*.] *sm.* Ato ou efeito de ratear¹.
ra.ti.ci.da [*Rato* + -*i*- + -*cida*.] *adj2g. sm.* Que, ou aquilo (veneno, etc.) que mata ratos.
ra.ti.fi.car [B.-lat. *ratificare*.◨1A] *vtd.* 1. Validar (o que foi feito ou prometido). 2. Comprovar. [C.: 1A. Cf. *retificar*.] § **ra.ti.fi.ca.ção** *sf.*
ra.ti.ta [Tax. *Ratitae*.] *adj2g. s2g. Zool.* Diz-se de, ou ave desprovida de carena.
ra.to [Lat.vulg. *rattu*.] *sm.* 1. *Zool.* Nome comum a vários roedores murídeos, de focinho afilado e cauda comprida; o mais comum é o rato-preto. 2. *Fig.* V. *ladrão* (2). 3. V. *canalha* (2).
ra.to.ei.ra [*Rato*.◨16] *sf.* 1. Armadilha para capturar ratos. 2. *Fig.* Cilada, armadilha.

ra.to-pre.to sm. Zool. Rato caseiro, de dorso preto; prefere lugares secos. [Pl.: *ratos-pretos*.]

→ rave (rêivi) [Ingl.] sf. Festa com música e dança, ger. ao ar livre e com público predominantemente jovem.

ra.vi.na [Fr. *ravine*.◘31] sf. 1. Enxurrada que cai de lugar elevado. 2. Escavação provocada por enxurrada.

ra.vi.ó.li [It. *ravioli*.] sm. Cul. Iguaria preparada com pequenos pastéis cozidos, recheados de carne, queijo, etc.

ra.zão [Lat. *ratione*.◘2] sf. 1. Faculdade de avaliar, julgar, ponderar ideias universais; raciocínio, juízo. 2. Faculdade de estabelecer relações lógicas, de raciocinar; raciocínio, inteligência. 3. Bom-senso; prudência. 4. O direito natural (q.v.); o princípio ou capacidade da conduta moral. 5. Causa, motivo. 6. Relação quantitativa entre grandezas da mesma espécie. 7. *Mat.* Quociente de 2 números. 8. *Mat.* Diferença entre os termos consecutivos de uma progressão aritmética. ● sm. 9. *Com.* Livro de escrituração mercantil que contém o resumo das contas lançadas no diário. [Pl.: *-zões*.] ◆ **Razão social.** Firma (2). **À razão de. 1.** Em determinada proporção ou taxa (com velocidade, ritmo). **2.** Ao preço de. **Em razão de.** Por causa de.

ra.zi.a [Fr. *razzia*, do ár.] sf. Invasão predatória em território inimigo, que inclui mortes, saque, etc.

ra.zo.á.vel [Lat. *rationabile*.◘41] adj2g. 1. Conforme à razão; que não é absurdo, que tem lógica. 2. Que age segundo a consciência (e não os impulsos e paixões); sensato, prudente. 3. Que não é exagerado ou excessivo; equilibrado. 4. *Fam.* Não inteiramente bom. [Pl.: *-veis*.]

ra.zo.a.vel.men.te [*Razoável*.◘42] adv. 1. De modo razoável, com sensatez. 2. Sem exagero, moderadamente. 3. Nem mal, nem inteiramente bem.

■ **Rb** *Quím.* Símb. de *rubídio*.

■ **Re** *Quím.* Símb. de *rênio*.

ré[1] [Lat. *rea*.] sf. Mulher acusada e julgada por ato criminoso ou ilegal.

ré[2] [Lat. *retro*, poss.] sf. 1. *Ant.* Parte da embarcação entre o mastro grande e a popa. 2. A parte traseira de um veículo (v. *marcha a ré*).

ré[3] [F.red. de *resonare*; v. *ut*.] sm. *Mús.* 1. O segundo grau da escala diatônica de dó. 2. Sinal da nota ré na pauta.

re:a.bas.te.cer [*Re-* + *abastecer*.] vtd., tdi. e p. Tornar a abastecer(-se). [C.: 2A (ê-é)] § **re:a.bas.te.ci.men.to** sm.

re:a.ber.to [Part. de *reabrir*.] adj. Que se reabriu.

re:a.ber.tu.ra sf. Ato ou efeito de reabrir(-se); nova abertura.

re:a.bi.li.ta.ção [*Reabilitar*.◘2A] sf. 1. Ato ou efeito de reabilitar(-se). 2. *Med.* Recuperação ou restauração (parcial ou completa) da forma, função ou capacidade normais, após trauma ou doença. [Pl.: *-ções*.]

re:a.bi.li.tar [*Re-* + *habilitar*.] vtd. 1. Restituir a (alguém) direitos, prerrogativas, etc., ou a estima pública ou particular, que perdera. p. 2. Readquirir a estima pública ou particular. [C.: 1] § **re:a.bi.li.tan.te** adj2g.

re:a.brir [*Re-* + *abrir*.] vtd. 1. Abrir de novo, ou abrir o que havia sido fechado. 2. Recomeçar. *int.* e p. 3. Abrir-se de novo. [C.: 3. Part.: *reaberto*.]

re:ab.sor.ção sf. Ato, processo ou efeito de reabsorver. [Pl.: *-ções*.]

re:ab.sor.ver [*Re-* + *absorver*.] vtd. Tornar a absorver. [C.: 2 (ô-ó)]

re:a.ção [*Rea(gir)* a ex. de *agir* e *ação*. 2A] sf. 1. Resposta (4) a uma ação por meio de outra ação que tende a anular a precedente. 2. Modo de agir em face de ameaça. 3. Resistência; oposição. 4. Oposição a inovações no campo das atividades humanas, e esp. a modificações sociais e políticas. 5. *Med.* Resposta do organismo a estímulo normal ou patológico. 6. *Fís.* Força que se opõe a outra. 7. *Quím.* Transformação de substância(s) em outra(s), de natureza e estrutura diferentes da inicial (ou das iniciais). [Pl.: *-ções*.]

re:a.cen.der [Lat. *reaccendere*.◘1B] vtd. e p. 1. Tornar a acender(-se). 2. Ativar(-se), desenvolver(-se). [C.: 2]

re:a.ci:o.ná.ri:o [*Reação* (*-cion-*).◘24] adj. 1. Da, ou próprio da reação (5). 2. Contrário à liberdade, à democracia ou ao progresso.

re:ad.mis.são [*Re-* + *admissão*.] sf. Ato ou efeito de readmitir. [Pl.: *-sões*.]

re:ad.mi.tir [*Re-* + *admitir*.] vtd., tdi. e transobj. Admitir novamente. [C.: 3]

re:ad.qui.rir [*Re-* + *adquirir*.] vtd. Tornar a adquirir; recuperar. [C.: 3]

re:a.fir.mar vtd. Afirmar de novo. [C.: 1]

re:a.gen.te [*Reagir*.◘21A] adj2g. sm. Diz-se de, ou substância que participa em reação.

re:a.gir [Lat. *reagere* ou de *re-* + *agir*.◘1C] v.int. 1. Exercer reação. 2. Demonstrar reação. *ti.* 3. Ter reação (1 a 3) perante algo. 4. Opor-se, resistir. 5. Participar de reação química. [C.: 3A]

re:a.jus.tar vtd. e tdi. 1. Tornar a ajustar. 2. *Bras.* Tornar (salário, preço, etc.) proporcionado à elevação do custo de vida. [C.: 1] § **re:a.jus.ta.men.to** sm.

re:a.jus.te [Dev. de *reajustar*.] sm. 1. Ato ou efeito de reajustar. 2. O valor do reajuste.

re.al[1] [Lat. *regale*.◘39] adj2g. 1. Relativo ao rei ou à realeza ou próprio dele ou dela; régio, realengo. ● sm. 2. Unidade monetária e moeda brasileira (símbolo: R$), a partir de 1.7.1994, dividida em 100 centavos. [Pl., nessas acepçs.: *reais*.] 3. Antiga unidade do sistema monetário de Portugal e do Brasil. [Pl., nesta acepç.: *réis*.]

re.al[2] [B.-lat. *reale*.◘39] adj2g. 1. Que existe de fato; verdadeiro. 2. *Econ.* Que exclui o efeito da inflação; deflacionado. 3. *Mat.* Que exprime quantidades calculáveis pelas operações aritméticas: *número real* (q.v.). • *sm.* **4.** Aquilo que é real² (1). [Pl.: *reais.*]

re:al.çar [*Re-* + *alçar.*] *vtd. e int.* Dar realce a, ou adquiri-lo. [C.: 1B]

re:al.ce [Dev. de *realçar.*] *sm.* **1.** Distinção, relevo, destaque. **2.** Maior lustre ou brilho.

re:a.le.jo (ê) [Esp. *realejo*]. *sm.* **1.** Órgão (4) portátil. **2.** Espécie de órgão mecânico popular, portátil, cujo fole e teclado são movidos à manivela.

re:a.le.za (ê) [*Real*¹.▫12] *sf.* **1.** Dignidade de rei. **2.** A pessoa do rei, ou sua família.

re:a.li.da.de [Lat.med. *realitate.*▫14] *sf.* **1.** Qualidade de real². **2.** Aquilo que existe efetivamente, que é real² (1).

re:a.li.men.ta.ção [*Re-* + *alimentação.*] *sf.* V. *retroalimentação.* [Pl.: -ções.]

re:a.lis.mo¹ [*Real*².▫11] *sm.* **1.** Atenção à realidade exterior ou valorização do que tem existência real (p.opos. às emoções pessoais, à fantasia, ao que é ideal). **2.** Noção ou percepção do que é possível fazer ou realizar, na prática. **3.** Caráter do que, sendo fictício ou imaginado ou concebido, parece ser verdadeiro ou ter existência real. **4.** *Art.Plást.Liter.* Enfoque objetivo da realidade em sua concretude ou no seu conteúdo, que reage aos excessos da imaginação e da emoção. **5.** *Filos.* Doutrina que afirma que o mundo objetivo tem existência real e é independente do pensamento. § **re:a.lis.ta¹** *adj2g. s2g.*

re:a.lis.mo² [*Real*¹.▫11] *sm.* Adesão ao sistema em que o rei é o chefe de Estado, ou apoio às pretensões políticas da realeza. § **re:a.lis.ta²** *adj2g. s2g.*

→ **reality show** (riáliti chôu) [Ingl.] *sm.* Programa televisivo que retrata, de forma não roteirizada, pessoas, famosas ou não, convivendo, ou vivendo certas situações.

re:a.li.zar [*Real*².▫1D] *vtd.* **1.** Experimentar como fato real (aquilo que era só produto do pensamento ou imaginação). **2.** Fazer com que aconteça de fato (o que era pretendido ou planejado). **3.** Converter em dinheiro ou valor monetário. *p.* **4.** Tornar-se realidade (o que era só ideia, sonho, etc.); cumprir-se, verificar-se. **5.** Acontecer, ocorrer (uma atividade organizada). **6.** *Bras.* Alcançar seu objetivo ou ideal. [C.:1] § **re:a.li.za.ção** *sf.*; **re:a.li.za.do** *adj.*; **re:a.li.za.dor** (ô) *adj. sm.*; **re:a.li.zá.vel** *adj2g.*

re:al.men.te [*Real*².▫42] *adv.* Na realidade; sem dúvida.

re:a.ni.mar [*Re-* + *animar.*] *vtd.* **1.** Fazer (alguém) recuperar as funções vitais, a consciência, etc. **2.** Dar novo ânimo, força a. **3.** Fortificar, avigorar. *int. e p.* **4.** Readquirir animação ou força. [C.:1] § **re:a.ni.ma.ção** *sf.*

re:a.pa.re.cer *v.int.* Tornar a aparecer. [C.: 2A (ê-é)] § **re:a.pa.re.ci.men.to** *sm.*

re:a.pro.vei.tar *vtd.* Aproveitar de novo. [C.: 1] § **re:a.pro.vei.ta.men.to** *sm.*

re:a.pro.xi.mar [*Re-* + *aproximar.*] *vtd., tdi. e p.* **1.** Aproximar(-se) novamente (o que, ou quem se havia afastado). **2.** Pôr(-se) novamente em relação, em contato, em acordo ou entendimento. [C.: 1] § **re:a.pro.xi.ma.ção** *sf.*

re:a.qui.si.ção [*Re-* + *aquisição.*] *sf.* Ato ou efeito de readquirir. [Pl.: -ções.]

re:as.su.mir [*Re-* + *assumir.*] *vtd.* Assumir novamente; retomar. [C.: 3]

re:a.tar [*Re-* + *atar.*] *vtd.* **1.** Atar de novo. **2.** Continuar o que se tinha interrompido. *tdi.* **3.** Reatar (2). [C.: 1] § **re:a.ta.men.to** *sm.*

re:a.ti.vo [*Re-* + *ativo.*] *adj.* **1.** Reator (1). **2.** *Quím.* Capaz de participar em reações. • *sm.* **3.** *Quím.* Substância reagente. § **re:a.ti.vi.da.de** *sf.*

re:a.tor (ô) [Lat. *reactum* + *-or.*▫19] *adj.* **1.** Que reage. • *sm.* **2.** *Fís.-Quím.* Dispositivo em que ocorre uma reação química. **3.** V. *reator atômico.* ♦ **Reator atômico** ou **reator nuclear.** Equipamento em que se produz, de forma controlada, uma reação nuclear em cadeia, para aproveitar partículas liberadas ou a energia desprendida.

re:a.ver [*Re-* + *haver.*] *vtd.* V. *recuperar* (1). [C.: 55]

re:a.vi.var *vtd.* **1.** Avivar muito. **2.** Dar novo ânimo, vigor ou estímulo a. **3.** Evocar vivamente, ou relembrar (um fato, um sentimento, etc.). [C.: 1]

re.bai.xar [*Re-* + *baixar.*] *vtd.* **1.** Tornar mais baixo. **2.** Considerar inferior; passar para categoria mais baixa. **3.** Fazer diminuir o preço ou o valor de. **4.** Humilhar, desacreditar. *int.* **5.** Diminuir na altura. *p.* **6.** Comportar-se indignamente. **7.** Humilhar-se. [C.: 1] § **re.bai.xa.men.to** *sm.*

re.ba.nho [V.C] *sm.* **1.** Porção de animais guardados por pastor. **2.** O total de qualquer espécie que constitui gado para corte. **3.** *Fig.* Conjunto de membros duma congregação religiosa, seita, etc.

re.bar.ba [*Re-* + *barba.*] *sf.* **1.** Saliência angulosa. **2.** Saliência de obras de fundição.

re.bar.ba.ti.vo [Fr. *rébarbatif.*▫22A] *adj.* Repelente por ser desagradável; rude.

re.ba.te [Dev. de *rebater.*] *sm.* **1.** Ato ou efeito de rebater. **2.** Sinal para avisar de acontecimento repentino e perigoso.

re.ba.ter [*Re-* + *bater.*] *vtd.* **1.** Bater de novo. **2.** Afastar com violência (o que vem em sua direção); repelir, rechaçar. **3.** Não se deixar atingir por (golpe, ataque). **4.** Responder ou contestar (afirmação, etc.). **5.** Combater; debelar. **6.** Dobrar, batendo. *tdc.* **7.** Deitar (pá vertical) sobre superfície horizontal. [C.: 2] § **re.ba.ti.da** *sf.*

re.ba.ti.zar [*Re-* + *batizar.*] *vtd. e transobj.* Batizar de novo. [C.: 1]

re.be.lar [Lat. *rebellare.*▫1A] *vtd. e tdi.* **1.** Despertar em (alguém) resistência ou oposição (a governo ou autoridade). *ti. e p.* **2.** Não acei-

rebelde | recalcitrar

tar, ou lutar contra a autoridade ou governo instituídos. **3.** Manifestar-se contra. [C.: 1 (é)]
re.bel.de [Esp. *rebelde*.] *adj2g.* **1.** Que se rebela. **2.** Que não obedece; indisciplinado, teimoso, obstinado. **3.** Difícil de controlar. ● *s2g.* **4.** Indivíduo rebelde (1 e 2).
re.bel.di:a [*Rebelde*. ▫ 8A] *sf.* **1.** Ato, qualidade, condição ou comportamento de rebelde. **2.** Indisciplina obstinada; resistência, oposição.
re.be.li.ão [Lat. *rebellione*. ▫ 2] *sf.* Ato ou efeito de rebelar(-se). [V. *revolução* (2).] [Pl.: -*ões*.]
re.ben.que [Esp.plat. *rebenque*.] *sm. Bras.* Pequeno chicote.
re.ben.tar [Lat. *repente*, 'repentinamente', poss. ▫ 1A] *v.int.* **1.** Estourar, explodir. **2.** Quebrar-se com violência. **3.** Aparecer, iniciar-se ou manifestar-se subitamente, com ímpeto ou violência. **4.** Lançar rebento (1). *td.* **5.** Quebrar, partir ou destruir, violentamente ou com ruído forte. *ti.* **6.** Estar ou ficar dominado (por algum sentimento). [C.: 1] § **re.ben.ta.ção** *sf.*
re.ben.to [Dev. de *rebentar*.] *sm.* **1.** V. *broto* (1). **2.** *Fig.* Filho, descendente.
re.bi.tar [*Rebite*. ▫ 1A] *vtd.* **1.** Arrebitar. **2.** Ligar (chapas ou peças de metal) por meio de rebites. [C.: 1]
re.bi.te [Do ár.] *sm.* **1.** Cilindro de metal, com cabeça, para unir 2 chapas ou peças de metal. **2.** Dobra na extremidade dum prego para que não saia da madeira.
re.bo.ar [Lat. *reboare*. ▫ 1A] *v.int.* Fazer eco; retumbar. [C.: 1D]
re.bo.bi.nar [*Re- + bobinar*.] *vtd.* Enrolar ou fazer enrolar-se novamente (filme, fita, etc.) na bobina, após utilização. [C.: 1]
re.bo.ca.dor (ô) [*Rebocar*. ▫ 19A] *sm.* Embarcação, ger. pequena, com elevada potência de máquina, para rebocar outras.
re.bo.car¹ [Lat. *revocare*, poss. ▫ 1A] *vtd.* Revestir de reboco. [C.: 1A (ó)]
re.bo.car² [Lat. **remulcare*. ▫ 1A] *vtd.* Puxar (embarcação ou veículo) com corda, cabo ou corrente presos a outro veículo ou outra embarcação. [C.: 1A (ó)]
re.bo.co (ô) [Dev. de *rebocar*¹.] *sm.* Argamassa de cal ou cimento e areia, que se aplica a uma parede emboçada, a fim de prepará-la para o revestimento.
re.bo.jo (ô) *sm. Bras.* Remoinho causado pela sinuosidade de rio ou pelos acidentes deste.
re.bo.la.do [*Rebolar*. ▫ 17A] *sm.* Movimento ou modo de rebolar do quadris; saracoteio, requebrado.
re.bo.lar [*Re- + bola + -ar*². ▫ 1A] *vtd.* **1.** Fazer mover-se como uma bola. **2.** Requebrar, menear (os quadris). *int. e p.* **3.** Mover exageradamente os quadris e as nádegas, ao andar, ao dançar, etc.; bambolear-se, saracotear-se; rabear. **4.** *Bras. Fig. Pop.* Usar habilidade e recursos inusitados para sair de dificuldade. [C.: 1 (ó)]

re.bo.lo (ô) [Dev. de *rebolar*.] *sm.* Mó fixada num eixo giratório, e na qual se roçam os objetos que se deseja afiar.
re.bo.o [Dev. de *reboar*.] *sm.* Ato de reboar.
re.bo.que [Dev. de *rebocar*².] *sm.* **1.** Ato, efeito ou manobra de rebocar. **2.** Corda ou cabo que prende embarcação ou veículo a outro que o puxa. **3.** Veículo sem tração própria, que se move quando rebocado. **4.** Veículo com guindaste, próprio para ligar-se a outro que se tenha avariado, etc., e puxá-lo; carro-guincho.
re.bor.do (ô) *sm.* Borda revirada.
re.bor.do.sa *sf. Bras.* **1.** Repreensão. **2.** Doença grave ou reincidente. **3.** Situação desagradável. **4.** Alvoroço; rebuliço.
re.bo.ta.lho *sm.* **1.** Ninharia. **2.** Refugo.
re.bo.te [Esp. *rebote*.] *sm. Bras.* **1.** Bola que, lançada à cesta, bate na tabela, etc., e não entra, retornando ao jogo. **2.** *Fut.* Bola rebatida por defensor ou que se choca com a trave e volta ao campo.
re.bri.lhar *v.int.* **1.** Brilhar de novo, ou com mais intensidade. **2.** Brilhar muito. [C.: 1]
re.bu.ça.do [*Rebuçar*. ▫ 17A] *sm.* Bala (3) com essências de frutas ou de plantas, ger. embrulhada em papel.
re.bu.çar *vtd.* **1.** Encobrir com rebuço. **2.** Esconder, ocultar. *p.* **3.** Cobrir parte da face. **4.** Esconder-se; disfarçar-se. [C.: 1B]
re.bu.ço [Dev. de *rebuçar*.] *sm.* **1.** A parte da capa em que se esconde o rosto. **2.** *Fig.* Disfarce, dissimulação.
re.bu.li.ço [*Re- + bulício*.] *sm.* **1.** Grande barulho ou bulício. **2.** Agitação, desordem.
re.bus.car [*Re- + buscar*.] *vtd.* **1.** Tornar a buscar, ou buscar minuciosamente. **2.** Aprimorar com riqueza de adornos, com requintes. [C.: 1A] § **re.bus.ca.do** *adj.*
re.ca.do [Lat.vulg. **recapitu*, poss. ▫ 17A] *sm.* **1.** Mensagem oral. **2.** Comunicação escrita ou oral.
re.ca.í.da [*Recair + -ida*.] *sf.* **1.** Ato ou efeito de recair (1, 2 e 4). **2.** *Med.* Recrudescimento de sinais e/ou sintomas de doença, antes de cura total.
re.ca.ir [*Re- + cair*.] *v.int.* **1.** Cair de novo. **2.** Voltar a um estado anterior, que se deixara ou que cessara. **3.** Sofrer recaída (2). *ti.* **4.** Cair ou incorrer de novo (em erro, culpa). **5.** Ser (culpa, responsabilidade) atribuída a; incidir. *tc.* **6.** Incidir, cair (o acento, a ênfase). [C.: 38]
re.cal.car [Lat. *recalcare*. ▫ 1A] *vtd.* **1.** Calcar outra vez; repisar. **2.** Insistir em. **3.** Impedir completamente a ação, desenvolvimento ou manifestação de; reprimir (1). [C.: 1A] § **re.cal.ca.do** *adj. e sm.*
re.cal.ci.trar [Lat. *recalcitrare*. ▫ 1A] *vti. e int.* **1.** Insistir em algum ato de desobediência ou insubmissão. **2.** Não ceder, resistir, rebelar-se. [C.: 1] § **re.cal.ci.tran.te** *adj2g.*

recalque | receptor

re.cal.que [Dev. de *recalcar*.] *sm.* **1.** Ato ou efeito de recalcar; recalcamento. **2.** Rebaixamento da terra ou da parede após o término da obra. **3.** *Psican.* A exclusão, do campo da consciência, de certos sentimentos, desejos e ideias.

re.cam.bi.ar [*Re-* + *cambiar*.] *vtd., tdc. e tdi.* Fazer (algo ou alguém) retornar (ao lugar de onde viera). [C.: 1] § **re.cam.bi.á.vel** *adj2g.*

re.ca.mo [It. *ricamo*.] *sm.* **1.** Bordado em relevo, sobre tecido. **2.** Ornato, adorno.

re.can.to [*Re-* + *canto*¹.] *sm.* Lugar isolado e/ou aprazível; rincão.

re.ca.pe.ar *vtd.* Cobrir (rua, estrada, etc.) com novo revestimento. [C.: 12A] § **re.ca.pe:a.men.to** *sm.*

re.ca.pi.tu.lar [Lat. *recapitulare*. ▫ 1A] *vtd.* **1.** Repetir sumariamente (o que já fora dito ou escrito); resumir de novo. **2.** Relembrar ou reexaminar os principais elementos, fatos ou aspectos de (um assunto, um episódio, etc.). [C.: 1] § **re.ca.pi.tu.la.ção** *sf.*

re.car.ga [*Re-* + *carga*.] *sf.* **1.** Segunda investida; novo ataque. **2.** Nova carga (esp. de créditos ou de eletricidade).

re.car.re.gar *vtd. e p.* Carregar(-se) novamente. [C.: 1C (é)]

re.ca.ta.do [*Recatar*. ▫ 17A] *adj.* Que tem recato.

re.ca.tar [Lat. **recaptare*. ▫ 1A] *vtd.* **1.** Guardar com recato ou segredo. *tdi.* **2.** Resguardar, proteger, defender. *p.* **3.** Resguardar-se, proteger-se, defender-se. **4.** Ocultar-se com recato. [C.: 1]

re.ca.to [Dev. de *recatar*.] *sm.* **1.** Cautela, resguardo; recolhimento. **2.** Modéstia, simplicidade. **3.** Vergonha, pudor.

re.cau.chu.tar *vtd.* **1.** Reconstituir a parte desgastada de (pneu), aplicando-lhe nova camada de borracha. **2.** *Fig.* Restaurar (algo gasto ou envelhecido). [C.: 1] § **re.cau.chu.ta.gem** *sf.*

re.ce.ar [*Re-* + lat. *celare*. ▫ 1N] *vtd.* **1.** Ter receio de. *ti.* **2.** Preocupar-se com receio a respeito de algo. *p.* **3.** Sentir receio. [C.: 12A]

re.ce.be.dor (ô) [*Receber*. ▫ 19A] *adj.* **1.** Que recebe; receptor. ● *sm.* **2.** Funcionário incumbido de receber dinheiro of pagamentos.

re.ce.be.do.ri.a [*Recebedor*. ▫ 8A] *sf.* Repartição onde se recebem os impostos.

re.ce.ber [Lat. *recipere*. ▫ 1B] *vtd.* **1.** Aceitar, tomar (aquilo que se dá diretamente). **2.** Aceitar ou obter, como pagamento, favor, recompensa, etc. **3.** Passar a ter, a dispor de. **4.** Ser objeto de (certa ação ou sentimento, avaliação, punição). **5.** Reagir de determinado modo a. **6.** Ser aquele ou aquilo a que é dirigido (algo que se desloca, ou que é enviado, transmitido). **7.** Ser alcançado ou atingido por. **8.** Ter ou saber (informação, notícia). **9.** Estar presente quando (alguém) chega, e dar-lhe algum tipo de tratamento. **10.** Aceitar ter em casa ou junto a si (hóspede, visita). **11.** Aceitar por esposo ou esposa; casar com. *tdi.* **12.** Obter por comunicação, transmissão, remessa. **13.** Receber (1, 2 e 3). *int.* **14.** Dar recepção (3). [C.: 2 (ê-é)] § **re.ce.bi.do** *adj.*; **re.ce.bi.men.to** *sm.*

re.cei.o [Dev. de *recear*.] *sm.* Dúvida com temor; medo, apreensão.

re.cei.ta [Lat. *recepta*, 'coisas recebidas'.] *sf.* **1.** Quantia recebida ou arrecadada; produto, rendimento, renda. **2.** O total dos recursos financeiros de que um Estado, entidade ou pessoa pode dispor. **3.** Indicação das proporções dos componentes e do método que se deve seguir no preparo de algo (como um preparado culinário, um medicamento, etc.); fórmula. **4.** Indicação escrita de uma prescrição médica. **5.** *Fig.* Indicação especial para se alcançar um resultado.

re.cei.tar [*Receita*. ▫ 1A] *vtd.* **1.** Passar receita (4) de (medicamento, cuidados terapêuticos); prescrever. **2.** *Fig.* Aconselhar; opinar. [C.: 1]

re.cei.tu.á.ri.o [*Receita*. ▫ 24B] *sm.* Formulário para receita (4).

re.cém-nas.ci.do *adj. sm.* **1.** Que, ou aquele que nasceu há pouco. **2.** *Restr.* Diz-se de, ou criança recém-nascida. [Pl.: *recém-nascidos*.]

re.cen.der [V.C] *v.int.* **1.** Ter cheiro intenso. *td.* **2.** Lançar, exalar (certo cheiro). *ti.* **3.** Estar impregnado do cheiro de algo. [C.: 2] § **re.cen.den.te** *adj2g.*

re.cen.são [Lat. *recensione*. ▫ 2] *sf.* Resenha (2).

re.cen.se.ar [*Re-* + *censo* + *-ear*. ▫ 1N] *vtd.* **1.** Fazer censo, ou novo censo de. **2.** Enumerar, numa lista ou relato; relacionar, arrolar. [C.: 1] § **re.cen.se:a.dor** (ô) *adj.sm.*; **re.cen.se:a.men.to** *sm.*

re.cen.te [Lat. *recente*. ▫ 21A] *adj2g.* Que ocorreu há pouco, ou que data de pouco tempo.

re.cen.te.men.te [*Recente*. ▫ 42] *adv.* Há pouco tempo.

re.ce.o.so (ô) [*Recear*. ▫ 37] *adj.* Que tem receio; temeroso. [Pl.: *-osos* (ó).]

re.cep.ção [Lat. *receptione*. ▫ 2] *sf.* **1.** Ato ou efeito de receber. **2.** Seção em escritório, hotel, etc., encarregada de receber as pessoas, dar informações, etc. **3.** Reunião mundana. [Pl.: *-ções*.]

re.cep.ci:o.nar [*Recepção* (-*cion*-). ▫ 1A] *v.int.* **1.** Dar recepção (3) ou recepções. *td.* **2.** *Bras.* Receber (9) (viajante) em aeroporto, estação, etc., com atenção ou certo aparato. [C.: 1]

re.cep.ci:o.nis.ta [*Recepção* (-*cion*-). ▫ 36] *s2g.* Empregado de hotel, etc., incumbido de recepção (2).

re.cep.tá.cu.lo [Lat. *receptaculu*.] *sm.* Recipiente (1).

re.cep.tar [Lat. *receptare*. ▫ 1A] *vtd.* Adquirir, receber ou ocultar (coisa de procedência criminosa). [C.: 1 (é)] § **re.cep.ta.ção** *sf.*; **re.cep.ta.dor** (ô) *adj. sm.*

re.cep.ti.vo [Lat. *receptus* + *-ivo*. ▫ 22] *adj.* **1.** Que recebe ou pode receber. **2.** Compreensivo. § **re.cep.ti.vi.da.de** *sf.*

re.cep.tor (ô) [Lat. *receptore*. ▫ 19] *adj.* **1.** Recebedor (1). ● *sm.* **2.** Aquele que recebe. **3.** Apa-

recessão | recolhimento

relho que recebe sinais de áudio ou de vídeo e os registra, exibe, etc.

re.ces.são [Lat. *recessione*.◨2] *sf*. Período de baixo crescimento ou de declínio da atividade produtiva e do mercado (menos severo do que numa depressão 5]). [Pl.: -sões.]

re.ces.si.vo [*Recesso*.◨22] *adj*. **1.** Que subsiste em estado latente. **2.** *Gen*. Diz-se do caráter que, apesar de presente, não se manifesta, oculto pelo caráter dominante (q.v.).

re.ces.so [Lat. *recessu*.] *sm*. **1.** Local isolado; retiro, recanto. **2.** Cavidade ou espaço oco, no corpo. **3.** Suspensão temporária das atividades (esp. de instituições governamentais, como o legislativo e o judiciário).

re.cha.çar [Fr.ant. *rechacier*.◨1A] *vtd*. **1.** Fazer retroceder, opondo resistência; repelir. **2.** Não aceitar, opor-se a. [C.: 1B]

re.che.ar [*Recheio*.◨1A] *vtd*. **1.** Encher bem. **2.** Pôr recheio (2) em. *tdi*. **3.** Pôr em (algo) ou acrescentar-lhe grande quantidade de (outros materiais ou elementos). [C.: 12A]

re.chei.o [*Re-* + *cheio*.] *sm*. **1.** Aquilo com que se enche algo, ou que lhe ocupa o interior; conteúdo. **2.** Qualquer preparado culinário que se coloca no interior, ou entre camadas de certas iguarias.

re.chon.chu.do [V.C] *adj*. Baixo e gorducho.

re.ci.bo [Dev. de *receber*.] *sm*. Declaração escrita de se ter recebido algo; quitação.

re.ci.cla.gem [*Reciclar*.◨6] *sf*. **1.** Ato, processo ou efeito de reciclar (1 e 2). **2.** Novo ciclo de aprendizagem ou treinamento, para atualização dos conhecimentos ou habilidades. [Pl.: *-gens*.]

re.ci.clar [*Re-* + *ciclo* + *-ar*².◨1A] *vtd*. **1.** Fazer passar por novo ciclo. **2.** Reaproveitar (material já us., como papel, vidro, metal, lixo) na obtenção da fabricação de novos produtos. **3.** Submeter a reciclagem (2).*p*. **4.** Passar por reciclagem (2). [C.: 1] § **re.ci.clá.vel** *adj2g*.

re.ci.di.va *sf. Med*. Reaparecimento de uma doença certo tempo após a convalescença de um primeiro acometimento; reincidência.

re.ci.di.vo [Lat. *recidivu*.◨22] *adj*. Que torna a aparecer ou manifestar-se.

re.ci.fe [Do ár.] *sm*. Rochedo ou série de rochedos perto da costa, submersos ou a pequena altura do nível do mar.

re.ci.fen.se [◨38] *adj2g*. **1.** Do Recife, capital de PE. ● *s2g*. **2.** O natural ou habitante do Recife.

re.cin.to [Lat. *recinctu*.] *sm*. Espaço fechado, ou delimitado.

re.ci.pi.en.te [Lat. *recipiente*.◨21A] *sm*. **1.** Objeto capaz de conter líquidos ou sólidos; receptáculo. **2.** Vaso para receber preparados químicos.

re.cí.pro.co [Lat. *reciprocu*.] *adj*. **1.** Que implica ou parece implicar troca ou equivalência entre 2 pessoas, coisas, etc.: *obrigações recíprocas*. **2.** Diz-se da ação cujo objeto é o sujeito de outra ação similar, e cujo sujeito é o objeto desta: *atração recíproca*. [Sin.ger.: mútuo.] § **re.ci.pro.ci.da.de** *sf*.

ré.ci.ta [Dev. de *recitar*.] *sf*. Apresentação de espetáculo teatral.

re.ci.tal [Fr. *récital*.◨39] *sm*. Concerto de um só artista, ou de um pequeno grupo de solistas. [Pl.: *-tais*.]

re.ci.tar [Lat. *recitare*.◨1A] *vtd*. **1.** Ler em voz alta e clara. **2.** Dizer com clareza e ênfase expressiva; declamar. [C.: 1] § **re.ci.ta.ção** *sf*.

re.ci.ta.ti.vo [*Recitar*.◨22A] *sm*. **1.** Trecho declamado. **2.** *Mús*. Canto declamado, numa ópera.

re.cla.ma.ção [Lat. *reclamatione*.◨2A] *sf*. **1.** Ato ou efeito de reclamar. **2.** Qualquer manifestação de descontentamento; queixa, protesto. [Pl.: *-ções*.]

re.cla.mar [Lat. *reclamare*.◨1A] *vti*. **1.** Manifestar oposição, contrariedade, discordância, com explicações ou protestos. **2.** Queixar-se. *td*. **3.** Pedir, demandar ou exigir para si; reivindicar. *int*. **4.** Fazer reclamação ou reclamações. [C.: 1] § **re.cla.man.te** *adj2g. s2g*.

re.cla.me [Fr. *réclame*.] *sm. Prop*. V. *reclamo* (2).

re.cla.mo [Dev. de *reclamar*.] *sm*. **1.** Reclamação (1). **2.** *Prop*. Designação genérica de mensagem de propaganda.

re.clas.si.fi.car *vtd. Bras*. Dar nova classificação a. [C.: 1] § **re.clas.si.fi.ca.ção** *sf*.

re.cli.nar [Lat. *reclinare*.◨1A] *vtd*. **1.** Inclinar para trás. **2.** Tirar da posição perpendicular, dobrando, curvando. *tdc*. **3.** Inclinar, dobrar ou curvar, apoiando em algo. *p*. **4.** Pôr-se meio deitado, esp. para descansar; recostar-se. [C.: 1] § **re.cli.ná.vel** *adj2g*.

re.clu.são [Lat. *reclusione*.◨2] *sf*. **1.** Ato ou efeito de pôr ou ficar (pessoa) em lugar fechado; condição de recluso. **2.** *Restr*. Pena rigorosa, cumprida em penitenciárias. [Pl.: *-sões*.]

re.clu.so [Lat. *reclusu*.] *adj*. **1.** Que se mantém em lugar fechado. **2.** Que está em reclusão (2). **3.** Que vive em convento.

re.co.brar [Lat. *recuperare*.◨1A] *vtd*. **1.** V. *recuperar* (1). *p*. **2.** V. *restabelecer* (3). [C.: 1 (ó)]

re.co.brir [*Re-* + *cobrir*.] *vtd*. **1.** Tornar a cobrir. **2.** Cobrir (2). *p*. **3.** Cobrir(-se) bem. **4.** Cobrir (14). [C.: 50. Part.: *recoberto*.]

re.co.lher [Lat. *recolligere*.◨1B] *vtd*. **1.** Tomar, retirar, ou levar consigo, para guardar ou usar. **2.** Fazer a colheita de: *Recolheu as maçãs do quintal*. **3.** Conduzir a abrigo, depósito, local confinado. **4.** Reunir, juntar coisas dispersas, informações. **5.** Trazer para si, escondendo (o que estava estendido ou exposto). **6.** Cobrar ou receber (pagamento). *tdc*. **7.** Conduzir, levar: *Os peões recolheram o gado ao curral*. *tc*. **8.** Voltar, regressar. *p*. **9.** Voltar para casa, ou ir para os seus aposentos. **10.** Sair do convívio social. [C.: 2 (ó-ó)] § **re.co.lhe.dor** (ô) *adj. sm*.

re.co.lhi.men.to [*Recolher*.◨3A] *sm*. **1.** Ato ou efeito de recolher(-se). **2.** Local onde se re-

recombinação | recordista

colhe alguém ou algo. 3. V. *recato* (1). 4. Vida retraída.

re.com.bi.na.ção [*Recombinar.*◨2A] *sf.* 1. Ato de recombinar. 2. *Gen.* Troca de material genético entre cromossomos, que resulta em arranjo de genes diferente do original. [Pl.: *-ções.*]

re.com.bi.nar *vtd.* Tornar a combinar. [C.: 1]

re.co.me.çar [*Re-* + *começar.*] *vtd., ti., int.* e *pred.* Começar de novo. [C.: 1B (é)]

re.co.me.ço (ê) [*Re-* + *começo* (ê).] *sm.* 1. Novo começo. 2. Ato de recomeçar.

re.co.men.da.ção [*Recomendar.*◨2A] *sf.* 1. Ato ou efeito de recomendar(-se). 2. Conselho; aviso. [Pl.: *-ções.*]

re.co.men.da.ções *sfpl.* Cumprimentos (us. ger. em expressões de cortesia, para cumprimentar pessoa ausente por intermédio de alguém que lhe é próximo); lembranças.

re.co.men.dar [Lat. **recommendare.*◨1A] *vtd.* 1. Aconselhar, indicar: *O médico recomendou repouso. tdi.* 2. Sugerir que (algo deve ser feito, considerado, usufruído); lembrar. 3. Indicar ou apresentar (pessoa) para que receba favor ou atenção de outra. *p.* 4. Merecer ou pedir para si a boa disposição ou os favores de alguém. [C.: 1] § **re.co.men.da.do** *sm.*; **re.co.men.dá.vel** *adj2g.*

re.com.pen.sa [Dev. de *recompensar.*] *sf.* 1. Ato ou efeito de recompensar; recompensação. 2. V. *prêmio* (1).

re.com.pen.sar *vtd.* 1. Dar a (alguém) prêmio ou compensação por serviço, auxílio, etc. 2. Dar algo cujo valor ou importância são considerados uma boa retribuição a (esforços, dedicação, sofrimento, etc.); compensar. *p.* 3. Conseguir para si compensação, pagamento. [C.: 1] § **re.com.pen.sa.ção** *sf.*; **re.com.pen.sa.dor** (ô) *adj. sm.*

re.com.por [Lat. *recomponere.*] *vtd.* 1. Tornar a compor. 2. Dar nova forma ou nova organização a. 3. Restabelecer, recuperar, restaurar. 4. Reconciliar (2): *recompor desafetos. p.* 5. Reconciliar-se. [C.: 34]

re.com.po.si.ção *sf.* Ato ou efeito de recompor(-se). [Pl.: *-ções.*]

re.côn.ca.vo [*Re-* + *côncavo.*] *sm.* 1. Gruta, lapa. 2. Terra circunvizinha de porto ou baía.

re.con.cen.trar *vtd.* 1. Tornar a concentrar. 2. Fazer convergir ou coincidir num ponto, num tempo, numa pessoa. *p.* 3. Tornar a concentrar-se. [C.: 1] § **re.con.cen.tra.ção** *sf.*

re.con.ci.li.ar [Lat. *reconciliare.*◨1A] *vtd.* e *tdi.* 1. Estabelecer a paz entre (inimigos, adversários). 2. Tornar amigos (pessoas que se malquistaram). 3. Conciliar (coisas que parecem opostas). *p.* 4. Fazer as pazes. [C.: 1] § **re.con.ci.li.a.ção** *sf.*

re.côn.di.to [Lat. *reconditu.*] *adj.* 1. Oculto (1). 2. Desconhecido (1).

re.con.du.ção [*Re-* + *condução.*] *sf.* Ato ou efeito de reconduzir. [Pl.: *-ções.*]

re.con.du.zir [Lat. *reconducere.*◨1C] *vtdc.* 1. Conduzir de novo (para o lugar donde viera). *tdi.* 2. Devolver. 3. Nomear de novo para o cargo que vinha exercendo. [C.: 41]

re.con.for.tar *vtd.* 1. Confortar muito. 2. Dar novo ânimo, ou mais coragem a; consolar. *p.* 3. Recobrar o ânimo ou as forças perdidas. [C.: 1 (ó)] § **re.con.for.tan.te** *adj2g.*

re.co.nhe.cer [Lat. *recognoscere.*◨1P] *vtd.* 1. Identificar (algo ou alguém que já se havia visto ou conhecido anteriormente). 2. Admitir como certo. 3. Perfilhar (1). 4. Confessar, aceitar. 5. Observar ou avaliar o estado ou situação de. *transobj.* 6. Considerar ou admitir que (alguém ou algo) possua certa qualidade. *p.* 7. Declarar-se, confessar-se. [C.: 2A (é-é)] § **re.co.nhe.cí.vel** *adj2g.*

re.co.nhe.ci.do [Part. de *reconhecer.*] *adj.* 1. Que se reconheceu ou reconhece. 2. Agradecido, grato.

re.co.nhe.ci.men.to [*Reconhecer.*◨3A] *sm.* 1. Ato ou efeito de reconhecer(-se). 2. Agradecimento, gratidão.

re.con.quis.ta [Dev. de *reconquistar.*] *sf.* Ato ou efeito de reconquistar.

re.con.quis.tar [*Re-* + *conquistar.*] *vtd.* 1. Conquistar de novo. 2. Recobrar, recuperar. [C.: 1]

re.con.si.de.rar *vtd.* 1. Considerar de novo (ger., para modificar, corrigir ou melhorar). *int.* 2. Modificar resolução tomada; arrepender-se. [C.: 1] § **re.con.si.de.ra.ção** *sf.*

re.cons.ti.tu.in.te (u-ín) [*Reconstituir.*◨21] *adj2g.* 1. Que reconstitui. ● *sm.* 2. Medicamento para reconstituir (2).

re.cons.ti.tu.ir [*Re-* + *constituir.*] *vtd.* 1. Tornar a constituir; recompor. 2. Restaurar as forças de; restabelecer. 3. Recriar ou representar a cena de (um crime), com base em evidências, testemunhos, etc. *p.* 4. Restabelecer-se, recompor-se. [C.: 42] § **re.cons.ti.tu.i.ção** *sf.*

re.cons.tru.ção [*Re-* + *construção.*] *sf.* Ato ou efeito de reconstruir. [Pl.: *-ções.*]

re.cons.tru.ir *vtd.* 1. Construir de novo. 2. Reorganizar, reformar. [C.: 43]

re.con.tar [*Re-* + *contar.*] *vtd.* 1. Contar de novo, ou com minúcia. 2. Tornar a narrar, ou narrar repetidas vezes. *tdi.* 3. Narrar, relatar. [C.: 1]

re.cor.da.ção [Lat. *recordatione.*◨2A] *sf.* 1. Ato ou efeito de recordar(-se). 2. Reminiscência (1). 3. Objeto que se guarda, para fazer recordar um lugar, um fato, alguém; lembrança. [Pl.: *-ções.*]

re.cor.dar [Lat. *recordare.*◨1A] *vtd.* 1. Trazer à memória; lembrar-se de; rememorar, relembrar. 2. Fazer lembrar. 3. Estudar de novo: *Recordou toda a matéria para a prova.* 4. Recordar (1 e 2). *p.* 5. Lembrar (5). [C.: 1 (ó)]

re.cor.de (cór) [Fr. *record.*] *sm.* Atuação que ultrapassa as anteriores, no mesmo gênero e em condições idênticas.

re.cor.dis.ta [*Recorde.*◨36] *adj2g. s2g.* Que, ou quem bate um recorde.

re.co-re.co [V.A] *sm. Bras.* **1.** Instrumento de percussão que produz ruído rascante e intermitente. **2.** Ruído semelhante ao que é produzido pelo reco-reco (1). **3.** Brinquedo infantil que produz som igual ao do reco-reco (1). [Pl.: *reco-recos.*]

re.cor.rer [Lat. *recurrere.*◼1B] *vtd.* **1.** Tornar a correr, a percorrer. *ti.* **2.** Dirigir-se pedindo socorro, proteção. **3.** Lançar mão; valer-se. **4.** *Jur.* Interpor um recurso judicial. [C.: 2 (ô-ó)] § **re.cor.ren.te** *adj2g. s2g.*

re.cor.tar *vtd.* **1.** Cortar, formando (figuras). **2.** Separar, cortando. [C.: 1 (ó)]

re.cor.te [Dev. de *recortar.*] *sm.* **1.** Ato ou efeito de recortar. **2.** Lavor que se faz recortando. **3.** Parte recortada de jornal, revista, etc., com artigo ou notícia aí publicados.

re.cos.tar [*Re-* + *costa* + *-ar²*.◼1A] *vtd., tdc. e p.* Pôr(-se) meio deitado, com as costas apoiadas em algo; reclinar(-se), encostar(-se). [C.: 1 (ó)]

re.cos.to (ô) [Dev. de *recostar.*] *sm.* Encosto de assento.

re.cre.a.ção [*Recrear.*◼2A] *sf.* V. *recreio* (1 a 3). [Pl.: *-ções.*]

re.cre.a.dor (ô) [*Recrear.*◼19A] *adj.* **1.** Que recreia. • *sm.* **2.** Profissional que entretém, integrando, crianças ou adultos.

re.cre.ar [Lat. *recreare.*◼1N] *vtd.* **1.** Proporcionar recreio ou prazer a. *p.* **2.** Sentir prazer ou satisfação. **3.** Divertir-se. [C.: 12A. Cf. *recriar.*]

re.cre.a.ti.vo [Lat. *recreatus* + *-ivo*.◼22] *adj.* Próprio para recrear.

re.crei.o [Dev. de *recrear.*] *sm.* **1.** Divertimento, prazer. **2.** Coisa(s) que recreia(m). **3.** Lugar de recreio (1). [Sin. de 1 a 3: *recreação.*] **4.** Período para se recrear, esp. em escolas.

re.cres.cer [Lat. *recrescere.*◼1Pa] *v.int.* **1.** Tornar a crescer. **2.** Intensificar-se. [C.: 2A (ê-é)] § **re.cres.ci.men.to** *sm.*

re.cri.ar [*Re-* + *criar.*] *vtd.* **1.** Criar de novo. **2.** Restabelecer. [C.: 1. Cf. *recrear.*] § **re.cri:a.ção** *sf.*

re.cri.mi.na.ção [*Recriminar.*◼2A] *sf.* **1.** Ato ou efeito de recriminar. **2.** Censura, crítica. [Pl.: *-ções.*]

re.cri.mi.nar [*Re-* + *criminar.*] *vtd.* **1.** Responder com acusações às acusações de. **2.** Censurar, repreender. [C.: 1]

re.cru.des.cer [Lat. *recrudescere.*◼1Pa] *v.int.* Tornar-se mais intenso; agravar-se. [C.: 2A (ê-é)] § **re.cru.des.cên.cia** *sf.*; **re.cru.des.cen.te** *adj2g. s2g.*; **re.cru.des.ci.men.to** *sm.*

re.cru.ta [Dev. de *recrutar.*] *sm.* Soldado novo, ainda na fase inicial da instrução militar.

re.cru.tar [Fr. *recruter.*◼1A] *vtd.* **1.** Arrolar para o serviço militar; alistar. **2.** Aliciar, angariar (adeptos, etc.). [C.: 1] § **re.cru.ta.men.to** *sm.*

ré.cu:a *sf.* **1.** Grupo de bestas de carga presas umas às outras. **2.** V. *corja.*

re.cu.ar [Lat. **reculare.*◼1A] *v.int.* **1.** V. *retroceder.* **2.** Ceder terreno ao adversário. **3.** Desistir de um intento. *ti.* **4.** Voltar atrás; desistir. *td.* **5.** Colocar aquém da posição atual. [C.: 1]

re.cu.o [Dev. de *recuar.*] *sm.* **1.** Ato ou efeito de recuar. **2.** Distância entre a posição de algo e o limite externo, a borda ou a margem do lugar em que está.

re.cu.pe.rar [Lat. *recuperare.*◼1A] *vtd.* **1.** Ter ou obter novamente (coisa, estado, condição que se havia perdido); reaver, retomar, readquirir, recobrar. **2.** V. *restaurar* (1). **3.** Reabilitar. **4.** *Inform.* Fornecer (informação) após localizá-la e lê-la em dispositivo de memória. *p.* **5.** V. *restabelecer* (3). **6.** Indenizar-se, ressarcir-se. **7.** Reabilitar-se. [C.: 1 (é)] § **re.cu.pe.ra.ção** *sf.*; **re.cu.pe.rá.vel** *adj2g.*

re.cur.so [Lat. *recursu.*] *sm.* **1.** Ato ou efeito de recorrer (2 e 3). **2.** Auxílio, ajuda. **3.** Meio pecuniário. **4.** Meio para resolver um problema. **5.** *Jur.* Meio de provocar reforma ou modificação em sentença judicial desfavorável.

re.cur.sos *smpl.* Bens, posses.

re.cur.va.do [*Recurvar.*◼17A] *adj.* V. *recurvo.*

re.cur.var [Lat. *recurvare.*◼1A] *vtd.* **1.** Curvar de novo, ou muito. *p.* **2.** Encurvar-se, curvar-se. [C.: 1]

re.cur.vo [Lat. *recurvu.*] *adj.* Torcido, curvo, recurvado.

re.cu.sa [Dev. de *recusar.*] *sf.* Ato de recusar(-se).

re.cu.sar [Lat. *recusare.*◼1A] *vtd.* **1.** Não aceitar; rejeitar, renunciar. **2.** Negar-se a. *p.* **3.** Opor-se; negar-se. **4.** Não obedecer. [C.: 1] § **re.cu.sá.vel** *adj2g.*

re.da.ção [Lat. *redactione.*◼2A] *sf.* **1.** Ato ou efeito de redigir. **2.** Modo de redigir. **3.** Composição literária sobre tema específico. **4.** O conjunto dos redatores dum jornal, duma revista, etc. **5.** Lugar onde trabalham. [Pl.: *-ções.*]

re.dar.guir (güir) [Lat. *redarguere.*◼1C] *vtd., tdi. e ti.* Replicar argumentando. [C.: 44] § **re.dar.gui.ção** (güi) *sf.*

re.da.tor (ô) [Lat. *redactus* + *-or*.◼19] *sm.* **1.** O que redige. **2.** *Jorn.* Aquele que escreve habitualmente para jornal, revista, etc. **3.** Aquele que revê e/ou corrige um texto literário, científico, jornalístico, etc.

re.de (ê) [Lat. *rete.*] *sf.* **1.** Fios, cordas, arames, etc., entrelaçados, fixados por malhas que formam como que um tecido. **2.** Qualquer dispositivo feito de rede (1), us. para apanhar peixes, pássaros, etc. **3.** Dispositivo feito de rede (1) us. em circos, ou pelo Corpo de Bombeiros, para amortecer o choque da queda de pessoas. **4.** Rede (1) sustentada por trave, etc., e que divide os 2 campos adversários, em vários esportes. **5.** Conjunto interconectado de vias e meios de transporte, de canais de escoamento ou distribuição, de fios ou circuitos entre uma fonte de eletricidade e as unidades de consumo, de meios e equipamentos de comunicação, ou de locais e agentes de prestação de serviços. **6.** V. *rede de computadores.* **7.** Rede (1) de fio, ou faixa de tecido resistente, suspensa pelas 2 extremidades a ganchos presos em apoios fixos, e us. como leito. **8.** *Rád. Telev.* Grupo de emissoras que transmitem programação em comum; cadeia. ◆ **Rede de computadores.** *Inform.* Conjunto de computadores, terminais e equipamentos acessórios, interconectados por linhas de comunicação. **Rede elétrica.** *Eng.Elétr.* Circuito distribuidor de corrente elétrica que faz a ligação entre uma fonte geradora de tensão e diversas unidades de consumo. **Rede social. 1.** Associação de pessoas ou entidades que trocam dados, informações etc. sobre assunto(s) de interesse comum. **2.** *Inform.* Grupo de usuários da *Internet* que mantêm contato pessoal ou profissional através de um *site*. **3.** Política social de combate à pobreza e à exclusão social. **4.** Aliança entre entidades, instituições, etc. que buscam promover essa política social.

ré.de:a [Lat. *retina*.] *sf.* **1.** Correia para guiar as cavalgaduras; brida. **2.** *Fig.* Direção, condução, governo, controle.

re.de.mo.i.nhar [*Redemoinho*.▪1A] *v.int.* Remoinhar. [C.: 1]

re.de.mo.i.nho [*Remoinho*.] *sm.* V. *remoinho*.

re.den.ção [Lat. *redemptione*.▪2] *sf.* Ato ou efeito de remir ou redimir; condição de remido ou redimido. [Pl.: *-ções*.]

re.den.tor (ô) [Lat. *redemptore*.▪19] *adj.* **1.** Que redime. ● *sm.* **2.** Aquele que redime. **3.** *Rel.* Jesus Cristo. [Nesta acepç., com inicial maiúsc.]

re.des.con.tar *vtd.* Fazer redesconto [C.: 1]

re.des.con.to [*Re-* + *desconto*.] *sm.* Operação pela qual um banco desconta em outro títulos de crédito adquiridos de clientes, lucrando a diferença de taxas de juros.

re.di.gir [Lat. *redigere*.▪1C] *vtd.* **1.** Escrever com ordem e método. **2.** Escrever como redator (2). *int.* **3.** Redigir (1). [C.: 3A]

re.dil [*Rede* + *-il*[1].] *sm.* Aprisco, curral. [Pl.: *-dis*.]

re.di.mir [Lat. *redimere*.▪1C] *vtd.* e *p.* V. *remir*. [C.: 3] § **re.di.mí.vel** *adj2g.*

re.dis.tri.bu.ir *vtd., tdi.* e *tdc.* Tornar a distribuir. [C.: 42]

re.di.vi.vo [Lat. *redivivu*.▪22] *adj.* Que retornou à vida.

re.di.zer [Lat. *redicere*.▪1B] *vtd.* e *tdi.* Dizer de novo, ou muitas vezes. [C.: 17]

re.do.brar [*Re-* + *dobrar*.] *vtd.* **1.** Tornar a dobrar. **2.** Reduplicar (1). **3.** Aumentar muito. *int.* e *p.* **4.** V. *quadruplicar* (3). [C.: 1 (ó)]

re.do.ma [V.D] *sf.* Manga (2) de vidro, esférica na parte superior, para proteção de objetos de feitura delicada.

re.don.de.za (ê) [*Redondo*.▪12] *sf.* **1.** Qualidade de redondo. **2.** As cercanias dum lugar; arredores, redondezas.

re.don.de.zas (ê) *sfpl.* V. *redondeza*.

re.don.di.lha [Esp. *redondilla*.] *sf.* Verso[1] (1) de 5 ou de 7 sílabas, respectivamente, *redondilha menor* e *redondilha maior*.

re.don.do [Lat.vulg. *retundu*.] *adj.* **1.** Circular[1]. **2.** Esférico. **3.** Cilíndrico. **4.** De forma arredondada. [Sin. de 1 a 4: *rotundo*.] **5.** Diz-se de número inteiro (sem parte fracionária), ou que tem quantidade exata de dezenas, ou de centenas, etc. (terminando em 0 ou em série de zeros). **6.** *Tip.* Diz-se do tipo de desenho normal, em oposição ao itálico ou negrito. ● *sm.* **7.** *Tip.* O tipo redondo (6).

re.dor [Lat. *retro*, poss.] *sm.* Posição ou situação de quem ou do que contorna algo. ◆ **Ao redor de.** À roda de; em volta de. **Em redor de.** Disposto em volta de.

re.du.ção [Lat. *reductione*.▪2] *sf.* **1.** Ato ou efeito de reduzir(-se). **2.** Cópia reduzida. [Pl.: *-ções*.]

re.dun.dân.ci.a [Lat. *redundantia*.▪9] *sf.* **1.** Qualidade de redundante. **2.** Superfluidade de palavras.

re.dun.dan.te [Lat. *redundante*.▪21] *adj2g.* Que redunda; excessivo, supérfluo.

re.dun.dar [Lat. *redundare*.▪1A] *v.int.* **1.** Transbordar; derramar-se. **2.** Superabundar (2). *ti.* **3.** Resultar (3). **4.** Converter-se, resultar. [C.: 1]

re.du.pli.car *vtd.* **1.** Duplicar novamente; redobrar. **2.** Aumentar muito. *int.* e *p.* **3.** V. *quadruplicar* (3). [C.: 1A]

re.du.tí.vel [Lat. *reductus* + *-ível*.▪41] *adj2g.* **1.** Que se pode reduzir. **2.** *Arit.* Diz-se da fração cujos termos não são primos entre si. [Pl.: *-veis*.]

re.du.to [Lat. *reductu*.] *sm.* **1.** Recinto construído no interior de fortaleza para aumentar a resistência desta. **2.** Lugar fechado que serve de abrigo. **3.** Lugar em que costuma reunir-se um grupo. **4.** *Fig.* Lugar em que se concentram certos elementos ou fatores importantes.

re.du.tor (ô) [Lat. *reductore*.▪19] *adj.* Que reduz.

re.du.vi.í.de:o [Tax. *Reduviidae*.] *adj. sm. Zool.* Diz-se de, ou os espécimes dos reduvíideos, família de insetos hemípteros; alguns transmitem a doença de Chagas. Ex.: barbeiro.

re.du.zir [Lat. *reducere*.▪1C] *vtd.* **1.** Tornar menor. **2.** Subjugar, submeter. **3.** Simplificar (uma fração). *tdi.* **4.** Constranger, forçar. **5.** Diminuir as proporções de. *p.* **6.** Limitar-se, resumir-se. **7.** Transformar-se. *int. Bras.* **8.** Engatar marcha de maior poder de tração para diminuir a velocidade do veículo. [C.: 41] § **re.du.zi.do** *adj.*

re.e.di.ção [*Re-* + *edição*.] *sf.* Nova edição. [Pl.: *-ções*.]

re.e.di.fi.car [Lat. *reaedificare*.▪1A] *vtd.* Reconstruir. [C.: 1A]

re.e.di.tar [*Re-* + *editar*.] *vtd.* **1.** Editar outra vez. **2.** Produzir ou praticar de novo. [C.: 1]

re.e.du.ca.ção [*Reeducar*.▪2A] *sf.* **1.** Ação, processo ou efeito de reeducar. **2.** *Med.* Treinamento de incapacitados destinado a restabelecer-lhes o uso das faculdades físicas ou psíquicas. [Pl.: *-ções*.]

re.e.du.car [*Re-* + *educar.*] *vtd.* **1.** Tornar a educar. **2.** Transmitir novos conhecimentos ou modificar antigos comportamentos. [C.: 1A]

re.e.le.ger [*Re-* + *eleger.*] *vtd., transobj.* e *p.* Tornar a eleger(-se). [C.: 2B (ê-é). Part.: *reelegido* e *reeleito.*]

re.e.lei.ção [*Re-* + *eleição.*] *sf.* Ato de reeleger(-se). [Pl.: *-ções.*]

re.em.bol.sar *vtd.* **1.** Restituir a (alguém) o dinheiro desembolsado. **2.** Indenizar. *p.* **3.** Voltar à posse do que se emprestou. [C.: 1 (ó)]

re.em.bol.so (ô) [*Re-* + *embolso* (ô).] *sm.* Ato ou efeito de reembolsar(-se). [Pl.: *reembolsos.*]

re.en.car.nar *v.int.* e *p.* **1.** Reassumir (o espírito) a forma material. **2.** Tornar a encarnar. [C.: 1] § **re.en.car.na.ção** *sf.*

re.en.cher [*Re-* + *encher.*] *vtd.* Tornar a encher. [C.: 2]

re.en.con.trar *vtd.* e *p.* Encontrar(-se) de novo. [C.: 1]

re.en.con.tro [*Re-* + *encontro.*] *sm.* Ato ou efeito de reencontrar(-se).

re.en.ge.nha.ri.a *sf.* Reorganização de empresa, etc., para aumentar-lhe a eficiência.

re.en.trân.ci:a [*Reentrar.*◼9] *sf.* Ângulo ou curva para dentro.

re.en.tran.te [*Reentrar.*◼21] *adj2g.* Que forma reentrância.

re.en.trar [*Re-* + *entrar.*] *vtc., ti.* e *int.* Tornar a entrar. [C.: 1]

re.en.vi.dar *vtd.* Envidar de novo; revidar. [C.: 1]

re.er.guer [*Re-* + *erguer.*] *vtd.* e *p.* **1.** Tornar a erguer(-se). **2.** *Fig.* Devolver ou recuperar dignidade, riqueza, prestígio, etc. [C.: 2C]

re.es.cre.ver [*Re-* + *escrever.*] *vtd.* Escrever de novo. [C.: 2 (ê-é). Part.: *reescrito.*]

re.es.tru.tu.rar *vtd.* Estruturar mais uma vez; dar nova estrutura a. [C.: 1] § **re.es.tru.tu.ra.ção** *sf.*

re.e.xa.mi.nar (z) [*Re-* + *examinar.*] *vtd.* Examinar de novo. [C.: 1]

re.ex.por.tar *vtd.* Tornar a exportar. [C.: 1 (ó)] § **re.ex.por.ta.ção** *sf.*

re.fa.zer [*Re-* + *fazer.*] *vtd.* **1.** Fazer de novo. **2.** Reorganizar, reformar. **3.** Corrigir. **4.** Restaurar (1). **5.** Percorrer novamente. *p.* **6.** V. *restabelecer* (3). [C.: 18]

re.fei.ção [Lat. *refectione.*◼2] *sf.* **1.** Ato de refazer as forças, de alimentar-se. **2.** Porção de alimento(s) servida ou ingerida; repasto. [Pl.: *-ções.*]

re.fei.to [Lat. *refectu.*] *adj.* **1.** Feito de novo. **2.** Restaurado.

re.fei.tó.ri:o [Lat. *refectoriu.*◼23A] *sm.* Sala para refeições em comunidades, colégios, etc.

re.fém [Do ár.] *sm.* Pessoa que o inimigo, o assaltante, etc., mantém em seu poder para garantir promessa, tratado, fuga, resgate, etc. [Pl.: *-féns.*]

re.fe.rên.ci:a [Lat. *referentia.*] *sf.* **1.** Ato ou efeito de referir. **2.** O que se refere. **3.** Alusão, menção.

re.fe.ren.ci.al [*Referência.*◼39] *adj2g. sm.* Que, ou o que constitui referência, ou que é us. como tal. [Pl.: *-ais.*]

re.fe.rên.ci:as *sfpl.* Informações sobre a idoneidade duma pessoa.

re.fe.ren.dar [Lat. *referendus* + *-ar*². ◼1A] *vtd.* **1.** Assinar (documento) como responsável. **2.** Assinar, um ministro, por baixo da assinatura do chefe do governo (documento legal, para ser publicado). [C.: 1]

re.fe.ren.te [Lat. *referente.*◼21A] *adj2g.* Que se refere; relativo.

re.fe.rir [Lat. **referere.*◼1C] *vtd.* **1.** Expor falando, ou por escrito. **2.** Citar (1). *tdi.* **3.** Referir (1). *p.* **4.** V. *aludir.* **5.** Ter relação com; dizer respeito a (q.v.). [C.: 48] § **re.fe.ri.do** *adj.*

re.fer.ver [Lat. *refervere.*◼1B] *v.int.* Ferver de novo, ou muito. [C.: 2 (ê-é)]

re.fes.te.lar-se *vp.* Recostar-se comodamente. [C.: 1 (é)]

re.fil [Ingl. *refill.*] *sm. Bras.* Aquilo que se compra para repor o conteúdo gasto de certos objetos, como canetas, perfumes, etc. [Pl.: *-fis.*]

re.fi.na.men.to [*Refinar.*◼3] *sm.* **1.** Ato ou efeito de refinar. **2.** Requinte, apuro.

re.fi.nar [*Re-* + *fino* + *-ar*². ◼1A] *vtd.* **1.** Tornar mais fino; apurar. **2.** Aprimorar. **3.** Submeter (um produto) a operações químicas ou físico-químicas, para obter outros produtos ou derivados, para retirar impurezas, etc.: *refinar petróleo*; *refinar açúcar, sal, etc. p.* **4.** Aprimorar-se. [C.: 1] § **re.fi.na.ção** *sf.*; **re.fi.na.do** *adj.*

re.fi.na.ri.a [*Refinar.*◼15] *sf.* Usina onde se refina [v. *refinar* (3)].

re.fle.ti.do [Part. de *refletir.*] *adj.* **1.** Que resulta de reflexão. **2.** V. *sensato.*

re.fle.tir [Lat. *reflectere.*◼1C] *vtd.* **1.** Fazer retroceder, desviando da direção inicial. **2.** Reproduzir a imagem de. *ti.* **3.** V. *meditar* (2). *int.* **4.** Fazer reflexão (2 e 3). *p.* **5.** Reproduzir-se, espelhar-se. **6.** Repercutir-se. [C.: 48]

re.fle.tor (ô) [Lat. *reflect(ere)* + *-or.*◼19] *adj.* **1.** Que reflete. ● *sm.* **2.** Dispositivo de iluminação dotado de superfície refletora.

re.fle.xão (cs) [Lat. *reflexione.*◼2] *sf.* **1.** Ato ou efeito de refletir(-se). **2.** Análise mental sobre si mesmo; autoexame. **3.** Ponderação, observação. **4.** *Fís.* Modificação da direção de propagação duma onda que incide sobre uma interface entre 2 meios e retorna ao meio inicial. [Pl.: *-xões.*]

re.fle.xi.vo (cs) [*Reflexo.*◼22] *adj.* **1.** Reflexo (1). **2.** Que reflete, medita; ponderado. **3.** Austero, sisudo.

re.fle.xo (cs) [Lat. *reflexu.*] *adj.* **1.** Que se volta sobre si mesmo; que tem a si mesmo como objeto de ação ou de observação. ● *sm.* **2.** Luz refletida, ou o efeito dela. **3.** *Fisiol.* Reação involuntária motora ou secretora, desencadeada pelo sistema nervoso, em consequência de estímulos captados.

re.flo.res.cer [Lat. *reflorescere*. ▫1Pa] *v.int.* **1.** Florescer de novo. **2.** *Fig.* Rejuvenescer, remoçar. *td.* **3.** Revigorar. [C.: 2A (ê-é)]

re.flo.res.tar [Lat. *refluere*. ▫1C] *vtd.* Plantar árvores para formar florestas em. [C.: 1 (é)] § **re.flo.res.ta.men.to** *sm.*

re.flu.ir [Lat. *refluere*. ▫1C] *v.int.* **1.** Correr para trás, retroceder (um líquido ou uma extensão líquida). *tc.* **2.** Voltar ao ponto de origem. [C.: 42]

re.flu.xo (cs) [Lat. *refluxu*. ▫] *sm.* **1.** Ato ou efeito de refluir. **2.** Movimento de maré vazante. **3.** *Med.* Fluxo que se faz em direção oposta à normal, como, p.ex., de estômago para esôfago; regurgitação.

re.fo.ga.do [*Refogar*. ▫17A] *adj.* **1.** Que se refoga. ● *sm.* **2.** Molho feito com temperos refogados.

re.fo.gar [*Re-* + *fogo* + *-ar*². ▫1A] *vtd.* **1.** Fazer ferver (os temperos) em gordura. **2.** Cozinhar (alimentos) em refogado (2). [C.: 1C (ó). Cf. *refugar*.]

re.for.ça.do [*Reforçar*. ▫17A] *adj.* **1.** Revigorado, fortalecido. **2.** Aumentado ou acrescido de reforço.

re.for.çar [*Re-* + *força* + *-ar*². ▫1A] *vtd.* e *p.* **1.** Tornar(-se) mais forte, mais sólido, mais intenso. **2.** Reanimar(-se). [C.: 1B (ó)]

re.for.ço (ô) [Dev. de *reforçar*.] *sm.* **1.** Ato ou efeito de reforçar(-se). **2.** Tropa auxiliar, ou pessoa(s) chamada(s) para ajudar. **3.** Material ou peça que aumenta a resistência de algo. **4.** Suplemento, acréscimo.

re.for.ma [Dev. de *reformar*.] *sf.* **1.** Ato ou efeito de reformar(-se). **2.** Mudança, modificação. **3.** Aposentadoria de militar. **4.** *Hist. Rel.* Movimento que, no início do séc. XVI, visava reformar a Igreja Católica, e do qual se originaram as Igrejas protestantes.

re.for.mar [Lat. *reformare*. ▫1A] *vtd.* **1.** Dar melhor forma a. **2.** Reconstruir. **3.** Emendar, corrigir. **4.** V. *restaurar* (1). **5.** Dar ou conceder reforma (3) a. **6.** Mudar, alterar. *p.* **7.** V. *regenerar* (5). **8.** Obter reforma (3). [C.: 1 (ó)]

re.for.ma.tó.ri:o [*Reformar*. ▫23A] *sm.* Estabelecimento oficial que abriga menores delinquentes para os reformar, reeducando-os.

re.for.mis.ta [*Reforma*. ▫36] *adj2g. s2g.* Partidário de reformas.

re.for.mu.lar *vtd.* **1.** Tornar a formular; formular diferentemente. **2.** Modificar muito. [C.: 1] § **re.for.mu.la.ção** *sf.*

re.fra.ção [Lat. *refractione*. ▫2] *sf.* **1.** Ato ou efeito de refratar(-se). **2.** *Fís.* Modificação da direção de propagação de uma onda que incide sobre uma interface entre 2 meios e prossegue através do segundo meio. [Pl.: *-ções*.]

re.frão [Provç.ant. *refranh*.] *sm.* **1.** V. *provérbio*. **2.** Estribilho. [Pl.: *-frãos, -frães*.]

re.fra.tar [Lat. *refractus* + *-ar*². ▫1A] *vtd.* **1.** Causar refração (2) em. **2.** Quebrar ou desviar a direção de. *p.* **3.** Sofrer refração (2). [C.: 1] § **re.fra.tor** (ô) *adj.*

re.fra.tá.ri:o [Lat. *refractariu*. ▫24A] *adj.* **1.** Que resiste a certas influências químicas ou físicas. **2.** Capaz de suportar calor elevado sem se alterar.

re.fre.ar [Lat. *refrenare*. ▫1N] *vtd.* **1.** V. *reprimir* (1). **2.** Dominar, subjugar. *p.* **3.** V. *reprimir* (5). [C.: 12A] § **re.fre:a.men.to** *sm.*; **re.fre.á.vel** *adj2g.*

re.fre.ga [Dev. de *refregar*.] *sf.* **1.** Encontro entre forças ou pessoas inimigas; luta. **2.** Lida, faina.

re.fres.car [*Re-* + *fresco* + *-ar*². ▫1A] *vtd.* **1.** Tornar mais fresco. **2.** Suavizar, aliviar. *int.* **3.** Tornar-se mais fresco. **4.** Tornar-se o tempo mais fresco. *p.* **5.** Diminuir o calor do próprio corpo; refrigerar-se. **6.** Reanimar-se. [C.: 1A (é)] § **re.fres.can.te** *adj2g.*

re.fres.co (ês) [*Re-* + *fresco* (ê).] *sm.* Suco de frutas, ao qual se adicionam água e adoçante, e que se serve gelado; refrigerante.

re.fri.ge.ra.dor (ô) [*Refrigerar*. ▫19A] *adj.* **1.** Refrigerante (1). ● *sm.* **2.** Geladeira.

re.fri.ge.ran.te [*Refrigerar*. ▫21] *adj2g.* **1.** Que refrigera; refrigerador. ● *sm.* **2.** Refresco. **3.** Refresco ou outra bebida não alcoólica, ger. gaseificada e de preparo industrial, que se toma gelada.

re.fri.ge.rar [Lat. *refrigerare*. ▫1A] *vtd.* e *p.* **1.** Tornar(-se) frio; esfriar. **2.** V. *refrescar* (5). [C.: 1 (é)] § **re.fri.ge.ra.ção** *sf.*

re.fri.gé.ri:o [Lat. *refrigeriu*. ▫34B] *sm.* **1.** Bem-estar gerado pela frescura. **2.** Alívio, conforto, consolação.

re.fu.gar [Lat. *refugare*. ▫1A] *vtd.* Pôr de lado como inútil; rejeitar. [C.: 1C. Cf. *refogar*.]

re.fu.gi.ar-se [*Refúgio* + *-ar*² + *se*¹. ▫1A] *vp.* **1.** Retirar-se (para um lugar seguro). **2.** Procurar refúgio; abrigar-se. [C.: 1]

re.fú.gi:o [Lat. *refugiu*. ▫34] *sm.* **1.** Asilo, abrigo. **2.** Apoio, amparo.

re.fu.go [Dev. de *refugar*.] *sm.* Restos inúteis; rebotalho.

re.ful.gir [Lat. *refulgere*. ▫1C] *v.int.* V. *resplandecer* (1). [C.: 3A. Segundo alguns dicionários e algumas gramáticas, só é conjugável nas f. em que ao *g* da raiz se seguir *e* ou *i*, porém no Brasil a tendência é para a conjugação integral.]

re.fun.dir [Lat. *refundere*. ▫1C] *vtd.* Fundir novamente. [C.: 3]

re.fu.tar [Lat. *refutare*. ▫1A] *vtd.* **1.** Dizer em contrário; desmentir. **2.** Desaprovar. **3.** Contestar. [C.: 1] § **re.fu.ta.ção** *sf.*

re.ga [Dev. de *regar*.] *sf.* Ato ou efeito de regar.

re.ga-bo.fe *sm.* Festa com fartura de comida e bebida. [Pl.: *rega-bofes*.]

re.ga.ço *sm.* Cavidade formada por veste longa entre a cintura e os joelhos de pessoa sentada.

re.ga.dor (ô) [*Regar*. ▫19A] *sm.* Recipiente com bico dotado de crivo, us. para regar plantas.

re.ga.lar [Fr. *régaler*. ▫1A] *vtd.* **1.** Causar regalo a. *tdi.* **2.** Presentear. *p.* **3.** Alegrar-se. [C.: 1]

re.ga.li.a [Esp. *regalía*. ⬚8A] *sf.* **1.** Direito próprio do rei. **2.** V. *prerrogativa*.

re.ga.lo [Dev. de *regalar*.] *sm.* **1.** Prazer causado pelo bom tratamento. **2.** Prazer, alegria. **3.** Presente, mimo. **4.** Agasalho para as mãos.

re.gar [Lat. *rigare*. ⬚1A] *vtd.* **1.** Umedecer por irrigação ou aspersão; irrigar, aguar. **2.** Banhar (3). **3.** Umedecer. [C.: 1C (é)]

re.ga.ta [It. dial. *regata*.] *sf.* Competição de velocidade entre 2 ou mais embarcações.

re.ga.te.ar [*Regat(ar)*. ⬚1N] *vtd., tdi. e int.* Pechinchar. [C.: 12A] § **re.ga.te:a.dor** (ô) *adj. sm.*

re.ga.to [Lat. *rigatu*.] *sm.* V. *ribeiro*.

re.gên.ci.a [Lat. *regentia*. ⬚10] *sf.* **1.** Ato ou efeito de reger(-se). **2.** Governo interino instituído durante a ausência ou o impedimento do chefe de Estado (esp. um soberano). **3.** *E.Ling.* Relação entre as palavras duma oração ou entre as orações dum período. **4.** *Restr.* Período, entre 1831 e 1840, durante o qual o Brasil, pela menoridade de Pedro II, esteve sob regência (2). [Com inicial maiúsc., nesta acepç.] § **re.gen.ci.al** *adj2g.*

re.ge.ne.rar [Lat. *regenerare*. ⬚1A] *vtd.* **1.** Tornar a gerar, reproduzir (o que estava destruído). **2.** V. *reorganizar* (2). **3.** Corrigir moralmente. *p.* **4.** Formar-se de novo. **5.** Emendar-se, corrigir-se, reformar-se. [C.: 1 (é)] § **re.ge.ne.ra.ção** *sf.*; **re.ge.ne.rá.vel** *adj2g.*

re.gen.te [Lat. *regente*. ⬚21A] *adj2g.* **1.** Que rege, dirige ou governa. ● *s2g.* **2.** Pessoa que exerce regência (2). **3.** Maestro ou maestrina.

re.ger [Lat. *regere*. ⬚1B] *vtd.* **1.** Governar, administrar. **2.** Governar como rei. **3.** Nas monarquias, exercer regência (2) em. **4.** *E.Ling.* Determinar a flexão de. **5.** Dirigir (orquestra ou outro conjunto). *p.* **6.** Governar-se. [C.: 2B (ê-é)]

→ **reggae** (régui/réguei [bras.]) [Ingl.] *sm. Mús.* Música popular de origem jamaicana, de ritmo sinc.

re.gi.ão [Lat. *regione*. ⬚2] *sf.* **1.** Grande extensão de terreno. **2.** Território que se distingue dos outros por características próprias. **3.** *Anat.* Cada uma das partes em que se divide o corpo humano para fins de estudo. [Pl.: *-ões*.]
◆ **Grande Região.** Cada uma das 5 regiões em que, segundo critérios geográficos, se divide o Brasil. São elas: Norte, Nordeste, Centro-Oeste, Sudeste e Sul.

re.gi.ci.da [Lat.med. *regicida*.] *adj2g.* **1.** Que pratica o regicídio. ● *s2g.* **2.** Pessoa regicida.

re.gi.cí.di:o [Lat.med. *regicidiu*. ⬚34B] *sm.* Assassínio de rei ou rainha.

re.gi.me ou **re.gí.men** [Lat. *regimen*.] *sm.* **1.** Regimento (1). **2.** Sistema político pelo qual se rege um país. **3.** Dieta¹ (2). **4.** Modo de viver, ou de exercer ou organizar certa(s) atividade(s). [Pl. de regímen: *regimens* e (p.us.) *regímenes*.]

re.gi.men.to [Lat. *regimentu*. ⬚3A] *sm.* **1.** Ato, ou efeito ou modo de reger ou dirigir; regime. **2.** Conjunto de normas que regem o funcionamento duma instituição. **3.** Corpo de tropas sob o comando de um coronel. § **re.gi.men.tal** *adj2g.*

ré.gi:o [Lat. *regiu*. ⬚34B] *adj.* **1.** V. *real*¹ (1). **2.** Digno de rei. **3.** *Fig.* Muito luxuoso, muito farto, etc.

re.gi:o.nal [Lat. *regionale*. ⬚39] *adj2g.* Relativo a, ou próprio de uma região. [Pl.: *-nais*.]

re.gi:o.na.lis.mo [*Regional*. ⬚11] *sm.* **1.** Locução peculiar a uma região, ou a regiões. **2.** Defesa de interesses regionais, ou valorização, nas artes, dos elementos e costumes próprios duma região geográfica. § **re.gi:o.na.lis.ta** *adj2g. s2g.*

re.gi:o.na.li.zar [*Regional*. ⬚1D] *vtd.* Dar caráter regional a. [C.: 1]

re.gis.tra.do.ra ou **re.gis.ta.do.ra** (ô) [*Regist(r)ar*. ⬚20] *sf.* Espécie de cofre us. em casas comerciais, com teclado e maquinismo para registro das importâncias nele depositadas.

re.gis.trar ou **re.gis.tar** [*Regist(r)o*. ⬚1A] *vtd.* **1.** Escrever ou lançar em livro especial. **2.** Consignar por escrito. **3.** Fazer o registro (6) de. **4.** Marcar (por meio de registro [3]) ou de registradora. [C.: 1] § **re.gis.t(r)a.do** *adj.*

re.gis.tro ou **re.gis.to** [Lat.med. *registru*.] *sm.* **1.** Ato ou efeito de registrar. **2.** Livro especial onde se registram ocorrências públicas ou particulares. **3.** Indicação em gráfico, escala, etc., por aparelho apropriado, da marcha de certas máquinas, da graduação de instrumentos de precisão, etc. **4.** Relógio (3). **5.** Chave de torneira, ou outro aparelho que regula a passagem dum fluido. **6.** Caução postal que se obtém pagando taxa extra sobre o preço do porte. **7.** Certidão de nascimento.

re.go (ê) [Pré-rom. **recu*.] *sm.* **1.** Sulco que conduz água. **2.** Sulco ou valeta, num campo cultivado. **3.** *Bras. Pop.* Sulco entre as nádegas.

re.gou.gar [V.A] *v.int.* Gritar (a raposa). [C.: 1C]

re.go.zi.jar [Esp. *regocijar*. ⬚1A] *vtd. e p.* Causar regozijo a, ou sentir regozijo. [C.: 1]

re.go.zi.jo [Esp. *regocijo*.] *sm.* Gozo ou satisfação intensa.

re.gra [Lat. *regula*.] *sf.* **1.** Aquilo que regula, dirige, rege ou governa. **2.** Fórmula que indica o modo correto de falar, raciocinar, agir, etc., num dado caso. **3.** O que está determinado pela razão, pela lei, ou pelo costume. **4.** Estatutos de certas ordens religiosas. **5.** Método, ordem. ◆ **Em regra.** Em geral; quase sempre.

re.gra.do [*Regrar*. ⬚17A] *adj.* **1.** Que tem ou segue regra(s). **2.** Sensato, metódico.

re.grar [Lat. **reglare*, do lat. *regulare*. ⬚1A] *vtd.* **1.** Regular² (1). **2.** Comedir, moderar. *p.* **3.** V. *regular*² (8). [C.: 1 (é)]

re.gras *sfpl. Fam.* Menstruação.

re.gra.var [*Re-* + *gravar*¹.] *vtd.* Tornar a gravar. [C.: 1] § **re.gra.vá.vel** *adj2g.*

re.gre.dir [Lat. **regredere*. ⬚1C] *v.int.* **1.** Ir para trás; recuar. **2.** *Fig.* Voltar a estado anterior, menos desenvolvido. [C.: 49]

re.gres.são [Lat. *regressione*.⬛2] *sf.* **1.** Ato, processo ou efeito de regredir. **2.** V. *regresso*. **3.** Retrocesso. [Pl.: -*sões*.]

re.gres.sar [*Regresso*.⬛1A] *vtc.* e *int.* **1.** Voltar, retornar (a lugar que se deixou). *tdc.* **2.** Fazer voltar. [C.: 1 (é)]

re.gres.si.vo [Lat. *regressus* + -*ivo*.⬛22] *adj.* **1.** Retroativo. **2.** Caracterizado por encurtamento ou diminuição, em vez de aumento.

re.gres.so [Lat. *regressu*.] *sm.* Ato de regressar; retorno.

ré.gua [Lat. *regula*.] *sf.* Peça longa, de arestas retas, us. para traçar linhas retas ou para medir.

re.gu.la.dor (ô) [*Regular*².⬛19A] *adj.* **1.** Que regula. ● *sm.* **2.** Peça que ajusta o movimento de uma máquina. **3.** Substância que ajuda a manter mais ou menos constante e sob controle certo processo orgânico.

re.gu.la.men.tar¹ [*Regulamento*.⬛40] *adj2g.* **1.** Relativo a regulamento. **2.** Que está de acordo com o regulamento (2) de certa instituição, ou que por ele foi determinado. **3.** Que obedece às regras, ou é previsto por elas.

re.gu.la.men.tar² [*Regulamento*.⬛1A] *vtd.* **1.** Sujeitar a regulamento; regular, regularizar. **2.** Estabelecer regulamento para. [C.: 1] § **re.gu.la.men.ta.ção** *sf.*

re.gu.la.men.to [*Regular*².⬛3] *sm.* **1.** Ato ou efeito de regular. **2.** Norma, ou conjunto de normas. **3.** Disposição oficial que elucida a execução duma lei, etc.

re.gu.lar¹ [Lat. *regulare*.⬛40] *adj2g.* **1.** Relativo a, ou próprio de regra(s); que é ou que age segundo as regras, as leis. **2.** Que é ou parece feito segundo regras previamente fixadas. **3.** Que apresenta boa proporção e distribuição dos elementos; harmônico. **4.** Que se repete a intervalos (quase) iguais. **5.** Mediano, médio; nem grande nem pequeno, nem bom nem mau, etc. **6.** Que não apresenta (ou quase não apresenta) variações ou exceções. **7.** *Geom.* Diz-se de polígono que tem lados iguais e ângulos iguais. **8.** *Geom.* Diz-se de poliedro cujas faces são polígonos regulares [v. *regular* (7)] iguais entre si, e que formam entre si ângulos iguais. § **re.gu.la.ri.da.de** *sf.*

re.gu.lar² [Lat. *regulare*.⬛1A] *vtd.* **1.** Sujeitar a regras; regrar. **2.** Encaminhar conforme à lei. **3.** V. *regularizar* (1 e 3). **4.** V. *regulamentar*² (1). **5.** Acertar, ajustar. *int.* **6.** Funcionar com regularidade. **7.** Ter sanidade mental. [Nesta acepç., m.us. negativamente.] *p.* **8.** Guiar-se, orientar-se; regrar-se. [C.: 1]

re.gu.la.ri.zar [*Regular*¹.⬛1D] *vtd.* **1.** Tornar regular; regulamentar, regular. **2.** V. *regulamentar*² (1). **3.** Pôr em ordem; regular. *p.* **4.** Normalizar-se. **5.** Pôr em dia, ou em ordem. [C.: 1] § **re.gu.la.ri.za.ção** *sf.*

ré.gu.lo [Lat. *regulu*.] *sm.* **1.** Chefe dum Estado bárbaro. **2.** Indivíduo tirânico.

re.gur.gi.ta.ção [*Regurgitar*.⬛2A] *Med. sf.* **1.** Ato ou efeito de regurgitar. **2.** Refluxo (3). [Pl.: -*ções*.]

re.gur.gi.tar [Lat.med. *regurgitare*.⬛1A] *vtd.* **1.** Vomitar; lançar; expelir. **2.** Estar muito cheio; transbordar. *int.* **3.** Vomitar excesso de alimento. [C.: 1]

rei [Lat. *rege*.] *sm.* **1.** Soberano que rege um Estado monárquico. **2.** Título por vezes dado ao marido da rainha. **3.** Carta de baralho, com a figura de um rei. **4.** A principal peça do jogo de xadrez. ◆ **Ter o rei na barriga.** Considerar-se superior; ser presunçoso ou vaidoso.

rei.de [Ingl. *raid*.] *sm.* Rápida incursão de tropas em território inimigo.

re.í.de.o [Tax. *Rheidae*.] *adj. sm. Zool.* Diz-se de, ou espécime dos reídeos, família de aves reiformes. São as emas.

re.i.for.me [Tax. *Rheiformes*.] *adj2g. sm. Zool.* Diz-se de, ou espécime dos reiformes, ordem de aves pernaltas de grande porte, terrestres, corredoras, que inclui os reídeos.

re.im.pres.são *sf.* Ato ou efeito de reimprimir. [Pl.: -*sões*.]

re.im.pri.mir *vtd.* Imprimir de novo. [C.: 3. Part.: *reimprimido* e *reimpresso*.]

rei.na.ção [*Reinar*.⬛2A] *sf.* **1.** *Pop.* Pândega, folgança. **2.** *Bras.* V. *travessura*. [Pl.: -*ções*.]

rei.na.do [*Reinar*.⬛17C] *sm.* Tempo de governo dum rei, imperador, etc.

rei.na.dor (ô) [*Reinar*.⬛19A] *adj. Bras.* Que reina; travesso.

rei.nar [Lat. *regnare*.⬛1A] *v.int.* **1.** Governar um Estado como rei ou soberano. **2.** Ter poder; dominar. **3.** Estar em vigor. **4.** *Bras.* Fazer travessuras. *tc.* **5.** Ter influência ou poder. [C.: 1] § **rei.nan.te** *adj2g. s2g.*

re:in.ci.dên.ci.a [*Reincidir*.⬛10] *sf.* **1.** Ato ou efeito de reincidir. **2.** *Med.* Recidiva.

re:in.ci.dir *vti.* **1.** Tornar a incidir. *int.* **2.** Tornar a praticar o mesmo erro, etc. [C.: 3] § **re:in.ci.den.te** *adj2g. s2g.*

re:in.cor.po.rar *vtd.* e *p.* Incorporar(-se) de novo. [C.: 1 (ó)] § **re:in.cor.po.ra.ção** *sf.*

re:i.ni.ci.ar *vtd.* **1.** Iniciar de novo; recomeçar. **2.** *Inform.* Fazer (um computador em operação) passar novamente pelo processo de iniciação (5). [C.: 1]

rei.no [Lat. *regnu*.] *sm.* **1.** Monarquia governada por um rei, regente, rainha, etc. **2.** Os súditos do reino. **3.** Domínio, âmbito. **4.** *Restr.* O reino de Portugal (em relação ao Brasil colonial e a outras colônias portuguesas). **5.** *Biol.* Cada uma das mais abrangentes categorias em que se agrupam os seres vivos da natureza: *o dos animais*, *o das plantas*, *o das moneras*, *o dos protistas*, *o dos fungos*. **6.** *Biol.* Reunião de ramos [v. *ramo* (5)] e de filos [v. *filo*].

rei.nol [*Reino* + -*ol*¹.] *adj2g.* **1.** Natural do reino (4). **2.** Próprio dele. ● *s2g.* **3.** Pessoa que nasceu em reino. [Pl.: -*nóis*.]

re:ins.cre.ver [*Re-* + *inscrever.*] *vtd.* e *p.* Tornar a inscrever(-se). [C.: 2 (ê-é)] § **re:ins.cri.ção** *sf.*
re:in.te.grar [Lat. *redintegrare.* ◼1A] *vtdi.* **1.** Restabelecer (alguém) na posse dum bem. *p.* **2.** Ser novamente investido. [C.: 1 (é)] § **re:in.te.gra.ção** *sf.*
réis *smpl.* Pl. de *real*¹ (3).
rei.sa.do [*Reis.* ◼17B] *sm. Bras.* Dança dramática popular com que se festejam a véspera e o dia de Reis.
re:i.te.rar [Lat. *reiterare.* ◼1A] *vtd.* e *tdi.* Repetir, renovar. [C.: 1 (é)] § **re:i.te.ra.ção** *sf.*
rei.tor (ô) [Lat. *rectore.* ◼19] *sm.* Dirigente de certos estabelecimentos de ensino, em esp. de ensino superior.
rei.to.ri.a [*Reitor.* ◼8A] *sf.* **1.** Cargo ou dignidade de reitor. **2.** Prédio onde ele exerce suas funções.
rei.u.no [Esp.plat. *reyuno.*] *adj.* **1.** Fornecido pelo Estado, esp. pelas forças armadas, para fardamento dos soldados. **2.** *Pop.* De má qualidade.
re:i.vin.di.ca.ção [Lat.med. *reivindicatione.* ◼2A] *sf.* Ato ou efeito de reivindicar. [Pl.: -*ções.*]
re:i.vin.di.car *vtd.* **1.** Intentar demanda para reaver (propriedade que está na posse de outrem). **2.** Tentar recuperar. **3.** Exigir, requerer, reclamar. **4.** Reclamar para si. [C.: 1A]
re.jei.ção [Lat. *rejectione.* ◼2] *sf.* Ato ou efeito de rejeitar. [Pl.: -*ções.*]
re.jei.tar [Lat. *rejectare.* ◼1A] *vtd.* **1.** Lançar fora; refugar. **2.** Lançar de si; repelir, repudiar. **3.** V. *recusar* (1). **4.** Não aprovar. **5.** Opor-se, ou negar-se a. [C.: 1]
re.jei.to [Dev. de *rejeitar.*] *sm.* Aquilo que se rejeitou, se descartou. ◆ **Rejeito nuclear.** *Fís.* V. *lixo atômico.*
re.ju.bi.lar [*Re-* + *jubilar.*] *vtd., int.* e *p.* Causar grande júbilo a, ou senti-lo. [C.: 1]
re.jun.ta.men.to [*Rejuntar.* ◼3] *sm. Constr.* Ato ou efeito de rejuntar; rejunte.
re.jun.tar [*Re-* + *junta* + *-ar*². ◼1A] *vtd.* Tapar (as juntas de alvenaria ou de ladrilhos e azulejos) após o seu assentamento, para melhor vedação e aparência. [C.: 1]
re.jun.te [Dev. de *rejuntar.*] *sm. Constr.* **1.** Rejuntamento. **2.** *Pop.* O material us. neste tipo de acabamento.
re.ju.ve.nes.cer *vtd., int.* e *p.* V. *remoçar.* [C.: 2A (ê-é)] § **re.ju.ve.nes.ci.men.to** *sm.*
re.la.ção [Lat. *relatione.* ◼2] *sf.* **1.** Ato de relatar; relato. **2.** V. *lista* (1). **3.** Vinculação, ligação. **4.** Comparação entre 2 quantidades mensuráveis. **5.** Ligação, contato; comunicação ou interação entre pessoas, grupos ou países. **6.** Relacionamento (3). **7.** *Mat.* Correspondência entre elementos de 2 conjuntos. [Pl.: -*ções.*]
re.la.cio.na.men.to [*Relacionar.* ◼3] *sm.* **1.** Ato ou efeito de relacionar(-se). **2.** Capacidade de relacionar-se, conviver ou comunicar-se com os outros. **3.** *Bras.* Ligação de amizade, afetiva, profissional, etc., condicionada por uma série de atitudes recíprocas; relação.
re.la.ci.o.nar [*Relação* (-*cion*-). ◼1A] *vtd.* **1.** V. *relatar* (1). **2.** Dar ou fazer relação de; alistar, arrolar, relatar. *tdi.* **3.** Fazer adquirir amizades. **4.** Estabelecer analogia (entre coisas diversas). *p.* **5.** Ter relação ou analogia. **6.** Manter relação (5 e 6) com. [C.: 1] § **re.la.ci.o.na.do** *adj.*
re.la.ções *sfpl.* **1.** Convivência entre pessoas. **2.** As pessoas com quem se mantêm relações.
re.lâm.pa.go [*Re-* + rad. lat. de *lampare*, 'fulgir'.] *sm.* Luz intensa e rápida produzida pela descarga elétrica entre 2 nuvens.
re.lam.pa.gue.ar [*Relâmpago.* ◼1N] *v.int.* **1.** Produzirem-se relâmpagos. **2.** Fulgurar, cintilar. *tdi.* **3.** Mostrar como num relâmpago. [Sin. ger.: *relampejar.* C.: 12A. Impess., na 1ª acepç. Nas demais, us. norm. só na 3ª pess. sing.]
re.lam.pe.jar [*Relâmpago.*] *v.int.* V. *relampaguear.* [C.: 1 (ê). Impess. na acepç. literal. Nas demais, us. norm. só na 3ª pess. sing.]
re.lan.ce [Dev. de *relançar.*] *sm.* Ato ou efeito de relancear. ◆ **De relance.** Rapidamente. **Num relance.** *Fig.* Rapidamente, num piscar de olhos.
re.lan.ce.ar [*Relance.* ◼1N] *vtd.* e *tdi.* Olhar de relance. [C.: 12A]
re.lap.so [Lat. *relapsu.*] *adj.* **1.** Que reincide em erro. **2.** Que falta a seus deveres.
re.la.tar [*Relato.* ◼1A] *vtd.* **1.** Fazer relato de; referir, relacionar. **2.** V. *relacionar* (2). *tdi.* **3.** Relatar (1). **4.** Incluir, inserir. [C.: 1]
re.la.ti.va.men.te [F. de *relativo.* ◼42] *adv.* **1.** De modo relativo. **2.** Em comparação com algo, com outros exemplos ou casos. **3.** *Fam.* Não muito, não completamente.
re.la.ti.vi.da.de [*Relativo.* ◼14] *sf.* Característica ou estado de relativo.
re.la.ti.vis.mo [*Relativo.* ◼11] *sm.* Doutrina ou tendência segundo a qual o significado ou valor de algo varia conforme a situação ou as relações com outros elementos e valores. § **re.la.ti.vis.ta** *adj2g.*
re.la.ti.vo [Lat. *relativu.* ◼22] *adj.* **1.** Que indica relação; referente. **2.** *E.Ling.* Diz-se do pronome que se refere a uma palavra ou sentido anterior. **3.** Que varia ou pode variar conforme relação com outros elementos.
re.la.to [Lat. *relatu.*] *sm.* **1.** Relação (1). **2.** Descrição dum fato, dum estado de espírito, etc.
re.la.tor (ô) [Lat. *relatore.* ◼19] *sm.* **1.** Aquele que relata. **2.** O que escreve relatório ou parecer.
re.la.tó.ri.o [*Relato.* ◼23] *sm.* Exposição, mais ou menos minuciosa, do que se viu, ouviu ou observou.
re.la.xa.ção [Lat. *relaxatione.* ◼2A] *sf.* **1.** Ato ou efeito de relaxar(-se); relaxamento. **2.** Diminuição do tônus muscular. [Pl.: -*ções.*]
re.la.xa.do [*Relaxar.* ◼17A] *adj.* **1.** Frouxo, lasso. **2.** *Fig.* Que descuida das suas obrigações. **3.** *Fig.* Desmazelado, desleixado. **4.** *Bras.* Que

relaxamento | remanescer

se traja sem apuro ou sem cuidado. • *sm.* 5. Indivíduo relaxado (2 a 4).

re.la.xa.men.to [*Relaxar.* ▣ 3] *sm.* 1. Relaxação (1). 2. Desmazelo. 3. Relaxação (2) com diminuição da tensão mental, e consequente sensação de repouso.

re.la.xar [Lat. *relaxare.* ▣ 1A] *vtd.* 1. Tornar frouxo ou lasso; afrouxar. 2. Moderar, abrandar. 3. Corromper, depravar. 4. Debilitar, enfraquecer. 5. Distender, descontrair. *int.* 6. Afrouxar, entibiar. 7. Tornar-se menos tenso (2). *p.* 8. Perder a força ou o vigor. 9. Desmazelar-se. [C.: 1]

re.lé[1] *sf.* V. *ralé.*

re.lé[2] [Fr. *relais.*] *sm. Eletr.* Dispositivo de proteção, ou auxiliar de circuitos de controle e comando.

re.le.gar [Lat. *relegare.* ▣ 1A] *vtdc.* 1. Desterrar, banir. *td.* 2. Pôr em segundo plano; desprezar. [C.: 1C (é)]

re.lei.tu.ra *sf.* 1. Nova leitura. 2. Interpretação ou forma diferente que se dá a algo.

re.lem.brar [*Re-* + *lembrar*] *vtd., tdi.* e *p.* Lembrar(-se) de novo. [C.: 1]

re.len.to *sm.* Umidade atmosférica da noite; sereno. ♦ **Ao relento.** Ao ar livre, ou sem abrigo, durante a noite.

re.ler *vtd.* Ler outra vez. [C.: 25]

re.les (ré) *adj2g2n.* 1. Muito ordinário; desprezível. 2. Insignificante, pífio.

re.le.vân.ci.a [*Relevar.* ▣ 9] *sf.* 1. Qualidade de relevante. 2. Grande valor, ou interesse; importância.

re.le.van.te [Lat. *relevante.* ▣ 21] *adj2g.* 1. Que releva. 2. Saliente, proeminente. 3. Importante. • *sm.* 4. O que tem importância ou é necessário.

re.le.var [Lat. *relevare.* ▣ 1A] *vtd.* 1. Dar relevo a. 2. Desculpar, perdoar. *int.* 3. Ser conveniente; importar. *p.* 4. Salientar-se, sobressair. [C.: 1 (é). Como *int.* é unipess.] § **re.le.va.ção** *sf.*; **re.le.vá.vel** *adj2g.*

re.le.vo (lê) [Dev. de *relevar.*] *sm.* 1. Saliência, proeminência. 2. Escultura, etc., trabalhada de modo que forme relevo (1). 3. Destaque, realce. 4. O conjunto das diferenças de nível da superfície terrestre; montanhas, vales, planícies, etc.

re.lha (ê) [Lat. *regula.*] *sf.* A parte do arado ou da charrua que penetra na terra.

re.lho (ê) [De *relha,* poss. ▣] *sm.* Chicote de couro torcido.

re.li.cá.ri:o *sm.* Urna, caixa, etc., para guardar as relíquias dum santo.

re.li.gar [Lat. *religare.* ▣ 1A] *vtd.* Ligar novamente; restabelecer ligação interrompida. [C.: 1C] § **re.li.ga.men.to** *sm.*

re.li.gi.ão [Lat. *religione.* ▣ 2] *sf.* 1. Crença na existência de força ou forças sobrenaturais. 2. Manifestação de tal crença por doutrina e ritual próprios. 3. Devoção (2). [Pl.: *-ões.*]

re.li.gi.o.sa *sf.* V. *freira.*

re.li.gi.o.sa.men.te [F. de *religioso.* ▣ 42] *adv.* 1. Segundo os preceitos religiosos. 2. Com rigor, exatidão.

re.li.gi.o.so (ó) [Lat. *religiosu.* ▣ 37] *adj.* 1. Da, ou próprio da religião. 2. Que a tem ou cumpre seus rituais com rigor e devoção. • *sm.* 3. O que professa uma religião ou fez votos monásticos. [Pl.: *-osos* (ó).] § **re.li.gi.o.si.da.de** *sf.*

re.lin.char [Lat. **hinnitulare.* ▣ 1A] *v.int.* Rinchar (1). [C.: 1. Norm., é unipess.]

re.lin.cho [Dev. de *relinchar.*] *sm.* Rincho.

re.lí.qui:a [Lat. *reliquia.*] *sf.* 1. Parte do corpo de um santo, ou de qualquer objeto que a ele pertenceu. 2. *Fig.* Coisa preciosa.

re.ló.gi:o [Lat. *horologiu.*] *sm.* 1. Qualquer de vários tipos de instrumentos ou mecanismos para medir intervalos de tempo. 2. Relógio (1) mecânico, etc., com mostrador e ponteiros. 3. *Bras.* Aparelho que registra o consumo de eletricidade, água, ou gás; registro.

re.lo.jo:a.ri.a [*Relógio.* ▣ 15] *sf.* 1. Arte de relojoeiro. 2. Oficina em que se fabricam ou se consertam relógios.

re.lo.jo.ei.ro [*Relógio,* poss. ▣ 25] *sm.* Fabricante, vendedor ou consertador de relógios.

re.lu.tân.ci:a [*Relutar.* ▣ 9] *sf.* 1. Ato ou efeito de relutar. 2. Qualidade de relutante. 3. Resistência, oposição.

re.lu.tar [Lat. *reluctare.* ▣ 1A] *v.int.* 1. Lutar novamente. 2. Oferecer resistência. *ti.* 3. Relutar (2). [C.: 1] § **re.lu.tan.te** *adj2g.*

re.lu.zen.te [Lat. *relucente.* ▣ 21A] *adj2g.* 1. Que reluz. 2. Lustroso.

re.lu.zir [Lat. *relucere.* ▣ 1C] *v.int.* V. *resplandecer* (1). [C.: 41. Norm., é unipess.]

rel.va [Dev. de *relvar.*] *sf.* 1. *Bot.* Erva rala e rasteira. 2. Vegetação formada de relva. 3. V. *reivado.*

rel.va.do [*Relva.* ▣ 17B] *sm.* Terreno coberto de relva ou grama; gramado, relva.

rem [Ingl. *rem.*] *sm. Med.* Quantidade de radiação ionizante que tem a mesma intensidade de ação biológica de 0,01Gy de raios X. [Pl.: *rens.*]

re.ma.da [*Remar.* ▣ 4] *sf.* 1. Ação ou efeito de remar; voga. 2. Golpe com o remo.

re.ma.dor (ô) [*Remar.* ▣ 19A] *sm.* Aquele que rema; remeiro.

→ **remake** (rimêiqui) [Ingl.] *sm. Cin. Telev.* Nova versão de filme, novela, etc.

re.man.char [Esp. *remanchar.* ▣ 1A] *v.int.* 1. Demorar-se, tardar. 2. Andar devagar. 3. Trabalhar vagarosamente. [C.: 1]

re.ma.ne.jar [*Re-* + *manejar*] *vtd.* Modificar algo, aproveitando parte dos seus elementos primitivos, mas com outra composição. [C.: 1 (ê)] § **re.ma.ne.ja.men.to** *sm.*

re.ma.nes.cer [Lat. **remanescere.* ▣ 1Pa] *v.int.* Sobrar, restar. [C.: 2A (ê-é)] § **re.ma.nes.cen.te** *adj2g. s2g.*

remanso | remoer

re.man.so [Lat. *remansu*.] *sm.* **1.** Cessação de movimento. **2.** Paz, sossego. **3.** Água estagnada.

re.man.so.so (ó) [*Remanso*.] *adj.* Em que há remanso. [Pl.: *-sosos* (ó).]

re.mar [*Remo*.] *v.int.* Mover os remos para dar impulso a um barco; vogar. [C.: 1]

re.mar.ca.ção [*Remarcar*.] *sf.* **1.** Ato ou efeito de remarcar. **2.** Lote de coisas remarcadas. [Pl.: *-ções*.]

re.mar.car [*Re-* + *marcar*.] *vtd.* **1.** Tornar a marcar. **2.** *Bras.* Dar novo preço a. [C.: 1A]

re.ma-re.ma *sm.* Balanço, formado por uma prancha longa, presa e suspensa a uma armação por tubos de ferro, muito comum em parquinhos e *plays*. [Pl.: *rema(s)-remas*.]

re.ma.ta.do [*Rematar*.] *adj.* **1.** Acabado (1). **2.** Completo.

re.ma.tar [*Re-* + *matar*.] *vtd.* **1.** Dar remate a; acabar, arrematar. **2.** Fazer remate de pontos em (costura); arrematar. *int.* e *p.* **3.** Findar(-se). [C.: 1]

re.ma.te [Dev. de *rematar*.] *sm.* **1.** Ato ou efeito de rematar. **2.** Aquilo que remata. **3.** Adorno que conclui ou coroa uma obra de arquitetura.

re.me.dar [Lat.vulg. **reimitare*.] *vtd.* Arremedar. [C.: 1 (é)]

re.me.di.a.do [*Remediar*.] *adj.* Que tem o bastante para viver sem aperto.

re.me.di.ar [Lat. *remediare*.] *vtd.* **1.** Atenuar com remédio o mal ou a dor de. **2.** Emendar, corrigir. **3.** Prover do mais necessário. *p.* **4.** Acudir às próprias despesas. [C.: 13] § **re.me.di.á.vel** *adj2g.*

re.mé.di.o [Lat. *remediu*.] *sm.* **1.** Qualquer agente que cura, alivia, ou evita doença. **2.** Recurso, solução. **3.** Auxílio, ajuda. **4.** Emenda, correção.

re.me.do (ê) [Dev. de *remedar*.] *sm.* Arremedo.

re.mei.ro [*Remo*.] *sm.* Remador.

re.me.la [De *mel*.] *sf.* Secreção amarelada que se forma nos pontos lacrimais e no bordo das pálpebras.

re.me.len.to [*Remela*.] *adj.* Cheio de remela.

re.me.le.xo (lê) [*Remexer*, poss.] *sm. Bras. Pop.* V. *rebolado*.

re.me.mo.rar [Lat. **rememorare*.] *vtd.* V. *recordar* (1). [C.: 1 (ó)] § **re.me.mo.ra.ção** *sf.*

re.men.dão [*Remendar*.] *sm.* **1.** Homem pouco hábil no seu ofício. **2.** Sapateiro que conserta calçados. [Pl.: *-dões*.]

re.men.dar [*Re-* + *emendar*.] *vtd.* **1.** Colocar remendo(s) em. **2.** Consertar, emendar. [C.: 1] § **re.men.da.do** *adj.*

re.men.do [Dev. de *remendar*.] *sm.* **1.** Pedaço de pano, couro, etc. para consertar parte da roupa, sapato, etc. **2.** Emenda (2).

re.mes.sa [Lat. *remissa*.] *sf.* **1.** Ato ou efeito de remeter. **2.** O que se remeteu.

re.me.ter [Lat. *remittere*.] *vtd.* **1.** Mandar, enviar. **2.** Adiar, retardar. *tdi.* **3.** Remeter (1). **4.** Deixar ou confiar (tarefa, responsabilidade, etc.) a outrem. *p.* **5.** Dedicar-se, entregar-se a certa atividade. **6.** Referir-se, aludir. [C.: 2 (ê-é)] § **re.me.ten.te** *adj2g. s2g.*

re.me.xer [Lat. *remiscere*.] *vtd.* **1.** Mexer de novo, ou repetidamente. **2.** Misturar, mexendo. **3.** Sacudir, agitar. *ti.* **4.** Tocar, bulir, mexer. *p.* **5.** *Bras.* Saracotear-se. [C.: 2 (ê-é)]

re.mi.ção [*Remir*.] *sf.* **1.** Ato ou efeito de remir(-se). **2.** Libertação, resgate. [Pl.: *-ções*.]

re.mi.do [Part. de *remir*.] *adj.* **1.** Libertado, resgatado. **2.** Desobrigado de qualquer compromisso.

rê.mi.ge [Lat. *remige*.] *sf. Zool.* Cada uma das penas mais longas das asas das aves.

re.mi.nis.cên.ci.a [Lat. *reminiscentia*.] *sf.* **1.** Pensamento ou impressão que não chegam a ser esquecidos. **2.** A faculdade da memória. **3.** Lembrança vaga.

re.mir [Lat. *redimere*.] *vtd.* **1.** Adquirir de novo. **2.** Resgatar (1). **3.** V. *ressarcir*. **4.** Expiar, pagar. **5.** Libertar (uma propriedade) de ônus, resgatando-a. *p.* **6.** Livrar-se do cativeiro. **7.** Reabilitar-se. [F.paral.: *redimir*. C.: 9] § **re.mí.vel** *adj2g.*

re.mi.rar [*Re-* + *mirar*.] *vtd.* **1.** Mirar de novo. **2.** Olhar ou observar com atenção. [C.: 1]

re.mis.são [Lat. *remissione*.] *sf.* **1.** Ação ou efeito de remitir(-se). **2.** Clemência, perdão. **3.** Perdão de ônus ou dívida. **4.** Ação ou efeito de remeter (1 e 5). [Pl.: *-sões*.]

re.mis.si.va *sf.* Em dicionário, enciclopédia, etc., palavra ou expressão que remete para outra.

re.mis.sí.vel [Lat. *remissibile*.] *adj2g.* Que pode ser remitido. [Pl.: *-veis*.]

re.mis.si.vo [Lat. *remissivu*.] *adj.* Que remete para outro ponto.

re.mis.so [Lat. *remissu*.] *adj.* **1.** Negligente. **2.** Indolente. **3.** Vagaroso, lento.

re.mi.tir [Lat. *remittere*.] *vtd.* **1.** Perdoar, indultar. **2.** Quitar (1). **3.** Diminuir a intensidade de; abrandar. *int.* e *p.* **4.** Diminuir de intensidade ou de gravidade; ceder, mitigar-se. [C.: 3] § **re.mi.tên.ci.a** *sf.*; **re.mi.ten.te** *adj2g.*

re.mo [Lat. *remu*.] *sm.* **1.** Instrumento ger. de madeira: cabo roliço terminado por uma parte espalmada, e que serve para impelir pequenas embarcações. **2.** O esporte de remar.

re.mo.ção [Lat. *remotione*.] *sf.* Ato ou efeito de remover. [Pl.: *-ções*.]

re.mo.çar [*Re-* + *moço* + *-ar*[2].] *vtd.* **1.** Tornar moço; dar aparência, vigor, etc. de jovem. *int.* e *p.* **2.** Ficar moço ou com aparência de moço; renovar-se; reflorescer. [Sin.ger.: *rejuvenescer*. C.: 1B (ó).]

re.mo.de.lar *vtd.* Refazer, segundo outro modelo, ou com modificações importantes. [C.: 1 (é)] § **re.mo.de.la.ção** *sf.*; **re.mo.de.la.gem** *sf.*

re.mo.er [*Re-* + *moer*.] *vtd.* **1.** Tornar a moer. **2.** Pensar muito em. *p.* **3.** Encher-se de raiva ou rancor. **4.** Afligir-se. [C.: 33]

re.mo.i.nhar [*Re-*+*moinho*+*-ar*². ◼1A] *v.int.* Deslocar-se ou mover-se em círculos ou espirais; redemoinhar. [C.: 1]

re.mo.i.nho [Dev. de *remoinhar*.] *sm.* **1.** Movimento em círculo, causado pelo cruzamento de ondas ou ventos contrários; torvelinho. **2.** Distribuição natural espiralada dos fios do cabelo, rente à raiz. [Sin.ger.: *redemoinho, rodamoinho*.]

re.mon.ta [Dev. de *remontar*.] *sf.* **1.** Suprimento de novos cavalos para as tropas de cavalaria. **2.** *Pop.* Conserto.

re.mon.tar [Fr. *remonter*. ◼1A] *vtd.* **1.** Erguer ou elevar muito, ou novamente. **2.** Consertar, reformar. *tc.* **3.** Recuar (muito atrás, no passado). **4.** Ter existência (desde época antiga), ou datar (de então). *ti.* **5.** Ter origem em. *p.* **6.** Aludir (a algo ou alguém do passado). [C.: 1]

re.mo.que [Dev. de *remocar*, 'criticar'.] *sm.* **1.** Dito picante. **2.** Insinuação maliciosa.

re.mor.so [Lat. *remorsu*.] *sm.* Arrependimento por culpa ou crime cometido.

re.mo.to [Lat. *remotu*.] *adj.* **1.** Distante (no tempo ou no espaço). **2.** *Inform.* Que é acessado ou realizado por meio de linha de comunicação entre computadores.

re.mo.ve.dor (ô) [*Remover*. ◼19A] *sm. Bras.* Produto para tirar manchas ou remover tinta.

re.mo.ver [Lat. *removere*. ◼1B] *vtd.* **1.** Mover ou retirar para outro lugar; deslocar, transferir. **2.** Pôr distante; afastar. **3.** Fazer desaparecer, desfazendo, desmanchando, etc. [C.: 2 (ô-ó)] § **re.mo.ví.vel** *adj2g*.

re.mu.ne.ra.ção [Lat. *remuneratione*. ◼2A] *sf.* **1.** Ato ou efeito de remunerar. **2.** Aquilo com que se paga ou recompensa algo. [Pl.: -*ções*.]

re.mu.ne.rar [Lat. *remunerare*. ◼1A] *vtd.* **1.** Dar prêmio, compensação, gratificação a. **2.** Pagar salários, honorários, rendas, etc., a. [C.: 1 (é)]

re.na [Fr. *renne*.] *sf. Zool.* Cervídeo domesticado, da região ártica.

re.nal [Lat. *renale*. ◼39] *adj2g.* Relativo ao rim ou aos rins. [Pl.: -*nais*.]

re.nas.cen.ça [Fr. *renaissance*. ◼10A] *sf.* **1.** Ato ou efeito de renascer. **2.** Vida nova. **3.** Renovação, revigoramento; novo impulso. **4.** Época ou movimento de renovação das artes e ciências europeias, nos sécs. XV e XVI, marcado pela valorização da Antiguidade clássica. [Com inicial maiúsc., nesta acepç. Sin.ger.: *renascimento*.]

re.nas.cen.tis.ta [*Renascente*. ◼36] *adj2g.* Relativo à Renascença.

re.nas.cer [Lat. *renascere. ◼1B] *v.int.* **1.** Nascer de novo (na realidade ou na aparência). **2.** *Fig.* Escapar a um grande perigo de vida. **3.** Renovar-se, revigorar-se. **4.** Adquirir nova atividade, novo impulso. [C.: 2A] § **re.nas.cen.te** *adj2g*.

re.nas.ci.men.to [*Renascer*. ◼3A] *sm.* V. *renascença*.

ren.da¹ [Dev. de *render*.] *sf. Econ.* **1.** Dinheiro que se recebe como resultado de atividade econômica; rendimento. **2.** Dinheiro que se obtém como pagamento relativo a fatores de produção (p.ex.: salário, juros, lucro). ◆ **Renda nacional.** *Econ.* Soma das rendas dos residentes num país, num dado período de tempo. **Renda per capita.** *Econ.* A renda nacional dividida pelo número de habitantes do país.

ren.da² [Esp. *randa*, poss.] *sf.* Tecido delicado, de malhas abertas, cujos fios se entrelaçam formando desenhos.

ren.da.do [*Rendar*. ◼17A] *adj.* Adornado com renda, ou que a semelha.

ren.dar [*Renda*². ◼1A] *vtd.* Adornar com rendas. [C.: 1]

ren.dei.ra [*Renda*¹. ◼16] *sf.* **1.** Mulher que faz ou vende rendas. **2.** *Zool.* Ave piprídea de voz bastante variada.

ren.dei.ro¹ [*Renda*¹. ◼25] *sm.* Aquele que arrenda propriedades.

ren.dei.ro² [*Renda*². ◼25] *sm.* Fabricante e/ou vendedor de rendas.

ren.der [Lat.vulg. *rendere. ◼1B] *vtd.* **1.** Obrigar a reconhecer a derrota ou a desistir do confronto. **2.** Substituir (4). **3.** Deixar como produto ou lucro; produzir. **4.** Pôr de lado; depor. *tdi.* **5.** Manifestar a alguém admiração, reconhecimento de méritos, etc. *int.* **6.** Ser útil, produtivo. **7.** *Bras.* Demorar a acabar. *p.* **8.** Dar-se por vencido; entregar-se, capitular. [C.: 2]

ren.di.ção [*Render*. ◼2B] *sf.* Ato ou efeito de render(-se); capitulação; rendimento. [Pl.: -*ções*.]

ren.di.do [Part. de *render*.] *adj.* **1.** Subjugado, dominado. **2.** Obediente, dócil. **3.** *Pop.* Que tem hérnia.

ren.di.lha [*Renda*²+-*ilha*.] *sf.* Renda pequena ou delicada.

ren.di.lhar [*Rendilha*. ◼1A] *vtd.* Ornar com rendilha, ou com lavor semelhante a ela. [C.: 1] § **ren.di.lha.do** *adj*.

ren.di.men.to [*Render*. ◼3A] *sm.* **1.** V. *rendição*. **2.** Renda¹ (1). **3.** Produtividade. **4.** *Fís.* Num sistema capaz de fornecer trabalho, razão entre o trabalho fornecido pelo sistema e a energia fornecida a este.

ren.do.so (ô) [*Renda*¹. ◼37] *adj.* Lucrativo. [Pl.: -*dosos* (ó).]

re.ne.ga.do [*Renegar*. ◼17A] *adj.* **1.** Que renegou [*v. renegar* (1)]; apóstata. ● *sm.* **2.** Indivíduo renegado.

re.ne.gar [Lat.vulg. *renegare. ◼1A] *vtd.* **1.** V. *abjurar* (1). **2.** Desmentir, negar. **3.** Manifestar reprovação, horror, ódio, etc. em relação a. **4.** Prescindir de; rejeitar. *ti.* **5.** Não fazer caso; prescindir. [C.: 1C (é)]

re.nhi.do [Part. de *renhir*.] *adj.* Disputado com ardor.

re.nhir [Esp. *reñir*. ◼1C] *vtd.* e *ti.* **1.** Combater, lutar ou competir (com alguém). *int.* **2.** Combater intensamente. *p.* **3.** Tornar-se violento. [C.: 9]

rê.ni:o [Lat.cient. *Rhenium.* 34B] *sm. Quím.* Elemento de número atômico 75, metálico [símb.: *Re*].

re.ni.ten.te [Lat. *renitente.* 21] *adj2g.* Teimoso, obstinado.

re.no.me *sm.* Boa reputação; nomeada, nome.

re.no.var [Lat. *renovare.* 1A] *vtd.* **1.** Tornar novo, ou como novo. **2.** Modificar, introduzindo novos elementos. **3.** Substituir por algo novo do mesmo tipo. **4.** Recomeçar ou voltar a fazer (algo), após interrupção. **5.** Dizer ou fazer de novo; repetir. **6.** Estender a duração, o período de validade ou vigência de. *int.* **7.** Deitar (a planta) novos rebentos ou renovos; brotar. *p.* **8.** Ganhar aspecto, vigor, etc. do que é novo. **9.** Aparecer de novo; repetir-se. [C.: 1 (ó) § **re.no.va.ção** *sf.*; **re.no.va.dor** (ô) *adj. sm.*

re.no.vo [Dev. de *renovar.*] *sm. Bot.* Ramo novo que cresce do toco de árvore cortada recentemente, e do qual se origina nova árvore. [Pl.: *-novos* (ó).]

ren.tá.vel [Ingl. *rentable.* 41] *adj.* Que dá boa renda¹. [Pl.: *-veis.*]

ren.te *adj2g.* **1.** Próximo, vizinho. ● *adv.* **2.** Pela raiz ou pelo pé; cerce, rés. **3.** A pouquíssima distância; de raspão.

re.nu.me.rar *vtd.* Numerar de novo. **2.** Pôr nova numeração (2). [C.: 1 (é)] § **re.nu.me.ra.ção** *sf.*

re.núncia [Dev. de *renunciar.*] *sf.* Ato ou efeito de renunciar.

re.nun.ci.ar [Lat. *renuntiare.* 1A] *vtd. e ti.* **1.** Não querer; deixar voluntariamente de possuir ou de usar (algo), de exercer (condição, direito) ou de aceitar (ideia, crença). *int.* **2.** Deixar voluntariamente (cargo, função); abdicar. [C.: 1 (é)] § **re.nun.ci.an.te** *adj2g. s2g.*; **re.nun.ci.á.vel** *adj2g.*

re:or.ga.ni.zar [*Re-* + *organizar.*] *vtd.* Tornar a organizar, ou modificar a organização de. [C.: 1] § **re:or.ga.ni.za.ção** *sf.*

re:os.ta.to [*Re(o)-* + *-stato*] *sm. Eng.Elétr.* Resistor variável, us., ger., para limitar corrente em circuitos ou dissipar energia.

re.pa.rar [Lat. *reparare.* 1A] *vtd.* **1.** Consertar, restaurar. **2.** Corrigir. **3.** Eliminar ou remediar as consequências de (erro, ou mal cometido). **4.** Dirigir ou fixar a vista, a atenção em; notar, perceber. *ti.* **5.** Reparar (4). **6.** Dar importância; ligar. [C.:1] § **re.pa.ra.ção** *sf.*; **re.pa.ra.dor** (ô) *adj. sm.*

re.pa.ro [Dev. de *reparar.*] *sm.* **1.** Exame atento; análise. **2.** Censura leve; advertência. **3.** Qualquer defesa ou resguardo de praça militar.

re.par.ti.ção [*Repartir.* 2A] *sf.* **1.** Ato ou efeito de repartir(-se). **2.** Seção, serviço ou estabelecimento que atende interesses do público. **3.** V. *repartição pública.* [Pl.: *-ções.*] ♦ **Repartição pública.** Cada uma das seções em que está dividido um órgão do serviço público (ministério, secretaria, etc.).

re.par.tir [*Re-* + *partir.*] *vtd.* **1.** Partir, separar, dando ou reservando as partes para diferentes pessoas ou coisas; dividir. *tdi.* **2.** Compartilhar. *p.* **3.** Dividir-se. **4.** Aplicar-se ou dirigir-se a, ou incidir sobre, diferentes coisas, lugares, assuntos, etc. [C.: 3]

re.pas.sar [*Re-* + *passar.*] *vtd.* **1.** Passar de novo. **2.** Embeber, ensopar; empapar ou impregnar completamente. **3.** Ler, examinar ou estudar novamente. **4.** Recordar (1). **5.** Transferir, passar a outrem (verbas, créditos, descontos obtidos, etc.). *tdi.* **6.** Repassar (2 e 5). *p.* **7.** Embeber-se, encharcar-se, impregnar-se. [C.: 1]

re.pas.se [Dev. de *repassar.*] *sm.* Ato de repassar.

re.pas.to *sm.* Refeição (2).

re.pa.tri.ar [Lat. *repatriare.* 1A] *vtd. e p.* Enviar de volta à pátria, ou regressar a ela. [C.: 1] § **re.pa.tri:a.ção** *sf.*

re.pe.lão [*Repelo.* 28A] *sm.* Empurrão, encontrão. [Pl.: *-lões.*]

re.pe.len.te [Ingl. *repellent.* 21] *adj2g.* **1.** Que repele. **2.** V. *repugnante* (2). ● *sm.* **3.** Qualquer substância us. com o objetivo de afastar insetos.

re.pe.lir [Lat. *repellere.* 1C] *vtd.* **1.** Impelir para longe ou para fora (o que se aproxima ou entra); rechaçar. **2.** Tirar de si; rejeitar. **3.** Impedir que se aproxime, ou evitar contato com. **4.** Não aceitar, não admitir, não concordar com (pedido, acusação, etc.). **5.** Não ter afinidade ou harmonia com. *p.* **6.** Ser oposto, incompatível; evitar-se mutuamente. [C.: 48]

re.pe.ni.ca.do [*Repenicar.* 17B] *sm.* Ato ou efeito de repenicar.

re.pe.ni.car [De *repicar*, poss.] *vtd. e int.* **1.** Produzir ou emitir, por percussão, sons agudos e metálicos; repicar. **2.** Produzir ou emitir uma série de sons leves e em rápida sucessão. [C.: 1A]

re.pen.sar [*Re-* + *pensar.*] *v.int. e ti.* **1.** Pensar de novo. **2.** Voltar a dar atenção; reconsiderar. [C.: 1]

re.pen.te [Adv. lat. *repente.*] *sm.* **1.** Dito ou ato repentino, irrefletido; ímpeto. **2.** Qualquer improviso (2). ♦ **De repente.** **1.** Sem ser esperado; de modo muito rápido e surpreendente, impossível de prever; de chofre, de súbito. **2.** Us. para indicar que algo pode vir ou não a acontecer, dependendo das circunstâncias ou da vontade de alguém.

re.pen.ti.no [Lat. *repentinu.* 30] *adj.* Súbito, inesperado.

re.pen.tis.ta [*Repente.* 36] *adj2g. s2g.* Que, ou quem improvisa, faz repentes.

re.per.cus.são [Lat. *repercussione.* 2] *sf.* Ato ou efeito de repercutir(-se). [Pl.: *-sões.*]

re.per.cu.tir [Lat. *repercutere.* 1C] *vtd.* **1.** Refletir (som, luz). *int. e p.* **2.** Continuar (som, ou luz) a se fazer sentir, ou a se propagar. **3.** Fazer sentir indiretamente sua ação ou influência. [C.: 3]

repertório | representar

re.per.tó.ri:o [Lat. *repertoriu*. 23] *sm.* 1. Coleção, conjunto. 2. O conjunto das obras teatrais ou musicais dum autor, escola, época, etc., ou das obras duma companhia teatral, orquestra, etc.

re.pe.sar [*Re-* + *pesar*.] *vtd.* Pesar de novo. [C.: 1 (é)]

re.pe.ten.te [Lat. *repetente*. 21A] *adj2g.* 1. Que repete. ● *s2g.* 2. Estudante que não passou de ano.

re.pe.ti.do.ra (ô) [Lat. *repetitoriu*. 20] *sf.* Rád. Telev. Estação capaz de captar sinais oriundos de determinada direção e de retransmiti-los.

re.pe.tir [Lat. *repetere*. 1C] *vtd.* 1. Dizer, afirmar, expressar mais uma vez. 2. Fazer, realizar ou usar novamente. 3. Apresentar (imagens, sons) outra vez, reproduzindo, refletindo ou retransmitindo. 4. Cursar (série escolar) mais uma vez. *p.* 5. Acontecer de novo. 6. Repetir (1) as próprias palavras, ideias, etc. [C.: 48] § **re.pe.ti.ção** *sf.*; **re.pe.ti.do** *adj.*

re.pi.car [*Re-* + *picar*.] *vtd.* 1. Tornar a picar. 2. V. *repenicar* (1). *int.* 3. Fazer repique (2). 4. V. *repenicar* (1). [C.: 1A]

re.pi.que [Dev. de *repicar*.] *sm.* 1. Ato ou efeito de repicar. 2. Toque festivo de sinos. 3. Som repetido, por vezes mais ou menos agudo, reproduzido esp. por instrumento de percussão.

re.pi.sar [*Re-* + *pisar*.] *vtd.* 1. Pisar de novo, ou repetidas vezes. 2. Fazer, realizar, dizer a(s) mesma(s) coisa(s); repetir. *ti.* 3. Falar com insistência; insistir. [C.: 1]

→ **replay** (riplêi) [Ingl.] *sm.* 1. Repetição, na íntegra ou não, de programa de rádio ou televisão. 2. Repetição de trecho duma transmissão ao vivo: *o* replay *de um gol.*

re.ple.to [Lat. *repletu*.] *adj.* Muito cheio; abarrotado.

ré.pli.ca [Dev. de *replicar*.] *sf.* 1. Ato ou efeito de replicar. 2. Contestação, refutação. 3. Cópia duma escultura, pintura, etc. 4. Molécula de DNA produzida a partir de outra, que é us. como molde.

re.pli.car [Lat. *replicare*. 1F] *vtd., ti. e int.* 1. Dizer, em resposta ao que disse outrem, para negar, opor, explicar. 2. *Gen.* Tornar múltiplo. 3. *Gen.* Duplicar (molécula de DNA). *ti. e int.* 4. Replicar (1) *p.* 5. *Gen.* Duplicar-se (uma molécula de DNA). [C.: 1A]

re.po.lho (ô) [Esp. *repollo*.] *sm. Bot.* Erva brassicácea, variedade de couve rasteira, globular.

re.po.lhu.do [*Repolho* + *-udo*.] *adj.* 1. Em forma de repolho. 2. *Fig.* Gordo, rechonchudo.

re.pon.tar [*Re-* + *ponta* + *-ar²*. 1A] *v.int.* Começar a surgir, a se manifestar. [C.: 1]

re.por [*Re-* + *pôr*.] *vtd.* 1. Tornar a pôr. 2. Devolver, restituir. *tdi.* 3. Repor (2). *p.* 4. Recuperar a condição anterior; restabelecer-se. [C.: 34]

re.por.ta.gem [Fr. *reportage*. 6] *sf. Jorn.* 1. Atividade jornalística que abrange apuração de fatos, investigação, interpretação de informações e redação de texto final, etc. 2. O texto e imagens, sons, entrevistas, etc. apresentados como resultado de reportagem (1). 3. Equipe de repórteres e auxiliares, fotógrafos, etc. [Pl.: *-gens*.]

re.por.tar [Lat. *reportare*. 1A] *vtdi.* 1. Voltar, volver. 2. Dar como causa; atribuir. 3. Contar, relatar. *p.* 4. Referir-se, mencionar, aludir. 5. Prender-se; ligar-se. [C.: 1 (ó)]

re.pór.ter [Ingl. *reporter*.] *s2g.* Profissional que faz reportagens.

re.po.si.ção [Lat. *repositione*. 2] *sf.* Ato ou efeito de repor. [Pl.: *-ções*.]

re.po.si.tó.ri:o [Lat. *repositoriu*. 23] *sm.* 1. Depósito (3). 2. Repertório, coleção.

re.pos.tei.ro [B-lat. *repositariu. 25] *sm.* Cortina pendente das portas interiores da casa.

re.pou.sar [Lat. *repausare*. 1A] *vtd.* 1. Pôr em estado de repouso. 2. Diminuir a fadiga a; descansar. *tdc.* 3. Pousar, deixando em descanso. *tc.* 4. Estar colocado, estabelecido, ou assentado. 5. Estar sepultado; jazer. *ti.* 6. Ter como base, origem. *int.* 7. Estar em repouso, em inatividade; descansar. 8. Dormir. [C.: 1]

re.pou.so [Dev. de *repousar*.] *sm.* 1. Ato ou efeito de repousar. 2. Ausência de movimento. 3. Ausência de tensão ou agitação; tranquilidade.

re.pre.en.der [Lat. *reprehendere*. 1B] *vtd. e tdi.* Advertir ou censurar com energia. [C.: 2]

re.pre.en.são [Lat. *reprehensione*. 2] *sf.* Ato ou efeito de repreender; censura, pregação, reprimenda, reprovação, pito. [Pl.: *-sões*.]

re.pre.en.sí.vel [Lat. *reprehensibile*. 41B] *adj2g.* Que merece repreensão. [Pl.: *-veis*.]

re.pre.sa (ê) [Lat. *reprensa*.] *sf.* 1. Obra destinada à acumulação de água para diversos fins. 2. Barragem.

re.pre.sá.li:a [It. *ripresaglia*.] *sf.* Vingança, desforra, desforço.

re.pre.sar [Lat. *reprehensare*. 1A] *vtd.* 1. Deter, reter o curso de (águas). 2. Reprimir, conter, refrear. [C.: 1 (é)] § **re.pre.sa.men.to** *sm.*

re.pre.sen.ta.ção [Lat. *representatione*. 2A] *sf.* 1. Ato ou efeito de representar(-se). 2. Exposição escrita de motivos, queixas, etc. 3. Coisa que se representa. 4. Conjunto de representantes (políticos, esportivos, etc.); delegação. 5. Aquilo que a mente produz, o conteúdo concreto do que é apreendido pelos sentidos, a imaginação, a memória ou o pensamento. [Pl.: *-ções*.]

re.pre.sen.tan.te [Lat. *representante*. 21] *adj2g. s2g.* Que, ou quem representa.

re.pre.sen.tar [Lat. *representare*. 1A] *vtd.* 1. Ser a imagem ou a reprodução de. 2. Ser um exemplo ou caso concreto de. 3. Significar, denotar. 4. Desempenhar papel em espetáculo teatral, em filme, etc. 5. Chefiar missão de (país, governo, instituição) junto a outro. 6. Ser procurador ou mandatário de. 7. Reproduzir; descrever. 8. Desempenhar o papel, as atribuições de. *int.* 9. Desempenhar funções de ator, ou como que de ator. *p.* 10.

Apresentar-se ao espírito. [C.: 1] § **re.pre.sen.tá.vel** *adj2g*.
re.pre.sen.ta.ti.vo [*Representar*. 22A] *adj*. Que representa, ou é próprio para representar. § **re.pre.sen.ta.ti.vi.da.de** *sf*.
re.pres.são [Lat. *repressione*. 2] *sf*. Ato ou efeito de reprimir(-se). [Pl.: -*sões*.]
re.pres.si.vo [Lat. *repressus* + -*ivo*. 22] *adj*. Próprio para reprimir.
re.pres.sor (ô) [Lat. *repressore*. 19] *adj*. Que reprime.
re.pri.men.da [Fr. *réprimande*.] *sf*. V. *repreensão*.
re.pri.mir [Lat. *reprimere*. 1C] *vtd*. **1**. Não deixar que aconteça, ou que prossiga, se manifeste, se desenvolva; conter, coibir, refrear. **2**. Não fazer ou não completar (gesto, expressão de sentimento); disfarçar. **3**. Oprimir, tiranizar. **4**. Punir, castigar. *p*. **5**. Controlar ou moderar as próprias ações. [C.: 3] § **re.pri.mí.vel** *adj2g*.
ré.pro.bo [Lat. *reprobu*.] *sm*. Indivíduo mau, perverso.
re.pro.char [Fr. *reprocher*. 1A] *vtd. e tdi*. Censurar, exprobrar. [C.: 1 (ó)]
re.pro.che [Fr. *reproche*.] *sm*. Censura, admoestação.
re.pro.du.ção [*Reprodu(zir)*. 2A] *sf*. **1**. Ato ou efeito de reproduzir(-se). **2**. Quadro, gravura, etc., reproduzida. [Pl.: -*ções*.] ◆ **Reprodução assexuada**. *Biol*. Formação de novos indivíduos a partir de um único indivíduo, sem que haja a fusão de gametas; ocorre, p.ex., por divisão celular. **Reprodução sexuada**. *Biol*. Formação de novos indivíduos da mesma espécie pela fusão de 2 gametas.
re.pro.du.ti.vo [*Reprodu(zir)* (v. *produtivo*). 22A] *adj*. Reprodutor (1).
re.pro.du.tor (ô) [*Reprodu(zir)* (v. *produtor*). 19] *adj*. **1**. Que (se) reproduz. **2**. Que tem, como função, a reprodução. ● *sm*. **3**. Aquele que reproduz. **4**. Animal reservado à procriação.
re.pro.du.zir *vtd*. **1**. Tornar a produzir, ou produzir em grande número. **2**. Multiplicar (animais ou vegetais); procriar. **3**. Repetir (1). **4**. Copiar² (2). **5**. Relatar, descrever ou representar com minúcia, exatidão. *p*. **6**. Procriar. **7**. Acontecer ou realizar-se outra vez, ou muitas vezes. [C.: 41]
re.pro.va.ção [Lat. *reprobatione*. 2A] *sf*. **1**. Ato ou efeito de reprovar. **2**. V. *repreensão*. [Pl.: -*ções*.]
re.pro.var [Lat. *reprobare*. 1A] *vtd*. **1**. Não aprovar; manifestar oposição, discordância, criticar. **2**. Não concordar que se realize, ou não aceitar como apto ou digno (algo ou alguém submetido a avaliação ou decisão). [C.: 1 (ó)] § **re.pro.vá.vel** *adj2g*.
rep.tar [Lat. *reputare*. 1A] *vtd*. **1**. Opor-se ou agir em oposição a. **2**. Provocar contrariedade pela hostilidade; instigar, desafiar. [C.: 1 (é)]
rep.til¹ ou **rép.til** [Fr. *reptile*, do lat. *reptile*.] *adj2g*. Que se arrasta. [Pl.: *reptis* ou *répteis*.]

rep.til² ou **rép.til** [Tax. *Reptilia*.] *adj2g. sm*. *Zool*. Diz-se de, ou espécime dos reptis, classe de vertebrados pecilotérmicos, de pele seca, coberta de escamas, placas ou carapaça, respiração pulmonar e fecundação interna. Ex.: cobras, jacarés, tartarugas. [Pl.: *reptis* ou *répteis*.]
rep.to [Dev. de *reptar*.] *sm*. Ato ou efeito de reptar; desafio.
re.pú.bli.ca [Lat. *republica*.] *sf*. **1**. Forma de governo em que um ou vários indivíduos eleitos pelo povo exercem o poder supremo por tempo determinado. **2**. O país assim governado. **3**. Casa onde vivem estudantes.
re.pu.bli.ca.no [*República*. 29] *adj*. Da, ou que é partidário da república (1) ou de governo republicano.
re.pu.bli.que.ta (ê) [*República* + -*eta* (ê).] *sf*. República (2) em que se violam, constantemente, os princípios democráticos.
re.pu.di.ar [Lat. *repudiare*. 1A] *vtd*. **1**. Rejeitar (cônjuge) legalmente. **2**. Repelir, rejeitar. **3**. Abandonar, desamparar. [C.: 1]
re.pú.di:o [Lat. *repudiu*. 34B] *sm*. Ato ou efeito de repudiar; rejeição.
re.pug.nan.te [Lat. *repugnante*. 21] *adj2g*. **1**. Que repugna. **2**. Que causa aversão, nojo; nojento, repelente, repulsivo. § **re.pug.nân.ci:a** *sf*.
re.pug.nar [Lat. *repugnare*. 1A] *vtd*. **1**. Não aceitar, não admitir, não tolerar. ● *int. e ti*. **2**. Causar aversão, nojo. [C.: 1]
re.pul.sa [Lat. *repulsa*.] *sf*. **1**. Ato ou efeito de repelir. **2**. Sentimento ou sensação de aversão, repugnância.
re.pul.si.vo [Lat. *repulsus* + -*ivo*. 22] *adj*. **1**. Que gera repulsa. **2**. V. *repugnante* (2).
re.pu.ta.ção [Lat. *reputatione*. 2A] *sf*. **1**. Conceito em que alguém ou algo é tido. **2**. Fama, celebridade. [Pl.: -*ções*.]
re.pu.tar [Lat. *reputare*. 1A] *v. transobj. e p*. Considerar(-se), julgar(-se). [C.: 1]
re.pu.xar [*Re-* + *puxar*.] *vtd*. **1**. Puxar com violência. **2**. Puxar para trás, esticando, distendendo. [C.: 1]
re.pu.xo [Dev. de *repuxar*.] *sm*. **1**. Ato ou efeito de repuxar. **2**. Chafariz em que a água se eleva em jacto(s).
re.qua.li.fi.car *vtd*. Dar nova qualificação profissional a. [C.: 1A]
re.que.bra.do [*Requebrar*. 17A] *sm*. V. *rebolado*.
re.que.brar [*Re-* + *quebrar*.] *vtd*. **1**. Mover (parte do corpo) com graça, languidez. **2**. Dar flexão terna ou melodiosa ao. *p*. **3**. Mover, menear o corpo ao dançar ou ao andar. **4**. Requebrar os quadris; rebolar. [C.: 1 (é)]
re.que.bro (ê) [Dev. de *requebrar*.] *sm*. **1**. Ato ou efeito de requebrar(-se). **2**. Olhar, inflexão de voz, ou movimento corporal lânguidos.
re.quei.jão [*Requeija*, 'tipo de queijo'. 28A] *sm*. Queijo feito com o creme (1) coagulado pela ação do calor. [Pl.: -*jões*.]
re.quei.mar *vtd*. Queimar novamente, ou em excesso. [C.: 1]

re.quen.tar *vtd.* 1. Tornar a aquecer. 2. Submeter demoradamente à ação do calor. [C.: 1]

re.que.rer [Lat.vulg. *requaerere*.☐1B] *vtd.* 1. Pedir por meio de requerimento. 2. Encaminhar (petição) a quem possa conceder o que se pede. 3. Pedir em juízo. 4. Exigir, demandar. 5. Merecer. *tdi.* 6. Requerer (1), pedir formalmente, ou rogar algo a alguém. *int.* 7. Dirigir petições a alguém. [C.: 27] § **re.que.ren.te** *adj2g. s2g.*

re.que.ri.men.to [*Requerer*.☐3A] *sm.* 1. Ato de requerer. 2. Petição conforme as formalidades legais.

re.ques.tar [Lat. *requaesitare*.☐1A] *vtd.* 1. Buscar com diligência. 2. Pedir com insistência; instar. 3. Pretender o amor de (alguém). [C.: 1 (é)]

ré.qui.em [Lat. *requiem*.] *sm.* 1. Na liturgia católica, parte do ofício dos mortos que principia com a palavra latina *requiem* (repouso). 2. *Mús.* Composição sobre esse ofício. [Pl.: -*quiens.*]

re.quin.tar *vtd.* 1. Dar a (algo) o mais alto grau de qualidade, beleza, etc.; aprimorar. *int. e p.* 2. Atingir alto grau de perfeição, pureza, etc. 3. Ter, desenvolver ou cultivar em alto grau a sensibilidade, sutileza, elegância. [C.: 1] § **re.quin.ta.do** *adj.*

re.quin.te [Dev. de *requintar*.] *sm.* 1. Ato ou efeito de requintar(-se); esmero, apuro. 2. Refinamento (de qualidades estéticas, morais, etc.). 3. Excesso a que pode chegar um sentimento, uma regra, etc.

re.qui.si.ção [Lat. *requisitione*.☐2] *sf.* Ato ou efeito de requisitar. [Pl.: -*ções.*]

re.qui.si.tar [Lat.vulg. *requaesitare*.☐1A] *vtd.* 1. Pedir ou exigir formalmente. 2. Chamar (alguém) ou solicitar sua presença, seus serviços. *tdi.* 3. Requisitar (1). [C.: 1]

re.qui.si.to [Lat. *requisitu*.] *sm.* Condição necessária para se alcançar certo objetivo; quesito.

re.qui.si.tó.ri.o [Lat.med. *requisitoriu*.☐23] *sm.* Exposição de motivos para justificar a acusação judicial contra alguém.

rés [Fr.ant. *res*.] *adj2g2n.* 1. Raso, rente. ● *adv.* 2. V. *rente* (2).

rês [Do ár.] *sf.* Qualquer quadrúpede criado e abatido para a alimentação humana. [Pl.: *reses* (ê).]

res.cal.de.i.ro [*Rescaldo*.☐25] *sm.* Rescaldo (4).

res.cal.do [Dev. de *rescaldar*, de *re-* + *escaldar*.] *sm.* 1. Calor reverberado de um incêndio ou fornalha. 2. Cinzas com brasas; restos de fogo ou incêndio. 3. O trabalho para evitar que se inflamem de novo os restos de um incêndio recente. 4. Aparelho próprio para conservar, fora do fogão, o calor de iguarias, molhos, etc.; rescaldeiro. 5. *Fig.* Parte final, ou resultado, de um acontecimento.

res.cin.dir [Lat. *rescindere*.☐1C] *vtd.* 1. Anular (contrato). 2. Desfazer, romper (acordo). [C.: 3]

res.ci.são [Lat. *rescissione*.☐2] *sf.* Ato ou efeito de rescindir. [Pl.: -*sões.*]

res.ci.só.ri.o [Lat. *rescissoriu*.☐23] *adj.* 1. Relativo a rescisão. 2. Que causa rescisão.

res.cri.to [Lat. *rescriptu*.] *sm.* Decisão papal em assuntos teológicos.

rés do chão *sm2n.* Pavimento de uma casa ao nível do solo ou da rua.

re.se.dá [Fr. *réséda*.] *sm. Bot.* Erva resedácea, de flor perfumadíssima, do mesmo nome.

re.se.dá.ce.a [Tax. *Resedaceae*.] *sf. Bot.* Espécime das resedáceas, família de ervas e arbustos floríferos, ornamentais. § **re.se.dá.ce.o** *adj.*

re.se.nha *sf.* 1. Relato ou descrição minuciosos. 2. Texto breve, com apresentação e exame crítico de um livro ou de um escrito.

re.ser.va [Dev. de *reservar*.] *sf.* 1. Ato ou efeito de reservar(-se). 2. Aquilo que se guarda para circunstâncias imprevistas. 3. Grupo de cidadãos que cumpriram os requisitos legais do serviço militar ou foram dispensados, mas ficaram sujeitos a voltar à caserna, se necessário. 4. Parque florestal que serve para assegurar a conservação das espécies animais e vegetais. 5. Retraimento (2). 6. V. *ressalva* (4). ● *s2g.* 7. Atleta que substitui o titular quando necessário. ◆ **Reserva cambial**. *Econ.* Disponibilidade de moeda estrangeira por parte das autoridades monetárias de um país, resultante de superávits no balanço de pagamentos deste. **Reserva indígena**. Área juridicamente destinada à ocupação mais ou menos autônoma por um povo indígena, e ger. localizada em território tradicionalmente ocupado por ele. **Reserva remunerada**. *Bras.* Situação dos militares que são aposentados do serviço ativo.

re.ser.va.do [*Reservar*.☐17A] *adj.* 1. Que se reservou. 2. Retraído (2). ● *sm.* 3. Lugar, em bares e restaurantes, para fregueses que desejem ficar a sós.

re.ser.var [Lat. *reservare*.☐1A] *vtd. e tdi.* 1. Separar e guardar, para futuro uso. 2. Decidir ou garantir que (algo) esteja disponível (para alguém), em detrimento de outros. 3. Produzir, trazer (acontecimentos que parecem de antemão destinados a alguém). *p.* 4. Guardar-se, preservar-se, poupar-se. [C.: 1 (é)]

re.ser.va.tó.ri.o [*Reservar*.☐23A] *adj.* 1. Apropriado para reservar. ● *sm.* 2. Lugar ou recipiente próprio para acumular ou reservar certas coisas; depósito.

re.ser.vis.ta [*Reserva*.☐36] *s2g.* Cidadão que passou para a reserva (3).

re.se.tar [Ingl. *(to) reset*.☐1A] *vtd. Inform.* 1. Reiniciar (o computador). 2. Remover o conteúdo instalado, importado, etc. em (dispositivo, aparelho, etc.). [C.: 1 (é)]

res.fo.le.gar [*Re-* + *-es-* + *fôlego* + *-ar*².☐1A] *v.int.* 1. Respirar com esforço e/ou ruído. *td.* 2. Golfar, expelir. [C.: 1C. Com particularidade na acentuação: pres. ind.: *resfólego, resfólegas, resfólega, resfolegamos, resfolegais, resfólegam*. Pres. subj.: *resfólegue, resfólegues, resfólegue, resfoleguemos, resfolegueis, resfóleguem*. As f. proparoxítonas norm. são substituídas pelas f. correspondentes da var. *res-*

resfolgar | resolver

folgar – pres. ind.: *resfolgo, resfolgas, resfolga, resfolegamos, resfolegais, resfolgam*; pres. subj.: *resfolgue, resfolgues, resfolgue, resfoleguemos, resfolegueis, resfolguem*.]

res.fol.gar *v.int. e td.* V. *resfolegar*. [C.: 1C (ó). V. *resfolegar*.]

res.fri.a.do [*Resfriar*.◻17A] *adj.* **1.** Que se resfriou, que se tornou (muito) frio. **2.** Que tem resfriado (3). **3.** Submetido a baixa temperatura: *carne resfriada*. ● *sm.* **4.** *Med.* Distúrbio respiratório, caracterizado por congestão das mucosas das vias respiratórias superiores e por defluxo.

res.fri.ar [*Re-* + *esfriar*.] *vtd.* **1.** Esfriar de novo, ou muito. **2.** Baixar a temperatura corporal, causando resfriado (3). **3.** Submeter a temperatura baixa, esp. para conservação. *int. e p.* **4.** Tornar-se frio; esfriar(-se). **5.** Apanhar resfriado (3). [C.: 1] § **res.fri:a.men.to** *sm.*

res.ga.tar *vtd.* **1.** Livrar de cativeiro, sequestro, etc., a troco de dinheiro ou de outro valor; remir. **2.** Pagar (dívida ou compromisso). **3.** Obter por dinheiro a restituição de. **4.** Tirar de situação perigosa, ou livrar de acontecimento nefasto; salvar. **5.** Retomar, recuperar. *tdi.* **6.** Resgatar (4). [C.: 1] § **res.ga.ta.do** *adj.*; **res.ga.tá.vel** *adj2g.*

res.ga.te [Dev. de *resgatar*] *sm.* **1.** Ato ou efeito de resgatar. **2.** A quantia por que se resgata.

res.guar.dar [*Re-* + -*es*- + *guardar*.] *vtd. e tdi.* **1.** Guardar cuidadosamente. **2.** Abrigar, proteger, defender. **3.** Isentar, livrar. **4.** Observar, cumprir, seguir. *p.* **5.** Defender-se, proteger-se, poupar-se. [C.: 1]

res.guar.do [Dev. de *resguardar*.] *sm.* **1.** Ato ou efeito de resguardar(-se). **2.** Tudo que serve para defender ou resguardar de perigo ou dano. **3.** Precaução, cuidado. **4.** *Bras. Pop.* Período subsequente ao parto, em que a mulher observa certos cuidados.

re.si.dên.ci:a [Lat.med. *residentia*.◻10] *sf.* Domicílio.

re.si.den.ci.al [*Residência*.◻39] *adj2g.* **1.** De, ou relativo a residência. **2.** Onde se localizam residências. [Pl.: -*ais*.]

re.si.dir [Lat. *residere*.◻1C] *vtc.* **1.** Fixar residência; morar; habitar. **2.** Acontecer, estar presente; ter como sede. *ti.* **3.** Achar-se; ser, estar, consistir. [C.: 3] § **re.si.den.te** *adj2g.*

re.si.du.al [*Resíduo*.◻39] *adj2g.* **1.** De, ou próprio de resíduo. **2.** Formado por resíduos, ou que é resíduo. [Pl.: -*ais*.]

re.sí.du:o [Lat. *residuu*.] *sm.* O que resta de qualquer substância; resto.

re.sig.na.ção [Lat.med. *resignatione*.◻2A] *sf.* **1.** Ato ou efeito de resignar(-se). **2.** Paciência com os sofrimentos, as injustiças, etc. [Pl.: -*ções*.]

re.sig.na.do [*Resignar*.◻17A] *adj.* Que sofre com resignação.

re.sig.nar [Lat. *resignare*.◻1A] *vtd.* **1.** Demitir-se de; renunciar. *p.* **2.** Ter resignação. [C.: 1]

re.sig.na.tá.ri:o [*Resignar*.◻24A] *adj. sm.* Que, ou aquele que resigna.

re.si.na [Lat. *resina*.] *sf.* Secreção vegetal viscosa, que contém substâncias odoríferas, antissépticas, etc.

re.si.no.so (ô) [Lat. *resinosu*.◻37] *adj.* Que tem ou produz resina. [Pl.: -*nosos* (ó).]

re.sis.tên.ci:a [Lat. *resistentia*.◻10] *sf.* **1.** Ato ou efeito de resistir. **2.** Qualidade, característica ou condição do que é resistente. **3.** Força que se opõe a outra. **4.** Capacidade de um organismo sobreviver a e recuperar-se de desgaste de doença, cansaço, etc. **5.** Obstáculo, empecilho. **6.** *Eletr.* Propriedade que tem toda substância de se opor à passagem de corrente elétrica; resistência elétrica. **7.** *Impr.* Resistor. **8.** Organização clandestina que combate um governo, esp. em um país conquistado ou ocupado por inimigo. ◆ **Resistência elétrica.** V. *resistência* (6) [símb.: *R*].

re.sis.ten.te [Lat. *resistente*.◻21A] *adj2g.* Que resiste ou é capaz de resistir a alguma força ou ação; que não deteriora com o passar do tempo; durável.

re.sis.tir [Lat. *resistere*.◻1C] *vti.* **1.** Lutar contra (ataque, atacante), ou responder a (acusação ou acusador); defender-se. **2.** Não ser alterado, danificado ou destruído (por algo, ou ação de algo). **3.** Não seguir, não ser dominado (por impulso, vontade, ideia, influência, etc.); não aceitar (o que atrai). **4.** Não se deixar convencer, não aceitar, não concordar. *int.* **5.** Resistir (1 e 2). [C.: 3]

re.sis.ti.vi.da.de [*Resistivo*.◻14] *sf. Eletr.* Medida, convencionadamente calculada, da resistência (6) ao longo de um corpo.

re.sis.tor (ô) [Ingl. *resistor*.◻19] *sm. Eng.Elétr.* Dispositivo que consome eletricidade e a converte em calor.

res.ma (ê) [Do ár.] *sf.* Quinhentas folhas de papel.

res.mun.gão [*Resmungar*.◻28B] *adj. sm.* Que, ou aquele que resmunga. [Pl.: -*gões*.]

res.mun.gar [Lat. **remussicare*.◻1A] *vtd.* **1.** Pronunciar entre dentes e com mau humor. *int.* **2.** Falar baixo e com mau humor. [Sin.ger.: *rezingar*. C.: 1C]

res.mun.go [Dev. de *resmungar*.] *sm.* **1.** Ato de resmungar. **2.** Aquilo que se fala resmungando.

re.so.lu.ção [Lat. *resolutione*.◻2A] *sf.* **1.** Ato ou efeito de resolver(-se). **2.** Capacidade de resolver; decisão. **3.** Intento. **4.** *Edit. Fot. Telev.* Qualidade da imagem, relacionada diretamente à sua capacidade de reproduzir detalhes e nuanças. [Pl.: -*ções*.]

re.so.lu.to [Lat. *resolutu*.] *adj.* **1.** Audaz, decidido; resoluto (*pop.*). **2.** Desembaraçado, expedito.

re.so.lú.vel [Lat. *resolubile*.◻41] *adj2g.* Que se pode resolver. [Pl.: -*veis*.]

re.sol.ver [Lat. *resolvere*.◻1B] *vtd.* **1.** Fazer desaparecer, ou decompor. **2.** Achar a solução ou explicação de. **3.** Dar solução ou desfecho a. **4.** Deliberar-se a; decidir. *ti.* **5.** Resolver (3). *int.*

resolvido | resposta

6. Trazer vantagem. *p.* 7. Decidir-se. 8. *Pop.* Desfazer-se (tumor, etc.) sem dor nem supuração. [C.: 2 (ô-ó)]

re.sol.vi.do [Part. de *resolver*.] *adj.* 1. V. *assente*. 2. *Pop.* V. *resoluto* (1).

→ **resort** (rissórti) [Ingl.] *sm.* Local para descanso ou férias que oferece aos hóspedes atividades de lazer e entretenimento.

res.pal.dar *vtd.* Dar respaldo (2) ou cobertura a; apoiar. [C.: 1]

res.pal.do [Dev. de *respaldar*.] *sm.* 1. V. *espaldar*. 2. Apoio político, econômico, moral, etc.

res.pec.ti.vo ou **res.pe.ti.vo** [Lat.escol. *respectivu*. ■22] *adj.* 1. Relativo a cada um em particular ou em separado. 2. Competente, devido.

res.pei.tan.te [*Respeitar.* ■21] *adj2g.* V. *atinente*.

res.pei.tar [Lat. *respectare.* ■1A] *vtd.* 1. Tratar com reverência ou acatamento; honrar. 2. Dar atenção ou importância a; considerar. 3. Não agir contrariamente a (decisão, orientação, regra); acatar: *respeitar a lei.* 4. Agir de modo que não fira, não prejudique ou não ofenda (alguém), ou não destrua (algo). 5. Admitir a existência ou o valor de; reconhecer. *ti.* 6. Concernir; referir-se: *Esses dados respeitam ao processo. p.* 7. Importar-se ao respeito de outrem. [C.: 1] § **res.pei.ta.do** *adj.*; **res.pei.ta.dor** (ô) *adj.*

res.pei.tá.vel [*Respeitar.* ■41] *adj2g.* 1. Digno de respeito. 2. De grande importância. [Pl.: *-veis.*] § **res.pei.ta.bi.li.da.de** *sf.*

res.pei.to [Lat. *respectu.* ■1] *sm.* 1. Ato ou efeito de respeitar(-se), ou sentimento de quem respeita. 2. Referência, relação [us. esp. na expr. *com respeito a*]. 3. V. *consideração* (2). 4. Receio, temor, medo. ◆ **Dizer respeito a.** 1. Ter relação com; estar referido a. 2. Ser do interesse de.

res.pei.tos *smpl.* Cumprimento(s) respeitoso(s).

res.pei.to.so (ô) [*Respeito.* ■37] *adj.* Cheio de respeito, ou que o manifesta. [Pl.: *-tosos* (ó).]

res.pin.gar [*Re- + -es- + pingo + -ar*[2].■1A] *v.int.* 1. Lançar borrifos ou pingos (o líquido). *td. e p.* 2. Manchar(-se) ou molhar(-se) com borrifos, pingos, etc. [C.: 1C]

res.pin.go [Dev. de *respingar*.] *sm.* Ato ou efeito de respingar(-se); porção que respingou.

res.pi.ra.ção [Lat. *respiratione.* ■2A] *sf.* 1. Ato, efeito, processo ou função orgânica de respirar. 2. Bafo, hálito. [Pl.: *-ções.*]

res.pi.ra.doi.ro ou **res.pi.ra.dou.ro** [*Respirar.* ■26B] *sm.* 1. Orifício qualquer por onde entra e sai o ar. 2. Respiro (3).

res.pi.rar [Lat. *respirare.* ■1A] *v.int.* 1. Absorver (os seres vivos) o oxigênio do ar e expelir o gás carbônico resultante das atividades orgânicas: seja através dos pulmões, brânquias, guelras, ou da pele (nos animais), ou por processos de oxidação de diversos tipos, com trocas gasosas de várias naturezas (nos vegetais). 2. Ter vida; viver. 3. Conseguir um pouco de descanso em trabalhos, dificuldades, etc. *td.* 4. Inspirar para os pulmões (ar ou outros gases) ou absorver (oxigênio ou outras substâncias, impurezas) ao respirar (1). 5. *Fig.* Gozar, fruir, desfrutar. 6. *Fig.* Manifestar, exprimir, revelar. [C.: 1]

res.pi.ra.tó.ri:o [*Respirar.* ■23A] *adj.* Relativo à respiração.

res.pi.ro [Dev. de *respirar*.] *sm.* 1. V. *respiração* (1). 2. *Fig.* Descanso, repouso. 3. Abertura em forno, em aquecedor, etc., para dar passagem ao ar e libertar fumaça, gases, etc.; respiradouro.

res.plan.de.cên.ci:a [*Resplandecer.* ■10] *sf.* Ato ou efeito de resplandecer; resplendor.

res.plan.de.cer [Lat. *resplendescere.* ■1P] *v.int.* 1. Brilhar ou luzir muito; reluzir, refulgir. 2. Destacar-se com excelência; notabilizar-se, relevar-se. [Sin.ger.: *resplender*. C.: 2A (ê-é)] § **res.plan.de.cen.te** *adj2g.*

res.plen.der [Lat. *resplendere.* ■1B] *v.int.* V. *resplandecer.* [C.: 2]

res.plen.dor (ô) [Lat. *resplendore.* ■19] *sm.* 1. Resplandecência. 2. Brilho intenso; esplendor. 3. V. *auréola* (1). 4. *Fig.* Glória, fama.

res.pon.dão [*Responder.* ■28B] *adj.* Que costuma responder, e com palavras ásperas. [Pl.: *-dões.* Fem.: *respondona.*]

res.pon.der [Lat. *respondere.* ■1B] *vtd. e tdi.* 1. Comunicar, falando ou escrevendo, pensamento, sentimento, informação. 2. Replicar, retorquir. *ti.* 3. Responder (1 e 2). 4. Revidar (a uma agressão física ou moral). 5. Dar como resposta. 6. Responsabilizar-se: *responder por seus atos.* 7. Ser submetido (a processo, inquérito, etc.). *int.* 8. Responder (1, 2, e 7). [C.: 2]

res.pon.sa.bi.li.da.de [*Responsável (-bil-).* ■14] *sf.* 1. Qualidade ou condição de responsável. 2. *P.ext.* Condição de causador de algo (esp. dano); culpa. 3. Aquilo (tarefa, ação) pelo qual alguém é responsável; obrigação, dever. 4. *Jur.* Condição jurídica de quem, sendo considerado capaz de conhecer e entender as regras e leis e de determinar as próprias ações, pode ser julgado e punido por seus atos.

res.pon.sa.bi.li.zar [*Responsável (-bil-).* ■1D] *vtd., tdi. e p.* Tornar(-se) ou considerar(-se) responsável: *Responsabilizou-se pelos irmãos.* [C.: 1] § **res.pon.sa.bi.li.za.ção** *sf.*

res.pon.sá.vel [Fr. *responsable.* ■41] *adj2g.* 1. Diz-se de quem deve cuidar de algo ou alguém, ou de quem deve realizar certa tarefa. 2. Diz-se de quem está obrigado a justificar (a outras pessoas, à sociedade) suas próprias ações ou de outrem. 3. Diz-se de quem busca cumprir suas obrigações ou deveres. 4. Que é causa de algo. ● *s2g.* 5. Indivíduo responsável. [Pl.: *-veis.* Superl.: *responsabilíssimo.*]

res.pos.ta [Lat. *reposita* ou *reposta*.] *sf.* 1. Ato ou efeito de responder. 2. O que se diz ou escreve respondendo a uma pergunta ou a um pedido, ou a uma carta, a um telegrama, etc. 3. Solução (2). 4. Qualquer ato ou processo que se segue a um estímulo exterior e a ele está imediatamente ligado. 5. *Eletrôn.* Sinal de saída de um dispositivo ou circuito, resultante de transformação de sinal de entrada.

res.quí.ci.o [Esp. *resquicio*.] *sm.* Resíduo(s), resto(s) que são indício ou vestígio.

res.sa.bi.ar [*Ressábio*, 'ranço'. ◘1A] *v.int. e p.* **1.** Tomar ressábio; rançar. **2.** Melindrar-se, ofender-se. **3.** Mostrar-se ou ficar (o animal) assustadiço. [C.: 1] § **res.sa.bi.a.do** *adj.*

res.sa.ca [Esp. *resaca*.] *sf.* **1.** Refluxo de uma vaga, ou o encontro dele com nova onda. **2.** *Bras.* Investida, contra o litoral, das vagas do mar muito agitado. **3.** *Fig.* Inconstância, volubilidade. **4.** *Fig.* Indisposição que, por vezes, se segue à embriaguez.

res.sai.bo [Dev. de *ressaber*.] *sm.* **1.** Mau sabor. **2.** Indício, sinal. **3.** *Fig.* Mágoa, ressentimento.

res.sa.ir [*Re-* + *sair*.] *v.int.* V. *ressaltar* (2). [C.: 38]

res.sal.tar *vtd.* **1.** Dar vulto ou relevo a; destacar. *int.* **2.** Distinguir-se dos demais; sobressair, ressair. [C.: 1]

res.sal.va [Dev. de *ressalvar*.] *sf.* **1.** Nota para corrigir erro num texto. **2.** Documento para garantia de alguém ou de algo. **3.** Isenção de certos deveres ou obrigações. **4.** Exceção, reserva, restrição.

res.sal.var *vtd.* **1.** Estabelecer ressalva a (um acordo, contrato, ação a ser realizada). **2.** Excetuar, excluir. **3.** Corrigir (texto) com emendas ou notas. [C.: 1]

res.sar.cir [Lat. *resarcire*. ◘1C] *vtd., tdi. e p.* Indenizar(-se), compensar(-se). [C.: 9. Alguns aceitam a conjugação integral, paradigma 3, com ç substituindo o c antes de a e de o.] § **res.sar.ci.men.to** *sm.*

res.se.ção ou **res.sec.ção** [Lat. *resectione*. ◘2] *sf.* *Cir.* Excisão de órgão, ou de parte dele. [Pl.: -ções. Cf. *recessão*.]

res.se.car [*Re-* + *secar*.] *vtd.* **1.** Secar novamente, ou secar muito. **2.** Sujeitar à evaporação intensa. *p.* **3.** Tornar-se excessivamente seco. [C.: 1A (é)] § **res.se.ca.men.to** *sm.*; **res.se.can.te** *adj2g.*

res.se.gu.ro [Dev. de *ressegurar*.] *sm.* Operação pela qual uma companhia seguradora se alivia de parte do risco de um seguro já feito, contraindo novo seguro em outra companhia.

res.sen.ti.do [Part. de *ressentir*.] *adj.* **1.** Que tem ou demonstra ressentimento ou mágoa; ofendido, magoado. **2.** Que se magoa facilmente. **3.** Que sente ou se ressente de dano, abalo ou moléstia.

res.sen.ti.men.to [*Ressentir*. ◘3] *sm.* **1.** Ato ou efeito de ressentir(-se). **2.** Sentimento mais ou menos persistente de desagrado com algo ou alguém; mágoa.

res.sen.tir [*Re-* + *sentir*.] *vtd.* **1.** Sentir de novo, ou profundamente. **2.** Magoar-se ou ofender-se com. *p.* **3.** Mostrar-se ofendido; magoar-se, sentir-se. **4.** Sofrer as consequências (ger., danosas) de algo. [C.: 48]

res.se.quir [*Ressecco*. ◘1C] *vtd.* **1.** Ressecar (1). **2.** Fazer perder o suco ou umidade. *p.* **3.** Ressecar (3). [C.: 9] § **res.se.qui.do** *adj.*

res.so.ar [Lat. *resonare*. ◘1A] *vtd.* **1.** Fazer soar; ressoar. **2.** Repetir, propagar, prolongar ou intensificar (som), refletindo-o, ou recebendo suas vibrações e passando a vibrar também. *int.* **3.** Soar de novo; continuar a soar; ecoar. **4.** Ser, ou produzir som forte; soar com força; ressonar. [C.: 1D. Cf. *ressuar*.] § **res.so.an.te** *adj2g.*

res.so.nân.ci.a [Lat. *resonantia*. ◘9] *sf.* **1.** Qualidade do que ressoa; capacidade de ressoar. **2.** Fenômeno pelo qual um corpo vibra com maior intensidade quando o atingem vibrações produzidas por outro, produzindo, p.ex., maior volume de som ou prolongando a duração deste. **3.** *Fís.* Transferência de energia de um sistema oscilante para outro quando a frequência do primeiro coincide com uma das frequências próprias do segundo. ♦ **Ressonância magnética.** *Med.* Efeito observado na absorção de radiofrequência pela matéria, e que é us. na obtenção de imagens que mostram a variação da densidade dos tecidos em certos órgãos.

res.so.nar [Lat. *resonare*. ◘1A] *vtd.* **1.** Ressoar (1). *int.* **2.** Roncar (1). **3.** Respirar com regularidade, dormindo. **4.** Ressoar (4). [C.: 1] § **res.so.nan.te** *adj2g.*

res.su.mar [*Re-* + *sumo*[1] + *-ar*[2]. ◘1A] *vtd.* **1.** Deixar cair gota a gota (líquido). *int.* **2.** Dar passagem a líquido, filtrando-o. [C.: 1] § **res.su.man.te** *adj2g.*

res.su.pi.no [Lat. *resupinu*.] *adj.* Supino (2).

res.sur.gir [Lat. *resurgere*. ◘1C] *v.int.* **1.** Tornar a surgir; reaparecer. **2.** Voltar a existir ou a viver. *td.* **3.** Fazer voltar a existir ou a viver; ressuscitar. [C.: 3A] § **res.sur.gen.te** *adj2g.*; **res.sur.gi.men.to** *sm.*

res.sur.rei.ção [Lat. *resurrectione*. ◘2] *sf.* Ato ou efeito de ressurgir ou ressuscitar. [Pl.: -ções.]

res.sus.ci.ta.ção [Lat. *ressuscitatione*. ◘2A] *sf.* *Med.* Conjunto de manobras que visam recuperar indivíduo aparentemente morto. [Pl.: -ções.]

res.sus.ci.tar [Lat. *resuscitare*. ◘1A] *vtd.* **1.** Fazer voltar à vida. **2.** Dar nova existência a; fazer reaparecer. *int.* **3.** Tornar a viver, após ter morrido. **4.** Reaparecer, ressurgir. [C.: 1]

res.ta.be.le.cer *vtd.* **1.** Estabelecer de novo. **2.** V. *restaurar* (1). *p.* **3.** Sair de condição aflitiva; recuperar as próprias forças, ou saúde, ânimo, etc.; recobrar-se, refazer-se, restaurar-se. **4.** Tornar a estabelecer-se; reconstituir-se, repor-se. [C.: 2A (ê-é)] § **res.ta.be.le.ci.men.to** *sm.*

res.tan.te [Lat. *restante*. ◘21] *adj2g.* **1.** Que resta. ● *sm.* **2.** V. *resto* (1).

res.tar [Lat. *restare*. ◘1A] *v.int.* **1.** Sobrar. **2.** Continuar a existir depois (de outra coisa ou pessoa); sobreviver. **3.** Ficar, subsistir, após exclusão ou eliminação dos demais. **4.** Ficar ou estar sem ser feito, realizado, completado. *ti.* **5.** Restar (2 a 4). [C.: 1 (é)]

res.tau.ran.te [Fr. *restaurant*.] *sm.* Estabelecimento onde se preparam e se servem refeições.

res.tau.rar [Lat. *restaurare*.☐1A] *vtd.* **1.** Pôr em bom estado, refazendo ou consertando o quebrado, renovando o deteriorado, repondo o que se gastou. **2.** Pôr de novo em vigor. **3.** Restituir (uma dinastia, um governo derrubado) ao poder. *p.* **4.** V. *restabelecer* (3). [C.: 1] § **res.tau.ra.ção** *sf.*; **res.tau.ra.do** *adj.*; **res.tau.ra.dor** (ô) *adj. sm.*

rés.ti:a [Lat. *reste.*] *sf.* **1.** Corda de palha ou de hastes entrelaçadas. **2.** Feixe de luz. **3.** O conjunto das cebolas ou cabeças de alho reunidas na réstia (1).

res.tin.ga [V.E] *sf.* **1.** Banco de areia ou de pedra em alto-mar. **2.** *Bras.* Depressão rasa e reta, alagada ou seca, paralela à linha da costa.

res.ti.tu.ir [Lat. *restituere.*☐1C] *vtd. e tdi.* **1.** Entregar (o que se tinha por empréstimo, ou indevidamente); devolver, repor. **2.** Fazer voltar, retornar. **3.** Compensar, ressarcir. *tdc.* **4.** Enviar ou encaminhar ao lugar de origem. [C.: 42] § **res.ti.tu:i.ção** *sf.*

res.to [Dev. de *restar.*] *sm.* **1.** O que fica ou resta; o mais; o restante. **2.** Aquilo que sobra; saldo. **3.** Resíduo. **4.** *Mat.* Numa divisão aritmética, a diferença entre o dividendo e o produto do divisor pelo quociente. ♦ **De resto.** Quanto ao resto; excetuando isto que já foi dito.

res.to.lhal [*Restolho.*☐39] *sm.* Restolho (2). [Pl.: *-lhais.*]

res.to.lho (ô) [V.E] *sm.* **1.** A parte de capim ou grama que fica enraizada após a ceifa. **2.** Terreno em que há restolho; restolhal. **3.** *Bras.* Restos, sobras. [Pl.: *-tolhos* (ó).]

res.tos *smpl.* **1.** Destroços, ruínas. **2.** O cadáver de alguém, ou seu esqueleto, após a decomposição do cadáver; despojos. **3.** O que sobrou; sobras, sobra, sobejo.

res.tri.ção [Lat. *restrictione.*☐2] *sf.* Ato ou efeito de restringir(-se); aquilo que restringe. [Pl.: *-ções.*]

res.trin.gir [Lat. *restringere.*☐1C] *vtd.* **1.** Tornar mais estreito ou apertado; estreitar. **2.** Tornar menor, mais curto. **3.** Definir ou determinar estritamente as condições, o âmbito, o grau máximo, etc.; limitar, delimitar. *tdi.* **4.** Aplicar ou associar exclusivamente a; não deixar ser, ou não considerar, mais amplo ou importante que algo. *p.* **5.** Limitar-se, reduzir-se. [C.: 3A]

res.tri.ti.vo [Lat. *restrictus* + *-ivo.*☐22] *adj.* Que restringe; limitativo.

res.tri.to [Lat. *restrictu.*] *adj.* **1.** Que se mantém dentro de limites. **2.** Diminuído em extensão; reduzido.

re.sul.ta.do [Subst. do part. de *resultar.*] *sm.* **1.** Ato ou efeito de resultar. **2.** Produto de uma operação matemática. **3.** Termo, fim. **4.** Lucro, proveito.

re.sul.tar [Lat. *resultare.*☐1A] *vti.* **1.** Produzir-se ou apresentar-se, ao fim de certo evento ou processo; ser um resultado. **2.** Ter origem; proceder. **3.** Produzir, criar, fazer acontecer, ao fim de um evento ou processo; redundar. **4.** Converter-se, transformar-se. [C.: 1] § **re.sul.tan.te** *adj2g.*

re.su.mi.do [Part. de *resumir.*] *adj.* **1.** Que se resumiu; sintético. **2.** Curto, breve.

re.su.mir [Lat. *resumere.*☐1C] *vtd.* **1.** Relatar, expor ou expressar, em poucas palavras. **2.** Expor novamente, de forma breve. **3.** Apresentar aquilo que é mais importante, ou a essência de; sintetizar. *tdi.* **4.** Limitar, reduzir, restringir. *p.* **5.** Consistir apenas; limitar-se, restringir-se. **6.** Ser breve, usar poucas palavras. [C.: 3] § **re.su.mi.dor** (ô) *adj. sm.*; **re.su.mi.ti.vo** *adj.*

re.su.mo [Dev. de *resumir.*] *sm.* **1.** Ato ou efeito de resumir. **2.** Exposição curta, breve, de uma sucessão de acontecimentos, das características gerais de algo, etc.; extrato, síntese, sinopse, sumário. **3.** Apresentação, em poucas palavras, do conteúdo de artigo, livro, etc. **4.** Aquilo que representa, ilustra ou traz em si as principais características de algo maior.

res.va.lar [Esp. *resbalar.*☐1A] *v.int.* **1.** Cair por um declive. **2.** Escorregar, deslizar. *tdc.* **3.** Tocar, roçar. *tc.* **4.** Passar de leve; correr, deslizando. *ti.* **5.** Ser levado a (determinada ação, erro, engano). [C.: 1]

re.ta [F.subst. de *reto.*] *sf.* **1.** Linha, traço ou risco que segue sempre a mesma direção. **2.** Trecho retilíneo duma estrada, etc.

re.tá.bu.lo [Esp. *retablo.*] *sm.* Construção de madeira, ou mármore, etc., com lavores, que fica por trás e/ou acima do altar e encerra um ou mais painéis pintados ou em baixo-relevo.

re.ta.guar.da [It. *retroguardia.*] *sf.* **1.** O último elemento de tropa de unidade em campanha. **2.** A parte traseira, em relação à frente ou dianteira.

re.tal [*Reto.*☐39] *adj2g. Anat.* Do, ou pertencente ou relativo ao reto (5). [Pl.: *-tais.*]

re.ta.lhar [*Re-* + *talhar.*] *vtd.* **1.** Cortar em pedaços, ou fazer retalhos de. **2.** Golpear ou ferir com instrumento cortante. **3.** Fracionar, dividir. [C.: 1. Cf. *retaliar.*]

re.ta.lhis.ta [*Retalho.*☐36] *adj2g.* **1.** Que vende a retalho. **2.** Referente ao comércio a retalho. ● *s2g.* **3.** Vendedor a retalho.

re.ta.lho [Dev. de *retalhar.*] *sm.* **1.** Parte ou pedaço de coisa retalhada. **2.** Sobra de tecido.

re.ta.li.ar [Lat. *retaliare.*☐1A] *vtd.* **1.** Revidar com dano igual ao recebido. **2.** Exercer represália contra; vingar, desforrar. [C.: 1. Cf. *retalhar.*] § **re.ta.li:a.ção** *sf.*

re.tan.gu.lar [*Retângulo.*☐40] *adj2g.* Em forma de retângulo.

re.tân.gu.lo [Lat.med. *rectangulu.*] *adj.* **1.** Que tem ângulo(s) reto(s). ● *sm.* **2.** *Geom.* Quadrilátero cujos ângulos são retos.

re.tar.da.do [*Retardar.*☐17A] *adj.* **1.** Atrasado. **2.** Demorado. ● *sm.* **3.** *Deprec.* Indivíduo cujo desenvolvimento mental é inferior ao normal.

re.tar.dar [Lat. *retardare.*☐1A] *vtd.* **1.** Tornar tardio, ou causar o atraso de; atrasar, tardar. **2.** Adiar. **3.** Tornar mais lento (algo que se move, ou um processo ou desenvolvimento no

retardatário | retrair

tempo). *int.* e *p.* **4.** Atrasar(-se). [C.: 1] § **re.tar.da.men.to** *sm.*

re.tar.da.tá.ri:o [*Retardar.*☐24A] *adj. sm.* Que, ou aquele que se retarda, que chega tarde.

re.te.lhar [*Re-* + *telhar.*] *vtd.* Pôr novas telhas em, ou reorganizá-las. [C.: 1 (é)]

re.tem.pe.rar [*Re-* + *temperar.*] *vtd.* **1.** Dar nova têmpera a. **2.** Fortalecer, fortificar. *p.* **3.** Revigorar (2). [C.: 1 (é)]

re.ten.ção [Lat. *retentione.*☐2A] *sf.* Ato ou efeito de reter(-se). [Pl.: -ções.]

re.ten.ti.va *sf.* Memória (1).

re.ter [Lat. *retinere.*☐1B] *vtd.* **1.** Ter ou manter firme; segurar com firmeza. **2.** Guardar em seu poder (o que é de outrem). **3.** Conservar, manter. **4.** Impedir o movimento, fluxo, ou a saída de; deter. **5.** Reprimir, conter. **6.** Conservar na memória. [C.: 15]

re.te.sar [*Reteso.*☐1A] *vtd.* e *p.* Tornar(-se) tenso ou rijo; entesar(-se). [C.: 1 (é)] § **re.te.sa.men.to** *sm.*

re.ti.cên.ci:a [Lat. *reticentia.*] *sf.* **1.** Omissão intencional duma coisa que se devia ou podia dizer. **2.** Qualidade ou condição de reticente.

re.ti.cên.ci:as *sfpl.* Sinal de pontuação: fileira de 3 ou mais pontos, num texto, para indicar interrupção do pensamento ou omissão de coisa que se diria.

re.ti.cen.te [Lat. *reticente.*☐21] *adj2g.* Retraído; discreto.

re.tí.cu.la [Fr. *réticule.*] *sf. Art.Gráf.* **1.** Malha de pontos us. em reprodução de imagens com meios-tons, em quadricromia, e em efeitos gráficos diversos. **2.** Cada ponto dessa malha.

re.ti.cu.la.do [Lat. *reticulatu.*☐17B] *adj.* Que tem forma de rede.

re.ti.dão [Lat. *rectitudine.*] *sf.* **1.** Qualidade ou característica de reto. **2.** Correção ao falar ou proceder. [Pl.: *-dões.*]

re.ti.fi.car [Lat. *rectificare.*☐1A] *vtd.* **1.** Tornar reto. **2.** Corrigir, emendar. **3.** Purificar (líquidos) destilando novamente. **4.** *Bras.* Restaurar (motor). [C.: 1A. Cf. *ratificar.*] § **re.ti.fi.ca.ção** *sf.*

re.ti.lí.ne:o [Lat. *rectilineu.*] *adj.* **1.** Que segue em linha reta. **2.** Formado por segmento de reta.

re.ti.na [Lat.med. *retina.*] *sf. Anat.* A camada mais interna do olho, que recebe a luz e emite os estímulos das sensações visuais.

re.ti.nir [Lat. *retinnire.*☐1C] *v.int.* **1.** Tinir (1) muito, ou demoradamente. **2.** Ressoar (4). [C.: 8]

re.ti.ni.te [*Retina* + *-ite*[1].] *sf. Oftalm.* Inflamação da retina.

re.tin.to [Lat. *retinctu.*] *adj.* De cor escura e carregada.

re.ti.ra.da [*Retirar.*☐4] *sf.* **1.** Ato ou efeito de retirar(-se). **2.** Movimento das tropas que se afastam do inimigo ou abandonam terreno.

re.ti.ran.te [*Retirar.*☐21] *s2g. Bras.* Sertanejo nordestino que emigra, fugindo à seca.

re.ti.rar [*Re-* + *tirar.*] *vtd.* **1.** Tirar, puxar para trás, ou para si. **2.** Levar de onde estava, ou de dentro de onde estava; tirar. **3.** Afirmar que não é verdadeiro, ou não é válido (aquilo que se afirmara); desdizer. *tdi.* **4.** Obter, ganhar; ter ou tirar como proveito. **5.** Não deixar algo na posse ou no direito de alguém; tirar, despojar. *tdc.* **6.** Retirar (2). *p.* **7.** Afastar-se de algum lugar. **8.** Ir viver em algum lugar solitário. [C.: 1] § **re.ti.ra.do** *adj.*

re.ti.ro [Dev. de *retirar.*] *sm.* **1.** Lugar solitário, deserto. **2.** Lugar de recolhimento para reflexão, meditação. **3.** Tempo de recolhimento para exercícios espirituais.

re.to [Lat. *rectu.*] *adj.* **1.** Que não tem curvatura, sinuosidade ou inflexão; que segue sempre a mesma direção; direito, direto. **2.** Perpendicular ao plano horizontal. **3.** *Fig.* Justo, honesto, íntegro. **4.** *Geom.* Diz-se do ângulo de 90°, correspondente à quarta parte da circunferência, como o formado entre uma linha horizontal e outra vertical. ● *sm.* **5.** *Anat.* Porção terminal do intestino grosso, que se estende até o ânus.

re.to.car *vtd.* **1.** Dar ou fazer retoques em. **2.** Restaurar (1). [C.: 1A (ó)]

re.to.mar [*Re-* + *tomar.*] *vtd.* Tomar novamente; recobrar, recuperar. [C.: 1]

re.to.que [Dev. de *retocar.*] *sm.* Correções e/ou aperfeiçoamentos finais numa obra, fotografia, etc.

re.tor.cer [Lat. **retorcere.*☐1B] *vtd.* **1.** Torcer de novo, ou muitas vezes. *p.* **2.** Contorcer-se, contrair-se. [C.: 2A (ô-ó)]

re.tor.ci.do [Part. de *retorcer.*] *adj.* Muito torcido ou torto.

re.tó.ri.ca [Lat. *rhetorica.*] *sf.* **1.** Eloquência; oratória. **2.** Conjunto de regras relativas à eloquência (2).

re.tó.ri.co [Lat. *rhetoricu,* do gr.☐35B] *adj.* **1.** Relativo à retórica. **2.** *Pej.* Afetado ou pomposo (estilo), superficial, sem conteúdo (discurso, etc.). **3.** Feito ou apresentado para argumentar, impressionar, convencer.

re.tor.nar [*Re-* + *tornar.*] *vtc.* **1.** Voltar (ao ponto de partida); regressar. **2.** Tomar direção oposta àquela em que se encontra. *int.* **3.** Chegar de volta. *tdc.* **4.** Fazer voltar; tornar. [C.: 1 (ó)]

re.tor.no (ô) [Dev. de *retornar.*] *sm.* V. *regresso.* **2.** *Bras.* Nas rodovias e ruas, desvio próprio para retornar, ou manobra para tal. [Pl.: *-tornos* (ô).]

re.tor.quir [Lat. *retorquere.*☐1C] *vtd., tdi., ti.* e *int.* Replicar. [C.: 8]

re.tor.ta [Lat. *retorta.*] *sf.* Vaso de gargalo recurvo, us. em operações químicas.

re.tra.ção [Lat. *retractione.*☐2A] *sf.* Ato ou efeito de retrair(-se). [Pl.: *-ções.*]

re.tra.í.do [Part. de *retrair.*] *adj.* **1.** Puxado para trás. **2.** Diz-se de pessoa pouco comunicativa; reservado. **3.** Acanhado, tímido.

re.tra:i.men.to [*Retrair.*☐3] *sm.* **1.** Retração. **2.** Condição, procedimento ou atitude de retraído (2 e 3); reserva.

re.tra.ir [Lat. *retrahere.*☐1C] *vtd.* **1.** Puxar ou trazer em sua direção (parte do corpo que estava estendida). **2.** Encolher, contrair. **3.** Fazer voltar para trás; recuar, retirar. *p.* **4.** Retirar-se ou esconder-se, encolhendo-se, contraindo-se. **5.** Isolar-se, apartar-se. **6.** Tornar-se retraído (2 e 3). [C.: 38]

re.tran.ca *sf.* **1.** Rabicho (2). **2.** *Tip.* Marcação dos originais destinados a jornal ou revista para classificá-los e facilitar a paginação. **3.** *Fut.* Tática em que se mantém a maioria dos jogadores na defesa, atacando só raramente.

re.trans.mis.são [*Re-* + *transmissão.*] *sf.* **1.** Ato ou efeito de retransmitir(-se). **2.** Aquilo que é retransmitido. [Pl.: -*sões.*]

re.trans.mis.sor (ô) [*Re-* + *transmissor.*] *adj. sm.* Diz-se de, ou aparelho de telecomunicação que retransmite os sinais recebidos.

re.trans.mis.so.ra (ô) *sf. Eng.Eletrôn. Rád. Telev.* Estação que retransmite ondas radioelétricas, esp. as de programas de outras emissoras.

re.trans.mi.tir [Lat. *retransmittere.* ▣1C] *vtd.* **1.** Transmitir novamente. **2.** *Telecom.* Transmitir (sinais recebidos, ou as mensagens com eles formadas). **3.** Transmitir-se, propagar-se, novamente. [C.: 3]

re.tra.tar[1] [*Retrato*[1]. ▣1A] *vtd.* **1.** Fazer retrato (1) de; reproduzir a imagem de. **2.** Representar ou descrever com exatidão ou vividamente. **3.** Deixar ver, apresentar, mostrar. *transobj.* **4.** Descrever, apresentar, com certo aspecto ou qualidade. *p.* **5.** Fazer o próprio retrato. **6.** Apresentar-se, mostrar-se, expressar-se. [C.: 1]

re.tra.tar[2] [Lat. *retractare.* ▣1A] *vtd.* **1.** Retirar, considerar inválida (afirmação); admitir que (algo que se disse) era falso, errado, ou que não deveria ter sido dito. *p.* **2.** Retirar o que se disse; desdizer-se. [C.: 1] § **re.tra.ta.ção** *sf.*

re.trá.til ou **re.trác.til** [Lat. *retractus*, de *retrahere*, 'retrair', + -*il*[1].] *adj2g.* Capaz de se retrair. [Opõe-se a *protrátil.* Pl.: -*tráteis* ou -*trácteis.*]

re.tra.tis.ta [*Retrato*. ▣36] *s2g.* Quem tira ou faz retratos.

re.tra.to [It. *ritratto.*] *sm.* **1.** Representação da imagem duma pessoa real, por desenho, pintura, gravura, etc., ou por fotografia. **2.** Figura, efígie (de alguém). **3.** *Fig.* Pessoa muito semelhante a outra. **4.** *Fig.* Modelo; exemplo. **5.** *Fig.* Descrição mais ou menos fiel e detalhada de algo ou de alguém.

re.tre.ta (ê) [Fr. *retraite.*] *sf. Bras.* Concerto de uma banda de música em praça pública.

re.tre.te (ê ou é) [Cat. *retret*, 'lugar retirado'.] *sf.* V. *latrina.*

re.tri.bui.ção [Lat. *retributione.* ▣2A] *sf.* **1.** Ato ou efeito de retribuir. **2.** Aquilo com que se retribui. **3.** Pagamento (2). **4.** V. *prêmio* (1). [Pl.: -*ções.*]

re.tri.bu.ir [Lat. *retribuere.* ▣1C] *vtd., ti., tdi. e int.* **1.** Dar ou fazer (a alguém) algo considerado de mesma natureza ou valor que outra coisa recebida. **2.** Dar recompensa ou pagamento (a). **3.** Tratar ou considerar outrem da mesma maneira que se é por ele tratado ou considerado; corresponder. [C.: 42]

re.triz [Lat. *rectrice.*] *sf. Zool.* Cada uma das penas da cauda, que orientam o voo das aves.

re.tro.a.gir [Lat. *retroagere.* ▣1C] *v.int.* Ser aplicável a (julgamento de) fatos ou atos passados; ter efeito sobre, ou modificar, o que já está feito, decidido, etc. [C.: 3A]

re.tro.a.li.men.ta.ção *sf.* Modificação em sistema, comportamento ou programa, por efeito da(s) resposta(s) à ação do próprio sistema, comportamento ou programa. [Pl.: -*ções.*]

re.tro.a.ti.vo [Lat. *retroactum* + -*ivo.* ▣22] *adj.* Que retroage.

re.tro.ce.der [Lat. *retrocedere.* ▣1B] *v.int.* **1.** Ir para trás; recuar. **2.** *Fig.* Desistir de um intento; ceder, recuar. [C.: 2 (ê-é)]

re.tro.ces.so [Lat. *retrocessu.*] *sm.* Ato ou efeito de retroceder ou regredir; regressão.

re.tró.gra.do [Lat. *retrogradu.* ▣17] *adj.* **1.** Que retrogrou. **2.** Contrário ao progresso.

re.tro.pro.je.tor [*Retr(o)-* + *projetor.*] *sm.* Aparelho para projeção de textos e imagens registrados sobre suporte transparente iluminado por detrás.

re.trós [Fr. *retors.*] *sm.* **1.** Fio(s) de seda torcido(s), ou de algodão, para costura. **2.** Cilindro com retrós (1). [Pl.: -*troses.*]

re.tros.pec.ti.va *sf.* Exposição ou apresentação de realizações ou fatos passados, numa sequência que segue a ordem cronológica em que ocorreram.

re.tros.pec.ti.vo [*Retrospecto.* ▣22] *adj.* Que se volta para o passado, ou referente a ele.

re.tros.pec.to [Lat. *retrospectu.*] *sm.* **1.** Atenção a, ou rememoração e análise de fatos ou coisas do passado. **2.** Retrospectiva.

re.tros.ter.nal [*Retr(o)-* + *esterno* + -*al*[1]. ▣39] *adj2g.* Situado posteriormente ao esterno. [Pl.: -*nais.*]

re.tro.vi.rus [Ingl. *retrovirus.*] *sm2n. Biol.* Nome comum a certos vírus RNA, como, p.ex., o vírus da aids.

re.tro.vi.sor (ô) [*Retr(o)-* + *visor.*] *adj. sm.* Diz-se de, ou cada um dos espelhos colocados nos veículos automóveis para dar, a quem guia, visibilidade traseira.

re.tru.car [*Re-* + *trucar.* ▣1A] *vtd., tdi. e int.* Replicar. [C.: 1A]

re.tum.ban.te [*Retumbar.* ▣21] *adj2g.* **1.** Que retumba. **2.** Ruidoso, barulhento; que faz estardalhaço. **3.** *Fig.* Que provoca rebuliço, agitação.

re.tum.bar [Port.arc. *retombar.* ▣1A] *v.int.* Ressoar com estrondo; ribombar. [C.: 1A]

re.tur.no [*Re-* + *turno.*] *sm.* Nos campeonatos esportivos, segunda série de jogos, em que os mesmos concorrentes voltam a enfrentar-se, com inversão do mando de campo.

réu [Lat. *reu.*] *sm.* Aquele contra quem se instaurou ação civil ou penal. [Fem.: *ré*[1] (q.v.).]

reumatismo | revestir

reu.ma.tis.mo [Lat. *rheumatismu*.▫11] *sm. Med.* Cada uma de um grupo de doenças caracterizadas por inflamação, degeneração ou distúrbio metabólico de tecido conjuntivo de articulações e de outras estruturas, além de possíveis acometimentos de órgãos internos (coração, etc.). § **reu.má.ti.co** *adj.*

reu.ma.to.lo.gi:a [*Reumat*(o)- + -*logia*.▫2] *sf. Med.* Ramo da medicina que se ocupa de doenças reumáticas. § **reu.ma.to.ló.gi.co** *adj.*; **reu.ma.to.lo.gis.ta** *s2g.*

re:u.ni.ão [*Reunir*, a ex. de *unir/união*.▫2] *sf.* **1.** Ato ou efeito de reunir(-se). **2.** Agrupamento de pessoas para tratar de qualquer assunto. **3.** *Mat.* V. *conjunto união*. [Pl.: -*ões*.] ♦ **Reunião de cúpula.** Encontro de dirigentes, para deliberar.

re:u.nir [*Re-* + *unir*.] *vtd.* **1.** Unir outra vez. **2.** Juntar (o que estava disperso); agrupar. **3.** Conciliar (1). **4.** Ligar, anexar. **5.** Ter ou apresentar ao mesmo tempo (qualidades, condições, etc.). **6.** Chamar (muitos indivíduos); convocar. *tdi.* **7.** Reunir (1, 3, 4 e 5). *p.* **8.** Juntar-se. **9.** Comparecer no mesmo local. [C.: 3D] § **re:u.ni.do**

re:u.ti.li.zar [*Re-* + *utilizar*.] *vtd.* **1.** Tornar a utilizar. **2.** Dar novo uso a. [C.: 1] § **re:u.ti.li.za.ção** *sf.*; **re:u.ti.li.zá.vel** *adj2g.*

re.va.li.dar [*Re-* + *validar*.] *vtd.* Validar de novo; confirmar. [C.: 1]

re.van.che [Fr. *revanche*.] *sf.* **1.** Desforra. **2.** O turno ou a vez de quem tenta recobrar qualquer posição perdida.

re.van.chis.mo [*Revanche*.▫11] *sm.* Tendência obstinada para a desforra, esp. de caráter político.

re.vel [Lat. *rebelle*.] *adj2g.* **1.** Que se revolta; rebelde. **2.** Diz-se do réu, ou da ré, que não apresenta sua defesa no prazo devido. ● *s2g.* **3.** Réu ou ré revel. [Pl.: *revéis*.]

re.ve.la.ção [Lat. *revelatione*.▫2A] *sf.* **1.** Ato ou efeito de revelar(-se). **2.** *Rel.* Entre os cristãos, ação divina que comunica aos homens os desígnios de Deus e a verdade que estes envolvem. **3.** Descoberta surpreendente, espantosa, notável, a respeito de algo ou alguém. **4.** Fato ou pessoa assim descobertos. [Pl.: -*ções*.]

re.ve.lar [Lat. *revelare*.▫1A] *vtd.* **1.** Tirar o véu a; descobrir. **2.** Fazer conhecer; divulgar. **3.** Ser sinal evidente de; mostrar, denotar. **4.** Fazer conhecer por revelação (2). **5.** *Art.Gráf. Cin. Fot.* Tornar visível a imagem latente duma película, chapa, ou papel fotográfico. *tdi.* **6.** Revelar (2). **7.** Revelar (4). *p.* **8.** Mostrar-se, dar-se a conhecer. [C.: 1 (é)] § **re.ve.la.dor** (ô) *adj. sm.*

re.ve.li.a [*Revel*.▫8A] *sf.* Qualidade ou estado de revel. ♦ **À revelia. 1.** *Jur.* Sem conhecimento ou sem audiência do réu. **2.** Ignoradamente, despercebidamente. **3.** Ao acaso, sem cuidados.

re.ven.da [Dev. de *revender*.] *sf.* Ato ou efeito de revender.

re.ven.der [Lat. *revendere*.▫1B] *vtd.* **1.** Tornar a vender. **2.** Vender para o consumidor (produto comprado ao produtor ou a intermediário). [C.: 2] § **re.ven.de.dor** (ô) *adj. sm.*; **re.ven.de.do.ra** (ô) *sf.*

re.ver[1] [*Re-* + *ver*.] *vtd.* **1.** Tornar a ver. **2.** Ver ou examinar com atenção. **3.** Corrigir ou modificar, após exame ou avaliação. **4.** Revisar. [C.: 22]

re.ver[2] [V.C] *vtd.* **1.** Verter, ressumar. **2.** *Fig.* Deixar aparecer ou transparecer; revelar. [C.: 22]

re.ver.be.rar [Lat. *reverberare*.▫1A] *vtd.* Refletir (luz, ou calor, ou som), ger. com grande intensidade. [C.: 1 (é)] § **re.ver.be.ra.ção** *sf.*; **re.ver.be.ran.te** *adj2g.*

re.vér.be.ro [Dev. de *reverberar*.] *sm.* Luz refletida, ou efeito dela.

re.ver.de.cer [*Re-* + *verdecer*.] *vtd.* **1.** Tornar mais verde (vegetação, ou área com vegetação). **2.** Dar mais viço, ou novo vigor a. *int.* **3.** Ganhar ou recobrar verdor. **4.** Ganhar ou recobrar força, vigor; renovar-se. [C.: 2A (ê-é)]

re.ve.rên.ci:a [Lat. *reverentia*.▫10] *sf.* **1.** Respeito às coisas sagradas. **2.** V. *consideração* (2). **3.** Designação dos eclesiásticos (us. como título ou como pron. de tratamento). **4.** Saudação em que se inclina o busto e dobram os joelhos; mesura.

re.ve.ren.ci.ar *vtd.* **1.** Tratar ou considerar com sentimento de reverência; devotar reverência a. **2.** Cumprimentar respeitosamente. **3.** Obedecer a, acatar (algo ou alguém considerado superior). [C.: 1] § **re.ve.ren.ci:a.dor** (ô) *adj. sm.*

re.ve.ren.dís.si.ma *sf.* Designação (us. como título ou pron. de tratamento) de eclesiástas.

re.ve.ren.do [Lat. *reverendu*.] *adj.* **1.** Digno de reverência. ● *sm.* **2.** V. *padre*.

re.ve.ren.te [Lat. *reverente*.▫21] *adj2g.* Que mostra ou denota reverência.

re.ver.são [Lat. *reversione*.▫2] *sf.* Ato ou efeito de reverter. [Pl.: -*sões*.]

re.ver.sí.vel [Lat.med. *reversibile*.▫41A] *adj2g.* **1.** Que se pode, ou que pode reverter. **2.** Que se pode usar pelo direito (13) ou pelo avesso (2). [Pl.: -*veis*.]

re.ver.so [Lat. *reversu*.] *adj.* **1.** Que sofreu reversão; revirado. **2.** Que está do outro lado, do lado contrário. **3.** *Geom.* Que não está contido em um plano geométrico. ● *sm.* **4.** Avesso (2). **5.** O oposto. [Sin. de 4 e 5: *revés*.]

re.ver.ter [Lat. *revertere*.▫1B] *vti.* **1.** Voltar (ao ponto de partida). **2.** Voltar (à condição ou ao estado anterior, à posse de alguém). **3.** Ter como destino ou como consequência final. *tdi.* **4.** Dar consequência ou destino diferente a (fato, ação, etc.). **5.** Destinar. [C.: 2 (ê-é)]

re.vés [Lat. *reversu*.] *sm.* **1.** V. *reverso* (4 e 5). **2.** *Fig.* Vicissitude; infortúnio. [Pl.: -*veses*.]

re.ves.ti.men.to [*Revestir*.▫3] *sm.* **1.** Ato ou efeito de revestir(-se). **2.** O que reveste ou cobre; cobertura.

re.ves.tir [Lat. *revestire*.▫1C] *vtd.* **1.** Tornar a vestir. **2.** Estender-se por sobre (uma superfície ou objeto); cobrir. **3.** Estar sobre, ou à volta de, protegendo ou enfeitando. *tdi.* **4.** Revestir (1). **5.**

Cobrir (a superfície de algo), pondo ou aplicando determinado material ou objeto, como proteção, enfeite, etc. *p.* 6. Ter, apresentar ou adquirir certo atributo ou característica. [C.: 48]

re.ve.zar [*Re-* + *vez* + *-ar*². ◘1A] *vtd. e ti.* 1. Substituir (algo ou alguém), ou trocar de posição (com ele), alternadamente ou em sucessão. *int. e p.* 2. Substituir(-se) mutuamente e de modo alternado ou sucessivo; alternar(-se). [C.: 1 (é)] § **re.ve.za.men.to** *sm.*

re.vi.dar [*Re-* + (*en*)*vidar.*] *vtd., tdi., ti. e int.* 1. Responder ofensa ou agressão sofrida com outra. 2. Reagir correspondentemente a uma ação ou afirmação alheia; responder. [C.: 1]

re.vi.de [Dev. de *revidar.*] *sm.* Ato ou efeito de revidar.

re.vi.go.rar *vtd.* 1. Dar novo vigor ou mais vigor a. *int. e p.* 2. Readquirir vigor, saúde. [C.: 1 (ó)] § **re.vi.go.ra.men.to** *sm.*; **re.vi.go.ran.te** *adj2g. sm.*

re.vi.rar [*Re-* + *virar.*] *vtd.* 1. Tornar a virar. 2. Virar muitas vezes. 3. Virar ou fazer voltar-se em direção oposta; inverter. 4. Mudar; modificar. 5. Revolver ou remexer muito. 6. Percorrer, explorando. *p.* 7. Virar de novo, ou repetidamente; revolver-se. [C.: 1]

re.vi.ra.vol.ta *sf.* 1. Ato ou efeito de revirar (3). 2. Cambalhota. 3. *Fig.* Mudança acentuada de situação; viravolta.

re.vi.são [Lat. *revisione.* ◘2] *sf.* 1. Ato ou efeito de rever¹. 2. Novo exame. 3. *Edit.* Arte, ato ou efeito de rever ou revisar. 4. *Edit.* Local onde trabalha(m) revisor(es) em editoras, etc. [Pl.: *-sões.*]

re.vi.sar [Esp. *revisar.* ◘1A] *vtd.* Ler (texto a ser publicado, etc.) procurando os erros e assinalando-os. [C.: 1]

re.vi.si:o.nis.mo [Fr. *révisionnisme.* ◘11] *sm.* Tendência para a, ou defesa da, revisão profunda de valores, princípios ou leis, instituições ou valores e princípios antigos, estabelecidos. § **re.vi.si:o.nis.ta** *adj2g. s2g.*

re.vi.sor (ô) [V.D] *adj.* 1. Que revê [v. *rever*¹]. • *sm.* 2. Aquele que trabalha em revisão (3).

re.vis.ta¹ [Dev. de *revistar.*] *sf.* 1. Ato ou efeito de revistar. 2. Inspeção de militares em formatura. 3. *Teatr.* Peça cômica, musical, etc., na qual se fazem críticas a fatos do momento.

re.vis.ta² [Trad. do ingl. *review.*] *sf. Edit.* Publicação periódica, ger. semanal ou mensal, em que se divulgam matérias científicas, técnicas, jornalísticas, etc.

re.vis.tar [*Re* + *vista* + *-ar*². ◘1A] *vtd.* 1. Submeter a revista¹ (2). 2. Examinar (1). 3. Examinar minuciosamente (pessoa ou seus pertences, ou lugar, etc.), procurando algo. [C.: 1]

re.vis.to [Part. de *rever*¹.] *adj.* Que se reviu.

re.vi.ta.li.zar [Dev.] *vtd.* 1. Dar mais vitalidade, vigor a, ou fazer recuperá-los. 2. Dar novo estímulo a. 3. Fazer recuperar o grau de atividade, de eficiência, etc. [C.: 1] § **re.vi.ta.li.za.ção** *sf.*; **re.vi.ta.li.za.dor** (ô) *adj. sm.*; **re.vi.ta.li.zan.te** *adj2g.*

→ **revival** (riváivel) [Ingl.] *sm.* Renovação de interesse por época, costume, tendência, estilo literário ou musical, etc.

re.vi.ver [Lat. *revivere.* ◘1B] *v.int.* 1. V. *ressuscitar* (1). 2. Readquirir vigor, força; renovar-se. 3. Voltar a se manifestar; reaparecer. *td.* 4. Dar mais vigor, ânimo. 5. Recordar (fatos ou sentimentos do passado) de modo muito vívido. 6. Repor em uso. [C.: 2]

re.vi.vi.fi.car *vtd.* 1. Tornar a dar vida, ou dar nova vida, a. 2. Tornar novamente vívido; dar novo ânimo ou vigor a. *int. e p.* 3. Reviver (1 e 2). [C.: 1A] § **re.vi.vi.fi.ca.ção** *sf.*; **re.vi.vi.fi.can.te** *adj2g.*

re.vo.a.da [*Revoar.* ◘4] *sf.* 1. Ato ou efeito de revoar. 2. Bando de aves que revoam. 3. *Fig.* Multidão, profusão.

re.vo.ar [Lat. *revolare.* ◘1A] *v.int.* 1. Voar (a ave) para o ponto de onde partira. 2. Adejar, esvoaçar. 3. Revoar em bando (as aves). [C.: 1D]

re.vo.gar [Lat. *revocare.* ◘1A] *vtd.* Fazer que deixe de vigorar, de ter efeito, ou de ser válido; anular. [C.: 1C (ó)] § **re.vo.ga.ção** *sf.*; **re.vo.gá.vel** *adj2g.*

re.vol.ta [F.subst. de *revolto.*] *sf.* 1. Ato ou efeito de revoltar(-se). 2. Manifestação (armada ou não) contra autoridade estabelecida. 3. V. *revolução* (2). 4. Indignação; repulsa.

re.vol.ta.do [*Revoltar.* ◘17A] *adj.* 1. Que se revoltou ou rebelou. 2. Diz-se de pessoa inconformada, que se sente alvo de injustiça, etc. • *sm.* 3. Indivíduo revoltado.

re.vol.tar [*Revolta.* ◘1A] *vtd.* 1. Incitar à revolta; sublevar, revolucionar. 2. Indignar. *int.* 3. Revoltar (2), ou ser capaz de causar indignação. *p.* 4. Sublevar-se, amotinar-se. 5. Indignar-se, encolerizar-se. [C.: 1] § **re.vol.tan.te** *adj2g.*

re.vol.to (ô) [Lat.vulg. **revoltu.*] *adj.* 1. Que se revolveu ou remexeu. 2. Muito agitado, tempestuoso. 3. Desarrumado, em desalinho. [Pl.: *-voltos* (ô).]

re.vol.to.so (ô) [*Revolta.* ◘37] *adj. sm.* Rebelde, revoltado. [Pl.: *-tosos* (ó).]

re.vo.lu.ção [Lat. *revolutione.* ◘2] *sf.* 1. Ato ou efeito de revolver(-se) ou revolucionar(-se). 2. Rebelião armada; revolta, sublevação. 3. Transformação radical de estrutura política, econômica e social, dos conceitos artísticos ou científicos, etc. 4. *Astr.* Movimento de um astro em redor de outro. [Pl.: *-ções.*]

re.vo.lu.ci:o.nar [*Revolução* (*-cion-*). ◘1A] *vtd.* 1. Revolver ou agitar intensamente. 2. V. *revoltar* (1). 3. Causar mudança brusca ou notável em. 4. Provocar agitação, perturbação, excitação em (alguém). *p.* 5. V. *revoltar* (4). [C.: 1]

re.vo.lu.ci:o.ná.ri:o [Fr. *révolutionnaire.* ◘24] *adj.* 1. Relativo a, ou próprio do, que é adepto de revolução. • *sm.* 2. Aquele que prega, lidera ou toma parte em revolução ou revoluções.

re.vo.lu.te.ar *v.int.* 1. Agitar-se em vários sentidos. 2. Adejar. [C.: 12A]

re.vol.ver [Lat. *revolvere.* ◘1B] *vtd.* 1. Volver repetidamente, mexer muito, mover em vá-

revólver | rima¹

rias direções; agitar. **2.** Examinar cuidadosa ou demoradamente. **3.** Revirar (5). *int.* **4.** Dar voltas; girar. *p.* **5.** Mover-se agitada ou desordenadamente, ou dando voltas; revirar-se. [C.: 2 (ô-ó)]

re.vól.ver [Ingl. *revolver*.] *sm.* Arma de fogo, portátil, de um cano só, com cilindro giratório (v. *tambor* [3]) que leva os cartuchos (ger., 6) até a culatra. [Pl.: *revólveres*.]

re.vul.são [Lat. *revulsione*.◨2] *sf. Med.* Irritação local provocada para fazer cessar, em outra parte do corpo, um estado congestivo. [Pl.: *-sões*.]

re.vul.si.vo *adj. sm. Med.* Diz-se de, ou medicamento que produz revulsão; derivativo.

re.za [Dev. de *rezar*.] *sf.* **1.** V. *oração* (1). **2.** *Bras. Pop.* Benzedura.

re.za.dor (ô) [*Rezar*.◨19A] *adj.* **1.** Que reza. ● *sm.* **2.** Aquele que o faz. **3.** *Bras. Pop.* Aquele que faz reza (2).

re.zar [Lat. *recitare*.◨1A] *vtd.* **1.** Dizer ou rogar (orações ou súplicas religiosas). **2.** Benzer (2). **3.** Ler (livro de orações, ou texto sagrado). **4.** Contar ou referir, com autoridade; prescrever, determinar. **5.** Resmungar (1). *ti. e tdi.* **6.** Dirigir súplicas ou orações a divindade. *int.* **7.** Rezar (1); orar. [C.: 1 (é)]

re.zin.gar [V.A] *vtd.* **1.** V. *resmungar* (1). *int.* **2.** Altercar. **3.** V. *resmungar* (2). [C.: 1C]

■ **Rf** *Quím.* Símb. de *rutherfórdio*.
■ **Rh** *Quím.* Símb. de *ródio*.

ri.a.cho [Esp. *riacho*.] *sm.* V. *ribeiro*.

ri.ba [Lat. *ripa*.] *sf.* V. *ribanceira* (1).

ri.bal.ta [It. *ribalta*.] *sf.* **1.** Série de lâmpadas na parte extrema do proscênio. **2.** O proscênio.

ri.ban.cei.ra *sf.* **1.** Margem alta ou íngreme de rio ou lago; riba, barranceira, barranquera, barranco. **2.** V. *abismo* (1). **3.** Lugar íngreme.

ri.bei.ra [*Riba*.◨16] *sf.* **1.** O terreno banhado por um rio. **2.** Lugar à beira de rio. **3.** Curso de água abundante, menos largo e profundo que um rio.

ri.bei.rão [*Ribeiro*.◨28A] *sm.* Curso de água menor que um rio e maior que um ribeiro. [Pl.: *-rões*.]

ri.bei.ri.nho [*Ribeira*.◨32] *adj.* Que anda ou vive nas margens de rios ou ribeiras.

ri.bei.ro [De *ribeira*.] *sm.* Rio pequeno; córrego; regato, riacho.

ri.bom.bar ou **rim.bom.bar** [It. *rimbombare*.◨1A] *v.int.* **1.** Soar (o trovão) fortemente; estrondar. **2.** Produzir estrondo, ou ressoar com grande ruído; retumbar. [C.: 1]

ri.bom.bo ou **rim.bom.bo** [It. *rimbombo*.] *sm.* **1.** Ato ou efeito de ribombar. **2.** Estrondo (do trovão).

ri.bo.nu.clei.co (éi ou èi) [*Ribo-* + *(ácido) nucleico*.] *adj.* V. *ácido ribonucleico*. [Sigla: *ARN* e (ingl.) *RNA*.]

ri.ca.ço [*Rico* + *-aço*.] *sm. Pop.* Homem riquíssimo.

ri.ci.no [Lat. *ricinu*.] *sm. Bot.* Nome comum às eurforbiáceas do gênero da mamona.

ric.két.si.a [Tax. *Rickettsia*.◨8B] *sf. Microb.* Nome comum a bactérias rickettsiáceas.

ric.kett.si.á.ce.a [Tax. *Rickettsiaceae*.] *sf. Microb.* Espécime das rickettsiáceas, família de bactérias que habitam, tipicamente, tecidos de artrópodes, e que nos vertebrados, inclusive o homem, causam sérias doenças. **§ ric.kett.si.á.ce:o** *adj.*

ri.co [Do gót.] *adj.* **1.** Que possui muitos bens ou coisas de valor. **2.** Fértil, abundante. **3.** Opulento; pomposo. **4.** Bonito, belo. **5.** Diz-se de alimento muito substancioso. **6.** *Fig.* Fértil, fecundo, que cria ou dá origem a obras, ideias, etc. ● *sm.* **7.** Indivíduo rico (1).

ri.co.che.tar [*Ricochete*.◨1A] *v.int.* Ricochetear. [C.: 1 (é)]

ri.co.che.te (ê) [Fr. *ricochet*.] *sm.* Desvio dum corpo, ou dum projetil, após chocar-se com o chão ou com outro corpo.

ri.co.che.te.ar [*Ricochete*.◨1N] *v.int.* Fazer ricochete. [C.: 12A]

ri.co.ta [It. *ricotta*.] *sf.* Queijo que se prepara vertendo o soro do leite fervido e coalhado.

ric.to [Lat. *rictu*.] *sm.* **1.** Abertura da boca. **2.** Contração dos lábios ou da face.

ri.di.cu.la.ri.a [*Ridículo*.◨15] *sf.* **1.** Ato ou dito ridículo. **2.** V. *ninharia*.

ri.di.cu.la.ri.zar [*Ridicularia*.◨1D] *vtd.* **1.** Fazer de (algo ou alguém) motivo de riso ou menosprezo; zombar, escarnecer. *p.* **2.** Tornar-se ridículo. [C.: 1]

ri.dí.cu.lo [Lat. *ridiculu*.] *adj.* **1.** Que provoca riso ou escárnio. **2.** Insignificante, mesquinho.

ri.fa [Esp. *rifa*.] *sf.* Sorteio de algo, ger. antecedido da venda de bilhetes numerados.

ri.fão *sm.* V. *provérbio*. [Pl.: *-fões*.]

ri.far [*Rifa*.◨1A] *vtd.* **1.** Fazer rifa de. **2.** *Fig. Pop.* Descartar, livrar-se de. [C.: 1]

ri.fle [Ingl. *rifle*.] *sm.* Arma de fogo com cano longo e raiado.

rí.gi.do [Lat. *rigidu*.] *adj.* **1.** Teso, retesado, hirto. **2.** V. *rijo* (1). **3.** *Fig.* Austero, severo, inflexível; rigoroso. **§ ri.gi.dez** (ê) *sf.*

ri.gor (ô) [Lat. *rigore*.◨19] *sm.* **1.** Rigidez. **2.** Força, vigor (nas ações). **3.** Precisão, exatidão (no agir). **4.** *Fig.* Severidade extrema (nos juízos e opiniões). **5.** A maior intensidade do frio, calor, chuva, etc., em determinada estação (6).

ri.go.ro.so (ô) [Lat. *rigorosu*.◨37] *adj.* **1.** Que age com, ou denota rigor (2 a 4). **2.** V. *rígido* (3). **3.** Muito intenso. [Pl.: *-rosos* (ó).]

ri.jo [Lat. *rigidu*.] *adj.* **1.** Que não é flexível ou friável; resistente. **2.** Robusto, vigoroso. **3.** *Fig.* Pertinaz, enérgico. **§ ri.je.za** (ê) *sf.*

ri.lhar [Lat.vulg. *ringulare.◨1A] *vtd.* **1.** Roer (objeto duro). **2.** Ranger (os dentes). **3.** Fazer ranger ou fazer chiar. [C.: 1] **§ ri.lha.du.ra** *sf.*

rim [Lat. *renes*.] *sm. Anat.* Cada um dos 2 órgãos produtores de urina situados, um de cada lado, na parte inferior da região lombar. [Pl.: *rins*.]

ri.ma¹ [Provç.ant. *rima*.] *sf.* **1.** Repetição dum som no final de 2 ou mais versos. **2.** Identidade de som na terminação de 2 ou mais palavras. **3.** Palavra que rima com outra.

ri.ma² [Lat. *rima*.] *sf.* V. *ruma*.
ri.ma.do [*Rimar*.◘17A] *adj.* Que apresenta rima¹.
ri.mar [*Rima*¹.◘1A] *vtd.* **1.** Compor ou escrever (texto, relato, etc.) em versos rimados. *tdi.* **2.** Usar (palavra ou palavras) para que formem rima (com outras). *int.* **3.** Formar (palavras, versos) rima¹ entre si. [C.: 1]
rin.cão [Esp. *rincón*.] *sm.* Recanto. [Pl.: -*cões*.]
rin.char [De *relinchar*.] *v.int.* **1.** Soltar rinchos; relinchar. **2.** Ranger (1). [C.: 1. Ger. não é us. nas 1ᵃˢ pess.]
rin.cho [Dev. de *rinchar*.] *sm.* A voz do cavalo; relincho.
rin.cos.sau.ro [Tax. *Rhynchosaurus*.] *sm. Paleont.* Réptil herbívoro com cerca de 2m de comprimento, que se caracterizava por apresentar um focinho em forma de bico. Viveu no triássico, e fósseis foram encontrados na América do Sul, África e Europa.
rin.gue [Ingl. *ring*.] *sm.* Estrado quadrado, alto e cercado de cordas, para lutas de boxe, etc.
ri.nha [Esp.plat. *riña*.] *sf. Bras.* **1.** Briga de galos. **2.** Lugar onde se realizam.
ri.ni.te [*Rin(o)-* + -*ite*¹.] *sf. Med.* Inflamação da mucosa do nariz.
ri.no.ce.ron.te [Lat.med. *rhinoceron, ontis*.] *sm. Zool.* Nome de vários mamíferos rinocerotídeos.
ri.no.ce.ro.tí.de.o [Tax. *Rhinocerotidae*.] *adj. sm. Zool.* Diz-se de, ou espécie dos rinocerotídeos, família de grandes mamíferos perissodáctilos com 1 chifre ou 2 no focinho.
ri.no.fa.rin.ge [*Rin(o)-* + *faringe*.] *sf. Anat.* Parte da faringe situada atrás do nariz.
ri.no.plas.ti.a [*Rin(o)-* + -*plast(o)-* + -*ia*¹.◘8A] *sf. Med.* Cirurgia plástica no nariz.
rin.que [Ingl. *rink*.] *sm.* Pista de patinação.
rins *smpl. Pop.* A parte inferior da região lombar.
ri.o [Lat. *rivu*.] *sm.* **1.** Curso de água natural que se desloca de nível mais alto para o mais baixo, aumentando progressivamente até desaguar no mar, num lago ou em outro rio. **2.** Aquilo que corre como um rio. **3.** Grande porção de líquido.
ri:o-bran.quen.se [◘38] *adj2g.* **1.** De Rio Branco, capital do AC. ● *s2g.* **2.** O natural ou habitante de Rio Branco. [Pl.: *rio-branquenses*.]
ri:o-gran.den.se-do-nor.te [◘38] *adj2g.* **1.** Do RN. ● *s2g.* **2.** O natural ou habitante desse estado. [Sin.ger.: *potiguar*. Pl.: *rio-grandenses-do-norte*.]
ri:o-gran.den.se-do-sul [◘38] *adj2g.* **1.** Do RS. ● *s2g.* **2.** O natural ou habitante desse estado. [Sin.ger.: *gaúcho*, *guasca*. Pl.: *rio-grandenses-do-sul*.]
ri.pa [Do gót.] *sf.* Peça comprida de madeira, mais larga que o sarrafo; verga.
ri.pa.da [*Ripa*.◘4] *sf.* **1.** Golpe com ripa. **2.** *P.ext.* Cacetada. **3.** *Fig.* Descompostura.
ri.par [*Ripa*.◘1A] *vtd.* **1.** Pregar ripas em, ou gradear com ripas. **2.** *Bras.* Bater com ripa; espancar. **3.** *Bras.* Criticar, falar mal de. [C.: 1]

ri.que.za (ê) [*Rico*.◘12] *sf.* **1.** Qualidade de rico. **2.** A classe dos ricos.
rir [Lat. *ridere*.] *v.int.* **1.** Demonstrar alegria, prazer, divertimento, ironia, etc., com expressão facial e som característicos. **2.** Agir ou expressar-se sem seriedade; gracejar. *ti.* **3.** Fazer de algo ou alguém motivo de riso, diversão, menosprezo; zombar. *p.* **4.** Rir (1 a 3). [C.: 37]
◆ **Rir amarelo.** Rir de modo forçado, não espontâneo.
ri.sa.da [*Riso*.◘4] *sf.* **1.** Riso franco e estrepitoso; gargalhada. **2.** Riso de muitos ao mesmo tempo.
ris.ca [Dev. de *riscar*.] *sf.* **1.** Ato ou efeito de riscar; risco. **2.** Risco¹ (1). **3.** V. *listra* (1). **4.** Abertura no cabelo, feita com o pente.
ris.ca.do [*Riscar*.◘17A] *adj.* **1.** Que se riscou; que tem riscos. **2.** V. *listrado*. ● *sm.* **3.** Tecido com listras. ◆ **Entender do riscado.** *Fam.* Conhecer bem um assunto, um ramo de atividade, etc.
ris.car [Lat. *resecare*.◘1A] *vtd.* **1.** Produzir marcas em forma de linhas sobre (a superfície de algo), por fricção de objeto fino ou agudo; fazer ou deixar risco(s) em. **2.** Fazer risco(s) sobre (texto, figura, etc.), ger. indicando exclusão. **3.** Representar com alguns riscos ou traços; fazer (desenho, projeto, etc.). **4.** Acender (fósforo), friccionando. **5.** Passar muito rapidamente em (o ar, o céu), produzindo a impressão de um risco. *tdi.* **6.** Excluir, eliminar. [C.: 1A]
ris.co¹ [Dev. de *riscar*.] *sm.* **1.** Qualquer traço em cor, ou sulco pouco profundo, na superfície dum objeto; risca. **2.** Risca (1). **3.** Delineamento, esboço. **4.** *Bras.* Desenho para ser bordado.
ris.co² [V.D] *sm.* Perigo ou possibilidade de perigo.
ri.sí.vel [Lat. *risibile*.◘41A] *adj2g.* **1.** Que faz rir; burlesco. **2.** Digno de escárnio; ridículo. [Pl.: -*veis*.]
ri.so [Lat. *risu*.] *sm.* **1.** Ato, efeito ou modo de rir. **2.** Alegria, contentamento.
ri.so.nho [*Riso* + -*onho*.] *adj.* **1.** Que riu ou sorri. **2.** Contente, satisfeito. **3.** *Fig.* Promissor, próspero.
ri.so.ta [*Riso* + -*ota*¹.] *sf. Pop.* **1.** Risada. **2.** Riso zombeteiro.
ri.so.to (ô) [It. *risotto*.] *sm. Cul.* Prato preparado sobretudo com arroz ao qual se adiciona ou legume picado, ou cogumelo, ou camarão, etc.
rís.pi.do [Lat. *hispidu*, poss.] *adj.* Intratável, áspero, ou próprio de quem o é. § **ris.pi.dez** (ê) *sf.*
ris.te [Esp. *ristre*.] *sm.* Peça metálica em que os cavaleiros firmam a extremidade inferior da lança quando a carregam na horizontal, ou no momento de investir. ◆ **Em riste.** Em posição erguida.
rit.mar [*Ritmo*.◘1A] *vtd.* **1.** Dar ritmo a; acompanhar com ritmo. **2.** Dar regularidade de ritmo a; cadenciar. [C.: 1] § **rit.ma.do** *adj.*
rít.mi.co [Lat. *rhythmicu*.◘35B] *adj.* Relativo a, ou que tem ritmo.
rit.mo [Lat. *rhytmu*.] *sm.* **1.** Movimento ou ruído que se repete, no tempo, a intervalos regulares, alternados (como o vaivém do pêndulo, as

ondas na praia, etc.). **2.** Sucessão periódica e regular de fases ou variações, no curso de algum processo: *ritmo das marés*. **3.** *Fisiol.* Repetição, em intervalos regulares, de uma função: *ritmo cardíaco*. **4.** *Mús.* Ordenamento de sons musicais, percebido ou considerado segundo as diferenças de acentuação (intensidade maior ou menor do som) e de duração de cada um deles. **5.** *Mús.* Qualquer padrão desse ordenamento, característico de um tipo ou gênero de música: *ritmo de valsa*.

ri.to [Lat. *ritu.*] *sm.* **1.** As regras e cerimônias próprias da prática de uma religião. **2.** Culto; religião. **3.** Qualquer cerimônia sagrada ou simbólica.

ri.tu.al [Lat. *rituale.* ◨39A] *adj2g.* **1.** Relativo a rito(s), ou que tem o caráter religioso ou sagrado deste(s). ● *sm.* **2.** Culto¹ (2). **3.** Liturgia. **4.** Cerimonial, etiqueta. [Pl.: *-ais*.]

ri.val [Lat. *rivale.* ◨39] *s2g.* **1.** Pessoa que quer ter ou alcançar algo que outro(s) também pretende(m), e que só um pode obter; competidor, concorrente. **2.** Pessoa que entra em conflito ou competição com outra(s), por desejo de igualá-la(s) ou superá-la(s). **3.** Aquele ou aquilo que é igual ou semelhante a outro, em certa qualidade, aspecto, etc. ● *adj2g.* **4.** Diz-se de pessoa ou coisa que é uma rival de outra. [Pl.: *-vais*.]

ri.va.li.da.de [Lat. *rivalitate.* ◨14] *sf.* **1.** Qualidade de rival, ou de quem rivaliza; emulação. **2.** Oposição, competição, conflito. **3.** Zelos, ciúmes.

ri.va.li.zar [*Rival.* ◨1D] *vtd. e ti.* **1.** Ser, ou agir como rival (1 e 2) (de alguém); competir, concorrer. **2.** Ser rival (3) (de algo ou alguém). [C.: 1]

ri.xa [Lat. *rixa.*] *sf.* **1.** Contenda, briga. **2.** Desordem, agitação. **3.** Discórdia, desavença. **4.** V. *rolo* (9).

ri.xen.to [*Rixa.* ◨27] *adj. Bras.* Dado a rixas.

ri.zi.cul.tor (ô) *sm.* V. *orizicultor*.

ri.zi.cul.tu.ra *sf.* V. *orizicultura*.

ri.zo.ma [Gr. *rhízoma.*] *sm. Bot.* Caule, ger. subterrâneo, que cresce e se ramifica semelhantemente a uma raiz. § **ri.zo.ma.to.so** (ô) *adj.*

ri.zó.po.de [Tax. *Rhizopoda.*] *adj2g. sm. Zool.* Diz-se de, ou espécime dos rizópodes, classe de protozoários que se locomovem por meio de pseudópodes; alguns têm vida livre e outros são parasitos de plantas e animais. Ex.: as amebas.

ri.zo.tô.ni.co [*Riz(o)-* + *-ton(o)-* + *-ico²*. ◨35B] *adj. E.Ling.* Diz-se das formas verbais em que o acento tônico recai na raiz: [Cf. *arrizotônico.*]

■ **Rn** *Quím.* Símb. de *radônio*.

■ **RNA** Sigla, em inglês, de *ácido ribonucleico*.

rô [Gr. *rhô*.] *sm.* A 17.ª letra do alfabeto grego (P, ρ).

ro.ba.lo *sm. Zool.* Peixe centropomídeo, que se alimenta de outros peixes e de crustáceos.

ro.be [Fr. *robe (de chambre).*] *Vest. sm.* **1.** V. *roupão*. **2.** Penhoar.

ro.bô [Fr. *robot.*] *sm.* **1.** Autômato, ger. metálico, com forma ou estrutura semelhantes às do corpo humano. **2.** Mecanismo comandado por computador e que executa, com precisão, tarefas e movimentos usualmente realizados por humanos.

ro.bó.ti.ca *sf.* Ramo do conhecimento, comum à engenharia e à informática, que trata da criação e da programação de robôs.

ro.bus.te.cer [*Robusto.* ◨1P] *vtd.* **1.** Tornar robusto. **2.** Confirmar, corroborar. *int. e p.* **3.** Tornar-se robusto. [C.: 2A (ê-é)]

ro.bus.to [Lat. *robustu.*] *adj.* **1.** De constituição resistente; vigoroso. **2.** Saudável, sadio. **3.** Duro, sólido. **4.** Que tem força, vitalidade. § **ro.bus.tez** (ê) *sf.*

ro.ca¹ [Do germ., poss.] *sf.* Haste de madeira ou de cana com bojo na extremidade, no qual se enrola a rama do linho, da lã, etc., para ser fiada.

ro.ca² [Cat. *roca.*] *sf.* V. *rocha*.

ro.ça [Dev. de *roçar*.] *sf.* **1.** Roçadura. **2.** Roçado (1). **3.** *Bras.* Terreno de pequena lavoura (esp. de milho, feijão, etc.); roçado. **4.** *Bras.* A zona rural, o campo.

ro.ça.do [*Roçar.* ◨17A] *sm.* **1.** Terreno onde se roçou ou queimou o mato, e que está pronto para a cultura; roça. **2.** *Bras.* Roça (3).

ro.ça.du.ra [*Roçar.* ◨5A] *sf.* Ato ou efeito de roçar(-se); roça.

ro.cam.bo.le [Fr. *rocambole.*] *sm. Bras. Cul.* Bolo assado em tabuleiro (4) e enrolado com recheio.

ro.cam.bo.les.co (ê) [*Ficción. Rocambole.* ◨33A] *adj.* Que lembra as aventuras extraordinárias, cheias de peripécias, de Rocambole, personagem dum romance do francês Ponson du Terrail (1829-1871).

ro.çar [Lat. **ruptiare.* ◨1A] *vtd.* **1.** Derrubar, cortar (vegetação). **2.** Gastar com o atrito. **3.** Produzir atrito (em outro corpo). **4.** Tocar de leve. **5.** Passar junto de. *ti.* **6.** Roçar (4). *tdi.* **7.** Fazer roçar (3); esfregar. [C.: 1B (ó)]

ro.cei.ro [*Roça.* ◨25] *sm.* **1.** Homem que roça o mato. **2.** *Bras.* Homem que planta roçados. **3.** *Bras.* V. *caipira* (1). ● *adj.* **4.** V. *caipira* (2).

ro.cha [Fr. *roche.*] *sf.* **1.** *Geol.* Agregado natural formado de substâncias minerais. **2.** Rochedo. [Sin.ger.: *roca*.] ◆ **Rocha ígnea.** *Geol.* A que é formada pela solidificação do magma; rocha magmática. **Rocha magmática.** *Geol.* Rocha ígnea. **Rocha metamórfica.** *Geol.* A que resulta da transformação de outra preexistente, devido a fatores como pressão e temperatura. **Rocha sedimentar.** *Geol.* A que resulta da consolidação de sedimentos.

ro.che.do (ê) [*Rocha* + *-edo*] *sm.* **1.** Grande rocha, volumosa, elevada ou escarpada; penhasco. **2.** Penhasco batido pelo mar, ou à beira-mar; penedo.

ro.cho.so (ô) [*Rocha.* ◨37] *adj.* **1.** Constituído de rochas ou rochedos. **2.** Da natureza da rocha. [Pl.: *-chosos* (ó).]

ro.ci:o *sm.* Orvalho.

→ **rock** (róqui) [Ingl.] *sm.* Música de origem norte-americana (e dança que a acompanha), com elementos de *blues* e *country*, em compasso quaternário e tocada em guitarra elétrica, contrabaixo e bateria; roque.

ro.da [Lat. *rota*.] *sf.* **1.** Peça ou máquina simples, circular, que se movimenta ao redor de um eixo ou de seu centro, e serve para muitos fins mecânicos. **2.** Qualquer objeto circular; disco. **3.** A roda (1) de qualquer veículo, a qual, acionada, permite o rolamento dele. **4.** A extensão da barra duma peça de vestuário; rodado. **5.** Caixa giratória, na porta de asilos, etc., onde se deposita algo que se quer remeter para o interior. **6.** Agrupamento de pessoas. **7.** O círculo de amigos de alguém. **8.** Brinquedo de crianças, que, de mãos dadas, cantam e movimentam-se em círculo.

ro.da.da [*Rodar*.◻4] *sf.* **1.** O movimento completo de uma roda. **2.** Cada uma das vezes que se serve bebida aos que bebem juntos num bar. **3.** *Bras.* Num campeonato desportivo, conjunto de jogos ao final dos quais todos os competidores completaram o mesmo número de partidas disputadas.

ro.da.do [*Rodar*.◻17A] *adj.* **1.** Que tem roda(s). **2.** Percorrida (distância) ou decorrido (tempo). **3.** Que tem roda (4). ● *sm.* **4.** Roda (4).

ro.da.gem [Fr. *rodage*.◻6] *sf.* **1.** Conjunto de rodas de um maquinismo. **2.** Ato de rodar (4). [Pl.: *-gens*.]

ro.da-gi.gan.te *sf.* Brinquedo de parque de diversões que consiste de uma grande roda vertical com assentos na horizontal, que assim permanecem enquanto a roda gira. [Pl.: *rodas-gigantes*.]

ro.da.mo.i.nho (o-í) *sm. Bras.* V. *remoinho*.

ro.da.pé *sm.* Barra que rodeia a parte inferior das paredes.

ro.dar [Lat. *rotare*.◻1A] *vtd.* **1.** Fazer girar, dar volta(s). **2.** Rodear (1). **3.** Viajar por; percorrer. **4.** Percorrer (o veículo) determinada distância. **5.** Imprimir (3). **6.** *Cin.* Filmar (1). **7.** *Inform.* Executar (8). *int.* **8.** Girar (1). **9.** Cair, rolando. **10.** *Pop.* Caminhar, andar. [C.: 1 (ó)] § **ro.dan.te** *adj2g.*

ro.da-vi.va *sf.* V. *azáfama* (2). [Pl.: *rodas-vivas*.]

ro.de.ar [*Roda*.◻1N] *vtd.* **1.** Fazer caminho curvo ou sinuoso, em redor de (algo) ou seguindo seu contorno; rodar. **2.** Estar, ou estender-se em volta de (algo); cercar, cingir. **3.** Formar círculo à volta de; circular, orlar. **4.** Desviar-se de, evitar (obstáculo, problema, etc.). **5.** Fazer companhia a; cercar. *p.* **6.** Fazer-se acompanhar; cercar-se. [C.: 12A]

ro.dei.o [Dev. de *rodear*.] *sm.* **1.** Ato ou efeito de rodear(-se). **2.** V. *circunlóquio*. **3.** Meio indireto para se obter um fim. **4.** Desculpa, evasiva. **5.** *Bras.* Ato de ajuntar o gado para marcá-lo, ou para curativos; vaquejada. **6.** *Bras.* Competição de peões [v. *peão²* (1)], com provas típicas (laço, montaria em cavalos ou bois não domesticados, etc.).

ro.de.la [Lat. *rotella*.◻7] *sf.* **1.** Roda pequena. **2.** Escudo redondo. **3.** *Anat. Pop.* Patela. **4.** Pedaço mais ou menos circular de algo.

ro.di.lha [Esp. *rodilla*.] *sf.* Pano enrolado como rosca, e sobre o qual se assenta a carga na cabeça.

ró.di.o [*Rod*(*o*)- + *-io²*.◻34B] *sm. Quím.* Elemento de número atômico 45, metálico [símb.: Rh].

ro.dí.zi.o [Lat. **roticinu*.] *sm.* **1.** Rodinha afixada aos pés de alguns móveis, para que se desloquem facilmente. **2.** Revezamento na realização dum trabalho.

ro.do (ô) [Lat. *rutru*.] *sm.* **1.** Utensílio de madeira, com cabo e lâmina, com que se juntam os cereais nas eiras e o sal nas marinhas. **2.** Utensílio semelhante a esse, com barra horizontal de madeira, metal, etc. guarnecida de tira de borracha, e us. para puxar água das superfícies molhadas. [Pl.: *rodos* (ô).] ◆ **A rodo.** Em grande(s) quantidade(s); à beça.

ro.do.den.dro [Tax. *Rhododendron*.] *sm. Bot.* Nome comum a plantas ericáceas, floríferas.

ro.do.fí.ce.a [Tax. *Rhodophyceae*.] *sf. Bot.* Espécime das rodofíceas, classe de algas, ger. marinhas, de coloração entre rosada e violácea. § **ro.do.fi.ce.o** *adj.*

ro.do.fi.to [Tax. *Rhodophyta*.] *adj. sm. Bot.* Diz-se de, ou espécime dos rodófitos, divisão do reino vegetal que compreende organismos unicelulares ou pluricelulares; abrange as algas vermelhas.

ro.do.pi.ar *v.int.* **1.** Dar numerosas voltas; girar muito. **2.** Andar ou correr, descrevendo círculos sobre círculos. [C.: 1]

ro.do.pi.o [Dev. de *rodopiar*.] *sm.* Ato ou efeito de rodopiar.

ro.do.vi.a *sf. Bras.* Via destinada ao tráfego de veículos que se deslocam sobre rodas, esp. automóveis.

ro.do.vi.á.ri.a [*Rodovia*.◻15B] *sf.* **1.** *Bras.* Estação de embarque e desembarque de passageiros de linhas de ônibus; estação rodoviária. **2.** Empresa de transporte rodoviário.

ro.do.vi.á.ri.o [*Rodovia*.◻24] *adj. Bras.* **1.** De rodovia. ● *sm.* **2.** Empregado rodoviário.

ro.dri.gui.a.no [◻29A] *adj.* Do, ou relativo ao dramaturgo Nélson Rodrigues (M.), ou à sua obra.

ro:e.dor¹ (ô) [*Roer*.◻19A] *adj.* Que rói.

ro:e.dor² (ô) [*Roedor¹*, para adapt. do tax. *Rodentia*.] *adj. sm. Zool.* Diz-se de, ou espécime dos roedores, ordem de mamíferos ger. herbívoros, cosmopolitas, cujos dentes incisivos crescem continuamente para compensar o desgaste que sofrem. Ex.: rato, ouriço.

ro:e.du.ra [*Roer*.◻5A] *sf.* **1.** Ato ou efeito de roer. **2.** Escoriação por atrito.

ro:ent.gen.fo.to.gra.fi.a (rentguen) *sf. Med.* Abreugrafia.

ro.er [Lat. *rodere*.◻1B] *vtd. e int.* **1.** Cortar com os dentes. **2.** Devorar ou destruir aos bocadinhos, de modo contínuo. **3.** V. *corroer*. *p.* **4.** *Fig.* Inquietar-se, atormentar-se. [C.: 33] ◆ **Duro de roer.** *Fam.* Difícil (de executar, de suportar, etc.).

ro.gar [Lat. *rogare*.◻1A] *vtd. e tdi.* **1.** Pedir favor(es), com instância ou humildade; suplicar, instar. **2.** Exortar, tentar convencer com

rogativa | romântico

pedidos. *ti.* 3. Rogar (1). *int.* 4. Fazer súplicas. [C.: 1C (ó)]

ro.ga.ti.va *sf.* V. *rogo* (1).

ro.ga.tó.ri:a *sf.* 1. V. *rogo* (1). 2. *Jur.* Solicitação feita a juiz ou tribunal de outro país para que determine o cumprimento de certos atos que fogem à jurisdição de quem solicita.

ro.go (ô) [Dev. de *rogar*.] *sm.* 1. Ato ou efeito de rogar; súplica, rogatória, rogativa. 2. V. *oração* (1). [Pl.: *rogos* (ó).]

ro.jão [*Rojar.*▫2] *sm. Bras.* 1. Ritmo intenso de vida, ação, trabalho, etc. 2. Marcha um tanto forçada. 3. V. *foguete* (1). [Pl.: *-jões.*]

ro.jar [De *arrojar*.] *vtd.* 1. Trazer ou levar (algo), arrastando-o. 2. Atirar, arremessar. *int. e p.* 3. Rastejar (3). [C.: 1 (ó)]

ro.jo (ô) [Dev. de *rojar*.] *sm.* 1. Ato ou efeito de rojar(-se). 2. Som que esse ato produz. [Pl.: *rojos* (ô).]

rol [Fr. *rôle.*] *sm.* V. *lista* (1). [Pl.: *róis.*]

ro.la (ô) [V.A] *sf. Zool.* Nome comum a várias aves columbídeas menores que a pomba; rolinha.

ro.la.gem [*Rolar.*▫6] *sf.* 1. Rolamento (1). 2. *Bras. Restr.* Ato ou efeito de rolar (3). [Pl.: *-gens.*]

ro.la.men.to [*Rolar.*▫3] *sm.* 1. Ato ou efeito de rolar; rolagem. 2. Mecanismo que consta de esferas ou de pequenos cilindros de aço dispostos entre anéis, também de aço, e que, postos em funcionamento, diminuem o atrito e facilitam o movimento de rotação de outra peça, ger. um eixo giratório. [Sin., (bras.): *rolimã*.] 3. *Fig.* Fluxo de tráfego.

ro.lar [Fr. *rouler.*▫1A] *vtd.* 1. Rodar (1). 2. Fazer avançar (alguma coisa), obrigando-a a dar voltas sobre si mesma. 3. *Bras. Fig.* Adiar o pagamento de (dívida), substituindo-a por outra de vencimento posterior. *int.* 4. Avançar dando voltas sobre si próprio. [C.: 1 (ó)]

rol.da.na [Cat.ant. *rotlana*.] *sf.* Maquinismo formado por disco que gira em torno dum eixo central e cuja borda é escavada para que por ela passem cabo, correia, etc. aos quais se aplica a força de tração.

rol.dão *el. sm.* Us. na loc. adv. *de roldão*. [Pl.: *-dões.*]
◆ **De roldão.** Em tropel; atropeladamente.

ro.le.ta (ê) [Fr. *roulette*.] *sf.* 1. Jogo de azar em que o número sorteado é indicado pela parada de uma bolinha numa das 37 casas numeradas duma roda que gira. 2. Essa roda.

ro.le.te (ê) [*Rolo* + *-ete*.] *sm.* 1. Entrenó de cana. 2. *Bras.* Rodela de cana descascada, para chupar.

ro.lha (ô) [Lat. *rotula.*] *sf.* Peça ger. cilíndrica, de cortiça, borracha, etc., para tapar gargalo de garrafas e outros frascos.

ro.li.ço [*Rolo* + *-iço*.] *adj.* 1. Em forma de rolo; cilíndrico. 2. De formas arredondadas; gordo.

ro.li.mã [Fr. *roulement*.] *sm. Bras.* 1. Rolamento (2). 2. Pequeno carro de madeira, que consiste numa tábua montada sobre rolimãs, sem eixo giratório.

ro.li.nha [*Rola.*▫32A] *sf. Zool.* Rola.

ro.lo (ô) [Lat. *rotulu.*] *sm.* 1. Qualquer coisa de forma cilíndrica um tanto alongada. 2. Máquina com um ou mais cilindros, ger. metálicos, para nivelar o solo, quebrar torrões, etc. 3. Nome comum a vários instrumentos e peças cilíndricos com usos diversos, como o rolo de pedreiro, o de pasteleiro, etc. 4. Qualquer coisa enrolada ou afeiçoada como rolo (1). 5. V. *vagalhão*. 6. Massa gasosa mais ou menos densa, que lembra um cilindro. 7. Aquilo que gira formando rolo ou remoinho. 8. Multidão de gente. 9. *Bras. Pop.* Conflito ou confusão em que se envolvem muitas pessoas; arranca-rabo, arruaça, assuada, baderna, bafafá, banzé, confusão, embrulhada, quebra-quebra, rixa, sarilho, sururu. [Pl.: *rolos* (ô).]

■ **ROM** *Inform.* Sigla que designa um tipo de memória (4) ou registro permanente cujo conteúdo pode ser apenas lido (acessado), mas não modificado por novas gravações.

ro.mã [Lat. *romana* (*mala*).] *sf. Bot.* O fruto, comestível, da romãzeira, com muitas sementes em camadas e envolvidas em polpa.

ro.man.ce [Lat. *romanice* (adv.).] *sm.* 1. Descrição mais ou menos longa das ações e sentimentos de personagens fictícios, numa transposição da vida para um plano artístico. 2. Descrição ou enredo exagerado ou fantasioso. 3. Poema ou canção sobre feitos históricos, aventuras e amores. 4. *Bras.* Narrativa poética da literatura popular nordestina, esp. sobre assunto amoroso, ger. em sextilhas ou setilhas. 5. Ligação amorosa; caso, namoro.

ro.man.ce.ar [*Romance.*▫1N] *vtd.* 1. Narrar ou descrever em forma de romance (1). *int.* 2. Escrever romances. 3. Contar fatos inverossímeis. [C.: 12A]

ro.man.cei.ro [*Romance.*▫25] *sm.* Coleção de poesias ou canções escritas por poeta culto, mas de cunho popular; cancioneiro.

ro.man.cis.ta [*Romance.*▫36] *s2g.* Autor de romance(s).

ro.ma.nes.co (ê) [Fr. *romanesque.*▫33A] *adj.* Que tem caráter de romance, ou que é próprio deste; romântico.

ro.mâ.ni.co [Lat. *romanicu.*▫35B] *adj. sm. E.Ling.* Diz-se de, ou conjunto de idiomas derivados do latim.

ro.ma.no [Lat. *romanu.*▫29] *adj.* 1. De Roma, cidade da Península Itálica (Sul da Europa), sede de um dos principais Estados da Antiguidade, e a atual capital da Itália. 2. Relativo a um antigo sistema de representação numérica por meio de letras, us. na antiga Roma (v. *algarismo romano*). ● *sm.* 3. O natural ou habitante de Roma.

ro.mân.ti.co [Ingl. *romantic.* ▫35B] *adj.* 1. Relativo a romance; romanesco. 2. Dado a, ou cheio de fantasias, sonhos ou devaneios, amorosos ou outros. 3. Que segue o romantismo. ● *sm.* 4. Indivíduo romântico.

romantismo | rosa dos ventos

ro.man.tis.mo [Fr. *romantisme*.◘11] *sm.* **1.** Importante movimento artístico e de ideias, do início do séc. XIX, que, abandonando os modelos clássicos e o iluminismo, passou ao individualismo e valorizou a sensibilidade e a fantasia. **2.** Qualidade de romântico ou romanesco.

ro.man.ti.zar [*Romântico*.◘1D] *vtd.* **1.** Dar feição romântica, ou de romance, a. *td. e int.* **2.** Descrever ou conceber (algo) de modo imaginoso, fantasioso. [C.: 1]

ro.ma.ri.a [Top. *Roma* (Itália).◘15] *sf.* Peregrinação de caráter religioso.

ro.mã.zei.ra [*Romã*.◘16B] *sf. Bot.* Arvoreta punicácea, frutífera.

rom.bo¹ [V.E] *sm.* **1.** Furo, abertura, buraco de grandes proporções. **2.** *Fig.* Desfalque. **3.** *Fig.* Déficit.

rom.bo² [Lat. *rhombu*.] *adj.* **1.** Obtuso (1). • *sm.* **2.** Losango.

rom.boi.de (ói) [Gr. *rhomboeidés*.] *sm. Geom.* Paralelogramo com 2 ângulos agudos e 2 obtusos, e que tem lados contíguos diferentes e lados opostos iguais.

rom.bu.do [*Rombo²* + *-udo*.] *adj.* De ponta arredondada, pouco aguçada; pouco penetrante.

ro.mei.ro [Top. *Roma*.◘25] *sm.* Indivíduo que toma parte em romaria; peregrino.

ro.me.no *adj.* **1.** Da Romênia (Europa). • *sm.* **2.** O natural ou habitante da Romênia. **3.** *E.Ling.* A língua romena.

rom.pan.te *sm.* **1.** Arrogância, altivez. **2.** Reação impetuosa e/ou violenta.

rom.per [Lat. *rumpere*.◘1B] *vtd.* **1.** Desfazer a integridade de (algo), partindo, quebrando, rasgando, etc. **2.** Fazer cessar (estado, condição, etc.). **3.** Dar início súbito a. **4.** Deslocar-se, avançar com ímpeto, como que abrindo ou ferindo aquilo que opõe resistência. **5.** Desfazer ou desrespeitar (algum tipo de acordo, compromisso ou relação com outra pessoa). *ti.* **6.** Manifestar subitamente (sentimento), ou iniciar (ação, movimento) de modo impetuoso. **7.** Romper (5). *tc.* **8.** Avançar com ímpeto. *int.* **9.** Ter início; começar a aparecer, surgir. **10.** Romper (5). *p.* **11.** Estragar-se, partindo-se ou rasgando-se. **12.** Cessar, terminar. [C.: 2. Part.: *rompido* e *roto* (ô).]

rom.pi.men.to [*Romper*.◘3A] *sm.* Ato ou efeito de romper(-se); perda ou anulação de integridade ou continuidade de algo.

rom-rom [V.A] *sm.* Rumor contínuo provocado pela traqueia do gato, ger. quando descansa. [Pl.: *rom-rons*.]

ron.ca [Dev. de *roncar*.] *sf.* **1.** V. *roncadura*. **2.** Ronco (5).

ron.ca.du.ra [*Roncar*.◘5A] *sf.* Ato ou efeito de roncar (2).

ron.car [Lat. *rhonchare*.◘1A] *v.int.* **1.** Respirar ruidosamente durante o sono; ressonar com ruído. **2.** Produzir estrondo, ou ruído semelhante ao ronco (1). [C.: 1A] § **ron.ca.dor** (ô) *adj. sm.*

ron.cei.ro *adj.* **1.** Vagaroso, lento. **2.** Indolente (2).

ron.co [Lat. *ronchu*.] *sm.* **1.** O som da respiração de quem ronca dormindo. **2.** V. *roncadura*. **3.** Ruído contínuo e cavernoso, semelhante ao ronco (1). **4.** O grunhir dos porcos.

ron.da [Port.ant. *rolda*, com infl. do esp. *ronda*.] *sf.* **1.** Visita a algum posto, ou volta feita para inspecionar, vigiar, ou zelar pela tranquilidade pública. **2.** Grupo de soldados ou de guardas que fazem a ronda (1).

ron.dar [*Ronda*.◘1A] *vtd.* **1.** Andar à volta, ou nas proximidades de. **2.** Deslocar-se, ou ir (de um ponto a outro), para observar, vigiar ou inspecionar. *int.* **3.** Fazer ronda. [C.: 1]

→ **rondelle** (rondéli) [It.] *sfpl. Cul.* Massa recheada com queijo, presunto, frango, etc. e enrolada como rocambole.

ron.do.ni.a.no [◘29A] *adj.* **1.** De RO. • *sm.* **2.** O natural ou habitante desse estado.

ro.nha [Lat.vulg. *ronea*.] *sf.* **1.** Sarna que ataca ovelhas e cavalos. **2.** *Pop.* V. *malícia* (2).

ron.quei.ra¹ [*Ronco*.◘16] *sf.* O ruído da respiração produzido pelo catarro ou por outra causa de obstrução nas vias respiratórias.

ron.quei.ra² *sf. Bras.* Cano de ferro cheio de pólvora, que detona com estrondo; roqueira.

ron.ro.nar [*Rom-rom*.◘1A] *v.int.* Fazer ronrom. [C.: 1] § **ron.ro.nan.te** *adj2g.*

ro.que¹ [V.D] *sm.* **1.** *Ant.* A torre do jogo de xadrez. **2.** Jogada, no xadrez, em que se movimentam a torre e o rei, lateralmente e em direções opostas.

ro.que² *sm.* V. *rock*.

ro.quei.ra [*Roca²*.◘16] *sf.* **1.** Antigo canhão de ferro para lançar pedras. **2.** *Bras.* Ronqueira².

ro.quei.ro [*Roque²*.◘25] *sm.* Instrumentista, cantor e/ou compositor de *roque²*.

ro.rai.men.se [◘38] *adj2g.* **1.** De RR. • *s2g.* **2.** O natural ou habitante desse estado.

ro.re.jar [Lat. *rore* + *-ejar*.◘1E] *vtd.* **1.** Deixar sair, cair ou brotar (orvalho, transpiração, etc.), gota a gota. **2.** Molhar com pequenas gotas. [C.: 1 (ê)]

ro.sa [Lat. *rosa*.] *sf.* **1.** Flor da roseira, perfumada, ornamental, delicada, de colorido variado (branco, amarelo, e esp. vermelho claro), e em cujas hastes há, ger., espinhos. • *sm.* **2.** Cor-de-rosa. • *adj2g2n.* **3.** V. *cor-de-rosa* (1).

ro.sá.ce.a¹ [Lat. *rosacea*.] *sf.* **1.** Ornato arquitetônico em forma de rosa. **2.** Grande vitral de igreja, etc., semelhante a esse ornato.

ro.sá.ce.a² [Tax. *Rosaceae*.] *sf. Bot.* Espécime das rosáceas, família de ervas, árvores ou arbustos floríferos.

ro.sá.ce.o¹ [Lat. *rosaceu*.] *adj.* **1.** Referente à rosa. **2.** Em forma de rosa.

ro.sá.ce.o² [De *rosácea²*.] *adj. Bot.* Relativo ou pertencente às rosáceas.

ro.sa.do [Lat. *rosatu*.◘17] *adj.* **1.** V. *cor-de-rosa* (1). **2.** Em cuja composição entra a essência de rosas.

ro.sa dos ven.tos *sf. Náut.* Mostrador onde estão marcados os pontos cardeais e os colaterais. [Pl.: *rosas dos ventos*.]

ro.sal [Lat. *rosale*.⬛39] *sm.* Roseiral. [Pl.: *-sais.*]

ro.sá.ri:o [Lat. *rosariu*.⬛24] *sm.* **1.** Enfiada de 165 contas, correspondentes a 15 dezenas de ave-marias intercaladas com 15 padre-nossos, a serem rezados como prática religiosa. **2.** Sucessão, série.

ros.bi.fe [Ingl. *roast beef*.] *sm.* Cul. Peça de carne bovina preparada de modo que fique tostada por fora e mais ou menos sangrenta no interior.

ros.ca (ô) [V.E] *sf.* **1.** Espiral do parafuso ou de outro objeto qualquer. **2.** *Cul.* Pão, bolo ou biscoito retorcido ou em forma de argola. **3.** Cada uma das voltas da serpente enroscada. [Pl.: *roscas* (ô).]

ro.sei.ra [Lat. *rosaria*.⬛16] *sf. Bot.* Arbusto ou trepadeira das rosáceas, silvestre ou cultivado, cuja flor é a rosa (1).

ro.sei.ral [*Roseira*.⬛39] *sm.* Plantação de roseiras; rosal. [Pl.: *-rais.*]

ro.se:o [Lat. *roseu*.] *adj.* **1.** Próprio da, ou perfumado como a rosa. **2.** V. *cor-de-rosa* (1).

ro.se.ta (ê) [*Rosa* + *-eta* (ê).] *sf.* **1.** Nome comum a diferentes objetos cuja forma lembra a da rosa. **2.** Rodinha dentada de espora. **3.** Botãozinho de fita enrolada us. na botoeira da lapela como condecoração.

→ **rosh hashaná** (róchi rachaná) [Hebr.] *sm. Rel.* Festa judaica que comemora o início do ano. [Com inicial maiúsc.]

ro.si.a.no [⬛29A] *adj.* Relativo ao, ou próprio do escritor João Guimarães Rosa (**M.**), ou à sua obra.

ro.si.cler *adj2g2n.* **1.** De uma tonalidade rósea e pálida que lembra a da aurora. ● *sm.* **2.** Essa tonalidade.

ro.si.lho [Esp. *rosillo*.] *adj.* De pelo avermelhado e branco, como que rosado (cavalo).

ros.ma.ni.nho [Lat. *rosmarinu*.⬛32] *sm. Bot.* Erva lamiácea, aromática.

ros.nar [V.A] *vtd.* **1.** Dizer em voz baixa e sem pronunciar claramente as palavras. *int.* **2.** Emitir (o cão, o lobo, etc.) som rouco e ameaçador, diferente do latido, arreganhando os dentes. ● *sm.* **3.** O ato de rosnar ou o som assim produzido. [C.: 1 (ó)] § **ros.na.de.la** *sf.*; **ros.na.do** *sm.*

ros.que.ar [*Rosca*.⬛1N] *vtd. Bras.* Prover de roscas (pino, parafuso, etc.). [C.: 12A]

ros.si:o [V.C] *sm.* Praça larga, espaçosa.

ros.to (ô) [Lat. *rostru*.] *sm.* **1.** A parte anterior da cabeça; cara, semblante. **2.** V. *fisionomia* (1). **3.** O anverso da medalha. [Pl.: *rostos* (ô).]

ros.tro (ô) [Lat. *rostru*.] *sm.* **1.** *Zool.* Bico das aves. **2.** *Zool.* Focinho de animais aquáticos. **3.** *Zool.* Sugadouro dos insetos hemípteros. **4.** *Bot.* Prolongamento pontiagudo de vários órgãos vegetais.

ro.ta [Lat. *rupta*.] *sf.* **1.** Caminho, rumo. **2.** *Náut.* Derrota².

ro.ta.ção [Lat. *rotatione*.⬛2A] *sf.* Movimento de rodar ou girar. [Pl.: *-ções.*]

ro.ta.ri.a.no [Ingl. *rotarian*.⬛29] *sm.* Membro do *Rotary Club*, organização que visa a criar laços de compreensão mundial.

ro.ta.ti.va [F.subst. de *rotativo*.] *sf.* Máquina de impressão em que a pressão se faz entre 2 superfícies cilíndricas em rotação.

ro.ta.ti.vo [*Rotar*.⬛22A] *adj.* Que faz rodar.

ro.ta.tó.ri:a *sf. Bras.* Largo circular que facilita o trânsito em cruzamentos.

ro.ta.tó.ri:o [*Rotar*.⬛23A] *adj.* **1.** Que roda ou gira. **2.** Relativo a rotação.

ro.tei.ri.zar [*Roteiro*.⬛1D] *vtd. Bras. Educ. E.Ling.* Escrever o roteiro (5) de. [C.: 1] § **ro.tei.ri.za.do** *adj.*

ro.tei.ro [*Rota*.⬛25] *sm.* **1.** Descrição escrita dos pontos que se devem conhecer para uma viagem marítima. **2.** Itinerário (2). **3.** Indicação da situação e direção de caminhos duma povoação. **4.** Esquema do que deve ser abordado, estudado, etc., em discussão ou trabalho escrito. **5.** *Cín. Rád. Telev.* Apresentação escrita de filme ou programa, e que contém falas e indicação de imagens, sonoplastia, etc.

ro.ti.na [Fr. *routine*.⬛31] *sf.* **1.** Caminho já conhecido, ger. trilhado maquinalmente. **2.** Sequência de atos, usos, etc., observada por força do hábito.

ro.ti.nei.ro [*Rotina*.⬛25] *adj.* Relativo a rotina ou que a segue.

ro.tis.se.ri.a [Fr. *rôtisserie*.⬛15A] *sf.* Loja, ou seção de supermercado, em que se vendem queijos, frios, etc.

ro.to (ô) [Lat. *ruptu*.] *adj.* **1.** Que se rompeu. **2.** Esburacado; rasgado. **3.** Maltrapilho. [Pl.: *rotos* (ô).]

ro.tor (ôr) [Ingl. *rotor*.] *sm.* **1.** Parte giratória de máquina ou motor, esp. elétrico. **2.** Mecanismo giratório de helicóptero, com as respectivas pás.

ró.tu.la [Lat. *rotula*.] *sf.* **1.** Gelosia. **2.** *Anat.* V. *patela.*

ro.tu.lar [*Rótula*.⬛1A] *vtd.* **1.** Colocar rótulo ou etiqueta em. **2.** *Fig.* Qualificar de modo simplista. *transobj.* **3.** Classificar, reputar. [C.: 1] § **ro.tu.la.ção** *sf.*; **ro.tu.la.gem** *sf.*

ró.tu.lo [Lat. *rotulu*.] *sm.* Papel que se cola em embalagens e recipientes, com indicação sobre o conteúdo.

ro.tun.da [Lat. *rotunda*.] *sf.* **1.** Construção circular terminada em cúpula. **2.** Praça ou largo circular.

ro.tun.do [Lat. *rotundu*.] *adj.* V. *redondo* (1 a 4).

ro.tu.ra [*Roto*.⬛5] *sf.* V. *rompimento.*

rou.ba.lhei.ra [*Roubo* + *-alh(o)-* + *-eira*.⬛16] *sf.* Roubo(s) vultoso(s) e escandaloso(s).

rou.bar [Lat.vulg. *roubare*.⬛1A] *vtd.* **1.** Tomar (objeto, coisa móvel) da posse de alguém, mediante ameaça ou violência. **2.** Tirar bens, dinheiro ou valores da posse de (alguém). **3.** Apropriar-se de (algo), de modo enganoso. **4.** Raptar. **5.** Exigir que se consuma ou que se gaste (tempo, dinheiro, esforço, etc.); consumir, gastar. *int.* **6.**

rou.bo [Dev. de *roubar*.] *sm.* **1.** Ato de roubar. **2.** O que se rouba.
rou.co [Lat. *raucu*.] *adj.* **1.** De fala áspera e cavernosa, difícil de entender. **2.** Diz-se do som semelhante a fala rouca.
rou.fe.nho [V.A] *adj.* Que tem som fanhoso.
→ **round** (ráundi) [Ingl.] *sm. Esport.* No boxe, um dos tempos da competição.
rou.pa [Gót. *raupa.] *sf.* **1.** Peça de pano, etc., para uso doméstico. **2.** Peça de pano, etc., para vestir o corpo. ♦ **Roupa de baixo.** Roupa (2), ger. de tecido fino, us. junto ao corpo, sob outra roupa. **Roupa íntima.** Roupa de baixo, ou de dormir, ger. de tecido leve.
rou.pa.gem [*Roupa*.⊡6] *sf.* **1.** Conjunto de roupas. **2.** *Fig.* Aspecto exterior, ou aquilo que se usa para dar esse aspecto. [Pl.: -*gens*.]
rou.pão [*Roupa.*⊡28A] *sm. Vest.* Peça caseira de vestuário, ger. larga e longa, aberta na frente, de mangas e cinto, us. sobre roupa de dormir, de banho, etc.; robe, chambre. [Pl.: -*pões*.]
rou.pa.ri.a [*Roupa*.⊡15] *sf.* **1.** Quantidade considerável de roupa. **2.** Local onde se guardam roupas.
rou.pa-ve.lha *sf. Bras. Cul.* Iguaria feita com sobras desfiadas de carne de refeição anterior. [Pl.: *roupas-velhas*.]
rou.pei.ro [*Roupa*.⊡25] *sm.* Indivíduo encarregado de rouparia.
rou.pe.ta (ê) [*Roupa* + *-eta* (ê).] *sf.* Batina sacerdotal.
rou.qui.dão [*Rouco* + *-idão*.] *sf.* Estado de rouco. [Pl.: -*dões*.]
rou.xi.nol [Provç.ant. *rossinhol*.] *sm.* **1.** *Zool.* Ave turdídea, canora, europeia. **2.** *Fig.* Pessoa de linda voz. [Pl.: -*nóis*.]
ro.xo (ô) [Lat. *russeu*.] *adj.* **1.** De cor entre o rubro e o violáceo. ● *sm.* **2.** Essa cor. [Pl.: *roxos* (ó).]
→ **royalty** (róialti) [Ingl.] *sm.* Importância cobrada pelo proprietário de uma patente para permitir seu uso ou comercialização. [Pl.: *royalties*.]

■ **Ru** *Quím.* Símb. de *rutênio*.
ru.a [Lat. *ruga*.] *sf.* **1.** Nas cidades, caminho público, ladeado de casas. **2.** Os habitantes duma rua. **3.** A parte da rua (1) por onde passam os veículos. **4.** O conjunto dos locais públicos ou frequentados pelas pessoas em geral.
ru.bé.o.la [Lat.cient. *rubeola*.] *sf. Med.* Virose contagiosa caracterizada por erupção e que, em grávida não imune, pode causar aborto ou más-formações no nascituro.
ru.bi ou **ru.bim** [Lat.med. *rubinu*.] *sm. Min.* Variedade de coríndon, vermelha e transparente, us. como gema. [Pl. de rubim: -*bins*.]
ru.bi.á.ce.a [Tax. *Rubiaceae*.] *sf. Bot.* Espécime das rubiáceas, família de árvores, arbustos e ervas, todas floríferas e de frutos ger. capsulares. Ex.: café. § **ru.bi.á.ce:o** *adj.*
ru.bi.cun.do [Lat. *rubicundu*.] *adj.* De cor rubra.

ru.bí.di:o [*Rubídio*.⊡34B] *sm. Quím.* V. *metal alcalino* [símb.: *Rb*].
ru.bor (ô) [Lat. *rubore*.⊡19] *sm.* **1.** A cor rubra. **2.** Vermelhidão nas faces, devido a reação de timidez, indignação, pudor, etc.
ru.bo.ri.zar [*Rubor*.⊡1D] *vtd.* **1.** Enrubescer. **2.** Provocar rubor (2), em decorrência de sentimento de indignação, vergonha, pudor. *int. e p.* **3.** Enrubescer-se. [C.: 1] § **ru.bo.ri.za.do** *adj.*
ru.bri.ca (í) [Lat. *rubrica*.] *sf.* **1.** Palavra(s) ou marca(s) com que se indica o assunto, a categoria, de certo elemento de uma lista, catálogo, etc. **2.** Firma ou assinatura abreviada, reconhecida como autêntica.
ru.bri.car [*Rubrica*.⊡1A] *vtd.* Pôr rubrica (2) ou rubricas em. [C.: 1A]
ru.bro [Lat. *rubru*.] *adj.* Diz-se da cor vermelha muito viva, ou do que tem essa cor.
ru.ço [Lat. *roscidu*.] *adj.* **1.** Pardacento. **2.** Diz-se do cabelo ou barba grisalhos, ou de quem os tem. **3.** Desbotado pelo uso. **4.** *Pop.* Que tem cabelo castanho muito claro. ● *sm.* **5.** *Bras. RJ* Névoa densa, nas montanhas.
rú.cu.la [It. *rucola*.] *sf. Bot.* Erva brassicácea, us. em salada.
ru.de [Lat. *rude*.] *adj2g.* **1.** V. *rústico* (2). **2.** Pedregoso, escabroso. **3.** V. *grosseiro* (3). **4.** Rigoroso, severo. § **ru.de.za** (ê) *sf.*
ru.de.ral [Lat.cient. *ruderalis*.⊡39] *adj2g. Bot.* Diz-se de plantas que crescem próximo às habitações humanas. [Pl.: -*rais*.]
ru.di.men.tar [*Rudimento*.⊡40] *adj2g.* **1.** Que tem caráter de rudimento(s). **2.** Que não se desenvolveu, ou não se aperfeiçoou.
ru.di.men.to [Lat. *rudimentu*.⊡3A] *sm.* Elemento inicial; começo; esboço.
ru.di.men.tos *smpl.* Primeiras noções; conhecimentos básicos ou superficiais.
ru.ei.ro [*Rua*.⊡25] *adj.* **1.** Que gosta de andar pelas ruas; que não para em casa. **2.** Relativo a rua. ● *sm.* **3.** Indivíduo rueiro. [Sin. de 1 e 3: *andejo*.]
ru.e.la [*Rua*.⊡7] *sf.* Ruazinha; viela.
ru.far [*Rufo*¹.⊡1A] *vtd.* **1.** Tocar (tambor), dando rufos. *int.* **2.** Produzir rufo(s). [C.: 1]
ru.fi.ão [Fr. *rufian*, poss.] *sm.* **1.** Indivíduo brigão. **2.** V. *cáften*. [Pl.: -*ães*, -*ões*. Fem.: *rufiona*.]
ru.flar [V.A] *vtd.* **1.** Agitar (as asas) para alçar voo. *int.* **2.** Agitar-se com rumor, como as asas das aves que esvoaçam. [C.: 1]
ru.flo [Dev. de *ruflar*.] *sm.* Ato ou efeito de ruflar.
ru.fo¹ [V.A] *sm.* **1.** Toque do tambor com batidas rápidas e sucessivas. **2.** Som análogo a esse toque.
ru.fo² [Ingl. *ruff*.] *sm.* Chapa colocada na parede, junto ao telhado, para proteção contra as águas pluviais.
ru.ga [Lat. *ruga*.] *sf.* Prega ou dobra na pele, na roupa, em qualquer superfície. § **ru.go.so** (ô) *adj.*
rúg.bi [Ingl. *rugby*.] *sm. Esport.* Jogo com 2 equipes de 15 jogadores, em que uma bola oval deve ser levada, com os pés ou com as mãos, até o

ruge | rútilo

gol adversário (em forma de H), vencendo a que marcar o maior número de pontos.

ru.ge [Fr. *rouge*.] *sm.* Cosmético em pó ou em pasta, de cor que varia do rosa ao vermelho, us. para colorir a face. [Sin. ingl., mais us.: *blush*.]

ru.ge-ru.ge [V.A] *sm.* **1.** Ruído de saias que roçam o chão. **2.** Rumor semelhante a esse. [Pl.: *ruge(s)-ruges*.]

ru.gi.do [Lat. *rugitu*.] *sm.* **1.** Som forte, longo e grave, emitido por leões e outras feras; urro. **2.** Qualquer som cavernoso; bramido.

ru.gir [Lat. *rugire*.▫1C] *v.int.* **1.** Soltar rugido (o leão ou outra fera); urrar. **2.** Fazer rugido. **3.** Fazer ruge-ruge. [C.: 3A. Norm., é unipess.]

ru.í.do [Lat. *rugitu*.] *sm.* **1.** Som provocado pela queda de um corpo. **2.** Som confuso e/ou prolongado; rumor. **3.** Qualquer som. **4.** Fonte de erro ou de perda de fidelidade na transmissão e recepção de mensagens. **5.** *Fig.* V. *boato*.

ru:i.do.so (ô) [*Ruído*.▫37] *adj.* Barulhento; rumoroso. [Pl.: *-dosos* (ó).]

ru.im (u-ím) [Lat. *ruina*, por via incerta.] *adj2g.* **1.** Sem préstimo. **2.** Defeituoso; estragado. **3.** De má qualidade; ordinário. **4.** Nocivo (física ou moralmente). **5.** De má índole; mau. § **ru:in.da.de** *sf.*

ru.í.na [Lat. *ruina*.] *sf.* **1.** Ato ou efeito de ruir. **2.** Restos de construções desmoronadas. **3.** Aniquilamento, destruição. **4.** Perda de bens materiais ou morais. **5.** Decadência absoluta; derrocada.

ru:i.no.so (ô) [Lat. *ruinosu*.▫37] *adj.* Que causa ou pode causar ruína (1, e 3 a 5). [Pl.: *-nosos* (ó).]

ru.ir [Lat. *ruere*.▫1C] *v.int.* **1.** Cair com ímpeto e depressa; desmoronar-se, desabar. **2.** *Fig.* Decair, deixar de existir, destruir-se; deixar de ser ou de parecer real, sólido, firme. [C.: 58]

rui.vo [Lat. *rubeu*, poss.] *adj.* **1.** Amarelo-avermelhado. **2.** Diz-se do pelo ou do cabelo ruivo (1). ● *sm.* **3.** Homem de cabelo ruivo.

rum [Ingl. *rum*.] *sm.* Aguardente do melaço de cana-de-açúcar. [Pl.: *runs*.]

ru.ma *sf.* Pilha, monte; rima.

ru.mar [*Rumo*.▫1A] *vtdc.* **1.** Fazer (a embarcação) seguir em certa direção. *tc.* **2.** Dirigir-se, encaminhar-se. [C.: 1]

rum.ba [Esp. *rumba*.] *sf.* Dança originária de Cuba, em compasso binário e ritmo sinc.

ru.mi.nan.te[1] [*Ruminar*.▫21] *adj2g.* Que rumina.

ru.mi.nan.te[2] [Tax. *Ruminantia*.] *adj2g. sm. Zool.* Diz-se de, ou espécime dos ruminantes, subordem que compreende mamíferos herbívoros de estômago duplo, com 4 cavidades: pança, barrete, folhoso e coagulador. Ex.: boi, camelo.

ru.mi.nar [Lat. *ruminare*.▫1A] *vtd. e int.* **1.** Entre certos animais (ditos ruminantes), mastigar novamente os alimentos que voltam do estômago à boca. **2.** *Fig.* Refletir muito. [C.: 1] § **ru.mi.na.ção** *sf.*

ru.mo [Esp. *rumbo*.] *sm.* **1.** Cada uma das direções marcadas na rosa dos ventos. **2.** Caminho, direção. **3.** Modo de alguém proceder ou de a situação se desenvolver.

ru.mor (ô) [Lat. *rumore*.] *sm.* **1.** Ruído (2). **2.** Ruído de vozes; burburinho. **3.** Notícia, fama. **4.** V. *boato*. § **ru.mo.ro.so** (ô) *adj.*

ru.mo.re.jar [*Rumor*.▫1E] *v.int.* Produzir rumor; sussurrar. [C.: 1 (ê)] § **ru.mo.re.jan.te** *adj2g.*

ru.pes.tre [Fr. *rupestre*.] *adj2g.* **1.** Litófilo. **2.** Gravado, traçado ou construído em rocha ou rochedo.

rup.tu.ra [Lat. *ruptura*.▫5B] *sf.* V. *rompimento*.

ru.ral [Lat. *rurale*.▫39] *adj2g.* Do, ou próprio do campo (3). [Pl.: *-rais*.]

ru.ra.lis.mo [*Rural*.▫11] *sm.* **1.** Predomínio das atividades rurais em relação às urbanas. **2.** Interesse por assuntos rurais, ou emprego, na arte, de cenas rurais, campestres.

ru.ra.lis.ta [*Rural*.▫36] *adj2g.* **1.** Relativo às atividades rurais ou ao ruralismo. **2.** Relativo aos proprietários de fazendas, etc., e a seus interesses econômicos e políticos. ● *s2g.* **3.** Aquele que tem propriedade rural (de atividade agrícola, pecuária, etc.), ou que defende os interesses dos proprietários rurais.

rus.ga [V.E] *sf.* Pequena briga ou desentendimento entre pessoas.

rus.gar [*Rusga*.▫1A] *v.int.* Provocar rusga; entrar em desentendimento. [C.: 1C] § **rus.guen.to** *adj.*

→ **rush** (râchi) [Ingl.] *sm.* Grande afluência de veículos, tráfego muito intenso, em uma direção determinada.

rus.so [Fr. *russe*.] *adj.* **1.** Da Rússia. ● *sm.* **2.** O natural ou habitante da Rússia. **3.** *E.Ling.* A língua russa.

rús.ti.co [Lat. *rusticu*.▫35B] *adj.* **1.** V. *campestre*. **2.** Tosco, simples, rude. **3.** Diz-se da planta, ou jardim, ou pomar, que nasceu por si só, sem cultivo. **4.** Diz-se dos móveis, utensílios, etc., feitos ou usados pelos camponeses ou semelhantes àqueles. ● *sm.* **5.** V. *camponês*. § **rus.ti.ci.da.de** *sf.*

ru.tá.ce:a [Tax. *Rutaceae*.] *sf. Bot.* Espécime das rutáceas, família de arbustos e árvores floríferos, e cujas folhas são aromáticas quando esmagadas; alguns, como o limoeiro, dão frutos cítricos. § **ru.tá.ce:o** *adj.*

ru.tê.ni:o [Lat.cient. *ruthenium*.▫34B] *sm. Quím.* Elemento de número atômico 44 [símb.: *Ru*].

ru.ther.fór.di:o [Lat.cient. *rutherfordium*.▫34B] *sm. Quím.* Elemento de número atômico 104, artificial [símb.: *Rf*].

ru.ti.lan.te [Lat. *rutilante*.▫21] *adj2g.* Que rutila; rútilo. § **ru.ti.lân.ci:a** *sf.*

ru.ti.lar [Lat. *rutilare*.▫1A] *v.int.* Brilhar muito; resplandecer. [C.: 1]

rú.ti.lo [Lat. *rutilu*.] *adj.* Rutilante.

s (ésse) *sm.* **1.** A 19ª letra do nosso alfabeto. **2.** Figura ou representação dessa letra. **3.** A forma da letra *s*, com 2 curvas sucessivas em direções opostas, ou aquilo que tem essa forma. ● *num.* **4.** Décimo oitavo, numa série. **5.** Décimo nono, numa série em que a letra *k* corresponde ao 11º elemento. [Pl. do sm., com duplo *s*: *ss.*]

■ **s** Símb. de *segundo*¹ (6).

■ **S 1.** *Geogr.* Abrev. de *sul* (1, 3 e 4). **2.** Abrev. de *são*¹. **3.** *Quím.* Símb. de *enxofre*.

sa.bá [Fr. *sabbat*, de or. hebr.] *sm. Rel.* Descanso religioso dos judeus, no sábado, consagrado a Deus.

sá.ba.do [Lat. *sabbatu*, do hebr.] *sm.* O sétimo dia da semana, começada no domingo.

sa.bão [Lat. *sapone*.] *sm.* **1.** Produto detergente constituído de sais de sódio (ou de potássio) de ácidos graxos, e us. para limpeza. **2.** *Fam.* V. *descompostura*. [Pl.: *-bões.*]

sa.ba.ti.na [*Sabat(i)-* + *-ina*.◙31] *sf.* Recapitulação de lições.

sa.ba.ti.nar [*Sabatina*.◙1A] *vtd.* Submeter a sabatina; arguir. [C.: 1]

sa.be.dor (ô) [*Saber*.◙19A] *adj.* **1.** Que sabe; sabido. **2.** Que tem sabedoria; sábio. ● *sm.* **3.** Sábio (4).

sa.be.do.ri.a [*Sabedor*.◙8A] *sf.* **1.** Grande conhecimento; saber, erudição. **2.** Qualidade de sábio. **3.** Prudência, sensatez.

sa.ber [Lat. *sapere*, 'ter gosto'.◙1B] *vtd.* **1.** Ter conhecimento, ciência, informação ou notícia de. **2.** Ter a certeza de. **3.** Ser instruído em. **4.** Ter a certeza de (coisa futura); prever. **5.** Ter meios, ou capacidade para. **6.** Compreender, perceber. **7.** Reter na memória; saber de cor. **8.** Ter conhecimento teórico e/ou prático de: *Ele não sabe dirigir*. **9.** Conseguir: *Ela sabe ser simpática*. **10.** Indagar; informar-se. *ti*. **11.** Saber (1 e 10). **12.** Ter o sabor de: *Este bolo sabe a mel*. **13.** Ter sabedoria. **14.** Ter conhecimento ou notícia de algo. [C.: 21] ● *sm.* **15.** V. *sabedoria* (1).

sa.be-tu.do [*Saber* + *tudo*.] *s2g2n.* Sabichão.

sa.bi.á [Do tupi.] *sm. Zool.* Nome comum a várias aves musicicapídeas passeriformes; onívoras e canoras; são muito comuns no Brasil.

sa.bi.chão *sm. Fam.* Aquele que alardeia sabedoria; sabe-tudo. [Pl.: *-chões.*]

sa.bi.do [Part. de *saber*.] *adj.* **1.** Sabedor (1). **2.** Que se sabe **3.** *Fig.* Prudente, cauteloso. **4.** *Fig.* Astuto, esperto, finório. ● *sm.* **5.** Indivíduo sabido.

sa.bi.no [Esp.plat. *sabino*.] *adj.* Diz-se de cavalo de pelo branco mesclado de vermelho e preto.

sá.bi:o [Lat. *sapidu*.] *adj.* **1.** Que sabe muito. **2.** Que encerra sabedoria. **3.** Sensato, judicioso. ● *sm.* **4.** Homem erudito; sabedor.

sa.bo:a.ri.a [*Sabão* (*-bo-*).◙15] *sf.* Estabelecimento onde se vende e/ou faz sabão.

sa.bo.ei.ro [*Sabão* (*-bo-*).◙25] *sm.* Fabricante ou vendedor de sabão.

sa.bo.ne.te (ê) [*Sabão* (*-bon-*) + *-ete* (ê).] *sm.* Pedaço de sabão próprio para limpeza corporal e, ger., perfumado.

sa.bo.ne.tei.ra [*Sabonete*.◙16] *sf.* Recipiente para o sabonete.

sa.bor (ô) [Lat. *sapore*.] *sm.* **1.** Impressão que as substâncias sápidas produzem na língua. **2.** Propriedade que elas têm de impressionar o paladar; gosto. **3.** *P.ext.* Qualidade comparável a qualquer coisa agradável ao paladar.
  ◆ **Ao sabor de.** Conforme à vontade, ou à inclinação, de.

sa.bo.re.ar [*Sabor*. ◼1N] *vtd.* **1.** Dar sabor (2) a. **2.** Comer lentamente, com gosto. **3.** Deleitar-se com, comendo ou bebendo. **4.** *P.ext.* Deleitar-se, regozijar-se. [C.: 12A]

sa.bo.ro.so (ô) [Lat. *saporosu*. ◼37] *adj.* Gostoso (1). [Pl.: *-rosos* (ó).]

sa.bo.tar [Fr. *saboter*. ◼1A] *vtd.* **1.** Danificar (instalações industriais, etc.) propositadamente. **2.** Causar prejuízos ou danos, clandestinamente. **3.** Dificultar ou impedir por meio de resistência passiva. [C.: 1 (ó)] § **sa.bo.ta.dor** (ô) *sm.*; **sa.bo.ta.gem** *sf.*

sa.bre [Fr. *sable*.] *sm.* **1.** Arma branca, reta ou curva, que corta apenas de um lado. **2.** Espada curta.

sa.bu.go [Lat. *sabucu*.] *sm.* **1.** *Bot.* Sabugueiro. **2.** A parte do dedo que adere à unha. **3.** Espiga de milho sem grãos.

sa.bu.guei.ro [*Sabugo*. ◼25] *sm. Bot.* Arbusto caprifoliáceo, medicinal; sabugo.

sa.bu.jar [*Sabujo*. ◼1A] *vtd. e int.* Bajular. [C.: 1]

sa.bu.jo [B.-lat. *segusiu*.] *sm.* **1.** Cão de caça grossa. **2.** *Fig.* Bajulador, adulador. § **sa.bu.ji.ce** *sf.*

sa.bur.ra [Lat. *saburra*.] *sf.* Crosta esbranquiçada que cobre a face superior da língua, ger. em doenças estomacais.

■ **SAC** Abrev. de *Serviço de Atendimento ao Cliente*.

sa.ca [De *saco*.] *sf.* Grande saco (1).

sa.ca.da [*Sacar*. ◼4] *sf.* Balcão saliente numa fachada.

sa.ca.na [V.E] *adj2g. Chulo* **1.** Que não tem caráter; canalha, malandro. **2.** *Bras.* Diz-se de pessoa sem-vergonha, libidinosa. **3.** *Bras.* Diz-se de pessoa trocista, brincalhona. ● *s2g.* **4.** Pessoa sacana.

sa.car [V.D] *vtd.* **1.** Tirar para fora à força, a puxões, com violência. **2.** Puxar (arma) em ameaça. **3.** Emitir (cheque). **4.** Retirar (dinheiro) de instituição financeira. **5.** *Gír.* Entender, compreender. **6.** *Gír.* Observar (ger. com alguma intenção). *ti.* **7.** Sacar (1 e 5). **8.** *Bras. Pop.* Mentir. **9.** *Esport.* Dar saque[1] (4), ou ter o direito de dá-lo. [C.: 1A]

sa.ca.rí.de:o [*Sacar*(i)- + *-ídeo*[2].] *adj.* Semelhante ao açúcar.

sa.ca.rí.fe.ro [*Sacar*(i)- + *-fero*.] *adj.* Que produz ou contém açúcar.

sa.ca.ri.na [*Sacar*(i)- + *-ina*. ◼31] *sf. Quím.* Substância branca, sintética, muito doce, us. como substituto da sacarose.

sa.ca.ro.lha *sm.* Instrumento com que se tiram rolhas de cortiça das garrafas ou de outros vasos. [Pl.: *saca-rolhas*.]

sa.ca.ro.lhas *sm2n.* V. *saca-rolha*.

sa.ca.ro.se [*Sacar*(i)- + *-ose*[2].] *sf.* Açúcar da cana e da beterraba.

sa.cer.dó.ci:o [Lat. *sacerdotiu*. ◼34B] *sm.* **1.** Missão do sacerdote. **2.** Dignidade sacerdotal.

sa.cer.do.tal [Lat. *sacerdotale*. ◼39] *adj2g.* Relativo a sacerdote ou a sacerdócio. [Pl.: *-tais*.]

sa.cer.do.te [Lat. *sacerdote*.] *sm.* **1.** Entre os antigos, aquele que tratava dos assuntos religiosos. **2.** V. *padre*.

sa.cer.do.ti.sa [*Sacerdote* + *-isa*.] *sf.* Mulher que exercia as funções de sacerdote (1).

sa.chê [Fr. *sachet*.] *sm.* **1.** Saquinho com plantas aromáticas, etc., ger. us. para perfumar roupa. **2.** Pequena embalagem contendo maionese, ou *ketchup*, ou xampu, etc., próprios para o consumo de uma só pessoa.

sa.cho [Lat. *sarculu*.] *sm.* Pequena enxada estreita e longa.

sa.ci [Do tupi.] *sm. Bras. Folcl.* Entidade fantástica: negrinho duma perna só, de cachimbo e com barrete vermelho, que persegue os viajantes; saci-pererê.

sa.ci.ar [Lat. *satiare*. ◼1A] *vtd.* **1.** Extinguir, matar (a fome ou a sede), comendo ou bebendo. **2.** Ser o suficiente, o conveniente ou o necessário para satisfazer (1 e 4) a (alguém); satisfazer: *Nada o saciaria*. *p.* **3.** Comer ou beber até não mais poder, querer ou precisar; fartar-se, satisfazer-se. [C.: 1] § **sa.ci.á.vel** *adj2g.*

sa.ci:e.da.de [Lat. *satietate*. ◼14A] *sf.* **1.** Estado de quem se saciou. **2.** *Fig.* Tédio, aborrecimento, fastio.

sa.ci.for.me [*Saco* + *-iforme*.] *adj2g.* Em forma de saco.

sa.ci-pe.re.rê *sm. Folcl.* Saci. [Pl.: *saci(s)-pererês*.]

sa.co [Lat. *saccu*.] *sm.* **1.** Receptáculo de papel, pano, etc., oblongo, aberto em cima e fechado no fundo e nos lados. **2.** O conteúdo de um saco. **3.** *Anat.* Nome comum a várias cavidades do organismo. **4.** *Bras.* Pequena enseada. **5.** *Bras. Gír.* Amolação, chateação, chatice.

sa.co.la [*Saco* + *-ola*.] *sf.* **1.** Reunião de 2 sacos; alforje. **2.** Saco de alças, para compras.

sa.co.lei.ro [*Sacola*. ◼25] *sm. Bras. Fam.* Vendedor ambulante que leva sua mercadoria ao local de trabalho ou à casa do cliente.

sa.co.le.jar [*Sacola*. ◼1E] *vtd., int. e p.* **1.** Sacudir(-se) ou agitar(-se) repetidamente. **2.** Rebolar(-se). [C.: 1 (ê)]

sa.co.le.jo (ê) [Dev. de *sacolejar*.] *sm.* Ato de sacolejar.

sa.co.li.nha [*Sacola*. ◼32A] *sf.* Pequena sacola.

◆ **Passar a sacolinha.** *Bras.* **1.** Fazer coleta de donativos durante culto religioso. **2.** Coletar dinheiro, a título de contribuição ou auxílio.

sa.cra.li.zar *vtd.* **1.** Atribuir caráter sagrado a. *p.* **2.** Tornar-se sagrado. [C.: 1]

sa.cra.men.ta.do [*Sacramentar*. ◼17A] *adj.* **1.** Que recebeu sacramento. **2.** *Bras. Fam.* Diz-se de documento legalmente formalizado. **3.** *Bras. Fam.* Diz-se de compromisso no qual se empenhou palavra.

sa.cra.men.tar [*Sacramento*. ◼1A] *vtd.* **1.** *Rel.* Administrar sacramento, esp. os da confissão e comunhão, a. **2.** Imprimir caráter sagrado a.

sacramento | saibro

3. *Bras. Fam.* Legalizar ou preencher todos os requisitos de (documento, trato, etc.). [C.: 1]

sa.cra.men.to [Lat. *sacramentu.*◘3] *sm. Rel.* Cada um dos sinais sagrados (batismo, crisma, eucaristia, penitência, ordem, matrimônio e a extrema-unção) instituídos por Jesus Cristo para a salvação divina dos fiéis. § **sa.cra.men.tal** *adj2g.*

sa.crá.ri:o [Lat. *sacrariu.*◘24] *sm. Rel.* Lugar onde se guardam objetos sagrados, esp. as hóstias consagradas; tabernáculo.

sa.cri.fi.car [Lat. *sacrificare.*◘1A] *vtd.* **1.** Oferecer em holocausto por meio de cerimônias próprias. **2.** Prejudicar, lesar. **3.** Abrir mão de. *tdi.* **4.** Desprezar (uma coisa) para dar mais realce (a outra). **5.** Dedicar com ardor. *int.* **6.** Fazer sacrifícios em honra de divindade. *p.* **7.** Oferecer-se em sacrifício; fazer sacrifício. **8.** Dedicar-se com ardor. **9.** Sujeitar-se. [C.: 1A] § **sa.cri.fi.ca.dor** (ô) *adj. sm.*; **sa.cri.fi.can.te** *adj2g.*

sa.cri.fí.ci:o [Lat. *sacrificiu.*◘34B] *sm.* **1.** Ato ou efeito de sacrificar(-se). **2.** Privação de coisa apreciada. **3.** Renúncia em favor de outrem.

sa.cri.lé.gi:o [Lat. *sacrilegiu.*◘34B] *sm.* **1.** Uso profano de pessoa, lugar ou objeto sagrado; profanação. **2.** Ultraje a pessoa sagrada ou venerável.

sa.crí.le.go [Lat. *sacrilegu.*] *adj.* Que cometeu sacrilégio, ou em que o há.

sa.cri.pan.ta [It. *sacripante.*] *s2g.* Pessoa desprezível, abjeta.

sa.cris.tão [Lat. **sacristanu.*◘28B] *sm. Rel.* Homem encarregado dos arranjos duma igreja, de ajudar à missa, etc. [Pl.: *-tãos, -tães.* Fem.: *sacristã.*]

sa.cris.ti.a *sf. Rel.* Lugar da igreja onde se guardam os paramentos e demais objetos do culto.

sa.cro [Lat. *sacru.*] *adj.* **1.** V. *sagrado* (2). **2.** Relativo ao sacro (4). ● *sm.* **3.** Sagrado (4). **4.** *Anat.* O osso que, juntamente com o cóccix, forma a porção posterior da bacia.

sa.cros.san.to [Lat. *sacrosanctu.*] *adj.* Sagrado e santo.

sa.cu.di.do [Part. de *sacudir.*] *adj.* **1.** Agitado, sacolejado. **2.** *Bras.* Forte, saudável.

sa.cu.dir [Lat. *succutere.*◘1C] *vtd.* **1.** Agitar com força e repetidamente. **2.** Agitar ou mover para um e outro lado. **3.** Fazer tremer. **4.** Limpar, agitando. *p.* **5.** V. *saracotear* (3). [C.: 52]

sá.di.co [Fr. *sadique.*◘35B] *adj.* **1.** Relativo ao, ou em que há sadismo. **2.** Que é dado a praticá-lo.

sa.di.o [Lat. *sanativu.*] *adj.* Que dá saúde, ou goza de saúde; são, saudável.

sa.dis.mo [Fr. *sadisme.*◘11] *sm.* Prazer com o sofrimento alheio.

sa.fa.do [*Safar.*◘17A] *adj.* **1.** *Pop.* V. *desavergonhado.* **2.** *Bras.* Imoral. ● *sm.* **3.** *Pop.* V. *desavergonhado.*

sa.fa.não [De *safar.*] *sm.* Empurrão, empuxão. [Pl.: *-nões.*]

sa.far [Esp. *zafar.*◘1A] *vtd.* **1.** Tirar, puxando. **2.** Tirar, furtar. **3.** Desembaraçar, livrar. **4.** Livrar, salvar. *p.* **5.** Deixar de sofrer castigo, ou sair ileso de situação difícil ou perigosa. [C.: 1]

sa.fá.ri [Do ár.] *sm.* Expedição para caçar, observar ou estudar animais selvagens em seu hábitat natural, esp. na selva africana.

sá.fa.ro [Do ár.] *adj.* **1.** Inculto, agreste. **2.** V. *estéril* (1).

sa.fe.na [Lat.med. *saphena.*] *sf. Anat.* Cada uma de 2 veias subcutâneas existentes em cada membro inferior. § **sa.fe.no** *adj.*

sa.fi.ra *sf. Min.* Variedade de coríndon, azul e também incolor, amarela, verde, etc., us. como gema.

sa.fis.mo [Antr. *Safo,* poetisa grega.◘11] *sm.* Lesbianismo.

sa.fo *adj.* Que se safou ou livrou.

sa.fra [Do ár.] *sf.* A produção agrícola dum ano.

sa.ga [Fr. *saga.*] *sf.* Narrativa rica de episódios.

sa.gaz [Lat. *sagace.*] *adj2g.* **1.** Que tem agudeza de espírito; perspicaz. **2.** Astucioso, manhoso. § **sa.ga.ci.da.de** *sf.*

sa.gi.ta.ri.a.no [◘29] *sm.* **1.** Indivíduo nascido sob o signo de Sagitário. ● *adj.* **2.** Diz-se de, ou pertencente ou relativo a sagitariano (1).

sa.gi.tá.ri:o [Lat. *sagittariu.*◘24] *sm.* **1.** *Astr.* A nona constelação do Zodíaco, situada no hemisfério sul. **2.** *Astrol.* O 9º signo do Zodíaco, relativo aos que nascem entre 22 de novembro e 21 de dezembro. [Com inicial maiúsc.]

sa.gra.do [Lat. *sacratu.*◘17A] *adj.* **1.** Que se sagrou. **2.** Relativo às coisas divinas, à religião; sacro, santo. **3.** Venerável; santo. ● *sm.* **4.** Aquilo que é sagrado; sacro.

sa.grar [Lat. *sacrare.*◘1A] *vtd.* **1.** Dedicar à divindade ou ao serviço divino. **2.** Benzer, consagrar. **3.** Investir numa dignidade por meio de cerimônia religiosa. [C.: 1] § **sa.gra.ção** *sf.*

sa.gu [Do mal.] *sm.* Amido da medula do sagueiro.

sa.guão [Do ár.] *sm.* **1.** Pátio no interior dum edifício. **2.** *Bras.* Vestíbulo amplo. [Pl.: *-guões.*]

sa.guei.ro (güei) [*Sagu.*◘25] *sm. Bot.* Palmeira arecácea que dá o sagu.

sa.gui (güi) [Do tupi.] *sm. Bras. Zool.* Pequeno macaco calitriquídeo, de cauda longa; saí.

sa.í [Do tupi.] *sm. Bras. Zool.* **1.** Sagui. ● *sf.* **2.** Nome comum a vários pássaros emberizídeos.

sai.a [Lat.vulg. **sagia.*] *sf.* **1.** Veste feminina que desce da cintura sobre as pernas até uma altura variável. **2.** *Pop.* Mulher.

sai.a-jus.ta *sf. Bras. Pop.* Situação desconfortável, embaraçosa. [Pl.: *saias-justas.*]

sai.ão [V.C] *sm. Bras. Bot.* Erva crassulácea, medicinal. [Pl.: *-ões.*]

sai.brar [*Saibro.*◘1A] *vtd.* Cobrir de saibro. [C.: 1] § **sai.bra.men.to** *sm.*

sai.bro [Lat. *sabulu.*] *sm.* **1.** Mistura de argila e areia grossa, us. no preparo de argamassas. **2.** Areia grossa de rio. § **sai.bro.so** (ô) *adj.*

sa.í.da [*Sair* + *-ida*.] *sf.* **1.** Ato ou efeito de sair; saimento. **2.** Lugar por onde se sai. **3.** Movimento com que se sai. **4.** Venda, comercialização. **5.** Recurso, meio. **6.** *Inform.* Transferência de uma informação do processador central para outro dispositivo. **7.** *Inform.* Qualquer informação resultante de processamento.

sa.í.da de prai.a *sf.* Peça de roupa us. sobre biquíni, maiô, etc., que se retira ao chegar em praia, piscina, etc., e se recoloca ao sair desses lugares. [Pl.: *saídas de praia*.]

sa.i.dei.ra [*Sair.*◼ 16A] *sf. Bras. Gír.* A última dose de bebida alcoólica tomada antes da saída de festa, bar, restaurante, etc.

sa.i.di.nha [*Saída.*◼ 32A] *sf.* Saída (1) ligeira, que não demora.

sa.i.di.nha de ban.co *sm. Bras. Gír.* Golpe (5) que consiste em assaltar indivíduo que acabou de sacar dinheiro de banco ou caixa eletrônico. [Pl.: *saidinhas de banco*.]

sa.í.do [Part. de *sair*.] *adj.* Saliente (1).

sa:i.men.to [*Sair.*◼ 3] *sm.* **1.** Saída (1). **2.** V. *funeral* (2).

sai.o.te [*Saia* +-*ote*¹.] *sm.* Saia curta.

sa.ir [Lat. *salire.*◼ 1C] *vtc.* **1.** Passar (do interior para o exterior). **2.** Afastar-se; partir. **3.** Ausentar-se, retirar-se: *Saiu do auditório.* **4.** Retirar-se de um lugar para outro; ir em direção a: *Saiu para a escola. ti.* **5.** Afastar-se; desviar-se. **6.** Superar; vencer: *sair da depressão.* **7.** *Fig.* Sair (1); deixar de ser lembrado ou de fazer parte: *Isso não lhe sai da cabeça.* **8.** Deixar de frequentar, ou de fazer: *Ela saiu do curso.* **9.** Demitir-se. **10.** Provir. **11.** Caber em sorte: *O prêmio saiu para 1 apostador.* **12.** Parecer-se: *Ela saiu à mãe. int.* **13.** Afastar-se do lugar onde estava. **14.** Partir. **15.** Surgir. **16.** Ser publicado: *Seu livro já saiu.* **17.** Desaparecer: *A mancha saiu. pred.* **18.** Tornar-se. *p.* **19.** Livrar-se. **20.** Conseguir chegar a certo resultado (favorável ou não). [C.: 38]

sal [Lat. *sale*.] *sm.* **1.** *Quím.* Composto formado pela reação de um ácido com uma base. **2.** *Quím.* Cloreto de sódio, cristalino, branco, us. na alimentação. **3.** *Fig.* Graça, vivacidade. **4.** *Fig.* Malícia espirituosa. [Pl.: *sais*.] ◆ **Sal de cozinha.** Sal (2). **Sal grosso.** Sal (2) não refinado, em forma de agregados cristalinos relativamente grandes. **Sal mineral.** Qualquer dos sais [v. *sal* (1)] existentes no solo e us. na alimentação.

sa.la [Germ. *sal*.] *sf.* **1.** O compartimento principal duma residência, ou aquele onde se fazem as refeições ou se recebem as visitas. **2.** Qualquer compartimento duma edificação. **3.** *Restr.* Sala de aula.

sa.la.da [Fr. *salade*.] *sf. Cul.* Prato de verduras, legumes, etc., que se come frio.

sa.la.dei.ra [*Salada.*◼ 16] *sf.* Prato em que se serve a salada.

sa.la e quar.to *sm. Bras.* Apartamento que só tem sala, quarto, cozinha e banheiro. [Pl.: *sala(s) e quartos*.]

sa.la.fra.ri:o [V.E] *sm. Pop.* Homem vil; patife.

sa.la.ma.le.que [Do ár.] *sm.* **1.** Saudação, entre os turcos. **2.** *Fig.* V. *rapapé* (2).

sa.la.man.dra [Lat. *salamandra*.] *sf. Zool.* Anfíbio salamandrídeo.

sa.la.man.drí.de:o [Tax. *Salamandridae*.] *adj. sm. Zool.* Diz-se de, ou espécime dos salamandrídeos, família de anfíbios urodelos da Europa, América do Norte, Norte da África e de partes da Ásia.

sa.la.me [It. *salame*.] *sm.* Enchido de carne de porco, que se come frio.

sa.lão [*Sala.*◼ 28A] *sm.* **1.** Grande sala. **2.** Exposição periódica. [Pl.: *-lões*.]

sa.lá.ri:o [Lat. *salariu.*◼ 24] *sm.* Paga devida pelo empregador ao empregado. ◆ **Salário mínimo.** A menor remuneração que a lei permite que se pague a um trabalhador. **Décimo terceiro salário.** *Bras.* Gratificação anual devida a todos os empregados, equiv. a um salário mensal, e que deve ser paga até dezembro. § **sa.la.ri.al** *adj2g.*

sa.laz [Lat. *salace*.] *adj2g.* Impudico, devasso. [Pl.: *salazes.* Superl.: *salacíssimo*.]

sal.dar [It. *saldare.*◼ 1A] *vtd.* **1.** Pagar saldo de. **2.** Ajustar, ou liquidar (contas). [C.: 1]

sal.do [It. *saldo*.] *sm.* **1.** Diferença entre o total de créditos e o total de débitos numa conta. **2.** Resto (2).

sa.lei.ro [Lat. *salariu.*◼ 25] *sm.* Recipiente para sal.

sa.le.si.a.no [◼ 29A] *adj.* Da Sociedade de S. Francisco de Sales, que se dedica à educação de jovens.

sa.le.ta (ê) [*Sala* + -*eta* (ê).] *sf.* Pequena sala.

sal.ga [Dev. de *salgar*.] *sf.* Ato de salgar.

sal.ga.di.nhos *smpl. Bras. Cul.* Iguarias miúdas salgadas, como croquetes, etc. [P.us. no sing.]

sal.ga.do [*Salgar.*◼ 17A] *adj.* **1.** Que tem sal, ou excesso de sal, ou é conservado em sal. [Sin., poét.: *salso*.] **2.** *Fig.* Malicioso; picante. ● *sm.* **3.** Um dos sabores básicos do paladar, considerado agradável quando presente, moderadamente, no alimento. [O cloreto de sódio (v. *sal* [2]) é o principal, e praticamente único, portador do sabor salgado, o que torna difícil a sua substituição, em dietas com baixo teor de sódio.] **4.** *Cul.* Qualquer petisco, frito ou assado, que leva sal, como quibe, pastel, esfirra, joelho.

sal.gar [Lat.vulg. **salicare.*◼ 1A] *vtd.* **1.** Temperar com sal. **2.** Conservar em sal. **3.** Pôr muito sal em. [C.: 1C]

sal-ge.ma *sm. Min.* Sal (2) encontrado como minério. [Pl.: *sais-gemas*.]

sal.guei.ro [Lat. **salicariu.*◼ 25] *sm. Bot.* Árvore salicácea, ornamental; chorão, vimeiro.

sa.li.cá.ce:a [Tax. *Salicaceae*.] *sf. Bot.* Espécime das salicáceas, família de árvores e arbustos dioicos das regiões temperadas do hemisfério boreal. § **sa.li.cá.ce:o** *adj.*

saliência | salvaguardar

sa.li.ên.ci:a [Lat. *salientia*.] *sf.* **1.** Condição de saliente (1); protuberância, proeminência, eminência. **2.** *Bras.* Vivacidade excessiva.

sa.li:en.tar [*Saliente*. ◘1A] *vtd. e p.* **1.** Tornar(-se) saliente. **2.** Destacar(-se). [C.:1]

sa.li.en.te [Lat. *saliente*. ◘21] *adj2g.* **1.** Que avança ou ressai do plano a que está unido; saído. **2.** Que sobressai; proeminente. **3.** *Bras.* V. *espevitado*.

sa.li.na [Lat. *salina*. ◘31] *sf.* Praia onde se represa a água do mar a fim de que se evapore, deixando o sal; marinha.

sa.li.nei.ro [Lat. *salinariu*. ◘25] *adj.* **1.** Relativo à salina ou sal. ● *sm.* **2.** Quem trabalha em, ou é dono de salina.

sa.li.no [Lat. *salinu*. ◘30] *adj.* Que contém sal, ou é da natureza dele. § **sa.li.ni.da.de** *sf.*

sa.li.tra.do [*Salitrar*. ◘17A] *adj.* Que contém salitre.

sa.li.tre [Cat. *salnitre*.] *sm.* O nitrato de potássio.

sa.li.va [Lat. *saliva*.] *sf.* Líquido transparente e insípido segregado pelas glândulas salivares. [Sin., pop.: *cuspe, cuspo*.]

sa.li.var[1] [*Saliva*. ◘40] *adj2g.* Relativo à saliva, ou que a segrega.

sa.li.var[2] [Lat. *salivare*. ◘1A] *v.int.* Expelir saliva; cuspir. [C.:1] § **sa.li.va.ção** *sf.*

sal.mão [Lat. *salmone*. ◘28] *sm.* **1.** *Zool.* Peixe salmonídeo de grande valor comercial. [Pl.: -*mões*.] ● *adj2g2n.* **2.** Da cor avermelhada do salmão.

sal.mo [Lat. *psalmu*.] *sm.* Cada um dos 150 poemas líricos do Antigo Testamento, atribuídos, na maioria, ao rei Davi (v. *davídico*).

sal.mo.ne.la [Tax. *Salmonella*. ◘7] *sf. Bacter.* Bactéria entérica do homem e de outros animais, e que é agente patológico.

sal.mo.ní.de:o [Tax. *Salmonidae*.] *adj. sm. Zool.* Diz-se de, ou espécime dos salmonídeos, família de peixes de água doce; algumas espécies vivem tb. no mar, temporariamente. Habitam águas frias. Ex.: trutas, salmões.

sal.mou.ra ou **sal.moi.ra** [Esp. *salmuera*.] *sf.* Porção de água saturada de sal marinho, us. para conservar carnes, peixes, etc.

sa.lo.bre (ô) [Esp. *salobre*.] *adj2g.* Levemente salgado.

sa.lo.mô.ni.co [Antr. *Salomão* (-*mon*-). ◘35B] *adj.* Relativo ao, ou próprio de Salomão (c.970-930 a.C.), filho de Davi (v. *davídico*) e rei do antigo Israel, tido como sábio e criterioso.

→ **saloon** (salun) [Ingl.] *sm.* Bar típico dos filmes de bangue-bangue.

sal.pi.cão [Esp. *salpicón*.] *sm. Cul.* Salada feita com frango desfiado, batata-palha, presunto, cenoura, etc. cortados bem fino, temperos, e um molho, ger. maionese. [Pl.: -*cões*.]

sal.pi.car [*Sal* + *picar*. ◘1A] *vtd.* **1.** Salgar, temperar, espalhando gotas salgadas ou de temperos. **2.** Manchar com pingos ou salpicos. **3.** Espalhar, polvilhar. [C.: 1A]

sal.pi.co [Dev. de *salpicar*.] *sm.* Pingo de lama que ressalta.

sal.sa [Lat. (*herba*) *salsa*.] *sf. Bot.* Erva apiácea, condimentosa.

sal.sa.par.ri.lha [Esp. *zarzaparilla*.] *sf. Bot.* Cipó liliáceo, de raiz medicinal.

sal.sei.ro *sm. Pop.* Desordem, confusão.

sal.si.cha [It. *salsiccia*.] *sf.* Enchido de pequeno diâmetro, feito de carne de porco moída com sal e diversos temperos.

sal.si.cha.ri.a [*Salsicha*. ◘15] *sf.* Estabelecimento de salsichérios.

sal.si.chei.ro [*Salsicha*. ◘25] *sm.* Fabricante e/ou vendedor de salsichas e outros enchidos.

sal.so [Lat. *salsu*.] *adj. Poét.* Salgado (1).

sal.su.gem [Lat. *salsugine*.] *sf.* Lodo em que há substâncias salinas. [Pl.: -*gens*.]

sal.tão-da-prai.a *sm. Zool.* Crustáceo anfípode. [Pl.: *saltões-da-praia*.]

sal.tar [Lat. *saltare*. ◘1A] *v.int.* **1.** Dar salto(s). **2.** Apear-se, descer. **3.** Brotar; jorrar. *tc. e ti.* **4.** Saltar (2). **5.** Atirar-se ou lançar-se, em pulo. **6.** Entrar, ou sair, pulando: *Saltou para o* (ou *do*) *barco*. *td.* **7.** Galgar (um muro, etc.), dando salto(s). **8.** Atravessar, transpor, pulando. **9.** Omitir (palavra, etc.) em composição tipográfica, etc. [C.: 1] § **sal.ta.dor** (ô) *adj. sm.*

sal.te.a.do [*Saltear*. ◘17A] *adj.* Não sucessivo.

sal.te:a.dor (ô) [*Saltear*. ◘19A] *sm.* Ladrão de estrada; bandoleiro.

sal.te.ar [*Salto*. ◘1N] *vtd.* Assaltar. [C.:12A]

sal.tí.gra.do [*Salti*- + -*grado*[1].] *adj.* Que se locomove aos saltos.

sal.tim.ban.co [It. *saltimbanco*.] *sm.* Artista popular que se exibe, ger., em circos e feiras, sobre estrado.

sal.ti.tar [Lat. *saltitare*. ◘1H] *v.int.* Dar saltinhos frequentes. [C.: 1] § **sal.ti.tan.te** *adj2g.*

sal.to [Lat. *saltu*.] *sm.* **1.** Movimento com que um homem ou um animal se eleva do solo ou do lugar onde se acha, para vencer um espaço ou obstáculo; pulo. **2.** Transição rápida. **3.** Parte saliente no calcanhar do calçado. **4.** V. *queda-d'água*.

sa.lu.bre [Lat. *salubre*.] *adj2g.* V. *saudável* (1). § **sa.lu.bri.da.de** *sf.*

sa.lu.tar [Lat. *salutare*. ◘40] *adj2g.* **1.** V. *saudável* (1). **2.** *Fig.* V. *edificante* (2 e 3)

sal.va [Dev. de *salvar*.] *sf.* **1.** Conjunto de tiros simultâneos, ou em rápida sucessão, sobre alvo. **2.** Saudação oficial feita por uma salva (1). **3.** Bandeja redonda e pequena.

sal.va.ção [Lat. *salvatione*. ◘2A] *sf.* **1.** Ato ou efeito de salvar(-se), ou de remir. **2.** Saudação (1). [Pl.: -*ções*.]

sal.va.do.ren.se [◘38] *adj2g.* **1.** De Salvador, capital da BA. ● *s2g.* **2.** O natural ou habitante de Salvador.

sal.va.dos *smpl.* Sobras dum incêndio, ou de naufrágio, etc.

sal.va.guar.da [Fr. *sauvegarde*.] *sf.* Resguardo de perigo; proteção.

sal.va.guar.dar [Fr. *sauvegarder*. ◘1A] *vtd.* Pôr fora de perigo; proteger. [C.:1]

salvar | sangue-frio

sal.var [Lat. *salvare*. ◧1A] *vtdi.* **1.** Tirar ou livrar (de ruína, perigo, acidente, ou perda total). *td.* **2.** Salvar (1). **3.** Defender, preservar. **4.** Dar a salvação a; livrar das penas do inferno. **5.** Saudar (1). **6.** *Inform.* Registrar ou armazenar (informações) para poder recuperá-las posteriormente. *int.* **7.** Dar salva de artilharia. *p.* **8.** Pôr-se a salvo de algum perigo. **9.** Livrar-se. [C.: 1. Part.: *salvado* e *salvo*.] § **sal.va.dor** (ô) *adj. sm.;* **sal.va.men.to** *sm.*

sal.va-vi.das *s2g2n.* **1.** Embarcação, boia ou aparelho para salvamento de náufragos. **2.** Pessoa em serviço nas praias, piscinas, etc. para socorrer banhistas; banhista. ● *adj2g2n.* **3.** Diz-se de salva-vidas (1).

sal.ve [Lat. *salve*] *interj.* Exprime saudação.

sal.ve-ra.i.nha *sf. Rel.* Oração católica dedicada à Virgem Maria. [Pl.: *salve-rainhas*.]

sal.vo [Lat. *salvu.*] *adj.* **1.** Livre de perigo, morte, etc. **2.** Libertado, remido. ● *prep.* **3.** Exceto, afora.

sal.vo-con.du.to *sm.* Licença escrita para alguém viajar ou transitar livremente. [Pl.: *salvo(s)-condutos*.]

sa.mam.bai.a ou **sam.bam.bai.a** [Do tupi.] *sf. Bras. Bot.* Nome comum a vários pteridófitos de diversas famílias, como, p.ex., polipodiáceas e gleicheniáceas.

sa.mam.bai.a.çu [*Samambaia* + *-açu*.] *sm. Bras. Bot.* Xaxim (1).

sa.má.ri.o [Lat.cient. *samarium*. ◧24] *sm. Quím.* V. *lantanídeos* [símb.: *Sm*].

sa.ma.ri.ta.no [Lat. *samaritanu*. ◧29] *adj.* **1.** De Samaria, antiga cidade da Palestina. ● *sm.* **2.** O natural ou habitante de Samaria. **3.** *Fig.* Homem bom, caridoso.

sam.ba [Do quimb., pouss.] *sm.* **1.** Dança brasileira de origem africana, compasso binário e acompanhamento sinc. **2.** A música dessa dança e a respectiva letra.

sam.ba-can.ção *sm.* **1.** Samba de ritmo lento e de letra sentimental. **2.** *Pop.* Cueca de tecido, e cujas pernas cobrem parte das coxas. [Pl.: *sambas-canção(ões)*.]

sam.ba.qui [Do tupi.] *sm. Bras.* Depósito de conchas e de outros objetos manuseados pelo homem, acumulados, em tempos antiquíssimos no litoral brasileiro, e que têm grande interesse arqueológico.

sam.bar [*Samba*. ◧1A] *v.int.* Dançar o samba. [C.: 1.]

sam.bis.ta [*Samba*. ◧36] *s2g.* **1.** Pessoa que dança samba muito bem. **2.** Pessoa que gosta de samba, que tem alguma atividade, esp. profissional, ligada ao samba ou a escola(s) de samba. **3.** Compositor de sambas.

sam.bu.rá [Do tupi.] *sm. Bras.* Cesto bojudo e de boca estreita, us. pelos pescadores; cofo.

sa.mo.var [Do rus.] *sm.* Caldeira portátil de água quente, de uso na Rússia.

■ **SAMU** Sigla de *Serviço de Atendimento Móvel de Urgência*.

sa.mu.rai [Jap. *samurai*.] *sm.* Guerreiro japonês dos tempos feudais.

sa.nar [Lat. *sanare*. ◧1A] *vtd.* **1.** Tornar são; sarar; sanear. **2.** Dar fim a (erro, engano, problema, dificuldade, mal, etc.); desfazer; reparar. [C.: 1] § **sa.ná.vel** *adj2g.*

sa.na.tó.ri:o [Fr. *sanatorium*. ◧23A] *sm.* Estabelecimento, ger. privado, para tratamento de doentes, como, p.ex., psicopatas, tuberculosos.

san.ção [Lat. *sanctione*. ◧2] *sf.* **1.** Aprovação duma lei pelo chefe de Estado. **2.** Pena ou recompensa com que se tenta garantir a execução duma lei. [Pl.: *-ções*.]

san.ci:o.nar [*Sanção* (*-cion-*). ◧1A] *vtd.* Dar sanção (1) a. [C.: 1]

san.dá.li:a [Lat. *sandalia*, pl. de *sandalium*. ◧8B] *sf.* Calçado feito de sola e salto, preso ao pé por tiras ou cordões.

sân.da.lo [Lat.med. *sandalu* ou *santalu*.] *sm. Bot.* Arvore santalácea, de madeira resistente e aromática.

san.deu [V.C] *adj. sm.* Idiota, parvo, tolo. [Fem.: *sandia*.]

san.di.ce [*Sand(eu)*. ◧13] *sf.* Qualidade, ação ou dito de sandeu.

san.du.ba *sm. Bras. Pop.* Sanduíche.

san.du.í.che [Ingl. *sandwich*.] *sm.* Duas fatias de pão intercaladas de queijo, ou pepino, ou presunto, etc.

sa.ne.ar [*San(i)-* + *-ear*. ◧1N] *vtd.* **1.** Tornar são, habitável. **2.** V. *sanar* (1). **3.** Remediar, reparar. [C.: 12A] § **sa.ne:a.dor** (ô) *adj. sm.;* **sa.ne:a.men.to** *sm.*

sa.ne.fa [Do ár.] *sf.* Faixa ornamental, na parte superior dos cortinados, etc.

san.fo.na [Lat. *symphonia*.] *sf.* Acordeão.

san.fo.nei.ro [*Sanfona*. ◧25] *sm.* Tocador de sanfona.

san.gra.doi.ro ou **san.gra.dou.ro** [*Sangrar*. ◧26B] *sm.* Sulco por onde se desvia parte da água dum rio ou duma fonte.

san.grar [Esp. *sangrar*. ◧1A] *vtd.* **1.** Tirar sangue a, por seção ou punção. **2.** Tirar algum líquido a. **3.** *Fig.* Extorquir bens, dinheiro, a. **4.** *Fig.* Magoar, ferir. *int.* **5.** Verter sangue. [C.: 1]

san.gren.to [Esp. *sangriento*. ◧27] *adj.* **1.** De que sai ou brota sangue. **2.** V. *cruento*.

san.gri.a [Esp. *sangría*.] *sf.* **1.** Perda de sangue, natural ou provocada. **2.** Refresco preparado com vinho, água, açúcar e frutas.

san.gue [Lat. **sanguen*.] *sm.* **1.** *Biol.* Líquido que transita pelo sistema cardiovascular levando material nutritivo e oxigênio às células, e delas trazendo produtos de desassimilação e dióxido de carbono; consiste de plasma e de células (hemácias, leucócitos, plaquetas). **2.** *Fig.* A vida. **3.** *Fig.* A família. ◆ **Ter sangue de barata.** Ser pusilânime; não reagir a agressão, etc.

san.gue-fri:o *sm.* Calma, frieza, ou presença de espírito em face de situação difícil. [Pl.: *sangues-frios*.]

san.guei.ra [*Sangue*.◘16] *sf.* Abundância de sangue derramado.

san.gues.su.ga [Lat. *sanguisuga*.] *sf.* **1.** *Zool.* Verme anelídeo, hirudíneo, us. outrora para provocar sangrias. **2.** *Fig.* Pessoa exploradora.

san.gui.ná.ri:o (gui ou güi) [Lat. *sanguinariu*.◘24] *adj.* **1.** Que se compraz em ver derramar sangue. **2.** *Fig.* Feroz, cruel.

san.guí.ne:o (guí ou güí) [Lat. *sanguineu*.] *adj.* **1.** Relativo ao sangue. **2.** Que tem ou parece ter aumento da massa sanguínea. **3.** Da cor do sangue.

san.gui.no.len.to [Lat. *sanguinolentu*.◘27] *adj.* **1.** V. *cruento*. **2.** Misturado de sangue.

sa.nha *sf.* Ira, fúria; rancor.

sa.nha.ço [Do tupi.] *sm. Bras. Zool.* Ave emberizídea verde ou azul, frugívora.

sa.ni.da.de [Lat. *sanitate*.◘14] *sf.* **1.** Estado de são². **2.** Normalidade física e/ou psíquica.

sâ.ni:e [Lat. *sanie*.] *sf.* Pus formado em chaga não tratada.

sa.ni.tá.ri:o [Fr. *sanitaire*.◘24A] *adj.* **1.** Relativo à saúde ou à higiene. **2.** De, ou próprio de banheiro.

sa.ni.ta.ris.ta [*Sanitário*.◘36] *s2g.* Especialista em assuntos sanitários.

sâns.cri.to [Do sânscr.] *sm. E.Ling.* Uma das mais antigas línguas clássicas da Índia, da qual descendem várias línguas ou grupos de línguas.

san.sei [Do jap.] *adj2g. s2g.* Diz-se de, ou neto de imigrantes japoneses, nascido no continente americano.

san.ta.lá.ce:a [Tax. *Santalaceae*.] *sf. Bot.* Espécime das santaláceas, família de ervas, arbustos e árvores tropicais; algumas parasitam raízes. Ex.: sândalo. § **san.ta.lá.ce:o** *adj.*

san.tan.tô.ni:o ou **san.to-an.tô.ni:o** *sm. Bras.* Cabeçote de sela. [Pl. de santo-antônio: *santo-antônios*.]

san.tei.ro [*Santo*.◘25] *adj.* **1.** Devoto, beato. ● *sm.* **2.** Escultor e/ou vendedor de imagens de santos.

san.tel.mo *sm.* Chama azulada, de natureza elétrica, que surge no alto dos mastros dos navios, sobretudo quando há tempestade.

san.ti.da.de [Lat. *sanctitate*.◘14] *sf.* Estado de santo. ◆ **Sua (ou Vossa) Santidade.** Tratamento dado ao papa.

san.ti.fi.car [Lat. *sanctificare*.◘1A] *vtd.* **1.** Tornar santo. **2.** Canonizar (1). [C.: 1A] § **san.ti.fi.ca.ção** *sf.*

san.ti.nho [*Santo*.◘32] *sm. Bras. Pop.* Propaganda eleitoral impressa, em formato pequeno, com foto do candidato e informações sobre ele.

san.tís.si.mo [Lat. *sanctissimu*.] *sm. Rel.* **1.** Superl. de santo. **2.** A hóstia consagrada.

san.to [Lat. *sanctu*.] *adj.* **1.** V. *sagrado* (2 e 3). **2.** *Rel.* Diz-se daquele que a Igreja Católica canonizou. **3.** *P.ext.* Puro, inocente. **4.** *P.ext.* Bondoso, virtuoso. **5.** Útil, profícuo. ● *sm.* **6.** *Rei.* Indivíduo santo (2). **7.** Imagem de santo (6). **8.** *P.ext.* Homem bondoso, virtuoso.

san.tu.á.ri:o [Lat. *sanctuariu*.◘24B] *sm.* Lugar consagrado pela religião.

são¹ *sm.* F. sinc. de *santo* (6), us. antes de nomes que principiam por consoante. [Abrev.: *S.*]

são² [Lat. *sanu*.] *adj.* **1.** V. *sadio*. **2.** *Med.* Que tem saúde, ou que a recobrou. **3.** Diz-se de objeto sem quebra ou defeito. **4.** Não apodrecido (fruto). [Flex.: *sãos, sã(s)*. Superl.: *saníssimo*.] ◆ **São e salvo.** Diz-se de quem escapa ileso de algum acidente, perigo, etc.

são-ber.nar.do *sm.* Grande cão oriundo dos Alpes Suíços, onde é us. para socorrer vítimas. [Pl.: *são-bernardos*.]

são-lu.i.sen.se (u-i) [◘38] *adj2g.* **1.** De São Luís, capital do MA. ● *s2g.* **2.** O natural ou habitante de São Luís. [Pl.: *são-luisenses* (u-i).]

sa.pa [It. *zappa*.] *sf.* **1.** Abertura de fossos, trincheiras, etc. **2.** Pá com que se levanta a terra escavada.

sa.par [*Sapa*.◘1A] *v.int.* Fazer trabalhos de sapa. [C.: 1] § **sa.pa.dor** (ô) *sm.*

sa.pa.ri.a [*Sapo*.◘15] *sf.* Porção de sapos.

sa.pa.ta [De *sapato*.] *sf.* **1.** Peça sobre um pilar, a qual reforça ou equilibra a trave que nela assenta. **2.** *Constr.* Fundação isolada, ger. de concreto armado, cuja altura é pequena em relação à base; baseamento.

sa.pa.tão [*Sapato*.◘28A] *sm.* **1.** Sapato grande. **2.** *Bras.Pej.* Lésbica. [Pl.: *-tões*.]

sa.pa.ta.ri.a [*Sapato*.◘15] *sf.* **1.** Ofício de sapateiro. **2.** Loja onde se vendem calçados.

sa.pa.te.a.do [*Sapatear*.◘17B] *sm.* Dança em que se faz muito ruído com os saltos e solas dos sapatos, batendo-os no chão.

sa.pa.te.ar [*Sapato*.◘1N] *v.int.* **1.** Bater no chão com o salto dos sapatos. **2.** Executar sapateado. [C.: 12A] § **sa.pa.te:a.dor** (ô) *adj. sm.*

sa.pa.tei.ra [*Sapato*.◘16] *sf.* **1.** Mulher que fabrica e/ou vende sapatos. **2.** Móvel onde se guardam sapatos.

sa.pa.tei.ro [*Sapato*.◘25] *sm.* O que fabrica, vende ou conserta calçados.

sa.pa.ti.lha [*Sapato* + *-ilha*.] *sf.* Sapato de bailarinos.

sa.pa.to [V.C] *sm.* Calçado que cobre só o pé.

sa.pé ou **sa.pê** [Do tupi.] *sm. Bras.* Poácea us. para cobrir choças.

sa.pe.ca¹ [Dev. de *sapecar*.] *sf. Bras.* Ato ou efeito de sapecar.

sa.pe.ca² [V.C] *adj2g. s2g.* **1.** Diz-se de, ou pessoa assanhada, muito namoradeira. **2.** Diz-se de, ou pessoa levada.

sa.pe.car [Do tupi.◘1A] *vtd. Bras.* **1.** Chamuscar, crestar. **2.** *S.Pop.* Surrar. [C.: 1A (é)]

sá.pi.do [Lat. *sapidu*.] *adj.* Saboroso.

sa.pi.en.te [Lat. *sapiente*.◘21] *adj2g.* **1.** Conhecedor das coisas divinas e humanas. **2.** Sábio, erudito. § **sa.pi.ên.ci:a** *sf.*

sa.pin.dá.ce:a [Tax. *Sapindaceae*.] *sf. Bot.* Espécime das sapindáceas, família de árvores, arbustos e cipós ger. tropicais, muitos deles do Brasil. Ex.: guaraná. § **sa.pin.dá.ce:o** *adj.*

sa.pi.nho [*Sapo*.◘32] *sm. Pop.* V. *candidíase*.

sa.po [Or. pré-rom., poss.] *sm. Zool.* Nome comum a vários anfíbios anuros, peçonhentos, de pele rugosa. ◆ **Engolir sapo.** Suportar coisa desagradável sem reagir.

sa.po-boi *sm. Bras. Zool.* Intanha. [Pl.: *sapos-boi(s)*.]

sa.po-cu.ru.ru *sm. Bras. Zool.* Cururu. [Pl.: *sapos-cururu(s)*.]

sa.po.ná.ce:o [Lat. *sapo, onis* + -*áceo*.] *adj.* Da natureza do sabão.

sa.po.ta [Náuatle *tzapotl*.] *sf. Bot.* V. *sapotizeiro*.

sa.po.tá.ce:a [Tax. *Sapotaceae*.] *sf. Bot.* Espécime das sapotáceas, família de árvores e arbustos lactescentes de frutos ger. comestíveis. § **sa.po.tá.ce:o** *adj.*

sa.po.ti [Náuatle *tzapotl*, pelo esp. *zapote*.] *sm. Bras. Bot.* **1.** O fruto da sapota. **2.** V. *sapotizeiro*.

sa.po.ti.zei.ro [*Sapoti*.◘25B] *sm. Bot.* Árvore sapotácea de até 15m, de fruto bacáceo muito apreciado; sapota, sapoti.

sa.pró.fi.to [*Sapr(o)-* + *-fito*.] *sm. Bot.* Vegetal desprovido de clorofila, heterotrófico. § **sa.pro.fí.ti.co** *adj.*; **sa.pro.fi.tis.mo** *sm.*

sa.pu.cai.a [Do tupi.] *sf. Bras. Bot.* Árvore lecitidácea de sementes alimentícias.

sa.que¹ [Dev. de *sacar*.] *sm.* **1.** Ato ou efeito de sacar. **2.** Título de crédito emitido contra alguém. **3.** Ordem de pagamento que alguém emite contra outrem, em poder de quem dispõe de fundos. **4.** Em certos jogos, como o tênis, o vôlei, etc., jogada inicial.

sa.que² *sm.* Ato ou efeito de saquear.

sa.quê [Jap. *sake*.] *sm.* Bebida fermentada, de arroz, originária do Japão.

sa.que.ar [*Saque*².◘1N] *vtd.* **1.** Despojar com violência. **2.** Roubar, furtar. [Sin.ger.: *pilhar*. C.: 12A]

sa.ra.ban.da [Esp. *zarabanda*.] *sf.* **1.** Antiga dança popular de origem espanhola. **2.** V. *repreensão*.

sa.ra.ba.ta.na *sf. Bras.* Tubo comprido pelo qual se impele, com o sopro, setas, e us. por indígenas sul-americanos; zarabatana.

sa.ra.co.te.ar [V.E] *vtd.* **1.** Menear (o corpo, os quadris, etc.) com desenvoltura e graça; rebolar, requebrar. *int. e p.* **2.** Vaguear por um lugar e por outro. **3.** Menear-se com desenvoltura; remexer-se, requebrar-se. [C.: 12A]

sa.ra.co.tei.o [Dev. de *saracotear*.] *sm.* V. *rebolado*.

sa.ra.cu.ra [Do tupi.] *sf. Bras. Zool.* Nome comum a várias aves ralídeas.

sa.ra.do [*Sarar*.◘17A] *adj.* **1.** Que sarou. **2.** *Bras. Gír.* Diz-se de indivíduo valentão. **3.** *Bras. Gír.* Malhado¹(2).

sa.rai.va [V.E] *sf.* V. *granizo*.

sa.rai.va.da [*Saraiva*.◘4] *sf.* **1.** Bátega de saraiva. **2.** *Fig.* Abundância de coisas que se sucedem rápido.

sa.ram.pen.to [*Sarampo*.◘27] *adj. Bras.* Acometido de sarampo.

sa.ram.po [Regr. de *sarampão*.] *sm. Med.* Doença infecciosa virótica, contagiosa, que dá exantemas, e própria da infância; em grávida pode originar aborto e má-formação em produto da concepção.

sa.ra.pa.tel [V.E] *sm. Cul.* Iguaria feita com sangue e miúdos de porco ou de carneiro. [Pl.: -*téis*.]

sa.ra.pin.tar [*Pintar*, poss.◘1A] *vtd.* **1.** Fazer pintas variadas em. **2.** Pintar de várias cores. [C.: 1]

sa.rar [Lat. *sanare*.◘1A] *vtd.* **1.** Restituir a saúde a (quem está doente); curar. **2.** Debelar (doença); curar; sanar. *ti.* **3.** Curar-se, recuperar-se. *int. e p.* **4.** Recobrar a saúde. [C.: 1]

sa.ra.rá [Do tupi.] *adj2g. Bras.* **1.** V. *albino*. **2.** Diz-se do mestiço de cabelo arruivado.

sa.rau [Lat. **serenu*, pelo gal. *sarao*.] *sm.* Festa ou concerto noturno, em casa particular, clube ou teatro.

sar.ça [Or. pré-rom., poss.] *sf. Bot.* Silva.

sar.cas.mo [Lat. *sarcasmu*.] *sm.* Zombaria maliciosa; escárnio.

sar.cás.ti.co [Gr. *sarkastikós*.◘35B] *adj.* Que tem ou denota sarcasmo; escarninho.

sar.có.fa.go [Lat. *sarcophagu*.] *adj.* **1.** Que devora ou corrói as carnes. ● *sm.* **2.** Caixão de pedra dos antigos egípcios, fenícios, etc.

sar.co.ma [Lat. *sarcoma*.] *sm. Med.* Tumor maligno constituído de tecido semelhante ao conjuntivo.

sar.da [V.E] *sf. Med.* Cada uma das pequenas manchas cutâneas, castanho-escuras, que aparecem nas pessoas de pele clara; efélide.

sar.den.to [*Sarda*.◘27] *adj.* Que tem sardas.

sar.di.nha [Lat. *sardina*.◘32A] *sf. Zool.* Nome comum a várias espécies de peixes clupeídeos que vivem em cardumes.

sar.dô.ni.co [Fr. *sardonique*.◘35B] *adj.* Forçado e sarcástico (riso).

sar.ga.ço [Tax. *Sargassum*.] *sm. Bot.* Nome comum a algas que ocorrem, em grandes massas flutuantes, nos mares quentes.

sar.gen.to [Fr.ant. *sergent*, 'servidor'.] *sm. Mil.* Graduação hierárquica acima de cabo e abaixo de suboficial ou subtenente.

sar.gen.to-mor [*Sargento* + *mor*.] *sm.* V. *hierarquia militar*. [Pl.: *sargentos-mores*.]

sa.ri.guê (güê) [Do tupi.] *sm. Zool.Bras.* Gambá (1).

sa.ri.lho [Lat.vulg. **sericulu*.] *sm.* **1.** Cilindro disposto horizontalmente, e no qual se enrola a corda, cabo, etc., dum aparelho de levantar pesos. **2.** Encosto ou descanso de armas, em grupos de 3, nos acampamentos. **3.** *Pop.* V. *rolo* (9).

sarja | sauna

sar.ja [Fr.ant. *sarge*.] *sf.* Tecido entrançado, de seda, lã, etc.
sar.je.ta (ê) *sf.* Escoadouro de águas; vala.
sar.men.to [Lat. *sarmentu*.▣ 3] *sm.* Ramo da videira.
sar.na [Lat. *sarna*.] *sf.* **1.** *Med.* V. *escabiose.* ◆ *s2g.* **2.** *Pop.* Pessoa maçante, insistente. ◆ **Procurar sarna para se coçar.** *Pop.* Correr o risco de ter aborrecimentos ou dificuldades (esp. quando é possível evitá-lo).
sar.nen.to [*Sarna*.▣ 27] *adj.* Atacado de sarna.
sar.ra.bu.lho [V.E] *sm.* O sangue coagulado do porco.
sar.ra.ce.no [Lat. *sarracenu*.] *sm.* **1.** Na Idade Média, nome comum às populações muçulmanas do Oriente, da África e da Espanha. ◆ *adj.* **2.** Dos sarracenos.
sar.ra.fo [Dev. de *sarrafar*.] *sm.* **1.** Peça comprida e estreita de madeira. **2.** Pedaço de pau.
sar.ro [Or. pré-rom., poss.] *sm.* **1.** Borra (1) de vinho e outros líquidos, que adere ao fundo das vasilhas. **2.** Resíduo de nicotina. **3.** Crosta em dentes sujos.
sar.tri.a.no [▣ 29A] *adj.* De ou relativo a Jean-Paul Sartre (**M.**), ou à sua obra.
→ **sashimi** (sachimí) [Jap.] *sm.* Comida típica japonesa: peixe cru, fatiado.
sa.tã [B.-lat. *Satan*.] *sm.* V. *diabo* (2). [Com inicial maiúsc.]
sa.ta.nás [Lat. *satanas*.] *sm.* **1.** V. *diabo* (2). **2.** V. *demônio* (2). [Com inicial maiúsc.]
sa.tâ.ni.co [Gr. *satanikós*.▣ 35] *adj.* **1.** Relativo a Satã. **2.** V. *diabólico* (2).
sa.té.li.te [Lat. *satellite*.] *sm.* **1.** *Astr.* Corpo celeste que gravita em torno de outro, o principal. **2.** País ou nação sem autonomia política e/ou econômica. ◆ **Satélite artificial.** *Astron.* Veículo colocado em órbita à volta do Sol, de um planeta ou de um satélite.
sá.ti.ra [Lat. *satira*.] *sf.* **1.** Composição poética que visa a censurar ou ridicularizar defeitos ou vícios. **2.** Escrito picante ou maldizente. **3.** *Fig.* Troça, zombaria. § **sa.tí.ri.co** *adj.*
sa.ti.ri.zar [*Sátira*.▣ 1D] *vtd.* Fazer sátira contra. [C.: 1]
sá.ti.ro [Gr. *Sátyros*.] *sm.* **1.** Nas mitologias grega e romana, semideus lúbrico habitante das florestas. **2.** *Fig.* Homem devasso.
sa.tis.fa.ção [Lat. *satisfactione*.▣ 2] *sf.* **1.** Ato ou efeito de satisfazer(-se). **2.** Sentimento de quem está satisfeito, feliz, alegre; prazer, alegria. **3.** Justificação, desculpa. **4.** Conta que se presta duma incumbência. [Pl.: -*ções*.]
sa.tis.fa.tó.ri:o [Lat. *satisfactoriu*.▣ 23A] *adj.* **1.** Que satisfaz. **2.** V. *sofrível* (1).
sa.tis.fa.zer [Lat. *satisfacere*.▣ 1B] *vtd.* **1.** Corresponder as expectativas ou necessidades de (alguém). **2.** Realizar, atender. **3.** Pagar, liquidar (dívida, encargo). **4.** Causar alegria, satisfação a. **5.** Saciar (2). *ti.* **6.** Corresponder àquilo que se espera, deseja, ou exige. **7.** Cumprir (4). **8.** Ser conveniente ou suficiente. **9.** Satisfazer (1 e 2). *int.* **10.** Satisfazer (6). *p.* **11.** Saciar (3). **12.** Dar-se por satisfeito, ou por contente, feliz; contentar-se. [C.: 18]
sa.tis.fei.to [Lat. *satisfactu*.] *adj.* **1.** Que se satisfez. **2.** Que comeu ou bebeu o suficiente; saciado, farto. **3.** Que considera que as coisas são ou estão do seu agrado; alegre, contente. **4.** Que se sente contente, feliz por suas expectativas se terem realizado. **5.** Que se realizou, cumpriu; feito.
sa.tu.ra.ção [Lat. *saturatione*.▣ 2A] *sf.* **1.** Ato ou efeito de saturar(-se). **2.** *Fís.* Estado de um vapor em equilíbrio com o seu líquido. [Pl.: -*ções*.]
sa.tu.ra.do [Lat. *saturatu*.▣ 17A] *adj.* **1.** Farto, cheio. **2.** *Quím.* Diz-se de compostos orgânicos que não possuem átomos de carbono dupla ou triplamente ligados entre si.
sa.tu.rar [Lat. *saturare*.▣ 1A] *vtd.* **1.** Fartar, encher. **2.** Impregnar, penetrar. **3.** Levar, ou ser levado, à saturação (1). *tdi.* **4.** Saturar (1). *v.* **5.** Impregnar. *p.* **6.** Experimentar intensamente; fartar-se. [C.: 1]
sa.tur.ni.no [Lat. *saturninu*.▣ 30] *adj.* Relativo ao chumbo.
sa.tur.nis.mo [*Saturno*.▣ 11] *sm.* *Med.* Envenenamento agudo ou crônico produzido pelo chumbo ou por algum de seus compostos.
sa.tur.no [Mit.lat. *Saturnu*.] *sm.* **1.** *Astr.* O sexto planeta em ordem de afastamento do Sol, com 18 satélites conhecidos, e famoso por seu sistema de anéis. [Com inicial maiúsc., nesta acepç.] **2.** Entre os antigos alquimistas, o chumbo.
sa:u.da.ção [Lat. *salutatione*.▣ 2A] *sf.* **1.** Ato ou efeito de saudar; salvação. **2.** Cumprimento (2). **3.** Homenagens de respeito e/ou admiração. [Pl.: -*ções*.]
sa:u.da.de [Lat. *solitate*.▣ 14] *sf.* Lembrança melancólica e, ao mesmo tempo, suave, de pessoa(s) ou coisa(s) distante(s) ou extinta(s).
sa:u.da.des *sfpl.* Cumprimentos, lembranças afetuosas a pessoas ausentes.
sa:u.dar [Lat. *salutare*.▣ 1A] *vtd.* **1.** Cumprimentar; salvar. **2.** Manifestar respeito ou adesão a. *p.* **3.** Cumprimentar reciprocamente. [C.: 1F]
sa:u.dá.vel (a-u) [Lat.vulg. *salubile*.] *adj2g.* **1.** Conveniente ou benéfico à saúde; salutar, salubre. **2.** V. *sadio* (2). **3.** Benéfico, proveitoso. [Pl.: -*veis*.]
sa.ú.de [Lat. *salute*.] *sf.* **1.** Estado daquele cujas funções orgânicas, físicas e mentais se acham em situação normal. **2.** Brinde à saúde de alguém. ◆ **Vender saúde.** Ter ótima saúde.
sa:u.do.sis.mo [*Saudoso*.▣ 11] *sm.* Gosto do passado, com tendência para o superestimar. § **sa:u.do.sis.ta** *adj2g. s2g.*
sa:u.do.so (ô) [*Saud*(*ade*).▣ 37] *adj.* Que causa, sente ou denota saudade. [Pl.: -*dosos* (ó).]
sau.na [Do finl.] *sf.* Banho a vapor, de origem finlandesa.

sáu.ri:o [Tax. *Sauria*.] *adj. sm. Zool.* Diz-se de, ou espécime dos sáurios, subordem de escamados, ger. quadrúpedes, de hábitos terrestres, ou arbóreos. São os lagartos.

sau.rís.qui:o [Tax. *Saurischia*.] *adj. sm. Paleont.* Diz-se de, ou ordem de dinossauros que apresentavam os 2 ossos inferiores da bacia firmemente unidos, como os dos lagartos. Abrange os saurópodes e os terópodes.

sau.ró.po.de [Tax. *Sauropoda*.] *adj2g. sm. Paleont.* Diz-se de, ou subordem de dinossauros saurísquios, herbívoros, que se deslocavam nas 4 patas; eram de grande porte e tinham pescoço e cauda longos, cabeça e cérebro pequenos. Viveram do triássico ao final do cretáceo. Ex.: apatossauro, supersauro.

sa.ú.va [Do tupi.] *sf. Bras. Zool.* Nome comum a vários insetos formicídeos predadores de plantas.

sa.va.na [Esp. *sabana*.] *sf.* Planície das regiões tropicais de longa estação seca, com vegetação característica.

sa.va.ni.za.ção *sf. Ecol.* Transformação de áreas florestais em savanas, ger. pelo desmatamento para fins agropastoris [Pl.: -ções].

sa.vei.ro *sm. Bras.* Embarcação de 1 ou 2 mastros, semelhante ao escaler.

sa.xão (cs) [Lat. *saxone*.] *adj. sm.* **1.** Diz-se de, ou indivíduo dos saxões, antigo povo germ. **2.** Da, ou natural ou habitante da moderna Saxônia (Alemanha). **3.** *P.ext.* Inglês (por haver sido a Inglaterra invadida por diversas tribos saxãs). [Sin.ger.: *saxônico*, *saxônio*. Flex.: *saxões*, *saxã(s)*.]

sa.xi.fra.gá.ce:a (cs) [Tax. *Saxifragaceae*.] *sf. Bot.* Espécime das saxifragáceas, família de ervas e arbustos cujas flores se reúnem em inflorescências compactas. Ex.: hortênsia. § **sa.xi.fra.gá.ce:o** (cs) *adj.*

sa.xo.fo.ne (cs) [Fr. *saxophone*.] *sm.* Instrumento de sopro, de metal, com tubo cônico e palheta simples, inventado pelo belga Adolphe Sax em c.1840.

sa.xo.fo.nis.ta (cs) [*Saxofone*.◘ 36] *s2g.* Pessoa que toca saxofone.

sa.xô.ni.co (cs) [*Saxão (-xon-)*.◘ 35B] *adj. sm.* V. *saxão*.

sa.xô.ni:o (cs) [*Saxão (-xon-)*.◘ 34B] *sm.* V. *saxão*.

sa.zão [Lat. *satione*.] *sf.* Tempo próprio para a colheita dos frutos. [Pl.: -zões.]

sa.zo.na.do [*Sazonar*.◘ 17A] *adj.* V. *maduro* (1).

sa.zo.nal [*Sazão (-zon-)*.◘ 39] *adj2g.* Relativo, próprio, ou que ocorre em uma sazão ou estação. [Pl.: -nais.]

sa.zo.nar [*Sazão (-zon-)*.◘ 1A] *vtd., int. e p.* Amadurecer. [C.: 1] § **sa.zo.na.men.to** *sm.*

■ **Sb** *Quím.* Símb. de *antimônio*.

→ **scanner** (iscâner) [Ingl.] *sm. Inform.* V. *escâner*.

→ **schnauzer** (chináuzer) [Al.] *sm.* Cão de porte médio, pelo duro e espesso, sobrancelhas evidentes, bigode abundante e barba rígida. [Com cap.]

→ **script** (iscrípti) [Ingl.] *sm.* Texto dos diálogos, das narrativas e das indicações cênicas de filme, peça teatral, novela, etc.

se¹ [Lat. *se*, acus. do pron. da 3ª pess.] *pron. pess.* Us. como objeto direto, em verbos pronominais, para indicar a voz passiva e, ainda, como índice de indeterminação do sujeito.

se² [Lat. *si*.] *conj.* **1.** Condicional: no caso de; dada a circunstância de que: *Se você for, irei também*. **2.** Integrante: se por acaso; se acaso: *Não sei se irei*.

■ **Se** *Quím.* Símb. de *selênio*.

■ **S.E.** Abrev. de *sueste*.

sé [Lat. *sede*.] *sf.* Igreja ou jurisdição episcopal.

se:a.bór.gi:o [Antr. (*G. T.*) Seaborg (1912-1999) + -*io*².◘ 34B] *sm. Quím.* Elemento de número atômico 106, artificial [símb.: *Sg*].

se.a.ra [Lat.vulg. **senara*.] *sf.* **1.** Campo de cereais. **2.** Extensão de terra semeada.

se.bá.ce:o [Lat. *sebaceu*.] *adj.* Da natureza do sebo, ou que o contém ou produz.

se.be [Lat. *sepe*.] *sf.* Cerca de arbustos, estacas ou ramos entrelaçados, para vedar terrenos.

se.ben.to [*Sebo*.◘ 27] *adj.* Que se ensebou; sujo, seboso.

se.bo (ê) [Lat. *sebu*.] *sm.* **1.** Substância graxa e consistente, encontrada nas vísceras abdominais de alguns quadrúpedes. **2.** Produto de secreção das glândulas sebáceas, que protege a pele. **3.** *Bras.* Livraria onde se vendem livros usados.

se.bor.rei.a (éi) [*Sebo* + *-rreia*.] *sf. Med.* Secreção exagerada das glândulas sebáceas. § **se.bor.rei.co** (éi) *adj.*

se.bo.so (ô) [Lat. *sebosu*.◘ 37] *adj.* **1.** V. *sebento*. **2.** *Bras. Pop.* Pedante, vaidoso. [Pl.: *-bosos* (ó).]

■ **sec** *Trig.* Símb. de *secante*.

se.ca [De *secar*.] *sf.* **1.** Ato de pôr a secar. **2.** *Pop.* Maçada.

se.ca (ê) [*Secar*.] *sf.* Falta de chuvas; estiagem.

se.ca.dor (ô) [*Secar*.◘ 19A] *adj.* **1.** Que seca, tira a umidade. ● *sm.* **2.** Aparelho ou dispositivo secador (1); secadora: *secador de cabelo*.

se.ca.do.ra (ô) [*Secar*.◘ 20] *sf.* Secador (2).

se.can.te¹ [Lat. *siccante*.◘ 21] *adj2g.* **1.** Que seca. ● *sm.* **2.** Substância que faz secar facilmente as tintas ou os vernizes.

se.can.te² [Lat. *secante*.◘ 21] *adj2g.* **1.** Que corta, que intercepta uma curva (tendo em comum com ela pelo menos 2 pontos distintos). ● *sf.* **2.** *Geom.* Reta secante (1). **3.** *Trig.* O inverso multiplicativo do cosseno [símb.: *sec*].

se.ção ou **sec.ção** [Lat. *sectione*.] *sf.* **1.** Ato ou efeito de secionar(-se). **2.** Parte dum todo; segmento. **3.** Linha ou superfície divisória. **4.** Divisão ou subdivisão de obra, tratado, etc. **5.** Cada uma das divisões ou subdivisões duma repartição pública ou dum

secar | sedentário

estabelecimento qualquer. [Pl.: -ções. Cf. cessão e sessão.] ◆ **Seção plana.** *Geom.* Superfície que se forma quando um plano atravessa um sólido, ou quando um corpo é cortado por uma superfície plana. **Seção reta.** *Geom.* Seção plana que é perpendicular a um eixo do sólido.

se.car [Lat. *siccare*. ◨1A] *vtd.* **1.** Tirar a umidade a. **2.** Esgotar, estancar. *int.* **3.** Murchar. **4.** Deixar de ser úmido; enxugar. **5.** Deixar de correr (rio, etc.). [C.: 1A (é)] § **se.ca.gem** *sf.*

se.ca.ti.vo [Lat. *siccativu*. ◨22A] *adj. sm.* Diz-se de, ou medicamento de ação adstringente em tecido (3) vivo.

se.ces.são [Lat. *secessione*. ◨2] *sf.* Ação de separar-se daquele ou daquilo a que estava unido. [Pl.: -sões.]

se.ci:o.nal ou **sec.ci:o.nal** [*Seção* ou *secção* (*-cion-*). ◨39] *adj2g.* Relativo a seção. [Pl.: -nais.]

se.ci:o.nar ou **sec.ci:o.nar** [*Seção* ou *secção* (*-cion-*). ◨1A] *vtd. e p.* Dividir(-se) em secções. [C.: 1]

se.co (ê) [Lat. *siccu*.] *adj.* **1.** Sem umidade; enxuto. **2.** Sem umidade atmosférica, ou sem chuva. **3.** Sem vegetação. **4.** Murcho (planta). **5.** Muito magro (1). **6.** *Fig.* Sério, austero. **7.** *Fig.* Que não manifesta carinho ou ternura. **8.** *Fig.* Que pouco fala. **9.** *Bras. Fam.* Desejoso, sequioso.

se.cos (ê) *smpl.* Mantimentos sólidos ou secos.

se.cre.ção [Lat. *secretione*. ◨2] *sf. Fisiol.* **1.** Processo de produzir substância(s) por separação e elaboração, e de liberá-las dentro ou fora do organismo. **2.** Substância assim produzida, esp. a que é elaborada por glândula, com função específica. [Pl.: -ções.]

se.cre.ta *sf. Lit.* Oração que o celebrante dizia em voz baixa, no início da missa católica. ● *sm.* **2.** Agente da polícia secreta.

se.cre.tar [Lat. *secretus + -ar²*. ◨1A] *vtd.* Segregar (2). [C.: 1 (é)]

se.cre.ta.ri.a *sf.* Local onde se faz o expediente de qualquer administração.

se.cre.tá.ri.a [F. de *secretário*.] *sf.* **1.** Mulher que exerce as funções de secretário. **2.** Mesa onde se escreve e onde se guardam documentos.

se.cre.ta.ri.a.do [*Secretário*. ◨17C] *sm.* **1.** Cargo ou função de secretário. **2.** O conjunto dos secretários de Estado.

se.cre.ta.ri.ar [*Secretário*. ◨1A] *vtd. e int.* Ser secretário de, ou exercer as funções de secretário. [C.: 1]

se.cre.tá.ri:o [Lat.med. *secretariu*. ◨24A] *sm.* **1.** O que transcreve as atas das sessões duma assembleia. **2.** O que se ocupa de determinadas redações, da organização e do funcionamento duma assembleia, sociedade, etc. **3.** Empregado a quem cabe classificar, copiar e/ou redigir correspondência, marcar compromissos, etc. **4.** Assessor direto do presidente de uma entidade partidária, sindical, religiosa, etc. **5.** Aquele que exerce, num Estado, funções equiv. à de ministro (3).

se.cre.to [Lat. *secretu*.] *adj.* **1.** Que não se pode descobrir ou localizar. **2.** Confidencial. **3.** Íntimo, particular.

se.cre.tor (ô) [Lat. *secretus + -or*. ◨19] *adj.* Que secreta ou segrega.

sec.tá.ri:o [Lat. *secta + -ário*. ◨24] *adj.* **1.** Relativo ou pertencente a seita. **2.** *Fig.* Que revela parcialidade, intolerância, intransigência. ● *sm.* **3.** Indivíduo sectário (1 e 2). **4.** Partidário ferrenho de doutrina religiosa, política, etc.

sec.ta.ris.mo [*Sectário*. ◨11] *sm.* **1.** Espírito de seita. **2.** *Fig.* Intolerância, intransigência.

sec.ta.ris.ta [*Sectarismo*. ◨36] *adj2g.* Que revela sectarismo: *atitude sectarista*.

se.cu.lar [Lat. *saeculare*. ◨39] *adj2g.* **1.** Que se faz de século a século. **2.** Relativo a século. **3.** Centenário (4). **4.** Que existe há séculos. **5.** Que pertence ao século (4); profano, temporal, leigo.

se.cu.la.ri.zar [*Secular*. ◨1D] *vtd.* **1.** Tornar secular (5) (o que era eclesiástico). **2.** Sujeitar à lei civil. [C.: 1] § **se.cu.la.ri.za.ção** *sf.*

sé.cu.lo [Lat. *saeculu*.] *sm.* **1.** Período de 100 anos, contado a partir de um ano terminado em 01. **2.** V. *centenário* (1). **3.** Espaço de tempo muito longo. **4.** O mundo (p.opos. à vida espiritual ou eclesiástica).

se.cun.dar [Lat. *secundare*. ◨1A] *vtd.* Auxiliar, ajudar (em funções). [C.: 1]

se.cun.dá.ri:o [Lat. *secundariu*. ◨24] *adj.* **1.** De menor importância em relação a alguém, ou algo; segundo, acessório. **2.** De pouco valor. **3.** *Econ.* Diz-se do setor industrial da economia (indústria de transformação e construção civil).

se.cun.di.nas *sfpl. Anat.* Placenta e membranas expulsas após o nascimento.

se.cu.ra [*Seco*. ◨5] *sf.* **1.** Qualidade de seco; sequidão. **2.** Sede (ê). **3.** *Fig.* Frieza, aspereza; sequidão.

se.cu.ri.tá.ri:o [Ingl. *securit(y) + -ário*. ◨24] *adj.* **1.** Relativo a seguro (8). ● *sm.* **2.** *Bras.* Funcionário de companhia de seguros.

se.da (ê) [Lat. *saeta*.] *sf.* **1.** Filamento que forma o casulo da larva do bicho-da-seda. **2.** Fio ou tecido feito com ele.

se.dar [Lat. *sedare*. ◨1A] *vtd.* **1.** Acalmar. **2.** Moderar a ação excessiva de. [C.: 1 (é)]

se.da.ti.vo [*Sedar*. ◨22A] *adj. sm.* Diz-se de, ou medicamento que acalma; calmante.

se.de [Lat. *sede*.] *sf.* **1.** Lugar onde alguém pode sentar-se. **2.** Lugar onde fica um tribunal, governo, administração, ou o principal estabelecimento duma empresa comercial, etc.

se.de (ê) [Lat. *site*.] *sf.* **1.** Sensação produzida pela necessidade de beber; secura. **2.** *Fig.* Desejo veemente. **3.** *Fig.* Ânsia, aflição. ◆ **Ir com muita sede ao pote.** Mostrar-se muito ávido ou ambicioso, agindo de modo imprudente.

se.den.tá.ri:o [Lat. *sedentariu*. ◨24] *adj.* **1.** Que está comumente sentado. **2.** *P.ext.* Que se

sedento | segurança

movimenta ou se exercita pouco. **3.** Que tem habitação fixa. **4.** Próprio de sedentário (5). ● *sm.* **5.** Indivíduo sedentário.

se.den.to [*Sede* (ê). ▣27] *adj.* Que tem sede; sequioso.

se.des.tre [Lat. *sedere* + *-estre*.] *adj2g.* Diz-se de estátua que representa pessoa sentada.

se.di.a.do [*Sediar*. ▣17A] *adj.* Que tem sede (2).

se.di.ar [*Sede*. ▣1O] *vtd.* Servir de sede a; abrigar. [C.: 1]

se.di.ção [Lat. *seditione*. ▣2] *sf.* Perturbação da ordem pública; agitação. [Pl.: *-ções*.]

se.di.ci.o.so (ô) [Lat. *seditiosu*. ▣37] *adj.* Que tem caráter de sedição, ou incita a ela. [Pl.: *-osos* (ó).]

se.di.men.ta.ção [*Sedimentar*. ▣2A] *sf.* Processo pelo qual substâncias minerais ou rochosas, ou de origem orgânica, se depositam em ambiente aquoso ou aéreo. [Pl.: *-ções*.]

se.di.men.tar¹ [*Sedimento*. ▣40] *adj2g.* Resultante de processo de sedimentação.

se.di.men.tar² [*Sedimento*. ▣1A] *v.int.* **1.** Formar sedimentos. *td.* **2.** Consolidar. [C.: 1]

se.di.men.to [Lat. *sedimentu*. ▣3] *sm.* Substância depositada, pela ação da gravidade, na água ou no ar; depósito.

se.do.so (ô) [Lat. *saetosu*. ▣37] *adj.* Semelhante à seda. [Pl.: *-dosos* (ó).]

se.du.ção [Lat. *seductione*. ▣2] *sf.* **1.** Ato ou efeito de seduzir ou ser seduzido. **2.** Qualidade de sedutor. [Pl.: *-ções*.]

se.du.tor (ô) [Lat. *seductore*. ▣19] *adj.* **1.** Que seduz, atrai ou encanta. ● *sm.* **2.** Aquele que seduz.

se.du.zir [Lat. *seducere*. ▣1C] *vtd.* **1.** Inclinar artificiosamente para o mal ou para o erro; desencaminhar. **2.** Desonrar, recorrendo a promessas. **3.** Atrair, fascinar. **4.** Subornar para fins sediciosos. [C.: 41]

se.ga [Dev. de *segar*.] *sf.* Ato ou efeito de segar; ceifa.

se.gar [Lat. *secare*. ▣1A] *vtd. e int.* V. *ceifar* (1, 2 e 5). [C.: 1C (é). Cf. *cegar*.]

se.ge [Fr. *siège*.] *sf.* Coche fora de uso, com 2 rodas e um só assento.

seg.men.tar¹ [*Segmento*. ▣40] *adj2g.* Relativo a, ou formado de segmentos; segmentário.

seg.men.tar² [*Segmento*. ▣1A] *vtd.* Dividir em segmentos. [C.: 1]

seg.men.tá.ri:o [*Segmentar*. ▣24] *adj.* Segmentar¹.

seg.men.to [Lat. *segmentu*. ▣3] *sm.* **1.** Seção (2). **2.** Porção bem delimitada de um conjunto. **3.** *Geom.* Porção do círculo compreendida entre a corda e o arco respectivo. **4.** *Geom.* Porção limitada de uma reta. [Cf. *seguimento*.] § **seg.men.ta.do** *adj.*

se.gre.dar [*Segredo*. ▣1A] *vtd., tdi. e int.* Dizer em voz baixa, em segredo, ou dizer segredo(s). [C.: 1 (é)]

se.gre.do (ê) [Lat. *secretu*.] *sm.* **1.** O que não pode ser revelado; sigilo. **2.** Assunto, manobra, negócio, conhecido só de uns poucos; sigilo. **3.** Confidência. **4.** Mistério, enigma. **5.** Lugar oculto, esconderijo.

se.gre.gar [Lat. *segregare*. ▣1A] *vtd.* **1.** Pôr à margem; marginalizar. **2.** Produzir (secreção); secretar. *p.* **3.** Afastar-se, isolar-se. [C.: 1C (é)] § **se.gre.ga.ção** *sf.*

se.gui.da [*Seguir* + *-ida*.] *sf.* Seguimento. ♦ **Em seguida.** Logo depois, imediatamente após.

se.gui.do [Part. de *seguir*.] *adj.* **1.** Imediato, seguinte. **2.** Ininterrupto. **3.** Adotado, usado.

se.guin.te [*Seguir*. ▣21] *adj2g.* **1.** V. *consecutivo*. **2.** Que (se) segue, que se diz ou cita depois. ● *s2g.* **3.** Quem sucede a outro(s). **4.** Aquilo que (se) segue, que se diz, ou cita depois.

se.guir [Lat.vulg. **sequere*. ▣1C] *vtd.* **1.** Ir atrás de; acompanhar. **2.** Acompanhar com a vista. **3.** Andar em; percorrer. **4.** Ir ao longo de. **5.** Observar a evolução de. **6.** Vir depois de. **7.** Aderir a. **8.** Tomar em consideração: *seguir um conselho*. **9.** Prosseguir. *tc.* **10.** Tomar certa direção. *int.* **11.** Vir logo após: *Seguem alguns exemplos*. **12.** Continuar. **13.** Partir, ir(-se). *p.* **14.** Seguir (11). **15.** Vir depois; suceder(-se). [C.: 45] § **se.gui.dor** (ô) *adj. sm.*; **se.gui.men.to** *sm.*

se.gun.da *sf.* V. *segunda-feira*.

se.gun.da-fei.ra [F. de *segundo*¹ + *feira*.] *sf.* O segundo dia da semana, principiada no domingo. [F.red.: *segunda*. Pl.: *segundas-feiras*.]

se.gun.do¹ [Lat. *secundu*.] *num.* **1.** Ordinal correspondente a 2. ● *adj.* **2.** V. *secundário* (1). **3.** Outro, novo. ● *sm.* **4.** Unidade de medida de tempo no SI, igual à duração de 9.192.631.770 vezes o período de determinada radiação emitida por um dos isótopos do césio [símb.: s]. **5.** *Fig.* Tempo curtíssimo. **6.** Unidade de medida de ângulo, equiv. a um sexagésimo (1/60) do minuto (2).

se.gun.do² [Lat. (prep.) *secundum*.] *prep.* **1.** De acordo com; conforme: *proceder segundo as regras*. ● *conj.* **2.** Conforme, consoante.

se.gun.do-ca.de.te *sm.* V. *hierarquia militar*. [Pl.: *segundos-cadetes*.]

se.gun.do-sar.gen.to *sm.* V. *hierarquia militar*. [Pl.: *segundos-sargentos*.]

se.gun.do-te.nen.te *sm.* V. *hierarquia militar*. [Pl.: *segundos-tenentes*.]

se.gu.ra.do [*Segurar*. ▣17A] *adj.* **1.** Que está no seguro (8). ● *sm.* **2.** Pessoa que pagou o prêmio dum seguro (8).

se.gu.ra.dor (ô) [*Segurar*. ▣19A] *adj. sm.* **1.** Que, ou aquele que segura. **2.** Que, ou aquele que se obriga, em relação a outrem, por seguro (8).

se.gu.ra.do.ra (ô) [*Segurar*. ▣20] *sf. Bras.* Companhia de seguros [v. *seguro* (8)].

se.gu.ran.ça [*Segurar*. ▣9A] *sf.* **1.** Ato ou efeito de segurar(-se). **2.** Estado, qualidade ou condição de seguro (1). **3.** Convicção, certeza. **4.** Confiança em si mesmo. ● *s2g.* **5.** *Bras.* Pessoa encarregada da segurança pessoal de alguém, de empresa, etc.

se.gu.rar [*Seguro*.▣1A] *vtd.* **1.** Tornar seguro; fixar. **2.** Amparar, impedindo que caia. **3.** Agarrar; prender. **4.** Assegurar (2). **5.** Pôr no seguro (8). **6.** Manter em certo estado ou situação. *p.* **7.** Agarrar-se, apoiar-se. **8.** Precaver-se. [C.: 1]

se.gu.ro [Lat. *securu*.] *adj.* **1.** Livre de perigo ou de risco. **2.** Que não hesita; firme. **3.** Certo, convicto. **4.** Constante, leal. **5.** Indubitável, certo. **6.** Preso, fixo. **7.** Avarento. • *sm.* **8.** Contrato pelo qual uma das partes se obriga a pagar uma indenização na ocorrência de certos eventos envolvendo a outra parte (morte, prejuízo eventual, etc.).

se.gu.ro-de.sem.pre.go *sm.* Pagamento temporário a trabalhador desempregado, feito ger. pelo governo. [Pl.: *seguros-desemprego(s)*.]

sei.o [Lat. *sinu*.] *sm.* **1.** Curvatura, sinuosidade. **2.** Âmago (3). **3.** Ventre; útero. **4.** *Anat.* V. *mama* (2). **5.** *Anat.* Nome genérico de cavidade de conteúdo aéreo, encontrada em certos ossos do crânio e da face.

seis [Lat. *sex*.] *num.* **1.** Quantidade que é uma unidade maior que 5. **2.** Número (1) correspondente a essa quantidade. [Representa-se em algarismo arábico por 6, e em romano, por VI.]

seis.cen.tos [Lat. *sexcentos*.] *num.* **1.** Quantidade que é uma unidade maior que 599. **2.** Número (1) correspondente a essa quantidade. [Representa-se em algarismos arábicos por 600, e em romanos, por DC.]

sei.ta [Lat. *secta*.] *sf.* **1.** Grupo religioso, de forte convicção, que surge em oposição às ideias e às práticas religiosas dominantes. **2.** Grupo coeso que participa de uma doutrina comum (filosófica, religiosa, etc.).

sei.va [Fr. *sève*.] *sf. Bot.* Líquido que circula no organismo vegetal. ♦ **Seiva mineral.** A que é formada com os nutrientes absorvidos do solo pelas raízes. **Seiva orgânica.** A que é formada da seiva mineral acrescida dos produtos da fotossíntese.

sei.xo [Lat. *saxu*.] *sm.* Fragmento de rocha dura; pedra solta.

se.la [Lat. *sella*.] *sf.* Assento sobre o qual monta o cavaleiro.

se.lar[1] [*Sela*.▣1A] *vtd.* Pôr sela ou selim em. [C.: 1 (é) § **se.la.do**[1] *adj.*

se.lar[2] [*Selo*.▣1A] *vtd.* **1.** Pôr selo (2 e 3) em. **2.** Cerrar, fechar. **3.** Pôr fim a; concluir. [C.: 1 (é) § **se.la.do**[2] *adj.*; **se.la.gem** *sf.*

se.la.ri.a [*Sela*.▣15] *sf.* **1.** Arte, ofício ou estabelecimento de seleiro. **2.** Porção de selas e outros arreios.

se.le.ção [Lat. *selectione*.▣2] *sf.* **1.** Escolha fundamentada. **2.** Equipe formada por atletas, que representa um estado, país, etc.; escrete, combinado, selecionado. [Pl.: *-ções*.] ♦ **Seleção natural.** *Biol.* Processo espontâneo em que indivíduos ou espécies mais adaptáveis às condições ambientais sobrevivem aos menos aptos, que sucumbem ou desaparecem.

se.le.ci.o.na.do [*Selecionar*.▣17A] *adj.* **1.** Escolhido entre os melhores; seleto. • *sm.* **2.** *Bras.* V. *seleção* (2).

se.le.ci.o.nar [*Seleção* (*-cion*-)-.▣1A] *vtd.* Fazer seleção (1) de. [C.: 1]

se.lê.ni.o [*Selen*(*o*)- + *-io*².▣34B] *sm. Quím.* V. *calcogênio* [símb.: *Se*].

se.le.ta [Lat. *selecta*.] *sf.* V. *antologia*.

se.le.ti.vo [*Seleto*.▣22] *adj.* Próprio para selecionar.

se.le.to [Lat. *selectu*.] *adj.* **1.** Selecionado. **2.** Excelente.

→ **selfie** (sélfi) [Ingl.] *sf.* Foto que alguém tira de si mesmo e ger. posta numa rede social, como o *Facebook*, etc., pelo celular, *tablet*, etc.

→ **self-service** (sélfi-sérvici) [Ingl.] *sm.* Autosserviço.

se.lim [*Sela* + *-im*.] *sm.* Pequena sela rasa. [Pl.: *-lins*.]

se.li.nho [*Selo*.▣32] *sm. Bras. Pop.* Beijo rápido que se dá nos lábios de alguém.

se.lo (ê) [Lat. *sigillu*.] *sm.* **1.** Peça na qual se gravaram armas, divisa, etc., e que se imprime sobre certos papéis, para autenticá-los. **2.** Sinete (2). **3.** Estampilha adesiva, de valor convencional, para franquear o porte de correspondência e objetos expedidos pelo correio. **4.** Estampilha (2).

sel.va [Lat. *silva*.] *sf.* Lugar naturalmente muito arborizado.

sel.va.gem *adj2g.* **1.** Das selvas, ou próprio delas; selvático, silvestre. **2.** V. *silvícola*. **3.** Silvestre (2). **4.** Ermo. **5.** Ainda não domado ou domesticado. **6.** Não civilizado. **7.** *Fig.Pej.* Grosseiro, rude. • *s2g.* **8.** V. *silvícola*. [Pl.: *-gens*.]

sel.va.ge.ri.a [*Selvag*(*em*).▣15A] *sf.* Qualidade, ato ou procedimento de selvagem.

sel.vá.ti.co [Lat. *silvaticu*.▣35B] *adj.* V. *selvagem* (1).

sel.ví.co.la *adj2g. s2g.* V. *silvícola*.

sem [Lat. *sine*.] *prep.* Exprime várias relações entre palavras (falta, privação, exclusão, ausência, exceção, condição, etc.): *Estou sem dinheiro*; *Viajou sem a mulher*; *Levou a mercadoria sem compromisso*; *Não virei sem ele vir*; etc.

se.má.fo.ro [Fr. *sémaphore*.] *sm.* **1.** Poste de sinalização rodoviária ou ferroviária, para orientação do tráfego. **2.** V. *sinaleira*.

se.ma.na [Lat. *septimana*.] *sf.* **1.** Espaço de 7 dias contados do domingo ao sábado. **2.** Espaço de 7 dias consecutivos.

se.ma.nal [*Semana*.▣39] *adj2g.* Relativo a, ou que se faz, sucede ou aparece de semana a semana; hebdomadário. [Pl.: *-nais*.]

se.ma.ná.ri.o [*Semana*.▣24] *sm.* Hebdomadário (2).

se.man.col [*Se*¹ + *manc*(*ar*) + *-ol*¹.] *sm.* Desconfiômetro. [Pl.: *-cóis*.]

se.man.te.ma [Fr. *sémantème*.] *sm. E.Ling.* Elemento que encerra o significado duma palavra. Ex.: *danç-*, em relação a *dançar*, *dançarino*, etc.

se.mân.ti.ca [Gr. *semantiké*.] *sf. E.Ling.* Estudo das mudanças ou trasladações sofridas, no tempo e no espaço, pela significação das palavras. § **se.mân.ti.co** *adj.*

sem.blan.te [Cat. *semblant*.] *sm.* **1.** V. *rosto* (1). **2.** V. *fisionomia* (1).

sem-ce.ri.mô.ni.a *sf.* Falta de cerimônia. [Pl.: *sem-cerimônias*.]

sê.me.a [Lat. *simila*.] *sf.* A parte mais fina da farinha de trigo.

se.me.a.du.ra [*Semear*.◨ 5A] *sf.* **1.** Ato ou efeito de semear. **2.** O cereal suficiente para semear-se um terreno.

se.me.ar [Lat. *seminare*.◨1N] *vtd.* **1.** Deitar sementes à terra, para que germinem. **2.** Espalhar, propalar. **3.** Causar, ocasionar. *int.* **4.** Semear (1). [C.: 12A] § **se.me.a.dor** *adj.*; **se.me:a.dor** (ô) *sm.*

se.me.lhan.ça [*Semelhar*.◨9A] *sf.* **1.** Qualidade do que é semelhante; símile. **2.** Relação entre seres, coisas ou ideias que têm em si elementos conformes, além dos comuns à espécie; analogia. [Sin.ger.: *similitude*.]

se.me.lhan.te [*Semelhar*.◨21] *adj.2g.* **1.** Parecido, conforme, análogo, símile. ● *pron.* **2.** Tal, este, aquele. ● *sm.* **3.** Pessoa ou coisa que se semelha a outra.

se.me.lhar [Lat. *similiare.◨1A] *v. pred., ti. e p.* Parecer(-se), assemelhar(-se). [C.: 1 (è)]

sê.men [Lat. *semen*.] *sm.* **1.** Esperma. **2.** Semente (2). [Pl.: *semens* e (p.us.) *sêmenes*.]

se.men.te [Lat. *semente*.] *sf.* **1.** *Bot.* Nos vegetais, a estrutura que conduz o embrião e está incluída no fruto. **2.** Causa, origem; sêmen.

se.men.tei.ra [*Semente*.◨16] *sf.* Terra semeada.

se.mes.tral [*Semestre*.◨39] *adj.2g.* Relativo a, ou que se realiza ou aparece a cada semestre. [Pl.: *-trais*.]

se.mes.tre [Lat. *semestre*.] *sm.* Espaço de 6 meses seguidos.

sem-fim *sm.* Quantidade ou número indeterminado. [Pl.: *sem-fins*.]

se.mi.a.nal.fa.be.to [*Semi-* + *analfabeto*.] *adj.* Quase analfabeto.

se.mi.a.quá.ti.co [*Semi-* + *aquático*.] *adj. sm.* Que se desenvolve ou vive próximo à água, ou que é, ao mesmo tempo, terrestre e aquático.

se.mi.á.ri.do [*Semi-* + *árido*.] *adj.* **1.** Um tanto árido. **2.** Diz-se do clima caracterizado por baixa umidade e baixo volume pluviométrico. ● *sm.* **3.** Esse clima ou região com esse clima.

se.mi.bár.ba.ro [Lat. *semibarbaru*.] *adj.* Quase selvagem.

se.mi.bre.ve [*Semi-* + *breve*.] *sf. Mús.* Figura que tem o valor de metade da breve (6).

se.mi.cir.cu.lar [*Semi-* + *circular*.] *adj.2g.* Em forma de semicírculo.

se.mi.cír.cu.lo [Lat. *semicirculu*.] *sm.* Metade de um círculo.

se.mi.cir.cun.fe.rên.ci:a *sf.* Metade duma circunferência.

se.mi.col.chei.a [*Semi-* + *colcheia*.] *sf. Mús.* Figura do valor de metade da colcheia.

se.mi.con.du.tor (ô) [*Semi-* + *condutor*.] *sm. Fís.* Condutor elétrico cuja resistividade decresce com a temperatura, e em que a condução de carga pode efetuar-se por elétrons ou por buracos.

se.mi.deus [Lat. *semideus*.] *sm. Mit.* Ser mitológico, filho de um deus e uma mortal, ou vice-versa, que tem poderes sobre-humanos.

se.mi.fi.nal [*Semi-* + *final*.] *adj.2g.sf. Esport.* Diz-se da, ou a prova ou a etapa que antecede imediatamente a final (3). [Pl.: *-nais*.]

se.mi.fi.na.lis.ta [*Semifinal*.◨36] *adj.2g. s2g.* Em competições esportivas, etc., diz-se de, ou pessoa ou equipe que se classificou para disputar a prova que indicará os finalistas [v. *finalista*] na decisão de um título, troféu, etc.

se.mi.fu.sa [*Semi-* + *fusa*.] *sf. Mús.* Figura de valor de metade da fusa.

se.mi.in.ter.na.to *sm.* Escola cujos alunos são semi-internos. [Pl.: *semi-internatos*.]

se.mi.in.ter.no [*Semi-* + *interno*.] *adj. sm.* Diz-se de, ou aluno que, embora não resida no colégio, aí permanece todo o dia. [Pl.: *semi-internos*.]

se.mi.lí.qui.do *adj.* Que não é nem líquido, nem sólido; pastoso.

se.mi.ma.ri.nho *adj.* **1.** Que tem hábitos marinhos e terrestres concomitantemente (diz-se de animal). **2.** Que habita águas marinhas e doces (diz-se de peixe).

se.mi.mor.to (ô) [Lat. *semimortuu*.] *adj.* **1.** Meio morto; semivivo. **2.** *Fig.* Extenuado, esgotado. [Pl.: *-mortos* (ó).]

se.mi.nal [Lat. *seminale*.◨39] *adj.2g.* **1.** Relativo a sêmen ou à semente. **2.** *Fig.* Produtivo, fecundo. [Pl.: *-nais*.]

se.mi.ná.ri:o [Lat. *seminariu*.◨24] *sm.* **1.** Estabelecimento escolar onde se formam padres. **2.** Grupo de estudos em que se debate matéria que cada participante expõe.

se.mi.na.ris.ta [*Seminário*.◨36] *sm.* Aluno interno em seminário (1).

se.mí.ni.ma *sf. Mús.* Figura que vale a metade da mínima.

se.mi.nu [Lat. *seminudu*.] *adj.* **1.** Meio nu. **2.** Maltrapilho.

se.mi:o.lo.gi.a [*Semio-* + *-logia*.] *sf.* **1.** Ciência geral dos signos, dos sistemas de significação. **2.** Parte da medicina que estuda os sinais das doenças. [Sin.ger.: *semiótica*.]

se.mi.ó.ti.ca [Fr. *sémiotique*.] *sf.* V. *semiologia*.

se.mi.per.me.á.vel *adj.2g. Fís.-Quím.* Diz-se de membrana que, em contato com uma solução, só deixa passar o solvente. [Pl.: *-veis*.]

se.mi.pla.no [*Semi-* + *plano*.] *sm. Geom.* Parte de um plano limitada por uma reta.

se.mi.pre.ci.o.so (ô) *adj.* Meio precioso. [Pl.: *-osos* (ó).]

se.mir.re.li.gi.o.so (ô) [*Semi-* + *religioso.*] *adj.* **1.** Um tanto religioso. **2.** Que não é inteiramente religioso. [Pl.: -*osos* (ó).]

se.mir.re.ta [*Semi-* + *reta.*] *sf.* *Geom.* Parte de uma reta limitada por um ponto.

se.mir.ro.to (ô) [*Semi-* + *roto.*] *adj.* Meio roto.

se.mis.sel.va.gem [*Semi-* + *selvagem.*] *adj2g.* Quase selvagem; rude. [Pl.: -*ens.*]

se.mis.só.li.do [*Semi-* + *sólido.*] *adj.* Que não é nem sólido nem líquido.

se.mis.so.ma [*Semi-* + *soma.*] *sf.* *Arit.* A metade de uma soma.

se.mi.ta (Antr. bíblico *Sem* + -*ita*²*.*] *s2g.* **1.** Indivíduo dos semitas, família etnográfica que abrange os hebreus, assírios, arameus, fenícios e árabes. ● *adj2g.* **2.** Dos semitas.

se.mí.ti.co [*Semita.* ⬛35B] *adj.* **1.** Pertencente ou relativo aos semitas. **2.** *Restr.* Pertencente ou relativo aos judeus.

se.mi.tis.mo [*Semita.* ⬛11] *sm.* **1.** Caráter do que é semítico. **2.** *Restr.* Caráter do que é judeu.

se.mi.tom [*Semi-* + *tom.*] *sm.* *Mús.* O menor intervalo us. na música ocidental. [Pl.: -*tons.*]

se.mi.vi.vo [Lat. *semivivu.*] *adj.* Semimorto (1).

se.mi.vo.gal [*Semi-* + *vogal.*] *sf.* *E.Ling.* Cada uma das vogais *i* e *u* quando, juntas a outra, com ela formam sílaba. Ex.: pai, pau. [Pl.: -*gais.*]

sem-nú.me.ro *sm2n.* Quantidade indeterminada.

sê.mo.la [It. *semola.*] *sf.* **1.** Grânulos de certos cereais. **2.** Semolina.

se.mo.li.na *sf.* Amido da farinha de arroz; sêmola.

sem-par [*Sem* + *par.*] *adj2g2n.* Sem igual.

sem.pre [Lat. *semper.*] *adv.* **1.** Em todo o tempo: *Sempre foi muito educado.* **2.** Sem cessar: *Desde criança esteve sempre doente.* **3.** Em todo caso: *Dormi pouco, mas sempre deu para descansar.* **4.** Na verdade.

sem.pre-ver.de *adj2g.* *Bot.* Diz-se de planta, como o pinheiro, que permanece verdejante tb. nas estações frias. [Pl.: *sempre-verdes.*]

sem.pre-vi.va *sf.* *Bot.* Erva asterácea cujas flores, do mesmo nome, secam sem murchar. [Pl.: *sempre-vivas.*]

sem-ter.ra *adj2g2n.s2g2n.* Diz-se de, ou trabalhador rural que não tem terra para exercer sua atividade.

sem-te.to *adj2g2n.s2g2n.* Diz-se de, ou indivíduo que não tem moradia, ger. por falta de recursos.

sem-ver.go.nha *adj2g2n.* Diz-se de quem não tem vergonha, brio. § **sem-ver.go.nhi.ce** *sf.*

■ **sen** *Trig.* Símb. de seno.

se.na [Lat. *sena,* 'de 6 em 6'.] *sf.* *Bras.* Loteria de números em que se sorteiam 6 dezenas.

se.na.do [Lat. *senatu.* ⬛17C] *sm.* **1.** Parte do poder legislativo federal que dispõe, ger., de mais prerrogativas que a câmara federal. **2.** Local onde se reúnem os senadores.

se.na.dor (ô) [Lat. *senatore.* ⬛19A] *sm.* Membro do senado.

se.não [*Se*² + *não.*] *conj.* **1.** De outro modo; aliás. **2.** Mas sim; porém. ● *prep.* **3.** Exceto; a não ser. ● *sm.* **4.** Defeito, mancha. [Pl. do sm.: -*nões.*]

se.na.to.ri.a [Lat. *senator, oris,* + -*ia*¹. ⬛8A] *sf.* Mandato de senador; senatória.

se.na.tó.ri:a *sf.* Senatoria.

se.na.to.ri.al [Lat. *senator, oris,* + -*ial.* ⬛39C] *adj2g.* Referente ao senado; senatório. [Pl.: -*ais.*]

se.na.to.ri:o [Lat. *senatoriu.* ⬛23] *adj.* Senatorial.

sen.da [Lat. *semita.*] *sf.* Caminho estreito; vereda.

sen.dei.ro [Lat. *semitariu.* ⬛25] *adj.sm.* Diz-se de, ou equino velho e ruim.

se.nec.tu.de [Lat. *senectute.*] *sf.* Senilidade.

se.nha [Lat. *signa.*] *sf.* **1.** Aceno, sinal. **2.** Gesto ou sinal combinado entre pessoas para se entenderem. **3.** Fórmula convencional com que alguém indica estar ciente do segredo de certa ação. **4.** Bilhete que autoriza readmissão em espetáculo, etc. **5.** *Inform.* Cadeia de caracteres que autoriza o acesso a um conjunto de operações em um sistema de computadores ou em equipamentos computadorizados.

se.nhor (ô) [Lat. *seniore.* ⬛19] *sm.* **1.** Amo, patrão. **2.** Indivíduo importante. **3.** Homem idoso. **4.** Tratamento de cerimônia ou respeito dispensado aos homens. **5.** Deus. [Com inicial maiúsc., nesta acepç.] ● *adj.* **6.** Us. para dar ideia de importância, grandeza, excelência, etc., ou para exagerar: *Comeu um <u>senhor</u> prato de feijão* [= muito cheio]; *uma <u>senhora</u> feijoada* [= muito farta ou saborosa].

se.nho.ra (ó, ô) *sf.* Fem. de *senhor.* **2.** Esposa, mulher. **3.** Tratamento de cerimônia ou respeito dado às mulheres casadas ou às que já não são muito jovens.

se.nho.re.ar [*Senhor.* ⬛1N] *vtd.* e *p.* V. *assenhorear.* [C.: 12A]

se.nho.ri.a [*Senhor.* ⬛8A] *sf.* **1.** Qualidade ou condição de senhor ou senhora. **2.** Fem. de *senhorio* (3).

se.nho.ri.al [*Senhor.* ⬛39C] *adj2g.* Pertencente a senhor, ou a senhorio. [Pl.: -*ais.*]

se.nho.ril [*Senhor* + -*il*¹.] *adj2g.* **1.** Próprio de senhor ou senhora. **2.** *Fig.* Imponente, majestoso. [Pl.: -*ris.*]

se.nho.ri:o [*Senhor.* ⬛34A] *sm.* **1.** Direito de senhor. **2.** Posse, domínio. **3.** Proprietário dum imóvel (3), alugado ou arrendado.

se.nho.ri.ta [*Senhora* + -*ita*¹.] *sf.* **1.** Moça solteira. **2.** Tratamento respeitoso dado à senhorita (1).

se.nil [Lat. *senile.*] *adj2g.* **1.** Da, ou próprio da velhice ou dos velhos. **2.** Caduco; decrépito. [Pl.: -*nis.*]

se.ni.li.da.de [*Senil.* ⬛14] *sf.* Qualidade ou estado de senil, ou idade senil; senectude.

sê.ni:or [Lat. *senior* (nom.).] *adj2g.* **1.** O mais velho (de 2 indivíduos da mesma família e com o mesmo nome). **2.** Diz-se do profissional mais experiente em determinada ocupação. [Pl.: *seniores* (ô).]

se.no [Lat. *sinu,* 'curvatura'.] *sm.* *Mat.* Nos triângulos retângulos, razão (7) entre a medida do

sensabor | sentir

cateto oposto a um dado ângulo agudo e a medida da hipotenusa [símb.: *sen*].

sen.sa.bor (ô) [*Sem* + *sabor*.] *adj2g.* **1.** Que não tem sabor. **2.** Desengraçado, desenxabido. § **sen.sa.bo.ri.a** *sf.*

sen.sa.ção [Lat.med. *sensatione*.◘2] *sf.* **1.** Fisiol. Impressão causada num órgão receptor por um estímulo e que, por via aferente, é levada ao sistema nervoso central. **2.** Surpresa, ou grande impressão. **3.** Sentimento, algo intuitivo, que uma pessoa tem sobre algo. [Pl.: -*ções*.]

sen.sa.ci:o.nal [*Sensação* (-*cion*-).◘39] *adj2g.* Que produz sensação intensa. [Pl.: -*nais*.]

sen.sa.ci:o.na.lis.mo [*Sensacional*.◘11] *sm.* Divulgação e exploração de matéria capaz de emocionar, impressionar, indignar, ou escandalizar.

sen.sa.to [Lat. *sensatu*.] *adj.* Que tem bom-senso; prudente; ponderado; refletido. § **sen.sa.tez** (ê) *sf.*

sen.si.bi.li.da.de [Lat. *sensibilitate*.◘14] *sf.* **1.** Qualidade de sensível. **2.** Faculdade ou capacidade de sentir; sentimento. **3.** Delicadeza de sentimentos.

sen.si.bi.li.zar [*Sensível* (-*bil*-).◘1D] *vtd.* **1.** Tornar sensível; comover. **2.** Impressionar vivamente. **3.** Tornar sensível à ação da luz ou de outro agente qualquer. **4.** Tornar sensível, como pela ação de alérgeno. *p.* **5.** Comover-se. [C.: 1]

sen.si.ti.va *sf.* Bot. Dormideira (2).

sen.si.ti.vo [Lat.med. *sensitivu*.◘22] *adj.* **1.** Relativo aos sentidos. **2.** Que tem a faculdade de sentir.

sen.sí.vel [Lat. *sensibile*.◘41] *adj2g.* **1.** Que sente, que tem sensibilidade. **2.** Que recebe facilmente as sensações externas. **3.** Que pode ser percebido pelos sentidos. **4.** Emotivo. **5.** Susceptível (2). **6.** Passível de receber modificações ou de sofrer determinadas ações. **7.** Apreciável, considerável. • *sm.* **8.** Mús. O sétimo grau da escala diatônica natural. [Pl.: -*veis*.]

sen.so [Lat. *sensu*.] *sm.* **1.** Faculdade de apreciar, de julgar, de sentir; sentido. **2.** V. *juízo* (3).

sen.sor (ô) [Lat. *sensus* + -*or*.◘19] *sm.* Dispositivo que detecta e responde a um sinal ou estímulo, como, p.ex., calor, luz, som e pressão.

sen.so.ri.al [Fr. *sensoriel*.◘39] *adj2g.* **1.** Relativo a sensório (3). **2.** Relativo à sensação. [Pl.: -*ais*.]

sen.só.ri:o [B.-lat. *sensoriu*.◘23] *adj.* **1.** Relativo à sensibilidade. **2.** Próprio para transmitir sensações. • *sm.* **3.** Fisiol. Qualquer centro nervoso sensitivo.

sen.su.al [Lat. *sensuale*.◘39A] *adj2g.* **1.** Relativo aos sentidos. **2.** Que tem ou denota sensualidade (2). [Pl.: -*ais*. Cf. *censual*.]

sen.su:a.li.da.de [Lat. *sensualitate*.◘14] *sf.* **1.** Qualidade de sensual. **2.** Intenso prazer sexual; lubricidade, luxúria.

sen.tar [*Assentar*.◘1A] *vtd., tdc. e tdi.* **1.** Fazer tomar ou pôr em assento (1), ou indicar o local para que o faça: *Sentou a criança no muro. int. e p.* **2.** Pôr-se com as nádegas em assento (cadeira, sofá, etc.), ao flexionar os membros inferiores; tomar assento. [Obs.: *Sentar-se à mesa* é diferente de *sentar-se na mesa*: a 1ª forma significa 'estar sentado junto à mesa'; a 2ª 'estar sentado sobre a mesa'. Na linguagem informal, é usual a construção 'sentar(-se) na mesa', quando se quer dizer 'sentar(-se) junto à mesa'. Prefira-se, entretanto, na linguagem culta formal, a construção *sentar(-se) a*: *Sentou-se à escrivaninha*.] [C.: 1] § **sen.ta.do** *adj.*

sen.ten.ça [Lat. *sententia*.] *sf.* **1.** Expressão que encerra um sentido geral ou um princípio moral. **2.** Julgamento proferido por juiz, tribunal ou árbitro(s). **3.** Qualquer despacho ou decisão. **4.** Frase (1).

sen.ten.ci.a.do [*Sentenciar*.◘17A] *adj. sm.* Que, ou aquele que foi objeto de sentença (2); julgado.

sen.ten.ci.ar [*Sentença* (-*ci*-).◘1A] *vtd. e tdi.* **1.** Julgar ou condenar por meio de sentença. **2.** Julgar, decidir. *int.* **3.** Proferir ou pronunciar sentença; julgar. [C.: 1]

sen.ten.ci.o.so (ô) [Lat. *sententiosu*.◘37] *adj.* **1.** Que tem forma de, ou encerra sentença. **2.** Que se expressa com gravidade, formulando decisões. [Pl.: -*osos* (ó).]

sen.ti.do [Part. de *sentir*.] *adj.* **1.** Pesaroso, triste. **2.** Magoado, ressentido. **3.** Em princípio de putrefação. • *sm.* **4.** Fisiol. Faculdade pela qual se percebem, pela ação de órgão específico, sensações de origem interna ou externa. Há 5 sentidos: visão, audição, olfato, tato e gustação. **5.** Senso (1). **6.** Propósito, objetivo. **7.** V. *acepção*. **8.** Atenção (1). **9.** Direção, rumo.

sen.ti.dos *smpl.* **1.** O conjunto das funções orgânicas que buscam o prazer sensual. **2.** Faculdades intelectuais.

sen.ti.men.tal [Fr. *sentimental*.◘39] *adj2g.* **1.** Relativo ao sentimento. **2.** Que se deixa comover com facilidade. [Pl.: -*tais*.]

sen.ti.men.ta.lis.mo [*Sentimental*.◘11] *sm.* Qualidade de sentimental.

sen.ti.men.to [*Sentir*.◘3] *sm.* **1.** Ato ou efeito de sentir(-se). **2.** Sensibilidade (2). **3.** Disposição afetiva em relação a coisas de ordem moral ou intelectual. **4.** Afeto, amor. **5.** Tristeza, pesar.

sen.ti.men.tos *smpl.* **1.** Qualidades morais. **2.** V. *pêsames*.

sen.ti.ne.la [It. *sentinella*.] *sf.m.* **1.** Soldado armado que fica junto a um posto para o guardar. **2.** V. *guarda* (5).

sen.tir [Lat. *sentire*.◘1C] *vtd.* **1.** Perceber por meio de qualquer órgão dos sentidos. **2.** Experimentar (sensação física ou moral, ou sentimento, emoção): *sentir fome*; *sentir carinho*. **3.** Ser sensível a. **4.** Pressentir (1). **5.** Melindrar-se com. **6.** Ter consciência de. **7.** Experimentar. **8.** Ressentir-se de: *Sentiu a mudança de clima*. **9.** Notar, perceber: *Sentiu que ele não gostou da ideia*. *transobj.* **10.** Considerar, julgar. *int.* **11.** Ter pesar. *p.* **12.** Sentir

(2): <u>sentir-se</u> só. **13.** Ter consciência do próprio estado ou condição; reconhecer-se. **14.** V. *ressentir* (3). **15.** Julgar, considerar. ● *sm.* **16.** Modo de ver. [C.: 48]

sen.za.la ou **san.za.la** [Do quimb.] *sf. Bras.* Alojamento dos escravos.

sé.pa.la [Fr. *sépale.*] *sf. Bot.* Cada uma das peças do cálice².

se.pa.rar [Lat. *separare.* ▣1A] *vtd.* **1.** Fazer a desunião de (o que estava junto ou ligado). **2.** Apartar, afastar. **3.** Fazer cessar; interromper: <u>separar</u> uma briga. **4.** Obstar à união de. **5.** Estabelecer discórdia entre. **6.** Romper a vida conjugal de. **7.** Sinalizar a constituição de (sílabas), seja ao escrever, de acordo com as regras, ou ao falar, conforme à pronúncia. *tdi.* **8.** Separar (2). *p.* **9.** Desagregar-se, desunir-se. **10.** Dividir-se. **11.** Afastar-se. **12.** Deixar (um casal) de viver em comum. [C.: 1] § **se.pa.ra.ção** *sf.*; **se.pa.ra.do** *adj.*; **se.pa.rá.vel** *adj2g.*

se.pa.ra.ta [Lat. *separata.*] *sf.* Publicação à parte de artigo ou trabalho, ou parte deles, saído em jornal, ou revista, ou livro, usando-se a mesma composição tipográfica, os clichês ou os filmes us. anteriormente.

se.pa.ra.tis.mo [Lat. *separatus* + *-ismo.* ▣11] *sm.* Tendência de certa parte do território dum Estado para separar-se deste e constituir-se em Estado independente. § **se.pa.ra.tis.ta** *adj2g. s2g.*

sé.pi.a [Lat. *sepia.*] *sf.* **1.** *Zool.* Siba. **2.** Pigmento (2) marrom-avermelhado preparado com a siba ou sépia. **3.** A cor desse pigmento. **4.** Desenho em sépia (2).

sep.si.a [*Seps*(i)- + *-ia*¹. ▣8A] *sf. Med.* Presença no sangue, ou em órgão(s), de microrganismos patogênicos, ou de suas toxinas.

sep.ti.ce.mi.a [*Septic*(o)- + *-emia.*] *sf. Med.* Processo infeccioso generalizado em que germes são veiculados pelo sangue e nele se multiplicam. § **sep.ti.cê.mi.co** *adj.*

sép.ti.co [Gr. *septikós.* ▣35B] *adj.* **1.** Que provoca infecção. **2.** Que contém germes patogênicos.

sep.to [Lat. *septu.*] *sm. Anat.* Nome genérico de formação divisória de tecidos, cavidades ou órgãos.

sep.tu:a.ge.ná.ri:o [Lat. *septuagenariu.* ▣24] *adj. sm.* Que, ou quem está na casa dos 70 anos de idade.

se.pul.cral [Lat. *sepulcrale.* ▣39] *adj2g.* **1.** Relativo a sepulcro. **2.** V. *lúgubre* (3). [Pl.: *-crais.*]

se.pul.cro [Lat. *sepulcru.*] *sm.* V. *sepultura.*

se.pul.ta.men.to [*Sepultar.* ▣3] *sm.* **1.** Ato, processo ou efeito de sepultar(-se). **2.** V. *funeral* (2).

se.pul.tar [Lat. *sepultare.* ▣1A] *vtd.* **1.** Enterrar (2). **2.** Dar fim a. *p.* **3.** Isolar-se, recolher-se. [C.: 1]

se.pul.to [Lat. *sepultu.*] *adj.* Que se sepultou; enterrado.

se.pul.tu.ra [Lat. *sepultura.* ▣5] *sf.* Cova (1) onde se sepultam os cadáveres; túmulo, tumba, jazigo, campa, catacumba, cova, sepulcro.

se.quaz [Lat. *sequace.*] *s2g.* **1.** Quem segue ou acompanha outro assiduamente. **2.** Partidário, seguidor.

se.quên.ci:a (qüen) [Lat. *sequentia.* ▣10] *sf.* **1.** Ato ou efeito de seguir. **2.** Aquilo que vem em seguida; continuação de algo iniciado anteriormente. **3.** Conjunto de coisas, ações ou fatos que se sucedem sem interrupção, um após outro no espaço ou no tempo; sucessão, série. **4.** Em jogos carteados, série de cartas com valores consecutivos.

se.quen.ci.ar (qüen) [*Sequência.* ▣1A] *vtd.* **1.** Determinar a sequência de. **2.** *Bioquím.* Determinar a ordem de nucleotídeos no DNA ou no RNA, ou de aminoácidos, numa proteína. [C.: 1]

se.quer [*Se*² + v. *querer.*] *adv.* Ao menos; pelo menos.

se.ques.trar (qües) [Lat. *sequestrare.* ▣1A] *vtd.* **1.** Fazer sequestro de. **2.** Tomar com violência. **3.** Desviar da rota mediante violência. [C.: 1 (é)] § **se.ques.tra.dor** (qües...ô) *adj. sm.*

se.ques.tro (qües) [Lat. *sequestru.*] *sm.* **1.** *Jur.* Apreensão judicial de bem litigioso para assegurar-lhe a entrega, oportunamente, à pessoa a que se reconheça que ele deve tocar. **2.** *Jur.* O crime de reter ilegalmente alguém, sobretudo para receber resgate em troca de sua liberdade. **3.** *Med.* Fragmento de osso morto e que, devido a necrose, se separou da parte sã.

se.ques.tro-re.lâm.pa.go *sm. Bras.* Roubo em que a vítima, sob ameaça, é obrigada a sacar dinheiro ou a usar o cartão de crédito em favor do ladrão, sendo, depois disso, ger., libertada. [Pl.: *sequestros-relâmpago(s).*]

se.qui.dão [*Seco* + *-idão.*] *sf.* Secura (1 e 3). [Pl.: *-dões.*]

se.qui.lho [*Seco* + *-ilho.*] *sm. Cul.* Bolinho seco e farináceo, feito, ger., de polvilho.

se.qui.o.so (ô) [*Seco* + *-i-* + *-oso.* ▣37] *adj.* **1.** Falto de água; muito seco. **2.** Sedento. **3.** Cobiçoso, ávido. [Pl.: *-osos* (ó).]

sé.qui.to (qui ou qüi) [Lat. *sequitu.*] *sm.* Conjunto de pessoas que acompanham outra(s) por obrigação ou cortesia.

se.quoi.a (ói) [Tax. *Sequoia.*] *sf. Bot.* Grande conífera da América do Norte.

ser [Lat. *sedere*, 'sentar-se', fundido com formas de *esse.*] *v. pred.* **1.** Liga o predicativo ao sujeito, atribuindo, ger., ao sujeito o estado, a condição, a natureza, ou a(s) característica(s), ou a(s) qualidade(s) expressa(s) pelo(s) nome(s) (adj., subst.) que segue(m) o verbo: *Este homem é inocente*; *Ela fora muito bela.* **2.** Atribui ao sujeito a formação, ou a profissão, ou o cargo que ele exerça ou tenha: *Ela é médica*; *Ele é carteiro.* **3.** Combinado com um particípio, forma a voz passiva: *Suas preces foram atendidas.* **4.** Us. sem sujeito, indica tempo, ou determinado momento no tempo, ou estação: *Ainda é cedo*; *É verão*; *Era noite alta.* **5.** Ser muito parecido: *É a irmã, um pouco mais gorda.* **6.** Ficar, tornar-se. **7.** Consistir em. **8.** Querer dizer; significar. **9.**

Custar (1): *Quanto foi essa blusa?* tc. **10.** Ser natural de: *De onde você é? ti.* **11.** Pertencer. **12.** Ser próprio; convir. *int.* **13.** V. *existir* (1). [C.: 14] ● *sm.* **14.** O que existe. **15.** Todo ente vivo e animado. **16.** Indivíduo, pessoa. **17.** A natureza íntima de uma pessoa. ◆ **Isto é.** Us. para introduzir explicação ou desenvolvimento do que foi dito, ou uma enumeração. **2.** Us. para introduzir correção ao que foi dito. [Abrev. lat.: *i.e.* Sin.ger.: *ou seja.*] **Ou seja.** V. *isto é.*

se.ra.fim [Lat. *seraphim.*] *sm. Rel.* Anjo (1) da primeira hierarquia. [Pl.: *-fins.*]

se.rão [Lat. **seranu.*] *sm.* **1.** Trabalho, ger. noturno, após o expediente normal. **2.** Tempo que decorre do jantar até à hora de dormir. [Pl.: *-rões.*]

se.rei.a [Mit. lat. *Sirena.*] *sf.* **1.** Ser mitológico, metade mulher, metade peixe. **2.** *Fig.* Mulher sedutora.

se.re.le.pe [V.D] *sm. Bras.* **1.** *Zool.* V. *caxinguelê.* **2.** *RJ SP Fig.* Pessoa viva, irrequieta, esperta. ● *adj2g.* **3.** Vivo, esperto, irrequieto.

se.re.nar [Lat. *serenare.*◻1A] *vtd.* e *p.* Tornar(-se) sereno. [C.: 1]

se.re.na.ta [It. *serenata.*] *sf.* **1.** Música de conjunto instrumental, cantada, melodiosa e simples, executada ao ar livre e, ger., à noite; seresta. **2.** Composição nos moldes da serenata.

se.re.ni.da.de [Lat. *serenitate.*◻14] *sf.* Qualidade ou estado de sereno.

se.re.no [Esp. *sereno.*] *adj.* **1.** Tranquilo, sossegado. **2.** Que denota paz, tranquilidade de espírito. **3.** Limpo de nuvens; claro. ● *sm.* **4.** Tênue vapor atmosférico, noturno. **5.** *Bras.* O ar-livre, a rua, à noite.

se.res.ta *sf. Bras.* Serenata (1).

se.res.tei.ro [*Seresta.*◻25] *sm.* O que participa de serestas.

ser.gi.pa.no [◻29] *adj.* **1.** De SE. ● *sm.* **2.** O natural ou habitante desse estado.

se.ri.a.do [*Seriar.*◻17A] *adj.* **1.** Disposto em série. **2.** Que se faz, realiza ou exibe em série(s).

se.ri.al [*Série.*◻39] *adj2g.* **1.** Relativo a série. **2.** *Inform.* Relativo a transferência ou processamento sequenciais das unidades ou partes de um conjunto de informações. [Pl.: *-ais.*]

se.ri.ar [*Série.*◻1A] *vtd.* **1.** Dispor em série. **2.** Classificar, ordenar. [C.: 1] § **se.ri.a.ção** *sf.*

se.ri.ci.cul.tor (ô) [*Seric(i)-* + *cultor.*] *sm.* Aquele que se ocupa da sericicultura. [Var.: *sericultor.*]

se.ri.ci.cul.tu.ra [*Seric(i)-* + *cultura.*] *sf.* **1.** Criação do bicho-da-seda. **2.** Preparo e fabricação da seda. [Var.: *sericultura.*]

sé.ri:e [Lat. *serie.*] *sf.* **1.** Conjunto de fatos ou de coisas que se apresentam em ordem, ligados por uma relação, ou que têm analogia. **2.** Sequência ininterrupta; sucessão. **3.** Classe, categoria. **4.** Quantidade considerável. **5.** *Edit.* Coleção de obras independentes, de vários autores, publicadas sob título comum. **6.** *Mat.* Sequência, ger. infinita, de termos que se sucedem segundo determinada regra, e que vão sendo somados. **7.** *Mús.* Na técnica de composição dodecafônica, sucessão de 12 sons diferentes (escolhidos entre os 12 graus da escala cromática), dispostos numa ordem que determinará o seu desenvolvimento ulterior. **8.** *Bras.* Cada uma das divisões de um curso escolar (ger. correspondente a um ano letivo). **9.** *Telev.* Conjunto de filmes ou programas sobre um mesmo tema, ou com os mesmos personagens, transmitidos em episódios completos e mais ou menos independentes, sob o mesmo título geral. ◆ **Série harmônica.** *Mat.* Série cujo termo geral é da forma 1/*n*. **Fora de série.** Fora do comum; excepcional, especial.

se.ri.e.da.de [Lat. *serietate.*◻14A] *sf.* **1.** Qualidade de sério. **2.** Modo, gestos ou porte próprios de pessoa séria.

se.ri.e.ma [Do tupi.] *sf. Zool.* Ave gruiforme cariamídea.

se.ri.fa [Ingl. *serif.*] *sf. Tip.* Filete ou espessamento que arremata as hastes de um tipo. § **se.ri.fa.do** *adj.*

se.ri.gra.fi.a [Fr. *sérigraphie.*◻8A] *sf. Art. Gráf.* Processo de impressão que utiliza tela de seda, ou de outro material permeável, como fôrma. § **se.ri.grá.fi.co** *adj.*

se.ri.gue.la (güe) [V.C] *sf. Bot.* V. *ceriguela.*

se.rin.ga [Lat. *syringa.*] *sf.* **1.** Instrumento portátil (composto de tubo, ao qual se pode anexar a agulha, e de um êmbolo [1]), para aplicação de injeções ou para retirar líquidos do organismo. **2.** *Bras. Amaz.* O látex extraído de várias espécies do gên. *Hevea.*

se.rin.gal [*Seringa.*◻39] *sm. Bras.* **1.** Plantação de seringueiras. **2.** *Amaz.* Propriedade, ger. à margem de rios. [Pl.: *-gais.*]

se.rin.guei.ra [*Seringa.*◻16] *sf. Bot.* Árvore euforbiácea de fruto capsular, sementes ricas em óleo, e de cujo látex se fabrica a borracha.

se.rin.guei.ro [*Seringa.*◻25] *sm. Bras.* **1.** Indivíduo que se dedica à extração do látex da seringueira. **2.** Dono de seringal.

sé.ri:o [Lat. *seriu.*] *adj.* **1.** Que merece atenção, cuidado; importante. **2.** Que tem valor, mérito. **3.** Feito com cuidado. **4.** Verdadeiro, sincero. **5.** Circunspecto; severo. **6.** V. *austero* (2). **7.** V. *honrado* (1). **8.** Que não ri. ● *adv.* **9.** De verdade, na realidade; deveras. [Ger. us. de modo interjetivo.]

ser.mão [Lat. *sermone.*◻2] *sm.* **1.** Discurso religioso; prédica, pregação. **2.** Arrazoado longo e enfadonho. **3.** *Pop.* V. *repreensão.* [Pl.: *-mões.*]

se.rô.di:o [Lat. *serotinu.*] *adj.* Que vem tarde, fora do tempo.

se.ro.sa *sf. Anat.* Membrana serosa (q.v.).

se.ro.si.da.de [*Seroso.*◻14] *sf. Med.* **1.** Qualidade de seroso. **2.** Líquido seroso (2), segregado por certas membranas internas de cavidades do corpo.

se.ro.so (ô) [*Ser(o)-* + *-oso.*◻37] *adj.* **1.** Relativo a, ou que contém soro. **2.** Semelhante a soro, em seu aspecto ou constituição aquosa. **3.**

Que produz ou contém serosidade (2). [Pl.: -rosos (ó).]

ser.pe [Lat. *serpe*.] *sf. Poét.* Serpente.

ser.pe.ar [*Serpe*.◘1N] *v.int.* Arrastar-se pelo chão em zigue-zagues, como a serpente; serpentear. [C.: 12A]

ser.pen.tá.ri:o [*Serpente*.◘24] *sm.* Lugar onde se criam cobras, para estudo ou exibição.

ser.pen.te [Lat. *serpente*.] *sf. Zool.* 1. Espécime das serpentes, subordem de longos reptis de corpo cilíndrico, carnívoros, destituídos de membros, e de língua ger. bifurcada; ofídio. 2. Nome comum a cobras, esp. as venenosas.

ser.pen.te.ar [*Serpente*.◘1N] *v.int.* Serpear. [C.: 12A]

ser.pen.ti.for.me [*Serpente* + *-iforme*.] *adj2g.* Que tem forma de serpente.

ser.pen.ti.na *sf.* 1. Castiçal de 2s ou mais braços tortuosos. 2. Conduto metálico que dá numerosas dobras sobre si mesmo, e dentro do qual circula um fluido que opera trocas de calor com o meio ambiente. 3. Fita estreita de papel colorido, de muitos metros, us. no carnaval.

ser.pen.ti.no [Lat. *serpentinu*.◘30] *adj.* Relativo a, ou próprio de, ou em forma de serpente.

ser.ra [Lat. *serra*.] *sf.* 1. Instrumento cortante, que tem como peça principal uma lâmina dentada ou um disco dentado de aço. 2. Cadeia de montanhas com muitos picos e quebradas.

ser.ra.ção [*Serrar*.◘2A] *sf.* Ato ou efeito de serrar; serragem. [Pl.: -ções.]

ser.ra.gem [*Serrar*.◘6] *sf.* 1. Serração. 2. *Bras.* Pó fino, da madeira serrada. [Pl.: -*gens*.]

ser.ra.lha [Lat. *sarralia*.] *sf. Bot.* Hortaliça asterácea.

ser.ra.lha.ri.a ou **ser.ra.lhe.ri.a** [*Serralh(eiro)*.◘15(A)] *sf.* Arte ou oficina de serralheiro.

ser.ra.lhei.ro [Lat.vulg. *serraculu*.◘25] *sm.* Artífice que fabrica ou conserta objetos de ferro.

ser.ra.lho [Do persa.] *sm.* 1. Palácio de sultão. 2. *P.ext.* A parte do serralho (1) habitada pelas mulheres; harém.

ser.ra.ni.a [*Serrano*.◘8A] *sf.* Aglomeração de serras ou montanhas.

ser.ra.ní.de:o [Tax. *Serranidae*.] *adj. sm. Zool.* Diz-se de, ou espécime dos serranídeos, família de peixes osteíctes, ger. marinhos. Ex.: o badejo.

ser.ra.no [*Serra*.◘29] *adj.* Relativo a, ou que vive nas serras ou nelas tem origem.

ser.rar [Lat. *serrare*.◘1A] *vtd.* Cortar, dividir, com serra ou serrote. [C.: 1(é)] **§ ser.ra.do** *adj.*

ser.ra.ri.a [*Serrar*.◘8A] *sf.* Estabelecimento industrial onde se cortam madeiras.

ser.re.ar [*Serra*.◘1N] *vtd.* Dar forma de serra a; dentear. [C.: 12A]

ser.ri.lha [*Serra* + *-ilha*.] *sf.* Bordo dentado de qualquer objeto.

ser.ri.lhar [*Serrilha*.◘1A] *vtd.* Fazer serrilha em. [C.: 1]

ser.ro (ê) *sm.* Monte alto; espinhaço.

ser.ro.te [*Serra* + *-ote*¹.] *sm.* Lâmina dentada, de cabo.

ser.ta.ne.jo (ê) [*Sertão* (*-tan-*) + *-ejo*.] *adj.* 1. Do sertão, ou que o habita. 2. Rústico, simples. 3. V. *caipira* (2). ● *sm.* 4. V. *caipira* (1).

ser.ta.nis.ta [*Sertão* (*-tan-*).◘36] *s2g. Bras.* Grande conhecedor do sertão, e da vida, dos hábitos, dos sertanejos.

ser.tão [V.E] *sm.* 1. Região agreste, longe de povoação ou de terras povoadas. 2. *Bras.* Interior pouco povoado. 3. Zona fitogeográfica do N.E. do país em que domina o clima semiárido e a caatinga (1). [Pl.: -*tões*.]

ser.va [Lat. *serva*.] *sf.* Fem. de *servo*.

ser.ven.te [Lat. *serviente*.◘21A] *s2g.* 1. Quem ajuda outro em qualquer trabalho. ● *sm.* 2. Operário que auxilia o pedreiro.

ser.ven.ti.a [*Servente*.◘8A] *sf.* 1. Utilidade (1). 2. Uso, emprego.

ser.ven.tu.á.ri:o [*Servente*.◘24B] *sm.* 1. Aquele que serve num ofício. 2. Funcionário auxiliar da justiça (6).

ser.vi.çal [*Serviço*.◘39] *adj2g.* 1. Que gosta de prestar serviços; servidor. ● *s2g.* 2. Criado ou criada; servo. [Pl.: -*çais*.]

ser.vi.ço [Lat. *servitiu*, 'a escravidão', 'os escravos'.] *sm.* 1. Ato ou efeito de servir. 2. Exercício de cargos ou funções obrigatórios. 3. V. *trabalho* (3). 4. Obséquio, favor. 5. *Econ.* Atividade econômica de que não resulta produto tangível (p.ex.: transporte urbano; atividades de médicos, advogados, professores; administração pública), em contraste com a produção de mercadorias. 6. Coleção de pratos que servem para um jantar, etc.; aparelho. 7. Em certos jogos (tênis, pingue-pongue, etc.) o saque ou série de saques. 8. *Bras. Pop.* Feitiçaria encomendada. ◆ **Serviço social.** Serviço público ou privado de previdência ou assistência, destinado a proporcionar melhoria de condições sociais a seus beneficiários. **De serviço.** Diz-se de entrada de prédio, de elevador, etc., que serve para transporte de cargas e outras atividades de limpeza e manutenção. [Cf. *social* (3).]

ser.vi.dão [Lat. *servitudine*.] *sf.* 1. V. *escravidão* (1). 2. Sujeição, dependência. 3. *Jur.* Passagem, para uso do público, por terreno que é propriedade particular. [Pl.: -*dões*.]

ser.vi.dor (ô) [*Servir*.◘19A] *adj.* 1. Que serve. 2. Serviçal (1). ● *sm.* 3. Funcionário, empregado. 4. *Inform.* Computador que provê, para toda uma rede, dados e serviços, compartilhando seus recursos.

ser.vil [Lat. *servile*.] *adj2g.* 1. De, ou próprio de servo. 2. Que segue com rigor um modelo ou original. 3. *Fig.* Bajulador, subserviente. [Pl.: -*vis*.] **§ ser.vi.lis.mo** *sm.*

ser.vir [Lat. *servire*.◘1C] *v.int.* 1. Trabalhar como servo. 2. Exercer as funções de criado. 3. Pôr na mesa comida e/ou bebida. 4. Auxiliar, ajudar. 5. Prestar serviço militar. 6. Ser próprio, adequado ao talhe, ou gosto de alguém: *A blusa serviu muito bem. ti.* 7. Ser útil, conveniente ou

servo | sexagenário

vantajoso. **8.** Convir, interessar. **9.** Ter serventia (1 e 2). **10.** Servir (5). **11.** Prestar serviços. *td.* **12.** Servir (3 e 4). *tdi.* **13.** Servir (3). *p.* **14.** Utilizar (3 e 4). **15.** Tomar para si porção de comida ou bebida. [C.: 48] § **ser.vi.do** *adj.*

ser.vo (é) [Lat. *servu.*] *sm.* **1.** Na época feudal, aquele cujo serviço estava restrito à gleba e com ela se transferia, embora não fosse escravo. **2.** Cativo, escravo. **3.** Serviçal (2). [Fem.: *serva.*]

ses.ma.ri.a *sf.* Lote de terra que os reis de Portugal cediam para cultivo.

ses.mei.ro *sm.* Aquele a quem era concedida uma sesmaria.

ses.qui.cen.te.ná.ri.o [*Sesqui-* + *centenário.*] *sm. Bras.* Transcurso e comemoração do 150º aniversário.

ses.são [Lat. *sessione.*◘2] *sf.* **1.** Espaço de tempo que dura a reunião dum corpo deliberativo, etc. **2.** Espaço de tempo durante o qual funciona um congresso, etc. **3.** Cada uma das exibições de espetáculo, nos teatros, cinemas, circos. [Pl.: *-sões.* Cf. *cessão* e *seção.*]

ses.sen.ta [Lat. *sexaginta.*] *num.* **1.** Quantidade que é uma unidade maior que 59. **2.** Número (1) correspondente a essa quantidade. [Representa-se em algarismo arábico por 60, e em romanos, por LX.]

sés.sil [Lat. *sessile.*] *adj2g. Biol.* Diz-se de estrutura viva ligada diretamente a uma base, e sem pedúnculo ou haste. [Pl.: *-seis.*]

ses.ta [Lat. *sexta (hora).*] *sf.* Hora de descanso após o almoço.

ses.tro (é) [Lat. *sinistru.*] *sm.* V. *cacoete* (2).

ses.tro.so (ô) [*Sestro.*◘37] *adj.* Que tem sestro. [Pl.: *-trosos* (ó).]

se.ta [Lat. *sagitta.*] *sf.* **1.** Flecha (1). **2.** Sinal em forma de seta (1) indicativo de direção. ◆ **Seta indicadora.** V. *seta* (2).

se.te [Lat. *septem.*] *num.* **1.** Quantidade que é uma unidade maior que 6. **2.** Número (1) correspondente a essa quantidade. [Representa-se em algarismo arábico por 7, e em romanos, por VII.]

se.te.cen.tos *num.* **1.** Quantidade que é uma unidade maior que 699. **2.** Número (1) correspondente a essa quantidade. [Representa-se em algarismos arábicos por 700, e romanos, por DCC.]

se.tei.ra [*Seta.*◘16] *sf.* **1.** Abertura numa muralha, por onde se atiram setas contra os sitiantes. **2.** Frestas nas paredes dum edifício para iluminar o interior.

se.tem.bro [Lat. *Septembre.*] *sm.* O nono mês do ano, com 30 dias.

se.te.ná.ri.o [Lat. *septenariu.*◘24] *adj.* **1.** Que vale ou contém 7. ● *sm.* **2.** Espaço de 7 dias ou 7 anos.

se.tê.ni.o [Lat. *septenniu.*] *sm.* Período de 7 anos.

se.ten.ta [Lat.vulg. **setaginta.*] *num.* **1.** Quantidade que é uma unidade maior que 69. **2.** Número (1) correspondente a essa quantidade. [Representa-se em algarismos arábicos por 70, e em romanos, por LXX.]

se.ten.tri.ão [Lat. *septentrione.*] *sm.* **1.** O polo norte. **2.** As regiões do Norte. [Pl.: *-ões.*]

se.ten.tri:o.nal [Lat. *septentrionale.*◘39] *adj2g.* Situado ao Norte, ou próprio dele; boreal. [Pl.: *-nais.*]

se.ti.for.me [*Set(i)-*¹ + *-forme.*] *adj2g.* Que tem o aspecto de seda.

se.ti.lha [*Set(i)-*² + *-ilha.*] *sf.* Estrofe (rara) de 7 versos.

se.ti.lhão ou **se.ti.li.ão** *num.* Mil sextilhões; 10 elevado à 24ª potência. [Pl.: *setilhões* ou *setiliões.*]

sé.ti.mo [Lat. *septimu.*] *num.* **1.** Ordinal correspondente a 7. **2.** Fracionário correspondente a 7.

se.tin.gen.té.si.mo [Lat. *septingentesimu.*] *num.* **1.** Ordinal correspondente a 700. **2.** Fracionário correspondente a 700.

se.tis.sí.la.bo [*Set(i)-*² + *-sílabo.*] *adj.* **1.** Que tem 7 sílabas. ● *sm.* **2.** Verso de 7 sílabas. [Sin.ger.: *heptassílabo.*]

se.tor (ô) [Lat. *sectore.*◘19] *sm.* **1.** Subdivisão duma zona, seção, etc. **2.** Esfera ou ramo de atividade; quadrante, terreno.

se.to.ri.zar [*Setor.*◘1D] *vtd.* Dividir em setores. [C.: 1F]

se.tu.a.ge.ná.ri.o [Lat. *septuagenariu.*] *adj.* Que está na casa dos 70 anos de idade.

se.tu.a.gé.si.mo (zi) [Lat. *septuagenariu.*◘24] *num.* **1.** Ordinal correspondente a 70. **2.** Fracionário correspondente a 70.

se.tu.pli.car [Lat. **septuplice* + *-ar*².◘1A] *vtd., int.* e *p.* Multiplicar(-se) por 7. [C.: 1A]

sé.tu.plo [Lat. *septuplu.*] *num.* **1.** Sete vezes maior que outro. ● *sm.* **2.** Quantidade 7 vezes maior que outra.

seu¹ [De *senhor.*] *sm.* Forma de tratamento, da linguagem popular: **a)** us. antes de nome próprio ou designativo de profissão, para demonstrar respeito ou deferência; **b)** us. antes de nome (ger. adj. substv.), com valor relativo, ora de desprezo, ora de simpatia, ora de crítica, ora de admiração, etc.

seu² [Lat. *seu.*] *pron.* Pertencente à(s), ou próprio da(s), ou sentido pela(s) pessoa(s) de quem se fala; dele(s), dela(s).

seus *el. sm. pl.* Us. na loc. *os seus.* ◆ **Os seus.** A sua família; os seus amigos íntimos, ou grupo social restrito.

seu-vi.zi.nho [*Seu*² + *vizinho.*] *sm. Fam.* O dedo anular. [Pl.: *seus-vizinhos.*]

se.ve.ro [Lat. *severu.*] *adj.* **1.** V. *rigoroso* (1). **2.** Rígido de caráter. **3.** V. *sério* (5). **4.** Inflexível, implacável. § **se.ve.ri.da.de** *sf.*

se.vi.ci.ar [*Sevícia.*◘1A] *vtd.* Praticar sevícias em. [C.: 1]

se.ví.ci:as *sfpl.* Maus tratos; crueldade.

se.xa.ge.ná.ri.o (cs) [Lat. *sexagenariu.*◘24] *adj. sm.* Que, ou quem está na casa dos 60 anos de idade.

sexagésimo | → sic

se.xa.gé.si.mo (cs...zi) [Lat. *sexagesimu.*] *num.* **1.** Ordinal correspondente a 60. **2.** Fracionário correspondente a 60.

se.xan.gu.lar (cs) *adj2g.* Que tem 6 ângulos.

sex.cen.té.si.mo (cs...zi) [Lat. *sexcentesimu.*] **1.** Ordinal correspondente a 600. **2.** Fracionário correspondente a 600.

se.xê.ni:o (cs) [Lat. *sexenniu.*] *sm.* Período de 6 anos.

se.xis.mo (cs) [*Sexo*.▫11] *sm.* Atitude discriminatória em relação ao sexo oposto. § **se.xis.ta** *adj2g. s2g.*

se.xo [Lat. *sexu.*] *sm.* **1.** O conjunto das características que distinguem os seres vivos, com relação à sua função reprodutora. **2.** Qualquer das 2 categorias, macho ou fêmea, na qual eles se classificam. **3.** O conjunto dos que são do mesmo sexo. **4.** Instinto (1) sexual e suas manifestações; sensualidade. **5.** *Pext.* Conjunção carnal entre 2 indivíduos. **6.** Os órgãos genitais externos. ♦ **Fazer (ou ter) sexo.** Ter relação sexual com alguém.

se.xo.lo.gi.a (cs) [*Sexo* + *-logia.*] *sf.* Ciência que estuda os problemas concernentes à sexualidade.

→ sex shop (sécsi chópi) [Ingl.] *sm.* Loja, ou seção desta, em que se vendem artigos eróticos.

sex.ta (ês) *sf.* V. *sexta-feira.*

sex.ta-fei.ra [F. de *sexto* + *feira.*] *sf.* O sexto dia da semana começada no domingo. [F.red.: *sexta.* Pl.: *sextas-feiras.*]

sex.tan.te (ês) [Lat. *sextante.*▫21] *sm.* Instrumento astronômico que mede a altura dum astro acima do horizonte.

sex.ta.var (ês) *vtd.* **1.** Talhar em forma sexangular. **2.** Dar 6 faces a. [C.: 1A]

sex.te.to (ês...ê) [It. *sestetto.*] *sm.* **1.** Composição musical para 6 vozes ou instrumentos. **2.** Conjunto de músicos que executam essa composição.

sex.ti.lha (ês...tí) [*Sext(i)-* + *-ilha.*] *sf.* Estrofe de 6 versos.

sex.ti.lhão ou **sex.ti.li.ão** (ês) *num.* Mil quintilhões; 10 elevado a 21ª potência. [Pl.: *sextilhões* ou *sextiliões.*]

→ sexting (sécstin) [Ingl.] *sm.* Envio ou troca de mensagens, e tb. fotos e vídeos, de conteúdo erótico, por meio de celulares.

sex.to (ês) [Lat. *sextu.*] *num.* **1.** Ordinal correspondente a 6. **2.** Fracionário correspondente a 6.

sex.tu.pli.car (ês) [Lat. *sextuplice* + *-ar²*.▫1A] *vtd., int. e p.* Multiplicar(-se) por 6. [C.: 1A]

sêx.tu.plo (ês) [Lat. *sextuplu.*] *num.* **1.** Que é 6 vezes maior que outro. ● *sm.* **2.** Quantidade 6 vezes maior que outra.

se.xu.a.do (cs) [*Sexo*.▫17Ba] *adj.* Que tem sexo ou que se processa sexualmente.

se.xu.al (cs) [*Sexual.*▫39A] *adj2g.* **1.** Relativo a sexo. **2.** Referente à cópula (2). **3.** Que possui sexo, ou que o caracteriza. [Pl.: *-ais.*]

se.xu:a.li.da.de (cs) [*Sexual.*▫14] *sf.* **1.** Condição de sexual. **2.** Sensualidade; sexo.

se.xu:a.lis.mo (cs) [*Sexual.*▫11] *sm.* **1.** Estado ou condição do que tem sexo. **2.** A vida sexual.

se.xu:al.men.te (cs) [*Sexual.*▫42] *adv.* **1.** Por meio de relação sexual: *doença sexualmente transmissível.* **2.** Em termos sexuais.

→ sexy (sécsi) [Ingl.] *adj2g2n.* **1.** Que desperta ou causa desejo sexual: *uma garota sexy.* **2.** Que possibilita a percepção de natureza sexual: *jeito sexy.*

se.zão [V.C] *sf. Med.* **1.** Febre intermitente ou periódica. **2.** V. *malária.* [Pl.: *-zões.*]

■ **Sg** *Quím.* Símb. de *seabórgio.*

sha.kes.pe:a.ri.a.no (cheiquispi) [▫29A] *adj.* Relativo ao, ou próprio do dramaturgo William Shakespeare (M.), ou à sua obra.

→ shiitake (chitáqui) [Jap.] *sm.* Cogumelo amarronzado, com 4 a 10cm de diâmetro, muito us. na culinária japonesa.

→ shopping center (chópin cênter) [Ingl.] *sm.* Reunião de lojas comerciais, restaurantes, cinemas, etc., em um só conjunto arquitetônico.

→ short (chórti) [Ingl.] *sm.* Calça curta, unissex, para esporte.

→ shorts (chórtis) [Ingl.] *smpl.* V. *short.*

→ show (chóu) [Ingl.] *sm.* Espetáculo de teatro, rádio, televisão, etc., ger. de grande montagem, e que pode, também, ser realizado ao ar livre.

show.mí.ci:o (chóu) *sm.* Comício em que há tb. números musicais.

→ shoyu (chóiú) [Jap.] *sm. Cul.* Molho feito com soja, trigo, água e sal.

si¹ [Lat. *S(ancte) I(ohannes)*; v. *ut.*] *sm. Mús.* **1.** O sétimo grau da escala diatônica de dó. **2.** Sinal da nota si na pauta.

si² [Lat. *sibi.*] *pron.* F. que tomam os pron. *ele(s), ela(s),* quando antecedidos de preposição (menos *com*), e que se refere ao sujeito da oração.

■ **Si** *Quím.* Símb. de *silício.*

■ **SI** Sigla de *sistema internacional de unidades* (q.v.).

si.á *sf. Bras.* Alter. de *sinhá.*

si:a.mês [Top. *Sião* (siam-).▫38A] *adj.* **1.** Do, pertencente ou relativo ao Sião (atual Tailândia). **2.** Diz-se duma raça de gatos oriunda dessa região. [Flex.: *siameses* (ê), *siamesa(s)* (ê).]

si.ba [Gr. *sepía*, pelo lat. *sepia*, com metafonia do *e* e absorção da semiconsoante.] *sf. Zool.* Molusco cefalópode provido de bolsa de tinta, a sépia, com a qual escurece a água para afugentar os inimigos; sépia.

si.ba.ri.ta [Lat. *Sybarita.*] *adj2g. s2g.* Que, ou quem é dado à vida de prazeres. § **si.ba.ri.tis.mo** *sm.*

si.be.ri.a.no [Top. *Sibéria.*▫29] *adj.* **1.** Da Sibéria (Rússia). ● *sm.* **2.** O natural ou habitante da Sibéria.

si.bi.la (bí) [Lat. *sibylla.*] *sf.* **1.** Entre os antigos, profetisa. **2.** *Fam.* Feiticeira.

si.bi.lar [Lat. *sibilare.*▫1A] *v.int.* Produzir som agudo ou prolongado, soprando; silvar, assobiar. [C.: 1] § **si.bi.la.ção** *sf.*; **si.bi.lan.te** *adj2g.*

si.bi.li.no [Lat. *sibyllinu.*▫30] *adj.* **1.** Relativo à sibila. **2.** *Fig.* Difícil de compreender.

→ sic (síqui) [Lat., 'assim'.] *adv.* Forma us. numa citação, entre parênteses ou colchetes, para

si.cá.ri:o [Lat. *sicariu*.▣24] *sm.* Assassino assalariado.

si.cô.mo.ro [Lat. *sycomoru*.] *sm. Bot.* Grande árvore acerácea, ornamental.

si.cra.no *sm.* O segundo ou terceiro de 3 indivíduos indeterminados: *Falou com fulano, sicrano e beltrano*.

■ **sida** [Sigla da *síndrome de imunodeficiência adquirida*.] V. *aids*.

si.de.ral [Lat. *siderale*.▣39] *adj2g.* Relativo aos, ou próprio dos astros. [Pl.: *-rais.*]

si.de.rur.gi.a [Gr. *siderourgía*.▣8A] *sf.* Metalurgia do ferro e do aço. § **si.de.rúr.gi.ca** *sf.*; **si.de.rúr.gi.co** *adj.*

si.dra [Esp. *sidra*.] *sf.* Bebida feita do suco fermentado da maçã.

sie.vert [V.C.I.] *sm.* Unidade do S.I. us. para expressar danos biológicos causados por diferentes tipos de radiação ionizante, e igual a 100 rem.

si.fão [Lat. *siphone*.] *sm.* 1. Tubo recurvo, em forma de S, de ramos desiguais, para transfundir líquidos sem inclinar os vasos que os contêm. 2. Garrafa onde se introduz água gasosa sob pressão e com dispositivo que a faz jorrar. 3. Tubo de curvatura dupla, que se adapta a latrinas, etc., para impedir a exalação do mau cheiro. [Pl.: *-fões.*]

si.fi.lis [Lat.cient. *syphilis*.] *sf2n. Med.* Doença infecciosa e contagiosa, transmitida sobretudo por contato sexual. § **si.fi.lí.ti.co** *adj. sm.*

si.fo.náp.te.ro [Tax. *Siphonaptera*.] *adj. sm. Zool.* Diz-se de, ou espécime dos sifonápteros, ordem de insetos ápteros, parasitos, de corpo lateralmente comprimido. Ex.: bicho-de-pé, pulga.

si.gi.lo [Lat. *sigillu*.] *sm.* 1. Obrigação de guardar um segredo. 2. Segredo (1 e 2).

si.gi.lo.so (ô) [*Sigilo*.▣37] *adj.* Em que há sigilo. [Pl.: *-losos* (ó).]

si.gla [Lat. *sigla*.] *sf.* Reunião das letras iniciais dos vocábulos fundamentais duma denominação ou dum título (ex.: INSS = Instituto Nacional de Seguro Social).

sig.ma [Do gr.] *sm.* A 18ª letra do alfabeto grego (Σ, σ, ς).

sig.na.tá.ri:o [Lat. *signatus* + *-ário*.▣24] *sm.* Quem assina um documento.

sig.ni.fi.ca.ção [Lat. *significatione*.▣2A] *sf.* 1. O que as coisas querem dizer ou representam. 2. O sentido da palavra; significado. [Pl.: *-ções*.]

sig.ni.fi.ca.do [Lat. *significatu*.▣17] *sm.* Significação (2).

sig.ni.fi.car [Lat. *significare*.▣1A] *vtd.* 1. Ter o sentido de; querer dizer; exprimir. 2. Ser sinal de; denotar. 3. Traduzir-se por. [C.: 1A]

sig.ni.fi.ca.ti.vo [Lat. *significativu*.▣22A] *adj.* 1. Que significa. 2. Que expressa com clareza. 3. Que contém revelação interessante.

sig.no [Lat. *signu*.] *sm.* 1. Sinal. 2. Símbolo. 3. Cada uma das 12 divisões do Zodíaco, nomeadas a partir das constelações que, antigamente, eram tidas como nelas situadas: *Áries, Touro, Gêmeos, Câncer, Leão, Virgem, Libra, Escorpião, Sagitário, Capricórnio, Aquário, Peixes*.

sí.la.ba [Lat. *syllaba*.] *sf. E.Ling.* Vogal ou reunião de fonemas que se pronunciam numa só emissão de voz.

si.la.ba.da [*Sílaba*.▣4] *sf.* Erro de pronúncia, esp. o que consiste em deslocar o acento tônico da palavra.

si.la.bar [*Sílaba*.▣1A] *vtd. e int.* Ler ou pronunciar por sílabas. [C.: 1] § **si.la.ba.ção** *sf.*

si.lá.bi.co [Gr. *syllabikós*.▣35B] *adj.* Em sílabas, ou relativo a elas.

si.len.ci.ar [*Silêncio*.▣1A] *vtd.* 1. Guardar silêncio. 2. Impor silêncio a. *ti. e int.* 3. Silenciar (1). [C.: 1]

si.lên.ci:o [Lat. *silentiu*.] *sm.* 1. Estado de quem se cala. 2. Interrupção de correspondência epistolar. 3. Ausência de ruído. 4. Sossego, calma. 5. Sigilo, segredo. ● *interj.* 6. Para mandar calar ou impor sossego.

si.len.ci.o.so (ô) [Lat. *silentiosu*.▣37] *adj.* 1. Que está em silêncio. 2. Que não faz barulho. [Pl.: *-osos* (ó).]

si.len.te [Lat. *silente*.▣21] *adj2g. Poét.* Silencioso.

sí.lex (cs) [Lat. *silex*.] *sm2n. Geol.* Rocha sedimentar muito dura formada principalmente de calcedônia e quartzo, e que foi muito usada para confecção de ferramentas e armas na Idade da Pedra.

si.lhu.e.ta (ê) [Fr. *silhouette*.] *sf.* Desenho do perfil de uma pessoa ou objeto, segundo os contornos que sua sombra projeta.

sí.li.ca [Lat.cient. *silica*.] *sf. Quím.* Composto químico, cristalino, abundantíssimo na crosta terrestre.

si.li.ca.to [*Sílica* + *-ato*².] *sm. Quím.* Grupo de minerais formados por sílica com um ou mais óxidos metálicos e água, e que são fração importante das rochas da crosta terrestre.

si.lí.ci:o [*Silic(i)-* + *-io*².▣34B] *sm. Quím.* Elemento de número atômico 14, não metálico, cinzento, leve, duro, muito abundante na crosta terrestre, empregado na confecção de dispositivos eletrônicos [símb.: *Si*].

si.li.co.na.do [*Siliconar*, 'pôr silicone em'.▣17A] *adj.* A que se pôs silicone, esp. por meio de cirurgia plástica: *seios siliconados*.

si.li.co.ne [Ingl. *silicone*.] *sm. Quím.* Polímero que contém silício, quimicamente inerte, us. na indústria e em cirurgia plástica.

si.lo [Esp. *silo*.] *sm.* Construção impermeável para conservar cereais ou forragem verde.

si.lo.gis.mo [Lat. *syllogismu*.▣11] *sm. Lóg.* Dedução formal em que, postas 2 proposições, as *premissas*, delas se tira uma terceira, a *conclusão*.

si.lu.ri.a.no [*Siluros*, 'ant. tribo britânica'.▣29A] *adj. sm.* Relativo a, ou período da era paleozoica (c.438 milhões a c.408 milhões de anos) em que a vegetação terrestre começou a disseminar-se e surgiram os insetos.

silva | simulação

sil.va [Lat. *silva*.] *sf. Bot.* Planta rosácea, medicinal; sarça.

sil.var [Lat. *sibilare*.⬛1A] *v.int.* V. *sibilar*. [C.: 1]

sil.ves.tre [Lat. *silvestre*.] *adj2g.* **1.** V. *selvagem* (1). **2.** Que vegeta e se reproduz sem cultura; selvagem.

sil.ví.co.la [Lat. *silvicola*.] *adj2g. s2g.* Que, ou quem nasce e vive nas selvas; selvagem, selvícola.

sil.vi.cul.tor (ô) [*Silvi-* + *cultor*.] *sm.* O que pratica a silvicultura.

sil.vi.cul.tu.ra [*Silvi-* + *cultura*.] *sf.* Estudo e exploração das florestas.

sil.ví.í.de:o [Tax. *Sylviidae*.] *adj. sm. Zool.* Diz-se de, ou espécime dos silvíídeos, família de pequenas aves passeriformes de cauda longa, insetívoras. Ex.: toutinegras.

sil.vo [Dev. de *silvar*.] *sm.* **1.** Som agudo, prolongado, produzido pela passagem do ar comprimido entre membranas que vibram; apito. **2.** Assobio de serpente.

sim [Lat. *sic*, 'assim'.] *adv.* **1.** Exprime afirmação, acordo ou permissão. ● *sm.* **2.** Ato de consentir. [Pl. do sm.: *sins*.]

si.ma.ru.bá.ce:a [Tax. *Simaroubaceae*.] *sf. Bot.* Espécime das simarubáceas, família de árvores e arbustos tropicais que contêm substâncias de uso medicinal. § **si.ma.ru.bá.ce:o** *adj.*

sim.bi.on.te [Gr. *symbíon, ontos*.] *adj2g. s2g. Ecol.* Diz-se do, ou organismo que toma parte numa simbiose.

sim.bi.o.se [Gr. *symbíosis*.] *sf.* **1.** *Ecol.* Associação de 2 plantas, ou de uma planta e um animal, na qual ambos os organismos recebem benefícios. **2.** *P.ext.* Associação de 2 seres vivos que vivem em comum.

sim.bi.ó.ti.co [Gr. *symbiotikós*.⬛35B] *adj.* Em que há simbiose, ou que vive em simbiose.

sim.bó.li.co [Lat. *symbolicu*.⬛35B] *adj.* Referente a, ou que tem caráter de símbolo.

sim.bo.lis.mo [*Símbolo*.⬛11] *sm.* **1.** Expressão por meio de símbolos. **2.** *Art.Plást. Liter.* Corrente do fim do séc. XIX que, pelo uso de símbolos, reflete uma visão subjetiva do mundo e interpreta a realidade de forma idealizada. § **sim.bo.lis.ta** *adj2g. s2g.*

sim.bo.li.zar [*Símbolo*.⬛1D] *vtd.* **1.** Exprimir ou representar por símbolo. **2.** Ser símbolo de. [C.: 1]

sím.bo.lo [Lat. *symbolu*.] *sm.* **1.** O que representa ou substitui outra coisa. **2.** O que evoca, representa ou substitui algo abstrato ou ausente. **3.** Insígnia (1). **4.** Letra(s) que representa(m) um elemento químico, grandezas físicas, etc.

sim.bran.quí.de:o [Tax. *Synbranchidae*.] *adj. sm. Zool.* Diz-se de, ou espécime dos simbranquídeos, pequena família de peixes anguiliformes, de águas doces e salobras da América do Sul, Ásia e África. Ex.: muçum.

si.me.tri.a [Gr. *symmetría*.⬛8A] *sf.* Correspondência, em grandeza, forma e posição relativa, de partes sitas em lados opostos de uma linha ou plano médio.

si.mé.tri.co [*Simetria*.⬛35B] *adj.* Em que há simetria.

si.mi.es.co (ê) [*Símio*.⬛33A] *adj.* Do símio, próprio dele ou semelhante a ele.

si.mi.i.for.me [Tax. *Simiiformes*.] *adj2g. sm. Zool.* Diz-se de, ou espécime dos simiiformes, subordem de animais que abrange os macacos e o homem.

sí.mil [Lat. *simile*.] *adj2g. Poét.* Semelhante. [Pl.: *símeis*. Superl.: *simílimo*.]

si.mi.lar [*Símil*.⬛40] *adj2g.* Que tem a mesma natureza.

sí.mi.le [Lat. *simile*.] *sm.* **1.** Semelhança (1). **2.** Comparação de coisas semelhantes. ● *adj2g.* **3.** Análogo, semelhante.

si.mi.li.tu.de [Lat. *similitudine*.] *sf.* V. *semelhança*.

sí.mi:o [Lat. *simiu*.] *sm. Zool.* Macaco (1).

si.mo.ni.a [Lat.med. *simonia*.⬛8A] *sf.* Tráfico de coisas sagradas ou espirituais.

sim.pa.ti.a [Lat. *sympathia*.⬛8A] *sf.* **1.** Tendência que reúne 2 ou mais pessoas; inclinação. **2.** Atração que uma coisa ou ideia exerce sobre alguém. **3.** Pessoa muito simpática. **4.** *Bras. Pop.* Ritual para prevenir ou curar enfermidade ou mal-estar.

sim.pá.ti.co [*Simpatia*.⬛35B] *adj.* **1.** Que inspira simpatia, ou dela provém. **2.** Agradável, aprazível.

sim.pa.ti.zan.te [*Simpatizar*.⬛21] *adj2g. s2g.* Que, ou quem simpatiza com alguém ou com algo.

sim.pa.ti.zar [*Simpatia*.⬛1D] *vti.* Ter simpatia. [C.: 1]

sim.ples [Lat. *simplice*.] *adj2g2n.* **1.** Que não é duplo ou desdobrado em partes. **2.** Não constituído de partes ou substâncias diferentes. **3.** Sem ornatos; singelo. **4.** Sem complexidade ou dificuldade; singelo. **5.** Sem luxo ou aparato; singelo. **6.** Mero. **7.** Único, só. **8.** V. *simplório*. ● *s2g2n.* **9.** Pessoa simples; simplório.

sim.ples.men.te [*Simples*.⬛42] *adv.* De maneira simples; com simplicidade.

sim.pli.ci.da.de [Lat. *simplicitate*.⬛14] *sf.* **1.** Qualidade do que é simples. **2.** Forma simples e natural de viver, ou de dizer, ou de escrever, etc.

sim.pli.fi.car [*Simpl(es)*.⬛1A] *vtd.* **1.** Tornar simples, fácil ou claro. **2.** *Arit.* Reduzir (fração) a termos menores ou mais precisos. [C.: 1A] § **sim.pli.fi.ca.ção** *sf.*

sim.plis.mo [*Simpl(es)*.⬛11] *sm.* Uso de meios ou processos demasiado simples. § **sim.plis.ta** *adj2g. s2g.*

sim.pló.ri:o [*Simpl(es)*.⬛23] *adj.* **1.** Sem malícia; ingênuo, simples. ● *sm.* **2.** Indivíduo simplório.

sim.pó.si:o [Lat. *symposiu*.⬛34B] *sm.* Reunião de cientistas, escritores, etc., para discutir determinado(s) tema(s).

si.mu.la.ção [Lat. *simulatione*.⬛2A] *sf.* **1.** Ato ou efeito de simular. **2.** Disfarce, fingimento, simulacro. **3.** Representação simplificada de fenômenos ou processos mais complexos, para experiência ou treinamento. [Pl.: *-ções*.]

simulacro | sindicalismo

si.mu.la.cro (lá) [Lat. *simulacru*.] *sm.* **1.** Cópia ou representação imperfeita, grosseira. **2.** V. *simulação* (2).

si.mu.la.do [Lat. *simulatu*.◼17A] *adj.* **1.** Em que há simulação (2 e 3). **2.** Que age com simulação (2) ou dissimulação; dissimulado. ● *sm.* **3.** Indivíduo simulado (2).

si.mu.lar [Lat. *simulare*.◼1A] *vtd.* **1.** Fingir (o que não é). **2.** Aparentar (1). **3.** Reproduzir ou imitar certos aspectos de (situação ou processo), de modo mais ou menos aproximado e controlado. [C.: 1] § **si.mu.la.dor** (ó) *adj. sm.*

si.mu.li.í.de:o [Tax. *Simuliidae*.] *adj. sm. Zool.* Diz-se de, ou espécime dos simulíídeos, família de pequenos dípteros de patas curtas e sistema bucal alongado; as fêmeas de certas espécies são hematófagas.

si.mul.tâ.ne:o [Lat.med. *simultaneu*.] *adj.* Que ocorre ou é feito ao mesmo tempo que outra coisa. § **si.mul.ta.nei.da.de** *sf.*

si.na [Lat. *signa*.] *sf.* Sorte, destino.

si.na.go.ga [Lat. *synagoga*.] *sf.* Templo israelita.

si.nais *smpl.* Feições do corpo humano.

si.nal [B.-lat.vulg. *signale*.◼39] *sm.* **1.** O que serve de advertência, ou possibilita conhecer ou prever algo. **2.** Expediente convencionado para se transmitirem à distância ordens, notícias, etc. **3.** Signo convencionado que serve para transmitir informação. **4.** Símbolo, ou dizeres, de orientação, advertência, etc., us. em vias públicas, aeroportos, etc. **5.** Aceno, gesto. **6.** V. *indício*. **7.** Pequena mancha da pele; pinta. **8.** Dinheiro que o comprador dá ao vendedor como garantia. **9.** Firma de tabelião ou de signatário. **10.** Manifestação, prova. **11.** Símbolo de uma operação matemática. **12.** *Eletr.* Impulso elétrico introduzido em um circuito ou fornecido por um circuito. **13.** *Med.* Manifestação objetiva de doença. [Cf., nesta acepç., *sintoma*.] **14.** *Telecom.* Impulso, como, p.ex., ondas luminosas, radioelétricas, etc., cuja variação permite transmitir informações. **15.** V. *sinaleira*. [Pl.: *-nais*.]
♦ **Sinal diacrítico**. *E.Ling.* Sinal que se apõe a uma letra (para dar-lhe novo valor, como cedilha, til, acentos), ou, nos alfabetos fonéticos, a um símbolo. **Sinal de pontuação**. *E.Ling.* Cada um dos sinais que compõem um sistema de pontuação. [No port., *vírgula*, *ponto e vírgula*, *dois-pontos* e *ponto* indicam graus de vinculação entre elementos do texto. O *ponto de interrogação* assinala o fim de uma pergunta; o *ponto de exclamação*, o fim de uma exclamação. As *reticências* assinalam a suspensão da sentença; os *parênteses* indicam que o fluxo da sentença foi cortado para intercalar-se um comentário; os *colchetes* servem, basicamente, para evitar que parênteses fiquem dentro de parênteses. O *travessão* assinala, ger., a mudança de locutor.] **Por sinal**. A propósito.

si.nal da cruz *sm.* O gesto da liturgia cristã de benzer(-se), pronunciando "Em nome do Pai, do Filho e do Espírito Santo". [Pl.: *sinais da cruz*.]

si.na.lei.ra [*Sinal*.◼16] *sf. Bras.* Aparelho instalado em ruas ou cruzamentos para dar sinais luminosos reguladores do trânsito; semáforo, sinal, farol.

si.na.lei.ro [*Sinal*.◼25] *sm.* Indivíduo incumbido de dar sinais a bordo, nas estações ferroviárias, etc.

si.na.li.za.ção [*Sinalizar*.◼2A] *sf.* **1.** Ato ou efeito de sinalizar. **2.** Sistema de sinais [v. *sinal* (3 e 4)]. [Pl. *-ções*.]

si.na.li.zar [*Sinal*.◼1D] *v.int.* **1.** Exercer as funções de sinaleiro. *td.* **2.** Marcar com sinais. **3.** Pôr sinalização (2) em. [C.: 1]

si.na.pis.mo [Lat. *sinapismu*.◼11] *sm. Med.* Cataplasma à base de mostarda, e que tem ação revulsiva.

sin.ce.ro [Lat. *sinceru*.] *adj.* **1.** Que se expressa sem intenção de enganar. **2.** Verdadeiro, autêntico. § **sin.ce.ri.da.de** *sf.*

sin.co.par [*Síncope*.◼1A] *vtd.* **1.** *E.Ling.* Suprimir letra ou sílaba de. **2.** Mudar o ritmo de. [C.: 1 (ó)] § **sin.co.pa.do** *adj.*

sín.co.pe [Lat. *syncope*.] *sf.* **1.** *Med.* Perda temporária da consciência, devida a má irrigação sanguínea cerebral. **2.** *E.Ling.* Supressão de fonema(s) no interior da palavra. [Ex.: *maior* > *mor*.]

sin.cre.tis.mo [Fr. *syncrétisme*.◼11] *sm.* **1.** Fusão de elementos culturais diferentes, ou até antagônicos, em um só elemento, continuando perceptíveis alguns traços originários. **2.** Reunião artificial de ideias ou de teses de origens disparatadas.

sin.cro.ni.a [*Síncrono*, 'sincrônico'.◼8A] *sf.* Harmonia entre coisas ou movimentos que ocorrem ao mesmo tempo.

sin.crô.ni.co [*Síncrono*.◼35B] *adj.* Que ocorre ao mesmo tempo.

sin.cro.nis.mo [Gr. *synchronismós*.◼11] *sm.* **1.** Relação entre fatos sincrônicos. **2.** Fato sincrônico.

sin.cro.ni.zar [*Síncrono*.◼1D] *vtd.* **1.** Narrar sincronicamente. **2.** Agir com sincronismo. **3.** Combinar (ações ou exercícios) para o mesmo tempo. [C.: 1] § **sin.cro.ni.za.ção** *sf.*

sin.dé.ti.co [Gr. *syndetikós*.◼35B] *adj. E.Ling.* Diz-se da oração que se liga a outra por conjunção coordenativa. [Ex.: Trabalhou muito, mas *continuou pobre*.]

sín.de.to [Gr. *sýndeton*.] *sm. E.Ling.* Ocorrência de conjunção aditiva entre os termos de uma construção coordenada. [Ex.: *Ele estuda e trabalha*.]

sin.di.cal [*Síndico*.◼39] *adj2g.* Relativo ou pertencente a sindicato. [Pl.: *-cais*.]

sin.di.ca.lis.mo [*Sindical*.◼11] *sm.* **1.** Movimento que prega a sindicalização dos profissionais para a defesa dos interesses comuns. **2.** O conjunto dos sindicatos.

sindicalista | sintonia

sin.di.ca.lis.ta [*Sindicalismo*.◘36] *s2g*. **1.** Partidário do sindicalismo. **2.** Dirigente ou líder sindical.

sin.di.ca.li.zar [*Sindical*.◘1D] *vtd. e p.* Reunir(-se) em sindicato. [C.: 1] § **sin.di.ca.li.za.ção** *sf*.

sin.di.cân.ci.a [*Sindicar*.◘9] *sf*. **1.** Inquérito (2). **2.** *Bras*. A função do síndico.

sin.di.car [*Síndico*.◘1A] *vtd*. **1.** Fazer sindicância (1) em. **2.** Informar-se a respeito de (algo), por ordem superior. [C.: 1A]

sin.di.ca.to [*Síndico*.◘18] *sm*. Associação de pessoas de uma mesma categoria profissional.

sín.di.co [Lat. *syndicu*.◘35B] *sm*. **1.** Indivíduo escolhido para defender os interesses duma associação, classe, etc. **2.** O administrador, ger. eleito ou escolhido, do condomínio (3) de um prédio, conjunto residencial, etc.

sín.dro.me [Gr. *syndromé*.] *sf. Med*. Estado mórbido caracterizado por um conjunto de sinais e sintomas, e que pode ser produzido por mais de uma causa. ◆ **Síndrome de Down.** *Med*. A que se caracteriza por alterações de conformação e/ou tamanho do crânio, nariz, falanges, etc., e por moderado a intenso retardo mental; mongolismo.

si.ne.cu.ra [Lat. *sine cura*.] *sf*. Emprego ou função que não obriga ou quase não obriga a trabalho.

si.né.dri:o [Gr. *synédrion*.] *sm*. Entre os antigos judeus, tribunal que julgava questões criminais ou administrativas.

si.nei.ro [*Sino*.◘25] *sm*. Quem tem por função tocar sinos.

si.ne.ta (ê) [*Sino* + *-eta* (ê).] *sf*. Sino pequeno.

si.ne.te (ê) [Fr. *signet*.] *sm*. **1.** Utensílio gravado em alto ou baixo-relevo, us. para imprimir no lacre, etc., monograma, brasão, etc. **2.** A gravação de tal marca; selo.

sin.fo.ni.a [Gr. *symphonía*.◘8A] *sf. Mús*. Realização orquestral da sonata, com muitos executantes para cada instrumento e diversidade de timbres.

sin.fô.ni.co [*Sinfonia*.◘35B] *adj*. **1.** Relativo a sinfonia. **2.** Executado por orquestra (concerto).

sin.ge.lo [Lat.vulg. **singellu*.] *adj*. Simples (3 a 5). § **sin.ge.le.za** (ê) *sf*.

sing.na.ti.de:o [Tax. *Syngnathidae*.] *adj. sm. Zool*. Diz-se de, ou espécime dos signatídeos, família de peixes osteíctes, ger. marinhos, de corpo revestido por anéis ou placas ósseas. Ex.: cavalo-marinho.

sin.grar [Fr.ant. *singler*.◘1A] *vtd*. Percorrer navegando. [C.: 1]

sin.gu.lar [Lat. *singulare*.◘1A] *adj2g*. **1.** Pertencente ou relativo a um. **2.** Especial, raro. **3.** V. *extravagante* (2). **4.** *E.Ling*. Diz-se do número que indica uma só coisa ou pessoa. ● *sm*. **5.** *E.Ling*. O número singular dos nomes e dos verbos. § **sin.gu.la.ri.da.de** *sf*.

sin.gu.la.ri.zar [*Singular*.◘1D] *vtd*. **1.** Tornar singular, particular ou específico. *p*. **2.** Distinguir-se, salientar-se. [C.: 1]

si.nhô [*Senhor*.] *sm. Bras. Pop*. Tratamento que os escravos davam ao senhor. [Fem.: *sinhá*.]

si.nhô-mo.ço *sm. Bras. Pop*. Segundo os escravos, o filho do sinhô; sinhozinho. [Pl.: *sinhôs-moços*. Fem.: *sinhá-moça*.]

si.nho.zi.nho (nhô) [*Sinhô*.◘32B] *sm. Bras. Pop*. Sinhô-moço. [Fem.: *sinhazinha* (nhà).]

si.nis.tra [Lat. *sinistra*.] *sf*. A mão esquerda.

si.nis.tro [Lat. *sinistru*.] *adj*. **1.** Esquerdo (1). **2.** De mau agouro. **3.** Que infunde receio. **4.** Mau, maligno. ● *sm*. **5.** Desastre, ruína. **6.** Ocorrência de prejuízo ou dano (incêndio, etc.) em algum bem segurado.

si.no [Lat. *signu*.] *sm*. Instrumento ger. de bronze, em forma de cone invertido, que é percutido na superfície interna por um badalo ou na externa por um martelo.

si.nó.di.co [Lat. *synodicu*.◘35B] *adj. Astr*. Relativo ao período entre 2 conjunções sucessivas de um mesmo astro.

sí.no.do [Lat. *synodu*.] *sm*. Assembleia regular de párocos convocada pelo bispo local.

si.no.ní.mi:a [Lat. *synonymia*.◘8B] *sf*. **1.** Qualidade de sinônimo. **2.** Relação entre palavras sinônimas.

si.nô.ni.mo [Lat. *synonymon*.] *adj. sm*. Diz-se de, ou palavra que tem a mesma ou quase a mesma significação que outra.

si.nop.se [Lat. *synopse*.] *sf*. V. *resumo* (2).

si.nóp.ti.co [Gr. *synoptikós*.◘35B] *adj*. **1.** Relativo a sinopse. **2.** Em forma de sinopse.

sin.tá.ti.co [Gr. *syntaktikós*.◘35B] *adj*. Relativo à sintaxe, ou que está de acordo com suas regras.

sin.ta.xe (ss) [Lat. *syntaxe*.] *sf*. Parte da gramática que estuda a disposição das palavras na frase e das frases no discurso.

sin.te.co [M.reg.] *sm*. Verniz transparente us. no revestimento de assoalhos.

sín.te.se [Lat. *synthese*.] *sf*. **1.** Operação mental que procede do simples para o complexo. **2.** V. *resumo* (2). **3.** *Cir*. Sutura (1). **4.** *Quím*. Preparação de composto a partir das substâncias elementares que o constituem, ou de substâncias compostas mais simples.

sin.té.ti.co [Gr. *synthetikós*.◘35B] *adj*. **1.** Em que há síntese; resumido. **2.** Elaborado ou produzido por síntese.

sin.te.ti.za.dor (ô) [*Sintetizar*.◘19A] *sm. Mús*. Instrumento eletrônico acionado por teclado, capaz de produzir diferentes sons, ruídos, timbres, e de imitar outros instrumentos.

sin.te.ti.zar [Gr. *synthetós* + *-izar*.◘1D] *vtd*. **1.** Fazer a síntese de. **2.** Resumir (3). [C.: 1]

sin.to.ma [Lat. *symptoma*.] *sm. Med*. Manifestação subjetiva de doença. [Cf. *sinal* (13).]

sin.to.má.ti.co [Gr. *symptomatikós*.◘35B] *adj*. Relativo a sintoma, ou que o constitui.

sin.to.ma.to.lo.gi.a [*Sintomat(o)-* + *-logia*.] *sf*. Estudo dos sintomas que indicam doenças.

sin.to.ni.a [*Sintonia*.◘8A] *sf*. **1.** *Eletr*. Condição de um circuito cuja frequência (4) é igual à de outro. **2.** Dispositivo que permite ajuste da an-

sintonizar | sistema

tena de aparelho de rádio, de televisor, etc. para recepção ótima das transmissões de uma emissora. **3.** *Fig.* Acordo mútuo; harmonia.

sin.to.ni.zar [*Sintonia*.◘1D] *vtd.* **1.** Ajustar (um aparelho de rádio) ao comprimento da onda transmitida pela emissora. *ti.* **2.** Harmonizar-se, entrosar-se. [C.: 1] § **sin.to.ni.za.ção** *sf.*

si.nu.ca [Ingl. *snooker*.] *sf. Bras.* **1.** Variedade de bilhar jogado normalmente com 8 bolas e em mesa com 6 caçapas. **2.** *Gír.* Situação embaraçosa.

si.nu.o.so (ô) [Lat. *sinuosu*.◘37] *adj.* **1.** Que apresenta curvas irregulares, em sentidos diferentes; flexuoso, ondulante. **2.** *Fig.* Astucioso, manhoso. [Pl.: -*osos* (ó).] § **si.nu.o.si.da.de** *sf.*

si.nu.si.te [*Sinu*(s)- + -*ite*¹.] *sf. Med.* Inflamação de seio (5) facial.

si.o.nis.mo [Top. *Sion* (Jerusalém) + -*ismo*.◘11] *sm.* Movimento nacionalista judaico iniciado no séc. XIX, com vista ao restabelecimento, na Palestina, dum Estado judaico, e que se fez vitorioso em 1948.

si.re.ne ou **si.re.na** [Fr. *sirène*, do mit. lat.] *sf.* Instrumento que produz sons mais ou menos estridentes, us. para dar avisos.

si.ri [Do tupi.] *sm. Bras. Zool.* Nome comum a crustáceos decápodes portunídeos; algumas espécies são us. na alimentação.

si.rí.a.co [Lat. *syriacu*] *sm. E.Ling.* Dialeto do aramaico.

si.ri.gai.ta [V.D] *sf. Fam.* Mulher desinibida e namoradeira.

si.ro.co (ô) [Fr. *sirocco*.] *sm.* Vento quente do sueste, no Mediterrâneo.

si.sal [Hisp.-amer. *sisal*.] *sm. Bot.* Agave. [Pl.: -*sais*.]

sís.mi.co [*Sismo*.◘35B] *adj.* Relativo a, ou produzido por sismos.

sis.mo [Gr. *seismós*.] *sm.* Movimento do interior da Terra; terremoto, tremor de terra.

sis.mó.gra.fo [*Sismo* + -*grafo*.] *sm.* Instrumento que registra os sismos.

si.so [Lat. *sensu*.] *sm.* **1.** V. *juízo* (3). **2.** O último dos molares.

sis.te.ma [Lat. *systema*.] *sm.* **1.** Conjunto de elementos, entre os quais haja alguma relação. **2.** Disposição das partes ou dos elementos de um todo, coordenados entre si, e que formam estrutura organizada. **3.** Reunião de elementos naturais da mesma espécie. **4.** Método, plano. **5.** Modo, jeito. **6.** Modo de governo, de administração, de organização social. **7.** *Biol.* Conjunto de órgãos interligados, que funcionam com um propósito comum, e que produzem resultados impossíveis de se obterem por um só deles isoladamente. **8.** *Fís.* Parte limitada do Universo, sujeita à observação imediata ou mediata, e que, ger., pode caracterizar-se por um conjunto finito de variáveis associadas a grandezas físicas que a identificam univocamente. **9.** *Inform.* Conjunto de programas destinados a realizar uma função. **10.** *Inform.* Conjunto formado por um ou mais computadores, seus periféricos e os programas utilizados. ◆ **Sistema cardiovascular.** *Anat.* Conjunto formado pelo coração e pelos vasos sanguíneos e capilares. [Denom. ant.: *sistema circulatório*.] **Sistema circulatório.** *Anat.* V. *sistema cardiovascular*. **Sistema decimal.** Sistema de numeração (q.v.) comumente us., cuja base é 10: nele, os algarismos, segundo a posição que ocupam, representam unidades, dezenas (conjuntos de 10 unidades), centenas (conjuntos de 10 dezenas), milhares (conjuntos de 10 centenas), etc. **Sistema de numeração.** Método para representar números com emprego de um conjunto limitado de algarismos, e esp. aquele em que a cada posição dos algarismos, na escrita, corresponde uma potência de determinado número fixo (a base [10] do sistema). **Sistema digestivo.** *Anat.* V. *sistema digestório*. **Sistema digestório.** *Anat.* Conjunto de órgãos que participam da digestão, distribuídos no tubo digestório e órgãos anexos (glândulas salivares, pâncreas, fígado, etc.). [Denom. ant.: *sistema digestivo*.] **Sistema esquelético.** *Anat.* O conjunto dos ossos e cartilagens do corpo. [Denom. ant.: *sistema ósseo*.] **Sistema excretor.** *Anat.* V. *sistema urinário*. **Sistema genital.** *Anat.* Conjunto dos órgãos (masculinos: pênis, saco escrotal, testículos, ductos condutores de espermatozoides e glândulas acessórias, e femininos: vulva, vagina, útero, tuba uterina, ovários) responsáveis pela reprodução ou que dela participam. [Denom. ant.: *sistema reprodutor*.] **Sistema internacional de unidades.** Sistema de unidades de medida baseado em 7 unidades fundamentais: o metro, o quilograma, o segundo, o kelvin, o mol e a candela [sigla: *SI*]. **Sistema métrico decimal.** Sistema de unidades de medida baseado no metro, e que usa múltiplos e submúltiplos decimais. **Sistema muscular.** *Anat.* O conjunto dos músculos do corpo. **Sistema nervoso.** *Anat.* Conjunto de órgãos que incluem uma parte central, composta de encéfalo e de medula espinhal, e uma parte periférica, que compreende os nervos, os gânglios e demais elementos nervosos. **Sistema nervoso central.** *Anat.* V. *sistema nervoso*. **Sistema nervoso periférico.** *Anat.* V. *sistema nervoso*. **Sistema operacional.** *Inform.* Conjunto de programas básicos que gere o uso dos recursos de um computador pelos programas aplicativos. **Sistema ósseo.** *Anat.* V. *sistema esquelético*. **Sistema reprodutor.** *Anat.* V. *sistema genital*. **Sistema respiratório.** *Anat.* Conjunto dos órgãos responsáveis pela respiração: nariz, faringe, laringe, traqueia, brônquios e pulmões. **Sistema solar.** *Astr.* O Sol e os planetas, asteroides, satélites, cometas, meteoritos e poeira cósmica que gravitam em redor dele. **Sistema urinário.** *Anat.* Conjunto dos órgãos responsáveis pela produção e eliminação da urina: rins, ureteres, bexiga e uretra. [Denom. ant.: *sistema excretor*.]

sis.te.má.ti.ca *sf.* 1. Sistematização. 2. *Biol.* O estudo dos sistemas e princípios de classificação e nomenclatura.

sis.te.má.ti.co [Lat. *systematicu*.▣35B] *adj.* 1. Relativo a, ou que segue um sistema. 2. Ordenado, metódico. 3. Relativo à sistemática (1).

sis.te.ma.ti.zar [*Sistemat(o)-* + *-izar*.▣1D] *vtd.* 1. Reduzir (vários elementos) a um sistema. 2. Tornar sistemático. [C.: 1] § **sis.te.ma.ti.za.ção** *sf.*

sís.to.le [Lat. *systole*.] *sf. Med.* Movimento de contração do coração, que tem por efeito impelir o sangue para as artérias. [Opõe-se a *diástole*.]

si.su.do [Lat. **sensutu*.] *adj.* 1. Que tem siso. 2. V. *austero* (2). § **si.su.dez** (ê) *sf.*

→ **site** (sáiti) [Ingl.] *sm. Inform.* Conjunto de documentos inter-relacionados, dispostos na Web em um endereço específico de acesso.

si.ti.an.te[1] [*Sitiar*.▣21] *adj2g. s2g.* Que, ou quem sitia.

si.ti.an.te[2] [**Sitiar* (de *sítio*[1]).▣21] *s2g.* Proprietário ou morador de sítio[1] (3).

si.ti.ar [V.D] *vtd.* Cercar, assediar. [C.: 1]

sí.tio[1] [V.C] *sm.* 1. Lugar que um objeto ocupa. 2. Lugar, local. 3. Estabelecimento agrícola de pequena lavoura. 4. Chácara. 5. *Inform. Site* na Internet.

sí.tio[2] [Dev. de *sitiar*.] *sm.* Ato ou efeito de sitiar; cerco.

si.to [Lat. *situ*.] *adj.* Situado.

si.tu.a.ção [*Situar*.▣2A] *sf.* 1. Ato ou efeito de situar(-se). 2. Localização, posição. 3. Estado em que alguém ou algo se acha. 4. Lance, conjuntura. 5. O conjunto das forças de caráter político ou social que se encontram no poder. [Pl.: *-ções*.]

si.tu.a.ci.o.nis.mo [*Situação* (*-cion-*).▣11] *sm.* Partido político dos que se encontram no poder. § **si.tu.a.ci.o.nis.ta** *adj2g. s2g.*

si.tu.ar [B.-lat. *situare*.▣1Aa] *vtdi.* 1. Colocar, estabelecer, pôr. 2. Determinar ou assinalar (lugar a). *tdc.* 3. Edificar. *p.* 4. Estar ou ficar situado. 5. Ter opinião formada sobre algo. [C.: 1] § **si.tu.a.do** *adj.*

si.zí.gi.a [Lat. *syzygia*.▣8B] *sf. Astr.* Conjunção ou oposição de astros, esp. da Lua com o Sol. [Cf. *maré de sizígia*.]

→ **skate** (iskêiti) [Ingl.] *sm.* V. *esqueite*.

→ **skinhead** (isquinrédi) [Ingl.] *s2g.* Indivíduo, ger. jovem, de cabelos raspados, pertencente a um grupo de ideologia, por vezes, xenófoba, homofóbica e racista.

→ **slide** (isláidi) [Ingl.] *sm.* Diapositivo emoldurado.

→ **slogan** (islôgan) [Ingl.] *sm.* Palavra ou frase us. com frequência, e ger. associada a propaganda.

■ **Sm** *Quím.* Símb. de *samário*.

→ **smartphone** (ismartifôni) [Ingl.] *sm. Inform.* Telefone celular com recursos avançados, que permite, p.ex, o acesso à Internet sem fio.

→ **smoking** (ismóquim) [Ingl.] *sm.* Traje masculino, preto, de cerimônia, com paletó de lapelas de cetim.

■ **Sn** *Quím.* Símb. de *estanho*.

■ **S.O.** Abrev. de *sudoeste*.

só [Lat. *solu*.] *adj2g.* 1. Desacompanhado, solitário. 2. Único (1). ● *adj.* 3. Aquele que vive sem companhia. ● *adv.* 4. Apenas, somente.

so:a.brir [*So-* + *abrir*.] *vtd., int. e p.* V. *entreabrir(-se)*. [C.: 3. Part.: *soaberto*.]

so:a.lhar *vtd.* Assoalhar[1]. [C.: 1]

so:a.lhei.ra *sf.* A luz e o calor mais intensos do Sol.

so.a.lho [Lat. **solaculu*.] *sm.* Pavimento de madeira, cimento, ladrilhos, etc.; assoalho.

so.an.te [Lat. *sonante*.▣21] *adj2g.* Sonante.

so.ar [Lat. *sonare*.▣1A] *v.int.* 1. Emitir ou produzir som. 2. Fazer-se ouvir. 3. Repercutir, ecoar. *td.* 4. Emitir, produzir (som). 5. Dar, bater (horas). *pred.* 6. Ter características de; parecer. [C.: 1D. Norm. é unipess.]

sob [Lat. *sub*.] *prep.* 1. Debaixo de. 2. Ao abrigo de. 3. Debaixo de autoridade de. 4. No tempo de.

so.ba [Do quimb.] *sm.* Chefe de tribo africana.

so.be.jar [*Sobejo*.▣1A] *vti. e int.* Sobrar (1 e 4). [C.: 1 (B)]

so.be.jo (ê) [Esp. *sobejo*.] *adj.* 1. Que sobeja. ● *sm.* 2. V. *restos* (3). ◆ **De sobejo.** V. *de sobra*.

so.be.ra.na [F. de *soberano*.] *sf.* Mulher que exerce o poder soberano sobre um Estado, ou que, entre outras, ocupa o primeiro lugar.

so.be.ra.ni.a [*Soberano*.▣8A] *sf.* 1. Poder ou autoridade suprema. 2. Propriedade que tem um Estado de ser uma ordem suprema que não deve sua validade a nenhuma outra ordem superior.

so.be.ra.no [Lat.vulg. *superanu*.▣29] *adj.* 1. Que detém poder ou autoridade suprema, sem restrição. 2. *Fig.* Dominador, poderoso. 3. *Fig.* Arrogante, altivo. ● *sm.* 4. Chefe de estado monárquico. 5. Aquele que exerce o poder soberano. 6. *Fig.* Aquele que influi poderosamente.

so.ber.ba (ê) *sf.* Orgulho excessivo; arrogância.

so.ber.bi.a [*Soberbo*.▣8A] *sf.* 1. Qualidade de soberbo. 2. Soberba exagerada.

so.ber.bo (ê) [Lat. *superbu*.] *adj.* 1. Que está mais elevado que outro. 2. Orgulhoso ao extremo, arrogante, sobranceiro. 3. Magnífico, esplêndido.

sob.por [*Sob-* + *pôr*.] *vtdi.* 1. Pôr debaixo; soto-pôr. 2. Menosprezar, desdenhar. [C.: 34]

so.bra [Dev. de *sobrar*.] *sf.* 1. Ato ou efeito de sobrar; excesso. 2. V. *restos* (3). ◆ **De sobra.** Demasiadamente, demasiado.

so.bra.çar [*So-* + *braço* + *-ar*[2].▣1A] *vtd.* 1. Pôr debaixo do braço, mantendo seguro ou preso. 2. Apoiar, amparar. [C.: 1B]

so.bra.do [Lat. *superatu*.▣17] *sm.* 1. Andar de um edifício, acima do térreo. 2. *Bras.* Casa de 2 ou mais andares.

sobranceiro | sobrevivente

so.bran.cei.ro [Port.arc. *sobrança*.◼25] *adj.* 1. Que está superior, acima de; que domina. 2. Que vê ou olha do alto. 3. V. *soberbo* (2). § **so.bran.ça.ri.a** *sf.*; **so.bran.ce.ri.a** *sf.*

so.bran.ce.lha (ê) [Lat. *supercilium*.] *sf. Anat.* V. *sobrancelhas*.

so.bran.ce.lhas (ê) *sfpl. Anat.* Pelos dispostos em semicírculo na pele da margem superior de cada órbita; sobrolho, supercílio. [Tb. us. no sing.]

so.brar [Lat. *superare*.◼1A] *vti.* 1. Ser demasiado; sobejar. 2. Ficar, restar. *int.* 3. Ser esquecido, relegado. 4. Sobrar (1 e 2). [C.: 1 (ó)]

so.bras *sfpl.* V. *restos* (3).

so.bre (ô) *prep.* 1. Na parte superior de; em cima, por cima, ou acima de. 2. Em posição superior e distante. 3. Pela superfície de; ao longo de. 4. Do lado ou para o lado de. 5. Em seguida; após. 6. Acerca de, a respeito de, em relação a.

so.bre:a.vi.so *sm.* Precaução, cautela.

so.bre.ca.pa [*Sobr(e)-* + *capa*¹.] *sf.* Cobertura móvel de papel, impressa, que protege a capa de um livro.

so.bre.car.ga [*Sobr(e)-* + *carga*.] *sf.* Carga excessiva.

so.bre.car.re.gar *vtd.* 1. Carregar (1) em demasia. 2. Aumentar encargos a. *p.* 3. Tomar encargos excessivos. [C.: 1C (é)]

so.bre.car.ta [*Sobr(e)-* + *carta*.] *sf.* Envelope.

so.bre.ca.sa.ca *sf.* Casaco masculino fora de uso, que atingia a altura dos joelhos.

so.bre.ce.nho [Esp. *sobreceño*, pos.] *sm.* Superfície da pele do rosto onde se acham as sobrancelhas.

so.bre.céu (ô) [*Sobr(e)-* + *céu*.] *sm.* V. *dossel*.

so.bre.co.mum [*Sobr(e)-* + *comum*.] *adj2g. E.Ling.* Diz-se de substantivo que é sempre do mesmo gênero, quer se refira a pessoas do sexo feminino, quer do masculino, como, p.ex., os substantivos *carrasco*, *cônjuge*, *testemunha*, *criança*, *criatura*, etc. [Quando se quer discriminar o sexo, diz-se, p.ex.: *uma criança do sexo feminino*, *a testemunha era um homem idoso*, *o carrasco era uma mulher*.] [Pl.: *-muns*.]

so.bre.co.ser [*Sobr(e)-* + *coser*.] *vtd.* Fazer sobrecostura em. [C.: 2 (ô-ó)]

so.bre.cos.tu.ra [*Sobr(e)-* + .] *sf.* Costura sobre 2 peças já cosidas uma à outra.

so.bre.co.xa (ô) [*Sobr(e)-* + *coxa*.] *sf. Bras. Pop.* Nome que se dá à verdadeira coxa das aves.

so.bre.cu [*Sobr(e)-* + *cu*.] *sm. Pop.* V. *uropígio*.

so.bre.di.to *adj.* V. *supracitado*.

so.bre.hu.ma.no [*Sobr(e)-* + *humano*.] *adj.* Superior às forças humanas ou à natureza do homem; sobrenatural. [Pl.: *sobre-humanos*.]

so.brei.ro [Lat. **suberarius*.◼25] *sm. Bot.* Árvore fagácea que fornece cortiça.

so.bre.ja.cen.te [*Sobr(e)-* + *jacente*.] *adj2g.* Que está ou jaz por cima.

so.bre.le.var [*Sobr(e)-* + *elevar*.] *vtd.* 1. Sobrepujar (1). 2. Tornar mais alto; elevar. 3. Levantar do chão. 4. Suportar. *p.* 5. V. *sobressair* (4). [C.: 1 (é)]

so.bre.lo.ja [*Sobr(e)-* + *loja*.] *sf.* Pavimento entre o rés do chão e o primeiro andar.

so.bre.ma.nei.ra *adv.* Em excesso.

so.bre.me.sa (ê) [*Sobr(e)-* + *mesa*.] *sf.* Fruta, doce, etc., que se come ao fim de uma refeição.

so.bre.na.dar [*Sobr(e)-* + *nadar*.] *v.int.* Boiar, flutuar. [C.: 1]

so.bre.na.tu.ral *adj2g.* 1. Não atribuído à natureza. 2. Relacionado com fenômenos extraterrenos. 3. Sobre-humano. • *sm.* 4. O que é sobrenatural (2). [Pl.: *-rais*.]

so.bre.no.me [*Sobr(e)-* + *nome*.] *sm.* Nome, ger. de família, que vem após o do batismo, ou prenome; nome.

so.bre.pe.liz [Lat. **superpellicia*.] *sf.* Veste sacerdotal, branca, us. sobre a batina.

so.bre.por [*Sobr(e)-* + *pôr*.] *vtdi.* 1. Pôr em cima ou por cima. 2. Considerar com preferência. *p.* 3. Pôr-se ou colocar-se sobre, acima (*lit.* ou *fig.*). [Sin.ger.: *superpor*. C.: 54]

so.bre.pos.to (ô) [Part. de *sobrepor*.] *adj.* Posto sobre; superposto. [Pl.: *-postos* (ó).]

so.bre.pu.jar [*Sobr(e)-* + *pujar*.] *vtd.* 1. Exceder em altura; sobrelevar. 2. Exceder em valor, importância, número, etc. • *int.* e *ti.* 3. Vencer, ou levar vantagem. 4. Sobressair, destacar-se. [C.: 1]

so.bres.cri.to [*Sobr(e)-* + *escrito*.] *sm.* O que se escreve no envelope, para remessa; endereço.

so.bres.sa.ir [*Sobr(e)-* + *sair*.] *v.int.* 1. Ser ou estar saliente; realçar, predominar. 2. Dar na vista; atrair a atenção. *ti.* 3. Sobrelevar, avultar. 4. Ser ou tornar-se visível ou audível; distinguir-se, sobrelevar-se. *p.* 5. Distinguir-se, salientar-se. [C.: 38]

so.bres.sa.len.te [Esp. *sobresaliente*.] *adj2g. sm.* Diz-se de, ou peça ou acessório de reserva, para substituir o que se gasta ou avaria pelo uso.

so.bres.sal.tar [*Sobr(e)-* + *saltar*, 'assustar' (ant.). ◼1A] *vtd.* e *p.* Assustar(-se); inquietar(-se). [C.: 1]

so.bres.sal.to [Dev. de *sobressaltar*.] *sm.* 1. Ato ou efeito de sobressaltar(-se). 2. Movimento brusco, gerado por emoção repentina e violenta.

so.bres.tar ou **so.bre-es.tar** [Lat. *superstare*. ◼1A] *v.int.* 1. Não prosseguir, parar, deter-se. *td.* 2. Suspender, sustar. [C.: 11]

so.bres.ti.mar ou **so.bre-es.ti.mar** [*Sobr(e)-* + *estimar*.] *vtd.* Superestimar. [C.: 1]

so.bre.ta.xa [*Sobr(e)-* + *taxa*.] *sf.* Taxa suplementar ou adicional.

so.bre.ten.são *sf. Eng.Elétr.* Elevação súbita da tensão (4) numa instalação elétrica. [Pl.: *-sões*.]

so.bre.tu.do [*Sobr(e)-* + *tudo*.] *sm.* 1. Casaco grande us. sobre a roupa, como proteção contra o frio e a chuva. • *adv.* 2. Principalmente.

so.bre.vin.do [Part. de *sobrevir*.] *adj.* Que sobreveio.

so.bre.vir [*Sobr(e)-* + *vir*.] *v.int.* 1. Vir ou ocorrer em seguida ou depois. 2. Acontecer de maneira inesperada. *ti.* 3. Sobrevir (1). [C.: 36]

so.bre.vi.ven.te [*Sobreviver*.◼21] *adj2g. s2g.* Que, ou quem sobrevive; supérstite.

so.bre.vi.ver [Lat. *supervivere*.▫1B] *v.int.* **1.** Continuar a viver, a existir, após outras pessoas ou coisas, ou após certo acontecimento. **2.** *Fig.* Viver de modo precário. *ti.* **3.** Sobreviver (1). **4.** Escapar, resistir; superar. [C.: 2] § **so.bre.vi.vên.ci.a** *sf.*

so.bre.vo.ar [*Sobr(e)-* + *voar.*] *vtd.* Voar por cima de. [C.: 1D]

so.bri.nho [Lat. *sobrinu*, 'primo'.▫32] *sm.* Filho de irmão ou irmã, ou de cunhado ou cunhada.

só.bri:o [Lat. *sobriu*.▫34B] *adj.* **1.** Moderado no comer e/ou beber. **2.** Que não está alcoolizado. **3.** V. *austero* (2). § **so.bri:e.da.de** *sf.*

so.bri.lho (ô) [*Sobr(e)-* + *olho.*] *sm.* V. *sobrancelhas*.

so.ca [Do tupi.] *sf.* **1.** *Pop.* Rizoma. **2.** *Bras.* A segunda produção da cana, depois de cortada a primeira.

so.ca.do [*Socar*.▫17A] *adj.* **1.** Que levou socos. **2.** Amassado, pisado. **3.** Gordo e baixo; atarracado.

so.ca.pa [*So-* + *capa¹*.] *sf.* **1.** Disfarce, fantasia. **2.** Manha, astúcia. ◆ **À socapa.** V. *à sorrelfa*.

so.car [*Soco* (ô).▫1A] *vtd.* **1.** Dar socos em; soquear. **2.** Calcar com soquete no pilão; moer. *tdc.* **3.** Meter de modo descuidado e excessivo. *p.* **4.** Esmurrar-se mutuamente. **5.** *Bras. Fig.* Esconder-se, ocultar-se. [C.: 1A (ó)]

so.ca.vão *sm. Bras. BA S. CO.* **1.** Grande cova. **2.** Esconderijo. [Pl.: *-vãos, -vões.*]

so.ca.var [*So-* + *cavar.*] *vtd. e int.* Escavar por baixo. [C.: 1]

so.ci.a.bi.li.zar [*Sociável* (*-bil-*).▫1D] *vtd. e p.* Tornar(-se) sociável. [C.: 1] § **so.ci.a.bi.li.za.ção** *sf.*

so.ci.al [Lat. *sociale*.▫39] *adj2g.* **1.** Da sociedade, ou relativo a ela. **2.** Sociável (2). **3.** *Bras.* Nas moradas, diz-se do via de acesso que leva à porta da frente, à entrada. [Pl.: *-ais.*]

so.ci:a.lis.mo [Fr. *socialisme*.▫11] *sm.* Conjunto de doutrinas que se propõem promover o bem comum pela transformação da sociedade e das relações entre as classes sociais, mediante a alteração do regime de propriedade. § **so.ci:a.lis.ta** *adj2g. s2g.*

→ **socialite** (souchialáiti) [Ingl.] *sf.* Mulher, ger. da classe alta, de vida social muito ativa.

so.ci.a.li.za.ção [*Socializar*.▫2A] *sf.* **1.** Ato de socializar. **2.** Extensão de vantagens particulares, por meio de leis e decretos, à sociedade inteira. [Pl.: *-ções.*]

so.ci:a.li.zar [*Social*.▫1D] *vtd.* **1.** Tornar social ou socialista. **2.** Pôr sob regime de associação. *p.* **3.** Tornar-se sociável. [C.: 1] § **so.ci:a.li.zá.vel** *adj2g.*

so.ci.á.vel [Lat. *sociabile*.▫41] *adj2g.* **1.** Que se pode associar. **2.** Que gosta da vida social; social. [Pl.: *-veis.*] § **so.ci:a.bi.li.da.de** *sf.*

so.ci:e.co.nô.mi.co *adj.* V. *socioeconômico*.

so.ci:e.da.de [Lat. *societate*.▫14A] *sf.* **1.** Agrupamento de seres que vivem em estado gregário. **2.** Grupo de indivíduos que vivem por vontade própria sob normas comuns; comunidade. **3.** Grupo de pessoas que, submetidas a um regulamento, exercem atividades comuns ou defendem interesses comuns; grêmio, associação, agremiação. **4.** Meio humano em que o indivíduo está integrado. **5.** Contrato pelo qual pessoas se obrigam a reunir esforços ou recursos para a consecução dum fim comum. ◆ **Sociedade anônima.** *Econ.* Empresa com o capital dividido em parcelas, representadas por ações, cuja posse determina o grau de participação e responsabilidade de cada sócio ou acionista.

só.ci:o [Lat. *sociu*.] *sm.* **1.** Membro de sociedade, ou associação, ou clube, etc. **2.** O que se associa com outrem numa empresa.

so.ci:o.cul.tu.ral [*Soci(o)-* + *cultural*.] *adj2g.* Que tem, simultaneamente, aspectos ou elementos sociais e culturais. [Pl.: *-rais*.]

so.ci:o.e.co.nô.mi.co [*Soci(o)-* + *econômico*.] *adj.* Relativo à sociedade e à economia; socieconômico. [Var.: *socieconômico*.]

so.ci:o.lo.gi.a [*Soci(o)-* + *-logia*.] *sf.* **1.** Estudo das relações entre pessoas que vivem numa comunidade ou num grupo social, ou entre grupos sociais diversos. **2.** Estudo dos princípios e instituições próprios à vida em sociedade. § **so.ci:o.ló.gi.co** *adj.*; **so.ci.ó.lo.go** *sm.*

so.ci:o.po.lí.ti.co [*Soci(o)-* + *político*.] *adj.* Que tem, simultaneamente, aspectos ou elementos sociais e políticos.

so.co [Lat. *soccu*.] *sm. Teatr.* Calçado com base de madeira, us. pelos antigos comediantes gregos.

so.co (ô) [Dev. de *socar*.] *sm.* Golpe com a mão fechada; murro.

so.có [Do tupi.] *sm. Bras.* **1.** *Zool.* Nome comum a várias aves ardeídeas. **2.** *Etnogr.* Entre os índios do Brasil Central, armadilha em forma de cone, us. para apanhar peixes em águas rasas.

so.ç̧o.brar [Esp. *zozobrar*.▫1A] *v.int.* **1.** Afundar--se, naufragar. **2.** Reduzir-se a nada; aniquilar--se. *td.* **3.** Fazer naufragar. **4.** Agitar, perturbar. [C.: 1 (ó)]

so.ç̧o.bro (ô) [Dev. de *soçobrar*.] *sm.* Ato ou efeito de soçobrar.

so.co-in.glês *sm.* Quatro anéis metálicos, ligados, em que se enfiam os dedos da mão, menos o polegar, e que servem para aplicar murros potentes. [Pl.: *socos-ingleses*.]

so.cor.rer [Lat. *succurrere*.▫1B] *vtd.* **1.** Prestar socorro a. **2.** Auxiliar; proteger. *p.* **3.** Valer a si próprio. [C.: 2 (ô-ó)]

so.cor.ris.ta [*Socorro*.▫36] *s2g.* Pessoa habilitada a prestar socorro no caso de acidente, mal súbito, etc.

so.cor.ro (ô) [Dev. de *socorrer*.] *sm.* **1.** Ajuda ou assistência a alguém que se encontra em perigo, necessidade, etc. ● *interj.* **2.** Us. para pedir auxílio.

so.crá.ti.co [Lat. *socraticu*, do gr.▫35B] *adj.* Relativo ao, ou próprio de Sócrates (**M.**), ou à sua filosofia.

so.da¹ [Lat.med. *soda*.] *sf.* **1.** Soda cáustica. **2.** Carbonato de sódio do comércio. ◆ **Soda cáustica.** Hidróxido de sódio.

so.da² [Ingl. *soda* (*water*).] *sf.* Água artificialmente gaseificada.

só.di:o [*Soda*¹.◘34B] *sm. Quím.* V. *metal alcalino* [símb.: *Na*].

so.do.mi.a [Lat.med. *sodomia*.◘8A] *sf.* Cópula anal.

so.er [Lat. *solere*.◘1B] *v.int.* **1.** Ser comum, frequente; costumar. *td.* **2.** Ter por costume ou hábito; costumar. [C.: 56]

so:er.guer [*So-* + *erguer*.] *vtd. e p.* Erguer(-se) um pouco, ou a custo. [C.: 2C] § **so:er.gui.men.to** *sm.*

so.ez (ê) [Esp. *soez*.] *adj2g.* Vil, torpe.

so.fá [Fr. *sofa*, do ár.] *sm.* Assento comprido, ger. estofado e com braços e encosto, para 2 ou mais pessoas.

so.fá-ca.ma *sf. Bras.* Sofá dobrável que serve de sofá e de cama. [Pl.: *sofás-cama(s)*.]

so.fis.ma [Lat. *sophisma*.] *sm.* Argumento aparente (não conclusivo) que serve ao propósito seja de induzir outrem a erro, seja de ganhar a qualquer preço uma contenda ou discussão.

so.fis.mar [*Sofisma*.◘1A] *vtd.* **1.** Deturpar com sofismas. *int.* **2.** Usar de sofismas. [C.: 1]

so.fis.ta [Gr. *sophistés*.◘36] *s2g.* **1.** Na Grécia antiga, aquele que tinha por profissão ensinar a sabedoria e a arte de falar em público. ● *adj2g.* **2.** Que argumenta com sofismas, ou é dado a empregá-los.

so.fis.ti.ca.ção [*Sofisticar*.◘2A] *sf.* **1.** Ato ou efeito de sofisticar(-se). **2.** Qualidade de sofisticado (2). [Pl.: -ções.]

so.fis.ti.ca.do [*Sofisticar*.◘17A] *adj.* **1.** Artificial, afetado. **2.** Falsamente refinado ou intelectual. **3.** Requintado ao extremo.

so.fis.ti.car [Fr. *sophistiquer*, do lat.med.◘1A] *vtd.* **1.** Tornar sofisticado. **2.** *Pej.* Falsificar, adulterar. *p.* **3.** Tornar-se sofisticado. [C.: 1A]

so.fo.cle.si.a.no [◘29A] *adj.* Relativo ao, ou próprio do dramaturgo grego Sófocles (**M.**), ou à sua obra.

so.frê [V.A] *sm. Bras. Zool.* Corrupião.

so.fre.ar [Lat. *suffrenare*.◘1N] *vtd.* **1.** Sustar ou modificar a andadura de (a cavalgadura). **2.** Reprimir, refrear. [C.: 12A]

só.fre.go [De *sofrer*.] *adj.* **1.** Apressado no comer e/ou beber. **2.** Ávido, ambicioso. **3.** Que demonstra ser impaciente, não conformado; insofrido. § **so.fre.gui.dão** *sf.*

so.frer [Lat. **sufferere*.◘1B] *vtd.* **1.** Ser atormentado, afligido em. **2.** Suportar, aguentar. **3.** Admitir, consentir. **4.** Passar por, experimentar (coisa desagradável ou trabalhosa, situação difícil, etc.). **5.** *P.ext.* Passar por. *int.* **6.** Sentir dor física ou moral. *ti.* **7.** Ser acometido (de doença). [C.: 2 (ô-ó)] § **so.fre.dor** (ô) *adj. sm.*

so.fri.do [Part. de *sofrer*.] *adj.* **1.** Que já sofreu, ou que sofre com paciência. **2.** Que revela sofrimento.

so.fri.men.to [*Sofrer*.◘3A] *sm.* **1.** Ato ou efeito de sofrer. **2.** Dor física. **3.** Grande dor moral. **4.** *Restr.* Angústia, aflição.

so.frí.vel [*Sofrer*.◘41A] *adj2g.* **1.** Que se pode sofrer; suportável. **2.** Acima de medíocre; razoável, satisfatório. [Pl.: -veis.]

→ **software** (sófitiuér) [Ingl.] *sm. Inform.* **1.** Em um sistema computacional, o conjunto dos componentes informacionais, que não faz parte do equipamento físico e inclui os programas e os dados a eles associados. **2.** Qualquer programa ou conjunto de programas de computador.

so.ga [Lat. *soca*.] *sf.* Corda grossa.

so.gra [Lat.vulg. *socra*, que substituiu o lat.ecl. *socrus*, 'sogra'.] *sf.* Mãe do marido, em relação à mulher, ou mãe da mulher, em relação ao marido.

so.gro (ô) [De *sogra*, dada a influência dela no meio familiar.] *sm.* Pai do marido, em relação à mulher, ou pai da mulher, em relação ao marido.

so.ja [Jap. *shoyu*.] *sf. Bot.* Erva fabácea cujos grãos são us. como alimento, ger. após industrialização.

so.ji.cul.tor (ô) [*Soja* + *-i-* + *cultor*.] *sm.* Plantador de soja.

so.ji.cul.tu.ra [*Soja* + *-i-* + *cultura*.] *sf.* Lavoura de soja.

sol¹ [Lat. *sole*.] *sm.* **1.** *Astr.* Estrela (1) em torno da qual gira a Terra e os outros 8 planetas do sistema solar. [Com inicial maiúsc.] **2.** *Astr.P.ext.* Qualquer estrela no universo. **3.** A luz e o calor recebidos do Sol (1).

sol² [F.red. de *solve*; v. *ut.*] *sm. Mús.* **1.** O quinto grau da escala diatônica de dó. **2.** Sinal da nota sol na pauta. [Pl.: *sóis*.]

so.la [Lat.vulg. **sola*.] *sf.* **1.** Couro curtido de boi, para calçado, etc. **2.** Parte do calçado que assenta no chão; solado. **3.** A planta do pé.

so.la.do [*Solar*³.◘17A] *adj.* **1.** Em que se pôs sola (calçado). **2.** Diz-se de bolo ou massa que não cozinhou ou não assou devidamente. ● *sm.* **3.** *Bras.* Sola (2).

so.la.ná.ce:a [Tax. *Solanaceae*.] *sf. Bot.* Espécime das solanáceas, família de ervas, arbustos, e trepadeiras, sendo poucas as árvores; frutos bacáceos ou capsulares. Ex.: tomateiro, batata-inglesa. § **so.la.ná.ce:o** *adj.*

so.la.par [*Solapa*, 'escavação'.◘1A] *vtd.* **1.** Formar lapa em. **2.** Aluir, abalar. **3.** Arruinar, destruir. [C.: 1] § **so.la.pa.men.to** *sm.*

so.lar¹ [*Solo*¹.◘40] *sm.* Antiga morada de família; mansão.

so.lar² [Lat. *solare*.◘40] *adj2g.* Do Sol¹ (1), ou relativo a ele.

so.lar³ [*Sola*.◘1A] *vtd.* **1.** Pôr solas em (calçado). **2.** *Bras.* Fazer ficar (bolo, etc.) solado (2). *int.* **3.** *Bras.* Ficar (o bolo, etc.) solado (2). [C.: 1 (ó)]

so.lar⁴ [*Sola*² + *-ar*¹.◘1A] *v.int.* Executar um solo². [C.: 1 (ó)]

so.la.van.co sm. Balanço inesperado e/ou violento de um veículo, ou das pessoas que ele carrega.

sol.da [Dev. de *soldar*.] sf. Substância metálica e fusível, us. para ligar peças também metálicas.

sol.da.da [*Soldo*.☐4] sf. Quantia com que se paga o trabalho de criados, operários, etc.; salário.

sol.da.des.ca (ê) [It. *soldatesca*.] sf. *Deprec.* 1. Os soldados. 2. Bando de soldados indisciplinados.

sol.da.do¹ [*Soldar*.☐17A] adj. Unido com solda.

sol.da.do² [It. *soldato*.] sm. 1. Indivíduo alistado nas fileiras do exército. 2. V. *hierarquia militar*. 3. *P.ext.* Qualquer militar. 4. *Zool.* Entre insetos sociais (formigas, cupins, etc.), indivíduo estéril, especializado em defesa.

sol.da.du.ra [*Soldar*.☐5A] sf. 1. Ato ou efeito de soldar. 2. A parte por onde se soldou.

sol.dar [Lat. *solidare*.☐1A] vtd. 1. Unir ou pegar com solda. 2. Ligar, unir. [C.: 1 (ó)] § **sol.da.dor** (ô) adj. sm.

sol.do (ô) [Lat. (*nummu*) *solidu*.] sm. Remuneração de militar.

so.le.cis.mo [Lat. *soloecismu*.☐11] sm. *E.Ling.* Erro de sintaxe.

so.le.da.de [Lat. *solitate*.☐14A] sf. 1. Lugar ermo. 2. *Fig.* Tristeza de quem se acha só.

so.le.í.de:o [Tax. *Soleidae*.] adj. sm. *Zool.* Diz-se de, ou espécime dos soleídeos, família de peixes osteíctes, marinhos, de corpo achatado. Ex.: linguado.

so.lei.ra [*Solo*¹.☐16] sf. Peça que forma a parte interior do vão da porta.

so.le.ne [Lat. *sollemne*.☐1] adj2g. 1. Celebrado com pompa e magnificência. 2. Acompanhado de formalidades ditadas por leis ou costumes. 3. Imponente, majestoso. 4. *Fam.* Enfático, pomposo.

so.le.ni.da.de [Lat. *sollemnnitate*.☐14] sf. 1. Qualidade de solene. 2. Festividade solene (1).

so.le.ni.zar [*Solene*.☐1D] vtd. 1. Celebrar com solenidade. 2. Tornar solene. [C.: 1]

so.le.noi.de (ói) [Gr. *solenoeidés*.] sm. *Fís.* Indutor constituído por um conjunto de espiras circulares paralelas e muito próximas, com o mesmo eixo retilíneo.

so.ler.te [Lat. *sollerte*.] adj2g. Sagaz, manhoso.

so.le.trar [*Só* + *letra* + *-ar*².☐1A] vtd. 1. Ler pronunciando separadamente as letras e juntando-as em sílabas. 2. Ler devagar ou por partes. 3. Ler por alto; ler mal. [C.: 1 (é)] § **so.le.tra.ção** sf.

sol.fe.jar [It. *solfeggiare*.☐1E] vtd. e int. Ler ou entoar um trecho musical modulando a voz ou pronunciando o nome das notas. [C.: 1 (ê)]

sol.fe.jo (ê) [It. *solfeggio*.] sm. Exercício musical para aprender a solfejar.

sol.fe.ri.no [Top. *Solferino* (Itália).] sm. A cor entre o escarlate e o roxo, que é us. nas vestes episcopais.

so.li.ci.ta.dor (ô) [Lat. *sollicitatore*.☐19A] adj. 1. Que solicita. ● sm. 2. Aquele que o faz. 3. Auxiliar de advogado, habilitado por lei para requerer em juízo ou promover o andamento de ações.

so.li.ci.tar [Lat. *sollicitare*.☐1A] vtd. 1. Procurar, buscar. 2. Pedir ou rogar com instância. 3. Promover como solicitador. tdi. 4. Solicitar (2). 5. Induzir, incitar. [C.: 1] § **so.li.ci.ta.ção** sf.

so.lí.ci.to [Lat. *sollicitu*.] adj. 1. Cuidadoso, diligente. 2. Prestimoso, prestativo. § **so.li.ci.tu.de** sf.

so.li.dão [Lat. *solitudine*.] sf. Estado de quem se acha ou vive só. [Pl.: -dões.]

so.li.da.ri.e.da.de [*Solidário*.☐14A] sf. 1. Laço ou vínculo recíproco de pessoas ou coisas independentes. 2. Apoio a causa, princípio, etc., de outrem. 3. Sentido moral que vincula o indivíduo à vida, aos interesses dum grupo social, duma nação, ou da humanidade.

so.li.dá.ri:o [*Sólido*.☐24] adj. Que tem solidariedade para com outrem.

so.li.da.ri.zar [*Solidário*.☐1D] vtd., tdi. e p. Tornar(-se) solidário. [C.: 1]

so.li.déu [Lat. *soli Deo*, 'somente a Deus'.] sm. Pequeno barrete com que bispos e alguns padres cobrem o alto da cabeça.

so.li.di.fi.ca.ção [*Solidificar*.☐2A] sf. Ato ou efeito ou processo de solidificar(-se). [Pl.: -ções.]

so.li.di.fi.car [*Sólido*.☐1A] vtd. 1. Tornar sólido. 2. Robustecer, fortalecer. p. 3. Tornar-se sólido. [C.: 1A] § **so.li.di.fi.ca.do** adj

só.li.do [Lat. *solidu*.] adj. 1. Que não é vazio ou oco. 2. Que não é fluido nem líquido; espesso. 3. Forte, robusto. 4. Firme, seguro: *estrutura sólida*. 5. Que tem fundamento real; substancial. 6. Que não se altera ou afeta facilmente. ● sm. 7. Qualquer corpo sólido (1 e 2). 8. *Geom.* Corpo que tem 3 dimensões e é limitado por superfícies fechadas. § **so.li.dez** (ê) sf.

so.li.ló.qui:o [Lat. *soliloquiu*.☐34B] sm. Fala de alguém consigo mesmo; monólogo.

só.li:o [Lat. *soliu*.☐34B] sm. Cadeira pontifícia.

so.lí.pe.de [*Sol*(i)- + *-pede*.] adj2g. s2g. *Zool.* Diz-se de, ou animal que só tem um casco em cada pé.

so.lis.ta [*Solo*².☐36] s2g. Quem executa um solo.

so.li.tá.ri:a sf. *Bras.* 1. *Zool. Pop.* V. *tênia*. 2. Cela de presídio onde se isola o preso.

so.li.tá.ri:o [Lat. *solitariu*.☐24] adj. 1. Que decorre em solidão. 2. Que não convive com seus semelhantes. 3. Situado em lugar ermo. ● sm. 4. Aquele que vive só. 5. Joia com uma só pedra preciosa.

so.li.tu.de [Lat. *solitudine*.] sf. *Poét.* Solidão.

so.lo¹ [Lat. *solu*.] sm. 1. Porção sólida da superfície terrestre, onde se anda, se constrói, etc.; terra, chão. 2. Terreno, quanto a suas qualidades geológicas e produtivas.

so.lo² [It. *solo*.] sm. *Mús.* 1. Trecho musical executado por uma só voz ou um só instrumento. 2. Bailado executado por uma só pessoa.

solstício | sonambulismo

sols.tí.ci:o [Lat. *solstitiu*. ▣34B] *sm. Astr.* Época em que o Sol passa por sua maior declinação boreal ou austral, e durante a qual cessa de afastar-se do equador.

sol.tar [*Solto*. ▣1A] *vtd.* **1.** Desatar, desprender. **2.** Dar liberdade a. **3.** Afrouxar (1). **4.** Deixar escapar dos lábios, etc.; emitir. **5.** Exalar. **6.** Atirar, arremessar. **7.** Largar da mão. **8.** Liberar (recursos). *p.* **9.** Desprender-se, desligar-se. **10.** Pôr-se em liberdade. **11.** Desinibir-se. [C.: 1(ó). Part.: *soltado* e *solto*.] § **sol.ta.dor** (ó) *adj. sm.*

sol.tei.rão [*Solteiro*. ▣28A] *sm.* Homem maduro que ainda não casou. [Pl.: *-rões*. Fem.: *solteirona*.]

sol.tei.ro [Lat. *solitariu*. ▣25] *adj. sm.* Diz-se de, ou homem que ainda não se casou.

sol.to (ô) [Lat. *soltu.] *adj.* **1.** Cujas partes não são aderentes. **2.** Desatado, desprendido. **3.** Largo, folgado. **4.** Posto em liberdade. **5.** Licencioso, libertino. **6.** Diz-se de versos sem rima.

sol.tu.ra [*Solto*. ▣5] *sf.* **1.** Ato ou efeito de soltar(-se). **2.** *Pop.* V. *diarreia*.

so.lu.ção [Lat. *solutione*. ▣2] *sf.* **1.** Ato ou efeito de solver. **2.** Meio de resolver um caso, um problema. **3.** Palavra ou frase que representa a decifração duma charada ou dum enigma. **4.** Resultado dum problema ou duma equação. **5.** Aquilo com que se dá por encerrado um assunto; conclusão. **6.** Raciocínio que chega a um resultado lógico; explicação, esclarecimento. **7.** *Quím.* Mistura homogênea, que contém 2 ou mais componentes. [As soluções são ger. líquidas, mas podem ser sólidas ou gasosas.] **8.** Separação das partes de um todo; solução de continuidade. [Pl.: *-ções*.] ◆ **Solução de continuidade. 1.** Solução (8). **2.** Descontinuidade, interrupção.

so.lu.çar [Lat. *suggluttiare*. ▣1A] *v.int.* **1.** Dar soluços. **2.** Chorar (2). *td.* **3.** Exprimir por entre soluços. [C.: 1B]

so.lu.ci:o.nar [*Solução* (*-cion-*). ▣1A] *vtd.* Dar solução a; resolver. [C.: 1]

so.lu.ço [Lat. *suggluttiu*.] *sm.* **1.** *Fisiol.* Contração involuntária, espasmódica, do diafragma (1), e que produz o início de movimento inspiratório subitamente detido pelo fechamento da glote, produzindo ruído. **2.** Pranto com inspiração ruidosa.

so.lu.to [Lat. *solutu*.] *sm. Quím.* Numa solução, componente presente em proporção menor que a do solvente (2).

so.lú.vel [Lat. *solubile*. ▣41] *adj2g.* Que se pode solver, dissolver ou resolver. [Pl.: *-veis*.] § **so.lu.bi.li.da.de** *sf.*

sol.vá.vel [Fr. *solvable*. ▣41] *adj2g.* Solvível. [Pl.: *-veis*.]

sol.ven.te [Lat. *solvente*. ▣21A] *sm.* **1.** Líquido capaz de dissolver outras substâncias. **2.** *Quím.* Numa solução, o componente presente em maior proporção.

sol.ver [Lat. *solvere*. ▣1B] *vtd.* **1.** Resolver, explicar. **2.** Pagar, quitar. **3.** Dissolver (1). [C.: 2 (ô-ó)]

sol.ví.vel [Lat. *solvibile. ▣41] *adj2g.* Que se pode solver ou pagar; solvável. [Pl.: *-veis*.]

som [Lat. *sonu*.] *sm.* **1.** *Fís.* Fenômeno acústico: propagação de ondas sonoras produzidas por um corpo que vibra em meio material elástico (esp. o ar). **2.** Sensação auditiva criada por esse fenômeno; ruído. **3.** Som (1) musical. [Pl.: *sons*.] ◆ **Som musical.** *Mús.* O que provém de uma vibração periódica, e se caracteriza pela altura, pela intensidade e pelo timbre. **Alto e bom som. 1.** Em voz alta e com clareza. **2.** *Fig.* Sem temer as consequências de uma afirmação.

so.ma [Lat. *summa*.] *sf.* **1.** *Mat.* Operação de adição, ou o resultado dela; adição. **2.** *Mat.* V. *conjunto união*. **3.** Grande porção. **4.** Quantia em dinheiro. **5.** V. *totalidade*.

so.mar [*Soma*. ▣1A] *vtd.* **1.** Fazer a soma (1) de. **2.** Apresentar soma. **3.** Reunir, juntar. *tdi.* **4.** Adicionar. [C.: 1]

so.má.ti.co [Gr. *somatikós*. ▣35B] *adj.* Referente ao corpo.

so.ma.ti.zar [*Somático*. ▣1D] *vtd. e int.* Converter experiência ou estado mental em sintoma orgânico. [C.: 1] § **so.ma.ti.za.ção** *sf.*

so.ma.tó.ri:o [*Somar*. ▣23A] *adj.* **1.** Que indica soma. ● *sm.* **2.** A totalidade.

som.bra [Lat.vulg. *sulumbra*.] *sf.* **1.** Espaço sem luz, ou escurecido pela interposição dum corpo opaco. **2.** Reprodução, numa superfície mais clara, do contorno duma figura que se interpõe entre esta e o foco luminoso. **3.** Lugar não batido pelo sol. **4.** Escuridão, treva. **5.** Mancha escura. **6.** V. *fantasma* (3). **7.** *Fig.* V. *indício* (2). **8.** *Art.Plást.* A parte menos iluminada, ou mais escura, duma pintura, desenho, gravura.

som.bre.a.do [*Sombrear*. ▣17A] *adj.* **1.** Em que há sombra. ● *sm.* **2.** Num quadro ou desenho, gradação do escuro.

som.bre.ar [*Sombra*. ▣1N] *vtd.* **1.** Dar sombra a. **2.** Tornar menos claro, ou mais escuro. *int.* **3.** Dar sombreado (2) a uma tela, etc. [C.: 12A]

som.brei.ro [*Sombra*. ▣25] *sm.* Chapéu de abas largas.

som.bri.nha [*Sombra*. ▣32A] *sf.* Guarda-chuva de uso feminino.

som.bri:o [*Sombra*. ▣34B] *adj.* **1.** Em que há, ou que produz sombra; sombroso. **2.** Não exposto ao sol. **3.** *Fig.* Melancólico, tristonho. **4.** Carrancudo.

som.bro.so (ô) [*Sombra*. ▣37] *adj.* Sombrio (1). [Pl.: *-brosos* (ó).]

so.me.nos [*So-* + *menos*.] *adj2g2n.* De menor valor que outro; inferior.

so.men.te [F. do lat. *solus* + *-mente*. ▣42] *adv.* V. *só* (4).

so.mí.ti.co [V.C] *adj. sm.* V. *avaro*.

so.nam.bu.lis.mo [Fr. *somnambulisme*. ▣11] *sm. Med.* Estado de automatismo ambulatório,

sonâmbulo | soprar

que ocorre durante o sono, e em que o indivíduo realiza atos mais ou menos coordenados e dos quais, quando desperta, não se recorda.

so.nâm.bu.lo [Fr. *somnambule*.] *adj.sm.* Diz-se de, ou aquele que sofre de sonambulismo. § **so.nam.bú.li.co** *adj.*

so.nan.te [Lat. *sonante*. ◼21] *adj2g.* Que soa; soante.

so.nar [Ingl. *sonar*.] *sm.* Técnica e equipamento para detecção de objetos submersos em água, pela emissão de pulsos sonoros e a recepção e identificação do eco.

so.na.ta [It. *sonata*.] *sf. Mús.* Gênero de composição instrumental em vários movimentos, ger. 3 ou 4, de caráter e andamento diversos, relacionados entre si pela tonalidade modulante.

son.da [Fr. *sonde*.] *sf.* **1.** Peça de chumbo presa a uma linha, para medir a profundidade das águas ou reconhecer-lhes a natureza do fundo. **2.** Aparelho de perfuração que atinge grandes e médias profundidades, para conhecimento do subsolo. **3.** *Med.* Tubo que se introduz em ducto, natural ou não, do organismo, para reconhecer-lhe o estado ou extrair ou introduzir algum tipo de matéria. **4.** Qualquer aparelho para sondagens.

son.da.gem [*Sondar*. ◼6] *sf.* **1.** Ato ou efeito de sondar. **2.** Exploração local e metódica de um meio (ar, água, solo, etc.) por aparelhos e processos técnicos especiais. **3.** Observação (1) cautelosa. [Pl.: *-gens*.]

son.dar [*Sonda*. ◼1A] *vtd.* **1.** Examinar ou explorar com sonda. **2.** Avaliar, estimar. **3.** Investigar, explorar. **4.** Inquirir com cautela. [C.: 1]

so.ne.ca [*Sono* + *-eca*.] *sf.* Sono de pouca duração.

so.ne.gar [Lat. *subnegare*. ◼1A] *vtd.* **1.** Ocultar, deixando de mencionar nos casos em que a lei exige a descrição ou a menção. **2.** Ocultar com fraude. *tdi.* **3.** Sonegar (2). *p.* **4.** Eximir-se ao cumprimento de uma tarefa. [C.: 1C (é)] § **so.ne.ga.ção** *sf.*; **so.ne.ga.dor** (ô) *adj. sm.*

so.nei.ra [*Sono*. ◼16] *sf.* V. *sonolência* (1).

so.ne.tis.ta [*Soneto*. ◼36] *s2g.* Autor de sonetos.

so.ne.to (ê) [It. *sonetto*.] *sm.* Composição de 14 versos, dispostos, ger., em 2 quartetos e 2 tercetos.

son.ga.mon.ga *s2g. Fam.* Pessoa sonsa.

so.nhar [Lat. *somniare*. ◼1A] *v.int.* **1.** Ter sonhos. **2.** Entregar-se a devaneios. *ti.* **3.** Pensar com insistência. **4.** Ver em sonhos. *td.* **5.** Sonhar (4). **6.** Imaginar em sonhos. [C.: 1] § **so.nha.dor** (ô) *adj. sm.*

so.nho [Lat. *somniu*.] *sm.* **1.** Sequência de fenômenos psíquicos (imagens, atos, ideias, etc.) que involuntariamente ocorrem durante o sono. **2.** Aquilo com que se sonha. **3.** *Fig.* Fantasia, ilusão. **4.** *Fig.* Desejo, aspiração. **5.** *Cul.* Bolinho leve, frito, feito com farinha, leite e ovos.

sô.ni.co [*Son(o)-* + *-ico²*. ◼35B] *adj.* **1.** Relativo ao som. **2.** Relativo à velocidade do som.

so.ní.fe.ro [Lat. *somniferu*.] *adj.* **1.** Diz-se do que induz ou produz sono. ● *sm.* **2.** Substância sonífera.

so.no [Lat. *somnu*.] *sm.* **1.** *Fisiol.* Estado periódico e diário, e que se caracteriza pela inatividade temporária da vontade e da consciência, e suspensão de funções corporais. **2.** Estado de quem dorme. **3.** Período de sono. **4.** Vontade ou precisão de dormir.

so.no.lên.ci.a [Lat. *somnolentia*.] *sf.* **1.** Disposição para dormir; soneira, sopor. **2.** Transição entre sono e vigília.

so.no.len.to (ô) [Lat. *somnolentu*. ◼27] *adj.* Que tem sonolência.

so.no.plas.ta [*Son(o)-* + *-plasta*.] *s2g. Cin. Rád. Teatr. Telev.* Profissional responsável pela sonoplastia.

so.no.plas.ti.a [*Son(o)-* + *-plast(o)-* + *-ia¹*. ◼8A] *sf. Cin.Rád.Teatr. Telev.* Técnica de produção e aplicação de efeitos sonoros.

so.no.ri.za.ção [*Sonorizar*. ◼2A] *sf.* **1.** Ato ou efeito de sonorizar. **2.** *E.Ling.* Passagem de um som surdo a sonoro, por influência da vizinhança de um dado elemento linguístico. [Pl.: *-ções*.]

so.no.ri.zar [*Sonoro*. ◼1D] *vtd.* **1.** Tornar sonoro. **2.** Instalar e operar sistema para difusão sonora de (espetáculos, comícios, etc.). *int.* **3.** Produzir som. [C.: 1]

so.no.ro [Lat. *sonoru*.] *adj.* **1.** Que produz ou reforça o som. **2.** Que emite som intenso. § **so.no.ri.da.de** *sf.*

so.no.te.ra.pi.a [*Sono* + *-terapia*.] *sf. Psiq.* Tratamento de certas doenças mentais, e em que se produz e mantém o sono artificialmente, por um período desejado.

son.so [V.B] *adj.* Dissimulado; astuto; velhaco.

so.pa (ô) [Germ. *suppa*, 'pedaço de pão embebido em um líquido', pelo b.-lat.] *sf. Cul.* Caldo de carnes, legumes, massas, etc.

so.pa.pe.ar [*Sopapo*. ◼1N] *vtd.* Dar sopapos em. [C.: 12A]

so.pa.po [*So-* + *papo*.] *sm.* **1.** Murro, soco. **2.** Bofetão.

so.pé [*So-* + *pé*.] *sm.* V. *aba* (4).

so.pei.ra [*Sopa*. ◼16] *sf.* Terrina para sopa.

so.pe.sar [*So-* + *pesar*.] *vtd.* Tomar com a mão o peso de. [C.: 1 (é)]

so.pi.tar [Lat. **sopitare*. ◼1A] *vtd.* **1.** Fazer dormir. **2.** Tirar a energia a. [C.: 1]

so.por (ô) [Lat. *sopore*.] *sm.* **1.** V. *sonolência* (1). **2.** Sono profundo. [Pl.: *sopores* (ô).]

so.po.rí.fe.ro [Lat. *soporiferu*.] *adj. sm. Med.* Diz-se de, ou substância que produz sono ou sopor; soporífico.

so.po.rí.fi.co [*Sopor* + *-i-* + *-fico*.] *adj.sm. Med.* Soporífero.

so.pra.no [It. *soprano*.] *s2g. Mús.* **1.** A voz mais aguda de mulher ou de menino; tiple. **2.** Cantor ou cantora com essa voz.

so.prar [Lat.vulg. **suplare*. ◼1A] *vtd.* **1.** Dirigir o sopro sobre ou para. **2.** Dirigir o sopro so-

sopro | soslaio

bre (o fogo), para o avivar ou para o apagar. **3.** Encher de ar, por meio de sopro. **4.** Dizer baixinho (lição, etc.), para prevenir ou remediar ignorância ou esquecimento de outrem. *int.* **5.** Emitir sopro. **6.** Agitar-se, produzir-se (vento). [C.: 1 (ó)]

so.pro (ô) [Dev. de *soprar*.] *sm.* **1.** Ato de expelir com alguma força o ar aspirado. **2.** Movimento de ar impelido pela boca. **3.** O ar expirado. **4.** Brisa. **5.** *Med.* Nome genérico de som corporal produzido em decorrência de problema respiratório ou circulatório.

so.que.ar [*Soco* (ô). ▫1N] *vtd.* Socar (1). [C.: 12A]
so.que.te [Fr. *socquette*.] *sf.* Meia muito curta.
so.que.te (ê) [Ingl. *socket*.] *sm.* **1.** Utensílio para socar a pólvora e a bala dentro do canhão. **2.** Ferramenta para socar a terra à volta de mourões, etc., ou para firmar a pedra nos calçamentos. **3.** Utensílio doméstico para socar temperos, etc.

sor.di.dez (ê) [*Sórdido*. ▫12A] *sf.* **1.** Estado de imundície, de repelente abandono, caracterizado por miséria extrema. **2.** Coisa ou pessoa suja, nojenta, repugnante. **3.** *Fig.* Infâmia, torpeza. **4.** *Fig.* Avareza extrema.
sór.di.do [Lat. *sordidu*.] *adj.* Que tem ou denota sordidez.
so.ro (ô) [Lat. hisp. *soru.] *sm.* **1.** *Histol.* Porção fluida do sangue, destituída de células e fibrinogênio. **2.** Soro sanguíneo de animais em que se inocularam bactérias e toxinas, us. para fins profiláticos e terapêuticos. **3.** Líquido transparente, amarelo-pálido, que aparece no leite coagulado.
so.ro.ló.gi.co [*Soro* + *-log(o)-* + *-ico*². ▫35B] *adj.* Relativo a soro.
so.ro.ne.ga.ti.vo (ô) [*Soro* + *negativo*.] *adj. Med.* Diz-se daquele com reação negativa a exame sorológico que detecta anticorpos contra certo antígeno.
so.ro.po.si.ti.vo (ô) [*Soro* + *positivo*.] *adj. Med.* Diz-se daquele com reação positiva a exame sorológico que detecta anticorpos contra certo antígeno.
so.ror (ô) ou **só.ror** [Lat. *sorore*.] *sf.* Forma de tratamento dado às freiras. [Pl.: *sorores* (ô) ou *sórores*.]
so.ro.ti.po [*Soro* + *-tipo*.] *sm. Med.* Categoria em que se inclui uma bactéria ou um vírus, de acordo com sua reação em presença de anticorpos específicos.
sor.ra.tei.ro [V.C] *adj.* Que faz as coisas manhosamente, às ocultas.
sor.rel.fa [V.E] *sf.* Disfarce para enganar. ♦ **À sorrelfa.** Disfarçadamente, de modo oculto, ardiloso.
sor.ri.den.te [Lat. *subridente*. ▫21A] *adj2g.* Que sorri.
sor.rir [Lat. *subridere*. ▫1C] *v.int. e p.* **1.** Rir sem ruído, apenas com leve contração dos músculos faciais. **2.** Mostrar-se alegre. *ti.* **3.** Lançar sorriso(s). **4.** Favorecer (1). **5.** Zombar, troçar. [C.: 37]

sor.ri.so [Lat. *subrisu*.] *sm.* **1.** Ato ou efeito de sorrir(-se). **2.** Movimento e expressão de um rosto que sorri.
sor.te [Lat. *sorte*.] *sf.* **1.** Força que determina ou regula tudo quanto ocorre, e que se atribui ao acaso ou a uma suposta predestinação. **2.** V. *destino* (1). **3.** Casualidade, acaso. **4.** Boa sorte. **5.** Bilhete de loteria ou sorteio. **6.** Modo, maneira. **7.** Gênero, espécie. ♦ **De sorte que.** V. *de modo que* (2).
sor.te.a.do [*Sortear*. ▫17A] *adj.* **1.** Escolhido por sorte ou em sorteio. ● *sm.* **2.** Aquele que foi sorteado (1).
sor.te.ar [*Sorte*. ▫1N] *vtd.* **1.** Determinar ou escolher por sorte. **2.** Distribuir por sorte. [C.: 12A]
sor.tei.o [Dev. de *sortear*.] *sm.* Ato ou efeito de sortear.
sor.ti.do [Part. de *sortir*.] *adj.* **1.** Abastecido, ou bem abastecido ou provido. **2.** Variado (em cor, tipo, etc.).
sor.ti.lé.gi:o [Lat.med. *sortilegiu*. ▫34B] *sm.* **1.** V. *feitiçaria*. **2.** Sedução exercida por dotes naturais ou por artifícios.
sor.ti.men.to [*Sortir*. ▫3] *sm.* **1.** Ato ou efeito de sortir(-se). **2.** Provisão de mercadorias de várias espécies.
sor.tir [Lat. *sortire*. ▫1C] *vtd., tdi. e p.* Abastecer(-se), prover(-se). [C.: 51]
sor.tu.do [*Sorte*+*-udo*.] *adj. sm. Bras. Gír.* Que, ou aquele que tem muita sorte.
so.rum.bá.ti.co *adj.* Melancólico, tristonho.
sor.va (ô) [Lat. *sorba*, pl. de *sorbum*.] *sf. Bras. Bot.* **1.** Sorveira. **2.** Seu fruto.
sor.ve.dou.ro ou **sor.ve.doi.ro** [*Sorver*. ▫26B] *sm.* V. *turbilhão* (2).
sor.vei.ra [*Sorva*. ▫16] *sf. Bot.* Árvore apocinácea, frutífera, lactescente; sorva.
sor.ver [Lat. *sorbere*. ▫1B] *vtd.* **1.** Haurir ou beber, aspirando. **2.** Beber aos sorvos. **3.** Absorver; sugar. **4.** Atrair para baixo; tragar. **5.** Destruir, devastar. [C.: 2 (ô-ô)]
sor.ve.te [Fr. *sorbet*.] *sm.* Nome comum a várias iguarias doces feitas de suco de frutas ou de leite (com ovos, etc.), e congeladas até adquirirem consistência semelhante à da neve.
sor.ve.tei.ro [*Sorvete*. ▫25] *sm.* Vendedor e/ou fabricante de sorvetes.
sor.ve.te.ri.a [*Sorvete*. ▫15A] *sf. Bras.* Casa onde se fabricam e/ou vendem sorvetes.
sor.vo (ô) [Dev. de *sorver*.] *sm.* **1.** Ato ou efeito de sorver. **2.** V. *gole*. [Pl.: *sorvos* (ô).]
▪ **S.O.S.** Sigla do ingl. *save our souls*, us., internacionalmente, como pedido de socorro.
só.si:a [Lat. *Sosia*, da comédia *Anfitrião*, de Plauto.] *s2g.* Pessoa muito parecida com outra.
sos.lai.o [Esp. *soslayo*.] *el. sm.* Us. na loc. adv. *de soslaio*. ♦ **De soslaio.** Em direção oblíqua, sem se voltar ou estar voltado de frente.

sos.se.gar [Lat.vulg. *sessicare*. ◨1A] *vtd*. **1.** Pôr em sossego. **2.** Fazer que descanse. *int. e p.* **3.** Aquietar(-se), acalmar(-se). [C.: 1C (é)]
sos.se.go (ê) [Dev. de *sossegar*.] *sm*. **1.** Ato ou efeito de sossegar(-se). **2.** Tranquilidade, paz.
só.tão [Lat.vulg. *subtulu*.] *sm*. **1.** Pavimento com menos altura que o(s) outro(s), e sito imediatamente abaixo do telhado. **2.** Espaço vazio na armação do telhado, que serve de depósito. [Pl.: *sótãos*.]
so.ta.que [V.E] *sm*. Pronúncia típica de um indivíduo, uma região, etc.
so.ta-ven.to [*Sota-* + *vento*.] *sm. Marinh*. Bordo contrário àquele donde sopra o vento. [Antôn.: *barlavento*. Pl.: *sota-ventos*.]
so.ter.rar [*So-* + *terra* + *-ar²*. ◨1A] *vtd*. **1.** Cobrir de terra. *p*. **2.** Meter-se por baixo da terra. [C.: 1 (é)]
so.to-pôr [*Soto-* + *pôr*.] *vtdi*. **1.** Sobpor (1). **2.** Pospor, postergar. [C.: 34]
so.to-pos.to (ô) [Part. de *soto-pôr*.] *adj*. Posto por baixo. [Pl.: *soto-postos* (ó).]
so.tur.no [Alter. do astr. *Saturno*.] *adj*. Triste, lúgubre.
so.va [Dev. de *sovar*.] *sf*. **1.** Ato ou efeito de sovar. **2.** V. *surra* (1).
so.va.co [V.C] *sm*. Axila.
so.var [V.E] *vtd*. **1.** Bater a massa de. **2.** V. *surrar* (2). **3.** *Fig*. Usar muito. **4.** *Bras*. Tornar flexível; amaciar. [C.: 1 (ó)]
so.ve.la [Lat. *subella*.] *sf*. Instrumento de ferro ou de aço em forma de haste cortante e pontuda, com que os sapateiros e correeiros furam o couro.
so.ver.ter [Lat. *subvertere*. ◨1B] *vtd*. **1.** Fazer sumir. *p*. **2.** Soterrar. *p*. **3.** Sumir-se. [C.: 2 (ê-é)]
so.vi.e.te [Fr. *soviet*, do rus.] *sm*. Conselho de representantes distritais ou nacionais eleitos, na antiga U.R.S.S.
so.vi.é.ti.co [*Soviete*. ◨35B] *adj*. **1.** Dos sovietes. **2.** Pertencente ou relativo à antiga União das Repúblicas Socialistas Soviéticas (U.R.S.S.). ● *sm*. **3.** O natural ou habitante da antiga U.R.S.S.
so.vi.na [V.C] *adj2g. s2g*. V. *avaro*. § **so.vi.ni.ce** *sf*.
so.zi.nho (sò) [*Só*. ◨32B] *adj*. **1.** Inteiramente só. **2.** Abandonado, desamparado.
→ **spa** (ispá) [Ingl.] *sm*. Lugar em que alguém se hospeda em busca de cuidados terapêuticos ou corporais (banhos medicinais, dieta, exercícios, etc.).
→ **spalla** (ispála) [It.] *sm. Mús*. O primeiro violino da orquestra.
→ **spam** (ispã) [Ingl.] *sm. Inform*. Mensagem publicitária ou não, recebida via correio eletrônico.
■ **SPC** Sigla de *Serviço de Proteção ao Crédito*.
→ **spin** (ispín) [Ingl.] *sm. Fís*. Rotação de uma partícula subatômica em torno de seu próprio eixo, ou o número que representa a medida física associada a essa rotação.
→ **spinning** (ispínin) [Ingl.] *sm. Esport*. Exercício feito em bicicleta não móvel, com regulagens para o controle do grau de dificuldade ao pedalar.
spi.no.zi.a.no [◨29A] *adj*. De, ou relativo a Baruch Spinoza (**M.**), ou à sua filosofia.
→ **spray** (ispréi) [Ingl.] *sm*. Aerossol.
→ **spyware** (ispaiuér) [Ingl.] *sm. Inform. Malware* que se infiltra em um computador com o objetivo de roubar informações.
■ **Sr** *Quím*. Símb. de *estrôncio*.
■ **S.S.E.** Abrev. de *su-sueste*.
■ **S.S.O.** Abrev. de *su-sudoeste*.
■ **S.S.W.** Abrev. de *su-sudoeste*.
→ **status** (istátus) [Lat.] *sm*. **1.** Situação ou posição hierárquica num grupo ou numa organização, e que implica determinados direitos e obrigações. **2.** Prestígio ou distinção social.
→ **stricto sensu** (istricto sênsu) [Lat.] Em sentido restrito.
→ **stripper** (istríper) [Ingl.] *s2g*. Pessoa que faz *striptease* profissionalmente.
→ **striptease** (istripitísi) [Ingl.] *sm*. Ato de se despir lentamente para uma audiência, ger. ao som de música.
→ **strudel** (istrúdel) [Al.] *sm. Cul*. Torta de massa folhada, com recheio de frutas cozidas. [Com cap.]
su.a *pron*. Flex. de *seu*.
su.ã *sf*. Carne da parte inferior do lombo do porco.
su:a.dou.ro ou **su:a.doi.ro** [*Suar*. ◨26B] *sm*. **1.** Ato ou efeito de suar. **2.** Parte do lombo da cavalgadura onde se assenta a sela.
su.ar [Lat. *sudare*. ◨1A] *v.int*. **1.** Verter suor pelos poros. **2.** Verter umidade. *ti*. **3.** *Fig*. Matar-se com trabalho. *td*. **4.** Ensopar de suor. [C.: 1]
su:a.ra.bác.ti [Do sânscr.] *sm. E.Ling*. Epêntese em que num grupo de consoantes é desfeita pela intercalação de uma vogal; anaptixe. [Ex.: port. arc. *brata* > *barata*.]
su:a.ren.to [*Suar*. ◨27] *adj*. Coberto de suor.
su.ás.ti.ca [Do sânscr.] *sf*. Símbolo em forma de cruz, com hastes recurvas formando 4 ângulos retos.
su.a.ve [Lat. *suave*.] *adj2g*. **1.** Agradável aos sentidos. **2.** Que revela moderação e/ou equilíbrio. **3.** Macio, brando, ameno. **4.** Meigo, terno. **5.** Que decorre ou se faz sem esforço. § **su:a.vi.da.de** *sf*.
su:a.vi.zar [*Suave*. ◨1D] *vtd. e p*. **1.** Tornar(-se) suave. **2.** Amenizar(-se). [C.: 1]
su.ba.li.men.ta.ção [*Sub-* + *alimentação*.] *sf*. Subnutrição. [Pl.: -*ções*.]
su.ba.li.men.ta.do *adj. sm*. Subnutrido.
su.bal.ter.no [Lat. *subalternu*.] *adj. sm*. Diz-se de, ou que está sob as ordens de outro. § **su.bal.ter.ni.da.de** *sf*.
su.ba.lu.gar [*Sub-* + *alugar*.] *vtd*. Sublocar. [C.: 1C]
su.ban.tár.ti.co [*Sub-* + *antártico*.] *adj*. Diz-se da região circunvizinha ao círculo polar antártico ou nela situado.

su.ba.quá.ti.co [*Sub-* + *aquático.*] *adj.* Que está debaixo de água.

su.bar.bus.to [*Sub-* + *arbusto.*] *sm. Bot.* Arbusto cuja parte aérea é anual, e cuja parte subterrânea é perene.

su.bar.ren.dar [*Sub-* + *arrendar.*] *vtd. e tdi.* Transferir a outrem os direitos de (coisa arrendada). [C.: 1] § **su.bar.ren.da.men.to** *sm.*

su.bár.ti.co [*Sub-* + *ártico.*] *adj.* Diz-se da região circunvizinha ao círculo polar ártico, ou nela situado.

sub.che.fe *sm.* O substituto do chefe.

sub.clas.se [*Sub-* + *classe.*] *sf. Biol.* Subdivisão de classe (5).

sub.co.mis.sá.ri:o [*Sub-*+*comissário.*] *sm.* O substituto do comissário.

sub.con.jun.to [*Sub-* + *conjunto.*] *sm.* **1.** Divisão de um conjunto. **2.** *Mat.* Conjunto cujos elementos são também, todos eles, elementos de outro conjunto.

sub.cons.ci.en.te [*Sub-* + *consciente.*] *adj2g.* **1.** Que se passa na mente mas não é percebido pela própria consciência, podendo no entanto vir a sê-lo. ● *sm.* **2.** *Psican.* O conjunto dos fenômenos psíquicos subconscientes, ou o domínio mental que lhes é próprio.

sub.cu.tâ.ne:o [Lat. *subcutaneu.*] *adj.* **1.** Situado abaixo da pele. **2.** Que se aplica abaixo da pele.

sub.de.le.ga.do [*Sub-* + *delegado.*] *sm.* O substituto do delegado.

sub.de.le.gar [*Sub-* + *delegar.*] *vtdi.* Transmitir por delegação. [C.: 1C (é)]

sub.de.sen.vol.vi.do [*Sub-*+*desenvolvido.*]*adj.sm.* Diz-se de, ou indivíduo, povo, etc., em subdesenvolvimento.

sub.de.sen.vol.vi.men.to [*Sub-* + *desenvolvimento.*] *sm.* Condição de economias que, em comparação com os países industrializados da América do Norte, Europa e Ásia, mostram baixos níveis de produtividade, renda *per capita*, desenvolvimento tecnológico, etc.

sub.di.re.tor (ô) *sm.* O substituto do diretor.

sub.di.vi.dir [Lat. *subdividere.*◻1C] *vtd.* **1.** Dividir novamente (partes já divididas). *p.* **2.** Dividir-se de novo. **3.** Separar-se em várias divisões. [C.: 3]

sub.di.vi.são [Lat. *subdivisione.*◻2] *sf.* Nova divisão do que já estava dividido. [Pl.: *-sões.*]

su.bem.pre.go (ê) [*Sub-* + *emprego.*] *sm.* Situação dos que, embora tenham ocupação remunerada, só conseguem emprego em tempo parcial, ou em atividades de baixa produtividade e remuneração (como, p.ex., vigiar automóveis).

su.ben.ten.der [*Sub-* + *entender.*] *vtd.* Entender ou perceber (o que não fora exposto ou bem explicado). [C.: 2]

su.ben.ten.di.do [Part. de *subentender.*] *adj.* **1.** Que se subentende ou subentendeu. ● *sm.* **2.** O que está na mente, mas não foi expresso.

su.bes.pé.ci:e [*Sub-* + *espécie.*] *sf. Biol.* Categoria taxonômica em que se divide a espécie (4), quando esta comporta mais de um tipo bem definido; variedade.

su.bes.ta.ção *sf.* **1.** Instalação (2) que faz parte da rede de distribuição da eletricidade proveniente de uma usina geradora, e onde ocorre redução da tensão, adequando-a ao consumo. **2.** Estação secundária, ligada à principal. [Pl.: *-ções.*]

su.bes.ti.mar [*Sub-* + *estimar.*] *vtd.* Não dar a devida estima ou apreço a; não ter em boa conta; minimizar. [C.: 1]

sub.fa.mí.li:a [*Sub-* + *família.*] *sf. Biol.* Categoria situada entre a família e o gênero.

sub.fa.tu.rar *vtd.* Emitir fatura com preço abaixo do efetivamente cobrado. [C.: 1]

sub.fi.lo [*Sub-* + *filo.*] *sf. Biol.* Categoria situada entre a filo e a classe.

sub.gra.ve *adj2g. Mús.* Abaixo do grave.

sub.gru.po *sm.* **1.** Divisão de um grupo. **2.** *E.Ling.* Conjunto de línguas muito próximas no interior de uma família.

su.bi.da [*Subir*+*-ida.*] *sf.* **1.** Ato ou efeito de subir. **2.** Terreno inclinado, quando se sobe; aclive.

su.bir [Lat. *subire.*◻1C] *v.int.* **1.** Transportar-se ou elevar-se a lugar mais alto. **2.** Elevar-se no ar; alar-se. **3.** Atingir maior altura, ou preço mais alto, ou situação social superior. **4.** Montar. *tc.* **5.** Transportar-se a, ou pôr-se em (lugar mais alto); elevar-se. **6.** Entrar em veículo, embarcação, etc. *ti. e tdi.* **7.** Elevar-se a um cargo de posição superior (em instituição). *td.* **8.** Percorrer, andando para cima. **9.** Elevar (2). **10.** Trepar por; galgar. **11.** Fazer subir. **12.** Encarecer (1). [C.: 52]

su.bi.ta.men.te [F. de *súbito.*◻42] *adv.* De modo súbito; de repente.

su.bi.tâ.ne:o [Lat. *subitaneu.*] *adj.* V. *súbito* (1).

sú.bi.to [Lat. *subitu.*] *adj.* **1.** Que ocorre ou surge sem previsão; repentino, subitâneo. ● *adv.* **2.** V. *de súbito.* ♦ **De súbito.** V. *de repente.*

sub.ja.cen.te [Lat. *subjacente.*◻21A] *adj2g.* **1.** Que jaz ou está por baixo. **2.** Que não se manifesta, mas está subentendido.

sub.je.ti.var [*Subjetivo.*◻1A] *vtd.* Tornar ou julgar subjetivo. [C.: 1]

sub.je.ti.vis.mo [*Subjetivo.*◻11] *sm.* **1.** Tendência a reduzir tudo ao sujeito (7). **2.** Propensão para tudo o que é subjetivo.

sub.je.ti.vo [Lat. *subjectivu.*◻22] *adj.* **1.** Do, ou existente no sujeito (7). **2.** Individual, pessoal. § **sub.je.ti.vi.da.de** *sf.*

sub.ju.gar [Lat. *subjugare.*◻1A] *vtd.* **1.** Submeter pela força das armas. **2.** Dominar, vencer. [C.: 1C] § **sub.ju.ga.ção** *sf.*

sub.jun.ti.vo [Lat. *subjunctivu.*◻22] *adj.* **1.** Subordinado, dependente. **2.** *E.Ling.* Diz-se do modo verbal que enuncia o fato como subordinado a outro. ● *sm.* **3.** *E.Ling.* Esse modo.

sub.le.var (sub-le) [Lat. *sublevare.*◻1A] *vtd. e p.* Amotinar(-se). [C.: 1 (é)] § **sub.le.va.ção** *sf.*

su.bli.mar [Lat. *sublimare.*◻1A] *vtd. e p.* **1.** Tornar(-se) sublime. **2.** Erguer(-se) a uma grande altura. **3.** Exaltar(-se), engrandecer(-se). **4.** Fazer, passar, ou passar (um corpo) do es-

sublime | subscrição

tado sólido ao gasoso. [C.: 1] § **su.bli.ma.ção** *sf.*; **su.bli.ma.do** *adj.*

su.bli.me [Lat. *sublime*.] *adj2g.* 1. Que atingiu altíssimo grau na escala dos valores morais, etc.; quase perfeito. 2. Cujos méritos transcendem o normal. 3. Magnífico; grandioso. § **su.bli.mi.da.de** *sf.*

sub.li.mi.nar (sub-li) [*Sub-* +lat. *limine*+ -*ar*¹. ◼40] *adj2g.* 1. Que é inferior, ou que não ultrapassa o limiar. 2. Diz-se de estímulo não muito intenso, que não passa do limiar da consciência.

sub.li.nha (sub-li) ou **su.bli.nha** *sf.* Linha traçada por baixo de palavra.

sub.li.nhar (sub-li) ou **su.bli.nhar** [*Sublinha*. ◼1A] *vtd.* 1. Traçar sublinha(s) em. 2. Salientar, destacar. [C.: 1]

sub.lo.car (sub-lo) [*Sub-* + *locar*.] *vtd. e tdi.* Alugar (imóvel que já se acha alugado). [C.: 1A (ó)] § **sub.lo.ca.ção** (sub-lo) *sf.*; **sub.lo.ca.dor** (sub-lo...ô) *sm.*

sub.lo.ca.tá.ri:o (sub-lo) [*Sublocar*. ◼24A] *sm.* Aquele que recebe por sublocação.

sub.lu.nar (sub-lu) [*Sub-* + *lunar*.] *adj2g.* Situado abaixo da Lua.

sub.ma.ri.no [*Sub-* + *marino*.] *adj.* 1. Que está sob as águas do mar. ● *sm.* 2. Embarcação, esp. navio de guerra, que opera submersa.

sub.mer.gir [Lat. *submergere*. ◼1C] *vtd.* 1. Cobrir de água; inundar. 2. Fazer sumir na água; afundar. *int. e p.* 3. Ficar totalmente mergulhado na água; afundar. [C.: 8. Embora defectivo, este verbo, como int. e p., vem sendo conjugado em todas as pessoas: *submerjo*, *submerges*, etc. Part.: *submergido* e *submerso*.]

sub.mer.gí.vel [*Submergir*. ◼41] *adj2g.* Que pode submergir-se; submersível. [Pl.: -*veis*.]

sub.mer.são [Lat. *submersione*. ◼2] *sf.* Ato ou efeito de submergir(-se). [Pl.: -*sões*.]

sub.mer.sí.vel [*Submerso*. ◼41A] *adj2g.* Submergível. [Pl.: -*veis*.]

sub.mer.so [Lat. *submersu*.] *adj.* Que submergiu.

sub.me.ter [Lat. *submittere*. ◼1B] *vtd. e tdi.* 1. Reduzir à obediência, à dependência; sujeitar. 2. Tornar objeto de; subordinar. 3. Oferecer a exame, apreciação, ou a aprovação. 4. Fazer passar por. *p.* 5. Sujeitar (5). [C.: 2 (ê-é)] § **sub.me.ti.do** *adj.*

sub.mis.são [Lat. *submissione*. ◼2] *sf.* 1. Ato ou efeito de submeter(-se) (a uma autoridade, a uma lei, etc.). 2. Aceitação de um estado de dependência. [Pl.: -*sões*.]

sub.mis.so [Lat. *submissu*.] *adj.* Que se submeteu ou se submete, se sujeitou ou se sujeita.

sub.múl.ti.plo *sm. Mat.* Número inteiro que é divisor de outro inteiro.

sub.mun.do *sm.* 1. O mundo do crime organizado. 2. O conjunto dos marginais ou delinquentes que o constituem.

sub.nu.cle.ar [*Sub-* + *núcleo* + -*ar*¹. ◼40] *adj2g. Fís.* De, ou relativo a partículas que se situam dentro do núcleo de um átomo.

sub.nu.tri.ção [*Sub-* + *nutrição*.] *sf. Med.* Estado de pessoa insuficientemente nutrida, o qual, quando prolongado, pode comprometer a saúde, ou provocar a morte. [Pl.: -*ções*.]

sub.nu.tri.do [Part. de *subnutrir*.] *adj. sm.* Que, ou quem se acha em estado de subnutrição.

sub.nu.trir [*Sub-* + *nutrir*.] *vtd.* Nutrir insuficientemente. [C.: 3]

su.bo.fi.ci.al [*Sub-* + *oficial*.] *sm.* V. *hierarquia militar*. [Pl.: -*ais*.]

sub.or.dem [*Sub-* + *ordem*.] *sf. Biol.* Subdivisão de ordem (15). [Pl.: -*dens*.]

sub.or.di.na.ção [Lat. *subordinatione*. ◼2A] *sf.* 1. Ato ou efeito de subordinar. 2. Estado de dependência ou obediência a uma hierarquia, a um poder. 3. *E.Ling.* Tipo de construção de período em que uma ou mais orações dependem de uma oração principal à qual acrescentam noção específica. [Ex.: *Sei que ele sairá cedo*.] [Pl.: -*ções*.]

sub.or.di.na.do [*Subordinar*. ◼17A] *adj.* 1. Dependente, subalterno. 2. Que, em conexão com outra coisa, ocupa lugar inferior. 3. *E.Ling.* Diz-se de oração que depende de outra(s). ● *sm.* 4. Subalterno.

sub.or.di.nar [Lat.med. *subordinare*. ◼1A] *vtd. e tdi.* 1. Pôr sob a dependência de; sujeitar. 2. Ligar a um princípio ou coisa superior. [C.: 1]

sub.or.di.na.ti.vo [*Subordinar*. ◼22A] *adj.* 1. Que denota ou estabelece subordinação. 2. *E.Ling.* Diz-se de conjunção que liga 2 orações, uma das quais completa ou determina o sentido da outra.

su.bor.nar [Lat. *subornare*. ◼1A] *vtd.* Dar dinheiro ou outros valores a, para conseguir coisa ilícita ou imoral; peitar. [C.: 1 (ó)] § **su.bor.na.do** (ó); **su.bor.ná.vel** *adj2g.*

su.bor.no (ô) [Dev. de *subornar*.] *sm.* 1. Ato ou efeito de subornar. 2. Dinheiro, etc., dado em suborno (1). [Pl.: -*bornos* (ô).]

sub-rei.tor (ô) *sm.* Auxiliar imediato do reitor. [Pl.: *sub-reitores*.]

sub-rep.ção [Lat. *subreptione*. ◼2] *sf.* Ato de alcançar uma graça ou benefícios por meios sub-reptícios. [Pl.: *sub-repções*.]

sub-rep.tí.ci:o [Lat. *subrepticiu*. ◼34B] *adj.* 1. Fraudulento; ilícito. 2. Feito às ocultas; furtivo. [Pl.: *sub-reptícios*.]

sub-ro.gar [Lat. *subrogare*. ◼1A] *vtd.* 1. Pôr em lugar de outrem; substituir. 2. Substabelecer. *p.* 3. Assumir ou tomar o lugar de outrem. [C.: 1C (ó)] § **sub.ro.ga.ção** (sub-ro) *sf.*

subs.cre.ver [Lat. *subscribere*. ◼1B] *vtd.* 1. Escrever por baixo. 2. Assinar, firmar. 3. Aceitar escrito, julgamento, opinião. *tdi.* 4. Tomar parte em subscrição (2). *p.* 5. Assinar-se. [C.: 2 (ê-é). Part.: *subscrito*.]

subs.cri.ção [Lat. *subscriptione*. ◼2] *sf.* 1. Ato ou efeito de subscrever. 2. Compromisso de contribuir com certa quantia para empresa,

subsequente | sucção

obra de beneficência, homenagem, etc. **3.** Assinatura (3). [Pl.: -*ções*].

sub.se.quen.te (qüen) [Lat. *subsequente*. ◘21A] *adj2g.* Que segue imediatamente a outro no tempo ou no lugar; imediato.

sub.ser.vi.en.te [Lat. *subserviente*. ◘21A] *adj2g.* **1.** Que serve às ordens de outrem. **2.** Servil (3). § **sub.ser.vi.ên.ci.a** *sf.*

sub.si.di.ar (si) [*Subsídio*. ◘1A] *vtd.* **1.** Dar subsídio a. **2.** Contribuir com subsídio para. [C.: 1]

sub.si.di.á.ri.a (si) *sf.* Empresa controlada por outra, detendo esta o total ou a maioria de suas ações.

sub.si.di.á.ri.o (si) [Lat. *subsidiariu*. ◘24] *adj.* **1.** Que tem o caráter de, ou serve de subsídio. **2.** V. *secundário* (1).

sub.sí.di.o (sí) [Lat. *subsidiu*.] *sm.* **1.** Ajuda pecuniária ou de outra ordem, dada a qualquer empresa ou a particular. **2.** Quantia que o Estado arbitra ou subscreve para obras de interesse público. **3.** *Bras.* Vencimentos dos membros do legislativo.

sub.sis.tên.ci.a (sis) [Lat. *subsistentia*. ◘10] *sf.* **1.** Estado de pessoas ou coisas que subsistem. **2.** Conjunto do que é preciso para sustentar a vida.

sub.sis.tir (sis) [Lat. *subsistere*. ◘1C] *v.int.* **1.** Ser, existir. **2.** Existir na sua substância. **3.** Estar com vida, ou em vigor. **4.** Conservar a sua força ou ação. [C.: 3] § **sub.sis.ten.te** (sis) *adj2g.*

sub.so.lo [*Sub-* + *solo*[1].] *sm.* **1.** Camada do solo imediatamente por baixo da camada visível ou arável. **2.** Parte duma construção, abaixo do rés do chão.

subs.ta.be.le.cer [*Sub-*+*estabelecer*.] *vtdi.* Transferir para outrem (encargo ou procuração recebida); sub-rogar. [C.: 2A (ê-é)]

subs.tân.ci.a [Lat. *substantia*.] *sf.* **1.** A parte real, ou essencial, de algo. **2.** A natureza dum corpo; matéria. **3.** O que é necessário à permanência material de uma coisa. **4.** O que é necessário à vida; sustância. **5.** Qualquer matéria caracterizada por suas propriedades específicas.

subs.tan.ci.al [*Substância*. ◘39] *adj2g.* Que tem substância, ou é nutritivo, alimentício; substancioso. [Pl.: *-ais*.]

subs.tan.ci.o.so (ô) [*Substância*. ◘37] *adj.* Substancial. [Pl.: -*osos* (ó).]

subs.tan.ti.var [*Substantivo*. ◘1A] *vtd.* Empregar como substantivo. [C.: 1] § **subs.tan.ti.va.do** *adj.*

subs.tan.ti.vo [Lat. *substantivu*. ◘22] *sm. E.Ling.* Palavra com que se nomeia um ser ou um objeto, ou uma ação, um evento, qualidade ou estado.

subs.ti.tu.ir [Lat. *substituere*. ◘1C] *vtd.* **1.** Colocar (pessoa ou coisa) em lugar de; trocar. **2.** Ser, existir ou fazer-se em vez de. **3.** Fazer o serviço, as funções de. **4.** Tomar o lugar de; render. *tdi.* **5.** Pôr ou dar (em lugar de outro). [C.: 42] § **subs.ti.tu.i.ção** *sf.*

subs.ti.tu.ti.vo [Lat. *substitutivu*. ◘22] *adj.* **1.** Próprio para substituir. ● *sm.* **2.** Emenda; substituição.

subs.ti.tu.to [Lat. *substitutu*.] *adj.* **1.** Que substitui. ● *sm.* **2.** Indivíduo que substitui outro.

subs.tra.to [Lat. *substratu*.] *sm.* **1.** O que constitui a parte essencial do ser, a essência. **2.** Substância ou material que serve de base ou suporte.

sub.ten.der [Lat. *subtendere*. ◘1B] *vtd.* Estender por baixo. [C.: 2]

sub.te.nen.te *sm.* V. *hierarquia militar*.

sub.ter.fú.gi.o [Lat. *subterfugiu*. ◘34B] *sm.* Ardil us. para fugir a dificuldades.

sub.ter.râ.ne.o [Lat. *subterraneu*.] *adj.* **1.** Que fica debaixo da terra. **2.** Que ocorre sob a terra. **3.** *Fig.* Feito clandestinamente. ● *sm.* **4.** Lugar ou construção subterrânea.

sub.tí.tu.lo [*Sub-* + *título*.] *sm.* Segundo título, ger. explicativo do primeiro.

sub.to.tal [*Sub-*+*total*.] *sm.* Resultado parcial de adição. [Pl.: -*tais*.]

sub.tra.ção [Lat. *subtractione*. ◘2A] *sf.* **1.** Ato ou efeito de subtrair(-se). **2.** *Arit.* Operação inversa à da adição; diminuição. [Pl.: -*ções*.]

sub.tra.en.do [Lat. *subtrahendu*.] *sm. Arit.* Número que se tira do outro numa subtração.

sub.tra.ir [Lat. *subtrahere*. ◘1C] *vtd.* **1.** Tirar às escondidas, ou com fraude; furtar, roubar. **2.** Tirar (número, quantia, etc.) de outro número, quantia, etc.; diminuir. *tdi.* **3.** Tirar, deduzir. *p.* **4.** Esquivar-se. [C.: 38]

sub.tro.pi.cal *adj2g.* Diz-se de clima de temperatura média inferior a 20ºC, ou de região que tem esse clima. [Pl.: -*cais*.]

su.bur.ba.no [Lat. *suburbanu*. ◘29A] *adj.* **1.** Próprio do, ou que mora em subúrbio. ● *sm.* **2.** Aquele que mora em subúrbio.

su.búr.bi.o [Lat. *suburbiu*. ◘34B] *sm.* **1.** Arredores de cidade ou de qualquer povoação. **2.** *Bras. RJ* Bairro afastado do centro da cidade e que, originalmente, era ligado a este, sobretudo por linha ferroviária.

sub.ven.ção [Lat. *subventione*. ◘2] *sf.* Auxílio pecuniário, ger. concedido pelos poderes públicos. [Pl.: -*ções*.]

sub.ven.ci.o.nar [*Subvenção* (-*cion*-). ◘1A] *vtd.* Conceder subvenção a. [C.: 1]

sub.ver.são [Lat. *subversione*. ◘2] *sf.* **1.** Ato ou efeito de subverter. **2.** Insubordinação ao poder constituído. [Pl.: -*sões*.]

sub.ver.si.vo [Lat. *subversus* + -*ivo*. ◘22] *adj. sm.* Que, ou quem subverte ou pode subverter.

sub.ver.ter [Lat. *subvertere*. ◘1B] *vtd.* **1.** Voltar de baixo para cima; revirar. **2.** Agitar, sublevar. **3.** Perverter, corromper. [C.: 2 (ê-é)]

su.ca.ta [Do *Ar*.] *sf.* **1.** Objeto metálico inutilizado e que, refundido, é de novo lançado no mercado. **2.** Ferro-velho (2). **3.** *P.ext.* Qualquer objeto deteriorado.

suc.ção ou **su.ção** [Lat.med. *suctione*. ◘2] *sf.* Ato ou efeito de sugar. [Pl.: -*ções*.]

sucedâneo | sufocar

su.ce.dâ.ne:o [Lat. *succedaneu.*] *adj. sm.* Diz-se de, ou medicamento ou qualquer coisa capaz de substituir outra.

su.ce.der [Lat. *succedere.* ◼1B] *v.int.* **1.** Dar-se (algum fato); acontecer. *ti.* **2.** Vir ou acontecer depois: *A noite sucede ao dia.* **3.** Acontecer, ocorrer: *O que lhe sucedeu? O que sucedeu a ele?* **4.** Substituir em emprego ou dignidade: *Sucedeu-lhe na presidência.* [Na linguagem informal, é usual a regência direta: *Quem vai sucedê-lo?* Prefira-se, porém, na linguagem culta formal a regência indireta.] **5.** Tomar o lugar de outrem ou de outra coisa. *p.* **6.** Decorrer ou acontecer sucessivamente. [C.: 2 (ê-é). Defect., nas acepçs. 1, 3 e 6, é unipess.]

su.ce.di.do [Part. de *suceder.*] *adj. sm.* Que, ou o que sucedeu.

su.ces.são [Lat. *successione.* ◼2] *sf.* **1.** Ato ou efeito de suceder(-se). **2.** Série (2). **3.** Sequência de pessoas ou coisas que se sucedem ou se substituem sem interrupção ou com breves intervalos. **4.** Transmissão do patrimônio dum finado a seus herdeiros e legatários. **5.** *Fig.* Descendência, prole. [Pl.: *-sões.*]

su.ces.si.vo [Lat. *successivu.* ◼22] *adj.* Que vem depois ou em seguida.

su.ces.so [Lat. *successu.*] *sm.* **1.** Acontecimento; ocorrência. **2.** Resultado, conclusão. **3.** Resultado feliz. **4.** Livro, espetáculo, etc., que alcança grande êxito, ou autor, artista, etc., de largo prestígio e/ou popularidade.

su.ces.sor (ó) [Lat. *successore.* ◼19] *adj.* **1.** Que sucede a outrem. ● *sm.* **2.** Aquele que sucede a outrem, ou que o substitui num cargo ou função. **3.** Herdeiro (1).

su.ces.só.ri:o [Lat. *successoriu.* ◼23] *adj.* Relativo a sucessão.

sú.ci:a *sf.* V. *corja.*

su.cin.to [Lat. *succintu.*] *adj.* Que consta ou se serve de poucas palavras.

su.co [Lat. *sucu.*] *sm.* **1.** Líquido com propriedades nutritivas contido nas substâncias animais ou vegetais; sumo. **2.** *Fisiol.* Nome genérico da secreção corporal, ou líquido originado em tecido (3). **3.** *Bras. Fam.* Coisa ótima.

suc.to.ri.al [*Suctório.* ◼39] *adj2g. Zool.* Diz-se de órgão que realiza sucção. [Pl.: *-ais.*]

su.çu.a.ra.na [Do tupi.] *sf. Bras. Zool.* Felídeo selvagem semelhante ao jaguar, mas de pelagem uniforme, amarelo-avermelhada; onça-parda, onça-vermelha, puma.

su.cu.len.to [Lat. *suc(c)ulentu.* ◼27] *adj.* **1.** Que tem suco (1). **2.** Nutritivo. **3.** *Bot.* Diz-se de planta que armazena água em grandes células parenquimatosas.

su.cum.bir [Lat. *succumbere.* ◼1C] *vti.* **1.** Cair sob o peso de. **2.** Não resistir; ceder. *int.* **3.** Mostrar-se abatido em extremo. **4.** V. *morrer* (1). **5.** Ser derrotado. [C.: 3]

su.cu.pi.ra [Do tupi.] *sf. Bras. Bot.* Árvore fabácea de madeira de lei.

su.cu.ri [Do tupi.] *sf. Bras.* Grande cobra boídea, sem peçonha; boiuna.

su.cur.sal [Fr. *succursale.*] *sf.* Estabelecimento que depende duma matriz (3) ou sede. [Pl.: *-sais.*]

su.da.ção [Lat. *sudatione.* ◼2A] *sf.* Ato ou efeito de suar. [Pl.: *-ções.*]

su.dá.ri:o [Lat. *sudariu.* ◼24] *sm.* **1.** Pano com que outrora se enxugava o suor. **2.** Espécie de lençol para envolver cadáveres.

su.des.te [Fr. *sud-est.*] *sm.* **1.** V. *sueste* (1 a 3). **2.** V. *Grande Região.* [Com inicial maiúsc. nesta acepç.] ● *adj2g.* **3.** Sueste (4). [Abrev.: *S.E.*]

sú.di.to [Lat. *subditu.*] *sm.* Homem submetido à vontade de outrem, vassalo.

su.do.es.te [Fr. *sud-ouest.*] *sm.* **1.** Ponto do horizonte situado a 45º do S. e do O. **2.** O vento que sopra dessa direção. **3.** Região ou regiões situadas a sudoeste (1). ● *adj2g.* **4.** Situado a sudoeste (1), ou dele procedente. [Abrev. de 1 e 3: *S.O.* ou *S.W.*]

su.do.re.se [Lat.cient. *sudoresis.*] *sf. Med.* Secreção de suor.

su.do.rí.fe.ro [Lat. *sudoriferu.*] *adj. sm.* Diz-se de, ou agente que faz suar; sudorífico.

su.do.rí.fi.co [*Sudor(i)-* + *-fico.*] *adj. sm.* Sudorífero.

su.do.rí.pa.ro [*Sudor(i)-* + *-paro.*] *adj.* Que produz suor, ou relativo a ele.

su.e.co [Port.ant. *suécio.*] *adj.* **1.** Da Suécia (Europa). ● *sm.* **2.** O natural ou habitante da Suécia. **3.** *E.Ling.* A língua sueca.

su.es.te [Var. de *sudeste.*] *sm.* **1.** Ponto do horizonte situado a 45º do S. e do E. **2.** O vento que sopra dessa direção. **3.** Região ou regiões situadas a sueste (1). ● *adj2g.* **4.** Situado a sueste (1), ou dele procedente. [Abrev. de 1 e 3: *S.E.* Sin.ger.: *sudeste.*]

su.é.ter [Ingl. *sweater.*] *sm.f.* Blusa fechada de malha, ger. de lã. [Pl.: *suéteres.*]

su.e.to (ê) [Lat. *suetu.*] *sm.* Descanso, folga.

su.fi.ci.en.te [Lat. *sufficiente.*] *adj2g.* **1.** Que satisfaz; bastante. **2.** Que está entre o bom e o sofrível. **3.** Capaz, hábil. ● *sm.* **4.** O que basta.
§ **su.fi.ci.ên.ci:a** *sf.*

su.fi.xo (cs) [Lat. *suffixu.*] *sm. E.Ling.* Afixo que se pospõe ao radical (8).

su.flê [Fr. *soufflé.*] *sm. Cul.* Iguaria de forno, leve e delicada, à base de um creme com legumes, ou camarão, etc., e claras batidas.

su.fo.ca.ção [Lat. *suffocatione.* ◼2A] *sf.* **1.** Ato ou efeito de sufocar. **2.** *Med.* Asfixia produzida por obstáculo mecânico situado no interior das vias respiratórias, ou na boca e no nariz. [Pl.: *-ções.*]

su.fo.car [Lat. *suffocare.* ◼1A] *vtd.* **1.** Impedir a respiração de. **2.** Matar por asfixia. **3.** Impedir a manifestação ou expressão de; reprimir, conter. *int.* **4.** Perder a respiração. [C.: 1A (ó)]
§ **su.fo.can.te** *adj2g.*

sufragâneo | sulfurino

su.fra.gâ.ne:o [B.-lat. *suffraganeu*.] *adj.* Diz-se de bispo ou bispado dependente dum metropolitano[1] (2).

su.fra.gar [Lat. *suffragiu*. 1A] *vtd.* 1. Apoiar, favorecer, com sufrágio. 2. Rezar em intenção de (a alma de alguém). [C.: 1C]

su.frá.gi:o [Lat. *suffragiu*. 34B] *sm.* 1. Voto, votação. 2. Apoio, adesão. 3. Oração pelos mortos.

su.ga.dou.ro ou **su.ga.doi.ro** [*Sugar*. 26B] *sm. Zool.* Órgão sugador de vários insetos.

su.gar [Lat. *sugere*, com troca de conjug. 1A] *vtd.* 1. Sorver com certo esforço. 2. *Fig.* Extorquir (2). [C.: 1C] § **su.ga.dor** (ô) *adj.*

su.ge.rir [Lat. *suggerere*. 1C] *vtd.* e *tdi.* 1. Fazer que se apresente ao espírito (uma noção) por menção ou associação de ideias. 2. Lembrar, propor. [C.: 48]

su.ges.tão [Lat. *suggestione*. 2] *sf.* 1. Ato ou efeito de sugerir. 2. O que se sugere. 3. Estímulo, instigação. [Pl.: *-tões*.]

su.ges.ti:o.nar [*Sugestão* (*-tion-*). 1A] *vtd.* Produzir sugestão em. [C.: 1] § **su.ges.ti:o.ná.vel** *adj2g.*

su.ges.ti.vo [Lat. *suggestus* + *-ivo*. 22] *adj.* 1. Que sugestiona. 2. Aliciador.

su.í.ças *sfpl.* Barba que se deixa crescer nos lados da face.

su:i.ci.da [Lat. *sui*, 'de si', + *-cida*.] *s2g.* 1. Pessoa que se suicidou, ou que tem essa tendência. ● *adj2g.* 2. Próprio de suicida (1). 3. Que envolve danos, perdas, etc.

su:i.ci.dar-se [*Suicídio* + -*ar*[2] + *se*[1]. 1A] *vp.* 1. Dar a morte a si mesmo; matar-se. 2. *Fig.* Causar a própria ruína. [C.: 1]

su:i.cí.di:o [Lat. *sui*, 'de si', + *-cídio*.] *sm.* Ato ou efeito de suicidar-se.

su.í.de:o [Tax. Suidae.] *adj. sm. Zool.* Diz-se de, ou espécime dos suídeos, família de mamíferos onívoros, escavadores. Ex.: porcos, javalis.

→ **sui generis** (súi gêneris) [Lat.] Que é único; peculiar.

su.in.da.ra [Do tupi.] *sf. Zool.* Ave titonídea, espécie de coruja cosmopolita; coruja-de-igreja.

su.í.no [Lat. *suinu*.] *adj.* 1. Do, ou próprio do porco. ● *sm.* 2. O porco.

su:í.no.cul.tor (ô) [*Suíno* + *cultor*.] *sm.* Criador de porcos.

su:í.no.cul.tu.ra [*Suíno* + *cultura*.] *sf.* Criação de porcos.

su.í.te [Fr. *suite*.] *sf.* 1. *Mús.* Sucessão de peças instrumentais, de caráter e ritmos diferentes, ligadas ou não entre si por uma tonalidade única. 2. Quarto que tem anexo um banheiro exclusivo.

su.jar [*Sujo*. 1A] *vtd.* 1. Tornar sujo ou impuro; manchar. *p.* 2. Praticar atos infamantes. 3. Emporcalhar-se. [C.: 1]

su.jei.ção [Lat. *subjectione*. 2] *sf.* Ato ou efeito de sujeitar(-se). [Pl.: *-ções*.]

su.jei.ra [*Sujo*. 16] *sf.* 1. Imundície, porcaria, sujidade. 2. Ação incorreta ou indecente.

su.jei.tar [Lat. *subjectare*. 1A] *vtd.* 1. Tornar sujeito (o que era livre). 2. Tornar obediente ou dependente. *tdi.* 3. Subordinar, submeter. 4. Constranger, coagir. *p.* 5. Render-se à lei, ou à vontade de outrem; submeter-se. 6. Conformar (4). [C.: 1. Part.: *sujeitado* e *sujeito*.]

su.jei.to [Lat. *subjectu*.] *adj.* 1. Escravizado, cativo. 2. Obrigado, constrangido. 3. Que se sujeita à vontade alheia. 4. Passível. ● *sm.* 5. *Pej.* V. *fulano* (1). 6. *E.Ling.* Termo da oração a respeito do qual se anuncia alguma coisa e com o qual o verbo concorda. 7. *Filos.* O ser individual, real, que se considera como tendo qualidades ou praticado ações. ◆ **Sujeito composto.** *E.Ling.* O que tem mais de um núcleo (subst., ou pron.). **Sujeito simples.** *E.Ling.* O que só tem um núcleo, *i.e.*, aquele em que o verbo se refere a um único elemento.

su.ji.da.de [*Sujo*. 14] *sf.* 1. V. *sujeira* (1). 2. Excremento, fezes.

su.jo [Lat. *sucidu*.] *adj.* 1. Falto de limpeza; imundo. 2. Manchado. 3. Indecente; sórdido. ● *sm.* 4. *Bras. Pop.* V. *diabo* (2).

sul [Fr. *sud*.] *sm.* 1. Ponto cardeal (q.v.) que se opõe diretamente ao norte (1) e sito à direita do observador voltado para o este. 2. O Polo Sul. 3. Região ou regiões situadas ao sul (1). 4. *Geogr.* V. *Grande Região*. [Com inicial maiúsc. nesta acepç.]. 5. O vento que sopra do sul (1). ● *adj2g.* 6. Situado ao sul (1), ou dele procedente. [Abrev. de 1, 3 e 4: *S*. Pl.: *suis*.]

sul-a.me.ri.ca.no *adj.* 1. Da América do Sul. ● *sm.* 2. O natural ou habitante desse continente. [Flex.: *sul-americanos*, *sul-americana(s)*.]

sul.car [Lat. *sulcare*. 1A] *vtd.* 1. Fazer sulcos em. 2. Navegar por. 3. Cavar rugas, pregas ou fendas em. [C.: 1A]

sul.co [Lat. *sulcu*.] *sm.* Depressão numa superfície.

sul.fa [F.red. de sulfanilamida.] *sf. Quím.* V. *sulfonamida*.

sul.fa.ni.la.mi.da [(*Ácido*) *sulfanil* (*ico*) + *amida*.] *sf. Quím.* Poderosa substância antibacteriana, a primeira do grupo das sulfonamidas a ser descoberta.

sul.fa.to [*Sulf*(*o*)- + *-ato*[2].] *sm. Quím.* Sal do ácido sulfúrico.

sul.fi.to [*Sulf*(*o*)- + *-ito*[3].] *sm. Quím.* Qualquer sal do ácido sulfuroso.

sul.fo.na.mi.da [*Sulfôn*(*ico*) + *-amida*.] *sf. Quím.* Cada uma de um grupo de substâncias derivadas da sulfanilamida, e que têm importante ação antibacteriana.

sul.fú.re:o [Lat. *sulfureu*.] *adj.* 1. Da natureza do enxofre. 2. Em cuja composição entra o enxofre; sulfuroso.

sul.fú.ri.co [*Sulfur*- + *-ico*[2]. 35B] *adj.* 1. Do enxofre, ou relativo a ele. 2. *Quím.* Diz-se de um ácido muito reativo [fórm.: H_2SO_4] e amplamente us. pela indústria.

sul.fu.ri.no [*Sulfur*- + *-ino*[1]. 30] *adj.* Que tem a cor do enxofre.

sul.fu.ro.so (ô) [Lat. *sulfurosu*.◘37] *adj.* **1.** Sulfúreo. **2.** *Quím.* Diz-se de um ácido instável [fórm.: H_2SO_3], que se forma pela dissolução do dióxido de enxofre em água. [Pl.: *-rosos* (ó).]

su.lí.de:o [Tax. *Sulidae.*] *adj. sm. Zool.* Diz-se de, ou família dos sulídeos, aves pelicaniformes que nidificam em rochedos costeiros e ilhas oceânicas. São os atobás.

su.lis.ta [*Sul.*◘36] *adj2g.* **1.** Do sul de uma região ou país. **2.** *Bras.* Do Sul brasileiro. ● *s2g.* **3.** *Bras.* O natural ou habitante do Sul do Brasil.

sul-ma.to-gros.sen.se [◘38] *adj2g.* **1.** De MS. ● *s2g.* **2.** O natural ou habitante desse estado. [Pl.: *sul-mato-grossenses.*]

sul.tão [Do ár.] *sm.* **1.** Antigo título do imperador da Turquia (Ásia), e hoje de alguns soberanos de países muçulmanos. **2.** *Fig.* Homem de muitas amantes. [Pl.: *-tões*. Fem.: *sultana*.]

su.ma [Lat. *summa.*] *sf.* Sinopse, resumo. ♦ **Em suma.** Em resumo; de modo breve e conclusivo.

su.ma.gre [Do ár.] *sm. Zool.* Arbusto anacardiáceo cuja casca e folhas fornecem tanino.

su.ma.ré [Do tupi.] *sm. Bras. Bot.* Orquidácea terrestre, de flores amarelas.

su.ma.ren.to [*Sumo*¹ + *-ar-* (expr.) + *-ento.*◘27] *adj.* Que tem sumo¹, ou muito sumo.

su.ma.ri.ar [*Sumário.*◘1A] *vtd.* Tornar sumário; resumir. [C.: 1]

su.má.ri:o [Lat. *summariu*.◘24] *adj.* **1.** Resumido, breve, sintético. **2.** Realizado sem formalidades. ● *sm.* **3.** V. *resumo* (2). **4.** *Edit.* Relação dos títulos das seções, partes ou capítulos de uma obra, na ordem em que se sucedem; índice.

su.ma.ú.ma [Do tupi.] *sf. Bras. Bot.* Gigantesca árvore bombacácea.

su.mé.ri:o *adj.* **1.** Da, ou pertencente ou relativo à Suméria, antiga região da Mesopotâmia (Ásia). ● *sm.* **2.** Natural ou habitante da Suméria.

su.mi.ço [*Sumir* + *-iço.*] *sm.* Desaparecimento.

su.mi.da.de [Lat. *summitate.*◘14] *sf.* **1.** Qualidade de alto, eminente. **2.** Cimo, cume. **3.** Pessoa que sobressai às outras por seus talentos ou saber.

su.mi.do [Part. de *sumir*.] *adj.* **1.** Que sumiu. **2.** Fundo, encovado. **3.** Que mal se vê ou se ouve. **4.** *Fam.* Magro (1).

su.mi.doi.ro ou **su.mi.dou.ro** [*Sumir.*◘26B] *sm.* **1.** Abertura por onde um rio desaparece no interior da terra, ressurgindo em outros sítios mais baixos. **2.** Lugar onde se somem muitas coisas. **3.** *Fig.* Coisa em que se desperdiça muito dinheiro. **4.** Poço não revestido para o despejo dos líquidos domiciliares, para serem absorvidos pelo solo envolvente.

su.mir [Lat. *sumere*.◘1C] *vtd.* **1.** Fazer desaparecer. **2.** Esquecer em lugar de que não se tem lembrança; perder. **3.** Esconder, ocultar. **4.** Gastar, consumir. **5.** Apagar, eliminar. *ti.* **6.** Sumir (1). *tc.* **7.** Passar muito tempo sem aparecer em, ou deixar de ir a (certo lugar). *int.* e *p.* **8.** Desaparecer. [C.: 52]

su.mo¹ [Gr. *zomós*.] *sm.* Suco (1).

su.mo² [Lat. *summu*.] *adj.* **1.** Que se acha no lugar mais elevado. **2.** Máximo, supremo. **3.** Excelente, excelso. **4.** Grande, extraordinário.

sú.mu.la [Lat. *summula*.] *sf.* Pequena suma.

sun.ga [Dev. de *sungar*.] *sf. Bras.* Calção cavado, próprio para banho de mar.

sun.gar [Do quimb.◘1A] *vtd. Bras.* **1.** Suspender o cós de (calça ou saia). **2.** Puxar, levantando. **3.** Reter com esforço (o muco do nariz), não se assoando. [C.: 1C]

su.ni.ta *adj2g. s2g.* Dize-se de, ou membro dos sunitas, muçulmanos majoritários, que, ao contrário dos xiitas, reconhecem os 4 primeiros califas como sucessores diretos de Maomé. [Cf. *xiita* (1).]

sun.tu.á.ri:o [Lat. *sumptuariu*.◘24B] *adj.* **1.** Relativo a despesas ou a luxo. **2.** V. *suntuoso* (2).

sun.tu.o.so (ô) [Lat. *sumptuosu*.◘37] *adj.* **1.** Com que se fez grande despesa. **2.** Em que há grande luxo; suntuário, pomposo. [Pl.: *-osos* (ó).] § **sun.tu:o.si.da.de** *sf.*

su.or (ó) [Lat. *sudore*.] *sm.* **1.** *Fisiol.* Humor (1) aquoso, de odor particular, segregado pelas glândulas sudoríparas e eliminado através dos poros da pele; transpiração. **2.** *Fig.* Trabalho árduo; trabalheira.

su.pe.ra.bun.dân.ci:a [Lat. *superabundantia*.◘9] *sf.* **1.** Grande abundância; profusão. **2.** Qualidade de superabundante.

su.pe.ra.bun.dar [Lat. *superabundare*.◘1A] *v.int.* **1.** Existir em superabundância. *ti.* **2.** Ser mais do que necessário; exceder. [C.: 1] § **su.pe.ra.bun.dan.te** *adj2g.*

su.pe.ra.li.men.ta.ção *sf.* **1.** Ato ou efeito de superalimentar(-se). **2.** Método terapêutico em que se aumenta a quantidade de alimento ingerida por um indivíduo além das exigências do apetite. [Pl.: *-ções*.]

su.pe.ra.li.men.tar [*Super-* + *alimentar*.] *vtd.* e *p.* Alimentar(-se) em excesso. [C.: 1]

su.pe.ra.que.cer [*Super-* + *aquecer*.] *vtd.* Submeter (substância, líquido ou vapor) a temperaturas elevadas. [C.: 2A (ê-é)]

su.pe.ra.que.ci.men.to [*Superaquecer*.◘3A] *sm.* Ato ou efeito de superaquecer.

su.pe.rar [Lat. *superare*.◘1A] *vtd.* **1.** Ser ou mostrar-se superior, em força, valor, intensidade, etc. **2.** Vencer, dominar: *A seleção brasileira superou a do Uruguai.* **3.** Levar vantagem a. **4.** Resistir a ou livrar-se de; vencer: *superar uma crise.* **5.** Estar além do esperado; ultrapassar, exceder: *superar expectativas. tdi.* **6.** Superar (1). [C.: 1 (é)] § **su.pe.ra.ção** *sf.*; **su.pe.rá.vel** *adj2g.*

→ **superavit** (superáviti) [Lat.] *sm.* A diferença, a mais, entre receita e despesa. [Opõe-se a *deficit*.]

su.pe.rá.vit *sm.* V. *superavit.*

su.per.cí.li:o [Lat. *superciliu*.◘34B] *sm.* V. *sobrancelhas.*

su.per.ci.vi.li.za.do [*Super-* + *civilizado*.] *adj.* Civilizado em extremo.

su.per.com.pu.ta.dor (ô) *sm. Inform.* Computador de grande capacidade de processamento, sobretudo para cálculo numérico.

su.per.con.du.ti.vi.da.de *sf. Fís.* Propriedade que apresentam alguns metais e ligas, caracterizada pelo quase total desaparecimento da resistividade elétrica em temperatura absoluta muito baixa.

su.per.con.du.tor (ô) [*Super-* + *condutor.*] *adj. sm. Fís.* Diz-se de, ou metal, ou liga, etc., que apresenta supercondutividade.

su.per.do.ta.do [*Super-* + *dotado.*] *adj. sm.* Diz-se de, ou indivíduo dotado de inteligência incomum.

su.pe.re.go [*Super-* + *ego.*] *sm. Psican.* Instância psíquica que age de forma inconsciente e vigilante sobre o ego, opondo-se a desejos e pulsões.

su.pe.res.ti.mar *vtd.* 1. Estimar muito. 2. Dar apreço ao valor maior que o justo a. [Sin.ger.: *sobre-estimar.* C.: 1]

su.pe.res.tru.tu.ra *sf.* Construção feita sobre o convés principal duma embarcação.

su.per.fa.tu.rar [*Super-* + *faturar.*] *vtd.* Emitir (fatura) com preço acima do efetivamente cobrado. [C.: 1]

su.per.fe.ta.ção [Lat.med. *superfetatione.*◘ 2A] *sf.* 1. *Med.* Desenvolvimento de ovo (2) em um útero quando neste já existe um feto. 2. *Fig.* Coisa que se acrescenta inutilmente a outra. [Pl.: -*ções.*]

su.per.fi.ci.al [Lat.*superficiale.*◘ 39] *adj2g.* 1. Referente à superfície. 2. Pouco profundo. 3. Sem profundidade. 4. Sem seriedade; leviano. [Pl.: -*ais.*] § **su.per.fi.ci:a.li.da.de** *sf.*

su.per.fí.ci:e [Lat. *superficie.*] *sf.* 1. Extensão duma área limitada. 2. A parte externa dos corpos. 3. *Fig.* Aparência, aspecto exterior, características diretamente observáveis (de algo ou alguém, de uma situação). 4. *Geom.* Configuração geométrica com 2 dimensões.

su.per.flu:i.dez (ê) [*Super-* + *fluidez.*] *sf. Fís.* Propriedade que o hélio líquido apresenta de, em temperaturas muito baixas, sua viscosidade tornar-se praticamente nula.

su.pér.flu:o [Lat. *superfluu.*] *adj. sm.* Diz-se de, ou o que é demais, ou inútil por excesso. § **su.per.flu:i.da.de** *sf.*

su.per-he.rói *sm.* Personagem fictício, ger. com poderes sobre-humanos, que luta contra o mal. [Pl.: *super-heróis.*]

su.per-ho.mem [*Super-* + *homem.*] *sm.* Indivíduo com qualidades e virtudes muito acima da média. [Pl.: *super-homens.*]

su.pe.rin.ten.dên.ci:a [*Superintender.*◘ 10] *sf.* 1. Ato de superintender. 2. Cargo, funções ou repartição de quem superintende.

su.pe.rin.ten.der [Lat. *superintendere.*◘ 1B] *vtd.* 1. Dirigir (empresa, comissão, etc.) na qualidade de chefe. 2. V. *supervisar.* [C.: 2] § **su.pe.rin.ten.den.te** *adj2g. s2g.*

su.pe.ri.or (ô) [Lat. *superiore.*] *adj2g.* 1. Que está mais acima; mais elevado. 2. Que atingiu altíssimo grau. 3. De qualidade excelente. 4. Que emana da autoridade mais alta. 5. Que dirige um convento. 6. Diz-se da instrução ou do ensino de nível universitário, e do curso em que se ministram. 7. Que ocorre próximo ao, ou no fim de um período cronológico. ● *sm.* 8. Quem dirige um convento. [Fem., nesta acepç.: *superiora* (ô).] ● *s2g.* 9. Quem exerce autoridade sobre outrem.

su.pe.ri:o.ri.da.de [*Superior.*◘ 14] *sf.* Qualidade de quem é superior.

su.per.la.ti.vo [Lat. *superlativu.*◘ 22] *adj.* 1. Que exprime uma qualidade em grau muito alto, ou no mais alto grau. ● *sm.* 2. *E.Ling.* V. *grau superlativo.*

su.per.lo.tar *vtd.* Exceder a lotação de. [C.: 1 (ô)]

su.per.mer.ca.do [*Super-* + *mercado.*] *sm.* Grande loja de autosserviço, onde se vendem gêneros alimentícios, bebidas, artigos de limpeza doméstica, etc.

su.per.po.pu.la.ção *sf.* Excesso de população. [Pl.: -*ções.*]

su.per.por [Lat. *superponere.*] *vtdi. e p.* Sobrepor. [C.: 34] § **su.per.po.si.ção** *sf.*

su.per.pos.to (ô) [Part. de *superpor.*] *adj.* Sobreposto. [Pl.: -*postos* (ô).]

su.per.po.tên.ci:a *sf.* Nação econômica, política ou militarmente muitíssimo poderosa.

su.per.pro.du.ção [*Super-* + *produção.*] *sf.* 1. Produção de mercadoria(s) em quantidade maior que a demanda do mercado consumidor, aos preços vigentes. 2. Produção esmerada e dispendiosa de espetáculo, filme, programa de televisão, etc. [Pl.: -*ções.*]

su.per.sau.ro [Tax. *Supersaurus.*] *sm. Paleont.* Dinossauro saurópode com cerca de 40m de comprimento e 16m de altura (tinha um longuíssimo pescoço). Viveu no jurássico superior, e fósseis foram encontrados nos E.U.A.

su.per.sen.sí.vel [*Super-* + *sensível.*] *adj2g.* Superior à ação dos sentidos. [Pl.: -*veis.*]

su.per.som *sm. Fís.* Vibração acústica acima de 20.000Hz; ultrassom. [Pl.: -*sons.*]

su.per.sô.ni.co *adj.* 1. *Fís.* Diz-se de velocidade maior que a do som, ou daquilo que tem essa velocidade. ● *sm.* 2. Avião supersônico.

su.pers.ti.ção [Lat. *superstitione.*◘ 2] *sf.* 1. Sentimento religioso baseado no temor ou na ignorância, e que induz a admitir falsos deveres, recear coisas fantásticas, etc. 2. Crença em presságios tirados de fatos apenas fortuitos. 3. *Fig.* Apego exagerado e/ou infundado a algo. [Pl.: -*ções.*]

su.pers.ti.ci.o.so (ô) [Lat. *superstitiosu.*◘ 37] *adj.* Que tem, ou em que há, ou que é fruto de superstição. [Pl.: -*osos* (ó).]

su.pérs.ti.te [Lat. *superstite.*] *adj2g. s2g.* Sobrevivente.

superveniência | surdina

su.per.ve.ni.ên.ci.a [Lat. *supervenientia*.⬚10] *sf.* Ato ou efeito de sobrevir.

su.per.ve.ni.en.te [Lat.*superveniente*.⬚21]*adj2g.* 1. Que sobrevém. 2. Que aparece ou vem depois.

su.per.vi.são [Ingl. *supervision*.⬚2] *sf.* 1. Ação ou efeito de supervisar ou supervisionar. 2. Função de supervisor. [Pl.: -sões.]

su.per.vi.sar [Ingl. (*to*) *supervise*.⬚1A] *vtd.* Dirigir ou orientar em plano superior; superintender, supervisionar. [C.: 1]

su.per.vi.si:o.nar [*Supervisão* (-sion-).⬚1A] *vtd.* V. *supervisar*. [C.: 1]

su.per.vi.sor (ô) [Ingl. *supervisor*.] *adj. sm.* Que, ou aquele que supervisa ou supervisiona.

su.pe.tão *el. sm.* Us. na loc. adv. *de supetão*. ◆ **De supetão.** V. *de repente*.

su.pim.pa [V.C] *adj2g. Bras. Fam.* Ótimo; superior.

su.pi.no [Lat. *supinu*.] *adj.* 1. Alto, elevado. 2. Deitado de costas; ressupino. 3. Excessivo, demasiado.

su.plan.tar [Lat. *supplantare*.⬚1A] *vtd.* 1. Pôr sob os pés; calcar, pisar. 2. Levar vantagem a. 3. Ser superior a. [C.: 1]

su.ple.men.tar [*Suplemento*.⬚40] *adj2g.* Relativo a, ou que serve de suplemento.

su.ple.men.to [Lat. *supplementu*.⬚3] *sm.* 1. Parte que se adiciona a um todo para ampliá-lo, esclarecê-lo e/ou aperfeiçoá-la. 2. Páginas com matéria especial que se juntam à matéria ordinária, em certos números de um jornal.

su.plên.ci:a [Lat. *supplentia*.⬚10] *sf.* 1. Ato ou efeito de suprir. 2. Cargo de suplente. 3. O tempo de exercício desse cargo.

su.plen.te [Lat. *supplente*.⬚21] *adj2g.* 1. Que supre. ● *s2g.* 2. Pessoa que pode ser chamada a exercer certas funções, na falta daquela a quem tais funções cabem efetivamente.

su.ple.ti.vo [Lat. *suppletivu*.⬚22] *adj.* 1. Próprio para suprir. 2. Diz-se do ensino que se destina a suprir a escolarização daqueles que não a tenham concluído na ocasião própria.

sú.pli.ca [Dev. de *suplicar*.] *sf.* Ato ou efeito de suplicar.

su.pli.can.te [Lat. *supplicante*.⬚21] *adj2g.* Que suplica; súplice.

su.pli.car [Lat. *supplicare*.⬚1A] *vtd., tdi. e int.* Pedir com instância e humildade; rogar. [C.: 1A]

sú.pli.ce [Lat. *supplice*.] *adj2g.* 1. Suplicante. 2. Que se prostra, pedindo.

su.pli.ci.a.do [*Supliciar*.⬚17A] *adj. sm.* Que, ou aquele que sofreu suplício.

su.pli.ci.ar [*Suplício*⬚1A] *vtd.* Infligir suplício a. [C.: 1]

su.plí.ci:o [Lat. *suppliciu*.⬚34] *sm.* 1. Dura punição corporal, imposta, ou não, por sentença. 2. Pena de morte. 3. *Fig.* Pessoa ou coisa que aflige muito; tortura.

su.por [Lat. *supponere*.] *vtd.* 1. Estabelecer ou alegar por hipótese. 2. Conjeturar, presumir. *transobj.* 3. Supor (2). [C.: 34]

su.por.tar [Lat. *supportare*.⬚1A] *vtd.* 1. Ter sobre si; sustentar. 2. V. *sustentar* (1). 3. Resistir a; aguentar. 4. *Fig.* Aguentar, aturar, tolerar: *suportar críticas*. 5. Sofrer com resignação, paciência. 6. Transigir com; aceitar, admitir a presença ou a ação de: *Não suporta os desonestos*. [C.: 1 (ó)] **§ su.por.tá.vel** *adj2g.*

su.por.te [Dev. de *suportar*.] *sm.* 1. O que suporta algo. 2. Aquilo em que algo se firma ou se assenta.

su.po.si.ção [Lat. *suppositione*.⬚2] *sf.* 1. Ato ou efeito de supor. 2. Hipótese; conjetura. [Pl.: -ções.]

su.po.si.tó.ri:o [Lat. *suppositoriu*.⬚23A] *sm. Med.* Forma farmacêutica sólida, cônica ou cilíndrica, que se introduz pelo ânus, seja para facilitar evacuação, seja para veicular medicamento.

su.pos.to (ô) [Lat. *suppositu*.] *adj.* 1. Hipotético. 2. Atribuído falsamente a alguém. [Pl.: -postos (ó).]

su.pra.ci.ta.do [*Supra-* + *citado*.] *adj.* Citado ou mencionado acima ou antes; sobredito.

su.pra.li.to.ral *adj2g. sm. Ocean.* Diz-se de, ou região costeira banhada pelo mar, situada acima da linha de maré mais alta. [Pl.: *-rais*.]

su.prar.re.nal [*Supra-* + *renal*.] *adj2g. sf. Anat.* Diz-se de, ou cada glândula endócrina situada na parte superior da face interna de rim. [Pl.: -*nais*.]

su.pras.su.mo [Lat. *supra summu*.] *sm.* O mais alto grau; o auge.

su.pre.ma.ci.a [Fr. *suprémacie*.⬚8A] *sf.* 1. Superioridade, hegemonia, predomínio. 2. Poder supremo.

su.pre.mo [Lat. *supremu*.] *adj.* Que está acima de tudo.

su.pres.são [Lat. *suppressione*.⬚2] *sf.* Ato ou efeito de suprimir. [Pl.: -sões.]

su.pres.si.vo [Lat. *suppressivu*.⬚22] *adj.* Capaz de suprimir.

su.pres.so [Lat. *suppressu*.] *adj.* Que se suprimiu.

su.pri.mir [Lat. *supprimere*.⬚1C] *vtd.* 1. Impedir que apareça, que seja publicado, vulgarizado. 2. Eliminar, cortar. 3. Fazer desaparecer; extinguir. 4. Cassar, anular. [C.: 3. Part.: *suprimido* e *supresso*.]

su.prir [Lat. *supplere*.⬚1C] *vtd.* 1. Fornecer o que é preciso para eliminar, neutralizar ou preencher (falta, lacuna, necessidade, etc.). 2. Completar, preencher. 3. Fazer as vezes de; substituir. *tdi.* 4. Prover, abastecer. *ti.* 5. Servir de auxílio. [C.: 3] **§ su.pri.men.to** *sm.*

su.pu.rar [Lat. *suppurare*.⬚1A] *v.int.* 1. Formar pus. 2. Eliminar pus. [C.: 1] **§ su.pu.ra.ção** *sf.*

su.pu.ra.ti.vo [*Supurar*.⬚22A] *adj. sm. Med.* Diz-se de, ou agente que faz supurar.

sur.dez (ê) [*Surdo*.⬚12A] *sf. Med.* Enfraquecimento ou abolição do sentido da audição.

sur.di.na [It. *sordina*.] *sf.* Peça móvel que se aplica a diversos instrumentos musicais para lhes abafar a sonoridade e alterar o timbre. ◆ **Em**

720

surdo | suspender

ou **na surdina**. Em silêncio, em voz baixa; em segredo; às ocultas (q.v.).

sur.do [Lat. *surdu*.] *adj.* **1.** Que não ouve, ou ouve mal. **2.** Pouco sonoro; pouco audível; abafado. **3.** Feito em silêncio ou sem ruído. **4.** Feito ou tramado em surdina. • *sm.* **5.** Indivíduo surdo. **6.** *Bras. RJ* Tambor surdo.

sur.do-mu.do *adj. sm.* Diz-se de, ou quem não ouve nem fala. [Flex.: *surdos-mudos*, *surda(s)-mudas(s)*.]

sur.far [*Surfe*.⊡1A] *v.int.* **1.** Praticar surfe. **2.** Percorrer interativamente os serviços multimídia de uma rede de computadores; navegar (4) na *Web*. [C.: 1]

sur.fe [Ingl. *surf*.] *sm.* Esporte em que a pessoa, de pé numa prancha, desliza na crista da onda. § **sur.fis.ta** *s2g.*

sur.gir [Lat. *surgere*.⊡1C] *v.int.* **1.** Vir do fundo para a superfície; emergir. **2.** Elevar-se, erguer-se. **3.** Despontar, nascer. **4.** Aparecer de repente. **5.** Vir, chegar. *ti.* **6.** Ocorrer, acudir. *tc.* **7.** Sair, provir. [C.: 3A] § **sur.gi.men.to** *sm.*

sur.pre.en.der [Fr. *surprendre*.⊡1B] *vtd.* **1.** Apanhar de improviso. **2.** Aparecer de repente diante de. **3.** Causar surpresa a; espantar. **4.** Maravilhar. *int.* **5.** Causar surpresa. *p.* **6.** Espantar-se. [C.: 2. Part.: *surpreendido* e *surpreso*.] § **sur.pre.en.den.te** *adj2g.*

sur.pre.sa (ê) [Fr. *surprise*.] *sf.* **1.** Ato ou efeito de surpreender(-se). **2.** Aquilo que surpreende. **3.** Acontecimento imprevisto.

sur.pre.so (ê) [Fr. *surpris*.] *adj.* Perplexo; admirado.

sur.ra [Dev. de *surrar*.] *sf.* Ato ou efeito de surrar, de espancar; sova, coça, bordoeira, malha. **2.** *Bras. Fam.* Derrota expressiva infligida ao adversário.

sur.rão [Do ár.] *sm.* **1.** Bolsa ou saco de couro us. sobretudo para farnel de pastores. **2.** Roupa suja e gasta. [Pl.: *-rões*.]

sur.rar [V.C] *vtd.* **1.** Curtir ou pisar (peles). **2.** Maltratar com pancadas; bater em; sovar, espancar. *p.* **3.** Gastar-se (peça de vestuário) pelo uso. [C.: 1] § **sur.ra.do** *adj.*

sur.re.al [Fr. *suréel*.] *adj2g.* **1.** Próprio do surrealismo. **2.** Que se afasta da razão ou da realidade, causando estranheza; absurdo. [Pl.: *-ais*.]

sur.re.a.lis.mo [Fr. *surréalisme*.⊡11] *sm. Art. Plást.Liter.* Movimento de vanguarda do início do séc. XX que expressa a realidade subjetiva fora do controle da razão e que se inspira nas diversas manifestações profundas do inconsciente. § **sur.re.a.lis.ta** *adj2g. s2g.*

sur.ri.a.da *sf.* **1.** Descarga de artilharia ou de tropa armada de espingardas. **2.** V. *zombaria*.

sur.ri.pi.ar ou **sur.ru.pi.ar** *bras. vtd. Pop.* Subtrair às escondidas; furtar. [C.: 1]

sur.tir *vtd.* Ter como consequência; produzir (efeito). [C.: 3. Unipess.]

sur.to [Lat. *surctu.] *adj.* **1.** Ancorado. • *sm.* **2.** Voo alto. **3.** Arranco, impulso. **4.** Aparecimento repentino; irrupção.

su.ru ou **su.ra** [V.E] *adj2g. Bras.* Que só tem o coto da cauda, ou sem ela; rabicó.

su.ru.bi ou **su.ru.bim** [Do tupi.] *sm. Bras. Zool.* Grande peixe pimelodídeo de valor comercial. [Pl. de surubim: *surubins*.]

su.ru.cu.cu [Do tupi.] *sf. Bras. Zool.* **1.** Jararacuçu. **2.** Surucutinga.

su.ru.cu.tin.ga [Do tupi.] *sf. Bras. Zool.* Crotalídeo que é a maior cobra venenosa do País; surucucu.

su.ru.ru [Do tupi.] *sm.* **1.** *Bras. Zool.* Molusco bivalve desprovido de sifão, alimentício. **2.** *Pop.* V. *rolo* (9).

■ **SUS** Sigla de *Serviço Único de Saúde*.

sus.cep.ti.bi.li.da.de ou **sus.ce.ti.bi.li.da.de** [Lat. med. *susceptibilitate*.⊡14] *sf.* **1.** Qualidade de suscetível. **2.** Tendência para contrair enfermidades.

sus.cep.ti.bi.li.zar ou **sus.ce.ti.bi.li.zar** [*Susce(p)tível* (*-bil-*).⊡1D] *vtd.* e *p.* Ofender(-se) de leve; melindrar(-se). [C.: 1]

sus.cep.tí.vel ou **sus.ce.tí.vel** [Lat. *susceptibile*.⊡41] *adj2g.* **1.** Passível de receber impressões, modificações ou qualidades. **2.** Que se ofende ou melindra facilmente; sensível. [Pl.: *-veis*.]

sus.ci.tar [Lat. *suscitare*.⊡1A] *vtd.* e *tdi.* **1.** Fazer nascer. **2.** Causar, provocar. **3.** Lembrar, sugerir. [C.: 1]

su.se.ra.no [Fr. *suzerain*.] *adj.* **1.** Que possui um feudo (1). • *sm.* **2.** Senhor feudal.

→ **sushi** (suchí) [Jap.] *sm.* Comida típica japonesa: arroz cozido envolto em algas, peixe cru, etc.

sus.pei.ção [Lat. *suspectione*.⊡2] *sf.* Ato de lançar suspeita. [Pl.: *-ções*.]

sus.pei.ta *sf.* Opinião, ger. desfavorável, sobre alguém ou algo; desconfiança.

sus.pei.tar [Lat. *suspectare*.⊡1A] *vtd.* **1.** Ter suspeita de; supor. **2.** Pressentir; prever. *ti.* **3.** Ter suspeitas; desconfiar: *Suspeitou da traição*. **4.** Levantar ou ter suspeita(s) contra (alguém). [C.: 1]

sus.pei.to [Lat. *suspectu*.] *adj.* **1.** Que infunde suspeita; suspicaz. **2.** Que inspira cuidado ou desconfiança. **3.** De cuja existência ou verdade não se tem certeza.

sus.pei.to.so (ô) [*Suspeito*.⊡37] *adj.* Que tem suspeita ou receio. [Pl.: *-tosos* (ó).]

sus.pen.der [Lat. *suspendere*.⊡1B] *vtd.* **1.** Fixar, suster, pendurar no ar. **2.** Trazer ou conservar pendente. **3.** Interromper por algum tempo. **4.** Privar provisoriamente dum cargo, etc. **5.** Impedir por algum tempo a publicação de. **6.** Fazer cessar. **7.** Interromper a ação de. **8.** Adiar, retardar. **9.** Sustar a realização de (um pedido, de uma encomenda, etc.). *tdi.* **10.** Privar (1). *p.* **11.** Ficar suspenso. [C.: 2. Part.: *suspendido* e *suspenso*.]

sus.pen.são [Lat. *suspensione*.◧2] *sf.* **1.** Ato ou efeito de suspender(-se). **2.** Mistura constituída por um líquido e pequenas partículas. **3.** *Tec.* Conjunto de peças entre as rodas e a carroceria de veículo automotor. [Pl.: *-sões*.]

sus.pen.se [Ingl. *suspense*.] *sm.* **1.** Momento de tensão forte em filme, peça teatral, romance, etc. **2.** Ansiedade gerada por algo que está por vir, acontecer.

sus.pen.si.vo [Lat. *suspensus*, 'suspenso', + *-ivo*. ◧22] *adj.* Capaz de suspender.

sus.pen.so [Lat. *suspensu*.] *adj.* Que se suspendeu.

sus.pen.só.ri:os *smpl.* Tiras, não raro elásticas, que, passando por cima dos ombros, seguram as calças pelo cós.

sus.pi.caz [Lat. *suspicace*.] *adj2g.* **1.** Suspeito (1). **2.** Que tem suspeitas. § **sus.pi.cá.ci:a** *sf.*

sus.pi.rar [Lat. *suspirare*.◧1A] *vtd.* **1.** Expressar por meio de suspiros. **2.** Ter saudades de. *ti.* **3.** Desejar com veemência. *int.* **4.** Dar suspiros. [C.: 1]

sus.pi.ro [Dev. de *suspirar*.] *sm.* **1.** Respiração entrecortada e mais ou menos longa, produzida por desgosto ou por incômodo físico. **2.** Desejo ardente. **3.** Som doce e melancólico. **4.** Lamento, gemido. **5.** Orificiozinho que permite extrair um líquido em pequena quantidade. **6.** Acessório que se instala em canalização, recipiente, etc., para o escapamento de ar em excesso, ou de gases. **7.** *Cul.* Pasta de clara de ovo batida com açúcar. **8.** *Cul.* Doce feito com esta pasta levada ao forno.

sus.pi.ro.so (ô) [*Suspiro*.◧37] *adj.* Que suspira; lastimoso. [Pl.: *-rosos* (ó).]

sus.sur.rar [Lat. *susurrare*.◧1A] *v.int.* **1.** Causar sussurro ou murmúrio. *td. e tdi.* **2.** Dizer em voz baixa. [C.: 1] § **sus.sur.ran.te** *adj2g.*

sus.sur.ro [Lat. *susurru*.] *sm.* **1.** Som confuso; murmúrio. **2.** Ato de falar em voz baixa, de sussurrar.

sus.tân.ci:a [Lat. *substantia*.◧9] *sf.* **1.** Substância (4). **2.** *Pop.* Vigor, robustez.

sus.tar [Lat. *substare*.◧1A] *vtd.* **1.** Fazer parar. **2.** Impedir o pagamento ou a compensação de (cheque). *int. e p.* **3.** Parar, interromper-se. [C.: 1]

sus.te.ni.do [Esp. *sostenido*.] *sm.* *Mús.* Acidente (4) que eleva de meio-tom o tom da nota que está à sua direita.

sus.ten.ta.bi.li.da.de *sf.* **1.** Qualidade, característica ou capacidade de sustentável. **2.** Ações e práticas (ecológicas, econômicas e sociais) que visam a promover o uso consciente dos recursos da natureza e a preservação desses de maneira a garantir a continuidade de tais recursos para a sobrevivência das gerações futuras.

sus.ten.tá.cu.lo [Lat. *sustentaculu*.] *sm.* Aquilo que sustenta ou sustém.

sus.ten.tar [Lat. *sustentare*.◧1A] *vtd.* **1.** Segurar para que não caia; suster, suportar. **2.** Afirmar categoricamente. **3.** Confirmar (1). **4.** Resistir a: *Sustentou as investidas*. **5.** Conservar, manter. **6.** Alimentar física ou moralmente. **7.** Prover de víveres ou munições. **8.** Impedir a ruína ou queda de. **9.** Animar, alentar. **10.** Sofrer com resignação; aguentar. **11.** Defender com argumentos ou razões. **12.** Pelejar a favor de. *p.* **13.** Conservar a mesma posição; suster-se. **14.** Alimentar-se. [C.: 1] § **sus.ten.ta.ção** *sf.*

sus.ten.tá.vel [Lat. *sustentabile*.] *adj2g.* **1.** Que se pode sustentar, manter ou defender. **2.** De baixo ou mínimo risco ambiental: *desenvolvimento sustentável*. [Pl.: *-veis*.]

sus.ten.to [Dev. de *sustentar*.] *sm.* Alimento, alimentação.

sus.ter [Lat. *sustinere*.◧1B] *vtd.* **1.** V. *sustentar* (1). **2.** Reprimir, sofrear. **3.** Fazer parar; deter. **4.** Restringir, moderar. **5.** Fazer que não se perca ou acabe; manter. **6.** Alimentar, sustentar. *p.* **7.** Sustentar (13). **8.** Conter-se, comedir-se. [C.: 15]

sus.to [V.C] *sm.* **1.** Medo repentino; sobressalto. **2.** Temor provocado por notícias ou fatos imprevistos.

su-su.des.te [*Su(l)* + *sudeste*.] *sm. adj2g.* V. *su--sueste*. [Abrev.: *S.S.E.* Pl.: *su-sudestes*.]

su-su.do.es.te [*Su(l)* + *sudoeste*.] *sm.* **1.** Ponto do horizonte a meia distância angular do S. e do S.O. **2.** O vento que sopra dessa direção. **3.** Região ou regiões situadas a su-sudoeste (1). ● *adj2g.* **4.** Situado a su-sudoeste (1), ou dele procedente. [Abrev. de 1 e 3.: *S.S.O.* ou *S.S.W.* Pl.: *su-sudoestes*.]

su-su.es.te [Var. de *su-sudeste*.] *sm.* **1.** Ponto do horizonte a meia distância angular do S. e do S.E. **2.** O vento que sopra dessa direção. **3.** Região ou regiões situadas a su-sueste (1). ● *adj2g.* **4.** Situado a su-sueste (1), ou dele procedente. [Abrev. de 1 e 3.: *S.S.E.* Sin.ger.: *su-sudeste*. Pl.: *su-suestes*.]

su.ta.che [Fr. *soutache*.] *sf.* Trancinha de seda, lã ou algodão, para enfeite de peças de vestuário, para bordados, etc.

su.ti.ã [Fr. *soutien(-gorge)*.] *sm.* Roupa íntima feminina para sustentar ou modelar os seios.

su.til [Lat. *subtile*.] *adj2g.* **1.** Tênue, delgado. **2.** Agudo, fino. **3.** Muito miúdo. **4.** Feito com delicadeza. **5.** Perspicaz; sagaz. [Pl.: *-tis*. Superl.: *sutilíssimo* ou *sutílimo*.]

sú.til [Lat. *sutile*.] *adj2g.* Feito de pedaços cosidos entre si; cosido; costurado. [Pl.: *-teis*.]

su.ti.le.za (ê) [*Sutil*.◧12] *sf.* **1.** Qualidade de sutil. **2.** Dito ou argumento com que se procura embaraçar outrem, ou que o embaraça.

su.ti.li.zar [*Sutil*.◧1D] *vtd. e p.* Tornar(-se) sutil. [C.: 1] § **su.ti.li.za.ção** *sf.*; **su.ti.li.za.dor** (ô) *adj. sm.*

su.tu.ra [Lat. *sutura*.◧5] *sf.* **1.** *Cir.* Operação de coser os lábios duma ferida, para juntá-los; síntese. **2.** *Anat.* União ou articulação de 2 ossos que encaixam um no outro por meio de recorte dentado.

su.tu.rar [*Sutura*.◧1A] *vtd.* Fazer a sutura (1) de. [C.: 1]

su.ve.nir [Fr. *souvenir*.] *sm.* Objeto característico de um lugar, e que é vendido como lembrança a turistas.

■ **S.W.** [Ingl. *S(outh)w(est)*.] Abrev. de *sudoeste*.

t (tê) *sm.* **1.** A 20ª letra do nosso alfabeto. **2.** Figura ou representação dessa letra. **3.** A forma da letra T, com 2 segmentos retos perpendiculares, ou aquilo que tem essa forma. ● *num.* **4.** Décimo nono, numa série. **5.** Vigésimo (1), numa série em que a letra *k* corresponde ao 11º elemento. [Pl. do sm., com duplo *t*: *tt*.]

■ **t 1.** Símb. de *tempo*. [Ger. us. em equações e fórmulas científicas.] **2.** Símb. de *tonelada*.

ta Contr. do pron. pess. *te* (obj. ind.) com o pron. pess. *a* (obj. dir.).

■ **Ta** *Quím.* Símb. de *tântalo*.

ta.ba [Do tupi.] *sf. Bras. Etnogr.* Aldeia de ameríndios.

ta.ba.ca.ri.a [*Tabaco*.◼15] *sf.* Loja onde se vendem cigarros, charutos, objetos de fumantes; charutaria.

ta.ba.co [Esp. *tabaco*.] *sm.* **1.** *Bot.* Grande erva solanácea de folhas amplas que, dessecadas, constituem o fumo ou tabaco; fumo. **2.** Tabaco (1) para fumar; fumo. **3.** Rapé.

ta.ba.gis.mo [Fr. *tabagisme*.◼11] *sm.* **1.** Uso de tabaco. **2.** Intoxicação causada por esse uso. § ta.ba.gis.ta *s2g*.

ta.ba.quei.ra [*Tabaco*.◼16] *sf.* Bolsa para tabaco ou rapé.

ta.ba.réu [Do tupi.] *sm. Bras.* Caipira (1). [Fem.: *tabaroa* (ô).]

ta.ba.tin.ga [Do tupi.] *sf. Bras.* Argila mole, untuosa.

ta.be.fe [Do ár.] *sm.* **1.** Espécie de gemada. **2.** *Pop.* Tapa² (1).

ta.be.la [Lat. *tabella*.◼7] *sf.* **1.** Pequena tábua ou quadro onde se registram nomes de pessoas ou coisas. **2.** Escala de serviço. **3.** Relação oficial dos preços máximos de mercadoria. **4.** Índice preestabelecido. **5.** Lista, rol. **6.** Bordo de mesa de bilhar. **7.** *Basq.* Suporte retangular da cesta. **8.** *Esport.* Jogada em que jogadores trocam passes entre si. ♦ **Tabela periódica.** *Quím.* Aquela em que os elementos são organizados em linhas, que correspondem aos períodos [v. *período* (7)], e colunas, que formam os grupos [v. *grupo* (4)].

ta.be.la.men.to [*Tabelar*.◼3] *sm.* **1.** Ato ou efeito de tabelar. **2.** Controle oficial dos preços por meio de tabelas [v. *tabela* (3)].

ta.be.lar [*Tabela*.◼1A] *vtd.* **1.** Fazer tabela de. **2.** Sujeitar a tabela (3) os preços de. *ti.* **3.** *Esport.* Fazer tabela (8). [C.: 1 (é)] § ta.be.la.do *adj.*

ta.be.li.ão [Lat. *tabellione*.◼28B] *sm.* Notário que reconhece assinatura e faz ou registra documentos. [Pl.: *-ães*. Fem.: *tabeliã, tabelioa* (ô).]

ta.be.li.o.a (ô) [F. de *tabelião*.] *sf.* Mulher que exerce o tabelionato (1).

ta.be.li:o.na.to [*Tabelião* (-*lion*-).◼18] *sm.* **1.** Ofício de tabelião. **2.** Cartório (2).

ta.ber.na ou **ta.ver.na** [Lat. *taberna*.] *sf.* Casa onde se vendem vinho e outras bebidas alcoólicas a varejo. [Sin.: *tasca*, *bodega* e (pop.) *baiuca*.]

ta.ber.ná.cu.lo [Lat. *tabernaculu*.] *sm.* **1.** Nos primórdios nômades do povo judeu, templo em forma de tenda, transportável. **2.** *Rel.* Sacrário.

ta.ber.nei.ro ou **ta.ver.nei.ro** [Lat. *tabernariu*.◼25] *sm.* Proprietário de taberna ou taverna.

ta.bi.que [Do ár.] *sm.* Parede fina, ger. de tábuas, para dividir compartimentos de casa.

ta.bla.do [Lat. *tabulatu*.◼17] *sm.* **1.** Palco de teatro. **2.** Estrado (1).

→ **tablet** (tábleti) [Ingl.] *sm. Inform.* Computador que dispensa o uso do *mouse* ou

ta.ble.te [Fr. *tablette*.] *sm.* Produto alimentar, ou medicamento, solidificado, ger. retangular e achatado.

ta.bloi.de (ói) [Ingl. *tabloid*.] *adj2g.* **1.** Que tem forma de pastilha. ● *sm.* **2.** *Art. Gráf.* Publicação em formato de meio jornal.

ta.bo.ca [Do tupi.] *sf. Bras. Bot.* V. *bambu*.

ta.bu [Polinésio *tabu*, 'sagrado', 'proibido', pelo ingl. *taboo*.] *sm.* **1.** Entre certos povos, imposição ritual e religiosa de que se evitem certos indivíduos, objetos, atos, etc. considerados sagrados, ou esp. impuros ou perigosos. **2.** Restrição costumeira ou tradicional a certos comportamentos que, se praticados, recebem forte reprovação moral e social. **3.** Escrúpulo, zelo ou melindre. **4.** Aquilo que está sujeito a esses tipos de imposições, restrições ou escrúpulos.

ta.bu.a [V.E] *sf. Bot.* Grande erva tifácea de cujas folhas se tecem esteiras e cestos.

tá.bu:a [Lat. *tabula*.] *sf.* Peça plana de madeira.

ta.bu.a.da [*Tábua*.◘ 4] *sf. Arit.* Tabela us. no aprendizado das 4 operações elementares.

ta.bu.a.do [Lat. *tabulatu*.◘ 17] *sm.* Conjunto de peças de madeira, unidas entre si, que constituem forro de soalho, etc.

tá.bu.la [Lat. *tabula*.] *sf.* Pequena peça redonda us. em vários jogos.

ta.bu.la.dor (ô) [Ingl. *tabulator*.◘ 19A] *sm.* Dispositivo (como o de computador ou de máquina de escrever) que marca o início de parágrafo, tabela, etc.

ta.bu.lar¹ [Lat. *tabulare*.◘ 40] *adj2g.* **1.** Relativo a tábuas, quadros, etc. **2.** Que tem forma de tábua ou tabela.

ta.bu.lar² [Ingl. (*to*) *tabulate*.◘ 1A] *vtd.* **1.** Marcar com tabulador. **2.** Dispor (dados) em tabelas ou colunas. [C.: 1]

ta.bu.le [Do ár.] *sm. Cul.* Salada feita com farelo de trigo, tomate, hortelã, cheiro-verde, cebola, azeite, etc.

ta.bu.lei.ro [*Tábula*.◘ 25] *sm.* **1.** Peça de madeira ou de outro material, com rebordos. **2.** Quadro subdividido em 64 quadrados alternadamente pretos e brancos, onde se jogam o xadrez, as damas, etc. **3.** Assadeira. **4.** *Fitogeo.Bras.* Planalto pouco elevado, arenoso e de vegetação rasteira.

ta.bu.le.ta (ê) [*Tábula* + -*eta* (ê).] *sf.* Peça plana de madeira, metal, etc., com letreiro.

ta.ça [Do ár.] *sf.* Vaso para beber, ger. largo, pouco fundo e com pé.

ta.ca.da [*Taco*.◘ 4] *sf.* **1.** Pancada com taco (1 e 2). **2.** *P.ext.* Golpe (1).

ta.ca.nho [Do hebr. poss.] *adj.* **1.** De pequena estatura. **2.** V. *avaro*. **3.** Sem largueza de visão; estreito. ● *sm.* **4.** V. *avaro*. § **ta.ca.nhi.ce** *sf.*

ta.cão [It. *taccone*.] *sm.* O salto do calçado. [Pl.: -*cões*.]

ta.ca.pe [Do tupi.] *sm. Etnogr.* Arma ofensiva, espécie de clava us. pelos ameríndios.

ta.car [De *atacar*.◘ 1A] *vtd.* **1.** Dar tacada em (bola de bilhar, golfe, etc.). **2.** *Pop.* Dar, aplicar (pancada) em; tascar. *tdi.* **3.** *Pop.* Arremessar, atirar. [C.: 1A]

ta.cha¹ [Esp. *tacha*.] *sf.* Preguinho de cabeça larga e chata.

ta.cha² [Fr. *tache*.] *sf.* **1.** Mancha, nódoa. **2.** *P.ext.* Defeito moral.

ta.cha.da [*Tacho*.◘ 4] *sf.* Conteúdo de um tacho (1).

ta.char [*Tacha*².◘ 1A] *v. transobj.* Pôr *tacha*² (2) ou defeito em; acusar: *Tachou-o de ignorante.* [C.: 1. Cf. *taxar*.]

ta.che.ar [*Tacha*¹.◘ 1N] *vtd. Bras.* **1.** Pregar tachas [v. *tacha*¹] em. **2.** Adornar com tachas. [C.: 12A]

ta.cho [V.E] *sm.* Vaso de metal ou de barro, largo e pouco fundo, ger. com asas.

tá.ci.to [Lat. *tacitu*.] *adj.* **1.** Silencioso, calado. **2.** Implícito.

ta.ci.tur.no [Lat. *taciturnu*.] *adj.* **1.** Que fala pouco. **2.** Triste.

ta.co [Or.onom., poss.] *sm.* **1.** Espécie de bastão us. em jogos de bilhar e em esportes como o golfe, o polo, etc. **2.** Pedaço de madeira para revestir pisos.

ta.có.gra.fo [*Taco-* + -*grafo*.] *sm.* Aparelho que registra velocidades.

→ **tae kwon do** (tai cuan dou) [Coreano.] *sm.* Arte marcial originária da Coreia.

ta.fe.tá [Do persa.] *sm.* Tecido lustroso, de seda.

ta.ga.re.la *adj2g. s2g.* Que, ou quem fala demais.

ta.ga.re.lar [*Tagarela*.◘ 1A] *v.int.* Falar muito; matraquear, papear, palrar, parolar, chalrar, taramelar. [C.: 1 (é)]

ta.ga.re.li.ce [*Tagarela*.◘ 13] *sf.* **1.** Costume de tagarelar. **2.** Dito indiscreto.

tai.a.çu.í.de:o [Tax. *Tayassuidae*.] *adj. sm. Zool.* Diz-se de, ou espécime dos taiaçuídeos, família de artiodáctilos sem cauda. Ex.: caititu, queixada.

→ **tai chi chuan** (tai chi chuã) [Chin.] *sm.* Arte marcial chinesa, caracterizada pelos movimentos lentos e suaves.

tai.fa [Do ár.] *sf.* A criadagem de bordo.

tai.fei.ro [*Taifa*.◘ 25] *sm.* Criado de bordo.

tai.ga [Do rus.] *sf.* Floresta de coníferas, típica do hemisfério norte.

→ **tailleur** (taiêr) [Fr.] *sm.* *Costume*² (2).

tai.nha (a-í) [Lat. **tagínia*.] *sf. Zool.* Nome comum a vários peixes mugilídeos de carne apreciada.

tai.o.ba [Do tupi.] *sf. Bras. Bot.* Erva arácea, alimentícia.

tai.pa [V.C] *sf.* Construção feita de estacas, ripas, varas, etc., entrecruzadas, e barro.

taipal | tamanco

tai.pal [*Taipa*.◨39] *sf.* Na construção de taipa, armação que serve para reter o barro. [Pl.: *-pais*.]

tai.ui.á [Do tupi.] *sm. Bras. Bot.* Trepadeira cucurbitácea de frutos purgativos.

tal [Lat. *tale*.] *pron.* 1. Semelhante, análogo. 2. Este, aquele. 3. Isso, aquilo. ● *s2g.* 4. *Bras. Gír.* Pessoa que tem ou julga ter valor excepcional. ◆ **Tal como.** Us. para indicar semelhança ou conformidade (no modo de agir, nas características); assim como, conforme, da (mesma) maneira que.

ta.la [Dev. de *talar*².] *sf.* 1. Pedaço de madeira us. como reforço de certos objetos. 2. Pedaço de madeira, papelão, etc., impregnado de goma e gesso, us. em aparelhos destinados ao tratamento de fratura.

ta.la.bar.te [Provç.ant. *talabart*.] *sm.* V. boldrié.

ta.la.ga.da *sf. Bras. Pop.* Dose de bebida alcoólica.

ta.la.gar.ça *sf.* Tecido de fios ralos, onde se borda.

tá.la.mo [Lat. *thalamu*.] *sm.* Leito conjugal. § **ta.lâ.mi.co** *adj.*

ta.lan.te [Provç.ant. *talant*.] *sm.* Vontade, arbítrio.

ta.lão [Lat.vulg. *talone*.] *sm.* 1. O calcanhar do homem e de certos animais. 2. A parte traseira do calçado. 3. Parte não destacável de blocos, como os de cheques; canhoto. 4. *P.ext.* Bloco de folhas com uma parte destacável; talonário. [Pl.: *-lões*.]

ta.lar¹ [Lat. *talare*.◨40] *adj2g.* Que desce até o calcanhar.

ta.lar² [Esp. *talar*.◨1A] *vtd.* 1. Abrir valas em. 2. *Fig.* Destruir, devastar. [C.: 1]

ta.lás.si.co [*Talass(o)-* + *-ico*².◨35B] *adj.* Relativo ao mar.

ta.las.so.fo.bi.a [*Talass(o)-* + *-fobia*.] *sf. Psiq.* Medo doentio do mar. § **ta.las.so.fó.bi.co** *adj.*

ta.las.so.te.ra.pi.a [*Talass(o)-*+*-terapia*.] *sf. Med.* Tratamento (4) por banhos de mar, climas marítimos, etc. § **ta.las.so.te.rá.pi.co** *adj.*

tal.co [Do ár.] *sm.* 1. *Min.* Mineral derivado do magnésio e que se apresenta em agregados de lâminas. 2. Produto feito do talco (1) pulverizado, que se usa sobre a pele com fins medicinais ou higiênicos.

ta.len.to [Lat. *talentu*.] *sm.* 1. Peso e moeda da antiguidade grega e romana. 2. Dom natural ou adquirido. 3. Inteligência excepcional. § **ta.len.to.so** (ô) *adj.*

ta.lha¹ [Dev. de *talhar*.] *sf.* 1. Ato ou efeito de talhar; talho. 2. Talho (5). 3. Certo número de achas ou feixes de lenha. 4. Obra de talho (5).

ta.lha² [Lat.vulg. **tinacula*.] *sf.* Vaso de barro, de grande bojo.

ta.lha.da [*Talhar*.◨4] *sf.* V. fatia (1).

ta.lha.dão [*Talhado*.◨28A] *sm. Bras.* Talhado (3). [Pl.: *-dões*.]

ta.lha.dei.ra [*Talhar*.◨16A] *sf.* Instrumento de aço, para talhar.

ta.lha.do [*Talhar*.◨17A] *adj.* 1. Que se talhou. 2. Apropriado, adequado. ● *sm.* 3. *Bras.* Trecho de rio apertado entre ribanceiras; talhadão.

ta.lha-mar [*Talhar* + *mar*.] *sm.* A aresta externa da proa da embarcação. [Pl.: *talha-mares*.]

ta.lhar [Lat.vulg. *taleare*.◨1A] *vtd.* 1. Golpear; cortar. 2. Gravar, esculpir. 3. Cortar (o pano) para fazer roupas. 4. Realizar talha¹ (4) em. *tdi.* 5. Ajustar, moldar. *int.* 6. Coagular(-se) (o leite) ao ferver. *p.* 7. Abrir-se, rachar-se. [C.: 1]

ta.lha.rim [It. *tagliarini*.] *sm.* Massa alimentícia em forma de tiras. [Pl.: *-rins*.]

ta.lhe [Fr. *taille*, poss.] *sm.* Feitio ou feição do corpo ou de qualquer objeto; talho.

ta.lher [V.D] *sm.* 1. O conjunto de garfo, faca e colher. 2. O lugar de cada pessoa à mesa.

ta.lho [Dev. de *talhar*.] *sm.* 1. Talha¹ (1). 2. Poda. 3. Corte de carne, no açougue. 4. Talhe. 5. Corte ou sulco feito na madeira ou no metal; talha.

ta.lim [Do ár.] *sm.* V. boldrié. [Pl.: *-lins*.]

tá.lio [Lat.cient. *thallium*.◨34B] *sm. Quím.* Elemento de número atômico 81, metálico [símb.: *Tl*].

ta.lis.ca *sm.* 1. Fenda em rocha. 2. Pequena lasca.

ta.lis.mã [Fr. *talisman*.] *sm.* Objeto ao qual se atribuem poderes extraordinários de magia ativa.

→ **talk-show** (tóqui-chôu) [Ingl.] *sm. Telev.* Programa de entrevistas em que há tb. números musicais, etc.

tal.mu.de [Do hebr.] *sm.* Doutrina e jurisprudência da lei mosaica.

ta.lo [Lat. *thallu*.] *sm. Bot.* Corpo vegetativo das plantas inferiores (algas, fungos, etc.), destituído de caule, raiz ou folhas legítimas.

ta.ló.fi.to [*Tal(o)-* + *-fito*.] *adj. sm. Bot.* Diz-se de, ou vegetal provido de talo.

ta.lo.ná.ri.o [*Talão* (*talon-*).◨24] *sm.* Talão (4).

ta.lo.so (ô) [*Talo*.◨37] *adj. Bot.* Que tem talo. [Pl.: *-losos* (ó).]

tal.pí.de.o [Tax. *Talpidae*.] *adj. sm. Zool.* Diz-se de, ou espécime dos talpídeos, família de mamíferos insetívoros, escavadores, de olhos atrofiados. Ex.: toupeira.

ta.lu.de [Esp. *talud*.] *sm.* 1. Terreno inclinado; escarpa. 2. Superfície inclinada de escavação, de aterro. ◆ **Talude continental.** *Ocean.* A parede, de declividade acentuada, que mergulha da extremidade da plataforma continental para os abismos oceânicos.

ta.lu.do [*Talo* + *-udo*.] *adj.* 1. Que tem talo resistente. 2. *Fig.* Desenvolvido, crescido.

tal.ve.gue [Al. *Talweg*.] *sm.* Linha sinuosa, no fundo de um vale, pela qual correm as águas que o dividem.

tal.vez (ê) [*Tal* + *vez*.] *adv.* Indica possibilidade ou dúvida; acaso.

ta.man.co [V.C] *sm.* Calçado grosseiro, com base de madeira.

tamanduá | tanoaria

ta.man.du.á [Do tupi.] *sm. Bras. Zool.* Mamífero mirmecofagídeo, arborícola; tamanduá-mirim.

ta.man.du.á-ban.dei.ra *sm. Bras. Zool.* Mamífero mirmecofagídeo terrestre, maior que o tamanduá; tem cauda longa e peluda. [Pl.: *tamanduás-bandeira(s)*.]

ta.man.du.á-mi.rim *sm. Bras. Zool.* V. *tamanduá*. [Pl.: *tamanduás-mirins*.]

ta.ma.nho [Lat. *tam magnu*.] *adj.* **1.** Tão grande, ou tão notável, etc: *Não parecia ter tamanha inteligência.* • *sm.* **2.** Grandeza, corpo, dimensão, volume.

tâ.ma.ra [Do ár.] *sf. Bot.* O fruto da tamareira.

ta.ma.rei.ra [*Tâmara*. ▫16] *sf. Bot.* Palmácea de grande porte, originária da Ásia e África, cujo fruto, de uma única semente, é us. também seco.

ta.ma.rin.dei.ro [*Tamarindo*. ▫25] *sm. Bot.* Tamarindo.

ta.ma.rin.do [Do ár.] *sm. Bot.* Árvore cesalpiniácea de frutos comestíveis, do mesmo nome; tamarindeiro.

tam.ba.qui [Do tupi.] *sm. Bras. Zool.* Peixe caracídeo, originário da Amazônia, que pode atingir 90cm de comprimento.

tam.bém [*Tão* (*tam*) + *bem*.] *adv.* **1.** Da mesma forma; igualmente. **2.** Além disso; ainda. **3.** Por outro lado.

tam.bor (ô) [Do ár.] *sm.* **1.** Qualquer dos instrumentos de percussão, com 1 ou 2 membranas esticadas, que, percutidas, produzem sons indeterminados. **2.** O que toca tambor. **3.** Peça de revólver, cilíndrica, onde se acomodam as balas. **4.** Nome comum a vários objetos cilíndricos.

tam.bo.re.te (ê) [Fr. *tabouret*.] *sm.* Pequeno assento sem espaldar nem braços.

tam.bo.ri.lar *v.int.* **1.** Tocar com os dedos ou com um objeto numa superfície, imitando o rufo do tambor. **2.** Produzir som análogo ao do tambor. [C.: 1]

tam.bo.rim [*Tambor* + *-im*.] *sm.* Tambor pequeno. [Pl.: *-rins*.]

tam.bu.ru.ta.ca *sf. Bras. Zool.* Crustáceo estomatópode de até 34cm; mãe-do-camarão.

ta.moi.o *adj2g. s2g. Bras. Etnôn.* Diz-se de, ou indivíduo dos tamoios, povo indígena extinto, do tronco linguístico tupi, que habitava áreas dos atuais estados de MG e do RJ.

tam.pa [Do gót.] *sf.* **1.** Peça movediça para tapar vaso ou caixa. **2.** Tampo (2).

tam.pa.do [*Tampar*. ▫17A] *adj.* **1.** Que se tampou. **2.** *Bras. Fig.* Encoberto, enevoado (diz-se de céu). [Sin.ger.: *tapado*.]

tam.pão [Fr. *tampon*.] *sm.* **1.** Tampa (1) grande. **2.** Chumaço de algodão ou gaze. [Pl.: *-pões*.]

tam.par [*Tampa*. ▫1A] *vtd.* Pôr tampa ou tampo em; tapar. [C.: 1]

tam.pi.nha [*Tampa*. ▫32A] *sf. Bras.* **1.** Tampa (1) de garrafas de refrigerante, de cerveja, etc. • *s2g.* **2.** *Pop.* Pessoa de estatura muito baixa.

tam.po [De *tampa*.] *sm.* **1.** Peça circular onde se entalham as aduelas das cubas, tinas, etc. **2.** Peça que cobre a bacia dos aparelhos sanitários; tampa. **3.** Parte superior da caixa de ressonância dos instrumentos de cordas.

tam.po.nar [Fr. *tamponner*. ▫1A] *vtd.* Obstruir com tampão. [C.: 1]

tam.pou.co [*Tão* (*tam*) + *pouco*.] *adv.* Também não: *Não compareceu à festa e tampouco o irmão.*

ta.na.ju.ra [Do tupi.] *sf. Bras. Zool.* Nome comum às fêmeas de formicídeos que perdem as asas após o voo nupcial; içá.

ta.na.to.lo.gi.a (tà) [*Tanato-* + *-logia*.] *sf.* **1.** Teoria da, ou sobre, a morte. **2.** Parte da medicina legal que se ocupa da morte e dos problemas médico-legais com ela relacionados.

tan.dem [Ingl. *tandem*.] *sm.* Bicicleta de 2 assentos, um atrás do outro. [Pl.: *-dens*.]

tan.ga [Do quimb.] *sf.* **1.** Espécie de avental com que certos povos primitivos cobrem o corpo desde o ventre até as coxas. **2.** Biquíni (1) formado por 2 triângulos de tecido presos por tirinhas.

tan.ga.rá [Do tupi.] *sm. Bras. Zool.* Nome comum a várias aves piprídeas.

tan.gên.ci.a [Fr. *tangence*.] *sf.* **1.** Ato ou efeito de tangenciar. **2.** Qualidade de tangente.

tan.gen.ci.al [*Tangência*. ▫39] *adj2g.* Relativo a tangência, ou a tangente. [Pl.: *-ais*.]

tan.gen.ci.ar [*Tangência*. ▫1A] *vtd.* **1.** Seguir a tangente de. **2.** Passar ou estar muito próximo de. [C.: 1]

tan.gen.te [Lat. *tangente*. ▫21] *adj2g.* **1.** Que tange. **2.** Que toca uma linha ou superfície num só ponto; que tem um único ponto comum com uma linha ou superfície. • *sf.* **3.** *Geom.* Linha ou superfície tangente (2). **4.** *Mat.* Quociente entre o seno e o cosseno de um ângulo [símb.: *tg*].

tan.ger [Lat. *tangere*. ▫1B] *vtd.* **1.** Tocar (instrumento). **2.** Tocar (animais de carga) para os estimular na marcha. *ti.* **3.** Concernir, referir. *int.* **4.** Soar, ressoar. [C.: 2B]

tan.ge.ri.na [De (*laranja*) *tangerina*.] *sf. Bot.* O fruto, cítrico, da tangerineira; mexerica; bergamota.

tan.ge.ri.nei.ra [*Tangerina*. ▫16] *sf. Bot.* Árvore rutácea, frutífera; mexeriqueira.

tan.gí.vel [Lat. *tangibile*. ▫41] *adj2g.* Que pode ser tangido, tocado ou apalpado; palpável. [Pl.: *-veis*.]

tan.go [Esp.plat. *tango*.] *sm.* Canto e dança de origem argentina, de compasso binário e ritmo sinc. e langoroso.

ta.ni.no [Fr. *ta(n)nin*.] *sm.* Classe de substâncias adstringentes encontradas em certos vegetais.

ta.no.a.ri.a *sf.* Oficina ou obra de tanoeiro; tonelaria.

ta.no.ei.ro *sm.* Aquele que faz e/ou conserta pipas, barris, tonéis, etc.

tan.que[1] [De *estanque*.] *sm.* **1.** Reservatório para conter água ou qualquer outro líquido. **2.** Tanque (1) de pequenas dimensões, ger. com água corrente, para lavar roupa. **3.** Pequeno açude ou lagoa artificial.

tan.que[2] [Ingl. *tank*.] *sm.* Carro de guerra, blindado, para percorrer terrenos acidentados.

tan.qui.nho [*Tanque*[1].] *adj2g2n.* **1.** Diz-se de barriga ou abdome com a musculatura bem definida. ● *sm.* **2.** Essa barriga ou esse abdome. **3.** Lava-roupas sem a função de centrifugação.

tan.tã [De *tonto*, poss.] *adj2g. Fam.* Maluco, adoidado.

tan.tá.li.co [Mit. *Tântalo* + *-ico*[2].⬛35B] *adj.* Relativo a, ou de Tântalo, personagem mitológico que, por roubar os manjares dos deuses para dá-los a conhecer aos homens, foi condenado ao suplício de sede e fome.

tan.ta.li.zar [Mit. *Tântalo* + *-izar*.⬛1D] *vtd.* **1.** Atormentar com alguma coisa que é oferecida, mas que, na realidade, é inatingível. **2.** Provocar desejos irrealizáveis. [C.: 1]

tân.ta.lo [Mit. *Tântalo*.] *sm. Quím.* Elemento de número atômico 73, metálico [símb.: *Ta*].

tan.to [Lat. *tantu*.] *pron. indef.* **1.** Tão grande ou tão numeroso. ● *sm.* **2.** Porção indeterminada. **3.** Volume, tamanho, extensão (iguais aos de outro). **4.** Igual quantidade. ● *adv.* **5.** Em tão alto grau, ou em tal quantidade. **6.** De tal maneira.

tão [Lat. *tantu*.] *adv.* Tanto. [Us. só com adjetivos e advérbios.] ◆ **Tão logo.** V. *logo que*.

tao.is.mo [Do chin. *tao* + *-ismo*.⬛11] *sm. Filos.* Ensinamento filosófico-religioso, desenvolvido por filósofos chineses, cuja noção fundamental é o *Tao*, 'o Caminho'.

tão só *adv.* Tão somente.

tão so.men.te *adv.* Forma reforçada de *somente*.

ta.pa[1] [Do gót.] *sf.* Ação ou efeito de tapar.

ta.pa[2] *sm. f.* **1.** Pancada com a mão, em qualquer parte do corpo; tabefe. **2.** Bofetada.

ta.pa-bu.ra.co [*Tapar* + *buraco*.] *s2g2n. Pop.* Pessoa, ou coisa, que substitui outra numa emergência.

ta.pa.do [*Tapar*.⬛17A] *adj.* **1.** V. *tampado*. **2.** *Fig.* Bronco, ignorante.

ta.pa.du.ra [*Tapar*.⬛5A] *sf.* A porção de fio que tapa a trama; tecedura.

ta.pa.jô.ni.ca *sf. Bras. Amaz. Etnogr.* Cerâmica dos indígenas que habitavam a área entre os rios Tapajós e Xingu.

ta.pa.jô.ni.co *adj.* Pertencente ou relativo à Tapajônia, região banhada pelo rio Tapajós e por seus afluentes.

ta.pa-o.lho (ô) [*Tapar* + *olho*.] *sm. Bras. Pop.* **1.** Tapona. **2.** Tapa-olhos. [Pl.: *tapa-olhos* (ó).]

ta.pa-o.lhos *sm2n. Pop.* Venda[2].

ta.par [*Tapa*[1].⬛1A] *vtd.* **1.** Tampar. **2.** Arrolhar. **3.** Fechar, cerrar. **4.** Vedar (orifício) para fazê-lo desaparecer. **5.** Encobrir, esconder. **6.** Vendar. [C.: 1] § **ta.pa.men.to** *sm.*

ta.pe.ar [*Tapa*[2].⬛1N] *vtd. e p. Pop.* Enganar(-se), iludir(-se). [C.: 12A] § **ta.pe:a.ção** *sf.*

ta.pe.ça.ri.a [Esp. *tapicería*.⬛15] *sf.* **1.** Estofo tecido, lavrado ou bordado, para móveis, paredes ou soalhos. **2.** *Bras.* Loja onde se vendem tapetes.

ta.pe.cei.ro [Esp. *tapicero*.⬛25] *sm.* Fabricante e/ou vendedor de tapetes.

ta.pe.ra [Do tupi.] *sf. Bras.* **1.** Habitação ou aldeia abandonada. **2.** Casa arruinada.

ta.pe.re.bá [Do tupi.] *sm. Bras. Bot.* V. *cajá* (1).

ta.pe.tar [*Tapete*.⬛1A] *vtd. e p.* Atapetar. [C.: 1 (é)]

ta.pe.te (ê) [Lat. *tapete*.] *sm.* Peça de fibra têxtil ou outro material, com que se cobrem soalhos, escadas, mesas.

ta.pi.o.ca [Do tupi.] *sf. Bras. Cul.* **1.** Beiju que tem no interior uma camada de coco ralado. **2.** Fécula alimentícia extraída da mandioca.

ta.pir [Do tupi.] *sm. Zool.* Anta.

ta.pi.rí.de:o [Tax. *Tapiridae*.] *adj. sm. Zool.* Diz-se de, ou espécime dos taprídeos, família de grandes perissodátilos que têm pernas relativamente curtas e pequena tromba. Ex.: anta.

ta.po.na [*Tapa*[2] + *-ona*[1].] *sf.* Bofetada ou tapa forte.

ta.pui.a [Do nheengatu.] *s2g.* **1.** *Bras. Etnôn.* Nome dado pelos índios de língua tupi-guarani a povos indígenas de línguas pertencentes a outro tronco linguístico. ● *adj2g.* **2.** Pertencente ou relativo a tapuia (1).

ta.pui.o [Do tupi.] *sm. Bras.* **1.** *Etnôn.* Tapuia. **2.** Indivíduo bravo. **3.** Mestiço de índio.

ta.pu.me [*Tapar* + *-ume*.] *sm.* **1.** Vedação de um terreno feita com madeira ou outro material. **2.** Vedação provisória, feita de tábuas.

ta.qua.ra [Do tupi.] *sf. Bras. Bot.* V. *bambu*.

ta.que.ar [*Taco*.⬛1N] *vtd. Bras.* Revestir (o piso) de tacos. [C.: 12A]

ta.qui.car.di.a [*Taqui-* + *-cardia*.] *sf. Med.* Aumento do número de batimentos cardíacos por minuto. § **ta.qui.cár.di.co** *adj.*

ta.qui.gra.far [*Taqui-* + *grafar*.] *vtd. e int.* Estenografar. [C.: 1]

ta.qui.gra.fi.a [*Taqui-* + *-grafia*.] *sf.* Estenografia. § **ta.qui.grá.fi.co** *adj.*; **ta.qui.gra.fo** *sm.*

ta.qui.su.rí.de:o [Tax. *Tachysuridae*.] *adj. sm. Zool.* Diz-se de, ou espécime dos taquisurídeos, família de peixes osteíctes, ger. marinhos. Ex.: bagres.

ta.ra [Do ár.] *sf.* **1.** Abatimento no peso de mercadorias, atendendo-se ao vaso ou envoltório onde estão acondicionadas. **2.** Substância em pequenos fragmentos, us. em duplas pesagens. **3.** Peso de um veículo sem a carga. **4.** *Fig.* Defeito físico ou moral. **5.** *Fig.* Degeneração mórbida; depravação. **6.** *Bras. Gír.* Paixão.

tarado | tatarana

ta.ra.do [*Tara*.◨17B] *adj.* **1.** Que tem marcado o peso da tara (1). **2.** *Bras.* Que é sexualmente degenerado. **3.** *Bras. Gír.* Apaixonado por alguém ou algo.

ta.ra.me.la *sf.* V. *tramela*.

ta.ra.me.lar [*Taramela*.◨1A] *v.int.* V. *tagarelar*. [C.: 1 (é)]

ta.ran.te.la [It. *tarantella*.] *sf.* Música e dança de andamento muito vivo, originárias de Nápoles, Itália.

ta.rân.tu.la [It. *tarantola*.] *sf. Zool.* Nome comum a várias aranhas migalomorfas.

ta.rar [*Tara*.◨1A] *vtd.* **1.** Pesar para descontar a tara (1). **2.** Marcar (sacos, etc.) com o peso da tara (1). *ti.* **3.** *Bras. Gír.* Apaixonar-se loucamente. [C.: 1]

tar.dan.ça [*Tardar*.◨9A] *sf.* Ato ou efeito de tardar; demora.

tar.dar [Lat. *tardare*.◨1A] *vtd.* **1.** V. *retardar* (1). *ti.* **2.** Não se apressar. **3.** Ficar ou demorar-se em algum lugar ou alguma posição. *int.* **4.** Ir ou vir tarde. [C.: 1]

tar.de [Lat. *tarde*.] *adv.* **1.** Após o tempo próprio, conveniente ou ajustado. **2.** Perto da noite. ● *sf.* **3.** Tempo entre o meio-dia e a noite.

tar.di.nha [*Tarde*.◨32A] *sf.* O fim da tarde.

tar.di:o [B.-lat. *tardivu*.] *adj.* **1.** Fora de tempo. **2.** Tardo (1).

tar.do [Lat. *tardu*.] *adj.* **1.** Que anda com vagar; tardio. **2.** Vagaroso, lento.

ta.re.co [Do ár.] *sm.* **1.** Objeto velho; cacareco. **2.** *Bras. Pop.* Biscoito retangular, torrado, de massa de pão de ló.

ta.re.fa [Do ár.] *sf.* **1.** Trabalho que se deve concluir em determinado prazo e, às vezes, por castigo. **2.** Modalidade de contrato em que se paga pelo serviço executado; empreitada.

ta.re.fei.ro [*Tarefa*.◨25] *sm.* Aquele que se incumbe de tarefa.

ta.ri.fa [Do ár.] *sf.* **1.** Imposto de importação. **2.** Preço, esp. de um serviço público; taxa. ◆ **Tarifa pública.** *Econ.* Preço de serviço público (correio, fornecimento de energia elétrica, etc.).

ta.ri.far [*Tarifa*.◨1A] *vtd.* Aplicar tarifa a. [C.: 1]

ta.rim.ba [Do ár.] *sf.* **1.** Estrado de madeira onde dormem os soldados, nos quartéis e postos de guarda. **2.** *P.ext.* Vida de caserna. **3.** *Bras.* Larga experiência.

ta.rim.ba.do [*Tarimba*.◨17B] *adj. Bras.* Muito experiente.

ta.rim.bar [*Tarimba*.◨1A] *v.int.* Servir no exército. [C.: 1]

ta.rim.bei.ro [*Tarimba*.◨25] *adj.* Diz-se de oficial que passou pelos postos de soldado, cabo e sargento, sem ter feito estudos superiores.

tar.ja [Fr. *targe*.] *sf.* **1.** Ornato de pintura, desenho, etc., no contorno de algum objeto. **2.** Orla, guarnição. **3.** Fita us. em lapela, manga, ou barra, em papel, etc., que, quando preta, é sinal de luto, e, de cor, distintivo de clube, associação, etc.

tar.jar [*Tarja*.◨1A] *vtd.* Guarnecer de tarja. [C.: 1] § **tar.ja.do** *adj.*

tar.la.ta.na [Esp. *tarlatana*, poss.] *sf.* Tecido transparente e encorpado.

ta.rô [Fr. *tarot*.] *sm.* **1.** Coleção de 78 cartas, mais compridas que as do baralho, com figuras diversas, us. sobretudo por cartomante. **2.** A arte de jogar ou ler essas cartas.

ta.rol [V.E] *sm. Mús.* Tambor de som claro e vibrante. [Pl.: *-róis*.]

tar.ra.fa [Do ár.] *sf.* Rede de pesca, circular, com chumbo nas bordas, e ao centro uma corda, que permite retirá-la fechada da água.

tar.ra.xa [V.C] *sf.* **1.** Parafuso. **2.** Utensílio de serralheiro com que se fazem as roscas dos parafusos.

tar.ro [V.C] *sm.* Vaso para ordenha do leite.

tar.so [Gr. *tarsós*.] *sm. Anat.* Porção posterior do esqueleto de cada pé.

tar.ta.mu.de.ar [*Tartamudo*.◨1N] *v.int.* **1.** Gaguejar (1). **2.** Falar com tremura na voz, por susto, medo, etc. *td.* **3.** Tartamudear (2). [C.: 12A]

tar.ta.mu.do *adj. sm.* Que, ou aquele que tartamudeia; gago.

tar.tá.ri.co [*Tártaro*¹.◨35B] *adj. Quím.* Diz-se dum ácido us. no fabrico de xarope e refrescos.

tár.ta.ro¹ *sm.* **1.** Depósito salino que o vinho deixa nas paredes dos tonéis. **2.** Depósito calcário que se forma nos dentes.

tár.ta.ro² *adj.* **1.** Da República Autônoma da Tartária (Federação Russa). ● *sm.* **2.** O natural ou habitante da Tartária.

tar.ta.ru.ga [It. *tartaruga*.] *sf. Zool.* Nome comum a vários quelônios aquáticos que vêm a terra para desova.

tar.tu.fo [Ficción. *Tartuffe*, de Molière (**M.**).] *sm.* **1.** Homem hipócrita. **2.** *P.ext.* Devoto falso.

ta.ru.go [V.E] *sm.* **1.** Espécie de torno para ligar 2 peças de madeira. **2.** Bucha (6).

tas Contr. do pron. pess. *te* (obj. ind.) com o pron. pess. *as* (obj. dir.).

tas.ca¹ [V.E] *sf.* **1.** V. *taberna*. **2.** *Bras.* Botequim que serve também refeições baratas.

tas.ca² [Dev. de *tascar*.] *sf. Bras.* Surra.

tas.car [V.C] *vtd. Bras.* **1.** Tirar pedaço(s) de, mordendo. **2.** *Pop.* Tacar (2). *tdi.* **3.** Dar um pedaço de (coisa que se está comendo). [C.: 1A]

tas.co [Dev. de *tascar*.] *sm. Bras. Fam.* Pedaço, bocado.

tas.qui.nha [*Tasca*¹.◨32A] *sf. Bras. Fam.* Pedacinho (de algo).

tas.sa.lho [V.E] *sm.* Fatia grande.

ta.ta.me [Jap. *tatami*.] *sm.* **1.** Esteira feita de palha de arroz, us. para cobrir o chão. **2.** *P.ext.* Esteira, ger. de material sintético, para a prática de judô, jiu-jítsu, etc.

ta.ta.ra.na ou **ta.tu.ra.na** [Do tupi.] *sf. Bras. Zool.* Nome comum a lagartas urentes de lepidópteros; lagarta-de-fogo, bicho-cabeludo.

ta.ta.ra.ne.to [V.C] *sm.* Tetraneto.

ta.ta.ra.vó [De *avó*.] *sf.* Tetravó.

ta.ta.ra.vô [De *avô*.] *sm.* Tetravô.

ta.te.ar ou **tac.te.ar** [*Tato*.◼1N] *vtd.* **1.** Aplicar o tato a. **2.** Examinar com cautela. *int.* **3.** Tocar nas coisas, para guiar-se. [C.: 12A] § **ta(c).te.an.te** *adj2g.*

ta.ti.bi.ta.te [V.D] *adj2g. s2g.* Que, ou quem fala trocando certas consoantes.

tá.ti.ca [Gr. *taktiké (téchne)*.] *sf.* **1.** Na arte da guerra, disposição e manobra das forças durante o combate. **2.** *P.ext.* Maneira de sair-se bem em qualquer coisa.

tá.ti.co [Gr. *taktikós*.◼35B] *adj.* Relativo à tática.

tá.til ou **tác.til** [Lat. *tactile*.] *adj2g.* **1.** Relativo ao tato. **2.** Que pode ser tateado. [Pl.: *táteis* ou *tácteis*.]

ta.to ou **tac.to** [Lat. *tactu*.] *sm.* **1.** *Fisiol.* O sentido pelo qual percebemos as sensações de contacto e pressão, as térmicas e as dolorosas. **2.** *Fig.* Prudência, tino.

ta.tu [Do tupi.] *sm. Bras. Zool.* Nome comum aos dasipodídeos.

ta.tu.a.gem [*Tatuar*.◼6] *sf.* **1.** Processo de introduzir sob a epiderme substâncias corantes para fazer na pele desenhos e pinturas. **2.** Desenho ou pintura feitos assim. [Pl.: *-gens*.]

ta.tu.ar [Ingl. (*to*) *tattoo*.◼1A] *vtd.* **1.** Fazer tatuagem (2) em (o corpo ou em parte dele), ou permitir que o façam. **2.** Fazer tatuagem (2) em (alguém). *p.* **3.** Fazer tatuagem em si mesmo ou permitir que o façam. [C.: 1]

ta.tu-bo.la *sm. Bras. Zool.* Tatu que, atacado, se enrola formando bola. [Pl.: *tatus-bola(s)*.]

ta.tu-ca.nas.tra *sm. Bras. Zool.* O maior dos tatus; vive nas matas do Brasil central. [Pl. *tatus-canastra(s)*.]

ta.tu.í [Do tupi.] *sm. Bras. Zool.* Pequenino crustáceo decápode que lembra o tatu, e vive enterrado na areia.

ta.tu.pe.ba [Do tupi.] *sm. Bras. Zool.* Tatu de pelagem densa; tatu-peludo.

ta.tu-pe.lu.do *sm. Bras. Zool.* Tatupeba. [Pl.: *tatus-peludos*.]

ta.tu.zi.nho [*Tatu*.◼32B] *sm. Bras. Zool.* Pequeno crustáceo terrestre de lugares úmidos que se enrola formando bola.

tau [Gr. *taû*.] *sm.* **1.** A 19ª letra do alfabeto grego (Τ, τ). **2.** *Fís.* Partícula elementar da família dos léptons e de massa aproximadamente igual a 2 vezes a massa do próton.

tau.ma.tur.go [Gr. *thaumatourgós*.] *adj. sm.* Que, ou quem faz milagres.

tau.ri.for.me [Lat. *tauriforme*.] *adj2g.* Em forma de touro, ou semelhante a ele.

tau.ri.no [Lat. *taurinu*.◼30] *adj.* **1.** Do, ou próprio do touro (1). **2.** Diz-se de, ou pertencente ou relativo a taurino (3). ● *sm.* **3.** Indivíduo nascido sob o signo de Touro.

tau.ro.ma.qui.a [Gr. *tauromachía*.◼8A] *sf.* A arte de tourear. § **tau.ro.má.qui.co** *adj.*

tau.to.lo.gi.a [Gr. *tautología*.◼8A] *sf.* **1.** Vício de linguagem que consiste em dizer, por formas diversas, sempre a mesma coisa. **2.** Repetição de um mesmo conceito. § **tau.to.ló.gi.co** *adj.*

tau.xi.a [Do ár.] *sf.* Obra de embutidos de ouro, prata, etc.

tau.xi.ar [Do ár.◼1A] *vtd.* Ornamentar com tauxia. [C.: 1]

ta.vo.la.gem [*Távola*, 'tábula'.◼6] *sf.* **1.** Casa de jogo. **2.** Vício de jogar. [Pl.: *-gens*.]

ta.xa [Dev. de *taxar*.] *sf.* **1.** Imposto, tributo. **2.** Tributo que corresponde a um serviço prestado ao contribuinte (como a coleta de lixo). **3.** Preço cobrado por certos serviços; tarifa. **4.** Razão entre 2 grandezas; proporção. ◆ **Taxa de câmbio.** *Econ.* Preço de moeda estrangeira em unidades da moeda nacional; relação de troca de 2 moedas.

ta.xar [Lat. *taxare*.◼1A] *vtd.* **1.** Tributar; lançar imposto sobre. **2.** Estabelecer ou fixar taxa (3). **3.** Regrar, moderar. [C.: 1. Cf. *tachar*.] § **ta.xa.ção** *sf.*

ta.xa.ti.vo [*Taxar*.◼22A] *adj.* **1.** Que taxa. **2.** Que não admite réplica.

tá.xi (cs) [F.red. de *taxímetro*.] *sm.* Automóvel para transporte de passageiro, com taxímetro.

ta.xi.ar (cs) [Ingl. (*to*) *taxi*.◼1A] *v.int. Aer.* Deslocar-se o avião em terra ou na água, preparando-se para decolar, ou depois de pousar. [C.: 1]

ta.xi.der.mi.a (cs) [*Tax(i)-* + *-derm(o)-* + *-ia*¹.◼8A] *sf.* Arte de empalhar animais. § **ta.xi.der.mis.ta** (cs) *s2g.*

ta.xí.me.tro (cs) [Fr. *taxímètre*.] *sm.* Aparelho que, em táxis, marca o preço do percurso efetuado.

ta.xi.no.mi.a (cs) [Fr. *taxinomie*.◼8A] *sf.* **1.** Ramo da biologia que se ocupa da classificação dos organismos em grupos, de acordo com a sua estrutura, origem, etc. **2.** *E.Ling.* Classificação das palavras. § **ta.xi.nô.mi.co** (cs) *adj.*

ta.xi.nô.ni.mo (cs) *sm. Biol.* Nome aplicado a um grupo taxinômico, num sistema de classificação. [No sing. (gên.) ou no pl. (fam., ordem, etc.), ger. no lat.cient.]

ta.xo.no.mi.a (cs) [Ingl. *taxonomy*.◼8A] *sm.* V. *taxinomia.* § **ta.xo.nô.mi.co** (cs) *adj.*

◼ **Tb** *Quím.* Símb. de *térbio*.

◼ **Tc** *Quím.* Símb. de *tecnécio*.

tchau [It. *ciao*.] *interj.* Até a vista; até logo.

tche.co *adj. sm.* V. *checo.*

◼ **TDA** *Psiq.* Abrev. de *transtorno de déficit de atenção*, distúrbio mental que se caracteriza por falta de atenção e hiperatividade. [Sin.: *TDAH*.]

◼ **TDAH** *Psiq.* Abrev. de *transtorno de déficit de atenção com hiperatividade*. V. *TDA.*

te¹ [Lat. *te*, acus.] *pron. pess.* Designa a 2.ª pess. sing. dos dois gêneros, tomada como objeto direto e equiv. a *a ti.*

te² [Lat. *tibi*, dat.] *pron. pess.* Designa a 2ª pess. sing. dos dois gêneros, tomada como objeto indireto e equiv. a *a ti, em ti, para ti, de ti*.
■ **Te** *Quím.* Símb. de telúrio.

tê *sm.* A letra *t*.

te.á.ce:a [Tax. *Theaceae*.] *sf. Bot.* Espécime das teáceas, família de árvores e arbustos floríferos representados, no Brasil, pela camélia e pelo chá (1). § **te.á.ce:o** *adj.*

te.ar [*Teia.* ■40] *sm.* Aparelho de tecer, urdir.

te:a.tral [Lat. *theatrale.* ■39] *adj2g.* **1.** Relativo a teatro. **2.** Que visa a produzir efeito sobre o espectador. **3.** Ostentoso, espetaculoso. [Pl.: *-trais.*] § **te:a.tra.li.da.de** *sf.*

te:a.tra.li.zar [*Teatral.* ■1D] *vtd.* **1.** Adaptar (um texto) para o teatro. **2.** Dar feição teatral a. **3.** Tornar dramático. [C.: 1]

te.a.tro [Lat. *theatru*, do gr.] *sm.* **1.** Edifício com palco, onde se apresentam obras dramáticas, óperas, etc. **2.** A arte de representar. **3.** Coleção das obras dramáticas de um autor, uma época ou uma nação.

te:a.tró.lo.go [*Teatro* + *-logo.*] *sm.* Autor de peças teatrais.

te.bai.da [Top. *Tebaida* (Egito).] *sf.* Retiro; solidão.

te.ca [Do sânscr.] *sf. Bot.* Árvore verbenácea de madeira de lei.

te.ce.du.ra [*Tecer.* ■5A] *sf.* **1.** Ato de tecer. **2.** Tapadura.

te.ce.la.gem [*Tecel(ão).* ■6] *sf.* Trabalho ou indústria de tecelão. [Pl.: *-gens.*]

te.ce.lão [*Tecer* + *-l-* + *-ão².* ■28B] *sm.* Aquele que tece ou trabalha em teares. [Pl.: *-lões.* Fem.: *teceloa* (ô).]

te.cer [Lat. *texere.* ■1B] *vtd.* **1.** Entrelaçar regularmente os fios de. **2.** Fazer (teia ou tecido) com fios. **3.** Engendrar, armar. **4.** Compor, entrelaçando. **5.** *Fig.* Compor (obra que exige trabalho e cuidado). *int.* **6.** Exercer o ofício de tecelão. *p.* **7.** Enredar-se. [C.: 2A (ê-é)] § **te.ce.dor** (ô) *adj.*

te.ci.do [Part. de *tecer.*] *sm.* **1.** V. *tela* (1). **2.** A tela us. para obras de costura: vestes, estofados, etc. **3.** *Biol.* Agrupamento de células similares destinadas ao exercício de função determinada. ♦ **Tecido adiposo.** *Anat.* Tecido conjuntivo cujas células armazenam gordura. **Tecido cartilaginoso.** V. *cartilagem.* **Tecido conjuntivo.** *Anat.* O que liga os órgãos entre si e serve de sustentação a diversas estruturas, sendo rico em material intercelular. **Tecido nervoso.** *Anat.* Aquele constituído por neurônios e gliócitos. **Tecido ósseo.** *Anat.* Tecido conjuntivo especial, formador dos ossos, que apresenta fibras proteicas e uma parte inorgânica com fosfato e cálcio.

te.ci.du.al [*Tecido.* ■39A] *adj2g.* Relativo a tecido (3). [Pl.: *-ais.*]

te.cla [V.C] *sf.* Peça que, à pressão do(s) dedo(s), aciona maquinismo de instrumentos musicais, de certas máquinas, seleciona funções de computador, etc.

te.cla.do [*Tecla.* ■17B] *sm.* **1.** Conjunto de teclas. **2.** *Inform.* Periférico de entrada (13), com teclas para digitação de dados e seleção de funções.

te.clar [*Tecla.* ■1A] *v.int. e td.* Bater nas ou pressionar as teclas (de). [C.: 1 (é)]

tec.né.ci.o [Lat.cient. *technetium.* ■34B] *sm. Quím.* Elemento de número atômico 43, artificial, radioativo, metálico [símb.: *Tc*].

téc.ni.ca *sf.* **1.** O conjunto de processos duma arte ou ciência. **2.** V. *processo* (3).

tec.ni.ca.li.da.de [Ingl. *technicality.* ■14] *sf.* V. *tecnicidade.*

tec.ni.ci.da.de [*Técnico.* ■14] *sf.* Qualidade ou caráter do que é técnico: tecnicismo, tecnicalidade.

tec.ni.cis.mo [*Técnico.* ■11] *sm.* **1.** V. *tecnicidade.* **2.** *P.ext.* Abuso de tecnicidade.

téc.ni.co [Gr. *technikós.* ■35B] *adj.* **1.** Peculiar a uma arte, um ofício, uma ciência, etc. ● *sm.* **2.** Perito em determinada técnica.

tec.ni.co.lor (ôr) [Ingl. *technicolor*, m.reg.] *adj2g. sm.* Diz-se de, ou certo processo de cinema em cores ou, p.ext., qualquer filme colorido.

tec.nó.cli.se [*Tecn(o)-* + *-clise.*] *sf. Odont.* Limpeza da cavidade oral para a higiene dos dentes e demais estruturas bucais.

tec.no.cra.ci.a [*Tecn(o)-* + *-cracia.*] *sf.* Governo baseado na predominância dos tecnocratas ou dos técnicos. § **tec.no.crá.ti.co** *adj.*

tec.no.cra.ta [*Tecn(o)-* + *-crata.*] *s2g.* **1.** Alto funcionário que faz prevalecer o aspecto técnico de um problema em detrimento do social. **2.** Aquele que defende a tecnocracia.

tec.no.lo.gi.a [Gr. *technología.* ■8A] *sf.* Conjunto de conhecimentos, esp. princípios científicos, que se aplicam a um determinado ramo de atividade. § **tec.no.ló.gi.co** *adj.*

te.co-te.co [V.A] *sm. Bras.* Pequeno avião, monomotor. [Pl.: *teco-tecos.*]

tec.tô.ni.ca [Gr. *tektoniké* (*téchne*).] *sf.* **1.** A arte de construir edifícios. **2.** Parte da geologia que trata das deformações da crosta terrestre. § **tec.tô.ni.co** *adj.*

té.di:o [Lat. *taediu.* ■34] *sm.* Sentimento de enfado, lassidão, vazio.

te.di.o.so (ô) [Lat. *taediosu.* ■37] *adj.* Que inspira ou causa tédio. [Pl.: *-osos* (ó).]

te.gu.men.to [Lat. *tegumentu.*] *sm. Anat.* O que recobre o corpo do homem e o dos animais (pele, pelos, penas, escamas). § **te.gu.men.tar** *adj2g.*

tei.a (êi) [Lat. *tela.*] *sf.* **1.** V. *tela* (1). **2.** Estrutura, organização. **3.** *Fig.* Enredo, intriga. **4.** *Zool.* Tela (1) elástica, de fios finíssimos, feita pelas aranhas.

tei.í.de:o [Tax. *Teiidae*.] *adj. sm. Zool.* Diz-se de, ou espécime dos teiídeos, família de lagartos de língua comprida e bífida, cauda longa, e membros reduzidos, ou grandes e fortes. Ex.: calango.

tei.ma [Lat. *thema*.] *sf.* Ato de teimar; obstinação.

tei.mar [*Teima*. ▣1A] *vti.* **1.** Insistir, obstinar-se. *td.* **2.** Insistir em. *int.* **3.** Ser teimoso; insistir em algo. [C.: 1]

tei.mo.so (ô) [*Teima*. ▣37] *adj. sm.* Que, ou quem é dado a teimar; obstinado; pertinaz. [Pl.: *-mosos* (ó).] § **tei.mo.si.a** *sf.*

te.í.na [Lat.cient. *theina*.] *sf.* Alcaloide encontrado no chá (1).

te.ís.mo [*Te(o)-* + *-ismo*. ▣11] *sm.* Doutrina que admite um deus pessoal, causa do mundo.

tei.ú [Do tupi.] *sm. Bras. Zool.* Teiídeo de até quase 2m.

te.ja.di.lho [Esp. *tejadillo*.] *sm.* Teto de veículo.

te.la [Lat. *tela*.] *sf.* **1.** Aquilo que se teceu; tecido, teia, trama. **2.** Tecido especial sobre o qual se pintam quadros. **3.** Quadro pintado sobre tela. **4.** Painel onde se projetam filmes, *slides*, etc. **5.** *Tec.* A parte de um equipamento na qual informações são exibidas e visualizadas. ◆ **Tela subcutânea.** *Histol.* Tecido situado abaixo da derme. [Denom. ant.: *hipoderme*.]

te.le.ci.ne [*Tel(e)-*[2] + *cine*.] *sm. Telev.* Equipamento que permite apresentar filmes cinematográficos em sistema de televisão.

te.le.co.man.do [*Tel(e)-*[1] + *comando*.] *sm. Eng. Elétr.* Aplicação da tecnologia de comunicações aos processos de transmissão à distância, para controle, comando, sinalização, supervisão e monitoração.

te.le.co.mu.ni.ca.ção [*Tel(e)-*[1] + *comunicação*.] *sf. Telecom.* Comunicação à distância, por meio de sinais elétricos ou eletromagnéticos. [Pl.: *-ções*.]

te.le.con.fe.rên.ci:a [*Tel(e)-*[1]+*conferência*.] *sf.* Modalidade interativa de telecomunicação mediante a qual 2 ou mais pessoas, em diferentes locais, se comunicam ao mesmo tempo.

te.le.dra.ma.tur.gi.a [*Tel(e)-*[2] + *dramaturgia*.] *sf.* O conjunto de peças teatrais, novelas, minisséries, etc., exibidas pela televisão. § **te.le.dra.ma.túr.gi.co** *adj.*

te.le.du.ca.ção [*Tel(e)-*[2]+*educação*.] *sf.* Ensino à distância, por meio do rádio e/ou da televisão. [Pl.: *-ções*.]

te.le.fé.ri.co [Fr. *téléphérique*. ▣35B] *sm.* **1.** Cabo que, movendo-se, transporta ao longe uma carga. **2.** Espécie de ascensor suspenso por cabos que transporta carga e pessoas de um ponto a outro.

te.le.fo.na.da [*Telefonar*. ▣4] *sf. Pop.* Telefonema.

te.le.fo.nar [*Telefone*. ▣1A] *v.int.* **1.** Fazer uso de telefone. *ti.* **2.** Fazer comunicações por ele. [C.: 1]

te.le.fo.ne [Fr. *téléphone*.] *sm.* Aparelho para transmitir a distância a palavra falada. ◆ **Telefone celular.** Aparelho portátil, pessoal, us. em telefonia celular (q.v.).

te.le.fo.ne.ma [*Telefone* + *-ema*.] *sm.* Comunicação telefônica; telefonada (*pop.*).

te.le.fo.ni.a [*Tel(e)-*[1] + *-fon(o)-* + *-ia*[1]. ▣8A] *sf. Telecom.* Processo e sistema de telecomunicação destinado a transmissão de sons. ◆ **Telefonia celular.** Sistema de telefonia que utiliza transmissores de rádio de baixa potência para cobrir área delimitada, ou restrita, denominada célula.

te.le.fô.ni.co [*Telefonia*. ▣35B] *adj.* Relativo a telefonia, ou a telefone.

te.le.fo.nis.ta [*Telefone*. ▣36] *s2g.* Profissional que auxilia o usuário na transmissão e recepção de telefonemas, ou os recebe e transmite.

te.le.fo.to [*Tel(e)-*[1] + *-foto*.] *sf.* Fotografia transmitida e reproduzida por ondas radioelétricas.

te.le.fo.to.gra.fi.a [*Tel(e)-*[1] + *fotografia*.] *sf.* Arte e técnica de fotografar a grandes distâncias.

te.le.gra.far [*Telégrafo*. ▣1A] *vti. e int.* **1.** Enviar telegrama(s). *td. e tdi.* **2.** Comunicar pelo telégrafo. [C.: 1]

te.le.gra.fi.a [*Telégrafo*. ▣8A] *sf. Telecom.* Processo de telecomunicação que se destina a transmitir mensagens escritas mediante código de sinais. ◆ **Telegrafia sem fio.** Radiotelegrafia. § **te.le.grá.fi.co** *adj.*

te.le.gra.fis.ta [*Telégrafo*. ▣36] *s2g.* Pessoa que transmite e recebe telegramas.

te.lé.gra.fo [Fr. *télégraphe*.] *sm.* **1.** Dispositivo, ou sistema, para transmissão de mensagens em telegrafia. **2.** Lugar onde ele funciona.

te.le.gra.ma [Fr. *télégramme*.] *sm.* Comunicação telegráfica.

te.le.gui.ar [*Tel(e)-*[1] + *guiar*.] *vtd.* **1.** Guiar (foguetes, aviões, etc.) à distância, por meio de ondas hertzianas. **2.** *Bras. Fig.* Exercer domínio sobre (alguém). [C.: 1]

te.le.jor.nal [*Tel(e)-*[2] + *jornal*.] *sm.* Noticiário apresentado pela televisão. [Pl.: *-nais*.]

→ **telemarketing** (telemárketin) [Ingl.] *sm. Marketing* que utiliza o telefone como recurso sistemático para relacionamento com os clientes.

te.le.me.tri.a [*Tel(e)-*[1] + *-metria*.] *sf.* Técnica de obtenção, processamento e transmissão de dados à distância. § **te.le.mé.tri.co** *adj.*

te.lê.me.tro [*Tel(e)-*[1] + *-metro*.] *sm. Fot.* Dispositivo óptico para medir a distância entre a câmera e o objeto a ser fotografado.

te.le.no.ve.la [*Tel(e)-*[2]+*novela*. ▣7] *sf.* Novela (2) apresentada em televisão.

te.le:ob.je.ti.va [*Tel(e)-*[1]+ *objetiva*.] *sf. Fot.* Objetiva us. para fotografar objetos distantes.

te.le:o.lo.gi.a [*Tele(o)-* + *-logia*.] *sf. Filos.* **1.** Estudo da finalidade. **2.** Doutrina que toma o mundo como um sistema de relações entre meios e fins.

te.le:o.pe.ra.dor (ô) [*Tel(e)-*[1] + *operador.*] *sm. Market.* Profissional que faz o atendimento telefônico em *telemarketing*.

te.le.pa.ta [*Tel(e)-*[1] + *-pata.*] *adj2g. s2g.* Que, ou quem se comunica por telepatia.

te.le.pa.ti.a [*Tel(e)-*[1] + *-patia.*] *sf.* Suposta faculdade daqueles que, sem fazerem uso da visão, veem, sentem ou percebem à distância. § **te.le.pá.ti.co** *adj.*

→ **teleprompter** (teleprômpter) [Ingl.] *sm. Cin. Teatr. Telev.* V. *prompter*.

te.les.có.pi:o [*Tel(e)-*[1] + *-scópio.*] *sm.* Instrumento óptico para a observação de objetos longínquos. § **te.les.có.pi.co** *adj.*

te.les.pec.ta.dor (ô) [*Tel(e)-*[2] + *espectador.*] *adj. sm.* Que, ou quem assiste a programas de televisão.

te.le.ti.po [Ingl. *teletype.*] *sm.* Equipamento us. em telegrafia semelhante a máquina de escrever.

te.le.vi.são [*Tel(e)-*[1] + *visão.*] *sf.* **1.** Sistema de telecomunicação que usa sinais eletromagnéticos para transmissão de vídeo e áudio. **2.** Televisor. **3.** Televisora. [Pl.: *-sões.*] ♦ **Televisão aberta.** As emissoras de TV (ou o serviço oferecido por elas) cuja programação é disponível para o público em geral. **Televisão a cabo.** Serviço de televisão, esp. de televisão por assinatura (q.v.), em que os sinais são distribuídos aos aparelhos dos usuários por meio de cabos (v. *cabo*[2] [4]). **Televisão por assinatura.** Serviço de transmissão exclusiva de programas televisivos a assinantes. § **te.le.vi.si.vo** *adj.*

te.le.vi.sar [*Tel(e)-*[1] + *visar.*] *vtd.* Televisionar. [C.: 1] § **te.le.vi.sa.do** *adj.*

te.le.vi.si:o.nar [*Televisão* (-sion-).□1A] *vtd.* Transmitir por televisão; televisar. [C.: 1] § **te.le.vi.si:o.na.do** *adj.*

te.le.vi.sor (ô) [*Tel(e)-*[1] + *visor.*] *sm.* Aparelho que recebe imagens televisionadas; televisão.

te.le.vi.so.ra (ô) [F. de *televisor.*] *sf.* Estação de televisão; televisão.

te.le.vi.su.al [*Tel(e)-*[2] + *visual.*] *adj2g.* Relativo ou pertencente a televisão.

te.lex (écs) [Fr. *télex.*] *sm2n.* **1.** Modalidade de serviço telegráfico que permite comunicação bilateral. **2.** *P.ext.* Mensagem recebida por telex (1).

te.lha (ê) [Lat. *tegula.*] *sf.* Cada uma das peças us. na cobertura dum edifício.

te.lha.do [*Telhar*, 'pôr telhas'.□17A] *sm.* **1.** Parte exterior da cobertura dum edifício, feita ger. de telhas. **2.** Compartimento ou divisão duma casa.

te.lha-vã [*Telha* + o fem. de *vão.*] *sf.* Telhado sem forro. [Pl.: *telhas-vãs.*]

te.lhei.ro [*Telha.*□25] *sm.* Cobertura suportada por pilares.

te.lú.ri.co [*Telur(i)-* + *-ico*[2].□35B] *adj.* **1.** Relativo à Terra. **2.** Relativo ao solo. **3.** Relativo ao telúrio.

te.lú.ri:o [*Telur(i)-* + *-io*[2].□34B] *sm. Quím.* V. *calcogênio* [símb.: *Te*].

te.ma [Lat. *thema.*] *sm.* Proposição que vai ser tratada ou demonstrada. § **te.má.ti.co** *adj.*

te.má.ri:o [*Tema.*□24] *sm. Bras.* Conjunto de temas ou assuntos que se devem tratar em congresso literário, científico, etc.

te.má.ti.ca *sf.* Conjunto de temas que caracterizam uma obra.

tem.be.tá [Do tupi.] *sm. Etnol.* Entre diversos grupos indígenas brasileiros, adorno confeccionado com matéria-prima mineral, introduzido em furo no lábio inferior.

te.mer [Lat. *timere.*□1B] *vtd. e int.* **1.** Ter ou sentir medo, temor ou receio (de). *ti.* **2.** Preocupar-se, inquietar-se. [C.: 2] § **te.men.te** *adj2g.*

te.me.rá.ri:o [Lat. *temerariu.*□24] *adj.* **1.** Arriscado; arrojado. ● *sm.* **2.** Indivíduo arrojado.

te.me.ri.da.de [Lat. *temeritate.*□14] *sf.* Qualidade ou ato de temerário.

te.me.ro.so (ô) [*Temor.*□37] *adj.* Que infunde temor, ou que o experimenta. [Pl.: *-rosos* (ó).]

te.mi.do [Part. de *temer.*] *adj.* Que causa temor, ou que teme.

te.mi.mi.nó *adj2g. s2g. Bras. Etnôn.* Diz-se de, ou indivíduo dos temiminós, povo indígena extinto, do tronco linguístico tupi, que habitava a costa do ES e do RJ.

te.mí.vel [*Temer.*□41A] *adj2g.* Que se deve temer. [Pl.: *-veis.*]

te.mor (ô) [Lat. *timore.*] *sm.* **1.** Ato ou efeito de temer. **2.** Sentimento de reverência.

têm.pe.ra [It. *tempera*, poss.] *sf.* **1.** Consistência que se dá aos metais, sobretudo o aço, introduzindo-os candentes em água fria. **2.** Banho em que se temperam os metais. **3.** V. *temperamento* (2).

tem.pe.ra.do [*Temperar.*□17A] *adj.* **1.** Que levou tempero. **2.** Moderado; suave. **3.** Próprio da zona em que a temperatura média anual é de cerca de 20ºC. **4.** *Mús.* Relativo a, ou próprio de temperamento (3).

tem.pe.ra.men.tal [*Temperamento.*□39] *adj2g.* **1.** Relativo a temperamento. **2.** De caráter instável, difícil. **3.** Diz-se de quem reage seguindo apenas os impulsos de seu temperamento. ● *s2g.* **4.** Pessoa temperamental. [Pl.: *-tais.*]

tem.pe.ra.men.to [Lat. *temperamentu.*□3] *sm.* **1.** *Med.* Parte do psiquismo relacionada à estrutura corporal, mediante mecanismos bioquímicos e nervosos. **2.** Constituição moral; índole, têmpera, feitio. **3.** *Mús.* Divisão da oitava em 12 semitons exatamente iguais, us. nos instrumentos de som fixo (piano, cravo, etc.).

tem.pe.ran.ça [Lat. *temperantia.*□10] *sf.* Qualidade ou virtude de quem modera apetites e paixões.

temperar | tenentismo

tem.pe.rar [Lat. *temperare*.◘1A] *vtd.* **1.** Deitar tempero em. **2.** Misturar proporcionalmente. **3.** Moderar, conter. **4.** Dar consistência, rijeza, a (metais). *p.* **5.** Moderar-se, conter-se. [C.: 1 (é)]

tem.pe.ra.tu.ra [Lat. *temperatura*.◘5B] *sf.* **1.** Quantidade de calor que existe no ambiente, e resultante da ação dos raios solares. **2.** Quantidade de calor existente num corpo.

tem.pe.ro (ê) [Dev. de *temperar*.] *sm.* Ingrediente que realça o sabor de iguaria.

tem.pes.ta.de [Lat. *tempestate*.] *sf.* **1.** Agitação violenta da atmosfera, às vezes acompanhada de chuvas, trovões, etc.; temporal. **2.** *Fig.* Agitação moral.

tem.pes.ti.vo [Lat. *tempestivu*.◘22] *adj.* Que vem ou sucede no tempo devido; oportuno.

tem.pes.tu.o.so (ô) [Lat. *tempestuosu*.◘37] *adj.* **1.** Que traz, ou é sujeito a tempestade. **2.** *Fig.* Violento; tumultuoso. [Pl.: *-osos* (ó).]

tem.plo [Lat. *templu*.] *sm.* **1.** Edifício público destinado ao culto religioso. **2.** Igreja (1). **3.** Sala onde se realizam sessões de maçonaria.

tem.po [Lat. *tempus*.] *sm.* **1.** A sucessão dos anos, dias, horas, etc., que envolve a noção de presente, passado e futuro. **2.** Momento ou ocasião apropriada para que uma coisa se realize: *Não teve tempo para visitar-me.* **3.** Época, estação: *É tempo de jabuticaba.* **4.** As condições meteorológicas: *tempo bom.* **5.** *E.Ling.* Flexão indicativa do momento a que se refere a ação ou o estado verbal. **6.** *Mús.* Cada uma das partes, em andamentos diferentes, em que se dividem certas peças, como, p.ex., a sonata.
◆ **Nesse meio tempo.** Em dado intervalo de tempo; neste meio tempo; neste ínterim.

têm.po.ra *sf. Anat.* Cada uma das 2 porções laterais, superiores, da cabeça. [Tb. us. no pl.]

tem.po.ra.da [*Tempo* (*tempor*-).◘4] *sf.* Certo espaço de tempo.

tem.po.ral [Lat. *temporale*.◘39] *adj2g.* **1.** Relativo a tempo. **2.** V. *secular* (5). **3.** *Anat.* Relativo às têmporas. ● *sm.* **4.** Tempestade (1). **5.** *Anat.* Cada um de 2 ossos da cabeça que contém os órgãos da audição. [Pl.: *-rais.*]

tem.po.rão [Lat.vulg. **temporanu*.◘28B] *adj.* Que vem, nasce ou acontece fora de tempo próprio ou desejável. [Pl.: *-rãos*. Fem.: *temporã.*]

tem.po.rá.ri.o [Lat. *temporariu*.◘24] *adj.* **1.** V. *transitório.* **2.** Provisório.

têm.po.ras *sfpl. Anat.* V. *têmpora.*

tem.po.ri.za.dor (ô) [*Temporizar*.◘19A] *adj.* **1.** Que temporiza. ● *sm.* **2.** Aquele que temporiza. **3.** Dispositivo que tem a função de ligar ou desligar outro dispositivo ou circuito, num instante de tempo prefixado, ou em intervalos regulares.

tem.po.ri.zar [*Tempo* (*tempor*-).◘1D] *vtd.* **1.** Adiar, retardar, demorar, delongar. *ti.* **2.** Transigir; condescender; contemporizar. **3.** Haver-se com delongas. *int.* **4.** Esperar outra ocasião. [C.: 1]

tem.pu.ra [Jap. *tenpura*.] *sf. Cul.* Prato feito com frutos do mar e legumes empanados e fritos.

te.naz [Lat. *tenace*.] *adj2g.* **1.** Muito aderente. **2.** Que tem grande coesão. **3.** Que segura com firmeza. **4.** *Fig.* Obstinado, aferrado. ● *sf.* **5.** Instrumento parecido a uma tesoura, para tirar ou pôr peças nas forjas ou segurar ferro em brasa. § **te.na.ci.da.de** *sf.*

ten.ção [Lat.vulg. **tentione*.◘2] *sf.* Plano, intenção. [Pl.: *-ções.*]

ten.ci.o.nar [*Tenção* (*-cion*-).◘1A] *vtd.* Fazer tenção de; planejar. [C.: 1]

ten.da [Lat. *tenta*.] *sf.* **1.** Barraca de campanha. **2.** Barraca de feira. **3.** Pequena oficina de artesão.

ten.dão [Lat.med. **tendone*.] *sm. Anat.* Cordão (3) de tecido conjuntivo fibroso, e que serve para inserção de músculo esquelético. [Pl.: *-dões.*]

ten.dên.ci.a [Lat. *tendentia*.◘10] *sf.* **1.** Inclinação; vocação; propensão; queda, pendor. **2.** Força que faz um corpo mover-se.

ten.den.ci.o.so (ô) [*Tendência*.◘37] *adj.* Que envolve alguma intenção secreta. [Pl.: *-osos* (ó).]

ten.der [Lat. *tendere*.◘1B] *vtd.* **1.** Estirar; estender. *ti.* **2.** Propender (2). **3.** Apresentar tendência. **4.** Ter em vista ou por fim. **5.** Aproximar-se. *tc.* **6.** Inclinar-se. *p.* **7.** Estender (7). [C.: 2] § **ten.den.te** *adj2g.*

tên.der [Ingl. *tender*.] *sm. Cul.* Presunto defumado industrialmente, com ou sem osso.

ten.di.nha [*Tenda*.◘32A] *sf. Bras.RJ* Mercearia ou botequim modesto, ou de lugar muito pobre.

te.ne.bro.so (ô) [Lat. *tenebrosu*.◘37] *adj.* **1.** Coberto de trevas. **2.** Horrível, medonho. **3.** *Fig.* Indigno, vil. [Pl.: *-brosos* (ó).]

te.nên.ci.a [Lat. *tenentia*.◘10] *sf. Bras. Pop.* **1.** Vigor, firmeza. **2.** Prudência (1).

te.nen.te [Lat. *tenente*.◘21A] *sm. Bras.* Designação comum a primeiro-tenente e segundo- -tenente. V. *hierarquia militar.*

te.nen.te-bri.ga.dei.ro *sm.* V. *hierarquia militar.* [Pl.: *tenentes-brigadeiros.*]

te.nen.te-co.ro.nel *sm.* V. *hierarquia militar.* [Pl.: *tenentes-coronéis.*]

te.nen.te-co.ro.nel-a.vi:a.dor *sm.* V. *hierarquia militar.* [Pl.: *tenentes-coronéis-aviadores.*]

te.nen.te do mar *sm.* V. *hierarquia militar.* [Pl.: *tenentes do mar.*]

te.nen.te-ge.ne.ral *sm.* V. *hierarquia militar.* [Pl.: *tenentes-generais.*]

te.nen.tis.mo [*Tenente*.◘11] *sm.* Série de movimentos militares, de cunho político, que ocorreram de 1922 a 1933-1934, entre a oficialidade jovem das Forças Armadas do Brasil, principalmente no exército.

tenesmo | teórico

te.nes.mo (ê) [Lat. *tenesmu*.] *sm. Med.* Esforço ineficaz, doloroso e demorado, para defecar e urinar.

tê.ni:a [Tax. *Taenia*.◨8B] *sf. Zool.* Platelminto cestódeo, parasito do intestino de vertebrados. [Sin., pop.: *solitária*.]

te.ní.fu.go [*Teni(o)-* + *-fugo*².] *adj. sm.* Diz-se de, ou medicamento que promove a eliminação de tênia.

tê.nis [Ingl. *tennis*.] *sm2n.* **1.** Jogo com raquetes e bola, em campo dividido em 2 partes por uma rede de malhas, por cima da qual a bola deve passar. **2.** Sapato de lona, couro, etc. com sola de borracha ou de material sintético, de uso, ger., esportivo. § **ten.nis.ta** *s2g.*

tê.nis de me.sa *sm2n.* Pingue-pongue.

te.nor (ô) [It. *tenore*.] *sm.* **1.** A mais aguda das vozes masculinas. **2.** Homem dotado dessa voz.

ten.ro [Lat. *teneru*.] *adj.* **1.** Mole, brando. **2.** Delicado, mimoso. **3.** Viçoso, fresco. **4.** Novo, recente. § **ten.ru.ra** *sf.*

ten.são [Lat. *tensione*.◨2] *sf.* **1.** Estado de tenso. **2.** *Med.* Estado em que há retesamento, ou sensação de retesamento, de certos músculos, ou em que se é levado além de um limite normal de emoção. **3.** Estado de grande pressão física e/ou mental e/ou emocional. **4.** *Eletr.* Diferença de potencial elétrico entre 2 pontos de um circuito; tensão elétrica; voltagem. [Pl.: *-sões.*] ◆ **Tensão alternada.** *Eletrôn.* Tensão elétrica cuja intensidade e cujo sentido variam periodicamente com o tempo. **Tensão de polarização.** *Eletrôn.* Tensão que se aplica a um dispositivo eletrônico para garantir-lhe operação numa região específica de sua curva característica; polarização. **Tensão elétrica.** *Eng.Elétr.* V. *tensão* (4). **Tensão emocional.** Estado ou sensação de apreensão, de incerteza.

ten.si:o.nar [*Tensão* (*tension*-).◨1A] *vtd. e int.* Produzir tensão em ou estar sob tensão. [C.: 1]

ten.so [Lat. *tensu*.] *adj.* **1.** Estendido com força; retesado. **2.** Com tensão (3).

ten.ta [Dev. de *tentar*.] *sf. Cir.* Instrumento cirúrgico para sondar feridas ou dilatar aberturas.

ten.ta.ção [Lat. *tentatione*.◨2A] *sf.* **1.** Ato ou efeito de tentar. **2.** Desejo veemente. **3.** Pessoa ou coisa que tenta; provocação. ● *sm.* **4.** V. *diabo* (2). [Pl.: *-ções.*]

ten.tá.cu.lo [Lat.cient. *tentaculum*.] *sm. Zool.* Apêndice longo, delgado e flexível, de um animal (ger. invertebrado) e que é us. no tato, na locomoção, e na preensão.

ten.ta.me ou **ten.tâ.men** [Lat. *tentamen*.] *sm.* Ensaio, tentativa. [Pl. de tentâmen: *tentamens* e (p.us.) *tentâmenes*.]

ten.tar [Lat. *tentare*.◨1A] *vtd.* **1.** Pôr (alguém) à prova, instigando-o ao erro, ao mal. **2.** Procurar seduzir; provocar, atentar. **3.** Causar desejo ou vontade em; apetecer. **4.** Pôr em prática; empreender; arriscar. **5.** Fazer o que é necessário e/ou possível para realizar (uma ação). **6.** Arriscar-se ou aventurar-se a. **7.** Pôr à prova; experimentar. *p.* **8.** Deixar-se seduzir. [C.: 1] § **ten.ta.dor** (ô) *adj. sm.*

ten.ta.ti.va *sf.* **1.** Experiência, ensaio. **2.** Crime tentado.

ten.te.ar [*Tenta*.◨1N] *vtd.* **1.** Dar tento a. **2.** Examinar com cuidado. **3.** Paliar, entreter. [C.: 12A]

ten.to¹ [Lat. *tentu*.] *sm.* **1.** Atenção, cuidado. **2.** Cálculo, cômputo. **3.** Pauzinho em que se apoia a mão para pintar com firmeza.

ten.to² [Lat. *talentu*.] *sm.* **1.** Peça com que se marcam pontos no jogo. **2.** Ponto marcado no jogo.

tê.nu:e [Lat. *tenue*.] *adj2g.* **1.** Delgado, fino. **2.** Débil, frágil. **3.** Pequeníssimo. § **te.nu:i.da.de** *sf.*

te:o.cra.ci.a [Gr. *theokratía*.◨8A] *sf.* **1.** Forma de governo em que a autoridade, emanada dos deuses ou de Deus, é exercida por seus representantes na Terra. **2.** O Estado com essa forma de governo. § **teo.crá.ti.co** *adj.*

te:o.do.li.to [Ingl. *theodolite*.] *sm.* Instrumento óptico para medir com precisão ângulos horizontais e verticais.

te:o.lo.gal [*Teólogo*.◨39] *adj2g.* Relativo à teologia. [Pl.: *-gais.*]

te:o.lo.gi.a [Gr. *theología*.◨8A] *sf.* Estudo das questões referentes ao conhecimento da divindade e de suas relações com os homens. § **teo.ló.gi.co** *adj.*; **te.ó.lo.go** *sm.*

te.or (ô) [Lat. *tenore*.] *sm.* **1.** Texto de uma escrita. **2.** Norma, regra. **3.** V. *termo* (5). **4.** Proporção, num todo, duma substância determinada.

te:o.re.ma [Gr. *théorema*.] *sm.* Proposição que, para ser admitida ou se tornar evidente, necessita de demonstração.

te:o.ré.ti.co [Gr. *theoretikós*.◨35B] *adj.* Teórico (1).

te:o.ri.a [Gr. *theoría*.◨8A] *sf.* **1.** Conhecimento especulativo, meramente racional. **2.** Conjunto de princípios fundamentais duma arte ou duma ciência. **3.** Doutrina ou sistema fundado nesses princípios. **4.** Hipótese, suposição. ◆ **Teoria da grande explosão** ou **Teoria do *big bang*.** *Cosm.* Teoria segundo a qual o universo se originou, há cerca de 10 a 20 bilhões de anos, de uma violenta explosão de uma aglomeração mínima de matéria com altíssimas densidade e temperatura. **Teoria da relatividade.** *Fís.* Teoria que postula que as leis da física são idênticas em todos os referenciais inerciais (aqueles em que corpos não sujeitos a forças não têm seu estado de movimento alterado) e que a velocidade da luz no vácuo é constante para qualquer observador.

te.ó.ri.co [Gr. *theorikós*.] *adj.* **1.** Relativo a teoria; teorético. ● *sm.* **2.** Autor ou criador de teoria(s).

te.o.ri.zar [*Teoria*.◻ 1D] *vtd.* **1.** Expor ou explicar por teoria(s). **2.** Reduzir a teoria(s). ● *int. e ti.* **3.** Expor teorias. **4.** Tratar um assunto teoricamente. [C.: 1]

té.pi.do [Lat. *tepidu*.] *adj.* **1.** Que tem pouco calor; morno. **2.** Frouxo, fraco. § **te.pi.dez** (ê) *sf.*

te.qui.la [Top. *Tequila* (México).] *sf.* Espécie de aguardente, originária do México.

ter [Lat. *tenere*, 'segurar'.◻ 1B] *vtd.* **1.** Ter a posse de; possuir. **2.** Poder dispor de: *ter férias*. **3.** Segurar nas mãos. **4.** Trazer consigo. **5.** Manter; ocupar: *ter um cargo*. **6.** Conter. **7.** Ser composto ou formado. **8.** Apresentar, trazer: *ter cabelos brancos*. **9.** Apresentar (algo) semelhança a: *Tem os olhos da mãe*. **10.** Ser dotado de: *ter boa-fé*. **11.** Gozar, desfrutar: *ter saúde*. **12.** Sofrer de. **13.** Experimentar (sensação, sentimento, etc.). **14.** Elaborar mentalmente: *ter uma ideia*. **15.** Proceder com: *ter cautela*. **16.** Dar à luz. **17.** Receber: *ter muitos convidados*. **18.** Tomar (12): *ter aulas de francês*. **19.** Receber (castigo, prêmio, remuneração, etc.). ★ *impess.* **20.** *Pop.* Haver, existir. *ti.* **21.** Ter necessidade ou obrigação de; dever, precisar: *Tenho de viajar*. [Nesta acepç., us. se seguido de *que*: *Tenho que viajar*.] *tdi.* **22.** Trazer consigo, ou em si (*lit.* ou *fig.*). **23.** Guardar, conservar. **24.** Apresentar: *Tinha o rosto pálido*. **25.** Considerar; julgar: *Sempre o tive por tolo*. *tc.* **26.** Contar (anos). *int.* **27.** Ser possuidor de bens, recursos financeiros, etc. *p.* **28.** Segurar-se; manter-se: *ter-se de pé*. **29.** Considerar-se. [C.: 15]

te.ra.fo.sí.de:o [Tax. *Theraphosidae*.] *adj. sm. Zool.* Diz-se de, ou espécime dos terafosídeos, família de aranhas migalomorfas grandes e peludas, de distribuição ger. tropical.

te.ra.peu.ta *s2g.* V. *psicoterapeuta*.

te.ra.pêu.ti.ca [Gr. *therapeutiké*.] *sf.* Parte da medicina que estuda e põe em prática os meios adequados para aliviar ou curar os doentes; terapia. § **te.ra.pêu.ti.co** *adj.*

te.ra.pi.a [Gr. *therapeía*.] *sf.* Terapêutica. ◆ **Terapia ocupacional.** *Psic.* Aquela em que se procura desenvolver o interesse do paciente por um determinado trabalho ou uma ocupação. § **te.rá.pi.co** *adj.*

te.ra.to.lo.gi.a [Gr. *teratología*.] *sf. Med.* Ramo da biologia que trata da estrutura, do desenvolvimento, etc., de monstros [v. *monstro* (1)]. § **te.ra.to.ló.gi.co** *adj.*

tér.bi:o [Lat.cient. *terbium*.◻ 34B] *sm. Quím.* V. *lantanídeos* [símb.: *Tb*].

ter.ça[1] (ê) [Lat. *tertia*.] *num.* Terço (1).

ter.ça[2] (ê) *sf.* V. *terça-feira*.

ter.çã [Lat. *tertiana* (*febre*).] *adj.(f.) sf. Med.* Diz-se de, ou febre recorrente que se repete de 3 em 3 dias.

ter.ça.do [*Terçar*.◻ 17A] *sm.* **1.** Espada de lâmina curta. **2.** Facão grande.

ter.ça-fei.ra [*Terça*[1] + *feira*.] *sf.* O terceiro dia da semana, começada no domingo. [Pl.: *terças--feiras*.]

ter.çar [*Terço*.◻ 1A] *vtd.* **1.** Misturar (3 coisas). **2.** Dividir em 3 partes. **3.** Pôr em diagonal, de través (a lança ou a espada). *ti.* **4.** Lutar a favor. [C.: 1B (é)]

ter.cei.ri.za.ção [*Terceirizar*.◻ 2A] *sf. Econ.* Atribuição a empresas independentes, *i.e.*, a terceiros, de processos auxiliares à atividade principal de uma empresa. [Pl.: -*ções*.]

ter.cei.ri.zar [*Terceiro*.◻ 1D] *vtd. Econ.* Realizar a terceirização de. [C.: 1] § **ter.cei.ri.za.do** *adj. sm.*

ter.cei.ro [Lat. *tertiariu*.◻ 25] *num.* **1.** Ordinal correspondente a 3. **2.** Fracionário correspondente a 3. ● *sm.* **3.** Quem intercede ou intervém.

ter.cei.ros *smpl.* Os outros.

ter.cei.ro-sar.gen.to *sm.* V. *hierarquia militar*. [Pl.: *terceiros-sargentos*.]

ter.ce.to (ê) [It. *terzetto*.] *sm.* **1.** Estrofe de 3 versos. **2.** *Mús.* Composição para 3 vozes.

ter.ci.á.ri:o [Lat. *tertiariu*.◻ 24] *adj.* **1.** Que está ou vem em terceiro lugar ou ordem. **2.** Relativo ao período da era cenozoica (c.65 milhões a c.2 milhões de anos atrás) durante o qual houve grandes modificações tectônicas da crosta terrestre, os mamíferos se difundiram e diversificaram, e ao fim do qual apareceram os primeiros hominídeos. [Compreende 5 épocas: paleoceno, eoceno, oligoceno, mioceno e plioceno.] **3.** *Econ.* Diz-se do setor de prestação de serviços, numa economia. ● *sm.* **4.** O período terciário.

ter.ço (ê) [Lat. *tertiu*.] *num.* **1.** Cada uma das 3 partes iguais em que se divide algo. ● *sm.* **2.** A terça parte do rosário.

ter.çol [V.D] *sm. Med.* Pequeno abscesso em borda palpebral. [Pl.: -*çóis*.]

te.re.bin.ti.na [*Terebinto*.◻ 31] *sf.* Resina extraída de coníferas e de terebinto.

te.re.bin.to [Lat. *terebinthu*.] *sm. Bot.* Arvoreta anacardiácea europeia.

te.re.na *adj2g. s2g. Bras. Etnôn.* Diz-se de, ou indivíduo dos terenas, povo indígena da família linguística aruaque, que habita áreas do MS.

te.res (ê) *smpl.* Posses, bens, haveres.

te.re.si.nen.se [◻ 38] *adj2g.* **1.** De Teresina, capital do PI. ● *s2g.* **2.** O natural ou habitante de Teresina.

ter.gi.ver.sar [Lat. **tergiversare*.◻ 1A] *v.int.* Procurar rodeios, evasivas. [C.: 1 (é)] § **ter.gi.ver.sa.ção** *sf.*

→ **teriyaki** (teriiáqui) [Jap.] *sm. Cul.* **1.** O ato de marinar o peixe ou a carne (em molho de saquê, *shoyu*, açúcar e gengibre) antes de grelhá-los. **2.** O molho us. nesse preparo.

ter.mal [*Term(o)-* + -*al*[1].◻ 39] *adj2g.* **1.** Relativo a termas. **2.** Diz-se da água de temperatura mais alta que a do ar ambiente. [Pl.: -*mais*.]

termas | terraplenagem

ter.mas [Gr. *thérmai*.] *sfpl.* Estabelecimento de águas medicinais, esp. termais.

ter.me.lé.tri.co ou **ter.mo:e.lé.tri.co** [*Term(o)*- + *elétrico*.] *adj.* 1. Relativo à eletricidade gerada por máquinas térmicas. 2. Diz-se da energia elétrica gerada pela queima de carvão mineral, óleo combustível ou gás natural: *usina termelétrica.*

tér.mi.co [*Term(o)*- + *-ico*[2]. ▫35B] *adj.* 1. Relativo ao calor. 2. Diz-se de recipiente que conserva por longo tempo a temperatura de seu conteúdo.

ter.mi.na.ção [Lat. *terminatione*. ▫2A] *sf.* 1. Ato ou efeito de terminar(-se). 2. *E.Ling.* Parte final duma palavra. [Pl.: -*ções*.]

ter.mi.nal [Lat. *terminale*. ▫39] *adj2g.* 1. Relativo ao termo ou remate. 2. Diz-se de doente que se encontra muitíssimo mal, na etapa final de uma doença. ● *sm.* 3. Ponto terminal duma rede de transporte. 4. *Inform.* Qualquer dispositivo de entrada e/ou saída de dados, ligado remotamente a um computador ou uma rede de computadores. [Pl.: -*nais*.]

ter.mi.nan.te [Lat. *terminante*. ▫21] *adj2g.* 1. Que termina. 2. Decisivo, definitivo.

ter.mi.nar [Lat. *terminare*. ▫1A] *vtd.* 1. Pôr termo a; acabar. 2. Pôr fim a (relação de amizade, de namoro, etc.). *ti.* 3. Ter certa desinência (o vocábulo). 4. Dar fim a relação, namoro; romper. *tc.* 5. Ter seu limite em. *int. e p.* 6. Findar(-se), acabar(-se). [C.: 1]

ter.mi.na.ti.vo [*Terminar*. ▫22A] *adj.* Que termina ou faz terminar.

tér.mi.no [Lat. *terminu*.] *sm.* 1. Fim, termo. 2. Limite, baliza.

ter.mi.no.lo.gi.a [Lat. *terminu* + *-logia*.] *sf.* Conjunto dos termos duma arte ou duma ciência; nomenclatura.

tér.mi.te ou **tér.mi.ta** [Lat. *termite*.] *sf. Zool.* V. *cupim*.

ter.mo (ê) [Lat. *terminu*.] *sm.* 1. Limite, em relação ao tempo e ao espaço. 2. Marco, baliza. 3. V. *palavra* (1). 4. Declaração em processo. 5. Maneira, forma, teor. 6. Fronteira, raias. 7. Símbolo, proposição ou representação de uma quantidade, de um conceito (em lógica, matemática, etc.). 8. *E.Ling.* Vocábulo, palavra. 9. *E.Ling.* Elemento de uma oração.

ter.mo.di.nâ.mi.ca [*Term(o)*- + *dinâmica*.] *sf.* Parte da física que investiga os processos de transformação de energia e o comportamento dos sistemas nesses processos. § **ter.mo.di.nâ.mi.co** *adj.*

ter.mo.gê.ne.se [*Term(o)*- + *-gênese*.] *sf.* Produção de calor nos seres vivos.

ter.mo.ge.ni.a [*Term(o)*- + *-genia*.] *sf.* Produção de calor. § **ter.mo.gê.ni.co** *adj.*

ter.mô.me.tro [*Term(o)*- + *-metro*.] *sm.* 1. Instrumento de medição de temperatura. 2. *Fig.* Indicação de certas condições físicas ou morais. § **ter.mo.mé.tri.co** *adj.*

ter.mo.nu.cle.ar [*Term(o)*- + *nuclear*.] *adj2g. Fís.* 1. Diz-se de fenômeno em que ocorre grande desprendimento de energia graças à fusão de núcleos leves para formar núcleos pesados. 2. Diz-se de usina geradora de energia em que a fonte térmica é um reator nuclear.

ter.mos.ta.to [*Term(o)*- + *-stato*.] *sm. Eng.Elétr.* Dispositivo constituído de resistência us. para medição e controle de temperatura de equipamentos.

ter.ná.ri:o [Lat. *ternariu*. ▫24] *adj.* 1. Constituído de 3. 2. *Mús.* Diz-se do compasso dividido em 3 tempos iguais.

ter.no[1] [Lat. *ternu*.] *sm.* 1. Grupo de 3 coisas ou pessoas; trio. 2. *Bras.* Traje composto de paletó, calças e, às vezes, colete.

ter.no[2] [Lat. *teneru*.] *adj.* 1. Meigo, afetuoso. 2. Brando, suave. 3. Que inspira dó.

ter.nu.ra [*Terno*. ▫5] *sf.* 1. Qualidade de terno[2]. 2. Afeto[1] (1).

te.ró.po.de [Tax. *Theropoda*.] *adj2g. sm. Paleont.* Diz-se de, ou subordem de dinossauros saurísquios, carnívoros, que se deslocavam em posição bipedal, e tinham, ger., dentes afiados e garras. Viveram do triássico ao final do cretáceo.

ter.pe.no [Al. *Terpene*.] *sm. Quím.* Nome genérico de hidrocarbonetos encontrados nos extratos de plantas. § **ter.pê.ni.co** *adj.*

ter.ra [Lat. *terra*.] *sf.* 1. *Astr.* O planeta que habitamos, o terceiro do sistema solar, pela ordem de afastamento do Sol; o globo terrestre. [Com inicial maiúsc.] 2. V. *solo*[1] (1). 3. V. *pátria* (1). 4. Localidade, povoação. 5. Espaço não construído de uma propriedade; terreno. 6. *Eletr.* Grande corpo condutor arbitrariamente considerado com potencial elétrico zero. 7. *Eletrôn.* Num circuito, ponto que tem potencial zero em relação à terra (6). 8. *Eng.Elétr.* Cabo elétrico, ou haste condutora, que se enterra no solo, e que constitui massa condutora com potencial zero. ◆ **Terra firme**. 1. Qualquer porção sólida e não submersa da superfície terrestre (p.opos. aos mares, lagos, etc.). 2. *Amaz.* Terreno mais alto, aonde não chegam as inundações.

ter.ra a ter.ra *adj2g2n.* V. *trivial* (1).

ter.ra.ço [Fr. *terrasse*.] *sm.* 1. Balcão descoberto e amplo; varanda. 2. Espaço descoberto sobre um edifício, ou ao nível dum de seus andares; plataforma.

ter.ra.co.ta [It. *terra cotta*.] *sf.* 1. Argila modelada e cozida em forno. 2. Objeto feito com ela.

ter.ral [Lat. *terrale*. ▫39] *sm.* Vento que sopra da terra para o mar. [Pl.: -*rais*.]

ter.ra.ple.na.gem [*Terraplenar*. ▫6] *sf.* Escavação, transporte, depósito e compactação de terras, para a realização duma obra. [Pl.: -*gens*.]

ter.ra.ple.nar [*Terrapleno*.⬛1A] *vtd.* Executar a terraplenagem de. [C.: 1]

ter.ra.ple.no [It. *terrapieno*.] *sm.* Terreno resultante da terraplenagem.

ter.rá.que:o [Ingl. *terraqueous*.] *adj. sm.* Que, ou aquele que habita na Terra; terrícola.

ter.ras-ra.ras *sfpl. Quím.* V. *lantanídeos.*

ter.re.al [*Terra*.⬛39D] *adj2g.* V. *terrestre* (1). [Pl.: *-ais*.]

ter.rei.ro [Lat. *terrariu*.⬛25] *sm.* 1. Espaço de terra plano e largo. 2. *Bras.* Local onde se realizam celebrações do culto fetichista afro-brasileiro.

ter.re.mo.to [Lat. *terrae motu*.] *sm.* V. *sismo.*

ter.re.no [Lat. *terrenu*.] *adj.* 1. V. *terrestre* (1). 2. V. *mundano* (1). ● *sm.* 3. Terra (5). 4. Terra (2) cultivada. 5. *Fig.* V. *setor* (2).

tér.re:o [Lat. *terreu*.] *adj.* 1. V. *terrestre* (1). 2. Que fica ao rés do chão. ● *sm.* 3. O andar térreo (2).

ter.res.tre [Lat. *terrestre*.] *adj2g.* 1. Pertencente ou relativo à, ou próprio da Terra; terreno, terreal; térreo, terráqueo. 2. Proveniente da Terra, ou que nasce nela. 3. *Zool.* Que vive no solo (diz-se de animal). 4. *Fig.* V. *mundano* (1).

ter.rí.co.la [Lat. *terricola*.] *adj2g.* 1. V. *terráqueo.* 2. *Zool.* Terrestre (3). ● *s2g.* 3. V. *terráqueo.*

→ **terrier** (têriê) [Ingl.] *sm. Zool.* Nome comum a cães de várias espécies, caracterizados pelo focinho quadrado e pela pelagem basta e longa.

ter.ri.fi.car [Lat. *terrificare*.⬛1A] *vtd.* Apavorar (1). [C.: 1A] § **ter.ri.fi.can.te** *adj2g.*

ter.ri.na [Fr. *terrine*.⬛31] *sf.* Vaso no qual se leva à mesa sopa ou caldo.

ter.ri.to.ri.al [Lat. *territoriale*.⬛39] *adj2g.* 1. Relativo a território. 2. Que é considerado parte do território de um Estado, e sob seu poder ou sua jurisdição: *águas territoriais*. [Pl.: *-ais*.]

ter.ri.to.ri.a.li.zar [*Territorial*.⬛1D] *vtd.* Demarcar (território). [C.: 1] § **ter.ri.to.ri.a.li.za.ção** *sf.*

ter.ri.tó.ri:o [Lat. *territoriu*.⬛23] *sm.* 1. Extensão considerável de terra. 2. A área dum país, duma província, etc. 3. *Jur.* Base geográfica do Estado (solo, rios, lagos, baías, portos, etc.), sobre a qual exerce ele a sua soberania.

ter.rí.vel [Lat. *terribile*.⬛41] *adj2g.* 1. Que causa terror; terrificante. 2. Que produz resultados funestos. 3. Extraordinário, estranho. 4. Enorme. 5. Muito ruim; péssimo. [Pl.: *-veis*.]

ter.ror (ô) [Lat. *terrore*.] *sm.* 1. Estado de grande pavor. 2. Pavor.

ter.ro.ris.mo [*Terror*.⬛11] *sm.* Modo de coagir, combater ou ameaçar pelo uso sistemático do terror. § **ter.ro.ris.ta** *adj2g. s2g.*

ter.ro.so (ô) [Lat. *terrosu*.⬛37] *adj.* 1. Que tem cor, aparência, natureza ou mistura de terra. 2. V. *baço*². [Pl.: *-rosos* (ó).]

ter.so [Lat. *tersu*.] *adj.* 1. Puro, limpo. 2. Lustroso, polido.

ter.tú.li:a [Esp. *tertulia*.⬛8B] *sf.* 1. Reunião de parentes e amigos. 2. Assembleia literária.

terraplenar | testamento

te.são [Lat. *tensione*.⬛2] *sm.* 1. Tesura (1). 2. Força, intensidade. ● *sm. f.* 3. *Chulo* Estado do pênis em ereção. 4. Potência sexual. 5. Desejo sexual. 6. *Chulo* Indivíduo que inspira desejo sexual. ● *sf.* 7. *Fig.* Prazer intelectual, mental, que dá euforia semelhante ao prazer físico. [Pl.: *-sões*.]

te.sar [*Teso* (ê).⬛1A] *vtd.* Entesar, retesar. [C.: 1 (é)]

te.se [Lat. *these*.] *sf.* 1. Proposição para debate. 2. Proposição formulada nos estabelecimentos de ensinos superior e médio para ser defendida em público. 3. A publicação que contém uma tese.

te.so (ê) [Lat. *tensu*.] *adj.* 1. Esticado, retesado. 2. Hirto, ereto. 3. Imóvel, fixo. 4. Seguro, firme. 5. Forte, rijo. 6. *Bras. Pop.* V. *pronto* (5).

te.sou.ra ou **te.soi.ra** [Lat. *tonsoria*.] *sf.* 1. Instrumento cortante, constituído por 2 lâminas reunidas por 1 eixo, sobre o qual se movem. 2. *Fam.* Pessoa maledicente.

te.sou.ra.da ou **te.soi.ra.da** [*Tesoura* ou *tesoira*.⬛4] *sf.* 1. Golpe com tesoura. 2. *Fam.* Ato de tesourar (2).

te.sou.rar ou **te.soi.rar** [*Tesoura* ou *tesoira*.⬛1A] *vtd.* 1. Cortar com tesoura. 2. *Fam.* Falar mal de. [C.: 1]

te.sou.ra.ri.a ou **te.soi.ra.ri.a** [*Tesouro* ou *tesoiro*.] *sf.* 1. Cargo ou repartição do tesoureiro. 2. Lugar onde se guarda e administra a fazenda (4).

te.sou.rei.ro ou **te.soi.rei.ro** [Lat. *thesaurariu*.⬛25] *sm.* O encarregado da fazenda (4), ou da administração de um estabelecimento qualquer.

te.sou.ro ou **te.soi.ro** [Lat. *thesauru*.] *sm.* 1. Grande porção de dinheiro ou de objetos preciosos. 2. V. *fisco.* 3. Lugar de arrecadação de riquezas.

tes.si.tu.ra [It. *tessitura*.⬛5B] *sf. Mús.* Parte da escala geral dos sons que convêm melhor a uma voz ou a um instrumento.

tes.ta [Lat. *testa*.] *sf.* 1. Parte do rosto entre os olhos e a raiz dos cabelos anteriores da cabeça. 2. A parte da frente, a dianteira.

tes.tá.ceo [Lat. *testaceu*.] *adj. Zool.* Que tem concha ou carapaça.

tes.ta.da [*Testa*.⬛4] *sf.* 1. Parte de rua ou estrada que fica à frente dum prédio. 2. Pancada com a testa.

tes.ta de fer.ro *s2g.* Quem se apresenta como responsável por empreendimento ou atos de outrem; títere. [Pl.: *testas de ferro*.]

tes.ta.dor (ô) [*Testar*¹.⬛19A] *adj. sm.* Que, ou quem testa ou faz testamento.

tes.ta.men.tá.ri:o [Lat. *testamentariu*.⬛24A] *adj.* Relativo a testamento.

tes.ta.men.tei.ro [Lat. *testamentariu*.⬛25] *sm.* Quem cumpre ou faz cumprir um testamento.

tes.ta.men.to [Lat. *testamentu*.⬛3] *sm.* Ato pelo qual alguém dispõe de seu patrimônio, para depois da sua morte.

tes.tar¹ [Lat. *testari*. 1A] *vtdi.* 1. Deixar em testamento a. *int.* 2. Fazer testamento. [C.: 1 (é)]

tes.tar² [*Teste*. 1A] *vtd.* 1. Submeter a teste. 2. Submeter a experiência (máquina, etc.). [C.: 1 (é)] § **tes.ta.gem** *sf.*

→ **test drive** (tésti dráivi) [Ingl.] *sm.* Avaliação do desempenho de um veículo, seja a feita por especialistas na fábrica ou a de direção por quem deseja comprá-lo.

tes.te [Ingl. *test*.] *sm.* 1. Exame ou prova para determinar qualidade, natureza ou comportamento de algo. 2. Método ou processo us. para isso. 3. Prova, verificação.

tes.te.mu.nha [Dev. de *testemunhar*.] *sf.* 1. Pessoa chamada a assistir a certos atos autênticos ou solenes. 2. Pessoa que viu ou ouviu algo, ou que é chamada a depor sobre o que viu ou ouviu.

tes.te.mu.nhal [Lat. *testimoniale*. 39] *adj2g.* Relativo a, ou fornecido ou apresentado por testemunha. [Pl.: *-nhais*.]

tes.te.mu.nhar [Lat. **testimoniare*. 1A] *vtd.* 1. Dar testemunho sobre; testificar. 2. Comprovar, atestar; testificar. 3. Ver, presenciar. 4. Manifestar, revelar. *ti.* 5. Dar testemunho. [C.: 1]

tes.te.mu.nho [Lat. *testimoniu*.] *sm.* 1. Depoimento duma testemunha em juízo. 2. Prova (2).

tes.tí.cu.lo [Lat. *testiculu*.] *sm. Anat.* Cada um dos 2 órgãos ovoides sitos na bolsa escrotal, que produzem espermatozoides e certos hormônios. § **tes.ti.cu.lar** *adj2g.*

tes.ti.fi.car [Lat. *testificari*. 1A] *vtd.* V. *testemunhar* (1 e 2). [C.: 1A]

tes.to (ê) [De *testa*.] *sm.* Tampa de barro ou de ferro.

tes.tos.te.ro.na [*Testo-* + *-ster(o)(l)-* + *-ona²*.] *sf. Bioquím.* O principal hormônio masculino, responsável pelo aparecimento dos caracteres sexuais secundários.

te.su.do [*Tes(ão)* + *-udo*.] *adj. sm. Bras. Chulo* 1. Que, ou aquele que tem ou sente muito tesão. 2. Que, ou aquele que inspira tesão.

te.su.ra [*Teso*. 5] *sf.* 1. Qualidade ou estado de teso; tesão. 2. *Fig.* Orgulho, vaidade.

te.ta [Gr. *thêta*.] *sm.* A 8ª letra do alfabeto grego (Θ, θ).

te.ta (ê) [V.B] *sf.* 1. Glândula mamária. 2. Úbere¹.

te.tâ.ni.co [Lat. *tetanicu*. 35B] *adj.* Da natureza do tétano.

té.ta.no [Lat. *tetanu*.] *sm. Med.* Doença infecciosa bacteriana que se caracteriza por contrações musculares graves, e que podem ameaçar a vida.

te.tei.a [V.B] *sf.* 1. Enfeite, berloque. 2. *Bras.* Pessoa ou coisa muito graciosa.

te.to [Lat. *tectu*.] *sm.* 1. A face superior interna duma casa ou dum aposento. 2. Habitação; abrigo. 3. O limite máximo.

te.tra *adj2g. s2g.* V. *tetracampeão*.

te.tra.cam.pe.ão [*Tetr(a)-* + *campeão*.] *adj. sm.* Diz-se do, ou o vencedor, pela quarta vez, consecutiva ou não, em provas ou competições. [F.red.: *tetra*. Pl.: *-ões*. Fem.: *tetracampeã*.]

te.tra.cam.pe:o.na.to [*Tetr(a)-*+*campeonato*.] *sm.* Campeonato conquistado pela quarta vez.

te.tra.e.dro [Gr. *tetráedron*.] *sm. Geom.* Poliedro de 4 faces.

te.tra.ne.to [*Tetr(a)-* + *neto*.] *sm.* Filho do trineto ou da trineta; tataraneto.

te.tra.o.don.tí.de:o [Tax. *Tetraodontidae*.] *sm. Zool.* Espécime dos tetrodontídeos, família de peixes marinhos, venenosos. Ex.: baiacu. § **te.tra.o.don.tí.de:o** *adj.*

te.tra.ple.gi.a [*Tetr(a)-* + *-pleg-* + *-ia¹*. 8A] *sf. Med.* Paralisia concomitante dos braços e das pernas; quadriplegia. § **te.tra.plé.gi.co** *adj.*

te.trá.po.de [Gr. *tetrápous, odos*.] *adj2g. Zool.* 1. Que tem 4 membros (diz-se de vertebrados – anfíbios, reptis, aves e mamíferos). ● *sm.* 2. Animal tetrápode. [Sin.ger.: *quadrúpede*.]

te.tráp.te.ro [*Tetr(a)-* + *-ptero*.] *adj. Zool.* Que tem 4 asas.

te.tras.sí.la.bo [Lat. *tetrasyllabu*.] *adj. sm.* Diz-se de, ou palavra ou verso de 4 sílabas.

te.tra.vó *sf.* Fem. de *tetravô*; tataravó.

te.tra.vô [*Tetr(a)-* + *avô*.] *sm.* Pai do trisavô ou da trisavó; tataravô.

té.tri.co [Lat. *taetricu*. 35B] *adj.* 1. Muito triste; lúgubre. 2. Horrível, medonho. § **te.tri.ci.da.de** *sf.*

teu [Lat. *tuu*, com infl. de *meu*.] *pron. poss.* Pertencente à, ou próprio da, ou experimentado ou inspirado pela pessoa a quem se fala: *Toma o teu livro.*

teu.tão [Lat. *teutone*. 28] *sm.* Indivíduo dos teutões, antigo povo da Germânia. [Pl.: *-tões*.]

teu.to *adj.* Teutônico.

teu.tô.ni.co [Lat. *teutonicu*. 35B] *adj.* Relativo aos teutões, ou aos germanos; teuto.

te.vê *sf.* V. *televisão*.

têx.til (ês) [Lat. *textile*.] *adj2g.* 1. Que se pode tecer. 2. Relativo a tecelões ou à tecelagem: *indústria têxtil*. [Pl.: *têxteis*.]

tex.to (ês) [Lat. *textu*, 'tecido'.] *sm.* 1. As próprias palavras dum autor ou livro. 2. Palavras citadas para demonstrar alguma coisa.

tex.tu.al (ês) [*Texto*. 39A] *adj2g.* 1. Relativo ao, ou que está num texto. 2. Transcrito ou citado fielmente. [Pl.: *-ais*.]

tex.tu.ra (ês) [Lat. *textura*. 5] *sf.* 1. Ato ou efeito de tecer. 2. Disposição dos fios de um tecido. 3. *P.ext.* Qualidade visual e tátil de certos materiais manufaturados ou não. 4. *Fig.* Contextura, trama.

te.xu.go [V.C] *sm. Zool.* Animal mustelídeo onívoro, hibernante, que vive em tocas; habita as florestas da Europa e do N. da Ásia.

tez (ê) [V.E] *sf.* **1.** Epiderme do rosto. **2.** Cútis, pele.
■ **tg** *Trig.* Símb. de *tangente*.
■ **Th** *Quím.* Símb. de *tório*.
→ **thriller** [Ingl.] *sm.* Filme, romance, peça teatral, etc., em que há suspense.
ti [Lat. *tibi*, com infl. de *mihi* > *mi*.] *pron. pess.* da 2ª pess. do sing., e que se usa acompanhado de preposição, exceto com: *Nada faria contra ti*; *Dei o livro a ti*.
■ **Ti** *Quím.* Símb. de *titânio*.
ti.a [Gr. *theía*, pelo lat. *thía*.] *sf.* **1.** Irmã dos pais em relação aos filhos destes. **2.** Mulher do tio em relação aos sobrinhos deste.
ti.a-a.vó *sf.* Irmã dos avós, em relação aos netos destes. [Pl.: *tias-avós*.]
ti.a.ra [Do persa.] *sf.* **1.** A mitra do Pontífice. **2.** Adorno em forma de aro que serve para prender os cabelos.
ti.be.ta.no (bè) [◼ 29] *adj.* **1.** De, ou relativo ao Tibete (China). ● *sm.* **2.** O natural ou habitante do Tibete. **3.** *E.Ling.* Língua falada no Tibete.
tí.bi:a [Lat. *tibia*.◼ 8B] *sf.* **1.** *Anat.* O mais grosso e mais interno dos ossos da perna. **2.** *Zool.* Nos insetos, um dos segmentos da perna. § **ti.bi.al** *adj2g.*
tí.bi:o [Lat. *tepidu*.◼ 34] *adj.* **1.** Morno, tépido. **2.** Frouxo, fraco. **3.** Sem entusiasmo. **4.** Raro, escasso. § **ti.bi.e.za** (ê) *sf.*
ti.ção [Lat. *titione*.◼ 2A] *sm.* **1.** Pedaço de lenha acesa ou meio queimada. **2.** Carvão (2). [Pl.: *-ções*.]
ti.co *sm. Bras. Fam.* Pedacinho.
ti.co-ti.co [V.A] *sm. Bras. Zool.* Nome comum a várias aves fringilídeas. [Pl.: *tico-ticos*.]
ti.cu.na [Or.ind., poss.] *adj2g. s2g. Bras. Etnôn.* Diz-se de, ou indivíduo dos ticunas, povo indígena, de língua isolada, que habita no AM.
ti.ê ou **ti.é** *sm. Bras. Zool.* Nome comum a diversas aves emberizídeas.
ti.e.te *s2g. Bras. Pop.* Fã. § **ti:e.ta.gem** *sf.*
ti.fá.ce:a [Tax. *Typhaceae*.] *sf. Bot.* Espécime das tifáceas, família de ervas rizomatosas altas e de folhas resistentes que crescem em águas rasas. Ex.: tabua. § **ti.fá.ce:o** *adj.*
tí.fi.co [*Tifo*.◼ 35B] *adj.* Do tifo, ou da natureza dele.
ti.fo [Gr. *týphos*, 'estupor', 'torpor', pelo lat. *typhu*.] *sm. Med.* Grupo de doenças infecciosas agudas, causadas por rickéttsias, e relacionadas entre si clinicamente, mas que diferem na intensidade; são veiculadas por artrópodes.
ti.foi.de (ói) [*Tifo* + *-oide*.] *adj2g. Med.* Semelhante a tifo: *febre tifoide*.
ti.ge.la [Lat. **tegella*, por *tegula*, 'telha'.◼ 7] *sf.* Vaso sem gargalo, com ou sem asas.

ti.gre [Do iraniano, pelo gr. *tígris* e pelo lat. *tigre*.] *sm. Zool.* Felídeo muito feroz que habita a Sibéria e o Sudeste Asiático.
ti.gre-de-den.tes-de-sa.bre *sm. Paleont.* Esmilodonte. [Pl.: *tigres-de-dentes-de-sabre*.]
ti.jo.lei.ro [*Tijolo*.◼ 25] *sm.* Fabricante de tijolos.
ti.jo.lo (ô) [Esp. *tejuelo*.] *sm.* Produto cerâmico, ger. em forma de paralelepípedo, para construções. [Pl.: *-jolos* (ó).]
ti.ju.co [Tupi = 'líquido podre', 'lama'.] *sm. Bras.* **1.** V. *pântano*. **2.** Lama, lodo.
ti.ju.pá [*Tijupaba*, 'palhoça de índios'.] *sm. Bras.* **1.** *Etnogr.* Cabana de índios, menor que a oca. **2.** Palhoça construída no meio da mata pelos trabalhadores.
til [Esp. *tilde*, com apócope.] *sm.* Sinal gráfico (~) que nasala a vogal à qual se sobrepõe.
ti.lá.pi:a [Tax. *Tilapia*.] *sf. Zool.* Nome comum a peixes ciclídeos, originários da África, mas há muito disseminados no Brasil.
til.bu.ri [Ingl. *tilbury*, do nome do seu inventor.] *sm.* Carro pequeno de 2 rodas, antigo, tirado por um só animal.
ti.li:a [Lat. *tilia*.◼ 8B] *sf. Bot.* Árvore tiliácea de folhas medicinais.
ti.li.á.ce:a [Tax. *Tilia Tiliaceae*.] *sf. Bot.* Espécime das tiliáceas, família de árvores e arbustos floríferos de fruto capsular. § **ti.li.á.ce:o** *adj.*
ti.lim [V.A] *sm.* Voz imitativa do sino, do choque de moedas, etc. [Pl.: *-lins*.]
ti.lin.tar [V.A] *vtd. e int.* **1.** Fazer soar, ou soar, como campainha, sino, etc. [C.: 1] ● *sm.* **2.** O ato de tilintar.
til.te [Ingl. *tilt*.] *sm.* Pane (1 e 2).
ti.mão [Lat. **timone*.] *sm.* **1.** Peça do arado à qual se atrelam os animais. **2.** Roda com que se manobra o leme de certas embarcações. **3.** *Fig.* Direção, governo. [Pl.: *-mões*.]
tim.ba.le [Do ár.] *sm. Mús.* Tímpano (3).
tim.bó [Do tupi.] *sm. Bras. Bot.* Planta das leguminosas que tem efeito narcótico sobre peixes, us., ilegalmente, na pesca.
tim.brar [*Timbre*.◼ 1A] *vtd.* **1.** Pôr timbre em. *transobj.* **2.** Qualificar, chamar. [C.: 1]
tim.bre [Fr. *timbre*.] *sm.* **1.** Insígnia dum escudo para designar a nobreza do proprietário. **2.** Selo, carimbo. **3.** *Fig.* Honra, orgulho. **4.** Qualidade distinta de sons de mesma altura e intensidade.
ti.me [Ingl. *team*.] *sm.* Nos esportes coletivos, número de pessoas selecionadas que constituem a equipe.
ti.me.le.á.ce:a [Tax. *Thymelaeaceae*.] *sf. Bot.* Espécime das timeleáceas, família de arvoretas e arbustos floríferos, ger. de países temperados. Ex.: embira. § **ti.me.le.á.ce:o** *adj.*
tí.mi.do [Lat. *timidu*.] *adj.* **1.** Que tem temor. **2.** Que tem dificuldade de relacionar-se com outrem; acanhado, bisonho, retraído. **3.**

Próprio de tímido (2). 4. Fraco, frouxo. § **ti.mi.dez** (ê) *sf.*

ti.mo.nei.ro [*Timão* (timon-). ◘25] *sm.* 1. Aquele que governa o timão da embarcação. 2. *P.ext.* Guia, chefe.

ti.mo.ra.to [Lat. *timoratu.*] *adj.* Medroso, tímido.

tim.pâ.ni.co [*Tímpano.* ◘35B] *adj.* Relativo a tímpano (2).

tím.pa.no [Gr. *týmpanon.*] *sm.* 1. Espécie de campainha metálica percutida por martelo (2). 2. *Anat.* Cavidade da orelha média que contém ossículos (martelo, estribo e bigorna). 3. *Mús.* Instrumento de percussão de som determinado, que consiste numa grande bacia de metal, de forma aproximadamente hemisférica, em cuja abertura se estende uma pele bastante retesada para produzir som musical; timbale.

tim-tim [V.A] *el. ver.* Us. na loc. adv. *tim-tim por tim-tim.* ◆ **Tim-tim por tim-tim.** Com todas as particularidades; minuciosamente.

ti.na [Lat.vulg **tinna* (cl. *tina*).] *sf.* 1. Vasilha us., ger., para depósito de água, lavar roupa, etc. 2. Recipiente, ger. de pedra, para banho (1).

ti.na.mí.de.o [Tax. *Tinamidae.*] *adj. sm. Zool.* Diz-se de, ou espécime dos tinamídeos, família de aves tinamiformes sem cauda, de pernas curtas e fortes; lembram os galináceos. Ex.: inhambus, perdizes, codornas.

ti.na.mi.for.me [Tax. *Tinamiformes.*] *adj2g. sm.* Diz-se de, ou espécime dos tinamiformes, ordem de aves de grande valor cinegético. Inclui os tinamídeos.

tin.gir [Lat. *tingere.* ◘1C] *vtd.* 1. Mergulhar em tinta, alterando a cor primitiva. 2. Colorir (1). 3. Enrubescer. *tdi.* 4. Dar certa cor a *p.* 5. Tomar certa cor. [C.: 3A]

tin.gui [Do tupi.] *sm. Bras. Bot.* Arvoreta sapindácea do cerrado.

ti.nha [Lat. *tinea.*] *sf. Med.Pop.* Nome comum a várias micoses cutâneas e outras doenças da pele.

ti.nho.rão [Do tupi.] *sm. Bras. Bot.* Erva arácea, ornamental. [Pl.: -rões.]

ti.nho.so (ô) [*Tinha.* ◘37] *adj.* 1. Que sofre de tinha. ● *sm.* 2. V. *diabo* (2). [Pl.: -nhosos (ó).]

ti.ni.do [Lat. *tinnitu.*] *sm.* Som vibrante de vidro, metal, etc.

ti.nir [Lat. *tinnire.* ◘1C] *v.int.* 1. Soar (vidro ou metal) aguda ou vibrantemente. 2. Tiritar de frio ou medo. 3. Ficar furioso. [C.: 8]

ti.no [V.C] *sm.* 1. V. *juízo* (3). 2. Prudência, cuidado. 3. Aptidão, tato.

tin.ta [F.subst. de *tinto*.] *sf.* 1. Substância química corante, que adere à superfície sobre a qual se aplica e que é us. para pintura. 2. Essa substância, no estado líquido ou pastoso, us. para escrever, tingir ou imprimir. 3. Colorido; tom.

tin.tei.ro [*Tinta.* ◘25] *sm.* Pequeno vaso para tinta de escrever.

tin.to.ri.al [*Tintório.* ◘39] *adj2g.* Que serve para tingir; tintório. [Pl.: -ais.]

tin.tó.ri.o [Lat. *tinctoriu.* ◘23] *adj.* Tintorial.

tin.tu.ra [Lat. *tinctura.* ◘5] *sf.* 1. Operação de tingir. 2. Tinta (2) para tingir. 3. *Fig.* Rudimentos, laivos. [Nesta acepç., é m.us. no pl.] 4. Álcool carregado dos princípios ativos de uma ou diversas substâncias de natureza vegetal, animal ou mineral.

tin.tu.ra.ri.a [*Tintura.* ◘15] *sf.* 1. Estabelecimento onde se tingem panos. 2. Lavanderia (1).

tin.tu.rei.ro [*Tintura.* ◘25] *sm.* 1. Aquele que tinge panos. 2. Dono ou empregado de tinturaria.

ti:o [Lat. *thiu.*] *sm.* 1. Irmão dos pais, em relação aos filhos destes. 2. Marido da tia, em relação aos sobrinhos desta.

ti:o-a.vô *sm.* Irmão do avô ou da avó, em relação aos netos destes. [Pl.: *tios-avôs* e *tios-avós*. Fem.: *tia-avó*.]

tí.pi.co [Lat. *typicu.* ◘35B] *adj.* Que serve de tipo; característico. § **ti.pi.ci.da.de** *sf.*

ti.pi.ti [Do tupi.] *sm. Bras.* Cesto cilíndrico onde se põe a massa de mandioca que se vai espremer.

ti.ple [Esp. *tiple.*] *s2g. Mús.* Soprano (1).

ti.po [Lat. *typu.*] *sm.* 1. Coisa que reúne em si os caracteres distintivos duma classe. 2. Exemplar, modelo. 3. *Fam.* Pessoa esquisita, excêntrica. 4. Qualquer indivíduo. 5. *Tip.* Peça de metal fundida, cujo relevo imprime determinada letra ou sinal. 6. *Tip.* Letra impressa; caráter.

ti.po.gra.fi.a [*Tipo-* + *-grafia.*] *sf.* 1. Sistema de impressão que utiliza fôrma com a imagem a ser impressa gravada em relevo. 2. Arte que abrange as várias operações para impressão por meio da tipografia (1). 3. Estabelecimento tipográfico. 4. Arte de criar tipos e caracteres. § **ti.po.grá.fi.co** *adj.*

ti.pó.gra.fo [*Tipo-* + *-grafo.*] *sm.* Indivíduo que executa ou dirige as operações para impressão tipográfica.

ti.poi.a (ói) [Or.afr.] *sf. Bras.* Tira de pano que se prende ao pescoço para descansar braço ou mão doente.

ti.que [Fr. *tic.*] *sm. Psiq.* Movimento involuntário e compulsivo que ocorre, ger., na face ou no(s) ombro(s), e que pode ter origem psicológica ou neurológica.

ti.que-ta.que [V.A] *sm.* 1. Voz imitativa de som regular e cadenciado. 2. O bater do coração, de certos relógios, etc. [Pl.: *tique-taques*.]

tí.que.te [Ingl. *ticket.*] *sm.* Bilhete que dá ao portador determinado direito, como, p.ex., viajar em veículos coletivos.

ti.ra [Dev. de *tirar*.] *sf.* 1. Pedaço de pano, papel, etc., mais comprido que largo; fita, faixa. 2. *Edit.* Cada faixa ger. horizontal de uma história em quadrinhos. ● *s2g.* 3. *Bras. Gír.* Agente (4) de polícia.

ti.ra.co.lo [Esp. *tiracuello.*] *sm.* Us. na loc. adv. *a tiracolo.* ◆ **A tiracolo.** Indo de um ombro para o lado contrário, na cintura ou debaixo do braço oposto a esse ombro.

ti.ra.da¹ [*Tirar*.◼4] *sf.* **1.** Ato ou efeito de tirar. **2.** Grande extensão de caminho.

ti.ra.da² [Fr, *tirade.*] *sf.* **1.** Frase ou trecho muito longo. **2.** Ímpeto no falar ou escrever. **3.** *P.ext.* Dito espirituoso ou irônico.

ti.ra.gem [*Tirar*.◼6] *sf.* **1.** Numa fornalha, fluxo de ar quente que sai, e de ar frio que entra. **2.** *Tip.* Operação de imprimir. **3.** Número de exemplares impressos duma vez. [Pl.: *-gens.*]

ti.ra.gos.to [*Tirar* + *gosto.*] *sm.* Porção de batata frita, isca de fígado, etc., ou de salgadinhos, que se come, em bares, etc., acompanham as bebidas. [Pl.: *tira-gostos.*]

ti.ra-li.nhas *sm2n.* Instrumento de metal, rematado em 2 bicos, para traçar, com tinta, linhas de grossura igual.

ti.ra.ni.a [Gr. *tyrannía.*◼8A] *sf.* **1.** Domínio ou poder de tirano. **2.** Governo opressor. **3.** Violência, opressão.

ti.râ.ni.co [Gr. *tyrannikós.*◼35B] *adj.* Relativo a tirano ou à tirania, ou próprio daquele ou desta.

ti.ra.ní.de:o [Tax. *Tyrannidae.*] *adj. sm. Zool.* Diz-se de, ou espécime dos tiranídeos, família de aves passeriformes gritadoras, de bico fino e comprido, curvo na ponta, e insetívoras. Ex.: bem-te-vi.

ti.ra.ni.zar [*Tirania.*◼1D] *vtd.* **1.** Governar ou tratar com tirania; oprimir. **2.** Tratar (pessoa[s]) com rigor excessivo. *int.* **3.** Proceder como tirano. [C.: 1]

ti.ra.no [Gr. *týrannos.*] *sm.* **1.** Governante injusto, cruel ou opressor. **2.** Indivíduo impiedoso, ou que abusa de sua autoridade.

ti.ra.nos.sau.ro [Tax. *Tyrannosaurus.*] *sm. Paleont.* Dinossauro carnívoro, bípede, com cerca de 13m de comprimento e 6m de altura. Viveu no cretáceo inferior e fósseis foram encontrados na América do Norte e na Mongólia (Ásia).

ti.ran.te [*Tirar.*◼21] *adj2g.* **1.** Que tira ou puxa. **2.** Excetuado, excluído: *Tirantes 2, estes livros são ótimos.* **3.** Que se assemelha: *azul tirante ao roxo.* ● *sm.* **4.** Cada uma das correias que prendem um veículo à(s) cavalgadura(s) que o puxa(m). **5.** Viga que suporta madeiramento de teto. ● *prep.* **6.** V. *exceto: Tirante* o nariz, é igual ao pai.

ti.rar [V.C] *vtd.* **1.** Fazer sair de ponto ou lugar. **2.** Puxar, sacar: *Tirou* a espada e atacou. **3.** Extrair, arrancar: *tirar* um dente. **4.** Retirar de si: *tirar* o sapato. **5.** Obter: *tirar* licença. **6.** Fazer desaparecer: *tirar* manchas. **7.** Fazer (fotografia). **8.** Posar para (fotografia). **9.** Puxar, arrastar. **10.** Impelir: *tirar a pressão.* **11.** V. *imprimir* (2). *tdc.* **12.** Fazer sair de algum lugar. **13.** Fazer sair, desimpedindo (*lit.* ou *fig.*), dando passagem ou acesso. *tdi.* **14.** Dissuadir: *Tirou*-o do intento. **15.** Privar, despojar: *O medo tirou*-lhe o controle. **16.** Obter como resultado; colher: *Soube tirar proveito do fato.* **17.** Deduzir, inferir: *De onde tirou essa ideia?* **18.** Retirar trecho, parte de. *ti.* **19.** Ser semelhante: *Este roxo tira ao violeta.* [C.: 1]

ti.ra-tei.mas *sm2n.* **1.** Argumento decisivo. **2.** *Fam.* Dicionário. **3.** *Fam.* Qualquer instrumento de castigo, como cacete, etc.

ti.re.oi.de (ói) [Gr. *thyreoeidés.*] *sm. Anat.* **1.** V. *glândula tireóidea.* **2.** Cartilagem situada na parte anterior e superior da laringe.

ti.ri.ri.ca [Do tupi.] *sf. Bras.* **1.** *Bot.* Erva ciperácea, daninha. ● *adj2g.* **2.** *Fam.* Furioso, danado.

ti.ri.tar [V.A] *v.int.* Tremer e/ou bater os dentes com frio ou medo. [C.: 1]

ti.ro [Dev. de *tirar.*] *sm.* **1.** Ato ou efeito de atirar. **2.** O disparar de arma de fogo. **3.** Carga disparada por arma de fogo; bala. **4.** Distância que a carga normalmente alcança. **5.** Tirante (4) atrelado a animal ou veículo. **6.** Ato de puxar carros (exercido por cavalgaduras).

ti.ro.cí.ni:o [Lat. *tirociniu.*◼34B] *sm.* **1.** Primeiro ensino; aprendizado. **2.** Prática em determinada profissão. **3.** Agudeza de percepção; tino.

ti.ro de guer.ra *sm. Bras.* Centro de instrução militar e formação de reservistas do Exército. [Pl.: *tiros de guerra.*]

ti.ro.tei.o [Esp. *tiroteo.*] *sm.* **1.** Fogo de fuzilaria no qual os tiros se sucedem. **2.** Fogo de guerrilhas ou de atiradores dispersos.

ti.sa.na [Lat. *ptisana.*] *sf.* Infusão medicamentosa.

ti.sa.nu.ro [Tax. *Thysanura.*] *adj. sm. Zool.* Diz-se de, ou espécime dos tisanuros, ordem de insetos ápteros, de sistema bucal mastigador, que vivem ger. em lugares úmidos. Ex.: traças.

tí.si.ca *sf. Obsol.* Tuberculose com caquexia.

tí.si.co [Gr. *phthisikós.*◼35B] *adj. sm.* Que, ou o que tem tísica.

tis.nar [V.C] *vtd. e p.* **1.** Tornar(-se) negro como carvão, etc. **2.** Manchar(-se); macular(-se). [C.: 1]

tis.ne [Dev. de *tisnar.*] *sm.* V. *fuligem.*

ti.tã [Gr. *Titán.*] *sm.* **1.** *Mit.* Cada um dos gigantes que pretenderam escalar o Céu e destronar Júpiter. **2.** *Fig.* Pessoa de extraordinária grandeza, física, intelectual ou moral. § **ti.tâ.ni.co** *adj.*

ti.tâ.ni:o [Lat.cient. *titanium.*◼34B] *sm. Quím.* Elemento de número atômico 22, metálico, branco-prateado, leve, resistente, us. em ligas especiais [símb.: *Ti*].

tí.te.re [Esp. *títere.*] *sm.* **1.** V. *fantoche.* **2.** Testa de ferro.

ti.ti.a *sf. Fam. Inf.* Tia.

titilar | todo-poderoso

ti.ti.lar [Lat. *titillare*. ▣1A] *vtd.* **1.** Fazer cócegas a. **2.** *Fig.* Agradar, lisonjear. **3.** Ter estremecimentos; palpitar. [C.: 1]

ti.ti:o *sm. Fam.Inf.* Tio.

ti.to.ní.de:o [Tax. *Tytonidae*.] *adj. sm. Zool.* Diz-se de, ou espécime dos titonídeos, família de aves estrigiformes com a unha do dedo médio pectinada. Ex.: suindara.

ti.tu.be.ar *v.int.* **1.** Não poder manter-se de pé; cambalear. **2.** Hesitar, vacilar. *ti.* **3.** Ter dúvidas; vacilar. [C.: 12A] § **ti.tu.be.an.te** *adj2g.*

ti.tu.lar¹ [*Título*. ▣40] *adj2g.* **1.** Que tem título (4). **2.** Efetivo; estável. • *s2g.* **3.** Nobre, fidalgo. **4.** Ocupante efetivo de cargo ou função. **5.** Detentor; dono.

ti.tu.lar² [Lat. *titulare*. ▣1A] *vtd.* **1.** Dar título a; intitular. **2.** Registrar em títulos autênticos. [C.: 1]

tí.tu.lo [Lat. *titulu*.] *sm.* **1.** *Edit.* Cabeçalho de capítulo, artigo, etc., e que indica o assunto. **2.** Obra editada. **3.** Rótulo; letreiro. **4.** Denominação honorífica. **5.** Designação, nome. **6.** Subdivisão de código, orçamento, etc. **7.** Objeto, causa. **8.** Documento que autentica um direito. **9.** Qualquer papel (6) negociável. **10.** Relação entre o metal fino duma liga e o total desta; toque. ♦ **Título de crédito.** *Econ.* Qualquer documento negociável, representativo de um valor certo a receber, de uma dívida, ou do direito de receber uma mercadoria.

ti.ziu [V.A] *sm. Bras. Zool.* Ave emberizídea que emite canto característico (*tiziu*).

■ **Tl** *Quím.* Símb. de tálio.

■ **Tm** *Quím.* Símb. de túlio.

to **1.** Contr. do pron. pess. *te* (obj. ind.) com o pron. pess. *o* (obj. dir.). **2.** Contr. do pron. pess. *te* (obj. ind.) com o pron. dem. *o* neutro (obj. dir.).

to.a (ô) [Ingl. *tow*, poss.] *sf.* Corda com que uma embarcação reboca outra. ♦ **À toa. 1.** Ao acaso. **2.** Sem razão. **3.** Inutilmente. **4.** Sem ocupação.

to.a.da [*Toar*. ▣4] *sf.* **1.** Qualquer cantiga de melodia simples e monótona, texto sentimental ou brejeiro. **2.** Entoação, tom.

to:a.le.te [Fr. *toilette*.] *sf.* **1.** Ato de se aprontar: lavar-se, pentear(-se), etc. • *sm.* **2.** Traje feminino requintado. **3.** Compartimento com lavatório e espelho, com vaso sanitário ou sem ele.

to.a.lha [Do provç.] *sf.* **1.** Peça de tecido absorvente para enxugar o corpo, ou parte dele. **2.** Peça de tecido, etc. que cobre a mesa às refeições.

to:a.lhei.ro [*Toalha*. ▣25] *sm.* Cabide ou peça congênere para pendurar toalhas, nos banheiros.

to.ar [Lat. *tonare*. ▣1A] *v.int.* Emitir tom ou som forte. [C.: 1D]

to.bo.gã [Ingl. *toboggan*.] *sm.* **1.** Trenó baixo para deslizar nas encostas cobertas de neve. **2.** Em parques de diversão, pista ondulada sobre a qual se escorrega.

■ **TOC** Sigla de *transtorno obsessivo-compulsivo*, que se caracteriza pela presença de ideias obsessivas e comportamentos compulsivos recorrentes.

to.ca [Or. pré-rom., poss.] *sf.* **1.** Buraco na terra, na pedra, etc., onde se abrigam animais. **2.** Abrigo, refúgio. **3.** *Pop.* Casinha pobre.

to.ca.do [*Tocar.* ▣17A] *adj. Fam.* **1.** Um pouco embriagado. **2.** *Bras.* Amalucado, adoidado.

to.ca-fi.tas *sm2n. Bras.* Aparelho para reproduzir sons gravados em fitas magnéticas.

to.cai.a *sf. Bras.* Espreita ao inimigo ou à caça.

to.cai.ar [*Tocaia*. ▣1A] *vtd. Bras.* **1.** Emboscar-se para agredir ou matar (inimigo ou caça). **2.** Espreitar, vigiar. [C.: 1]

to.can.di.ra [Tupi = 'fere muito'.] *sf. Bras. Amaz. Zool.* Formiga preta com cerca de 2cm de comprimento, de picada muito dolorosa, e que constrói ninho subterrâneo.

to.can.te [*Tocar.* ▣21] *adj2g.* **1.** Referente. **2.** *Fig.* Emocionante, comovente.

to.can.ti.nen.se [▣38] *adj2g.* **1.** De TO. • *s2g.* **2.** O natural ou habitante desse estado.

to.car [Lat.vulg. *toccare. ▣1A] *vtd.* **1.** Pôr os dedos, a mão em; apalpar. **2.** Ter contato com. **3.** Executar (música). **4.** Anunciar por meio de batidas, badaladas, etc. **5.** Comover, sensibilizar. **6.** Confinar com. **7.** *Bras.* Conduzir (gado). **8.** *Bras.* Expulsar. *ti.* **9.** Tocar (1): *Tocou no seu braço.* **10.** Caber em partilha. **11.** Referir-se: *tocar num assunto.* **12.** Competir (4): *Toca-lhe gerir a empresa.* **13.** Dizer respeito. **14.** Comunicar-se por telefone; ligar. **15.** Ir de encontro; chocar-se. *tc.* **16.** Ir(-se); seguir. *int.* **17.** Exercer ou aplicar o sentido do tato. **18.** Produzir som; soar. **19.** Dar (o telefone) sinal de ligação feita. *p.* **20.** Pôr-se em contato. **21.** Ofender-se, magoar-se. **22.** Aproximar-se, juntar-se. **23.** Dar-se conta de; perceber. [C.: 1A ◇] § **to.ca.dor** (ô) *adj. sm.*

to.ca.ta [*Tocar* + -*ata*.] *sf. Mús.* Composição ger. destinada a instrumentos de teclado, em estilo livre, andamento rápido e brilhante.

to.cha [Fr. *torche*.] *sf.* Grande vela de cera.

to.chei.ro [*Tocha*. ▣25] *sm.* Castiçal para tocha.

to.co (ô) [Or. pré-rom., poss.] *sm.* **1.** Parte restante do tronco, após cortada a árvore. **2.** Pedaço de vela ou de toca. **3.** Resto de coisa que se partiu ou se consumiu.

to.da.vi.a [F. de *todo* (ô) + *via*.] *conj.* Contudo, porém, entretanto.

to.do (ô) [Lat. *totu*.] *adj.* **1.** Inteiro, total. **2.** A que não falta parte alguma. • *pron. indef.* **3.** Qualquer, cada. • *adv.* **4.** Completamente; inteiramente. • *sm.* **5.** V. *totalidade.* [Flex. de 1 a 3: *todos* (ô), *toda(s)* (ô).]

to.do-po.de.ro.so (rô) *adj.* **1.** Que pode tudo; onipotente. • *sm.* **2.** Aquele que pode tudo.

[Flex.: *todo-poderosos, todo-poderosa(s)* (ró).] **3.** *Restr.* Deus. [Com inicial maiúsc., nesta acepç.]

to.dos (ô) *pron. indef.* Toda a gente.

→ **toffee** (tófi) [Ingl.] *sf. Cul.* Bala ou doce cuja base é manteiga, açúcar, água ou leite.

tô-fra.ca (ô) *Zool.* V. *galinha-d'angola*. [Pl.: *tô--fracas*.]

to.fu [Do jap.] *sm.* Pasta de leite de soja, espécie de queijo.

to.ga [Lat. *toga*.] *sf.* **1.** Manto de lã, amplo e comprido, us. pelos antigos romanos. **2.** Vestuário de magistratura. **3.** A magistratura.

toi.ci.nho ou **tou.ci.nho** [Lat.hisp. **tuccinu*, poss.] *sm.* Gordura do porco, subjacente à pele, com o respectivo couro.

toi.ci.nho do céu ou **tou.ci.nho do céu** *sm. Cul.* Doce feito com gemas de ovos, amêndoas e açúcar. [Pl.: *toicinhos do céu* ou *toucinhos do céu*.]

tol.da [De *toldo* (ô).] *sf. Bras.* Cobertura de palha ou de madeira para abrigar, nas embarcações, a carga e/ou os passageiros.

tol.dar [*Toldo*. ◘1A] *vtd.* **1.** Cobrir com tolda ou toldo. **2.** Nublar. **3.** Tornar escuro; obscurecer. **4.** Obcecar, cegar. *p.* **5.** Turvar-se (o vinho) na vasilha. **6.** Nublar-se. [C.: 1 (ó)]

tol.do (ô) [Fr.ant. *tial* (atual *taud*), poss.] *sm.* Coberta de lona, de metal, etc., destinada sobretudo a abrigar porta, janela, convés ou coberta de embarcação, etc., contra o sol e a chuva.

to.lei.rão [*Tolo* + *-eirão*.] *sm.* Indivíduo muito tolo; bobalhão. [Pl.: *-rões*.]

to.le.rân.ci:a [Lat. *tolerantia*. ◘9] *sf.* **1.** Qualidade de tolerante. **2.** Ato ou efeito de tolerar. **3.** Pequenas diferenças para mais ou para menos. **4.** Respeito ao direito que os indivíduos têm de agir, pensar e sentir de modo diverso do nosso.

to.le.ran.te [Lat. *tolerante*. ◘21] *adj2g.* **1.** Que desculpa; indulgente. **2.** Que admite e respeita opiniões contrárias à sua.

to.le.rar [Lat. *tolerare*. ◘1A] *vtd.* **1.** Aceitar, admitir ou conviver com (algo ou alguém) indulgentemente. **2.** Consentir tacitamente. **3.** Ter certa capacidade ou resistência para suportar. **4.** Assimilar (medicamento) sem sofrer (graves) alterações orgânicas. [C.: 1 (é)] § **to.le.rá.vel** *adj2g.*

to.le.te (ê) [Fr. *tolet*.] *sm.* **1.** Pequena haste de madeira ou de metal que se prende verticalmente na borda de certas embarcações miúdas para servir de apoio ao remo. **2.** *Bras.* Rolo de madeira, de fumo, de cana, etc.

to.lher [Lat. *tollere*. ◘1B] *vtd.* **1.** Embaraçar, dificultar. **2.** Entorpecer, paralisar. **3.** Não deixar manifestar-se. *tdi.* **4.** Proibir, impedir. **5.** Privar. [C.: 2 (ô-ó)]

to.lhi.do [Part. de *tolher*.] *adj.* Entrevado, paralítico.

to.li.ce [*Tolo*. ◘13] *sf.* Qualidade, ação ou dito de tolo.

to.lo (ô) [V.E] *adj.* **1.** Que diz ou faz tolices. **2.** Simplório, ingênuo. [Sin. de 1 e 2: *abobado, abobalhado, amalucado, aparvalhado, apatetado, babaca, babaquara, basbaque, bobo, boboca, bocó, débil, estulto, idiota, imbecil, lambão, leso, lorpa, maluco, pacóvio, palerma, parvo, paspalhão, paspalho, pateta, tonto.*] **3.** Vaidoso, presunçoso. **4.** Ridículo (pessoa ou coisa). **5.** Que não faz sentido; disparatado. ● *sm.* **6.** Indivíduo tolo; babaca, babaquara, basbaque, bobo, boboca, bocó, idiota, imbecil, maluco, pacóvio, palerma, parvo, paspalhão, paspalho, pateta, pato, tonto.

to.lu.e.no [*Tol(u)-* + *-eno*[2].] *sm. Quím.* Hidrocarboneto aromático, us. como solvente.

tom [Lat. *tonu*.] *sm.* **1.** Altura de um som. **2.** O som da voz humana. **3.** Inflexão da voz. **4.** Nuança, matiz; tonalidade. **5.** *Mús.* Intervalo formado por 2 semitons. [Pl.: *tons*.]

to.ma.da [*Tomar*. ◘4] *sf.* **1.** Ato ou efeito de tomar. **2.** *Cin. Telev.* Registro de uma cena. **3.** Ramificação duma instalação elétrica para ligar qualquer aparelho elétrico (ventilador, abajur, ferro de passar, etc.).

to.ma.dor (ô) [*Tomar*. ◘19A] *sm.* **1.** Aquele que contrai um empréstimo. **2.** Aquele que emite contra alguém uma letra de câmbio.

to.mar [V.C] *vtd.* **1.** Pegar ou segurar em; empunhar. **2.** Agarrar, segurar. **3.** Apoderar-se de. **4.** Arrebatar, tirar. **5.** Roubar, furtar. **6.** Preencher, ocupar. **7.** Consumir (tempo). **8.** Seguir (uma direção ou caminho). **9.** Ingerir. **10.** Adotar, adquirir; assumir: *Tomou ares de rico*. **11.** Adotar, assumir. **12.** Beneficiar-se de (conhecimentos transmitidos por outrem); ter: *tomar aulas de inglês*. **13.** Entrar em (veículo) e nele seguir viagem. **14.** Capturar, conquistar: *Napoleão tomou Lisboa*. **15.** Receber, levar: *tomar um susto*. *tdi.* **16.** Tomar (4 e 5). **17.** Pegar por empréstimo. **18.** Pegar, suspendendo: *Tomou-a no colo*. **19.** Exigir; obter: *Tomou satisfações do* (ou *ao*) *funcionário*. *transobj.* **20.** Considerar. *p.* **21.** Ser invadido (por sentimento, emoção). [C.: 1] § **to.ma.do** *adj.*

to.ma.ra [De *tomar*.] *interj. Bras.* Queira Deus; oxalá.

to.ma.te [Esp. *tomate*.] *sm. Bot.* O fruto do tomateiro.

to.ma.tei.ro [*Tomate*. ◘25] *sm. Bot.* Erva solanácea de fruto alimentício us. como salada, tempero, etc.

tom.ba.di.lho [Esp. *tombadillo*.] *sm.* **1.** Numa embarcação, superestrutura levantada à popa, sobre a coberta superior, e destinada a câmaras e alojamentos. **2.** O pavimento dessa superestrutura.

tom.ba.men.to[1] [*Tombar*[1]. ◘3] *sm.* V. *tombo*[1].
tom.ba.men.to[2] [*Tombar*[2]. ◘3] *sm.* V. *tombo*[2].

tom.bar¹ [V.A] *vtd.* **1.** Fazer cair. *int.* **2.** Cair no chão; cair. **3.** Declinar, descair. **4.** Morrer. *tc.* **5.** Inclinar-se, voltar-se. [C.: 1] § **tom.ba.do¹** *adj.*

tom.bar² [*Tombo²*.◼1A] *vtd.* **1.** Fazer o tombo² de; arrolar, inventariar. **2.** Pôr (o Estado) sob sua guarda, para os conservar e proteger (bens móveis e imóveis cuja conservação e proteção seja do interesse público). [C.: 1] § **tom.ba.do²** *adj.*

tom.bo¹ [Dev. de *tombar.*] *sm.* Ato ou efeito de tombar¹; queda, tombamento.

tom.bo² [V.D] *sm.* **1.** Ato ou efeito de tombar. **2.** Inventário de terrenos demarcados. **3.** Registro de coisas ou fatos relativos a uma especialidade ou a uma região. [Sin.ger.: *tombamento.*]

tôm.bo.la [It. *tombola.*] *sf.* Espécie de loteria para fins beneficentes, com prêmios não em dinheiro, mas em objetos.

to.men.to [Lat. *tomentu.*] *sm. Bot.* Lanugem (2) densa que reveste um órgão ou parte dele.

to.men.to.so (ô) [*Tomento*.◼37] *adj.* Que tem tomento. [Pl.: *-tosos* (ó).]

to.mi.lho [Esp. *tomillo.*] *sm. Bot.* Erva lamiácea condimentosa, que fornece óleo de poder antisséptico.

to.mo [Lat. *tomu.*] *sm.* **1.** Divisão bibliográfica de uma obra, que pode coincidir ou não com o volume. **2.** *Fig.* Valia, importância.

to.mo.gra.fi.a [*Tom(o)-* + *-grafia.*] *sf. Med.* **1.** Técnica de exame radiológico que mostra, com detalhes, imagens de órgãos existentes num plano predeterminado. **2.** Qualquer imagem assim obtida.

to.na [Lat. *tunna.*] *sf.* Casca tênue; película. ◆ **À tona.** À superfície (da água).

to.nal [*Tom* (ton-).◼39] *adj2g. Mús.* Relativo a tom, ou a tonalidade. [Pl.: *-nais.*]

to.na.li.da.de [*Tonal.*◼14] *sf.* **1.** V. *tom* (4). **2.** *Mús.* Conjunto de fenômenos harmônicos e melódicos que regem a formação das escalas e seu encadeamento.

to.nan.te [Lat. *tonante.*◼21] *adj2g.* **1.** Que troveja; trovejante. **2.** Que atroa; forte, vibrante.

to.nel [Fr.ant. *tonel.*] *sm.* Vasilha grande para líquidos, formada de aduelas, tampo e arcos. [Pl.: *-néis.*]

to.ne.la.da [*Tonel.*◼4] *sf. Fís.* Unidade fundamental de medida de massa igual a 1.000kg [símb.: *t*].

to.ne.la.gem [Fr. *tonnelage*, poss.◼6] *sf.* **1.** Capacidade dum caminhão, trem, etc. **2.** Medida dessa capacidade. [Pl.: *-gens.*]

to.ne.la.ri.a [*Tonel.*◼15] *sf.* Tanoaria.

→ **toner** (tôner) [Ingl.] *sm.* Pó pigmentado, us. por impressoras a *laser* e por fotocopiadoras no processo de impressão ou de formação da imagem, e que se funde ao papel por aquecimento.

tô.ni.ca *sf.* **1.** *E.Ling.* Sílaba ou vogal tônica. **2.** *Mús.* A nota que dá o seu nome ao tom sobre o qual se constrói uma escala diatônica qualquer.

tô.ni.co [Gr. *tonikós.*◼35B] *adj.* **1.** Que tonifica. **2.** *E.Ling.* Diz-se do elemento (vogal, sílaba) que recebe o acento de intensidade. ● *sm.* **3.** Medicamento tônico. § **to.ni.ci.da.de** *sf.*

to.ni.fi.car [*Toni-* + *-ficar.*] *vtd.* **1.** Dar vigor a; fortificar. *p.* **2.** Fortificar-se, robustecer-se. [C.: 1A] § **to.ni.fi.can.te** *adj2g.*

to.ni.tru.an.te [Lat. *tonitruante.*◼21] *adj2g.* Atroador; estrondoso.

to.no [Lat. *tonu.*] *sm. Med.* Tônus.

ton.si.la [Lat. *tonsillas*, tornado sing.] *sf. Anat.* Cada uma das 2 massas de tecido linfoide, em forma de amêndoa, situadas de cada lado da orofaringe. [Denom. ant.: *amígdala.*]

ton.si.li.te [*Tonsila* + *-ite¹.*] *sf. Med.* Inflamação da tonsila. [Denom. ant.: *amigdalite.*]

ton.su.ra [Lat. *tonsura.*◼5] *sf.* Corte circular do cabelo, na parte mais alta e posterior da cabeça, que se faz nos clérigos; coroa.

ton.su.ra.do [*Tonsurar.*◼17A] *sm.* Clérigo.

ton.su.rar [*Tonsura.*◼1A] *vtd.* Fazer tonsura em. [C.: 1]

ton.te.ar [*Tonto.*◼1N] *v.int.* **1.** Proceder como tonto (4); disparatar. **2.** Estar tonto (1). **3.** Ter tonturas. *td.* **4.** Atordoar, aturdir. [C.: 12A]

ton.tei.ra [*Tonto.*◼16] *sf.* V. *vertigem* (1).

ton.ti.ce [*Tonto* + *-ice.*◼13] *sf.* Ato, modos ou dito de tonto; tolice.

ton.to [Or.expr., poss.] *adj.* **1.** Que tem tontura; zonzo. **2.** V. *atordoado.* **3.** Idiota, demente. **4.** V. *tolo* (1 e 2). **5.** *Bras.* V. *embriagado.* ● *sm.* **6.** V. *tolo* (6).

ton.tu.ra [*Tonto.*◼5] *sf.* Estado de tonto, de zonzo; vertigem, zonzeira.

tô.nus [Lat. *tonus.*] *sm2n. Med.* Contração muscular normal, leve e contínua; tono.

to.pa.da [*Topar.*◼4] *sf.* **1.** Tropeção. **2.** Encontrão, choque.

to.par [V.A] *vtd.* **1.** Encontrar, achar. **2.** Aceitar (proposta, convite). *ti.* **3.** Topar (1). **4.** Dar topada em. **5.** Encontrar(-se), deparar. *int.* **6.** *Fam.* Topar (1). **7.** Estar de acordo; concordar. [C.: 1 (ó)]

to.pá.zi.o [Lat. *topaziu.*] *sm. Min.* Mineral transparente ou translúcido, muito us. como pedra preciosa, e que apresenta cores variadas.

to.pe [Do germ.] *sm.* **1.** Topo (1). **2.** O mais alto grau. **3.** Laço de fita em chapéu, etc. **4.** *Bras.* Tamanho, altura.

to.pe.te (ê ou é) [Fr. *toupet.*] *sm.* **1.** Cabelo levantado na parte anterior da cabeça. **2.** *Zool.* Penas alongadas que se levantam na cabeça de algumas aves. **3.** *Fig.* Atrevimento, ousadia.

tó.pi.co [Gr. *topikós.*◼35B] *adj.* **1.** Diz-se de remédio de uso externo. ● *sm.* **2.** Remédio tópico. **3.** *Bras.* Pequeno comentário de jornal.

to.po (ô) [Dev. de *topar*.] *sm.* **1.** A parte mais alta; tope. **2.** Fim, ponta, a partir da parte mais baixa.

to.po.gra.fi.a [Gr. *topographía*. ▪ 8A] *sf.* Descrição minuciosa de uma localidade; topologia. § **to.po.gráf.fi.co** *adj.*; **to.pó.gra.fo** *sm.*

to.po.lo.gi.a [*Top(o)-* + *-logia*.] *sf.* **1.** Topografia. **2.** *E.Ling.* O estudo da colocação das palavras na frase.

to.po.ní.mi:a [*Topônimo*. ▪ 8B] *sf.* Estudo linguístico ou histórico da origem dos topônimos.

to.po.ní.mi.co [*Topônimo*. ▪ 35B] *adj.* Relativo à toponímia, ou a topônimos.

to.pô.ni.mo [*Top(o)-* + *-ônimo*.] *sm.* Nome próprio de lugar.

to.que [Dev. de *tocar*.] *sm.* **1.** Ato ou efeito de tocar. **2.** Pancada, choque. **3.** Som produzido por atrito, choque ou percussão. **4.** Som que determina a execução de certos atos, como manobras militares, orações, etc. **5.** Aperto de mão como cumprimento. **6.** Apuro artístico; esmero. **7.** Título (10). **8.** *Fig.* Sinal, marca. **9.** *Med.* Forma de exame (4) em que o médico introduz um ou mais de um dedo em cavidade natural que deseja examinar: *toque retal*.

to.ra [De *toro*.] *sf.* Grande tronco de madeira.

to.rá [Do hebr.] *sm. f.* **1.** O conjunto de textos bíblicos que encerram os fundamentos do judaísmo. **2.** O livro com a Torá; o Pentateuco. [Com inicial maiúsc.]

to.rá.ci.co [Gr. *thorakikós*. ▪ 35B] *adj.* Do tórax, ou relativo a ele.

to.ran.ja [Do ár.] *sf. Bot.* O fruto da toranjeira.

to.ran.jei.ra [*Toranja*. ▪ 16] *sf. Bot.* Árvore rutácea de fruto comestível.

to.rar [*Toro*. ▪ 1A] *vtd.* **1.** Partir em toros. **2.** *Bras.* Cortar rente. **3.** *Bras. N.E. MG* Fazer em pedaços; partir, cortar. [C.: 1 (ó)]

tó.rax (cs) [Gr. *thórax*.] *sm2n. Anat.* Conjunto que compreende a cavidade torácica, órgãos nela contidos, e paredes que circunscrevem essa cavidade, sita entre o pescoço, acima, e o abdome, abaixo; peito.

tor.çal [Esp. *torzal*.] *sm.* Cordão de seda com fios de ouro ou sem eles. [Pl.: *-çais*.]

tor.ção [Lat. *tortione*. ▪ 2] *sf.* **1.** Torcedura. **2.** *Fís.* Deformação de um sólido, em que ocorrem deslocamentos circulares das camadas vizinhas, umas em relação às outras. [Pl.: *-ções*.]

tor.ce.dor (ô) [*Torcer*. ▪ 19A] *adj.* **1.** Que torce. • *sm.* **2.** Instrumento para torcer. **3.** Aquele que torce [v. *torcer* (8)].

tor.ce.du.ra [*Torcer*. ▪ 5A] *sf.* Ato ou efeito de torcer(-se); torção.

tor.cer [Lat.vulg. **torcere*. ▪ 1B] *vtd.* **1.** Obrigar a se volver sobre si mesmo ou em espiral. **2.** Vergar, entortar. **3.** Deslocar; desarticular. **4.** Desvirtuar, distorcer. **5.** Fazer mudar de rumo ou de tenção; desviar. **6.** Fazer ceder; sujeitar. *ti.* **7.** Desviar-se, apartar-se. **8.** *Bras.* Simpatizar com um clube esportivo; ser torcedor dele. **9.** Desejar que (algo bom ou ruim) aconteça (a alguém ou a algo). *tc.* **10.** Mudar de direção. *int.* **11.** Dar voltas. **12.** Submeter-se, sujeitar-se. **13.** Acompanhar a ação de outrem com simpatia e desejo de bom êxito. **14.** *Bras.* Desejar a vitória de um time, equipe, e incentivá-lo por meio de gritos, gestos, etc. *p.* **15.** Dobrar-se, vergar-se. **16.** Contorcer-se, contrair-se. [C.: 2A (ô-ó). Part.: *torcido*.] § **tor.ci.men.to** *sm.*

tor.ci.co.lo [It. *torcicollo*.] *sm. Med.* Estado de contração de músculos cervicais, levando a posição anormal da cabeça.

tor.ci.da¹ [*Torcer* + *-ida*.] *sf.* Os adeptos dum clube esportivo; grupo de torcedores. [Sin., bras.: *galera*.]

tor.ci.da² *sf.* Mecha de candeeiro ou de vela; pavio.

tor.ci.do [Part. de *torcer*.] *adj.* **1.** Que se torceu. **2.** V. *torto* (1).

tor.ço (ô) [Dev. de *torcer*.] *sm. Bras.BA* Pano que se enrola na cabeça à moda de turbante.

tor.di.lho [*Tordo* + *-ilho*.] *adj.* Diz-se do cavalo de pelo negro com manchas brancas.

tor.do (ô) [Lat. *turdu*.] *sm. Zool.* Ave muscicapídea das zonas temperadas.

tó.ri:o [Do escand. *Thor*, deus do trovão, + *-io*². ▪ 34B] *sm. Quím.* V. *actinídeos* [símb.: *Th*].

tor.men.ta [Lat. *tormenta*.] *sf.* **1.** Temporal violento. **2.** Desordem, agitação.

tor.men.to [Lat. *tormentu*.] *sm.* **1.** Ato ou efeito de atormentar(-se). **2.** Tortura (1).

tor.men.to.so (ô) [*Tormento*. ▪ 37] *adj.* Que causa tormento(s). [Pl.: *-tosos* (ó).]

tor.na.do [Esp. *tornado*.] *sm. Met.* Tempestade que se caracteriza por grande nuvem negra que se prolonga em forma de cone invertido, o qual, girando em alta velocidade, desce até a superfície, onde destelha casas, arranca árvores, etc.

tor.nar [Lat. *tornare*. ▪ 1A] *vtc.* **1.** Voltar, retornar. *tdi.* **2.** Restituir (1). *transobj.* **3.** Converter em; fazer, transformar: *tornar fácil o difícil*. *ti.* **4.** Retomar (uma ação), ou repeti-la; voltar a fazer (algo): *tornar ao trabalho*. *int.* **5.** Voltar ao lugar donde saíra. **6.** Ressurgir, reaparecer. *p.* **7.** Vir a ser; transformar-se, fazer-se. [C.: 1 (ó)]

tor.nas.sol [*Tornar* + *sol*¹.] *sm. Quím.* Substância extraída de liquens, us. como indicador. [Pl.: *-sóis*.]

tor.ne.a.do [*Tornear*. ▪ 17A] *adj.* **1.** Feito ao torno. **2.** Roliço, redondo. **3.** *Fig.* Bem contornado. **4.** *Fig.* Escrito com elegância.

tor.ne:a.men.to [*Tornear*. ▪ 3] *sm.* Ato ou efeito de tornear; torneio.

tor.ne.ar [*Torno* (ô). ▪ 1N] *vtd.* **1.** Fabricar ao torno (1). **2.** Dar forma redonda, cilíndrica

torneio¹ | torturar

ou roliça a. **3.** *Fig.* Polir, aprimorar. **4.** Cingir, rodear. [C.: 12A]

tor.nei.o¹ [Dev. de *tornear*.] *sm.* **1.** Torneamento. **2.** *Fig.* Elegância de frase.

tor.nei.o² [Provç. *tornei*.] *sm.* **1.** Justa (1). **2.** Competição esportiva.

tor.nei.ra [*Torno*.⬛16] *sf.* Dispositivo com capacidade de reter ou deixar sair um fluido contido em cano, vaso, pipa, etc.

tor.nei.ro [*Torno*.⬛25] *sm.* Artífice que trabalha ao torno (1).

tor.ni.que.te (ê) [Fr. *tourniquet*.] *sm.* **1.** Cruz móvel posta horizontalmente à entrada de rua ou estrada, etc., para impedir a passagem de veículos. **2.** Instrumento, aparelho, etc., para apertar, ou cingir apertando. **3.** Antigo instrumento de tortura. **4.** Borboleta (4).

tor.no (ô) [Lat. *tornu*.] *sm.* **1.** Engenho em que se faz girar uma peça de madeira, ferro, aço, etc., para lavrá-la ou arredondá-la. **2.** Chave de torneira. **3.** Prego de madeira; cavilha.

tor.no.ze.lei.ra [*Tornozelo*.⬛16] *sf.* *Bras.* **1.** Peça feita de malha, própria para proteção de tornozelos de atleta, etc. **2.** Ornato circular us. no tornozelo.

tor.no.ze.lo (ê) [De *torno* (ô).] *sm.* *Anat.* Parte do membro inferior entre perna e pé.

to.ro [Lat. *toru*.] *sm.* Tronco de árvore abatida, ainda com a casca.

to.ró [V.A] *sm.* *Bras. Pop.* Chuvada violenta e, ger., curta.

tor.pe (ô) [Lat. *turpe*.] *adj2g.* **1.** Desonesto, impudico. **2.** V. *infame* (2). **3.** Repugnante, nojento. **4.** Obsceno, indecente. § **tor.pe.za** (ê) *sf.*

tor.pe.de.ar [*Torpedo*.⬛1N] *vtd.* **1.** Lançar torpedos contra. **2.** Destruir com torpedo. **3.** *Fig.* Diligenciar para fazer malograr-se (plano, empreendimento, etc.). [C.: 12A]

tor.pe.dei.ro [*Torpedo*.⬛25] *sm.* Navio de guerra lançador de torpedos.

tor.pe.do (ê) [Lat. *torpedo*.] *sm.* **1.** Engenho explosivo, de forma cilíndrica alongada, com propulsão e direção próprias, para afundar embarcações. **2.** *Bras. Gír.* Mensagem escrita, ger. de paquera enviada em mão(s), via celular, etc.

tor.por (ô) [Lat. *torpore*.] *sm.* **1.** *Med.* Ausência de resposta a estímulos comuns. **2.** *Fig.* Indiferença ou inércia moral. § **tor.po.ro.so** (ô) *adj.*

tor.que [Lat. *torquere*.] *sm.* *Fís.* V. *binário* (2).

tor.quês [Fr.ant. *turcoises*.] *sf.* Espécie de tenaz ou alicate. [Pl.: *torqueses* (ê).]

tor.ra.da *sf.* Fatia de pão torrado.

tor.ra.dei.ra [*Torrar*.⬛16A] *sf.* Utensílio, elétrico ou não, para tostar pão.

tor.rão *sm.* **1.** Pedaço de terra endurecido. **2.** Gleba. **3.** Pedaço de qualquer coisa; bocado. **4.** *Fig.* V. *pátria* (1). [Pl.: -*rões*.]

tor.rar [Lat. *torrere*, com mud. de conjug.⬛1A] *vtd.* **1.** Ressequir pelo calor do fogo, ou ao sol. **2.** Secar muito. **3.** *Bras. Fig.* V. *liquidar* (9). **4.** Gastar desmedidamente; esbanjar. [C.: 1 (ó)] § **tor.ra.ção** *sf.*

tor.re (ô) [Lat. **turre*.] *sf.* **1.** Edificação alta que se construía sobretudo para defesa em caso de guerra. **2.** Construção alta e estreita, isolada ou anexa a igreja, onde ficam os sinos; campanário. **3.** Peça do jogo de xadrez.

tor.re.ão *sm.* **1.** Torre larga, com ameias, sobre um castelo. **2.** Torre, pavilhão ou terraço no ângulo ou no alto de edificação. [Pl.: -*ões*.]

tor.re.fa.ção [*Torre-* + *fação*.] *sf.* Ato ou efeito de torrefazer. [Pl.: -*ções*.]

tor.re.fa.to [Lat. *torrefactu*.] *adj.* Que se torrefez. [Var.: *torrefeito*.]

tor.re.fa.zer [Lat. *torrefacere*.⬛1B] *vtd.* Fazer torrar. [C.: 18]

tor.re.fei.to *adj.* V. *torrefato*.

tor.ren.ci.al [Lat. *torrentiale*.⬛39] *adj2g.* **1.** Relativo a torrente. **2.** Impetuoso como torrente; caudaloso. [Pl.: -*ais*.]

tor.ren.te [Lat. *torrente*, 'que seca'.⬛21] *sf.* **1.** Curso de água temporário e violento, originário das enxurradas. **2.** *Fig.* Multidão que se precipita com ímpeto.

tor.res.mo (ê) [Esp. *torrezno*.] *sm.* Toicinho frito em pedacinhos.

tór.ri.do [Lat. *torridu*.] *adj.* Muito quente; ardente.

tor.ri.fi.car [*Torri-* + *-ficar*.] *vtd.* **1.** Tornar tórrido. **2.** Torrar (1). [C.: 1A]

tor.ri.nha [*Torre*.⬛32A] *sf.* Nos teatros, o lugar mais alto, e mais afastado, com assentos; poleiro.

→ **torrone** (torrôni) [It.] *sm.* *Cul.* Doce feito de açúcar, mel, clara de ovo batida, amêndoas e baunilha.

tor.so (ô) [It. *torso*.] *sm.* **1.** Tronco (3). **2.** Busto de pessoa ou de estátua inteira.

tor.ta [Lat. *torta*.] *sf.* *Cul.* **1.** Grande pastel doce ou salgado, recheado. **2.** Bolo de camadas, recheado e ger. com cobertura.

tor.to (ô) [Lat. *tortu*.] *adj.* **1.** Que não é reto ou direito; sinuoso, tortuoso, torcido. **2.** Que está de través; oblíquo. **3.** *Fig.* Desleal. [Flex.: *tortos* (ó), *torta(s)* (ó).]

tor.tu.o.so (ô) [Lat. *tortuosu*.⬛37] *adj.* **1.** V. *torto* (1). **2.** Que dá muitas voltas. **3.** *Fig.* Oposto à verdade e à justiça. [Pl.: -*osos* (ó).] § **tor.tu:o.si.da.de** *sf.*

tor.tu.ra [Lat. *tortura*.⬛5] *sf.* **1.** Suplício, tormento, maus tratos extremos, infligido(s) a alguém. **2.** *Fig.* Grande mágoa. **3.** *Fig.* Lance difícil.

tor.tu.ra.dor (ô) [*Torturar*.⬛19A] *adj.* **1.** Torturante. ● *sm.* **2.** Aquele que tortura.

tor.tu.ran.te [*Torturar*.⬛21] *adj2g.* Que tortura; torturador.

tor.tu.rar [*Tortura*.⬛1A] *vtd.* **1.** Infligir tortura a. **2.** Afligir, angustiar. **3.** Incomodar, maltratar, fisicamente, em alto grau. *p.* **4.** Afligir-se. [C.: 1]

tor.var *vtd.* **1.** Confundir, perturbar. *int. e p.* **2.** Confundir-se, perturbar-se. **3.** Irritar-se. **4.** Tornar-se torvo, carrancudo. [C.: 1 (ó)]

tor.ve.li.nho [Esp. *torbellino*.] *sm.* **1.** Remoinho (1). **2.** Grande agitação.

tor.vo (ô) [Lat. *torvu*.] *adj.* **1.** Terrível, medonho. **2.** Carrancudo. **3.** Pavoroso, sinistro. [Flex.: *torvos* (ô), *torva*(s) (ó).]

tos Contr. do pron. pess. *te* (obj. ind.) com o pron. pess. *os* (obj. dir.).

to.sa[1] [Dev. de *tosar*[1].] *sf.* Ato ou efeito de tosar a lã, o pelo, o cabelo.

to.sa[2] [Dev. de *tosar*[2].] *sf.* Surra, sova.

to.são [Fr. *toison*.] *sm.* Velo de carneiro. [Pl.: *-sões*.]

to.sar[1] [Lat. **tonsare*.■1A] *vtd.* **1.** Aparar a felpa de. **2.** Tosquiar. [C.: 1 (ó)]

to.sar[2] [Lat. **tunsare*.■1A] *vtd.* Dar tosa[2] em; surrar. [C.: 1 (ó)]

tos.co (ô) [Lat.vulg. *tuscu*, poss.] *adj.* **1.** Tal como veio da natureza. **2.** Não lapidado nem polido. **3.** Grosseiro, rude. **4.** *Fig.* Sem instrução. [Flex.: *toscos* (ô), *tosca*(s) (ô).]

tos.qui.a [Dev. de *tosquiar*.] *sf.* Ato ou efeito de tosquiar.

tos.qui.ar [Esp.ant. *tosquilar*.■1A] *vtd.* **1.** Cortar rente (pelo, lã ou cabelo); tosar. **2.** Cortar rente o pelo, a lã, ou o cabelo de; tosar. [C.: 1]

tos.se [Lat. **tusse*.] *sf. Med.* Expulsão súbita e ruidosa de ar pela boca, ger. para eliminação de matéria estranha em vias aéreas.

tos.sir [Lat. *tussire*.■1C] *v.int.* **1.** Ter tosse. *td.* **2.** Expelir da garganta. [C.: 50]

tos.tão [It. *testone*.] *sm.* Moeda brasileira antiga, de níquel, que valia cem réis. [Pl.: *-tões.*]

tos.tar [Lat. **tostare*.■1A] *vtd.* **1.** Queimar superficialmente; crestar. **2.** Dar cor escura a. **3.** Dourar (prato assado, pão, etc.). *p.* **4.** Crestar-se. [C.: 1 (ó)] § **tos.ta.do** *adj.*

to.tal [Lat.med. *totale*.■39] *adj2g.* **1.** Que abrange um todo; completo, geral. ● *sm.* **2.** Resultado de adição; soma. [Pl.: *-tais.*]

to.ta.li.da.de [*Total*.■14] *sf.* O conjunto das partes que constituem um todo; soma, todo.

to.ta.li.tá.ri:o [It. *totalitario*.■24A] *adj.* Diz-se do governo, país ou regime em que um grupo centraliza todos os poderes políticos e administrativos.

to.ta.li.ta.ris.mo [*Totalitário*.■11] *sm.* Sistema de governo totalitário. § **to.ta.li.ta.ris.ta** *adj2g. s2g.*

to.ta.li.zar [*Total*.■1D] *vtd.* **1.** Calcular o total de. **2.** Apreciar em conjunto. **3.** Realizar totalmente. **4.** Atingir o total de; perfazer. [C.: 1]

to.tal.men.te [*Total*.■42] *adv.* De maneira total; completamente: *A mancha saiu totalmente.*

to.tem [Ingl. *totem*.] *sm. Antrop.* **1.** Ser vivo, fenômeno natural ou objeto em relação ao qual, em certos povos, um grupo ou subgrupo social tem uma relação simbólica especial, que envolve crenças e práticas específicas (p.ex., considerá-lo como um ancestral ou protetor e cumprir certas obrigações para com ele). **2.** *P.ext.* Equipamento vertical, para autoatendimento eletrônico. [Pl.: *-tens.*] § **to.tê.mi.co** *adj.*

to.te.mis.mo [*Totem*.■11] *sm. Antrop.* Sistema de crenças e práticas que se baseia na atribuição de totens aos diversos subgrupos de uma sociedade.

tou.ca [B.-lat. *taucca*.] *sf.* **1.** Adorno de fazenda ou de lã, us. na cabeça. **2.** Peça de vestuário que cobre a cabeça, pescoço e ombros de freiras.

tou.ça ou **toi.ça** [Pré-rom. **taucia*, poss.] *sf.* Moita (1).

tou.ca.dor (ô) [*Toucar*.■19A] *sm.* Móvel encimado por um espelho, e que serve a quem se penteia.

tou.car [*Touca*.■1A] *vtd.* **1.** Cobrir com touca. **2.** Pentear e dispor convenientemente (o cabelo). [C.: 1A]

tou.cei.ra ou **toi.cei.ra** [*Touça* ou *toiça*.■16] *sf.* **1.** Grande touça. **2.** *Bot.* Parte da árvore que fica viva no solo depois de cortado o seu caule.

tou.pei.ra [Port.arc. *toupa*.■16] *sf.* **1.** *Zool.* Mamífero talpídeo. **2.** *Fam.* Pessoa pouco inteligente.

tou.ra.da ou **toi.ra.da** [*Touro* ou *toiro*.■4] *sf.* Corrida de touros.

tou.re.ar ou **toi.re.ar** [*Touro* ou *toiro*.■1N] *vtd.* **1.** Correr (touros). **2.** Perseguir; atacar. *int.* **3.** Correr touros. [C.: 12A]

tou.rei.ro ou **toi.rei.ro** [*Touro* ou *toiro*.■25] *sm.* O que toureia, como amador ou por profissão.

tou.ro ou **toi.ro** [Lat. *tauru*.] *sm.* **1.** Boi não castrado. **2.** Boi bravo. **3.** *Fig.* Homem fogoso e robusto. **4.** *Astr.* A segunda constelação do Zodíaco, situada no hemisfério norte. **5.** *Astrol.* O 2º signo do Zodíaco, relativo aos que nascem entre 21 de abril e 20 de maio. [Com maiúsc., nas acepçs. 4 e 5.]

tou.ti.ço ou **toi.ti.ço** *sm.* **1.** A parte posterior da cabeça; cachaço, nuca. **2.** A cabeça.

tou.ti.ne.gra (ê) *sf. Zool.* Ave muscicapídea, canora.

tó.xi.co (cs) [Lat. *toxicu*.■35B] *adj.* **1.** Que intoxica. ● *sm.* **2.** Veneno, peçonha. **3.** *Pop.* Droga (3). § **to.xi.co.lo.gi.a** (cs) *sf.*

to.xi.co.ma.ni.a (cs) [*Toxic(o)-* + *-mania*.] *sf. Psiq.* Uso habitual e excessivo de substâncias tóxicas de uso terapêutico (morfina, barbitúricos, etc.), ou não. § **to.xi.co.ma.ní.a.co** (cs) *adj. sm.*; **to.xi.cô.ma.no** (cs) *sm.*

to.xi.na (cs) [*Tox(i)-* + *-ina*.■31] *sf. Med.* Substância venenosa secretada por seres vivos; diferenciam-se das substâncias químicas e de alcaloides vegetais pelo alto peso molecular e pelo poder antigênico.

to.xo.plas.mo.se (ôcs) [*Tox(o)-* + *-plasm(o)-* + *-ose*[1].] *sf. Med.* Doença infecciosa, congênita ou adquirida, causada por protozoário, e que acomete o homem, outros mamíferos e aves.

■TPM | tragicomédia

■ **TPM** Sigla de *tensão pré-menstrual.*

tra.ba.lha.dor (ô) [*Trabalhar*.◉19A] *adj.* 1. Que trabalha. ● *sm.* 2. Aquele que trabalha. 3. *Restr.* Operário.

tra.ba.lhão [*Trabalho*.◉28A] *sm. Fam.* Trabalheira. [Pl.: -*lhões*.]

tra.ba.lhar [Lat.vulg. **tripaliare*.◉1A] *v.int.* 1. Ocupar-se em algum mister. 2. Esforçar-se para fazer ou alcançar alguma coisa. 3. Estar em funcionamento (v. *funcionar* [2]). *ti.* 4. Ocupar-se de algum mister. 5. Empregar esforços. 6. Negociar. *td.* 7. Pôr em obra; lavrar. 8. Delinear (corpo ou parte dele) através de exercícios físicos, musculação, etc. [C.: 1]

tra.ba.lhei.ra [*Trabalho*.◉16] *sf. Fam.* Grande trabalho; trabalhão.

tra.ba.lhis.mo [*Trabalho*.◉11] *sm.* Doutrina ou opinião sobre a situação econômica do operariado. § **tra.ba.lhis.ta** *adj2g. s2g.*

tra.ba.lho [Dev. de *trabalhar*.] *sm.* 1. Aplicação das forças e faculdades humanas para alcançar um determinado fim. 2. Atividade coordenada, de caráter físico e/ou intelectual, necessária à realização de qualquer tarefa, serviço ou empreendimento. 3. Trabalho (2) remunerado ou assalariado; serviço, emprego. 4. Local onde se exerce essa atividade. 5. Qualquer obra realizada. 6. Lida, labuta. 7. *Bras.* V. *feitiçaria.*

tra.ba.lhos *smpl.* 1. Empresas, empreendimentos. 2. *Fig.* Cuidados, aflições.

tra.ba.lho.so (ô) [*Trabalho*.◉37] *adj.* Que dá muito trabalho. [Pl.: -*lhosos* (ó).]

tra.bu.co [Cat. *trabuc*.] *sm.* Espécie de bacamarte.

tra.ça [V.C] *sf. Zool.* Nome comum aos lepismatídeos.

tra.ça.do [*Traçar*.◉17A] *adj.* 1. Que se traçou. ● *sm.* 2. Ato ou efeito de traçar; traço. 3. Planta, projeto.

tra.ça.dor (ô) [*Traçar*.◉19A] *adj.* 1. Que traça. ● *sm.* 2. Aquele ou aquilo que traça. ◆ **Traçador gráfico.** *Inform.* V. *plotter.*

tra.ca.já [Do tupi.] *sm. Zool.Amaz.* Tartaruga de água doce que atinge até 50cm de comprimento.

tra.ção [Lat. *tractione*.◉2] *sf.* Ação duma força que desloca um objeto móvel por meio de corda, cabo, etc. [Pl.: -*ções.*]

tra.çar [Lat. **tractiare*.◉1A] *vtd.* 1. Fazer ou representar por meio de traços [v. *traço* (2)]. 2. Descrever (3). 3. Projetar, delinear, tracejar. 4. Marcar, delimitar. 5. Escrever, compor. 6. Pôr de través; cruzar. [C.: 1B]

tra.ce.jar [*Traço*.◉1E] *vtd.* 1. Formar com pequenos traços, uns adiante dos outros. 2. V. *traçar* (3). [C.: 1 (é)]

tra.ço [Dev. de *traçar*.] *sm.* 1. Traçado (2). 2. Risco ou linha traçada a lápis, caneta, pincel ou pena. 3. Feição, aspecto. 4. Delineamento, esboço. 5. Vestígio, rasto.

tra.ço de u.ni.ão *sm.* Hífen. [Pl.: *traços de união*.]

tra.co.ma [Gr. *tráchoma*.] *sm. Med.* Doença crônica de olho, de causa infecciosa.

tra.di.ção [Lat. *traditione*.◉2] *sf.* 1. Ato de transmitir ou entregar. 2. Transmissão oral de lendas, mitos, fatos, etc., de idade em idade, geração em geração. 3. Conhecimento ou prática resultante de transmissão oral ou de hábitos inveterados. [Pl.: -*ções.*]

tra.di.ci.o.nal [*Tradição* (*tradition-*).◉39] *adj2g.* Relativo à tradição, ou conservado nela. [Pl.: -*nais.*]

tra.di.ci.o.na.lis.mo [*Tradicional*.◉11] *sm.* Apego às tradições ou aos usos antigos. § **tra.di.ci.o.na.lis.ta** *adj2g. s2g.*

tra.do [Lat. *talatru*.] *sm.* Verruma grande, us. por carpinteiros e tanoeiros.

tra.du.ção [Lat. *traductione*.◉2] *sf.* 1. Ato de traduzir. 2. Obra traduzida. [Pl.: -*ções.*]

tra.du.tor (ô) [Lat. *traductore*.◉19] *sm.* Aquele que traduz, que se ocupa de traduções.

tra.du.zir [Lat. *traducere*.◉1C] *vtd.* 1. Transpor, trasladar, duma língua para outra; verter. 2. Explicar, manifestar. 3. Simbolizar, representar. *tdi.* 4. Traduzir (1 e 2). *int.* 5. Saber traduzir. *p.* 6. Manifestar-se, exprimir-se. [C.: 41]

tra.fe.gar [De *traficar*.◉1A] *v.int.* 1. Andar, mover-se, no tráfego. *tc.* 2. Transitar; passar. [C.: 1C (é)]

trá.fe.go [De *tráfico*.] *sm.* 1. V. *tráfico* (1). 2. Transporte em aerovias, ferrovias ou rodovias. 3. V. *trânsito* (2).

tra.fi.cân.ci.a [*Traficar*.◉9] *sf.* 1. Ato ou efeito de traficar. 2. *Pop.* Negócio ilegal.

tra.fi.can.te [*Traficar*.◉21] *s2g.* 1. Quem fraudа em negócios. 2. *Restr.* Quem trafica com droga (3).

tra.fi.car [It. *traficare*.◉1A] *vti. e int.* 1. Mercadejar, negociar. 2. Fazer negócios fraudulentos. *td.* 3. Fazer tráfico de. [C.: 1A]

trá.fi.co [It. *traffico*.◉35B] *sm.* 1. Comércio, negócio, tráfego. 2. *Fam.* Negócio ilegal. 3. *Bras.* V. *trânsito* (2).

tra.ga.da [*Tragar*.◉4] *sf. Bras.* Ato isolado de tragar (fumaça de cigarro, ou bedra).

tra.gar [V.E] *vtd.* 1. Beber ou engolir dum trago. 2. Engolir com avidez e sem mastigar. 3. Aguentar, tolerar. 4. Fazer desaparecer; absorver. 5. Aspirar; sorver. *int.* 6. Inalar a fumaça do tabaco. [C.: 1C]

tra.gé.di.a [Lat. *tragoedia*, do gr.◉8B] *sf.* 1. Peça teatral, de ordinário em verso, e que termina, em regra, por acontecimentos fatais. 2. *Fig.* Sucesso funesto, trágico.

trá.gi.co [Lat. *tragicu*.◉35B] *adj.* 1. Relativo a, ou próprio de tragédia. 2. *Fig.* Funesto, sinistro. ● *sm.* 3. Aquele que escreve ou representa tragédia.

tra.gi.co.mé.di.a [Lat. *tragicomoedia*.◉8B] *sf.* Peça teatral que participa da tragédia pelo

tragicômico | tranquilo

assunto e personagens, e da comédia pelos incidentes e desenlace.

tra.gi.cô.mi.co [*Trági(co)* + *cômico.*] *adj.* Próprio de tragicomédia.

tra.go [Dev. de *tragar.*] *sm.* **1.** V. *gole.* **2.** Aflição, angústia.

tra.i.ção [Lat. *traditione.* ▣2] *sf.* **1.** Ato ou efeito de trair(-se). **2.** Perfídia, deslealdade. [Pl.: *-ções*.]

tra.i.ço.ei.ro [*Traição (traiço-).* ▣25] *adj.* **1.** Que usa de, ou em que há traição. **2.** Desleal, pérfido.

tra.i.dor (a-i… ô) [Lat. *traditore.* ▣19A] *adj. sm.* Que, ou quem trai.

→ **trailer** (trêiler) [Ingl.] *sm.* **1.** Reboque (3). **2.** Reboque (3) tipo casa us. para acampar, como moradia, etc. **3.** Exibição de trechos de filme com fins publicitários.

→ **trainee** (treiní) [Ingl.] *s2g.* Quem está em treinamento, ger. para ocupar determinado cargo.

tra.ir [Lat. *tradere.* ▣1C] *vtd.* **1.** Enganar por traição; atraiçoar. **2.** Delatar, denunciar. **3.** Ser infiel a. **4.** Não cumprir. **5.** Revelar involuntariamente. *p.* **6.** Tornar, involuntariamente, óbvio ou evidente o que se devia ou queria ocultar. **7.** Revelar-se. [C.: 38]

tra.í.ra [Do tupi.] *sf. Bras. Zool.* Peixe caracídeo, carnívoro.

tra.jar [*Traje.* ▣1A] *vtd.* **1.** Trazer como vestuário; usar. *ti.* **2.** Vestir-se (de certo modo). **3.** Cobrir-se. *p.* **4.** Vestir-se. [C.: 1]

tra.je ou **tra.jo** [Dev. do port.ant. e dial. *trager* (hoje *trazer*).] *sm.* **1.** Vestuário habitual. **2.** Vestuário próprio de uma profissão. **3.** V. *roupa* (2).

tra.je.to [Lat. *trajectu.*] *sm.* Espaço que alguém ou algo tem de percorrer para ir de um lugar a outro; trajetória, percurso.

tra.je.tó.ri:a *sf.* **1.** Linha descrita por um corpo em movimento. **2.** V. *trajeto.*

tra.lha [Or.expr., poss.] *sf.* **1.** Rede pequena de pesca, etc., que pode ser lançada ou armada por um só homem. **2.** Utensílios velhos.

tra.ma [Lat. *trama.*] *sf.* **1.** O conjunto dos fios passados no sentido transversal do tear, entre os da urdidura. **2.** V. *tela* (1). **3.** *Fig.* V. *tramoia.* **4.** *Fig.* V. *enredo* (3).

tra.mar [*Trama.* ▣1A] *vtd.* **1.** Passar a trama por entre (os fios da urdidura); tecer. **2.** *Fig.* Maquinar, urdir. **3.** *Fig.* Intrigar, enredar. *ti.* **4.** Conspirar. [C.: 1]

tram.bi.que [V.E] *sm. Pop.* **1.** Negócio fraudulento. **2.** Trapaça, logro.

tram.bo.lhão [*Trambolho.* ▣2] *sm.* **1.** Ato de cair rebolando. **2.** Queda com estrondo. [Pl.: *-lhões.*]

tram.bo.lho (ô) [V.C] *sm.* **1.** Corpo pesado que se ata aos pés dos animais domésticos para não se afastarem donde estão. **2.** Coisa grande e/ou incômoda. **3.** *Fig.* Empecilho, estorvo. [Pl.: *-bolhos* (ô).]

tra.me.la ou **ta.ra.me.la** [Lat.vulg. **trabella.* ▣7] *sf.* Peça de madeira que gira ao redor de um prego, para fechar porta, postigo, etc.

tra.mi.tar [*Trâmite.* ▣1A] *v.int.* Seguir os trâmites (um processo, um documento). [C.: 1]

trâ.mi.te [Lat. *tramite.*] *sm.* Caminho ou atalho determinado.

trâ.mi.tes *smpl.* **1.** Meios apropriados à consecução dum fim. **2.** Curso de um processo, segundo as regras.

tra.moi.a (ói) [Esp. *tramoya.*] *sf.* Plano concebido para lesar pessoa ou instituição; trama, trança.

tra.mon.ta.na [It. *tramontana.*] *sf.* **1.** Estrela polar. **2.** Vento ou lado do norte. **3.** Rumo, direção.

tram.po [V.E] *sm. Bras. Gír.* Trabalho (3).

tram.po.lim [It. *trampolino.*] *sm.* Prancha fixa numa das extremidades, donde os acrobatas, nadadores, etc., tomam impulso para saltos. [Pl.: *-lins.*]

tram.po.li.nei.ro *adj. sm.* V. *trapaceiro.*

tran.ca [Or. pré-rom., poss.] *sf.* **1.** Barra de ferro ou de madeira que se põe transversalmente atrás das portas para segurá-las. **2.** Dispositivo de segurança contra furtos que se adapta a portas, veículos, etc.

tran.ça [V.C] *sf.* **1.** Entrelaçamento de 3 ou mais madeixas. **2.** *Bras.* V. *tramoia.*

tran.ça.do [*Trançar.* ▣17A] *adj.* **1.** Disposto em trança (1). ● *sm.* **2.** Obra trançada.

tran.ca.fi.ar [De *trancar.*] *vtd. Bras.* Prender, encarcerar. [C.: 1]

tran.car [*Tranca.* ▣1A] *vtd.* **1.** Segurar ou fechar com tranca(s). **2.** Prender, enclausurar. *tdc.* **3.** Trancar (2). *p.* **4.** Encerrar-se em lugar seguro. **5.** Não dizer nada. [C.: 1A] § **tran.ca.do** *adj.*

tran.çar [*Trança.* ▣1A] *vtd.* **1.** Pôr em trança (1). **2.** Entrelaçar, entrançar. *p.* **3.** Entrelaçar-se, enredar-se. [C.: 1B]

tran.ce.lim [Esp. *trencellín.*] *sm.* **1.** Trança fina de seda, ouro ou prata, para guarnições e obras de costura. **2.** Cordão delgado, de ouro. [Pl.: *-lins.*]

tran.co [De *tranca.*] *sm.* **1.** Salto que dá o cavalo. **2.** Esbarro, encontrão. ♦ **Aos trancos e barrancos.** Com muita dificuldade.

tran.que.ta (ê) [*Tranca* + *-eta* (ê).] *sf.* Pequena tranca.

tran.qui.li.zan.te (qüi) [*Tranquilizar.* ▣21] *adj2g.* **1.** Que tranquiliza. **2.** Diz-se de medicamento que exerce a sua ação, principalmente, sobre a ansiedade e a tensão nervosa, sem ter ação hipnótica direta. ● *sm.* **3.** Esse medicamento.

tran.qui.li.zar (qüi) [*Tranquilo.* ▣1D] *vtd. e p.* Tornar(-se) tranquilo; sossegar, acalmar(-se). [C.: 1] § **tran.qui.li.za.dor** (qüi…ô) *adj. sm.*

tran.qui.lo (qüi) [Lat. *tranquillu.*] *adj.* **1.** Em que reina a calma, o equilíbrio. **2.** Que se efetua ou decorre de modo regular. **3.** De natureza calma, estável. 4. Certo, seguro. § **tran.qui.li.da.de** (qüi) *sf.*

tran.sa (za) [F.red. de *transação*.] *sf. Bras. Gír.* Palavra-ônibus que traduz ideias de entendimento, combinação, acordo, pacto, ligação, trama, conluio, relação amorosa, etc.; transação.

tran.sa.ção (za) [Lat. *transactione*. 2A] *sf.* 1. Ato ou efeito de transigir. 2. Combinação, ajuste. 3. Operação comercial. 4. *Gír.* Transa. [Pl.: *-ções*.]

tran.sa.ci.o.nar (za) [*Transação* (*-cion-*). 1A] *vtdi., ti. e int.* Fazer transação ou negócio; negociar, comerciar. [C.: 1]

tran.san.di.no [*Trans-* + *andino*.] *adj.* Situado além dos Andes (América do Sul).

tran.sar (za) [*Transa*. 1A] *vtd. Bras. Gír.* 1. Fazer transa a respeito de; combinar, ajustar, tramar. *ti. e int.* 2. Ter transa (com alguém). [C.: 1]

tran.sa.tlân.ti.co (za) [*Trans-* + *atlântico*. 35B] *adj.* 1. Situado além do Atlântico, ou que o atravessa. ● *sm.* 2. Navio transatlântico.

tran.sa.to (za) [Lat. *transactu*.] *adj.* Passado, pretérito.

trans.bor.dar [*Trans-* + *borda* + *-ar*². 1A] *vtd. e int.* 1. Fazer sair, ou sair fora das bordas. 2. Verter, entornar, derramar. *ti.* 3. *Fig.* Estar possuído (de um sentimento). [C.: 1 (ó)] § **trans.bor.da.men.to** *sm.*; **trans.bor.dan.te** *adj2g.*

trans.bor.do (ô) [Dev. de *transbordar*.] *sm.* Passagem (de viajantes, mercadorias, etc.) dum veículo para outro; baldeação. [Pl.: *-bordos* (ó).]

trans.cen.den.tal [*Transcendente*. 39] *adj2g.* V. *transcendente* (1 e 2). [Pl.: *-tais*.]

trans.cen.den.te [Lat. *transcendente*. 21A] *adj2g.* 1. Que transcende; superior, excelso, transcendental. 2. Que transcende os limites da experiência possível; metafísico, transcendental. ● *sm.* 3. Aquilo que é transcendente. § **trans.cen.dên.ci:a** *sf.*

trans.cen.der [Lat. *transcendere*. 1B] *vtd.* 1. Passar além de; ultrapassar. 2. Exceder (1). 3. Elevar-se acima de. *ti.* 4. Ser superior. 5. Transcender (1). [C.: 2]

trans.co.di.fi.car [*Trans-* + *codificar*.] *vtd.* Passar de uma forma de código para outra. [C.: 1A]

trans.con.ti.nen.tal [*Trans-* + *continental*.] *adj2g.* Que atravessa um continente. [Pl.: *-tais*.]

trans.cor.rer [Lat. *transcurrere*. 1B] *v.int.* 1. Decorrer (1). 2. Passar além de. *pred.* 3. Decorrer (em certo estado ou condição). [C.: 2 (ô-ó)]

trans.cre.ver [Lat. *transcribere*. 1B] *vtd.* Reproduzir, copiando. [C.: 2 (ê-é). Part.: *transcrito*.]

trans.cri.ção [Lat. *transcriptione*. 2] *sf.* 1. Ato ou efeito de transcrever. 2. Trecho transcrito. [Pl.: *-ções*.]

trans.cri.to [Lat. *transcriptu*.] *adj.* 1. Que se transcreveu; trasladado. ● *sm.* 2. Cópia, traslado.

trans.cur.so [Lat. *transcursu*.] *sm.* Ato ou efeito de transcorrer; decurso.

trans.dis.ci.pli.nar [*Trans-* + *disciplinar*¹.] *adj2g.* Que integra ou visa a integrar várias disciplinas. § **trans.dis.ci.pli.na.ri.da.de** *sf.*

trans.du.tor (ô) [Ingl. *transductor*.] *sm. Fís.* Qualquer dispositivo capaz de transformar um tipo de sinal em outro tipo, com o objetivo de transformar uma forma de energia em outra, possibilitar o controle de um processo ou fenômeno, realizar uma medição, etc.

tran.se (ze) [Fr. *transe*, poss.] *sm.* 1. Momento aflitivo. 2. Ato ou efeito arriscado; lance. 3. Crise de angústia. 4. Falecimento. 5. Alteração da consciência e das faculdades mentais, ger. acompanhada de mudança de comportamento.

tran.se.un.te (ze) [Lat. *transeunte*. 21] *adj2g.* 1. Que passa, ou que vai passando ou andando. ● *s2g.* 2. Indivíduo transeunte. [Sin.ger.: *passante*.]

tran.se.xu.al (secs) [*Trans-* + *sexual*.] *adj2g. s2g.* Diz-se de, ou pessoa que adota trajes e comportamento do sexo oposto e que busca, via cirurgia, a transformação sexual. [Pl.: *-ais*.]

trans.fe.ri.dor (ô) [*Transferir*. 19A] *adj.* 1. Que transfere. ● *sm.* 2. Instrumento semicircular, com o limbo dividido em 180 graus, para medir ângulos.

trans.fe.rir [Lat. **transferere*. 1C] *vtd. e tdc.* 1. Fazer passar (de um lugar para outro); deslocar. 2. V. *adiar*. *tdi.* 3. Transmitir ou passar, ou ceder a outrem, mediante as normas legais. 4. Passar ou fazer passar a outrem. *p.* 5. Mudar-se. [C.: 48] § **trans.fe.rên.ci:a** *sf.*; **trans.fe.rí.vel** *adj2g.*

trans.fi.gu.rar [Lat. *transfigurare*. 1A] *vtd.* 1. V. *transformar* (1). 2. Alterar; falsear. *transobj.* 3. Transfigurar (1). *p.* 4. Mudar de figura; transformar-se. [C.: 1] § **trans.fi.gu.ra.ção** *sf.*

trans.fi.xar (cs) [Lat. *transfixus* + *-ar*². 1A] *vtd.* Atravessar de lado a lado. [C.: 1]

trans.for.ma.dor (ô) [*Transformar*. 19A] *adj.* 1. Que transforma. ● *sm.* 2. *Eletr.* Aparelho que transforma correntes elétricas variáveis em outras correntes elétricas variáveis, de intensidade e tensão, ger., diferentes, e de frequência igual.

trans.for.mar [Lat. *transformare*. 1A] *vtd. e transobj.* 1. Dar nova forma, feição ou caráter a; mudar, modificar, transfigurar. 2. Converter. *p.* 3. Mudar de estado, posição, condição, forma, etc. [C.: 1 (ó)] § **trans.for.ma.ção** *sf.*; **trans.for.ma.do** *adj.*; **trans.for.má.vel** *adj2g.*

trâns.fu.ga [Lat. *transfuga*.] *s2g.* 1. Pessoa que em tempo de guerra deserta de suas fileiras e

transfundir | transmitir

passa às do inimigo; desertor. **2.** Quem abandona os seus deveres, o seu partido, etc.

trans.fun.dir [Lat. *transfundere.* ◼ 1C] *vtd.* **1.** Fazer passar (um líquido) de um recipiente para outro; transvasar. **2.** Fazer transfusão (2) de (sangue, etc.). [C.: 3]

trans.fu.são [Lat. *transfusione.* ◼ 2] *sf.* **1.** Ato ou efeito de transfundir. **2.** *Med.* Ação de introduzir sangue, plasma, soluções diversas, ger. diretamente na corrente sanguínea do paciente. [Pl.: *-sões*.]

trans.gê.ne.ro [*Trans-* + *gênero*; ingl. *transgender*.] *sm.* Indivíduo que se comporta, ou tem papel social, diferente do convencionado para o seu gênero de nascimento.

trans.ge.ni.a [*Transgên(ico)* + *-ia*[1].] *sf.* *Bioquím.* Mutação genética que sofre um organismo que recebe em seu genoma, por meio de técnicas de engenharia genética, um ou mais genes de outro indivíduo de mesma espécie, ou não.

trans.gê.ni.co [*Trans-* + *-gen(o)-* + *-ico*[2].◼ 35B] *adj. sm.* Diz-se de, ou organismo que possui genes de outra espécie.

trans.gre.dir [Lat. **transgredire.*◼ 1C] *vtd.* **1.** Passar além de; atravessar. **2.** Desobedecer a; infringir, violar. [C.: 49]

trans.gres.são [Lat. *transgressione.*◼ 2] *sf.* Ato ou efeito de transgredir; infração, quebra. [Pl.: *-sões*.]

trans.gres.sor (ô) [Lat. *transgressore.*◼ 19] *adj.* Que transgride; infrator.

tran.si.be.ri.a.no (si) [*Trans-* + *siberiano*.] *adj.* Situado além da Sibéria (Rússia), ou que a atravessa.

tran.si.ção (zi) [Lat. *transitione.*◼ 2] *sf.* **1.** Ato ou efeito de transitar. **2.** Passagem dum lugar, assunto, tratamento, etc., para outro. **3.** Processo ou período de mudança de um estado ou condição para outro estado ou outra condição. [Pl.: *-ções*.]

tran.si.do (zi) [Part. de *transir*.] *adj.* Esmorecido ou inteiriçado (de frio, dor, vergonha, susto, etc.).

tran.si.gên.ci.a (zi) [Lat. *transigentia.*◼ 10] *sf.* **1.** Ato ou efeito de transigir. **2.** Condescendência, tolerância.

tran.si.gen.te (zi) [Lat. *transigente.*◼ 21A] *adj2g. s2g.* Que, ou quem transige, cede, condescende.

tran.si.gir (zi) [Lat. *transigere.* ◼ 1C] *v.int. e ti.* Chegar a acordo; condescender, ceder. [C.: 3A]

tran.sir (zir) [Lat. *transire.*◼ 1C] *vtd.* **1.** Penetrar, repassar. *int.* Estar ou ficar hirto de frio, dor, medo, etc. [C.: 9]

tran.sis.tor (zistôr) [Ingl. *transistor*.◼ 19] *sm.* **1.** *Eletrôn.* Dispositivo que pode funcionar como um amplificador de modo análogo a uma válvula eletrônica. **2.** Rádio provido de transistor (1).

tran.si.tar (zi) [*Trânsito.*◼ 1A] *v.int. e tc.* **1.** Fazer caminho; passar, andar. *ti.* **2.** Mudar de lugar, classe ou estado, condição, etc. [C.: 1]

tran.si.tá.vel (zi) [*Transitar.*◼ 41] *adj2g.* Que se pode transitar. [Pl.: *-veis*.]

tran.si.ti.vo (zi) [Lat. *transitivu.*◼ 22] *adj.* Que transita ou faz transitar.

trân.si.to (zi) [Lat. *transitu.*] *sm.* **1.** Ato ou efeito de caminhar; marcha. **2.** Movimento, circulação, afluência de pessoas e/ou veículos; tráfego, tráfico. **3.** *Bras.* Instrumento us. em topografia para medir ângulos horizontais.

tran.si.tó.ri.o (zi) [Lat. *transitoriu.*◼ 23A] *adj.* De pouca duração; passageiro, efêmero, temporário. § **tran.si.to.ri:e.da.de** (zi) *sf.*

trans.la.ção [Lat. *translatione.*◼ 2A] *sf.* **1.** Ato ou efeito de transladar. **2.** *Fís.* Movimento de um corpo em que todas as partículas têm em cada instante a mesma velocidade e esta mantém uma direção constante. [Pl.: *-ções*.]

trans.la.da.ção *sf.* *P.us.* Trasladação. [Pl.: *-ções*.]

trans.la.dar *vtd., tdi. e tdc.* Trasladar. [C.: 1]

trans.la.to [Lat. *translatu.*] *adj.* **1.** Copiado, transcrito. **2.** Figurado, metafórico.

trans.li.te.rar [*Trans-* + lat. *littera*, 'letra', + *-ar*[2]. ◼ 1A] *vtd. e tdi.* Representar (os caracteres de um vocábulo) por caracteres diferentes no correspondente vocábulo de outra língua. [C.: 1 (é)] § **trans.li.to.ri:e.ra.ção** *sf.*

trans.lú.ci.do [Lat. *translucidu.*] *adj.* Que deixa passar a luz sem permitir que se vejam os objetos, com nitidez.

trans.lu.zir [Lat. *translucere.*◼ 1C] *vti.* **1.** Luzir (através de algum corpo). **2.** Transparecer. [C.: 1 Norm., é unipess.]

trans.mi.gra.ção [Lat. *transmigratione.*◼ 2A] *sf.* **1.** Ato ou efeito de transmigrar. **2.** *Restr.* Metempsicose. [Pl.: *-ções*.]

trans.mi.grar [Lat. *transmigrare.*◼ 1A] *v.int.* **1.** Passar de uma região, um país (para outro). **2.** Passar (a alma) dum corpo para outro. *tc.* **3.** Transmigrar (1). *p.* **4.** Mudar-se dum lugar para outro. [C.: 1]

trans.mis.são [Lat. *transmissione.*◼ 2] *sf.* **1.** Ato ou efeito de transmitir(-se). **2.** Transferência (de coisa, direito ou obrigação). **3.** Instrumento para transmitir movimento. **4.** Trabalho efetuado por um transmissor radiodifusor ou telegráfico. [Pl.: *-sões*.] ◆ **Transmissão ao vivo.** *Rád. Telev.* Transmissão de um fato, no momento de sua ocorrência.

trans.mis.sí.vel [Lat. *transmissus*, 'transmitido', + *-ível*.◼ 41A] *adj2g.* Que se pode transmitir. [Pl.: *-veis*.]

trans.mis.si.vo [Lat. *transmissus*, 'transmitido', + *-ivo*.◼ 22] *adj.* Que transmite; transmissor.

trans.mis.sor (ô) [Lat. *transmissore.*◼ 19] *adj.* **1.** Transmissivo. ● *sm.* **2.** Aparelho que transmite sinais telegráficos. **3.** Equipamento ou parte de equipamento que se destina a transmitir sinais telefônicos, radiofônicos, televisuais, etc.

trans.mi.tir [Lat. *transmittere.*◼ 1C] *vtd.* **1.** Mandar de um lugar para outro, ou de uma pessoa para outra; expedir: <u>transmitir instruções</u>. **2.**

Fazer passar dum ponto, ou dum possuidor ou detentor, para outro; transferir. 3. Deixar passar além; conduzir: *O cobre transmite a eletricidade*. 4. Comunicar por contágio. 5. *Telecom.* Enviar (informação) de um ponto a outro por meio de sinais elétricos, eletromagnéticos, etc. *tdi.* 6. Transmitir (1, 2 e 4). 7. Noticiar; relatar. 8. Mandar, enviar. *p.* 9. Propagar-se, difundir-se. [C.: 3]

trans.mu.dar [Lat. *transmutare*. ◼1A] *v. transobj. e p.* V. *transmutar*. [C.: 1] § **trans.mu.da.ção** *sf.*

trans.mu.tar [Lat. *transmutare*. ◼1A] *v. transobj. e p.* Alterar(-se), modificar(-se); transformar(-se). [C.: 1] § **trans.mu.ta.ção** *sf.*

tran.sob.je.ti.vo [*Trans-* + *objetivo*.] *adj. E.Ling.* Diz-se de verbo transitivo, ou pronominal, cuja significação exige, como complemento do objeto, um adjunto predicativo.

tran.so.ce.â.ni.co (zo) [*Trans-* + *oceânico*.] *adj.* Ultramarino.

trans.pa.re.cer [*Trans-* + *(a)parecer*.] *vtc.* 1. Aparecer ou avistar-se através de algo; transluzir. *ti. e int.* 2. Manifestar-se, revelar-se. [C.: 2A (ê-é)]

trans.pa.ren.te [*Transparecer*. ◼21] *adj2g.* 1. Que se deixa atravessar pela luz, permitindo a visão nítida de objetos que se encontram atrás. 2. *Fig.* Evidente, claro, óbvio. § **trans.pa.rên.ci.a** *sf.*

trans.pas.sar *vtd. e p.* V. *traspassar*. [C.: 1]

trans.pi.ra.ção [*Transpirar*. ◼2A] *sf.* 1. Ato ou efeito de transpirar. 2. Suor (1). [Pl.: *-ções*.]

trans.pi.rar [Lat.med. *transpirare*. ◼1A] *vtd.* 1. Fazer sair pelos poros; exalar. 2. Lançar de si; exalar. 3. Manifestar, exprimir. *int.* 4. Exalar suor. 5. *Fig.* Divulgar-se. [C.: 1]

trans.plan.ta.ção [*Transplantar*. ◼2A] *sf.* Ato ou efeito de transplantar (1 e 3); transplante. [Pl.: *-ções*.]

trans.plan.tar [Lat. *transplantare*. ◼1A] *vtd.* 1. Arrancar (planta, árvore) dum lugar e plantar em outro. 2. *Cir.* Transferir (órgão ou porção deste) de uma para outra parte do mesmo indivíduo, ou de indivíduo vivo ou morto para outro. 3. Fazer passar de um país para outro. [C.: 1]

trans.plan.te [Dev. de *transplantar*. ◼21] *sm.* 1. Transplantação. 2. *Cir.* Ato ou efeito de transplantar (2).

trans.pla.ti.no [*Trans-* + *platino*.] *adj.* Situado além do Rio da Prata (América do Sul).

trans.por [Lat. *transponere*.] *vtd.* 1. Pôr (algo) em lugar diverso daquele onde estava ou devia estar. 2. Inverter a ordem de. 3. Ultrapassar (1). [C.: 34]

trans.por.ta.do.ra (ô) [*Transportar*. ◼20] *sf. Bras.* Empresa especializada no transporte de cargas.

trans.por.tar [Lat. *transportare*. ◼1A] *vtd.* 1. Conduzir ou levar de um lugar para outro. 2. Extasiar, arrebatar. *tdc.* 3. Transportar (1). *tdi.* 4. Fazer remontar mentalmente. *p.* 5. Passar de um lugar para outro. 6. *Fig.* Remontar mentalmente. 7. *Fig.* Extasiar-se. [C.: 1 (ó)] § **trans.por.ta.dor** (ô) *adj. sm.*; **trans.por.tá.vel** *adj2g.*

trans.por.te [Dev. de *transportar*.] *sm.* 1. Ato, efeito ou operação de transportar(-se). 2. Veículo (1). 3. *Fig.* Êxtase, enlevo.

trans.po.si.ção [Lat.med. *transpositione*. ◼2] *sf.* Ato ou efeito de transpor.

trans.pos.to (ô) [Lat. *transpositu*.] *adj.* Que sofreu transposição. [Pl.: *-postos* (ó).]

trans.tor.nar [*Trans-* + *tornar*.] *vtd.* 1. Desordenar, desorganizar. 2. Perturbar, atrapalhar. 3. Atordoar, confundir. 4. Fazer perder o autocontrole. *p.* 5. Perturbar-se. 6. Perder o autocontrole. [C.: 1 (ó)]

trans.tor.no (ô) [Dev. de *transtornar*.] *sm.* 1. Ato ou efeito de transtornar(-se). 2. V. *contrariedade* (2). 3. Desarranjo, desordem. [Pl.: *-tornos* (ó).]

tran.subs.tan.ci.a.ção (su) [Lat.med. *transubstantiatione*. ◼2A] *sf.* 1. Mudança de uma substância em outra. 2. *Rel.* No catolicismo, presença real de Jesus Cristo na Eucaristia, pela mudança da substância do pão no seu corpo e do vinho no seu sangue. [Pl.: *-ções*.]

tran.subs.tan.ci.ar (su) [Lat.med. *transubstantiare*. ◼1A] *v. transobj.* 1. Transformar uma substância em outra; transformar. 2. Operar a transubstanciação (2). *p.* 3. Transformar-se (uma substância em outra). [C.: 1]

trans.va.sar [*Trans-* + *vaso* + *-ar²*. ◼1A] *vtd.* Transfundir (1). [C.: 1]

trans.ver.sal *adj2g.* Que passa, ou está, de través ou obliquamente. [Pl.: *-sais*.]

trans.vi.ar [*Trans-* + *via* + *-ar²*. ◼1A] *vtd. e p.* Desviar(-se) do dever; corromper(-se); descaminhar(-se). [C.: 1]

tra.pa.ça *sf.* 1. Contrato fraudulento; dolo. 2. V. *logro* (2).

tra.pa.ce.ar [*Trapaça*. ◼1N] *v.int. e ti.* Fazer trapaça(s). [C.: 12A]

tra.pa.cei.ro [*Trapaça*. ◼25] *adj. sm.* Que, ou aquele que trapaceia; trampolineiro, estradeiro.

tra.pa.lha.da [*Trapo*. ◼4B] *sf.* Confusão, barafunda.

tra.pa.lhão [*Trapo* + *-alhão*.] *adj. sm.* Que, ou quem se atrapalha, causa confusão. [Pl.: *-lhões*. Fem.: *trapalhona*.]

tra.pei.ro [*Trapo*. ◼25] *sm.* Homem que apanha trapos ou cata papéis nas ruas, nas latas, nos carros ou nos depósitos de lixo, para vendê-los.

tra.pé.zi:o [Gr. *trapézion*.] *sm.* 1. *Geom.* Quadrilátero com 2 lados paralelos. 2. Aparelho de ginástica que é uma barra horizontal balouçante, suspensa por 2 cordas ou peças verticais, e us. para acrobacias.

tra.pe.zis.ta [*Trapézio*. ◼36] *s2g.* Artista que se exibe em trapézio (2).

tra.pe.zoi.de (ói) [Gr. *trapezoeidés*.] *adj2g.* Que tem forma de trapézio (1).

tra.pi.che [Esp. *trapiche*.] *sm.* Armazém onde se guardam mercadorias importadas ou para exportar.

tra.pi.chei.ro [*Trapiche*.◪25] *sm.* 1. Aquele que tem e/ou administra trapiches. 2. Trabalhador de trapiche.

tra.po [Lat. *drappu*.] *sm.* 1. Pedaço de pano velho ou usado. 2. *P.ext.* Roupa muito surrada.

tra.que [V.A] *sm.* 1. Estouro, estrépito. 2. Tubinho de cartão carregado com mistura pirotécnica, e cujo pavio, ao ser acendido, se inflama e explode a composição, estourando. 3. V. *peido*.

tra.quei.a (éi) [Gr. *tracheîa*.] *sf. Anat.* Tubo cartilaginoso e membranoso que se segue à laringe e, ao seu término, se bifurca, originando 2 brônquios principais, direito e esquerdo.

tra.que.jar [V.E] *vtd.* 1. Perseguir, acossar. 2. *Bras. Ant.* Tornar apto; exercitar. [C.: 1 (è)]

tra.que.jo (ê) [Dev. de *traquejar*.] *sm.* Prática, experiência.

tra.que:os.to.mi.a (trà) [*Traque(o)-* + *-stom(o)-* + *-ia*¹.◪8A] *sf. Cir.* Traqueotomia seguida de introdução de cânula no interior da traqueia.

tra.que:o.to.mi.a (trà) [*Traque(o)-* + *-tom(o)-* + *-ia*¹.◪8A] *sf. Cir.* Incisão praticada na traqueia.

tra.que.te (ê) [Fr.ant. *triquet*.] *sm. Marinh.* A vela redonda que enverga na verga mais baixa do mastro de proa.

tra.qui.nar [*Traquina(s)*.◪1A] *v.int.* Fazer travessura. [C.: 1]

tra.qui.nas *adj2g2n.* 1. V. *travesso*. ● *s2g2n.* 2. Criança traquinas.

tra.qui.ni.ce [*Traquina(s)*.◪13] *sf.* V. *travessura*.

tra.qui.ta.na [V.E] *sf.* 1. Carruagem de 4 rodas para 2 pessoas. 2. *Pop.* Calhambeque (2).

trás [Lat. *trans*, 'para lá de'.] *adv.* 1. Atrás, detrás. 2. Em seguida; depois. ● *prep.* 3. Após (1).

tra.san.te.on.tem ou **tra.san.ton.tem** [*Tras-* + *anteontem*.] *adv.* No dia anterior ao de anteontem.

tra.sei.ra *sf.* A parte posterior.

tra.sei.ro [*Trás*.◪25] *adj.* 1. Que fica detrás, na parte posterior. ● *sm.* 2. *Pop.* Nádegas.

tras.fe.gar [V.D] *vtd.* Passar (líquido) de uma vasilha para outra, limpando-o do sedimento. [C.: 1C (é)]

tras.la.da.ção [*Trasladar*.◪2A] *sf.* Ato ou efeito de trasladar. [Pl.: -*ções*.]

tras.la.dar ou **trans.la.dar** [*Traslado*.◪1A] *vtd.* 1. Mudar de lugar para outro; transferir. 2. Transcrever. *tdi.* 3. Traduzir, verter. *tdc.* 4. Trasladar (1). [C.: 1]

tras.la.do [Lat. *translatu*.] *sm.* 1. Ato ou efeito de trasladar. 2. Cópia, transcrição.

tras.pas.sar ou **trans.pas.sar** ou **tres.pas.sar** [*Tras-* ou *trans-* + *passar*.] *vtd.* 1. Transpor, galgar. 2. Furar de lado a lado; penetrar. 3. Fechar (peça de vestuário) sobrepondo 2 partes. 4. Afligir, contristar. 5. Exceder, ultrapassar. *p.* 6. Morrer, falecer. [C.: 1]

tras.pas.se ou **tres.pas.se** [Dev. de *traspassar* ou *trespassar*.] *sm.* 1. Subarrendamento, sublocação. 2. Morte, falecimento.

tras.te [Lat. *transtru*.] *sm.* 1. Móvel caseiro. 2. Móvel ou utensílio velho ou sem valor. 3. *Pop.* Pessoa de mau caráter ou inútil.

tras.te.jar [*Traste*.◪1E] *v.int.* 1. Gaguejar ao responder. 2. Hesitar, vacilar. 3. Deixar de proceder bem. [C.: 1 (è)]

tra.ta.dis.ta [*Tratado*.◪36] *s2g.* Pessoa que escreveu tratado (3) ou tratados.

tra.ta.do [Lat. *tractatu*.] *sm.* 1. Contrato internacional referente a comércio, paz, etc. 2. V. *trato*¹ (2). 3. Estudo ou obra desenvolvida sobre uma ciência, arte, etc.

tra.ta.dor (ô) [*Tratar*.◪19A] *adj. sm.* Que, ou quem trata de algo, esp. de animais.

tra.ta.men.to [*Tratar*.◪3] *sm.* 1. Ato ou efeito de tratar(-se); trato. 2. Acolhida, recepção. 3. Passadio, alimentação. 4. *Med.* Procedimento médico que visa curar, aliviar ou prevenir. 5. Título honorífico ou de graduação.

tra.tan.ta.da [*Tratante*.◪4] *sf.* Ação de tratante.

tra.tan.te [*Tratar*.◪21] *adj2g. s2g.* 1. V. *velhaco*. 2. Que, ou aquele que promete e não cumpre.

tra.tar [Lat. *tractare*.◪1A] *vtd.* 1. Fazer uso de; usar, praticar. 2. Manusear, manejar. 3. Manter relações (com). 4. Discorrer sobre. 5. Curar, aliviar ou prevenir (doença). 6. Ajustar, combinar. 7. Alimentar, nutrir. 8. Preparar (carne, peixe, etc.) para o cozimento. *tdc.* 9. Portar-se em relação a (alguém) de certo modo. *ti.* 10. Cuidar, ocupar-se. 11. Ter por assunto, por objeto; versar. 12. Cuidar com medicamentos ou outros meios de (alguém). 13. Tratar (3 e 5). *tdi.* 14. Tratar (6). 15. Ministrar ou aplicar medicamento para a cura de (doença, mal, etc.). *transobj.* 16. Dar certo título, cognome, alcunha ou tratamento: *Trata a mãe de você. p.* 17. Cuidar da própria saúde. 18. Cuidar de andar limpo, de apresentar-se bem, de alimentar-se bem, etc.; cuidar-se. 19. Relacionar-se: *Tratam-se com cerimônia.* 20. Dirigir mutuamente (um tratamento): *Tratam-se por você.* 21. Estar em questão, em causa: *Trata-se de obra de valor.* [C.: 1. Impess. na acepç. 21: o verbo concorda apenas com a 3.ª pess. do sing.]

tra.tá.vel [*Tratar*.◪41] *adj2g.* 1. Que se pode tratar. 2. De trato¹ (3) fácil; afável, amável, lhano. [Pl.: -*veis*.]

tra.to¹ [Lat. *tractu*.] *sm.* 1. Tratamento (1). 2. Ajuste, pacto; tratado. 3. Convivência. 4. Passadio, alimentação. 5. Procedimento, modos. 6. Delicadeza, cortesia.

tra.to² [Dev. de *tratar*.] *sm.* Espaço de terreno; região.

trator | trela

tra.tor (ô) [Lat. *tractus* + *-or*. ■19] *sm.* Veículo motorizado que, deslocando-se sobre rodas ou esteiras de aço, pode rebocar cargas ou operar equipamentos agrícolas, de terraplenagem, etc.

trau.ma [Gr. *traûma*.] *sm.* V. *traumatismo*. § **trau.má.ti.co** *adj.*

trau.ma.tis.mo [*Traumat(o)-* + *-ismo*. ■11] *sm.* **1**. *Med.* Lesão de extensão, intensidade e gravidade variáveis, que pode ser produzida por agentes diversos (físicos, químicos, psíquicos, etc.). **2**. Choque violento que pode desencadear perturbações várias. [Sin.*ger*.: *trauma*.]

trau.ma.ti.zan.te [*Traumatizar*. ■21] *adj.2g.* Que provoca traumatismo.

trau.ma.ti.zar [*Traumat(o)-* + *-izar*. ■1D] *vtd.* **1**. Causar traumatismo a. *p.* **2**. Sofrer traumatismo. [C.: 1]

trau.ma.to.lo.gi.a [*Traumat(o)-* + *-logia*. ■11] *sf. Med.* Ramo da medicina que se ocupa das lesões traumáticas. § **trau.ma.to.ló.gi.co** *adj.*; **trau.ma.to.lo.gis.ta** *s2g.*

trau.pí.ne.o [Tax. *Thraupinae*.] *adj. sm. Zool.* Diz-se de, ou espécime dos traupíneos, subfamília de pequenas aves passeriformes de colorido vivo e brilhante. Ex.: tiês.

trau.te.ar [Or.onom.,poss.] *vtd. e int.* Cantarolar, ger. emitindo apenas sílabas que expressam a melodia. [C.: 12A]

tra.va [Dev. de *travar*.] *sf.* **1**. Travão (1). **2**. V. *freio* (1).

tra.van.ca [Aum. de *trava*.] *sf.* Obstáculo, empecilho.

tra.vão [*Trava*. ■28A] *sm.* **1**. Cadeia de pear bestas; trava. **2**. V. *freio* (1 e 2). [Pl.: *-vões*.]

tra.var [*Trave*. ■1A] *vtd.* **1**. Prender, unir (peças de madeira). **2**. Fazer parar com travão (2); frear. **3**. Prender com travão (1). **4**. Tolher ou impedir os movimentos a. **5**. Obstruir. **6**. Começar, entabular. **7**. Refrear (cavalgadura). **8**. Empenhar-se em (combate, luta, etc.). *ti.* **9**. Lutar. *int.* **10**. Frear (3). **11**. Ter travo. [C.: 1]

tra.ve [Lat. *trabe*.] *sf.* **1**. Peça grossa de madeira para sustentar o sobrado ou o teto duma construção. **2**. Viga. **3**. *Esport.* No futebol, cada uma das hastes verticais que sustentam o travessão e delimitam, com este, o gol.

tra.vés [Lat. *transversu*.] *sm.* Esguelha, obliquidade. ♦ **De través.** De lado; obliquamente.

tra.ves.sa *sf.* **1**. Peça de madeira atravessada sobre outra(s). **2**. Viga, trave. **3**. Rua transversal entre 2 outras mais importantes. **4**. Prato em que se servem iguarias. **5**. Pente pequeno e curvo para segurar o cabelo.

tra.ves.são [*Travessa*. ■28A] *sm.* **1**. Os 2 braços da balança. **2**. Sinal de pontuação (—) para separar frases, substituir parênteses e evitar repetição de termo já usado. **3**. *Mús.* Traço perpendicular à pauta, que serve para separar os compassos. **4**. *Bras. Esport.* Haste horizontal que, apoiada nas traves, delimita a parte superior do gol. [Pl.: *-sões*.]

tra.ves.sei.ro [*Travesso*. ■25] *sm.* Almofada que serve de apoio à cabeça de quem se deita.

tra.ves.si.a *sf.* Ato ou efeito de atravessar região, continente, mar, etc.

tra.ves.so [Lat. *transversu*.] *adj.* **1**. Posto de través; atravessado. **2**. Lateral, colateral.

tra.ves.so (ê) [De *travesso*.] *adj.* Diz-se de criança irrequieta, buliçosa, cujas brincadeiras podem provocar situações de perigo para si e/ou para outrem; traquinas, arteiro, endemoninhado, endiabrado, peralta.

tra.ves.su.ra [*Travesso* (ê). ■5] *sf.* Ação de travesso; arte, peraltice, reinação, traquinice, tropelia.

tra.ves.ti [Fr. *travesti*.] *s2g.* **1**. Pessoa que, ger. em espetáculos teatrais, se traja com roupas do sexo oposto. **2**. Homossexual que se veste com roupas do sexo oposto ao seu.

tra.ves.tir [Fr. *travestir*. ■1C] *v. transobj.* **1**. Colocar fantasia em. *p.* **2**. Disfarçar-se; dissimular-se. [C.: 48]

tra.vo [Dev. de *travar*.] *sm.* Sabor adstringente de comida ou bebida.

tra.zer [Lat. *trahere*, pelo lat.vulg. **tragere*. ■1B] *vtd.* **1**. Conduzir ou transportar para cá. **2**. Fazer-se acompanhar de. **3**. Dirigir, guiar. **4**. Ter consigo. **5**. Ser portador ou emissário de: *Trouxe notícias*. **6**. Mostrar, exibir. **7**. Causar; ocasionar. **8**. Vestir, trajar. **9**. Chamar, atrair. *tdc.* **10**. Trazer (1 e 3). *tdi.* **11**. Oferecer, dar: *O negócio nos trouxe vantagens. transobj.* **12**. Manter, conservar. [C.: 19]

tre.cen.té.si.mo [Lat. *trecentesimu*.] *num.* **1**. Ordinal correspondente a 300. **2**. Fracionário correspondente a 300.

tre.cho (ê) [Esp. *trecho*.] *sm.* **1**. Espaço de tempo ou de lugar; intervalo. **2**. Fragmento de obra literária ou musical. **3**. Porção de um todo; parte.

tre.co [V.E] *sm. Bras. Gír.* **1**. Qualquer objeto ou coisa; trem. **2**. Mal-estar (1).

trê.fe.go *adj.* Turbulento, irrequieto.

tré.gua [Do gót.] *sf.* Suspensão temporária de trabalho, incômodo, dor, confronto, etc.

trei.na.dor (ô) [*Treinar*. ■19A] *sm.* Profissional que dirige treino.

trei.nar [Fr.ant. *traîner* (atual *traîner*). ■1A] *vtd.* **1**. Tornar apto para determinada tarefa ou atividade; adestrar. **2**. Exercitar, praticar. *int.* **3**. Exercitar-se para jogos desportivos ou para outros fins. [C.: 1] § **trei.na.men.to** *sm.*

trei.no [Dev. de *treinar*.] *sm.* Adestramento de pessoas ou animais para torneios [v. *torneio²*] ou festas de esportes.

tre.jei.to [*Tres-* + lat. *jactu*, poss.] *sm.* **1**. Gesto, movimento. **2**. Careta, esgar.

tre.la [Lat. **tragella*. ■7] *sf.* Correia com que se prende o cão. ♦ **Dar trela a. 1**. Conversar com. **2**. Dar confiança a.

tre.li.ça [Fr. *treillis*.] *sf.* Armação ger. de ripas de madeira cruzadas, us. em portas, biombos, balcões, divisões, caramanchões, etc.

trem [Fr. *train*.] *sm.* **1.** Objetos que formam a bagagem dum viajante. **2.** Mobiliário duma casa. **3.** *Bras.* Comboio (2) ferroviário; trem de ferro. **4.** *Bras.* Bateria de cozinha. **5.** *Bras. Pop.* Treco (1). [Pl.: *trens*.] ● *adj2g2n.* **6.** Diz-se de pessoa ou coisa ruim, imprestável, desprezível. [Em português, era us. apenas sobre o *u*, pronunciado depois de *g* e *q*.] ◆ **Trem de ferro.** *Bras.* Trem (3).

tre.ma [Gr. *trêma*.] *sm. E.Ling.* Sinal (¨) que se colocava sobre a vogal *u* para indicar que ela se pronuncia. [Em português, era us. apenas sobre o *u*, pronunciado depois de *g* e *q*.]

tre.ma.tó.de:o [Adapt. do tax. *Trematoda*.] *adj. sm. Zool.* Diz-se de, ou espécime dos trematódeos, classe de platelmintos parasitas. Ex.: o esquistossomo.

tre.me.dal [De *tremer*.] *sm.* V. *pântano*. [Pl.: *-dais*.]

tre.me.dei.ra [*Tremer*. ▣ 16A] *sf.* **1.** V. *tremor* (1). **2.** *Bras.* V. *malária*.

tre.me.li.car [Por *tremericar*, de *tremer* + *-icar*. ▣ 1F] *v.int.* **1.** Tremer de susto ou frio. **2.** Tremer frequentes vezes. [C.: 1A]

tre.me.li.que [Dev. de *tremelicar*.] *sm.* Ato de tremelicar.

tre.me.lu.zir [*Tremer* + *luzir*.] *v.int.* Brilhar com luz trêmula. [C.: 41. Norm., é unipess.]

tre.men.do [Lat. *tremendu*.] *adj.* **1.** Que causa temor; que faz tremer. **2.** Respeitável, formidável. **3.** Extraordinário (1).

tre.mer [Lat. *tremere*. ▣ 1B] *vtd.* **1.** Ter medo de; temer. **2.** Tiritar por efeito de. *int.* **3.** Sofrer abalo; estremecer. **4.** Assustar-se. [C.: 2]

tre.mo.cei.ro [*Tremoço*. ▣ 25] *sm. Bot.* Planta fabácea que dá o tremoço.

tre.mo.ço (ô) [Do ár.] *sm.* Grão de tremoceiro, comestível. [Pl.: *-moços* (ó).]

tre.mor (ô) [Lat. *tremore*. ▣ 19] *sm.* **1.** Ato ou efeito de tremer; tremedeira. **2.** Agitação convulsiva. **3.** *Med.* Agitação involuntária que compromete extensão variável do corpo. ◆ **Tremor de terra.** V. *sismo*.

trem.pe [Lat. *tripes, dis*.] *sf.* Suporte sobre o qual se põem panelas que vão ao fogo.

tre.mu.lar [Lat. *tremulare*. ▣ 1A] *vtd. e int.* Mover(-se) com tremor. [C.: 1] § **tre.mu.lan.te** *adj2g.*

trê.mu.lo [Lat. *tremulu*.] *adj.* **1.** Que treme. **2.** Hesitante, vacilante.

tre.na [Lat. *trini*.] *sf.* Fita métrica, de material e comprimento variáveis, us. em medição.

tre.no [Gr. *thrênos*.] *sm.* Canto plangente; elegia.

tre.nó [Fr. *traîneau*.] *sm.* Veículo com esquis e que desliza sobre gelo ou neve.

tre.pa.da [*Trepar*. ▣ 4] *sf. Bras. Pop.* **1.** V. *repreensão*. **2.** *Chulo* Cópula (1).

tre.pa.dei.ra [*Trepar*. ▣ 16A] *sf.* **1.** Planta que se apoia e sobe em outra, ou em qualquer substrato. ● *adj.(f.)* **2.** Diz-se dessas plantas.

tre.pa.do [*Trepar*. ▣ 17A] *adj. Bras. Gír.* **1.** Com arma de fogo; armado. **2.** Fruto de assalto, ou que recebeu peças furtadas.

tre.pa.dor (ô) [*Trepar*. ▣ 19A] *adj.* **1.** Que trepa. **2.** Pertencente ou relativo a trepador (3). ● *sm.* **3.** *Zool.* Diz-se de ave cujos pés são zigodáctilos. Ex.: cuculídeos, psitacídeos.

tre.pa.na.ção [*Trepanar*. ▣ 2A] *sf.* **1.** Ato ou efeito de trepanar. **2.** *Cir.* Praticar orifício em osso, com trépano. [Pl.: *-ções*.]

tre.pa.nar [*Trépano*. ▣ 1A] *vtd.* Perfurar (osso) com o trépano. [C.: 1]

tré.pa.no [B.-lat. *trepanu*.] *sm. Cir.* Instrumento cirúrgico para perfurar ossos, esp. os do crânio.

tre.par [V.C] *vtd.* **1.** Subir a, valendo-se das mãos e/ou dos pés. **2.** Ir para cima de; subir, galgar. *tc.* **3.** Trepar (1). *ti.* **4.** *Chulo* Ter relações sexuais. *int.* **5.** Ascender (planta trepadeira). **6.** *Chulo* Trepar (4). [C.: 1(é)]

tre.pi.da.ção [Lat. *trepidatione*. ▣ 2A] *sf.* **1.** Ato ou efeito de trepidar. **2.** Movimento vibratório de baixo para cima, como o que se sente num veículo em movimento. **3.** Leve abalo sísmico. [Pl.: *-ções*.]

tre.pi.dar [Lat. *trepidare*. ▣ 1A] *v.int.* **1.** Tremer com medo ou susto. **2.** Hesitar, titubear. **3.** Ter ou causar trepidação. *ti.* **4.** Hesitar, vacilar. [C.: 1] § **tre.pi.dan.te** *adj2g.*

tré.pli.ca [Dev. de *treplicar*.] *sf.* Ato de treplicar.

tre.pli.car [Lat. *triplicare*. ▣ 1A] *v.int. e ti.* Responder a uma réplica. [C.: 1]

três [Lat. *tres*.] *num.* **1.** Quantidade que é uma unidade maior que 2. **2.** Número (1) correspondente a essa quantidade. [Representa-se em algarismo arábico por 3, e em romanos, por III.]

tre.san.dar [De *trasandar*. ▣ 1A] *vtd.* **1.** *P.us.* Fazer andar para trás; desandar. **2.** Exalar (mau cheiro). *ti. e int.* **3.** Cheirar mal. [C.: 1]

tres.ca.lar *vtd. e int.* Emitir cheiro forte (de). [C.: 1]

■ **3D** [De *tridimensional*.] Diz-se de filme ou imagem que dão a ilusão, ger. com o auxílio de óculos especiais, de profundidade.

■ **3G** Sigla de *terceira geração* (de padrões e tecnologia) de telefonia móvel.

tres.ler [*Tre(s)*- + *ler*.] *v.int.* **1.** Ler às avessas. **2.** Perder o juízo, enlouquecer, por ler muito. [C.: 25]

tres.lou.ca.do [*Tresloucar*. ▣ 17A] *adj.* Louco, desvairado.

tres.lou.car [*Tre(s)*- + *louco* + *-ar²*. ▣ 1A] *vtd. e int.* Tornar ou ficar louco. [C.: 1A]

tres.ma.lhar [*Tre(s)*- + *malha* + *-ar²*. ▣ 1A] *v.int. e p.* Afastar-se do bando; debandar. [C.: 1]

tres.noi.tar [*Tre(s)*- + *noite* + *-ar²*. ▣ 1A] *v.int.* Passar a noite, ou a maior parte dela, em claro. [C.: 1]

tres.pas.sar *vtd. e p.* V. *traspassar*. [C.: 1]

tres.pas.se *sm.* V. *traspasse*.

tres.qui:or.ni.tí.de:o [Tax. *Threskiornithidae.*] *adj. sm. Zool.* Diz-se de, ou espécime dos tresquiornitídeos, família de aves ciconiiformes, gregárias, que se alimentam de peixes, reptis, insetos, etc. Ex.: íbis, guará.

tre.ta (ê) [Lat. *tracta.*] *sf.* **1.** Ardil, estratagema. **2.** Habilidade na luta ou na esgrima.

tre.tas (ê) *sfpl.* Palavreado para burlar.

tre.va [Lat. *tenebra.*] *sf.* **1.** Escuridão absoluta. **2.** V. *noite* (2). **3.** *Fig.* Ignorância, estupidez. [M. us. no pl.]

tre.vo (ê) [Lat. *trifoliu.*] *sm.* **1.** *Bot.* Nome comum a várias ervas cujas folhas têm 3 folíolos; trifólio. **2.** *Bras.* Entroncamento de vias elevadas e/ou rebaixadas que se entrelaçam.

tre.ze (ê) [Lat. *tredecim.*] *num.* **1.** Quantidade que é uma unidade maior que 12. **2.** Número (1) correspondente a essa quantidade. [Representa-se em algarismos arábicos por 13, e em romanos, por XIII.]

tre.zen.tos (ê) [Lat. *trecentos.*] *num.* **1.** Quantidade que é uma unidade maior que 299. **2.** Número (1) correspondente a essa quantidade. [Representa-se em algarismos arábicos por 300, e em romanos, por CCC.]

trí.a.de [Lat. *triade.*] *sf.* **1.** Conjunto de 3 pessoas ou de 3 coisas; trindade, trilogia. **2.** *Bot.* Conjunto de 3 órgãos.

tri.a.gem [Fr. *triage.*◘6] *sf.* Seleção, escolha. [Pl.: *-gens.*]

tri:an.gu.la.ção [*Triangular*². ◘2A] *sf.* **1.** Ato ou efeito de triangular². **2.** Levantamento topográfico ou geodésico em que se cobre a área levantada com uma série de triângulos. [Pl.: *-ções.*]

tri:an.gu.lar¹ [Lat. *triangulare.*◘40] *adj2g.* Que tem forma de triângulo, ou tem por base um triângulo.

tri:an.gu.lar² [*Triângulo.*◘1A] *vtd.* Dividir em triângulos. [C.: 1]

tri.ân.gu.lo [Lat. *triangulu.*] *sm.* **1.** *Geom.* Polígono de 3 lados. **2.** Qualquer objeto em forma de triângulo. **3.** *Fig.* Situação que envolve 3 pessoas ou 3 partes. **4.** *Mús.* Instrumento de percussão que é uma fina barra metálica de formato triangular, a qual é percutida com uma vareta, produzindo som agudo (sem afinação específica).

tri.ás.si.co [Gr. *triâs* + *-ico*². ◘35B] *adj. sm.* Diz-se de, ou o período mais antigo da era mesozoica.

tri.a.tlo [*Tr(i)-* + gr. *áthlon.*] *sm. Esport.* Conjunto de 3 provas de atletismo: natação, ciclismo e corrida de fundo. [Cf. *decatlo* e *pentatlo.*]

tri.bo [Lat. *tribu.*] *sf.* **1.** Cada uma das subdivisões de certos povos da Antiguidade (como os romanos e os hebreus). **2.** *Antrop.* Grupo social com relativa coesão territorial, linguística e cultural, sem autoridade central nem organização política fortes, e que pode incluir famílias ou subgrupos em estreita interação. § **tri.bal** *adj2g.*

tri.bu.la.ção [Lat. *tribulatione.*◘2A] *sf.* Contrariedade, aflição, tormento. [Pl.: *-ções.*]

tri.bu.na [Lat. *tribuna.*] *sf.* **1.** Lugar elevado de onde falam os oradores. **2.** Lugar reservado a pessoas importantes, nos palanques.

tri.bu.nal [Lat. *tribunal.*◘39] *sm.* **1.** Jurisdição dum magistrado, ou dum corpo de magistrados que julgam querelas judiciais. **2.** Entidade moral capaz de formar juízo e considerar-se juiz. [Pl.: *-nais.*]

tri.bu.ní.ci:o [Lat. *tribuniciu.*] *adj.* De, ou próprio de tribuno.

tri.bu.no [Lat. *tribunu.*] *sm.* Grande orador revolucionário ou de assembleias políticas.

tri.bu.tar [*Tributo.*◘1A] *vtd.* **1.** Impor tributos ou impostos a. **2.** Prestar ou dedicar a (alguém ou algo), como tributo. *tdi.* **3.** Pagar como tributo. **4.** Prestar, render. [C.: 1] § **tri.bu.ta.ção** *sf.*

tri.bu.tá.ri:o [Lat. *tributariu.*◘24] *adj.* **1.** Que paga tributo. ● *sm.* **2.** Afluente (3).

tri.bu.ta.ris.ta [*Tributário.*◘36] *s2g.* Especialista em direito tributário ou fiscal.

tri.bu.to [Lat. *tributu.*] *sm.* **1.** *Ant.* Pagamento que um Estado é forçado a fazer a outro. **2.** Prestação monetária compulsória devida ao poder público; imposto. **3.** Homenagem, preito.

tri.cam.pe.ão [*Tr(i)-* + *campeão.*] *adj. sm.* Diz-se do, ou o vencedor, pela terceira vez, consecutiva ou não, em provas ou competições. [Pl.: *-ões.* Fem.: *tricampeã.*]

tri.cam.pe:o.na.to [*Tr(i)-* + *campeonato.*] *sm.* Campeonato conquistado pela terceira vez.

tri.cen.te.ná.ri:o [*Tr(i)-* + *centenário.*] *adj.* **1.** Que tem trezentos anos. ● *sm.* **2.** Comemoração de fato ocorrido trezentos anos antes.

tri.cen.té.si.mo [*Tr(i)-* + *centésimo.*] *num.* V. *trecentésimo.*

tri.ce.ra.to.pe [Tax. *Triceratops.*] *sm. Paleont.* Dinossauro ornitísquio, com cerca de 9m de comprimento e que lembrava um rinoceronte; tinha 2 chifres sobre os olhos, um, menor, entre as narinas, e carapaça óssea no dorso, junto à cabeça. Viveu no cretáceo superior e fósseis foram encontrados na América do Norte.

tri.ci.clo [*Tr(i)-* + *ciclo.*] *sm.* Veículo leve, com selim e montado sobre 3 rodas (1 dianteira e 2 traseiras) e impulsionado a pedal, a manivela ou a motor.

tri.cô [Fr. *tricot.*] *sm.* Tecido executado à mão com 2 agulhas onde se armam as malhas, de modo que o fio, passando de uma agulha para outra, forma os pontos.

tri.co.ca *sf. Bot.* Fruto composto de 3 cocos [v. *coco* (ô)].

tri.co.lor (ô) [Lat. *tricolore.*◘19] *adj2g.* De 3 cores.

tri.co.tar [Fr. *tricoter*.▫1A] *v.int.* **1.** Fazer tricô. **2.** *Fig.* Fazer intrigas; mexericar. [C.: 1 (ó)]

tri.den.te [Lat. *tridente*.] *sm.* O cetro mitológico de Netuno, em forma de garfo gigantesco.

tri.di.men.si:o.nal [*Tri(i)-* + *dimensional*.] *adj2g.* Referente às 3 dimensões: comprimento, largura e altura. [Pl.: *-nais*.]

trí.du:o [Lat. *triduu*.] *sm.* **1.** Espaço de 3 dias consecutivos. **2.** Festa que dura 3 dias.

tri:e.nal [Lat. *trienne* + *-al*[1].▫39] *adj2g.* **1.** Que dura um triênio. **2.** *Bot.* Que frutifica de 3 em 3 anos. [Pl.: *-nais*.]

tri.ê.ni:o [Lat. *trienniu*.] *sm.* Espaço de 3 anos.

tri.fá.si.co [*Tri(i)-* + *fase* + *-ico*[2].▫35B] *adj. Eletr.* Que tem ou é composto por 3 fases.

tri.fó.li:o [Lat. *trifoliu*.▫34B] *sm. Bot.* Trevo (1). **2.** Ornato em forma de trevo (1).

tri.gal [*Trigo*.▫39] *sm.* Campo de trigo. [Pl.: *-gais*.]

tri.gê.me:o [Lat. *trigeminu*.] *adj. sm.* Diz-se de, ou cada um dos 3 indivíduos nascidos do mesmo parto.

tri.gé.si.mo (zi) [Lat. *trigesimu*.] *num.* **1.** Ordinal correspondente a 30. **2.** Fracionário correspondente a 30.

tri.glo.ta [*Tr(i)-* + *-glota*.] *adj2g.* **1.** Escrito ou composto em 3 línguas. **2.** Que conhece ou fala 3 línguas. ● *s2g.* **3.** Quem conhece ou fala 3 línguas. [Sin.ger.: *trílingue*.]

tri.go [Lat. *triticu*.] *sm.* **1.** *Bot.* Planta poácea, herbácea, cultivada em virtude dos frutos alimentícios, com os quais se fabrica o trigo (2). **2.** O grão dessa planta, us. no fabrico de farinha, e com que se fazem pães, etc.

tri.go.no.me.tri.a [*Trígono*, 'triangular', + *-metria*.] *sf.* Parte da matemática que estuda as funções circulares elementares e estabelece os métodos de resolução de triângulos. § tri.go.no.mé.tri.co *adj.*

tri.guei.ro [*Trigo*.▫25] *adj.* Da cor do trigo maduro; moreno.

tri.lar [*Trilo*.▫1A] *v.int.* **1.** Trinar. **2.** Emitir som de trilo ou trinado. [C.: 1]

tri.la.te.ral [*Tr(i)-* + *-later(i)-* + *-al*[1].▫39] *adj2g.* Que tem 3 lados; trilátero. [Pl.: *-rais*.]

tri.lá.te.ro [Lat. *trilateru*.] *adj.* Trilateral.

tri.lha [Dev. de *trilhar*.] *sf.* **1.** Pista, rasto. **2.** Senda, vereda, trilho. **3.** *Fig.* Exemplo, modelo.

tri.lhão ou **tri.li.ão** [*Tr(i)-* + *-ilhão* ou *-ilião*.] *num.* Mil bilhões; a 12ª potência de 10. [Pl.: *trilhões* ou *triliões*.]

tri.lhar [Lat. *tribulare*.▫1A] *vtd.* **1.** Debulhar (cereais) com o trilho[1] (1). **2.** Seguir (caminho, direção, ou norma ou regra moral). **3.** Marcar com pegadas ou com rastos. [C.: 1]

tri.lho[1] [Lat. *tribulu*.] *sm.* **1.** Utensílio de lavoura para debulhar cereais. **2.** Utensílio de bater o leite no fabrico de queijo.

tri.lho[2] [Dev. de *trilhar*.] *sm.* **1.** Trilha (2). **2.** Rumo, direção. **3.** Cada uma das 2 barras de aço paralelas que, assentadas sobre dormentes, suportam e guiam as rodas dos trens de ferro, dos bondes, etc; linha.

tri.lín.gue (güe) [Lat. *trilingue*.] *adj2g. s2g.* Triglota.

tri.lo [It. *trillo*.] *sm.* V. *trinado* (1).

tri.lo.bi.te [Tax. *Trilobita*.] *sm. Paleont.* Grupo extinto de artrópodes marinhos que viveram na era paleozoica.

tri.lo.gi.a [Gr. *trilogía*.▫8A] *sf.* V. *tríade* (1).

tri.men.sal [Lat. *trimense* + *-al*[1].▫39] *adj2g.* **1.** Trimestral. **2.** Que se realiza 3 vezes por mês. [Pl.: *-sais*.]

tri.mes.tral [*Trimestre*.▫39] *adj2g.* Que dura 3 meses, ou se realiza ou publica de 3 em 3 meses; trimensal. [Pl.: *-trais*.]

tri.mes.tre [Lat. *trimestre*.] *sm.* Período de 3 meses.

tri.na.do [*Trinar*.▫17A] *sm.* **1.** Ato de trinar; trino, trilo. **2.** *Mús.* Articulação rápida e alternada de 2 notas seguidas.

tri.nar [V.A] *v.int.* Soltar trinos ou trinados; gorjear. [C.: 1]

trin.ca [De *três*.] *sf.* Reunião de 3 coisas análogas.

trin.car [V.C] *vtd.* **1.** Cortar ou partir com os dentes, ou morder comprimindo com eles. **2.** Estalar, rachar. *int.* **3.** Trincar (2). [C.: 1A]

trin.chan.te [Fr. *tranchant*.] *sm.* Grande faca para trinchar.

trin.char [Fr.ant. *trencher*.▫1A] *vtd.* Cortar em pedaços (a carne que se serve à mesa). [C.: 1]

trin.chei.ra [Fr. *tranchée*.▫16] *sf.* Escavação no terreno, para que a terra escavada proteja os combatentes.

trin.co [Dev. de *trincar*.] *sm.* **1.** Pequena tranca com que se fecham portas, e que se levanta por meio de chave, cordão ou aldrava. **2.** Espécie de fechadura por onde se introduz a chave que levanta essa peça.

trin.da.de [Lat.ecl *trinitate*.▫14C] *sf.* **1.** Na doutrina cristã, o dogma da união de 3 pessoas distintas em um só Deus. [Com inicial maiúsc.] **2.** Divindade tríplice, nas religiões pagãs. **3.** Grupo de 3 pessoas ou 3 coisas análogas.

tri.ne.to [*Tr(i)-* + *neto*.] *sm.* Filho de bisneto ou de bisneta.

tri.no[1] [Dev. de *trinar*.] *sm.* V. *trinado* (1).

tri.no[2] [Lat. *trinu*.] *adj.* Composto de 3.

trin.que [Fr. *tringle*, poss.] *sm.* Elegância, esmero. ◆ **No(s) trinque(s)**. *Fam.* Vestido com muita elegância.

trin.ta [Lat. *triginta*.] *num.* **1.** Quantidade que é uma unidade maior que 29. **2.** Número (1) correspondente a essa quantidade. [Representa-se em algarismos arábicos por 30, e em romanos, por XXX.]

trin.tão [*Trinta*.▫28A] *adj. sm.* Que, ou aquele que está na casa dos 30 anos. [Pl.: *-tões*. Fem.: *trintona*.]

trio | troçar

tri.o [It. *trio*.] *sm.* 1. Composição musical para 3 vozes ou instrumentos. 2. Terno[1] (1).

tri.pa [Do ár.] *sf.* 1. Intestino de animal. 2. V. dobradinha.

tri.pa.nos.so.mí.a.se [Tax. *Trypanosoma* + -*íase*.] *sf. Med.* Qualquer infecção causada por protozoário do gênero *Trypanosoma*.

tri.par.tir [*Tr(i)*- + *partir*.] *vtd. e p.* Partir(-se) em 3 partes. [C.: 3]

tri.pé [*Tr(i)*- + *pé*.] *sm.* 1. Tripeça. 2. Suporte portátil sobre o qual se põe máquina fotográfica, o telescópio, ou outros aparelhos.

tri.pe.ça [B.-lat. *tripetia*.] *sf.* Banco de 3 pés; tripé.

tri.pli.car [Lat. *triplicare*.◼1A] *vtd., int. e p.* Tornar(-se) triplo. [C.: 1A]

tri.pli.ca.ta [Lat. *triplicata*.] *sf.* Terceira cópia.

tri.pli.ce [Lat. *triplice*.] *num.* Triplo (1).

tri.plo [Lat. *triplu*.] *num.* 1. Que é 3 vezes maior; tríplice. ● *sm.* 2. Quantidade 3 vezes maior que outra.

tri.pu.di.ar [Lat. *tripudiare*.◼1A] *v.int.* 1. Saltar ou dançar batendo com os pés. 2. Levar ou pretender levar vantagem sobre alguém humilhando-o, escarnecendo-o. *ti.* 3. Tripudiar (2). [C.: 1]

tri.pú.di.o [Lat. *tripudiu*.] *sm.* 1. Ato ou efeito de tripudiar. 2. *Fig.* Libertinagem, licenciosidade.

tri.pu.la.ção [*Tripular*.◼2A] *sf.* Pessoal que trabalha no serviço duma embarcação ou duma aeronave. [Pl.: -*ções*.]

tri.pu.lan.te [*Tripular*.◼21] *s2g.* Cada pessoa duma tripulação.

tri.pu.lar [Esp. *tripular*.◼1A] *vtd.* Prover de tripulação. [C.: 1]

tri.que.quí.de:o [Tax.*Thrichechidae*.] *adj. sm. Zool.* Diz-se de, ou espécime dos triquequídeos, família de grandes mamíferos aquáticos de águas costeiras (morsas) e rios (peixes-bois).

tri.qui.u.rí.de:o [Tax. *Trichiuridae*.] *adj. sm. Zool.* Diz-se de, ou espécime dos triquiurídeos, família de peixes perciformes, marinhos, de corpo fusiforme.

trir.re.me [Lat. *trireme*.] *sf.* Embarcação grega da Antiguidade, impelida por remos, armados em 3 pavimentos.

tri.sa.vó [*Tris*- + *avó*.] *sf.* Mãe do bisavô ou da bisavó.

tri.sa.vô [*Tris*- + *avô*.] *sm.* Pai do bisavô ou da bisavó.

tris.si.lá.bi.co [*Trissílabo*.◼35B] *adj.* Que tem 3 sílabas; trissílabo.

tris.sí.la.bo [Gr. *trisýllabos*.] *adj.* 1. Trissilábico. ● *sm.* 2. Vocábulo trissilábico.

tris.te [Lat. *triste*.] *adj2g.* 1. Que tem mágoa ou aflição. 2. Cheio de melancolia; infeliz. 3. Abatido, deprimido. 4. Que infunde tristeza. 5. Severo, grave. 6. Mesquinho (1). 7. Como palavra-ônibus traduz inúmeras ideias depreciativas, equivalendo a mau, maldizente, de mau gênio, preguiçoso, etc.

tris.te.za (ê) [*Triste*.◼12] *sf.* Sentimento de grande pesar, de infelicidade; falta de alegria.

tris.to.nho [*Triste* + -*onho*.] *adj.* Que experimenta, denota ou produz tristeza.

tri.ti.cul.tor (it...ô) [*Triti*- + *cultor*.] *sm.* O que cultiva o trigo.

tri.ti.cul.tu.ra (it) [*Triti*- + *cultura*.] *sf.* Cultura do trigo.

tri.ton.go [*Tr(i)*- + gr. *phthóngos*, 'som'] *sm. E.Ling.* União, em uma sílaba só, de 3 vogais, isto é, de uma vogal (a base), cercada de semivogais: *Paraguai, averiguei, quão*.

tri.tu.rar [Lat. *triturare*.◼1A] *vtd.* 1. Reduzir a fragmentos, ou a pó. 2. Converter em massa. 3. *Fig.* Afligir, magoar. [C.: 1] § **tri.tu.ra.ção** *sf.*; **tri.tu.ra.dor** (ô) *adj. sm.*

tri:un.fa.dor (ô) [Lat. *triumphatore*.◼19A] *adj.* 1. Triunfante (1). ● *sm.* 2. Aquele que triunfa.

tri:un.fal [Lat. *triumphale*.◼39] *adj2g.* Relativo a, ou em que há triunfo. [Pl.: -*fais*.]

tri:un.fan.te [Lat. *triumphante*.◼21] *adj2g.* 1. Que triunfa; triunfador. 2. Radiante de alegria.

tri:un.far [Lat. *triumphare*.◼1A] *v.int.* 1. Conseguir triunfo ou vitória. 2. Prevalecer (1). 3. Estar ou tornar-se exultante; exultar. *ti.* 4. Triunfar (1 e 2). [C.: 1]

tri.un.fo (i-un) [Lat. *triumphu*.] *sm.* 1. Na Roma antiga, entrada pomposa, solene, dos generais vitoriosos. 2. Vitória (1). 3. Êxito brilhante. 4. Grande alegria. 5. Pompa, esplendor.

tri.vi.al [Lat. *triviale*.◼39] *adj2g.* 1. Sabido de todos; notório, vulgar; terra a terra. ● *sm.* 2. Os pratos simples e quotidianos das refeições caseiras. [Pl.: -*ais*.] § **tri.vi:a.li.da.de** *sf.*

tri.vi:a.li.zar [*Trivial*.◼1D] *vtd. e p.* Tornar(-se) trivial. [C.: 1]

triz [V.D] *el. sm.* Us na loc. adv. *por um triz*. ◆ **Por um triz.** Us. para dizer que um fato (não raro expresso em forma negativa) quase não aconteceu.

tro.ar [Lat. *tonare*.◼1A] *v.int.* Trovejar (2). [C.: 1D]

tro.ca [Dev. de *trocar*.] *sf.* Ato ou efeito de trocar.

tro.ça [Dev. de *troçar*.] *sf.* 1. V. *zombaria*. 2. Gracejo, chiste. 3. Pândega, farra.

tro.ca.di.lho [*Trocado* + -*ilho*.] *sm.* Jogo de palavras parecidas no som e que dão margem a equívocos.

tro.ca.dor (ô) [*Trocar*.◼19A] *adj.* 1. Que troca. ● *sm.* 2. Aquele que troca. 3. *Bras.* Cobrador de passagens, em ônibus.

tro.car [V.E] *vtd.* 1. Dar (uma coisa) por outra. 2. Substituir (uma coisa por outra). 3. Mudar a roupa de. 4. Alterar, modificar. *tdi.* 5. Dar em troca. 6. Deixar. *ti.* 7. Trocar (2): *trocar de roupa*. 8. Permutar entre si. [C.: 1A (ó)] § **tro.ca.do** *adj. sm.*

tro.çar [V.C] *vti.* 1. Fazer troça; caçoar. *td.* 2. Dizer em tom de troça. [C.: 1B (ó)]

tro.cis.ta [*Troça*.◼36] *adj2g.* Que gosta de troçar.

tro.co (ô) [Dev. de *trocar*.] *sm.* 1. Ação de trocar; troca. 2. Moedas ou cédulas, de valor menor, equiv. a uma só, que representa quantia superior. 3. Dinheiro que o vendedor devolve ao comprador que pagou com quantia superior à devida. 4. *Fam.* Réplica, revide.

tro.ço (ó) [De *troço* (ô).] *sm. Bras. Gír.* 1. Coisa (quase) imprestável. 2. Coisa (5 e 6).

tro.ço (ô) [Provç. *tros*, 'pedaço', poss.] *sm.* 1. Pedaço de madeira. 2. Corpo de tropas. 3. Porção de gente; multidão.

tro.féu [Lat.vulg. *trophaeu*.] *sm.* 1. Despojos de inimigo vencido. 2. Objeto comemorativo duma vitória.

tró.fi.co [*Trof(o)-* + *-ico*². ◼35B] *adj.* Relativo à nutrição.

tro.fo.bio.se [*Trof(o)-* + *-biose*.] *sf. Ecol.* Simbiose em que há troca de alimento por proteção. § **tro.fo.bi.ó.ti.co** *adj.*

tro.glo.di.ta [Lat. *troglodyta*.] *adj2g.* 1. Que vive sob a terra ou em caverna. ● *s2g.* 2. Pessoa troglodita.

tro.glo.di.tí.de:o [Tax. *Troglodytidae*.] *adj. sm. Zool.* Diz-se de, ou espécime dos trogloditídeos, família de aves passeriformes canoras, insetívoras. Ex.: uirapuru, cambaxirra.

tro.le [Ingl. *trolley*.] *sm. Bras.* Pequeno carro descoberto que anda sobre trilhos [v. *trilho*² (3)] de ferrovias.

tro.lha (ó) [Lat. *trullia*.] *sf.* 1. Espécie de pá da qual o pedreiro retira a argamassa que vai usando. ● *sm.* 2. Servente de pedreiro. 3. *Fig.* Indivíduo desqualificado.

tró-ló-ló [V.A] *sm. Bras.* Música ligeira e fácil. [Pl.: *tró-ló-lós*.]

trom [V.A] *sm.* Som de canhão ou de trovão. [Pl.: *trons*.]

trom.ba [De *trompa*.] *sf.* 1. *Zool.* Prolongamento longo e flexível do focinho de alguns mamíferos, como o elefante e a anta, us. para olfação e preensão. 2. *Zool.* O sugadouro dos insetos dípteros. 3. *Pop.* Rosto, cara. 4. *Bras. Pop.* Cara amarrada.

trom.ba.da [*Tromba*.◼4] *sf.* 1. Pancada com tromba ou focinho. 2. *Fig.* Choque, colisão.

trom.ba-d'á.gua *sf. Met.* 1. Fenômeno meteorológico que ocorre no mar e consiste numa nuvem negra, donde vai saindo um prolongamento parecido com uma tromba de elefante, o qual, girando rápido em torno do seu eixo, desce até à superfície, onde produz forte remoinho e eleva a água, na forma de um cone com o vértice voltado para cima. 2. *Pop.* Chuva torrencial. [Pl.: *trombas-d'água*.]

trom.bar [*Tromba*.◼1A] *v.int. e ti. Bras.* Dar trombada (2); chocar-se, colidir. [C.: 1]

trom.be.ta (ê) [Port.arc. *tromba*, 'trompa', + *-eta* (ê).] *sf.* 1. Qualquer instrumento musical de sopro, com tubo mais ou menos longo e ger. afunilado; corneta. 2. Instrumento de sopro, de metal, espécie de corneta sem voltas.

trom.be.te.ar [*Trombeta*.◼1N] *vtd. Fig.* Espalhar, alardear. [C.: 12A]

trom.be.tei.ro [*Trombeta*.◼25] *sm.* Quem toca trombeta.

trom.bi.car [V.E] *v.int.* Burlar, lograr. [C.: 1A]

trom.bo [Gr. *thrómbos*.] *sm. Med.* Massa sanguínea coagulada em algum setor do sistema cardiovascular, e que nele causa obstrução parcial ou total.

trom.bo.ne [It. *trombone*.] *sm.* Instrumento de sopro, de metal, de tubo longo e cilíndrico.

trom.bo.se [Gr. *thrombósis*.] *sf. Med.* Coagulação do sangue processada, durante a vida, dentro do sistema cardiovascular. § **trom.bó.ti.co** *adj.*

trom.bu.do [*Tromba* + *-udo*.] *adj.* 1. Que tem tromba (1). 2. *Pop.* Carrancudo.

trom.pa [V.A] *sf.* 1. Instrumento de sopro, de metal: longo tubo cônico enrolado sobre si mesmo e terminando em pavilhão largo. 2. *Anat.* V. *tuba* (2). ◆ **Trompa de Eustáquio.** *Anat.* V. *tuba auditiva*. **Trompa de Falópio.** *Anat.* V. *tuba uterina*.

trom.pe.te [Fr. *trompette*.] *sm.* Instrumento de sopro, de metal, sem palheta, com bocal e tubo alongado e mais ou menos cilíndrico que termina em pavilhão cônico.

tron.cha *sf. Bot.* Couve-tronchuda.

tron.cho [Esp. *troncho*.] *adj.* 1. Privado de membro ou ramo; mutilado. 2. Curvado para um dos lados; torto. ● *sm.* 3. Talo grosso de couve.

tron.co [Lat. *truncu*.] *sm.* 1. *Bot.* O caule principal, lenhoso, de árvores e arbustos. 2. *Bot.* Ramo grosso de árvore. 3. *O* corpo humano, excetuados a cabeça, o pescoço e os braços e as pernas; torso. 4. Antigo instrumento de tortura: um cepo com buracos onde se metia o pé ou o pescoço da vítima. 5. Origem da família, povo, tribo, raça, etc. 6. *Geom.* Parte de sólido geométrico separada por um corte perpendicular ou oblíquo ao respectivo eixo.

tron.cu.do [*Tronco* + *-udo*.] *adj.* Que tem o tronco (3) desenvolvido, forte.

tro.no [Gr. *thrónos*.] *sm.* Assento elevado em que ficam os soberanos nas ocasiões solenes.

tro.pa [Fr. *troupe*.] *sf.* 1. Conjunto de muitas pessoas agrupadas; multidão. 2. *Mil.* Conjunto de soldados, ou os soldados de qualquer arma. 3. *Mil.Fam.* O exército. 4. *Bras.* Caravana de animais equídeos, esp. os de carga.

tro.pe.ção [*Tropeçar*.◼2] *sm.* Ato de tropeçar (1), perdendo o equilíbrio; topada. [Pl.: *-ções*.]

tro.pe.çar [Port.ant. *entrepeçar*, do lat.vulg. **interpediare*.◼1A] *vti.* 1. Dar com o pé (ou com a canela) involuntariamente; esbarrar. 2. *Fig.* Encontrar empecilho inesperado. 3. *Fig.* Hesitar, vacilar. *int.* 4. Dar tropeção, topada. [C.: 1B (é)]

tro.pe.ço (ê) [Dev. de *tropeçar*.] *sm.* 1. Coisa em que se tropeça. 2. *Fig.* Obstáculo, empecilho.

trô.pe.go [Port.arc. *tropigo*, do lat. *hydropicu*.] *adj.* 1. Que anda a custo. 2. Que não pode, ou mal pode, mover os membros.

tro.pei.ro [*Tropa*.⬜25] *sm. Bras.* Condutor de tropa (4).

tro.pel [Provç. *tropel*.] *sm.* 1. Ruído ou tumulto produzido por multidão a mover-se. 2. Patear estrepitoso de cavalos. [Pl.: *-péis*.]

tro.pe.li.a [*Tropel*.⬜8A] *sf.* 1. Tumulto produzido por multidão em tropel. 2. Efeito de tropel. 3. *Fig.* V. *travessura*.

tro.pi.cal [*Trópico*.⬜39] *adj2g.* 1. Relativo aos trópicos ou às regiões da zona tórrida. 2. Situado entre os trópicos. 3. Abrasador, ardente. ● *sm.* 4. Tecido leve, ger. de lã. [Pl.: *-cais*.]

tro.pi.car [Port.arc. *tropigo*.⬜1A] *v.int.* Tropeçar muitas vezes. [C.: 1A]

tró.pi.co [Lat. *tropicu*.⬜35B] *sm.* 1. *Astr.* Cada um dos 2 paralelos (*Trópico de Câncer* e *Trópico de Capricórnio*) que representam, mais ou menos, a trajetória aparente diurna da projeção do Sol sobre a superfície terrestre durante os solstícios. 2. Cada uma das regiões ou zonas limitadas por eles.

tro.pis.mo [*Trop*(o)- + -*ismo*.⬜11] *sm. Biol.* Reação de aproximação ou afastamento de um organismo em relação à fonte de estímulo.

tro.po [Gr. *trópos*.] *sm. E.Ling.* Emprego de palavra ou expressão em sentido figurado.

tro.pos.fe.ra [*Trop*(o)- + -*sfera*.] *sf. Geofís.* Camada atmosférica que vai da superfície até cerca de 12km de altitude.

tro.qui.lí.de:o [Tax.*Trochilidae*.] *adj. sm. Zool.* Diz-se de, ou espécime dos troquilídeos, família de aves pequeninas, de bico muito comprido e fino, e plumagem com cores brilhantes. São os beija-flores.

tro.tar [Fr. *trotter*.⬜1A] *v.int.* 1. Andar (o cavalo) a trote. 2. Cavalgar a trote. [Sin.ger.: *trotear*. C.: 1 (é)]

tro.te [Dev. de *trotar*.] *sm.* 1. Andadura natural das cavalgaduras, entre o passo ordinário e o galope, e que se caracteriza pelas batidas regularmente espaçadas das patas. 2. *Bras.* Zombaria de veteranos dos trotes escolares sujeitam os calouros. 3. *Bras.* Troça, indiscrição, etc., anônimas, ger. feitas por telefone.

tro.te.ar [*Trote*.⬜1N] *v.int.* V. *trotar*. [C.: 12A]

trou.xa ou **troi.xa** [Esp.ant. *troja, troxa*.] *sf.* 1. Fardo de roupa. ● *s2g.* 2. *Gír.* Pessoa tola, fácil de enganar.

tro.va [Dev. de *trovar*.] *sf.* 1. Composição lírica ligeira e mais ou menos popular. 2. Quadra de tom popular.

tro.va.dor (ô) [Provç. *trobador*. ⬜19A] *sm.* 1. Designação dos poetas líricos dos sécs. XII e XIII, do Sul da França, esp. da Provença. 2. Designação dos poetas líricos portugueses que, nos últimos séculos da Idade Média, seguiam o estilo dos poetas provençais. 3. Aquele que trova; poeta. 4. Poeta medieval; menestrel.

tro.va.do.res.co (ês) [*Trovador*.⬜33A] *adj.* 1. De, ou relativo ou pertencente a trovador. 2. Diz-se da poesia dos trovadores [v. *trovador* (2)], de Portugal e Galiza, nos sécs. XII a XIV.

tro.vão [Lat. *turbone*.] *sm. Met.* Estrondo causado por descarga de eletricidade atmosférica; trovoada. [Pl.: *-vões*.]

tro.var [Provç. *trobar*.⬜1A] *v.int.* Fazer ou cantar trovas. [C.: 1 (ó)]

tro.ve.jar [*Trov*(ão).⬜1E] *v.int.* 1. Estrondar ou ribombar o trovão. 2. Soar fortemente; troar. 3. Haver trovoada. [C.: 1 (ê)] § **tro.ve.jan.te** *adj2g.*

tro.vo.a.da [*Trovão* (*trovo*-).⬜4] *sf. Met.* 1. Tempestade com trovões. 2. Trovão.

tru:a.ni.ce [*Truão* (*truan*-).⬜13] *sf.* Ação ou dito de truão.

tru.ão [Fr. *truand*.] *sm.* 1. Bobo (1). 2. V. *bufo*². [Pl.: *-ões*.]

tru.ci.dar [Lat. *trucidare*.⬜1A] *vtd.* Matar com crueldade. [C.: 1]

tru.cu.len.to [Lat. *truculentu*.⬜27] *adj.* 1. Cruel, bárbaro. 2. *Bras.* Que se mete a valentão; brigão. § **tru.cu.lên.ci:a** *sf.*

tru.fa [Fr. *truffe*.] *sf. Bot.* Nome comum a vários fungos subterrâneos, comestíveis.

tru.ís.mo [Ingl. *truism*.⬜11] *sm.* Verdade trivial, tão evidente que não é necessário ser enunciada.

trum.bi.car-se [Por *trombicar-se*, de *tromba*.] *vp. Bras. Gír.* Dar-se mal. [C.: 1A]

trun.car [Lat. *truncare*.⬜1A] *vtd.* 1. Separar do tronco. 2. Cortar parte de; mutilar. [C.: 1A]

trun.fa [V.E] *sf.* 1. Tipo de turbante, ou penteado semelhante a ele. 2. Cabelo em desalinho; grenha, gaforinha.

trun.fo [De *triunfo*.] *sm.* 1. Naipe que prevalece aos outros, em certos jogos carteados. 2. *Fig.* Vantagem que propicia a vitória em luta, discussão, negócio, etc.

tru.que [Fr. *truc*.] *sm.* 1. Ardil, estratagema. 2. Modo hábil de fazer uma coisa.

trus.te [Ingl. *trust*.] *sm.* Acordo ou combinação entre empresas, ger. com o objetivo de restringir a concorrência e controlar os preços.

tru.ta [Lat. *tructa*.] *sf. Zool.* Peixe salmonídeo de água doce, fria, ger. de tamanho médio e facilmente adaptável a criatórios.

truz [V.A] *interj.* V. 1. Imita o som de queda ou de explosão. ● *sm.* 2. Batida, pancada. ◆ **De truz.** Excelente, notável.

tsé-tsé [V.A] *sf. Zool.* Nome comum a diversas moscas glossinídeas africanas. [Pl.: *tsé-tsés*.]

➔ **t-shirt** (ti-chârt) [Ingl.] *sm. Vest.* Camiseta de algodão de mangas curtas, em forma de T, ou sem mangas.

tsu.nâ.mi [Do jap.] *sm.* Onda marinha gigantesca, causada por maremoto, terremoto ou por erupção vulcânica, que provoca devastação em áreas costeiras.

tu [Lat. *tu*.] *pron. pess.* da 2ª pess. sing. Indica a pessoa com quem se fala.

tu:a.vi *sm. Etnogr.* Espécie de esteira feita com a nervura da folha de buriti, us. em lugar do tipiti pelos indígenas da região do alto Xingu.

tu.ba [Lat. *tuba*.] *sf.* **1.** Instrumento de sopro, de metal, com amplo tubo cônico recurvado sobre si mesmo, e de som grave e poderoso. [Sin. bras.: *bombardão*.] **2.** *Anat.* Nome genérico de órgão cilíndrico e oco. [Denom. ant.: *trompa*.]
♦ **Tuba auditiva.** *Anat.* Ducto que comunica o tímpano com a rinofaringe. [Denom. ant.: *trompa de Eustáquio*.] **Tuba uterina.** *Anat.* Cada um dos ductos que se estende de cada lado do útero ao ovário do mesmo lado. [Denom. ant.: *trompa de Falópio*.]

tu.ba.gem [*Tubo*.◧6] *sf.* **1.** Tubulação. **2.** Sistema de disposição ou funcionamento de certos tubos. **3.** *Med.* Introdução de tubo em cavidade natural, variando o tipo de tubo com relação à cavidade. [Pl.: *-gens*.]

tu.ba.rão [V.C] *sm.* **1.** *Zool.* Nome comum a todos os grandes peixes elasmobrânquios; têm o corpo fusiforme ou achatado, e são voracíssimos. **2.** *Bras. Fig.* Industrial ou comerciante ganancioso. [Pl.: *-rões*.]

tu.ba.rão-bran.co *sm. Zool.* Anequim. [Pl.: *tubarões-brancos*.]

tu.ber.cu.la.do [*Tubérculo*.◧17B] *adj.* Tuberculoso (2).

tu.bér.cu.lo [Lat. *tuberculu*.] *sm.* **1.** *Bot.* Excrescência arredondada de certas raízes, que constitui reserva nutritiva; algumas são comestíveis, como, p.ex., a batata-inglesa. **2.** *Bot.* Qualquer parte espessada, mais ou menos globular, duma planta, com tecidos de reserva. **3.** *Anat.* Pequena saliência em osso. **4.** *Med.* Pequena lesão arredondada; é característica na tuberculose.

tu.ber.cu.lo.se [Fr. *tuberculose*.] *sf. Med.* Infecção contagiosa que pode ocorrer no homem e em outros animais, com as mais variadas manifestações e localizações (pulmões, intestino, rins, sistema nervoso, etc.).

tu.ber.cu.lo.so (ô) [Fr. *tuberculeux*.◧37] *adj.* **1.** Relativo a turberculose, ou que dela sofre. **2.** Que tem tubérculos; tuberculado. ● *sm.* **3.** Indivíduo tuberculoso. [Pl.: *-losos* (ó).]

tu.be.ri.for.me [*Tuber(o)-* + *-iforme*.] *adj2g.* Que tem forma de tubérculo; tuberoso.

tu.be.ro.si.da.de [*Tuberoso*.◧14] *sf.* Saliência em forma de tubérculo.

tu.be.ro.so (ô) [Lat. *tuberosu*.◧37] *adj.* Que tem tubérculo, ou forma de tubérculo. [Pl.: *-rosos* (ó).]

tu.bo [Lat. *tubu*.] *sm.* **1.** Canal cilíndrico, por onde passam ou saem fluidos, líquidos, etc. **2.** Vaso cilíndrico de vidro. **3.** Onda do mar que, ao quebrar, toma forma semelhante à de um tubo, no interior do qual o surfista, por vezes, procura deslizar com a prancha. **4.** *Anat.* Qualquer ducto do organismo animal.
♦ **Tubo de ensaio.** Proveta (1). **Tubo digestivo.** *Anat.* V. *tubo digestório*. **Tubo digestório.** *Anat.* Conjunto de órgãos ocos que se estendem da boca ao ânus e por onde transitam os alimentos. [Denom. ant.: *tubo digestivo*.] **Tubo Eletrôn.** *Eletrôn.* V. *válvula* (5).

tu.bu.la.ção [*Tubular* (de *tubul(i)-*).◧2A] *sf.* Coleção de tubos; tubagem. [Pl.: *-ções*.]

tu.bu.lar [*Tubul(i)-* + *-ar*¹.◧40] *adj2g.* Que tem forma de tubo.

tu.ca.no¹ [Do tupi.] *sm. Zool.* Nome comum a diversas aves ranfastídeas.

tu.ca.no² *s2g. Bras.* **1.** *Etnôn.* Indivíduo dos tucanos, povo indígena que habita no AM e na Colômbia. ● *sm.* **2.** *E.Ling.* Família linguística à qual pertencem línguas faladas por vários povos indígenas da região do alto rio Negro, no Brasil, e na Colômbia. ● *adj2g.* **3.** Pertencente ou relativo a tucano (1 e 2).

tu.cum [Do tupi.] *sm. Bras.* **1.** *Bot.* Arecácea de folhas fibrosas e nozes cujas sementes fornecem óleo alimentício. **2.** Sua fibra. [Pl.: *-cuns*.]

tu.cu.mã [Do tupi.] *sm. Bras. Bot.* **1.** Arecácea de até 15m de altura, de folhas fibrosas e frutos comestíveis. **2.** O seu fruto.

tu.cu.na.ré [Do tupi.] *sm. Bras. Zool.* Peixe perciforme, ciclídeo, originário da Amaz.; muito procurado para pesca esportiva, chega a atingir 60cm.

tu.cu.pi [Do tupi.] *sm. Bras. Amaz.Cul.* Tempero e molho do suco da mandioca ralada, com pimenta.

tu.do [Lat. *totu*.] *pron. indef.* **1.** A totalidade das coisas e/ou animais e/ou pessoas. **2.** Todas as coisas. **3.** Coisa essencial, fundamento.

tu.do-na.da *sm2n.* Pequeníssima porção.

tu.fão [Do ár.] *sm.* **1.** *Met.* Ciclone que se forma nas regiões oeste e norte do Pacífico, e no sul do mar da China (Ásia). **2.** Vento fortíssimo e tempestuoso. [Pl.: *-fões*.]

tu.far [*Tufo*.◧1A] *vtd. e int.* **1.** Fazer que tome, ou tomar, a forma de tufo. **2.** Aumentar o volume de, ou aumentar de volume. [C.: 1]

tu.fo [Fr. *touffe*.] *sm.* **1.** Porção de plantas, ou de flores, ou de penas, ou de pelos, juntos. **2.** Pequeno monte (2). **3.** Saliência formada pelo tecido, num vestuário.

tu.gir [V.E] *v.int.* Falar baixinho; murmurar. [C.: 8]

tu.gú.ri:o [Lat. *tuguriu*.] *sm.* **1.** V. *cabana* (1). **2.** Abrigo, refúgio.

tu.im [Do tupi.] *sm. Bras. Zool.* Ave psitacídea pequenina, com cerca de 26g, que vive em bandos. [Pl.: *-ins.*]

tui.tar [Ingl. *Twitt(er)* (m.reg.) + *-ar²*. ▣1A] *v.int.* 1. Postar algo no *Twitter* (tipo de microblogue). 2. Acompanhar o que é postado no *Twitter* de outra pessoa. [C.: 1F.]

tui.ui.ú [Do caraíba.] *sm. Bras. Zool.* Jaburu.

tu.le [Top. *Tule* (França).] *sm.* Filó, esp. de seda.

tu.lha *sf.* 1. V. *celeiro.* 2. Montão de cereais.

tú.li:o [Lat.cient. *thulium*. ▣34B] *sm. Quím.* V. *lantanídeos* [símb.: *Tm*].

tu.li.pa [Fr. *tulipe*.] *sf.* 1. *Bot.* Erva liliácea, ornamental. 2. Sua flor. 3. *Bras.* Copo alto e estreito, us. ger. para chope ou cerveja.

tum.ba [Lat. *tumba.*] *sf.* 1. Pedra sepulcral. 2. V. *sepultura.*

tu.me.fa.ção [Lat. **tumefactione*. ▣2] *sf.* Ato ou efeito de tumefazer(-se). [Pl.: *-ções.*]

tu.me.fac.to ou **tu.me.fa.to** [Lat. *tumefactu*.] *adj.* Inchado, intumescido, túmido.

tu.me.fa.zer [Lat. *tumefacere*. ▣1B] *vtd., int. e p.* Tornar(-se) túmido; intumescer(-se), inchar. [C.: 18]

tú.mi.do [Lat. *tumidu*.] *adj.* 1. V. *tumefacto.* 2. Saliente (2). 3. *Fig.* Vaidoso, arrogante.

tu.mor (ô) [Lat. *tumore*.] *sm. Med.* 1. Qualquer aumento de volume desenvolvido numa parte qualquer do corpo. 2. Massa formada pela multiplicação das células dum tecido, sem a estrutura dos processos inflamatórios ou parasitários conhecidos.

tú.mu.lo [Lat. *tumulu*.] *sm.* 1. Monumento fúnebre erguido em memória de alguém no lugar onde se acha sepultado. 2. V. *sepultura.* § **tu.mu.lar** *adj2g.*

tu.mul.to [Lat. *tumultu*.] *sm.* 1. Grande movimento; bulício. 2. V. *confusão* (7). 3. Briga, rixa.

tu.mul.tu.ar [Lat. *tumultuare*. ▣1A] *vtd.* 1. Incitar à desordem, ao tumulto. 2. Desarrumar, desarranjar. 3. Criar tumulto em. *int.* 4. Fazer grande desordem, ou barulho. [C.: 1] § **tu.mul.tu.a.do** *adj.*

tu.mul.tu.á.ri:o [Lat. *tumultuariu*. ▣24] *adj.* 1. Desordenado; confuso. 2. Barulhento, ruidoso. [Sin.ger.: *tumultuoso.*]

tu.mul.tu.o.so (ô) [Lat. *tumultuosu*. ▣37] *adj.* 1. Em que há tumulto; tumultuado. 2. V. *tumultuário.* [Pl.: *-osos* (ó).]

tu.nar [Ingl. *tun(ing)* + *-ar²*. ▣1A] *vtd.* Modificar a mecânica e a estética de um (veículo) e equipá-lo com acessórios, para torná-lo exclusivo. [C.: 1] § **tu.na.do** *adj.*; **tu.na.gem** *sf.*

tun.da *sf.* Surra, sova.

tú.nel [Ingl. *tunnel*.] *sm.* Caminho ou passagem subterrânea. [Pl.: *túneis.*]

tungs.tê.ni:o *sm. Quím.* Elemento de número atômico 74, metálico, branco, duro, quebradiço, us. em filamentos de lâmpadas incandescentes [símb.: *W*].

tun.gue [Ingl. *tungus*, do rus.] *s2g.* 1. Indivíduo dos tungues, povo mongol, que se espalhou pela Sibéria ocidental. ● *sm.* 2. *E.Ling.* Língua altaica desse povo. ● *adj2g.* 3. Desse povo ou dessa língua.

tú.ni.ca [Lat. *tunica*.] *sf.* 1. Vestuário longo e ajustado ao corpo. 2. Casaco reto e justo, típico de certos uniformes. 3. *Anat.* Membrana ou camada que participa da composição de parede de órgão.

tu.pã [Do tupi.] *sm. Bras.* Designação tupi do trovão, us. pelos missionários jesuítas para designar Deus (neste caso, com inicial maiúsc.).

tu.pi [Do tupi.] *s2g. Bras.* 1. *Etnôn.* Indivíduo dos tupis, povo indígena que habitava o N. e o C.O. do Brasil. 2. *Etnôn.* Denom. comum aos povos indígenas do litoral brasileiro cujas línguas pertenciam à mesma família ou ao mesmo tronco que a dos tupis. ● *sm.* 3. *E.Ling.* Língua da família tupi-guarani, falada até o séc. XIX pelos povos indígenas do litoral, e ainda hoje na região amazônica. 4. *E.Ling.* Tronco linguístico que compreende línguas indígenas do Brasil, do Paraguai, da Argentina, da Bolívia, do Peru, da Colômbia, da Venezuela e da Guiana Francesa. ● *adj2g.* 5. Pertencente ou relativo a tupi (1 a 4).

tu.pi-gua.ra.ni *adj2g. sm. E.Ling.* Diz-se de, ou família linguística do tronco tupi, constituída por numerosas línguas faladas por povos indígenas do Brasil (regiões N., C.O., S.E. e S.), da Argentina, do Paraguai e da Bolívia. [Pl.: *tupis-guaranis.*]

tu.pi.nam.bá [Do tupi.] *s2g. Bras.* 1. *Etnôn.* Indivíduo dos tupinambás, povo indígena extinto, da família linguística tupi-guarani, que habitava a costa brasileira, do PA ao RJ. ● *adj2g.* 2. Pertencente ou relativo ao tupinambá (1).

tu.pi.ni.quim *s2g. Bras.* 1. *Etnôn.* Indivíduo dos tupiniquins, povo indígena da família linguística tupi-guarani, que habita o ES. ● *adj2g.* 2. Pertencente ou relativo a esse povo. 3. *Joc.* Próprio do Brasil; brasileiro. [Pl.: *-quins.*]

tur.ba [Lat. *turba*.] *sf.* 1. Multidão em desordem. 2. Muitas pessoas reunidas; multidão. [Sin. ger.: *turbamulta.*]

tur.ba.mul.ta [Lat. *turba multa*.] *sf.* V. *turba.*

tur.ban.te [It. *turbante*, de or. persa.] *sm.* Cobertura da cabeça us. por certos povos: longa faixa de tecido enrolada em torno dela.

tur.bi.lhão [Fr. *tourbillon*] *sm.* 1. Remoinho de vento. 2. Movimento forte e giratório de água; sorvedouro, voragem. 3. O que excita ou impele violentamente. [Pl.: *-lhões.*]

tur.bi.lho.nar [*Turbilhão* (*turbilho-*). ▣1A] *v.int.* Voltear como um turbilhão. [C.: 1]

tur.bi.na [Fr. *turbine*.] *sf.* Máquina que transforma em trabalho mecânico a energia de um fluido em movimento.

tur.bu.lên.ci:a [Lat. *turbulentia*.▣8A] *sf.* **1.** Qualidade, estado ou ato de turbulento. **2.** Agitação, desordem. **3.** *Aer.* Agitação do ar atmosférico, que perturba a sustentação de uma aeronave.

tur.bu.len.to [Lat. *turbulentu*.▣27] *adj.* **1.** Que está disposto à desordem ou nela se compraz. **2.** Irrequieto, agitado.

tur.co [Fr. *turc*, poss.] *adj.* **1.** Da Turquia (Ásia e Europa); otomano. ● *sm.* **2.** O natural ou habitante da Turquia; otomano. **3.** *E.Ling.* A língua turca. **4.** *Bras. Pop.* Designação dada a judeus e a árabes em geral.

tur.dí.de:o [Tax. *Turdidae*.] *adj. sm. Zool.* Diz-se de, ou espécime dos turdídeos, família de aves passeriformes, onívoras, ger. canoras. Ex.: rouxinol.

tur.fa [Al. *Torf*.] *sf. Ecol.* Matéria esponjosa, escura, constituída de restos vegetais em decomposição, e que se forma em lugares pantanosos, onde é escasso o oxigênio.

tur.fe [Ingl. *turf*.] *sm.* **1.** Hipódromo, prado. **2.** Hipismo.

tur.fis.ta [*Turfe*.▣36] *s2g. Bras.* Aficionado do turfe.

túr.gi.do [Lat. *turgido*.] *adj.* **1.** Dilatado, por conter grande porção de humores. **2.** Túmido, inchado. § **tur.gi.dez** (ê) *sf.*

tu.rí.bu.lo [Lat. *turibulo*.] *sm.* Vaso onde se queima incenso nos templos.

tu.ris.mo [Ingl. *tourism*.▣11] *sm.* Viagem ou excursão feita por prazer, a locais que despertam interesse.

tu.ris.mó.lo.go [*Turismo* + *-logo*.] *sm.* Profissional especializado em turismo.

tu.ris.ta [Ingl. *tourist*.▣36] *s2g.* Pessoa que faz turismo.

tu.rís.ti.co [*Turista*.▣35B] *adj.* Destinado a turismo ou turistas, ou relativo a eles.

tur.ma [Lat. *turma*.] *sf.* **1.** Grupo, bando. **2.** Grupo de indivíduos reunidos em torno dum interesse comum. **3.** Turno (1), esp. de estudantes ou trabalhadores. **4.** *Bras.* Grupinho de amigos; galera.

tur.ma.li.na [Fr. *tourmaline*.] *sf. Min.* Pedra semipreciosa que pode apresentar diversas colorações: verde, azul, negra.

tur.no [Esp. *turno*.] *sm.* **1.** Cada um dos grupos de pessoas que se alternam em certos atos ou serviços; turma. **2.** Cada uma das divisões do horário de trabalho. **3.** Cada etapa de disputa de campeonato esportivo. **4.** *Polít.* Cada uma das 2 votações em que se divide, em certos casos, o pleito (3) a um cargo executivo.

tur.que.sa (ê) [Fr. *turquoise*.] *sf.* **1.** *Min.* Mineral azulado ou esverdeado, pedra preciosa. ● *sm.* **2.** A cor da turquesa. ● *adj2g2n.* **3.** Dessa cor.

tur.ra [V.A] *sf.* **1.** Pancada forte com a testa. **2.** Teima, birra. **3.** Disputa, discussão.

tur.rão [*Turra*.▣28B] *adj. Pop.* Que é dado a turrar (3 e 4). [Sin.: -rões. Fem.: *turrona*.]

tur.rar [*Turra*.▣1A] *v.int.* **1.** Bater com a testa. **2.** Marrar. **3.** *Fig.* Teimar (2). *ti.* **4.** *Fig.* Discutir. [C.: 1. Cf. *torrar*.]

tu.ru.na [Do tupi.] *adj2g. s2g. Bras. Pop.* V. *valentão*.

tur.var ou **tur.bar** [Lat. *turbare*.▣1A] *vtd. e p.* **1.** Tornar(-se) turvo ou opaco. **2.** Alterar(-se), transtornar(-se). [C.: 1] § **tur.va.ção** ou **tur.ba.ção** *sf.*

tur.vo [Lat. *turbidu*.] *adj.* **1.** Opaco; embaciado. **2.** *Fig.* Agitado; confuso. **3.** *Fig.* Transtornado, alterado.

tus.sor (ó) [Fr. *tussor*.] *sm.* Tecido fino de seda.

tu.ta.no [Esp.ant. dial. *tútano*.] *sm.* Substância mole e gordurosa, do interior dos ossos; medula óssea.

tu.te.ar [De *tu*.] *vtd.* **1.** Tratar (alguém) por *tu. p.* **2.** Tratar-se mutuamente por *tu.* [C.: 12A]

tu.te.la [Lat. *tutela*.] *sf.* **1.** Encargo ou autoridade conferida a alguém para administrar os bens e dirigir a pessoa de um menor que está fora do pátrio poder, e para representá-lo ou assisti-lo nos atos da vida civil. **2.** Proteção, amparo.

tu.te.lar[1] [*Tutela*.▣40] *adj2g.* **1.** Relativo a tutela. **2.** Protetor.

tu.te.lar[2] [*Tutela*.▣1A] *vtd.* **1.** Exercer tutela sobre. **2.** Proteger, amparar. [C.: 1 (é)]

tu.tor (ô) [Lat. *tutore*.▣19] *sm.* **1.** Indivíduo legalmente encarregado de tutelar alguém. **2.** Protetor.

tu.to.ri.a [*Tutor*.▣8A] *sf.* Cargo ou autoridade de tutor.

tu.to.ri.al [*Tutor*.▣39C] *adj2g. sm.* Diz-se de, ou conjunto de instruções que ensinam como fazer, como proceder, etc. [Pl.: *-ais*.]

tu.tu[1] [Do quimb.] *sm. Bras. Folcl.* V. *papão*.

tu.tu[2] [Do quimb.] *sm. Bras. Cul.* Iguaria de feijão preto cozido com charque, carne de porco salgada, toicinho, etc., misturados com farinha de mandioca.

tu.tu[3] [Or.onom., poss.] *sm. Bras. Gír.* V. *dinheiro* (4).

tu.xa:u.a [Do tupi.] *sm. Bras.* **1.** V. *morubixaba.* **2.** *Pej.* Chefe político.

■ **TV** Abrev. de *televisão*.

→ **tweet** (tuíti) [Ingl.] *sm. Inform.* Mensagem (*post*) de no máximo 140 caracteres que se posta no *Twitter* (rede social).

→ **twitter** (tuíter) [Ingl. M.reg.] *sm. Inform.* Rede social gratuita, em que usuários enviam e recebem mensagens instantâneas de até 140 caracteres. [Com cap.]

tzar *sm.* V. *czar.* [Fem.: *tzarina*.]

tza.ris.mo *sm.* V. *czarismo.*

tza.ris.ta *adj2g. s2g.* V. *czarista.*

u *sm.* **1.** A 21ª letra do nosso alfabeto. **2.** Figura ou representação dessa letra. **3.** A forma da letra *u*, ou aquilo que tem formato semelhante a ela. ● *num.* **4.** Vigésimo (1), numa série. **5.** Vigésimo primeiro, numa série em que a letra *k* corresponde ao 11º elemento. [Pl. do sm., com duplo u: uu.]

■ **U** *Quím.* Símb. de urânio.

u:a.ca.ri [Do tupi.] *sm. Bras. Zool.* Cacajau.

u:ai *interj. Bras.* Exprime surpresa, espanto ou terror.

u:au *interj. Bras.* Exprime surpresa ou alegria.

u.bá [Do tupi.] *sf. Bras. Amaz.* Embarcação indígena feita com um só lenho.

u.ber.da.de [Lat. *ubertate*. ▫14] *sf.* Qualidade de úbere²; abundância, fartura.

ú.be.re¹ [Lat. *ubere*, 'mama'.] *sm.* Mama de vaca ou de outra fêmea de animal; teta.

ú.be.re² [Lat. *ubere*, 'pleno'.] *adj2g.* **1.** Capaz de produzir; produtivo, fértil. **2.** Farto, abundante.

u.bí.quo [Do adv. lat. *ubique*, 'em toda parte', com desin. de adj.] *adj.* Que está ao mesmo tempo em toda parte. § **u.bi.qui.da.de** (qüi) *sf.*

u.ca *sf. Bras. Gír.* Cachaça.

u.çá [Do tupi.] *sm. Bras. Zool.* Crustáceo gecarcinídeo dos mangues.

u.cha.ri.a [*Ucha*, 'caixa para pão'. ▫15] *sf.* **1.** Despensa, especialmente para carnes, nas casas reais. **2.** Depósito de mantimentos.

■ **UCP** Sigla de *unidade central de processamento*.

■ **UE** Sigla de União Europeia.

u:ê ou **u:é** *interj. Bras.* Exprime espanto, admiração, surpresa.

u:fa *interj. Bras.* Exprime alívio ou cansaço.

u.fa.nar [*Ufano*. ▫1A] *vtd. e p.* **1.** Tornar(-se) ufano ou vaidoso. **2.** Regozijar(-se). [C.: 1]

u.fa.ni.a [*Ufano*. ▫8A] *sf.* **1.** Qualidade de ufano. **2.** Vaidade descabida.

u.fa.nis.mo [*Ufanar*. ▫11] *sm. Bras.* Patriotismo desmedido, exagerado. § **u.fa.nis.ta** *adj2g.s2g.*

u.fa.no [Esp. *ufano*.] *adj.* **1.** Que se orgulha de algo. **2.** Satisfeito consigo mesmo; vaidoso.

u.fo [Sigla do ingl. *unidentified flying object*, 'objeto voador não identificado'.] *sm.* Ovni.

u.fo.lo.gi.a [*Ufo* + *-logia*.] *sf.* Estudo acerca dos ufos. § **u.fo.lo.gis.ta** *s2g.*

ui *interj.* Exprime dor, surpresa, repulsa.

ui.a.ra [Do tupi.] *sf. Bras. Folcl.* V. *mãe-d'água.*

ui.ra.pu.ru [Do tupi.] *sm. Bras. Zool.* Nome comum a pássaros piprídeos, trogloditídeos, etc., de canto melodioso.

u:ís.que [Ingl. *whisky* ou *whiskey*.] *sm.* Aguardente feita de grãos fermentados de centeio, milho ou cevada.

ui.var [*Uivo*. ▫1A] *v.int.* **1.** Dar uivos; ulular. **2.** Gritar, berrar. **3.** Vociferar, esbravejar. [C.: 1]

ui.vo [V.A] *sm.* **1.** Voz lamentosa do cão, do lobo e de outros animais. **2.** Ato de vociferar.

úl.ce.ra [Lat. *ulcera*.] *sf. Med.* Solução de continuidade, aguda ou crônica, duma superfície do derma ou da mucosa, e que é acompanhada de processo inflamatório.

ul.ce.ra.ção [*Ulcerar*. ▫2A] *sf. Med.* Ato ou efeito de ulcerar. [Pl.: -ções.]

ul.ce.rar [*Úlcera*. ▫1A] *vtd.* **1.** Produzir úlcera em. *int. e p.* **2.** Cobrir-se de úlceras. [C.: 1 (é)]

ul.ce.ro.so (ô) [*Úlcera*. ▫37] *adj.* **1.** Da natureza da úlcera, ou que a tem. ● *sm.* **2.** Quem tem úlcera(s). [Pl.: -rosos (ó).]

ul.na [Lat. *ulna*.] *sf. Anat.* Osso longo da parte interna do antebraço. [Denom. ant.: *cúbito*.] § **ul.nal** *adj2g.*

ul.te.ri.or (ó) [Lat. *ulteriore*.] *adj2g.* **1.** Situado além. [Antôn.: *citerior*.] **2.** Posterior (1).

ul.ti.mar [Lat. *ultimare*.⚫1A] *vtd.* **1.** Pôr fim ao termo a; concluir. **2.** Realizar definitivamente (um negócio). *p.* **3.** Completar-se. [C.: 1] § **ul.ti.ma.ção** *sf.*

úl.ti.mas *sfpl.* **1.** O ponto extremo. **2.** A extrema miséria; penúria. **3.** Lance decisivo. ◆ **Nas últimas.** Prestes a morrer.

ul.ti.ma.to [Lat.med. *ultimatu*.] *sm.* Últimas exigências de um Estado a outro, e cuja não aceitação implica declaração de guerra.

ul.ti.má.tum *sm.* V. *ultimato*.

úl.ti.mo [Lat. *ultimu*.] *adj.* **1.** Que está ou vem no final. **2.** Que é o mais recente. ● *sm.* **3.** Aquele ou aquilo que está ou vem depois de todos.

ul.tra [Lat. *ultra*.] *s2g.* Partidário de ideias extremamente avançadas, ou do radicalismo.

ul.tra.cor.re.ção [*Ultra-* + *correção*.] *sf.* E.Ling. Preocupação de falar bem que redunda em erro. [Pl.: -*ções*.]

ul.tra.jar [*Ultraje*.⚫1A] *vtd.* **1.** Ofender a dignidade de; injuriar. **2.** Ofender os preceitos de. [C.: 1] § **ul.tra.jan.te** *adj2g.*

ul.tra.je [Fr. *outrage*, ant. *oltrage*.] *sm.* **1.** Ato ou efeito de ultrajar. **2.** Insulto ou afronta grave.

ul.tra.le.ve [*Ultra-* + *leve*.] *adj2g.* **1.** Leve ao extremo. ● *sm.* **2.** Avião de peso ínfimo, dotado apenas dos requisitos indispensáveis para alçar voo.

ul.tra.mar [*Ultra-* + *mar*.] *sm.* **1.** Região ou regiões situadas além do mar. **2.** Tinta azul forte.

ul.tra.ma.ri.no [*Ultra-* + *marino*.] *adj.* **1.** Situado no ultramar; transoceânico. **2.** Relativo ao, ou próprio do ultramar.

ul.tra.pas.sa.do [*Ultra-* + *passado*.] *adj.* Antiquado (2).

ul.tra.pas.sar [*Ultra-* + *passar*.] *vtd.* **1.** Passar além de; transpor. **2.** Passar à frente de. **3.** Ir além do esperado; superar, exceder: *O resultado ultrapassou as expectativas.* **4.** Ir além do conveniente, adequado, ou justo; exceder. [C.: 1] § **ul.tra.pas.sa.gem** *sf.*; **ul.tra.pas.sá.vel** *adj2g.*

ul.trar.ro.mân.ti.co [*Ultra-* + *romântico*.] *adj.* Extremamente romântico.

ul.tras.sen.sí.vel [*Ultra-* + *sensível*.] *adj2g.* Sensível ao extremo. [Pl.: -*veis*.]

ul.tras.som [*Ultra-* + *som*.] *sm.* Fís. Supersom. [Pl.: -*sons*.]

ul.tras.so.no.gra.fi.a [*Ultra-* + *sonografia*.] *sf.* Med. Exame em que se obtém a imagem de órgãos e tecidos internos do corpo, emitindo-se ondas sonoras de alta frequência.

ul.tra.vi:o.le.ta (ê) [*Ultra-* + *violeta*.] *adj2g2n. adj.* Relativo a ou radiação eletromagnética que tem frequência superior à da luz violeta e, por isso, não é visível.

u.lu.lan.te [Lat. *ululante*.⚫21] *adj2g. Fig.* Clamoroso (2).

u.lu.lar [Lat. *ululare*.⚫1A] *v.int.* Uivar (1). [C.: 1] § **u.lu.la.ção** *sf.*

u.lu.lo [Dev. de *ulular*.] *sm.* Ato ou efeito de ulular; ululação.

u.lu.ri *sm. Bras. Etnogr.* Espécie de tanga feminina triangular, feita de entrecasca, us. entre os povos indígenas brasileiros da região do alto Xingu.

um [Lat. *unu*.] *num.* **1.** A quantidade daquilo que é inteiro e completo, sem mais nada que o acompanhe, ou que lhe seja acrescentado. **2.** *Mat.* Número (1) correspondente a essa quantidade, e que é a unidade do sistema de contagem e numeração. **3.** Que está marcado ou identificado com o número 1. [Nesta acepç., é us. como aposto (sem flexão), em seguida ao substantivo: *capítulo um, página um, rua um, casa um.*] ● *art. indef.* **4.** Designa pessoa, animal ou coisa de modo impreciso, vago. **5.** Algum; qualquer. **6.** Certo, determinado. ● *adj.* **7.** Singular, único. ● *pron.indef.* **8.** Uma pessoa; alguém. [Fem.: *uma*.] ● *sm.* **9.** Representação do número um, em algarismos.

u.ma Fem. de *um*.

→ **umami** (umâmi) [Jap.] *adj.* **1.** Que tem sabor como o da carne e de certos alimentos, como cogumelos e queijos maturados, e temperos, como o molho de soja. ● *sm.* **2.** Um dos sabores básicos do paladar, encontrado em certas comidas como carnes, cogumelos e queijos e que se origina, mais especificamente, de certos nucleotídeos e aminoácidos proteicos, como os ácidos aspártico e glutâmico; além de seu gosto próprio, o *umami* é capaz de intensificar a sensação dos outros sabores.

um.ban.da [Do quimb.] *sf. Bras.* Religião originada na assimilação de elementos cultuais afro-brasileiros com o espiritismo.

um.ba.ú.ba [Do tupi.] *sf. Bras. Bot.* Árvore morácea de tronco indiviso; imbaúba.

um.be.la ou **um.bre.la** [Lat. *umbella*.⚫7] *sf.* **1.** *Rel.* Pálio redondo para cobrir o sacerdote que transporta a Eucaristia. **2.** Qualquer objeto em forma de umbela (1).

um.bi.ga.da [*Umbigo*.⚫4] *sf.* Pancada com o umbigo ou a barriga.

um.bi.go [Lat. *umbilicu*.] *sm. Anat.* Cicatriz no meio do ventre, produzida pelo corte do cordão umbilical.

um.bi.li.cal [Lat. *umbilicus*, 'umbigo'.⚫39] *adj2g.* Do umbigo, ou relativo a ele. [Pl.: -*cais*.]

um.bral [Esp. *umbral*, 'soleira da porta'.⚫39] *sm.* **1.** Cada uma das peças verticais das portas e janelas que sustentam as vergas; ombreira. **2.** Limiar, entrada. [Pl.: -*brais*.]

um.brí.fe.ro [Lat. *umbriferu*.] *adj.* V. *umbroso* (1).

um.bro.so (ô) [Lat. *umbrosu*.⚫37] *adj.* **1.** Que tem ou produz sombra; umbrífero, sombrio. **2.** Copado; frondoso. [Pl.: -*brosos* (ó).]

um.bu [Do tupi.] *sm. Bras.* Imbu.

um.bu.zei.ro [*Umbu*.⚫25B] *sm. Bras. Bot.* Imbuzeiro.

u.mec.tar [Lat. *humectare*.⚫1A] *vtd.* Umedecer com substância que se dilui. [C.: 1 (é)] § **u.mec.tan.te** *adj2g.*

umedecer | unilinear

u.me.de.cer [Arc. *umedo*, 'úmido'.◘1P] *vtd.* e *p.* Tornar(-se) úmido; umidificar. [C.: 2A (ê-é)]

ú.me.ro [Lat. *umeru*, 'ombro'.] *sm. Anat.* Osso único do braço. § **u.me.ral** *adj2g.*

u.mi.da.de [*Úmido.*◘14] *sf.* **1.** Qualidade ou estado de úmido. **2.** Relento da noite.

u.mi.di.fi.car [*Úmido.*◘1A] *vtd., int.* e *p.* V. *umedecer.* [C.: 1A]

ú.mi.do [Lat. *humidu.*] *adj.* **1.** Levemente molhado. **2.** Impregnado de água, de vapor. **3.** Aquoso.

u.nâ.ni.me [Lat. *unanime.*] *adj2g.* **1.** Que é do mesmo sentimento ou da mesma opinião que outrem. **2.** Resultante de acordo comum. § **u.na.ni.mi.da.de** *sf.*

un.ção [Lat. *unctione.*◘2] *sf.* **1.** Ato ou efeito de ungir. **2.** Untura (1). **3.** Sentimento de piedade religiosa. [Pl.: -ções.]

un.dé.ci.mo [Lat. *undecimu.*] *num.* **1.** Que ocupa o lugar de número 11, numa série ordenada. **2.** Cada uma das 11 partes iguais em que se divide algo.

un.dí.co.la [Lat. *undicola.*] *adj2g.* Que vive nas águas.

un.dí.va.go [Lat. *undivagu.*] *adj.* Que anda sobre as ondas.

un.do.so (ô) [Lat. *undosu.*◘37] *adj.* Que tem, ou em que há ondas, ou que as forma. [Pl.: -dosos (ó).]

un.gir [Lat. *ungere.*◘1C] *vtd.* **1.** Untar com óleo ou com unguento. **2.** Friccionar de leve com substância gorda ou untuosa; fomentar. **3.** Aplicar óleos consagrados. **4.** Dar posse a, investir de autoridade, por meio de sagração. [C.: 8. Alguns, porém, conjugam-no em todas as pessoas (v.3A).]

un.gue.al [*Ungue-* + -*al*¹.◘39] *adj2g.* Relativo a unha. [Pl.: -*ais.*]

un.guen.to (güen) [Lat. *unguentum.*◘27] *sm. Med.* Forma farmacêutica pastosa que veicula medicamento, e que se aplica na pele, onde se liquefaz pelo calor.

un.gui.fe.ro (güí) [*Ungui-* + -*fero.*] *adj.* Que tem unha.

un.gui.for.me (güi) [*Ungui-* + -*forme.*] *adj2g.* Em forma de unha.

un.gu.la.do [Lat. *ungulatu.*◘17B] *adj. sm. Zool.* Diz-se de, ou mamífero cujos dedos têm casco.

u.nha [Lat. *ungula.*] *sf.* **1.** Lâmina córnea que recobre a ponta dos dedos. **2.** Garra (1). **3.** Parte curva ou pontiaguda de alguns instrumentos. ◆ **Com unhas e dentes.** De todas as maneiras possíveis; de modo obstinado. **Ser unha e carne.** Ser muito íntimo de alguém.

u.nha.da [*Unha.*◘4] *sf.* Arranhão ou ferimento com unha.

u.nha de fo.me *adj2g. s2g.Bras.* V. *avaro.* [Pl.: *unhas de fome.*]

u.nha-de-ga.to *sf. Bras. Bot.* Nome comum a plantas fabáceas e mimosáceas espinhosas. [Pl.: *unhas-de-gato.*]

u.nhar [*Unha.*◘1A] *vtd.* **1.** Ferir com as unhas; arranhar. **2.** Marcar com um risco de unha. *p.* **3.** Ferir-se com as unhas. [C.: 1] § **u.nha.do** *adj.*

u.nhei.ro [*Unha.*◘25] *sm. Pop.* Panarício superficial.

→ **uni** [Jap.] *sm. Zool.* Ouriço-do-mar.

u.ni.ão [Lat. *unione.*◘2] *sf.* **1.** Ato ou efeito de unir(-se); ligação. **2.** Pacto, aliança. **3.** Casamento. **4.** Concórdia, harmonia. **5.** Confederação, associação. **6.** O governo federal. [Nesta acepç., com inicial maiúsc.] **7.** *Mat.* V. *conjunto união.* [Pl.: -ões.]

u.ni.ca.men.te [F. de *único.*◘42] *adv.* De modo único ou exclusivo; apenas, somente.

u.ni.ce.lu.lar [*Uni-* + *celular.*] *adj2g. Citol.* Que tem, ou é formado de uma só célula.

ú.ni.co [Lat. *unicu.*] *adj.* **1.** Que é só um; só. **2.** De cuja espécie não existe outro. **3.** A que nada é comparável; excepcional.

u.ni.co.lor (ôr) [Lat. *unicolore.*] *adj2g.* Que tem só uma cor.

u.ni.cor.ne [Lat. *unicorne.*] *adj2g.* Que só tem um corno.

u.ni.cór.ni:o [*Unicorne.*◘34B] *sm. Folcl.* Animal fabuloso representado com corpo de cavalo e um chifre no meio da testa.

u.ni.da.de [Lat. *unitate.*◘14] *sf.* **1.** Quantidade que se toma arbitrariamente para termo de comparação entre grandezas da mesma espécie. **2.** O número um. **3.** Princípio da numeração. **4.** Qualidade do que é um, ou único, ou uniforme. **5.** Aquilo que, num conjunto, numa espécie, etc., forma um todo. **6.** Tropa de soldados destinados a manobrar juntos. ◆ **Unidade central de processamento.** *Inform.* Componente de um computador que realiza todo o processamento aritmético e lógico, e o controle da execução destes. [Sigla: *UCP* e (ingl.) *CPU*.]

u.ni.di.re.ci:o.nal [*Uni-* + *direcional.*] *adj2g.* Que se move ou flui numa só direção. [Pl.: -*nais.*]

u.ni.fi.car [*Uni-* + -*ficar.*◘1A] *vtd.* **1.** Reunir em um todo ou em um só corpo, ou em um só conjunto; unir. *p.* **2.** Tornar-se um. **3.** Unir (12). [C.: 1A] § **u.ni.fi.ca.ção** *sf.*; **u.ni.fi.ca.do** *adj.*; **u.ni.fi.ca.dor** (ó) *adj.*

u.ni.for.me [Lat. *uniforme.*] *adj2g.* **1.** Que só tem uma forma. **2.** Semelhante, análogo. **3.** *E.Ling.* V. *comum de dois.* ♦ *sm.* **4.** Vestuário feito segundo modelo oficial e comum, para uma corporação ou classe. **5.** Vestuário com características semelhantes e us. por estudantes, funcionários, etc.

u.ni.for.mi.da.de [Lat. *uniformitate.*◘14] *sf.* Qualidade de uniforme.

u.ni.for.mi.zar [*Uniforme.*◘1D] *vtd.* **1.** Tornar uniforme. **2.** Fazer vestir de uniforme. *p.* **3.** Vestir-se de uniforme (4). [C.: 1] § **u.ni.for.mi.za.ção** *sf.*

u.ni.la.te.ral [*Uni-* + *lateral.*] *adj2g.* **1.** Situado de um único lado. **2.** Que vem de um lado só. [Pl.: -*rais.*]

u.ni.li.ne.ar [*Uni-* + *linear.*] *adj2g.* Relativo a, ou que leva em conta a descendência exclusi-

unilíngue | urbanizar

vamente masculina (paterna) ou feminina (materna). § **u.ni.li.ne:a.ri.da.de** *sf.*

u.ni.lín.gue (güe) [*Uni-* + *-língue*.] *adj2g.* V. *monolíngue.*

u.ni.lo.ba.do [*Uni-* + *-lobo* + *-ado*¹. ◘ 17B] *adj.* Que só tem um lobo.

u.ni.pes.so.al [*Uni-* + *pessoal.*] *adj2g. E.Ling.* Diz-se de verbo us. apenas nas terceiras pessoas. [Pl.: *-ais*.]

u.ni.po.lar [*Uni-* + *polar.*] *adj2g.* Que só tem um polo.

u.nir [Lat. *unire.* ◘ 1C] *vtd.* **1.** Tornar-se em um só; unificar. **2.** Juntar, ligar. **3.** Estabelecer comunicação entre; ligar. **4.** Aproximar ou tornar mais próximo (pessoas); ligar: *O acidente uniu a família.* **5.** Casar (1). **6.** Fazer aderir; juntar; somar (*lit.* ou *fig.*). **7.** Criar vínculos; estabelecer ligação. **8.** Conciliar, harmonizar. *tdi.* **9.** Unir (4 a 7). *p.* **10.** Ligar-se por afeto, casamento ou interesses. **11.** Combinar-se, reunir-se. **12.** Juntar-se ou reunir-se em um lado só; unificar-se. [C.: 3] § **u.ni.do** *adj.*; **u.ni.ti.vo** *adj.*

u.ni.sex (cs) [Ingl. *unisex.*] *adj2g2n.* Que é us. indistintamente pelos 2 sexos.

u.nís.so.no [*Uni-* + *-sono.*] *adj.* **1.** Que tem o mesmo som que outro. **2.** Cuja entonação é a mesma.

u.ni.tá.ri:o [Lat. *unitariu.* ◘ 24] *adj.* **1.** Relativo à unidade. **2.** Relativo à unidade política de um país.

u.ni.ver.sal [Lat. *universale.* ◘ 39] *adj2g.* **1.** Relativo ao Universo. **2.** Que abarca toda a Terra; mundial. **3.** Comum a todos os homens, ou a um grupo dado. **4.** Que advém de todos; geral. **5.** Que abrange quase por inteiro um campo de conhecimentos, aptidões, etc. **6.** A quem se atribuíram totalmente direitos ou deveres: *herdeiro universal.* [Pl.: *-sais*.] § **u.ni.ver.sa.li.da.de** *sf.*

u.ni.ver.sa.lis.mo [*Universal.* ◘ 11] *sm.* **1.** Doutrina que considera a realidade como um todo único, válido para os homens em geral. **2.** Tendência a universalizar uma ideia, um sistema, etc.

u.ni.ver.sa.li.zar [*Universal.* ◘ 1D] *vtd.* e *p.* **1.** Tornar(-se) universal; generalizar(-se). *tdi.* **2.** Tornar comum. [C.: 1]

u.ni.ver.si.da.de [Lat. *universitate.* ◘ 14] *sf.* **1.** Universalidade. **2.** Conjunto de faculdades ou escolas para a especialização profissional e científica. **3.** Edificação onde funciona esse conjunto.

u.ni.ver.si.tá.ri:o [Fr. *universitaire.* ◘ 24] *adj.* **1.** Próprio de, ou que leciona ou estuda em universidade. • *sm.* **2.** Professor ou aluno universitário.

u.ni.ver.so [Lat. *universu.*] *sm.* **1.** O conjunto de tudo quanto existe (incluindo-se a Terra, os astros, as galáxias e toda a matéria disseminada no espaço); o cosmo. **2.** A Terra, e seus habitantes.

u.ní.vo.co [Lat. *univocu.*] *adj.* **1.** Diz-se do que tem uma única significação. **2.** *Mat.* Diz-se da relação, ou da correspondência, entre 2 conjuntos em que a cada elemento do primeiro conjunto corresponde apenas um elemento do segundo.

u.no [Lat. *uno.*] *adj.* Singular, um; único.

un.tar [*Unto.* ◘ 1A] *vtd.* **1.** Aplicar óleo ou unto a. **2.** Besuntar. *tdi.* **3.** Untar (2). [C.: 1]

un.to [Lat. *unctu*, 'óleo'.] *sm.* **1.** Gordura de porco. **2.** Gordura, óleo.

un.tu.o.so (ô) [*Unto.* ◘ 37A] *adj.* **1.** Em que há unto; gorduroso. **2.** *Deprec.* Diz-se de quem tem gestos de bajulador e voz melíflua. [Pl.: *-osos* (ó).] § **un.tu:o.si.da.de** *sf.*

un.tu.ra [Lat. *unctura.* ◘ 5] *sf.* **1.** Ato ou efeito de untar; unção. **2.** Unguento.

u.pa [V.B] *sf.* **1.** Corcovo do cavalo. • *interj.* **2.** Us. para incentivar um animal ou uma pessoa a levantar-se ou a subir. **3.** Designa espanto, admiração.

■ **UPA** Sigla de *Unidade de Pronto Atendimento.*

→ **upgrade** (âpgrêidi) [Ingl.] *sm. Inform.* **1.** Substituição de um equipamento por modelo mais aprimorado, ou de programa por uma versão com mais recursos. **2.** Equipamento ou programa de maior capacidade ou qualidade, ou mais recente.

→ **upload** (âp-loudi) [Ingl.] *sm. Inform.* Numa rede de computadores, envio de cópia(s) de arquivo(s) de um computador local para outro remoto.

■ **UPP** Sigla de *Unidade de Polícia Pacificadora.*

u.pu.pí.de:o [Tax. *Upupidae.*] *adj. sm. Zool.* Diz-se de, ou espécime dos upupídeos, família de aves coraciiformes, migrantes, que vivem na Europa, Ásia e África. Ex.: poupa.

u.râ.ni:o [*Urano.* ◘ 34B] *sm. Quím.* Elemento us. em reatores nucleares e na bomba atômica. V. *actinídeos* [símb.: *U*].

u.ra.no [Mit. gr. *Ouranós*, 'divindade que personificava o Céu, o Universo', pelo lat. *Uranu.*] *sm. Astr.* O sétimo planeta em ordem de afastamento do Sol, com 15 satélites conhecidos. [Com inicial maiúsc.]

u.ra.no.gra.fi.a [*Urano-* + *-grafia.*] *sf.* Descrição do céu.

ur.ba.ni.da.de [Lat. *urbanitate.* ◘ 14] *sf.* Qualidade de urbano (3); cortesia.

ur.ba.nis.mo [*Urbano.* ◘ 11] *sm.* Estudo sistematizado dos métodos capazes de adaptar a cidade às necessidades de seus habitantes. § **ur.ba.nís.ti.co** *adj.*

ur.ba.nis.ta [*Urbanismo.* ◘ 36] *s2g.* Especialista em urbanismo.

ur.ba.ni.za.ção [*Urbanizar.* ◘ 2A] *sf. Urb.* **1.** Ato ou efeito de urbanizar. **2.** Conjunto dos trabalhos necessários para dotar uma área de infraestrutura (p.ex., água, esgoto, eletricidade) e/ou de serviços urbanos (p.ex., de transporte, de educação).

ur.ba.ni.zar [*Urbano.* ◘ 1D] *vtd.* **1.** Tornar urbano. **2.** *Urb.* Proceder à urbanização de. **3.** Polir; civilizar (2). [C.: 1]

ur.ba.no [Lat. *urbanu*. ■29] *adj.* **1.** Da, ou relativo à cidade. **2.** Que tem características de cidade. **3.** *Fig.* Cortês, civilizado.
ur.be [Lat. *urbe*.] *sf.* Cidade.
ur.di.du.ra [*Urdir*. ■5A] *sf.* **1.** Ato ou efeito de urdir. **2.** O conjunto de fios dispostos no tear, e por entre os quais passam os fios da trama.
ur.dir [Lat. *ordire. ■1C] *vtd.* **1.** Dispor os fios da tela (1). **2.** Tecer os fios de (a teia [4]). **3.** V. *tramar* (2). [C.: 3] § **ur.di.dor** (ô) *adj. sm.*; **ur.di.men.to** *sm.*
u.rei.a (éi) [Fr. *urée*, do fr. *urine*.] *sf. Quím.* Substância cristalina, incolor, existente na urina, e que se pode obter por síntese (3) [fórm.: $(H_2N)_2C=O$].
u.re.mi.a [*Ur(o)-* + *-emia*.] *sf. Med.* Intoxicação resultante da incompleta depuração do sangue pelos rins.
u.ren.te [Lat. *urente*. ■21A] *adj2g.* **1.** Que queima. **2.** Que produz ardor; urticante.
u.re.ter (tér) [Gr. *ouretér*.] *sm. Anat.* Cada um dos 2 ductos que conduzem a urina dos rins à bexiga (1). [Pl.: *ureteres*.]
u.re.tra [Gr. *ouréthra*.] *sf. Anat.* Ducto excretor de urina e que, no homem, conduz o sêmen (1) a ser eliminado. § **u.re.tral** *adj2g.*
u.re.tri.te [*Uretra* + *-ite*[1].] *sf. Med.* Inflamação da uretra.
ur.gên.ci.a [Lat. *urgentia*.] *s2g.* **1.** Qualidade de urgente. **2.** Caso ou situação de emergência, de urgência.
ur.gen.te [Lat. *urgente*. ■21A] *adj2g.* **1.** Que urge; que deve ser feito com rapidez; premente. **2.** Iminente.
ur.gir [Lat. *urgere*. ■1C] *v.int.* **1.** Ser necessário sem demora; ser urgente. **2.** Não permitir demora. *td.* **3.** Exigir, reclamar. [C.: Defect. Nessas acepçs., só se conjuga nas 3ᵃˢ pess.]
ú.ri.co [*Ur(o)-* + *-ico*[2].] *adj.* Diz-se de um ácido existente na urina.
u.ri.na [Lat. *urina*.] *sf. Fisiol.* Líquido segregado pelos rins, donde corre pelos ureteres para a bexiga. [Sin.: (bras., fam.) *pipi*, *xixi* e (pop.) *mijo*.]
u.ri.nar [Lat. *urinare*. ■1A] *v.int.* **1.** Expelir urina pela via natural. *td.* **2.** Expelir, como urina. **3.** *Fam.* Sujar com urina. *p.* **4.** Urinar (1) involuntariamente. **5.** *Fig.* Sentir grande medo. [Sin., pop.: *mijar*. C.: 1]
u.ri.ná.ri:o [*Urina*. ■24] *adj.* Relativo à urina.
u.ri.nol [*Urina* + *-ol*[1].] *sm.* Vaso próprio para nele se urinar; penico, bacio, vaso. [Pl.: *-nóis*.]
ur.na [Lat. *urna*.] *sf.* **1.** Entre os antigos, vaso para água. **2.** Vaso em que se depositavam as cinzas dos mortos ou o cadáver. **3.** *Restr.* Recipiente no qual se recolhem os votos nas eleições.
u.ro.de.lo [*Uro-* + gr. *dêlos*, 'visível'.] *adj. sm. Zool.* Diz-se, ou espécime dos urodelos, ordem de anfíbios cobertos de cauda. Ex.: salamandra.
u.ro.lo.gi.a [*Ur(o)-* + *-logia*.] *sf. Med.* Ramo da medicina que trata das doenças do sistema urinário humano e, tb., das afecções do sistema genital masculino. § **u.ro.ló.gi.co** *adj.*
u.ro.lo.gis.ta [*Urologia*. ■36] *s2g.* Especialista em urologia.
u.ro.pa.tá.gi:o [*Uro-* + *patágio*.] *sm. Zool.* Membrana que nos morcegos liga os membros posteriores entre si e prende a cauda totalmente, ou não.
u.ro.pí.gi:o [Lat. *uropygiu*. ■] *sm. Zool.* Proeminência na extremidade posterior do corpo das aves, na qual se implantam as penas da cauda. [Sin.: *mitra* e (pop.) *sobrecu*.]
ur.rar [Lat. *urulare, de *ululare*, ou de *urro*. ■1A] *v.int.* **1.** Dar urros; rugir. **2.** Rugir (2) (o vento, o mar, etc.). *td.* **3.** Emitir à maneira de urro(s). [C.: 1. Na acepç., é norm. é unipessoal.]
ur.ro [Dev. de *urrar*.] *sm.* **1.** Rugido ou bramido de algumas feras. **2.** Berro ou grito rouco, muito forte.
ur.sa [Lat. *ursa*.] *sf.* A fêmea do urso.
ur.sa.da [(*Amigo-*)*urso-*. ■4] *sf. Bras. Fam.* Traição, deslealdade.
ur.sí.de:o [Tax. *Ursidae*.] *adj. sm. Zool.* Diz-se de, ou espécime dos ursídeos, família de grandes mamíferos carnívoros, de movimentos lentos, e adaptados a uma dieta onívora. São os ursos.
ur.so [Lat. *ursu*. ■] *sm.* **1.** *Zool.* Mamífero ursídeo. **2.** *Fig.* Pessoa pouco sociável.
ur.ti.cá.ce:a [Tax. *Urticaceae*.] *sf. Bot.* Espécime das urticáceas, família de plantas que, ger., têm folhas com pelos urentes. Ex.: a urtiga. § **ur.ti.cá.ce:o** *adj.*
ur.ti.can.te [*Urticar*. ■21] *adj2g.* Urente (2).
ur.ti.cá.ri:a [Lat. *urtica* + *-ária*. ■15B] *sf. Med.* Reação cutânea caracterizada por placas lisas ou pouco salientes, mais vermelhas ou mais pálidas do que a pele adjacente, e por vezes acompanhada de prurido.
ur.ti.ga [Lat. *urtica*.] *sf. Bot.* Planta urticácea cujas folhas têm pelos urentes.
u.ru [Do tupi.] *sm. Bras.* Cesto de palha de carnaúba.
u.ru.bu[1] [Do tupi.] *sm. Zool.* Nome comum a aves catartídeas pretas, de cabeça nua, que se alimentam de carne em decomposição.
u.ru.bu[2] *adj2g. s2g. Bras. Etnôn.* Urubu-caapor.
u.ru.bu-ca.a.por *adj2g. s2g. Bras. Etnôn.* Diz-se de, ou indivíduo dos urubus-caapores, povo indígena da família linguística tupi-guarani, que habita no PA e MA. [Pl.: *urubus-caapores*.]
u.ru.bu-rei *sm. Zool.* Ave catartídea, de cabeça, com carúncula amarelo-alaranjada, e pescoço nus, pintados de vermelho. [Pl.: *urubus-rei(s)*.]
u.ru.cu ou **u.ru.cum** [Do tupi.] *sm. Bras.* **1.** *Bot.* O fruto do urucuzeiro. **2.** Substância vermelha extraída de suas sementes, us. em tinturaria e como tempero.
u.ru.cu.ba.ca [Or.expr., poss.] *sf. Bras.* V. *caiporismo*.
u.ru.cun.go [Do quimb.] *sm. Bras.* Berimbau (2).
u.ru.cu.zei.ro [*Urucu*. ■25B] *sm. Bras. Bot.* Arvoreta bixácea, frutífera.

u.run.de.ú.va [Do tupi, poss.] *sf. Bras. Bot.* Árvore anacardiácea de madeira duríssima, útil; aroeira.

u.ru.pê [Do tupi.] *sm. Bras. Biol.* Fungo poliporáceo; orelha-de-pau.

u.ru.pe.ma ou **u.ru.pem.ba** [Do tupi.] *sf. Bras. N. N.E.* **1.** Peneira de fibra vegetal. **2.** Vedação de teto, janelas, etc., feita com esteira semelhante à urupema.

u.ru.tu [Do tupi.] *sf.m. Bras. Zool.* Cobra crotalídea, venenosíssima; cruzeiro.

ur.ze [Lat. *ulice*, poss. pelo lat.vulg. **ulce*.] *sf. Bot.* Arbusto ericáceo, silvestre.

u.san.ça [*Usar*.◻9A] *sf.* Hábito antigo e tradicional.

u.sar [Lat. **usare*.◻1A] *vtd.* **1.** Ter por costume; costumar. **2.** Empregar habitualmente. **3.** Fazer uso de; empregar. **4.** Apresentar-se habitualmente com: <u>usar</u> barba. **5.** Trajar, vestir. *ti.* **6.** Usar (2 e 3): <u>usar de violência</u>. [C.: 1] § **u.sa.do** *adj.*

■ **USB** [Abrev. do ingl. *Universal Serial Bus*, 'porta serial universal'.] *Inform.* Porta para conexão de dispositivos ao computador.

u.sei.ro [*Uso*.◻25] *adj.* Que tem por uso fazer algo.

u.si.na [Fr. *usine*.] *sf. Bras.* **1.** Qualquer estabelecimento industrial equipado com máquina. **2.** Usina (1) de açúcar.

u.so [Lat. *usu*.] *sm.* **1.** Ato ou efeito de usar(-se). **2.** Aplicação, utilidade. **3.** Prática, exercício. **4.** Costume, hábito.

u.su.al [Lat. *usuale*.◻39A] *adj2g.* Que se usa habitualmente; comum. [Pl.: *-ais*.]

u.su.á.ri:o [Lat. *usuariu*.◻24] *sm.* Aquele que usa ou desfruta algo (coletivo); utente.

u.su.ca.pi.ão [Lat. *usucapione*.] *sm.f.* Modo de adquirir propriedade móvel ou imóvel pela posse pacífica e ininterrupta desta, por certo tempo. [Pl.: *-ões*.]

u.su.fru.ir [Lat. *usu frui*, 'fruir do uso'.◻1C] *vtd.* **1.** Ter o gozo (2) de (algo que não se pode alienar ou destruir). **2.** Colher os frutos de; aproveitar, gozar, fruir, desfrutar. *ti.* **3.** Usufruir (2): <u>usufruir de riquezas</u>. [C.: 42]

u.su.fru.to [Lat. *usus-fructus*.] *sm.* **1.** Ato ou efeito de usufruir; fruição. **2.** O que se usufrui.

u.su.fru.tu.á.ri:o [Lat. *usufructuariu*.◻24] *sm.* Aquele que usufrui.

u.su.ra [Lat. *usura*.] *sf.* **1.** Juro de capital. **2.** Juro exorbitante.

u.su.rá.ri:o [Lat. *usurariu*.◻24] *adj. sm.* **1.** Que, ou quem empresta dinheiro com usura (2); agiota. **2.** P.ext. V. *avaro*.

u.sur.par [Lat. *usurpare*.◻1A] *vtd.* **1.** Apossar-se à força, ou por fraude, de. **2.** Exercer indevidamente. *tdi.* **3.** Tomar à força: <u>usurpar a coroa ao rei</u>. [C.: 1]

u.ten.sí.li:o [Lat. *utensiliu*, 'tudo que serve para o uso'.] *sm.* **1.** Qualquer instrumento de trabalho de que se utilize o artista, o operário, ou o artesão. **2.** Objeto criado com determinada utilidade: <u>utensílios</u> domésticos.

u.ten.te [Lat. *utente*, 'que usa'.◻21] *s2g.* Usuário.

u.te.ri.no [Lat. *uterinu*.◻30] *adj.* **1.** Relativo ao útero. **2.** Que provém do mesmo útero; relativo a parentes (esp., consanguíneos) pelo lado materno. **3.** *Antrop.* Matrilinear (1).

ú.te.ro [Lat. *uteru*.] *sm. Anat.* Órgão onde se gera o feto dos mamíferos; madre, matriz.

■ **UTI** Sigla de *Unidade de Terapia Intensiva*.

ú.til [Lat. *utile*.] *adj2g.* **1.** Que pode ter algum uso ou alguma serventia. **2.** Proveitoso, vantajoso. **3.** Diz-se de período reservado ao trabalho produtivo. **4.** Prescrito por lei. ● *sm.* **5.** O que é útil. [Pl.: *úteis*.]

u.ti.li.da.de [Lat. *utilitate*.◻14] *sf.* **1.** Qualidade de útil; serventia. **2.** Pessoa ou coisa útil.

u.ti.li.tá.ri:o [Lat. **utilitariu*.◻24] *adj.* **1.** Relativo à utilidade. **2.** Que tem o interesse como o fim principal de seus atos. **3.** Diz-se de veículo automóvel resistente, potente, conveniente para transporte de pessoas e cargas, em áreas rurais ou urbanas. ● *sm.* **4.** *Inform.* Qualquer programa cuja finalidade é facilitar o uso e a manutenção de computador ou de sistema. **5.** Veículo utilitário (3).

u.ti.li.ta.ris.mo [*Utilitário*.◻11] *sm.* Modo de agir de utilitário (2).

u.ti.li.zar [*Útil*.◻1D] *vtd.* **1.** Empregar com utilidade; tornar útil. **2.** Fazer uso de. *p.* **3.** Tirar proveito de; servir-se de. [C.: 1] § **u.ti.li.za.ção** *sf.*; **u.ti.li.zá.vel** *adj2g.*

u.to.pi.a [Lat.mod. *utopia*, do gr. *ou*, 'não', + gr. *tópos*, 'lugar', + gr. *-ía* (v. *-ia*¹).◻8A] *sf.* Projeto irrealizável; quimera.

u.tó.pi.co [*Utopia*.◻35B] *adj.* Relativo a, ou que encerra utopia.

u.to.pis.ta [*Utopia*.◻36] *adj2g. s2g.* Que, ou quem concebe e/ou defende utopias.

u.va [Lat. *uva*.] *sf. Bot.* Nome comum aos frutos das vinhas.

u.vai.a [Do tupi.] *sf. Bras. Bot.* **1.** Arvoreta mirtácea de frutos ácidos. **2.** Seu fruto.

ú.vu.la [Lat. **uvula*, 'pequeno bago de uva'.] *sf. Anat.* **1.** Nome genérico de massa carnosa pendente. **2.** Pequena massa carnosa pendente do palato mole; campainha.

u.xo.ri.ci.da (cs) [*Uxor(i)-* + *-cida*.] *sm.* Aquele que comete uxoricídio.

u.xo.ri.cí.di:o (cs) [*Uxor(i)-* + *-cídio*.] *sm.* Assassinato da mulher pelo marido.

u.xo.ri.lo.cal (cs) [*Uxor(i)-* + *local*.] *adj2g. Antrop.* Que determina que o casal passe a viver na localidade da esposa após a união (diz-se regra ou costume) [Pl.: *-cais*.]

v (vê) *sm.* **1.** A 22ª letra do nosso alfabeto. **2.** Figura ou representação dessa letra. **3.** A forma da letra *v*, com 2 segmentos em ângulo agudo, ou aquilo que tem essa forma. ● *num.* **4.** Vigésimo primeiro, numa série. **5.** Vigésimo segundo, numa série em que a letra *k* corresponde ao 11º elemento. [Pl. do sm., com duplo *v*: *vv.*]

■ **v** Abrev. de *versus*.

■ **V 1.** Na numeração romana, símb. do número 5. **2.** *Fís.* Símb. de *volt*. **3.** *Quím.* Símb. de *vanádio*.

vã *adj.* (*f.*) Fem. de *vão*.

va.ca [Lat. *vacca*.] *sf. Zool.* Bovídeo doméstico, a fêmea do touro.

va.ca-fri.a *el. sf.* Us. na loc. ◆ **Voltar à vaca-fria.** Voltar a assunto já tratado ou anteriormente falado.

va.cân.ci.a [Lat. *vacantia*.◙9] *sf.* **1.** Estado do que ficou vago ou vazio. **2.** Tempo durante o qual permanece vago um cargo ou emprego. **3.** *Fís.* Numa rede cristalina, defeito provocado pela ausência de uma partícula num dos pontos da rede.

va.can.te [Lat. *vacante*.◙21] *adj2g.* Que está vago.

va.ca-pre.ta (ê) *sf.* Sorvete de creme e refrigerante de cola, batidos.

va.ca.ri.a [*Vaca*.◙15] *sf.* Curral de vacas.

va.ci.la.ção [Lat. *vacillatione*.◙2A] *sf.* **1.** Ato ou efeito de vacilar. **2.** *Fig.* Dúvida, hesitação. [Pl.: *-ções*. Fem.: *-lona*]

va.ci.la.da [*Vacilar*.◙4] *sf.* V. *vacilo*.

va.ci.lão [*Vacilar*.◙28B] *adj. sm. Pop.* Que, ou aquele que vacila. [Pl.: *-lões*. Fem.: *vacilona*.]

va.ci.lar [Lat. *vacillare*.◙1A] *v.int.* **1.** Oscilar por não estar firme ou fixo. **2.** V. *hesitar*. **3.** *Gír.* Bobear (2 e 3). *ti.* **4.** V. *hesitar*. [C.: 1] § **va.ci.lan.te** *adj2g.*

va.ci.lo [Dev. de *vacilar*.] *sm. Bras.* **1.** Vacilação, hesitação. **2.** Falha ou erro numa decisão. [Sin.ger.: *vacilada*.]

va.ci.na [Fr. *vaccine*.] *sf. Med.* Substância de origem microbiana (micróbios mortos ou de virulência abrandada) que se ministra a um indivíduo com fim preventivo, curativo ou paliativo.

va.ci.nar [*Vacina*.◙1A] *vtd.* **1.** Introduzir uma vacina no organismo de (homem ou animal). *tdi.* **2.** Imunizar; proteger. [C.: 1] § **va.ci.na.ção** *sf.*

va.cum [*Vaca* + *-um*¹.] *adj2g.* Diz-se do gado constituído de vacas, bois e novilhos. [Pl.: *-cuns*.]

vá.cu:o [Lat. *vacuu*.] *adj.* **1.** V. *vazio* (1). ● *sm.* **2.** Espaço inteiramente destituído de matéria.

va.cú.o.lo [Fr. *vacuole*.] *sm. Biol.* Cavidade celular repleta de ar ou fluido.

va.de.ar [Lat. *vadum* + *-ear*.◙1N] *vtd.* Atravessar pelo vau. [C.: 12A. Cf. *vadiar*.] § **va.de.á.vel** *adj2g.*

va.de-mé.cum [Do lat.] *sm.* Qualquer livro de conteúdo prático e formato cômodo, e muito consultado. [Pl.: *vade-mécuns*.]

va.di:a.ção [*Vadiar*.◙2A] *sf.* Ato ou efeito de vadiar; vadiagem. [Pl.: *-ções*.]

va.di.a.gem [*Vadiar*.◙6] *sf.* **1.** Vadiação. **2.** Vida de vadio. **3.** Os vadios. [Pl.: *-gens*.]

va.di.ar [*Vadio*.◙1A] *v.int.* **1.** V. *vaguear* (2). **2.** Levar vida de vadio; vagabundear. [C.: 1. Cf. *vadear*.]

va.di.o [Lat. **vagativu*.] *adj.* **1.** Que não faz nada; ocioso, vagabundo. **2.** *Restr.* Diz-se de aluno pouco estudioso.

va.ga¹ [Fr. *vague*.] *sf.* Grande onda (1).

vaga² | vale-transporte

va.ga² [Dev. de *vagar*².] *sf.* **1.** Vacância (1). **2.** Lugar vazio. **3.** Acomodação disponível em hotel, pensão, etc. **4.** *P.ext.* Cada uma das acomodações para aluguel, num mesmo cômodo, em casa de família, pensão, etc. **5.** Lugar ou cargo vago, disponível.

va.ga.bun.da.gem [*Vagabundo*.◘6] *sf.* Vida de vagabundo. [Pl.: *-gens*.]

va.ga.bun.dar [*Vagabundo*◘1A] *v.int.* V. *vagabundear*. C.: 1]

va.ga.bun.de.ar [*Vagabundo*.◘1N] *v.int.* **1.** Levar a vida errante de vagabundo; vaguear, errar, zanzar. **2.** Vadiar (2). [Sin.ger.: *vagabundar*. C.: 12A]

va.ga.bun.di.ce [*Vagabundo*.◘13] *sf.* Ato, dito ou vida de vagabundo.

va.ga.bun.do [Lat. *vagabundu*.] *adj.* **1.** Que leva vida errante; andejo, nômade. **2.** V. *vadio* (1). **3.** *Bras.* Velhaco, canalha. **4.** *Bras. Fig.* De má qualidade; ordinário.

va.ga.lhão [*Vaga*¹ + *-alhão*.] *sm.* Vaga¹ de mar muito agitado; escarcéu. [Pl.: *-lhões*.]

va.ga.lu.me *sm. Zool.* Pirilampo. [Pl.: *vaga-lumes*.]

va.gão [Fr.*wagon*.] *sm.* Carro ferroviário para transporte de pessoas ou cargas. [Pl.: *-gões*.]

va.gar¹ [Lat. *vagare*.◘1A] *v.int.* V. *vaguear* (2). [C.: 1C] § **va.gan.te** *adj2g*.

va.gar² [Lat. *vacare*.◘1A] *v.int.* **1.** Ficar vago² (1 e 2). *ti.* **2.** Sobrar, restar (tempo). [C.: 1C] ● *sm.* **3.** Tempo desocupado. **4.** Falta de pressa.

va.ga.re.za (ê) [*Vagar*².◘12] *sf.* V. *lentidão* (2).

va.ga.ro.so (ô) [*Vagar*².◘37] *adj.* Lento, demorado. [Pl.: *-rosos* (ó).] § **va.ga.ro.si.da.de** (ê)

va.gem [Lat. *vagina*.] *sf.* **1.** *Bot.* Fruto ger. seco, e um tanto lenhoso, que se abre de ambos os lados em 2 valvas separadas. **2.** Feijão (1) verde, comestível. [Pl.: *-gens*.]

va.gi.do [Lat. *vagitu*.] *sm.* Choro de recém-nascido.

vá.gil [Ingl. *vagile*.] *adj2g. Biol.* Diz-se de organismo capaz de se deslocar por si mesmo. [Pl.: *-geis*.]

va.gi.na [Lat. *vagina*.] *sf. Anat.* **1.** Nome genérico de órgão em forma de bainha. **2.** *Restr.* Ducto que se estende entre o colo do útero e a vulva. § **va.gi.nal** *adj2g*.

va.gi.nis.mo [*Vagina*.◘11] *sm. Med.* Espasmo doloroso da vagina (2).

va.gi.ni.te [*Vagina* + *-ite*¹.] *sf. Med.* Inflamação da vagina (2).

va.gir [Lat. *vagire*.◘1C] *v.int.* Dar vagidos (a criancinha). [C.: 8]

va.go¹ [Lat. *vagu*.] *adj.* **1.** Que vagueia; errante. **2.** *Fig.* V. *volúvel* (2). **3.** *Fig.* Indeterminado, indefinido.

va.go² [Lat. *vacuu*.] *adj.* **1.** Não ocupado ou preenchido; disponível. **2.** Desabitado.

va.go.ne.te (ê) [Fr. *wagonnet*.] *sm.* Pequeno vagão.

va.gue.ar [*Vagar*¹.◘1N] *v.int.* **1.** V. *vagabundear* (1). **2.** Passear ociosamente; vagar; vadiar, borboletear; zanzar. [C.: 12A]

vai.a [Esp. *vaya*.] *sf.* Manifestação de desagrado em forma de gritos, assobios, etc.; apupo, assuada.

vai.ar [*Vaia*.◘1A] *vtd. e int.* Dar vaias em. [C.: 1]

vai.da.de [Lat. *vanitate*.◘14] *sf.* **1.** Qualidade do que é vão, ilusório. **2.** Desejo imoderado de atrair admiração. **3.** V. *presunção*.

vai.do.so (ô) [*Vaid(ade)*.◘37] *adj.* Que tem ou revela vaidade. [Pl.: *-dosos* (ó).]

vai.vém *sm.* **1.** Movimento para lá e para cá. **2.** *Fig.* Vicissitude. [Pl.: *-véns*.]

va.la [De *valo*, 'rego'.] *sf.* Fosso (1) longo e mais ou menos largo, para escoamento de águas e outros fins.

va.la.do [Lat. *vallatu*.] *sm.* Vala pouco funda, para defesa de propriedades rústicas; fosso.

val.de.vi.nos *sm2n.* Indivíduo desocupado e/ou estroina; doidivanas.

va.le¹ [Lat. *valle*.] *sm.* **1.** Depressão (3) alongada, entre montes, etc. **2.** Planície à beira de rio ou ribeirão.

va.le² [Dev. *valer*.] *sm.* **1.** Escrito representativo de dívida por empréstimo ou por adiantamento. **2.** Documento ou cartão eletrônico que dá ao portador certo direito.

va.le-brin.de *sm.* Vale² (2) que dá direito a um brinde. [Pl.: *vales-brinde(s)*.]

va.len.tão [*Valente*.◘28A] *adj. sm.* Diz-se de, ou indivíduo muito valente, decidido, intrépido, afoito; turuna. [Pl.: *-tões*. Fem.: *valentona*.]

va.len.te [Lat. *valente*.◘21] *adj2g.* Que tem valentia; valoroso; audaz, corajoso.

va.len.ti.a [*Valente*.◘8A] *sf.* **1.** Coragem, audácia; valor. **2.** Força, energia. **3.** Proeza, façanha.

va.ler [Lat. *valere*.] *vtd.* **1.** Ter certo valor ou ser de certo preço. **2.** Ser digno; merecer. *ti.* **3.** Ser de utilidade ou vantagem. **4.** Socorrer, auxiliar. *tdi.* **5.** Granjear, atrair. *int.* **6.** Ter valor, merecimento. **7.** Ser proveitoso: *O estudo vale muito*. **8.** Ser válido ou valioso. *p.* **9.** Servir-se, utilizar-se. [C.: 28]

va.le-re.fei.ção *sm.* Vale² (2) com o qual se pode pagar a despesa em restaurantes, lanchonetes, etc. conveniados. [Pl.: *vales-refeição(ões)*.]

va.le.ri.a.na [Tax. *Valeriana*.] *sf. Bot.* Erva valerianácea, florífera.

va.le.ri.a.ná.ce.a [Tax. *Valerianaceae*.] *sf. Bot.* Espécime das valerianáceas, família de ervas cujas raízes contêm óleo medicinal. § **va.le.ri:a.ná.ce:o** *adj.*

va.le.ta (ê) [*Vala* + *-eta* (ê).] *sf.* Vala pequena.

va.le.te [Fr. *valet*.] *sm.* Uma das figuras do baralho.

va.le-trans.por.te *sm.* Vale² (2) que permite ou paga a utilização de ônibus, trem, metrô, etc. [Pl.: *vales-transporte(s)*.]

va.le-tu.do sm2n. *Esport.* Luta de contato corporal pleno, na qual se pode fazer uso de várias artes marciais.

va.lha.cou.to sm. Refúgio, abrigo, asilo.

va.li.a [*Valer.*☐8A] sf. **1.** V. *valor* (2 e 3). **2.** Serventia, utilidade.

va.li.da.de [*Válido.*☐14] sf. **1.** Estado, caráter ou condição de válido. **2.** Caráter de um documento legal. **3.** Prazo de legalidade de um documento. **4.** Período em que um alimento ou remédio permanece em condições de consumo.

va.li.dar [Lat. *validare.*☐1A] vtd. **1.** Tornar válido; legitimar. **2.** *P.ext.* Confirmar. [C.: 1] § **va.li.da.ção** sf.

vá.li.do [Lat. *validu.*] adj. **1.** Que tem valor ou serventia. **2.** Valioso (1). **3.** Sadio, são. **4.** Legítimo, legal. § **va.li.dez** (ê) sf.

va.li.men.to [*Valer.*☐3A] sm. **1.** Ato ou efeito de valer. **2.** Influência, prestígio.

va.li.o.so (ô) [*Valia.*☐37] adj. **1.** Que tem valor ou valia; válido. **2.** Que vale muito. [Pl.: *-osos* (ó).]

va.li.se [Fr. *valise.*] sf. Mala de mão.

va.lor (ô) [Lat. *valore.*] sm. **1.** V. *valentia* (1). **2.** Qualidade que faz estimável alguém ou algo; valia. **3.** Importância de determinada coisa; preço, valia. **4.** Legitimidade, validade. **5.** Significado rigoroso de um termo.

va.lo.rar [*Valor.*☐1A] vtd. Atribuir valor a. [C.: 1]

va.lo.ri.za.ção [*Valorizar.*☐2A] sf. **1.** Ato ou efeito de valorizar(-se). **2.** *Econ.* Alta deliberada de preço de mercadoria, esp. quando promovida pelo governo. [Pl.: *-ções.*]

va.lo.ri.zar [*Valor.*☐1D] vtd. **1.** Dar valor a, ou aumentar o valor de. **2.** Reconhecer as qualidades, os méritos de (pessoa, ação, coisa, etc.). *p.* **3.** Aumentar de valor. **4.** Dar valor a si mesmo. [C.: 1] § **va.lo.ri.za.do** adj.; **va.lo.ri.za.dor** (ô) adj. sm.; **va.lo.ri.zá.vel** adj2g.

va.lo.ro.so (ô) [*Valor.*☐37] adj. Valente, destemido. [Pl.: *-rosos* (ó).] § **va.lo.ro.si.da.de** sf.

val.sa [Fr. *valse*, do al.] sf. **1.** Certa dança de salão, em ritmo ternário. **2.** Música para essa dança.

val.sar [*Valsa.*☐1A] v.int. Dançar valsa. [C.: 1]

val.va [Lat. *valva.*] sf. **1.** *Bot.* Parte de um órgão que se abre ao alcançar a maturidade; existe, p.ex., na vagem (1). **2.** *Zool.* Qualquer das peças sólidas que revestem o corpo de um molusco. § **val.va.do** adj.; **val.var** adj2g.

vál.vu.la [Lat. *valvula.*] sf. **1.** Dispositivo que fecha por si, e hermeticamente, um tubo. **2.** Dispositivo mecânico destinado a controlar um fluxo (de água, ar, vapor, etc.). **3.** Dispositivo que, adaptado a um reservatório sob pressão, se abre automaticamente quando a pressão interior ultrapassa determinado limite. **4.** *Anat.* Nos vasos e ductos do corpo, qualquer dobra membranosa que obsta ou retarda o refluxo dos líquidos ou de outras matérias. **5.** *Eletrôn.* Dispositivo constituído por um bulbo fechado, no interior do qual se produz e se controla um feixe de elétrons por um conjunto de eletrodos; tubo eletrônico. [Us. nos primeiros aparelhos eletrônicos, foram largamente substituídas pelos transistores.] ◆ **Válvula eletrônica.** *Eletrôn.* V. *válvula* (5). § **val.vu.lar** adj2g.

vam.pi.ro [Húng. *vampir.*] sm. **1.** *Folcl.* Entidade lendária que sai das sepulturas, à noite, para sugar o sangue dos vivos. **2.** *Zool.* Morcego desmodontídeo. § **vam.pi.res.co** (ê) adj.

van [Ingl. *(cara)van.*] sf. *Bras.* Veículo de médio porte, us. para transporte de passageiros ou de carga.

va.ná.di:o [Lat.cient.*vanadium.*☐34B] sm. *Quím.* Elemento de número atômico 23 [símb.: *V*].

van.da.lis.mo [Fr. *vandalisme.*☐11] sm. Ação própria de vândalo.

vân.da.lo [Lat. *vandalu.*] sm. **1.** Membro de um povo germ. de bárbaros que devastou o S. da Europa e o N. da África. **2.** *Fig.* Destruidor de monumentos. **3.** *Fig.* Quem nada respeita.

van.gló.ri:a sf. Presunção infundada ou desmesurada; jactância, vaidade. § **van.glo.ri.o.so** (ó) adj.

van.glo.ri.ar [*Vanglória.*☐1A] vtd. e p. Tornar(-se) vaidoso; gabar(-se), ufanar(-se). [C.: 1]

van.guar.da [Fr. *avant-garde.*] sf. **1.** Numa operação militar, extremidade dianteira de unidade (6). **2.** V. *dianteira.* **3.** *Fig.* A parcela mais consciente e combativa de qualquer grupo social. **4.** Grupo ou movimento artístico, etc., inovador. § **van.guar.dei.ro** adj. sm.

van.guar.dis.ta [*Vanguarda.*☐36] adj2g. **1.** De vanguarda. **2.** Que está à frente de seu tempo; pioneiro, inovador. ● s2g. **3.** Quem está na vanguarda, ou à frente de seu tempo.

van.ta.gem [Fr. *avantage.*☐6] sf. **1.** Qualidade do que está adiante ou é superior. **2.** Benefício, favor. **3.** Lucro; proveito. **4.** *Esport.* Prioridade de saque (no tênis). [Pl.: *-gens.*]

van.ta.jo.so (ô) [*Vantag(em).*☐37] adj. **1.** Que dá vantagem ou lucro. **2.** De que se pode tirar proveito. [Pl.: *-josos* (ó).]

van.te [*Avante.*] sf. *Náut.* A metade dianteira da embarcação.

vão [Lat. *vanu.*] adj. **1.** V. *vazio* (1). **2.** *Fig.* Fútil, insignificante. **3.** *Fig.* Que só existe na fantasia. **4.** *Fig.* Falso, ilusório. **5.** Inútil, baldado. ● sm. **6.** V. *vácuo* (2). **7.** Abertura, numa parede, para janela ou porta. **8.** Intervalo entre 2 apoios de uma estrutura. [Pl.: *vãos.* Fem. do adj.: *vã.*]

va.por (ô) [Lat. *vapore.*] sm. **1.** Exalação de forma gasosa. **2.** Navio movido por máquina de vapor.

va.po.ri.zar [*Vapor.*☐1D] vtd. **1.** Converter em vapor (1). **2.** Aspergir (líquidos) em gotas finíssimas. *p.* **3.** Converter-se em vapor (1). [C.: 1] § **va.po.ri.za.ção** sf.; **va.po.ri.za.dor** (ô) sm.

va.po.ro.so (ô) [Lat. *vaporosu.*☐37] adj. **1.** Em que há vapores. **2.** Tênue, leve. **3.** Transparente. [Pl.: *-rosos* (ó).]

va.quei.ro [*Vaca.*◨25] *sm.* Guarda ou condutor de gado vacum.
va.que.ja.da [*Vaquejar.*◨4] *sf. Bras.* 1. Rodeio (5). 2. Ato de procurar o gado espalhado pelos matos, para reconduzi-lo ao curral.
va.que.ta (ê) [*Vaca + -eta* (ê).] *sf.* Couro macio, para forros.
va.qui.nha [*Vaca.*◨32A] *sf.* 1. *Bras.* Arrecadação pecuniária que se faz entre várias pessoas para a compra ou realização de algo. 2. *Zool.* Besouro meloídeo, ou escarabeídeo, que ataca flores e folhas.
va.ra [Lat. *vara.*] *sf.* 1. Ramo fino e flexível. 2. V. *bordão*[1] (1). 3. Pau direito. 4. Jurisdição (2). 5. O cargo de juiz. 6. Antiga medida de comprimento, equiv. a 1,10m. 7. Manada de porcos.
va.ral [*Vara.*◨39] *sm.* 1. Cada uma das varas laterais de um veículo de tração, entre as quais se atrela o animal que o puxa. 2. Corda ou arame onde se pendura a roupa lavada para secar. [Pl.: *-rais.*]
va.ran.da [Or.hindi, poss.] *sf.* 1. Balcão, sacada. 2. Terraço (1). 3. *Bras.* Espécie de alpendre à frente e/ou em volta das casas.
va.ra.ní.de:o [Tax. *Varanidae.*] *adj. sm. Zool.* Espécime dos varanídeos, família que reúne grandes lagartos predadores, de crânio pontudo, e que podem atingir até 3m. Habitam a Austrália e ilhas da Indonésia. Ex.: dragão--de-comodo.
va.ra.no [Tax. *Varanus.*] *sm. Zool.* V. *dragão-de--comodo.*
va.rão[1] [De *barão*.] *sm.* 1. Indivíduo do sexo masculino. 2. Homem adulto, ou respeitável. ● *adj.* 3. Que é do sexo masculino. [Pl.: *-rões.* Fem.: *varoa.* ou, com fem. de 2: *virago, matrona.*]
va.rão[2] [*Vara.*◨28A] *sm.* Vara (2) grande, de metal. [Pl.: *-rões.*]
va.ra.pau *sm.* 1. Pau comprido. 2. *Bras. Pop.* Pessoa alta e magra.
va.rar [Lat. *varare.*◨1A] *vtd.* 1. Bater com vara (1). 2. Furar de lado a lado. 3. Ultrapassar (1). 4. Passar (período de tempo). 5. *Bras.* Passar (rio, etc.). *tc.* 6. Sair impetuosamente. [C.: 1]
va.re.jão *sm.* Vara grande. [Pl.: *-jões.*]
va.re.jar [*Vara.*◨1E] *vtd.* 1. Sacudir ou fustigar com varas. 2. Fazer cair, batendo com vara. 3. Revistar (3). *int.* 4. Impelir o barco à vara. [C.: 1 (ê)]
va.re.jei.ra *sf. Zool.* Nome comum às espécies de moscas que põem ovos em carne.
va.re.jis.ta [*Varejo.*◨36] *adj2g.* 1. Que vende a varejo. 2. Relativo ao comércio a varejo. ● *s2g.* 3. Negociante que vende a varejo.
va.re.jo (ê) [Dev. de *varejar.*] *sm. Bras.* 1. Venda em pequenas quantidades. 2. *Market.* Atividade comercial de venda ao consumidor final.
va.re.ta (ê) [*Vara + -eta* (ê).] *sf.* 1. Pequena vara. 2. Vara fina anexa ao cano das espingardas. 3. Cada uma das hastes da armação de guarda--chuva ou de leque.
var.ge.do (ê) [*Varg(em) + -edo.*] *sm.* Conjunto de vargens.
var.gem *sf.* Várzea. [Pl.: *-gens.*]
va.ri.a.ção [Lat. *variatione.*◨2A] *sf.* Ato ou efeito de variar(-se); variedade. [Pl.: *-ções.*]
va.ri.a.do [*Variar.*◨17A] *adj.* 1. Diverso, sortido. 2. V. *variegado.* 3. *Fig.* Delirante, alucinado.
va.ri.an.te [Lat. *variante.*◨21] *adj2g.* 1. Que varia. ● *sf.* 2. Desvio que, numa estrada, substitui trecho interrompido ou dá alternativa de outro percurso. 3. Cada uma das várias formas do mesmo vocábulo.
va.ri.ar [Lat. *variare.*◨1A] *vtd.* 1. Tornar vário ou diverso; diversificar. 2. Alternar, revezar. *ti.* 3. Variar (2). 4. Mudar. *int.* 5. Fazer ou sofrer mudança. 6. Mudar de direção. 7. Delirar; enlouquecer. [C.: 1]
va.ri.á.vel [Lat. *variabile.*◨41] *adj2g.* 1. Que pode variar, ou que apresenta variações. ● *sf.* 2. Coisa, condição ou quantidade que pode variar, que não é fixa ou constante. 3. *Mat.* Símbolo dos elementos dum conjunto. 4. *Mat.* Termo que, numa função ou numa relação, pode ser alternadamente substituído por outros. [Pl.: *-veis.*]
◆ **Variável dependente.** *Mat.* Variável que, no mapeamento de 2 conjuntos, tem papel dependente da variável do outro conjunto. **Variável independente.** *Mat.* Variável à qual se atribui papel preponderante no mapeamento de 2 conjuntos; argumento. § **va.ri.a.bi.li.da.de** *sf.*
va.ri.ce.la [Fr. *varicelle.*◨7] *sf. Med.* Doença infecciosa, contagiosa, caracterizada por febre e erupção de pequenas bolhas; catapora.
va.ri.co.so (ó) [Lat. *varicosu.*◨37] *adj.* Relativo a variz(es). [Pl.: *-cosos* (ó).] § **va.ri.co.si.da.de** *sf.*
va.ri.e.da.de [Lat. *varietate.*◨14A] *sf.* 1. Qualidade de vário. 2. Variação (1). 3. Diversidade, multiplicidade. 4. *Biol.* Subespécie.
va.ri.e.da.des *sfpl.* 1. Miscelânea de assuntos vários. 2. Espetáculo que apresenta atrações variadas.
va.ri.e.ga.do [*Variegar.*◨17A] *adj.* Que apresenta diversos matizes, ou é de cores variadas; variado, matizado.
va.ri.e.gar [Lat. *variegare.*◨1A] *vtd.* 1. Dar cores diversas a. 2. Diversificar. [C.: 1C (é)] § **va.ri.e.ga.ção** *sf.*
vá.ri.o [Lat. *variu.*] *adj.* 1. De diversas cores ou feitios. 2. Diferente, distinto. 3. *Fig.* Instável, volúvel.
va.rí.o.la [Lat.med.*variola.*] *sf. Med.* Doença infecciosa aguda, contagiosa, em que ocorre formação de pústulas, cujas crostas se desprendem originando cicatrizes escavadas. [Sin., pop.: *bexiga.*]
va.riz [Lat. *varice.*] *sf. Med.* Dilatação permanente de veia, artéria ou vaso linfático.
va.ro.ni.a [*Varão*[1] (*-ron-*).◨8A] *sf.* Descendência em linha masculina.

varonil | vazio

va.ro.nil [*Varão*¹ (*-ron-*) + *-il*¹.] *adj2g.* **1.** De, ou próprio de varão¹ (1 e 2). **2.** Forte, rijo. [Pl.: *-nis.*] § **va.ro.ni.li.da.de** *sf.*

var.re.dor (ô) [*Varrer.*■19A] *adj. sm.* Que, ou quem varre.

var.re.du.ra [*Varrer.*■5A] *sf.* **1.** Ato ou efeito de varrer. **2.** O que se ajunta varrendo. **3.** *P.ext.* Busca.

var.rer [Lat. *verrere.*■1B] *vtd.* **1.** Limpar com vassoura. **2.** Arrastar-se por; roçar. **3.** Destruir, devastar. **4.** Fazer desaparecer. **5.** Tornar claro, límpido. *tdi. e tdc.* **6.** Limpar, livrar. *int.* **7.** Limpar o lixo com a vassoura. *p.* **8.** Dissipar-se, desvanecer-se. [C.: 2]

var.ri.do [Part. de *varrer.*] *adj.* **1.** Limpo com vassoura. **2.** *Fig.* Rematado, completo (doido).

vár.ze:a [B.-lat. *varcena*, poss.] *sf.* Terreno baixo, plano e fértil, nas margens de um curso de água; vargem.

va.sa [Fr. *vase.*] *sf.* **1.** Lama fina e inconsistente, típica de certos fundos oceânicos. **2.** V. *lodo* (1).

vas.ca [V.C] *sf.* **1.** Grande convulsão. **2.** Estertor (1).

vas.co.le.jar [Lat. *vasculum* + *-ejar.*■1E] *vtd.* **1.** Agitar (líquido contido em vaso). **2.** Revolver, agitar. [C.: 1 (é)]

vas.cu.lar [Lat. *vasculum* + *-ar*¹.■40] *adj2g.* **1.** *Anat.* Relativo a vasos sanguíneos. **2.** *Bot.* Que tem vaso (7).

vas.cu.la.ri.za.ção *sf. Anat.* **1.** O conjunto dos vasos sanguíneos em tecido ou órgão. **2.** Neoformação de vasos sanguíneos em tecido ou órgão. [Pl.: *-ções.*]

vas.cu.la.ri.zar [*Vascular.*■1D] *vtd.* Produzir a vascularização de. [C.: 1] § **vas.cu.la.ri.za.do** *adj.*

vas.cu.lha.dor (ô) [*Vasculhar.*■19A] *sm.* Vassoura para limpar tetos e paredes altos; vasculho.

vas.cu.lhar [*Vasculho*, poss.■1A] *vtd.* **1.** Varrer com vasculho. **2.** *Fig.* Pesquisar, investigar. [C.: 1]

vas.cu.lho [Lat. *vasculu.*] *sm.* Vasculhador.

vas.cu.lo.pa.ti.a [Lat. *vasculum* + *-patia.*] *sf. Med.* Qualquer doença de vaso sanguíneo.

va.sec.to.mi.a [Lat. *vas* (*deferens*) + *-ectom-* + *-ia*¹.■8A] *sf. Med.* V. *deferentectomia.*

va.se.li.na [Ingl. *vaseline*, m.reg.] *sf.* **1.** *Quím.* Parafina de baixo ponto de fusão. **2.** *Bras. Fig.* Pessoa melíflua, cheia de lábia.

va.si.lha [Lat.vulg. *vasilia.*] *sf.* Vaso para líquidos.

va.si.lha.me [*Vasilha* + *-ame.*] *sm.* Quantidade de vasilhas.

va.so [Lat.vulg. *vasu.*] *sm.* **1.** Recipiente côncavo, capaz de conter líquidos ou sólidos. **2.** Peça análoga que se enche de terra, para nela se colocarem plantas. **3.** Jarra para flores. **4.** V. *urinol.* **5.** Vaso sanitário. **6.** *Anat.* Qualquer ducto do corpo humano onde circula sangue ou linfa ou bílis. **7.** *Bot.* Estrutura pela qual circula a seiva mineral das plantas. ♦ **Vaso sanitário.** Peça de louça que, nos banheiros, está ligada ao esgoto e é us. para receber e eliminar os excrementos corporais.

va.so.mo.tor (ô) [*Vaso* + *motor.*] *adj.* Diz-se de fator que age sobre motilidade de vaso sanguíneo.

vas.quei.ro [*Vasca.*■25] *adj.* **1.** Que causa vascas ou ânsias. **2.** *Bras.* Difícil de obter; raro.

vas.sa.la.gem [*Vassalo.*■6] *sf.* **1.** Estado ou condição de vassalo. **2.** Nos tempos feudais, tributo de vassalo (1). **3.** *Fig.* Sujeição, submissão. [Pl.: *-gens.*]

vas.sa.lo [Fr. *vassal.*] *sm.* **1.** O que dependia dum senhor feudal. **2.** Súdito de um soberano.

vas.sou.ra ou **vas.soi.ra** [Lat. *versoria.*] *sf.* Utensílio feito de ramos de piaçava, pelos, etc., us. sobretudo para varrer o lixo do chão.

vas.sou.ra.da ou **vas.soi.ra.da** *sf.* **1.** Pancada com vassoura. **2.** Varredura ligeira.

vas.sou.rei.ro ou **vas.soi.rei.ro** *sm.* Fabricante e/ou vendedor de vassouras.

vas.to [Lat. *vastu.*] *adj.* **1.** Amplo (1). **2.** *Fig.* Considerável, grande. § **vas.ti.dão** *sf.*

va.ta.pá [Do ior.] *sm. Bras. Cul.* Iguaria de origem africana, à base de peixe ou galinha, com camarão seco, amendoim, etc., temperada com azeite de dendê e pimenta.

va.te [Lat. *vate.*] *sm.* **1.** O que faz vaticínios. **2.** Poeta (1).

va.ti.ca.no [Lat. *Vaticanus collis*, 'colina Vaticano'.] *adj.* Relativo ou pertencente ao Vaticano (palácio papal na cidade do Vaticano, em Roma).

va.ti.ci.nar [Lat. *vaticinare.*■1A] *vtd. e tdi.* V. *predizer.* [C.: 1]

va.ti.cí.ni:o [Lat. *vaticiniu.*] *sm.* Predição, profecia.

vau [Lat. *vadu.*] *sm.* Trecho raso do rio, onde se pode transitar a pé ou a cavalo.

va.za [It. *bazza.*] *sf.* Conjunto de cartas de baralho jogadas na mesa e que o ganhador recolhe.

va.za.do [*Vazar.*■17A] *adj. Arquit.* Diz-se de elemento, ou de parte de construção, em que há espaços vazios: *tijolos vazados*, *parede vazada.*

va.za.doi.ro ou **va.za.dou.ro** [*Vazar.*■26B] *sm.* Lugar onde se despejam detritos ou se vaza qualquer líquido.

va.za.men.to [*Vazar.*■3] *sm.* **1.** Ato ou efeito de vazar; vazão. **2.** Lugar por onde vaza um líquido. **3.** O líquido que vaza.

va.zan.te [*Vazar.*■21] *adj2g.* **1.** Que vaza. ● *sf.* **2.** Maré descendente; baixa-mar.

va.zão [*Vazar.*■2] *sf.* **1.** Vazamento (1). **2.** Escoamento, saída. **3.** *Fig.* Venda, consumo. [Pl.: *-zões.*]

va.zar [*Vaziar* (de *vazio*).] *vtd.* **1.** Tornar vazio; esvaziar. **2.** Entornar, verter. **3.** Traspassar, atravessar. **4.** Abrir um vão em. **5.** Fundir (2). *tdc.* **6.** Despejar, desaguar. *int.* **7.** Deixar sair o líquido. **8.** Tornar-se conhecida (notícia) por descuido. [C.: 1]

va.zi.o [Lat. *vacivu.*] *adj.* **1.** Que não contém nada; vácuo, vão. **2.** Despovoado, desabitado.

3. *Fig.* Frívolo, vão. **4.** *Fig.* Falto de inteligência. **5.** *Fig.* Falto, destituído. ● *sm.* **6.** Espaço, imaginário ou real, não ocupado por coisa alguma.

vê *sm.* A letra *v*.

ve.a.do [Lat. *venatu*.] *sm. Zool.* Mamífero cervídeo, muito veloz.

ve.da [Dev. de *vedar*.] *sm.* Conjunto de textos sagrados da tradição religiosa e filosófica da Índia. [Com inicial maiúsc.]

ve.da.ção [*Vedar*.◘2A] *sf.* **1.** Ato ou efeito de vedar. **2.** Aquilo que veda. [Pl.: *-ções*.]

ve.dar [Lat. *vetare*.◘1A] *vtd.* **1.** Fechar, tapar. **2.** Estancar (1). **3.** Impedir, proibir. *tdi.* **4.** Vedar (3). [C.: 1 (é)]

ve.de.ta¹ (ê) [It. *vedetta*.] *sf.* Guarita de sentinela, em lugar alto.

ve.de.ta² (ê) [Fr. *vedette*.] *sf.* Lancha usada para transportar autoridades.

ve.de.te [Fr. *vedette*.] *sf.* Atriz de teatro de revista; corista.

ve.de.tis.mo [*Vedete*.◘11] *sm.* Atitude de pessoa que gosta de aparecer, de sobressair.

ve.ei.ro [*Veio*.◘25] *sm. Bras.* Fendimento numa rocha, preenchido por substância diferente daquela que a forma.

ve.e.men.te [Lat. *vehemente*.] *adj2g.* **1.** Arrebatado, impetuoso. **2.** Enérgico, forte. **3.** Entusiástico. **4.** Intenso, forte. § **ve.e.mên.ci.a** *sf.*

ve.ge.ta.ção [Lat. *vegetatione*.◘2A] *sf.* **1.** Ato ou efeito de vegetar. **2.** O conjunto das plantas de uma determinada região. [Há tipos diversos de vegetação, conforme o clima e o solo da região. Ex.: caatinga, floresta]. [Pl.: *-ções*.]

ve.ge.tal [Lat.med. *vegetale*.◘39] *adj2g.* **1.** Relativo às plantas, ou procedente delas. ● *sm.* **2.** Espécime do reino das plantas (ou reino vegetal). [Pl.: *-tais*.]

ve.ge.tar [Lat. *vegetare*.◘1A] *v.int.* **1.** Crescer (uma planta). **2.** *Fig.* Viver sem interesse, ou na inércia. [C.: 1 (é)]

ve.ge.ta.ri.a.no [Ingl. *vegetarian*.] *adj.* **1.** Que, ger., se alimenta de produtos de origem vegetal, não come carne, porém faz uso de laticínios e ovos. **2.** Que utiliza, esp., produtos vegetais: *dieta vegetariana*. ● *sm.* **3.** Quem é vegetariano. § **ve.ge.ta.ri:a.nis.mo** *sm.*

ve.ge.ta.ti.vo [Lat.med. *vegetativu*.◘22A] *adj.* **1.** Que faz vegetar. **2.** Referente a crescimento e nutrição. **3.** Relativo às funções vitais comuns a animais e vegetais. **4.** Que funciona involuntária ou inconscientemente.

vei.a (êi) [Lat. *vena*.] *sf.* **1.** *Anat.* Cada vaso (6) que conduz o sangue ao coração. **2.** *Fig.* Disposição, tendência.

ve:i.cu.lar [*Veículo*.◘1A] *vtd.* **1.** Transportar em veículo. **2.** Transmitir, propagar: *veicular uma doença*. **3.** Transmitir, difundir. [C.: 1] § **ve:i.cu.la.ção** *sf.*

ve.í.cu.lo [Lat. *vehiculu*.] *sm.* **1.** Qualquer dos meios para transportar ou conduzir pessoas, objetos, etc.; transporte. **2.** *P.ext.* Automóvel, carro. **3.** Tudo que transmite ou conduz. ◆ **Veículo de propaganda.** Meio de comunicação publicitária.

vei.ga [Pré-rom. **baika*, poss.] *sf.* Planície cultivada e fértil.

vei.o [De *veia*.] *sm.* **1.** Faixa de terra ou de rocha que difere da que a ladeia pela natureza ou pela cor. **2.** Parte da mina onde está o mineral; filão. **3.** Riacho, arroio.

ve.la¹ [Lat. *vela*.] *sf.* **1.** Peça de lona ou de brim que, ao receber o sopro do vento, impele embarcações; pano. **2.** Embarcação movida à vela.

ve.la² [Dev. de *velar²*.] *sf.* **1.** Peça cilíndrica, etc., de substância gordurosa e combustível, com um pavio no centro, e que serve para alumiar; círio. **2.** *Mec.* Peça que produz a ignição nos motores de explosão.

ve.la.me [*Vela¹* + *-ame*.] *sm.* O conjunto das velas duma embarcação.

ve.lar¹ [Lat. *velum* + *-ar²*.◘1A] *vtd.* **1.** Cobrir com véu. **2.** Esconder, tapando. **3.** Escurecer (1). **4.** Tornar secreto; ocultar. [C.: 1 (é)] § **ve.la.do** *adj.*

ve.lar² [Lat. *velare*.◘1A] *v.int.* **1.** Passar a noite acordado. **2.** Estar alerta; vigiar. *td.* **3.** Estar de vigia, de guarda; guardar. **4.** Passar a noite à cabeceira de (doente), ou ao pé de (defunto). *ti.* **5.** Tratar com zelo. [C.: 1 (é)]

ve.lei.da.de [Lat. *velleitate*.◘14B] *sf.* **1.** Vontade imperfeita, hesitante. **2.** Quimera, fantasia.

ve.lei.ro [*Vela²*.◘25] *sf.* Navio à vela.

ve.le.ja.dor (ô) [*Velejar*.◘19A] *adj. sm.* Que, ou aquele que veleja.

ve.le.jar [*Vela¹*.◘1E] *v.int.* Navegar à vela. [C.: 1 (ê)]

ve.lha *sf.* **1.** Mulher idosa. **2.** *Fam.* Mãe.

ve.lha.ca.ri.a [*Velhaco*.◘15] *sf.* Qualidade, ou ato, ou manha de velhaco.

ve.lha.co [Esp. *bellaco*.] *adj. sm.* Que, ou quem ludibria por gosto ou má índole; patife, tratante.

ve.lha.que.ar [*Velhaco*.◘1N] *v.int.* Proceder como velhaco. [C.: 12A]

ve.lha.ri.a [*Velho*.◘15] *sf. Deprec.* **1.** Objeto velho, desusado. **2.** Costume antiquado.

ve.lhi.ce [*Velho*.◘13] *sf.* **1.** Estado ou condição de velho. **2.** Os velhos.

ve.lho [Lat. *vetulu*.] *adj.* **1.** Muito idoso. **2.** Antigo (3). **3.** Gasto pelo uso. **4.** Experimentado, veterano. **5.** Que há muito exerce uma profissão ou tem certa qualidade. **6.** Desusado, obsoleto. ● *sm.* **7.** Homem idoso. **8.** *Fam.* Pai.

ve.lho.te [*Velho* + *-ote¹*.] *sm.* Homem já um tanto velho.

ve.lo [Lat. *villu*.] *sm.* **1.** Lã de carneiro, ovelha ou cordeiro. **2.** A pele do carneiro com o velo (1). **3.** Lã cardada.

ve.lo.ci.da.de [Lat. *velocitate*.◘14] *sf.* **1.** Qualidade de veloz; rapidez. **2.** *Fís.* Medida expressa na relação entre um espaço percorrido e o tempo gasto para percorrê-lo.

ve.lo.cí.me.tro [*Veloci-* + *-metro*.] *sm.* Instrumento que indica a velocidade de deslocamento dum veículo.

ve.lo.cí.pe.de [*Veloci-* + *-pede*.] *sm.* Triciclo infantil.

ve.lo.cir.rap.tor (ô) [Tax. *Velociraptor*.] *sm.* Paleont. Dinossauro terópode, com cerca de 1,5m de comprimento, dotado de dentes e garras afiadas e capaz de se locomover velozmente. Viveu no cretáceo superior e fósseis foram encontrados na Mongólia, Rússia e China (Ásia e Europa).

ve.ló.dro.mo [Fr. *vélodrome*.] *sm.* Pista para corridas de bicicletas.

ve.ló.ri:o *sm.* Ato de velar um defunto.

ve.lo.so (ô) [Lat. *villosu*.▫37] *adj.* Lanoso; felpudo. [Pl.: -losos (ó).]

ve.loz [Lat. *veloce*.] *adj2g.* Que anda ou corre com rapidez; célere, ligeiro.

ve.lu.do [Esp. *velludo*.] *sm.* **1.** Tecido coberto de seda, algodão ou lã, coberto de pelos cerrados, curtos e acetinados. **2.** *Fig.* Objeto ou superfície macia.

ve.lu.do.so (ô) [*Veludo*.▫37] *adj.* V. *aveludado.* [Pl.: -dosos (ó).]

ve.lu.tí.ne:o *adj.* V. *aveludado.*

ve.nal [Lat. *venale*.▫39] *adj2g.* **1.** Que pode ser vendido. **2.** Relativo a venda¹ (1). **3.** *Fig.* Corrupto, subornável. [Pl.: *-nais.*]

ve.na.tó.ri:o [Lat. *venatoriu*.▫23A] *adj.* Relativo à caça.

ven.cer [Lat. *vincere*.▫1B] *vtd.* **1.** Alcançar vitória ou vantagem sobre. **2.** Refrear, reprimir. **3.** Dominar. **4.** Percorrer, ultrapassando. **5.** Ganhar como vencimento (4). *tdi.* **6.** Exceder: <u>Vence</u> as amigas em graça. *int.* **7.** Alcançar vitória. [C.: 2A] § **ven.ce.dor** (ô) *adj. sm.*

ven.ci.do [Part. de *vencer*.] *adj.* **1.** Que sofreu derrota. **2.** Que não se pagou no prazo certo. • *sm.* **3.** Quem sofreu derrota.

ven.ci.men.to [*Vencer*.▫3A] *sm.* **1.** Ato ou efeito de vencer. **2.** Término do prazo para pagamento de título. **3.** Fim da vigência dum contrato. **4.** Salário. [Nesta acepç., m.us. no pl.]

ven.da¹ [Lat. *vendita*.] *sf.* **1.** Ato ou efeito de vender. **2.** V. *mercearia.*

ven.da² [Germ. *binda*.] *sf.* Faixa ou pedaço de gaze, etc., para cobrir o(s) olho(s).

ven.da.gem [*Venda*.▫6] *sf.* Operação de vendar os olhos. [Pl.: *-gens.*]

ven.dar [*Venda²* + *-ar²*.▫1A] *vtd.* **1.** Cobrir com venda². **2.** Tapar os olhos de. [C.: 1]

ven.da.val [Fr. *vent d'aval*.] *sm. Met.* Vento tempestuoso. [Pl.: *-vais.*]

ven.dá.vel [Lat. *vendabile*.▫41] *adj2g.* Que tem boa venda¹ (1); vendível. [Pl.: *-veis.*]

ven.dei.ro [*Venda¹*.▫25] *sm.* Dono de venda.

ven.der [Lat. *vendere*.▫1B] *vtd.* **1.** Alienar ou ceder por certo preço. **2.** Negociar com. **3.** Não conceder gratuitamente. **4.** Sacrificar por dinheiro ou interesse. **5.** Trair por interesse. *tdi.* **6.** Vender (1). *int.* **7.** Dispor, a troco de dinheiro, do que possui ou lhe foi confiado. **8.** Ser vendável. *p.* **9.** Ceder sua própria liberdade por certo preço. **10.** Deixar-se subornar. [C.: 2] § **ven.de.dor** (ô) *adj. sm.*

ven.di.do [Part. de *vender*.] *adj.* **1.** Que se vendeu. **2.** Subornado.

ven.di.lhão *sm.* **1.** Vendedor ambulante. **2.** *Fig.* Quem trafica em coisas de ordem moral. [Pl.: *-lhões.* Fem.: *vendilhona.*]

ven.dí.vel [Lat. *vendibile*.▫41A] *adj2g.* **1.** Que pode ser vendido. **2.** Vendável. [Pl.: *-veis.*]

ve.ne.no [Lat. *venenu*.] *sm.* **1.** Substância que altera ou destrói as funções vitais. **2.** *Fig.* Aquilo que corrompe moralmente. **3.** *Fig.* Malignidade, maldade.

ve.ne.no.so (ô) [Lat. *venenosu*.▫37] *adj.* **1.** Que contém ou produz veneno. **2.** Insalubre. **3.** *Fig.* Nocivo, malévolo. [Pl.: *-nosos* (ó).]

ve.ne.ra [Lat. *veneria*.] *sf.* **1.** Insígnia duma ordem militar. **2.** Condecoração (2).

ve.ne.ra.ção [Lat. *veneratione*.▫2A] *sf.* **1.** Ato ou efeito de venerar. **2.** Culto, adoração. [Pl.: -ções.]

ve.ne.ran.do [Lat. *venerandu*.] *adj.* Venerável (1).

ve.ne.rar [Lat. *venerare*.▫1A] *vtd.* **1.** Tributar grande respeito a; reverenciar. **2.** Ter em grande consideração. [C.: 1 (é)] § **ve.ne.ra.dor** (ô) *adj. sm.*

ve.ne.rá.vel [Lat. *venerabile*.▫41] *adj2g.* **1.** Digno de veneração; venerando. **2.** *Rel.* Diz-se de morto cujo processo de beatificação teve começo. [Pl.: *-veis.*]

ve.né.re:o [Lat. *venereu*.] *adj.* Relativo a relações sexuais.

ve.ne.ta (ê) *sf.* **1.** Acesso de loucura. **2.** Impulso repentino.

ve.ne.zi.a.na *sf.* Numa janela, série de lâminas para ventilação de ambiente.

vê.ni:a [Lat. *venia*.] *sf.* **1.** Licença, permissão. **2.** Perdão, desculpa. **3.** Mesura, reverência.

ve.ni.al [Lat. *veniale*.▫39] *adj2g.* **1.** Digno de vênia (2); perdoável. **2.** Diz-se das faltas ou dos pecados leves. [Pl.: *-ais.*] § **ve.ni.a.li.da.de** *sf.*

ve.no.so (ô) [Lat. *venosu*.▫37] *adj.* Que tem veias, ou referente a elas. [Pl.: *-nosos* (ó).]

ven.ta [Lat. **ventana*.] *sf.* Narina.

ven.ta.ni.a [De *vento*.] *sf.* Vento impetuoso e contínuo.

ven.ta.ni.lha [Esp. *ventanilla*.] *sf.* Na mesa do bilhar, cada uma das aberturas por onde cai a bola.

ven.tar [De *vento*.▫1A] *v.int.* **1.** Haver vento. **2.** Soprar o vento com força. **3.** Soprar com força. [C.: 5. Impess. nas acepçs. 1 e 2; na acepç. 3, unipess.]

ven.ta.ro.la [It. *ventarola*.] *sf.* Espécie de abano.

ven.tas *sfpl.* **1.** O nariz; as asas do nariz. **2.** *Pop.* Cara; fuças.

ven.ti.la.ção [Lat. *ventilatione.*◫2A] *sf.* **1.** Ato ou efeito de ventilar(-se). **2.** Circulação de ar. [Pl.: *-ções.*]

ven.ti.la.dor (ô) [Lat. *ventilatore.*◫19A] *sm.* Aparelho para ventilar.

ven.ti.lar [Lat. *ventilare.*◫1A] *vtd.* **1.** Introduzir vento em. **2.** Renovar o ar de. **3.** Expor ao vento; arejar. **4.** *Fig.* Debater, discutir. **5.** *Fig.* Cogitar: *ventilar* uma hipótese. *p.* **6.** Abanar-se. [C.: 1] § **ven.ti.la.do** *adj.*

ven.to [Lat. *ventu.*] *sm.* **1.** *Met.* O ar em movimento, fenômeno devido sobretudo às diferenças de temperatura nas várias regiões atmosféricas. **2.** Ar, atmosfera. ♦ **De vento em popa.** *Fig.* De modo muito favorável; com as circunstâncias a seu favor.

ven.to.i.nha [*Vento.*◫32A] *sf.* Grimpa (1).

ven.to.sa [Lat. *ventosa.*] *sf.* **1.** Vaso cônico que, aplicado sobre a pele, depois de nele se ter rarefeito o ar, provoca efeito revulsivo, local. **2.** *Zool.* Sugadouro de certos animais, como, p.ex., a sanguessuga.

ven.to.si.da.de [Lat. *ventositate.*◫14] *sf.* Saída de gases resultantes da flatulência.

ven.to.so (ô) [Lat. *ventosu.*◫37] *adj.* **1.** Em que venta ou venta muito. **2.** Exposto ao vento. [Pl.: *-tosos* (ó).]

ven.tral [Lat. *ventrale.*◫39] *adj2g.* Relativo ou pertencente ao ventre ou abdome. [Pl.: *-trais.*]

ven.tre [Lat. *ventre.*] *sm.* **1.** V. abdome. **2.** *Poét.* V. útero.

ven.trí.cu.lo [Lat. *ventriculu.*] *sm. Anat.* Pequena cavidade normal existente em órgão, como no coração (ventrículo direito e ventrículo esquerdo) e cérebro. § **ven.tri.cu.lar** *adj2g.*

ven.trí.lo.quo [Lat. *ventriloquu.*] *adj. sm.* Que, ou aquele que sabe falar sem abrir a boca e mudando a voz, de modo que esta parece sair de outra fonte.

ven.tru.do [*Ventre* + *-udo.*] *adj.* De grande ventre; barrigudo.

ven.tu.ra [Lat. *ventura.*] *sf.* **1.** Fortuna boa ou má; destino, sorte. **2.** Boa fortuna; felicidade.

ven.tu.ro.so (ô) [*Ventura.*◫37] *adj.* Que tem, ou em que há ventura; ditoso, feliz. [Pl.: *-rosos* (ó).]

vê.nus [Mit. lat. *Venus*, 'deusa do amor'.] *sf2n.* **1.** Mulher de belas formas. **2.** *Astr.* O segundo planeta em ordem de afastamento do Sol. [Nessa acepç., com inicial maiúsc.] § **ve.nu.si.no** *adj.*

ver [Lat. *videre.*] *vtd.* **1.** Perceber ou conhecer pela visão. **2.** Avistar (1). **3.** Assistir a. **4.** Presenciar, testemunhar: *Viu* o acidente. **5.** Encontrar-se com. **6.** Reconhecer, compreender: *Viu* que não tinha saída. **7.** Examinar (um doente). **8.** Observar, notar: *Viu* o que você fez, Rui? **9.** Deduzir, concluir. **10.** Reparar em. **11.** Investigar, examinar. **12.** Visitar (1). **13.** Calcular, avaliar. *transobj.* **14.** Perceber, sentir, considerar: *Não o vejo* como inimigo. **15.** Enxergar. *int.* **16.** Perceber as coisas pelo sentido da visão. *p.* **17.** Mirar-se. **18.** Reconhecer-se. **19.** Achar-se em certo estado, condição, ou lugar. **20.** Encontrar-se mutuamente. [C.: 22]

ve.ra.ne.ar [*Verão* (*-ran-*).◫1N] *v.int.* Passar o verão. [C.: 12A]

ve.ra.nei.o [Dev. de *veranear.*] *sm.* Ato de veranear.

ve.ra.ni.co [*Verão* (*-ran-*)*.*◫35A] *sm.* Período de calor numa estação fresca.

ve.ra.nis.ta [*Veranear.*◫36] *s2g.* Pessoa que veraneia.

ve.rão [Lat.vulg. *veranu.*] *sm.* Estação do ano que sucede à primavera e antecede o outono; estio. [Pl.: *-rões.*]

ve.raz [Lat. *verace.*] *adj2g.* **1.** Que diz a verdade. **2.** Em que há verdade. [Sin.ger.: *verídico.*] § **ve.ra.ci.da.de** *sf.*

ver.ba [Lat. *verba.*] *sf.* **1.** Cada uma das cláusulas dum documento. **2.** Consignação de quantia para dados fins; dotação. **3.** Quantia.

ver.bal [Lat. *verbale.*◫39] *adj2g.* **1.** Referente ao verbo. **2.** Expresso pela fala; oral. [Pl.: *-bais.*]

ver.ba.lis.mo [*Verbal.*◫11] *sm.* Utilização de palavras sem atentar para a sua substância, o seu sentido.

ver.ba.li.zar [*Verbal.*◫1D] *vtd. e int.* Expor verbalmente (algo). [C.: 1]

ver.be.na [Lat. *verbena.*] *sf. Bot.* Nome comum a várias verbenáceas.

ver.be.ná.ce.a [Tax. *Verbenaceae.*] *sf. Bot.* Espécime das verbenáceas, família de ervas e subarbustos de flores perfumadas, e de uso medicinal e em perfumaria. § **ver.be.ná.ce.o** *adj.*

ver.be.rão *sm. Bras. Bot.* Jurujuba. [Pl.: *-rões.*]

ver.be.rar [Lat. *verberare.*◫1A] *vtd.* Censurar energicamente. [C.: 1 (é)] § **ver.be.ra.ção** *sf.*

ver.be.ra.ti.vo [*Verberar.*◫22A] *adj.* Próprio para verberar.

ver.be.te (ê) [*Verbo* + *-ete* (ê).] *sm.* **1.** Nota, apontamento. **2.** Palavra ou expressão dum dicionário ou enciclopédia com o(s) significado(s) e outras informações; entrada.

ver.bo [Lat. *verbu.*] *sm.* **1.** Palavra, vocábulo. **2.** Expressão (2). **3.** *E.Ling.* Classe de palavra que tipicamente indica ação e que ou pode constituir, sozinha, um predicado, ou determinar os elementos que este conterá. **4.** *Rel.* A segunda pessoa da Santíssima Trindade, encarnada em Jesus Cristo. [Nesta acepç., com inicial maiúsc.] ♦ **Verbo abundante.** *E.Ling.* Aquele que tem mais de uma forma para determinados modos, tempos ou pessoas. Ex.: *gastar* [part.: *gastado* ou *gasto*]. **Verbo anômalo.** *E.Ling.* Aquele que apresenta várias formas para o radical. Ex.: *ir* [tab.35], *ser* [tab.14]. **Verbo auxiliar.** *E.Ling.* Aquele que indica o tempo, o modo ou a voz, numa conjugação perifrástica. Ex.: *haver, ter.* **Verbo bitransitivo.** *E.Ling.* Aquele que pede 2 objetos, ou 2 complementos circunstanciais. **Verbo bitransitivo circunstancial.** *E.Ling.* O que pede 2 complementos circunstanciais: *Foi da praça até a estação*. **Verbo bitransitivo indireto.** *E.Ling.* O que pede 2 objetos indiretos: "E desse dano lhe resultou deidade gloriosa." (Luís de Camões, *Os Lusíadas*). **Verbo defectivo.** *E.Ling.* Verbo (regular ou irregular) ao qual faltam certas formas, relativas a determinados tempos e pessoas. Ex.: *abolir, reaver*. **Verbo de ligação.** *E.Ling.* O que une um sujeito a um predicativo: *O homem parecia triste*. **Verbo impessoal.** *E.Ling.* O que, numa oração sem sujeito especificado, apresenta-se na 3.ª pessoa do singular ou em formas nominais: *Nevou ontem; Está trovejando; Tinha ventado forte*. [V.tab. 7 e 5.] **Verbo intransitivo.** *E.Ling.* O que exprime ação ou estado que não passa ou transita do sujeito a nenhum objeto: *O pequeno já anda; A criança brinca*. **Verbo irregular.** *E.Ling.* Aquele que apresenta alterações no radical e/ou na flexão, em algumas das suas formas. [V.tab. de 10 a 58.] **Verbo predicativo.** *E.Ling.* V. *verbo de ligação*. **Verbo pronominal.** *E.Ling.* O que sempre vem acompanhado de um pronome oblíquo da mesma pessoa que o sujeito. Ex.: *arrepender-se, queixar-se*. **Verbo regular.** *E.Ling.* Aquele cujas formas seguem inteiramente o paradigma de sua conjugação, não apresentando alterações no radical nem nas flexões. Ex.: *amar* [tab.1], *vender* [tab.2], *partir* [tab.3]. **Verbo transitivo.** *E.Ling.* Aquele que exprime uma ação que transita do sujeito a um objeto ou, por vezes, a um complemento adverbial. [Os verbos transitivos precisam de complementos (objeto [direto ou indireto, direto e indireto] ou complemento circunstancial) que lhes completem o sentido.] **Verbo transitivo circunstancial.** *E.Ling.* Aquele cujo complemento é de natureza adverbial: *Saiu da sala; Foi ao jardim*. **Verbo transitivo direto.** *E.Ling.* O que pede um objeto direto para que a sua noção se complete: *Comprou um livro*. **Verbo transitivo direto e indireto.** *E.Ling.* O que pede um objeto direto e um objeto indireto para completarem-lhe o sentido: *Contou a história ao irmão*. **Verbo transitivo indireto.** *E.Ling.* O que pede um objeto indireto para completar-lhe o sentido: *Gosta de chocolate*. **Verbo transobjetivo.** *E.Ling.* Verbo transitivo, ou em alguns casos, pronominal, cuja significação exige, como complemento do objeto direto, um adjunto predicativo: *Chamam-na de orgulhosa*. **Verbo unipessoal.** *E.Ling.* Aquele que é us. apenas nas terceiras pessoas.

ver.bor.ra.gi.a [Verbo- + -rragia.] *sf.* Superabundância de palavras com poucas ideias.

ver.bo.si.da.de [Lat. *verbositate*.⊡14] *sf.* Grande fluência oral.

ver.bo.so (ô) [Lat. *verbosu*.⊡37] *adj.* Que fala muito e/ou com facilidade; loquaz. [Pl.: *-bosos* (ó).]

ver.da.de [Lat. *veritate*.⊡14] *sf.* 1. Conformidade com o real. 2. Coisa verdadeira. 3. Princípio certo.

ver.da.dei.ra.men.te [F. de *verdadeiro*.⊡42] *adv.* 1. De fato (2); realmente. 2. Sinceramente.

ver.da.dei.ro [*Verdade*.⊡25] *adj.* 1. Em que há, ou que fala verdade. 2. Real² (1). 3. V. *autêntico* (5). 4. Que não é fingido; sincero.

ver.de (ê) [Lat. *viride*.] *adj2g.* 1. Da cor mais comum nas ervas e nas folhas das árvores. 2. Diz-se da planta ainda sem seiva, da fruta ainda não madura e da madeira não seca. 3. Diz-se da carne fresca, não salgada. 4. Diz-se dos primeiros anos de existência. ● *sm.* 5. A cor verde.

ver.de.jan.te [*Verdejar*.⊡21] *adj2g.* Que verdeja; verdoso.

ver.de.jar [*Verde*.⊡1E] *v.int.* Apresentar cor verde. [C.: 1 (ê). Menos é unipess.]

ver.do.en.go [*Verde* + -o- + -engo*.] *adj.* 1. Esverdeado. 2. Que não está bem maduro (fruto).

ver.dor (ô) [*Verde*.⊡10] *sm.* 1. A cor verde dos vegetais. 2. *Fig.* Inexperiência da juventude; verdura. 3. *Fig.* V. *vigor* (2).

ver.do.so (ô) [*Verde*.⊡37] *adj.* Verdejante. [Pl.: *-dosos* (ó).]

ver.du.go [Lat. hisp. *virducu*.] *sm.* 1. Indivíduo que inflige maus-tratos. 2. V. *carrasco*.

ver.du.ra [*Verde*.⊡5] *sf.* 1. Verdor (2) 2. Hortaliça.

ver.du.rei.ro [*Verdura*.⊡25] *sm. Bras.* Vendedor de verduras, legumes e ervas us. como tempero.

ve.re.a.dor (ô) *sm.* Membro da câmara municipal.

ve.re.an.ça *sf.* Cargo de vereador.

ve.re.da (ê) [B.-lat. *vereda*.] *sf.* 1. Senda. 2. *Fig.* Rumo, direção.

ve.re.dic.to [Lat.med. *veredictu*.] *sm.* Decisão dum júri; sentença.

ver.ga (ê) [Lat. *virga*.] *sf.* 1. Vara flexível. 2. Ripa. 3. Barra delgada de metal. 4. Peça que se põe horizontalmente sobre umbrais. 5. *Marinh.* Peça cilíndrica ou fusiforme, que cruza no mastro.

ver.ga.lhão [*Vergalho*.⊡28A] *sm.* Grande barra de metal. [Pl.: *-lhões*.]

ver.ga.lhar [*Vergalho*.⊡1A] *vtd.* Bater ou surrar com vergalho. [C.: 1]

ver.ga.lho [*Verga* + *-alho*.] *sm.* 1. O órgão genital dos bois e cavalos, cortado e seco. 2. Chicote feito dele. 3. *P.ext.* Qualquer chicote.

ver.gão [*Verga*.⊡28A] *sm.* Marca na pele, resultante de pancada, de chicotada, etc. [Pl.: *-gões*.]

ver.gar [*Verga*.⊡1A] *vtd.* 1. Curvar como se curva uma verga; envergar. 2. Subjugar, submeter. 3. Abater, humilhar. 4. Comover, abalar. *int.* 5. Curvar-se, dobrar-se. 6. Ceder ao peso de algo. 7. Humilhar-se. *p.* 8. Vergar (7). [C.: 1C (é)]

ver.gas.ta *sf.* Vara fina para açoitar.

ver.gas.ta.da [*Vergasta*.⊡4] *sf.* Pancada com vergasta.

ver.gas.tar [*Vergasta*.⊡1A] *vtd.* 1. Bater com vergasta em. 2. *P.ext.* Açoitar, fustigar. [C.: 1]

ver.gel [Provç.ant. *vergier*.] *sm.* Jardim, pomar. [Pl.: *-géis*.]

ver.go.nha [Lat. *verecundia*.] *sf.* **1.** Desonra humilhante, opróbrio. **2.** Sentimento penoso de desonra ou humilhação perante outrem; vexame, afronta. **3.** Timidez, acanhamento. **4.** Pudor. **5.** Atos, palavras, etc., obscenos, indecorosos e/ou vexatórios. **6.** Brio, honra; dignidade.

ver.go.nho.so (ô) [*Vergonha*.◘37] *adj.* **1.** Que desonra; infame. **2.** Obsceno, indecoroso. [Pl.: *-nhosos* (ó).]

ver.gôn.te:a [V.C] *sf.* **1.** *Bot.* V. broto (1). **2.** Ramo de planta de certo porte.

ve.rí.di.co [Lat. *veridicu*.] *adj.* V. veraz.

ve.ri.fi.ca.dor (ô) [*Verificar*.◘19A] *adj. sm.* Que, ou aquele ou aquilo que verifica.

ve.ri.fi.car [Lat. *verificare*.◘1A] *vtd.* **1.** Provar ou investigar a verdade de. *p.* **2.** Realizar-se, efetuar-se. [C.: 1A] § **ve.ri.fi.ca.ção** *sf.*

ver.me [Lat. *verme*.] *sm.* **1.** *Zool.* Nome comum a todos os animais invertebrados, à exceção dos insetos. **2.** *Pop.* Nome comum às larvas de muitos insetos sem patas. **3.** *Fig.* Pessoa desprezível, infame.

ver.me.lhão [*Vermelho*.◘28A] *sm.* Sulfato vermelho de mercúrio, us. no fabrico de tinta. [Pl.: *-lhões*.]

ver.me.lhi.dão [*Vermelho* + *-idão*.] *sf.* **1.** Cor vermelha. **2.** Rubor da pele. [Pl.: *-dões*.]

ver.me.lho (ê) [Lat. *vermiculu*.] *adj.* **1.** Da cor do sangue, do rubi. **2.** Corado, rubro. ● *sm.* **3.** A cor vermelha. **4.** *Pop.* Condição de prejuízo (de indivíduo, empresa, etc.). **5.** *Bras. Zool.* Nome comum a vários peixes lutjanídeos.

ver.mi.ci.da [*Vermi-* + *-cida*.] *adj2g.* V. vermífugo.

ver.mi.com.pos.ta.gem [*Vermi-* + *compostagem*.] *sf. Ecol.* **1.** Produção de composto (5) feito de minhocas. **2.** A utilização desse composto. [Pl.: *-gens*.]

ver.mi.for.me [*Vermi-* + *-forme*.] *adj2g.* Que tem forma de verme.

ver.mí.fu.go [*Vermi-* + *-fugo*².] *adj.* **1.** Que afugenta ou destrói vermes. ● *sm.* **2.** Substância vermífuga. [Sin.ger.: *vermicida*.]

ver.mi.na.ção [Lat. *verminatione*.◘2A] *sf. Biol.* Reprodução de vermes. [Pl.: *-ções*.]

ver.mi.no.se [*Vermin-* + *-ose*¹.] *sf. Med.* Doença causada por infecção por verme.

ver.mi.no.so (ó) [Lat. *verminosu*.◘37] *adj.* Em que há vermes, ou por eles gerado. [Pl.: *-nosos* (ó).]

ver.mu.te [Al. *Wermut*.] *sm.* Vinho aromatizado com plantas, us. como aperitivo.

ver.ná.cu.lo [Lat. *vernaculu*.] *adj.* **1.** Próprio da região em que existe. **2.** *E.Ling.* Diz-se da linguagem pura, sem estrangeirismo; castiço. ● *sm. E.Ling.* **3.** O idioma de um país. § **ver.na.cu.li.da.de** *sf.*

ver.niz [Fr.ant. *vernis*.] *sm.* **1.** Solução de goma ou de resina em álcool, essência, etc., para recobrir e proteger metais, couros, madeiras, etc. **2.** Couro muito brilhante. **3.** *Fig.* Polidez superficial de maneiras.

ve.ro [Lat. *veru*.] *adj.* Real, verdadeiro.

ve.rô.ni.ca *sf. Rel.* Segundo os evangelhos, o pano com o qual se enxugou o rosto de Cristo a caminho do Calvário, nele ficando estampada a sua imagem.

ve.ros.sí.mil [Var. de *verissímil*, do lat.] *adj2g.* **1.** Semelhante à verdade. **2.** Que parece verdadeiro; provável. [Pl.: *-meis*. Superl.: *verossimílimo*.] § **ve.ros.si.mi.li.da.de** *sf.*

ve.ros.si.mi.lhan.ça *sf.* Qualidade ou caráter de verossímil.

ver.ru.ga [Lat. *verruca*.] *sf. Med.* Lesão lobulosa cutânea devida a vírus. § **ver.ru.go.so** (ô) *adj.*

ver.ru.ma [V.E] *sf.* Instrumento cuja ponta é lavrada em hélice, us. para abrir furos na madeira.

ver.ru.mar [*Verruma*.◘1A] *vtd.* **1.** Furar com verruma. **2.** *Fig.* Afligir, torturar. [C.: 1]

ver.sa.do [Lat. *versatu*.] *adj.* Bom conhecedor; perito.

ver.sal [*Verso*¹.◘39] *sf. Edit.* Letra maiúscula. [Pl.: *-sais*.]

ver.sa.le.te (ê) [*Versal* + *-ete* (ê).] *sm. Edit.* Letra com desenho de maiúscula, mas com altura da minúscula de mesmo corpo.

ver.são [Lat.med. *versione*.◘2] *sf.* **1.** Ato ou efeito de verter ou de voltar. **2.** Tradução literal; tradução. **3.** Explicação, interpretação. **4.** Cada uma das várias interpretações dum fato. **5.** Cada uma das várias formas dadas a um produto ao longo do seu desenvolvimento ou para sua comercialização. [Pl.: *-sões*.]

ver.sar [Lat. *versare*.◘1A] *vtd.* **1.** Examinar; compulsar. **2.** Praticar, estudar. *ti.* **3.** Ter por objeto; consistir, tratar. [C.: 1 (è)]

ver.sá.til [Lat. *versatile*.] *adj2g.* **1.** Vário, volúvel. **2.** Que tem qualidades várias num determinado ramo de atividades. [Pl.: *-teis*.] § **ver.sa.ti.li.da.de** *sf.*

ver.se.jar [*Verso*¹.◘1E] *v.int.* Fazer versos, ou maus versos; versificar. [C.: 1 (è)] § **ver.se.ja.dor** (ô) *sm.*

ver.sí.cu.lo [Lat. *versiculu*.] *sm.* Cada um dos curtos parágrafos que dividem um texto sagrado.

ver.si.fi.ca.ção [Lat. *versificatione*.◘2A] *sf.* Ato ou arte ou forma de versificar; metrificação. [Pl.: *-ções*.]

ver.si.fi.car [Lat. *versificare*.◘1A] *v.int.* Versejar. [C.: 1A]

ver.si.fi.ca.tó.ri:o [*Versificar*.◘23A] *adj.* **1.** Da, relativo à, ou próprio da versificação. **2.** Em que há versificação. **3.** Que versifica, ou de quem versifica.

ver.sis.ta [*Verso*¹.◘36] *adj2g. s2g.* Que, ou quem verseja.

ver.so¹ [Lat. *versu*.] *sm.* **1.** Cada uma das linhas constitutivas dum poema. **2.** O gênero poético. 3. Poesia. 4. *Pop.* Quadra ou estrofe qualquer.

ver.so² [Ablat. do lat. *versus*, 'virado'.] *sm.* 1. Página oposta à da frente. 2. *P.ext.* Face oposta à da frente.

→ **versus** (vérsus) [Lat.] Contra. [Abrev.: *v.*]

vér.te.bra [Lat. *vertebra.*] *sf. Anat.* Cada um dos ossos que, junto com outros elementos anatômicos, formam a coluna vertebral do homem e de outros vertebrados.

ver.te.bra.do [Lat. *vertebratu.*] *adj. sm. Zool.* Diz-se de, ou espécime dos vertebrados, subfilo de animais que inclui os peixes, anfíbios, reptis, aves e mamíferos; têm, todos, esqueleto ósseo ou cartilaginoso.

ver.te.bral [Lat. *vertebrale.* ▣39] *adj2g.* Relativo às, ou formado de vértebras. [Pl.: *-brais.*]

ver.te.dou.ro [*Verter.* ▣26B] *sm. Eng.Civil* Descarregador de superfície da vazão excedente, e que visa controlar o nível de água de um reservatório.

ver.ten.te [Lat. *vertente.* ▣21] *adj2g.* 1. Que verte. 2. De que se trata. ● *sf.* 3. Declive de montanha, por onde derivam as águas pluviais; encosta.

ver.ter [Lat. *vertere.* ▣1B] *vtd.* 1. Fazer correr (um líquido) para fora do recipiente; entornar. 2. Expelir (1). 3. Traduzir (1). *tdi.* 4. Verter (3). *tc.* 5. Derivar, brotar. 6. Desaguar. *int.* 7. Entornar. 8. Ressumar (2). [C.: 2 (é-é)]

ver.ti.cal [B.-lat. *verticale.* ▣39] *adj2g.* 1. Que segue a direção do prumo (1). ● *sf.* 2. Linha vertical. [Pl.: *-cais.*]

vér.ti.ce [Lat. *vertice.*] *sm.* 1. O ponto culminante; cimo. 2. *Anat.* O ponto mais alto da abóbada craniana (e do corpo humano em sua posição ereta normal). 3. *Geom.* Ponto comum a 2 ou mais retas ou segmentos de retas, ou pertence a mais de um lado ou face de uma figura.

ver.ti.ci.lo [Lat. *verticillu.*] *sm. Bot.* Conjunto de peças foliáceas inseridas no mesmo nó (7).

ver.ti.gem [Lat. *vertigine.*] *sf.* 1. *Med.* Estado mórbido em que a pessoa tem a impressão de que tudo lhe gira em torno, ou de que ele próprio está girando. [Sin., pop.: *tontura, tonteira.*] 2. *Fig.* Desvario, loucura. [Pl.: *-gens.*]

ver.ti.gi.no.so (ô) [Lat. *vertiginosu.* ▣37] *adj.* 1. Que tem ou causa vertigens. 2. Que gira muito rápido. 3. Que perturba a razão ou a serenidade. [Pl.: *-nosos* (ó).]

ver.ve [Fr. *verve.*] *sf.* Calor ou vivacidade de imaginação.

ve.sa.no [Lat. *vesanu.*] *adj.* Louco; demente.

ves.go (ê) [Or.expr., poss.] *adj. sm. V. estrábico.*

ves.gui.ce [*Vesgo.* ▣13] *sf.* Estrabismo (q.v.).

ve.si.cal [*Vesic*(o)- + *-al¹.* ▣39] *adj2g. Anat.* Da bexiga (1). [Pl.: *-cais.*]

ve.si.can.te [Lat. *vesicante.* ▣21] *adj2g.* Que produz vesículas.

ve.sí.cu.la [Lat. *vesicula.*] *sf.* 1. *Anat.* Pequena bexiga ou cavidade. 2. Empola (1). ◆ **Vesícula biliar.** *Anat.* Vesícula (1) que serve de reservatório para bílis. **Vesícula seminal.** *Anat.* Cada uma de 2 vesículas que se relacionam com a parede posterior da bexiga, e dispõem de um ducto que se junta ao ducto deferente do mesmo lado, para formar o ducto ejaculatório. § **ve.si.cu.lar** *adj2g.*

ves.pa (ê) [Lat. *vespa.*] *sf. Zool.* Nome comum a himenópteros com ferrão na extremidade do abdome e patas posteriores não achatadas; marimbondo.

ves.pei.ro [*Vespa.* ▣25] *sm.* 1. Ninho de vespas. 2. *Fig.* Lugar onde se deparam insídias ou perigos.

vés.pe.ra [Lat. *vespera.*] *sf.* 1. A tarde. 2. O dia imediatamente anterior àquele de que se trata.

ves.pe.ral [Lat. *vesperale.* ▣39] *adj2g.* 1. Da tarde, ou que se realiza à tarde. ● *sf.* 2. *Bras.* Concerto, espetáculo teatral, etc., realizados pela tarde; matinê. [Pl.: *-rais.*]

vés.pe.ras *sfpl.* Os dias que mais proximamente antecedem qualquer fato.

ves.per.ti.no [Lat. *vespertinu.*] *adj.* 1. Da tarde. ● *sm.* 2. Jornal vespertino.

ves.tal [Lat. *vestale.* ▣39] *sf.* 1. Sacerdotisa de Vesta, deusa romana do fogo. 2. *P.ext.* Mulher muito honesta, ou casta. [Pl.: *-tais.*] § **ves.ta.li.no** *adj.*

ves.te [Lat. *veste.*] *sf.* Peça de roupa, ger. a que reveste exteriormente o indivíduo; vestidura, vestimenta.

vés.tia [Var. de *veste.*] *sf.* 1. Casaco curto, folgado na cintura. 2. *Bras. N.E.* Gibão.

ves.ti.á.ri.o [Lat. *vestiariu.* ▣24] *sm.* 1. Compartimento onde se depositam casacos, chapéus, etc. 2. Compartimento, dotado de certas comodidades, onde atletas, etc., trocam de roupa.

ves.ti.bu.lan.do [*Vestibular* + *-ando.*] *adj. sm.* Diz-se de, ou estudante que vai prestar exame vestibular.

ves.ti.bu.lar [*Vestíbulo.* ▣40] *adj2g.* 1. Relativo ao vestíbulo. 2. Diz-se do exame de admissão a um curso superior. ● *sm.* 3. Esse exame.

ves.ti.bu.li.nho [*Vestibul(ar).* ▣32] *sm.* Exame classificatório para curso de ensino fundamental de algumas instituições de ensino.

ves.tí.bu.lo [Lat. *vestibulu.*] *sm.* 1. Compartimento na entrada dum edifício, ger. entre a porta e a principal escadaria ou salão interior. [Sin., bras., *saguão* e, ingl., *hall.*] 2. *Anat.* Nome genérico de espaço ou cavidade, em entrada de ducto (2).

ves.ti.do [Lat. *vestitu.*] *sm.* 1. Veste feminina composta de saia e blusa, formando um todo. ● *adj.* 2. Que traz veste(s).

ves.ti.do-sa.co *sm. Vest.* Vestido de forma ampla, de corte abaulado. [Pl.: *vestidos-saco(s).*]

ves.ti.du.ra [*Vestir.* ▣5A] *sf.* 1. Tudo que é próprio para vestir (1 e 2); vestuário. 2. V. *veste.*

vestígio | vibrar

ves.tí.gi:o [Lat. *vestigiu.*] *sm.* **1.** Aquilo que é efeito de uma ação ou acontecimento, e permanece depois destes. **2.** V. *indício* (2). § **ves.ti.gi.al** *adj2g.*

ves.ti.men.ta [Lat. *vestimenta.*] *sf.* **1.** V. *veste.* **2.** Veste sacerdotal solene.

ves.tir [Lat. *vestire.*]◼1C] *vtd.* **1.** Cobrir com roupa ou veste. **2.** Pôr ou trazer sobre si (peça de vestuário). **3.** Fazer roupa(s) para. **4.** Cobrir, revestir. *int.* **5.** Cobrir-se com roupa; trajar-se. **6.** Ter bom caimento. *p.* **7.** Vestir (5). **8.** Fantasiar-se. [C.: 48]

ves.tu.á.ri:o [Lat.med. *vestuariu.*◼24B] *sm.* **1.** O conjunto das peças de roupa que se vestem; indumentária. **2.** Vestidura (1).

ve.tar [Lat. *vetare.*◼1A] *vtd.* **1.** Opor o veto a (lei). **2.** Proibir (1). [C.: 1 (é)]

ve.te.ra.no [Lat. *veteranu.*] *adj.* **1.** Antigo no serviço militar, ou em qualquer ramo de atividade. ● *sm.* **2.** Soldado antigo ou reformado. **3.** Estudante que já fez o primeiro ano dum curso.

ve.te.ri.ná.ri:a [Lat. *veterinaria.*] *sf.* O estudo das doenças dos animais, e o tratamento delas.

ve.te.ri.ná.ri:o [Lat. *veterinariu.*◼24] *adj.* **1.** Referente à veterinária. ● *sm.* **2.** Aquele que a exerce.

ve.to [Lat. *veto*, do v. *vetare.*] *sm.* **1.** Proibição; oposição. **2.** Recusa de sanção, por um chefe de governo, a uma lei votada pelo legislativo.

ve.tor [Lat. *vector.*] *sm.* **1.** Condutor, portador. **2.** *Mat.* Segmento de reta orientado. **3.** *Mat.* Quantidade que tem módulo e direção, e que se transforma, segundo leis bem determinadas, quando se muda de sistema de coordenadas. § **ve.to.ri.al** *adj2g.*

ve.tus.to [Lat. *vetustu.*] *adj.* **1.** Muito velho; antigo. **2.** Deteriorado pelo tempo. § **ve.tus.tez** (ê) *sf.*

véu [Lat. *velu.*] *sm.* **1.** Tecido com que se cobre qualquer coisa. **2.** Tecido transparente com que as mulheres cobrem a cabeça e/ou o rosto. **3.** Mantilha de freira. **4.** *Anat.* Nome genérico de estrutura em forma de véu. ♦ **Véu palatino.** *Anat.* A parte posterior, carnosa, do palato.

ve.xa.ção [Lat. *vexatione.*◼2A] *sf.* Ato ou efeito de vexar(-se); vexame. [Pl.: -*ções.*]

ve.xa.me [Lat. *vexamen.*] *sm.* **1.** Vexação. **2.** Aquilo que vexa. **3.** V. *vergonha* (2).

ve.xar [Lat. *vexare.*◼1A] *vtd.* **1.** Atormentar, molestar. **2.** Humilhar; afrontar. **3.** Fazer vergonha a. *p.* **4.** Sentir vergonha. [C.: 1 (é)]

ve.xa.tó.ri:o [*Vexar.*◼23A] *adj.* Que vexa, provoca vexame.

vez (ê) [Lat. *vice.*] *sf.* **1.** Termo que indica um fato na sua unidade ou na sua repetição. **2.** Ensejo, ocasião, oportunidade. **3.** Turno, hora. **4.** Alternativa, opção. ♦ **Às vezes.** Us. em relação àquilo que não ocorre sempre, de que há exemplos ou ocorrências individuais, isoladas, ocasionais. **De vez em quando.** Em algumas ocasiões; às vezes. **Em vez de.** Como alternativa a ou substituto de; em lugar de. **Por vezes.** V. *às vezes.* **Uma vez que.** V. *já que.*

ve.zei.ro [*Vezo.*◼25] *adj.* Que tem vezo; acostumado.

ve.zo (ê) [Lat. *vitiu.*] *sm.* **1.** Costume vicioso ou criticável. **2.** Costume ou hábito qualquer.

vi.a [Lat. *via.*] *sf.* **1.** Lugar por onde se vai ou se é levado; caminho. **2.** Direção, rumo. **3.** *Anat.* Qualquer ducto do organismo. **4.** Meio, modo. **5.** Exemplar de documento, etc. ♦ **Via Láctea.** *Astr.* Galáxia à qual pertence a Terra. **Por via das dúvidas.** Para prevenir enganos, para que não haja contratempos. **Por via de regra.** V. *em regra.*

vi:a.bi.li.zar [*Viável* (-*bil-*).◼1D] *vtd.* Realizar ou tornar (algo) viável ou possível. [C.: 1]

vi:a.ção *sf.* **1.** Conjunto de estradas ou caminhos. **2.** Serviço de veículos de carreira, para uso público. [Pl.: -*ções.*]

vi:a.du.to [Ingl. *viaduct.*] *sm.* Construção destinada a transpor uma depressão do terreno ou servir de passagem superior.

vi.a.gem [Provç. *viatge.*◼6] *sf.* Ato de ir de um a outro lugar mais ou menos afastado. [Pl.: -*gens.*]

vi:a.ja.do [*Viajar.*◼17A] *adj.* Que percorreu muitas terras.

vi:a.jan.te [*Viajar.*◼21] *adj2g. s2g.* Que, ou quem viaja.

vi:a.jar [*Viagem.*◼1A] *v.int.* **1.** Fazer viagem ou viagens. *td.* **2.** Andar por. [C.: 1]

vi.an.da [Fr. *viande.*] *sf.* **1.** Qualquer tipo de alimento. **2.** Qualquer carne alimentar.

vi.á.ri:o [Lat. *viariu.*] *adj.* Referente à viação.

vi.a-sa.cra [Lat. *via sacra.*] *sf. Rel.* Série de 14 quadros que representam as principais cenas da Paixão de Cristo. [Pl.: *vias-sacras.*]

vi:á.ti.co [Lat. *viaticu.*] *sm. Rel.* Sacramento da Eucaristia, administrado aos enfermos acamados.

vi:a.tu.ra [Fr. *voiture.*◼5] *sf.* Qualquer veículo.

vi.á.vel [B.-lat. *viabile.*◼41] *adj2g.* Exequível, realizável. [Pl.: -*veis.*] § **vi:a.bi.li.da.de** *sf.*

ví.bo.ra [Lat. *vipera.*] *sf.* **1.** *Zool.* Nome comum às cobras venenosas da família dos viperídeos. **2.** *Fig.* Pessoa de má índole ou mau gênio. [Sin., bras., nesta acepç.: *jararaca.*]

vi.bra.ção [Lat. *vibratione.*◼2A] *sf.* **1.** Ato ou efeito de vibrar. **2.** Movimento vibratório. [Pl.: -*ções.*]

vi.bra.fo.nis.ta [*Vibrafone.*◼36] *adj2g. s2g.* Que, ou aquele que toca vibrafone.

vi.brar [Lat. *vibrare.*◼1A] *vtd.* **1.** Brandir (1 e 2). **2.** Fazer tremular ou oscilar. **3.** Dedilhar (2). **4.** Fazer soar. **5.** Comunicar vibrações, trepidações, a. *tdi.* **6.** V. *desferir* (1). *int.* **7.** Estremecer, abalar. **8.** Produzir sons; soar. **9.** Ter som claro e distinto. **10.** Trepidar (3). **11.** Demonstrar grande entusiasmo. **12.** Emocionar-se. [C.: 1] § **vi.bran.te** *adj2g.*

vibrátil | vidrar

vi.brá.til [Lat. *vibratus*.] *adj2g*. Suscetível de vibrar. [Pl.: *-teis*.]

vi.bra.tó.ri:o [*Vibrar*.◻23A] *adj*. **1**. Que faz vibrar. **2**. Que produz ou é acompanhado de vibração.

vi.cá.ri:o [Lat. *vicariu*.] *adj*. Que faz as vezes de outrem ou de outra coisa.

vi.ce-al.mi.ran.te *sm*. V. *hierarquia militar*. [Pl.: *vice-almirantes*.]

vi.ce-go.ver.na.dor (ô) *sm*. Substituto do governador. [Pl.: *vice-governadores*.]

vi.ce.jar [*Viço*.◻1E] *v.int*. Ter viço; vegetar com opulência. [C.: 1 (ê)] § **vi.ce.jan.te** *adj2g*.

vi.ce-pre.fei.to [*Vice-* + *prefeito*.] *sm*. Aquele que, em caso de impedimento do prefeito, o substitui. [Pl.: *vice-prefeitos*.]

vi.ce-pre.si.den.te *s2g*. Substituto do presidente. [Pl.: *vice-presidentes*.]

vi.ce-rei [*Vice-* + *rei*.] *sm*. Governador de Estado subordinado a um reino. [Pl.: *vice-reis*.]

vi.ce-ver.sa [Do lat.] *adv*. **1**. Em sentido inverso ou oposto. **2**. Reciprocamente.

vi.ci.ar [Lat. *vitiare*.◻1A] *vtd*. **1**. Comunicar vício a. **2**. Adulterar, falsificar. **3**. Tornar nulo. *p*. **4**. Adquirir vício. **5**. Depravar-se, corromper-se. [C.: 1] § **vi.ci.a.do** *adj. sm*.

vi.ci.nal [Lat. *vicinale*.◻39] *adj2g*. Diz-se de caminho ou estrada que liga povoações próximas. [Pl.: *-nais*.]

ví.ci:o [Lat. *vitiu*.] *sm*. **1**. Defeito grave que torna uma pessoa ou coisa inadequada para certos fins ou funções. **2**. Conduta ou costume nocivo ou condenável. **3**. Prática irresistível de mau hábito, esp. de consumo de bebida alcoólica ou de droga.

vi.ci.o.so (ô) [Lat. *vitiosu*.◻37] *adj*. Que tem, ou em que há vício(s). [Pl.: *-osos* (ó).] § **vi.ci:o.si.da.de** *sf*.

vi.cis.si.tu.de [Lat. *vicissitudine*.] *sf*. Mudança ou variação de coisas que se sucedem.

vi.ço [Lat. *vitiu*.] *sm*. **1**. Vigor de vegetação nas plantas. **2**. V. *vigor* (2). § **vi.ço.so** (ô) *adj*.

vi.cu.nha [Esp. *vicuña*.] *sf. Zool*. Mamífero camelídeo, da América do Sul, cujo pelo produz lã finíssima, do mesmo nome.

vi.da [Lat. *vita*.] *sf*. **1**. Conjunto de propriedades e qualidades graças às quais animais e plantas se mantêm em contínua atividade; existência. **2**. A vida humana. **3**. O espaço de tempo que vai do nascimento à morte; existência. **4**. Um dado período da vida. **5**. Biografia. **6**. Modo de viver. **7**. Força, vitalidade. ♦ **Vida fácil**. Meretrício, prostituição. **Entre a vida e a morte**. Em risco de morte iminente. **Ganhar a vida**. Sustentar-se, obter meios de subsistência. **Puxa vida**. V. *puxa*.

vi.de [Lat. *vite*.] *sf*. **1**. Vara de videira. **2**. *Bot*. V. *videira*.

vi.dei.ra [*Vide*.◻16] *sf. Bot*. Trepadeira vitácea cujos frutos, as uvas, dão, fermentados, o vinho; vide, vinha.

vi.den.te [Lat. *vidente*.◻21] *adj2g*. **1**. Que se diz dotado de faculdade de visão sobrenatural. ● *s2g*. **2**. Pessoa vidente. **3**. Pessoa que profetiza. § **vi.dên.ci:a** *sf*.

ví.de:o [Ingl. *video*.] *sm*. **1**. *Telev*. A parte do equipamento de televisão responsável pela gravação, transmissão ou reprodução de imagem. **2**. *Pext*. Televisor. **3**. Tela de tevê. **4**. Obra audiovisual artística, documental, publicitária, etc. registrada em videoteipe. **5**. *Inform*. Monitor (5).

vi.de:o.ar.te [*Vídeo(teipe)* + *arte*.] *sf*. **1**. Modalidade das artes plásticas que usa recursos de gravação em videoteipe. **2**. Qualquer obra dessa modalidade.

vi.de:o.cas.se.te (vi) *sm*. **1**. Cassete com fita gravada pelo processo de videoteipe. **2**. Aparelho para gravação e reprodução de videocassete (1).

vi.de:o.cli.pe (vi) [Ingl. *video-clip*.] *sm*. Vídeo (4) para apresentação de música; clipe.

vi.de:o.clu.be *sm*. Clube cujos sócios, mediante pagamento, podem retirar, por empréstimo, filmes em videocassete e/ou *videogame*.

vi.de:o.con.fe.rên.ci:a [*Vídeo* + *conferência*.] *sf. Telecom*. Teleconferência que usa recursos de áudio e de imagem.

vi.de:o.dis.co (vi) *sm*. Disco óptico com gravação de áudio e vídeo.

vi.de:o.fo.no.gra.ma *sm*. Produto da fixação de imagem e som em suporte material.

→ **videogame** (videoguêimi) [Ingl.] *sm. Inform*. Brinquedo eletrônico em que figuras se movimentam ou mudam de aparência sob uma tela (de televisor, de computador, etc.), controladas manualmente por teclas ou *joystick*.

vi.de:o.gra.ma *sm*. Produto da fixação de imagem em suporte material.

vi.de:o.la.pa.ros.co.pi.a (vi) [*Vídeo* + *laparoscopia*.] *sf. Med*. Laparoscopia executada com o auxílio de equipamento de vídeo. § **vi.de:o.la.pa.ros.có.pi.co** *adj*.

vi.de:o.lo.ca.do.ra (ô) *sf*. Loja em que se alugam filmes gravados em DVD, *blu-ray disc*, ou cassete.

vi.de:o.tei.pe (vi) [Ingl. *video tape*.] *sm. Telev*. Fita plástica, recoberta de partículas magnéticas, usada para registrar imagens de televisão, ger. associadas com o som. [Sigla: *vt*.]

vi.de:o.tex.to (vi...ês) *sm*. Sistema de distribuição de informações em forma de texto exibido em vídeo (5), via canal telefônico, ou via cabo.

vi.dra.ça [*Vidro* + *-aça*.] *sf*. **1**. Lâmina de vidro. **2**. Caixilhos com vidros para janela ou porta.

vi.dra.ça.ri.a [*Vidraça*.◻15] *sf*. **1**. Conjunto de vidraças. **2**. Vidraria.

vi.dra.cei.ro [*Vidraça*.◻25] *sm*. **1**. Fabricante ou vendedor de vidros. **2**. O que põe vidros em caixilhos.

vi.dra.do [*Vidrar*.◻17A] *adj*. **1**. Coberto de substância vitrificável. **2**. Sem brilho; embaciado. **3**. *Pop*. Fascinado, encantado.

vi.drar [*Vidro*.◻1A] *vtd*. **1**. Cobrir de substância vitrificável. *ti. e int*. **2**. *Gír*. Gamar. [C.: 1]

vidraria | vingar

vi.dra.ri.a [*Vidro*.▫15] *sf.* **1.** Estabelecimento que fabrica ou vende vidros; vidraçaria. **2.** A arte de fabricar vidros.

vi.dri.lho [*Vidro* + -*ilho*.] *sm.* Pequena miçanga us. na confecção de bordados sobre tecido, etc.

vi.dro [Lat. *vitru.*] *sm.* **1.** Substância sólida, transparente e quebradiça, que se obtém pela fusão e solidificação duma mistura de quartzo, carbonato de cálcio e carbonato de sódio. **2.** Qualquer artefato de vidro (1). **3.** Frasco. **4.** Lâmina de vidro para diversos fins.

vi.e.la [*Via*.▫7] *sf.* Rua estreita; beco.

vi.és [Fr. *biais*.] *sm.* **1.** Direção oblíqua. **2.** Tira estreita de pano cortada de viés. [Pl.: *vieses*.] ◆ **De viés.** Em diagonal; obliquamente.

vi.ga [V.C] *sf.* Peça de sustentação horizontal, usada em construções; trave.

vi.ga.men.to *sm.* O conjunto das vigas duma construção.

vi.ga.ri.ce *sf.* Ato próprio de vigarista.

vi.gá.ri:o [Lat. *vicariu.*] *sm.* Padre que substitui o pároco em uma paróquia.

vi.ga.ris.ta *adj2g. s2g.* Diz-se de, ou pessoa dada a golpes, embustes ou trapaças.

vi.gên.ci.a [Lat. *vigentia*.▫10] *sf.* Tempo durante o qual uma coisa vigora, é vigente; vigor.

vi.gen.te [Lat. *vigente*.▫21] *adj2g.* Que está em vigor; vigorante.

vi.ger [Lat. *vigere*.▫1B] *v.int.* Ter ou estar em vigor; vigorar. [C.: Defect. Não tem a 1ª pess. do pres. ind. nem, pois, todo o pres. do subj., nas demais, conjuga-se como o paradigma 2B.]

vi.gé.si.mo [Lat. *vigesimu.*] *num.* **1.** Ordinal correspondente a 20. **2.** Fracionário correspondente a 20.

vi.gi.a [Dev. de *vigiar*.] *sf.* **1.** Ato ou efeito de vigiar. **2.** Orifício pelo qual se espreita. **3.** Abertura no costado de embarcação, para iluminar-lhe e arejar-lhe o interior. ● *s2g.* **4.** Guarda (5).

vi.gi.ar [Lat. *vigilare*.▫1A] *vtd.* **1.** Observar atentamente. **2.** Observar às ocultas; espreitar. **3.** Velar² por. *int.* **4.** Velar² (2). **5.** Estar de sentinela. [C.: 1]

vi.gi.lan.te [Lat. *vigilante*.▫21] *adj2g.* **1.** Que vigia. **2.** Zeloso, diligente. **3.** Cuidadoso, atento. § **vi.gi.lân.ci:a** *sf.*

vi.gí.li:a [Lat. *vigilia*.] *sf.* **1.** Falta de sono; insônia. **2.** Estado de quem, durante a noite, vela [v. *velar*²].

vi.gor (ô) [Lat. *vigore*.] *sm.* **1.** Força, robustez. **2.** Atividade, energia; viço, verdor. **3.** Vigência.

vi.go.rar [*Vigor*.▫1A] *vtd.* **1.** Dar vigor a; fortalecer. *int.* **2.** Adquirir vigor (1). **3.** Estar em vigor, ou não estar prescrito. [C.: 1 (ó)] § **vi.go.ran.te** *adj2g.*

vi.go.ro.so (ô) [*Vigor*.▫37] *adj.* **1.** Cheio de vigor (1). **2.** Enérgico, vivo. [Pl.: -*rosos* (ó).]

vil *adj2g.* **1.** De baixo ou de pouco valor: preço vil. **2.** Reles, ordinário. **3.** Infame, abjeto. [Pl.: *vis*.]

vi.la¹ [Lat. *villa*.] *sf.* **1.** Povoação de categoria superior à aldeia ou arraial e inferior à de cidade. **2.** Conjunto de pequenas casas parecidas, dispostas de modo que formam rua ou praça interior; avenida.

vi.la² [It. *villa*.] *sf.* Mansão cercada de jardins.

vi.la.ni.a [*Vilão* (-*lan*-).▫8A] *sf.* Qualidade ou ato de vilão; vileza.

vi.lão [Lat.vulg. **villanu*.] *adj.* **1.** Que vive numa vila. **2.** *Fig.* Grosseiro, rude. **3.** *Fig.* Desprezível, sórdido. **4.** Que comete ou é dado a cometer maldades contra alguém. ● *sm.* **5.** Homem vilão. [Pl.: -*lãos*, -*lões*, -*lães*. Fem.: *vilã, viloa*.] § **vi.la.nes.co** (ê) *adj.*

vi.le.za (ê) [*Vil*.▫12] *sf.* Vilania.

vi.li.pen.di.ar [*Vilipêndio*.▫1A] *vtd.* Tratar com vilipêndio; desprezar. [C.: 1]

vi.li.pên.di:o [B.-lat. *vilipendiu*.] *sm.* Desprezo, menoscabo. § **vi.li.pen.di.o.so** (ô) *adj.*

vi.me [Lat. *vimen*.] *sm.* Vara do vimeiro, flexível.

vi.mei.ro [*Vime*.▫25] *sm.* *Bot.* Salgueiro.

vi.na.gre [Cat. *vinagre*.] *sm.* **1.** Produto oriundo da transformação em ácido acético do álcool contido em certas bebidas, pela fermentação, e us. como condimento, etc. **2.** *Fig.* Bebida muito acre.

vi.na.grei.ra [*Vinagre*.▫16] *sf.* **1.** Recipiente onde se prepara ou guarda o vinagre. **2.** *Bot.* Arbusto herbáceo das malváceas, de folhas comestíveis.

vin.car [*Vinco*.▫1A] *vtd.* Fazer vincos ou dobras em. [C.: 1A]

vin.co [V.E] *sm.* **1.** Aresta ou marca produzida por dobra. **2.** Sulco produzido por pressão, numa superfície. **3.** *Pext.* Ruga.

vin.cu.lar [*Vínculo*.▫1A] *vtd., tdi. e p.* **1.** Ligar(-se) ou prender(-se) fisicamente. **2.** Criar ou adquirir vínculo (3) com; ligar(-se) moralmente. **3.** Associar(-se). [C.: 1] § **vin.cu.la.ção** *sf.*; **vin.cu.lá.vel** *adj2g.*

vín.cu.lo [Lat. *vinculu*.] *sm.* **1.** Tudo o que ata, liga ou aperta. **2.** Nó, liame. **3.** *Fig.* Ligação moral.

vin.da *sf.* Ato ou efeito de vir.

vin.di.car [Lat. *vindicare*.▫1A] *vtd.* **1.** Reclamar ou exigir, em juízo, a restituição de. **2.** Exigir legalmente. [C.: 1A] § **vin.di.ca.ção** *sf.*; **vin.di.ca.dor** (ô) *adj. sm.*; **vin.di.can.te** *adj2g. s2g.*

vin.di.ma [Lat. *vindemia*.] *sf.* **1.** Colheita ou apanha de uvas. **2.** Uvas vindimadas. **3.** O tempo da vindima (1).

vin.di.mar [Lat. *vindemiare*.▫1A] *vtd.* **1.** Fazer a vindima (1) (de). **2.** Destruir, dizimar. *int.* **3.** Vindimar (1). [C.: 1]

vin.di.ta [Lat. *vindicta*.] *sf.* **1.** Punição legal. **2.** Vingança.

vin.do [Part. de *vir*.] *adj.* Que veio.

vin.dou.ro ou **vin.doi.ro** [Lat. *venturu*, com infl. de *vindo*.] *adj.* Que há de vir ou acontecer; futuro.

vin.gan.ça [*Vingar*.▫9A] *sf.* **1.** Ato ou efeito de vingar(-se). **2.** Punição, castigo.

vin.gar [Lat. *vindicare*.▫1A] *vtd.* **1.** Tirar desforra de. **2.** Castigar, punir. **3.** Promover a reparação

vingativo | virago

de (agravo). *int.* **4.** Lograr bom êxito. **5.** Prosperar; crescer. *p.* **6.** Tirar desforra de ofensa; desforrar-se. [C.: 1C] § **vin.ga.dor** (ô) *adj. sm.*

vin.ga.ti.vo [*Vingar.*▫22A] *adj.* Que se apraz em vingar-se.

vi.nha [Lat. *vinea.*] *sf.* **1.** Terreno plantado de videiras. **2.** *Bot.* V. *videira.*

vi.nha-d'a.lhos *sf. Cul.* Molho feito com vinagre ou vinho, alho, cebola, louro, etc. [Pl.: *vinhas--d'alhos.*]

vi.nha.tei.ro *adj.* **1.** Relativo à cultura de vinhas. **2.** Que cultiva vinhas. • *sm.* **3.** Cultivador delas. **4.** Fabricante de vinho.

vi.nhá.ti.co [Lat. *vineaticus.*] *sm. Bot.* Árvore das leguminosas, de madeira excelente.

vi.nhe.do (ê) [*Vinha* + -*edo.*] *sm.* Grande extensão de vinhas.

vi.nhe.ta (ê) [Fr. *vignette.*] *sf.* **1.** *Edit.* Pequena ilustração ger. decorativa. **2.** *Rád. Telev.* Identificação visual ou sonora us. em abertura, encerramento ou reinício de programas.

vi.nho [Lat. *vinu.*] *sm.* **1.** Bebida alcoólica resultante da fermentação do mosto da uva. **2.** *P.ext.* Nome comum a várias bebidas provenientes da fermentação do sumo de frutas ou plantas.

vi.nho.to (ô) *sm.* Resíduo, potencialmente poluente, da produção do álcool de cana-de-açúcar.

vi.ní.co.la [*Vin(i)-* + -*cola.*] *adj2g.* Relativo à vinicultura.

vi.ni.cul.tu.ra [*Vin(i)-* + *cultura.*] *sf.* **1.** Fabricação de vinho. **2.** Viticultura.

vin.te [Lat. *viginti.*] *num.* **1.** Quantidade que é uma unidade maior que 19. **2.** Número (1) correspondente a essa quantidade. [Representa-se em algarismos arábicos por 20, e em romanos, por XX.]

vin.tém [Port.arc. *vinteno.*] *sm.* Antiga moeda de cobre, equiv. a 20 réis. [Pl.: -*téns.*]

vin.te.na [*Vinte* + -*ena.*] *sf.* Grupo de 20.

vi.o.la [Provç. *viola.*] *sf.* **1.** Instrumento de cordas dedilháveis, semelhante ao violão (mas de menor tamanho) na forma e sonoridade. **2.** Instrumento de arco e 4 cordas que corresponde ao contralto na família do violino. É afinado uma quinta abaixo da afinação do violino e uma oitava acima da do violoncelo.

vi:o.la.ção [Lat. *violatione.*▫2A] *sf.* **1.** Ato ou efeito de violar. **2.** Estupro. [Pl.: -*ções.*]

vi:o.lá.ce:a [Tax. *Violaceae.*] *sf. Bot.* Espécime das violáceas, família de ervas, trepadeiras e arbustos floríferos que habitam, esp., áreas temperadas. § **vi:o.lá.ce:o** *adj.*

vi:o.lão [*Viola.*▫28A] *sm.* Instrumento de madeira, de 6 cordas dedilháveis, fundo chato e caixa de ressonância em forma de 8. [Pl.: -*lões.*]

vi:o.lar [Lat. *violare.*▫1A] *vtd.* **1.** Ofender com violência. **2.** Infringir, transgredir. **3.** Tirar a virgindade de; desflorar, deflorar, desgraçar, desonrar. **4.** *P.ext.* V. *estuprar.* **5.** Profanar, conspurcar. **6.** Divulgar, revelar, de modo abusivo. [C.: 1 (ó)]

vi:o.lá.vel [Lat. *violabile.*▫41] *adj2g.* Que se pode violar. [Pl.: -*veis.*]

vi:o.lei.ro [*Viola.*▫25] *sm.* **1.** Tocador de viola (1). **2.** *P.ext. Bras.* Violonista.

vi:o.lên.ci:a [Lat. *violentia.*▫10] *sf.* **1.** Qualidade de violento. **2.** Ato violento. **3.** Ato de violentar.

vi:o.len.tar [*Violento.*▫1A] *vtd.* **1.** Exercer violência sobre. **2.** V. *estuprar.* **3.** Forçar, arrombar. **4.** Desrespeitar. *p.* **5.** Constranger-se; desrespeitar-se. [C.: 1]

vi:o.len.to [Lat. *violentu.*] *adj.* **1.** Que age com ímpeto; impetuoso. **2.** Agitado, tumultuoso. **3.** V. *iracundo.* **4.** Intenso, veemente. **5.** Em que se faz uso de força bruta. **6.** Contrário ao direito, à justiça.

vi:o.le.ta (ê) [It. *violetta.*] *sf.* **1.** *Bot.* Erva violácea ornamental de flores perfumadas. **2.** Sua flor. • *sm.* **3.** A cor mais comum da violeta (1); o roxo. • *adj2g2n.* **4.** Dessa cor; roxo, violáceo.

vi:o.li.no [It. *violino.*] *sm.* Instrumento de madeira, com 4 cordas que se ferem com um arco. § **vi:o.li.nis.ta** *s2g.*

vi:o.lon.ce.lo [It. *violoncello.*] *sm.* Instrumento grande, de 4 cordas friccionáveis com arco, e que corresponde ao baixo na família do violino. § **vi:o.lon.ce.lis.ta** *s2g.*

vi:o.lo.nis.ta [*Violão* (-*lon*-).▫36] *s2g.* Quem toca violão. [Sin., bras.: *violeiro.*]

vi.pe.rí.de:o [Tax. *Viperidae.*] *adj. sm. Zool.* Diz-se de, ou espécime dos viperídeos, família de ofídios que abrange serpentes venenosas da Europa, Ásia e África. Ex.: a víbora.

vi.pe.ri.no [Lat. *viperinu.*] *adj.* **1.** Da, ou próprio da víbora. **2.** *Fig.* Venenoso, peçonhento. **3.** *Fig.* Mordaz; perverso.

vir [Lat. *venire.*] *vtc.* **1.** Transportar-se, mover-se, dum lugar (para aquele onde estamos). **2.** Regressar, voltar. **3.** Proceder, provir. *ti.* **4.** Vir (3). **5.** Derivar: *A palavra amor vem do latim* amore. **6.** Afluir, concorrer. **7.** Ocorrer; chegar. **8.** Ser trazido; transportar-se: *O menino veio de trem. int.* **9.** Vir (1). **10.** Caminhar, andar. **11.** Acudir. **12.** Chegar (certo tempo ou ocasião). **13.** Comparecer. [C.: 36]

vi.ra [Lat. *viria.*] *sf.* Tira de couro que se costura entre as solas do calçado, junto à borda destas.

vi.ra.ção [*Virar.*▫2A] *sf.* Vento brando e fresco que à tarde sopra do mar para a terra. [Pl.: -*ções.*]

vi.ra-ca.sa.ca *s2g.* Quem muda de partido ou de opinião segundo as conveniências. [Pl.: *vira--casacas.*]

vi.ra.da [*Virar.*▫4] *sf. Bras.* **1.** Ato de virar(-se). **2.** Grande esforço feito na última fase dum empreendimento. **3.** Guinada (2).

vi.ra.di.nho [*Virado.*▫32] *sm. Cul.* Virado de feijão.

vi.ra.do *adj.* Que se virou. ◆ **Virado de feijão.** *Cul.* Prato típico da cozinha paulista, feito com feijão sem caldo, farinha e torresmo; viradinho.

vi.ra.go [Lat. *virago.*] *sf.* Mulher de modos masculinizados.

vi.ra-la.ta *sm. Bras.* Cão que não é de raça. [Pl.: *vira-latas.*]

vi.rar [Fr. *virer*, poss.] *vtd.* **1.** Mudar de um para outro lado a direção ou a posição de. **2.** Pôr em posição contrária àquela em que se encontrava: *Virou o prato sobre a mesa.* **3.** Despejar, bebendo; entornar. **4.** Dobrar (3). **5.** Dar a volta a. **6.** Girar (5). *tc. e tdc.* **7.** Mudar de direção, rumo, etc. *pred.* **8.** Transformar-se, tornar-se. *int.* **9.** Ficar de borco; emborcar. **10.** Sofrer mudança repentina: *O tempo virou. p.* **11.** Voltar-se (8). **12.** Mudar de posição. **13.** *Bras.* Empenhar-se para sair, sozinho, de situação difícil, ou para conseguir algo. [C.: 1]

vi.ra.vol.ta *sf.* **1.** Volta completa. **2.** Reviravolta (3).

vir.gem [Lat. *virgine.*] *sf.* **1.** Mulher que ainda não teve relações sexuais; donzela. **2.** *Rel.* A mãe de Jesus Cristo; Virgem Maria. **3.** *Rel.* Retrato da Virgem (2). **4.** *Astr.* A sexta constelação do Zodíaco, situada no equador celeste. **5.** *Astrol.* O 6º signo do Zodíaco, relativo aos que nascem entre 23 de agosto e 22 de setembro. ● *adj2g.* **6.** Virginal. **7.** Puro, intato. **8.** Ainda não usado. **9.** Diz-se de mata ou floresta ainda não explorada. [Com inicial maiúsc., nas acepçs. 2 a 5.] [Pl.: *-gens.*]

vir.gi.nal [Ingl. *virginal.*■39] *adj2g.* Relativo a, ou próprio de virgem; virgem. [Pl.: *-nais.*]

vir.gin.da.de [Lat. *virginitate.*■14C] *sf.* Estado ou qualidade de virgem (1).

vir.gi.ni.a.no [Lat. *virgine* + *-iano.*■29A] *sm.* **1.** Indivíduo nascido sob o signo de Virgem. ● *adj.* **2.** Diz-se de, ou pertencente ou relativo a virginiano.

vír.gu.la [Lat. *virgula.*] *sf.* Sinal de pontuação (,) com que se marca a pausa no discurso.

vir.gu.lar [*Vírgula.*■1A] *vtd. e int.* Pôr vírgula(s) (em). [C.: 1]

vi.ril [Lat. *virile.*] *adj2g.* **1.** Relativo a, ou próprio de homem; varonil. **2.** Enérgico, vigoroso. [Pl.: *-ris.*]

vi.ri.lha [Lat. *virilia.*] *sf. Anat.* Área de junção de cada coxa com o abdome.

vi.ri.li.da.de [Lat. *virilitate.*■14] *sf.* **1.** Qualidade ou caráter de viril. **2.** Período da vida do homem entre a adolescência e a velhice.

vi.ri.lo.cal *adj2g. Antrop.* Que determina que o casal passe a viver na localidade do marido após a união (diz-se regra ou costume). [Pl.: *-cais.*]

vi.ro.la¹ [Fr. *virole.*] *sf.* Aro metálico que aperta ou reforça um objeto, servindo às vezes de ornato.

vi.ro.la² [*Virar.*] *sf.* Parte da borda que fica virada para fora.

vi.ro.se [*Vir(o)-* + *-ose*¹.] *sf. Med.* Doença produzida por vírus.

vi.ró.ti.co [*Vir(o)-* + *-ótico.*] *adj.* Relativo a vírus, ou produzido por ele.

vir.tu.al [Lat. *virtuale.*■39] *adj2g.* **1.** Que existe como potência, mas não realmente. **2.** Com possibilidade de realizar-se. **3.** *Inform.* Diz-se daquilo que, por meios eletrônicos, constitui representação ou simulação de algo real. [Pl.: *-ais.*]

vir.tu.de [Lat. *virtute.*] *sf.* **1.** Disposição firme e constante para a prática do bem. **2.** Força moral. **3.** Ato virtuoso. **4.** Qualidade própria pra produzir certos efeitos. **5.** Causa, razão. **6.** Validade, legitimidade. ♦ **Virtudes teologais.** *Rel.* A fé, a esperança e a caridade.

vir.tu.o.se [Fr. *virtuose.*] *s2g.* **1.** Músico de grande talento. **2.** Indivíduo que domina em alto grau a técnica de uma arte. § **vir.tu.o.sis.mo** *sm.*

vir.tu.o.so [It. *virtuoso.*■37] *adj.* **1.** Que tem virtudes. **2.** Que produz efeito; eficaz. [Pl.: *-osos* (ó).]

vi.ru.lên.ci:a [Lat. *virulentia.*] *sf. Med.* Grau de poder patogênico de microrganismo.

vi.ru.len.to [Lat. *virulentu.*] *adj.* Relativo a, ou caracterizado por virulência.

ví.rus [Lat. *virus.*] *sm2n.* **1.** *Biol.* Agente infeccioso muito diminuto, visível apenas ao microscópio eletrônico, sem metabolismo próprio, donde a necessidade de parasitar células vivas. [Segundo o material genético, se dividem em *vírus DNA* e *vírus RNA*.] **2.** *Inform.* Programa carregado no computador do usuário, sem o conhecimento deste, e que, ao ser ativado de forma involuntária, executa tarefas de natureza destrutiva.

vi.sa.da [*Visar.*■4] *sf. Bras.* Ato ou efeito de visar.

vi.sa.gem [Fr. *visage.*■6] *sf.* **1.** V. *careta* (1). **2.** *Bras.* V. *fantasma* (3). **3.** *Bras.* Visão (4). [Pl.: *-gens.*]

vi.são [Lat. *visione.*■2] *sf.* **1.** Ato ou efeito de ver. **2.** *Fisiol.* O sentido da vista. **3.** Ponto de vista; aspecto. **4.** Imagem vã, que se julga ver em sonhos ou por medo, superstição, sugestão, etc.; visagem. **5.** V. *fantasma* (3). [Pl.: *-sões.*]

vi.sar [Fr. *viser.*■1A] *vtd.* **1.** Dirigir a vista ou o olhar fixamente para; mirar. **2.** Apontar arma de fogo contra. **3.** Pôr o sinal de visto em. **4.** Visar (5). *ti.* **5.** Ter como objetivo; ter em vista. [C.: 1] § **vi.sa.do** *adj.*

vís.ce.ra [Lat. *viscera.*] *sf. Anat.* Nome comum a qualquer grande órgão alojado nas cavidades craniana, torácica ou abdominal.

vis.ce.ral [Lat. *viscerale.*■39] *adj2g.* **1.** Relativo a víscera. **2.** *Fig.* Profundo, entranhado. [Pl.: *-rais.*]

vís.ce.ras *sfpl.* Intestinos, entranhas.

vis.co [Lat. *viscu.*] *sm.* **1.** *Bot.* Planta parasita, lorantácea; agárico. **2.** Suco vegetal glutinoso; visgo.

vis.con.da.do [*Visconde.*■17C] *sm.* Título ou dignidade de visconde ou viscondessa.

vis.con.de [B.-Lat. *vicecomite.*] *sm.* Título nobiliárquico, superior ao de barão e inferior ao de conde. [V. *barão.*]

vis.con.des.sa (ê) *sf.* Mulher de visconde, ou que tem viscondado.

vis.co.so (ô) [Lat. *viscosu.*■37] *adj.* Que tem visco ou é pegajoso como ele; visguento. [Pl.: *-cosos* (ó).] § **vis.co.si.da.de** *sf.*

viseira | vitimar

vi.sei.ra [Fr. *visière*.] *sf.* **1.** A parte anterior do capacete, a qual encobre e defende o rosto. **2.** Pala de boné. **3.** Aba para proteger os olhos dos raios do Sol.

vis.go [Lat. *viscu*.] *sm.* **1.** Visco (2). **2.** *Fig.* Coisa que prende ou atrai.

vis.guen.to [*Visgo.*◘27] *adj.* Viscoso.

vi.si:o.ná.ri:o [*Visão (-sion-).*◘24] *adj.* **1.** Que tem ideias extravagantes, ou tem visões, ou devaneia. **2.** Intuitivo. ● *sm.* **3.** Aquele que é visionário.

vi.si.ta [Dev. de *visitar*.] *sf.* **1.** Ato ou efeito de visitar(-se); visitação. **2.** Pessoa que faz visita. **3.** V. *vistoria* (2).

vi.si.ta.ção [Lat. *visitatione*.◘2A] *sf.* Visita (1). [Pl.: *-ções*.]

vi.si.tar [Lat. *visitare*.◘1A] *vtd.* **1.** Ir ver (alguém) em casa ou em outro lugar onde esteja, por cortesia, dever, afeição, etc. **2.** Ir ver (regiões, monumentos, etc.) por interesse ou curiosidade. **3.** Inspecionar, vistoriar. *p.* **4.** Fazer visitas mutuamente. [C.: 1] § **vi.si.tan.te** *adj2g. s2g.*

vi.sí.vel [Lat. *visibile*.◘41A] *adj2g.* **1.** Que se pode ver. **2.** V. *evidente*. [Pl.: *-veis*.] § **vi.si.bi.li.da.de** *sf.*

vis.lum.brar [Esp. *vislumbrar*.◘1A] *vtd.* **1.** Alumiar frouxamente. **2.** Entrever, lobrigar. [C.: 1]

vis.lum.bre [Esp. *vislumbre*.] *sm.* **1.** Luz tênue, frouxa. **2.** Pequeno clarão. **3.** Aparência ou semelhança vaga.

vi.so [Lat. *visu*.] *sm.* **1.** V. *fisionomia* (1). **2.** Aspecto, jeito.

vi.som [Fr. *vison*.] *sm. Zool.* Mustelídeo de pele macia e lustrosa. [Pl.: *-sons*.]

vi.sor (ô) [Fr. *viseur*.] *adj.* **1.** Que permite ver ou ajuda a ver. ● *sm.* **2.** Aparelho que permite ver ou ajuda a ver. **3.** *Tec.* Em certos aparelhos, dispositivo (ger., de pequeno tamanho) em que são exibidas informações.

vís.po.ra *sf.m. Bras.* Loto (ô).

vis.ta *sf.* **1.** Ato ou efeito de ver. **2.** O sentido da visão. **3.** Os olhos. **4.** Aquilo que se vê. **5.** Panorama, paisagem. **6.** Aparência, aspecto. **7.** Plano, projeto. ◆ **Vista cansada.** V. *presbiopia*. **À primeira vista.** Sob a influência das primeiras impressões; sem exame ou reflexão. **Até à vista.** Até o próximo encontro [us. como expr. de despedida]. **À vista.** Com pagamento imediato. **Dar na(s) vista(s).** Ser notado; tornar-se evidente. **De encher a vista.** Muito bom, muito belo. **Haja vista.** Us. para indicar aquilo que deve ser levado em consideração. [Evite-se a construção *haja vista*, incorreta.] **Ter em vista.** Levar em consideração.

vis.to [Part. de *ver*.] *adj.* **1.** Percebido pelo sentido da visão. **2.** Acolhido, aceito. **3.** Considerado, reputado. ● *sm.* **4.** Declaração de autoridade num documento para validá-lo. ◆ **Visto que.** V. *já que*.

vis.to.ri.a [Port.ant.*vistor*.◘8A] *sf.* **1.** Inspeção judicial a prédio ou lugar sobre o qual existe litígio. **2.** Revista, inspeção, visita.

vis.to.ri.ar [*Vistoria*.◘1A] *vtd.* Fazer vistoria a; inspecionar. [C.: 1]

vis.to.so (ô) [*Vista*.◘37] *adj.* **1.** Que dá na vista ou agrada à vista. **2.** Ostentoso, aparatoso. [Pl.: *-tosos* (ó).]

vi.su.al [Lat. *visuale*.◘39] *adj2g.* Referente à vista ou à visão. [Pl.: *-ais*.]

vi.su:a.li.za.ção [*Visualizar*.◘2A] *sf.* Ação ou efeito de visualizar. [Pl.: *-ções*.]

vi.su:a.li.zar [*Visual*.◘1D] *vtd.* Ter a percepção visual de. [C.: 1]

vi.tá.ce:a [Tax. *Vitaceae*.] *sf. Bot.* Espécime das vitáceas, família de plantas ger. trepadeiras de frutos bacáceos, suculentos. Ex.: a videira. § **vi.tá.ce:o** *adj.*

vi.tal [Lat. *vitale*.◘39] *adj2g.* **1.** Referente à vida, ou próprio para preservá-la. **2.** Essencial, fundamental. [Pl.: *-tais*.]

vi.ta.lí.ci:o [*Vital* + *-ício*.] *adj.* Que dura a vida inteira, ou a isto se destina.

vi.ta.li.da.de [Lat. *vitalitate*.◘14] *sf.* **1.** Qualidade de vital. **2.** Força vital; vigor.

vi.ta.lis.mo [*Vital*.◘11] *sm. Filos.* Doutrina que afirma a necessidade dum princípio que não seja apenas físico-químico para explicar os fenômenos vitais. § **vi.ta.lis.ta** *adj2g. s2g.*

vi.ta.li.zar [*Vital*.◘1D] *vtd.* **1.** Restituir à vida. **2.** Dar força, vigor, a. [C.: 1]

vi.ta.mi.na [Ingl.ant. *vitamine*.] *sf.* **1.** *Bioquím.* Qualquer de diversas substâncias orgânicas presentes, em quantidades pequenas, em muitos tipos de alimentos, e que desempenham papel importante na nutrição. **2.** *Bras.* Creme ralo, preparado com fruta(s) e/ou legume(s). § **vi.ta.mí.ni.co** *adj.*

vi.te.la [Lat. **vitella*.◘7] *sf.* **1.** Novilha menor de um ano. **2.** Carne de novilha ou novilho. **3.** *P.ext.* Iguaria feita de vitela.

vi.te.li.no [*Vitel(i)-* + *-ino*.] *adj.* Da gema do ovo, ou relativo a ela.

vi.te.lo[1] [Lat. *vitellus*.] *sm.* Novilho menor de um ano.

vi.te.lo[2] [Lat. *vitellum*.] *sm. Biol.* Parte do ovo que contém as reservas destinadas a nutrir o embrião.

vi.ti.cul.tor (ô) [*Viti-* + *cultor*.] *adj. sm.* Que, ou quem cultiva vinhas.

vi.ti.cul.tu.ra (vì) [*Viti-* + *cultura*.] *sf.* Cultura das vinhas; vinicultura.

vi.ti.li.go [Lat. *vitiligo*.] *sm. Med.* Afecção cutânea caracterizada por zonas de despigmentação.

ví.ti.ma [Lat. *victima*.] *sf.* **1.** Homem ou animal imolado em holocausto aos deuses. **2.** Pessoa arbitrariamente condenada à morte, ou torturada, etc. **3.** Pessoa ferida ou assassinada, ou que sucumbe a uma desgraça, ou morre em acidente, epidemia, etc. **4.** Tudo quanto sofre dano.

vi.ti.mar [Lat. *victimare*.◘1A] *vtd.* **1.** Tornar vítima. **2.** Matar. **3.** Prejudicar. *p.* **4.** Tornar-se vítima. [Sin.ger.: *vitimizar*. C.: 1]

vi.ti.mi.zar [*Vítima.* ◼ 1A] *vtd. e p.* V. *vitimar*. [C.: 1]

vi.tó.ri:a [Lat. *victoria.*] *sf.* **1.** Ato ou efeito de vencer o inimigo ou competidor; triunfo. **2.** *P.ext.* Triunfo ou êxito brilhante em qualquer terreno.

vi.tó.ri:a-ré.gi:a *sf. Bot.* Grande ninfeácea da Amaz., cujas flores são as maiores da América. [Pl.: *vitórias-régias*.]

vi.to.ri.en.se [◼ 38] *adj2g.* **1.** De Vitória, capital do ES. ● *s2g.* **2.** O natural ou habitante de Vitória.

vi.to.ri.o.so (ó) [Lat. *victoriosu.* ◼ 37] *adj.* Que alcançou vitória. [Pl.: *-osos* (ó).]

vi.tral [Fr. *vitrail.*] *sm.* Vidraça de cores ou com pinturas. [Pl.: *-trais*.]

vi.tre:o [Lat. *vitreu.*] *adj.* **1.** Do vidro, ou próprio dele, ou de natureza semelhante à sua. **2.** Feito de vidro.

vi.tri.fi.car [*Vitri-* + *-ficar.*] *vtd.* **1.** Converter em, ou dar a aparência de vidro a. *int. e p.* **2.** Tomar a aparência de vidro. [C.: 1A] § **vi.tri.fi.ca.ção** *sf.*

vi.tri.na ou **vi.tri.ne** [Fr. *vitrine.*] *sf.* Vidraça atrás da qual ficam expostos objetos destinados à venda ou a serem vistos.

vi.trí:o.lo [Lat.med. *vitriolu.*] *sm. Quím.* Nome comum a vários sulfatos, esp. o ácido sulfúrico.

vi.tro.la [*Victrola*, m.reg.] *sf.* **1.** Aparelho elétrico para reproduzir sons gravados em disco. ● *s2g.* **2.** *Bras.* Tagarela.

vi.tu.a.lhas [Lat. *victualia.*] *sfpl.* V. *víveres*.

vi.tu.pe.rar [Lat. *vituperare.* ◼ 1A] *vtd.* **1.** Tratar com vitupérios. **2.** Repreender, censurar com dureza. [C.: 1 (é)]

vi.tu.pé.ri:o [Lat. *vituperiu.*] *sm.* **1.** Insulto, injúria. **2.** Ato vergonhoso ou infame.

vi.ú.va [Lat. *vidua.*] *sf.* Mulher a quem morreu o marido e que não voltou a casar-se.

vi:u.vez (ê) [*Viúva.* ◼ 12A] *sf.* Estado de quem é viúvo.

vi.ú.vo [De *viúva.*] *sm.* **1.** Homem a quem morreu a mulher e que não voltou a casar-se. ● *adj.* **2.** Que é viúvo.

vi.va [Imper. de *viver.*] *sm.* **1.** Exclamação de aplauso ou de felicitação. ● *interj.* **2.** Designa aplauso.

vi.va.ci.da.de [Lat. *vivacitate.* ◼ 14] *sf.* **1.** Qualidade de vivaz. **2.** Modo expressivo de falar ou gesticular. [Sin.ger.: *viveza*.]

vi.val.di.no *adj. sm. Bras. Gír.* Diz-se de, ou indivíduo muito vivo, esperto.

vi.va-voz *sm.* Dispositivo telefônico que permite a participação de quem estiver próximo ao aparelho. [Pl.: *vivas-vozes.*]

vi.vaz [Lat. *vivace.*] *adj2g.* **1.** Vivedouro. **2.** V. *vivo* (2). **3.** Forte, enérgico. **4.** Ligeiro, rápido. **5.** *Bot.* Diz-se de planta que vive muitos anos.

vi.ve.dou.ro ou **vi.ve.doi.ro** [Lat. *vivituru.*] *adj.* Que vive, ou pode viver muito; vivaz.

vi.vei.ro [Lat. *vivariu.* ◼ 25] *sm.* **1.** Lugar onde se criam animais (esp. peixes). **2.** Canteiro para semear plantas que serão transplantadas.

vi.ven.da [Lat. *vivenda.*] *sf.* Habitação mais ou menos suntuosa.

vi.ven.te [Lat. *vivente.* ◼ 21A] *adj2g.* **1.** Que vive. ● *s2g.* **2.** Criatura viva, esp. o homem.

vi.ver [Lat. *vivere.* ◼ 1B] *v.int.* **1.** Ter vida; existir. **2.** Durar, perdurar. *tc.* **3.** Habitar, morar. *ti.* **4.** Alimentar-se. **5.** Ter como meio de vida. **6.** Passar a vida; dedicar muito tempo. **7.** Dedicar-se inteiramente. **8.** Conviver. *td.* **9.** Gozar, desfrutar, fruir (a vida, um momento). *pred.* **10.** Passar a vida (de certa maneira): *Ela vive feliz.* [C.: 2]

ví.ve.res [Fr. *vivres.*] *smpl.* Gêneros alimentícios; comestíveis, vitualhas.

vi.ver.rí.de:o [Tax. *Viverridae.*] *adj. sm. Zool.* Diz-se de, ou espécime dos viverrídeos, família de mamíferos carnívoros de pernas curtas, corpo longo, e hábitos ger. noturnos. Ex.: o furão.

vi.ve.za (ê) [*Vivo.* ◼ 12] *sf.* V. *vivacidade*.

vi.vi.do [Part. de *viver.*] *adj.* **1.** Que viveu muito. **2.** Que tem larga experiência de vida.

ví.vi.do [Lat. *vividu.*] *adj.* **1.** Que tem vivacidade. **2.** Ardente, vivo. **3.** Luzente, brilhante. **4.** De cores vivas. § **vi.vi.dez** *(ê) sf.*

vi.vi.fi.car [Lat. *vivificare.* ◼ 1A] *vtd.* **1.** Dar vida ou existência a; animar. **2.** Tornar vívido. **3.** Reanimar, reviver. *p.* **4.** Tornar-se vivo. **5.** Criar energia, vigor, animação. [C.: 1A] § **vi.vi.fi.can.te** *adj2g.*

vi.ví.pa.ro [Lat. *viviparu.*] *adj. Zool.* Diz-se de animal cujos filhos se desenvolvem no interior do corpo materno e nascem com forma já definitiva. § **vi.vi.pa.ri.da.de** *sf.*

vi.vis.sec.ção *sf.* Operação feita em animais vivos para estudo de fenômenos fisiológicos. [Pl.: *-ções.*]

vi.vo [Lat. *vivu.*] *adj.* **1.** Que tem vida; animado. **2.** Intenso, forte; vivaz. **3.** De uso corrente; usual. **4.** Fervoroso, ardente. **5.** Aceso, acalorado. **6.** Diligente, ligeiro. **7.** Esperto, matreiro. **8.** Diz-se de cor forte, chamativa. ● *sm.* **9.** Criatura viva. **10.** Debrum, ger. de cor contrastante com a da peça debruada.

vi.zi.nhan.ça [*Vizinho.* ◼ 9A] *sf.* **1.** Qualidade de vizinho. **2.** Pessoas ou famílias vizinhas. **3.** Cercanias.

vi.zi.nho [Lat. *vicinu.* ◼ 32] *adj.* **1.** Que está próximo, ou mora perto. **2.** Limítrofe, confinante. **3.** Semelhante, análogo. ● *sm.* **4.** Aquele que mora perto de nós.

vi.zir [Do ár.] *sm.* Alto dignitário em certos países muçulmanos, esp. no império otomano da Turquia.

vo:a.dor (ô) [*Voar.* ◼ 19A] *adj.* Que voa ou pode voar; volátil, volante.

vo:a.do.ra (ô) [*Voar.* ◼ 20] *sf. Esport.* Golpe em que se usa as pernas esticadas, para atingir o adversário.

vo.ar [Lat. *volare*.] *v.int.* **1.** Sustentar-se ou mover-se no ar por meio de asas (aves, insetos, etc.). **2.** Elevar-se e mover-se no ar (aeronave). **3.** Ir pelo ar com grande rapidez. **4.** *Fig.* Correr com velocidade. **5.** *Fig.* Dispersar-se, sumir(-se). **6.** *Fig.* Decorrer com rapidez (o tempo). **7.** Propalar-se rapidamente. **8.** Ser destruído em explosão. *tc.* **9.** Viajar ou ser transportado em aeronave. *ti.* **10.** Viajar (em aeronave). [C.: 1D]

vo.ca.bu.lá.ri:o [Lat.med. *vocabulariu*.▣24] *sm.* **1.** Conjunto de palavras duma língua, ou de certo estágio dela, ou de qualquer campo de conhecimento ou atividade. **2.** Lista de vocábulos de uma língua dispostos, ger., em ordem alfabética. **3.** Dicionário sucinto.

vo.ca.bu.lo [Lat. *vocabulu*.] *sm.* V. *palavra* (1). § **vo.ca.bu.lar** *adj2g.*

vo.ca.ção [Lat. *vocatione*.▣2A] *sf.* **1.** Ato de chamar. **2.** Escolha, predestinação. **3.** Tendência, pendor. **4.** *P.ext.* Talento, aptidão. [Pl.: *-ções*.] § **vo.ca.ci.o.nal** *adj2g.*

vo.cal [Lat. *vocale*.▣39] *adj2g.* **1.** Relativo à, ou que produz a voz. **2.** Que se exprime por meio dela. [Pl.: *-cais*.]

vo.cá.li.co [Lat. *vocale* + *-ico*².▣35B] *adj.* Relativo às letras vogais.

vo.ca.li.se [Fr. *vocalise*.] *sm. Mús.* Exercício vocal, sem pronúncia de palavras.

vo.ca.lis.ta [*Vocal*.▣36] *s2g.* Cantor(a) de conjunto musical.

vo.ca.li.zar [*Vocal*.▣1D] *v.int.* Cantar sem articular palavras, modulando a voz sobre uma vogal. [C.: 1] § **vo.ca.li.za.ção** *sf.*

vo.ca.li.zá.vel [*Vocalizar*.▣41] *adj2g.* Que se pode vocalizar. [Pl.: *-veis*.]

vo.cê [*Vosmecê*.] *pron.* Pronome de tratamento (q.v.) que se refere à 2ª pess., mas faz concordância como 3ª pess.

vo.ci.fe.rar [Lat. *vociferare*.▣1A] *vtd.* **1.** Proferir em voz alta; bradar. *ti.* **2.** Dirigir censuras ou reclamações. *int.* **3.** Falar com cólera; esbravejar. [C.:1 (é)]

vod.ca [Rus. *vodka*.] *sf.* Aguardente rus., de cereais.

vo:e.jar [*Voo*.▣1E] *v.int.* V. *esvoaçar* (1). [C.: 1 (ê). Norm. é unipess.]

vo.ga [Dev. de *vogar*.] *sf.* **1.** Ato de vogar. **2.** Divulgação. **3.** Grande aceitação; popularidade. **4.** Uso atual; moda. **5.** Remada (1). ● *sm.* **6.** Remador que, sentado na popa, guia os demais.

vo.gal [Lat. *vocale*.▣39] *adj2g.* **1.** *E.Ling.* Diz-se do fonema sonoro que se produz mediante o livre escapamento de ar pela boca, e da letra que o representa. ● *sf.* **2.** *E.Ling.* Fonema ou letra vogal. ● *s2g.* **3.** Membro de corporação, júri, etc. [Pl.: *-gais*.]

vo.gar [It. *vogare*.▣1A] *v.int.* **1.** *Ant.* Deslocar-se sobre a água impelido à força de remos. **2.** *P.ext.* Navegar (embarcação). **3.** *Ant.* Remar. **4.** Deslizar (1). [C.: 1C (ó)]

vo-la Contr. do pron. pess. *vos* (obj. ind.) com o pron. pess. *la* (obj. dir.), fem. de *lo* (2).

vo-las Contr. do pron. pess. *vos* (obj. ind.) com o pron. pess. *las* (obj. dir.), fem. pl. de *lo* (2).

■ **VoIP** [Ingl. *V(oice) o(ver) I(nternet) P(rotocol)*.] *Inform.* Tecnologia que permite a transmissão de voz utilizando-se a Internet

vo.lan.te [Lat. *volante*.▣21] *adj2g.* **1.** V. *voador*. **2.** Flutuante; ondulante. **3.** Que se pode mudar facilmente. **4.** Transitório, efêmero. ● *sm.* **5.** Correia contínua na roda das máquinas. **6.** Formulário para apostas na loteria esportiva, loto e sena. **7.** Peça com que se controla a direção do automóvel. ● *s2g.* **8.** *Bras.* Hábil condutor de automóveis.

vo.lá.til [Lat. *volatile*.] *adj2g.* **1.** V. *voador*. **2.** Relativo a aves. **3.** Que pode ser reduzido a gás ou vapor. [Pl.: *-teis*.]

vo.la.ti.li.zar [*Volátil*.▣1D] *vtd., int. e p.* Reduzir(-se) a gás ou vapor; vaporizar(-se). [C.: 1] § **vo.la.ti.li.za.ção** *sf.*; **vo.la.ti.li.zá.vel** *adj2g.*

vô.lei [F.red. de *voleibol*.] *sm. Esport.* Jogo entre 2 equipes de 6 jogadores cada, separadas por uma rede, por sobre a qual se arremessa uma bola com as mãos.

vo.lei.bol [Ingl. *volleyball*.] *sm. Esport.* V. *vôlei*.

vo.lei.o *sm.* **1.** No tênis, ato de rebater a bola sem deixar que ela bata no chão. **2.** *Fut.* Jogada feita com o pé no ar, a meia altura.

vo.li.ção [Lat. *volitione*.▣2] *sf.* Ato em que há determinação de vontade. [Antôn.: *nolição*. Pl.: *-ções*.]

vo.li.ti.vo [Lat.med. *volitivu*.▣22A] *adj.* Relativo à volição ou à vontade.

vo-lo 1. Contr. do pron. pess. *vos* (obj. ind.) com o pron. pess. *lo* (2) (obj. dir.). **2.** Comb. do pron. pess. *vos* (obj. ind.) com o pron. dem. neutro *lo* (3) (obj. dir.).

vo-los Contr. do pron. pess. *vos* (obj. ind.) com o pron. pess. *los* (obj. dir.), masc. pl. de *lo* (2).

volt [Fr. *volt*.] *sm. Fís.* Unidade de medida de diferença de potencial elétrico no SI [símb.: *V*]. [Pl.: *volts*.]

vol.ta [Dev. de *voltar*.] *sf.* **1.** Ato ou efeito de voltar(-se). **2.** V. *regresso*. **3.** Ato de virar ou girar; giro. **4.** Movimento que completa um percurso fechado. **5.** *Fam.* Pequeno passeio. **6.** Vicissitude, revés. **7.** Curva, sinuosidade. **8.** Cada uma das curvas duma espiral. ◆ **Por volta de.** Cerca de, aproximadamente.

vol.ta.gem [*Volt*.▣6] *sf. Eletr.* Tensão (4). [Pl.: *-gens*.]

vol.tai.ri.a.no (tè) *adj.* Relativo a, ou próprio de Voltaire **(M.)**, ou à sua obra.

vol.tar [Lat. **volvitare*.▣1A] *vtc.* **1.** Ir ou dirigir-se ao ponto de onde partiu. **2.** Regressar, retornar. *ti.* **3.** Recomeçar. **4.** Ocupar-se de novo dum assunto. *int.* **5.** Voltar (1). *tdc. e tdi.* **6.** Dirigir: <u>Voltou a arma contra o inimigo</u>. **7.** Repetir-se. *p.* **8.** Mover-se para o lado ou em torno; virar-se. **9.** Recorrer, apelar. **10.** Revoltar-se. [C.: 1 (ó)]

vol.ta.re.te (ê) [Esp. *voltereta*.] *sm.* Jogo de cartas, com 3 parceiros.

vol.te.ar [*Volta*.▣1N] *vtd.* **1.** Andar à volta de; contornar. **2.** Fazer girar; dar voltas a. **3.** Fazer dar muitas voltas. *int.* **4.** Dar voltas; girar, voltear. [C.: 12A]

volubilidade | votação

vo.lu.bi.li.da.de [Lat. *volubilitate*. ▣14] *sf.* **1.** Qualidade ou característica de volúvel. **2.** Inconstância no pensar, sentir ou agir.

vo.lu.me [Lat. *volumen*.] *sm.* **1.** Unidade de uma obra impressa, que pode coincidir ou não com o tomo. **2.** Pacote, fardo. **3.** V. *tamanho* (2). **4.** Intensidade (de som ou voz). **5.** *Geom.* Medida do espaço ocupado por um sólido.

vo.lu.mo.so (ô) [*Volume*. ▣37] *adj.* **1.** Que tem grande volume. **2.** Intenso, forte (som ou voz). [Pl.: -*mosos* (ó).]

vo.lun.ta.ri.a.do [*Voluntário*. ▣17C] *sm.* **1.** Qualidade ou condição de voluntário (3). **2.** Os voluntários.

vo.lun.tá.ri:o [Lat. *voluntariu*.] *adj.* **1.** Que age espontaneamente. **2.** Derivado da vontade própria; espontâneo. **3.** Diz-se daquele que executa tarefas voluntariamente, ger. sem pagamento algum. *sm.* **4.** *Restr.* O que se alista espontaneamente nas forças armadas. **5.** Indivíduo voluntário (3).

vo.lun.ta.ri.o.so (ô) [*Voluntário*. ▣37] *adj.* **1.** Que age só pela sua vontade. **2.** Caprichoso, teimoso. [Pl.: -*osos* (ó).]

vo.lú.pi:a [Lat. *volupia*.] *sf.* Grande prazer dos sentidos, sobretudo o prazer sexual; voluptuosidade.

vo.lup.tu:o.si.da.de [*Voluptuoso*. ▣14] *sf.* Volúpia.

vo.lup.tu.o.so (ô) [Lat. *voluptuosu*. ▣37] *adj.* Cheio de, ou em que há volúpia, ou que a inspira. [Pl.: -*osos* (ó).]

vo.lu.ta [It. *voluta*.] *sf.* **1.** Ornato espiralado de um capitel de coluna. **2.** Parte de objeto, ou ornato, etc., em forma de espiral.

vo.lu.te.ar [Lat. *volutus* + *-ear*. ▣1N] *v.int.* V. *voltear* (4). [C.: 12A]

vo.lú.vel [Lat. *volubile*.] *adj2g.* **1.** Que gira facilmente. **2.** *Fig.* Que varia muito; inconstante, mudável. **3.** *Fig.* Diz-se de pessoa que muda muito de opinião, gosto, e esp. de amores; frívolo. [Pl.: -*veis*.] § **vo.lu.bi.li.da.de** *sf.*

vol.ver [Lat. *volvere*. ▣1B] *vtd.* **1.** Mudar de posição ou direção. **2.** Mexer, revolver. *tdi.* **3.** Dirigir, voltar. *tc.* **4.** Retornar. *int.* **5.** Decorrer, passar. *p.* **6.** Virar-se, voltar-se. [C.: 2 (ô-ó)]

vól.vu.lo (ô) *sm. Med.* Obstrução de trânsito intestinal por obstáculo orgânico.

vô.mer [Lat. *vomer*.] *sm. Anat.* Osso chato que constitui a parte posterior e inferior da parede divisória das fossas nasais.

vô.mi.co [Lat. *vomicu*. ▣35B] *adj.* V. *vomitório* (1).

vo.mi.tar [Lat. *vomitare*. ▣1A] *vtd.* **1.** Expelir pela boca (substâncias que já estavam no estômago); lançar. **2.** Manchar com vômito. **3.** *Fig.* Proferir com violência ou com intenção injuriosa. *int.* **4.** Expelir pela boca substâncias que já estavam no estômago; lançar. *p.* **5.** Sujar-se de vômito. [C.: 1]

vo.mi.ti.vo [*Vômito*. ▣22] *adj.* V. *vomitório* (1).

vô.mi.to [Lat. *vomitu*.] *sm.* **1.** Ato ou efeito de vomitar. **2.** O vomitado.

vo.mi.tó.ri:o [Lat. *vomitoriu*. ▣23A] *adj.* **1.** Que faz vomitar; vomitivo, vômico. ● *sm.* **2.** Medicamento para provocar vômito.

von.ta.de [Lat. *voluntate*.] *sf.* **1.** Faculdade de representar mentalmente um ato que pode ser ou não praticado em obediência a um impulso ou a motivos ditados pela razão. **2.** Sentimento que incita alguém a atingir o fim que esse faculdade propõe. **3.** Capacidade de escolha, de decisão. **4.** Firmeza, ânimo. **5.** Capricho, veleidade. **6.** Desejo ou determinação expressa. **7.** Necessidade fisiológica. ◆ **À vontade. 1.** Sem constrangimento. **2.** Com fartura.

vo.o [Dev. de *voar*.] *sm.* **1.** Movimento no ar e sem contato com o solo, próprio das aves, de muitos insetos, ou de aeronaves. **2.** Extensão que uma ave ou aeronave cobre duma vez, voando. **3.** Viagem aérea. **4.** *Fig.* Arroubo. ◆ **Voo cego.** *Aer.* Aquele em que a pilotagem se faz apenas com as informações dos instrumentos de bordo. **Voo charter.** *Aer.* Voo de aeronave fretada. **Voo livre.** Modalidade de voo sem motor ou outro auxílio e cujo instrumento é a asa delta.

vo.ra.gem [Lat. *voragine*.] *sf.* **1.** Aquilo que sorve ou devora. **2.** V. *turbilhão* (2). **3.** *Fig.* Tudo que subverte ou consome. [Pl.: -*gens*.]

vo.raz [Lat. *vorace*.] *adj2g.* **1.** Que devora; edaz. **2.** Que é glutão; edaz. **3.** *Fig.* Que consome, corrói, destrói. **4.** Muito ambicioso. § **vo.ra.ci.da.de** *sf.*

vór.ti.ce [Lat. *vortice*.] *sm.* Redemoinho, remoinho.

vor.ti.co.so (ô) [Lat. *vorticosu*. ▣37] *adj.* Que se move em espiral. [Pl.: -*cosos* (ó).]

vos [Lat. *vos* (átono).] *pron. pess.* da 2ª pess. do pl., caso oblíquo, valendo por: *a vós, em vós, para vós* e *de vós*, e indicando, com certos verbos, a voz passiva.

vós [Lat. *vos* (tônico).] *pron. pess.* da 2ª pess. do pl. dos dois gêneros. Us., ger., quando nos dirigimos a muitos seres, funcionando como sujeito, como predicativo e como regime de preposições.

vos.me.cê *pron. Bras.* Contr. de *vossemecê*.

vos.se.me.cê [*Vossa Mercê*.] *pron.* **1.** Contr. de *Vossa Mercê*. **2.** Tratamento dirigido, de ordinário, a pessoas de condição mediana.

vos.so [Lat.vulg. *vostru*.] *pron. pess.* Pertencente à(s), ou próprio da(s), ou experimentado ou inspirado pela(s) pessoa(s) a quem se fala por vós.

vo.ta.ção [*Votar*. ▣2A] *sf.* **1.** Processo pelo qual se realiza uma decisão coletiva, levando-se em conta (por contagem simples ou regulamentada) a opinião ou preferência pessoal dos diversos indivíduos. **2.** O resultado dos votos apurados numa eleição. [Pl.: -*ções*.]

votar | vuvuzela

vo.tar [Lat. *votare*.⬜1A] *vtd.* **1.** Aprovar por meio de votos. **2.** Submeter a votação, aprovando ou não. *tdi.* **3.** Consagrar, dedicar. *ti.* **4.** Dar o seu voto (a favor de ou contra alguém ou algo). *int.* **5.** Dar ou emitir voto. **6.** Ter direito a voto. [C.: 1 (ó)] § **vo.tan.te** *adj2g. s2g.*

vo.ti.vo [Lat. *votivu*.⬜22] *adj.* Ofertado em cumprimento de voto ou promessa.

vo.to [Lat. *votu*.] *sm.* **1.** Promessa solene com que nos obrigamos para com Deus. **2.** Promessa solene; juramento. **3.** Súplica à divindade. **4.** Desejo ardente. **5.** Manifestação formal (feita oralmente, por escrito, com gestos, etc.) da vontade ou preferência de alguém que participa de uma decisão por votação. **6.** Cédula (4). ◆ **Voto de confiança. 1.** Decisão de câmara legislativa, pela qual o governo fica autorizado a proceder livremente acerca de algum negócio. **2.** Autorização que se dá, previamente, às decisões tomadas por outrem.

→ **voucher** (váucher) [Ingl.] *sm.* Documento especial que constitui crédito para despesas com serviços ou mercadorias.

vo.vó [De *avó*, com aférese e redobramento da sílaba final.] *sf. Inf.* Avó.

vo.vô [De *avô*, com aférese e redobramento da sílaba final.] *sm. Inf.* Avô.

→ **voyeur** (voaiêr) [Fr.] *sm. Psiq.* Aquele que é dado ao voyeurismo.

voy.eu.ris.mo (vua-ièrs) [Fr. *voyeur* + -*ismo*.⬜11] *sm. Psiq.* Perversão sexual em que um indivíduo só atinge orgasmo se observar, à revelia de terceiros, atividades sexuais destes.

voz [Lat. *voce*.] *sf.* **1.** *E.Ling.* Som ou conjunto de sons emitidos pelo sistema fonador. **2.** Fala (2 e 3). **3.** Ordem em voz alta. **4.** Sugestão íntima. **5.** *E.Ling.* Forma com que um verbo indica a ação como praticada pelo sujeito (voz ativa) ou por ele recebida (voz passiva), ou simultaneamente praticada e recebida por ele (voz reflexa ou reflexiva). **6.** *Mús.* Trecho vocal de uma composição. **7.** *Mús.* As diferentes partes da música no contraponto ou na harmonia. ◆ **Voz ativa.** *E.Ling.* V. *voz* (5). Ex.: *O menino comeu doces.* **Voz passiva.** *E.Ling.* V. *voz* (5). Ex.: *Os livros foram lidos pelos alunos.* **Voz reflexa** ou **voz reflexiva.** *E.Ling.* V. *voz* (5). Ex.: *Eu me lavo.* **A meia voz.** Em voz baixa; baixinho; de modo discreto. **Ter voz ativa.** Ter o direito de opinar, decidir.

vo.ze.a.ri.a [*Vozear*.⬜8A] *sf.* V. *vozerio*.

vo.zei.rão *sm.* Voz muito forte. [Pl.: -*rões*.]

vo.ze.ri.a [*Voz*.⬜15A] *sf.* V. *vozerio*.

vo.ze.ri.o [*Vozeria*.] *sm.* Som de muitas vozes juntas; vozearia, vozeria.

■ **vt** Sigla de *videoteipe*.

vul.câ.ni.co [*Vulcão* (-*can*-).⬜35B] *adj.* **1.** De vulcão, ou relativo a ele. **2.** *Fig.* Impetuoso, ardente.

vul.ca.ni.za.ção [*Vulcanizar*.⬜2A] *sf.* Tratamento da borracha natural com átomos de enxofre, o que a torna mais elástica, resistente, e insolúvel. [Pl.: -*ções*.]

vul.ca.ni.zar [Lat. *vulcanus* + -*izar*.⬜1D] *vtd.* Tratar (a borracha) por vulcanização. [C.: 1]

vul.cão [Mit. lat. *Vulcanus*.] *sm.* Abertura da crosta terrestre que dá passagem ao magma, e a elevação de terreno formada por ele. [Pl.: -*cões*.]

vul.gar [Lat. *vulgare* (*adj.*).] *adj2g.* **1.** Referente ao vulgo¹. **2.** V. *trivial* (1). **3.** Reles, ordinário. ● *sm.* **4.** O que é vulgar.

vul.ga.ri.da.de [Lat. *vulgaritate*.⬜14] *sf.* **1.** Qualidade ou caráter de vulgar. **2.** Coisa, ação ou dito vulgar.

vul.ga.ri.zar [*Vulgar*.⬜1D] *vtd.* e *p.* **1.** Tornar(-se) conhecido ou usado por muitos; tornar(-se) comum, popular, vulgar; divulgar(-se), propagar(-se). **2.** Tornar-se reles ou menos respeitado, ou menos elegante. [C.: 1] § **vul.ga.ri.za.ção** *sf.*

vul.ga.ta [Lat.med. *Vulgata*.] *sf.* Tradução latina da Bíblia feita no séc. IV, e que foi declarada a versão oficial da Igreja Católica no Concílio de Trento (séc. XVI).

vul.go¹ [Lat. *vulgu*.] *sm.* **1.** O povo, a plebe. **2.** O comum dos homens.

vul.go² [Lat. *vulgo*.] *adj.* Na língua vulgar; vulgarmente.

vul.ne.ra.bi.li.zar [*Vulnerável* (-*bil*-).⬜1D] *vtd.* e *p.* Tornar(-se) vulnerável. [C.: 1]

vul.ne.rar [Lat. *vulnerare*.⬜1A] *vtd.* **1.** Ferir, golpear. **2.** Ofender, magoar. [C.: 1 (é)] § **vul.ne.ra.ção** *sf.*

vul.ne.rá.vel [Lat. *vulnerabile*.⬜41] *adj2g.* **1.** Que pode ser vulnerado. **2.** Diz-se do ponto pelo qual alguém ou algo pode ser atacado. [Pl.: -*veis*.] § **vul.ne.ra.bi.li.da.de** *sf.*

vul.pi.no [Lat. *vulpinu*.] *adj.* Da raposa, ou próprio dela.

vul.to [Lat. *vultu*.] *sm.* **1.** Rosto, semblante. **2.** Corpo, figura. **3.** Figura indistinta. **4.** Tamanho, volume. **5.** *Fig.* Importância, notabilidade. **6.** *Fig.* Pessoa importante.

vul.to.so (ô) [*Vulto*.⬜37] *adj.* **1.** Que faz vulto; volumoso. **2.** *Fig.* De grande vulto ou importância. [Pl.: -*tosos* (ó).] § **vul.to.si.da.de** *sf.*

vul.tu:o.si.da.de [*Vultuoso*.⬜14] *sf. Med.* Congestão da face.

vul.tu.o.so (ô) [Lat. *vultuosu*.⬜37] *adj. Med.* Atacado de vultuosidade. [Pl.: -*osos* (ó).]

vul.tu.ri.no [Lat. *vulturinu*.] *adj.* Do, ou próprio do abutre.

vul.va [Lat. *vulva*.] *sf. Anat.* Parte externa dos órgãos genitais femininos.

vur.mo [V.E] *sm.* O pus das úlceras. § **vur.mo.so** (ô) *adj.*

vu.vu.ze.la [Or.afr.] *sf. Esport.* Corneta longa e barulhenta, us. por torcedores, esp. os sul-africanos, em jogos de futebol.

w (dáblio) *sm.* **1.** A 23ª letra do nosso alfabeto, us. em certos estrangeirismos, em nomes próprios estrangeiros e seus derivados, e em abreviaturas e símbolos de uso internacional. **2.** Figura ou representação dessa letra. ● *num.* **3.** Vigésimo terceiro, numa série em que a letra *k* corresponde ao 11º elemento. [Pl. do sm., com duplo *w*: *ww*.]

■ **W 1.** *Geogr.* Abrev. de *oeste* (1 e 3). **2.** Símb. de *watt*. **3.** *Quím.* Símb. de *tungstênio*.

→ **waffle** (uófol) [Ingl.] *sm.* Espécie de panqueca de massa grossa, assada em torradeira especial.

wag.ne.ri.a.no (va) [Antr. (*Richard*) *Wagner.* ▣29A] *adj.* Relativo ao, ou próprio do compositor Richard Wagner (M.), ou à sua obra.

wag.ne.ris.mo (va) [Antr. *Wagner.* ▣11] *sm. Mús.* Sistema musical de Richard Wagner.

→ **walkie-talkie** (uóqui-tóqui) [Ingl.] *sm.* Emissor e receptor portátil para comunicação radiofônica, a certa distância, com aparelho similar.

■ **WAN** [Ingl. *W(ide) A(rea) N(etwork)*.] *Inform.* Rede para conexão de computadores a mais de um quilômetro de distância.

→ **wasabi** (uassábi) [Jap.] *sm. Cul.* Tempero picante, us. para temperar *sushi* ou *sashimi*.

wa.sá.bi:a [Tax. *Wasabia*.] *sf. Bot.* Planta brassicácea, asiática, de cujo rizoma se faz o *wasabi*.

→ **watt** (uót) [Ingl., do antr. (*James*) *Watt* (1736-1819).] *sm.* Unidade de medida de potência, no Sistema Internacional [símb.: *W*].

watt-ho.ra (uót) *sm.* Unidade de medida de energia [símb.: *Wh*]. [Pl.: *watts-hora(s)*.]

■ **w.c.** [Ingl. *w(ater) c(loset)*.] *sm.* Banheiro (2).

→ **web** (uéb) [Ingl.] *sf. Inform.* **1.** Sistema de hipermídia disponível na Internet, com documentos e outros objetos localizados em pontos diversos da rede e vinculados entre si. **2.** O conjunto das informações e dos recursos assim disponíveis. [Com inicial maiúsc.]

→ **webcam** (uébicã) [Ingl.] *sf. Inform.* Câmera para transmissão de imagens pela Internet.

→ **webmail** (uébi-mêil) [Ingl.] *sm. Inform.* Forma de *e-mail* em que se utiliza a *Web* e um navegador (4).

→ **western** (uéstern) [Ingl.] *sm.* V. *bangue-bangue*.

■ **Wh** Símb. de *watt-hora*.

■ **Wi-Fi** (uáifái) [Ingl. *Wi(reless) Fi(delity)*.] *Inform.* V. *wireless*.

wind.sur.fe (uind) [Ingl. *wind*, 'vento', + *surfe*.] *sm.* Esporte náutico que se pratica com prancha dotada de vela.

wind.sur.fis.ta (uind) [*Windsurfe*.▣36] *adj2g.s2g.* Que, ou quem pratica windsurfe.

→ **wireless** (uairiléss) [Ingl.] *sm. Inform.* Transmissão de dados sem o uso de cabos; *Wi-fi*.

wit.tgens.tei.ni.a.no (vitguenstai) *adj.* Relativo a, ou próprio de Ludwig Wittgenstein, ou à sua filosofia.

■ **W.N.W.** [Ingl. *w(est-)n(orth)w(est)*.] V. *oés-noroeste*.

→ **workshop** (uôrquichópi) [Ingl.] *sm.* Reunião de trabalho, ou de treinamento, em que os participantes discutem e/ou exercitam determinadas técnicas.

■ **W.S.W.** [Ingl. *w(est)-s(outh)w(est)*.] V. *oés-sudoeste*.

■ **WWW** *Inform.* Sigla do ingl. (*Worldwide*) *Web* (q.v.).

x (chis) *sm.* **1.** A 24.ª letra do nosso alfabeto. **2.** Figura ou representação dessa letra, ou qualquer sinal gráfico semelhante. **3.** A forma da letra *x*, com 2 segmentos retos cruzados, ou aquilo que tem essa forma. **4.** Aquilo que falta conhecer; resposta ou solução ignorada; incógnita. **5.** Quantidade ou quantia indeterminada, ou não informada diretamente. **6.** A parte principal, ou mais difícil: *o x da questão.* ● *num.* **7.** Vigésimo segundo, numa série. **8.** Vigésimo quarto, numa série em que o *k* representa o 11º elemento, e o *w*, o 23º. [Pl. do sm., com duplo *x*: *xx*.]

■ **x 1.** Indica oposição, antítese. **2.** Indica eliminação, cancelamento, anulação. **3.** *Mat.* Representa a primeira das coordenadas cartesianas. **4.** *Mat.* Us. como símb. de incógnita, numa equação ou problema. **5.** Representa número ou quantidade indeterminados, omitidos, ou desconhecidos. [Nas acepçs. 4 e 5, tb. se usam os sinais y e z. Em matemática, usa-se x ger. para simbolizar a variável independente de uma função, e y e z para as variáveis dependentes.]

■ **X** Na numeração romana, símb. do número 10.

xá [Persa *shāh*, 'rei'.] *sm.* Título dos antigos soberanos do Irã. [O último xá, Mohammad Reza Pahlavi (1919-1980), foi destronado pela revolução islâmica em 1979.]

xá.ca.ra [Do ár., poss.] *sf.* Narrativa popular em verso.

xa.cri:a.bá *adj2g. s2g. Bras. Etnôn.* Diz-se de, ou indivíduo dos xacriabás, povo indígena da família linguística jê, que habita em MG.

xa.drez (è) [Port.arc. *axedrez*, *enxadrez*, ár. e persa *šaṭranǧ*.] *sm.* **1.** Jogo, sobre um tabuleiro de 64 peças, alternativamente pretas e brancas, com 2 parceiros. **2.** Tecido cujas cores estão dispostas em quadrados alternados. **3.** *Pop.* V. *cadeia* (3).

xa.dre.zi.nho [*Xadrez.* ▣32] *adj. sm.* Diz-se de, ou tecido com quadradinhos alternados.

xa.dre.zis.ta [*Xadrez.* ▣36] *s2g.* Enxadrista.

xai.rel [Do ár.] *sm.* Cobertura de cavalgadura, sobre a qual se põe a sela. [Pl.: -*réis*.]

xa.le [Persa *šāl* ou *shāl*, pelo fr. *châle*.] *sm.* Espécie de manta, ger. de lã ou de seda, quadrada, triangular ou retangular, us. pelas mulheres como agasalho ou adorno.

xa.mã [Ingl. *shaman*, do tungue.] *s2g. Antrop. Etnol.* Entre certos povos, espécie de sacerdote que recorre a forças ou entidades sobrenaturais para realizar curas, adivinhação, exorcismo, encantamentos, etc. [Cf. *pajé* (1).]

xa.ma.nis.mo [*Xamã* (*xaman-*). ▣11] *sm.Antrop. Etnol.* Conjunto de crenças e práticas associadas às atividades dos xamãs. § **xa.ma.nis.ta** *adj2g.*; **xa.ma.nís.ti.co** *adj.*

xam.pu [Ingl. *shampoo*.] *sm.* Sabão líquido para lavagem da cabeça.

xan.gô [Do ior.] *sm. Bras. Rel.* Orixá dos raios e trovões, rei e herói do povo iorubá.

xan.te.í.na [*Xant*(*o*)- + -*eína*.] *sf.* Corante extraído de flores amarelas, esp. da dália.

xan.to.fi.la [*Xant*(*o*)- + -*fila*[1].] *sf.Biol.* Pigmento amarelo que ocorre em plantas e em tecido animal.

xan.tun.gue [Top. *Xantungue* (China).] *sm.* **1.** *Tec.Têx.* Tecido de fibras naturais ou sintéticas, de seda, raiom ou algodão, com fios de diferentes espessuras. **2.** *P.ext.* Qualquer tecido semelhante ao xantungue (1).

xa.rá [Do tupi.] *s2g. Bras.* Pessoa que tem o mesmo nome de batismo que outra.

xa.re.le.te (ê) [*Xaréu* (xarel-) + *-ete.*] *sm. Bras. Zool.* Peixe carangídeo do Atlântico.

xa.réu [V.E] *sm. Bras. Zool.* Nome comum a vários peixes carangídeos, dos oceanos Atlântico, Pacífico e Índico.

xa.ro.pa.da [*Xarope.*◨ 4] *sf.* **1.** Porção de xarope que se toma de uma vez. **2.** *Fig.* Maçada, estopada.

xa.ro.pe [Do ár.] *sm.* Medicamento veiculado em solução concentrada de um açúcar e água ou outra substância aquosa.

xa.ro.po.so (ó) [*Xarope.*◨ 37] *adj.* **1.** Da consistência do xarope. **2.** *Bras. Fig.* Enfadonho, tedioso. [Pl.: *-posos* (ó).]

xa.van.te *adj2g. s2g. Bras. Etnôn.* Diz-se de, ou indivíduo dos xavantes, povo indígena da família linguística jê, que habita uma região de MT.

xa.ve.car [*Xaveco*². ◨ 1A] *vtd. e int. Bras. Gír.* Paquerar (1 e 3). [C.: 1A (é)]

xa.ve.co¹ [Do ár.] *sm.* **1.** Barco velho e/ou sem resistência. **2.** *Bras. Fig.* Pessoa ou coisa sem importância.

xa.ve.co² [V.C] *sm. Bras. Gír.* **1.** Flerte, paquera. **2.** Cantada (2).

xa.xa.do [V.A] *sm. Bras.* **1.** Dança nordestina, originalmente masculina, que se dança em fila indiana e em círculo. **2.** A música dessa dança.

xa.xim [V.C] *sm.* **1.** *Bot.* Feto ciateáceo. **2.** Recipiente para plantas feito de segmentos de tronco do xaxim (1). [Pl.: *-xins.*]

■ **Xe** *Quím.* Símb. de *xenônio*.

xei.que *sm.* V. *xeque*².

xe.nar.tro [Tax. *Xenarthra.*] *adj. sm. Zool.* Diz-se de, ou espécime dos xenartros, subordem de mamíferos desdentados que têm zigapófises nas vértebras lombares e, por vezes, nas dorsais e estrutura craniana peculiar. Ex.: tatus.

xe.no.bi.o.se [*Xen(o)-* + *-biose* + *-io*².] *sf. Ecol.* Associação simbiótica em que uma espécie vive em estruturas coloniais de outra espécie, mantendo, porém, sua independência reprodutiva. § **xe.no.bi.ó.ti.co** *adj.*

xe.no.fi.li.a [*Xenófilo.*◨ 8A] *sf.* Simpatia por pessoas e coisas estrangeiras. § **xe.nó.fi.lo** *adj. sm.*

xe.nó.fi.lo [Gr. *xenóphilos.*] *adj. sm.* Que, ou quem tem xenofilia.

xe.no.fo.bi.a [*Xen(o)-* + *-fobia.*] *sf.* Aversão a pessoa e coisas estrangeiras.

xe.nó.fo.bo *adj. sm.* Que, ou quem tem xenofobia.

xe.nô.ni:o [Gr. *xénos*, 'estrangeiro', + *-io*².◨ 34B] *sm. Quím.* V. *gás nobre* [símb.: *Xe*].

xe.pa (ê) *sf. Bras. Pop.* **1.** Comida de quartel. **2.** As mercadorias vendidas ao término das feiras, ger. mais baratas e de qualidade inferior.

xe.pei.ro [*Xepa.*◨ 25] *sm. Bras. Pop.* **1.** O que vive de esmolas, abrigando-se em qualquer parte. **2.** *Joc.* Indivíduo que compra xepa (2) nas feiras.

xe.que¹ [Port.ant. *xaque*, do ár.] *sm.* **1.** Lance, no jogo de xadrez, em que o rei fica numa casa atacada por peças adversárias. **2.** *Fig.* Risco; contratempo.

xe.que² [Do ár.] *sm.* Entre os árabes, chefe de tribo, ou soberano; xeique.

xe.que-ma.te [Do ár.] *sm.* No jogo de xadrez, xeque em que o rei atacado não pode escapar, e que põe fim à partida. [Pl.: *xeque(s)-mates.*]

xe.rém *sm. Bras.* Milho pilado grosso. [Pl. *-réns.*]

xe.re.ta (rê) [De *cheirar*, poss.] *adj2g.s2g. Bras. Pop.* Bisbilhoteiro, intrometido. § **xe.re.ti.ce** *sf.*

xe.re.tar [*Xereta.*◨ 1A] *vtd. e int. Bras. Pop.* Bisbilhotar, mexericar, xeretear. [C.: 1 (é)]

xe.re.te.ar [*Xereta.*◨ 1N] *vtd. e int. Bras. Pop.* V. *xeretar*. [C.: 12A]

xe.rez (ê) [Top. *Xerez* (Espanha).] *sm.* Vinho generoso espanhol, seco ou doce.

xer.ga (ê) [Lat. *serica.*] *sf.* Tecido semelhante ao burel.

xe.ri.fe [Do ár.] *sm.* Nos E.U.A., o funcionário mais graduado de um município, investido de poder policial e judicial limitado.

xe.rim.ba.bo [Do tupi.] *sm. Bras. AM RR MA* Qualquer animal de criação ou estimação.

xe.ro.car *vtd.* V. *xeroxar*. [C.: 1A (ó)]

xe.ro.co.pi.ar [*Xerocópia.*◨ 1A] *vtd.* V. *xeroxar*. [C.: 1]

xe.ró.fi.to [*Xer(o)-* + *-fito.*] *adj. Bot.* Diz-se da planta adaptada às condições secas devidas ou à falta de água no solo, ou ao calor e ao vento, que causam transpiração excessiva. Ex.: cactos, agaves.

xe.ro.gra.far [*Xerografia.*◨ 1A] *vtd.* V. *xeroxar*. [C.: 1]

xe.ro.gra.fi.a [*Xer(o)-* + *-grafia.*] *sf.* Processo de impressão em que a imagem se projeta sobre uma placa ou cilindro revestido de certo elemento químico sensível à luz, e cuja carga positiva se dissipa nas áreas iluminadas, ficando a imagem representada pelas partes carregadas. § **xe.ro.grá.fi.co** *adj.*

xe.rox (cherócs) ou **xé.rox** (chérocs) [Ingl. *Xerox*, m.reg.] *sm.f2n.* **1.** Processo que permite obter fotocópias por meio da xerografia. **2.** A fotocópia assim obtida.

xe.ro.xar (cherocsar) [*Xerox.*◨ 1A] *vtd.* Reproduzir por xerox (1); xerocar, xerocopiar, xerografar. [C.: 1 (ó)]

xe.xé [V.E] *sm.* Personagem carnavalesco, de casaca, calção e meia, com faca de pau.

xe.xe.len.to [*Xexé* + *-lento*.] *adj. Bras.* **1.** De baixa qualidade ou pouco valor. **2.** Diz-se de indivíduo irritante ou asqueroso. **3.** De aspecto feio ou sujo. **4.** *P.ext.* Repulsivo.

xe.xéu [Do tupi.] *sm. Bras.* **1.** V. *bodum* (2). **2.** *Zool.* Japim.

xi[1] *interj.* Exprime admiração, espanto, inquietação, surpresa ou alegria.

xi[2] *sm.* V. *qui*.

xi (cs) *sm.* V. *csi*.

xí.ca.ra [Esp. *jícara*.] *sf.* **1.** Pequena vasilha com asa e, ger., pires, para servir, esp., bebidas quentes. **2.** O conteúdo de uma xícara.

xi.fi.í.de.o [Tax. *Xiphiidae*.] *adj. sm. Zool.* Diz-se de, ou espécime dos xifiídeos, família de grandes peixes perciformes marinhos, de corpo fusiforme, e cuja maxila, prolongada em bico, lembra uma espada. Ex.: espadarte.

xi.foi.de (ói) [Gr. *xiphoeidés*.] *adj2g.* **1.** Cuja forma é de espada. ● *sm.* **2.** *Anat.* Apêndice alongado que termina inferiormente o esterno.

xi.fó.pa.go [*Xif*(o)- + *-pago*.] *adj. sm.* Diz-se de, ou cada um dos indivíduos que nascem com os corpos ligados entre si na altura do tórax.
§ **xi.fo.pa.gi.a** *sf.*

xi.i.ta [Do ár.] *adj2g. s2g.* **1.** Diz-se de, ou membro dos xiitas, muçulmanos que sustentam só serem autênticas as tradições de Maomé transmitidas através dos descendentes de Ali e Fátima, genro e filha do Profeta. [Cf. *sunita*.] **2.** *P.ext.* Diz-se de, ou indivíduo de atitudes radicais.

xi.le.no *sm. Quím.* Hidrocarboneto aromático, us. como solvente.

xi.lin.dró [V.E] *sm. Gír.* Cadeia, prisão.

xi.ló.fa.go [Gr. *xylophágos*.] *adj. sm. Zool.* Diz-se de, ou inseto que rói madeira e dela se nutre. § **xi.lo.fa.gi.a** *sf.*

xi.lo.fo.ne [*Xil*(o)- + *-fone*.] *sm. Mús.* Instrumento de percussão, de sons determinados, que consta basicamente de lâminas de madeira percutíveis com vários tipos de baquetas.

xi.lo.gra.far [*Xil*(o)- + *-graf*(o)- + *-ar*[2]. ▫1A] *vtd.* Xilogravar. [C.: 1]

xi.lo.gra.fi.a [*Xil*(o)- + *-grafia*.] *sf.* Arte de reproduzir imagens e textos por meio de pranchas de madeira gravadas em relevo.

xi.lo.gra.var [*Xil*(o)- + *gravar*.] *vtd.* Gravar em madeira; xilografar. [C.: 1]

xi.lo.gra.vu.ra [*Xil*(o)- + *gravura*.] *sf.* **1.** Gravura em relevo sobre prancha de madeira. **2.** Estampa tirada por esse processo.

xi.lo.ma [*Xil*(o)- + *-oma*[1].] *sm. Bot.* Tumor lenhoso em árvore ou planta.

xi.man.go [Do guar.] *sm. Bras. Zool.* Ave falconídea do S. do Brasil.

xim.bé [Do guar.] *adj2g. Bras. RS* De focinho curto e chato.

xim.bi.ca [V.D] *sf. Bras.* **1.** Jogo de cartas. **2.** Casa de apostas de corridas de cavalo.

xin.ga.men.to [*Xingar*. ▫3] *sm.* **1.** Ato ou efeito de xingar. **2.** Palavra(s) com que se xinga.

xin.gar [Do quimb.] *Bras. vtd. e int.* Dizer insultos ou palavras afrontosas (a). [C.: 1C]
§ **xin.ga.ção** *sf.*

xin.ga.tó.ri:o [*Xingar*. ▫23A] *adj.* **1.** Que envolve xingação. ● *sm.* **2.** Xingação excessiva.

xin.tó [Jap.] *sm.* Xintoísmo.

xin.to.ís.mo [*Xintó*. ▫11] *sm.* Religião ou filosofia japonesa politeísta, anterior ao budismo; xintó.

xin.xim [Or.afr.] *sm. Bras. BA Cul.* Guisado de galinha, ou de outra carne, com sal, cebola e alho, ralados, a que se adicionam azeite de dendê e camarões secos, amendoim e castanha-de-caju moídos. [Pl.: *-xins*.]

xi.que.xi.que [Or. tapuia.] *sm. Bras. Bot.* Cactácea da caatinga, de caule espinhoso, rico em água.

xis *sm2n.* A letra *x*.
■ **x-9** *s2g. Bras. Gír.* **1.** Informante da polícia. **2.** *P.ext.* Dedo-duro, delator.

xis.to [Gr. *schistós*, 'fendido'.] *sm. Geol.* Rocha metamórfica cujos minerais são visíveis a olho nu, e que tem um aspecto folheado.

xi.xi [V.A] *sm. Bras. Fam.* V. *urina*.

xó *interj.* Serve para fazer parar cavalgaduras.

xô *interj.* Serve para enxotar aves.

xo.dó [V.B] *sm. Bras.* **1.** Namoro. **2.** Namorado (1). **3.** Amor, paixão.

xo.gum ou **xó.gum** [Jap. *xogun*.] *sm.* Chefe militar japonês, de poder, em dado período (séc. XII até XIX), maior que o do imperador. § **xo.gu.na.to** *sm.*

xo.te [Al. *Schottisch*.] *sm. Bras.* Dança e música de provável origem alemã, típicas do Nordeste, executadas ao som de sanfona(s).

x-tu.do [De *x*, por *cheese* (de *cheeseburger*), + *tudo*.] *sm. Bras. Cul. Gír.* Cheeseburger ao qual se acrescentam ovo(s), bacon e presunto fritos sobre a chapa, salada de tomate e alface, e, por vezes, batata frita palha, milho e ervilha. [Pl.: *x-tudos*.]

xu.cro [Esp.plat. *chúcaro*.] *adj. Bras.* **1.** Diz-se do animal de sela ainda não domesticado, ou do indivíduo bisonho em qualquer tarefa, ou de coisa ainda imperfeita. **2.** *Pej.* Mal-educado, rude.

y (ipsílon ou ípsilon) *sm.* **1.** A 25ª letra do nosso alfabeto, us. em certos estrangeirismos, em nomes próprios estrangeiros e seus derivados, e em abreviaturas e símbolos de uso internacional. **2.** Figura ou representação dessa letra. **3.** A forma da letra Y, semelhante a uma forquilha, ou aquilo que tem essa forma. ● *num.* **4.** Vigésimo quinto, numa série em que a letra *k* corresponde ao 11º elemento e a letra *w*, ao 23º. [Pl. do sm., com duplo *y*: *yy.*]

■ **y 1.** *Mat.* Representa a segunda das coordenadas cartesianas. **2.** *Mat.* Símb. de *função* (8). **3.** V. ■ *x* (4 e 5).

■ **Y** *Quím.* Símb. de *ítrio*.

→ **yakimeshi** (iaquiméchi) [Jap.] *sm. Cul.* Prato de arroz japonês, com cenoura e cebolinha picadinhas e, por vezes, outros ingredientes cortadinhos.

→ **yakisoba** ou **yakissoba** (iaquissôba) [Chin.] *sm. Cul.* Prato de macarrão oriental frito, com legumes, verduras e molho *shoyo*, aos quais, ger., se acrescenta frango, carne, peixe e/ou camarão.

→ **yaki-tori** (iáqui-tóri) [Jap.] *sm. Cul.* Espeto de frango (carne ou fígado) grelhado com cebola, pimentão, etc., temperado com *teriyaki* (2).

→ **yakuza** (iacúza) [Jap.] *sf.* **1.** Máfia (2) japonesa. ● *s2g.* **2.** Membro dessa organização criminosa.

→ **yang** (iâng) [Chin.] *sm.* No taoismo, o princípio masculino, ativo, celeste, penetrante, quente e luminoso.

■ **Yb** *Quím.* Símb. de *itérbio*.

■ **yd** Símb. de *jarda*.

→ **yin** (iín) [Chin.] *sm.* No taoismo, o princípio feminino, passivo, terrestre, absorvente, frio e obscuro.

→ **yin-yang** (iín-iâng) [Chin.] *sm. Filos. Rel.* No pensamento oriental, par de forças ou princípios complementares, constantes em todos os aspectos e fenômenos da vida. [V. *yang* e *yin*.]

→ **yuppie** (iúpi) [Ingl.] *s2g.* Jovem, bem-sucedido profissionalmente, de hábitos e gostos caros.

z (zê) *sm.* **1.** A 26ª e última letra do nosso alfabeto. **2.** Figura ou representação dessa letra. ● *num.* **3.** Vigésimo terceiro, numa série. **4.** Vigésimo sexto, numa série em que a letra *k* corresponde ao 11º elemento, a letra *w* ao 23º e a letra *y* ao 25º. [Pl. do sm., com duplo z: zz.]

■ **z 1.** *Mat.* Representa a terceira das coordenadas cartesianas. **2.** *Mat.* Us. como símb. de *variável dependente.* **3.** V. ■ *x* (4 e 5).

■ **Z 1.** *Fís.* Símb. de *número atômico.* **2.** *Mat.* Símb. do conjunto dos números inteiros.

→ **zabaione** [It.] *sm. Cul.* Creme espesso e espumoso, feito com gema de ovo, açúcar e vinho.

za.bum.ba [Conguês *bumba,* poss.] *sm. f.* **1.** V. *bombo* (1). **2.** *Bras. N.E.* Certo conjunto instrumental, popular.

za.bur.ro [Do ár.] *adj.sm.* Diz-se de, ou milho de grão avermelhado cultivado em Portugal.

za.ga [Regr. de *zagaia* ou *azagaia.*] *sf. Fut.* **1.** A posição dos jogadores da defesa, entre a linha média e o gol. **2.** Os 2 zagueiros, ou beques.

za.gai.a *sf.* V. *azagaia.*

za.gal [Do ár.] *sm.* Pastor, pegureiro. [Pl.: *-gais.*]

za.guei.ro [Esp. *zaguero.*] *sm. Fut.* Jogador que ocupa a zaga; beque.

zai.no [Do ár.] *adj.* **1.** Diz-se de cavalo castanho-escuro sem mescla, ou do que não tem malhas brancas. **2.** De pelo preto e pouco brilhante.

zan.ga [Dev. de *zangar,* poss.] *sf.* **1.** Cólera, ira. **2.** Sentimento de irritação; mau humor. **3.** Desavença, quizila.

zan.ga.do [*Zangar.*⚀17A] *adj.* Que se zangou; irritado, queimado.

zan.gão ou **zân.gão** [V.A] *sm. Zool.* O macho da abelha, bem maior que as abelhas operárias. [Pl.: *-gãos, -gões* ou *zângãos.*]

zan.gar [*Zangão,* poss.] *vtd.* **1.** Causar zanga a; aborrecer. *int. e p.* **2.** Irritar-se, aborrecer-se; queimar-se. [C.: 1C]

zan.zar [*Zaranzar,* com síncope, poss.] *v.int.* **1.** V. *vagabundear* (1). **2.** V. *vaguear* (2). [C.: 1]

za.pe.ar [Ingl. (*to*) *zap.*⚀1N] *vtd. e int.* Trocar de (canal de tv) repetidamente por meio de controle remoto. [C.: 12A]

→ **zapping** (zápin) [Ingl.] *sm.* Ação de mudar de canal repetidamente, esp. para fugir aos comerciais.

za.ra.ba.ta.na [Do ár. vulg.] *sf.* Sarabatana.

zar.cão [Do ár.-hisp.] *sm.* Tinta vermelha cuja base é o óxido de chumbo, muito us. para a primeira demão nas peças de ferro ou de aço. [Pl.: *-cões.*]

za.ro.lho (ô) [Um el. obsc. + *olho.*] *adj.* **1.** Cego de um olho. **2.** V. *estrábico.* ● *sm.* **3.** Indivíduo zarolho. [Pl.: *-rolhos* (ó).]

zar.par [It.ant. *sarpare.*⚀1A] *v.int. e tc.* **1.** Levantar âncora; fazer-se ao mar. **2.** *Fig.* Ir, partir. [C.: 1]

zar.zu.e.la [Esp. *zarzuela.*] *sf. Teatr.* Obra dramática e musical, espanhola, com declamação e canto.

zás [V.A] *interj.* Imita pancada rápida, ou designa ação rápida e decidida; zás-trás, bumba.

zás-trás [V.A] *interj.* V. *zás.*

zê *sm.* A letra *z.*

ze.bra [V.C] *sf.* **1.** *Zool.* Mamífero equídeo, africano, com pelo listrado de preto sobre fundo branco. **2.** *Bras.* Em futebol, loteria, etc., resultado inesperado. **3.** *Bras.* V. *faixa de pedestre.* § **ze.bral** *adj2g.*

ze.brar [*Zebra.*⚀1A] *vtd.* Listrar, dando a aparência de pele de zebra. [C.: 1 (é)] § **ze.bra.do** *adj.*

ze.broi.de (ói) [*Zebra* + *-oide.*] *adj2g.* **1.** Que tem o aspecto da zebra. ● *sm.* **2.** *Zool.* Híbrido de cavalo com zebra fêmea.

ze.bu [Fr. *zébu.*] *adj2g.sm.* Diz-se de, ou certo gado bovino originário da Índia, corpulento, com grande corcova cheia de reservas nutritivas.

ze.bu.ei.ro [*Zebu.*⚀25] *sm. Bras.* Diz-se de, ou criador ou negociante de gado zebu; zebuzeiro.

ze.bu.zei.ro [*Zebu*⚀25B] *sm. Bras.* Zebueiro.

zefir | zodíaco

ze.fir [Fr. *zéphyr* ou *zephire*.] *sm.* Tecido leve, de algodão.
zé.fi.ro [Lat. *zephyru*.] *sm.* Vento suave e fresco.
ze.la.dor (ô) [B.-lat. *zelatore*.] *adj.* **1.** Que zela. ● *sm.* **2.** *Bras.* Quem toma conta dum edifício, etc. § **ze.la.do.ri.a** *sf.*
ze.lar [B.-lat. *zelare*.◘1A] *vtd.* **1.** Ter zelo por. **2.** Tratar com zelo. [C.: 1 (é)]
ze.lo (ê) [Lat. *zelu*.] *sm.* **1.** Dedicação, desvelo, por alguém ou por algo. **2.** Pontualidade e diligência em qualquer serviço.
ze.los (ê) [Pl. de *zelo*.] *smpl.* Ciúme.
ze.lo.so (ô) [*Zelo*.◘37] *adj.* **1.** Cheio de zelo(s). **2.** Cuidadoso. [Pl.: *-losos* (ó).]
zé-ma.né *s2g. Bras.* V. *mané*. [Pl.: *zé(s)-manés*.]
zen [Jap. *zen*, de or. chin.] *sm. Rel. Fil.* **1.** Forma de budismo, professada no Japão e difundida no Ocidente. ● *adj2g.* **2.** Do zen (1), ou próprio dele. **3.** *Fig.* Sereno e/ou simples.
zen-bu.dis.mo *sm. Rel. Fil.* V. *zen* (1). [Pl.: *zen-budismos*.]
zé-nin.guém *sm.* V. *joão-ninguém*. [Pl.: *zés-ninguém(ns)*.]
zê.ni.te [Do ár.] *sm.* **1.** *Astr.* O ponto da esfera celeste que se situa verticalmente acima do observador. [Opõe-se a *nadir*.] **2.** *Fig.* Auge, apogeu.
ze.pe.lim [Antr. al. (*Ferdinand von*) *Zeppelin*, o construtor.] *sm.* Dirigível (2) de estrutura rígida, em forma de charuto. [Pl.: *-lins*.]
zé-pe.rei.ra *sm.* **1.** Certo ritmo carnavalesco executado ao bombo (1). **2.** Grupo carnavalesco que o executa. [Pl.: *zé-pereiras*.]
zé-po.vi.nho *sm. Pop.* **1.** Homem do povo. **2.** *Bras.* V. *plebe*. [Pl.: *zé-povinhos*.]
ze.ra.gem [*Zerar*.◘6] *sf.* Ação ou efeito de zerar, de reduzir a zero: *a zeragem de uma dívida*. [Pl.: *-gens*.]
ze.rar [*Zero*.◘1A] *vtd.* **1.** Reduzir (conta bancária, etc.) a zero. **2.** Saldar, liquidar. [C.: 1 (é)] § **ze.ra.do** *adj.*
ze.ri.nho [*Zero*.◘32] *adj.* **1.** V. *zero-quilômetro*. **2.** *P.ext.* Novíssimo.
ze.ro [It. *zero* ou fr. *zéro*, ambos do ár., 'vazio'.] *num.* **1.** Cardinal dos conjuntos vazios. ● *sm.* **2.** Ponto inicial da escala da maioria dos instrumentos de medição. **3.** *Fig.* Pessoa ou coisa sem valor.
ze.ro-qui.lô.me.tro *Bras. adj2g2n.* **1.** Diz-se de automóvel novo, que ainda não foi rodado; zerinho. ● *sm2n.* **2.** Automóvel zero-quilômetro.
ze.ta [Gr. *zêta*.] *sm.* A 6ª letra do alfabeto grego (Ζ, ζ); dzeta.
zeug.ma [Lat. *zeugma*.] *sm.E.Ling.* Elipse (2) de termo anteriormente expresso.
zi.be.li.na [Fr. *zibéline*, do rus.] *sf. Zool.* Marta da Sibéria e do Japão, de pele belíssima.
zi.ga.pó.fi.se [*Zig*(o)- + *apófise*.] *sf. Anat.* Apófise que articula uma vértebra com outra.
zi.go.dác.ti.lo [*Zig*(o)- + *-dá(c)tilo*.] *adj. Zool.* **1.** Que tem dedos em número par. **2.** Que tem 2 dedos para a frente, e 2 para trás (pássaros).
zi.go.ma [Gr. *zýgoma*.] *sm. Anat.* Osso par da região lateral da face, situado abaixo dos olhos. [Denom. ant.: *malar*.]
zi.go.má.ti.co [*Zigoma* + *-ático*.] *adj.* Relativo ao zigoma.
zi.go.mor.fo [*Zig*(o)- + *-morfo*.] *adj. Bot.* Que apresenta simetria bilateral.
zi.go.to (ô ou ó) [Gr. *zygotós*, 'unido'.] *sm. Biol.* Célula resultante da fertilização de um óvulo (1) por um espermatozoide; célula-ovo, ovo.
zi.gue-za.gue [Al. *Ziekzack*, pelo fr. *zigzag*.] *sm.* **1.** Linha quebrada, ou sinuosa, que forma ângulos salientes e reentrantes, alternados. **2.** Maneira de andar em que se descreve esse tipo de linha. **3.** Sinuosidade, ondulação. [Pl.: *zigue-zagues*.]
zi.gue.za.gue.ar [*Zigue-zague*.◘1N] *v.int.* Fazer ou andar aos zigue-zagues. [C.: 12A]
zi.lhão [*Z* + *-ilhão*.] *sm. Pop.* Grande quantidade, indeterminada. [Pl.: *-lhões*.]
zi.li:o.ná.ri:o [*Zilhão* (*zilion*-).◘24] *adj. Pop.* Diz-se de, ou indivíduo riquíssimo.
zim.bó.ri:o [Lat. *ciboriu*.] *sm.* A parte superior, ger. convexa, que exteriormente remata a cúpula de grandes edifícios, sobretudo de igrejas.
zim.bro [Lat. *juniperu*, **jiniperu*, pela f. **zíibro*.] *sm. Bot.* Pinácea cujos frutos são us. na preparação do gim, da genebra e de conservas; junípero.
zi.na.bre *sm.* Azinhavre.
zin.car [*Zinco*.◘1A] *vtd.* Cobrir ou revestir de zinco. [C.: 1A]
zin.co [Fr. *zinc*.] *sm.* **1.** *Quím.* Elemento de número atômico 30, metálico, branco-acinzentado, us. em ligas, como o latão, e puro [símb.: *Zn*]. **2.** Folha de liga de zinco para cobrir casas, galpões, etc.
zin.co.gra.vu.ra [*Zinco* + *gravura*.] *sf.* Qualquer processo de gravura em zinco.
zi.ne *sm. Jorn.* V. *fanzine*.
zín.ga.ro [It. *zíngaro*.] *sm.* Cigano músico.
zin.gi.be.rá.ce:a [Tax. *Zingiberaceae*.] *sf. Bot.* Espécime das zingiberáceas, família de ervas rizomatosas, de flores vistosas e frutos capsulares. Ex.: o gengibre. § **zin.gi.be.rá.ce:o** *adj.*
zí.ni:a [Tax. *Zinnia*.] *sf. Bot.* Erva das compostas, e sua flor.
zi.pa.gem [*Zipar*.◘6] *sf.* **1.** Ação ou efeito de zipar. **2.** *Arquit.* Processo de fixação de telhas metálicas por justaposição. [Pl.: *-gens*.]
zi.par [Ingl. *zip* (m.reg.).◘1A] *vtd. Bras. Inform.* Compactar (arquivo) para armazenagem ou transmissão de dados. [C.: 1]
zí.per [Ingl. *zipper*, m.reg.] *sm.* V. *fecho ecler*. [Pl.: *zíperes*.]
zir.cô.ni:o [Lat.cient. *zirconium*, do fr. *zircon*.] *sm. Quím.* Elemento de número atômico 40, metálico [símb.: *Zr*].
zi.zi.ar [V.A ◘1A] *v.int.* Fazer (a cigarra) seu ruído típico. [C.: 1. Norm. é unipess.] § **zi.zi:a.men.to** *sm.*
zi.zi.o [V.A] *sm.* O canto da cigarra; ziziamento.
● **Zn** *Quím.* Símb. de *zinco*.
zo.a.da [*Zoar*.◘4] *sf.* **1.** Ação de zoar. **2.** Rumor forte, confuso; zoeira.
zo.ar [V.A] *v.int.* **1.** Ter som forte e confuso. **2.** V. *zumbir*. [C.: 1D. Norm., é unipess.] **3.** *Pop.* Zombar, caçoar. **4.** *Pop.* Divertir-se; curtir. *td. e ti.* **5.** Zoar (3 e 4). [C.: 1D. Unipess., nas acepçs. 1 e 2.]
zo.dí.a.co [Gr. *zodiakós*.] *sm.* Faixa, na esfera celeste, dividida em 12 seções de 30° de extensão, ger. chamadas *signos* [v. *signo* (3)], alguns dos quais não

797

correspondem às constelações designadas pelas convenções astronômicas. § **zo.di:a.cal** *adj2g*.

zo.ei.ra [*Zoar.*◘16] *sf.* Zoada.

zo.la.ni.a.no *adj.* **1.** De Émile Zola (1840-1902), escritor francês. **2.** Admirador e/ou profundo conhecedor da obra desse escritor. ● *sm.* **3.** Indivíduo zolaniano (2).

zom.bar [Or.onom., poss.] *vtd., ti. e int.* Fazer de (alguém ou de algo) objeto de riso, crítica, escárnio ou desdém; desdenhar, caçoar. [C.: 1] § **zom.ba.dor** (ô) *adj.sm.*

zom.ba.ri.a [*Zombar.*◘8A] *sf.* Ação ou efeito de zombar; palavras, ação, gestos ou riso com que, intencionalmente, se ridiculariza ou expõe ao desdém uma pessoa, instituição, atitude, etc.; caçoada, chacota, desfrute, ludíbrio, malhação, mofa, motejo, surriada, troça.

zom.be.tei.ro *adj.* **1.** Que é dado a zombar. **2.** Próprio de quem zomba.

zo.na [Lat. *zona*.] *sf.* **1.** Espaço bem definido, circunscrito numa superfície ou volume dados. **2.** *Geogr.* Cada uma das faixas em que se divide a superfície da Terra, segundo latitude e temperatura (são delimitadas pelo equador e pelos trópicos, ou por estes e pelos círculos polares). **3.** *Geogr.* Região com certas peculiaridades (de clima, de vegetação, de ocupação humana, etc.). **4.** *Geom.* Porção de uma superfície esférica limitada por 2 planos paralelos entre si. **5.** *Med.* Herpes-zoster. **6.** *Fig.* Espaço, terreno. **7.** *Bras.* Bairro ou região de meretrício. **8.** *Bras. Gír.* V. *confusão* (6 e 7). ♦ **Zona franca.** *Econ.* Região em que importações são isentas de impostos, dentro de certos limites. § **zo.nal** *adj2g*.

zo.ne.a.do [Part. de *zonear*.] *adj. Gír.* Bagunçado, desordenado ou confuso.

zo.ne.ar [*Zona*.◘1N] *vtd.* **1.** Dividir por zonas [v. *zona* (3)]. **2.** *Bras. Gír.* Fazer zona (8) em. *int.* **3.** *Bras.Gír.* Fazer zona (8). [C.: 12A]

zon.zei.ra [*Zonzo*.◘12] *sf. Bras.* Vertigem, tonteira.

zon.zo [Or.onom., poss.] *adj.* **1.** Tonto (1). **2.** V. *atordoado*.

zoo *sm.* V. *zoológico* (2).

zo.o.ge:o.gra.fi.a (ô-o) [*Zo(o)-* + *geografia*.] *sf. Ecol.* Estudo da distribuição geográfica das espécies animais atuais e fósseis.

zo.o.lo.gi.a (ô-o) [*Zo(o)-* + *-logia*.] *sf.* Ciência que trata dos animais. § **zo.ó.lo.go** *sm.*

zo.o.ló.gi.co (ô-o) [*Zoologia*.◘35B] *adj.* **1.** Relativo à zoologia. ● *sm.* **2.** Local, ger. nas grandes cidades, destinado à exposição permanente de vários espécimes de animais. [F.red. (de 2): *zoo*.]

→ **zoom** (zum) [Ingl.] *sm.* V. *zum*.

zo.o.mor.fis.mo (ô-o) [*Zo(o)-*+*-morf(o)-*+*-ismo*.◘11] *sm.* **1.** Divinização de animais, ou de objetos com forma de animais. **2.** Uso de imagens ou formas de animais nas artes.

zo.o.no.se (ó-o) [*Zo(o)-* + *-nose*.] *sf. Med.* Doença infecciosa transmitida, em condições naturais, ao ser humano por vertebrados, ou vice-versa.

zo.o.plânc.ton (ô-o) [*Zo(o)-* + *plâncton*.] *sm. Biol.* V. *plâncton*.

zo.os.sa.ni.tá.ri:o (ô-o) [*Zo(o)-* + *sanitário*.] *adj.* Que visa à preservação dos animais (diz-se de medida sanitária).

zo.o.tec.ni.a (ô-o) [*Zo(o)-* + *-tecn(o)-* + *-ia*¹.◘8A] *sf.* Estudo da criação e aperfeiçoamento de animais domésticos. § **zo.o.téc.ni.co** (ô-o) *adj.sm.*

zo.o.xan.te.la (ô-o) [Tax. *Zooxanthella*.] *sf. Bot.* Espécime das zooxantelas, grupo de pirrófitos que vivem em simbiose no interior de vários animais, como, p.ex., nos corais.

zo.ro.as.tris.mo [Antr. *Zoroastro*.◘11] *sm. Rel.* Religião fundada por Zoroastro, profeta nascido na Pérsia no séc. VII a.C, caracterizada pela luta entre o princípio do bem (*aúra-masda*) e o do mal (*arimã*).

zor.ra (ô) [V.C] *sf.* **1.** Carro muito baixo, de 4 rodas, para cargas de grande peso. **2.** Pedaço de tronco bifurcado, us. para arrastar pedras. **3.** *Bras. Gír.* Confusão, barulho.

■ **Zr** *Quím.* Símb. de *zircônio*.

zu.ar.te [Hol. *zwaart*, 'preto', poss.] *sm.* Tecido de algodão, rústico, com fios brancos e azuis mesclados.

zum [Ingl. *zoom*.] *sm.* **1.** Conjunto de lentes que, ajustadas, aproximam ou afastam o objeto em foco. **2.** O efeito (esp. o de aproximação) produzido por essas lentes. **3.** Função ou dispositivo de igual efeito em aparelho de tevê.

zum.bai.a *sf.* V. *rapapé* (2).

zum.bi [Do quimb.] *sm. Bras. Folcl.* Fantasma que vaga pela noite, segundo lenda afro-brasileira.

zum.bi.do [*Zumbir* + *-ido*.] *sm.* **1.** Ato ou efeito de zumbir. **2.** Qualquer som semelhante ao zumbir dos insetos; zunido. **3.** Zumbido (2) que a pessoa acredita ouvir, de causa orgânica ou psicológica.

zum.bir [V.A◘1C] *v.int.* **1.** Fazer ruído ao esvoaçar (insetos); zunir. **2.** Produzir ruído semelhante ao das abelhas e de outros insetos; zunir. **3.** Sentir (as orelhas) zumbido (3). [Sin.ger.: *zoar*. C.: 3. Ger. é mais us. na 3ª pess.]

zum-zum [V.A] *sm. Pop.* V. *boato*. [Pl.: *zum-zuns*.]

zum-zum-zum [F. reforçada de *zum-zum*.] *sm. Bras. Pop.* V. *boato*. [Pl.: *zum-zum-zuns*.]

zu.ni.do [*Zunir* + *-ido*.] *sm.* **1.** Ato ou efeito de zunir. **2.** Zumbido (2).

zu.nir [V.A] *v.int.* **1.** Produzir (o vento) som agudo e sibilante, atravessando frestas por entre ramos de árvores, etc. **2.** V. *zumbir* (1 e 2). [C.: 3. Norm. é unipess.]

zu.ra [Regr. de *usurário*.] *adj2g. s2g. Bras. Fam.* V. *avaro*.

zu.re.ta (ê) *s2g.* **1.** *Bras. MG Pop.* Adoidado, amalucado. **2.** Genioso, irascível.

zur.ra.pa [V.E] *sf.* Vinho de má qualidade, ou estragado.

zur.rar [*Zurro*.◘1A] *v.int.* Emitir zurros; ornear, ornejar. [C.: 1. Norm. é unipess.]

zur.ro [V.A] *sm.* A voz do burro; ornejo.

zur.zir [De *cerzir*, poss.◘1C] *vtd.* **1.** Açoitar, espancar, maltratar. **2.** Punir, castigar. **3.** *Fig.* Criticar com severidade, asperamente. [C.: 41]

MINIENCICLOPÉDIA

Esta minienciclopédia reúne dados geográficos, históricos e biográficos relativos ao Brasil e alguns dados biográficos de não brasileiros. O espaço muito limitado acarreta, obviamente, uma grande filtragem nas inclusões, e os critérios adotados não pretendem, nem podem, ter rigor sistemático absoluto. A inclusão dos verbetes de cunho biográfico é regida por critérios de importância não aferíveis por parâmetros exatos, sobretudo no que se refere aos nomes estrangeiros, em que o crivo é, naturalmente, muito mais seletivo.

Os nomes em maiúsculas, nas entradas, são aqueles pelos quais o biografado é mais conhecido.

A

ABAETÉ, lagoa do. Lagoa do município de Salvador (BA), de importância folclórica e turística.

ABAETÉ, Visconde de (Antônio Paulino Limpo de Abreu) (1798, Port.-1883). Magistrado e político brasileiro. Ministro do Segundo Império, presidente do Senado e diplomata.

ABC. Sigla pela qual é conhecida a região dos municípios altamente industrializados de Santo André, São Bernardo do Campo e São Caetano do Sul (SP).

ABCD. Sigla que abrange os municípios do ABC e Diadema (SP).

ABELAIRA, Augusto José de Freitas (1926, Port.-2003). Romancista. Obras: *A Cidade das Flores, O Bosque Harmonioso*, etc.

ABERTURA DOS PORTOS. Ato pelo qual D. João VI, em 28 de janeiro de 1808, a conselho do visconde de Cairu, franqueou os portos brasileiros às nações amigas, permitindo-lhes comerciar livremente.

ABRAMO, LÍVIO (1903, SP-1992). Gravador, desenhista e pintor, de técnica expressionista. Obras: *Espanha, Festa*, etc.

ABRANTES, Marquês de (Miguel Calmon du Pin e Almeida) (1796, BA-1865). Político e diplomata. Defendeu os direitos do Brasil em questão levantada por um diplomata britânico.

ABREU, CAIO FERNANDO (1948, RS-1996). Romancista e contista. Obras: *Morangos Mofados, Triângulo das Águas*, etc.

ABREU, CASIMIRO José Marques DE (1839, RJ-1860). Poeta da segunda geração romântica. Obras: *Primaveras, Camões e o Jau* (ato dramático), etc.

ABREU E LIMA, José Inácio de (1794, PE-1869). Militar, político e historiador. Lutou na Venezuela ao lado de Bolívar; no Brasil, incentivou a revolução Praieira. Obras: *Compêndio de História do Brasil, O Socialismo*, etc.

ABREU E LIMA, José Inácio Ribeiro de (1768, PE-1817). Sacerdote e político conhecido como P.ᵉ ROMA. Líder da revolução Pernambucana de 1817, fuzilado na Bahia.

ABREU, João CAPISTRANO Honório DE (1853, CE-1927). Historiador. É um dos mestres da nossa História. Obras: *O Brasil no Séc. XVI, Capítulos de História Colonial*, etc.

ABREU (José Gomes de Abreu), dito ZEQUINHA DE) (1880, SP-1935). Compositor popular, autor do choro *Tico-Tico no Fubá*.

ABREU, MANUEL Dias DE (1894, SP-1962). Médico e cientista, inventor da abreugrafia.

ABROLHOS. Arquipélago situado a 70km ao largo de Caravelas (BA), importante área de proteção ambiental.

ABUNÃ. Rio do AM, AC e RO (c. 524km), afluente da margem esquerda do Madeira; serve de fronteira entre o Brasil e a Bolívia.

ACADEMIA BRASILEIRA DE CIÊNCIAS. Instituição de cientistas fundada no Rio de Janeiro, em 1916.

ACADEMIA BRASILEIRA DE LETRAS (ABL). Instituição de escritores fundada no Rio de Janeiro, em 1896. Compõe-se de 40 membros vitalícios e tem por objetivo a cultura da língua e da literatura nacionais.

ACADEMIA BRASILEIRA DE MÚSICA. Instituição fundada por Vila-Lobos, no Rio de Janeiro, em 1945. Compõe-se de 40 membros.

ACRE. Estado da Região N., situado na Amazônia brasileira. *Sigla*: AC. *Superfície*: 152.581,388km². *Capital*: Rio Branco. *Municípios*: 22. *Municípios mais populosos*: Rio Branco, Cruzeiro do Sul, Feijó, Tarauacá, Sena Madureira. *Economia*: agricultura: mandioca, milho, arroz, feijão, banana; extrativismo vegetal (borracha, castanha-do-pará e madeira); pecuária: bovinos, suínos; indústria: alimentícia, construção civil, madeireira. Soberania brasileira sobre o território reconhecida pelo Tratado de Petrópolis (1903), assinado

ADONIAS

por Brasil, Bolívia e Peru; passagem de território federal a estado em 1962.

ADONIAS Aguiar FILHO (1915, BA-1990). Romancista e ensaísta. Obras: *Os Servos da Morte, O Forte*, etc.

ADORNO, ANTÔNIO DIAS (?, BA?-1583). Bandeirante. Comandou uma expedição em busca de esmeraldas, preou índios e trouxe amostras de pedras preciosas.

AGASSIZ, Jean Louis Rodolphe (1807, Suíça-1873). Geólogo e ictiólogo. Obras: *Uma Viagem pelo Brasil*, etc.

AGOSTINHO, Santo (354, Tagasta, África-430). Teólogo e filósofo. Obras: *A Cidade de Deus, As Confissões*, etc.

AGOSTINI, Angelo (1843, Itália-1910). Ilustrador, caricaturista e jornalista. Veio para o Brasil em 1859. Fundou a *Revista Ilustrada*, na qual defendeu a Vaidade dos Homens e a Proclamação da República.

AGULHAS NEGRAS, pico das. Ponto culminante do maciço do Itatiaia (limite de SP e RJ), com c. 2.791m de altitude.

AIRES (Luís Cardoso Aires, dito **LULA CARDOSO)** (1910, PE-1987). Pintor e cenógrafo, autor de painéis e murais em várias cidades brasileiras.

AIRES Ramos da Silva de Eça, MATIAS (1705, SP-1763). Escritor moralista. Obra: *Reflexões sobre a Vaidade dos Homens ou Discursos Morais sobre os Efeitos da Vaidade*.

ALAGOAS. Estado da Região N.E. *Sigla*: AL. *Superfície*: 27.767,661km². *Capital*: Maceió. *Municípios*: 102. *Municípios mais populosos*: Maceió, Arapiraca, Palmeira dos Índios, Rio Largo, União dos Palmares, Penedo, São Miguel dos Campos. *Economia*: agricultura: cana-de-açúcar, mandioca, banana, milho, feijão, arroz, coco-da-baía; pecuária: aves, bovinos, suínos, ovinos; indústria: açúcar e álcool, cimento, alimentícia, química; turismo importante. Parte da capitania de Pernambuco, Alagoas torna-se comarca em 1711 e separa-se em 1817, transformando-se em capitania autônoma e, depois, em província (1822) e estado (1889).

ALBANO, JOSÉ de Abreu (1882, CE-1923). Poeta. Obras: *Rimas, Alegoria*, etc.; é autor da antológica *Ode à Língua Portuguesa*.

ALBUQUERQUE, JERÔNIMO Fragoso DE (1548, PE-1619). Militar português e colonizador. Combateu os franceses no Maranhão e governou o Pará.

ALBUQUERQUE MARANHÃO, JERÔNIMO DE (1548, PE-1618). Militar e colonizador. Fundou a cidade de Natal e chefiou a expedição que, em 1615, expulsou os franceses do Maranhão.

ALBUQUERQUE, MATIAS DE, Marquês de Alegrete (1590, PE-1647). Governador de Pernambuco; combateu os holandeses que, em 1624, invadiram a Bahia e aprisionaram o 2º governador-geral do Brasil, Diogo de Mendonça Furtado.

ALCÂNTARA (MA). Situada na baía de São Marcos em frente a São Luís, é cidade tombada pelo IPHAN.

ALCÂNTARA MACHADO d'Oliveira, Antônio Castilho de (1901, SP-1935). Contista e cronista. Obras: *Cavaquinho e Saxofone, Brás, Bexiga e Barra Funda*, etc.

ALEIJADINHO (Antônio Francisco Lisboa, dito **O)** (c. 1730, MG-1814). Escultor e arquiteto, traçou igrejas e criou esculturas em estilo barroco em Ouro Preto, Congonhas, Sabará, São João del-Rei, Tiradentes, etc.

ALENCAR, JOSÉ Martiniano DE (1829, CE-1877). Romancista e teatrólogo, o principal representante do romantismo no Brasil. Obras: *Carta sobre a "Confederação dos Tamoios", O Guarani, O Demônio Familiar, Iracema*, etc.

ALEXANDRE MAGNO (356, Macedônia-323 a.C.). Importante gênio militar da história. Suas conquistas difundiram a civilização grega na Ásia ocidental e no Egito.

ALFAIATES, Revolta dos. V. BAIANA, Conjuração.

ALMEIDA, ABÍLIO PEREIRA DE (1906, SP-1977). Dramaturgo e ator. Participou do Grupo de Teatro Experimental em São Paulo; como dramaturgo, teve várias peças apresentadas com êxito no TBC, como *Paiol Velho* e *Santa Marta Fabril S.A.*, e, no TMDC, *Moral em Concordata*.

ALMEIDA, ARACI Teles DE (1914, RJ-1988). Cantora popular, uma das principais intérpretes de Noel Rosa.

ALMEIDA, CÂNDIDO Antônio José Francisco MENDES DE (1928, RJ). Educador e ensaísta. Obras: *Memento dos Vivos, A Democracia Desperdiçada*, etc.

ALMEIDA, CÂNDIDO MENDES DE (1818, MA-1881). Jurisconsulto e político. Obras: *Direito Civil Eclesiástico, Atlas do Império do Brasil*, etc.

ALMEIDA FARIA, Benigno José de (1943, Port.). Romancista. Obras: *Rumor Branco, Cavaleiro Andante*, etc.

ALMEIDA, Francisco FILINTO DE (1857, Port.-1945). Poeta parnasiano e dramaturgo naturalizado brasileiro. Obras: *Cantos e Cantigas, No Seio da Morte*, etc.

AMAZONAS

ALMEIDA GARRETT, João Batista da Silva Leitão de (1799, Port.-1854). Prosador, dramaturgo e poeta. Obras: *Romanceiro, Um Auto de Gil Vicente, Viagens na Minha Terra*, etc.

ALMEIDA, GERMANO (1945, Cabo Verde). Escritor e advogado. Obras: *O Testamento do Sr. Napumoceno da Silva Araújo, O Meu Poeta*, etc.

ALMEIDA, GUILHERME DE Andrade e (1890, SP-1969). Poeta e tradutor. Obras: *A Dança das Horas, Raça*, etc.

ALMEIDA, JOSÉ AMÉRICO DE (1887, PB-1980). Ensaísta, memorialista e romancista. Obras: *A Paraíba e Seus Problemas, A Bagaceira*, etc.

ALMEIDA, JÚLIA Valentina da Silveira LOPES DE (1862, RJ-1934). Romancista e contista. Obras: *A Família Medeiros, Ânsia Eterna*, etc.

ALMEIDA JÚNIOR, José Ferraz de (1850, SP-1899). Pintor naturalista. Obras: *Caipiras Negaceando, A Partida da Monção*, etc.

ALMEIDA, MANUEL ANTÔNIO DE (1831, RJ-1861). Autor de *Memórias de um Sargento de Milícias* (1854-1855), romance de costumes.

ALMEIDA, MOACIR Gomes DE (1902, RJ-1925). Poeta da segunda fase romântica. Obra: *Gritos Bárbaros*.

ALMEIDA, RENATO Costa (1895, BA-1981). Musicólogo, crítico e folclorista. Obras: *História da Música Brasileira, Inteligência do Folclore*, etc.

ALMIRANTE (Henrique Foréis Domingues, dito) (1908, RJ-1980). Radialista, cantor e compositor popular, autor do samba *Na Pavuna*.

ALPHONSUS, JOÃO (nome literário de **João Afonso de Guimarães**) (1901, MG-1944). Romancista e contista. Obras: *Galinha Cega, Totônio Pacheco, Pesca da Baleia, Eis a Noite!*, etc.

ALVARENGA, ONEIDA Paoliello de (1911, MG-1984). Folclorista e musicóloga. Obras: *Cateretês do Sul de Minas Gerais, Música Popular Brasileira*, etc.

ALVARENGA PEIXOTO, Inácio José de (1744, RJ-1793). Poeta. Participou da Conjuração Mineira. Deixou alguns sonetos, várias odes, uma cantata e um canto.

ÁLVARES DE AZEVEDO, Manuel Antônio (1831, SP-1852). Poeta e contista romântico. Obras: *Lira dos Vinte Anos, Noite na Taverna*, etc.

ALVARUS (Álvaro Cotrim, dito) (1904, RJ-1985). Caricaturista. Obras: *Hoje Tem Espetáculo, Alvarus e Seus Bonecos*, etc.

ALVES de Sousa, ATAULFO (1909, MG-1969). Compositor e cantor popular, autor de *Ai Que Saudades da Amélia* (com Mário Lago), *Pois É*, etc.

ALVIM, ÁLVARO (1863, RJ-1928). Médico. Pioneiro da eletroterapia, da radiologia e da radioterapia no Brasil.

AMADO, GILBERTO (1887, SE-1969). Político memorialista e ensaísta. Obras: *Histórias da Minha Infância, Presença na Política*, etc.

AMADO, JORGE (1912, BA-2001). Romancista, figura expressiva do romance nordestino. Obras: *Mar Morto, Terras do Sem-Fim, Dona Flor e Seus Dois Maridos*, etc.

AMAPÁ. Estado da Região N., situado na Amazônia brasileira. *Sigla*: AP. *Superfície*: 142.814,585km². *Capital*: Macapá. *Municípios*: 16. *Municípios mais populosos*: Macapá, Santana, Laranjal do Jari, Mazagão. *Economia*: agricultura: mandioca, arroz, milho, feijão, banana; extrativismo vegetal (castanha-do-pará, borracha, madeira) e mineral (notável produção de manganês, na serra do Navio; cromocromita, ouro). Objeto de disputa territorial com os franceses, arbitrada em favor do Brasil, em 1900; passou à condição de estado em 1988.

AMARAL Leite Penteado, AMADEU Ataliba Arruda (1875, SP-1929). Poeta, folclorista e linguista. Obras: *Urzes, Tradições Populares, O Dialeto Caipira*, etc.

AMARAL, MARIA ADELAIDE de Almeida Santos do (1942, Port.). Dramaturga. Obras: *Bodas de Papel, Se Eu Fosse Você*, etc.

AMARAL, TARSILA DO (1886, SP-1973). Pintora. Participou da Semana de Arte Moderna. Obras: *Pau-Brasil, O Abaporu*, etc.

AMAZONAS. Estado da Região N., situado na Amazônia brasileira, o maior da Federação. *Sigla*: AM. *Superfície*: 1.570.745,680km². *Capital*: Manaus. *Municípios*: 62. *Municípios mais populosos*: Manaus, Parintins, Manacapuru, Itacoatiara, Coari, Tefé. *Economia*: agricultura: mandioca, cana-de-açúcar, banana, arroz, laranja, milho, malva, juta, guaraná, extrativismo vegetal (castanha-do-pará, borracha, madeira); pecuária: bovinos, suínos; mineração: estanho (cassiterita), ferro, ouro; indústria: eletroeletrônica, mecânica e de transporte. Cedido a Portugal pela Espanha (Tratado de Madri, 1750). Elevado a província em 1850.

AMAZONAS. O maior e mais caudaloso dos rios brasileiros, o primeiro do mundo em volume de água e o segundo em extensão (c. 7.100km); nasce na cordilheira dos Andes em território peruano e deságua no Atlântico; é navegável em quase todo o seu curso. Principais afluentes: Içá, Negro, Atumã, Jamundá, Trombetas, Paru (mar-

AMAZÔNIA

gem esquerda), Javari, Jutaí, Juruá, Purus, Tefé, Madeira, Tapajós, Xingu (margem direita). [Este rio, ao penetrar em território brasileiro e até encontrar-se com o Negro, um dos seus afluentes da margem esquerda, tem o nome de Solimões.]

AMAZÔNIA. Região geográfica que abrange vários países da América Latina e, no Brasil, os estados do PA, AM, AC, RO, AP, RR, TO, MT e MA; floresta tropical em meio à bacia do rio Amazonas que abriga rica flora e fauna (representa 1/3 das reservas florestais da Terra); sujeita a rápido desmatamento.

AMOEDO, RODOLFO (1857, BA-1941). Pintor acadêmico de inspiração classicista. Obras: *O Último Tamoio, Moça de Vermelho*, etc.

AMORA, ANTÔNIO Augusto SOARES (1917, SP-1999). Historiador da literatura e crítico literário. Obras: *História da Literatura Brasileira, Teoria da Literatura*, etc.

AMOROSO LIMA, ALCEU (1893, RJ-1983). Pensador católico e crítico literário. Obras: *Introdução à Literatura Brasileira, Estudos Literários*, etc.

ANACREONTE (séc. VI a.C., Teos, Jônia). Poeta lírico grego que cantou o amor e os prazeres da vida.

ANCHIETA, José de (1534, Canárias, Espanha-1597). Poeta e gramático, foi um dos nossos principais evangelizadores. Escreveu e apresentou autos em português, espanhol e tupi, de intuito catequético. Obras: *Arte de Gramática da Língua mais Usada na Costa do Brasil, Na Festa de São Lourenço*, etc.

ANDRADA E SILVA, JOSÉ BONIFÁCIO DE (1763, SP-1838). Estadista, homem de ciência e poeta, cognominado o "Patriarca da Independência". Obras: *Poesias*, além de numerosos escritos de cunho científico, político e literário.

ANDRADA Machado e Silva, ANTÔNIO CARLOS RIBEIRO DE (1773, SP-1845). Político. É tido como um dos maiores oradores brasileiros. Participou da revolução Pernambucana de 1817 e da luta pela Independência.

ANDRADE Franco, Aluísio JORGE (1922, SP-1984). Dramaturgo. A partir de *O Telescópio* e *A Moratória*, que tratam das consequências da crise do café, em 1929, elaborou vasto painel da História do Brasil, que passa pela Revolução Liberal de 1842 (*Pedreira das Almas*) e pela Conjuração Mineira (*As Confrarias*), até as bandeiras (*O Sumidouro*).

ANDRADE, JOAQUIM PEDRO DE (1932, RJ-1988). Cineasta. Obras: *Garrincha, Alegria do Povo, O Padre e a Moça*, etc.

ANDRADE, MÁRIO Raul DE Morais (1893, SP-1945). Poeta, romancista, contista e crítico literário. Obras: *Pauliceia Desvairada, Macunaíma, Aspectos da Literatura Brasileira*, etc.

ANDRADE MURICI, José Cândido de (1895, PR-1984). Crítico literário e musical. Obras: *Panorama do Movimento Simbolista Brasileiro, A Nova Literatura Brasileira*, etc.

ANDRADE, OSWALD DE Sousa (1890, SP-1954). Poeta, romancista e teatrólogo, figura dinâmica do movimento modernista. Obras: *Pau-Brasil, Memórias Sentimentais de João Miramar*; publicou peças como *O Rei da Vela*, etc.

ANDRADE, RODRIGO MELO FRANCO DE (1898, MG-1969). Historiador e crítico de arte, além de contista. Obras: *Velórios, As Artes Plásticas no Brasil*, etc.

ANHANGUERA. V. BUENO da Silva, BARTOLOMEU.

ANJOS, AUGUSTO de Carvalho Rodrigues DOS (1884, PB-1914). Poeta simbolista. Obra: *Eu e Outras Poesias*.

ANJOS, CIRO Versiani DOS (1906, MG-1994). Romancista, ensaísta e memorialista. Obras: *O Amanuense Belmiro, Abdias, A Menina do Sobrado*, etc.

ANTIPOFF, HELENA (1892, Rússia-1974). Pedagoga, reformadora e modernizadora do ensino no Brasil.

ANTONIL (Giovanni Antonio Andreoni, dito **ANDRÉ JOÃO**) (1650, Itália-1716). Missionário jesuíta que viveu na Bahia; sua obra *Cultura e Opulência do Brasil por Suas Drogas e Minas* foi apreendida por ordem do rei.

ANTÔNIO CÂNDIDO de Melo e Sousa (1918, SP). Crítico literário e sociólogo. Obras: *Formação da Literatura Brasileira, Tese e Antítese*, etc.

ANTÔNIO CARLOS Ribeiro de Andrada (1870, MG-1946). Político. Teve participação ativa na revolução de 1930; foi presidente da República interino em 1935.

ANTÔNIO OLINTO Marques da Rocha (1919, MG-2009). Romancista, crítico literário, ensaísta, jornalista, poeta. Obras: *A Casa da Água, Antologia Poética, Copacabana*.

ANTUNES FILHO, José Alves de (1929, SP). Diretor teatral. Com *Macunaíma*, iniciou a fase da hegemonia dos encenadores-criadores.

APA. Rio de MS (c. 400km), afluente da margem esquerda do Paraguai; serve de fronteira entre o Brasil e o Paraguai.

AUGUSTO

APARECIDA (SP). Mun. Centro de romarias às margens do rio Paraíba do Sul. Basílica de Nossa Senhora Aparecida, padroeira do Brasil.

APOLLINAIRE (Wilhelm Apollinaris de Kostrowitsky, dito GUILLAUME) (1880, Itália-1918). Poeta francês. Obras: *Alcoóis, Caligramas*, etc.

ARACAJU. Capital de SE, situada na margem direita do rio Sergipe, a 5km de sua foz no Atlântico; plano urbanístico de José Basílio Pirro; fundada em 1855, substituiu São Cristóvão como capital.

ARAGUAIA. Rio de GO, TO, MT e PA (c. 1.902km). Nasce na serra dos Caiapós e deságua no rio Tocantins.

ARAGUARI. V. VELHAS, rio das.

ARANHA, OSVALDO Euclides de Sousa (1894, RS-1960). Homem público, revolucionário de 1930, ministro da Justiça, Fazenda e Relações Exteriores.

ARANHA Pereira, LUÍS (1901, SP-1987). Poeta modernista. Obras: *Cocktails, Poema Pitágoras*, etc.

ARARIBOIA (séc. XVI). Cacique dos temiminós, cujo nome significa 'cobra feroz'. Apoiou Mem de Sá e Estácio de Sá na luta contra os franceses e seus aliados, os tamoios, no Rio de Janeiro (1560-1565).

ARARIPE, chapada do. Extenso planalto situado entre PE, CE e PI, a 700m acima do nível do mar.

ARARIPE JÚNIOR, Tristão de Alencar (1848, CE-1911). Crítico literário. Obras: *Carta sobre a Literatura Brasileira, Gregório de Matos*, etc.

ARAÚJO, MURILO (1894, MG-1980). Poeta simbolista, participou da Semana de Arte Moderna. Obras: *A Iluminação da Vida, Luz Perdida*, etc.

ARAÚJO PORTO ALEGRE, Manuel José de (1806, RS-1879). Poeta romântico. Obras: *Brasilianas, Colombo*, etc.

ARCOVERDE de Albuquerque Cavalcanti, Joaquim (1850, PE-1930). Sacerdote. Primeiro cardeal da América Latina (1905).

ARINOS de Melo Franco, AFONSO (1868, MG-1916). Contista. É, com Valdomiro Silveira, um dos introdutores do regionalismo no conto. Obras: *Pelo Sertão, Histórias e Paisagens*, etc.

ARINOS de Melo Franco Sobrinho, AFONSO (1905, MG-1990). Político, escritor, sobretudo memorialista. É autor da Lei contra a Discriminação Racial. Obras: *Um Estadista da República, Amor a Roma*, etc.

ARIOSTO, Ludovico (1474, Itália-1533). Poeta épico, autor de *Orlando Furioso*.

ARIPUANÃ. Rio de MT e AM (c. 855km), afluente do Madeira.

ARISTÓFANES (c. 445, Atenas-c. 386 a.C.). O maior comediógrafo grego. Escreveu 44 peças, das quais só restam onze, em que satiriza políticos e intelectuais, e faz uso de fantasias políticas e sociais. Obras: *As Nuvens, Os Pássaros, Assembleia de Mulheres*, etc.

ARISTÓTELES (384, Estagira, Macedônia-322 a.C.). Filósofo grego. Dedicou-se a todas as ciências e sua obra é a enciclopédia da Antiguidade: *A Política, A Retórica, A Poética, Ética para Nicômaco, Metafísica, Das Partes dos Animais*, etc.

ARMADA, Revolta da. Levante da Marinha em setembro de 1893, no Rio de Janeiro, contra o governo de Floriano Peixoto, liderado pelos almirantes Custódio José de Melo e Saldanha da Gama; acabou em março de 1894, com a derrota dos revoltosos.

ARQUIMEDES (287, Siracusa, Sicília-212 a.C.). O maior matemático da Antiguidade.

ASSIS Almeida BRASIL, Francisco de (1932, PI). Contista, romancista e crítico literário. Obras: *Contos do Cotidiano Triste, A Nova Literatura*, etc.

ASSIS BRASIL, Joaquim Francisco de (1857, RS-1938). Político, diplomata e historiador. Reatou relações entre o Brasil e Portugal (1895).

ASSOCIAÇÃO BRASILEIRA DE IMPRENSA (ABI). Entidade fundada em 1908 por Gustavo de Lacerda. Com sede na cidade do Rio de Janeiro, congrega jornalistas de todo o País.

ASTURIAS, Miguel Ángel (1899, Guatemala-1974). Romancista e poeta. Obras: *Lendas da Guatemala, O Senhor Presidente*, etc.

ATAÍDE, Belarmino Maria AUSTREGÉSILO Augusto DE (1898, PE-1993). Ensaísta, cronista e contista. Obras: *Histórias Amargas, Conversas na Barbearia Sol*, etc.

ATAÍDE, Manuel da Costa (1762, MG-1837). Pintor, importante figura da pintura barroca no Brasil.

ATAÍDE, TRISTÃO DE. Pseudônimo de Alceu Amoroso Lima.

ATUMÃ ou UATUMÃ. Rio do AM (c. 657km), afluente do Solimões.

AUDEN, W(ystan) H(ugh) (1907, Inglaterra-1973). Poeta e teatrólogo naturalizado norte-americano. Obras: *A Dança da Morte, A Época da Ansiedade, O Escudo de Aquiles*, etc.

AUGUSTO, Caio Júlio César Otaviano (63 a.C., Roma-14 d.C.). Imperador romano, sobrinho-neto de Júlio César. Seu reinado foi uma das épocas mais brilhantes da história de Roma.

AUTRAN DOURADO

AUTRAN DOURADO, Valdomiro Freitas (1926, MG-2012). Romancista e contista. Obras: *Ópera dos Mortos*, *O Risco do Bordado*, etc.

AUTRAN, PAULO (1922, RJ-2007). Ator, diretor e empresário, um dos fundadores da Cia. Tônia-Celi-Autran, tendo depois prosseguido, sozinho, brilhante carreira.

AVAÍ, Batalha de. Batalha nas margens do arroio Avaí, no Paraguai, vencida pelos brasileiros, sob o comando de Caxias (1868).

AVERRÓIS (Abu al-Walid ibn Rushd, dito) (1126, Espanha-1198). Médico e filósofo árabe que muito contribuiu para a compreensão do pensamento de Aristóteles.

ÁVILA, P.e Fernando Bastos de (1918, RJ-2010). Sociólogo e sacerdote. Obras: *Introdução à Sociologia*, *Imigração para a América Latina*, etc.

AZAMBUJA, DARCI Pereira de (1903, RS-1970). Contista e ensaísta. Obras: *No Galpão*, *Contos Rio-Grandenses*, etc.

AZEVEDO, ALUÍSIO Tancredo Gonçalves de (1857, MA-1913). Romancista. A principal figura do naturalismo no Brasil. Obras: *O Mulato*, *O Cortiço* (tida como sua obra-prima), etc.

AZEVEDO, ARTUR Nabantino Gonçalves de (1855, MA-1908). Contista, cronista, poeta e crítico, notabilizou-se como dramaturgo, autor que foi de quase uma centena de peças, revistas de ano e traduções. Obras: *Amor por Anexins*, *O Mambembe*, *Contos fora da Moda*, etc.

AZEVEDO, FERNANDO de (1894, MG-1974). Sociólogo e historiador. Obras: *No Tempo de Petrônio*, *Princípios de Sociologia*, etc.

AZEVEDO Filho, LEODEGÁRIO Amarante DE (1927, PE-2011). Filólogo e crítico literário. Obras: *A Técnica do Verso em Português*, *O Cânone Lírico de Camões*, etc.

AZEVEDO, TALES Olímpio Góis DE (1904, BA-1995). Etnólogo. Obras: *Ensaios de Antropologia Social*, *Cultura e Situação Social no Brasil*, etc.

B

BABO, LAMARTINE de Azeredo (1904, RJ-1963). Compositor e cantor popular, autor de *O Teu Cabelo não Nega*, *No Rancho Fundo*, etc.

BACH, Johann Sebastian (1685, Alemanha-1750). Compositor erudito, autor de *Concertos de Brandenburgo*, *Arte da Fuga*, etc.

BACON, Francis (1561, Inglaterra-1626). Filósofo. É o fundador da epistemologia moderna. Obras: *Novum Organum Scientiarum* (*Novo Método das Ciências*), etc.

BADARÓ, Giovanni Baptista LIBERO (1798, Itália-1830). Jornalista e político de importante atuação na Independência do Brasil.

BAHIA. Estado da Região N.E., o maior e o mais populoso. *Sigla*: BA. *Superfície*: 564.692,669km². *Capital*: Salvador. *Municípios*: 417. *Municípios mais populosos*: Salvador, Feira de Santana, Vitória da Conquista, Ilhéus, Itabuna, Juazeiro, Camaçari, Jequié, Barreiras, Alagoinhas. *Economia*: agricultura: cacau, mamona, sisal, feijão, coco-da-baía, mandioca, piaçava e dendê, o terceiro de algodão, e o quarto de fumo; pecuária: bovinos, suínos, ovinos, caprinos; petróleo (Candeias; Polo Petroquímico de Camaçari); refinaria Landulfo Alves, em Mataripe) e gás natural no Recôncavo e litoral norte; indústria: alimentícia, química e metalúrgica; criação do Polo Industrial de Aratu em 1967; primeiro produtor de chumbo, cobre, cromo e barita. Sede administrativa da Colônia (1549-1763); importante centro cultural.

BAIANA, Conjuração. Movimento nativista (1798) que preconizava a criação da República Baiense; tb. chamada revolta dos Alfaiates e revolução dos Mulatos.

BAIENSE, República. República proclamada na Bahia durante a Sabinada, em 1837.

BALAIADA. Movimento revolucionário popular iniciado no Maranhão, e que se ramificou para o Piauí e o Ceará (1838-1841). Comandado por Manuel Francisco dos Anjos Ferreira, cognominado Balaio, pelo vaqueiro Raimundo Gomes Vieira Jutaí, o Cara Preta, e pelo preto Cosme, ex-escravo.

BALSAS, rio das. Rio do MA (c. 510km), o mais importante afluente do Parnaíba.

BALZAC, Honoré de (1799, França-1850). Romancista. Obras: *A Comédia Humana*, *A Mulher de Trinta Anos*, etc.

BANANAL, ilha do. A maior ilha fluvial do mundo, com cerca de 20.000km²; é formada por uma bifurcação do rio Araguaia, no estado de TO.

BANDEIRA, ANTÔNIO (1922, CE-1967). Pintor e desenhista, foi um dos primeiros brasileiros a aderir ao abstracionismo. Obras: *Outono*, *Flora Noturna*, etc.

BANDEIRA Filho, MANUEL Carneiro de Sousa (1886, PE-1968). Poeta modernista, introdutor do verso livre entre nós. Obras: *Carnaval*, *Libertinagem*, *Estrela da Manhã*, etc.

BANDEIRA, pico da. Ponto culminante da serra do Caparaó (MG e ES), com c. 2.890m de altitude.

BANDEIRAS. V. ENTRADAS E BANDEIRAS.

BARBACENA, Visconde e Marquês de (Felisberto Caldeira Brant Pontes Oliveira e Horta) (1772, MG-1842). Político e militar. Comandou o Exército brasileiro na campanha da Cisplatina.

BARBOSA, ADONIRAN (pseudônimo de João Rubinato) (1910, SP-1982). Compositor popular, um dos criadores do samba paulista. Obras: *O Samba do Arnesto, Trem das Onze*, etc.

BARBOSA de Oliveira, RUI (1849, BA-1923). Jurista, orador e político. Membro fundador da ABL. Representou o Brasil na II Conferência de Paz em Haia. Obras: *Queda do Império, Parecer sobre a Redação do Código Civil, Réplica*, etc.

BARBOSA, FRANCISCO DE ASSIS (1914, SP-1991). Ensaísta e biógrafo. Obras: *A Vida de Lima Barreto, Achados do Vento*, etc.

BARBOSA, HAROLDO (1915, RJ-1979). Compositor popular e radialista, autor de *Palhaçada, Nossos Momentos*, etc.

BARBOSA, JANUÁRIO DA CUNHA (1780, RJ-1846). Político e poeta. Teve papel ativo no processo de Independência do Brasil. Obras: *Parnaso Brasileiro, Os Garimpeiros*, etc.

BARBOSA (Lauro de Araújo Barbosa, dito **D. MARCOS**) (1915, MG-1997). Poeta e tradutor. Obras: *Poemas do Reino de Deus, A Noite Será como o Dia*, etc.

BARBOSA LIMA SOBRINHO, Alexandre José (1897, PE-2000). Ensaísta, político e jornalista. Obras: *A Verdade sobre a Revolução de Outubro, A Autodeterminação e a Não Intervenção*, etc.

BARBOSA, ORESTES (1893, RJ-1966). Poeta, cronista e compositor popular, autor de *Água Marinha, Chão de Estrelas*, etc.

BARBOSA RODRIGUES, João (1842, MG-1909). Botânico. Obras: *Iconografia das Orquídeas do Brasil*, etc.

BARDI, PIETRO MARIA (1900, Itália-1999). Historiador e crítico de arte. Foi diretor do Museu de Arte de São Paulo. Obras: *História da Arte Brasileira*, etc.

BARRETO, BRUNO (1955, RJ). Cineasta. Obras: *A Estrela Sobe, O Beijo no Asfalto*, etc.

BARRETO de Meneses, TOBIAS (1839, SE-1889). Filósofo e poeta. Obras: *Ensaios e Estudos de Filosofia e Crítica, Estudos Alemães*, etc.

BARRETO, FAUSTO Carlos (1852, CE-1915). Filólogo. Obras: *Arcaísmos e Neologismos da Língua Portuguesa*, etc. Coautor (com Carlos de Laet) da famosa *Antologia Nacional*.

BARRETO, João PAULO Emílio Cristóvão dos Santos Coelho (1881, RJ-1921). Cronista e contista. Adotou o pseudônimo de João do Rio. Obras: *A Alma Encantadora das Ruas, Dentro da Noite*, etc.

BARRETO, LUÍS CARLOS (1928, CE). Produtor cinematográfico, roteirista e fotógrafo. Produtor de *Memórias do Cárcere, O Quatrilho*, etc.

BARRETO, MÁRIO Castelo Branco (1879, RJ-1931). Filólogo e tradutor. Obras: *Através do Dicionário e da Gramática, Fatos da Língua Portuguesa*, etc.

BARROS, JOÃO DE (1496, Port.-1570). Historiador e gramático português. Obras: *Gramática da Língua Portuguesa, Ásia*, etc.

BARROS, MANUEL DE (1916, MT-2014). Poeta. Obras: *Face Imóvel, Livro sobre Nada*, etc.

BARROSO, Almirante (Francisco Manuel Barroso da Silva, Barão do Amazonas) (1804, Port.-1882). Almirante da marinha brasileira que se distinguiu nas batalhas da guerra do Paraguai.

BARROSO, ARI Evangelista Resende (1903, MG-1964). Compositor popular, autor de *Aquarela do Brasil, Na Baixa do Sapateiro*, etc.

BARROSO, GUSTAVO Dodt (1888, CE-1959). Historiador e contista. Obras: *Terra de Sol, História Secreta do Brasil*, etc.

BARROSO, IVO do Nascimento (1929, MG). Poeta e tradutor de Rimbaud, Shakespeare, etc.

BARROSO Soares, MARIA ALICE (1926, RJ-2012). Romancista. Obras: *Os Posseiros, Um Nome para Matar*, etc.

BASTIDE, ROGER (1898, França-1974). Sociólogo, antropólogo e crítico literário. Obras: *A Poesia Afro-Brasileira, Religiões Africanas no Brasil*, etc.

BASTOS TIGRE, Manuel (1882, PE-1957). Poeta e teatrólogo. Obras: *A Ceia dos Coronéis, Versos Perversos*, etc.

BATES, Henry Walter (1825, Inglaterra-1892). Naturalista. Viajou ao Pará em companhia de Wallace e explorou a bacia do Amazonas. Autor da obra *The Naturalist on the River Amazonas* (1863) que foi editada em português em 1944.

BAUDELAIRE, CHARLES Pierre (1821, França-1867). Poeta. Obras: *As Flores do Mal, Pequenos Poemas em Prosa*, etc.

BEAUVOIR, SIMONE DE (1908, França-1986). Ensaísta, filósofa, memorialista e romancista. Obras: *Os Mandarins, O Segundo Sexo, A cerimônia do Adeus, A Velhice*, etc.

BECHARA, EVANILDO Cavalcante (1928, PE). Filólogo, gramático, linguista. Obras: *As Fases*

Históricas da Língua Portuguesa, Tentativa de Proposta de Nova Periodização, Moderna Gramática Portuguesa, etc.

BECKER, CACILDA (1921, SP-1969). Atriz. Fundou em 1958 o Teatro Cacilda Becker. Principais peças: *Pega Fogo, Longa Jornada Noite adentro, Quem Tem Medo de Virginia Woolf?*

BECKETT, Samuel (1906, Irlanda-1989). Romancista e dramaturgo de expressão inglesa e francesa. Obras: *Molloy, Watt, Esperando Godot*, etc.

BECKMAN, Manuel (dito **O BEQUIMÃO**) (séc. XVII, Port.-1685). Senhor de engenho, líder de movimento nativista no Maranhão, enforcado em São Luís. V. BEQUIMÃO, revolta do.

BEETHOVEN, Ludwig van (1770, Alemanha-1827). Compositor erudito, autor de nove sinfonias, uma ópera (*Fidélio*), uma *Missa Solene*, etc.

BELÉM. Capital do PA, fundada em 1616 por Francisco Caldeira Castelo Branco, com o nome de Santa Maria de Belém do Grão-Pará. Principal centro cultural da Amazônia. Turismo, Mercado Ver-o-Peso, Museu Paraense Emílio Goeldi, procissão do Círio de Nazaré.

BELO HORIZONTE. Capital de MG; parque manufatureiro (metalurgia, indústrias têxtil, alimentícia, de material elétrico e de construção); construída em 1897 para substituir Ouro Preto como sede do governo mineiro.

BELO, JOSÉ MARIA de Albuquerque (1885, PE-1959). Político e historiador. Obras: *História da República*, etc.

BEQUIMÃO, Revolta do. Levante liderado por Manuel Beckman, em 1684, contra o monopólio de exportação e importação exercido pela Companhia de Comércio do Maranhão.

BERARDINELLI, CLEONICE Seroa da Mota (1916, RJ). Professora universitária, autora de várias antologias e edições críticas: *Antologia do "Teatro de Gil Vicente", Alguma Prosa Pessoana, Sonetos de Camões*, etc.

BERGMAN, Ingmar (1918, Suécia-2007). Cineasta. Obras: *O Sétimo Selo, Morangos Silvestres*, etc.

BERGSON, Henri (1859, França-1941). Filósofo. Obras: *As Duas Fontes da Moral e da Religião, O Riso, A Evolução Criadora*, etc.

BERNARDELLI, José Maria Oscar RODOLFO (1852, México-1931). Escultor naturalizado brasileiro. Obras: *Cristo e a Adúltera*, monumento ao descobrimento do Brasil, etc.

BERNARDES, ARTUR da Silva (1875, MG-1955). Político. Elegeu-se presidente da República em 1922. Governou o País em estado de sítio. Promoveu o rompimento do Brasil com a Liga das Nações, apoiou a Petrobras e opôs-se à internacionalização da Amazônia.

BERNARDES, P.ᵉ MANUEL (1644, Port.-1710). Um dos clássicos da língua portuguesa. Obras: *Luz e Calor, Nova Floresta*, etc.

BERNARDO ÉLIS Fleuri de Campo Curado (1915, MS-1997). Romancista e contista. Obras: *O Tronco, Veranico de Janeiro*, etc.

BESSA-LUÍS, Maria AGUSTINA (1922, Port.). Romancista. Obras: *A Sibila, Sebastião José*, etc.

BETHENCOURT, JOÃO Estêvão Weiner (1924, Hungria-2006). Comediógrafo naturalizado brasileiro. Obras: *O Dia em Que Raptaram o Papa, Bonifácio Bilhões*, etc.

BEVILÁQUA, CLÓVIS (1859, CE-1944). Jurista. Redigiu o anteprojeto do *Código Civil Brasileiro* em 1899, durante o governo de Campos Sales.

BIBLIOTECA NACIONAL. Instituição fundada por D. João VI no Rio de Janeiro em 1810, com o nome de Biblioteca Real. Atual Fundação Biblioteca Nacional.

BILAC, OLAVO Brás Martins dos Guimarães (1865, RJ-1918). Poeta parnasiano. Obras: *Poesias, Tarde*, etc.

BISMARCK, Otto von (1815, Alemanha-1898). Estadista. Primeiro-ministro da Prússia, efetuou a unificação da Alemanha.

BLAKE, William (1757, Inglaterra-1827). Poeta e pintor. Precursor do simbolismo e do surrealismo.

BLOCH, PEDRO (1914, Ucrânia-2004). Teatrólogo e médico. Obras: *As Mãos de Eurídice, Dona Xepa*, etc.

BLUTEAU, Rafael (1638, Port.-1734). Lexicógrafo. Obra: *Vocabulário Português e Latino*.

BOAL, AUGUSTO Pinto (1931, RJ-2009). Dramaturgo, diretor e teórico, autor de *Revolução na América do Sul*. Projetou-se internacionalmente com o *Teatro do Oprimido*.

BOA VISTA. Capital de RR, situada na margem direita do rio Branco; o povoamento data de 1787; elevado a vila em 1890, e a cidade em 1926; criação extensiva de bovinos.

BOCAGE, Manuel Maria Barbosa du (1765, Port.-1805). Poeta, um dos maiores sonetistas da nossa língua. Obras: *Verdades Duras, ou Pavorosa Ilusão da Eternidade, A Morte de Inês de Castro*, etc.

BOCAINA, serra da. Elevação entre SP e RJ, com cerca de 2.000m de altitude.

BOCAIUVA, QUINTINO Antônio Ferreira de Sousa (1836, RJ-1912). Político e escritor. Foi ministro do Governo Provisório da República. Obras: *Onfália, Estudos Críticos e Literários*, etc.

BOCCACCIO, Giovanni (1313, França-1375). Primeiro grande prosador italiano. Obras: *O Decamerão*, etc.

BOFF, LEONARDO (1938, SC). Teólogo. Obras: *Jesus Cristo Libertador, Igreja, Carisma e Poder*, etc.

BOLÍVAR, Simón (1783, Venezuela-1830). Militar. Principal herói da guerra de independência das colônias espanholas na América do Sul, libertou a Venezuela, a Colômbia, o Equador e o Peru.

BONFIM, MANUEL José (1868, SE-1932). Historiador. Obras: *O Brasil-Nação: Realidade da Soberania Brasileira*, etc.

BOPP, RAUL (1898, RS-1984). Poeta e memorialista. Obras: *Cobra Norato, Memórias de um Embaixador*, etc.

BORBA Carvalho FILHO, HERMILO (1917, PE-1976). Romancista, dramaturgo e ensaísta. Obras: *Os Caminhos da Solidão, Um Cavalheiro da Segunda Decadência*, etc.

BORBA GATO, Manuel de (c. 1630, SP-1718). Bandeirante. Descobridor de ouro no rio das Velhas e desbravador do sertão.

BORBOREMA, chapada da. Planalto cristalino situado no Nordeste brasileiro; corresponde à faixa de transição entre a baixada litorânea e o sertão semiárido, e estende-se de AL ao RN.

BORGES, JORGE LUÍS (1899, Argentina-1986). Poeta, contista e ensaísta. Obras: *Ficções, História Universal da Infâmia*, etc.

BOSCH (Jerome van Aecken, dito Hiéronymus) (1450-1516). Pintor flamengo. Obras: *O Jardim das Delícias, O Carro de Feno*, etc.

BÔSCOLI, RONALDO Fernando Esquerdo (1929, RJ-1994). Compositor popular. Um dos criadores da bossa nova, letrista de *Lobo Bobo, O Barquinho*, etc.

BOSI, Alfredo (1936, SP). Crítico literário e historiador da literatura. Obras: *História Concisa da Literatura Brasileira, Reflexões sobre a Arte*, etc.

BOTELHO DE OLIVEIRA, Manuel (1636, BA-1711). Primeiro poeta nascido no Brasil, autor de *Música do Parnaso*.

BOTTICELLI (Sandro di Mariano Filipepi, dito SANDRO) (1445, Itália-1510). Pintor. Obras: *O Nascimento de Vênus, A Primavera*, etc.

BRAGA, Antônio FRANCISCO (1868, RJ-1945). Regente e compositor. Obras: *Hino à Bandeira* (com letra de Olavo Bilac), *Insônia* (poema sinfônico), etc.

BRAGA, RUBEM (1913, ES-1990). Jornalista e cronista. Obras: *O Conde e o Passarinho, Recado da Primavera*.

BRAILLE, Louis (1809, França-1852). Professor, criou o sistema *braille* de escrita para cegos.

BRAHMS, Johannes (1833, Alemanha-1897). Compositor erudito, autor de quatro sinfonias, três sonatas, cerca de trezentos *Lieder*, etc.

BRANCO. Rio de RR (c. 925km); conflui com o Negro.

BRANDÃO, Ambrósio Fernandes (c. 1560, Port.-c. 1630). Cronista e senhor de engenho. Capistrano de Abreu atribui-lhe os *Diálogos das Grandezas do Brasil*.

BRANDÃO, INÁCIO DE LOIOLA (1936, SP). Romancista e contista. Obras: *Zero, O Ganhador*, etc.

BRANDÃO, JUNITO DE SOUSA (1926, RJ-1995). Helenista e tradutor. Obras: *Mitologia Grega, Dicionário Mítico-Etimológico da Mitologia Grega*, etc.

BRASIL, República Federativa do. Maior país da América Latina e quinto do mundo em área total (8.514.876,599km^2). *Divisão administrativa*: 26 estados, 1 Distrito Federal, 5.564 municípios. *Capital*: Brasília. *Idioma*: português. *Moeda*: real. *Regime de governo*: presidencialismo. Quatro fusos horários. Cinco regiões. *Tipos de clima*: equatorial, tropical, tropical de altitude, tropical atlântico, semiárido e subtropical. Foi colônia portuguesa de 1500 a 1822, quando se tornou independente. De 1823 a 1828 ocorreu a campanha da Cisplatina com a Argentina pela posse do atual Uruguai, então chamado Província Cisplatina; em 1831, D. Pedro I abdicou ao trono, instalando-se então a Regência (1831-1840), durante a qual ocorreram vários levantes regionais: Balaiada, Sabinada, Cabanagem, guerra dos Farrapos, etc. No Segundo Império, ocorreu a guerra do Paraguai, travada pela Tríplice Aliança (Argentina, Brasil e Uruguai) contra o Paraguai. O Império durou até 1889, data da Proclamação da República. Durante a República, vários movimentos político-militares (Tenentismo, Coluna Prestes, etc.) perturbaram a vida política nacional, tendo o último deles, o Golpe de 1964, estabelecido regime autoritário que durou vinte anos. Em 1985 instalou-se a Nova República, civil, com democracia plena, que convocou uma Assembleia Constituinte em 1987, a qual elaborou uma Constituição (1988), com eleições livres em todos os níveis.

BRASÍLIA. Capital do Brasil e sede do Governo Federal, localizada no Distrito Federal. Criada

BRÁS

e construída durante o governo de Juscelino Kubitschek (concepção urbanística de Lúcio Costa e arquitetônica de Oscar Niemeyer), foi inaugurada em 21 de abril de 1960. Declarada pela Unesco Patrimônio Cultural da Humanidade em 7 de dezembro de 1987.

BRÁS, VENCESLAU Pereira Gomes (1868, MG-1966). Vice-presidente da República de 1910 a 1914 e presidente (1914-1918), eleito como candidato de conciliação.

BRECHERET, Vítor (1894, Itália-1955). Escultor que teve participação ativa na Semana de Arte Moderna. Obras: *Monumento às Bandeiras*, etc.

BRECHT, Bertolt (1898, Alemanha-1956). Poeta e dramaturgo cuja obra se caracteriza pela sátira social e por ser contrária ao capitalismo. Obras: *Ópera dos Três Vinténs, Galileu Galilei, Mãe Coragem*, etc.

BRESSANE, JÚLIO (1946, RJ). Cineasta. Obras: *Matou a Família e Foi ao Cinema, Brás Cubas*, etc.

BRETON, ANDRÉ (1896, França-1966). Escritor. Obras: *Manifesto do Surrealismo, Nadja*, etc.

BRITO BROCA, José (1908, SP-1961). Crítico literário e tradutor. Obras: *O Romance Brasileiro, A Vida Literária no Brasil – 1900*, etc.

BRITO, MÁRIO DA SILVA (1916, SP-2008). Poeta e crítico literário. Obras: *História do Modernismo Brasileiro, Antecedentes da Semana de Arte Moderna, Poemário*, etc.

BRUEGEL, Pieter (c. 1525-1569). Pintor flamengo. Obras: *O Triunfo da Morte, A Torre de Babel*, etc.

BUARQUE DE HOLANDA Ferreira, AURÉLIO (1910, AL-1989). Ensaísta, contista, tradutor, filólogo e lexicógrafo. Obras: *Novo Dicionário da Língua Portuguesa, Minidicionário da Língua Portuguesa, Médio Dicionário da Língua Portuguesa, Dicionário Infantil da Língua Portuguesa, Dois Mundos, Território Lírico*; traduziu, entre outras obras, *Pequenos Poemas em Prosa*, de Baudelaire, e, com Paulo Rónai, *Mar de Histórias, Antologia do Conto Mundial*, etc.

BUARQUE DE HOLANDA (Francisco, dito **CHICO)** (1944, RJ). Compositor e cantor popular, romancista e teatrólogo. Obras: *A Banda, Pedro Pedreiro, Roda Viva, Estorvo, Budapeste*, etc.

BUARQUE DE HOLANDA, SÉRGIO (1902, SP-1982). Historiador e sociólogo. Obras: *Raízes do Brasil, Visão do Paraíso*, etc.

BUDA (Siddhartha Gautama) (séc. V a.C., Índia). Fundador do budismo.

BUENO da Ribeira, AMADOR (dito **O ACLAMADO**) (séc. XVII). Personalidade que, aclamada rei pelos paulistas em 1640, recusou a honraria e manteve-se fiel à coroa portuguesa.

BUENO da Silva, BARTOLOMEU (dito **O ANHANGUERA 'Diabo Velho')** (1672, Capitania de São Vicente-1740). Bandeirante. Descobridor de ouro nos sertões de Goiás.

BUENO DE RIVERA Júnior, Odorico (1914, MG-1982). Poeta da chamada Geração de 45. Obras: *Mundo Submerso, Luz do Pântano*, etc.

BUENO, MARIA ESTER Adion (1939, SP). Tenista brasileira, tricampeã individual e tetracampeã de duplas, em Wimbledon.

BULHÕES de Carvalho, ANTÔNIO Fernando (1925, RJ-2009). Contista. Obras: *Outra Terra, Outro Mar, Estudos para a Mão Direita*.

BUÑUEL, Luis (1900, Espanha-1983). Cineasta. Obras: *Um Cão Andaluz, Viridiana, A Bela da Tarde*, etc.

BURLE MARX, Roberto (1909, SP-1994). Paisagista e pintor. Projetou, entre outros, os jardins do Museu de Arte Moderna (RJ) e os do Parque Ibirapuera (SP).

BYRON, Lorde (George Gordon) (1788, Inglaterra-1824). Poeta romântico. Obras: *Manfredo, D. Juan*, etc.

c

CABANADA. Insurreição ocorrida em 1832, em Pernambuco e parte de Alagoas, com o objetivo de restituir o poder a D. Pedro I.

CABANAGEM. Revolta popular na província do Grão-Pará (1835) contra a presidência imposta pelo governo da Regência.

CABRAL DE MELO NETO, JOÃO (1920, PE-1999). Poeta. Obras: *Pedra do Sono, O Cão sem Plumas, Morte e Vida Severina*, etc.

CABRAL, Pedro Álvares (1467 ou 1468, Port.-1520 ou 1526). Navegador que chegou ao Brasil em 22 de abril de 1500.

CABURAÍ, monte. Em suas encostas, na fronteira de Roraima com a Guiana, encontra-se a nascente do rio Ailã, ponto extremo norte do Brasil.

CAETANO dos Santos, JOÃO (1808, RJ-1863). Ator e empresário. É considerado o maior intérprete dramático nacional do séc. XIX.

CAFÉ FILHO, João (1899, RN-1970). Político. Eleito vice-presidente da República na chapa de Getulio Vargas em 1950; com o suicídio deste em 1954, assumiu a presidência, mas em novembro de 1955 foi substituído por motivo de doença.

CALABAR, Domingos Fernandes (c. 1600, AL-1635). Militar que abandonou as tropas portuguesas e preferiu aliar-se aos holandeses em 1632. Foi preso e enforcado.

CALADO, ANTÔNIO Carlos (1917, RJ-1997). Romancista e teatrólogo. Obras: *A Madona de Cedro*, *Quarup*, *Pedro Mico*, etc.

CALDAS AULETE, Francisco Júlio (1826, Port.-1878). Lexicógrafo. Obra: *Dicionário Contemporâneo da Língua Portuguesa* (1881), concluído pelo filólogo português Antônio Lopes dos Santos Valente.

CALDAS BARBOSA, DOMINGOS (?1740, RJ-1800). Poeta, recitava ao som da viola, e fazia tb. improvisações satíricas. Obras: *Epitalâmio*, *Viola de Lereno*, etc.

CALDAS, SÍLVIO Narciso de Figueiredo (1908, RJ-1998). Cantor, compositor popular, parceiro de Orestes Barbosa em *Chão de Estrelas*.

CALDERÓN DE LA BARCA, Pedro (1600, Espanha-1681). Dramaturgo. Autor de 120 comédias e 80 autos sacramentais, gênero que levou à perfeição. Obras: *A Vida É Sonho* (uma das obras-primas da dramaturgia ocidental, exalta a consciência contra as forças do mal), *O Médico de Sua Honra*, etc.

CALMON du Pin e Almeida, MIGUEL. V. ABRANTES, Marquês de.

CALMON Muniz de Bittencourt, PEDRO (1902, BA-1985). Historiador e ensaísta. Obras: *História do Brasil*, *O Rei Cavaleiro (D. Pedro I)*, *O Rei Filósofo (D. Pedro II)*, etc.

CALÓGERAS, João PANDIÁ (1870, RJ-1934). Político e historiador, foi o único civil a ocupar o cargo de ministro da Guerra. Obras: *Formação Histórica do Brasil*, *A Política Exterior do Império*, etc.

CALVINO, João (1509, França-1564). Teólogo. Fundador da religião reformada ou *calvinista*, que de Genebra se propagou na França, Holanda, Inglaterra e Escócia. Autor de *Instituição da Religião Cristã*, suma teológica do protestantismo francês.

CÂMARA CASCUDO, Luís da (1898, RN-1986). Folclorista, etnógrafo e antropólogo. Obras: *Antologia do Folclore Brasileiro*, *Dicionário do Folclore Brasileiro*, etc.

CÂMARA, D. HÉLDER Pessoa (1909, CE-1999). Arcebispo de Olinda e Recife e escritor. Ajudou a criar a CNBB. Obras: *O Deserto É Fértil*, *Mil Razões para Viver*, etc.

CAMARÃO, Antônio FILIPE (1601, PE-1648). Nome adotado pelo índio potiguar Poti, de papel destacado na primeira batalha dos Guararapes.

CAMARGO, IBERÊ (1914, RS-1994). Pintor e gravador. Obras: *Carretéis*, *O Homem da Flor na Boca*, etc.

CAMARGO, JORACI (1898, RJ-1973). Autor de revistas e depois de comédias, alcançou enorme popularidade com *Deus Lhe Pague* (1932), no desempenho de Procópio Ferreira.

CAMINHA, ADOLFO Ferreira (1867, CE-1897). Romancista. Uma das principais figuras do naturalismo no Brasil. Obras: *A Normalista*, *Bom-Crioulo*, etc.

CAMINHA, Pero Vaz de (c. 1450, Port.-1500). Escrivão da armada de Pedro Álvares Cabral, autor da carta ao rei D. Manuel, em que relata a chegada ao Brasil.

CAMÕES, LUÍS Vaz DE (?1524, Port.-1580). Poeta épico e lírico da língua portuguesa. Autor de *Os Lusíadas* (1572); escreveu também sonetos, éclogas, elegias, canções, odes, cartas e os autos *El-Rei Seleuco*, *Anfitriões* e *Filodemo*.

CAMPO GRANDE. Capital de MS, situada sobre divisor de águas (serra de Maracaju) dos afluentes dos rios Aquidauana e Pardo; fundada em 1875 como Arraial de Santo Antônio do Rio Grande; elevada a vila em 1899 e a capital em 1977.

CAMPOS, AUGUSTO Luís Browne DE (1931, SP). Poeta e ensaísta, um dos fundadores do movimento concretista. Obras: *O Rei menos o Reino*, *Viva Vaia*, etc.

CAMPOS, GEIR Nuffer de (1924, ES-1999). Poeta, contista, dicionarista, tradutor. Pertenceu à chamada Geração de 45. Obras: *Rosa dos Rumos*, *Arquipélago*, *Pequeno Dicionário de Arte Poética*, etc.

CAMPOS, HAROLDO Eurico Browne DE (1929, SP-2003). Poeta e ensaísta, um dos fundadores do movimento concretista. Obras: *Auto do Possesso*, *Servidão de Passagem*, etc.

CAMPOS, PAULO MENDES (1922, MG-1991). Poeta e cronista. Pertenceu à chamada Geração de 45. Obras: *O Domingo Azul do Mar*, *O Cego de Ipanema*, *Poemas Corais*, etc.

CAMPOS SALES, Manuel Ferraz de (1841, SP-1913). Político. Eleito presidente da República em 1898; fez acordo com banqueiros internacionais e saneou o Tesouro brasileiro; resolveu a questão do Amapá com a França.

CAMPOS Veras, HUMBERTO DE (1886, MA-1934). Contista, cronista, crítico literário e poeta. Obras: *Carvalhos e Roseiras*, *O Conceito e a Imagem na Poesia Brasileira*, etc.

CAMUS, ALBERT (1913, Argélia-1960). Romancista e dramaturgo francês. Obras: *O Estrangeiro*, *A Peste*, *O Mito de Sísifo*, etc.

CANASTRA

CANASTRA, serra da. Situada entre a cidade de Araxá e o rio Grande, nela se encontram as nascentes do rio São Francisco.

CANECA, FREI Joaquim do Amor Divino Rabelo (1779, PE-1825). Sacerdote e político. Participou da revolução de 1817; líder da Confederação do Equador, foi preso e fuzilado, pois o carrasco negou-se a enforcá-lo.

CANINDÉ. Rio do PI (c. 437km).

CANOAS. Rio de SC (c. 512km).

CANUDOS, rebelião de. Movimento político-religioso no nordeste da Bahia, liderado por Antônio Conselheiro, que resistiu ao governo em 1896 e 1897.

CANUMÃ. Rio do AM (c. 966km), afluente do Madeira.

CAPARAÓ, serra do. Maciço entre MG e ES, no qual se localizam os picos da Bandeira e do Cristal.

CAPIBARIBE ou **CAPIBERIBE.** Rio de PE (c. 250km); divide Recife em três bairros.

CAPITANIAS HEREDITÁRIAS. Parcelas de terra da primeira divisão administrativa do Brasil colonial; com sua instituição, em 1532, pretendia D. João III proteger as costas contra a incursão de corsários e estimular o povoamento. A 12 donatários foram doadas 15 faixas de terra que mediam de 180 a 600 quilômetros de largura e se estendiam da costa até a linha de Tordesilhas, paralelamente à linha do Equador.

CAPRA, FRANK (1897, Itália-1991). Cineasta naturalizado norte-americano. Obras: *Do Mundo Nada Se Leva*, *Adorável Vagabundo*, etc.

CARAJÁS, serra dos. Situada no PA, entre os rios Xingu e Tocantins. Reserva de 18 bilhões de toneladas de ferro, a par de cobre, manganês, níquel, estanho e ouro (serra Pelada).

CARAMURU (**Diogo Álvares Correia**, dito) (?1475, Port.-1557). Náufrago salvo pelos tupinambás no litoral da baía de Todos-os-Santos e que depois auxiliou os portugueses na colonização; casou com Paraguaçu, filha do cacique Taparica.

CARDIM, Fernão (1540, Port.-1625). Cronista. Obras: *Tratados da Terra e Gente do Brasil*, *Narrativa Epistolar*, etc., publicados originalmente em inglês.

CARDOSO, FERNANDO HENRIQUE (1931, RJ). Sociólogo, professor e político; ministro das Relações Exteriores e da Fazenda; eleito presidente da República em 1994 e reeleito em 1998. Obras: *Desenvolvimento e Dependência na América Latina*, etc.

CARDOSO Filho, Joaquim LÚCIO (1913, MG-1968). Romancista. Obras: *Salgueiro*, *Crônica da Casa Assassinada*, etc.

CARDOSO, JOAQUIM Maria Moreira (1897, PE-1978). Poeta e engenheiro. Obras: *Prelúdio e Elegia de uma Despedida*, *O Coronel de Macambira*, etc.

CARDOSO PIRES, José Augusto Neves (1925, Port.-1998). Romancista, contista e memorialista. Obras: *O Delfim*, *De Profundis*, *Valsa Lenta*, etc.

CARDOSO, SÉRGIO da Fonseca Matos (1925, PA-1972). Ator. Atuou no Teatro dos Doze, no TBC, na Cia. Dramática Nacional, e fundou a Cia. Nídia Lícia-Sérgio Cardoso. Foi tb. diretor, cenógrafo e figurinista.

CARINHANHA. Rio entre a BA e MG (c. 448km), afluente da margem esquerda do São Francisco.

CARIRI, brejo. Região situada no sertão do CE, nela se cultivam vários produtos, entre os quais a cana-de-açúcar.

CARIRI ou **CARIRIS-VELHOS.** Região central da PB, no sertão semiárido, dedicada à pecuária.

CARLOS MAGNO (742-814). Rei dos francos e imperador do Ocidente. Grande conquistador e legislador, promoveu um renascimento das artes e das letras e difundiu o cristianismo na Europa.

CARNÉ, MARCEL (1909, França-1996). Cineasta. Obras: *Cais das Sombras*, *Os Visitantes da Noite*, etc.

CARNEIRO, ÉDISON de Sousa (1912, BA-1972). Folclorista e historiador. Obras: *O Quilombo dos Palmares*, *Os Cultos de Origem Africana no Brasil*, etc.

CARNEIRO RIBEIRO, Ernesto (1839, BA-1920). Filólogo. Obras: *Serões Gramaticais*, etc.

CARPEAUX, Oto Maria (1900, Áustria-1978). Ensaísta e crítico literário e musical naturalizado brasileiro. Obras: *História da Literatura Ocidental*, *Uma Nova História da Música*, etc.

CARRERO, TÔNIA (**Maria Antonieta Porto-Carrero**, dita) (1922, RJ). Atriz e empresária, uma das primeiras damas do nosso teatro. Atuou no cinema e no TBC de São Paulo e criou, junto com Adolfo Celi e Paulo Autran, a Cia. Tônia-Celi-Autran.

CARTOLA (**Agenor de Oliveira**, dito) (1908, RJ-1980). Compositor e cantor popular, autor de sambas de grande lirismo como *Acontece*, *Tive Sim*, etc.

CARVALHO DA SILVA, DOMINGOS (1915, Port.-2004). Poeta da chamada Geração de 45, naturalizado brasileiro. Obras: *Rosa Extinta*, *À Margem do Tempo*, etc.

CARVALHO, ELEAZAR DE (1912, CE-1996). Regente e compositor erudito. Obras: *Des-

cobrimento do Brasil, Tiradentes, Sinfonia Branca, etc.

CARVALHO, FLÁVIO DE Resende (1889, RJ-1973). Pintor, desenhista e arquiteto. Autor do projeto do Palácio do Governo de São Paulo.

CARVALHO, JOSÉ CÂNDIDO DE (1914, RJ-1989). Romancista. Obras: *Olha para o Céu, Frederico!, O Coronel e o Lobisomem*, etc.

CARVALHO, JOUBERT Gontijo DE (1900, MG-1977). Compositor popular, musicou poemas de Olegário Mariano (*Cai, Cai, Balão; Maringá*); autor de *Taí*.

CARVALHO, MÁRIO DE (1944, Port.). Romancista, contista e dramaturgo. Obras: *Contos da Sétima Esfera, Um Deus Passeando pela Brisa da Tarde*, etc.

CARVALHO, RONALD DE (1893, RJ-1935). Poeta e ensaísta. Obras: *Poemas e Sonetos, Pequena História da Literatura Brasileira, O Espelho de Ariel*, etc.

CARVALHO, VICENTE Augusto DE (1866, SP-1924). Poeta parnasiano. Teve a paixão do mar, que canta em versos admiráveis. Obras: *Ardentias, Poemas e Canções*, etc.

CASTELO BRANCO, CAMILO Ferreira Botelho (1825, Port.-1890). Romancista e polemista, considerado um dos mestres da língua. Obras: *Doze Casamentos Felizes, Amor de Perdição*, etc.

CASTELO BRANCO, Carlos (1920, PI-1993). Jornalista, historiador político e romancista. Obras: *Introdução à Revolução de 1964 – Agonia do Poder Civil, Arco do Triunfo*, etc.

CASTELO BRANCO, Humberto de Alencar (1900, CE-1967). Militar, integrante da Força Expedicionária Brasileira (FEB), primeiro presidente da República (1964-1967) na vigência do regime de exceção que se seguiu ao Golpe de 1964.

CASTILHO, ANTÔNIO FELICIANO DE (1800, Port.-1875). Poeta romântico. Obras: *Cartas de Eco a Narciso, Amor e Melancolia*, etc. Traduziu Anacreonte, Virgílio, Ovídio, Molière, Shakespeare, Goethe.

CASTRO ALVES, Antônio Frederico de (1847, BA-1871). Importante poeta da última fase do romantismo, e um dos mais populares do Brasil. Foi tb. dramaturgo. Obras: *Espumas Flutuantes, Gonzaga ou A Revolução de Minas*, etc.

CASTRO, AMÍLCAR DE (1920, MG-2002). Escultor abstracionista, trabalhou com aço e ferro.

CASTRO e Almeida, EUGÊNIO DE (1869, Port.-1944). Poeta que introduziu o simbolismo em Portugal. Obras: *Oaristos, O Anel de Polícrates*, etc.

CASTRO, José PLÁCIDO DE (1873, RS-1908). Militar e político que estimulou a ocupação do Acre e lutou por sua anexação ao território brasileiro.

CASTRO, JOSUÉ Apolônio DE (1908, PE-1973). Médico, geógrafo e sociólogo. Obras: *Alimentação nos Trópicos, Geopolítica da Fome*, etc.

CATULO, Caio Valério (c. 87, Verona, Itália-c. 54 a.C.). Poeta lírico latino.

CAVALCANTI, ALBERTO de Almeida (1897, RJ-1982). Cineasta. Obras: *Simão, o Caolho, Mulher de Verdade*, etc.

CAVALCANTI PROENÇA, Manuel (1905, MT-1966). Contista, romancista e crítico literário. Obras: *Uniforme de Gala, Manuscrito Holandês ou A Peleja do Caboclo Mitavaí com o Monstro Macobeba*, etc.

CAVALHEIRO, EDGAR (1911, SP-1976). Crítico literário e biógrafo. Obras: *Monteiro Lobato: Vida e Obra, Testamento de uma Geração*, etc.

CAXIAS, Duque de. V. LIMA E SILVA, LUÍS ALVES DE.

CAYMMI, DORIVAL (1914, BA-2008). Compositor e cantor popular, autor de *O Que é que a Baiana Tem?, É Doce Morrer no Mar*, etc.

CEARÁ. Estado da Região N.E. *Sigla*: CE. *Superfície*: 148.825,602km². *Capital*: Fortaleza. *Municípios*: 184. *Municípios mais populosos*: Fortaleza, Caucaia, Juazeiro do Norte, Maracanaú, Sobral, Crato, Itapipoca, Maranguape, Iguatu, Crateús. *Economia*: agricultura: cana-de-açúcar, mandioca, milho, banana, feijão, castanha de caju, coco-da-baía; extrativismo (lenha, madeira da carnaúba e oiticica); pecuária: bovinos, suínos, caprinos, ovinos; indústria: têxtil, calçados, alimentícia, metalúrgica. O Ceará começou a ser ocupado em torno de 1610, com o propósito de proteger a capitania contra os ataques de franceses, holandeses e ingleses.

CEARENSE, CATULO DA PAIXÃO (1863, MA-1946). Poeta e compositor popular. Obras: *Meu Sertão, Mata Iluminada*, etc.

CELI, ADOLFO (1922, Itália-1986). Encenador e empresário. Foi o primeiro encenador profissional do TBC, a partir de 1951, e seu diretor artístico, tornando-se, em 1956, sócio e diretor da Cia. Tônia-Celi-Autran.

CENTRO-OESTE, REGIÃO. Formada pelos estados de GO, MT, MS e pelo DF. Clima tropical. É a região menos populosa.

CERVANTES Saavedra, MIGUEL DE (1547, Espanha-1616). Novelista. Obras: *Dom Quixote de la Mancha, Novelas Exemplares*, etc.

CÉSAR, ANA CRISTINA (1952, RJ-1983). Poetisa. Obras: *Cenas de Abril, A Teus Pés*, etc.

CÉSAR

CÉSAR, Caio JÚLIO (100-44 a.C.). Escritor e estadista romano. Obras: *Comentários sobre a Guerra das Gálias*, etc.

CÉSAR da Silva, GUILHERMINO (1908, MG-1983). Poeta e crítico literário. Obras: *Meia Pataca, História da Literatura do Rio Grande do Sul*, etc.

CÉZANNE, Paul (1839, França-1906). Pintor. Obras: *As Grandes Banhistas, Monte Sainte-Victoire*, etc.

CHAGALL, Marc (1887, Rússia-1985). Pintor naturalizado francês. Obras: *O Violinista, O Sonho de uma Noite de Verão*, etc.

CHAGAS, CARLOS Ribeiro Justiniano (1879, MG-1934). Médico e cientista que erradicou a malária da cidade de Santos e identificou o agente causador da depois chamada "doença de Chagas".

CHAGAS FILHO, CARLOS (1910, RJ-2000). Cientista e ensaísta. Obras: *O Minuto Que Vem (Reflexões sobre a Ciência no Mundo Contemporâneo)*, etc.

CHALAÇA, O. V. GOMES DA SILVA, Francisco.

CHAMIE, MÁRIO (1933, SP-2011). Poeta. Um dos principais nomes do grupo Poesia-Práxis. Obras: *Espaço Inaugural, Os Rodízios*, etc.

CHAMPOLLION, Jean-François (1790, França-1832). Historiador e linguista que decifrou os hieróglifos egípcios a partir da inscrição bilíngue da pedra de Roseta.

CHAPECÓ. Rio de SC (c. 400km), afluente da margem direita do Uruguai.

CHAPLIN, CHARLES Spencer (1889, Inglaterra-1977). Ator e cineasta. Criador do personagem Carlitos. Obras: *O Garoto, Em Busca do Ouro, Luzes da Ribalta*, etc.

CHIBATA, Revolta da. Levante da Marinha, liderado pelo marinheiro João Cândido, ocorrido em novembro de 1910 na baía do Rio de Janeiro; reivindicava melhores condições de trabalho, sobretudo a abolição de castigos corporais; foi severamente reprimido pelo governo de Hermes da Fonseca. Tb. conhecida como revolta dos Marinheiros.

CHOPIN, Frédéric (1810, Polônia-1849). Compositor erudito, autor de noturnos, valsas, *polonaises*, sonatas, etc.

CHURCHILL, WINSTON Leonard Spencer (1874, Inglaterra-1965). Estadista e historiador.

CÍCERO (Cícero Romão Batista, dito P°) (1844, CE-1934). Religioso de grande influência no Nordeste, tido como milagroso.

CÍCERO, Marco Túlio (106-43 a.C.). O maior orador romano. Obras: *Catilinárias, Filípicas*, etc.

CISPLATINA, Campanha da. Guerra entre o Brasil e a Argentina (1825-1828) pela posse da chamada Província Cisplatina, território que constitui hoje o Uruguai. Acabou em 27 de agosto de 1828, quando brasileiros e argentinos reconheceram a independência do Uruguai.

CLAIR, RENÉ Chomette (1898, França-1981). Cineasta. Obras: *As Grandes Manobras, Festas Galantes*, etc.

CLARK, LÍGIA (1920, MG-1988). Pintora e escultora. Obras: *Os Bichos, A Casa e o Corpo*, etc.

CLEÓPATRA (69, Egito-30 a.C.). Rainha de 51 a 30, celebrizou-se por seus amores com César e Marco Antônio. Suicidou-se após a derrota deste na batalha naval de Áccio.

COARACI, VIVALDO de Vivaldi (1882, RJ-1967). Cronista e historiador. Obras: *O Rio de Janeiro no Século XVII, Memórias do Rio de Janeiro*, etc.

COARI. Rio do AM (c. 534km), afluente da margem direita do Solimões.

COELHO NETO, Henrique Maximiano (1864, MA-1934). Romancista e contista. Obras: *Sertão, Banzo, A Capital Federal, Turbilhão*, etc.

COELHO, PAULO (1947, RJ). Romancista. Obras: *Diário de um Mago, O Alquimista*, etc.

COLLOR de Melo, FERNANDO Afonso (1949, RJ). Político. Eleito presidente da República em 1989; promoveu liberalização de mercado; processado por tráfico de influências e corrupção; renunciou em 29.12.1992.

COLOMBO, Cristóvão (1451, Itália-1506). Navegador genovês que, a serviço da Espanha, chegou à América em 12 de outubro de 1492.

COLUNA PRESTES. Série de operações militares revolucionárias, lideradas por Luís Carlos Prestes, Miguel Costa e Juarez Távora, e realizadas durante marcha guerrilheira por mais de 24.000km (iniciada em SP, seguiu por GO, alcançando o MA, o PI, o CE, a BA, retornando ao sul do antigo estado de Mato Grosso e incursionando pela Bolívia).

COMTE, Isidore AUGUSTE (1798, França-1857). Filósofo positivista. Obras: *Curso de Filosofia Positiva, Política Positiva*, etc.

CONDÉ, JOSÉ Ferreira (1918, PE-1971). Romancista e contista. Obras: *Um Ramo para Luísa, Terra de Caruaru*, etc.

CONFERÊNCIA NACIONAL DOS BISPOS DO BRASIL (CNBB). Entidade católica criada no Rio de Janeiro, em 1952.

CONFÚCIO (K'ung-Fu-Tzu) (551, China-479 a.C.). Filósofo. Obras: *Livro da História, Livro da Adivinhação*, etc.

CONGONHAS (MG). Mun. Cidade histórica. Santuário do Bom Jesus de Matosinhos, tombado pelo Patrimônio Mundial em 1985.

CONJURAÇÃO MINEIRA. Movimento conspiratório pela Independência do Brasil, ocorrido em 1789 na província de Minas Gerais, impropriamente chamado de Inconfidência Mineira; teve como chefe Joaquim José da Silva Xavier, o Tiradentes, que foi preso e enforcado.

CONRAD (Jozef Konrad Nalecz Korzeniowsky, dito **JOSEPH**) (1857, Ucrânia-1924). Romancista inglês de origem polonesa. Obras: *Lorde Jim, Tufão*, etc.

CONSELHEIRO (Antônio Vicente Mendes Maciel, dito **ANTÔNIO**) (1828, CE-1897). Líder religioso que reuniu milhares de sertanejos no arraial de Canudos, onde resistiu ao Governo Federal.

CONSTANT Botelho de Magalhães, BENJAMIM (1836, RJ-1891). Militar e político, um dos principais articuladores do movimento que culminou na Proclamação da República.

CONSTITUCIONALISTA, Revolução. Revolta ocorrida em SP (1932), que reivindicava a convocação de uma Assembleia Constituinte e o fim do regime de intervenção federal nos estados.

CONTAMANA, serra de. Em suas encostas, na fronteira do Acre com o Peru, encontra-se a nascente do rio Moa, ponto extremo oeste do Brasil.

CONTAS, rio das ou de. Rio da BA, temporário em seu alto curso (c. 508km).

CONTESTADO, Guerra do. Conflito sangrento entre camponeses (liderados pelo profeta e curandeiro José Maria) e tropas federais, de 1912 a 1916, em área reivindicada pelos estados de SC e PR; a luta terminou com a morte de cerca de 20.000 rebeldes.

Convenção do Patrimônio Mundial. Convenção criada pela Unesco, em 1972, para incentivar a preservação de bens culturais e naturais significativos para a humanidade.

CONY, CARLOS HEITOR (1926, RJ). Romancista, contista e cronista. Obras: *O Ventre, Antes o Verão, Quase Memória*, etc.

COPÉRNICO, Nicolau (1473, Polônia-1543). Astrônomo. Demonstrou os movimentos dos planetas sobre si mesmos e em torno do Sol.

COPPOLA, Francis Ford (1939, E.U.A.). Cineasta. Obras: *O Poderoso Chefão, Apocalypse Now*, etc.

CORÇÃO Braga, GUSTAVO (1896, RJ-1978). Romancista, ensaísta e pensador católico. Obras: *Lições de Abismo, O Século de Nada*, etc.

CORNEILLE, Pierre (1606, França-1684). Dramaturgo. Obras: *O Cid* (exaltação da nobreza humana), *A Ilusão Cômica, Polieucte*, etc.

COSTA

CORREIA Baima Filho, Manuel VIRIATO (1884, MA-1967). Contista, cronista e romancista. Obras: *Contos do Sertão, Balaiada*, etc.

CORREIA, OSCAR DIAS (1921, MG-2005). Jurista e ensaísta. Obras: *O S.T.F., Corte Constitucional do Brasil*, etc.

CORREIA, RAIMUNDO da Mota Azevedo (1859, MA-1911). Poeta parnasiano. Obras: *Primeiros Sonhos, Sinfonias, Aleluias*, etc.

CORREIA, ROBERTO ALVIM (1901, Bélgica-1983). Crítico literário. Obras: *Anteu e a Crítica, O Mito de Prometeu*, etc.

CORTÁZAR, Julio (1914, Bélgica-1984). Romancista e contista argentino. Obras: *O Jogo da Amarelinha, As Armas Secretas*, etc.

CORTÉS, Hernán (1485, Espanha-1547). Conquistador. Destruiu o Império Asteca e iniciou a colonização do México.

COSTA, CLÁUDIO MANUEL DA (1729, MG-1789). Poeta. Participou da conjuração Mineira. Obras: *Munúsculo Métrico, Labirinto de Amor*, etc.

COSTA, DUARTE DA (séc. XV, Port.-séc. XVI). Segundo governador-geral do Brasil (1553-1557).

COSTA E SILVA, ALBERTO DA (1931, SP). Poeta, memorialista, etnólogo, diplomata. Obras: *Ao lado de Vera, A Enxada e a Lança, A Manilha e o Libambo*, etc.

COSTA E SILVA, Antônio Francisco DA (1885, PI-1950). Poeta simbolista. Obras: *Sangue, Pandora*, etc.

COSTA E SILVA, Artur da (1902, RS-1969). Militar; presidente da República na vigência do regime de exceção que se seguiu ao Golpe de 1964 (1967 a 1969).

COSTA FILHO, ODILO (1914, MA-1979). Poeta e contista. Obras: *A Faca e o Rio, Os Bichos do Céu*, etc.

COSTA-GAVRAS, Konstantinos (1933, Grécia). Cineasta. Obras: *Z, A Confissão*, etc.

COSTA LIMA, Ângelo Moreira da (1887, RJ-1964). Entomologista. Obras: *Insetos do Brasil*, etc.

COSTA LIMA, Luís (1937, MA). Crítico literário. Obras: *Lira e Antilira, Estruturalismo e Teoria da Literatura*, etc.

COSTA, LÚCIO (1902, França-1998). Arquiteto e urbanista, autor do plano urbanístico de Brasília, da Barra da Tijuca (Rio de Janeiro), e dos estudos *O Arquiteto e a Sociedade Contemporânea, A Crise da Arte Contemporânea*, etc.

COSTA

COSTA Pereira Furtado de Mendonça, HIPÓLITO José DA (1774, Colônia do Sacramento-1823). Jornalista de larga atuação, fundador do jornal *Correio Brasiliense*, que, editado em Londres, defendia a causa da Independência do Brasil.

COSTA, SÉRGIO CORREIA Afonso DA (1919, RJ-2005). Diplomata e escritor. Obras: *As Quatro Coroas de D. Pedro I*, etc.

COUTINHO, AFRÂNIO dos Santos (1911, BA-2000). Crítico literário. Obras: *Da Crítica e da Nova Crítica*, *Machado de Assis na Literatura Brasileira*, etc.

COUTINHO, EDILBERTO (1938, PB-1995). Contista. Obras: *Onda Boiadeira e Outros Contos*, *Maracanã*, etc.

COUTINHO, SÔNIA (1939, BA-2013). Contista e romancista. Obras: *Venenos de Lucrécia*, *O Jogo de Ifá*, etc.

COUTO DE MAGALHÃES, José Vieira (1837, MG-1898). Escritor e político do Império. Obras: *O Selvagem*, *A Revolta de Filipe dos Santos em 1720*, etc.

COUTO, DEOLINDO Augusto de Nunes (1902, PI-1992). Médico neurologista e ensaísta. Obras: *Vultos e Ideias*, *Dois Sábios Ibéricos*, etc.

COUTO, DIOGO DO (1542, Port.-1616). Historiador. Obras: *O Soldado Prático*, *Décadas IV a VII*, etc.

COUTO, MIA (1955, Moçambique). Romancista e contista. Obras: *Terra Sonâmbula*, *Cada Homem É uma Raça*, etc.

COUTO, MIGUEL (1865, RJ-1934). Médico e político. Obras: *Lições de Clínica Médica*, etc.

CRICK, FRANCIS Harry Compton (1916, Inglaterra-2004). Biólogo molecular. Com James D. Watson descobriu a estrutura do ácido desoxirribonucleico.

CRISTAL, pico do. Situa-se na serra do Caparaó, com c. 2.769m de altitude.

CRISTINA. Serra de MG, no limite com SP (c. 1.500m de altitude).

CROMWELL, Oliver (1599, Inglaterra-1658). Líder político e chefe militar. Subjugou a Irlanda e a Escócia, e ordenou a dissolução do Parlamento.

CRULS, GASTÃO Luís (1888, RJ-1960). Romancista, contista e ensaísta. Obras: *Elsa e Helena*, *Hileia Amazônica*, etc.

CRUZ E SOUSA, João da (1861, SC-1898). Poeta, principal representante da escola simbolista brasileira. Obras: *Broquéis*, *Missal*, *Últimos Sonetos*.

CRUZ, OSVALDO Gonçalves (1872, SP-1917). Médico e sanitarista que combateu o surto de peste bubônica em São Paulo e a febre amarela no Rio de Janeiro.

CUIABÁ. Capital de MT, situada na margem esquerda do rio Cuiabá; surgiu do arraial de Cuiabá, fundado por bandeirantes em 1719; tornou-se capital da província de Mato Grosso em 1825; centro regional; extrativismo e, recentemente, grandes projetos de agropecuária.

CUIABÁ. Rio de MT, afluente do Paraguai (c. 647km).

CUKOR, GEORGE (1899, E.U.A.-1983). Cineasta. Obras: *David Copperfield*, *Nasce uma Estrela*, etc.

CUNHA (Antônio Geraldo da, dito **A. G.)** (1924, RJ-1999). Filólogo e lexicógrafo. Obras: *Dicionário Histórico das Palavras Portuguesas de Origem Tupi*, *Dicionário Etimológico da Língua Portuguesa*, etc.

CUNHA, BRASÍLIO ITIBERÊ DA (1846, PR-1913). Compositor e diplomata. Primeiro compositor a utilizar temas folclóricos (*A Sertaneja*).

CUNHA, CELSO Ferreira DA (1917, MG-1989). Filólogo, gramático e linguista. Obras: *Estudos de Poética Trovadoresca*, *Nova Gramática do Português Contemporâneo*, etc.

CUNHA, Conde da (Antônio Álvares da Cunha) (?1700, Port.-1791). Primeiro vice-rei residente no Rio de Janeiro; governou de 1763 a 1767, melhorando as fortificações da cidade.

CUNHA, EUCLIDES Rodrigues Pimenta DA (1866, RJ-1909). Engenheiro e jornalista, escritor. Rara figura de homem de ciência e homem de letras. Obras: *Os Sertões*, *Contrastes e Confrontos*, etc.

CUNHA Filho, FAUSTO Fernandes da (1923, PE-2004). Ficcionista e crítico literário. Obras: *A Luta Literária*, *As Noites Marcianas*, etc.

CURIE, MARIE Sklodowska (1867, Polônia-1934). Física naturalizada francesa. Descobriu o rádio, em colaboração com o marido, Pierre Curie. Ambos receberam o Prêmio Nobel de Física em 1903. Prêmio Nobel de Química em 1911.

CURITIBA. Capital do PR, situada perto das nascentes do rio Iguaçu, a 950m de altitude, em média; o povoamento data de meados do séc. XVII, com o descobrimento de jazidas de ouro; elevada a capital de província em 1854; notável prosperidade e organização; importante polo industrial.

CURRAL FEIO, serra do. Elevação situada na BA, com cerca de 1.200m de altitude.

D

DACOSTA (Mílton da Costa, dito **MÍLTON**) (1915, RJ-1988). Pintor. Ganhou o prêmio de melhor pintor brasileiro na III Bienal de São Paulo (1955).

DALCÍDIO JURANDIR Ramos Pereira (1909, PA-1979). Romancista e contista. Obras: *Chove nos Campos de Cachoeira, Marajó*, etc.

DALGADO, Sebastião Rodolfo (1855, Port.-1922). Linguista e lexicógrafo. Obras: *Dialeto Indo-Português de Goa, Glossário Luso-Asiático*, etc.

DALÍ, SALVADOR (1904, Espanha-1989). Pintor surrealista. Obras: *Canibalismo de Outono, Cristo de São João da Cruz*, etc.

DANTE ALIGHIERI (1265, Florença-1321). Poeta, cantou a amada, Beatriz, na obra-prima *Divina Comédia*. Outra obra: *A Vida Nova*.

DANTON, Georges Jacques (1759, França-1794). Político e orador, foi um dos grandes vultos da Revolução Francesa.

DARWIN, Charles (1809, Inglaterra-1882). Naturalista e biólogo. Obras: *Da Origem das Espécies por meio da Seleção Natural*, etc.

DEBRET, Jean-Baptiste (1768, França-1848). Desenhista e pintor. Integrou a missão artística que veio ao Brasil em 1816. Publicou em Paris (1834-1839) a obra *Viagem Pitoresca e Histórica ao Brasil*, com ilustrações do seu próprio punho.

DEBUSSY, Claude (1862, França-1918). Compositor erudito, autor de *Prelúdio à Tarde de um Fauno, O Mar*, etc.

DEFOE, Daniel (1660, Inglaterra-1731). Romancista: *Robinson Crusoé, Moll Flanders*, etc.

DEGAS (Edgar de Gas, dito) (1834, França-1917). Pintor e escultor. Obras: *Depois do Banho, A Família Bellini*, etc.

DELACROIX, Eugène (1798, França-1863). Pintor. Obras: *A Morte de Sardanapalo, Dante e Virgílio no Inferno*, etc.

DELGADO DE CARVALHO, Carlos Miguel (1884, França-1980). Geógrafo e historiador brasileiro. Obras: *Geografia do Brasil, História da Cidade do Rio de Janeiro*, etc.

DEMÓCRITO (c. 460, Abdera-c. 370 a.C.). Filósofo grego, precursor da teoria atômica.

DEMÓSTENES (384, Atenas-322 a.C.). Grande orador da Grécia antiga. Obras: *Oração da Coroa, Filípicas*, etc.

DESCARTES, René (1596, França-1650). Filósofo, matemático e físico. Obras: *Discurso do Método, Meditações Metafísicas*, etc.

DE SICA, Vittorio (1901, Itália-1974). Cineasta e ator. Obras: *Ladrões de Bicicleta, O Jardim dos Finzi Contini*, etc.

D'EU, Conde (**Luís Filipe Maria Fernando Gastão d'Orléans**) (1842, França-1922). Príncipe brasileiro, marido da princesa Isabel; comandante-chefe das tropas brasileiras no final da guerra do Paraguai.

DEWEY, JOHN (1859, E.U.A.-1952). Pedagogo e filósofo. Obras: *Ensaios sobre a Educação, Ensaios de Lógica Experimental*, etc.

DIAMANTINA (MG). Mun. Cidade histórica. Título de Patrimônio da Humanidade conferido pela Unesco em 1999.

DIAMANTINA, chapada. Planalto da BA; é o trecho mais setentrional da serra do Espinhaço.

DIAS, ANTÔNIO (1944, PA). Pintor. Recebeu o prêmio de pintura da Bienal de Paris em 1965.

DIAS, Augusto EPIFÂNIO da Silva (1841, Port.-1916). Filólogo português. Obras: *Gramática Prática da Língua Portuguesa, Sintaxe Histórica Portuguesa*, etc.

DIAS, CÍCERO (1908, PE-2003). Pintor e desenhista radicado em Paris.

DIAS de Mesquita, TEÓFILO Odorico (1857, MA-1889). Poeta parnasiano. Obras: *Cantos Tropicais, Fanfarras*, etc.

DIAS GOMES, Alfredo de Freitas (1922, BA-1999). Dramaturgo. Obteve em 1960 grande êxito com *O Pagador de Promessas*, tb. premiado na versão cinematográfica no Festival de Cannes.

DIAS, HENRIQUE (início do séc. XVII, PE-1662). Herói negro nas lutas contra os holandeses em Pernambuco, participou da primeira e da segunda batalha dos Guararapes.

DIAS, MARCÍLIO (1838, RS-1865). Marinheiro heroico que se destacou nos ataques da esquadra brasileira a Paissandu. Foi morto na batalha do Riachuelo (11 de junho de 1865).

DI CAVALCANTI (**Emiliano Augusto Cavalcanti de Albuquerque Melo**, dito) (1897, RJ-1976). Pintor. Participou da Semana de Arte Moderna. Célebre por suas pinturas de mulatas.

DICKENS, Charles (1812, Inglaterra-1870). Romancista. Obras: *Oliver Twist, David Copperfield*, etc.

DIDEROT, Denis (1713, França-1784). Filósofo e romancista. Obras: *Carta sobre os Cegos, Jacques, o Fatalista, O Sobrinho de Rameau*, etc.

DIEGUES

DIEGUES (Carlos José Fontes Diegues, dito **CACÁ)** (1940, AL). Cineasta. Diretor de *Ganga Zumba, Bye, bye, Brasil*, etc.

DIÉGUES JÚNIOR, Manuel (1912, Al-1991). Antropólogo e sociólogo. Obras: *Etnias e Culturas no Brasil; Introdução à Sociologia Regional*, etc.

DISTRITO FEDERAL. Unidade da Federação na Região C.O., onde se localiza Brasília, a capital do país. *Sigla*: DF. *Superfície*: 5.801,937km². Conjunto urbano composto do Plano Piloto (traçado original da cidade, hoje região administrativa chamada Brasília) e de mais 18 regiões administrativas. Sede dos Poderes Executivo, Legislativo e Judiciário.

DJANIRA da Mota e Silva (1914, SP-1979). Pintora. Obras: *Bananal, Paisagem de Parati*, etc.

DOCE. Rio de MG e ES (c. 1.000km); deságua no Atlântico.

DOMINGOS OLÍMPIO Braga Cavalcanti (1850, CE-1906). Romancista e contista. Obras: *Luzia-Homem, O Almirante*, etc.

DONATELLO (Donato di Betto Bardi, dito) (1386, Itália-1466). Escultor. Obras: *Judite e Holofernes*, a estátua equestre de *Gattamelata*, etc.

DONATO, MÁRIO (1915, SP-1992). Romancista. Obras: *Presença de Anita, Madrugada sem Deus*, etc.

DONGA (Ernesto Joaquim Maria dos Santos, dito) (1889, RJ-1974). Compositor e instrumentista. Autor de *Pelo Telefone*, o primeiro samba gravado (1917), *Passarinho Bateu Asas*, etc.

DOSTOIEVSKI, Fiodor Mikhailovitch (1821, Rússia-1881). Romancista. Obras: *Crime e Castigo, Os Irmãos Karamazov*, etc.

DOURADOS. Rio de MG (c. 400km), afluente da margem esquerda do Paranaíba.

DRUMMOND DE ANDRADE, CARLOS (1902, MG-1987). Poeta, contista e cronista. Obras: *Brejo das Almas, Sentimento do Mundo, A Rosa do Povo, Contos de Aprendiz*, etc.

DRUMMOND (Robert Francis, dito **ROBERTO)** (1933, MG-2002). Romancista e contista. Obras: *A Morte de D.J. em Paris, Sangue de Coca-Cola*, etc.

DUARTE, ANSELMO (1920, SP-2009). Cineasta e ator. Obras: *Absolutamente Certo, O Pagador de Promessas*, etc.

DUGUAY-TROUIN, René (1673, França-1736). Oficial de marinha e corsário que, com uma esquadra de 17 navios, invadiu e saqueou o Rio de Janeiro em 1711.

DUQUE ESTRADA, Joaquim Osório (1870, RJ-1927). Poeta e crítico literário, autor da letra do Hino Nacional Brasileiro. Obras: *A Arte de Fazer Versos, Crítica e Polêmica*, etc.

DURAN (Adileia Silva da Rocha, dita **DOLORES)** (1930, RJ-1959). Compositora e cantora popular, autora de *A Noite do Meu Bem, Castigo*, etc.

DURÃO, José de SANTA RITA (1722, MG-1784). Poeta épico. Sua epopeia, *Caramuru*, de modelo camoniano, é menos original que a de Basílio da Gama; tem, no entanto, maior significação brasileira.

DÜRER, Albrecht (1471, Alemanha-1528). Pintor e gravador. Obras: *A Festa do Rosário, Adão e Eva*, etc.

DURKHEIM, Émile (1858, França-1917). Sociólogo. Obras: *Da Divisão do Trabalho Social, As Regras do Método Sociológico*, etc.

DUTRA, Eurico Gaspar (1883, MT-1974). Militar e político. Ministro da Guerra de 1936 a 1945 e presidente da República eleito em 1946.

DUTRA, Valtensir (1926, MG-1994). Crítico literário e tradutor. Obras: *Biografia Crítica das Letras Mineiras* (com Fausto Cunha), *A Evolução de um Poeta (Jorge de Lima)*, etc.

ℰ

EÇA DE QUEIRÓS, José Maria d' (1845, Port.-1900). Sua obra de romancista principia com *O Crime do Padre Amaro* (1876), livro que introduziu em Portugal o realismo. Obras: *O Primo Basílio, Os Maias, A Ilustre Casa de Ramires, A Cidade e as Serras*, etc.

ECO, UMBERTO (1932, Itália-2016). Romancista e teórico. Obras: *A Obra Aberta, O Nome da Rosa*, etc.

EDISON, Thomas Alva (1847, E.U.A.-1931). Físico. Inventou o fonógrafo e a lâmpada incandescente.

EGAS MONIZ, Antônio Caetano de Abreu Freire (1874, Port.-1955). Escritor, político, diplomata e médico psiquiatra. Primeiro português agraciado com o Prêmio Nobel. Obras: *A Neurologia pela Guerra, Júlio Diniz e a Sua Obra*, etc.

EICHBAUER, HÉLIO (1941, RJ). Cenógrafo. Discípulo de Joseph Svoboda, em Praga, tem revelado grande diversidade e engenho na exploração do espaço do palco, em cenários como *O Rei da Vela, Álbum de Família* (em Caracas), etc.

EINSTEIN, Albert (1879, Alemanha-1955). Físico naturalizado norte-americano, autor da teoria da relatividade. É uma das grandes figuras da ciência no séc. XX.

EISENSTEIN, Serghei Mikhailovitch (1898, Rússia-1948). Cineasta. Obras: *A Greve, O Encouraçado Potemkin*, etc.

ELIA, SÍLVIO Edmundo (1913, RJ-1998). Filólogo e linguista. Obras: *Ensaios de Filologia, Orientações da Linguística Moderna*, etc.

ELIAS JOSÉ (1936, MG-2008). Romancista e contista. Obras: *Inventário do Inútil, Olho por Olho, Dente por Dente*, etc.

ELIOT, (Thomas Stearns, dito **T.S.)** (1888, E.U.A.-1965). Poeta, dramaturgo e ensaísta naturalizado inglês. Obras: *A Terra Devastada, Quatro Quartetos*, etc.

EMBIRA. Rio do AC (c. 512km).

EMBOABAS, Guerra dos. Conflito entre mineradores paulistas que haviam descoberto ouro em Minas Gerais e o emboabas, portugueses e brasileiros ali chegados. Ocorreu na região do rio das Mortes e terminou em 1709 com a derrota dos paulistas.

EMPÉDOCLES (c. 483, Agrigento, Sicília-430 a.C.). Último dos grandes filósofos pré-socráticos, para quem havia quatro elementos primordiais: fogo, ar, água e terra.

ENCILHAMENTO. Denominação dada à política financeira de Rui Barbosa como ministro da Fazenda (1889-1891), caracterizada por vultosas emissões de papel-moeda e estímulo às sociedades por ações, o que gerou desenfreada especulação na Bolsa de Valores.

ENEIDA Costa de Morais (1903, PA-1971). Cronista e contista. Obras: *Aruanda, História do Carnaval Carioca*, etc.

ENTRADAS E BANDEIRAS. Expedições de caráter oficial (as entradas) e particular (as bandeiras) realizadas nos séculos XVII e XVIII. As primeiras visavam a consolidar a conquista e a ocupação do território; as segundas tinham objetivos econômicos (busca de ouro e captura de índios para trabalho escravo).

EPICURO (341, Atenas-270 a.C.). Filósofo grego para quem o prazer é o supremo bem.

EQUADOR, Confederação do. Movimento de caráter republicano e separatista iniciado em Pernambuco em 1824 e que pretendia congregar as províncias do Nordeste.

ERASMO (Desiderius Erasmus) (c. 1469-1536). Humanista holandês que escreveu em latim. Obras: *O Elogio da Loucura, Colóquios*, etc.

ESCOBAR, Aílton (1943, SP). Compositor erudito. Obras: *Poemas do Cárcere* (para coro e orquestra), *Prelúdios* (para violão), etc.

ESCOBAR, RUTE (1936, Port.). Empresária e atriz. Construiu, em São Paulo, o Teatro Rute Escobar.

ESOPO (?séc. VI a.C.). Fabulista grego.

ESPANCA, FLORBELA Lobo de Alma (1894, Port.-1930). Poetisa. Obras: *Charneca em Flor, As Máscaras do Destino*, etc.

ESPIGÃO MESTRE. Chapadão entre TO e BA; estende-se até GO por cerca de 500km.

ESPIGÃO, serra do. Elevação de cerca de 1.200m de altitude, situada em SC, próxima à fronteira com o PR.

ESPINHAÇO, serra do. Serra de cerca de 1.000km de extensão, situada em MG e na BA.

ESPÍRITO SANTO. Estado da Região S.E. *Sigla*: ES. *Superfície*: 46.077,519km^2. *Capital*: Vitória. *Municípios*: 78; os *mais populosos*: Vila Velha, Cariacica, Serra, Vitória, Cachoeiro de Itapemirim, Colatina, Linhares, São Mateus, Guarapari, Aracruz. *Economia*: agricultura: cana-de-açúcar, café, mandioca, banana, milho, tomate; pecuária: bovinos, suínos; maior porto exportador de minério de ferro do País (Tubarão); indústria: química, alimentícia, papel e celulose, metalúrgica; são dignas de nota a usina da Cia. Ferro e Aço de Vitória (em Cariacica) e a usina de pelotização de minério de ferro da Cia. Vale do Rio Doce. Capitania criada em 1534 por D. João III, inicialmente subordinada à Bahia.

ÉSQUILO (c. 525, Elêusis-456 a.C.). Dramaturgo grego. Considerado o criador da tragédia grega. Das cerca de 90 peças que escreveu, só restam sete, sendo as principais *Prometeu Acorrentado* e a *Orestia*, trilogia formada por *Agamêmnon, As Coéforas* e *As Eumênides*.

ESTADO NOVO. Regime de exceção (de 1937 a 1945) implantado por Getúlio Vargas após o golpe de Estado de 1937, em que fechou o Congresso Nacional e caracterizou-se pela repressão política, pela aceleração do desenvolvimento econômico e adoção de medidas de caráter social.

ESTIVA, serra da. Elevação em MG, com cerca de 1.000m de altitude.

ESTRONDO, serra do. Maciço em GO e TO, entre os rios Tocantins e Araguaia, com cerca de 200km de extensão.

EUCLIDES (séc. III a.C.). Matemático grego, autor de *Elementos*, lançou as bases da geometria elementar.

EURÍPIDES (480, Salamina-406 a.C.). Dramaturgo grego. O último dos grandes trágicos, autor de 92 peças, das quais se conservaram 19. As mais representadas são *As Troianas, Medeia, Hipólito* e *As Bacantes*.

FACÓ

FACÓ, AMÉRICO (1885, CE-1953). Prosador e poeta. Obras: *Sinfonia Negra, Poesia Perdida*.

FAGUNDES VARELA, Luís Nicolau (1841, RJ-1875). Poeta romântico. Obras: *Noturnos, Anchieta ou o Evangelho nas Selvas*, etc.

FAORO, RAIMUNDO (1925, RS-2003). Ensaísta. Obras: *Recuo: Fundamentos Constitucionais, Os Donos do Poder*, etc.

FAQUINHA, serra da. Elevação situada em SP, junto ao limite com MG (cerca de 1.000m de altitude).

FARIA, OTÁVIO DE (1908, RJ-1980). Romancista e ensaísta. Obras: *Tragédia Burguesa, Cristo e César*, etc.

FARIAS BRITO, Raimundo de (1862, CE-1917). Filósofo. Obras: *Finalidade do Mundo, Ensaios sobre a Filosofia do Espírito*, etc.

FARIAS, ROBERTO Figueira de (1932, RJ). Cineasta. Obras: *Assalto ao Trem Pagador, Pra frente, Brasil*, etc.

FAROFA, serra da. Elevação em SC, junto ao limite com o RS (cerca de 1.200m de altitude).

FARRAPOS, Guerra dos. Rebelião federalista e separatista no Sul do Brasil, liderada por Bento Gonçalves; durou de 1835 a 1845 e resultou na proclamação da República de Piratini (1836). Tb. chamada Revolução Farroupilha.

FARROUPILHA, Revolução. V. FARRAPOS, Guerra dos.

FASSBINDER, Rainer (1945, Alemanha-1982). Cineasta. Obras: *Lili Marlene, Lola*, etc.

FAULKNER (William Harrison Falkner, dito **WILLIAM)** (1897, E.U.A.-1962). Romancista. Obras: *O Som e a Fúria, Luz de Agosto, Santuário*, etc.

FAUSTA, ITÁLIA (1887, SP-1951). Atriz e diretora. Primeira figura do Teatro da Natureza (RJ), criou a Cia. Dramática de São Paulo e dirigiu, depois, o Teatro Popular na Arte (Cia. Maria Della Costa).

FAXINAL, serra do. Elevação entre SC e RS, com cerca de 1.200m de altitude.

FEDRO, Caio Júlio (15 a.C., Macedônia-50 d.C.). Fabulista latino.

FEIA, lagoa. Situada em GO, entre MG e o DF.

FEIA, lagoa. Situada no litoral do RJ, entre a foz do rio Paraíba do Sul e Cabo Frio.

FEIJÓ, Diogo Antônio (1784, SP-1843). Sacerdote e político. Regente do Império (1835-1837), durante a menoridade de Pedro II.

FÉLIX de Oliveira, MOACIR (1926, RJ-2005). Poeta da chamada Geração de 45. Obras: *Lenda e Areia, O Pão e o Vinho*, etc.

FÉLIX DE SOUSA, Afonso (1925, GO-2002). Poeta da chamada Geração de 45. Obras: *O Túnel, Pretérito Imperfeito*, etc.

FELLINI, Federico (1920, Itália-1993). Cineasta. Obras: *A Doce Vida, Julieta dos Espíritos*, etc.

FERNANDES, FLORESTAN (1920, SP-1995). Sociólogo. Obras: *Cor e Estrutura Social em Mudança, A Revolução Burguesa no Brasil*, etc.

FERNANDES, MILLÔR (1924, RJ-2012). Humorista, tradutor de prestígio, afirmou-se como comediógrafo sobretudo com *É... e a seleção de textos de Liberdade, Liberdade* (de parceria com Flávio Rangel).

FERNANDO DE NORONHA. Arquipélago de 21 ilhas, rochedos e ilhotas situado a 345km da costa do RN; deixou de ser território federal e passou a integrar PE, pela Constituição de 1988; Vila dos Remédios é o único núcleo urbano.

FERRAZ, GERALDO (1905, SP-1979). Romancista e contista. Obras: *Doramundo, km 63*, etc.

FERREIRA (Abigail Isquierdo Ferreira, dita **BIBI)** (1924, RJ). Atriz, diretora e empresária.

FERREIRA, ALEXANDRE RODRIGUES (1755, BA-1815). Naturalista. Percorreu o sertão do Pará e Mato Grosso e os vales dos rios Negro, Branco, Madeira e Guaporé. A maior parte de seus trabalhos está ainda inédita.

FERREIRA, ASCENSO (1895, PE-1965). Poeta. Obras: *Catimbó, Cana-Caiana*, etc.

FERREIRA DE CASTRO, José Maria (1898, Port.-1974). Romancista. Obras: *A Selva, A Tempestade*, etc.

FERREIRA GULAR, José Ribamar (1930, MA). Poeta e ensaísta. Obras: *A Luta Corporal, Cultura Posta em Questão*, etc.

FERREIRA, João PROCÓPIO (1898, RJ-1979). Ator, empresário e autor. Com o êxito de *Deus Lhe Pague*, de Joraci Camargo, interpretou mais de 3.600 vezes, a partir de 1932, personificou, no Brasil, a fase da hegemonia do ator.

FERREIRA, VERGÍLIO (1916, Port.-1996). Romancista, contista e ensaísta. Obras: *Vagão "J", Despedida Breve*, etc.

FERRO, chapada do. Elevação em MG, junto ao limite com GO (cerca de 1.000m de altitude).

FICHTE, Johann Gottlieb (1762, Alemanha-1814). Filósofo. Obras: *Princípios da Teoria da Ciência, Doutrina dos Costumes*, etc.

FICO, DIA DO. Designação histórica do dia 9 de janeiro de 1822, data em que D. Pedro, na qualidade de príncipe regente, desobedeceu à coroa portuguesa e manifestou vontade de permanecer no Brasil.

FIELDING, Henry (1707, Inglaterra-1754). Romancista e comediógrafo. Obras: *As Aventuras de Joseph Andrews*, *Tom Jones*, etc.

FIGUEIREDO, CÂNDIDO DE (1846, Port.-1925). Filólogo e lexicógrafo. Obras: *O Que Se Não Deve Dizer*, *Novo Dicionário da Língua Portuguesa*, etc.

FIGUEIREDO, FIDELINO DE Sousa (1889, Port.-1967). Historiador e crítico literário, viveu no Brasil durante 15 anos. Obras: *História da Literatura Clássica*, *A Crítica Literária como Ciência*, etc.

FIGUEIREDO, GUILHERME Oliveira de (1915, SP-1997). Teatrólogo, cronista e romancista. Obras: *Um Deus Dormiu lá em Casa*, *Rondinela e Outras Histórias*, etc.

FIGUEIREDO, JOÃO BATISTA Oliveira de (1918, RJ-1999). Militar. Presidente da República (1979-1985) no final do regime de exceção que se seguiu ao Golpe de 1964; sancionou a Lei de Anistia e extinguiu o bipartidarismo.

FIGUEIREDO Martins, JACKSON DE (1891, SE-1928). Escritor e pensador católico. Obras: *A Reação do Bom Senso*, *Pascal e a Inquietação Moderna*, etc.

FLAUBERT, Gustave (1821, França-1880). Romancista e contista. Obras: *Madame Bovary*, *A Educação Sentimental*, etc.

FLEIUSS, Max (1868, RJ-1943). Historiador. Obras: *História da Cidade do Rio de Janeiro*, *Biografia de D. Pedro II*, etc.

FLEMING, Sir Alexander (1881, Inglaterra-1955). Médico e bacteriologista. Descobriu a penicilina em 1929. Prêmio Nobel de Medicina (1945).

FLORENCE, Antoine HERCULE Romuald (1804, França-1879). Pintor e fotógrafo. Acompanhou a expedição Langsdorff às províncias de São Paulo, Mato Grosso e Pará. Obras: *Viagem Fluvial do Tietê ao Amazonas de 1825 a 1829*, etc.

FLORIANÓPOLIS. Capital de SC, situada no litoral ocidental da ilha de Santa Catarina e ligada ao continente pela ponte Hercílio Luz, atualmente desativada; fundada em 1675 como Nossa Senhora do Desterro; nome atual (desde 1895) em homenagem a Floriano Peixoto; turismo crescente; indústrias têxteis e alimentícias.

FO, DARIO (1926, Itália). Ator e autor, trouxe para os palcos a verve e a revolta dos oprimidos, em *Mistério Bufo*, *Morte Acidental de um Anarquista*, etc. Agraciado com o Prêmio Nobel de Literatura em 1997.

FRANÇA DE LIMA

FONSECA E SILVA, Valentim da (dito **MESTRE VALENTIM**) (1750, RJ-1813). Escultor, entalhador e arquiteto, principal representante do neoclassicismo na cidade do Rio de Janeiro.

FONSECA, HERMES Rodrigues DA (1855, RS-1923). Militar, eleito presidente da República em 1910; durante seu governo ocorreram a revolta da Chibata e a guerra do Contestado.

FONSECA, JOSÉ PAULO MOREIRA DA (1922, RJ-2004). Poeta da chamada Geração de 45 e pintor. Obras: *Elegia Diurna*, *Cores e Palavras*, etc.

FONSECA, José RUBEM (1925, MG). Romancista e contista. Obras: *Lúcia McCartney*, *Feliz Ano-Novo*, *O Seminarista*, etc.

FONSECA, Manuel DEODORO DA (1827, AL-1892). Militar (marechal) e político, participou da guerra do Paraguai e liderou a Proclamação da República; chefe do governo provisório (1889-1891) e primeiro presidente constitucional do Brasil (eleito em 1891); renunciou no fim desse mesmo ano, após a revolta da Armada, comandada por Custódio José de Melo.

FONTES, AMANDO (1899, SP-1967). Romancista regionalista. Obras: *Os Curumbas*, *Rua do Siriri*, etc.

FONTES, HERMES Floro Bartolomeu Martins de Araújo (1888, SE-1930). Poeta parnasiano com traços simbolistas. Obras: *Apoteoses*, *A Lâmpada Velada*, etc.

FORD (**Sean Aloysius O'Fearna**, dito **JOHN**) (1895, E.U.A.-1973). Cineasta. Obras: *No Tempo das Diligências*, *Marcha de Heróis*, etc.

FORMAN, MILOS (1932, Checoslováquia). Cineasta naturalizado norte-americano. Obras: *Um Estranho no Ninho*, *Amadeus*, etc.

FORTALEZA. Capital do CE, situada no litoral atlântico; originou-se de povoado em torno da fortaleza de Nossa Senhora da Assunção, feito vila em 1699 e depois cidade e capital provincial em 1823; é um dos centros culturais do Nordeste.

FOUCAULT, Michel (1926, França-1984). Filósofo. Obras: *História da Loucura na Idade Clássica*, *As Palavras e as Coisas*, etc.

FOZ DO IGUAÇU (PR). Mun. Parque Nacional do Iguaçu, tombado pelo Patrimônio Mundial em 1986.

FRAGA, CLEMENTINO Rocha (1880, BA-1971). Cientista (médico) e escritor. Obras: *A Febre Amarela no Brasil*, *Ensino Médico e Medicina Social*, etc.

FRANÇA DE LIMA, GERALDO (1914, MG-2003). Romancista. Obras: *Serras Azuis*, *Branca Bela*, *Rio da Vida*, etc.

FRANÇA JÚNIOR

FRANÇA JÚNIOR, Joaquim José da (1838, RJ-1890). Comediógrafo e jornalista. Consolidador do teatro de costumes, deixou expressiva obra de crítica e sátira social. Obras: *Direito por Linhas Tortas, Caiu o Ministério, Como Se Fazia um Deputado*, etc.

FRANÇA JÚNIOR, OSVALDO (1936, MG-1989). Romancista e contista. Obras: *Jorge, um Brasileiro, A Procura dos Motivos*, etc.

FRANCISCA JÚLIA da Silva Munster (1874, SP-1920). Poetisa parnasiana. Obras: *Mármores, Esfinges*.

FRANCISCO OTAVIANO de Almeida Rosa (1825, RJ-1889). Poeta. Obras: *Traduções e Poesias*, etc.

FRANCO, ITAMAR Augusto Cautiero (1930, BA-2011). Político. Eleito vice-presidente da República em 1990, assumiu a presidência em 1992 após a destituição de Fernando Collor; implementou plano de estabilização econômica e governou até 1995.

FREIRE, GILBERTO de Melo (1900, PE-1987). Sociólogo. Obras: *Casa-Grande e Senzala, Sobrados e Mocambos, Nordeste*, etc.

FREIRE, LAUDELINO Oliveira (1873, SE-1937). Filólogo e lexicógrafo. Obras: *Grande e Novíssimo Dicionário da Língua Portuguesa, A Defesa da Língua Nacional*, etc.

FREIRE, PAULO Reglus Neves (1921, PE-1997). Educador. Obras: *Pedagogia do Oprimido*, etc.

FREITAS Filho, ARMANDO (1940, RJ). Poeta. Obras: *Palavra, Números Anônimos*, etc.

FREUD, Sigmund (1856, Áustria-1939). Psiquiatra. Criador da psicanálise. Obras: *A Interpretação dos Sonhos, Introdução à Psicanálise*, etc.

FRIEDENREICH, Artur (1892, SP-1969). Jogador de futebol, o primeiro grande goleador do Brasil.

FRIEIRO, EDUARDO (1892, MG-1982). Crítico literário e romancista. Obras: *Páginas de Crítica, Os Livros Nossos Amigos*, etc.

FRÓIS, LEONARDO (1940, RJ). Poeta, crítico literário e tradutor. Obras: *Argumentos Invisíveis, Um Outro*, etc.

FRÓIS, LEOPOLDO (1882, RJ-1932). Ator, empresário e autor. Estreou em Portugal, regressando ao Brasil em 1908, quando organizou empresa. Representou na Argentina e no Uruguai.

FROTA, Lélia Coelho (1938, RJ-2010). Poetisa. Obras: *Alados Idílios, Menino Deitado em Alfa*, etc.

FURNAS, serra das. Elevação situada em MG, junto ao limite com SP (cerca de 1.200m de altitude).

FURTADO, CELSO Monteiro (1920, PB-2004). Economista. Obras: *Formação Econômica do Brasil, Não*, etc.

G

GALENO da Costa e Silva, JUVENAL (1836, CE-1931). Poeta regionalista e popular. Obras: *Lendas e Canções Populares, Lira Cearense*, etc.

GALILEU (Galileo Galilei) (1564, Itália-1642). Matemático, físico e astrônomo. Descobriu as leis do movimento pendular, enunciou o princípio da inércia, etc.

GALVÃO, PATRÍCIA Rehder (dita **PAGU**) (1910, SP-1962). Romancista. Obras: *Parque Industrial, A Famosa Revista*, escrito a quatro mãos com seu marido Geraldo Ferraz (q.v.), etc.

GAMA, José BASÍLIO DA (1740, MG-1795). Poeta épico, autor de *O Uraguai*, poema em cinco cantos e em versos brancos.

GAMA Lopes da Costa, MAURO (1938, RJ). Poeta e crítico literário. Obras: *Anticorpo, Expresso na Noite*, etc.

GAMA, LUÍS Gonzaga Pinto da (1830, BA-1882). Poeta e jornalista satírico; escravo foragido, abolicionista. Obras: *Primeiras Trovas Burlescas de Getulino*, etc.

GAMA, VASCO DA (c. 1469, Port.-1524). Navegador que, em 1497-1498, descobriu o caminho marítimo para as Índias, dobrando o cabo da Boa Esperança.

GANDAVO, Pero de Magalhães (?1540, Port.-1576). Cronista. Obras: *História da Província de Santa Cruz, Tratado da Terra do Brasil*.

GANDHI (Mohandas Karamchand Gandhi, dito **MAHATMA**) (1869, Índia-1948). Estadista e pensador. Artífice da independência de seu país, baseou sua ação no princípio da não violência. Morreu assassinado.

GANIMEDES JOSÉ (1936, SP-1990). Escritor. Obras: *Amarelinho, Uma Luz no Fim do Túnel*, etc.

GARCÍA LORCA, Federico (1898, Espanha-1936). Poeta (*Romanceiro Cigano*, etc.) e dramaturgo de raízes rurais e belo lirismo, em peças como *Bodas de Sangue, Yerma* e *A Casa de Bernarda Alba*.

GARCÍA MÁRQUEZ, GABRIEL (1928, Colômbia-2014). Romancista e contista. Obras: *Cem Anos de Solidão, Crônica de uma Morte Anunciada*, etc.

GARCIA, ÓTON MOACIR (1912, RJ-2002). Crítico literário e filólogo. Obras: *Luz e Fogo no Lirismo de Gonçalves Dias, Comunicação em Prosa Moderna*, etc.

GARCIA, RODOLFO Augusto de Amorim (1873, RN-1949). Linguista e historiador. Obras: *Dicionário de Brasileirismos, História Política e Administrativa do Brasil*, etc.

GONÇALVES

GARIBALDI (Ana Maria Ribeiro da Silva, dita **ANITA)** (1821, SC-1849). Revolucionária, heroína da guerra dos Farrapos, mulher de Giuseppe Garibaldi.

GARIBALDI, GIUSEPPE (1807, Itália-1882). Político e revolucionário, marido de Anita Garibaldi; lutou na guerra dos Farrapos e pela unificação da Itália.

GARRAFADAS, NOITE DAS. Conflito entre brasileiros e portugueses, nas ruas do Rio de Janeiro, em 12 de março de 1831, por causa do assassinato do jornalista Líbero Badaró, crise que apressou a abdicação de D. Pedro I em 7 de abril.

GARRINCHA (Manuel Francisco dos Santos, dito) (1933, RJ-1983). Jogador de futebol (ponta-direita), bicampeão mundial em 1958 e 1962, célebre por seus dribles.

GATTAI AMADO, ZÉLIA (1916, SP-2008). Memorialista. Obras: *Anarquistas, Graças a Deus, Crônica de uma Namorada*, etc.

GAUGUIN, Paul (1848, França-1903). Pintor. É um dos iniciadores da pintura moderna. Obras: *O Cristo Amarelo*, etc.

GEISEL, Ernesto (1908, RS-1996). Militar. Presidente da República na vigência do regime de exceção que se seguiu ao Golpe de 1964 (1974 a 1979); iniciou processo de abertura política.

GENET, JEAN (1910, França-1986). Romancista e dramaturgo que deu beleza literária ao submundo. Obras: *Diário de um Ladrão, Nossa Senhora das Flores, As Criadas, O Balcão*, etc.

GERCHMAN, RUBENS (1942, RJ-2008). Pintor, desenhista e gravador.

GIDE, André (1869, França-1951). Romancista e memorialista. Obras: *Os Moedeiros Falsos, Se o Grão Não Morre*, etc.

GIL Moreira, GILBERTO Passos (1942, BA). Cantor e compositor popular, autor de *Aquele Abraço, Realce*, etc.

GIORGI, BRUNO (1905, SP-1993). Escultor. Obras: *Monumento à Juventude Brasileira, Guerreiros*, etc.

GIOTTO di Bondone (1266, Itália-1337). Pintor e arquiteto. Obras: *Vida de São Francisco, A Madona e o Menino*, etc.

GODARD, Jean-Luc (1930, França). Cineasta. Obras: *Acossado, A Chinesa*, etc.

GOELDI, EMÍLIO Augusto (1859, Suíça-1917). Naturalista, fundou no Pará o museu que leva o seu nome. Obras: *Aspectos da Natureza do Brasil, Os Mamíferos do Brasil, As Aves do Brasil*, etc.

GOELDI, OSVALDO (1895, RJ-1961). Gravador e desenhista.

GOETHE, Johann Wolfgang von (1749, Alemanha-1832). Romancista, poeta e dramaturgo. Obras: *Os Sofrimentos do Jovem Werther, Fausto*, etc.

GOGOL, Nikolai Vassilievitch (1809, Rússia-1852). Romancista, teatrólogo e contista. Obras: *Almas Mortas, O Inspetor-Geral*, etc.

GOIÂNIA. Capital de GO, situada a cerca de 700m de altitude; cidade planejada segundo traçado radiocêntrico e inaugurada em 1935; tem sua base econômica no setor terciário; apresenta alta taxa de crescimento demográfico, uma das maiores do País.

GOIÁS. O mais central dos estados brasileiros; ocupação original em razão das bandeiras paulistas. *Sigla:* GO. *Superfície:* 340.086,698km². *Capital:* Goiânia. *Municípios:* 246. *Municípios mais populosos:* Goiânia, Aparecida de Goiânia, Anápolis, Luziânia, Rio Verde, Valparaíso de Goiás, Itumbiara, Águas Lindas de Goiás, Jataí, Formosa. *Economia:* agricultura: milho, soja, arroz, algodão, feijão, café em coco, mandioca, cana-de-açúcar; pecuária: bovinos, suínos; mineração: manganês, titânio-ilmenita, níquel (maiores reservas brasileiras), ferro, cobalto, ouro; indústria: alimentícia, metalúrgica e extrativa de minerais não metálicos.

GOLDONI, Carlo (1707, Itália-1793). Autor de inúmeras obras, reformou o teatro italiano, valorizando os caracteres e o realismo, como em *Mirandolina (La Locandiera)*, e resgatando a *commedia dell'arte*, em *Arlequim, Servidor de Dois Amos*.

GOMES, Antônio CARLOS (1836, SP-1896). Compositor erudito e regente. Obras: *O Guarani, O Escravo*, etc.

GOMES DA SILVA, Francisco (dito **O CHALAÇA**) (1791, Port.-1853). Conselheiro de D. Pedro I, autor de *Memórias Oferecidas à Nação Brasileira*.

GOMES, Eugênio (1897, BA-1972). Crítico literário e ensaísta. Obras: *Espelho contra Espelho, Machado de Assis*, etc.

GOMES LEAL, Antônio Duarte (1848, Port.-1921). Poeta. Obras: *Tributo de Sangue, Claridades do Sul*, etc.

GONÇALVES CRESPO, Antônio Cândido (1846, RJ-1883). Poeta parnasiano. Obras: *Miniaturas, Noturnos*, etc.

GONÇALVES da Silva, BENTO (1788, RS-1847). Militar e revolucionário. Chefiou, em 1835, a revolução Farroupilha e presidiu a chamada República de Piratini.

GONÇALVES DE MAGALHÃES, Domingos José, Visconde de Araguaia (1811, RJ-1882). Poeta e dramaturgo. Precursor do nosso romantismo, com os *Suspiros Poéticos e Saudades*. É autor de *A Confederação dos Tamoios* e da tragédia *Antônio José*.

GONÇALVES, DERCI (1908, RJ-2008). Atriz e empresária. Começou no teatro de revista, fez peças caipiras na Casa do Caboclo, no Rio de Janeiro, e mais tarde passou à comédia, que adapta com muito improviso e humor popular.

GONÇALVES DIAS, Antônio (1823, MA-1864). Importante poeta do romantismo brasileiro. Foi tb. dramaturgo. Obras: *Primeiros Cantos, Os Timbiras, Leonor de Mendonça*, etc.

GONÇALVES LEDO, Joaquim (1781, RJ-1847). Político e jornalista, com papel relevante na campanha pela Independência do Brasil.

GONÇALVES VIANA, Aniceto dos Reis (1840, Port.-1914). Filólogo e lexicógrafo. Obras: *Vocabulário Ortográfico e Ortoépico da Língua Portuguesa, Apostilas aos Dicionários Portugueses*, etc.

GÓNGORA y Argote, Luis de (1561, Espanha-1627). Poeta. Obras: *Píramo e Tisbe, A Fábula de Polifemo e Galateia*, etc.

GONZAGA, Ademar (1901, RJ-1978). Cineasta. Produtor de *Alô, Alô, Brasil* e *O Ébrio*, e diretor de *Barro Humano*, etc.

GONZAGA do Nascimento, LUÍS (1912, PE-1989). Compositor e cantor popular, autor de *Chamego, Asa Branca*, etc.

GONZAGA DUQUE Estrada, Luís (1863, RJ-1911). Romancista, contista e crítico literário. Obras: *Mocidade Morta, Horto de Mágoas*, etc.

GONZAGA (Francisca Edwiges Neves, dita CHIQUINHA) (1847, RJ-1935). Compositora e pianista popular, autora de polcas, valsas, tangos, modinhas e da marcha de carnaval *Ó Abre Alas*.

GONZAGA, TOMÁS ANTÔNIO (1744, Port.-1810). Poeta. Filho de pai brasileiro e mãe portuguesa. Participou da conjuração Mineira; acusado e preso, foi desterrado para Moçambique. Obra: *Marília de Dirceu*.

GONZAGUINHA (Luís Gonzaga do Nascimento Júnior, dito) (1945, RJ-1991). Compositor e cantor popular (filho adotivo de Luís Gonzaga), autor de *Parada Obrigatória, Explode Coração*, etc.

GOULART DE ANDRADE, José Maria (1881, AL-1936). Poeta. Obras: *Névoas e Flamas, Ocaso*, etc.

GOULART, JOÃO Belchior Marques Goulart (dito JANGO) (1918, RS-1976). Político. Eleito vice-presidente de Juscelino Kubitschek em 1955 e de Jânio Quadros em 1960; assumiu a presidência em 1961 após a renúncia deste; foi deposto pelo golpe militar de 1964.

GOUVEIA, DELMIRO Augusto da Cruz (1863, CE-1917). Empresário. Pioneiro da industrialização brasileira no Nordeste.

GOYA y Lucientes, Francisco de (1746, Espanha-1828). Pintor. Obras: *As Majas, A Tauromaquia*, etc.

GRAÇA ARANHA, José Pereira da (1868, MA-1931). Romancista, ensaísta e memorialista. Participante ativo do modernismo, rompeu com a ABL (de que foi membro fundador). Obras: *Canaã, O Espírito Moderno*, etc.

GRACIANO, CLÓVIS (1907, SP-1988). Pintor e desenhista de temática variada, às vezes com características expressionistas.

GRAJAÚ. Rio do MA (c. 560km), afluente do Mearim.

GRANDE. Rio da BA (c. 505km), afluente da margem esquerda do São Francisco.

GRANDE. Rio de MG e SP (c. 1.350km); forma, com o Paranaíba, o Paraná.

GRANDE OTELO (Sebastião Bernardes de Sousa Prata, dito) (1915, MG-1993). Ator. Compôs tb. sambas (em parceria com Heriveltо Martins): *Praça Onze, Fala*, etc.

GRANDE REGIÃO. Cada uma das cinco regiões em que, segundo critérios geográficos e políticos, se divide o Brasil, e que, por conveniência estatística e administrativa, segue os limites das unidades político-administrativas da Federação. São elas: Norte, Nordeste, Centro-Oeste, Sudeste e Sul.

GRASSMANN, MARCELO (1925, SP-2013). Desenhista e gravador. Prêmio de melhor gravador brasileiro na III Bienal de São Paulo (1955).

GRECO (Domenikos Theotokopoulos, dito EL) (c. 1540, Creta-1614). Pintor espanhol. Obras: *O Enterro do Conde de Orgaz, O Espólio*, etc.

GRIECO, AGRIPINO (1888, RJ-1973). Crítico literário. Obras: *Evolução da Prosa Brasileira, Evolução da Poesia Brasileira*, etc.

GRIMM, Georg (1846, Alemanha-1887). Pintor. Veio para o Brasil em 1874; levou seus discípulos a trabalhar ao ar livre. Obras: *Vista do Cavalão, Rochedo da Boa Viagem*, etc.

GRITO DO IPIRANGA. É o brado de *Independência ou Morte!* com que o príncipe regente D. Pedro declarou simbolicamente a Independência política do Brasil, em 7 de setembro de 1822, nas margens do riacho Ipiranga, perto da capital da província de São Paulo.

GUAÍBA, rio. Estuário na foz do rio Jacuí, em cuja margem está a cidade de Porto Alegre.

GUAICUÍ. V. VELHAS, rio das.

GUANABARA, baía da. Uma das maiores baías do litoral brasileiro (c. 412km²), situada no RJ.

GUAPORÉ. Rio de MT e RO (c. 1.185km), limítrofe entre o Brasil e a Bolívia.

GUARARAPES, Batalhas dos. Série de combates entre holandeses e luso-brasileiros, travados nas cercanias de Recife em 19 de abril de 1648 e em 19 de fevereiro de 1649, nas elevações chamadas montes Guararapes; derrotados, os holandeses fugiram para Recife, onde resistiram até 26 de janeiro de 1654.

GUARNIERI, GIANFRANCESCO (1934, Itália-2006). Ator de teatro, cinema e televisão naturalizado brasileiro; autor de *Eles não Usam Black-Tie* e *A Semente*, e, em parceria com Augusto Boal, de *Arena Conta Zumbi* e *Arena Conta Tiradentes*.

GUARNIERI, Mozart CAMARGO (1907, SP-1993). Compositor erudito, autor de sinfonias, concertos, canções, óperas (*Pedro Malasarte*, *Um Homem Só*), etc.

GUERRA Coelho Pereira, RUI (1931, Moçambique). Cineasta brasileiro. Obras: *Os Cafajestes*, *Kuarup*, etc.

GUIGNARD, Alberto da Veiga (1896, RJ-1962). Importante pintor e paisagista brasileiro.

GUIMARAENS, ALPHONSUS DE (nome literário de **Afonso Henriques da Costa Guimarães**) (1870, MG-1921). Poeta simbolista. Obras: *Setenário das Dores de Nossa Senhora*, *Dona Mística*, etc.

GUIMARAENS, EDUARDO (nome literário de **Eduardo Guimarães**) (1892, RS-1928). Poeta simbolista. Obras: *Caminho da Vida*, *A Divina Quimera*, etc.

GUIMARÃES, ALBERTO PASSOS (1908, AL-1993). Economista e historiador de formação marxista. Obras: o clássico *Quatro Séculos de Latifúndio*, *A Crise Agrária*, etc.

GUIMARÃES, BERNARDO Joaquim da Silva (1825, MG-1884). Poeta, romancista e crítico literário da fase romântica. Obras: *Cantos da Solidão*, *A Escrava Isaura*, etc.

GUIMARÃES JÚNIOR, LUÍS Caetano Pereira (1845, RJ-1898). Poeta romântico, precursor do parnasianismo. Obras: *Corimbos*, *Sonetos e Rimas*, etc.

GUIMARÃES PASSOS, Sebastião Cícero dos (1867, AL-1909). Poeta parnasiano. Obras: *Versos de um Simples*, *Horas Mortas*, etc.

GUIMARÃES ROSA, João (1908, MG-1967). Romancista e contista, notável por sua criação vocabular e fraseológica. Obras: *Sagarana*, *Manuelzão e Miguilim*, *Grande Sertão: Veredas*, etc.

GURGUEIA. Rio do PI (c. 541km), afluente do Parnaíba.

GURUPI. Rio limítrofe entre MA e PA (c. 717km).

GUSMÃO, ALEXANDRE DE (1629, Port.-1724). Escritor e padre. Obras: *História do Predestinado Peregrino e Seu Irmão Precito*, *As Aventuras de Diógenes*, etc.

GUSMÃO, BARTOLOMEU Lourenço DE (1685, SP-1724). Sacerdote e inventor de aparelhos voadores, cognominado "O Padre Voador".

GUTENBERG, (Johannes Gensfleisch zur Laden zum) (1399, Alemanha-1468). Impressor. Inventou a imprensa com tipos móveis.

H

HAENDEL, Georg Friedrich (1685, Alemanha-1759). Compositor erudito, autor de oratórios, óperas italianas, peças instrumentais, etc.

HATOUM, MÍLTON (1952, AM). Romancista, professor de Literatura da Universidade Federal do Amazonas. Obras: *Relato de um certo Oriente*, *Dois Irmãos*, *Cinzas do Norte*, etc.

HAWKING, STEPHEN William (1942, Inglaterra). Físico. Celebrizou-se pelos estudos sobre os buracos negros. Obras: *Uma Breve História do Tempo: do Bigue-Bangue aos Buracos Negros*, etc.

HAWTHORNE, Nathaniel (1804, E.U.A.-1864). Romancista e contista. Obras: *A Letra Escarlate*, etc.

HAYDÉE, MÁRCIA Salverry Pereira da Silva (1937, RJ). Bailarina clássica de projeção internacional.

HAYDN, Franz Joseph (1732, Áustria-1809). Compositor erudito, autor de sinfonias, sonatas, etc.

HEGEL, Georg Wilhelm Friedrich (1770, Alemanha-1831). Filósofo. Obras: *Fenomenologia do Espírito*, etc.

HEIDEGGER, Martin (1889, Alemanha-1976). Filósofo. Obras: *O Ser e o Tempo*, *Introdução à Metafísica*, etc.

HEINE, Heinrich (1797, Alemanha-1856). Poeta. Obras: *Intermezzo Lírico*, *Livro de Canções*, etc.

HEMINGWAY

HEMINGWAY, Ernest Miller (1898, E.U.A.-1961). Romancista. Obras: *O Sol também Se Levanta, O Velho e o Mar*, etc.

HENRIQUE, O NAVEGADOR (1394, Port.-1460). Grande incentivador das viagens marítimas que levaram aos descobrimentos, o infante teria fundado uma escola de navegação, um observatório astronômico e estaleiros.

HERÁCLITO ou **HERACLITO** (c. 540, Éfeso-c. 480 a.C.). Filósofo grego. É o filósofo do devir, da mudança constante de todas as coisas.

HERCULANO de Carvalho e Araújo, ALEXANDRE (1810, Port.-1877). Historiador, romancista e poeta. É um dos mestres da língua portuguesa. Obras: *O Monge de Cister, Da Origem e Estabelecimento da Inquisição em Portugal*, etc.

HERÓDOTO (484?, Halicarnasso-c. 425 a.C.). Historiador, conhecido como "O Pai da História".

HERVAL, Marquês do. V. OSÓRIO, Manuel Luís.

HERZOG, Werner (1942, Alemanha). Cineasta. Obras: *Aguirre, a Cólera dos Deuses, Fitzcarraldo*, etc.

HESÍODO (séc. VIII a.C., Ascra, Beócia). Poeta grego. Obras: *Os Trabalhos e os Dias, A Teogonia*.

HILST, HILDA (1930, SP-2004). Poetisa. Obras: *Trovas de Muito Amor para um Amado Senhor, A Obscena Senhora D.*, etc.

HIRSZMAN, LEON (1937, RJ-1987). Cineasta. Obras: *A Falecida, São Bernardo*, etc.

HITCHCOCK, Alfred (1899, Inglaterra-1980). Cineasta naturalizado norte-americano. Obras: *Psicose, Os Pássaros*, etc.

HOBBES, Thomas (1588, Inglaterra-1679). Filósofo. Obras: *Leviatã*, etc.

HOLANDA, GASTÃO DE (1919, PE-1997). Romancista e contista. Obras: *Zona de Silêncio, O Burro de Ouro*, etc.

HOMERO (séc. IX-VIII a.C.). Poeta épico grego a quem se atribuem a *Ilíada* e a *Odisseia*.

HOMERO HOMEM de Siqueira Cavalcanti (1921, RN-1991). Poeta e contista. Obras: *Calendário Marinheiro, Tempo de Amor*, etc.

HORÁCIO Flaco, Quinto (65, Venúsia, Itália-8 a.C.). Poeta latino. Obras: *Odes, Epodos, Sátiras, Epístolas*.

HOUAISS, ANTÔNIO (1915, RJ-1999). Diplomata, filólogo, lexicógrafo. Obras: *Elementos de Bibliologia, Drummond mais Seis Poetas e um Problema, Dicionário Houaiss da Língua Portuguesa*, etc.

HUBBLE, Edwin Powell (1889, E.U.A.-1953). Astrofísico. Autor de trabalhos sobre as nebulosas, mostrou que o espaço é cheio de galáxias. Confirmou a teoria da expansão do universo.

HUMBOLDT, Alexander, Barão von (1769, Alemanha-1859). Naturalista. Obras: *Viagem às Regiões Equinociais do Novo Continente Feita de 1799 a 1804*, etc.

HUME, David (1711, Escócia-1776). Filósofo e historiador. Obras: *Tratado da Natureza Humana, História Natural da Religião*, etc.

HUNGRIA Holffbauer, NÉLSON (1891, MG-1969). Jurista. Obras: *Comentários ao Código Penal, Crimes contra a Economia Popular*, etc.

HUSSERL, Edmund (1859, Alemanha-1938). Filósofo. Obras: *Lógica Formal e Lógica Transcendental*, etc.

HUSTON, JOHN (1906, E.U.A.-1987). Cineasta. Obras: *Uma Aventura na África, A Honra do Poderoso Prizzi*, etc.

I

IACO. Rio do AM e do AC (c. 674km), afluente da margem direita do Purus.

IBICUÍ GRANDE. Rio do RS (c. 450km), afluente da margem esquerda do Uruguai.

IBSEN, Henrik (1828, Noruega-1906). Dramaturgo. Exalta a afirmação feminina em *Casa de Bonecas*, a verdade do indivíduo contra a mentira social em *Um Inimigo do Povo* e o mergulho interior em *Quando Nós Mortos Despertamos*, etc.

IÇÁ. Rio do AM (c. 1.431km), afluente da margem esquerda do Amazonas.

IÇANA. Rio do AM (c. 591km), afluente da margem direita do Negro.

IGARAÇU (PE). Mun. Cidade histórica. Monumentos tombados pelo IPHAN.

IGUAÇU. Rio do PR (c. 1.045km), afluente do Paraná.

IGUAÇU, cataratas do. Quedas-d'água formadas pelo rio Iguaçu, algumas com 80m de altura, na fronteira do Brasil com a Argentina.

IMERI, serra do. Localiza-se no AM (fronteira com a Venezuela); nela se situa o pico da Neblina, ponto culminante do Brasil.

IMPÉRIO, FLÁVIO (1935, SP-1985). Cenógrafo, figurinista, diretor. Arquiteto, aboliu o telão pintado, valorizando a intervenção na própria arquitetura do teatro.

INGLÊS DE SOUSA, Herculano Marcos (1853, PA-1918). Romancista e contista, iniciador do naturalismo no Brasil. Obras: *O Coronel Sangrado, O Missionário*, etc.

JOÃO PESSOA

INGRES, Dominique (1780, França-1867). Pintor. Obras: *A Apoteose de Homero, O Banho Turco*, etc.

INTENTONA COMUNISTA. Nome dado à insurreição militar ocorrida em quartéis de Natal, Recife e do Rio de Janeiro, organizada pelo Partido Comunista Brasileiro, em novembro de 1935.

IONESCO, Eugène (1912, Romênia-1994). Dramaturgo de expressão francesa, que tem *A Cantora Careca* há mais de quatro décadas em cartaz em Paris. Outras obras: *A Lição, Rinocerontes*, etc.

IPHAN. Sigla de Instituto do Patrimônio Histórico e Artístico Nacional. Criado em 1957, dedica-se à preservação do nosso acervo histórico e artístico.

IRAPIRANGA. V. Vaza-Barris.

IRIRI. Rio do PA (c. 1.135km), afluente do Xingu.

ITAMARACÁ, Barão de. V. MACIEL MONTEIRO, Antônio Peregrino.

ITAPARICA, Frei Manuel de Santa Maria (1704, BA-c. 1770). Poeta. Obra: *Eustáquidos, Poema Sacro e Tragicômico em Que Se Contém a Vida de Santo Eustáquio Mártir*.

ITAPICURU. Rio da BA (c. 847km).

ITAPICURU. Rio do MA (c. 938km).

ITARARÉ, Barão de. V. TORELLY, APARÍCIO.

ITATIAIA, Parque Nacional do. Monumento público natural criado em 1937. Destina-se a preservar espécimes da flora e da fauna.

ITATIAIA, serra do. Maciço no limite entre SP e RJ.

ITORORÓ, Batalha de. Batalha da Guerra do Paraguai em que o exército brasileiro, comandado por Caxias, Osório e Argolo, derrotou o exército paraguaio.

ITU (SP). Mun. Cidade histórica. Turismo.

IVAÍ. Rio do PR (c. 727km), afluente da margem esquerda do Paraná.

IVAN ÂNGELO (1936, MG). Contista. Obras: *Duas Faces, A Festa*, etc.

IVINHEIMA. Rio de MS (c. 507km), afluente da margem direita do Paraná.

J

JABOR, ARNALDO (1940, RJ). Cineasta. Obras: *Toda Nudez Será Castigada, Eu Te Amo*, etc.

JABRE. Pico (c. 1.090m de altitude) na fronteira da PB com PE, ponto culminante da região N.E.

JACOBBI, RUGGERO (1920, Itália-1981). Diretor teatral ensaísta, professor. Vindo ao Brasil, em 1946, aqui permaneceu até 1960.

JACÓ DO BANDOLIM (Jacob Pick Bittencourt, dito) (1918, RJ-1969). Instrumentista e compositor popular, autor de valsas, choros e sambas.

JACUÍ. Rio do RS (c. 720km), afluente do Guaíba.

JACUÍPE. Rio da BA (c. 500km), afluente do Paraguaçu.

JAGUARIBE. Rio do CE (c. 739km).

JAMANXIM. Rio do AM (c. 555km), afluente do Tapajós.

JAMARI. Rio de RO (c. 400km), afluente do Madeira.

JAMES, HENRY (1843, E.U.A.-1916). Romancista naturalizado inglês. Obras: *O Retrato de uma Dama, A Volta do Parafuso*, etc.

JAMES, WILLIAM (1842, E.U.A.-1910). Filósofo. Obras: *O Pragmatismo*, etc.

JAMUNDÁ. Rio limítrofe de AM e PA (c. 571km), afluente do Solimões.

JAPURÁ. Rio do AM (c. 1.945km), afluente do Solimões.

JARI. Rio limítrofe do PA e AP (c. 785km), afluente do Solimões.

JAVARI. Rio do AM (c. 942km), afluente do Solimões.

JEQUITINHONHA. Rio da BA e MG (c. 1.090km); deságua no Atlântico.

JESUS CRISTO (c. 6 a.C., Judeia-c. 30 d.C.). Fundador do cristianismo, que o considera filho de Deus. Sua vida e mensagem religiosa estão contidas no Novo Testamento.

JI-PARANÁ. Rio de MT e AM (c. 955km).

JOÃO ANTÔNIO Ferreira Filho (1937, SP-1996). Contista. Obras: *Malagueta, Perus e Bacanaço, Leão de Chácara*, etc.

JOÃO VI (1767, Port.-1826). Regente de Portugal e Algarve a partir de 1792, no impedimento de sua mãe D. Maria I, e, com a morte desta, em 1816, rei do Reino Unido de Portugal, Brasil e Algarve. Transferiu-se com toda a corte portuguesa para o Brasil em 1808 quando Portugal foi invadido por ordem de Napoleão Bonaparte. No Brasil, fundou a Academia de Belas-Artes do Rio de Janeiro, a Imprensa Régia, a Biblioteca Real e o Jardim Botânico.

JOÃO DO RIO. V. BARRETO, João PAULO.

JOÃO GILBERTO do Prado de Oliveira (1931, BA). Cantor e compositor popular, um dos pioneiros da bossa nova, autor de *Desafinado, Samba de uma Nota Só*, etc.

JOÃO PESSOA. Capital da PB, situada na margem direita do rio Sanhauá, afluente do Paraíba; fundada em 1585, com o nome de Nossa Senhora das Neves, e pouco depois com o de Filipeia (em honra do rei Filipe II da Espanha – Filipe I de Portugal), a cidade foi tomada pelos holandeses em 1634 e passou a chamar-se Frederikstadt; expulsos estes, recebeu o nome de Paraíba; a denominação atual data de 1930 e é homenagem ao governador do estado, assassinado em Recife.

JOBIM (Antônio Carlos Brasileiro de Almeida, dito TOM) (1927, RJ-1994). Compositor popular, maestro e arranjador, pioneiro da bossa nova: *Garota de Ipanema*, *Desafinado*, etc.

JOFRE, ÉDER (1936, SP). Pugilista. Campeão mundial nas categorias de peso-galo (1960-1965) e peso-pena (1973).

JONSON (Benjamin Jonson, dito BEN) (1572, Inglaterra-1637). Dramaturgo, respeitado contemporâneo de Shakespeare, autor de cerca de 50 peças de vários gêneros, e cuja obra-prima é *Volpone*, uma sátira feroz da humanidade.

JOSÉ OLÍMPIO Pereira Filho (1902, SP-1990) Livreiro e importante editor. Fundou em 1931 a Livraria José Olímpio Editora, que lançou durante mais de 50 anos importantes escritores brasileiros.

JOSÉ RENATO Pécora (1926, SP-2011). Diretor, ator e empresário. Fundou, em 1953, o primeiro Teatro de Arena da América Latina.

JOYCE, JAMES (1882, Irlanda-1941). Romancista, contista e poeta. Obras: *Ulisses*, *Finnegans Wake*, etc.

JUAZEIRO DO NORTE (CE). Mun. Centro comercial e de artesanato. Local de peregrinação: túmulo do P.e Cícero.

JUCÁ FILHO, CÂNDIDO (1900, RJ-1982). Filólogo e gramático. Obras: *O Fator Psicológico na Evolução Sintática*, *Gramática Brasileira do Português Contemporâneo*, etc.

JUNG, Carl Gustav (1875, Suíça-1961). Psiquiatra e psicólogo. Obras: *Metamorfoses da Alma e Seus Símbolos*, *Tipos Psicológicos*, etc.

JUNQUEIRA FREIRE, Luís José (1832, BA-1855). Poeta romântico. Obras: *Inspirações do Claustro*, *Contradições Poéticas*.

JUNQUEIRA, IVAN Nóbrega (1934, RJ-2014). Poeta, ensaísta e tradutor. Obras: *Os Mortos*, *O Grifo*, etc.

JURUÁ. Rio do AC e AM (c. 2.782km), afluente do Solimões; nasce no Peru.

JURUENA. Rio de MT e PA (c. 1.036km); conflui com o Teles Pires, formando o Tapajós.

JUTAÍ. Rio do AM (c. 978km), afluente do Solimões.

JUVENAL, Décimo Júnio (60, Aquino, Itália-130). Poeta satírico latino.

K

KAFKA, Franz (1883, Checoslováquia-1924). Romancista e contista de expressão cujas obras (*O Castelo*, *O Processo*, etc.) exprimem o desespero do homem diante do absurdo.

KANDINSKY, Wassily (1866, Rússia-1944). Pintor abstrato naturalizado francês. Obras: *Linha Angular*, *Esboço para a Composição IV*, etc.

KANT, Immanuel (1724, Alemanha-1804). Filósofo. Obras: *Crítica da Razão Pura*, *Crítica da Razão Prática*, etc.

KARABTCHEVSKY, Isaac (1934, SP). Regente. Maestro da Orquestra Sinfônica Brasileira.

KAZAN, ELIA Kazanjouglos (1909, E.U.A.-2003). Cineasta. Obras: *Sindicato de Ladrões*, *Vidas Amargas*, etc.

KEATS, John (1795, Inglaterra-1821). Poeta romântico. Obras: *A Queda de Hiperíon*, *Odes*, etc.

KEPLER, Johannes (1571, Alemanha-1630). Astrônomo. Formulou as leis que levam seu nome e que permitiram a Newton depreender o princípio da atração universal.

KEYNES, John Maynard (1883, Inglaterra-1946). Economista. Obras: *Tratado sobre a Moeda*, *Teoria Geral do Emprego*, etc.

KHOURI, WALTER HUGO (1929, SP-2003). Cineasta. Obras: *Noite Vazia*, *As Feras*, etc.

KIERKEGAARD, Søren Aabye (1813, Dinamarca-1855). Filósofo e teólogo, fundador do existencialismo cristão. Obras: *Conceito de Angústia*, etc.

KIESLOWSKI, Krzysztof (1941, Polônia-1996). Cineasta. Obras: *A Dupla Vida de Véronique*, *A Liberdade É Azul*, etc.

KILKERRY, PEDRO Militão (1885, BA-1917). Poeta cuja obra está reunida em *Revisão de Kilkerry*, de Augusto de Campos.

KLEE, Paul (1879, Suíça-1940). Pintor. Obras: *Historieta de um Anãozinho*, *Palácio Feito de Quatro Partes*, etc.

KOKOSCHKA, Oskar (1886, Áustria-1980). Pintor expressionista. Obras: *O Turbilhão*, *Retrato da Srta. Walden*, etc.

KONDER REIS, MARCOS José (1922, SC-2001). Poeta. Obras: *Tempo e Milagre*, *Campo de Flechas*, etc.

KRAJCBERG, Frans (1921, Polônia). Escultor e pintor. Veio para o Brasil em 1948.

KRIEGER, EDINO (1928, SC). Compositor erudito. Obras: *Ludus Symphonicus*, *Toccata* (para piano e orquestra), etc.

KUBITSCHEK de Oliveira, JUSCELINO (1902, MG-1976). Político. Presidente da República (1956-60); imprimiu força ao desenvolvimento e à industrialização do País; construiu Brasília.

KUBRIK, Stanley (1928, E.U.A.-1999). Cineasta. Obras: *2001: Uma Odisseia no Espaço, Laranja Mecânica*, etc.

KUROSAWA, Akira (1910, Japão-1998). Cineasta. Obras: *Os Sete Samurais, Dersu Uzala*, etc.

KURY, ADRIANO DA GAMA (1924, RJ-2012). Filólogo, gramático. Obras: *Português Básico, Para Falar e Escrever Melhor o Português, Ortografia, Pontuação, Crase*, etc.

L

LABIENO. V. RODRIGUES PEREIRA, Lafaiete.

LACERDA, CARLOS Frederico Werneck de (1914, RJ-1977). Político, contista e memorialista. Líder da oposição a Vargas e figura preponderante do Golpe de 1964. Obras: *Xanã e Outras Histórias, Cão Negro*, etc.

LACERDA, MAURÍCIO Paiva DE (1888, RJ-1959). Político de posição socialista, que defendeu o direito de greve, os direitos civis da mulher e os direitos trabalhistas.

LACOMBE, AMÉRICO Lourenço Jacobina (1909, RJ-1993). Historiador. Obras: *Um Passeio pela História do Brasil, Presença de Rui na Vida Brasileira*, etc.

LAET, CARLOS Maximiliano Pimenta DE (1847, RJ-1927). Político, filólogo e polemista. Obras: *A Imprensa na Década Republicana, Antologia Nacional* (em colaboração com Fausto Barreto).

LA FONTAINE, Jean de (1621, França-1695). Poeta. Célebre por suas *Fábulas* em versos.

LAGOA SANTA (MG). Mun. Gruta da Lapinha. Museu arqueológico. Formações calcárias, ricas em grutas e abrigos, com esqueletos humanos de cerca de 12.000 anos atrás. Os primeiros achados – obra do dinamarquês Peter Wilhelm Lund – datam da primeira metade do séc. XIX.

LAGO, MÁRIO (1911, RJ-2002). Ator e compositor popular, autor de *Ai Que Saudades da Amélia* (com Ataulfo Alves), *Aurora*, etc.

LAGUNA (SC). Mun. Cidade histórica. Museu Anita Garibaldi, tombado pelo IPHAN. Porto por onde é exportado carvão mineral.

LAGUNA, retirada da. Retirada de uma coluna de 1.680 soldados brasileiros que, tendo incursionado nas linhas paraguaias, se viu obrigada a recuar por centenas de quilômetros, perseguida pelos inimigos. A fuga, que teve início em 8 de maio de 1867, foi relatada por Taunay em *A Retirada da Laguna*.

LANG, FRITZ (1890, Áustria-1976). Cineasta naturalizado norte-americano. Obras: *Metrópolis, O Testamento do Dr. Mabuse*, etc.

LANGSDORFF, Georg Heinrich von (1773, Alemanha-1852). Naturalista. Membro da expedição russa à América do Sul em dezembro de 1803. Obras: *Observações de uma Viagem à Volta do Mundo, nos Anos 1803-1807*, etc.

LARANJEIRAS (SE). Mun. Cidade histórica. Monumentos tombados pelo IPHAN.

LARA RESENDE, OTO de Oliveira (1922, MG-1992). Jornalista, contista e romancista. Obras: *O Lado Humano, Boca do Inferno*, etc.

LATTES (Cesare Mansueto, dito CÉSAR) (1924, PR-2005). Cientista (físico), pioneiro das pesquisas nucleares no Brasil.

LEÃO, NARA (1942, ES-1989). Cantora popular, intérprete da bossa nova.

LEÃO VELOSO, Hildegardo (1899, SP-1966). Escultor. Obras: *Monumento ao Almirante Tamandaré*, etc.

LE CORBUSIER (Charles-Édouard Jeanneret-Gris, dito) (1887, Suíça-1965). Arquiteto e urbanista francês, de grande influência na arquitetura brasileira moderna.

LÊDO IVO (1924, AL-2012). Poeta, romancista e cronista. Obras: *Ode e Elegia, A Cidade e os Dias, Ninho de Cobras, A Experiência da Imaginação*, etc.

LEI ÁUREA. Lei assinada pela Princesa Isabel, em 13 de maio de 1888, que declarou extinta a escravidão no Brasil.

LEIBNIZ, Gottfried Wilhelm (1646, Alemanha-1716). Filósofo e matemático. Obras: *Novos Ensaios sobre o Entendimento Humano*, etc.

LEI DO VENTRE LIVRE. Lei de 28 de setembro de 1871, que declarou livres os filhos de escrava nascidos a partir daquela data.

LEITE, ASCENDINO (1915, PB-2010). Romancista e memorialista. Obras: *A Viúva Branca, A Prisão*, etc.

LEITE DE VASCONCELOS, José (1858, Port.-1940). Filólogo e etnólogo. Obras: *Lições de Filologia Portuguesa, Textos Arcaicos*, etc.

LEMINSKI Filho, PAULO (1944, PR-1989). Poeta e romancista. Obras: *Agora é que São Elas, Distraídos Venceremos*, etc.

LEMOS, GILVAN (1928, PE). Romancista e contista. Obras: *Os Olhos da Treva, Morte ao Invasor*, etc.

LEMOS

LEMOS, TITE DE (Newton Lisboa Lemos Filho, dito) (1942, RJ-1989). Poeta. Obras: *Corcovado Park, Livro de Sonetos*, etc.

LENIN (Vladimir Ilitch Ulianov, dito) (1870, Rússia-1924). Revolucionário e estadista, o fundador do Estado soviético.

LEÔNIDAS da Silva (1913, SP-2004). Jogador de futebol (centroavante), artilheiro da Copa do Mundo de 1938.

LEONI, RAUL DE (1895, RJ-1926). Poeta. Obras: *Ode a um Poeta Morto, Luz Mediterrânea*.

LEOPARDI, Giacomo (1798, Itália-1837). Poeta e pensador. Obras: *Pequenas Obras Morais, Cantos*, etc.

LÉRY, Jean de (1534, França-1611). Viajante e escritor que veio para o Brasil com Villegaignon. Obra: *Narrativa de uma Viagem Feita à Terra do Brasil também Dita América*.

LESSA, AURELIANO José (1828, MG-1861). Poeta romântico cujos poemas foram publicados postumamente com o título de *Poesias Póstumas*.

LESSA, ORÍGENES (1903, SP-1986). Contista e romancista. Obras: *Rua do Sol, O Feijão e o Sonho*, etc.

LÉVI-STRAUSS, Claude (1908, Bélgica-2009). Antropólogo francês. Obras: *As Estruturas Elementares do Parentesco, Tristes Trópicos*, etc.

LÍDIA JORGE (1946, Port.). Romancista. Obras: *O Dia dos Prodígios, O Cais das Merendas*, etc.

LIMA, Antônio AUGUSTO DE (1859, MG-1934). Poeta parnasiano. Obras: *Contemporâneas, Símbolos*, etc.

LIMA BARRETO, Afonso Henriques de (1881, RJ-1922). Romancista e contista. Obras: *Triste Fim de Policarpo Quaresma, Recordações do Escrivão Isaías Caminha*, etc.

LIMA BARRETO, Vítor (1905, SP-1982). Cineasta. Filmes: *O Cangaceiro, A Primeira Missa*, etc.

LIMA E SILVA, LUÍS ALVES DE, Duque de Caxias (1803, RJ-1880). Militar e estadista, o patrono do Exército brasileiro. Foi comandante em chefe do Exército brasileiro e comandante geral dos exércitos da Tríplice Aliança na guerra do Paraguai.

LIMA, HERMAN de Castro (1897, CE-1981). Romancista, contista e crítico literário. Obras: *Tijipió, Garimpos*, etc.

LIMA, HERMES (1902, BA-1978). Político, ensaísta e jurista. Obras: *Introdução à Ciência do Direito, Ideias e Figuras*, etc.

LIMA, JORGE Mateus DE (1895, AL-1953). Poeta e romancista de inspiração fortemente regional e mística. Obras: *XIV Alexandrinos, Essa Negra Fulô, Invenção de Orfeu*, etc.

LIMPO DE ABREU, Antônio Paulino. V. ABAETÉ, Visconde de.

LINCOLN, Abraham (1809, E.U.A.-1865). Sua eleição para a presidência dos E.U.A. em 1860 provocou a secessão de dez estados do Sul, e depois a guerra civil. Reeleito em 1864, foi assassinado logo após a vitória dos nortistas.

LINHARES, JOSÉ (1886, CE-1957). Magistrado. Presidente do Supremo Tribunal Federal, exerceu a presidência da República entre a deposição de Getúlio Vargas e a posse de Eurico Dutra.

LINHARES, TEMÍSTOCLES (1905, PR-1993). Crítico literário e tradutor. Obras: *Introdução ao Mundo do Romance, O Crítico do Modernismo Brasileiro*, etc.

LINS, ÁLVARO de Barros (1912, PE-1970). Crítico literário e ensaísta. Obras: *Rio Branco, História Literária de Eça de Queirós, Jornal de Crítica*, etc.

LINS E SILVA, EVANDRO (1912, PI-2002). Advogado, criminalista, magistrado, ministro do Exterior e do Supremo Tribunal Federal.

LINS, OSMAN da Costa (1924, PE-1978). Romancista e ensaísta. Obras: *Os Gestos, Nove, Novena*, etc.

LIRA Barbosa, CARLOS Eduardo (1936, RJ). Compositor e cantor, um dos pioneiros da bossa nova.

LIRA TAVARES, Aurélio de (1905, PB-1998). Militar, poeta e ensaísta. Fez parte da junta militar que governou o País de 31 de agosto a 30 de outubro de 1969, na vigência do regime de exceção que se seguiu ao Golpe de 1964.

LISBOA, HENRIQUETA (1903, MG-1985). Poetisa e ensaísta. Obras: *Fogo-Fátuo, Velário, Madrinha Lua, Convívio Poético*, etc.

LISBOA, JOÃO FRANCISCO (1812, MA-1863). Historiador e pensador político, prosador. Obras: *Jornal de Timon, Vida do Padre Antônio Vieira*, etc.

LISPECTOR, CLARICE (1920, Ucrânia-1977). Romancista, contista e cronista, veio para o Brasil com dois meses de idade. Obras: *Perto do Coração Selvagem, Laços de Família*, etc.

LISZT, Franz (1811, Hungria-1886). Compositor erudito, autor de *Os Prelúdios, Fausto* (sinfonia), etc.

MACEIÓ

LOBO ANTUNES, Antônio (1942, Port.). Escritor. Obras: *Auto dos Danados, O Esplendor de Portugal*, etc.

LOBO, ARISTIDES da Silveira (1838, PB-1896). Jornalista e político, ministro do governo provisório da República; um dos chefes do levante de 15 de novembro de 1889.

LOBO (Eduardo de Góis Lobo, dito **EDU**) (1943, RJ). Compositor e cantor popular, autor de *Arrastão, Ponteio*, etc.

LOCKE, John (1632, Inglaterra-1704). Filósofo. Obras: *Ensaio sobre o Entendimento Humano, Cartas sobre a Tolerância*, etc.

LOMAS VALENTINAS, Batalha das. Batalha da guerra do Paraguai, em dezembro de 1868, vencida pelas tropas da Tríplice Aliança e que obrigou Solano López a retirar-se para Cerro Corá.

LOPES (Bernardino da Costa, dito **B.**) (1859, RJ-1916). Poeta simbolista. Obras: *Cromos, Val de Lírios*, etc.

LOPES da Silva TROVÃO, José (1847, RJ-1925). Orador e polemista, um dos vultos notáveis da campanha republicana.

LOPES, FERNÃO (1380?, Port.-1460?). Historiador, cronista primoroso de sua época. Obras: *Crônica del-Rei D. João I de Boa Memória, Crônica do Senhor Rei D. Pedro I*, etc.

LOPES, MOACIR Costa (1927, CE-2010). Romancista. Obras: *Maria de Cada Porto, A Ostra e o Vento*, etc.

LORENZO FERNANDEZ, Oscar (1897, RJ-1948). Compositor erudito. Fundador do Conservatório Brasileiro de Música. Obras: *Trio Brasileiro, Malasarte*, etc.

LOURENÇO, EDUARDO (1923, Port.). Ensaísta e crítico literário. Obras: *Pessoa Revisitado, Os Militares e o Poder*, etc.

LOUZEIRO, JOSÉ de Jesus (1932, MA). Contista e romancista. Obras: *Infância dos Mortos, Araceli, Meu Amor*, etc.

LUCIANO (c. 125, Samósata, Síria-c. 192). Autor de opúsculos espirituosos e satíricos como, p.ex., os *Diálogos dos Deuses* e os *Diálogos dos Mortos*.

LUCRÉCIO Caro, Tito (c. 94, Roma-c. 53 a.C.). Poeta latino. Obra: *Da Natureza das Coisas*, poema didático em seis livros, em que expõe a filosofia de Epicuro.

LUFT, LIA Fett (1938, RS). Romancista, cronista e tradutora. Obras: *As Parceiras, A Asa Esquerda do Anjo*, etc.

LUÍS IX (1214, França-1270). Rei da França a partir de 1226. Participou das duas últimas cruzadas. Foi canonizado em 1297.

LUÍS XIV, o Grande (1638, França-1715). Rei da França entronizado em 1643. Levou ao apogeu a monarquia absoluta.

LUÍS XVI (1754, França-1793). Rei da França desde 1774. Foi guilhotinado pela Revolução Francesa.

LUÍS DELFINO dos Santos (1834, SC-1910). Poeta romântico, parnasiano e simbolista. Obras: *Algas e Musgos, Poesias Líricas*, etc.

LUÍS EDMUNDO de Melo Pereira da Costa (1878, RJ-1961). Historiador e memorialista. Obras: *O Rio de Janeiro no Tempo dos Vice-Reis, O Rio de Janeiro do Meu Tempo*, etc.

LULA (Luís Inácio Lula da Silva) (1945, PE). Fundador e presidente de honra do Partido dos Trabalhadores. Elegeu-se presidente do Brasil em 2002 e 2006.

LUND, PETER Wilhelm (1801, Dinamarca-1880). Naturalista radicado no Brasil. Considerado o pai da paleontologia brasileira.

LUTERO, Martinho (1483, Alemanha-1546). Teólogo e reformador religioso. Fundou a Igreja Luterana e traduziu pela primeira vez a Bíblia para o alemão.

LUZ, CARLOS Coimbra da (1894, MG-1961). Político. Presidente da Câmara dos Deputados, exerceu a presidência da República de 19 a 29 de abril de 1955 e de 8 a 11 de novembro de 1955.

m

MABE, MANABU (1924, Japão-1997). Pintor abstracionista de origem japonesa; veio para o Brasil em 1934.

MACAPÁ. Capital do AP, cortada pelo equador, situada em terra constituída de campos cerrados; surgiu como povoado em torno do fortim de Santo Antônio de Macapá (depois fortaleza de São José de Macapá, em 1771); elevada a cidade em 1856.

MacCULLER, CARSON Smith (1907, E.U.A.-1967). Romancista. Obras: *O Coração é um Caçador Solitário, A Balada do Café Triste*, etc.

MACEDO, JOAQUIM MANUEL DE (1820, RJ-1882). Romancista, poeta e autor dramático, foi um cronista do Rio antigo. Obras: *A Moreninha, Memórias da Rua do Ouvidor*, etc.

MACEDO MIRANDA, José Carlos de (1920, RJ-1974). Romancista e contista. Obras: *Pequeno Mundo de Outrora, O Pão dos Mortos*, etc.

MACEIÓ. Capital de AL, situada junto à lagoa Mundaú. Comércio de exportação pelo porto

MACHADO

de Jaraguá. Turismo. Elevada a vila em 1815, e a cidade e capital da província de Alagoas em 1835.

MACHADO, ANA MARIA (1941, RJ). Romancista e autora de literatura infantojuvenil. Obras: *Alice e Ulisses, Tropical Sol da Liberdade*, etc.

MACHADO, ANÍBAL Monteiro (1894, MG-1964). Contista e romancista: *A Morte da Porta-Estandarte e Outras Histórias, João Ternura*, etc.

MACHADO DE ASSIS, Joaquim Maria (1839, RJ-1908). Romancista, contista, cronista, poeta e dramaturgo, considerado o maior prosador brasileiro. Membro fundador da ABL e seu primeiro presidente. Obras: *Memórias Póstumas de Brás Cubas, Quincas Borba, Dom Casmurro, Memorial de Aires*, etc.

MACHADO, DIONÉLIO (1895, RS-1985). Romancista. Obras: *Os Ratos, O Louco do Cati*, etc.

MACHADO, GILKA da Costa de Melo (1893, RJ-1980). Poetisa simbolista que cultivou tb. o verso livre. Obras: *Cristais Partidos, Mulher Nua*, etc.

MACHADO, MARIA CLARA (1921, MG-2001). Autora e diretora de teatro, criou, no Rio, o Tablado, que leva, ger., espetáculos infantis. Obras: *Pluft, o Fantasminha, O Cavalinho Azul*, etc.

MACIEL, MARCO Antônio de Oliveira (1940, PE). Político (vice-presidente da República, governador de PE, ministro da educação, senador) e escritor. Obras: *Debates*, Vol. I, *Educação e Liberalismo*.

MACIEL MONTEIRO, Antônio Peregrino (1804, PE-1868). Poeta a quem se atribui o papel de iniciador do nosso romantismo. Obra: *Poesias*.

MADEIRA. Rio de RO e AM (c. 3.200km), o mais importante tributário do Amazonas.

MADEIRA, MARCOS ALMIR (1916, RJ-2003). Educador e sociólogo. Obras: *Homens de Marca, Posições Vanguardeiras na Sociologia Brasileira*, etc.

MAGALDI, SÁBATO Antônio (1927, MG). Crítico de teatro. Obras: *Panorama do Teatro Brasileiro, Moderna Dramaturgia Brasileira, Depois do Espetáculo*, etc.

MAGALHÃES, ADELINO (1887, RJ-1969). Romancista e contista de técnica impressionista. Obras: *Casos e Impressões, Tumulto da Vida*, etc.

MAGALHÃES, ALUÍSIO (1927, PE-1982). Artista plástico, vencedor dos primeiros concursos brasileiros de desenhos de símbolos e marcas.

MAGALHÃES, BASÍLIO DE (1874, MG-1957). Historiador e folclorista. Obras: *A Expansão Geográfica do Brasil até os Fins do Séc. XVII, O Café na História*, etc.

MAGALHÃES (Celso da Cunha Magalhães, dito CELSO DE) (1849, MA-1879). Poeta, romancista e folclorista. Obras: *Versos, Um Estudo de Temperamento*, etc.

MAGALHÃES, FERNÃO DE (c. 1480, Port.-1521). Navegador que comandou a primeira expedição que deu a volta ao mundo.

MAGALHÃES JÚNIOR, Raimundo (1907, CE-1981). Cronista, ensaísta e teatrólogo. Obras: *Artur Azevedo e Sua Época, Machado de Assis Desconhecido*, etc.

MAGALHÃES, ROBERTO (1940, RJ). Pintor e gravador. Xilogravuras premiadas na Bienal de Paris e no Salão Nacional de Arte Moderna.

MAGNE, Pe AUGUSTO (1887, França-1966). Filólogo e lexicógrafo que se dedicou à edição de textos medievais portugueses (como *A Demanda do Santo Graal*) e a estudos de etimologia.

MAGNO, PASCOAL CARLOS (1906, RJ-1980). Dramaturgo, crítico e romancista. Fundou, em 1938, o Teatro do Estudante do Brasil, e organizou Festivais Nacionais de Teatros de Estudantes. Obras: *Pierrot, Sol sob as Palmeiras*, etc.

MAIA, ALCIDES Castilhos (1878, RS-1944). Contista e romancista. Obras: *Ruínas Vivas, Alma Bárbara*, etc.

MALFATTI, ANITA (1889, SP-1964). Pintora ligada à Semana de Arte Moderna. Obras: *A Estudante, Tropical*, etc.

MALLARMÉ, Stéphane (1842, França-1898). Poeta simbolista. Obras: *A Tarde de um Fauno, Herodíade*, etc.

MAMORÉ. Rio de RO (c. 1.717km), limítrofe entre a Bolívia e o Brasil.

MANAUS. Capital do AM, porto na margem esquerda do rio Negro; surgiu como arraial no século XVII; tornou-se cidade em 1848; o crescimento que acompanhou o ciclo da borracha foi retomado com a criação da Zona Franca, em 1967; local do primeiro teatro brasileiro, o Teatro Amazonas, inaugurado em 1896.

MANDELA, NELSON Rolihlahla (1918, África do Sul-2013). Ativista político que lutou contra o *apartheid* e foi eleito presidente da África do Sul em 1994. Preso durante 27 anos, foi libertado em 1990. Prêmio Nobel da Paz de 1993.

MANET, Édouard (1832, França-1883). Pintor. Obras: *Olímpia, O Tocador de Pífaro*, etc.

MANGABEIRA, JOÃO (1880, BA-1964). Político e jurista. Autor do anteprojeto da Constituição de 1934.

MANGABEIRA, OTÁVIO (1886, BA-1960). Político e escritor. Obras: *As Últimas Horas da Legalidade, Machado de Assis*, etc.

MANN, THOMAS (1875, Alemanha-1955). Romancista e contista. Obras: *A Montanha Mágica, Doutor Fausto*, etc.

MANTIQUEIRA, serra da. Cordilheira que se estende por MG, SP e RJ.

MANZONI, Alessandro (1785, Itália-1873). Romancista e teórico do romantismo, autor do romance histórico *Os Noivos*.

MAOMÉ (c. 570, Meca-632). Fundador do islamismo.

MAO TSÉ-TUNG (1893, China-1976). Político. Líder comunista e teórico do marxismo. Presidiu a República Popular da China.

MAPUERA. Rio do PA (c. 400km), afluente do Trombetas.

MAQUIAVEL, Nicolau (1469, Itália-1527). Político, historiador e comediógrafo. Obras: *O Príncipe, Comentários sobre os Primeiros Dez Livros de Tito Lívio, A Mandrágora*, etc.

MARAJÓ. Ilha do PA, na foz do rio Amazonas. É a maior ilha da América do Sul, com cerca de 50.000km². Criação de búfalos e gado bovino. Artesanato marajoara.

MARANHÃO. Estado da Região N.E. *Sigla*: MA. *Superfície*: 331.983,293km². *Capital*: São Luís. *Municípios*: 217. *Municípios mais populosos*: São Luís, Imperatriz, Caxias, Timon, Codó, São José de Ribamar, Bacabal, Açailândia, Barra do Corda, Santa Inês. *Economia*: agricultura: cana-de-açúcar, mandioca, arroz, milho, soja, feijão, algodão, babaçu, banana; extrativismo (fibra e cera de carnaúba e oiticica); pecuária: bovinos, suínos; mineração: ouro; indústria: alimentícia, metalúrgica, madeireira; a inauguração, em 1970, da hidrelétrica da Boa Esperança, no rio Parnaíba, e a de Tucuruí, no Tocantins (PA), viabilizaram a instalação do distrito industrial de Itaqui, na ilha de São Luís, onde foi implantado grande projeto para processamento da bauxita vinda de Carajás. Povoamento iniciado pelos franceses, em 1612, com a fundação de São Luís; ocupação luso-brasileira a partir de 1644, com a expulsão dos holandeses.

MARCGRAVE, JORGE (1610, Alemanha-1644). Naturalista que veio para o Brasil em 1638, a convite de Maurício de Nassau. Obra: *História Natural do Brasil* (em colaboração com Guilherme Piso).

MARCO POLO (1254, Veneza-1324). Viajante italiano, percorreu a Tartária, a Mongólia, a China, a Pérsia e a Armênia. Relatou suas viagens em *O Livro de Marco Polo*.

MARCOS de Barros, PLÍNIO (1935, SP-1999). Dramaturgo. Obras: *Dois Perdidos numa Noite Suja, Navalha na Carne*, etc.

MARECHAL DEODORO (AL). Mun. Cidade histórica. Arquitetura colonial. Turismo.

MARIANA (MG). Mun. Cidade histórica tombada pelo IPHAN. Bovinos.

MARIANO Carneiro da Cunha, OLEGÁRIO (1889, PE-1958). Poeta parnasiano e simbolista. Obras: *Ângelus, Últimas Cigarras, Castelos na Areia*, etc.

MARIA QUITÉRIA de Jesus (1792, BA-1853). Heroína das lutas pela Independência na Bahia.

MARICÁ, Marquês de (Mariano José Pereira da Fonseca) (1773, RJ-1848). Pensador e político com participação ativa no movimento da Independência, autor de *Máximas, Pensamentos e Reflexões*.

MARINHEIROS, revolta dos. V. CHIBATA, Revolta da.

MARINHO, ROBERTO (1904, RJ-2003). Jornalista e empresário.

MÁRIO FAUSTINO dos Santos e Silva (1930, PI-1962). Poeta e crítico literário. Obras: *O Homem e Sua Hora, Cinco Ensaios sobre Poesia*.

MARIZ E BARROS, Antônio Carlos de (1835, RJ-1866). Herói da guerra do Paraguai, comandou o encouraçado Tamandaré.

MARIZ, VASCO (1921, RJ). Musicólogo e diplomata. Obras: *Figuras da Música Brasileira Contemporânea, História da Música no Brasil*, etc.

MARQUES, Francisco XAVIER Ferreira (1861, BA-1942). Poeta, romancista e ensaísta. Obras: *Insulares, Jana e Joel*, etc.

MARQUES, OSVALDINO Ribeiro (1916, MA-2003). Crítico literário e tradutor. Obras: *O Poliedro e a Rosa, A Seta e o Alvo*, etc.

MARQUES REBELO (Edi Dias da Cruz, dito) (1907, RJ-1973). Romancista e contista. Obras: *Marafa, A Estrela Sobe, O Espelho Partido*, etc.

MAR, serra do. Cordilheira que marca o limite oriental do planalto brasileiro, de SC ao RJ; recebe diversas denominações locais: Órgãos, Estrela, Parati, Cubatão, Paranapiacaba, Graciosa, etc.

MARTIM VAZ, ilhas de. V. TRINDADE e MARTIM VAZ.

MARTINS, ALDEMIR (1922, CE-2006). Desenhista e pintor de temas nordestinos.

MARTINS FONTES, José (1884, SP-1937). Poeta parnasiano. Obras: *Verão, Arlequinada, Volúpia*, etc.

MARTINS, FRAN (Francisco Martins, dito) (1913, CE-1996). Romancista e contista. Obras: *Estrela do Pastor, O Cruzeiro Tem Cinco Estrelas*, etc.

MARTINS MOREIRA, THIERS (1904, RJ-1970). Crítico literário e memorialista. Obras: *O Menino e o Palacete, Os Seres*, etc.

MARTINS PENA, Luís Carlos (1815, RJ-1848). Comediógrafo, criador da comédia brasileira de costumes com *O Juiz de Paz da Roça*. Obras: *Os Dous ou o Inglês Maquinista, As Casadas Solteiras, O Diletante*, etc.

MARTINS, WILSON (1921, SP-2010). Crítico literário. Obras: *A Crítica Literária no Brasil, O Modernismo*, etc.

MARTIUS, Carl Friedrich Philipp VON (1794, Alemanha-1868). Botânico. Viajou ao Brasil em 1817, onde reuniu cerca de 6.500 espécies de plantas. Obras: *Gêneros e Espécies de Palmeiras, Flora Brasiliensis*, etc.

MARX, Karl (1818, Alemanha-1883). Filósofo e economista. Obras: *O Capital, Miséria da Filosofia*, etc.

MASCARENHAS DE MORAIS, João Batista (1883, RS-1968). Militar. Marechal do Exército, comandante da Força Expedicionária Brasileira na Itália.

MASCATES, Guerra dos. Série de distúrbios e conflitos ocorridos em Pernambuco, no início do século XVIII, entre os senhores de engenho de Olinda (portugueses) e os comerciantes de Recife (brasileiros).

MATARAZZO, Conde Francisco (1854, Itália-1937). Empresário. Um dos pioneiros da industrialização brasileira.

MATISSE, Henri (1869, França-1954). Pintor. Foi o principal representante do fovismo.

MATO GROSSO. Estado da Região C.O. *Sigla*: MT. *Superfície*: 903.357,908km². *Capital*: Cuiabá. *Municípios*: 141. *Municípios mais populosos*: Cuiabá, Várzea Grande, Rondonópolis, Cáceres, Sinop, Tangará da Serra, Barra do Garças. *Economia*: agropecuária: cana-de-açúcar, soja, milho, arroz, algodão, café, feijão; bovinos, suínos; extrativismo (borracha, poaia, madeira de lei e guaraná); mineração: ouro; indústria: metalúrgica, alimentícia.

MATO GROSSO DO SUL. Estado da Região C.O. *Sigla*: MS. *Superfície*: 357.124,962km². *Capital*: Campo Grande. *Municípios*: 78. *Municípios mais populosos*: Campo Grande, Dourados, Corumbá, Três Lagoas, Ponta Porã, Aquidauana. *Economia*: agricultura: cana-de-açúcar, soja, milho, mandioca, arroz, algodão, trigo, feijão; pecuária: bovinos, suínos; mineração: extração de minério de ferro e manganês no maciço do Urucum; indústria: alimentícia, cimento, extrativa mineral. Criado de uma parte do Mato Grosso pela lei complementar nº 31, de 11 de outubro de 1977; passou a estado em 1º de janeiro de 1979.

MATOS Guerra, GREGÓRIO DE (1636, BA-1695). Poeta satírico e lírico, foi o crítico por excelência da sociedade baiana do séc. XVII. Recebeu a alcunha de *Boca do Inferno*.

MATOSO CÂMARA Júnior (1904, RJ-1970). Filólogo brasileiro. Grande conhecedor de linguística geral, introduziu o seu estudo na Universidade do Brasil. Obras: *Princípios de Linguística Geral, Contribuição para uma Estilística da Língua Portuguesa, Dicionário de Filologia e Gramática Referente à Língua Portuguesa*, etc.

MAUÁ, Barão e Visconde de (Irineu Evangelista de Sousa) (1813, RS-1889). Empresário e político. Fundou indústrias e companhias ferroviária, de navegação, de iluminação, gás e estaleiros, etc.

MAURER JÚNIOR, Teodoro Henrique (1906, SP-1979). Filólogo. Obras: *A Voz Médio-Passiva e o Impessoal Indo-Europeu*, etc.

MAURO, HUMBERTO Duarte (1897, MG-1983). Cineasta. Obras: *Brasa Dormida, Ganga Bruta*, etc.

MEARIM. Rio do MA (c. 750km); deságua na baía de São Marcos.

MEDAUAR, JORGE Emílio (1918, BA-2003). Poeta e contista. Obras: *Morada de Paz, Fluxograma, O Incêndio*, etc.

MEDEIROS E ALBUQUERQUE, José Joaquim de Campos da Costa de (1867, PE-1934). Poeta, contista e memorialista. Obras: *Poemas sem Verso, Mãe Tapuia*, etc.

MÉDICI, Emílio Garrastazu (1905, RS-1985). Militar. Presidente da República na vigência do regime de exceção que se seguiu ao golpe de 1964, (1969-1974) e em cujo governo se agravou o autoritarismo.

MEIRELES, CECÍLIA (1910, RJ-1964). Poetisa e autora dramática. Obras: *Espectros, Vaga Música, Retrato Natural, Romanceiro da Inconfidência*, etc.

MEIRELES de Lima, VÍTOR (1832, SC-1903). Pintor de temas históricos. Obras: *A Primeira Missa no Brasil, Batalha dos Guararapes*, etc.

MELO BREYNER, SOFIA DE (1919, Port.-2004). Poetisa e contista. Obras: *Coral, Contos Exemplares*, etc.

MELO, CUSTÓDIO José DE (1840, BA-1902). Militar (almirante) e político. Participou da guerra do Paraguai e liderou o levante da Armada no governo de Floriano Peixoto.

MELO FILHO, MURILO (1928, RN). Jornalista e ensaísta. Obras: *O Modelo Brasileiro*, etc.

MELO, FRANCISCO MANUEL DE (1608, Port.-1666). Poeta, historiador, moralista e comediógrafo. Obras: *Carta de Guia de Casados, Auto do Fidalgo Aprendiz, Apólogos Dialogais*, etc.

MELO FRANCO, AFONSO ARINOS DE (1930, MG). Diplomata e escritor. Obras: *Primo Canto, Tempestade no Altiplano,* etc.

MELO, PATRÍCIA (1962, SP). Romancista, dramaturga e roteirista. Obras: *O Matador, Inferno, Valsa Negra, Duas Mulheres e um Cadáver,* etc.

MELO, TIAGO Amadeu DE (1926, AM). Poeta. Obras: *Silêncio e Palavra, Mormaço na Floresta,* etc.

MELVILLE, Herman (1819, E.U.A.-1891). Romancista e contista. Obras: *Moby Dick, Billy Budd,* etc.

MENA BARRETO, João de Deus (1874, RS-1933). Militar e político. Integrou a junta governativa que assumiu o poder após a revolução de 1930.

MENANDRO (c. 342, Atenas-292 a.C.). Comediógrafo. O mais representativo autor da Comédia Nova Grega. Obras: *O Misantropo,* etc.

MENDES, Manuel ODORICO (1799, MA-1864). Poeta e tradutor que verteu para o português Virgílio e Homero. Obras: *Hino à Tarde, Ode ao Sonho,* etc.

MENDES, MURILO Monteiro (1901, MG-1975). Poeta da fase modernista. Obras: *A Poesia em Pânico, Mundo Enigma,* etc.

MENDONÇA, LÚCIO Eugênio DE Meneses e Vasconcelos Drummond Furtado de (1854, RJ-1909). Poeta e memorialista. Obras: *Canções de Outono, Horas do Bom Tempo,* etc.

MENDONÇA TELES, GILBERTO (1931, GO). Poeta. Obras: *Sociologia Goiana, Hora Aberta,* etc.

MENESES, EMÍLIO DE (1866, PR-1918). Poeta parnasiano de veia crítica e satírica. Obras: *Dies Irae, Poemas da Morte,* etc.

MENESES E SOUSA, João Cardoso de. V. PARANAPIACABA, Barão de.

MENOTTI DEL PICCHIA, Paulo (1892, SP-1988). Poeta e romancista. Participou da Semana de Arte Moderna. Obras: *Juca Mulato, Máscaras,* etc.

MERQUIOR, José Guilherme Alves (1941, RJ-1991). Crítico literário e ensaísta. Obras: *Razão do Poema, Verso e Universo em Drummond,* etc.

MESQUITA, ALFREDO (1908, SP-1986). Dramaturgo, diretor de teatro, contista e romancista. Obras: *Casa Assombrada, Contos do Dia e da Noite,* etc.

MEYER, AUGUSTO (1902, RS-1970). Poeta, folclorista, crítico literário e memorialista. Obras: *Poemas de Bilu, Machado de Assis, No Tempo da Flor,* etc.

MICHAËLIS de Vasconcelos, CAROLINA (1851, Alemanha-1925). Filóloga. Obras: *Notas Vicentinas, Glossário do Cancioneiro da Ajuda, Lições de Filologia Portuguesa,* etc.

MIGNONE, FRANCISCO (1897, SP-1986). Compositor e regente. Obras: óperas *O Contratador de Diamantes, O Chalaça, Lendas Sertanejas,* etc.

MIGUEL ÂNGELO (Michelangelo Buonarroti) (1475, Itália-1564). Pintor, escultor e arquiteto. Obras: *Davi, Moisés, Pietà,* os afrescos da capela Sistina, etc.

MIGUEL JORGE (1933, MS). Ficcionista e poeta. Obras: *Antes do Túnel, Veias e Vinhos, Ana Pedro,* etc.

MIGUEL PEREIRA, LÚCIA (1903, MG-1959). Crítica literária e romancista. Obras: *História da Literatura Brasileira – Prosa de Ficção (de 1870 a 1920), Machado de Assis, Cabra-Cega,* etc.

MIGUEZ, LEOPOLDO Américo (1850, RJ-1902). Compositor e regente. Obras: óperas *Os Saldunes* e *Pelo Amor, Sinfonia em Si Bemol,* etc.

MILANO, DANTE (1899, RJ-1991). Poeta e escultor. Obras: *Poesias, Três Cantos do Inferno* (tradução), etc.

MILLER, ARTHUR Ashur (1915, E.U.A.-2005). Dramaturgo. Obras: *A Morte de um Caixeiro-Viajante, As Feiticeiras de Salém,* etc.

MILLIET da Costa e Silva, SÉRGIO (1898, SP-1966). Poeta, ensaísta e tradutor. Obras: *Poemas Análogos, Diário Crítico,* etc. Traduziu Montaigne, Sartre, etc.

MILTON, John (1608, Inglaterra-1674). Poeta. Obras: *O Paraíso Perdido, O Paraíso Reconquistado.*

MINAS GERAIS. Estado da Região S.E. *Sigla*: MG. *Superfície*: 586.528,293km². *Capital*: Belo Horizonte. *Municípios*: 853. *Municípios mais populosos*: Belo Horizonte, Contagem, Uberlândia, Juiz de Fora, Betim, Montes Claros, Uberaba, Governador Valadares, Ribeirão das Neves, Ipatinga, Divinópolis, Sete Lagoas. *Economia*: agropecuária: cana-de-açúcar, milho, café, soja, feijão, arroz, algodão, laranja, banana; bovinos, suínos, equinos; mineração: ferro, alumínio (bauxita), manganês, zinco, berílio, nióbio, ouro, prata; indústria: metalúrgica, siderúrgica, mecânica, extrativa mineral, alimentícia, automobilística; é o terceiro parque industrial do Brasil.

MIRANDA. Rio de MS (c. 490km), afluente da margem esquerda do Paraguai.

MIRANDA, ANA Maria (1951, CE). Romancista. Obras: *Boca do Inferno, Clarice,* etc.

MIRIM. Lagoa do RS, na fronteira com o Uruguai.

MIRÓ, Joan (1893, Espanha-1983). Pintor e escultor surrealista. Obras: *Interiores Holandeses, Carnaval do Arlequim*, etc.

MODIGLIANI, Amedeo (1884, Itália-1920). Pintor. Obras: *Jeanne Hébuterne, Lolotte*, etc.

MOJIGUAÇU. Rio de SP (c. 439km), afluente do Pardo.

MOLIÈRE (Jean-Baptiste Poquelin, dito) (1622, França-1673). Comediógrafo, diretor e ator. Obras: *A Escola de Mulheres, O Tartufo,* e *O Misantropo*, súmulas da sabedoria humana.

MONDRIAN, Piet (1872, Holanda-1944). Pintor abstrato. Obras: *Composição com Vermelho, Preto, Amarelo e Cinzento*, etc.

MONET, Claude (1840, França-1926). Pintor impressionista. Obras: *Impressão, Sol Nascente* (quadro que deu origem ao termo impressionismo), *Ninfeias*, etc.

MONTAIGNE, Michel Eyquem de (1533, França-1592). Filósofo. Obras: *Ensaios*, etc.

MONT'ALVERNE, FREI FRANCISCO DE (nome religioso de **Francisco José de Carvalho**) (1784, RJ-1858). Orador sacro. Obras: *Compêndio de Filosofia, Obras Oratórias*.

MONTEIRO, CLÓVIS do Rego (1898, CE-1961). Filólogo. Obras: *Português da Europa e Português da América, Fundamentos Clássicos do Português do Brasil*, etc.

MONTEIRO LOBATO, José Bento (1882, SP-1948). Contista e autor de literatura infantil. Obras: *Urupês, Cidades Mortas, Negrinha*, etc. Literatura infantil: *Reinações de Narizinho, Caçadas de Pedrinho*, etc.

MONTEIRO, TOBIAS do Rego (1876, RN-1952). Jornalista e historiador. Obras: *História do Império – a Elaboração da Independência, O Primeiro Reinado*, etc.

MONTELO, JOSUÉ de Sousa (1917, MA-2006). Romancista, ensaísta e memorialista. Obras: *Labirinto de Espelhos, Noite sobre Alcântara, Os Tambores de São Luís*, etc.

MONTENEGRO, FERNANDA (Arlete Pinheiro Monteiro Torres, dita) (1929, RJ). Atriz e empresária, uma das primeiras damas do nosso teatro.

MONTESQUIEU, Barão de la Brède e de (Charles de Secondat) (1689, França-1755). Filósofo e moralista. Obras: *Cartas Persas, O Espírito das Leis*, etc.

MORAIS Barros, PRUDENTE José DE (1841, SP-1902). Político. Republicano histórico, primeiro presidente da República eleito pelo voto popular (1894-1898).

MORAIS FILHO, EVARISTO DE (1914, RJ-2016). Jurista e sociólogo. Obras: *Liberdade e Cultura, Liberalismo e Federalismo*, etc.

MORAIS, Marcos VINÍCIUS Cruz DE (1913, RJ-1980). Poeta e compositor popular (letrista). Obras: *Novos Poemas, Livro de Sonetos*, etc.

MORAIS Silva, Antônio de (1757, RJ-1824). Lexicógrafo e gramático. Obras: *Dicionário da Língua Portuguesa, Gramática Portuguesa*, etc.

MORE (ou MORUS), São THOMAS (1478, Inglaterra-1535). Humanista e político. Obras: *A Utopia*, etc.

MOREIRA CAMPOS, José Maria (1914, CE-1994). Contista. Obras: *Vidas Marginais, Os Doze Parafusos*, etc.

MOREIRA da Costa Ribeiro, DELFIM (1868, MG-1920). Político. Presidente da República (1918-1919) por morte de Rodrigues Alves, de quem era o vice.

MOREIRA da Silva, ÁLVARO Maria da Soledade Pinto da Fonseca Velhinho Rodrigues (1888, RS-1964). Poeta, cronista e memorialista. Obras: *Elegia da Bruma, As Amargas, não...*, etc.

MOREIRA DA SILVA, Antônio (1902, RJ-2000). Cantor e compositor popular, intérprete do samba de breque, autor de *Acertei no Milhar, Na Subida do Morro*, etc.

MORINEAU, HENRIETTE (1907, França-1990). Atriz, diretora e empresária. No Brasil, a partir de 1946, fez espetáculos importantes à frente de Os Artistas Unidos, atuando em português.

MORRO DO COUTO. Pico situado na serra das Prateleiras (RJ), com c. 2.680m de altitude.

MORTES, rio das. Rio de MT, GO e TO (c. 883km), afluente do Araguaia.

MOSQUITOS, serra dos. Elevação de SP, no limite com MG.

MOTA e Albuquerque, MAURO Ramos da (1911, PE-1984). Poeta e ensaísta. Obras: *Elegias, Canto ao Meio*, etc.

MOTA FILHO, CÂNDIDO (1897, SP-1977). Crítico literário, jurista e memorialista. Obras: *O Caminho das Três Agonias, Contagem Regressiva*, etc.

MOTA, LEONARDO Ferreira (1891, CE-1948). Folclorista. Obras: *Cantadores, Adagiário Brasileiro*, etc.

MOURA, EMÍLIO Guimarães (1901, MG-1971). Poeta. Obras: *Ingenuidade, O Espelho e a Musa*, etc.

MOURÃO-FERREIRA, DAVID de Jesus (1927, Port.-1996). Jornalista e escritor. Obras: *A Arte de Amar, Um Amor Feliz*, etc.

MOURÃO, RONALDO Rogério de Freitas (1935, RJ-2014). Astrônomo. Obras: *Dicionário Enciclopédico de Astronomia e Astronáutica*, etc.

MOZART, Wolfgang Amadeus (1756, Áustria-1791). Compositor erudito, autor de *A Flauta Mágica, Missa de Réquiem*, etc.

MUCAJAÍ. Rio de RR (c. 690km), afluente do Branco.

MUCURI. Rio de MG, ES e BA (c. 417km).

MULATOS, Revolução dos. V. BAIANA, Conjuração.

MURAT, LUÍS Morton Barreto (1861, RJ-1929). Poeta parnasiano e político. Lutou pela abolição da escravatura e pela Proclamação da República. Obras: *Quatro Poemas, Ondas*, etc.

MURNAU (Friedrich Wilhelm Plumpe, dito) (1889, Alemanha-1931). Cineasta. Obras: *Nosferatu, uma Sinfonia de Terror*, etc.

MURTINHO, JOAQUIM Duarte (1848, MT-1911). Político. Ministro da Fazenda de Campos Sales, adotou forte política de ajuste financeiro.

n

NABUCO de Araújo, JOAQUIM Aurélio Barreto (1849, PE-1910). Orador e diplomata. Principal figura da campanha abolicionista. Obras: *Um Estadista do Império, Minha Formação*, etc.

NAPOLEÃO I (NAPOLEÃO Bonaparte) (1769, França-1821). Imperador dos franceses de 1804 a 1815, foi um dos maiores gênios militares da história.

NASCENTES, ANTENOR de Veras (1886, RJ-1972). Filólogo e lexicógrafo. Obras: *O Linguajar Carioca, Tesouro da Fraseologia Brasileira, A Gíria Brasileira, Dicionário de Sinônimos*, etc.

NASCIMENTO, Edson Arantes do. V. PELÉ.

NASCIMENTO, MÍLTON (1942, RJ). Compositor e cantor popular, autor de *Travessia* (com Fernando Brandt), *Milagre dos Peixes, Clube da Esquina*, etc.

NÁSSARA, Antônio Gabriel (1910, RJ-1996). Cartunista e compositor popular, um dos pais do cartunismo brasileiro.

NASSAR, RADUAN (1935, SP). Romancista. Obras: *Lavoura Arcaica, Um Copo de Cólera*.

NASSAU (Johann Mauritius van Nassau-Siegen, dito **MAURÍCIO DE**) (1604, Alemanha-1679). Governador de Pernambuco (1637-1644) durante a dominação holandesa, modernizou a cidade de Recife e incrementou a economia açucareira.

NATAL. Capital do RN, situada no litoral, junto à embocadura do rio Potenji; dunas móveis; base espacial Barreira do Inferno, em Parnamirim; nasceu com a construção do forte dos Reis Magos (1598).

NAVA, PEDRO da Silva (1903, MG-1984). Poeta e, sobretudo, memorialista; médico. Obras: *O Defunto, Baú de Ossos, Chão de Ferro*, etc.

NAVIO, serra do. Situada no AP; jazidas de manganês.

NAZARÉ, ERNESTO (1863, RJ-1934). Compositor e pianista, autor de mais de 200 composições entre tangos, valsas, quadrilhas, choros, etc.

NEBLINA, pico da. Ponto culminante do Brasil, localizado na serra do Imeri, com c. 2.993m de altitude.

NEGREIROS, André VIDAL DE (1606, PB-1681). Um dos líderes da luta contra os holandeses em Pernambuco; foi governador do Maranhão e de Pernambuco.

NEGRO. Rio do AM (c. 1.784km), afluente do Amazonas.

NEIVA, ARTUR (1880, BA-1943). Cientista. Estudou os transmissores da doença de Chagas, cuja primeira espécie identificou.

NEJAR, CARLOS (1939, RS). Poeta, crítico literário e romancista. Obras: *Sélesis, A Árvore do Mundo*, etc.

NEPOMUCENO, ALBERTO (1864, CE-1920). Compositor e regente inspirado na temática popular. Obras: óperas *Ártemis* e *Abul, Suíte Brasileira*, etc.

NÉRI, ADALGISA (1905, RJ-1980). Poetisa, contista e romancista. Obras: *A Mulher Ausente, A Imaginária*, etc.

NÉRI, ANA Justino Ferreira (1814, BA-1880). Pioneira da enfermagem no Brasil, participou da guerra do Paraguai.

NÉRI, ISMAEL (1900, PA-1934). Pintor. Precursor do surrealismo no Brasil, passou tb. pelo cubismo e pelo expressionismo.

NERUDA (Ricardo Neftalí Reyes, dito **PABLO**) (1904, Chile-1973). Poeta. Obras: *Vinte Poemas de Amor e uma Canção Desesperada*, etc.

NEVES, D. LUCAS MOREIRA (1925, MG-2002). Sacerdote e escritor.

NEVES, TANCREDO de Almeida (1910, MG-1985). Político, foi primeiro-ministro parlamentarista do governo João Goulart e governador de MG. Eleito presidente da República em 1985, faleceu antes de tomar posse.

NEWTON, Isaac (1642, Inglaterra-1727). Matemático, físico e astrônomo. Descobriu as leis da atração universal.

NIEMEYER Soares Filho, OSCAR (1907, RJ-2012). Arquiteto de renome internacional, projetou os prédios governamentais de Brasília, o conjunto da Pampulha, entre outros.

NIETZSCHE, Friedrich (1844, Alemanha-1900). Filósofo. Obras: *Assim Falou Zaratustra, A Origem da Tragédia*, etc.

NINA RODRIGUES, Raimundo (1862, MA-1906). Sociólogo, etnólogo e folclorista. Obras: *O Animismo Fetichista dos Negros da Bahia, Os Africanos no Brasil*, etc.

NISKIER, ARNALDO (1935, RJ). Ensaísta e jornalista. Obras: *Educação É a Solução, A Tragédia da Escola Pública*, etc.

NOBRE, ANTÔNIO (1867, Port.-1900). Poeta. Publicou em vida um único livro – *Só* (1892).

NÓBREGA, Manuel da (1517, Port.-1570). Sacerdote e escritor. Chefe da primeira missão jesuítica enviada ao Brasil em 1549. Obras: *Informação das Terras do Brasil*, etc.

NOEL ROSA de Medeiros (1910, RJ-1937). Cantor e compositor popular, autor de *Feitiço da Vila, Com Que Roupa?, Fita Amarela*, etc.

NOLL, João Gilberto (1946, RS). Romancista e contista. Obras: *O Cego e a Dançarina, A Fúria do Corpo*, etc.

NORBERTO de Sousa e Silva, JOAQUIM (1820, RJ-1891). Romancista, poeta e historiador. Obras: *As Duas Órfãs, História da Conjuração Mineira*, etc.

NORDESTE, REGIÃO. Formada pelos estados do MA, PI, CE, RN, PB, PE, AL, SE e BA, de clima predominantemente tropical.

NORONHA, Fernando (ou **Fernão**) **DE** (séc. XV-XVI). Comerciante português que obteve do rei concessão para explorar riquezas naturais no Brasil; descobridor do arquipélago que depois levaria seu nome.

NORONHA, José ISAIAS DE (1873, RJ-1963). Militar e político. Integrou a junta governativa que assumiu o poder após a revolução de 1930.

NORTE, REGIÃO. Formada pelos estados do AC, AP, AM, PA, RO, RR e TO, de clima predominantemente equatorial. É a maior região do País.

NOVA REPÚBLICA. Período que se inicia com o governo de José Sarney, vice-presidente empossado com a morte de Tancredo Neves, presidente eleito em 1985, depois de 21 anos de ditadura militar (1.04.1964 a 15.03.1985), e no qual é retomado o regime democrático e promulgada a nova Constituição da República (1988).

NUNES, BENEDITO José Viana da Costa (1929, PA-2011). Ensaísta. Obras: *Introdução à Filosofia da Arte, O Dorso do Tigre, O Tempo na Narrativa*, etc.

NUNES, LÍGIA BOJUNGA (1932, RS). Autora de literatura infantil. Obras: *Os Colegas, A Casa da Madrinha*, etc.

O

O'HIGGINS, Bernardo (1776, Chile-1842). Militar. Libertador do Chile (auxiliado por San Martín) e herói da independência da Argentina e do Peru.

OHTAKE, TOMIE (1913, Japão-2015). Pintora e gravadora abstrata radicada no Brasil.

OIAPOQUE, rio. Rio do AP cuja foz se situa no extremo setentrional do litoral brasileiro; foi considerado, até recentemente, o ponto extremo norte do Brasil.

OITICICA, HÉLIO (1937, RJ-1980). Pintor e escultor. Obras: *Parangolé*, etc.

OITICICA, JOSÉ Rodrigues Leite e (1882, MG-1957). Filólogo e poeta. Obras: *Manual de Estilo, Estudos de Fonologia, Sonetos*, etc.

OLINDA (PE). Mun. Cidade histórica fundada em 1535. Conjunto arquitetônico, paisagístico e urbanístico tombado pelo Patrimônio Mundial em 1982.

OLINDA, Marquês de (**Pedro de Araújo Lima**) (1793, PE-1870). Político e estadista, sucedeu a Feijó como regente do Império; presidente do Conselho de Ministros quatro vezes.

OLIVEIRA, Antônio Mariano ALBERTO DE (1859, RJ-1937). Poeta parnasiano. Obras: *Canções Românticas, Sonetos e Poemas*, etc.

OLIVEIRA, FILIPE Daudt D' (1891, RS-1933). Poeta. Obras: *Lanterna Verde, Vida Extinta*, etc.

OLIVEIRA, FRANKLIN DE (1916, MA-2000). Jornalista e ensaísta. Obras: *A Fantasia Exata, Morte da Memória Nacional*, etc.

OLIVEIRA LIMA, Manuel de (1867, PE-1928). Historiador e diplomata. Obras: *Memória sobre o Descobrimento do Brasil, O Reconhecimento do Império*, etc.

OLIVEIRA, MANUEL DE (1908, Port.-2015). Cineasta. Obras: *Amor de Perdição, A Carta*, etc.

OLIVEIRA, MARLI DE (1935, ES-2007). Poetisa. Obras: *Cerco de Primavera, A Suave Pantera*, etc.

O'NEILL, Eugene (1888, E.U.A.-1953). Dramaturgo, autor de *O Luto Assenta a Electra*, trilogia inspirada na *Orestia* de Ésquilo, etc.

ORICO, OSVALDO (1900, PA-1981). Poeta, contista, memorialista e biógrafo. Obras: *Feitiço do Rio, O Tigre da Abolição*, etc.

PARAGUAI

OROZCO, José Clemente (1883, México-1949). Pintor muralista. Obras: *Prometeu, A Verdadeira e a Falsa Justiça*, etc.

OSCARITO (Oscar Lorenzo Jacinto de la Inmaculada Concepción Teresa Días, dito) (1906, Espanha-1970). Ator cômico naturalizado brasileiro. Participou de 45 filmes.

OSÓRIO, Manuel Luís, Marquês do Herval (1808, RS-1879). Militar e político que participou de todas as campanhas brasileiras no sul do continente; notável comandante na guerra do Paraguai.

OSTROWER, FAYGA (1920, Polônia-2001). Gravadora e pintora, com vários prêmios no Brasil e no exterior.

OSWALD, Henrique (1852, RJ-1931). Pianista e compositor. Obras: *Cruz de Ouro, Neva* (peça para piano), etc.

OSWALD, HENRIQUE Carlos Bicalho (1918, RJ-1965). Pintor e gravador.

OTÔNI, TEÓFILO Benedito (1807, MG-1869). Político. Deputado e senador do Império, líder da revolução liberal que eclodiu em seu estado e em SP em 1842.

OURO PRETO (MG). Mun. Uma das mais importantes cidades históricas do Brasil, a primeira a ganhar o título de Patrimônio Cultural da Humanidade.

P

PACARAIMA, serra do. Cordilheira situada em RR, na fronteira com a Venezuela, cujo ponto culminante é o monte Roraima.

PACHECO, José FÉLIX Alves (1879, PI-1935). Político e poeta. Obras: *Chicotadas, A Aliança de Prata*, etc.

PADILHA, TARCÍSIO Meireles (1928, RJ). Ensaísta. Obras: *O Platonismo na Filosofia de Louis Lavelle, A Crise de Autoridade na Escola e na Universidade*, etc.

PAGU. V. GALVÃO, Patrícia Rehder.

PAIS da Silva, JOSÉ PAULO (1926, SP-1998). Poeta, crítico literário e tradutor. Obras: *Anatomias, Resíduos*, etc.

PAIS LEME, FERNÃO DIAS (1608, SP-1681). Bandeirante. Desbravou os sertões do PR, SC e RS.

PAIVA, MANUEL DE OLIVEIRA (1861, CE-1892). Romancista e contista. Obras: *Dona Guidinha do Poço, A Afilhada*, etc.

PAJEÚ. Rio de PE (c. 430km), afluente do São Francisco.

PALHETA, Francisco de Melo (c. 1670, PA-?). Sertanista, tido como o introdutor das primeiras mudas de café no Brasil.

PALLOTINI, RENATA (1931, SP). Poetisa e dramaturga. Obras: *Acalanto, A Faca e a Pedra*, etc.

PALMARES, QUILOMBO DOS. Aglomeração fortificada de cerca de 20.000 escravos fugidos, localizada em AL. Durou mais de 70 anos, até ser destruída, em 1695, pelas tropas de Domingos Jorge Velho.

PALMAS. Capital do TO, cidade planejada para substituir a capital provisória, Miracema do Tocantins, antiga Miracema do Norte. O município foi criado em 1990.

PALMÉRIO, MÁRIO de Ascensão (1916, MG-1996). Romancista. Obras: *Vila dos Confins, Chapadão do Bugre*.

PANCETTI (Giuseppe Gianinni, dito **JOSÉ**) (1904, SP-1959). Pintor que se notabilizou por suas marinhas e seus autorretratos.

PANTANAL MATO-GROSSENSE. Grande planície localizada em MT e MS caracterizada por vegetação heterogênea (complexo do Pantanal), áreas inundáveis, rios piscosos, rica fauna (várias espécies em extinção); considerado paraíso ecológico.

PAPAGAIO, serra do. Situa-se no Sul de MG, entre os rios Paraibuna, Verde, Preto e das Mortes, com cerca de 1.800m de altitude.

PARÁ. Estado da Região N. *Sigla*: PA. *Superfície*: 1.247.689,515km^2. *Capital*: Belém. *Municípios*: 143. *Municípios mais populosos*: Belém, Ananindeua, Santarém, Marabá, Castanhal, Abaetetuba, Itaituba, Cametá, Bragança, Altamira. *Economia*: agricultura: mandioca, arroz, milho, feijão, cacau, pimenta-do-reino, frutas; extrativismo vegetal (castanha-do-pará, açaí e látex líquido); pecuária: bovinos, suínos; mineração: ferro, bauxita, manganês, ouro; indústria: extrativa mineral, madeireira, metalúrgica; hidrelétrica de Tucuruí, no Tocantins; indústria de transformação de produtos minerais.

PARACATU. Rio de MG (c. 441km), afluente da margem esquerda do São Francisco.

PARAGUAÇU (1500-1583). Índia tupinambá, casada com Diogo Álvares Correia, o Caramuru.

PARAGUAÇU. Rio da BA (c. 496km); deságua na baía de Todos-os-Santos.

PARAGUAI. Rio de MT e MS (c. 2.477km); deságua no Paraná.

PARAGUAI, Guerra do. Guerra entre o Paraguai e os países da Tríplice Aliança (Argentina, Brasil e Uruguai), iniciada em 1864 e concluída em março de 1870, com a derrota dos paraguaios e a morte de seu presidente, Francisco Solano López, em Cerro Corá.

PARAÍBA. Estado da Região N.E. Sigla: PB. *Superfície*: 56.439,838km². *Capital*: João Pessoa. *Municípios*: 223. *Municípios mais populosos*: João Pessoa, Campina Grande, Santa Rita, Patos, Bayeux, Sousa, Guarabira, Cajazeiras, Sapé. *Economia*: agricultura: cana-de-açúcar, milho, mandioca, feijão, arroz, algodão, agave, coco-da-baía; pecuária: bovinos, suínos, ovinos, caprinos; mineração: titânio-ilmenita, zircônio; indústria: alimentícia, metalúrgica, mecânica, vestuário, calçados. Forte emigração para outros estados; 97% do território situado no Polígono das Secas.

PARAÍBA DO NORTE. Rio da PB (c. 360km); suas nascentes limitam este último com PE.

PARAÍBA DO SUL. Rio de SP e RJ (c. 1.019km).

PARAIBUNA. Rio de MG e RJ (c. 178km), afluente da margem esquerda do Paraíba do Sul.

PARANÁ. Estado da Região S. Sigla: PR. *Superfície*: 199.314,850km². *Capital*: Curitiba. *Municípios*: 399. *Municípios mais populosos*: Curitiba, Londrina, Maringá, Ponta Grossa, Foz do Iguaçu, Cascavel, São José dos Pinhais, Colombo, Guarapuava, Paranaguá, Toledo. *Economia*: agricultura: cana-de-açúcar, milho, soja, mandioca, trigo, feijão, arroz, algodão, centeio, café, fumo, laranja; pecuária: bovinos, suínos; mineração: ouro; indústria: agroindústria, papel e celulose, fertilizantes; diversificação recente do parque industrial (sobretudo ao redor de Curitiba, Ponta Grossa, Londrina, Maringá e Jacarezinho); reservas de xisto betuminoso.

PARANÁ. Rio de GO e TO (c. 558km), afluente do Tocantins.

PARANÁ. Rio que separa SP e MS, e este último do PR; banha tb. o Paraguai e a Argentina; é o segundo da América do Sul, em extensão (c. 4.200km).

PARANAÍBA. Rio limítrofe de MG e GO (c. 970km); forma, com o rio Grande, o Paraná.

PARANÁ, Marquês de (Honório Hermeto Carneiro Leão) (1801, MG-1856). Político do Império, deputado, ministro da Justiça; constituiu o Partido Conservador em 1837.

PARANAPANEMA. Rio limítrofe de SP e PR (c. 880km); deságua no rio Paraná.

PARANAPIACABA, Barão de (João Cardoso de Meneses e Sousa) (1827, SP-1915). Político, poeta e ensaísta. Obras: *Harpa Gemedora*, *Homenagem a Camões*, etc.

PARAOPEBA. Rio de MG (c. 401km), afluente da margem direita do São Francisco.

PARATI (RJ). Mun. Cidade histórica fundada em 1660. Monumento nacional, com vários edifícios tombados.

PARDAL MALLET, João Carlos de Medeiros (1864, RS-1894). Escritor e jornalista. Porta-voz da abolição da escravatura. Obras: *Lar*, *Pelo Divórcio*, etc.

PARDO. Rio de MG e BA (c. 644km); deságua no Atlântico.

PARDO. Rio de MG e SP (c. 500km); conflui com o Grande; banha a cidade de São José do Rio Pardo.

PARDO. Rio de MS (c. 428km), afluente do Paraná.

PARDO. Rio do RS (c. 446km), afluente do Jacuí.

PARIMA, serra do. Situada em RR, na fronteira com a Venezuela (1.400m).

PARMÊNIDES (c. 540, Eleia-c. 450 a.C.). Filósofo grego. Sua doutrina – a da imutabilidade e eternidade do ser – contrapõe-se à de Heráclito.

PARNAÍBA. Rio do MA e PI (c. 1.414km).

PARQUE NACIONAL DA SERRA DA CAPIVARA. V. SÃO RAIMUNDO NONATO.

PARREIRAS, ANTÔNIO Diogo da Silva (1860, RJ-1937). Pintor acadêmico. Obras: *Sertanejas*, *Fundação de Niterói*, etc.

PARU. Rio do PA (c. 741km), afluente do Amazonas.

PASCAL, Blaise (1623, França-1662). Matemático, físico e filósofo. Obras: *Pensamentos*, *Provinciais*, etc.

PASCOAL, monte. Elevação do litoral baiano, primeiro sinal de terra avistado por Cabral.

PASSOS, ÉDISON Junqueira (1893, MG-1954). Engenheiro e político, autor de obras urbanísticas, sobretudo no Rio de Janeiro.

PASTEUR, Louis (1822, França-1895). Químico e biólogo, criador da microbiologia.

PATOS, lagoa dos. Grande lagoa costeira do RS, com cerca de 280km de comprimento e 60km de largura; em suas margens estão situadas as cidades de Rio Grande, Pelotas e Porto Alegre.

Patrimônio Mundial. V. CONVENÇÃO DO PATRIMÔNIO MUNDIAL.

PATROCÍNIO, JOSÉ Carlos DO (1853, RJ-1905). Orador e romancista, figura de destaque da campanha abolicionista. Obras: *Os Retirantes*, *Pedro Espanhol*, etc.

PAULA, INIMÁ José DE (1918, MG-1999). Pintor e paisagista, um dos representantes do fovismo entre nós.

PAULISTA (PE). Mun. Ind. têxtil. Fortaleza do Pau Amarelo tombada pelo IPHAN.

PERNAMBUCO

PEÇANHA, NILO Procópio (1867, RJ-1924). Político. Vice-presidente da República eleito em 1906; assumiu a presidência com a morte de Afonso Pena (julho de 1909) até novembro de 1910.

PEDERNEIRAS, MÁRIO Veloso Paranhos (1868, RJ-1915). Poeta simbolista. Obras: *Agonia, Histórias do Meu Casal*, etc.

PEDERNEIRAS, RAUL Paranhos (1874, RJ-1953). Poeta e caricaturista. Obras: *Cenas da Vida Carioca, Lições de Caricatura*, etc.

PEDRA DA MINA. Pico situado na serra da Mantiqueira, com c. 2.798m de altitude.

PEDRA DO SINO DE ITATIAIA. Pico situado na serra da Mantiqueira, com c. 2.670m de altitude.

PEDRO I (1798, Port.-1834). Primeiro imperador do Brasil e 27º rei de Portugal, com o título de Pedro IV. Regente durante dois anos, até declarar o Brasil independente de Portugal em 7 de setembro de 1822; enfrentou conflitos com antigos companheiros da luta pela Independência, tendo abdicado, em favor do filho, em 7 de abril de 1831.

PEDRO II (1825, RJ-1891). Segundo imperador do Brasil, declarado de maior idade em 1840, aos 15 anos, quando assumiu a coroa; foi chefe de um governo operoso e que incrementou o desenvolvimento industrial; lutou pela extinção do tráfico negreiro e pelo fim da escravidão; com a proclamação da República, em 15 de novembro de 1889, foi banido, embarcando para a Europa, onde morreu.

PEDRO AMÉRICO de Figueiredo e Melo (1843, PB-1905). Pintor e desenhista. Obras: *Grito do Ipiranga, Batalha de Avaí*, etc.

PEDROSA, MÁRIO (1900, PE-1981). Ensaísta e crítico de arte. Obras: *Forma e Personalidade, A Opção Brasileira*, etc.

PEIXE. Rio de SP (c. 500km), afluente da margem esquerda do Paraná.

PEIXOTO, FLORIANO Vieira (1839, AL-1895). Político e militar, presidente da República (1891-1894), com a renúncia do marechal Deodoro; tentou mudar a capital do País para o planalto Central.

PEIXOTO, Júlio AFRÂNIO (1876, BA-1947). Romancista e historiador literário. Obras: *Maria Bonita, Fruta do Mato, Bugrinha*, etc.

PEIXOTO, MÁRIO Breves (1908, RJ-1992). Cineasta, diretor de um único e antológico filme, *Limite* (1929-1930).

PELÉ (Edson Arantes do Nascimento, dito) (1940, MG). Jogador de futebol, integrou a Seleção Brasileira nas Copas do Mundo de 1958, 1962, 1966 e 1970, sendo tricampeão mundial; marcou 1.284 gols; foi eleito o "Atleta do Século XX".

PELLEGRINI Júnior, Domingos (1949, PR). Contista. Obras: *Os Meninos, As Sete Pragas*, etc.

PENA, AFONSO Augusto Moreira (1847, MG-1909). Político. Eleito presidente da República em 1906, morreu sem completar o mandato.

PENA, CORNÉLIO de Oliveira (1896, RJ-1958). Romancista introspectivo. Obras: *Fronteira, Repouso, A Menina Morta*, etc.

PENNAFORT Caldas, ONESTALDO DE (1902, RJ-1987). Poeta e tradutor. Obras: *Escombros Floridos, A Mulher do Destino*, etc. Traduziu Shakespeare, Verlaine, etc.

PEPETELA (Artur Carlos Pestana dos Santos, dito) (1941, Angola). Romancista e dramaturgo. Obras: *As Aventuras de Ngunga, A Corda*, etc.

PEREGRINO da Rocha Fagundes JÚNIOR, João (1898, RN-1978). Contista e ensaísta. Obras: *Vida Fútil, A Mata Submersa e Outras Histórias*, etc.

PEREIRA, ANTÔNIO OLAVO (1913, SP-1993). Romancista. Obras: *Marcoré, Fio de Prumo*, etc.

PEREIRA, ASTROJILDO (1890, RJ-1965). Crítico literário. Obras: *Machado de Assis, Romancista do Segundo Império*, etc.

PEREIRA, JOSÉ CLEMENTE (1787, Port.-1854). Político e jurista que lutou pela Independência do Brasil.

PEREIRA, Manuel VITORINO (1853, BA-1902). Político. Exerceu a presidência da República de 10 de novembro de 1896 a 4 de março de 1897.

PEREIRA, Nuno Marques (1652, BA-1728). Escritor. Obra: *Compêndio Narrativo do Peregrino da América*.

PEREIRA PASSOS, Francisco (1836, RJ-1913). Engenheiro, autor de plano urbanístico que modificou a paisagem do Rio de Janeiro.

PÉRICLES (495, Atenas-429 a.C.). Estadista e general grego que governou Atenas por cerca de quinze anos. O grande esplendor das artes e das letras alcançado durante sua administração fez com que sua época ficasse conhecida como o *século de Péricles*.

PERNAMBUCO. Estado da Região N.E. *Sigla*: PE. *Superfície*: 98.311,616km². *Capital*: Recife. *Municípios*: 185. *Municípios mais populosos*: Recife, Jaboatão dos Guararapes, Olinda, Paulista, Caruaru, Petrolina, Cabo de Santo Agostinho, Camarajibe, Garanhuns, Vitória de Santo Antão, São Lourenço da Mata, Abreu e Lima. *Economia*: agricultura: cana-de-açúcar, man-

PERNETA

dioca, milho, tomate, uva, arroz, café, algodão, coco-da-baía, banana; pecuária: bovinos, ovinos, suínos; mineração: titânio-ilmenita; indústria: transformação de minerais não metálicos, alimentícia, confecções, mobiliário, curtume.

PERNETA, EMILIANO Davi (1866, PR-1921). Poeta simbolista. Obras: *Músicas, Ilusão*, etc.

PESSANHA, CAMILO d'Almeida (1867, Port.-1926). Poeta simbolista. Obra: *Clepsidra*.

PESSOA, EPITÁCIO da Silva (1865, PB-1942). Político. Presidente da República de 1919 a 1922, eleito após a morte de Rodrigues Alves.

PESSOA, FERNANDO Antônio Nogueira (1888, Port.-1935). Um dos mais importantes poetas portugueses. Obras: *Mensagem, Poesias de Fernando Pessoa, Poesias de Álvaro de Campos, Poemas de Alberto Caeiro, Odes de Ricardo Reis*, etc.

PESSOA, JOÃO Cavalcanti de Albuquerque (1878, PB-1930). Político. Assassinado em Recife, sua morte foi fator importante para a eclosão da revolução de 1930.

PETRARCA, Francesco (1304, Itália-1374). Poeta e humanista. Obras: *Rimas, Triunfos*.

PIAUÍ. Estado da Região N.E. *Sigla*: PI. *Superfície*: 251.529,186km². *Capital*: Teresina. *Municípios*: 224. *Municípios mais populosos*: Teresina, Parnaíba, Picos, Piripiri, Floriano, Campo Maior. *Economia*: agricultura: cana-de-açúcar, mandioca, arroz, milho, feijão, algodão, banana; extrativismo vegetal (primeiro produtor de cera de carnaúba e caju); pecuária: bovinos, suínos, caprinos; indústria: confecção, cerâmica, curtume.

PIAUÍ. Rio do PI (c. 541km).

PICASSO, PABLO Ruiz y (1881, Espanha-1973). Pintor, gravador e escultor. Obras: *Demoiselles d'Avignon, Guernica*, etc.

PIGNATARI, DÉCIO (1927, SP-2012). Poeta, ensaísta e teórico da comunicação, um dos fundadores do movimento concretista. Obras: *O Carrossel, Metalinguagem*, etc.

PINDARÉ. Rio do MA (c. 568km), afluente da margem esquerda do Mearim.

PÍNDARO (518, Cinoscéfalas, perto de Tebas-c. 438 a.C.). Poeta lírico grego. Obras: *Olímpicas, Píticas, Nemeias, Ístmicas*.

PIÑON, NÉLIDA Cuiñas (1937, RJ). Romancista e contista. Obras: *Tempo das Frutas, A Casa da Paixão*, etc.

PINTO, APOLÔNIA (1854, MA-1937). Uma das primeiras atrizes e empresárias de teatro do Brasil.

PINZÓN, Vicente Yáñez (c. 1460, Espanha-c. 1523). Navegador. Em 26 de janeiro de 1500 esteve no cabo de Santo Agostinho e explorou a foz do Amazonas.

PIO CORREIA, Manuel (1874, Port.-1934). Botânico. Obras: *Flora do Brasil, Dicionário das Plantas Úteis do Brasil e das Exóticas Cultivadas*, etc.

PIQUIRI. Rio do PR (c. 593km), afluente do Paraná.

PIRANDELLO, Luigi (1867, Itália-1936). Dramaturgo, romancista e contista. Obras: *Seis Personagens à Procura de um Autor, Cada Um a Seu Modo, Esta Noite se Improvisa*, etc.

PIRANHAS. Rio da PB e do RN (c. 405km); deságua no Atlântico com o nome de Açu.

PIROLI, WANDER (1931, MG-2006). Contista. Obras: *A Mãe e o Filho da Mãe, Minha Bela Putana*, etc.

PITÁGORAS (séc. VI, Samos-V a.C.). Filósofo e matemático grego.

PITANGUY, IVO Hélcio Jardim de Campos (1926, MG-2016). Cirurgião plástico de renome internacional.

PIXINGUINHA (Alfredo da Rocha Viana Júnior, dito) (1897, RJ-1973). Compositor popular, instrumentista, autor de choros e valsas notáveis, como *Carinhoso, Rosa*, etc.

PIZARRO, Francisco (c. 1475, Espanha-1541). Conquistador. Empreendeu com seus irmãos (Hernando, Gonzalo e Juan) a conquista do Peru para a coroa espanhola.

PLATÃO (428/427, Atenas-348/347 a.C.). Filósofo grego, discípulo de Sócrates. Obras: *Protágoras, Fédon, Fedro, O Banquete, A República, As Leis*, etc.

PLAUTO, Tito Mácio (c. 254, Sársina, Itália-c. 184 a.C.). Comediógrafo latino, autor de 130 peças, entre as quais *Anfitrião, A Comédia da Panela (Aulularia)*, que inspirou a Molière *O Avarento*, e *O Soldado Fanfarrão*.

PLUTARCO (50, Queroneia, Beócia-c. 120 d.C.). Biógrafo e moralista grego. Obras: *Vidas Paralelas, Obras Morais*, etc.

POE, Edgar Allan (1809, E.U.A.-1849). Poeta e contista. Obras: *O Corvo e Outras Poesias, Histórias Extraordinárias*, etc.

POLANSKI, Roman (1933, França). Cineasta e ator naturalizado francês. Obras: *O Bebê de Rosemary, Tess, Lua de Fel*, etc.

POLÍGONO DAS SECAS. Área sujeita a secas prolongadas definida legalmente em 1951; inclui vários estados do Nordeste, e o Norte de MG.

POLÍTICA DO CAFÉ COM LEITE. Sistema de alternância, na presidência da República, de políticos de

SP e MG, iniciada com Prudente de Morais (1894) e extinta com a revolução de 1930.

POLÍTICA DOS GOVERNADORES. Sistema de apoio político dos governadores e das oligarquias estaduais ao governo federal, iniciado com Campos Sales e extinta com a revolução de 1930.

POMBAL, Marquês de (Sebastião José de Carvalho e Melo) (1699, Port.-1782). Estadista. Transferiu a capital de Salvador para o Rio de Janeiro, incrementou a construção naval; expulsou os jesuítas do Brasil.

POMPEIA, RAUL d'Ávila (1863, RJ-1895). Poeta e, sobretudo, romancista. Obras: *Uma Tragédia no Amazonas, O Ateneu*, etc.

PONGETTI, HENRIQUE (1899, MG-1979). Cronista e teatrólogo. Obras: *Pã sem Flauta, Encontro no Aeroporto*, etc.

PONTE PRETA, Stanislaw. V. PORTO, SÉRGIO Marcus Rangel.

PONTES DE MIRANDA, Francisco Cavalcanti (1892, AL-1979). Jurista. Obras: *Tratado de Direito Privado, Comentários ao Código de Processo Civil*, etc.

PORTELA, EDUARDO Matos (1932, BA). Crítico literário. Obras: *Dimensões I, II e III, Teoria da Comunicação Literária*, etc.

PORTINARI, Cândido Torquato (1903, SP-1962). Pintor, desenhista e gravador, autor de painéis famosos, como *Guerra e Paz* (executado para a ONU), *Descobrimento do Brasil, Tiradentes*, e de quadros como *Café*, etc.

PORTO ALEGRE. Capital do RS, situada à margem esquerda do rio Guaíba; maior centro econômico, cultural, político e comercial do Sul; povoamento iniciado em torno de 1740 (vila de Porto dos Casais); elevada a vila em 1810, e a cidade em 1822.

PORTO ALEGRE, APOLINÁRIO José Gomes (1844, RS-1904). Romancista, contista e poeta romântico. Obras: *O Vaqueano, Paisagens, Flores da Morte*, etc.

PORTO SEGURO (BA). Mun. Agricultura (cacau e mandioca). Pecuária. Turismo. Local onde a frota de Pedro Álvares Cabral fundeou ao chegar ao Brasil.

PORTO, SÉRGIO Marcus Rangel (1923, RJ-1968). Cronista e humorista. Obras: *Tia Zulmira e Eu, Febeapá – Festival de Besteira Que Assola o País, As Cariocas*, etc. [Pseudônimo: Stanislaw Ponte Preta.]

PORTO VELHO. Capital de RO, situada na margem direita do rio Madeira; as origens da cidade prendem-se à construção da Estrada de Ferro Madeira-Mamoré, por volta de 1907; elevada a vila em 1915, e a cidade em 1919; passou à condição de capital em 1943.

POTI. Rio do CE e PI (c. 509km), afluente do Parnaíba.

POUND, EZRA Loomis (1885, E.U.A.-1972). Poeta e crítico literário. Obras: *Cantos, Lustra*, etc.

PRADO, ADÉLIA (1935, MG). Poetisa e cronista. Obras: *Bagagem, Cacos para um Vitral*, etc.

PRADO COELHO, JACINTO Almeida DO (1920, Port.-1984). Crítico literário. Obras: *Introdução ao Estudo da Novela Camiliana, Diversidade e Unidade em Fernando Pessoa*, etc.

PRADO, EDUARDO Paulo da Silva (1860, SP-1901). Ensaísta. Obras: *Viagens: a Sicília, Malta e o Egito, A Ilusão Americana*, etc.

PRADO JÚNIOR, Caio (1907, SP-1990). Ensaísta e político. Obras: *Formação do Brasil Contemporâneo, História e Desenvolvimento*, etc.

PRADO, PAULO da Silva (1869, SP-1943). Historiador e sociólogo. Obras: *Paulística: História de São Paulo, Retrato do Brasil: Ensaio sobre a Tristeza Brasileira*, etc.

PRAIEIRA, Revolução. Insurreição liberal iniciada em PE em 1848 e sufocada pela Regência em 1849.

PRATELEIRAS, serra das. Elevação situada no RJ.

PRAZERES, HEITOR DOS (1898, RJ-1966). Pintor primitivo e compositor popular, autor de *Mulher de Malandro, Pierrô Apaixonado*, etc.

PRESTES de Albuquerque, JÚLIO (1882, SP-1946). Político. Eleito presidente da República, não chegou a tomar posse por causa da revolução de 1930.

PRESTES, Luís Carlos (1898, RS-1990). Militar e político. Um dos principais líderes do tenentismo; em 1923 formou a Coluna Prestes; líder comunista, foi preso e condenado em 1936.

PRINCESA ISABEL (Isabel Cristina Leopoldina Augusta Micaela Gabriela Rafaela Gonzaga de Bragança) (1846, RJ-1921). Filha de D. Pedro II; como regente do Brasil, assinou o decreto de abolição da escravatura em 13 de maio de 1888.

Proclamação da República. Instauração do regime republicano no Brasil, a 15 de novembro de 1889, e que se seguiu à rebelião militar chefiada por Deodoro da Fonseca. Instalado o governo provisório, Deodoro, que o presidia, decreta a extinção da monarquia e o banimento de D. Pedro II e família.

PROUST, Marcel (1871, França-1922). Escritor, renovador da técnica do romance no séc. XX. Obras: *Em Busca do Tempo Perdido*, etc.

PUCCINI, Giacomo (1858, Itália-1924). Compositor erudito, autor das óperas *Tosca, Madame Butterfly*, etc.

PUCHKIN, Aleksandr Sergueievitch (1799, Rússia-1837). Poeta, dramaturgo e romancista. Obras: *Eugênio Oneguin, Boris Godunov*, etc.

PURUS. Rio do AM e do AC (c. 3.300km), afluente do Solimões.

Q

QORPO-SANTO (pseudônimo de **José Joaquim de Campos Leão**) (1829, RS-1883). Comediógrafo. Obras: *As Relações Naturais, A Separação de Dois Esposos*, etc.

QUADROS, JÂNIO da Silva (1917, MT-1992). Político. Eleito presidente da República em 1961, renunciou ao mandato sete meses depois.

QUEIRÓS Coutinho Matoso Câmara, EUSÉBIO DE (1812, Angola-1868). Político, magistrado e senador, autor da lei que extinguiu o tráfico de escravos africanos para o Brasil, sancionada em 1850.

QUEIRÓS, DINÁ SILVEIRA DE (1910, SP-1982). Romancista e contista. Obras: *Floradas na Serra, A Muralha*, etc.

QUEIRÓS, RAQUEL DE (1910, CE-2003). Romancista, cronista, teatróloga e tradutora. Obras: *O Quinze, Memorial de Maria Moura*, etc.

QUENTAL, ANTERO Tarquínio DE (1842, Açores, Port.-1891). Poeta, com predileção pelo soneto. Obras: *Odes Modernas, Primaveras Românticas*, etc.

QUINTANA, MÁRIO de Miranda (1906, RS-1994). Poeta, cronista e tradutor. Obras: *A Rua dos Cata-Ventos, O Aprendiz de Feiticeiro, Baú de Espantos*, etc.

R

RABELAIS, François (1494, França-1553). Escritor e humanista. Obras: *Gargântua, Pantagruel*, etc.

RABELO, LAURINDO José da Silva (1826, RJ--1854). Poeta romântico, da mesma ala romântica de Álvares de Azevedo. Obras: *Trovas, Poesias*.

RACINE, Jean (1639, França-1699). Dramaturgo. Deixou onze dramas (*Andrômaca, Britânico, Berenice* e *Fedra*, etc.) e uma comédia.

RADEMAKER Grünewald, AUGUSTO Hamann (1905, RJ-1985). Militar (almirante). Integrou o triunvirato que governou o País de 31 de agosto a 30 de outubro de 1969. Vice-presidente da República (1969-1974). Os dois períodos ocorreram na vigência do regime de exceção que se seguiu ao Golpe de 1964.

RAFAEL (Raffaello Sanzio) (1483, Itália-1520). Pintor. Obras: *O Casamento da Virgem, As Três Graças*, etc.

RAMIZ GALVÃO, Benjamin Franklin (1846, RS-1938). Filólogo e historiador. Obras: *O Púlpito no Brasil, Vocabulário Etimológico, Ortográfico e Prosódico das Palavras Portuguesas Derivadas da Língua Grega*, etc.

RAMOS, ARTUR (1903, AL-1949). Antropólogo e folclorista. Obras: *O Negro Brasileiro, A Aculturação Negra no Brasil, Introdução à Antropologia Brasileira*, etc.

RAMOS, GRACILIANO (1892, AL-1953). Romancista, contista e memorialista. Obras: *São Bernardo, Angústia, Vidas Secas, Memórias do Cárcere*, etc.

RAMOS, HUGO DE CARVALHO (1895, GO-1921). Contista. Obra: *Tropas e Boiadas*.

RAMOS, NEREU de Oliveira (1888, SC-1958). Político. Presidente da República durante grave crise política (novembro de 1955) até o dia da posse de Juscelino Kubitschek em 31 de janeiro de 1956.

RAMOS, PÉRICLES EUGÊNIO DA SILVA (1919, SP-1992). Poeta, crítico literário e tradutor. Obras: *Luar de Ontem, Sol sem Tempo, O Verso Romântico e Outros Ensaios*, etc.

RAMOS, RICARDO de Medeiros (1929, AL-1992). Contista. Obras: *Tempo de Espera, Rua Desfeita, Os Inventores Estão Vivos*, etc.

RANGEL, ALBERTO do Rego (1871, PE-1945). Historiador, contista e ensaísta. Obras: *Inferno Verde* (contos), *D. Pedro I e a Marquesa de Santos, Fura-Mundo!, A Educação do Príncipe*, etc.

RANGEL, FLÁVIO Nogueira (1934, SP-1988). Diretor e produtor teatral. Dirigiu magistralmente peças de gêneros vários, do drama à comédia musical.

RANGEL, José GODOFREDO de Moura (1884, MG-1951). Romancista e contista. Obras: *Vida Ociosa, A Filha, Os Humildes*, etc.

RANIERI MAZZILLI, Pascoal (1910, SP-1975). Político. Presidente da Câmara Federal, assumiu interinamente a presidência várias vezes, particularmente após a renúncia de Jânio Quadros e quando do golpe (1964) que derrubou o Presidente João Goulart.

RAPOSO TAVARES, Antônio (1598, Port.-1658). Bandeirante que expandiu as fronteiras dos estados do Sul, a partir de São Paulo.

RATTO, GIANNI (1916, Itália-2005). Cenógrafo e encenador; é o encenador estrangeiro mais identificado com a dramaturgia brasileira.

RAVEL, Maurice (1875, França-1937). Compositor erudito, autor de *Dáfnis e Cloé, Bolero,* etc.

RAWET, SAMUEL (1929, Polônia-1984). Contista e ensaísta. Obras: *Contos do Emigrante, Angústia e Conhecimento,* etc.

REALE, MIGUEL (1910, SP-2006). Jurista e ensaísta. Obras: *Fundamentos do Direito, Nova Fase do Direito Moderno,* etc.

REAL GABINETE PORTUGUÊS DE LEITURA. Biblioteca pública do RJ, fundada em 1837.

REBELO GONÇALVES, Francisco da Luz (1907, Port.-1982). Filólogo e crítico literário. Obras: *Dissertações Camonianas, Vocabulário Ortográfico da Academia das Ciências,* etc.

REBOLO Gonzales, Francisco (1903, SP-1980). Pintor, importante paisagista brasileiro.

REBOUÇAS, André Pinto (1838, BA-1898). Engenheiro. Construtor das docas do RJ, MA, PA, PE e BA.

RECIFE. Capital de PE; a cidade desenvolveu-se sobre ilhas e alagadiços, a partir de porto do séc. XVII; importante polo industrial do NE; turismo; expressivo acervo de arte sacra barroca e de arte popular.

REDONDO. Morro de MG com cerca de 1.200m de altitude.

REGO Cavalcanti, JOSÉ LINS DO (1901, PB-1957). Romancista e memorialista, importante representante do romance nordestino. Obras: *Menino de Engenho, Doidinho, Fogo Morto, Meus Verdes Anos,* etc.

REGO MONTEIRO, VICENTE DO (1899, PE-1970). Pintor. Participou da Semana de Arte Moderna de 1922 com telas de inspiração cubista e futurista.

REIDY, AFONSO Eduardo (1909, França-1964). Arquiteto brasileiro, autor do projeto do túnel Rio Comprido-Lagoa e do Museu de Arte Moderna do Rio de Janeiro.

REI (Edmundo Nonato, dito **Marcos)** (1925, SP-1999). Romancista e contista. Obras: *Café na Cama, O Enterro da Cafetina,* etc.

REIS, AARÃO Leal de Carvalho (1853, PA-1936). Engenheiro. Planificador da cidade de Belo Horizonte.

REIS, FRANCISCO SOTERO DOS (1800, MA-1871). Escritor, publicista e tradutor, de sólida formação clássica. Obras: *Curso de Literatura Portuguesa e Brasileira,* etc.

REMBRANDT, Harmeszoon van Rijn (1606, Holanda-1669). Pintor. Obras: *Lição de Anatomia do Dr. Tulp,* etc.

RENAULT, ABGAR de Castro Araújo (1901, MG-1995). Poeta. Obras: *A Lápide sob a Lua, Sofotulafai, A Outra Face da Lua* e vários ensaios sobre educação.

RENOIR, Jean (1894, França-1979). Cineasta. Obras: *A Grande Ilusão, A Besta Humana,* etc.

RENOIR, Pierre-Auguste (1841, França-1919). Pintor. Obras: *A Banhista, Le Moulin de la Galette,* etc.

REPÚBLICA VELHA. Período que engloba os governos republicanos de 1889 a 1930, caracterizado pela política do café com leite e pela política dos governadores.

RESENDE (RJ). Mun. Pecuária. Ind. alimentícia e metalúrgica. Parque Nacional do Itatiaia, Academia Militar das Agulhas Negras.

RIACHUELO. Batalha naval travada no rio Paraná, junto ao arroio Riachuelo, em 11 de junho de 1865 entre as esquadras paraguaia e brasileira, e vencida por esta sob o comando do almirante Barroso.

RIBEIRA DO IGUAPE. Rio de SP e PR (c. 455km); deságua no Atlântico.

RIBEIRO, AQUILINO (1885, Port.-1963). Romancista e contista. Obras: *Jardim das Tormentas, Estrada de Santiago,* etc.

RIBEIRO, BERNARDIM (c. 1500, Port.-c. 1550). Poeta e novelista, introdutor do bucolismo em sua pátria. Obras: *Menina e Moça,* etc.

RIBEIRO COUTO, Rui (1898, SP-1963). Poeta, contista e romancista. Obras: *Jardim das Confidências, Prima Belinha,* etc.

RIBEIRO, DARCI (1922, MG-1997). Antropólogo, romancista e político. Criador do Museu do Índio (1953) e fundador da Universidade de Brasília. Obras: *Línguas e Culturas Indígenas do Brasil, O Processo Civilizatório,* etc.

RIBEIRO de Andrade Fernandes, JOÃO Batista (1860, SE-1934). Filólogo, historiador, folclorista, ensaísta, crítico, contista, etc. Obras: *História do Brasil, Páginas de Estética, Frases Feitas, O Folclore, Curiosidades Verbais,* etc.

RIBEIRO, JOÃO UBALDO Osório Pimentel (1941, BA-2014). Contista, romancista e cronista. Obras: *Sargento Getúlio, Viva o Povo Brasileiro,* etc.

RIBEIRO Vaughan, JÚLIO César (1845, MG-1890). Filólogo e romancista. Obras: *O Padre*

RICARDO

Belchior de Pontes, A Carne, Gramática Portuguesa, etc.

RICARDO Leite, CASSIANO (1895, SP-1974). Poeta e ensaísta. Obras: *A Frauta de Pã, Martim-Cererê, Algumas Reflexões sobre Poética de Vanguarda*, etc.

RIEDEL, DIRCE LA-FAYETTE CORTES (1915, RJ-2003). Crítica literária. Obras: *O Tempo no Romance Machadiano*, etc.

RILKE, Rainer Maria (1875, Áustria-1926). Poeta e prosador. Obras: *Cartas a um Jovem Poeta, Sonetos a Orfeu*, etc.

RIMBAUD, Jean Nicholas Arthur (1854, França-1891). Poeta simbolista. Obras: *O Barco Ébrio, Uma Temporada no Inferno*, etc.

RIMSKI-KORSAKOV, Nikolai (1844, Rússia-1908). Compositor erudito, autor de *Capricho Espanhol, O Galo de Ouro*, etc.

RIO BRANCO. Capital do AC, situada nas margens do rio Acre; expansão ligada ao extrativismo da borracha (evoluiu de sede de um seringal para capital do território e depois estado do Acre).

RIO BRANCO, Barão do (**José Maria da Silva Paranhos Júnior**) (1845, RJ-1912). Estadista, diplomata e historiador. Resolveu favoravelmente ao Brasil as questões de limites pendentes com países vizinhos. Obras: *Efemérides Brasileiras, Estudos Históricos*, etc.

RIO BRANCO, Visconde do (**José Maria da Silva Paranhos**) (1819, BA-1880). Político. Presidente do Gabinete que aprovou a Lei do Ventre Livre.

RIO DE JANEIRO. Ex-capital do País e capital do RJ desde 15 de março de 1975, situada na baía de Guanabara; fundada em 1º de março de 1565 por Estácio de Sá; ilhas do Governador e Paquetá; picos de interesse turístico (destacam-se o Corcovado e o Pão de Açúcar); praias como Copacabana, Ipanema, Barra da Tijuca; floresta da Tijuca (a maior floresta urbana do mundo); diversos museus, monumentos históricos e arquitetônicos; segundo polo industrial do Brasil; as origens remontam a expedições do séc. XVI; centro administrativo federal de 1763 a 1960.

RIO DE JANEIRO. Estado da Região S.E. *Sigla*: RJ. *Superfície*: 43.696,054km². *Capital*: Rio de Janeiro. *Municípios*: 92. *Municípios mais populosos*: Rio de Janeiro, São Gonçalo, Nova Iguaçu, Duque de Caxias, Niterói, São João de Meriti, Belfort Roxo, Campos, Petrópolis, Teresópolis, Friburgo, Volta Redonda. *Economia*: agricultura: cana-de-açúcar, tomate, mandioca, arroz, laranja, banana; pecuária: bovinos, suínos; mineração: titânio-ilmenita, zircônio, titânio-rutilo; indústria: segundo centro industrial do País (Usina Siderúrgica Presidente Vargas em Volta Redonda; usinas metalúrgicas em Nova Iguaçu, Barra Mansa e Niterói; Refinaria de Duque de Caxias, Conjunto Petroquímico Presidente Vargas e Refinaria de Manguinhos); maior produtor de petróleo do País (bacia de Campos); usina nuclear Angra I, em Angra dos Reis.

RIO GRANDE DO NORTE. Estado da Região N.E. Colonização iniciada em 1535 por João de Barros, donatário da capitania do Rio Grande do Norte. *Sigla*: RN. *Superfície*: 52.796,791km². *Capital*: Natal. *Municípios*: 167. *Municípios mais populosos*: Natal, Moçoró, Parnamirim, Ceará-Mirim, São Gonçalo do Amarante, Caicó. *Economia*: agricultura: cana-de-açúcar, mandioca, milho, feijão, caju (castanha); pecuária: bovinos, ovinos, caprinos; mineração: ferro, tungstênio; indústria: vestuário, alimentícia. Salinas em Macau e Areia Branca; importante produtor de petróleo (bacias de Estreito e de Ubarana).

RIO GRANDE DO SUL. Estado da Região S. *Sigla*: RS. *Superfície*: 281.748,538km². *Capital*: Porto Alegre. *Municípios*: 496. *Municípios mais populosos*: Porto Alegre, Caxias do Sul, Pelotas, Canoas, Novo Hamburgo, Santa Maria, Gravataí, Viamão, São Leopoldo, Rio Grande, Alvorada. *Economia*: agricultura: arroz, soja, milho, cana-de-açúcar, mandioca, trigo, fumo, feijão, laranja, pêssego; pecuária: bovinos, ovinos, suínos; mineração: cobre, prata. Primeiro povoamento na atual Rio Grande (embocadura da lagoa dos Patos), em 1737.

RIVERA, Diego (1886, México-1957). Pintor muralista. Obras: *A Terra Dormida, O Líder Camponês Zapata*, etc.

ROBERTO CARLOS Braga (1941, ES). Cantor e compositor popular.

ROBESPIERRE, Maximilien Marie Isidore de (1758, França-1794). Político de papel importante na Revolução Francesa.

ROCAS, atol das. Conjunto de recifes a cerca de 240km da costa do RN. Primeira reserva biológica do País, é refúgio para aves marinhas.

ROCHA, GLÁUBER Andrade (1939, BA-1981). Cineasta, grande figura do chamado cinema novo. Principais filmes: *Barravento, Deus e o Diabo na Terra do Sol* e *Terra em Transe*.

ROCHA LIMA, Carlos Henrique da (1915, RJ-1991). Filólogo e gramático. Obras: *Teoria da Análise Sintática, Gramática Normativa da Língua Portuguesa*, etc.

ROCHA, LINDOLFO Jacinto (1862, MG-1911). Romancista. Obras: *O Pequeno Lavrador, Maria Dusá*, etc.

ROCHA PITA, Sebastião da (1660, BA-1738). Historiador. Obra: *História da América Portuguesa, desde o Ano de 1500 do Seu Descobrimento até o de 1724*.

ROCHA POMBO, José Francisco da (1857, PR-1933). Historiador. Obras: *História da América, História do Brasil*, etc.

ROCHA, RUTE Machado Lousada (1931, SP). Escritora, autora de literatura infantil. Obras: *Marcelo, Marmelo, Martelo, Faca sem Ponta, Galinha sem Pé*, etc.

RODIN, Auguste (1840, França-1917). Escultor. Obras: *O Pensador, O Beijo*, etc.

RODRIGO OTÁVIO de Langgaard Meneses FILHO (1892, RJ-1966). Poeta e ensaísta. Obras: *Alameda Noturna, Simbolismo e Penumbrismo*, etc.

RODRIGUES ALVES, Francisco de Paula (1848, SP-1919). Político. Presidente da República (1902-1906) cujo governo foi marcado por notável esforço de desenvolvimento do País e pelo combate à febre amarela.

RODRIGUES, ARYON Dall'Igna (1925, PR). Linguista. Obras: *Contribuições para a Etimologia dos Brasileirismos, Línguas Brasileiras: Contribuições para o Conhecimento das Línguas Indígenas*, etc.

RODRIGUES, AUGUSTO (1913, PE-1993). Pintor de temática popular, criador da Escolinha de Arte do Brasil.

RODRIGUES, JOSÉ HONÓRIO (1913, RJ-1987). Historiador. Obras: *Teoria da História do Brasil, A História da História do Brasil*, etc.

RODRIGUES LAPA, Manuel (1897, Port.-1989). Filólogo e historiador literário. Obras: *Lições de Literatura Portuguesa – Época Medieval, Estilística da Língua Portuguesa*, etc.

RODRIGUES LOBO, Francisco (1579, Port.-1621). Poeta e prosador. Escreveu éclogas e novelas pastoris. Obras: *Primaveras, Corte na Aldeia*, etc.

RODRIGUES, LUPICÍNIO (1914, RS-1974). Compositor e cantor popular, autor de *Se Acaso Você Chegasse, Felicidade*, etc.

RODRIGUES, NÉLSON Falcão (1912, PE-1980). Dramaturgo e cronista que foi considerado o fundador do teatro brasileiro moderno com *Vestido de Noiva* (1943). Outras obras: *Álbum de Família, Bonitinha mas Ordinária*, etc.

RODRIGUES PEREIRA, Lafaiete (dito **LABIENO**) (1834, MG-1917). Político e jurista. Presidente das províncias do Ceará e do Maranhão e presidente do Conselho de Ministros. Obras: *Direito das Coisas*, etc.

ROMA, P.^e V. ABREU E LIMA, José Inácio Ribeiro de.

ROMERO, SÍLVIO Vasconcelos da Silveira Ramos (1851, SE-1914). Crítico, historiador da literatura e notável polemista. Obras: *Cantos Populares do Brasil, História da Literatura Brasileira*, etc.

RÓNAI, PAULO (1907, Hungria-1992). Ensaísta, crítico literário e tradutor, naturalizado brasileiro. Obras: *Balzac e A Comédia Humana, Escola de Tradutores, A Tradução Vivida, A Mulher de Trinta Anos*, etc.

RONDON, Cândido Mariano da Silva (1865, MT-1958). Militar e sertanista. Desbravou os sertões de MT. Foi um pacificador e um defensor dos índios.

RONDÔNIA. Estado da Região N. *Sigla*: RO. *Superfície*: 237.576,167km². *Capital*: Porto Velho. *Municípios*: 52. *Municípios mais populosos*: Porto Velho, Ji-Paraná, Cacoal, Ariquemes, Jaru, Rolim de Moura, Vilhena. *Economia*: agricultura: milho, arroz, café, mandioca, feijão, cacau; extrativismo vegetal (borracha, castanha-do-pará); pecuária: bovinos, suínos; mineração: estanho-cassiterita, nióbio, ouro; indústria: madeireira, extrativa, mineral, alimentícia. Antigo território federal do Guaporé (criado em 1943), torna-se estado em 1981.

RONSARD, Pierre de (1524, França-1585). Poeta. Obras: *Odes, Amores, Hinos*, etc.

ROOSEVELT. Rio de MT e AM (c. 712km).

ROOSEVELT, Franklin Delano (1882, E.U.A.-1945). Político. Presidente dos E.U.A., eleito em 1933 e reeleito em 1936, 1940 e 1944.

ROQUETE-PINTO, Edgard (1884, RJ-1954). Antropólogo e educador. Obras: *Rondônia, Seixos Rolados, Ensaios de Antropologia Brasiliana*, etc.

RORAIMA. Estado da Região N. *Sigla*: RR. *Superfície*: 224.298,980km². *Capital*: Boa Vista. *Municípios*: 15. *Municípios mais populosos*: Boa Vista, Alto Alegre, Mucajaí, Caracaraí, Cantá. *Economia*: agricultura: arroz, mandioca, milho, feijão, banana; pecuária: bovinos, suínos; mineração: ouro; indústria: madeireira, construção civil, cerâmica. Torna-se território federal em 1943 e estado em 1988.

RORAIMA. Monte situado na serra da Pacaraima, com c. 2.734m de altitude.

ROSA E SILVA, Francisco de Assis (1857, PE-1929). Político. Vice-presidente da República no governo Campos Sales, exerceu a presidência de 17 de outubro a 8 de novembro de 1900.

ROSENFELD, Anatol (1912, Alemanha-1973). Crítico literário radicado no Brasil. Obras: *O Teatro Épico, Texto/Contexto*, etc.

ROSSINI, Gioacchino (1792, Itália-1868). Compositor erudito, autor das óperas *O Barbeiro de Sevilha*, *Otelo*, etc.

ROUANET, Sérgio Paulo (1934, RJ). Diplomata, filósofo e ensaísta. Obras: *Imaginário e Dominação*, *Mal-Estar na Modernidade*, etc.

ROUSSEAU, Jean-Jacques (1712, Suíça-1778). Filósofo e escritor. Obras: *Do Contrato Social*, *As Confissões*, *Emílio*, etc.

ROUSSEF, DILMA Vana (1947, MG). Política. Primeira mulher eleita presidente do Brasil. Assumiu o cargo em 1º de janeiro de 2011. Foi reeleita para um segundo mandato.

RUBENS, Petrus Paulus (1577, Siegen, Vestfália-1640). Pintor flamengo. Obras: *O Rapto das Filhas de Leucipo*, *A Festa de Vênus*, etc.

RUBIÃO, MURILO Eugênio (1916, MG-1991). Contista. Obras: *O Ex-Mágico*, *O Pirotécnico Zacarias*, *O Convidado*, etc.

RUGENDAS, Johann Moritz (1802, Alemanha-1858). Pintor e desenhista. Veio ao Brasil com a expedição Langsdorff. Obras: *Viagem Pitoresca através do Brasil*, etc.

RUSCHI, Augusto (1916, ES-1986). Zoólogo que se dedicou, sobretudo, ao estudo de beija-flores e morcegos.

RUSSELL, BERTRAND Arthur William (1872, Inglaterra-1970). Filósofo e matemático. Obras: *Princípios Matemáticos*, *A Análise do Espírito*, etc.

S

SABARÁ (MG). Mun. Cidade histórica. Mineração, siderurgia.

SABIN, ALBERT Bruce (1906, Polônia-1993). Cientista naturalizado norte-americano. Desenvolveu a vacina antipoliomielítica por via oral, a *vacina Sabin*.

SABINADA. Revolta iniciada na Bahia, em 7 de novembro de 1837, por Francisco Sabino da Rocha Vieira e terminada em março de 1838; pretendia desligar a província da Bahia do governo central e ali instalar a chamada República Baiense.

SABINO, FERNANDO Tavares (1923, MG-2004). Romancista, contista e cronista. Obras: *O Encontro Marcado*, *O Homem Nu*, *A Faca de Dois Gumes*, etc.

SÁ-CARNEIRO, MÁRIO DE (1890, Port.-1916). Poeta. Obras: *Dispersão*, *Céu em Fogo*, *Indícios de Oiro*, etc.

SÁ DE MIRANDA, Francisco de (1481, Port.-1558). Poeta. Escreveu éclogas, elegias, sátiras, sonetos, cantigas, além de duas comédias (*Estrangeiros* e *Vilhalpandos*).

SÁ, ESTÁCIO DE (c. 1520, Port.-1567). Militar, fundador da cidade do Rio de Janeiro. Enviado por Mem de Sá para expulsar os franceses da baía de Guanabara, morreu em consequência de uma flechada.

SAFO (c. 625, Lesbos-580 a.C.). Poetisa lírica grega. "A décima Musa", no dizer de Platão.

SÁ, FRANCISCO (1862, MG-1936). Engenheiro e político. Reorganizou a Inspetoria de Navegação e planejou o saneamento da baixada fluminense.

SAID ALI Ida, Manuel (1861, RJ-1953). Filólogo. Obras: *Gramática Histórica da Língua Portuguesa*, *Meios de Expressão e Alterações Semânticas*, etc.

SAINT-HILAIRE, Auguste de (1779, França-1853). Naturalista. Obras: *Flora do Brasil Meridional*, *Plantas Usuais dos Brasileiros*, etc.

SALDANHA DA GAMA, Luís Filipe (1846, RJ-1895). Almirante. Participou da campanha da Cisplatina e da guerra do Paraguai; liderou a revolta da Armada com Custódio de Melo.

SALES, ANTÔNIO (1868, CE-1940). Romancista, ensaísta e poeta. Obras: *Aves de Arribação*, *O Ceará Literário*, etc.

SALES, HERBERTO de Azevedo (1917, BA-1999). Romancista e contista. Obras: *Cascalho*, *Dados Biográficos do Finado Marcelino*, *Os Pareceres do Tempo*, etc.

SALES JÚNIOR, WALTER (1956, RJ). Cineasta. Obras: *A Grande Arte*, *Central do Brasil*, etc.

SALGADO, PLÍNIO (1895, SP-1975). Político e romancista. Líder integralista. Obras: *O Estrangeiro*, *O Esperado*, etc.

SALÚSTIO Crispo, Quinto (86, Amiterno-c. 34 a.C.). Historiador latino. Obras: *A Conjuração de Catilina*, *A Guerra de Jugurta*, etc.

SALVADOR. Capital da BA, situada nas margens da baía de Todos-os-Santos. Centro histórico e turístico (são notáveis o Museu de Arte Sacra, a Igreja do Bonfim, o Pelourinho). Fundada em 1549 por Tomé de Sousa, foi, durante mais de 200 anos, sede do governo-geral do Brasil. Conjunto arquitetônico e urbanístico tombado pelo Patrimônio Mundial em 1985.

SALVADOR, FREI VICENTE DO (nome religioso de **Vicente Rodrigues Palha**) (1564, BA-c. 1636). Historiador (cronologicamente, o primeiro de nossa literatura). Sua *História do Brasil* foi publicada em 1889 por Capistrano de Abreu.

SÁ, MEM DE (1500, Port.-1572). Terceiro governador-geral do Brasil (1554-1572); destacou-

SÃO MARCOS

-se na luta para expulsar os franceses da Guanabara com o sobrinho Estácio de Sá.

SAMPAIO, SILVEIRA (1914, RJ-1964). Ator, diretor e autor. Obras: *Trilogia do Herói Grotesco* (*A Inconveniência de Ser Esposa, Da Necessidade de Ser Polígamo* e *A Garçonnière de Meu Marido*).

SAMPAIO, TEODORO Fernandes (1885, BA-1937). Geógrafo e historiador. Obras: *O Tupi na Geografia Nacional, Atlas dos Estados Unidos do Brasil*, etc.

SAN MARTÍN, José de (1778, Argentina-1850). Militar e político. Libertador da Argentina e do Peru. Reuniu o exército que, comandado por O'Higgins, conquistou a independência do Chile.

SANDRONI, CÍCERO (1935, SP). Jornalista e escritor. Obras: *Austregésilo de Athayde, O Século de um Liberal, Cosme Velho, O Diabo Só Chega ao Meio-Dia*.

SANTA CATARINA. Estado da Região S. *Sigla:* SC. *Superfície:* 95.346,181km². *Capital:* Florianópolis. *Municípios:* 293. *Municípios mais populosos:* Joinville, Florianópolis, Blumenau, Criciúma, São José, Itajaí, Chapecó, Lajes, Jaraguá do Sul, Palhoça, Tubarão, Brusque. *Economia:* agricultura: milho, cana-de-açúcar, arroz, soja, feijão, fumo, batata-inglesa, maçã; pecuária: suínos, bovinos, ovinos; grande produtor de aves; mineração: alumínio-bauxita, carvão; indústria: alimentícia, vestuário, calçados, têxtil, mecânica, turismo no litoral. Povoamento feito por 5.000 imigrantes açorianos, entre 1748 e 1756, sobretudo no litoral. Na segunda metade do séc. XIX, intensificou-se a imigração europeia: alemã e, em menor escala, italiana.

SANTANA, AFONSO ROMANO DE (1937, MG). Crítico literário, cronista e poeta. Obras: *Carlos Drummond de Andrade: Análise da Obra, Canto e Palavra*, etc.

SANTANA, SÉRGIO (1941, RJ). Romancista e contista. Obras: *Simulacros, O Concerto de João Gilberto no Rio de Janeiro*, etc.

SANTA ROSA, Tomás (1909, PB-1956). Cenógrafo e pintor, o modernizador da cenografia no Brasil.

SANTIAGO, SILVIANO (1936, MG). Crítico literário, romancista e contista. Obras: *Uma Literatura nos Trópicos, Stella Manhattan*, etc.

SANTORO, CLÁUDIO (1919, AM-1989). Compositor erudito. Autor de oito sinfonias, três concertos e do balé *Cobra Norato*.

SANTOS (SP). Mun. Elevado a vila em 1545 e a cidade em 1839. Porto mais bem aparelhado e movimentado do País. Ind. alimentícia, de móveis e de minerais não metálicos. Turismo.

SANTOS da Costa Araújo, URBANO (1859, MA-1922). Político. Vice-presidente da República, exerceu a presidência de 8 de setembro a 9 de outubro de 1917.

SANTOS DUMONT, Alberto (1873, MG-1932). Inventor do avião, após longa experiência de voo em balões. Patrono da Aeronáutica; autor de *Os Meus Balões, O Que Eu Vi: o Que Nós Veremos*.

SANTOS Freire, FILIPE DOS (?, Portugal-1720). Cabeça da Revolta de Vila Rica, MG (atual Ouro Preto), em 1720, por ser contrário aos novos impostos sobre o ouro recolhido das minas. Foi preso e logo em seguida enforcado e esquartejado, a mando de D. Pedro de Almeida, conde de Assumar.

SANTOS, Marquesa de (Domitila de Castro Canto e Melo) (1797, SP-1867). Dama do Paço Imperial, amante de D. Pedro I, com quem teve uma filha.

SANTOS, MÍLTON de Almeida (1926, BA-2001). Geógrafo. Obras: *O Trabalho do Geógrafo no Terceiro Mundo, Espaço e Método*, etc.

SANTOS, NÉLSON PEREIRA DOS (1928, SP). Cineasta. Obras: *Vidas Secas, O Amuleto de Ogum, Memórias do Cárcere*, etc.

SANTOS, TURÍBIO Soares (1943, MA). Violonista. Foi diretor do Museu Vila-Lobos.

SÃO CRISTÓVÃO (SE). Mun. Cidade histórica. Monumentos tombados pelo IPHAN.

SÃO FRANCISCO, rio. Nasce na serra da Canastra (MG) e deságua no Atlântico. Navegável em quase toda a sua extensão (c. 2.614km). Banha MG, BA, PE, SE e AL. Nele estão localizadas as usinas de Paulo Afonso e Três Marias.

SÃO JOÃO DEL-REI (MG). Mun. Cidade histórica com vários monumentos tombados pelo IPHAN.

SÃO JOÃO, serra de. Elevação no PR, no limite com SP (cerca de 1.000m de altitude).

SÃO JOSÉ. Grande baía do litoral do MA.

SÃO LOURENÇO. Rio de MT (c. 672km), afluente da margem esquerda do Cuiabá.

SÃO LUÍS. Capital do MA, situada no litoral da ilha de São Luís, na baía de São Marcos; fundada em 1612 pelos franceses; turismo crescente; o porto de Itaqui abriu as exportações dos minérios de Carajás para o mundo e deu novo impulso à exportação para o Centro-Sul do País; declarada patrimônio da humanidade pelo Conselho da Unesco.

SÃO MANUEL. V. TELES PIRES.

SÃO MARCOS. Grande baía do litoral do MA; forma, com a baía de São José, o chamado Golfão Maranhense.

SÃO MIGUEL DAS MISSÕES

SÃO MIGUEL DAS MISSÕES (RS). Ruínas da igreja de São Miguel das Missões tombadas pelo Patrimônio Mundial em 1983.

SÃO PAULO. Capital de SP, fundada em 1554 por iniciativa do P.e Manuel da Nóbrega; maior aglomeração urbana do Brasil e uma das maiores cidades do mundo; abriga o maior e mais diversificado parque industrial da América Latina; elevada a cidade em 1711; principal centro do movimento bandeirante; expansão com o ciclo do café.

SÃO PAULO. Estado da Região S.E. *Sigla*: SP. *Superfície*: 248.209,426km². *Capital*: São Paulo. *Municípios*: 645. *Municípios mais populosos*: São Paulo, Guarulhos, Campinas, São Bernardo do Campo, Osasco, Santo André, São José dos Campos, Ribeirão Preto, Sorocaba, Santos. *Economia*: agricultura: cana-de-açúcar, laranja, café, milho, soja, tomate, uva, algodão, batata-inglesa, feijão, arroz, cebola, banana; pecuária: bovinos, suínos; mineração: ferro; indústria: maior parque industrial da América Latina, nele estão representados todos os ramos industriais, concentrado na Grande São Paulo, sobretudo no ABCD; primeiro estado em importância econômica. Povoamento iniciado com a fundação de São Vicente, em 1532, por Martim Afonso de Sousa. Início da expansão cafeeira na segunda metade do séc. XIX. Forte imigração (portugueses, italianos, espanhóis, eslavos e japoneses).

SÃO RAIMUNDO NONATO (PI). Mun. Parque Nacional da Serra da Capivara tombado pelo Patrimônio Mundial em 1991.

SÃO TOMÉ. Serra do S. de MG, com cerca de 1.200m de altitude.

SÃO VICENTE (SP). Mun. Cidade histórica. Turismo. Primeira vila do Brasil, fundada em 1532 durante a expedição de Martin Afonso de Souza (q.v.).

SARAIVA, CONSELHEIRO José Antônio (1823, BA-1895). Político. Foi presidente das províncias do Piauí, Alagoas, São Paulo e Pernambuco. Fundou a cidade de Teresina, para onde transferiu a capital da província do Piauí.

SARAMAGO, José (1922, Port.-2010). Romancista. Agraciado com o Prêmio Nobel de Literatura em 1998. Obras: *Memorial do Convento, O Ano da Morte de Ricardo Reis, História do Cerco de Lisboa*, etc.

SARNEY, JOSÉ Ribamar Ferreira Araújo da Costa (1930, MA). Político e escritor. Assumiu a presidência da República em 1985 com a morte de Tancredo Neves. Convocou Assembleia Constituinte para elaborar a Constituição de 1988. Obras: *Marimbondos de Fogo, Norte das Águas*, etc.

SARTRE, Jean-Paul (1905, França-1980). Filósofo, ficcionista e dramaturgo. Teórico do existencialismo. Obras: *O Ser e o Nada, A Náusea, As Moscas, O Muro*, etc.

SAURA, CARLOS (1932, Espanha). Cineasta. Obras: *Cría Cuervos, Bodas de Sangue*, etc.

SAUSSURE, Ferdinand de (1857, Suíça-1913). Linguista. Obras: *Curso de Linguística Geral*, etc.

SCANTIMBURGO, JOÃO DE (1915, SP-2013). Jornalista e historiador. Obras: *O Poder Moderador, O Brasil e a Revolução Francesa*, etc.

SCHELLING, Friedrich Wilhelm Joseph von (1775, Alemanha-1854). Filósofo. Obras: *Ideias para uma Filosofia da Natureza, Filosofia e Religião*, etc.

SCHEMBERG, MÁRIO (1916, PE-1990). Físico e crítico de arte. Obras: *Pensando a Física, Pensando a Arte*, etc.

SCHILLER, Friedrich von (1759, Alemanha-1805). Dramaturgo e poeta. Forma com Goethe a dupla dos grandes clássicos do teatro alemão. Defensor da liberdade contra o despotismo, tem em *Maria Stuart* a sua tragédia mais popular.

SCHMIDT, AFONSO (1890, SP-1964). Poeta e romancista. Obras: *Garoa, Curiango*, etc.

SCHMIDT, AUGUSTO FREDERICO (1906, RJ-1965). Poeta. Obras: *Navio Perdido, Galo Branco*, etc.

SCHUBERT, Franz (1797, Áustria-1828). Compositor erudito, autor de *Sinfonia Inacabada, A Truta, Missa em Sol Maior*, etc.

SCHUMANN, Robert (1810, Alemanha-1856). Compositor erudito, autor de *Os Amores do Poeta (Lieder), Concerto para Piano e Orquestra*, etc.

SCHWARZ (Roberto Schwarzmann, dito ROBERTO) (1938, Áustria). Crítico literário brasileiro. Obras: *A Sereia e o Desconfiado, Um Mestre na Periferia do Capitalismo: Machado de Assis*, etc.

SCIASCIA, Leonardo (1921, Itália-1989). Romancista e contista. Obras: *O Dia da Coruja, O Cavaleiro e a Morte*, etc.

SCLIAR, CARLOS (1920, RS-2001). Desenhista, pintor e gravador. Escreveu e dirigiu o documentário cinematográfico *Escadas*.

SCLIAR, MOACIR Jaime (1937, RS-2011). Romancista e contista. Obras: *O Carnaval dos Animais, A Majestade do Xingu*, etc.

SCOLA, ETTORE (1931, Itália). Cineasta. Obras: *Um Dia muito Especial, A Família, O Baile*, etc.

SEGALL, LASAR (1891, Lituânia-1957). Pintor, escultor e gravador naturalizado brasileiro. Obras: *Paisagem Brasileira, Florestas*, etc.

SEIXAS, ponta do. Localizada no cabo Branco, no litoral da PB, é o ponto extremo leste do Brasil.

SEIXAS, RAUL Santos (1945, BA-1989). Compositor popular de *rock*, autor de *Gita, Sociedade Alternativa*, etc.

SEMANA DE ARTE MODERNA. Movimento cultural e artístico ocorrido no Teatro Municipal de São Paulo, nos dias 13, 15 e 17 de fevereiro de 1922; constou de conferências, concertos, recitais e exposição de artes plásticas e constituiu um marco do modernismo no Brasil; dele participaram Mário de Andrade, Graça Aranha, Ronald de Carvalho, Oswald de Andrade, Di Cavalcanti, etc.

SÊNECA, Lúcio Aneu (c. 4 a.C., Córdoba, Espanha-65 d.C.). Filósofo e dramaturgo latino. Obras: *Da Brevidade da Vida, Medeia, Fedra, As Troianas*, etc.

SENNA da Silva, AYRTON (1960, SP-1994). Automobilista, tricampeão do mundo de Fórmula 1.

SERGIPE. Estado da Região N.E., o menor da Federação. *Sigla*: SE. *Superfície*: 21.910,348km². *Capital*: Aracaju. *Municípios*: 75. *Municípios mais populosos*: Aracaju, Nossa Senhora do Socorro, Lagarto, Itabaiana, São Cristóvão, Estância, Tobias Barreto, Simão Dias. *Economia*: agricultura: cana-de-açúcar, algodão, mandioca, milho, laranja, coco-da-baía, fumo; pecuária: bovinos, suínos; indústria: têxtil, de transformação, extrativa mineral, construção civil; subsolo rico em petróleo e gás natural; extração petrolífera no município de Carmópolis.

SERPA, IVÃ Ferreira (1923, RJ-1973). Pintor, desenhista e gravador. Obras: *Formas, Figuras*, etc.

SERRANO, JÔNATAS (1885, RJ-1944). Historiador e biógrafo. Obras: *História do Brasil, Farias Brito*, etc.

SERRA Sobrinho, JOAQUIM Maria (1838, MA-1888). Romancista e poeta. Foi um dos principais abolicionistas. Obras: *Um Coração de Mulher, Quadros*, etc.

SETÚBAL, PAULO de Oliveira (1893, SP-1937). Romancista. Obras: *A Marquesa de Santos, O Sonho das Esmeraldas*, etc.

SEURAT, Georges Pierre (1859, França-1891). Pintor, iniciador do pontilhismo. Obras: *Circo, Ponte em Courbevoie*, etc.

SEVERO de Albuquerque Maranhão, AUGUSTO (1864, RN-1902). Aeronauta e político. Um dos pioneiros da navegação aérea no Brasil.

SHAKESPEARE, William (1564, Inglaterra-1616). Dramaturgo e poeta, é o clássico por excelência da língua inglesa. Escreveu tragédias (*Ricardo III, Hamlet, Romeu e Julieta, Otelo, Macbeth*), comédias (*A Megera Domada, Muito Barulho por Nada, As Alegres Comadres de Windsor*), tragicomédias (*Conto de Inverno, A Tempestade*), poemas (*Vênus e Adônis* e *O Rapto de Lucrécia*), e um livro de sonetos.

SHAW, George BERNARD (1856, Irlanda-1950). Criador da dramaturgia moderna de língua inglesa, em mais de 50 peças fez variada crítica social. Obras: *Pigmalião* (que se popularizou no musical *Minha Querida Lady*), *Androcles e o Leão*, etc.

SICK, Heenrich Maximiliano Friedrich HELMUT von (1910, Leipzig-1991). Ornitólogo, naturalizado brasileiro, membro da Academia Brasileira de Ciências e diretor da seção de ornitologia do Museu Nacional. Obra: *Ornitologia Brasileira*, livro indispensável aos estudiosos do assunto.

SILVA ALVARENGA, Manuel Inácio da (1749, MG-1814). Poeta da chamada Escola Mineira. Obras: *O Desertor das Letras, Glaura*, etc.

SILVA, ANTÔNIO JOSÉ DA (dito **O JUDEU**) (1705, RJ-1739). Nascido no Brasil, pertence à história do teatro português. Obras: *Vida do Grande D. Quixote de la Mancha e do Gordo Sancho Pança, Guerras do Alecrim e Manjerona*, etc.

SILVA, DEONÍSIO DA (1948, SC). Contista. Obras: *Cenas Indecorosas, A Mesa dos Inocentes*, etc.

SILVA, ISMAEL (1905, RJ-1978). Compositor popular, autor de muitos sambas, como *Para Me Livrar do Mal, Adeus*, em parceria com Noel Rosa e Chico Alves.

SILVA JARDIM, Antônio da (1860, RJ-1891). Jornalista, atuante propagandista da República. Obras: *A Crítica de Escada Abaixo, Campanhas de um Propagandista*, etc.

SILVA MELO, Antônio da (1886, RJ-1973). Médico e ensaísta. Obras: *Alimentação no Brasil, Estudos sobre o Negro*, etc.

SILVA NETO, SERAFIM Pereira DA (1917, RJ-1960). Filólogo. Obras: *História da Língua Portuguesa, Fontes do Latim Vulgar, História do Latim Vulgar*, etc.

SILVEIRA, HELENA (1911, SP-1984). Contista e cronista. Obras: *A Humilde Espera, Mulheres*, etc.

SILVEIRA, JOEL Ribeiro (1918, SE-2007). Jornalista e escritor. Obras: *Histórias de Pracinha, Um Guarda-Chuva para o Coronel*, etc.

SILVEIRA, NISE DA (1905, AL-1999). Psiquiatra. Fundou o centro de estudo e pesquisa Museu de Imagens do Inconsciente. Obras: *Jung, Vida e Obra, O Mundo das Imagens*, etc.

SILVEIRA

SILVEIRA, TASSO Azevedo DA (1895, PR-1968). Poeta, romancista e crítico literário. Obras: *O Canto Absoluto, Contemplação do Eterno*, etc.

SILVEIRA, VALDOMIRO (1873, SP-1941). Precursor do conto regionalista. Obras: *Os Caboclos, Nas Serras e nas Furnas, Mixuangos*.

SIMÕES LOPES NETO, João (1865, RS-1916). Contista e folclorista. Obras: *Cancioneiro Guasca, Contos Gauchescos, Lendas do Sul, Casos do Romualdo*, etc.

SINHÔ (José Barbosa da Silva, dito) (1888, RJ-1930). Compositor e pianista. Primeiro grande sambista, autor de *Jura, Amar a uma Só Mulher*, etc.

SIQUEIROS, David Alfaro (1896, México-1974). Pintor, o mais doutrinário e veemente dos muralistas mexicanos. Obras: *Marcha da Humanidade, Mãe Camponesa*, etc.

SISLEY, Alfred (1839, França-1899). Pintor inglês da escola impressionista francesa. Obras: *Inundações em Port-Marly, Margens do Sena*, etc.

SOCIEDADE BRASILEIRA PARA O PROGRESSO DA CIÊNCIA. Entidade de cientistas criada em São Paulo em 1948.

SÓCRATES (c. 470, Alópece, Ática-399 a.C.). Filósofo grego, mestre de Platão e Xenofonte.

SÓFOCLES (496, Colono, Ática-406 a.C.). Dramaturgo grego. Escreveu 123 peças, das quais restam apenas sete. As principais são *Antígona, Édipo Rei, Electra* e *Édipo em Colono*.

SOLIMÕES, rio. Nome do rio Amazonas até a confluência com o Negro.

SOUSA, AUTA DE (1876, RN-1901). Poetisa. Obra: *Horto*.

SOUSA DA SILVEIRA, Álvaro Ferdinando de (1883, RJ-1967). Filólogo. Obras: *Lições de Português, Trechos Seletos*, etc.

SOUSA E MELO, Márcio de (1906, SC-1991). Militar (brigadeiro) e político. Integrou o triunvirato que governou o País de 31 de agosto a 30 de outubro de 1969, na vigência do regime de exceção que se seguiu ao Golpe de 1964.

SOUSA, FREI LUÍS DE (Manuel de Sousa Coutinho) (1555, Port.-1632). Prosador. Obras: *Vida de D. Fr. Bertolameu dos Mártires, História de São Domingos*, etc.

SOUSA, GABRIEL SOARES DE (c. 1540, Port.-c. 1592). Cronista. Veio para o Brasil em 1569. Obra: *Tratado Descritivo do Brasil em 1587*.

SOUSA, MÁRCIO Gonçalves Bentes DE (1946, AM). Romancista e ensaísta. Obras: *Galvez, o Imperador do Acre, O Empate contra Chico Mendes*, etc.

SOUSA, MARTIM AFONSO DE (c. 1500, Port.-1571). Militar e administrador colonial. Fundou São Vicente e Piratininga e foi donatário das capitanias de São Vicente e do Rio de Janeiro.

SOUSA, MAURICIO DE (1935-SP). Desenhista. Criador da *Turma da Mônica*, personagens de histórias em quadrinhos e desenhos animados.

SOUSA, OTÁVIO TARQUÍNIO DE (1889, RJ-1959). Historiador. Obras: *História dos Fundadores do Império do Brasil*, etc.

SOUSA, TOMÉ DE (1502, Port.-1579). Militar e administrador colonial. Primeiro governador-geral do Brasil (1549-1553).

SOUSÂNDRADE (Joaquim de Sousa Andrade, dito) (1833, MA-1902). Poeta precursor do simbolismo. Obras: *O Guesa, Liras Perdidas*, etc.

SPENCER, Herbert (1820, Inglaterra-1903). Filósofo, criador da filosifia evolucionista. Obras: *Princípios de Biologia, Os Fatores da Evolução Orgânica*, etc.

SPINOZA, Baruch (1632, Holanda-1677). Filósofo. Obras: *Tratado Político, Ética*, etc.

SPIX, Johann Baptist von (séc. XVII, Alemanha-1827). Zoólogo. Participou, com Von Martius, da comissão científica que veio ao Brasil em 1817. Obras: *Viagem pelo Brasil*, etc.

STADEN, HANS (séc. XVI, Alemanha). Cronista. Visitou duas vezes o Brasil. Narrou suas aventuras no livro *Descrição Verdadeira de um País de Selvagens Nus, Ferozes e Canibais*.

STEEN, EDLA LUCY Vendhausen VAN (1936, SC). Contista e romancista. Obras: *Memórias do Medo, Cheiro de Amor, No Silêncio das Nuvens*, etc.

STENDHAL (Henri Beyle, dito) (1783, França-1842). Romancista. Obras: *O Vermelho e o Negro, Armance*, etc.

STERNE, Laurence (1713, Irlanda-1768). Romancista. Obras: *Tristram Shandy, Viagem Sentimental*, etc.

STEVENSON, ROBERT LOUIS Balfour (1850, Escócia-1894). Romancista. Obras: *A Ilha do Tesouro, O Médico e o Monstro*, etc.

STRAUSS, JOHANN (1825, Áustria-1899). Compositor erudito, autor de valsas célebres (*No Belo Danúbio Azul, Contos dos Bosques de Viena*, etc.).

STRAUSS, RICHARD (1864, Alemanha-1949). Compositor erudito, autor de óperas (*Salomé, Electra*, etc.), poemas sinfônicos, etc.

STRAVINSKI, Igor (1882, Rússia-1971). Compositor erudito, autor de *O Pássaro de Fogo, A Sagração da Primavera*, etc.

STRINDBERG, August (1849, Suécia-1912). Dramaturgo, precursor do expressionismo no teatro, e do movimento naturalista na literatura. Obras: *O Pai, Senhorita Júlia*, etc.

SUASSUNA, ARIANO Vilar (1927, PB-2014). Dramaturgo e romancista. Obras: *Auto da Compadecida, O Santo e a Porca, A Pedra do Reino*, etc.

SUDESTE, REGIÃO. Formada pelos estados do ES, RJ, MG e SP, de clima tropical atlântico, no litoral, e tropical de altitude, nos planaltos. É a região mais populosa do País e tb. a de maior densidade demográfica. Contribui com maior parte do PIB.

SUL, REGIÃO. Formada pelos estados do PR, SC e RS, de clima predominantemente subtropical. É a menor região do País.

SVEVO (Ettore Schmitz, dito ITALO) (1861, Itália-1928). Romancista. Obras: *Uma Vida, A Consciência de Zeno*, etc.

SWIFT, Jonathan (1667, Irlanda-1745). Romancista e panfletário. Obras: *As Viagens de Gulliver, A Batalha dos Livros*, etc.

T

TÁCITO, Públio Cornélio (56, Roma-120). Historiador latino. Obras: *Anais, Histórias, Germânia*, etc.

TACUTU. Rio de RR (c. 400km), limítrofe entre o Brasil e a Guiana.

TAGLIAFERRO, MADALENA (1893, RJ-1986). Pianista. Medalha de ouro do Conservatório de Paris em 1907.

TAHAN (Júlio César de Melo e Sousa, dito MALBA) (1895, RJ-1974). Escritor. Fundou e dirigiu periódicos de recreação matemática. Obras: *Céu de Alá, O Homem Que Calculava*, etc.

TAMANDARÉ, Marquês de (Joaquim Marques Lisboa) (1807, RS-1897). Almirante. Participou da campanha da Independência, da repressão aos revoltosos da Confederação do Equador, da campanha da Cisplatina e da guerra do Paraguai. Patrono da Marinha brasileira.

TAPAJÓS. Rio de MT e PA (c. 1.784km), afluente do Amazonas.

TAQUARI. Rio de MS (c. 858km).

TAQUARI. Rio de RS (c. 481km).

TAQUARIL, serra do. Elevação no RJ, com c. 1.200m de altitude.

TELES PIRES

TARAUACÁ. Rio do AC e AM (c. 715km), afluente da margem direita do Juruá.

TASSO FRAGOSO, Augusto (1869, MA-1945). Militar e político. Participou da campanha republicana e integrou a junta governativa que assumiu o poder após a revolução de 1930.

TASSO, Torquato (1544, Itália-1595). Poeta. Obras: *Jerusalém Libertada, Aminta* (comédia pastoril).

TATI, JACQUES Tatischeff (1908, França-1982). Cineasta. Obras: *As Férias do Sr. Hulot, Meu Tio*, etc.

TAUNAY, Visconde de (Alfredo Maria Adriano d'Escragnolle Taunay) (1843, RJ-1899). Romancista, membro fundador da ABL. Obras: *Inocência, Ao Entardecer*, etc.

TAVARES BASTOS, Aureliano Cândido (1839, AL-1875). Escritor e pensador político. Obras: *Cartas do Solitário, O Vale do Amazonas*, etc.

TAVARES da Silva Cavalcanti, ADELMAR (1888, PE-1963). Poeta. Obras: *Trovas e Trovadores, Noite Cheia de Estrelas*, etc.

TÁVORA, João FRANKLIN da Silveira (1842, CE-1888). Romancista. Obras: *O Cabeleira, O Matuto*, etc.

TBC. Sigla de Teatro Brasileiro de Comédia.

TCHEKHOV, Anton Pavlovitch (1860, Rússia-1904). Contista e dramaturgo, o maior da literatura russa. Obras: *A Gaivota, Tio Vânia, O Jardim das Cerejeiras*, etc.

TEFÉ. Rio do AM (c. 743km), afluente do Solimões.

TEIXEIRA, ANÍSIO Spinola (1900, BA-1971). Educador e ensaísta. Obras: *Universidade e Liberdade Humana, A Educação e a Crise Brasileira*, etc.

TEIXEIRA, BENTO (1560, Port.-c. 1600). Poeta. Veio para o Brasil ainda menino. Sua *Prosopopeia* (1601) é, cronologicamente, a primeira obra da literatura brasileira.

TEIXEIRA E SOUSA, Antônio Gonçalves (1812, RJ-1861). Poeta e romancista. Obras: *O Filho do Pescador, Cantos Líricos*, etc.

TEIXEIRA, MÚCIO Cévola Lopes (1857, RS-1926). Poeta. Obras: *Vozes Trêmulas, Calabar, Os Minuanos*, etc.

TELES, LÍGIA FAGUNDES (1923, SP). Contista e romancista. Obras: *Ciranda de Pedra, Antes do Baile Verde, A Noite Escura e mais Eu*, etc.

TELES PIRES ou **SÃO MANUEL.** Rio de MT (c. 1.457km).

TENENTISMO

TENENTISMO. Movimento político-militar, desenvolvido de 1922 a 1933-1934, entre a oficialidade jovem das Forças Armadas, principalmente no Exército.

TEÓCRITO (c. 315/310, Siracusa, Sicília-c. 250 a.C.). Poeta grego, criador do gênero bucólico com os seus *Idílios*.

TERÊNCIO Afro, Públio (c. 195, Cartago-159 a.C.). Comediógrafo latino, teve preservadas as seis peças que escreveu. Pintou os costumes, partindo de uma intriga amorosa de jovens, com final feliz. Obras: *Os Adelfos, A Sogra, O Eunuco*, etc.

TERESINA. Capital do PI, porto fluvial na margem direita do Parnaíba; fundada em 1850 e planejada para exercer funções administrativas.

TERUZ, Orlando (1902, RJ-1984). Pintor de cenas brasileiras e retratos.

THEVET, André (1502, França-1592). Cosmógrafo e cronista. Veio ao Brasil com Villegaignon; escreveu sobre a fauna e a flora brasileiras.

TIBAJI. Rio do PR (c. 544km), afluente do Paranapanema.

TICIANO (**Tiziano Vecellio**) (c. 1485, Itália-1576). Pintor, grande retratista. Obras: *A Vênus de Urbino, Jovem Inglês*, etc.

TIETÊ. Rio de SP (c. 1.032km); nele se encontram as usinas hidrelétricas de Cubatão, Barra Bonita, Avanhandava e Rasgão; deságua no rio Paraná.

TINTORETTO (**Jacopo Robusti**, dito **IL**) (1518, Itália-1594). Pintor. Obras: *São Jorge e o Dragão, A Crucificação*, etc.

TIRADENTES (MG). Mun. Cidade histórica. Conjunto arquitetônico e paisagístico tombado pelo IPHAN.

TIRADENTES (**Joaquim José da Silva Xavier**, dito) (1746, MG-1792). Alferes, foi líder da conjuração Mineira; denunciado por Joaquim Silvério dos Reis, foi enforcado e esquartejado. O dia de sua morte (21 de abril) é feriado nacional.

TIRSO DE MOLINA (**Frei Gabriel Téllez**, dito) (1584, Espanha-1648). Dramaturgo. Autor de 400 peças (das quais se salvaram 80). Obras: *O Tímido no Palácio, A Ciumenta de Si Própria, O Burlador de Sevilha e o Convidado de Pedra* (em que introduziu na literatura o tipo de Don Juan), etc.

TITO LÍVIO (64 ou 59 a.C., Pádua, Itália-c. 10 d.C.). Historiador latino, autor de uma *História de Roma* em 142 livros.

TOCANTINS. Estado da Região N., criado de uma parte de GO pela Constituição de 1988. *Sigla*: TO. *Superfície*: 277.620,914km². *Capital*: Palmas. *Municípios*: 139. *Municípios mais populosos*: Araguaína, Palmas, Gurupi, Porto Nacional, Paraíso do Tocantins. *Economia*: agricultura: arroz, milho, mandioca, soja, feijão; pecuária: bovinos, suínos; mineração: ouro; indústria: alimentícia, construção civil e madeireira. Grande eixo de circulação é a Rodovia Belém-Brasília, que atravessa o estado de norte a sul.

TOCANTINS. Rio de GO, TO, MA e PA (c. 2.416km); deságua na baía de Marajó.

TODOS-OS-SANTOS, baía de. Localizada no litoral da Bahia, é a maior reentrância da costa brasileira; nela se situa a ilha de Itaparica.

TOLSTOI, Lev Nikolaievitch (1828, Rússia-1910). Romancista. Obras: *Guerra e Paz, Ana Karenina*, etc.

TOMÁS DE AQUINO, Santo (1227, Itália-1274). Teólogo e filósofo. Obras: *Suma Teológica*, etc.

TORELLY, APARÍCIO (1895, RS-1971). Humorista, um dos criadores da moderna linguagem humorística no Brasil. Também conhecido como Barão de Itararé.

TORGA, MIGUEL (**Adolfo Correia da Rocha**) (1907, Port.-1995). Poeta, romancista, contista, dramaturgo, ensaísta e memorialista. Obras: *Ansiedade, Bichos, Vindima, Diário* (16 volumes), etc.

TORRES, ALBERTO de Seixas Martins (1865, RJ-1917). Ensaísta e jurista. Obras: *A Organização Nacional, O Problema Nacional Brasileiro*, etc.

TORRES, ANTÔNIO dos Santos (1885, MG 1934). Historiador e polemista. Obras: *Verdades Indiscretas, As Razões da Inconfidência*, etc.

TORRES da Cruz, ANTÔNIO (1940, BA). Romancista. Obras: *Um Cão Uivando para a Lua, O Cachorro e o Lobo*, etc.

TRÊS ESTADOS. Pico situado na serra da Mantiqueira, com c. 2.665m de altitude.

TREVISAN, DALTON (1925, PR). Contista. Obras: *Novelas Nada Exemplares, Cemitério de Elefantes, O Vampiro de Curitiba*, etc.

TRINDADE e MARTIM VAZ. Ilhas oceânicas, a cerca de 1.000km da costa do ES; Trindade, a maior delas, foi descoberta em 1501 por João da Nova; é hoje um posto oceanográfico controlado pela Marinha.

TRINTA E UM DE MARÇO. Pico situado na serra do Imeri, com c. 2.972m de altitude.

TROMBETAS. Rio do AM (c. 641km), afluente do Amazonas.

TRUFFAUT, François (1932, França-1984). Cineasta. Obras: *A Noite Americana, Jules e Jim, A História de Adèle H.*, etc.

TUCÍDIDES (c. 460/455, Atenas-c. 404/400 a.C.). Historiador grego, autor de *História da Guerra do Peloponeso*.

TURIAÇU. Rio do MA (c. 402km); deságua no Atlântico.

TURNER, Joseph Mallord William (1775, Inglaterra-1851). Pintor. Obras: *A Fundação de Cartago, Vapor numa Tempestade de Neve*, etc.

TWAIN (Samuel Langhorne Clemens, dito MARK) (1835, E.U.A.-1910). Romancista. Obras: *As Aventuras de Tom Sawyer, As Aventuras de Huckleberry Finn*, etc.

U

UATUMÃ. V. ATUMÃ.

UAUPÉS. Rio do AM (c. 1.102km); nasce na Colômbia e conflui com o Negro (margem direita).

UCCELLO (Paolo di Dono, dito PAOLO) (1397, Itália-1475). Pintor. Obras: *Batalha de San Romano, São Jorge e o Dragão*, etc.

UNESCO. Sigla em inglês de Organização das Nações Unidas para a Educação, Ciência e Cultura.

URARIQUERA. Rio de RR (c. 676km).

URUCUIA. Rio de MG (c. 400km), afluente da margem esquerda do São Francisco.

URUÇUÍ-AÇU. Rio do PI (c. 420km), afluente do Parnaíba.

URUGUAI. Rio de SC e RS (c. 2.129km, c. 883km dos quais em território brasileiro).

UTRILLO, Maurice (1883, França-1955). Pintor. Obras: *O Bairro de Saint-Roman*, etc.

V

VALADARES, CLARIVAL DO PRADO (1918, BA-1983). Crítico e historiador de arte. Obras: *Arte e Sociedade nos Cemitérios Brasileiros, Rio Barroco e Rio Neoclássico*, etc.

VALENTIM DA COSTA MAGALHÃES, ANTÔNIO (1859, RJ-1903). Contista e poeta. Obras: *Vinte Contos, Cantos e Lutas*, etc.

VALENTIM, MESTRE. V. FONSECA E SILVA, Valentim da.

VALÉRY, Paul (1871, França-1945). Poeta e ensaísta. Obras: *A Jovem Parca, Encantos*, etc.

VAN EYCK, Jan (c. 1390, Flandres-1441). Pintor flamengo. Obras: *Virgem do Chanceler Rolin, A Adoração do Cordeiro Místico*, etc.

VAN GOGH, Vincent (1853, Holanda-1890). Pintor. Obras: *O Café Noturno, Campo de Trigo com Ciprestes, Autorretrato*, etc.

VARGAS, GETÚLIO Dorneles (1883, RS-1954). Político. Presidente da República de 1930 a 1945 e de 1951 a 1954, quando se suicidou, ameaçado de deposição. Criou a Siderúrgica de Volta Redonda, a Fábrica Nacional de Motores, a Petrobras e a Eletrobrás, entre outras obras de vulto; sistematizou e dotou o País de legislação trabalhista avançada.

VARGAS NETO, Manuel do Nascimento (1903, RS-1977). Poeta. Obras: *Tropilha Crioula, Gado Xucro*, etc.

VARNHAGEN, Francisco Adolfo de (1816, SP-1878). Historiador, geógrafo e filólogo, autor de importante história do Brasil. Obras: *História Geral do Brasil, História das Lutas com os Holandeses no Brasil desde 1624 a 1654*, etc.

VÁRZEA, VIRGÍLIO (1862, SC-1941). Romancista, contista e poeta. Obras: *Mares e Campos, O Brigue Flibusteiro, Traços Azuis*, etc.

VASCONCELOS, BERNARDO PEREIRA DE (1795, MG-1850). Político e magistrado brasileiro, foi líder liberal e uma das figuras mais preeminentes do Império.

VASQUES, Francisco Correia (1839, RJ-1892). Ator e autor. O mais popular ator brasileiro do século XIX.

VAZA-BARRIS ou **IRAPIRANGA.** Rio da BA e SE (c. 420km); deságua no Atlântico.

VEADEIROS, chapada dos. Chapada situada em Goiás; parque nacional desde 1961, ocupa área de c. 60.000 ha de cerrados.

VEGA Carpio, LOPE Félix DE (1562, Espanha-1635). Dramaturgo. "Prodígio da natureza", como autor de mais de 2.000 peças. Teatralizou em *Fuente Ovejuna* a revolta coletiva de uma população contra seu opressor.

VEIGA e Barros, EVARISTO Ferreira DA (1799, RJ-1837). Político e poeta. Durante a Regência, pregou o ideário dos moderados, combatendo o separatismo das províncias.

VEIGA (José Jacinto, dito J. J.) (1915, GO-1999). Contista e novelista. Obras: *Os Cavalinhos de Platiplanto, Sombras de Reis Barbudos*, etc.

VELÁSQUEZ

VELÁSQUEZ, Diego Rodríguez da Silva y (1599, Espanha-1660). Pintor. Obras: *As Meninas, A Vênus do Espelho*, etc.

VELHAS, rio das ou **ARAGUARI**. Rio de MG (c. 442km), afluente da margem esquerda do Paranaíba.

VELHAS, rio das ou **GUAICUÍ**. Rio de MG (c. 1.135km), afluente da margem direita do São Francisco.

VELHO, DOMINGOS JORGE (1614, SP-1703). Bandeirante que organizou a expedição contra o Quilombo dos Palmares.

VELINHO, MOISÉS de Morais (1901, RS-1980). Crítico literário. Obras: *Capitania del-Rei, Letras da Província*, etc.

VELOSO, CAETANO Emanuel Viana Teles (1942, BA). Compositor e cantor popular, autor de *Alegria! Alegria!, É de Manhã*, etc.

VELOSO (José Mariano da Conceição, dito **FREI)** (1742, MG-1811). Naturalista. Autor, entre outras obras, da importantíssima *Flora Fluminense*.

VENÂNCIO FILHO, ALBERTO (1934, RJ). Jurista e ensaísta. Obras: *A Intervenção do Estado no Domínio Econômico, Das Arcadas ao Bacharelismo*, etc.

VENTURA, ZUENIR (1931, MG) Jornalista, escritor. Obras: *1968, o Ano que não Terminou, Cidade Partida, Mal Secreto (Inveja)*, etc.

VERDE. Rio de MT, afluente da margem esquerda do Guaporé; limite entre o Brasil e a Bolívia.

VERDE GRANDE. Rio de MG e BA (c. 442km), afluente da margem direita do São Francisco.

VERDE, José Joaquim CESÁRIO (1855, Port.-1886). Poeta realista, autor de *O Livro de Cesário Verde*.

VERDI, Giuseppe (1813, Itália-1901). Compositor erudito, autor das óperas *Rigoletto, La Traviata, Aída*, etc.

VERGUEIRO, Nicolau Pereira de CAMPOS (1778, Port.-1859). Político brasileiro. Senador, integrou a Regência Trina provisória (1831), após a abdicação de D. Pedro I.

VERÍSSIMO, ÉRICO (1905, RS-1975). Romancista. Obras: *Clarissa, O Tempo e o Vento, Incidente em Antares*, etc.

VERÍSSIMO, JOSÉ Dias de Matos (1857, PA-1916). Crítico e historiador literário. Obras: *Cenas da Vida Amazônica, História da Literatura Brasileira*, etc.

VERÍSSIMO, LUÍS FERNANDO (1936, RS). Jornalista e humorista. Obras: *A Grande Mulher Nua, O Analista de Bajé, As Mentiras que os Homens Contam*, etc.

VERLAINE, Paul (1844, França-1896). Poeta simbolista. Obras: *As Festas Galantes, Poemas Saturninos, Os Poetas Malditos*, etc.

VESPÚCIO, AMÉRICO (1454, Itália-1512). Navegador florentino que fez várias viagens ao Novo Mundo e cujo prenome deu origem ao topônimo América.

VIANA FILHO, LUÍS (1908, França-1990). Ensaísta e biógrafo. Obras: *O Negro na Bahia, A Vida do Barão do Rio Branco*, etc.

VIANA FILHO, ODUVALDO (1936, RJ-1974). Ator e dramaturgo, autor, entre outras obras, de *Rasga Coração*, narrativa de quatro décadas da história brasileira, sob a óptica de um herói anônimo.

VIANA, HÉLIO (1908, MG-1972). Historiador. Obras: *História das Fronteiras do Brasil, História do Brasil*, etc.

VIANA MOOG, Clodomir (1906, RS-1988). Ensaísta e romancista. Obras: *Um Rio Imita o Reno, Bandeirantes e Pioneiros, Toia*, etc.

VICENTE, GIL (?1465, Port.-1537). O fundador do teatro português, autor de cerca de 50 peças, entre autos religiosos, comédias, farsas e outras obras. O *Auto das Barcas* e a *Farsa de Inês Pereira* fazem dele um dos maiores dramaturgos da Europa de seu tempo.

VICTOR HUGO (1802, França-1885). Poeta, dramaturgo e romancista. Obras: *Contemplações, Ruy Blas, Os Miseráveis*, etc.

VIEIRA FAZENDA, José (1874, RJ-1917). Historiador. Obras: *Antiqualhas e Memórias do Rio de Janeiro*, etc.

VIEIRA, João Fernandes (1613, Port.-1681). Senhor de engenho. Líder da insurreição pernambucana que expulsou os holandeses.

VIEIRA Machado da Costa, JOSÉ GERALDO Manuel Germano Correia (1897, RJ-1977). Poeta, romancista, contista e tradutor. Obras: *A Ronda do Deslumbramento, A Mulher Que Fugiu de Sodoma*, etc.

VIEIRA, Pe ANTÔNIO (1608, Port.-1697). Orador sacro, um dos maiores clássicos da língua. Viveu muitos anos no Brasil, onde defendeu os índios contra os colonizadores. Obras: *Sermões, Cartas, História do Futuro*.

VILAÇA, ANTÔNIO CARLOS (1928, RJ-2005). Crítico literário e memorialista. Obras: *O Nariz do Morto, O Anel, O Livro de Antônio*, etc.

VILAÇA, MARCOS Vinícios (1939, PE). Escritor. Obras: *Coronéis, Coronéis, Cultura e Estado*, etc.

VILA-LOBOS, Heitor (1887, RJ-1959). Compositor erudito e regente, fundador da Academia

Brasileira de Música. Obras: *Bachianas Brasileiras*, as óperas *Izath, Yerma*, etc.

VILA RICA. Nome antigo de Ouro Preto.

VILA VELHA (ES). Mun. Ind. alimentícia. Monumentos tombados pelo IPHAN. Turismo.

VILELA, Luís (1942, MG). Romancista e contista. Obras: *Os Novos, O Fim de Tudo*, etc.

VILLEGAIGNON, Nicolas Durand de (1510, França-1575). Oficial de Marinha e colonizador. Fundador de uma colônia no Rio de Janeiro (1555), que ficou conhecida como França Antártica.

VILLON, François (c. 1431-depois de 1463). Primeiro grande poeta lírico francês.

VINAGRE, Francisco Pedro (1793, PA-1873) Chefe da Cabanagem.

VINCI, LEONARDO DA (1452, Itália-1519). Pintor, arquiteto, escultor, engenheiro e teórico. Obras: *A Gioconda* (*Mona Lisa*), *A Última Ceia*, etc.

VIRGÍLIO Marão, Públio (70, Andes, perto de Mântua-19 a.C.). O maior poeta épico latino. Obras: *Bucólicas, Geórgicas* e *Eneida*.

VISCONTI, ELISEO d'Angelo (1866, Itália-1944). Pintor e desenhista, introdutor do impressionismo na pintura brasileira. Autor da decoração do Teatro Municipal e da Biblioteca Nacional do Rio de Janeiro.

VISCONTI, Luchino (1906, Itália-1976). Cineasta. Obras: *Rocco e Seus Irmãos, O Leopardo*, etc.

VITAL BRASIL Mineiro da Campanha (1865, MG-1950). Médico e cientista. Fundador do Instituto Butantã (SP) e descobridor do soro antiofídico.

VITALINO (**Vitalino Pereira dos Santos**, dito **MESTRE**) (1909, PE-1963). Ceramista popular.

VITERBO, Frei Joaquim de Santa Rosa de (1744, Port.-1822). Lexicógrafo. Obra: *Elucidário das Palavras, Termos e Frases Que em Portugal Antigamente Se Usavam*.

VITÓRIA. Capital do ES; a região metropolitana abrange a ilha de Vitória, a ilha do Príncipe e parte continental da baía de Vitória; ao norte da cidade, porto dos mais modernos e aparelhados do mundo; povoamento iniciado em 1535 com a fundação da vila de Nossa Senhora da Vitória pelo donatário da capitania do Espírito Santo, Vasco Fernandes Coutinho.

VITÓRIA I (1819, Inglaterra-1901). Rainha da Grã-Bretanha e da Irlanda e imperatriz das Índias. Em seu longo reinado a Inglaterra alcançou seu apogeu.

VIVALDI, Antonio (1678, Itália-1741). Compositor erudito, autor de música sacra, óperas, sonatas, sinfonias, etc.

VOLPI, Alfredo (1896, Itália-1988). Pintor naturalizado brasileiro. Prêmio de melhor pintor brasileiro na II Bienal de São Paulo (1953).

VOLTAIRE (**François-Marie Arouet**, dito) (1694, França-1778). Filósofo e escritor. Obras: *Ensaio sobre os Costumes, Cândido*, etc.

W

WAGNER, Richard (1813, Alemanha-1883). Compositor erudito, autor das óperas *Tristão e Isolda, Parsifal*, etc.

WAJDA, ANDRZEJ (1926, Polônia). Cineasta. Obras: *O Homem de Ferro, Um Amor na Alemanha*, etc.

WALLACE, Alfred Russel (1823, Inglaterra-1913). Naturalista. Visitou o Amazonas e o Pará, onde colheu vasto material botânico e zoológico. Obras: *Viagens pelo Amazonas e Rio Negro, Palmeiras do Amazonas*, etc.

WARHOL (**Andrew Warhola**, dito **ANDY**) (1928, E.U.A.-1987). Artista plástico. Obras: *Marilyn, Mao*, etc.

WASHINGTON, GEORGE (1732, E.U.A.-1799). Militar e político. Herói da guerra de independência norte-americana e primeiro presidente de seu país. Reelegeu-se em 1793.

WASHINGTON LUÍS Pereira de Sousa (1869, RJ-1957). Político e historiador. Presidente da República de 1926 a 1930, quando foi deposto por uma junta militar.

WEBER, MAX (1864, Alemanha-1920). Sociólogo e economista. Obras: *Economia e Sociedade, A Ética Protestante e o Espírito do Capitalismo*, etc.

WELLES, ORSON (1915, E.U.A.-1985). Cineasta e ator. Obras: *Cidadão Kane, A Marca da Maldade*, etc.

WENDERS, WIM (1945, Alemanha). Cineasta. Obras: *Paris, Texas, Asas do Desejo*, etc.

WHITMAN, Walt (1819, E.U.A.-1892). Poeta, autor de *Folhas de Erva*, em longos versos livres.

WIENE, ROBERT (1881, Alemanha-1938). Cineasta alemão. Obras: *O Gabinete do Dr. Caligari, As Mãos de Orlac*, etc.

WILDE, OSCAR Fingal O'Flahertie Wills (1854, Irlanda-1900). Dramaturgo, ensaísta e romancista. Obras: *O Leque de Lady Windermere, Salomé, O Retrato de Dorian Gray*, etc.

WILDER

WILDER (Samuel Wilder, dito BILLY) (1906, Áustria-2002). Cineasta naturalizado norte-americano. Obras: *Quanto mais Quente melhor*, *A Primeira Página*, etc.

WILLIAMS (Thomas Lanier Williams, dito TENNESSEE) (1911, E.U.A.-1983). Dramaturgo. Obras: *Um Bonde Chamado Desejo*, *Gata em Teto de Zinco Quente*, *A Noite do Iguana*, etc.

WITTGENSTEIN, Ludwig Joseph (1889, Áustria-1951). Lógico e filósofo naturalizado inglês. Obras: *Tratado Lógico-Filosófico*, *Investigações Filosóficas*, etc.

WOOLF, VIRGINIA (1882, Inglaterra-1941). Romancista, ensaísta. Obras: *Mrs. Dalloway*, *Orlando*, *As Ondas*, etc.

WYLER, William (1902, Suíça-1981). Cineasta naturalizado norte-americano. Obras: *O Morro dos Ventos Uivantes*, *O Colecionador*, etc.

X

XAVIER, JOAQUIM JOSÉ DA SILVA. V. TIRADENTES.

XENOFONTE (431, Atenas-c. 350 a.C.). Historiador e filósofo grego, discípulo de Sócrates. Obras: *A Anábase*, *As Helênicas*, etc.

XINGU. Rio de MT e PA (c. 2.266km), afluente do Amazonas.

XUÍ, arroio. Rio do RS (c. 30km); fronteira natural entre o Brasil e o Uruguai; ponto extremo sul do Brasil.

Y

YEATS, William Butler (1865, Irlanda-1939). Poeta e dramaturgo. Obras: *A Condessa Cathleen*, *O País das Saudades do Coração*, etc.

YOURCENAR (Marguerite de Crayencour, dita MARGUERITE) (1903, França-1987). Romancista, poetisa e ensaísta francesa. Obras: *Memórias de Adriano*, *A Obra em Negro*, etc.

Z

ZAMPARI, Franco (1898, Itália-1966). Empresário. Fundou a Cia. Cinematográfica Vera Cruz.

ZANINI, MÁRIO (1907, SP-1971). Pintor, desenhista e gravador, influenciado por Cézanne.

ZERBINI, Euríclides de Jesus (1912, SP-1993). Cirurgião. Pioneiro de transplantes cardíacos no Brasil.

ZICO (Artur Antunes Coimbra, dito) (1953, RJ). Jogador de futebol, participou de três Copas do Mundo (1978, 1982 e 1986).

ZIEMBINSKI, Zbigniew (1908, Polônia-1978). Diretor e ator naturalizado brasileiro. Renovou o teatro brasileiro com a encenação de *Vestido de Noiva*, de Nélson Rodrigues (1943).

ZINNEMANN, Fred (1907, Áustria-1997). Cineasta naturalizado norte-americano. Obras: *Matar ou Morrer*, *A Um Passo da Eternidade*, etc.

ZIRALDO Alves Pinto (1932, MG). Escritor e cartunista. Obras: *Flicts*, *O Menino Maluquinho*, etc.

ZOLA, Émile (1840, França-1902). Romancista. Principal figura do naturalismo. Obras: *Thérèse Raquin*, *Germinal*, *A Taverna*, etc.

ZUMBI DOS PALMARES (1655, AL-1695). Chefe do quilombo dos Palmares, liderou a luta contra os brancos; após a rendição do quilombo, escapou e continuou a resistência até que, descoberto seu esconderijo, foi morto em 20 de novembro de 1695.

ZWEIG, STEFAN (1881, Áustria-1942). Romancista, memorialista e ensaísta, autor de *Brasil, País do Futuro*, *O Mundo Que Eu Vi*, etc.